Amtliches Lohnsteuer-Handbuch 2022

EStG

EStDV 2000

LStDV 1990

LStR 2015

Hinweise 2022

Anhänge

Stichwortverzeichnis

Druck: CPI books GmbH, Leck

Vertrieb: Richard Boorberg Verlag GmbH & Co. KG
Stuttgart · München · Hannover · Berlin · Weimar · Dresden
ISBN 978-3-415-07076-9

NWB Verlag GmbH & Co. KG, Herne
ISBN 978-3-482-67205-7

Stollfuß Verlag
www.stollfuss.de
ISBN 978-3-08-361422-7

Erich Schmidt Verlag GmbH & Co. KG, Berlin
www.ESV.info
ISBN 978-3-503-20553-0

Amtliches Lohnsteuer-Handbuch

2022

Herausgegeben vom Bundesministerium der Finanzen

Vorwort

zum
Amtlichen Lohnsteuer-Handbuch 2022 (LStH 2022)

Das Lohnsteuer-Handbuch enthält die für den Lohnsteuerabzug geltenden Vorschriften des **EStG**, der **EStDV**, der **LStDV** und der **LStR**.

Die für den Lohnsteuerabzug in **2022** maßgeblichen **Hinweise** wurden von den **obersten Finanzbehörden des Bundes und der Länder** beschlossen. Sie machen den Rechtsanwender aufmerksam auf höchstrichterliche Rechtsprechung, BMF-Schreiben und Rechtsquellen außerhalb des Einkommensteuerrechts, die in das Einkommensteuerrecht hineinwirken. Sie enthalten den ausgewählten aktuellen Stand[1])

– der höchstrichterlichen Rechtsprechung und
– der im Bundessteuerblatt veröffentlichten BMF-Schreiben.

Die im Bundessteuerblatt veröffentlichten Urteile und Beschlüsse des BFH sind in gleich gelagerten Fällen anzuwenden, soweit hierzu kein „Nichtanwendungserlass" ergangen ist.

Ausgewählte **BMF-Schreiben** sind im **Anhang** im Volltext abgedruckt. Sofern diese Schreiben durch aktuellere Gesetze, Verwaltungsanweisungen oder Rechtsprechung überholt oder bestätigt worden sind, wird darauf in Fußnoten regelmäßig hingewiesen.

Soweit in den Richtlinien, Hinweisen und im Anhang abgedruckten BMF-Schreiben Aussagen zu Ehegatten und zur Ehe enthalten sind, sind diese auch für Lebenspartner und Lebenspartnerschaften anzuwenden (§ 2 Abs. 8 EStG).

Nach Redaktionsschluss abgeschlossene Gesetzgebungsverfahren konnten nicht berücksichtigt werden.

Erläuterungen:

– Die **Stichworte** in den Hinweisen sind alphabetisch geordnet.
– Das **Zeichen >** weist auf weitere Informationen hin, die an der angegebenen Stelle nachgelesen werden können.
– ***Fett-Kursiv-Druck*** kennzeichnet die Änderungen oder Ergänzungen gegenüber der Vorauflage. **Randstriche** weisen auf die Stellen hin, an denen Text weggefallen ist. Davon ausgenommen sind die Inhaltsübersicht, das Abkürzungsverzeichnis, die Tabellarische Übersicht, die Anhänge und das Stichwortverzeichnis.
– Die amtlichen **Aktenplan-Nummern** (z. B. S 2330) der Finanzverwaltung sind am Rand angegeben.
– Soweit in den **Beispielen** die Jahre mit „01" usw. bezeichnet sind, handelt es sich um neutrale Jahresangaben.
– Soweit nicht anders angegeben, beziehen sich die zitierten **Paragraphen** in den **Fußnoten** auf das EStG.

[1]) Redaktionsschluss 18.11.2021

Empfohlene Zitierweise:

Bei den **Richtlinien** sollte die Nummer der Vorschrift zitiert werden:

Beispiele:	R 3b Abs. 2 LStR 2015

Bei den **Hinweisen** sollte die Fundstelle im Bundessteuerblatt oder im LStH zitiert werden:

Beispiele:

Bei Aussagen zum Stichwort „Pauschale Kilometersätze“:	BMF vom 25.11.2020 (BStBl I S. 1228), Rz. 37
oder auch:	H 9.5 (Pauschale Kilometersätze) LStH 2022
bei Aussagen zum Stichwort „Arbeitnehmereigenschaft“:	BFH vom 29.5.2008 (BStBl II S. 933)
oder auch:	H 19.0 (Arbeitnehmereigenschaft – Telefoninterviewer) LStH 2022

Berücksichtigte Vorschriften

Im Amtlichen Lohnsteuer-Handbuch **2022** sind berücksichtigt:

1. das **EStG** in der Fassung der Bekanntmachung vom 8.10.2009 (BGBl. I S. 3366, S. 3862, BStBl I S. 1346) unter Berücksichtigung der Änderungen durch
   - Artikel 1 des Gesetzes zur Beschleunigung des Wirtschaftswachstums (Wachstumsbeschleunigungsgesetz) vom 22.12.2009 (BGBl. I S. 3950, BStBl 2010 I S. 2),
   - Artikel 1 des Gesetzes zur Umsetzung steuerlicher EU-Vorgaben sowie zur Änderung steuerlicher Vorschriften vom 8.4.2010 (BGBl. I S. 386, BStBl I S. 334),
   - Artikel 1 des Jahressteuergesetzes 2010 (JStG 2010) vom 8.12.2010 (BGBl. I S. 1768, BStBl I S. 1394),
   - Artikel 8 des Gesetzes zur Restrukturierung und geordneten Abwicklung von Kreditinstituten, zur Errichtung eines Restrukturierungsfonds für Kreditinstitute und zur Verlängerung der Verjährungsfrist der aktienrechtlichen Organhaftung (Restrukturierungsgesetz) vom 9.12.2010 (BGBl. I S. 1900),
   - Artikel 1 des Gesetzes zur bestätigenden Regelung verschiedener steuerlicher und verkehrsrechtlicher Vorschriften des Haushaltsbegleitgesetzes 2004 vom 5.4.2011 (BGBl. I S. 554, BStBl I S. 310),
   - Artikel 7 des Gesetzes zur Umsetzung der Richtlinie 2009/65/EG zur Koordinierung der Rechts- und Verwaltungsvorschriften betreffend bestimmte Organismen für gemeinsame Anlagen in Wertpapieren (OGAW-IV-Umsetzungsgesetz – OGAW-IV-UmsG) vom 22.6.2011 (BGBl. I S. 1126),
   - Artikel 1 des Steuervereinfachungsgesetz 2011 vom 1.11.2011 (BGBl. I S. 2131, BStBl I S. 986),
   - Artikel 2 des Gesetzes zur Umsetzung der Beitreibungsrichtlinie sowie zur Änderung steuerlicher Vorschriften (Beitreibungsrichtlinie-Umsetzungsgesetz – BeitrRLUmsG) vom 7.12.2011 (BGBl. I S. 2592, BStBl I S. 1171),
   - Artikel 20 des Gesetzes zur Verbesserung der Eingliederungschancen am Arbeitsmarkt vom 20.12.2011 (BGBl. I S. 2854),
   - Artikel 13 Absatz 4 des Gesetzes zur Neuordnung der Organisation der landwirtschaftlichen Sozialversicherung (LSV-Neuordnungsgesetz – LSV-NOG) vom 12.4.2012 (BGBl. I S. 579),
   - Artikel 3 des Gesetzes zur Änderung des Gemeindefinanzreformgesetzes und von steuerlichen Vorschriften vom 8.5.2012 (BGBl. I S. 1030),
   - Artikel 1 des Gesetzes zum Abbau der kalten Progression vom 20.2.2013 (BGBl. I S. 283, BStBl I S. 186),
   - Artikel 1 des Gesetzes zur Änderung und Vereinfachung der Unternehmensbesteuerung und des steuerlichen Reisekostenrechts vom 20.2.2013 (BGBl. I S. 285, BStBl I S. 188),

- Artikel 2 des Gesetzes zur Stärkung des Ehrenamtes (Ehrenamtsstärkungsgesetz) vom 21.3.2013 (BGBl. I S. 556, BStBl I S. 339),
- Artikel 2 des Gesetzes zur Fortentwicklung des Meldewesens (MeldFortG) vom 3.5.2013 (BGBl. I S. 1084),
- Artikel 1 des Gesetzes zur Verbesserung der steuerlichen Förderung der privaten Altersvorsorge (Altersvorsorge-Verbesserungsgesetz – AltvVerbG) vom 24.6.2013 (BGBl. I S. 1667, BStBl I S. 790),
- Artikel 2 des Gesetzes zur Umsetzung der Amtshilferichtlinie sowie zur Änderung steuerlicher Vorschriften (Amtshilferichtlinie-Umsetzungsgesetz – AmtshilfeRLUmsG) vom 26.6.2013 (BGBl. I S. 1809, BStBl I S. 802),
- Artikel 1 des Gesetzes zur Änderung des Einkommensteuergesetzes in Umsetzung der Entscheidung des Bundesverfassungsgerichtes vom 7. Mai 2013 vom 15.7.2013 (BGBl. I S. 2397, BStBl I S. 898),
- Artikel 11 des Gesetzes zur Anpassung des Investmentsteuergesetzes und anderer Gesetze an das AIFM-Umsetzungsgesetz (AIFM-Steuer-Anpassungsgesetz – AIFM-StAnpG) vom 18.12.2013 (BGBl. I S. 4318, BStBl 2014 I S. 2),
- Artikel 1 des Gesetzes zur Anpassung steuerlicher Regelungen an die Rechtsprechung des Bundesverfassungsgerichts vom 18.7.2014 (BGBl. I S. 1042, BStBl I S. 1062),
- Artikel 1 bis 3 des Gesetzes zur Anpassung des nationalen Steuerrechts an den Beitritt Kroatiens zur EU und zur Änderung weiterer steuerlicher Vorschriften vom 25.7.2014 (BGBl. I S. 1266, BStBl I S. 1126),
- Artikel 3 des Gesetzes zur Änderung des Freizügigkeitsgesetzes/EU und weiterer Vorschriften vom 2.12.2014 (BGBl. I S. 1922, BStBl 2015 I S. 54),
- Artikel 4 und 5 des Gesetzes zur Anpassung der Abgabenordnung an den Zollkodex der Union und zur Änderung weiterer steuerlicher Vorschriften vom 22.12.2014 (BGBl. I S. 2417, BStBl 2015 I S. 58),
- Artikel 2 Absatz 7 des Gesetzes zur Modernisierung der Finanzaufsicht über Versicherungen vom 1.4.2015 (BGBl. I S. 434), geändert durch Artikel 13 des Steueränderungsgesetzes 2015 vom 2.11.2015 (BGBl. I S. 1834, BStBl I S. 846),
- Artikel 3 Absatz 11 des Gesetzes zur Neuregelung der Unterhaltssicherung sowie zur Änderung soldatenrechtlicher Vorschriften vom 29.6.2015 (BGBl. I S. 1061),
- Artikel 1 und 2 des Gesetzes zur Anhebung des Grundfreibetrags, des Kinderfreibetrags, des Kindergeldes und des Kinderzuschlags vom 16.7.2015 (BGBl. I S. 1202, BStBl I S. 566),
- Artikel 5 des Gesetzes zur Entlastung insbesondere der mittelständischen Wirtschaft von Bürokratie (Bürokratieentlastungsgesetz) vom 28.7.2015 (BGBl. I S. 1400),
- Artikel 234 der Zehnten Zuständigkeitsanpassungsverordnung vom 31.8.2015 (BGBl. I S. 1474),

- Artikel 1 bis 3 des Steueränderungsgesetzes 2015 vom 2.11.2015 (BGBl. I S. 1834, BStBl I S. 846),
- Artikel 2 des Gesetzes zur Umsetzung der EU-Mobilitäts-Richtlinie vom 21.12.2015 (BGBl. I S. 2553),
- Artikel 1 des Gesetzes zur Änderung des Einkommensteuergesetzes zur Erhöhung des Lohnsteuereinbehalts in der Seeschifffahrt vom 24.2.2016 (BGBl. I S.310, BStBl I S.502),
  Bekanntmachung über das Inkrafttreten des Gesetzes zur Änderung des Einkommensteuergesetzes zur Erhöhung des Lohnsteuereinbehalts in der Seeschifffahrt vom 18.5.2016 (BGBl. I S. 1248, BStBl I S. 503),
- Artikel 123 Abs. 6 des Zweiten Gesetzes über die weitere Bereinigung von Bundesrecht vom 8.7.2016 (BGBl. I S. 1594),
- Artikel 4 des Gesetzes zur Modernisierung des Besteuerungsverfahrens vom 18.7.2016 (BGBl. I S. 1679, BStBl I S. 694),
- Artikel 3 des Gesetzes zur Reform der Investmentbesteuerung (Investmentsteuerreformgesetz – InvStRefG) vom 19.7.2016 (BGBl. I S. 1730, BStBl I S. 731),
- Artikel 7 des Gesetzes zur Neuregelung des Kulturgutschutzrechts vom 31.7.2016 (BGBl. I S. 1914),
- Artikel 2 des Gesetzes zur steuerlichen Förderung von Elektromobilität im Straßenverkehr vom 7.11.2016 (BGBl. I S. 2498, BStBl I S. 1211),
- Artikel 1 bis 3 des Gesetzes zur Beendigung der Sonderzuständigkeit der Familienkassen des öffentlichen Dienstes im Bereich des Bundes vom 8.12.2016 (BGBl. I S. 2835, BStBl I S. 1419),
- Artikel 7 bis 9 des Gesetzes zur Umsetzung der Änderungen der EU-Amtshilferichtlinie und von weiteren Maßnahmen gegen Gewinnkürzungen und -verlagerungen vom 20.12.2016 (BGBl. I S. 3000, BStBl 2017 I S. 5),
- Artikel 9 des Dritten Gesetzes zur Stärkung der pflegerischen Versorgung und zur Änderung weiterer Vorschriften (Drittes Pflegestärkungsgesetz – PSG III) vom 23.12.2016 (BGBl. I S. 3191),
- Artikel 6, 7 und 9 des Gesetzes zur Bekämpfung der Steuerumgehung und zur Änderung weiterer steuerlicher Vorschriften (Steuerumgehungsbekämpfungsgesetz – StUmgBG) vom 23.06.2017 (BGBl. I S. 1682, BStBl I S. 865),
- Artikel 1 und 2 des Gesetzes gegen schädliche Steuerpraktiken im Zusammenhang mit Rechteüberlassungen vom 27.6.2017 (BGBl. I S. 2074, BStBl I S. 1202),
- Artikel 4 des Zweiten Gesetzes zur Entlastung insbesondere der mittelständischen Wirtschaft von Bürokratie (Zweites Bürokratieentlastungsgesetz) vom 30.6.2017 (BGBl. I S. 2143, BStBl I S. 890),
- Artikel 2 des Gesetzes zur strafrechtlichen Rehabilitierung der nach dem 8. Mai 1945 wegen einvernehmlicher homosexueller Handlungen verurteilten Personen und zur Änderung des Einkommensteuergesetzes vom 17.7.2017 (BGBl. I S. 2443, BStBl I S. 1246),

- Artikel 3 des Gesetzes zum Ausschluss verfassungsfeindlicher Parteien von der Parteienfinanzierung vom 18.7.2017 (BGBl. I S. 2730, BStBl I S. 1218),
- Artikel 9 des Gesetzes zur Stärkung der betrieblichen Altersversorgung und zur Änderung anderer Gesetze (Betriebsrentenstärkungsgesetz) vom 17.8.2017 (BGBl. I S. 3214, BStBl I S. 1278),
- Artikel 1 bis 3 des Gesetzes zur steuerlichen Entlastung der Familien sowie zur Anpassung weiterer steuerlicher Regelungen (Familienentlastungsgesetz – FamEntlastG) vom 29.11.2018 (BGBl. I S. 2210, BStBl I S. 1374),
- Artikel 1 bis 3 und Artikel 19 des Gesetzes zur Vermeidung von Umsatzsteuerausfällen beim Handel mit Waren im Internet und zur Änderung weiterer steuerlicher Vorschriften vom 11.12.2018 (BGBl. I S. 2338, BStBl I S. 1377),
- Artikel 6 Abs. 2 des Gesetzes zur Umsetzung der Richtlinie (EU) 2016/234 des Europäischen Parlaments und des Rates vom 14. Dezember 2016 über die Tätigkeiten und die Beaufsichtigung von Einrichtungen der betrieblichen Altersversorgung (EbAV) (Neufassung) vom 19.12.2018 (BGBl. I S. 2672),
- Artikel 1 des Gesetzes über steuerliche und weitere Begleitregelungen zum Austritt des Vereinigten Königreichs Großbritannien und Nordirland aus der Europäischen Union (Brexit-Steuerbegleitgesetz – Brexit-StBG) vom 25.3.2019 (BGBl. I S. 357, BStBl I S. 223),
- Artikel 9 des Gesetzes gegen illegale Beschäftigung und Sozialleistungsmissbrauch vom 11.7.2019 (BGBl. I S. 1066, BStBl I S. 814),
- Artikel 1 des Gesetzes zur steuerlichen Förderung des Mietwohnungsneubaus vom 4.8.2019 (BGBl. I S. 1122, BStBl I S. 1306),
- Artikel 74 des Zweiten Datenschutz-Anpassungs- und Umsetzungsgesetzes EU (2. DSAnpUG-EU) vom 20.11.2019 (BGBl. I S. 1626, BStBl I S. 1308),
- Artikel 6 des Dritten Gesetzes zur Entlastung insbesondere der mittelständischen Wirtschaft von Bürokratie (Drittes Bürokratieentlastungsgesetz) vom 22.11.2019 (BGBl. I S. 1746, BStBl I S. 1313),
- Artikel 1 bis 4 des Gesetzes zur weiteren steuerlichen Förderung der Elektromobilität und zur Änderung weiterer steuerlicher Vorschriften vom 12.12.2019 (BGBl. I S. 2451, BStBl 2020 I S. 17),
- Artikel 2 des Gesetzes zur steuerlichen Förderung von Forschung und Entwicklung vom 14.12.2019 (BGBl. I S. 2763, BStBl I S. 122),
- Artikel 5 des Gesetzes zur Einführung einer Pflicht zur Mitteilung grenzüberschreitender Steuergestaltungen vom 21.12.2019 (BGBl. I S. 2875, BStBl I S. 127),
- Artikel 1 und 2 des Gesetzes zur Umsetzung des Klimaschutzprogramms 2030 im Steuerrecht vom 21.12.2019 (BGBl. I S. 2886, BStBl I S. 138),
- Artikel 197 der Elften Zuständigkeitsanpassungsverordnung vom 19.6.2020 (BGBl. I S. 1328, BStBl I S. 553),

- Artikel 2 des Gesetzes zur Umsetzung steuerlicher Hilfsmaßnahmen zur Bewältigung der Corona-Krise (Corona-Steuerhilfegesetz) vom 19.6.2020 (BGBl. I S. 1385, BStBl I S. 550),
- Artikel 1 und 2 des Zweiten Gesetzes zur Umsetzung steuerlicher Hilfsmaßnahmen zur Bewältigung der Corona-Krise (Zweites Corona-Steuerhilfegesetz) vom 29.6.2020 (BGBl. I S. 1512, BStBl I S. 563),
- Artikel 3 des Gesetzes zur Reduzierung und zur Beendigung der Kohleverstromung und zur Änderung weiterer Gesetze (Kohleausstiegsgesetz) vom 8.8.2020 (BGBl. I S. 1818, BStBl 2021 I S. 3),
- Artikel 6 des Gesetzes zur Einführung der Grundrente für langjährige Versicherung in der gesetzlichen Rentenversicherung mit unterdurchschnittlichem Einkommen und für weitere Maßnahmen zur Erhöhung der Alterseinkommen (Grundrentengesetz) vom 12.8.2020 (BGBl. I S. 1879, BStBl 2021 I S. 4),
- Artikel 1 und 2 des Zweiten Gesetzes zur steuerlichen Entlastung von Familien sowie zur Anpassung weiterer steuerlicher Regelungen (Zweites Familienentlastungsgesetz – 2. FamEntlastG) vom 1.12.2020 (BGBl. I S. 2616, BStBl I S. 1347),
- Artikel 4 des Gesetzes zur Digitalisierung von Verwaltungsverfahren bei der Gewährung von Familienleistungen vom 3.12.2020 (BGBl. I S. 2668, BStBl I S. 1350),
- Artikel 1 des Gesetzes zur Erhöhung der Behinderten-Pauschbeträge und zur Anpassung weiterer steuerlicher Regelungen vom 9.12.2020 (BGBl. I S. 2770, BStBl I S. 1355),
- Artikel 1 bis 3 des Jahressteuergesetzes 2020 (JStG 2020) vom 21.12.2020 (BGBl. I S. 3096, BStBl 2021 I S. 6),
- Artikel 9 des Gesetzes zur Verbesserung der Transparenz in der Alterssicherung und der Rehabilitation sowie zur Modernisierung der Sozialversicherungswahlen und zur Änderung anderer Gesetze (Gesetz Digitale Rentenübersicht) vom 11.2.2021 (BGBl. I S. 154),
- Artikel 1 und 2 des Dritten Gesetzes zur Umsetzung steuerlicher Hilfsmaßnahmen zur Bewältigung der Corona-Krise (Drittes Corona-Steuerhilfegesetz) vom 10.3.2021 (BGBl. I S. 330, BStBl I S. 335),
- Artikel 1 des Gesetzes zur Verlängerung des erhöhten Lohnsteuereinbehalts in der Seeschifffahrt vom 12.5.2021 (BGBl. I S. 989, BStBl I S. 853), Bekanntmachung über die Anwendung des Gesetzes zur Verlängerung des erhöhten Lohnsteuereinbehalts in der Seeschifffahrt vom 29.6.2021 (BGBl. I S. 2247, BStBl I S. 854),
- Artikel 7 Abs. 7 des Gesetzes zur Umsetzung der Richtlinie (EU) 2019/2034 über die Beaufsichtigung von Wertpapierinstituten vom 12.5.2021 (BGBl. 990, BStBl I S. 935),

- Artikel 1 und 12 des Gesetzes zur Modernisierung der Entlastung von Abzugsteuern und der Bescheinigung der Kapitalertragsteuer (Abzugsteuerentlastungsmodernisierungsgesetz – AbzStEntModG) vom 2.6.2021 (BGBl. I S. 1259, BStBl I S. 787),
- Artikel 3 des Gesetzes zur Stärkung des Fondsstandorts Deutschland und zur Umsetzung der Richtlinie (EU) 2019/1160 zur Änderung der Richtlinien 2009/65/EG und 2011/61/EU im Hinblick auf den grenzüberschreitenden Vertrieb von Organismen für gemeinsame Anlagen (Fondsstandortgesetz – FoStoG) vom 3.6.2021 (BGBl. I S. 1497, BStBl I S. 803),
- Artikel 1 des Gesetzes zur Umsetzung der Anti-Steuervermeidungsrichtlinie (ATAD-Umsetzungsgesetz – ATADUmsG) vom 25.6.2021 (BGBl. I S. 2035, BStBl I S. 874),
- Artikel 5 des Gesetzes zur Modernisierung des Körperschaftsteuerrechts vom 25.6.2021 (BGBl. I S. 2050, BStBl I S. 889),
- Artikel 2 des Gesetzes zur Abwehr von Steuervermeidung und unfairem Steuerwettbewerb und zur Änderung weiterer Gesetze vom 25.6.2021 (BGBl. I S. 2056, BStBl I S. 895),
- Artikel 2 des Gesetzes zur Rehabilitierung der wegen einvernehmlicher homosexueller Handlungen, wegen ihrer homosexuellen Orientierung oder wegen ihrer geschlechtlichen Identität dienstrechtlich benachteiligten Soldatinnen und Soldaten vom 16.7.2021 (BGBl. I S. 2993).

2. die **EStDV 2000** in der Fassung der Bekanntmachung vom 10.5.2000 (BGBl. I S. 717, BStBl I S. 595) unter Berücksichtigung der Änderungen durch
   - Artikel 7 des Gesetzes zur weiteren steuerlichen Förderung von Stiftungen vom 14.7.2000 (BGBl. I S. 1034, BStBl I S. 1192),
   - Artikel 2 des Gesetzes zur Senkung der Steuersätze und zur Reform der Unternehmensbesteuerung (Steuersenkungsgesetz – StSenkG) vom 23.10.2000 (BGBl. I S. 1433, BStBl I S. 1428),
   - Artikel 2 des Gesetzes zur Umrechnung und Glättung steuerlicher Euro-Beträge (Steuer-Euroglättungsgesetz – StEuglG) vom 19.12.2000 (BGBl. I S. 1790, BStBl 2001 I S. 3),
   - Artikel 30 des Sozialgesetzbuches – Neuntes Buch – (SGB IX) Rehabilitation und Teilhabe behinderter Menschen vom 19.6.2001 (BGBl. I S. 1046, BStBl I S. 48),
   - Artikel 322 der Siebenten Zuständigkeitsanpassungs-Verordnung vom 29.10.2001 (BGBl. I S. 2785),
   - Artikel 2 und 23 des Gesetzes zur Änderung steuerrechtlicher Vorschriften (Steueränderungsgesetz 2001 – StÄndG 2001) vom 20.12.2001 (BGBl. I S. 3794, BStBl 2002 I S. 4),
   - Artikel 2 des Gesetzes zur Änderung steuerrechtlicher Vorschriften und zur Errichtung eines Fonds "Aufbauhilfe" (Flutopfersolidaritätsgesetz) vom 19.9.2002 (BGBl. I S. 3651, BStBl I S. 865),

- Artikel 2 des Gesetzes zur Förderung von Kleinunternehmern und zur Verbesserung der Unternehmensfinanzierung (Kleinunternehmerförderungsgesetz) vom 31.7.2003 (BGBl. I S. 1550, BStBl I S. 398),
- Artikel 270 der Achten Zuständigkeitsanpassungsverordnung vom 25.11.2003 (BGBl. I S. 2304),
- Artikel 2 des Gesetzes zur Umsetzung der Protokollerklärung der Bundesregierung zur Vermittlungsempfehlung zum Steuervergünstigungsabbaugesetz vom 22.12.2003 (BGBl. I S. 2840, BStBl 2004 I S. 14),
- Artikel 49 des Gesetzes zur Einordnung des Sozialhilferechts in das Sozialgesetzbuch vom 27.12.2003 (BGBl. I S. 3022, BStBl 2004 I S. 118),
- Artikel 10 des Haushaltsbegleitgesetzes 2004 (HBeglG 2004) vom 29.12.2003 (BGBl. I S. 3076, BStBl 2004 I S. 120),
- Artikel 2 Abs. 18 des Gesetzes zur Reform des Geschmacksmusterrechts (Geschmacksmusterreformgesetz) vom 12.3.2004 (BGBl. I S. 390),
- Artikel 2 des Gesetzes zur Neuordnung der einkommensteuerrechtlichen Behandlung von Altersvorsorgeaufwendungen und Altersbezügen (Alterseinkünftegesetz – AltEinkG) vom 5.7.2004 (BGBl. I S. 1427, BStBl I S. 554, 740),
- Artikel 2 des Gesetzes zur Umsetzung von EU-Richtlinien in nationales Steuerrecht und zur Änderung weiterer Vorschriften (Richtlinien-Umsetzungsgesetz – EURLUmsG) vom 9.12.2004 (BGBl. I S. 3310, Berichtigung vom 27.12.2004, BGBl. I S. 3843, BStBl I S. 1158),
- Dreiundzwanzigste Verordnung zur Änderung der Einkommensteuer-Durchführungsverordnung vom 29.12.2004 (BGBl. I S. 3884, BStBl 2005 I S. 369),
- Artikel 372 der Neunten Zuständigkeitsanpassungsverordnung vom 31.10.2006 (BGBl. I S. 2407),
- Artikel 2 des Gesetzes über steuerliche Begleitmaßnahmen zur Einführung der Europäischen Gesellschaft und zur Änderung weiterer steuerrechtlicher Vorschriften (SEStEG) vom 7.12.2006 (BGBl. I S. 2782, Berichtigung vom 24.1.2007, BGBl. I S. 68, BStBl 2007 I S. 4),
- Artikel 2 des Gesetzes zur weiteren Stärkung bürgerschaftlichen Engagements vom 10.10.2007 (BGBl. I S. 2332, BStBl I S. 815),
- Artikel 1a des Jahressteuergesetzes 2008 (JStG 2008) vom 20.12.2007 (BGBl. I S. 3150, BStBl 2008 I S. 218),
- Artikel 2 des Jahressteuergesetzes 2009 (JStG 2009) vom 19.12.2008 (BGBl. I S. 2794, BStBl 2009 I S. 74),
- Artikel 2 des Gesetzes zur Modernisierung und Entbürokratisierung des Steuerverfahrens (Steuerbürokratieabbaugesetz) vom 20.12.2008 (BGBl. I S. 2850, BStBl 2009 I S. 124),

- Artikel 2 des Gesetzes zur Sicherung von Beschäftigung und Stabilität in Deutschland vom 2.3.2009 (BGBl. I S. 416),
- Artikel 9 des Begleitgesetzes zur zweiten Förderalismusreform vom 10.8.2009 (BGBl. I S. 2702, BStBl I S. 866),
- Artikel 1 der Verordnung zur Änderung steuerlicher Verordnungen vom 17.11.2010 (BGBl. I S.1544, BStBl I S. 1282),
- Artikel 63 des Gesetzes über die weitere Bereinigung von Bundesrecht vom 8.12.2010 (BGBl. I S. 1864),
- Artikel 2 des Steuervereinfachungsgesetzes 2011 vom 1.11.2011 (BGBl. I S. 2131, BStBl I S. 986),
- Artikel 2 der Verordnung zum Erlass und zur Änderung steuerlicher Verordnungen vom 11.12.2012 (BGBl. I S. 2637, BStBl 2013 I S. 2),
- Artikel 3 des Gesetzes zur Stärkung des Ehrenamtes (Ehrenamtsstärkungsgesetz) vom 21.3.2013 (BGBl. I S. 556, BStBl I S. 339),
- Artikel 2 der Verordnung zur Übertragung der Zuständigkeit für das Steuerabzugs- und Veranlagungsverfahren nach den §§ 50 und 50a des Einkommensteuergesetzes auf das Bundeszentralamt für Steuern und zur Regelung verschiedener Anwendungszeitpunkte und weiterer Vorschriften vom 24.6.2013 (BGBl. I S. 1679),
- Artikel 2 des Gesetzes zur Anpassung steuerlicher Regelungen an die Rechtsprechung des Bundesverfassungsgerichts vom 18.7.2014 (BGBl. I S. 1042, BStBl I S. 1062),
- Artikel 24 des Gesetzes zur Anpassung des nationalen Steuerrechts an den Beitritt Kroatiens zur EU und zur Änderung weiterer steuerlicher Vorschriften vom 25.7.2014 (BGBl. I S. 1266, BStBl I S. 1126),
- Artikel 3 der Verordnung zur Änderung steuerlicher Verordnungen und weiterer Vorschriften vom 22.12.2014 (BGBl. I S. 2392, BStBl 2015 I S. 72),
- Artikel 235 der Zehnten Zuständigkeitsanpassungsverordnung vom 31.8.2015 (BGBl. I S. 1474),
- Artikel 5 des Gesetzes zur Modernisierung des Besteuerungsverfahrens vom 18.7.2016 (BGBl. I S. 1679, BStBl I S. 694),
- Artikel 1 der Dritten Verordnung zur Änderung steuerlicher Verordnungen vom 18.7.2016 (BGBl. I S. 1722, BStBl I S. 725),
- Artikel 19 Abs. 14 des Gesetzes zur Stärkung der Teilhabe und Selbstbestimmung von Menschen mit Behinderungen (Bundesteilhabegesetz – BTHG) vom 23.12.2016 (BGBl. I S. 3234),
- Artikel 8 der Vierten Verordnung zur Änderung steuerlicher Verordnungen vom 12.7.2017 (BGBl. I S. 2360, BStBl I S. 892),
- Artikel 4 des Gesetzes zum Ausschluss verfassungsfeindlicher Parteien von der Parteienfinanzierung vom 18.7.2017 (BGBl. I S. 2730, BStBl I S. 1218),
- Artikel 1 der Fünften Verordnung zur Änderung steuerlicher Verordnungen vom 25.6.2020 (BGBl. I S. 1495, BStBl I S. 555),

- Artikel 2 des Gesetzes zur Erhöhung der Behinderten-Pauschbeträge und zur Anpassung weiterer steuerlicher Regelungen vom 9.12.2020 (BGBl. I S. 2770, BStBl I S. 1355),
- Artikel 6 des Jahressteuergesetzes 2020 (JStG 2020) vom 21.12.2020 (BGBl. I S. 3096, BStBl 2021 I S. 6),
- Artikel 1 und 10 des Gesetzes zur Modernisierung der Entlastung von Abzugsteuern und der Bescheinigung der Kapitalertragsteuer (Abzugsteuerentlastungsmodernisierungsgesetz – AbzStEntModG) vom 2.6.2021 (BGBl. I S. 1259, BStBl I S. 787).

3. die **LStDV 1990** in der Fassung der Bekanntmachung vom 10.10.1989 (BGBl. I S. 1848, BStBl I S. 405) unter Berücksichtigung der Änderungen durch
   - das Steueränderungsgesetzes 1992 (StÄndG 1992) vom 25.2.1992 (BGBl I S. 297, BStBl I S. 146),
   - das Jahressteuergesetz 1996 vom 11.10.1995 (BGBl. I S. 1250, BStBl I S. 438),
   - Artikel 2 des Steuerentlastungsgesetzes 1999/2000/2002 vom 24.3.1999 (BGBl. I S. 402, BStBl I S. 304),
   - Gesetz zur Bereinigung von steuerlichen Vorschriften (Steuerbereinigungsgesetz 1999 – StBereinG 1999) vom 22.12.1999 (BGBl. I S. 2601, BStBl 2000 I S. 13),
   - Artikel 3 des Gesetzes zur Umrechnung und Glättung steuerlicher Euro-Beträge (Steuer-Euroglättungsgesetz – StEuglG) vom 19.12.2000 (BGBl. I S. 1790, BStBl 2001 I S. 3),
   - Artikel 3 des Gesetzes zur Änderung steuerrechtlicher Vorschriften (Steueränderungsgesetz 2001 – StÄndG 2001) vom 20.12.2001 (BGBl. I S. 3794, BStBl 2002 I S. 4),
   - Artikel 2 des Zweiten Gesetzes zur Änderung steuerlicher Vorschriften (Steueränderungsgesetz 2003 – StÄndG 2003) vom 15.12.2003 (BGBl. I S. 2645, BStBl I S. 710),
   - Artikel 3 des Gesetzes zur Neuordnung der einkommensteuerrechtlichen Behandlung von Altersvorsorgeaufwendungen und Altersbezügen (Alterseinkünftegesetz – AltEinkG) vom 5.7.2004 (BGBl. I S. 1427, BStBl I S. 554, 740),
   - Artikel 2 des Jahressteuergesetzes 2007 (JStG 2007) vom 13.12.2006 (BGBl. I S. 2878, BStBl 2007 I S. 28),
   - Artikel 2 der Verordnung zur Änderung steuerlicher Verordnungen vom 17.11.2010 (BGBl. I S.1544, BStBl I S. 1282),
   - Artikel 3 des Gesetzes zur Umsetzung der Beitreibungsrichtlinie sowie zur Änderung steuerlicher Vorschriften (Beitreibungsrichtlinie-Umsetzungsgesetz – BeitrRLUmsG) vom 7.12.2011 (BGBl. I S. 2592, BStBl I S. 1171),
   - Artikel 5 des Gesetzes zur Änderung und Vereinfachung der Unternehmensbesteuerung und des steuerlichen Reisekostenrechts vom 20.2.2013 (BGBl. I S. 285, BStBl I S. 188),

- Artikel 27 des Gesetzes zur Anpassung des nationalen Steuerrechts an den Beitritt Kroatiens zur EU und zur Änderung weiterer steuerlicher Vorschriften vom 25.7.2014 (BGBl. I S. 1266, BStBl I S. 1126),
- Artikel 6 des Gesetzes zur Modernisierung des Besteuerungsverfahrens vom 18.7.2016 (BGBl. I S. 1679, BStBl I S. 694),
- Artikel 10 des Gesetzes zur Stärkung der betrieblichen Altersversorgung und zur Änderung anderer Gesetze (Betriebsrentenstärkungsgesetz) vom 17.8.2017 (BGBl. I S. 3214, BStBl I S. 1278),
- Artikel 4 des Gesetzes zur Vermeidung von Umsatzsteuerausfällen beim Handel mit Waren im Internet und zur Änderung weiterer steuerlicher Vorschriften vom 11.12.2018 (BGBl. I S. 2338, BStBl I S. 1377),
- Artikel 2 der Fünften Verordnung zur Änderung steuerlicher Verordnungen vom 25.6.2020 (BGBl. I S. 1495, BStBl I S. 555).

4. die **LStR 2008** vom 10.12.2007 (BStBl I Sondernummer 1/2007) geändert durch
   - die **LStÄR 2011** vom 23.11.2010 (BStBl I S. 1325),
   - die **LStÄR 2013** vom 8.7.2013 (BStBl I S. 851),
   - die **LStÄR 2015** vom 22.10.2014 (BStBl I S. 1344),
   - die **LStÄR 2021** vom 3.6.2021 (BStBl I S. 776).

[1]) § 4k wurde durch Artikel 1 des ATADUmsG eingefügt; zur Anwendung >§ 52 Abs. 8c.

[1]) § 7c wird durch Artikel 2 des Gesetzes zur steuerlichen Förderung des Mietwohnungsneubaus e ngefügt; zur Anwendung >§ 52 Abs. 15b.

---

[1]) § 19a wurde durch Artikel 3 des FoStoG eingefügt; zur Anwendung >§ 52 Abs. 27.

[1]) § 45b wurde durch Artikel 1 des AbzStEntModG eingefügt; zur Anwendung >§ 52 Abs. 44b.

[2]) § 45c wurde durch Artikel 1 des AbzStEntModG eingefügt; zur Anwendung >§ 52 Abs. 44c.

[1] § 50c wurde durch Artikel 1 des AbzStEntModG eingefügt; zur Anwendung >§ 52 Abs. 47a.
[2] § 50d wurde durch Artikel 1 des AbzStEntModG neu gefasst; zur Anwendung >§ 52 Abs. 47b.

1) § 111 wurde durch Artikel 1 des Dritten Corona-Steuerhilfegesetzes neu gefasst; zur Anwendung >§ 52 Abs. 53.

2. DSAnpUG-EU	=	Zweites Gesetz zur Anpassung des Datenschutzrechts an die Verordnung (EU) 2016/679 und zur Umsetzung der Richtlinie (EU) 2016/680 (Zweites Datenschutz-Anpassungs- und Umsetzungsgesetz EU – 2. DSAnpUG-EU)
5. VermBG	=	Fünftes Vermögensbildungsgesetz
a. a. O.	=	am angegebenen Ort
Abs.	=	Absatz
AEAO	=	Anwendungserlass zur Abgabenordnung
AfA	=	Absetzung für Abnutzung
AktG	=	Aktiengesetz
AO	=	Abgabenordnung
AÜG	=	Arbeitnehmerüberlassungsgesetz
AUV	=	Auslandsumzugskostenverordnung
AVG	=	Angestelltenversicherungsgesetz
BAföG	=	Bundesausbildungsförderungsgesetz
BAnz.	=	Bundesanzeiger
BAT	=	Bundesangestellten-Tarifvertrag
BBesG	=	Bundesbesoldungsgesetz
BBG	=	Bundesbeamtengesetz
BBG West	=	Allgemeine Beitragsbemessungsgrenze in der Sozialversicherung
BBG Ost	=	Beitragsbemessungsgrenze Ost in der Sozialversicherung
BeamtVG	=	Beamtenversorgungsgesetz
BeitrRLUmsG	=	Beitreibungsrichtlinie-Umsetzungsgesetz
BerlinFG	=	Berlinförderungsgesetz
betr.	=	betreffend
BetrAVG	=	Gesetz zur Verbesserung der betrieblichen Altersversorgung
BewG	=	Bewertungsgesetz
BFH	=	Bundesfinanzhof
BFH/NV	=	Sammlung der Entscheidungen des BFH
BGB	=	Bürgerliches Gesetzbuch
BGBl.	=	Bundesgesetzblatt
BMF	=	Bundesministerium der Finanzen
BMI	=	Bundesministerium des Innern, für Bau und Heimat
Brexit-StBG	=	Gesetz über steuerliche und weitere Begleitregelungen zum Austritt des Vereinigten Königreichs Großbritannien und Nordirland aus der Europäischen Union (Brexit-Steuerbegleitgesetz – Brexit-StBG)
BRKG	=	Bundesreisekostengesetz
bspw.	=	beispielsweise

BStBl	=	Bundessteuerblatt
Buchst.	=	Buchstabe
BVerfG	=	Bundesverfassungsgericht
BVG	=	Bundesversorgungsgesetz
BUKG	=	Bundesumzugskostengesetz
BUKGVwV	=	Allgemeine Verwaltungsvorschrift zum Bundesumzugskostengesetz
BWGöD	=	Gesetz zur Regelung der Wiedergutmachung nationalsozialistischen Unrechts
BZSt	=	Bundeszentralamt für Steuern
DBA	=	Abkommen zur Vermeidung der Doppelbesteuerung
EGAO	=	Einführungsgesetz zur Abgabenordnung
ELStAM	=	Elektronische Lohnsteuerabzugsmerkmale
ErbStR	=	Erbschaftsteuer-Richtlinien
EStDV	=	Einkommensteuer-Durchführungsverordnung
EStG	=	Einkommensteuergesetz
EStH	=	Amtliches Einkommensteuer-Handbuch
EStR	=	Einkommensteuer-Richtlinien
eTIN	=	elektronische Transfer-Identifikations-Nummer
EU	=	Europäische Union
EuGH	=	Europäischer Gerichtshof
EWR	=	Europäischer Wirtschaftsraum (EU, Island, Liechtenstein, Norwegen)
EZulV	=	Erschwerniszulagenverordnung
FamEntlastG	=	Gesetz zur steuerlichen Entlastung der Familien sowie zur Anpassung weiterer steuerlicher Regelungen (Familienentlastungsgesetz – FamEntlastG)
FELEG	=	Gesetz zur Förderung der Einstellung der landwirtschaftlichen Erwerbstätigkeit
G 131	=	Gesetz zu Artikel 131 Grundgesetz
gem.	=	gemäß
GenG	=	Genossenschaftsgesetz
ggf.	=	gegebenenfalls
ggü.	=	gegenüber
GMBl	=	Gemeinsames Ministerialblatt
GrS	=	Großer Senat des BFH
GVBl.	=	Gesetz- und Verordnungsblatt
H	=	Hinweis
HGB	=	Handelsgesetzbuch
i. d. F.	=	in der Fassung
IdNr.	=	Identifikationsnummer

InsO	=	Insolvenzordnung
i. S. d.	=	im Sinne des/der
i. S. v.	=	im Sinne von
i. V. m.	=	in Verbindung mit
JStG	=	Jahressteuergesetz
Kfz	=	Kraftfahrzeug
Kj.	=	Kalenderjahr
KStG	=	Körperschaftsteuergesetz
LStDV	=	Lohnsteuer-Durchführungsverordnung
LStH	=	Amtliches Lohnsteuer-Handbuch
LStR	=	Lohnsteuer-Richtlinien
m. w. N.	=	mit weiteren Nachweisen
Nr.	=	Nummer
OWiG	=	Gesetz über Ordnungswidrigkeiten
R	=	Richtlinie
Rdnr./Rn.	=	Randnummer
Rz.	=	Randziffer
s.	=	siehe
s. a.	=	siehe auch
S.	=	Seite
sog.	=	sogenannt
SGB	=	Sozialgesetzbuch
Stpfl.	=	Steuerpflichtiger
SvEV	=	Sozialversicherungsentgeltverordnung
SVG	=	Soldatenversorgungsgesetz
Tz.	=	Textziffer
u. a.	=	unter anderem
USG	=	Unterhaltssicherungsgesetz
V+V	=	Vermietung und Verpachtung
VBL	=	Versorgungsanstalt des Bundes und der Länder
VermBDV	=	Verordnung zur Durchführung des Fünften Vermögensbildungsgesetzes
vgl.	=	vergleiche
VVG	=	Versicherungsvertragsgesetz
VZ	=	Veranlagungszeitraum
Wj.	=	Wirtschaftsjahr
WoFG	=	Wohnraumförderungsgesetz
WoPG	=	Wohnungsbau-Prämiengesetz
WoPDV	=	Verordnung zur Durchführung des Wohnungsbau-Prämiengesetzes

WoPR	=	Richtlinien zum Wohnungsbau-Prämiengesetz
WSG	=	Wehrsoldgesetz
z. B.	=	zum Beispiel
ZDG	=	Zivildienstgesetz
ZPS ZANS	=	Zentralstelle für Arbeitnehmer-Sparzulage und Wohnungsbauprämie beim Technischen Finanzamt Berlin
zzt.	=	zurzeit

Übersicht über Zahlen zur Lohnsteuer 2022

Fundstelle – Inhalt	2022
§ 3 Nr. 11 EStG, R 3.11 LStR	
Beihilfen und Unterstützungen in Notfällen steuerfrei bis	600
§ 3 Nr. 11a EStG	
Corona-Beihilfen bis 31.3.2022	1.500
§ 3 Nr. 26 EStG	
Einnahmen aus nebenberuflichen Tätigkeiten steuerfrei bis	3.000
§ 3 Nr. 26a EStG	
Einnahmen aus ehrenamtlichen Tätigkeiten steuerfrei bis	840
§ 3 Nr. 30 u. 50 EStG, R 9.13 LStR	
Heimarbeitszuschläge (steuerfrei in % des Grundlohns)	10 %
§ 3 Nr. 34 EStG	
Freibetrag für Gesundheitsförderung	600
§ 3 Nr. 34a Buchstabe b EStG	
Freibetrag für die kurzfristige Betreuung von Kindern und pflegebedürftigen Angehörigen aus zwingenden, beruflich veranlassten Gründen	600
§ 3 Nr. 38 EStG	
Sachprämien aus Kundenbindungsprogrammen steuerfrei bis	1.080
§ 3 Nr. 39 EStG	
Freibetrag für Vermögensbeteiligungen	1.440
§ 3 Nr. 56 EStG	
Höchstbetrag für Beiträge aus dem ersten Dienstverhältnis an eine nicht kapitalgedeckte Pensionskasse steuerfrei bis jährlich 3 % der Beitragsbemessungsgrenze (West) von 84.600 Euro	2.538
§ 3 Nr. 63 EStG	
– Höchstbetrag für Beiträge aus dem ersten Dienstverhältnis an Pensionsfonds, Pensionskassen oder für Direktversicherungen: Steuerfreiheit bis jährlich 8 % der Beitragsbemessungsgrenze (West) von 84.600 Euro	6.768
– Höchstbetrag bei Beendigung des Dienstverhältnisses: 4 % der Beitragsbemessungsgrenze (West) von 84.600 Euro x Dienstjahre, max. 10 Jahre	33.840
– Höchstbetrag für Nachzahlungen: 8 % der Beitragsbemessungsgrenze (West) von 84.600 Euro x Dienstjahre, max. 10 Jahre	67.680
§ 3b EStG	
Sonntags-, Feiertags- oder Nachtzuschläge (steuerfrei in % des Grundlohns, höchstens von 50 Euro)	
– Nachtarbeit	25 %
– Nachtarbeit von 0 Uhr bis 4 Uhr (wenn Arbeit vor 0 Uhr aufgenommen)	40 %
– Sonntagsarbeit	50 %
– Feiertage + Silvester ab 14 Uhr	125 %
– Weihnachten, Heiligabend ab 14 Uhr und 1. Mai	150 %
§ 8 Abs. 2 Satz 11 EStG	
Freigrenze für Sachbezüge monatlich	50

Fundstelle – Inhalt	2022
§ 8 Abs. 2 Satz 12 EStG	
Freibetrag Wohnungsvermietung durch Arbeitgeber	
– Bewertungsabschlag vom ortsüblichen Mietwert	1/3
– Mietobergrenze (Kaltmiete je qm)	25
§ 8 Abs. 2 EStG, SvEV	
Sachbezüge	
– Unterkunft (monatlich)	241
– Mahlzeiten (täglich)	
– Frühstück	1,87
– Mittagessen/Abendessen	3,57
Reisekosten bei Auswärtstätigkeiten	
– Fahrtkosten (§ 9 Abs. 1 Satz 3 Nr. 4a EStG) je Kilometer (pauschal) bei Benutzung eines:	
– Kraftwagens	0,30
– anderen motorbetriebenen Fahrzeugs	0,20
– Verpflegungsmehraufwendungen (§ 9 Abs. 4a EStG) Inland:	
– Abwesenheit 24 Stunden	28
– An- und Abreisetag mit Übernachtung	14
– Abwesenheit eintägig und mehr als 8 Stunden	14
– Abwesenheit bis zu 8 Stunden	–
– Übernachtungskosten (§ 9 Abs. 1 Satz 3 Nr. 5a EStG)	
– Pauschale Inland (R 9.7 LStR, nur Arbeitgeberersatz)	20
– Auswärtstätigkeiten im Ausland laut gesondertem BMF-Schreiben	
§ 9 Abs. 1 Satz 3 Nr. 4 EStG	
Verkehrsmittelunabhängige Entfernungspauschale für Wege zwischen Wohnung und erster Tätigkeitsstätte	
– je Entfernungs-km bis 20 km	0,30
– je Entfernungs-km ab 21. km	0,35
– Höchstbetrag (dieser gilt nicht bei Nutzung eines Pkw, bei tatsächlichen ÖPV-Kosten über 4.500 € p. a. sowie für Menschen mit Behinderungen i. S. v. § 9 Abs. 2 EStG)	4.500
§ 9 Abs. 1 Satz 3 Nr. 5 EStG	
Doppelte Haushaltsführung	
– Fahrtkosten (Pkw)	
– erste und letzte Fahrt je Kilometer	0,30
– eine Heimfahrt wöchentlich je Entfernungs-km (Entfernungspauschale)	
– bis 20 km	0,30
– ab 21. km	0,35
– Verpflegungsmehraufwendungen	
– 1. bis 3. Monat	14/28
– ab 4. Monat	–
– Übernachtungskosten Inland tatsächliche Aufwendungen max.	
– Pauschale Inland (nur Arbeitgeberersatz)	1.000 mtl.
– 1. bis 3. Monat	20
– ab 4. Monat	5
– Pauschale bei Berufskraftfahrern	8
§ 9a Satz 1 Nr. 1 EStG	
– Arbeitnehmer-Pauschbetrag	1.000
– für Versorgungsempfänger	102

Übersicht über Zahlen zur Lohnsteuer 2022

Fundstelle – Inhalt	2022
§ 10 Abs. 1 Nr. 5 EStG	
Kinderbetreuungskosten	
– 2/3 der Aufwendungen, höchstens	4.000
– Kind noch keine .... Jahre alt (Ausnahme: Kinder mit Behinderungen)	14
§ 19 EStG, R 19.3 Abs. 1 Satz 2 Nr. 4 LStR	
Fehlgeldentschädigungen steuerfrei bis	16
§ 19 EStG, R 19.3 Abs. 2 Nr. 3 LStR	
Diensteinführung, Verabschiedung usw.; Freigrenze für Sachleistungen je teilnehmender Person einschl. USt	110
§ 19 Abs. 1 Satz 1 Nr. 1a EStG	
Betriebsveranstaltungen	
Freibetrag je Arbeitnehmer einschl. USt	110
§ 19 EStG, R 19.6 Abs. 1 und 2 LStR	
Freigrenze für	
– Aufmerksamkeiten (Sachzuwendungen)	60
– Arbeitsessen	60
§ 19 Abs. 2 EStG (>Tabelle in § 19 EStG)	
Versorgungsbeginn in 2022	
– Prozentsatz	14,4 %
– Versorgungsfreibetrag[1)]	1.080
– Zuschlag zum Versorgungsfreibetrag[1)]	324
§ 24a EStG (>Tabelle in § 24a EStG)	
2021 ist Kalenderjahr nach Vollendung des 64. Lebensjahres	
– Prozentsatz	14,4 %
– Höchstbetrag	684
§ 24b EStG	
– Entlastungsbetrag für Alleinerziehende[1)]	4.008
– Erhöhung für jedes weitere Kind[1)]	240
§§ 37a, 37b EStG, § 39c Abs. 3 EStG, § 40 Abs. 2 EStG, § 40a EStG, § 40b EStG, § 40b EStG a. F.	
Lohnsteuer-Pauschalierungssatz für	
– Kundenbindungsprogramme	2,25 %
– Sachzuwendungen bis 10.000 Euro	30 %
– Auszahlung tarifvertraglicher Ansprüche durch Dritte (keine Abgeltungswirkung) bei sonstigen Bezügen bis 10.000 Euro	20 %
– Kantinenmahlzeiten	25 %
– Mahlzeiten bei Auswärtstätigkeit	25 %
– Betriebsveranstaltungen	25 %
– Erholungsbeihilfen	25 %
– Verpflegungszuschüsse	25 %
– Schenkung Datenverarbeitungsgeräte und Internet-Zuschüsse	25 %
– Schenkung Ladevorrichtung/-station und Zuschüsse für den Betrieb der Station	25 %
– Übereignung betrieblicher Fahrräder	25 %
– Fahrtkostenzuschüsse bei Anrechnung auf die Entfernungspauschale	15 %
– Fahrtkostenzuschüsse ohne Anrechnung auf die Entfernungspauschale	25 %
– Kurzfristig Beschäftigte	25 %
– Mini-Job	
– mit pauschaler Rentenversicherung	2 %
– ohne pauschale Rentenversicherung	20 %
– Aushilfskräfte Land- und Forstwirtschaft	5 %
– Beschränkt steuerpflichtige Arbeitnehmer	30 %
– nicht kapitalgedeckte Pensionskassen	20 %
– kapitalgedeckte Pensionskassen und Direktversicherungen bei Versorgungszusage vor dem 1.1.2005	20 %
– Unfallversicherungen	20 %
– Sonderzahlungen in der betrieblichen Altersversorgung	15 %

Fundstelle – Inhalt	2022
§ 40 Abs. 1 EStG	
Pauschalierung von sonstigen Bezügen je Arbeitnehmer höchstens	1.000
§ 40 Abs. 2 Satz 1 Nr. 3 EStG	
Höchstbetrag für die Pauschalierung von Erholungsbeihilfen	
– für den Arbeitnehmer	156
– für den Ehegatten/Lebenspartner	104
– je Kind	52
§ 40 Abs. 2 Satz 2 EStG	
Pauschalierung von Fahrtkostenzuschüssen bei Fahrten zwischen Wohnung und erster Tätigkeitsstätte je Entfernungs-km	
– bis 20 km	0,30
– ab 21. km	0,35
(Ausnahme: Menschen mit Behinderungen i. S. v. § 9 Abs. 2 EStG)	
§ 40a Abs. 1 EStG	
Pauschalierung bei kurzfristig Beschäftigten	
– Dauer der Beschäftigung	18 Tage
– Arbeitslohn je Kalendertag (Ausnahme: unvorhergesehener Zeitpunkt)	120
– Stundenlohngrenze	15
§ 40a Abs. 3 EStG	
Pauschalierung bei Aushilfskräften in der Land- und Forstwirtschaft	
– Dauer der Beschäftigung (im Kalenderjahr)	180 Tage
– Unschädlichkeitsgrenze (in % der Gesamtbeschäftigungsdauer)	25 %
– Stundenlohngrenze	15
§ 40a Abs. 7 EStG	
– Dauer der Beschäftigung	18 Tage
§ 40b Abs. 2 EStG, § 40b Abs. 2 a. F.	
Pauschalierung bei nicht kapitalgedeckten Pensionskassen sowie bei kapitalgedeckten Pensionskassen und Direktversicherungen nach Übergangsregelung	
– Höchstbetrag im Kalenderjahr je Arbeitnehmer	1.752
– Durchschnittsberechnung möglich bis zu (je Arbeitnehmer)	2.148
§ 40b Abs. 3 EStG	
Pauschalierung bei Unfallversicherungen Durchschnittsbetrag im Kalenderjahr je Arbeitnehmer (ohne Versicherungsteuer) höchstens	100
§ 41a Abs. 2 EStG	
Anmeldungszeitraum	
– Kalenderjahr, wenn Lohnsteuer des Vorjahres bis zu	1.080
– Vierteljahr, wenn Lohnsteuer des Vorjahres bis zu	5.000
– Monat, wenn Lohnsteuer des Vorjahres über	5.000
§ 100 EStG	
Förderbetrag zur betrieblichen Altersversorgung	
– Fördersatz	30 %
– Förder-Höchstbetrag	288
– Mindestanlagebetrag	240
– Arbeitslohn des Arbeitnehmers maximal	
– Jahr	30.900
– Monat	2.575
– Woche	600,84
– Tag	85,84
– Arbeitgeberbeitrag steuerfrei bis	960

[1)] anteilig 1/12 für jeden Monat

A.

Einkommensteuergesetz (EStG)

Einkommensteuer-Durchführungsverordnung 2000 (EStDV 2000)

Lohnsteuer-Durchführungsverordnung 1990 (LStDV 1990)

Lohnsteuer-Richtlinien 2015 (LStR 2015)

Lohnsteuer-Hinweise 2022

Einführung

(1) Die Lohnsteuer-Richtlinien in der geänderten Fassung (Lohnsteuer-Richtlinien 2015 – LStR 2015 –) enthalten im Interesse einer einheitlichen Anwendung des Lohnsteuerrechts durch die Finanzbehörden Erläuterungen der Rechtslage, Weisungen zur Auslegung des Einkommensteuergesetzes und seiner Durchführungsverordnungen sowie Weisungen zur Vermeidung unbilliger Härten und zur Verwaltungsvereinfachung.

(2) [1]Die LStR 2015 sind beim Steuerabzug vom Arbeitslohn für Lohnzahlungszeiträume anzuwenden, die nach dem 31.12.2014 enden, und für sonstige Bezüge, die dem Arbeitnehmer nach dem 31.12.2014 zufließen. [2]Sie gelten auch für frühere Zeiträume, soweit sie geänderte Vorschriften des Einkommensteuergesetzes betreffen, die vor dem 1.1.2015 anzuwenden sind. [3]Die LStR 2015 sind auch für frühere Jahre anzuwenden, soweit sie lediglich eine Erläuterung der Rechtslage darstellen. [4]R 19a ist nur bis zum 31.12.2015 anzuwenden. [5]Die obersten Finanzbehörden der Länder können mit Zustimmung des Bundesministeriums der Finanzen (BMF) die in den Lohnsteuer-Richtlinien festgelegten Höchst- und Pauschbeträge ändern, wenn eine Anpassung an neue Rechtsvorschriften oder an die wirtschaftliche Entwicklung geboten ist.

(3) Sämtliche Regelungen dieser Richtlinien zu Ehegatten und Ehen gelten entsprechend auch für Lebenspartner und Lebenspartnerschaften.

(4) Anordnungen, die mit den nachstehenden Richtlinien im Widerspruch stehen, sind nicht mehr anzuwenden.

(5) Diesen Richtlinien liegt, soweit im Einzelnen keine andere Fassung angegeben ist, das Einkommensteuergesetz i. d. F. der Bekanntmachung vom 8.10.2009 (BGBl. I S. 3366, S. 3862, BStBl I S. 1346), zuletzt geändert durch Artikel 1 bis 3 des Gesetzes zur Anpassung des nationalen Steuerrechts an den Beitritt Kroatiens zur EU und zur Änderung weiterer steuerlicher Vorschriften vom 25.7.2014 (BGBl. I S. 1266) zu Grunde.

Anwendung der Lohnsteuer-Richtlinien 2013

Die Lohnsteuer-Richtlinien 2008 i. d. F. vom 10.12.2007 (BStBl I Sondernummer 1/2007), geändert durch die Lohnsteuer-Änderungsrichtlinien 2011 vom 23.11.2010 (BStBl. I S. 1325) und die Lohnsteuer-Änderungsrichtlinien 2013 vom 8.7.2013 (BStBl. I S. 851) – Lohnsteuer-Richtlinien 2013 –, sind mit den Abweichungen, die sich aus der Änderung von Rechtsvorschriften für die Zeit bis 31.12.2014 ergeben, letztmals anzuwenden für Lohnzahlungszeiträume, die vor dem 1.1.2015 enden, und für sonstige Bezüge, die dem Arbeitnehmer vor dem 1.1.2015 zufließen.

I. Steuerpflicht

§ 1

S 2100

Steuerpflicht

(1) [1] Natürliche Personen, die im Inland einen Wohnsitz oder ihren gewöhnlichen Aufenthalt haben, sind unbeschränkt einkommensteuerpflichtig. [2] Zum Inland im Sinne dieses Gesetzes gehört auch der der Bundesrepublik Deutschland zustehende Anteil S 2101

1. an der ausschließlichen Wirtschaftszone, soweit dort

a) die lebenden und nicht lebenden natürlichen Ressourcen der Gewässer über dem Meeresboden, des Meeresbodens und seines Untergrunds erforscht, ausgebeutet, erhalten oder bewirtschaftet werden,

b) andere Tätigkeiten zur wirtschaftlichen Erforschung oder Ausbeutung der ausschließlichen Wirtschaftszone ausgeübt werden, wie beispielsweise die Energieerzeugung aus Wasser, Strömung und Wind oder

c) künstliche Inseln errichtet oder genutzt werden und Anlagen und Bauwerke für die in den Buchstaben a und b genannten Zwecke errichtet oder genutzt werden, und

2. am Festlandsockel, soweit dort

a) dessen natürliche Ressourcen erforscht oder ausgebeutet werden; natürliche Ressourcen in diesem Sinne sind die mineralischen und sonstigen nicht lebenden Ressourcen des Meeresbodens und seines Untergrunds sowie die zu den sesshaften Arten gehörenden Lebewesen, die im nutzbaren Stadium entweder unbeweglich auf oder unter dem Meeresboden verbleiben oder sich nur in ständigem körperlichen Kontakt mit dem Meeresboden oder seinem Untergrund fortbewegen können; oder

b) künstliche Inseln errichtet oder genutzt werden und Anlagen und Bauwerke für die in Buchstabe a genannten Zwecke errichtet oder genutzt werden.

(2) [1] Unbeschränkt einkommensteuerpflichtig sind auch deutsche Staatsangehörige, die S 2102

1. im Inland weder einen Wohnsitz noch ihren gewöhnlichen Aufenthalt haben und

2. zu einer inländischen juristischen Person des öffentlichen Rechts in einem Dienstverhältnis stehen und dafür Arbeitslohn aus einer inländischen öffentlichen Kasse beziehen,

sowie zu ihrem Haushalt gehörende Angehörige, die die deutsche Staatsangehörigkeit besitzen oder keine Einkünfte oder nur Einkünfte beziehen, die ausschließlich im Inland einkommensteuerpflichtig sind. [2] Dies gilt nur für natürliche Personen, die in dem Staat, in dem

sie ihren Wohnsitz oder ihren gewöhnlichen Aufenthalt haben, lediglich in einem der beschränkten Einkommensteuerpflicht ähnlichen Umfang zu einer Steuer vom Einkommen herangezogen werden.

S 2104 (3) [1] Auf Antrag werden auch natürliche Personen als unbeschränkt einkommensteuerpflichtig behandelt, die im Inland weder einen Wohnsitz noch ihren gewöhnlichen Aufenthalt haben, soweit sie inländische Einkünfte im Sinne des § 49 haben. [2] Dies gilt nur, wenn ihre Einkünfte im Kalenderjahr mindestens zu 90 Prozent der deutschen Einkommensteuer unterliegen oder die nicht der deutschen Einkommensteuer unterliegenden Einkünfte den Grundfreibetrag nach § 32a Absatz 1 Satz 2 Nummer 1 nicht übersteigen; dieser Betrag ist zu kürzen, soweit es nach den Verhältnissen im Wohnsitzstaat des Steuerpflichtigen notwendig und angemessen ist. [3] Inländische Einkünfte, die nach einem Abkommen zur Vermeidung der Doppelbesteuerung nur der Höhe nach beschränkt besteuert werden dürfen, gelten hierbei als nicht der deutschen Einkommensteuer unterliegend. [4] Unberücksichtigt bleiben bei der Ermittlung der Einkünfte nach Satz 2 nicht der deutschen Einkommensteuer unterliegende Einkünfte, die im Ausland nicht besteuert werden, soweit vergleichbare Einkünfte im Inland steuerfrei sind. [5] Weitere Voraussetzung ist, dass die Höhe der nicht der deutschen Einkommensteuer unterliegenden Einkünfte durch eine Bescheinigung der zuständigen ausländischen Steuerbehörde nachgewiesen wird. [6] Der Steuerabzug nach § 50a ist ungeachtet der Sätze 1 bis 4 vorzunehmen.

S 2103 (4) Natürliche Personen, die im Inland weder einen Wohnsitz noch ihren gewöhnlichen Aufenthalt haben, sind vorbehaltlich der Absätze 2 und 3 und des § 1a beschränkt einkommensteuerpflichtig, wenn sie inländische Einkünfte im Sinne des § 49 haben.

H 1

Hinweise

Erweiterte unbeschränkte Steuerpflicht und unbeschränkte Steuerpflicht auf Antrag

>R 1 EStR, H 1a EStH

§ 1a

S 2104

(1) Für Staatsangehörige eines Mitgliedstaates der Europäischen Union oder eines Staates, auf den das Abkommen über den Europäischen Wirtschaftsraum anwendbar ist, die nach § 1 Absatz 1 unbeschränkt einkommensteuerpflichtig sind oder die nach § 1 Absatz 3 als unbeschränkt einkommensteuerpflichtig zu behandeln sind, gilt bei Anwendung von § 10 Absatz 1a und § 26 Absatz 1 Satz 1 Folgendes:

1. Aufwendungen im Sinne des § 10 Absatz 1a sind auch dann als Sonderausgaben abziehbar, wenn der Empfänger der Leistung oder Zahlung nicht unbeschränkt einkommensteuerpflichtig ist. [2]Voraussetzung ist, dass
   a) der Empfänger seinen Wohnsitz oder gewöhnlichen Aufenthalt im Hoheitsgebiet eines anderen Mitgliedstaates der Europäischen Union oder eines Staates hat, auf den das Abkommen über den Europäischen Wirtschaftsraum Anwendung findet und
   b) die Besteuerung der nach § 10 Absatz 1a zu berücksichtigenden Leistung oder Zahlung beim Empfänger durch eine Bescheinigung der zuständigen ausländischen Steuerbehörde nachgewiesen wird;
2. der nicht dauernd getrennt lebende Ehegatte ohne Wohnsitz oder gewöhnlichen Aufenthalt im Inland wird auf Antrag für die Anwendung des § 26 Absatz 1 Satz 1 als unbeschränkt einkommensteuerpflichtig behandelt. [2]Nummer 1 Satz 2 Buchstabe a gilt entsprechend. [3]Bei Anwendung des § 1 Absatz 3 Satz 2 ist auf die Einkünfte beider Ehegatten abzustellen und der Grundfreibetrag nach § 32a Absatz 1 Satz 2 Nummer 1 zu verdoppeln.

(2) Für unbeschränkt einkommensteuerpflichtige Personen im Sinne des § 1 Absatz 2, die die Voraussetzungen des § 1 Absatz 3 Satz 2 bis 5 erfüllen, und für unbeschränkt einkommensteuerpflichtige Personen im Sinne des § 1 Absatz 3, die die Voraussetzungen des § 1 Absatz 2 Satz 1 Nummer 1 und 2 erfüllen und an einem ausländischen Dienstort tätig sind, gilt die Regelung des Absatzes 1 Nummer 2 entsprechend mit der Maßgabe, dass auf Wohnsitz oder gewöhnlichen Aufenthalt im Staat des ausländischen Dienstortes abzustellen ist.

II. Einkommen

S 2110 ### 1. Sachliche Voraussetzungen für die Besteuerung

§ 2

Umfang der Besteuerung, Begriffsbestimmungen

S 2113 (1) [1] Der Einkommensteuer unterliegen

1. Einkünfte aus Land- und Forstwirtschaft,
2. Einkünfte aus Gewerbebetrieb,
3. Einkünfte aus selbständiger Arbeit,
4. Einkünfte aus nichtselbständiger Arbeit,
5. Einkünfte aus Kapitalvermögen,
6. Einkünfte aus Vermietung und Verpachtung,
7. sonstige Einkünfte im Sinne des § 22,

die der Steuerpflichtige während seiner unbeschränkten Einkommensteuerpflicht oder als inländische Einkünfte während seiner beschränkten Einkommensteuerpflicht erzielt. [2] Zu welcher Einkunftsart die Einkünfte im einzelnen Fall gehören, bestimmt sich nach den §§ 13 bis 24.

S 2114 (2) [1] Einkünfte sind

S 2130 1. bei Land- und Forstwirtschaft, Gewerbebetrieb und selbständiger Arbeit der Gewinn (§§ 4 bis 7k und 13a),

S 2201 2. bei den anderen Einkunftsarten der Überschuss der Einnahmen über die Werbungskosten (§§ 8 bis 9a).

[2] Bei Einkünften aus Kapitalvermögen tritt § 20 Absatz 9 vorbehaltlich der Regelung in § 32d Absatz 2 an die Stelle der §§ 9 und 9a.

S 2117 (3) Die Summe der Einkünfte, vermindert um den Altersentlas-
S 2118 tungsbetrag, den Entlastungsbetrag für Alleinerziehende und den Abzug nach § 13 Absatz 3, ist der Gesamtbetrag der Einkünfte.

S 2112 (4) Der Gesamtbetrag der Einkünfte, vermindert um die Sonderausgaben und die außergewöhnlichen Belastungen, ist das Einkommen.

S 2280 (5) [1] Das Einkommen, vermindert um die Freibeträge nach § 32 Absatz 6 und um die sonstigen vom Einkommen abzuziehenden Beträge, ist das zu versteuernde Einkommen; dieses bildet die Bemessungsgrundlage für die tarifliche Einkommensteuer. [2] Knüpfen andere Gesetze an den Begriff des zu versteuernden Einkommens an, ist für deren Zweck das Einkommen in allen Fällen des § 32 um die Freibeträge nach § 32 Absatz 6 zu vermindern.

(5a) [1] Knüpfen außersteuerliche Rechtsnormen an die in den vorstehenden Absätzen definierten Begriffe (Einkünfte, Summe der Einkünfte, Gesamtbetrag der Einkünfte, Einkommen, zu versteuerndes Einkommen) an, erhöhen sich für deren Zwecke diese Größen um die nach § 32d Absatz 1 und nach § 43 Absatz 5 zu besteuernden Beträge sowie um die nach § 3 Nummer 40 steuerfreien Beträge und mindern sich um die nach § 3c Absatz 2 nicht abziehbaren Beträge. [2]Knüpfen außersteuerliche Rechtsnormen an die in den Absätzen 1 bis 3 genannten Begriffe (Einkünfte, Summe der Einkünfte, Gesamtbetrag der Einkünfte) an, mindern sich für deren Zwecke diese Größen um die nach § 10 Absatz 1 Nummer 5 abziehbaren Kinderbetreuungskosten.

(5b) Soweit Rechtsnormen dieses Gesetzes an die in den vorstehenden Absätzen definierten Begriffe (Einkünfte, Summe der Einkünfte, Gesamtbetrag der Einkünfte, Einkommen, zu versteuerndes Einkommen) anknüpfen, sind Kapitalerträge nach § 32d Absatz 1 und § 43 Absatz 5 nicht einzubeziehen.

(6) [1]Die tarifliche Einkommensteuer, vermindert um den Unterschiedsbetrag nach § 32c Absatz 1 Satz 2, die anzurechnenden ausländischen Steuern und die Steuerermäßigungen, vermehrt um die Steuer nach § 32d Absatz 3 und 4, die Steuer nach § 34c Absatz 5 und den Zuschlag nach § 3 Absatz 4 Satz 2 des Forstschäden-Ausgleichsgesetzes in der Fassung der Bekanntmachung vom 26. August 1985 (BGBl. I S. 1756), das zuletzt durch Artikel 412 der Verordnung vom 31. August 2015 (BGBl. I S. 1474) geändert worden ist, in der jeweils geltenden Fassung, ist die festzusetzende Einkommensteuer. [2]Wurde der Gesamtbetrag der Einkünfte in den Fällen des § 10a Absatz 2 um Sonderausgaben nach § 10a Absatz 1 gemindert, ist für die Ermittlung der festzusetzenden Einkommensteuer der Anspruch auf Zulage nach Abschnitt XI der tariflichen Einkommensteuer hinzuzurechnen; bei der Ermittlung der dem Steuerpflichtigen zustehenden Zulage bleibt die Erhöhung der Grundzulage nach § 84 Absatz 2 außer Betracht. [3]Wird das Einkommen in den Fällen des § 31 um die Freibeträge nach § 32 Absatz 6 gemindert, ist der Anspruch auf Kindergeld nach Abschnitt X der tariflichen Einkommensteuer hinzuzurechnen; nicht jedoch für Kalendermonate, in denen durch Bescheid der Familienkasse ein Anspruch auf Kindergeld festgesetzt, aber wegen § 70 Absatz 1 Satz 2 nicht ausgezahlt wurde. [1])

(7) [1]Die Einkommensteuer ist eine Jahressteuer. [2]Die Grundlagen für ihre Festsetzung sind jeweils für ein Kalenderjahr zu ermitteln. [3]Besteht während eines Kalenderjahres sowohl unbeschränkte als auch beschränkte Einkommensteuerpflicht, so sind die während der beschränkten Einkommensteuerpflicht erzielten inländischen Einkünfte in eine Veranlagung zur unbeschränkten Einkommensteuerpflicht einzubeziehen. S 2111

(8) Die Regelungen dieses Gesetzes zu Ehegatten und Ehen sind auch auf Lebenspartner und Lebenspartnerschaften anzuwenden.

Hinweise

H 2

>R 2 EStR, H 2 EStH

[1]) zur Anwendung des § 32c Abs. 1 Satz 2 >§ 52 Abs. 33a

S 2118a

§ 2a
Negative Einkünfte mit Bezug zu Drittstaaten

(1) [1] Negative Einkünfte

1. aus einer in einem Drittstaat belegenen land- und forstwirtschaftlichen Betriebsstätte,
2. aus einer in einem Drittstaat belegenen gewerblichen Betriebsstätte,
3. a) aus dem Ansatz des niedrigeren Teilwerts eines zu einem Betriebsvermögen gehörenden Anteils an einer Drittstaaten-Körperschaft oder
   b) aus der Veräußerung oder Entnahme eines zu einem Betriebsvermögen gehörenden Anteils an einer Drittstaaten-Körperschaft oder aus der Auflösung oder Herabsetzung des Kapitals einer Drittstaaten-Körperschaft,
4. in den Fällen des § 17 bei einem Anteil an einer Drittstaaten-Kapitalgesellschaft,
5. aus der Beteiligung an einem Handelsgewerbe als stiller Gesellschafter und aus partiarischen Darlehen, wenn der Schuldner Wohnsitz, Sitz oder Geschäftsleitung in einem Drittstaat hat,
6. a) aus der Vermietung oder der Verpachtung von unbeweglichem Vermögen oder von Sachinbegriffen, wenn diese in einem Drittstaat belegen sind, oder
   b) aus der entgeltlichen Überlassung von Schiffen, sofern der Überlassende nicht nachweist, dass diese ausschließlich oder fast ausschließlich in einem anderen Staat als einem Drittstaat eingesetzt worden sind, es sei denn, es handelt sich um Handelsschiffe, die
      aa) von einem Vercharterer ausgerüstet überlassen oder
      bb) an in einem anderen als in einem Drittstaat ansässige Ausrüster, die die Voraussetzungen des § 510 Absatz 1 des Handelsgesetzbuchs erfüllen, überlassen oder
      cc) insgesamt nur vorübergehend an in einem Drittstaat ansässige Ausrüster, die die Voraussetzungen des § 510 Absatz 1 des Handelsgesetzbuchs erfüllen, überlassen
   worden sind, oder
   c) aus dem Ansatz des niedrigeren Teilwerts oder der Übertragung eines zu einem Betriebsvermögen gehörenden Wirtschaftsguts im Sinne der Buchstaben a und b,
7. a) aus dem Ansatz des niedrigeren Teilwerts, der Veräußerung oder Entnahme eines zu einem Betriebsvermögen gehörenden Anteils an
   b) aus der Auflösung oder Herabsetzung des Kapitals,
   c) in den Fällen des § 17 bei einem Anteil an

einer Körperschaft mit Sitz oder Geschäftsleitung in einem anderen Staat als einem Drittstaat, soweit die negativen Einkünfte auf einen der in den Nummern 1 bis 6 genannten Tatbestände zurückzuführen sind,

dürfen nur mit positiven Einkünften der jeweils selben Art und, mit Ausnahme der Fälle der Nummer 6 Buchstabe b, aus demselben Staat, in den Fällen der Nummer 7 auf Grund von Tatbeständen der jeweils selben Art aus demselben Staat, ausgeglichen werden; sie dürfen auch nicht nach § 10d abgezogen werden. [2] Den negativen Einkünften sind Gewinnminderungen gleichgestellt. [3] Soweit die negativen Einkünfte nicht nach Satz 1 ausgeglichen werden können, mindern sie die positiven Einkünfte der jeweils selben Art, die der Steuerpflichtige in den folgenden Veranlagungszeiträumen aus demselben Staat, in den Fällen der Nummer 7 auf Grund von Tatbeständen der jeweils selben Art aus demselben Staat, erzielt. [4] Die Minderung ist nur insoweit zulässig, als die negativen Einkünfte in den vorangegangenen Veranlagungszeiträumen nicht berücksichtigt werden konnten (verbleibende negative Einkünfte). [5] Die am Schluss eines Veranlagungszeitraums verbleibenden negativen Einkünfte sind gesondert festzustellen; § 10d Absatz 4 gilt sinngemäß.

(2) [1] Absatz 1 Satz 1 Nummer 2 ist nicht anzuwenden, wenn der Steuerpflichtige nachweist, dass die negativen Einkünfte aus einer gewerblichen Betriebsstätte in einem Drittstaat stammen, die ausschließlich oder fast ausschließlich die Herstellung oder Lieferung von Waren, außer Waffen, die Gewinnung von Bodenschätzen sowie die Bewirkung gewerblicher Leistungen zum Gegenstand hat, soweit diese nicht in der Errichtung oder dem Betrieb von Anlagen, die dem Fremdenverkehr dienen, oder in der Vermietung oder der Verpachtung von Wirtschaftsgütern einschließlich der Überlassung von Rechten, Plänen, Mustern, Verfahren, Erfahrungen und Kenntnissen bestehen; das unmittelbare Halten einer Beteiligung von mindestens einem Viertel am Nennkapital einer Kapitalgesellschaft, die ausschließlich oder fast ausschließlich die vorgenannten Tätigkeiten zum Gegenstand hat, sowie die mit dem Halten der Beteiligung in Zusammenhang stehende Finanzierung gilt als Bewirkung gewerblicher Leistungen, wenn die Kapitalgesellschaft weder ihre Geschäftsleitung noch ihren Sitz im Inland hat. [2] Absatz 1 Satz 1 Nummer 3 und 4 ist nicht anzuwenden, wenn der Steuerpflichtige nachweist, dass die in Satz 1 genannten Voraussetzungen bei der Körperschaft entweder seit ihrer Gründung oder während der letzten fünf Jahre vor und in dem Veranlagungszeitraum vorgelegen haben, in dem die negativen Einkünfte bezogen werden.

(2a) [1] Bei der Anwendung der Absätze 1 und 2 sind

1. als Drittstaaten die Staaten anzusehen, die nicht Mitgliedstaaten der Europäischen Union sind;

2. Drittstaaten-Körperschaften und Drittstaaten-Kapitalgesellschaften solche, die weder ihre Geschäftsleitung noch ihren Sitz in einem Mitgliedstaat der Europäischen Union haben.

[2]Bei Anwendung des Satzes 1 sind den Mitgliedstaaten der Europäischen Union die Staaten gleichgestellt, auf die das Abkommen über den Europäischen Wirtschaftsraum anwendbar ist, sofern zwischen der Bundesrepublik Deutschland und dem anderen Staat auf Grund der Amtshilferichtlinie gemäß § 2 Absatz 2 des EU-Amtshilfegesetzes oder einer vergleichbaren zwei- oder mehrseitigen Vereinbarung Auskünfte erteilt werden, die erforderlich sind, um die Besteuerung durchzuführen.

2. Steuerfreie Einnahmen

Hinweise H 3.0

Steuerbefreiungen nach anderen Gesetzen, Verordnungen und Verträgen
>R 3.0 EStR, H 3.0 EStH

I

§ 3

S 2120
S 2121

Steuerfrei sind

1. a) Leistungen aus einer Krankenversicherung, aus einer Pflegeversicherung und aus der gesetzlichen Unfallversicherung, S 2342

b) Sachleistungen und Kinderzuschüsse aus den gesetzlichen Rentenversicherungen einschließlich der Sachleistungen nach dem Gesetz über die Alterssicherung der Landwirte,

c) Übergangsgeld nach dem Sechsten Buch Sozialgesetzbuch und Geldleistungen nach den §§ 10, 36 bis 39 des Gesetzes über die Alterssicherung der Landwirte,

d) das Mutterschaftsgeld nach dem Mutterschutzgesetz, der Reichsversicherungsordnung und dem Gesetz über die Krankenversicherung der Landwirte, die Sonderunterstützung für im Familienhaushalt beschäftigte Frauen, der Zuschuss zum Mutterschaftsgeld nach dem Mutterschutzgesetz sowie der Zuschuss bei Beschäftigungsverboten für die Zeit vor oder nach einer Entbindung sowie für den Entbindungstag während einer Elternzeit nach beamtenrechtlichen Vorschriften;

2. a) das Arbeitslosengeld, das Teilarbeitslosengeld, das Kurzarbeitergeld, der Zuschuss zum Arbeitsentgelt, das Übergangsgeld, der Gründungszuschuss nach dem Dritten Buch Sozialgesetzbuch sowie die übrigen Leistungen nach dem Dritten Buch Sozialgesetzbuch und den entsprechenden Programmen des Bundes und der Länder, soweit sie Arbeitnehmern oder Arbeitsuchenden oder zur Förderung der Aus- oder Weiterbildung oder Existenzgründung der Empfänger gewährt werden, S 2342

b) das Insolvenzgeld, Leistungen auf Grund der in § 169 und § 175 Absatz 2 des Dritten Buches Sozialgesetzbuch genannten Ansprüche sowie Zahlungen des Arbeitgebers an einen Sozialleistungsträger auf Grund des gesetzlichen Forderungsübergangs nach § 115 Absatz 1 des Zehnten Buches Sozialgesetzbuch, wenn ein Insolvenzereignis nach § 165

Absatz 1 Satz 2 auch in Verbindung mit Satz 3 des Dritten Buches Sozialgesetzbuch vorliegt,

c) die Arbeitslosenbeihilfe nach dem Soldatenversorgungsgesetz,

d) Leistungen zur Sicherung des Lebensunterhalts und zur Eingliederung in Arbeit nach dem Zweiten Buch Sozialgesetzbuch,

e) mit den in den Nummern 1 bis 2 Buchstabe d und Nummer 67 Buchstabe b genannten Leistungen vergleichbare Leistungen ausländischer Rechtsträger, die ihren Sitz in einem Mitgliedstaat der Europäischen Union, in einem Staat, auf den das Abkommen über den Europäischen Wirtschaftsraum Anwendung findet oder in der Schweiz haben;

R 3.2

Leistungen nach dem Dritten Buch Sozialgesetzbuch (§ 3 Nr. 2 EStG)

S 2342

(1) [1]Steuerfrei sind das Arbeitslosengeld und das Teilarbeitslosengeld nach dem Dritten Buch Sozialgesetzbuch (SGB III). [2]Etwaige spätere Zahlungen des Arbeitgebers an die Agentur für Arbeit auf Grund des gesetzlichen Forderungsübergangs (§ 115 SGB X) sind ebenfalls steuerfrei, wenn über das Vermögen des Arbeitgebers das Insolvenzverfahren eröffnet worden ist oder einer der Fälle des § 165 Abs. 1 Satz 2 Nr. 2 oder 3 SGB III vorliegt. [3]Hat die Agentur für Arbeit in den Fällen der § 157 Abs. 3 und § 158 Abs. 4 SGB III zunächst Arbeitslosengeld gezahlt und zahlt der Arbeitnehmer dieses auf Grund dieser Vorschriften der Agentur für Arbeit zurück, bleibt die Rückzahlung mit Ausnahme des Progressionsvorbehalts (>R 32b EStR) ohne steuerliche Auswirkung (§ 3c EStG); der dem Arbeitnehmer vom Arbeitgeber nachgezahlte Arbeitslohn ist grundsätzlich steuerpflichtig.

(2) Steuerfrei sind außerdem das Insolvenzgeld (§ 165 SGB III) und Leistungen des Insolvenzverwalters oder des ehemaligen Arbeitgebers auf Grund von § 169 Satz 1 SGB III an die Bundesagentur oder Leistungen der Einzugsstelle an die Agentur für Arbeit auf Grund von § 175 Abs. 2 SGB III.

(3) Zu den steuerfreien Leistungen nach dem SGB III gehört auch das Wintergeld, das als Mehraufwands-Wintergeld zur Abgeltung der witterungsbedingten Mehraufwendungen bei Arbeit und als Zuschuss-Wintergeld für jede aus Arbeitszeitguthaben ausgeglichene Ausfallstunde (zur Vermeidung der Inanspruchnahme des Saison-Kurzarbeitergeldes) gezahlt wird (§ 102 SGB III).

(4) Steuerfrei sind auch das Übergangsgeld und der Gründungszuschuss, die behinderten oder von Behinderung bedrohten Menschen nach den §§ 45 bis 52 SGB IX bzw. § 33 Abs. 3 Nr. 5 SGB IX geleistet werden, weil es sich um Leistungen i. S. d. SGB III, SGB VI, SGB VII oder des Bundesversorgungsgesetzes (BVG) handelt.

Hinweise H 3.2

Zahlungen des Arbeitgebers an die Agentur für Arbeit
Leistet der Arbeitgeber auf Grund des gesetzlichen Forderungsübergangs nach § 115 SGB X eine Lohnnachzahlung unmittelbar an die Arbeitsverwaltung, führt dies beim Arbeitnehmer zum Zufluss von Arbeitslohn (>BFH vom 15.11.2007 – BStBl 2008 II S. 375). Sind die Voraussetzungen von R 3.2 Abs. 1 Satz 2 nicht erfüllt, d. h. liegt kein Konkurs-, Gesamtvollstreckungs- oder Insolvenzverfahren vor, sind die Zahlungen des Arbeitgebers steuerpflichtiger Arbeitslohn (>BFH vom 16.3.1993 – BStBl II S. 507); in diesen Fällen ist R 39b.6 Abs. 3 zu beachten.

§ 3

Steuerfrei sind

...

3. a) **Rentenabfindungen nach § 107 des Sechsten Buches Sozialgesetzbuch, nach § 21 des Beamtenversorgungsgesetzes, nach § 9 Absatz 1 Nummer 3 des Altersgeldgesetzes oder entsprechendem Landesrecht und nach § 43 des Soldatenversorgungsgesetzes in Verbindung mit § 21 des Beamtenversorgungsgesetzes,** S 2342
   b) **Beitragserstattungen an den Versicherten nach den §§ 210 und 286d des Sechsten Buches Sozialgesetzbuch sowie nach den §§ 204, 205 und 207 des Sechsten Buches Sozialgesetzbuch, Beitragserstattungen nach den §§ 75 und 117 des Gesetzes über die Alterssicherung der Landwirte und nach § 26 des Vierten Buches Sozialgesetzbuch,**
   c) **Leistungen aus berufsständischen Versorgungseinrichtungen, die den Leistungen nach den Buchstaben a und b entsprechen,**
   d) **Kapitalabfindungen und Ausgleichszahlungen nach § 48 des Beamtenversorgungsgesetzes oder entsprechendem Landesrecht und nach den §§ 28 bis 35 und 38 des Soldatenversorgungsgesetzes;**
4. **bei Angehörigen der Bundeswehr, der Bundespolizei, der Zollverwaltung, der Bereitschaftspolizei der Länder, der Vollzugspolizei und der Berufsfeuerwehr der Länder und Gemeinden und bei Vollzugsbeamten der Kriminalpolizei des Bundes, der Länder und Gemeinden** S 2342
   a) **der Geldwert der ihnen aus Dienstbeständen überlassenen Dienstkleidung,**
   b) **Einkleidungsbeihilfen und Abnutzungsentschädigungen für die Dienstkleidung der zum Tragen oder Bereithalten von Dienstkleidung Verpflichteten und für dienstlich notwendige**

Kleidungsstücke der Vollzugsbeamten der Kriminalpolizei sowie der Angehörigen der Zollverwaltung,

c) im Einsatz gewährte Verpflegung oder Verpflegungszuschüsse,

d) der Geldwert der auf Grund gesetzlicher Vorschriften gewährten Heilfürsorge;

R 3.4

Überlassung von Dienstkleidung und anderen Leistungen an bestimmte Angehörige des öffentlichen Dienstes (§ 3 Nr. 4 EStG)

S 2342

[1] Die Steuerfreiheit nach § 3 Nr. 4 Buchstabe a und b EStG gilt für sämtliche Dienstbekleidungsstücke, die die Angehörigen der genannten Berufsgruppen nach den jeweils maßgebenden Dienstbekleidungsvorschriften zu tragen verpflichtet sind. [2] Zu den Angehörigen der Bundeswehr oder der Bundespolizei i. S. d. § 3 Nr. 4 EStG gehören nicht die Zivilbediensteten.

---

§ 3

Steuerfrei sind

......

S 2342

5. a) die Geld- und Sachbezüge, die Wehrpflichtige während des Wehrdienstes nach § 4 des Wehrpflichtgesetzes erhalten,

b) die Geld- und Sachbezüge, die Zivildienstleistende nach § 35 des Zivildienstgesetzes erhalten,

c) die Heilfürsorge, die Soldaten nach § 16 des Wehrsoldgesetzes und Zivildienstleistende nach § 35 des Zivildienstgesetzes erhalten,

d) das an Personen, die einen in § 32 Absatz 4 Satz 1 Nummer 2 Buchstabe d genannten Freiwilligendienst leisten, gezahlte Taschengeld oder eine vergleichbare Geldleistung,

e) Leistungen nach § 5 des Wehrsoldgesetzes;

S 2342

6. Bezüge, die auf Grund gesetzlicher Vorschriften aus öffentlichen Mitteln versorgungshalber an Wehrdienstbeschädigte, im Freiwilligen Wehrdienst Beschädigte, Zivildienstbeschädigte und im Bundesfreiwilligendienst Beschädigte oder ihre Hinterbliebenen, Kriegsbeschädigte, Kriegshinterbliebene und ihnen gleichgestellte Personen gezahlt werden, soweit es sich nicht um Bezüge handelt, die auf Grund der Dienstzeit gewährt werden. [2] Gleichgestellte im Sinne des Satzes 1 sind auch Personen, die Anspruch auf Leistungen nach dem Bundesversorgungsgesetz oder auf Unfallfürsorgeleistungen nach dem Soldatenversorgungsgesetz, Beamtenversorgungsgesetz oder vergleichbarem Landesrecht haben;

Gesetzliche Bezüge der Wehr- und Zivildienstbeschädigten, Kriegsbeschädigten, ihrer Hinterbliebenen und der ihnen gleichgestellten Personen (§ 3 Nr. 6 EStG)

R 3.6

S 2342

(1) [1] Steuerfreie Bezüge nach § 3 Nr. 6 EStG sind die Leistungen nach dem BVG ohne Rücksicht darauf, ob sie sich unmittelbar aus diesem oder aus Gesetzen, die es für anwendbar erklären, ergeben, ferner Leistungen nach den § 41 Abs. 2, §§ 63, 63a, 63b, 63e, 63f, 85 und 86 des Soldatenversorgungsgesetzes (SVG) sowie nach § 35 Abs. 5 und nach § 50 des Zivildienstgesetzes (ZDG). [2] Zu den Gesetzen, die das BVG für anwendbar erklären, gehören

1. das SVG (§§ 80, 81b, 81e, 81f des Gesetzes),
2. das ZDG (§§ 47, 47b des Gesetzes),
3. das Häftlingshilfegesetz (§§ 4 und 5 des Gesetzes, § 8 des Gesetzes i. V. m. § 86 BVG),
4. das Gesetz über die Unterhaltsbeihilfe für Angehörige von Kriegsgefangenen (§ 3 des Gesetzes i. V. m. § 86 BVG),
5. das Gesetz über den Bundesgrenzschutz vom 18.8.1972 in der jeweils geltenden Fassung (§ 59 Abs. 1 des Gesetzes i. V. m. dem SVG),
6. das Gesetz zur Regelung der Rechtsverhältnisse der unter Artikel 131 des Grundgesetzes fallenden Personen (§§ 66, 66a des Gesetzes) unter Beachtung der Anwendungsregelung des § 2 Dienstrechtliches Kriegsfolgen-Abschlußgesetz,
7. das Gesetz zur Einführung des BVG im Saarland vom 16.8.1961 (§ 5 Abs. 1 des Gesetzes),
8. das Gesetz über die Entschädigung für Opfer von Gewalttaten (§§ 1, 10a des Gesetzes),
9. das Infektionsschutzgesetz (§ 60 des Gesetzes),
10. das Strafrechtliche Rehabilitierungsgesetz (§§ 21, 22 des Gesetzes),
11. das Verwaltungsrechtliche Rehabilitierungsgesetz (§§ 3, 4 des Gesetzes).

(2) Zu den nach § 3 Nr. 6 EStG versorgungshalber gezahlten Bezügen, die nicht auf Grund der Dienstzeit gewährt werden, gehören auch

1. Bezüge der Berufssoldaten der früheren Wehrmacht, der Angehörigen des Vollzugsdienstes der Polizei, des früheren Reichswasserschutzes, der Beamten der früheren Schutzpolizei der Länder sowie der früheren Angehörigen der Landespolizei und ihrer Hinterbliebenen,
2. die Unfallfürsorgeleistungen an Beamte auf Grund der §§ 32 bis 35, 38, 40, 41, 43 und 43a des Beamtenversorgungsgesetzes (BeamtVG), Unterhaltsbeiträge nach § 38a BeamtVG oder vergleichbarem Landesrecht, die einmalige Unfallentschädigung und die entsprechende Entschädigung für Hinterbliebene nach § 20 Abs. 4 und 5 des Einsatz-Weiterverwendungsgesetzes,
3. die Dienstbeschädigungsvollrenten und die Dienstbeschädigungsteilrenten nach den Versorgungsordnungen der Nationalen Volksarmee

(VSO-NVA), der Volkspolizei, der Feuerwehr und des Strafvollzugs des Ministeriums des Innern (VSO-MdI), der DDR-Zollverwaltung (VSO-Zoll) und des Ministeriums für Staatssicherheit/Amtes für Nationale Sicherheit (VSO-MfS/AfNS) sowie der Dienstbeschädigungsausgleich, der ab dem 1.1.1997 nach dem Gesetz über einen Ausgleich für Dienstbeschädigungen im Beitrittsgebiet vom 11.11.1996 (BGBl. I S. 1676) anstelle der vorbezeichneten Renten gezahlt wird.

H 3.6

Hinweise

Bezüge aus EU-Mitgliedstaaten

§ 3 Nr. 6 EStG ist auch auf Bezüge von Kriegsbeschädigten und gleichgestellten Personen anzuwenden, die aus öffentlichen Mitteln anderer EU-Mitgliedstaaten gezahlt werden (>BFH vom 22.1.1997 – BStBl II S. 358).

Erhöhtes Unfallruhegehalt nach § 37 BeamtVG

ist ein Bezug, der auf Grund der Dienstzeit gewährt wird, und somit nicht nach § 3 Nr. 6 EStG steuerbefreit ist (>BFH vom 29.5.2008 – BStBl 2009 II S. 150).

Unterhaltsbeitrag nach § 38 BeamtVG

ist ein Bezug, der „versorgungshalber" gezahlt wird und somit nach § 3 Nr. 6 EStG steuerbefreit ist (>BFH vom 16.1.1998 – BStBl II S. 303).

---

§ 3

Steuerfrei sind

...

S 2121

7. **Ausgleichsleistungen nach dem Lastenausgleichsgesetz, Leistungen nach dem Flüchtlingshilfegesetz, dem Bundesvertriebenengesetz, dem Reparationsschädengesetz, dem Vertriebenenzuwendungsgesetz, dem NS-Verfolgtenentschädigungsgesetz sowie Leistungen nach dem Entschädigungsgesetz und nach dem Ausgleichsleistungsgesetz, soweit sie nicht Kapitalerträge im Sinne des § 20 Absatz 1 Nummer 7 und Absatz 2 sind;**

S 2342

8. **Geldrenten, Kapitalentschädigungen und Leistungen im Heilverfahren, die auf Grund gesetzlicher Vorschriften zur Wiedergutmachung nationalsozialistischen Unrechts gewährt werden. [2]Die Steuerpflicht von Bezügen aus einem aus Wiedergutmachungsgründen neu begründeten oder wieder begründeten Dienstverhältnis sowie von Bezügen aus einem früheren Dienstverhältnis, die aus Wiedergutmachungsgründen neu gewährt oder wieder gewährt werden, bleibt unberührt;**

8a. **Renten wegen Alters und Renten wegen verminderter Erwerbsfähigkeit aus der gesetzlichen Rentenversicherung, die an Ver-**

folgte im Sinne des § 1 des Bundesentschädigungsgesetzes gezahlt werden, wenn rentenrechtliche Zeiten auf Grund der Verfolgung in der Rente enthalten sind. Renten wegen Todes aus der gesetzlichen Rentenversicherung, wenn der verstorbene Versicherte Verfolgter im Sinne des § 1 des Bundesentschädigungsgesetzes war und wenn rentenrechtliche Zeiten auf Grund der Verfolgung in dieser Rente enthalten sind;

9. Erstattungen nach § 23 Absatz 2 Satz 1 Nummer 3 und 4 sowie nach § 39 Absatz 4 Satz 2 des Achten Buches Sozialgesetzbuch; S 2340

10. Einnahmen einer Gastfamilie für die Aufnahme eines Menschen mit Behinderungen oder von Behinderung bedrohten Menschen nach § 2 Absatz 1 des Neunten Buches Sozialgesetzbuch zur Pflege, Betreuung, Unterbringung und Verpflegung, die auf Leistungen eines Leistungsträgers nach dem Sozialgesetzbuch beruhen. [2]Für Einnahmen im Sinne des Satzes 1, die nicht auf Leistungen eines Leistungsträgers nach dem Sozialgesetzbuch beruhen, gilt Entsprechendes bis zur Höhe der Leistungen nach dem Zwölften Buch Sozialgesetzbuch. [3]Überschreiten die auf Grund der in Satz 1 bezeichneten Tätigkeit bezogenen Einnahmen der Gastfamilie den steuerfreien Betrag, dürfen die mit der Tätigkeit in unmittelbarem wirtschaftlichen Zusammenhang stehenden Ausgaben abweichend von § 3c nur insoweit als Betriebsausgaben abgezogen werden, als sie den Betrag der steuerfreien Einnahmen übersteigen; S 2342 [1)]

11. Bezüge aus öffentlichen Mitteln oder aus Mitteln einer öffentlichen Stiftung, die wegen Hilfsbedürftigkeit oder als Beihilfe zu dem Zweck bewilligt werden, die Erziehung oder Ausbildung, die Wissenschaft oder Kunst unmittelbar zu fördern. [2]Darunter fallen nicht Kinderzuschläge und Kinderbeihilfen, die auf Grund der Besoldungsgesetze, besonderer Tarife oder ähnlicher Vorschriften gewährt werden. [3]Voraussetzung für die Steuerfreiheit ist, dass der Empfänger mit den Bezügen nicht zu einer bestimmten wissenschaftlichen oder künstlerischen Gegenleistung oder zu einer bestimmten Arbeitnehmertätigkeit verpflichtet wird. [4]Den Bezügen aus öffentlichen Mitteln wegen Hilfsbedürftigkeit gleichgestellt sind Beitragsermäßigungen und Prämienrückzahlungen eines Trägers der gesetzlichen Krankenversicherung für nicht in Anspruch genommene Beihilfeleistungen; S 2342

---

1) Nummer 10 in der bis zum 31.12.2005 geltenden Fassung wurde ab VZ 2006 aufgehoben. Nummer 10 in der am 31.12.2005 geltenden Fassung ist weiter anzuwenden für ausgezahlte Übergangsbeihilfen an Soldatinnen auf Zeit und Soldaten auf Zeit, wenn das Dienstverhältnis vor dem 1.1.2006 begründet worden ist >§ 52 Abs. 4 Satz 3.

Nummer 10 in der am 31.12.2005 geltenden Fassung lautet:

„10. Übergangsgelder und Übergangsbeihilfen auf Grund gesetzlicher Vorschriften wegen Entlassung aus einem Dienstverhältnis, höchstens jedoch 10.800 Euro;“

R 3.11

Beihilfen und Unterstützungen, die wegen Hilfsbedürftigkeit gewährt werden (§ 3 Nr. 11 EStG)

Beihilfen und Unterstützungen aus öffentlichen Mitteln

(1) Steuerfrei sind

1. Beihilfen in Krankheits-, Geburts- oder Todesfällen nach den Beihilfevorschriften des Bundes oder der Länder sowie Unterstützungen in besonderen Notfällen, die aus öffentlichen Kassen gezahlt werden;
2. Beihilfen in Krankheits-, Geburts- oder Todesfällen oder Unterstützungen in besonderen Notfällen an Arbeitnehmer von Körperschaften, Anstalten oder Stiftungen des öffentlichen Rechts auf Grund von Beihilfevorschriften (Beihilfegrundsätzen) oder Unterstützungsvorschriften (Unterstützungsgrundsätzen) des Bundes oder der Länder oder von entsprechenden Regelungen;
3. Beihilfen und Unterstützungen an Arbeitnehmer von Verwaltungen, Unternehmen oder Betrieben, die sich überwiegend in öffentlicher Hand befinden, wenn
   a) die Verwaltungen, Unternehmen oder Betriebe einer staatlichen oder kommunalen Aufsicht und Prüfung der Finanzgebarung bezüglich der Entlohnung und der Gewährung der Beihilfen unterliegen und
   b) die Entlohnung sowie die Gewährung von Beihilfen und Unterstützungen für die betroffenen Arbeitnehmer ausschließlich nach den für Arbeitnehmer des öffentlichen Dienstes geltenden Vorschriften und Vereinbarungen geregelt sind;
4. Beihilfen und Unterstützungen an Arbeitnehmer von Unternehmen, die sich nicht überwiegend in öffentlicher Hand befinden, z. B. staatlich anerkannte Privatschulen, wenn
   a) hinsichtlich der Entlohnung, der Reisekostenvergütungen und der Gewährung von Beihilfen und Unterstützungen nach den Regelungen verfahren wird, die für den öffentlichen Dienst gelten,
   b) die für die Bundesverwaltung oder eine Landesverwaltung maßgeblichen Vorschriften über die Haushalts-, Kassen- und Rechnungsführung und über die Rechnungsprüfung beachtet werden und
   c) das Unternehmen der Prüfung durch den Bundesrechnungshof oder einen Landesrechnungshof unterliegt.

Unterstützungen an Arbeitnehmer im privaten Dienst

(2) [1]Unterstützungen, die von privaten Arbeitgebern an einzelne Arbeitnehmer gezahlt werden, sind steuerfrei, wenn die Unterstützungen dem Anlass nach gerechtfertigt sind, z. B. in Krankheits- und Unglücksfällen. [2]Voraussetzung für die Steuerfreiheit ist, dass die Unterstützungen

1. aus einer mit eigenen Mitteln des Arbeitgebers geschaffenen, aber von ihm unabhängigen und mit ausreichender Selbständigkeit ausgestatte-

ten Einrichtung gewährt werden. [2]Das gilt nicht nur für bürgerlich-rechtlich selbständige Unterstützungskassen, sondern auch für steuerlich selbständige Unterstützungskassen ohne bürgerlich-rechtliche Rechtspersönlichkeit, auf deren Verwaltung der Arbeitgeber keinen maßgebenden Einfluss hat;

2. aus Beträgen gezahlt werden, die der Arbeitgeber dem Betriebsrat oder sonstigen Vertretern der Arbeitnehmer zu dem Zweck überweist, aus diesen Beträgen Unterstützungen an die Arbeitnehmer ohne maßgebenden Einfluss des Arbeitgebers zu gewähren;
3. vom Arbeitgeber selbst erst nach Anhörung des Betriebsrats oder sonstiger Vertreter der Arbeitnehmer gewährt oder nach einheitlichen Grundsätzen bewilligt werden, denen der Betriebsrat oder sonstige Vertreter der Arbeitnehmer zugestimmt haben.

[3]Die Voraussetzungen des Satzes 2 Nr. 1 bis 3 brauchen nicht vorzuliegen, wenn der Betrieb weniger als fünf Arbeitnehmer beschäftigt. [4]Die Unterstützungen sind bis zu einem Betrag von 600 Euro je Kalenderjahr steuerfrei. [5]Der 600 Euro übersteigende Betrag gehört nur dann nicht zum steuerpflichtigen Arbeitslohn, wenn er aus Anlass eines besonderen Notfalls gewährt wird. [6]Bei der Beurteilung, ob ein solcher Notfall vorliegt, sind auch die Einkommensverhältnisse und der Familienstand des Arbeitnehmers zu berücksichtigen; drohende oder bereits eingetretene Arbeitslosigkeit begründet für sich keinen besonderen Notfall im Sinne dieser Vorschrift. [7]Steuerfrei sind auch Leistungen des Arbeitgebers zur Aufrechterhaltung und Erfüllung eines Beihilfeanspruchs nach beamtenrechtlichen Vorschriften sowie zum Ausgleich von Beihilfeaufwendungen früherer Arbeitgeber im Falle der Beurlaubung oder Gestellung von Arbeitnehmern oder des Übergangs des öffentlich-rechtlichen Dienstverhältnisses auf den privaten Arbeitgeber, wenn Versicherungsfreiheit in der gesetzlichen Krankenversicherung nach § 6 Abs. 1 Nr. 2 SGB V besteht.

Hinweise

H 3.11

Beamte bei Postunternehmen

>§ 3 Nr. 35 EStG

Beihilfen aus öffentlichen Haushalten

Für nicht nach R 3.11 Abs. 1 Nr. 3 oder 4 steuerfreie Beihilfen kann eine Steuerfreiheit in Betracht kommen, soweit die Mittel aus einem öffentlichen Haushalt stammen und über die Gelder nur nach Maßgabe der haushaltsrechtlichen Vorschriften des öffentlichen Rechts verfügt werden kann und ihre Verwendung einer gesetzlich geregelten Kontrolle unterliegt (>BFH vom 15.11.1983 – BStBl 1984 II S. 113); ist das Verhältnis der öffentlichen Mittel zu den Gesamtkosten im Zeitpunkt des Lohnsteuerabzugs nicht bekannt, so muss das Verhältnis ggf. geschätzt werden.

Beihilfen von einem Dritten

gehören regelmäßig zum steuerpflichtigen Arbeitslohn, wenn dies durch eine ausreichende Beziehung zwischen dem Arbeitgeber und dem Dritten gerechtfertigt ist (>BFH vom 27.1.1961 – BStBl III S. 167).

Erholungsbeihilfen und andere Beihilfen

gehören grundsätzlich zum steuerpflichtigen Arbeitslohn, soweit sie nicht ausnahmsweise als Unterstützungen anzuerkennen sind (>BFH vom 14.1.1954 – BStBl III S. 86, vom 4.2.1954 – BStBl III S. 111, vom 5.7.1957 – BStBl III S. 279 und vom 18.3.1960 – BStBl III S. 237).

Öffentliche Kassen

Öffentliche Kassen sind die Kassen der inländischen juristischen Personen des öffentlichen Rechts und solche Kassen, die einer Dienstaufsicht und Prüfung der Finanzgebarung durch die inländische öffentliche Hand unterliegen (>BFH vom 7.8.1986 – BStBl II S. 848). Zu den öffentlichen Kassen gehören danach neben den Kassen des Bundes, der Länder und der Gemeinden insbesondere auch die Kassen der öffentlich-rechtlichen Religionsgemeinschaften, die Ortskrankenkassen, Landwirtschaftliche Krankenkassen, Innungskrankenkassen und Ersatzkassen sowie die Kassen des Bundeseisenbahnvermögens, der Deutschen Bundesbank, der öffentlich-rechtlichen Rundfunkanstalten, der Berufsgenossenschaften, Gemeindeunfallversicherungsverbände, der Deutschen Rentenversicherung (Bund, Knappschaft-Bahn-See, Regionalträger) und die Unterstützungskassen der Postunternehmen sowie deren Nachfolgeunternehmen >§ 3 Nr. 35 EStG.

Öffentliche Stiftung

>H 3.11 EStH

Sterbegeld

Das nach beamtenrechtlichen Grundsätzen gezahlte pauschale, nach den Dienstbezügen bzw. dem Ruhegehalt des Verstorbenen bemessene Sterbegeld ist nicht nach § 3 Nr. 11 EStG steuerfrei (>BFH vom 19.4.2021 – BStBl II S. – VI R 8/19 –).

Steuerfreiheit nach § 3 Nr. 11 EStG

– Voraussetzung ist eine offene Verausgabung nach Maßgabe der haushaltsrechtlichen Vorschriften und unter gesetzlicher Kontrolle (>BFH vom 9.4.1975 – BStBl II S. 577 und vom 15.11.1983 – BStBl 1984 II S. 113).
– Empfänger einer steuerfreien Beihilfe können nur Personen sein, denen sie im Hinblick auf den Zweck der Leistung bewilligt worden ist (>BFH vom 19.6.1997 – BStBl II S. 652).

– Zu den steuerfreien Erziehungs- und Ausbildungsbeihilfen gehören die Leistungen nach dem BAföG sowie die Ausbildungszuschüsse nach § 5 Abs. 4 SVG.
– Zu den steuerfreien Erziehungs- und Ausbildungsbeihilfen gehören nicht die Unterhaltszuschüsse an Beamte im Vorbereitungsdienst – Beamtenanwärter (>BFH vom 12.8.1983 – BStBl II S. 718), die zur Sicherstellung von Nachwuchskräften gezahlten Studienbeihilfen und die für die Fertigung einer Habilitationsschrift gewährten Beihilfen (>BFH vom 4.5.1972 – BStBl II S. 566).

Stipendien
>R 3.44 EStR, H 3.44 EStH

---

§ 3

Steuerfrei sind

...

11a. zusätzlich zum ohnehin geschuldeten Arbeitslohn vom Arbeitgeber in der Zeit vom 1. März 2020 bis zum *31. März 2022* auf Grund der Corona-Krise an seine Arbeitnehmer in Form von Zuschüssen und Sachbezügen gewährte Beihilfen und Unterstützungen bis zu einem Betrag von 1.500 Euro; [1)]

12. aus einer Bundeskasse oder Landeskasse gezahlte Bezüge, die zum einen S 2337

a) in einem Bundesgesetz oder Landesgesetz,

b) auf Grundlage einer bundesgesetzlichen oder landesgesetzlichen Ermächtigung beruhenden Bestimmung oder

c) von der Bundesregierung oder einer Landesregierung

als Aufwandsentschädigung festgesetzt sind und die zum anderen jeweils auch als Aufwandsentschädigung im Haushaltsplan ausgewiesen werden. [2] Das Gleiche gilt für andere Bezüge, die als Aufwandsentschädigung aus öffentlichen Kassen an öffentliche Dienste leistende Personen gezahlt werden, soweit nicht festgestellt wird, dass sie für Verdienstausfall oder Zeitverlust gewährt werden oder den Aufwand, der dem Empfänger erwächst, offenbar übersteigen;

R 3.12

Aufwandsentschädigungen aus öffentlichen Kassen (§ 3 Nr. 12 Satz 2 EStG)

(1) [1] Öffentliche Dienste leisten grundsätzlich alle Personen, die im Dienst einer juristischen Person des öffentlichen Rechts stehen und hoheitliche (einschl. schlichter Hoheitsverwaltung) Aufgaben ausüben, die S 2342

1) Nummer 11a wurde durch ***Artikel 1 des AbzStEntModG*** geändert (Zeitraum der Gewährung der Beihilfen bis zum ***31.3.2022*** verlängert). zu Anwendungsfragen >BMF vom 26.10.2020 (BStBl I S. 1227)

nicht der Daseinsvorsorge zuzurechnen sind. [2]Keine öffentlichen Dienste im Sinne dieser Vorschrift leisten hingegen Personen, die in der fiskalischen Verwaltung tätig sind.

(2) [1]Voraussetzung für die Anerkennung als steuerfreie Aufwandsentschädigung nach § 3 Nr. 12 Satz 2 EStG ist, dass die gezahlten Beträge dazu bestimmt sind, Aufwendungen abzugelten, die steuerlich als Werbungskosten oder Betriebsausgaben abziehbar wären. [2]Eine steuerfreie Aufwandsentschädigung liegt deshalb insoweit nicht vor, als die Entschädigung für Verdienstausfall oder Zeitverlust oder zur Abgeltung eines Haftungsrisikos gezahlt wird oder dem Empfänger ein abziehbarer Aufwand nicht oder offenbar nicht in Höhe der gewährten Entschädigung erwächst. [3]Das Finanzamt hat das Recht und die Pflicht zu prüfen, ob die als Aufwandsentschädigung gezahlten Beträge tatsächlich zur Bestreitung eines abziehbaren Aufwands erforderlich sind. [4]Dabei ist nicht erforderlich, dass der Stpfl. alle seine dienstlichen Aufwendungen bis ins Kleinste nachweist. [5]Entscheidend ist auch nicht, welche Aufwendungen einem einzelnen Stpfl. in einem einzelnen Jahr tatsächlich erwachsen sind, sondern ob Personen in gleicher dienstlicher Stellung im Durchschnitt der Jahre abziehbare Aufwendungen etwa in Höhe der Aufwandsentschädigung erwachsen. [6]Eine Nachprüfung ist nur geboten, wenn dazu ein Anlass von einigem Gewicht besteht. [7]Werden im kommunalen Bereich ehrenamtlich tätigen Personen Bezüge unter der Bezeichnung Aufwandsentschädigung gezahlt, sind sie nicht nach § 3 Nr. 12 Satz 2 EStG steuerfrei, soweit sie auch den Aufwand an Zeit und Arbeitsleistung sowie den entgangenen Arbeitsverdienst und das Haftungsrisiko abgelten oder den abziehbaren Aufwand offensichtlich übersteigen.

(3) [1]Zur Erleichterung der Feststellung, inwieweit es sich in den Fällen des § 3 Nr. 12 Satz 2 EStG um eine steuerfreie Aufwandsentschädigung handelt, ist wie folgt zu verfahren:

[2]Sind die Anspruchsberechtigten und der Betrag oder auch ein Höchstbetrag der aus einer öffentlichen Kasse gewährten Aufwandsentschädigung durch Gesetz oder Rechtsverordnung bestimmt, ist die Aufwandsentschädigung

1. bei hauptamtlich tätigen Personen in voller Höhe steuerfrei,
2. bei ehrenamtlich tätigen Personen in Höhe von ⅓ der gewährten Aufwandsentschädigung, mindestens ***250*** Euro*[1])* monatlich steuerfrei.

[3]Sind die Anspruchsberechtigten und der Betrag oder auch ein Höchstbetrag nicht durch Gesetz oder Rechtsverordnung bestimmt, kann bei hauptamtlich und ehrenamtlich tätigen Personen in der Regel ohne weiteren Nachweis ein steuerlich anzuerkennender Aufwand von ***250*** Euro*[1])* monatlich angenommen werden. [4]Ist die Aufwandsentschädigung niedriger als ***250*** Euro*[1])* monatlich, bleibt nur der tatsächlich geleistete Betrag steuerfrei.

---

*[1]) **Absatz 3 Satz 2 Nr. 2, Satz 3 und 4 wurde durch Artikel 1 der LStÄR 2021 geändert und ist erstmals anzuwenden für Lohnzahlungszeiträume, die nach dem 31.12.2020 enden, und für sonstige Bezüge, die dem Arbeitnehmer nach dem 31.12.2020 zufließen.***

[5]Bei Personen, die für mehrere Körperschaften des öffentlichen Rechts tätig sind, sind die steuerfreien monatlichen Mindest- und Höchstbeträge auf die Entschädigung zu beziehen, die von der einzelnen öffentlich-rechtlichen Körperschaft an diese Personen gezahlt wird. [6]Aufwandsentschädigungen für mehrere Tätigkeiten bei einer Körperschaft sind für die Anwendung der Mindest- und Höchstbeträge zusammenzurechnen. [7]Bei einer gelegentlichen ehrenamtlichen Tätigkeit sind die steuerfreien monatlichen Mindest- und Höchstbeträge nicht auf einen weniger als einen Monat dauernden Zeitraum der ehrenamtlichen Tätigkeit umzurechnen. [8]Soweit der steuerfreie Monatsbetrag von ***250*** Euro***1)*** nicht ausgeschöpft wird, ist eine Übertragung in andere Monate dieser Tätigkeiten im selben Kalenderjahr möglich. [9]Maßgebend für die Ermittlung der Anzahl der in Betracht kommenden Monate ist die Dauer der ehrenamtlichen Funktion bzw. Ausübung im Kalenderjahr. [10]Die für die Finanzverwaltung zuständige oberste Landesbehörde kann im Benehmen mit dem BMF und den obersten Finanzbehörden der anderen Länder Anpassungen an die im Lande gegebenen Verhältnisse vornehmen.

(4) [1]Die Empfänger von Aufwandsentschädigungen können dem Finanzamt gegenüber einen höheren steuerlich abziehbaren Aufwand glaubhaft machen; der die Aufwandsentschädigung übersteigende Aufwand ist als Werbungskosten oder Betriebsausgaben abziehbar. [2]Wenn einer hauptamtlich tätigen Person neben den Aufwendungen, die durch die Aufwandsentschädigung ersetzt werden sollen, andere beruflich veranlasste Aufwendungen entstehen, sind diese unabhängig von der Aufwandsentschädigung als Werbungskosten abziehbar; in diesem Falle ist aber Absatz 3 nicht anzuwenden, sondern nach Absatz 2 Satz 3 bis 6 zu verfahren. [3]Bei ehrenamtlich tätigen Personen sind alle durch die Tätigkeit veranlassten Aufwendungen als durch die steuerfreie Aufwandsentschädigung ersetzt anzusehen, so dass nur ein die Aufwandsentschädigung übersteigender Aufwand als Werbungskosten oder Betriebsausgaben abziehbar ist.

(5) [1]Von Pauschalentschädigungen, die Gemeinden oder andere juristische Personen des öffentlichen Rechts für eine gelegentliche ehrenamtliche Tätigkeit zahlen, darf ein Betrag bis zu ***8*** Euro***1)*** täglich ohne nähere Prüfung als steuerfrei anerkannt werden. [2]Bei höheren Pauschalentschädigungen hat das Finanzamt zu prüfen, ob auch ein Aufwand an Zeit und Arbeitsleistung sowie ein entgangener Verdienst abgegolten worden ist. [3]Anstelle dieser Regelung kann auch Absatz 3 angewendet werden.

Hinweise

H 3.12

Allgemeines zu § 3 Nr. 12 Satz 2 EStG

Aufwandsentschädigungen, bei denen die Voraussetzungen des § 3 Nr. 12 Satz 1 EStG nicht vorliegen, sind nach § 3 Nr. 12 Satz 2 EStG nur steuer-

1) ***Absatz 3 Satz 8 und Absatz 5 Satz 1 wurde durch Artikel 1 der LStÄR 2021 geändert und ist erstmals anzuwenden für Lohnzahlungszeiträume, die nach dem 31.12.2020 enden, und für sonstige Bezüge, die dem Arbeitnehmer nach dem 31.12.2020 zufließen.***

frei, wenn sie aus öffentlichen Kassen (>H 3.11) an Personen gezahlt werden, die öffentliche Dienste für einen inländischen Träger öffentlicher Gewalt leisten (>BFH vom 3.12.1982 – BStBl 1983 II S. 219). Dabei kann es sich auch um eine Nebentätigkeit handeln. Aufwandsentschädigungen können nicht nur bei Personen steuerfrei sein, die öffentlich-rechtliche (hoheitliche) Dienste leisten, sondern auch bei Personen, die im Rahmen des öffentlichen Dienstes Aufgaben der schlichten Hoheitsverwaltung erfüllen (>BFH vom 15.3.1968 – BStBl II S. 437, vom 1.4.1971 – BStBl II S. 519 und vom 27.2.1976 – BStBl II S. 418).

Beamte bei Postunternehmen

>§ 3 Nr. 35 EStG

Begriff der Aufwandsentschädigung

- Zur Abgeltung von Werbungskosten/Betriebsausgaben >BFH vom 9.7.1992 (BStBl 1993 II S. 50) und vom 29.11.2006 (BStBl 2007 II S. 308)
- Zur Prüfung dieser Voraussetzung durch das Finanzamt >BFH vom 3.8.1962 (BStBl III S. 425) und vom 9.6.1989 (BStBl 1990 II S. 121 und 123)

Daseinsvorsorge

Beispiel:

Ein kirchlicher Verein erbringt Pflegeleistungen im Rahmen der Nachbarschaftshilfe.

Die den Pflegekräften gewährten Entschädigungen sind nicht nach § 3 Nr. 12 Satz 2 EStG steuerbefreit, da Pflegeleistungen zur Daseinsvorsorge gehören; ggf. kann eine Steuerbefreiung nach § 3 Nr. 26 oder Nr. 26a EStG in Betracht kommen.

Entschädigungen für Zeitaufwand nach § 41 Abs. 3 Satz 2 SGB IV

Die den ehrenamtlich tätigen Versichertenberatern und Mitgliedern eines Widerspruchsausschusses gewährten Entschädigungen für Zeitaufwand nach § 41 Abs. 3 Satz 2 SGB IV sind nicht nach § 3 Nr. 12 Satz 2 EStG steuerfrei (>BFH vom 3.7.2018 – BStBl II S. 715).

Fiskalische Verwaltung

Keine öffentlichen Dienste i. S. d. § 3 Nr. 12 Satz 2 EStG leisten Personen, die in der fiskalischen Verwaltung tätig sind (>BFH vom 13.8.1971 – BStBl II S. 818, vom 9.5.1974 – BStBl II S. 631 und vom 31.1.1975 – BStBl II S. 563). Dies ist insbesondere dann der Fall, wenn sich die Tätigkeit für die juristische Person des öffentlichen Rechts ausschließlich oder überwiegend auf die Erfüllung von Aufgaben

1. in einem land- oder forstwirtschaftlichen Betrieb einer juristischen Person des öffentlichen Rechts oder
2. in einem **Betrieb gewerblicher Art** einer juristischen Person des öffentlichen Rechts i. S. d. § 1 Abs. 1 Nr. 6 KStG bezieht.

Ob es sich um einen Betrieb gewerblicher Art einer juristischen Person des öffentlichen Rechts handelt, beurteilt sich nach dem Körperschaftsteuerrecht (§ 4 KStG und R 4.1 KStR 2015). Hierbei kommt es nicht darauf an, ob der Betrieb gewerblicher Art von der Körperschaftsteuer befreit ist. Zu den Betrieben gewerblicher Art in diesem Sinne gehören insbesondere die von einer juristischen Person des öffentlichen Rechts unterhaltenen Betriebe, die der Versorgung der Bevölkerung mit Wasser, Gas, Elektrizität oder Wärme (>BFH vom 19.1.1990 – BStBl II S. 679), dem öffentlichen Verkehr oder dem Hafenbetrieb dienen, sowie die in der Rechtsform einer juristischen Person des öffentlichen Rechts betriebenen Sparkassen (>BFH vom 13.8.1971 – BStBl II S. 818).

Öffentliche Dienste

Ehrenamtliche Vorstandsmitglieder eines Versorgungswerks leisten öffentliche Dienste i. S. d. § 3 Nr. 12 Satz 2 EStG, wenn sich das Versorgungswerk als juristische Person des öffentlichen Rechts im Rahmen seiner gesetzlichen Aufgabenzuweisungen auf die Gewährleistung der Alters-, Invaliden- und Hinterbliebenenversorgung für seine Zwangsmitglieder beschränkt und dabei die insoweit bestehenden Anlagegrundsätze beachtet (>BFH vom 27.8.2013 – BStBl 2014 II S. 248).

Öffentliche Kassen

>H 3.11

Steuerlicher Aufwand

Zur Voraussetzung der Abgeltung steuerlich zu berücksichtigender Werbungskosten/Betriebsausgaben >BFH vom 3.8.1962 (BStBl III S. 425), vom 9.6.1989 (BStBl 1990 II S. 121 und 123), vom 9.7.1992 (BStBl 1993 II S. 50) und vom 29.11.2006 (BStBl 2007 II S. 308)

Übertragung nicht ausgeschöpfter steuerfreier Monatsbeträge

Beispiel:

Für öffentliche Dienste in einem Ehrenamt in der Zeit vom 1.1. bis 31.5. werden folgende Aufwandsentschädigungen im Sinne von § 3 Nr. 12 Satz 2 EStG und R 3.12 Abs. 3 Satz 3 LStR gezahlt:

Januar 275 €, Februar 75 €, März 205 €, April 325 €, Mai ***500*** €; Zeitaufwand wird nicht vergütet. Für den Lohnsteuerabzug können die nicht ausgeschöpften steuerfreien Monatsbeträge i. H. v. ***250*** € wie folgt mit den steuerpflichtigen Aufwandsentschädigungen der anderen Lohnzahlungszeiträume dieser Tätigkeit verrechnet werden:

	Gezahlte Aufwandsentschädigung	Steuerliche Behandlung nach R 3.12 Abs. 3 Satz 3 LStR		Steuerliche Behandlung bei Übertragung nicht ausgeschöpfter steuerfreier Monatsbeträge	
		Steuerfrei sind:	Steuerpflichtig sind:	Steuerfreier Höchstbetrag:	Steuerpflichtig sind:
Januar	275 €	***250*** €	***25*** €	***250*** €	***25*** €
Februar	75 €	75 €	0 €	2x***250*** € = ***500*** €	0 € (275 + 75 – ***500***), Aufrollung des Januar
März	205 €	***205*** €	***0*** €	3x***250*** € = ***750*** €	0 € (275 + 75 + 205 – ***750***)
April	325 €	***250*** €	***75*** €	4x***250*** € = ***1.000*** €	***0*** € (275 + 75 + 205 + 325 – ***1.000***)
Mai	***500*** €	***250*** €	***250*** €	5x***250*** € = ***1.250*** €	***130*** € (275 + 75 + 205 + 325 + ***500*** – ***1.250***)
Summe	***1.380*** €	***1.030*** €	***350*** €	5x***250*** € = ***1.250*** €	***130*** €

Bei Verrechnung des nicht ausgeschöpften Freibetragsvolumens mit abgelaufenen Lohnzahlungszeiträumen ist im Februar der Lohnsteuereinbehalt für den Monat Januar zu korrigieren.

Werbungskostenabzug bei Dienstaufwandsentschädigungen

Sollen steuerfrei gewährte Dienstaufwandsentschädigungen den gesamten beruflich veranlassten Aufwand ersetzen, können Werbungskosten nur insoweit berücksichtigt werden, als diese die Entschädigung übersteigen. Dies gilt auch für die nicht durch die steuerfreie Reisekostenvergütung nach § 3 Nr. 13 EStG abgegoltenen Reisekosten, wenn auch diese durch die Dienstaufwandsentschädigung abgegolten werden (>BFH vom 19.10.2016 – BStBl 2017 II S. 345).

---

§ 3

Steuerfrei sind

...

S 2338 **13. die aus öffentlichen Kassen gezahlten Reisekostenvergütungen, Umzugskostenvergütungen und Trennungsgelder. [2]Die als Reisekostenvergütungen gezahlten Vergütungen für Verpflegung sind nur insoweit steuerfrei, als sie die Pauschbeträge nach § 9 Absatz 4a nicht übersteigen; Trennungsgelder sind nur insoweit steuerfrei, als sie die nach § 9 Absatz 1 Satz 3 Nummer 5 und Absatz 4a abziehbaren Aufwendungen nicht übersteigen;**

Reisekostenvergütungen, Umzugskostenvergütungen und Trennungsgelder aus öffentlichen Kassen (§ 3 Nr. 13 EStG)

R 3.13

(1) [1]Nach § 3 Nr. 13 EStG sind Leistungen (Geld und Sachbezüge) steuerfrei, die als Reisekostenvergütungen, Umzugskostenvergütungen oder Trennungsgelder aus einer öffentlichen Kasse gewährt werden; dies gilt nicht für Mahlzeiten, die dem Arbeitnehmer während einer beruflichen Auswärtstätigkeit oder im Rahmen einer doppelten Haushaltsführung vom Arbeitgeber oder auf dessen Veranlassung von einem Dritten zur Verfügung gestellt werden. [2]Die Steuerfreiheit von Verpflegungszuschüssen ist auf die nach § 9 Abs. 4a EStG maßgebenden Beträge begrenzt. [3]R 3.16 Satz 1 bis 3 ist entsprechend anzuwenden. S 2338

(2) [1]Reisekostenvergütungen sind die als solche bezeichneten Leistungen, die dem Grunde und der Höhe nach unmittelbar nach Maßgabe der reisekostenrechtlichen Vorschriften des Bundes oder der Länder gewährt werden. [2]Reisekostenvergütungen liegen auch vor, soweit sie auf Grund von Tarifverträgen oder anderen Vereinbarungen (z. B. öffentlich-rechtliche Satzung) gewährt werden, die den reisekostenrechtlichen Vorschriften des Bundes oder eines Landes dem Grund und der Höhe nach vollumfänglich entsprechen. [3]§ 12 Nr. 1 EStG bleibt unberührt.

(3) [1]Werden bei Reisekostenvergütungen aus öffentlichen Kassen die reisekostenrechtlichen Vorschriften des Bundes oder der Länder nicht oder nur teilweise angewendet, können auf diese Leistungen, die zu § 3 Nr. 16 EStG erlassenen Verwaltungsvorschriften angewendet werden. [2]Im Übrigen kann auch eine Steuerbefreiung nach § 3 Nr. 12, 26, 26a oder 26b EStG in Betracht kommen; >R 3.12 und 3.26.

(4) [1]Die Absätze 2 und 3 gelten sinngemäß für Umzugskostenvergütungen und Trennungsgelder nach Maßgabe der umzugskosten- und reisekostenrechtlichen Vorschriften des Bundes und der Länder. [2]Werden anlässlich eines Umzugs Verpflegungszuschüsse nach dem Bundesumzugskostengesetz (BUKG) gewährt, sind diese nur im Rahmen der zeitlichen Voraussetzungen des § 9 Abs. 4a EStG steuerfrei. [3]Trennungsgeld, das bei täglicher Rückkehr zum Wohnort gewährt wird, ist nur in den Fällen des § 9 Abs. 1 Satz 3 Nr. 4a Satz 1 EStG steuerfrei. [4]Trennungsgeld, das bei Bezug einer Unterkunft am Beschäftigungsort gewährt wird, ist regelmäßig nach Maßgabe von § 9 Abs. 1 Satz 3 Nr. 5 und Abs. 4a EStG steuerfrei. [5]R 9.9 Abs. 2 Satz 1 ist entsprechend anzuwenden. Anhang 29 I

Hinweise

H 3.13

Beamte bei Postunternehmen

>§ 3 Nr. 35 EStG

Klimabedingte Kleidung

Der Beitrag zur Beschaffung klimabedingter Kleidung (§ 19 AUV) sowie der Ausstattungsbeitrag (§ 21 AUV) sind nicht nach § 3 Nr. 13 Satz 1 EStG Anhang 29 III steuerfrei (>BFH vom 27.5.1994 – BStBl 1995 II S. 17 und vom 12.4.2007 – BStBl II S. 536).

Mietbeiträge

anstelle eines Trennungsgelds sind nicht nach § 3 Nr. 13 EStG steuerfrei (>BFH vom 16.7.1971 – BStBl II S. 772).

Öffentliche Kassen

>H 3.11

Pauschale Reisekostenvergütungen

Nach einer öffentlich-rechtlichen Satzung geleistete pauschale Reisekostenvergütungen können bei Beachtung von R 3.13 Abs. 2 Satz 2 auch ohne Einzelnachweis steuerfrei sein, sofern die Pauschale die tatsächlich entstandenen Reiseaufwendungen nicht ersichtlich übersteigt (>BFH vom 8.10.2008 – BStBl 2009 II S. 405).

Prüfung, ob Werbungskosten vorliegen

Es ist nur zu prüfen, ob die ersetzten Aufwendungen vom Grundsatz her Werbungskosten sind (>BFH vom 12.4.2007 – BStBl II S. 536). Daher sind z. B. Arbeitgeberleistungen im Zusammenhang mit Incentive-Reisen nicht nach § 3 Nr. 13 EStG steuerfrei (>R 3.13 Abs. 2 Satz 3), soweit diese dem Arbeitnehmer als geldwerter Vorteil zuzurechnen sind (>H 19.7).

---

§ 3

Steuerfrei sind

...

S 2342 **14. Zuschüsse eines Trägers der gesetzlichen Rentenversicherung zu den Aufwendungen eines Rentners für seine Krankenversicherung und von dem gesetzlichen Rentenversicherungsträger getragene Anteile (§ 249a des Fünften Buches Sozialgesetzbuch) an den Beiträgen für die gesetzliche Krankenversicherung;**

S 2342 **15. Zuschüsse des Arbeitgebers, die zusätzlich zum ohnehin geschuldeten Arbeitslohn zu den Aufwendungen des Arbeitnehmers für Fahrten mit öffentlichen Verkehrsmitteln im Linienverkehr (ohne Luftverkehr) zwischen Wohnung und erster Tätigkeitsstätte und nach § 9 Absatz 1 Satz 3 Nummer 4a Satz 3 sowie für Fahrten im öffentlichen Personennahverkehr gezahlt werden. [2] Das Gleiche gilt für die unentgeltliche oder verbilligte Nutzung öffentlicher Verkehrsmittel im Linienverkehr (ohne Luftverkehr) für Fahrten zwischen Wohnung und erster Tätigkeitsstätte und nach § 9 Absatz 1 Satz 3 Nummer 4a Satz 3 sowie für Fahrten im öffentlichen Personennahverkehr, die der Arbeitnehmer auf Grund seines Dienstverhältnisses zusätzlich zum ohnehin**

geschuldeten Arbeitslohn in Anspruch nehmen kann.[3] Die nach den Sätzen 1 und 2 steuerfreien Leistungen mindern den nach § 9 Absatz 1 Satz 3 Nummer 4 Satz 2 abziehbaren Betrag;

Hinweise H 3.15

Allgemeine Grundsätze

>BMF vom 15.8.2019 (BStBl I S. 875) Anhang 17a

Zusätzlichkeitsvoraussetzung

>§ 8 Abs. 4 EStG

§ 3

Steuerfrei sind

…

16. die Vergütungen, die Arbeitnehmer außerhalb des öffentlichen Dienstes von ihrem Arbeitgeber zur Erstattung von Reisekosten, Umzugskosten oder Mehraufwendungen bei doppelter Haushaltsführung erhalten, soweit sie die nach § 9 als Werbungskosten abziehbaren Aufwendungen nicht übersteigen; S 2338

Steuerfreie Leistungen für Reisekosten, Umzugskosten und Mehraufwendungen bei doppelter Haushaltsführung außerhalb des öffentlichen Dienstes (§ 3 Nr. 16 EStG) R 3.16

[1] Zur Ermittlung der steuerfreien Leistungen (Geld und Sachbezüge) für Reisekosten dürfen die einzelnen Aufwendungsarten zusammengefasst werden; die Leistungen sind steuerfrei, soweit sie die Summe der nach § 9 Abs. 1 Satz 3 Nr. 4a Satz 1, 2 und 4, Nr. 5a und Abs. 4a EStG*1)* sowie R 9.8 zulässigen Leistungen nicht übersteigen. [2] Hierbei können mehrere Reisen zusammengefasst abgerechnet werden. [3] Dies gilt sinngemäß für Umzugskosten und für Mehraufwendungen bei einer doppelten Haushaltsführung. [4] Wegen der Höhe der steuerfrei zu belassenden Leistungen für Reisekosten, Umzugskosten und Mehraufwendungen bei einer doppelten Haushaltsführung >§ 9 Abs. 1 Satz 3 Nr. 5 EStG und R 9.7 bis 9.9 und 9.11. S 2338

Hinweise H 3.16

Gehaltsumwandlung

Vergütungen zur Erstattung von Reisekosten können auch dann steuerfrei sein, wenn sie der Arbeitgeber aus umgewandeltem Arbeitslohn zahlt. Voraussetzung ist, dass Arbeitgeber und Arbeitnehmer die Lohnumwandlung

1) ab VZ 2020 auch Nr. 5b

vor der Entstehung des Vergütungsanspruchs vereinbaren (>BFH vom 27.4.2001 – BStBl II S. 601).

---

§ 3

Steuerfrei sind

...

S 2121 **17. Zuschüsse zum Beitrag nach § 32 des Gesetzes über die Alterssicherung der Landwirte;**

S 2121 **18. das Aufgeld für ein an die Bank für Vertriebene und Geschädigte (Lastenausgleichsbank) zugunsten des Ausgleichsfonds (§ 5 des Lastenausgleichsgesetzes) gegebenes Darlehen, wenn das Darlehen nach § 7f des Gesetzes in der Fassung der Bekanntmachung vom 15. September 1953 (BGBl. I S. 1355) im Jahr der Hingabe als Betriebsausgabe abzugsfähig war;**

S 2342 **19. Weiterbildungsleistungen des Arbeitgebers oder auf dessen Veranlassung von einem Dritten**

a) für Maßnahmen nach § 82 Absatz 1 und 2 des Dritten Buches Sozialgesetzbuch oder

b) die der Verbesserung der Beschäftigungsfähigkeit des Arbeitnehmers dienen.

[2]Steuerfrei sind auch Beratungsleistungen des Arbeitgebers oder auf dessen Veranlassung von einem Dritten zur beruflichen Neuorientierung bei Beendigung des Dienstverhältnisses. [3]Die Leistungen im Sinne der Sätze 1 und 2 dürfen keinen überwiegenden Belohnungscharakter haben;

S 2342 **20. die aus öffentlichen Mitteln des Bundespräsidenten aus sittlichen oder sozialen Gründen gewährten Zuwendungen an besonders verdiente Personen oder ihre Hinterbliebenen;**

S 2121 **21. (weggefallen)**

S 2342 **22. (weggefallen)**

S 2342 [1]) **23. *Leistungen nach***

a) dem Häftlingshilfegesetz,

b) dem Strafrechtlichen Rehabilitierungsgesetz,

c) dem Verwaltungsrechtlichen Rehabilitierungsgesetz,

d) dem Beruflichen Rehabilitierungsgesetz,

e) dem Gesetz zur strafrechtlichen Rehabilitierung der nach dem 8. Mai 1945 wegen einvernehmlicher homosexueller Handlungen verurteilten Personen und

---

[1]) Nummer 23 wurde durch Artikel 2 des Gesetzes zur Rehabilitierung der wegen einvernehmlicher homosexueller Handlungen, wegen ihrer homosexuellen Orientierung oder wegen ihrer geschlechtlichen Identität dienstrechtlich benachteiligten Soldatinnen und Soldaten ab VZ 2021 neu gefasst.

f) dem Gesetz zur Rehabilitierung der wegen einvernehmlicher homosexueller Handlungen, wegen ihrer homosexuellen Orientierung oder wegen ihrer geschlechtlichen Identität dienstrechtlich benachteiligten Soldatinnen und Soldaten;

24. Leistungen, die auf Grund des Bundeskindergeldgesetzes gewährt werden; S 2342

25. Entschädigungen nach dem Infektionsschutzgesetz vom 20. Juli 2000 (BGBl. I S. 1045); S 2342

26. Einnahmen aus nebenberuflichen Tätigkeiten als Übungsleiter, Ausbilder, Erzieher, Betreuer oder vergleichbaren nebenberuflichen Tätigkeiten, aus nebenberuflichen künstlerischen Tätigkeiten oder der nebenberuflichen Pflege alter, kranker Menschen oder Menschen mit Behinderungen im Dienst oder im Auftrag einer juristischen Person des öffentlichen Rechts, die in einem Mitgliedstaat der Europäischen Union, in einem Staat, auf den das Abkommen über den Europäischen Wirtschaftsraum Anwendung findet, oder in der Schweiz belegen ist, oder einer unter § 5 Absatz 1 Nummer 9 des Körperschaftsteuergesetzes fallenden Einrichtung zur Förderung gemeinnütziger, mildtätiger und kirchlicher Zwecke (§§ 52 bis 54 der Abgabenordnung) bis zur Höhe von insgesamt 3.000 Euro im Jahr. [2]Überschreiten die Einnahmen für die in Satz 1 bezeichneten Tätigkeiten den steuerfreien Betrag, dürfen die mit den nebenberuflichen Tätigkeiten in unmittelbarem wirtschaftlichen Zusammenhang stehenden Ausgaben abweichend von § 3c nur insoweit als Betriebsausgaben oder Werbungskosten abgezogen werden, als sie den Betrag der steuerfreien Einnahmen übersteigen; S 2121 [1])

Steuerbefreiung für nebenberufliche Tätigkeiten (§ 3 Nr. 26 EStG)

R 3.26

Begünstigte Tätigkeiten

S 2337

(1) [1]Die Tätigkeiten als Übungsleiter, Ausbilder, Erzieher oder Betreuer haben miteinander gemeinsam, dass sie auf andere Menschen durch persönlichen Kontakt Einfluss nehmen, um auf diese Weise deren geistige und körperliche Fähigkeiten zu entwickeln und zu fördern. [2]Gemeinsames Merkmal der Tätigkeiten ist eine pädagogische Ausrichtung. [3]Zu den begünstigten Tätigkeiten gehören z. B. die Tätigkeit eines Sporttrainers, eines Chorleiters oder Orchesterdirigenten, die Lehr- und Vortragstätigkeit im Rahmen der allgemeinen Bildung und Ausbildung, z. B. Kurse und Vorträge an Schulen und Volkshochschulen, Mütterberatung, Erste-Hilfe-Kurse, Schwimm-Unterricht, oder im Rahmen der beruflichen Ausbildung und Fortbildung, nicht dagegen die Ausbildung von Tieren, z. B. von Rennpferden oder Diensthunden. [4]Die Pflege alter, kranker oder behinderter

[1]) Nummer 26 ist in allen offenen Fällen anzuwenden >§ 52 Abs. 4 Satz 5.

Menschen umfasst außer der Dauerpflege auch Hilfsdienste bei der häuslichen Betreuung durch ambulante Pflegedienste, z. B. Unterstützung bei der Grund- und Behandlungspflege, bei häuslichen Verrichtungen und Einkäufen, beim Schriftverkehr, bei der Altenhilfe entsprechend § 71 SGB XII, z. B. Hilfe bei der Wohnungs- und Heimplatzbeschaffung, in Fragen der Inanspruchnahme altersgerechter Dienste, und bei Sofortmaßnahmen gegenüber Schwerkranken und Verunglückten, z. B. durch Rettungssanitäter und Ersthelfer. [5]Eine Tätigkeit, die ihrer Art nach keine übungsleitende, ausbildende, erzieherische, betreuende oder künstlerische Tätigkeit und keine Pflege alter, kranker oder behinderter Menschen ist, ist keine begünstigte Tätigkeit, auch wenn sie die übrigen Voraussetzungen des § 3 Nr. 26 EStG erfüllt, z. B. eine Tätigkeit als Vorstandsmitglied, als Vereinskassierer oder als Gerätewart bei einem Sportverein bzw. als ehrenamtlich tätiger Betreuer (§ 1896 Abs. 1 Satz 1, § 1908i Abs. 1 BGB), Vormund (§ 1773 Abs. 1 Satz 1 BGB) oder Pfleger (§§ 1909 ff., 1915 Abs. 1 Satz 1 BGB); ggf. ist § 3 Nr. 26a bzw. 26b EStG anzuwenden.

Nebenberuflichkeit

(2) [1]Eine Tätigkeit wird nebenberuflich ausgeübt, wenn sie – bezogen auf das Kalenderjahr – nicht mehr als ein Drittel der Arbeitszeit eines vergleichbaren Vollzeiterwerbs in Anspruch nimmt[1]). [2]Es können deshalb auch solche Personen nebenberuflich tätig sein, die im steuerrechtlichen Sinne keinen Hauptberuf ausüben, z. B. Hausfrauen, Vermieter, Studenten, Rentner oder Arbeitslose. [3]Übt ein Stpfl. mehrere verschiedenartige Tätigkeiten i. S. d. § 3 Nr. 26 EStG aus, ist die Nebenberuflichkeit für jede Tätigkeit getrennt zu beurteilen. [4]Mehrere gleichartige Tätigkeiten sind zusammenzufassen, wenn sie sich nach der Verkehrsanschauung als Ausübung eines einheitlichen Hauptberufs darstellen, z. B. Unterricht von jeweils weniger als dem dritten Teil des Pensums einer Vollzeitkraft in mehreren Schulen. [5]Eine Tätigkeit wird nicht nebenberuflich ausgeübt, wenn sie als Teil der Haupttätigkeit anzusehen ist.

Arbeitgeber/Auftraggeber

(3) [1]Der Freibetrag wird nur gewährt, wenn die Tätigkeit im Dienst oder im Auftrag einer der in § 3 Nr. 26 EStG genannten Personen erfolgt. [2]Als juristische Personen des öffentlichen Rechts kommen beispielsweise in Betracht Bund, Länder, Gemeinden, Gemeindeverbände, Industrie- und Handelskammern, Handwerkskammern, Rechtsanwaltskammern, Steuerberaterkammern, Wirtschaftsprüferkammern, Ärztekammern, Universitäten oder die Träger der Sozialversicherung. [3]Zu den Einrichtungen i. S. d. § 5 Abs. 1 Nr. 9 des Körperschaftsteuergesetzes (KStG) gehören Körperschaften, Personenvereinigungen, Stiftungen und Vermögensmassen, die nach der Satzung oder dem Stiftungsgeschäft und nach der tatsächlichen Geschäftsführung ausschließlich und unmittelbar gemeinnützige, mildtä-

---

1) >H 3.26 (Nebenberuflichkeit)

tige oder kirchliche Zwecke verfolgen. [4] Nicht zu den begünstigten Einrichtungen gehören beispielsweise Berufsverbände (Arbeitgeberverband, Gewerkschaft) oder Parteien. [5] Fehlt es an einem begünstigten Auftraggeber/Arbeitgeber, kann der Freibetrag nicht in Anspruch genommen werden.

Förderung gemeinnütziger, mildtätiger und kirchlicher Zwecke

(4) [1] Die Begriffe der gemeinnützigen, mildtätigen und kirchlichen Zwecke ergeben sich aus den §§ 52 bis 54 der Abgabenordnung (AO). [2] Eine Tätigkeit dient auch dann der selbstlosen Förderung begünstigter Zwecke, wenn sie diesen Zwecken nur mittelbar zugute kommt.

(5) [1] Wird die Tätigkeit im Rahmen der Erfüllung der Satzungszwecke einer juristischen Person ausgeübt, die wegen Förderung gemeinnütziger, mildtätiger oder kirchlicher Zwecke steuerbegünstigt ist, ist im Allgemeinen davon auszugehen, dass die Tätigkeit ebenfalls der Förderung dieser steuerbegünstigten Zwecke dient. [2] Dies gilt auch dann, wenn die nebenberufliche Tätigkeit in einem so genannten Zweckbetrieb i. S. d. §§ 65 bis 68 AO ausgeübt wird, z. B. als nebenberuflicher Übungsleiter bei sportlichen Veranstaltungen nach § 67a Abs. 1 AO, als nebenberuflicher Erzieher in einer Einrichtung über Tag und Nacht (Heimerziehung) oder sonstigen betreuten Wohnform nach § 68 Nr. 5 AO. [3] Eine Tätigkeit in einem steuerpflichtigen wirtschaftlichen Geschäftsbetrieb einer im Übrigen steuerbegünstigten juristischen Person (§§ 64, 14 AO) erfüllt dagegen das Merkmal der Förderung gemeinnütziger, mildtätiger oder kirchlicher Zwecke nicht.

(6) [1] Der Förderung begünstigter Zwecke kann auch eine Tätigkeit für eine juristische Person des öffentlichen Rechts dienen, z. B. nebenberufliche Lehrtätigkeit an einer Universität, nebenberufliche Ausbildungstätigkeit bei der Feuerwehr, nebenberufliche Fortbildungstätigkeit für eine Anwalts- oder Ärztekammer. [2] Dem steht nicht entgegen, dass die Tätigkeit in den Hoheitsbereich der juristischen Person des öffentlichen Rechts fallen kann.

Gemischte Tätigkeiten

(7) [1] Erzielt der Stpfl. Einnahmen, die teils für eine Tätigkeit, die unter § 3 Nr. 26 EStG fällt, und teils für eine andere Tätigkeit gezahlt werden, ist lediglich für den entsprechenden Anteil nach § 3 Nr. 26 EStG der Freibetrag zu gewähren. [2] Die Steuerfreiheit von Bezügen nach anderen Vorschriften, z. B. nach § 3 Nr. 12, 13, 16 EStG, bleibt unberührt; wenn auf bestimmte Bezüge sowohl § 3 Nr. 26 EStG als auch andere Steuerbefreiungsvorschriften anwendbar sind, sind die Vorschriften in der Reihenfolge anzuwenden, die für den Stpfl. am günstigsten ist.

Höchstbetrag

(8) [1] Der Freibetrag nach § 3 Nr. 26 EStG ist ein Jahresbetrag. [2] Dieser wird auch dann nur einmal gewährt, wenn mehrere begünstigte Tätigkeiten ausgeübt werden. [3] Er ist nicht zeitanteilig aufzuteilen, wenn die begünstigte Tätigkeit lediglich wenige Monate ausgeübt wird.

Werbungskosten- bzw. Betriebsausgabenabzug

(9) [1]Ein Abzug von Werbungskosten bzw. Betriebsausgaben, die mit den steuerfreien Einnahmen nach § 3 Nr. 26 EStG in einem unmittelbaren wirtschaftlichen Zusammenhang stehen, ist nur dann möglich, wenn die Einnahmen aus der Tätigkeit und gleichzeitig auch die jeweiligen Ausgaben den Freibetrag übersteigen[1]). [2]In Arbeitnehmerfällen ist in jedem Falle der Arbeitnehmer-Pauschbetrag anzusetzen, soweit er nicht bei anderen Dienstverhältnissen verbraucht ist.

Lohnsteuerverfahren

(10) [1]Beim Lohnsteuerabzug ist eine zeitanteilige Aufteilung des steuerfreien Höchstbetrags nicht erforderlich; das gilt auch dann, wenn feststeht, dass das Dienstverhältnis nicht bis zum Ende des Kalenderjahres besteht. [2]Der Arbeitnehmer hat dem Arbeitgeber jedoch schriftlich zu bestätigen, dass die Steuerbefreiung nicht bereits in einem anderen Dienst- oder Auftragsverhältnis berücksichtigt worden ist oder berücksichtigt wird. [3]Diese Erklärung ist zum Lohnkonto zu nehmen.

H 3.26

Hinweise

Abgrenzung der Einkunftsart

>R 19.2, H 19.2

Aufteilung des steuerfreien Höchstbetrags im Lohnsteuerverfahren

Beispiel 1

Ein beim Verein A beschäftigter Jugendtrainer beendet zum 31.5. seine begünstigte Tätigkeit und nimmt ab 1.6. beim Verein B eine neue begünstigte Tätigkeit auf. Der Verein A hat den Arbeitslohn nach Abzug von insgesamt ***1.250*** Euro (= 5/12 des steuerfreien Höchstbetrags von ***3.000*** Euro) dem Lohnsteuerabzug unterworfen.

Auch der Verein B kann den Arbeitslohn nach Abzug von bis zu ***1.750*** Euro (= 7/12 des steuerfreien Höchstbetrags von ***3.000*** Euro) dem Lohnsteuerabzug unterwerfen. Voraussetzung ist, dass der Jugendtrainer dem Verein B schriftlich bestätigt, dass der Jahresbetrag in diesem Umfang nicht bereits in anderen Dienst- oder Auftragsverhältnissen berücksichtigt worden ist oder berücksichtigt wird.

Beispiel 2

Der Jugendtrainer ist zeitgleich bei den Vereinen A und B beschäftigt. Er bestätigt den Vereinen A und B jeweils schriftlich, dass die Steuerbefreiung im Umfang eines Teilbetrags von ***1.500*** Euro nicht bereits in einem anderen Dienst- oder Auftragsverhältnis berücksichtigt worden ist oder berücksichtigt wird. Eine alternative Aufteilung des steuerfreien Jahreshöchstbetrags von ***3.000*** Euro ist ebenfalls zulässig.

---

1) >H 3.26 (Verluste aus einer ehrenamtlichen Tätigkeit)

Begrenzung der Steuerbefreiung

Die Steuerfreiheit ist auch bei Einnahmen aus mehreren nebenberuflichen Tätigkeiten, z. B. Tätigkeit für verschiedene gemeinnützige Organisationen, und bei Zufluss von Einnahmen aus einer in mehreren Jahren ausgeübten Tätigkeit i. S. d. § 3 Nr. 26 EStG in einem Jahr auf einen einmaligen Jahresbetrag von ***3.000*** Euro begrenzt (>BFH vom 23.6.1988 – BStBl II S. 890 und vom 15.2.1990 – BStBl II S. 686).

Entschädigungen für Zeitaufwand nach § 41 Abs. 3 Satz 2 SGB IV

Die den ehrenamtlich tätigen Versichertenberatern und Mitgliedern eines Widerspruchsausschusses gewährten Entschädigungen für Zeitaufwand nach § 41 Abs. 3 Satz 2 SGB IV sind nicht nach § 3 Nr. 26 EStG steuerfrei (>BFH vom 3.7.2018 – BStBl II S. 715).

Künstlerische Tätigkeit

Eine nebenberufliche künstlerische Tätigkeit liegt auch dann vor, wenn sie die eigentliche künstlerische (Haupt-)Tätigkeit nur unterstützt und ergänzt, sofern sie Teil des gesamten künstlerischen Geschehens ist (>BFH vom 18.4.2007 – BStBl II S. 702).

Mittelbare Förderung

Die mittelbare Förderung eines begünstigten Zwecks reicht für eine Steuerfreiheit aus, wenn es sich um eine begünstigte Tätigkeit (>R 3.26 Abs. 1) handelt. So dient die Unterrichtung eines geschlossenen Kreises von Pflegeschülern an einem Krankenhaus mittelbar dem Zweck der Gesundheitspflege (>BFH vom 26.3.1992 – BStBl 1993 II S. 20).

Nebenberuflichkeit

– Selbst bei dienstrechtlicher Verpflichtung zur Übernahme einer Tätigkeit im Nebenamt unter Fortfall von Weisungs- und Kontrollrechten des Arbeitgebers kann Nebenberuflichkeit vorliegen (>BFH vom 29.1.1987 – BStBl II S. 783).
– Zum zeitlichen Umfang >BFH vom 30.3.1990 (BStBl II S. 854)
– **Beispiel 1**

  Ein ehrenamtlicher Helfer wird je nach Bedarf wöchentlich für 13 Stunden als Sanitäter oder Altenpfleger eingesetzt, für deren Tätigkeitsbereiche unterschiedliche tarifliche Arbeitszeiten vereinbart sind (41-Stunden-Woche bzw. 38,5-Stunden-Woche).

  Bei der Prüfung der Ein-Drittel-Grenze sind die tariflichen Arbeitszeiten aus Vereinfachungsgründen unbeachtlich. Daher ist bei einer regelmäßigen Wochenarbeitszeit von maximal 14 Stunden pauschalierend von einer nebenberuflichen Tätigkeit auszugehen. Im Einzelfall kann auch eine höhere tarifliche Arbeitszeit nachgewiesen werden.
– **Beispiel 2**

  Ein hauptberuflich beschäftigter Arbeitnehmer reduziert für einen befristeten Zeitraum seine Arbeitszeit auf 12 Stunden wöchentlich, um neben seiner Berufstätigkeit seine pflegebedürftige Mutter zu versorgen.

Eine nebenberufliche Tätigkeit liegt nicht vor. Eine vorübergehende Reduzierung der regelmäßigen Wochenarbeitszeit führt nicht dazu, dass eine hauptberufliche Tätigkeit während des Zeitraums, für den die Reduzierung der Arbeitszeit gilt, als nebenberuflich angesehen werden kann.

– **Beispiel 3**

Ein Lehrer ist zu 50 % teilzeitbeschäftigt (14 Pflichtstunden wöchentlich).

Eine nebenberufliche Tätigkeit liegt nicht vor, da bei Lehrern zur Prüfung der Ein-Drittel-Grenze auf die Pflichtstunden (Deputat) bei Vollzeitbeschäftigung abzustellen ist.

– **Beispiel 4**

Ein Arbeitnehmer wird für einen Zeitraum von zwei Monaten als Lehrkraft in Vollzeit beschäftigt.

Eine nebenberufliche Tätigkeit liegt nicht vor. Eine typischerweise hauptberuflich ausgeübte Tätigkeit kann nicht wegen ihrer zeitlichen Befristung als nebenberuflich angesehen werden.

Prüfer

Die Tätigkeit als Prüfer bei einer Prüfung, die zu Beginn, im Verlaufe oder als Abschluss einer Ausbildung abgenommen wird, ist mit der Tätigkeit eines Ausbilders vergleichbar (>BFH vom 23.6.1988 – BStBl II S. 890).

Rundfunkessays

Die Tätigkeit als Verfasser und Vortragender von Rundfunkessays ist nicht nach § 3 Nr. 26 EStG begünstigt (>BFH vom 17.10.1991 – BStBl 1992 II S. 176).

Vergebliche Aufwendungen

Aufwendungen für eine Tätigkeit i. S. d. § 3 Nr. 26 EStG sind auch dann als vorweggenommene Betriebsausgaben abzugsfähig, wenn es nicht mehr zur Ausübung der Tätigkeit kommt; das Abzugsverbot des § 3c EStG steht dem nicht entgegen (>BFH vom 6.7.2005 – BStBl 2006 II S. 163).

Verluste aus einer ehrenamtlichen Tätigkeit

Aufwendungen für eine Tätigkeit i. S. d § 3 Nr. 26 EStG sind auch insoweit abzugsfähig, als sie die unterhalb des maßgebenden Höchstbetrags steuerfreien Einnahmen übersteigen, wenn hinsichtlich der Tätigkeit eine Einkunftserzielungsabsicht vorliegt (>BFH vom 20.12.2017 – BStBl 2019 II S. 469 und vom 20.11.2018 – BStBl 2019 II S. 422).

---

§ 3

Steuerfrei sind

...

[1] **26a. Einnahmen aus nebenberuflichen Tätigkeiten im Dienst oder Auftrag einer juristischen Person des öffentlichen Rechts, die in**

[1]) Nummer 26a ist in allen offenen Fällen anzuwenden >§ 52 Abs. 4 Satz 5.

einem Mitgliedstaat der Europäischen Union, in einem Staat, auf den das Abkommen über den Europäischen Wirtschaftsraum Anwendung findet, oder in der Schweiz belegen ist, oder einer unter § 5 Absatz 1 Nummer 9 des Körperschaftsteuergesetzes fallenden Einrichtung zur Förderung gemeinnütziger, mildtätiger und kirchlicher Zwecke (§§ 52 bis 54 der Abgabenordnung) bis zur Höhe von insgesamt 840 Euro im Jahr. [2]Die Steuerbefreiung ist ausgeschlossen, wenn für die Einnahmen aus der Tätigkeit – ganz oder teilweise – eine Steuerbefreiung nach § 3 Nummer 12, 26 oder 26b gewährt wird. [3]Überschreiten die Einnahmen für die in Satz 1 bezeichneten Tätigkeiten den steuerfreien Betrag, dürfen die mit den nebenberuflichen Tätigkeiten in unmittelbarem wirtschaftlichen Zusammenhang stehenden Ausgaben abweichend von § 3c nur insoweit als Betriebsausgaben oder Werbungskosten abgezogen werden, als sie den Betrag der steuerfreien Einnahmen übersteigen;

Hinweise H 3.26a

Allgemeine Grundsätze

>BMF vom 21.11.2014 (BStBl I S. 1581) Anhang 12b

---

§ 3

Steuerfrei sind

...

26b. Aufwandsentschädigungen nach § 1835a des Bürgerlichen Gesetzbuchs, soweit sie zusammen mit den steuerfreien Einnahmen im Sinne der Nummer 26 den Freibetrag nach Nummer 26 Satz 1 nicht überschreiten. [2]Nummer 26 Satz 2 gilt entsprechend; S 2121 [1)]

27. der Grundbetrag der Produktionsaufgaberente und das Ausgleichsgeld nach dem Gesetz zur Förderung der Einstellung der landwirtschaftlichen Erwerbstätigkeit bis zum Höchstbetrag von 18.407 Euro; S 2121

28. die Aufstockungsbeträge im Sinne des § 3 Absatz 1 Nummer 1 Buchstabe a sowie die Beiträge und Aufwendungen im Sinne des § 3 Absatz 1 Nummer 1 Buchstabe b und des § 4 Absatz 2 des Altersteilzeitgesetzes, die Zuschläge, die versicherungsfrei Beschäftigte im Sinne des § 27 Absatz 1 Nummer 1 bis 3 des Dritten Buches Sozialgesetzbuch zur Aufstockung der Bezüge bei Altersteilzeit nach beamtenrechtlichen Vorschriften oder Grundsätzen erhalten sowie die Zahlungen des Arbeitgebers zur Übernahme der Beiträge im Sinne des § 187a des Sechsten S 2342

[1)] ***In Nummer 26b wird durch Artikel 15 Abs. 27 des Gesetzes zur Reform des Vormundschafts- und Betreuungsrechts der Satzteil vor Satz 2 ab VZ 2023 geändert.***

Buches Sozialgesetzbuch, soweit sie 50 Prozent der Beiträge nicht übersteigen;

R 3.28

S 2342

Leistungen nach dem Altersteilzeitgesetz (AltTZG) (§ 3 Nr. 28 EStG)

Anhang 1

(1) [1] Aufstockungsbeträge und zusätzliche Beiträge zur gesetzlichen Rentenversicherung i. S. d. § 3 Abs. 1 Nr. 1 sowie Aufwendungen i. S. d. § 4 Abs. 2 AltTZG sind steuerfrei, wenn die Voraussetzungen des § 2 AltTZG, z. B. Vollendung des 55. Lebensjahres, Verringerung der tariflichen regelmäßigen wöchentlichen Arbeitszeit auf die Hälfte, vorliegen. [2] Die Vereinbarung über die Arbeitszeitverminderung muss sich zumindest auf die Zeit erstrecken, bis der Arbeitnehmer eine Rente wegen Alters beanspruchen kann. [3] Dafür ist nicht erforderlich, dass diese Rente ungemindert ist. [4] Der frühestmögliche Zeitpunkt, zu dem eine Altersrente in Anspruch genommen werden kann, ist die Vollendung des 60. Lebensjahres. [5] Die Steuerfreiheit kommt nicht mehr in Betracht mit Ablauf des Kalendermonats, in dem der Arbeitnehmer die Altersteilzeitarbeit beendet oder die für ihn geltende gesetzliche Altersgrenze für die Regelaltersrente erreicht hat (§ 5 Abs. 1 Nr. 1 AltTZG).

(2) [1] Die Leistungen sind auch dann steuerfrei, wenn der Förderanspruch des Arbeitgebers an die Bundesagentur für Arbeit nach § 5 Abs. 1 Nr. 2 und 3, Abs. 2 bis 4 AltTZG erlischt, nicht besteht oder ruht, z. B. wenn der frei gewordene Voll- oder Teilarbeitsplatz nicht wieder besetzt wird. [2] Die Leistungen sind auch dann steuerfrei, wenn mit der Altersteilzeit erst nach dem 31.12.2009 begonnen wurde und diese nicht durch die Bundesagentur für Arbeit nach § 4 AltTZG gefördert wird (§ 1 Abs. 3 Satz 2 AltTZG). [3] Durch eine vorzeitige Beendigung der Altersteilzeit (Störfall) ändert sich der Charakter der bis dahin erbrachten Arbeitgeberleistungen nicht, weil das AltTZG keine Rückzahlung vorsieht. [4] Die Steuerfreiheit der Aufstockungsbeträge bleibt daher bis zum Eintritt des Störfalls erhalten.

(3) [1] Aufstockungsbeträge und zusätzliche Beiträge zur gesetzlichen Rentenversicherung sind steuerfrei, auch soweit sie über die im AltTZG genannten Mindestbeträge hinausgehen. [2] Dies gilt nur, soweit die Aufstockungsbeträge zusammen mit dem während der Altersteilzeit bezogenen Nettoarbeitslohn monatlich 100 % des maßgebenden Arbeitslohns nicht übersteigen. [3] Maßgebend ist bei laufendem Arbeitslohn der Nettoarbeitslohn, den der Arbeitnehmer im jeweiligen Lohnzahlungszeitraum ohne Altersteilzeit üblicherweise erhalten hätte; bei sonstigen Bezügen ist auf den unter Berücksichtigung des nach R 39b.6 Abs. 2 ermittelten voraussichtlichen Jahresnettoarbeitslohn unter Einbeziehung der sonstigen Bezüge bei einer unterstellten Vollzeitbeschäftigung abzustellen. [4] Unangemessene Erhöhungen vor oder während der Altersteilzeit sind dabei nicht zu berücksichtigen. [5] Aufstockungsbeträge, die in Form von Sachbezügen gewährt werden, sind steuerfrei, wenn die Aufstockung betragsmäßig in Geld festgelegt und außerdem vereinbart ist, dass der Arbeitgeber anstelle der Geldleistung Sachbezüge erbringen darf.

Hinweise

H 3.28

Begrenzung auf 100 % des Nettoarbeitslohns

Beispiel 1 (laufend gezahlter Aufstockungsbetrag):

Ein Arbeitnehmer mit einem monatlichen Vollzeit-Bruttogehalt in Höhe von 8.750 € nimmt von der Vollendung des 62. bis zur Vollendung des 64. Lebensjahres Altersteilzeit in Anspruch. Danach scheidet er aus dem Arbeitsverhältnis aus.

Der Mindestaufstockungsbetrag nach § 3 Abs. 1 Nr. 1 Buchst. a Altersteilzeitgesetz beträgt 875 €. Der Arbeitgeber gewährt eine weitere freiwillige Aufstockung in Höhe von 3.000 € (Aufstockungsbetrag insgesamt 3.875 €). Der steuerfreie Teil des Aufstockungsbetrags ist wie folgt zu ermitteln:

a) Ermittlung des maßgebenden Arbeitslohns

	Bruttoarbeitslohn bei fiktiver Vollarbeitszeit	8.750 €
./.	gesetzliche Abzüge (Lohnsteuer, Solidaritätszuschlag, Kirchensteuer, Sozialversicherungsbeiträge)	3.750 €
=	maßgebender Nettoarbeitslohn	5.000 €

b) Vergleichsberechnung

	Bruttoarbeitslohn bei Altersteilzeit	8.750 €
./.	gesetzliche Abzüge (Lohnsteuer, Solidaritätszuschlag, Kirchensteuer, Sozialversicherungsbeiträge)	1.725 €
=	Zwischensumme	2.650 €
+	Mindestaufstockungsbetrag	875 €
+	freiwilliger Aufstockungsbetrag	3.000 €
=	Nettoarbeitslohn	6.525 €

Durch den freiwilligen Aufstockungsbetrag von 3.000 € ergäbe sich ein Nettoarbeitslohn bei der Altersteilzeit, der den maßgebenden Nettoarbeitslohn um 1.525 € übersteigen würde. Demnach sind steuerfrei:

	Mindestaufstockungsbetrag		875 €
+	freiwilliger Aufstockungsbetrag	3.000 €	
	abzgl.	1.525 €	1.425 €
=	steuerfreier Aufstockungsbetrag		2.350 €

c) Abrechnung des Arbeitgebers

	Bruttoarbeitslohn bei Altersteilzeit	4.375 €
+	steuerpflichtiger Aufstockungsbetrag	1.525 €
=	steuerpflichtiger Arbeitslohn	5.900 €
./.	gesetzliche Abzüge (Lohnsteuer, Solidaritätszuschlag, Kirchensteuer, Sozialversicherungsbeiträge)	2.300 €
=	Zwischensumme	3.600 €
+	steuerfreier Aufstockungsbetrag	2.350 €
=	Nettoarbeitslohn	5.950 €

Beispiel 2 (sonstiger Bezug als Aufstockungsbetrag):

Ein Arbeitnehmer in Altersteilzeit hätte bei einer Vollzeitbeschäftigung Anspruch auf ein monatliches Bruttogehalt in Höhe von 4.000 € sowie im März auf einen sonstigen Bezug (Ergebnisbeteiligung) in Höhe von 1.500 € (brutto).

Nach dem Altersteilzeitvertrag werden im März folgende Beträge gezahlt:

–	laufendes Bruttogehalt	2.000 €
–	laufende steuerfreie Aufstockung (einschließlich freiwilliger Aufstockung des Arbeitgebers)	650 €€
–	Brutto-Ergebnisbeteiligung (50 % der vergleichbaren Vergütung auf Basis einer Vollzeitbeschäftigung)	750 €
–	Aufstockungsleistung auf die Ergebnisbeteiligung	750 €

a) Ermittlung des maßgebenden Arbeitslohns

	jährlicher laufender Bruttoarbeitslohn bei fiktiver Vollarbeitszeitbeschäftigung	48.000 €
+	sonstiger Bezug bei fiktiver Vollzeitbeschäftigung	1.500 €
./.	gesetzliche jährliche Abzüge (Lohnsteuer, Solidaritätszuschlag, Kirchensteuer, Sozialversicherungsbeiträge)	18.100 €
=	maßgebender Jahresnettoarbeitslohn	31.400 €

b) Vergleichsberechnung

	jährlich laufender Bruttoarbeitslohn bei Altersteilzeit	24.000 €
+	steuerpflichtiger sonstiger Bezug bei Altersteilzeit	750 €
./.	gesetzliche jährliche Abzüge (Lohnsteuer, Solidaritätszuschlag, Kirchensteuer, Sozialversicherungsbeiträge)	6.000 €
=	Zwischensumme	18.750 €
+	Aufstockung Ergebnisbeteiligung	750 €
+	steuerfreie Aufstockung (12 × 650)	7.800 €
=	Jahresnettoarbeitslohn	27.300 €

Durch die Aufstockung des sonstigen Bezugs wird der maßgebende Jahresnettoarbeitslohn von 31.400 € nicht überschritten. Demnach kann die Aufstockung des sonstigen Bezugs (im Beispiel: Aufstockung der Ergebnisbeteiligung) in Höhe von 750 € insgesamt steuerfrei bleiben.

Progressionsvorbehalt

Die Aufstockungsbeträge unterliegen dem Progressionsvorbehalt (>§ 32b Abs. 1 Satz 1 Nr. 1 Buchstabe g EStG). Zur Aufzeichnung und Bescheinigung >§ 41 Abs. 1 Satz 4 und § 41b Abs. 1 Satz 2 Nr. 5 EStG

---

§ 3

Steuerfrei sind

…

28a. Zuschüsse des Arbeitgebers zum Kurzarbeitergeld und Saison-Kurzarbeitergeld, soweit sie zusammen mit dem Kurzarbeitergeld 80 Prozent des Unterschiedsbetrags zwischen dem Soll-Entgelt und dem Ist-Entgelt nach § 106 des Dritten Buches Sozialgesetzbuch nicht übersteigen und sie für Lohnzahlungszeiträume, die nach dem 29. Februar 2020 beginnen und vor dem 1. Januar 2022 enden, geleistet werden;

29. das Gehalt und die Bezüge, S 1310

a) die die diplomatischen Vertreter ausländischer Staaten, die ihnen zugewiesenen Beamten und die in ihren Diensten stehenden Personen erhalten. [2]Dies gilt nicht für deutsche Staatsangehörige oder für im Inland ständig ansässige Personen;

b) der Berufskonsuln, der Konsulatsangehörigen und ihres Personals, soweit sie Angehörige des Entsendestaates sind. [2]Dies gilt nicht für Personen, die im Inland ständig ansässig sind oder außerhalb ihres Amtes oder Dienstes einen Beruf, ein Gewerbe oder eine andere gewinnbringende Tätigkeit ausüben;

30. Entschädigungen für die betriebliche Benutzung von Werkzeugen eines Arbeitnehmers (Werkzeuggeld), soweit sie die entsprechenden Aufwendungen des Arbeitnehmers nicht offensichtlich übersteigen; S 2342

Werkzeuggeld (§ 3 Nr. 30 EStG)

R 3.30

S 2342

[1]Die Steuerbefreiung beschränkt sich auf die Erstattung der Aufwendungen, die dem Arbeitnehmer durch die betriebliche Benutzung eigener Werkzeuge entstehen. [2]Als Werkzeuge sind allgemein nur Handwerkzeuge anzusehen, die zur leichteren Handhabung, zur Herstellung oder zur Bearbeitung eines Gegenstands verwendet werden; Musikinstrumente und deren Einzelteile gehören ebenso wie Datenverarbeitungsgeräte o. Ä. nicht dazu. [3]Eine betriebliche Benutzung der Werkzeuge liegt auch dann vor, wenn die Werkzeuge im Rahmen des Dienstverhältnisses außerhalb einer Betriebsstätte des Arbeitgebers eingesetzt werden, z. B. auf einer Baustelle. [4]Ohne Einzelnachweis der tatsächlichen Aufwendungen sind pauschale Entschädigungen steuerfrei, soweit sie

1. die regelmäßigen Absetzungen für Abnutzung der Werkzeuge,
2. die üblichen Betriebs-, Instandhaltungs- und Instandsetzungskosten der Werkzeuge sowie
3. die Kosten der Beförderung der Werkzeuge

abgelten. [5]Soweit Entschädigungen für Zeitaufwand des Arbeitnehmers gezahlt werden, z. B. für die ihm obliegende Reinigung und Wartung der Werkzeuge, gehören sie zum steuerpflichtigen Arbeitslohn.

Hinweise

H 3.30

Musikinstrumente

sind keine Werkzeuge (>BFH vom 21.8.1995 – BStBl II S. 906).

§ 3

Steuerfrei sind

…

S 2342 **31. die typische Berufskleidung, die der Arbeitgeber seinem Arbeitnehmer unentgeltlich oder verbilligt überlässt; dasselbe gilt für eine Barablösung eines nicht nur einzelvertraglichen Anspruchs auf Gestellung von typischer Berufskleidung, wenn die Barablösung betrieblich veranlasst ist und die entsprechenden Aufwendungen des Arbeitnehmers nicht offensichtlich übersteigt;**

R 3.31

Überlassung typischer Berufskleidung (§ 3 Nr. 31 EStG)

S 2342 (1) [1]Steuerfrei ist nach § 3 Nr. 31 erster Halbsatz EStG nicht nur die Gestellung, sondern auch die Übereignung typischer Berufskleidung durch den Arbeitgeber. [2]Erhält der Arbeitnehmer die Berufsbekleidung von seinem Arbeitgeber zusätzlich zum ohnehin geschuldeten Arbeitslohn (>R 3.33 Abs. 5), ist anzunehmen, dass es sich um typische Berufskleidung handelt, wenn nicht das Gegenteil offensichtlich ist. [3]Zur typischen Berufskleidung gehören Kleidungsstücke, die

1. als Arbeitsschutzkleidung auf die jeweils ausgeübte Berufstätigkeit zugeschnitten sind oder
2. nach ihrer z. B. uniformartigen Beschaffenheit oder dauerhaft angebrachten Kennzeichnung durch Firmenemblem objektiv eine berufliche Funktion erfüllen,

wenn ihre private Nutzung so gut wie ausgeschlossen ist. [4]Normale Schuhe und Unterwäsche sind z. B. keine typische Berufskleidung.

(2) [1]Die Steuerbefreiung nach § 3 Nr. 31 zweiter Halbsatz EStG beschränkt sich auf die Erstattung der Aufwendungen, die dem Arbeitnehmer durch den beruflichen Einsatz typischer Berufskleidung in den Fällen entstehen, in denen der Arbeitnehmer z. B. nach Unfallverhütungsvorschriften, Tarifvertrag oder Betriebsvereinbarung einen Anspruch auf Gestellung von Arbeitskleidung hat, der aus betrieblichen Gründen durch die Barvergütung abgelöst wird. [2]Die Barablösung einer Verpflichtung zur Gestellung von typischer Berufskleidung ist z. B. betrieblich begründet, wenn die Beschaffung der Kleidungsstücke durch den Arbeitnehmer für den Arbeitgeber vorteilhafter ist. [3]Pauschale Barablösungen sind steuerfrei, soweit sie die regelmäßigen Absetzungen für Abnutzung und die üblichen Instandhaltungs- und Instandsetzungskosten der typischen Berufskleidung abgelten. [4]Aufwendungen für die Reinigung gehören regelmäßig nicht zu den Instandhaltungs- und Instandsetzungskosten der typischen Berufsbekleidung.

Hinweise

H 3.31

Abgrenzung zwischen typischer Berufskleidung und bürgerlicher Kleidung

>BFH vom 18.4.1991 (BStBl II S. 751)

Lodenmantel

ist keine typische Berufskleidung (>BFH vom 19.1.1996 – BStBl II S. 202).

§ 3

Steuerfrei sind

...

32. die unentgeltliche oder verbilligte Sammelbeförderung eines Arbeitnehmers zwischen Wohnung und erster Tätigkeitsstätte sowie bei Fahrten nach § 9 Absatz 1 Satz 3 Nummer 4a Satz 3 mit einem vom Arbeitgeber gestellten Beförderungsmittel, soweit die Sammelbeförderung für den betrieblichen Einsatz des Arbeitnehmers notwendig ist; S 2342

R 3.32

Sammelbeförderung von Arbeitnehmern zwischen Wohnung und erster Tätigkeitsstätte (§ 3 Nr. 32 EStG)

Die Notwendigkeit einer Sammelbeförderung ist z. B. in den Fällen anzunehmen, in denen S 2342

1. die Beförderung mit öffentlichen Verkehrsmitteln nicht oder nur mit unverhältnismäßig hohem Zeitaufwand durchgeführt werden könnte oder
2. der Arbeitsablauf eine gleichzeitige Arbeitsaufnahme der beförderten Arbeitnehmer erfordert.

Hinweise

H 3.32

Lohnsteuerbescheinigung

Bei steuerfreier Sammelbeförderung zwischen Wohnung und erster Tätigkeitsstätte sowie bei Fahrten nach § 9 Abs. 1 Satz 3 Nr. 4a Satz 3 EStG ist der Großbuchstabe F anzugeben >BMF-Schreiben zur Ausstellung von Lohnsteuerbescheinigungen Anhang 23 I

Sammelbeförderung

Sammelbeförderung i. S. d. § 3 Nr. 32 EStG ist die durch den Arbeitgeber organisierte oder zumindest veranlasste Beförderung mehrerer Arbeitnehmer; sie darf nicht auf dem Entschluss eines Arbeitnehmers beruhen. Das Vorliegen einer Sammelbeförderung bedarf grundsätzlich einer besonderen Rechtsgrundlage. Dies kann ein Tarifvertrag oder eine Betriebsvereinbarung sein (>BFH vom 29.1.2009 – BStBl 2010 II S. 1067).

§ 3

Steuerfrei sind

...

S 2342 **33. zusätzlich zum ohnehin geschuldeten Arbeitslohn erbrachte Leistungen des Arbeitgebers zur Unterbringung und Betreuung von nicht schulpflichtigen Kindern der Arbeitnehmer in Kindergärten oder vergleichbaren Einrichtungen;**

R 3.33

Unterbringung und Betreuung von nicht schulpflichtigen Kindern (§ 3 Nr. 33 EStG)

S 2342 (1) [1]Steuerfrei sind zusätzliche Arbeitgeberleistungen (>Absatz 5) zur Unterbringung, einschl. Unterkunft und Verpflegung, und Betreuung von nicht schulpflichtigen Kindern des Arbeitnehmers in Kindergärten oder vergleichbaren Einrichtungen. [2]Dies gilt auch, wenn der nicht beim Arbeitgeber beschäftigte Elternteil die Aufwendungen trägt. [3]Leistungen für die Vermittlung einer Unterbringungs- und Betreuungsmöglichkeit durch Dritte sind nicht steuerfrei[1]). [4]Zuwendungen des Arbeitgebers an einen Kindergarten oder eine vergleichbare Einrichtung, durch die er für die Kinder seiner Arbeitnehmer ein Belegungsrecht ohne Bewerbungsverfahren und Wartezeit erwirbt, sind den Arbeitnehmern nicht als geldwerter Vorteil zuzurechnen.

(2) [1]Es ist gleichgültig, ob die Unterbringung und Betreuung in betrieblichen oder außerbetrieblichen Kindergärten erfolgt. [2]Vergleichbare Einrichtungen sind z. B. Schulkindergärten, Kindertagesstätten, Kinderkrippen, Tagesmütter, Wochenmütter und Ganztagspflegestellen. [3]Die Einrichtung muss gleichzeitig zur Unterbringung und Betreuung von Kindern geeignet sein. [4]Die alleinige Betreuung im Haushalt, z. B. durch Kinderpflegerinnen, Hausgehilfinnen oder Familienangehörige, genügt nicht. [5]Soweit Arbeitgeberleistungen auch den Unterricht eines Kindes ermöglichen, sind sie nicht steuerfrei. [6]Das Gleiche gilt für Leistungen, die nicht unmittelbar der Betreuung eines Kindes dienen, z. B. die Beförderung zwischen Wohnung und Kindergarten.

(3) [1]Begünstigt sind nur Leistungen zur Unterbringung und Betreuung von nicht schulpflichtigen Kindern. [2]Ob ein Kind schulpflichtig ist, richtet sich nach dem jeweiligen landesrechtlichen Schulgesetz. [3]Die Schulpflicht ist aus Vereinfachungsgründen nicht zu prüfen bei Kindern, die

1. das 6. Lebensjahr noch nicht vollendet haben oder
2. im laufenden Kalenderjahr das 6. Lebensjahr nach dem 30. Juni vollendet haben, es sei denn, sie sind vorzeitig eingeschult worden, oder
3. im laufenden Kalenderjahr das 6. Lebensjahr vor dem 1. Juli vollendet haben, in den Monaten Januar bis Juli dieses Jahres.

---

[1]) >aber § 3 Nr. 34a

[4]Den nicht schulpflichtigen Kindern stehen schulpflichtige Kinder gleich, solange sie mangels Schulreife vom Schulbesuch zurückgestellt oder noch nicht eingeschult sind.

(4) [1]Sachleistungen an den Arbeitnehmer, die über den nach § 3 Nr. 33 EStG steuerfreien Bereich hinausgehen, sind regelmäßig mit dem Wert nach § 8 Abs. 2 Satz 1 EStG dem Arbeitslohn hinzuzurechnen. [2]Barzuwendungen an den Arbeitnehmer sind nur steuerfrei, soweit der Arbeitnehmer dem Arbeitgeber die zweckentsprechende Verwendung nachgewiesen hat. [3]Der Arbeitgeber hat die Nachweise im Original als Belege zum Lohnkonto aufzubewahren.

(5) [1]Die Zusätzlichkeitsvoraussetzung erfordert, dass die zweckbestimmte Leistung zu dem Arbeitslohn hinzukommt, den der Arbeitgeber arbeitsrechtlich schuldet. [2]Wird eine zweckbestimmte Leistung unter Anrechnung auf den arbeitsrechtlich geschuldeten Arbeitslohn oder durch dessen Umwandlung gewährt, liegt keine zusätzliche Leistung vor. [3]Eine zusätzliche Leistung liegt aber dann vor, wenn sie unter Anrechnung auf eine andere freiwillige Sonderzahlung, z. B. freiwillig geleistetes Weihnachtsgeld, erbracht wird. [4]Unschädlich ist es, wenn der Arbeitgeber verschiedene zweckgebundene Leistungen zur Auswahl anbietet oder die übrigen Arbeitnehmer die freiwillige Sonderzahlung erhalten.

Hinweise H 3.33

Zusätzlichkeitsvoraussetzung

>§ 8 Abs. 4 EStG

---

§ 3

Steuerfrei sind

...

34. zusätzlich zum ohnehin geschuldeten Arbeitslohn erbrachte Leistungen des Arbeitgebers zur Verhinderung und Verminderung von Krankheitsrisiken und zur Förderung der Gesundheit in Betrieben, die hinsichtlich Qualität, Zweckbindung, Zielgerichtetheit und Zertifizierung den Anforderungen der §§ 20 und 20b des Fünften Buches Sozialgesetzbuch genügen, soweit sie 600 Euro im Kalenderjahr nicht übersteigen; S 2342

Hinweise H 3.34

Umsetzungshilfe

>BMF vom 20.4.2021 (BStBl I S. 700) *Anhang 18c*

Zusätzlichkeitsvoraussetzung

>§ 8 Abs. 4 EStG

§ 3

Steuerfrei sind

...

34a. zusätzlich zum ohnehin geschuldeten Arbeitslohn erbrachte Leistungen des Arbeitgebers

a) an ein Dienstleistungsunternehmen, das den Arbeitnehmer hinsichtlich der Betreuung von Kindern oder pflegebedürftigen Angehörigen berät oder hierfür Betreuungspersonen vermittelt, sowie

b) zur kurzfristigen Betreuung von Kindern im Sinne des § 32 Absatz 1, die das 14. Lebensjahr noch nicht vollendet haben oder die wegen einer vor Vollendung des 25. Lebensjahres eingetretenen körperlichen, geistigen oder seelischen Behinderung außerstande sind, sich selbst zu unterhalten oder pflegebedürftigen Angehörigen des Arbeitnehmers, wenn die Betreuung aus zwingenden und beruflich veranlassten Gründen notwendig ist, auch wenn sie im privaten Haushalt des Arbeitnehmers stattfindet, soweit die Leistungen 600 Euro im Kalenderjahr nicht übersteigen;

H 3.34a

Hinweise

Zusätzlichkeitsvoraussetzung

>§ 8 Abs. 4 EStG

---

§ 3

Steuerfrei sind

...

35. die Einnahmen der bei der Deutsche Post AG, Deutsche Postbank AG oder Deutsche Telekom AG beschäftigten Beamten, soweit die Einnahmen ohne Neuordnung des Postwesens und der Telekommunikation nach den Nummern 11 bis 13 und 64 steuerfrei wären;

S 2342 36. Einnahmen für Leistungen zu körperbezogenen Pflegemaßnahmen, pflegerischen Betreuungsmaßnahmen oder Hilfen bei der Haushaltsführung bis zur Höhe des Pflegegeldes nach § 37 des Elften Buches Sozialgesetzbuch mindestens aber bis zur Höhe des Entlastungsbetrages nach § 45b Absatz 1 Satz 1 des Elften Buches Sozialgesetzbuch, wenn diese Leistungen von Angehörigen des Pflegebedürftigen oder von anderen Personen, die damit eine sittliche Pflicht im Sinne des § 33 Absatz 2 gegenüber dem Pflegebedürftigen erfüllen, erbracht werden. [2]Entsprechendes gilt, wenn der Pflegebedürftige vergleichbare Leistungen aus privaten Versicherungsverträgen nach den Vorgaben des

Elften Buches Sozialgesetzbuch oder nach den Beihilfevorschriften für häusliche Pflege erhält;

37. zusätzlich zum ohnehin geschuldeten Arbeitslohn vom Arbeitgeber gewährte Vorteile für die Überlassung eines betrieblichen Fahrrads, das kein Kraftfahrzeug im Sinne des § 6 Absatz 1 Nummer 4 Satz 2 ist; S 2121 [1)]

Hinweise H 3.37

Zusätzlichkeitsvoraussetzung

– ***>§ 8 Abs. 4 EStG***

– Zur Bewertung der steuerpflichtigen Fahrradgestellung in den Fällen der Gehaltsumwandlung >Gleich lautende Ländererlasse vom 9.1.2020 (BStBl I S. 174) Anhang 24 IV 4

---

§ 3

Steuerfrei sind

...

38. Sachprämien, die der Steuerpflichtige für die persönliche Inanspruchnahme von Dienstleistungen von Unternehmen unentgeltlich erhält, die diese zum Zwecke der Kundenbindung im allgemeinen Geschäftsverkehr in einem jedermann zugänglichen planmäßigen Verfahren gewähren, soweit der Wert der Prämien 1.080 Euro im Kalenderjahr nicht übersteigt; S 2342

39. der Vorteil des Arbeitnehmers im Rahmen eines gegenwärtigen Dienstverhältnisses aus der unentgeltlichen oder verbilligten Überlassung von Vermögensbeteiligungen im Sinne des § 2 Absatz 1 Nummer 1 Buchstabe a, b und f bis l und Absatz 2 bis 5 des Fünften Vermögensbildungsgesetzes in der Fassung der Bekanntmachung vom 4. März 1994 (BGBl. I S. 406), zuletzt geändert durch Artikel 2 des Gesetzes vom 7. März 2009 (BGBl. I S. 451), in der jeweils geltenden Fassung, am Unternehmen des Arbeitgebers, soweit der Vorteil insgesamt *1.440 Euro* im Kalenderjahr nicht übersteigt. [2]Voraussetzung für die Steuerfreiheit ist, dass die Beteiligung mindestens allen Arbeitnehmern offensteht, die im Zeitpunkt der Bekanntgabe des Angebots ein Jahr oder länger ununterbrochen in einem gegenwärtigen Dienstverhältnis zum Unternehmen stehen. [3]Als Unternehmen des Arbeitgebers im Sinne des Satzes 1 gilt auch ein Unternehmen im *[2)]*

[1)] § 3 Nr. 37 ist letztmals für den VZ 2030 anzuwenden, sowie beim Steuerabzug vom Arbeitslohn auf Vorteile, die in einem vor dem 1.1.2031 endenden Lohnzahlungszeitraum oder als sonstige Bezüge vor dem 1.1.2031 zugewendet werden >§ 52 Abs. 4 Satz 7.

[2)] ***Nummer 39 Satz 1 wurde durch Artikel 3 des FoStoG ab VZ 2021 geändert.***

Sinne des § 18 des Aktiengesetzes. [4] Als Wert der Vermögensbeteiligung ist der gemeine Wert anzusetzen;

H 3.39

Hinweise

Allgemeine Grundsätze

Anhang 29a >BMF vom ***16.11.2021*** (BStBl I S.)

Darlehensforderung

Darlehensforderungen i. S. d. § 2 Abs. 1 Nr. 1 Buchstabe k des 5. VermBG können in der Regel dann unter dem Nennwert bewertet werden, wenn die Forderung unverzinslich ist (>R B 12.1 Abs. 1 Nr. 1 ErbStR); eine Bewertung über dem Nennwert ist im Allgemeinen dann gerechtfertigt, wenn die Forderung hochverzinst und von Seiten des Schuldners (Arbeitgebers) für längere Zeit unkündbar ist (>R B 12.1 Abs. 1 Nr. 2 ErbStR).

Wert der Vermögensbeteiligung

- Veräußerungssperren mindern den Wert der Vermögensbeteiligung nicht (>BMF vom ***16.11.2021*** – BStBl I S.), Tz. 1.3. (Anhang 29a)
- Der gemeine Wert nicht börsennotierter Aktien lässt sich nicht i. S. d. § 11 Abs. 2 Satz 2 BewG aus Verkäufen ableiten, wenn nach den Veräußerungen, aber noch vor dem Bewertungsstichtag weitere objektive Umstände hinzutreten, die dafür sprechen, dass diese Verkäufe nicht mehr den gemeinen Wert der Aktien repräsentieren, und es an objektiven Maßstäben für Zu- und Abschläge fehlt, um von den festgestellten Verkaufspreisen der Aktien auf deren gemeinen Wert zum Bewertungsstichtag schließen zu können (>BFH vom 29.7.2010 – BStBl 2011 II S. 68).
- Der gemäß § 11 Abs. 2 Satz 2 BewG zu ermittelnde gemeine Wert nicht börsennotierter Aktien ist vorrangig aus der Wertbestätigung am Markt abzuleiten, also von dem Preis, der bei einer Veräußerung im gewöhnlichen Geschäftsverkehr tatsächlich erzielt wurde. Bei nicht börsennotierten Aktien kann der gemeine Wert grundsätzlich vom Wert der börsennotierten gattungsgleichen Aktien abgeleitet werden. Die grundsätzlich auf den Zeitpunkt des Lohnzuflusses stichtagsbezogen vorzunehmende Bewertung von Sachlohn gebietet es, den gemeinen Wert nicht börsennotierter Aktien aus Verkäufen abzuleiten, die am Bewertungsstichtag oder, wenn solche Verkäufe nicht feststellbar sind, möglichst in zeitlicher Nähe zum Bewertungsstichtag getätigt wurden (>BFH vom 1.9.2016 – BStBl 2017 II S. 149).

Zuflusszeitpunkt der Vermögensbeteiligung

Anhang 29a >BMF vom ***16.11.2021*** (BStBl I S.), Tz. 1.6

§ 3

Steuerfrei sind

...

40. 40 Prozent

a) der Betriebsvermögensmehrungen oder Einnahmen aus der Veräußerung oder der Entnahme von Anteilen an Körperschaften, Personenvereinigungen und Vermögensmassen, deren Leistungen beim Empfänger zu Einnahmen im Sinne des § 20 Absatz 1 Nummer 1 und 9 gehören, oder an einer Organgesellschaft im Sinne des § 14 oder § 17 des Körperschaftsteuergesetzes oder aus deren Auflösung oder Herabsetzung von deren Nennkapital oder aus dem Ansatz eines solchen Wirtschaftsguts mit dem Wert, der sich nach § 6 Absatz 1 Nummer 2 Satz 3 ergibt, soweit sie zu den Einkünften aus Land- und Forstwirtschaft, aus Gewerbebetrieb oder aus selbständiger Arbeit gehören. [2]Dies gilt nicht, soweit der Ansatz des niedrigeren Teilwerts in vollem Umfang zu einer Gewinnminderung geführt hat und soweit diese Gewinnminderung nicht durch Ansatz eines Werts, der sich nach § 6 Absatz 1 Nummer 2 Satz 3 ergibt, ausgeglichen worden ist. [3]Satz 1 gilt außer für Betriebsvermögensmehrungen aus dem Ansatz mit dem Wert, der sich nach § 6 Absatz 1 Nummer 2 Satz 3 ergibt, ebenfalls nicht, soweit Abzüge nach § 6b oder ähnliche Abzüge voll steuerwirksam vorgenommen worden sind,

b) des Veräußerungspreises im Sinne des § 16 Absatz 2, soweit er auf die Veräußerung von Anteilen an Körperschaften, Personenvereinigungen und Vermögensmassen entfällt, deren Leistungen beim Empfänger zu Einnahmen im Sinne des § 20 Absatz 1 Nummer 1 und 9 gehören, oder an einer Organgesellschaft im Sinne des § 14 oder § 17 des Körperschaftsteuergesetzes. [2]Satz 1 ist in den Fällen des § 16 Absatz 3 entsprechend anzuwenden. [3]Buchstabe a Satz 3 gilt entsprechend,

c) des Veräußerungspreises oder des gemeinen Werts im Sinne des § 17 Absatz 2. [2]Satz 1 ist in den Fällen des § 17 Absatz 4 entsprechend anzuwenden,

d) der Bezüge im Sinne des § 20 Absatz 1 Nummer 1 und der Einnahmen im Sinne des § 20 Absatz 1 Nummer 9. [2]Dies gilt nur, soweit sie das Einkommen der leistenden Körperschaft nicht gemindert haben. [3]*Sofern die Bezüge in einem anderen Staat auf Grund einer vom deutschen Recht abweichenden* [1)]

[1)] *Nummer 40 Satz 1 Buchst. d Satz 3 wurde durch Artikel 1 des ATADUmsG eingefügt und ist erstmals für Bezüge anzuwenden, die nach dem 31.12.2019 zufließen >§ 52 Abs. 4 Satz 9. Der bisherige Satz 3 wurde Satz 4.*

steuerlichen Zurechnung einer anderen Person zugerechnet werden, gilt Satz 1 nur, soweit das Einkommen der anderen Person oder ihr nahestehender Personen nicht niedriger ist als bei einer dem deutschen Recht entsprechenden Zurechnung. **[4]Satz 1 Buchstabe d Satz 2 gilt nicht, soweit eine verdeckte Gewinnausschüttung das Einkommen einer dem Steuerpflichtigen nahe stehenden Person erhöht hat und § 32a des Körperschaftsteuergesetzes auf die Veranlagung dieser nahe stehenden Person keine Anwendung findet,**

e) der Bezüge im Sinne des § 20 Absatz 1 Nummer 2,

f) der besonderen Entgelte oder Vorteile im Sinne des § 20 Absatz 3, die neben den in § 20 Absatz 1 Nummer 1 und Absatz 2 Satz 1 Nummer 2 Buchstabe a bezeichneten Einnahmen oder an deren Stelle gewährt werden,

g) des Gewinns aus der Veräußerung von Dividendenscheinen und sonstigen Ansprüchen im Sinne des § 20 Absatz 2 Satz 1 Nummer 2 Buchstabe a,

h) des Gewinns aus der Abtretung von Dividendenansprüchen oder sonstigen Ansprüchen im Sinne des § 20 Absatz 2 Satz 1 Nummer 2 Buchstabe a in Verbindung mit § 20 Absatz 2 Satz 2,

i) der Bezüge im Sinne des § 22 Nummer 1 Satz 2, soweit diese von einer nicht von der Körperschaftsteuer befreiten Körperschaft, Personenvereinigung oder Vermögensmasse stammen.

[1]) **[2]Dies gilt für Satz 1 Buchstabe d bis h nur in Verbindung mit § 20 Absatz 8. [3]Satz 1 Buchstabe a, b und d bis h ist nicht anzuwenden auf Anteile, die bei Kreditinstituten*, Finanzdienstleistungsinstituten und Wertpapierinstituten* dem Handelsbestand im Sinne des § 340e Absatz 3 des Handelsgesetzbuchs zuzuordnen sind; Gleiches gilt für Anteile, die bei Finanzunternehmen im Sinne des Kreditwesengesetzes, an denen Kreditinstitute*, Finanzdienstleistungsinstitute oder Wertpapierinstitute* unmittelbar oder mittelbar zu mehr als 50 Prozent beteiligt sind, zum Zeitpunkt des Zugangs zum Betriebsvermögen als Umlaufvermögen auszuweisen sind. [4]Satz 1 ist nicht anzuwenden bei Anteilen an Unterstützungskassen;**

S 2248a **40a. 40 Prozent der Vergütungen im Sinne des § 18 Absatz 1 Nummer 4;**

S 2121 [2]) | **41. *(weggefallen)***

---

[1]) Nummer 40 Satz 3 wurde durch Artikel 7 Abs. 7 des Gesetzes zur Umsetzung der Richtlinie (EU) 2019/2034 über die Beaufsichtigung von Wertpapierinstituten ab VZ 2021 geändert.

[2]) Nummer 41 wurde durch Artikel 1 des ATADUmsG aufgehoben und ist letztmals für den VZ 2021 anzuwenden >§ 52 Abs. 4 Satz 15.

42. **die Zuwendungen, die auf Grund des Fulbright-Abkommens gezahlt werden;** S 2121

43. **der Ehrensold für Künstler sowie Zuwendungen aus Mitteln der Deutschen Künstlerhilfe, wenn es sich um Bezüge aus öffentlichen Mitteln handelt, die wegen der Bedürftigkeit des Künstlers gezahlt werden;** S 2342

44. **Stipendien, die aus öffentlichen Mitteln oder von zwischenstaatlichen oder überstaatlichen Einrichtungen, denen die Bundesrepublik Deutschland als Mitglied angehört, zur Förderung der Forschung oder zur Förderung der wissenschaftlichen oder künstlerischen Ausbildung oder Fortbildung gewährt werden. [2]Das Gleiche gilt für Stipendien, die zu den in Satz 1 bezeichneten Zwecken von einer Einrichtung, die von einer Körperschaft des öffentlichen Rechts errichtet ist oder verwaltet wird, oder von einer Körperschaft, Personenvereinigung oder Vermögensmasse im Sinne des § 5 Absatz 1 Nummer 9 des Körperschaftsteuergesetzes gegeben werden. [3]Voraussetzung für die Steuerfreiheit ist, dass** S 2342
    a) **die Stipendien einen für die Erfüllung der Forschungsaufgabe oder für die Bestreitung des Lebensunterhalts und die Deckung des Ausbildungsbedarfs erforderlichen Betrag nicht übersteigen und nach den von dem Geber erlassenen Richtlinien vergeben werden,**
    b) **der Empfänger im Zusammenhang mit dem Stipendium nicht zu einer bestimmten wissenschaftlichen oder künstlerischen Gegenleistung oder zu einer bestimmten Arbeitnehmertätigkeit verpflichtet ist;**

45. **die Vorteile des Arbeitnehmers aus der privaten Nutzung von betrieblichen Datenverarbeitungsgeräten und Telekommunikationsgeräten sowie deren Zubehör, aus zur privaten Nutzung überlassenen System- und Anwendungsprogrammen, die der Arbeitgeber auch in seinem Betrieb einsetzt, und aus den im Zusammenhang mit diesen Zuwendungen erbrachten Dienstleistungen. [2]Satz 1 gilt entsprechend für Steuerpflichtige, denen die Vorteile im Rahmen einer Tätigkeit zugewendet werden, für die sie eine Aufwandsentschädigung im Sinne des § 3 Nummer 12 erhalten;** S 2342

Betriebliche Datenverarbeitungs- und Telekommunikationsgeräte (§ 3 Nr. 45 EStG)

R 3.45

[1]Die Privatnutzung betrieblicher Datenverarbeitungs- und Telekommunikationsgeräte durch den Arbeitnehmer ist unabhängig vom Verhältnis der beruflichen zur privaten Nutzung steuerfrei. [2]Die Steuerfreiheit umfasst auch die Nutzung von Zubehör und Software. [3]Sie ist nicht auf die private S 2342

Nutzung im Betrieb beschränkt, sondern gilt beispielsweise auch für Mobiltelefone im Auto oder Personalcomputer in der Wohnung des Arbeitnehmers. [4]Die Steuerfreiheit gilt nur für die Überlassung zur Nutzung durch den Arbeitgeber oder auf Grund des Dienstverhältnisses durch einen Dritten. [5]In diesen Fällen sind auch die vom Arbeitgeber getragenen Verbindungsentgelte (Grundgebühr und sonstige laufende Kosten) steuerfrei. [6]Für die Steuerfreiheit kommt es nicht darauf an, ob die Vorteile zusätzlich zum ohnehin geschuldeten Arbeitslohn oder auf Grund einer Vereinbarung mit dem Arbeitgeber über die Herabsetzung von Arbeitslohn erbracht werden.

H 3.45

Hinweise

Anwendungsbereich

Die auf Arbeitnehmer beschränkte Steuerfreiheit für die Vorteile aus der privaten Nutzung von betrieblichen Personalcomputern und Telekommunikationsgeräten (§ 3 Nr. 45 EStG) verletzt nicht den Gleichheitssatz (>BFH vom 21.6.2006 – BStBl II S. 715).

Beispiele für die Anwendung des § 3 Nr. 45 EStG:

Beispiel 1

Der Arbeitgeber least einen PC und überlässt dieses Gerät dem Arbeitnehmer zur ausschließlich privaten Nutzung. Gegenüber dem Leasinggeber schuldet der Arbeitgeber die Leasingraten. In entsprechender Höhe wird eine Herabsetzung des Bruttogehalts vereinbart (Gehaltsumwandlung).

Da die Steuerbefreiungsvorschrift des § 3 Nr. 45 EStG keine Zusätzlichkeitsvoraussetzung enthält, ist die Herabsetzung des Bruttogehalts im Wege der Gehaltsumwandlung anzuerkennen; die Vereinbarung einer etwaigen Rückfallklausel/Ausstiegsklausel steht der Anerkennung nicht entgegen.

Beispiel 2

Der Arbeitgeber „kauft" vom Arbeitnehmer ein Mobiltelefon zu einem nicht marktüblichen Preis von z. B. 1 Euro und stellt es anschließend dem Arbeitnehmer zur privaten Nutzung zur Verfügung. Die Verbindungsentgelte des Arbeitnehmers werden nach dem „Kauf" vom Arbeitgeber übernommen.

Eine Steuerbefreiung der Verbindungsentgelte nach § 3 Nr. 45 EStG kommt nicht in Betracht, da der Kaufvertrag einem Fremdvergleich nicht standhält und es sich somit bei der Zurverfügungstellung des Mobiltelefons nicht um ein betriebliches Telekommunikationsgerät des Arbeitgebers handelt.

Beispiele für begünstigte Geräte und Leistungen

– **Betriebliche Datenverarbeitungsgeräte und Telekommunikationsgeräte**

  Begünstigt sind u. a. Personalcomputer, Laptop, Handy, Smartphone, Smartwatch, Tablet, Autotelefon.

  Regelmäßig nicht begünstigt sind Smart TV, Konsole, MP3-Player, Spielautomat, E-Book-Reader, Gebrauchsgegenstand mit eingebautem Mikrochip, Digitalkamera und digitaler Videocamcorder, weil es sich nicht um betriebliche Geräte des Arbeitgebers handelt. Nicht begünstigt ist auch ein vorinstalliertes Navigationsgerät im Pkw (>BFH vom 16.2.2005 – BStBl II S. 563).

- **System- und Anwendungsprogramme**
  Begünstigt sind u. a. im Betrieb des Arbeitgebers eingesetzte Betriebssysteme, Browser, Virenscanner, Softwareprogramme (z. B. Home-Use-Programme, Volumenlizenzvereinbarungen).
  Regelmäßig nicht begünstigt sind mangels Einsatz im Betrieb des Arbeitgebers u. a. Computerspiele.
- **Zubehör**
  Begünstigt sind u. a. betriebliche Monitore, Drucker, Beamer, Scanner, Modems, Netzwerkswitches, Router, Hubs, Bridges, ISDN-Karten, SIM-Karten, UMTS-Karte, LTE-Karten, Ladegeräte und Transportbehältnisse.
- **Dienstleistung**
  Begünstigt ist insbesondere die Installation oder Inbetriebnahme der begünstigten Geräte und Programme i. S. d. § 3 Nr. 45 EStG durch einen IT-Service des Arbeitgebers.

§ 3

Steuerfrei sind

...

46. zusätzlich zum ohnehin geschuldeten Arbeitslohn vom Arbeitgeber gewährte Vorteile für das elektrische Aufladen eines Elektrofahrzeugs oder Hybridelektrofahrzeugs im Sinne des § 6 Absatz 1 Nummer 4 Satz 2 zweiter Halbsatz an einer ortsfesten betrieblichen Einrichtung des Arbeitgebers oder eines verbundenen Unternehmens (§ 15 des Aktiengesetzes) und für die zur privaten Nutzung überlassene betriebliche Ladevorrichtung; S 2342 [1]

Hinweise

H 3.46

Anwendungsbereich

>BMF vom 29.9.2020 (BStBl I S.972) Anhang 24 VIII

Zusätzlichkeitsvoraussetzung

>§ 8 Abs. 4 EStG

§ 3

Steuerfrei sind

...

47. Leistungen nach § 14a Absatz 4 und § 14b des Arbeitsplatzschutzgesetzes; S 2342

48. Leistungen nach dem Unterhaltssicherungsgesetz mit Ausnahme der Leistungen nach § 6 des Unterhaltssicherungsgesetzes; S 2342

[1]) zur Anwendung >§ 52 Abs. 4 Satz ***16***

S 2121 **49. (weggefallen)**

S 2336 **50. die Beträge, die der Arbeitnehmer vom Arbeitgeber erhält, um sie für ihn auszugeben (durchlaufende Gelder), und die Beträge, durch die Auslagen des Arbeitnehmers für den Arbeitgeber ersetzt werden (Auslagenersatz);**

R 3.50

S 2336

Durchlaufende Gelder, Auslagenersatz (§ 3 Nr. 50 EStG)

(1) [1] Durchlaufende Gelder oder Auslagenersatz liegen vor, wenn

1. der Arbeitnehmer die Ausgaben für Rechnung des Arbeitgebers macht, wobei es gleichgültig ist, ob das im Namen des Arbeitgebers oder im eigenen Namen geschieht, und
2. über die Ausgaben im Einzelnen abgerechnet wird.

[2] Dabei sind die Ausgaben des Arbeitnehmers bei ihm so zu beurteilen, als hätte der Arbeitgeber sie selbst getätigt. [3] Die Steuerfreiheit der durchlaufenden Gelder oder des Auslagenersatzes nach § 3 Nr. 50 EStG ist hiernach stets dann ausgeschlossen, wenn die Ausgaben durch das Dienstverhältnis des Arbeitnehmers veranlasst sind (>R 19.3). [4] Durchlaufende Gelder oder Auslagenersatz werden immer zusätzlich gezahlt, da sie ihrem Wesen nach keinen Arbeitslohn darstellen. [5] Sie können daher auch keinen anderen Arbeitslohn ersetzen.

(2) [1] Pauschaler Auslagenersatz führt regelmäßig zu Arbeitslohn. [2] Ausnahmsweise kann pauschaler Auslagenersatz steuerfrei bleiben, wenn er regelmäßig wiederkehrt und der Arbeitnehmer die entstandenen Aufwendungen für einen repräsentativen Zeitraum von drei Monaten im Einzelnen nachweist. [3] Dabei können bei Aufwendungen für Telekommunikation auch die Aufwendungen für das Nutzungsentgelt einer Telefonanlage sowie für den Grundpreis der Anschlüsse entsprechend dem beruflichen Anteil der Verbindungsentgelte an den gesamten Verbindungsentgelten (Telefon und Internet) steuerfrei ersetzt werden. [4] Fallen erfahrungsgemäß beruflich veranlasste Telekommunikationsaufwendungen an, können aus Vereinfachungsgründen ohne Einzelnachweis bis zu 20 % des Rechnungsbetrags, höchstens 20 Euro monatlich steuerfrei ersetzt werden. [5] Zur weiteren Vereinfachung kann der monatliche Durchschnittsbetrag, der sich aus den Rechnungsbeträgen für einen repräsentativen Zeitraum von drei Monaten ergibt, für den pauschalen Auslagenersatz fortgeführt werden. [6] Der pauschale Auslagenersatz bleibt grundsätzlich so lange steuerfrei, bis sich die Verhältnisse wesentlich ändern. [7] Eine wesentliche Änderung der Verhältnisse kann sich insbesondere im Zusammenhang mit einer Änderung der Berufstätigkeit ergeben.

H 3.50

Hinweise

Allgemeines

– **Nicht** nach § 3 Nr. 50 EStG **steuerfrei**
  Ersatz von Werbungskosten

Ersatz von Kosten der privaten Lebensführung des Arbeitnehmers

– **Steuerfrei** ist z. B. der Ersatz von Gebühren für ein geschäftliches Telefongespräch, das der Arbeitnehmer für den Arbeitgeber außerhalb des Betriebs führt.

Ersatz von Reparaturkosten

Ersetzt der Arbeitgeber auf Grund einer tarifvertraglichen Verpflichtung dem als Orchestermusiker beschäftigten Arbeitnehmer die Kosten der Instandsetzung des dem Arbeitnehmer gehörenden Musikinstruments, so handelt es sich dabei um steuerfreien Auslagenersatz (>BFH vom 28.3.2006 – BStBl II S. 473).

Garagenmiete

Stellt der Arbeitnehmer den Dienstwagen in einer von ihm angemieteten Garage unter, handelt es sich bei der vom Arbeitgeber erstatteten Garagenmiete um steuerfreien Auslagenersatz (>BFH vom 7.6.2002 – BStBl II S. 829).

Pauschaler Auslagenersatz

führt regelmäßig zu Arbeitslohn (>BFH vom 10.6.1966 – BStBl III S. 607). Er ist nur dann steuerfrei, wenn der Steuerpflichtige nachweist, dass die Pauschale den tatsächlichen Aufwendungen im Großen und Ganzen entspricht (>BFH vom 2.10.2003 – BStBl 2004 II S. 129).

>BMF vom 29.9.2020 (BStBl I S. 972), Rdnr. 22-26 Anhang 24 VIII

---

§ 3

Steuerfrei sind

...

51. Trinkgelder, die anlässlich einer Arbeitsleistung dem Arbeitnehmer von Dritten freiwillig und ohne dass ein Rechtsanspruch auf sie besteht, zusätzlich zu dem Betrag gegeben werden, der für diese Arbeitsleistung zu zahlen ist; S 2342

Hinweise H 3.51

Freiwillige Sonderzahlungen

an Arbeitnehmer eines konzernverbundenen Unternehmens sind keine steuerfreien Trinkgelder (>BFH vom 3.5.2007 – BStBl II S. 712).

Notarassessoren

Freiwillige Zahlungen von Notaren an Notarassessoren für deren Vertretungstätigkeit sind keine steuerfreien Trinkgelder (>BFH vom 10.3.2015 – BStBl II S. 767).

Spielbank

- Aus dem Spielbanktronc finanzierte Zahlungen an die Arbeitnehmer der Spielbank sind keine steuerfreien Trinkgelder (>BFH vom 18.12.2008 – BStBl 2009 II S. 820).
- Freiwillige Zahlungen von Spielbankkunden an die Saalassistenten einer Spielbank für das Servieren von Speisen und Getränken können steuerfreie Trinkgelder sein. Die Steuerfreiheit entfällt nicht dadurch, dass der Arbeitgeber als eine Art Treuhänder bei der Aufbewahrung und Verteilung der Gelder eingeschaltet ist (>BFH vom 18.6.2015 – BStBl 2016 II S. 751).

---

§ 3

Steuerfrei sind

…

S 2339 **52. (weggefallen)**

S 2121 **53. die Übertragung von Wertguthaben nach § 7f Absatz 1 Satz 1 Nummer 2 des Vierten Buches Sozialgesetzbuch auf die Deutsche Rentenversicherung Bund. [2]Die Leistungen aus dem Wertguthaben durch die Deutsche Rentenversicherung Bund gehören zu den Einkünften aus nichtselbständiger Arbeit im Sinne des § 19. [3]Von ihnen ist Lohnsteuer einzubehalten;**

LStDV

LStDV

§ 3

(weggefallen)

---

§ 3

Steuerfrei sind

…

S 2121 **54. Zinsen aus Entschädigungsansprüchen für deutsche Auslandsbonds im Sinne der §§ 52 bis 54 des Bereinigungsgesetzes für deutsche Auslandsbonds in der im Bundesgesetzblatt Teil III, Gliederungsnummer 4139-2, veröffentlichten bereinigten Fassung, soweit sich die Entschädigungsansprüche gegen den Bund oder die Länder richten. [2]Das Gleiche gilt für die Zinsen aus Schuldverschreibungen und Schuldbuchforderungen, die nach den §§ 9, 10 und 14 des Gesetzes zur näheren Regelung der Entschädigungsansprüche für Auslandsbonds in der im Bundesgesetzblatt Teil III, Gliederungsnummer 4139-3, veröffentlichten bereinigten Fassung vom Bund oder von den Ländern für Entschädigungsansprüche erteilt oder eingetragen werden;**

55. der in den Fällen des § 4 Absatz 2 Nummer 2 und Absatz 3 des Betriebsrentengesetzes vom 19. Dezember 1974 (BGBl. I S. 3610), das zuletzt durch Artikel 8 des Gesetzes vom 5. Juli 2004 (BGBl. I S. 1427) geändert worden ist, in der jeweils geltenden Fassung geleistete Übertragungswert nach § 4 Absatz 5 des Betriebsrentengesetzes, wenn die betriebliche Altersversorgung beim ehemaligen und neuen Arbeitgeber über einen Pensionsfonds, eine Pensionskasse oder ein Unternehmen der Lebensversicherung durchgeführt wird; dies gilt auch, wenn eine Versorgungsanwartschaft aus einer betrieblichen Altersversorgung auf Grund vertraglicher Vereinbarung ohne Fristerfordernis unverfallbar ist. [2] Satz 1 gilt auch, wenn der Übertragungswert vom ehemaligen Arbeitgeber oder von einer Unterstützungskasse an den neuen Arbeitgeber oder eine andere Unterstützungskasse geleistet wird. [3] Die Leistungen des neuen Arbeitgebers, der Unterstützungskasse, des Pensionsfonds, der Pensionskasse oder des Unternehmens der Lebensversicherung auf Grund des Betrags nach Satz 1 und 2 gehören zu den Einkünften, zu denen die Leistungen gehören würden, wenn die Übertragung nach § 4 Absatz 2 Nummer 2 und Absatz 3 des Betriebsrentengesetzes nicht stattgefunden hätte;

Anhang 2 I

Hinweise

H 3.55

Übertragung der betrieblichen Altersversorgung

>BMF vom ***12.8.2021*** (BStBl I S. ***1050***), ***Rn.*** 57-62

Anhang 2 III

---

§ 3

Steuerfrei sind

…

55a. die nach § 10 des Versorgungsausgleichsgesetzes vom 3. April 2009 (BGBl. I S. 700) in der jeweils geltenden Fassung (interne Teilung) durchgeführte Übertragung von Anrechten für die ausgleichsberechtigte Person zu Lasten von Anrechten der ausgleichspflichtigen Person. [2] Die Leistungen aus diesen Anrechten gehören bei der ausgleichsberechtigten Person zu den Einkünften, zu denen die Leistungen bei der ausgleichspflichtigen Person gehören würden, wenn die interne Teilung nicht stattgefunden hätte;

Hinweise

H 3.55a

Allgemeine Grundsätze

>BMF vom 21.12.2017 (BStBl 2018 I S. 93), Rz. 319

>BMF vom 19.8.2013 (BStBl I S. 1087), Rz. 270 ff.

Anhang 3 II

§ 3

Steuerfrei sind

…

55b. der nach § 14 des Versorgungsausgleichsgesetzes (externe Teilung) geleistete Ausgleichswert zur Begründung von Anrechten für die ausgleichsberechtigte Person zu Lasten von Anrechten der ausgleichspflichtigen Person, soweit Leistungen aus diesen Anrechten zu steuerpflichtigen Einkünften nach den §§ 19, 20 und 22 führen würden. [2]Satz 1 gilt nicht, soweit Leistungen, die auf dem begründeten Anrecht beruhen, bei der ausgleichsberechtigten Person zu Einkünften nach § 20 Absatz 1 Nummer 6 oder § 22 Nummer 1 Satz 3 Buchstabe a Doppelbuchstabe bb führen würden. [3]Der Versorgungsträger der ausgleichspflichtigen Person hat den Versorgungsträger der ausgleichsberechtigten Person über die für die Besteuerung der Leistungen erforderlichen Grundlagen zu informieren. [4]Dies gilt nicht, wenn der Versorgungsträger der ausgleichsberechtigten Person die Grundlagen bereits kennt oder aus den bei ihm vorhandenen Daten feststellen kann und dieser Umstand dem Versorgungsträger der ausgleichspflichtigen Person mitgeteilt worden ist;

H 3.55b

Hinweise

Allgemeine Grundsätze

>BMF vom 21.12.2017 (BStBl 2018 I S. 93), Rz. 323-324

Anhang 3 II >BMF vom 19.8.2013 (BStBl I S. 1087), Rz. 270 ff.

§ 3

Steuerfrei sind

…

55c. Übertragungen von Altersvorsorgevermögen im Sinne des § 92 auf einen anderen auf den Namen des Steuerpflichtigen lautenden Altersvorsorgevertrag (§ 1 Absatz 1 Satz 1 Nummer 10 Buchstabe b des Altersvorsorgeverträge-Zertifizierungsgesetzes), soweit die Leistungen zu steuerpflichtigen Einkünften nach § 22 Nummer 5 führen würden. [2]Dies gilt entsprechend

a) wenn Anwartschaften aus einer betrieblichen Altersversorgung, die über einen Pensionsfonds, eine Pensionskasse oder ein Unternehmen der Lebensversicherung (Direktversicherung) durchgeführt wird, lediglich auf einen anderen Träger einer betrieblichen Altersversorgung in Form eines Pensionsfonds, einer Pensionskasse oder eines Unternehmens der Lebensversicherung (Direktversicherung) übertragen werden, soweit keine Zahlungen unmittelbar an den Arbeitnehmer erfolgen,

b) **wenn Anwartschaften der betrieblichen Altersversorgung abgefunden werden, soweit das Altersvorsorgevermögen zugunsten eines auf den Namen des Steuerpflichtigen lautenden Altersvorsorgevertrages geleistet wird,**

c) **wenn im Fall des Todes des Steuerpflichtigen das Altersvorsorgevermögen auf einen auf den Namen des Ehegatten lautenden Altersvorsorgevertrag übertragen wird, wenn die Ehegatten im Zeitpunkt des Todes des Zulageberechtigten nicht dauernd getrennt gelebt haben (§ 26 Absatz 1) und ihren Wohnsitz oder gewöhnlichen Aufenthalt in einem Mitgliedstaat der Europäischen Union oder einem Staat hatten, auf den das Abkommen über den Europäischen Wirtschaftsraum anwendbar ist; dies gilt auch, wenn die Ehegatten ihren vor dem Zeitpunkt, ab dem das Vereinigte Königreich Großbritannien und Nordirland nicht mehr Mitgliedstaat der Europäischen Union ist und auch nicht wie ein solcher zu behandeln ist, begründeten Wohnsitz oder gewöhnlichen Aufenthalt im Vereinigten Königreich Großbritannien und Nordirland hatten und der Vertrag vor dem 23. Juni 2016 abgeschlossen worden ist;**

Hinweise

H 3.55c

Allgemeine Grundsätze

>BMF vom ***12.8.2021*** (BStBl I S. ***1050***), ***Rn.*** 63 Anhang 2 III

>BMF vom 21.12.2017 (BStBl 2018 I S. 93), Rz. 150 ff.

§ 3

Steuerfrei sind

...

55d. Übertragungen von Anrechten aus einem nach § 5a Altersvorsorgeverträge-Zertifizierungsgesetz zertifizierten Vertrag auf einen anderen auf den Namen des Steuerpflichtigen lautenden nach § 5a Altersvorsorgeverträge-Zertifizierungsgesetz zertifizierten Vertrag;

55e. die auf Grund eines Abkommens mit einer zwischen- oder überstaatlichen Einrichtung übertragenen Werte von Anrechten auf Altersversorgung, soweit diese zur Begründung von Anrechten auf Altersversorgung bei einer zwischen- oder überstaatlichen Einrichtung dienen. [2] Die Leistungen auf Grund des Betrags nach Satz 1 gehören zu den Einkünften, zu denen die Leistungen gehören, die die übernehmende Versorgungseinrichtung im Übrigen erbringt;

56. Zuwendungen des Arbeitgebers nach § 19 Absatz 1 Satz 1 Nummer 3 Satz 1 aus dem ersten Dienstverhältnis an eine Pensionskasse zum Aufbau einer nicht kapitalgedeckten betrieblichen Altersversorgung, bei der eine Auszahlung der zugesagten Alters-, Invaliditäts- oder Hinterbliebenenversorgung entsprechend § 82 Absatz 2 Satz 2 vorgesehen ist, soweit diese Zuwendungen im Kalenderjahr 2 Prozent der Beitragsbemessungsgrenze in der allgemeinen Rentenversicherung nicht übersteigen. [2]Der in Satz 1 genannte Höchstbetrag erhöht sich ab 1. Januar 2020 auf 3 Prozent und ab 1. Januar 2025 auf 4 Prozent der Beitragsbemessungsgrenze in der allgemeinen Rentenversicherung. [3]Die Beträge nach den Sätzen 1 und 2 sind jeweils um die nach § 3 Nummer 63 Satz 1, 3 oder Satz 4 steuerfreien Beträge zu mindern;

H 3.56

Hinweise

Allgemeine Grundsätze

Anhang 2 III

>BMF vom ***12.8.2021*** (BStBl I S. ***1050***), ***Rn.*** 76-82

---

§ 3

Steuerfrei sind

...

S 2121

57. die Beträge, die die Künstlersozialkasse zugunsten des nach dem Künstlersozialversicherungsgesetz Versicherten aus dem Aufkommen von Künstlersozialabgabe und Bundeszuschuss an einen Träger der Sozialversicherung oder an den Versicherten zahlt;

S 2121

58. das Wohngeld nach dem Wohngeldgesetz, die sonstigen Leistungen aus öffentlichen Haushalten oder Zweckvermögen zur Senkung der Miete oder Belastung im Sinne des § 11 Absatz 2 Nummer 4 des Wohngeldgesetzes sowie öffentliche Zuschüsse zur Deckung laufender Aufwendungen und Zinsvorteile bei Darlehen, die aus öffentlichen Haushalten gewährt werden, für eine zu eigenen Wohnzwecken genutzte Wohnung im eigenen Haus oder eine zu eigenen Wohnzwecken genutzte Eigentumswohnung, soweit die Zuschüsse und Zinsvorteile die Vorteile aus einer entsprechenden Förderung mit öffentlichen Mitteln nach dem Zweiten Wohnungsbaugesetz, dem Wohnraumförderungsgesetz oder einem Landesgesetz zur Wohnraumförderung nicht überschreiten, der Zuschuss für die Wohneigentumsbildung in innerstädtischen Altbauquartieren nach den Regelungen zum Stadtumbau Ost in den Verwaltungsvereinbarungen über die Ge-

währung von Finanzhilfen des Bundes an die Länder nach Artikel 104a Absatz 4 des Grundgesetzes zur Förderung städtebaulicher Maßnahmen;

R 3.58

Zuschüsse und Zinsvorteile aus öffentlichen Haushalten (§ 3 Nr. 58 EStG)

Öffentliche Haushalte i. S. d. § 3 Nr. 58 EStG sind die Haushalte des Bundes, der Länder, der Gemeinden, der Gemeindeverbände, der kommunalen Zweckverbände und der Sozialversicherungsträger.

Hinweise

H 3.58

Öffentliche Haushalte

Die Handwerkskammer führt als Körperschaft des öffentlichen Rechts einen öffentlichen Haushalt i. S. d. § 3 Nr. 58 EStG (>BFH vom 3.7.2019 – BStBl 2020 II S. 241).

Steuerfreiheit von Zinsvergünstigungen

Eine Steuerbefreiung nach § 3 Nr. 58 EStG kann nur gewährt werden, wenn die Einkommensgrenzen des im Einzelfall einschlägigen Wohnraumförderungsgesetzes oder des Landesgesetzes zur Wohnraumförderung eingehalten sind (>BFH vom 3.7.2019 – BStBl 2020 II S. 241).

§ 3

Steuerfrei sind

...

59. die Zusatzförderung nach § 88e des Zweiten Wohnungsbaugesetzes und nach § 51f des Wohnungsbaugesetzes für das Saarland und Geldleistungen, die ein Mieter zum Zwecke der Wohnkostenentlastung nach dem Wohnraumförderungsgesetz oder einem Landesgesetz zur Wohnraumförderung erhält, soweit die Einkünfte dem Mieter zuzurechnen sind, und die Vorteile aus einer mietweisen Wohnungsüberlassung im Zusammenhang mit einem Arbeitsverhältnis, soweit sie die Vorteile aus einer entsprechenden Förderung nach dem Zweiten Wohnungsbaugesetz, nach dem Wohnraumförderungsgesetz oder einem Landesgesetz zur Wohnraumförderung nicht überschreiten; S 2121 S 2342

R 3.59

Steuerfreie Mietvorteile (§ 3 Nr. 59 EStG)

[1]Steuerfrei sind Mietvorteile, die im Rahmen eines Dienstverhältnisses gewährt werden und die auf der Förderung nach dem Zweiten Wohnungsbaugesetz, dem Wohnungsbaugesetz für das Saarland, nach dem Wohn-

raumförderungsgesetz (WoFG) oder den Landesgesetzen zur Wohnraumförderung beruhen. [2]Mietvorteile, die sich aus dem Einsatz von Wohnungsfürsorgemitteln aus öffentlichen Haushalten ergeben, sind ebenfalls steuerfrei. [3]Bei einer Wohnung, die ohne Mittel aus öffentlichen Haushalten errichtet worden ist, gilt Folgendes: [4]Die Mietvorteile im Rahmen eines Dienstverhältnisses sind steuerfrei, wenn die Wohnung im Zeitpunkt ihres Bezugs durch den Arbeitnehmer für eine Förderung mit Mitteln aus öffentlichen Haushalten in Betracht gekommen wäre. [5]§ 3 Nr. 59 EStG ist deshalb nur auf Wohnungen anwendbar, die im Geltungszeitraum der in Satz 1 genannten Gesetze errichtet worden sind, d. h. auf Baujahrgänge ab 1957. [6]Es muss nicht geprüft werden, ob der Arbeitnehmer nach seinen Einkommensverhältnissen als Mieter einer geförderten Wohnung in Betracht kommt. [7]Der Höhe nach ist die Steuerbefreiung auf die Mietvorteile begrenzt, die sich aus der Förderung nach den in Satz 1 genannten Gesetzen ergeben würden. [8]§ 3 Nr. 59 EStG ist deshalb nicht anwendbar auf Wohnungen, für die der Förderzeitraum abgelaufen ist. [9]Wenn der Förderzeitraum im Zeitpunkt des Bezugs der Wohnung durch den Arbeitnehmer noch nicht abgelaufen ist, ist ein Mietvorteil bis zur Höhe des Teilbetrags steuerfrei, auf den der Arbeitgeber gegenüber der Vergleichsmiete verzichten müsste, wenn die Errichtung der Wohnung nach den in Satz 1 genannten Gesetzen gefördert worden wäre. [10]Der steuerfreie Teilbetrag verringert sich in dem Maße, in dem der Arbeitgeber nach den Förderregelungen eine höhere Miete verlangen könnte. [11]Mit Ablauf der Mietbindungsfrist läuft auch die Steuerbefreiung aus. [12]Soweit später zulässige Mieterhöhungen z. B. nach Ablauf des Förderzeitraums im Hinblick auf das Dienstverhältnis unterblieben sind, sind sie in den steuerpflichtigen Mietvorteil einzubeziehen.

H 3.59

Hinweise

Steuerfreie Mietvorteile im Zusammenhang mit einem Arbeitsverhältnis

R 3.59 Sätze 2 bis 4 LStR sind unabhängig vom BFH-Urteil vom 16.2.2005 (BStBl II S. 750) weiterhin anzuwenden (>BMF vom 10.10.2005 – BStBl I S. 959).

---

§ 3

Steuerfrei sind

…

S 2342 [1]) **60. das Anpassungsgeld für Arbeitnehmer der Braunkohlekraftwerke und -tagebaue sowie Steinkohlekraftwerke, die aus Anlass einer Stilllegungsmaßnahme ihren Arbeitsplatz verloren haben;**

[1]) Nummer 60 ist weiterhin anzuwenden für Anpassungsgelder an Arbeitnehmer im Steinkohlenbergbau bis zum Auslaufen dieser öffentlichen Mittel im Jahr 2027 >§ 52 Abs. 4 Satz ***17***.

61. Leistungen nach § 4 Absatz 1 Nummer 2, § 7 Absatz 3, §§ 9, 10 Absatz 1, §§ 13, 15 des Entwicklungshelfer-Gesetzes; S 2342

62. Ausgaben des Arbeitgebers für die Zukunftssicherung des Arbeitnehmers, soweit der Arbeitgeber dazu nach sozialversicherungsrechtlichen oder anderen gesetzlichen Vorschriften oder nach einer auf gesetzlicher Ermächtigung beruhenden Bestimmung verpflichtet ist, und es sich nicht um Zuwendungen oder Beiträge des Arbeitgebers nach den Nummern 56, 63 und 63a handelt. [2]Den Ausgaben des Arbeitgebers für die Zukunftssicherung, die auf Grund gesetzlicher Verpflichtung geleistet werden, werden gleichgestellt Zuschüsse des Arbeitgebers zu den Aufwendungen des Arbeitnehmers S 2333

a) für eine Lebensversicherung,

b) für die freiwillige Versicherung in der gesetzlichen Rentenversicherung,

c) für eine öffentlich-rechtliche Versicherungs- oder Versorgungseinrichtung seiner Berufsgruppe,

wenn der Arbeitnehmer von der Versicherungspflicht in der gesetzlichen Rentenversicherung befreit worden ist. [3]Die Zuschüsse sind nur insoweit steuerfrei, als sie insgesamt bei Befreiung von der Versicherungspflicht in der allgemeinen Rentenversicherung die Hälfte und bei Befreiung von der Versicherungspflicht in der knappschaftlichen Rentenversicherung zwei Drittel der Gesamtaufwendungen des Arbeitnehmers nicht übersteigen und nicht höher sind als der Betrag, der als Arbeitgeberanteil bei Versicherungspflicht in der allgemeinen Rentenversicherung oder in der knappschaftlichen Rentenversicherung zu zahlen wäre;

R 3.62

Zukunftssicherungsleistungen (§ 3 Nr. 62 EStG, § 2 Abs. 2 Nr. 3 LStDV)

Leistungen auf Grund gesetzlicher Verpflichtungen

S 2333

(1) [1]Zu den nach § 3 Nr. 62 EStG steuerfreien Ausgaben des Arbeitgebers für die Zukunftssicherung des Arbeitnehmers (§ 2 Abs. 2 Nr. 3 Satz 1 und 2 LStDV) gehören insbesondere die Beitragsanteile des Arbeitgebers am Gesamtsozialversicherungsbeitrag (Rentenversicherung, Krankenversicherung, Pflegeversicherung, Arbeitslosenversicherung), Beiträge des Arbeitgebers nach § 172a SGB VI zu einer berufsständischen Versorgungseinrichtung für Arbeitnehmer, die nach § 6 Abs. 1 Satz 1 Nr. 1 SGB VI von der Versicherungspflicht in der gesetzlichen Rentenversicherung befreit sind, und Beiträge des Arbeitgebers nach § 249b SGB V und nach §§ 168 Abs. 1 Nr. 1b oder 1c, 172 Abs. 3 oder 3a, 276a Abs. 1 SGB VI für geringfügig Beschäftigte. [2]Dies gilt auch für solche Beitragsanteile, die auf Grund einer nach ausländischen Gesetzen bestehenden Verpflichtung an (Anhang 22)

ausländische Sozialversicherungsträger, die den inländischen Sozialversicherungsträgern vergleichbar sind, geleistet werden. [3]Steuerfrei sind nach § 3 Nr. 62 EStG auch vom Arbeitgeber nach § 3 Abs. 3 Satz 3 SvEV übernommene Arbeitnehmeranteile am Gesamtsozialversicherungsbeitrag sowie Krankenversicherungsbeiträge, die der Arbeitgeber nach § 9 der Mutterschutz- und Elternzeitverordnung oder nach entsprechenden Rechtsvorschriften der Länder erstattet. [4]Zukunftssicherungsleistungen auf Grund einer tarifvertraglichen Verpflichtung sind dagegen nicht nach § 3 Nr. 62 EStG steuerfrei.

Anhang 26

(2) Für Ausgaben des Arbeitgebers zur Kranken- und Pflegeversicherung des Arbeitnehmers gilt Folgendes:

1. [1]Die Beitragsteile und Zuschüsse des Arbeitgebers zur gesetzlichen Krankenversicherung und zur sozialen Pflegeversicherung eines gesetzlich krankenversicherungspflichtigen Arbeitnehmers sind steuerfrei, soweit der Arbeitgeber zur Tragung der Beiträge verpflichtet ist (§ 249 SGB V, § 58 SGB XI). [2]Der Zusatzbeitrag (§ 242 SGB V)[1]) sowie der Beitragszuschlag für Kinderlose i. H. v. 0,25 %*[2])* (§ 55 Abs. 3 SGB XI) sind vom Arbeitnehmer allein zu tragen und können deshalb vom Arbeitgeber nicht steuerfrei erstattet werden.
2. [1]Zuschüsse des Arbeitgebers zur gesetzlichen Krankenversicherung und zur sozialen Pflegeversicherung oder privaten Pflege-Pflichtversicherung eines nicht gesetzlich krankenversicherungspflichtigen Arbeitnehmers, der in der gesetzlichen Krankenversicherung freiwillig versichert ist, sind nach § 3 Nr. 62 EStG steuerfrei, soweit der Arbeitgeber nach § 257 Abs. 1 SGB V und nach § 61 Abs. 1 SGB XI zur Zuschussleistung verpflichtet ist. [2]Soweit bei Beziehern von Kurzarbeitergeld ein fiktives Arbeitsentgelt maßgebend ist, bleiben die Arbeitgeberzuschüsse in voller Höhe steuerfrei (§ 257 Abs. 1 i. V. m. § 249 Abs. 2 SGB V). [3]Übersteigt das Arbeitsentgelt nur auf Grund von einmalig gezahltem Arbeitsentgelt die Beitragsbemessungsgrenze und hat der Arbeitnehmer deshalb für jeden Monat die Höchstbeiträge an die Kranken- und Pflegekasse zu zahlen, sind die Arbeitgeberzuschüsse aus Vereinfachungsgründen entsprechend der Höchstbeiträge steuerfrei. [4]Dies gilt auch dann, wenn das im Krankheitsfall fortgezahlte Arbeitsentgelt die monatliche Beitragsbemessungsgrenze unterschreitet und der Arbeitnehmer dennoch für die Dauer der Entgeltfortzahlung die Höchstbeiträge an die Kranken- und Pflegekasse zu zahlen hat.
3. [1]Zuschüsse des Arbeitgebers zu den Kranken- und Pflegeversicherungsbeiträgen eines nicht gesetzlich krankenversicherungspflichtigen Arbeitnehmers, der eine private Kranken- und Pflege-Pflichtversicherung abgeschlossen hat, sind ebenfalls nach § 3 Nr. 62 EStG steuerfrei, soweit der Arbeitgeber nach § 257 Abs. 2 SGB V sowie nach § 61

---

[1]) Seit 2019 wird der Zusatzbeitrag vom Arbeitgeber und Arbeitnehmer je zur Hälfte getragen (GKV-Versichertenentlastungsgesetz). Ein Beitragsanteil des Arbeitnehmers am Zusatzbeitrag kann vom Arbeitgeber nicht steuerfrei erstattet werden.

[2]) ab 2022 0,35% (Gesundheitsversorgungsweiterentwicklungsgesetz)

Abs. 2 SGB XI zur Zuschussleistung verpflichtet ist. [2]Der Anspruch auf den Arbeitgeberzuschuss an den bei einem privaten Krankenversicherungsunternehmen versicherten Arbeitnehmer setzt voraus, dass der private Krankenversicherungsschutz Leistungen zum Inhalt hat, die ihrer Art nach auch den Leistungen des SGB V entsprechen. [3]Die Höhe des Arbeitgeberzuschusses bemisst sich nach § 257 Abs. 2 Satz 2 SGB V. [4]Eine leistungsbezogene Begrenzung des Zuschusses sieht § 257 Abs. 2 Satz 2 SGB V nicht vor, so dass Beiträge zur privaten Krankenversicherung im Rahmen des § 257 SGB V zuschussfähig sind, auch wenn der Krankenversicherungsvertrag Leistungserweiterungen enthält (§ 11 Abs. 1, § 257 Abs. 2 Satz 1 SGB V). [5]Die für Zwecke des Sonderausgabenabzugs bestehenden Regelungen der Krankenversicherungsbeitragsanteils-Ermittlungsverordnung (KVBEVO) bilden keine Grundlage für die Bemessung des Arbeitgeberzuschusses. [6]Nummer 2 Satz 3 und 4 gilt entsprechend. [7]Für die private Pflege-Pflichtversicherung gilt, dass der Versicherungsschutz Leistungen zum Inhalt haben muss, die nach Art und Umfang den Leistungen der sozialen Pflegeversicherung nach dem SGB XI entsprechen (§ 61 Abs. 2 Satz 1 SGB XI). [8]Die Höhe des Arbeitgeberzuschusses bemisst sich nach § 61 Abs. 2 Satz 2 SGB XI. [9]Der Arbeitgeber darf Zuschüsse zu einer privaten Krankenversicherung und zu einer privaten Pflege-Pflichtversicherung des Arbeitnehmers nur dann steuerfrei lassen, wenn der Arbeitnehmer eine Bescheinigung des Versicherungsunternehmens vorlegt, in der bestätigt wird, dass die Voraussetzungen des § 257 Abs. 2a SGB V und des § 61 Abs. 6 SGB XI vorliegen und dass es sich bei den vertraglichen Leistungen um Leistungen i. S. d. SGB V und SGB XI handelt. [10]Die Bescheinigung muss außerdem Angaben über die Höhe des für die vertraglichen Leistungen i. S. d. SGB V und SGB XI zu zahlenden Versicherungsbeitrags enthalten. [11]Der Arbeitgeber hat die Bescheinigung als Unterlage zum Lohnkonto aufzubewahren. [12]Soweit der Arbeitgeber die steuerfreien Zuschüsse unmittelbar an den Arbeitnehmer auszahlt, hat der Arbeitnehmer die zweckentsprechende Verwendung durch eine Bescheinigung des Versicherungsunternehmens über die tatsächlichen Kranken- und Pflege-Pflichtversicherungsbeiträge nach Ablauf eines jeden Kalenderjahres nachzuweisen; der Arbeitgeber hat diese Bescheinigung als Unterlage zum Lohnkonto aufzubewahren. [13]Diese Bescheinigung kann mit der Bescheinigung nach den Sätzen 9 und 10 verbunden werden.

Den gesetzlichen Pflichtbeiträgen gleichgestellte Zuschüsse

(3) [1]Nach § 3 Nr. 62 Satz 2 EStG sind den Ausgaben des Arbeitgebers für die Zukunftssicherung des Arbeitnehmers, die auf Grund gesetzlicher Verpflichtung geleistet werden, die Zuschüsse des Arbeitgebers gleichgestellt, die zu den Beiträgen des Arbeitnehmers für eine Lebensversicherung – auch für die mit einer betrieblichen Pensionskasse abgeschlossene Lebensversicherung –, für die freiwillige Versicherung in der gesetzlichen Rentenversicherung oder für eine öffentlich-rechtliche Versicherungs- oder

Versorgungseinrichtung der Berufsgruppe geleistet werden, wenn der Arbeitnehmer von der Versicherungspflicht in der gesetzlichen Rentenversicherung nach einer der folgenden Vorschriften auf eigenen Antrag befreit worden ist:

1. § 18 Abs. 3 des Gesetzes über die Erhöhung der Einkommensgrenzen in der Sozialversicherung und der Arbeitslosenversicherung und zur Änderung der Zwölften Verordnung zum Aufbau der Sozialversicherung vom 13.8.1952 (BGBl. I S. 437),
2. Artikel 2 § 1 des Angestelltenversicherungs-Neuregelungsgesetzes vom 23.2.1957 (BGBl. I S. 88, 1074) oder Artikel 2 § 1 des Knappschaftsrentenversicherungs-Neuregelungsgesetzes vom 21.5.1957 (BGBl. I S. 533), jeweils in der bis zum 30.6.1965 geltenden Fassung,
3. § 7 Abs. 2 des Angestelltenversicherungsgesetzes (AVG) i. d. F. des Artikels 1 des Angestelltenversicherungs-Neuregelungsgesetzes vom 23.2.1957 (BGBl. I S. 88, 1074),
4. Artikel 2 § 1 des Angestelltenversicherungs-Neuregelungsgesetzes oder Artikel 2 § 1 des Knappschaftsrentenversicherungs-Neuregelungsgesetzes, jeweils i. d. F. des Rentenversicherungs-Änderungsgesetzes vom 9.6.1965 (BGBl. I S. 476),
5. Artikel 2 § 1 des Zweiten Rentenversicherungs-Änderungsgesetzes vom 23.12.1966 (BGBl. I S. 745),
6. Artikel 2 § 1 des Angestelltenversicherungs-Neuregelungsgesetzes oder Artikel 2 § 1 des Knappschaftsrentenversicherungs-Neuregelungsgesetzes, jeweils i. d. F. des Finanzänderungsgesetzes 1967 vom 21.12.1967 (BGBl. I S. 1259),
7. Artikel 2 § 1 Abs. 2 des Angestelltenversicherungs-Neuregelungsgesetzes oder Artikel 2 § 1 Abs. 1a des Knappschaftsrentenversicherungs-Neuregelungsgesetzes, jeweils i. d. F. des Dritten Rentenversicherungs-Änderungsgesetzes vom 28.7.1969 (BGBl. I S. 956),
8. § 20 des Gesetzes über die Sozialversicherung vom 28.6.1990 (GBl. der Deutschen Demokratischen Republik I Nr. 38 S. 486) i. V. m. § 231a SGB VI i. d. F. des Gesetzes zur Herstellung der Rechtseinheit in der gesetzlichen Renten- und Unfallversicherung (Renten-Überleitungsgesetz – RÜG) vom 25.7.1991 (BGBl. I S. 1606).

[2]Zuschüsse des Arbeitgebers i. S. d. § 3 Nr. 62 Satz 2 EStG liegen nicht vor, wenn der Arbeitnehmer kraft Gesetzes in der gesetzlichen Rentenversicherung versicherungsfrei ist. [3]Den Beiträgen des Arbeitnehmers für eine freiwillige Versicherung in der allgemeinen Rentenversicherung stehen im Übrigen Beiträge für die freiwillige Versicherung in der knappschaftlichen Rentenversicherung oder für die Selbstversicherung/Weiterversicherung in der gesetzlichen Rentenversicherung gleich.

Höhe der steuerfreien Zuschüsse, Nachweis

(4) [1]Die Steuerfreiheit der Zuschüsse beschränkt sich nach § 3 Nr. 62 Satz 3 EStG im Grundsatz auf den Betrag, den der Arbeitgeber als Arbeitgeberanteil zur gesetzlichen Rentenversicherung aufzuwenden hätte, wenn der Arbeitnehmer nicht von der gesetzlichen Versicherungspflicht befreit worden wäre. [2]Soweit der Arbeitgeber die steuerfreien Zuschüsse unmittelbar an den Arbeitnehmer auszahlt, hat dieser die zweckentsprechende Verwendung durch eine entsprechende Bescheinigung des Versicherungsträgers bis zum 30. April des folgenden Kalenderjahres nachzuweisen. [3]Die Bescheinigung ist als Unterlage zum Lohnkonto aufzubewahren.

Hinweise

H 3.62

Ausländische Krankenversicherung

Die nach § 3 Nr. 62 Satz 1 EStG für die Steuerfreiheit vorausgesetzte gesetzliche Verpflichtung zu einer Zukunftssicherungsleistung des Arbeitgebers ergibt sich für einen Arbeitgeberzuschuss zu einer privaten Krankenversicherung aus § 257 Abs. 2a Satz 1 SGB V. § 257 Abs. 2a SGB V findet auch auf Steuerpflichtige Anwendung, die eine Krankenversicherung bei einem Versicherungsunternehmen abgeschlossen haben, das in einem anderen Land der EU seinen Sitz hat und ist vom Steuerpflichtigen nachzuweisen. Die Vorlage der Bescheinigung nach § 257 Abs. 2a SGB V ist nicht konstitutive Voraussetzung der Steuerbefreiung (>BFH vom 22.7.2008 – BStBl II S. 894).

Ausländische Versicherungsunternehmen

Zahlungen des Arbeitgebers an ausländische Versicherungsunternehmen sind nicht steuerfrei, wenn sie auf vertraglicher Grundlage entrichtet werden (>BFH vom 28.5.2009 – BStBl II S. 857).

Ausländischer Sozialversicherungsträger

- Arbeitgeberanteile zur ausländischen Sozialversicherung sind nicht steuerfrei, wenn sie auf vertraglicher Grundlage und damit freiwillig entrichtet werden (>BFH vom 18.5.2004 – BStBl II S. 1014).
- Zu Zuschüssen zu einer ausländischen gesetzlichen Krankenversicherung >BMF vom 30.1.2014 (BStBl I S. 210) Anhang 6
- Bei Beiträgen zu einer ausländischen gesetzlichen Rentenversicherung ist die Anwendung des § 3 Nr. 62 EStG nicht durch die inländische Beitragsbemessungsgrenze begrenzt (>BMF vom 27.7.2016 – BStBl I S. 759).

Beitragszuschlag

Der Beitragszuschlag für Kinderlose in der sozialen Pflegeversicherung i. H. v. ***0,35*** % ist vom Arbeitnehmer allein zu tragen und kann deshalb vom Arbeitgeber nicht steuerfrei erstattet werden (>§ 55 Abs. 3 i. V. m. § 58 Abs. 1 SGB XI).

Entscheidung des Sozialversicherungsträgers

Bei der Frage, ob die Ausgaben des Arbeitgebers für die Zukunftssicherung des Arbeitnehmers auf einer gesetzlichen Verpflichtung beruhen, ist der Entscheidung des zuständigen Sozialversicherungsträgers des Arbeitnehmers zu folgen, wenn sie nicht offensichtlich rechtswidrig ist (>BFH vom 6.6.2002 – BStBl 2003 II S. 34 und vom 21.1.2010 – BStBl II S. 703).

Gegenwärtiger Versicherungsstatus

Für die Steuerfreiheit von Arbeitgeberzuschüssen zu einer Lebensversicherung des Arbeitnehmers ist dessen gegenwärtiger Versicherungsstatus maßgeblich. Die Zuschüsse sind nicht nach § 3 Nr. 62 Satz 2 EStG steuerfrei, wenn der Arbeitnehmer als nunmehr beherrschender Gesellschafter-Geschäftsführer kraft Gesetzes rentenversicherungsfrei geworden ist, auch wenn er sich ursprünglich auf eigenen Antrag von der Rentenversicherungspflicht hatte befreien lassen (>BFH vom 10.10.2002 – BStBl II S. 886).

Gesetzliche Verpflichtung

– Beiträge für eine Krankenversicherung der Arbeitnehmer können steuerfrei sein, wenn der Arbeitgeber nach einer zwischenstaatlichen Verwaltungsvereinbarung, die ihrerseits auf einer gesetzlichen Ermächtigung beruht, zur Leistung verpflichtet ist (§ 3 Nr. 62 Satz 1 3. Alternative EStG; >BFH vom 14.4.2011 – BStBl II S. 767).
– Zuschüsse, die eine AG Vorstandsmitgliedern zur freiwilligen Weiterversicherung in der gesetzlichen Rentenversicherung oder einem Versorgungswerk gewährt, sind nicht nach § 3 Nr. 62 Satz 1 EStG steuerfrei (>BFH vom 24.9.2013 – BStBl 2014 II S. 124).

Gesetzlicher Beitragszuschuss des Arbeitgebers in der Pflege-Pflichtversicherung

Beispiel:

Ein Arbeitgeber zahlt für Juli ***2022*** einem privat krankenversicherten Arbeitnehmer einen Zuschuss zur privaten Pflege-Pflichtversicherung in Höhe von 50 % des Gesamtbeitrags von 100 €. Die Beitragsbemessungsgrenze ***2022*** beträgt 58.050 € (mtl. 4.837,50 €). Der steuerfreie Betrag errechnet sich wie folgt:

a) Die Betriebsstätte befindet sich in Sachsen (Arbeitgeberanteil: 1,025 %)

1. Begrenzung

4.837,50 € x 1,025 % = 49,58 € mtl. Arbeitgeberanteil

2. Begrenzung

Privater Pflege-Pflichtversicherungsbeitrag mtl.	100,00 €
davon 50 %	50,00 €

Vergleich

1. Begrenzung	49,58 €
2. Begrenzung	50,00 €
damit steuerfreier Zuschuss des Arbeitgebers nach § 3 Nr. 62 EStG	49,58 €
somit steuerpflichtiger Zuschuss des Arbeitgebers	0,42 €

b) Die Betriebsstätte befindet sich im übrigen Bundesgebiet (Arbeitgeberanteil: 1,525 %):

1. Begrenzung

4.837,50 € x 1,525 % = 73,77 € mtl. Arbeitgeberanteil

2. Begrenzung

Privater Pflege-Pflichtversicherungsbeitrag mtl.	100,00 €
davon 50 %	50,00 €

Vergleich

1. Begrenzung	73,77 €
2. Begrenzung	50,00 €
damit steuerfreier Zuschuss des Arbeitgebers nach § 3 Nr. 62 EStG	50,00 €

Rückzahlung von Beitragsanteilen an den Arbeitgeber

Beitragsanteile am Gesamtsozialversicherungsbeitrag, die der Arbeitgeber ohne gesetzliche Verpflichtung übernommen hat, sind kein Arbeitslohn, wenn sie dem Arbeitgeber zurückgezahlt worden sind und der Arbeitnehmer keine Versicherungsleistungen erhalten hat (>BFH vom 27.3.1992 – BStBl II S. 663).

Umlagezahlungen

– Umlagezahlungen des Arbeitgebers an die VBL sind Arbeitslohn (>§ 19 Abs. 1 Satz 1 Nr. 3 Satz 1 EStG); sie sind nicht nach § 3 Nr. 62 EStG steuerfrei (>BFH vom 7.5.2009 – BStBl 2010 II S. 194).
– Zur Steuerfreistellung >§ 3 Nr. 56 EStG

---

§ 3

Steuerfrei sind

...

63. Beiträge des Arbeitgebers aus dem ersten Dienstverhältnis an einen Pensionsfonds, eine Pensionskasse oder für eine Direktversicherung zum Aufbau einer kapitalgedeckten betrieblichen Altersversorgung, bei der eine Auszahlung der zugesagten Alters-, Invaliditäts- oder Hinterbliebenenversorgungsleistungen entsprechend § 82 Absatz 2 Satz 2 vorgesehen ist, soweit S 2333 [1])

[1]) Der Höchstbetrag nach § 3 Nr. 63 Satz 1 verringert sich um Zuwendungen, auf die § 40b Abs. 1 und 2 Satz 1 und 2 in der am 31.12.2004 geltenden Fassung angewendet wird >§ 52 Abs. 4 Satz ***18***.

die Beiträge im Kalenderjahr 8 Prozent der Beitragsbemessungsgrenze in der allgemeinen Rentenversicherung nicht übersteigen. [2]Dies gilt nicht, soweit der Arbeitnehmer nach § 1a Absatz 3 des Betriebsrentengesetzes verlangt hat, dass die Voraussetzungen für eine Förderung nach § 10a oder Abschnitt XI erfüllt werden. [3]Aus Anlass der Beendigung des Dienstverhältnisses geleistete Beiträge im Sinne des Satzes 1 sind steuerfrei, soweit sie 4 Prozent der Beitragsbemessungsgrenze in der allgemeinen Rentenversicherung, vervielfältigt mit der Anzahl der Kalenderjahre, in denen das Dienstverhältnis des Arbeitnehmers zu dem Arbeitgeber bestanden hat, höchstens jedoch zehn Kalenderjahre, nicht übersteigen. [4]Beiträge im Sinne des Satzes 1, die für Kalenderjahre nachgezahlt werden, in denen das erste Dienstverhältnis ruhte und vom Arbeitgeber im Inland kein steuerpflichtiger Arbeitslohn bezogen wurde, sind steuerfrei, soweit sie 8 Prozent der Beitragsbemessungsgrenze in der allgemeinen Rentenversicherung, vervielfältigt mit der Anzahl dieser Kalenderjahre, höchstens jedoch zehn Kalenderjahre, nicht übersteigen. [1)]

H 3.63

Hinweise

Allgemeine Grundsätze

Anhang 2 III — >BMF vom ***12.8.2021*** (BStBl I S. ***1050***), ***Rn.*** 23-50

Anhang 2 IV — >BMF vom 8.8.2019 (BStBl I S. 834)

Beiträge des Arbeitgebers

Anhang 2 III — >BMF vom ***12.8.2021*** (BStBl I S. ***1050***), ***Rn.*** 26

Umlagezahlungen

Anhang 2 III
- Zur Abgrenzung gegenüber dem Kapitaldeckungsverfahren >BMF vom ***12.8.2021*** (BStBl I S. ***1050***), ***Rn.*** 74, 77-82
- >§ 3 Nr. 56 EStG

§ 3

Steuerfrei sind

...

63a. Sicherungsbeiträge des Arbeitgebers nach § 23 Absatz 1 des Betriebsrentengesetzes, soweit sie nicht unmittelbar dem einzelnen Arbeitnehmer gutgeschrieben oder zugerechnet werden;

1) Nummer 63 Satz 3 ist in der ab dem 1.1.2018 geltenden Fassung nicht anzuwenden, soweit § 40b Abs. 1 und 2 Satz 3 und 4 in der am 31.12.2004 geltenden Fassung angewendet wird >§ 52 Abs. 4 Satz ***19***.

Hinweise H 3.63a

Allgemeine Grundsätze

>BMF vom ***12.8.2021*** (BStBl I S. ***1050***), ***Rn.*** 51-52 Anhang 2 III

§ 3

Steuerfrei sind

...

64. bei Arbeitnehmern, die zu einer inländischen juristischen Person des öffentlichen Rechts in einem Dienstverhältnis stehen und dafür Arbeitslohn aus einer inländischen öffentlichen Kasse beziehen, die Bezüge für eine Tätigkeit im Ausland insoweit, als sie den Arbeitslohn übersteigen, der dem Arbeitnehmer bei einer gleichwertigen Tätigkeit am Ort der zahlenden öffentlichen Kasse zustehen würde. [2] Satz 1 gilt auch, wenn das Dienstverhältnis zu einer anderen Person besteht, die den Arbeitslohn entsprechend den im Sinne des Satzes 1 geltenden Vorschriften ermittelt, der Arbeitslohn aus einer öffentlichen Kasse gezahlt wird und ganz oder im Wesentlichen aus öffentlichen Mitteln aufgebracht wird. [3] Bei anderen für einen begrenzten Zeitraum in das Ausland entsandten Arbeitnehmern, die dort einen Wohnsitz oder gewöhnlichen Aufenthalt haben, ist der ihnen von einem inländischen Arbeitgeber gewährte Kaufkraftausgleich steuerfrei, soweit er den für vergleichbare Auslandsdienstbezüge nach § 55 des Bundesbesoldungsgesetzes zulässigen Betrag nicht übersteigt; S 2341

R 3.64

S 2341

Kaufkraftausgleich (§ 3 Nr. 64 EStG)

(1) [1] Wird einem Arbeitnehmer außerhalb des öffentlichen Dienstes von einem inländischen Arbeitgeber ein Kaufkraftausgleich gewährt, bleibt er im Rahmen des Absatzes 2 steuerfrei, wenn der Arbeitnehmer aus dienstlichen Gründen in ein Gebiet außerhalb des Inlands entsandt wird und dort für einen begrenzten Zeitraum einen Wohnsitz i. S. d. § 8 AO oder gewöhnlichen Aufenthalt i. S. d. § 9 AO hat. [2] Eine Entsendung für einen begrenzten Zeitraum ist anzunehmen, wenn eine Rückkehr des Arbeitnehmers nach Beendigung der Tätigkeit vorgesehen ist. [3] Es ist unerheblich, ob der Arbeitnehmer tatsächlich zurückkehrt oder nicht.

(2) [1] Der Umfang der Steuerfreiheit des Kaufkraftausgleichs bestimmt sich nach den Sätzen des Kaufkraftzuschlags zu den Auslandsdienstbezügen im öffentlichen Dienst. [2] Die für die einzelnen Länder in Betracht kommenden Kaufkraftzuschläge werden im BStBl Teil I bekannt gemacht.

(3) [1] Die Zuschläge beziehen sich jeweils auf den Auslandsdienstort einer Vertretung der Bundesrepublik Deutschland und gelten, sofern nicht im Einzelnen andere Zuschläge festgesetzt sind, jeweils für den gesamten

konsularischen Amtsbezirk der Vertretung. [2]Die konsularischen Amtsbezirke der Vertretungen ergeben sich vorbehaltlich späterer Änderungen, die im Bundesanzeiger veröffentlicht werden, aus dem Verzeichnis der Vertretungen der Bundesrepublik Deutschland im Ausland.

(4) [1]Die regionale Begrenzung der Zuschlagssätze gilt auch für die Steuerbefreiung nach § 3 Nr. 64 EStG. [2]Für ein Land, das von einer Vertretung der Bundesrepublik Deutschland nicht erfasst wird, kann jedoch der Zuschlagssatz angesetzt werden, der für einen vergleichbaren konsularischen Amtsbezirk eines Nachbarlandes festgesetzt worden ist.

(5) [1]Die Zuschlagssätze werden im öffentlichen Dienst auf 60 % der Dienstbezüge, die bei Verwendung im Inland zustehen, und der Auslandsdienstbezüge angewendet. [2]Da eine vergleichbare Bemessungsgrundlage außerhalb des öffentlichen Dienstes regelmäßig nicht vorhanden ist, ist der steuerfreie Teil des Kaufkraftausgleichs durch Anwendung eines entsprechenden Abschlagssatzes nach den Gesamtbezügen einschl. des Kaufkraftausgleichs zu bestimmen. [3]Dabei ist es gleichgültig, ob die Bezüge im Inland oder im Ausland ausgezahlt werden. [4]Der Abschlagssatz errechnet sich nach folgender Formel:

$$\frac{\text{Zuschlagssatz x 600}}{\text{1 000 + 6 x Zuschlagssatz.}}$$

[5]Ergibt sich durch Anwendung des Abschlagssatzes ein höherer Betrag als der tatsächlich gewährte Kaufkraftausgleich, ist nur der niedrigere Betrag steuerfrei. [6]Zu den Gesamtbezügen, auf die der Abschlagssatz anzuwenden ist, gehören nicht steuerfreie Reisekostenvergütungen und steuerfreie Vergütungen für Mehraufwendungen bei doppelter Haushaltsführung.

(6) [1]Wird ein Zuschlagssatz rückwirkend erhöht, ist der Arbeitgeber berechtigt, die bereits abgeschlossenen Lohnabrechnungen insoweit wiederaufzurollen und bei der jeweils nächstfolgenden Lohnzahlung die ggf. zu viel einbehaltene Lohnsteuer zu erstatten. [2]Dabei ist § 41c Abs. 2 und 3 EStG anzuwenden. [3]Die Herabsetzung eines Zuschlagssatzes ist erstmals bei der Lohnabrechnung des Arbeitslohns zu berücksichtigen, der für einen nach der Veröffentlichung der Herabsetzung beginnenden Lohnzahlungszeitraum gezahlt wird.

H 3.64

Hinweise

Abschlagssätze

Zuschlagssatz	Abschlagssatz	Zuschlagssatz	Abschlagssatz	Zuschlagssatz	Abschlagssatz
5	2,91	40	19,35	75	31,03
10	5,66	45	21,26	80	32,43
15	8,26	50	23,08	85	33,77
20	10,71	55	24,81	90	35,06

Zuschlagssatz	Abschlagssatz	Zuschlagssatz	Abschlagssatz	Zuschlagssatz	Abschlagssatz
25	13,04	60	26,47	95	36,31
30	15,25	65	28,06	100	37,50
35	17,36	70	29,58		

EU-Recht

Eine Anwendung des § 3 Nr. 64 EStG auf die dem Kaufkraftausgleich vergleichbaren Auslandszahlungen ist aus EU-rechtlichen Gründen nicht erforderlich (>EuGH vom 15.9.2011 – BStBl 2013 II S. 56).

EU-Tagegeld

Das EU-Tagegeld ist Arbeitslohn. Es bleibt jedoch steuerfrei, soweit es auf steuerfreie Auslandsdienstbezüge angerechnet wird (>BMF vom 12.4.2006 – BStBl I S. 340).

Wohnungsgestellung

am ausländischen Dienstort >R 8.1 Abs. 6 Satz 10

---

§ 3

Steuerfrei sind

...

65. a) **Beiträge des Trägers der Insolvenzsicherung (§ 14 des Betriebsrentengesetzes) zugunsten eines Versorgungsberechtigten und seiner Hinterbliebenen an eine Pensionskasse**[1] **oder ein Unternehmen der Lebensversicherung zur Ablösung von Verpflichtungen, die der Träger der Insolvenzsicherung im Sicherungsfall gegenüber dem Versorgungsberechtigten und seinen Hinterbliebenen hat,** S 2333 Anhang 2 I

b) **Leistungen zur Übernahme von Versorgungsleistungen oder unverfallbaren Versorgungsanwartschaften durch eine Pensionskasse oder ein Unternehmen der Lebensversicherung in den in § 4 Absatz 4 des Betriebsrentengesetzes bezeichneten Fällen,** Anhang 2 I

c) **der Erwerb von Ansprüchen durch den Arbeitnehmer gegenüber einem Dritten im Fall der Eröffnung des Insolvenzverfahrens oder in den Fällen des § 7 Absatz 1 Satz 4 des Betriebsrentengesetzes, soweit der Dritte neben dem Arbeitgeber für die Erfüllung von Ansprüchen auf Grund bestehender Versorgungsverpflichtungen oder Versorgungsanwartschaf-** Anhang 2 I

[1] *>auch Änderung durch Artikel 8a des Siebten Gesetzes zur Änderung des Vierten Buches Sozialgesetzbuch und anderer Gesetze vom 12.6.2020 (BGBl. I S. 1248)*

ten gegenüber dem Arbeitnehmer und dessen Hinterbliebenen einsteht; dies gilt entsprechend, wenn der Dritte für Wertguthaben aus einer Vereinbarung über die Altersteilzeit nach dem Altersteilzeitgesetz vom 23. Juli 1996 (BGBl. I S. 1078), zuletzt geändert durch Artikel 234 der Verordnung vom 31. Oktober 2006 (BGBl. I S. 2407), in der jeweils geltenden Fassung oder auf Grund von Wertguthaben aus einem Arbeitszeitkonto in den im ersten Halbsatz genannten Fällen für den Arbeitgeber einsteht und

d) der Erwerb von Ansprüchen durch den Arbeitnehmer im Zusammenhang mit dem Eintritt in die Versicherung nach § 8 Absatz 3 des Betriebsrentengesetzes*1)*.

[2]In den Fällen nach Buchstabe a, b und c gehören die Leistungen der Pensionskasse, des Unternehmens der Lebensversicherung oder des Dritten zu den Einkünften, zu denen jene Leistungen gehören würden, die ohne Eintritt eines Falles nach Buchstabe a, b und c zu erbringen wären. [3]Soweit sie zu den Einkünften aus nichtselbständiger Arbeit im Sinne des § 19 gehören, ist von ihnen Lohnsteuer einzubehalten. [4]Für die Erhebung der Lohnsteuer gelten die Pensionskasse, das Unternehmen der Lebensversicherung oder der Dritte als Arbeitgeber und der Leistungsempfänger als Arbeitnehmer. [5]Im Fall des Buchstaben d gehören die Versorgungsleistungen des Unternehmens der Lebensversicherung oder der Pensionskasse, soweit sie auf Beiträgen beruhen, die bis zum Eintritt des Arbeitnehmers in die Versicherung geleistet wurden, zu den sonstigen Einkünften im Sinne des § 22 Nummer 5 Satz 1; soweit der Arbeitnehmer in den Fällen des § 8 Absatz 3 des Betriebsrentengesetzes*1)* die Versicherung mit eigenen Beiträgen fortgesetzt hat, sind die auf diesen Beiträgen beruhenden Versorgungsleistungen sonstige Einkünfte im Sinne des § 22 Nummer 5 Satz 1 oder Satz 2;

R 3.65

S 2333

Insolvenzsicherung (§ 3 Nr. 65 EStG)

(1) [1]Die Steuerbefreiung gilt für etwaige Beiträge des Trägers der Insolvenzsicherung an eine Pensionskasse*2)* oder an ein Lebensversicherungsunternehmen zur Versicherung seiner Verpflichtungen im Sicherungsfall. [2]Sie gilt auch für die Übertragung von Direktzusagen oder für Zusagen, die von einer Unterstützungskasse erbracht werden sollen, wenn die Betriebstätigkeit eingestellt und das Unternehmen liquidiert wird (§ 4 Abs. 4 des Betriebsrentengesetzes – BetrAVG). [3]Im Falle der Liquidation einer Kapitalgesellschaft greift die Steuerbefreiung auch bei der Übertragung von

Anhang 2 I

1) jetzt § 8 Abs. 2 BetrAVG

2) >auch Änderung durch Artikel 8a des Siebten Gesetzes zur Änderung des Vierten Buches Sozialgesetzbuch und anderer Gesetze vom 12.6.2020 (BGBl. I S. 1248)

Versorgungszusagen, die an Gesellschafter-Geschäftsführer gegeben worden sind; dies gilt auch dann, wenn es sich um Versorgungszusagen an beherrschende Gesellschafter-Geschäftsführer handelt. [4]Die Sätze 2 und 3 gelten nicht bei einer Betriebsveräußerung, wenn das Unternehmen vom Erwerber fortgeführt wird.

(2) [1]Die Mittel für die Durchführung der Insolvenzsicherung werden auf Grund öffentlich-rechtlicher Verpflichtung durch Beiträge aller Arbeitgeber aufgebracht, die Leistungen der betrieblichen Altersversorgung unmittelbar zugesagt haben oder eine betriebliche Altersversorgung über eine Unterstützungskasse, eine Direktversicherung oder einen Pensionsfonds durchführen (§ 10 BetrAVG)*1)*. [2]Die Beiträge an den Träger der Insolvenzsicherung gehören damit als Ausgaben des Arbeitgebers für die Zukunftssicherung des Arbeitnehmers, die auf Grund gesetzlicher Verpflichtung geleistet werden, zu den steuerfreien Einnahmen i. S. d. § 3 Nr. 62 EStG. Anhang 2 I

(3) [1]Durch die Insolvenzsicherung der betrieblichen Altersversorgung werden nicht neue oder höhere Ansprüche geschaffen, sondern nur bereits vorhandene Ansprüche gegen Insolvenz geschützt. [2]Die in Insolvenzfällen zu erbringenden Versorgungsleistungen des Trägers der Insolvenzsicherung bzw. bei Rückversicherung der Pensionskasse oder des Lebensversicherungsunternehmens behalten deshalb grundsätzlich ihren steuerlichen Charakter, als wäre der Insolvenzfall nicht eingetreten. [3]Das bedeutet z. B., dass Versorgungsleistungen an einen Arbeitnehmer, die auf einer Pensionszusage beruhen oder die über eine Unterstützungskasse durchgeführt werden sollten, auch nach Eintritt des Insolvenzfalles und Übernahme der Leistungen durch ein Versicherungsunternehmen zu den Einnahmen aus nichtselbständiger Arbeit gehören.

(4) § 3 Nr. 65 Satz 1 Buchstabe c EStG ist in den Fällen der Übertragung oder Umwandlung einer Rückdeckungsversicherung (>R 40b.1 Abs. 3) nicht anwendbar[2]).

Hinweise

H 3.65

Allgemeine Grundsätze

>BMF vom ***12.8.2021*** (BStBl I S. ***1050***), ***Rn.*** 53-55 Anhang 2 III

---

§ 3

Steuerfrei sind

…

66. Leistungen eines Arbeitgebers oder einer Unterstützungskasse an einen Pensionsfonds zur Übernahme bestehender Versorgungsverpflichtungen oder Versorgungsanwartschaften durch S 2333

---

1) gilt auch für eine Pensionskasse >Änderung durch Artikel 8a des Siebten Gesetzes zur Änderung des Vierten Buches Sozialgesetzbuch und anderer Gesetze vom 12.6.2020 (BGBl. I S. 1248)

2) >aber ***ggf.*** § 3 Nr. 65 Satz 1 Buchst. d

den Pensionsfonds, wenn ein Antrag nach § 4d Absatz 3 oder § 4e Absatz 3 gestellt worden ist;

H 3.66

Hinweise

Allgemeines

Anhang 2 III >BMF vom ***12.8.2021*** (BStBl I S. ***1050***), ***Rn.*** 56

§ 3

Steuerfrei sind

…

S 2342 **67.** a) **das Erziehungsgeld nach dem Bundeserziehungsgeldgesetz und vergleichbare Leistungen der Länder,**

b) **das Elterngeld nach dem Bundeselterngeld- und Elternzeitgesetz und vergleichbare Leistungen der Länder,**

c) **Leistungen für Kindererziehung an Mütter der Geburtsjahrgänge vor 1921 nach den §§ 294 bis 299 des Sechsten Buches Sozialgesetzbuch sowie**

d) **die Zuschläge, die nach den §§ 50a bis 50e des Beamtenversorgungsgesetzes oder nach den §§ 70 bis 74 des Soldatenversorgungsgesetzes oder nach vergleichbaren Regelungen der Länder für ein vor dem 1. Januar 2015 geborenes Kind oder für eine vor dem 1. Januar 2015 begonnene Zeit der Pflege einer pflegebedürftigen Person zu gewähren sind; im Falle des Zusammentreffens von Zeiten für mehrere Kinder nach § 50b des Beamtenversorgungsgesetzes oder § 71 des Soldatenversorgungsgesetzes oder nach vergleichbaren Regelungen der Länder gilt dies, wenn eines der Kinder vor dem 1. Januar 2015 geboren ist;**

H 3.67

Hinweise

Allgemeine Grundsätze

Wird einem Stpfl. für die Erziehung eines vor dem 1. Januar 2015 geborenen Kindes oder für die vor dem 1. Januar 2015 begonnene Pflege einer pflegegebedürftigen Person ein Zuschlag nach den §§ 50a bis 50e BeamtVG oder nach den §§ 70 bis 74 SVG oder nach vergleichbaren Regelungen der Länder gewährt, sind für diesen Stpfl. sämtliche Zuschläge, die nach diesen Vorschriften für Zeiten nach dem 31. Dezember 2014 anzurechnen sind, nach § 3 Nr. 67 Buchstabe d EStG steuerfrei (>BMF vom 8.3.2016 – BStBl I S. 278).

§ 3

Steuerfrei sind

...

68. die Hilfen nach dem Gesetz über die Hilfe für durch Anti-D-Immunprophylaxe mit dem Hepatitis-C-Virus infizierte Personen vom 2. August 2000 (BGBl. I S. 1270); S 2121

69. die von der Stiftung „Humanitäre Hilfe für durch Blutprodukte HIV-infizierte Personen" nach dem HIV-Hilfegesetz vom 24. Juli 1995 (BGBl. I S. 972) gewährten Leistungen; S 2121

70. die Hälfte S 1983

a) der Betriebsvermögensmehrungen oder Einnahmen aus der Veräußerung von Grund und Boden und Gebäuden, die am 1. Januar 2007 mindestens fünf Jahre zum Anlagevermögen eines inländischen Betriebsvermögens des Steuerpflichtigen gehören, wenn diese auf Grund eines nach dem 31. Dezember 2006 und vor dem 1. Januar 2010 rechtswirksam abgeschlossenen obligatorischen Vertrages an eine REIT-Aktiengesellschaft oder einen Vor-REIT veräußert werden,

b) der Betriebsvermögensmehrungen, die auf Grund der Eintragung eines Steuerpflichtigen in das Handelsregister als REIT-Aktiengesellschaft im Sinne des REIT-Gesetzes vom 28. Mai 2007 (BGBl. I S. 914) durch Anwendung des § 13 Absatz 1 und 3 Satz 1 des Körperschaftsteuergesetzes auf Grund und Boden und Gebäude entstehen, wenn diese Wirtschaftsgüter vor dem 1. Januar 2005 angeschafft oder hergestellt wurden, und die Schlussbilanz im Sinne des § 13 Absatz 1 und 3 des Körperschaftsteuergesetzes auf einen Zeitpunkt vor dem 1. Januar 2010 aufzustellen ist.

[2] Satz 1 ist nicht anzuwenden,

a) wenn der Steuerpflichtige den Betrieb veräußert oder aufgibt und der Veräußerungsgewinn nach § 34 besteuert wird,

b) soweit der Steuerpflichtige von den Regelungen der §§ 6b und 6c Gebrauch macht,

c) soweit der Ansatz des niedrigeren Teilwerts in vollem Umfang zu einer Gewinnminderung geführt hat und soweit diese Gewinnminderung nicht durch den Ansatz eines Werts, der sich nach § 6 Absatz 1 Nummer 1 Satz 4 ergibt, ausgeglichen worden ist,

d) wenn im Fall des Satzes 1 Buchstabe a der Buchwert zuzüglich der Veräußerungskosten den Veräußerungserlös oder im Fall des Satzes 1 Buchstabe b der Buchwert den Teilwert übersteigt. [2] Ermittelt der Steuerpflichtige den Gewinn nach § 4 Absatz 3, treten an die Stelle des Buchwerts die Anschaffungs- oder Herstellungskosten verringert um die vorgenommenen Absetzungen für Abnutzung oder Substanzverringerung,

e) soweit vom Steuerpflichtigen in der Vergangenheit Abzüge bei den Anschaffungs- oder Herstellungskosten von Wirtschaftsgütern im Sinne des Satzes 1 nach § 6b oder ähnliche Abzüge voll steuerwirksam vorgenommen worden sind,

f) wenn es sich um eine Übertragung im Zusammenhang mit Rechtsvorgängen handelt, die dem Umwandlungssteuergesetz unterliegen und die Übertragung zu einem Wert unterhalb des gemeinen Werts erfolgt.

[3] Die Steuerbefreiung entfällt rückwirkend, wenn

a) innerhalb eines Zeitraums von vier Jahren seit dem Vertragsschluss im Sinne des Satzes 1 Buchstabe a der Erwerber oder innerhalb eines Zeitraums von vier Jahren nach dem Stichtag der Schlussbilanz im Sinne des Satzes 1 Buchstabe b die REIT-Aktiengesellschaft den Grund und Boden oder das Gebäude veräußert,

b) der Vor-REIT oder ein anderer Vor-REIT als sein Gesamtrechtsnachfolger den Status als Vor-REIT gemäß § 10 Absatz 3 Satz 1 des REIT-Gesetzes verliert,

c) die REIT-Aktiengesellschaft innerhalb eines Zeitraums von vier Jahren seit dem Vertragsschluss im Sinne des Satzes 1 Buchstabe a oder nach dem Stichtag der Schlussbilanz im Sinne des Satzes 1 Buchstabe b in keinem Veranlagungszeitraum die Voraussetzungen für die Steuerbefreiung erfüllt,

d) die Steuerbefreiung der REIT-Aktiengesellschaft innerhalb eines Zeitraums von vier Jahren seit dem Vertragsschluss im Sinne des Satzes 1 Buchstabe a oder nach dem Stichtag der Schlussbilanz im Sinne des Satzes 1 Buchstabe b endet,

e) das Bundeszentralamt für Steuern dem Erwerber im Sinne des Satzes 1 Buchstabe a den Status als Vor-REIT im Sinne des § 2 Satz 4 des REIT-Gesetzes vom 28. Mai 2007 (BGBl. I S. 914) bestandskräftig aberkannt hat.

[4] Die Steuerbefreiung entfällt auch rückwirkend, wenn die Wirtschaftsgüter im Sinne des Satzes 1 Buchstabe a vom Erwerber an den Veräußerer oder eine ihm nahe stehende Person im Sinne des § 1 Absatz 2 des Außensteuergesetzes überlassen werden und der Veräußerer oder eine ihm nahe stehende Person im Sinne des § 1 Absatz 2 des Außensteuergesetzes nach Ablauf einer Frist von zwei Jahren seit Eintragung des Erwerbers als REIT-Aktiengesellschaft in das Handelsregister an dieser mittelbar oder unmittelbar zu mehr als 50 Prozent beteiligt ist. [5] Der Grundstückserwerber haftet für die sich aus dem rückwirkenden Wegfall der Steuerbefreiung ergebenden Steuern,

71. der aus einer öffentlichen Kasse gezahlte Zuschuss

a) für den Erwerb eines Anteils an einer Kapitalgesellschaft in Höhe von 20 Prozent der Anschaffungskosten, höchstens jedoch 100.000 Euro. [2]Voraussetzung ist, dass

aa) der Anteil an der Kapitalgesellschaft länger als drei Jahre gehalten wird,

bb) die Kapitalgesellschaft, deren Anteil erworben wird,

aaa) nicht älter ist als sieben Jahre, wobei das Datum der Eintragung der Gesellschaft in das Handelsregister maßgeblich ist,

bbb) weniger als 50 Mitarbeiter (Vollzeitäquivalente) hat,

ccc) einen Jahresumsatz oder eine Jahresbilanzsumme von höchstens 10 Millionen Euro hat und

ddd) nicht an einem regulierten Markt notiert ist und keine solche Notierung vorbereitet,

cc) der Zuschussempfänger das 18. Lebensjahr vollendet hat oder eine GmbH oder Unternehmergesellschaft ist, bei der mindestens ein Gesellschafter das 18. Lebensjahr vollendet hat und

dd) für den Erwerb des Anteils kein Fremdkapital eingesetzt wird. [2]Wird der Anteil von einer GmbH oder Unternehmergesellschaft im Sinne von Doppelbuchstabe cc erworben, gehören auch solche Darlehen zum Fremdkapital, die der GmbH oder Unternehmergesellschaft von ihren Anteilseignern gewährt werden und die von der GmbH oder Unternehmergesellschaft zum Erwerb des Anteils eingesetzt werden.

b) anlässlich der Veräußerung eines Anteils an einer Kapitalgesellschaft im Sinne von Buchstabe a in Höhe von 25 Prozent des Veräußerungsgewinns, wenn

aa) der Veräußerer eine natürliche Person ist,

bb) bei Erwerb des veräußerten Anteils bereits ein Zuschuss im Sinne von Buchstabe a gezahlt und nicht zurückgefordert wurde,

cc) der veräußerte Anteil frühestens drei Jahre (Mindesthaltedauer) und spätestens zehn Jahre (Höchsthaltedauer) nach Anteilserwerb veräußert wurde,

dd) der Veräußerungsgewinn nach Satz 2 mindestens 2.000 Euro beträgt und

ee) der Zuschuss auf 80 Prozent der Anschaffungskosten begrenzt ist.

[2] Veräußerungsgewinn im Sinne von Satz 1 ist der Betrag, um den der Veräußerungspreis die Anschaffungskosten einschließlich eines gezahlten Agios übersteigt. [3] Erwerbsneben- und Veräußerungskosten sind nicht zu berücksichtigen.

§ 3a[1])
Sanierungserträge

(1) [1]Betriebsvermögensmehrungen oder Betriebseinnahmen aus einem Schuldenerlass zum Zwecke einer unternehmensbezogenen Sanierung im Sinne des Absatzes 2 (Sanierungsertrag) sind steuerfrei. [2]Sind Betriebsvermögensmehrungen oder Betriebseinnahmen aus einem Schuldenerlass nach Satz 1 steuerfrei, sind steuerliche Wahlrechte in dem Jahr, in dem ein Sanierungsertrag erzielt wird (Sanierungsjahr) und im Folgejahr im zu sanierenden Unternehmen gewinnmindernd auszuüben. [3]Insbesondere ist der niedrigere Teilwert, der nach § 6 Absatz 1 Nummer 1 Satz 2 und Nummer 2 Satz 2 angesetzt werden kann, im Sanierungsjahr und im Folgejahr anzusetzen.

(2) Eine unternehmensbezogene Sanierung liegt vor, wenn der Steuerpflichtige für den Zeitpunkt des Schuldenerlasses die Sanierungsbedürftigkeit und die Sanierungsfähigkeit des Unternehmens, die Sanierungseignung des betrieblich begründeten Schuldenerlasses und die Sanierungsabsicht der Gläubiger nachweist.

(3) [1]Nicht abziehbare Beträge im Sinne des § 3c Absatz 4, die in Veranlagungszeiträumen vor dem Sanierungsjahr und im Sanierungsjahr anzusetzen sind, mindern den Sanierungsertrag. [2]Dieser Betrag mindert nacheinander

1. den auf Grund einer Verpflichtungsübertragung im Sinne des § 4f Absatz 1 Satz 1 in den dem Wirtschaftsjahr der Übertragung nachfolgenden 14 Jahren verteilt abziehbaren Aufwand des zu sanierenden Unternehmens, es sei denn, der Aufwand ist gemäß § 4f Absatz 1 Satz 7 auf einen Rechtsnachfolger übergegangen, der die Verpflichtung übernommen hat und insoweit der Regelung des § 5 Absatz 7 unterliegt. [2]Entsprechendes gilt in Fällen des § 4f Absatz 2;
2. den nach § 15a ausgleichsfähigen oder verrechenbaren Verlust des Unternehmers (Mitunternehmers) des zu sanierenden Unternehmens des Sanierungsjahrs;
3. den zum Ende des dem Sanierungsjahr vorangegangenen Wirtschaftsjahrs nach § 15a festgestellten verrechenbaren Verlust des Unternehmers (Mitunternehmers) des zu sanierenden Unternehmens;
4. den nach § 15b ausgleichsfähigen oder verrechenbaren Verlust derselben Einkunftsquelle des Unternehmers (Mitunternehmers) des Sanierungsjahrs; bei der Verlustermittlung bleibt der Sanierungsertrag unberücksichtigt;
5. den zum Ende des dem Sanierungsjahr vorangegangenen Jahrs nach § 15b festgestellten verrechenbaren Verlust derselben Einkunftsquelle des Unternehmers (Mitunternehmers);

---
[1]) zur Anwendung >§ 52 Abs. 4a

6. den nach § 15 Absatz 4 ausgleichsfähigen oder nicht abziehbaren Verlust des zu sanierenden Unternehmens des Sanierungsjahrs;
7. den zum Ende des dem Sanierungsjahr vorangegangenen Jahrs nach § 15 Absatz 4 festgestellten in Verbindung mit § 10d Absatz 4 verbleibenden Verlustvortrag, soweit er auf das zu sanierende Unternehmen entfällt;
8. den Verlust des Sanierungsjahrs des zu sanierenden Unternehmens;
9. den ausgleichsfähigen Verlust aus allen Einkunftsarten des Veranlagungszeitraums, in dem das Sanierungsjahr endet;
10. im Sanierungsjahr ungeachtet des § 10d Absatz 2 den nach § 10d Absatz 4 zum Ende des Vorjahrs gesondert festgestellten Verlustvortrag;
11. in der nachfolgenden Reihenfolge den zum Ende des Vorjahrs festgestellten und den im Sanierungsjahr entstehenden verrechenbaren Verlust oder die negativen Einkünfte
    a) nach § 15a,
    b) nach § 15b anderer Einkunftsquellen,
    c) nach § 15 Absatz 4 anderer Betriebe und Mitunternehmeranteile,
    d) nach § 2a,
    e) nach § 2b,
    f) nach § 23 Absatz 3 Satz 7 und 8,
    g) nach sonstigen Vorschriften;
12. ungeachtet der Beträge des § 10d Absatz 1 Satz 1 die negativen Einkünfte nach § 10d Absatz 1 Satz 1 des Folgejahrs. [2]Ein Verlustrücktrag nach § 10d Absatz 1 Satz 1 ist nur möglich, soweit die Beträge nach § 10d Absatz 1 Satz 1 durch den verbleibenden Sanierungsertrag im Sinne des Satzes 4 nicht überschritten werden;
13. den zum Ende des Vorjahrs festgestellten und den im Sanierungsjahr entstehenden
    a) Zinsvortrag nach § 4h Absatz 1 Satz 5,
    b) EBITDA-Vortrag nach § 4h Absatz 1 Satz 3. [2]Die Minderung des EBITDA-Vortrags des Sanierungsjahrs und der EBITDA-Vorträge aus vorangegangenen Wirtschaftsjahren erfolgt in ihrer zeitlichen Reihenfolge.

[3]Übersteigt der geminderte Sanierungsertrag nach Satz 1 die nach Satz 2 mindernden Beträge, mindern sich insoweit nach Maßgabe des Satzes 2 auch der verteilt abziehbare Aufwand, Verluste, negative Einkünfte, Zinsvorträge oder EBITDA-Vorträge einer dem Steuerpflichtigen nahestehenden Person, wenn diese die erlassenen Schulden innerhalb eines Zeitraums von fünf Jahren vor dem Schuldenerlass auf

das zu sanierende Unternehmen übertragen hat und soweit der entsprechende verteilt abziehbare Aufwand, die Verluste, negativen Einkünfte, Zinsvorträge oder EBITDA-Vorträge zum Ablauf des Wirtschaftsjahrs der Übertragung bereits entstanden waren. [4]Der sich nach den Sätzen 2 und 3 ergebende Betrag ist der verbleibende Sanierungsertrag. [5]Die nach den Sätzen 2 und 3 mindernden Beträge bleiben endgültig außer Ansatz und nehmen an den entsprechenden Feststellungen der verrechenbaren Verluste, verbleibenden Verlustvorträge und sonstigen Feststellungen nicht teil.

(3a) Bei Zusammenveranlagung sind auch die laufenden Beträge und Verlustvorträge des anderen Ehegatten einzubeziehen. [1)]

(4) [1]Sind Einkünfte aus Land- und Forstwirtschaft, Gewerbebetrieb oder selbständiger Arbeit nach § 180 Absatz 1 Satz 1 Nummer 2 Buchstabe a oder b der Abgabenordnung gesondert festzustellen, ist auch die Höhe des Sanierungsertrags nach Absatz 1 Satz 1 sowie die Höhe der nach Absatz 3 Satz 2 Nummer 1 bis 6 und 13 mindernden Beträge gesondert festzustellen. [2]Zuständig für die gesonderte Feststellung nach Satz 1 ist das Finanzamt, das für die gesonderte Feststellung nach § 180 Absatz 1 Satz 1 Nummer 2 der Abgabenordnung zuständig ist. [3]Wurden verrechenbare Verluste und Verlustvorträge ohne Berücksichtigung des Absatzes 3 Satz 2 bereits festgestellt oder ändern sich die nach Absatz 3 Satz 2 mindernden Beträge, ist der entsprechende Feststellungsbescheid insoweit zu ändern. [4]Das gilt auch dann, wenn der Feststellungsbescheid bereits bestandskräftig geworden ist; die Feststellungsfrist endet insoweit nicht, bevor die Festsetzungsfrist des Einkommensteuerbescheids oder Körperschaftsteuerbescheids für das Sanierungsjahr abgelaufen ist.

(5) [1]Erträge aus einer nach den §§ 286 ff. der Insolvenzordnung erteilten Restschuldbefreiung, einem Schuldenerlass auf Grund eines außergerichtlichen Schuldenbereinigungsplans zur Vermeidung eines Verbraucherinsolvenzverfahrens nach den §§ 304 ff. der Insolvenzordnung oder auf Grund eines Schuldenbereinigungsplans, dem in einem Verbraucherinsolvenzverfahren zugestimmt wurde oder wenn diese Zustimmung durch das Gericht ersetzt wurde, sind, soweit es sich um Betriebsvermögensmehrungen oder Betriebseinnahmen handelt, ebenfalls steuerfrei, auch wenn die Voraussetzungen einer unternehmensbezogenen Sanierung im Sinne des Absatzes 2 nicht vorliegen. [2]Absatz 3 gilt entsprechend.

---

1) Absatz 3a ist erstmals in den Fällen anzuwenden, in denen die Schulden ganz oder teilweise nach dem 8.2.2017 erlassen wurden >§ 52 Abs. 4a Satz 4.

S 2343

§ 3b

Steuerfreiheit von Zuschlägen für Sonntags-, Feiertags- oder Nachtarbeit

(1) Steuerfrei sind Zuschläge, die für tatsächlich geleistete Sonntags-, Feiertags- oder Nachtarbeit neben dem Grundlohn gezahlt werden, soweit sie

1. für Nachtarbeit 25 Prozent,

2. vorbehaltlich der Nummern 3 und 4 für Sonntagsarbeit 50 Prozent,

3. vorbehaltlich der Nummer 4 für Arbeit am 31. Dezember ab 14 Uhr und an den gesetzlichen Feiertagen 125 Prozent,

4. für Arbeit am 24. Dezember ab 14 Uhr, am 25. und 26. Dezember sowie am 1. Mai 150 Prozent

des Grundlohns nicht übersteigen.

(2)[1] Grundlohn ist der laufende Arbeitslohn, der dem Arbeitnehmer bei der für ihn maßgebenden regelmäßigen Arbeitszeit für den jeweiligen Lohnzahlungszeitraum zusteht; er ist in einen Stundenlohn umzurechnen und mit höchstens 50 Euro anzusetzen. [2] Nachtarbeit ist die Arbeit in der Zeit von 20 Uhr bis 6 Uhr. [3] Sonntagsarbeit und Feiertagsarbeit ist die Arbeit in der Zeit von 0 Uhr bis 24 Uhr des jeweiligen Tages. [4] Die gesetzlichen Feiertage werden durch die am Ort der Arbeitsstätte geltenden Vorschriften bestimmt.

(3) Wenn die Nachtarbeit vor 0 Uhr aufgenommen wird, gilt abweichend von den Absätzen 1 und 2 Folgendes:

1. Für Nachtarbeit in der Zeit von 0 Uhr bis 4 Uhr erhöht sich der Zuschlagssatz auf 40 Prozent,

2. als Sonntagsarbeit und Feiertagsarbeit gilt auch die Arbeit in der Zeit von 0 Uhr bis 4 Uhr des auf den Sonntag oder Feiertag folgenden Tages.

R 3b

Steuerfreiheit der Zuschläge für Sonntags-, Feiertags- oder Nachtarbeit (§ 3b EStG)

S 2343

Allgemeines

(1) [1] Die Steuerfreiheit setzt voraus, dass neben dem Grundlohn tatsächlich ein Zuschlag für Sonntags-, Feiertags- oder Nachtarbeit gezahlt wird. [2] Ein solcher Zuschlag kann in einem Gesetz, einer Rechtsverordnung, einem Tarifvertrag, einer Betriebsvereinbarung oder einem Einzelarbeitsvertrag geregelt sein. [3] Bei einer Nettolohnvereinbarung ist der Zuschlag nur steuerfrei, wenn er neben dem vereinbarten Nettolohn gezahlt wird. [4] Unschädlich ist es, wenn neben einem Zuschlag für Sonntags-, Feiertags- oder Nachtarbeit, die gleichzeitig Mehrarbeit ist, keine gesonderte Mehrarbeitsvergütung oder ein Grundlohn gezahlt wird, mit dem die Mehrarbeit abgegolten ist. [5] Auf die Bezeichnung der Lohnzuschläge kommt es nicht

an. [6]Die Barabgeltung eines Freizeitanspruchs oder eines Freizeitüberhangs oder Zuschläge wegen Mehrarbeit oder wegen anderer als durch die Arbeitszeit bedingter Erschwernisse oder Zulagen, die lediglich nach bestimmten Zeiträumen bemessen werden, sind keine begünstigten Lohnzuschläge. [7]§ 3b EStG ist auch bei Arbeitnehmern anwendbar, deren Lohn nach § 40a EStG pauschal versteuert wird.

Grundlohn

(2) [1]Grundlohn ist nach § 3b Abs. 2 EStG der auf eine Arbeitsstunde entfallende Anspruch auf laufenden Arbeitslohn, den der Arbeitnehmer für den jeweiligen Lohnzahlungszeitraum auf Grund seiner regelmäßigen Arbeitszeit erwirbt. [2]Im Einzelnen gilt Folgendes:

1. Abgrenzung des Grundlohns
   a) [1]Der Anspruch auf laufenden Arbeitslohn ist nach R 39b.2 vom Anspruch auf sonstige Bezüge abzugrenzen. [2]Soweit Arbeitslohn-Nachzahlungen oder -Vorauszahlungen zum laufenden Arbeitslohn gehören, erhöhen sie den laufenden Arbeitslohn der Lohnzahlungszeiträume, für die sie nach- oder vorausgezahlt werden; § 41c EStG ist anzuwenden.
   b) [1]Ansprüche auf Sachbezüge, Aufwendungszuschüsse und vermögenswirksame Leistungen gehören zum Grundlohn, wenn sie laufender Arbeitslohn sind. [2]Das Gleiche gilt für Ansprüche auf Zuschläge und Zulagen, die wegen der Besonderheit der Arbeit in der regelmäßigen Arbeitszeit gezahlt werden, z. B. Erschwerniszulagen oder Schichtzuschläge, sowie für Lohnzuschläge für die Arbeit in der nicht durch § 3b EStG begünstigten Zeit. [3]Regelmäßige Arbeitszeit ist die für das jeweilige Dienstverhältnis vereinbarte Normalarbeitszeit.
   c) [1]Nicht zum Grundlohn gehören Ansprüche auf Vergütungen für Überstunden (Mehrarbeitsvergütungen), Zuschläge für Sonntags-, Feiertags- oder Nachtarbeit in der nach § 3b EStG begünstigten Zeit, und zwar auch insoweit, als sie wegen Überschreitens der dort genannten Zuschlagssätze steuerpflichtig sind. [2]Dies gilt auch für steuerfreie und nach § 40 EStG pauschal besteuerte Bezüge. [3]Zum Grundlohn gehören aber die nach § 3 Nr. 56 oder 63 EStG steuerfreien Beiträge des Arbeitgebers, soweit es sich um laufenden Arbeitslohn handelt.
2. Ermittlung des Grundlohnanspruchs für den jeweiligen Lohnzahlungszeitraum
   a) [1]Es ist der für den jeweiligen Lohnzahlungszeitraum vereinbarte Grundlohn i. S. d. Nummer 1 zu ermitteln (Basisgrundlohn). [2]Werden die für den Lohnzahlungszeitraum zu zahlenden Lohnzuschläge nach den Verhältnissen eines früheren Lohnzahlungszeitraums bemessen, ist auch der Ermittlung des Basisgrundlohns der frühere Lohnzahlungszeitraum zugrunde zu legen. [3]Werden die Zu-

schläge nach der Arbeitsleistung eines früheren Lohnzahlungszeitraums, aber nach dem Grundlohn des laufenden Lohnzahlungszeitraums bemessen, ist der Basisgrundlohn des laufenden Lohnzahlungszeitraums zugrunde zu legen. [4]Soweit sich die Lohnvereinbarung auf andere Zeiträume als auf den Lohnzahlungszeitraum bezieht, ist der Basisgrundlohn durch Vervielfältigung des vereinbarten Stundenlohns mit der Stundenzahl der regelmäßigen Arbeitszeit im Lohnzahlungszeitraum zu ermitteln. [5]Bei einem monatlichen Lohnzahlungszeitraum ergibt sich die Stundenzahl der regelmäßigen Arbeitszeit aus dem 4,35fachen der wöchentlichen Arbeitszeit. [6]Arbeitszeitausfälle, z. B. durch Urlaub oder Krankheit, bleiben außer Betracht.

b) [1]Zusätzlich ist der Teil des für den jeweiligen Lohnzahlungszeitraum zustehenden Grundlohns i. S. d. Nummer 1 zu ermitteln, dessen Höhe nicht von im Voraus bestimmbaren Verhältnissen abhängt (Grundlohnzusätze), z. B. der nur für einzelne Arbeitsstunden bestehende Anspruch auf Erschwerniszulagen oder Spätarbeitszuschläge oder der von der Zahl der tatsächlichen Arbeitstage abhängende Anspruch auf Fahrtkostenzuschüsse. [2]Diese Grundlohnzusätze sind mit den Beträgen anzusetzen, die dem Arbeitnehmer für den jeweiligen Lohnzahlungszeitraum tatsächlich zustehen.

3. Umrechnung des Grundlohnanspruchs

   [1]Basisgrundlohn (Nummer 2 Buchstabe a) und Grundlohnzusätze (Nummer 2 Buchstabe b) sind zusammenzurechnen und durch die Zahl der Stunden der regelmäßigen Arbeitszeit im jeweiligen Lohnzahlungszeitraum zu teilen. [2]Bei einem monatlichen Lohnzahlungszeitraum ist der Divisor mit dem 4,35fachen der wöchentlichen Arbeitszeit anzusetzen. [3]Das Ergebnis ist der Grundlohn; er ist für die Berechnung des steuerfreien Anteils der Zuschläge für Sonntags-, Feiertags- und Nachtarbeit maßgebend, soweit er die Stundenlohnhöchstgrenze nach § 3b Abs. 2 Satz 1 EStG nicht übersteigt. [4]Ist keine regelmäßige Arbeitszeit vereinbart, sind der Ermittlung des Grundlohns die im Lohnzahlungszeitraum tatsächlich geleisteten Arbeitsstunden zugrunde zu legen. [5]Bei Stücklohnempfängern kann die Umrechnung des Stücklohns auf einen Stundenlohn unterbleiben.

4. Wird ein Zuschlag für Sonntags-, Feiertags- oder Nachtarbeit von weniger als einer Stunde gezahlt, ist bei der Ermittlung des steuerfreien Zuschlags für diesen Zeitraum der Grundlohn entsprechend zu kürzen.

5. Bei einer Beschäftigung nach dem AltTZG ist der Grundlohn nach § 3b Abs. 2 EStG so zu berechnen, als habe eine Vollzeitbeschäftigung bestanden.

Nachtarbeit an Sonntagen und Feiertagen

(3) [1]Wird an Sonntagen und Feiertagen oder in der zu diesen Tagen nach § 3b Abs. 3 Nr. 2 EStG gehörenden Zeit Nachtarbeit geleistet, kann

die Steuerbefreiung nach § 3b Abs. 1 Nr. 2 bis 4 EStG neben der Steuerbefreiung nach § 3b Abs. 1 Nr. 1 EStG in Anspruch genommen werden. [2]Dabei ist der steuerfreie Zuschlagssatz für Nachtarbeit mit dem steuerfreien Zuschlagssatz für Sonntags- oder Feiertagsarbeit auch dann zusammenzurechnen, wenn nur ein Zuschlag gezahlt wird. [3]Zu den gesetzlichen Feiertagen i. S. d. § 3b Abs. 1 Nr. 3 EStG gehören der Oster- und der Pfingstsonntag auch dann, wenn sie in den am Ort der Arbeitsstätte geltenden Vorschriften nicht ausdrücklich als Feiertage genannt werden. [4]Wenn für die einem Sonn- oder Feiertag folgende oder vorausgehende Nachtarbeit ein Zuschlag für Sonntags- oder Feiertagsarbeit gezahlt wird, ist dieser als Zuschlag für Nachtarbeit zu behandeln.

Feiertagsarbeit an Sonntagen

(4) [1]Ist ein Sonntag zugleich Feiertag, kann ein Zuschlag nur bis zur Höhe des jeweils in Betracht kommenden Feiertagszuschlags steuerfrei gezahlt werden. [2]Das gilt auch dann, wenn nur ein Sonntagszuschlag gezahlt wird.

Zusammentreffen mit Mehrarbeitszuschlägen

(5) [1]Hat der Arbeitnehmer arbeitsrechtlich Anspruch auf Zuschläge für Sonntags-, Feiertags- oder Nachtarbeit und auf Zuschläge für Mehrarbeit und wird Mehrarbeit als Sonntags-, Feiertags- oder Nachtarbeit geleistet, sind folgende Fälle zu unterscheiden:

1. es werden sowohl die in Betracht kommenden Zuschläge für Sonntags-, Feiertags- oder Nachtarbeit als auch für Mehrarbeit gezahlt;
2. es wird nur der in Betracht kommende Zuschlag für Sonntags-, Feiertags- oder Nachtarbeit gezahlt, der ebenso hoch oder höher ist als der Zuschlag für Mehrarbeit;
3. es wird nur der Zuschlag für Mehrarbeit gezahlt;
4. es wird ein einheitlicher Zuschlag (Mischzuschlag) gezahlt, der höher ist als die jeweils in Betracht kommenden Zuschläge, aber niedriger als ihre Summe;
5. es wird ein einheitlicher Zuschlag (Mischzuschlag) gezahlt, der höher ist als die Summe der jeweils in Betracht kommenden Zuschläge.

[2]In den Fällen des Satzes 1 Nr. 1 und 2 ist von den gezahlten Zuschlägen der Betrag als Zuschlag für Sonntags-, Feiertags- oder Nachtarbeit zu behandeln, der dem arbeitsrechtlich jeweils in Betracht kommenden Zuschlag entspricht. [3]Im Falle des Satzes 1 Nr. 3 liegt ein Zuschlag i. S. d. § 3b EStG nicht vor. [4]In den Fällen des Satzes 1 Nr. 4 und 5 ist der Mischzuschlag im Verhältnis der in Betracht kommenden Einzelzuschläge in einen nach § 3b EStG begünstigten Anteil und einen nicht begünstigten Anteil aufzuteilen. [5]Ist für Sonntags-, Feiertags- oder Nachtarbeit kein Zuschlag vereinbart, weil z. B. Pförtner oder Nachtwächter ihre Tätigkeit regelmäßig zu den begünstigten Zeiten verrichten, bleibt von einem für diese Tätigkeiten gezahlten Mehrarbeitszuschlag kein Teilbetrag nach § 3b EStG steuerfrei.

Nachweis der begünstigten Arbeitszeiten

(6) [1] Steuerfrei sind nur Zuschläge, die für tatsächlich geleistete Sonntags-, Feiertags- oder Nachtarbeit gezahlt werden. [2] Zur vereinbarten und vergüteten Arbeitszeit gehörende Waschzeiten, Schichtübergabezeiten und Pausen gelten als begünstigte Arbeitszeit i. S. d. § 3b EStG, soweit sie in den begünstigten Zeitraum fallen. [3] Die tatsächlich geleistete Sonntags-, Feiertags- oder Nachtarbeit ist grundsätzlich im Einzelfall nachzuweisen. [4] Wird eine einheitliche Vergütung für den Grundlohn und die Zuschläge für Sonntags-, Feiertags- oder Nachtarbeit, ggf. unter Einbeziehung der Mehrarbeit und Überarbeit, gezahlt, weil Sonntags-, Feiertags- oder Nachtarbeit üblicherweise verrichtet wird, und werden deshalb die sonntags, feiertags oder nachts tatsächlich geleisteten Arbeitsstunden nicht aufgezeichnet, bleiben die in der einheitlichen Vergütung enthaltenen Zuschläge für Sonntags-, Feiertags- oder Nachtarbeiten grundsätzlich nicht nach § 3b EStG steuerfrei. [5] Zu einem erleichterten Nachweis >Absatz 7. [6] Sind die Einzelanschreibung und die Einzelbezahlung der geleisteten Sonntags-, Feiertags- oder Nachtarbeit wegen der Besonderheiten der Arbeit und der Lohnzahlungen nicht möglich, darf das Betriebsstättenfinanzamt den Teil der Vergütung, der als steuerfreier Zuschlag für Sonntags-, Feiertags- oder Nachtarbeit anzuerkennen ist, von Fall zu Fall feststellen. [7] Im Interesse einer einheitlichen Behandlung der Arbeitnehmer desselben Berufszweigs darf das Betriebsstättenfinanzamt die Feststellung nur auf Weisung der vorgesetzten Behörde treffen. [8] Die Weisung ist der obersten Landesfinanzbehörde vorbehalten, wenn die für den in Betracht kommenden Berufszweig maßgebende Regelung nicht nur im Bezirk der für das Betriebsstättenfinanzamt zuständigen vorgesetzten Behörde gilt. [9] Eine Feststellung nach Satz 6 kommt für solche Regelungen nicht in Betracht, durch die nicht pauschale Zuschläge festgesetzt, sondern bestimmte Teile eines nach Zeiträumen bemessenen laufenden Arbeitslohns als Zuschläge für Sonntags-, Feiertags- oder Nachtarbeit erklärt werden.

Pauschale Zuschläge

(7) [1] Werden Zuschläge für Sonntags-, Feiertags- oder Nachtarbeit als laufende Pauschale, z. B. Monatspauschale, gezahlt und wird eine Verrechnung mit den Zuschlägen, die für die einzeln nachgewiesenen Zeiten für Sonntags-, Feiertags- oder Nachtarbeit auf Grund von Einzelberechnungen zu zahlen wären, erst später vorgenommen, kann die laufende Pauschale oder ein Teil davon steuerfrei belassen werden, wenn

1. der steuerfreie Betrag nicht nach höheren als den in § 3b EStG genannten Prozentsätzen berechnet wird,
2. der steuerfreie Betrag nach dem durchschnittlichen Grundlohn und der durchschnittlichen im Zeitraum des Kalenderjahres tatsächlich anfallenden Sonntags-, Feiertags- oder Nachtarbeit bemessen wird,
3. die Verrechnung mit den einzeln ermittelten Zuschlägen jeweils vor der Erstellung der Lohnsteuerbescheinigung und somit regelmäßig spätes-

tens zum Ende des Kalenderjahres oder beim Ausscheiden des Arbeitnehmers aus dem Dienstverhältnis erfolgt. [2] Für die Ermittlung der im Einzelnen nachzuweisenden Zuschläge ist auf den jeweiligen Lohnzahlungszeitraum abzustellen. [3] Dabei ist auch der steuerfreie Teil der einzeln ermittelten Zuschläge festzustellen und die infolge der Pauschalierung zu wenig oder zu viel einbehaltene Lohnsteuer auszugleichen,

4. bei der Pauschalzahlung erkennbar ist, welche Zuschläge im Einzelnen – jeweils getrennt nach Zuschlägen für Sonntags-, Feiertags- oder Nachtarbeit – abgegolten sein sollen und nach welchen Prozentsätzen des Grundlohns die Zuschläge bemessen worden sind,
5. die Pauschalzahlung tatsächlich ein Zuschlag ist, der neben dem Grundlohn gezahlt wird; eine aus dem Arbeitslohn rechnerisch ermittelte Pauschalzahlung ist kein Zuschlag.

[2] Ergibt die Einzelfeststellung, dass der dem Arbeitnehmer auf Grund der tatsächlich geleisteten Sonntags-, Feiertags- oder Nachtarbeit zustehende Zuschlag höher ist als die Pauschalzahlung, kann ein höherer Betrag nur steuerfrei sein, wenn und soweit der Zuschlag auch tatsächlich zusätzlich gezahlt wird; eine bloße Kürzung des steuerpflichtigen Arbeitslohns um den übersteigenden Steuerfreibetrag ist nicht zulässig. [3] Diese Regelungen gelten sinngemäß, wenn lediglich die genaue Feststellung des steuerfreien Betrags im Zeitpunkt der Zahlung des Zuschlags schwierig ist und sie erst zu einem späteren Zeitpunkt nachgeholt werden kann.

Zeitversetzte Auszahlung

(8) [1] Die Steuerfreiheit von Zuschlägen für Sonntags-, Feiertags- oder Nachtarbeit bleibt auch bei zeitversetzter Auszahlung grundsätzlich erhalten. [2] Voraussetzung ist jedoch, dass vor der Leistung der begünstigten Arbeit bestimmt wird, dass ein steuerfreier Zuschlag – ggf. teilweise – als Wertguthaben auf ein Arbeitszeitkonto genommen und getrennt ausgewiesen wird. [3] Dies gilt z. B. in Fällen der Altersteilzeit bei Aufteilung in Arbeits- und Freistellungsphase (so genannte Blockmodelle).

Hinweise

H 3b

Abgrenzung Sonntags-/Feiertagszuschlag – Nachtzuschlag

Beispiel:

Ein Arbeitnehmer beginnt seine Nachtschicht am Sonntag, dem 1.5. um 22 Uhr und beendet sie am 2.5. um 7 Uhr.

Für diesen Arbeitnehmer sind Zuschläge zum Grundlohn bis zu folgenden Sätzen steuerfrei:

- 175 % für die Arbeit am 1.5. in der Zeit von 22 Uhr bis 24 Uhr (25 % für Nachtarbeit und 150 % für Feiertagsarbeit),
- 190 % für die Arbeit am 2.5. in der Zeit von 0 Uhr bis 4 Uhr (40 % für Nachtarbeit und 150 % für Feiertagsarbeit),
- 25 % für die Arbeit am 2.5. in der Zeit von 4 Uhr bis 6 Uhr.

Abgrenzung Spätarbeitszuschlag – andere Lohnzuschläge

Beispiel:

Auf Grund tarifvertraglicher Vereinbarung erhält ein Arbeitnehmer für die Arbeit in der Zeit von 18 bis 22 Uhr einen Spätarbeitszuschlag und für die in der Zeit von 19 bis 21 Uhr verrichteten Arbeiten eine Gefahrenzulage. Der für die Zeit von 20 bis 22 Uhr gezahlte Spätarbeitszuschlag ist ein nach § 3b EStG begünstigter Zuschlag für Nachtarbeit. Die Gefahrenzulage wird nicht für die Arbeit zu einer bestimmten Zeit gezahlt und ist deshalb auch insoweit kein Nachtarbeitszuschlag i. S. d. § 3b EStG, als sie für die Arbeit in der Zeit von 20 bis 21 Uhr gezahlt wird.

Aufteilung von Mischzuschlägen

>BFH vom 13.10.1989 (BStBl 1991 II S. 8)

Bereitschaftsdienste

- Ein Zeitzuschlag für ärztliche Bereitschaftsdienste wird auch dann nicht für tatsächlich geleistete Sonntags-, Feiertags- oder Nachtarbeit gezahlt, wenn die Bereitschaftsdienste überwiegend zu diesen Zeiten anfallen. Auch wenn die auf Sonntage, Feiertage und Nachtzeit entfallenden Bereitschaftsdienste festgestellt werden können, ist die Bereitschaftsdienstvergütung deshalb nicht steuerfrei (>BFH vom 24.11.1989 – BStBl 1990 II S. 315).
- Ist in begünstigten Zeiten des § 3b EStG Bereitschaft angeordnet, sind Zuschläge zur Bereitschaftsdienstvergütung steuerfrei, soweit sie die in § 3b EStG vorgesehenen Prozentsätze, gemessen an der Bereitschaftsdienstvergütung, nicht übersteigen (>BFH vom 27.8.2002 – BStBl II S. 883).
- Werden Bereitschaftsdienste pauschal zusätzlich zum Grundlohn ohne Rücksicht darauf vergütet, ob die Tätigkeit an einem Samstag oder einem Sonntag erbracht wird, handelt es sich nicht um steuerfreie Zuschläge für Sonntags-, Feiertags- oder Nachtarbeit i. S. d. § 3b Abs. 1 EStG (>BFH vom 29.11.2016 – BStBl 2017 II S. 718).

Durchschnittlicher Auszahlungsbetrag

Die Vereinbarung eines durchschnittlichen Auszahlungsbetrags pro tatsächlich geleisteter Arbeitsstunde steht der Steuerbefreiung nicht entgegen; der laufende Arbeitslohn kann der Höhe nach schwanken und durch eine Grundlohnergänzung aufgestockt werden (>BFH vom 17.6.2010 – BStBl 2011 II S. 43).

Einkünfte aus nichtselbständiger Arbeit

- Die Steuerfreiheit nach § 3b EStG setzt voraus, dass die Zuschläge ohne diese Vorschrift den Einkünften aus nichtselbständiger Arbeit zuzurechnen wären (>BFH vom 19.3.1997 – BStBl II S. 577).
- Zahlt eine Kapitalgesellschaft ihrem Gesellschafter-Geschäftsführer zusätzlich zu seinem Festgehalt Vergütungen für Sonntags-, Feiertags- und Nachtarbeit, liegt nur in Ausnahmefällen keine verdeckte Gewinnausschüttung vor (>BFH vom 14.7.2004 – BStBl 2005 II S. 307).

– Bezieht ein nicht beherrschender Gesellschafter, der zugleich leitender Angestellter der GmbH ist, neben einem hohen Festgehalt, Sonderzahlungen und einer Gewinntantieme zusätzlich Zuschläge für Sonntags-, Feiertags-, Mehr- und Nachtarbeit, können diese als verdeckte Gewinnausschüttung zu erfassen sein (>BFH vom 13.12.2006 – BStBl 2007 II S. 393).

Gefahrenzulage

Es ist von Verfassungs wegen nicht geboten, die Steuerbefreiung für Zuschläge, die für tatsächlich geleistete Sonntags-, Feiertags- oder Nachtarbeit gezahlt werden, auf Gefahrenzulagen und Zulagen im Kampfmittelräumdienst auszudehnen (>BFH vom 15.9.2011 – BStBl 2012 II S. 144).

Grundlohn

Beispiel 1:

Ein Arbeitnehmer in einem Drei-Schicht-Betrieb hat eine tarifvertraglich geregelte Arbeitszeit von 38 Stunden wöchentlich und einen monatlichen Lohnzahlungszeitraum. Er hat Anspruch – soweit es den laufenden Arbeitslohn ohne Sonntags-, Feiertags- oder Nachtarbeitszuschläge angeht – auf

- einen Normallohn von 17,00 € für jede im Lohnzahlungszeitraum geleistete Arbeitsstunde,
- einen Schichtzuschlag von 0,50 € je Arbeitsstunde,
- einen Zuschlag für Samstagsarbeit von 1,00 € für jede Samstagsarbeitsstunde,
- einen Spätarbeitszuschlag von 1,70 € für jede Arbeitsstunde zwischen 18.00 Uhr und 20.00 Uhr,
- einen Überstundenzuschlag von 5,00 € je Überstunde,
- eine Gefahrenzulage für unregelmäßig anfallende gefährliche Arbeiten von 3,00 € je Stunde,
- einen steuerpflichtigen, aber nicht pauschal versteuerten Fahrtkostenzuschuss von 6,00 € je Arbeitstag,
- eine vermögenswirksame Leistung von 40,00 € monatlich,
- Beiträge des Arbeitgebers zu einer Direktversicherung von 100,00 € monatlich.

Im Juni hat der Arbeitnehmer infolge Urlaubs nur an 10 Tagen insgesamt 80 Stunden gearbeitet. In diesen 80 Stunden sind enthalten:

– Regelmäßige Arbeitsstunden	76
– Überstunden insgesamt	4
– Samstagsstunden insgesamt	12
– Überstunden an Samstagen	2
– Spätarbeitsstunden insgesamt	16
– Überstunden mit Spätarbeit	2
– Stunden mit gefährlichen Arbeiten insgesamt	5
– Überstunden mit gefährlichen Arbeiten	1

Hiernach betragen

a) der Basisgrundlohn

17,00 € Stundenlohn x 38 Stunden x 4,35	2.810,10 €
0,50 € Schichtzuschlag x 38 Stunden x 4,35	82,65 €
Vermögenswirksame Leistungen	40,00 €
Beiträge zur Direktversicherung	100,00 €
insgesamt	3.032,75 €

b) die Grundlohnzusätze

1,00 € Samstagsarbeitszuschlag x 10 Stunden	10,00 €
1,70 € Spätarbeitszuschlag x 14 Stunden	23,80 €
3,00 € Gefahrenzulage x 4 Stunden	12,00 €
6,00 € Fahrtkostenzuschuss x 10 Arbeitstage	60,00 €
insgesamt	105,80 €

c) der Grundlohn des Lohnzahlungszeitraums insgesamt 3.138,55 €

d) der für die Begrenzung des steuerfreien Anteils der begünstigten Lohnzuschläge maßgebende Grundlohn

$$\frac{3.138{,}55\ €}{38 \times 4{,}35} = \underline{\underline{18{,}99\ €}}$$

Beispiel 2:

Bei einem Arbeitnehmer mit tarifvertraglich geregelter Arbeitszeit von 37,5 Stunden wöchentlich und einem monatlichen Lohnzahlungszeitraum, dessen Sonntags-, Feiertags- und Nachtarbeitszuschläge sowie nicht im Voraus feststehende Bezüge sich nach den Verhältnissen des Vormonats bemessen, betragen für den Lohnzahlungszeitraum März

– der Basisgrundlohn 3.277,28 €
– die Grundlohnzusätze (bemessen nach den Verhältnissen im Monat Februar) 280,72 €

Im Februar betrug der Basisgrundlohn 2.936,16 €.

Für die Ermittlung des steuerfreien Anteils der Zuschläge für Sonntags-, Feiertags- oder Nachtarbeit, die dem Arbeitnehmer auf Grund der im Februar geleisteten Arbeit für den Lohnzahlungszeitraum März zustehen, ist von einem Grundlohn auszugehen, der sich aus

– dem Basisgrundlohn des Lohnzahlungszeitraums Februar (R 3b Abs. 2 Satz 2 Nr. 2 Buchst. a Satz 2) von 2.936,16 €
– und den Grundlohnzusätzen des Lohnzahlungszeitraums März (bemessen nach den Verhältnissen im Februar) 280,72 €

zusammensetzt.

Der für die Berechnung des steuerfreien Anteils der begünstigten Lohnzuschläge maßgebende Grundlohn beträgt

also $\frac{2.936{,}16\ € + 280{,}72\ €}{37{,}5 \times 4{,}35} = \underline{\underline{19{,}72\ €}}$.

Pauschale Zuschläge

- Die Steuerbefreiung setzt grundsätzlich Einzelaufstellungen der tatsächlich erbrachten Arbeitsstunden an Sonn- und Feiertagen oder zur Nachtzeit voraus (>BFH vom 28.11.1990 – BStBl 1991 II S. 293). Demgegenüber können pauschale Zuschläge dann steuerfrei sein, wenn und soweit sie als bloße Abschlagszahlungen oder Vorschüsse auf später einzeln abzurechnende Zuschläge geleistet werden (>BFH vom 23.10.1992 – BStBl 1993 II S. 314).
- Pauschale Zuschläge können steuerfrei sein, wenn sie als Abschlagszahlungen oder Vorschüsse für tatsächlich geleistete Sonntags-, Feiertags- oder Nachtarbeit gezahlt werden. Der fehlende Nachweis tatsächlich erbrachter Arbeitsleistungen kann nicht durch eine Modellrechnung ersetzt werden (>BFH vom 25.5.2005 – BStBl II S. 725).
- Pauschale Zuschläge sind nicht steuerfrei, wenn sie nicht als Abschlagszahlungen oder Vorschüsse auf Zuschläge für tatsächlich geleistete Sonntags-, Feiertags- oder Nachtarbeit gezahlt werden, sondern Teil einer einheitlichen Tätigkeitsvergütung sind (>BFH vom 16.12.2010 – BStBl 2012 II S. 288).
- Pauschale Zuschläge, die der Arbeitgeber ohne Rücksicht auf die Höhe der tatsächlich erbrachten Sonntags-, Feiertags- oder Nachtarbeit an den Arbeitnehmer leistet, sind nur dann nach § 3b EStG begünstigt, wenn sie nach dem übereinstimmenden Willen von Arbeitgeber und Arbeitnehmer als Abschlagszahlungen oder Vorschüsse auf eine spätere Einzelabrechnung gemäß § 41b EStG geleistet werden. Diese Einzelabrechnung zum jährlichen Abschluss des Lohnkontos ist grundsätzlich unverzichtbar. Auf sie kann im Einzelfall nur verzichtet werden, wenn die Arbeitsleistungen fast ausschließlich zur Nachtzeit zu erbringen und die pauschal geleisteten Zuschläge so bemessen sind, dass sie auch unter Einbeziehung von Urlaub und sonstigen Fehlzeiten – aufs Jahr bezogen – die Voraussetzungen der Steuerfreiheit erfüllen (>BFH vom 8.12.2011 – BStBl 2012 II S. 291).

Tatsächliche Arbeitsleistung

Soweit Zuschläge gezahlt werden, ohne dass der Arbeitnehmer in der begünstigten Zeit gearbeitet hat, z. B. bei Lohnfortzahlung im Krankheits- oder Urlaubsfall, bei Lohnfortzahlung an von der betrieblichen Tätigkeit freigestellte Betriebsratsmitglieder oder bei der Lohnfortzahlung nach dem Mutterschutzgesetz, sind sie steuerpflichtig (>BFH vom 3.5.1974 – BStBl II S. 646 und vom 26.10.1984 – BStBl 1985 II S. 57 und vom 27.5.2009 – BStBl II S. 730).

Wechselschichtzuschlag

- Zuschläge für Wechselschichtarbeit, die der Arbeitnehmer für seine Wechselschicht regelmäßig und fortlaufend bezieht, sind dem steuerpflichtigen Grundlohn zugehörig; sie sind auch während der durch § 3b

EStG begünstigten Nachtzeit nicht steuerbefreit (>BFH vom 7.7.2005 – BStBl II S. 888).

– Die einem Polizeibeamten gezahlte Zulage für Dienst zu wechselnden Zeiten nach § 17a EZulV ist nicht nach § 3b EStG steuerfrei (>BFH vom 15.2.2017 – BStBl II S. 644).

Zeitwertkonto

Bei zeitversetzter Auszahlung bleibt die Steuerfreiheit nur für den Zuschlag als solchen erhalten (>R 3b Abs. 8). Eine darauf beruhende etwaige Verzinsung oder Wertsteigerung ist hingegen nicht steuerfrei (>BMF vom 17.6.2009 – BStBl I S. 1286).

Anhang 31a

Zuschlag zum Grundlohn

Ein Zuschlag wird nicht neben dem Grundlohn gezahlt, wenn er aus dem arbeitsrechtlich geschuldeten Arbeitslohn rechnerisch ermittelt wird, selbst wenn im Hinblick auf eine ungünstig liegende Arbeitszeit ein höherer Arbeitslohn gezahlt werden sollte (>BFH vom 28.11.1990 – BStBl 1991 II S. 296); infolgedessen dürfen auch aus einer Umsatzbeteiligung keine Zuschläge abgespalten und nach § 3b EStG steuerfrei gelassen werden.

§ 3c
Anteilige Abzüge

S 2128

(1) Ausgaben dürfen, soweit sie mit steuerfreien Einnahmen in unmittelbarem wirtschaftlichen Zusammenhang stehen, nicht als Betriebsausgaben oder Werbungskosten abgezogen werden; Absatz 2 bleibt unberührt.

(2) [1] Betriebsvermögensminderungen, Betriebsausgaben, Veräußerungskosten oder Werbungskosten, die mit den dem § 3 Nummer 40 zugrunde liegenden Betriebsvermögensmehrungen oder Einnahmen oder mit Vergütungen nach § 3 Nummer 40a in wirtschaftlichem Zusammenhang stehen, dürfen unabhängig davon, in welchem Veranlagungszeitraum die Betriebsvermögensmehrungen oder Einnahmen anfallen, bei der Ermittlung der Einkünfte nur zu 60 Prozent abgezogen werden; Entsprechendes gilt, wenn bei der Ermittlung der Einkünfte der Wert des Betriebsvermögens oder des Anteils am Betriebsvermögen oder die Anschaffungs- oder Herstellungskosten oder der an deren Stelle tretende Wert mindernd zu berücksichtigen sind. [2] Satz 1 ist auch für Betriebsvermögensminderungen oder Betriebsausgaben im Zusammenhang mit einer Darlehensforderung oder aus der Inanspruchnahme von Sicherheiten anzuwenden, die für ein Darlehen hingegeben wurden, wenn das Darlehen oder die Sicherheit von einem Steuerpflichtigen gewährt wird, der zu mehr als einem Viertel unmittelbar oder mittelbar am Grund- oder Stammkapital der Körperschaft, der das Darlehen gewährt wurde, beteiligt ist oder war. [3] Satz 2 ist insoweit nicht anzuwenden, als nachgewiesen wird, dass auch ein fremder Dritter das Darlehen bei sonst gleichen Umständen gewährt oder noch nicht zurückgefordert hätte; dabei sind nur die eigenen Sicherungsmittel der Körperschaft zu berücksichtigen. [4] Die Sätze 2 und 3 gelten entsprechend für Forderungen aus Rechtshandlungen, die einer Darlehensgewährung wirtschaftlich vergleichbar sind. [5] Gewinne aus dem Ansatz des nach § 6 Absatz 1 Nummer 2 Satz 3 maßgeblichen Werts bleiben bei der Ermittlung der Einkünfte außer Ansatz, soweit auf die vorangegangene Teilwertabschreibung Satz 2 angewendet worden ist. [6] Satz 1 ist außerdem ungeachtet eines wirtschaftlichen Zusammenhangs mit den dem § 3 Nummer 40 zugrunde liegenden Betriebsvermögensmehrungen oder Einnahmen oder mit Vergütungen nach § 3 Nummer 40a auch auf Betriebsvermögensminderungen, Betriebsausgaben oder Veräußerungskosten eines Gesellschafters einer Körperschaft anzuwenden, soweit diese mit einer im Gesellschaftsverhältnis veranlassten unentgeltlichen Überlassung von Wirtschaftsgütern an diese Körperschaft oder bei einer teilentgeltlichen Überlassung von Wirtschaftsgütern mit dem unentgeltlichen Teil in Zusammenhang stehen und der Steuerpflichtige zu mehr als einem Viertel unmittelbar oder mittelbar am Grund- oder Stammkapital dieser Körperschaft beteiligt ist oder war. [7] Für die An-

wendung des Satzes 1 ist die Absicht zur Erzielung von Betriebsvermögensmehrungen oder Einnahmen im Sinne des § 3 Nummer 40 oder von Vergütungen im Sinne des § 3 Nummer 40a ausreichend. [8]Satz 1 gilt auch für Wertminderungen des Anteils an einer Organgesellschaft, die nicht auf Gewinnausschüttungen zurückzuführen sind. [9]§ 8b Absatz 10 des Körperschaftsteuergesetzes gilt sinngemäß.

S 1983 **(3) Betriebsvermögensminderungen, Betriebsausgaben oder Veräußerungskosten, die mit den Betriebsvermögensmehrungen oder Einnahmen im Sinne des § 3 Nummer 70 in wirtschaftlichem Zusammenhang stehen, dürfen unabhängig davon, in welchem Veranlagungszeitraum die Betriebsvermögensmehrungen oder Einnahmen anfallen, nur zur Hälfte abgezogen werden.**

[1]) **(4) [1]Betriebsvermögensminderungen oder Betriebsausgaben, die mit einem steuerfreien Sanierungsertrag im Sinne des § 3a in unmittelbarem wirtschaftlichem Zusammenhang stehen, dürfen unabhängig davon, in welchem Veranlagungszeitraum der Sanierungsertrag entsteht, nicht abgezogen werden. [2]Satz 1 gilt nicht, soweit Betriebsvermögensminderungen oder Betriebsausgaben zur Erhöhung von Verlustvorträgen geführt haben, die nach Maßgabe der in § 3a Absatz 3 getroffenen Regelungen entfallen. [3]Zu den Betriebsvermögensminderungen oder Betriebsausgaben im Sinne des Satzes 1 gehören auch Aufwendungen im Zusammenhang mit einem Besserungsschein und vergleichbare Aufwendungen. [4]Satz 1 gilt für Betriebsvermögensminderungen oder Betriebsausgaben, die nach dem Sanierungsjahr entstehen, nur insoweit, als noch ein verbleibender Sanierungsertrag im Sinne von § 3a Absatz 3 Satz 4 vorhanden ist. [5]Wurden Betriebsvermögensminderungen oder Betriebsausgaben im Sinne des Satzes 1 bereits bei einer Steuerfestsetzung oder einer gesonderten Feststellung nach § 180 Absatz 1 Satz 1 der Abgabenordnung gewinnmindernd berücksichtigt, ist der entsprechende Steuer- oder Feststellungsbescheid insoweit zu ändern. [6]Das gilt auch dann, wenn der Steuer- oder Feststellungsbescheid bereits bestandskräftig geworden ist; die Festsetzungsfrist endet insoweit nicht, bevor die Festsetzungsfrist für das Sanierungsjahr abgelaufen ist.**

---

[1]) § 3c Abs. 4 ist am 5.7.2017 in Kraft getreten und für Betriebsvermögensminderungen oder Betriebsausgaben in unmittelbarem wirtschaftlichem Zusammenhang mit einem Schuldenerlass nach dem 8.2.2017 anzuwenden, für den § 3a angewendet wird. § 3c Abs. 4 ist auch in den Fällen anzuwenden, in denen dem Stpfl. die Steuerbefreiung des § 3a auf Grund eines Antrags nach § 52 Abs. 4a Satz 3 gewährt wird >§ 52 Abs. 5 Satz 3 und 4.

3. Gewinn

§ 4 S 2130

Gewinnbegriff im Allgemeinen

**(1) [1] Gewinn ist der Unterschiedsbetrag zwischen dem Betriebsver- S 2131–
mögen am Schluss des Wirtschaftsjahres und dem Betriebsvermö- S 2132b
gen am Schluss des vorangegangenen Wirtschaftsjahres, vermehrt
um den Wert der Entnahmen und vermindert um den Wert der Einla- S 2134–
gen. [2] Entnahmen sind alle Wirtschaftsgüter (Barentnahmen, Waren, S 2136
Erzeugnisse, Nutzungen und Leistungen), die der Steuerpflichtige
dem Betrieb für sich, für seinen Haushalt oder für andere betriebs-
fremde Zwecke im Laufe des Wirtschaftsjahres entnommen hat.
[3] Einer Entnahme für betriebsfremde Zwecke steht der Ausschluss *1)*
oder die Beschränkung des Besteuerungsrechts der Bundesrepublik
Deutschland hinsichtlich des Gewinns aus der Veräußerung oder der
Nutzung eines Wirtschaftsguts gleich*; dies gilt auf Antrag auch in den Fällen, in denen die Beschränkung des Besteuerungsrechts der Bundesrepublik Deutschland hinsichtlich des Gewinns aus der Veräußerung eines Wirtschaftsguts entfällt und in einem anderen Staat eine Besteuerung auf Grund des Ausschlusses oder der Beschränkung des Besteuerungsrechts dieses Staates hinsichtlich des Gewinns aus der Veräußerung des Wirtschaftsguts erfolgt.* [4] Ein Ausschluss oder eine Beschränkung des Besteuerungsrechts hinsichtlich des Gewinns aus der Veräußerung eines Wirtschaftsguts liegt insbesondere vor, wenn ein bisher einer inländischen Betriebsstätte des Steuerpflichtigen zuzuordnendes Wirtschaftsgut einer ausländischen Betriebsstätte zuzuordnen ist. [5] Satz 3 gilt nicht für Anteile an einer Europäischen Gesellschaft oder Europäischen Genossenschaft in den Fällen**

1. **einer Sitzverlegung der Europäischen Gesellschaft nach Artikel 8 der Verordnung (EG) Nr. 2157/2001 des Rates vom 8. Oktober 2001 über das Statut der Europäischen Gesellschaft (SE) (ABl. EG Nr. L 294 S. 1), zuletzt geändert durch die Verordnung (EG) Nr. 885/2004 des Rates vom 26. April 2004 (ABl. EU Nr. L 168 S. 1), und**
2. **einer Sitzverlegung der Europäischen Genossenschaft nach Artikel 7 der Verordnung (EG) Nr. 1435/2003 des Rates vom 22. Juli 2003 über das Statut der Europäischen Genossenschaft (SCE) (ABl. EU Nr. L 207 S. 1).**

[6] Ein Wirtschaftsgut wird nicht dadurch entnommen, dass der Steuerpflichtige zur Gewinnermittlung nach § 13a übergeht. [7] Eine Änderung der Nutzung eines Wirtschaftsguts, die bei Gewinnermittlung nach Satz 1 keine Entnahme ist, ist auch bei Gewinnermittlung nach § 13a

---

1) Absatz 1 Satz 3 zweiter Halbsatz wurde durch Artikel 1 des ATADUmsG angefügt und ist erstmals für nach dem 31.12.2019 endende Wj. anzuwenden >§ 52 Abs. 6 Satz 1.

keine Entnahme. [8] Einlagen sind alle Wirtschaftsgüter (Bareinzahlungen und sonstige Wirtschaftsgüter), die der Steuerpflichtige dem Betrieb im Laufe des Wirtschaftsjahres zugeführt hat; einer Einlage steht die Begründung des Besteuerungsrechts der Bundesrepublik Deutschland hinsichtlich des Gewinns aus der Veräußerung eines Wirtschaftsguts gleich. [9] *In den Fällen des Satzes 3 zweiter Halbsatz gilt das Wirtschaftsgut als unmittelbar nach der Entnahme wieder eingelegt.*[1] [10] Bei der Ermittlung des Gewinns sind die Vorschriften über die Betriebsausgaben, über die Bewertung und über die Absetzung für Abnutzung oder Substanzverringerung zu befolgen.

S 2141 (2) [1] Der Steuerpflichtige darf die Vermögensübersicht (Bilanz) auch nach ihrer Einreichung beim Finanzamt ändern, soweit sie den Grundsätzen ordnungsmäßiger Buchführung unter Befolgung der Vorschriften dieses Gesetzes nicht entspricht; diese Änderung ist nicht zulässig, wenn die Vermögensübersicht (Bilanz) einer Steuerfestsetzung zugrunde liegt, die nicht mehr aufgehoben oder geändert werden kann. [2] Darüber hinaus ist eine Änderung der Vermögensübersicht (Bilanz) nur zulässig, wenn sie in einem engen zeitlichen und sachlichen Zusammenhang mit einer Änderung nach Satz 1 steht und soweit die Auswirkung der Änderung nach Satz 1 auf den Gewinn reicht.

S 2142–S 2143 (3) [1] Steuerpflichtige, die nicht auf Grund gesetzlicher Vorschriften verpflichtet sind, Bücher zu führen und regelmäßig Abschlüsse zu machen, und die auch keine Bücher führen und keine Abschlüsse machen, können als Gewinn den Überschuss der Betriebseinnahmen über die Betriebsausgaben ansetzen. [2] Hierbei scheiden Betriebseinnahmen und Betriebsausgaben aus, die im Namen und für Rechnung eines anderen vereinnahmt und verausgabt werden (durchlaufende Posten). [3] Die Vorschriften über die Bewertungsfreiheit für geringwertige Wirtschaftsgüter (§ 6 Absatz 2), die Bildung eines Sammelpostens (§ 6 Absatz 2a) und über die Absetzung für Abnutzung oder Substanzverringerung sind zu befolgen. [4] Die Anschaffungs- oder Herstellungskosten für nicht abnutzbare Wirtschaftsgüter des Anlagevermögens, für Anteile an Kapitalgesellschaften, für Wertpapiere und vergleichbare nicht verbriefte Forderungen und Rechte, für Grund und Boden sowie Gebäude des Umlaufvermögens sind erst im Zeitpunkt des Zuflusses des Veräußerungserlöses oder bei Entnahme im Zeitpunkt der Entnahme als Betriebsausgaben zu berücksichtigen. [5] Die Wirtschaftsgüter des Anlagevermögens und Wirtschaftsgüter des Umlaufvermögens im Sinne des Satzes 4 sind unter Angabe des Tages der Anschaffung oder Herstellung und der Anschaffungs- oder Herstellungskosten oder des an deren Stelle getretenen Werts in besondere, laufend zu führende Verzeichnisse aufzunehmen.

S 2161

---

[1]) Absatz 1 Satz 9 wurde durch Artikel 1 des ATADUmsG eingefügt und ist erstmals für nach dem 31.12.2019 endende Wj. anzuwenden >§ 52 Abs. 6 Satz 3. Der bisherige Satz 9 wurde Satz 10.

(4) Betriebsausgaben sind die Aufwendungen, die durch den Betrieb veranlasst sind. S 2144

(4a) [1]Schuldzinsen sind nach Maßgabe der Sätze 2 bis 4 nicht abziehbar, wenn Überentnahmen getätigt worden sind. [2]Eine Überentnahme ist der Betrag, um den die Entnahmen die Summe des Gewinns und der Einlagen des Wirtschaftsjahres übersteigen. [3]Die nicht abziehbaren Schuldzinsen werden typisiert mit 6 Prozent der Überentnahme des Wirtschaftsjahres zuzüglich der Überentnahmen vorangegangener Wirtschaftsjahre und abzüglich der Beträge, um die in den vorangegangenen Wirtschaftsjahren der Gewinn und die Einlagen die Entnahmen überstiegen haben (Unterentnahmen), ermittelt; bei der Ermittlung der Überentnahme ist vom Gewinn ohne Berücksichtigung der nach Maßgabe dieses Absatzes nicht abziehbaren Schuldzinsen auszugehen. [4]Der sich dabei ergebende Betrag, höchstens jedoch der um 2.050 Euro verminderte Betrag der im Wirtschaftsjahr angefallenen Schuldzinsen, ist dem Gewinn hinzuzurechnen. [5]Der Abzug von Schuldzinsen für Darlehen zur Finanzierung von Anschaffungs- oder Herstellungskosten von Wirtschaftsgütern des Anlagevermögens bleibt unberührt. [6]Die Sätze 1 bis 5 sind bei Gewinnermittlung nach § 4 Absatz 3 sinngemäß anzuwenden; hierzu sind Entnahmen und Einlagen gesondert aufzuzeichnen.

(5) [1]Die folgenden Betriebsausgaben dürfen den Gewinn nicht mindern: S 2145

1. Aufwendungen für Geschenke an Personen, die nicht Arbeitnehmer des Steuerpflichtigen sind. [2]Satz 1 gilt nicht, wenn die Anschaffungs- oder Herstellungskosten der dem Empfänger im Wirtschaftsjahr zugewendeten Gegenstände insgesamt 35 Euro nicht übersteigen;
2. Aufwendungen für die Bewirtung von Personen aus geschäftlichem Anlass, soweit sie 70 Prozent der Aufwendungen übersteigen, die nach der allgemeinen Verkehrsauffassung als angemessen anzusehen und deren Höhe und betriebliche Veranlassung nachgewiesen sind. [2]Zum Nachweis der Höhe und der betrieblichen Veranlassung der Aufwendungen hat der Steuerpflichtige schriftlich die folgenden Angaben zu machen: Ort, Tag, Teilnehmer und Anlass der Bewirtung sowie Höhe der Aufwendungen. [3]Hat die Bewirtung in einer Gaststätte stattgefunden, so genügen Angaben zu dem Anlass und den Teilnehmern der Bewirtung; die Rechnung über die Bewirtung ist beizufügen;
3. Aufwendungen für Einrichtungen des Steuerpflichtigen, soweit sie der Bewirtung, Beherbergung oder Unterhaltung von Personen, die nicht Arbeitnehmer des Steuerpflichtigen sind, dienen (Gästehäuser) und sich außerhalb des Orts eines Betriebs des Steuerpflichtigen befinden;

4. Aufwendungen für Jagd oder Fischerei, für Segeljachten oder Motorjachten sowie für ähnliche Zwecke und für die hiermit zusammenhängenden Bewirtungen;

5. Mehraufwendungen für die Verpflegung des Steuerpflichtigen. [2]Wird der Steuerpflichtige vorübergehend von seiner Wohnung und dem Mittelpunkt seiner dauerhaft angelegten betrieblichen Tätigkeit entfernt betrieblich tätig, sind die Mehraufwendungen für Verpflegung nach Maßgabe des § 9 Absatz 4a abziehbar;

6. Aufwendungen für die Wege des Steuerpflichtigen zwischen Wohnung und Betriebsstätte und für Familienheimfahrten, soweit in den folgenden Sätzen nichts anderes bestimmt ist. [2]Zur Abgeltung dieser Aufwendungen ist § 9 Absatz 1 Satz 3 Nummer 4 Satz 2 bis 6 und Nummer 5 Satz 5 bis 7 und Absatz 2 entsprechend anzuwenden. [3]Bei der Nutzung eines Kraftfahrzeugs dürfen die Aufwendungen in Höhe des positiven Unterschiedsbetrags zwischen 0,03 Prozent des inländischen Listenpreises im Sinne des § 6 Absatz 1 Nummer 4 Satz 2 des Kraftfahrzeugs im Zeitpunkt der Erstzulassung je Kalendermonat für jeden Entfernungskilometer und dem sich nach § 9 Absatz 1 Satz 3 Nummer 4 Satz 2 bis 6 oder Absatz 2 ergebenden Betrag sowie Aufwendungen für Familienheimfahrten in Höhe des positiven Unterschiedsbetrags zwischen 0,002 Prozent des inländischen Listenpreises im Sinne des § 6 Absatz 1 Nummer 4 Satz 2 für jeden Entfernungskilometer und dem sich nach § 9 Absatz 1 Satz 3 Nummer 5 Satz 5 bis 7 oder Absatz 2 ergebenden Betrag den Gewinn nicht mindern; ermittelt der Steuerpflichtige die private Nutzung des Kraftfahrzeugs nach § 6 Absatz 1 Nummer 4 Satz 1 oder Satz 3, treten an die Stelle des mit 0,03 oder 0,002 Prozent des inländischen Listenpreises ermittelten Betrags für Fahrten zwischen Wohnung und Betriebsstätte und für Familienheimfahrten die auf diese Fahrten entfallenden tatsächlichen Aufwendungen; § 6 Absatz 1 Nummer 4 Satz 3 zweiter Halbsatz gilt sinngemäß. [4]§ 9 Absatz 1 Satz 3 Nummer 4 Satz 8 und Nummer 5 Satz 9 gilt entsprechend;

6a. die Mehraufwendungen für eine betrieblich veranlasste doppelte Haushaltsführung, soweit sie die nach § 9 Absatz 1 Satz 3 Nummer 5 Satz 1 bis 4 abziehbaren Beträge und die Mehraufwendungen für betrieblich veranlasste Übernachtungen, soweit sie die nach § 9 Absatz 1 Satz 3 Nummer 5a abziehbaren Beträge übersteigen;

6b. Aufwendungen für ein häusliches Arbeitszimmer sowie die Kosten der Ausstattung. [2]Dies gilt nicht, wenn für die betriebliche oder berufliche Tätigkeit kein anderer Arbeitsplatz zur Verfügung steht. [3]In diesem Fall wird die Höhe der abziehbaren Aufwendungen auf 1.250 Euro begrenzt; die Beschränkung der Höhe nach gilt nicht, wenn das Arbeitszimmer den Mittelpunkt der gesamten betrieblichen und beruflichen Betätigung bildet. [4]Liegt kein häusliches Arbeitszimmer vor oder wird auf einen 1) **Abzug der Aufwendungen für ein häusliches Arbeitszimmer nach den Sätzen 2 und 3 verzichtet, kann der Steuerpflichtige für jeden Kalendertag, an dem er seine betriebliche oder berufliche Tätigkeit ausschließlich in der häuslichen Wohnung ausübt und keine außerhalb der häuslichen Wohnung belegene Betätigungsstätte aufsucht, für seine gesamte betriebliche und berufliche Betätigung einen Betrag von 5 Euro abziehen, höchstens 600 Euro im Wirtschafts- oder Kalenderjahr;**

7. andere als die in den Nummern 1 bis 6 und 6b bezeichneten Aufwendungen, die die Lebensführung des Steuerpflichtigen oder anderer Personen berühren, soweit sie nach allgemeiner Verkehrsauffassung als unangemessen anzusehen sind;

8. Geldbußen, Ordnungsgelder und Verwarnungsgelder, die von 2) **einem Gericht oder einer Behörde im Geltungsbereich dieses Gesetzes oder von einem Mitgliedstaat oder von Organen der Europäischen Union festgesetzt wurden sowie damit zusammenhängende Aufwendungen. [2]Dasselbe gilt für Leistungen zur Erfüllung von Auflagen oder Weisungen, die in einem berufsgerichtlichen Verfahren erteilt werden, soweit die Auflagen oder Weisungen nicht lediglich der Wiedergutmachung des durch die Tat verursachten Schadens dienen. [3]Die Rückzahlung von Ausgaben im Sinne der Sätze 1 und 2 darf den Gewinn nicht erhöhen. [4]Das Abzugsverbot für Geldbußen gilt nicht, soweit der wirtschaftliche Vorteil, der durch den Gesetzesverstoß erlangt wurde, abgeschöpft worden ist, wenn die Steuern vom Einkommen und Ertrag, die auf den wirtschaftlichen Vorteil entfallen, nicht abgezogen worden sind; Satz 3 ist insoweit nicht anzuwenden;**

---

1) Absatz 5 Satz 1 Nr. 6b Satz 4 ist für nach dem 31.12.2019 und vor dem 1.1.2022 in der häuslichen Wohnung ausgeübte Tätigkeiten anzuwenden >§ 52 Abs. 6 Satz ***15***.

2) Absatz 5 Satz 1 Nr. 8 Satz 1 ist erstmals anzuwenden auf nach dem 31.12.2018 festgesetzte Geldbußen, Ordnungsgelder und Verwarnungsgelder sowie auf nach dem 31.12.2018 entstandene mit der Geldbuße, dem Ordnungsgeld oder dem Verwarnungsgeld zusammenhängende Aufwendungen >§ 52 Absatz 6 Satz ***12***.

[1] 8a. **Zinsen auf hinterzogene Steuern nach § 235 der Abgabenordnung und Zinsen nach § 233a der Abgabenordnung, soweit diese nach § 235 Absatz 4 der Abgabenordnung auf die Hinterziehungszinsen angerechnet werden;**

9. **Ausgleichszahlungen, die in den Fällen der §§ 14 und 17 des Körperschaftsteuergesetzes an außenstehende Anteilseigner geleistet werden;**

10. **die Zuwendung von Vorteilen sowie damit zusammenhängende Aufwendungen, wenn die Zuwendung der Vorteile eine rechtswidrige Handlung darstellt, die den Tatbestand eines Strafgesetzes oder eines Gesetzes verwirklicht, das die Ahndung mit einer Geldbuße zulässt. [2]Gerichte, Staatsanwaltschaften oder Verwaltungsbehörden haben Tatsachen, die sie dienstlich erfahren und die den Verdacht einer Tat im Sinne des Satzes 1 begründen, der Finanzbehörde für Zwecke des Besteuerungsverfahrens und zur Verfolgung von Steuerstraftaten und Steuerordnungswidrigkeiten mitzuteilen. [3]Die Finanzbehörde teilt Tatsachen, die den Verdacht einer Straftat oder einer Ordnungswidrigkeit im Sinne des Satzes 1 begründen, der Staatsanwaltschaft oder der Verwaltungsbehörde mit. [4]Diese unterrichten die Finanzbehörde von dem Ausgang des Verfahrens und den zugrundeliegenden Tatsachen;**

11. **Aufwendungen, die mit unmittelbaren oder mittelbaren Zuwendungen von nicht einlagefähigen Vorteilen an natürliche oder juristische Personen oder Personengesellschaften zur Verwendung in Betrieben in tatsächlichem oder wirtschaftlichem Zusammenhang stehen, deren Gewinn nach § 5a Absatz 1 ermittelt wird;**

12. **Zuschläge nach § 162 Absatz 4 der Abgabenordnung;**

13. **Jahresbeiträge nach § 12 Absatz 2 des Restrukturierungsfondsgesetzes.**

[2]Das Abzugsverbot gilt nicht, soweit die in den Nummern 2 bis 4 bezeichneten Zwecke Gegenstand einer mit Gewinnabsicht ausgeübten Betätigung des Steuerpflichtigen sind. [3]§ 12 Nummer 1 bleibt unberührt.

S 2162 **(5a) (weggefallen)**

(5b) Die Gewerbesteuer und die darauf entfallenden Nebenleistungen sind keine Betriebsausgaben.

S 2162 **(6) Aufwendungen zur Förderung staatspolitischer Zwecke (§ 10b Absatz 2) sind keine Betriebsausgaben.**

(7) [1]Aufwendungen im Sinne des Absatzes 5 Satz 1 Nummer 1 bis 4, 6b und 7 sind einzeln und getrennt von den sonstigen Betriebsausgaben aufzuzeichnen. [2]Soweit diese Aufwendungen nicht bereits

---

1) Absatz 5 Satz 1 Nr. 8a ist erstmals anzuwenden auf nach dem 31.12.2018 festgesetzte Zinsen i. S. d. Vorschrift >§ 52 Abs. 6 Satz ***13***.

nach Absatz 5 vom Abzug ausgeschlossen sind, dürfen sie bei der Gewinnermittlung nur berücksichtigt werden, wenn sie nach Satz 1 besonders aufgezeichnet sind.

(8) Für Erhaltungsaufwand bei Gebäuden in Sanierungsgebieten und städtebaulichen Entwicklungsbereichen sowie bei Baudenkmalen gelten die §§ 11a und 11b entsprechend.

(9) [1] Aufwendungen des Steuerpflichtigen für seine Berufsausbildung oder für sein Studium sind nur dann Betriebsausgaben, wenn der Steuerpflichtige zuvor bereits eine Erstausbildung (Berufsausbildung oder Studium) abgeschlossen hat. [2] § 9 Absatz 6 Satz 2 bis 5 gilt entsprechend.

(10) § 9 Absatz 1 Satz 3 Nummer 5b ist entsprechend anzuwenden. [1])

[1]) Absatz 10 ist erstmals anzuwenden auf nach dem 31.12.2019 durchgeführte Übernachtungen i. S. d. Vorschrift >§ 52 Abs. 6 Satz ***14***.

S 2115

§ 4a
Gewinnermittlungszeitraum, Wirtschaftsjahr

(1) [1]Bei Land- und Forstwirten und bei Gewerbetreibenden ist der Gewinn nach dem Wirtschaftsjahr zu ermitteln. [2]Wirtschaftsjahr ist

1. bei Land- und Forstwirten der Zeitraum vom 1. Juli bis zum 30. Juni. [2]Durch Rechtsverordnung kann für einzelne Gruppen von Land- und Forstwirten ein anderer Zeitraum bestimmt werden, wenn das aus wirtschaftlichen Gründen erforderlich ist;
2. bei Gewerbetreibenden, deren Firma im Handelsregister eingetragen ist, der Zeitraum, für den sie regelmäßig Abschlüsse machen. [2]Die Umstellung des Wirtschaftsjahres auf einen vom Kalenderjahr abweichenden Zeitraum ist steuerlich nur wirksam, wenn sie im Einvernehmen mit dem Finanzamt vorgenommen wird;
3. bei anderen Gewerbetreibenden das Kalenderjahr. [2]Sind sie gleichzeitig buchführende Land- und Forstwirte, so können sie mit Zustimmung des Finanzamts den nach Nummer 1 maßgebenden Zeitraum als Wirtschaftsjahr für den Gewerbebetrieb bestimmen, wenn sie für den Gewerbebetrieb Bücher führen und für diesen Zeitraum regelmäßig Abschlüsse machen.

(2) Bei Land- und Forstwirten und bei Gewerbetreibenden, deren Wirtschaftsjahr vom Kalenderjahr abweicht, ist der Gewinn aus Land- und Forstwirtschaft oder aus Gewerbebetrieb bei der Ermittlung des Einkommens in folgender Weise zu berücksichtigen:

1. [1]Bei Land- und Forstwirten ist der Gewinn des Wirtschaftsjahres auf das Kalenderjahr, in dem das Wirtschaftsjahr beginnt, und auf das Kalenderjahr, in dem das Wirtschaftsjahr endet, entsprechend dem zeitlichen Anteil aufzuteilen. [2]Bei der Aufteilung sind Veräußerungsgewinne im Sinne des § 14 auszuscheiden und dem Gewinn des Kalenderjahres hinzuzurechnen, in dem sie entstanden sind;
2. bei Gewerbetreibenden gilt der Gewinn des Wirtschaftsjahres als in dem Kalenderjahr bezogen, in dem das Wirtschaftsjahr endet.

§ 4b

S 2144a

Direktversicherung

[1] Der Versicherungsanspruch aus einer Direktversicherung, die von einem Steuerpflichtigen aus betrieblichem Anlass abgeschlossen wird, ist dem Betriebsvermögen des Steuerpflichtigen nicht zuzurechnen, soweit am Schluss des Wirtschaftsjahres hinsichtlich der Leistungen des Versicherers die Person, auf deren Leben die Lebensversicherung abgeschlossen ist, oder ihre Hinterbliebenen bezugsberechtigt sind. [2] Das gilt auch, wenn der Steuerpflichtige die Ansprüche aus dem Versicherungsvertrag abgetreten oder beliehen hat, sofern er sich der bezugsberechtigten Person gegenüber schriftlich verpflichtet, sie bei Eintritt des Versicherungsfalls so zu stellen, als ob die Abtretung oder Beleihung nicht erfolgt wäre.

§ 4c

S 2144b

Zuwendungen an Pensionskassen

(1) [1] Zuwendungen an eine Pensionskasse dürfen von dem Unternehmen, das die Zuwendungen leistet (Trägerunternehmen), als Betriebsausgaben abgezogen werden, soweit sie auf einer in der Satzung oder im Geschäftsplan der Kasse festgelegten Verpflichtung oder auf einer Anordnung der Versicherungsaufsichtsbehörde beruhen oder der Abdeckung von Fehlbeträgen bei der Kasse dienen. [2] Soweit die allgemeinen Versicherungsbedingungen und die fachlichen Geschäftsunterlagen im Sinne des § 219 Absatz 3 Nummer 1 Buchstabe b des Versicherungsaufsichtsgesetzes nicht zum Geschäftsplan gehören, gelten diese als Teil des Geschäftsplans.

(2) Zuwendungen im Sinne des Absatzes 1 dürfen als Betriebsausgaben nicht abgezogen werden, soweit die Leistungen der Kasse, wenn sie vom Trägerunternehmen unmittelbar erbracht würden, bei diesem nicht betrieblich veranlasst wären.

S 2144c

§ 4d

Zuwendungen an Unterstützungskassen

(1) [1]Zuwendungen an eine Unterstützungskasse dürfen von dem Unternehmen, das die Zuwendungen leistet (Trägerunternehmen), als Betriebsausgaben abgezogen werden, soweit die Leistungen der Kasse, wenn sie vom Trägerunternehmen unmittelbar erbracht würden, bei diesem betrieblich veranlasst wären und sie die folgenden Beträge nicht übersteigen:

1. bei Unterstützungskassen, die lebenslänglich laufende Leistungen gewähren:
   a) das Deckungskapital für die laufenden Leistungen nach der dem Gesetz als Anlage 1 beigefügten Tabelle. [2]Leistungsempfänger ist jeder ehemalige Arbeitnehmer des Trägerunternehmens, der von der Unterstützungskasse Leistungen erhält; soweit die Kasse Hinterbliebenenversorgung gewährt, ist Leistungsempfänger der Hinterbliebene eines ehemaligen Arbeitnehmers des Trägerunternehmens, der von der Kasse Leistungen erhält. [3]Dem ehemaligen Arbeitnehmer stehen andere Personen gleich, denen Leistungen der Alters-, Invaliditäts- oder Hinterbliebenenversorgung aus Anlass ihrer ehemaligen Tätigkeit für das Trägerunternehmen zugesagt worden sind;
   b) in jedem Wirtschaftsjahr für jeden Leistungsanwärter,
      aa) wenn die Kasse nur Invaliditätsversorgung oder nur Hinterbliebenenversorgung gewährt, jeweils 6 Prozent,
      bb) wenn die Kasse Altersversorgung mit oder ohne Einschluss von Invaliditätsversorgung oder Hinterbliebenenversorgung gewährt, 25 Prozent

   der jährlichen Versorgungsleistungen, die der Leistungsanwärter oder, wenn nur Hinterbliebenenversorgung gewährt wird, dessen Hinterbliebene nach den Verhältnissen am Schluss des Wirtschaftsjahres der Zuwendung im letzten Zeitpunkt der Anwartschaft, spätestens zum Zeitpunkt des Erreichens der Regelaltersgrenze der gesetzlichen Rentenversicherung erhalten können. [2]Leistungsanwärter ist jeder Arbeitnehmer oder ehemalige Arbeitnehmer des Trägerunternehmens, der von der Unterstützungskasse schriftlich zugesagte Leistungen erhalten kann und am Schluss des Wirtschaftsjahres, in dem die Zuwendung erfolgt,
      aa) bei erstmals nach dem 31. Dezember 2017 zugesagten Leistungen das 23. Lebensjahr vollendet hat,
      bb) bei erstmals nach dem 31. Dezember 2008 und vor dem 1. Januar 2018 zugesagten Leistungen das 27. Lebensjahr vollendet hat oder
      cc) bei erstmals vor dem 1. Januar 2009 zugesagten Leistungen das 28. Lebensjahr vollendet hat;

soweit die Kasse nur Hinterbliebenenversorgung gewährt, gilt als Leistungsanwärter jeder Arbeitnehmer oder ehemalige Arbeitnehmer des Trägerunternehmens, der am Schluss des Wirtschaftsjahres, in dem die Zuwendung erfolgt, das nach dem ersten Halbsatz maßgebende Lebensjahr vollendet hat und dessen Hinterbliebene die Hinterbliebenenversorgung erhalten können. [3]Das Trägerunternehmen kann bei der Berechnung nach Satz 1 statt des dort maßgebenden Betrags den Durchschnittsbetrag der von der Kasse im Wirtschaftsjahr an Leistungsempfänger im Sinne des Buchstabens a Satz 2 gewährten Leistungen zugrunde legen. [4]In diesem Fall sind Leistungsanwärter im Sinne des Satzes 2 nur die Arbeitnehmer oder ehemaligen Arbeitnehmer des Trägerunternehmens, die am Schluss des Wirtschaftsjahres, in dem die Zuwendung erfolgt, das 50. Lebensjahr vollendet haben. [5]Dem Arbeitnehmer oder ehemaligen Arbeitnehmer als Leistungsanwärter stehen andere Personen gleich, denen schriftlich Leistungen der Alters-, Invaliditäts- oder Hinterbliebenenversorgung aus Anlass ihrer Tätigkeit für das Trägerunternehmen zugesagt worden sind;

c) den Betrag des Beitrages, den die Kasse an einen Versicherer zahlt, soweit sie sich die Mittel für ihre Versorgungsleistungen, die der Leistungsanwärter oder Leistungsempfänger nach den Verhältnissen am Schluss des Wirtschaftsjahres der Zuwendung erhalten kann, durch Abschluss einer Versicherung verschafft. [2]Bei Versicherungen für einen Leistungsanwärter ist der Abzug des Beitrages nur zulässig, wenn der Leistungsanwärter die in Buchstabe b Satz 2 und 5 genannten Voraussetzungen erfüllt, die Versicherung für die Dauer bis zu dem Zeitpunkt abgeschlossen ist, für den erstmals Leistungen der Altersversorgung vorgesehen sind, mindestens jedoch bis zu dem Zeitpunkt, an dem der Leistungsanwärter das 55. Lebensjahr vollendet hat, und während dieser Zeit jährlich Beiträge gezahlt werden, die der Höhe nach gleich bleiben oder steigen. [3]Das Gleiche gilt für Leistungsanwärter, die das nach Buchstabe b Satz 2 jeweils maßgebende Lebensjahr noch nicht vollendet haben, für Leistungen der Invaliditäts- oder Hinterbliebenenversorgung, für Leistungen der Altersversorgung unter der Voraussetzung, dass die Leistungsanwartschaft bereits unverfallbar ist. [4]Ein Abzug ist ausgeschlossen, wenn die Ansprüche aus der Versicherung der Sicherung eines Darlehens dienen. [5]Liegen die Voraussetzungen der Sätze 1 bis 4 vor, sind die Zuwendungen nach den Buchstaben a und b in dem Verhältnis zu vermindern, in dem die Leistungen der Kasse durch die Versicherung gedeckt sind;

d) den Betrag, den die Kasse einem Leistungsanwärter im Sinne des Buchstabens b Satz 2 und 5 vor Eintritt des Versorgungsfalls als Abfindung für künftige Versorgungsleistungen gewährt, den Übertragungswert nach § 4 Absatz 5 des Betriebsrentengesetzes oder den Betrag, den sie an einen anderen Versorgungsträger zahlt, der eine ihr obliegende Versorgungsverpflichtung übernommen hat.

[2]Zuwendungen dürfen nicht als Betriebsausgaben abgezogen werden, wenn das Vermögen der Kasse ohne Berücksichtigung künftiger Versorgungsleistungen am Schluss des Wirtschaftsjahres das zulässige Kassenvermögen übersteigt. [3]Bei der Ermittlung des Vermögens der Kasse ist am Schluss des Wirtschaftsjahres vorhandener Grundbesitz mit 200 Prozent der Einheitswerte anzusetzen, die zu dem Feststellungszeitpunkt maßgebend sind, der dem Schluss des Wirtschaftsjahres folgt; Ansprüche aus einer Versicherung sind mit dem Wert des geschäftsplanmäßigen Deckungskapitals zuzüglich der Guthaben aus Beitragsrückerstattung am Schluss des Wirtschaftsjahres anzusetzen, und das übrige Vermögen ist mit dem gemeinen Wert am Schluss des Wirtschaftsjahres zu bewerten. [4]Zulässiges Kassenvermögen ist die Summe aus dem Deckungskapital für alle am Schluss des Wirtschaftsjahres laufenden Leistungen nach der dem Gesetz als Anlage 1 beigefügten Tabelle für Leistungsempfänger im Sinne des Satzes 1 Buchstabe a und dem Achtfachen der nach Satz 1 Buchstabe b abzugsfähigen Zuwendungen. [5]Soweit sich die Kasse die Mittel für ihre Leistungen durch Abschluss einer Versicherung verschafft, ist, wenn die Voraussetzungen für den Abzug des Beitrages nach Satz 1 Buchstabe c erfüllt sind, zulässiges Kassenvermögen der Wert des geschäftsplanmäßigen Deckungskapitals aus der Versicherung am Schluss des Wirtschaftsjahres; in diesem Fall ist das zulässige Kassenvermögen nach Satz 4 in dem Verhältnis zu vermindern, in dem die Leistungen der Kasse durch die Versicherung gedeckt sind. [6]Soweit die Berechnung des Deckungskapitals nicht zum Geschäftsplan gehört, tritt an die Stelle des geschäftsplanmäßigen Deckungskapitals der nach § 169 Absatz 3 und 4 des Versicherungsvertragsgesetzes berechnete Wert, beim zulässigen Kassenvermögen ohne Berücksichtigung des Guthabens aus Beitragsrückerstattung. [7]Gewährt eine Unterstützungskasse anstelle von lebenslänglich laufenden Leistungen eine einmalige Kapitalleistung, so gelten 10 Prozent der Kapitalleistung als Jahresbetrag einer lebenslänglich laufenden Leistung;

2. bei Kassen, die keine lebenslänglich laufenden Leistungen gewähren, für jedes Wirtschaftsjahr 0,2 Prozent der Lohn- und Gehaltssumme des Trägerunternehmens, mindestens jedoch den Betrag der von der Kasse in einem Wirtschaftsjahr erbrachten

Leistungen, soweit dieser Betrag höher ist als die in den vorangegangenen fünf Wirtschaftsjahren vorgenommenen Zuwendungen abzüglich der in dem gleichen Zeitraum erbrachten Leistungen. [2]Diese Zuwendungen dürfen nicht als Betriebsausgaben abgezogen werden, wenn das Vermögen der Kasse am Schluss des Wirtschaftsjahres das zulässige Kassenvermögen übersteigt. [3]Als zulässiges Kassenvermögen kann 1 Prozent der durchschnittlichen Lohn- und Gehaltssumme der letzten drei Jahre angesetzt werden. [4]Hat die Kasse bereits zehn Wirtschaftsjahre bestanden, darf das zulässige Kassenvermögen zusätzlich die Summe der in den letzten zehn Wirtschaftsjahren gewährten Leistungen nicht übersteigen. [5]Für die Bewertung des Vermögens der Kasse gilt Nummer 1 Satz 3 entsprechend. [6]Bei der Berechnung der Lohn- und Gehaltssumme des Trägerunternehmens sind Löhne und Gehälter von Personen, die von der Kasse keine nicht lebenslänglich laufenden Leistungen erhalten können, auszuscheiden.

[2]Gewährt eine Kasse lebenslänglich laufende und nicht lebenslänglich laufende Leistungen, so gilt Satz 1 Nummer 1 und 2 nebeneinander. [3]Leistet ein Trägerunternehmen Zuwendungen an mehrere Unterstützungskassen, so sind diese Kassen bei der Anwendung der Nummern 1 und 2 als Einheit zu behandeln.

(2) [1]Zuwendungen im Sinne des Absatzes 1 sind von dem Trägerunternehmen in dem Wirtschaftsjahr als Betriebsausgaben abzuziehen, in dem sie geleistet werden. [2]Zuwendungen, die bis zum Ablauf eines Monats nach Aufstellung oder Feststellung der Bilanz des Trägerunternehmens für den Schluss eines Wirtschaftsjahres geleistet werden, können von dem Trägerunternehmen noch für das abgelaufene Wirtschaftsjahr durch eine Rückstellung gewinnmindernd berücksichtigt werden. [3]Übersteigen die in einem Wirtschaftsjahr geleisteten Zuwendungen die nach Absatz 1 abzugsfähigen Beträge, so können die übersteigenden Beträge im Wege der Rechnungsabgrenzung auf die folgenden drei Wirtschaftsjahre vorgetragen und im Rahmen der für diese Wirtschaftsjahre abzugsfähigen Beträge als Betriebsausgaben behandelt werden. [4]§ 5 Absatz 1 Satz 2 ist nicht anzuwenden.

(3) [1]Abweichend von Absatz 1 Satz 1 Nummer 1 Satz 1 Buchstabe d und Absatz 2 können auf Antrag die insgesamt erforderlichen Zuwendungen an die Unterstützungskasse für den Betrag, den die Kasse an einen Pensionsfonds zahlt, der eine ihr obliegende Versorgungsverpflichtung ganz oder teilweise übernommen hat, nicht im Wirtschaftsjahr der Zuwendung, sondern erst in den dem Wirtschaftsjahr der Zuwendung folgenden zehn Wirtschaftsjahren gleichmäßig verteilt als Betriebsausgaben abgezogen werden. [2]Der Antrag ist unwiderruflich; der jeweilige Rechtsnachfolger ist an den Antrag gebunden.

Anlage 1
(zu § 4d Absatz 1)

Tabelle für die Errechnung des Deckungskapitals für lebenslänglich laufende Leistungen von Unterstützungskassen

Erreichtes Alter des Leistungsempfängers (Jahre)	Die Jahresbeiträge der laufenden Leistungen sind zu vervielfachen bei Leistungen an männliche Leistungsempfänger mit	an weibliche Leistungsempfänger mit
(1)	(2)	(3)
bis 26	11	17
27 bis 29	12	17
30	13	17
31 bis 35	13	16
36 bis 39	14	16
40 bis 46	14	15
47 und 48	14	14
49 bis 52	13	14
53 bis 56	13	13
57 und 58	13	12
59 und 60	12	12
61 bis 63	12	11
64	11	11
65 bis 67	11	10
68 bis 71	10	9
72 bis 74	9	8
75 bis 77	8	7
78	8	6
79 bis 81	7	6
82 bis 84	6	5
85 bis 87	5	4
88	4	4
89 und 90	4	3
91 bis 93	3	3
94	3	2
95 und älter	2	2

§ 4e

S 2144

Beiträge an Pensionsfonds

(1) Beiträge an einen Pensionsfonds im Sinne des § 236 des Versicherungsaufsichtsgesetzes dürfen von dem Unternehmen, das die Beiträge leistet (Trägerunternehmen), als Betriebsausgaben abgezogen werden, soweit sie auf einer festgelegten Verpflichtung beruhen oder der Abdeckung von Fehlbeträgen bei dem Fonds dienen.

(2) Beiträge im Sinne des Absatzes 1 dürfen als Betriebsausgaben nicht abgezogen werden, soweit die Leistungen des Fonds, wenn sie vom Trägerunternehmen unmittelbar erbracht würden, bei diesem nicht betrieblich veranlasst wären.

(3) [1] Der Steuerpflichtige kann auf Antrag die insgesamt erforderlichen Leistungen an einen Pensionsfonds zur teilweisen oder vollständigen Übernahme einer bestehenden Versorgungsverpflichtung oder Versorgungsanwartschaft durch den Pensionsfonds erst in den dem Wirtschaftsjahr der Übertragung folgenden zehn Wirtschaftsjahren gleichmäßig verteilt als Betriebsausgaben abziehen. [2] Der Antrag ist unwiderruflich; der jeweilige Rechtsnachfolger ist an den Antrag gebunden. [3] Ist eine Pensionsrückstellung nach § 6a gewinnerhöhend aufzulösen, ist Satz 1 mit der Maßgabe anzuwenden, dass die Leistungen an den Pensionsfonds im Wirtschaftsjahr der Übertragung in Höhe der aufgelösten Rückstellung als Betriebsausgaben abgezogen werden können; der die aufgelöste Rückstellung übersteigende Betrag ist in den dem Wirtschaftsjahr der Übertragung folgenden zehn Wirtschaftsjahren gleichmäßig verteilt als Betriebsausgaben abzuziehen. [4] Satz 3 gilt entsprechend, wenn es im Zuge der Leistungen des Arbeitgebers an den Pensionsfonds zu Vermögensübertragungen einer Unterstützungskasse an den Arbeitgeber kommt.

§ 4f

Verpflichtungsübernahmen, Schuldbeitritte und Erfüllungsübernahmen

(1) [1]Werden Verpflichtungen übertragen, die beim ursprünglich Verpflichteten Ansatzverboten, -beschränkungen oder Bewertungsvorbehalten unterlegen haben, ist der sich aus diesem Vorgang ergebende Aufwand im Wirtschaftsjahr der Schuldübernahme und den nachfolgenden 14 Jahren gleichmäßig verteilt als Betriebsausgabe abziehbar. [2]Ist auf Grund der Übertragung einer Verpflichtung ein Passivposten gewinnerhöhend aufzulösen, ist Satz 1 mit der Maßgabe anzuwenden, dass der sich ergebende Aufwand im Wirtschaftsjahr der Schuldübernahme in Höhe des aufgelösten Passivpostens als Betriebsausgabe abzuziehen ist; der den aufgelösten Passivposten übersteigende Betrag ist in dem Wirtschaftsjahr der Schuldübernahme und den nachfolgenden 14 Wirtschaftsjahren gleichmäßig verteilt als Betriebsausgabe abzuziehen. 1) [3]Eine Verteilung des sich ergebenden Aufwands unterbleibt, wenn die Schuldübernahme im Rahmen einer Veräußerung oder Aufgabe des ganzen Betriebes oder des gesamten Mitunternehmeranteils im Sinne der §§ 14, 16 Absatz 1, 3 und 3a sowie des § 18 Absatz 3 erfolgt; dies gilt auch, wenn ein Arbeitnehmer unter Mitnahme seiner erworbenen Pensionsansprüche zu einem neuen Arbeitgeber wechselt oder wenn der Betrieb am Schluss des vorangehenden Wirtschaftsjahres die Gewinngrenze des § 7g Absatz 1 Satz 2 Nummer 1 nicht überschreitet. [4]Erfolgt die Schuldübernahme in dem Fall einer Teilbetriebsveräußerung oder -aufgabe im Sinne der §§ 14, 16 Absatz 1, 3 und 3a sowie des § 18 Absatz 3, ist ein Veräußerungs- oder Aufgabeverlust um den Aufwand im Sinne des Satzes 1 zu vermindern, soweit dieser den Verlust begründet oder erhöht hat. [5]Entsprechendes gilt für den einen aufgelösten Passivposten übersteigenden Betrag im Sinne des Satzes 2. [6]Für den hinzugerechneten Aufwand gelten Satz 2 zweiter Halbsatz und Satz 3 entsprechend. [7]Der jeweilige Rechtsnachfolger des ursprünglichen Verpflichteten ist an die Aufwandsverteilung nach den Sätzen 1 bis 6 gebunden.

(2) Wurde für Verpflichtungen im Sinne des Absatzes 1 ein Schuldbeitritt oder eine Erfüllungsübernahme mit ganzer oder teilweiser Schuldfreistellung vereinbart, gilt für die vom Freistellungsberechtigten an den Freistellungsverpflichteten erbrachten Leistungen Absatz 1 Satz 1, 2 und 7 entsprechend.

---

1) Absatz 1 Satz 3 ist erstmals für Wj. anzuwenden, die nach dem 31.12.2019 enden; bei nach § 4a vom Kj. abweichenden Wj. ist § 4f Abs. 1 Satz 3 spätestens für Wj. anzuwenden, die nach dem 17.7.2020 enden >§ 52 Abs. 8 Satz 2.

§ 4g
Bildung eines Ausgleichspostens bei Entnahme nach § 4 Absatz 1 Satz 3

(1) *[1] Der Steuerpflichtige kann in Höhe des Unterschiedsbetrags zwischen dem Buchwert und dem nach § 6 Absatz 1 Nummer 4 Satz 1 zweiter Halbsatz anzusetzenden Wert eines Wirtschaftsguts auf Antrag einen Ausgleichsposten bilden, soweit das Besteuerungsrecht der Bundesrepublik Deutschland hinsichtlich des Gewinns aus der Veräußerung des Wirtschaftsguts zugunsten eines Staates im Sinne des § 36 Absatz 5 Satz 1 beschränkt oder ausgeschlossen wird (§ 4 Absatz 1 Satz 3). [2] Der Ausgleichsposten ist für jedes Wirtschaftsgut getrennt auszuweisen. [3] Der Antrag ist unwiderruflich. [4] Die Vorschriften des Umwandlungssteuergesetzes bleiben unberührt.* 1)

(2) *[1] Der Ausgleichsposten ist im Wirtschaftsjahr der Bildung und in den vier folgenden Wirtschaftsjahren zu jeweils einem Fünftel gewinnerhöhend aufzulösen. [2] Er ist in vollem Umfang gewinnerhöhend aufzulösen, wenn ein Ereignis im Sinne des § 36 Absatz 5 Satz 4 eintritt oder wenn ein künftiger Steueranspruch aus der Auflösung des Ausgleichspostens gemäß Satz 1 gefährdet erscheint und der Steuerpflichtige dem Verlangen der zuständigen Finanzbehörde auf Leistung einer Sicherheit nicht nachkommt.* 2)

(3) *(weggefallen)* 3)

(4) [1] Die *Absätze 1 und 2* finden entsprechende Anwendung bei der Ermittlung des Überschusses der Betriebseinnahmen über die Betriebsausgaben gemäß § 4 Absatz 3. [2] Wirtschaftsgüter, für die ein Ausgleichsposten nach Absatz 1 gebildet worden ist, sind in ein laufend zu führendes Verzeichnis aufzunehmen. [3] Der Steuerpflichtige hat darüber hinaus Aufzeichnungen zu führen, aus denen die Bildung und Auflösung der Ausgleichsposten hervorgeht. [4] Die Aufzeichnungen nach den Sätzen 2 und 3 sind der Steuererklärung beizufügen. 4)

(5) [1] Der Steuerpflichtige ist verpflichtet, der zuständigen Finanzbehörde die Entnahme oder ein Ereignis im Sinne des Absatzes 2 unverzüglich anzuzeigen. [2] Kommt der Steuerpflichtige dieser Anzeigepflicht, seinen Aufzeichnungspflichten nach Absatz 4 oder seinen sonstigen Mitwirkungspflichten im Sinne des § 90 der Abgabenordnung nicht nach, ist der Ausgleichsposten dieses Wirtschaftsguts gewinnerhöhend aufzulösen. *[3] § 36 Absatz 5 Satz 8 gilt entsprechend.* 5)

---

1) Absatz 1 wurde durch Artikel 1 des ATADUmsG neu gefasst und ist in allen offenen Fällen anzuwenden >§ 52 Abs. 8a.

2) Absatz 2 wurde durch Artikel 1 des ATADUmsG ab VZ 2021 neu gefasst.

3) Absatz 3 wurde durch Artikel 1 des ATADUmsG ab VZ 2021 aufgehoben.

4) Absatz 4 Satz 1 wurde durch Artikel 1 des ATADUmsG ab VZ 2021 geändert.

5) Absatz 5 Satz 3 wurde durch Artikel 1 des ATADUmsG ab VZ 2021 angefügt.

[1] **(6) *Absatz 2 Satz 2 ist* mit der Maßgabe anzuwenden, dass allein der Austritt des Vereinigten Königreichs Großbritannien und Nordirland aus der Europäischen Union nicht dazu führt, dass ein als entnommen geltendes Wirtschaftsgut als aus der Besteuerungshoheit der Mitgliedstaaten der Europäischen Union ausgeschieden gilt.**

[1] Absatz 6 wurde durch Artikel 1 des ATADUmsG ab VZ 2021 geändert.

§ 4h

Betriebsausgabenabzug für Zinsaufwendungen (Zinsschranke)

(1) [1] Zinsaufwendungen eines Betriebs sind abziehbar in Höhe des Zinsertrags, darüber hinaus nur bis zur Höhe des verrechenbaren EBITDA. [2] Das verrechenbare EBITDA ist 30 Prozent des um die Zinsaufwendungen und um die nach § 6 Absatz 2 Satz 1 abzuziehenden, nach § 6 Absatz 2a Satz 2 gewinnmindernd aufzulösenden und nach § 7 abgesetzten Beträge erhöhten und um die Zinserträge verminderten maßgeblichen Gewinns. [3] Soweit das verrechenbare EBITDA die um die Zinserträge geminderten Zinsaufwendungen des Betriebs übersteigt, ist es in die folgenden fünf Wirtschaftsjahre vorzutragen (EBITDA-Vortrag); ein EBITDA-Vortrag entsteht nicht in Wirtschaftsjahren, in denen Absatz 2 die Anwendung von Absatz 1 Satz 1 ausschließt. [4] Zinsaufwendungen, die nach Satz 1 nicht abgezogen werden können, sind bis zur Höhe der EBITDA-Vorträge aus vorangegangenen Wirtschaftsjahren abziehbar und mindern die EBITDA-Vorträge in ihrer zeitlichen Reihenfolge. [5] Danach verbleibende nicht abziehbare Zinsaufwendungen sind in die folgenden Wirtschaftsjahre vorzutragen (Zinsvortrag). [6] Sie erhöhen die Zinsaufwendungen dieser Wirtschaftsjahre, nicht aber den maßgeblichen Gewinn.

(2) [1] Absatz 1 Satz 1 ist nicht anzuwenden, wenn

a) der Betrag der Zinsaufwendungen, soweit er den Betrag der Zinserträge übersteigt, weniger als drei Millionen Euro beträgt,
b) der Betrieb nicht oder nur anteilmäßig zu einem Konzern gehört oder
c) der Betrieb zu einem Konzern gehört und seine Eigenkapitalquote am Schluss des vorangegangenen Abschlussstichtages gleich hoch oder höher ist als die des Konzerns (Eigenkapitalvergleich). [2] Ein Unterschreiten der Eigenkapitalquote des Konzerns um bis zu zwei Prozentpunkte ist unschädlich.

   [3] Eigenkapitalquote ist das Verhältnis des Eigenkapitals zur Bilanzsumme; sie bemisst sich nach dem Konzernabschluss, der den Betrieb umfasst, und ist für den Betrieb auf der Grundlage des Jahresabschlusses oder Einzelabschlusses zu ermitteln. [4] Wahlrechte sind im Konzernabschluss und im Jahresabschluss oder Einzelabschluss einheitlich auszuüben; bei gesellschaftsrechtlichen Kündigungsrechten ist insoweit mindestens das Eigenkapital anzusetzen, das sich nach den Vorschriften des Handelsgesetzbuchs ergeben würde. [5] Bei der Ermittlung der Eigenkapitalquote des Betriebs ist das Eigenkapital um einen im Konzernabschluss enthaltenen Firmenwert, soweit er auf den Betrieb entfällt, und um die Hälfte von Sonderposten mit Rücklagenanteil (§ 273 des Handelsgesetzbuchs) zu erhöhen sowie um das Eigenkapital, das keine Stimmrechte vermittelt – mit Ausnahme von Vorzugsak-

tien –, die Anteile an anderen Konzerngesellschaften und um Einlagen der letzten sechs Monate vor dem maßgeblichen Abschlussstichtag, soweit ihnen Entnahmen oder Ausschüttungen innerhalb der ersten sechs Monate nach dem maßgeblichen Abschlussstichtag gegenüberstehen, zu kürzen. [6]Die Bilanzsumme ist um Kapitalforderungen zu kürzen, die nicht im Konzernabschluss ausgewiesen sind und denen Verbindlichkeiten im Sinne des Absatzes 3 in mindestens gleicher Höhe gegenüberstehen. [7]Sonderbetriebsvermögen ist dem Betrieb der Mitunternehmerschaft zuzuordnen, soweit es im Konzernvermögen enthalten ist.

[8]Die für den Eigenkapitalvergleich maßgeblichen Abschlüsse sind einheitlich nach den International Financial Reporting Standards (IFRS) zu erstellen. [9]Hiervon abweichend können Abschlüsse nach dem Handelsrecht eines Mitgliedstaats der Europäischen Union verwendet werden, wenn kein Konzernabschluss nach den IFRS zu erstellen und offen zu legen ist und für keines der letzten fünf Wirtschaftsjahre ein Konzernabschluss nach den IFRS erstellt wurde; nach den Generally Accepted Accounting Principles der Vereinigten Staaten von Amerika (US-GAAP) aufzustellende und offen zu legende Abschlüsse sind zu verwenden, wenn kein Konzernabschluss nach den IFRS oder dem Handelsrecht eines Mitgliedstaats der Europäischen Union zu erstellen und offen zu legen ist. [10]Der Konzernabschluss muss den Anforderungen an die handelsrechtliche Konzernrechnungslegung genügen oder die Voraussetzungen erfüllen, unter denen ein Abschluss nach den §§ 291 und 292 des Handelsgesetzbuchs befreiende Wirkung hätte. [11]Wurde der Jahresabschluss oder Einzelabschluss nicht nach denselben Rechnungslegungsstandards wie der Konzernabschluss aufgestellt, ist die Eigenkapitalquote des Betriebs in einer Überleitungsrechnung nach den für den Konzernabschluss geltenden Rechnungslegungsstandards zu ermitteln. [12]Die Überleitungsrechnung ist einer prüferischen Durchsicht zu unterziehen. [13]Auf Verlangen der Finanzbehörde ist der Abschluss oder die Überleitungsrechnung des Betriebs durch einen Abschlussprüfer zu prüfen, der die Voraussetzungen des § 319 des Handelsgesetzbuchs erfüllt.

[14]Ist ein dem Eigenkapitalvergleich zugrunde gelegter Abschluss unrichtig und führt der zutreffende Abschluss zu einer Erhöhung der nach Absatz 1 nicht abziehbaren Zinsaufwendungen, ist ein Zuschlag entsprechend § 162 Absatz 4 Satz 1 und 2 der Abgabenordnung festzusetzen. [15]Bemessungsgrundlage für den Zuschlag sind die nach Absatz 1 nicht abziehbaren Zinsaufwendungen. [16]§ 162 Absatz 4 Satz 4 bis 6 der Abgabenordnung gilt sinngemäß.

[2]Ist eine Gesellschaft, bei der der Gesellschafter als Mitunternehmer anzusehen ist, unmittelbar oder mittelbar einer Körperschaft nachgeordnet, gilt für die Gesellschaft § 8a Absatz 2 und 3 des Körperschaftsteuergesetzes entsprechend.

(3) [1]Maßgeblicher Gewinn ist der nach den Vorschriften dieses Gesetzes mit Ausnahme des Absatzes 1 ermittelte steuerpflichtige Gewinn. [2]Zinsaufwendungen sind Vergütungen für Fremdkapital, die den maßgeblichen Gewinn gemindert haben. [3]Zinserträge sind Erträge aus Kapitalforderungen jeder Art, die den maßgeblichen Gewinn erhöht haben. [4]Die Auf- und Abzinsung unverzinslicher oder niedrig verzinslicher Verbindlichkeiten oder Kapitalforderungen führen ebenfalls zu Zinserträgen oder Zinsaufwendungen. [5]Ein Betrieb gehört zu einem Konzern, wenn er nach dem für die Anwendung des Absatzes 2 Satz 1 Buchstabe c zugrunde gelegten Rechnungslegungsstandard mit einem oder mehreren anderen Betrieben konsolidiert wird oder werden könnte. [6]Ein Betrieb gehört für Zwecke des Absatzes 2 auch zu einem Konzern, wenn seine Finanz- und Geschäftspolitik mit einem oder mehreren anderen Betrieben einheitlich bestimmt werden kann.

(4) [1]Der EBITDA-Vortrag und der Zinsvortrag sind gesondert festzustellen. [2]Zuständig ist das für die gesonderte Feststellung des Gewinns und Verlusts der Gesellschaft zuständige Finanzamt, im Übrigen das für die Besteuerung zuständige Finanzamt. [3]§ 10d Absatz 4 gilt sinngemäß. [4]Feststellungsbescheide sind zu erlassen, aufzuheben oder zu ändern, soweit sich die nach Satz 1 festzustellenden Beträge ändern.

(5) [1]Bei Aufgabe oder Übertragung des Betriebs gehen ein nicht verbrauchter EBITDA-Vortrag und ein nicht verbrauchter Zinsvortrag unter. [2]Scheidet ein Mitunternehmer aus einer Gesellschaft aus, gehen der EBITDA-Vortrag und der Zinsvortrag anteilig mit der Quote unter, mit der der ausgeschiedene Gesellschafter an der Gesellschaft beteiligt war. [3]§ 8c des Körperschaftsteuergesetzes ist auf den Zinsvortrag einer Gesellschaft entsprechend anzuwenden, soweit an dieser unmittelbar oder mittelbar eine Körperschaft als Mitunternehmer beteiligt ist.

§ 4i

Sonderbetriebsausgabenabzug bei Vorgängen mit Auslandsbezug

[1]Aufwendungen dürfen nicht als Sonderbetriebsausgaben abgezogen werden, soweit sie auch die Steuerbemessungsgrundlage in einem anderen Staat mindern. [2]Satz 1 gilt nicht, soweit diese Aufwendungen Erträge desselben Steuerpflichtigen mindern, die bei ihm sowohl der inländischen Besteuerung unterliegen als auch nachweislich der tatsächlichen Besteuerung in dem anderen Staat.

§ 4j[1])

Aufwendungen für Rechteüberlassungen

(1) [1]Aufwendungen für die Überlassung der Nutzung oder des Rechts auf Nutzung von Rechten, insbesondere von Urheberrechten und gewerblichen Schutzrechten, von gewerblichen, technischen, wissenschaftlichen und ähnlichen Erfahrungen, Kenntnissen und Fertigkeiten, zum Beispiel Plänen, Mustern und Verfahren, sind ungeachtet eines bestehenden Abkommens zur Vermeidung der Doppelbesteuerung nur nach Maßgabe des Absatzes 3 abziehbar, wenn die Einnahmen des Gläubigers einer von der Regelbesteuerung abweichenden, niedrigen Besteuerung nach Absatz 2 unterliegen (Präferenzregelung) und der Gläubiger eine dem Schuldner nahestehende Person im Sinne des § 1 Absatz 2 des Außensteuergesetzes ist. [2]Wenn auch der Gläubiger nach Satz 1 oder eine andere dem Schuldner nach Satz 1 nahestehende Person im Sinne des § 1 Absatz 2 des Außensteuergesetzes wiederum Aufwendungen für Rechte hat, aus denen sich die Rechte nach Satz 1 unmittelbar oder mittelbar ableiten, sind die Aufwendungen nach Satz 1 ungeachtet eines bestehenden Abkommens zur Vermeidung der Doppelbesteuerung auch dann nur nach Maßgabe des Absatzes 3 abziehbar, wenn die weiteren Einnahmen des weiteren Gläubigers einer von der Regelbesteuerung abweichenden, niedrigen Besteuerung nach Absatz 2 unterliegen und der weitere Gläubiger eine dem Schuldner nach Satz 1 nahestehende Person im Sinne des § 1 Absatz 2 des Außensteuergesetzes ist; dies gilt nicht, wenn die Abziehbarkeit der Aufwendungen beim Gläubiger oder der anderen dem Schuldner nahestehenden Person bereits nach dieser Vorschrift beschränkt ist. [3]Als Schuldner und Gläubiger gelten auch Betriebsstätten, die ertragsteuerlich als Nutzungsberechtigter oder Nutzungsverpflichteter der Rechte für die Überlassung der Nutzung oder des Rechts auf Nutzung von Rechten behandelt werden. [4]Die Sätze 1 und 2 sind nicht anzuwenden, soweit sich die niedrige Besteuerung daraus ergibt, dass die Einnahmen des Gläubigers oder des weiteren Gläubigers einer Präferenzregelung unterliegen, die dem Nexus-Ansatz gemäß Kapitel 4 des Abschlussberichts 2015 zu Aktionspunkt 5, OECD (2016) „Wirksamere Bekämpfung schädlicher Steuerpraktiken unter Berücksichtigung von Transparenz und Substanz“, OECD/G20 Projekt Gewinnverkürzung und Gewinnverlagerung*, entspricht. [5]Die Sätze 1 und 2 sind insoweit nicht anzuwenden, als auf Grund der aus den Aufwendungen resultierenden Einnahmen ein Hinzurechnungsbetrag im Sinne des § 10 Absatz 1 Satz 1 des Außensteuergesetzes anzusetzen ist.

---

[1]) § 4j i. d. F. des Artikels 1 des Gesetzes gegen schädliche Steuerpraktiken im Zusammenhang mit Rechteüberlassungen ist erstmals für Aufwendungen anzuwenden, die nach dem 31.12.2017 entstehen >§ 52 Abs. ***8b***.

* Amtlicher Hinweis: zu beziehen unter OECD Publishing, Paris http://dx.doi.org/10.1787/9789264258037-de

(2) [1]Eine niedrige Besteuerung im Sinne des Absatzes 1 liegt vor, wenn die von der Regelbesteuerung abweichende Besteuerung der Einnahmen des Gläubigers oder des weiteren Gläubigers zu einer Belastung durch Ertragsteuern von weniger als 25 Prozent führt; maßgeblich ist bei mehreren Gläubigern die niedrigste Belastung. [2]Bei der Ermittlung, ob eine niedrige Besteuerung vorliegt, sind sämtliche Regelungen zu berücksichtigen, die sich auf die Besteuerung der Einnahmen aus der Rechteüberlassung auswirken, insbesondere steuerliche Kürzungen, Befreiungen, Gutschriften oder Ermäßigungen. [3]Werden die Einnahmen für die Überlassung der Nutzung oder des Rechts auf Nutzung von Rechten einer anderen Person ganz oder teilweise zugerechnet oder erfolgt die Besteuerung aus anderen Gründen ganz oder teilweise bei einer anderen Person als dem Gläubiger oder dem weiteren Gläubiger, ist auf die Summe der Belastungen abzustellen. [4]§ 8 *Absatz 5* Satz 2 und 3 des Außensteuergesetzes gilt entsprechend. *1)*

(3) [1]Aufwendungen nach Absatz 1 sind in den Fällen einer niedrigen Besteuerung nach Absatz 2 nur zum Teil abziehbar. [2]Der nicht abziehbare Teil ist dabei wie folgt zu ermitteln:

$$\frac{25\,\% - \text{Belastung durch Ertragsteuern in }\%}{25\%}.$$

1) Absatz 2 Satz 4 wurde durch Artikel 1 des ATADUmsG ab VZ 2021 geändert.

§ 4k[1])

Betriebsausgabenabzug bei Besteuerungsinkongruenzen

(1) [1] Aufwendungen für die Nutzung oder im Zusammenhang mit der Übertragung von Kapitalvermögen sind insoweit nicht als Betriebsausgaben abziehbar, als die den Aufwendungen entsprechenden Erträge auf Grund einer vom deutschen Recht abweichenden steuerlichen Qualifikation oder Zurechnung des Kapitalvermögens nicht oder niedriger als bei dem deutschen Recht entsprechender Qualifikation oder Zurechnung besteuert werden. [2] Satz 1 gilt nicht, soweit die Besteuerungsinkongruenz voraussichtlich in einem künftigen Besteuerungszeitraum beseitigt wird und die Zahlungsbedingungen einem Fremdvergleich standhalten.

(2) [1] Soweit nicht bereits die Voraussetzungen für die Versagung des Betriebsausgabenabzugs nach Absatz 1 vorliegen, sind Aufwendungen auch insoweit nicht als Betriebsausgaben abziehbar, als die den Aufwendungen entsprechenden Erträge auf Grund einer vom deutschen Recht abweichenden steuerlichen Behandlung des Steuerpflichtigen oder auf Grund einer vom deutschen Recht abweichenden steuerlichen Beurteilung von anzunehmenden schuldrechtlichen Beziehungen im Sinne des § 1 Absatz 4 Satz 1 Nummer 2 des Außensteuergesetzes in keinem Staat einer tatsächlichen Besteuerung unterliegen. [2] Handelt es sich bei dem Gläubiger der Erträge im Sinne des Satzes 1 um einen unbeschränkt steuerpflichtigen, unmittelbaren oder mittelbaren Gesellschafter einer ausländischen vermögensverwaltenden Personengesellschaft oder um eine Personengesellschaft, an der ein solcher Gesellschafter unmittelbar oder mittelbar beteiligt ist, gilt § 39 Absatz 2 Nummer 2 der Abgabenordnung nicht, soweit die in Satz 1 genannten Aufwendungen in dem anderen Staat zum Abzug zugelassen sind und die den Aufwendungen entsprechenden Erträge durch die vom deutschen Recht abweichende Zurechnung keiner tatsächlichen Besteuerung unterliegen. [3] Satz 1 gilt nicht, soweit den Aufwendungen Erträge desselben Steuerpflichtigen gegenüberstehen, die sowohl im Inland als auch nachweislich in dem Staat des Gläubigers oder, wenn es sich bei dem Gläubiger um eine Personengesellschaft handelt, im Staat des unmittelbaren oder mittelbaren Gesellschafters beziehungsweise des anderen Unternehmensteils im

---

[1]) § 4k wurde durch Artikel 1 des ATADUmsG eingefügt und ist erstmals für Aufwendungen anzuwenden, die nach dem 31.12.2019 entstehen. Aufwendungen, die rechtlich bereits vor dem 1.1.2020 verursacht wurden, gelten bei der Anwendung des Satzes 1 nur insoweit als nach dem 31.12.2019 entstanden, als ihnen ein Dauerschuldverhältnis zugrunde liegt und sie ab diesem Zeitpunkt ohne wesentliche Nachteile hätten vermieden werden können. Ein Nachteil ist insbesondere dann wesentlich i. S. d. Satzes 2, wenn sämtliche mit der Vermeidung der Aufwendungen verbundenen Kosten den steuerlichen Vorteil infolge der Besteuerungsinkongruenz übersteigen. Satz 2 gilt nicht, wenn das Dauerschuldverhältnis nach dem 31.12.2019 wesentlich geändert wurde >§ 52 Abs. 8c.

Rahmen einer anzunehmenden schuldrechtlichen Beziehung einer tatsächlichen Besteuerung unterliegen.

(3) Soweit nicht bereits die Voraussetzungen für die Versagung des Betriebsausgabenabzugs nach den vorstehenden Absätzen vorliegen, sind Aufwendungen auch insoweit nicht als Betriebsausgaben abziehbar, als die den Aufwendungen entsprechenden Erträge auf Grund deren vom deutschen Recht abweichender steuerlicher Zuordnung oder Zurechnung nach den Rechtsvorschriften anderer Staaten in keinem Staat einer tatsächlichen Besteuerung unterliegen.

(4) [1] Soweit nicht bereits die Voraussetzungen für die Versagung des Betriebsausgabenabzugs nach den vorstehenden Absätzen vorliegen, sind Aufwendungen auch insoweit nicht als Betriebsausgaben abziehbar, als die Aufwendungen auch in einem anderen Staat berücksichtigt werden. [2] Eine Berücksichtigung der Aufwendungen im Sinne des Satzes 1 liegt bei unbeschränkt Steuerpflichtigen auch vor, wenn der andere Staat den Abzug der Aufwendungen bereits nach seinen Vorschriften nicht zulässt, die diesem oder den vorstehenden Absätzen entsprechen; dies gilt nicht, wenn der Abzug der Aufwendungen in einem anderen Staat auf Grund einer diesem Absatz entsprechenden Regelung nicht zugelassen wird bei

1. *einem mittelbaren oder unmittelbaren Gesellschafter eines unbeschränkt Steuerpflichtigen im Sinne des § 1 des Körperschaftsteuergesetzes oder*
2. *dem Steuerpflichtigen, sofern sich dessen Wohnsitz, Sitz oder Ort der Geschäftsleitung auch in einem anderen Mitgliedstaat der Europäischen Union befindet und dieser Staat den Steuerpflichtigen für Zwecke der Anwendung eines Abkommens zur Vermeidung der Doppelbesteuerung zwischen der Bundesrepublik Deutschland und diesem Staat als nicht in diesem Staat ansässig behandelt.*

[3] Satz 1 gilt nicht, soweit den Aufwendungen Erträge desselben Steuerpflichtigen gegenüberstehen, die sowohl im Inland als auch nachweislich in dem anderen Staat einer tatsächlichen Besteuerung unterliegen. [4] Bei unbeschränkt Steuerpflichtigen, bei denen eine Doppelbesteuerung durch Anrechnung oder Abzug der ausländischen Steuer vermieden wird, finden die Sätze 1 bis 3 nur Anwendung, soweit die Aufwendungen auch Erträge in einem anderen Staat mindern, die nicht der inländischen Besteuerung unterliegen.

(5) [1] Soweit nicht bereits die Voraussetzungen für die Versagung des Betriebsausgabenabzugs nach den vorstehenden Absätzen vorliegen, sind Aufwendungen auch insoweit nicht als Betriebsausgaben abziehbar, als den aus diesen Aufwendungen unmittelbar oder mittelbar resultierenden Erträgen Aufwendungen gegenüberstehen, deren Abzug beim Gläubiger, einem weiteren Gläubiger oder einer anderen Person bei entsprechender Anwendung dieses Absatzes oder der Absätze 1 bis 4 versagt würde. [2] Satz 1 findet keine Anwendung, soweit

der steuerliche Vorteil infolge einer Besteuerungsinkongruenz im Sinne dieses Absatzes oder der Absätze 1 bis 4 bereits beim Gläubiger, beim weiteren Gläubiger oder bei der anderen Person im Sinne des Satzes 1 beseitigt wird.

(6) [1] Die Absätze 1 bis 5 finden nur Anwendung, wenn der Tatbestand dieser Absätze zwischen nahestehenden Personen im Sinne des § 1 Absatz 2 des Außensteuergesetzes oder zwischen einem Unternehmen und seiner Betriebsstätte verwirklicht wird oder wenn eine strukturierte Gestaltung anzunehmen ist. [2] Einer Person, die mit einer anderen Person durch abgestimmtes Verhalten zusammenwirkt, werden für Zwecke dieses Absatzes und der Absätze 1 bis 5 die Beteiligung, die Stimmrechte und die Gewinnbezugsrechte der anderen Person zugerechnet. [3] Eine strukturierte Gestaltung im Sinne des Satzes 1 ist anzunehmen, wenn der steuerliche Vorteil, der sich ohne die Anwendung der vorstehenden Absätze ergeben würde, ganz oder zum Teil in die Bedingungen der vertraglichen Vereinbarungen eingerechnet wurde oder die Bedingungen der vertraglichen Vereinbarungen oder die den vertraglichen Vereinbarungen zugrunde liegenden Umstände darauf schließen lassen, dass die an der Gestaltung Beteiligten den steuerlichen Vorteil erwarten konnten. [4] Ein Steuerpflichtiger wird nicht als Teil einer strukturierten Gestaltung behandelt, wenn nach den äußeren Umständen vernünftigerweise nicht davon auszugehen ist, dass ihm der steuerliche Vorteil bekannt war und er nachweist, dass er nicht an dem steuerlichen Vorteil beteiligt wurde.

(7) Die Absätze 1 bis 6 sind ungeachtet der Vorschriften eines Abkommens zur Vermeidung der Doppelbesteuerung anzuwenden.

§ 5

S 2133

Gewinn bei Kaufleuten und bei bestimmten anderen Gewerbetreibenden

(1) [1] Bei Gewerbetreibenden, die auf Grund gesetzlicher Vorschriften verpflichtet sind, Bücher zu führen und regelmäßig Abschlüsse zu machen, oder die ohne eine solche Verpflichtung Bücher führen und regelmäßig Abschlüsse machen, ist für den Schluss des Wirtschaftsjahres das Betriebsvermögen anzusetzen (§ 4 Absatz 1 Satz 1), das nach den handelsrechtlichen Grundsätzen ordnungsmäßiger Buchführung auszuweisen ist, es sei denn, im Rahmen der Ausübung eines steuerlichen Wahlrechts wird oder wurde ein anderer Ansatz gewählt. [2] Voraussetzung für die Ausübung steuerlicher Wahlrechte ist, dass die Wirtschaftsgüter, die nicht mit dem handelsrechtlich maßgeblichen Wert in der steuerlichen Gewinnermittlung ausgewiesen werden, in besondere, laufend zu führende Verzeichnisse aufgenommen werden. [3] In den Verzeichnissen sind der Tag der Anschaffung oder Herstellung, die Anschaffungs- oder Herstellungskosten, die Vorschrift des ausgeübten steuerlichen Wahlrechts und die vorgenommenen Abschreibungen nachzuweisen.

(1a) [1] Posten der Aktivseite dürfen nicht mit Posten der Passivseite verrechnet werden. [2] Die Ergebnisse der in der handelsrechtlichen Rechnungslegung zur Absicherung finanzwirtschaftlicher Risiken gebildeten Bewertungseinheiten sind auch für die steuerliche Gewinnermittlung maßgeblich.

(2) Für immaterielle Wirtschaftsgüter des Anlagevermögens ist ein Aktivposten nur anzusetzen, wenn sie entgeltlich erworben wurden. S 2134a

(2a) Für Verpflichtungen, die nur zu erfüllen sind, soweit künftig Einnahmen oder Gewinne anfallen, sind Verbindlichkeiten oder Rückstellungen erst anzusetzen, wenn die Einnahmen oder Gewinne angefallen sind. S 2137

(3) [1] Rückstellungen wegen Verletzung fremder Patent-, Urheber- oder ähnlicher Schutzrechte dürfen erst gebildet werden, wenn S 2137

1. **der Rechtsinhaber Ansprüche wegen der Rechtsverletzung geltend gemacht hat oder**
2. **mit einer Inanspruchnahme wegen der Rechtsverletzung ernsthaft zu rechnen ist.**

[2] Eine nach Satz 1 Nummer 2 gebildete Rückstellung ist spätestens in der Bilanz des dritten auf ihre erstmalige Bildung folgenden Wirtschaftsjahres gewinnerhöhend aufzulösen, wenn Ansprüche nicht geltend gemacht worden sind.

(4) Rückstellungen für die Verpflichtung zu einer Zuwendung anlässlich eines Dienstjubiläums dürfen nur gebildet werden, wenn das Dienstverhältnis mindestens zehn Jahre bestanden hat, das Dienstjubiläum das Bestehen eines Dienstverhältnisses von mindestens 15 Jahren voraussetzt, die Zusage schriftlich erteilt ist und soweit der S 2137

Zuwendungsberechtigte seine Anwartschaft nach dem 31. Dezember 1992 erwirbt.

S 2137 (4a) [1]Rückstellungen für drohende Verluste aus schwebenden Geschäften dürfen nicht gebildet werden. [2]Das gilt nicht für Ergebnisse nach Absatz 1a Satz 2.

S 2137 (4b) [1]Rückstellungen für Aufwendungen, die in künftigen Wirtschaftsjahren als Anschaffungs- oder Herstellungskosten eines Wirtschaftsguts zu aktivieren sind, dürfen nicht gebildet werden. [2]Rückstellungen für die Verpflichtung zur schadlosen Verwertung radioaktiver Reststoffe sowie ausgebauter oder abgebauter radioaktiver Anlagenteile dürfen nicht gebildet werden, soweit Aufwendungen im Zusammenhang mit der Bearbeitung oder Verarbeitung von Kernbrennstoffen stehen, die aus der Aufarbeitung bestrahlter Kernbrennstoffe gewonnen worden sind und keine radioaktiven Abfälle darstellen.

S 2134b (5) [1]Als Rechnungsabgrenzungsposten sind nur anzusetzen

1. auf der Aktivseite Ausgaben vor dem Abschlussstichtag, soweit sie Aufwand für eine bestimmte Zeit nach diesem Tag darstellen;
2. auf der Passivseite Einnahmen vor dem Abschlussstichtag, soweit sie Ertrag für eine bestimmte Zeit nach diesem Tag darstellen.

[2]Auf der Aktivseite sind ferner anzusetzen

1. als Aufwand berücksichtigte Zölle und Verbrauchsteuern, soweit sie auf am Abschlussstichtag auszuweisende Wirtschaftsgüter des Vorratsvermögens entfallen,
2. als Aufwand berücksichtigte Umsatzsteuer auf am Abschlussstichtag auszuweisende Anzahlungen.

(6) Die Vorschriften über die Entnahmen und die Einlagen, über die Zulässigkeit der Bilanzänderung, über die Betriebsausgaben, über die Bewertung und über die Absetzung für Abnutzung oder Substanzverringerung sind zu befolgen.

(7) [1]Übernommene Verpflichtungen, die beim ursprünglich Verpflichteten Ansatzverboten, -beschränkungen oder Bewertungsvorbehalten unterlegen haben, sind zu den auf die Übernahme folgenden Abschlussstichtagen bei dem Übernehmer und dessen Rechtsnachfolger so zu bilanzieren, wie sie beim ursprünglich Verpflichteten ohne Übernahme zu bilanzieren wären. [2]Dies gilt in Fällen des Schuldbeitritts oder der Erfüllungsübernahme mit vollständiger oder teilweiser Schuldfreistellung für die sich aus diesem Rechtsgeschäft ergebenden Verpflichtungen sinngemäß. [3]Satz 1 ist für den Erwerb eines Mitunternehmeranteils entsprechend anzuwenden. [4]Wird eine Pensionsverpflichtung unter gleichzeitiger Übernahme von Vermögenswerten gegenüber einem Arbeitnehmer übernommen, der bisher in einem anderen Unternehmen tätig war, ist Satz 1 mit der Maßgabe anzuwenden, dass bei der Ermittlung des Teilwertes der Verpflichtung der Jahresbetrag nach § 6a Absatz 3 Satz 2 Nummer 1 so zu bemessen ist, dass zu Beginn des Wirtschaftsjahres der Übernahme der

Barwert der Jahresbeträge zusammen mit den übernommenen Vermögenswerten gleich dem Barwert der künftigen Pensionsleistungen ist; dabei darf sich kein negativer Jahresbetrag ergeben. [5]Für einen Gewinn, der sich aus der Anwendung der Sätze 1 bis 3 ergibt, kann jeweils in Höhe von vierzehn Fünfzehntel eine gewinnmindernde Rücklage gebildet werden, die in den folgenden 14 Wirtschaftsjahren jeweils mit mindestens einem Vierzehntel gewinnerhöhend aufzulösen ist (Auflösungszeitraum). [6]Besteht eine Verpflichtung, für die eine Rücklage gebildet wurde, bereits vor Ablauf des maßgebenden Auflösungszeitraums nicht mehr, ist die insoweit verbleibende Rücklage erhöhend aufzulösen.

S 2133a

§ 5a

Gewinnermittlung bei Handelsschiffen im internationalen Verkehr

(1) [1] Anstelle der Ermittlung des Gewinns nach § 4 Absatz 1 oder § 5 ist bei einem Gewerbebetrieb mit Geschäftsleitung im Inland der Gewinn, soweit er auf den Betrieb von Handelsschiffen im internationalen Verkehr entfällt, auf unwiderruflichen Antrag des Steuerpflichtigen nach der in seinem Betrieb geführten Tonnage zu ermitteln, wenn die Bereederung dieser Handelsschiffe im Inland durchgeführt wird. [2] Der im Wirtschaftsjahr erzielte Gewinn beträgt pro Tag des Betriebs für jedes im internationalen Verkehr betriebene Handelsschiff für jeweils volle 100 Nettotonnen (Nettoraumzahl)

0,92 Euro	**bei einer Tonnage bis zu 1.000 Nettotonnen,**
0,69 Euro	**für die 1.000 Nettotonnen übersteigende Tonnage bis zu 10.000 Nettotonnen,**
0,46 Euro	**für die 10.000 Nettotonnen übersteigende Tonnage bis zu 25.000 Nettotonnen,**
0,23 Euro	**für die 25.000 Nettotonnen übersteigende Tonnage.**

(2) [1] Handelsschiffe werden im internationalen Verkehr betrieben, wenn eigene oder gecharterte Seeschiffe, die im Wirtschaftsjahr überwiegend in einem inländischen Seeschiffsregister eingetragen sind, in diesem Wirtschaftsjahr überwiegend zur Beförderung von Personen oder Gütern im Verkehr mit oder zwischen ausländischen Häfen, innerhalb eines ausländischen Hafens oder zwischen einem ausländischen Hafen und der Hohen See eingesetzt werden. [2] Zum Betrieb von Handelsschiffen im internationalen Verkehr gehören auch ihre Vercharterung, wenn sie vom Vercharterer ausgerüstet worden sind, und die unmittelbar mit ihrem Einsatz oder ihrer Vercharterung zusammenhängenden Neben- und Hilfsgeschäfte einschließlich der Veräußerung der Handelsschiffe und der unmittelbar ihrem Betrieb dienenden Wirtschaftsgüter. [3] Der Einsatz und die Vercharterung von gecharterten Handelsschiffen gilt nur dann als Betrieb von Handelsschiffen im internationalen Verkehr, wenn gleichzeitig eigene oder ausgerüstete Handelsschiffe im internationalen Verkehr betrieben werden. [4] Sind gecharterte Handelsschiffe nicht in einem inländischen Seeschiffsregister eingetragen, gilt Satz 3 unter der weiteren Voraussetzung, dass im Wirtschaftsjahr die Nettotonnage der gecharterten Handelsschiffe das Dreifache der nach den Sätzen 1 und 2 im internationalen Verkehr betriebenen Handelsschiffe nicht übersteigt; für die Berechnung der Nettotonnage sind jeweils die Nettotonnen pro Schiff mit der Anzahl der Betriebstage nach Absatz 1 zu vervielfältigen. [5] Dem Betrieb von Handelsschiffen im internationalen Verkehr ist gleichgestellt, wenn Seeschiffe, die im Wirtschaftsjahr überwiegend in einem inländischen Seeschiffsregister eingetragen sind, in diesem

Wirtschaftsjahr überwiegend außerhalb der deutschen Hoheitsgewässer zum Schleppen, Bergen oder zur Aufsuchung von Bodenschätzen eingesetzt werden; die Sätze 2 bis 4 sind sinngemäß anzuwenden.

(3) [1]Der Antrag auf Anwendung der Gewinnermittlung nach Absatz 1 ist im Wirtschaftsjahr der Anschaffung oder Herstellung des Handelsschiffs (Indienststellung) mit Wirkung ab Beginn dieses Wirtschaftsjahres zu stellen. [2]Vor Indienststellung des Handelsschiffs durch den Betrieb von Handelsschiffen im internationalen Verkehr erwirtschaftete Gewinne sind in diesem Fall nicht zu besteuern; Verluste sind weder ausgleichsfähig noch verrechenbar. [3]Bereits erlassene Steuerbescheide sind insoweit zu ändern. [4]Das gilt auch dann, wenn der Steuerbescheid unanfechtbar geworden ist; die Festsetzungsfrist endet insoweit nicht, bevor die Festsetzungsfrist für den Veranlagungszeitraum abgelaufen ist, in dem der Gewinn erstmals nach Absatz 1 ermittelt wird. [5]Wird der Antrag auf Anwendung der Gewinnermittlung nach Absatz 1 nicht nach Satz 1 im Wirtschaftsjahr der Anschaffung oder Herstellung des Handelsschiffs (Indienststellung) gestellt, kann er erstmals in dem Wirtschaftsjahr gestellt werden, das jeweils nach Ablauf eines Zeitraumes von zehn Jahren, vom Beginn des Jahres der Indienststellung gerechnet, endet. [6]Die Sätze 2 bis 4 sind insoweit nicht anwendbar. [7]Der Steuerpflichtige ist an die Gewinnermittlung nach Absatz 1 vom Beginn des Wirtschaftsjahres an, in dem er den Antrag stellt, zehn Jahre gebunden. [8]Nach Ablauf dieses Zeitraumes kann er den Antrag mit Wirkung für den Beginn jedes folgenden Wirtschaftsjahres bis zum Ende des Jahres unwiderruflich zurücknehmen. [9]An die Gewinnermittlung nach allgemeinen Vorschriften ist der Steuerpflichtige ab dem Beginn des Wirtschaftsjahres, in dem er den Antrag zurücknimmt, zehn Jahre gebunden.

(4) *[1]Zum Schluss des Wirtschaftsjahres, das der erstmaligen Anwendung des Absatzes 1 vorangeht (Übergangsjahr), ist für jedes Wirtschaftsgut, das unmittelbar dem Betrieb von Handelsschiffen im internationalen Verkehr dient, der Unterschiedsbetrag zwischen Buchwert und Teilwert in ein besonderes Verzeichnis aufzunehmen. [2]Der Unterschiedsbetrag ist gesondert und bei Gesellschaften im Sinne des § 15 Absatz 1 Satz 1 Nummer 2 einheitlich festzustellen. [3]Der Unterschiedsbetrag nach Satz 1 ist dem Gewinn hinzuzurechnen:* [1)]

1. *in den dem letzten Jahr der Anwendung des Absatzes 1 folgenden fünf Wirtschaftsjahren jeweils in Höhe von mindestens einem Fünftel,*
2. *in dem Jahr, in dem das Wirtschaftsgut aus dem Betriebsvermögen ausscheidet oder in dem es nicht mehr unmittelbar dem Betrieb von Handelsschiffen im internationalen Verkehr dient,*

---

1) Absatz 4 wurde durch Artikel 1 des AbzStEntModG ab VZ 2021 neu gefasst.

3. *in dem Jahr des Ausscheidens eines Mitunternehmers hinsichtlich des auf ihn entfallenden Unterschiedsbetrags; mindert sich die Beteiligung des Mitunternehmers, ohne dass er aus der Mitunternehmerschaft ausscheidet, erfolgt eine Hinzurechnung entsprechend der Minderung der Beteiligung.*

[4]Satz 3 Nummer 3 gilt auch in den Fällen der §§ 20 und 24 des [1] *Umwandlungssteuergesetzes. [5]Wird ein Betrieb, Teilbetrieb oder Anteil eines Mitunternehmers an einem Betrieb auf einen Rechtsnachfolger zum Buchwert nach § 6 Absatz 3 übertragen, geht der Unterschiedsbetrag insoweit auf den Rechtsnachfolger über. [6]§ 182 Absatz 2 der Abgabenordnung gilt sinngemäß. [7]Die Sätze 1 bis 6 sind entsprechend anzuwenden, wenn der Steuerpflichtige Wirtschaftsgüter des Betriebsvermögens dem Betrieb von Handelsschiffen im internationalen Verkehr zuführt.*

(4a) [1]Bei Gesellschaften im Sinne des § 15 Absatz 1 Satz 1 Nummer 2 tritt für die Zwecke dieser Vorschrift an die Stelle des Steuerpflichtigen die Gesellschaft. [2]Der nach Absatz 1 ermittelte Gewinn ist den Gesellschaftern entsprechend ihrem Anteil am Gesellschaftsvermögen zuzurechnen. [3]Vergütungen im Sinne des § 15 Absatz 1 Satz 1 Nummer 2 und Satz 2 sind hinzuzurechnen.

(5) [1]Gewinne nach Absatz 1 umfassen auch Einkünfte nach § 16. [2]§§ 34, 34c Absatz 1 bis 3 und § 35 sind nicht anzuwenden. [3]Rücklagen nach den §§ 6b und 6d sind beim Übergang zur Gewinnermittlung nach Absatz 1 dem Gewinn im Erstjahr hinzuzurechnen; bis zum Übergang in Anspruch genommene Investitionsabzugsbeträge nach § 7g Absatz 1 sind nach Maßgabe des § 7g Absatz 3 rückgängig zu machen. [4]Für die Anwendung des § 15a ist der nach § 4 Absatz 1 oder § 5 ermittelte Gewinn zugrunde zu legen.

(6) [1]In der Bilanz zum Schluss des Wirtschaftsjahres, in dem Absatz 1 letztmalig angewendet wird, ist für jedes Wirtschaftsgut, das unmittelbar dem Betrieb von Handelsschiffen im internationalen Verkehr dient, der Teilwert anzusetzen. [2] **[2]Für Wirtschaftsgüter des abnutzbaren Anlagevermögens sind den weiteren Absetzungen für Abnutzung unverändert die ursprünglichen Anschaffungs- oder Herstellungskosten zugrunde zu legen.**

---

[1] ***Absatz 4 Satz 5 bis 7 ist erstmals auf Wj. anzuwenden, die nach dem 31.12.1998 beginnen >§ 52 Abs. 10 Satz 4.***

[2] Absatz 6 Satz 2 ist erstmals für Wj. anzuwenden, die nach dem 31.12.2018 beginnen >§ 52 Abs. 10 Satz ***6***.

§ 5b

S 2133b

Elektronische Übermittlung von Bilanzen sowie Gewinn- und Verlustrechnungen

(1) [1]Wird der Gewinn nach § 4 Absatz 1, § 5 oder § 5a ermittelt, so ist der Inhalt der Bilanz sowie der Gewinn- und Verlustrechnung nach amtlich vorgeschriebenem Datensatz durch Datenfernübertragung zu übermitteln. [2]Enthält die Bilanz Ansätze oder Beträge, die den steuerlichen Vorschriften nicht entsprechen, so sind diese Ansätze oder Beträge durch Zusätze oder Anmerkungen den steuerlichen Vorschriften anzupassen und nach amtlich vorgeschriebenem Datensatz durch Datenfernübertragung zu übermitteln. [3]Der Steuerpflichtige kann auch eine den steuerlichen Vorschriften entsprechende Bilanz nach amtlich vorgeschriebenem Datensatz durch Datenfernübertragung übermitteln. [4]Im Fall der Eröffnung des Betriebs sind die Sätze 1 bis 4 für den Inhalt der Eröffnungsbilanz entsprechend anzuwenden.

(2) [1]Auf Antrag kann die Finanzbehörde zur Vermeidung unbilliger Härten auf eine elektronische Übermittlung verzichten. [2]§ 150 Absatz 8 der Abgabenordnung gilt entsprechend.

S 2170

§ 6

Bewertung

(1) Für die Bewertung der einzelnen Wirtschaftsgüter, die nach § 4 Absatz 1 oder nach § 5 als Betriebsvermögen anzusetzen sind, gilt das Folgende:

S 2171
S 2172
1. Wirtschaftsgüter des Anlagevermögens, die der Abnutzung unterliegen, sind mit den Anschaffungs- oder Herstellungskosten oder dem an deren Stelle tretenden Wert, vermindert um die Absetzungen für Abnutzung, erhöhte Absetzungen, Sonderabschreibungen, Abzüge nach § 6b und ähnliche Abzüge, anzusetzen. [2]Ist der Teilwert auf Grund einer voraussichtlich dauernden Wertminderung niedriger, so kann dieser angesetzt werden. [3]Teilwert ist der Betrag, den ein Erwerber des ganzen Betriebs im Rahmen des Gesamtkaufpreises für das einzelne Wirtschaftsgut ansetzen würde; dabei ist davon auszugehen, dass der Erwerber den Betrieb fortführt. [4]Wirtschaftsgüter, die bereits am Schluss des vorangegangenen Wirtschaftsjahres zum Anlagevermögen des Steuerpflichtigen gehört haben, sind in den folgenden Wirtschaftsjahren gemäß Satz 1 anzusetzen, es sei denn, der Steuerpflichtige weist nach, dass ein niedrigerer Teilwert nach Satz 2 angesetzt werden kann.

S 2171c
1a. Zu den Herstellungskosten eines Gebäudes gehören auch Aufwendungen für Instandsetzungs- und Modernisierungsmaßnahmen, die innerhalb von drei Jahren nach der Anschaffung des Gebäudes durchgeführt werden, wenn die Aufwendungen ohne die Umsatzsteuer 15 Prozent der Anschaffungskosten des Gebäudes übersteigen (anschaffungsnahe Herstellungskosten). [2]Zu diesen Aufwendungen gehören nicht die Aufwendungen für Erweiterungen im Sinne des § 255 Absatz 2 Satz 1 des Handelsgesetzbuchs sowie Aufwendungen für Erhaltungsarbeiten, die jährlich üblicherweise anfallen.

1b. Bei der Berechnung der Herstellungskosten brauchen angemessene Teile der Kosten der allgemeinen Verwaltung sowie angemessene Aufwendungen für soziale Einrichtungen des Betriebs, für freiwillige soziale Leistungen und für die betriebliche Altersversorgung im Sinne des § 255 Absatz 2 Satz 3 des Handelsgesetzbuchs nicht einbezogen zu werden, soweit diese auf den Zeitraum der Herstellung entfallen. [2]Das Wahlrecht ist bei Gewinnermittlung nach § 5 in Übereinstimmung mit der Handelsbilanz auszuüben.

S 2173
S 2174
2. Andere als die in Nummer 1 bezeichneten Wirtschaftsgüter des Betriebs (Grund und Boden, Beteiligungen, Umlaufvermögen) sind mit den Anschaffungs- oder Herstellungskosten oder dem an deren Stelle tretenden Wert, vermindert um Abzüge nach § 6b und ähnliche Abzüge, anzusetzen. [2]Ist der Teilwert (Nummer 1

Satz 3) auf Grund einer voraussichtlich dauernden Wertminderung niedriger, so kann dieser angesetzt werden. [3]Nummer 1 Satz 4 gilt entsprechend.

2a. Steuerpflichtige, die den Gewinn nach § 5 ermitteln, können für den Wertansatz gleichartiger Wirtschaftsgüter des Vorratsvermögens unterstellen, dass die zuletzt angeschafften oder hergestellten Wirtschaftsgüter zuerst verbraucht oder veräußert worden sind, soweit dies den handelsrechtlichen Grundsätzen ordnungsmäßiger Buchführung entspricht. [2]Der Vorratsbestand am Schluss des Wirtschaftsjahres, das der erstmaligen Anwendung der Bewertung nach Satz 1 vorangeht, gilt mit seinem Bilanzansatz als erster Zugang des neuen Wirtschaftsjahres. [3]Von der Verbrauchs- oder Veräußerungsfolge nach Satz 1 kann in den folgenden Wirtschaftsjahren nur mit Zustimmung des Finanzamts abgewichen werden.

2b. Steuerpflichtige, die in den Anwendungsbereich des § 340 des Handelsgesetzbuchs fallen, haben die zu Handelszwecken erworbenen Finanzinstrumente, die nicht in einer Bewertungseinheit im Sinne des § 5 Absatz 1a Satz 2 abgebildet werden, mit dem beizulegenden Zeitwert abzüglich eines Risikoabschlages (§ 340e Absatz 3 des Handelsgesetzbuchs) zu bewerten. [2]Nummer 2 Satz 2 ist nicht anzuwenden.

3. Verbindlichkeiten sind unter sinngemäßer Anwendung der Vorschriften der Nummer 2 anzusetzen und mit einem Zinssatz von 5,5 Prozent abzuzinsen. [2]Ausgenommen von der Abzinsung sind Verbindlichkeiten, deren Laufzeit am Bilanzstichtag weniger als zwölf Monate beträgt, und Verbindlichkeiten, die verzinslich sind oder auf einer Anzahlung oder Vorausleistung beruhen. S 2175

3a. Rückstellungen sind höchstens insbesondere unter Berücksichtigung folgender Grundsätze anzusetzen:

a) bei Rückstellungen für gleichartige Verpflichtungen ist auf der Grundlage der Erfahrungen in der Vergangenheit aus der Abwicklung solcher Verpflichtungen die Wahrscheinlichkeit zu berücksichtigen, dass der Steuerpflichtige nur zu einem Teil der Summe dieser Verpflichtungen in Anspruch genommen wird;

b) Rückstellungen für Sachleistungsverpflichtungen sind mit den Einzelkosten und den angemessenen Teilen der notwendigen Gemeinkosten zu bewerten;

c) künftige Vorteile, die mit der Erfüllung der Verpflichtung voraussichtlich verbunden sein werden, sind, soweit sie nicht als Forderung zu aktivieren sind, bei ihrer Bewertung wertmindernd zu berücksichtigen;

d) Rückstellungen für Verpflichtungen, für deren Entstehen im wirtschaftlichen Sinne der laufende Betrieb ursächlich ist, sind zeitanteilig in gleichen Raten anzusammeln. [2]Rückstellungen für gesetzliche Verpflichtungen zur Rücknahme und Verwertung von Erzeugnissen, die vor Inkrafttreten entsprechender gesetzlicher Verpflichtungen in Verkehr gebracht worden sind, sind zeitanteilig in gleichen Raten bis zum Beginn der jeweiligen Erfüllung anzusammeln; Buchstabe e ist insoweit nicht anzuwenden. [3]Rückstellungen für die Verpflichtung, ein Kernkraftwerk stillzulegen, sind ab dem Zeitpunkt der erstmaligen Nutzung bis zum Zeitpunkt, in dem mit der Stilllegung begonnen werden muss, zeitanteilig in gleichen Raten anzusammeln; steht der Zeitpunkt der Stilllegung nicht fest, beträgt der Zeitraum für die Ansammlung 25 Jahre;

e) Rückstellungen für Verpflichtungen sind mit einem Zinssatz von 5,5 Prozent abzuzinsen; Nummer 3 Satz 2 ist entsprechend anzuwenden. [2]Für die Abzinsung von Rückstellungen für Sachleistungsverpflichtungen ist der Zeitraum bis zum Beginn der Erfüllung maßgebend. [3]Für die Abzinsung von Rückstellungen für die Verpflichtung, ein Kernkraftwerk stillzulegen, ist der sich aus Buchstabe d Satz 3 ergebende Zeitraum maßgebend; und

f) bei der Bewertung sind die Wertverhältnisse am Bilanzstichtag maßgebend; künftige Preis- und Kostensteigerungen dürfen nicht berücksichtigt werden.

S 2177 [1)] 4. Entnahmen des Steuerpflichtigen für sich, für seinen Haushalt oder für andere betriebsfremde Zwecke sind mit dem Teilwert anzusetzen; *die Entnahme ist in den Fällen des § 4 Absatz 1 Satz 3 erster Halbsatz mit dem gemeinen Wert und in den Fällen des § 4 Absatz 1 Satz 3 zweiter Halbsatz mit dem Wert anzusetzen, den der andere Staat der Besteuerung zugrunde legt, höchstens jedoch mit dem gemeinen Wert.* [2]Die private Nutzung eines Kraftfahrzeugs, das zu mehr als 50 Prozent betrieblich genutzt wird, ist für jeden Kalendermonat mit 1 Prozent des inländischen Listenpreises im Zeitpunkt der Erstzulassung zuzüglich der Kosten für Sonderausstattung einschließlich Umsatzsteuer anzusetzen; bei der privaten Nutzung von Fahrzeugen mit Antrieb ausschließlich durch Elektromotoren, die ganz oder überwiegend aus mechanischen oder elektrochemischen Energiespeichern oder aus emissionsfrei betriebenen Energiewandlern gespeist werden (Elektrofahrzeuge), oder von extern aufladbaren Hybridelektrofahrzeugen, ist der Listenpreis dieser Kraftfahrzeuge

1. soweit die Nummern 2, 3 oder 4 nicht anzuwenden sind und bei Anschaffung vor dem 1. Januar 2023 um die darin enthal-

---

[1)] *Absatz 1 Nr. 4 Satz 1 zweiter Halbsatz wurde durch Artikel 1 des ATADUmsG neu gefasst und ist erstmals für nach dem 31.12.2019 endende Wj. anzuwenden >§ 52 Abs. 12 Satz 9.*

tenen Kosten des Batteriesystems im Zeitpunkt der Erstzulassung des Kraftfahrzeugs wie folgt zu mindern: für bis zum 31. Dezember 2013 angeschaffte Kraftfahrzeuge um 500 Euro pro Kilowattstunde der Batteriekapazität, dieser Betrag mindert sich für in den Folgejahren angeschaffte Kraftfahrzeuge um jährlich 50 Euro pro Kilowattstunde der Batteriekapazität; die Minderung pro Kraftfahrzeug beträgt höchstens 10.000 Euro; dieser Höchstbetrag mindert sich für in den Folgejahren angeschaffte Kraftfahrzeuge um jährlich 500 Euro, oder

2. soweit Nummer 3 nicht anzuwenden ist und bei Anschaffung nach dem 31. Dezember 2018 und vor dem 1. Januar 2022 nur zur Hälfte anzusetzen; bei extern aufladbaren Hybridelektrofahrzeugen muss das Fahrzeug die Voraussetzungen des § 3 Absatz 2 Nummer 1 oder 2 des Elektromobilitätsgesetzes erfüllen, oder
3. bei Anschaffung nach dem 31. Dezember 2018 und vor dem 1. Januar 2031 nur zu einem Viertel anzusetzen, wenn das Kraftfahrzeug keine Kohlendioxidemission je gefahrenen Kilometer hat und der Bruttolistenpreis des Kraftfahrzeugs nicht mehr als 60.000 Euro beträgt, oder
4. soweit Nummer 3 nicht anzuwenden ist und bei Anschaffung nach dem 31. Dezember 2021 und vor dem 1. Januar 2025 nur zur Hälfte anzusetzen, wenn das Kraftfahrzeug
   a) eine Kohlendioxidemission von höchstens 50 Gramm je gefahrenen Kilometer hat oder
   b) die Reichweite des Fahrzeugs unter ausschließlicher Nutzung der elektrischen Antriebsmaschine mindestens 60 Kilometer beträgt, oder
5. soweit Nummer 3 nicht anzuwenden ist und bei Anschaffung nach dem 31. Dezember 2024 und vor dem 1. Januar 2031 nur zur Hälfte anzusetzen, wenn das Kraftfahrzeug
   a) eine Kohlendioxidemission von höchstens 50 Gramm je gefahrenen Kilometer hat oder
   b) die Reichweite des Fahrzeugs unter ausschließlicher Nutzung der elektrischen Antriebsmaschine mindestens 80 Kilometer beträgt,

die maßgebliche Kohlendioxidemission sowie die Reichweite des Kraftfahrzeugs unter ausschließlicher Nutzung der elektrischen Antriebsmaschine ist der Übereinstimmungsbescheinigung nach Anhang IX der Richtlinie 2007/46/EG oder aus der Übereinstimmungsbescheinigung nach Artikel 38 der Verordnung (EU) Nr. 168/2013 zu entnehmen. [3]Die private Nutzung kann abweichend von Satz 2 mit den auf die Privatfahrten entfallenden Aufwendungen angesetzt werden, wenn die für das Kraftfahrzeug insgesamt entstehenden Aufwendungen durch Belege und das

Verhältnis der privaten zu den übrigen Fahrten durch ein ordnungsgemäßes Fahrtenbuch nachgewiesen werden; bei der privaten Nutzung von Fahrzeugen mit Antrieb ausschließlich durch Elektromotoren, die ganz oder überwiegend aus mechanischen oder elektrochemischen Energiespeichern oder aus emissionsfrei betriebenen Energiewandlern gespeist werden (Elektrofahrzeuge), oder von extern aufladbaren Hybridelektrofahrzeugen, sind

1. soweit die Nummern 2, 3 oder 4 nicht anzuwenden sind und bei Anschaffung vor dem 1. Januar 2023 die der Berechnung der Entnahme zugrunde zu legenden insgesamt entstandenen Aufwendungen um Aufwendungen für das Batteriesystem zu mindern; dabei ist bei zum Betriebsvermögen des Steuerpflichtigen gehörenden Elektro- und Hybridelektrofahrzeugen die der Berechnung der Absetzungen für Abnutzung zugrunde zu legende Bemessungsgrundlage um die nach Satz 2 in pauschaler Höhe festgelegten Aufwendungen zu mindern, wenn darin Kosten für ein Batteriesystem enthalten sind, oder
2. soweit Nummer 3 nicht anzuwenden ist und bei Anschaffung nach dem 31. Dezember 2018 und vor dem 1. Januar 2022 bei der Ermittlung der insgesamt entstandenen Aufwendungen die Anschaffungskosten für das Kraftfahrzeug oder vergleichbare Aufwendungen nur zur Hälfte zu berücksichtigen; bei extern aufladbaren Hybridelektrofahrzeugen muss das Fahrzeug die Voraussetzungen des § 3 Absatz 2 Nummer 1 oder 2 des Elektromobilitätsgesetzes erfüllen, oder
3. bei Anschaffung nach dem 31. Dezember 2018 und vor dem 1. Januar 2031 bei der Ermittlung der insgesamt entstandenen Aufwendungen die Anschaffungskosten für das Kraftfahrzeug oder vergleichbare Aufwendungen nur zu einem Viertel zu berücksichtigen, wenn das Kraftfahrzeug keine Kohlendioxidemission je gefahrenen Kilometer hat, und der Bruttolistenpreis des Kraftfahrzeugs nicht mehr als 60.000 Euro beträgt oder
4. soweit Nummer 3 nicht anzuwenden ist und bei Anschaffung nach dem 31. Dezember 2021 und vor dem 1. Januar 2025 bei der Ermittlung der insgesamt entstandenen Aufwendungen die Anschaffungskosten für das Kraftfahrzeug oder vergleichbare Aufwendungen nur zur Hälfte zu berücksichtigen, wenn das Kraftfahrzeug
   a) eine Kohlendioxidemission von höchstens 50 Gramm je gefahrenen Kilometer hat oder
   b) die Reichweite des Kraftfahrzeugs unter ausschließlicher Nutzung der elektrischen Antriebsmaschine mindestens 60 Kilometer beträgt, oder

5. soweit Nummer 3 nicht anzuwenden ist und bei Anschaffung nach dem 31. Dezember 2024 und vor dem 1. Januar 2031 bei der Ermittlung der insgesamt entstandenen Aufwendungen die Anschaffungskosten für das Kraftfahrzeug oder vergleichbare Aufwendungen nur zur Hälfte zu berücksichtigen, wenn das Kraftfahrzeug
   a) eine Kohlendioxidemission von höchstens 50 Gramm je gefahrenen Kilometer hat oder
   b) die Reichweite des Kraftfahrzeugs unter ausschließlicher Nutzung der elektrischen Antriebsmaschine mindestens 80 Kilometer beträgt,

die maßgebliche Kohlendioxidemission sowie die Reichweite des Kraftfahrzeugs unter ausschließlicher Nutzung der elektrischen Antriebsmaschine ist der Übereinstimmungsbescheinigung nach Anhang IX der Richtlinie 2007/46/EG oder aus der Übereinstimmungsbescheinigung nach Artikel 38 der Verordnung (EU) Nr. 168/2013 zu entnehmen. [4]Wird ein Wirtschaftsgut unmittelbar nach seiner Entnahme einer nach § 5 Absatz 1 Nummer 9 des Körperschaftsteuergesetzes von der Körperschaftsteuer befreiten Körperschaft, Personenvereinigung oder Vermögensmasse oder einer juristischen Person des öffentlichen Rechts zur Verwendung für steuerbegünstigte Zwecke im Sinne des § 10b Absatz 1 Satz 1 unentgeltlich überlassen, so kann die Entnahme mit dem Buchwert angesetzt werden. [5]Satz 4 gilt nicht für die Entnahme von Nutzungen und Leistungen. [6]Die private Nutzung [1]) eines betrieblichen Fahrrads, das kein Kraftfahrzeug im Sinne des Satzes 2 ist, bleibt außer Ansatz.

5. Einlagen sind mit dem Teilwert für den Zeitpunkt der Zuführung anzusetzen; sie sind jedoch höchstens mit den Anschaffungs- oder Herstellungskosten anzusetzen, wenn das zugeführte Wirtschaftsgut S 2178
   a) innerhalb der letzten drei Jahre vor dem Zeitpunkt der Zuführung angeschafft oder hergestellt worden ist,
   b) ein Anteil an einer Kapitalgesellschaft ist und der Steuerpflichtige an der Gesellschaft im Sinne des § 17 Absatz 1 oder Absatz 6 beteiligt ist; § 17 Absatz 2 Satz 5 gilt entsprechend, oder
   c) ein Wirtschaftsgut im Sinne des § 20 Absatz 2 oder im Sinne des § 2 Absatz 4 des Investmentsteuergesetzes ist.

[2]Ist die Einlage ein abnutzbares Wirtschaftsgut, so sind die Anschaffungs- oder Herstellungskosten um Absetzungen für Abnutzung zu kürzen, die auf den Zeitraum zwischen der Anschaffung oder Herstellung des Wirtschaftsguts und der Einlage entfallen. [3]Ist die Einlage ein Wirtschaftsgut, das vor der Zuführung aus

[1]) Absatz 1 Nr. 4 Satz 6 ist bis zum 31.12.2030 anzuwenden >§ 52 Abs. 12 Satz 3.

einem Betriebsvermögen des Steuerpflichtigen entnommen worden ist, so tritt an die Stelle der Anschaffungs- oder Herstellungskosten der Wert, mit dem die Entnahme angesetzt worden ist, und an die Stelle des Zeitpunkts der Anschaffung oder Herstellung der Zeitpunkt der Entnahme.

[1]) 5a. In den Fällen des § 4 Absatz 1 Satz 8 zweiter Halbsatz ist das Wirtschaftsgut mit dem gemeinen Wert anzusetzen*; unterliegt der Steuerpflichtige in einem anderen Staat einer Besteuerung auf Grund des Ausschlusses oder der Beschränkung des Besteuerungsrechts dieses Staates, ist das Wirtschaftsgut mit dem Wert anzusetzen, den der andere Staat der Besteuerung zugrunde legt, höchstens jedoch mit dem gemeinen Wert.*

[2]) *5b. Im Fall des § 4 Absatz 1 Satz 9 ist das Wirtschaftsgut jeweils mit dem Wert anzusetzen, den der andere Staat der Besteuerung zugrunde legt, höchstens jedoch mit dem gemeinen Wert.*

S 2179 6. Bei Eröffnung eines Betriebs ist Nummer 5 entsprechend anzuwenden.

S 2179 7. Bei entgeltlichem Erwerb eines Betriebs sind die Wirtschaftsgüter mit dem Teilwert, höchstens jedoch mit den Anschaffungs- oder Herstellungskosten anzusetzen.

S 2180 (2) [1] Die Anschaffungs- oder Herstellungskosten oder der nach Absatz 1 Nummer 5 bis 6 an deren Stelle tretende Wert von abnutzbaren beweglichen Wirtschaftsgütern des Anlagevermögens, die einer selbständigen Nutzung fähig sind, können im Wirtschaftsjahr der Anschaffung, Herstellung oder Einlage des Wirtschaftsguts oder der Eröffnung des Betriebs in voller Höhe als Betriebsausgaben abgezogen werden, wenn die Anschaffungs- oder Herstellungskosten, vermindert um einen darin enthaltenen Vorsteuerbetrag (§ 9b Absatz 1), oder der nach Absatz 1 Nummer 5 bis 6 an deren Stelle tretende Wert für das einzelne Wirtschaftsgut 800 Euro nicht übersteigen. [2] Ein Wirtschaftsgut ist einer selbständigen Nutzung nicht fähig, wenn es nach seiner betrieblichen Zweckbestimmung nur zusammen mit anderen Wirtschaftsgütern des Anlagevermögens genutzt werden kann und die in den Nutzungszusammenhang eingefügten Wirtschaftsgüter technisch aufeinander abgestimmt sind. [3] Das gilt auch, wenn das Wirtschaftsgut aus dem betrieblichen Nutzungszusammenhang gelöst und in einen anderen betrieblichen Nutzungszusammenhang eingefügt werden kann. [4] Wirtschaftsgüter im Sinne des Satzes 1, deren Wert 250 Euro übersteigt, sind unter Angabe des Tages der Anschaffung, Herstellung oder Einlage des Wirtschaftsguts oder der Eröffnung des Betriebs und der Anschaffungs- oder Herstellungskosten oder des nach Absatz 1 Nummer 5 bis 6 an deren Stelle tretenden

---

[1]) Absatz 1 Nr. 5a wurde durch Artikel 1 des ATADUmsG geändert und ist erstmals für nach dem 31.12.2019 endende Wj. anzuwenden >§ 52 Abs. 12 Satz 9.

[2]) Absatz 1 Nr. 5b wurde durch Artikel 1 des ATADUmsG eingefügt und ist erstmals für nach dem 31.12.2019 endende Wj. anzuwenden >§ 52 Abs. 12 Satz 9.

Werts in ein besonderes, laufend zu führendes Verzeichnis aufzunehmen. [5]Das Verzeichnis braucht nicht geführt zu werden, wenn diese Angaben aus der Buchführung ersichtlich sind.

(2a) [1]Abweichend von Absatz 2 Satz 1 kann für die abnutzbaren beweglichen Wirtschaftsgüter des Anlagevermögens, die einer selbständigen Nutzung fähig sind, im Wirtschaftsjahr der Anschaffung, Herstellung oder Einlage des Wirtschaftsguts oder der Eröffnung des Betriebs ein Sammelposten gebildet werden, wenn die Anschaffungs- oder Herstellungskosten, vermindert um einen darin enthaltenen Vorsteuerbetrag (§ 9b Absatz 1), oder der nach Absatz 1 Nummer 5 bis 6 an deren Stelle tretende Wert für das einzelne Wirtschaftsgut 250 Euro, aber nicht 1.000 Euro übersteigen. [2]Der Sammelposten ist im Wirtschaftsjahr der Bildung und den folgenden vier Wirtschaftsjahren mit jeweils einem Fünftel gewinnmindernd aufzulösen. [3]Scheidet ein Wirtschaftsgut im Sinne des Satzes 1 aus dem Betriebsvermögen aus, wird der Sammelposten nicht vermindert. [4]Die Anschaffungs- oder Herstellungskosten oder der nach Absatz 1 Nummer 5 bis 6 an deren Stelle tretende Wert von abnutzbaren beweglichen Wirtschaftsgütern des Anlagevermögens, die einer selbständigen Nutzung fähig sind, können im Wirtschaftsjahr der Anschaffung, Herstellung oder Einlage des Wirtschaftsguts oder der Eröffnung des Betriebs in voller Höhe als Betriebsausgaben abgezogen werden, wenn die Anschaffungs- oder Herstellungskosten, vermindert um einen darin enthaltenen Vorsteuerbetrag (§ 9b Absatz 1), oder der nach Absatz 1 Nummer 5 bis 6 an deren Stelle tretende Wert für das einzelne Wirtschaftsgut 250 Euro nicht übersteigen. [5]Die Sätze 1 bis 3 sind für alle in einem Wirtschaftsjahr angeschafften, hergestellten oder eingelegten Wirtschaftsgüter einheitlich anzuwenden.

(3) [1]Wird ein Betrieb, ein Teilbetrieb oder der Anteil eines Mitunternehmers an einem Betrieb unentgeltlich übertragen, so sind bei der Ermittlung des Gewinns des bisherigen Betriebsinhabers (Mitunternehmers) die Wirtschaftsgüter mit den Werten anzusetzen, die sich nach den Vorschriften über die Gewinnermittlung ergeben, sofern die Besteuerung der stillen Reserven sichergestellt ist; dies gilt auch bei der unentgeltlichen Aufnahme einer natürlichen Person in ein bestehendes Einzelunternehmen sowie bei der unentgeltlichen Übertragung eines Teils eines Mitunternehmeranteils auf eine natürliche Person. [2]Satz 1 ist auch anzuwenden, wenn der bisherige Betriebsinhaber (Mitunternehmer) Wirtschaftsgüter, die weiterhin zum Betriebsvermögen derselben Mitunternehmerschaft gehören, nicht überträgt, sofern der Rechtsnachfolger den übernommenen Mitunternehmeranteil über einen Zeitraum von mindestens fünf Jahren nicht veräußert oder aufgibt. [3]Der Rechtsnachfolger ist an die in Satz 1 genannten Werte gebunden.

(4) Wird ein einzelnes Wirtschaftsgut außer in den Fällen der Einlage (§ 4 Absatz 1 Satz 8) unentgeltlich in das Betriebsvermögen

eines anderen Steuerpflichtigen übertragen, gilt sein gemeiner Wert für das aufnehmende Betriebsvermögen als Anschaffungskosten.

(5) [1]Wird ein einzelnes Wirtschaftsgut von einem Betriebsvermögen in ein anderes Betriebsvermögen desselben Steuerpflichtigen überführt, ist bei der Überführung der Wert anzusetzen, der sich nach den Vorschriften über die Gewinnermittlung ergibt, sofern die Besteuerung der stillen Reserven sichergestellt ist; § 4 Absatz 1 Satz 4 ist entsprechend anzuwenden. [2]Satz 1 gilt auch für die Überführung aus einem eigenen Betriebsvermögen des Steuerpflichtigen in dessen Sonderbetriebsvermögen bei einer Mitunternehmerschaft und umgekehrt sowie für die Überführung zwischen verschiedenen Sonderbetriebsvermögen desselben Steuerpflichtigen bei verschiedenen Mitunternehmerschaften. [3]Satz 1 gilt entsprechend, soweit ein Wirtschaftsgut

1. unentgeltlich oder gegen Gewährung oder Minderung von Gesellschaftsrechten aus einem Betriebsvermögen des Mitunternehmers in das Gesamthandsvermögen einer Mitunternehmerschaft und umgekehrt,
2. unentgeltlich oder gegen Gewährung oder Minderung von Gesellschaftsrechten aus dem Sonderbetriebsvermögen eines Mitunternehmers in das Gesamthandsvermögen derselben Mitunternehmerschaft oder einer anderen Mitunternehmerschaft, an der er beteiligt ist, und umgekehrt oder
3. unentgeltlich zwischen den jeweiligen Sonderbetriebsvermögen verschiedener Mitunternehmer derselben Mitunternehmerschaft

übertragen wird. [4]Wird das nach Satz 3 übertragene Wirtschaftsgut innerhalb einer Sperrfrist veräußert oder entnommen, ist rückwirkend auf den Zeitpunkt der Übertragung der Teilwert anzusetzen, es sei denn, die bis zur Übertragung entstandenen stillen Reserven sind durch Erstellung einer Ergänzungsbilanz dem übertragenden Gesellschafter zugeordnet worden; diese Sperrfrist endet drei Jahre nach Abgabe der Steuererklärung des Übertragenden für den Veranlagungszeitraum, in dem die in Satz 3 bezeichnete Übertragung erfolgt ist. [5]Der Teilwert ist auch anzusetzen, soweit in den Fällen des Satzes 3 der Anteil einer Körperschaft, Personenvereinigung oder Vermögensmasse an dem Wirtschaftsgut unmittelbar oder mittelbar begründet wird oder dieser sich erhöht. [6]Soweit innerhalb von sieben Jahren nach der Übertragung des Wirtschaftsguts nach Satz 3 der Anteil einer Körperschaft, Personenvereinigung oder Vermögensmasse an dem übertragenen Wirtschaftsgut aus einem anderen Grund unmittelbar oder mittelbar begründet wird oder dieser sich erhöht, ist rückwirkend auf den Zeitpunkt der Übertragung ebenfalls der Teilwert anzusetzen.

(6) [1]Wird ein einzelnes Wirtschaftsgut im Wege des Tausches übertragen, bemessen sich die Anschaffungskosten nach dem gemeinen Wert des hingegebenen Wirtschaftsguts. [2]Erfolgt die Übertragung im

Wege der verdeckten Einlage, erhöhen sich die Anschaffungskosten der Beteiligung an der Kapitalgesellschaft um den Teilwert des eingelegten Wirtschaftsguts. [3]In den Fällen des Absatzes 1 Nummer 5 Satz 1 Buchstabe a erhöhen sich die Anschaffungskosten im Sinne des Satzes 2 um den Einlagewert des Wirtschaftsguts. [4]Absatz 5 bleibt unberührt.

(7) Im Fall des § 4 Absatz 3 sind

1. **bei der Bemessung der Absetzungen für Abnutzung oder Substanzverringerung die sich bei der Anwendung der Absätze 3 bis 6 ergebenden Werte als Anschaffungskosten zugrunde zu legen und**
2. **die Bewertungsvorschriften des Absatzes 1 Nummer 1a und der Nummern 4 bis 7 entsprechend anzuwenden.**

S 2176

§ 6a
Pensionsrückstellung

(1) Für eine Pensionsverpflichtung darf eine Rückstellung (Pensionsrückstellung) nur gebildet werden, wenn und soweit

1. der Pensionsberechtigte einen Rechtsanspruch auf einmalige oder laufende Pensionsleistungen hat,
2. die Pensionszusage keine Pensionsleistungen in Abhängigkeit von künftigen gewinnabhängigen Bezügen vorsieht und keinen Vorbehalt enthält, dass die Pensionsanwartschaft oder die Pensionsleistung gemindert oder entzogen werden kann, oder ein solcher Vorbehalt sich nur auf Tatbestände erstreckt, bei deren Vorliegen nach allgemeinen Rechtsgrundsätzen unter Beachtung billigen Ermessens eine Minderung oder ein Entzug der Pensionsanwartschaft oder der Pensionsleistung zulässig ist, und
3. die Pensionszusage schriftlich erteilt ist; die Pensionszusage muss eindeutige Angaben zu Art, Form, Voraussetzungen und Höhe der in Aussicht gestellten künftigen Leistungen enthalten.

(2) Eine Pensionsrückstellung darf erstmals gebildet werden

1. vor Eintritt des Versorgungsfalls für das Wirtschaftsjahr, in dem die Pensionszusage erteilt wird, frühestens jedoch für das Wirtschaftsjahr, bis zu dessen Mitte der Pensionsberechtigte bei
   a) erstmals nach dem 31. Dezember 2017 zugesagten Pensionsleistungen das 23. Lebensjahr vollendet,
   b) erstmals nach dem 31. Dezember 2008 und vor dem 1. Januar 2018 zugesagten Pensionsleistungen das 27. Lebensjahr vollendet,
   c) erstmals nach dem 31. Dezember 2000 und vor dem 1. Januar 2009 zugesagten Pensionsleistungen das 28. Lebensjahr vollendet,
   d) erstmals vor dem 1. Januar 2001 zugesagten Pensionsleistungen das 30. Lebensjahr vollendet

   oder bei nach dem 31. Dezember 2000 vereinbarten Entgeltumwandlungen im Sinne von § 1 Absatz 2 des Betriebsrentengesetzes für das Wirtschaftsjahr, in dessen Verlauf die Pensionsanwartschaft gemäß den Vorschriften des Betriebsrentengesetzes unverfallbar wird,
2. nach Eintritt des Versorgungsfalls für das Wirtschaftsjahr, in dem der Versorgungsfall eintritt.

(3) [1]Eine Pensionsrückstellung darf höchstens mit dem Teilwert der Pensionsverpflichtung angesetzt werden. [2]Als Teilwert einer Pensionsverpflichtung gilt

1. vor Beendigung des Dienstverhältnisses des Pensionsberechtigten der Barwert der künftigen Pensionsleistungen am Schluss des

Wirtschaftsjahres abzüglich des sich auf denselben Zeitpunkt ergebenden Barwerts betragsmäßig gleich bleibender Jahresbeträge, bei einer Entgeltumwandlung im Sinne von § 1 Absatz 2 des Betriebsrentengesetzes mindestens jedoch der Barwert der gemäß den Vorschriften des Betriebsrentengesetzes unverfallbaren künftigen Pensionsleistungen am Schluss des Wirtschaftsjahres. [2]Die Jahresbeträge sind so zu bemessen, dass am Beginn des Wirtschaftsjahres, in dem das Dienstverhältnis begonnen hat, ihr Barwert gleich dem Barwert der künftigen Pensionsleistungen ist; die künftigen Pensionsleistungen sind dabei mit dem Betrag anzusetzen, der sich nach den Verhältnissen am Bilanzstichtag ergibt. [3]Es sind die Jahresbeträge zugrunde zu legen, die vom Beginn des Wirtschaftsjahres, in dem das Dienstverhältnis begonnen hat, bis zu dem in der Pensionszusage vorgesehenen Zeitpunkt des Eintritts des Versorgungsfalls rechnungsmäßig aufzubringen sind. [4]Erhöhungen oder Verminderungen der Pensionsleistungen nach dem Schluss des Wirtschaftsjahres, die hinsichtlich des Zeitpunktes ihres Wirksamwerdens oder ihres Umfangs ungewiss sind, sind bei der Berechnung des Barwerts der künftigen Pensionsleistungen und der Jahresbeträge erst zu berücksichtigen, wenn sie eingetreten sind. [5]Wird die Pensionszusage erst nach dem Beginn des Dienstverhältnisses erteilt, so ist die Zwischenzeit für die Berechnung der Jahresbeträge nur insoweit als Wartezeit zu behandeln, als sie in der Pensionszusage als solche bestimmt ist. [6]Hat das Dienstverhältnis schon vor der Vollendung des nach Absatz 2 Nummer 1 maßgebenden Lebensjahres des Pensionsberechtigten bestanden, gilt es als zu Beginn des Wirtschaftsjahres begonnen, bis zu dessen Mitte der Pensionsberechtigte das nach Absatz 2 Nummer 1 maßgebende Lebensjahr vollendet; bei nach dem 31. Dezember 2000 vereinbarten Entgeltumwandlungen im Sinne von § 1 Absatz 2 des Betriebsrentengesetzes gilt für davor liegende Wirtschaftsjahre als Teilwert der Barwert der gemäß den Vorschriften des Betriebsrentengesetzes unverfallbaren künftigen Pensionsleistungen am Schluss des Wirtschaftsjahres;

2. nach Beendigung des Dienstverhältnisses des Pensionsberechtigten unter Aufrechterhaltung seiner Pensionsanwartschaft oder nach Eintritt des Versorgungsfalls der Barwert der künftigen Pensionsleistungen am Schluss des Wirtschaftsjahres; Nummer 1 Satz 4 gilt sinngemäß.

[3]Bei der Berechnung des Teilwerts der Pensionsverpflichtung sind ein Rechnungszinsfuß von 6 Prozent und die anerkannten Regeln der Versicherungsmathematik anzuwenden.

(4) [1]Eine Pensionsrückstellung darf in einem Wirtschaftsjahr höchstens um den Unterschied zwischen dem Teilwert der Pensionsverpflichtung am Schluss des Wirtschaftsjahres und am Schluss des vo-

rangegangenen Wirtschaftsjahres erhöht werden. [2]Soweit der Unterschiedsbetrag auf der erstmaligen Anwendung neuer oder geänderter biometrischer Rechnungsgrundlagen beruht, kann er nur auf mindestens drei Wirtschaftsjahre gleichmäßig verteilt der Pensionsrückstellung zugeführt werden; Entsprechendes gilt beim Wechsel auf andere biometrische Rechnungsgrundlagen. [3]In dem Wirtschaftsjahr, in dem mit der Bildung einer Pensionsrückstellung frühestens begonnen werden darf (Erstjahr), darf die Rückstellung bis zur Höhe des Teilwerts der Pensionsverpflichtung am Schluss des Wirtschaftsjahres gebildet werden; diese Rückstellung kann auf das Erstjahr und die beiden folgenden Wirtschaftsjahre gleichmäßig verteilt werden. [4]Erhöht sich in einem Wirtschaftsjahr gegenüber dem vorangegangenen Wirtschaftsjahr der Barwert der künftigen Pensionsleistungen um mehr als 25 Prozent, so kann die für dieses Wirtschaftsjahr zulässige Erhöhung der Pensionsrückstellung auf dieses Wirtschaftsjahr und die beiden folgenden Wirtschaftsjahre gleichmäßig verteilt werden. [5]Am Schluss des Wirtschaftsjahres, in dem das Dienstverhältnis des Pensionsberechtigten unter Aufrechterhaltung seiner Pensionsanwartschaft endet oder der Versorgungsfall eintritt, darf die Pensionsrückstellung stets bis zur Höhe des Teilwerts der Pensionsverpflichtung gebildet werden; die für dieses Wirtschaftsjahr zulässige Erhöhung der Pensionsrückstellung kann auf dieses Wirtschaftsjahr und die beiden folgenden Wirtschaftsjahre gleichmäßig verteilt werden. [6]Satz 2 gilt in den Fällen der Sätze 3 bis 5 entsprechend.

(5) Die Absätze 3 und 4 gelten entsprechend, wenn der Pensionsberechtigte zu dem Pensionsverpflichteten in einem anderen Rechtsverhältnis als einem Dienstverhältnis steht.

§ 6b

S 2139

Übertragung stiller Reserven bei der Veräußerung bestimmter Anlagegüter

(1) [1]Steuerpflichtige, die

Grund und Boden,

Aufwuchs auf Grund und Boden mit dem dazugehörigen Grund und Boden, wenn der Aufwuchs zu einem land- und forstwirtschaftlichen Betriebsvermögen gehört,

Gebäude oder Binnenschiffe

veräußern, können im Wirtschaftsjahr der Veräußerung von den Anschaffungs- oder Herstellungskosten der in Satz 2 bezeichneten Wirtschaftsgüter, die im Wirtschaftsjahr der Veräußerung oder im vorangegangenen Wirtschaftsjahr angeschafft oder hergestellt worden sind, einen Betrag bis zur Höhe des bei der Veräußerung entstandenen Gewinns abziehen. [2]Der Abzug ist zulässig bei den Anschaffungs- oder Herstellungskosten von

1. Grund und Boden,
   soweit der Gewinn bei der Veräußerung von Grund und Boden entstanden ist,
2. Aufwuchs auf Grund und Boden mit dem dazugehörigen Grund und Boden, wenn der Aufwuchs zu einem land- und forstwirtschaftlichen Betriebsvermögen gehört,
   soweit der Gewinn bei der Veräußerung von Grund und Boden oder der Veräußerung von Aufwuchs auf Grund und Boden mit dem dazugehörigen Grund und Boden entstanden ist,
3. Gebäuden,
   soweit der Gewinn bei der Veräußerung von Grund und Boden, von Aufwuchs auf Grund und Boden mit dem dazugehörigen Grund und Boden oder Gebäuden entstanden ist, oder
4. Binnenschiffen,
   soweit der Gewinn bei der Veräußerung von Binnenschiffen entstanden ist.

[3]Der Anschaffung oder Herstellung von Gebäuden steht ihre Erweiterung, ihr Ausbau oder ihr Umbau gleich. [4]Der Abzug ist in diesem Fall nur von dem Aufwand für die Erweiterung, den Ausbau oder den Umbau der Gebäude zulässig.

(2) [1]Gewinn im Sinne des Absatzes 1 Satz 1 ist der Betrag, um den der Veräußerungspreis nach Abzug der Veräußerungskosten den Buchwert übersteigt, mit dem das veräußerte Wirtschaftsgut im Zeitpunkt der Veräußerung anzusetzen gewesen wäre. [2]Buchwert ist der Wert, mit dem ein Wirtschaftsgut nach § 6 anzusetzen ist.

(2a) [1]Werden im Wirtschaftsjahr der Veräußerung der in Absatz 1 Satz 1 bezeichneten Wirtschaftsgüter oder in den folgenden vier Wirtschaftsjahren in Absatz 1 Satz 2 bezeichnete Wirtschaftsgüter angeschafft oder hergestellt oder sind sie in dem der Veräußerung vorangegangenen Wirtschaftsjahr angeschafft oder hergestellt worden, die einem Betriebsvermögen des Steuerpflichtigen in einem anderen Mitgliedstaat der Europäischen Union oder des Europäischen Wirtschaftsraums zuzuordnen sind, kann auf Antrag des Steuerpflichtigen die festgesetzte Steuer, die auf den Gewinn im Sinne des Absatzes 2 entfällt, in fünf gleichen Jahresraten entrichtet werden; die Frist von vier Jahren verlängert sich bei neu hergestellten Gebäuden auf sechs Jahre, wenn mit ihrer Herstellung vor dem Schluss des vierten auf die Veräußerung folgenden Wirtschaftsjahres begonnen worden ist. [2]Der Antrag kann nur im Wirtschaftsjahr der Veräußerung der in Absatz 1 Satz 1 bezeichneten Wirtschaftsgüter gestellt werden. [3]§ 36 Absatz 5 Satz 2 bis 5 ist sinngemäß anzuwenden. [4]Unterbleibt der Nachweis einer in Satz 1 genannten Anschaffung oder Herstellung durch den Steuerpflichtigen, sind für die Dauer des durch die Ratenzahlung gewährten Zahlungsaufschubs Zinsen in entsprechender Anwendung des § 234 der Abgabenordnung zu erheben. [5]Unterschreiten die Anschaffungs- oder Herstellungskosten der angeschafften oder hergestellten Wirtschaftsgüter den Gewinn im Sinne des Absatzes 2, gilt Satz 4 mit der Maßgabe, dass die Zinsen nur auf den Unterschiedsbetrag erhoben werden. [6]Bei der Zinsberechnung ist davon auszugehen, dass der Unterschiedsbetrag anteilig auf alle Jahresraten entfällt. [7]Zu den nach Satz 1 angeschafften oder hergestellten Wirtschaftsgütern gehören auch die einem Betriebsvermögen des Steuerpflichtigen im Vereinigten Königreich Großbritannien und Nordirland zuzuordnenden Wirtschaftsgüter, soweit der Antrag nach Satz 1 vor dem Zeitpunkt gestellt worden ist, ab dem das Vereinigte Königreich Großbritannien und Nordirland nicht mehr Mitgliedstaat der Europäischen Union ist und auch nicht wie ein solcher zu behandeln ist.

(3) [1]Soweit Steuerpflichtige den Abzug nach Absatz 1 nicht vorgenommen haben, können sie im Wirtschaftsjahr der Veräußerung eine
[1)] den steuerlichen Gewinn mindernde Rücklage bilden. [2]Bis zur Höhe dieser Rücklage können sie von den Anschaffungs- oder Herstellungskosten der in Absatz 1 Satz 2 bezeichneten Wirtschaftsgüter, die in den folgenden vier Wirtschaftsjahren angeschafft oder hergestellt worden sind, im Wirtschaftsjahr ihrer Anschaffung oder Herstellung einen Betrag unter Berücksichtigung der Einschränkungen des

---

[1)] Die Frist des § 6b Abs. 3 Satz 2 ***wurde durch Artikel 5 des Gesetzes zur Modernisierung des Körperschaftsteuerrechts geändert. Sie*** verlängert sich jeweils um ***zwei Jahre***, wenn die Rücklage wegen § 6b Abs. 3 Satz 5 am Schluss des nach dem 29.2.2020 und vor dem 1.1.2021 endenden Wj. aufzulösen wäre. ***Die Frist verlängert sich um ein Jahr, wenn die Rücklage wegen § 6b Abs. 3 Satz 5 am Schluss des nach dem 31.12.2020 und vor dem 1.1.2022 endenden Wj. aufzulösen wäre*** >§ 52 Abs. 14 Satz 4 ***und 5***.

Absatzes 1 Satz 2 bis 4 abziehen. [3] Die Frist von vier Jahren verlängert sich bei neu hergestellten Gebäuden auf sechs Jahre, wenn mit ihrer Herstellung vor dem Schluss des vierten auf die Bildung der Rücklage folgenden Wirtschaftsjahres begonnen worden ist. [4] Die Rücklage ist in Höhe des abgezogenen Betrags gewinnerhöhend aufzulösen. [5] Ist eine Rücklage am Schluss des vierten auf ihre Bildung folgenden Wirtschaftsjahres noch vorhanden, so ist sie in diesem Zeitpunkt gewinnerhöhend aufzulösen, soweit nicht ein Abzug von den Herstellungskosten von Gebäuden in Betracht kommt, mit deren Herstellung bis zu diesem Zeitpunkt begonnen worden ist; ist die Rücklage am Schluss des sechsten auf ihre Bildung folgenden Wirtschaftsjahres noch vorhanden, so ist sie in diesem Zeitpunkt gewinnerhöhend aufzulösen. [1]) [1])

(4) [1] Voraussetzung für die Anwendung der Absätze 1 und 3 ist, dass

1. der Steuerpflichtige den Gewinn nach § 4 Absatz 1 oder § 5 ermittelt,
2. die veräußerten Wirtschaftsgüter im Zeitpunkt der Veräußerung mindestens sechs Jahre ununterbrochen zum Anlagevermögen einer inländischen Betriebsstätte gehört haben,
3. die angeschafften oder hergestellten Wirtschaftsgüter zum Anlagevermögen einer inländischen Betriebsstätte gehören,
4. der bei der Veräußerung entstandene Gewinn bei der Ermittlung des im Inland steuerpflichtigen Gewinns nicht außer Ansatz bleibt und
5. der Abzug nach Absatz 1 und die Bildung und Auflösung der Rücklage nach Absatz 3 in der Buchführung verfolgt werden können.

[2] Der Abzug nach den Absätzen 1 und 3 ist bei Wirtschaftsgütern, die zu einem land- und forstwirtschaftlichen Betrieb gehören oder der selbständigen Arbeit dienen, nicht zulässig, wenn der Gewinn bei der Veräußerung von Wirtschaftsgütern eines Gewerbebetriebs entstanden ist.

(5) An die Stelle der Anschaffungs- oder Herstellungskosten im Sinne des Absatzes 1 tritt in den Fällen, in denen das Wirtschaftsgut im Wirtschaftsjahr vor der Veräußerung angeschafft oder hergestellt worden ist, der Buchwert am Schluss des Wirtschaftsjahres der Anschaffung oder Herstellung.

---

[1]) Die Fristen des § 6b Abs. 3 Satz 3 und 5 ***wurden durch Artikel 5 des Gesetzes zur Modernisierung des Körperschaftsteuerrechts geändert. Sie*** verlängern sich jeweils um ***zwei Jahre***, wenn die Rücklage wegen § 6b Abs. 3 Satz 5 am Schluss des nach dem 29.2.2020 und vor dem 1.1.2021 endenden Wj. aufzulösen wäre. ***Die Fristen verlängern sich um ein Jahr, wenn die Rücklage wegen § 6b Abs. 3 Satz 5 am Schluss des nach dem 31.12.2020 und vor dem 1.1.2022 endenden Wj. aufzulösen wäre*** >§ 52 Abs. 14 Satz 4 ***und 5***.

(6) [1]Ist ein Betrag nach Absatz 1 oder 3 abgezogen worden, so tritt für die Absetzungen für Abnutzung oder Substanzverringerung oder in den Fällen des § 6 Absatz 2 und Absatz 2a im Wirtschaftsjahr des Abzugs der verbleibende Betrag an die Stelle der Anschaffungs- oder Herstellungskosten. [2]In den Fällen des § 7 Absatz 4 Satz 1 und Absatz 5 sind die um den Abzugsbetrag nach Absatz 1 oder 3 geminderten Anschaffungs- oder Herstellungskosten maßgebend.

(7) Soweit eine nach Absatz 3 Satz 1 gebildete Rücklage gewinnerhöhend aufgelöst wird, ohne dass ein entsprechender Betrag nach Absatz 3 abgezogen wird, ist der Gewinn des Wirtschaftsjahres, in dem die Rücklage aufgelöst wird, für jedes volle Wirtschaftsjahr, in dem die Rücklage bestanden hat, um 6 Prozent des aufgelösten Rücklagenbetrags zu erhöhen.

(8) [1]Werden Wirtschaftsgüter im Sinne des Absatzes 1 zum Zweck der Vorbereitung oder Durchführung von städtebaulichen Sanierungs- oder Entwicklungsmaßnahmen an einen der in Satz 2 bezeichneten Erwerber übertragen, sind die Absätze 1 bis 7 mit der Maßgabe anzuwenden, dass

[1] 1. die Fristen des Absatzes 3 Satz 2, 3 und 5 sich jeweils um drei Jahre verlängern und
2. an die Stelle der in Absatz 4 Nummer 2 bezeichneten Frist von sechs Jahren eine Frist von zwei Jahren tritt.

[2]Erwerber im Sinne des Satzes 1 sind Gebietskörperschaften, Gemeindeverbände, Verbände im Sinne des § 166 Absatz 4 des Baugesetzbuchs, Planungsverbände nach § 205 des Baugesetzbuchs, Sanierungsträger nach § 157 des Baugesetzbuchs, Entwicklungsträger nach § 167 des Baugesetzbuchs sowie Erwerber, die städtebauliche Sanierungsmaßnahmen als Eigentümer selbst durchführen (§ 147 Absatz 2 und § 148 Absatz 1 Baugesetzbuch).

(9) Absatz 8 ist nur anzuwenden, wenn die nach Landesrecht zuständige Behörde bescheinigt, dass die Übertragung der Wirtschaftsgüter zum Zweck der Vorbereitung oder Durchführung von städtebaulichen Sanierungs- oder Entwicklungsmaßnahmen an einen der in Absatz 8 Satz 2 bezeichneten Erwerber erfolgt ist.

---

[1]) Die Fristen des § 6b Abs. 8 Satz 1 Nr. 1 ***wurden durch Artikel 5 des Gesetzes zur Modernisierung des Körperschaftsteuerrechts geändert. Sie*** verlängern sich jeweils um ***zwei Jahre***, wenn die Rücklage wegen § 6b Abs. 8 Satz 1 Nr. 1 i. V. m. Absatz 3 Satz 5 am Schluss des nach dem 29.2.2020 und vor dem 1.1.2021 endenden Wj. aufzulösen wäre. ***Die Fristen verlängern sich um ein Jahr, wenn die Rücklage wegen § 6b Abs. 8 Satz 1 Nr. 1 i. V. m. Absatz 3 Satz 5 am Schluss des nach dem 31.12.2020 und vor dem 1.1.2022 endenden Wj. aufzulösen wäre*** >§ 52 Abs. 14 Satz 4 ***und 5***.

(10) [1] Steuerpflichtige, die keine Körperschaften, Personenvereinigungen oder Vermögensmassen sind, können Gewinne aus der Veräußerung von Anteilen an Kapitalgesellschaften bis zu einem Betrag von 500.000 Euro auf die im Wirtschaftsjahr der Veräußerung oder in den folgenden zwei Wirtschaftsjahren angeschafften Anteile an Kapitalgesellschaften oder angeschafften oder hergestellten abnutzbaren beweglichen Wirtschaftsgüter oder auf die im Wirtschaftsjahr der Veräußerung oder in den folgenden vier Wirtschaftsjahren angeschafften oder hergestellten Gebäude nach Maßgabe der Sätze 2 bis 10 übertragen. [2] Wird der Gewinn im Jahr der Veräußerung auf Gebäude oder abnutzbare bewegliche Wirtschaftsgüter übertragen, so kann ein Betrag bis zur Höhe des bei der Veräußerung entstandenen und nicht nach § 3 Nummer 40 Satz 1 Buchstabe a und b in Verbindung mit § 3c Absatz 2 steuerbefreiten Betrags von den Anschaffungs- oder Herstellungskosten für Gebäude oder abnutzbare bewegliche Wirtschaftsgüter abgezogen werden. [3] Wird der Gewinn im Jahr der Veräußerung auf Anteile an Kapitalgesellschaften übertragen, mindern sich die Anschaffungskosten der Anteile an Kapitalgesellschaften in Höhe des Veräußerungsgewinns einschließlich des nach § 3 Nummer 40 Satz 1 Buchstabe a und b in Verbindung mit § 3c Absatz 2 steuerbefreiten Betrags. [4] Absatz 2, Absatz 4 Satz 1 Nummer 1, 2, 3, 5 und Satz 2 sowie Absatz 5 sind sinngemäß anzuwenden. [5] Soweit Steuerpflichtige den Abzug nach den Sätzen 1 bis 4 nicht vorgenommen haben, können sie eine Rücklage nach Maßgabe des Satzes 1 einschließlich des nach § 3 Nummer 40 Satz 1 Buchstabe a und b in Verbindung mit § 3c Absatz 2 steuerbefreiten Betrags bilden. [6] Bei der Auflösung der Rücklage gelten die Sätze 2 und 3 sinngemäß. [7] Im Fall des Satzes 2 ist die Rücklage in gleicher Höhe um den nach § 3 Nummer 40 Satz 1 Buchstabe a und b in Verbindung mit § 3c Absatz 2 steuerbefreiten Betrag aufzulösen. [8] Ist eine Rücklage am Schluss des vierten auf ihre Bildung folgenden Wirtschaftsjahres noch vorhanden, so ist sie in diesem Zeitpunkt gewinnerhöhend aufzulösen. [9] Soweit der Abzug nach Satz 6 nicht vorgenommen wurde, ist der Gewinn des Wirtschaftsjahres, in dem die Rücklage aufgelöst wird, für jedes volle Wirtschaftsjahr, in dem die Rücklage bestanden hat, um 6 Prozent des nicht nach § 3 Nummer 40 Satz 1 Buchstabe a und b in Verbindung mit § 3c Absatz 2 steuerbefreiten aufgelösten Rücklagenbetrags zu erhöhen. [10] Für die zum Gesamthandsvermögen von Personengesellschaften oder Gemeinschaften gehörenden Anteile an Kapitalgesellschaften gelten die Sätze 1 bis 9 nur, soweit an den Personengesellschaften und Gemeinschaften keine Körperschaften, Personenvereinigungen oder Vermögensmassen beteiligt sind. [1)]

[1)] Die Fristen des § 6b Abs. 10 Satz 1 und 8 ***wurden durch Artikel 5 des Gesetzes zur Modernisierung des Körperschaftsteuerrechts geändert. Sie*** verlängern sich jeweils um ***zwei Jahre***, wenn die Rücklage wegen § 6b Abs. 10 Satz 8 am Schluss des nach dem 29.2.2020 und vor dem 1.1.2021 endenden Wj. aufzulösen wäre. ***Die Fristen verlängern sich um ein Jahr, wenn die Rücklage wegen § 6b Abs. 10 Satz 8 am Schluss des nach dem 31.12.2020 und vor dem 1.1.2022 endenden Wj. aufzulösen wäre*** >§ 52 Abs. 14 Satz 4 ***und 5***.

S 2139a

§ 6c

Übertragung stiller Reserven bei der Veräußerung bestimmter Anlagegüter bei der Ermittlung des Gewinns nach § 4 Absatz 3 oder nach Durchschnittssätzen

(1) [1] § 6b mit Ausnahme des § 6b Absatz 4 Satz 1 Nummer 1 ist entsprechend anzuwenden, wenn der Gewinn nach § 4 Absatz 3 oder die Einkünfte aus Land- und Forstwirtschaft nach Durchschnittssätzen ermittelt werden. [2] Soweit nach § 6b Absatz 3 eine Rücklage gebildet werden kann, ist ihre Bildung als Betriebsausgabe (Abzug) und ihre Auflösung als Betriebseinnahme (Zuschlag) zu behandeln; der Zeitraum zwischen Abzug und Zuschlag gilt als Zeitraum, in dem die Rücklage bestanden hat.

(2) [1] Voraussetzung für die Anwendung des Absatzes 1 ist, dass die Wirtschaftsgüter, bei denen ein Abzug von den Anschaffungs- oder Herstellungskosten oder von dem Wert nach § 6b Absatz 5 vorgenommen worden ist, in besondere, laufend zu führende Verzeichnisse aufgenommen werden. [2] In den Verzeichnissen sind der Tag der Anschaffung oder Herstellung, die Anschaffungs- oder Herstellungskosten, der Abzug nach § 6b Absatz 1 und 3 in Verbindung mit Absatz 1, die Absetzungen für Abnutzung, die Abschreibungen sowie die Beträge nachzuweisen, die nach § 6b Absatz 3 in Verbindung mit Absatz 1 als Betriebsausgaben (Abzug) oder Betriebseinnahmen (Zuschlag) behandelt worden sind.

§ 6d

S 2138a

Euroumrechnungsrücklage

(1) [1]Ausleihungen, Forderungen und Verbindlichkeiten im Sinne des Artikels 43 des Einführungsgesetzes zum Handelsgesetzbuch, die auf Währungseinheiten der an der europäischen Währungsunion teilnehmenden anderen Mitgliedstaaten oder auf die ECU im Sinne des Artikels 2 der Verordnung (EG) Nr. 1103/97 des Rates vom 17. Juni 1997 (ABl. EG Nr. L 162 S. 1) lauten, sind am Schluss des ersten nach dem 31. Dezember 1998 endenden Wirtschaftsjahres mit dem vom Rat der Europäischen Union gemäß Artikel 109l Absatz 4 Satz 1 des EG-Vertrages unwiderruflich festgelegten Umrechnungskurs umzurechnen und mit dem sich danach ergebenden Wert anzusetzen. [2]Der Gewinn, der sich aus diesem jeweiligen Ansatz für das einzelne Wirtschaftsgut ergibt, kann in eine den steuerlichen Gewinn mindernde Rücklage eingestellt werden. [3]Die Rücklage ist gewinnerhöhend aufzulösen, soweit das Wirtschaftsgut, aus dessen Bewertung sich der in die Rücklage eingestellte Gewinn ergeben hat, aus dem Betriebsvermögen ausscheidet. [4]Die Rücklage ist spätestens am Schluss des fünften nach dem 31. Dezember 1998 endenden Wirtschaftsjahres gewinnerhöhend aufzulösen.

(2) [1]In die Euroumrechnungsrücklage gemäß Absatz 1 Satz 2 können auch Erträge eingestellt werden, die sich aus der Aktivierung von Wirtschaftsgütern auf Grund der unwiderruflichen Festlegung der Umrechnungskurse ergeben. [2]Absatz 1 Satz 3 gilt entsprechend.

(3) Die Bildung und Auflösung der jeweiligen Rücklage müssen in der Buchführung verfolgt werden können.

§ 6e

Fondsetablierungskosten als Anschaffungskosten

(1) [1]Zu den Anschaffungskosten von Wirtschaftsgütern, die ein Steuerpflichtiger gemeinschaftlich mit weiteren Anlegern gemäß einem von einem Projektanbieter vorformulierten Vertragswerk anschafft, gehören auch die Fondsetablierungskosten im Sinne der Absätze 2 und 3. [2]Haben die Anleger in ihrer gesellschaftsrechtlichen Verbundenheit keine wesentlichen Möglichkeiten zur Einflussnahme auf das Vertragswerk, gelten die Wirtschaftsgüter im Sinne von Satz 1 als angeschafft.

(2) [1]Fondsetablierungskosten sind alle auf Grund des vorformulierten Vertragswerks neben den Anschaffungskosten im Sinne von § 255 des Handelsgesetzbuchs vom Anleger an den Projektanbieter oder an Dritte zu zahlenden Aufwendungen, die auf den Erwerb der Wirtschaftsgüter im Sinne des Absatzes 1 Satz 1 gerichtet sind. [2]Zu den Anschaffungskosten der Anleger im Sinne des Absatzes 1 Satz 2 gehören darüber hinaus alle an den Projektanbieter oder an Dritte geleisteten Aufwendungen in wirtschaftlichem Zusammenhang mit der Abwicklung des Projekts in der Investitionsphase. [3]Zu den Anschaffungskosten zählen auch die Haftungs- und Geschäftsführungsvergütungen für Komplementäre, Geschäftsführungsvergütungen bei schuldrechtlichem Leistungsaustausch und Vergütungen für Treuhandkommanditisten, soweit sie auf die Investitionsphase entfallen.

(3) Absatz 1 Satz 1 und Absatz 2 sind sinngemäß in den Fällen anzuwenden, in denen Fondsetablierungskosten vergleichbare Kosten außerhalb einer gemeinschaftlichen Anschaffung zu zahlen sind.

(4) Im Fall des § 4 Absatz 3 sind die Absätze 1 bis 3 entsprechend anzuwenden.

(5) § 15b bleibt unberührt.

§ 7 S 2190

Absetzung für Abnutzung oder Substanzverringerung S 2191

(1) [1] Bei Wirtschaftsgütern, deren Verwendung oder Nutzung durch den Steuerpflichtigen zur Erzielung von Einkünften sich erfahrungsgemäß auf einen Zeitraum von mehr als einem Jahr erstreckt, ist jeweils für ein Jahr der Teil der Anschaffungs- oder Herstellungskosten abzusetzen, der bei gleichmäßiger Verteilung dieser Kosten auf die Gesamtdauer der Verwendung oder Nutzung auf ein Jahr entfällt (Absetzung für Abnutzung in gleichen Jahresbeträgen). [2] Die Absetzung bemisst sich hierbei nach der betriebsgewöhnlichen Nutzungsdauer des Wirtschaftsguts. [3] Als betriebsgewöhnliche Nutzungsdauer des Geschäfts- oder Firmenwerts eines Gewerbebetriebs oder eines Betriebs der Land- und Forstwirtschaft gilt ein Zeitraum von 15 Jahren. [4] Im Jahr der Anschaffung oder Herstellung des Wirtschaftsguts vermindert sich für dieses Jahr der Absetzungsbetrag nach Satz 1 um jeweils ein Zwölftel für jeden vollen Monat, der dem Monat der Anschaffung oder Herstellung vorangeht. [5] Bei Wirtschaftsgütern, die nach einer Verwendung zur Erzielung von Einkünften im Sinne des § 2 Absatz 1 Satz 1 Nummer 4 bis 7 in ein Betriebsvermögen eingelegt worden sind, mindert sich der Einlagewert um die Absetzungen für Abnutzung oder Substanzverringerung, Sonderabschreibungen oder erhöhte Absetzungen, die bis zum Zeitpunkt der Einlage vorgenommen worden sind, höchstens jedoch bis zu den fortgeführten Anschaffungs- oder Herstellungskosten; ist der Einlagewert niedriger als dieser Wert, bemisst sich die weitere Absetzung für Abnutzung vom Einlagewert. [6] Bei beweglichen Wirtschaftsgütern des Anlagevermögens, bei denen es wirtschaftlich begründet ist, die Absetzung für Abnutzung nach Maßgabe der Leistung des Wirtschaftsguts vorzunehmen, kann der Steuerpflichtige dieses Verfahren statt der Absetzung für Abnutzung in gleichen Jahresbeträgen anwenden, wenn er den auf das einzelne Jahr entfallenden Umfang der Leistung nachweist. [7] Absetzungen für außergewöhnliche technische oder wirtschaftliche Abnutzung sind zulässig; soweit der Grund hierfür in späteren Wirtschaftsjahren entfällt, ist in den Fällen der Gewinnermittlung nach § 4 Absatz 1 oder nach § 5 eine entsprechende Zuschreibung vorzunehmen.

(2) [1] Bei beweglichen Wirtschaftsgütern des Anlagevermögens, die nach dem 31. Dezember 2019 und vor dem 1. Januar 2022 angeschafft oder hergestellt worden sind, kann der Steuerpflichtige statt der Absetzung für Abnutzung in gleichen Jahresbeträgen die Absetzung für Abnutzung in fallenden Jahresbeträgen bemessen. [2] Die Absetzung für Abnutzung in fallenden Jahresbeträgen kann nach einem unveränderlichen Prozentsatz vom jeweiligen Buchwert (Restwert) vorgenommen werden; der dabei anzuwendende Prozentsatz darf höchstens das Zweieinhalbfache des bei der Absetzung für Abnutzung in S 2193

gleichen Jahresbeträgen in Betracht kommenden Prozentsatzes betragen und 25 Prozent nicht übersteigen. [3]Absatz 1 Satz 4 und § 7a Absatz 8 gelten entsprechend. [4]Bei Wirtschaftsgütern, bei denen die Absetzung für Abnutzung in fallenden Jahresbeträgen bemessen wird, sind Absetzungen für außergewöhnliche technische oder wirtschaftliche Abnutzung nicht zulässig.

S 2194 (3) [1]Der Übergang von der Absetzung für Abnutzung in fallenden Jahresbeträgen zur Absetzung für Abnutzung in gleichen Jahresbeträgen ist zulässig. [2]In diesem Fall bemisst sich die Absetzung für Abnutzung vom Zeitpunkt des Übergangs an nach dem dann noch vorhandenen Restwert und der Restnutzungsdauer des einzelnen Wirtschaftsguts. [3]Der Übergang von der Absetzung für Abnutzung in gleichen Jahresbeträgen zur Absetzung für Abnutzung in fallenden Jahresbeträgen ist nicht zulässig.

S 2196 (4) [1]Bei Gebäuden sind abweichend von Absatz 1 als Absetzung für Abnutzung die folgenden Beträge bis zur vollen Absetzung abzuziehen:

1. bei Gebäuden, soweit sie zu einem Betriebsvermögen gehören und nicht Wohnzwecken dienen und für die der Bauantrag nach dem 31. März 1985 gestellt worden ist, jährlich 3 Prozent,
2. bei Gebäuden, soweit sie die Voraussetzungen der Nummer 1 nicht erfüllen und die
   a) nach dem 31. Dezember 1924 fertig gestellt worden sind, jährlich 2 Prozent,
   b) vor dem 1. Januar 1925 fertig gestellt worden sind, jährlich 2,5 Prozent

der Anschaffungs- oder Herstellungskosten; Absatz 1 Satz 5 gilt entsprechend. [2]Beträgt die tatsächliche Nutzungsdauer eines Gebäudes in den Fällen des Satzes 1 Nummer 1 weniger als 33 Jahre, in den Fällen des Satzes 1 Nummer 2 Buchstabe a weniger als 50 Jahre, in den Fällen des Satzes 1 Nummer 2 Buchstabe b weniger als 40 Jahre, so können anstelle der Absetzungen nach Satz 1 die der tatsächlichen Nutzungsdauer entsprechenden Absetzungen für Abnutzung vorgenommen werden. [3]Absatz 1 letzter Satz bleibt unberührt. [4]Bei Gebäuden im Sinne der Nummer 2 rechtfertigt die für Gebäude im Sinne der Nummer 1 geltende Regelung weder die Anwendung des Absatzes 1 letzter Satz noch den Ansatz des niedrigeren Teilwerts (§ 6 Absatz 1 Nummer 1 Satz 2).

S 2196 (5) [1]Bei Gebäuden, die in einem Mitgliedstaat der Europäischen Union oder einem anderen Staat belegen sind, auf den das Abkommen über den Europäischen Wirtschaftsraum (EWR-Abkommen) angewendet wird, und die vom Steuerpflichtigen hergestellt oder bis zum Ende des Jahres der Fertigstellung angeschafft worden sind, können abweichend von Absatz 4 als Absetzung für Abnutzung die folgenden Beträge abgezogen werden:

1. bei Gebäuden im Sinne des Absatzes 4 Satz 1 Nummer 1, die vom Steuerpflichtigen auf Grund eines vor dem 1. Januar 1994 gestellten Bauantrags hergestellt oder auf Grund eines vor diesem Zeitpunkt rechtswirksam abgeschlossenen obligatorischen Vertrags angeschafft worden sind,
   - im Jahr der Fertigstellung und in den folgenden 3 Jahren jeweils 10 Prozent,
   - in den darauf folgenden 3 Jahren jeweils 5 Prozent,
   - in den darauf folgenden 18 Jahren jeweils 2,5 Prozent,
2. bei Gebäuden im Sinne des Absatzes 4 Satz 1 Nummer 2, die vom Steuerpflichtigen auf Grund eines vor dem 1. Januar 1995 gestellten Bauantrags hergestellt oder auf Grund eines vor diesem Zeitpunkt rechtswirksam abgeschlossenen obligatorischen Vertrags angeschafft worden sind,
   - im Jahr der Fertigstellung und in den folgenden 7 Jahren jeweils 5 Prozent,
   - in den darauf folgenden 6 Jahren jeweils 2,5 Prozent,
   - in den darauf folgenden 36 Jahren jeweils 1,25 Prozent,
3. bei Gebäuden im Sinne des Absatzes 4 Satz 1 Nummer 2, soweit sie Wohnzwecken dienen, die vom Steuerpflichtigen
   a) auf Grund eines nach dem 28. Februar 1989 und vor dem 1. Januar 1996 gestellten Bauantrags hergestellt oder nach dem 28. Februar 1989 auf Grund eines nach dem 28. Februar 1989 und vor dem 1. Januar 1996 rechtswirksam abgeschlossenen obligatorischen Vertrags angeschafft worden sind,
      - im Jahr der Fertigstellung und in den folgenden 3 Jahren jeweils 7 Prozent,
      - in den darauf folgenden 6 Jahren jeweils 5 Prozent,
      - in den darauf folgenden 6 Jahren jeweils 2 Prozent,
      - in den darauf folgenden 24 Jahren jeweils 1,25 Prozent,
   b) auf Grund eines nach dem 31. Dezember 1995 und vor dem 1. Januar 2004 gestellten Bauantrags hergestellt oder auf Grund eines nach dem 31. Dezember 1995 und vor dem 1. Januar 2004 rechtswirksam abgeschlossenen obligatorischen Vertrags angeschafft worden sind,
      - im Jahr der Fertigstellung und in den folgenden 7 Jahren jeweils 5 Prozent,
      - in den darauf folgenden 6 Jahren jeweils 2,5 Prozent,
      - in den darauf folgenden 36 Jahren jeweils 1,25 Prozent,

c) auf Grund eines nach dem 31. Dezember 2003 und vor dem 1. Januar 2006 gestellten Bauantrags hergestellt oder auf Grund eines nach dem 31. Dezember 2003 und vor dem 1. Januar 2006 rechtswirksam abgeschlossenen obligatorischen Vertrags angeschafft worden sind,

– im Jahr der Fertigstellung und in den folgenden 9 Jahren	jeweils	4	Prozent,
– in den darauf folgenden 8 Jahren	jeweils	2,5	Prozent,
– in den darauf folgenden 32 Jahren	jeweils	1,25	Prozent,

der Anschaffungs- oder Herstellungskosten. [2]Im Fall der Anschaffung kann Satz 1 nur angewendet werden, wenn der Hersteller für das veräußerte Gebäude weder Absetzungen für Abnutzung nach Satz 1 vorgenommen noch erhöhte Absetzungen oder Sonderabschreibungen in Anspruch genommen hat. [3]Absatz 1 Satz 4 gilt nicht.

S 2196 (5a) Die Absätze 4 und 5 sind auf Gebäudeteile, die selbständige unbewegliche Wirtschaftsgüter sind, sowie auf Eigentumswohnungen und auf im Teileigentum stehende Räume entsprechend anzuwenden.

S 2195 (6) Bei Bergbauunternehmen, Steinbrüchen und anderen Betrieben, die einen Verbrauch der Substanz mit sich bringen, ist Absatz 1 entsprechend anzuwenden; dabei sind Absetzungen nach Maßgabe des Substanzverzehrs zulässig (Absetzung für Substanzverringerung).

§ 7a

S 2181

Gemeinsame Vorschriften für erhöhte Absetzungen und Sonderabschreibungen

(1) [1]Werden in dem Zeitraum, in dem bei einem Wirtschaftsgut erhöhte Absetzungen oder Sonderabschreibungen in Anspruch genommen werden können (Begünstigungszeitraum), nachträgliche Herstellungskosten aufgewendet, so bemessen sich vom Jahr der Entstehung der nachträglichen Herstellungskosten an bis zum Ende des Begünstigungszeitraums die Absetzungen für Abnutzung, erhöhten Absetzungen und Sonderabschreibungen nach den um die nachträglichen Herstellungskosten erhöhten Anschaffungs- oder Herstellungskosten. [2]Entsprechendes gilt für nachträgliche Anschaffungskosten. [3]Werden im Begünstigungszeitraum die Anschaffungs- oder Herstellungskosten eines Wirtschaftsguts nachträglich gemindert, so bemessen sich vom Jahr der Minderung an bis zum Ende des Begünstigungszeitraums die Absetzungen für Abnutzung, erhöhten Absetzungen und Sonderabschreibungen nach den geminderten Anschaffungs- oder Herstellungskosten.

(2) [1]Können bei einem Wirtschaftsgut erhöhte Absetzungen oder Sonderabschreibungen bereits für Anzahlungen auf Anschaffungskosten oder für Teilherstellungskosten in Anspruch genommen werden, so sind die Vorschriften über erhöhte Absetzungen und Sonderabschreibungen mit der Maßgabe anzuwenden, dass an die Stelle der Anschaffungs- oder Herstellungskosten die Anzahlungen auf Anschaffungskosten oder die Teilherstellungskosten und an die Stelle des Jahres der Anschaffung oder Herstellung das Jahr der Anzahlung oder Teilherstellung treten. [2]Nach Anschaffung oder Herstellung des Wirtschaftsguts sind erhöhte Absetzungen oder Sonderabschreibungen nur zulässig, soweit sie nicht bereits für Anzahlungen auf Anschaffungskosten oder für Teilherstellungskosten in Anspruch genommen worden sind. [3]Anzahlungen auf Anschaffungskosten sind im Zeitpunkt der tatsächlichen Zahlung aufgewendet. [4]Werden Anzahlungen auf Anschaffungskosten durch Hingabe eines Wechsels geleistet, so sind sie in dem Zeitpunkt aufgewendet, in dem dem Lieferanten durch Diskontierung oder Einlösung des Wechsels das Geld tatsächlich zufließt. [5]Entsprechendes gilt, wenn anstelle von Geld ein Scheck hingegeben wird.

(3) Bei Wirtschaftsgütern, bei denen erhöhte Absetzungen in Anspruch genommen werden, müssen in jedem Jahr des Begünstigungszeitraums mindestens Absetzungen in Höhe der Absetzungen für Abnutzung nach § 7 Absatz 1 oder 4 berücksichtigt werden.

(4) Bei Wirtschaftsgütern, bei denen Sonderabschreibungen in Anspruch genommen werden, sind die Absetzungen für Abnutzung nach § 7 Absatz 1 oder 4 vorzunehmen.

(5) Liegen bei einem Wirtschaftsgut die Voraussetzungen für die Inanspruchnahme von erhöhten Absetzungen oder Sonderabschreibungen auf Grund mehrerer Vorschriften vor, so dürfen erhöhte Absetzungen oder Sonderabschreibungen nur auf Grund einer dieser Vorschriften in Anspruch genommen werden.

(6) Erhöhte Absetzungen oder Sonderabschreibungen sind bei der Prüfung, ob die in § 141 Absatz 1 Nummer 4 und 5 der Abgabenordnung bezeichneten Buchführungsgrenzen überschritten sind, nicht zu berücksichtigen.

(7) [1] Ist ein Wirtschaftsgut mehreren Beteiligten zuzurechnen und sind die Voraussetzungen für erhöhte Absetzungen oder Sonderabschreibungen nur bei einzelnen Beteiligten erfüllt, so dürfen die erhöhten Absetzungen und Sonderabschreibungen nur anteilig für diese Beteiligten vorgenommen werden. [2] Die erhöhten Absetzungen oder Sonderabschreibungen dürfen von den Beteiligten, bei denen die Voraussetzungen dafür erfüllt sind, nur einheitlich vorgenommen werden.

(8) [1] Erhöhte Absetzungen oder Sonderabschreibungen sind bei Wirtschaftsgütern, die zu einem Betriebsvermögen gehören, nur zulässig, wenn sie in ein besonderes, laufend zu führendes Verzeichnis aufgenommen werden, das den Tag der Anschaffung oder Herstellung, die Anschaffungs- oder Herstellungskosten, die betriebsgewöhnliche Nutzungsdauer und die Höhe der jährlichen Absetzungen für Abnutzung, erhöhten Absetzungen und Sonderabschreibungen enthält. [2] Das Verzeichnis braucht nicht geführt zu werden, wenn diese Angaben aus der Buchführung ersichtlich sind.

(9) Sind für ein Wirtschaftsgut Sonderabschreibungen vorgenommen worden, so bemessen sich nach Ablauf des maßgebenden Begünstigungszeitraums die Absetzungen für Abnutzung bei Gebäuden und bei Wirtschaftsgütern im Sinne des § 7 Absatz 5a nach dem Restwert und dem nach § 7 Absatz 4 unter Berücksichtigung der Restnutzungsdauer maßgebenden Prozentsatz, bei anderen Wirtschaftsgütern nach dem Restwert und der Restnutzungsdauer.

§ 7b[1])

S 2197

Sonderabschreibung für Mietwohnungsneubau

(1) [1]Für die Anschaffung oder Herstellung neuer Wohnungen, die in einem Mitgliedstaat der Europäischen Union belegen sind, können nach Maßgabe der nachfolgenden Absätze im Jahr der Anschaffung oder Herstellung und in den folgenden drei Jahren Sonderabschreibungen bis zu jährlich 5 Prozent der Bemessungsgrundlage neben der Absetzung für Abnutzung nach § 7 Absatz 4 in Anspruch genommen werden. [2]Im Fall der Anschaffung ist eine Wohnung neu, wenn sie bis zum Ende des Jahres der Fertigstellung angeschafft wird. [3]In diesem Fall können die Sonderabschreibungen nach Satz 1 nur vom Anschaffenden in Anspruch genommen werden. [4]Bei der Anwendung des Satzes 1 sind den Mitgliedstaaten der Europäischen Union Staaten gleichgestellt, die auf Grund vertraglicher Verpflichtung Amtshilfe entsprechend dem EU-Amtshilfegesetz in einem Umfang leisten, der für die Überprüfung der Voraussetzungen dieser Vorschrift erforderlich ist.

(2) Die Sonderabschreibungen können nur in Anspruch genommen werden, wenn

1. **durch Baumaßnahmen auf Grund eines nach dem 31. August 2018 und vor dem 1. Januar 2022 gestellten Bauantrags oder einer in diesem Zeitraum getätigten Bauanzeige neue, bisher nicht vorhandene, Wohnungen geschaffen werden, die die Voraussetzungen des § 181 Absatz 9 des Bewertungsgesetzes erfüllen; hierzu gehören auch die zu einer Wohnung gehörenden Nebenräume,**
2. **die Anschaffungs- oder Herstellungskosten 3.000 Euro je Quadratmeter Wohnfläche nicht übersteigen und**
3. **die Wohnung im Jahr der Anschaffung oder Herstellung und in den folgenden neun Jahren der entgeltlichen Überlassung zu Wohnzwecken dient; Wohnungen dienen nicht Wohnzwecken, soweit sie zur vorübergehenden Beherbergung von Personen genutzt werden.**

(3) Bemessungsgrundlage für die Sonderabschreibungen nach Absatz 1 sind die Anschaffungs- oder Herstellungskosten der nach Absatz 2 begünstigten Wohnung, jedoch maximal 2.000 Euro je Quadratmeter Wohnfläche.

(4) [1]Die nach Absatz 1 in Anspruch genommenen Sonderabschreibungen sind rückgängig zu machen, wenn

1. **die begünstigte Wohnung im Jahr der Anschaffung oder Herstellung und in den folgenden neun Jahren nicht der entgeltlichen Überlassung zu Wohnzwecken dient,**

---

[1]) Die Inanspruchnahme der Sonderabschreibungen nach § 7b kann erstmalig für den VZ 2018 und letztmalig für den VZ 2026, in den Fällen des § 4a letztmalig für Wj., die vor dem 1.1.2027 enden, geltend gemacht werden. Das gilt auch dann, wenn der Abschreibungszeitraum nach § 7b Abs. 1 noch nicht abgelaufen ist >§ 52 Abs. 15a.

2. die begünstigte Wohnung oder ein Gebäude mit begünstigten Wohnungen im Jahr der Anschaffung oder der Herstellung oder in den folgenden neun Jahren veräußert wird und der Veräußerungsgewinn nicht der Einkommen- oder Körperschaftsteuer unterliegt oder
3. die Baukostenobergrenze nach Absatz 2 Nummer 2 innerhalb der ersten drei Jahre nach Ablauf des Jahres der Anschaffung oder Herstellung der begünstigten Wohnung durch nachträgliche Anschaffungs- oder Herstellungskosten überschritten wird.

[2] Steuer- oder Feststellungsbescheide, in denen Sonderabschreibungen nach Absatz 1 berücksichtigt wurden, sind insoweit aufzuheben oder zu ändern. [3] Das gilt auch dann, wenn die Steuer- oder Feststellungsbescheide bestandskräftig geworden sind; die Festsetzungsfristen für das Jahr der Anschaffung oder Herstellung und für die folgenden drei Kalenderjahre beginnen insoweit mit Ablauf des Kalenderjahres, in dem das Ereignis im Sinne des Satzes 1 eingetreten ist. [4] § 233a Absatz 2a der Abgabenordnung ist insoweit nicht anzuwenden.

(5) [1] Die Sonderabschreibungen nach Absatz 1 werden nur gewährt, soweit die Voraussetzungen der Verordnung (EU) Nr. 1407/2013 der Kommission vom 18. Dezember 2013 über die Anwendung der Artikel 107 und 108 des Vertrags über die Arbeitsweise der Europäischen Union auf De-minimis-Beihilfen (ABl. L 352 vom 24.12.2013, S. 1) (De-minimis-Verordnung) in der jeweils geltenden Fassung eingehalten sind. [2] Unter anderem darf hiernach der Gesamtbetrag der einem einzigen Unternehmen gewährten De-minimis-Beihilfe in einem Zeitraum von drei Veranlagungszeiträumen 200.000 Euro nicht übersteigen. [3] Bei dieser Höchstgrenze sind auch andere in diesem Zeitraum an das Unternehmen gewährte De-minimis-Beihilfen gleich welcher Art und Zielsetzung zu berücksichtigen. [4] Die Sonderabschreibungen werden erst gewährt, wenn der Anspruchsberechtigte in geeigneter Weise den Nachweis erbracht hat, in welcher Höhe ihm in den beiden vorangegangenen sowie im laufenden Veranlagungszeitraum De-minimis-Beihilfen gewährt worden sind, für die die vorliegende oder andere De-minimis-Verordnungen gelten, und nur soweit, wie die Voraussetzungen der De-minimis-Verordnung bei dem Unternehmen im Sinne der De-minimis-Verordnung eingehalten werden.

§ 7c[1])

(weggefallen)

Im Anschluss ist § 7c i. d. F. des Artikels 2 des Gesetzes zur weiteren steuerlichen Förderung der Elektromobilität und zur Änderung weiterer steuerlicher Vorschriften abgedruckt:

§ 7c

Sonderabschreibung für Elektronutzfahrzeuge und elektrisch betriebene Lastenfahrräder

(1) Bei neuen Elektronutzfahrzeugen im Sinne des Absatzes 2 sowie elektrisch betriebenen Lastenfahrrädern im Sinne des Absatzes 3, die zum Anlagevermögen gehören, kann im Jahr der Anschaffung neben der Absetzung für Abnutzung nach § 7 Absatz 1 eine Sonderabschreibung in Höhe von 50 Prozent der Anschaffungskosten in Anspruch genommen werden.

(2) Elektronutzfahrzeuge sind Fahrzeuge der EG-Fahrzeugklassen N1, N2 und N3, die ausschließlich durch Elektromotoren angetrieben werden, die ganz oder überwiegend aus mechanischen oder elektrochemischen Energiespeichern oder aus emissionsfrei betriebenen Energiewandlern gespeist werden.

(3) Elektrisch betriebene Lastenfahrräder sind Schwerlastfahrräder mit einem Mindest-Transportvolumen von einem Kubikmeter und einer Nutzlast von mindestens 150 Kilogramm, die mit einem elektromotorischen Hilfsantrieb angetrieben werden.

(4) [1] Die Sonderabschreibung kann nur in Anspruch genommen werden, wenn der Steuerpflichtige die der Sonderabschreibung zugrundeliegenden Anschaffungskosten sowie Angaben zu den in den Absätzen 1 bis 3 enthaltenen Voraussetzungen nach amtlich vorgeschriebenen Datensätzen durch Datenfernübertragung übermittelt. [2] Auf Antrag kann die Finanzbehörde zur Vermeidung unbilliger Härten auf eine elektronische Übermittlung verzichten; § 150 Absatz 8 der Abgabenordnung gilt entsprechend. [3] In den Fällen des Satzes 2 müssen sich die entsprechenden Angaben aus den beim Finanzamt einzureichenden Unterlagen ergeben.

§§ 7d bis 7f

(weggefallen)

---

[1]) § 7c wird durch Artikel 2 des Gesetzes zur weiteren steuerlichen Förderung der Elektromobilität und zur Änderung weiterer steuerlicher Vorschriften eingefügt und ist für nach dem 31.12.2019 und vor dem 1.1.2031 angeschaffte neue Elektrolieferfahrzeuge anzuwenden >§ 52 Abs. 15b.

Nach Artikel 39 Abs. 7 des Gesetzes zur weiteren steuerlichen Förderung der Elektromobilität und zur Änderung weiterer steuerlicher Vorschriften tritt § 7c an dem Tag in Kraft, an dem die Europäische Kommission durch Beschluss feststellt, dass die Regelungen entweder keine Beihilfen oder mit dem Binnenmarkt vereinbare Beihilfen darstellen. Der Tag des Beschlusses der Europäischen Kommission sowie der Tag des Inkrafttretens werden vom BMF gesondert im BGBl. Teil I bekannt gemacht.

S 2183b

§ 7g

Investitionsabzugsbeträge und Sonderabschreibungen zur Förderung kleiner und mittlerer Betriebe

(1) [1] Steuerpflichtige können für die künftige Anschaffung oder Herstellung von abnutzbaren beweglichen Wirtschaftsgütern des Anlagevermögens, die mindestens bis zum Ende des dem Wirtschaftsjahr der Anschaffung oder Herstellung folgenden Wirtschaftsjahres vermietet oder in einer inländischen Betriebsstätte des Betriebes ausschließlich oder fast ausschließlich betrieblich genutzt werden, bis zu 50 Prozent der voraussichtlichen Anschaffungs- oder Herstellungskosten gewinnmindernd abziehen (Investitionsabzugsbeträge). [2] Investitionsabzugsbeträge können nur in Anspruch genommen werden, wenn

1. der Gewinn
   a) nach § 4 oder § 5 ermittelt wird;
   b) im Wirtschaftsjahr, in dem die Abzüge vorgenommen werden sollen, ohne Berücksichtigung der Investitionsabzugsbeträge nach Satz 1 und der Hinzurechnungen nach Absatz 2 200.000 Euro nicht überschreitet und
2. der Steuerpflichtige die Summen der Abzugsbeträge und der nach den Absätzen 2 bis 4 hinzuzurechnenden oder rückgängig zu machenden Beträge nach amtlich vorgeschriebenen Datensätzen durch Datenfernübertragung übermittelt. [2] Auf Antrag kann die Finanzbehörde zur Vermeidung unbilliger Härten auf eine elektronische Übermittlung verzichten; § 150 Absatz 8 der Abgabenordnung gilt entsprechend. [3] In den Fällen des Satzes 2 müssen sich die Summen der Abzugsbeträge und der nach den Absätzen 2 bis 4 hinzuzurechnenden oder rückgängig zu machenden Beträge aus den beim Finanzamt einzureichenden Unterlagen ergeben.

[3] Abzugsbeträge können auch dann in Anspruch genommen werden, wenn dadurch ein Verlust entsteht oder sich erhöht. [4] Die Summe der Beträge, die im Wirtschaftsjahr des Abzugs und in den drei vorangegangenen Wirtschaftsjahren nach Satz 1 insgesamt abgezogen und nicht nach Absatz 2 hinzugerechnet oder nach den Absätzen 3 oder 4 rückgängig gemacht wurden, darf je Betrieb 200.000 Euro nicht übersteigen.

(2) [1] Im Wirtschaftsjahr der Anschaffung oder Herstellung eines begünstigten Wirtschaftsguts im Sinne von Absatz 1 Satz 1 können bis zu 50 Prozent der Anschaffungs- oder Herstellungskosten gewinnerhöhend hinzugerechnet werden; die Hinzurechnung darf die Summe der nach Absatz 1 abgezogenen und noch nicht nach den Absätzen 2 bis 4 hinzugerechneten oder rückgängig gemachten Abzugsbeträge nicht übersteigen. [2] Bei nach Eintritt der Unanfechtbarkeit der erstmaligen Steuerfestsetzung oder der erstmaligen gesonderten Feststel-

lung nach Absatz 1 in Anspruch genommenen Investitionsabzugsbeträgen setzt die Hinzurechnung nach Satz 1 voraus, dass das begünstigte Wirtschaftsgut zum Zeitpunkt der Inanspruchnahme der Investitionsabzugsbeträge noch nicht angeschafft oder hergestellt worden ist. [3]Die Anschaffungs- oder Herstellungskosten des Wirtschaftsguts können in dem in Satz 1 genannten Wirtschaftsjahr um bis zu 50 Prozent, höchstens jedoch um die Hinzurechnung nach Satz 1, gewinnmindernd herabgesetzt werden; die Bemessungsgrundlage für die Absetzungen für Abnutzung, erhöhten Absetzungen und Sonderabschreibungen sowie die Anschaffungs- oder Herstellungskosten im Sinne von § 6 Absatz 2 und 2a verringern sich entsprechend.

(3) [1]Soweit in Anspruch genommene Investitionsabzugsbeträge nicht bis zum Ende des dritten auf das Wirtschaftsjahr des jeweiligen Abzugs folgenden Wirtschaftsjahres nach Absatz 2 Satz 1 hinzugerechnet wurden, sind die Abzüge nach Absatz 1 rückgängig zu machen; die vorzeitige Rückgängigmachung von Investitionsabzugsbeträgen vor Ablauf der Investitionsfrist ist zulässig. [2]Wurde der Gewinn des maßgebenden Wirtschaftsjahres bereits einer Steuerfestsetzung oder einer gesonderten Feststellung zugrunde gelegt, ist der entsprechende Steuer- oder Feststellungsbescheid insoweit zu ändern. [3]Das gilt auch dann, wenn der Steuer- oder Feststellungsbescheid bestandskräftig geworden ist; die Festsetzungsfrist endet insoweit nicht, bevor die Festsetzungsfrist für den Veranlagungszeitraum abgelaufen ist, in dem das dritte auf das Wirtschaftsjahr des Abzugs folgende Wirtschaftsjahr endet. [4]§ 233a Absatz 2a der Abgabenordnung ist nicht anzuwenden. [1)]

(4) [1]Wird in den Fällen des Absatzes 2 ein begünstigtes Wirtschaftsgut nicht bis zum Ende des dem Wirtschaftsjahr der Anschaffung oder Herstellung folgenden Wirtschaftsjahres vermietet oder in einer inländischen Betriebsstätte des Betriebes ausschließlich oder fast ausschließlich betrieblich genutzt, sind die Herabsetzung der Anschaffungs- oder Herstellungskosten, die Verringerung der Bemessungsgrundlage und die Hinzurechnung nach Absatz 2 rückgängig zu machen. [2]Wurden die Gewinne der maßgebenden Wirtschaftsjahre bereits Steuerfestsetzungen oder gesonderten Feststellungen zugrunde gelegt, sind die entsprechenden Steuer- oder Feststellungsbescheide insoweit zu ändern. [3]Das gilt auch dann, wenn die Steuer- oder Feststellungsbescheide bestandskräftig geworden sind; die Festsetzungsfristen enden insoweit nicht, bevor die Festsetzungs-

---

1) Die Investitionsfrist wurde durch ***Artikel 5 des Gesetzes zur Modernisierung des Körperschaftsteuerrechts*** verlängert. Bei in nach dem 31.12.2016 und vor dem 1.1.2018 endenden Wj. beanspruchten Investitionsabzugsbeträgen endet die Investitionsfrist abweichend von § 7g Abs. 3 Satz 1 erst zum Ende des ***fünften*** auf das Wj. des Abzugs folgenden Wj.. ***Bei in nach dem 31.12.2017 und vor dem 1.1.2019 endenden Wj. beanspruchten Investitionsabzugsbeträgen endet die Investitionsfrist abweichend von § 7g Abs. 3 Satz 1 erst zum Ende des vierten auf das Wj. des Abzugs folgenden Wj.*** >§ 52 Abs. 16 Satz 3 ***und 4***.

frist für den Veranlagungszeitraum abgelaufen ist, in dem die Voraussetzungen des Absatzes 1 Satz 1 erstmals nicht mehr vorliegen. [4]§ 233a Absatz 2a der Abgabenordnung ist nicht anzuwenden.

(5) Bei abnutzbaren beweglichen Wirtschaftsgütern des Anlagevermögens können unter den Voraussetzungen des Absatzes 6 im Jahr der Anschaffung oder Herstellung und in den vier folgenden Jahren neben den Absetzungen für Abnutzung nach § 7 Absatz 1 oder Absatz 2 Sonderabschreibungen bis zu insgesamt 20 Prozent der Anschaffungs- oder Herstellungskosten in Anspruch genommen werden.

(6) Die Sonderabschreibungen nach Absatz 5 können nur in Anspruch genommen werden, wenn

1. **der Betrieb im Wirtschaftsjahr, das der Anschaffung oder Herstellung vorangeht, die Gewinngrenze des Absatzes 1 Satz 2 Nummer 1 nicht überschreitet, und**
2. **das Wirtschaftsgut im Jahr der Anschaffung oder Herstellung und im darauf folgenden Wirtschaftsjahr vermietet oder in einer inländischen Betriebsstätte des Betriebs des Steuerpflichtigen ausschließlich oder fast ausschließlich betrieblich genutzt wird; Absatz 4 gilt entsprechend.**

(7) [1]Bei Personengesellschaften und Gemeinschaften sind die Absätze 1 bis 6 mit der Maßgabe anzuwenden, dass an die Stelle des
[1]) **Steuerpflichtigen die Gesellschaft oder die Gemeinschaft tritt. [2]Vom Gewinn der Gesamthand oder Gemeinschaft abgezogene Investitionsabzugsbeträge können ausschließlich bei Investitionen der Personengesellschaft oder Gemeinschaft nach Absatz 2 Satz 1 gewinn-**
[1]) **erhöhend hinzugerechnet werden. [3]Entsprechendes gilt für vom Sonderbetriebsgewinn eines Mitunternehmers abgezogene Investitionsabzugsbeträge bei Investitionen dieses Mitunternehmers oder seines Rechtsnachfolgers in seinem Sonderbetriebsvermögen.**

[1]) Absatz 7 Satz 2 und 3 ist erstmals für Investitionsabzugsbeträge anzuwenden, die in nach dem 31.12.2020 endenden Wj. in Anspruch genommen werden >§ 52 Abs. 16 Satz 2.

§ 7h

S 2198a

Erhöhte Absetzungen bei Gebäuden in Sanierungsgebieten und städtebaulichen Entwicklungsbereichen

(1) [1] Bei einem im Inland belegenen Gebäude in einem förmlich festgelegten Sanierungsgebiet oder städtebaulichen Entwicklungsbereich kann der Steuerpflichtige abweichend von § 7 Absatz 4 und 5 im Jahr der Herstellung und in den folgenden sieben Jahren jeweils bis zu 9 Prozent und in den folgenden vier Jahren jeweils bis zu 7 Prozent der Herstellungskosten für Modernisierungs- und Instandsetzungsmaßnahmen im Sinne des § 177 des Baugesetzbuchs absetzen. [2] Satz 1 ist entsprechend anzuwenden auf Herstellungskosten für Maßnahmen, die der Erhaltung, Erneuerung und funktionsgerechten Verwendung eines Gebäudes im Sinne des Satzes 1 dienen, das wegen seiner geschichtlichen, künstlerischen oder städtebaulichen Bedeutung erhalten bleiben soll, und zu deren Durchführung sich der Eigentümer neben bestimmten Modernisierungsmaßnahmen gegenüber der Gemeinde verpflichtet hat. [3] Der Steuerpflichtige kann die erhöhten Absetzungen im Jahr des Abschlusses der Maßnahme und in den folgenden elf Jahren auch für Anschaffungskosten in Anspruch nehmen, die auf Maßnahmen im Sinne der Sätze 1 und 2 entfallen, soweit diese nach dem rechtswirksamen Abschluss eines obligatorischen Erwerbsvertrags oder eines gleichstehenden Rechtsakts durchgeführt worden sind. [4] Die erhöhten Absetzungen können nur in Anspruch genommen werden, soweit die Herstellungs- oder Anschaffungskosten durch Zuschüsse aus Sanierungs- oder Entwicklungsförderungsmitteln nicht gedeckt sind. [5] Nach Ablauf des Begünstigungszeitraums ist ein Restwert den Herstellungs- oder Anschaffungskosten des Gebäudes oder dem an deren Stelle tretenden Wert hinzuzurechnen; die weiteren Absetzungen für Abnutzung sind einheitlich für das gesamte Gebäude nach dem sich hiernach ergebenden Betrag und dem für das Gebäude maßgebenden Prozentsatz zu bemessen.

(1a) [1] Absatz 1 ist nicht anzuwenden, sofern Maßnahmen zur Herstellung eines neuen Gebäudes führen. [2] Die Prüfung, ob Maßnahmen zur Herstellung eines neuen Gebäudes führen, obliegt der Finanzbehörde.

(2) [1] Der Steuerpflichtige kann die erhöhten Absetzungen nur in Anspruch nehmen, wenn er durch eine nicht offensichtlich rechtswidrige Bescheinigung der zuständigen Gemeindebehörde die Voraussetzungen des Absatzes 1 für das Gebäude und die Maßnahmen nachweist, die Bescheinigung hat die Höhe der Aufwendungen für die

Maßnahmen nach Absatz 1 Satz 1 und 2 zu enthalten. [2]Sind ihm Zuschüsse aus Sanierungs- oder Entwicklungsförderungsmitteln gewährt worden, so hat die Bescheinigung auch deren Höhe zu enthalten; werden ihm solche Zuschüsse nach Ausstellung der Bescheinigung gewährt, so ist diese entsprechend zu ändern.

(3) Die Absätze 1 bis 2 sind auf Gebäudeteile, die selbständige unbewegliche Wirtschaftsgüter sind, sowie auf Eigentumswohnungen und auf im Teileigentum stehende Räume entsprechend anzuwenden.

§ 7i

S 2198b

Erhöhte Absetzungen bei Baudenkmalen

(1) [1] Bei einem im Inland belegenen Gebäude, das nach den jeweiligen landesrechtlichen Vorschriften ein Baudenkmal ist, kann der Steuerpflichtige abweichend von § 7 Absatz 4 und 5 im Jahr der Herstellung und in den folgenden sieben Jahren jeweils bis zu 9 Prozent und in den folgenden vier Jahren jeweils bis zu 7 Prozent der Herstellungskosten für Baumaßnahmen, die nach Art und Umfang zur Erhaltung des Gebäudes als Baudenkmal oder zu seiner sinnvollen Nutzung erforderlich sind, absetzen. [2] Eine sinnvolle Nutzung ist nur anzunehmen, wenn das Gebäude in der Weise genutzt wird, dass die Erhaltung der schützenswerten Substanz des Gebäudes auf die Dauer gewährleistet ist. [3] Bei einem im Inland belegenen Gebäudeteil, das nach den jeweiligen landesrechtlichen Vorschriften ein Baudenkmal ist, sind die Sätze 1 und 2 entsprechend anzuwenden. [4] Bei einem im Inland belegenen Gebäude oder Gebäudeteil, das für sich allein nicht die Voraussetzungen für ein Baudenkmal erfüllt, aber Teil einer Gebäudegruppe oder Gesamtanlage ist, die nach den jeweiligen landesrechtlichen Vorschriften als Einheit geschützt ist, kann der Steuerpflichtige die erhöhten Absetzungen von den Herstellungskosten für Baumaßnahmen vornehmen, die nach Art und Umfang zur Erhaltung des schützenswerten äußeren Erscheinungsbildes der Gebäudegruppe oder Gesamtanlage erforderlich sind. [5] Der Steuerpflichtige kann die erhöhten Absetzungen im Jahr des Abschlusses der Baumaßnahme und in den folgenden elf Jahren auch für Anschaffungskosten in Anspruch nehmen, die auf Baumaßnahmen im Sinne der Sätze 1 bis 4 entfallen, soweit diese nach dem rechtswirksamen Abschluss eines obligatorischen Erwerbsvertrags oder eines gleichstehenden Rechtsakts durchgeführt worden sind. [6] Die Baumaßnahmen müssen in Abstimmung mit der in Absatz 2 bezeichneten Stelle durchgeführt worden sein. [7] Die erhöhten Absetzungen können nur in Anspruch genommen werden, soweit die Herstellungs- oder Anschaffungskosten nicht durch Zuschüsse aus öffentlichen Kassen gedeckt sind. [8] § 7h Absatz 1 Satz 5 ist entsprechend anzuwenden.

(2) [1] Der Steuerpflichtige kann die erhöhten Absetzungen nur in Anspruch nehmen, wenn er durch eine nicht offensichtlich rechtswidrige Bescheinigung der nach Landesrecht zuständigen oder von der Landesregierung bestimmten Stelle die Voraussetzungen des Absatzes 1 für das Gebäude oder Gebäudeteil und für die Erforderlichkeit der Aufwendungen nachweist. [2] Hat eine der für Denkmalschutz oder Denkmalpflege zuständigen Behörden ihm Zuschüsse gewährt, so hat die Bescheinigung auch deren Höhe zu enthalten; werden ihm solche Zuschüsse nach Ausstellung der Bescheinigung gewährt, so ist diese entsprechend zu ändern.

(3) § 7h Absatz 3 ist entsprechend anzuwenden.

4. Überschuss der Einnahmen über die Werbungskosten

§ 8
Einnahmen

S 2202 **(1) [1] Einnahmen sind alle Güter, die in Geld oder Geldeswert beste-**
S 2332 **hen und dem Steuerpflichtigen im Rahmen einer der Einkunftsarten des § 2 Absatz 1 Satz 1 Nummer 4 bis 7 zufließen. [2] Zu den Einnahmen in Geld gehören auch zweckgebundene Geldleistungen, nachträgliche Kostenerstattungen, Geldsurrogate und andere Vorteile, die auf einen Geldbetrag lauten. [3] Satz 2 gilt nicht bei Gutscheinen und Geldkarten, die ausschließlich zum Bezug von Waren oder Dienstleistungen berechtigen und die Kriterien des § 2 Absatz 1 Nummer 10 des Zahlungsdiensteaufsichtsgesetzes erfüllen.**

S 2334 **(2) [1] Einnahmen, die nicht in Geld bestehen (Wohnung, Kost, Waren, Dienstleistungen und sonstige Sachbezüge), sind mit den um übliche Preisnachlässe geminderten üblichen Endpreisen am Abgabeort anzusetzen. [2] Für die private Nutzung eines betrieblichen Kraftfahrzeugs zu privaten Fahrten gilt § 6 Absatz 1 Nummer 4 Satz 2 entsprechend. [3] Kann das Kraftfahrzeug auch für Fahrten zwischen Wohnung und erster Tätigkeitsstätte sowie Fahrten nach § 9 Absatz 1 Satz 3 Nummer 4a Satz 3 genutzt werden, erhöht sich der Wert in Satz 2 für jeden Kalendermonat um 0,03 Prozent des Listenpreises im Sinne des § 6 Absatz 1 Nummer 4 Satz 2 für jeden Kilometer der Entfernung zwischen Wohnung und erster Tätigkeitsstätte sowie der Fahrten nach § 9 Absatz 1 Satz 3 Nummer 4a Satz 3. [4] Der Wert nach den Sätzen 2 und 3 kann mit dem auf die private Nutzung und die Nutzung zu Fahrten zwischen Wohnung und erster Tätigkeitsstätte sowie Fahrten nach § 9 Absatz 1 Satz 3 Nummer 4a Satz 3 entfallenden Teil der gesamten Kraftfahrzeugaufwendungen angesetzt werden, wenn die durch das Kraftfahrzeug insgesamt entstehenden Aufwendungen durch Belege und das Verhältnis der privaten Fahrten und der Fahrten zwischen Wohnung und erster Tätigkeitsstätte sowie Fahrten nach § 9 Absatz 1 Satz 3 Nummer 4a Satz 3 zu den übrigen Fahrten durch ein ordnungsgemäßes Fahrtenbuch nachgewiesen werden; § 6 Absatz 1 Nummer 4 Satz 3 zweiter Halbsatz gilt entsprechend. [5] Die Nutzung des Kraftfahrzeugs zu einer Familienheimfahrt im Rahmen einer doppelten Haushaltsführung ist mit 0,002 Prozent des Listenpreises im Sinne des § 6 Absatz 1 Nummer 4 Satz 2 für jeden Kilometer der Entfernung zwischen dem Ort des eigenen Hausstands und dem Beschäftigungsort anzusetzen; dies gilt nicht, wenn für diese Fahrt ein Abzug von Werbungskosten nach § 9 Absatz 1 Satz 3 Nummer 5 Satz 5 und 6 in Betracht käme; Satz 4 ist sinngemäß anzuwenden. [6] Bei Arbeitnehmern, für deren Sachbezüge durch Rechtsverordnung nach § 17 Absatz 1 Satz 1 Nummer 4 des Vierten Buches Sozialgesetzbuch Werte bestimmt worden sind, sind diese Werte maßgebend.**

[7]Die Werte nach Satz 6 sind auch bei Steuerpflichtigen anzusetzen, die nicht der gesetzlichen Rentenversicherungspflicht unterliegen. [8]Wird dem Arbeitnehmer während einer beruflichen Tätigkeit außerhalb seiner Wohnung und ersten Tätigkeitsstätte oder im Rahmen einer beruflich veranlassten doppelten Haushaltsführung vom Arbeitgeber oder auf dessen Veranlassung von einem Dritten eine Mahlzeit zur Verfügung gestellt, ist diese Mahlzeit mit dem Wert nach Satz 6 (maßgebender amtlicher Sachbezugswert nach der Sozialversicherungsentgeltverordnung) anzusetzen, wenn der Preis für die Mahlzeit 60 Euro nicht übersteigt. [9]Der Ansatz einer nach Satz 8 bewerteten Mahlzeit unterbleibt, wenn beim Arbeitnehmer für ihm entstehende Mehraufwendungen für Verpflegung ein Werbungskostenabzug nach § 9 Absatz 4a Satz 1 bis 7 in Betracht käme. [10]Die oberste Finanzbehörde eines Landes kann mit Zustimmung des Bundesministeriums der Finanzen für weitere Sachbezüge der Arbeitnehmer Durchschnittswerte festsetzen. [11]Sachbezüge, die nach Satz 1 zu bewerten sind, bleiben außer Ansatz, wenn die sich nach Anrechnung der vom Steuerpflichtigen gezahlten Entgelte ergebenden Vorteile insgesamt *50 Euro* im Kalendermonat nicht übersteigen; die nach Absatz 1 Satz 3 nicht zu den Einnahmen in Geld gehörenden Gutscheine und Geldkarten bleiben nur dann außer Ansatz, wenn sie zusätzlich zum ohnehin geschuldeten Arbeitslohn gewährt werden. [12]Der Ansatz eines Sachbezugs für eine dem Arbeitnehmer vom Arbeitgeber, auf dessen Veranlassung von einem verbundenen Unternehmen (§ 15 des Aktiengesetzes) oder bei einer juristischen Person des öffentlichen Rechts als Arbeitgeber auf dessen Veranlassung von einem entsprechend verbundenen Unternehmen zu eigenen Wohnzwecken überlassene Wohnung unterbleibt, soweit das vom Arbeitnehmer gezahlte Entgelt mindestens zwei Drittel des ortsüblichen Mietwerts und dieser nicht mehr als 25 Euro je Quadratmeter ohne umlagefähige Kosten im Sinne der Verordnung über die Aufstellung von Betriebskosten beträgt. *1)*

(3) [1]Erhält ein Arbeitnehmer auf Grund seines Dienstverhältnisses Waren oder Dienstleistungen, die vom Arbeitgeber nicht überwiegend für den Bedarf seiner Arbeitnehmer hergestellt, vertrieben oder erbracht werden und deren Bezug nicht nach § 40 pauschal versteuert wird, so gelten als deren Werte abweichend von Absatz 2 die um 4 Prozent geminderten Endpreise, zu denen der Arbeitgeber oder der dem Abgabeort nächstansässige Abnehmer die Waren oder Dienstleistungen fremden Letztverbrauchern im allgemeinen Geschäftsverkehr anbietet. [2]Die sich nach Abzug der vom Arbeitnehmer gezahlten Entgelte ergebenden Vorteile sind steuerfrei, soweit sie aus dem Dienstverhältnis insgesamt 1.080 Euro im Kalenderjahr nicht übersteigen.

1) Absatz 2 Satz 11 wurde durch Artikel 3 des JStG 2020 ab VZ 2022 geändert.

(4) [1] Im Sinne dieses Gesetzes werden Leistungen des Arbeitgebers oder auf seine Veranlassung eines Dritten (Sachbezüge oder Zuschüsse) für eine Beschäftigung nur dann zusätzlich zum ohnehin geschuldeten Arbeitslohn erbracht, wenn

1. die Leistung nicht auf den Anspruch auf Arbeitslohn angerechnet,

2. der Anspruch auf Arbeitslohn nicht zugunsten der Leistung herabgesetzt,

3. die verwendungs- oder zweckgebundene Leistung nicht anstelle einer bereits vereinbarten künftigen Erhöhung des Arbeitslohns gewährt und

4. bei Wegfall der Leistung der Arbeitslohn nicht erhöht

wird. [2] Unter den Voraussetzungen des Satzes 1 ist von einer zusätzlich zum ohnehin geschuldeten Arbeitslohn erbrachten Leistung auch dann auszugehen, wenn der Arbeitnehmer arbeitsvertraglich oder auf Grund einer anderen arbeits- oder dienstrechtlichen Rechtsgrundlage (wie Einzelvertrag, Betriebsvereinbarung, Tarifvertrag, Gesetz) einen Anspruch auf diese hat.

LStDV

LStDV

S 2375

§ 4

Lohnkonto

Anhang 22

(1), (2) . . .

(2a) [1] Der Arbeitgeber hat die nach den Absätzen 1 und 2 sowie die nach § 41 des Einkommensteuergesetzes aufzuzeichnenden Daten der Finanzbehörde nach einer amtlich vorgeschriebenen einheitlichen Form über eine digitale Schnittstelle elektronisch bereitzustellen. [2] Auf Antrag des Arbeitgebers kann das Betriebsstättenfinanzamt zur Vermeidung unbilliger Härten zulassen, dass der Arbeitgeber die in Satz 1 genannten Daten in anderer auswertbarer Form bereitstellt.

(3) [1] Das Betriebsstättenfinanzamt kann bei Arbeitgebern, die für die Lohnabrechnung ein maschinelles Verfahren anwenden, Ausnahmen von den Vorschriften der Absätze 1 und 2 zulassen, wenn die Möglichkeit zur Nachprüfung in anderer Weise sichergestellt ist. [2] Das Betriebsstättenfinanzamt soll zulassen, dass Sachbezüge im Sinne des § 8 Absatz 2 Satz 11 und Absatz 3 des Einkommensteuergesetzes für solche Arbeitnehmer nicht aufzuzeichnen sind, für die durch betriebliche Regelungen und entsprechende Überwachungsmaßnahmen gewährleistet ist, dass die in § 8 Absatz 2 Satz 11 oder Absatz 3 des Einkommensteuergesetzes genannten Beträge nicht überschritten werden.

(4) . . .

R 8.1

Bewertung der Sachbezüge (§ 8 Abs. 2 EStG)

Allgemeines R 8.1 (1)

S 2331

(1) [1]Fließt dem Arbeitnehmer Arbeitslohn in Form von Sachbezügen zu, sind diese ebenso wie Barlohnzahlungen entweder dem laufenden Arbeitslohn oder den sonstigen Bezügen zuzuordnen (>R 39b.2). [2]Für die Besteuerung unentgeltlicher Sachbezüge ist deren Geldwert maßgebend. [3]Erhält der Arbeitnehmer die Sachbezüge nicht unentgeltlich, ist der Unterschiedsbetrag zwischen dem Geldwert des Sachbezugs und dem tatsächlichen Entgelt zu versteuern. [4]Der Geldwert ist entweder durch Einzelbewertung zu ermitteln (>Absatz 2) oder mit einem amtlichen Sachbezugswert anzusetzen (>Absatz 4). [5]Besondere Bewertungsvorschriften gelten nach § 8 Abs. 3 EStG für den Bezug von Waren oder Dienstleistungen, die vom Arbeitgeber nicht überwiegend für den Bedarf seiner Arbeitnehmer hergestellt, vertrieben oder erbracht werden, soweit diese Sachbezüge nicht nach § 40 EStG pauschal versteuert werden (>R 8.2), sowie nach § 19a Abs. 2 EStG in der am 31.12.2008 geltenden Fassung (>R 19a) und § 3 Nr. 39 Satz 4 EStG für den Bezug von Vermögensbeteiligungen. [6]Die Auszahlung von Arbeitslohn in Fremdwährung ist kein Sachbezug.

Einzelbewertung von Sachbezügen R 8.1 (2)

(2) [1]Sachbezüge, für die keine amtlichen Sachbezugswerte (>Absatz 4) festgesetzt sind, die nicht nach § 8 Abs. 2 Satz 2 bis 5 EStG (>Absatz 9 und 10) zu bewerten sind, und die nicht nach § 8 Abs. 3 EStG bewertet werden, sind nach § 8 Abs. 2 Satz 1 EStG mit den um übliche Preisnachlässe geminderten üblichen Endpreisen am Abgabeort im Zeitpunkt der Abgabe anzusetzen. [2]Bei einem umfangreichen Warenangebot, von dem fremde Letztverbraucher ausgeschlossen sind, kann der übliche Preis einer Ware auch auf Grund repräsentativer Erhebungen über die relative Preisdifferenz für die gängigsten Einzelstücke jeder Warengruppe ermittelt werden. [3]Erhält der Arbeitnehmer eine Ware oder Dienstleistung, die nach § 8 Abs. 2 Satz 1 EStG zu bewerten ist, kann sie aus Vereinfachungsgründen mit 96 % des Endpreises bewertet werden, zu dem sie der Abgebende oder dessen Abnehmer fremden Letztverbrauchern im allgemeinen Geschäftsverkehr anbietet. [4]Satz 3 gilt nicht, wenn als Endpreis der günstigste Preis am Markt angesetzt, ein Sachbezug durch eine (zweckgebundene) Geldleistung des Arbeitgebers verwirklicht oder ein Warengutschein mit Betragsangabe hingegeben wird.

Freigrenze nach § 8 Abs. 2 Satz 11 EStG R 8.1 (3)

(3) [1]Bei der Prüfung der Freigrenze bleiben die nach § 8 Abs. 2 Satz 1 EStG zu bewertenden Vorteile, die nach §§ 37b, 40 EStG pauschal versteuert werden, außer Ansatz[1]). [2]Für die Feststellung, ob die Freigrenze des § 8 Abs. 2 Satz 11 EStG überschritten ist, sind die in einem Kalender-

[1]) zur Anwendung der Freigrenze bei Gutscheinen und Geldkarten i. S. d. § 8 Abs. 1 Satz 3 >§ 8 Abs. 2 Satz 11 zweiter Halbsatz

monat zufließenden und nach § 8 Abs. 2 Satz 1 EStG zu bewertenden Vorteile – auch soweit hierfür Lohnsteuer nach § 39b Abs. 2 und 3 EStG einbehalten worden ist – zusammenzurechnen. [3]Außer Ansatz bleiben Vorteile, die nach § 8 Abs. 2 Satz 2 bis 10 oder Abs. 3, § 3 Nr. 39 EStG oder nach § 19a EStG a. F. i. V. m. § 52 Abs. 27 EStG zu bewerten sind. [4]Auf Zukunftssicherungsleistungen des Arbeitgebers i. S. d. § 2 Abs. 2 Nr. 3 LStDV ist die Freigrenze nicht anwendbar. [5]Bei der monatlichen Überlassung einer Monatsmarke oder einer monatlichen Fahrberechtigung für ein Job-Ticket, das für einen längeren Zeitraum gilt, ist die Freigrenze anwendbar.

R 8.1 (4)

Amtliche Sachbezugswerte

Anhang 26

(4) [1]Amtliche Sachbezugswerte werden durch die SvEV oder durch Erlasse der obersten Landesfinanzbehörden nach § 8 Abs. 2 Satz 10 EStG festgesetzt. [2]Die amtlichen Sachbezugswerte sind, soweit nicht zulässigerweise § 8 Abs. 3 EStG angewandt wird, ausnahmslos für die Sachbezüge maßgebend, für die sie bestimmt sind. [3]Die amtlichen Sachbezugswerte gelten auch dann, wenn in einem Tarifvertrag, einer Betriebsvereinbarung oder in einem Arbeitsvertrag für Sachbezüge höhere oder niedrigere Werte festgesetzt worden sind. [4]Sie gelten ausnahmsweise auch für Barvergütungen, wenn diese nur gelegentlich oder vorübergehend gezahlt werden, z. B. bei tageweiser auswärtiger Beschäftigung, für die Dauer einer Krankheit oder eines Urlaubs, und wenn mit der Barvergütung nicht mehr als der tatsächliche Wert der Sachbezüge abgegolten wird; geht die Barvergütung über den tatsächlichen Wert der Sachbezüge hinaus, ist die Barvergütung der Besteuerung zugrunde zu legen.

H 8.1 (1-4)

Hinweise

50-Euro-Freigrenze

- Vorteile aus der Überlassung eines zinslosen oder zinsverbilligten Arbeitgeberdarlehens sind bei der Zusammenrechnung einzubeziehen (>BMF vom 19.5.2015 – BStBl I S. 484, Rdnr. 10). — Anhang 24 IX
- Zu den Aufzeichnungserleichterungen für Sachbezüge i. S. d. § 8 Abs. 2 Satz 11 EStG >§ 4 Abs. 3 Satz 2 LStDV — Anhang 22
- ***>BMF vom 13.4.2021 (BStBl I S. 624), Rdnr. 4*** — ***Anhang 24 VII***

Aktienoptionen

>H 38.2

>H 9.1

Arbeitgeberdarlehen

Anhang 24 IX

>BMF vom 19.5.2015 (BStBl I S. 484)

Ausländische Währung

Lohnzahlungen in einer gängigen ausländischen Währung sind Einnahmen in Geld und kein Sachbezug. Die Freigrenze des § 8 Abs. 2 Satz 11 EStG findet auf sie keine Anwendung (>BFH vom 27.10.2004 – BStBl 2005 II S. 135 und vom 11.11.2010 – BStBl 2011 II S. 383, 386 und 389). Umrechnungsmaßstab ist – soweit vorhanden – der auf den Umrechnungszeitpunkt bezogene Euro-Referenzkurs der Europäischen Zentralbank. Lohnzahlungen sind bei Zufluss des Arbeitslohns anhand der von der Europäischen Zentralbank veröffentlichten monatlichen Durchschnittsreferenzkurse umzurechnen, denen die im BStBl I veröffentlichten Umsatzsteuer-Umrechnungskurse entsprechen (>BFH vom 3.12.2009 – BStBl 2010 II S. 698).

Durchschnittswerte der von Luftfahrtunternehmen gewährten Flüge

>Gleich lautende Ländererlasse vom ***12.5.2021 (BStBl I S. 774)*** Anhang 24 X

Fahrrad

- Zur Ermittlung des geldwerten Vorteils bei Überlassung von (Elektro-) Fahrrädern >Gleich lautende Ländererlasse vom 9.1.2020 (BStBl I S. 174) Anhang 24 IV 4
- Zur lohnsteuerlichen Behandlung der Überlassung von (Elektro-) Fahrrädern an Arbeitnehmer in Leasingfällen >BMF vom 17.11.2017 (BStBl I S. 1546) Anhang 24 IV 5

Firmenfitnessprogramm

- ***Zur Bewertung einer konkreten Ware oder Dienstleistung, die nicht zu vergleichbaren Bedingungen an Endverbraucher am Markt angeboten wird >BMF vom 16.5.2013 (BStBl I S. 729) unter Berücksichtigung der Änderungen durch BMF vom 11.2.2021 (BStBl I S. 311), Rdnr. 4a*** ***Anhang 24 III***
- ***Zum Zufluss >H 38.2 (Zufluss von Arbeitslohn)***

Gehaltsumwandlung

- Die Umwandlung von Barlohn in Sachlohn (Gehaltsumwandlung) setzt voraus, dass der Arbeitnehmer unter Änderung des Anstellungsvertrages auf einen Teil seines Barlohns verzichtet und ihm der Arbeitgeber stattdessen Sachlohn gewährt. Ob ein Anspruch auf Barlohn oder Sachlohn besteht, ist auf den Zeitpunkt bezogen zu entscheiden, zu dem der Arbeitnehmer über seinen Lohnanspruch verfügt (>BFH vom 6.3.2008 – BStBl II S. 530).
- ***>§ 8 Abs. 4 EStG***

Geldleistung oder Sachbezug

- ***>BMF vom 13.4.2021 (BStBl I S. 624), Rdnr. 5 ff.*** ***Anhang 24 VII***

– Leistet der Arbeitgeber im Rahmen eines ausgelagerten Optionsmodells zur Vermögensbeteiligung der Arbeitnehmer Zuschüsse an einen Dritten als Entgelt für die Übernahme von Kursrisiken, führt dies bei den Arbeitnehmern zu Sachlohn, wenn die Risikoübernahme des Dritten auf einer vertraglichen Vereinbarung mit dem Arbeitgeber beruht; die Freigrenze des § 8 Abs. 2 Satz 11 EStG ist anwendbar (>BFH vom 13.9.2007 – BStBl 2008 II S. 204).

Geldsurrogate

Anhang 24 VII – ***>BMF vom 13.4.2021 (BStBl I S. 624), Rdnr. 23 ff.***

Geltung der Sachbezugswerte

Anhang 26 – Die Sachbezugswerte nach der SvEV gelten nach § 8 Abs. 2 Satz 7 EStG auch für Arbeitnehmer, die nicht der gesetzlichen Rentenversicherungspflicht unterliegen.

– Die Sachbezugswerte gelten nicht, wenn die vorgesehenen Sachbezüge durch Barvergütungen abgegolten werden; in diesen Fällen sind grundsätzlich die Barvergütungen zu versteuern (>BFH vom 16.3.1962 – BStBl III S. 284).

GmbH-Anteile

Veräußert der Arbeitgeber oder eine diesem nahestehende Person eine Beteiligung an einer Kapitalgesellschaft an einen Arbeitnehmer oder umgekehrt, handelt es sich in der Regel nicht um eine Veräußerung im gewöhnlichen Geschäftsverkehr, da ein Einfluss des Arbeitsverhältnisses auf die Verkaufsmodalitäten jedenfalls nahe liegt. Eine Ableitung des gemeinen Werts aus Verkäufen kommt in diesem Fall regelmäßig nicht in Betracht. Er ist ggf. anhand eines Sachverständigengutachtens zu schätzen (>BFH vom 15.3.2018 – BStBl II S. 550).

Job-Ticket

Anhang 17a – >BMF vom 15.8.2019 (BStBl I S. 875)

– Ein geldwerter Vorteil ist nicht anzunehmen, wenn der Arbeitgeber seinen Arbeitnehmern ein Job-Ticket zu dem mit dem Verkehrsträger vereinbarten Preis überlässt (>BMF vom 27.1.2004 – BStBl I S. 173, Tz. II.1).

– Die Steuerbefreiung nach § 3 Nr. 15 EStG kommt bei einer Gehaltsumwandlung nicht in Betracht. In diesem Fall liegt ein Sachbezug vor, soweit der Arbeitnehmer das Job-Ticket verbilligt oder unentgeltlich vom Arbeitgeber erhält. § 8 Abs. 2 Satz 11 EStG (***50***-Euro-Freigrenze) findet Anwendung.

Beispiel zu einer Gehaltsumwandlung i. H. v. ***50,40*** €

Üblicher Preis für eine Monatsfahrkarte	***56,00*** €
Vom Verkehrsträger eingeräumte Job-Ticketermäßigung 10 %	***5,60*** €
Differenz	***50,40*** €
davon 96 % (>R 8.1 Abs. 2 Satz 3)	***48,38*** €
Vorteil	***48,38*** €

Unter der Voraussetzung, dass keine weiteren Sachbezüge im Sinne von § 8 Abs. 2 Satz 1 EStG im Monat gewährt werden, die zu einer Überschreitung der ***50***-Euro-Grenze führen, bleibt der Vorteil von ***48,38*** € außer Ansatz.

– Gilt das Job-Ticket für einen längeren Zeitraum (z. B. Jahreskarte), fließt der Vorteil insgesamt bei Überlassung des Job-Tickets zu (>BFH vom 12.4.2007 – BStBl II S. 719). Zum Zuflusszeitpunkt >H 38.2 (Zufluss von Arbeitslohn). Zur Minderung der Entfernungspauschale >BMF vom 15.8.2019 (BStBl I S. 875) Anhang 17a

Nachträgliche Kostenerstattung

– ***>BMF vom 13.4.2021 (BStBl I S. 624), Rdnr. 23 ff.*** ***Anhang 24 VII***

Rabatte von dritter Seite

>BMF vom 20.1.2015 (BStBl I S. 143) Anhang 24 I

Sachbezugswerte im Bereich der Seeschifffahrt und Fischerei

>Gleich lautende Erlasse der Länder Bremen, Hamburg, Mecklenburg-Vorpommern, Niedersachsen und Schleswig-Holstein vom 15.6.2015 (BStBl I S. 512)

Üblicher Endpreis

– >BMF vom 16.5.2013 (BStBl I S. 729, Tz. 3.1) ***unter Berücksichtigung der Änderungen durch BMF vom 11.2.2021 (BStBl I S. 311)*** Anhang 24 III

– Beim Erwerb eines Gebrauchtwagens vom Arbeitgeber ist nicht auf den Händlereinkaufspreis abzustellen, sondern auf den Preis, den das Fahrzeug unter Berücksichtigung der vereinbarten Nebenleistungen auf dem Gebrauchtwagenmarkt tatsächlich erzielen würde (Händlerverkaufspreis). Wird zur Bestimmung des üblichen Endpreises eine Schätzung erforderlich, kann sich die Wertermittlung an den im Rechtsverkehr anerkannten Marktübersichten für gebrauchte Pkw orientieren (>BFH vom 17.6.2005 – BStBl II S. 795).

– Der Wert einer dem Arbeitnehmer durch den Arbeitgeber zugewandten Reise kann grundsätzlich anhand der Kosten geschätzt werden, die der Arbeitgeber für die Reise aufgewendet hat (>BFH vom 18.8.2005 – BStBl 2006 II S. 30).

– Zur Einbeziehung von Versandkosten >BFH vom 6.6.2018 (BStBl II S. 764)

Wandeldarlehensvertrag

Der geldwerte Vorteil bemisst sich im Falle der Ausübung des Wandlungsrechts aus der Differenz zwischen dem Börsenpreis der Aktien an dem Tag, an dem der Arbeitnehmer die wirtschaftliche Verfügungsmacht über die Aktien erlangt, und den Erwerbsaufwendungen (>BFH vom 23.6.2005 – BStBl II S. 770 und vom 20.5.2010 – BStBl II S. 1069).

Wandelschuldverschreibung

>H 38.2

Warengutscheine

Anhang 24 VII

– ***>BMF vom 13.4.2021 (BStBl I S. 624)***
– Zum Zuflusszeitpunkt bei Warengutscheinen >R 38.2 Abs. 3

Zinsersparnisse

Anhang 24 IX

>Arbeitgeberdarlehen

Zukunftssicherungsleistungen

Anhang 24 VII

– ***>BMF vom 13.4.2021 (BStBl I S. 624), Rdnr. 6 f., 18***

Zusätzlichkeitsvoraussetzung

>§ 8 Abs. 4 EStG

Zweckgebundene Geldleistung

Anhang 24 VII

>BMF vom 13.4.2021 (BStBl I S. 624), Rdnr. 20, 22

R 8.1 (5)

Unterkunft oder Wohnung

Anhang 26

(5) [1] Für die Bewertung einer Unterkunft, die keine Wohnung ist (>Absatz 6 Satz 2 bis 4), ist der amtliche Sachbezugswert nach der SvEV maßgebend, soweit nicht zulässigerweise § 8 Abs. 3 EStG angewandt wird. [2] Dabei ist der amtliche Sachbezugswert grundsätzlich auch dann anzusetzen, wenn der Arbeitgeber die dem Arbeitnehmer überlassene Unterkunft gemietet und ggf. mit Einrichtungsgegenständen ausgestattet hat. [3] Eine Gemeinschaftsunterkunft liegt vor, wenn die Unterkunft beispielsweise durch Gemeinschaftswaschräume oder Gemeinschaftsküchen Wohnheimcharakter hat oder Zugangsbeschränkungen unterworfen ist.

R 8.1 (6)

(6) [1] Soweit nicht zulässigerweise § 8 Abs. 3 EStG angewandt wird, ist für die Bewertung einer Wohnung der ortsübliche Mietwert[1]) maßgebend. [2] Eine Wohnung ist eine in sich geschlossene Einheit von Räumen, in denen ein selbständiger Haushalt geführt werden kann. [3] Wesentlich ist, dass eine Wasserversorgung und -entsorgung, zumindest eine einer Küche vergleichbare Kochgelegenheit sowie eine Toilette vorhanden sind. [4] Danach

---

[1]) zum Bewertungsabschlag auf den ortsüblichen Mietwert >§ 8 Abs. 2 Satz 12

stellt z. B. ein Einzimmerappartement mit Küchenzeile und WC als Nebenraum eine Wohnung dar, dagegen ist ein Wohnraum bei Mitbenutzung von Bad, Toilette und Küche eine Unterkunft. [5]Als ortsüblicher Mietwert ist die Miete anzusetzen, die für eine nach Baujahr, Art, Größe, Ausstattung, Beschaffenheit und Lage vergleichbare Wohnung üblich ist (Vergleichsmiete). [6]In den Fällen, in denen der Arbeitgeber vergleichbare Wohnungen in nicht unerheblichem Umfang an fremde Dritte zu einer niedrigeren als der üblichen Miete vermietet, ist die niedrigere Miete anzusetzen. [7]Die Vergleichsmiete gilt unabhängig davon, ob die Wohnung z. B. als Werks- und Dienstwohnung im Eigentum des Arbeitgebers oder dem Arbeitgeber auf Grund eines Belegungsrechts zur Verfügung steht oder von ihm angemietet worden ist. [8]Gesetzliche Mietpreisbeschränkungen sind zu beachten. [9]Stehen solche einem Mieterhöhungsverlangen entgegen, gilt dies jedoch nur, soweit die maßgebliche Ausgangsmiete den ortsüblichen Mietwert oder die gesetzlich zulässige Höchstmiete nicht unterschritten hat. [10]Überlässt der Arbeitgeber dem Arbeitnehmer im Rahmen einer Auslandstätigkeit eine Wohnung im Ausland, deren ortsübliche Miete 18 % des Arbeitslohns ohne Kaufkraftausgleich übersteigt, ist diese Wohnung mit 18 % des Arbeitslohns ohne Kaufkraftausgleich zuzüglich 10 % der darüber hinausgehenden ortsüblichen Miete zu bewerten[1]).

Hinweise

H 8.1 (5-6)

Bewertungsabschlag nach § 8 Abs. 2 Satz 12 EStG

Beispiel 1

Ein Arbeitgeber überlässt seinem Arbeitnehmer eine Wohnung zu eigenen Wohnzwecken gegen ein monatliches Entgelt von 1.560 € (120 qm x 13 €/qm). Der ortsübliche Mietwert (Kaltmiete plus umlagefähige Nebenkosten) beträgt 20 €/qm.

Der monatliche geldwerte Vorteil (Mietvorteil) ist wie folgt zu berechnen:

Ortsüblicher Mietwert (120 qm x 20 €/qm)	***2.400 €***
./. Bewertungsabschlag (1/3)	***800 €***
= verbleibender Betrag	***1.600 €***
./. Zahlung des Arbeitnehmers	***1.560 €***
Geldwerter Vorteil	***40 €***

Der geldwerte Vorteil von 40 € bleibt aber aufgrund der monatlichen 50-Euro-Freigrenze für Sachbezüge gem. § 8 Abs. 2 Satz 11 EStG außer Ansatz, wenn er zusammen mit anderen gem. § 8 Abs. 2 Satz 1 EStG zu bewertenden Sachbezügen die Freigrenze nicht überschreitet.

Beispiel 2

Ein Wohnungsunternehmen überlässt seinem Arbeitnehmer unentgeltlich eine 120 qm-Wohnung zu eigenen Wohnzwecken. Der ortsübliche Mietwert (Kaltmiete plus umlagefähige Nebenkosten) beträgt 20 €/qm.

---

1) Für die Anwendung des § 8 Abs. 2 Satz 12 gilt der nach R 8.1 Abs. 6 Satz 10 LStR ermittelte Wert als ortsüblicher Mietwert.

Wie im Beispiel 1 liegen die Voraussetzungen für den Bewertungsabschlag gem. § 8 Abs. 2 Satz 12 EStG vor.

Anhang 24 III

Da der Arbeitgeber Wohnungen überwiegend an fremde Dritte vermietet, besteht ein Wahlrecht zwischen den Bewertungsmethoden nach § 8 Abs. 2 und Abs. 3 EStG (>BMF vom 16.5.2013 – BStBl I S. 729). Die Bewertung kann entweder nach § 8 Abs. 2 EStG (mit Bewertungsabschlag nach Satz 12) oder nach § 8 Abs. 3 EStG (mit Rabatt-Freibetrag) erfolgen.

Erholungsheim

Wird ein Arbeitnehmer in einem Erholungsheim des Arbeitgebers oder auf Kosten des Arbeitgebers zur Erholung in einem anderen Beherbergungsbetrieb untergebracht oder verpflegt, so ist die Leistung mit dem entsprechenden Pensionspreis eines vergleichbaren Beherbergungsbetriebs am selben Ort zu bewerten; dabei können jedoch Preisabschläge in Betracht kommen, wenn der Arbeitnehmer z. B. nach der Hausordnung Bedingungen unterworfen wird, die für Hotels und Pensionen allgemein nicht gelten (>BFH vom 18.3.1960 – BStBl III S. 237).

Ortsüblicher Mietwert

- Überlässt der Arbeitgeber seinem Arbeitnehmer eine Wohnung zu einem Mietpreis, der innerhalb der Mietpreisspanne des örtlichen Mietspiegels für vergleichbare Wohnungen liegt, scheidet die Annahme eines geldwerten Vorteils regelmäßig aus (>BFH vom 17.8.2005 – BStBl 2006 II S. 71 und vom 11.5.2011 – BStBl II S. 946).
- Überlässt ein Arbeitgeber seinen Arbeitnehmern Wohnungen und werden Nebenkosten (z. T.) nicht erhoben, liegt eine verbilligte Überlassung und damit ein Sachbezug nur vor, soweit die tatsächlich erhobene Miete zusammen mit den tatsächlich abgerechneten Nebenkosten die ortsübliche Miete (Kaltmiete plus umlagefähige Nebenkosten) unterschreitet (>BFH vom 11.5.2011 – BStBl II S. 946).

I

Persönliche Bedürfnisse des Arbeitnehmers

Persönliche Bedürfnisse des Arbeitnehmers, z. B. hinsichtlich der Größe der Wohnung, sind bei der Höhe des Mietwerts nicht zu berücksichtigen (>BFH vom 8.3.1968 – BStBl II S. 435 und vom 2.10.1968 – BStBl 1969 II S. 73).

Steuerfreie Mietvorteile

>R 3.59

Kantinenmahlzeiten und Essenmarken[1]) R 8.1 (7)

(7) Für die Bewertung von Mahlzeiten, die arbeitstäglich an die Arbeitnehmer abgegeben werden, gilt Folgendes:

1. [1] Mahlzeiten, die durch eine vom Arbeitgeber selbst betriebene Kantine, Gaststätte oder vergleichbare Einrichtung abgegeben werden, sind mit dem maßgebenden amtlichen Sachbezugswert nach der SvEV zu bewerten. Anhang 26 [2] Alternativ kommt eine Bewertung mit dem Endpreis i. S. d. § 8 Abs. 3 EStG in Betracht, wenn die Mahlzeiten überwiegend nicht für die Arbeitnehmer zubereitet werden.
2. [1] Mahlzeiten, die die Arbeitnehmer in einer nicht vom Arbeitgeber selbst betriebenen Kantine, Gaststätte oder vergleichbaren Einrichtung erhalten, sind vorbehaltlich der Nummer 4 ebenfalls mit dem maßgebenden amtlichen Sachbezugswert zu bewerten, wenn der Arbeitgeber auf Grund vertraglicher Vereinbarung durch Barzuschüsse oder andere Leistungen an die die Mahlzeiten vertreibende Einrichtung, z. B. durch verbilligte Überlassung von Räumen, Energie oder Einrichtungsgegenständen, zur Verbilligung der Mahlzeiten beiträgt. [2] Es ist nicht erforderlich, dass die Mahlzeiten im Rahmen eines Reihengeschäfts zunächst an den Arbeitgeber und danach von diesem an die Arbeitnehmer abgegeben werden.
3. In den Fällen der Nummern 1 und 2 ist ein geldwerter Vorteil als Arbeitslohn zu erfassen, wenn und soweit der vom Arbeitnehmer für eine Mahlzeit gezahlte Preis (einschl. Umsatzsteuer) den maßgebenden amtlichen Sachbezugswert unterschreitet.
4. Bestehen die Leistungen des Arbeitgebers im Falle der Nummer 2 aus Barzuschüssen in Form von Essenmarken (Essensgutscheine, Restaurantschecks), die vom Arbeitgeber an die Arbeitnehmer verteilt und von einer Gaststätte oder vergleichbaren Einrichtung (Annahmestelle) bei der Abgabe einer Mahlzeit in Zahlung genommen werden, gilt Folgendes:
   a) [1] Es ist nicht die Essenmarke mit ihrem Verrechnungswert, sondern vorbehaltlich des Buchstaben b die Mahlzeit mit dem maßgebenden Sachbezugswert zu bewerten, wenn
      aa) tatsächlich eine Mahlzeit abgegeben wird. [2] Lebensmittel sind nur dann als Mahlzeit anzuerkennen, wenn sie zum unmittelbaren Verzehr geeignet oder zum Verbrauch während der Essenpausen bestimmt sind,
      bb) für jede Mahlzeit lediglich eine Essenmarke täglich in Zahlung genommen wird,
      cc) der Verrechnungswert der Essenmarke den amtlichen Sachbezugswert einer Mittagsmahlzeit um nicht mehr als 3,10 Euro übersteigt und

---

[1]) zu arbeitstäglichen Zuschüssen zu Mahlzeiten >Anhang 24 V

dd) die Essenmarke nicht an Arbeitnehmer ausgegeben wird, die eine Auswärtstätigkeit ausüben[1]).

[2]Dies gilt auch dann, wenn zwischen dem Arbeitgeber und der Annahmestelle keine unmittelbaren vertraglichen Beziehungen bestehen, weil ein Unternehmen eingeschaltet ist, das die Essenmarken ausgibt. [3]Zur Erfüllung der Voraussetzungen nach Doppelbuchstabe bb hat der Arbeitgeber für jeden Arbeitnehmer die Tage der Abwesenheit z. B. infolge von Auswärtstätigkeiten, Urlaub oder Erkrankung festzustellen und die für diese Tage ausgegebenen Essenmarken zurückzufordern oder die Zahl der im Folgemonat auszugebenden Essenmarken um die Zahl der Abwesenheitstage zu vermindern. [4]Die Pflicht zur Feststellung der Abwesenheitstage und zur Anpassung der Zahl der Essenmarken im Folgemonat entfällt für Arbeitnehmer, die im Kalenderjahr durchschnittlich an nicht mehr als drei Arbeitstagen je Kalendermonat Auswärtstätigkeiten ausüben, wenn keiner dieser Arbeitnehmer im Kalendermonat mehr als 15 Essenmarken erhält.

b) Bestehen die Leistungen des Arbeitgebers ausschließlich in der Hingabe von Essenmarken, ist auch unter den Voraussetzungen des Buchstaben a der Verrechnungswert der Essenmarke als Arbeitslohn anzusetzen, wenn dieser Wert den geldwerten Vorteil nach Nummer 3 unterschreitet.

c) [1]Wird der Arbeitsvertrag dahingehend geändert, dass der Arbeitnehmer anstelle von Barlohn Essenmarken erhält, vermindert sich dadurch der Barlohn in entsprechender Höhe. [2]Die Essenmarken sind mit dem Wert anzusetzen, der sich nach den Buchstaben a oder b ergibt. [3]Ohne Änderung des Arbeitsvertrags führt der Austausch von Barlohn durch Essenmarken nicht zu einer Herabsetzung des steuerpflichtigen Barlohns. [4]In diesem Falle ist der Betrag, um den sich der ausgezahlte Barlohn verringert, als Entgelt für die Mahlzeit oder Essenmarke anzusehen und von dem nach Buchstabe a oder b maßgebenden Wert abzusetzen.

d) [1]Die von Annahmestellen eingelösten Essenmarken brauchen nicht an den Arbeitgeber zurückgegeben und von ihm nicht aufbewahrt zu werden, wenn der Arbeitgeber eine Abrechnung erhält, aus der sich ergibt, wie viele Essenmarken mit welchem Verrechnungswert eingelöst worden sind, und diese aufbewahrt. [2]Dasselbe gilt, wenn ein Essenmarkenemittent eingeschaltet ist und der Arbeitgeber von diesem eine entsprechende Abrechnung erhält und aufbewahrt.

5. [1]Wenn der Arbeitgeber unterschiedliche Mahlzeiten zu unterschiedlichen Preisen teilentgeltlich oder unentgeltlich an die Arbeitnehmer abgibt oder Leistungen nach Nummer 2 zur Verbilligung der Mahlzeiten erbringt und die Lohnsteuer nach § 40 Abs. 2 EStG pauschal erhebt,

---

[1]) >aber H 8.1 (7) Essenmarken nach Ablauf der Dreimonatsfrist bei Auswärtstätigkeit

kann der geldwerte Vorteil mit dem Durchschnittswert der Pauschalbesteuerung zugrunde gelegt werden. [2]Die Durchschnittsbesteuerung braucht nicht tageweise durchgeführt zu werden, sie darf sich auf den gesamten Lohnzahlungszeitraum erstrecken. [3]Bietet der Arbeitgeber bestimmte Mahlzeiten nur einem Teil seiner Arbeitnehmer an, z. B. in einem Vorstandskasino, sind diese Mahlzeiten nicht in die Durchschnittsberechnung einzubeziehen. [4]Unterhält der Arbeitgeber mehrere Kantinen, ist der Durchschnittswert für jede einzelne Kantine zu ermitteln. [5]Ist die Ermittlung des Durchschnittswerts wegen der Menge der zu erfassenden Daten besonders aufwendig, kann die Ermittlung des Durchschnittswerts für einen repräsentativen Zeitraum und bei einer Vielzahl von Kantinen für eine repräsentative Auswahl der Kantinen durchgeführt werden.

6. [1]Der Arbeitgeber hat die vom Arbeitnehmer geleistete Zahlung grundsätzlich in nachprüfbarer Form nachzuweisen. [2]Der Einzelnachweis der Zahlungen ist nur dann nicht erforderlich,
   a) wenn gewährleistet ist, dass
      aa) die Zahlung des Arbeitnehmers für eine Mahlzeit den anteiligen amtlichen Sachbezugswert nicht unterschreitet oder
      bb) nach Nummer 4 der Wert der Essenmarke als Arbeitslohn zu erfassen ist oder
   b) wenn der Arbeitgeber die Durchschnittsberechnung nach Nummer 5 anwendet.

Hinweise

H 8.1 (7)

Arbeitstägliche Zuschüsse zu Mahlzeiten

>BMF vom 18.1.2019 (BStBl I S. 66) Anhang 24 V

Begriff der Mahlzeit

Zu den Mahlzeiten gehören alle Speisen und Lebensmittel, die üblicherweise der Ernährung dienen, einschließlich der dazu üblichen Getränke (>BFH vom 21.3.1975 – BStBl II S. 486 und vom 7.11.1975 – BStBl 1976 II S. 50).

Essenmarken

Beispiele zu R 8.1 Abs. 7 Nr. 4 Buchst. b

Beispiel 1:

Ein Arbeitnehmer erhält eine Essenmarke mit einem Wert von 1 €. Die Mahlzeit kostet 2 €.

Preis der Mahlzeit	2,00 €
./. Wert der Essenmarke	1,00 €
Zahlung des Arbeitnehmers	1,00 €
Sachbezugswert der Mahlzeit	**3,57 €**
./. Zahlung des Arbeitnehmers	1,00 €
Verbleibender Wert	**2,57 €**
Anzusetzen ist der niedrigere Wert der Essenmarke	1,00 €

Beispiel 2:

Ein Arbeitnehmer erhält eine Essenmarke mit einem Wert von 4 €. Die Mahlzeit kostet 4 €.

Preis der Mahlzeit	4,00 €
./. Wert der Essenmarke	4,00 €
Zahlung des Arbeitnehmers	0,00 €
Sachbezugswert der Mahlzeit	***3,57 €***
./. Zahlung des Arbeitnehmers	0,00 €
Verbleibender Wert	***3,57 €***
Anzusetzen ist der Sachbezugswert	***3,57 €***

Beispiel 3:

Ein Arbeitnehmer erhält eine Essenmarke mit einem Wert von ***6,67 €***. Die vom Arbeitnehmer in einer Gaststätte eingenommene Mahlzeit kostet ***10,30 €***.

Wert der Essenmarke	***6,67 €***
Anzusetzender Sachbezugswert	***3,57 €***
./. Zahlung des Arbeitnehmers	***3,63 €***
Geldwerter Vorteil	0,00 €

Essenmarken nach Ablauf der Dreimonatsfrist bei Auswärtstätigkeit

Anhang 25 III

Üben Arbeitnehmer eine längerfristige berufliche Auswärtstätigkeit an derselben Tätigkeitsstätte aus, sind nach Ablauf von drei Monaten (§ 9 Abs. 4a Satz 6 und 7 EStG) an diese Arbeitnehmer ausgegebene Essenmarken (Essensgutscheine, Restaurantschecks) abweichend von R 8.1 Abs. 7 Nr. 4 Buchstabe a Satz 1 Doppelbuchstabe dd und Rz. 76 des BMF-Schreibens vom 25.11.2020 (BStBl I S. 1228) mit dem maßgebenden Sachbezugswert zu bewerten. Der Ansatz des Sachbezugswerts setzt voraus, dass die übrigen Voraussetzungen des R 8.1 Abs. 7 Nr. 4 Buchstabe a vorliegen.

Essenmarken und Gehaltsumwandlung

– **Änderung des Arbeitsvertrags**

Wird der Arbeitsvertrag dahingehend geändert, dass der Arbeitnehmer anstelle von Barlohn Essenmarken erhält, so vermindert sich dadurch der Barlohn in entsprechender Höhe (>BFH vom 20.8.1997 – BStBl II S. 667).

Beispiel:

Der Arbeitgeber gibt dem Arbeitnehmer monatlich 15 Essenmarken. Im Arbeitsvertrag ist der Barlohn von 3.500 € im Hinblick auf die Essenmarken um 60 € auf 3.440 € herabgesetzt worden.

a) Beträgt der Verrechnungswert der Essenmarken jeweils 5 €, so ist dem Barlohn von 3.440 € der Wert der Mahlzeit mit dem Sachbezugswert (15 x ***3,57 €*** =) ***53,55 €*** hinzuzurechnen.

b) Beträgt der Verrechnungswert der Essenmarken jeweils 7 €, so ist dem Barlohn von 3.440 € der Verrechnungswert der Essenmarken (15 x 7 € =) 105 € hinzuzurechnen.

– **Keine Änderung des Arbeitsvertrags**

Ohne Änderung des Arbeitsvertrags führt der Austausch von Barlohn durch Essenmarken nicht zu einer Herabsetzung des steuerpflichtigen Barlohns. In diesem Fall ist der Betrag, um den sich der ausgezahlte Barlohn verringert, als Entgelt für die Mahlzeit oder Essenmarke anzusehen und von dem für die Essenmarke maßgebenden Wert abzusetzen.

Beispiel:

Ein Arbeitnehmer mit einem monatlichen Bruttolohn von 3.500 € erhält von seinem Arbeitgeber monatlich 15 Essenmarken. Der Arbeitsvertrag bleibt unverändert. Der Arbeitnehmer zahlt für die Essenmarken monatlich 60 €.

a) Auf den Essenmarken ist jeweils ein Verrechnungswert von 7 € ausgewiesen.

Der Verrechnungswert der Essenmarke übersteigt den Sachbezugswert von ***3,57 €*** um mehr als 3,10 €. Die Essenmarken sind deshalb mit ihrem Verrechnungswert anzusetzen:

15 Essenmarken × 7 €	105,00 €
./. Entgelt des Arbeitnehmers	60,00 €
Vorteil	45,00 €

Dieser ist dem bisherigen Arbeitslohn von 3.500 € hinzuzurechnen.

b) Auf den Essenmarken ist jeweils ein Verrechnungswert von 5 € ausgewiesen.

Der Verrechnungswert der Essenmarke übersteigt den Sachbezugswert von ***3,57 €*** um nicht mehr als 3,10 €. Es ist deshalb nicht der Verrechnungswert der Essenmarken, sondern der Wert der erhaltenen Mahlzeiten mit dem Sachbezugswert anzusetzen:

15 Essenmarken × Sachbezugswert ***3,57 €***	***53,55 €***
./. Entgelt des Arbeitnehmers	60,00 €
Vorteil	0,00 €

Dem bisherigen Arbeitslohn von 3.500 € ist nichts hinzuzurechnen.

Frühstück

Zu den Anforderungen an einen lohnsteuerpflichtigen Sachbezug in Form eines Frühstücks >BFH vom 3.7.2019 (BStBl 2020 II S. 788)

Sachbezugsbewertung

– Bewertung einer einzelnen Mahlzeit >BMF vom 28.12.2020 (BStBl 2021 I S. 59) für 2021 ***und vom . . (BStBl I S.) für 2022***

– Beispiel zu R 8.1 Abs. 7 Nr. 3

Der Arbeitnehmer zahlt 2 € für ein Mittagessen im Wert von 4 €.

Sachbezugswert der Mahlzeit	***3,57 €***
./. Zahlung des Arbeitnehmers	2,00 €
geldwerter Vorteil	***1,57 €***

Hieraus ergibt sich, dass die steuerliche Erfassung der Mahlzeiten entfällt, wenn gewährleistet ist, dass der Arbeitnehmer für jede Mahlzeit mindestens einen Preis in Höhe des amtlichen Sachbezugswerts zahlt.

R 8.1 (8)

Mahlzeiten aus besonderem Anlass

(8) Für die steuerliche Erfassung und Bewertung von Mahlzeiten, die der Arbeitgeber oder auf dessen Veranlassung ein Dritter aus besonderem Anlass an Arbeitnehmer abgibt, gilt Folgendes:

1. [1] Mahlzeiten, die im ganz überwiegenden betrieblichen Interesse des Arbeitgebers an die Arbeitnehmer abgegeben werden, gehören nicht zum Arbeitslohn. [2] Dies gilt für Mahlzeiten im Rahmen herkömmlicher Betriebsveranstaltungen nach Maßgabe der R 19.5[1]), für ein sog. Arbeitsessen i. S. d. R 19.6 Abs. 2 sowie für die Beteiligung von Arbeitnehmern an einer geschäftlich veranlassten Bewirtung i. S. d. § 4 Abs. 5 Satz 1 Nr. 2 EStG.
2. [1] Mahlzeiten, die der Arbeitgeber als Gegenleistung für das Zurverfügungstellen der individuellen Arbeitskraft an seine Arbeitnehmer abgibt, sind mit ihrem tatsächlichen Preis anzusetzen. [2] Dies gilt z. B. für eine während einer beruflich veranlassten Auswärtstätigkeit oder doppelten Haushaltsführung gestellte Mahlzeit, deren Preis die 60-Euro-Grenze i. S. d. § 8 Abs. 2 Satz 8 EStG übersteigt. [3] Ein vom Arbeitnehmer an den Arbeitgeber oder an den Dritten gezahltes Entgelt ist auf den tatsächlichen Preis anzurechnen. [4] Wird vom Arbeitgeber oder auf dessen Veranlassung von einem Dritten nur ein Essen, aber kein Getränk gestellt, ist das Entgelt, das der Arbeitnehmer für ein Getränk bei der Mahlzeit zahlt, nicht auf den tatsächlichen Preis der Mahlzeit anzurechnen.

H 8.1 (8)

Hinweise

Allgemeines

Anhang 25 III

Zur Behandlung der Mahlzeitengestellung nach der Reform des steuerlichen Reisekostenrechts >BMF vom 25.11.2020 (BStBl I S. 1228)

Individuell zu versteuernde Mahlzeiten

Mahlzeiten, die im Rahmen regelmäßiger Geschäftsleitungssitzungen abgegeben werden, sind mit dem tatsächlichen Preis anzusetzen (>BFH vom 4.8.1994 – BStBl 1995 II S. 59).

Reisekostenabrechnungen

Anhang 25 III

>BMF vom 25.11.2020 (BStBl I S. 1228), Rz. 77 Beispiel 50 und Rz. 58 ff.

[1]) überholt ab 2015 durch § 19 Abs. 1 Satz 1 Nr. 1a

Gestellung von Kraftfahrzeugen[1]) **R 8.1 (9)**

(9) Überlässt der Arbeitgeber oder auf Grund des Dienstverhältnisses ein Dritter dem Arbeitnehmer ein Kraftfahrzeug zur privaten Nutzung, gilt Folgendes:

1. [1]Der Arbeitgeber hat den privaten Nutzungswert mit monatlich 1 % des inländischen Listenpreises des Kraftfahrzeugs anzusetzen. [2]Kann das Kraftfahrzeug auch zu Fahrten zwischen Wohnung und erster Tätigkeitsstätte genutzt werden, ist grundsätzlich diese Nutzungsmöglichkeit unabhängig von der Nutzung des Fahrzeugs zu Privatfahrten zusätzlich mit monatlich 0,03 % des inländischen Listenpreises des Kraftfahrzeugs für jeden Kilometer der Entfernung zwischen Wohnung und erster Tätigkeitsstätte zu bewerten und dem Arbeitslohn zuzurechnen. [3]Wird das Kraftfahrzeug zu Familienheimfahrten im Rahmen einer doppelten Haushaltsführung genutzt, erhöht sich der Wert nach Satz 1 für jeden Kilometer der Entfernung zwischen dem Beschäftigungsort und dem Ort des eigenen Hausstands um 0,002 % des inländischen Listenpreises für jede Fahrt, für die der Werbungskostenabzug nach § 9 Abs. 1 Satz 3 Nr. 5 Satz 5 EStG ausgeschlossen ist. [4]Die Monatswerte nach den Sätzen 1 und 2 sind auch dann anzusetzen, wenn das Kraftfahrzeug dem Arbeitnehmer im Kalendermonat nur zeitweise zur Verfügung steht. [5]Kürzungen der Werte, z. B. wegen einer Beschriftung des Kraftwagens, oder wegen eines privaten Zweitwagens sind nicht zulässig. [6]Listenpreis i. S. d. Sätze 1 bis 3 ist – auch bei gebraucht erworbenen oder geleasten Fahrzeugen – die auf volle hundert Euro abgerundete unverbindliche Preisempfehlung des Herstellers für das genutzte Kraftfahrzeug im Zeitpunkt seiner Erstzulassung zuzüglich der Kosten für werkseitig im Zeitpunkt der Erstzulassung eingebaute Sonderausstattungen (z. B. Navigationsgeräte, Diebstahlsicherungssysteme) und der Umsatzsteuer; der Wert eines Autotelefons einschl. Freisprecheinrichtung sowie der Wert eines weiteren Satzes Reifen einschl. Felgen bleiben außer Ansatz. [7]Bei einem Kraftwagen, der aus Sicherheitsgründen gepanzert ist, kann der Listenpreis des leistungsschwächeren Fahrzeugs zugrunde gelegt werden, das dem Arbeitnehmer zur Verfügung gestellt würde, wenn seine Sicherheit nicht gefährdet wäre. [8]Kann das Kraftfahrzeug auch im Rahmen einer anderen Einkunftsart genutzt werden, ist diese Nutzungsmöglichkeit mit dem Nutzungswert nach Satz 1 abgegolten. [9]Nummer 2 Satz 9 bis 16 gilt entsprechend.
2. [1]Der Arbeitgeber kann den privaten Nutzungswert abweichend von Nummer 1 mit den für das Kraftfahrzeug entstehenden Aufwendungen ansetzen, die auf die nach Nummer 1 zu erfassenden privaten Fahrten entfallen, wenn die Aufwendungen durch Belege und das Verhältnis der privaten zu den übrigen Fahrten durch ein ordnungsgemäßes Fahrtenbuch nachgewiesen werden. [2]Dabei sind die dienstlich und privat zurückgelegten Fahrtstrecken gesondert und laufend im Fahrtenbuch

[1]) zur Sonderregelung für Elektro- und Hybridelektrofahrzeuge >§ 6 Abs. 1 Nr. 4 Satz 2 ff.

nachzuweisen. [3]Für dienstliche Fahrten sind grundsätzlich die folgenden Angaben erforderlich:

a) Datum und Kilometerstand zu Beginn und am Ende jeder einzelnen Auswärtstätigkeit,
b) Reiseziel und bei Umwegen auch die Reiseroute,
c) Reisezweck und aufgesuchte Geschäftspartner.

[4]Für Privatfahrten genügen jeweils Kilometerangaben; für Fahrten zwischen Wohnung und erster Tätigkeitsstätte genügt jeweils ein kurzer Vermerk im Fahrtenbuch. [5]Die Führung des Fahrtenbuchs kann nicht auf einen repräsentativen Zeitraum beschränkt werden, selbst wenn die Nutzungsverhältnisse keinen größeren Schwankungen unterliegen. [6]Anstelle des Fahrtenbuchs kann ein Fahrtenschreiber eingesetzt werden, wenn sich daraus dieselben Erkenntnisse gewinnen lassen. [7]Der private Nutzungswert ist der Anteil an den Gesamtkosten des Kraftwagens, der dem Verhältnis der Privatfahrten zur Gesamtfahrtstrecke entspricht. [8]Die insgesamt durch das Kraftfahrzeug entstehenden Aufwendungen i. S. d. § 8 Abs. 2 Satz 4 EStG (Gesamtkosten) sind als Summe der Nettoaufwendungen zuzüglich Umsatzsteuer zu ermitteln; dabei bleiben vom Arbeitnehmer selbst getragene Kosten außer Ansatz[1]). [9]Zu den Gesamtkosten gehören nur solche Kosten, die dazu bestimmt sind, unmittelbar dem Halten und dem Betrieb des Kraftfahrzeugs zu dienen und im Zusammenhang mit seiner Nutzung typischerweise entstehen. [10]Absetzungen für Abnutzung sind stets in die Gesamtkosten einzubeziehen; ihnen sind die tatsächlichen Anschaffungs- oder Herstellungskosten einschließlich der Umsatzsteuer zugrunde zu legen. [11]Nicht zu den Gesamtkosten gehören z. B. Beiträge für einen auf den Namen des Arbeitnehmers ausgestellten Schutzbrief, Straßen- oder Tunnelbenutzungsgebühren und Unfallkosten. [12]Verbleiben nach Erstattungen durch Dritte Unfallkosten bis zur Höhe von 1.000 Euro (zuzüglich Umsatzsteuer) je Schaden ist es aber nicht zu beanstanden, wenn diese als Reparaturkosten in die Gesamtkosten einbezogen werden; Satz 15 ist sinngemäß anzuwenden.[13]Ist der Arbeitnehmer gegenüber dem Arbeitgeber wegen Unfallkosten nach allgemeinen zivilrechtlichen Regeln schadensersatzpflichtig (z. B. Privatfahrten, Trunkenheitsfahrten) und verzichtet der Arbeitgeber (z. B. durch arbeitsvertragliche Vereinbarungen) auf diesen Schadensersatz, liegt in Höhe des Verzichts ein gesonderter geldwerter Vorteil vor (§ 8 Abs. 2 Satz 1 EStG). [14]Erstattungen durch Dritte (z. B. Versicherung) sind unabhängig vom Zahlungszeitpunkt zu berücksichtigen, so dass der geldwerte Vorteil regelmäßig in Höhe des vereinbarten Selbstbehalts anzusetzen ist. [15]Hat der Arbeitgeber auf den Abschluss einer Versicherung verzichtet oder eine Versicherung mit einem Selbstbehalt von mehr als 1.000 Euro abgeschlossen, ist aus Vereinfachungsgründen so zu verfahren, als bestünde eine Versicherung mit einem Selbstbehalt in Höhe

---

[1]) >BMF vom 4.4.2018 (BStBl I S. 592), Rdnrn. 54-55, Anhang 24 IV 1

von 1.000 Euro, wenn es bei bestehender Versicherung zu einer Erstattung gekommen wäre. [16]Liegt keine Schadensersatzpflicht des Arbeitnehmers vor (z. B. Fälle höherer Gewalt, Verursachung des Unfalls durch einen Dritten) oder ereignet sich der Unfall auf einer beruflich veranlassten Fahrt (Auswärtstätigkeit, die wöchentliche Familienheimfahrt bei doppelter Haushaltsführung oder Fahrten zwischen Wohnung und erster Tätigkeitsstätte), liegt vorbehaltlich Satz 13 kein geldwerter Vorteil vor.

3. [1]Der Arbeitgeber muss in Abstimmung mit dem Arbeitnehmer die Anwendung eines der Verfahren nach den Nummern 1 und 2 für jedes Kalenderjahr festlegen; das Verfahren darf bei demselben Kraftfahrzeug während des Kalenderjahres nicht gewechselt werden. [2]Soweit die genaue Erfassung des privaten Nutzungswerts nach Nummer 2 monatlich nicht möglich ist, kann der Erhebung der Lohnsteuer monatlich ein Zwölftel des Vorjahresbetrags zugrunde gelegt werden. [3]Nach Ablauf des Kalenderjahres oder nach Beendigung des Dienstverhältnisses ist der tatsächlich zu versteuernde Nutzungswert zu ermitteln und eine etwaige Lohnsteuerdifferenz nach Maßgabe der §§ 41c, 42b EStG auszugleichen. [4]Bei der Veranlagung zur Einkommensteuer ist der Arbeitnehmer nicht an das für die Erhebung der Lohnsteuer gewählte Verfahren gebunden; Satz 1 2. Halbsatz gilt entsprechend.
4. [1]Zahlt der Arbeitnehmer an den Arbeitgeber oder auf dessen Weisung an einen Dritten zur Erfüllung einer Verpflichtung des Arbeitgebers (abgekürzter Zahlungsweg) für die außerdienstliche Nutzung (Nutzung zu privaten Fahrten, zu Fahrten zwischen Wohnung und erster Tätigkeitsstätte und zu Familienheimfahrten im Rahmen einer doppelten Haushaltsführung) des Kraftfahrzeugs ein Nutzungsentgelt, mindert dies den Nutzungswert. [2]Zuschüsse des Arbeitnehmers zu den Anschaffungskosten können im Zahlungsjahr ebenfalls auf den privaten Nutzungswert angerechnet werden; in den Fällen der Nummer 2 gilt dies nur, wenn die für die AfA-Ermittlung maßgebenden Anschaffungskosten nicht um die Zuschüsse gemindert worden sind. [3]Nach der Anrechnung im Zahlungsjahr verbleibende Zuschüsse können in den darauf folgenden Kalenderjahren auf den privaten Nutzungswert für das jeweilige Kraftfahrzeug angerechnet werden[1)]. [4]Zuschussrückzahlungen sind Arbeitslohn, soweit die Zuschüsse den privaten Nutzungswert gemindert haben.
5. Die Nummern 1 bis 4 gelten bei Fahrten nach § 9 Abs. 1 Satz 3 Nr. 4a Satz 3 EStG entsprechend.

Gestellung eines Kraftfahrzeugs mit Fahrer **R 8.1 (10)**

(10) [1]Wenn ein Kraftfahrzeug mit Fahrer zur Verfügung gestellt wird, ist der geldwerte Vorteil aus der Fahrergestellung zusätzlich zum Wert nach

1) Satz 2 und 3 teilweise überholt durch BFH vom 16.12.2020 (BStBl 2021 II S. 761), >H 8.1 (9-10) Zeitraumbezogene Zuzahlungen

Absatz 9 Nr. 1 oder 2 als Arbeitslohn zu erfassen. [2]Dieser geldwerte Vorteil bemisst sich grundsätzlich nach dem Endpreis i. S. d. § 8 Abs. 2 Satz 1 EStG einer vergleichbaren von fremden Dritten erbrachten Leistung. [3]Es ist aus Vereinfachungsgründen nicht zu beanstanden, wenn der geldwerte Vorteil abweichend von Satz 2 wie folgt ermittelt wird:

1. [1]Stellt der Arbeitgeber dem Arbeitnehmer für Fahrten zwischen Wohnung und erster Tätigkeitsstätte oder Fahrten nach § 9 Abs. 1 Satz 3 Nr. 4a Satz 3 EStG ein Kraftfahrzeug mit Fahrer zur Verfügung, ist der für diese Fahrten nach Absatz 9 Nr. 1 oder 2 ermittelte Nutzungswert des Kraftfahrzeugs um 50 % zu erhöhen. [2]Für die zweite und jede weitere Familienheimfahrt im Rahmen einer beruflich veranlassten doppelten Haushaltsführung erhöht sich der auf die einzelne Familienheimfahrt entfallende Nutzungswert nur dann um 50 %, wenn für diese Fahrt ein Fahrer in Anspruch genommen worden ist.
2. Stellt der Arbeitgeber dem Arbeitnehmer für andere Privatfahrten ein Kraftfahrzeug mit Fahrer zur Verfügung, ist der entsprechende private Nutzungswert des Kraftfahrzeugs wie folgt zu erhöhen:
   a) um 50 %, wenn der Fahrer überwiegend in Anspruch genommen wird,
   b) um 40 %, wenn der Arbeitnehmer das Kraftfahrzeug häufig selbst steuert,
   c) um 25 %, wenn der Arbeitnehmer das Kraftfahrzeug weit überwiegend selbst steuert[1]).
3. Bei Begrenzung des pauschalen Nutzungswertes i. S. d. § 8 Abs. 2 Satz 2, 3 und 5 EStG auf die Gesamtkosten ist der anzusetzende Nutzungswert um 50 % zu erhöhen, wenn das Kraftfahrzeug mit Fahrer zur Verfügung gestellt worden ist.
4. [1]Wenn einem Arbeitnehmer aus Sicherheitsgründen ein sondergeschütztes (gepanzertes) Kraftfahrzeug, das zum Selbststeuern nicht geeignet ist, mit Fahrer zur Verfügung gestellt wird, ist von der steuerlichen Erfassung der Fahrergestellung abzusehen. [2]Es ist dabei unerheblich, in welcher Gefährdungsstufe der Arbeitnehmer eingeordnet ist.

H 8.1 (9-10)

Hinweise

1 %-Regelung

Die 1 %-Regelung ist verfassungsrechtlich nicht zu beanstanden (>BFH vom 13.12.2012 – BStBl 2013 II S. 385).

>Gebrauchtwagen

Abgrenzung Kostenerstattung – Nutzungsüberlassung

– Erstattet der Arbeitgeber dem Arbeitnehmer für dessen eigenen PKW sämtliche Kosten, wendet er Barlohn und nicht einen Nutzungsvorteil

[1]) Dies gilt auch, wenn der Arbeitnehmer das Kfz ausschließlich selbst steuert (>BMF vom 4.4.2018 – BStBl I S. 592, Rdnr. 40), >Anhang 24 IV 1.

i. S. d. § 8 Abs. 2 EStG zu (>BFH vom 6.11.2001 – BStBl 2002 II S. 164).

– Eine nach § 8 Abs. 2 Satz 2 bis 5 EStG zu bewertende Nutzungsüberlassung liegt vor, wenn der Arbeitnehmer das Kraftfahrzeug auf Veranlassung des Arbeitgebers least, dieser sämtliche Kosten des Kraftfahrzeugs trägt und im Innenverhältnis allein über die Nutzung des Kraftfahrzeugs bestimmt (>BFH vom 6.11.2001 – BStBl 2002 II S. 370).
– Eine nach § 8 Abs. 2 Satz 2 bis 5 EStG zu bewertende Nutzungsüberlassung liegt nicht vor, wenn das vom Arbeitgeber geleaste Fahrzeug dem Arbeitnehmer auf Grund einer Sonderrechtsbeziehung im Innenverhältnis zuzurechnen ist, weil er gegenüber dem Arbeitgeber die wesentlichen Rechte und Pflichten des Leasingnehmers hat. Gibt der Arbeitgeber in diesem Fall vergünstigte Leasingkonditionen an den Arbeitnehmer weiter, liegt hierin ein nach § 8 Abs. 2 Satz 1 EStG zu bewertender geldwerter Vorteil (>BFH vom 18.12.2014 – BStBl 2015 II S. 670 – sog. Behördenleasing). Zur Dienstwagenbesteuerung in Leasingfällen, insbesondere bei Gehaltsumwandlung >BMF vom 4.4.2018 (BStBl I S. 592), Rdnr. 46 ff. Anhang 24 IV 1

Allgemeine Grundsätze

>BMF vom 4.4.2018 (BStBl I S. 592) Anhang 24 IV 1

Anscheinsbeweis

– Die unentgeltliche oder verbilligte Überlassung eines Dienstwagens durch den Arbeitgeber an den Arbeitnehmer für dessen Privatnutzung führt unabhängig davon, ob und in welchem Umfang der Arbeitnehmer das Fahrzeug tatsächlich privat nutzt, zu einem lohnsteuerlichen Vorteil. Ob der Arbeitnehmer den Beweis des ersten Anscheins, dass dienstliche Fahrzeuge, die zu privaten Zwecken zur Verfügung stehen, auch tatsächlich privat genutzt werden, durch die substantiierte Darlegung eines atypischen Sachverhalts zu entkräften vermag, ist für die Besteuerung des Nutzungsvorteils nach § 8 Abs. 2 Satz 2 EStG unerheblich (>BFH vom 21.3.2013 – BStBl II S. 700).
– >Nutzungsmöglichkeit

Elektro- und Hybridelektrofahrzeug

– >§ 6 Abs. 1 Nr. 4 Satz 2 ff. EStG
– ***>BMF vom 5.11.2021 (BStBl I S.)*** Anhang 24 IV 6
– >BMF vom 29.9.2020 (BStBl I S. 972) Anhang 24 VIII

Feuerwehreinsatzfahrzeug

Die Überlassung eines Einsatzfahrzeugs (Kommandowagen) an den Leiter der Freiwilligen Feuerwehr während seiner – wenn auch „ständigen" – Bereitschaftszeiten führt nicht zu Arbeitslohn (>BFH vom 19.4.2021 BStBl II S. 605).

Garage für den Dienstwagen

Wird ein Dienstwagen in der eigenen oder angemieteten Garage des Arbeitnehmers untergestellt und trägt der Arbeitgeber hierfür die Kosten, so ist bei der 1 %-Regelung kein zusätzlicher geldwerter Vorteil für die Garage anzusetzen (>BFH vom 7.6.2002 – BStBl II S. 829).

Gebrauchtwagen

Die 1 %-Regelung auf Grundlage des Bruttolistenneupreises begegnet insbesondere im Hinblick auf die dem Steuerpflichtigen zur Wahl gestellte Möglichkeit, den Nutzungsvorteil auch nach der Fahrtenbuchmethode zu ermitteln und zu bewerten, keinen verfassungsrechtlichen Bedenken (>BFH vom 13.12.2012 – BStBl 2013 II S. 385).

Kraftfahrzeuge

i. S. d. § 8 Abs. 2 EStG sind auch:

- Campingfahrzeuge (>BFH vom 6.11.2001 – BStBl 2002 II S. 370),
- Elektrofahrräder, die verkehrsrechtlich als Kraftfahrzeug einzuordnen sind >Gleich lautende Ländererlasse vom 9.1.2020 (BStBl I S. 174), Anhang 24 IV 4
- Kombinationskraftwagen, z. B. Geländewagen (>BFH vom 13.2.2003 – BStBl II S. 472), aber >Werkstattwagen,
- Elektrokleinstfahrzeuge i. S. d. § 1 Elektrokleinstfahrzeuge-Verordnung vom 6.6.2019 (BGBl. I S. 756) z. B. E-Scooter, Elektro-Tretroller.

Nutzungsentgelt

Die zwingend vorgeschriebene Bewertung nach der 1 %-Regelung, sofern nicht von der Möglichkeit, ein Fahrtenbuch zu führen, Gebrauch gemacht wird, kann nicht durch Zahlung eines Nutzungsentgelts vermieden werden, selbst wenn dieses als angemessen anzusehen ist. Das vereinbarungsgemäß gezahlte Nutzungsentgelt ist von dem entsprechend ermittelten privaten Nutzungswert in Abzug zu bringen (>BFH vom 7.11.2006 – BStBl 2007 II S. 269).

Nutzungsmöglichkeit

- Die unentgeltliche oder verbilligte Überlassung eines Dienstwagens durch den Arbeitgeber an den Arbeitnehmer für dessen Privatnutzung führt unabhängig davon, ob und in welchem Umfang der Arbeitnehmer das Fahrzeug tatsächlich privat nutzt, zu einem lohnsteuerlichen Vorteil (>BFH vom 21.3.2013 – BStBl II S. 700).
- Bei der Beurteilung der Nutzungsmöglichkeit ist unter Berücksichtigung sämtlicher Umstände des Einzelfalls zu entscheiden, ob und welches betriebliche Fahrzeug dem Arbeitnehmer ausdrücklich oder doch zumindest konkludent auch zur privaten Nutzung überlassen ist. Steht nicht fest, dass der Arbeitgeber dem Arbeitnehmer einen Dienstwagen zur privaten Nutzung überlassen hat, kann auch der Beweis des ersten Anscheins diese fehlende Feststellung nicht ersetzen (>BFH vom

21.3.2013 – BStBl II S. 918 und S. 1044 und vom 18.4.2013 – BStBl II S. 920).

Ordnungsgemäßes Fahrtenbuch

- Ein ordnungsgemäßes Fahrtenbuch muss zeitnah und in geschlossener Form geführt werden und die zu erfassenden Fahrten einschließlich des an ihrem Ende erreichten Gesamtkilometerstands vollständig und in ihrem fortlaufenden Zusammenhang wiedergeben (>BFH vom 9.11.2005 – BStBl 2006 II S. 408). Kleinere Mängel führen nicht zur Verwerfung des Fahrtenbuchs, wenn die Angaben insgesamt plausibel sind (>BFH vom 10.4.2008 – BStBl II S. 768).
- Die erforderlichen Angaben müssen sich dem Fahrtenbuch selbst entnehmen lassen. Ein Verweis auf ergänzende Unterlagen ist nur zulässig, wenn der geschlossene Charakter der Fahrtenbuchaufzeichnungen dadurch nicht beeinträchtigt wird (>BFH vom 16.3.2006 – BStBl II S. 625).
- Ein ordnungsgemäßes Fahrtenbuch muss insbesondere Datum und hinreichend konkret bestimmt das Ziel der jeweiligen Fahrt ausweisen. Dem ist nicht entsprochen, wenn als Fahrtziele nur Straßennamen angegeben sind und diese Angaben erst mit nachträglich erstellten Aufzeichnungen präzisiert werden (>BFH vom 1.3.2012 – BStBl II S. 505).
- Mehrere Teilabschnitte einer einheitlichen beruflichen Reise können miteinander zu einer zusammenfassenden Eintragung verbunden werden, wenn die einzelnen aufgesuchten Kunden oder Geschäftspartner im Fahrtenbuch in der zeitlichen Reihenfolge aufgeführt werden (>BFH vom 16.3.2006 – BStBl II S. 625).
- Der Übergang von der beruflichen zur privaten Nutzung des Fahrzeugs ist im Fahrtenbuch durch Angabe des bei Abschluss der beruflichen Fahrt erreichten Gesamtkilometerstands zu dokumentieren (>BFH vom 16.3.2006 – BStBl II S. 625).
- Kann der Arbeitnehmer den ihm überlassenen Dienstwagen auch privat nutzen und wird über die Nutzung des Dienstwagens kein ordnungsgemäßes Fahrtenbuch geführt, ist der zu versteuernde geldwerte Vorteil nach der 1 %-Regelung zu bewerten. Eine Schätzung des Privatanteils anhand anderer Aufzeichnungen kommt nicht in Betracht (>BFH vom 16.11.2005 – BStBl 2006 II S. 410).

Schätzung des Privatanteils

Kann der Arbeitnehmer den ihm überlassenen Dienstwagen auch privat nutzen und wird über die Nutzung des Dienstwagens kein ordnungsgemäßes Fahrtenbuch geführt, ist der zu versteuernde geldwerte Vorteil nach der 1 %-Regelung zu bewerten. Eine Schätzung des Privatanteils anhand anderer Aufzeichnungen kommt nicht in Betracht (>BFH vom 16.11.2005 – BStBl 2006 II S. 410).

Schutzbrief

Übernimmt der Arbeitgeber die Beiträge für einen auf seinen Arbeitnehmer ausgestellten Schutzbrief, liegt darin die Zuwendung eines geldwerten Vorteils, der nicht von der Abgeltungswirkung der 1 %-Regelung erfasst wird (>BFH vom 14.9.2005 – BStBl 2006 II S. 72).

Straßenbenutzungsgebühren

Übernimmt der Arbeitgeber die Straßenbenutzungsgebühren für die mit einem Firmenwagen unternommenen Privatfahrten seines Arbeitnehmers, liegt darin die Zuwendung eines geldwerten Vorteils, der nicht von der Abgeltungswirkung der 1 %-Regelung erfasst wird (>BFH vom 14.9.2005 – BStBl 2006 II S. 72).

Verzicht auf Schadensersatz

Verzichtet der Arbeitgeber gegenüber dem Arbeitnehmer auf Schadensersatz nach einem während einer beruflichen Fahrt alkoholbedingt entstandenen Schaden am auch zur privaten Nutzung überlassenen Firmen-Pkw, ist der dem Arbeitnehmer aus dem Verzicht entstehende Vermögensvorteil nicht durch die 1 %-Regelung abgegolten. Der als Arbeitslohn zu erfassende Verzicht auf Schadensersatz führt nur dann zu einer Steuererhöhung, wenn die Begleichung der Schadensersatzforderung nicht zum Werbungskostenabzug berechtigt. Ein Werbungskostenabzug kommt nicht in Betracht, wenn das auslösende Moment für den Verkehrsunfall die alkoholbedingte Fahruntüchtigkeit war (>BFH vom 24.5.2007 – BStBl II S. 766).

Werkstattwagen

Die 1 %-Regelung gilt nicht für Fahrzeuge, die auf Grund ihrer objektiven Beschaffenheit und Einrichtung typischerweise so gut wie ausschließlich nur zur Beförderung von Gütern bestimmt sind (>BFH vom 18.12.2008 – BStBl 2009 II S. 381).

Zeitraumbezogene Zuzahlungen

Zeitraumbezogene (Einmal-)Zahlungen des Arbeitnehmers für die außerdienstliche Nutzung eines betrieblichen Kfz sind bei der Bemessung des geldwerten Vorteils auf den Zeitraum, für den sie geleistet werden, gleichmäßig zu verteilen und vorteilsmindernd zu berücksichtigen. Dies gilt auch bei zeitraumbezogenen Zuzahlungen des Arbeitnehmers zu den Anschaffungskosten eines ihm auch zur Privatnutzung überlassenen betrieblichen Kfz (>BFH vom 16.12.2020 BStBl 2021 II S. 761).

R 8.2

S 2334

Bezug von Waren und Dienstleistungen (§ 8 Abs. 3 EStG)

(1) [1]Die steuerliche Begünstigung bestimmter Sachbezüge der Arbeitnehmer nach § 8 Abs. 3 EStG setzt Folgendes voraus:

1. [1]Die Sachbezüge müssen dem Arbeitnehmer auf Grund seines Dienstverhältnisses zufließen. [2]Steht der Arbeitnehmer im Kalenderjahr nacheinander oder nebeneinander in mehreren Dienstverhältnissen, sind die Sachbezüge aus jedem Dienstverhältnis unabhängig voneinander zu beurteilen. [3]Auf Sachbezüge, die der Arbeitnehmer nicht unmittelbar vom Arbeitgeber erhält, ist § 8 Abs. 3 EStG grundsätzlich nicht anwendbar.
2. [1]Die Sachbezüge müssen in der Überlassung von Waren oder in Dienstleistungen bestehen. [2]Zu den Waren gehören alle Wirtschaftsgüter, die im Wirtschaftsverkehr wie Sachen (§ 90 BGB) behandelt werden, also auch elektrischer Strom und Wärme. [3]Als Dienstleistungen kommen alle anderen Leistungen in Betracht, die üblicherweise gegen Entgelt erbracht werden.
3. [1]Auf Rohstoffe, Zutaten und Halbfertigprodukte ist die Begünstigung anwendbar, wenn diese mengenmäßig überwiegend in die Erzeugnisse des Betriebs eingehen. [2]Betriebs- und Hilfsstoffe, die mengenmäßig überwiegend nicht an fremde Dritte abgegeben werden, sind nicht begünstigt.
4. [1]Bei jedem einzelnen Sachbezug, für den die Voraussetzungen des § 8 Abs. 3 und des § 40 Abs. 1 oder Abs. 2 Satz 1 Nr. 1, 2 oder 5 Satz 1 EStG gleichzeitig vorliegen, kann zwischen der Pauschalbesteuerung, der Anwendung des § 8 Abs. 3 EStG (mit Bewertungsabschlag und Rabatt-Freibetrag) und der Anwendung des § 8 Abs. 2 EStG (ohne Bewertungsabschlag und Rabatt-Freibetrag) gewählt werden.

[2]Die Begünstigung gilt sowohl für teilentgeltliche als auch für unentgeltliche Sachbezüge. [3]Sie gilt deshalb z. B. für den Haustrunk im Brauereigewerbe, für die Freitabakwaren in der Tabakwarenindustrie und für die Deputate im Bergbau sowie in der Land- und Forstwirtschaft. [4]Nachträgliche Gutschriften sind als Entgeltsminderung zu werten, wenn deren Bedingungen bereits in dem Zeitpunkt feststehen, in dem der Arbeitnehmer die Sachbezüge erhält. [5]Zuschüsse eines Dritten sind nicht als Verbilligung zu werten, sondern ggf. als Lohnzahlungen durch Dritte zu versteuern.

(2) [1]Der steuerlichen Bewertung des Sachbezugs, der die Voraussetzungen des Absatzes 1 erfüllt, ist grundsätzlich der Endpreis (einschl. der Umsatzsteuer) zugrunde zu legen, zu dem der Arbeitgeber die konkrete Ware oder Dienstleistung fremden Letztverbrauchern im allgemeinen Geschäftsverkehr am Ende von Verkaufsverhandlungen durchschnittlich anbietet. [2]Bei der Gewährung von Versicherungsschutz sind es die Beiträge, die der Arbeitgeber als Versicherer von fremden Versicherungsnehmern für diesen Versicherungsschutz durchschnittlich verlangt. [3]Tritt der Arbeitgeber mit Letztverbrauchern außerhalb des Arbeitnehmerbereichs nicht in Geschäftsbeziehungen, ist grundsätzlich der Endpreis zugrunde zu legen,

zu denen der dem Abgabeort des Arbeitgebers nächstansässige Abnehmer die konkrete Ware oder Dienstleistung fremden Letztverbrauchern anbietet. [4]Dies gilt auch in den Fällen, in denen der Arbeitgeber nur als Kommissionär tätig ist. [5]R 8.1 Abs. 2 Satz 2 ist sinngemäß anzuwenden. [6]Für die Preisfeststellung ist grundsätzlich jeweils der Kalendertag maßgebend, an dem die Ware oder Dienstleistung an den Arbeitnehmer abgegeben wird. [7]Fallen Bestell- und Liefertag auseinander, sind die Verhältnisse am Bestelltag für die Ermittlung des Angebotspreises maßgebend. [8]Der um 4 % geminderte Endpreis ist der Geldwert des Sachbezugs; als Arbeitslohn ist der Unterschiedsbetrag zwischen diesem Geldwert und dem vom Arbeitnehmer gezahlten Entgelt anzusetzen. [9]Arbeitslöhne dieser Art aus demselben Dienstverhältnis bleiben steuerfrei, soweit sie insgesamt den Rabatt-Freibetrag nach § 8 Abs. 3 EStG nicht übersteigen.

H 8.2

Hinweise

Allgemeines

Die Regelung des § 8 Abs. 3 EStG gilt nicht für

- Waren, die der Arbeitgeber überwiegend für seine Arbeitnehmer herstellt, z. B. Kantinenmahlzeiten, oder überwiegend an seine Arbeitnehmer vertreibt, und Dienstleistungen, die der Arbeitgeber überwiegend für seine Arbeitnehmer erbringt,
- Sachbezüge, die nach § 40 Abs. 1 oder Abs. 2 Nr. 1 oder 2 EStG pauschal versteuert werden.

In diesen Fällen ist die Bewertung nach § 8 Abs. 2 EStG vorzunehmen.

Anwendung des Rabatt-Freibetrags

Der Rabatt-Freibetrag findet Anwendung bei

- Waren oder Dienstleistungen, die vom Arbeitgeber hergestellt, vertrieben oder erbracht werden (>BFH vom 15.1.1993 – BStBl II S. 356),
- Leistungen des Arbeitgebers, auch wenn sie nicht zu seinem üblichen Geschäftsgegenstand gehören (>BFH vom 7.2.1997 – BStBl II S. 363),
- der verbilligten Abgabe von Medikamenten an die Belegschaft eines Krankenhauses, wenn Medikamente dieser Art mindestens im gleichen Umfang an Patienten abgegeben werden (>BFH vom 27.8.2002 – BStBl II S. 881 und BStBl 2003 II S. 95),
- Waren, die ein Arbeitgeber im Auftrag und nach den Plänen und Vorgaben eines anderen produziert und damit Hersteller dieser Waren ist (>BFH vom 28.8.2002 – BStBl 2003 II S. 154 betr. Zeitungsdruck),
- Waren, die ein Arbeitgeber auf eigene Kosten nach seinen Vorgaben und Plänen von einem Dritten produzieren lässt oder zu deren Herstellung er damit vergleichbare sonstige gewichtige Beiträge erbringt (>BFH vom 1.10.2009 – BStBl 2010 II S. 204),
- verbilligter Überlassung einer Hausmeisterwohnung, wenn der Arbeitgeber Wohnungen zumindest in gleichem Umfang an Dritte vermietet

und sich die Hausmeisterwohnung durch ihre Merkmale nicht in einem solchen Maße von anderen Wohnungen unterscheidet, dass sie nur als Hausmeisterwohnung genutzt werden kann (>BFH vom 16.2.2005 – BStBl II S. 529),

– Überlassung eines zinslosen oder zinsverbilligten Arbeitgeberdarlehens, wenn Darlehen gleicher Art und zu gleichen Konditionen überwiegend an betriebsfremde Dritte vergeben werden (>BMF vom 19.5.2015 – BStBl I S. 484), Anhang 24 IX
– Mahlzeitengestellung im Rahmen einer Auswärtstätigkeit, wenn aus der Küche eines Flusskreuzfahrtschiffes neben den Passagieren auch die Besatzungsmitglieder verpflegt werden (>BFH vom 21.1.2010 – BStBl II S. 700),
– Fahrvergünstigungen, die die Deutsche Bahn AG (ehemaligen) Arbeitnehmern gewährt. Dies gilt auch dann, wenn die unentgeltlich oder verbilligt gewährten Freifahrtscheine aufgrund besonderer Nutzungsbestimmungen fremden Letztverbrauchern nicht angeboten werden, da Bewertungsgegenstand nicht der Fahrschein als solcher, sondern die darin verkörperte Beförderungsleistung ist (>BFH vom 26.9.2019 – BStBl 2020 II S. 162), soweit die übrigen Voraussetzungen des § 8 Abs. 3 EStG erfüllt sind.

Der Rabatt-Freibetrag findet keine Anwendung bei

– Arbeitgeberdarlehen, wenn der Arbeitgeber lediglich verbundenen Unternehmen Darlehen gewährt (>BFH vom 18.9.2002 – BStBl 2003 II S. 371),
– Arbeitgeberdarlehen, wenn der Arbeitgeber Darlehen dieser Art nicht an Fremde vergibt (>BFH vom 9.10.2002 – BStBl 2003 II S. 373 betr. Arbeitgeberdarlehen einer Landeszentralbank).

Aufteilung eines Sachbezugs

Die Aufteilung eines Sachbezugs zum Zwecke der Lohnsteuerpauschalierung ist nur zulässig, wenn die Pauschalierung der Lohnsteuer beantragt wird und die Pauschalierungsgrenze des § 40 Abs. 1 Satz 3 EStG überschritten wird (>BMF vom 19.5.2015 – BStBl I S. 484, Rdnr. 21 f.). Anhang 24 IX

Berechnung des Rabatt-Freibetrags

Beispiel 1:

Ein Möbelhandelsunternehmen überlässt einem Arbeitnehmer eine Schrankwand zu einem Preis von 3.000 €; der durch Preisauszeichnung angegebene Endpreis dieser Schrankwand beträgt 4.500 €.

Zur Ermittlung des Sachbezugswerts ist der Endpreis um 4 % = 180 € zu kürzen, so dass sich nach Anrechnung des vom Arbeitnehmer gezahlten Entgelts ein Arbeitslohn von 1.320 € ergibt. Dieser Arbeitslohn überschreitet den Rabatt-Freibetrag von 1.080 € um 240 €, so dass dieser Betrag zu versteuern ist.

Würde der Arbeitnehmer im selben Kalenderjahr ein weiteres Möbelstück unter denselben Bedingungen beziehen, so käme der Rabatt-Freibetrag nicht mehr in

Betracht; es ergäbe sich dann ein zu versteuernder Betrag von 1.320 € (Unterschiedsbetrag zwischen dem um 4 % = 180 € geminderten Endpreis von 4.500 € und dem Abgabepreis von 3.000 €).

Beispiel 2:

Der Arbeitnehmer eines Reisebüros hat für eine vom Arbeitgeber vermittelte Pauschalreise, die im Katalog des Reiseveranstalters zum Preis von 2.000 € angeboten wird, nur 1.500 € zu zahlen. Vom Preisnachlass entfallen 300 € auf die Reiseleistung des Veranstalters und 200 € auf die Vermittlung des Arbeitgebers, der insoweit keine Vermittlungsprovision erhält.

Die unentgeltliche Vermittlungsleistung ist nach § 8 Abs. 3 EStG mit ihrem um 4 % = 8 € geminderten Endpreis von 200 € zu bewerten, so dass sich ein Arbeitslohn von 192 € ergibt, der im Rahmen des Rabatt-Freibetrags von 1.080 € jährlich steuerfrei ist.

Auf die darüber hinausgehende Verbilligung der Pauschalreise um 300 € ist der Rabatt-Freibetrag nicht anwendbar, weil die Reiseveranstaltung nicht vom Arbeitgeber durchgeführt wird; sie ist deshalb nach § 8 Abs. 2 EStG zu bewerten. Nach R 8.1 Abs. 2 Satz 3 kann der für die Reiseleistung maßgebende Preis mit 1.728 € (96 % von 1.800 €) angesetzt werden, so dass sich ein steuerlicher Preisvorteil von 228 € ergibt.

Dienstleistungen

Die leih- oder mietweise Überlassung von Grundstücken, Wohnungen, möblierten Zimmern oder von Kraftfahrzeugen, Maschinen und anderen beweglichen Sachen sowie die Gewährung von Darlehen sind Dienstleistungen (>BFH vom 4.11.1994 – BStBl 1995 II S. 338).

Weitere Beispiele für Dienstleistungen sind:

- Beförderungsleistungen,
- Beratung,
- Datenverarbeitung,
- Kontenführung,
- Reiseveranstaltungen,
- Versicherungsschutz,
- Werbung.

Endpreis

- i. S. d. § 8 Abs. 3 EStG ist der am Ende von Verkaufsverhandlungen als letztes Angebot stehende Preis und umfasst deshalb auch die Rabatte (>BFH vom 26.7.2012 – BStBl 2013 II S. 400). Zur Anwendung >BMF vom 16.5.2013 (BStBl I S. 729, Tz. 3.2), *Anhang 24 III*
- beim Erwerb von Kraftfahrzeugen vom Arbeitgeber in der Automobilbranche >BMF vom 18.12.2009 (BStBl 2010 I S. 20) unter Berücksichtigung der Änderung durch >BMF vom 16.5.2013 (BStBl I S. 729, Rdnr. 8), *Anhang 24 II, III*
- i. S. d. § 8 Abs. 3 EStG stellt auf den Endpreis für die konkret zu bewertende Leistung ab. Werden mehrere Leistungen zugewandt (Ware

zzgl. Versand- bzw. Überführungskosten), ist für jede Leistung gesondert eine Verbilligung und ein damit einhergehender Vorteil zu ermitteln (>BFH vom 16.1.2020 – BStBl II S. 591),

– bei Überlassung eines zinslosen oder zinsverbilligten Arbeitgeberdarlehens >BMF vom 19.5.2015 (BStBl I S. 484) Anhang 24 IX

Job-Ticket

Zum Vorrang der Steuerfreistellung nach § 3 Nr. 15 EStG >BMF vom 15.8.2019 (BStBl I S. 875) Anhang 17a

Sachbezüge an ehemalige Arbeitnehmer

Sachbezüge, die dem Arbeitnehmer ausschließlich wegen seines früheren oder künftigen Dienstverhältnisses zufließen, können nach § 8 Abs. 3 EStG bewertet werden (>BFH vom 8.11.1996 – BStBl 1997 II S. 330).

Sachbezüge von dritter Seite

– Erfassung und Bewertung
  >BMF vom 20.1.2015 (BStBl I S. 143) Anhang 24 I
– Die Einschaltung eines Dritten ist für die Anwendung des § 8 Abs. 3 EStG unschädlich, wenn der Arbeitnehmer eine vom Arbeitgeber hergestellte Ware auf dessen Veranlassung und Rechnung erhält (>BFH vom 4.6.1993 – BStBl II S. 687).

Vermittlungsprovision

– Ein Arbeitgeber, der den Abschluss von Versicherungsverträgen vermittelt, kann seinen Arbeitnehmern auch dadurch einen geldwerten Vorteil i. S. d. § 8 Abs. 3 Satz 1 EStG gewähren, dass er im Voraus auf die ihm zustehende Vermittlungsprovision verzichtet, sofern das Versicherungsunternehmen auf Grund dieses Verzichts den fraglichen Arbeitnehmern den Abschluss von Versicherungsverträgen zu günstigeren Tarifen gewährt, als das bei anderen Versicherungsnehmern der Fall ist (>BFH vom 30.5.2001 – BStBl 2002 II S. 230).
– Gibt der Arbeitgeber seine Provisionen, die er von Dritten für die Vermittlung von Versicherungsverträgen seiner Arbeitnehmer erhalten hat, an diese weiter, gewährt er Bar- und nicht Sachlohn (>BFH vom 23.8.2007 – BStBl 2008 II S. 52).

Wahlrecht

Liegen die Voraussetzungen des § 8 Abs. 3 EStG vor, kann der geldwerte Vorteil wahlweise nach § 8 Abs. 2 EStG ohne Bewertungsabschlag und ohne Rabattfreibetrag oder mit diesen Abschlägen auf der Grundlage des Endpreises des Arbeitgebers nach § 8 Abs. 3 EStG bewertet werden (>BFH vom 26.7.2012 – BStBl 2013 II S. 400 und 402). Dieses Wahlrecht ist sowohl im Lohnsteuerabzugsverfahren als auch im Veranlagungsverfahren anwendbar (>BMF vom 16.5.2013 – BStBl I S. 729, Tz. 3.3). Anhang 24 III

Waren und Dienstleistungen vom Arbeitgeber

- Die Waren oder Dienstleistungen müssen vom Arbeitgeber hergestellt, vertrieben oder erbracht werden (>BFH vom 15.1.1993 – BStBl II S. 356).
- Es ist nicht erforderlich, dass die Leistung des Arbeitgebers zu seinem üblichen Geschäftsgegenstand gehört (>BFH vom 7.2.1997 – BStBl II S. 363).

§ 9 S 2208

Werbungskosten S 2350

(1) [1]Werbungskosten sind Aufwendungen zur Erwerbung, Sicherung und Erhaltung der Einnahmen. [2]Sie sind bei der Einkunftsart abzuziehen, bei der sie erwachsen sind. [3]Werbungskosten sind auch S 2210–S 2213

1. Schuldzinsen und auf besonderen Verpflichtungsgründen beruhende Renten und dauernde Lasten, soweit sie mit einer Einkunftsart in wirtschaftlichem Zusammenhang stehen. [2]Bei Leibrenten kann nur der Anteil abgezogen werden, der sich nach § 22 Nummer 1 Satz 3 Buchstabe a Doppelbuchstabe bb ergibt;
2. Steuern vom Grundbesitz, sonstige öffentliche Abgaben und Versicherungsbeiträge, soweit solche Ausgaben sich auf Gebäude oder auf Gegenstände beziehen, die dem Steuerpflichtigen zur Einnahmeerzielung dienen;
3. Beiträge zu Berufsständen und sonstigen Berufsverbänden, deren Zweck nicht auf einen wirtschaftlichen Geschäftsbetrieb gerichtet ist;
4. Aufwendungen des Arbeitnehmers für die Wege zwischen Wohnung und erster Tätigkeitsstätte im Sinne des Absatzes 4. [2]Zur Abgeltung dieser Aufwendungen ist für jeden Arbeitstag, an dem der Arbeitnehmer die erste Tätigkeitsstätte aufsucht, eine Entfernungspauschale für jeden vollen Kilometer der Entfernung zwischen Wohnung und erster Tätigkeitsstätte von 0,30 Euro anzusetzen, höchstens jedoch 4.500 Euro im Kalenderjahr; ein höherer Betrag als 4.500 Euro ist anzusetzen, soweit der Arbeitnehmer einen eigenen oder ihm zur Nutzung überlassenen Kraftwagen benutzt. [3]Die Entfernungspauschale gilt nicht für Flugstrecken und Strecken mit steuerfreier Sammelbeförderung nach § 3 Nummer 32. [4]Für die Bestimmung der Entfernung ist die kürzeste Straßenverbindung zwischen Wohnung und erster Tätigkeitsstätte maßgebend; eine andere als die kürzeste Straßenverbindung kann zugrunde gelegt werden, wenn diese offensichtlich verkehrsgünstiger ist und vom Arbeitnehmer regelmäßig für die Wege zwischen Wohnung und erster Tätigkeitsstätte benutzt wird. [5]Nach § 8 Absatz 2 Satz 11 oder Absatz 3 steuerfreie Sachbezüge für Fahrten zwischen Wohnung und erster Tätigkeitsstätte mindern den nach Satz 2 abziehbaren Betrag; ist der Arbeitgeber selbst der Verkehrsträger, ist der Preis anzusetzen, den ein dritter Arbeitgeber an den Verkehrsträger zu entrichten hätte. [6]Hat ein Arbeitnehmer mehrere Wohnungen, so sind die Wege von einer Wohnung, die nicht der ersten Tätigkeitsstätte am nächsten liegt, nur zu berücksichtigen, wenn sie den Mittelpunkt der Lebensinteressen des Arbeitnehmers bildet und nicht nur gelegentlich aufgesucht wird. [7]Nach § 3 Nummer 37 steuerfreie Sachbezüge mindern den nach Satz 2 abziehbaren Betrag nicht; S 2351

§ 3c Absatz 1 ist nicht anzuwenden. [8]Zur Abgeltung der Aufwendungen im Sinne des Satzes 1 ist für die Veranlagungszeiträume 2021 bis 2026 abweichend von Satz 2 für jeden Arbeitstag, an dem der Arbeitnehmer die erste Tätigkeitsstätte aufsucht, eine Entfernungspauschale für jeden vollen Kilometer der ersten 20 Kilometer der Entfernung zwischen Wohnung und erster Tätigkeitsstätte von 0,30 Euro und für jeden weiteren vollen Kilometer

a) von 0,35 Euro für 2021 bis 2023,

b) von 0,38 Euro für 2024 bis 2026

anzusetzen, höchstens jedoch 4.500 Euro im Kalenderjahr; ein höherer Betrag als 4.500 Euro ist anzusetzen, soweit der Arbeitnehmer einen eigenen oder ihm zur Nutzung überlassenen Kraftwagen benutzt.

4a. Aufwendungen des Arbeitnehmers für beruflich veranlasste Fahrten, die nicht Fahrten zwischen Wohnung und erster Tätigkeitsstätte im Sinne des Absatzes 4 sowie keine Familienheimfahrten sind. [2]Anstelle der tatsächlichen Aufwendungen, die dem Arbeitnehmer durch die persönliche Benutzung eines Beförderungsmittels entstehen, können die Fahrtkosten mit den pauschalen Kilometersätzen angesetzt werden, die für das jeweils benutzte Beförderungsmittel (Fahrzeug) als höchste Wegstreckenentschädigung nach dem Bundesreisekostengesetz festgesetzt sind. [3]Hat ein Arbeitnehmer keine erste Tätigkeitsstätte (§ 9 Absatz 4) und hat er nach den dienst- oder arbeitsrechtlichen Festlegungen sowie den diese ausfüllenden Absprachen und Weisungen zur Aufnahme seiner beruflichen Tätigkeit dauerhaft denselben Ort oder dasselbe weiträumige Tätigkeitsgebiet typischerweise arbeitstäglich aufzusuchen, gilt Absatz 1 Satz 3 Nummer 4 und Absatz 2 für die Fahrten von der Wohnung zu diesem Ort oder dem zur Wohnung nächstgelegenen Zugang zum Tätigkeitsgebiet entsprechend. [4]Für die Fahrten innerhalb des weiträumigen Tätigkeitsgebietes gelten die Sätze 1 und 2 entsprechend.

S 2352 5. notwendige Mehraufwendungen, die einem Arbeitnehmer wegen einer beruflich veranlassten doppelten Haushaltsführung entstehen. [2]Eine doppelte Haushaltsführung liegt nur vor, wenn der Arbeitnehmer außerhalb des Ortes seiner ersten Tätigkeitsstätte einen eigenen Hausstand unterhält und auch am Ort der ersten Tätigkeitsstätte wohnt. [3]Das Vorliegen eines eigenen Hausstandes setzt das Innehaben einer Wohnung sowie eine finanzielle Beteiligung an den Kosten der Lebensführung voraus. [4]Als Unterkunftskosten für eine doppelte Haushaltsführung können im Inland die tatsächlichen Aufwendungen für die Nutzung der Unterkunft angesetzt werden, höchstens 1.000 Euro im Monat. [5]Aufwendungen für die Wege vom Ort der ersten Tätigkeitsstätte zum

Ort des eigenen Hausstandes und zurück (Familienheimfahrt) können jeweils nur für eine Familienheimfahrt wöchentlich abgezogen werden. [6]Zur Abgeltung der Aufwendungen für eine Familienheimfahrt ist eine Entfernungspauschale von 0,30 Euro für jeden vollen Kilometer der Entfernung zwischen dem Ort des eigenen Hausstandes und dem Ort der ersten Tätigkeitsstätte anzusetzen. [7]Nummer 4 Satz 3 bis 5 ist entsprechend anzuwenden. [8]Aufwendungen für Familienheimfahrten mit einem dem Steuerpflichtigen im Rahmen einer Einkunftsart überlassenen Kraftfahrzeug werden nicht berücksichtigt. [9]Zur Abgeltung der Aufwendungen für eine Familienheimfahrt ist für die Veranlagungszeiträume 2021 bis 2026 abweichend von Satz 6 eine Entfernungspauschale für jeden vollen Kilometer der ersten 20 Kilometer der Entfernung zwischen dem Ort des eigenen Hausstandes und dem Ort der ersten Tätigkeitsstätte von 0,30 Euro und für jeden weiteren vollen Kilometer

a) von 0,35 Euro für 2021 bis 2023,

b) von 0,38 Euro für 2024 bis 2026

anzusetzen.

5a. notwendige Mehraufwendungen eines Arbeitnehmers für beruflich veranlasste Übernachtungen an einer Tätigkeitsstätte, die nicht erste Tätigkeitsstätte ist. [2]Übernachtungskosten sind die tatsächlichen Aufwendungen für die persönliche Inanspruchnahme einer Unterkunft zur Übernachtung. [3]Soweit höhere Übernachtungskosten anfallen, weil der Arbeitnehmer eine Unterkunft gemeinsam mit Personen nutzt, die in keinem Dienstverhältnis zum selben Arbeitgeber stehen, sind nur diejenigen Aufwendungen anzusetzen, die bei alleiniger Nutzung durch den Arbeitnehmer angefallen wären. [4]Nach Ablauf von 48 Monaten einer längerfristigen beruflichen Tätigkeit an derselben Tätigkeitsstätte, die nicht erste Tätigkeitsstätte ist, können Unterkunftskosten nur noch bis zur Höhe des Betrags nach Nummer 5 angesetzt werden. [5]Eine Unterbrechung dieser beruflichen Tätigkeit an derselben Tätigkeitsstätte führt zu einem Neubeginn, wenn die Unterbrechung mindestens sechs Monate dauert.

5b. notwendige Mehraufwendungen, die einem Arbeitnehmer während seiner auswärtigen beruflichen Tätigkeit auf einem Kraftfahrzeug des Arbeitgebers oder eines vom Arbeitgeber beauftragten Dritten im Zusammenhang mit einer Übernachtung in dem Kraftfahrzeug für Kalendertage entstehen, an denen der Arbeitnehmer eine Verpflegungspauschale nach Absatz 4a Satz 3 Nummer 1 und 2 sowie Satz 5 zur Nummer 1 und 2 beanspruchen könnte. [2]Anstelle der tatsächlichen Aufwendungen, die dem Arbeitnehmer im Zusammenhang mit einer Übernachtung in dem Kraftfahrzeug entstehen, kann im Kalenderjahr einheitlich eine

Pauschale von 8 Euro für jeden Kalendertag berücksichtigt werden, an dem der Arbeitnehmer eine Verpflegungspauschale nach Absatz 4a Satz 3 Nummer 1 und 2 sowie Satz 5 zur Nummer 1 und 2 beanspruchen könnte,

S 2354 6. Aufwendungen für Arbeitsmittel, zum Beispiel für Werkzeuge und typische Berufskleidung. [2] Nummer 7 bleibt unberührt;

7. Absetzungen für Abnutzung und für Substanzverringerung, Sonderabschreibungen nach § 7b und erhöhte Absetzungen. [2] § 6 Absatz 2 Satz 1 bis 3 ist in Fällen der Anschaffung oder Herstellung von Wirtschaftsgütern entsprechend anzuwenden.

(2) [1] Durch die Entfernungspauschalen sind sämtliche Aufwendungen abgegolten, die durch die Wege zwischen Wohnung und erster Tätigkeitsstätte im Sinne des Absatzes 4 und durch die Familienheimfahrten veranlasst sind. [2] Aufwendungen für die Benutzung öffentlicher Verkehrsmittel können angesetzt werden, soweit sie den im Kalenderjahr insgesamt als Entfernungspauschale abziehbaren Betrag übersteigen. [3] Menschen mit Behinderungen,

1. deren Grad der Behinderung mindestens 70 beträgt,
2. deren Grad der Behinderung weniger als 70, aber mindestens 50 beträgt und die in ihrer Bewegungsfähigkeit im Straßenverkehr erheblich beeinträchtigt sind,

können anstelle der Entfernungspauschalen die tatsächlichen Aufwendungen für die Wege zwischen Wohnung und erster Tätigkeitsstätte und für Familienheimfahrten ansetzen. [4] Die Voraussetzungen der Nummern 1 und 2 sind durch amtliche Unterlagen nachzuweisen.

(3) Absatz 1 Satz 3 Nummer 4 bis 5a sowie die Absätze 2 und 4a gelten bei den Einkunftsarten im Sinne des § 2 Absatz 1 Satz 1 Nummer 5 bis 7 entsprechend.

(4) [1] Erste Tätigkeitsstätte ist die ortsfeste betriebliche Einrichtung des Arbeitgebers, eines verbundenen Unternehmens (§ 15 des Aktiengesetzes) oder eines vom Arbeitgeber bestimmten Dritten, der der Arbeitnehmer dauerhaft zugeordnet ist. [2] Die Zuordnung im Sinne des Satzes 1 wird durch die dienst- oder arbeitsrechtlichen Festlegungen sowie die diese ausfüllenden Absprachen und Weisungen bestimmt. [3] Von einer dauerhaften Zuordnung ist insbesondere auszugehen, wenn der Arbeitnehmer unbefristet, für die Dauer des Dienstverhältnisses oder über einen Zeitraum von 48 Monaten hinaus an einer solchen Tätigkeitsstätte tätig werden soll. [4] Fehlt eine solche dienst- oder arbeitsrechtliche Festlegung auf eine Tätigkeitsstätte oder ist sie nicht eindeutig, ist erste Tätigkeitsstätte die betriebliche Einrichtung, an der der Arbeitnehmer dauerhaft

1. typischerweise arbeitstäglich tätig werden soll oder
2. je Arbeitswoche zwei volle Arbeitstage oder mindestens ein Drittel seiner vereinbarten regelmäßigen Arbeitszeit tätig werden soll.

[5]Je Dienstverhältnis hat der Arbeitnehmer höchstens eine erste Tätigkeitsstätte. [6]Liegen die Voraussetzungen der Sätze 1 bis 4 für mehrere Tätigkeitsstätten vor, ist diejenige Tätigkeitsstätte erste Tätigkeitsstätte, die der Arbeitgeber bestimmt. [7]Fehlt es an dieser Bestimmung oder ist sie nicht eindeutig, ist die der Wohnung örtlich am nächsten liegende Tätigkeitsstätte die erste Tätigkeitsstätte. [8]Als erste Tätigkeitsstätte gilt auch eine Bildungseinrichtung, die außerhalb eines Dienstverhältnisses zum Zwecke eines Vollzeitstudiums oder einer vollzeitigen Bildungsmaßnahme aufgesucht wird; die Regelungen für Arbeitnehmer nach Absatz 1 Satz 3 Nummer 4 und 5 sowie Absatz 4a sind entsprechend anzuwenden.

(4a) [1]Mehraufwendungen des Arbeitnehmers für die Verpflegung sind nur nach Maßgabe der folgenden Sätze als Werbungskosten abziehbar. [2]Wird der Arbeitnehmer außerhalb seiner Wohnung und ersten Tätigkeitsstätte beruflich tätig (auswärtige berufliche Tätigkeit), ist zur Abgeltung der ihm tatsächlich entstandenen, beruflich veranlassten Mehraufwendungen eine Verpflegungspauschale anzusetzen. [3]Diese beträgt

1. 28 Euro für jeden Kalendertag, an dem der Arbeitnehmer 24 Stunden von seiner Wohnung und ersten Tätigkeitsstätte abwesend ist,
2. jeweils 14 Euro für den An- und Abreisetag, wenn der Arbeitnehmer an diesem, einem anschließenden oder vorhergehenden Tag außerhalb seiner Wohnung übernachtet,
3. 14 Euro für den Kalendertag, an dem der Arbeitnehmer ohne Übernachtung außerhalb seiner Wohnung mehr als 8 Stunden von seiner Wohnung und der ersten Tätigkeitsstätte abwesend ist; beginnt die auswärtige berufliche Tätigkeit an einem Kalendertag und endet am nachfolgenden Kalendertag ohne Übernachtung, werden 14 Euro für den Kalendertag gewährt, an dem der Arbeitnehmer den überwiegenden Teil der insgesamt mehr als 8 Stunden von seiner Wohnung und der ersten Tätigkeitsstätte abwesend ist.

[4]Hat der Arbeitnehmer keine erste Tätigkeitsstätte, gelten die Sätze 2 und 3 entsprechend; Wohnung im Sinne der Sätze 2 und 3 ist der Hausstand, der den Mittelpunkt der Lebensinteressen des Arbeitnehmers bildet sowie eine Unterkunft am Ort der ersten Tätigkeitsstätte im Rahmen der doppelten Haushaltsführung. [5]Bei einer Tätigkeit im Ausland treten an die Stelle der Pauschbeträge nach Satz 3 länderweise unterschiedliche Pauschbeträge, die für die Fälle der Nummer 1 mit 120 sowie der Nummern 2 und 3 mit 80 Prozent der Auslandstagegelder nach dem Bundesreisekostengesetz vom Bundesministerium der Finanzen im Einvernehmen mit den obersten Finanzbehörden der Länder aufgerundet auf volle Euro festgesetzt werden; dabei bestimmt sich der Pauschbetrag nach dem Ort, den der Arbeitnehmer vor 24 Uhr Ortszeit zuletzt erreicht, oder, wenn dieser Ort im Inland

liegt, nach dem letzten Tätigkeitsort im Ausland. [6]Der Abzug der Verpflegungspauschalen ist auf die ersten drei Monate einer längerfristigen beruflichen Tätigkeit an derselben Tätigkeitsstätte beschränkt. [7]Eine Unterbrechung der beruflichen Tätigkeit an derselben Tätigkeitsstätte führt zu einem Neubeginn, wenn sie mindestens vier Wochen dauert. [8]Wird dem Arbeitnehmer anlässlich oder während einer Tätigkeit außerhalb seiner ersten Tätigkeitsstätte vom Arbeitgeber oder auf dessen Veranlassung von einem Dritten eine Mahlzeit zur Verfügung gestellt, sind die nach den Sätzen 3 und 5 ermittelten Verpflegungspauschalen zu kürzen:

1. für Frühstück um 20 Prozent,
2. für Mittag- und Abendessen um jeweils 40 Prozent,

der nach Satz 3 Nummer 1 gegebenenfalls in Verbindung mit Satz 5 maßgebenden Verpflegungspauschale für einen vollen Kalendertag; die Kürzung darf die ermittelte Verpflegungspauschale nicht übersteigen. [9]Satz 8 gilt auch, wenn Reisekostenvergütungen wegen der zur Verfügung gestellten Mahlzeiten einbehalten oder gekürzt werden oder die Mahlzeiten nach § 40 Absatz 2 Satz 1 Nummer 1a pauschal besteuert werden. [10]Hat der Arbeitnehmer für die Mahlzeit ein Entgelt gezahlt, mindert dieser Betrag den Kürzungsbetrag nach Satz 8. [11]Erhält der Arbeitnehmer steuerfreie Erstattungen für Verpflegung, ist ein Werbungskostenabzug insoweit ausgeschlossen. [12]Die Verpflegungspauschalen nach den Sätzen 3 und 5, die Dreimonatsfrist nach den Sätzen 6 und 7 sowie die Kürzungsregelungen nach den Sätzen 8 bis 10 gelten entsprechend auch für den Abzug von Mehraufwendungen für Verpflegung, die bei einer beruflich veranlassten doppelten Haushaltsführung entstehen, soweit der Arbeitnehmer vom eigenen Hausstand im Sinne des § 9 Absatz 1 Satz 3 Nummer 5 abwesend ist; dabei ist für jeden Kalendertag innerhalb der Dreimonatsfrist, an dem gleichzeitig eine Tätigkeit im Sinne des Satzes 2 oder des Satzes 4 ausgeübt wird, nur der jeweils höchste in Betracht kommende Pauschbetrag abziehbar. [13]Die Dauer einer Tätigkeit im Sinne des Satzes 2 an dem Tätigkeitsort, an dem die doppelte Haushaltsführung begründet wurde, ist auf die Dreimonatsfrist anzurechnen, wenn sie ihr unmittelbar vorausgegangen ist.

[1)] (5) [1]§ 4 Absatz 5 Satz 1 Nummer 1 bis 4, 6b bis 8a, 10, 12 und Absatz 6 gilt sinngemäß. [2]*Die §§ 4j, 4k, 6 Absatz 1 Nummer 1a und § 6e gelten entsprechend.*

(6) [1]Aufwendungen des Steuerpflichtigen für seine Berufsausbildung oder für sein Studium sind nur dann Werbungskosten, wenn der Steuerpflichtige zuvor bereits eine Erstausbildung (Berufsausbildung oder Studium) abgeschlossen hat oder wenn die Berufsausbildung oder das Studium im Rahmen eines Dienstverhältnisses stattfindet.

[1)] *Absatz 5 Satz 2 wurde durch Artikel 1 des ATADUmsG neu gefasst und ist erstmals für Aufwendungen i. S. d. § 4k anzuwenden, die nach dem 31.12.2019 entstehen >§ 52 Abs. 16b Satz 4.*

[2]Eine Berufsausbildung als Erstausbildung nach Satz 1 liegt vor, wenn eine geordnete Ausbildung mit einer Mindestdauer von 12 Monaten bei vollzeitiger Ausbildung und mit einer Abschlussprüfung durchgeführt wird. [3]Eine geordnete Ausbildung liegt vor, wenn sie auf der Grundlage von Rechts- oder Verwaltungsvorschriften oder internen Vorschriften eines Bildungsträgers durchgeführt wird. [4]Ist eine Abschlussprüfung nach dem Ausbildungsplan nicht vorgesehen, gilt die Ausbildung mit der tatsächlichen planmäßigen Beendigung als abgeschlossen. [5]Eine Berufsausbildung als Erstausbildung hat auch abgeschlossen, wer die Abschlussprüfung einer durch Rechts- oder Verwaltungsvorschriften geregelten Berufsausbildung mit einer Mindestdauer von 12 Monaten bestanden hat, ohne dass er zuvor die entsprechende Berufsausbildung durchlaufen hat.

R 9.1

S 2354

Werbungskosten

(1) [1]Zu den Werbungskosten gehören alle Aufwendungen, die durch den Beruf veranlasst sind. [2]Werbungskosten, die die Lebensführung des Arbeitnehmers oder anderer Personen berühren, sind nach § 9 Abs. 5 i. V. m. § 4 Abs. 5 Satz 1 Nr. 7 EStG insoweit nicht abziehbar, als sie nach der allgemeinen Verkehrsauffassung als unangemessen anzusehen sind. [3]Dieses Abzugsverbot betrifft nur seltene Ausnahmefälle; die Werbungskosten müssen erhebliches Gewicht haben und die Grenze der Angemessenheit erheblich überschreiten, wie z. B. Aufwendungen für die Nutzung eines Privatflugzeugs zu einer Auswärtstätigkeit.

(2) [1]Aufwendungen für Ernährung, Kleidung und Wohnung sowie Repräsentationsaufwendungen sind in der Regel Aufwendungen für die Lebensführung i. S. d. § 12 Nr. 1 EStG. [2]Besteht bei diesen Aufwendungen ein Zusammenhang mit der beruflichen Tätigkeit des Arbeitnehmers, ist zu prüfen, ob und in welchem Umfang die Aufwendungen beruflich veranlasst sind. [3]Hierbei gilt Folgendes:

1. Sind die Aufwendungen so gut wie ausschließlich beruflich veranlasst, z. B. Aufwendungen für typische Berufskleidung (>R 3.31), sind sie in voller Höhe als Werbungskosten abziehbar.
2. Sind die Aufwendungen nur zum Teil beruflich veranlasst und lässt sich dieser Teil der Aufwendungen nach objektiven Merkmalen leicht und einwandfrei von den Aufwendungen trennen, die ganz oder teilweise der privaten Lebensführung dienen, ist dieser Teil der Aufwendungen als Werbungskosten abziehbar; er kann ggf. geschätzt werden.
3. [1]Ein Abzug der Aufwendungen kommt insgesamt nicht in Betracht, wenn die – für sich gesehen jeweils nicht unbedeutenden – beruflichen und privaten Veranlassungsbeiträge so ineinander greifen, dass eine Trennung nicht möglich und eine Grundlage für die Schätzung nicht erkennbar ist. [2]Das ist insbesondere der Fall, wenn es an objektivierbaren Kriterien für eine Aufteilung fehlt.

4. [1]Aufwendungen für die Ernährung gehören grundsätzlich zu den nach § 12 Nr. 1 EStG nicht abziehbaren Aufwendungen für die Lebensführung. [2]Das Abzugsverbot nach § 12 Nr. 1 EStG gilt jedoch nicht für Verpflegungsmehraufwendungen, die z. B. als Reisekosten (>R 9.6) oder wegen einer aus beruflichem Anlass begründeten doppelten Haushaltsführung (>R 9.11) so gut wie ausschließlich durch die berufliche Tätigkeit veranlasst sind.

(3) Die Annahme von Werbungskosten setzt nicht voraus, dass im selben Kalenderjahr, in dem die Aufwendungen geleistet werden, Arbeitslohn zufließt.

(4) [1]Ansparleistungen für beruflich veranlasste Aufwendungen, z. B. Beiträge an eine Kleiderkasse zur Anschaffung typischer Berufskleidung, sind noch keine Werbungskosten; angesparte Beträge können erst dann abgezogen werden, wenn sie als Werbungskosten verausgabt worden sind. [2]Hat ein Arbeitnehmer beruflich veranlasste Aufwendungen dadurch erspart, dass er entsprechende Sachbezüge erhalten hat, steht der Wert der Sachbezüge entsprechenden Aufwendungen gleich; die Sachbezüge sind vorbehaltlich der Abzugsbeschränkungen nach § 9 Abs. 1 Satz 3 Nr. 5, 7 und Abs. 5 EStG mit dem Wert als Werbungskosten abziehbar, mit dem sie als steuerpflichtiger Arbeitslohn erfasst worden sind. [3]Steuerfreie Bezüge, auch soweit sie von einem Dritten – z. B. der Agentur für Arbeit – gezahlt werden, schließen entsprechende Werbungskosten aus.

(5) [1]Telekommunikationsaufwendungen sind Werbungskosten, soweit sie beruflich veranlasst sind. [2]Weist der Arbeitnehmer den Anteil der beruflich veranlassten Aufwendungen an den Gesamtaufwendungen für einen repräsentativen Zeitraum von drei Monaten im Einzelnen nach, kann dieser berufliche Anteil für den gesamten VZ zugrunde gelegt werden. [3]Dabei können die Aufwendungen für das Nutzungsentgelt der Telefonanlage sowie für den Grundpreis der Anschlüsse entsprechend dem beruflichen Anteil der Verbindungsentgelte an den gesamten Verbindungsentgelten (Telefon und Internet) abgezogen werden. [4]Fallen erfahrungsgemäß beruflich veranlasste Telekommunikationsaufwendungen an, können aus Vereinfachungsgründen ohne Einzelnachweis bis zu 20 % des Rechnungsbetrags, jedoch höchstens 20 Euro monatlich als Werbungskosten anerkannt werden. [5]Zur weiteren Vereinfachung kann der monatliche Durchschnittsbetrag, der sich aus den Rechnungsbeträgen für einen repräsentativen Zeitraum von drei Monaten ergibt, für den gesamten VZ zugrunde gelegt werden. [6]Nach R 3.50 Abs. 2 steuerfrei ersetzte Telekommunikationsaufwendungen mindern den als Werbungskosten abziehbaren Betrag.

H 9.1

Hinweise

Aktienoptionen

Erhält ein Arbeitnehmer von seinem Arbeitgeber nicht handelbare Aktienoptionsrechte, können die von ihm getragenen Aufwendungen im Zahlungszeitpunkt nicht als Werbungskosten berücksichtigt werden; sie mindern erst im Jahr der Verschaffung der verbilligten Aktien den geldwerten Vorteil. Verfällt das Optionsrecht, sind die Optionskosten im Jahr des Verfalls als vergebliche Werbungskosten abziehbar (>BFH vom 3.5.2007 – BStBl II S. 647).

Arbeitsgerichtlicher Vergleich

Es spricht regelmäßig eine Vermutung dafür, dass Aufwendungen für aus dem Arbeitsverhältnis folgende zivil- und arbeitsgerichtliche Streitigkeiten einen den Werbungskostenabzug rechtfertigenden hinreichend konkreten Veranlassungszusammenhang zu den Lohneinkünften aufweisen. Dies gilt grundsätzlich auch, wenn sich Arbeitgeber und Arbeitnehmer über solche streitigen Ansprüche im Rahmen eines arbeitsgerichtlichen Vergleichs einigen (>BFH vom 9.2.2012 – BStBl II S. 829).

Aufteilung von Aufwendungen bei mehreren Einkunftsarten

Erzielt ein Arbeitnehmer sowohl Einnahmen aus selbständiger als auch aus nichtselbständiger Arbeit, sind die durch diese Tätigkeiten veranlassten Aufwendungen den jeweiligen Einkunftsarten, ggf. nach einer im Schätzungswege vorzunehmenden Aufteilung der Aufwendungen, als Werbungskosten oder Betriebsausgaben zuzuordnen (>BFH vom 10.6.2008 – BStBl II S. 937).

Aufteilungs- und Abzugsverbot

>Gemischte Aufwendungen

Ausgleichszahlungen

Ausgleichszahlungen, die ein Arbeitnehmer, dem eine Altersversorgung nach beamtenrechtlichen Grundsätzen zugesagt worden ist, leistet, um bei einem Arbeitgeberwechsel die Anrechnung von Dienstzeiten durch den neuen Arbeitgeber zu erreichen, sind als Werbungskosten abziehbar (>BFH vom 19.10.2016 – BStBl 2017 II S. 999).

Auslandstätigkeit

Die auf eine Auslandstätigkeit entfallenden Werbungskosten, die nicht eindeutig den steuerfreien oder steuerpflichtigen Bezügen zugeordnet werden können, sind regelmäßig zu dem Teil nicht abziehbar, der dem Verhältnis der steuerfreien Einnahmen zu den Gesamteinnahmen während der Auslandstätigkeit entspricht (>BFH vom 11.2.1993 – BStBl II S. 450 und vom 11.2.2009 – BStBl 2010 II S. 536 – zu Aufwendungen eines Referendars).

Berufliche Veranlassung

Eine berufliche Veranlassung setzt voraus, dass objektiv ein >Zusammenhang mit dem Beruf besteht und in der Regel subjektiv die Aufwendungen zur Förderung des Berufs gemacht werden (>BFH vom 28.11.1980 – BStBl 1981 II S. 368).

Berufskrankheit

Aufwendungen zur Wiederherstellung der Gesundheit können dann beruflich veranlasst sein, wenn es sich um eine typische Berufskrankheit handelt oder der Zusammenhang zwischen der Erkrankung und dem Beruf eindeutig feststeht (>BFH vom 11.7.2013 – BStBl II S. 815).

Beteiligung am Arbeitgeberunternehmen

– Aufwendungen eines Arbeitnehmers zum Erwerb einer Beteiligung an seinem (ggf. künftigen) Arbeitgeber sind regelmäßig auch dann nicht als (vorab entstandene) Werbungskosten bei den Einkünften aus nichtselbständiger Arbeit abzugsfähig, wenn die Zahlung Voraussetzung für den Abschluss des Anstellungsvertrags ist (>BFH vom 17.5.2017 – BStBl II S. 1073).
– Schuldzinsen für Darlehen, mit denen Arbeitnehmer den Erwerb von Gesellschaftsanteilen an ihrer Arbeitgeberin finanzieren, um damit die arbeitsvertragliche Voraussetzung für die Erlangung einer höher dotierten Position zu erfüllen, sind regelmäßig nicht bei den Einkünften aus nichtselbständiger Arbeit als Werbungskosten zu berücksichtigen (>BFH vom 5.4.2006 – BStBl II S. 654).

Bewirtungskosten

– Aufwendungen für die Feier eines Arbeitnehmers anlässlich eines persönlichen Ereignisses (z. B. Geburtstag) sind regelmäßig auch durch die gesellschaftliche Stellung veranlasst und nicht als Werbungskosten abziehbar (>BFH vom 19.2.1993 – BStBl II S. 403 und vom 15.7.1994 – BStBl II S. 896). Allerdings kann sich trotz des herausgehobenen persönlichen Ereignisses aus den übrigen Umständen des einzelnen Falls ergeben, dass die Kosten für eine solche Feier ausnahmsweise ganz oder teilweise beruflich veranlasst sind (>BFH vom 10.11.2016 – BStBl 2017 II S. 409).
– Bewirtungskosten, die einem Offizier für einen Empfang aus Anlass der Übergabe der Dienstgeschäfte (Kommandoübergabe) und der Verabschiedung in den Ruhestand entstehen, können als Werbungskosten zu berücksichtigen sein (>BFH vom 11.1.2007 – BStBl II S. 317).
– Bewirtungskosten eines angestellten Geschäftsführers mit variablen Bezügen anlässlich einer ausschließlich für Betriebsangehörige im eigenen Garten veranstalteten Feier zum 25-jährigen Dienstjubiläum können Werbungskosten sein (>BFH vom 1.2.2007 – BStBl II S. 459).
– Beruflich veranlasste Bewirtungskosten können ausnahmsweise auch dann vorliegen, wenn der Arbeitnehmer nicht variabel vergütet wird (>BFH vom 24.5.2007 – BStBl II S. 721).
– Aufwendungen für eine betriebsinterne Feier anlässlich eines berufsbezogenen Ereignisses (z. B. Dienstjubiläum) können (nahezu) ausschließlich beruflich veranlasst und damit als Werbungskosten zu berücksichtigen sein, wenn der Arbeitnehmer die Gäste nach abstrakten

berufsbezogenen Kriterien einlädt (>BFH vom 20.1.2016 – BStBl II S. 744).

– Bewirtungskosten sind nur in Höhe von 70 % als Werbungskosten abzugsfähig (>§ 4 Abs. 5 Satz 1 Nr. 2 i. V. m. § 9 Abs. 5 EStG). Diese Abzugsbeschränkung gilt nur, wenn der Arbeitnehmer Bewirtender ist (>BFH vom 19.6.2008 – BStBl II S. 870). Sie gilt nicht, wenn der Arbeitnehmer nur Arbeitnehmer des eigenen Arbeitgebers bewirtet (>BFH vom 19.6.2008 – BStBl 2009 II S. 11).

Bürgerliche Kleidung

Aufwendungen für bürgerliche Kleidung sind auch bei außergewöhnlich hohen Aufwendungen nicht als Werbungskosten abziehbar (>BFH vom 6.7.1989 – BStBl 1990 II S. 49).

Bürgschaftsverpflichtung

– Tilgungskosten aus einer Bürgschaftsverpflichtung durch den Arbeitnehmer einer Gesellschaft können zu Werbungskosten bei den Einkünften aus nichtselbständiger Arbeit führen, wenn eine Gesellschafterstellung zwar vereinbart, aber nicht zustande gekommen ist (>BFH vom 16.11.2011 – BStBl 2012 II S. 343).

– Erwerbsaufwand ist den Einkünften zuzurechnen, zu denen der engere und wirtschaftlich vorrangige Veranlassungszusammenhang besteht. Es kann nicht ausgeschlossen werden, dass auch im Fall einer gegenwärtig ausgeübten Erwerbstätigkeit die Inanspruchnahme aus einer Bürgschaftsverpflichtung wirtschaftlich vorrangig durch eine zunächst nur angestrebte andere Erwerbstätigkeit veranlasst und dementsprechend dieser zuzurechnen ist. Eine solche Zurechnung setzt allerdings voraus, dass diese künftige Erwerbstätigkeit schon hinreichend konkret feststeht; nur dann kann zwischen dieser und den Aufwendungen auch ein hinreichend konkreter und objektiv feststellbarer Veranlassungszusammenhang bestehen, der eine entsprechende Zurechnung rechtfertigt (>BFH vom 8.7.2015 – BStBl 2016 II S. 60 und vom 3.9.2015 – BStBl 2016 II S. 305).

Einbürgerung

Aufwendungen für die Einbürgerung sind nicht als Werbungskosten abziehbar (>BFH vom 18.5.1984 – BStBl II S. 588).

Ernährung

Aufwendungen für die Ernährung am Ort der ersten Tätigkeitsstätte sind auch dann nicht als Werbungskosten abziehbar, wenn der Arbeitnehmer berufsbedingt arbeitstäglich überdurchschnittlich oder ungewöhnlich lange von seiner Wohnung abwesend ist (>BFH vom 21.1.1994 – BStBl II S. 418).

Erziehungsurlaub/Elternzeit

Aufwendungen während eines Erziehungsurlaubs/einer Elternzeit können vorab entstandene Werbungskosten sein. Der berufliche Verwendungsbezug ist darzulegen, wenn er sich nicht bereits aus den Umständen von Umschulungs- oder Qualifizierungsmaßnahmen ergibt (>BFH vom 22.7.2003 – BStBl 2004 II S. 888).

Geldauflagen

Geldauflagen sind nicht als Werbungskosten abziehbar, soweit die Auflagen nicht der Wiedergutmachung des durch die Tat verursachten Schadens dienen (>BFH vom 22.7.2008 – BStBl 2009 II S. 151 und vom 15.1.2009 – BStBl 2010 II S. 111).

Geldbußen

Geldbußen sind nicht als Werbungskosten abziehbar (>BFH vom 22.7.2008 – BStBl 2009 II S. 151).

Gemischte Aufwendungen

- Bei gemischt veranlassten Aufwendungen besteht kein generelles Aufteilungs- und Abzugsverbot (>BFH vom 21.9.2009 – BStBl 2010 II S. 672); zu den Folgerungen >BMF vom 6.7.2010 (BStBl I S. 614). Anhang 18a
- Gemischt veranlasste Aufwendungen für eine Feier aus beruflichem und privatem Anlass können teilweise als Werbungskosten abziehbar sein. Der als Werbungskosten abziehbare Betrag kann dabei anhand der Herkunft der Gäste aus dem beruflichen/privaten Umfeld abgegrenzt werden (>BFH vom 8.7.2015 – BStBl II S. 1013).
- >H 9.2 (Auslandsgruppenreise)

Geschenke

Geschenke eines Arbeitnehmers anlässlich persönlicher Feiern sind nicht als Werbungskosten abziehbar (>BFH vom 1.7.1994 – BStBl 1995 II S. 273).

Körperpflege und Kosmetika

Aufwendungen für Körperpflege und Kosmetika sind auch bei außergewöhnlich hohen Aufwendungen nicht als Werbungskosten abziehbar (>BFH vom 6.7.1989 – BStBl 1990 II S. 49).

Kontoführungsgebühren

Kontoführungsgebühren sind Werbungskosten, soweit sie durch Gutschriften von Einnahmen aus dem Dienstverhältnis und durch beruflich veranlasste Überweisungen entstehen. Pauschale Kontoführungsgebühren sind ggf. nach dem Verhältnis beruflich und privat veranlasster Kontenbewegungen aufzuteilen (>BFH vom 9.5.1984 – BStBl II S. 560).

Krankheitskosten

Aufwendungen in Zusammenhang mit der Beseitigung oder Linderung von Körperschäden, die durch einen Unfall auf einer beruflich veranlassten Fahrt zwischen Wohnung und erster Tätigkeitsstätte eingetreten sind, können gemäß § 9 Abs. 1 Satz 1 EStG als Werbungskosten abgezogen werden (>BFH vom 19.12.2019 – BStBl 2020 II S. 291).

Kunstgegenstände

Aufwendungen für die Ausschmückung eines Dienstzimmers sind nicht als Werbungskosten abziehbar (>BFH vom 12.3.1993 – BStBl II S. 506).

Nachträgliche Werbungskosten

Werbungskosten können auch im Hinblick auf ein früheres Dienstverhältnis entstehen (>BFH vom 14.10.1960 – BStBl 1961 III S. 20).

Psychoseminar

Aufwendungen für die Teilnahme an psychologischen Seminaren, die nicht auf den konkreten Beruf zugeschnittene psychologische Kenntnisse vermittelt, sind auch dann nicht als Werbungskosten abziehbar, wenn der Arbeitgeber für die Teilnahme an den Seminaren bezahlten Bildungsurlaub gewährt (>BFH vom 6.3.1995 – BStBl II S. 393).

Reinigung von typischer Berufskleidung in privater Waschmaschine

>H 9.12 (Berufskleidung)

Sammelbeförderung

>BMF vom ***18.11.2021*** (BStBl I S.) Anhang 14

Schulgeld

Schulgeldzahlungen an eine fremdsprachige Schule im Inland sind auch dann nicht als Werbungskosten abziehbar, wenn sich die ausländischen Eltern aus beruflichen Gründen nur vorübergehend im Inland aufhalten (>BFH vom 23.11.2000 – BStBl 2001 II S. 132).

Statusfeststellungsverfahren

Aufwendungen im Zusammenhang mit dem Anfrageverfahren nach § 7a SGB IV (sog. Statusfeststellungsverfahren) sind durch das Arbeitsverhältnis veranlasst und deshalb als Werbungskosten bei den Einkünften aus nichtselbständiger Arbeit zu berücksichtigen (>BFH vom 6.5.2010 – BStBl II S. 851).

Strafverteidigungskosten

Aufwendungen für die Strafverteidigung können Werbungskosten sein, wenn der Schuldvorwurf durch berufliches Verhalten veranlasst war (>BFH vom 19.2.1982 – BStBl II S. 467 und vom 18.10.2007 – BStBl 2008 II S. 223).

Übernachtung an der ersten Tätigkeitsstätte

Die Kosten für gelegentliche Hotelübernachtungen am Ort der ersten Tätigkeitsstätte sind Werbungskosten, wenn sie beruflich veranlasst sind. Für eine Tätigkeit an diesem Ort sind Verpflegungsmehraufwendungen nicht zu berücksichtigen (>BFH vom 5.8.2004 – BStBl II S. 1074).

Verlorener Zuschuss eines Gesellschafter-Geschäftsführers

Gewährt der Gesellschafter-Geschäftsführer einer GmbH, an der er nicht nur unwesentlich beteiligt ist, einen verlorenen Zuschuss, ist die Berücksichtigung als Werbungskosten regelmäßig abzulehnen (>BFH vom 26.11.1993 – BStBl 1994 II S. 242).

Verlust einer Beteiligung am Unternehmen des Arbeitgebers

– Der Verlust einer Beteiligung an einer GmbH kann selbst dann nicht als Werbungskosten berücksichtigt werden, wenn die Beteiligung am Stammkapital der GmbH Voraussetzung für die Beschäftigung als Arbeitnehmer der GmbH war (>BFH vom 12.5.1995 – BStBl II S. 644).
– Der Veräußerungsverlust aus einer Kapitalbeteiligung am Unternehmen des Arbeitgebers führt nur dann zu Werbungskosten, wenn ein erheblicher Veranlassungszusammenhang zum Dienstverhältnis besteht und nicht auf der Nutzung der Beteiligung als Kapitalertragsquelle beruht (>BFH vom 17.9.2009 – BStBl 2010 II S. 198).

Verlust einer Darlehensforderung gegen den Arbeitgeber

– Der Verlust einer Darlehensforderung gegen den Arbeitgeber ist als Werbungskosten zu berücksichtigen, wenn der Arbeitnehmer das Risiko, die Forderung zu verlieren, aus beruflichen Gründen bewusst auf sich genommen hat (>BFH vom 7.5.1993 – BStBl II S. 663).
– Die berufliche Veranlassung eines Darlehens wird nicht zwingend dadurch ausgeschlossen, dass der Darlehensvertrag mit dem alleinigen Gesellschafter-Geschäftsführer der Arbeitgeberin (GmbH) statt mit der insolvenzbedrohten GmbH geschlossen worden und die Darlehensvaluta an diesen geflossen ist. Maßgeblich sind der berufliche Veranlassungszusammenhang und der damit verbundene konkrete Verwendungszweck des Darlehens (>BFH vom 7.2.2008 – BStBl 2010 II S. 48).
– Auch wenn ein Darlehen aus im Gesellschaftsverhältnis liegenden Gründen gewährt wurde, kann der spätere Verzicht darauf durch das zugleich bestehende Arbeitsverhältnis veranlasst sein und dann insoweit zu Werbungskosten bei den Einkünften aus nichtselbständiger Arbeit führen, als die Darlehensforderung noch werthaltig ist (>BFH vom 25.11.2010 – BStBl 2012 II S. 24).
– Der Verlust einer aus einer Gehaltsumwandlung entstandenen Darlehensforderung eines Arbeitnehmers gegen seinen Arbeitgeber kann insoweit zu Werbungskosten bei den Einkünften aus nichtselbständiger Arbeit führen, als der Arbeitnehmer ansonsten keine Entlohnung für

seine Arbeitsleistung erhalten hätte, ohne seinen Arbeitsplatz erheblich zu gefährden. Dabei ist der Umstand, dass ein außenstehender Dritter, insbesondere eine Bank, dem Arbeitgeber kein Darlehen mehr gewährt hätte, lediglich ein Indiz für eine beruflich veranlasste Darlehenshingabe, nicht aber unabdingbare Voraussetzung für den Werbungskostenabzug eines Darlehensverlustes (>BFH vom 10.4.2014 – BStBl II S. 850).

Versorgungszuschlag

Zahlt der Arbeitgeber bei beurlaubten Beamten ohne Bezüge einen Versorgungszuschlag, handelt es sich um steuerpflichtigen Arbeitslohn. In gleicher Höhe liegen beim Arbeitnehmer Werbungskosten vor; dies gilt auch, wenn der Arbeitnehmer den Versorgungszuschlag zahlt (>BMF vom 22.2.1991 – BStBl I S. 951).

Vertragsstrafe

Die Zahlung einer in einem Ausbildungsverhältnis begründeten Vertragsstrafe kann zu Werbungskosten führen (>BFH vom 22.6.2006 – BStBl 2007 II S. 4).

Videorecorder

Aufwendungen für einen Videorecorder sind – ohne Nachweis der weitaus überwiegenden beruflichen Nutzung – nicht als Werbungskosten abziehbar (>BFH vom 27.9.1991 – BStBl 1992 II S. 195).

Vorweggenommene Werbungskosten

Werbungskosten können auch im Hinblick auf ein künftiges Dienstverhältnis entstehen (>BFH vom 4.8.1961 – BStBl 1962 III S. 5 und vom 3.11.1961 – BStBl 1962 III S. 123). Der Berücksichtigung dieser Werbungskosten steht es nicht entgegen, dass der Arbeitnehmer Arbeitslosengeld oder sonstige für seinen Unterhalt bestimmte steuerfreie Leistungen erhält (>BFH vom 4.3.1977 – BStBl II S. 507), ggf. kommt ein Verlustabzug nach § 10d EStG in Betracht.

Werbegeschenke

Aufwendungen eines Arbeitnehmers für Werbegeschenke an Kunden seines Arbeitgebers sind Werbungskosten, wenn er sie tätigt, um die Umsätze seines Arbeitgebers und damit seine erfolgsabhängigen Einkünfte zu steigern (>BFH vom 13.1.1984 – BStBl II S. 315). Aufwendungen für Werbegeschenke können ausnahmsweise auch dann Werbungskosten sein, wenn der Arbeitnehmer nicht variabel vergütet wird (>BFH vom 24.5.2007 – BStBl II S. 721). Die nach § 4 Abs. 5 Satz 1 Nr. 1 EStG maßgebende Wertgrenze von 35 Euro ist zu beachten (§ 9 Abs. 5 EStG).

Werbungskosten bei Insolvenzgeld

Werbungskosten, die auf den Zeitraum entfallen, für den der Arbeitnehmer Insolvenzgeld erhält, sind abziehbar, da kein unmittelbarer wirtschaftlicher

Zusammenhang zwischen den Aufwendungen und dem steuerfreien Insolvenzgeld i. S. d. § 3c EStG besteht (>BFH vom 23.11.2000 – BStBl 2001 II S. 199).

Wohnungsnutzung zu beruflichen Zwecken

Nutzt ein Miteigentümer allein eine Wohnung zu beruflichen Zwecken und werden die Darlehen zum Erwerb der Wohnung gemeinsam aufgenommen und Zins und Tilgung von einem gemeinsamen Konto beglichen, kann er AfA und Schuldzinsen nur entsprechend seinem Miteigentumsanteil als Werbungskosten geltend machen. Entsprechendes gilt für gemeinschaftlich getragene andere grundstücksorientierte Aufwendungen, z. B. Grundsteuer, allgemeine Reparaturkosten, Versicherungsprämien (>BFH vom 6.12.2017 – BStBl 2018 II S. 355).

Zusammenhang mit dem Beruf

Ein Zusammenhang mit dem Beruf ist gegeben, wenn die Aufwendungen in einem wirtschaftlichen Zusammenhang mit der auf Einnahmeerzielung gerichteten Tätigkeit des Arbeitnehmers stehen (>BFH vom 1.10.1982 – BStBl 1983 II S. 17).

R 9.2

S 2350

Aufwendungen für die Aus- und Fortbildung[1])

[1] Aufwendungen für den erstmaligen Erwerb von Kenntnissen, die zur Aufnahme eines Berufs befähigen, beziehungsweise für ein erstes Studium (Erstausbildung) sind Kosten der Lebensführung und nur als Sonderausgaben im Rahmen von § 10 Abs. 1 Nr. 7 EStG abziehbar. [2] Werbungskosten liegen dagegen vor, wenn die erstmalige Berufsausbildung oder das Erststudium Gegenstand eines Dienstverhältnisses (Ausbildungsdienstverhältnis) ist. [3] Unabhängig davon, ob ein Dienstverhältnis besteht, sind die Aufwendungen für die Fortbildung in dem bereits erlernten Beruf und für die Umschulungsmaßnahmen, die einen Berufswechsel vorbereiten, als Werbungskosten abziehbar. [4] Das gilt auch für die Aufwendungen für ein weiteres Studium, wenn dieses in einem hinreichend konkreten, objektiv feststellbaren Zusammenhang mit späteren steuerpflichtigen Einnahmen aus der angestrebten beruflichen Tätigkeit steht.

H 9.2

Hinweise

Allgemeine Grundsätze

Anhang 9

>BMF vom 22.9.2010 (BStBl I S. 721)

Allgemein bildende Schulen

Aufwendungen für den Besuch allgemein bildender Schulen sind regelmäßig keine Werbungskosten (>BFH vom 22.6.2006 – BStBl II S. 717).

---

[1]) Beachte auch § 9 Abs. 6 in der ab 2015 geltenden Fassung.

Ausbildungsdienstverhältnis

Beispiele:

- Referendariat zur Vorbereitung auf das zweite Staatsexamen (>BFH vom 10.12.1971 – BStBl 1972 II S. 251)
- Beamtenanwärter (>BFH vom 21.1.1972 – BStBl II S. 261)
- zum Studium abkommandierte oder beurlaubte Bundeswehroffiziere (>BFH vom 7.11.1980 – BStBl 1981 II S. 216 und vom 28.9.1984 – BStBl 1985 II S. 87)
- zur Erlangung der mittleren Reife abkommandierte Zeitsoldaten (>BFH vom 28.9.1984 – BStBl 1985 II S. 89)
- für ein Promotionsstudium beurlaubte Geistliche (>BFH vom 7.8.1987 – BStBl II S. 780)

Auslandsgruppenreise

- Aufwendungen für Reisen, die der beruflichen Fortbildung dienen, sind als Werbungskosten abziehbar, wenn sie unmittelbar beruflich veranlasst sind (z. B. das Aufsuchen eines Kunden des Arbeitgebers, das Halten eines Vortrags auf einem Fachkongress oder die Durchführung eines Forschungsauftrags) und die Verfolgung privater Interessen nicht den Schwerpunkt der Reise bildet (>BFH vom 21.9.2009 – BStBl 2010 II S. 672).
- Ein unmittelbarer beruflicher Anlass liegt nicht vor, wenn der Arbeitnehmer mit der Teilnahme an der Auslandsgruppenreise eine allgemeine Verpflichtung zur beruflichen Fortbildung erfüllt oder die Reise von einem Fachverband angeboten wird (>BFH vom 19.1.2012 – BStBl II S. 416); zur Abgrenzung gegenüber der konkreten beruflichen Verpflichtung zur Reiseteilnahme >BFH vom 9.12.2010 (BStBl 2011 II S. 522). Zur Aufteilung gemischt veranlasster Aufwendungen bei auch beruflicher Veranlassung der Auslandsgruppenreise >H 9.1 (Gemischte Aufwendungen).

Deutschkurs

Aufwendungen eines in Deutschland lebenden Ausländers für das Erlernen der deutschen Sprache gehören regelmäßig auch dann zu den nicht abziehbaren Kosten der Lebensführung, wenn ausreichende Deutschkenntnisse für einen angestrebten Ausbildungsplatz förderlich sind (>BFH vom 15.3.2007 – BStBl II S. 814).

Erziehungsurlaub/Elternzeit

Aufwendungen während eines Erziehungsurlaubs/einer Elternzeit können vorab entstandene Werbungskosten sein. Der berufliche Verwendungsbezug ist darzulegen, wenn er sich nicht bereits aus den Umständen von Umschulungs- oder Qualifizierungsmaßnahmen ergibt (>BFH vom 22.7.2003 – BStBl 2004 II S. 888).

Fortbildung

- Aufwendungen von Führungskräften für Seminare zur Persönlichkeitsentfaltung können Werbungskosten sein (>BFH vom 28.8.2008 – BStBl 2009 II S. 108).
- Aufwendungen einer leitenden Redakteurin zur Verbesserung beruflicher Kommunikationsfähigkeit sind Werbungskosten (>BFH vom 28.8.2008 – BStBl 2009 II S. 106).
- Aufwendungen für den Erwerb des Verkehrsflugzeugführerscheins einschließlich Musterberechtigung können vorab entstandene Werbungskosten sein (>BFH vom 27.10.2011 – BStBl 2012 II S. 825 zum Rettungssanitäter). Die Aufwendungen für den Erwerb des Privatflugzeugführerscheins führen regelmäßig nicht zu Werbungskosten (>BFH vom 27.5.2003 – BStBl 2005 II S. 202). Bei einer durchgehenden Ausbildung zum Verkehrsflugzeugführer sind aber auch die Aufwendungen für den Erwerb des Privatflugzeugführerscheins als Werbungskosten abziehbar (>BFH vom 30.9.2008 – BStBl 2009 II S. 111).

Fremdsprachenunterricht

- Der Abzug der Aufwendungen für einen Sprachkurs kann nicht mit der Begründung versagt werden, er habe in einem anderen Mitgliedstaat der Europäischen Union stattgefunden (>BFH vom 13.6.2002 – BStBl 2003 II S. 765). Dies gilt auch für Staaten, auf die das Abkommen über den europäischen Wirtschaftsraum Anwendung findet (Island, Liechtenstein, Norwegen), und wegen eines bilateralen Abkommens, das die Dienstleistungsfreiheit festschreibt, auch für die Schweiz (>BMF vom 26.9.2003 – BStBl I S. 447).
- Ein Sprachkurs kann auch dann beruflich veranlasst sein, wenn er nur Grundkenntnisse oder allgemeine Kenntnisse in einer Fremdsprache vermittelt, diese aber für die berufliche Tätigkeit ausreichen. Die Kursgebühren sind dann als Werbungskosten abziehbar. Der Ort, an dem der Sprachkurs durchgeführt wird, kann ein Indiz für eine private Mitveranlassung sein. Die Reisekosten sind dann grundsätzlich in Werbungskosten und Kosten der privaten Lebensführung aufzuteilen (>H 9.1 – Gemischte Aufwendungen). Dabei kann auch ein anderer als der zeitliche Aufteilungsmaßstab anzuwenden sein (>BFH vom 24.2.2011 – BStBl II S. 796 zum Sprachkurs in Südafrika).
- Aufwendungen für eine zur Erteilung von Fremdsprachenunterricht in den eigenen Haushalt aufgenommene Lehrperson sind selbst bei einem konkreten Bezug zur Berufstätigkeit keine Fortbildungskosten (>BFH vom 8.10.1993 – BStBl 1994 II S. 114).

Klassenfahrt

Aufwendungen eines Berufsschülers für eine im Rahmen eines Ausbildungsdienstverhältnisses als verbindliche Schulveranstaltung durchgeführte Klassenfahrt sind in der Regel Werbungskosten (>BFH vom 7.2.1992 – BStBl II S. 531).

Ski- und Snowboardkurse

Aufwendungen von Lehrern für Snowboardkurse können als Werbungskosten bei den Einkünften aus nichtselbständiger Arbeit abziehbar sein, wenn ein konkreter Zusammenhang mit der Berufstätigkeit besteht (>BFH vom 22.6.2006 – BStBl II S. 782). Zu den Merkmalen der beruflichen Veranlassung >BFH vom 26.8.1988 (BStBl 1989 II S. 91)

Studienreisen und Fachkongresse

>R 12.2 EStR, H 12.2 EStH

Ausgaben im Zusammenhang mit Berufsverbänden

R 9.3

S 2354

(1) [1]Ausgaben bei Veranstaltungen des Berufsstands, des Berufsverbands, des Fachverbands oder der Gewerkschaft eines Arbeitnehmers, die der Förderung des Allgemeinwissens der Teilnehmer dienen, sind nicht Werbungskosten, sondern Aufwendungen für die Lebensführung. [2]Um nicht abziehbare Aufwendungen für die Lebensführung handelt es sich insbesondere stets bei den Aufwendungen, die der Arbeitnehmer aus Anlass von gesellschaftlichen Veranstaltungen der bezeichneten Organisation gemacht hat, und zwar auch dann, wenn die gesellschaftlichen Veranstaltungen im Zusammenhang mit einer rein fachlichen oder beruflichen Tagung oder Sitzung standen.

(2) [1]Bestimmte Veranstaltungen von Berufsständen und Berufsverbänden dienen dem Zweck, die Teilnehmer im Beruf fortzubilden, z. B. Vorlesungen bei Verwaltungsakademien oder Volkshochschulen, Fortbildungslehrgänge, fachwissenschaftliche Lehrgänge, fachliche Vorträge. [2]Ausgaben, die dem Teilnehmer bei solchen Veranstaltungen entstehen, können Werbungskosten sein.

Hinweise

H 9.3

Ehrenamtliche Tätigkeit

Aufwendungen eines Arbeitnehmers im Zusammenhang mit einer ehrenamtlichen Tätigkeit für seine Gewerkschaft oder seinen Berufsverband können Werbungskosten sein (>BFH vom 28.11.1980 – BStBl 1981 II S. 368 und vom 2.10.1992 – BStBl 1993 II S. 53).

Mitgliedsbeiträge an einen Interessenverband

Mitgliedsbeiträge an einen Interessenverband sind Werbungskosten, wenn dieser als Berufsverband auch die spezifischen beruflichen Interessen des Arbeitnehmers vertritt. Dies ist nicht nur nach der Satzung, sondern auch nach der tatsächlichen Verbandstätigkeit zu beurteilen (>BFH vom 13.8.1993 – BStBl 1994 II S. 33).

Reiseaufwendungen für einen Berufsverband

Reiseaufwendungen eines Arbeitnehmers im Zusammenhang mit einer ehrenamtlichen Tätigkeit für seine Gewerkschaft oder seinen Berufsverband sind keine Werbungskosten, wenn der Schwerpunkt der Reise allgemeintouristischen Zwecken dient (>BFH vom 25.3.1993 – BStBl II S. 559).

R 9.4

S 2353

Reisekosten

[1]Reisekosten sind Fahrtkosten (>§ 9 Abs. 1 Satz 3 Nr. 4a EStG, R 9.5), Verpflegungsmehraufwendungen (>§ 9 Abs. 4a EStG, R 9.6), Übernachtungskosten (>§ 9 Abs. 1 Satz 3 Nr. 5a EStG, R 9.7) und Reisenebenkosten (>R 9.8), soweit diese durch eine beruflich veranlasste Auswärtstätigkeit (>§ 9 Abs. 4a Satz 2 und 4 EStG) des Arbeitnehmers entstehen. [2]Eine beruflich veranlasste Auswärtstätigkeit ist auch der Vorstellungsbesuch eines Stellenbewerbers. [3]Erledigt der Arbeitnehmer im Zusammenhang mit der beruflich veranlassten Auswärtstätigkeit auch in einem mehr als geringfügigen Umfang private Angelegenheiten, sind die beruflich veranlassten von den privat veranlassten Aufwendungen zu trennen. [4]Ist das nicht – auch nicht durch Schätzung – möglich, gehören die gesamten Aufwendungen zu den nach § 12 EStG nicht abziehbaren Aufwendungen für die Lebensführung (z. B. Bekleidungskosten oder Aufwendungen für andere allgemeine Reiseausrüstungen). [5]Die berufliche Veranlassung der Auswärtstätigkeit, die Reisedauer und den Reiseweg hat der Arbeitnehmer aufzuzeichnen und anhand geeigneter Unterlagen, z. B. Fahrtenbuch (>R 8.1 Abs. 9 Nr. 2 Satz 3), Tankquittungen, Hotelrechnungen, Schriftverkehr, nachzuweisen oder glaubhaft zu machen.

H 9.4

Hinweise

Erstattung durch den Arbeitgeber

– Steuerfrei >§ 3 Nr. 13, 16 EStG, >R 3.13, 3.16
– Steuerfreie Arbeitgebererstattungen mindern die abziehbaren Werbungskosten auch dann, wenn sie erst im Folgejahr geleistet werden (>BFH vom 20.9.2006 – BStBl 2007 II S. 756).

Erste Tätigkeitsstätte

Anhang 25 III

– Bestimmung der ersten Tätigkeitsstätte >BMF vom 25.11.2020 (BStBl I S. 1228), Rz. 2 ff.
– ***bei Gerichtsvollziehern >BFH vom 16.12.2020 (BStBl 2021 II S. 525)***
– ***bei grenzüberschreitender Arbeitnehmerentsendung >BFH vom 17.12.2020 (BStBl 2021 II S.506)***
– ***bei Piloten und Flugbegleitern >BFH vom 11.4.2019 (BStBl II S. 546)***
– ***bei Polizeibeamten im Einsatz- und Streifendienst >BFH vom 4.4.2019 (BStBl II S. 536)***
– ***bei Postzustellern >BFH vom 30.9.2020 (BStBl 2021 II S. 306)***

– ***bei Rettungsassistenten >BFH vom 30.9.2020 (BStBl 2021 II S. 308)***
– bei vollzeitigen Bildungsmaßnahmen >BMF vom 25.11.2020 (BStBl I S. 1228), Rz. 33 ff. Anhang 25 III

Weiträumiges Tätigkeitsgebiet

>BMF vom 25.11.2020 (BStBl I S. 1228), Rz. 41 ff. Anhang 25 III

Fahrtkosten als Reisekosten

R 9.5

Allgemeines

(1) [1]Fahrtkosten sind die tatsächlichen Aufwendungen, die dem Arbeitnehmer durch die persönliche Benutzung eines Beförderungsmittels entstehen. [2]Bei öffentlichen Verkehrsmitteln ist der entrichtete Fahrpreis einschl. etwaiger Zuschläge anzusetzen. [3]Benutzt der Arbeitnehmer sein Fahrzeug, ist der Teilbetrag der jährlichen Gesamtkosten dieses Fahrzeugs anzusetzen, der dem Anteil der zu berücksichtigenden Fahrten an der Jahresfahrleistung entspricht. [4]Der Arbeitnehmer kann auf Grund der für einen Zeitraum von zwölf Monaten ermittelten Gesamtkosten für das von ihm gestellte Fahrzeug einen Kilometersatz errechnen, der so lange angesetzt werden darf, bis sich die Verhältnisse wesentlich ändern, z. B. bis zum Ablauf des Abschreibungszeitraums oder bis zum Eintritt veränderter Leasingbelastungen. [5]Abweichend von Satz 3 können die Fahrtkosten auch mit den pauschalen Kilometersätzen gemäß § 9 Abs. 1 Satz 3 Nr. 4a Satz 2 EStG angesetzt werden. [6]Aufwendungen für Fahrten nach § 9 Abs. 1 Satz 3 Nr. 4a Satz 3 EStG gehören nicht zu den Reisekosten. S 2353

Erstattung durch den Arbeitgeber

(2) [1]Der Arbeitnehmer hat seinem Arbeitgeber Unterlagen vorzulegen, aus denen die Voraussetzungen für die Steuerfreiheit der Erstattung und, soweit die Fahrtkosten bei Benutzung eines privaten Fahrzeugs nicht mit den pauschalen Kilometersätzen nach Absatz 1 Satz 5 erstattet werden, auch die tatsächlichen Gesamtkosten des Fahrzeugs ersichtlich sein müssen. [2]Der Arbeitgeber hat diese Unterlagen als Belege zum Lohnkonto aufzubewahren. [3]Wird dem Arbeitnehmer für die Auswärtstätigkeit im Rahmen seines Dienstverhältnisses ein Kraftfahrzeug zur Verfügung gestellt, darf der Arbeitgeber die pauschalen Kilometersätze nicht – auch nicht teilweise – steuerfrei erstatten.

Hinweise

H 9.5

Allgemeines

>BMF vom 25.11.2020 (BStBl I S. 1228), Rz. 36 ff. Anhang 25 III

– **Als Reisekosten** können die Aufwendungen für folgende Fahrten angesetzt werden:

1. Fahrten zwischen Wohnung oder erster Tätigkeitsstätte und auswärtiger Tätigkeitsstätte oder Unterkunft i. S. d. Nummer 3 einschließlich sämtlicher Zwischenheimfahrten (>BFH vom 17.12.1976 – BStBl 1977 II S. 294 und vom 24.4.1992 – BStBl II S. 664); zur Abgrenzung dieser Fahrten von den Fahrten zwischen Wohnung und erster Tätigkeitsstätte >H 9.10 (Dienstliche Verrichtungen auf der Fahrt, Fahrtkosten),
2. innerhalb desselben Dienstverhältnisses Fahrten zwischen mehreren auswärtigen Tätigkeitsstätten oder innerhalb eines weiträumigen Tätigkeitsgebietes (§ 9 Abs. 1 Satz 3 Nr. 4a Satz 4 EStG) und
3. Fahrten zwischen einer Unterkunft am Ort der auswärtigen Tätigkeitsstätte oder in ihrem Einzugsbereich und auswärtiger Tätigkeitsstätte (>BFH vom 17.12.1976 – BStBl 1977 II S. 294).

– **Nicht als Reisekosten**, sondern mit der Entfernungspauschale sind die Aufwendungen für folgende Fahrten anzusetzen:
  1. Fahrten von der Wohnung zu einem bestimmten Sammelpunkt >§ 9 Abs. 1 Satz 3 Nr. 4a Satz 3 EStG, >BMF vom 25.11.2020 (BStBl I S. 1228), Rz. 38 ff. (Anhang 25 III)
  2. Fahrten von der Wohnung zu einem weiträumigen Tätigkeitsgebiet >§ 9 Abs. 1 Satz 3 Nr. 4a Satz 3 EStG, >BMF vom 25.11.2020 (BStBl I S. 1228), Rz. 41 ff. (Anhang 25 III)

Einzelnachweis

– Zu den Gesamtkosten eines Fahrzeugs gehören die Betriebsstoffkosten, die Wartungs- und Reparaturkosten, die Kosten einer Garage am Wohnort, die Kraftfahrzeugsteuer, die Aufwendungen für die Halterhaftpflicht- und Fahrzeugversicherungen, die Absetzungen für Abnutzung, wobei Zuschüsse nach der Kraftfahrzeughilfe-Verordnung für die Beschaffung eines Kraftfahrzeugs oder den Erwerb einer behinderungsbedingten Zusatzausstattung die Anschaffungskosten mindern (>BFH vom 14.6.2012 – BStBl II S. 835), sowie die Zinsen für ein Anschaffungsdarlehen (>BFH vom 1.10.1982 – BStBl 1983 II S. 17). Dagegen gehören nicht zu den Gesamtkosten z. B. Aufwendungen infolge von Verkehrsunfällen, Park- und Straßenbenutzungsgebühren, Aufwendungen für Insassen- und Unfallversicherungen sowie Verwarnungs-, Ordnungs- und Bußgelder; diese Aufwendungen sind mit Ausnahme der Verwarnungs-, Ordnungs- und Bußgelder ggf. als Reisenebenkosten abziehbar (>H 9.8).

– Bei einem geleasten Fahrzeug gehört eine Leasingsonderzahlung zu den Gesamtkosten (BFH vom 5.5.1994 – BStBl II S. 643 und vom 15.4.2010 – BStBl II S. 805).

– Den Absetzungen für Abnutzung ist bei Personenkraftwagen und Kombifahrzeugen grundsätzlich eine Nutzungsdauer von 6 Jahren zugrunde zu legen. Bei einer hohen Fahrleistung kann auch eine kürzere Nutzungsdauer anerkannt werden. Bei Kraftfahrzeugen, die im Zeitpunkt der Anschaffung nicht neu gewesen sind, ist die entsprechende

Restnutzungsdauer unter Berücksichtigung des Alters, der Beschaffenheit und des voraussichtlichen Einsatzes des Fahrzeugs zu schätzen (>BMF vom 15.12.2000 – BStBl I S. 1532).

– Ein Teilnachweis der tatsächlichen Gesamtkosten ist möglich. Der nicht nachgewiesene Teil der Kosten kann geschätzt werden. Dabei ist von den für den Steuerpflichtigen ungünstigsten Umständen auszugehen (>BFH vom 7.4.1992 – BStBl II S. 854).
– Nicht zu den Gesamtkosten gehören die nach § 3 Nr. 46 EStG steuerfreien Vorteile sowie die nach § 40 Abs. 2 Satz 1 Nr. 6 EStG pauschal besteuerten Leistungen und Zuschüsse (>BMF vom 29.9.2020 – BStBl I S. 972, Rdnr. 33). Anhang 24 VIII

Pauschale Kilometersätze

– >BMF vom 25.11.2020 (BStBl I S. 1228), Rz. 37 Anhang 25 III
– Die pauschalen Kilometersätze können aus Vereinfachungsgründen auch dann angesetzt werden, wenn der Arbeitnehmer nach § 3 Nr. 46 EStG steuerfreie Vorteile oder nach § 40 Abs. 2 Satz 1 Nr. 6 EStG pauschal besteuerte Leistungen und Zuschüsse vom Arbeitgeber für dieses Elektrofahrzeug oder Hybridelektrofahrzeug erhält (>BMF vom 29.9.2020 – BStBl I S. 972, Rdnr. 32). Anhang 24 VIII
– Neben den pauschalen Kilometersätzen (>BMF vom 25.11. 2020 – BStBl I S. 1228, Rz. 37) können etwaige außergewöhnliche Kosten angesetzt werden, wenn diese durch Fahrten entstanden sind, für die die Kilometersätze anzusetzen sind. Außergewöhnliche Kosten sind nur die nicht voraussehbaren Aufwendungen für Reparaturen, die nicht auf Verschleiß (>BFH vom 17.10.1973 – BStBl 1974 II S. 186) oder die auf Unfallschäden beruhen, und Absetzungen für außergewöhnliche technische Abnutzung und Aufwendungen infolge eines Schadens, der durch den Diebstahl des Fahrzeugs entstanden ist (>BFH vom 25.5.1992 – BStBl 1993 II S. 44); dabei sind entsprechende Schadensersatzleistungen auf die Kosten anzurechnen. Anhang 25 III
– Kosten, die mit dem laufenden Betrieb eines Fahrzeugs zusammenhängen, wie z. B. Aufwendungen für eine Fahrzeug-Vollversicherung, sind keine außergewöhnlichen Kosten (>BFH vom 21.6.1991 – BStBl II S. 814 und vom 8.11.1991 – BStBl 1992 II S. 204). Mit den pauschalen Kilometersätzen ist auch eine Leasingsonderzahlung abgegolten (>BFH vom 15.4.2010 – BStBl II S. 805).
– Dienstreise-Kaskoversicherung >BMF vom 9.9.2015 (BStBl I S. 734):

  Seit dem 1.1.2014 sind die pauschalen Kilometersätze für die Benutzung von Kraftfahrzeugen im Rahmen von Auswärtstätigkeiten in § 9 Abs. 1 Satz 3 Nr. 4a EStG gesetzlich geregelt und gelten demzufolge unvermindert auch dann, wenn der Arbeitnehmer keine eigene Fahrzeug-Vollversicherung, sondern der Arbeitgeber eine Dienstreise-Kaskoversicherung für ein Kraftfahrzeug des Arbeitnehmers abgeschlossen hat. Das zum 2. Leitsatz des BFH-Urteils vom 27.6.1991 (BStBl 1992 II S. 365) ergangene BMF-Schreiben vom 31.3.1992

(BStBl I S. 270) „Dienstreise-Kaskoversicherung des Arbeitgebers für Kraftfahrzeuge des Arbeitnehmers und steuerfreier Fahrtkostenersatz" wird daher im Einvernehmen mit den obersten Finanzbehörden der Länder mit sofortiger Wirkung aufgehoben. Hat der Arbeitgeber eine Dienstreise-Kaskoversicherung für die seinen Arbeitnehmern gehörenden Kraftfahrzeuge abgeschlossen, führt die Prämienzahlung des Arbeitgebers auch weiterhin nicht zum Lohnzufluss bei den Arbeitnehmern (>BFH vom 27.6.1991 – BStBl 1992 II S. 365 – 1. Leitsatz).

Werbungskostenabzug und Erstattung durch den Arbeitgeber

- Die als Reisekosten erfassten Fahrtkosten können als Werbungskosten abgezogen werden, soweit sie nicht vom Arbeitgeber steuerfrei erstattet worden sind (§ 3c EStG).
- Die Erstattung der Fahrtkosten durch den Arbeitgeber ist nach § 3 Nr. 16 EStG steuerfrei, soweit höchstens die als Werbungskosten abziehbaren Beträge erstattet werden (>BFH vom 21.6.1991 – BStBl II S. 814).
- Bei Sammelbeförderung durch den Arbeitgeber scheidet mangels Aufwands des Arbeitnehmers ein Werbungskostenabzug für diese Fahrten aus (>BFH vom 11.5.2005 – BStBl II S. 785).
- Aufwendungen für Besuchsfahrten eines Ehegatten zur auswärtigen Tätigkeitsstätte des anderen Ehegatten/Lebenspartners sind auch bei einer längerfristigen Auswärtstätigkeit des anderen Ehegatten/Lebenspartners grundsätzlich nicht als Werbungskosten abziehbar (>BFH vom 22.10.2015 – BStBl 2016 II S. 179).

R 9.6

Verpflegungsmehraufwendungen als Reisekosten

Allgemeines

S 2353

(1) [1]Die dem Arbeitnehmer tatsächlich entstandenen, beruflich veranlassten Mehraufwendungen für Verpflegung sind unter den Voraussetzungen des § 9 Abs. 4a EStG mit den dort genannten Pauschbeträgen anzusetzen. [2]Der Einzelnachweis von Verpflegungsmehraufwendungen berechtigt nicht zum Abzug höherer Beträge.

Konkurrenzregelung

(2) Soweit für denselben Kalendertag Verpflegungsmehraufwendungen wegen einer Auswärtstätigkeit oder wegen einer doppelten Haushaltsführung (>R 9.11 Abs. 7) anzuerkennen sind, ist jeweils nur der höchste Pauschbetrag anzusetzen (>§ 9 Abs. 4a Satz 12 zweiter Halbsatz EStG).

Besonderheiten bei Auswärtstätigkeiten im Ausland

(3) [1]Für den Ansatz von Verpflegungsmehraufwendungen bei Auswärtstätigkeiten im Ausland gelten nach Staaten unterschiedliche Pauschbeträge (Auslandstagegelder), die vom BMF im Einvernehmen mit den obers-

ten Finanzbehörden der Länder auf der Grundlage der höchsten Auslandstagegelder nach dem BRKG bekannt gemacht werden. [2]Für die in der Bekanntmachung nicht erfassten Staaten ist der für Luxemburg geltende Pauschbetrag maßgebend; für die in der Bekanntmachung nicht erfassten Übersee- und Außengebiete eines Staates ist der für das Mutterland geltende Pauschbetrag maßgebend. [3]Werden an einem Kalendertag Auswärtstätigkeiten im In- und Ausland durchgeführt, ist für diesen Tag das entsprechende Auslandstagegeld maßgebend, selbst dann, wenn die überwiegende Zeit im Inland verbracht wird. [4]Im Übrigen ist beim Ansatz des Auslandstagegeldes Folgendes zu beachten:

1. [1]Bei Flugreisen gilt ein Staat in dem Zeitpunkt als erreicht, in dem das Flugzeug dort landet; Zwischenlandungen bleiben unberücksichtigt, es sei denn, dass durch sie Übernachtungen notwendig werden. [2]Erstreckt sich eine Flugreise über mehr als zwei Kalendertage, ist für die Tage, die zwischen dem Tag des Abflugs und dem Tag der Landung liegen, das für Österreich geltende Tagegeld maßgebend.
2. [1]Bei Schiffsreisen ist das für Luxemburg geltende Tagegeld maßgebend. [2]Für das Personal auf deutschen Staatsschiffen sowie für das Personal auf Schiffen der Handelsmarine unter deutscher Flagge auf Hoher See gilt das Inlandstagegeld. [3]Für die Tage der Einschiffung und Ausschiffung ist das für den Hafenort geltende Tagegeld maßgebend.

Hinweise

H 9.6

Allgemeines

>BMF vom 25.11.2020 (BStBl I S. 1228), Rz. 47 ff. Anhang 25 III

Dreimonatsfrist

>BMF vom 25.11.2020 (BStBl I S. 1228), Rz. 53 ff. Anhang 25 III

Erstattung durch den Arbeitgeber

– **steuerfrei** >§ 3 Nr. 13, 16 EStG, >R 3.13, 3.16
  Die Erstattung der Verpflegungsmehraufwendungen durch den Arbeitgeber ist steuerfrei, soweit keine höheren Beträge erstattet werden, als nach >§ 9 Abs. 4a EStG, >BMF vom 25.11.2020 (BStBl I S. 1228), Rz. 47 ff. als Reisekosten angesetzt werden dürfen. Eine zusammengefasste Erstattung unterschiedlicher Aufwendungen ist möglich >R 3.16 Satz 1. Zur Erstattung im Zusammenhang mit Mahlzeitengestellungen bei Auswärtstätigkeit >BMF vom 25.11.2020 (BStBl I S. 1228), Rz. 73 ff. Anhang 25 III Anhang 25 III
– **pauschale Versteuerung**
  bei Mahlzeitengestellungen
  >§ 40 Abs. 2 Satz 1 Nr. 1a EStG und BMF vom 25.11.2020 (BStBl I S. 1228), Rz. 94 ff. Anhang 25 III

bei Vergütungen für Verpflegungsmehraufwendungen

Anhang 25 III >§ 40 Abs. 2 Satz 1 Nr. 4 EStG und BMF vom 25.11.2020 (BStBl I S. 1228), Rz. 58 ff.

– **Nachweise**

Der Arbeitnehmer hat seinem Arbeitgeber Unterlagen vorzulegen, aus denen die Voraussetzungen für den Erstattungsanspruch ersichtlich sein müssen. Der Arbeitgeber hat diese Unterlagen als Belege zum Lohnkonto aufzubewahren (>BFH vom 6.3.1980 – BStBl II S. 289).

Mahlzeitengestellung und Verpflegungsmehraufwendungen

Anhang 25 III >BMF vom 25.11.2020 (BStBl I S. 1228), Rz. 64 ff. und 73 ff.

Pauschbeträge bei Auslandsreisen

Anhang 25 I >BMF vom 3.12.2020 (BStBl I S. 1256) ab 1.1.2021

>R 9.6 Abs. 3

Verpflegungsmehraufwendungen

- Arbeitnehmer haben bei einer beruflichen Auswärtstätigkeit einen Rechtsanspruch darauf, dass die gesetzlichen Pauschbeträge berücksichtigt werden (>BFH vom 4.4.2006 – BStBl II S. 567).
- Kürzung der Verpflegungspauschalen >§ 9 Abs. 4a Satz 8 ff. EStG und
Anhang 25 III BMF vom 25.11.2020 (BStBl I S. 1228), Rz. 73 ff.

Werbungskostenabzug bei Reisekostenerstattung durch den Arbeitgeber

Wurden Reisekosten vom Arbeitgeber – ggf. teilweise – erstattet, ist der Werbungskostenabzug insgesamt auf den Betrag beschränkt, um den die Summe der abziehbaren Aufwendungen die steuerfreie Erstattung übersteigt (>BFH vom 15.11.1991 – BStBl 1992 II S. 367). Dabei ist es gleich, ob die Erstattung des Arbeitgebers nach § 3 Nr. 13, 16 EStG oder nach anderen Vorschriften steuerfrei geblieben ist, z. B. durch Zehrkostenentschädigungen i. S. d. § 3 Nr. 12 EStG (>BFH vom 28.1.1988 – BStBl II S. 635).

R 9.7

Übernachtungskosten

Allgemeines

S 2353 (1) [1]Übernachtungskosten sind die tatsächlichen Aufwendungen, die dem Arbeitnehmer für die persönliche Inanspruchnahme einer Unterkunft zur Übernachtung entstehen. [2]Ist die Unterkunft am auswärtigen Tätigkeitsort die einzige Wohnung/Unterkunft des Arbeitnehmers, liegt kein beruflich veranlasster Mehraufwand i. S. d. § 9 Abs. 1 Satz 3 Nr. 5a EStG vor.

Werbungskostenabzug

(2) Die tatsächlichen Übernachtungskosten können bei einer Auswärtstätigkeit als Reisekosten angesetzt und als Werbungskosten abgezogen werden, soweit sie nicht vom Arbeitgeber nach § 3 Nr. 13 oder 16 EStG steuerfrei ersetzt werden.

Erstattung durch den Arbeitgeber

(3) [1] Für jede Übernachtung im Inland darf der Arbeitgeber ohne Einzelnachweis einen Pauschbetrag von 20 Euro steuerfrei erstatten. [2] Bei Übernachtungen im Ausland dürfen die Übernachtungskosten ohne Einzelnachweis der tatsächlichen Aufwendungen mit Pauschbeträgen (Übernachtungsgelder) steuerfrei erstattet werden. [3] Die Pauschbeträge werden vom Bundesministerium der Finanzen im Einvernehmen mit den obersten Finanzbehörden der Länder auf der Grundlage der höchsten Auslandsübernachtungsgelder nach dem Bundesreisekostengesetz bekannt gemacht. [4] Sie richten sich nach dem Ort, der nach R 9.6 Abs. 3 Satz 4 Nummer 1 und 2 maßgebend ist. [5] Für die in der Bekanntmachung nicht erfassten Länder und Gebiete ist R 9.6 Abs. 3 Satz 2 anzuwenden. [6] Die Pauschbeträge dürfen nicht steuerfrei erstattet werden, wenn dem Arbeitnehmer die Unterkunft vom Arbeitgeber oder auf Grund seines Dienstverhältnisses von einem Dritten unentgeltlich oder teilweise unentgeltlich zur Verfügung gestellt wurde. [7] Auch bei Übernachtung in einem Fahrzeug ist die steuerfreie Zahlung der Pauschbeträge nicht zulässig. [8] Bei Benutzung eines Schlafwagens oder einer Schiffskabine dürfen die Pauschbeträge nur dann steuerfrei gezahlt werden, wenn die Übernachtung in einer anderen Unterkunft begonnen oder beendet worden ist.

Hinweise H 9.7

Allgemeines

>BMF vom 25.11.2020 (BStBl I S. 1228), Rz. 115 ff. Anhang 25 III

Steuerfreiheit der Arbeitgebererstattungen

Die Erstattung der Übernachtungskosten durch den Arbeitgeber ist steuerfrei

- aus öffentlichen Kassen in voller Höhe >§ 3 Nr. 13 EStG
- bei Arbeitgebern außerhalb des öffentlichen Dienstes nach § 3 Nr. 16 EStG bis zur Höhe der tatsächlichen Aufwendungen oder bis zur Höhe der maßgebenden Pauschbeträge, d. h. bei Übernachtung im Inland 20 Euro, bei Übernachtung im Ausland >BMF vom 3.12.2020 (BStBl I S. 1256) ab 1.1.2021 Anhang 25 I

Übernachtungskosten

- Die Übernachtungskosten sind für den Werbungskostenabzug grundsätzlich im Einzelnen nachzuweisen. Sie können geschätzt werden, wenn sie dem Grunde nach zweifelsfrei entstanden sind (>BFH vom 12.9.2001 – BStBl II S. 775).

– Übernachtet ein Kraftfahrer in der Schlafkabine seines LKW, sind die Pauschalen für Übernachtungen nicht anzuwenden (>BFH vom 28.3.2012 – BStBl II S. 926); zu Reisenebenkosten >H 9.8 (LKW-Fahrer).

R 9.8

Reisenebenkosten

Allgemeines

S 2353

(1) Reisenebenkosten werden unter den Voraussetzungen von R 9.4 Abs. 1 in tatsächlicher Höhe berücksichtigt und können als Werbungskosten abgezogen werden, soweit sie nicht vom Arbeitgeber steuerfrei erstattet wurden.

(2) – unbesetzt –

Steuerfreiheit der Arbeitgebererstattungen

(3) [1] Die Erstattung der Reisenebenkosten durch den Arbeitgeber ist nach § 3 Nr. 16 EStG steuerfrei, soweit sie die tatsächlichen Aufwendungen nicht überschreitet. [2] Der Arbeitnehmer hat seinem Arbeitgeber Unterlagen vorzulegen, aus denen die tatsächlichen Aufwendungen ersichtlich sein müssen. [3] Der Arbeitgeber hat diese Unterlagen als Belege zum Lohnkonto aufzubewahren.

H 9.8

Hinweise

Allgemeines

Anhang 25 III

>BMF vom 25.11.2020 (BStBl I S. 1228), Rz. 129 ff.

Diebstahl

Wertverluste bei einem Diebstahl des für die Reise notwendigen persönlichen Gepäcks sind Reisenebenkosten (>BFH vom 30.6.1995 – BStBl II S. 744). Dies gilt nicht für den Verlust von >Geld oder >Schmuck.

Geld

Der Verlust einer Geldbörse führt nicht zu Reisenebenkosten (>BFH vom 4.7.1986 – BStBl II S. 771).

Geldbußen

>R 4.13 EStR

LKW-Fahrer

Anhang 25 III

Anhang 25 II

Zu den Reisenebenkosten bei LKW-Fahrern, die in ihrer Schlafkabine übernachten, >§ 9 Abs. 1 Satz 3 Nr. 5b EStG ***und BMF vom 25.11.2020 (BStBl I S. 1228), Rz. 131 oder zur Berücksichtigung höherer Mehraufwendungen*** >BMF vom 4.12.2012 (BStBl I S. 1249)

Ordnungsgelder
>R 4.13 EStR

Reisegepäckversicherung
Kosten für eine Reisegepäckversicherung, soweit sich der Versicherungsschutz auf eine beruflich bedingte Abwesenheit von einer ersten Tätigkeitsstätte beschränkt, sind Reisenebenkosten; zur Aufteilung der Aufwendungen für eine gemischte Reisegepäckversicherung >BFH vom 19.2.1993 (BStBl II S. 519)

Schaden
Wertverluste auf Grund eines Schadens an mitgeführten Gegenständen, die der Arbeitnehmer auf seiner Reise verwenden musste, sind Reisenebenkosten, wenn der Schaden auf einer reisespezifischen Gefährdung beruht (>BFH vom 30.11.1993 – BStBl 1994 II S. 256).

Schmuck
Der Verlust von Schmuck führt nicht zu Reisenebenkosten (>BFH vom 26.1.1968 – BStBl II S. 342).

Telefonkosten
Zu den Reisenebenkosten gehören auch die tatsächlichen Aufwendungen für private Telefongespräche, soweit sie der beruflichen Sphäre zugeordnet werden können (>BFH vom 5.7.2012 – BStBl 2013 II S. 282).

Unfallversicherung
Beiträge zu Unfallversicherungen sind Reisenebenkosten, soweit sie Berufsunfälle außerhalb einer ersten Tätigkeitsstätte abdecken; wegen der steuerlichen Behandlung von Unfallversicherungen, die das Unfallrisiko sowohl im beruflichen als auch im außerberuflichen Bereich abdecken >BMF vom 28.10.2009 (BStBl I S. 1275) Anhang 18

Verwarnungsgelder
>R 4.13 EStR

Umzugskosten

R 9.9

Allgemeines

(1) Kosten, die einem Arbeitnehmer durch einen beruflich veranlassten Wohnungswechsel entstehen, sind Werbungskosten. S 2353

Höhe der Umzugskosten

(2) [1] Bei einem beruflich veranlassten Wohnungswechsel können die tatsächlichen Umzugskosten grundsätzlich bis zur Höhe der Beträge als Werbungskosten abgezogen werden, die nach dem BUKG und der Auslandsumzugskostenverordnung (AUV) in der jeweils geltenden Fassung (Anhang 29 I, Anhang 29 III)

als Umzugskostenvergütung höchstens gezahlt werden könnten, mit Ausnahme der Pauschalen nach §§ 19, 21 AUV und der Auslagen (insbesondere Maklergebühren) für die Anschaffung einer eigenen Wohnung (Wohneigentum) nach § 9 Abs. 1 BUKG; die Pauschbeträge für Verpflegungsmehraufwendungen nach § 9 Abs. 4a EStG sind zu beachten. [2]Werden die umzugskostenrechtlich festgelegten Grenzen eingehalten, ist nicht zu prüfen, ob die Umzugskosten Werbungskosten darstellen. [3]Werden höhere Umzugskosten im Einzelnen nachgewiesen, ist insgesamt zu prüfen, ob und inwieweit die Aufwendungen Werbungskosten oder nicht abziehbare Kosten der Lebensführung sind, z. B. bei Aufwendungen für die Neuanschaffung von Einrichtungsgegenständen. [4]Anstelle der in § 10 BUKG pauschal erfassten Umzugskosten können auch die im Einzelfall nachgewiesenen höheren Umzugskosten als Werbungskosten abgezogen werden. [5]Ein Werbungskostenabzug entfällt, soweit die Umzugskosten vom Arbeitgeber steuerfrei erstattet worden sind (§ 3c EStG).

Erstattung durch den Arbeitgeber

(3) [1]Die Erstattung der Umzugskosten durch den Arbeitgeber ist steuerfrei, soweit keine höheren Beträge erstattet werden, als nach Absatz 2 als Werbungskosten abziehbar wären. [2]Der Arbeitnehmer hat seinem Arbeitgeber Unterlagen vorzulegen, aus denen die tatsächlichen Aufwendungen ersichtlich sein müssen. [3]Der Arbeitgeber hat diese Unterlagen als Belege zum Lohnkonto aufzubewahren.

H 9.9

Hinweise

Aufgabe der Umzugsabsicht

Wird vom Arbeitgeber eine vorgesehene Versetzung rückgängig gemacht, sind die dem Arbeitnehmer durch die Aufgabe seiner Umzugsabsicht entstandenen vergeblichen Aufwendungen als Werbungskosten abziehbar (>BFH vom 24.5.2000 – BStBl II S. 584).

Berufliche Veranlassung

Ein Wohnungswechsel ist z. B. beruflich veranlasst,

1. wenn durch ihn eine >erhebliche Verkürzung der Entfernung zwischen Wohnung und Tätigkeitsstätte eintritt und die verbleibende Wegezeit im Berufsverkehr als normal angesehen werden kann (>BFH vom 6.11.1986 – BStBl 1987 II S. 81). Es ist nicht erforderlich, dass der Wohnungswechsel mit einem Wohnortwechsel oder mit einem Arbeitsplatzwechsel verbunden ist,
2. wenn er im ganz überwiegenden betrieblichen Interesse des Arbeitgebers durchgeführt wird, insbesondere beim Beziehen oder Räumen einer Dienstwohnung, die aus betrieblichen Gründen bestimmten Arbeitnehmern vorbehalten ist, um z. B. deren jederzeitige Einsatzmöglichkeit zu gewährleisten (>BFH vom 28.4.1988 – BStBl II S. 777), oder

3. wenn er aus Anlass der erstmaligen Aufnahme einer beruflichen Tätigkeit, des Wechsels des Arbeitgebers oder im Zusammenhang mit einer Versetzung durchgeführt wird, oder
4. wenn der eigene Hausstand zur Beendigung einer doppelten Haushaltsführung an den Beschäftigungsort verlegt wird (>BFH vom 21.7.1989 – BStBl II S. 917).

Die privaten Motive für die Auswahl der neuen Wohnung sind grundsätzlich unbeachtlich (>BFH vom 23.3.2001 – BStBl 2002 II S. 56).

Doppelte Haushaltsführung

>R 9.11

Doppelter Mietaufwand

Wegen eines Umzugs geleistete doppelte Mietzahlungen können beruflich veranlasst und deshalb in voller Höhe als Werbungskosten abziehbar sein. Diese Mietaufwendungen können jedoch nur zeitanteilig, und zwar für die neue Familienwohnung ab dem Kündigungs- bis zum Umzugstag und für die bisherige Wohnung ab dem Umzugstag, längstens bis zum Ablauf der Kündigungsfrist des bisherigen Mietverhältnisses, als Werbungskosten abgezogen werden (>BFH vom 13.7.2011 – BStBl 2012 II S. 104)

Eheschließung/Begründung einer Lebenspartnerschaft

Erfolgt ein Umzug aus Anlass einer Eheschließung von getrennten Wohnorten in eine gemeinsame Familienwohnung, so ist die berufliche Veranlassung des Umzugs eines jeden Ehegatten gesondert zu beurteilen (>BFH vom 23.3.2001 – BStBl II S. 585). Entsprechendes gilt für Lebenspartnerschaften (>§ 2 Abs. 8 EStG).

Erhebliche Fahrzeitverkürzung

– Eine erhebliche Verkürzung der Entfernung zwischen Wohnung und Tätigkeitsstätte ist anzunehmen, wenn sich die Dauer der täglichen Hin- und Rückfahrt insgesamt wenigstens zeitweise um mindestens eine Stunde ermäßigt (>BFH vom 22.11.1991 – BStBl 1992 II S. 494 und vom 16.10.1992 – BStBl 1993 II S. 610).
– Die Fahrzeitersparnisse beiderseits berufstätiger Ehegatten/Lebenspartner sind weder zusammenzurechnen (>BFH vom 27.7.1995 – BStBl II S. 728) noch zu saldieren (>BFH vom 21.2.2006 – BStBl II S. 598).
– Steht bei einem Umzug eine arbeitstägliche Fahrzeitersparnis von mindestens einer Stunde fest, sind private Gründe (z. B. Gründung eines gemeinsamen Haushalts aus Anlass einer Eheschließung/Begründung einer Lebenspartnerschaft, erhöhter Wohnbedarf wegen Geburt eines Kindes) unbeachtlich (>BFH vom 23.3.2001 – BStBl II S. 585 und BStBl 2002 II S. 56).

Höhe der Umzugskosten

- Anhang 29 IV Zur Höhe der maßgebenden Beträge für umzugsbedingte Unterrichtskosten und sonstige Umzugsauslagen ab ***1.4.2021 sowie 1.4.2022*** >BMF vom ***21.7.2021 (BStBl I S. 1021).***
- ***Die dienstrechtliche Beschränkung des § 13 Abs. 2 Nr. 4 BUKG hat für den Bereich des Werbungskostenabzugs keine Gültigkeit. Auch im Fall des Umzugs vom Ausland ins Inland können die dem Arbeitnehmer entstandenen sonstigen Umzugsauslagen als Werbungskosten nach § 9 Abs. 1 Satz 1 EStG in Höhe der sich aus § 18 Abs. 1 und 2 AUV ergebenden Pauschbeträge für Auslandsumzüge vergleichbarer Beamter geschätzt werden. Die Werbungskosten sind nicht in entsprechender Anwendung des § 18 Abs. 4 AUV zu kürzen (>BFH vom 6.11.1986 – BStBl II 1987 S. 188).***
- Die umzugskostenrechtliche Beschränkung einer Mietausfallentschädigung für den bisherigen Wohnungsvermieter gilt nicht für den Werbungskostenabzug (>BFH vom 1.12.1993 – BStBl 1994 II S. 323).
- Nicht als Werbungskosten abziehbar sind die bei einem Grundstückskauf angefallenen Maklergebühren, auch soweit sie auf die Vermittlung einer vergleichbaren Mietwohnung entfallen würden (>BFH vom 24.5.2000 – BStBl II S. 586) sowie Aufwendungen für die Anschaffung von klimabedingter Kleidung und Wohnungsausstattung i. S. d. §§ 19 Anhang 29 III und 21 AUV (>BFH vom 20.3.1992 – BStBl 1993 II S. 192, vom 27.5.1994 – BStBl 1995 II S. 17 und vom 12.4.2007 – BStBl II S. 536).
- Der Werbungskostenabzug setzt eine Belastung mit Aufwendungen vo- Anhang 29 I raus. Das ist bei einem in Anlehnung an § 8 Abs. 3 BUKG ermittelten Mietausfall nicht der Fall. Als entgangene Einnahme erfüllt er nicht den Aufwendungsbegriff (>BFH vom 19.4.2012 – BStBl 2013 II S. 699).
- Zur steuerfreien Arbeitgebererstattung >R 9.9 Abs. 3
- Aufwendungen auf Grund der Veräußerung eines Eigenheims anlässlich eines beruflich bedingten Umzugs sind keine Werbungskosten bei den Einkünften aus nichtselbständiger Arbeit (>BFH vom 24.5.2000 – BStBl II S. 476).
- Veräußerungsverluste aus dem Verkauf eines Eigenheims einschließlich zwischenzeitlich angefallener Finanzierungskosten anlässlich eines beruflich bedingten Umzugs sind keine Werbungskosten bei den Einkünften aus nichtselbständiger Arbeit (>BFH vom 24.5.2000 – BStBl II S. 474).
- Bei einem beruflich veranlassten Umzug sind Aufwendungen für die Ausstattung der neuen Wohnung (z. B. Renovierungsmaterial, Gardinen, Rollos, Lampen, Telefonanschluss, Anschaffung und Installation eines Wasserboilers) nicht als Werbungskosten abziehbar (>BFH vom 17.12.2002 – BStBl 2003 II S. 314). Die Berücksichtigung der Pau- Anhang 29 I schale nach § 10 BUKG bleibt unberührt >R 9.9 Abs. 2 Satz 2.

Rückumzug ins Ausland

Der Rückumzug ins Ausland ist bei einem ausländischen Arbeitnehmer, der unbefristet ins Inland versetzt wurde und dessen Familie mit ins Inland umzog und der bei Erreichen der Altersgrenze ins Heimatland zurückzieht, nicht beruflich veranlasst (>BFH vom 8.11.1996 – BStBl 1997 II S. 207); anders bei einer von vornherein befristeten Tätigkeit im Inland (>BFH vom 4.12.1992 – BStBl 1993 II S. 722).

Umzug ins Ausland

Umzugskosten im Zusammenhang mit einer beabsichtigten nichtselbständigen Tätigkeit im Ausland sind bei den inländischen Einkünften nicht als Werbungskosten abziehbar, wenn die Einkünfte aus der beabsichtigten Tätigkeit nicht der deutschen Besteuerung unterliegen (>BFH vom 20.9.2006 – BStBl 2007 II S. 756). Zum Progressionsvorbehalt >H 32b (Zeitweise unbeschränkte Steuerpflicht) EStH

Zwischenumzug

Die berufliche Veranlassung eines Umzugs endet regelmäßig mit dem Einzug in die erste Wohnung am neuen Arbeitsort. Die Aufwendungen für die Einlagerung von Möbeln für die Zeit vom Bezug dieser Wohnung bis zur Fertigstellung eines Wohnhauses am oder in der Nähe vom neuen Arbeitsort sind daher keine Werbungskosten (>BFH vom 21.9.2000 – BStBl 2001 II S. 70).

Aufwendungen für Wege zwischen Wohnung und erster Tätigkeitsstätte sowie Fahrten nach § 9 Abs. 1 Satz 3 Nr. 4a Satz 3 EStG

R 9.10

Maßgebliche Wohnung

(1) [1] Als Ausgangspunkt für die Wege kommt jede Wohnung des Arbeitnehmers in Betracht, die er regelmäßig zur Übernachtung nutzt und von der aus er seine erste Tätigkeitsstätte aufsucht. [2] Als Wohnung ist z. B. auch ein möbliertes Zimmer, eine Schiffskajüte, ein Gartenhaus, ein auf eine gewisse Dauer abgestellter Wohnwagen oder ein Schlafplatz in einer Massenunterkunft anzusehen. [3] Hat ein Arbeitnehmer mehrere Wohnungen, können Wege von und zu der von der ersten Tätigkeitsstätte weiter entfernt liegenden Wohnung nach § 9 Abs. 1 Satz 3 Nr. 4 Satz 6 EStG nur dann berücksichtigt werden, wenn sich dort der Mittelpunkt der Lebensinteressen des Arbeitnehmers befindet und sie nicht nur gelegentlich aufgesucht wird. [4] Der Mittelpunkt der Lebensinteressen befindet sich bei einem verheirateten Arbeitnehmer regelmäßig am tatsächlichen Wohnort seiner Familie. [5] Die Wohnung kann aber nur dann ohne nähere Prüfung berücksichtigt werden, wenn sie der Arbeitnehmer mindestens sechsmal im Kalenderjahr aufsucht. [6] Bei anderen Arbeitnehmern befindet sich der Mittelpunkt der Lebensinteressen an dem Wohnort, zu dem die engeren persönlichen Beziehungen bestehen. [7] Die persönlichen Beziehungen können ihren Ausdruck besonders in Bindungen an Personen, z. B. Eltern, Verlobte, S 2351

Freundes- und Bekanntenkreis, finden, aber auch in Vereinszugehörigkeiten und anderen Aktivitäten. [8] Sucht der Arbeitnehmer diese Wohnung im Durchschnitt mindestens zweimal monatlich auf, ist davon auszugehen, dass sich dort der Mittelpunkt seiner Lebensinteressen befindet. [9] Die Sätze 4 bis 8 gelten unabhängig davon, ob sich der Lebensmittelpunkt im Inland oder im Ausland befindet.

Fahrten mit einem zur Nutzung überlassenen Kraftfahrzeug

(2) [1] Ein Kraftfahrzeug ist dem Arbeitnehmer zur Nutzung überlassen, wenn es dem Arbeitnehmer vom Arbeitgeber unentgeltlich oder teilentgeltlich überlassen worden ist (>R 8.1 Abs. 9) oder wenn es der Arbeitnehmer von dritter Seite geliehen, gemietet oder geleast hat. [2] Wird ein Kraftfahrzeug von einer anderen Person als dem Arbeitnehmer, dem das Kraftfahrzeug von seinem Arbeitgeber zur Nutzung überlassen ist, für Wege zwischen Wohnung und erster Tätigkeitsstätte benutzt, kann die andere Person die Entfernungspauschale nach § 9 Abs. 1 Satz 3 Nr. 4 EStG geltend machen; Entsprechendes gilt für den Arbeitnehmer, dem das Kraftfahrzeug von seinem Arbeitgeber überlassen worden ist, für Wege zwischen Wohnung und erster Tätigkeitsstätte im Rahmen eines anderen Dienstverhältnisses.

Behinderte Menschen i. S. d. § 9 Abs. 2 Satz 3 EStG*1)*

(3) [1] Ohne Einzelnachweis der tatsächlichen Aufwendungen können die Fahrtkosten nach den Regelungen in § 9 Abs. 1 Satz 3 Nr. 4a Satz 2 EStG angesetzt werden. [2] Wird ein behinderter Arbeitnehmer im eigenen oder ihm zur Nutzung überlassenen Kraftfahrzeug arbeitstäglich von einem Dritten, z. B. dem Ehegatten zu seiner ersten Tätigkeitsstätte gefahren und wieder abgeholt, können auch die Kraftfahrzeugkosten, die durch die Ab- und Anfahrten des Fahrers – die so genannten Leerfahrten – entstehen, in tatsächlicher Höhe oder in sinngemäßer Anwendung von § 9 Abs. 1 Satz 3 Nr. 4a Satz 2 EStG als Werbungskosten abgezogen werden. [3] Für den Nachweis der Voraussetzungen des § 9 Abs. 2 Satz 3 EStG ist § 65 EStDV entsprechend anzuwenden. [4] Für die Anerkennung der tatsächlichen Aufwendungen oder der Kilometersätze aus § 9 Abs. 1 Satz 3 Nr. 4a Satz 2 EStG und für die Berücksichtigung von Leerfahrten ist bei rückwirkender Festsetzung oder Änderung des Grads der Behinderung das Gültigkeitsdatum des entsprechenden Nachweises maßgebend.

Sammelpunkt oder weiträumiges Tätigkeitsgebiet i. S. d. § 9 Abs. 1 Satz 3 Nr. 4a Satz 3 EStG

(4) Die Absätze 1 bis 3 gelten bei Fahrten nach § 9 Abs. 1 Satz 3 Nr. 4a Satz 3 EStG entsprechend.

1) jetzt Menschen mit Behinderungen

Hinweise

H 9.10

Allgemeine Grundsätze

BMF vom ***18.11.2021*** (BStBl I S.) Anhang 14

Anrechnung von Arbeitgeberleistungen auf die Entfernungspauschale

– >BMF vom ***18.11.2021*** (BStBl I S.), Tz. 1.9 Anhang 14
– >BMF vom 15.8.2019 (BStBl I S. 875) Anhang 17a

Benutzung verschiedener Verkehrsmittel

>BMF vom ***18.11.2021*** (BStBl I S.), Tz. 1.6 Anhang 14

Dienstliche Verrichtungen auf der Fahrt

Eine Fahrt zwischen Wohnung und erster Tätigkeitsstätte liegt auch vor, wenn diese gleichzeitig zu dienstlichen Verrichtungen für den Arbeitgeber genutzt wird, z. B. Abholen der Post, sich dabei aber der Charakter der Fahrt nicht wesentlich ändert und allenfalls ein geringer Umweg erforderlich wird; die erforderliche Umwegstrecke ist als Auswärtstätigkeit zu werten (>BFH vom 12.10.1990 – BStBl 1991 II S. 134).

Fahrgemeinschaften

>BMF vom ***18.11.2021*** (BStBl I S.), Tz. 1.5 Anhang 14

Fahrtkosten

– **bei Antritt einer Auswärtstätigkeit von der ersten Tätigkeitsstätte**
  Hat der Arbeitnehmer eine erste Tätigkeitsstätte, ist die Entfernungspauschale auch dann anzusetzen, wenn der Arbeitnehmer seine erste Tätigkeitsstätte deshalb aufsucht, um von dort eine Auswärtstätigkeit anzutreten (>BFH vom 18.1.1991 – BStBl II S. 408).
– **bei einfacher Fahrt**
  Die Entfernungspauschale für Wege zwischen Wohnung und erster Tätigkeitsstätte gilt arbeitstäglich zwei Wege (einen Hin- und einen Rückweg) ab. Legt ein Arbeitnehmer nur einen Weg zurück, so ist nur die Hälfte der Entfernungspauschale je Entfernungskilometer und Arbeitstag als Werbungskosten zu berücksichtigen. Dies gilt, wenn sich z. B. an die Hinfahrt eine Auswärtstätigkeit anschließt, die an der Wohnung des Arbeitnehmers endet (>BFH vom 26.7.1978 – BStBl II S. 661); wenn Hin- und Rückfahrt sich auf unterschiedliche Wohnungen beziehen (>BFH vom 9.12.1988 – BStBl 1989 II S. 296) oder wenn die Rückfahrt erst an einem späteren Tag erfolgt (>BFH vom 12.2.2020 – BStBl II S. 473).

– **bei mehreren ersten Tätigkeitsstätten**

Anhang 14 Zum Ansatz der Entfernungspauschale bei mehreren ersten Tätigkeitsstätten in **mehreren Dienstverhältnissen** (>BMF vom ***18.11.2021*** (BStBl I S.), Tz. 1.8

– **bei Nutzung verschiedener Verkehrsmittel**

Anhang 14 >BMF vom ***18.11.2021*** (BStBl I S.), Tz. 1.6

– **zu einem bestimmten Sammelpunkt**

Anhang 25 III >§ 9 Abs. 1 Satz 3 Nr. 4a Satz 3 EStG und BMF vom 25.11.2020 (BStBl I S. 1228), Rz. 38 ff.

– **zu einem weiträumigen Tätigkeitsgebiet**

Anhang 25 III >§ 9 Abs. 1 Satz 3 Nr. 4a Satz 3 EStG und BMF vom 25.11.2020 (BStBl I S. 1228), Rz. 41 ff.

Leasingsonderzahlung

Durch die Entfernungspauschale wird auch eine Leasingsonderzahlung abgegolten (>BFH vom 15.4.2010 – BStBl II S. 805).

Leerfahrten

– Wird ein Arbeitnehmer im eigenen Kraftfahrzeug von einem Dritten zu seiner ersten Tätigkeitsstätte gefahren oder wieder abgeholt, so sind die so genannten Leerfahrten selbst dann nicht zu berücksichtigen, wenn die Fahrten wegen schlechter öffentlicher Verkehrsverhältnisse erforderlich sind (>BFH vom 7.4.1989 – BStBl II S. 925).
– bei Menschen ***mit Behinderungen*** i. S. d. § 9 Abs. 2 Satz 3 EStG >R 9.10 Abs. 3

Mehrere Dienstverhältnisse

Anhang 14 >BMF vom ***18.11.2021*** (BStBl I S.), Tz. 1.8

Mehrere Wege an einem Arbeitstag

Anhang 14
– >BMF vom ***18.11.2021*** (BStBl I S.), Tz. 1.7
– Die Abgeltungswirkung der Entfernungspauschale greift auch dann ein, wenn wegen atypischer Dienstzeiten Wege zwischen Wohnung und erster Tätigkeitsstätte zweimal arbeitstäglich erfolgen (>BFH vom 11.9.2003 – BStBl II S. 893).

Menschen mit Behinderungen

Anhang 14
- ***>BMF vom 18.11.2021 (BStBl I S.), Tz. 3***
- ***Auch bei Arbeitnehmern mit Behinderungen darf grundsätzlich nur eine Hin- und Rückfahrt arbeitstäglich, gegebenenfalls zusätzlich eine Rück- und Hinfahrt als Leerfahrt, berücksichtigt werden (>BFH vom 2.4.1976 – BStBl II S. 452).***
- ***Zur Ermittlung der Absetzungen für Abnutzung sind die Anschaffungskosten um Zuschüsse nach der Kraftfahrzeughilfe-Verordnung zu mindern (>BFH vom 14.6.2012 – BStBl II S. 835).***

– ***Wird bei Menschen mit Behinderungen der Grad der Behinderung herabgesetzt und liegen die Voraussetzungen des § 9 Abs. 2 Satz 3 EStG nach der Herabsetzung nicht mehr vor, ist dies ab dem im Bescheid genannten Zeitpunkt zu berücksichtigen. Aufwendungen für Wege zwischen Wohnung und erster Tätigkeitsstätte sowie für Fahrten nach § 9 Abs. 1 Satz 3 Nr. 4a Satz 3 EStG können daher ab diesem Zeitpunkt nicht mehr nach § 9 Abs. 2 Satz 3 EStG bemessen werden (>BFH vom 11.3.2014 – BStBl II S. 525).***

Parkgebühren

>BMF vom ***18.11.2021*** (BStBl I S.), Tz. 4 Anhang 14

Park and ride

>BMF vom ***18.11.2021*** (BStBl I S.), Tz. 1.6 Anhang 14

Umwegfahrten

>Dienstliche Verrichtungen auf der Fahrt

>Fahrgemeinschaften

Unfallschäden

Neben der Entfernungspauschale können nur Aufwendungen berücksichtigt werden für die Beseitigung von Unfallschäden bei einem Verkehrsunfall

- auf der Fahrt zwischen Wohnung und erster Tätigkeitsstätte (>BFH vom 23.6.1978 – BStBl II S. 457 und vom 14.7.1978 – BStBl II S. 595),
- auf einer Umwegfahrt zum Betanken des Fahrzeugs (>BFH vom 11.10.1984 – BStBl 1985 II S. 10),
- unter einschränkenden Voraussetzungen auf einer Leerfahrt des Ehegatten/Lebenspartners zwischen der Wohnung und der Haltestelle eines öffentlichen Verkehrsmittels oder auf der Abholfahrt des Ehegatten/Lebenspartners (>BFH vom 26.6.1987 – BStBl II S. 818 und vom 11.2.1993 – BStBl II S. 518),
- auf einer Umwegstrecke zur Abholung der Mitfahrer einer Fahrgemeinschaft unabhängig von der Gestaltung der Fahrgemeinschaft (>BFH vom 11.7.1980 – BStBl II S. 655).

Nicht berücksichtigt werden können die Folgen von Verkehrsunfällen

- auf der Fahrt unter Alkoholeinfluss (>BFH vom 6.4.1984 – BStBl II S. 434),
- auf einer Probefahrt (>BFH vom 23.6.1978 – BStBl II S. 457),
- auf einer Fahrt, die nicht von der Wohnung aus angetreten oder an der Wohnung beendet wird (>BFH vom 25.3.1988 – BStBl II S. 706),
- auf einer Umwegstrecke, wenn diese aus privaten Gründen befahren wird, z. B. zum Einkauf von Lebensmitteln oder um ein Kleinkind unmittelbar vor Arbeitsbeginn in den Hort zu bringen (>BFH vom 13.3.1996 – BStBl II S. 375).

Zu den **berücksichtigungsfähigen Unfallkosten** gehören auch Schadensersatzleistungen, die der Arbeitnehmer unter Verzicht auf die Inanspruchnahme seiner gesetzlichen Haftpflichtversicherung selbst getragen hat.

Nicht berücksichtigungsfähig sind dagegen

– die in den Folgejahren erhöhten Beiträge für die Haftpflicht- und Fahrzeugversicherung, wenn die Schadensersatzleistungen von dem Versicherungsunternehmen erbracht worden sind (>BFH vom 11.7.1986 – BStBl II S. 866),
– Finanzierungskosten, und zwar auch dann, wenn die Kreditfinanzierung des Fahrzeugs wegen Verlusts eines anderen Kraftfahrzeugs auf einer Fahrt von der Wohnung zur ersten Tätigkeitsstätte erforderlich geworden ist (>BFH vom 1.10.1982 – BStBl 1983 II S. 17),
– der so genannte merkantile Minderwert eines reparierten und weiterhin benutzten Fahrzeugs (>BFH vom 31.1.1992 – BStBl II S. 401),
– Reparaturaufwendungen infolge der Falschbetankung eines Kraftfahrzeugs auf der Fahrt zwischen Wohnung und erster Tätigkeitsstätte sowie auf Fahrten nach § 9 Abs. 1 Satz 3 Nr. 4a Satz 3 EStG (>BFH vom 20.3.2014 – BStBl II S. 849).

Lässt der Arbeitnehmer das unfallbeschädigte Fahrzeug nicht reparieren, kann die Wertminderung durch Absetzungen für außergewöhnliche Abnutzung (§ 7 Abs. 1 letzter Satz i. V. m. § 9 Abs. 1 Satz 3 Nr. 7 EStG) berücksichtigt werden (>BFH vom 21.8.2012 – BStBl 2013 II S. 171); Absetzungen sind ausgeschlossen, wenn die gewöhnliche Nutzungsdauer des Fahrzeugs bereits abgelaufen ist (>BFH vom 21.8.2012 – BStBl 2013 II S. 171).

>H 9.12 (Absetzung für Abnutzung)

Soweit die unfallbedingte Wertminderung durch eine Reparatur behoben worden ist, sind nur die tatsächlichen Reparaturkosten zu berücksichtigen (>BFH vom 27.8.1993 – BStBl 1994 II S. 235).

Verkehrsgünstigere Strecke

Anhang 14
– >BMF vom ***18.11.2021*** (BStBl I S.   ), Tz. 1.4
– Für die Entfernungspauschale ist die kürzeste Straßenverbindung auch dann maßgeblich, wenn diese mautpflichtig ist oder mit dem vom Arbeitnehmer verwendeten Verkehrsmittel straßenverkehrsrechtlich nicht benutzt werden darf (>BFH vom 24.9.2013 – BStBl 2014 II S. 259).

Wohnung

– Ein Hotelzimmer oder eine fremde Wohnung, in denen der Arbeitnehmer nur kurzfristig aus privaten Gründen übernachtet, ist nicht Wohnung i. S. d. § 9 Abs. 1 EStG (>BFH vom 25.3.1988 – BStBl II S. 706).
– Der Mittelpunkt der Lebensinteressen befindet sich bei einem verheirateten Arbeitnehmer regelmäßig am tatsächlichen Wohnort seiner Familie (>BFH vom 10.11.1978 – BStBl 1979 II S. 219 und vom 3.10.1985 – BStBl 1986 II S. 95).

- Aufwendungen für Wege zwischen der ersten Tätigkeitsstätte und der Wohnung, die den örtlichen Mittelpunkt der Lebensinteressen des Arbeitnehmers darstellt, sind auch dann als Werbungskosten i. S. d. § 9 Abs. 1 Satz 3 Nr. 4 EStG zu berücksichtigen, wenn die Fahrt an der näher zur ersten Tätigkeitsstätte liegenden Wohnung unterbrochen wird (>BFH vom 20.12.1991 – BStBl 1992 II S. 306).
- Ob ein Arbeitnehmer seine weiter entfernt liegende Familienwohnung nicht nur gelegentlich aufsucht, ist anhand einer Gesamtwürdigung zu beurteilen. Fünf Fahrten im Kalenderjahr können bei entsprechenden Umständen ausreichend sein (>BFH vom 26.11.2003 – BStBl 2004 II S. 233; >R 9.10 Abs. 1 Satz 5).

Mehraufwendungen bei doppelter Haushaltsführung

R 9.11

Doppelte Haushaltsführung

R 9.11 (1)

S 2352

(1) [1]Eine doppelte Haushaltsführung liegt nur vor, wenn der Arbeitnehmer außerhalb des Ortes seiner ersten Tätigkeitsstätte einen eigenen Hausstand unterhält und auch am Ort der ersten Tätigkeitsstätte wohnt; die Anzahl der Übernachtungen ist dabei unerheblich. [2]Eine doppelte Haushaltsführung liegt nicht vor, solange die auswärtige Beschäftigung als Auswärtstätigkeit anzuerkennen ist.

Berufliche Veranlassung

R 9.11 (2)

(2) [1]Das Beziehen einer Zweitwohnung ist regelmäßig bei einem Wechsel des Beschäftigungsorts auf Grund einer Versetzung, des Wechsels oder der erstmaligen Begründung eines Dienstverhältnisses beruflich veranlasst. [2]Beziehen beiderseits berufstätige Ehegatten am gemeinsamen Beschäftigungsort eine gemeinsame Zweitwohnung, liegt ebenfalls eine berufliche Veranlassung vor. [3]Auch die Mitnahme des nicht berufstätigen Ehegatten an den Beschäftigungsort steht der beruflichen Veranlassung einer doppelten Haushaltsführung nicht entgegen. [4]Bei Zuzug aus dem Ausland kann das Beziehen einer Zweitwohnung auch dann beruflich veranlasst sein, wenn der Arbeitnehmer politisches Asyl beantragt oder erhält. [5]Eine aus beruflichem Anlass begründete doppelte Haushaltsführung liegt auch dann vor, wenn ein Arbeitnehmer seinen Haupthausstand aus privaten Gründen vom Beschäftigungsort wegverlegt und er darauf in einer Wohnung am Beschäftigungsort einen Zweithaushalt begründet, um von dort seiner Beschäftigung weiter nachgehen zu können. [6]In den Fällen, in denen bereits zum Zeitpunkt der Wegverlegung des Lebensmittelpunktes vom Beschäftigungsort ein Rückumzug an den Beschäftigungsort geplant ist oder feststeht, handelt es sich hingegen nicht um eine doppelte Haushaltsführung i. S. d. § 9 Abs. 1 Satz 3 Nr. 5 EStG.

Eigener Hausstand

R 9.11 (3)

(3) [1]Ein eigener Hausstand setzt eine eingerichtete, den Lebensbedürfnissen entsprechende Wohnung des Arbeitnehmers sowie die finanzielle

Beteiligung an den Kosten der Lebensführung (laufende Kosten der Haushaltsführung) voraus. [2]In dieser Wohnung muss der Arbeitnehmer einen Haushalt unterhalten, das heißt, er muss die Haushaltsführung bestimmen oder wesentlich mitbestimmen. [3]Es ist nicht erforderlich, dass in der Wohnung am Ort des eigenen Hausstands hauswirtschaftliches Leben herrscht, z. B. wenn der Arbeitnehmer seinen nicht berufstätigen Ehegatten an den auswärtigen Beschäftigungsort mitnimmt oder der Arbeitnehmer nicht verheiratet ist. [4]Die Wohnung muss außerdem der auf Dauer angelegte Mittelpunkt der Lebensinteressen des Arbeitnehmers sein. [5]Bei größerer Entfernung zwischen dieser Wohnung und der Zweitwohnung, insbesondere bei einer Wohnung im Ausland, reicht bereits eine Heimfahrt im Kalenderjahr aus, um diese als Lebensmittelpunkt anzuerkennen, wenn in der Wohnung auch bei Abwesenheit des Arbeitnehmers hauswirtschaftliches Leben herrscht, an dem sich der Arbeitnehmer sowohl durch persönliche Mitwirkung als auch finanziell maßgeblich beteiligt. [6]Bei Arbeitnehmern mit einer Wohnung in weit entfernt liegenden Ländern, z. B. Australien, Indien, Japan, Korea, Philippinen, gilt Satz 5 mit der Maßgabe, dass innerhalb von zwei Jahren mindestens eine Heimfahrt unternommen wird.

R 9.11 (4)

Ort der Zweitwohnung

(4) Eine Zweitwohnung in der Nähe des Beschäftigungsorts steht einer Zweitwohnung am Beschäftigungsort gleich.

H 9.11 (1-4)

Hinweise

Beibehaltung der Wohnung

- Ist der doppelte Haushalt beruflich begründet worden, ist es unerheblich, ob in der Folgezeit auch die Beibehaltung beider Wohnungen beruflich veranlasst ist (>BFH vom 30.9.1988 – BStBl 1989 II S. 103) oder ob der gemeinsame Wohnsitz beiderseits berufstätiger Ehegatten/Lebenspartner über die Jahre gleich bleibt oder verändert wird (>BFH vom 30.10.2008 – BStBl 2009 II S. 153).
- Nach einer mehrmonatigen Beurlaubung kann in der alten Wohnung am früheren Beschäftigungsort auch erneut eine doppelte Haushaltsführung begründet werden (>BFH vom 8.7.2010 – BStBl 2011 II S. 47).

Berufliche Veranlassung

Anhang 25 III

- >R 9.11 Abs. 2 und BMF vom 25.11.2020 (BStBl I S. 1228), Rz. 104
- Eine beruflich begründete doppelte Haushaltsführung liegt vor, wenn aus beruflicher Veranlassung in einer Wohnung am Beschäftigungsort ein zweiter (doppelter) Haushalt zum Hausstand des Stpfl. hinzutritt. Der Haushalt in der Wohnung am Beschäftigungsort ist beruflich veranlasst, wenn ihn der Stpfl. nutzt, um seinen Arbeitsplatz von dort aus erreichen zu können (>BFH vom 5.3.2009 – BStBl II S. 1012 und 1016).
- Eine aus beruflichem Anlass begründete doppelte Haushaltsführung kann auch dann vorliegen, wenn ein Stpfl. seinen Haupthausstand aus privaten Gründen vom Beschäftigungsort wegverlegt und er darauf in

einer Wohnung am Beschäftigungsort einen Zweithaushalt begründet, um von dort seiner bisherigen Beschäftigung weiter nachgehen zu können (>BFH vom 5.3.2009 – BStBl II S. 1012 und 1016).

– Der berufliche Veranlassungszusammenhang einer doppelten Haushaltsführung wird nicht allein dadurch beendet, dass ein Arbeitnehmer seinen Familienhausstand innerhalb desselben Ortes verlegt (>BFH vom 4.4.2006 – BStBl II S. 714).

Beschäftigung am Hauptwohnsitz

Aufwendungen eines Arbeitnehmers für eine Zweitwohnung an einem auswärtigen Beschäftigungsort sind auch dann wegen doppelter Haushaltsführung als Werbungskosten abziehbar, wenn der Arbeitnehmer zugleich am Ort seines Hausstandes beschäftigt ist (>BFH vom 24.5.2007 – BStBl II S. 609).

Ehegatten/Lebenspartner

Bei verheirateten Arbeitnehmern kann für jeden Ehegatten eine doppelte Haushaltsführung beruflich veranlasst sein, wenn die Ehegatten außerhalb des Ortes ihres gemeinsamen Hausstands an verschiedenen Orten beschäftigt sind und am jeweiligen Beschäftigungsort eine Zweitwohnung beziehen (>BFH vom 6.10.1994 – BStBl 1995 II S. 184). Entsprechendes gilt für Lebenspartnerschaften (>§ 2 Abs. 8 EStG).

Eheschließung/Begründung einer Lebenspartnerschaft

Eine beruflich veranlasste doppelte Haushaltsführung liegt auch in den Fällen vor, in denen der eigene Hausstand nach der Eheschließung am Beschäftigungsort des ebenfalls berufstätigen Ehegatten begründet (>BFH vom 6.9.1977 – BStBl 1978 II S. 32, vom 20.3.1980 – BStBl II S. 455 und vom 4.10.1989 – BStBl 1990 II S. 321) oder wegen der Aufnahme einer Berufstätigkeit des Ehegatten an dessen Beschäftigungsort verlegt und am Beschäftigungsort eine Zweitwohnung des Arbeitnehmers begründet worden ist (>BFH vom 2.10.1987 – BStBl II S. 852). Entsprechendes gilt für Lebenspartnerschaften (>§ 2 Abs. 8 EStG).

Eigener Hausstand

– Die Wohnung muss grundsätzlich aus eigenem Recht, z. B. als Eigentümer oder als Mieter genutzt werden, wobei auch ein gemeinsames oder abgeleitetes Nutzungsrecht ausreichen kann (>BFH vom 5.10.1994 – BStBl 1995 II S. 180 und BMF vom 25.11.2020 – BStBl I S. 1228, Rz. 101). Ein eigener Hausstand wird auch anerkannt, wenn die Wohnung zwar allein vom Lebensgefährten des Arbeitnehmers angemietet wurde, dieser sich aber mit Duldung seines Lebensgefährten dauerhaft dort aufhält und sich finanziell in einem Umfang an der Haushaltsführung beteiligt, dass daraus auf eine gemeinsame Haushaltsführung geschlossen werden kann (>BFH vom 12.9.2000 – BStBl 2001 II S. 29).

Anhang 25 III

- Bei einem alleinstehenden Arbeitnehmer ist zu prüfen, ob er einen eigenen Hausstand unterhält oder in einen fremden Haushalt eingegliedert ist; er muss sich an den Kosten auch finanziell beteiligen (>BMF vom 25.11.2020 – BStBl I S. 1228, Rz. 101).

Anhang 25 III

- Ein eigener Hausstand liegt nicht vor bei Arbeitnehmern, die – wenn auch gegen Kostenbeteiligung – in den Haushalt der Eltern eingegliedert sind oder in der Wohnung der Eltern lediglich ein Zimmer bewohnen (>BFH vom 5.10.1994 – BStBl 1995 II S. 180).
- Ein Vorbehaltsnießbrauch zu Gunsten der Eltern an einem Zweifamilienhaus eines unverheirateten Arbeitnehmers schließt nicht aus, dass dieser dort einen eigenen Hausstand als Voraussetzung für eine doppelte Haushaltsführung unterhält, wenn gesichert ist, dass er die Wohnung nicht nur vorübergehend nutzen kann; bei dieser Prüfung kommt es auf den Fremdvergleich nicht an (>BFH vom 4.11.2003 – BStBl 2004 II S. 16).
- Unterhält ein unverheirateter Arbeitnehmer am Ort des Lebensmittelpunkts seinen Haupthausstand, so kommt es für das Vorliegen einer doppelten Haushaltsführung nicht darauf an, ob die ihm dort zur ausschließlichen Nutzung zur Verfügung stehenden Räumlichkeiten den bewertungsrechtlichen Anforderungen an eine Wohnung gerecht werden (>BFH vom 14.10.2004 – BStBl 2005 II S. 98).

Mittelpunkt der Lebensinteressen

Ob die außerhalb des Beschäftigungsortes belegene Wohnung des Arbeitnehmers als Mittelpunkt seiner Lebensinteressen anzusehen ist und deshalb seinen Hausstand darstellt, ist anhand einer Gesamtwürdigung aller Umstände des Einzelfalls festzustellen (>BFH vom 8.10.2014 – BStBl 2015 II S. 511 zu beiderseits berufstätigen Lebensgefährten).

Nutzung der Zweitwohnung

Es ist unerheblich, wie oft der Arbeitnehmer tatsächlich in der Zweitwohnung übernachtet (>BFH vom 9.6.1988 – BStBl II S. 990).

Private Veranlassung

>R 9.11 Abs. 2 Satz 6

Zeitlicher Zusammenhang

Es ist gleichgültig, ob die >Zweitwohnung in zeitlichem Zusammenhang mit dem Wechsel des Beschäftigungsorts, nachträglich (>BFH vom 9.3.1979 – BStBl II S. 520) oder im Rahmen eines Umzugs aus einer privat begründeten >Zweitwohnung (>BFH vom 26.8.1988 – BStBl 1989 II S. 89) bezogen worden ist.

Zweitwohnung am Beschäftigungsort

- Als Zweitwohnung am Beschäftigungsort kommt jede dem Arbeitnehmer entgeltlich oder unentgeltlich zur Verfügung stehende Unterkunft in Betracht, z. B. auch eine Eigentumswohnung, ein möbliertes Zimmer, ein Hotelzimmer, eine Gemeinschaftsunterkunft (>BFH vom 3.10.1985 – BStBl 1986 II S. 369) oder bei Soldaten die Unterkunft in der Kaserne (>BFH vom 20.12.1982 – BStBl 1983 II S. 269).

I

– >BMF vom 25.11.2020 (BStBl I S. 1228), Rz. ***103 f.*** Anhang 25 III

Notwendige Mehraufwendungen **R 9.11 (5)**

(5) [1]Als notwendige Mehraufwendungen wegen einer doppelten Haushaltsführung kommen in Betracht:

1. die Fahrtkosten aus Anlass der Wohnungswechsel zu Beginn und am Ende der doppelten Haushaltsführung sowie für wöchentliche Heimfahrten an den Ort des eigenen Hausstands (>Absatz 6) oder Aufwendungen für wöchentliche Familien-Ferngespräche,
2. Verpflegungsmehraufwendungen (>Absatz 7),
3. Aufwendungen für die Zweitwohnung (>Absatz 8) und
4. Umzugskosten (>Absatz 9).

[2]Führt der Arbeitnehmer mehr als eine Heimfahrt wöchentlich durch, kann er wählen, ob er die nach Satz 1 in Betracht kommenden Mehraufwendungen wegen doppelter Haushaltsführung oder die Fahrtkosten nach R 9.10 geltend machen will. [3]Der Arbeitnehmer kann das Wahlrecht bei derselben doppelten Haushaltsführung für jedes Kalenderjahr nur einmal ausüben. [4]Hat der Arbeitgeber die Zweitwohnung unentgeltlich oder teilentgeltlich zur Verfügung gestellt, sind die abziehbaren Fahrtkosten um diesen Sachbezug mit dem nach R 8.1 Abs. 5 und 6 maßgebenden Wert zu kürzen.

Notwendige Fahrtkosten **R 9.11 (6)**

(6) Als notwendige Fahrtkosten sind anzuerkennen

1. die tatsächlichen Aufwendungen für die Fahrten anlässlich der Wohnungswechsel zu Beginn und am Ende der doppelten Haushaltsführung. [2]Für die Ermittlung der Fahrtkosten ist § 9 Abs. 1 Satz 3 Nr. 4a Satz 1 und 2 EStG, R 9.5 Abs. 1 anzuwenden; zusätzlich können etwaige Nebenkosten nach Maßgabe von R 9.8 berücksichtigt werden,
2. die Entfernungspauschale nach § 9 Abs. 1 Satz 3 Nr. 5 Satz 6 EStG[1]) für jeweils eine tatsächlich durchgeführte Heimfahrt wöchentlich. [2]Aufwendungen für Fahrten mit einem im Rahmen des Dienstverhältnisses zur Nutzung überlassenen Kraftfahrzeug können nicht angesetzt werden (>Absatz 10 Satz 7 Nr. 1).

Notwendige Verpflegungsmehraufwendungen **R 9.11 (7)**

(7) [1]Die dem Arbeitnehmer im Rahmen einer doppelten Haushaltsführung tatsächlich entstandenen, beruflich veranlassten Mehraufwendungen für Verpflegung sind unter den Voraussetzungen des § 9 Abs. 4a Satz 12

---

[1]) für 2021 bis 2026 >Satz 9

und 13 EStG mit den dort genannten Pauschbeträgen anzusetzen. [2] Ist der Tätigkeit am Beschäftigungsort eine Auswärtstätigkeit an diesem Beschäftigungsort unmittelbar vorausgegangen, ist deren Dauer auf die Dreimonatsfrist anzurechnen (>§ 9 Abs. 4a Satz 13 EStG). [3] Verlegt der Arbeitnehmer seinen Lebensmittelpunkt i. S. d. Absatzes 3 aus privaten Gründen (>Absatz 2 Satz 5) vom Beschäftigungsort weg und begründet in seiner bisherigen Wohnung oder einer anderen Unterkunft am Beschäftigungsort einen Zweithaushalt, um von dort seiner Beschäftigung weiter nachgehen zu können, liegen notwendige Verpflegungsmehraufwendungen nur vor, wenn und soweit der Arbeitnehmer am Beschäftigungsort zuvor nicht bereits drei Monate gewohnt hat; die Dauer eines unmittelbar der Begründung des Zweithaushalts am Beschäftigungsort vorausgegangenen Aufenthalts am Ort des Zweithaushalts ist auf die Dreimonatsfrist anzurechnen[1]).

R 9.11 (8)

Notwendige Aufwendungen für die Zweitwohnung

(8) [1] Bei einer doppelten Haushaltsführung im Inland sind die tatsächlichen Kosten für die Zweitwohnung im Rahmen des Höchstbetrags nach § 9 Abs. 1 Satz 3 Nr. 5 Satz 4 EStG anzuerkennen. [2] Aufwendungen für eine im Ausland gelegene Zweitwohnung sind zu berücksichtigen, soweit sie notwendig und angemessen sind. [3] Steht die Zweitwohnung im Ausland im Eigentum des Arbeitnehmers, sind die Aufwendungen in der Höhe als notwendig anzusehen, in der sie der Arbeitnehmer als Mieter für eine nach Größe, Ausstattung und Lage angemessene Wohnung tragen müsste.

R 9.11 (9)

Umzugskosten

(9) [1] Umzugskosten anlässlich der Begründung, Beendigung oder des Wechsels einer doppelten Haushaltsführung sind vorbehaltlich des Satzes 4 Werbungskosten, wenn der Umzug beruflich veranlasst ist. [2] Der Nachweis der Umzugskosten i. S. d. § 10 BUKG ist notwendig, weil für sie keine Pauschalierung möglich ist. [3] Dasselbe gilt für die sonstigen Umzugsauslagen i. S. d. § 18 AUV bei Beendigung einer doppelten Haushaltsführung durch den Rückumzug eines Arbeitnehmers in das Ausland. [4] Verlegt der Arbeitnehmer seinen Lebensmittelpunkt i. S. d. Absatzes 3 aus privaten Gründen (>Absatz 2 Satz 5) vom Beschäftigungsort weg und begründet in seiner bisherigen Wohnung am Beschäftigungsort einen Zweithaushalt, um von dort seiner Beschäftigung weiter nachgehen zu können, sind diese Umzugskosten keine Werbungskosten, sondern Kosten der privaten Lebensführung; Entsprechendes gilt für Umzugskosten, die nach Wegverlegung des Lebensmittelpunktes vom Beschäftigungsort durch die endgültige Aufgabe der Zweitwohnung am Beschäftigungsort entstehen; es sei denn, dass dieser Umzug wie z. B. im Falle eines Arbeitsplatzwechsels ausschließlich beruflich veranlasst ist. [5] Für Umzugskosten, die nach Wegverlegung des Lebensmittelpunktes vom Beschäftigungsort für den Umzug

Anhang 29 I

Anhang 29 III

---

1) überholt durch BFH vom 8.10.2014 (BStBl 2015 II S. 336), >H 9.11 (5-10) Verpflegungsmehraufwendungen

in eine andere, ausschließlich aus beruflichen Gründen genutzte Zweitwohnung am Beschäftigungsort entstehen, gelten die Sätze 1 bis 3 entsprechend.

Erstattung durch den Arbeitgeber oder Werbungskostenabzug R 9.11 (10)

(10) [1]Die notwendigen Mehraufwendungen nach den Absätzen 5 bis 9 können als Werbungskosten abgezogen werden, soweit sie nicht vom Arbeitgeber nach den folgenden Regelungen steuerfrei erstattet werden. [2]Die Erstattung der Mehraufwendungen bei doppelter Haushaltsführung durch den Arbeitgeber ist nach § 3 Nr. 13 oder 16 EStG steuerfrei, soweit keine höheren Beträge erstattet werden, als nach Satz 1 als Werbungskosten abgezogen werden können. [3]Dabei kann der Arbeitgeber bei Arbeitnehmern in den Steuerklassen III, IV oder V ohne weiteres unterstellen, dass sie einen eigenen Hausstand haben, an dem sie sich auch finanziell beteiligen. [4]Bei anderen Arbeitnehmern darf der Arbeitgeber einen eigenen Hausstand nur dann anerkennen, wenn sie schriftlich erklären, dass sie neben einer Zweitwohnung am Beschäftigungsort außerhalb des Beschäftigungsorts einen eigenen Hausstand unterhalten, an dem sie sich auch finanziell beteiligen, und die Richtigkeit dieser Erklärung durch Unterschrift bestätigen. [5]Diese Erklärung ist als Beleg zum Lohnkonto aufzubewahren. [6]Das Wahlrecht des Arbeitnehmers nach Absatz 5 hat der Arbeitgeber nicht zu beachten. [7]Darüber hinaus gilt Folgendes:

1. Hat der Arbeitgeber oder für dessen Rechnung ein Dritter dem Arbeitnehmer einen Kraftwagen zur Durchführung der Heimfahrten unentgeltlich überlassen, kommen ein Werbungskostenabzug und eine Erstattung von Fahrtkosten nicht in Betracht.
2. Verpflegungsmehraufwendungen dürfen nur bis zu den nach Absatz 7 maßgebenden Pauschbeträgen steuerfrei erstattet werden.
3. [1]Die notwendigen Aufwendungen für die Zweitwohnung an einem Beschäftigungsort im Inland dürfen ohne Einzelnachweis für einen Zeitraum von drei Monaten mit einem Pauschbetrag von 20 Euro und für die Folgezeit mit einem Pauschbetrag von 5 Euro je Übernachtung steuerfrei erstattet werden, wenn dem Arbeitnehmer die Zweitwohnung nicht unentgeltlich oder teilentgeltlich zur Verfügung gestellt worden ist. [2]Bei einer Zweitwohnung im Ausland können die notwendigen Aufwendungen ohne Einzelnachweis für einen Zeitraum von drei Monaten mit dem für eine Auswärtstätigkeit geltenden ausländischen Übernachtungspauschbetrag und für die Folgezeit mit 40 % dieses Pauschbetrags steuerfrei erstattet werden.
4. Bei der Erstattung der Mehraufwendungen durch den Arbeitgeber dürfen unter Beachtung von Nummer 1 bis 3 die einzelnen Aufwendungsarten zusammengefasst werden; in diesem Falle ist die Erstattung steuerfrei, soweit sie die Summe der nach Absatz 5 Nr. 1 bis 4 zulässigen Einzelerstattungen nicht übersteigt.

H 9.11 (5-10)

Hinweise

Drittaufwand

Der Abzug der Aufwendungen für die Zweitwohnung ist ausgeschlossen, wenn die Aufwendungen auf Grund eines Dauerschuldverhältnisses (z. B. Mietvertrag) von einem Dritten getragen werden (>BFH vom 13.3.1996 – BStBl II S. 375 und vom 24.2.2000 – BStBl II S. 314).

Eigene Zweitwohnung

Bei einer im Eigentum des Arbeitnehmers stehenden Zweitwohnung gilt Folgendes:

– Zu den Aufwendungen gehören auch die Absetzungen für Abnutzung, Hypothekenzinsen und Reparaturkosten (>BFH vom 3.12.1982 – BStBl 1983 II S. 467).

Anhang 25 III – >BMF vom 25.11.2020 (BStBl I S. 1228), Rz. 107 ff.

Erstattung durch den Arbeitgeber

Anhang 25 III – Steuerfrei >§ 3 Nr. 13, 16 EStG, R 3.13, 3.16 und BMF vom 25.11.2020 (BStBl I S. 1228), Rz. 113

– Steuerfreie Arbeitgebererstattungen mindern die abziehbaren Werbungskosten auch dann, wenn sie erst im Folgejahr geleistet werden (>BFH vom 20.9.2006 – BStBl 2007 II S. 756).

Familienheimfahrten

– Tritt der den doppelten Haushalt führende Ehegatte die wöchentliche Familienheimfahrt aus privaten Gründen nicht an, sind die Aufwendungen für die stattdessen durchgeführte Besuchsfahrt des anderen Ehegatten zum Beschäftigungsort keine Werbungskosten (>BFH vom 2.2.2011 – BStBl II S. 456). Ist der den doppelten Haushalt führende Ehegatte aus beruflichen Gründen an einer Familienheimfahrt gehindert, sind die Aufwendungen für die Besuchsfahrt des anderen Ehegatten zum Beschäftigungsort bis zur Höhe der für die unterlassene Familienheimfahrt berücksichtigungsfähigen Aufwendungen als Werbungskosten abziehbar (>BFH vom 21.8.1974 – BStBl 1975 II S. 64). Entsprechendes gilt für die Besuchsfahrten des Lebenspartners (>§ 2 Abs. 8 EStG).

– Die Entfernungspauschale für eine wöchentliche Familienheimfahrt im Rahmen einer doppelten Haushaltsführung kann aufwandsunabhängig in Anspruch genommen werden. Steuerfrei geleistete Reisekostenvergütungen und steuerfrei gewährte Freifahrten sind jedoch mindernd auf die Entfernungspauschale anzurechnen (>BFH vom 18.4.2013 – BStBl II S. 735).

– Aufwendungen für Familienheimfahrten des Arbeitnehmers mit einem vom Arbeitgeber überlassenen Dienstwagen berechtigen nach § 9 Abs. 1 Satz 3 Nr. 5 Satz 8 EStG nicht zum Werbungskostenabzug (>BFH vom 28.2.2013 – BStBl II S. 629).

– Wird bei Menschen ***mit Behinderungen*** der Grad der Behinderung herabgesetzt und liegen die Voraussetzungen des § 9 Abs. 2 Satz 3 EStG nach der Herabsetzung nicht mehr vor, ist dies ab dem im Bescheid genannten Zeitpunkt zu berücksichtigen. Aufwendungen für Familienheimfahrten können daher ab diesem Zeitpunkt nicht mehr nach § 9 Abs. 2 Satz 3 EStG bemessen werden (>BFH vom 11.3.2014 – BStBl II S. 525).

Kostenarten

Zu den einzelnen Kostenarten bei Vorliegen einer doppelten Haushaltsführung >BFH vom 4.4.2006 (BStBl II S. 567)

Pauschbeträge bei doppelter Haushaltsführung im Ausland

>BMF vom 3.12.2020 (BStBl I S. 1256) ab 1.1.2021; zur Begrenzung auf 40 % >R 9.11 Abs. 10 Satz 7 Nr. 3 Satz 2 Anhang 25 I

Telefonkosten

Anstelle der Aufwendungen für eine Heimfahrt an den Ort des eigenen Hausstands können die Gebühren für ein Ferngespräch bis zu einer Dauer von 15 Minuten mit Angehörigen, die zum eigenen Hausstand des Arbeitnehmers gehören, berücksichtigt werden (>BFH vom 18.3.1988 – BStBl II S. 988).

Übernachtungskosten

Die Übernachtungskosten sind für den Werbungskostenabzug grundsätzlich im Einzelnen nachzuweisen. Sie können geschätzt werden, wenn sie dem Grunde nach zweifelsfrei entstanden sind (>BFH vom 12.9.2001 – BStBl II S. 775).

Umzugskosten

– >R 9.11 Abs. 9
– Zu den notwendigen Mehraufwendungen einer doppelten Haushaltsführung gehören auch die durch das Beziehen oder die Aufgabe der Zweitwohnung verursachten tatsächlichen Umzugskosten (>BFH vom 29.4.1992 – BStBl II S. 667).
– >H 9.9 (Doppelter Mietaufwand)

Unfallschäden

>H 9.10

Unterkunftskosten

– bei doppelter Haushaltsführung **im Inland** >BMF vom 25.11.2020 (BStBl I S. 1228), Rz. 106 ff. Anhang 25 III
– bei doppelter Haushaltsführung **im Ausland** sind die tatsächlichen Mietkosten anzusetzen, soweit sie nicht überhöht sind (>BFH vom

16.3.1979 – BStBl II S. 473). Entsprechendes gilt für die tatsächlich angefallenen Unterkunftskosten im eigenen Haus (>BFH vom 24.5.2000 – BStBl II S. 474). Nicht überhöht sind Aufwendungen, die sich für eine Wohnung von 60 qm bei einem ortsüblichen Mietzins je qm für eine nach Lage und Ausstattung durchschnittliche Wohnung (Durchschnittsmietzins) ergeben würden (>BFH vom 9.8.2007 – BStBl II S. 820).

- Ein **häusliches Arbeitszimmer** in der Zweitwohnung am Beschäftigungsort ist bei der Ermittlung der abziehbaren Unterkunftskosten nicht zu berücksichtigen; der Abzug der hierauf entfallenden Aufwendungen richtet sich nach § 4 Abs. 5 Satz 1 Nr. 6b EStG (>BFH vom 9.8.2007 – BStBl 2009 II S. 722).
- Die Vorschriften über den Abzug notwendiger Mehraufwendungen wegen einer aus beruflichem Anlass begründeten doppelten Haushaltsführung stehen dem allgemeinen Werbungskostenabzug umzugsbedingt geleisteter Mietzahlungen nicht entgegen (>BFH vom 13.7.2011 – BStBl 2012 II S. 104); >H 9.9 (Doppelter Mietaufwand).

Verpflegungsmehraufwendungen

Anhang 25 III

- >R 9.11 Abs. 7 und BMF vom 25.11.2020 (BStBl I S. 1228), Rz. 57
- Die Begrenzung des Abzugs von Mehraufwendungen für die Verpflegung auf drei Monate bei einer aus beruflichem Anlass begründeten doppelten Haushaltsführung ist verfassungsgemäß (>BFH vom 8.7.2010 – BStBl 2011 II S. 32).
- Verlegt ein Arbeitnehmer seinen Haupthausstand aus privaten Gründen vom Beschäftigungsort weg und nutzt daraufhin eine bereits vorhandene Wohnung am Beschäftigungsort aus beruflichen Gründen als Zweithaushalt (sog. Wegverlegungsfall), wird die doppelte Haushaltsführung mit Umwidmung der bisherigen Wohnung in einen Zweithaushalt begründet. Mit dem Zeitpunkt der Umwidmung beginnt in sog. Wegverlegungsfällen die Dreimonatsfrist für die Abzugsfähigkeit von Verpflegungsmehraufwendungen (>BFH vom 8.10.2014 – BStBl 2015 II S. 336).

Wahlrecht

Wählt der Arbeitnehmer den Abzug der Fahrtkosten nach R 9.10, kann er Verpflegungsmehraufwendungen nach R 9.11 Abs. 7 und Aufwendungen für die Zweitwohnung nach R 9.11 Abs. 8 auch dann nicht geltend machen, wenn ihm Fahrtkosten nicht an jedem Arbeitstag entstanden sind, weil er sich in Rufbereitschaft zu halten oder mehrere Arbeitsschichten nacheinander abzuleisten hatte (>BFH vom 2.10.1992 – BStBl 1993 II S. 113).

R 9.12

Arbeitsmittel

S 2354

[1] Die Anschaffungs- oder Herstellungskosten von Arbeitsmitteln einschl. der Umsatzsteuer können im Jahr der Anschaffung oder Herstellung in voller Höhe als Werbungskosten abgesetzt werden, wenn sie ausschließlich

der Umsatzsteuer für das einzelne Arbeitsmittel die Grenze für geringwertige Wirtschaftsgüter nach § 9 Abs. 1 Satz 3 Nr. 7 Satz 2 EStG nicht übersteigen. [2]Höhere Anschaffungs- oder Herstellungskosten sind auf die Kalenderjahre der voraussichtlichen gesamten Nutzungsdauer des Arbeitsmittels zu verteilen und in jedem dieser Jahre anteilig als Werbungskosten zu berücksichtigen. [3]Wird ein als Arbeitsmittel genutztes Wirtschaftsgut veräußert, ist ein sich eventuell ergebender Veräußerungserlös bei den Einkünften aus nichtselbständiger Arbeit nicht zu erfassen.

Hinweise H 9.12

Absetzung für Abnutzung

- Außergewöhnliche technische oder wirtschaftliche Abnutzungen sind zu berücksichtigen (>BFH vom 29.4.1983 – BStBl II S. 586 – im Zusammenhang mit einem Diebstahl eingetretene Beschädigung an einem als Arbeitsmittel anzusehenden PKW).
- Eine technische Abnutzung kann auch dann in Betracht kommen, wenn wirtschaftlich kein Wertverzehr eintritt (>BFH vom 31.1.1986 – BStBl II S. 355 – als Arbeitsmittel ständig in Gebrauch befindliche Möbelstücke, >BFH vom 26.1.2001 – BStBl II S. 194 – im Konzertalltag regelmäßig bespielte Meistergeige).
- Wird ein Wirtschaftsgut nach einer Nutzung außerhalb der Einkunftsarten als Arbeitsmittel verwendet, so sind die weiteren AfA von den Anschaffungs- oder Herstellungskosten einschließlich Umsatzsteuer nach der voraussichtlichen gesamten Nutzungsdauer des Wirtschaftsguts in gleichen Jahresbeträgen zu bemessen. Der auf den Zeitraum vor der Verwendung als Arbeitsmittel entfallende Teil der Anschaffungs- oder Herstellungskosten des Wirtschaftsguts (fiktive AfA) gilt als abgesetzt (>BFH vom 14.2.1989 – BStBl II S. 922 und vom 2.2.1990 – BStBl II S. 684). Dies gilt auch für geschenkte Wirtschaftsgüter (>BFH vom 16.2.1990 – BStBl II S. 883).
- Der Betrag, der nach Umwidmung eines erworbenen oder geschenkten Wirtschaftsguts zu einem Arbeitsmittel nach Abzug der fiktiven AfA von den Anschaffungs- oder Herstellungskosten einschließlich Umsatzsteuer verbleibt, kann aus Vereinfachungsgründen im Jahr der erstmaligen Verwendung des Wirtschaftsguts als Arbeitsmittel in voller Höhe als Werbungskosten abgezogen werden, wenn er 800 Euro (für Anschaffungen nach dem 31.12.2017) nicht übersteigt (>BFH vom 16.2.1990 – BStBl II S. 883).
- ***Bei Computerhardware und Software zur Dateneingabe und -verarbeitung kann eine betriebsgewöhnliche Nutzungsdauer von einem Jahr zugrunde gelegt werden (>BMF vom 26.2.2021 – BStBl I S. 298).***

Angemessenheit

Aufwendungen für ein Arbeitsmittel können auch dann Werbungskosten sein, wenn sie zwar ungewöhnlich hoch, aber bezogen auf die berufliche Stellung und die Höhe der Einnahmen nicht unangemessen sind.

>BFH vom 10.3.1978 (BStBl II S. 459) – Anschaffung eines Flügels durch eine am Gymnasium Musik unterrichtende Lehrerin

>BFH vom 21.10.1988 (BStBl 1989 II S. 356) – Anschaffung eines Flügels durch eine Musikpädagogin

Aufteilung der Anschaffungs- oder Herstellungskosten

- Betreffen Wirtschaftsgüter sowohl den beruflichen als auch den privaten Bereich des Arbeitnehmers, ist eine Aufteilung der Anschaffungs- oder Herstellungskosten in nicht abziehbare Aufwendungen für die Lebensführung und in Werbungskosten nur zulässig, wenn objektive Merkmale und Unterlagen eine zutreffende und leicht nachprüfbare Trennung ermöglichen und wenn außerdem der berufliche Nutzungsanteil nicht von untergeordneter Bedeutung ist (>BFH vom 19.10.1970 – BStBl 1971 II S. 17).
- Die Aufwendungen sind voll abziehbar, wenn die Wirtschaftsgüter ausschließlich oder ganz überwiegend der Berufsausübung dienen.

  >BFH vom 18.2.1977 (BStBl II S. 464) – Schreibtisch im Wohnraum eines Gymnasiallehrers

  >BFH vom 21.10.1988 (BStBl 1989 II S. 356) – Flügel einer Musikpädagogin
- Ein privat angeschaffter und in der privaten Wohnung aufgestellter Personalcomputer kann ein Arbeitsmittel sein. Eine private Mitbenutzung ist unschädlich, soweit sie einen Nutzungsanteil von etwa 10 % nicht übersteigt. Die Kosten eines gemischt genutzten PC sind aufzuteilen. § 12 Nr. 1 Satz 2 EStG steht einer solchen Aufteilung nicht entgegen (>BFH vom 19.2.2004 – BStBl II S. 958).

Ausstattung eines häuslichen Arbeitszimmers mit Arbeitsmittel

Anhang 19 I >BMF vom 6.10.2017 (BStBl I S. 1320)

Berufskleidung

- Begriff der typischen Berufskleidung

  >R 3.31
- Reinigung von typischer Berufskleidung in privater Waschmaschine

  Werbungskosten sind neben den unmittelbaren Kosten des Waschvorgangs (Wasser- und Energiekosten, Wasch- und Spülmittel) auch die Aufwendungen in Form der Abnutzung sowie Instandhaltung und Wartung der für die Reinigung eingesetzten Waschmaschine. Die Aufwendungen können ggf. geschätzt werden (>BFH vom 29.6.1993 – BStBl II S. 837 und 838).

Diensthund

Die Aufwendungen eines Polizei-Hundeführers für den ihm anvertrauten Diensthund sind Werbungskosten (>BFH vom 30.6.2010 – BStBl 2011 II S. 45).

Fachbücher und Fachzeitschriften

Bücher und Zeitschriften sind Arbeitsmittel, wenn sichergestellt ist, dass die erworbenen Bücher und Zeitschriften ausschließlich oder ganz überwiegend beruflichen Zwecken dienen.

Die allgemeinen Grundsätze zur steuerlichen Behandlung von Arbeitsmitteln gelten auch, wenn zu entscheiden ist, ob Bücher als Arbeitsmittel eines Lehrers zu würdigen sind. Die Eigenschaft eines Buchs als Arbeitsmittel ist bei einem Lehrer nicht ausschließlich danach zu bestimmen, in welchem Umfang der Inhalt eines Schriftwerks in welcher Häufigkeit Eingang in den abgehaltenen Unterricht gefunden hat. Auch die Verwendung der Literatur zur Unterrichtsvorbereitung oder die Anschaffung von Büchern und Zeitschriften für eine Unterrichtseinheit, die nicht abgehalten worden ist, kann eine ausschließliche oder zumindest weitaus überwiegende berufliche Nutzung der Literatur begründen (>BFH vom 20.5.2010 – BStBl 2011 II S. 723).

Medizinische Hilfsmittel

Aufwendungen für die Anschaffung medizinischer Hilfsmittel sind selbst dann nicht als Werbungskosten abziehbar, wenn sie ausschließlich am Arbeitsplatz benutzt werden.

>BFH vom 23.10.1992 (BStBl 1993 II S. 193) – Bildschirmbrille

Nachweis der beruflichen Nutzung

Bei der Anschaffung von Gegenständen, die nach der Lebenserfahrung ganz überwiegend zu Zwecken der Lebensführung angeschafft werden, gelten erhöhte Anforderungen an den Nachweis der beruflichen Nutzung.

>BFH vom 27.9.1991 (BStBl 1992 II S. 195) – Videorecorder

>BFH vom 15.1.1993 (BStBl II S. 348) – Spielecomputer

Schulhund

Aufwendungen für einen Schulhund können bei Lehrern bis zu 50 % als Werbungskosten abgezogen werden, wenn der Hund innerhalb einer regelmäßig fünftägigen Unterrichtswoche arbeitstäglich in der Schule eingesetzt wird. Aufwendungen für die Ausbildung eines Schulhundes zum Therapiehund sind regelmäßig in voller Höhe beruflich veranlasst und damit als Werbungskosten abziehbar (>BFH vom 14.1.2021 – BStBl II S. 453).

Transport

Anteilige Aufwendungen für den Transport von Arbeitsmitteln bei einem privat veranlassten Umzug sind nicht als Werbungskosten abziehbar (>BFH vom 21.7.1989 – BStBl II S. 972).

R 9.13

Werbungskosten bei Heimarbeitern

S 2354

(1) Bei Heimarbeitern i. S. d. Heimarbeitsgesetzes können Aufwendungen, die unmittelbar durch die Heimarbeit veranlasst sind, z. B. Miete und Aufwendungen für Heizung und Beleuchtung der Arbeitsräume, Aufwendungen für Arbeitsmittel und Zutaten sowie für den Transport des Materials und der fertig gestellten Waren, als Werbungskosten anerkannt werden, soweit sie die Heimarbeiterzuschläge nach Absatz 2 übersteigen.

(2) [1] Lohnzuschläge, die den Heimarbeitern zur Abgeltung der mit der Heimarbeit verbundenen Aufwendungen neben dem Grundlohn gezahlt werden, sind insgesamt aus Vereinfachungsgründen nach § 3 Nr. 30 und 50 EStG steuerfrei, soweit sie 10 % des Grundlohns nicht übersteigen. [2] Die oberste Finanzbehörde eines Landes kann mit Zustimmung des BMF den Prozentsatz für bestimmte Gruppen von Heimarbeitern an die tatsächlichen Verhältnisse anpassen.

H 9.14

Hinweise

Häusliches Arbeitszimmer

Allgemeine Grundsätze

Anhang 19 I

>BMF vom 6.10.2017 (BStBl I S. 1320)

Drittaufwand

>H 4.7 (Drittaufwand) und (Eigenaufwand für ein fremdes Wirtschaftsgut) EStH

Vermietung an den Arbeitgeber

Anhang 19 II

>BMF vom 18.4.2019 (BStBl S. 461)

§ 9a
Pauschbeträge für Werbungskosten

[1] Für Werbungskosten sind bei der Ermittlung der Einkünfte die folgenden Pauschbeträge abzuziehen, wenn nicht höhere Werbungskosten nachgewiesen werden: S 2214

1. a) von den Einnahmen aus nichtselbständiger Arbeit vorbehaltlich Buchstabe b: S 2346
ein Arbeitnehmer-Pauschbetrag von 1.000 Euro;
b) von den Einnahmen aus nichtselbständiger Arbeit, soweit es sich um Versorgungsbezüge im Sinne des § 19 Absatz 2 handelt:
ein Pauschbetrag von 102 Euro;

2. (weggefallen)

3. von den Einnahmen im Sinne des § 22 Nummer 1, 1a und 5:
ein Pauschbetrag von insgesamt 102 Euro.

[2] Der Pauschbetrag nach Satz 1 Nummer 1 Buchstabe b darf nur bis zur Höhe der um den Versorgungsfreibetrag einschließlich des Zuschlags zum Versorgungsfreibetrag (§ 19 Absatz 2) geminderten Einnahmen, die Pauschbeträge nach Satz 1 Nummer 1 Buchstabe a und Nummer 3 dürfen nur bis zur Höhe der Einnahmen abgezogen werden.

Hinweise

H 9a

Allgemeines

>R 9a EStR, H 9a EStH

Der Arbeitnehmer-Pauschbetrag ist auch dann nicht zu kürzen, wenn feststeht, dass keine oder nur geringe Werbungskosten angefallen sind (>BFH vom 10.6.2008 – BStBl II S. 937).

4a. Umsatzsteuerrechtlicher Vorsteuerabzug

S 2170

§ 9b

(1) Der Vorsteuerbetrag nach § 15 des Umsatzsteuergesetzes gehört, soweit er bei der Umsatzsteuer abgezogen werden kann, nicht zu den Anschaffungs- oder Herstellungskosten des Wirtschaftsguts, auf dessen Anschaffung oder Herstellung er entfällt.

(2) [1] Wird der Vorsteuerabzug nach § 15a des Umsatzsteuergesetzes berichtigt, so sind die Mehrbeträge als Betriebseinnahmen oder Einnahmen zu behandeln, wenn sie im Rahmen einer der Einkunftsarten des § 2 Absatz 1 Satz 1 bezogen werden; die Minderbeträge sind als Betriebsausgaben oder Werbungskosten zu behandeln, wenn sie durch den Betrieb veranlasst sind oder der Erwerbung, Sicherung und Erhaltung von Einnahmen dienen. [2] Die Anschaffungs- oder Herstellungskosten bleiben in den Fällen des Satzes 1 unberührt.

5. Sonderausgaben S 2220

§ 10 S 2221

(1) Sonderausgaben sind die folgenden Aufwendungen, wenn sie weder Betriebsausgaben noch Werbungskosten sind oder wie Betriebsausgaben oder Werbungskosten behandelt werden:

1. (weggefallen) S 2221a

2. a) Beiträge zu den gesetzlichen Rentenversicherungen oder zur landwirtschaftlichen Alterskasse sowie zu berufsständischen Versorgungseinrichtungen, die den gesetzlichen Rentenversicherungen vergleichbare Leistungen erbringen;

b) Beiträge des Steuerpflichtigen

aa) zum Aufbau einer eigenen kapitalgedeckten Altersversorgung, wenn der Vertrag nur die Zahlung einer monatlichen, auf das Leben des Steuerpflichtigen bezogenen lebenslangen Leibrente nicht vor Vollendung des 62. Lebensjahres oder zusätzlich die ergänzende Absicherung des Eintritts der Berufsunfähigkeit (Berufsunfähigkeitsrente), der verminderten Erwerbsfähigkeit (Erwerbsminderungsrente) oder von Hinterbliebenen (Hinterbliebenenrente) vorsieht. [2]Hinterbliebene in diesem Sinne sind der Ehegatte des Steuerpflichtigen und die Kinder, für die er Anspruch auf Kindergeld oder auf einen Freibetrag nach § 32 Absatz 6 hat. [3]Der Anspruch auf Waisenrente darf längstens für den Zeitraum bestehen, in dem der Rentenberechtigte die Voraussetzungen für die Berücksichtigung als Kind im Sinne des § 32 erfüllt;

bb) für seine Absicherung gegen den Eintritt der Berufsunfähigkeit oder der verminderten Erwerbsfähigkeit (Versicherungsfall), wenn der Vertrag nur die Zahlung einer monatlichen, auf das Leben des Steuerpflichtigen bezogenen lebenslangen Leibrente für einen Versicherungsfall vorsieht, der bis zur Vollendung des 67. Lebensjahres eingetreten ist. [2]Der Vertrag kann die Beendigung der Rentenzahlung wegen eines medizinisch begründeten Wegfalls der Berufsunfähigkeit oder der verminderten Erwerbsfähigkeit vorsehen. [3]Die Höhe der zugesagten Rente kann vom Alter des Steuerpflichtigen bei Eintritt des Versicherungsfalls abhängig gemacht werden, wenn der Steuerpflichtige das 55. Lebensjahr vollendet hat.

[2]Die Ansprüche nach Buchstabe b dürfen nicht vererblich, nicht übertragbar, nicht beleihbar, nicht veräußerbar und nicht kapitalisierbar sein. [3]Anbieter und Steuerpflichtiger können vereinbaren, dass bis zu zwölf Monatsleistungen in einer Auszahlung zusammengefasst werden oder eine Kleinbetragsrente im Sinne von § 93 Absatz 3 Satz 2 abgefunden wird. [4]Bei der Berechnung

der Kleinbetragsrente sind alle bei einem Anbieter bestehenden Verträge des Steuerpflichtigen jeweils nach Buchstabe b Doppelbuchstabe aa oder Doppelbuchstabe bb zusammenzurechnen. [5]Neben den genannten Auszahlungsformen darf kein weiterer Anspruch auf Auszahlungen bestehen. [6]Zu den Beiträgen nach den Buchstaben a und b ist der nach § 3 Nummer 62 steuerfreie Arbeitgeberanteil zur gesetzlichen Rentenversicherung und ein diesem gleichgestellter steuerfreier Zuschuss des Arbeitgebers hinzuzurechnen. [7]Beiträge nach § 168 Absatz 1 Nummer 1b oder 1c oder nach § 172 Absatz 3 oder 3a des Sechsten Buches Sozialgesetzbuch werden abweichend von Satz 6 nur auf Antrag des Steuerpflichtigen hinzugerechnet;

3. Beiträge zu
   a) Krankenversicherungen, soweit diese zur Erlangung eines durch das Zwölfte Buch Sozialgesetzbuch bestimmten sozialhilfegleichen Versorgungsniveaus erforderlich sind und sofern auf die Leistungen ein Anspruch besteht. [2]Für Beiträge zur gesetzlichen Krankenversicherung sind dies die nach dem Dritten Titel des Ersten Abschnitts des Achten Kapitels des Fünften Buches Sozialgesetzbuch oder die nach dem Sechsten Abschnitt des Zweiten Gesetzes über die Krankenversicherung der Landwirte festgesetzten Beiträge. [3]Für Beiträge zu einer privaten Krankenversicherung sind dies die Beitragsanteile, die auf Vertragsleistungen entfallen, die, mit Ausnahme der auf das Krankengeld entfallenden Beitragsanteile, in Art, Umfang und Höhe den Leistungen nach dem Dritten Kapitel des Fünften Buches Sozialgesetzbuch vergleichbar sind; § 158 Absatz 2 des Versicherungsaufsichtsgesetzes gilt entsprechend. [4]Wenn sich aus den Krankenversicherungsbeiträgen nach Satz 2 ein Anspruch auf Krankengeld oder ein Anspruch auf eine Leistung, die anstelle von Krankengeld gewährt wird, ergeben kann, ist der jeweilige Beitrag um 4 Prozent zu vermindern;
   b) gesetzlichen Pflegeversicherungen (soziale Pflegeversicherung und private Pflege-Pflichtversicherung).

   [2]Als eigene Beiträge des Steuerpflichtigen können auch eigene Beiträge im Sinne der Buchstaben a oder b eines Kindes behandelt werden, wenn der Steuerpflichtige die Beiträge des Kindes, für das ein Anspruch auf einen Freibetrag nach § 32 Absatz 6 oder auf Kindergeld besteht, durch Leistungen in Form von Bar- oder Sachunterhalt wirtschaftlich getragen hat, unabhängig von Einkünften oder Bezügen des Kindes. [3]Satz 2 gilt entsprechend, wenn der Steuerpflichtige die Beiträge für ein unterhaltsberechtigtes Kind trägt, welches nicht selbst Versicherungsnehmer ist, sondern der andere Elternteil. [4]Hat der Steuerpflichtige in den Fällen des Absatzes 1a Nummer 1 eigene Beiträge im Sinne des

Buchstaben a oder des Buchstaben b zum Erwerb einer Krankenversicherung oder gesetzlichen Pflegeversicherung für einen geschiedenen oder dauernd getrennt lebenden unbeschränkt einkommensteuerpflichtigen Ehegatten geleistet, dann werden diese abweichend von Satz 1 als eigene Beiträge des geschiedenen oder dauernd getrennt lebenden unbeschränkt einkommensteuerpflichtigen Ehegatten behandelt. [5]Beiträge, die für nach Ablauf des Veranlagungszeitraums beginnende Beitragsjahre geleistet werden und in der Summe das Dreifache der auf den Veranlagungszeitraum entfallenden Beiträge überschreiten, sind in dem Veranlagungszeitraum anzusetzen, für den sie geleistet wurden;

3a. Beiträge zu Kranken- und Pflegeversicherungen, soweit diese nicht nach Nummer 3 zu berücksichtigen sind; Beiträge zu Versicherungen gegen Arbeitslosigkeit, zu Erwerbs- und Berufsunfähigkeitsversicherungen, die nicht unter Nummer 2 Satz 1 Buchstabe b fallen, zu Unfall- und Haftpflichtversicherungen sowie zu Risikoversicherungen, die nur für den Todesfall eine Leistung vorsehen; Beiträge zu Versicherungen im Sinne des § 10 Absatz 1 Nummer 2 Buchstabe b Doppelbuchstabe bb bis dd in der am 31. Dezember 2004 geltenden Fassung, wenn die Laufzeit dieser Versicherungen vor dem 1. Januar 2005 begonnen hat und ein Versicherungsbeitrag bis zum 31. Dezember 2004 entrichtet wurde; § 10 Absatz 1 Nummer 2 Satz 2 bis 6 und Absatz 2 Satz 2 in der am 31. Dezember 2004 geltenden Fassung ist in diesen Fällen weiter anzuwenden;

4. gezahlte Kirchensteuer; dies gilt nicht, soweit die Kirchensteuer als Zuschlag zur Kapitalertragsteuer oder als Zuschlag auf die nach dem gesonderten Tarif des § 32d Absatz 1 ermittelte Einkommensteuer gezahlt wurde;

5. zwei Drittel der Aufwendungen, höchstens 4.000 Euro je Kind, für S 2221b
Dienstleistungen zur Betreuung eines zum Haushalt des Steuerpflichtigen gehörenden Kindes im Sinne des § 32 Absatz 1, welches das 14. Lebensjahr noch nicht vollendet hat oder wegen einer vor Vollendung des 25. Lebensjahres eingetretenen körperlichen, geistigen oder seelischen Behinderung außerstande ist, sich selbst zu unterhalten. [2]Dies gilt nicht für Aufwendungen für Unterricht, die Vermittlung besonderer Fähigkeiten sowie für sportliche und andere Freizeitbetätigungen. [3]Ist das zu betreuende Kind nicht nach § 1 Absatz 1 oder Absatz 2 unbeschränkt einkommensteuerpflichtig, ist der in Satz 1 genannte Betrag zu kürzen, soweit es nach den Verhältnissen im Wohnsitzstaat des Kindes notwendig und angemessen ist. [4]Voraussetzung für den Abzug der Aufwendungen nach Satz 1 ist, dass der Steuerpflichtige für die Aufwendungen eine Rechnung erhalten hat und die Zahlung auf das Konto des Erbringers der Leistung erfolgt ist;

6. (weggefallen)

7. Aufwendungen für die eigene Berufsausbildung bis zu 6.000 Euro im Kalenderjahr. [2]Bei Ehegatten, die die Voraussetzungen des § 26 Absatz 1 Satz 1 erfüllen, gilt Satz 1 für jeden Ehegatten. [3]Zu den Aufwendungen im Sinne des Satzes 1 gehören auch Aufwendungen für eine auswärtige Unterbringung. [4]§ 4 Absatz 5 Satz 1 Nummer 6b sowie § 9 Absatz 1 Satz 3 Nummer 4 und 5, Absatz 2, 4 Satz 8 und Absatz 4a sind bei der Ermittlung der Aufwendungen anzuwenden.
8. (weggefallen)
9. 30 Prozent des Entgelts, höchstens 5.000 Euro, das der Steuerpflichtige für ein Kind, für das er Anspruch auf einen Freibetrag nach § 32 Absatz 6 oder auf Kindergeld hat, für dessen Besuch einer Schule in freier Trägerschaft oder einer überwiegend privat finanzierten Schule entrichtet, mit Ausnahme des Entgelts für Beherbergung, Betreuung und Verpflegung. [2]Voraussetzung ist, dass die Schule in einem Mitgliedstaat der Europäischen Union oder in einem Staat belegen ist, auf den das Abkommen über den Europäischen Wirtschaftsraum Anwendung findet, und die Schule zu einem von dem zuständigen inländischen Ministerium eines Landes, von der Kultusministerkonferenz der Länder oder von einer inländischen Zeugnisanerkennungsstelle anerkannten oder einem inländischen Abschluss an einer öffentlichen Schule als gleichwertig anerkannten allgemein bildenden oder berufsbildenden Schul-, Jahrgangs- oder Berufsabschluss führt. [3]Der Besuch einer anderen Einrichtung, die auf einen Schul-, Jahrgangs- oder Berufsabschluss im Sinne des Satzes 2 ordnungsgemäß vorbereitet, steht einem Schulbesuch im Sinne des Satzes 1 gleich. [4]Der Besuch einer Deutschen Schule im Ausland steht dem Besuch einer solchen Schule gleich, unabhängig von ihrer Belegenheit. [5]Der Höchstbetrag nach Satz 1 wird für jedes Kind, bei dem die Voraussetzungen vorliegen, je Elternpaar nur einmal gewährt.

(1a) Sonderausgaben sind auch die folgenden Aufwendungen:

1. Unterhaltsleistungen an den geschiedenen oder dauernd getrennt lebenden unbeschränkt einkommensteuerpflichtigen Ehegatten, wenn der Geber dies mit Zustimmung des Empfängers beantragt, bis zu 13.805 Euro im Kalenderjahr. [2]Der Höchstbetrag nach Satz 1 erhöht sich um den Betrag der im jeweiligen Veranlagungszeitraum nach Absatz 1 Nummer 3 für die Absicherung des geschiedenen oder dauernd getrennt lebenden unbeschränkt einkommensteuerpflichtigen Ehegatten aufgewandten Beiträge. [3]Der Antrag kann jeweils nur für ein Kalenderjahr gestellt und nicht zurückgenommen werden. [4]Die Zustimmung ist mit Ausnahme der nach § 894 der Zivilprozessordnung als erteilt geltenden bis auf Widerruf wirksam. [5]Der Widerruf ist vor Beginn des Kalenderjahres, für das die Zustimmung erstmals nicht gelten soll, gegenüber dem Finanzamt zu erklären. [6]Die Sätze 1 bis 5

gelten für Fälle der Nichtigkeit oder der Aufhebung der Ehe entsprechend. [7]Voraussetzung für den Abzug der Aufwendungen ist die Angabe der erteilten Identifikationsnummer (§ 139b der Abgabenordnung) der unterhaltenen Person in der Steuererklärung des Unterhaltsleistenden, wenn die unterhaltene Person der unbeschränkten oder beschränkten Steuerpflicht unterliegt. [8]Die unterhaltene Person ist für diese Zwecke verpflichtet, dem Unterhaltsleistenden ihre erteilte Identifikationsnummer (§ 139b der Abgabenordnung) mitzuteilen. [9]Kommt die unterhaltene Person dieser Verpflichtung nicht nach, ist der Unterhaltsleistende berechtigt, bei der für ihn zuständigen Finanzbehörde die Identifikationsnummer der unterhaltenen Person zu erfragen;

2. auf besonderen Verpflichtungsgründen beruhende, lebenslange und wiederkehrende Versorgungsleistungen, die nicht mit Einkünften in wirtschaftlichem Zusammenhang stehen, die bei der Veranlagung außer Betracht bleiben, wenn der Empfänger unbeschränkt einkommensteuerpflichtig ist. [2]Dies gilt nur für [1])
   a) Versorgungsleistungen im Zusammenhang mit der Übertragung eines Mitunternehmeranteils an einer Personengesellschaft, die eine Tätigkeit im Sinne der §§ 13, 15 Absatz 1 Satz 1 Nummer 1 oder des § 18 Absatz 1 ausübt,
   b) Versorgungsleistungen im Zusammenhang mit der Übertragung eines Betriebs oder Teilbetriebs, sowie
   c) Versorgungsleistungen im Zusammenhang mit der Übertragung eines mindestens 50 Prozent betragenden Anteils an einer Gesellschaft mit beschränkter Haftung, wenn der Übergeber als Geschäftsführer tätig war und der Übernehmer diese Tätigkeit nach der Übertragung übernimmt.

   [3]Satz 2 gilt auch für den Teil der Versorgungsleistungen, der auf den Wohnteil eines Betriebs der Land- und Forstwirtschaft entfällt. [4]Voraussetzung für den Abzug der Aufwendungen ist die Angabe der erteilten Identifikationsnummer (§ 139b der Abgabenordnung) des Empfängers in der Steuererklärung des Leistenden; Nummer 1 Satz 8 und 9 gilt entsprechend;

3. Ausgleichsleistungen zur Vermeidung eines Versorgungsausgleichs nach § 6 Absatz 1 Satz 2 Nummer 2 und § 23 des Versorgungsausgleichsgesetzes sowie § 1408 Absatz 2 und § 1587 des Bürgerlichen Gesetzbuchs, soweit der Verpflichtete dies mit Zustimmung des Berechtigten beantragt und der Berechtigte unbeschränkt einkommensteuerpflichtig ist. [2]Nummer 1 Satz 3 bis 5 gilt entsprechend. [3]Voraussetzung für den Abzug der Aufwendungen ist die Angabe der erteilten Identifikationsnummer

---

1) ***zur Anwendung von*** Absatz 1a Nr. 2 in der am 1.1.2015 geltenden Fassung >§ 52 Abs. 18 Satz 1 und 2

(§ 139b der Abgabenordnung) des Berechtigten in der Steuererklärung des Verpflichteten; Nummer 1 Satz 8 und 9 gilt entsprechend;

4. Ausgleichszahlungen im Rahmen des Versorgungsausgleichs nach den §§ 20 bis 22 und 26 des Versorgungsausgleichsgesetzes und nach den §§ 1587f, 1587g und 1587i des Bürgerlichen Gesetzbuchs in der bis zum 31. August 2009 geltenden Fassung sowie nach § 3a des Gesetzes zur Regelung von Härten im Versorgungsausgleich, soweit die ihnen zu Grunde liegenden Einnahmen bei der ausgleichspflichtigen Person der Besteuerung unterliegen, wenn die ausgleichsberechtigte Person unbeschränkt einkommensteuerpflichtig ist. [2]Nummer 3 Satz 3 gilt entsprechend.

(2) [1]Voraussetzung für den Abzug der in Absatz 1 Nummer 2, 3 und 3a bezeichneten Beträge (Vorsorgeaufwendungen) ist, dass sie

1. nicht in unmittelbarem wirtschaftlichen Zusammenhang mit steuerfreien Einnahmen stehen; ungeachtet dessen sind Vorsorgeaufwendungen im Sinne des Absatzes 1 Nummer 2, 3 und 3a zu berücksichtigen, soweit
   [1]) a) sie in unmittelbarem wirtschaftlichen Zusammenhang mit in einem Mitgliedstaat der Europäischen Union oder einem Vertragsstaat des Abkommens über den Europäischen Wirtschaftsraum oder in der Schweizerischen Eidgenossenschaft erzielten Einnahmen aus nichtselbständiger Tätigkeit stehen,
   b) diese Einnahmen nach einem Abkommen zur Vermeidung der Doppelbesteuerung im Inland steuerfrei sind und
   c) der Beschäftigungsstaat keinerlei steuerliche Berücksichtigung von Vorsorgeaufwendungen im Rahmen der Besteuerung dieser Einnahmen zulässt;

   steuerfreie Zuschüsse zu einer Kranken- oder Pflegeversicherung stehen insgesamt in unmittelbarem wirtschaftlichen Zusammenhang mit den Vorsorgeaufwendungen im Sinne des Absatzes 1 Nummer 3,
2. geleistet werden an
   a) Versicherungsunternehmen,
      aa) die ihren Sitz oder ihre Geschäftsleitung in einem Mitgliedstaat der Europäischen Union oder einem Vertragsstaat des Abkommens über den Europäischen Wirtschaftsraum haben und das Versicherungsgeschäft im Inland betreiben dürfen, oder
      bb) denen die Erlaubnis zum Geschäftsbetrieb im Inland erteilt ist.

[1]) Absatz 2 Satz 1 Nr. 1 Buchstabe a ist in allen offenen Fällen anzuwenden >§ 52 Abs. 18 Satz 4.

[2] Darüber hinaus werden Beiträge nur berücksichtigt, wenn es sich um Beträge im Sinne des Absatzes 1 Nummer 3 Satz 1 Buchstabe a an eine Einrichtung handelt, die eine anderweitige Absicherung im Krankheitsfall im Sinne des § 5 Absatz 1 Nummer 13 des Fünften Buches Sozialgesetzbuch oder eine der Beihilfe oder freien Heilfürsorge vergleichbare Absicherung im Sinne des § 193 Absatz 3 Satz 2 Nummer 2 des Versicherungsvertragsgesetzes gewährt. [3] Dies gilt entsprechend, wenn ein Steuerpflichtiger, der weder seinen Wohnsitz noch seinen gewöhnlichen Aufenthalt im Inland hat, mit den Beiträgen einen Versicherungsschutz im Sinne des Absatzes 1 Nummer 3 Satz 1 erwirbt,

b) berufsständische Versorgungseinrichtungen,

c) einen Sozialversicherungsträger oder

d) einen Anbieter im Sinne des § 80.

[2] Vorsorgeaufwendungen nach Absatz 1 Nummer 2 Buchstabe b werden nur berücksichtigt, wenn die Beiträge zugunsten eines Vertrags geleistet wurden, der nach § 5a des Altersvorsorgeverträge-Zertifizierungsgesetzes zertifiziert ist, wobei die Zertifizierung Grundlagenbescheid im Sinne des § 171 Absatz 10 der Abgabenordnung ist.

(2a) [1] Bei Vorsorgeaufwendungen nach Absatz 1 Nummer 2 Buchstabe b hat der Anbieter als mitteilungspflichtige Stelle nach Maßgabe des § 93c der Abgabenordnung und unter Angabe der Vertrags- oder der Versicherungsdaten die Höhe der im jeweiligen Beitragsjahr geleisteten Beiträge und die Zertifizierungsnummer an die zentrale Stelle (§ 81) zu übermitteln. [2] § 22a Absatz 2 gilt entsprechend. [3] § 72a Absatz 4 und § 93c Absatz 4 der Abgabenordnung finden keine Anwendung.

(2b) [1] Bei Vorsorgeaufwendungen nach Absatz 1 Nummer 3 hat das Versicherungsunternehmen, der Träger der gesetzlichen Kranken- und Pflegeversicherung, die Künstlersozialkasse oder eine Einrichtung im Sinne des Absatzes 2 Satz 1 Nummer 2 Buchstabe a Satz 2 als mitteilungspflichtige Stelle nach Maßgabe des § 93c der Abgabenordnung und unter Angabe der Vertrags- oder der Versicherungsdaten die Höhe der im jeweiligen Beitragsjahr geleisteten und erstatteten Beiträge sowie die in § 93c Absatz 1 Nummer 2 Buchstabe c der Abgabenordnung genannten Daten mit der Maßgabe, dass insoweit als Steuerpflichtiger die versicherte Person gilt, an die zentrale Stelle (§ 81) zu übermitteln; sind Versicherungsnehmer und versicherte Person nicht identisch, sind zusätzlich die Identifikationsnummer und der Tag der Geburt des Versicherungsnehmers anzugeben. [2] Satz 1 gilt nicht, soweit diese Daten mit der elektronischen Lohnsteuerbescheinigung (§ 41b Absatz 1 Satz 2) oder der Rentenbezugsmitteilung (§ 22a Absatz 1 Satz 1 Nummer 4) zu übermitteln sind. [3] § 22a Absatz 2 gilt entsprechend. [4] Zuständige Finanzbehörde im Sinne des § 72a Absatz 4 und des § 93c Absatz 4 der Abgabenordnung ist das Bundeszentralamt für Steuern. [5]Wird in den Fällen des § 72a Absatz 4 der Abgabenordnung eine unzutreffende Höhe der Beiträge übermittelt, ist die entgangene Steuer mit 30 Prozent des zu hoch ausgewiesenen Betrags anzusetzen.

(3) [1]Vorsorgeaufwendungen nach Absatz 1 Nummer 2 sind bis zu dem Höchstbeitrag zur knappschaftlichen Rentenversicherung, aufgerundet auf einen vollen Betrag in Euro, zu berücksichtigen. [2]Bei zusammenveranlagten Ehegatten verdoppelt sich der Höchstbetrag. [3]Der Höchstbetrag nach Satz 1 oder 2 ist bei Steuerpflichtigen, die

1. Arbeitnehmer sind und die während des ganzen oder eines Teils des Kalenderjahres
   a) in der gesetzlichen Rentenversicherung versicherungsfrei oder auf Antrag des Arbeitgebers von der Versicherungspflicht befreit waren und denen für den Fall ihres Ausscheidens aus der Beschäftigung auf Grund des Beschäftigungsverhältnisses eine lebenslängliche Versorgung oder an deren Stelle eine Abfindung zusteht oder die in der gesetzlichen Rentenversicherung nachzuversichern sind oder
   b) nicht der gesetzlichen Rentenversicherungspflicht unterliegen, eine Berufstätigkeit ausgeübt und im Zusammenhang damit auf Grund vertraglicher Vereinbarungen Anwartschaftsrechte auf eine Altersversorgung erworben haben, oder
2. Einkünfte im Sinne des § 22 Nummer 4 erzielen und die ganz oder teilweise ohne eigene Beitragsleistung einen Anspruch auf Altersversorgung erwerben,

um den Betrag zu kürzen, der, bezogen auf die Einnahmen aus der Tätigkeit, die die Zugehörigkeit zum genannten Personenkreis begründen, dem Gesamtbeitrag (Arbeitgeber- und Arbeitnehmeranteil) zur allgemeinen Rentenversicherung entspricht. [4]Im Kalenderjahr 2013 sind 76 Prozent der nach den Sätzen 1 bis 3 ermittelten Vorsorgeaufwendungen anzusetzen. [5]Der sich danach ergebende Betrag, vermindert um den nach § 3 Nummer 62 steuerfreien Arbeitgeberanteil zur gesetzlichen Rentenversicherung und einen diesem gleichgestellten steuerfreien Zuschuss des Arbeitgebers, ist als Sonderausgabe abziehbar. [6]Der Prozentsatz in Satz 4 erhöht sich in den folgenden Kalenderjahren bis zum Kalenderjahr 2025 um je 2 Prozentpunkte je Kalenderjahr. [7]Beiträge nach § 168 Absatz 1 Nummer 1b oder 1c oder nach § 172 Absatz 3 oder 3a des Sechsten Buches Sozialgesetzbuch vermindern den abziehbaren Betrag nach Satz 5 nur, wenn der Steuerpflichtige die Hinzurechnung dieser Beiträge zu den Vorsorgeaufwendungen nach Absatz 1 Nummer 2 Satz 7 beantragt hat.

(4) [1]Vorsorgeaufwendungen im Sinne des Absatzes 1 Nummer 3 und 3a können je Kalenderjahr insgesamt bis 2.800 Euro abgezogen werden. [2]Der Höchstbetrag beträgt 1.900 Euro bei Steuerpflichtigen, die ganz oder teilweise ohne eigene Aufwendungen einen Anspruch

auf vollständige oder teilweise Erstattung oder Übernahme von Krankheitskosten haben oder für deren Krankenversicherung Leistungen im Sinne des § 3 Nummer 9, 14, 57 oder 62 erbracht werden. [3]Bei zusammen veranlagten Ehegatten bestimmt sich der gemeinsame Höchstbetrag aus der Summe der jedem Ehegatten unter den Voraussetzungen von Satz 1 und 2 zustehenden Höchstbeträge. [4]Übersteigen die Vorsorgeaufwendungen im Sinne des Absatzes 1 Nummer 3 die nach den Sätzen 1 bis 3 zu berücksichtigenden Vorsorgeaufwendungen, sind diese abzuziehen und ein Abzug von Vorsorgeaufwendungen im Sinne des Absatzes 1 Nummer 3a scheidet aus.

(4a) [1]Ist in den Kalenderjahren 2013 bis 2019 der Abzug der Vorsorgeaufwendungen nach Absatz 1 Nummer 2 Buchstabe a, Absatz 1 Nummer 3 und Nummer 3a in der für das Kalenderjahr 2004 geltenden Fassung des § 10 Absatz 3 mit folgenden Höchstbeträgen für den Vorwegabzug

Kalenderjahr	Vorwegabzug für den Steuerpflichtigen	Vorwegabzug im Fall der Zusammenveranlagung von Ehegatten
2013	2.100	4.200
2014	1.800	3.600
2015	1.500	3.000
2016	1.200	2.400
2017	900	1.800
2018	600	1.200
2019	300	600

zuzüglich des Erhöhungsbetrags nach Satz 3 günstiger, ist der sich danach ergebende Betrag anstelle des Abzugs nach Absatz 3 und 4 anzusetzen. [2]Mindestens ist bei Anwendung des Satzes 1 der Betrag anzusetzen, der sich ergeben würde, wenn zusätzlich noch die Vorsorgeaufwendungen nach Absatz 1 Nummer 2 Buchstabe b in die Günstigerprüfung einbezogen werden würden; der Erhöhungsbetrag nach Satz 3 ist nicht hinzuzurechnen. [3]Erhöhungsbetrag sind die Beiträge nach Absatz 1 Nummer 2 Buchstabe b, soweit sie nicht den um die Beiträge nach Absatz 1 Nummer 2 Buchstabe a und den nach § 3 Nummer 62 steuerfreien Arbeitgeberanteil zur gesetzlichen Rentenversicherung und einen diesem gleichgestellten steuerfreien Zuschuss verminderten Höchstbetrag nach Absatz 3 Satz 1 bis 3 überschreiten; Absatz 3 Satz 4 und 6 gilt entsprechend.

(4b) [1]Erhält der Steuerpflichtige für die von ihm für einen anderen Veranlagungszeitraum geleisteten Aufwendungen im Sinne des Satzes 2 einen steuerfreien Zuschuss, ist dieser den erstatteten Aufwendungen gleichzustellen. [2]Übersteigen bei den Sonderausgaben nach Absatz 1 Nummer 2 bis 3a die im Veranlagungszeitraum erstatteten Aufwendungen die geleisteten Aufwendungen (Erstattungsüberhang),

ist der Erstattungsüberhang mit anderen im Rahmen der jeweiligen Nummer anzusetzenden Aufwendungen zu verrechnen. [3]Ein verbleibender Betrag des sich bei den Aufwendungen nach Absatz 1 Nummer 3 und 4 ergebenden Erstattungsüberhangs ist dem Gesamtbetrag der Einkünfte hinzuzurechnen. [4]Nach Maßgabe des § 93c der Abgabenordnung haben Behörden im Sinne des § 6 Absatz 1 der Abgabenordnung und andere öffentliche Stellen, die einem Steuerpflichtigen für die von ihm geleisteten Beiträge im Sinne des Absatzes 1 Nummer 2, 3 und 3a steuerfreie Zuschüsse gewähren oder Vorsorgeaufwendungen im Sinne dieser Vorschrift erstatten als mitteilungspflichtige Stellen, neben den nach § 93c Absatz 1 der Abgabenordnung erforderlichen Angaben, die zur Gewährung und Prüfung des Sonderausgabenabzugs nach § 10 erforderlichen Daten an die zentrale Stelle zu übermitteln. [5]§ 22a Absatz 2 gilt entsprechend. [6]§ 72a Absatz 4 und § 93c Absatz 4 der Abgabenordnung finden keine Anwendung.

[1]) **(5) Durch Rechtsverordnung wird bezogen auf den Versicherungstarif bestimmt, wie der nicht abziehbare Teil der Beiträge zum Erwerb eines Krankenversicherungsschutzes im Sinne des Absatzes 1 Nummer 3 Buchstabe a Satz 3 durch einheitliche prozentuale Abschläge auf die zugunsten des jeweiligen Tarifs gezahlte Prämie zu ermitteln ist, soweit der nicht abziehbare Beitragsteil nicht bereits als gesonderter Tarif oder Tarifbaustein ausgewiesen wird.**

(6) Absatz 1 Nummer 2 Buchstabe b Doppelbuchstabe aa ist für Vertragsabschlüsse vor dem 1. Januar 2012 mit der Maßgabe anzuwenden, dass der Vertrag die Zahlung der Leibrente nicht vor der Vollendung des 60. Lebensjahres vorsehen darf.

H 10

Hinweise

Sonderausgaben

>R 10.1 bis 10.11 EStR, H 10.1 bis 10.11 EStH

---

[1]) zur Anwendung von Absatz 5 ***in der am 31.12.2009 geltenden Fassung*** >§ 52 Abs. 18 Satz 6

§ 10a

S 2222

Zusätzliche Altersvorsorge

(1) [1]In der inländischen gesetzlichen Rentenversicherung Pflichtversicherte können Altersvorsorgebeiträge (§ 82) zuzüglich der dafür nach Abschnitt XI zustehenden Zulage jährlich bis zu 2.100 Euro als Sonderausgaben abziehen; das Gleiche gilt für

1. Empfänger von inländischer Besoldung nach dem Bundesbesoldungsgesetz oder einem Landesbesoldungsgesetz,
2. Empfänger von Amtsbezügen aus einem inländischen Amtsverhältnis, deren Versorgungsrecht die entsprechende Anwendung des § 69e Absatz 3 und 4 des Beamtenversorgungsgesetzes vorsieht,
3. die nach § 5 Absatz 1 Satz 1 Nummer 2 und 3 des Sechsten Buches Sozialgesetzbuch versicherungsfrei Beschäftigten, die nach § 6 Absatz 1 Satz 1 Nummer 2 oder nach § 230 Absatz 2 Satz 2 des Sechsten Buches Sozialgesetzbuch von der Versicherungspflicht befreiten Beschäftigten, deren Versorgungsrecht die entsprechende Anwendung des § 69e Absatz 3 und 4 des Beamtenversorgungsgesetzes vorsieht,
4. Beamte, Richter, Berufssoldaten und Soldaten auf Zeit, die ohne Besoldung beurlaubt sind, für die Zeit einer Beschäftigung, wenn während der Beurlaubung die Gewährleistung einer Versorgungsanwartschaft unter den Voraussetzungen des § 5 Absatz 1 Satz 1 des Sechsten Buches Sozialgesetzbuch auf diese Beschäftigung erstreckt wird, und
5. Steuerpflichtige im Sinne der Nummern 1 bis 4, die beurlaubt sind und deshalb keine Besoldung, Amtsbezüge oder Entgelt erhalten, sofern sie eine Anrechnung von Kindererziehungszeiten nach § 56 des Sechsten Buches Sozialgesetzbuch in Anspruch nehmen könnten, wenn die Versicherungsfreiheit in der inländischen gesetzlichen Rentenversicherung nicht bestehen würde,

wenn sie spätestens bis zum Ablauf des Beitragsjahres (§ 88) gegenüber der zuständigen Stelle (§ 81a) schriftlich eingewilligt haben, dass diese der zentralen Stelle (§ 81) jährlich mitteilt, dass der Steuerpflichtige zum begünstigten Personenkreis gehört, dass die zuständige Stelle der zentralen Stelle die für die Ermittlung des Mindesteigenbeitrags (§ 86) und die Gewährung der Kinderzulage (§ 85) erforderlichen Daten übermittelt und die zentrale Stelle diese Daten für das Zulageverfahren verarbeiten darf. [2]Bei der Erteilung der Einwilligung ist der Steuerpflichtige darauf hinzuweisen, dass er die Einwilligung vor Beginn des Kalenderjahres, für das sie erstmals nicht mehr gelten soll, gegenüber der zuständigen Stelle widerrufen kann. [3]Versicherungspflichtige nach dem Gesetz über die Alterssicherung der Landwirte stehen Pflichtversicherten gleich; dies gilt auch für Personen, die

1. eine Anrechnungszeit nach § 58 Absatz 1 Nummer 3 oder Nummer 6 des Sechsten Buches Sozialgesetzbuch in der gesetzlichen Rentenversicherung erhalten und
2. unmittelbar vor einer Anrechnungszeit nach § 58 Absatz 1 Nummer 3 oder Nummer 6 des Sechsten Buches Sozialgesetzbuch einer der im ersten Halbsatz, in Satz 1 oder in Satz 4 genannten begünstigten Personengruppen angehörten.

[4] Die Sätze 1 und 2 gelten entsprechend für Steuerpflichtige, die nicht zum begünstigten Personenkreis nach Satz 1 oder 3 gehören und eine Rente wegen voller Erwerbsminderung oder Erwerbsunfähigkeit oder eine Versorgung wegen Dienstunfähigkeit aus einem der in Satz 1 oder 3 genannten Alterssicherungssysteme beziehen, wenn unmittelbar vor dem Bezug der entsprechenden Leistungen der Leistungsbezieher einer der in Satz 1 oder 3 genannten begünstigten Personengruppen angehörte; dies gilt nicht, wenn der Steuerpflichtige das 67. Lebensjahr vollendet hat. [5] Bei der Ermittlung der dem Steuerpflichtigen zustehenden Zulage nach Satz 1 bleibt die Erhöhung der Grundzulage nach § 84 Satz 2 außer Betracht.

(1a) [1] Sofern eine Zulagenummer (§ 90 Absatz 1 Satz 2) durch die zentrale Stelle oder eine Versicherungsnummer nach § 147 des Sechsten Buches Sozialgesetzbuch noch nicht vergeben ist, haben die in Absatz 1 Satz 1 Nummer 1 bis 5 genannten Steuerpflichtigen über die zuständige Stelle eine Zulagenummer bei der zentralen Stelle zu beantragen. [2] Für Empfänger einer Versorgung im Sinne des Absatzes 1 Satz 4 gilt Satz 1 entsprechend.

(2) [1] Ist der Sonderausgabenabzug nach Absatz 1 für den Steuerpflichtigen günstiger als der Anspruch auf die Zulage nach Abschnitt XI, erhöht sich die unter Berücksichtigung des Sonderausgabenabzugs ermittelte tarifliche Einkommensteuer um den Anspruch auf Zulage. [2] In den anderen Fällen scheidet der Sonderausgabenabzug aus. [3] Die Günstigerprüfung wird von Amts wegen vorgenommen.

(3) [1] Der Abzugsbetrag nach Absatz 1 steht im Fall der Veranlagung von Ehegatten nach § 26 Absatz 1 jedem Ehegatten unter den Voraussetzungen des Absatzes 1 gesondert zu. [2] Gehört nur ein Ehegatte zu dem nach Absatz 1 begünstigten Personenkreis und ist der andere Ehegatte nach § 79 Satz 2 zulageberechtigt, sind bei dem nach Absatz 1 abzugsberechtigten Ehegatten die von beiden Ehegatten geleisteten Altersvorsorgebeiträge und die dafür zustehenden Zulagen bei der Anwendung der Absätze 1 und 2 zu berücksichtigen. [3] Der Höchstbetrag nach Absatz 1 Satz 1 erhöht sich in den Fällen des Satzes 2 um 60 Euro. [4] Dabei sind die von dem Ehegatten, der zu dem nach Absatz 1 begünstigten Personenkreis gehört, geleisteten Altersvorsorgebeiträge vorrangig zu berücksichtigen, jedoch mindestens 60 Euro der von dem anderen Ehegatten geleisteten Altersvorsorgebeiträge. [5] Gehören beide Ehegatten zu dem nach Absatz 1 begünstig-

ten Personenkreis und liegt ein Fall der Veranlagung nach § 26 Absatz 1 vor, ist bei der Günstigerprüfung nach Absatz 2 der Anspruch auf Zulage beider Ehegatten anzusetzen.

(4) [1] Im Fall des Absatzes 2 Satz 1 stellt das Finanzamt die über den Zulageanspruch nach Abschnitt XI hinausgehende Steuerermäßigung gesondert fest und teilt diese der zentralen Stelle (§ 81) mit; § 10d Absatz 4 Satz 3 bis 5 gilt entsprechend. [2] Sind Altersvorsorgebeiträge zugunsten von mehreren Verträgen geleistet worden, erfolgt die Zurechnung im Verhältnis der nach Absatz 1 berücksichtigten Altersvorsorgebeiträge. [3] Ehegatten ist der nach Satz 1 festzustellende Betrag auch im Fall der Zusammenveranlagung jeweils getrennt zuzurechnen; die Zurechnung erfolgt im Verhältnis der nach Absatz 1 berücksichtigten Altersvorsorgebeiträge. [4] Werden Altersvorsorgebeiträge nach Absatz 3 Satz 2 berücksichtigt, die der nach § 79 Satz 2 zulageberechtigte Ehegatte zugunsten eines auf seinen Namen lautenden Vertrages geleistet hat, ist die hierauf entfallende Steuerermäßigung dem Vertrag zuzurechnen, zu dessen Gunsten die Altersvorsorgebeiträge geleistet wurden. [5] Die Übermittlung an die zentrale Stelle erfolgt unter Angabe der Vertragsnummer und der Identifikationsnummer (§ 139b der Abgabenordnung) sowie der Zulage- oder Versicherungsnummer nach § 147 des Sechsten Buches Sozialgesetzbuch.

(5) [1] Nach Maßgabe des § 93c der Abgabenordnung hat der Anbieter als mitteilungspflichtige Stelle auch unter Angabe der Vertragsdaten die Höhe der im jeweiligen Beitragsjahr zu berücksichtigenden Altersvorsorgebeiträge sowie die Zulage- oder die Versicherungsnummer nach § 147 des Sechsten Buches Sozialgesetzbuch an die zentrale Stelle zu übermitteln. [2] § 22a Absatz 2 gilt entsprechend. [3] Die Übermittlung muss auch dann erfolgen, wenn im Fall der mittelbaren Zulageberechtigung keine Altersvorsorgebeiträge geleistet worden sind. [4] § 72a Absatz 4 der Abgabenordnung findet keine Anwendung. [5] Die übrigen Voraussetzungen für den Sonderausgabenabzug nach den Absätzen 1 bis 3 werden im Wege der Datenerhebung und des automatisierten Datenabgleichs nach § 91 überprüft. [6] Erfolgt eine Datenübermittlung nach Satz 1 und wurde noch keine Zulagenummer (§ 90 Absatz 1 Satz 2) durch die zentrale Stelle oder keine Versicherungsnummer nach § 147 des Sechsten Buches Sozialgesetzbuch vergeben, gilt § 90 Absatz 1 Satz 2 und 3 entsprechend.

(6) [1] Für die Anwendung der Absätze 1 bis 5 stehen den in der inländischen gesetzlichen Rentenversicherung Pflichtversicherten nach Absatz 1 Satz 1 die Pflichtmitglieder in einem ausländischen gesetzlichen Alterssicherungssystem gleich, wenn diese Pflichtmitgliedschaft

1. mit einer Pflichtmitgliedschaft in einem inländischen Alterssicherungssystem nach Absatz 1 Satz 1 oder 3 vergleichbar ist und
2. vor dem 1. Januar 2010 begründet wurde.

[2] Für die Anwendung der Absätze 1 bis 5 stehen den Steuerpflichtigen nach Absatz 1 Satz 4 die Personen gleich,

1. die aus einem ausländischen gesetzlichen Alterssicherungssystem eine Leistung erhalten, die den in Absatz 1 Satz 4 genannten Leistungen vergleichbar ist,
2. die unmittelbar vor dem Bezug der entsprechenden Leistung nach Satz 1 oder Absatz 1 Satz 1 oder 3 begünstigt waren und
3. die noch nicht das 67. Lebensjahr vollendet haben.

[3] Als Altersvorsorgebeiträge (§ 82) sind bei den in Satz 1 oder 2 genannten Personen nur diejenigen Beiträge zu berücksichtigen, die vom Abzugsberechtigten zugunsten seines vor dem 1. Januar 2010 abgeschlossenen Vertrags geleistet wurden. [4] Endet die unbeschränkte Steuerpflicht eines Zulageberechtigten im Sinne des Satzes 1 oder 2 durch Aufgabe des inländischen Wohnsitzes oder gewöhnlichen Aufenthalts und wird die Person nicht nach § 1 Absatz 3 als unbeschränkt einkommensteuerpflichtig behandelt, so gelten die §§ 93 und 94 entsprechend; § 95 Absatz 2 und 3 und § 99 Absatz 1 in der am 31. Dezember 2008 geltenden Fassung sind anzuwenden.

(7) Soweit nichts anderes bestimmt ist, sind die Regelungen des § 10a und des Abschnitts XI in der für das jeweilige Beitragsjahr geltenden Fassung anzuwenden.

§ 10b

S 2223

Steuerbegünstigte Zwecke

(1) [1]Zuwendungen (Spenden und Mitgliedsbeiträge) zur Förderung steuerbegünstigter Zwecke im Sinne der §§ 52 bis 54 der Abgabenordnung können insgesamt bis zu

1. 20 Prozent des Gesamtbetrags der Einkünfte oder
2. 4 Promille der Summe der gesamten Umsätze und der im Kalenderjahr aufgewendeten Löhne und Gehälter

als Sonderausgaben abgezogen werden. [2]Voraussetzung für den Abzug ist, dass diese Zuwendungen

1. an eine juristische Person des öffentlichen Rechts oder an eine öffentliche Dienststelle, die in einem Mitgliedstaat der Europäischen Union oder in einem Staat belegen ist, auf den das Abkommen über den Europäischen Wirtschaftsraum (EWR-Abkommen) Anwendung findet, oder
2. an eine nach § 5 Absatz 1 Nummer 9 des Körperschaftsteuergesetzes steuerbefreite Körperschaft, Personenvereinigung oder Vermögensmasse oder
3. an eine Körperschaft, Personenvereinigung oder Vermögensmasse, die in einem Mitgliedstaat der Europäischen Union oder in einem Staat belegen ist, auf den das Abkommen über den Europäischen Wirtschaftsraum (EWR-Abkommen) Anwendung findet, und die nach § 5 Absatz 1 Nummer 9 des Körperschaftsteuergesetzes in Verbindung mit § 5 Absatz 2 Nummer 2 zweiter Halbsatz des Körperschaftsteuergesetzes steuerbefreit wäre, wenn sie inländische Einkünfte erzielen würde,

geleistet werden. [3]Für nicht im Inland ansässige Zuwendungsempfänger nach Satz 2 ist weitere Voraussetzung, dass durch diese Staaten Amtshilfe und Unterstützung bei der Beitreibung geleistet werden. [4]Amtshilfe ist der Auskunftsaustausch im Sinne oder entsprechend der Amtshilferichtlinie gemäß § 2 Absatz 2 des EU-Amtshilfegesetzes. [5]Beitreibung ist die gegenseitige Unterstützung bei der Beitreibung von Forderungen im Sinne oder entsprechend der Beitreibungsrichtlinie einschließlich der in diesem Zusammenhang anzuwendenden Durchführungsbestimmungen in den für den jeweiligen Veranlagungszeitraum geltenden Fassungen oder eines entsprechenden Nachfolgerechtsaktes. [6]Werden die steuerbegünstigten Zwecke des Zuwendungsempfängers im Sinne von Satz 2 Nummer 1 nur im Ausland verwirklicht, ist für den Sonderausgabenabzug Voraussetzung, dass natürliche Personen, die ihren Wohnsitz oder ihren gewöhnlichen Aufenthalt im Geltungsbereich dieses Gesetzes haben, gefördert werden oder dass die Tätigkeit dieses Zuwendungsempfängers neben der Verwirklichung der steuerbegünstigten Zwecke auch zum Ansehen der Bundesrepublik Deutschland beitragen kann. [7]Abziehbar sind auch Mitgliedsbeiträge an Körperschaften, die Kunst und

Kultur gemäß § 52 Absatz 2 Satz 1 Nummer 5 der Abgabenordnung fördern, soweit es sich nicht um Mitgliedsbeiträge nach Satz 8 Nummer 2 handelt, auch wenn den Mitgliedern Vergünstigungen gewährt werden. [8] Nicht abziehbar sind Mitgliedsbeiträge an Körperschaften,

1. die den Sport (§ 52 Absatz 2 Satz 1 Nummer 21 der Abgabenordnung),
2. die kulturelle Betätigungen, die in erster Linie der Freizeitgestaltung dienen,
3. die Heimatpflege und Heimatkunde (§ 52 Absatz 2 Satz 1 Nummer 22 der Abgabenordnung),
4. die Zwecke im Sinne des § 52 Absatz 2 Satz 1 Nummer 23 der Abgabenordnung

fördern oder

5. deren Zweck nach § 52 Absatz 2 Satz 2 der Abgabenordnung für gemeinnützig erklärt worden ist, weil deren Zweck die Allgemeinheit auf materiellem, geistigem oder sittlichem Gebiet entsprechend einem Zweck nach den Nummern 1 bis 4 fördert.

[9] Abziehbare Zuwendungen, die die Höchstbeträge nach Satz 1 überschreiten oder die den um die Beträge nach § 10 Absatz 3 und 4, § 10c und § 10d verminderten Gesamtbetrag der Einkünfte übersteigen, sind im Rahmen der Höchstbeträge in den folgenden Veranlagungszeiträumen als Sonderausgaben abzuziehen. [10] § 10d Absatz 4 gilt entsprechend.

(1a) [1] Spenden zur Förderung steuerbegünstigter Zwecke im Sinne der §§ 52 bis 54 der Abgabenordnung in das zu erhaltende Vermögen (Vermögensstock) einer Stiftung, welche die Voraussetzungen des Absatzes 1 Satz 2 bis 6 erfüllt, können auf Antrag des Steuerpflichtigen im Veranlagungszeitraum der Zuwendung und in den folgenden neun Veranlagungszeiträumen bis zu einem Gesamtbetrag von 1 Million Euro, bei Ehegatten, die nach den §§ 26, 26b zusammen veranlagt werden, bis zu einem Gesamtbetrag von 2 Millionen Euro, zusätzlich zu den Höchstbeträgen nach Absatz 1 Satz 1 abgezogen werden. [2] Nicht abzugsfähig nach Satz 1 sind Spenden in das verbrauchbare Vermögen einer Stiftung. [3] Der besondere Abzugsbetrag nach Satz 1 bezieht sich auf den gesamten Zehnjahreszeitraum und kann der Höhe nach innerhalb dieses Zeitraums nur einmal in Anspruch genommen werden. [4] § 10d Absatz 4 gilt entsprechend.

(2) [1] Zuwendungen an politische Parteien im Sinne des § 2 des Parteiengesetzes sind, sofern die jeweilige Partei nicht gemäß § 18 Absatz 7 des Parteiengesetzes von der staatlichen Teilfinanzierung ausgeschlossen ist, bis zur Höhe von insgesamt 1.650 Euro und im Fall der Zusammenveranlagung von Ehegatten bis zur Höhe von insgesamt 3.300 Euro im Kalenderjahr abzugsfähig. [2] Sie können nur insoweit als Sonderausgaben abgezogen werden, als für sie nicht eine Steuerermäßigung nach § 34g gewährt worden ist.

(3) [1] Als Zuwendung im Sinne dieser Vorschrift gilt auch die Zuwendung von Wirtschaftsgütern mit Ausnahme von Nutzungen und Leistungen. [2] Ist das Wirtschaftsgut unmittelbar vor seiner Zuwendung einem Betriebsvermögen entnommen worden, so bemisst sich die Zuwendungshöhe nach dem Wert, der bei der Entnahme angesetzt wurde und nach der Umsatzsteuer, die auf die Entnahme entfällt. [3] Ansonsten bestimmt sich die Höhe der Zuwendung nach dem gemeinen Wert des zugewendeten Wirtschaftsguts, wenn dessen Veräußerung im Zeitpunkt der Zuwendung keinen Besteuerungstatbestand erfüllen würde. [4] In allen übrigen Fällen dürfen bei der Ermittlung der Zuwendungshöhe die fortgeführten Anschaffungs- oder Herstellungskosten nur überschritten werden, soweit eine Gewinnrealisierung stattgefunden hat. [5] Aufwendungen zugunsten einer Körperschaft, die zum Empfang steuerlich abziehbarer Zuwendungen berechtigt ist, können nur abgezogen werden, wenn ein Anspruch auf die Erstattung der Aufwendungen durch Vertrag oder Satzung eingeräumt und auf die Erstattung verzichtet worden ist. [6] Der Anspruch darf nicht unter der Bedingung des Verzichts eingeräumt worden sein.

(4) [1] Der Steuerpflichtige darf auf die Richtigkeit der Bestätigung über Spenden und Mitgliedsbeiträge vertrauen, es sei denn, dass er die Bestätigung durch unlautere Mittel oder falsche Angaben erwirkt hat oder dass ihm die Unrichtigkeit der Bestätigung bekannt oder infolge grober Fahrlässigkeit nicht bekannt war. [2] Wer vorsätzlich oder grob fahrlässig eine unrichtige Bestätigung ausstellt oder veranlasst, dass Zuwendungen nicht zu den in der Bestätigung angegebenen steuerbegünstigten Zwecken verwendet werden, haftet für die entgangene Steuer. [3] Diese ist mit 30 Prozent des zugewendeten Betrags anzusetzen. [4] In den Fällen des Satzes 2 zweite Alternative (Veranlasserhaftung) ist vorrangig der Zuwendungsempfänger in Anspruch zu nehmen; die in diesen Fällen für den Zuwendungsempfänger handelnden natürlichen Personen sind nur in Anspruch zu nehmen, wenn die entgangene Steuer nicht nach § 47 der Abgabenordnung erloschen ist und Vollstreckungsmaßnahmen gegen den Zuwendungsempfänger nicht erfolgreich sind. [5] Die Festsetzungsfrist für Haftungsansprüche nach Satz 2 läuft nicht ab, solange die Festsetzungsfrist für von dem Empfänger der Zuwendung geschuldete Körperschaftsteuer für den Veranlagungszeitraum nicht abgelaufen ist, in dem die unrichtige Bestätigung ausgestellt worden ist oder veranlasst wurde, dass die Zuwendung nicht zu den in der Bestätigung angegebenen steuerbegünstigten Zwecken verwendet worden ist; § 191 Absatz 5 der Abgabenordnung ist nicht anzuwenden.

EStDV EStDV

§§ 48 und 49

(weggefallen)

EStDV

S 2223

§ 50[1])

Zuwendungsbestätigung

(1) [1]Zuwendungen im Sinne der §§ 10b und 34g des Gesetzes dürfen vorbehaltlich des Absatzes 2 nur abgezogen werden, wenn der Zuwendende eine Zuwendungsbestätigung, die der Zuwendungsempfänger unter Berücksichtigung des § 63 Absatz 5 der Abgabenordnung nach amtlich vorgeschriebenem Vordruck ausgestellt hat, oder die in den Absätzen 4 bis 6 bezeichneten Unterlagen erhalten hat. [2])[2]Dies gilt nicht für Zuwendungen an nicht im Inland ansässige Zuwendungsempfänger nach § 10b Absatz 1 Satz 2 Nummer 1 und 3 des Gesetzes.

(2) [1]Der Zuwendende kann den Zuwendungsempfänger bevollmächtigen, die Zuwendungsbestätigung der für seine Besteuerung nach dem Einkommen zuständigen Finanzbehörde nach amtlich vorgeschriebenem Datensatz durch Datenfernübertragung nach Maßgabe des § 93c der Abgabenordnung zu übermitteln. [2]Der Zuwendende hat dem Zuwendungsempfänger zu diesem Zweck seine Identifikationsnummer (§ 139b der Abgabenordnung) mitzuteilen. [3]Die Vollmacht kann nur mit Wirkung für die Zukunft widerrufen werden. [4]Der Zuwendungsempfänger hat dem Zuwendenden die nach Satz 1 übermittelten Daten elektronisch oder auf dessen Wunsch als Ausdruck zur Verfügung zu stellen; in beiden Fällen ist darauf hinzuweisen, dass die Daten der Finanzbehörde übermittelt worden sind. [5]§ 72a Absatz 4 der Abgabenordnung findet keine Anwendung.

(3) [1]In den Fällen des Absatzes 2 ist für die Anwendung des § 93c Absatz 4 Satz 1 der Abgabenordnung das Finanzamt zuständig, in dessen Bezirk sich die Geschäftsleitung (§ 10 der Abgabenordnung) des Zuwendungsempfängers im Inland befindet. [2]Die nach Absatz 2 übermittelten Daten können durch dieses Finanzamt zum Zweck der Anwendung des § 93c Absatz 4 Satz 1 der Abgabenordnung bei den für die Besteuerung der Zuwendenden nach dem Einkommen zuständigen Finanzbehörden abgerufen und verwendet werden.

(4) [1]Statt einer Zuwendungsbestätigung genügt der Bareinzahlungsbeleg oder die Buchungsbestätigung eines Kreditinstituts, wenn

1. die Zuwendung zur Hilfe in Katastrophenfällen:
   a) innerhalb eines Zeitraums, den die obersten Finanzbehörden der Länder im Benehmen mit dem Bundesministerium der Finanzen bestimmen, auf ein für den Katastrophenfall eingerichtetes Sonderkonto einer inländischen juristischen Person des öffentlichen Rechts, einer inländischen öffentlichen Dienststelle oder eines inländischen

[1]) § 50 EStDV in der am 1.1.2017 geltenden Fassung ist erstmals auf Zuwendungen anzuwenden, die dem Zuwendungsempfänger nach dem 31.12.2016 zufließen >§ 84 Abs. 2c EStDV.

[2]) § 50 Abs. 1 Satz 2 EStDV wird durch Artikel 7 des JStG 2020 aufgehoben. § 50 EStDV i. d. F. des Artikels 7 des Gesetzes vom 21.12.2020 (BGBl. I S. 3096) ist erstmals auf Zuwendungen anzuwenden, die dem Zuwendungsempfänger nach dem 31.12.2024 zufließen >§ 84 Abs. 2d EStDV i. d. F. des Artikels 7 des JStG 2020.

amtlich anerkannten Verbandes der freien Wohlfahrtspflege einschließlich seiner Mitgliedsorganisationen eingezahlt worden ist oder

b) bis zur Einrichtung des Sonderkontos auf ein anderes Konto der genannten Zuwendungsempfänger eingezahlt wird; wird die Zuwendung über ein als Treuhandkonto geführtes Konto eines Dritten auf eines der genannten Sonderkonten eingezahlt, genügt der Bareinzahlungsbeleg oder die Buchungsbestätigung des Kreditinstituts des Zuwendenden zusammen mit einer Kopie des Barzahlungsbelegs oder der Buchungsbestätigung des Kreditinstituts des Dritten, oder

2. die Zuwendung 300 Euro nicht übersteigt und
   a) der Empfänger eine inländische juristische Person des öffentlichen Rechts oder eine inländische öffentliche Dienststelle ist oder
   b) der Empfänger eine Körperschaft, Personenvereinigung oder Vermögensmasse im Sinne des § 5 Absatz 1 Nummer 9 des Körperschaftsteuergesetzes ist, wenn der steuerbegünstigte Zweck, für den die Zuwendung verwendet wird, und die Angaben über die Freistellung des Empfängers von der Körperschaftsteuer auf einem von ihm hergestellten Beleg aufgedruckt sind und darauf angegeben ist, ob es sich bei der Zuwendung um eine Spende oder einen Mitgliedsbeitrag handelt, oder
   c) der Empfänger eine politische Partei im Sinne des § 2 des Parteiengesetzes ist, die nicht gemäß § 18 Absatz 7 des Parteiengesetzes von der staatlichen Teilfinanzierung ausgeschlossen ist, und bei Spenden der Verwendungszweck auf dem vom Empfänger hergestellten Beleg aufgedruckt ist.

[2] Aus der Buchungsbestätigung müssen Name und Kontonummer oder ein sonstiges Identifizierungsmerkmal des Auftraggebers und des Empfängers, der Betrag, der Buchungstag sowie die tatsächliche Durchführung der Zahlung ersichtlich sein. [3] In den Fällen des Satzes 1 Nummer 2 Buchstabe b hat der Zuwendende zusätzlich den vom Zuwendungsempfänger hergestellten Beleg aufzubewahren.

(5) Bei Zuwendungen zur Hilfe in Katastrophenfällen innerhalb eines Zeitraums, den die obersten Finanzbehörden der Länder im Benehmen mit dem Bundesministerium der Finanzen bestimmen, die über ein Konto eines Dritten an eine inländische juristische Person des öffentlichen Rechts, an eine inländische öffentliche Dienststelle oder an eine nach § 5 Absatz 1 Nummer 9 des Körperschaftsteuergesetzes steuerbefreite Körperschaft, Personenvereinigung oder Vermögensmasse geleistet werden, genügt das Erhalten einer auf den jeweiligen Zuwendenden ausgestellten Zuwendungsbestätigung des Zuwendungsempfängers, wenn das Konto des Dritten als Treuhandkonto geführt wurde, die Zuwendung von dort an den Zuwendungsempfänger weitergeleitet wurde und diesem eine Liste mit den einzelnen Zuwendenden und ihrem jeweiligen Anteil an der Zuwendungssumme übergeben wurde.

(6) Bei Zahlungen von Mitgliedsbeiträgen an politische Parteien im Sinne des § 2 des Parteiengesetzes genügen statt Zuwendungsbestätigungen Bareinzahlungsbelege, Buchungsbestätigungen oder Beitragsquittungen.

(7) [1] Eine in § 5 Absatz 1 Nummer 9 des Körperschaftsteuergesetzes bezeichnete Körperschaft, Personenvereinigung oder Vermögensmasse hat die Vereinnahmung der Zuwendung und ihre zweckentsprechende Verwendung ordnungsgemäß aufzuzeichnen und ein Doppel der Zuwendungsbestätigung aufzubewahren. [2] Diese Aufbewahrungspflicht entfällt in den Fällen des Absatzes 2. [3] Bei Sachzuwendungen und beim Verzicht auf die Erstattung von Aufwand müssen sich aus den Aufzeichnungen auch die Grundlagen für den vom Empfänger bestätigten Wert der Zuwendung ergeben.

(8) [1] Die in den Absätzen 1, 4, 5 und 6 bezeichneten Unterlagen sind vom Zuwendenden auf Verlangen der Finanzbehörde vorzulegen. [2] Soweit der Zuwendende sie nicht bereits auf Verlangen der Finanzbehörde vorgelegt hat, sind sie vom Zuwendenden bis zum Ablauf eines Jahres nach Bekanntgabe der Steuerfestsetzung aufzubewahren.

S 2224

§ 10c

Sonderausgaben-Pauschbetrag

[1] Für Sonderausgaben nach § 10 Absatz 1 Nummer 4, 5, 7 und 9 sowie Absatz 1a und nach § 10b wird ein Pauschbetrag von 36 Euro abgezogen (Sonderausgaben-Pauschbetrag), wenn der Steuerpflichtige nicht höhere Aufwendungen nachweist. [2] Im Fall der Zusammenveranlagung von Ehegatten verdoppelt sich der Sonderausgaben-Pauschbetrag.

§ 10d
Verlustabzug

S 2225

(1) [1]Negative Einkünfte, die bei der Ermittlung des Gesamtbetrags der Einkünfte nicht ausgeglichen werden, sind bis zu einem Betrag von *1.000.000 Euro*, bei Ehegatten, die nach den §§ 26, 26b zusammenveranlagt werden, bis zu einem Betrag von *2.000.000 Euro* vom Gesamtbetrag der Einkünfte des unmittelbar vorangegangenen Veranlagungszeitraums vorrangig vor Sonderausgaben, außergewöhnlichen Belastungen und sonstigen Abzugsbeträgen abzuziehen (Verlustrücktrag). [2]Dabei wird der Gesamtbetrag der Einkünfte des unmittelbar vorangegangenen Veranlagungszeitraums um die Begünstigungsbeträge nach § 34a Absatz 3 Satz 1 gemindert. [3]Ist für den unmittelbar vorangegangenen Veranlagungszeitraum bereits ein Steuerbescheid erlassen worden, so ist er insoweit zu ändern, als der Verlustrücktrag zu gewähren oder zu berichtigen ist. [4]Das gilt auch dann, wenn der Steuerbescheid unanfechtbar geworden ist; die Festsetzungsfrist endet insoweit nicht, bevor die Festsetzungsfrist für den Veranlagungszeitraum abgelaufen ist, in dem die negativen Einkünfte nicht ausgeglichen werden. [5]Auf Antrag des Steuerpflichtigen ist ganz oder teilweise von der Anwendung des Satzes 1 abzusehen. [6]Im Antrag ist die Höhe des Verlustrücktrags anzugeben. *1)*

(2) [1]Nicht ausgeglichene negative Einkünfte, die nicht nach Absatz 1 abgezogen worden sind, sind in den folgenden Veranlagungszeiträumen bis zu einem Gesamtbetrag der Einkünfte von 1 Million Euro unbeschränkt, darüber hinaus bis zu 60 Prozent des 1 Million Euro übersteigenden Gesamtbetrags der Einkünfte vorrangig vor Sonderausgaben, außergewöhnlichen Belastungen und sonstigen Abzugsbeträgen abzuziehen (Verlustvortrag). [2]Bei Ehegatten, die nach den §§ 26, 26b zusammenveranlagt werden, tritt an die Stelle des Betrags von 1 Million Euro ein Betrag von 2 Millionen Euro. [3]Der Abzug ist nur insoweit zulässig, als die Verluste nicht nach Absatz 1 abgezogen worden sind und in den vorangegangenen Veranlagungszeiträumen nicht nach Satz 1 und 2 abgezogen werden konnten.

(3) (weggefallen)

(4) [1]Der am Schluss eines Veranlagungszeitraums verbleibende Verlustvortrag ist gesondert festzustellen. [2]Verbleibender Verlustvortrag sind die bei der Ermittlung des Gesamtbetrags der Einkünfte nicht ausgeglichenen negativen Einkünfte, vermindert um die nach Absatz 1 abgezogenen und die nach Absatz 2 abziehbaren Beträge und vermehrt um den auf den Schluss des vorangegangenen Veranlagungszeitraums festgestellten verbleibenden Verlustvortrag. [3]Zuständig für die Feststellung ist das für die Besteuerung zuständige Finanzamt. [4]Bei der Feststellung des verbleibenden Verlustvortrags

---

1) Absatz 1 Satz 1 wurde durch Artikel 2 des Dritten Corona-Steuerhilfegesetzes ab VZ 2022 geändert >§ 52 Abs. 18b Satz 2.

sind die Besteuerungsgrundlagen so zu berücksichtigen, wie sie den Steuerfestsetzungen des Veranlagungszeitraums, auf dessen Schluss der verbleibende Verlustvortrag festgestellt wird, und des Veranlagungszeitraums, in dem ein Verlustrücktrag vorgenommen werden kann, zu Grunde gelegt worden sind; § 171 Absatz 10, § 175 Absatz 1 Satz 1 Nummer 1 und § 351 Absatz 2 der Abgabenordnung sowie § 42 der Finanzgerichtsordnung gelten entsprechend. [5]Die Besteuerungsgrundlagen dürfen bei der Feststellung nur insoweit abweichend von Satz 4 berücksichtigt werden, wie die Aufhebung, Änderung oder Berichtigung der Steuerbescheide ausschließlich mangels Auswirkung auf die Höhe der festzusetzenden Steuer unterbleibt. [6]Die Feststellungsfrist endet nicht, bevor die Festsetzungsfrist für den Veranlagungszeitraum abgelaufen ist, auf dessen Schluss der verbleibende Verlustvortrag gesondert festzustellen ist; § 181 Absatz 5 der Abgabenordnung ist nur anzuwenden, wenn die zuständige Finanzbehörde die Feststellung des Verlustvortrags pflichtwidrig unterlassen hat.

S 2225a

§ 10e

Steuerbegünstigung der zu eigenen Wohnzwecken genutzten Wohnung im eigenen Haus

– Letztmals abgedruckt im LStH 2021 –

I

§ 10f

S 2225c

Steuerbegünstigung für zu eigenen Wohnzwecken genutzte Baudenkmale und Gebäude in Sanierungsgebieten und städtebaulichen Entwicklungsbereichen

(1) [1]Der Steuerpflichtige kann Aufwendungen an einem eigenen Gebäude im Kalenderjahr des Abschlusses der Baumaßnahme und in den neun folgenden Kalenderjahren jeweils bis zu 9 Prozent wie Sonderausgaben abziehen, wenn die Voraussetzungen des § 7h oder des § 7i vorliegen. [2]Dies gilt nur, soweit er das Gebäude in dem jeweiligen Kalenderjahr zu eigenen Wohnzwecken nutzt und die Aufwendungen nicht in die Bemessungsgrundlage nach § 10e oder dem Eigenheimzulagengesetz einbezogen hat. [3]Für Zeiträume, für die der Steuerpflichtige erhöhte Absetzungen von Aufwendungen nach § 7h oder § 7i abgezogen hat, kann er für diese Aufwendungen keine Abzugsbeträge nach Satz 1 in Anspruch nehmen. [4]Eine Nutzung zu eigenen Wohnzwecken liegt auch vor, wenn Teile einer zu eigenen Wohnzwecken genutzten Wohnung unentgeltlich zu Wohnzwecken überlassen werden.

(2) [1]Der Steuerpflichtige kann Erhaltungsaufwand, der an einem eigenen Gebäude entsteht und nicht zu den Betriebsausgaben oder Werbungskosten gehört, im Kalenderjahr des Abschlusses der Maßnahme und in den neun folgenden Kalenderjahren jeweils bis zu 9 Prozent wie Sonderausgaben abziehen, wenn die Voraussetzungen des § 11a Absatz 1 in Verbindung mit § 7h Absatz 2 oder des § 11b Satz 1 oder 2 in Verbindung mit § 7i Absatz 1 Satz 2 und Absatz 2 vorliegen. [2]Dies gilt nur, soweit der Steuerpflichtige das Gebäude in dem jeweiligen Kalenderjahr zu eigenen Wohnzwecken nutzt und diese Aufwendungen nicht nach § 10e Absatz 6 oder § 10i abgezogen hat. [3]Soweit der Steuerpflichtige das Gebäude während des Verteilungszeitraums zur Einkunftserzielung nutzt, ist der noch nicht berücksichtigte Teil des Erhaltungsaufwands im Jahr des Übergangs zur Einkunftserzielung wie Sonderausgaben abzuziehen. [4]Absatz 1 Satz 4 ist entsprechend anzuwenden.

(3) [1]Die Abzugsbeträge nach den Absätzen 1 und 2 kann der Steuerpflichtige nur bei einem Gebäude in Anspruch nehmen. [2]Ehegatten, bei denen die Voraussetzungen des § 26 Absatz 1 vorliegen, können die Abzugsbeträge nach den Absätzen 1 und 2 bei insgesamt zwei Gebäuden abziehen. [3]Gebäuden im Sinne der Absätze 1 und 2 stehen Gebäude gleich, für die Abzugsbeträge nach § 52 Absatz 21 Satz 6 in Verbindung mit § 51 Absatz 1 Nummer 2 Buchstabe x oder Buchstabe y des Einkommensteuergesetzes 1987 in der Fassung der Bekanntmachung vom 27. Februar 1987 (BGBl. I S. 657) in Anspruch genommen worden sind; Entsprechendes gilt für Abzugsbeträge nach § 52 Absatz 21 Satz 7.

(4) [1]Sind mehrere Steuerpflichtige Eigentümer eines Gebäudes, so ist Absatz 3 mit der Maßgabe anzuwenden, dass der Anteil des Steuerpflichtigen an einem solchen Gebäude dem Gebäude gleichsteht. [2]Erwirbt ein Miteigentümer, der für seinen Anteil bereits Abzugsbeträge nach Absatz 1 oder Absatz 2 abgezogen hat, einen Anteil an demselben Gebäude hinzu, kann er für danach von ihm durchgeführte Maßnahmen im Sinne der Absätze 1 oder 2 auch die Abzugsbeträge nach den Absätzen 1 und 2 in Anspruch nehmen, die auf den hinzuerworbenen Anteil entfallen. [3]§ 10e Absatz 5 Satz 2 und 3 sowie Absatz 7 ist sinngemäß anzuwenden.

(5) Die Absätze 1 bis 4 sind auf Gebäudeteile, die selbständige unbewegliche Wirtschaftsgüter sind, und auf Eigentumswohnungen entsprechend anzuwenden.

§ 10g

S 2225d

Steuerbegünstigung für schutzwürdige Kulturgüter, die weder zur Einkunftserzielung noch zu eigenen Wohnzwecken genutzt werden

(1) [1] Der Steuerpflichtige kann Aufwendungen für Herstellungs- und Erhaltungsmaßnahmen an eigenen schutzwürdigen Kulturgütern im Inland, soweit sie öffentliche oder private Zuwendungen oder etwaige aus diesen Kulturgütern erzielte Einnahmen übersteigen, im Kalenderjahr des Abschlusses der Maßnahme und in den neun folgenden Kalenderjahren jeweils bis zu 9 Prozent wie Sonderausgaben abziehen. [2] Kulturgüter im Sinne des Satzes 1 sind

1. Gebäude oder Gebäudeteile, die nach den jeweiligen landesrechtlichen Vorschriften ein Baudenkmal sind,
2. Gebäude oder Gebäudeteile, die für sich allein nicht die Voraussetzungen für ein Baudenkmal erfüllen, aber Teil einer nach den jeweiligen landesrechtlichen Vorschriften als Einheit geschützten Gebäudegruppe oder Gesamtanlage sind,
3. gärtnerische, bauliche und sonstige Anlagen, die keine Gebäude oder Gebäudeteile und nach den jeweiligen landesrechtlichen Vorschriften unter Schutz gestellt sind,
4. Mobiliar, Kunstgegenstände, Kunstsammlungen, wissenschaftliche Sammlungen, Bibliotheken oder Archive, die sich seit mindestens 20 Jahren im Besitz der Familie des Steuerpflichtigen befinden oder als nationales Kulturgut in ein Verzeichnis national wertvollen Kulturgutes nach § 7 Absatz 1 des Kulturgutschutzgesetzes vom 31. Juli 2016 (BGBl. I S. 1914) eingetragen ist und deren Erhaltung wegen ihrer Bedeutung für Kunst, Geschichte oder Wissenschaft im öffentlichen Interesse liegt,

wenn sie in einem den Verhältnissen entsprechenden Umfang der wissenschaftlichen Forschung oder der Öffentlichkeit zugänglich gemacht werden, es sei denn, dem Zugang stehen zwingende Gründe des Denkmal- oder Archivschutzes entgegen. [3] Die Maßnahmen müssen nach Maßgabe der geltenden Bestimmungen der Denkmal- und Archivpflege erforderlich und in Abstimmung mit der in Absatz 3 genannten Stelle durchgeführt worden sein; bei Aufwendungen für Herstellungs- und Erhaltungsmaßnahmen an Kulturgütern im Sinne des Satzes 2 Nummer 1 und 2 ist § 7i Absatz 1 Satz 1 bis 4 sinngemäß anzuwenden.

(2) [1] Die Abzugsbeträge nach Absatz 1 Satz 1 kann der Steuerpflichtige nur in Anspruch nehmen, soweit er die schutzwürdigen Kulturgüter im jeweiligen Kalenderjahr weder zur Erzielung von Einkünften im Sinne des § 2 noch Gebäude oder Gebäudeteile zu eigenen Wohnzwecken nutzt und die Aufwendungen nicht nach § 10e Absatz 6, § 10h Satz 3 oder § 10i abgezogen hat. [2] Für Zeiträume, für die der

Steuerpflichtige von Aufwendungen Absetzungen für Abnutzung, erhöhte Absetzungen, Sonderabschreibungen oder Beträge nach § 10e Absatz 1 bis 5, den §§ 10f, 10h, 15b des Berlinförderungsgesetzes abgezogen hat, kann er für diese Aufwendungen keine Abzugsbeträge nach Absatz 1 Satz 1 in Anspruch nehmen; Entsprechendes gilt, wenn der Steuerpflichtige für Aufwendungen die Eigenheimzulage nach dem Eigenheimzulagengesetz in Anspruch genommen hat. [3] Soweit die Kulturgüter während des Zeitraums nach Absatz 1 Satz 1 zur Einkunftserzielung genutzt werden, ist der noch nicht berücksichtigte Teil der Aufwendungen, die auf Erhaltungsarbeiten entfallen, im Jahr des Übergangs zur Einkunftserzielung wie Sonderausgaben abzuziehen.

(3) [1] Der Steuerpflichtige kann den Abzug vornehmen, wenn er durch eine Bescheinigung der nach Landesrecht zuständigen oder von der Landesregierung bestimmten Stelle die Voraussetzungen des Absatzes 1 für das Kulturgut und für die Erforderlichkeit der Aufwendungen nachweist. [2] Hat eine der für Denkmal- oder Archivpflege zuständigen Behörden ihm Zuschüsse gewährt, so hat die Bescheinigung auch deren Höhe zu enthalten; werden ihm solche Zuschüsse nach Ausstellung der Bescheinigung gewährt, so ist diese entsprechend zu ändern.

(4) [1] Die Absätze 1 bis 3 sind auf Gebäudeteile, die selbständige unbewegliche Wirtschaftsgüter sind, sowie auf Eigentumswohnungen und im Teileigentum stehende Räume entsprechend anzuwenden. [2] § 10e Absatz 7 gilt sinngemäß.

6. Vereinnahmung und Verausgabung

§ 11

S 2226

(1) [1] Einnahmen sind innerhalb des Kalenderjahres bezogen, in dem sie dem Steuerpflichtigen zugeflossen sind. [2] Regelmäßig wiederkehrende Einnahmen, die dem Steuerpflichtigen kurze Zeit vor Beginn oder kurze Zeit nach Beendigung des Kalenderjahres, zu dem sie wirtschaftlich gehören, zugeflossen sind, gelten als in diesem Kalenderjahr bezogen. [3] Der Steuerpflichtige kann Einnahmen, die auf einer Nutzungsüberlassung im Sinne des Absatzes 2 Satz 3 beruhen, insgesamt auf den Zeitraum gleichmäßig verteilen, für den die Vorauszahlung geleistet wird. [4] Für Einnahmen aus nichtselbständiger Arbeit gilt § 38a Absatz 1 Satz 2 und 3 und § 40 Absatz 3 Satz 2. [5] Die Vorschriften über die Gewinnermittlung (§ 4 Absatz 1, § 5) bleiben unberührt.

(2) [1] Ausgaben sind für das Kalenderjahr abzusetzen, in dem sie geleistet worden sind. [2] Für regelmäßig wiederkehrende Ausgaben gilt Absatz 1 Satz 2 entsprechend. [3] Werden Ausgaben für eine Nutzungsüberlassung von mehr als fünf Jahren im Voraus geleistet, sind sie insgesamt auf den Zeitraum gleichmäßig zu verteilen, für den die Vorauszahlung geleistet wird. [4] Satz 3 ist auf ein Damnum oder Disagio nicht anzuwenden, soweit dieses marktüblich ist. [5] § 42 der Abgabenordnung bleibt unberührt. [6] Die Vorschriften über die Gewinnermittlung (§ 4 Absatz 1, § 5) bleiben unberührt.

Hinweise

H 11

Allgemeines

>H 11 EStH

Rückzahlung von Arbeitslohn

Arbeitslohnrückzahlungen sind nur dann anzunehmen, wenn der Arbeitnehmer an den Arbeitgeber die Leistungen, die bei ihm als Lohnzahlungen zu qualifizieren waren, zurückzahlt (>BFH vom 10.8.2010 – BStBl II S. 1074). Zurückgezahlter Arbeitslohn ist erst im Zeitpunkt des Abflusses steuermindernd zu berücksichtigen (>BFH vom 4.5.2006 – BStBl II S. 830 und 832); das gilt auch dann, wenn sich die Rückzahlung im Folgejahr steuerlich nicht mehr auswirkt (>BFH vom 7.11.2006 – BStBl 2007 II S. 315). Auch bei beherrschenden Gesellschaftern ist der Abfluss einer Arbeitslohnrückzahlung erst im Zeitpunkt der Leistung und nicht bereits im Zeitpunkt der Fälligkeit der Rückforderung anzunehmen (>BFH vom 14.4.2016 – BStBl II S. 778).

Zufluss von Arbeitslohn

>R 38.2

S 2226a

§ 11a

Sonderbehandlung von Erhaltungsaufwand bei Gebäuden in Sanierungsgebieten und städtebaulichen Entwicklungsbereichen

(1) [1]Der Steuerpflichtige kann durch Zuschüsse aus Sanierungs- oder Entwicklungsförderungsmitteln nicht gedeckten Erhaltungsaufwand für Maßnahmen im Sinne des § 177 des Baugesetzbuchs an einem im Inland belegenen Gebäude in einem förmlich festgelegten Sanierungsgebiet oder städtebaulichen Entwicklungsbereich auf zwei bis fünf Jahre gleichmäßig verteilen. [2]Satz 1 ist entsprechend anzuwenden auf durch Zuschüsse aus Sanierungs- oder Entwicklungsförderungsmitteln nicht gedeckten Erhaltungsaufwand für Maßnahmen, die der Erhaltung, Erneuerung und funktionsgerechten Verwendung eines Gebäudes im Sinne des Satzes 1 dienen, das wegen seiner geschichtlichen, künstlerischen oder städtebaulichen Bedeutung erhalten bleiben soll, und zu deren Durchführung sich der Eigentümer neben bestimmten Modernisierungsmaßnahmen gegenüber der Gemeinde verpflichtet hat.

(2) [1]Wird das Gebäude während des Verteilungszeitraums veräußert, ist der noch nicht berücksichtigte Teil des Erhaltungsaufwands im Jahr der Veräußerung als Betriebsausgaben oder Werbungskosten abzusetzen. [2]Das Gleiche gilt, wenn ein nicht zu einem Betriebsvermögen gehörendes Gebäude in ein Betriebsvermögen eingebracht oder wenn ein Gebäude aus dem Betriebsvermögen entnommen oder wenn ein Gebäude nicht mehr zur Einkunftserzielung genutzt wird.

(3) Steht das Gebäude im Eigentum mehrerer Personen, ist der in Absatz 1 bezeichnete Erhaltungsaufwand von allen Eigentümern auf den gleichen Zeitraum zu verteilen.

(4) § 7h Absatz 1a bis 3 ist entsprechend anzuwenden.

§ 11b

S 2226a

Sonderbehandlung von Erhaltungsaufwand bei Baudenkmalen

[1] Der Steuerpflichtige kann durch Zuschüsse aus öffentlichen Kassen nicht gedeckten Erhaltungsaufwand für ein im Inland belegenes Gebäude oder Gebäudeteil, das nach den jeweiligen landesrechtlichen Vorschriften ein Baudenkmal ist, auf zwei bis fünf Jahre gleichmäßig verteilen, soweit die Aufwendungen nach Art und Umfang zur Erhaltung des Gebäudes oder Gebäudeteils als Baudenkmal oder zu seiner sinnvollen Nutzung erforderlich und die Maßnahmen in Abstimmung mit der in § 7i Absatz 2 bezeichneten Stelle vorgenommen worden sind. [2] Durch Zuschüsse aus öffentlichen Kassen nicht gedeckten Erhaltungsaufwand für ein im Inland belegenes Gebäude oder Gebäudeteil, das für sich allein nicht die Voraussetzungen für ein Baudenkmal erfüllt, aber Teil einer Gebäudegruppe oder Gesamtanlage ist, die nach den jeweiligen landesrechtlichen Vorschriften als Einheit geschützt ist, kann der Steuerpflichtige auf zwei bis fünf Jahre gleichmäßig verteilen, soweit die Aufwendungen nach Art und Umfang zur Erhaltung des schützenswerten äußeren Erscheinungsbildes der Gebäudegruppe oder Gesamtanlage erforderlich und die Maßnahmen in Abstimmung mit der in § 7i Absatz 2 bezeichneten Stelle vorgenommen worden sind. [3] § 7h Absatz 3 und § 7i Absatz 1 Satz 2 und Absatz 2 sowie § 11a Absatz 2 und 3 sind entsprechend anzuwenden.

7. Nicht abzugsfähige Ausgaben

S 2227

§ 12

Soweit in den § 10 Absatz 1 Nummer 2 bis 5, 7 und 9 sowie Absatz 1a Nummer 1, den §§ 10a, 10b und den §§ 33 bis 33b nichts anderes bestimmt ist, dürfen weder bei den einzelnen Einkunftsarten noch vom Gesamtbetrag der Einkünfte abgezogen werden

1. **die für den Haushalt des Steuerpflichtigen und für den Unterhalt seiner Familienangehörigen aufgewendeten Beträge. [2] Dazu gehören auch die Aufwendungen für die Lebensführung, die die wirtschaftliche oder gesellschaftliche Stellung des Steuerpflichtigen mit sich bringt, auch wenn sie zur Förderung des Berufs oder der Tätigkeit des Steuerpflichtigen erfolgen;**
2. **freiwillige Zuwendungen, Zuwendungen auf Grund einer freiwillig begründeten Rechtspflicht und Zuwendungen an eine gegenüber dem Steuerpflichtigen oder seinem Ehegatten gesetzlich unterhaltsberechtigte Person oder deren Ehegatten, auch wenn diese Zuwendungen auf einer besonderen Vereinbarung beruhen;**
3. **die Steuern vom Einkommen und sonstige Personensteuern sowie die Umsatzsteuer für Umsätze, die Entnahmen sind, und die Vorsteuerbeträge auf Aufwendungen, für die das Abzugsverbot der Nummer 1 oder des § 4 Absatz 5 Satz 1 Nummer 1 bis 5, 7 oder Absatz 7 gilt; das gilt auch für die auf diese Steuern entfallenden Nebenleistungen;**
4. **in einem Strafverfahren festgesetzte Geldstrafen, sonstige Rechtsfolgen vermögensrechtlicher Art, bei denen der Strafcharakter überwiegt, und Leistungen zur Erfüllung von Auflagen oder Weisungen, soweit die Auflagen oder Weisungen nicht lediglich der Wiedergutmachung des durch die Tat verursachten Schadens dienen sowie damit zusammenhängende Aufwendungen.**

8. Die einzelnen Einkunftsarten

a) Land- und Forstwirtschaft (§ 2 Absatz 1 Satz 1 Nummer 1) S 2230

§ 13 S 2231–S 2234

Einkünfte aus Land- und Forstwirtschaft

(1) Einkünfte aus Land- und Forstwirtschaft sind

1. Einkünfte aus dem Betrieb von Landwirtschaft, Forstwirtschaft, Weinbau, Gartenbau und aus allen Betrieben, die Pflanzen und Pflanzenteile mit Hilfe der Naturkräfte gewinnen. [2]Zu diesen Einkünften gehören auch die Einkünfte aus der Tierzucht und Tierhaltung, wenn im Wirtschaftsjahr

für die ersten 20 Hektar	nicht mehr als	10	Vieheinheiten,
für die nächsten 10 Hektar	nicht mehr als	7	Vieheinheiten,
für die nächsten 20 Hektar	nicht mehr als	6	Vieheinheiten,
für die nächsten 50 Hektar	nicht mehr als	3	Vieheinheiten,
und für die weitere Fläche	nicht mehr als	1,5	Vieheinheiten

je Hektar der vom Inhaber des Betriebs regelmäßig landwirtschaftlich genutzten Fläche erzeugt oder gehalten werden. [3]Die Tierbestände sind nach dem Futterbedarf in Vieheinheiten umzurechnen. [4]§ 51 Absatz 2 bis 5 des Bewertungsgesetzes ist anzuwenden. [5]Die Einkünfte aus Tierzucht und Tierhaltung einer Gesellschaft, bei der die Gesellschafter als Unternehmer (Mitunternehmer) anzusehen sind, gehören zu den Einkünften im Sinne des Satzes 1, wenn die Voraussetzungen des § 51a des Bewertungsgesetzes erfüllt sind und andere Einkünfte der Gesellschafter aus dieser Gesellschaft zu den Einkünften aus Land- und Forstwirtschaft gehören;
2. Einkünfte aus sonstiger land- und forstwirtschaftlicher Nutzung (§ 62 Bewertungsgesetz); S 2235
3. Einkünfte aus Jagd, wenn diese mit dem Betrieb einer Landwirtschaft oder einer Forstwirtschaft im Zusammenhang steht; S 2236
4. Einkünfte von Hauberg-, Wald-, Forst- und Laubgenossenschaften und ähnlichen Realgemeinden im Sinne des § 3 Absatz 2 des Körperschaftsteuergesetzes. S 2236

(2) Zu den Einkünften im Sinne des Absatzes 1 gehören auch S 2236

1. Einkünfte aus einem land- und forstwirtschaftlichen Nebenbetrieb. [2]Als Nebenbetrieb gilt ein Betrieb, der dem land- und forstwirtschaftlichen Hauptbetrieb zu dienen bestimmt ist;
2. der Nutzungswert der Wohnung des Steuerpflichtigen, wenn die Wohnung die bei Betrieben gleicher Art übliche Größe nicht überschreitet und das Gebäude oder der Gebäudeteil nach den jeweiligen landesrechtlichen Vorschriften ein Baudenkmal ist;
3. die Produktionsaufgaberente nach dem Gesetz zur Förderung der Einstellung der landwirtschaftlichen Erwerbstätigkeit.

S 2238 (3) [1] Die Einkünfte aus Land- und Forstwirtschaft werden bei der Ermittlung des Gesamtbetrags der Einkünfte nur berücksichtigt, soweit sie den Betrag von 900 Euro übersteigen. [2] Satz 1 ist nur anzuwenden, wenn die Summe der Einkünfte 30.700 Euro nicht übersteigt. [3] Im Fall der Zusammenveranlagung von Ehegatten verdoppeln sich die Beträge der Sätze 1 und 2.

(4) [1] Absatz 2 Nummer 2 findet nur Anwendung, sofern im Veranlagungszeitraum 1986 bei einem Steuerpflichtigen für die von ihm zu eigenen Wohnzwecken oder zu Wohnzwecken des Altenteilers genutzte Wohnung die Voraussetzungen für die Anwendung des § 13 Absatz 2 Nummer 2 des Einkommensteuergesetzes in der Fassung der Bekanntmachung vom 16. April 1997 (BGBl. I S. 821) vorlagen. [2] Der Steuerpflichtige kann für einen Veranlagungszeitraum nach dem Veranlagungszeitraum 1998 unwiderruflich beantragen, dass Absatz 2 Nummer 2 ab diesem Veranlagungszeitraum nicht mehr angewendet wird. [3] § 52 Absatz 21 Satz 4 und 6 des Einkommensteuergesetzes in der Fassung der Bekanntmachung vom 16. April 1997 (BGBl. I S. 821) ist entsprechend anzuwenden. [4] Im Fall des Satzes 2 gelten die Wohnung des Steuerpflichtigen und die Altenteilerwohnung sowie der dazugehörende Grund und Boden zu dem Zeitpunkt als entnommen, bis zu dem Absatz 2 Nummer 2 letztmals angewendet wird. [5] Der Entnahmegewinn bleibt außer Ansatz. [6] Werden

1. die Wohnung und der dazugehörende Grund und Boden entnommen oder veräußert, bevor sie nach Satz 4 als entnommen gelten, oder
2. eine vor dem 1. Januar 1987 einem Dritten entgeltlich zur Nutzung überlassene Wohnung und der dazugehörende Grund und Boden für eigene Wohnzwecke oder für Wohnzwecke eines Altenteilers entnommen,

bleibt der Entnahme- oder Veräußerungsgewinn ebenfalls außer Ansatz; Nummer 2 ist nur anzuwenden, soweit nicht Wohnungen vorhanden sind, die Wohnzwecken des Eigentümers des Betriebs oder Wohnzwecken eines Altenteilers dienen und die unter Satz 4 oder unter Nummer 1 fallen.

(5) Wird Grund und Boden dadurch entnommen, dass auf diesem Grund und Boden die Wohnung des Steuerpflichtigen oder eine Altenteilerwohnung errichtet wird, bleibt der Entnahmegewinn außer Ansatz; der Steuerpflichtige kann die Regelung nur für eine zu eigenen Wohnzwecken genutzte Wohnung und für eine Altenteilerwohnung in Anspruch nehmen.

[1]) (6) [1] Werden einzelne Wirtschaftsgüter eines land- und forstwirtschaftlichen Betriebs auf einen der gemeinschaftlichen Tierhaltung

---

[1]) Absatz 6 Satz 1 wurde durch Artikel 5 des Gesetzes zur Modernisierung des Körperschaftsteuerrechts ab VZ 2022 geändert.

dienenden Betrieb im Sinne des § 34 Absatz 6a des Bewertungsgesetzes einer *Genossenschaft* oder eines Vereins gegen Gewährung von Mitgliedsrechten übertragen, so ist die auf den dabei entstehenden Gewinn entfallende Einkommensteuer auf Antrag in jährlichen Teilbeträgen zu entrichten. [2] Der einzelne Teilbetrag muss mindestens ein Fünftel dieser Steuer betragen.

(7) § 15 Absatz 1 Satz 1 Nummer 2, Absatz 1a, Absatz 2 Satz 2 und 3, §§ 15a und 15b sind entsprechend anzuwenden. [1]

[1] zur Anwendung von Absatz 7 >§ 52 Abs. 22

S 2149

§ 13a
Ermittlung des Gewinns aus Land- und Forstwirtschaft nach Durchschnittssätzen

(1) [1]Der Gewinn eines Betriebs der Land- und Forstwirtschaft ist nach den Absätzen 3 bis 7 zu ermitteln, wenn

1. der Steuerpflichtige nicht auf Grund gesetzlicher Vorschriften verpflichtet ist, für den Betrieb Bücher zu führen und regelmäßig Abschlüsse zu machen und
2. in diesem Betrieb am 15. Mai innerhalb des Wirtschaftsjahres Flächen der landwirtschaftlichen Nutzung (§ 160 Absatz 2 Satz 1 Nummer 1 Buchstabe a des Bewertungsgesetzes) selbst bewirtschaftet werden und diese Flächen 20 Hektar ohne Sondernutzungen nicht überschreiten und
3. die Tierbestände insgesamt 50 Vieheinheiten (§ 13 Absatz 1 Nummer 1) nicht übersteigen und
4. die selbst bewirtschafteten Flächen der forstwirtschaftlichen Nutzung (§ 160 Absatz 2 Satz 1 Nummer 1 Buchstabe b des Bewertungsgesetzes) 50 Hektar nicht überschreiten und
5. die selbst bewirtschafteten Flächen der Sondernutzungen (Absatz 6) die in Anlage 1a Nummer 2 Spalte 2 genannten Grenzen nicht überschreiten.

[2]Satz 1 ist auch anzuwenden, wenn nur Sondernutzungen bewirtschaftet werden und die in Anlage 1a Nummer 2 Spalte 2 genannten Grenzen nicht überschritten werden. [3]Die Sätze 1 und 2 gelten nicht, wenn der Betrieb im laufenden Wirtschaftsjahr im Ganzen zur Bewirtschaftung als Eigentümer, Miteigentümer, Nutzungsberechtigter oder durch Umwandlung übergegangen ist und der Gewinn bisher nach § 4 Absatz 1 oder 3 ermittelt wurde. [4]Der Gewinn ist letztmalig für das Wirtschaftsjahr nach Durchschnittssätzen zu ermitteln, das nach Bekanntgabe der Mitteilung endet, durch die die Finanzbehörde auf den Beginn der Buchführungspflicht (§ 141 Absatz 2 der Abgabenordnung) oder auf den Wegfall einer anderen Voraussetzung des Satzes 1 hingewiesen hat. [5]Der Gewinn ist erneut nach Durchschnittssätzen zu ermitteln, wenn die Voraussetzungen des Satzes 1 wieder vorliegen und ein Antrag nach Absatz 2 nicht gestellt wird.

(2) [1]Auf Antrag des Steuerpflichtigen ist für einen Betrieb im Sinne des Absatzes 1 der Gewinn für vier aufeinander folgende Wirtschaftsjahre nicht nach den Absätzen 3 bis 7 zu ermitteln. [2]Wird der Gewinn eines dieser Wirtschaftsjahre durch den Steuerpflichtigen nicht nach § 4 Absatz 1 oder 3 ermittelt, ist der Gewinn für den gesamten Zeitraum von vier Wirtschaftsjahren nach den Absätzen 3 bis 7 zu ermitteln. [3]Der Antrag ist bis zur Abgabe der Steuererklärung, jedoch spätestens zwölf Monate nach Ablauf des ersten Wirtschaftsjahres, auf das er sich bezieht, schriftlich zu stellen. [4]Er kann innerhalb dieser Frist zurückgenommen werden.

(3) [1] Durchschnittssatzgewinn ist die Summe aus
1. dem Gewinn der landwirtschaftlichen Nutzung,
2. dem Gewinn der forstwirtschaftlichen Nutzung,
3. dem Gewinn der Sondernutzungen,
4. den Sondergewinnen,
5. den Einnahmen aus Vermietung und Verpachtung von Wirtschaftsgütern des land- und forstwirtschaftlichen Betriebsvermögens,
6. den Einnahmen aus Kapitalvermögen, soweit sie zu den Einkünften aus Land- und Forstwirtschaft gehören (§ 20 Absatz 8).

[2] Die Vorschriften von § 4 Absatz 4a, § 6 Absatz 2 und 2a sowie zum Investitionsabzugsbetrag und zu Sonderabschreibungen finden keine Anwendung. [3] Bei abnutzbaren Wirtschaftsgütern des Anlagevermögens gilt die Absetzung für Abnutzung in gleichen Jahresbeträgen nach § 7 Absatz 1 Satz 1 bis 5 als in Anspruch genommen. [4] Die Gewinnermittlung ist nach amtlich vorgeschriebenem Datensatz durch Datenfernübertragung spätestens mit der Steuererklärung zu übermitteln. [5] Auf Antrag kann die Finanzbehörde zur Vermeidung unbilliger Härten auf eine elektronische Übermittlung verzichten; in diesem Fall ist der Steuererklärung eine Gewinnermittlung nach amtlich vorgeschriebenem Vordruck beizufügen. [6] § 150 Absatz 8 der Abgabenordnung gilt entsprechend.

(4) [1] Der Gewinn aus der landwirtschaftlichen Nutzung ist die nach den Grundsätzen des § 4 Absatz 1 ermittelte Summe aus dem Grundbetrag für die selbst bewirtschafteten Flächen und den Zuschlägen für Tierzucht und Tierhaltung. [2] Als Grundbetrag je Hektar der landwirtschaftlichen Nutzung (§ 160 Absatz 2 Satz 1 Nummer 1 Buchstabe a des Bewertungsgesetzes) ist der sich aus Anlage 1a ergebende Betrag vervielfältigt mit der selbst bewirtschafteten Fläche anzusetzen. [3] Als Zuschlag für Tierzucht und Tierhaltung ist im Wirtschaftsjahr je Vieheinheit der sich aus Anlage 1a jeweils ergebende Betrag vervielfältigt mit den Vieheinheiten anzusetzen.

(5) Der Gewinn aus der forstwirtschaftlichen Nutzung (§ 160 Absatz 2 Satz 1 Nummer 1 Buchstabe b des Bewertungsgesetzes) ist nach § 51 der Einkommensteuer-Durchführungsverordnung zu ermitteln.

(6) [1] Als Sondernutzungen gelten die in § 160 Absatz 2 Satz 1 Nummer 1 Buchstabe c bis e des Bewertungsgesetzes in Verbindung mit Anlage 1a Nummer 2 genannten Nutzungen. [2] Bei Sondernutzungen, die die in Anlage 1a Nummer 2 Spalte 3 genannten Grenzen überschreiten, ist ein Gewinn von 1.000 Euro je Sondernutzung anzusetzen. [3] Für die in Anlage 1a Nummer 2 nicht genannten Sondernutzungen ist der Gewinn nach § 4 Absatz 3 zu ermitteln.

(7) [1] Nach § 4 Absatz 3 zu ermittelnde Sondergewinne sind

1. Gewinne
   a) aus der Veräußerung oder Entnahme von Grund und Boden und dem dazugehörigen Aufwuchs, den Gebäuden, den immateriellen Wirtschaftsgütern und den Beteiligungen; § 55 ist anzuwenden;
   b) aus der Veräußerung oder Entnahme der übrigen Wirtschaftsgüter des Anlagevermögens und von Tieren, wenn der Veräußerungspreis oder der an dessen Stelle tretende Wert für das jeweilige Wirtschaftsgut mehr als 15.000 Euro betragen hat;
   c) aus Entschädigungen, die gewährt worden sind für den Verlust, den Untergang oder die Wertminderung der in den Buchstaben a und b genannten Wirtschaftsgüter;
   d) aus der Auflösung von Rücklagen;
2. Betriebseinnahmen oder Betriebsausgaben nach § 9b Absatz 2;
3. Einnahmen aus dem Grunde nach gewerblichen Tätigkeiten, die dem Bereich der Land- und Forstwirtschaft zugerechnet werden, abzüglich der pauschalen Betriebsausgaben nach Anlage 1a Nummer 3;
4. Rückvergütungen nach § 22 des Körperschaftsteuergesetzes aus Hilfs- und Nebengeschäften.

[2] Die Anschaffungs- oder Herstellungskosten bei Wirtschaftsgütern des abnutzbaren Anlagevermögens mindern sich für die Dauer der Durchschnittssatzgewinnermittlung mit dem Ansatz der Gewinne nach den Absätzen 4 bis 6 um die Absetzung für Abnutzung in gleichen Jahresbeträgen. [3] Die Wirtschaftsgüter im Sinne des Satzes 1 Nummer 1 Buchstabe a sind unter Angabe des Tages der Anschaffung oder Herstellung und der Anschaffungs- oder Herstellungskosten oder des an deren Stelle getretenen Werts in besondere, laufend zu führende Verzeichnisse aufzunehmen. [4] Absatz 3 Satz 4 bis 6 gilt entsprechend.

(8) Das Bundesministerium der Finanzen wird ermächtigt, durch Rechtsverordnung mit Zustimmung des Bundesrates die Anlage 1a dadurch zu ändern, dass es die darin aufgeführten Werte turnusmäßig an die Ergebnisse der Erhebungen nach § 2 des Landwirtschaftsgesetzes und im Übrigen an Erhebungen der Finanzverwaltung anpassen kann.

Anlage 1a
(zu § 13a)

Ermittlung des Gewinns aus Land- und Forstwirtschaft nach Durchschnittssätzen

Für ein Wirtschaftsjahr betragen

1. der Grundbetrag und die Zuschläge für Tierzucht und Tierhaltung der landwirtschaftlichen Nutzung (§ 13a Absatz 4):

Gewinn pro Hektar selbst bewirtschafteter Fläche	350 EUR
bei Tierbeständen für die ersten 25 Vieheinheiten	0 EUR/Vieheinheit
bei Tierbeständen für alle weiteren Vieheinheiten	300 EUR/Vieheinheit

Angefangene Hektar und Vieheinheiten sind anteilig zu berücksichtigen.

2. die Grenzen und Gewinne der Sondernutzungen (§ 13a Absatz 6):

Nutzung	Grenze	Grenze
1	2	3
Weinbauliche Nutzung	0,66 ha	0,16 ha
Nutzungsteil Obstbau	1,37 ha	0,34 ha
Nutzungsteil Gemüsebau		
Freilandgemüse	0,67 ha	0,17 ha
Unterglas Gemüse	0,06 ha	0,015 ha
Nutzungsteil Blumen/Zierpflanzenbau		
Freiland Zierpflanzen	0,23 ha	0,05 ha
Unterglas Zierpflanzen	0,04 ha	0,01 ha
Nutzungsteil Baumschulen	0,15 ha	0,04 ha
Sondernutzung Spargel	0,42 ha	0,1 ha
Sondernutzung Hopfen	0,78 ha	0,19 ha
Binnenfischerei	2.000 kg Jahresfang	500 kg Jahresfang
Teichwirtschaft	1,6 ha	0,4 ha
Fischzucht	0,2 ha	0,05 ha

Nutzung	Grenze	Grenze
1	2	3
Imkerei	70 Völker	30 Völker
Wanderschäfereien	120 Mutterschafe	30 Mutterschafe
Weihnachtsbaumkulturen	0,4 ha	0,1 ha

3. in den Fällen des § 13a Absatz 7 Satz 1 Nummer 3 die Betriebsausgaben 60 Prozent der Betriebseinnahmen.

§ 14

S 2239

Veräußerung des Betriebs

(1) [1] Zu den Einkünften aus Land- und Forstwirtschaft gehören auch Gewinne, die bei der Veräußerung eines land- oder forstwirtschaftlichen Betriebs oder Teilbetriebs oder eines Anteils an einem land- und forstwirtschaftlichen Betriebsvermögen erzielt werden. [2] § 16 gilt entsprechend mit der Maßgabe, dass der Freibetrag nach § 16 Absatz 4 nicht zu gewähren ist, wenn der Freibetrag nach § 14a Absatz 1 gewährt wird.

(2) [1] Wird ein land- und forstwirtschaftlicher Betrieb durch die Entnahme, Überführung oder Übertragung von Flächen verkleinert und verbleibt mindestens eine Fläche, die der Erzeugung von Pflanzen oder Tieren im Sinne des § 13 Absatz 1 zu dienen bestimmt ist, liegt unabhängig von der Größe dieser Fläche keine Betriebsaufgabe vor. [2] § 16 Absatz 3b bleibt unberührt.

(3) [1] Werden im Rahmen der Aufgabe des Betriebs einer land- und forstwirtschaftlichen Mitunternehmerschaft Grundstücke an den einzelnen Mitunternehmer übertragen oder scheidet ein Mitunternehmer unter Mitnahme einzelner Grundstücke aus einer Mitunternehmerschaft aus, gelten diese unabhängig von ihrer Größe auch bei fortgeführter oder erstmaliger Verpachtung bis zu einer Veräußerung oder Entnahme bei diesem weiterhin als Betriebsvermögen. [2] Dies gilt entsprechend für Grundstücke des bisherigen Sonderbetriebsvermögens des einzelnen Mitunternehmers. [3] Die Sätze 1 und 2 sind nur anzuwenden, wenn mindestens eine übertragene oder aus dem Sonderbetriebsvermögen überführte Fläche der Erzeugung von Pflanzen oder Tieren im Sinne des § 13 Absatz 1 zu dienen bestimmt ist. [4] Für den übernehmenden Mitunternehmer gilt § 16 Absatz 3b entsprechend.

§ 14a[1])

S 2239a

Vergünstigungen bei der Veräußerung bestimmter land- und forstwirtschaftlicher Betriebe

– Letztmals abgedruckt im LStH 2016 –

[1]) nicht abgedruckt, da § 14a für VZ ab 2007 ohne Bedeutung

b) Gewerbebetrieb (§ 2 Absatz 1 Satz 1 Nummer 2)

S 2240 **§ 15**

Einkünfte aus Gewerbebetrieb

(1) [1] Einkünfte aus Gewerbebetrieb sind

1. Einkünfte aus gewerblichen Unternehmen. [2] Dazu gehören auch Einkünfte aus gewerblicher Bodenbewirtschaftung, z. B. aus Bergbauunternehmen und aus Betrieben zur Gewinnung von Torf, Steinen und Erden, soweit sie nicht land- oder forstwirtschaftliche Nebenbetriebe sind;

S 2241 **2. die Gewinnanteile der Gesellschafter einer Offenen Handelsgesellschaft, einer Kommanditgesellschaft und einer anderen Gesellschaft, bei der der Gesellschafter als Unternehmer (Mitunternehmer) des Betriebs anzusehen ist, und die Vergütungen, die der Gesellschafter von der Gesellschaft für seine Tätigkeit im Dienst der Gesellschaft oder für die Hingabe von Darlehen oder für die Überlassung von Wirtschaftsgütern bezogen hat. [2] Der mittelbar über eine oder mehrere Personengesellschaften beteiligte Gesellschafter steht dem unmittelbar beteiligten Gesellschafter gleich; er ist als Mitunternehmer des Betriebs der Gesellschaft anzusehen, an der er mittelbar beteiligt ist, wenn er und die Personengesellschaften, die seine Beteiligung vermitteln, jeweils als Mitunternehmer der Betriebe der Personengesellschaften anzusehen sind, an denen sie unmittelbar beteiligt sind;**

S 2241 **3. die Gewinnanteile der persönlich haftenden Gesellschafter einer Kommanditgesellschaft auf Aktien, soweit sie nicht auf Anteile am Grundkapital entfallen, und die Vergütungen, die der persönlich haftende Gesellschafter von der Gesellschaft für seine Tätigkeit im Dienst der Gesellschaft oder für die Hingabe von Darlehen oder für die Überlassung von Wirtschaftsgütern bezogen hat.**

[2] Satz 1 Nummer 2 und 3 gilt auch für Vergütungen, die als nachträgliche Einkünfte (§ 24 Nummer 2) bezogen werden. [3] § 13 Absatz 5 gilt entsprechend, sofern das Grundstück im Veranlagungszeitraum 1986 zu einem gewerblichen Betriebsvermögen gehört hat.

(1a) [1] In den Fällen des § 4 Absatz 1 Satz 5 ist der Gewinn aus einer späteren Veräußerung der Anteile ungeachtet der Bestimmungen eines Abkommens zur Vermeidung der Doppelbesteuerung in der gleichen Art und Weise zu besteuern, wie die Veräußerung dieser Anteile an der Europäischen Gesellschaft oder Europäischen Genossenschaft zu besteuern gewesen wäre, wenn keine Sitzverlegung stattgefunden hätte. [2] Dies gilt auch, wenn später die Anteile verdeckt in eine Kapitalgesellschaft eingelegt werden, die Europäische Gesellschaft oder Europäische Genossenschaft aufgelöst wird oder wenn ihr Kapital herabgesetzt und zurückgezahlt wird oder wenn Beträge aus dem steuerlichen Einlagenkonto im Sinne des § 27 des Körperschaftsteuergesetzes ausgeschüttet oder zurückgezahlt werden.

(2) [1] Eine selbständige nachhaltige Betätigung, die mit der Absicht, Gewinn zu erzielen, unternommen wird und sich als Beteiligung am allgemeinen wirtschaftlichen Verkehr darstellt, ist Gewerbebetrieb, wenn die Betätigung weder als Ausübung von Land- und Forstwirtschaft noch als Ausübung eines freien Berufs noch als eine andere selbständige Arbeit anzusehen ist. [2] Eine durch die Betätigung verursachte Minderung der Steuern vom Einkommen ist kein Gewinn im Sinne des Satzes 1. [3] Ein Gewerbebetrieb liegt, wenn seine Voraussetzungen im Übrigen gegeben sind, auch dann vor, wenn die Gewinnerzielungsabsicht nur ein Nebenzweck ist.

(3) Als Gewerbebetrieb gilt in vollem Umfang die mit Einkünfteerzielungsabsicht unternommene Tätigkeit

1. **einer offenen Handelsgesellschaft, einer Kommanditgesellschaft oder einer anderen Personengesellschaft, wenn die Gesellschaft auch eine Tätigkeit im Sinne des Absatzes 1 Satz 1 Nummer 1 ausübt oder gewerbliche Einkünfte im Sinne des Absatzes 1 Satz 1 Nummer 2 bezieht. [2] Dies gilt unabhängig davon, ob aus der Tätigkeit im Sinne des Absatzes 1 Satz 1 Nummer 1 ein Gewinn oder Verlust erzielt wird oder ob die gewerblichen Einkünfte im Sinne des Absatzes 1 Satz 1 Nummer 2 positiv oder negativ sind;**
2. **einer Personengesellschaft, die keine Tätigkeit im Sinne des Absatzes 1 Satz 1 Nummer 1 ausübt und bei der ausschließlich eine oder mehrere Kapitalgesellschaften persönlich haftende Gesellschafter sind und nur diese oder Personen, die nicht Gesellschafter sind, zur Geschäftsführung befugt sind (gewerblich geprägte Personengesellschaft). [2] Ist eine gewerblich geprägte Personengesellschaft als persönlich haftender Gesellschafter an einer anderen Personengesellschaft beteiligt, so steht für die Beurteilung, ob die Tätigkeit dieser Personengesellschaft als Gewerbebetrieb gilt, die gewerblich geprägte Personengesellschaft einer Kapitalgesellschaft gleich.**

(4) [1] Verluste aus gewerblicher Tierzucht oder gewerblicher Tierhaltung dürfen weder mit anderen Einkünften aus Gewerbebetrieb noch mit Einkünften aus anderen Einkunftsarten ausgeglichen werden; sie dürfen auch nicht nach § 10d abgezogen werden. [2] Die Verluste mindern jedoch nach Maßgabe des § 10d die Gewinne, die der Steuerpflichtige in dem unmittelbar vorangegangenen und in den folgenden Wirtschaftsjahren aus gewerblicher Tierzucht oder gewerblicher Tierhaltung erzielt hat oder erzielt; § 10d Absatz 4 gilt entsprechend. [3] Die Sätze 1 und 2 gelten entsprechend für Verluste aus Termingeschäften, durch die der Steuerpflichtige einen Differenzausgleich oder einen durch den Wert einer veränderlichen Bezugsgröße bestimmten Geldbetrag oder Vorteil erlangt. [4] Satz 3 gilt nicht für die Geschäfte, S 2119 [1)]

1) Absatz 4 Satz 4 wurde durch Artikel 7 Abs. 7 des Gesetzes zur Umsetzung der Richtlinie (EU) 2019/2034 über die Beaufsichtigung von Wertpapierinstituten ab VZ 2021 geändert.

die zum gewöhnlichen Geschäftsbetrieb bei Kreditinstituten, Finanzdienstleistungsinstituten und Finanzunternehmen im Sinne des Gesetzes über das Kreditwesen *oder bei Wertpapierinstituten im Sinne des Wertpapierinstitutsgesetzes* gehören oder die der Absicherung von Geschäften des gewöhnlichen Geschäftsbetriebs dienen. [5]Satz 4 gilt nicht, wenn es sich um Geschäfte handelt, die der Absicherung von Aktiengeschäften dienen, bei denen der Veräußerungsgewinn nach § 3 Nummer 40 Satz 1 Buchstabe a und b in Verbindung mit § 3c Absatz 2 teilweise steuerfrei ist, oder die nach § 8b Absatz 2 des Körperschaftsteuergesetzes bei der Ermittlung des Einkommens außer Ansatz bleiben. [6]Verluste aus stillen Gesellschaften, Unterbeteiligungen oder sonstigen Innengesellschaften an Kapitalgesellschaften, bei denen der Gesellschafter oder Beteiligte als Mitunternehmer anzusehen ist, dürfen weder mit Einkünften aus Gewerbebetrieb noch aus anderen Einkunftsarten ausgeglichen werden; sie dürfen auch nicht nach § 10d abgezogen werden. [7]Die Verluste mindern jedoch nach Maßgabe des § 10d die Gewinne, die der Gesellschafter oder Beteiligte in dem unmittelbar vorangegangenen Wirtschaftsjahr oder in den folgenden Wirtschaftsjahren aus derselben stillen Gesellschaft, Unterbeteiligung oder sonstigen Innengesellschaft bezieht; § 10d Absatz 4 gilt entsprechend. [8]Die Sätze 6 und 7 gelten nicht, soweit der Verlust auf eine natürliche Person als unmittelbar oder mittelbar beteiligter Mitunternehmer entfällt.

§ 15a

S 2241a

Verluste bei beschränkter Haftung

(1) [1]Der einem Kommanditisten zuzurechnende Anteil am Verlust der Kommanditgesellschaft darf weder mit anderen Einkünften aus Gewerbebetrieb noch mit Einkünften aus anderen Einkunftsarten ausgeglichen werden, soweit ein negatives Kapitalkonto des Kommanditisten entsteht oder sich erhöht; er darf insoweit auch nicht nach § 10d abgezogen werden. [2]Haftet der Kommanditist am Bilanzstichtag den Gläubigern der Gesellschaft auf Grund des § 171 Absatz 1 des Handelsgesetzbuchs, so können abweichend von Satz 1 Verluste des Kommanditisten bis zur Höhe des Betrags, um den die im Handelsregister eingetragene Einlage des Kommanditisten seine geleistete Einlage übersteigt, auch ausgeglichen oder abgezogen werden, soweit durch den Verlust ein negatives Kapitalkonto entsteht oder sich erhöht. [3]Satz 2 ist nur anzuwenden, wenn derjenige, dem der Anteil zuzurechnen ist, im Handelsregister eingetragen ist, das Bestehen der Haftung nachgewiesen wird und eine Vermögensminderung auf Grund der Haftung nicht durch Vertrag ausgeschlossen oder nach Art und Weise des Geschäftsbetriebs unwahrscheinlich ist.

(1a) [1]Nachträgliche Einlagen führen weder zu einer nachträglichen Ausgleichs- oder Abzugsfähigkeit eines vorhandenen verrechenbaren Verlustes noch zu einer Ausgleichs- oder Abzugsfähigkeit des dem Kommanditisten zuzurechnenden Anteils am Verlust eines zukünftigen Wirtschaftsjahres, soweit durch den Verlust ein negatives Kapitalkonto des Kommanditisten entsteht oder sich erhöht. [2]Nachträgliche Einlagen im Sinne des Satzes 1 sind Einlagen, die nach Ablauf eines Wirtschaftsjahres geleistet werden, in dem ein nicht ausgleichs- oder abzugsfähiger Verlust im Sinne des Absatzes 1 entstanden oder ein Gewinn im Sinne des Absatzes 3 Satz 1 zugerechnet worden ist.

(2) [1]Soweit der Verlust nach den Absätzen 1 und 1a nicht ausgeglichen oder abgezogen werden darf, mindert er die Gewinne, die dem Kommanditisten in späteren Wirtschaftsjahren aus seiner Beteiligung an der Kommanditgesellschaft zuzurechnen sind. [2]Der verrechenbare Verlust, der nach Abzug von einem Veräußerungs- oder Aufgabegewinn verbleibt, ist im Zeitpunkt der Veräußerung oder Aufgabe des gesamten Mitunternehmeranteils oder der Betriebsveräußerung oder -aufgabe bis zur Höhe der nachträglichen Einlagen im Sinne des Absatzes 1a ausgleichs- oder abzugsfähig.

(3) [1]Soweit ein negatives Kapitalkonto des Kommanditisten durch Entnahmen entsteht oder sich erhöht (Einlageminderung) und soweit nicht auf Grund der Entnahmen eine nach Absatz 1 Satz 2 zu berücksichtigende Haftung besteht oder entsteht, ist dem Kommanditisten der Betrag der Einlageminderung als Gewinn zuzurechnen. [2]Der nach Satz 1 zuzurechnende Betrag darf den Betrag der Anteile am Verlust der Kommanditgesellschaft nicht übersteigen, der im Wirtschaftsjahr

der Einlageminderung und in den zehn vorangegangenen Wirtschaftsjahren ausgleichs- oder abzugsfähig gewesen ist. [3]Wird der Haftungsbetrag im Sinne des Absatzes 1 Satz 2 gemindert (Haftungsminderung) und sind im Wirtschaftsjahr der Haftungsminderung und den zehn vorangegangenen Wirtschaftsjahren Verluste nach Absatz 1 Satz 2 ausgleichs- oder abzugsfähig gewesen, so ist dem Kommanditisten der Betrag der Haftungsminderung, vermindert um auf Grund der Haftung tatsächlich geleistete Beträge, als Gewinn zuzurechnen; Satz 2 gilt sinngemäß. [4]Die nach den Sätzen 1 bis 3 zuzurechnenden Beträge mindern die Gewinne, die dem Kommanditisten im Wirtschaftsjahr der Zurechnung oder in späteren Wirtschaftsjahren aus seiner Beteiligung an der Kommanditgesellschaft zuzurechnen sind.

(4) [1]Der nach Absatz 1 nicht ausgleichs- oder abzugsfähige Verlust eines Kommanditisten, vermindert um die nach Absatz 2 abzuziehenden und vermehrt um die nach Absatz 3 hinzuzurechnenden Beträge (verrechenbarer Verlust), ist jährlich gesondert festzustellen. [2]Dabei ist von dem verrechenbaren Verlust des vorangegangenen Wirtschaftsjahres auszugehen. [3]Zuständig für den Erlass des Feststellungsbescheids ist das für die gesonderte Feststellung des Gewinns und Verlustes der Gesellschaft zuständige Finanzamt. [4]Der Feststellungsbescheid kann nur insoweit angegriffen werden, als der verrechenbare Verlust gegenüber dem verrechenbaren Verlust des vorangegangenen Wirtschaftsjahres sich verändert hat. [5]Die gesonderten Feststellungen nach Satz 1 können mit der gesonderten und einheitlichen Feststellung der einkommensteuerpflichtigen und körperschaftsteuerpflichtigen Einkünfte verbunden werden. [6]In diesen Fällen sind die gesonderten Feststellungen des verrechenbaren Verlustes einheitlich durchzuführen.

(5) Absatz 1 Satz 1, Absatz 1a, 2 und 3 Satz 1, 2 und 4 sowie Absatz 4 gelten sinngemäß für andere Unternehmer, soweit deren Haftung der eines Kommanditisten vergleichbar ist, insbesondere für

1. stille Gesellschafter einer stillen Gesellschaft im Sinne des § 230 des Handelsgesetzbuchs, bei der der stille Gesellschafter als Unternehmer (Mitunternehmer) anzusehen ist,
2. Gesellschafter einer Gesellschaft im Sinne des Bürgerlichen Gesetzbuchs, bei der der Gesellschafter als Unternehmer (Mitunternehmer) anzusehen ist, soweit die Inanspruchnahme des Gesellschafters für Schulden in Zusammenhang mit dem Betrieb durch Vertrag ausgeschlossen oder nach Art und Weise des Geschäftsbetriebs unwahrscheinlich ist,
3. Gesellschafter einer ausländischen Personengesellschaft, bei der der Gesellschafter als Unternehmer (Mitunternehmer) anzusehen ist, soweit die Haftung des Gesellschafters für Schulden in Zusammenhang mit dem Betrieb der eines Kommanditisten oder eines stillen Gesellschafters entspricht oder soweit die Inanspruchnahme

des Gesellschafters für Schulden in Zusammenhang mit dem Betrieb durch Vertrag ausgeschlossen oder nach Art und Weise des Geschäftsbetriebs unwahrscheinlich ist,

4. **Unternehmer, soweit Verbindlichkeiten nur in Abhängigkeit von Erlösen oder Gewinnen aus der Nutzung, Veräußerung oder sonstigen Verwertung von Wirtschaftsgütern zu tilgen sind,**
5. **Mitreeder einer Reederei im Sinne des § 489 des Handelsgesetzbuchs, bei der der Mitreeder als Unternehmer (Mitunternehmer) anzusehen ist, wenn die persönliche Haftung des Mitreeders für die Verbindlichkeiten der Reederei ganz oder teilweise ausgeschlossen oder soweit die Inanspruchnahme des Mitreeders für Verbindlichkeiten der Reederei nach Art und Weise des Geschäftsbetriebs unwahrscheinlich ist.**

S 2241b

§ 15b

Verluste im Zusammenhang mit Steuerstundungsmodellen

(1) [1]Verluste im Zusammenhang mit einem Steuerstundungsmodell dürfen weder mit Einkünften aus Gewerbebetrieb noch mit Einkünften aus anderen Einkunftsarten ausgeglichen werden; sie dürfen auch nicht nach § 10d abgezogen werden. [2]Die Verluste mindern jedoch die Einkünfte, die der Steuerpflichtige in den folgenden Wirtschaftsjahren aus derselben Einkunftsquelle erzielt. [3]§ 15a ist insoweit nicht anzuwenden.

(2) [1]Ein Steuerstundungsmodell im Sinne des Absatzes 1 liegt vor, wenn auf Grund einer modellhaften Gestaltung steuerliche Vorteile in Form negativer Einkünfte erzielt werden sollen. [2]Dies ist der Fall, wenn dem Steuerpflichtigen auf Grund eines vorgefertigten Konzepts die Möglichkeit geboten werden soll, zumindest in der Anfangsphase der Investition Verluste mit übrigen Einkünften zu verrechnen. [3]Dabei ist es ohne Belang, auf welchen Vorschriften die negativen Einkünfte beruhen.

(3) Absatz 1 ist nur anzuwenden, wenn innerhalb der Anfangsphase das Verhältnis der Summe der prognostizierten Verluste zur Höhe des gezeichneten und nach dem Konzept auch aufzubringenden Kapitals oder bei Einzelinvestoren des eingesetzten Eigenkapitals 10 Prozent übersteigt.

(3a) Unabhängig von den Voraussetzungen nach den Absätzen 2 und 3 liegt ein Steuerstundungsmodell im Sinne des Absatzes 1 insbesondere vor, wenn ein Verlust aus Gewerbebetrieb entsteht oder sich erhöht, indem ein Steuerpflichtiger, der nicht auf Grund gesetzlicher Vorschriften verpflichtet ist, Bücher zu führen und regelmäßig Abschlüsse zu machen, auf Grund des Erwerbs von Wirtschaftsgütern des Umlaufvermögens sofort abziehbare Betriebsausgaben tätigt, wenn deren Übereignung ohne körperliche Übergabe durch Besitzkonstitut nach § 930 des Bürgerlichen Gesetzbuchs oder durch Abtretung des Herausgabeanspruchs nach § 931 des Bürgerlichen Gesetzbuchs erfolgt.

(4) [1]Der nach Absatz 1 nicht ausgleichsfähige Verlust ist jährlich gesondert festzustellen. [2]Dabei ist von dem verrechenbaren Verlust des Vorjahres auszugehen. [3]Der Feststellungsbescheid kann nur insoweit angegriffen werden, als der verrechenbare Verlust gegenüber dem verrechenbaren Verlust des Vorjahres sich verändert hat. [4]Handelt es sich bei dem Steuerstundungsmodell um eine Gesellschaft oder Gemeinschaft im Sinne des § 180 Absatz 1 Satz 1 Nummer 2 Buchstabe a der Abgabenordnung, ist das für die gesonderte und einheitliche Feststellung der einkommensteuerpflichtigen und körperschaftsteuerpflichtigen Einkünfte aus dem Steuerstundungsmodell zuständige Finanzamt für den Erlass des Feststellungsbescheids nach Satz 1 zuständig; anderenfalls ist das Betriebsfinanzamt (§ 18 Absatz 1 Nummer 2 der Abgabenordnung) zuständig. [5]Handelt es sich

bei dem Steuerstundungsmodell um eine Gesellschaft oder Gemeinschaft im Sinne des § 180 Absatz 1 Satz 1 Nummer 2 Buchstabe a der Abgabenordnung, können die gesonderten Feststellungen nach Satz 1 mit der gesonderten und einheitlichen Feststellung der einkommensteuerpflichtigen und körperschaftsteuerpflichtigen Einkünfte aus dem Steuerstundungsmodell verbunden werden; in diesen Fällen sind die gesonderten Feststellungen nach Satz 1 einheitlich durchzuführen.

§ 16
Veräußerung des Betriebs

(1) [1] Zu den Einkünften aus Gewerbebetrieb gehören auch Gewinne, die erzielt werden bei der Veräußerung

S 2242 1. des ganzen Gewerbebetriebs oder eines Teilbetriebs. [2] Als Teilbetrieb gilt auch die das gesamte Nennkapital umfassende Beteiligung an einer Kapitalgesellschaft; im Fall der Auflösung der Kapitalgesellschaft ist § 17 Absatz 4 Satz 3 sinngemäß anzuwenden;

S 2243 2. des gesamten Anteils eines Gesellschafters, der als Unternehmer (Mitunternehmer) des Betriebs anzusehen ist (§ 15 Absatz 1 Satz 1 Nummer 2);

S 2243 3. des gesamten Anteils eines persönlich haftenden Gesellschafters einer Kommanditgesellschaft auf Aktien (§ 15 Absatz 1 Satz 1 Nummer 3).

[2] Gewinne, die bei der Veräußerung eines Teils eines Anteils im Sinne von Satz 1 Nummer 2 oder 3 erzielt werden, sind laufende Gewinne.

S 2242 (2) [1] Veräußerungsgewinn im Sinne des Absatzes 1 ist der Betrag, um den der Veräußerungspreis nach Abzug der Veräußerungskosten den Wert des Betriebsvermögens (Absatz 1 Satz 1 Nummer 1) oder den Wert des Anteils am Betriebsvermögen (Absatz 1 Satz 1 Nummer 2 und 3) übersteigt. [2] Der Wert des Betriebsvermögens oder des Anteils ist für den Zeitpunkt der Veräußerung nach § 4 Absatz 1 oder nach § 5 zu ermitteln. [3] Soweit auf der Seite des Veräußerers und auf der Seite des Erwerbers dieselben Personen Unternehmer oder Mitunternehmer sind, gilt der Gewinn insoweit jedoch als laufender Gewinn.

(3) [1] Als Veräußerung gilt auch die Aufgabe des Gewerbebetriebs sowie eines Anteils im Sinne des Absatzes 1 Satz 1 Nummer 2 oder Nummer 3. [2] Werden im Zuge der Realteilung einer Mitunternehmerschaft Teilbetriebe, Mitunternehmeranteile oder einzelne Wirtschaftsgüter in das jeweilige Betriebsvermögen der einzelnen Mitunternehmer übertragen, so sind bei der Ermittlung des Gewinns der Mitunternehmerschaft die Wirtschaftsgüter mit den Werten anzusetzen, die sich nach den Vorschriften über die Gewinnermittlung ergeben, sofern die Besteuerung der stillen Reserven sichergestellt ist; der übernehmende Mitunternehmer ist an diese Werte gebunden; § 4 Absatz 1 Satz 4 ist entsprechend anzuwenden. [3] Dagegen ist für den jeweiligen Übertragungsvorgang rückwirkend der gemeine Wert anzusetzen, soweit bei einer Realteilung, bei der einzelne Wirtschaftsgüter übertragen worden sind, zum Buchwert übertragener Grund und Boden, übertragene Gebäude oder andere übertragene wesentliche Betriebsgrundlagen innerhalb einer Sperrfrist nach der Übertragung veräußert oder entnommen werden; diese Sperrfrist endet drei Jahre nach Abgabe der Steuererklärung der Mitunternehmerschaft für den Veranlagungszeitraum der Realteilung. [4] Satz 2 ist bei einer Realteilung, bei

der einzelne Wirtschaftsgüter übertragen werden, nicht anzuwenden, soweit die Wirtschaftsgüter unmittelbar oder mittelbar auf eine Körperschaft, Personenvereinigung oder Vermögensmasse übertragen werden; in diesem Fall ist bei der Übertragung der gemeine Wert anzusetzen. [5]Soweit einzelne dem Betrieb gewidmete Wirtschaftsgüter im Rahmen der Aufgabe des Betriebs veräußert werden und soweit auf der Seite des Veräußerers und auf der Seite des Erwerbers dieselben Personen Unternehmer oder Mitunternehmer sind, gilt der Gewinn aus der Aufgabe des Gewerbebetriebs als laufender Gewinn. [6]Werden die einzelnen dem Betrieb gewidmeten Wirtschaftsgüter im Rahmen der Aufgabe des Betriebs veräußert, so sind die Veräußerungspreise anzusetzen. [7]Werden die Wirtschaftsgüter nicht veräußert, so ist der gemeine Wert im Zeitpunkt der Aufgabe anzusetzen. [8]Bei Aufgabe eines Gewerbebetriebs, an dem mehrere Personen beteiligt waren, ist für jeden einzelnen Beteiligten der gemeine Wert der Wirtschaftsgüter anzusetzen, die er bei der Auseinandersetzung erhalten hat.

(3a) Einer Aufgabe des Gewerbebetriebs steht der Ausschluss oder die Beschränkung des Besteuerungsrechts der Bundesrepublik Deutschland hinsichtlich des Gewinns aus der Veräußerung sämtlicher Wirtschaftsgüter des Betriebs oder eines Teilbetriebs gleich; § 4 Absatz 1 Satz 4 gilt entsprechend.

(3b) [1]In den Fällen der Betriebsunterbrechung und der Betriebsverpachtung im Ganzen gilt ein Gewerbebetrieb sowie ein Anteil im Sinne des Absatzes 1 Satz 1 Nummer 2 oder Nummer 3 nicht als aufgegeben, bis

1. der Steuerpflichtige die Aufgabe im Sinne des Absatzes 3 Satz 1 ausdrücklich gegenüber dem Finanzamt erklärt oder
2. dem Finanzamt Tatsachen bekannt werden, aus denen sich ergibt, dass die Voraussetzungen für eine Aufgabe im Sinne des Absatzes 3 Satz 1 erfüllt sind.

[2]Die Aufgabe des Gewerbebetriebs oder Anteils im Sinne des Absatzes 1 Satz 1 Nummer 2 oder Nummer 3 ist in den Fällen des Satzes 1 Nummer 1 rückwirkend für den vom Steuerpflichtigen gewählten Zeitpunkt anzuerkennen, wenn die Aufgabeerklärung spätestens drei Monate nach diesem Zeitpunkt abgegeben wird. [3]Wird die Aufgabeerklärung nicht spätestens drei Monate nach dem vom Steuerpflichtigen gewählten Zeitpunkt abgegeben, gilt der Gewerbebetrieb oder Anteil im Sinne des Absatzes 1 Satz 1 Nummer 2 oder Nummer 3 erst in dem Zeitpunkt als aufgegeben, in dem die Aufgabeerklärung beim Finanzamt eingeht.

(4) [1]Hat der Steuerpflichtige das 55. Lebensjahr vollendet oder ist er im sozialversicherungsrechtlichen Sinne dauernd berufsunfähig, so wird der Veräußerungsgewinn auf Antrag zur Einkommensteuer nur herangezogen, soweit er 45.000 Euro übersteigt. [2]Der Freibetrag ist dem Steuerpflichtigen nur einmal zu gewähren. [3]Er ermäßigt sich

um den Betrag, um den der Veräußerungsgewinn 136.000 Euro übersteigt.

(5) Werden bei einer Realteilung, bei der Teilbetriebe auf einzelne Mitunternehmer übertragen werden, Anteile an einer Körperschaft, Personenvereinigung oder Vermögensmasse unmittelbar oder mittelbar von einem nicht von § 8b Absatz 2 des Körperschaftsteuergesetzes begünstigten Steuerpflichtigen auf einen von § 8b Absatz 2 des Körperschaftsteuergesetzes begünstigten Mitunternehmer übertragen, ist abweichend von Absatz 3 Satz 2 rückwirkend auf den Zeitpunkt der Realteilung der gemeine Wert anzusetzen, wenn der übernehmende Mitunternehmer die Anteile innerhalb eines Zeitraums von sieben Jahren nach der Realteilung unmittelbar oder mittelbar veräußert oder durch einen Vorgang nach § 22 Absatz 1 Satz 6 Nummer 1 bis 5 des Umwandlungssteuergesetzes weiter überträgt; § 22 Absatz 2 Satz 3 des Umwandlungssteuergesetzes gilt entsprechend.

§ 17

S 2244

Veräußerung von Anteilen an Kapitalgesellschaften

(1) [1] Zu den Einkünften aus Gewerbebetrieb gehört auch der Gewinn aus der Veräußerung von Anteilen an einer Kapitalgesellschaft, wenn der Veräußerer innerhalb der letzten fünf Jahre am Kapital der Gesellschaft unmittelbar oder mittelbar zu mindestens 1 Prozent beteiligt war. [2] Die verdeckte Einlage von Anteilen an einer Kapitalgesellschaft in eine Kapitalgesellschaft steht der Veräußerung der Anteile gleich. [3] Anteile an einer Kapitalgesellschaft sind Aktien, Anteile an einer Gesellschaft mit beschränkter Haftung, Genussscheine oder ähnliche Beteiligungen und Anwartschaften auf solche Beteiligungen *sowie Anteile an einer optierenden Gesellschaft im Sinne des § 1a des Körperschaftsteuergesetzes.* [4] Hat der Veräußerer den veräußerten Anteil innerhalb der letzten fünf Jahre vor der Veräußerung unentgeltlich erworben, so gilt Satz 1 entsprechend, wenn der Veräußerer zwar nicht selbst, aber der Rechtsvorgänger oder, sofern der Anteil nacheinander unentgeltlich übertragen worden ist, einer der Rechtsvorgänger innerhalb der letzten fünf Jahre im Sinne von Satz 1 beteiligt war. [1)]

(2) [1] Veräußerungsgewinn im Sinne des Absatzes 1 ist der Betrag, um den der Veräußerungspreis nach Abzug der Veräußerungskosten die Anschaffungskosten übersteigt. [2] In den Fällen des Absatzes 1 Satz 2 tritt an die Stelle des Veräußerungspreises der Anteile ihr gemeiner Wert. [3] Weist der Veräußerer nach, dass ihm die Anteile bereits im Zeitpunkt der Begründung der unbeschränkten Steuerpflicht nach § 1 Absatz 1 zuzurechnen waren und dass der bis zu diesem Zeitpunkt entstandene Vermögenszuwachs auf Grund gesetzlicher Bestimmungen des Wegzugsstaats im Wegzugsstaat einer der Steuer nach § 6 des Außensteuergesetzes vergleichbaren Steuer unterlegen hat, tritt an die Stelle der Anschaffungskosten der Wert, den der Wegzugsstaat bei der Berechnung der der Steuer nach § 6 des Außensteuergesetzes vergleichbaren Steuer angesetzt hat, höchstens jedoch der gemeine Wert. [4] Satz 3 ist in den Fällen des § 6 Absatz 3 des Außensteuergesetzes nicht anzuwenden. [5] Hat der Veräußerer den veräußerten Anteil unentgeltlich erworben, so sind als Anschaffungskosten des Anteils die Anschaffungskosten des Rechtsvorgängers maßgebend, der den Anteil zuletzt entgeltlich erworben hat. [6] Ein Veräußerungsverlust ist nicht zu berücksichtigen, soweit er auf Anteile entfällt,

a) die der Steuerpflichtige innerhalb der letzten fünf Jahre unentgeltlich erworben hatte. [2] Dies gilt nicht, soweit der Rechtsvorgänger anstelle des Steuerpflichtigen den Veräußerungsverlust hätte geltend machen können;

[1)] Absatz 1 Satz 3 wurde durch Artikel 5 des Gesetzes zur Modernisierung des Körperschaftsteuerrechts ab VZ 2022 geändert.

b) die entgeltlich erworben worden sind und nicht innerhalb der gesamten letzten fünf Jahre zu einer Beteiligung des Steuerpflichtigen im Sinne von Absatz 1 Satz 1 gehört haben. [2] Dies gilt nicht für innerhalb der letzten fünf Jahre erworbene Anteile, deren Erwerb zur Begründung einer Beteiligung des Steuerpflichtigen im Sinne von Absatz 1 Satz 1 geführt hat oder die nach Begründung der Beteiligung im Sinne von Absatz 1 Satz 1 erworben worden sind.

(2a) [1] Anschaffungskosten sind die Aufwendungen, die geleistet werden, um die Anteile im Sinne des Absatzes 1 zu erwerben. [2] Zu den Anschaffungskosten gehören auch die Nebenkosten sowie die nachträglichen Anschaffungskosten. [3] Zu den nachträglichen Anschaffungskosten im Sinne des Satzes 2 gehören insbesondere

1. offene oder verdeckte Einlagen,
2. Darlehensverluste, soweit die Gewährung des Darlehens oder das Stehenlassen des Darlehens in der Krise der Gesellschaft gesellschaftsrechtlich veranlasst war, und
3. Ausfälle von Bürgschaftsregressforderungen und vergleichbaren Forderungen, soweit die Hingabe oder das Stehenlassen der betreffenden Sicherheit gesellschaftsrechtlich veranlasst war.

[4] Eine gesellschaftsrechtliche Veranlassung liegt regelmäßig vor, wenn ein fremder Dritter das Darlehen oder Sicherungsmittel im Sinne der Nummern 2 oder 3 bei sonst gleichen Umständen zurückgefordert oder nicht gewährt hätte. [5] Leistet der Steuerpflichtige über den Nennbetrag seiner Anteile hinaus Einzahlungen in das Kapital der Gesellschaft, sind die Einzahlungen bei der Ermittlung der Anschaffungskosten gleichmäßig auf seine gesamten Anteile einschließlich seiner im Rahmen von Kapitalerhöhungen erhaltenen neuen Anteile aufzuteilen.

(3) [1] Der Veräußerungsgewinn wird zur Einkommensteuer nur herangezogen, soweit er den Teil von 9.060 Euro übersteigt, der dem veräußerten Anteil an der Kapitalgesellschaft entspricht. [2] Der Freibetrag ermäßigt sich um den Betrag, um den der Veräußerungsgewinn den Teil von 36.100 Euro übersteigt, der dem veräußerten Anteil an der Kapitalgesellschaft entspricht.

(4) [1] Als Veräußerung im Sinne des Absatzes 1 gilt auch die Auflösung einer Kapitalgesellschaft, die Kapitalherabsetzung, wenn das Kapital zurückgezahlt wird, und die Ausschüttung oder Zurückzahlung von Beträgen aus dem steuerlichen Einlagenkonto im Sinne des § 27 des Körperschaftsteuergesetzes. [2] In diesen Fällen ist als Veräußerungspreis der gemeine Wert des dem Steuerpflichtigen zugeteilten oder zurückgezahlten Vermögens der Kapitalgesellschaft anzusehen. [3] Satz 1 gilt nicht, soweit die Bezüge nach § 20 Absatz 1 Nummer 1 oder 2 zu den Einnahmen aus Kapitalvermögen gehören.

(5) [1] Die Beschränkung oder der Ausschluss des Besteuerungsrechts der Bundesrepublik Deutschland hinsichtlich des Gewinns aus der Veräußerung der Anteile an einer Kapitalgesellschaft im Fall der

Verlegung des Sitzes oder des Orts der Geschäftsleitung der Kapitalgesellschaft in einen anderen Staat stehen der Veräußerung der Anteile zum gemeinen Wert gleich. [2]Dies gilt nicht in den Fällen der Sitzverlegung einer Europäischen Gesellschaft nach Artikel 8 der Verordnung (EG) Nr. 2157/2001 und der Sitzverlegung einer anderen Kapitalgesellschaft in einen anderen Mitgliedstaat der Europäischen Union. [3]In diesen Fällen ist der Gewinn aus einer späteren Veräußerung der Anteile ungeachtet der Bestimmungen eines Abkommens zur Vermeidung der Doppelbesteuerung in der gleichen Art und Weise zu besteuern, wie die Veräußerung dieser Anteile zu besteuern gewesen wäre, wenn keine Sitzverlegung stattgefunden hätte. [4]§ 15 Absatz 1a Satz 2 ist entsprechend anzuwenden.

(6) Als Anteile im Sinne des Absatzes 1 Satz 1 gelten auch Anteile an Kapitalgesellschaften, an denen der Veräußerer innerhalb der letzten fünf Jahre am Kapital der Gesellschaft nicht unmittelbar oder mittelbar zu mindestens 1 Prozent beteiligt war, wenn

1. **die Anteile auf Grund eines Einbringungsvorgangs im Sinne des Umwandlungssteuergesetzes, bei dem nicht der gemeine Wert zum Ansatz kam, erworben wurden und**
2. **zum Einbringungszeitpunkt für die eingebrachten Anteile die Voraussetzungen von Absatz 1 Satz 1 erfüllt waren oder die Anteile auf einer Sacheinlage im Sinne von § 20 Absatz 1 des Umwandlungssteuergesetzes vom 7. Dezember 2006 (BGBl. I S. 2782, 2791) in der jeweils geltenden Fassung beruhen.**

(7) Als Anteile im Sinne des Absatzes 1 Satz 1 gelten auch Anteile an einer Genossenschaft einschließlich der Europäischen Genossenschaft.

c) Selbständige Arbeit (§ 2 Absatz 1 Satz 1 Nummer 3)

S 2245 § 18

(1) Einkünfte aus selbständiger Arbeit sind

S 2246 1. Einkünfte aus freiberuflicher Tätigkeit. [2]Zu der freiberuflichen Tätigkeit gehören die selbständig ausgeübte wissenschaftliche, künstlerische, schriftstellerische, unterrichtende oder erzieherische Tätigkeit, die selbständige Berufstätigkeit der Ärzte, Zahnärzte, Tierärzte, Rechtsanwälte, Notare, Patentanwälte, Vermessungsingenieure, Ingenieure, Architekten, Handelschemiker, Wirtschaftsprüfer, Steuerberater, beratenden Volks- und Betriebswirte, vereidigten Buchprüfer, Steuerbevollmächtigten, Heilpraktiker, Dentisten, Krankengymnasten, Journalisten, Bildberichterstatter, Dolmetscher, Übersetzer, Lotsen und ähnlicher Berufe. [3]Ein Angehöriger eines freien Berufs im Sinne der Sätze 1 und 2 ist auch dann freiberuflich tätig, wenn er sich der Mithilfe fachlich vorgebildeter Arbeitskräfte bedient; Voraussetzung ist, dass er auf Grund eigener Fachkenntnisse leitend und eigenverantwortlich tätig wird. [4]Eine Vertretung im Fall vorübergehender Verhinderung steht der Annahme einer leitenden und eigenverantwortlichen Tätigkeit nicht entgegen;

S 2247 2. Einkünfte der Einnehmer einer staatlichen Lotterie, wenn sie nicht Einkünfte aus Gewerbebetrieb sind;

S 2248 3. Einkünfte aus sonstiger selbständiger Arbeit, z. B. Vergütungen für die Vollstreckung von Testamenten, für Vermögensverwaltung und für die Tätigkeit als Aufsichtsratsmitglied;

S 2248a 4. Einkünfte, die ein Beteiligter an einer vermögensverwaltenden Gesellschaft oder Gemeinschaft, deren Zweck im Erwerb, Halten und in der Veräußerung von Anteilen an Kapitalgesellschaften besteht, als Vergütung für Leistungen zur Förderung des Gesellschafts- oder Gemeinschaftszwecks erzielt, wenn der Anspruch auf die Vergütung unter der Voraussetzung eingeräumt worden ist, dass die Gesellschafter oder Gemeinschafter ihr eingezahltes Kapital vollständig zurückerhalten haben; § 15 Absatz 3 ist nicht anzuwenden.

(2) Einkünfte nach Absatz 1 sind auch dann steuerpflichtig, wenn es sich nur um eine vorübergehende Tätigkeit handelt.

S 2249 (3) [1]Zu den Einkünften aus selbständiger Arbeit gehört auch der Gewinn, der bei der Veräußerung des Vermögens oder eines selbständigen Teils des Vermögens oder eines Anteils am Vermögen erzielt wird, das der selbständigen Arbeit dient. [2]§ 16 Absatz 1 Satz 1 Nummer 1 und 2 und Absatz 1 Satz 2 sowie Absatz 2 bis 4 gilt entsprechend.

(4) [1]§ 13 Absatz 5 gilt entsprechend, sofern das Grundstück im Veranlagungszeitraum 1986 zu einem der selbständigen Arbeit dienenden Betriebsvermögen gehört hat. [2]§ 15 Absatz 1 Satz 1 Nummer 2, Absatz 1a, Absatz 2 Satz 2 und 3, §§ 15a und 15b sind entsprechend anzuwenden.

d) Nichtselbständige Arbeit (§ 2 Absatz 1 Satz 1 Nummer 4)

§ 19

(1) [1]Zu den Einkünften aus nichtselbständiger Arbeit gehören S 2203

1. Gehälter, Löhne, Gratifikationen, Tantiemen und andere Bezüge und Vorteile für eine Beschäftigung im öffentlichen oder privaten Dienst; S 2330– S 2345

1a. Zuwendungen des Arbeitgebers an seinen Arbeitnehmer und dessen Begleitpersonen anlässlich von Veranstaltungen auf betrieblicher Ebene mit gesellschaftlichem Charakter (Betriebsveranstaltung). [2]Zuwendungen im Sinne des Satzes 1 sind alle Aufwendungen des Arbeitgebers einschließlich Umsatzsteuer unabhängig davon, ob sie einzelnen Arbeitnehmern individuell zurechenbar sind oder ob es sich um einen rechnerischen Anteil an den Kosten der Betriebsveranstaltung handelt, die der Arbeitgeber gegenüber Dritten für den äußeren Rahmen der Betriebsveranstaltung aufwendet. [3]Soweit solche Zuwendungen den Betrag von 110 Euro je Betriebsveranstaltung und teilnehmenden Arbeitnehmer nicht übersteigen, gehören sie nicht zu den Einkünften aus nichtselbständiger Arbeit, wenn die Teilnahme an der Betriebsveranstaltung allen Angehörigen des Betriebs oder eines Betriebsteils offensteht. [4]Satz 3 gilt für bis zu zwei Betriebsveranstaltungen jährlich. [5]Die Zuwendungen im Sinne des Satzes 1 sind abweichend von § 8 Absatz 2 mit den anteilig auf den Arbeitnehmer und dessen Begleitpersonen entfallenden Aufwendungen des Arbeitgebers im Sinne des Satzes 2 anzusetzen;

2. Wartegelder, Ruhegelder, Witwen- und Waisengelder und andere Bezüge und Vorteile aus früheren Dienstleistungen, auch soweit sie von Arbeitgebern ausgleichspflichtiger Personen an ausgleichsberechtigte Personen infolge einer nach § 10 oder § 14 des Versorgungsausgleichsgesetzes durchgeführten Teilung geleistet werden;

3. laufende Beiträge und laufende Zuwendungen des Arbeitgebers aus einem bestehenden Dienstverhältnis an einen Pensionsfonds, eine Pensionskasse oder für eine Direktversicherung für eine betriebliche Altersversorgung. [2]Zu den Einkünften aus nichtselbständiger Arbeit gehören auch Sonderzahlungen, die der Arbeitgeber neben den laufenden Beiträgen und Zuwendungen an eine solche Versorgungseinrichtung leistet, mit Ausnahme der Zahlungen des Arbeitgebers

   a) zur erstmaligen Bereitstellung der Kapitalausstattung zur Erfüllung der Solvabilitätskapitalanforderung nach den §§ 89, 213, 234g oder 238 des Versicherungsaufsichtsgesetzes,

   b) zur Wiederherstellung einer angemessenen Kapitalausstattung nach unvorhersehbaren Verlusten oder zur Finanzierung der

Verstärkung der Rechnungsgrundlagen auf Grund einer unvorhersehbaren und nicht nur vorübergehenden Änderung der Verhältnisse, wobei die Sonderzahlungen nicht zu einer Absenkung des laufenden Beitrags führen oder durch die Absenkung des laufenden Beitrags Sonderzahlungen ausgelöst werden dürfen,

c) in der Rentenbezugszeit nach § 236 Absatz 2 des Versicherungsaufsichtsgesetzes oder

d) in Form von Sanierungsgeldern;

Sonderzahlungen des Arbeitgebers sind insbesondere Zahlungen an eine Pensionskasse anlässlich

a) seines Ausscheidens aus einer nicht im Wege der Kapitaldeckung finanzierten betrieblichen Altersversorgung oder

b) des Wechsels von einer nicht im Wege der Kapitaldeckung zu einer anderen nicht im Wege der Kapitaldeckung finanzierten betrieblichen Altersversorgung.

[3]Von Sonderzahlungen im Sinne des Satzes 2 zweiter Halbsatz Buchstabe b ist bei laufenden und wiederkehrenden Zahlungen entsprechend dem periodischen Bedarf nur auszugehen, soweit die Bemessung der Zahlungsverpflichtungen des Arbeitgebers in das Versorgungssystem nach dem Wechsel die Bemessung der Zahlungsverpflichtung zum Zeitpunkt des Wechsels übersteigt. [4]Sanierungsgelder sind Sonderzahlungen des Arbeitgebers an eine Pensionskasse anlässlich der Systemumstellung einer nicht im Wege der Kapitaldeckung finanzierten betrieblichen Altersversorgung auf der Finanzierungs- oder Leistungsseite, die der Finanzierung der zum Zeitpunkt der Umstellung bestehenden Versorgungsverpflichtungen oder Versorgungsanwartschaften dienen; bei laufenden und wiederkehrenden Zahlungen entsprechend dem periodischen Bedarf ist nur von Sanierungsgeldern auszugehen, soweit die Bemessung der Zahlungsverpflichtungen des Arbeitgebers in das Versorgungssystem nach der Systemumstellung die Bemessung der Zahlungsverpflichtung zum Zeitpunkt der Systemumstellung übersteigt.

[2]Es ist gleichgültig, ob es sich um laufende oder um einmalige Bezüge handelt und ob ein Rechtsanspruch auf sie besteht.

S 2345 (2) [1]Von Versorgungsbezügen bleiben ein nach einem Prozentsatz ermittelter, auf einen Höchstbetrag begrenzter Betrag (Versorgungsfreibetrag) und ein Zuschlag zum Versorgungsfreibetrag steuerfrei. [2]Versorgungsbezüge sind

1. das Ruhegehalt, Witwen- oder Waisengeld, der Unterhaltsbeitrag oder ein gleichartiger Bezug

   a) auf Grund beamtenrechtlicher oder entsprechender gesetzlicher Vorschriften,

b) nach beamtenrechtlichen Grundsätzen von Körperschaften, Anstalten oder Stiftungen des öffentlichen Rechts oder öffentlich-rechtlichen Verbänden von Körperschaften

oder

2. in anderen Fällen Bezüge und Vorteile aus früheren Dienstleistungen wegen Erreichens einer Altersgrenze, verminderter Erwerbsfähigkeit oder Hinterbliebenenbezüge; Bezüge wegen Erreichens einer Altersgrenze gelten erst dann als Versorgungsbezüge, wenn der Steuerpflichtige das 63. Lebensjahr oder, wenn er schwerbehindert ist, das 60. Lebensjahr vollendet hat.

[3] Der maßgebende Prozentsatz, der Höchstbetrag des Versorgungsfreibetrags und der Zuschlag zum Versorgungsfreibetrag sind der nachstehenden Tabelle zu entnehmen:

Jahr des Versorgungsbeginns	Versorgungsfreibetrag		Zuschlag zum Versorgungsfreibetrag in Euro
	in % der Versorgungsbezüge	Höchstbetrag in Euro	
bis 2005	40,0	3.000	900
ab 2006	38,4	2.880	864
2007	36,8	2.760	828
2008	35,2	2.640	792
2009	33,6	2.520	756
2010	32,0	2.400	720
2011	30,4	2.280	684
2012	28,8	2.160	648
2013	27,2	2.040	612
2014	25,6	1.920	576
2015	24,0	1.800	540
2016	22,4	1.680	504
2017	20,8	1.560	468
2018	19,2	1.440	432
2019	17,6	1.320	396
2020	16,0	1.200	360
2021	15,2	1.140	342
2022	14,4	1.080	324
2023	13,6	1.020	306
2024	12,8	960	288

Jahr des Versorgungsbeginns	Versorgungsfreibetrag		Zuschlag zum Versorgungsfreibetrag in Euro
	in % der Versorgungsbezüge	Höchstbetrag in Euro	
2025	12,0	900	270
2026	11,2	840	252
2027	10,4	780	234
2028	9,6	720	216
2029	8,8	660	198
2030	8,0	600	180
2031	7,2	540	162
2032	6,4	480	144
2033	5,6	420	126
2034	4,8	360	108
2035	4,0	300	90
2036	3,2	240	72
2037	2,4	180	54
2038	1,6	120	36
2039	0,8	60	18
2040	0,0	0	0

[4] Bemessungsgrundlage für den Versorgungsfreibetrag ist

a) bei Versorgungsbeginn vor 2005
das Zwölffache des Versorgungsbezugs für Januar 2005,

b) bei Versorgungsbeginn ab 2005
das Zwölffache des Versorgungsbezugs für den ersten vollen Monat,

jeweils zuzüglich voraussichtlicher Sonderzahlungen im Kalenderjahr, auf die zu diesem Zeitpunkt ein Rechtsanspruch besteht. [5] Der Zuschlag zum Versorgungsfreibetrag darf nur bis zur Höhe der um den Versorgungsfreibetrag geminderten Bemessungsgrundlage berücksichtigt werden. [6] Bei mehreren Versorgungsbezügen mit unterschiedlichem Bezugsbeginn bestimmen sich der insgesamt berücksichtigungsfähige Höchstbetrag des Versorgungsfreibetrags und der Zuschlag zum Versorgungsfreibetrag nach dem Jahr des Beginns des ersten Versorgungsbezugs. [7] Folgt ein Hinterbliebenenbezug einem Versorgungsbezug, bestimmen sich der Prozentsatz, der Höchstbetrag des Versorgungsfreibetrags und der Zuschlag zum Versorgungsfreibetrag für den Hinterbliebenenbezug nach dem Jahr des Beginns des

Versorgungsbezugs. [8] Der nach den Sätzen 3 bis 7 berechnete Versorgungsfreibetrag und Zuschlag zum Versorgungsfreibetrag gelten für die gesamte Laufzeit des Versorgungsbezugs. [9] Regelmäßige Anpassungen des Versorgungsbezugs führen nicht zu einer Neuberechnung. [10] Abweichend hiervon sind der Versorgungsfreibetrag und der Zuschlag zum Versorgungsfreibetrag neu zu berechnen, wenn sich der Versorgungsbezug wegen Anwendung von Anrechnungs-, Ruhens-, Erhöhungs- oder Kürzungsregelungen erhöht oder vermindert. [11] In diesen Fällen sind die Sätze 3 bis 7 mit dem geänderten Versorgungsbezug als Bemessungsgrundlage im Sinne des Satzes 4 anzuwenden; im Kalenderjahr der Änderung sind der höchste Versorgungsfreibetrag und Zuschlag zum Versorgungsfreibetrag maßgebend. [12] Für jeden vollen Kalendermonat, für den keine Versorgungsbezüge gezahlt werden, ermäßigen sich der Versorgungsfreibetrag und der Zuschlag zum Versorgungsfreibetrag in diesem Kalenderjahr um je ein Zwölftel.

LStDV LStDV

§ 1 S 2331

Arbeitnehmer, Arbeitgeber

(1) [1] Arbeitnehmer sind Personen, die in öffentlichem oder privatem Dienst angestellt oder beschäftigt sind oder waren und die aus diesem Dienstverhältnis oder einem früheren Dienstverhältnis Arbeitslohn beziehen. [2] Arbeitnehmer sind auch die Rechtsnachfolger dieser Personen, soweit sie Arbeitslohn aus dem früheren Dienstverhältnis ihres Rechtsvorgängers beziehen.

(2) [1] Ein Dienstverhältnis (Absatz 1) liegt vor, wenn der Angestellte (Beschäftigte) dem Arbeitgeber (öffentliche Körperschaft, Unternehmer, Haushaltsvorstand) seine Arbeitskraft schuldet. [2] Dies ist der Fall, wenn die tätige Person in der Betätigung ihres geschäftlichen Willens unter der Leitung des Arbeitgebers steht oder im geschäftlichen Organismus des Arbeitgebers dessen Weisungen zu folgen verpflichtet ist.

(3) Arbeitnehmer ist nicht, wer Lieferungen und sonstige Leistungen innerhalb der von ihm selbständig ausgeübten gewerblichen oder beruflichen Tätigkeit im Inland gegen Entgelt ausführt, soweit es sich um die Entgelte für diese Lieferungen und sonstigen Leistungen handelt.

§ 2 S 2332

Arbeitslohn

(1) [1] Arbeitslohn sind alle Einnahmen, die dem Arbeitnehmer aus dem Dienstverhältnis zufließen. [2] Es ist unerheblich, unter welcher Bezeichnung oder in welcher Form die Einnahmen gewährt werden.

(2) Zum Arbeitslohn gehören auch

1. Einnahmen im Hinblick auf ein künftiges Dienstverhältnis;

2. Einnahmen aus einem früheren Dienstverhältnis, unabhängig davon, ob sie dem zunächst Bezugsberechtigten oder seinem Rechtsnachfolger zufließen. [2]Bezüge, die ganz oder teilweise auf früheren Beitragsleistungen des Bezugsberechtigten oder seines Rechtsvorgängers beruhen, gehören nicht zum Arbeitslohn, es sei denn, dass die Beitragsleistungen Werbungskosten gewesen sind;

S 2333 3. Ausgaben, die ein Arbeitgeber leistet, um einen Arbeitnehmer oder diesem nahestehende Personen für den Fall der Krankheit, des Unfalls, der Invalidität, des Alters oder des Todes abzusichern (Zukunftssicherung). [2]Voraussetzung ist, dass der Arbeitnehmer der Zukunftssicherung ausdrücklich oder stillschweigend zustimmt. [3]Ist bei einer Zukunftssicherung für mehrere Arbeitnehmer oder diesen nahestehende Personen in Form einer Gruppenversicherung oder Pauschalversicherung der für den einzelnen Arbeitnehmer geleistete Teil der Ausgaben nicht in anderer Weise zu ermitteln, so sind die Ausgaben nach der Zahl der gesicherten Arbeitnehmer auf diese aufzuteilen. [4]Nicht zum Arbeitslohn gehören Ausgaben, die nur dazu dienen, dem Arbeitgeber die Mittel zur Leistung einer dem Arbeitnehmer zugesagten Versorgung zu verschaffen;

4. Entschädigungen, die dem Arbeitnehmer oder seinem Rechtsnachfolger als Ersatz für entgangenen oder entgehenden Arbeitslohn oder für die Aufgabe oder Nichtausübung einer Tätigkeit gewährt werden;
5. besondere Zuwendungen, die auf Grund des Dienstverhältnisses oder eines früheren Dienstverhältnisses gewährt werden, zum Beispiel Zuschüsse im Krankheitsfall;
6. besondere Entlohnungen für Dienste, die über die regelmäßige Arbeitszeit hinaus geleistet werden, wie Entlohnung für Überstunden, Überschichten, Sonntagsarbeit;
7. Lohnzuschläge, die wegen der Besonderheit der Arbeit gewährt werden;
8. Entschädigungen für Nebenämter und Nebenbeschäftigungen im Rahmen eines Dienstverhältnisses.

H 19.0

Hinweise

Arbeitnehmer

Allgemeines

Anhang 22 Wer Arbeitnehmer ist, ist unter Beachtung der Vorschriften des § 1 LStDV nach dem Gesamtbild der Verhältnisse zu beurteilen. Die arbeitsrechtliche und sozialversicherungsrechtliche Behandlung ist unmaßgeblich (>BFH vom 2.12.1998 – BStBl 1999 II S. 534). Wegen der Abgrenzung der für einen Arbeitnehmer typischen fremdbestimmten Tätigkeit von selbständiger Tätigkeit >BFH vom 14.6.1985 (BStBl II S. 661) und vom 18.1.1991 (BStBl II S. 409). Danach können für eine Arbeitnehmereigenschaft insbesondere folgende Merkmale sprechen:

– persönliche Abhängigkeit,

- Weisungsgebundenheit hinsichtlich Ort, Zeit und Inhalt der Tätigkeit,
- feste Arbeitszeiten,
- Ausübung der Tätigkeit gleichbleibend an einem bestimmten Ort,
- feste Bezüge,
- Urlaubsanspruch,
- Anspruch auf sonstige Sozialleistungen,
- Fortzahlung der Bezüge im Krankheitsfall,
- Überstundenvergütung,
- zeitlicher Umfang der Dienstleistungen,
- Unselbständigkeit in Organisation und Durchführung der Tätigkeit,
- kein Unternehmerrisiko,
- keine Unternehmerinitiative,
- kein Kapitaleinsatz,
- keine Pflicht zur Beschaffung von Arbeitsmitteln,
- Notwendigkeit der engen ständigen Zusammenarbeit mit anderen Mitarbeitern,
- Eingliederung in den Betrieb,
- Schulden der Arbeitskraft und nicht eines Arbeitserfolges,
- Ausführung von einfachen Tätigkeiten, bei denen eine Weisungsabhängigkeit die Regel ist.

Diese Merkmale ergeben sich regelmäßig aus dem der Beschäftigung zugrunde liegenden Vertragsverhältnis, sofern die Vereinbarungen ernsthaft gewollt sind und tatsächlich durchgeführt werden (>BFH vom 14.12.1978 – BStBl 1979 II S. 188, vom 20.2.1979 – BStBl II S. 414 und vom 24.7.1992 – BStBl 1993 II S. 155). Dabei sind die für oder gegen ein Dienstverhältnis sprechenden Merkmale ihrer Bedeutung entsprechend gegeneinander abzuwägen. Die arbeitsrechtliche Fiktion eines Dienstverhältnisses ist steuerrechtlich nicht maßgebend (>BFH vom 8.5.2008 – BStBl II S. 868).

Arbeitnehmereigenschaft

a) Beispiele für Arbeitnehmereigenschaft

Amateursportler können Arbeitnehmer sein, wenn die für den Trainings- und Spieleinsatz gezahlten Vergütungen nach dem Gesamtbild der Verhältnisse als Arbeitslohn zu beurteilen sind (>BFH vom 23.10.1992 – BStBl 1993 II S. 303),

Apothekervertreter; ein selbständiger Apotheker, der als Urlaubsvertreter eines anderen selbständigen Apothekers gegen Entgelt tätig wird, ist Arbeitnehmer (>BFH vom 20.2.1979 – BStBl II S. 414),

Artist ist Arbeitnehmer, wenn er seine Arbeitskraft einem Unternehmer für eine Zeitdauer, die eine Reihe von Veranstaltungen umfasst – also nicht lediglich für einige Stunden eines Abends – ausschließlich zur Verfügung stellt (>BFH vom 16.3.1951 – BStBl III S. 97),

AStA-Mitglieder >BFH vom 22.7.2008 (BStBl II S. 981),

Buchhalter >BFH vom 6.7.1955 (BStBl III S. 256) und vom 13.2.1980 (BStBl II S. 303),

Büfettier >BFH vom 31.1.1963 (BStBl III S. 230),

Chefarzt; ein angestellter Chefarzt, der berechtigt ist, Privatpatienten mit eigenem Liquidationsrecht ambulant zu behandeln und die wahlärztlichen Leistungen im Rahmen seines Dienstverhältnisses erbringt (>BFH vom 5.10.2005 – BStBl 2006 II S. 94),

Gelegenheitsarbeiter, die zu bestimmten, unter Aufsicht durchzuführenden Verlade- und Umladearbeiten herangezogen werden, sind auch dann Arbeitnehmer, wenn sie die Tätigkeit nur für wenige Stunden ausüben (>BFH vom 18.1.1974 – BStBl II S. 301),

Heimarbeiter >R 15.1 Abs. 2 EStR,

Helfer von Wohlfahrtsverbänden; ehrenamtliche Helfer, die Kinder und Jugendliche auf Ferienreisen betreuen, sind Arbeitnehmer (>BFH vom 28.2.1975 – BStBl 1976 II S. 134),

Musiker; nebenberuflich tätige Musiker, die in Gaststätten auftreten, sind nach der allgemeinen Lebenserfahrung Arbeitnehmer des Gastwirts; dies gilt nicht, wenn die Kapelle gegenüber Dritten als selbständige Gesellschaft oder der Kapellenleiter als Arbeitgeber der Musiker auftritt bzw. der Musiker oder die Kapelle nur gelegentlich spielt (>BFH vom 10.9.1976 – BStBl 1977 II S. 178),

Oberarzt; ein in einer Universitätsklinik angestellter Oberarzt ist hinsichtlich der Mitarbeit in der Privatpraxis des Chefarztes dessen Arbeitnehmer (>BFH vom 11.11.1971 – BStBl 1972 II S. 213),

Reisevertreter kann auch dann Arbeitnehmer sein, wenn er erfolgsabhängig entlohnt wird und ihm eine gewisse Bewegungsfreiheit eingeräumt ist, die nicht Ausfluss seiner eigenen Machtvollkommenheit ist (>BFH vom 7.12.1961 – BStBl 1962 III S. 149),

>H 15.1 (Reisevertreter) EStH,

Sanitätshelfer des Deutschen Roten Kreuzes sind Arbeitnehmer, wenn die gezahlten Entschädigungen nicht mehr als pauschale Erstattung der Selbstkosten beurteilt werden können, weil sie die durch die ehrenamtliche Tätigkeit veranlassten Aufwendungen der einzelnen Sanitätshelfer regelmäßig nicht nur unwesentlich übersteigen (>BFH vom 4.8.1994 – BStBl II S. 944),

Servicekräfte in einem Warenhaus >BFH vom 20.11.2008 (BStBl 2009 II S. 374),

Stromableser können auch dann Arbeitnehmer sein, wenn die Vertragsparteien „freie Mitarbeit" vereinbart haben und das Ablesen in Ausnahmefällen auch durch einen zuverlässigen Vertreter erfolgen darf (>BFH vom 24.7.1992 – BStBl 1993 II S. 155),

Telefoninterviewer >BFH vom 29.5.2008 (BStBl II S. 933) und BFH vom 18.6.2015 (BStBl II S. 903),

Vorstandsmitglied einer Aktiengesellschaft >BFH vom 11.3.1960 (BStBl III S. 214),

Vorstandsmitglied einer Familienstiftung >BFH vom 31.1.1975 (BStBl II S. 358),

Vorstandsmitglied einer Genossenschaft >BFH vom 2.10.1968 (BStBl II 1969 S. 185).

b) Beispiele für fehlende Arbeitnehmereigenschaft

Arztvertreter >BFH vom 10.4.1953 (BStBl III S. 142),

Beratungsstellenleiter eines Lohnsteuerhilfevereins ist kein Arbeitnehmer, wenn er die Tätigkeit als freier Mitarbeiter ausübt (>BFH vom 10.12.1987 – BStBl II 1988 S. 273),

Bezirksstellenleiter bei Lotto- und Totogesellschaften >BFH vom 14.9.1967 (BStBl II 1968 S. 193),

Diakonissen sind keine Arbeitnehmerinnen des Mutterhauses (>BFH vom 30.7.1965 – BStBl III S. 525),

Fahrlehrer, die gegen eine tätigkeitsbezogene Vergütung unterrichten, sind in der Regel keine Arbeitnehmer, auch wenn ihnen keine Fahrschulerlaubnis erteilt worden ist >BFH vom 17.10.1996 (BStBl 1997 II S. 188),

Fotomodell; ein Berufsfotomodell ist kein Arbeitnehmer, wenn es nur von Fall zu Fall vorübergehend zu Aufnahmen herangezogen wird (>BFH vom 8.6.1967 – BStBl III S. 618); Entsprechendes gilt für ausländische Fotomodelle, die zur Produktion von Werbefilmen kurzfristig im Inland tätig werden (>BFH vom 14.6.2007 – BStBl 2009 II S. 931),

Gerichtsreferendar, der neben der Tätigkeit bei Gericht für einen Rechtsanwalt von Fall zu Fall tätig ist, steht zu dem Anwalt in der Regel nicht in einem Arbeitsverhältnis (>BFH vom 22.3.1968 – BStBl II S. 455),

Gutachter >BFH vom 22.6.1971 (BStBl II S. 749),

Hausgewerbetreibender >R 15.1 Abs. 2 EStR,

Hausverwalter, die für eine Wohnungseigentümergemeinschaft tätig sind, sind keine Arbeitnehmer (>BFH vom 13.5.1966 – BStBl III S. 489),

Knappschaftsarzt >BFH vom 3.7.1959 (BStBl III S. 344),

Künstler; zur Frage der Selbständigkeit von Künstlern und verwandten Berufen >BMF vom 5.10.1990 (BStBl I S. 638), Anhang 10 I

Lehrbeauftragte >BFH vom 17.7.1958 (BStBl III S. 360),

Lotsen >BFH vom 21.5.1987 (BStBl II S. 625),

Nebenberufliche Lehrkräfte sind in der Regel keine Arbeitnehmer (>BFH vom 4.10.1984 – BStBl II 1985 S. 51); zur Abgrenzung zwischen nichtselbständiger und selbständiger Arbeit >R 19.2 und H 19.2 (Nebenberufliche Lehrtätigkeit),

Notariatsverweser >BFH vom 12.9.1968 (BStBl II S. 811),

Rundfunkermittler, die im Auftrage einer Rundfunkanstalt Schwarzhörer aufspüren, sind keine Arbeitnehmer, wenn die Höhe ihrer Einnahmen weitgehend von ihrem eigenen Arbeitseinsatz abhängt und sie auch im Übrigen – insbesondere bei Ausfallzeiten – ein Unternehmerrisiko in Gestalt des Entgeltrisikos tragen; Dies gilt unabhängig davon, dass sie nur für einen einzigen Vertragspartner tätig sind (>BFH vom 2.12.1998 – BStBl 1999 II S. 534),

Schwarzarbeiter; ein Bauhandwerker ist bei nebenberuflicher „Schwarzarbeit“ in der Regel kein Arbeitnehmer des Bauherrn (>BFH vom 21.3.1975 – BStBl II S. 513),

Tutoren >BFH vom 21.7.1972 (BStBl II S. 738) und vom 28.2.1978 (BStBl II S. 387),

Versicherungsvertreter ist selbständig tätig und kein Arbeitnehmer, wenn er ein ins Gewicht fallendes Unternehmerrisiko trägt; die Art seiner Tätigkeit, ob werbende oder verwaltende, ist in der Regel nicht von entscheidender Bedeutung (>BFH vom 19.2.1959 – BStBl III S. 425, vom 10.9.1959 – BStBl III S. 437, vom 3.10.1961 – BStBl III S. 567 und vom 13.4.1967 – BStBl III S. 398),

>R 15.1 Abs. 1 EStR, H 15.1 (Generalagent, Versicherungsvertreter) EStH,

Vertrauensleute einer Buchgemeinschaft; nebenberufliche Vertrauensleute einer Buchgemeinschaft sind keine Arbeitnehmer des Buchclubs (>BFH vom 11.3.1960 – BStBl III S. 215),

Werbedamen, die von ihren Auftraggebern von Fall zu Fall für jeweils kurzfristige Werbeaktionen beschäftigt werden, können selbständig sein (>BFH vom 14.6.1985 – BStBl II S. 661).

Ehegatten-Arbeitsverhältnis[1])

>R 4.8 EStR und H 4.8 EStH

Einkunftserzielungsabsicht

Zur Abgrenzung der Einkunftserzielungsabsicht von einer einkommensteuerrechtlich unbeachtlichen Liebhaberei >BFH vom 28.8.2008 (BStBl 2009 II S. 243)

Eltern-Kind-Arbeitsverhältnis

Zur steuerlichen Anerkennung von Dienstverhältnissen zwischen Eltern und Kindern >BFH vom 9. 12. 1993 (BStBl 1994 II S. 298), >R 4.8 Abs. 3 EStR

Gesellschafter-Geschäftsführer

Ein Gesellschafter-Geschäftsführer einer Kapitalgesellschaft ist nicht allein auf Grund seiner Organstellung Arbeitnehmer. Es ist anhand der allgemeinen Merkmale (>Allgemeines) zu entscheiden, ob die Geschäftsführungsleistung selbständig oder nichtselbständig erbracht wird (>BMF vom 31.5.2007 – BStBl I S. 503 unter Berücksichtigung der Änderungen durch BMF vom 2.5.2011 – BStBl I S. 490).

---

[1]) Die dort aufgeführten Grundsätze gelten bei Lebenspartnern entsprechend (>§ 2 Abs. 8).

Mitunternehmer

Zur Frage, unter welchen Voraussetzungen ein Arbeitnehmer Mitunternehmer i. S. d. § 15 Abs. 1 Nr. 2 EStG ist, >H 15.8 Abs. 1 (Verdeckte Mitunternehmerschaft) EStH

Nichteheliche Lebensgemeinschaft

- >H 4.8 EStH
- Ein hauswirtschaftliches Beschäftigungsverhältnis mit der nichtehelichen Lebensgefährtin kann nicht anerkannt werden, wenn diese zugleich Mutter des gemeinsamen Kindes ist (>BFH vom 19.5.1999 – BStBl II S. 764).

Selbständige Arbeit

Zur Abgrenzung einer Tätigkeit als Arbeitnehmer von einer selbständigen Tätigkeit >R 15.1 und 18.1 EStR

Weisungsgebundenheit

Die in § 1 Abs. 2 LStDV genannte Weisungsgebundenheit kann auf einem besonderen öffentlich-rechtlichen Gewaltverhältnis beruhen, wie z. B. bei Beamten und Richtern, oder Ausfluss des Direktionsrechts sein, mit dem ein Arbeitgeber die Art und Weise, Ort, Zeit und Umfang der zu erbringenden Arbeitsleistung bestimmt. Die Weisungsbefugnis kann eng, aber auch locker sein, wie z. B. bei einem angestellten Chefarzt, der fachlich weitgehend eigenverantwortlich handelt; entscheidend ist, ob die beschäftigte Person einer etwaigen Weisung bei der Art und Weise der Ausführung der geschuldeten Arbeitsleistung zu folgen verpflichtet ist oder ob ein solches Weisungsrecht nicht besteht. Maßgebend ist das Innenverhältnis; die Weisungsgebundenheit muss im Auftreten der beschäftigten Person nach außen nicht erkennbar werden (>BFH vom 15.7.1987 – BStBl II S. 746). Die Eingliederung in einen Betrieb kann auch bei einer kurzfristigen Beschäftigung gegeben sein, wie z. B. bei einem Apothekervertreter als Urlaubsvertretung. Sie ist aber eher bei einfachen als bei gehobenen Arbeiten anzunehmen, z. B. bei einem Gelegenheitsarbeiter, der zu bestimmten unter Aufsicht durchzuführenden Arbeiten herangezogen wird. Die vorstehenden Kriterien gelten auch für die Entscheidung, ob ein so genannter Schwarzarbeiter Arbeitnehmer des Auftraggebers ist. Anhang 22

R 19.1

S 2352

Arbeitgeber

[1]Neben den in § 1 Abs. 2 LStDV genannten Fällen kommt als Arbeitgeber auch eine natürliche oder juristische Person, ferner eine Personenvereinigung oder Vermögensmasse in Betracht, wenn ihr gegenüber die Arbeitskraft geschuldet wird. [2]Die Nachfolgeunternehmen der Deutschen Bundespost sind Arbeitgeber der bei ihnen Beschäftigten. [3]Arbeitgeber ist auch, wer Arbeitslohn aus einem früheren oder für ein künftiges Dienstverhältnis zahlt. [4]Bei internationaler Arbeitnehmerentsendung ist das in

Deutschland ansässige Unternehmen, das den Arbeitslohn für die ihm geleistete Arbeit wirtschaftlich trägt, inländischer Arbeitgeber[1]). [5]Arbeitgeber ist grundsätzlich auch, wer einem Dritten (Entleiher) einen Arbeitnehmer (Leiharbeitnehmer) zur Arbeitsleistung überlässt (Verleiher). [6]Zahlt im Falle unerlaubter Arbeitnehmerüberlassung der Entleiher anstelle des Verleihers den Arbeitslohn an den Arbeitnehmer, ist der Entleiher regelmäßig nicht Dritter, sondern Arbeitgeber im Sinne von § 38 Abs. 1 Satz 1 Nr. 1 EStG (>R 42d.2 Abs. 1). [7]Im Übrigen kommt es nicht darauf an, ob derjenige, dem die Arbeitskraft geschuldet wird, oder ein Dritter Arbeitslohn zahlt (>R 38.4).

H 19.1

Hinweise

Arbeitgeber

- Eine **GbR** kann Arbeitgeber im lohnsteuerlichen Sinne sein (>BFH vom 17.2.1995 – BStBl II S. 390).
- Ein **Sportverein** kann Arbeitgeber der von ihm eingesetzten Amateursportler sein (>BFH vom 23.10.1992 – BStBl 1993 II S. 303).
- Ein **Verein** ist auch dann Arbeitgeber, wenn nach der Satzung des Vereins Abteilungen mit eigenem Vertreter bestehen und diesen eine gewisse Selbständigkeit eingeräumt ist, so genannter Verein im Verein (>BFH vom 13.3.2003 – BStBl II S. 556).
- Arbeitgeber **kraft gesetzlicher Fiktion** ist für die in § 3 Nr. 65 Satz 2 und 3 EStG bezeichneten Leistungen die sie erbringende Pensionskasse oder das Unternehmen der Lebensversicherung (>§ 3 Nr. 65 Satz 4 EStG) und in den Fällen des § 3 Nr. 53 EStG die Deutsche Rentenversicherung Bund (>§ 38 Abs. 3 Satz 3 EStG).
- Arbeitslohn auszahlende **öffentliche Kasse** >§ 38 Abs. 3 Satz 2 EStG
- Bei **Arbeitnehmerentsendung** ist Arbeitgeber das in Deutschland ansässige aufnehmende Unternehmen, das den Arbeitslohn für die ihm geleistete Arbeit wirtschaftlich trägt oder nach dem Fremdvergleichsgrundsatz hätte tragen müssen >§ 38 Abs. 1 Satz 2 EStG

Kein Arbeitgeber

Die **Obergesellschaft eines Konzerns** (Organträger) ist auch dann nicht Arbeitgeber der Arbeitnehmer ihrer Tochtergesellschaften, wenn sie diesen Arbeitnehmern Arbeitslohn zahlt (>BFH vom 21.2.1986 – BStBl II S. 768).

R 19.2

S 2331
S 2332

Nebentätigkeit und Aushilfstätigkeit

[1]Bei einer nebenberuflichen Lehrtätigkeit an einer Schule oder einem Lehrgang mit einem allgemein feststehenden und nicht nur von Fall zu Fall aufgestellten Lehrplan sind die nebenberuflich tätigen Lehrkräfte in der Re-

[1]) zum wirtschaftlichen Arbeitgeberbegriff >§ 38 Abs. 1 Satz 2

gel Arbeitnehmer, es sei denn, dass sie in den Schul- oder Lehrgangsbetrieb nicht fest eingegliedert sind. [2]Hat die Lehrtätigkeit nur einen geringen Umfang, kann das ein Anhaltspunkt dafür sein, dass eine feste Eingliederung in den Schul- oder Lehrgangsbetrieb nicht vorliegt. [3]Ein geringer Umfang in diesem Sinne kann stets angenommen werden, wenn die nebenberuflich tätige Lehrkraft bei der einzelnen Schule oder dem einzelnen Lehrgang in der Woche durchschnittlich nicht mehr als sechs Unterrichtsstunden erteilt. [4]Auf nebenberuflich tätige Übungsleiter, Ausbilder, Erzieher, Betreuer oder ähnliche Personen sind die Sätze 1 bis 3 sinngemäß anzuwenden.

Hinweise

H 19.2

Allgemeines

- Ob eine Nebentätigkeit oder Aushilfstätigkeit in einem Dienstverhältnis oder selbständig ausgeübt wird, ist nach den allgemeinen Abgrenzungsmerkmalen (§ 1 Abs. 1 und 2 LStDV) zu entscheiden. Dabei ist die Nebentätigkeit oder Aushilfstätigkeit in der Regel für sich allein zu beurteilen. Die Art einer etwaigen Haupttätigkeit ist für die Beurteilung nur wesentlich, wenn beide Tätigkeiten unmittelbar zusammenhängen (>BFH vom 24.11.1961 – BStBl 1962 III S. 37). Anhang 22
- Zu der Frage, ob eine nebenberufliche oder ehrenamtliche Tätigkeit mit Überschusserzielungsabsicht ausgeübt wird, >BFH vom 23.10.1992 (BStBl 1993 II S. 303 – Amateurfußballspieler) und vom 4.8.1994 (BStBl II S. 944 – Sanitätshelfer).
- Gelegenheitsarbeiter, die zu bestimmten, unter Aufsicht durchzuführenden Arbeiten herangezogen werden, sind auch dann Arbeitnehmer, wenn sie die Tätigkeit nur für einige Stunden ausüben (>BFH vom 18.1.1974 – BStBl II S. 301).
- Bei nebenberuflich tätigen Musikern, die in Gaststätten auftreten, liegt ein Arbeitsverhältnis zum Gastwirt regelmäßig nicht vor, wenn der einzelne Musiker oder die Kapelle, der er angehört, nur gelegentlich – etwa nur für einen Abend oder an einem Wochenende – von dem Gastwirt verpflichtet wird. Ein Arbeitsverhältnis zum Gastwirt ist in der Regel auch dann zu verneinen, wenn eine Kapelle selbständig als Gesellschaft oder der Kapellenleiter als Arbeitgeber der Musiker aufgetreten ist (>BFH vom 10.9.1976 – BStBl 1977 II S. 178).

Nebenberufliche Lehrtätigkeit

- Bei **Lehrkräften**, die im Hauptberuf eine nichtselbständige Tätigkeit ausüben, liegt eine Lehrtätigkeit im Nebenberuf nur vor, wenn diese Lehrtätigkeit nicht zu den eigentlichen Dienstobliegenheiten des Arbeitnehmers aus dem Hauptberuf gehört. Die Ausübung der Lehrtätigkeit im Nebenberuf ist in der Regel als Ausübung eines freien Berufs anzusehen (>BFH vom 24.4.1959 – BStBl III S. 193), es sei denn, dass gewichtige Anhaltspunkte – z. B. Arbeitsvertrag unter Zugrundelegung eines Tarifvertrags, Anspruch auf Urlaubs- und Feiertagsvergütung –

für das Vorliegen einer Arbeitnehmertätigkeit sprechen (>BFH vom 28.4.1972 – BStBl II S. 617 und vom 4.5.1972 – BStBl II S. 618).

- Auch bei nur geringem Umfang der Nebentätigkeit sind die **Lehrkräfte** als Arbeitnehmer anzusehen, wenn sie auf Grund eines als Arbeitsvertrag ausgestalteten Vertrags tätig werden oder wenn eine an einer Schule vollbeschäftigte Lehrkraft zusätzliche Unterrichtsstunden an derselben Schule oder an einer Schule gleicher Art erteilt (>BFH vom 4.12.1975 – BStBl 1976 II S. 291, 292).
- Die nebenberufliche Lehrtätigkeit von **Handwerksmeistern** an Berufs- und Meisterschulen ist in aller Regel keine nichtselbständige Tätigkeit.
- Bei **Angehörigen der freien Berufe** stellt eine Nebentätigkeit als Lehrbeauftragte an Hochschulen regelmäßig eine selbständige Tätigkeit dar (>BFH vom 4.10.1984 – BStBl 1985 II S. 51).

Nebenberufliche Prüfungstätigkeit

Eine Prüfungstätigkeit als Nebentätigkeit ist in der Regel als Ausübung eines freien Berufs anzusehen (>BFH vom 14.3.1958 – BStBl III S. 255, vom 2.4.1958 – BStBl III S. 293 und vom 29.1.1987 – BStBl II S. 783 wegen nebenamtlicher Prüfungstätigkeit eines Hochschullehrers).

Nebentätigkeit bei demselben Arbeitgeber

Einnahmen aus der Nebentätigkeit eines Arbeitnehmers, die er im Rahmen des Dienstverhältnisses für denselben Arbeitgeber leistet, für den er die Haupttätigkeit ausübt, sind Arbeitslohn, wenn dem Arbeitnehmer aus seinem Dienstverhältnis Nebenpflichten obliegen, die zwar im Arbeitsvertrag nicht ausdrücklich vorgesehen sind, deren Erfüllung der Arbeitgeber aber nach der tatsächlichen Gestaltung des Dienstverhältnisses und nach der Verkehrsauffassung erwarten darf, auch wenn er die zusätzlichen Leistungen besonders vergüten muss (>BFH vom 25.11.1971 – BStBl 1972 II S. 212).

Vermittlungsprovisionen

>R 19.4

Zuordnung in Einzelfällen

- Vergütungen, die **Angestellte eines Notars** für die Übernahme der Auflassungsvollmacht von den Parteien eines beurkundeten Grundstücksgeschäfts erhalten, können Arbeitslohn aus ihrem Dienstverhältnis sein (>BFH vom 9.12.1954 – BStBl 1955 III S. 55).
- Die Tätigkeit der bei Universitätskliniken angestellten **Assistenzärzte als Gutachter** ist unselbständig, wenn die Gutachten den Auftraggebern als solche der Universitätsklinik zugehen (>BFH vom 19.4.1956 – BStBl III S. 187).

– **Gemeindedirektor**, der auf Grund des Gesetzes betreffend die Oldenburgische Landesbrandkasse vom 6.8.1938 Mitglied der **Schätzungskommission** ist, bezieht aus dieser Tätigkeit keine Einkünfte aus nichtselbständiger Arbeit (>BFH vom 8.2.1972 – BStBl II S. 460).
– **Orchestermusiker**, die neben ihrer nichtselbständigen Haupttätigkeit im Orchester gelegentlich für ihren Arbeitgeber eine künstlerische Nebentätigkeit ausüben, können insoweit Einkünfte aus selbständiger Arbeit haben, als die Tätigkeit nicht zu den Nebenpflichten aus dem Dienstvertrag gehört (>BFH vom 25.11.1971 – BStBl 1972 II S. 212).
– Übernimmt ein **Richter** ohne Entlastung in seinem Amt zusätzlich die **Leitung einer Arbeitsgemeinschaft** für Rechtsreferendare, so besteht zwischen Haupt- und Nebentätigkeit kein unmittelbarer Zusammenhang. Ob die Nebentätigkeit selbständig ausgeübt wird, ist deshalb nach dem Rechtsverhältnis zu beurteilen, auf Grund dessen sie ausgeübt wird (>BFH vom 7.2.1980 – BStBl II S. 321).
– Einnahmen, die angestellte **Schriftleiter** aus freiwilliger **schriftstellerischer Nebentätigkeit** für ihren Arbeitgeber erzielen, können Einnahmen aus selbständiger Tätigkeit sein (>BFH vom 3.3.1955 – BStBl III S. 153).
– Das **Honorar**, das ein (leitender) Angestellter von seinem Arbeitgeber dafür erhält, dass er diesen bei **Verhandlungen über den Verkauf des Betriebes** beraten hat, gehört zu den Einnahmen aus nichtselbständiger Tätigkeit (>BFH vom 20.12.2000 – BStBl 2001 II S. 496).
– Prämien, die ein Verlagsunternehmen seinen **Zeitungsausträgern** für die **Werbung neuer Abonnenten** gewährt, sind dann kein Arbeitslohn, wenn die Zeitungsausträger weder rechtlich noch faktisch zur Anwerbung neuer Abonnenten verpflichtet sind (>BFH vom 22.11.1996 – BStBl 1997 II S. 254).

Arbeitslohn

R 19.3

S 2332

(1) [1]Arbeitslohn ist die Gegenleistung für das Zurverfügungstellen der individuellen Arbeitskraft. [2]Zum Arbeitslohn gehören deshalb auch
1. die Lohnzuschläge für Mehrarbeit und Erschwerniszuschläge, wie Hitzezuschläge, Wasserzuschläge, Gefahrenzuschläge, Schmutzzulagen usw.,
2. Entschädigungen, die für nicht gewährten Urlaub gezahlt werden,
3. der auf Grund des § 7 Abs. 5 SVG gezahlte Einarbeitungszuschuss,
4. pauschale Fehlgeldentschädigungen, die Arbeitnehmern im Kassen- und Zähldienst gezahlt werden, soweit sie 16 Euro im Monat übersteigen,
5. Trinkgelder, Bedienungszuschläge und ähnliche Zuwendungen, auf die der Arbeitnehmer einen Rechtsanspruch hat.

(2) Nicht als Gegenleistung für das Zurverfügungstellen der individuellen Arbeitskraft und damit nicht als Arbeitslohn sind u. a. anzusehen

1. der Wert der unentgeltlich zur beruflichen Nutzung überlassenen Arbeitsmittel,
2. die vom Arbeitgeber auf Grund gesetzlicher Verpflichtung nach § 3 Abs. 2 Nr. 1 und Abs. 3 des Gesetzes über die Durchführung von Maßnahmen des Arbeitsschutzes zur Verbesserung der Sicherheit und des Gesundheitsschutzes der Beschäftigten bei der Arbeit (ArbSchG) i. V. m. § 6 der Verordnung über Sicherheit und Gesundheitsschutz bei der Arbeit an Bildschirmgeräten (BildscharbV) sowie der Verordnung zur arbeitsmedizinischen Vorsorge (ArbMedVV) übernommenen angemessenen Kosten für eine spezielle Sehhilfe, wenn auf Grund einer Untersuchung der Augen und des Sehvermögens durch eine fachkundige Person i. S. d. ArbMedVV die spezielle Sehhilfe notwendig ist, um eine ausreichende Sehfähigkeit in den Entfernungsbereichen des Bildschirmarbeitsplatzes zu gewährleisten,
3. übliche Sachleistungen des Arbeitgebers aus Anlass der Diensteinführung, eines Amts- oder Funktionswechsels, eines runden Arbeitnehmerjubiläums (>R 19.5 Abs. 2 Satz 4 Nr. 3) oder der Verabschiedung eines Arbeitnehmers; betragen die Aufwendungen des Arbeitgebers einschl. Umsatzsteuer mehr als 110 Euro[1]) je teilnehmender Person, sind die Aufwendungen dem Arbeitslohn des Arbeitnehmers hinzuzurechnen; auch Geschenke bis zu einem Gesamtwert von 60 Euro sind in die 110-Euro-Grenze[1]) einzubeziehen,
4. übliche Sachleistungen bei einem Empfang anlässlich eines runden Geburtstages eines Arbeitnehmers, wenn es sich unter Berücksichtigung aller Umstände des Einzelfalles um ein Fest des Arbeitgebers (betriebliche Veranstaltung) handelt. [2]Die anteiligen Aufwendungen des Arbeitgebers, die auf den Arbeitnehmer selbst, seine Familienangehörigen sowie private Gäste des Arbeitnehmers entfallen, gehören jedoch zum steuerpflichtigen Arbeitslohn, wenn die Aufwendungen des Arbeitgebers mehr als 110 Euro[1]) je teilnehmender Person betragen; auch Geschenke bis zu einem Gesamtwert von 60 Euro sind in die 110-Euro-Grenze[1]) einzubeziehen,
5. pauschale Zahlungen des Arbeitgebers an ein Dienstleistungsunternehmen, das sich verpflichtet, alle Arbeitnehmer des Auftraggebers kostenlos in persönlichen und sozialen Angelegenheiten zu beraten und zu betreuen, beispielsweise durch die Übernahme der Vermittlung von Betreuungspersonen für Familienangehörige[2]).

(3) [1]Leistungen des Arbeitgebers, mit denen er Werbungskosten des Arbeitnehmers ersetzt, sind nur steuerfrei, soweit dies gesetzlich bestimmt ist. [2]Somit sind auch steuerpflichtig

1. Vergütungen des Arbeitgebers zum Ersatz der dem Arbeitnehmer berechneten Kontoführungsgebühren,

---

[1]) Die Regelungen sind ungeachtet von § 19 Abs. 1 Satz 1 Nr. 1a ab 2015 weiterhin anzuwenden.

[2]) zu individuellen Zahlungen >§ 3 Nr. 34a

2. Vergütungen des Arbeitgebers zum Ersatz der Aufwendungen des Arbeitnehmers für Fahrten zwischen Wohnung und erster Tätigkeitsstätte.

Hinweise H 19.3

Abgrenzung zu anderen Einkunftsarten

– Abgrenzung des Arbeitslohns von den Einnahmen aus Kapitalvermögen >BFH vom 31.10.1989 (BStBl 1990 II S. 532)
– Zahlungen im Zusammenhang mit einer fehlgeschlagenen Hofübergabe sind kein Arbeitslohn, sondern Einkünfte nach § 22 Nr. 3 EStG (>BFH vom 8.5.2008 – BStBl II S. 868).
– Abgrenzung von Arbeitslohn und privater Vermögensebene bei einem Gesellschafter-Geschäftsführer >BFH vom 19.6.2008 (BStBl II S. 826)
– Veräußerungsgewinn aus einer Kapitalbeteiligung an einem Unternehmen des Arbeitgebers >BFH vom 17.6.2009 (BStBl 2010 II S. 69) und BFH vom 4.10.2016 (BStBl 2017 II S. 790)
– Veräußerungsverluste aus einer Kapitalbeteiligung am Unternehmen des Arbeitgebers sind keine negativen Einnahmen bei den Einkünften aus nichtselbständiger Arbeit, wenn es an einem Veranlassungszusammenhang zum Dienstverhältnis mangelt (>BFH vom 17.9.2009 – BStBl 2010 II S. 198).
– Arbeitslohn im Zusammenhang mit der Veräußerung von GmbH-Anteilen >BFH vom 30.6.2011 (BStBl II S. 948)
– Abgrenzung zwischen Arbeitslohn und gewerblichen Einkünften eines Fußballspielers >BFH vom 22.2.2012 (BStBl II S. 511)
– Abgrenzung zwischen einer verdeckten Gewinnausschüttung und Arbeitslohn bei vertragswidriger Kraftfahrzeugnutzung durch den Gesellschafter-Geschäftsführer einer Kapitalgesellschaft >BMF vom 3.4.2012 (BStBl I S. 478) Anhang 24 **IV** 3
– Abgrenzung des Arbeitslohns von den Einnahmen aus Kapitalvermögen beim Rückverkauf von Genussrechten im Zusammenhang mit der Beendigung des Dienstverhältnisses >BFH vom 5.11.2013 (BStBl 2014 II S. 275)
– Aufteilung einer Zahlung in Arbeitslohn und sonstige Einkünfte >BFH vom 11.7.2017 (BStBl 2018 II S. 86)

Allgemeines zum Arbeitslohnbegriff

Welche Einnahmen zum Arbeitslohn gehören, ist unter Beachtung der Vorschriften des § 19 Abs. 1 EStG und § 2 LStDV sowie der hierzu ergangenen Rechtsprechung zu entscheiden. (Anhang 22) Danach sind Arbeitslohn grundsätzlich alle Einnahmen in Geld oder Geldeswert, die durch ein individuelles Dienstverhältnis veranlasst sind. Ein **Veranlassungszusammenhang zwischen Einnahmen und einem Dienstverhältnis** ist anzunehmen, wenn die Einnahmen dem Empfänger nur mit Rücksicht auf das Dienstverhältnis zufließen und sich als Ertrag seiner nichtselbständigen Arbeit darstellen. Die letztgenannte Voraussetzung ist erfüllt, wenn sich die Einnahmen im weitesten Sinne als Gegenleistung für das Zurverfügungstellen der individuellen Arbeitskraft erweisen (>BFH vom 24.9.2013 – BStBl 2014 II S. 124). Eine solche Gegenleistung liegt nicht vor, wenn die Vergütungen die mit der Tätigkeit zusammenhängenden Aufwendungen nur unwesentlich übersteigen (>BFH vom 23.10.1992 – BStBl 1993 II S. 303). Die Zurechnung des geldwerten Vorteils zu einem erst künftigen Dienstverhältnis ist zwar nicht ausgeschlossen, bedarf aber der Feststellung eines eindeutigen Veranlassungszusammenhangs, wenn sich andere Ursachen für die Vorteilsgewährung als Veranlassungsgrund aufdrängen (>BFH vom 20.5.2010 – BStBl II S. 1069).

Ebenfalls keine Gegenleistung sind Vorteile, die sich bei objektiver Würdigung aller Umstände nicht als Entlohnung, sondern lediglich als notwendige Begleiterscheinung betriebsfunktionaler Zielsetzungen erweisen. Ein rechtswidriges Tun ist keine beachtliche Grundlage einer solchen betriebsfunktionalen Zielsetzung (>BFH vom 14.11.2013 – BStBl 2014 II S. 278). Vorteile besitzen danach keinen Arbeitslohncharakter, wenn sie im ganz überwiegend eigenbetrieblichen Interesse des Arbeitgebers gewährt werden. Das ist der Fall, wenn sich aus den Begleitumständen wie zum Beispiel Anlass, Art und Höhe des Vorteils, Auswahl der Begünstigten, freie oder nur gebundene Verfügbarkeit, Freiwilligkeit oder Zwang zur Annahme des Vorteils und seine besondere Geeignetheit für den jeweils verfolgten betrieblichen Zweck ergibt, dass diese Zielsetzung ganz im Vordergrund steht und ein damit einhergehendes eigenes Interesse des Arbeitnehmers, den betreffenden Vorteil zu erlangen, vernachlässigt werden kann (>BFH vom 24.9.2013 – BStBl 2014 II S. 124 und die dort zitierte Rechtsprechung). Im Ergebnis handelt es sich um Leistungen des Arbeitgebers, die er im ganz überwiegenden betrieblichen Interesse erbringt. Ein ganz überwiegendes betriebliches Interesse muss über das an jeder Lohnzahlung bestehende betriebliche Interesse deutlich hinausgehen (>BFH vom 2.2.1990 – BStBl II S. 472). Gemeint sind Fälle, z. B. in denen ein Vorteil der Belegschaft als Gesamtheit zugewendet wird oder in denen dem Arbeitnehmer ein Vorteil aufgedrängt wird, ohne dass ihm eine Wahl bei der Annahme des Vorteils bleibt und ohne dass der Vorteil eine Marktgängigkeit besitzt (>BFH vom 25.7.1986 – BStBl II S. 868).

Beispiele:

Zum Arbeitslohn gehören

– der verbilligte Erwerb von **Aktien vom Arbeitgeber** (oder einem Dritten), wenn der Vorteil dem Arbeitnehmer oder einem Dritten für die Arbeitsleistung des Arbeitnehmers gewährt wird (>BFH vom 7.5.2014 – BStBl II S. 904),

– ***die Übernahme der Umlage für die Einrichtung des besonderen elektronischen Anwaltspostfachs einer angestellten Rechtsanwältin durch den Arbeitgeber (>BFH vom 1.10.2020 – BStBl 2021 II S. 352),***
– die vom Arbeitgeber übernommenen Beiträge einer angestellten Rechtsanwältin zum deutschen **Anwaltverein** (>BFH vom 12.2.2009 – BStBl II S. 462),
– **Arbeitnehmeranteile** zur Arbeitslosen-, Kranken-, Pflege- und Rentenversicherung (Gesamtsozialversicherung), wenn der Arbeitnehmer hierdurch einen eigenen Anspruch gegen einen Dritten erwirbt (>BFH vom 16.1.2007 – BStBl II S. 579),
– die vom Arbeitgeber übernommenen Beiträge zur **Berufshaftpflichtversicherung** von Rechtsanwälten (>BFH vom 26.7.2007 – BStBl II S. 892). ***Übernimmt eine Rechtsanwaltssozietät den Versicherungsbeitrag einer angestellten Rechtsanwältin, die im Außenverhältnis nicht für eine anwaltliche Pflichtverletzung haftet, liegt Arbeitslohn regelmäßig nur in Höhe des übernommenen Prämienanteils vor, der auf die in § 51 Abs. 4 BRAO vorgeschriebene Mindestversicherungssumme entfällt und den die Rechtsanwältin zur Erfüllung ihrer Versicherungspflicht nach § 51 Abs. 1 Satz 1 BRAO benötigt (>BFH vom 1.10.2020 – BStBl 2021 II S. 352 und 356),***
– der geldwerte Vorteil aus dem verbilligten Erwerb einer GmbH-Beteiligung durch einen leitenden Arbeitnehmer des Arbeitgebers, selbst wenn nicht der Arbeitgeber, sondern ein Gesellschafter des Arbeitgebers die **Beteiligung** veräußert (>BFH vom 15.3.2018 – BStBl II S. 550); zur Bewertung >H 8.1 (1-4) GmbH-Anteile. Gleiches gilt für den verbilligten Erwerb einer Beteiligung, der im Hinblick auf eine spätere Beschäftigung als Geschäftsführer gewährt wird (>BFH vom 26.6.2014 – BStBl II S. 864) sowie den verbilligten Erwerb einer GmbH-Beteiligung durch eine vom Geschäftsführer des Arbeitgebers beherrschte GmbH, wenn nicht der Arbeitgeber selbst, sondern ein Gesellschafter des Arbeitgebers die Beteiligung veräußert (>BFH vom 1.9.2016 – BStBl 2017 II S. 69),
– die vom Arbeitgeber übernommenen **Bußgelder**, die gegen bei ihm angestellte Fahrer wegen Verstoßes gegen die Lenk- und Ruhezeit verhängt worden sind (>BFH vom 14.11.2013 – BStBl 2014 II S. 278),
– die unentgeltliche bzw. verbilligte **Überlassung eines Dienstwagens** durch den Arbeitgeber an den Arbeitnehmer für dessen Privatnutzung (>BFH vom 29.1.2009 – BStBl 2010 II S. 1067),
– **Entschädigungszahlungen**, die ein Feuerwehrbeamter für rechtswidrig geleistete Mehrarbeit erhält (>BFH vom 14.6.2016 – BStBl II S. 901),
– der **Forderungsverzicht** eines Gesellschafters einer Kapitalgesellschaft auf eine erdiente und werthaltige Pensionsanwartschaft in Höhe des Teilwerts, soweit mit dem Verzicht eine verdeckte Einlage erbracht wird

(>BFH vom 9.6.1997 – BStBl 1998 II S. 307 und BFH vom 23.8.2017 – BStBl 2018 II S. 208),

- die vom Arbeitgeber übernommenen **Geldbußen und Geldauflagen** bei nicht ganz überwiegend eigenbetrieblichem Interesse (>BFH vom 22.7.2008 – BStBl 2009 II S. 151),
- die vom Arbeitgeber übernommenen Beiträge für die Mitgliedschaft in einem **Golfclub** (>BFH vom 21.3.2013 – BStBl II S. 700); zur Abgrenzung >BFH vom 17.7.2014 (BStBl 2015 II S. 41),
- Beiträge des Arbeitgebers zu einer privaten **Gruppenkrankenversicherung**, wenn der Arbeitnehmer einen eigenen unmittelbaren und unentziehbaren Rechtsanspruch gegen den Versicherer erlangt (>BFH vom 14.4.2011 – BStBl II S. 767),
- die vom Arbeitgeber übernommenen **Kammerbeiträge** für Geschäftsführer von Wirtschaftsprüfungs-/Steuerberatungsgesellschaften (>BFH vom 17.1.2008 – BStBl II S. 378),
- die kostenlose oder verbilligte Überlassung von qualitativ und preislich **hochwertiger Kleidungsstücke** durch den Arbeitgeber (>BFH vom 11.4.2006 – BStBl II S. 691), soweit es sich nicht um typische Berufskleidung handelt >R 3.31 Abs. 1; zum überwiegend eigenbetrieblichen Interesse bei Überlassung einheitlicher Kleidung >BFH vom 22.6.2006 (BStBl II S. 915),
- monatliche Zahlungen nach einer Betriebsvereinbarung (Sozialplan) zum **Ausgleich der durch Kurzarbeit** entstehenden Nachteile (>BFH vom 20.7.2010 – BStBl 2011 II S. 218); Entsprechendes gilt für den Zuschuss einer Beschäftigungsgesellschaft zum Transferkurzarbeitergeld (>BFH vom 12.3.2019 – BStBl II S. 574),
- die innerhalb eines Dienstverhältnisses erzielten **Liquidationseinnahmen** eines angestellten Chefarztes aus einem eingeräumten Liquidationsrecht für gesondert berechenbare wahlärztliche Leistungen (>BFH vom 5.10.2005 – BStBl 2006 II S. 94),
- **Lohnsteuerbeträge**, soweit sie vom Arbeitgeber übernommen werden und kein Fall des § 40 Abs. 3 EStG vorliegt (>BFH vom 28.2.1992 – BStBl II S. 733). Bei den ohne entsprechende Nettolohnvereinbarung übernommenen Lohnsteuerbeträgen handelt es sich um Arbeitslohn des Kalenderjahres, in dem sie entrichtet worden sind und der Arbeitgeber auf den Ausgleichsanspruch gegen den Arbeitnehmer verzichtet (>BFH vom 29.10.1993 – BStBl 1994 II S. 197). Entsprechendes gilt für übernommene Kirchensteuerbeträge sowie für vom Arbeitgeber zu Unrecht angemeldete und an das Finanzamt endgültig abgeführte Lohnsteuerbeträge (>BFH vom 17.6.2009 – BStBl 2010 II S. 72),
- vom Arbeitgeber **nachträglich** an das Finanzamt **abgeführte Lohnsteuer** für zunächst als steuerfrei behandelten Arbeitslohn (>BFH vom 29.11.2000 – BStBl 2001 II S. 195),
- freiwillige Zahlungen von Notaren an **Notarassessoren** für deren Vertretungstätigkeit (>BFH vom 10.3.2015 – BStBl II S. 767),

- von einem Dritten verliehene **Preise**, die den Charakter eines leistungsbezogenen Entgelts haben und nicht eine Ehrung der Persönlichkeit des Preisträgers darstellen (>BFH vom 23.4.2009 – BStBl II S. 668),
- die vom Arbeitgeber übernommenen Kosten einer **Regenerationskur**; keine Aufteilung einer einheitlich zu beurteilenden Zuwendung (>BFH vom 11.3.2010 – BStBl II S. 763),
- geldwerte Vorteile anlässlich von **Reisen** (>H 19.7),
- **Zuschüsse**, die eine AG Vorstandsmitgliedern zur freiwilligen **Weiterversicherung** in der gesetzlichen **Rentenversicherung** oder einem **Versorgungswerk** gewährt (>BFH vom 24.9.2013 – BStBl 2014 II S. 124),
- Überschüsse aus dem **Rückverkauf** der vom Arbeitgeber erworbenen **Genussrechte**, wenn der Arbeitnehmer sie nur an den Arbeitgeber veräußern kann (>BFH vom 5.11.2013 – BStBl 2014 II S. 275),
- **Sachbezüge**, soweit sie zu geldwerten Vorteilen des Arbeitnehmers aus seinem Dienstverhältnis führen (>R 8.1 und 8.2),
- der **Erlass einer Schadensersatzforderung** des Arbeitgebers (>BFH vom 27.3.1992 – BStBl II S. 837), siehe auch H 8.1 (9-10) Verzicht auf Schadensersatz,
- Aufwendungen des Arbeitgebers für eine **"Sensibilisierungswoche"** der Arbeitnehmer (>BFH vom 21.11.2018 – BStBl 2019 II S. 404),
- Aufwendungen des Arbeitgebers für **Sicherheitsmaßnahmen** bei abstrakter berufsbedingter Gefährdung (>BFH vom 5.4.2006 – BStBl II S. 541); >aber BMF vom 30.6.1997 (BStBl I S. 696),
- vom Arbeitgeber übernommene **Steuerberatungskosten** >BMF vom 22.4.2020 (BStBl I S. 483), Rdnr. 303; anders aber bei Steuerberatungskosten im Rahmen einer Nettolohnvereinbarung >BMF vom 22.4.2020 (BStBl I S. 483), Rdnr. 303a, Anhang 12 II
- **Surrogatleistungen** des Arbeitgebers auf Grund des Wegfalls von Ansprüchen im Rahmen der betrieblichen Altersversorgung (>BFH vom 7.5.2009 – BStBl 2010 II S. 130),
- die vom Arbeitgeber übernommenen festen und laufenden Kosten für einen **Telefonanschluss** in der Wohnung des Arbeitnehmers oder für ein **Mobiltelefon**, soweit kein betriebliches Gerät genutzt wird (>R 3.45), es sich nicht um Auslagenersatz nach R 3.50 handelt und die Telefonkosten nicht zu den Reisenebenkosten (>R 9.8), Umzugskosten (>R 9.9) oder Mehraufwendungen wegen doppelter Haushaltsführung (>R 9.11) gehören,
- die Nutzung vom Arbeitgeber gemieteter **Tennis- und Squashplätzen** (>BFH vom 27.9.1996 – BStBl 1997 II S. 146),
- **Umlagezahlungen** des Arbeitgebers an die Versorgungsanstalt des Bundes und der Länder (>BFH vom 7.5.2009 – BStBl 2010 II S. 194),
- ggf. Beiträge für eine und Leistungen aus einer **Unfallversicherung** (>BMF vom 28.10.2009 – BStBl I S. 1275), Anhang 18

- Leistungen aus **Unterstützungskassen** (>BFH vom 28.3.1958 – BStBl III S. 268), soweit sie nicht nach R 3.11 Abs. 2 steuerfrei sind,
- **Vermittlungsprovisionen** (>R 19.4),
- **Verzinsungen von Genussrechten**, wenn die Höhe der Verzinsung völlig unbestimmt ist und von einem aus Arbeitgeber und einem Vertreter der Arbeitnehmer bestehenden Partnerschaftsausschuss bestimmt wird (>BFH vom 21.10.2014 – BStBl 2015 II S. 593),
- Ausgleichszahlungen, die der Arbeitnehmer für seine in der Arbeitsphase erbrachten **Vorleistungen** erhält, wenn ein im Blockmodell geführtes Altersteizeitarbeitsverhältnis vor Ablauf der vertraglich vereinbarten Zeit beendet wird (>BFH vom 15.12.2011 – BStBl 2012 II S. 415).

Nicht zum Arbeitslohn gehören

- **Aufmerksamkeiten** (>R 19.6),
- **Arbeitnehmeranteile am Gesamtsozialversicherungsbeitrag**, die der Arbeitgeber wegen der gesetzlichen Beitragslastverschiebung nachzuentrichten und zu übernehmen hat (§ 3 Nr. 62 EStG), es sei denn, dass Arbeitgeber und Arbeitnehmer eine Nettolohnvereinbarung getroffen haben oder der Arbeitgeber zwecks Steuer- und Beitragshinterziehung die Unmöglichkeit einer späteren Rückbelastung beim Arbeitnehmer bewusst in Kauf genommen hat (>BFH vom 29.10.1993 – BStBl 1994 II S. 194 und vom 13.9.2007 – BStBl 2008 II S. 58),
- Beiträge zur eigenen **Berufshaftpflichtversicherung** des Arbeitgebers (>BFH vom 19.11.2015 – BStBl 2016 II S. 301 zur Betriebshaftpflichtversicherung eines Krankenhauses, >BFH vom 19.11.2015 – BStBl 2016 II S. 303 zur Berufshaftpflichtversicherung einer Rechtsanwalts-GmbH und >BFH vom 10.3.2016 – BStBl II S. 621 zur Berufshaftpflichtversicherung einer Rechtsanwalts-GbR),
- Beiträge des Bundes nach **§ 15 FELEG** (>BFH vom 14.4.2005 – BStBl II S. 569),
- **Fort- oder Weiterbildungsleistungen** (>R 19.7),
- **Gestellung einheitlicher**, während der Arbeitszeit zu tragender bürgerliche **Kleidung**, wenn das eigenbetriebliche Interesse des Arbeitgebers im Vordergrund steht bzw. kein geldwerter Vorteil des Arbeitnehmers anzunehmen ist (>BFH vom 22.6.2006 – BStBl II S. 915); zur Überlassung hochwertiger Kleidung >BFH vom 11.4.2006 (BStBl II S. 691),
- **Leistungen zur Verbesserung der Arbeitsbedingungen**, z. B. die Bereitstellung von Aufenthalts- und Erholungsräumen sowie von betriebseigenen Dusch- und Badeanlagen; sie werden der Belegschaft als Gesamtheit und damit in überwiegendem betrieblichen Interesse zugewendet (>BFH vom 25.7.1986 – BStBl II S. 868),
- **Maßnahmen** des Arbeitgebers zur Vorbeugung spezifisch berufsbedingter Beeinträchtigungen der **Gesundheit**, wenn die Notwendigkeit der Maßnahmen zur Verhinderung krankheitsbedingter Arbeitsausfälle

durch Auskünfte des medizinischen Dienstes einer Krankenkasse bzw. Berufsgenossenschaft oder durch Sachverständigengutachten bestätigt wird (>BFH vom 30.5.2001 – BStBl II S. 671),

- **Mietzahlungen** des Arbeitgebers für ein im Haus bzw. in der Wohnung des Arbeitnehmers gelegenes Arbeitszimmers, das der Arbeitnehmer für die Erbringung seiner Arbeitsleistung nutzt, wenn die Nutzung des Arbeitszimmers in vorrangigem Interesse des Arbeitgebers erfolgt (>BMF vom 18.4.2019 – BStBl I S. 461), Anhang 19 II
- **Nutzungsentgelt** für eine dem Arbeitgeber überlassene eigene **Garage**, in der ein Dienstwagen untergestellt wird (>BFH vom 7.6.2002 – BStBl II S. 829),
- **Rabatte**, die der Arbeitgeber nicht nur seinen Arbeitnehmern, sondern **auch fremden Dritten** üblicherweise einräumt (>BFH vom 26.7.2012 – BStBl 2013 II S. 402 zu Mitarbeiterrabatten in der Automobilbranche und BFH vom 10.4.2014 – BStBl 2015 II S. 191 zu Rabatten beim Abschluss von Versicherungsverträgen),
- **übliche Sachleistungen** des Arbeitgebers anlässlich einer betrieblichen Veranstaltung im Zusammenhang mit einem runden Geburtstag des Arbeitnehmers im Rahmen des R 19.3 Abs. 2 Nr. 4 LStR; zur Abgrenzung einer betrieblichen Veranstaltung von einem privaten Fest des Arbeitnehmers >BFH vom 28.1.2003 (BStBl II S. 724),
- **Schadensersatzleistungen**, soweit der Arbeitgeber zur Leistung gesetzlich verpflichtet ist oder soweit der Arbeitgeber einen zivilrechtlichen Schadensersatzanspruch des Arbeitnehmers wegen schuldhafter Verletzung arbeitsvertraglicher Fürsorgepflichten erfüllt (>BFH vom 20.9.1996 – BStBl 1997 II S. 144 und BFH vom 25.4.2018 – BStBl II S. 600); zur Aufteilung einer einheitlichen Zahlung in Arbeitslohn und Schadensersatz >BFH vom 9.1.2018 (BStBl I S. 582),
- **Steuerberatungskosten**, die der Arbeitgeber, der mit dem Arbeitnehmer unter Abtretung der Steuererstattungsansprüche eine Nettolohnvereinbarung abgeschlossen hat, für die Erstellung der Einkommensteuererklärungen des Arbeitnehmers übernimmt (>BMF vom 22.4.2020 – BStBl I S. 483, Rdnr. 303a f.), Anhang 12 II
- **Vergütungen eines Sportvereins an Amateursportler**, wenn die Vergütungen die mit der Tätigkeit zusammenhängenden Aufwendungen nur unwesentlich übersteigen (>BFH vom 23.10.1992 – BStBl 1993 II S. 303),
- **Vergütungen für Sanitätshelfer des DRK**, wenn sie als pauschale Erstattung der Selbstkosten beurteilt werden können, weil sie die durch die ehrenamtliche Tätigkeit veranlassten Aufwendungen regelmäßig nur unwesentlich übersteigen (>BFH vom 4.8.1994 – BStBl II S. 944),
- vom Arbeitnehmer **veruntreute Beträge** (>BFH vom 13.11.2012 – BStBl 2013 II S. 929),

- ***vom Arbeitgeber gezahlte Verwarnungsgelder, die er gem. § 56 Abs. 1 Satz 1 OWiG (Halterhaftung) als eigene Schuld leistet (>BFH vom 13.8.2020 – BStBl 2021 II S. 103),***
- **Vorsorgeuntersuchungen leitender Angestellter**

  >BFH vom 17.9.1982 (BStBl 1983 II S. 39),
- **Zuwendungen aus persönlichem Anlass (>R 19.6).**

Steuerfrei sind

- die Leistungen nach dem **AltTZG** nach § 3 Nr. 28 EStG (>R 3.28),
- **Aufwandsentschädigungen** nach § 3 Nr. 12 (>R 3.12) und Einnahmen bis zum Höchstbetrag nach § 3 Nr. 26 und 26a EStG (>R 3.26),
- durchlaufende Gelder und **Auslagenersatz** nach § 3 Nr. 50 EStG (>R 3.50),
- **Beihilfen und Unterstützungen**, die wegen Hilfsbedürftigkeit gewährt werden nach § 3 Nr. 11 EStG (>R 3.11),
- der Wert der unentgeltlich oder verbilligt überlassenen **Berufskleidung** sowie die Barablösung des Anspruchs auf Gestellung typischer Berufskleidung nach § 3 Nr. 31 EStG (>R 3.31),
- die Erstattung von Mehraufwendungen bei **doppelter Haushaltsführung** nach § 3 Nr. 13 und 16 EStG (>R 3.13, 3.16 und 9.11),
- **Arbeitgeberleistungen für Fahrten i. S. d. § 3 Nr. 15 EStG**,
- **Fürsorgeleistungen** des Arbeitgebers zur besseren Vereinbarkeit von Familie und Beruf nach § 3 Nr. 34a EStG,
- die Maßnahmen der **Gesundheitsförderung** bis zum Höchstbetrag nach § 3 Nr. 34 EStG,
- der **Kaufkraftausgleich** nach § 3 Nr. 64 EStG (>R 3.64),
- Leistungen des Arbeitgebers für die Unterbringung und Betreuung von nicht schulpflichtigen **Kindern** nach § 3 Nr. 33 EStG (>R 3.33),
- der Ersatz von **Reisekosten** nach § 3 Nr. 13 und 16 EStG (>R 3.13, 3.16 und 9.4 bis 9.8),
- die betrieblich notwendige **Sammelbeförderung** des Arbeitnehmers nach § 3 Nr. 32 EStG (>R 3.32),
- **Studienbeihilfen und Stipendien** nach § 3 Nr. 11 und 44 EStG (>R 4.1 und R 3.44 EStR),
- vom Arbeitgeber nach R 3.50 Abs. 2 ersetzte Aufwendungen für **Telekommunikation**,
- geldwerte Vorteile aus der privaten Nutzung betrieblicher Personalcomputer und **Datenverarbeitungsgeräte** nach § 3 Nr. 45 EStG (>R 3.45),
- **Trinkgelder** nach § 3 Nr. 51 EStG**,**
- der Ersatz von **Umzugskosten** nach § 3 Nr. 13 und 16 EStG (>R 3.13, 3.16 und 9.9),

- der Ersatz von **Unterkunftskosten** sowie die unentgeltliche oder teilentgeltliche Überlassung einer Unterkunft nach
  § 3 Nr. 13 EStG (>R 3.13),
  § 3 Nr. 16 EStG (>R 9.7 und 9.11),
- der Ersatz von **Verpflegungskosten** nach
  § 3 Nr. 4 Buchstabe c EStG (>R 3.4),
  § 3 Nr. 12 EStG (>R 3.12),
  § 3 Nr. 13 EStG (>R 3.13),
  § 3 Nr. 16 EStG (>R 9.6 und 9.11),
  § 3 Nr. 26 EStG (>R 3.26),
- **Werkzeuggeld** nach § 3 Nr. 30 EStG (>R 3.30),
- **Zukunftssicherungsleistungen** des Arbeitgebers auf Grund gesetzlicher Verpflichtung und gleichgestellte Zuschüsse nach § 3 Nr. 62 EStG (>§ 2 Abs. 2 Nr. 3 LStDV und R 3.62), Anhang 22
- **Zuschläge** für Sonntags-, Feiertags- oder Nachtarbeit nach § 3b EStG (>R 3b).

Gehaltsverzicht

>R 3.33 und 38.2

Lohnverwendungsabrede

Arbeitslohn fließt nicht nur dadurch zu, dass der Arbeitgeber den Lohn auszahlt oder überweist, sondern auch dadurch, dass der Arbeitgeber eine mit dem Arbeitnehmer getroffene Lohnverwendungsabrede (eine konstitutive Verwendungsauflage) erfüllt. Keinen Lohn erhält der Arbeitnehmer hingegen dann, wenn der Arbeitnehmer auf Lohn verzichtet und keine Bedingungen an die Verwendung der freigewordenen Mittel knüpft (>BFH vom 23.9.1998 – BStBl 1999 II S. 98).

Lohnzahlung durch Dritte

Die Zuwendung eines Dritten kann Arbeitslohn sein, wenn sie als Entgelt für eine Leistung beurteilt werden kann, die der Arbeitnehmer im Rahmen seines Dienstverhältnisses für seinen Arbeitgeber erbringt, erbracht hat oder erbringen soll (>BFH vom 28.2.2013 – BStBl II S. 642). Bei Zuflüssen von dritter Seite können die Einnahmen insbesondere dann Ertrag der nichtselbständigen Arbeit sein, wenn sie

- auf Grund konkreter Vereinbarungen mit dem Arbeitgeber beruhen (>BFH vom 28.3.1958 – BStBl III S. 268 und vom 27.1.1961 – BStBl III S. 167 zu Leistungen aus einer **Unterstützungskasse**),
- auf Grund gesellschaftsrechtlicher oder geschäftlicher Beziehungen des Dritten zum Arbeitgeber gewährt werden (>BFH vom 21.2.1986 – BStBl II S. 768 zur unentgeltlichen oder teilentgeltlichen Überlassung von **Belegschaftsaktien** an Mitarbeiter verbundener Unternehmen und vom 1.9.2016 – BStBl 2017 II S. 69 zum verbilligten Erwerb einer GmbH-

Beteiligung durch eine vom Geschäftsführer des Arbeitgebers beherrschte GmbH),

- dem Empfänger mit Rücksicht auf das Dienstverhältnis zufließen (>BFH vom 19.8.2004 – BStBl II S. 1076 zur **Wohnungsüberlassung**).
- >H 38.4 (Lohnzahlung durch Dritte)

Negativer Arbeitslohn

Wird ein fehlgeschlagenes Mitarbeiterbeteiligungsprogramm rückgängig gemacht, indem zuvor vergünstigt erworbene Aktien an den Arbeitgeber zurückgegeben werden, liegen negative Einnahmen bzw. Werbungskosten vor (>BFH vom 17.9.2009 – BStBl 2010 II S. 299).

Pensionszusage, Ablösung

Anhang 2 V
Anhang 2 III

>BMF vom 4.7.2017 (BStBl I S. 883); zur Übertragung der betrieblichen Altersversorgung >§ 3 Nr. 55, Nr. 65 und Nr. 66 EStG und BMF vom ***12.8.2021*** (BStBl I S. ***1050***), ***Rn.*** 53 ff.

Rabattgewährung durch Dritte

Anhang 24 I

>BMF vom 20.1.2015 (BStBl I S. 143)

Rückzahlung von Arbeitslohn

Arbeitslohnrückzahlungen sind nur dann anzunehmen, wenn der Arbeitnehmer an den Arbeitgeber die Leistungen, die bei ihm als Lohnzahlungen zu qualifizieren waren, zurückzahlt. Der Veranlassungszusammenhang zum Arbeitsverhältnis darf aber nicht beendet worden sein (>BFH vom 10.8.2010 – BStBl II S. 1074 zum fehlgeschlagenen Grundstückserwerb vom Arbeitgeber).

>H 11

Zinsen

Soweit die Arbeitnehmer von Kreditinstituten und ihre Angehörigen auf ihre Einlagen beim Arbeitgeber höhere Zinsen erhalten als betriebsfremde Anleger, sind die zusätzlichen Zinsen durch das Dienstverhältnis veranlasst und dem Lohnsteuerabzug zu unterwerfen. Aus Vereinfachungsgründen ist es jedoch nicht zu beanstanden, wenn der Zusatzzins als Einnahmen aus Kapitalvermögen behandelt wird, sofern der dem Arbeitnehmer und seinen Angehörigen eingeräumte Zinssatz nicht mehr als 1 Prozentpunkt über dem Zinssatz liegt, den die kontoführende Stelle des Arbeitgebers betriebsfremden Anlegern im allgemeinen Geschäftsverkehr anbietet (>BMF vom 2.3.1990 – BStBl I S. 141).

Zufluss von Arbeitslohn

>R 38.2

Zum Lohnsteuerabzug

>R 38.4

Vermittlungsprovisionen

R 19.4

S 2332

(1) [1]Erhalten Arbeitnehmer von ihren Arbeitgebern Vermittlungsprovisionen, sind diese grundsätzlich Arbeitslohn. [2]Das Gleiche gilt für Provisionen, die ein Dritter an den Arbeitgeber zahlt und die dieser an den Arbeitnehmer weiterleitet.

(2) [1]Provisionszahlungen einer Bausparkasse oder eines Versicherungsunternehmens an Arbeitnehmer der Kreditinstitute für Vertragsabschlüsse, die während der Arbeitszeit vermittelt werden, sind als Lohnzahlungen Dritter dem Lohnsteuerabzug zu unterwerfen. [2]Wenn zum Aufgabengebiet des Arbeitnehmers der direkte Kontakt mit dem Kunden des Kreditinstituts gehört, z. B. bei einem Kunden- oder Anlageberater, gilt dies auch für die Provisionen der Vertragsabschlüsse außerhalb der Arbeitszeit.

Hinweise

H 19.4

Lohnsteuerabzug bei Vermittlungsprovisionen von Dritten

>R 38.4

Provisionen für Vertragsabschlüsse mit dem Arbeitnehmer

- Preisnachlässe des Arbeitgebers bei Geschäften, die mit dem Arbeitnehmer als Kunden abgeschlossen werden, sind als Preisvorteile nach § 8 Abs. 3 EStG zu erfassen, auch wenn sie als Provisionszahlungen bezeichnet werden (>BFH vom 22.5.1992 – BStBl II S. 840).
- Provisionszahlungen einer Bausparkasse oder eines Versicherungsunternehmens an Arbeitnehmer der Kreditinstitute bei Vertragsabschlüssen im Verwandtenbereich und für eigene Verträge unterliegen als Rabatte von dritter Seite dem Lohnsteuerabzug (>BMF vom 20.1.2015 – BStBl I S. 143). Anhang 24 I

Provisionen für im Innendienst Beschäftigte

Provisionen, die Versicherungsgesellschaften ihren im Innendienst beschäftigten Arbeitnehmern für die gelegentliche Vermittlung von Versicherungen zahlen, und Provisionen im Bankgewerbe für die Vermittlung von Wertpapiergeschäften sind Arbeitslohn, wenn die Vermittlungstätigkeit im Rahmen des Dienstverhältnisses ausgeübt wird (>BFH vom 7.10.1954 – BStBl 1955 III S. 17).

Zuwendungen bei Betriebsveranstaltungen[1])

R 19.5

– nicht mehr abgedruckt –

[1]) R 19.5 LStR ist für alle nach dem 31.12.2014 endenden Lohnzahlungszeiträume sowie für VZ ab dem Jahr 2015 nicht mehr anzuwenden >BMF vom 14.10.2015 (BStBl I S. 832), Anhang 11a.

H 19.5

Hinweise

Allgemeines

Anhang 11a

>BMF vom 14.10.2015 (BStBl I S. 832)

Gemischt veranlasste Veranstaltung

Sachzuwendungen an Arbeitnehmer anlässlich einer Veranstaltung, die sowohl Elemente einer Betriebsveranstaltung als auch einer sonstigen betrieblichen Veranstaltung enthält, sind grundsätzlich aufzuteilen (>BFH vom 16.11.2005 – BStBl 2006 II S. 444 und vom 30.4.2009 – BStBl II S. 726).

Incentive-Reisen

Incentive-Reisen, die der Arbeitgeber veranstaltet, um bestimmte Arbeitnehmer für besondere Leistungen zu entlohnen und zu weiteren Leistungen zu motivieren, sind keine Betriebsveranstaltungen (>BFH vom 9.3.1990 – BStBl II S. 711).

Verlosungsgewinne

Gewinne aus einer Verlosung, die gelegentlich einer Betriebsveranstaltung durchgeführt wurde, gehören zum Arbeitslohn, wenn an der Verlosung nicht alle an der Betriebsveranstaltung teilnehmenden Arbeitnehmer beteiligt werden, sondern die Verlosung nur einem bestimmten, herausgehobenen Personenkreis vorbehalten ist (>BFH vom 25.11.1993 – BStBl 1994 II S. 254).

Zuschuss

Beispiel:

Die Arbeitnehmer organisieren als einzige Betriebsveranstaltung in diesem Jahr ein Sommerfest, an dem 100 Arbeitnehmer teilnehmen; der Arbeitgeber zahlt dafür als Zuschuss 10.000 € in die Gemeinschaftskasse der Arbeitnehmer ein. Bei einer Verteilung des Zuschusses ergibt sich ein Pro-Kopf-Anteil von 100 €, der nach § 19 Abs. 1 Satz 1 Nr. 1a Satz 3 EStG nicht zu versteuern ist (>BFH vom 16.11.2005 – BStBl 2006 II S. 437).

R 19.6

S 2332

Aufmerksamkeiten

(1) [1]Sachleistungen des Arbeitgebers, die auch im gesellschaftlichen Verkehr üblicherweise ausgetauscht werden und zu keiner ins Gewicht fallenden Bereicherung der Arbeitnehmer führen, gehören als bloße Aufmerksamkeiten nicht zum Arbeitslohn. [2]Aufmerksamkeiten sind Sachzuwendungen bis zu einem Wert von 60 Euro, z. B. Blumen, Genussmittel, ein Buch oder ein Tonträger, die dem Arbeitnehmer oder seinen Angehörigen aus Anlass eines besonderen persönlichen Ereignisses zugewendet werden. [3]Geldzuwendungen gehören stets zum Arbeitslohn, auch wenn ihr Wert gering ist.

(2) [1]Als Aufmerksamkeiten gehören auch Getränke und Genussmittel, die der Arbeitgeber den Arbeitnehmern zum Verzehr im Betrieb unentgeltlich oder teilentgeltlich überlässt, nicht zum Arbeitslohn. [2]Dasselbe gilt für Speisen, die der Arbeitgeber den Arbeitnehmern anlässlich und während eines außergewöhnlichen Arbeitseinsatzes, z. B. während einer außergewöhnlichen betrieblichen Besprechung oder Sitzung, im ganz überwiegenden betrieblichen Interesse an einer günstigen Gestaltung des Arbeitsablaufes unentgeltlich oder teilentgeltlich überlässt und deren Wert 60 Euro nicht überschreitet.

Hinweise

H 19.6

Bewirtung von Arbeitnehmern

- Zur Gewichtung des Arbeitgeberinteresses an der Überlassung von Speisen und Getränken anlässlich und während eines außergewöhnlichen Arbeitseinsatzes (>BFH vom 5.5.1994 – BStBl II S. 771).
- Ein mit einer gewissen Regelmäßigkeit stattfindendes Arbeitsessen in einer Gaststätte am Sitz des Unternehmens führt bei den teilnehmenden Arbeitnehmern zu einem Zufluss von Arbeitslohn (>BFH vom 4.8.1994 – BStBl 1995 II S. 59).
- Zur Erfassung und Bewertung von Mahlzeiten, die der Arbeitgeber oder auf dessen Veranlassung ein Dritter aus besonderem Anlass an Arbeitnehmer abgibt (>R 8.1 Abs. 8).
- Die Verpflegung der Besatzungsmitglieder an Bord eines Flusskreuzfahrtschiffes ist dann kein Arbeitslohn, wenn das eigenbetriebliche Interesse des Arbeitgebers an einer Gemeinschaftsverpflegung wegen besonderer betrieblicher Abläufe den Vorteil der Arbeitnehmer bei weitem überwiegt (>BFH vom 21.1.2010 – BStBl II S. 700).
- ***Stellt der Arbeitgeber seinen Arbeitnehmern unbelegte Backwaren nebst Heißgetränken zum sofortigen Verzehr im Betrieb bereit, handelt es sich bei den zugewandten Vorteilen grundsätzlich um nicht steuerbare Aufmerksamkeiten (>BFH vom 3.7.2019 – BStBl 2020 II S. 788).***

Gelegenheitsgeschenke

Freiwillige Sonderzuwendungen (z. B. Lehrabschlussprämien) des Arbeitgebers an einzelne Arbeitnehmer, gehören grundsätzlich zum Arbeitslohn, und zwar auch dann, wenn mit ihnen soziale Zwecke verfolgt werden oder wenn sie dem Arbeitnehmer anlässlich besonderer persönlicher Ereignisse zugewendet werden; das gilt sowohl für Geld- als auch für Sachgeschenke (>BFH vom 22.3.1985 – BStBl II S. 641).

R 19.7

S 2332

Berufliche Fort- oder Weiterbildungsleistungen des Arbeitgebers

(1) [1]Berufliche Fort- oder Weiterbildungsleistungen des Arbeitgebers führen nicht zu Arbeitslohn, wenn diese Bildungsmaßnahmen im ganz überwiegenden betrieblichen Interesse des Arbeitgebers durchgeführt werden. [2]Dabei ist es gleichgültig, ob die Bildungsmaßnahmen am Arbeitsplatz, in zentralen betrieblichen Einrichtungen oder in außerbetrieblichen Einrichtungen durchgeführt werden. [3]Sätze 1 und 2 gelten auch für Bildungsmaßnahmen fremder Unternehmer, die für Rechnung des Arbeitgebers erbracht werden. [4]Ist der Arbeitnehmer Rechnungsempfänger, ist dies für ein ganz überwiegend betriebliches Interesse des Arbeitgebers unschädlich, wenn der Arbeitgeber die Übernahme bzw. den Ersatz der Aufwendungen allgemein oder für die besondere Bildungsmaßnahme vor Vertragsabschluss schriftlich zugesagt hat.

(2) [1]Bei einer Bildungsmaßnahme ist ein ganz überwiegendes betriebliches Interesse des Arbeitgebers anzunehmen, wenn sie die Einsatzfähigkeit des Arbeitnehmers im Betrieb des Arbeitgebers erhöhen soll. [2]Für die Annahme eines ganz überwiegenden betrieblichen Interesses des Arbeitgebers ist nicht Voraussetzung, dass der Arbeitgeber die Teilnahme an der Bildungsmaßnahme zumindest teilweise auf die Arbeitszeit anrechnet. [3]Rechnet er die Teilnahme an der Bildungsmaßnahme zumindest teilweise auf die Arbeitszeit an, ist die Prüfung weiterer Voraussetzungen eines ganz überwiegenden betrieblichen Interesses des Arbeitgebers entbehrlich, es sei denn, es liegen konkrete Anhaltspunkte für den Belohnungscharakter der Maßnahme vor. [4]Auch sprachliche Bildungsmaßnahmen sind unter den genannten Voraussetzungen dem ganz überwiegenden betrieblichen Interesse zuzuordnen, wenn der Arbeitgeber die Sprachkenntnisse in dem für den Arbeitnehmer vorgesehenen Aufgabengebiet verlangt. [5]Von einem ganz überwiegenden betrieblichen Interesse ist auch bei dem SGB III entsprechenden Qualifikations- und Trainingsmaßnahmen auszugehen, die der Arbeitgeber oder eine zwischengeschaltete Beschäftigungsgesellschaft im Zusammenhang mit Auflösungsvereinbarungen erbringt. [6]Bildet sich der Arbeitnehmer nicht im ganz überwiegenden betrieblichen Interesse des Arbeitgebers fort, gehört der nach § 8 Abs. 2 EStG zu ermittelnde Wert der vom Arbeitgeber erbrachten Fort- oder Weiterbildungsleistung zum Arbeitslohn[1]). [7]Der Arbeitnehmer kann ggf. den Wert einer beruflichen Fort- und Weiterbildung im Rahmen des § 9 Abs. 1 Satz 1 EStG als Werbungskosten (>R 9.2) oder im Rahmen des § 10 Abs. 1 Nr. 7 EStG als Sonderausgaben geltend machen.

(3)[2]) Auch wenn Fort- oder Weiterbildungsleistungen nach den vorstehenden Regelungen nicht zu Arbeitslohn führen, können die Aufwendungen des Arbeitgebers, wie z. B. Reisekosten, die neben den Kosten für die

---

[1]) ggf. steuerfrei >§ 3 Nr. 19

[2]) >R 9.11 (Mehraufwendungen bei doppelter Haushaltsführung), da die Bildungsstätte eine erste Tätigkeitsstätte darstellt

eigentliche Fort- oder Weiterbildungsleistung anfallen und durch die Teilnahme des Arbeitnehmers an der Bildungsveranstaltung veranlasst sind, nach § 3 Nr. 13, 16 EStG (>R 9.4 bis R 9.8 und R 9.11) zu behandeln sein.

Hinweise H 19.7

Deutschkurse

Berufliche Fort- oder Weiterbildungsleistungen des Arbeitgebers führen nach R 19.7 nicht zu Arbeitslohn, wenn diese Bildungsmaßnahmen im ganz überwiegenden betrieblichen Interesse des Arbeitgebers durchgeführt werden. Bei Flüchtlingen und anderen Arbeitnehmern, deren Muttersprache nicht Deutsch ist, sind Bildungsmaßnahmen zum Erwerb oder zur Verbesserung der deutschen Sprache dem ganz überwiegenden betrieblichen Interesse des Arbeitgebers zuzuordnen, wenn der Arbeitgeber die Sprachkenntnisse in dem für den Arbeitnehmer vorgesehenen Aufgabengebiet verlangt. Arbeitslohn kann bei solchen Bildungsmaßnahmen nur dann vorliegen, wenn konkrete Anhaltspunkte für den Belohnungscharakter der Maßnahme vorliegen (>BMF vom 4.7.2017 – BStBl I S. 882).

Incentive-Reisen

– Veranstaltet der Arbeitgeber so genannte Incentive-Reisen, um bestimmte Arbeitnehmer für besondere Leistungen zu belohnen und zu weiteren Leistungssteigerungen zu motivieren, erhalten die Arbeitnehmer damit einen steuerpflichtigen geldwerten Vorteil, wenn auf den Reisen ein Besichtigungsprogramm angeboten wird, das einschlägigen Touristikreisen entspricht, und der Erfahrungsaustausch zwischen den Arbeitnehmern demgegenüber zurücktritt (>BFH vom 9.3.1990 – BStBl II S. 711).
– Ein geldwerter Vorteil entsteht nicht, wenn die Betreuungsaufgaben das Eigeninteresse des Arbeitnehmers an der Teilnahme des touristischen Programms in den Hintergrund treten lassen (>BFH vom 5.9.2006 – BStBl 2007 II S. 312).
– Selbst wenn ein Arbeitnehmer bei einer von seinem Arbeitgeber veranstalteten so genannten Händler-Incentive-Reise Betreuungsaufgaben hat, ist die Reise Arbeitslohn, wenn der Arbeitnehmer auf der Reise von seinem Ehegatten/Lebenspartner begleitet wird (>BFH vom 25.3.1993 – BStBl II S. 639).
– Eine Aufteilung von Sachzuwendungen an Arbeitnehmer in Arbeitslohn und Zuwendungen im eigenbetrieblichen Interesse ist grundsätzlich möglich (>BFH vom 18.8.2005 – BStBl 2006 II S. 30).
– >BMF vom 14.10.1996 (BStBl I S. 1192)
– Zum Begriff der Incentive-Reise >BMF vom 19.5.2015 (BStBl I S. 468), Rdnr. 10 Anhang 23a

Studiengebühren

Anhang 24 VI

Zur lohnsteuerlichen Behandlung der Übernahme von Studiengebühren für ein berufsbegleitendes Studium durch den Arbeitgeber >BMF vom 13.4.2012 (BStBl I S. 531)

Studienreisen, Fachkongresse

>R 12.2 EStR, H 12.2 EStH

R 19.8

Versorgungsbezüge

S 2345

(1) Zu den nach § 19 Abs. 2 EStG steuerbegünstigten Versorgungsbezügen gehören auch:

1. Sterbegeld i. S. d. § 18 Abs. 1, Abs. 2 Nr. 1 und Abs. 3 BeamtVG sowie entsprechende Bezüge im privaten Dienst. [2]Nicht zu den steuerbegünstigten Versorgungsbezügen gehören Bezüge, die für den Sterbemonat auf Grund des Arbeitsvertrages als Arbeitsentgelt gezahlt werden; besondere Leistungen an Hinterbliebene, die über das bis zum Erlöschen des Dienstverhältnisses geschuldete Arbeitsentgelt hinaus gewährt werden, sind dagegen Versorgungsbezüge,
2. Übergangsversorgung, die nach dem BAT oder diesen ergänzenden, ändernden oder ersetzenden Tarifverträgen sowie Übergangszahlungen nach § 47 Nr. 3 des Tarifvertrags für den öffentlichen Dienst der Länder (TV-L) an Angestellte im militärischen Flugsicherungsdienst, bei der Bundesanstalt für Flugsicherung im Flugsicherungsdienst, im Justizvollzugsdienst und im kommunalen feuerwehrtechnischen Dienst sowie an Luftfahrzeugführer von Messflugzeugen und an technische Luftfahrzeugführer gezahlt wird, einschl. des an Hinterbliebene zu zahlenden monatlichen Ausgleichsbetrages und einschl. des Ausgleichs, der neben der Übergangsversorgung zu zahlen ist, sowie die Übergangsversorgung, die nach § 7 des Tarifvertrags vom 30.11.1991 über einen sozialverträglichen Personalabbau im Bereich des Bundesministeriums der Verteidigung gezahlt wird,
3. die Bezüge der Beamten im einstweiligen Ruhestand,
4. die nach § 47 Abs. 4 Satz 2 des Bundesbeamtengesetzes (BBG) sowie entsprechender Vorschriften der Beamtengesetze der Länder gekürzten Dienstbezüge,
5. die Unterhaltsbeiträge nach den §§ 15 und 26 BeamtVG sowie nach § 69 BeamtVG oder entsprechenden landesrechtlichen Vorschriften,
6. die Versorgungsbezüge der vorhandenen, ehemals unter das G 131 und das Gesetz zur Regelung der Wiedergutmachung nationalsozialistischen Unrechts für Angehörige des öffentlichen Dienstes (BWGöD) fallenden früheren Angehörigen des öffentlichen Dienstes und ihrer Hinterbliebenen nach § 2 Abs. 1 Nr. 1 des Dienstrechtlichen Kriegsfolgen-Abschlussgesetzes (DKfAG) i. V. m. den §§ 69, 69a BeamtVG,
7. die Versorgungsbezüge der politischen Wahlbeamten auf Zeit,

8. das Ruhegehalt und der Ehrensold der ehemaligen Regierungsmitglieder einschl. der entsprechenden Hinterbliebenenbezüge, nicht dagegen das Übergangsgeld nach § 14 des Bundesministergesetzes sowie entsprechende Leistungen auf Grund von Gesetzen der Länder,
9. – unbesetzt –
10. Verschollenheitsbezüge nach § 29 Abs. 2 BeamtVG sowie entsprechende Leistungen nach den Beamtengesetzen der Länder,
11. Abfindungsrenten nach § 69 BeamtVG oder entsprechenden landesrechtlichen Vorschriften,
12. Unterhaltsbeihilfen nach den §§ 5 und 6 des baden-württembergischen Gesetzes zur einheitlichen Beendigung der politischen Säuberung vom 13.7.1953 (GBl. S. 91),
13. Ehrensold der früheren ehrenamtlichen Bürgermeister und ihrer Hinterbliebenen nach § 6 des baden-württembergischen Gesetzes über die Aufwandsentschädigung der ehrenamtlichen Bürgermeister und der ehrenamtlichen Ortsvorsteher vom 19.6.1987 (GBl. S. 281),
14. Ehrensold der früheren Bürgermeister und früheren Bezirkstagspräsidenten nach den Artikeln 59 des bayerischen Gesetzes über kommunale Wahlbeamte und Wahlbeamtinnen,
15. das Ruhegeld der vorhandenen, ehemals unter das G 131 und das BWGöD fallenden früheren Angestellten und Arbeiter der Freien und Hansestadt Hamburg nach § 2 Abs. 1 Nr. 5 DKfAG i. V. m. dem Hamburgischen Zusatzversorgungsgesetz,
16. Ehrensold der früheren ehrenamtlichen Bürgermeister und Kassenverwalter und ihrer Hinterbliebenen nach dem hessischen Gesetz über die Aufwandsentschädigungen und den Ehrensold der ehrenamtlichen Bürgermeister und der ehrenamtlichen Kassenverwalter der Gemeinden vom 7.10.1970 (GVBl. I S. 635),
17. Ehrensold der früheren ehrenamtlichen Bürgermeister, Beigeordneten und Ortsvorsteher nach dem rheinland-pfälzischen Ehrensoldgesetz vom 18.12.1972 (GVBl. S. 376),
18. Ruhegehalt und Versorgungsbezüge, die auf Grund des Artikels 3 der Anlage 1 des Saarvertrags (BGBl. 1956 II S. 1587) an Personen gezahlt werden, die aus Anlass der Rückgliederung des Saarlandes in den Ruhestand versetzt worden sind,
19. die Bezüge der im Saarland nach dem 8.5.1945 berufenen Amtsbürgermeister und Verwaltungsvorsteher, die nach dem Gesetz zur Ergänzung der Gemeindeordnung vom 10.7.1953 (Amtsbl. S. 415) in den Ruhestand versetzt worden sind,
20. Ehrensold der früheren ehrenamtlichen Bürgermeister, Beigeordneten und Amtsvorsteher nach dem saarländischen Gesetz Nr. 987 vom 6.3.1974 (Amtsbl. S. 357),
21. Vorruhestandsleistungen, z. B. i. S. d. Vorruhestandsgesetzes, soweit der Arbeitnehmer im Lohnzahlungszeitraum das 63., bei Schwerbehinderten das 60. Lebensjahr vollendet hat.

(2) Nicht zu den nach § 19 Abs. 2 EStG steuerbegünstigten Versorgungsbezügen gehören insbesondere

1. das Übergangsgeld nach § 47 BeamtVG i. V. m. dessen § 67 Abs. 4 und entsprechende Leistungen auf Grund der Beamtengesetze der Länder sowie das Übergangsgeld nach § 47a BeamtVG,
2. das Übergangsgeld nach § 14 des Bundesministergesetzes und entsprechende Leistungen auf Grund der Gesetze der Länder.

(3) [1]Bezieht ein Versorgungsberechtigter Arbeitslohn aus einem gegenwärtigen Dienstverhältnis und werden deshalb, z. B. nach § 53 BeamtVG, die Versorgungsbezüge gekürzt, sind nur die gekürzten Versorgungsbezüge nach § 19 Abs. 2 EStG steuerbegünstigt; das Gleiche gilt, wenn Versorgungsbezüge nach der Ehescheidung gekürzt werden (§ 57 BeamtVG). [2]Nachzahlungen von Versorgungsbezügen an nichtversorgungsberechtigte Erben eines Versorgungsberechtigten sind nicht nach § 19 Abs. 2 EStG begünstigt.

H 19.8

Hinweise

Altersgrenze

Die in § 19 Abs. 2 Satz 2 Nr. 2 Halbsatz 2 EStG für Versorgungsbezüge im privaten Dienst vorgesehenen Altersgrenzen sind verfassungsgemäß (>BFH vom 7.2.2013 – BStBl II S. 576).

Altersteilzeit

Bezüge, die in der Freistellungsphase im Rahmen der Altersteilzeit nach dem sog. Blockmodell erzielt werden, sind keine Versorgungsbezüge (>BFH vom 21.3.2013 – BStBl II S. 611).

Beamte – vorzeitiger Ruhestand

Bezüge nach unwiderruflicher Freistellung vom Dienst bis zur Versetzung in den Ruhestand gehören zu den Versorgungsbezügen (>BFH vom 12.2.2009 – BStBl II S. 460).

Beamtenrechtliche Grundsätze

Eine Versorgung nach beamtenrechtlichen Grundsätzen gem. § 19 Abs. 2 Satz 2 Nr. 1 Buchst. b EStG liegt vor, wenn dem Arbeitnehmer nach einer Ruhelohnordnung, Satzung, Dienstordnung oder einem (Tarif-)Vertrag von einer öffentlich-rechtlichen Körperschaft eine lebenslängliche Alters- oder Dienstunfähigkeits- und Hinterbliebenenversorgung auf der Grundlage seines Arbeitsentgelts und der Dauer seiner Dienstzeit gewährt wird; die zugesagte Versorgung muss nach Voraussetzung, Art und Umfang ungeachtet gewisser Abweichungen einer beamtenrechtlichen Versorgung in wesentlichen Grundzügen gleichstehen; Versorgungsbezüge nach § 19 Abs. 2 Satz 2

Nr. 1 Buchst. b EStG setzen nicht voraus, dass auch das vorangegangene Dienstverhältnis beamtenrechtlichen Grundsätzen entsprach (>BFH vom 16.12.2020 – BStBl 2021 II S. 399).

Beihilfen

Die an nichtbeamtete Versorgungsempfänger gezahlten Beihilfen im Krankheitsfall sind bei Erfüllung der altersmäßigen Voraussetzungen Versorgungsbezüge i. S. d. § 19 Abs. 2 Satz 2 Nr. 2 EStG (>BFH vom 6.2.2013 – BStBl II S. 572).

Emeritenbezüge entpflichteter Hochschullehrer

Zu den Versorgungsbezügen gehören auch Emeritenbezüge entpflichteter Hochschullehrer (>BFH vom 19.6.1974 – BStBl 1975 II S. 23 und vom 5.11.1993 – BStBl 1994 II S. 238).

Fahrvergünstigungen

Fahrvergünstigungen für Ruhestandsbeamte des Bundeseisenbahnvermögens sind Versorgungsbezüge, da sie keine Gegenleistung für Dienstleistungen des Ruhestandsbeamten darstellen, die im gleichen Zeitraum geschuldet und erbracht werden. Dies gilt auch, wenn die Fahrvergünstigungen aufgrund eines vor Erreichens der Altersgrenze abgeschlossenen privatrechtlichen Vertrags geleistet werden (>BFH vom 11.3.2020 – BStBl II S. 565).

Internationale Organisationen

Zu der Frage, welche Zahlungen internationaler Organisationen zu den Versorgungsbezügen gehören >BMF vom 19.8.2013 (BStBl I S. 1087), geändert durch BMF vom 1.6.2015 (BStBl I S. 475), Rz. 168, vom 4.7.2016 (BStBl I S. 645), vom 19.12.2016 (BStBl I S. 1433) und vom 24.5.2017 (BStBl I S. 820) Anhang 3 II

NATO-Bedienstete

Ruhegehaltsbezüge an ehemalige NATO-Bedienstete sind Versorgungsbezüge (>BFH vom 22.11.2006 – BStBl 2007 II S. 402).

Sterbegeld

Das nach den tarifvertraglichen ***und beamtenrechtlichen*** Vorschriften im öffentlichen Dienst gezahlte Sterbegeld ist ein Versorgungsbezug (>BFH vom 8.2.1974 – BStBl II S. 303) ***und vom 19.4.2021 – BStBl II S. – VI R 8/19 –)***.

Übergangsgeld

Übergangsgeld, das nach den tarifvertraglichen Vorschriften im öffentlichen Dienst gewährt wird, ist ein Versorgungsbezug, wenn es wegen Berufsunfähigkeit oder Erwerbsunfähigkeit oder wegen Erreichens der tariflichen oder der so genannten flexiblen Altersgrenze gezahlt wird; beim Übergangsgeld, das wegen Erreichens einer Altersgrenze gezahlt wird, ist Voraussetzung, dass der Angestellte im Zeitpunkt seines Ausscheidens das 63., bei Schwerbehinderten das 60. Lebensjahr vollendet hat (>BFH vom 21.8.1974 – BStBl 1975 II S. 62).

Umfang der Besteuerung

Versorgungsbezüge sind in voller Höhe und nicht nur mit einem niedrigeren Betrag (z. B. Besteuerungsanteil nach § 22 EStG) als Arbeitslohn anzusetzen (>BFH vom 7.2.2013 – BStBl II S. 573).

Versorgungsbeginn

Anhang 3 II

>BMF vom 19.8.2013 (BStBl I S. 1087), geändert durch BMF vom 10.4.2015 (BStBl I S. 256), Rz. 171a und 185

Versorgungsbezüge

- Bezüge und Vorteile aus früheren Dienstleistungen wegen Erreichens einer Altersgrenze i. S. d. § 19 Abs. 2 Satz 2 Nr. 2 EStG setzen voraus, dass der Steuerpflichtige wegen Erreichens der Altersgrenze von der Verpflichtung zu Dienstleistungen entbunden ist (>BFH vom 11.3.2020 – BStBl II S. 565).

Anhang 3 II

- >BMF vom 19.8.2013 (BStBl I S. 1087), geändert durch BMF vom 10.4.2015 (BStBl I S. 256), vom 1.6.2015 (BStBl I S. 475), Rz. 168 ff., vom 4.7.2016 (BStBl I S. 645), vom 19.12.2016 (BStBl I S. 1433) und vom 24.5.2017 (BStBl I S. 820)

Versorgungsfreibetrag

Beispiel zur Bemessungsgrundlage des Versorgungsfreibetrags bei Sachbezügen

Ein Arbeitnehmer scheidet zum 31.3. aus dem aktiven Dienst aus und erhält ab dem 1.4. eine Werkspension in Höhe von 300 €. Im April erhält er zusätzlich einen einmaligen Sachbezug in Höhe von 400 €.

Sachbezüge, die ein Arbeitnehmer nach dem Ausscheiden aus dem aktiven Dienst zusammen mit dem Ruhegehalt erhält, gehören zu den Versorgungsbezügen i. S. d. § 19 Abs. 2 Satz 2 EStG. Die Bemessungsgrundlage beträgt:

– laufender Bezug im ersten Versorgungsmonat 300 € x 12 Monate	3.600 €
– Sachbezug	400 €
Bemessungsgrundlage	4.000 €

R 19.9

Zahlung von Arbeitslohn an die Erben oder Hinterbliebenen eines verstorbenen Arbeitnehmers

S 2332

(1) [1]Arbeitslohn, der nach dem Tod des Arbeitnehmers gezahlt wird, darf grundsätzlich unabhängig vom Rechtsgrund der Zahlung nicht mehr nach den steuerlichen Merkmalen des Verstorbenen versteuert werden. [2]Bei laufendem Arbeitslohn, der im Sterbemonat oder für den Sterbemonat gezahlt wird, kann der Steuerabzug aus Vereinfachungsgründen noch nach

den steuerlichen Merkmalen des Verstorbenen vorgenommen werden; die Lohnsteuerbescheinigung ist jedoch auch in diesem Falle für den Erben auszustellen und zu übermitteln.

(2) [1]Zahlt der Arbeitgeber den Arbeitslohn an einen Erben oder einen Hinterbliebenen aus, ist der Lohnsteuerabzug vorbehaltlich des Absatzes 1 Satz 2 nur nach dessen Besteuerungsmerkmalen durchzuführen. [2]Die an die übrigen Anspruchsberechtigten weitergegebenen Beträge stellen im Kalenderjahr der Weitergabe negative Einnahmen dar. [3]Handelt es sich dabei um Versorgungsbezüge i. S. d. § 19 Abs. 2 EStG, ist für die Berechnung der negativen Einnahmen zunächst vom Bruttobetrag der an die anderen Anspruchsberechtigten weitergegebenen Beträge auszugehen; dieser Bruttobetrag ist sodann um den Unterschied zwischen den beim Lohnsteuerabzug berücksichtigten Freibeträgen für Versorgungsbezüge und den auf den verbleibenden Anteil des Zahlungsempfängers entfallenden Freibeträgen für Versorgungsbezüge zu kürzen. [4]Die Auseinandersetzungszahlungen sind bei den Empfängern – ggf. vermindert um die Freibeträge für Versorgungsbezüge (§ 19 Abs. 2 EStG) – als Einkünfte aus nichtselbständiger Arbeit im Rahmen einer Veranlagung zur Einkommensteuer zu erfassen (§ 46 Abs. 2 Nr. 1 EStG).

(3) Für den Steuerabzug durch den Arbeitgeber gilt im Übrigen Folgendes:

1. Beim Arbeitslohn, der noch für die aktive Tätigkeit des verstorbenen Arbeitnehmers gezahlt wird, ist, wie dies bei einer Zahlung an den Arbeitnehmer der Fall gewesen wäre, zwischen laufendem Arbeitslohn, z. B. Lohn für den Sterbemonat oder den Vormonat, und sonstigen Bezügen, z. B. Erfolgsbeteiligung, zu unterscheiden.
2. [1]Der Arbeitslohn für den Sterbemonat stellt, wenn er arbeitsrechtlich für den gesamten Lohnzahlungszeitraum zu zahlen ist, keinen Versorgungsbezug i. S. d. § 19 Abs. 2 EStG dar. [2]Besteht dagegen ein Anspruch auf Lohnzahlung nur bis zum Todestag, handelt es sich bei den darüber hinausgehenden Leistungen an die Hinterbliebenen um Versorgungsbezüge. [3]Dies gilt entsprechend für den Fall, dass die arbeitsrechtlichen Vereinbarungen für den Sterbemonat lediglich die Zahlung von Hinterbliebenenbezügen vorsehen oder keine vertraglichen Abmachungen über die Arbeitslohnbemessung bei Beendigung des Dienstverhältnisses im Laufe des Lohnzahlungszeitraums bestehen. [4]Auch in diesen Fällen stellt nur der Teil der Bezüge, der auf die Zeit nach dem Todestag entfällt, einen Versorgungsbezug dar. [5]In den Fällen des Absatzes 1 Satz 2 sind die Freibeträge für Versorgungsbezüge nicht zu berücksichtigen.
3. [1]Das Sterbegeld ist ein Versorgungsbezug und stellt grundsätzlich einen sonstigen Bezug dar. [2]Dies gilt auch für den Fall, dass als Sterbegeld mehrere Monatsgehälter gezahlt werden, weil es sich hierbei dem Grunde nach nur um die ratenweise Zahlung eines Einmalbetrages handelt. [3]Die laufende Zahlung von Witwen- oder Hinterbliebenengeldern i. S. d. § 19 Abs. 1 Satz 1 Nr. 2 EStG durch den Arbeitgeber ist

demgegenüber regelmäßig als laufender Arbeitslohn (Versorgungsbezug) zu behandeln.

4. [1] Soweit es sich bei den Zahlungen an die Erben oder Hinterbliebenen nicht um Versorgungsbezüge handelt, ist zu prüfen, ob der Altersentlastungsbetrag (§ 24a EStG) zum Ansatz kommt. [2] Dabei ist auf das Lebensalter des jeweiligen Zahlungsempfängers abzustellen. [3] Absatz 2 ist entsprechend anzuwenden.
5. [1] Soweit Zahlungen an im Ausland wohnhafte Erben oder Hinterbliebene erfolgen, bei denen die Voraussetzungen des § 1 Abs. 2 oder 3, § 1a EStG nicht vorliegen, ist bei beschränkt steuerpflichtigen Arbeitnehmern beim Steuerabzug nach den für Lohnzahlungen geltenden Vorschriften zu verfahren; wegen der Besonderheiten wird auf § 38b Abs. 1 Satz 2 Nr. 1 Buchstabe b, § 39 Abs. 2 und 3, § 39a Abs. 2 und 4, § 39b Abs. 1 und 2, § 39c Abs. 2 EStG hingewiesen. [2] Dabei ist jedoch zu beachten, dass auf Grund eines Doppelbesteuerungsabkommens das Besteuerungsrecht dem Ansässigkeitsstaat zustehen kann.

H 19.9

Hinweise

Erben als Arbeitnehmer

Durch die Zahlung von dem Erblasser zustehenden Arbeitslohn an die Erben oder Hinterbliebenen werden diese steuerlich zu Arbeitnehmern; der Lohnsteuerabzug ist nach den Lohnsteuerabzugsmerkmalen (ggf. Steuerklasse VI) der Erben oder Hinterbliebenen durchzuführen (§ 1 Abs. 1 Satz 2 LStDV).

Anhang 22

Weiterleitung von Arbeitslohn an Miterben

Beispiel:

Nach dem Tod des Arbeitnehmers A ist an die Hinterbliebenen B, C, D und E ein Sterbegeld von 4.000 € zu zahlen. Der Arbeitgeber zahlt den Versorgungsbezug an B im Jahr ***2022*** aus. Dabei wurde die Lohnsteuer nach den Lohnsteuerabzugsmerkmalen des B unter Berücksichtigung der Freibeträge für Versorgungsbezüge von ***900*** € (***14,4*** % von 4.000 € = ***576*** € zuzüglich ***324*** €) erhoben. B gibt im Jahr ***2023*** je 1/4 des Bruttoversorgungsbezugs an C, D und E weiter (insgesamt 3.000 €). Im Jahr ***2022*** ergeben sich lohnsteuerpflichtige Versorgungsbezüge:

Versorgungsbezüge	4.000 €
./. Versorgungsfreibetrag	***576*** €
./. Zuschlag zum Versorgungsfreibetrag	***324*** €
lohnsteuerpflichtige Versorgungsbezüge	***3.100*** €

Durch die Weiterleitung im Jahr ***2023*** verbleibt B ein Anteil an den Versorgungsbezügen von 1.000 €. Hierauf entfällt ein Versorgungsfreibetrag in Höhe von ***144*** € (***14,4*** % von 1.000 €) zuzüglich eines Zuschlags zum Versorgungsfreibetrag von ***324*** €, also steuerpflichtige Versorgungsbezüge von ***532*** €. Bei B sind in ***2023*** negative Einnahmen in Höhe von ***2.568*** € (***3.100*** € ./. ***532*** €) anzusetzen.

§ 19a[1])

Sondervorschrift für Einkünfte aus nichtselbständiger Arbeit bei Vermögensbeteiligungen

(1) [1]Werden einem Arbeitnehmer von seinem Arbeitgeber zusätzlich zum ohnehin geschuldeten Arbeitslohn Vermögensbeteiligungen im Sinne des § 2 Absatz 1 Nummer 1 Buchstabe a, b und f bis l und Absatz 2 bis 5 des Fünften Vermögensbildungsgesetzes an dem Unternehmen des Arbeitgebers unentgeltlich oder verbilligt übertragen, so unterliegt der Vorteil im Sinne des § 19 Absatz 1 Satz 1 Nummer 1 im Kalenderjahr der Übertragung nicht der Besteuerung. [2]Dies gilt auch, wenn die Vermögensbeteiligungen mittelbar über Personengesellschaften gehalten werden. [3]Bei der Ermittlung des Vorteils im Sinne des Satzes 1 ist der Freibetrag nach § 3 Nummer 39 abzuziehen, wenn die Voraussetzungen vorliegen. [4]Ein nicht besteuerter Vorteil im Sinne des Satzes 1 ist bei der Berechnung der Vorsorgepauschale (§ 39b Absatz 2 Satz 5 Nummer 3) einzubeziehen. [5]Die Anschaffungskosten sind mit dem gemeinen Wert der Vermögensbeteiligung anzusetzen.

(2) [1]Die vorläufige Nichtbesteuerung nach Absatz 1 kann im Lohnsteuerabzugsverfahren nur mit Zustimmung des Arbeitnehmers angewendet werden. [2]Eine Nachholung der vorläufigen Nichtbesteuerung im Rahmen der Veranlagung zur Einkommensteuer ist ausgeschlossen.

(3) Absatz 1 ist nur anzuwenden, wenn das Unternehmen des Arbeitgebers im Zeitpunkt der Übertragung der Vermögensbeteiligung die in Artikel 2 Absatz 1 des Anhangs der Empfehlung der Kommission vom 6. Mai 2003 betreffend die Definition der Kleinstunternehmen sowie der kleinen und mittleren Unternehmen (ABl. L 124 vom 20.5.2003, S. 36) in der jeweils geltenden Fassung genannten Schwellenwerte nicht überschreitet oder im vorangegangenen Kalenderjahr nicht überschritten hat und seine Gründung nicht mehr als zwölf Jahre zurückliegt.

(4) [1]Der nach Absatz 1 nicht besteuerte Arbeitslohn unterliegt erst dann der Besteuerung nach § 19 und dem Lohnsteuerabzug als sonstiger Bezug, wenn

1. *die Vermögensbeteiligung ganz oder teilweise entgeltlich oder unentgeltlich übertragen wird, insbesondere auch in den Fällen des § 17 Absatz 4 und des § 20 Absatz 2 Satz 2 oder bei Einlagen in ein Betriebsvermögen,*
2. *seit der Übertragung der Vermögensbeteiligung zwölf Jahre vergangen sind oder*

---

[1]) *§ 19a wurde durch Artikel 3 des FoStoG eingefügt und ist erstmals anzuwenden auf Vermögensbeteiligungen, die nach dem 30.6.2021 übertragen werden >§ 52 Abs. 27.*

***3.** das Dienstverhältnis zu dem bisherigen Arbeitgeber beendet wird.* [2]*Übernimmt der Arbeitgeber in diesem Fall die Lohnsteuer, ist der übernommene Abzugsbetrag nicht Teil des zu besteuernden Arbeitslohns.*

[2]***In den Fällen des Satzes 1 sind für die zu besteuernden Arbeitslöhne § 34 Absatz 1 und § 39b Absatz 3 Satz 9 und 10 entsprechend anzuwenden, wenn seit der Übertragung der Vermögensbeteiligung mindestens drei Jahre vergangen sind.*** [3]***Die nach Satz 1 zu besteuernden Arbeitslöhne sind bei der Berechnung der Vorsorgepauschale (§ 39b Absatz 2 Satz 5 Nummer 3) nicht einzubeziehen.*** [4]***Ist in den Fällen des Satzes 1 der gemeine Wert der Vermögensbeteiligung abzüglich geleisteter Zuzahlungen des Arbeitnehmers bei der verbilligten Übertragung niedriger als der nach Absatz 1 nicht besteuerte Arbeitslohn, so unterliegt nur der gemeine Wert der Vermögensbeteiligung abzüglich geleisteter Zuzahlungen der Besteuerung.*** [5]***In den Fällen des Satzes 4 gilt neben den geleisteten Zuzahlungen nur der tatsächlich besteuerte Arbeitslohn als Anschaffungskosten im Sinne der §§ 17 und 20.*** [6]***Die Sätze 4 und 5 sind nicht anzuwenden, soweit die Wertminderung nicht betrieblich veranlasst ist oder diese auf einer gesellschaftsrechtlichen Maßnahme, insbesondere einer Ausschüttung oder Einlagerückgewähr, beruht.***

(5) Das Betriebsstättenfinanzamt hat nach der Übertragung einer Vermögensbeteiligung im Rahmen einer Anrufungsauskunft (§ 42e) den vom Arbeitgeber nicht besteuerten Vorteil im Sinne des Absatzes 1 zu bestätigen.

(6) [1]***Der nach Absatz 1 nicht besteuerte gemeine Wert der Vermögensbeteiligung und die übrigen Angaben des nach den vorstehenden Absätzen durchgeführten Besteuerungsverfahrens sind vom Arbeitgeber im Lohnkonto aufzuzeichnen.*** [2]***Die Aufbewahrungsfrist nach § 41 Absatz 1 Satz 9 endet insoweit nicht vor Ablauf von sechs Jahren nach der Besteuerung im Sinne des Absatzes 4 Satz 1.***

H 19a

Hinweise

Allgemeines

Anhang 29a *>BMF vom 16.11.2021 (BStBl I S.   )*

e) Kapitalvermögen (§ 2 Absatz 1 Satz 1 Nummer 5)

§ 20

S 2252

(1) Zu den Einkünften aus Kapitalvermögen gehören S 2204

1. ***Gewinnanteile (Dividenden) und sonstige Bezüge aus Aktien, Genussrechten, mit denen das Recht am Gewinn und Liquidationserlös einer Kapitalgesellschaft verbunden ist, aus Anteilen an Gesellschaften mit beschränkter Haftung, an Genossenschaften sowie an einer optierenden Gesellschaft im Sinne des § 1a des Körperschaftsteuergesetzes.*** **[2]Zu den sonstigen Bezügen gehören auch verdeckte Gewinnausschüttungen. [3]Die Bezüge gehören nicht zu den Einnahmen, soweit sie aus Ausschüttungen einer Körperschaft stammen, für die Beträge aus dem steuerlichen Einlagekonto im Sinne des § 27 des Körperschaftsteuergesetzes als verwendet gelten. [4]Als sonstige Bezüge gelten auch Einnahmen, die anstelle der Bezüge im Sinne des Satzes 1 von einem anderen als dem Anteilseigner nach Absatz 5 bezogen werden, wenn die Aktien mit Dividendenberechtigung erworben, aber ohne Dividendenanspruch geliefert werden;** [1)]
2. **Bezüge, die nach der Auflösung einer Körperschaft oder Personenvereinigung im Sinne der Nummer 1 anfallen und die nicht in der Rückzahlung von Nennkapital bestehen; Nummer 1 Satz 3 gilt entsprechend. [2]Gleiches gilt für Bezüge, die auf Grund einer Kapitalherabsetzung oder nach der Auflösung einer unbeschränkt steuerpflichtigen Körperschaft oder Personenvereinigung im Sinne der Nummer 1 anfallen und die als Gewinnausschüttung im Sinne des § 28 Absatz 2 Satz 2 und 4 des Körperschaftsteuergesetzes gelten;**
3. **Investmenterträge nach § 16 des Investmentsteuergesetzes;**

3a. **Spezial-Investmenterträge nach § 34 des Investmentsteuergesetzes;**

4. **Einnahmen aus der Beteiligung an einem Handelsgewerbe als stiller Gesellschafter und aus partiarischen Darlehen, es sei denn, dass der Gesellschafter oder Darlehensgeber als Mitunternehmer anzusehen ist. [2]Auf Anteile des stillen Gesellschafters am Verlust des Betriebes sind § 15 Absatz 4 Satz 6 bis 8 und § 15a sinngemäß anzuwenden;**
5. **Zinsen aus Hypotheken und Grundschulden und Renten aus Rentenschulden. [2]Bei Tilgungshypotheken und Tilgungsgrundschulden ist nur der Teil der Zahlungen anzusetzen, der als Zins auf den jeweiligen Kapitalrest entfällt;**

[1)] In Absatz 1 Nr. 1 wurde durch Artikel 5 des Gesetzes zur Modernisierung des Körperschaftsteuerrechts der Satzteil vor Satz 2 ab VZ 2022 neu gefasst.

6. der Unterschiedsbetrag zwischen der Versicherungsleistung und der Summe der auf sie entrichteten Beiträge (Erträge) im Erlebensfall oder bei Rückkauf des Vertrags bei Rentenversicherungen mit Kapitalwahlrecht, soweit nicht die lebenslange Rentenzahlung gewählt und erbracht wird, und bei Kapitalversicherungen mit Sparanteil, wenn der Vertrag nach dem 31. Dezember 2004 abgeschlossen worden ist. [2]Wird die Versicherungsleistung nach Vollendung des 60. Lebensjahres des Steuerpflichtigen und nach Ablauf von zwölf Jahren seit dem Vertragsabschluss ausgezahlt, ist die Hälfte des Unterschiedsbetrags anzusetzen. [3]Bei entgeltlichem Erwerb des Anspruchs auf die Versicherungsleistung treten die Anschaffungskosten an die Stelle der vor dem Erwerb entrichteten Beiträge. [4]Die Sätze 1 bis 3 sind auf Erträge aus fondsgebundenen Lebensversicherungen, auf Erträge im Erlebensfall bei Rentenversicherungen ohne Kapitalwahlrecht, soweit keine lebenslange Rentenzahlung vereinbart und erbracht wird, und auf Erträge bei Rückkauf des Vertrages bei Rentenversicherungen ohne Kapitalwahlrecht entsprechend anzuwenden. [5]Ist in einem Versicherungsvertrag eine gesonderte Verwaltung von speziell für diesen Vertrag zusammengestellten Kapitalanlagen vereinbart, die nicht auf öffentlich vertriebene Investmentfondsanteile oder Anlagen, die die Entwicklung eines veröffentlichten Indexes abbilden, beschränkt ist, und kann der wirtschaftlich Berechtigte unmittelbar oder mittelbar über die Veräußerung der Vermögensgegenstände und die Wiederanlage der Erlöse bestimmen (vermögensverwaltender Versicherungsvertrag), sind die dem Versicherungsunternehmen zufließenden Erträge dem wirtschaftlich Berechtigten aus dem Versicherungsvertrag zuzurechnen; Sätze 1 bis 4 sind nicht anzuwenden. [6]Satz 2 ist nicht anzuwenden, wenn
   a) in einem Kapitallebensversicherungsvertrag mit vereinbarter laufender Beitragszahlung in mindestens gleichbleibender Höhe bis zum Zeitpunkt des Erlebensfalls die vereinbarte Leistung bei Eintritt des versicherten Risikos weniger als 50 Prozent der Summe der für die gesamte Vertragsdauer zu zahlenden Beiträge beträgt und
   b) bei einem Kapitallebensversicherungsvertrag die vereinbarte Leistung bei Eintritt des versicherten Risikos das Deckungskapital oder den Zeitwert der Versicherung spätestens fünf Jahre nach Vertragsabschluss nicht um mindestens 10 Prozent des Deckungskapitals, des Zeitwerts oder der Summe der gezahlten Beiträge übersteigt. [2]Dieser Prozentsatz darf bis zum Ende der Vertragslaufzeit in jährlich gleichen Schritten auf Null sinken.

   [7]Hat der Steuerpflichtige Ansprüche aus einem von einer anderen Person abgeschlossenen Vertrag entgeltlich erworben, ge-

hört zu den Einkünften aus Kapitalvermögen auch der Unterschiedsbetrag zwischen der Versicherungsleistung bei Eintritt eines versicherten Risikos und den Aufwendungen für den Erwerb und Erhalt des Versicherungsanspruches; insoweit findet Satz 2 keine Anwendung. [8]Satz 7 gilt nicht, wenn die versicherte Person den Versicherungsanspruch von einem Dritten erwirbt oder aus anderen Rechtsverhältnissen entstandene Abfindungs- und Ausgleichsansprüche arbeitsrechtlicher, erbrechtlicher oder familienrechtlicher Art durch Übertragung von Ansprüchen aus Versicherungsverträgen erfüllt werden. [9]Bei fondsgebundenen Lebensversicherungen sind 15 Prozent des Unterschiedsbetrages steuerfrei oder dürfen nicht bei der Ermittlung der Einkünfte abgezogen werden, soweit der Unterschiedsbetrag aus Investmenterträgen[1]) stammt;

7. Erträge aus sonstigen Kapitalforderungen jeder Art, wenn die Rückzahlung des Kapitalvermögens oder ein Entgelt für die Überlassung des Kapitalvermögens zur Nutzung zugesagt oder geleistet worden ist, auch wenn die Höhe der Rückzahlung oder des Entgelts von einem ungewissen Ereignis abhängt. [2]Dies gilt unabhängig von der Bezeichnung und der zivilrechtlichen Ausgestaltung der Kapitalanlage. [3]Erstattungszinsen im Sinne des § 233a der Abgabenordnung sind Erträge im Sinne des Satzes 1;

8. Diskontbeträge von Wechseln und Anweisungen einschließlich der Schatzwechsel;

9. Einnahmen aus Leistungen einer nicht von der Körperschaftsteuer befreiten Körperschaft, Personenvereinigung oder Vermögensmasse im Sinne des § 1 Absatz 1 Nummer 3 bis 5 des Körperschaftsteuergesetzes, die Gewinnausschüttungen im Sinne der Nummer 1 wirtschaftlich vergleichbar sind, soweit sie nicht bereits zu den Einnahmen im Sinne der Nummer 1 gehören; Nummer 1 Satz 2, 3 und Nummer 2 gelten entsprechend. [2]Satz 1 ist auf Leistungen von vergleichbaren Körperschaften, Personenvereinigungen oder Vermögensmassen, die weder Sitz noch Geschäftsleitung im Inland haben, entsprechend anzuwenden;

10. a) Leistungen eines nicht von der Körperschaftsteuer befreiten Betriebs gewerblicher Art im Sinne des § 4 des Körperschaftsteuergesetzes mit eigener Rechtspersönlichkeit, die zu mit Gewinnausschüttungen im Sinne der Nummer 1 Satz 1 wirtschaftlich vergleichbaren Einnahmen führen; Nummer 1 Satz 2, 3 und Nummer 2 gelten entsprechend; S 2706a

    b) der nicht den Rücklagen zugeführte Gewinn und verdeckte Gewinnausschüttungen eines nicht von der Körperschaftsteuer befreiten Betriebs gewerblicher Art im Sinne des § 4

[1]) zur Definition von Investmenterträgen i. S. d. Absatz 1 Nr. 6 Satz 9 >§ 52 Abs. 28 Satz 23

des Körperschaftsteuergesetzes ohne eigene Rechtspersönlichkeit, der den Gewinn durch Betriebsvermögensvergleich ermittelt oder Umsätze einschließlich der steuerfreien Umsätze, ausgenommen die Umsätze nach § 4 Nummer 8 bis 10 des Umsatzsteuergesetzes, von mehr als 350.000 Euro im Kalenderjahr oder einen Gewinn von mehr als 30.000 Euro im Wirtschaftsjahr hat, sowie der Gewinn im Sinne des § 22 Absatz 4 des Umwandlungssteuergesetzes. [2]Die Auflösung der Rücklagen zu Zwecken außerhalb des Betriebs gewerblicher Art führt zu einem Gewinn im Sinne des Satzes 1; in Fällen der Einbringung nach dem Sechsten und des Formwechsels nach dem Achten Teil des Umwandlungssteuergesetzes gelten die Rücklagen als aufgelöst. [3]Bei dem Geschäft der Veranstaltung von Werbesendungen der inländischen öffentlich-rechtlichen Rundfunkanstalten gelten drei Viertel des Einkommens im Sinne des § 8 Absatz 1 Satz 3 des Körperschaftsteuergesetzes als Gewinn im Sinne des Satzes 1. [4]Die Sätze 1 und 2 sind bei wirtschaftlichen Geschäftsbetrieben der von der Körperschaftsteuer befreiten Körperschaften, Personenvereinigungen oder Vermögensmassen entsprechend anzuwenden. [5]Nummer 1 Satz 3 gilt entsprechend. [6]Satz 1 in der am 12. Dezember 2006 geltenden Fassung ist für Anteile, die einbringungsgeboren im Sinne des § 21 des Umwandlungssteuergesetzes in der am 12. Dezember 2006 geltenden Fassung sind, weiter anzuwenden;

11. Stillhalterprämien, die für die Einräumung von Optionen vereinnahmt werden; schließt der Stillhalter ein Glattstellungsgeschäft ab, mindern sich die Einnahmen aus den Stillhalterprämien um die im Glattstellungsgeschäft gezahlten Prämien.

(2) [1]Zu den Einkünften aus Kapitalvermögen gehören auch

1. der Gewinn aus der Veräußerung von Anteilen an einer Körperschaft im Sinne des Absatzes 1 Nummer 1. [2]Anteile an einer Körperschaft sind auch Genussrechte im Sinne des Absatzes 1 Nummer 1, den Anteilen im Sinne des Absatzes 1 Nummer 1 ähnliche Beteiligungen und Anwartschaften auf Anteile im Sinne des Absatzes 1 Nummer 1;
2. der Gewinn aus der Veräußerung
   a) von Dividendenscheinen und sonstigen Ansprüchen durch den Inhaber des Stammrechts, wenn die dazugehörigen Aktien oder sonstigen Anteile nicht mitveräußert werden. [2]Soweit eine Besteuerung nach Satz 1 erfolgt ist, tritt diese insoweit an die Stelle der Besteuerung nach Absatz 1;
   b) von Zinsscheinen und Zinsforderungen durch den Inhaber oder ehemaligen Inhaber der Schuldverschreibung, wenn die dazugehörigen Schuldverschreibungen nicht mitveräußert

werden. [2]Entsprechendes gilt für die Einlösung von Zinsscheinen und Zinsforderungen durch den ehemaligen Inhaber der Schuldverschreibung.

[2]Satz 1 gilt sinngemäß für die Einnahmen aus der Abtretung von Dividenden- oder Zinsansprüchen oder sonstigen Ansprüchen im Sinne des Satzes 1, wenn die dazugehörigen Anteilsrechte oder Schuldverschreibungen nicht in einzelnen Wertpapieren verbrieft sind. [3]Satz 2 gilt auch bei der Abtretung von Zinsansprüchen aus Schuldbuchforderungen, die in ein öffentliches Schuldbuch eingetragen sind;

3. der Gewinn
   a) bei Termingeschäften, durch die der Steuerpflichtige einen Differenzausgleich oder einen durch den Wert einer veränderlichen Bezugsgröße bestimmten Geldbetrag oder Vorteil erlangt;
   b) aus der Veräußerung eines als Termingeschäft ausgestalteten Finanzinstruments;
4. der Gewinn aus der Veräußerung von Wirtschaftsgütern, die Erträge im Sinne des Absatzes 1 Nummer 4 erzielen;
5. der Gewinn aus der Übertragung von Rechten im Sinne des Absatzes 1 Nummer 5;
6. der Gewinn aus der Veräußerung von Ansprüchen auf eine Versicherungsleistung im Sinne des Absatzes 1 Nummer 6. [2]Das Versicherungsunternehmen hat nach Kenntniserlangung von einer Veräußerung unverzüglich Mitteilung an das für den Steuerpflichtigen zuständige Finanzamt zu machen und auf Verlangen des Steuerpflichtigen eine Bescheinigung über die Höhe der entrichteten Beiträge im Zeitpunkt der Veräußerung zu erteilen;
7. der Gewinn aus der Veräußerung von sonstigen Kapitalforderungen jeder Art im Sinne des Absatzes 1 Nummer 7;
8. der Gewinn aus der Übertragung oder Aufgabe einer die Einnahmen im Sinne des Absatzes 1 Nummer 9 vermittelnden Rechtsposition.

[2]Als Veräußerung im Sinne des Satzes 1 gilt auch die Einlösung, Rückzahlung, Abtretung oder verdeckte Einlage in eine Kapitalgesellschaft; in den Fällen von Satz 1 Nummer 4 gilt auch die Vereinnahmung eines Auseinandersetzungsguthabens als Veräußerung. [3]Die Anschaffung oder Veräußerung einer unmittelbaren oder mittelbaren Beteiligung an einer Personengesellschaft gilt als Anschaffung oder Veräußerung der anteiligen Wirtschaftsgüter. [4]Wird ein Zinsschein oder eine Zinsforderung vom Stammrecht abgetrennt, gilt dies als Veräußerung der Schuldverschreibung und als Anschaffung der durch die Trennung entstandenen Wirtschaftsgüter. [5]Eine Trennung gilt als vollzogen, wenn dem Inhaber der Schuldverschreibung die

Wertpapierkennnummern für die durch die Trennung entstandenen Wirtschaftsgüter zugehen.

(3) Zu den Einkünften aus Kapitalvermögen gehören auch besondere Entgelte oder Vorteile, die neben den in den Absätzen 1 und 2 bezeichneten Einnahmen oder an deren Stelle gewährt werden.

(3a) [1]Korrekturen im Sinne des § 43a Absatz 3 Satz 7 sind erst zu dem dort genannten Zeitpunkt zu berücksichtigen. [2]Weist der Steuerpflichtige durch eine Bescheinigung der auszahlenden Stelle nach, dass sie die Korrektur nicht vorgenommen hat und auch nicht vornehmen wird, kann der Steuerpflichtige die Korrektur nach § 32d Absatz 4 und 6 geltend machen.

(4) [1]Gewinn im Sinne des Absatzes 2 ist der Unterschied zwischen den Einnahmen aus der Veräußerung nach Abzug der Aufwendungen, die im unmittelbaren sachlichen Zusammenhang mit dem Veräußerungsgeschäft stehen, und den Anschaffungskosten; bei nicht in Euro getätigten Geschäften sind die Einnahmen im Zeitpunkt der Veräußerung und die Anschaffungskosten im Zeitpunkt der Anschaffung in Euro umzurechnen. [2]In den Fällen der verdeckten Einlage tritt an die Stelle der Einnahmen aus der Veräußerung der Wirtschaftsgüter ihr gemeiner Wert; der Gewinn ist für das Kalenderjahr der verdeckten Einlage anzusetzen. [3]Ist ein Wirtschaftsgut im Sinne des Absatzes 2 in das Privatvermögen durch Entnahme oder Betriebsaufgabe überführt worden, tritt an die Stelle der Anschaffungskosten der nach § 6 Absatz 1 Nummer 4 oder § 16 Absatz 3 angesetzte Wert. [4]In den Fällen des Absatzes 2 Satz 1 Nummer 6 gelten die entrichteten Beiträge im Sinne des Absatzes 1 Nummer 6 Satz 1 als Anschaffungskosten; ist ein entgeltlicher Erwerb vorausgegangen, gelten auch die nach dem Erwerb entrichteten Beiträge als Anschaffungskosten. [5]Gewinn bei einem Termingeschäft ist der Differenzausgleich oder der durch den Wert einer veränderlichen Bezugsgröße bestimmte Geldbetrag oder Vorteil abzüglich der Aufwendungen, die im unmittelbaren sachlichen Zusammenhang mit dem Termingeschäft stehen. [6]Bei unentgeltlichem Erwerb sind dem Einzelrechtsnachfolger für Zwecke dieser Vorschrift die Anschaffung, die Überführung des Wirtschaftsguts in das Privatvermögen, der Erwerb eines Rechts aus Termingeschäften oder die Beiträge im Sinne des Absatzes 1 Nummer 6 Satz 1 durch den Rechtsvorgänger zuzurechnen. [7]Bei vertretbaren Wertpapieren, die einem Verwahrer zur Sammelverwahrung im Sinne des § 5 des Depotgesetzes in der Fassung der Bekanntmachung vom 11. Januar 1995 (BGBl. I S. 34), das zuletzt durch Artikel 4 des Gesetzes vom 5. April 2004 (BGBl. I S. 502) geändert worden ist, in der jeweils geltenden Fassung anvertraut worden sind, ist zu unterstellen, dass die zuerst angeschafften Wertpapiere zuerst veräußert wurden. [8]Ist ein Zinsschein oder eine Zinsforderung vom Stammrecht abgetrennt worden, gilt als Veräußerungserlös der Schuldverschreibung deren ge-

meiner Wert zum Zeitpunkt der Trennung. [9] Für die Ermittlung der Anschaffungskosten ist der Wert nach Satz 8 entsprechend dem gemeinen Wert der neuen Wirtschaftsgüter aufzuteilen.

(4a) [1] Werden Anteile an einer Körperschaft, Vermögensmasse oder Personenvereinigung gegen Anteile an einer anderen Körperschaft, Vermögensmasse oder Personenvereinigung getauscht und wird der Tausch auf Grund gesellschaftsrechtlicher Maßnahmen vollzogen, die von den beteiligten Unternehmen ausgehen, treten abweichend von Absatz 2 Satz 1 und den §§ 13 und 21 des Umwandlungssteuergesetzes die übernommenen Anteile steuerlich an die Stelle der bisherigen Anteile, wenn das Recht der Bundesrepublik Deutschland hinsichtlich der Besteuerung des Gewinns aus der Veräußerung der erhaltenen Anteile nicht ausgeschlossen oder beschränkt ist oder die Mitgliedstaaten der Europäischen Union bei einer Verschmelzung Artikel 8 der Richtlinie 2009/133/EG des Rates vom 19. Oktober 2009 über das gemeinsame Steuersystem für Fusionen, Spaltungen, Abspaltungen, die Einbringung von Unternehmensteilen und den Austausch von Anteilen, die Gesellschaften verschiedener Mitgliedstaaten betreffen, sowie für die Verlegung des Sitzes einer Europäischen Gesellschaft oder einer Europäischen Genossenschaft von einem Mitgliedstaat in einen anderen Mitgliedstaat (ABl. L 310 vom 25.11.2009, S. 34) in der jeweils geltenden Fassung anzuwenden haben; in diesem Fall ist der Gewinn aus einer späteren Veräußerung der erworbenen Anteile ungeachtet der Bestimmungen eines Abkommens zur Vermeidung der Doppelbesteuerung in der gleichen Art und Weise zu besteuern, wie die Veräußerung der Anteile an der übertragenden Körperschaft zu besteuern wäre, und § 15 Absatz 1a Satz 2 entsprechend anzuwenden. [2] Erhält der Steuerpflichtige in den Fällen des Satzes 1 zusätzlich zu den Anteilen eine Gegenleistung, gilt diese als Ertrag im Sinne des Absatzes 1 Nummer 1. [3] Besitzt bei sonstigen Kapitalforderungen im Sinne des Absatzes 1 Nummer 7 der Inhaber das Recht, bei Fälligkeit anstelle der Zahlung eines Geldbetrags vom Emittenten die Lieferung von Wertpapieren im Sinne des Absatzes 1 Nummer 1 zu verlangen oder besitzt der Emittent das Recht, bei Fälligkeit dem Inhaber anstelle der Zahlung eines Geldbetrags solche Wertpapiere anzudienen und macht der Inhaber der Forderung oder der Emittent von diesem Recht Gebrauch, ist abweichend von Absatz 4 Satz 1 das Entgelt für den Erwerb der Forderung als Veräußerungspreis der Forderung und als Anschaffungskosten der erhaltenen Wertpapiere anzusetzen; Satz 2 gilt entsprechend. [4] Werden Bezugsrechte veräußert oder ausgeübt, die nach § 186 des Aktiengesetzes, § 55 des Gesetzes betreffend die Gesellschaften mit beschränkter Haftung oder eines vergleichbaren ausländischen Rechts einen Anspruch auf Abschluss eines Zeichnungsvertrags begründen, wird der Teil der Anschaffungskosten der Altanteile, der auf das Bezugsrecht entfällt, bei der Ermittlung des Gewinns nach Absatz 4 Satz 1 mit 0 Euro angesetzt. [5]Werden einem Steuerpflichtigen von einer Körperschaft, Personenvereinigung oder Vermögensmasse, die weder Geschäftsleitung noch Sitz im Inland hat, Anteile zugeteilt, ohne dass der Steuerpflichtige eine Gegenleistung zu erbringen hat, sind sowohl der Ertrag als auch die Anschaffungskosten der erhaltenen Anteile mit 0 Euro anzusetzen, wenn die Voraussetzungen der Sätze 3, 4 und 7 nicht vorliegen; die Anschaffungskosten der die Zuteilung begründenden Anteile bleiben unverändert. [6]Soweit es auf die steuerliche Wirksamkeit einer Kapitalmaßnahme im Sinne der vorstehenden Sätze 1 bis 5 ankommt, ist auf den Zeitpunkt der Einbuchung in das Depot des Steuerpflichtigen abzustellen. [7]Geht Vermögen einer Körperschaft durch Abspaltung auf andere Körperschaften über, gelten abweichend von Satz 5 und § 15 des Umwandlungssteuergesetzes die Sätze 1 und 2 entsprechend.

(5) [1]Einkünfte aus Kapitalvermögen im Sinne des Absatzes 1 Nummer 1 und 2 erzielt der Anteilseigner. [2]Anteilseigner ist derjenige, dem nach § 39 der Abgabenordnung die Anteile an dem Kapitalvermögen im Sinne des Absatzes 1 Nummer 1 im Zeitpunkt des Gewinnverteilungsbeschlusses zuzurechnen sind. [3]Sind einem Nießbraucher oder Pfandgläubiger die Einnahmen im Sinne des Absatzes 1 Nummer 1 oder 2 zuzurechnen, gilt er als Anteilseigner.

(6) [1]Verluste aus Kapitalvermögen dürfen nicht mit Einkünften aus anderen Einkunftsarten ausgeglichen werden; sie dürfen auch nicht nach § 10d abgezogen werden. [2]Die Verluste mindern jedoch die Einkünfte, die der Steuerpflichtige in den folgenden Veranlagungszeiträumen aus Kapitalvermögen erzielt. [3]§ 10d Absatz 4 ist sinngemäß anzuwenden. [4]Verluste aus Kapitalvermögen im Sinne des Absatzes 2 Satz 1 Nummer 1 Satz 1, die aus der Veräußerung von Aktien entstehen, dürfen nur mit Gewinnen aus Kapitalvermögen im Sinne des Absatzes 2 Satz 1 Nummer 1 Satz 1, die aus der Veräußerung von Aktien entstehen, ausgeglichen werden; die Sätze 2 und 3 gelten sinngemäß. [5]Verluste aus Kapitalvermögen im Sinne des Absatzes 2 Satz 1 Nummer 3 dürfen nur in Höhe von 20.000 Euro mit Gewinnen im Sinne des Absatzes 2 Satz 1 Nummer 3 und mit Einkünften im Sinne des § 20 Absatz 1 Nummer 11 ausgeglichen werden; die Sätze 2 und 3 gelten sinngemäß mit der Maßgabe, dass nicht verrechnete Verluste je Folgejahr nur bis zur Höhe von 20.000 Euro mit Gewinnen im Sinne des Absatzes 2 Satz 1 Nummer 3 und mit Einkünften im Sinne des § 20 Absatz 1 Nummer 11 verrechnet werden dürfen. [6]Verluste aus Kapitalvermögen aus der ganzen oder teilweisen Uneinbringlichkeit einer Kapitalforderung, aus der Ausbuchung wertloser Wirtschaftsgüter im Sinne des Absatzes 1, aus der Übertragung wertloser Wirtschaftsgüter im Sinne des Absatzes 1 auf einen Dritten oder aus einem sonstigen Ausfall von Wirtschaftsgütern im Sinne des Absatzes 1 dürfen nur in Höhe von 20.000 Euro mit Einkünften aus Kapitalvermögen ausgeglichen werden; die Sätze 2 und 3 gelten sinngemäß mit der Maßgabe, dass nicht verrechnete Verluste je Folgejahr nur bis

zur Höhe von 20.000 Euro mit Einkünften aus Kapitalvermögen verrechnet werden dürfen. [7]Verluste aus Kapitalvermögen, die der Kapitalertragsteuer unterliegen, dürfen nur verrechnet werden oder mindern die Einkünfte, die der Steuerpflichtige in den folgenden Veranlagungszeiträumen aus Kapitalvermögen erzielt, wenn eine Bescheinigung im Sinne des § 43a Absatz 3 Satz 4 vorliegt.

(7) [1]§ 15b ist sinngemäß anzuwenden. [2]Ein vorgefertigtes Konzept im Sinne des § 15b Absatz 2 Satz 2 liegt auch vor, wenn die positiven Einkünfte nicht der tariflichen Einkommensteuer unterliegen.

(8) [1]Soweit Einkünfte der in den Absätzen 1, 2 und 3 bezeichneten Art zu den Einkünften aus Land- und Forstwirtschaft, aus Gewerbebetrieb, aus selbständiger Arbeit oder aus Vermietung und Verpachtung gehören, sind sie diesen Einkünften zuzurechnen. [2]Absatz 4a findet insoweit keine Anwendung.

(9) [1]Bei der Ermittlung der Einkünfte aus Kapitalvermögen ist als S 2216
Werbungskosten ein Betrag von 801 Euro abzuziehen (Sparer-Pauschbetrag); S 2210
der Abzug der tatsächlichen Werbungskosten ist ausgeschlossen. [2]Ehegatten, die zusammen veranlagt werden, wird ein gemeinsamer Sparer-Pauschbetrag von 1.602 Euro gewährt. [3]Der gemeinsame Sparer-Pauschbetrag ist bei der Einkunftsermittlung bei jedem Ehegatten je zur Hälfte abzuziehen; sind die Kapitalerträge eines Ehegatten niedriger als 801 Euro, so ist der anteilige Sparer-Pauschbetrag insoweit, als er die Kapitalerträge dieses Ehegatten übersteigt, bei dem anderen Ehegatten abzuziehen. [4]Der Sparer-Pauschbetrag und der gemeinsame Sparer-Pauschbetrag dürfen nicht höher sein als die nach Maßgabe des Absatzes 6 verrechneten Kapitalerträge.

f) Vermietung und Verpachtung (§ 2 Absatz 1 Satz 1 Nummer 6)

S 2253
S 2205
S 2211
S 2217

§ 21

(1) [1] Einkünfte aus Vermietung und Verpachtung sind

1. Einkünfte aus Vermietung und Verpachtung von unbeweglichem Vermögen, insbesondere von Grundstücken, Gebäuden, Gebäudeteilen, Schiffen, die in ein Schiffsregister eingetragen sind, und Rechten, die den Vorschriften des bürgerlichen Rechts über Grundstücke unterliegen (z. B. Erbbaurecht, Mineralgewinnungsrecht);
2. Einkünfte aus Vermietung und Verpachtung von Sachinbegriffen, insbesondere von beweglichem Betriebsvermögen;
3. Einkünfte aus zeitlich begrenzter Überlassung von Rechten, insbesondere von schriftstellerischen, künstlerischen und gewerblichen Urheberrechten, von gewerblichen Erfahrungen und von Gerechtigkeiten und Gefällen;
4. Einkünfte aus der Veräußerung von Miet- und Pachtzinsforderungen, auch dann, wenn die Einkünfte im Veräußerungspreis von Grundstücken enthalten sind und die Miet- oder Pachtzinsen sich auf einen Zeitraum beziehen, in dem der Veräußerer noch Besitzer war.

S 2253b [2] §§ 15a und 15b sind sinngemäß anzuwenden.

(2) [1] Beträgt das Entgelt für die Überlassung einer Wohnung zu Wohnzwecken weniger als 50 Prozent der ortsüblichen Marktmiete, so ist die Nutzungsüberlassung in einen entgeltlichen und einen unentgeltlichen Teil aufzuteilen. [2] Beträgt das Entgelt bei auf Dauer angelegter Wohnungsvermietung mindestens 66 Prozent der ortsüblichen Miete, gilt die Wohnungsvermietung als entgeltlich.

(3) Einkünfte der in den Absätzen 1 und 2 bezeichneten Art sind Einkünften aus anderen Einkunftsarten zuzurechnen, soweit sie zu diesen gehören.

g) Sonstige Einkünfte (§ 2 Absatz 1 Satz 1 Nummer 7)

§ 22

S 2206
S 2212
S 2218
S 2255

Arten der sonstigen Einkünfte

Sonstige Einkünfte sind

1. **Einkünfte aus wiederkehrenden Bezügen, soweit sie nicht zu den in § 2 Absatz 1 Nummer 1 bis 6 bezeichneten Einkunftsarten gehören; § 15b ist sinngemäß anzuwenden. [2]Werden die Bezüge freiwillig oder auf Grund einer freiwillig begründeten Rechtspflicht oder einer gesetzlich unterhaltsberechtigten Person gewährt, so sind sie nicht dem Empfänger zuzurechnen; dem Empfänger sind dagegen zuzurechnen**
   a) **Bezüge, die von einer Körperschaft, Personenvereinigung oder Vermögensmasse außerhalb der Erfüllung steuerbegünstigter Zwecke im Sinne der §§ 52 bis 54 der Abgabenordnung gewährt werden, und**
   b) **Bezüge im Sinne des § 1 der Verordnung über die Steuerbegünstigung von Stiftungen, die an die Stelle von Familienfideikommissen getreten sind, in der im Bundesgesetzblatt Teil III, Gliederungsnummer 611-4-3, veröffentlichten bereinigten Fassung.**

   [3]Zu den in Satz 1 bezeichneten Einkünften gehören auch
   a) **Leibrenten und andere Leistungen,**
      aa) **die aus den gesetzlichen Rentenversicherungen, der landwirtschaftlichen Alterskasse, den berufsständischen Versorgungseinrichtungen und aus Rentenversicherungen im Sinne des § 10 Absatz 1 Nummer 2 Buchstabe b erbracht werden, soweit sie jeweils der Besteuerung unterliegen. [2]Bemessungsgrundlage für den der Besteuerung unterliegenden Anteil ist der Jahresbetrag der Rente. [3]Der der Besteuerung unterliegende Anteil ist nach dem Jahr des Rentenbeginns und dem in diesem Jahr maßgebenden Prozentsatz aus der nachstehenden Tabelle zu entnehmen:**

Jahr des Rentenbeginns	Besteuerungsanteil in %	Jahr des Rentenbeginns	Besteuerungsanteil in %
bis 2005	50	2010	60
ab 2006	52	2011	62
2007	54	2012	64
2008	56	2013	66
2009	58	2014	68

Jahr des Rentenbeginns	Besteuerungsanteil in %	Jahr des Rentenbeginns	Besteuerungsanteil in %
2015	70	2028	88
2016	72	2029	89
2017	74	2030	90
2018	76	2031	91
2019	78	2032	92
2020	80	2033	93
2021	81	2034	94
2022	82	2035	95
2023	83	2036	96
2024	84	2037	97
2025	85	2038	98
2026	86	2039	99
2027	87	2040	100

[4]Der Unterschiedsbetrag zwischen dem Jahresbetrag der Rente und dem der Besteuerung unterliegenden Anteil der Rente ist der steuerfreie Teil der Rente. [5]Dieser gilt ab dem Jahr, das dem Jahr des Rentenbeginns folgt, für die gesamte Laufzeit des Rentenbezugs. [6]Abweichend hiervon ist der steuerfreie Teil der Rente bei einer Veränderung des Jahresbetrags der Rente in dem Verhältnis anzupassen, in dem der veränderte Jahresbetrag der Rente zum Jahresbetrag der Rente steht, der der Ermittlung des steuerfreien Teils der Rente zugrunde liegt. [7]Regelmäßige Anpassungen des Jahresbetrags der Rente führen nicht zu einer Neuberechnung und bleiben bei einer Neuberechnung außer Betracht. [8]Folgen nach dem 31. Dezember 2004 Renten aus derselben Versicherung einander nach, gilt für die spätere Rente Satz 3 mit der Maßgabe, dass sich der Prozentsatz nach dem Jahr richtet, das sich ergibt, wenn die Laufzeit der vorhergehenden Renten von dem Jahr des Beginns der späteren Rente abgezogen wird; der Prozentsatz kann jedoch nicht niedriger bemessen werden als der für das Jahr 2005. [9]Verstirbt der Rentenempfänger, ist ihm die Rente für den Sterbemonat noch zuzurechnen;

bb) die nicht solche im Sinne des Doppelbuchstaben aa sind und bei denen in den einzelnen Bezügen Einkünfte aus Erträgen des Rentenrechts enthalten sind. [2]Dies gilt auf

Antrag auch für Leibrenten und andere Leistungen, soweit diese auf bis zum 31. Dezember 2004 geleisteten Beiträgen beruhen, welche oberhalb des Betrags des Höchstbeitrags zur gesetzlichen Rentenversicherung gezahlt wurden; der Steuerpflichtige muss nachweisen, dass der Betrag des Höchstbeitrags mindestens zehn Jahre überschritten wurde; soweit hiervon im Versorgungsausgleich übertragene Rentenanwartschaften betroffen sind, gilt § 4 Absatz 1 und 2 des Versorgungsausgleichsgesetzes entsprechend. [3]Als Ertrag des Rentenrechts gilt für die gesamte Dauer des Rentenbezugs der Unterschiedsbetrag zwischen dem Jahresbetrag der Rente und dem Betrag, der sich bei gleichmäßiger Verteilung des Kapitalwerts der Rente auf ihre voraussichtliche Laufzeit ergibt; dabei ist der Kapitalwert nach dieser Laufzeit zu berechnen. [4]Der Ertrag des Rentenrechts (Ertragsanteil) ist aus der nachstehenden Tabelle zu entnehmen:

Bei Beginn der Rente vollendetes Lebensjahr des Rentenberechtigten	Ertragsanteil in %	Bei Beginn der Rente vollendetes Lebensjahr des Rentenberechtigten	Ertragsanteil in %
0 bis 1	59	32	43
2 bis 3	58	33 bis 34	42
4 bis 5	57	35	41
6 bis 8	56	36 bis 37	40
9 bis 10	55	38	39
11 bis 12	54	39 bis 40	38
13 bis 14	53	41	37
15 bis 16	52	42	36
17 bis 18	51	43 bis 44	35
19 bis 20	50	45	34
21 bis 22	49	46 bis 47	33
23 bis 24	48	48	32
25 bis 26	47	49	31
27	46	50	30
28 bis 29	45	51 bis 52	29
30 bis 31	44	53	28

Bei Beginn der Rente vollendetes Lebensjahr des Rentenberechtigten	Ertragsanteil in %	Bei Beginn der Rente vollendetes Lebensjahr des Rentenberechtigten	Ertragsanteil in %
54	27	72 bis 73	13
55 bis 56	26	74	12
57	25	75	11
58	24	76 bis 77	10
59	23	78 bis 79	9
60 bis 61	22	80	8
62	21	81 bis 82	7
63	20	83 bis 84	6
64	19	85 bis 87	5
65 bis 66	18	88 bis 91	4
67	17	92 bis 93	3
68	16	94 bis 96	2
69 bis 70	15	ab 97	1
71	14		

[5] Die Ermittlung des Ertrags aus Leibrenten, die vor dem 1. Januar 1955 zu laufen begonnen haben, und aus Renten, deren Dauer von der Lebenszeit mehrerer Personen oder einer anderen Person als des Rentenberechtigten abhängt, sowie aus Leibrenten, die auf eine bestimmte Zeit beschränkt sind, wird durch eine Rechtsverordnung bestimmt. [6] Doppelbuchstabe aa Satz 9 gilt entsprechend;

b) Einkünfte aus Zuschüssen und sonstigen Vorteilen, die als wiederkehrende Bezüge gewährt werden;

1a. Einkünfte aus Leistungen und Zahlungen nach § 10 Absatz 1a, soweit für diese die Voraussetzungen für den Sonderausgabenabzug beim Leistungs- oder Zahlungsverpflichteten nach § 10 Absatz 1a erfüllt sind;

S 2256 2. Einkünfte aus privaten Veräußerungsgeschäften im Sinne des § 23;

S 2257 3. Einkünfte aus Leistungen, soweit sie weder zu anderen Einkunftsarten (§ 2 Absatz 1 Satz 1 Nummer 1 bis 6) noch zu den Einkünften im Sinne der Nummern 1, 1a, 2 oder 4 gehören, z. B. Einkünfte aus gelegentlichen Vermittlungen und aus der Vermietung beweglicher Gegenstände. [2] Solche Einkünfte sind nicht einkommensteuerpflichtig, wenn sie weniger als 256 Euro im Kalenderjahr betragen haben. [3] Übersteigen die Werbungskosten die

Einnahmen, so darf der übersteigende Betrag bei Ermittlung des Einkommens nicht ausgeglichen werden; er darf auch nicht nach § 10d abgezogen werden. [4]Die Verluste mindern jedoch nach Maßgabe des § 10d die Einkünfte, die der Steuerpflichtige in dem unmittelbar vorangegangenen Veranlagungszeitraum oder in den folgenden Veranlagungszeiträumen aus Leistungen im Sinne des Satzes 1 erzielt hat oder erzielt; § 10d Absatz 4 gilt entsprechend;

4. Entschädigungen, Amtszulagen, Zuschüsse zu Kranken- und Pflegeversicherungsbeiträgen, Übergangsgelder, Überbrückungsgelder, Sterbegelder, Versorgungsabfindungen, Versorgungsbezüge, die auf Grund des Abgeordnetengesetzes oder des Europaabgeordnetengesetzes, sowie vergleichbare Bezüge, die auf Grund der entsprechenden Gesetze der Länder gezahlt werden, und die Entschädigungen, das Übergangsgeld, das Ruhegehalt und die Hinterbliebenenversorgung, die auf Grund des Abgeordnetenstatuts des Europäischen Parlaments von der Europäischen Union gezahlt werden. [2]Werden zur Abgeltung des durch das Mandat veranlassten Aufwandes Aufwandsentschädigungen gezahlt, so dürfen die durch das Mandat veranlassten Aufwendungen nicht als Werbungskosten abgezogen werden. [3]Wahlkampfkosten zur Erlangung eines Mandats im Bundestag, im Europäischen Parlament oder im Parlament eines Landes dürfen nicht als Werbungskosten abgezogen werden. [4]Es gelten entsprechend S 2257a
   a) für Nachversicherungsbeiträge auf Grund gesetzlicher Verpflichtung nach den Abgeordnetengesetzen im Sinne des Satzes 1 und für Zuschüsse zu Kranken- und Pflegeversicherungsbeiträgen § 3 Nummer 62,
   b) für Versorgungsbezüge § 19 Absatz 2 nur bezüglich des Versorgungsfreibetrags; beim Zusammentreffen mit Versorgungsbezügen im Sinne des § 19 Absatz 2 Satz 2 bleibt jedoch insgesamt höchstens ein Betrag in Höhe des Versorgungsfreibetrags nach § 19 Absatz 2 Satz 3 im Veranlagungszeitraum steuerfrei,
   c) für das Übergangsgeld, das in einer Summe gezahlt wird, und für die Versorgungsabfindung § 34 Absatz 1,
   d) für die Gemeinschaftssteuer, die auf die Entschädigungen, das Übergangsgeld, das Ruhegehalt und die Hinterbliebenenversorgung auf Grund des Abgeordnetenstatuts des Europäischen Parlaments von der Europäischen Union erhoben wird, § 34c Absatz 1; dabei sind die im ersten Halbsatz genannten Einkünfte für die entsprechende Anwendung des § 34c Absatz 1 wie ausländische Einkünfte und die Gemeinschaftssteuer wie eine der deutschen Einkommensteuer entsprechende ausländische Steuer zu behandeln;

S 2257b 5. Leistungen aus Altersvorsorgeverträgen, Pensionsfonds, Pensionskassen und Direktversicherungen. [2]Soweit die Leistungen nicht auf Beiträgen, auf die § 3 Nummer 63, 63a, § 10a, Abschnitt XI oder Abschnitt XII angewendet wurden, nicht auf Zulagen im Sinne des Abschnitts XI, nicht auf Zahlungen im Sinne des § 92a Absatz 2 Satz 4 Nummer 1 und des § 92a Absatz 3 Satz 9 Nummer 2, nicht auf steuerfreien Leistungen nach § 3 Nummer 66 und nicht auf Ansprüchen beruhen, die durch steuerfreie Zuwendungen nach § 3 Nummer 56 oder die durch die nach § 3 Nummer 55b Satz 1 oder § 3 Nummer 55c steuerfreie Leistung aus einem neu begründeten Anrecht erworben wurden,

a) ist bei lebenslangen Renten sowie bei Berufsunfähigkeits-, Erwerbsminderungs- und Hinterbliebenenrenten Nummer 1 Satz 3 Buchstabe a entsprechend anzuwenden,

b) ist bei Leistungen aus Versicherungsverträgen, Pensionsfonds, Pensionskassen und Direktversicherungen, die nicht solche nach Buchstabe a sind, § 20 Absatz 1 Nummer 6 in der jeweils für den Vertrag geltenden Fassung entsprechend anzuwenden,

c) unterliegt bei anderen Leistungen der Unterschiedsbetrag zwischen der Leistung und der Summe der auf sie entrichteten Beiträge der Besteuerung; § 20 Absatz 1 Nummer 6 Satz 2 gilt entsprechend.

[3]In den Fällen des § 93 Absatz 1 Satz 1 und 2 gilt das ausgezahlte geförderte Altersvorsorgevermögen nach Abzug der Zulagen im Sinne des Abschnitts XI als Leistung im Sinne des Satzes 2. [4]Als Leistung im Sinne des Satzes 1 gilt auch der Verminderungsbetrag nach § 92a Absatz 2 Satz 5 und der Auflösungsbetrag nach § 92a Absatz 3 Satz 5. [5]Der Auflösungsbetrag nach § 92a Absatz 2 Satz 6 wird zu 70 Prozent als Leistung nach Satz 1 erfasst. [6]Tritt nach dem Beginn der Auszahlungsphase zu Lebzeiten des Zulageberechtigten der Fall des § 92a Absatz 3 Satz 1 ein, dann ist

a) innerhalb eines Zeitraums bis zum zehnten Jahr nach dem Beginn der Auszahlungsphase das Eineinhalbfache,

b) innerhalb eines Zeitraums zwischen dem zehnten und 20. Jahr nach dem Beginn der Auszahlungsphase das Einfache

des nach Satz 5 noch nicht erfassten Auflösungsbetrags als Leistung nach Satz 1 zu erfassen; § 92a Absatz 3 Satz 9 gilt entsprechend mit der Maßgabe, dass als noch nicht zurückgeführter Betrag im Wohnförderkonto der noch nicht erfasste Auflösungsbetrag gilt. [7]Bei erstmaligem Bezug von Leistungen, in den Fällen des § 93 Absatz 1 sowie bei Änderung der im Kalenderjahr auszuzahlenden Leistung hat der Anbieter (§ 80) nach Ablauf des Kalenderjahres dem Steuerpflichtigen nach amtlich vorgeschriebenem Muster den Betrag der im abgelaufenen Kalenderjahr zugeflossenen Leistungen im Sinne der Sätze 1 bis 3 je gesondert mitzuteilen; mit Einverständnis des Steuerpflichtigen kann die Mitteilung elektronisch bereitgestellt werden. [8]Werden dem Steuerpflichtigen Abschluss- und Vertriebskosten eines Altersvorsorgevertrages erstattet, gilt der Erstattungsbetrag als Leistung im Sinne des Satzes 1. [9]In den Fällen des § 3 Nummer 55a richtet sich die Zuordnung zu Satz 1 oder Satz 2 bei der ausgleichsberechtigten Person danach, wie eine nur auf die Ehezeit bezogene Zuordnung der sich aus dem übertragenen Anrecht ergebenden Leistung zu Satz 1 oder Satz 2 bei der ausgleichspflichtigen Person im Zeitpunkt der Übertragung ohne die Teilung vorzunehmen gewesen wäre. [10]Dies gilt sinngemäß in den Fällen des § 3 Nummer 55 und 55e. [11]Wird eine Versorgungsverpflichtung nach § 3 Nummer 66 auf einen Pensionsfonds übertragen und hat der Steuerpflichtige bereits vor dieser Übertragung Leistungen auf Grund dieser Versorgungsverpflichtung erhalten, so sind insoweit auf die Leistungen aus dem Pensionsfonds im Sinne des Satzes 1 die Beträge nach § 9a Satz 1 Nummer 1 und § 19 Absatz 2 entsprechend anzuwenden; § 9a Satz 1 Nummer 3 ist nicht anzuwenden. [12]Wird auf Grund einer internen Teilung nach § 10 des Versorgungsausgleichsgesetzes oder einer externen Teilung nach § 14 des Versorgungsausgleichsgesetzes ein Anrecht zugunsten der ausgleichsberechtigten Person begründet, so gilt dieser Vertrag insoweit zu dem gleichen Zeitpunkt als abgeschlossen wie der Vertrag der ausgleichspflichtigen Person, wenn die aus dem Vertrag der ausgleichspflichtigen Person ausgezahlten Leistungen zu einer Besteuerung nach Satz 2 führen. [13]Für Leistungen aus Altersvorsorgeverträgen nach § 93 Absatz 3 ist § 34 Absatz 1 entsprechend anzuwenden. [14]Soweit Begünstigungen, die mit denen in Satz 2 vergleichbar sind, bei der deutschen Besteuerung gewährt wurden, gelten die darauf beruhenden Leistungen ebenfalls als Leistung nach Satz 1. [15]20 Absatz 1 Nummer 6 Satz 9 in der ab dem 27. Juli 2016 geltenden Fassung findet keine Anwendung. [16]Nummer 1 Satz 3 Buchstabe a Doppelbuchstabe aa Satz 9 gilt entsprechend.

S 2257c

§ 22a

(1) [1] Nach Maßgabe des § 93c der Abgabenordnung haben die Träger der gesetzlichen Rentenversicherung, die landwirtschaftliche Alterskasse, die berufsständischen Versorgungseinrichtungen, die Pensionskassen, die Pensionsfonds, die Versicherungsunternehmen, die Unternehmen, die Verträge im Sinne des § 10 Absatz 1 Nummer 2 Buchstabe b anbieten, und die Anbieter im Sinne des § 80 als mitteilungspflichtige Stellen der zentralen Stelle (§ 81) unter Beachtung der im Bundessteuerblatt veröffentlichten Auslegungsvorschriften der Finanzverwaltung folgende Daten zu übermitteln (Rentenbezugsmitteilung):

1. die in § 93c Absatz 1 Nummer 2 Buchstabe c der Abgabenordnung genannten Daten mit der Maßgabe, dass der Leistungsempfänger als Steuerpflichtiger gilt. [2] Eine inländische Anschrift des Leistungsempfängers ist nicht zu übermitteln. [3] Ist der mitteilungspflichtigen Stelle eine ausländische Anschrift des Leistungsempfängers bekannt, ist diese anzugeben. [4] In diesen Fällen ist auch die Staatsangehörigkeit des Leistungsempfängers, soweit bekannt, mitzuteilen;
2. je gesondert den Betrag der Leibrenten und anderen Leistungen im Sinne des § 22 Nummer 1 Satz 3 Buchstabe a Doppelbuchstabe aa und bb Satz 4 sowie Doppelbuchstabe bb Satz 5 in Verbindung mit § 55 Absatz 2 der Einkommensteuer-Durchführungsverordnung sowie im Sinne des § 22 Nummer 5 Satz 1 bis 3. [2] Der im Betrag der Rente enthaltene Teil, der ausschließlich auf einer Anpassung der Rente beruht, ist gesondert mitzuteilen;
3. Zeitpunkt des Beginns und des Endes des jeweiligen Leistungsbezugs; folgen nach dem 31. Dezember 2004 Renten aus derselben Versicherung einander nach, so ist auch die Laufzeit der vorhergehenden Renten mitzuteilen;
4. die Beiträge im Sinne des § 10 Absatz 1 Nummer 3 Buchstabe a Satz 1 und 2 und Buchstabe b, soweit diese von der mitteilungspflichtigen Stelle an die Träger der gesetzlichen Kranken- und Pflegeversicherung abgeführt werden;
5. die dem Leistungsempfänger zustehenden Beitragszuschüsse nach § 106 des Sechsten Buches Sozialgesetzbuch;
6. ab dem 1. Januar 2017 ein gesondertes Merkmal und ab dem 1. Januar 2019 zwei gesonderte Merkmale für Verträge, auf denen gefördertes Altersvorsorgevermögen gebildet wurde; die zentrale Stelle ist in diesen Fällen berechtigt, die Daten dieser Rentenbezugsmitteilung im Zulagekonto zu speichern und zu verarbeiten;
7. ab dem 1. Januar 2019 die gesonderte Kennzeichnung einer Leistung aus einem Altersvorsorgevertrag nach § 93 Absatz 3;
8. ab dem 1. Januar 2022 die durch Steuerabzug gemäß § 50a Absatz 7 einbehaltenen Beträge.

[2] § 72a Absatz 4 und § 93c Absatz 1 Nummer 3 der Abgabenordnung finden keine Anwendung.

(2) [1] Der Leistungsempfänger hat der mitteilungspflichtigen Stelle seine Identifikationsnummer sowie den Tag seiner Geburt mitzuteilen. [2] Teilt der Leistungsempfänger die Identifikationsnummer der mitteilungspflichtigen Stelle trotz Aufforderung nicht mit, übermittelt das Bundeszentralamt für Steuern der mitteilungspflichtigen Stelle auf deren Anfrage die Identifikationsnummer des Leistungsempfängers sowie, falls es sich bei der mitteilungspflichtigen Stelle um einen Träger der gesetzlichen Sozialversicherung handelt, auch den beim Bundeszentralamt für Steuern gespeicherten Tag der Geburt des Leistungsempfängers (§ 139b Absatz 3 Nummer 8 der Abgabenordnung), wenn dieser von dem in der Anfrage übermittelten Tag der Geburt abweicht und für die weitere Datenübermittlung benötigt wird; weitere Daten dürfen nicht übermittelt werden. [3] In der Anfrage dürfen nur die in § 139b Absatz 3 der Abgabenordnung genannten Daten des Leistungsempfängers angegeben werden, soweit sie der mitteilungspflichtigen Stelle bekannt sind. [4] Die Anfrage der mitteilungspflichtigen Stelle und die Antwort des Bundeszentralamtes für Steuern sind nach amtlich vorgeschriebenem Datensatz durch Datenfernübertragung über die zentrale Stelle zu übermitteln. [5] Die zentrale Stelle führt eine ausschließlich automatisierte Prüfung der ihr übermittelten Daten daraufhin durch, ob sie vollständig und schlüssig sind und ob das vorgeschriebene Datenformat verwendet worden ist. [6] Sie speichert die Daten des Leistungsempfängers nur für Zwecke dieser Prüfung bis zur Übermittlung an das Bundeszentralamt für Steuern oder an die mitteilungspflichtige Stelle. [7] Die Daten sind für die Übermittlung zwischen der zentralen Stelle und dem Bundeszentralamt für Steuern zu verschlüsseln. [8] Die mitteilungspflichtige Stelle darf die Identifikationsnummer sowie einen nach Satz 2 mitgeteilten Tag der Geburt nur verarbeiten, soweit dies für die Erfüllung der Mitteilungspflicht nach Absatz 1 Satz 1 erforderlich ist. [9] § 93c der Abgabenordnung ist für das Verfahren nach den Sätzen 1 bis 8 nicht anzuwenden. *1)*

(3) Die mitteilungspflichtige Stelle hat den Leistungsempfänger jeweils darüber zu unterrichten, dass die Leistung der zentralen Stelle mitgeteilt wird.

(4) (weggefallen)

(5) [1] Wird eine Rentenbezugsmitteilung nicht innerhalb der in § 93c Absatz 1 Nummer 1 der Abgabenordnung genannten Frist übermittelt, so ist für jeden angefangenen Monat, in dem die Rentenbezugsmitteilung noch aussteht, ein Betrag in Höhe von 10 Euro für jede ausstehende Rentenbezugsmitteilung an die zentrale Stelle zu entrichten (Verspätungsgeld). [2] Die Erhebung erfolgt durch die zentrale Stelle im Rahmen ihrer Prüfung nach § 93c Absatz 4 der Abgabenordnung.

1) Absatz 2 Satz 10 und 11 wird durch Artikel 9 des Gesetzes Digitale Rentenübersicht ab VZ 2023 angefügt.

[3] Von der Erhebung ist abzusehen, soweit die Fristüberschreitung auf Gründen beruht, die die mitteilungspflichtige Stelle nicht zu vertreten hat. [4] Das Handeln eines gesetzlichen Vertreters oder eines Erfüllungsgehilfen steht dem eigenen Handeln gleich. [5] Das von einer mitteilungspflichtigen Stelle zu entrichtende Verspätungsgeld darf 50.000 Euro für alle für einen Veranlagungszeitraum zu übermittelnden Rentenbezugsmitteilungen nicht übersteigen.

(6) Die zentrale Stelle ist berechtigt, in den in § 151b Absatz 3 Satz 2 des Sechsten Buches Sozialgesetzbuch genannten Fällen die Rentenbezugsmitteilung an die Träger der gesetzlichen Rentenversicherung zu übermitteln.

§ 23

S 2256

Private Veräußerungsgeschäfte

(1) [1]Private Veräußerungsgeschäfte (§ 22 Nummer 2) sind

1. Veräußerungsgeschäfte bei Grundstücken und Rechten, die den Vorschriften des bürgerlichen Rechts über Grundstücke unterliegen (z. B. Erbbaurecht, Mineralgewinnungsrecht), bei denen der Zeitraum zwischen Anschaffung und Veräußerung nicht mehr als zehn Jahre beträgt. [2]Gebäude und Außenanlagen sind einzubeziehen, soweit sie innerhalb dieses Zeitraums errichtet, ausgebaut oder erweitert werden; dies gilt entsprechend für Gebäudeteile, die selbständige unbewegliche Wirtschaftsgüter sind, sowie für Eigentumswohnungen und im Teileigentum stehende Räume. [3]Ausgenommen sind Wirtschaftsgüter, die im Zeitraum zwischen Anschaffung oder Fertigstellung und Veräußerung ausschließlich zu eigenen Wohnzwecken oder im Jahr der Veräußerung und in den beiden vorangegangenen Jahren zu eigenen Wohnzwecken genutzt wurden;
2. Veräußerungsgeschäfte bei anderen Wirtschaftsgütern, bei denen der Zeitraum zwischen Anschaffung und Veräußerung nicht mehr als ein Jahr beträgt. [2]Ausgenommen sind Veräußerungen von Gegenständen des täglichen Gebrauchs. [3]Bei Anschaffung und Veräußerung mehrerer gleichartiger Fremdwährungsbeträge ist zu unterstellen, dass die zuerst angeschafften Beträge zuerst veräußert wurden. [4]Bei Wirtschaftsgütern im Sinne von Satz 1, aus deren Nutzung als Einkunftsquelle zumindest in einem Kalenderjahr Einkünfte erzielt werden, erhöht sich der Zeitraum auf zehn Jahre;
3. Veräußerungsgeschäfte, bei denen die Veräußerung der Wirtschaftsgüter früher erfolgt als der Erwerb.

[2]Als Anschaffung gilt auch die Überführung eines Wirtschaftsguts in das Privatvermögen des Steuerpflichtigen durch Entnahme oder Betriebsaufgabe. [3]Bei unentgeltlichem Erwerb ist dem Einzelrechtsnachfolger für Zwecke dieser Vorschrift die Anschaffung oder die Überführung des Wirtschaftsguts in das Privatvermögen durch den Rechtsvorgänger zuzurechnen. [4]Die Anschaffung oder Veräußerung einer unmittelbaren oder mittelbaren Beteiligung an einer Personengesellschaft gilt als Anschaffung oder Veräußerung der anteiligen Wirtschaftsgüter. [5]Als Veräußerung im Sinne des Satzes 1 Nummer 1 gilt auch

1. die Einlage eines Wirtschaftsguts in das Betriebsvermögen, wenn die Veräußerung aus dem Betriebsvermögen innerhalb eines Zeitraums von zehn Jahren seit Anschaffung des Wirtschaftsguts erfolgt, und
2. die verdeckte Einlage in eine Kapitalgesellschaft.

(2) Einkünfte aus privaten Veräußerungsgeschäften der in Absatz 1 bezeichneten Art sind den Einkünften aus anderen Einkunftsarten zuzurechnen, soweit sie zu diesen gehören.

(3) [1]Gewinn oder Verlust aus Veräußerungsgeschäften nach Absatz 1 ist der Unterschied zwischen Veräußerungspreis einerseits und den Anschaffungs- oder Herstellungskosten und den Werbungskosten andererseits. [2]In den Fällen des Absatzes 1 Satz 5 Nummer 1 tritt an die Stelle des Veräußerungspreises der für den Zeitpunkt der Einlage nach § 6 Absatz 1 Nummer 5 angesetzte Wert, in den Fällen des Absatzes 1 Satz 5 Nummer 2 der gemeine Wert. [3]In den Fällen des Absatzes 1 Satz 2 tritt an die Stelle der Anschaffungs- oder Herstellungskosten der nach § 6 Absatz 1 Nummer 4 oder § 16 Absatz 3 angesetzte Wert. [4]Die Anschaffungs- oder Herstellungskosten mindern sich um Absetzungen für Abnutzung, erhöhte Absetzungen und Sonderabschreibungen, soweit sie bei der Ermittlung der Einkünfte im Sinne des § 2 Absatz 1 Satz 1 Nummer 4 bis 7 abgezogen worden sind. [5]Gewinne bleiben steuerfrei, wenn der aus den privaten Veräußerungsgeschäften erzielte Gesamtgewinn im Kalenderjahr weniger als 600 Euro betragen hat. [6]In den Fällen des Absatzes 1 Satz 5 Nummer 1 sind Gewinne oder Verluste für das Kalenderjahr, in dem der Preis für die Veräußerung aus dem Betriebsvermögen zugeflossen ist, in den Fällen des Absatzes 1 Satz 5 Nummer 2 für das Kalenderjahr der verdeckten Einlage anzusetzen. [7]Verluste dürfen nur bis zur Höhe des Gewinns, den der Steuerpflichtige im gleichen Kalenderjahr aus privaten Veräußerungsgeschäften erzielt hat, ausgeglichen werden; sie dürfen nicht nach § 10d abgezogen werden. [8]Die Verluste mindern jedoch nach Maßgabe des § 10d die Einkünfte, die der Steuerpflichtige in dem unmittelbar vorangegangenen Veranlagungszeitraum oder in den folgenden Veranlagungszeiträumen aus privaten Veräußerungsgeschäften nach Absatz 1 erzielt hat oder erzielt; § 10d Absatz 4 gilt entsprechend.

h) Gemeinsame Vorschriften

§ 24

S 2258

Zu den Einkünften im Sinne des § 2 Absatz 1 gehören auch

1. Entschädigungen, die gewährt worden sind
   a) als Ersatz für entgangene oder entgehende Einnahmen oder
   b) für die Aufgabe oder Nichtausübung einer Tätigkeit, für die Aufgabe einer Gewinnbeteiligung oder einer Anwartschaft auf eine solche;
   c) als Ausgleichszahlungen an Handelsvertreter nach § 89b des Handelsgesetzbuchs;
2. Einkünfte aus einer ehemaligen Tätigkeit im Sinne des § 2 Absatz 1 Satz 1 Nummer 1 bis 4 oder aus einem früheren Rechtsverhältnis im Sinne des § 2 Absatz 1 Satz 1 Nummer 5 bis 7, und zwar auch dann, wenn sie dem Steuerpflichtigen als Rechtsnachfolger zufließen;
3. Nutzungsvergütungen für die Inanspruchnahme von Grundstücken für öffentliche Zwecke sowie Zinsen auf solche Nutzungsvergütungen und auf Entschädigungen, die mit der Inanspruchnahme von Grundstücken für öffentliche Zwecke zusammenhängen.

S 2265

§ 24a
Altersentlastungsbetrag

[1]Der Altersentlastungsbetrag ist bis zu einem Höchstbetrag im Kalenderjahr ein nach einem Prozentsatz ermittelter Betrag des Arbeitslohns und der positiven Summe der Einkünfte, die nicht solche aus nichtselbständiger Arbeit sind. [2]Bei der Bemessung des Betrags bleiben außer Betracht:

1. Versorgungsbezüge im Sinne des § 19 Absatz 2;
2. Einkünfte aus Leibrenten im Sinne des § 22 Nummer 1 Satz 3 Buchstabe a;
3. Einkünfte im Sinne des § 22 Nummer 4 Satz 4 Buchstabe b;
4. Einkünfte im Sinne des § 22 Nummer 5 Satz 1, soweit § 22 Nummer 5 Satz 11 anzuwenden ist;
5. Einkünfte im Sinne des § 22 Nummer 5 Satz 2 Buchstabe a.

[3]Der Altersentlastungsbetrag wird einem Steuerpflichtigen gewährt, der vor dem Beginn des Kalenderjahres, in dem er sein Einkommen bezogen hat, das 64. Lebensjahr vollendet hatte. [4]Im Fall der Zusammenveranlagung von Ehegatten zur Einkommensteuer sind die Sätze 1 bis 3 für jeden Ehegatten gesondert anzuwenden. [5]Der maßgebende Prozentsatz und der Höchstbetrag des Altersentlastungsbetrags sind der nachstehenden Tabelle zu entnehmen:

Das auf die Vollendung des 64. Lebensjahres folgende Kalenderjahr	Altersentlastungsbetrag	
	in % der Einkünfte	Höchstbetrag in Euro
2005	40,0	1.900
2006	38,4	1.824
2007	36,8	1.748
2008	35,2	1.672
2009	33,6	1.596
2010	32,0	1.520
2011	30,4	1.444
2012	28,8	1.368
2013	27,2	1.292
2014	25,6	1.216
2015	24,0	1.140
2016	22,4	1.064
2017	20,8	988
2018	19,2	912
2019	17,6	836

Das auf die Vollendung des 64. Lebensjahres folgende Kalenderjahr	Altersentlastungsbetrag	
	in % der Einkünfte	Höchstbetrag in Euro
2020	16,0	760
2021	15,2	722
2022	14,4	684
2023	13,6	646
2024	12,8	608
2025	12,0	570
2026	11,2	532
2027	10,4	494
2028	9,6	456
2029	8,8	418
2030	8,0	380
2031	7,2	342
2032	6,4	304
2033	5,6	266
2034	4,8	228
2035	4,0	190
2036	3,2	152
2037	2,4	114
2038	1,6	76
2039	0,8	38
2040	0,0	0

Hinweise H 24a

Allgemeines

>R 24a EStR, H 24a EStH

S 2265a

§ 24b
Entlastungsbetrag für Alleinerziehende

(1) [1] Allein stehende Steuerpflichtige können einen Entlastungsbetrag von der Summe der Einkünfte abziehen, wenn zu ihrem Haushalt mindestens ein Kind gehört, für das ihnen ein Freibetrag nach § 32 Absatz 6 oder Kindergeld zusteht. [2] Die Zugehörigkeit zum Haushalt ist anzunehmen, wenn das Kind in der Wohnung des allein stehenden Steuerpflichtigen gemeldet ist. [3] Ist das Kind bei mehreren Steuerpflichtigen gemeldet, steht der Entlastungsbetrag nach Satz 1 demjenigen Alleinstehenden zu, der die Voraussetzungen auf Auszahlung des Kindergeldes nach § 64 Absatz 2 Satz 1 erfüllt oder erfüllen würde in Fällen, in denen nur ein Anspruch auf einen Freibetrag nach § 32 Absatz 6 besteht. [4] Voraussetzung für die Berücksichtigung ist die Identifizierung des Kindes durch die an dieses Kind vergebene Identifikationsnummer (§ 139b der Abgabenordnung). [5] Ist das Kind nicht nach einem Steuergesetz steuerpflichtig (§ 139a Absatz 2 der Abgabenordnung), ist es in anderer geeigneter Weise zu identifizieren. [6] Die nachträgliche Vergabe der Identifikationsnummer wirkt auf Monate zurück, in denen die Voraussetzungen der Sätze 1 bis 3 vorliegen.

[1] (2) [1] Gehört zum Haushalt des allein stehenden Steuerpflichtigen ein Kind im Sinne des Absatzes 1, beträgt der Entlastungsbetrag im Kalenderjahr *4.008 Euro*. [2] Für jedes weitere Kind im Sinne des Absatzes 1 erhöht sich der Betrag nach Satz 1 um 240 Euro je weiterem
[1] | Kind.

(3) [1] Allein stehend im Sinne des Absatzes 1 sind Steuerpflichtige, die nicht die Voraussetzungen für die Anwendung des Splitting-Verfahrens (§ 26 Absatz 1) erfüllen oder verwitwet sind und keine Haushaltsgemeinschaft mit einer anderen volljährigen Person bilden, es sei denn, für diese steht ihnen ein Freibetrag nach § 32 Absatz 6 oder Kindergeld zu oder es handelt sich um ein Kind im Sinne des § 63 Absatz 1 Satz 1, das einen Dienst nach § 32 Absatz 5 Satz 1 Nummer 1 und 2 leistet oder eine Tätigkeit nach § 32 Absatz 5 Satz 1 Nummer 3 ausübt. [2] Ist die andere Person mit Haupt- oder Nebenwohnsitz in der Wohnung des Steuerpflichtigen gemeldet, wird vermutet, dass sie mit dem Steuerpflichtigen gemeinsam wirtschaftet (Haushaltsgemeinschaft). [3] Diese Vermutung ist widerlegbar, es sei denn, der Steuerpflichtige und die andere Person leben in einer eheähnlichen oder lebenspartnerschaftsähnlichen Gemeinschaft.

(4) Für jeden vollen Kalendermonat, in dem die Voraussetzungen des Absatzes 1 nicht vorgelegen haben, ermäßigt sich der Entlastungsbetrag nach Absatz 2 um ein Zwölftel.

---

[1] *Absatz 2 Satz 1 wurde durch Artikel 3 des JStG 2020 ab VZ 2022 geändert und Satz 3 aufgehoben.*

Hinweise H 24b

Allgemeine Grundsätze

>BMF vom 23.10.2017 (BStBl I S. 1432) Anhang 16

Freibetrag bei mehreren Kindern

>H 39a.1 (Beispiele)

III. Veranlagung

S 2260

§ 25

S 2261

Veranlagungszeitraum, Steuererklärungspflicht

(1) Die Einkommensteuer wird nach Ablauf des Kalenderjahres (Veranlagungszeitraum) nach dem Einkommen veranlagt, das der Steuerpflichtige in diesem Veranlagungszeitraum bezogen hat, soweit nicht nach § 43 Absatz 5 und § 46 eine Veranlagung unterbleibt.

(2) (weggefallen)

(3) [1] Die steuerpflichtige Person hat für den Veranlagungszeitraum eine eigenhändig unterschriebene Einkommensteuererklärung abzugeben. [2] Wählen Ehegatten die Zusammenveranlagung (§ 26b), haben sie eine gemeinsame Steuererklärung abzugeben, die von beiden eigenhändig zu unterschreiben ist.

(4) [1] Die Erklärung nach Absatz 3 ist nach amtlich vorgeschriebenem Datensatz durch Datenfernübertragung zu übermitteln, wenn Einkünfte nach § 2 Absatz 1 Satz 1 Nummer 1 bis 3 erzielt werden und es sich nicht um einen der Veranlagungsfälle gemäß § 46 Absatz 2 Nummer 2 bis 8 handelt. [2] Auf Antrag kann die Finanzbehörde zur Vermeidung unbilliger Härten auf eine Übermittlung durch Datenfernübertragung verzichten.

§ 26

S 2262

Veranlagung von Ehegatten

(1) [1] Ehegatten können zwischen der Einzelveranlagung (§ 26a) und der Zusammenveranlagung (§ 26b) wählen, wenn

1. beide unbeschränkt einkommensteuerpflichtig im Sinne des § 1 Absatz 1 oder 2 oder des § 1a sind,
2. sie nicht dauernd getrennt leben und
3. bei ihnen die Voraussetzungen aus den Nummern 1 und 2 zu Beginn des Veranlagungszeitraums vorgelegen haben oder im Laufe des Veranlagungszeitraums eingetreten sind.

[2] Hat ein Ehegatte in dem Veranlagungszeitraum, in dem seine zuvor bestehende Ehe aufgelöst worden ist, eine neue Ehe geschlossen und liegen bei ihm und dem neuen Ehegatten die Voraussetzungen des Satzes 1 vor, bleibt die zuvor bestehende Ehe für die Anwendung des Satzes 1 unberücksichtigt.

(2) [1] Ehegatten werden einzeln veranlagt, wenn einer der Ehegatten die Einzelveranlagung wählt. [2] Ehegatten werden zusammen veranlagt, wenn beide Ehegatten die Zusammenveranlagung wählen. [3] Die Wahl wird für den betreffenden Veranlagungszeitraum durch Angabe in der Steuererklärung getroffen. [4] Die Wahl der Veranlagungsart innerhalb eines Veranlagungszeitraums kann nach Eintritt der Unanfechtbarkeit des Steuerbescheids nur noch geändert werden, wenn

1. ein Steuerbescheid, der die Ehegatten betrifft, aufgehoben, geändert oder berichtigt wird und
2. die Änderung der Wahl der Veranlagungsart der zuständigen Finanzbehörde bis zum Eintritt der Unanfechtbarkeit des Änderungs- oder Berichtigungsbescheids schriftlich oder elektronisch mitgeteilt oder zur Niederschrift erklärt worden ist und
3. der Unterschiedsbetrag aus der Differenz der festgesetzten Einkommensteuer entsprechend der bisher gewählten Veranlagungsart und der festzusetzenden Einkommensteuer, die sich bei einer geänderten Ausübung der Wahl der Veranlagungsarten ergeben würde, positiv ist. [2] Die Einkommensteuer der einzeln veranlagten Ehegatten ist hierbei zusammenzurechnen.

(3) Wird von dem Wahlrecht nach Absatz 2 nicht oder nicht wirksam Gebrauch gemacht, so ist eine Zusammenveranlagung durchzuführen.

S 2263

§ 26a

Einzelveranlagung von Ehegatten

(1) [1]Bei der Einzelveranlagung von Ehegatten sind jedem Ehegatten die von ihm bezogenen Einkünfte zuzurechnen. [2]Einkünfte eines Ehegatten sind nicht allein deshalb zum Teil dem anderen Ehegatten zuzurechnen, weil dieser bei der Erzielung der Einkünfte mitgewirkt hat.

(2) [1]Sonderausgaben, außergewöhnliche Belastungen und die Steuerermäßigungen nach den §§ 35a und 35c werden demjenigen Ehegatten zugerechnet, der die Aufwendungen wirtschaftlich getragen hat. [2]Auf übereinstimmenden Antrag der Ehegatten werden sie jeweils zur Hälfte abgezogen. [3]Der Antrag des Ehegatten, der die Aufwendungen wirtschaftlich getragen hat, ist in begründeten Einzelfällen ausreichend. [4]§ 26 Absatz 2 Satz 3 gilt entsprechend.

(3) Die Anwendung des § 10d für den Fall des Übergangs von der Einzelveranlagung zur Zusammenveranlagung und von der Zusammenveranlagung zur Einzelveranlagung zwischen zwei Veranlagungszeiträumen, wenn bei beiden Ehegatten nicht ausgeglichene Verluste vorliegen, wird durch Rechtsverordnung der Bundesregierung mit Zustimmung des Bundesrates geregelt.

§ 26b

S 2264
S 2264a

Zusammenveranlagung von Ehegatten

Bei der Zusammenveranlagung von Ehegatten werden die Einkünfte, die die Ehegatten erzielt haben, zusammengerechnet, den Ehegatten gemeinsam zugerechnet und, soweit nichts anderes vorgeschrieben ist, die Ehegatten sodann gemeinsam als Steuerpflichtiger behandelt.

§ 27

(weggefallen)

§ 28

S 2266

Besteuerung bei fortgesetzter Gütergemeinschaft

Bei fortgesetzter Gütergemeinschaft gelten Einkünfte, die in das Gesamtgut fallen, als Einkünfte des überlebenden Ehegatten, wenn dieser unbeschränkt steuerpflichtig ist.

§§ 29 und 30

(weggefallen)

IV. Tarif

S 2280

§ 31

Familienleistungsausgleich

[1]Die steuerliche Freistellung eines Einkommensbetrags in Höhe des Existenzminimums eines Kindes einschließlich der Bedarfe für Betreuung und Erziehung oder Ausbildung wird im gesamten Veranlagungszeitraum entweder durch die Freibeträge nach § 32 Absatz 6 oder durch Kindergeld nach Abschnitt X bewirkt. [2]Soweit das Kindergeld dafür nicht erforderlich ist, dient es der Förderung der Familie. [3]Im laufenden Kalenderjahr wird Kindergeld als Steuervergütung monatlich gezahlt. [4]Bewirkt der Anspruch auf Kindergeld für den gesamten Veranlagungszeitraum die nach Satz 1 gebotene steuerliche Freistellung nicht vollständig und werden deshalb bei der Veranlagung zur Einkommensteuer die Freibeträge nach § 32 Absatz 6 vom Einkommen abgezogen, erhöht sich die unter Abzug dieser Freibeträge ermittelte tarifliche Einkommensteuer um den Anspruch auf Kindergeld für den gesamten Veranlagungszeitraum; bei nicht zusammenveranlagten Eltern wird der Kindergeldanspruch im Umfang des Kinderfreibetrags angesetzt. [5]Bei der Prüfung der Steuerfreistellung und der Hinzurechnung nach Satz 4 bleibt der Anspruch auf Kindergeld für Kalendermonate unberücksichtigt, in denen durch Bescheid der Familienkasse ein Anspruch auf Kindergeld festgesetzt, aber wegen § 70 Absatz 1 Satz 2 nicht ausgezahlt wurde. [6]Satz 4 gilt entsprechend für mit dem Kindergeld vergleichbare Leistungen nach § 65. [7]Besteht nach ausländischem Recht Anspruch auf Leistungen für Kinder, wird dieser insoweit nicht berücksichtigt, als er das inländische Kindergeld übersteigt.

§ 32

S 2282

Kinder, Freibeträge für Kinder

(1) Kinder sind

1. im ersten Grad mit dem Steuerpflichtigen verwandte Kinder,
2. Pflegekinder (Personen, mit denen der Steuerpflichtige durch ein familienähnliches, auf längere Dauer berechnetes Band verbunden ist, sofern er sie nicht zu Erwerbszwecken in seinen Haushalt aufgenommen hat und das Obhuts- und Pflegeverhältnis zu den Eltern nicht mehr besteht).

(2) [1]Besteht bei einem angenommenen Kind das Kindschaftsverhältnis zu den leiblichen Eltern weiter, ist es vorrangig als angenommenes Kind zu berücksichtigen. [2]Ist ein im ersten Grad mit dem Steuerpflichtigen verwandtes Kind zugleich ein Pflegekind, ist es vorrangig als Pflegekind zu berücksichtigen.

(3) Ein Kind wird in dem Kalendermonat, in dem es lebend geboren wurde, und in jedem folgenden Kalendermonat, zu dessen Beginn es das 18. Lebensjahr noch nicht vollendet hat, berücksichtigt.

(4) [1]Ein Kind, das das 18. Lebensjahr vollendet hat, wird berücksichtigt, wenn es

1. noch nicht das 21. Lebensjahr vollendet hat, nicht in einem Beschäftigungsverhältnis steht und bei einer Agentur für Arbeit im Inland als Arbeitsuchender gemeldet ist oder
2. noch nicht das 25. Lebensjahr vollendet hat und
   a) für einen Beruf ausgebildet wird oder
   b) sich in einer Übergangszeit von höchstens vier Monaten befindet, die zwischen zwei Ausbildungsabschnitten oder zwischen einem Ausbildungsabschnitt und der Ableistung des gesetzlichen Wehr- oder Zivildienstes, einer vom Wehr- oder Zivildienst befreienden Tätigkeit als Entwicklungshelfer oder als Dienstleistender im Ausland nach § 14b des Zivildienstgesetzes oder der Ableistung des freiwilligen Wehrdienstes nach § 58b des Soldatengesetzes oder der Ableistung eines freiwilligen Dienstes im Sinne des Buchstaben d liegt, oder
   c) eine Berufsausbildung mangels Ausbildungsplatzes nicht beginnen oder fortsetzen kann oder
   d) ein freiwilliges soziales Jahr oder ein freiwilliges ökologisches Jahr im Sinne des Jugendfreiwilligendienstegesetzes oder eine Freiwilligenaktivität im Rahmen des Europäischen Solidaritätskorps im Sinne der Verordnung (EU) Nr. 2018/1475 des Europäischen Parlaments und des Rates vom 2. Oktober 2018 zur Festlegung des rechtlichen Rahmens des Europäischen Solidaritätskorps sowie zur Änderung der Verordnung (EU) Nr. 1288/2013 und der Verordnung (EU) Nr. 1293/2013 sowie des Beschlusses Nr. 1313/2013/EU (ABl. L 250 vom 4.10.2018,

S. 1) oder einen anderen Dienst im Ausland im Sinne von § 5 des Bundesfreiwilligendienstgesetzes oder einen entwicklungspolitischen Freiwilligendienst „weltwärts“ im Sinne der Förderleitlinie des Bundesministeriums für wirtschaftliche Zusammenarbeit und Entwicklung vom 1. Januar 2016 oder einen Freiwilligendienst aller Generationen im Sinne von § 2 Absatz 1a des Siebten Buches Sozialgesetzbuch oder einen Internationalen Jugendfreiwilligendienst im Sinne der Richtlinie des Bundesministeriums für Familie, Senioren, Frauen und Jugend vom 25. Mai 2018 (GMBl S. 545) oder einen Bundesfreiwilligendienst im Sinne des Bundesfreiwilligendienstgesetzes leistet oder

3. wegen körperlicher, geistiger oder seelischer Behinderung außerstande ist, sich selbst zu unterhalten; Voraussetzung ist, dass die Behinderung vor Vollendung des 25. Lebensjahres eingetreten ist.

[2]Nach Abschluss einer erstmaligen Berufsausbildung oder eines Erststudiums wird ein Kind in den Fällen des Satzes 1 Nummer 2 nur berücksichtigt, wenn das Kind keiner Erwerbstätigkeit nachgeht. [3]Eine Erwerbstätigkeit mit bis zu 20 Stunden regelmäßiger wöchentlicher Arbeitszeit, ein Ausbildungsdienstverhältnis oder ein geringfügiges Beschäftigungsverhältnis im Sinne der §§ 8 und 8a des Vierten Buches Sozialgesetzbuch sind unschädlich.

(5) [1]In den Fällen des Absatzes 4 Satz 1 Nummer 1 oder Nummer 2 Buchstabe a und b wird ein Kind, das

1. den gesetzlichen Grundwehrdienst oder Zivildienst geleistet hat, oder
2. sich anstelle des gesetzlichen Grundwehrdienstes freiwillig für die Dauer von nicht mehr als drei Jahren zum Wehrdienst verpflichtet hat, oder
3. eine vom gesetzlichen Grundwehrdienst oder Zivildienst befreiende Tätigkeit als Entwicklungshelfer im Sinne des § 1 Absatz 1 des Entwicklungshelfer-Gesetzes ausgeübt hat,

für einen der Dauer dieser Dienste oder der Tätigkeit entsprechenden Zeitraum, höchstens für die Dauer des inländischen gesetzlichen Grundwehrdienstes oder bei anerkannten Kriegsdienstverweigerern für die Dauer des inländischen gesetzlichen Zivildienstes über das 21. oder 25. Lebensjahr hinaus berücksichtigt. [2]Wird der gesetzliche Grundwehrdienst oder Zivildienst in einem Mitgliedstaat der Europäischen Union oder einem Staat, auf den das Abkommen über den Europäischen Wirtschaftsraum Anwendung findet, geleistet, so ist die Dauer dieses Dienstes maßgebend. [3]Absatz 4 Satz 2 und 3 gilt entsprechend.

(6) [1] Bei der Veranlagung zur Einkommensteuer wird für jedes zu berücksichtigende Kind des Steuerpflichtigen ein Freibetrag von 2.730 Euro für das sächliche Existenzminimum des Kindes (Kinderfreibetrag) sowie ein Freibetrag von 1.464 Euro für den Betreuungs- und Erziehungs- oder Ausbildungsbedarf des Kindes vom Einkommen abgezogen. [2] Bei Ehegatten, die nach den §§ 26, 26b zusammen zur Einkommensteuer veranlagt werden, verdoppeln sich die Beträge nach Satz 1, wenn das Kind zu beiden Ehegatten in einem Kindschaftsverhältnis steht. [3] Die Beträge nach Satz 2 stehen dem Steuerpflichtigen auch dann zu, wenn S 2282a

1. der andere Elternteil verstorben oder nicht unbeschränkt einkommensteuerpflichtig ist oder
2. der Steuerpflichtige allein das Kind angenommen hat oder das Kind nur zu ihm in einem Pflegekindschaftsverhältnis steht.

[4] Für ein nicht nach § 1 Absatz 1 oder 2 unbeschränkt einkommensteuerpflichtiges Kind können die Beträge nach den Sätzen 1 bis 3 nur abgezogen werden, soweit sie nach den Verhältnissen seines Wohnsitzstaates notwendig und angemessen sind. [5] Für jeden Kalendermonat, in dem die Voraussetzungen für einen Freibetrag nach den Sätzen 1 bis 4 nicht vorliegen, ermäßigen sich die dort genannten Beträge um ein Zwölftel. [6] *Abweichend von Satz 1 wird bei einem unbeschränkt einkommensteuerpflichtigen Elternpaar, bei dem die Voraussetzungen des § 26 Absatz 1 Satz 1 nicht vorliegen, auf Antrag eines Elternteils der dem anderen Elternteil zustehende Kinderfreibetrag auf ihn übertragen, wenn er, nicht jedoch der andere Elternteil, seiner Unterhaltspflicht gegenüber dem Kind für das Kalenderjahr im Wesentlichen nachkommt oder der andere Elternteil mangels Leistungsfähigkeit nicht unterhaltspflichtig ist; die Übertragung des Kinderfreibetrags führt stets auch zur Übertragung des Freibetrags für den Betreuungs- und Erziehungs- oder Ausbildungsbedarf.* [1)] [7] Eine Übertragung nach Satz 6 scheidet für Zeiträume aus, für die Unterhaltsleistungen nach dem Unterhaltsvorschussgesetz gezahlt werden. [8] Bei minderjährigen Kindern wird der dem Elternteil, in dessen Wohnung das Kind nicht gemeldet ist, zustehende Freibetrag für den Betreuungs- und Erziehungs- oder Ausbildungsbedarf auf Antrag des anderen Elternteils auf diesen übertragen, wenn bei dem Elternpaar die Voraussetzungen des § 26 Absatz 1 Satz 1 nicht vorliegen. [9] Eine Übertragung nach Satz 8 scheidet aus, wenn der Übertragung widersprochen wird, weil der Elternteil, bei dem das Kind nicht gemeldet ist, Kinderbetreuungskosten trägt oder das Kind regelmäßig in einem nicht unwesentlichen Umfang betreut. [10] Die den Eltern nach den Sätzen 1 bis 9 zustehenden Freibeträge können auf Antrag auch auf einen Stiefelternteil oder Großelternteil übertragen werden, wenn dieser das Kind in seinen Haushalt aufgenommen hat oder dieser einer Unterhaltspflicht gegenüber dem Kind unterliegt. [11] Die Übertragung

---

1) Absatz 6 Satz 6 wurde durch Artikel 1 des AbzStEntModG ab VZ 2021 neu gefasst.

nach Satz 10 kann auch mit Zustimmung des berechtigten Elternteils erfolgen, die nur für künftige Kalenderjahre widerrufen werden kann.

H 32

Hinweise

Berücksichtigung von Kindern

>R 32 EStR, H 32 EStH

§ 32a

S 2283

Einkommensteuertarif

(1) [1] *Die tarifliche Einkommensteuer bemisst sich nach dem zu versteuernden Einkommen.* [2] *Sie beträgt ab dem Veranlagungszeitraum 2022 vorbehaltlich der §§ 32b, 32d, 34, 34a, 34b und 34c jeweils in Euro für zu versteuernde Einkommen* [1)]

1. *bis 9.984 Euro (Grundfreibetrag):*
   0;
2. *von 9.985 Euro bis 14.926 Euro:*
   (1.008,70 · y + 1.400) · y;
3. *von 14.927 Euro bis 58.596 Euro:*
   (206,43 · z + 2.397) · z + 938,24;
4. *von 58.597 Euro bis 277.825 Euro:*
   0,42 · x – 9.267,53;
5. *von 277.826 Euro an:*
   0,45 · x – 17.602,28.

[3] *Die Größe „y“ ist ein Zehntausendstel des den Grundfreibetrag übersteigenden Teils des auf einen vollen Euro-Betrag abgerundeten zu versteuernden Einkommens.* [4] *Die Größe „z“ ist ein Zehntausendstel des 14.926 Euro übersteigenden Teils des auf einen vollen Euro-Betrag abgerundeten zu versteuernden Einkommens.* [5] *Die Größe „x“ ist das auf einen vollen Euro-Betrag abgerundete zu versteuernde Einkommen.* [6] *Der sich ergebende Steuerbetrag ist auf den nächsten vollen Euro-Betrag abzurunden.*

(2) bis (4) (weggefallen)

(5) Bei Ehegatten, die nach den §§ 26, 26b zusammen zur Einkommensteuer veranlagt werden, beträgt die tarifliche Einkommensteuer vorbehaltlich der §§ 32b, 32d, 34, 34a, 34b und 34c das Zweifache des Steuerbetrags, der sich für die Hälfte ihres gemeinsam zu versteuernden Einkommens nach Absatz 1 ergibt (Splitting-Verfahren).

(6) [1] Das Verfahren nach Absatz 5 ist auch anzuwenden zur Berechnung der tariflichen Einkommensteuer für das zu versteuernde Einkommen

1. bei einem verwitweten Steuerpflichtigen für den Veranlagungszeitraum, der dem Kalenderjahr folgt, in dem der Ehegatte verstorben ist, wenn der Steuerpflichtige und sein verstorbener Ehegatte im Zeitpunkt seines Todes die Voraussetzungen des § 26 Absatz 1 Satz 1 erfüllt haben,
2. bei einem Steuerpflichtigen, dessen Ehe in dem Kalenderjahr, in dem er sein Einkommen bezogen hat, aufgelöst worden ist, wenn in diesem Kalenderjahr

---

1) *Absatz 1 wurde durch Artikel 2 des 2. FamEntlastG ab VZ 2022 neu gefasst.*

a) der Steuerpflichtige und sein bisheriger Ehegatte die Voraussetzungen des § 26 Absatz 1 Satz 1 erfüllt haben,
b) der bisherige Ehegatte wieder geheiratet hat und
c) der bisherige Ehegatte und dessen neuer Ehegatte ebenfalls die Voraussetzungen des § 26 Absatz 1 Satz 1 erfüllen.

[2]Voraussetzung für die Anwendung des Satzes 1 ist, dass der Steuerpflichtige nicht nach den §§ 26, 26a einzeln zur Einkommensteuer veranlagt wird.

§ 32b
S 2295

Progressionsvorbehalt

(1) [1] Hat ein zeitweise oder während des gesamten Veranlagungszeitraums unbeschränkt Steuerpflichtiger oder ein beschränkt Steuerpflichtiger, auf den § 50 Absatz 2 Satz 2 Nummer 4 Anwendung findet,

1. a) Arbeitslosengeld, Teilarbeitslosengeld, Zuschüsse zum Arbeitsentgelt, Kurzarbeitergeld, Insolvenzgeld, Übergangsgeld nach dem Dritten Buch Sozialgesetzbuch, Insolvenzgeld, das nach § 170 Absatz 1 des Dritten Buches Sozialgesetzbuch einem Dritten zusteht, ist dem Arbeitnehmer zuzurechnen,
   b) Krankengeld, Mutterschaftsgeld, Verletztengeld, Übergangsgeld oder vergleichbare Lohnersatzleistungen nach dem Fünften, Sechsten oder Siebten Buch Sozialgesetzbuch, der Reichsversicherungsordnung, dem Gesetz über die Krankenversicherung der Landwirte oder dem Zweiten Gesetz über die Krankenversicherung der Landwirte,
   c) Mutterschaftsgeld, Zuschuss zum Mutterschaftsgeld, die Sonderunterstützung nach dem Mutterschutzgesetz sowie den Zuschuss bei Beschäftigungsverboten für die Zeit vor oder nach einer Entbindung sowie für den Entbindungstag während einer Elternzeit nach beamtenrechtlichen Vorschriften,
   d) Arbeitslosenbeihilfe nach dem Soldatenversorgungsgesetz,
   e) Entschädigungen für Verdienstausfall nach dem Infektionsschutzgesetz vom 20. Juli 2000 (BGBl. I S. 1045),
   f) Versorgungskrankengeld oder Übergangsgeld nach dem Bundesversorgungsgesetz,
   g) nach § 3 Nummer 28 steuerfreie Aufstockungsbeträge oder Zuschläge sowie nach § 3 Nummer 28a steuerfreie Zuschüsse,
   h) Leistungen an Arbeitnehmerinnen und Arbeitnehmer nach § 5 des Unterhaltssicherungsgesetzes,
   i) nach § 3 Nummer 60 steuerfreie Anpassungsgelder,
   j) Elterngeld nach dem Bundeselterngeld- und Elternzeitgesetz,
   k) nach § 3 Nummer 2 Buchstabe e steuerfreie Leistungen, wenn vergleichbare Leistungen inländischer öffentlicher Kassen nach den Buchstaben a bis j dem Progressionsvorbehalt unterfallen, oder
2. ausländische Einkünfte, die im Veranlagungszeitraum nicht der deutschen Einkommensteuer unterlegen haben; dies gilt nur für Fälle der zeitweisen unbeschränkten Steuerpflicht einschließlich der in § 2 Absatz 7 Satz 3 geregelten Fälle; ausgenommen sind Einkünfte, die nach einem sonstigen zwischenstaatlichen Übereinkommen im Sinne der Nummer 4 steuerfrei sind und die nach

diesem Übereinkommen nicht unter dem1 Vorbehalt der Einbeziehung bei der Berechnung der Einkommensteuer stehen,

3. Einkünfte, die nach einem Abkommen zur Vermeidung der Doppelbesteuerung steuerfrei sind,
4. Einkünfte, die nach einem sonstigen zwischenstaatlichen Übereinkommen unter dem Vorbehalt der Einbeziehung bei der Berechnung der Einkommensteuer steuerfrei sind,
5. Einkünfte, die bei Anwendung von § 1 Absatz 3 oder § 1a oder § 50 Absatz 2 Satz 2 Nummer 4 im Veranlagungszeitraum bei der Ermittlung des zu versteuernden Einkommens unberücksichtigt bleiben, weil sie nicht der deutschen Einkommensteuer oder einem Steuerabzug unterliegen; ausgenommen sind Einkünfte, die nach einem sonstigen zwischenstaatlichen Übereinkommen im Sinne der Nummer 4 steuerfrei sind und die nach diesem Übereinkommen nicht unter dem Vorbehalt der Einbeziehung bei der Berechnung der Einkommensteuer stehen,

bezogen, so ist auf das nach § 32a Absatz 1 zu versteuernde Einkommen ein besonderer Steuersatz anzuwenden. [2] Satz 1 Nummer 3 gilt nicht für Einkünfte

1. aus einer anderen als in einem Drittstaat belegenen land- und forstwirtschaftlichen Betriebsstätte,
2. aus einer anderen als in einem Drittstaat belegenen gewerblichen Betriebsstätte, die nicht die Voraussetzungen des § 2a Absatz 2 Satz 1 erfüllt,
3. aus der Vermietung oder der Verpachtung von unbeweglichem Vermögen oder von Sachinbegriffen, wenn diese in einem anderen Staat als in einem Drittstaat belegen sind, oder
4. aus der entgeltlichen Überlassung von Schiffen, sofern diese ausschließlich oder fast ausschließlich in einem anderen als einem Drittstaat eingesetzt worden sind, es sei denn, es handelt sich um Handelsschiffe, die
   a) von einem Vercharterer ausgerüstet überlassen oder
   b) an in einem anderen als in einem Drittstaat ansässige Ausrüster, die die Voraussetzungen des § 510 Absatz 1 des Handelsgesetzbuchs erfüllen, überlassen oder
   c) insgesamt nur vorübergehend an in einem Drittstaat ansässige Ausrüster, die die Voraussetzungen des § 510 Absatz 1 des Handelsgesetzbuchs erfüllen, überlassen

   worden sind, oder
5. aus dem Ansatz des niedrigeren Teilwerts oder der Übertragung eines zu einem Betriebsvermögen gehörenden Wirtschaftsguts im Sinne der Nummern 3 und 4.

[3] § 2a Absatz 2a und § 15b sind sinngemäß anzuwenden.

(1a) Als unmittelbar von einem unbeschränkt Steuerpflichtigen bezogene ausländische Einkünfte im Sinne des Absatzes 1 Nummer 3 gelten auch die ausländischen Einkünfte, die eine Organgesellschaft im Sinne des § 14 oder des § 17 des Körperschaftsteuergesetzes bezogen hat und die nach einem Abkommen zur Vermeidung der Doppelbesteuerung steuerfrei sind, in dem Verhältnis, in dem dem unbeschränkt Steuerpflichtigen das Einkommen der Organgesellschaft bezogen auf das gesamte Einkommen der Organgesellschaft im Veranlagungszeitraum zugerechnet wird.

(2) Der besondere Steuersatz nach Absatz 1 ist der Steuersatz, der sich ergibt, wenn bei der Berechnung der Einkommensteuer das nach § 32a Absatz 1 zu versteuernde Einkommen vermehrt oder vermindert wird um

1. im Fall des Absatzes 1 Nummer 1 die Summe der Leistungen nach Abzug des Arbeitnehmer-Pauschbetrags (§ 9a Satz 1 Nummer 1), soweit er nicht bei der Ermittlung der Einkünfte aus nichtselbständiger Arbeit abziehbar ist;
2. im Fall des Absatzes 1 Nummer 2 bis 5 die dort bezeichneten Einkünfte, wobei die darin enthaltenen außerordentlichen Einkünfte mit einem Fünftel zu berücksichtigen sind. [2] Bei der Ermittlung der Einkünfte im Fall des Absatzes 1 Nummer 2 bis 5
   a) ist der Arbeitnehmer-Pauschbetrag (§ 9a Satz 1 Nummer 1 Buchstabe a) abzuziehen, soweit er nicht bei der Ermittlung der Einkünfte aus nichtselbständiger Arbeit abziehbar ist;
   b) sind Werbungskosten nur insoweit abzuziehen, als sie zusammen mit den bei der Ermittlung der Einkünfte aus nichtselbständiger Arbeit abziehbaren Werbungskosten den Arbeitnehmer-Pauschbetrag (§ 9a Satz 1 Nummer 1 Buchstabe a) übersteigen;
   c) sind bei Gewinnermittlung nach § 4 Absatz 3 die Anschaffungs- oder Herstellungskosten für Wirtschaftsgüter des Umlaufvermögens im Zeitpunkt des Zuflusses des Veräußerungserlöses oder bei Entnahme im Zeitpunkt der Entnahme als Betriebsausgaben zu berücksichtigen. [2] § 4 Absatz 3 Satz 5 gilt entsprechend.

(3) [1] Nach Maßgabe des § 93c der Abgabenordnung haben die Träger der Sozialleistungen im Sinne des Absatzes 1 Satz 1 Nummer 1 für jeden Leistungsempfänger der für seine Besteuerung nach dem Einkommen zuständigen Finanzbehörde neben den nach § 93c Absatz 1 der Abgabenordnung erforderlichen Angaben die Daten über die im Kalenderjahr gewährten Leistungen sowie die Dauer des Leistungszeitraums zu übermitteln, soweit die Leistungen nicht auf der Lohnsteuerbescheinigung anzugeben sind (§ 41b Absatz 1 Satz 2 Nummer 5); § 41b Absatz 2 und § 22a Absatz 2 gelten entsprechend. [2] Die mitteilungspflichtige Stelle hat den Empfänger der Leistungen

auf die steuerliche Behandlung dieser Leistungen und seine Steuererklärungspflicht hinzuweisen. [3]In den Fällen des § 170 Absatz 1 des Dritten Buches Sozialgesetzbuch gilt als Empfänger des an Dritte ausgezahlten Insolvenzgeldes der Arbeitnehmer, der seinen Arbeitsentgeltanspruch übertragen hat.

(4) [1]In den Fällen des Absatzes 3 ist für die Anwendung des § 72a Absatz 4 und des § 93c Absatz 4 Satz 1 der Abgabenordnung das Betriebsstättenfinanzamt des Trägers der jeweiligen Sozialleistungen zuständig. [2]Sind für ihn mehrere Betriebsstättenfinanzämter zuständig oder hat er keine Betriebsstätte im Sinne des § 41 Absatz 2, so ist das Finanzamt zuständig, in dessen Bezirk sich seine Geschäftsleitung nach § 10 der Abgabenordnung im Inland befindet.

(5) Die nach Absatz 3 übermittelten Daten können durch das nach Absatz 4 zuständige Finanzamt bei den für die Besteuerung der Leistungsempfänger nach dem Einkommen zuständigen Finanzbehörden abgerufen und zur Anwendung des § 72a Absatz 4 und des § 93c Absatz 4 Satz 1 der Abgabenordnung verarbeitet werden.

H 32b

Hinweise

Progressionsvorbehalt

>R 32b EStR, H 32b EStH

§ 32c[1])

Tarifermäßigung bei Einkünften aus Land- und Forstwirtschaft

(1) [1] Auf Antrag des Steuerpflichtigen wird nach Ablauf von drei Veranlagungszeiträumen (Betrachtungszeitraum) unter den Voraussetzungen des Absatzes 5 für Einkünfte aus Land- und Forstwirtschaft im Sinne des § 13 eine Tarifermäßigung nach Satz 2 gewährt. [2] Ist die Summe der tariflichen Einkommensteuer, die innerhalb des Betrachtungszeitraums auf die steuerpflichtigen Einkünfte aus Land- und Forstwirtschaft im Sinne des § 13 entfällt, höher als die Summe der nach Absatz 2 ermittelten fiktiven tariflichen Einkommensteuer, die innerhalb des Betrachtungszeitraums auf die steuerpflichtigen Einkünfte aus Land- und Forstwirtschaft im Sinne des § 13 entfällt, wird bei der Steuerfestsetzung des letzten Veranlagungszeitraums im Betrachtungszeitraum die tarifliche Einkommensteuer um den Unterschiedsbetrag ermäßigt. [3] Satz 1 gilt nicht, wenn nur in einem Veranlagungszeitraum des Betrachtungszeitraums Einkünfte aus Land- und Forstwirtschaft erzielt werden.

(2) [1] Die fiktive tarifliche Einkommensteuer, die auf die steuerpflichtigen Einkünfte aus Land- und Forstwirtschaft im Sinne des § 13 entfällt, wird für jeden Veranlagungszeitraum des Betrachtungszeitraums gesondert ermittelt. [2] Dabei treten an die Stelle der tatsächlichen Einkünfte aus Land- und Forstwirtschaft im Sinne des § 13 die nach Satz 3 zu ermittelnden durchschnittlichen Einkünfte. [3] Zur Ermittlung der durchschnittlichen Einkünfte aus Land- und Forstwirtschaft wird die Summe der tatsächlichen Einkünfte aus Land- und Forstwirtschaft der Veranlagungszeiträume eines Betrachtungszeitraums gleichmäßig auf die Veranlagungszeiträume des Betrachtungszeitraums verteilt.

(3) [1] Die auf die steuerpflichtigen Einkünfte aus Land- und Forstwirtschaft im Sinne des § 13 entfallende tarifliche Einkommensteuer im Sinne des Absatzes 1 ermittelt sich aus dem Verhältnis der positiven steuerpflichtigen Einkünfte aus Land- und Forstwirtschaft zur Summe der positiven Einkünfte. [2] Entsprechendes gilt bei der Ermittlung der fiktiven tariflichen Einkommensteuer. [3] Bei Ehegatten, die nach den §§ 26, 26b zusammen zur Einkommensteuer veranlagt werden, werden für die Ermittlung der Einkünfte jeder Einkunftsart im Sinne des Satzes 1 die Einkünfte beider Ehegatten zusammengerechnet.

(4) Bei der Ermittlung der tatsächlichen und der durchschnittlichen Einkünfte aus Land- und Forstwirtschaft im Sinne der Absätze 2 und 3 bleiben außer Betracht:

1. außerordentliche Einkünfte nach § 34 Absatz 2,

---

[1]) § 32c ist erstmals für den VZ 2016 anzuwenden. § 32c ist im VZ 2016 mit der Maßgabe anzuwenden, dass der erste Betrachtungszeitraum die VZ 2014 bis 2016 umfasst. Die weiteren Betrachtungszeiträume umfassen die VZ 2017 bis 2019 und 2020 bis 2022. § 32c ist letztmalig für den VZ 2022 anzuwenden >§ 52 Abs. 33a.

2. nach § 34a begünstigte nicht entnommene Gewinne sowie
3. Einkünfte aus außerordentlichen Holznutzungen im Sinne des § 34b Absatz 1 und 2.

(5) [1] Die Inanspruchnahme der Tarifermäßigung ist nur zulässig, wenn

1. für negative Einkünfte, die im ersten Veranlagungszeitraum des Betrachtungszeitraums erzielt wurden, kein Verlustrücktrag nach § 10d Absatz 1 in den letzten Veranlagungszeitraum eines vorangegangenen Betrachtungszeitraums vorgenommen wurde,
2. für negative Einkünfte, die im zweiten und dritten Veranlagungszeitraum des Betrachtungszeitraums erzielt wurden, kein Antrag nach § 10d Absatz 1 Satz 5 gestellt wurde,
3. der Steuerpflichtige kein Unternehmer in Schwierigkeiten im Sinne der Rahmenregelung der Europäischen Union für staatliche Beihilfen im Agrar- und Forstsektor und in ländlichen Gebieten 2014-2020 (2014/C 204/01) (ABl. C 204 vom 1.7.2014, S. 1) ist,
4. ein Steuerpflichtiger, der zu einer Rückzahlung von Beihilfen auf Grund eines früheren Beschlusses der Europäischen Kommission zur Feststellung der Unzulässigkeit einer Beihilfe und ihrer Unvereinbarkeit mit dem Binnenmarkt verpflichtet worden ist, dieser Rückforderungsanordnung vollständig nachgekommen ist,
5. der Steuerpflichtige weder einen der in Artikel 10 Absatz 1 der Verordnung (EU) Nr. 508/2014 des Europäischen Parlaments und des Rates vom 15. Mai 2014 über den Europäischen Meeres- und Fischereifonds und zur Aufhebung der Verordnungen (EG) Nr. 2328/2003, (EG) Nr. 861/2006, (EG) Nr. 1198/2006 und (EG) Nr. 791/2007 des Rates und der Verordnung (EU) Nr. 1255/2011 des Europäischen Parlaments und des Rates (ABl. L 149 vom 20.5.2014, S. 1) genannten Verstöße oder Vergehen noch einen Betrug gemäß Artikel 10 Absatz 3 dieser Verordnung in dem Zeitraum begangen hat, der in den delegierten Rechtsakten auf der Grundlage von Artikel 10 Absatz 4 dieser Verordnung festgelegt ist, und
6. ein Steuerpflichtiger mit Einkünften aus Binnenfischerei, Teichwirtschaft oder Fischzucht für Binnenfischerei und Teichwirtschaft versichert, dass er für einen Zeitraum von fünf Jahren nach Bekanntgabe des Einkommensteuerbescheids, mit dem die Tarifermäßigung gewährt wird, die Bestimmungen der Gemeinsamen Fischereipolitik einhalten wird.

[2] Der Steuerpflichtige hat bei der Beantragung der Tarifermäßigung zu erklären, dass die in Satz 1 Nummer 3 bis 6 genannten Voraussetzungen bestehen. [3] Der Steuerpflichtige hat dem zuständigen Finanzamt nach Beantragung der Tarifermäßigung unverzüglich mitzuteilen, wenn eine der in Satz 1 Nummer 3 bis 6 genannten Voraussetzungen nicht mehr vorliegt.

(6) [1]Ist für einen Veranlagungszeitraum, in dem eine Tarifermäßigung nach Absatz 1 gewährt wurde, bereits ein Einkommensteuerbescheid erlassen worden, ist dieser zu ändern, soweit sich in einem Einkommensteuerbescheid des Betrachtungszeitraums Besteuerungsgrundlagen ändern. [2]Die Festsetzungsfrist endet insoweit nicht, bevor die Festsetzungsfrist für den Veranlagungszeitraum abgelaufen ist, in dem sich die Besteuerungsgrundlagen geändert haben. [3]Die Sätze 1 und 2 gelten in den Fällen des § 36 Absatz 2 Nummer 4 entsprechend für die Anrechnungsverfügung.

(7) [1]Wird während eines Zeitraums von fünf Jahren nach Bekanntgabe des Einkommensteuerbescheids, mit dem die Tarifermäßigung für den jeweiligen Betrachtungszeitraum gewährt wird, einer der in Artikel 10 Absatz 1 der Verordnung (EU) Nr. 508/2014 genannten Verstöße durch die zuständige Behörde festgestellt, ist eine Tarifermäßigung im Sinne des Absatzes 1 Satz 2 rückgängig zu machen. [2]Ein solcher Verstoß gilt als rückwirkendes Ereignis im Sinne von § 175 Absatz 1 Satz 1 Nummer 2 in Verbindung mit Absatz 2 der Abgabenordnung. [3]Der Steuerpflichtige hat einen Verstoß unverzüglich nach dessen Feststellung dem zuständigen Finanzamt anzuzeigen. [4]Die Festsetzungsfrist für die Steuer endet nicht vor Ablauf von vier Jahren nach Ablauf des Kalenderjahres, in dem die Finanzbehörde von dem Verstoß nach Satz 1 Kenntnis erlangt hat.

S 2283c

§ 32d

Gesonderter Steuertarif für Einkünfte aus Kapitalvermögen

(1) [1]Die Einkommensteuer für Einkünfte aus Kapitalvermögen, die nicht unter § 20 Absatz 8 fallen, beträgt 25 Prozent. [2]Die Steuer nach Satz 1 vermindert sich um die nach Maßgabe des Absatzes 5 anrechenbaren ausländischen Steuern. [3]Im Fall der Kirchensteuerpflicht ermäßigt sich die Steuer nach den Sätzen 1 und 2 um 25 Prozent der auf die Kapitalerträge entfallenden Kirchensteuer. [4]Die Einkommensteuer beträgt damit

$$\frac{e-4q}{4+k}\ .$$

[5]Dabei sind „e" die nach den Vorschriften des § 20 ermittelten Einkünfte, „q" die nach Maßgabe des Absatzes 5 anrechenbare ausländische Steuer und „k" der für die Kirchensteuer erhebende Religionsgesellschaft (Religionsgemeinschaft) geltende Kirchensteuersatz.

(2) Absatz 1 gilt nicht

1. für Kapitalerträge im Sinne des § 20 Absatz 1 Nummer 4 und 7 sowie Absatz 2 Satz 1 Nummer 4 und 7,

a) wenn Gläubiger und Schuldner einander nahe stehende Personen sind, soweit die den Kapitalerträgen entsprechenden Aufwendungen beim Schuldner Betriebsausgaben oder Werbungskosten im Zusammenhang mit Einkünften sind, die der inländischen Besteuerung unterliegen und § 20 Absatz 9 Satz 1 zweiter Halbsatz keine Anwendung findet,

[1]) **b) wenn sie von einer Kapitalgesellschaft oder Genossenschaft an einen Anteilseigner gezahlt werden, der zu mindestens 10 Prozent an der Gesellschaft oder Genossenschaft beteiligt ist, soweit die den Kapitalerträgen entsprechenden Aufwendungen beim Schuldner Betriebsausgaben oder Werbungskosten im Zusammenhang mit Einkünften sind, die der inländischen Besteuerung unterliegen und § 20 Absatz 9 Satz 1 zweiter Halbsatz keine Anwendung findet. [2]Dies gilt auch, wenn der Gläubiger der Kapitalerträge eine dem Anteilseigner nahe stehende Person ist, oder**

c) soweit ein Dritter die Kapitalerträge schuldet und diese Kapitalanlage im Zusammenhang mit einer Kapitalüberlassung an einen Betrieb des Gläubigers steht. [2]Dies gilt entsprechend, wenn Kapital überlassen wird

---

[1]) Auf Kapitalerträge aus Darlehen an die Kapitalgesellschaft oder Genossenschaft, deren rechtliche Grundlage vor dem 1.1.2021 begründet wurde, ist § 32d Abs. 2 Nr. 1 Buchstabe b i. d. F. des Artikels 1 des Gesetzes vom 21.12.2020 (BGBl. I S. 3096) ab dem VZ 2024 anzuwenden >§ 52 Abs. 33b Satz 2.

aa) an eine dem Gläubiger der Kapitalerträge nahestehende Person oder

bb) an eine Personengesellschaft, bei der der Gläubiger der Kapitalerträge oder eine diesem nahestehende Person als Mitunternehmer beteiligt ist oder

cc) an eine Kapitalgesellschaft oder Genossenschaft, an der der Gläubiger der Kapitalerträge oder eine diesem nahestehende Person zu mindestens 10 Prozent beteiligt ist,

sofern der Dritte auf den Gläubiger oder eine diesem nahestehende Person zurückgreifen kann. [3]Ein Zusammenhang ist anzunehmen, wenn die Kapitalanlage und die Kapitalüberlassung auf einem einheitlichen Plan beruhen. [4]Hiervon ist insbesondere dann auszugehen, wenn die Kapitalüberlassung in engem zeitlichen Zusammenhang mit einer Kapitalanlage steht oder die jeweiligen Zinsvereinbarungen miteinander verknüpft sind. [5]Von einem Zusammenhang ist jedoch nicht auszugehen, wenn die Zinsvereinbarungen marktüblich sind oder die Anwendung des Absatzes 1 beim Steuerpflichtigen zu keinem Belastungsvorteil führt. [6]Die Sätze 1 bis 5 gelten sinngemäß, wenn das überlassene Kapital vom Gläubiger der Kapitalerträge für die Erzielung von Einkünften im Sinne des § 2 Absatz 1 Satz 1 Nummer 4, 6 und 7 eingesetzt wird.

[2]Insoweit findet § 20 Absatz 6 und 9 keine Anwendung;

2. für Kapitalerträge im Sinne des § 20 Absatz 1 Nummer 6 Satz 2. [2]Insoweit findet § 20 Absatz 6 keine Anwendung;

3. auf Antrag für Kapitalerträge im Sinne des § 20 Absatz 1 Nummer 1 und 2 aus einer Beteiligung an einer Kapitalgesellschaft, wenn der Steuerpflichtige im Veranlagungszeitraum, für den der Antrag erstmals gestellt wird, unmittelbar oder mittelbar

   a) zu mindestens 25 Prozent an der Kapitalgesellschaft beteiligt ist oder

   b) zu mindestens 1 Prozent an der Kapitalgesellschaft beteiligt ist und durch eine berufliche Tätigkeit für diese maßgeblichen unternehmerischen Einfluss auf deren wirtschaftliche Tätigkeit nehmen kann.

   [2]Insoweit finden § 3 Nummer 40 Satz 2 und § 20 Absatz 6 und 9 keine Anwendung. [3]Der Antrag gilt für die jeweilige Beteiligung erstmals für den Veranlagungszeitraum, für den er gestellt worden ist. [4]Er ist spätestens zusammen mit der Einkommensteuererklärung für den jeweiligen Veranlagungszeitraum zu stellen und gilt, solange er nicht widerrufen wird, auch für die folgenden vier Veranlagungszeiträume, ohne dass die Antragsvoraussetzungen erneut zu belegen sind. [5]Die Widerrufserklärung muss dem Finanzamt spätestens mit der Steuererklärung für den Veranlagungszeit-

raum zugehen, für den die Sätze 1 bis 4 erstmals nicht mehr angewandt werden sollen. [6]Nach einem Widerruf ist ein erneuter Antrag des Steuerpflichtigen für diese Beteiligung an der Kapitalgesellschaft nicht mehr zulässig;

4. für Bezüge im Sinne des § 20 Absatz 1 Nummer 1 und für Einnahmen im Sinne des § 20 Absatz 1 Nummer 9, soweit sie das Einkommen der leistenden Körperschaft gemindert haben; dies gilt nicht, soweit eine verdeckte Gewinnausschüttung das Einkommen einer dem Steuerpflichtigen nahe stehenden Person erhöht hat und § 32a des Körperschaftsteuergesetzes auf die Veranlagung dieser nahe stehenden Person keine Anwendung findet.

(3) [1]Steuerpflichtige Kapitalerträge, die nicht der Kapitalertragsteuer unterlegen haben, hat der Steuerpflichtige in seiner Einkommensteuererklärung anzugeben. [2]Für diese Kapitalerträge erhöht sich die tarifliche Einkommensteuer um den nach Absatz 1 ermittelten Betrag. [3]Im Fall des Satzes 1 ist eine Veranlagung ungeachtet von § 46 Absatz 2 durchzuführen.

(4) Der Steuerpflichtige kann mit der Einkommensteuererklärung für Kapitalerträge, die der Kapitalertragsteuer unterlegen haben, eine Steuerfestsetzung entsprechend Absatz 3 Satz 2 insbesondere in Fällen eines nicht vollständig ausgeschöpften Sparer-Pauschbetrags, einer Anwendung der Ersatzbemessungsgrundlage nach § 43a Absatz 2 Satz 7, eines noch nicht im Rahmen des § 43a Absatz 3 berücksichtigten Verlusts, eines Verlustvortrags nach § 20 Absatz 6 und noch nicht berücksichtigter ausländischer Steuern, zur Überprüfung des Steuereinbehalts dem Grund oder der Höhe nach oder zur Anwendung von Absatz 1 Satz 3 beantragen.

(5) [1]In den Fällen der Absätze 3 und 4 ist bei unbeschränkt Steuerpflichtigen, die mit ausländischen Kapitalerträgen in dem Staat, aus dem die Kapitalerträge stammen, zu einer der deutschen Einkommensteuer entsprechenden Steuer herangezogen werden, die auf ausländische Kapitalerträge festgesetzte und gezahlte und um einen entstandenen Ermäßigungsanspruch gekürzte ausländische Steuer, jedoch höchstens 25 Prozent ausländische Steuer auf den einzelnen steuerpflichtigen Kapitalertrag, auf die deutsche Steuer anzurechnen. [2]Soweit in einem Abkommen zur Vermeidung der Doppelbesteuerung die Anrechnung einer ausländischen Steuer einschließlich einer als gezahlt geltenden Steuer auf die deutsche Steuer vorgesehen ist, gilt Satz 1 entsprechend. [3]Die ausländischen Steuern sind nur bis zur Höhe der auf die im jeweiligen Veranlagungszeitraum bezogenen Kapitalerträge im Sinne des Satzes 1 entfallenden deutschen Steuer anzurechnen.

(6) [1]Auf Antrag des Steuerpflichtigen werden anstelle der Anwendung der Absätze 1, 3 und 4 die nach § 20 ermittelten Kapitaleinkünfte den Einkünften im Sinne des § 2 hinzugerechnet und der tariflichen

Einkommensteuer unterworfen, wenn dies zu einer niedrigeren Einkommensteuer einschließlich Zuschlagsteuern führt (Günstigerprüfung). [2] Absatz 5 ist mit der Maßgabe anzuwenden, dass die nach dieser Vorschrift ermittelten ausländischen Steuern auf die zusätzliche tarifliche Einkommensteuer anzurechnen sind, die auf die hinzugerechneten Kapitaleinkünfte entfällt. [3] Der Antrag kann für den jeweiligen Veranlagungszeitraum nur einheitlich für sämtliche Kapitalerträge gestellt werden. [4] Bei zusammenveranlagten Ehegatten kann der Antrag nur für sämtliche Kapitalerträge beider Ehegatten gestellt werden.

S 2284

§ 33
Außergewöhnliche Belastungen

(1) Erwachsen einem Steuerpflichtigen zwangsläufig größere Aufwendungen als der überwiegenden Mehrzahl der Steuerpflichtigen gleicher Einkommensverhältnisse, gleicher Vermögensverhältnisse und gleichen Familienstands (außergewöhnliche Belastung), so wird auf Antrag die Einkommensteuer dadurch ermäßigt, dass der Teil der Aufwendungen, der die dem Steuerpflichtigen zumutbare Belastung (Absatz 3) übersteigt, vom Gesamtbetrag der Einkünfte abgezogen wird.

(2) [1] Aufwendungen erwachsen dem Steuerpflichtigen zwangsläufig, wenn er sich ihnen aus rechtlichen, tatsächlichen oder sittlichen Gründen nicht entziehen kann und soweit die Aufwendungen den Umständen nach notwendig sind und einen angemessenen Betrag nicht übersteigen. [2] Aufwendungen, die zu den Betriebsausgaben, Werbungskosten oder Sonderausgaben gehören, bleiben dabei außer Betracht; das gilt für Aufwendungen im Sinne des § 10 Absatz 1 Nummer 7 und 9 nur insoweit, als sie als Sonderausgaben abgezogen werden können. [3] Aufwendungen, die durch Diätverpflegung entstehen, können nicht als außergewöhnliche Belastung berücksichtigt werden. [4] Aufwendungen für die Führung eines Rechtsstreits (Prozesskosten) sind vom Abzug ausgeschlossen, es sei denn, es handelt sich um Aufwendungen ohne die der Steuerpflichtige Gefahr liefe, seine Existenzgrundlage zu verlieren und seine lebensnotwendigen Bedürfnisse in dem üblichen Rahmen nicht mehr befriedigen zu können.

(2a) [1] Abweichend von Absatz 1 wird für Aufwendungen für durch eine Behinderung veranlasste Fahrten nur eine Pauschale gewährt (behinderungsbedingte Fahrtkostenpauschale). [2] Die Pauschale erhalten:

1. Menschen mit einem Grad der Behinderung von mindestens 80 oder mit einem Grad der Behinderung von mindestens 70 und dem Merkzeichen „G“,
2. Menschen mit dem Merkzeichen „aG“, mit dem Merkzeichen „Bl“, mit dem Merkzeichen „TBl“ oder mit dem Merkzeichen „H“.

[3] Bei Erfüllung der Anspruchsvoraussetzungen nach Satz 2 Nummer 1 beträgt die Pauschale 900 Euro. [4] Bei Erfüllung der Anspruchsvoraussetzungen nach Satz 2 Nummer 2 beträgt die Pauschale 4.500 Euro. [5] In diesem Fall kann die Pauschale nach Satz 3 nicht zusätzlich in Anspruch genommen werden. [6] Über die Fahrtkostenpauschale nach Satz 1 hinaus sind keine weiteren behinderungsbedingten Fahrtkosten als außergewöhnliche Belastung nach Absatz 1 berücksichtigungsfähig. [7] Die Pauschale ist bei der Ermittlung des Teils der Aufwendungen im Sinne des Absatzes 1, der die zumutbare Belastung übersteigt, einzubeziehen. [8] Sie kann auch gewährt werden,

wenn ein Behinderten-Pauschbetrag nach § 33b Absatz 5 übertragen wurde. [9]§ 33b Absatz 5 ist entsprechend anzuwenden.

(3) [1]Die zumutbare Belastung beträgt

bei einem Gesamtbetrag der Einkünfte	**bis 15.340 EUR**	**über 15.340 EUR bis 51.130 EUR**	**über 51.130 EUR**
1. bei Steuerpflichtigen, die keine Kinder haben und bei denen die Einkommensteuer			
a) nach § 32a Absatz 1,	**5**	**6**	**7**
b) nach § 32a Absatz 5 oder 6 (Splitting-Verfahren)	**4**	**5**	**6**
zu berechnen ist;			
2. bei Steuerpflichtigen mit			
a) einem Kind oder zwei Kindern,	**2**	**3**	**4**
b) drei oder mehr Kindern	**1**	**1**	**2**
	Prozent des Gesamtbetrags der Einkünfte.		

[2]Als Kinder des Steuerpflichtigen zählen die, für die er Anspruch auf einen Freibetrag nach § 32 Absatz 6 oder auf Kindergeld hat.

(4) Die Bundesregierung wird ermächtigt, durch Rechtsverordnung mit Zustimmung des Bundesrates die Einzelheiten des Nachweises von Aufwendungen nach Absatz 1 und der Anspruchsvoraussetzungen nach Absatz 2a zu bestimmen.

Hinweise

H 33

Außergewöhnliche Belastungen allgemeiner Art

>R 33 EStR, H 33 EStH

S 2285

§ 33a

Außergewöhnliche Belastung in besonderen Fällen

1) (1) [1] Erwachsen einem Steuerpflichtigen Aufwendungen für den Unterhalt und eine etwaige Berufsausbildung einer dem Steuerpflichtigen oder seinem Ehegatten gegenüber gesetzlich unterhaltsberechtigten Person, so wird auf Antrag die Einkommensteuer dadurch ermäßigt, dass die Aufwendungen bis zu *9.984 Euro* im Kalenderjahr vom Gesamtbetrag der Einkünfte abgezogen werden. [2] Der Höchstbetrag nach Satz 1 erhöht sich um den Betrag der im jeweiligen Veranlagungszeitraum nach § 10 Absatz 1 Nummer 3 für die Absicherung der unterhaltsberechtigten Person aufgewandten Beiträge; dies gilt nicht für Kranken- und Pflegeversicherungsbeiträge, die bereits nach § 10 Absatz 1 Nummer 3 Satz 1 anzusetzen sind. [3] Der gesetzlich unterhaltsberechtigten Person gleichgestellt ist eine Person, wenn bei ihr zum Unterhalt bestimmte inländische öffentliche Mittel mit Rücksicht auf die Unterhaltsleistungen des Steuerpflichtigen gekürzt werden. [4] Voraussetzung ist, dass weder der Steuerpflichtige noch eine andere Person Anspruch auf einen Freibetrag nach § 32 Absatz 6 oder auf Kindergeld für die unterhaltene Person hat und die unterhaltene Person kein oder nur ein geringes Vermögen besitzt; ein angemessenes Hausgrundstück im Sinne von § 90 Absatz 2 Nummer 8 des Zwölften Buches Sozialgesetzbuch bleibt unberücksichtigt. [5] Hat die unterhaltene Person andere Einkünfte oder Bezüge, so vermindert sich die Summe der nach Satz 1 und Satz 2 ermittelten Beträge um den Betrag, um den diese Einkünfte und Bezüge den Betrag von 624 Euro im Kalenderjahr übersteigen, sowie um die von der unterhaltenen Person als Ausbildungshilfe aus öffentlichen Mitteln oder von Förderungseinrichtungen, die hierfür öffentliche Mittel erhalten, bezogenen Zuschüsse; zu den Bezügen gehören auch steuerfreie Gewinne nach den §§ 14, 16 Absatz 4, § 17 Absatz 3 und § 18 Absatz 3, die nach § 19 Absatz 2 steuerfrei bleibenden Einkünfte sowie Sonderabschreibungen und erhöhte Absetzungen, soweit sie die höchstmöglichen Absetzungen für Abnutzung nach § 7 übersteigen. [6] Ist die unterhaltene Person nicht unbeschränkt einkommensteuerpflichtig, so können die Aufwendungen nur abgezogen werden, soweit sie nach den Verhältnissen des Wohnsitzstaates der unterhaltenen Person notwendig und angemessen sind, höchstens jedoch der Betrag, der sich nach den Sätzen 1 bis 5 ergibt; ob der Steuerpflichtige zum Unterhalt gesetzlich verpflichtet ist, ist nach inländischen Maßstäben zu beurteilen. [7] Werden die Aufwendungen für eine unterhaltene Person von mehreren Steuerpflichtigen getragen, so wird bei jedem der Teil des sich hiernach ergebenden Betrags abgezogen, der seinem Anteil

---

1) Absatz 1 Satz 1 wurde durch Artikel 2 des 2. FamEntlastG ab VZ 2022 geändert.

am Gesamtbetrag der Leistungen entspricht. [8] Nicht auf Euro lautende Beträge sind entsprechend dem für Ende September des Jahres vor dem Veranlagungszeitraum von der Europäischen Zentralbank bekannt gegebenen Referenzkurs umzurechnen. [9] Voraussetzung für den Abzug der Aufwendungen ist die Angabe der erteilten Identifikationsnummer (§ 139b der Abgabenordnung) der unterhaltenen Person in der Steuererklärung des Unterhaltsleistenden, wenn die unterhaltene Person der unbeschränkten oder beschränkten Steuerpflicht unterliegt. [10] Die unterhaltene Person ist für diese Zwecke verpflichtet, dem Unterhaltsleistenden ihre erteilte Identifikationsnummer (§ 139b der Abgabenordnung) mitzuteilen. [11] Kommt die unterhaltene Person dieser Verpflichtung nicht nach, ist der Unterhaltsleistende berechtigt, bei der für ihn zuständigen Finanzbehörde die Identifikationsnummer der unterhaltenen Person zu erfragen.

(2) [1] Zur Abgeltung des Sonderbedarfs eines sich in Berufsausbildung befindenden, auswärtig untergebrachten, volljährigen Kindes, für das Anspruch auf einen Freibetrag nach § 32 Absatz 6 oder Kindergeld besteht, kann der Steuerpflichtige einen Freibetrag in Höhe von 924 Euro je Kalenderjahr vom Gesamtbetrag der Einkünfte abziehen. [2] Für ein nicht unbeschränkt einkommensteuerpflichtiges Kind mindert sich der vorstehende Betrag nach Maßgabe des Absatzes 1 Satz 6. [3] Erfüllen mehrere Steuerpflichtige für dasselbe Kind die Voraussetzungen nach Satz 1, so kann der Freibetrag insgesamt nur einmal abgezogen werden. [4] Jedem Elternteil steht grundsätzlich die Hälfte des Abzugsbetrags nach den Sätzen 1 und 2 zu. [5] Auf gemeinsamen Antrag der Eltern ist eine andere Aufteilung möglich. S 2288

(3) [1] Für jeden vollen Kalendermonat, in dem die in den Absätzen 1 und 2 bezeichneten Voraussetzungen nicht vorgelegen haben, ermäßigen sich die dort bezeichneten Beträge um je ein Zwölftel. [2] Eigene Einkünfte und Bezüge der nach Absatz 1 unterhaltenen Person, die auf diese Kalendermonate entfallen, vermindern den nach Satz 1 ermäßigten Höchstbetrag nicht. [3] Als Ausbildungshilfe bezogene Zuschüsse der nach Absatz 1 unterhaltenen Person mindern nur den zeitanteiligen Höchstbetrag der Kalendermonate, für die sie bestimmt sind. S 2285a

(4) In den Fällen der Absätze 1 und 2 kann wegen der in diesen Vorschriften bezeichneten Aufwendungen der Steuerpflichtige eine Steuerermäßigung nach § 33 nicht in Anspruch nehmen.

Hinweise

H 33a

Außergewöhnliche Belastung in besonderen Fällen

>R 33a EStR, H 33a EStH

S 2286

§ 33b

Pauschbeträge für Menschen mit Behinderungen, Hinterbliebene und Pflegepersonen

(1) [1]Wegen der Aufwendungen für die Hilfe bei den gewöhnlichen und regelmäßig wiederkehrenden Verrichtungen des täglichen Lebens, für die Pflege sowie für einen erhöhten Wäschebedarf können Menschen mit Behinderungen unter den Voraussetzungen des Absatzes 2 anstelle einer Steuerermäßigung nach § 33 einen Pauschbetrag nach Absatz 3 geltend machen (Behinderten-Pauschbetrag). [2]Das Wahlrecht kann für die genannten Aufwendungen im jeweiligen Veranlagungszeitraum nur einheitlich ausgeübt werden.

(2) Einen Pauschbetrag erhalten Menschen, deren Grad der Behinderung auf mindestens 20 festgestellt ist, sowie Menschen, die hilflos im Sinne des Absatzes 3 Satz 4 sind.

(3) [1]Die Höhe des Pauschbetrags nach Satz 2 richtet sich nach dem dauernden Grad der Behinderung. [2]Als Pauschbetrag werden gewährt bei einem Grad der Behinderung von mindestens:

20	**384 Euro,**
30	**620 Euro,**
40	**860 Euro,**
50	**1.140 Euro,**
60	**1.440 Euro,**
70	**1.780 Euro,**
80	**2.120 Euro,**
90	**2.460 Euro,**
100	**2.840 Euro.**

[3]Menschen, die hilflos im Sinne des Satzes 4 sind, Blinde und Taubblinde erhalten einen Pauschbetrag von 7.400 Euro; in diesem Fall kann der Pauschbetrag nach Satz 2 nicht zusätzlich in Anspruch genommen werden. [4]Hilflos ist eine Person, wenn sie für eine Reihe von häufig und regelmäßig wiederkehrenden Verrichtungen zur Sicherung ihrer persönlichen Existenz im Ablauf eines jeden Tages fremder Hilfe dauernd bedarf. [5]Diese Voraussetzungen sind auch erfüllt, wenn die Hilfe in Form einer Überwachung oder einer Anleitung zu den in Satz 4 genannten Verrichtungen erforderlich ist oder wenn die Hilfe zwar nicht dauernd geleistet werden muss, jedoch eine ständige Bereitschaft zur Hilfeleistung erforderlich ist.

(4) [1]Personen, denen laufende Hinterbliebenenbezüge bewilligt worden sind, erhalten auf Antrag einen Pauschbetrag von 370 Euro (Hinterbliebenen-Pauschbetrag), wenn die Hinterbliebenenbezüge geleistet werden

1. nach dem Bundesversorgungsgesetz oder einem anderen Gesetz, das die Vorschriften des Bundesversorgungsgesetzes über Hinterbliebenenbezüge für entsprechend anwendbar erklärt, oder

2. nach den Vorschriften über die gesetzliche Unfallversicherung oder
3. nach den beamtenrechtlichen Vorschriften an Hinterbliebene eines an den Folgen eines Dienstunfalls verstorbenen Beamten oder
4. nach den Vorschriften des Bundesentschädigungsgesetzes über die Entschädigung für Schäden an Leben, Körper oder Gesundheit.

[2] Der Pauschbetrag wird auch dann gewährt, wenn das Recht auf die Bezüge ruht oder der Anspruch auf die Bezüge durch Zahlung eines Kapitals abgefunden worden ist.

(5) [1] Steht der Behinderten-Pauschbetrag oder der Hinterbliebenen-Pauschbetrag einem Kind zu, für das der Steuerpflichtige Anspruch auf einen Freibetrag nach § 32 Absatz 6 oder auf Kindergeld hat, so wird der Pauschbetrag auf Antrag auf den Steuerpflichtigen übertragen, wenn ihn das Kind nicht in Anspruch nimmt. [2] Dabei ist der Pauschbetrag grundsätzlich auf beide Elternteile je zur Hälfte aufzuteilen, es sei denn, der Kinderfreibetrag wurde auf den anderen Elternteil übertragen. [3] Auf gemeinsamen Antrag der Eltern ist eine andere Aufteilung möglich. [4] In diesen Fällen besteht für Aufwendungen, für die der Behinderten-Pauschbetrag gilt, kein Anspruch auf eine Steuerermäßigung nach § 33. [5] Voraussetzung für die Übertragung nach Satz 1 ist die Angabe der erteilten Identifikationsnummer (§ 139b der Abgabenordnung) des Kindes in der Einkommensteuererklärung des Steuerpflichtigen.

(6) [1] Wegen der außergewöhnlichen Belastungen, die einem Steuerpflichtigen durch die Pflege einer Person erwachsen, kann er anstelle einer Steuerermäßigung nach § 33 einen Pauschbetrag geltend machen (Pflege-Pauschbetrag), wenn er dafür keine Einnahmen im Kalenderjahr erhält und der Steuerpflichtige die Pflege entweder in seiner Wohnung oder in der Wohnung des Pflegebedürftigen persönlich durchführt und diese Wohnung in einem Mitgliedstaat der Europäischen Union oder in einem Staat gelegen ist, auf den das Abkommen über den Europäischen Wirtschaftsraum anzuwenden ist. [2] Zu den Einnahmen nach Satz 1 zählt unabhängig von der Verwendung nicht das von den Eltern eines Kindes mit Behinderungen für dieses Kind empfangene Pflegegeld. [3] Als Pflege-Pauschbetrag wird gewährt:

1.	bei Pflegegrad 2	600 Euro,
2.	bei Pflegegrad 3	1.100 Euro,
3.	bei Pflegegrad 4 oder 5	1.800 Euro.

[4] Ein Pflege-Pauschbetrag nach Satz 3 Nummer 3 wird auch gewährt, wenn die gepflegte Person hilflos im Sinne des § 33b Absatz 3 Satz 4 ist. [5] Bei erstmaliger Feststellung, Änderung oder Wegfall des Pflegegrads im Laufe des Kalenderjahres ist der Pflege-Pauschbetrag nach

dem höchsten Grad zu gewähren, der im Kalenderjahr festgestellt war. [6]Gleiches gilt, wenn die Person die Voraussetzungen nach Satz 4 erfüllt. [7]Sind die Voraussetzungen nach Satz 4 erfüllt, kann der Pauschbetrag nach Satz 3 Nummer 1 und 2 nicht zusätzlich in Anspruch genommen werden. [8]Voraussetzung für die Gewährung des Pflege-Pauschbetrags ist die Angabe der erteilten Identifikationsnummer (§ 139b der Abgabenordnung) der gepflegten Person in der Einkommensteuererklärung des Steuerpflichtigen. [9]Wird ein Pflegebedürftiger von mehreren Steuerpflichtigen im Veranlagungszeitraum gepflegt, wird der Pflege-Pauschbetrag nach der Zahl der Pflegepersonen, bei denen die Voraussetzungen der Sätze 1 bis 4 vorliegen, geteilt.

(7) Die Bundesregierung wird ermächtigt, durch Rechtsverordnung mit Zustimmung des Bundesrates zu bestimmen, wie nachzuweisen ist, dass die Voraussetzungen für die Inanspruchnahme der Pauschbeträge vorliegen.

(8) Die Vorschrift des § 33b Absatz 6 ist ab Ende des Kalenderjahres 2026 zu evaluieren.

EStDV

EStDV
§ 65
Nachweis der Behinderung und des Pflegegrads

S 2286 [1])

(1) Den Nachweis einer Behinderung hat der Steuerpflichtige zu erbringen:

1. bei einer Behinderung, deren Grad auf mindestens 50 festgestellt ist, durch Vorlage eines Ausweises nach dem Neunten Buch Sozialgesetzbuch oder eines Bescheides der nach § 152 Absatz 1 des Neunten Buches Sozialgesetzbuch zuständigen Behörde,

[2])

2. ***bei einer Behinderung, deren Grad auf weniger als 50, aber mindestens 20 festgestellt ist,***
   a) durch eine Bescheinigung oder einen Bescheid der nach § 152 Absatz 1 des Neunten Buches Sozialgesetzbuch zuständigen Behörde oder,
   b) wenn ihm wegen seiner Behinderung nach den gesetzlichen Vorschriften Renten oder andere laufende Bezüge zustehen, durch den Rentenbescheid oder den die anderen laufenden Bezüge nachweisenden Bescheid.

(2) [1]Die gesundheitlichen Merkmale „blind" und „hilflos" hat der Steuerpflichtige durch einen Ausweis nach dem Neunten Buch Sozialgesetzbuch,

---

[1]) Mit der Anwendung des § 65 Abs. 3a EStDV ist § 65 Abs. 1 EStDV nicht weiter anzuwenden. Zu diesem Zeitpunkt noch gültige und dem Finanzamt vorliegende Feststellungen über eine Behinderung werden bis zum Ende ihrer Gültigkeit weiter berücksichtigt, es sei denn, die Feststellungen ändern sich vor Ablauf der Gültigkeit >§ 84 Abs. 3g Satz 4 und 5 EStDV.

[2]) § 65 Abs. 1 Nr. 2 EStDV wurde durch Artikel 10 des AbzStEntModG ab VZ 2021 neu gefasst.

der mit den Merkzeichen „Bl" oder „H" gekennzeichnet ist, oder durch einen Bescheid der nach § 152 Absatz 1 des Neunten Buches Sozialgesetzbuch zuständigen Behörde, der die entsprechenden Feststellungen enthält, nachzuweisen. [2] Dem Merkzeichen „H" steht die Einstufung als pflegebedürftige Person mit schwersten Beeinträchtigungen der Selbständigkeit oder der Fähigkeiten in die Pflegegrade 4 oder 5 nach dem Elften Buch Sozialgesetzbuch, dem Zwölften Buch Sozialgesetzbuch oder diesen entsprechenden gesetzlichen Bestimmungen gleich.

(2a) Den Nachweis der Einstufung in einen Pflegegrad nach dem Elften Buch Sozialgesetzbuch, dem Zwölften Buch Sozialgesetzbuch oder diesen entsprechenden gesetzlichen Bestimmungen hat der Steuerpflichtige durch Vorlage des entsprechenden Bescheides nachzuweisen.

(3) [1] Die Gewährung des Behinderten-Pauschbetrags setzt voraus, dass der Antragsteller Inhaber gültiger Unterlagen nach den Absätzen 1 und 2 ist. [2] Bei erstmaliger Geltendmachung des Pauschbetrags oder bei Änderung der Verhältnisse hat der Steuerpflichtige die Unterlagen nach den Absätzen 1 und 2 zusammen mit seiner Steuererklärung oder seinem Antrag auf Lohnsteuerermäßigung, ansonsten auf Anforderung des Finanzamts vorzulegen.

(3a) [1] Die Gewährung des Behinderten-Pauschbetrags setzt voraus, dass die für die Feststellung einer Behinderung zuständige Stelle als mitteilungspflichtige Stelle ihre Feststellungen zur Behinderung nach den Absätzen 1 und 2 nach Maßgabe des § 93c der Abgabenordnung an die für die Besteuerung des Antragstellers zuständige Finanzbehörde übermittelt hat. [2] Die nach Satz 1 mitteilungspflichtige Stelle hat ihre Feststellungen auf schriftlichen oder elektronischen Antrag derjenigen Person, die diese Feststellungen begehrt, an die nach Satz 1 zuständige Finanzbehörde zu übermitteln. [3] Die Person hat der mitteilungspflichtigen Stelle zu diesem Zweck ihre Identifikationsnummer (§ 139b der Abgabenordnung) mitzuteilen. [4] Neben den nach § 93c Absatz 1 der Abgabenordnung zu übermittelnden Daten sind zusätzlich folgende Daten zu übermitteln: [1)]

1. der Grad der Behinderung,
2. die Feststellung weiterer gesundheitlicher Merkmale (Merkzeichen):
   a) G (erheblich gehbehindert),
   b) aG (außergewöhnlich gehbehindert),
   c) B (ständige Begleitung notwendig),
   d) H (hilflos),

---

1) § 65 Abs. 3a EStDV ist erstmals für den VZ anzuwenden, der auf den VZ folgt, in dem die für die Anwendung erforderlichen Programmierarbeiten für das elektronische Datenübermittlungsverfahren abgeschlossen sind. Das BMF gibt im Einvernehmen mit den obersten Finanzbehörden der Länder im BStBl Teil I den VZ bekannt, ab dem die Regelung des § 65 Abs. 3a EStDV erstmals anzuwenden ist. Mit der Anwendung von § 65 Abs. 3a EStDV ist § 65 Abs. 1 EStDV nicht weiter anzuwenden. Zu diesem Zeitpunkt noch gültige und dem Finanzamt vorliegende Feststellungen über eine Behinderung werden bis zum Ende ihrer Gültigkeit weiter berücksichtigt, es sei denn, die Feststellungen ändern sich vor Ablauf der Gültigkeit >§ 84 Abs. 3g Satz 2 bis 5 EStDV.

e) Bl (blind),

f) Gl (gehörlos),

3. die Feststellung, dass die Behinderung zu einer dauernden Einbuße der körperlichen Beweglichkeit geführt hat,
4. die Feststellung, dass die Behinderung auf einer typischen Berufskrankheit beruht,

[1]

5. pflegebedürftige Person mit schwersten Beeinträchtigungen der Selbständigkeit oder der Fähigkeiten in den Pflegegraden 4 oder 5,
6. die Dauer der Gültigkeit der Feststellung.

[5] Die mitteilungspflichtige Stelle hat jede Änderung der Feststellungen nach Satz 4 abweichend von § 93c Absatz 1 Nummer 1 der Abgabenordnung unverzüglich zu übermitteln. [6] § 72a Absatz 4, § 93c Absatz 1 Nummer 3 und Absatz 4 sowie § 203a der Abgabenordnung finden keine Anwendung.

(4) [1] Ist der Mensch mit Behinderungen verstorben und kann sein Rechtsnachfolger die Unterlagen nach den Absätzen 1 und 2 nicht vorlegen, so genügt zum Nachweis eine gutachtliche Stellungnahme der nach § 152 Absatz 1 des Neunten Buches Sozialgesetzbuch zuständigen Behörde. [2] Diese Stellungnahme hat die Finanzbehörde einzuholen.

H 33b

Hinweise

Nachweis des Merkmals der „Hilflosigkeit“

>BMF vom 19.8.2016 (BStBl I S. 804)

Pauschbeträge für Menschen *mit Behinderungen*, Hinterbliebene und Pflegepersonen

>R 33b EStR, H 33b EStH

[1]) ***zur Anwendung von*** § 65 Abs. 3a Satz 4 Nr. 5 EStDV >Fußnote 3 zu § 65 Abs. 3a EStDV

§ 34

S 2290

Außerordentliche Einkünfte

(1) [1]Sind in dem zu versteuernden Einkommen außerordentliche Einkünfte enthalten, so ist die auf alle im Veranlagungszeitraum bezogenen außerordentlichen Einkünfte entfallende Einkommensteuer nach den Sätzen 2 bis 4 zu berechnen. [2]Die für die außerordentlichen Einkünfte anzusetzende Einkommensteuer beträgt das Fünffache des Unterschiedsbetrags zwischen der Einkommensteuer für das um diese Einkünfte verminderte zu versteuernde Einkommen (verbleibendes zu versteuerndes Einkommen) und der Einkommensteuer für das verbleibende zu versteuernde Einkommen zuzüglich eines Fünftels dieser Einkünfte. [3]Ist das verbleibende zu versteuernde Einkommen negativ und das zu versteuernde Einkommen positiv, so beträgt die Einkommensteuer das Fünffache der auf ein Fünftel des zu versteuernden Einkommens entfallenden Einkommensteuer. [4]Die Sätze 1 bis 3 gelten nicht für außerordentliche Einkünfte im Sinne des Absatzes 2 Nummer 1, wenn der Steuerpflichtige auf diese Einkünfte ganz oder teilweise § 6b oder § 6c anwendet.

(2) Als außerordentliche Einkünfte kommen nur in Betracht:

1. Veräußerungsgewinne im Sinne der §§ 14, 14a Absatz 1, der §§ 16 und 18 Absatz 3 mit Ausnahme des steuerpflichtigen Teils der Veräußerungsgewinne, die nach § 3 Nummer 40 Buchstabe b in Verbindung mit § 3c Absatz 2 teilweise steuerbefreit sind;
2. Entschädigungen im Sinne des § 24 Nummer 1;
3. Nutzungsvergütungen und Zinsen im Sinne des § 24 Nummer 3, soweit sie für einen Zeitraum von mehr als drei Jahren nachgezahlt werden;
4. Vergütungen für mehrjährige Tätigkeiten; mehrjährig ist eine Tätigkeit, soweit sie sich über mindestens zwei Veranlagungszeiträume erstreckt und einen Zeitraum von mehr als zwölf Monaten umfasst.

(3) [1]Sind in dem zu versteuernden Einkommen außerordentliche Einkünfte im Sinne des Absatzes 2 Nummer 1 enthalten, so kann auf Antrag abweichend von Absatz 1 die auf den Teil dieser außerordentlichen Einkünfte, der den Betrag von insgesamt 5 Millionen Euro nicht übersteigt, entfallende Einkommensteuer nach einem ermäßigten Steuersatz bemessen werden, wenn der Steuerpflichtige das 55. Lebensjahr vollendet hat oder wenn er im sozialversicherungsrechtlichen Sinne dauernd berufsunfähig ist. [2]Der ermäßigte Steuersatz beträgt 56 Prozent des durchschnittlichen Steuersatzes, der sich ergäbe, wenn die tarifliche Einkommensteuer nach dem gesamten zu versteuernden Einkommen zuzüglich der dem Progressionsvorbehalt unterliegenden Einkünfte zu bemessen wäre, mindestens jedoch 14 Prozent. [3]Auf das um die in Satz 1 genannten Einkünfte verminderte zu versteuernde Einkommen (verbleibendes zu versteuerndes

Einkommen) sind vorbehaltlich des Absatzes 1 die allgemeinen Tarifvorschriften anzuwenden. [4]Die Ermäßigung nach den Sätzen 1 bis 3 kann der Steuerpflichtige nur einmal im Leben in Anspruch nehmen. [5]Erzielt der Steuerpflichtige in einem Veranlagungszeitraum mehr als einen Veräußerungs- oder Aufgabegewinn im Sinne des Satzes 1, kann er die Ermäßigung nach den Sätzen 1 bis 3 nur für einen Veräußerungs- oder Aufgabegewinn beantragen. [6]Absatz 1 Satz 4 ist entsprechend anzuwenden.

H 34

Hinweise

Abzug des Arbeitnehmer-Pauschbetrags
>H 34.1 EStH

Allgemeines
Anhang 15
>BMF vom 1.11.2013 (BStBl I S. 1326) unter Berücksichtigung der Änderung durch BMF vom 4.3.2016 (BStBl I S. 277)

Arbeitslohn für mehrere Jahre
>H 34.4 EStH

Arbeitslohn für mehrjährige Tätigkeiten
>R 34.4 EStR und H 34.4 EStH

Entschädigungen
>R 34.3 EStR und H 34.3 EStH

Ermittlung der Einkünfte
>R 34.4 EStR

Fünftelungsregelung im Lohnsteuerabzugsverfahren
>H 39b.6 (Fünftelungsregelung)

Jubiläumszuwendungen
>H 34.4 EStH

Tantiemen
>H 34.4 EStH

Verbesserungsvorschläge
>H 34.4 EStH

Versorgungsbezüge, Nachzahlungen von
>H 34.4 EStH

Zusammenballung von Einkünften
>H 34.4 EStH

§ 34a

S 2290a

Begünstigung der nicht entnommenen Gewinne

(1) [1] Sind in dem zu versteuernden Einkommen nicht entnommene Gewinne aus Land- und Forstwirtschaft, Gewerbebetrieb oder selbständiger Arbeit (§ 2 Absatz 1 Satz 1 Nummer 1 bis 3) im Sinne des Absatzes 2 enthalten, ist die Einkommensteuer für diese Gewinne auf Antrag des Steuerpflichtigen ganz oder teilweise mit einem Steuersatz von 28,25 Prozent zu berechnen; dies gilt nicht, soweit für die Gewinne der Freibetrag nach § 16 Absatz 4 oder die Steuerermäßigung nach § 34 Absatz 3 in Anspruch genommen wird oder es sich um Gewinne im Sinne des § 18 Absatz 1 Nummer 4 handelt. [2] Der Antrag nach Satz 1 ist für jeden Betrieb oder Mitunternehmeranteil für jeden Veranlagungszeitraum gesondert bei dem für die Einkommensbesteuerung zuständigen Finanzamt zu stellen. [3] Bei Mitunternehmeranteilen kann der Steuerpflichtige den Antrag nur stellen, wenn sein Anteil am nach § 4 Absatz 1 Satz 1 oder § 5 ermittelten Gewinn mehr als 10 Prozent beträgt oder 10.000 Euro übersteigt. [4] Der Antrag kann bis zur Unanfechtbarkeit des Einkommensteuerbescheids für den nächsten Veranlagungszeitraum vom Steuerpflichtigen ganz oder teilweise zurückgenommen werden; der Einkommensteuerbescheid ist entsprechend zu ändern. [5] Die Festsetzungsfrist endet insoweit nicht, bevor die Festsetzungsfrist für den nächsten Veranlagungszeitraum abgelaufen ist.

(2) Der nicht entnommene Gewinn des Betriebs oder Mitunternehmeranteils ist der nach § 4 Absatz 1 Satz 1 oder § 5 ermittelte Gewinn vermindert um den positiven Saldo der Entnahmen und Einlagen des Wirtschaftsjahres.

(3) [1] Der Begünstigungsbetrag ist der im Veranlagungszeitraum nach Absatz 1 Satz 1 auf Antrag begünstigte Gewinn. [2] Der Begünstigungsbetrag des Veranlagungszeitraums, vermindert um die darauf entfallende Steuerbelastung nach Absatz 1 und den darauf entfallenden Solidaritätszuschlag, vermehrt um den nachversteuerungspflichtigen Betrag des Vorjahres und den auf diesen Betrieb oder Mitunternehmeranteil nach Absatz 5 übertragenen nachversteuerungspflichtigen Betrag, vermindert um den Nachversteuerungsbetrag im Sinne des Absatzes 4 und den auf einen anderen Betrieb oder Mitunternehmeranteil nach Absatz 5 übertragenen nachversteuerungspflichtigen Betrag, ist der nachversteuerungspflichtige Betrag des Betriebs oder Mitunternehmeranteils zum Ende des Veranlagungszeitraums. [3] Dieser ist für jeden Betrieb oder Mitunternehmeranteil jährlich gesondert festzustellen.

(4) [1] Übersteigt der positive Saldo der Entnahmen und Einlagen des Wirtschaftsjahres bei einem Betrieb oder Mitunternehmeranteil den nach § 4 Absatz 1 Satz 1 oder § 5 ermittelten Gewinn (Nachversteuerungsbetrag), ist vorbehaltlich Absatz 5 eine Nachversteuerung durch-

zuführen, soweit zum Ende des vorangegangenen Veranlagungszeitraums ein nachversteuerungspflichtiger Betrag nach Absatz 3 festgestellt wurde. [2]Die Einkommensteuer auf den Nachversteuerungsbetrag beträgt 25 Prozent. [3]Der Nachversteuerungsbetrag ist um die Beträge, die für die Erbschaftsteuer (Schenkungsteuer) anlässlich der Übertragung des Betriebs oder Mitunternehmeranteils entnommen wurden, zu vermindern.

(5) [1]Die Übertragung oder Überführung eines Wirtschaftsguts nach § 6 Absatz 5 Satz 1 bis 3 führt unter den Voraussetzungen des Absatzes 4 zur Nachversteuerung. [2]Eine Nachversteuerung findet nicht statt, wenn der Steuerpflichtige beantragt, den nachversteuerungspflichtigen Betrag in Höhe des Buchwerts des übertragenen oder überführten Wirtschaftsguts, höchstens jedoch in Höhe des Nachversteuerungsbetrags, den die Übertragung oder Überführung des Wirtschaftsguts ausgelöst hätte, auf den anderen Betrieb oder Mitunternehmeranteil zu übertragen.

(6) [1]Eine Nachversteuerung des nachversteuerungspflichtigen Betrags nach Absatz 4 ist durchzuführen

1. in den Fällen der Betriebsveräußerung oder -aufgabe im Sinne der §§ 14, 16 Absatz 1 und 3 sowie des § 18 Absatz 3,
2. in den Fällen der Einbringung eines Betriebs oder Mitunternehmeranteils in eine Kapitalgesellschaft oder eine Genossenschaft sowie in den Fällen des Formwechsels einer Personengesellschaft in eine Kapitalgesellschaft oder Genossenschaft,
3. in den Fällen der unentgeltlichen Übertragung eines Betriebs oder Mitunternehmeranteils nach § 6 Absatz 3, wenn die Übertragung an eine Körperschaft, Personenvereinigung oder Vermögensmasse im Sinne des § 1 Absatz 1 des Körperschaftsteuergesetzes erfolgt. [2]Dies gilt entsprechend für eine unentgeltliche Übertragung auf eine Mitunternehmerschaft, soweit der Betrieb oder der Mitunternehmeranteil einer Körperschaft, Personenvereinigung oder Vermögensmasse im Sinne des § 1 Absatz 1 des Körperschaftsteuergesetzes als Mitunternehmer zuzurechnen ist,
4. wenn der Gewinn nicht mehr nach § 4 Absatz 1 Satz 1 oder § 5 ermittelt wird oder
5. wenn der Steuerpflichtige dies beantragt.

[2]In den Fällen der Nummern 1 bis 3 ist die nach Absatz 4 geschuldete Einkommensteuer auf Antrag des Steuerpflichtigen oder seines Rechtsnachfolgers in regelmäßigen Teilbeträgen für einen Zeitraum von höchstens zehn Jahren seit Eintritt der ersten Fälligkeit zinslos zu stunden, wenn ihre alsbaldige Einziehung mit erheblichen Härten für den Steuerpflichtigen verbunden wäre.

(7) [1]In den Fällen der unentgeltlichen Übertragung eines Betriebs oder Mitunternehmeranteils nach § 6 Absatz 3 hat der Rechtsnachfolger den nachversteuerungspflichtigen Betrag fortzuführen; Absatz 6

Satz 1 Nummer 3 bleibt unberührt. [2]In den Fällen der Einbringung eines Betriebs oder Mitunternehmeranteils zu Buchwerten nach § 24 des Umwandlungssteuergesetzes geht der für den eingebrachten Betrieb oder Mitunternehmeranteil festgestellte nachversteuerungspflichtige Betrag auf den neuen Mitunternehmeranteil über.

(8) Negative Einkünfte dürfen nicht mit ermäßigt besteuerten Gewinnen im Sinne von Absatz 1 Satz 1 ausgeglichen werden; sie dürfen insoweit auch nicht nach § 10d abgezogen werden.

(9) [1]Zuständig für den Erlass der Feststellungsbescheide über den nachversteuerungspflichtigen Betrag ist das für die Einkommensbesteuerung zuständige Finanzamt. [2]Die Feststellungsbescheide können nur insoweit angegriffen werden, als sich der nachversteuerungspflichtige Betrag gegenüber dem nachversteuerungspflichtigen Betrag des Vorjahres verändert hat. [3]Die gesonderten Feststellungen nach Satz 1 können mit dem Einkommensteuerbescheid verbunden werden.

(10) [1]Sind Einkünfte aus Land- und Forstwirtschaft, Gewerbebetrieb oder selbständiger Arbeit nach § 180 Absatz 1 Satz 1 Nummer 2 Buchstabe a oder b der Abgabenordnung gesondert festzustellen, können auch die Höhe der Entnahmen und Einlagen sowie weitere für die Tarifermittlung nach den Absätzen 1 bis 7 erforderliche Besteuerungsgrundlagen gesondert festgestellt werden. [2]Zuständig für die gesonderten Feststellungen nach Satz 1 ist das Finanzamt, das für die gesonderte Feststellung nach § 180 Absatz 1 Satz 1 Nummer 2 der Abgabenordnung zuständig ist. [3]Die gesonderten Feststellungen nach Satz 1 können mit der Feststellung nach § 180 Absatz 1 Satz 1 Nummer 2 der Abgabenordnung verbunden werden. [4]Die Feststellungsfrist für die gesonderte Feststellung nach Satz 1 endet nicht vor Ablauf der Feststellungsfrist für die Feststellung nach § 180 Absatz 1 Satz 1 Nummer 2 der Abgabenordnung.

(11) [1]Der Bescheid über die gesonderte Feststellung des nachversteuerungspflichtigen Betrags ist zu erlassen, aufzuheben oder zu ändern, soweit der Steuerpflichtige einen Antrag nach Absatz 1 stellt oder diesen ganz oder teilweise zurücknimmt und sich die Besteuerungsgrundlagen im Einkommensteuerbescheid ändern. [2]Dies gilt entsprechend, wenn der Erlass, die Aufhebung oder Änderung des Einkommensteuerbescheids mangels steuerlicher Auswirkung unterbleibt. [3]Die Feststellungsfrist endet nicht, bevor die Festsetzungsfrist für den Veranlagungszeitraum abgelaufen ist, auf dessen Schluss der nachversteuerungspflichtige Betrag des Betriebs oder Mitunternehmeranteils gesondert festzustellen ist.

S 2291

§ 34b

Steuersätze bei Einkünften aus außerordentlichen Holznutzungen

(1) Außerordentliche Holznutzungen sind

1. Holznutzungen, die aus volks- oder staatswirtschaftlichen Gründen erfolgt sind. [2]Sie liegen nur insoweit vor, als sie durch gesetzlichen oder behördlichen Zwang veranlasst sind;
2. Holznutzungen infolge höherer Gewalt (Kalamitätsnutzungen). [2]Sie sind durch Eis-, Schnee-, Windbruch oder Windwurf, Erdbeben, Bergrutsch, Insektenfraß, Brand oder durch Naturereignisse mit vergleichbaren Folgen verursacht. [3]Hierzu gehören nicht die Schäden, die in der Forstwirtschaft regelmäßig entstehen.

(2) [1]Zur Ermittlung der Einkünfte aus außerordentlichen Holznutzungen sind von den Einnahmen sämtlicher Holznutzungen die damit in sachlichem Zusammenhang stehenden Betriebsausgaben abzuziehen. [2]Das nach Satz 1 ermittelte Ergebnis ist auf die ordentlichen und außerordentlichen Holznutzungsarten aufzuteilen, in dem die außerordentlichen Holznutzungen zur gesamten Holznutzung ins Verhältnis gesetzt wird. [3]Bei einer Gewinnermittlung durch Betriebsvermögensvergleich sind die im Wirtschaftsjahr veräußerten Holzmengen maßgebend. [4]Bei einer Gewinnermittlung nach den Grundsätzen des § 4 Absatz 3 ist von den Holzmengen auszugehen, die den im Wirtschaftsjahr zugeflossenen Einnahmen zugrunde liegen. [5]Die Sätze 1 bis 4 gelten für entnommenes Holz entsprechend.

(3) Die Einkommensteuer bemisst sich für die Einkünfte aus außerordentlichen Holznutzungen im Sinne des Absatzes 1

1. nach der Hälfte des durchschnittlichen Steuersatzes, der sich ergäbe, wenn die tarifliche Einkommensteuer nach dem gesamten zu versteuernden Einkommen zuzüglich der dem Progressionsvorbehalt unterliegenden Einkünfte zu bemessen wäre;
2. nach dem halben Steuersatz der Nummer 1, soweit sie den Nutzungssatz (§ 68 der Einkommensteuer-Durchführungsverordnung) übersteigen.

(4) Einkünfte aus außerordentlichen Holznutzungen sind nur anzuerkennen, wenn

1. das im Wirtschaftsjahr veräußerte oder entnommene Holz mengenmäßig getrennt nach ordentlichen und außerordentlichen Holznutzungen nachgewiesen wird und
2. Schäden infolge höherer Gewalt unverzüglich nach Feststellung des Schadensfalls der zuständigen Finanzbehörde mitgeteilt und nach der Aufarbeitung mengenmäßig nachgewiesen werden.

(5) Die Bundesregierung wird ermächtigt, durch Rechtsverordnung mit Zustimmung des Bundesrates

1. die Steuersätze abweichend von Absatz 3 für ein Wirtschaftsjahr aus sachlichen Billigkeitsgründen zu regeln,

2. die Anwendung des § 4a des Forstschäden-Ausgleichsgesetzes für ein Wirtschaftsjahr aus sachlichen Billigkeitsgründen zu regeln, wenn besondere Schadensereignisse nach Absatz 1 Nummer 2 vorliegen und eine Einschlagsbeschränkung (§ 1 Absatz 1 des Forstschäden-Ausgleichsgesetzes) nicht angeordnet wurde.

V. Steuerermäßigungen

1. Steuerermäßigung bei ausländischen Einkünften

S 2293

§ 34c

(1) [1] Bei unbeschränkt Steuerpflichtigen, die mit ausländischen Einkünften in dem Staat, aus dem die Einkünfte stammen, zu einer der deutschen Einkommensteuer entsprechenden Steuer herangezogen werden, ist die festgesetzte und gezahlte und um einen entstandenen Ermäßigungsanspruch gekürzte ausländische Steuer auf die deutsche Einkommensteuer anzurechnen, die auf die Einkünfte aus diesem Staat entfällt; das gilt nicht für Einkünfte aus Kapitalvermögen, auf die § 32d Absatz 1 und 3 bis 6 anzuwenden ist. [2] Die auf die ausländischen Einkünfte nach Satz 1 erster Halbsatz entfallende deutsche Einkommensteuer ist in der Weise zu ermitteln, dass der sich bei der Veranlagung des zu versteuernden Einkommens, einschließlich der ausländischen Einkünfte, nach den §§ 32a, 32b, 34, 34a und 34b ergebende durchschnittliche Steuersatz auf die ausländischen Einkünfte anzuwenden ist. [3] Bei der Ermittlung des zu versteuernden Einkommens und der ausländischen Einkünfte sind die Einkünfte nach Satz 1 zweiter Halbsatz nicht zu berücksichtigen; bei der Ermittlung der ausländischen Einkünfte sind die ausländischen Einkünfte nicht zu berücksichtigen, die in dem Staat, aus dem sie stammen, nach dessen Recht nicht besteuert werden. [4] Gehören ausländische Einkünfte der in § 34d Nummer 3, 4, 6, 7 und 8 Buchstabe c genannten Art zum Gewinn eines inländischen Betriebes, sind bei ihrer Ermittlung Betriebsausgaben und Betriebsvermögensminderungen abzuziehen, die mit den diesen Einkünften zugrunde liegenden Einnahmen in wirtschaftlichem Zusammenhang stehen. [5] Die ausländischen Steuern sind nur insoweit anzurechnen, als sie auf die im Veranlagungszeitraum bezogenen Einkünfte entfallen.

S 2293a (2) Statt der Anrechnung (Absatz 1) ist die ausländische Steuer auf Antrag bei der Ermittlung der Einkünfte abzuziehen, soweit sie auf ausländische Einkünfte entfällt, die nicht steuerfrei sind.

S 2293a (3) Bei unbeschränkt Steuerpflichtigen, bei denen eine ausländische Steuer vom Einkommen nach Absatz 1 nicht angerechnet werden kann, weil die Steuer nicht der deutschen Einkommensteuer entspricht oder nicht in dem Staat erhoben wird, aus dem die Einkünfte stammen, oder weil keine ausländischen Einkünfte vorliegen, ist die festgesetzte und gezahlte und um einen entstandenen Ermäßigungsanspruch gekürzte ausländische Steuer bei der Ermittlung der Einkünfte abzuziehen, soweit sie auf Einkünfte entfällt, die der deutschen Einkommensteuer unterliegen.

S 2293 (4) (weggefallen)

(5) Die obersten Finanzbehörden der Länder oder die von ihnen beauftragten Finanzbehörden können mit Zustimmung des Bundesministeriums der Finanzen die auf ausländische Einkünfte entfallende deutsche Einkommensteuer ganz oder zum Teil erlassen oder in einem Pauschbetrag festsetzen, wenn es aus volkswirtschaftlichen Gründen zweckmäßig ist oder die Anwendung des Absatzes 1 besonders schwierig ist. S 2293

(6) [1] Die Absätze 1 bis 3 sind vorbehaltlich der Sätze 2 bis 6 nicht anzuwenden, wenn die Einkünfte aus einem ausländischen Staat stammen, mit dem ein Abkommen zur Vermeidung der Doppelbesteuerung besteht. [2] Soweit in einem Abkommen zur Vermeidung der Doppelbesteuerung die Anrechnung einer ausländischen Steuer auf die deutsche Einkommensteuer vorgesehen ist, sind Absatz 1 Satz 2 bis 5 und Absatz 2 entsprechend auf die nach dem Abkommen anzurechnende und um einen entstandenen Ermäßigungsanspruch gekürzte ausländische Steuer anzuwenden; das gilt nicht für Einkünfte, auf die § 32d Absatz 1 und 3 bis 6 anzuwenden ist; bei nach dem Abkommen als gezahlt geltenden ausländischen Steuerbeträgen sind Absatz 1 Satz 3 und Absatz 2 nicht anzuwenden. [3] Absatz 1 Satz 3 gilt auch dann entsprechend, wenn die Einkünfte in dem ausländischen Staat nach dem Abkommen zur Vermeidung der Doppelbesteuerung mit diesem Staat nicht besteuert werden können. [4] Bezieht sich ein Abkommen zur Vermeidung der Doppelbesteuerung nicht auf eine Steuer vom Einkommen dieses Staates, so sind die Absätze 1 und 2 entsprechend anzuwenden. [5] In den Fällen des § 50d Absatz 9 sind die Absätze 1 bis 3 und Satz 6 entsprechend anzuwenden. [6] Absatz 3 ist anzuwenden, wenn der Staat, mit dem ein Abkommen zur Vermeidung der Doppelbesteuerung besteht, Einkünfte besteuert, die nicht aus diesem Staat stammen, es sei denn, die Besteuerung hat ihre Ursache in einer Gestaltung, für die wirtschaftliche oder sonst beachtliche Gründe fehlen, oder das Abkommen gestattet dem Staat die Besteuerung dieser Einkünfte. S 2293 S 2293a

(7) Durch Rechtsverordnung können Vorschriften erlassen werden über S 2293 S 2293a

1. die Anrechnung ausländischer Steuern, wenn die ausländischen Einkünfte aus mehreren fremden Staaten stammen,
2. den Nachweis über die Höhe der festgesetzten und gezahlten ausländischen Steuern,
3. die Berücksichtigung ausländischer Steuern, die nachträglich erhoben oder zurückgezahlt werden.

S 2293

§ 34d

Ausländische Einkünfte

Ausländische Einkünfte im Sinne des § 34c Absatz 1 bis 5 sind

1. Einkünfte aus einer in einem ausländischen Staat betriebenen Land- und Forstwirtschaft (§§ 13 und 14) und Einkünfte der in den Nummern 3, 4, 6, 7 und 8 Buchstabe c genannten Art, soweit sie zu den Einkünften aus Land- und Forstwirtschaft gehören;
2. Einkünfte aus Gewerbebetrieb (§§ 15 und 16),
   a) die durch eine in einem ausländischen Staat belegene Betriebsstätte oder durch einen in einem ausländischen Staat tätigen ständigen Vertreter erzielt werden, und Einkünfte der in den Nummern 3, 4, 6, 7 und 8 Buchstabe c genannten Art, soweit sie zu den Einkünften aus Gewerbebetrieb gehören,
   b) die aus Bürgschafts- und Avalprovisionen erzielt werden, wenn der Schuldner Wohnsitz, Geschäftsleitung oder Sitz in einem ausländischen Staat hat, oder
   c) die durch den Betrieb eigener oder gecharterter Seeschiffe oder Luftfahrzeuge aus Beförderungen zwischen ausländischen oder von ausländischen zu inländischen Häfen erzielt werden, einschließlich der Einkünfte aus anderen mit solchen Beförderungen zusammenhängenden, sich auf das Ausland erstreckenden Beförderungsleistungen;
3. Einkünfte aus selbständiger Arbeit (§ 18), die in einem ausländischen Staat ausgeübt oder verwertet wird oder worden ist, und Einkünfte der in den Nummern 4, 6, 7 und 8 Buchstabe c genannten Art, soweit sie zu den Einkünften aus selbständiger Arbeit gehören;
4. Einkünfte aus der Veräußerung von
   a) Wirtschaftsgütern, die zum Anlagevermögen eines Betriebs gehören, wenn die Wirtschaftsgüter in einem ausländischen Staat belegen sind,
   b) Anteilen an Kapitalgesellschaften,
      aa) wenn die Gesellschaft Geschäftsleitung oder Sitz in einem ausländischen Staat hat oder
      bb) deren Anteilswert zu irgendeinem Zeitpunkt während der 365 Tage vor der Veräußerung unmittelbar oder mittelbar zu mehr als 50 Prozent auf in einem ausländischen Staat belegenen unbeweglichen Vermögen beruhte und die Anteile dem Veräußerer zu diesem Zeitpunkt zuzurechnen waren; für die Ermittlung dieser Quote sind die aktiven Wirtschaftsgüter des Betriebsvermögens mit den Buchwerten, die zu diesem Zeitpunkt anzusetzen gewesen wären, zugrunde zu legen;

5. Einkünfte aus nichtselbständiger Arbeit (§ 19), die in einem ausländischen Staat ausgeübt oder, ohne im Inland ausgeübt zu werden oder worden zu sein, in einem ausländischen Staat verwertet wird oder worden ist, und Einkünfte, die von ausländischen öffentlichen Kassen mit Rücksicht auf ein gegenwärtiges oder früheres Dienstverhältnis gewährt werden. [2]Einkünfte, die von inländischen öffentlichen Kassen einschließlich der Kassen der Deutschen Bundesbahn und der Deutschen Bundesbank mit Rücksicht auf ein gegenwärtiges oder früheres Dienstverhältnis gewährt werden, gelten auch dann als inländische Einkünfte, wenn die Tätigkeit in einem ausländischen Staat ausgeübt wird oder worden ist;
6. Einkünfte aus Kapitalvermögen (§ 20), wenn der Schuldner Wohnsitz, Geschäftsleitung oder Sitz in einem ausländischen Staat hat oder das Kapitalvermögen durch ausländischen Grundbesitz gesichert ist;
7. Einkünfte aus Vermietung und Verpachtung (§ 21), soweit das unbewegliche Vermögen oder die Sachinbegriffe in einem ausländischen Staat belegen oder die Rechte zur Nutzung in einem ausländischen Staat überlassen worden sind. [2]Bei unbeweglichem Vermögen, das zum Anlagevermögen eines Betriebs gehört, gelten als Einkünfte im Sinne dieser Nummer auch Wertveränderungen von Wirtschaftsgütern, die mit diesem Vermögen in wirtschaftlichem Zusammenhang stehen;
8. sonstige Einkünfte im Sinne des § 22, wenn
   a) der zur Leistung der wiederkehrenden Bezüge Verpflichtete Wohnsitz, Geschäftsleitung oder Sitz in einem ausländischen Staat hat,
   b) bei privaten Veräußerungsgeschäften die veräußerten Wirtschaftsgüter in einem ausländischen Staat belegen sind,
   c) bei Einkünften aus Leistungen einschließlich der Einkünfte aus Leistungen im Sinne des § 49 Absatz 1 Nummer 9 der zur Vergütung der Leistung Verpflichtete Wohnsitz, Geschäftsleitung oder Sitz in einem ausländischen Staat hat.

2. Steuerermäßigung bei Einkünften aus Land- und Forstwirtschaft

S 2293b

§ 34e

(weggefallen)

2a. Steuerermäßigung für Steuerpflichtige mit Kindern bei Inanspruchnahme erhöhter Absetzungen für Wohngebäude oder der Steuerbegünstigungen für eigengenutztes Wohneigentum

S 2293c

§ 34f

– Letztmals abgedruckt im LStH 2020 –

2b. Steuerermäßigung bei Zuwendungen an politische Parteien und an unabhängige Wählervereinigungen

§ 34g

S 2293d

[1]Die tarifliche Einkommensteuer, vermindert um die sonstigen Steuerermäßigungen mit Ausnahme des § 34f Absatz 3, ermäßigt sich bei Zuwendungen an

1. politische Parteien im Sinne des § 2 des Parteiengesetzes, sofern die jeweilige Partei nicht gemäß § 18 Absatz 7 des Parteiengesetzes von der staatlichen Teilfinanzierung ausgeschlossen ist, und
2. Vereine ohne Parteicharakter, wenn
   a) der Zweck des Vereins ausschließlich darauf gerichtet ist, durch Teilnahme mit eigenen Wahlvorschlägen an Wahlen auf Bundes-, Landes- oder Kommunalebene bei der politischen Willensbildung mitzuwirken, und
   b) der Verein auf Bundes-, Landes- oder Kommunalebene bei der jeweils letzten Wahl wenigstens ein Mandat errungen oder der zuständigen Wahlbehörde oder dem zuständigen Wahlorgan angezeigt hat, dass er mit eigenen Wahlvorschlägen auf Bundes-, Landes- oder Kommunalebene an der jeweils nächsten Wahl teilnehmen will.

   [2]Nimmt der Verein an der jeweils nächsten Wahl nicht teil, wird die Ermäßigung nur für die bis zum Wahltag an ihn geleisteten Beiträge und Spenden gewährt. [3]Die Ermäßigung für Beiträge und Spenden an den Verein wird erst wieder gewährt, wenn er sich mit eigenen Wahlvorschlägen an einer Wahl beteiligt hat. [4]Die Ermäßigung wird in diesem Fall nur für Beiträge und Spenden gewährt, die nach Beginn des Jahres, in dem die Wahl stattfindet, geleistet werden.

[2]Die Ermäßigung beträgt 50 Prozent der Ausgaben, höchstens jeweils 825 Euro für Ausgaben nach den Nummern 1 und 2, im Fall der Zusammenveranlagung von Ehegatten höchstens jeweils 1.650 Euro. [3]§ 10b Absatz 3 und 4 gilt entsprechend.

Hinweise

H 34g

Zuwendungen an politische Parteien

>H 34g EStH

3. Steuerermäßigung bei Einkünften aus Gewerbebetrieb

S 2296a

§ 35

(1) [1]Die tarifliche Einkommensteuer, vermindert um die sonstigen Steuerermäßigungen mit Ausnahme der §§ 34f, 34g, 35a und 35c, ermäßigt sich, soweit sie anteilig auf im zu versteuernden Einkommen enthaltene gewerbliche Einkünfte entfällt (Ermäßigungshöchstbetrag),

1. bei Einkünften aus gewerblichen Unternehmen im Sinne des § 15 Absatz 1 Satz 1 Nummer 1

   um das Vierfache des jeweils für den dem Veranlagungszeitraum entsprechenden Erhebungszeitraum nach § 14 des Gewerbesteuergesetzes für das Unternehmen festgesetzten Steuermessbetrags (Gewerbesteuer-Messbetrag); Absatz 2 Satz 5 ist entsprechend anzuwenden;

2. bei Einkünften aus Gewerbebetrieb als Mitunternehmer im Sinne des § 15 Absatz 1 Satz 1 Nummer 2 oder als persönlich haftender Gesellschafter einer Kommanditgesellschaft auf Aktien im Sinne des § 15 Absatz 1 Satz 1 Nummer 3

   um das Vierfache des jeweils für den dem Veranlagungszeitraum entsprechenden Erhebungszeitraum festgesetzten anteiligen Gewerbesteuer-Messbetrags.

[2]Der Ermäßigungshöchstbetrag ist wie folgt zu ermitteln:

$$\frac{\text{Summe der positiven gewerblichen Einkünfte}}{\text{Summe aller positiven Einkünfte}} \cdot \text{geminderte tarifliche Steuer.}$$

[3]Gewerbliche Einkünfte im Sinne der Sätze 1 und 2 sind die der Gewerbesteuer unterliegenden Gewinne und Gewinnanteile, soweit sie nicht nach anderen Vorschriften von der Steuerermäßigung nach § 35 ausgenommen sind. [4]Geminderte tarifliche Steuer ist die tarifliche Steuer nach Abzug von Beträgen auf Grund der Anwendung zwischenstaatlicher Abkommen und nach Anrechnung der ausländischen Steuern nach § 32d Absatz 6 Satz 2, § 34c Absatz 1 und 6 dieses Gesetzes und § 12 des Außensteuergesetzes. [5]Der Abzug des Steuerermäßigungsbetrags ist auf die tatsächlich zu zahlende Gewerbesteuer beschränkt.

(2) [1]Bei Mitunternehmerschaften im Sinne des § 15 Absatz 1 Satz 1 Nummer 2 oder bei Kommanditgesellschaften auf Aktien im Sinne des § 15 Absatz 1 Satz 1 Nummer 3 ist der Betrag des Gewerbesteuer-Messbetrags, die tatsächlich zu zahlende Gewerbesteuer und der auf die einzelnen Mitunternehmer oder auf die persönlich haftenden Gesellschafter entfallende Anteil gesondert und einheitlich festzustellen. [2]Der Anteil eines Mitunternehmers am Gewerbesteuer-Messbetrag richtet sich nach seinem Anteil am Gewinn der Mitunterneh-

merschaft nach Maßgabe des allgemeinen Gewinnverteilungsschlüssels; Vorabgewinnanteile sind nicht zu berücksichtigen. [3]Wenn auf Grund der Bestimmungen in einem Abkommen zur Vermeidung der Doppelbesteuerung bei der Festsetzung des Gewerbesteuer-Messbetrags für eine Mitunternehmerschaft nur der auf einen Teil der Mitunternehmer entfallende anteilige Gewerbeertrag berücksichtigt wird, ist der Gewerbesteuer-Messbetrag nach Maßgabe des allgemeinen Gewinnverteilungsschlüssels in voller Höhe auf diese Mitunternehmer entsprechend ihrer Anteile am Gewerbeertrag der Mitunternehmerschaft aufzuteilen. [4]Der anteilige Gewerbesteuer-Messbetrag ist als Prozentsatz mit zwei Nachkommastellen gerundet zu ermitteln. [5]Bei der Feststellung nach Satz 1 sind anteilige Gewerbesteuer-Messbeträge, die aus einer Beteiligung an einer Mitunternehmerschaft stammen, einzubeziehen.

(3) [1]Zuständig für die gesonderte Feststellung nach Absatz 2 ist das für die gesonderte Feststellung der Einkünfte zuständige Finanzamt. [2]Für die Ermittlung der Steuerermäßigung nach Absatz 1 sind die Festsetzung des Gewerbesteuer-Messbetrags, die Feststellung des Anteils an dem festzusetzenden Gewerbesteuer-Messbetrag nach Absatz 2 Satz 1 und die Festsetzung der Gewerbesteuer Grundlagenbescheide. [3]Für die Ermittlung des anteiligen Gewerbesteuer-Messbetrags nach Absatz 2 sind die Festsetzung des Gewerbesteuer-Messbetrags und die Festsetzung des anteiligen Gewerbesteuer-Messbetrags aus der Beteiligung an einer Mitunternehmerschaft Grundlagenbescheide.

(4) Für die Aufteilung und die Feststellung der tatsächlich zu zahlenden Gewerbesteuer bei Mitunternehmerschaften im Sinne des § 15 Absatz 1 Satz 1 Nummer 2 und bei Kommanditgesellschaften auf Aktien im Sinne des § 15 Absatz 1 Satz 1 Nummer 3 gelten die Absätze 2 und 3 entsprechend.

4. Steuerermäßigung bei Aufwendungen für haushaltsnahe Beschäftigungsverhältnisse und für die Inanspruchnahme haushaltsnaher Dienstleistungen

S 2296b

§ 35a

Steuerermäßigung bei Aufwendungen für haushaltsnahe Beschäftigungsverhältnisse, haushaltsnahe Dienstleistungen und Handwerkerleistungen

(1) Für haushaltsnahe Beschäftigungsverhältnisse, bei denen es sich um eine geringfügige Beschäftigung im Sinne des § 8a des Vierten Buches Sozialgesetzbuch handelt, ermäßigt sich die tarifliche Einkommensteuer, vermindert um die sonstigen Steuerermäßigungen, auf Antrag um 20 Prozent, höchstens 510 Euro, der Aufwendungen des Steuerpflichtigen.

(2) [1] Für andere als in Absatz 1 aufgeführte haushaltsnahe Beschäftigungsverhältnisse oder für die Inanspruchnahme von haushaltsnahen Dienstleistungen, die nicht Dienstleistungen nach Absatz 3 sind, ermäßigt sich die tarifliche Einkommensteuer, vermindert um die sonstigen Steuerermäßigungen, auf Antrag um 20 Prozent, höchstens 4.000 Euro, der Aufwendungen des Steuerpflichtigen. [2] Die Steuerermäßigung kann auch in Anspruch genommen werden für die Inanspruchnahme von Pflege- und Betreuungsleistungen sowie für Aufwendungen, die einem Steuerpflichtigen wegen der Unterbringung in einem Heim oder zur dauernden Pflege erwachsen, soweit darin Kosten für Dienstleistungen enthalten sind, die mit denen einer Hilfe im Haushalt vergleichbar sind.

(3) [1] Für die Inanspruchnahme von Handwerkerleistungen für Renovierungs-, Erhaltungs- und Modernisierungsmaßnahmen ermäßigt sich die tarifliche Einkommensteuer, vermindert um die sonstigen Steuerermäßigungen, auf Antrag um 20 Prozent der Aufwendungen des Steuerpflichtigen, höchstens jedoch um 1.200 Euro. [2] Dies gilt nicht für öffentlich geförderte Maßnahmen, für die zinsverbilligte Darlehen oder steuerfreie Zuschüsse in Anspruch genommen werden.

(4) [1] Die Steuerermäßigung nach den Absätzen 1 bis 3 kann nur in Anspruch genommen werden, wenn das Beschäftigungsverhältnis, die Dienstleistung oder die Handwerkerleistung in einem in der Europäischen Union oder dem Europäischen Wirtschaftsraum liegenden Haushalt des Steuerpflichtigen oder – bei Pflege- und Betreuungsleistungen – der gepflegten oder betreuten Person ausgeübt oder erbracht wird. [2] In den Fällen des Absatzes 2 Satz 2 zweiter Halbsatz ist Voraussetzung, dass das Heim oder der Ort der dauernden Pflege in der Europäischen Union oder dem Europäischen Wirtschaftsraum liegt.

(5) [1] Die Steuerermäßigungen nach den Absätzen 1 bis 3 können nur in Anspruch genommen werden, soweit die Aufwendungen nicht Betriebsausgaben oder Werbungskosten darstellen und soweit sie

nicht als Sonderausgaben oder außergewöhnliche Belastungen berücksichtigt worden sind; für Aufwendungen, die dem Grunde nach unter § 10 Absatz 1 Nummer 5 fallen, ist eine Inanspruchnahme ebenfalls ausgeschlossen. [2]Der Abzug von der tariflichen Einkommensteuer nach den Absätzen 2 und 3 gilt nur für Arbeitskosten. [3]Voraussetzung für die Inanspruchnahme der Steuerermäßigung für haushaltsnahe Dienstleistungen nach Absatz 2 oder für Handwerkerleistungen nach Absatz 3 ist, dass der Steuerpflichtige für die Aufwendungen eine Rechnung erhalten hat und die Zahlung auf das Konto des Erbringers der Leistung erfolgt ist. [4]Leben zwei Alleinstehende in einem Haushalt zusammen, können sie die Höchstbeträge nach den Absätzen 1 bis 3 insgesamt jeweils nur einmal in Anspruch nehmen.

Hinweise

H 35a

Allgemeine Grundsätze

>H 35a EStH

5. Steuerermäßigung bei Belastung mit Erbschaftsteuer

§ 35b

Steuerermäßigung bei Belastung mit Erbschaftsteuer

[1] Sind bei der Ermittlung des Einkommens Einkünfte berücksichtigt worden, die im Veranlagungszeitraum oder in den vorangegangenen vier Veranlagungszeiträumen als Erwerb von Todes wegen der Erbschaftsteuer unterlegen haben, so wird auf Antrag die um sonstige Steuerermäßigungen gekürzte tarifliche Einkommensteuer, die auf diese Einkünfte entfällt, um den in Satz 2 bestimmten Prozentsatz ermäßigt. [2] Der Prozentsatz bestimmt sich nach dem Verhältnis, in dem die festgesetzte Erbschaftsteuer zu dem Betrag steht, der sich ergibt, wenn dem steuerpflichtigen Erwerb (§ 10 Absatz 1 des Erbschaftsteuer- und Schenkungsteuergesetzes) die Freibeträge nach den §§ 16 und 17 und der steuerfreie Betrag nach § 5 des Erbschaftsteuer- und Schenkungsteuergesetzes hinzugerechnet werden.

6. Steuerermäßigung für energetische Maßnahmen bei zu eigenen Wohnzwecken genutzten Gebäuden[1])

§ 35c[1])

Steuerermäßigung für energetische Maßnahmen bei zu eigenen Wohnzwecken genutzten Gebäuden

(1) [1]Für energetische Maßnahmen an einem in der Europäischen Union oder dem Europäischen Wirtschaftsraum belegenen zu eigenen Wohnzwecken genutzten eigenen Gebäude (begünstigtes Objekt) ermäßigt sich auf Antrag die tarifliche Einkommensteuer, vermindert um die sonstigen Steuerermäßigungen, im Kalenderjahr des Abschlusses der energetischen Maßnahme und im nächsten Kalenderjahr um je 7 Prozent der Aufwendungen des Steuerpflichtigen, höchstens jedoch um je 14.000 Euro und im übernächsten Kalenderjahr um 6 Prozent der Aufwendungen des Steuerpflichtigen, höchstens jedoch um 12.000 Euro für das begünstigte Objekt. [2]Voraussetzung ist, dass das begünstigte Objekt bei der Durchführung der energetischen Maßnahme älter als zehn Jahre ist; maßgebend hierfür ist der Beginn der Herstellung. [3]Energetische Maßnahmen im Sinne des Satzes 1 sind:

1. **Wärmedämmung von Wänden,**
2. **Wärmedämmung von Dachflächen,**
3. **Wärmedämmung von Geschossdecken,**
4. **Erneuerung der Fenster oder Außentüren,**
5. **Erneuerung oder Einbau einer Lüftungsanlage,**
6. **Erneuerung der Heizungsanlage,**
7. **Einbau von digitalen Systemen zur energetischen Betriebs- und Verbrauchsoptimierung und**
8. **Optimierung bestehender Heizungsanlagen, sofern diese älter als zwei Jahre sind.**

[4]Zu den Aufwendungen für energetische Maßnahmen gehören auch die Kosten für die Erteilung der Bescheinigung nach Satz 7 sowie die Kosten für Energieberater, die vom Bundesamt für Wirtschaft und Ausfuhrkontrolle (BAFA) als fachlich qualifiziert zum Förderprogramm „Energieberatung für Wohngebäude (Vor-Ort-Beratung, individueller Sanierungsfahrplan)“ zugelassen sind, wenn der Energieberater durch den Steuerpflichtigen mit der planerischen Begleitung

---

[1]) § 35c ist erstmals auf energetische Maßnahmen anzuwenden, mit deren Durchführung nach dem 31.12.2019 begonnen wurde und die vor dem 1.1.2030 abgeschlossen sind. Als Beginn gilt bei energetischen Maßnahmen, für die eine Baugenehmigung erforderlich ist, der Zeitpunkt, in dem der Bauantrag gestellt wird. Bei nicht genehmigungsbedürftigen Vorhaben für solche Vorhaben, die nach Maßgabe des Bauordnungsrechts der zuständigen Behörde zur Kenntnis zu geben sind, gilt als Beginn der Zeitpunkt des Eingangs der Kenntnisgabe bei der zuständigen Behörde und für sonstige nicht genehmigungsbedürftige, insbesondere genehmigungs-, anzeige- und verfahrensfreie Vorhaben, der Zeitpunkt des Beginns der Bauausführung >§ 52 Abs. 35a.

oder Beaufsichtigung der energetischen Maßnahmen nach Satz 3 beauftragt worden ist; die tarifliche Einkommensteuer vermindert sich abweichend von Satz 1 um 50 Prozent der Aufwendungen für den Energieberater. [5]Die Förderung kann für mehrere Einzelmaßnahmen an einem begünstigten Objekt in Anspruch genommen werden; je begünstigtes Objekt beträgt der Höchstbetrag der Steuerermäßigung 40.000 Euro. [6]Voraussetzung für die Förderung ist, dass die jeweilige energetische Maßnahme von einem Fachunternehmen ausgeführt wurde und die Anforderungen aus der Rechtsverordnung nach Absatz 7 erfüllt sind. [7]Die Steuerermäßigungen können nur in Anspruch genommen werden, wenn durch eine nach amtlich vorgeschriebenem Muster erstellte Bescheinigung des ausführenden Fachunternehmens nachgewiesen wird, dass die Voraussetzungen der Sätze 1 bis 3 und die Anforderungen aus der Rechtsverordnung nach Absatz 7 dem Grunde und der Höhe nach erfüllt sind.

(2) [1]Die Steuerermäßigung nach Absatz 1 kann nur in Anspruch genommen werden, wenn der Steuerpflichtige das Gebäude im jeweiligen Kalenderjahr ausschließlich zu eigenen Wohnzwecken nutzt. [2]Eine Nutzung zu eigenen Wohnzwecken liegt auch vor, wenn Teile einer zu eigenen Wohnzwecken genutzten Wohnung anderen Personen unentgeltlich zu Wohnzwecken überlassen werden.

(3) [1]Der Steuerpflichtige kann die Steuerermäßigung nach Absatz 1 nicht in Anspruch nehmen, soweit die Aufwendungen als Betriebsausgaben, Werbungskosten, Sonderausgaben oder außergewöhnliche Belastungen berücksichtigt worden sind. [2]Die Steuerermäßigung nach Absatz 1 ist ebenfalls nicht zu gewähren, wenn für die energetischen Maßnahmen eine Steuerbegünstigung nach § 10f oder eine Steuerermäßigung nach § 35a in Anspruch genommen wird oder es sich um eine öffentlich geförderte Maßnahme handelt, für die zinsverbilligte Darlehen oder steuerfreie Zuschüsse in Anspruch genommen werden.

(4) Voraussetzung für die Inanspruchnahme der Steuermäßigung für energetische Maßnahmen ist, dass

1. der Steuerpflichtige für die Aufwendungen eine Rechnung erhalten hat, die die förderungsfähigen energetischen Maßnahmen, die Arbeitsleistung des Fachunternehmens und die Adresse des begünstigten Objekts ausweisen, und die in deutscher Sprache ausgefertigt ist und
2. die Zahlung auf das Konto des Erbringers der Leistung erfolgt ist.

(5) Die Absätze 1 bis 4 sind auf Gebäudeteile, die selbständige unbewegliche Wirtschaftsgüter sind, und auf Eigentumswohnungen entsprechend anzuwenden.

(6) [1]Steht das Eigentum am begünstigten Objekt mehreren Personen zu, können die Steuerermäßigungen nach Absatz 1 für das begünstigte Objekt insgesamt nur einmal in Anspruch genommen werden. [2]Die der Steuerermäßigung nach Absatz 1 zugrunde liegenden

Aufwendungen können einheitlich und gesondert festgestellt werden. [3] Die für die gesonderte Feststellung von Einkünften nach § 180 Absatz 1 Nummer 2a der Abgabenordnung geltenden Vorschriften sind entsprechend anzuwenden.

(7) Die Bundesregierung wird ermächtigt, durch Rechtsverordnung mit Zustimmung des Bundestages und des Bundesrates die Mindestanforderungen für die energetischen Maßnahmen nach Absatz 1 Satz 3 sowie die Anforderungen an ein Fachunternehmen nach Absatz 1 Satz 6 festzulegen.

VI. Steuererhebung
1. Erhebung der Einkommensteuer

S 2298

§ 36
Entstehung und Tilgung der Einkommensteuer

(1) Die Einkommensteuer entsteht, soweit in diesem Gesetz nichts anderes bestimmt ist, mit Ablauf des Veranlagungszeitraums.

(2) Auf die Einkommensteuer werden angerechnet:

1. **die für den Veranlagungszeitraum entrichteten Einkommensteuer-Vorauszahlungen (§ 37);**
2. **die durch Steuerabzug erhobene Einkommensteuer, soweit sie entfällt auf**
   a) **die bei der Veranlagung erfassten Einkünfte oder**
   b) **die nach § 3 Nummer 40 dieses Gesetzes oder nach § 8b Absatz 1, 2 und 6 Satz 2 des Körperschaftsteuergesetzes bei der Ermittlung des Einkommens außer Ansatz bleibenden Bezüge**

   [1]) **und keine Erstattung beantragt oder durchgeführt worden ist. [2] Die durch Steuerabzug erhobene Einkommensteuer wird nicht angerechnet, wenn die in § 45a Absatz 2 oder Absatz 3 bezeichnete Bescheinigung nicht vorgelegt worden ist *oder die Angaben gemäß § 45a Absatz 2a nicht übermittelt worden sind.* [3] Soweit der Steuerpflichtige einen Antrag nach § 32d Absatz 4 oder Absatz 6 stellt, ist es für die Anrechnung ausreichend, wenn die Bescheinigung auf Verlangen des Finanzamts vorgelegt wird. [4] In den Fällen des § 8b Absatz 6 Satz 2 des Körperschaftsteuergesetzes ist es für die Anrechnung ausreichend, wenn die Bescheinigung nach § 45a Absatz 2 und 3 vorgelegt wird, die dem Gläubiger der Kapitalerträge ausgestellt worden ist. [5] In den Fällen des § 2 Absatz 7 Satz 3 ist auch die durch Steuerabzug im Kalenderjahr des Wechsels von der unbeschränkten zu beschränkten Steuerpflicht erhobene Einkommensteuer anzurechnen, die auf Einkünfte entfällt, die weder der unbeschränkten noch der beschränkten Steuerpflicht unterliegen; § 37 Absatz 2 der Abgabenordnung findet insoweit keine Anwendung;**
3. **die nach § 10 des Forschungszulagengesetzes festgesetzte Forschungszulage. [2] Das gilt auch für die gesondert und einheitlich festgestellte Forschungszulage;**
4. [2]) **in den Fällen des § 32c Absatz 1 Satz 2 der nicht zum Abzug gebrachte Unterschiedsbetrag, wenn dieser höher ist als die tarifliche Einkommensteuer des letzten Veranlagungszeitraums im Betrachtungszeitraum.**

---

[1]) ***Absatz 2 Nr. 2 Satz 2 wurde durch Artikel 1 des AbzStEntModG ab VZ 2021 geändert.***

[2]) Nummer 4 ist erstmals für den VZ 2016 und letztmalig für den VZ 2022 anzuwenden >§ 52 Abs. 35b Satz 2.

(3) [1] Die Steuerbeträge nach Absatz 2 Nummer 2 sind auf volle Euro aufzurunden. [2] Bei den durch Steuerabzug erhobenen Steuern ist jeweils die Summe der Beträge einer einzelnen Abzugsteuer aufzurunden.

(4) [1] Wenn sich nach der Abrechnung ein Überschuss zuungunsten des Steuerpflichtigen ergibt, hat der Steuerpflichtige (Steuerschuldner) diesen Betrag, soweit er den fällig gewordenen, aber nicht entrichteten Einkommensteuer-Vorauszahlungen entspricht, sofort, im Übrigen innerhalb eines Monats nach Bekanntgabe des Steuerbescheids zu entrichten (Abschlusszahlung). [2] Wenn sich nach der Abrechnung ein Überschuss zugunsten des Steuerpflichtigen ergibt, wird dieser dem Steuerpflichtigen nach Bekanntgabe des Steuerbescheids ausgezahlt. [3] Bei Ehegatten, die nach den §§ 26, 26b zusammen zur Einkommensteuer veranlagt worden sind, wirkt die Auszahlung an einen Ehegatten auch für und gegen den anderen Ehegatten.

(5) *[1] Die festgesetzte Steuer, die auf den Aufgabegewinn nach § 16 Absatz 3a und den durch den Wechsel der Gewinnermittlungsart erzielten Gewinn entfällt, kann auf Antrag des Steuerpflichtigen in fünf gleichen Jahresraten entrichtet werden, wenn die Wirtschaftsgüter einem Betriebsvermögen des Steuerpflichtigen in einem anderen Mitgliedstaat der Europäischen Union oder des Europäischen Wirtschaftsraums zuzuordnen sind, sofern durch diese Staaten Amtshilfe entsprechend oder im Sinne der Amtshilferichtlinie gemäß § 2 Absatz 11 des EU-Amtshilfegesetzes und gegenseitige Unterstützung bei der Beitreibung im Sinne der Beitreibungsrichtlinie einschließlich der in diesem Zusammenhang anzuwendenden Durchführungsbestimmungen in den für den jeweiligen Veranlagungszeitraum geltenden Fassungen oder eines entsprechenden Nachfolgerechtsakts geleistet werden. [2] Die erste Jahresrate ist innerhalb eines Monats nach Bekanntgabe des Steuerbescheids zu entrichten; die übrigen Jahresraten sind jeweils am 31. Juli der Folgejahre fällig. [3] Die Jahresraten sind nicht zu verzinsen; sie sollen in der Regel nur gegen Sicherheitsleistung gewährt werden. [4] Die noch nicht entrichtete Steuer wird innerhalb eines Monats nach Eintritt eines der nachfolgenden Ereignisse fällig,* [1)]

1. *soweit ein Wirtschaftsgut im Sinne des Satzes 1 veräußert, entnommen, in andere als die in Satz 1 genannten Staaten verlagert oder verdeckt in eine Kapitalgesellschaft eingelegt wird,*
2. *wenn der Betrieb oder Teilbetrieb während dieses Zeitraums eingestellt, veräußert oder in andere als die in Satz 1 genannten Staaten verlegt wird,*
3. *wenn der Steuerpflichtige aus der inländischen unbeschränkten Steuerpflicht oder der unbeschränkten Steuerpflicht in den in Satz 1*

1) Absatz 5 wurde durch Artikel 1 des ATADUmsG ab VZ 2021 neu gefasst.

genannten Staaten ausscheidet oder in einem anderen als den in Satz 1 genannten Staaten ansässig wird,

4. *wenn der Steuerpflichtige Insolvenz anmeldet oder abgewickelt wird oder*
5. *wenn der Steuerpflichtige seinen Verpflichtungen im Zusammenhang mit den Ratenzahlungen nicht nachkommt und über einen angemessenen Zeitraum, der zwölf Monate nicht überschreiten darf, keine Abhilfe für seine Situation schafft; Satz 2 bleibt unberührt.*

[5]Ändert sich die festgesetzte Steuer, sind die Jahresraten entsprechend anzupassen. [6]Der Steuerpflichtige hat der zuständigen Finanzbehörde jährlich mit der Steuererklärung oder, sofern keine Pflicht zur Abgabe einer Steuererklärung besteht, zum 31. Juli anzuzeigen, ob die Voraussetzungen für die Ratenzahlung weiterhin erfüllt sind; kommt er dieser Anzeigepflicht oder seinen sonstigen Mitwirkungspflichten im Sinne des § 90 der Abgabenordnung nicht nach, werden die noch nicht entrichteten Jahresraten rückwirkend zum 1. August des vorangegangenen Jahres fällig, frühestens aber einen Monat nach Bekanntgabe des Steuerbescheids. [7]Unbeschadet des Satzes 6 hat der Steuerpflichtige den Eintritt eines Ereignisses nach Satz 4 der zuständigen Finanzbehörde unverzüglich anzuzeigen. [8]Unterliegt der Steuerpflichtige einer Erklärungspflicht, kann die Anzeige auf Grund eines Ereignisses nach Satz 4 Nummer 1 abweichend von der in Satz 7 genannten Frist mit der nächsten Steuererklärung erfolgen.

§ 36a

S 2299

Beschränkung der Anrechenbarkeit der Kapitalertragsteuer

(1) [1]Bei Kapitalerträgen im Sinne des § 43 Absatz 1 Satz 1 Nummer 1a setzt die volle Anrechnung der durch Steuerabzug erhobenen Einkommensteuer ferner voraus, dass der Steuerpflichtige hinsichtlich der diesen Kapitalerträgen zugrunde liegenden Anteile oder Genussscheine

1. während der Mindesthaltedauer nach Absatz 2 ununterbrochen wirtschaftlicher Eigentümer ist,

2. während der Mindesthaltedauer nach Absatz 2 ununterbrochen das Mindestwertänderungsrisiko nach Absatz 3 trägt und

3. nicht verpflichtet ist, die Kapitalerträge ganz oder überwiegend, unmittelbar oder mittelbar anderen Personen zu vergüten.

[2]Fehlen die Voraussetzungen des Satzes 1, so sind drei Fünftel der Kapitalertragsteuer nicht anzurechnen. [3]Die nach den Sätzen 1 und 2 nicht angerechnete Kapitalertragsteuer ist auf Antrag bei der Ermittlung der Einkünfte abzuziehen. [4]Die Sätze 1 bis 3 gelten entsprechend für Anteile oder Genussscheine, die zu inländischen Kapitalerträgen im Sinne des § 43 Absatz 3 Satz 1 führen und einer Wertpapiersammelbank im Ausland zur Verwahrung anvertraut sind.

(2) [1]Die Mindesthaltedauer umfasst 45 Tage und muss innerhalb eines Zeitraums von 45 Tagen vor und 45 Tagen nach der Fälligkeit der Kapitalerträge erreicht werden. [2]Bei Anschaffungen und Veräußerungen ist zu unterstellen, dass die zuerst angeschafften Anteile oder Genussscheine zuerst veräußert wurden.

(3) [1]Der Steuerpflichtige muss unter Berücksichtigung von gegenläufigen Ansprüchen und Ansprüchen nahe stehender Personen das Risiko aus einem sinkenden Wert der Anteile oder Genussscheine im Umfang von mindestens 70 Prozent tragen (Mindestwertänderungsrisiko). [2]Kein hinreichendes Mindestwertänderungsrisiko liegt insbesondere dann vor, wenn der Steuerpflichtige oder eine ihm nahe stehende Person Kurssicherungsgeschäfte abgeschlossen hat, die das Wertänderungsrisiko der Anteile oder Genussscheine unmittelbar oder mittelbar um mehr als 30 Prozent mindern.

(4) [1]Einkommen- oder körperschaftsteuerpflichtige Personen, bei denen insbesondere auf Grund einer Steuerbefreiung kein Steuerabzug vorgenommen oder denen ein Steuerabzug erstattet wurde und die die Voraussetzungen für eine Anrechenbarkeit der Kapitalertragsteuer nach den Absätzen 1 bis 3 nicht erfüllen, haben

1. dies gegenüber ihrem zuständigen Finanzamt anzuzeigen,

2. Kapitalertragsteuer in Höhe von 15 Prozent der Kapitalerträge im Sinne des § 43 Absatz 1 Satz 1 Nummer 1a und des Absatzes 1 Satz 4 nach amtlich vorgeschriebenem Vordruck auf elektronischem Weg anzumelden und

3. die angemeldete Steuer zu entrichten.

[2] Die Anzeige, Anmeldung und Entrichtung hat bei Steuerpflichtigen, die ihren Gewinn durch Betriebsvermögensvergleich ermitteln, bis zum 10. Tag des auf den Ablauf des Wirtschaftsjahres folgenden Monats und bei anderen Steuerpflichtigen bis zum 10. Tag des auf den Ablauf des Kalenderjahres folgenden Monats zu erfolgen.

(5) Die Absätze 1 bis 4 sind nicht anzuwenden, wenn

1. die Kapitalerträge im Sinne des § 43 Absatz 1 Satz 1 Nummer 1a und des Absatzes 1 Satz 4 im Veranlagungszeitraum nicht mehr als 20 000 Euro betragen oder
2. der Steuerpflichtige bei Zufluss der Kapitalerträge im Sinne des § 43 Absatz 1 Satz 1 Nummer 1a und des Absatzes 1 Satz 4 seit mindestens einem Jahr ununterbrochen wirtschaftlicher Eigentümer der Aktien oder Genussscheine ist; Absatz 2 Satz 2 gilt entsprechend.

(6) [1] Der Treuhänder und der Treugeber gelten für die Zwecke der vorstehenden Absätze als eine Person, wenn Kapitalerträge im Sinne des § 43 Absatz 1 Satz 1 Nummer 1a und des Absatzes 1 Satz 4 einem Treuhandvermögen zuzurechnen sind, welches ausschließlich der Erfüllung von Altersvorsorgeverpflichtungen dient und dem Zugriff übriger Gläubiger entzogen ist. [2] Entsprechendes gilt für Versicherungsunternehmen und Versicherungsnehmer im Rahmen von fondsgebundenen Lebensversicherungen, wenn die Leistungen aus dem Vertrag an den Wert eines internen Fonds im Sinne des § 124 Absatz 2 Satz 2 Nummer 1 des Versicherungsaufsichtsgesetzes gebunden sind.

(7) § 42 der Abgabenordnung bleibt unberührt.

§ 37

S 2297

Einkommensteuer-Vorauszahlung

(1) [1]Der Steuerpflichtige hat am 10. März, 10. Juni, 10. September und 10. Dezember Vorauszahlungen auf die Einkommensteuer zu entrichten, die er für den laufenden Veranlagungszeitraum voraussichtlich schulden wird. [2]Die Einkommensteuer-Vorauszahlung entsteht jeweils mit Beginn des Kalendervierteljahres, in dem die Vorauszahlungen zu entrichten sind, oder, wenn die Steuerpflicht erst im Laufe des Kalendervierteljahres begründet wird, mit Begründung der Steuerpflicht.

(2) (weggefallen)

(3) [1]Das Finanzamt setzt die Vorauszahlungen durch Vorauszahlungsbescheid fest. [2]Die Vorauszahlungen bemessen sich grundsätzlich nach der Einkommensteuer, die sich nach Anrechnung der Steuerabzugsbeträge (§ 36 Absatz 2 Nummer 2) bei der letzten Veranlagung ergeben hat. [3]Das Finanzamt kann bis zum Ablauf des auf den Veranlagungszeitraum folgenden 15. Kalendermonats die Vorauszahlungen an die Einkommensteuer anpassen, die sich für den Veranlagungszeitraum voraussichtlich ergeben wird; dieser Zeitraum verlängert sich auf 23 Monate, wenn die Einkünfte aus Land- und Forstwirtschaft bei der erstmaligen Steuerfestsetzung die anderen Einkünfte voraussichtlich überwiegen werden. [4]Bei der Anwendung der Sätze 2 und 3 bleiben Aufwendungen im Sinne des § 10 Absatz 1 Nummer 4, 5, 7 und 9 sowie Absatz 1a, der §§ 10b und 33 sowie die abziehbaren Beträge nach § 33a, wenn die Aufwendungen und abziehbaren Beträge insgesamt 600 Euro nicht übersteigen, außer Ansatz. [5]Die Steuerermäßigung nach § 34a bleibt außer Ansatz. [6]Bei der Anwendung der Sätze 2 und 3 bleibt der Sonderausgabenabzug nach § 10a Absatz 1 außer Ansatz. [7]Außer Ansatz bleiben bis zur Anschaffung oder Fertigstellung der Objekte im Sinne des § 10e Absatz 1 und 2 und § 10h auch die Aufwendungen, die nach § 10e Absatz 6 und § 10h Satz 3 wie Sonderausgaben abgezogen werden; Entsprechendes gilt auch für Aufwendungen, die nach § 10i für nach dem Eigenheimzulagengesetz begünstigte Objekte wie Sonderausgaben abgezogen werden. [8]Negative Einkünfte aus der Vermietung oder Verpachtung eines Gebäudes im Sinne des § 21 Absatz 1 Satz 1 Nummer 1 werden bei der Festsetzung der Vorauszahlungen nur für Kalenderjahre berücksichtigt, die nach der Anschaffung oder Fertigstellung dieses Gebäudes beginnen. [9]Wird ein Gebäude vor dem Kalenderjahr seiner Fertigstellung angeschafft, tritt an die Stelle der Anschaffung die Fertigstellung. [10]Satz 8 gilt nicht für negative Einkünfte aus der Vermietung oder Verpachtung eines Gebäudes, für das Sonderabschreibungen nach § 7b dieses Gesetzes oder erhöhte Absetzungen nach den §§ 14a, 14c oder 14d des Berlinförderungsgesetzes in Anspruch genommen werden. [11]Satz 8 gilt für negative Einkünfte aus der Vermietung oder Verpachtung eines anderen Vermögensgegenstands im

Sinne des § 21 Absatz 1 Satz 1 Nummer 1 bis 3 entsprechend mit der Maßgabe, dass an die Stelle der Anschaffung oder Fertigstellung die Aufnahme der Nutzung durch den Steuerpflichtigen tritt. [12]In den Fällen des § 31, in denen die gebotene steuerliche Freistellung eines Einkommensbetrags in Höhe des Existenzminimums eines Kindes durch das Kindergeld nicht in vollem Umfang bewirkt wird, bleiben bei der Anwendung der Sätze 2 und 3 Freibeträge nach § 32 Absatz 6 und zu verrechnendes Kindergeld außer Ansatz.

(4) [1]Bei einer nachträglichen Erhöhung der Vorauszahlungen ist die letzte Vorauszahlung für den Veranlagungszeitraum anzupassen. [2]Der Erhöhungsbetrag ist innerhalb eines Monats nach Bekanntgabe des Vorauszahlungsbescheids zu entrichten.

(5) [1]Vorauszahlungen sind nur festzusetzen, wenn sie mindestens 400 Euro im Kalenderjahr und mindestens 100 Euro für einen Vorauszahlungszeitpunkt betragen. [2]Festgesetzte Vorauszahlungen sind nur zu erhöhen, wenn sich der Erhöhungsbetrag im Fall des Absatzes 3 Satz 2 bis 5 für einen Vorauszahlungszeitpunkt auf mindestens 100 Euro, im Fall des Absatzes 4 auf mindestens 5.000 Euro beläuft.

§ 37a

S 2297a

Pauschalierung der Einkommensteuer durch Dritte

(1) [1]Das Finanzamt kann auf Antrag zulassen, dass das Unternehmen, das Sachprämien im Sinne des § 3 Nummer 38 gewährt, die Einkommensteuer für den Teil der Prämien, der nicht steuerfrei ist, pauschal erhebt. [2]Bemessungsgrundlage der pauschalen Einkommensteuer ist der gesamte Wert der Prämien, die den im Inland ansässigen Steuerpflichtigen zufließen. [3]Der Pauschsteuersatz beträgt 2,25 Prozent.

(2) [1]Auf die pauschale Einkommensteuer ist § 40 Absatz 3 sinngemäß anzuwenden. [2]Das Unternehmen hat die Prämienempfänger von der Steuerübernahme zu unterrichten.

(3) [1]Über den Antrag entscheidet das Betriebsstättenfinanzamt des Unternehmens (§ 41a Absatz 1 Satz 1 Nummer 1). [2]Hat das Unternehmen mehrere Betriebsstättenfinanzämter, so ist das Finanzamt der Betriebsstätte zuständig, in der die für die pauschale Besteuerung maßgebenden Prämien ermittelt werden. [3]Die Genehmigung zur Pauschalierung wird mit Wirkung für die Zukunft erteilt und kann zeitlich befristet werden; sie erstreckt sich auf alle im Geltungszeitraum ausgeschütteten Prämien.

(4) Die pauschale Einkommensteuer gilt als Lohnsteuer und ist von dem Unternehmen in der Lohnsteuer-Anmeldung der Betriebsstätte im Sinne des Absatzes 3 anzumelden und spätestens am zehnten Tag nach Ablauf des für die Betriebsstätte maßgebenden Lohnsteuer-Anmeldungszeitraums an das Betriebsstättenfinanzamt abzuführen.

Hinweise

H 37a

Kirchensteuer bei Pauschalierung der Lohn- und Einkommensteuer

>Gleich lautende Ländererlasse vom 8.8.2016 (BStBl I S. 773)

Anhang 21b

S 2297b

§ 37b

Pauschalierung der Einkommensteuer bei Sachzuwendungen

(1) [1]Steuerpflichtige können die Einkommensteuer einheitlich für alle innerhalb eines Wirtschaftsjahres gewährten

1. betrieblich veranlassten Zuwendungen, die zusätzlich zur ohnehin vereinbarten Leistung oder Gegenleistung erbracht werden, und

2. Geschenke im Sinne des § 4 Absatz 5 Satz 1 Nummer 1,

die nicht in Geld bestehen, mit einem Pauschsteuersatz von 30 Prozent erheben. [2]Bemessungsgrundlage der pauschalen Einkommensteuer sind die Aufwendungen des Steuerpflichtigen einschließlich Umsatzsteuer; bei Zuwendungen an Arbeitnehmer verbundener Unternehmen ist Bemessungsgrundlage mindestens der sich nach § 8 Absatz 3 Satz 1 ergebende Wert. [3]Die Pauschalierung ist ausgeschlossen,

1. soweit die Aufwendungen je Empfänger und Wirtschaftsjahr oder

2. wenn die Aufwendungen für die einzelne Zuwendung

den Betrag von 10.000 Euro übersteigen.

(2) [1]Absatz 1 gilt auch für betrieblich veranlasste Zuwendungen an Arbeitnehmer des Steuerpflichtigen, soweit sie nicht in Geld bestehen und zusätzlich zum ohnehin geschuldeten Arbeitslohn erbracht werden. [2]In den Fällen des § 8 Absatz 2 Satz 2 bis 10, Absatz 3, § 40 Absatz 2 sowie in Fällen, in denen Vermögensbeteiligungen überlassen werden, ist Absatz 1 nicht anzuwenden; Entsprechendes gilt, soweit die Zuwendungen nach § 40 Absatz 1 pauschaliert worden sind. [3]§ 37a Absatz 1 bleibt unberührt.

(3) [1]Die pauschal besteuerten Sachzuwendungen bleiben bei der Ermittlung der Einkünfte des Empfängers außer Ansatz. [2]Auf die pauschale Einkommensteuer ist § 40 Absatz 3 sinngemäß anzuwenden. [3]Der Steuerpflichtige hat den Empfänger von der Steuerübernahme zu unterrichten.

(4) [1]Die pauschale Einkommensteuer gilt als Lohnsteuer und ist von dem die Sachzuwendung gewährenden Steuerpflichtigen in der Lohnsteuer-Anmeldung der Betriebsstätte nach § 41 Absatz 2 anzumelden und spätestens am zehnten Tag nach Ablauf des für die Betriebsstätte maßgebenden Lohnsteuer-Anmeldungszeitraums an das Betriebsstättenfinanzamt abzuführen. [2]Hat der Steuerpflichtige mehrere Betriebsstätten im Sinne des Satzes 1, so ist das Finanzamt der Betriebsstätte zuständig, in der die für die pauschale Besteuerung maßgebenden Sachbezüge ermittelt werden.

H 37b

Hinweise

Bemessungsgrundlage

In die Bemessungsgrundlage nach § 37b Abs. 1 Satz 2 EStG sind alle der Zuwendung direkt zuzuordnenden Aufwendungen (Einzelkosten)

einzubeziehen, ungeachtet, ob sie beim Zuwendungsempfänger einen Vorteil begründen können (>BFH vom 13.5.2020 – BStBl 2021 II S. 395)

Geldleistung oder Sachbezug

>BMF vom 13.4.2021 (BStBl I S. 624) ***Anhang 24 VII***

Kirchensteuer bei Pauschalierung der Lohn- und Einkommensteuer

>Gleich lautende Ländererlasse vom 8.8.2016 (BStBl I S. 773) Anhang 21b

Sachzuwendungen an Arbeitnehmer

>BMF vom 19.5.2015 (BStBl I S. 468) unter Berücksichtigung der Änderungen durch BMF vom 28.6.2018 (BStBl I S. 814) Anhang 23a

Zusätzlichkeitsvoraussetzung

>§ 8 Abs. 4 EStG

2. Steuerabzug vom Arbeitslohn (Lohnsteuer)

S 2360

§ 38

Erhebung der Lohnsteuer

(1) [1] Bei Einkünften aus nichtselbständiger Arbeit wird die Einkommensteuer durch Abzug vom Arbeitslohn erhoben (Lohnsteuer), soweit der Arbeitslohn von einem Arbeitgeber gezahlt wird, der

1. im Inland einen Wohnsitz, seinen gewöhnlichen Aufenthalt, seine Geschäftsleitung, seinen Sitz, eine Betriebsstätte oder einen ständigen Vertreter im Sinne der §§ 8 bis 13 der Abgabenordnung hat (inländischer Arbeitgeber) oder
2. einem Dritten (Entleiher) Arbeitnehmer gewerbsmäßig zur Arbeitsleistung im Inland überlässt, ohne inländischer Arbeitgeber zu sein (ausländischer Verleiher).

[2] In den Fällen der internationalen Arbeitnehmerentsendung ist das nach Satz 1 Nummer 1 in Deutschland ansässige aufnehmende Unternehmen inländischer Arbeitgeber, wenn es den Arbeitslohn für die ihm geleistete Arbeit wirtschaftlich trägt oder nach dem Fremdvergleichsgrundsatz hätte tragen müssen; Voraussetzung hierfür ist nicht, dass das Unternehmen dem Arbeitnehmer den Arbeitslohn im eigenen Namen und für eigene Rechnung auszahlt. [3] Der Lohnsteuer unterliegt auch der im Rahmen des Dienstverhältnisses von einem Dritten gewährte Arbeitslohn, wenn der Arbeitgeber weiß oder erkennen kann, dass derartige Vergütungen erbracht werden; dies ist insbesondere anzunehmen, wenn Arbeitgeber und Dritter verbundene Unternehmen im Sinne von § 15 des Aktiengesetzes sind.

(2) [1] Der Arbeitnehmer ist Schuldner der Lohnsteuer. [2] Die Lohnsteuer entsteht in dem Zeitpunkt, in dem der Arbeitslohn dem Arbeitnehmer zufließt.

(3) [1] Der Arbeitgeber hat die Lohnsteuer für Rechnung des Arbeitnehmers bei jeder Lohnzahlung vom Arbeitslohn einzubehalten. [2] Bei juristischen Personen des öffentlichen Rechts hat die öffentliche Kasse, die den Arbeitslohn zahlt, die Pflichten des Arbeitgebers. [3] In den Fällen der nach § 7f Absatz 1 Satz 1 Nummer 2 des Vierten Buches Sozialgesetzbuch an die Deutsche Rentenversicherung Bund übertragenen Wertguthaben hat die Deutsche Rentenversicherung Bund bei Inanspruchnahme des Wertguthabens die Pflichten des Arbeitgebers.

(3a) [1] Soweit sich aus einem Dienstverhältnis oder einem früheren Dienstverhältnis tarifvertragliche Ansprüche des Arbeitnehmers auf Arbeitslohn unmittelbar gegen einen Dritten mit Wohnsitz, Geschäftsleitung oder Sitz im Inland richten und von diesem durch die Zahlung von Geld erfüllt werden, hat der Dritte die Pflichten des Arbeitgebers. [2] In anderen Fällen kann das Finanzamt zulassen, dass ein Dritter mit

Wohnsitz, Geschäftsleitung oder Sitz im Inland die Pflichten des Arbeitgebers im eigenen Namen erfüllt. [3]Voraussetzung ist, dass der Dritte

1. sich hierzu gegenüber dem Arbeitgeber verpflichtet hat,

2. den Lohn auszahlt oder er nur Arbeitgeberpflichten für von ihm vermittelte Arbeitnehmer übernimmt und

3. die Steuererhebung nicht beeinträchtigt wird.

[4]Die Zustimmung erteilt das Betriebsstättenfinanzamt des Dritten auf dessen Antrag im Einvernehmen mit dem Betriebsstättenfinanzamt des Arbeitgebers; sie darf mit Nebenbestimmungen versehen werden, die die ordnungsgemäße Steuererhebung sicherstellen und die Überprüfung des Lohnsteuerabzugs nach § 42f erleichtern sollen. [5]Die Zustimmung kann mit Wirkung für die Zukunft widerrufen werden. [6]In den Fällen der Sätze 1 und 2 sind die das Lohnsteuerverfahren betreffenden Vorschriften mit der Maßgabe anzuwenden, dass an die Stelle des Arbeitgebers der Dritte tritt; der Arbeitgeber ist von seinen Pflichten befreit, soweit der Dritte diese Pflichten erfüllt hat. [7]Erfüllt der Dritte die Pflichten des Arbeitgebers, kann er den Arbeitslohn, der einem Arbeitnehmer in demselben Lohnabrechnungszeitraum aus mehreren Dienstverhältnissen zufließt, für die Lohnsteuerermittlung und in der Lohnsteuerbescheinigung zusammenrechnen.

(4) [1]Wenn der vom Arbeitgeber geschuldete Barlohn zur Deckung der Lohnsteuer nicht ausreicht, hat der Arbeitnehmer dem Arbeitgeber den Fehlbetrag zur Verfügung zu stellen oder der Arbeitgeber einen entsprechenden Teil der anderen Bezüge des Arbeitnehmers zurückzubehalten. [2]Soweit der Arbeitnehmer seiner Verpflichtung nicht nachkommt und der Arbeitgeber den Fehlbetrag nicht durch Zurückbehaltung von anderen Bezügen des Arbeitnehmers aufbringen kann, hat der Arbeitgeber dies dem Betriebsstättenfinanzamt (§ 41a Absatz 1 Satz 1 Nummer 1) anzuzeigen. [3]Der Arbeitnehmer hat dem Arbeitgeber die von einem Dritten gewährten Bezüge (Absatz 1 Satz 3) am Ende des jeweiligen Lohnzahlungszeitraums anzugeben; wenn der Arbeitnehmer keine Angabe oder eine erkennbar unrichtige Angabe macht, hat der Arbeitgeber dies dem Betriebsstättenfinanzamt anzuzeigen. [4]Das Finanzamt hat die zu wenig erhobene Lohnsteuer vom Arbeitnehmer nachzufordern.

Steuerabzug vom Arbeitslohn

R 38.1

S 2360

[1]Der Lohnsteuer unterliegt grundsätzlich jeder von einem inländischen Arbeitgeber oder ausländischen Verleiher gezahlte Arbeitslohn (>R 38.3). [2]Es ist gleichgültig, ob es sich um laufende oder einmalige Bezüge handelt und in welcher Form sie gewährt werden. [3]Der Arbeitgeber hat Lohnsteuer unabhängig davon einzubehalten, ob der Arbeitnehmer zur Einkommensteuer veranlagt wird oder nicht. [4]Bei laufendem Arbeitslohn kommt es für die Beurteilung, ob Lohnsteuer einzubehalten ist, allein auf die Verhältnisse

des jeweiligen Lohnzahlungszeitraums an; eine Ausnahme gilt, wenn der so genannte permanente Lohnsteuer-Jahresausgleich nach § 39b Abs. 2 Satz 12[1]) EStG durchgeführt wird (>R 39b.8).

H 38.1

Hinweise

Lohnsteuerabzug

- **Keine Befreiung durch Stundung oder Aussetzung der Vollziehung**
  Der Arbeitgeber kann von seiner Verpflichtung zur Einbehaltung der Lohnsteuer nicht – auch nicht durch Stundung oder Aussetzung der Vollziehung – befreit werden (>BFH vom 8.2.1957 – BStBl III S. 329).
- **Keine Prüfung, ob Jahreslohnsteuer voraussichtlich anfällt**
  Der Arbeitgeber hat die Frage, ob Jahreslohnsteuer voraussichtlich anfällt, nicht zu prüfen (>BFH vom 24.11.1961 – BStBl 1962 III S. 37).
- **Unzutreffender Steuerabzug**
  Ein unzutreffender Lohnsteuerabzug kann durch Einwendungen gegen die Lohnsteuerbescheinigung nicht berichtigt werden (>BFH vom 13.12.2007 – BStBl 2008 II S. 434).
- **Verhältnis Einbehaltungspflicht/Anzeigeverpflichtung**
  Die Anzeige des Arbeitgebers nach § 38 Abs. 4 Satz 2 EStG ersetzt die Erfüllung der Einbehaltungspflichten. Bei unterlassener Anzeige hat der Arbeitgeber die Lohnsteuer mit den Haftungsfolgen nicht ordnungsgemäß einbehalten (>BFH vom 9.10.2002 – BStBl II S. 884).

R 38.2

S 2360

Zufluss von Arbeitslohn

(1) [1]Der Lohnsteuerabzug setzt den Zufluss von Arbeitslohn voraus. [2]Hat der Arbeitgeber eine mit dem Arbeitnehmer getroffene Lohnverwendungsabrede erfüllt, ist Arbeitslohn zugeflossen.

(2) Die besondere Regelung für die zeitliche Zuordnung des – zugeflossenen – Arbeitslohns (§ 11 Abs. 1 Satz 4 i. V. m. § 38a Abs. 1 Satz 2 und 3 EStG) bleibt unberührt.

(3) [1]Der Zufluss des Arbeitslohns erfolgt bei einem Gutschein, der bei einem Dritten einzulösen ist, mit Hingabe des Gutscheins, weil der Arbeitnehmer zu diesem Zeitpunkt einen Rechtsanspruch gegenüber dem Dritten erhält. [2]Ist der Gutschein beim Arbeitgeber einzulösen, fließt Arbeitslohn erst bei Einlösung des Gutscheins zu.

---

[1]) jetzt § 39b Abs. 2 Satz 12 ff.

Hinweise

H 38.2

Aktienoptionen

- Bei nicht handelbaren Aktienoptionsrechten liegt weder bei Einräumung noch im Zeitpunkt der erstmaligen Ausübbarkeit ein Zufluss von Arbeitslohn vor (>BFH vom 20.6.2001 – BStBl II S. 689).
- Auch bei handelbaren Optionsrechten fließt ein geldwerter Vorteil grundsätzlich erst zu, wenn die Aktien unentgeltlich oder verbilligt in das wirtschaftliche Eigentum des Arbeitnehmers gelangen (>BFH vom 20.11.2008 – BStBl 2009 II S. 382).
- Bei einem entgeltlichen Verzicht auf ein Aktienankaufs- oder Vorkaufsrecht fließt ein geldwerter Vorteil nicht zum Zeitpunkt der Rechtseinräumung, sondern erst zum Zeitpunkt des entgeltlichen Verzichts zu (>BFH vom 19.6.2008 – BStBl II S. 826).
- Ein geldwerter Vorteil fließt nicht zu, solange dem Arbeitnehmer eine Verfügung über die im Rahmen eines Aktienoptionsplans erhaltenen Aktien rechtlich unmöglich ist (>BFH vom 30.6.2011 – BStBl II S. 923 zu vinkulierten Namensaktien). Im Gegensatz dazu stehen Sperr- und Haltefristen einem Zufluss nicht entgegen (>BFH vom 30.9.2008 – BStBl 2009 II S. 282).
- Der Vorteil aus einem vom Arbeitgeber eingeräumten Aktienoptionsrecht fließt dem Arbeitnehmer zu, wenn er das Recht ausübt oder anderweitig verwertet. Eine solche Verwertung liegt insbesondere vor, wenn der Arbeitnehmer das Recht auf einen Dritten überträgt. Der Vorteil bemisst sich nach dem Wert des Rechts im Zeitpunkt der Verfügung darüber (>BFH vom 18.9.2012 – BStBl 2013 II S. 289).

Betriebliche Altersversorgung

- Allgemeines >BMF vom ***12.8.2021*** (BStBl I S. ***1050***), ***Rn.*** 1-7 Anhang 2 III
- Ablösung einer Pensionszusage >BMF vom 4.7.2017 (BStBl I S. 883) Anhang 2 V
- zur Übertragung der betrieblichen Altersversorgung >§ 3 Nr. 55, Nr. 65 und Nr. 66 EStG und BMF vom ***12.8.2021*** (BStBl I S. ***1050***), ***Rn.*** 53-63 Anhang 2 III
- Beitragsleistungen des Arbeitgebers für eine Direktversicherung seines Arbeitnehmers fließen in dem Zeitpunkt zu, in dem er seiner Bank einen entsprechenden Überweisungsauftrag erteilt (>BFH vom 7.7.2005 – BStBl II S. 726).
- Arbeitslohn aus Beiträgen des Arbeitgebers zu einer Direktversicherung des Arbeitnehmers für eine betriebliche Altersversorgung fließt dem Arbeitnehmer nicht schon mit Erteilung der Einzugsermächtigung durch den Arbeitgeber zugunsten des Versicherungsnehmers zu; der Zufluss erfolgt erst, wenn der Arbeitgeber den Versicherungsbeitrag tatsächlich leistet (>BFH vom 24.8.2017 – BStBl 2018 II S. 72).

Einräumung eines Wohnungsrechts

Die Einräumung eines dinglichen Wohnungsrechts führt zu einem laufenden monatlichen Zufluss von Arbeitslohn (>BFH vom 19.8.2004 – BStBl II S. 1076).

Gesellschafter-Geschäftsführer

Anhang 18b Zum Zufluss von Gehaltsbestandteilen bei Nichtauszahlung >BMF vom 12.5.2014 (BStBl I S. 860)

Gutscheine und Geldkarten

Anhang 24 VII ***>BMF vom 13.4.2021 (BStBl I S. 624), Rdnr. 26***

Kein Zufluss von Arbeitslohn

Arbeitslohn fließt nicht zu bei

– Verzicht des Arbeitnehmers auf Arbeitslohnanspruch, wenn er nicht mit einer Verwendungsauflage hinsichtlich der freiwerdenden Mittel verbunden ist (>BFH vom 30.7.1993 – BStBl II S. 884);
– Verzicht des Arbeitnehmers auf Arbeitslohnanspruch zugunsten von Beitragsleistungen des Arbeitgebers an eine Versorgungseinrichtung, die dem Arbeitnehmer keine Rechtsansprüche auf Versorgungsleistungen gewährt (>BFH vom 27.5.1993 – BStBl 1994 II S. 246);
– Gutschriften beim Arbeitgeber zugunsten des Arbeitnehmers auf Grund eines Gewinnbeteiligungs- und Vermögensbildungsmodells, wenn der Arbeitnehmer über die gutgeschriebenen Beträge wirtschaftlich nicht verfügen kann (>BFH vom 14.5.1982 – BStBl II S. 469);
– Verpflichtung des Arbeitgebers im Rahmen eines arbeitsgerichtlichen Vergleichs zu einer Spendenzahlung, ohne dass der Arbeitnehmer auf die Person des Spendenempfängers Einfluss nehmen kann; diese Vereinbarung enthält noch keine zu Einkünften aus nichtselbständiger Arbeit führende Lohnverwendungsabrede (>BFH vom 23.9.1998 – BStBl 1999 II S. 98);
– Einräumung eines Anspruchs gegen den Arbeitgeber, sondern grundsätzlich erst durch dessen Erfüllung. Das gilt auch für den Fall, dass der Anspruch – wie ein solcher auf die spätere Verschaffung einer Aktie zu einem bestimmten Preis (Aktienoptionsrecht) – lediglich die Chance eines zukünftigen Vorteils beinhaltet (>BFH vom 24.1.2001 – BStBl II S. 509 und 512). Das gilt grundsätzlich auch bei handelbaren Optionsrechten (>BFH vom 20.11.2008 – BStBl 2009 II S. 382);
– Einbehalt eines Betrags vom Arbeitslohn durch den Arbeitgeber und Zuführung zu einer Versorgungsrückstellung (>BFH vom 20.7.2005 – BStBl II S. 890);
– rechtlicher Unmöglichkeit der Verfügung des Arbeitnehmers über Aktien (>BFH vom 30.6.2011 – BStBl II S. 923 zu vinkulierten Namensaktien); im Gegensatz dazu stehen Sperr- und Haltefristen einem Zufluss nicht entgegen (>BFH vom 30.9.2008 – BStBl 2009 II S. 282).

Verschiebung der Fälligkeit

Arbeitgeber und Arbeitnehmer können den Zeitpunkt des Zuflusses einer Abfindung oder eines Teilbetrags einer solchen beim Arbeitnehmer in der Weise steuerwirksam gestalten, dass sie deren ursprünglich vorgesehene Fälligkeit vor ihrem Eintritt auf einen späteren Zeitpunkt verschieben (>BFH vom 11.11.2009 – BStBl 2010 II S. 746).

Wandelschuldverschreibung

- Wird im Rahmen eines Arbeitsverhältnisses durch Übertragung einer nicht handelbaren Wandelschuldverschreibung ein Anspruch auf die Verschaffung von Aktien eingeräumt, liegt ein Zufluss von Arbeitslohn nicht bereits durch die Übertragung der Wandelschuldverschreibung vor. Bei Ausübung des Wandlungsrechts fließt ein geldwerter Vorteil erst dann zu, wenn durch Erfüllung des Anspruchs das wirtschaftliche Eigentum an den Aktien verschafft wird. Geldwerter Vorteil ist die Differenz zwischen dem Börsenpreis der Aktien und den Erwerbsaufwendungen (>BFH vom 23.6.2005 – BStBl II S. 766).
- Bei Verkauf eines Darlehens, das mit einem Wandlungsrecht zum Bezug von Aktien ausgestattet ist, fließt der geldwerte Vorteil im Zeitpunkt des Verkaufs zu (>BFH vom 23.6.2005 – BStBl II S. 770).

Zeitwertkonten

>BMF vom 17.6.2009 (BStBl I S. 1286) unter Berücksichtigung der Änderungen durch BMF vom 8.8.2019 (BStBl I S. 874) Anhang 31a

Zufluss von Arbeitslohn

Arbeitslohn fließt zu bei

- wirtschaftlicher Verfügungsmacht des Arbeitnehmers über den Arbeitslohn (>BFH vom 30.4.1974 – BStBl II S. 541); dies gilt auch bei Zahlungen ohne Rechtsgrund (>BFH vom 4.5.2006 – BStBl II S. 832) sowie versehentlicher Überweisung, die der Arbeitgeber zurückfordern kann (>BFH vom 4.5.2006 – BStBl II S. 830); zur Rückzahlung von Arbeitslohn >H 11,
- Zahlung, Verrechnung oder Gutschrift (>BFH vom 10.12.1985 – BStBl 1986 II S. 342),
- Entgegennahme eines Schecks oder Verrechnungsschecks, wenn die bezogene Bank im Fall der sofortigen Vorlage den Scheckbetrag auszahlen oder gutschreiben würde und der sofortigen Vorlage keine zivilrechtlichen Abreden entgegenstehen (>BFH vom 30.10.1980 – BStBl 1981 II S. 305),
- Einlösung oder Diskontierung eines zahlungshalber hingegebenen Wechsels (>BFH vom 5.5.1971 – BStBl II S. 624),
- Verzicht des Arbeitgebers auf eine ihm zustehende Schadenersatzforderung gegenüber dem Arbeitnehmer in dem Zeitpunkt, in dem der Arbeitgeber zu erkennen gibt, dass er keinen Rückgriff nehmen wird (>BFH vom 27.3.1992 – BStBl II S. 837),

- Überlassung einer Jahresnetzkarte mit uneingeschränktem Nutzungsrecht in voller Höhe im Zeitpunkt der Überlassung (>BFH vom 12.4.2007 – BStBl II S. 719) oder im Zeitpunkt der Ausübung des Bezugsrechts durch Erwerb der Jahresnetzkarte (>BFH vom 14.11.2012 – BStBl 2013 II S. 382),
- Freifahrtscheinen mit dem Bezug unabhängig vom konkreten Fahrtantritt (>BFH vom 26.9.2019 – BStBl 2020 II S. 162),
- ***Teilnahme an einem Firmenfitnessprogramm mit der laufenden Einräumung der tatsächlichen Nutzungsmöglichkeit und nicht bereits bei Aushändigung des Mitgliedsausweises (>BFH vom 7.7.2020 – BStBl 2021 II S. 232),***
- Ausgleichszahlungen, die der Arbeitnehmer für seine in der Arbeitsphase erbrachten Vorleistungen erhält, wenn ein im Blockmodell geführtes Altersteilzeitarbeitsverhältnis vor Ablauf der vertraglich vereinbarten Zeit beendet wird (>BFH vom 15.12.2011 – BStBl 2012 II S. 415),
- >Wandelschuldverschreibung.

R 38.3

S 2360

Einbehaltungspflicht des Arbeitgebers

(1) [1]Zur Einbehaltung der Lohnsteuer vom Arbeitslohn ist jeder inländische Arbeitgeber verpflichtet. [2]Für die Einbehaltung der Lohnsteuer seiner Leiharbeitnehmer hat der ausländische Verleiher nach § 38 Abs. 1 Satz 1 Nr. 2 EStG auch dann die gleichen Pflichten wie ein inländischer Arbeitgeber zu erfüllen, wenn er selbst nicht inländischer Arbeitgeber ist.

(2) Neben den im § 12 Satz 2 AO aufgeführten Einrichtungen sind Betriebsstätten auch Landungsbrücken (Anlegestellen von Schifffahrtsgesellschaften), Kontore und sonstige Geschäftseinrichtungen, die dem Unternehmer oder Mitunternehmer oder seinem ständigen Vertreter, z. B. einem Prokuristen, zur Ausübung des Gewerbes dienen.

(3) [1]Ständiger Vertreter nach § 13 AO kann hiernach z. B. auch eine Person sein, die eine Filiale leitet oder die Aufsicht über einen Bautrupp ausübt. [2]Ständiger Vertreter ist jedoch z. B. nicht ein einzelner Monteur, der von Fall zu Fall Montagearbeiten im Inland ausführt.

(4) [1]Bei Bauausführungen oder Montagen ausländischer Arbeitgeber im Inland, die länger als sechs Monate (>§ 12 Satz 2 Nr. 8 AO) dauern, ist der ausländische Arbeitgeber zugleich als inländischer Arbeitgeber i. S. d. § 38 Abs. 1 Satz 1 Nr. 1 EStG anzusehen, gleichgültig ob die Bauausführung oder Montage nach dem Doppelbesteuerungsabkommen eine Betriebsstätte begründet. [2]Begründet die Bauausführung oder Montage nach dem anzuwendenden Doppelbesteuerungsabkommen keine Betriebsstätte, sind die Arbeitslöhne, die an die im Inland eingesetzten ausländischen Arbeitnehmer gezahlt werden, in der Regel von der Lohnsteuer freizustellen, wenn sie sich höchstens an 183 Tagen im Kalenderjahr, bei bestimmten Doppelbesteuerungsabkommen in einem Zwölfmonatszeitraum, im Inland aufhalten.

(5) [1]In den Fällen der Arbeitnehmerentsendung ist inländischer Arbeitgeber auch das in Deutschland ansässige Unternehmen, das den Arbeitslohn für die ihm geleistete Arbeit wirtschaftlich trägt[1]). [2]Hiervon ist insbesondere dann auszugehen, wenn die von dem anderen Unternehmen gezahlte Arbeitsvergütung dem deutschen Unternehmen weiterbelastet wird. [3]Die Erfüllung der Arbeitgeberpflichten setzt nicht voraus, dass das inländische Unternehmen den Arbeitslohn im eigenen Namen und für eigene Rechnung auszahlt. [4]Die Lohnsteuer entsteht bereits im Zeitpunkt der Arbeitslohnzahlung an den Arbeitnehmer, wenn das inländische Unternehmen auf Grund der Vereinbarung mit dem ausländischen Unternehmen mit einer Weiterbelastung rechnen kann; in diesem Zeitpunkt ist die Lohnsteuer vom inländischen Unternehmen zu erheben.

Hinweise

H 38.3

Arbeitgeberbegriff

– >R 19.1, H 19.1
– Wirtschaftlicher Arbeitgeber bei Arbeitnehmerentsendung zwischen international verbundenen Unternehmen >BMF vom 3.5.2018 (BStBl I S. 643), Tz. 4.3.3 Anhang 12 II

Inländischer Arbeitgeber

– Auch ein im Ausland ansässiger Arbeitgeber, der im Inland eine Betriebsstätte oder einen ständigen Vertreter hat, ist nach § 38 Abs. 1 Satz 1 Nr. 1 EStG inländischer Arbeitgeber (>BFH vom 5.10.1977 – BStBl 1978 II S. 205).
– Bei Arbeitnehmerentsendung ist Arbeitgeber das in Deutschland ansässige aufnehmende Unternehmen, das den Arbeitslohn für die ihm geleistete Arbeit wirtschaftlich trägt oder nach dem Fremdvergleichsgrundsatz hätte tragen müssen >§ 38 Abs. 1 Satz 2 EStG.

Leiharbeitnehmer

Nach besonderen Regelungen in den Abkommen zur Vermeidung der Doppelbesteuerung ist entweder die 183-Tage-Klausel auf Leiharbeitnehmer nicht anwendbar oder mehrere Vertragsstaaten haben das Besteuerungsrecht (>BMF vom 3.5.2018 – BStBl I S. 643, Tz. 4.3.4). Anhang 12 II

Zuständiges Finanzamt

für ausländische Verleiher >H 41.3

Lohnzahlung durch Dritte

R 38.4

Unechte Lohnzahlung durch Dritte

S 2360

(1) [1]Eine unechte Lohnzahlung eines Dritten ist dann anzunehmen, wenn der Dritte lediglich als Leistungsmittler fungiert. [2]Das ist z B. der Fall,

---

[1]) zum wirtschaftlichen Arbeitgeberbegriff >§ 38 Abs. 1 Satz 2

wenn der Dritte im Auftrag des Arbeitgebers leistet oder die Stellung einer Kasse des Arbeitgebers innehat. [3]Der den Dritten als Leistungsmittler einsetzende Arbeitgeber bleibt der den Arbeitslohn Zahlende und ist daher zum Lohnsteuerabzug verpflichtet (§ 38 Abs. 1 Satz 1 EStG).

Echte Lohnzahlung durch Dritte

(2) [1]Eine echte Lohnzahlung eines Dritten liegt dann vor, wenn dem Arbeitnehmer Vorteile von einem Dritten eingeräumt werden, die ein Entgelt für eine Leistung sind, die der Arbeitnehmer im Rahmen seines Dienstverhältnisses für den Arbeitgeber erbringt; hierzu gehören z. B. geldwerte Vorteile, die der Leiharbeitnehmer auf Grund des Zugangs zu Gemeinschafts-
Anhang 5 einrichtungen oder -diensten des Entleihers erhält (§ 13b AÜG). [2]In diesen Fällen hat der Arbeitgeber die Lohnsteuer einzubehalten und die damit verbundenen sonstigen Pflichten zu erfüllen, wenn er weiß oder erkennen kann, dass derartige Vergütungen erbracht werden (§ 38 Abs. 1 Satz 3 EStG). [3]Die dem Arbeitgeber bei der Lohnzahlung durch Dritte auferlegte Lohnsteuerabzugspflicht erfordert, dass dieser seine Arbeitnehmer auf ihre gesetzliche Verpflichtung (§ 38 Abs. 4 Satz 3 EStG) hinweist, ihm am Ende des jeweiligen Lohnzahlungszeitraums die von einem Dritten gewährten Bezüge anzugeben. [4]Kommt der Arbeitnehmer seiner Angabepflicht nicht nach und kann der Arbeitgeber bei der gebotenen Sorgfalt aus seiner Mitwirkung an der Lohnzahlung des Dritten oder aus der Unternehmensverbundenheit mit dem Dritten erkennen, dass der Arbeitnehmer zu Unrecht keine Angaben macht oder seine Angaben unzutreffend sind, hat der Arbeitgeber die ihm bekannten Tatsachen zur Lohnzahlung von dritter Seite dem Betriebsstättenfinanzamt anzuzeigen (§ 38 Abs. 4 Satz 3 zweiter Halbsatz EStG). [5]Die Anzeige hat unverzüglich zu erfolgen.

H 38.4

Hinweise

Abgrenzung zwischen echter und unechter Lohnzahlung durch Dritte

>R 38.4 und BFH vom 30.5.2001 (BStBl 2002 II S. 230)

Lohnsteuerabzug

Der Arbeitgeber ist insbesondere dann zum Lohnsteuerabzug verpflichtet (unechte Lohnzahlung durch Dritte >R 38.4 Abs. 1), wenn

– er in irgendeiner Form tatsächlich oder rechtlich in die Arbeitslohnzahlung eingeschaltet ist (>BFH vom 13.3.1974 – BStBl II S. 411),
– ein Dritter in der praktischen Auswirkung nur die Stellung einer zahlenden Kasse hat, z. B. selbständige Kasse zur Zahlung von Unterstützungsleistungen (>BFH vom 28.3.1958 – BStBl III S. 268) oder von Erholungsbeihilfen (>BFH vom 27.1.1961 – BStBl III S. 167).

Lohnzahlung durch Dritte

– Nachwuchsförderpreis des Arbeitgeberverbandes für die fachlichen Leistungen im Arbeitsverhältnis (>BFH vom 23.4.2009 – BStBl II S. 668),

- Bonuszahlung der Konzernmutter an die Arbeitnehmer der veräußerten Konzerntochter als Anerkennung für die geleistete Arbeit (>BFH vom 28.2.2013 – BStBl II S. 642),
- Verbilligter Erwerb von Vermögensbeteiligungen im Hinblick auf ein künftiges Beschäftigungsverhältnis (>BFH vom 26.6.2014 – BStBl II S. 864),
- Freiwillige Zahlungen von Notaren an Notarassessoren für deren Vertretungstätigkeit (>BFH vom 10.3.2015 – BStBl II S. 767),
- Verbilligte Pauschalreise an Reisebüromitarbeiter >H 8.2 (Berechnung des Rabatt-Freibetrags), Beispiel 2,
- >H 19.3 (Lohnzahlung durch Dritte).

Metergelder im Möbeltransportgewerbe
unterliegen in voller Höhe dem Lohnsteuerabzug, wenn auf sie ein Rechtsanspruch besteht (>BFH vom 9.3.1965 – BStBl III S. 426).

Rabatte von dritter Seite
Zur steuerlichen Behandlung der Rabatte, die Arbeitnehmern von dritter Seite eingeräumt werden >BMF vom 20.1.2015 (BStBl I S. 143) Anhang 24 I

Unerlaubte Arbeitnehmerüberlassung
>R 19.1 Satz 6

Lohnsteuerabzug durch Dritte

R 38.5

[1] Die Übertragung der Arbeitgeberpflichten nach § 38 Abs. 3a Satz 2 ff. EStG auf einen Dritten kann vom Finanzamt auf schriftlichen Antrag zugelassen werden. [2] Die Zustimmung kann nur erteilt werden, wenn der Dritte für den gesamten Arbeitslohn des Arbeitnehmers die Lohnsteuerabzugsverpflichtung übernimmt.

S 2360

§ 38a
Höhe der Lohnsteuer

(1) [1] Die Jahreslohnsteuer bemisst sich nach dem Arbeitslohn, den der Arbeitnehmer im Kalenderjahr bezieht (Jahresarbeitslohn). [2] Laufender Arbeitslohn gilt in dem Kalenderjahr als bezogen, in dem der Lohnzahlungszeitraum endet; in den Fällen des § 39b Absatz 5 Satz 1 tritt der Lohnabrechnungszeitraum an die Stelle des Lohnzahlungszeitraums. [3] Arbeitslohn, der nicht als laufender Arbeitslohn gezahlt wird (sonstige Bezüge), wird in dem Kalenderjahr bezogen, in dem er dem Arbeitnehmer zufließt.

(2) Die Jahreslohnsteuer wird nach dem Jahresarbeitslohn so bemessen, dass sie der Einkommensteuer entspricht, die der Arbeitnehmer schuldet, wenn er ausschließlich Einkünfte aus nichtselbständiger Arbeit erzielt.

(3) [1] Vom laufenden Arbeitslohn wird die Lohnsteuer jeweils mit dem auf den Lohnzahlungszeitraum fallenden Teilbetrag der Jahreslohnsteuer erhoben, die sich bei Umrechnung des laufenden Arbeitslohns auf einen Jahresarbeitslohn ergibt. [2] Von sonstigen Bezügen wird die Lohnsteuer mit dem Betrag erhoben, der zusammen mit der Lohnsteuer für den laufenden Arbeitslohn des Kalenderjahres und für etwa im Kalenderjahr bereits gezahlte sonstige Bezüge die voraussichtliche Jahreslohnsteuer ergibt.

(4) Bei der Ermittlung der Lohnsteuer werden die Besteuerungsgrundlagen des Einzelfalls durch die Einreihung der Arbeitnehmer in Steuerklassen (§ 38b), Feststellung von Freibeträgen und Hinzurechnungsbeträgen (§ 39a) sowie Bereitstellung von elektronischen Lohnsteuerabzugsmerkmalen (§ 39e) oder Ausstellung von entsprechenden Bescheinigungen für den Lohnsteuerabzug (§ 39 Absatz 3 und § 39e Absatz 7 und 8) berücksichtigt.

§ 38b

S 2361

Lohnsteuerklassen, Zahl der Kinderfreibeträge

(1) [1] Für die Durchführung des Lohnsteuerabzugs werden Arbeitnehmer in Steuerklassen eingereiht. [2] Dabei gilt Folgendes:

1. In die Steuerklasse I gehören Arbeitnehmer, die
   a) unbeschränkt einkommensteuerpflichtig und
      aa) ledig sind,
      bb) verheiratet, verwitwet oder geschieden sind und bei denen die Voraussetzungen für die Steuerklasse III oder IV nicht erfüllt sind; oder
   b) beschränkt einkommensteuerpflichtig sind;
2. in die Steuerklasse II gehören die unter Nummer 1 Buchstabe a bezeichneten Arbeitnehmer, wenn bei ihnen der Entlastungsbetrag für Alleinerziehende (§ 24b) zu berücksichtigen ist;
3. in die Steuerklasse III gehören Arbeitnehmer,
   a) die verheiratet sind, wenn beide Ehegatten unbeschränkt einkommensteuerpflichtig sind und nicht dauernd getrennt leben und der Ehegatte des Arbeitnehmers auf Antrag beider Ehegatten in die Steuerklasse V eingereiht wird,
   b) die verwitwet sind, wenn sie und ihr verstorbener Ehegatte im Zeitpunkt seines Todes unbeschränkt einkommensteuerpflichtig waren und in diesem Zeitpunkt nicht dauernd getrennt gelebt haben, für das Kalenderjahr, das dem Kalenderjahr folgt, in dem der Ehegatte verstorben ist,
   c) deren Ehe aufgelöst worden ist, wenn
      aa) im Kalenderjahr der Auflösung der Ehe beide Ehegatten unbeschränkt einkommensteuerpflichtig waren und nicht dauernd getrennt gelebt haben und
      bb) der andere Ehegatte wieder geheiratet hat, von seinem neuen Ehegatten nicht dauernd getrennt lebt und er und sein neuer Ehegatte unbeschränkt einkommensteuerpflichtig sind,

      für das Kalenderjahr, in dem die Ehe aufgelöst worden ist;
4. in die Steuerklasse IV gehören Arbeitnehmer, die verheiratet sind, wenn beide Ehegatten unbeschränkt einkommensteuerpflichtig sind und nicht dauernd getrennt leben; dies gilt auch, wenn einer der Ehegatten keinen Arbeitslohn bezieht und kein Antrag nach Nummer 3 Buchstabe a gestellt worden ist;
5. in die Steuerklasse V gehören die unter Nummer 4 bezeichneten Arbeitnehmer, wenn der Ehegatte des Arbeitnehmers auf Antrag beider Ehegatten in die Steuerklasse III eingereiht wird;

6. die Steuerklasse VI gilt bei Arbeitnehmern, die nebeneinander von mehreren Arbeitgebern Arbeitslohn beziehen, für die Einbehaltung der Lohnsteuer vom Arbeitslohn aus dem zweiten und einem weiteren Dienstverhältnis sowie in den Fällen des § 39c.

[3] Als unbeschränkt einkommensteuerpflichtig im Sinne der Nummern 3 und 4 gelten nur Personen, die die Voraussetzungen des § 1 Absatz 1 oder 2 oder des § 1a erfüllen.

(2) [1] Für ein minderjähriges und nach § 1 Absatz 1 unbeschränkt einkommensteuerpflichtiges Kind im Sinne des § 32 Absatz 1 Nummer 1 und Absatz 3 werden bei der Anwendung der Steuerklassen I bis IV die Kinderfreibeträge als Lohnsteuerabzugsmerkmal nach § 39 Absatz 1 wie folgt berücksichtigt:

1. mit Zähler 0,5, wenn dem Arbeitnehmer der Kinderfreibetrag nach § 32 Absatz 6 Satz 1 zusteht, oder
2. mit Zähler 1, wenn dem Arbeitnehmer der Kinderfreibetrag zusteht, weil
   a) die Voraussetzungen des § 32 Absatz 6 Satz 2 vorliegen oder
   b) der andere Elternteil vor dem Beginn des Kalenderjahres verstorben ist oder
   c) der Arbeitnehmer allein das Kind angenommen hat.

[2] Soweit dem Arbeitnehmer Kinderfreibeträge nach § 32 Absatz 1 bis 6 zustehen, die nicht nach Satz 1 berücksichtigt werden, ist die Zahl der Kinderfreibeträge auf Antrag vorbehaltlich des § 39a Absatz 1 Nummer 6 zu Grunde zu legen. [3] In den Fällen des Satzes 2 können die Kinderfreibeträge für mehrere Jahre gelten, wenn nach den tatsächlichen Verhältnissen zu erwarten ist, dass die Voraussetzungen bestehen bleiben. [4] Bei Anwendung der Steuerklassen III und IV sind auch Kinder des Ehegatten bei der Zahl der Kinderfreibeträge zu berücksichtigen. [5] Der Antrag kann nur nach amtlich vorgeschriebenem Vordruck gestellt werden.

(3) [1] Auf Antrag des Arbeitnehmers kann abweichend von Absatz 1 oder 2 eine für ihn ungünstigere Steuerklasse oder geringere Zahl der Kinderfreibeträge als Lohnsteuerabzugsmerkmal gebildet werden. [2] Der Wechsel von der Steuerklasse III oder V in die Steuerklasse IV ist auch auf Antrag nur eines Ehegatten möglich mit der Folge, dass beide Ehegatten in die Steuerklasse IV eingereiht werden. [3] Diese Anträge sind nach amtlich vorgeschriebenem Vordruck zu stellen und vom Antragsteller eigenhändig zu unterschreiben.

H 38b

Hinweise

Familienstand

>R 26 EStR, H 26 EStH

Lebenspartner und Lebenspartnerschaften

>§ 2 Abs. 8 EStG, H 2 EStH

I

§ 39
Lohnsteuerabzugsmerkmale

(1) [1]Für die Durchführung des Lohnsteuerabzugs werden auf Veranlassung des Arbeitnehmers Lohnsteuerabzugsmerkmale gebildet (§ 39a Absatz 1 und 4, § 39e Absatz 1 in Verbindung mit § 39e Absatz 4 Satz 1 und nach § 39e Absatz 8). [2]Soweit Lohnsteuerabzugsmerkmale nicht nach § 39e Absatz 1 Satz 1 automatisiert gebildet werden oder davon abweichend zu bilden sind, ist das Finanzamt für die Bildung der Lohnsteuerabzugsmerkmale nach den §§ 38b und 39a und die Bestimmung ihrer Geltungsdauer zuständig. [3]Für die Bildung der Lohnsteuerabzugsmerkmale sind die von den Meldebehörden nach § 39e Absatz 2 Satz 2 mitgeteilten Daten vorbehaltlich einer nach Satz 2 abweichenden Bildung durch das Finanzamt bindend. [4]Die Bildung der Lohnsteuerabzugsmerkmale ist eine gesonderte Feststellung von Besteuerungsgrundlagen im Sinne des § 179 Absatz 1 der Abgabenordnung, die unter dem Vorbehalt der Nachprüfung steht. [5]Die Bildung und die Änderung der Lohnsteuerabzugsmerkmale sind dem Arbeitnehmer bekannt zu geben. [6]Die Bekanntgabe richtet sich nach § 119 Absatz 2 der Abgabenordnung und § 39e Absatz 6. [7]Der Bekanntgabe braucht keine Belehrung über den zulässigen Rechtsbehelf beigefügt zu werden. [8]Ein schriftlicher Bescheid mit einer Belehrung über den zulässigen Rechtsbehelf ist jedoch zu erteilen, wenn einem Antrag des Arbeitnehmers auf Bildung oder Änderung der Lohnsteuerabzugsmerkmale nicht oder nicht in vollem Umfang entsprochen wird oder der Arbeitnehmer die Erteilung eines Bescheids beantragt. [9]Vorbehaltlich des Absatzes 5 ist § 153 Absatz 2 der Abgabenordnung nicht anzuwenden. S 2363

(2) [1]Für die Bildung und die Änderung der Lohnsteuerabzugsmerkmale nach Absatz 1 Satz 2 des nach § 1 Absatz 1 unbeschränkt einkommensteuerpflichtigen Arbeitnehmers ist das Wohnsitzfinanzamt im Sinne des § 19 Absatz 1 Satz 1 und 2 der Abgabenordnung und in den Fällen des Absatzes 4 Nummer 5 das Betriebsstättenfinanzamt nach § 41a Absatz 1 Satz 1 Nummer 1 zuständig. [2]Ist der Arbeitnehmer nach § 1 Absatz 2 unbeschränkt einkommensteuerpflichtig, nach § 1 Absatz 3 als unbeschränkt einkommensteuerpflichtig zu behandeln oder beschränkt einkommensteuerpflichtig, ist das Betriebsstättenfinanzamt für die Bildung und die Änderung der Lohnsteuerabzugsmerkmale zuständig. [3]Ist der nach § 1 Absatz 3 als unbeschränkt einkommensteuerpflichtig zu behandelnde Arbeitnehmer gleichzeitig bei mehreren inländischen Arbeitgebern tätig, ist für die Bildung der weiteren Lohnsteuerabzugsmerkmale das Betriebsstättenfinanzamt zuständig, das erstmals Lohnsteuerabzugsmerkmale gebildet hat. [4]Bei Ehegatten, die beide Arbeitslohn von inländischen Arbeitgebern beziehen, ist das Betriebsstättenfinanzamt des älteren Ehegatten zuständig. S 2363

S 2364 **(3) [1] In den Fällen des Absatzes 2 Satz 1 hat der Arbeitnehmer den Antrag für die erstmalige Zuteilung einer Identifikationsnummer (§ 139b der Abgabenordnung) beim Wohnsitzfinanzamt und in den Fällen des Absatzes 2 Satz 2 beim Betriebsstättenfinanzamt zu stellen. [2] Die Zuteilung einer Identifikationsnummer kann auch der Arbeitgeber beantragen, wenn ihn der Arbeitnehmer dazu nach § 80 Absatz 1 der Abgabenordnung bevollmächtigt hat. [3] Ist dem Arbeitnehmer in den Fällen des Absatzes 2 Satz 1 und 2 bereits eine Identifikationsnummer zugeteilt worden, teilt das zuständige Finanzamt diese auf Anfrage des Arbeitnehmers mit. [4] Eine Anfrage nach Satz 3 kann auch der Arbeitgeber im Namen des Arbeitnehmers stellen. [5] Wird einem Arbeitnehmer in den Fällen des Satzes 1 keine Identifikationsnummer zugeteilt, gilt § 39e Absatz 8 sinngemäß.**

S 2364 **(4) Lohnsteuerabzugsmerkmale sind**

1. Steuerklasse (§ 38b Absatz 1) und Faktor (§ 39f),

2. Zahl der Kinderfreibeträge bei den Steuerklassen I bis IV (§ 38b Absatz 2),

3. Freibetrag und Hinzurechnungsbetrag (§ 39a),

[1]) *[2])* **4. Höhe der Beiträge für eine private Krankenversicherung und für eine private Pflege-Pflichtversicherung (§ 39b Absatz 2 Satz 5 Nummer 3 Buchstabe d) für die Dauer von zwölf Monaten, wenn der Arbeitnehmer dies beantragt,**

[1]) **5. Mitteilung, dass der von einem Arbeitgeber gezahlte Arbeitslohn nach einem Abkommen zur Vermeidung der Doppelbesteuerung von der Lohnsteuer freizustellen ist, wenn der Arbeitnehmer oder der Arbeitgeber dies beantragt.**

[2])

S 2364 **(5) [1] Treten bei einem Arbeitnehmer die Voraussetzungen für eine für ihn ungünstigere Steuerklasse oder geringere Zahl der Kinderfreibeträge ein, ist der Arbeitnehmer verpflichtet, dem Finanzamt dies mitzuteilen und die Steuerklasse und die Zahl der Kinderfreibeträge umgehend ändern zu lassen. [2] Dies gilt insbesondere, wenn die Voraussetzungen für die Berücksichtigung des Entlastungsbetrags für Alleinerziehende, für die die Steuerklasse II zur Anwendung kommt, entfallen. [3] Eine Mitteilung ist nicht erforderlich, wenn die Abweichung einen Sachverhalt betrifft, der zu einer Änderung der Daten führt, die nach § 39e Absatz 2 Satz 2 von den Meldebehörden zu übermitteln**

---

[1]) Das BMF kann im Einvernehmen mit den obersten Finanzbehörden der Länder in einem Schreiben mitteilen, wann die in Absatz 4 Nr. 4 und 5 genannten Lohnsteuerabzugsmerkmale erstmals abgerufen werden können (§ 39e Abs. 3 Satz 1). Dieses Schreiben ist im BStBl zu veröffentlichen >§ 52 Abs. 36.

*[2]) **Absatz 4 Nr. 4 wird durch Artikel 4 des JStG 2020 neu gefasst und Absatz 4a eingefügt. § 39 i. d. F. des Artikels 4 des JStG 2020 ist erstmals ab dem 1.1.2024 anzuwenden; er kann im Rahmen eines Pilotprojekts mit Echtdaten bereits ab dem 1.1.2023 angewendet werden >§ 52 Abs. 36 Satz 3.***

sind. [4]Kommt der Arbeitnehmer seiner Verpflichtung nicht nach, ändert das Finanzamt die Steuerklasse und die Zahl der Kinderfreibeträge von Amts wegen. [5]Unterbleibt die Änderung der Lohnsteuerabzugsmerkmale, hat das Finanzamt zu wenig erhobene Lohnsteuer vom Arbeitnehmer nachzufordern, wenn diese 10 Euro übersteigt.

(6) [1]Ändern sich die Voraussetzungen für die Steuerklasse oder für die Zahl der Kinderfreibeträge zu Gunsten des Arbeitnehmers, kann dieser beim Finanzamt die Änderung der Lohnsteuerabzugsmerkmale beantragen. [2]Die Änderung ist mit Wirkung von dem ersten Tag des Monats an vorzunehmen, in dem erstmals die Voraussetzungen für die Änderung vorlagen. [3]Ehegatten können im Laufe des Kalenderjahres beim Finanzamt die Änderung der Steuerklassen beantragen. [4]Dies gilt unabhängig von der automatisierten Bildung der Steuerklassen nach § 39e Absatz 3 Satz 3 sowie einer von den Ehegatten gewünschten Änderung dieser automatisierten Bildung. [5]Das Finanzamt hat eine Änderung nach Satz 3 mit Wirkung vom Beginn des Kalendermonats vorzunehmen, der auf die Antragstellung folgt. [6]Für eine Berücksichtigung der Änderung im laufenden Kalenderjahr ist der Antrag nach Satz 1 oder 3 spätestens bis zum 30. November zu stellen. S 2364

(7) [1]Wird ein unbeschränkt einkommensteuerpflichtiger Arbeitnehmer beschränkt einkommensteuerpflichtig, hat er dies dem Finanzamt unverzüglich mitzuteilen. [2]Das Finanzamt hat die Lohnsteuerabzugsmerkmale vom Zeitpunkt des Eintritts der beschränkten Einkommensteuerpflicht an zu ändern. [3]Absatz 1 Satz 5 bis 8 gilt entsprechend. [4]Unterbleibt die Mitteilung, hat das Finanzamt zu wenig erhobene Lohnsteuer vom Arbeitnehmer nachzufordern, wenn diese 10 Euro übersteigt.

(8) Ohne Einwilligung des Arbeitnehmers und soweit gesetzlich nichts anderes zugelassen ist, darf der Arbeitgeber die Lohnsteuerabzugsmerkmale nur für die Einbehaltung der Lohn- und Kirchensteuer verarbeiten.

R 39.1

– unbesetzt –

H 39.1

Hinweise

Allgemeines

Elektronische Lohnsteuerabzugsmerkmale (ELStAM)

- Lohnsteuerabzug im Verfahren der elektronischen Lohnsteuerabzugsmerkmale >BMF vom 8.11.2018 (BStBl I S. 1137) Anhang 13a I
- Abruf der Lohnsteuerabzugsmerkmale im ELStAM-Verfahren für gemäß § 1 Abs. 4 EStG beschränkt einkommensteuerpflichtige Arbeitnehmer ab dem 1.1.2020 >BMF vom 7.11.2019 (BStBl I S. 1087) Anhang 13a II

Bescheinigung der Religionsgemeinschaft

– Die Bescheinigung der Religionsgemeinschaft ist verfassungsgemäß (>BVerfG vom 25.5.2001 – 1 BvR 2253/00). Dies gilt auch für die Eintragung "--", aus der sich ergibt, dass der Steuerpflichtige keiner kirchensteuererhebungsberechtigten Religionsgemeinschaft angehört (>BVerfG vom 30.9.2002 – 1 BvR 1744/02).

– **Beispiele**

Konfessionszugehörigkeit		Eintragung im Feld
Arbeitnehmer	Ehegatte	Kirchensteuerabzug
ev	rk	ev rk
ev	ev	ev
rk	– –	rk
– –	ev	– –
– –	– –	– –

R 39.2

S 2364

Änderungen und Ergänzungen der Lohnsteuerabzugsmerkmale

Änderung der Steuerklassen

(1) [1]Wird die Ehe eines Arbeitnehmers durch Scheidung oder Aufhebung aufgelöst oder haben die Ehegatten die dauernde Trennung herbeigeführt, dürfen die gebildeten Steuerklassen im laufenden Kalenderjahr nicht geändert werden; es kommt nur ein Steuerklassenwechsel nach Absatz 2 in Betracht. [2]Das gilt nicht, wenn bei einer durch Scheidung oder Aufhebung aufgelösten Ehe der andere Ehegatte im selben Kalenderjahr wieder geheiratet hat, von seinem neuen Ehegatten nicht dauernd getrennt lebt und er und sein neuer Ehegatte unbeschränkt einkommensteuerpflichtig sind; in diesen Fällen ist die beim nicht wieder verheirateten Ehegatten gebildete Steuerklasse auf Antrag in Steuerklasse III zu ändern, wenn die Voraussetzungen des § 38b Satz 2 Nr. 3 Buchstabe c Doppelbuchstabe aa EStG erfüllt sind.

Steuerklassenwechsel[1])

(2) [1]Bei Ehegatten, die beide Arbeitslohn beziehen, sind auf gemeinsamen Antrag der Ehegatten die gebildeten Steuerklassen wie folgt zu ändern:

1. Ist bei beiden Ehegatten die Steuerklasse IV gebildet worden, kann diese bei einem Ehegatten in Steuerklasse III und beim anderen Ehegatten in Steuerklasse V geändert werden.
2. Ist bei einem Ehegatten die Steuerklasse III und beim anderen Ehegatten die Steuerklasse V gebildet worden, können diese bei beiden Ehegatten in Steuerklasse IV geändert werden.

[1]) teilweise überholt >§ 39 Abs. 6 Satz 3 (entfallene Kriterien: Arbeitslohnbezug durch beide Ehegatten, gemeinsamer Antrag, einmaliger Antrag im Kalenderjahr); zum einseitigen Antragsrecht eines Ehegatten >§ 38b Abs. 3 Satz 2 und 3

3. Ist bei einem Ehegatten die Steuerklasse III und beim anderen Ehegatten die Steuerklasse V gebildet worden, kann die Steuerklasse III des einen Ehegatten in Steuerklasse V und die Steuerklasse V des anderen Ehegatten in Steuerklasse III geändert werden.

[2]In einem Kalenderjahr kann jeweils nur ein Antrag gestellt werden. [3]Neben dem in § 39 Abs. 6 Satz 4 EStG geregelten Fall ist ein weiterer Antrag möglich, wenn ein Ehegatte keinen steuerpflichtigen Arbeitslohn mehr bezieht oder verstorben ist, wenn sich die Ehegatten auf Dauer getrennt haben oder wenn ein Dienstverhältnis wieder aufgenommen wird, z. B. nach einer Arbeitslosigkeit oder einer Elternzeit.

Zahl der Kinderfreibeträge in den Fällen des § 32 Abs. 6 Satz 4 EStG

(3) Bei der Zahl der Kinderfreibeträge sind ermäßigte Kinderfreibeträge für nicht unbeschränkt einkommensteuerpflichtige Kinder nicht zu berücksichtigen.

R 39.3

Bescheinigung für den Lohnsteuerabzug[1)]

[1]Ein Antrag nach § 39 Abs. 3 Satz 1 oder § 39e Abs. 8 Satz 1 EStG ist bis zum 31.12. des Kalenderjahres zu stellen, für das die Bescheinigung für den Lohnsteuerabzug gilt. [2]Die Bescheinigung der Steuerklasse I kann auch der Arbeitgeber beantragen, wenn dieser den Antrag nach § 39 Abs. 3 Satz 1 EStG im Namen des Arbeitnehmers stellt (§ 39 Abs. 3 Satz 3 EStG). [3]Bezieht ein Arbeitnehmer gleichzeitig Arbeitslohn aus mehreren gegenwärtigen oder früheren Dienstverhältnissen, mit dem er der beschränkten Einkommensteuerpflicht unterliegt, hat das Finanzamt in der Bescheinigung für das zweite und jedes weitere Dienstverhältnis zu vermerken, dass die Steuerklasse VI anzuwenden ist. [4]Bei Nichtvorlage der Bescheinigung hat der Arbeitgeber den Lohnsteuerabzug nach Maßgabe des § 39c Abs. 1 und 2 EStG vorzunehmen.

R 39.4

Lohnsteuerabzug bei beschränkter Einkommensteuerpflicht

Freibetrag oder Hinzurechnungsbetrag bei beschränkter Einkommensteuerpflicht

(1) [1]Nach § 39a Abs. 2 Satz 8 i. V. m. Abs. 4 EStG ist ein vom Arbeitnehmer zu beantragender Freibetrag oder Hinzurechnungsbetrag durch Aufteilung in Monatsbeträge, erforderlichenfalls in Wochen- und Tagesbeträge, jeweils auf die voraussichtliche Dauer des Dienstverhältnisses im Kalenderjahr gleichmäßig zu verteilen. [2]Dabei sind ggf. auch die im Kalenderjahr bereits abgelaufenen Zeiträume desselben Dienstverhältnisses einzubeziehen, es sei denn, der Arbeitnehmer beantragt die Verteilung des Betrags auf die restliche Dauer des Dienstverhältnisses. [3]Bei beschränkt einkommensteuerpflichtigen Arbeitnehmern, bei denen § 50 Abs. 1 Satz 4

---

1) § 39 Abs. 3 Satz 1 wurde neu gefasst, >Anhang 13a II

EStG anzuwenden ist, sind Werbungskosten und Sonderausgaben insoweit einzutragen, als sie die zeitanteiligen Pauschbeträge (>§ 50 Abs. 1 Satz 5 EStG) übersteigen.

Ausübung oder Verwertung (§ 49 Abs. 1 Nr. 4 Buchstabe a EStG)

(2) [1]Die nichtselbständige Arbeit wird im Inland ausgeübt, wenn der Arbeitnehmer im Geltungsbereich des EStG persönlich tätig wird. [2]Sie wird im Inland verwertet, wenn der Arbeitnehmer das Ergebnis einer außerhalb des Geltungsbereichs des EStG ausgeübten Tätigkeit im Inland seinem Arbeitgeber zuführt. [3]Zu der im Inland ausgeübten oder verwerteten nichtselbständigen Arbeit gehört nicht die nichtselbständige Arbeit, die auf einem deutschen Schiff während seines Aufenthalts in einem ausländischen Küstenmeer, in einem ausländischen Hafen von Arbeitnehmern ausgeübt wird, die weder einen Wohnsitz noch ihren gewöhnlichen Aufenthalt im Inland haben. [4]Unerheblich ist, ob der Arbeitslohn zu Lasten eines inländischen Arbeitgebers gezahlt wird. [5]Arbeitgeber i. S. d. Satzes 2 ist die Stelle im Inland, z. B. eine Betriebsstätte oder der inländische Vertreter eines ausländischen Arbeitgebers, die unbeschadet des formalen Vertragsverhältnisses zu einem möglichen ausländischen Arbeitgeber die wesentlichen Rechte und Pflichten eines Arbeitgebers tatsächlich wahrnimmt; inländischer Arbeitgeber ist auch ein inländisches Unternehmen bezüglich der Arbeitnehmer, die bei rechtlich unselbständigen Betriebsstätten, Filialen oder Außenstellen im Ausland beschäftigt sind.

Befreiung von der beschränkten Einkommensteuerpflicht

(3) Einkünfte aus der Verwertung einer außerhalb des Geltungsbereichs des EStG ausgeübten nichtselbständigen Arbeit bleiben bei der Besteuerung außer Ansatz,

1. wenn zwischen der Bundesrepublik Deutschland und dem Wohnsitzstaat ein Doppelbesteuerungsabkommen besteht und nach R 39b.10 der Lohnsteuerabzug unterbleiben darf oder
2. in anderen Fällen, wenn nachgewiesen oder glaubhaft gemacht wird, dass von diesen Einkünften in dem Staat, in dem die Tätigkeit ausgeübt worden ist, eine der deutschen Einkommensteuer entsprechende Steuer tatsächlich erhoben wird. [2]Auf diesen Nachweis ist zu verzichten bei Arbeitnehmern, bei denen die Voraussetzungen des Auslandstätigkeitserlasses vorliegen.

Künstler, Berufssportler, unterhaltend und ähnlich darbietende Personen sowie Artisten

(4) [1]Bezüge von beschränkt einkommensteuerpflichtigen Berufssportlern, darbietenden Künstlern (z. B. Musikern), werkschaffenden Künstlern (z. B. Schriftstellern, Journalisten und Bildberichterstattern), anderen unterhaltend oder ähnlich Darbietenden sowie Artisten unterliegen dem Lohnsteuerabzug, wenn sie zu den Einkünften aus nichtselbständiger Arbeit gehören und von einem inländischen Arbeitgeber i. S. d. § 38 Abs. 1 Satz 1

Nr. 1 EStG gezahlt werden. [2]Von den Vergütungen der Berufssportler, darbietenden Künstler, Artisten und unterhaltend oder ähnlich darbietenden Personen (§ 50a Abs. 1 Nr. 1 EStG) wird die Einkommensteuer nach Maßgabe der §§ 50a, 50d EStG erhoben, wenn diese nicht von einem inländischen Arbeitgeber gezahlt werden.

Hinweise

H 39.4

Arbeitnehmer mit Wohnsitz

– **in Belgien**

>Grenzgängerregelung nach dem Zusatzabkommen zum DBA Belgien (BGBl. 2003 II S. 1615)

– **in Frankreich**

Zur Verständigungsvereinbarung zur 183-Tage-Regelung und zur Anwendung der Grenzgängerregelung >BMF vom 3.4.2006 (BStBl I S. 304)

– **in Luxemburg**

Zur Verständigungsvereinbarung betreffend der Besteuerung von Berufskraftfahrern; Erweiterung der Verständigungsvereinbarung auf Lokomotivführer und Begleitpersonal >BMF vom 19.9.2011 (BStBl I S. 849)

– **in den Niederlanden**

Zur steuerlichen Behandlung von Alterseinkünften >BMF vom 24.1.2017 (BStBl I S. 147)

– **in Österreich**

Zur Anwendung der Grenzgängerregelung >BMF vom 18.4.2019 (BStBl I S. 456)

– **in der Schweiz**

>Artikel 3 des Zustimmungsgesetzes vom 30.9.1993 (BStBl I S. 927)

>Einführungsschreiben zur Neuregelung der Grenzgängerbesteuerung vom 19.9.1994 (BStBl I S. 683) unter Berücksichtigung der Änderungen durch BMF vom 18.12.2014 (BStBl 2015 I S. 22)

>BMF vom 7.7.1997 (BStBl I S. 723) unter Berücksichtigung der Änderungen durch BMF vom 30.9.2008 (BStBl I S. 935)

Zur Verständigungsvereinbarung zur Behandlung von Arbeitnehmern im internationalen Transportgewerbe >BMF vom 29.6.2011 (BStBl I S. 621)

Zur Verständigungsvereinbarung zur Behandlung über die Besteuerung von fliegendem Personal >BMF vom 23.7.2012 (BStBl I S. 863)

– **in der Türkei**

Zur steuerlichen Behandlung von Alterseinkünften >BMF vom 11.12.2014 (BStBl 2015 I S. 92)

Auslandstätigkeitserlass

Anhang 7 >BMF vom 31.10.1983, Anhang 7

Entschädigung

Anhang 12 II >BMF vom 3.5.2018 (BStBl I S. 643), Tz. 5.5.5

Künstler

Anhang 10 II >BMF vom 31.7.2002 (BStBl I S. 707) unter Berücksichtigung der Änderungen durch BMF vom 28.3.2013 (BStBl I S. 443)

Öffentliche Kassen

>H 3.11

Verwertungstatbestand

- >BFH vom 12.11.1986 (BStBl 1987 II S. 377, 379, 381, 383)
- **Beispiel:**

  Ein lediger Wissenschaftler wird im Rahmen eines Forschungsvorhabens in Südamerika tätig. Seinen inländischen Wohnsitz hat er aufgegeben. Er übergibt entsprechend den getroffenen Vereinbarungen seinem inländischen Arbeitgeber einen Forschungsbericht. Der Arbeitgeber sieht von einer kommerziellen Auswertung der Forschungsergebnisse ab.

  Der Wissenschaftler ist mit den Bezügen, die er für die Forschungstätigkeit von seinem Arbeitgeber erhält, beschränkt einkommensteuerpflichtig nach § 1 Abs. 4 i. V. m. § 49 Abs. 1 Nr. 4 Buchstabe a EStG; sie unterliegen deshalb dem Lohnsteuerabzug.

§ 39a

S 2365

Freibetrag und Hinzurechnungsbetrag

(1) [1] Auf Antrag des unbeschränkt einkommensteuerpflichtigen Arbeitnehmers ermittelt das Finanzamt die Höhe eines vom Arbeitslohn insgesamt abzuziehenden Freibetrags aus der Summe der folgenden Beträge:

1. Werbungskosten, die bei den Einkünften aus nichtselbständiger Arbeit anfallen, soweit sie den Arbeitnehmer-Pauschbetrag (§ 9a Satz 1 Nummer 1 Buchstabe a) oder bei Versorgungsbezügen den Pauschbetrag (§ 9a Satz 1 Nummer 1 Buchstabe b) übersteigen,

2. Sonderausgaben im Sinne des § 10 Absatz 1 Nummer 4, 5, 7 und 9 sowie Absatz 1a und des § 10b, soweit sie den Sonderausgaben-Pauschbetrag von 36 Euro übersteigen,

3. der Betrag, der nach den §§ 33, 33a und 33b Absatz 6 wegen außergewöhnlicher Belastungen zu gewähren ist,

4. die Pauschbeträge für Menschen mit Behinderungen und Hinterbliebene (§ 33b Absatz 1 bis 5),

4a. der Erhöhungsbetrag nach § 24b Absatz 2 Satz 2, | 1)

5. die folgenden Beträge, wie sie nach § 37 Absatz 3 bei der Festsetzung von Einkommensteuer-Vorauszahlungen zu berücksichtigen sind:

a) die Beträge, die nach § 10d Absatz 2, §§ 10e, 10f, 10g, 10h, 10i, nach § 15b des Berlinförderungsgesetzes abgezogen werden können,

b) die negative Summe der Einkünfte im Sinne des § 2 Absatz 1 Satz 1 Nummer 1 bis 3, 6 und 7 und der negativen Einkünfte im Sinne des § 2 Absatz 1 Satz 1 Nummer 5,

c) das Vierfache der Steuerermäßigung nach den §§ 34f, 35a und 35c,

6. die Freibeträge nach § 32 Absatz 6 für jedes Kind im Sinne des § 32 Absatz 1 bis 4, für das kein Anspruch auf Kindergeld besteht. [2] Soweit für diese Kinder Kinderfreibeträge nach § 38b Absatz 2 berücksichtigt worden sind, ist die Zahl der Kinderfreibeträge entsprechend zu vermindern. [3] Der Arbeitnehmer ist verpflichtet, den nach Satz 1 ermittelten Freibetrag ändern zu lassen, wenn für das Kind ein Kinderfreibetrag nach § 38b Absatz 2 berücksichtigt wird,

7. ein Betrag für ein zweites oder ein weiteres Dienstverhältnis insgesamt bis zur Höhe des auf volle Euro abgerundeten zu versteuernden Jahresbetrags nach § 39b Absatz 2 Satz 5, bis zu dem

---

1) *Absatz 1 Satz 1 Nr. 4a wurde durch Artikel 3 des JStG 2020 ab VZ 2022 geändert.*

nach der Steuerklasse des Arbeitnehmers, die für den Lohnsteuerabzug vom Arbeitslohn aus dem ersten Dienstverhältnis anzuwenden ist, Lohnsteuer nicht zu erheben ist. [2]Voraussetzung ist, dass

a) der Jahresarbeitslohn aus dem ersten Dienstverhältnis geringer ist als der nach Satz 1 maßgebende Eingangsbetrag und

b) in Höhe des Betrags für ein zweites oder ein weiteres Dienstverhältnis zugleich für das erste Dienstverhältnis ein Betrag ermittelt wird, der dem Arbeitslohn hinzuzurechnen ist (Hinzurechnungsbetrag).

[3]Soll für das erste Dienstverhältnis auch ein Freibetrag nach den Nummern 1 bis 6 und 8 ermittelt werden, ist nur der diesen Freibetrag übersteigende Betrag als Hinzurechnungsbetrag zu berücksichtigen. [4]Ist der Freibetrag höher als der Hinzurechnungsbetrag, ist nur der den Hinzurechnungsbetrag übersteigende Freibetrag zu berücksichtigen.

8. der Entlastungsbetrag für Alleinerziehende (§ 24b) bei Verwitweten, die nicht in Steuerklasse II gehören.

[2]Der insgesamt abzuziehende Freibetrag und der Hinzurechnungsbetrag gelten mit Ausnahme von Satz 1 Nummer 4 und vorbehaltlich der Sätze 3 bis 5 für die gesamte Dauer eines Kalenderjahres. [3]Die Summe der nach Satz 1 Nummer 1 bis 3 sowie 4a bis 8 ermittelten Beträge wird längstens für einen Zeitraum von zwei Kalenderjahren ab Beginn des Kalenderjahres, für das der Freibetrag erstmals gilt oder geändert wird, berücksichtigt. [4]Der Arbeitnehmer kann eine Änderung des Freibetrags innerhalb dieses Zeitraums beantragen, wenn sich die Verhältnisse zu seinen Gunsten ändern. [5]Ändern sich die Verhältnisse zu seinen Ungunsten, ist er verpflichtet, dies dem Finanzamt umgehend anzuzeigen.

(2) [1]Der Antrag nach Absatz 1 ist nach amtlich vorgeschriebenem Vordruck zu stellen und vom Arbeitnehmer eigenhändig zu unterschreiben. [2]Die Frist für die Antragstellung beginnt am 1. Oktober des Vorjahres, für das der Freibetrag gelten soll. [3]Sie endet am 30. November des Kalenderjahres, in dem der Freibetrag gilt. [4]Der Antrag ist hinsichtlich eines Freibetrags aus der Summe der nach Absatz 1 Satz 1 Nummer 1 bis 3 und 8 in Betracht kommenden Aufwendungen und Beträge unzulässig, wenn die Aufwendungen im Sinne des § 9, soweit sie den Arbeitnehmer-Pauschbetrag übersteigen, die Aufwendungen im Sinne des § 10 Absatz 1 Nummer 4, 5, 7 und 9 sowie Absatz 1a, der §§ 10b und 33 sowie die abziehbaren Beträge nach den §§ 24b, 33a und 33b Absatz 6 insgesamt 600 Euro nicht übersteigen. [5]Das Finanzamt kann auf nähere Angaben des Arbeitnehmers verzichten, wenn er

1. höchstens den Freibetrag beantragt, der für das vorangegangene Kalenderjahr ermittelt wurde, und

2. versichert, dass sich die maßgebenden Verhältnisse nicht wesentlich geändert haben.

[6]Das Finanzamt hat den Freibetrag durch Aufteilung in Monatsfreibeträge, falls erforderlich in Wochen- und Tagesfreibeträge, jeweils auf die der Antragstellung folgenden Monate des Kalenderjahres gleichmäßig zu verteilen. [7]Abweichend hiervon darf ein Freibetrag, der im Monat Januar eines Kalenderjahres beantragt wird, mit Wirkung vom 1. Januar dieses Kalenderjahres an berücksichtigt werden. [8]Ist der Arbeitnehmer beschränkt einkommensteuerpflichtig, hat das Finanzamt den nach Absatz 4 ermittelten Freibetrag durch Aufteilung in Monatsbeträge, falls erforderlich in Wochen und Tagesbeträge, jeweils auf die voraussichtliche Dauer des Dienstverhältnisses im Kalenderjahr gleichmäßig zu verteilen. [9]Die Sätze 5 bis 8 gelten für den Hinzurechnungsbetrag nach Absatz 1 Satz 1 Nummer 7 entsprechend.

(3) [1]Für Ehegatten, die beide unbeschränkt einkommensteuerpflichtig sind und nicht dauernd getrennt leben, ist jeweils die Summe der nach Absatz 1 Satz 1 Nummer 2 bis 4 und 5 in Betracht kommenden Beträge gemeinsam zu ermitteln; der in Absatz 1 Satz 1 Nummer 2 genannte Betrag ist zu verdoppeln. [2]Für die Anwendung des Absatzes 2 Satz 4 ist die Summe der für beide Ehegatten in Betracht kommenden Aufwendungen im Sinne des § 9, soweit sie jeweils den Arbeitnehmer-Pauschbetrag übersteigen, und der Aufwendungen im Sinne des § 10 Absatz 1 Nummer 4, 5, 7 und 9 sowie Absatz 1a, der §§ 10b und 33 sowie der abziehbaren Beträge nach den §§ 24b, 33a und 33b Absatz 6 maßgebend. [3]Die nach Satz 1 ermittelte Summe ist je zur Hälfte auf die Ehegatten aufzuteilen, wenn für jeden Ehegatten Lohnsteuerabzugsmerkmale gebildet werden und die Ehegatten keine andere Aufteilung beantragen. [4]Für eine andere Aufteilung gilt Absatz 1 Satz 2 entsprechend. [5]Für einen Arbeitnehmer, dessen Ehe in dem Kalenderjahr, für das der Freibetrag gilt, aufgelöst worden ist und dessen bisheriger Ehegatte in demselben Kalenderjahr wieder geheiratet hat, sind die nach Absatz 1 in Betracht kommenden Beträge ausschließlich auf Grund der in seiner Person erfüllten Voraussetzungen zu ermitteln. [6]Satz 1 zweiter Halbsatz ist auch anzuwenden, wenn die tarifliche Einkommensteuer nach § 32a Absatz 6 zu ermitteln ist.

(4) [1]Für einen beschränkt einkommensteuerpflichtigen Arbeitnehmer, für den § 50 Absatz 1 Satz 5 anzuwenden ist, ermittelt das Finanzamt auf Antrag einen Freibetrag, der vom Arbeitslohn insgesamt abzuziehen ist, aus der Summe der folgenden Beträge: S 2364

1. Werbungskosten, die bei den Einkünften aus nichtselbständiger Arbeit anfallen, soweit sie den Arbeitnehmer-Pauschbetrag (§ 9a Satz 1 Nummer 1 Buchstabe a) oder bei Versorgungsbezügen den Pauschbetrag (§ 9a Satz 1 Nummer 1 Buchstabe b) übersteigen,

2. Sonderausgaben im Sinne des § 10b, soweit sie den Sonderausgaben-Pauschbetrag (§ 10c) übersteigen, und die wie Sonderausgaben abziehbaren Beträge nach § 10e oder § 10i, jedoch erst nach Fertigstellung oder Anschaffung des begünstigten Objekts oder nach Fertigstellung der begünstigten Maßnahme,

3. den Freibetrag oder den Hinzurechnungsbetrag nach Absatz 1 Satz 1 Nummer 7.

[2]Der Antrag kann nur nach amtlich vorgeschriebenem Vordruck bis zum Ablauf des Kalenderjahres gestellt werden, für das die Lohnsteuerabzugsmerkmale gelten.

(5) Ist zuwenig Lohnsteuer erhoben worden, weil ein Freibetrag unzutreffend als Lohnsteuerabzugsmerkmal ermittelt worden ist, hat das Finanzamt den Fehlbetrag vom Arbeitnehmer nachzufordern, wenn er 10 Euro übersteigt.

R 39a.1

Verfahren bei Bildung eines Freibetrags oder eines Hinzurechnungsbetrags

Allgemeines

S 2365

(1) Soweit die Gewährung eines Freibetrags wegen der Aufwendungen für ein Kind davon abhängt, dass der Arbeitnehmer für dieses Kind einen Anspruch auf einen Freibetrag nach § 32 Abs. 6 EStG oder auf Kindergeld erhält, ist diese Voraussetzung auch erfüllt, wenn dem Arbeitnehmer im Lohnsteuer-Abzugsverfahren ein Kinderfreibetrag zusteht, er aber auf die an sich mögliche Bildung einer Kinderfreibetragszahl für dieses Kind verzichtet hat oder Anspruch auf einen ermäßigten Freibetrag nach § 32 Abs. 6 EStG besteht.

Antragsgrenze

(2) Für die Feststellung, ob die Antragsgrenze nach § 39a Abs. 2 Satz 4 EStG überschritten wird, gilt Folgendes:

1. Soweit für Werbungskosten bestimmte Beträge gelten, z. B. für Verpflegungsmehraufwendungen und pauschale Kilometersätze bei Auswärtstätigkeit, für Wege zwischen Wohnung und erster Tätigkeitsstätte (>§ 9 EStG), sind diese maßgebend.
2. [1]Bei Sonderausgaben i. S. d. § 10 Abs. 1 Nr. 1a, 1b und 4 EStG[1]) sind die tatsächlichen Aufwendungen anzusetzen, auch wenn diese Aufwendungen geringer sind als der Pauschbetrag. [2]Für Sonderausgaben i. S. d. § 10 Abs. 1 Nr. 1, 5, 7 und 9 EStG[2]) sind höchstens die nach diesen Vorschriften berücksichtigungsfähigen Aufwendungen anzusetzen.
3. Zuwendungen an politische Parteien sind als Sonderausgaben auch zu berücksichtigen, soweit eine Steuerermäßigung nach § 34g Satz 1

---

[1]) jetzt § 10 Abs. 1 Nr. 4 und § 10 Abs. 1a Nr. 2 bis 4

[2]) jetzt § 10 Abs. 1 Nr. 5, 7 und 9 sowie § 10 Abs. 1a Nr. 1

Nr. 1 EStG in Betracht kommt, nicht hingegen Zuwendungen an Vereine i. S. d. § 34g Satz 1 Nr. 2 EStG.

4. Bei außergewöhnlichen Belastungen nach § 33 EStG ist von den dem Grunde und der Höhe nach anzuerkennenden Aufwendungen auszugehen; bei außergewöhnlicher Belastung nach § 33a und § 33b Abs. 6 EStG sind dagegen nicht die Aufwendungen, sondern die wegen dieser Aufwendungen abziehbaren Beträge maßgebend.
5. Vorsorgeaufwendungen (§ 10 Abs. 1 Nr. 2, 3 und 3a EStG) bleiben in jedem Fall außer Betracht, auch soweit sie die Vorsorgepauschale (§ 39b Abs. 2 Satz 5 Nr. 3 EStG) übersteigen.
6. [1]Bei Anträgen von Ehegatten, die beide unbeschränkt einkommensteuerpflichtig sind und nicht dauernd getrennt leben, ist die Summe der für beide Ehegatten in Betracht kommenden Aufwendungen und abziehbaren Beträge zugrunde zu legen. [2]Die Antragsgrenze ist bei Ehegatten nicht zu verdoppeln.
7. Ist für beschränkt antragsfähige Aufwendungen bereits ein Freibetrag gebildet worden, ist bei einer Änderung dieses Freibetrags die Antragsgrenze nicht erneut zu prüfen.

(3) Die Antragsgrenze gilt nicht, soweit es sich um die Bildung eines Freibetrags für die in § 39a Abs. 1 Satz 1 Nr. 4 bis 7 EStG bezeichneten Beträge handelt.

(4) [1]Wird die Antragsgrenze überschritten oder sind Beträge i. S. d. Absatzes 3 zu berücksichtigen, hat das Finanzamt den Jahresfreibetrag festzustellen. [2]Bei der Berechnung des Jahresfreibetrags sind Werbungskosten nur zu berücksichtigen, soweit sie den maßgebenden Pauschbetrag für Werbungskosten nach § 9a Satz 1 Nr. 1 EStG übersteigen, Sonderausgaben mit Ausnahme der Vorsorgeaufwendungen nur anzusetzen, soweit sie den Sonderausgaben-Pauschbetrag (§ 10c EStG) übersteigen, und außergewöhnliche Belastungen (§ 33 EStG) nur einzubeziehen, soweit sie die zumutbare Belastung (>Absatz 5) übersteigen. [3]Zuwendungen an politische Parteien sind auch zu berücksichtigen, soweit eine Steuerermäßigung nach § 34g Satz 1 Nr. 1 EStG in Betracht kommt, nicht hingegen Zuwendungen an Vereine i. S. d. § 34g Satz 1 Nr. 2 EStG.

Freibetrag wegen außergewöhnlicher Belastung

(5) [1]Die zumutbare Belastung ist vom voraussichtlichen Jahresarbeitslohn des Arbeitnehmers und ggf. seines von ihm nicht dauernd getrennt lebenden, unbeschränkt einkommensteuerpflichtigen Ehegatten gekürzt um den Altersentlastungsbetrag (§ 24a EStG), die Freibeträge für Versorgungsbezüge (§ 19 Abs. 2 EStG) und die Werbungskosten (§§ 9, 9a und 9c EStG[1]) zu berechnen. [2]Steuerfreie Einnahmen sowie alle Bezüge, für die die Lohnsteuer mit einem Pauschsteuersatz nach den §§ 37a, 37b, 40 bis 40b EStG erhoben wird, und etwaige weitere Einkünfte des Arbeitnehmers und seines Ehegatten bleiben außer Ansatz. [3]Bei der Anwendung

[1]) § 9c ist aufgehoben worden

der Tabelle in § 33 Abs. 3 EStG zählen als Kinder des Stpfl. die Kinder, für die er einen Anspruch auf einen Freibetrag nach § 32 Abs. 6 EStG oder auf Kindergeld erhält. [4]Bei der zumutbaren Belastung sind auch Kinder zu berücksichtigen, für die der Arbeitnehmer auf die Bildung einer Kinderfreibetragszahl verzichtet hat oder Anspruch auf einen ermäßigten Freibetrag nach § 32 Abs. 6 EStG besteht. [5]Ist im Kalenderjahr eine unterschiedliche Zahl von Kindern zu berücksichtigen, ist von der höheren Zahl auszugehen.

Freibetrag und Hinzurechnungsbetrag nach § 39a Abs. 1 Satz 1 Nr. 7 EStG

(6) [1]Arbeitnehmer mit mehr als einem Dienstverhältnis, deren Arbeitslohn aus dem ersten Dienstverhältnis niedriger ist als der Betrag, bis zu dem nach der Steuerklasse des ersten Dienstverhältnisses keine Lohnsteuer zu erheben ist, können die Übertragung bis zur Höhe dieses Betrags als Freibetrag im zweiten Dienstverhältnis mit der Steuerklasse VI beantragen. [2]Dabei kann der Arbeitnehmer den zu übertragenden Betrag selbst bestimmen. [3]Eine Verteilung auf mehrere weitere Dienstverhältnisse des Arbeitnehmers ist zulässig. [4]Für das erste Dienstverhältnis wird in diesen Fällen ein Hinzurechnungsbetrag in Höhe der abgerufenen Freibeträge nach den Sätzen 1 bis 3 gebildet oder ggf. mit einem Freibetrag nach § 39a Abs. 1 Satz 1 Nr. 1 bis 6 und 8 EStG verrechnet.

Umrechnung des Jahresfreibetrags oder des Jahreshinzurechnungsbetrags

(7) [1]Für die Umrechnung des Jahresfreibetrags in einen Freibetrag für monatliche Lohnzahlung ist der Jahresfreibetrag durch die Zahl der in Betracht kommenden Kalendermonate zu teilen. [2]Der Wochenfreibetrag ist mit $^7/_{30}$ und der Tagesfreibetrag mit $^1/_{30}$ des Monatsbetrags anzusetzen. [3]Der sich hiernach ergebende Monatsbetrag ist auf den nächsten vollen Euro-Betrag, der Wochenbetrag auf den nächsten durch 10 teilbaren Centbetrag und der Tagesbetrag auf den nächsten durch 5 teilbaren Centbetrag aufzurunden. [4]Die Sätze 1 bis 3 gelten für die Umrechnung des Jahreshinzurechnungsbetrags entsprechend.

Änderung eines gebildeten Freibetrags oder Hinzurechnungsbetrags

(8) [1]Ist bereits ein Jahresfreibetrag gebildet worden und beantragt der Arbeitnehmer im Laufe des Kalenderjahres die Berücksichtigung weiterer Aufwendungen oder abziehbarer Beträge, wird der Jahresfreibetrag unter Berücksichtigung der gesamten Aufwendungen und abziehbaren Beträge des Kalenderjahres neu festgestellt; für die Berechnung des Monatsfreibetrags, Wochenfreibetrags usw. ist der Freibetrag um den Teil des bisherigen Freibetrags zu kürzen, der für den Zeitraum bis zur Wirksamkeit des neuen Freibetrags zu berücksichtigen war. [2]Der verbleibende Betrag ist auf die Zeit vom Beginn des auf die Antragstellung folgenden Kalendermonats bis zum Schluss des Kalenderjahres gleichmäßig zu verteilen. [3]Die Sätze 1 und 2 gelten für den Hinzurechnungsbetrag entsprechend.

Hinweis

H 39a.1

Allgemeines

Elektronische Lohnsteuerabzugsmerkmale (ELStAM)

- Lohnsteuerabzug im Verfahren der elektronischen Lohnsteuerabzugsmerkmale >BMF vom 8.11.2018 (BStBl I S. 1137) Anhang 13a I
- Abruf der Lohnsteuerabzugsmerkmale im ELStAM-Verfahren für gemäß § 1 Abs. 4 EStG beschränkt einkommensteuerpflichtige Arbeitnehmer ab dem 1.1.2020 >BMF vom 7.11.2019 (BStBl I S. 1087) Anhang 13a II

Altersvorsorgeaufwendungen

Für Einzahlungen in einen Basisrentenvertrag (Rürup-Vertrag) kann kein Freibetrag gebildet werden (>BFH vom 10.11.2016 – BStBl 2017 II S. 715).

Beispiele

- **Umrechnung des Jahresfreibetrags**

  Ein monatlich entlohnter Arbeitnehmer beantragt am 2.5. die Berücksichtigung eines Freibetrags. Es wird vom Finanzamt ein Freibetrag von 1.555 € festgestellt, der auf die Monate Juni bis Dezember (7 Monate) zu verteilen ist. Außer dem Jahresfreibetrag von 1.555 € ist ab 1.6. ein Monatsfreibetrag von 223 € zu berücksichtigen.

- **Erhöhung eines berücksichtigten Freibetrags**

  Ein monatlich entlohnter Arbeitnehmer, für den mit Wirkung vom 1.1. an ein Freibetrag von 2.400 € (monatlich 200 €) berücksichtigt worden ist, macht am 10.3. weitere Aufwendungen von 963 € geltend. Es ergibt sich ein neuer Jahresfreibetrag von (2.400 € + 963 € =) 3.363 €. Für die Berechnung des neuen Monatsfreibetrags ab April ist der Jahresfreibetrag um die bei der Lohnsteuerberechnung bisher zu berücksichtigenden Monatsfreibeträge Januar bis März von (3 x 200 € =) 600 € zu kürzen. Der verbleibende Betrag von (3.363 € ./. 600 € =) 2.763 € ist auf die Monate April bis Dezember zu verteilen, so dass ab 1.4. ein Monatsfreibetrag von 307 € zu berücksichtigen ist. Für die abgelaufenen Lohnzahlungszeiträume Januar bis März bleibt der Monatsfreibetrag von 200 € unverändert.

- **Herabsetzung eines Freibetrags**

  Ein monatlich entlohnter Arbeitnehmer, für den mit Wirkung vom 1.1. an ein Freibetrag von 4.800 € (monatlich 400 €) berücksichtigt worden ist, teilt dem Finanzamt am 10.3. mit, dass sich die Aufwendungen um 975 € vermindern. Es ergibt sich ein neuer Jahresfreibetrag von (4.800 € ./. 975 € =) 3.825 €. Für die Berechnung des neuen Monatsfreibetrags ab April ist der Jahresfreibetrag um die bei der Lohnsteuerberechnung bisher zu berücksichtigenden Monatsfreibeträge Januar bis März von (3 x 400 € =) 1.200 € zu kürzen. Der verbleibende Betrag von (3.825 € ./. 1.200 € =) 2.625 € ist auf die Monate April bis Dezember zu verteilen, so dass ab 1.4. ein Monatsfreibetrag von 292 € zu berücksichtigen ist. Für die abgelaufenen Lohnzahlungszeiträume Januar bis März bleibt der Monatsfreibetrag von 400 € unverändert.

– **Zweijährige Geltungsdauer des Freibetrags**

Ein monatlich entlohnter Arbeitnehmer beantragt im Februar 01 die Berücksichtigung eines Freibetrags für die Dauer von zwei Jahren. Es wird vom Finanzamt ein Freibetrag von 3.000 € ermittelt, der für die Kalenderjahre 01 und 02 wie folgt zu verteilen ist:

Für 01 ergibt sich für die Monate März bis Dezember ein Monatsfreibetrag von 300 € (3.000 € verteilt auf zehn Monate) und für 02 ergibt sich für die Monate Januar bis Dezember ein Monatsfreibetrag von 250 € (3.000 € verteilt auf zwölf Monate).

Im Februar 02 teilt der Arbeitnehmer dem Finanzamt pflichtgemäß mit, dass sich für das Kalenderjahr 02 der Freibetrag auf 2.500 € verringert. Das Finanzamt ändert daraufhin den Jahresfreibetrag für 02 auf 2.500 €. Für die Berechnung des neuen Monatsfreibetrags ab März 02 ist der Jahresfreibetrag um die bei der Lohnsteuerberechnung bisher zu berücksichtigenden Monatsfreibeträge für Januar und Februar 02 von (2 x 250 €=) 500 € zu kürzen. Der verbleibende Betrag von (2.500 € ./. 500 € =) 2.000 € ist auf die Monate März bis Dezember 02 zu verteilen, so dass sich nunmehr ein herabgesetzter Monatsfreibetrag von 200 € ergibt (2.000 € verteilt auf zehn Monate). Für die abgelaufenen Lohnzahlungszeiträume Januar und Februar 02 bleibt der Monatsfreibetrag von 250 € unverändert.

– **Entlastungsbetrag für Alleinerziehende**

Eine Alleinerziehende hat drei zu ihrem Haushalt gehörende minderjährige Kinder und beantragt im Januar den Entlastungsbetrag nach § 24b EStG für ihre drei Kinder.

Für den Entlastungsbetrag für das erste Kind in Höhe von ***4.008*** € wird die Steuerklasse II gebildet. Für die beiden weiteren Kinder ist jeweils ein Erhöhungsbetrag von 240 € als Freibetrag zu berücksichtigen. Es ergibt sich somit ein Jahresfreibetrag von ***480*** € (2 x 240 €), der auf die Monate Januar bis Dezember zu verteilen ist, so dass ein Monatsbetrag von ***40*** € (***480*** € verteilt auf zwölf Monate) zu berücksichtigen ist. Die Antragsgrenze von 600 € ist insoweit nicht zu beachten (§ 39a Abs. 2 Satz 4 EStG).

Freibetrag für energetische Gebäudesanierung

>BMF vom 14.1.2021 (BStBl I S. 103) Rz. 66

Freibetrag wegen haushaltsnaher Beschäftigungsverhältnisse und haushaltsnaher Dienstleistungen

>BMF vom 9.11.2016 (BStBl I S. 1213) ***unter Berücksichtigung der Änderungen durch BMF vom 1.9.2021 (BStBl I S. 1494)***

Freibetrag wegen Anrechnung ausländischer Abzugsteuer

Anhang 12 II >BMF vom 3.5.2018 (BStBl I S. 643), Rn. 23 und 177

Freibetrag wegen negativer Einkünfte

>R 39a.2

Freibetrag wegen negativer Einkünfte

R 39a.2

S 2365

[1]In die Ermittlung eines Freibetrags wegen negativer Einkünfte sind sämtliche Einkünfte aus Land- und Forstwirtschaft, Gewerbebetrieb, selbständiger Arbeit, Vermietung und Verpachtung und die sonstigen Einkünfte einzubeziehen, die der Arbeitnehmer und sein von ihm nicht dauernd getrennt lebender unbeschränkt einkommensteuerpflichtiger Ehegatte voraussichtlich erzielen werden; negative Einkünfte aus Kapitalvermögen werden nur berücksichtigt, wenn sie nicht unter das Verlustausgleichsverbot des § 20 Abs. 6 Satz 2 EStG fallen (>§ 32d Abs. 2 EStG). [2]Das bedeutet, dass sich der Betrag der negativen Einkünfte des Arbeitnehmers z. B. um die positiven Einkünfte des Ehegatten vermindert. [3]Außer Betracht bleiben stets die Einkünfte aus nichtselbständiger Arbeit und positive Einkünfte aus Kapitalvermögen.

Hinweise

H 39a.2

Vermietung und Verpachtung

Negative Einkünfte aus Vermietung und Verpachtung eines Gebäudes können grundsätzlich erstmals für das Kalenderjahr berücksichtigt werden, das auf das Kalenderjahr der Fertigstellung oder der Anschaffung des Gebäudes folgt (§ 39a Abs. 1 Satz 1 Nr. 5 i. V. m. § 37 Abs. 3 EStG). Das Objekt ist angeschafft, wenn der Kaufvertrag abgeschlossen worden ist und Besitz, Nutzungen, Lasten und Gefahr auf den Erwerber übergegangen sind. Das Objekt ist fertig gestellt, wenn es nach Abschluss der wesentlichen Bauarbeiten bewohnbar ist; die Bauabnahme ist nicht erforderlich (>H 7.4 (Fertigstellung) EStH). Wird ein Objekt vor der Fertigstellung angeschafft, ist der Zeitpunkt der Fertigstellung maßgebend.

Freibeträge bei Ehegatten

R 39a.3

Werbungskosten

S 2365

(1) [1]Werbungskosten werden für jeden Ehegatten gesondert ermittelt. [2]Von den für den einzelnen Ehegatten ermittelten Werbungskosten ist jeweils der maßgebende Pauschbetrag für Werbungskosten nach § 9a Satz 1 Nr. 1 EStG abzuziehen.

Sonderausgaben

(2) [1]Sonderausgaben i. S. d. § 10 Abs. 1 Nr. 1, 1a, 1b, 4, 5, 7 und 9 und § 10b EStG1) sind bei Ehegatten, die beide unbeschränkt einkommensteuerpflichtig sind und nicht dauernd getrennt leben, einheitlich zu ermitteln. [2]Hiervon ist der Sonderausgaben-Pauschbetrag für Ehegatten abzuziehen.

---

1) jetzt § 10 Abs. 1 Nr. 4, 5, 7 und 9, § 10 Abs. 1a und § 10b

Außergewöhnliche Belastungen

(3) Bei Ehegatten, die beide unbeschränkt einkommensteuerpflichtig sind und nicht dauernd getrennt leben, genügt es für die Anwendung der §§ 33, 33a und 33b Abs. 6 EStG (außergewöhnliche Belastungen), dass die Voraussetzungen für die Eintragung eines Freibetrags in der Person eines Ehegatten erfüllt sind.

Behinderten-Pauschbetrag *1)*

(4) [1] Für die Gewährung eines Behinderten-Pauschbetrags nach § 33b EStG ist es bei Ehegatten, die beide unbeschränkt einkommensteuerpflichtig sind und nicht dauernd getrennt leben, unerheblich, wer von ihnen die Voraussetzungen erfüllt. [2] Liegen bei beiden Ehegatten die Voraussetzungen für die Gewährung eines Behinderten-Pauschbetrags vor, ist für jeden Ehegatten der in Betracht kommende Pauschbetrag zu gewähren; dies gilt auch, wenn nur einer von ihnen Arbeitnehmer ist.

Aufteilung des Freibetrags

(5) [1] Bei Ehegatten, die beide unbeschränkt einkommensteuerpflichtig sind und nicht dauernd getrennt leben, ist der Freibetrag grundsätzlich je zur Hälfte aufzuteilen; auf Antrag der Ehegatten ist aber eine andere Aufteilung vorzunehmen (§ 39a Abs. 3 Satz 3 EStG). [2] Eine Ausnahme gilt für einen Freibetrag wegen erhöhter Werbungskosten; dieser darf bei dem Ehegatten berücksichtigt werden, dem die Werbungskosten entstanden sind. [3] Pauschbeträge für behinderte Menschen *1)* und Hinterbliebene dürfen abweichend von Satz 1 bei demjenigen als Freibetrag gebildet werden, der die Voraussetzungen für den Pauschbetrag erfüllt. [4] Der Freibetrag bei Ehegatten ist vor der Berücksichtigung des Hinzurechnungsbetrags nach § 39a Abs. 1 Satz 1 Nr. 7 EStG aufzuteilen; der Hinzurechnungsbetrag selbst darf nicht aufgeteilt werden.

H 39a.3

Hinweise

Pauschbeträge für Kinder mit Behinderungen

Wegen der Übertragung der Pauschbeträge für Kinder mit Behinderungen auf deren Eltern >R 33b EStR, H 33b EStH

1) jetzt Menschen mit Behinderungen

§ 39b

S 2366

Einbehaltung der Lohnsteuer

(1) Bei unbeschränkt und beschränkt einkommensteuerpflichtigen Arbeitnehmern hat der Arbeitgeber den Lohnsteuerabzug nach Maßgabe der Absätze 2 bis 6 durchzuführen.

(2) [1] Für die Einbehaltung der Lohnsteuer vom laufenden Arbeitslohn hat der Arbeitgeber die Höhe des laufenden Arbeitslohns im Lohnzahlungszeitraum festzustellen und auf einen Jahresarbeitslohn hochzurechnen. [2] Der Arbeitslohn eines monatlichen Lohnzahlungszeitraums ist mit zwölf, der Arbeitslohn eines wöchentlichen Lohnzahlungszeitraums mit 360/7 und der Arbeitslohn eines täglichen Lohnzahlungszeitraums mit 360 zu vervielfältigen. [3] Von dem hochgerechneten Jahresarbeitslohn sind ein etwaiger Versorgungsfreibetrag (§ 19 Absatz 2) und Altersentlastungsbetrag (§ 24a) abzuziehen. [4] Außerdem ist der hochgerechnete Jahresarbeitslohn um einen etwaigen als Lohnsteuerabzugsmerkmal für den Lohnzahlungszeitraum mitgeteilten Freibetrag (§ 39a Absatz 1) oder Hinzurechnungsbetrag (§ 39a Absatz 1 Satz 1 Nummer 7), vervielfältigt unter sinngemäßer Anwendung von Satz 2, zu vermindern oder zu erhöhen. [5] Der so verminderte oder erhöhte hochgerechnete Jahresarbeitslohn, vermindert um S 2367

1. den Arbeitnehmer-Pauschbetrag (§ 9a Satz 1 Nummer 1 Buchstabe a) oder bei Versorgungsbezügen den Pauschbetrag (§ 9a Satz 1 Nummer 1 Buchstabe b) und den Zuschlag zum Versorgungsfreibetrag (§ 19 Absatz 2) in den Steuerklassen I bis V,

2. den Sonderausgaben-Pauschbetrag (§ 10c Satz 1) in den Steuerklassen I bis V,

3. eine Vorsorgepauschale aus den Teilbeträgen

a) für die Rentenversicherung bei Arbeitnehmern, die in der gesetzlichen Rentenversicherung pflichtversichert oder von der gesetzlichen Rentenversicherung nach § 6 Absatz 1 Nummer 1 des Sechsten Buches Sozialgesetzbuch befreit sind, in den Steuerklassen I bis VI in Höhe des Betrags, der bezogen auf den Arbeitslohn 50 Prozent des Beitrags in der allgemeinen Rentenversicherung unter Berücksichtigung der jeweiligen Beitragsbemessungsgrenzen entspricht,

b) für die Krankenversicherung bei Arbeitnehmern, die in der gesetzlichen Krankenversicherung versichert sind, in den Steuerklassen I bis VI in Höhe des Betrags, der bezogen auf den Arbeitslohn unter Berücksichtigung der Beitragsbemessungsgrenze, den ermäßigten Beitragssatz (§ 243 des Fünften Buches Sozialgesetzbuch) und den Zusatzbeitragssatz der Krankenkasse (§ 242 des Fünften Buches Sozialgesetzbuch) dem Arbeitnehmeranteil eines pflichtversicherten Arbeitnehmers entspricht,

c) für die Pflegeversicherung bei Arbeitnehmern, die in der sozialen Pflegeversicherung versichert sind, in den Steuerklassen I bis VI in Höhe des Betrags, der bezogen auf den Arbeitslohn unter Berücksichtigung der Beitragsbemessungsgrenze und den bundeseinheitlichen Beitragssatz dem Arbeitnehmeranteil eines pflichtversicherten Arbeitnehmers entspricht, erhöht um den Beitragszuschlag des Arbeitnehmers nach § 55 Absatz 3 des Elften Buches Sozialgesetzbuch, wenn die Voraussetzungen dafür vorliegen,

d) für die Krankenversicherung und für die private Pflege-Pflichtversicherung bei Arbeitnehmern, die nicht unter Buchstabe b und c fallen, in den Steuerklassen I bis V in Höhe der dem Arbeitgeber mitgeteilten Beiträge im Sinne des § 10 Absatz 1 Nummer 3, etwaig vervielfältigt unter sinngemäßer Anwendung von Satz 2 auf einen Jahresbetrag, vermindert um den Betrag, der bezogen auf den Arbeitslohn unter Berücksichtigung der Beitragsbemessungsgrenze, den ermäßigten Beitragssatz und den durchschnittlichen Zusatzbeitragssatz in der gesetzlichen Krankenversicherung sowie den bundeseinheitlichen Beitragssatz in der sozialen Pflegeversicherung dem Arbeitgeberanteil für einen pflichtversicherten Arbeitnehmer entspricht, wenn der Arbeitgeber gesetzlich verpflichtet ist, Zuschüsse zu den Kranken- und Pflegeversicherungsbeiträgen des Arbeitnehmers zu leisten;

Entschädigungen im Sinne des § 24 Nummer 1 sind bei Anwendung der Buchstaben a bis c nicht zu berücksichtigen; mindestens ist für die Summe der Teilbeträge nach den Buchstaben b und c oder für den Teilbetrag nach Buchstabe d ein Betrag in Höhe von 12 Prozent des Arbeitslohns, höchstens 1.900 Euro in den Steuerklassen I, II, IV, V, VI und höchstens 3.000 Euro in der Steuerklasse III anzusetzen,

4. den Entlastungsbetrag für Alleinerziehende für ein Kind (§ 24b Absatz 2 Satz 1) in der Steuerklasse II,

ergibt den zu versteuernden Jahresbetrag. [6] Für den zu versteuernden Jahresbetrag ist die Jahreslohnsteuer in den Steuerklassen I, II und IV nach § 32a Absatz 1 sowie in der Steuerklasse III nach § 32a Absatz 5 zu berechnen. *1)* [7] In den Steuerklassen V und VI ist die Jahreslohnsteuer zu berechnen, die sich aus dem Zweifachen des Unterschiedsbetrags zwischen dem Steuerbetrag für das Eineinviertelfache und dem Steuerbetrag für das Dreiviertelfache des zu versteuernden Jahresbetrags nach § 32a Absatz 1 ergibt; die Jahreslohnsteuer beträgt jedoch mindestens 14 Prozent des zu versteuernden Jahresbetrags, für den *11.480 Euro* übersteigenden Teil des zu versteuernden Jahresbetrags höchstens 42 Prozent, für den *29.298 Euro* übersteigenden Teil des zu versteuernden Jahresbetrags 42 Prozent

---

1) Absatz 2 Satz 7 wurde durch Artikel 2 des 2. FamEntlastG ab VZ 2022 geändert.

und für den *222.260 Euro* übersteigenden Teil des zu versteuernden Jahresbetrags 45 Prozent. [8]Für die Lohnsteuerberechnung ist die als Lohnsteuerabzugsmerkmal mitgeteilte oder die nach § 39c Absatz 1 oder Absatz 2 oder nach § 39e Absatz 5a oder Absatz 6 Satz 8 anzuwendende Steuerklasse maßgebend. [9]Die monatliche Lohnsteuer ist $^{1}/_{12}$, die wöchentliche Lohnsteuer sind $^{7}/_{360}$ und die tägliche Lohnsteuer ist $^{1}/_{360}$ der Jahreslohnsteuer. [10]Bruchteile eines Cents, die sich bei der Berechnung nach den Sätzen 2 und 9 ergeben, bleiben jeweils außer Ansatz. [11]Die auf den Lohnzahlungszeitraum entfallende Lohnsteuer ist vom Arbeitslohn einzubehalten. [12]Das Betriebsstättenfinanzamt kann allgemein oder auf Antrag zulassen, dass die Lohnsteuer unter den Voraussetzungen des § 42b Absatz 1 nach dem voraussichtlichen Jahresarbeitslohn ermittelt wird, wenn gewährleistet ist, dass die zutreffende Jahreslohnsteuer (§ 38a Absatz 2) nicht unterschritten wird. [13]Darüber hinaus kann das Betriebsstättenfinanzamt auf Antrag zulassen, dass bei nach § 1 Absatz 1 unbeschränkt einkommensteuerpflichtigen Arbeitnehmern mit Steuerklasse VI und ohne Freibetrag nach § 39a, die bei dem Arbeitgeber gelegentlich, nicht regelmäßig wiederkehrend beschäftigt werden und deren Dauer der Beschäftigung 24 zusammenhängende Arbeitstage nicht übersteigt, der während der Beschäftigung erzielte Arbeitslohn auf einen Jahresbetrag hochgerechnet und die sich ergebende Lohnsteuer auf den Lohnabrechnungszeitraum zurückgerechnet wird, wobei als Lohnabrechnungszeitraum der Zeitraum vom Beginn des Kalenderjahres bis zum Ende der Beschäftigung gilt. [14]Bei Anwendung des Satzes 13 sind auch der im Kalenderjahr in etwaigen vorangegangenen und beendeten weiteren Dienstverhältnissen in der Steuerklasse VI bezogene Arbeitslohn und die darauf erhobene Lohnsteuer einzubeziehen, soweit dort bereits Satz 13 angewandt wurde. [15]Voraussetzung für die Anwendung des Verfahrens nach Satz 13 ist zudem, dass der Arbeitnehmer vor Aufnahme der Beschäftigung

1. unter Angabe seiner Identifikationsnummer gegenüber dem Arbeitgeber schriftlich zustimmt,
2. mit der Zustimmung den nach Satz 14 einzubeziehenden Arbeitslohn und die darauf erhobene Lohnsteuer erklärt und
3. mit der Zustimmung versichert, dass ihm der Pflichtveranlagungstatbestand nach § 46 Absatz 2 Nummer 2 und 3a bekannt ist.

[16]Die Zustimmungserklärung des Arbeitnehmers ist zum Lohnkonto zu nehmen.

(3) [1]Für die Einbehaltung der Lohnsteuer von einem sonstigen Bezug hat der Arbeitgeber den voraussichtlichen Jahresarbeitslohn ohne den sonstigen Bezug festzustellen. [2]Hat der Arbeitnehmer Lohnsteuerbescheinigungen aus früheren Dienstverhältnissen des Kalenderjahres nicht vorgelegt, so ist bei der Ermittlung des voraussichtlichen Jahresarbeitslohns der Arbeitslohn für Beschäftigungszeiten bei früheren Arbeitgebern mit dem Betrag anzusetzen, der sich S 2368

ergibt, wenn der laufende Arbeitslohn im Monat der Zahlung des sonstigen Bezugs entsprechend der Beschäftigungsdauer bei früheren Arbeitgebern hochgerechnet wird. [3]Der voraussichtliche Jahresarbeitslohn ist um den Versorgungsfreibetrag (§ 19 Absatz 2) und den Altersentlastungsbetrag (§ 24a), wenn die Voraussetzungen für den Abzug dieser Beträge jeweils erfüllt sind, sowie um einen etwaigen als Lohnsteuerabzugsmerkmal mitgeteilten Jahresfreibetrag zu vermindern und um einen etwaigen Jahreshinzurechnungsbetrag zu erhöhen. [4]Für den so ermittelten Jahresarbeitslohn (maßgebender Jahresarbeitslohn) ist die Lohnsteuer nach Maßgabe des Absatzes 2 Satz 5 bis 7 zu ermitteln. [5]Außerdem ist die Jahreslohnsteuer für den maßgebenden Jahresarbeitslohn unter Einbeziehung des sonstigen Bezugs zu ermitteln. [6]Dabei ist der sonstige Bezug, um den Versorgungsfreibetrag und den Altersentlastungsbetrag zu vermindern, wenn die Voraussetzungen für den Abzug dieser Beträge jeweils erfüllt sind und soweit sie nicht bei der Steuerberechnung für den maßgebenden Jahresarbeitslohn berücksichtigt worden sind. [7]Für die Lohnsteuerberechnung ist die als Lohnsteuerabzugsmerkmal mitgeteilte oder die nach § 39c Absatz 1 oder Absatz 2 oder nach § 39e Absatz 5a oder Absatz 6 Satz 8 anzuwendende Steuerklasse maßgebend. [8]Der Unterschiedsbetrag zwischen den ermittelten Jahreslohnsteuerbeträgen ist die Lohnsteuer, die vom sonstigen Bezug einzubehalten ist. [9]Die Lohnsteuer ist bei einem sonstigen Bezug im Sinne des § 34 Absatz 1 und 2 Nummer 2 und 4 in der Weise zu ermäßigen, dass der sonstige Bezug bei der Anwendung des Satzes 5 mit einem Fünftel anzusetzen und der Unterschiedsbetrag im Sinne des Satzes 8 zu verfünffachen ist; § 34 Absatz 1 Satz 3 ist sinngemäß anzuwenden. [10]Ein sonstiger Bezug im Sinne des § 34 Absatz 1 und 2 Nummer 4 ist bei der Anwendung des Satzes 4 in die Bemessungsgrundlage für die Vorsorgepauschale nach Absatz 2 Satz 5 Nummer 3 einzubeziehen.

(4) In den Kalenderjahren 2010 bis 2024 ist Absatz 2 Satz 5 Nummer 3 Buchstabe a mit der Maßgabe anzuwenden, dass im Kalenderjahr 2010 der ermittelte Betrag auf 40 Prozent begrenzt und dieser Prozentsatz in jedem folgenden Kalenderjahr um je 4 Prozentpunkte erhöht wird.

(5) [1]Wenn der Arbeitgeber für den Lohnzahlungszeitraum lediglich Abschlagszahlungen leistet und eine Lohnabrechnung für einen längeren Zeitraum (Lohnabrechnungszeitraum) vornimmt, kann er den Lohnabrechnungszeitraum als Lohnzahlungszeitraum behandeln und die Lohnsteuer abweichend von § 38 Absatz 3 bei der Lohnabrechnung einbehalten. [2]Satz 1 gilt nicht, wenn der Lohnabrechnungszeitraum fünf Wochen übersteigt oder die Lohnabrechnung nicht innerhalb von drei Wochen nach dessen Ablauf erfolgt. [3]Das Betriebsstättenfinanzamt kann anordnen, dass die Lohnsteuer von den Abschlagszahlungen einzubehalten ist, wenn die Erhebung der Lohn-

steuer sonst nicht gesichert erscheint. [4]Wenn wegen einer besonderen Entlohnungsart weder ein Lohnzahlungszeitraum noch ein Lohnabrechnungszeitraum festgestellt werden kann, gilt als Lohnzahlungszeitraum die Summe der tatsächlichen Arbeitstage oder Arbeitswochen.

(6) [1]Das Bundesministerium der Finanzen hat im Einvernehmen mit den obersten Finanzbehörden der Länder auf der Grundlage der Absätze 2 und 3 einen Programmablaufplan für die maschinelle Berechnung der Lohnsteuer aufzustellen und bekannt zu machen. [2]Im Programmablaufplan kann von den Regelungen in den Absätzen 2 und 3 abgewichen werden, wenn sich das Ergebnis der maschinellen Berechnung der Lohnsteuer an das Ergebnis einer Veranlagung zur Einkommensteuer anlehnt.

R 39b.2

S 2367

Laufender Arbeitslohn und sonstige Bezüge

(1) Laufender Arbeitslohn ist der Arbeitslohn, der dem Arbeitnehmer regelmäßig fortlaufend zufließt, insbesondere:

1. Monatsgehälter,
2. Wochen- und Tagelöhne,
3. Mehrarbeitsvergütungen,
4. Zuschläge und Zulagen,
5. geldwerte Vorteile aus der ständigen Überlassung von Dienstwagen zur privaten Nutzung,
6. Nachzahlungen und Vorauszahlungen, wenn sich diese ausschließlich auf Lohnzahlungszeiträume beziehen, die im Kalenderjahr der Zahlung enden,
7. Arbeitslohn für Lohnzahlungszeiträume des abgelaufenen Kalenderjahres, der innerhalb der ersten drei Wochen des nachfolgenden Kalenderjahres zufließt.

(2) [1]Ein sonstiger Bezug ist der Arbeitslohn, der nicht als laufender Arbeitslohn gezahlt wird. [2]Zu den sonstigen Bezügen gehören insbesondere einmalige Arbeitslohnzahlungen, die neben dem laufenden Arbeitslohn gezahlt werden, z. B.:

1. dreizehnte und vierzehnte Monatsgehälter,
2. einmalige Abfindungen und Entschädigungen,
3. Gratifikationen und Tantiemen, die nicht fortlaufend gezahlt werden,
4. Jubiläumszuwendungen,
5. Urlaubsgelder, die nicht fortlaufend gezahlt werden, und Entschädigungen zur Abgeltung nicht genommenen Urlaubs,
6. Vergütungen für Erfindungen,
7. Weihnachtszuwendungen,

8. Nachzahlungen und Vorauszahlungen, wenn sich der Gesamtbetrag oder ein Teilbetrag der Nachzahlung oder Vorauszahlung auf Lohnzahlungszeiträume bezieht, die in einem anderen Jahr als dem der Zahlung enden, **oder**, wenn Arbeitslohn für Lohnzahlungszeiträume des abgelaufenen Kalenderjahres später als drei Wochen nach Ablauf dieses Jahres zufließt,
9. Ausgleichszahlungen für die in der Arbeitsphase erbrachten Vorleistungen auf Grund eines Altersteilzeitverhältnisses im Blockmodell, das vor Ablauf der vereinbarten Zeit beendet wird,
10. Zahlungen innerhalb eines Kalenderjahres als viertel- oder halbjährliche Teilbeträge.

R 39b.3

S 2345

Freibeträge für Versorgungsbezüge

(1) [1]Werden Versorgungsbezüge als sonstige Bezüge gezahlt, ist § 39b Abs. 3 EStG anzuwenden. [2]Danach dürfen die Freibeträge für Versorgungsbezüge von dem sonstigen Bezug nur abgezogen werden, soweit sie bei der Feststellung des maßgebenden Jahresarbeitslohns nicht verbraucht sind. [3]Werden laufende Versorgungsbezüge erstmals gezahlt, nachdem im selben Kalenderjahr bereits Versorgungsbezüge als sonstige Bezüge gewährt worden sind, darf der Arbeitgeber die maßgebenden Freibeträge für Versorgungsbezüge bei den laufenden Bezügen nur berücksichtigen, soweit sie sich bei den sonstigen Bezügen nicht ausgewirkt haben. [4]Von Arbeitslohn, von dem die Lohnsteuer nach §§ 40 bis 40b EStG mit Pauschsteuersätzen erhoben wird, dürfen die Freibeträge für Versorgungsbezüge nicht abgezogen werden.

(2) Durch die Regelungen des Absatzes 1 wird die steuerliche Behandlung der Versorgungsbezüge beim Lohnsteuer-Jahresausgleich durch den Arbeitgeber oder bei einer Veranlagung zur Einkommensteuer nicht berührt.

R 39b.4

S 2365

Altersentlastungsbetrag beim Lohnsteuerabzug

(1) Der Altersentlastungsbetrag ist auch bei beschränkt einkommensteuerpflichtigen Arbeitnehmern abzuziehen (>§ 50 Abs. 1 Satz 3 EStG).

(2) [1]Wird Arbeitslohn als sonstiger Bezug gezahlt, ist § 39b Abs. 3 EStG anzuwenden. [2]Danach darf der Altersentlastungsbetrag von dem sonstigen Bezug nur abgezogen werden, soweit er bei der Feststellung des maßgebenden Jahresarbeitslohns nicht verbraucht ist. [3]Wird laufender Arbeitslohn erstmals gezahlt, nachdem im selben Kalenderjahr ein Altersentlastungsbetrag bereits bei sonstigen Bezügen berücksichtigt worden ist, darf der Arbeitgeber den maßgebenden steuerfreien Höchstbetrag bei den laufenden Bezügen nur berücksichtigen, soweit er sich bei den sonstigen Bezügen nicht ausgewirkt hat. [4]Von Arbeitslohn, von dem die Lohnsteuer nach §§ 40 bis 40b EStG mit Pauschsteuersätzen erhoben wird, darf der Altersentlastungsbetrag nicht abgezogen werden.

(3) Durch die Regelungen der Absätze 1 und 2 wird die steuerliche Behandlung des Altersentlastungsbetrags beim Lohnsteuer-Jahresausgleich durch den Arbeitgeber oder bei einer Veranlagung zur Einkommensteuer nicht berührt.

Einbehaltung der Lohnsteuer vom laufenden Arbeitslohn

R 39b.5

Allgemeines

(1) [1] Der Arbeitgeber hat die Lohnsteuer grundsätzlich bei jeder Zahlung vom Arbeitslohn einzubehalten (>§ 38 Abs. 3 EStG). [2] Reichen die dem Arbeitgeber zur Verfügung stehenden Mittel zur Zahlung des vollen vereinbarten Arbeitslohns nicht aus, hat er die Lohnsteuer von dem tatsächlich zur Auszahlung gelangenden niedrigeren Betrag zu berechnen und einzubehalten. [3] Der Lohnsteuerermittlung sind jeweils die Lohnsteuerabzugsmerkmale (>§ 39 EStG) zugrunde zu legen, die für den Tag gelten, an dem der Lohnzahlungszeitraum endet; dies gilt auch bei einem Wechsel des ersten Arbeitgebers (Hauptarbeitgeber) im Laufe des Lohnzahlungszeitraums. [4] Für Lohnzahlungen vor Ende des betreffenden Lohnzahlungszeitraums sind zunächst die zu diesem Zeitpunkt bereitgestellten Lohnsteuerabzugsmerkmale (§ 39e Abs. 5 EStG) zugrunde zu legen. [5] Werden nach einer solchen Lohnzahlung Lohnsteuerabzugsmerkmale bekannt, die auf den Lohnzahlungszeitraum zurückwirken, ist § 41c Abs. 1 Satz 1 Nr. 1 EStG anzuwenden. S 2367

Lohnzahlungszeitraum

(2) [1] Der Zeitraum, für den jeweils der laufende Arbeitslohn gezahlt wird, ist der Lohnzahlungszeitraum. [2] Ist ein solcher Zeitraum nicht feststellbar, tritt an seine Stelle die Summe der tatsächlichen Arbeitstage oder der tatsächlichen Arbeitswochen (>§ 39b Abs. 5 Satz 4 EStG). [3] Solange das Dienstverhältnis fortbesteht, sind auch solche in den Lohnzahlungszeitraum fallende Arbeitstage mitzuzählen, für die der Arbeitnehmer keinen steuerpflichtigen Arbeitslohn bezogen hat.

(3) [1] Wird der Arbeitslohn für einen Lohnzahlungszeitraum gezahlt, für den der steuerfreie Betrag oder der Hinzurechnungsbetrag den Lohnsteuerabzugsmerkmalen nicht unmittelbar entnommen werden kann, hat der Arbeitgeber für diesen Lohnzahlungszeitraum den zu berücksichtigenden Betrag selbst zu berechnen. [2] Er hat dabei von dem für den monatlichen Lohnzahlungszeitraum geltenden – also aufgerundeten – steuerfreien Betrag auszugehen.

Nachzahlungen, Vorauszahlungen

(4) [1] Stellen Nachzahlungen oder Vorauszahlungen laufenden Arbeitslohn dar (>R 39b.2 Abs. 1), ist die Nachzahlung oder Vorauszahlung für die Berechnung der Lohnsteuer den Lohnzahlungszeiträumen zuzurechnen, für die sie geleistet werden. [2] Es bestehen jedoch keine Bedenken, diese Nachzahlungen und Vorauszahlungen als sonstige Bezüge nach R 39b.6 zu behandeln, wenn nicht der Arbeitnehmer die Besteuerung nach Satz 1

verlangt; die Pauschalierung nach § 40 Abs. 1 Satz 1 Nr. 1 EStG ist nicht zulässig.

Abschlagszahlungen

(5) [1]Zahlt der Arbeitgeber den Arbeitslohn für den üblichen Lohnzahlungszeitraum nur in ungefährer Höhe (Abschlagszahlung) und nimmt er eine genaue Lohnabrechnung für einen längeren Zeitraum vor, braucht er nach § 39b Abs. 5 EStG die Lohnsteuer erst bei der Lohnabrechnung einzubehalten, wenn der Lohnabrechnungszeitraum fünf Wochen nicht übersteigt und die Lohnabrechnung innerhalb von drei Wochen nach Ablauf des Lohnabrechnungszeitraums erfolgt. [2]Die Lohnabrechnung gilt als abgeschlossen, wenn die Zahlungsbelege den Bereich des Arbeitgebers verlassen haben; auf den zeitlichen Zufluss der Zahlung beim Arbeitnehmer kommt es nicht an. [3]Wird die Lohnabrechnung für den letzten Abrechnungszeitraum des abgelaufenen Kalenderjahres erst im nachfolgenden Kalenderjahr, aber noch innerhalb der Dreiwochenfrist vorgenommen, handelt es sich um Arbeitslohn und einbehaltene Lohnsteuer dieses Lohnabrechnungszeitraums; der Arbeitslohn und die Lohnsteuer sind deshalb im Lohnkonto und in den Lohnsteuerbelegen des abgelaufenen Kalenderjahres zu erfassen. [4]Die einbehaltene Lohnsteuer ist aber für die Anmeldung und Abführung als Lohnsteuer des Kalendermonats bzw. Kalendervierteljahres zu erfassen, in dem die Abrechnung tatsächlich vorgenommen wird.

H 39b.5

Hinweise

Abschlagszahlungen

Beispiele zum Zeitpunkt der Lohnsteuereinbehaltung:

A. Ein Arbeitgeber mit monatlichen Abrechnungszeiträumen leistet jeweils am 20. eines Monats eine Abschlagszahlung. Die Lohnabrechnung wird am 10. des folgenden Monats mit der Auszahlung von Spitzenbeträgen vorgenommen.

   Der Arbeitgeber ist berechtigt, auf eine Lohnsteuereinbehaltung bei der Abschlagszahlung zu verzichten und die Lohnsteuer erst bei der Schlussabrechnung einzubehalten.

B. Ein Arbeitgeber mit monatlichen Abrechnungszeiträumen leistet jeweils am 28. für den laufenden Monat eine Abschlagszahlung und nimmt die Lohnabrechnung am 28. des folgenden Monats vor.

   Die Lohnsteuer ist bereits von der Abschlagszahlung einzubehalten, da die Abrechnung nicht innerhalb von drei Wochen nach Ablauf des Lohnabrechnungszeitraums erfolgt.

C. Auf den Arbeitslohn für Dezember werden Abschlagszahlungen geleistet. Die Lohnabrechnung erfolgt am 15.1..

   Die dann einzubehaltende Lohnsteuer ist spätestens am 10.2. als Lohnsteuer des Monats Januar anzumelden und abzuführen. Sie gehört gleichwohl zum Arbeitslohn des abgelaufenen Kalenderjahres und ist in die Lohnsteuerbescheinigung für das abgelaufene Kalenderjahr aufzunehmen.

Nachzahlungen

Beispiel zur Berechnung der Lohnsteuer:

Ein Arbeitnehmer mit einem laufenden Bruttoarbeitslohn von 2.000 € monatlich erhält im September eine Nachzahlung von 400 € für die Monate Januar bis August.

Von dem Monatslohn von 2.000 € ist nach der maßgebenden Steuerklasse eine Lohnsteuer von 100 € einzubehalten. Von dem um die anteilige Nachzahlung erhöhten Monatslohn von 2.050 € ist eine Lohnsteuer von 115 € einzubehalten. Auf die anteilige monatliche Nachzahlung von 50 € entfällt mithin eine Lohnsteuer von 15 €. Dieser Betrag, vervielfacht mit der Zahl der in Betracht kommenden Monate, ergibt dann die Lohnsteuer für die Nachzahlung (15 € x 8 =) 120 €.

Einbehaltung der Lohnsteuer von sonstigen Bezügen

R 39b.6

Allgemeines

(1) [1]Von einem sonstigen Bezug ist die Lohnsteuer stets in dem Zeitpunkt einzubehalten, in dem er zufließt. [2]Der Lohnsteuerermittlung sind die Lohnsteuerabzugsmerkmale zugrunde zu legen, die zum Ende des Kalendermonats des Zuflusses gelten. [3]Der maßgebende Arbeitslohn (§ 39b Abs. 3 EStG) kann nach Abzug eines Freibetrags auch negativ sein. S 2368

Voraussichtlicher Jahresarbeitslohn

(2) [1]Zur Ermittlung der von einem sonstigen Bezug einzubehaltenden Lohnsteuer ist jeweils der voraussichtliche Jahresarbeitslohn des Kalenderjahres zugrunde zu legen, in dem der sonstige Bezug dem Arbeitnehmer zufließt. [2]Dabei sind der laufende Arbeitslohn, der für die im Kalenderjahr bereits abgelaufenen Lohnzahlungszeiträume zugeflossen ist, und die in diesem Kalenderjahr bereits gezahlten sonstigen Bezüge mit dem laufenden Arbeitslohn zusammenzurechnen, der sich voraussichtlich für die Restzeit des Kalenderjahres ergibt. [3]Statt dessen kann der voraussichtlich für die Restzeit des Kalenderjahres zu zahlende laufende Arbeitslohn durch Umrechnung des bisher zugeflossenen laufenden Arbeitslohns ermittelt werden. [4]Künftige sonstige Bezüge, deren Zahlung bis zum Ablauf des Kalenderjahres zu erwarten ist, sind nicht zu erfassen.

Sonstige Bezüge nach Ende des Dienstverhältnisses

(3) [1]Werden sonstige Bezüge gezahlt, nachdem der Arbeitnehmer aus dem Dienstverhältnis ausgeschieden ist, sind der Lohnsteuerermittlung die Lohnsteuerabzugsmerkmale zugrunde zu legen, die zum Ende des Kalendermonats des Zuflusses gelten. [2]Der voraussichtliche Jahresarbeitslohn ist auf der Grundlage der Angaben des Arbeitnehmers zu ermitteln. [3]Macht der Arbeitnehmer keine Angaben, ist der beim bisherigen Arbeitgeber zugeflossene Arbeitslohn auf einen Jahresbetrag hochzurechnen. [4]Eine Hochrechnung ist nicht erforderlich, wenn mit dem Zufließen von weiterem Arbeitslohn im Laufe des Kalenderjahres, z. B. wegen Alters oder Erwerbsunfähigkeit, nicht zu rechnen ist.

Zusammentreffen regulär und ermäßigt besteuerter sonstiger Bezüge

(4) Trifft ein sonstiger Bezug im Sinne von § 39b Abs. 3 Satz 1 bis 7 EStG mit einem sonstigen Bezug i. S. d. § 39b Abs. 3 Satz 9 EStG zusammen, ist zunächst die Lohnsteuer für den sonstigen Bezug i. S. d. § 39b Abs. 3 Satz 1 bis 7 EStG und danach die Lohnsteuer für den anderen sonstigen Bezug zu ermitteln.

Regulär zu besteuernde Entschädigungen

(5) [1] Liegen bei einer Entschädigung im Sinne des § 24 Nr. 1 EStG die Voraussetzungen für die Steuerermäßigung nach § 34 EStG nicht vor, ist die Entschädigung als regulär zu besteuernder sonstiger Bezug zu behandeln. [2] Es ist aus Vereinfachungsgründen nicht zu beanstanden, wenn dieser sonstige Bezug bei der Anwendung des § 39b Abs. 2 Satz 5 Nr. 3 Buchstabe a bis c EStG berücksichtigt wird.

H 39b.6

Hinweise

Beispiele:

A. Berechnung des voraussichtlichen Jahresarbeitslohnes

Ein Arbeitgeber X zahlt im September einen sonstigen Bezug von 1.200 € an einen Arbeitnehmer. Der Arbeitnehmer hat seinem Arbeitgeber zwei Ausdrucke der elektronischen Lohnsteuerbescheinigungen seiner vorigen Arbeitgeber vorgelegt:

a) Dienstverhältnis beim Arbeitgeber A vom 1.1. bis 31.3., Arbeitslohn	8.400 €
b) Dienstverhältnis beim Arbeitgeber B vom 1.5. bis 30.6., Arbeitslohn	4.200 €

Der Arbeitnehmer war im April arbeitslos. Beim Arbeitgeber X steht der Arbeitnehmer seit dem 1.7. in einem Dienstverhältnis; er hat für die Monate Juli und August ein Monatsgehalt von 2.400 € bezogen, außerdem erhielt er am 20.8. einen sonstigen Bezug von 500 €. Vom ersten September an erhält er ein Monatsgehalt von 2.800 € zuzüglich eines weiteren halben (13.) Monatsgehalts am 1.12.

Der vom Arbeitgeber im September zu ermittelnde voraussichtliche Jahresarbeitslohn (ohne den sonstigen Bezug, für den die Lohnsteuer ermittelt werden soll) beträgt hiernach:

Arbeitslohn 1.1. bis 30.6. (8.400 € + 4.200 €)	12.600 €
Arbeitslohn 1.7. bis 31.8. (2 x 2.400 € + 500 €)	5.300 €
Arbeitslohn 1.9. bis 31.12. (voraussichtlich 4 x 2.800 €)	11.200 €
	29.100 €

Das halbe 13. Monatsgehalt ist ein zukünftiger sonstiger Bezug und bleibt daher außer Betracht.

Abwandlung 1:

Legt der Arbeitnehmer seinem Arbeitgeber X zwar den Nachweis über seine Arbeitslosigkeit im April, nicht aber die Ausdrucke der elektronischen Lohnsteuerbescheinigungen der Arbeitgeber A und B vor, ergibt sich folgender voraussichtliche Jahresarbeitslohn:

Arbeitslohn 1.1. bis 30.6. (5 x 2.800 €)	14.000 €
Arbeitslohn 1.7. bis 31.8. (2 x 2.400 € + 500 €)	5.300 €
Arbeitslohn 1.9. bis 31.12. (voraussichtlich 4 x 2.800 €)	11.200 €
	30.500 €

Abwandlung 2:

Ist dem Arbeitgeber X nicht bekannt, dass der Arbeitnehmer im April arbeitslos war, ist der Arbeitslohn für die Monate Januar bis Juni mit 6 x 2.800 € = 16.800 € zu berücksichtigen.

B. Berechnung des voraussichtlichen Jahresarbeitslohns bei Versorgungsbezügen i. V. m. einem sonstigen Bezug

Ein Arbeitgeber zahlt im April einem 65jährigen Arbeitnehmer einen sonstigen Bezug (Umsatzprovision für das vorangegangene Kalenderjahr) in Höhe von 5.000 €. Der Arbeitnehmer ist am 28.2.***2022*** in den Ruhestand getreten. Der Arbeitslohn betrug bis dahin monatlich 2.300 €. Seit dem 1.3.***2022*** erhält der Arbeitnehmer neben dem Altersruhegeld aus der gesetzlichen Rentenversicherung Versorgungsbezüge i. S. d. § 19 Abs. 2 EStG von monatlich 900 €. Außerdem hat das Finanzamt einen Jahresfreibetrag von 750 € festgesetzt.

Der maßgebende Jahresarbeitslohn, der zu versteuernde Teil des sonstigen Bezugs und die einzubehaltende Lohnsteuer sind wie folgt zu ermitteln:

I. Neben dem Arbeitslohn für die Zeit vom 1.1. bis 28.2. von (2 x 2.300 €)	4.600,00 €
gehören zum voraussichtlichen Jahresarbeitslohn die Versorgungsbezüge vom 1.3. an mit monatlich 900 €; voraussichtlich werden gezahlt (10 x 900 €)	9.000,00 €
Der voraussichtliche Jahresarbeitslohn beträgt somit	13.600,00 €
II. Vom voraussichtlichen Jahresarbeitslohn sind folgende Beträge abzuziehen (>§ 39b Abs. 3 Satz 3 EStG):	
a) der zeitanteilige Versorgungsfreibetrag und der Zuschlag zum Versorgungsfreibetrag, unabhängig von der Höhe der bisher berücksichtigten Freibeträge für Versorgungsbezüge) (***14,4*** % von 10.800 €[1]) = ***1.555,20*** € höchstens ***1.080*** € zuzüglich ***324*** € = ***1.404*** €, davon $^{10}/_{12}$)	***1.170,00 €***
b) der Altersentlastungsbetrag unabhängig von der Höhe des bisher berücksichtigten Betrags (***14,4*** % von 4.600 € = ***662,40*** € höchstens ***684*** €)	***662,40*** €
c) vom Finanzamt festgesetzter Freibetrag von jährlich	750,00 €
Gesamtabzugsbetrag somit	***2.582,40*** €
III. Der maßgebende Jahresarbeitslohn beträgt somit (13.600 € ./. ***2.582,40*** €)	***11.017,60*** €

[1]) Maßgebend ist der erste Versorgungsbezug (900 €) x 12 Monate >§ 19 Abs. 2 Satz 4.

IV.	Von dem sonstigen Bezug in Höhe von ist der Altersentlastungsbetrag in Höhe von ***14,4*** %, höchstens jedoch der Betrag, um den der Jahreshöchstbetrag von ***684*** € den bei Ermittlung des maßgebenden Jahresarbeitslohns abgezogenen Betrag überschreitet, abzuziehen	5.000,00 €
V.	(***14,4*** % von 5.000 € = ***720*** €, höchstens ***684*** € abzüglich ***662,40*** €)	***21,60*** €
	Der zu versteuernde Teil des sonstigen Bezugs beträgt somit	***4.978,40*** €
VI.	Der maßgebende Jahresarbeitslohn einschließlich des sonstigen Bezugs beträgt somit (***11.017,60*** € + ***4.978,40*** €)	***15.996,00*** €

C. Berechnung der Lohnsteuer beim gleichzeitigen Zufluss eines regulär und eines ermäßigt besteuerten sonstigen Bezugs

Ein Arbeitgeber zahlt seinem Arbeitnehmer, dessen Jahresarbeitslohn 40.000 € beträgt, im Dezember einen sonstigen Bezug (Weihnachtsgeld) in Höhe von 3.000 € und daneben eine Jubiläumszuwendung von 2.500 €, von dem die Lohnsteuer nach § 39b Abs. 3 Satz 9 i. V. m. § 34 EStG einzubehalten ist.

Die Lohnsteuer ist wie folgt zu ermitteln:

		darauf entfallende Lohnsteuer		
Jahresarbeitslohn	40.000 €	9.000 €		
zzgl. Weihnachtsgeld	3.000 €			
	43.000 €	10.000 €	= LSt auf das Weihnachtsgeld	1.000 €
zzgl. $^1/_5$ der Jubiläumszuwendung	500 €			
=	43.500 €	10.150 €	= LSt auf $^1/_5$ der Jubiläumszuwendung = 150 € x 5	750 €
			LSt auf beide sonstigen Bezüge =	1.750 €

D. Berechnung der Lohnsteuer bei einem ermäßigt besteuerten sonstigen Bezug im Zusammenspiel mit einem Freibetrag

Ein Arbeitgeber zahlt seinem ledigen Arbeitnehmer, dessen Jahresarbeitslohn 78.000 € beträgt, im Dezember eine steuerpflichtige Abfindung von 62.000 €, von der die Lohnsteuer nach § 39b Abs. 3 Satz 9 i. V. m. § 34 EStG einzubehalten ist. Das Finanzamt hat einen Freibetrag (Verlust V+V) i. H. v. 80.000 € festgesetzt.

Die Lohnsteuer ist wie folgt zu ermitteln:

Jahresarbeitslohn	78.000 €
abzüglich Freibetrag	80.000 €
	./. 2.000 €
zuzüglich Abfindung	62.000 €
Zwischensumme	60.000 €

davon $^1/_5$	12.000 €
darauf entfallende Lohnsteuer	200 €
Lohnsteuer auf die Abfindung (5 x 200 €)	1.000 €

Fünftelungsregelung

– >BMF vom 1.11.2013 (BStBl I S. 1326) geändert durch BMF vom 4.3.2016 (BStBl I S. 277). Anhang 15
– Die Fünftelungsregelung ist nicht anzuwenden, wenn sie zu einer höheren Steuer führt als die Besteuerung als nicht begünstigter sonstiger Bezug (>BMF vom 10.1.2000 – BStBl I S. 138). Anhang 4
– Bei Jubiläumszuwendungen kann der Arbeitgeber im Lohnsteuerabzugsverfahren eine Zusammenballung unterstellen, wenn die Zuwendung an einen Arbeitnehmer gezahlt wird, der voraussichtlich bis Ende des Kalenderjahres nicht aus dem Dienstverhältnis ausscheidet (>BMF vom 10.1.2000 – BStBl I S. 138). Anhang 4
– Bei Aktienoptionsprogrammen kann die Fünftelungsregelung angewendet werden, wenn die Laufzeit zwischen Einräumung und Ausübung der Optionsrechte mehr als 12 Monate beträgt und der Arbeitnehmer in dieser Zeit auch bei seinem Arbeitgeber beschäftigt ist. Dies gilt auch dann, wenn dem Arbeitnehmer wiederholt Aktienoptionen eingeräumt worden sind und die jeweilige Option nicht in vollem Umfang in einem Kalenderjahr ausgeübt worden ist (>BFH vom 18.12.2007 – BStBl 2008 II S. 294).

Regelmäßig wiederkehrende Einnahmen

Nach § 11 Abs. 1 Satz 2 EStG gelten regelmäßig wiederkehrende Einnahmen, die dem Stpfl. kurze Zeit vor Beginn oder kurze Zeit nach Beendigung des Kalenderjahres zugeflossen sind, als in dem Kalenderjahr bezogen, zu dem sie wirtschaftlich gehören. Diese Regelung ist auf sonstige Bezüge nicht anwendbar (>BFH vom 24.8.2017 – BStBl 2018 II S. 72).

Vergütung für eine mehrjährige Tätigkeit

>R 34.4 EStR, H 34.4 EStH

Wechsel der Art der Steuerpflicht

Bei der Berechnung der Lohnsteuer für einen sonstigen Bezug, der einem (ehemaligen) Arbeitnehmer nach einem Wechsel von der unbeschränkten in die beschränkte Steuerpflicht in diesem Kalenderjahr zufließt, ist der während der Zeit der unbeschränkten Steuerpflicht gezahlte Arbeitslohn im Jahresarbeitslohn zu berücksichtigen (>BFH vom 25.8.2009 – BStBl 2010 II S. 150).

R 39b.7

– unbesetzt –

H 39b.7

Hinweise

Ermittlung der Vorsorgepauschale im Lohnsteuerabzugsverfahren

Anhang 30a

>BMF vom 26.11.2013 (BStBl I S. 1532)

R 39b.8

S 2367

Permanenter Lohnsteuer-Jahresausgleich[1])

[1] Nach § 39b Abs. 2 Satz 12 EStG darf das Betriebsstättenfinanzamt zulassen, dass die Lohnsteuer nach dem voraussichtlichen Jahresarbeitslohn ermittelt wird (so genannter permanenter Lohnsteuer-Jahresausgleich). [2] Voraussetzung für den permanenten Lohnsteuer-Jahresausgleich ist, dass

1. der Arbeitnehmer unbeschränkt einkommensteuerpflichtig ist[2]),
2. der Arbeitnehmer seit Beginn des Kalenderjahres ständig in einem Dienstverhältnis gestanden hat,
3. die zutreffende Jahreslohnsteuer (>§ 38a Abs. 2 EStG) nicht unterschritten wird,
4. bei der Lohnsteuerberechnung kein Freibetrag oder Hinzurechnungsbetrag zu berücksichtigen war,
5. das Faktorverfahren nicht angewandt wurde,
6. der Arbeitnehmer kein Kurzarbeitergeld einschl. Saison-Kurzarbeitergeld, keinen Zuschuss zum Mutterschaftsgeld nach dem Mutterschutzgesetz oder § 3 der Mutterschutz- und Elternzeitverordnung oder einer entsprechenden Landesregelung, keine Entschädigung für Verdienstausfall nach dem Infektionsschutzgesetz, keine Aufstockungsbeträge nach dem AltTZG und keine Zuschläge auf Grund § 6 Abs. 2 des Bundesbesoldungsgesetzes (BBesG) bezogen hat,
7. im Lohnkonto oder in der Lohnsteuerbescheinigung kein Großbuchstabe U eingetragen ist,
8. im Kalenderjahr im Rahmen der Vorsorgepauschale jeweils nicht nur zeitweise Beträge nach § 39b Abs. 2 Satz 5 Nr. 3 Buchstabe a bis d EStG oder der Beitragszuschlag nach § 39b Abs. 2 Satz 5 Nr. 3 Buchstabe c EStG berücksichtigt wurden und – bezogen auf den Teilbetrag der Vorsorgepauschale für die Rentenversicherung – der Arbeitnehmer innerhalb des Kalenderjahres durchgängig zum Anwendungsbereich nur einer Beitragsbemessungsgrenze (West oder Ost) gehörte und – bezogen auf den Teilbetrag der Vorsorgepauschale für die Rentenversicherung oder die gesetzliche Kranken- und soziale Pflegeversicherung – innerhalb des Kalenderjahres durchgängig ein Beitragssatz anzuwenden war,

1) zum permanenten Lohnsteuer-Jahresausgleich bei kurzfristig Beschäftigten in Steuerklasse VI >§ 39b Abs. 2 Satz 13 ff.

2) Der Lohnsteuer-Jahresausgleich ist auch für beschränkt steuerpflichtige Arbeitnehmer zulässig >§ 42b Abs. 1 Satz 1.

9. der Arbeitnehmer keinen Arbeitslohn bezogen hat, der nach einem Doppelbesteuerungsabkommen oder nach dem Auslandstätigkeitserlass von der deutschen Lohnsteuer freigestellt ist.

[3]Auf die Steuerklasse des Arbeitnehmers kommt es nicht an. [4]Sind die in Satz 2 bezeichneten Voraussetzungen erfüllt, gilt die Genehmigung des Betriebsstättenfinanzamts grundsätzlich als erteilt, wenn sie nicht im Einzelfall widerrufen wird. [5]Die besondere Lohnsteuerermittlung nach dem voraussichtlichen Jahresarbeitslohn beschränkt sich im Übrigen auf den laufenden Arbeitslohn; für die Lohnsteuerermittlung von sonstigen Bezügen sind stets § 39b Abs. 3 EStG und R 39b.6 anzuwenden. [6]Zur Anwendung des besonderen Verfahrens ist nach Ablauf eines jeden Lohnzahlungszeitraums oder – in den Fällen des § 39b Abs. 5 EStG – Lohnabrechnungszeitraums der laufende Arbeitslohn der abgelaufenen Lohnzahlungs- oder Lohnabrechnungszeiträume auf einen Jahresbetrag hochzurechnen, z. B. der laufende Arbeitslohn für die Monate Januar bis April x 3. [7]Von dem Jahresbetrag sind die Freibeträge für Versorgungsbezüge (>§ 19 Abs. 2 EStG) und der Altersentlastungsbetrag (>§ 24a EStG) abzuziehen, wenn die Voraussetzungen für den Abzug jeweils erfüllt sind. [8]Für den verbleibenden Jahreslohn ist die Jahreslohnsteuer zu ermitteln. [9]Dabei ist die für den Lohnzahlungszeitraum geltende Steuerklasse maßgebend. [10]Sodann ist der Teilbetrag der Jahreslohnsteuer zu ermitteln, der auf die abgelaufenen Lohnzahlungs- oder Lohnabrechnungszeiträume entfällt. [11]Von diesem Steuerbetrag ist die Lohnsteuer abzuziehen, die von dem laufenden Arbeitslohn der abgelaufenen Lohnzahlungs- oder Lohnabrechnungszeiträume bereits erhoben worden ist; der Restbetrag ist die Lohnsteuer, die für den zuletzt abgelaufenen Lohnzahlungs- oder Lohnabrechnungszeitraum zu erheben ist. [12]In den Fällen, in denen die maßgebende Steuerklasse während des Kalenderjahres gewechselt hat, ist anstelle der Lohnsteuer, die vom laufenden Arbeitslohn der abgelaufenen Lohnzahlungs- oder Lohnabrechnungszeiträume erhoben worden ist, die Lohnsteuer abzuziehen, die nach der zuletzt maßgebenden Steuerklasse vom laufenden Arbeitslohn bis zum vorletzten abgelaufenen Lohnzahlungs- oder Lohnabrechnungszeitraum zu erheben gewesen wäre.

Besteuerung des Nettolohns

R 39b.9

S 2367

(1) [1]Will der Arbeitgeber auf Grund einer Nettolohnvereinbarung die auf den Arbeitslohn entfallende Lohnsteuer, den Solidaritätszuschlag, die Kirchensteuer und den Arbeitnehmeranteil am Gesamtsozialversicherungsbeitrag selbst tragen, sind die von ihm übernommenen Abzugsbeträge Teile des Arbeitslohns, die dem Nettolohn zur Steuerermittlung hinzugerechnet werden müssen. [2]Die Lohnsteuer ist aus dem Bruttoarbeitslohn zu berechnen, der nach Minderung um die übernommenen Abzugsbeträge den Nettobetrag ergibt. [3]Dies gilt sinngemäß, wenn der Arbeitgeber nicht alle Abzugsbeträge übernehmen will. [4]Ein beim Lohnsteuerabzug zu berücksichtigender Freibetrag, die Freibeträge für Versorgungsbezüge, der Altersentlastungsbetrag und ein Hinzurechnungsbetrag sind beim Bruttoarbeitslohn zu

berücksichtigen. [5]Führen mehrere Bruttoarbeitslöhne zum gewünschten Nettolohn, kann der niedrigste Bruttoarbeitslohn zugrunde gelegt werden.

(2) [1]Sonstige Bezüge, die netto gezahlt werden, z. B. Nettogratifikationen, sind nach § 39b Abs. 3 EStG zu besteuern. [2]R 39b.6 ist mit der Maßgabe anzuwenden, dass bei der Ermittlung des maßgebenden Jahresarbeitslohns der voraussichtliche laufende Jahresarbeitslohn und frühere, netto gezahlte sonstige Bezüge mit den entsprechenden Bruttobeträgen nach Absatz 1 anzusetzen sind. [3]Diese Bruttobeträge sind auch bei späterer Zahlung sonstiger Bezüge im selben Kalenderjahr bei der Ermittlung des maßgebenden Jahresarbeitslohns zugrunde zu legen.

(3) [1]Bei der manuellen Berechnung der Lohnsteuer anhand von Lohnsteuertabellen wird eine Nettolohnvereinbarung mit steuerlicher Wirkung nur anerkannt, wenn sich gegenüber der maschinellen Lohnsteuerberechnung keine Abweichungen ergeben. [2]Geringfügige Abweichungen auf Grund des Lohnstufenabstands (§ 51 Abs. 4 Nr. 1a EStG) sind hier jedoch unbeachtlich.

(4) Im Lohnkonto und in den Lohnsteuerbescheinigungen sind die nach den Absätzen 1 und 2 ermittelten Bruttoarbeitslöhne anzugeben.

H 39b.9

Hinweise

Anerkennung einer Nettolohnvereinbarung

Eine Nettolohnvereinbarung mit steuerlicher Wirkung kann nur bei einwandfreier Gestaltung anerkannt werden (>BFH vom 18.1.1957 – BStBl III S. 116, vom 18.5.1972 – BStBl II S. 816, vom 12.12.1979 – BStBl 1980 II S. 257 und vom 28.2.1992 – BStBl II S. 733).

Einkommensteuernachzahlung bei Nettolohnvereinbarung

Leistet der Arbeitgeber bei einer Nettolohnvereinbarung für den Arbeitnehmer eine Einkommensteuernachzahlung für einen vorangegangenen VZ, wendet er dem Arbeitnehmer Arbeitslohn zu, der dem Arbeitnehmer als sonstiger Bezug im Zeitpunkt der Zahlung zufließt. Der in der Tilgung der persönlichen Einkommensteuerschuld des Arbeitnehmers durch den Arbeitgeber liegende Vorteil unterliegt der Einkommensteuer. Er ist deshalb auf einen Bruttobetrag hochzurechnen (>BFH vom 3.9.2015 – BStBl 2016 II S. 31).

Finanzrechtsweg bei Nettolohnvereinbarung

Bei einer Nettolohnvereinbarung ist für Streitigkeiten über die Höhe des in der Lohnsteuerbescheinigung auszuweisenden Bruttoarbeitslohns der Finanzrechtsweg nicht gegeben. Ein unzutreffender Lohnsteuerabzug kann durch Einwendungen gegen die Lohnsteuerbescheinigung nicht berichtigt werden (>BFH vom 13.12.2007 – BStBl 2008 II S. 434).

Steuerschuldner bei Nettolohnvereinbarung

bleibt der Arbeitnehmer (>BFH vom 19.12.1960 – BStBl 1961 III S. 170).

Anwendung von Doppelbesteuerungsabkommen

R 39b.10

S 2366

[1]Ist die Steuerbefreiung nach einem Doppelbesteuerungsabkommen antragsunabhängig, hat das Betriebsstättenfinanzamt gleichwohl auf Antrag eine Freistellungsbescheinigung zu erteilen. [2]Das Finanzamt hat in der Bescheinigung den Zeitraum anzugeben, für den sie gilt. [3]Dieser Zeitraum darf grundsätzlich drei Jahre nicht überschreiten und soll mit Ablauf eines Kalenderjahres enden. [4]Die Bescheinigung ist vom Arbeitgeber als Beleg zum Lohnkonto aufzubewahren. [5]Der Verzicht auf den Lohnsteuerabzug schließt die Berücksichtigung des Progressionsvorbehalts (>§ 32b EStG) bei einer Veranlagung des Arbeitnehmers zur Einkommensteuer nicht aus. [6]Die Nachweispflicht nach § 50d Abs. 8 EStG betrifft nicht das Lohnsteuerabzugsverfahren.

Hinweise

H 39b.10

Abfindungen

>§ 50d Abs. 12 EStG

>BMF vom 3.5.2018 (BStBl I S. 643), Tz. 5.5.5 (Rn. 220 ff.) Anhang 12 II

Antragsabhängige Steuerbefreiung nach DBA

Der Lohnsteuerabzug darf nur dann unterbleiben, wenn das Betriebsstättenfinanzamt bescheinigt, dass der Arbeitslohn nicht der deutschen Lohnsteuer unterliegt (>BFH vom 10.5.1989 – BStBl II S. 755).

Anwendung der 183-Tage-Klausel

>BMF vom 3.5.2018 (BStBl I S. 643), Tz. 4 (Rn. 80 ff.) Anhang 12 II

Aufteilung des Arbeitslohns

>BMF vom 14.3.2017 (BStBl I S. 473) zur Ermittlung des steuerfreien und steuerpflichtigen Arbeitslohns nach den DBA und dem Auslandstätigkeitserlass Anhang 12 IV

Doppelbesteuerungsabkommen

Stand 1.1. 2021 >BMF vom ***18.2.2021*** (BStBl I S. ***295***) Anhang 12 I

Stand 1.1.2022 >BMF vom . . (BStBl I S.)

EU-Tagegeld

>BMF vom 12.4.2006 (BStBl I S. 340)

Gastlehrkräfte

>BMF vom 10.1.1994 (BStBl I S. 14) Anhang 12 III

Organe einer Kapitalgesellschaft

>BMF vom 3.5.2018 (BStBl I S. 643), Tz. 6.1 (Rn. 307 ff.) Anhang 12 II

Rückfallklausel

Anhang 12 II

Die Rückfallklausel nach § 50d Abs. 8 EStG ist für das Lohnsteuerabzugsverfahren und die Fälle des Auslandstätigkeitserlasses nicht anzuwenden (>BMF vom 3.5.2018 – BStBl I S. 643, Rn. 49). Das gilt auch für die Anwendung des § 50d Abs. 9 EStG (>BMF vom 14.3.2017 – BStBl I S. 473, Rdnr. 27).

Steuerabzugsrecht trotz DBA

Nach Art. 29 Abs. 1 DBA-USA wird das deutsche Recht zur Vornahme des Lohnsteuerabzugs nach innerstaatlichem Recht nicht berührt. Gemäß Art. 29 Abs. 2 DBA-USA ist die im Abzugsweg erhobene Steuer auf Antrag zu erstatten (>H 41c.1 Erstattungsantrag), soweit das DBA-USA ihre Erhebung einschränkt. Daher kann der Arbeitgeber ohne eine Freistellungsbescheinigung des Betriebsstättenfinanzamts nicht vom Steuereinbehalt absehen. Das gilt entsprechend für alle anderen DBA, die vergleichbare Regelungen enthalten (>BMF vom 25.6.2012 – BStBl I S. 692).

§ 39c

Einbehaltung der Lohnsteuer ohne Lohnsteuerabzugsmerkmale

(1) [1]Solange der Arbeitnehmer dem Arbeitgeber zum Zweck des Abrufs der elektronischen Lohnsteuerabzugsmerkmale (§ 39e Absatz 4 Satz 1) die ihm zugeteilte Identifikationsnummer sowie den Tag der Geburt schuldhaft nicht mitteilt oder das Bundeszentralamt für Steuern die Mitteilung elektronischer Lohnsteuerabzugsmerkmale ablehnt, hat der Arbeitgeber die Lohnsteuer nach Steuerklasse VI zu ermitteln. [2]Kann der Arbeitgeber die elektronischen Lohnsteuerabzugsmerkmale wegen technischer Störungen nicht abrufen oder hat der Arbeitnehmer die fehlende Mitteilung der ihm zuzuteilenden Identifikationsnummer nicht zu vertreten, hat der Arbeitgeber für die Lohnsteuerberechnung die voraussichtlichen Lohnsteuerabzugsmerkmale im Sinne des § 38b längstens für die Dauer von drei Kalendermonaten zu Grunde zu legen. [3]Hat nach Ablauf der drei Kalendermonate der Arbeitnehmer die Identifikationsnummer sowie den Tag der Geburt nicht mitgeteilt, ist rückwirkend Satz 1 anzuwenden. [4]Sobald dem Arbeitgeber in den Fällen des Satzes 2 die elektronischen Lohnsteuerabzugsmerkmale vorliegen, sind die Lohnsteuerermittlungen für die vorangegangenen Monate zu überprüfen und, falls erforderlich, zu ändern. [5]Die zu wenig oder zu viel einbehaltene Lohnsteuer ist jeweils bei der nächsten Lohnabrechnung auszugleichen.

(2) [1]Ist ein Antrag nach § 39 Absatz 3 Satz 1 oder § 39e Absatz 8 nicht gestellt, hat der Arbeitgeber die Lohnsteuer nach Steuerklasse VI zu ermitteln. [2]Legt der Arbeitnehmer binnen sechs Wochen nach Eintritt in das Dienstverhältnis oder nach Beginn des Kalenderjahres eine Bescheinigung für den Lohnsteuerabzug vor, ist Absatz 1 Satz 4 und 5 sinngemäß anzuwenden.

(3) [1]In den Fällen des § 38 Absatz 3a Satz 1 kann der Dritte die Lohnsteuer für einen sonstigen Bezug mit 20 Prozent unabhängig von den Lohnsteuerabzugsmerkmalen des Arbeitnehmers ermitteln, wenn der maßgebende Jahresarbeitslohn nach § 39b Absatz 3 zuzüglich des sonstigen Bezugs 10.000 Euro nicht übersteigt. [2]Bei der Feststellung des maßgebenden Jahresarbeitslohns sind nur die Lohnzahlungen des Dritten zu berücksichtigen.

Lohnsteuerabzug durch Dritte ohne Lohnsteuerabzugsmerkmale

R 39c

S 2366

[1]Ist ein Dritter zum Lohnsteuerabzug verpflichtet, weil er tarifvertragliche Ansprüche eines Arbeitnehmers eines anderen Arbeitgebers unmittelbar zu erfüllen hat (§ 38 Abs. 3a Satz 1 EStG), kann der Dritte die Lohnsteuer für einen sonstigen Bezug unter den Voraussetzungen des § 39c Abs. 3 EStG mit 20 % unabhängig von den für den Arbeitnehmer geltenden Lohnsteuerabzugsmerkmalen ermitteln. [2]Es handelt sich dabei nicht um eine pauschale Lohnsteuer i. S. d. §§ 40 ff. EStG. [3]Schuldner der Lohnsteuer bleibt im Falle des § 39c Abs. 3 EStG der Arbeitnehmer. [4]Der versteuerte

Arbeitslohn ist im Rahmen einer Einkommensteuerveranlagung des Arbeitnehmers zu erfassen und die pauschal erhobene Lohnsteuer auf die Einkommensteuerschuld anzurechnen. [5] Der Dritte hat daher dem Arbeitnehmer eine besondere Lohnsteuerbescheinigung auszustellen und die einbehaltene Lohnsteuer zu bescheinigen (§ 41b EStG).

H 39c

Hinweise

Fehlerhafte Bescheinigung

>H 41c.3 (Einzelfälle)

Lohnsteuer-Ermäßigungsverfahren

Im Lohnsteuer-Ermäßigungsverfahren kann auf die Bestätigung der ausländischen Steuerbehörde in der Anlage Grenzpendler EU/EWR bzw. Anlage Grenzpendler außerhalb EU/EWR verzichtet werden, wenn für einen der beiden vorangegangenen Veranlagungszeiträume bereits eine von der ausländischen Steuerbehörde bestätigte Anlage vorliegt und sich die Verhältnisse nach Angaben des Steuerpflichtigen nicht geändert haben (>BMF vom 25.11.1999 – BStBl I S. 990).

S 2369

§ 39d

(weggefallen)

§ 39e

S 2363

Verfahren zur Bildung und Anwendung der elektronischen Lohnsteuerabzugsmerkmale

(1) [1]Das Bundeszentralamt für Steuern bildet für jeden Arbeitnehmer grundsätzlich automatisiert die Steuerklasse und für die bei den Steuerklassen I bis IV zu berücksichtigenden Kinder die Zahl der Kinderfreibeträge nach § 38b Absatz 2 Satz 1 als Lohnsteuerabzugsmerkmale (§ 39 Absatz 4 Satz 1 Nummer 1 und 2); für Änderungen gilt § 39 Absatz 2 entsprechend. [2]Soweit das Finanzamt Lohnsteuerabzugsmerkmale nach § 39 bildet, teilt es sie dem Bundeszentralamt für Steuern zum Zweck der Bereitstellung für den automatisierten Abruf durch den Arbeitgeber mit. [3]Lohnsteuerabzugsmerkmale sind frühestens bereitzustellen mit Wirkung von Beginn des Kalenderjahres an, für das sie anzuwenden sind, jedoch nicht für einen Zeitpunkt vor Beginn des Dienstverhältnisses.

(2) [1]Das Bundeszentralamt für Steuern speichert zum Zweck der Bereitstellung automatisiert abrufbarer Lohnsteuerabzugsmerkmale für den Arbeitgeber die Lohnsteuerabzugsmerkmale unter Angabe der Identifikationsnummer sowie für jeden Steuerpflichtigen folgende Daten zu den in § 139b Absatz 3 der Abgabenordnung genannten Daten hinzu:

1. rechtliche Zugehörigkeit zu einer steuererhebenden Religionsgemeinschaft sowie Datum des Eintritts und Austritts,
2. melderechtlicher Familienstand sowie den Tag der Begründung oder Auflösung des Familienstands und bei Verheirateten die Identifikationsnummer des Ehegatten,
3. Kinder mit ihrer Identifikationsnummer.

[2]Die nach Landesrecht für das Meldewesen zuständigen Behörden (Meldebehörden) haben dem Bundeszentralamt für Steuern unter Angabe der Identifikationsnummer und des Tages der Geburt die in Satz 1 Nummer 1 bis 3 bezeichneten Daten und deren Änderungen im Melderegister mitzuteilen. [3]In den Fällen des Satzes 1 Nummer 3 besteht die Mitteilungspflicht nur, wenn das Kind mit Hauptwohnsitz oder alleinigem Wohnsitz im Zuständigkeitsbereich der Meldebehörde gemeldet ist und solange das Kind das 18. Lebensjahr noch nicht vollendet hat. [4]Sofern die Identifikationsnummer noch nicht zugeteilt wurde, teilt die Meldebehörde die Daten unter Angabe des Vorläufigen Bearbeitungsmerkmals nach § 139b Absatz 6 Satz 2 der Abgabenordnung mit. [5]Für die Datenübermittlung gelten die §§ 2 und 3 der Zweiten Bundesmeldedatenübermittlungsverordnung vom 1. Dezember 2014 (BGBl. I S. 1950) in der jeweils geltenden Fassung entsprechend.

(3) [1]Das Bundeszentralamt für Steuern hält die Identifikationsnummer, den Tag der Geburt, Merkmale für den Kirchensteuerabzug und

die Lohnsteuerabzugsmerkmale des Arbeitnehmers nach § 39 Absatz 4 zum unentgeltlichen automatisierten Abruf durch den Arbeitgeber nach amtlich vorgeschriebenem Datensatz bereit (elektronische Lohnsteuerabzugsmerkmale). [2]Bezieht ein Arbeitnehmer nebeneinander von mehreren Arbeitgebern Arbeitslohn, sind für jedes weitere Dienstverhältnis elektronische Lohnsteuerabzugsmerkmale zu bilden. [3]Bei Eheschließung wird für jeden Ehegatten automatisiert die Steuerklasse IV gebildet, wenn zum Zeitpunkt der Eheschließung die Voraussetzungen des § 38b Absatz 1 Satz 2 Nummer 4 vorliegen. [4]Das Bundeszentralamt für Steuern führt die elektronischen Lohnsteuerabzugsmerkmale des Arbeitnehmers zum Zweck ihrer Bereitstellung nach Satz 1 mit der Wirtschafts-Identifikationsnummer (§ 139c der Abgabenordnung) des Arbeitgebers zusammen.

(4) [1]Der Arbeitnehmer hat jedem seiner Arbeitgeber bei Eintritt in das Dienstverhältnis zum Zweck des Abrufs der Lohnsteuerabzugsmerkmale mitzuteilen,

1. wie die Identifikationsnummer sowie der Tag der Geburt lauten,
2. ob es sich um das erste oder ein weiteres Dienstverhältnis handelt (§ 38b Absatz 1 Satz 2 Nummer 6) und
3. ob und in welcher Höhe ein nach § 39a Absatz 1 Satz 1 Nummer 7 festgestellter Freibetrag abgerufen werden soll.

[2]Der Arbeitgeber hat bei Beginn des Dienstverhältnisses die elektronischen Lohnsteuerabzugsmerkmale für den Arbeitnehmer beim Bundeszentralamt für Steuern durch Datenfernübertragung abzurufen und sie in das Lohnkonto für den Arbeitnehmer zu übernehmen. [3]Für den Abruf der elektronischen Lohnsteuerabzugsmerkmale hat sich der Arbeitgeber zu authentifizieren und seine Wirtschafts-Identifikationsnummer, die Daten des Arbeitnehmers nach Satz 1 Nummer 1 und 2, den Tag des Beginns des Dienstverhältnisses und etwaige Angaben nach Satz 1 Nummer 3 mitzuteilen. [4]Zur Plausibilitätsprüfung der Identifikationsnummer hält das Bundeszentralamt für Steuern für den Arbeitgeber entsprechende Regeln bereit. [5]Der Arbeitgeber hat die Beendigung des Dienstverhältnisses unverzüglich dem Bundeszentralamt für Steuern mitzuteilen. [6]Beauftragt der Arbeitgeber einen Dritten mit der Durchführung des Lohnsteuerabzugs, hat sich der Dritte für den Datenabruf zu authentifizieren und zusätzlich seine Wirtschafts-Identifikationsnummer mitzuteilen. [7]Für die Verarbeitung der elektronischen Lohnsteuerabzugsmerkmale gilt § 39 Absatz 8 entsprechend.

(5) [1]Die abgerufenen elektronischen Lohnsteuerabzugsmerkmale sind vom Arbeitgeber für die Durchführung des Lohnsteuerabzugs des Arbeitnehmers anzuwenden, bis

1. ihm das Bundeszentralamt für Steuern geänderte elektronische Lohnsteuerabzugsmerkmale zum Abruf bereitstellt oder
2. der Arbeitgeber dem Bundeszentralamt für Steuern die Beendigung des Dienstverhältnisses mitteilt.

[2]Sie sind in der üblichen Lohnabrechnung anzugeben. [3]Der Arbeitgeber ist verpflichtet, die vom Bundeszentralamt für Steuern bereitgestellten Mitteilungen und elektronischen Lohnsteuerabzugsmerkmale monatlich anzufragen und abzurufen. [4]Kommt der Arbeitgeber seinen Verpflichtungen nach den Sätzen 1 und 3 sowie nach Absatz 4 Satz 2, 3 und 5 nicht nach, ist das Betriebsstättenfinanzamt für die Aufforderung zum Abruf und zur Anwendung der Lohnsteuerabzugsmerkmale sowie zur Mitteilung der Beendigung des Dienstverhältnisses und für die Androhung und Festsetzung von Zwangsmitteln zuständig.

(5a) [1]Zahlt der Arbeitgeber, ein von diesem beauftragter Dritter in dessen Namen oder ein Dritter im Sinne des § 38 Absatz 3a verschiedenartige Bezüge als Arbeitslohn, kann der Arbeitgeber oder der Dritte die Lohnsteuer für den zweiten und jeden weiteren Bezug abweichend von Absatz 5 ohne Abruf weiterer elektronischer Lohnsteuerabzugsmerkmale nach der Steuerklasse VI einbehalten. [2]Verschiedenartige Bezüge liegen vor, wenn der Arbeitnehmer vom Arbeitgeber folgenden Arbeitslohn bezieht:

1. neben dem Arbeitslohn für ein aktives Dienstverhältnis auch Versorgungsbezüge,
2. neben Versorgungsbezügen, Bezügen und Vorteilen aus seinem früheren Dienstverhältnis auch andere Versorgungsbezüge oder
3. neben Bezügen und Vorteilen während der Elternzeit oder vergleichbaren Unterbrechungszeiten des aktiven Dienstverhältnisses auch Arbeitslohn für ein weiteres befristetes aktives Dienstverhältnis.

[3]§ 46 Absatz 2 Nummer 2 ist entsprechend anzuwenden.

(6) [1]Gegenüber dem Arbeitgeber gelten die Lohnsteuerabzugsmerkmale (§ 39 Absatz 4) mit dem Abruf der elektronischen Lohnsteuerabzugsmerkmale als bekannt gegeben. [2]Einer Rechtsbehelfsbelehrung bedarf es nicht. [3]Die Lohnsteuerabzugsmerkmale gelten gegenüber dem Arbeitnehmer als bekannt gegeben, sobald der Arbeitgeber dem Arbeitnehmer den Ausdruck der Lohnabrechnung mit den nach Absatz 5 Satz 2 darin ausgewiesenen elektronischen Lohnsteuerabzugsmerkmalen ausgehändigt oder elektronisch bereitgestellt hat. [4]Die elektronischen Lohnsteuerabzugsmerkmale sind dem Steuerpflichtigen auf Antrag vom zuständigen Finanzamt mitzuteilen oder elektronisch bereitzustellen. [5]Wird dem Arbeitnehmer bekannt, dass die elektronischen Lohnsteuerabzugsmerkmale zu seinen Gunsten von den nach § 39 zu bildenden Lohnsteuerabzugsmerkmalen abweichen, ist er verpflichtet, dies dem Finanzamt unverzüglich mitzuteilen. [6]Der Steuerpflichtige kann beim zuständigen Finanzamt

1. den Arbeitgeber benennen, der zum Abruf von elektronischen Lohnsteuerabzugsmerkmalen berechtigt ist (Positivliste) oder nicht berechtigt ist (Negativliste). [2]Hierfür hat der Arbeitgeber dem

Arbeitnehmer seine Wirtschafts-Identifikationsnummer mitzuteilen. [3]Für die Verarbeitung der Wirtschafts-Identifikationsnummer gilt § 39 Absatz 8 entsprechend; oder

2. die Bildung oder die Bereitstellung der elektronischen Lohnsteuerabzugsmerkmale allgemein sperren oder allgemein freischalten lassen.

[7]Macht der Steuerpflichtige von seinem Recht nach Satz 6 Gebrauch, hat er die Positivliste, die Negativliste, die allgemeine Sperrung oder die allgemeine Freischaltung in einem bereitgestellten elektronischen Verfahren oder nach amtlich vorgeschriebenem Vordruck dem Finanzamt zu übermitteln. [8]Werden wegen einer Sperrung nach Satz 6 einem Arbeitgeber, der Daten abrufen möchte, keine elektronischen Lohnsteuerabzugsmerkmale bereitgestellt, wird dem Arbeitgeber die Sperrung mitgeteilt und dieser hat die Lohnsteuer nach Steuerklasse VI zu ermitteln.

(7) [1]Auf Antrag des Arbeitgebers kann das Betriebsstättenfinanzamt zur Vermeidung unbilliger Härten zulassen, dass er nicht am Abrufverfahren teilnimmt. [2]Dem Antrag eines Arbeitgebers ohne maschinelle Lohnabrechnung, der ausschließlich Arbeitnehmer im Rahmen einer geringfügigen Beschäftigung in seinem Privathaushalt im Sinne des § 8a des Vierten Buches Sozialgesetzbuch beschäftigt, ist stattzugeben. [3]Der Arbeitgeber hat dem Antrag unter Angabe seiner Wirtschafts-Identifikationsnummer ein Verzeichnis der beschäftigten Arbeitnehmer mit Angabe der jeweiligen Identifikationsnummer und des Tages der Geburt des Arbeitnehmers beizufügen. [4]Der Antrag ist nach amtlich vorgeschriebenem Vordruck jährlich zu stellen und vom Arbeitgeber zu unterschreiben. [5]Das Betriebsstättenfinanzamt übermittelt dem Arbeitgeber für die Durchführung des Lohnsteuerabzugs für ein Kalenderjahr eine arbeitgeberbezogene Bescheinigung mit den Lohnsteuerabzugsmerkmalen des Arbeitnehmers (Bescheinigung für den Lohnsteuerabzug) sowie etwaige Änderungen. [6]Diese Bescheinigung sowie die Änderungsmitteilungen sind als Belege zum Lohnkonto zu nehmen und bis zum Ablauf des Kalenderjahres aufzubewahren. [7]Absatz 5 Satz 1 und 2 sowie Absatz 6 Satz 3 gelten entsprechend. [8]Der Arbeitgeber hat den Tag der Beendigung des Dienstverhältnisses unverzüglich dem Betriebsstättenfinanzamt mitzuteilen.

(8) [1]Ist einem nach § 1 Absatz 1 unbeschränkt einkommensteuerpflichtigen Arbeitnehmer keine Identifikationsnummer zugeteilt, hat das Wohnsitzfinanzamt auf Antrag eine Bescheinigung für den Lohnsteuerabzug für die Dauer eines Kalenderjahres auszustellen. [2]Die Bescheinigung kann auch der Arbeitgeber beantragen, wenn ihn der Arbeitnehmer dazu nach § 80 Absatz 1 der Abgabenordnung bevollmächtigt hat. [3]Diese Bescheinigung ersetzt die Verpflichtung und Berechtigung des Arbeitgebers zum Abruf der elektronischen Lohnsteuerabzugsmerkmale (Absätze 4 und 6). [4]In diesem Fall tritt an die Stelle

der Identifikationsnummer das lohnsteuerliche Ordnungsmerkmal nach § 41b Absatz 2 Satz 1 und 2. [5]Für die Durchführung des Lohnsteuerabzugs hat der Arbeitnehmer seinem Arbeitgeber vor Beginn des Kalenderjahres oder bei Eintritt in das Dienstverhältnis die nach Satz 1 ausgestellte Bescheinigung für den Lohnsteuerabzug vorzulegen. [6]§ 39c Absatz 1 Satz 2 bis 5 ist sinngemäß anzuwenden. [7]Der Arbeitgeber hat die Bescheinigung für den Lohnsteuerabzug entgegenzunehmen und während des Dienstverhältnisses, längstens bis zum Ablauf des jeweiligen Kalenderjahres, aufzubewahren.

(9) Ist die Wirtschafts-Identifikationsnummer noch nicht oder nicht vollständig eingeführt, tritt an ihre Stelle die Steuernummer der Betriebsstätte oder des Teils des Betriebs des Arbeitgebers, in dem der für den Lohnsteuerabzug maßgebende Arbeitslohn des Arbeitnehmers ermittelt wird (§ 41 Absatz 2).

(10) Die beim Bundeszentralamt für Steuern nach Absatz 2 Satz 1 gespeicherten Daten können auch zur Prüfung und Durchführung der Einkommensbesteuerung (§ 2) des Steuerpflichtigen für Veranlagungszeiträume ab 2005 und zur Ermittlung des Einkommens nach § 97a des Sechsten Buches Sozialgesetzbuch verarbeitet werden.

Hinweise

H 39e

Allgemeines

Elektronische Lohnsteuerabzugsmerkmale (ELStAM)

- Lohnsteuerabzug im Verfahren der elektronischen Lohnsteuerabzugsmerkmale >BMF vom 8.11.2018 (BStBl I S. 1137) Anhang 13a I
- Abruf der Lohnsteuerabzugsmerkmale im ELStAM-Verfahren für gemäß § 1 Abs. 4 EStG beschränkt einkommensteuerpflichtige Arbeitnehmer ab dem 1.1.2020 >BMF vom 7.11.2019 (BStBl I S. 1087) Anhang 13a II

Antragsfrist

>R 39.3 Satz 1

§ 39f
Faktorverfahren anstelle Steuerklassenkombination III/V

(1) [1]Bei Ehegatten, die in die Steuerklasse IV gehören (§ 38b Absatz 1 Satz 2 Nummer 4 erster Halbsatz), hat das Finanzamt auf Antrag beider Ehegatten nach § 39a anstelle der Steuerklassenkombination III/V (§ 38b Absatz 1 Satz 2 Nummer 5) als Lohnsteuerabzugsmerkmal jeweils die Steuerklasse IV in Verbindung mit einem Faktor zur Ermittlung der Lohnsteuer zu bilden, wenn der Faktor kleiner als 1 ist. [2]Der Faktor ist Y : X und vom Finanzamt mit drei Nachkommastellen ohne Rundung zu berechnen. [3]„Y" ist die voraussichtliche Einkommensteuer für beide Ehegatten nach dem Splittingverfahren (§ 32a Absatz 5) unter Berücksichtigung der in § 39b Absatz 2 genannten Abzugsbeträge. [4]„X" ist die Summe der voraussichtlichen Lohnsteuer bei Anwendung der Steuerklasse IV für jeden Ehegatten. [5]Maßgeblich sind die Steuerbeträge des Kalenderjahres, für das der Faktor erstmals gelten soll. [6]In die Bemessungsgrundlage für Y werden jeweils neben den Jahresarbeitslöhnen der ersten Dienstverhältnisse zusätzlich nur Beträge einbezogen, die nach § 39a Absatz 1 Satz 1 Nummer 1 bis 6 als Freibetrag ermittelt und als Lohnsteuerabzugsmerkmal gebildet werden könnten; Freibeträge werden neben dem Faktor nicht als Lohnsteuerabzugsmerkmal gebildet. [7]In den Fällen des § 39a Absatz 1 Satz 1 Nummer 7 sind bei der Ermittlung von Y und X die Hinzurechnungsbeträge zu berücksichtigen; die Hinzurechnungsbeträge sind zusätzlich als Lohnsteuerabzugsmerkmal für das erste Dienstverhältnis zu bilden. [8]Arbeitslöhne aus zweiten und weiteren Dienstverhältnissen (Steuerklasse VI) sind im Faktorverfahren nicht zu berücksichtigen. [9]Der nach Satz 1 gebildete Faktor gilt bis zum Ablauf des Kalenderjahres, das auf das Kalenderjahr folgt, in dem der Faktor erstmals gilt oder zuletzt geändert worden ist. [10]Die Ehegatten können eine Änderung des Faktors beantragen, wenn sich die für die Ermittlung des Faktors maßgeblichen Jahresarbeitslöhne im Sinne des Satzes 6 ändern. [11]Besteht eine Anzeigepflicht nach § 39a Absatz 1 Satz 5 oder wird eine Änderung des Freibetrags nach § 39a Absatz 1 Satz 4 beantragt, gilt die Anzeige oder der Antrag auf Änderung des Freibetrags zugleich als Antrag auf Anpassung des Faktors.

(2) Für die Einbehaltung der Lohnsteuer vom Arbeitslohn hat der Arbeitgeber Steuerklasse IV und den Faktor anzuwenden.

(3) [1]§ 39 Absatz 6 Satz 3 und 5 gilt mit der Maßgabe, dass die Änderungen nach Absatz 1 Satz 10 und 11 keine Änderungen im Sinne des § 39 Absatz 6 Satz 3 sind. [2]§ 39a ist anzuwenden mit der Maßgabe, dass ein Antrag nach amtlich vorgeschriebenem Vordruck

(§ 39a Absatz 2) nur erforderlich ist, wenn bei der Faktorermittlung zugleich Beträge nach § 39a Absatz 1 Satz 1 Nummer 1 bis 6 berücksichtigt werden sollen.

(4) Das Faktorverfahren ist im Programmablaufplan für die maschinelle Berechnung der Lohnsteuer (§ 39b Absatz 6) zu berücksichtigen.

§ 40

Pauschalierung der Lohnsteuer in besonderen Fällen

S 2370 (1) [1]Das Betriebsstättenfinanzamt (§ 41a Absatz 1 Satz 1 Nummer 1) kann auf Antrag des Arbeitgebers zulassen, dass die Lohnsteuer mit einem unter Berücksichtigung der Vorschriften des § 38a zu ermittelnden Pauschsteuersatz erhoben wird, soweit

1. von dem Arbeitgeber sonstige Bezüge in einer größeren Zahl von Fällen gewährt werden oder
2. in einer größeren Zahl von Fällen Lohnsteuer nachzuerheben ist, weil der Arbeitgeber die Lohnsteuer nicht vorschriftsmäßig einbehalten hat.

[2]Bei der Ermittlung des Pauschsteuersatzes ist zu berücksichtigen, dass die in Absatz 3 vorgeschriebene Übernahme der pauschalen Lohnsteuer durch den Arbeitgeber für den Arbeitnehmer eine in Geldeswert bestehende Einnahme im Sinne des § 8 Absatz 1 darstellt (Nettosteuersatz). [3]Die Pauschalierung ist in den Fällen des Satzes 1 Nummer 1 ausgeschlossen, soweit der Arbeitgeber einem Arbeitnehmer sonstige Bezüge von mehr als 1.000 Euro im Kalenderjahr gewährt. [4]Der Arbeitgeber hat dem Antrag eine Berechnung beizufügen, aus der sich der durchschnittliche Steuersatz unter Zugrundelegung der durchschnittlichen Jahresarbeitslöhne und der durchschnittlichen Jahreslohnsteuer in jeder Steuerklasse für diejenigen Arbeitnehmer ergibt, denen die Bezüge gewährt werden sollen oder gewährt worden sind.

S 2371 (2) [1]Abweichend von Absatz 1 kann der Arbeitgeber die Lohnsteuer mit einem Pauschsteuersatz von 25 Prozent erheben, soweit er

1. arbeitstäglich Mahlzeiten im Betrieb an die Arbeitnehmer unentgeltlich oder verbilligt abgibt oder Barzuschüsse an ein anderes Unternehmen leistet, das arbeitstäglich Mahlzeiten an die Arbeitnehmer unentgeltlich oder verbilligt abgibt. [2]Voraussetzung ist, dass die Mahlzeiten nicht als Lohnbestandteile vereinbart sind,

1a. oder auf seine Veranlassung ein Dritter den Arbeitnehmern anlässlich einer beruflichen Tätigkeit außerhalb seiner Wohnung und ersten Tätigkeitsstätte Mahlzeiten zur Verfügung stellt, die nach § 8 Absatz 2 Satz 8 und 9 mit dem Sachbezugswert anzusetzen sind,

2. Arbeitslohn aus Anlass von Betriebsveranstaltungen zahlt,
3. Erholungsbeihilfen gewährt, wenn diese zusammen mit Erholungsbeihilfen, die in demselben Kalenderjahr früher gewährt worden sind, 156 Euro für den Arbeitnehmer, 104 Euro für dessen Ehegatten und 52 Euro für jedes Kind nicht übersteigen und der Arbeitgeber sicherstellt, dass die Beihilfen zu Erholungszwecken verwendet werden,

4. **Vergütungen für Verpflegungsmehraufwendungen anlässlich einer Tätigkeit im Sinne des § 9 Absatz 4a Satz 2 oder Satz 4 zahlt, soweit die Vergütungen die nach § 9 Absatz 4a Satz 3, 5 und 6 zustehenden Pauschalen um nicht mehr als 100 Prozent übersteigen,**

5. **den Arbeitnehmern zusätzlich zum ohnehin geschuldeten Arbeitslohn unentgeltlich oder verbilligt Datenverarbeitungsgeräte übereignet; das gilt auch für Zubehör und Internetzugang. [2]Das Gleiche gilt für Zuschüsse des Arbeitgebers, die zusätzlich zum ohnehin geschuldeten Arbeitslohn zu den Aufwendungen des Arbeitnehmers für die Internetnutzung gezahlt werden,**

6. **den Arbeitnehmern zusätzlich zum ohnehin geschuldeten Arbeitslohn unentgeltlich oder verbilligt die Ladevorrichtung für Elektrofahrzeuge oder Hybridelektrofahrzeuge im Sinne des § 6 Absatz 1 Nummer 4 Satz 2 zweiter Halbsatz übereignet. Das Gleiche gilt für Zuschüsse des Arbeitgebers, die zusätzlich zum ohnehin geschuldeten Arbeitslohn zu den Aufwendungen des Arbeitnehmers für den Erwerb und die Nutzung dieser Ladevorrichtung gezahlt werden,** [1)]

7. **den Arbeitnehmern zusätzlich zum ohnehin geschuldeten Arbeitslohn unentgeltlich oder verbilligt ein betriebliches Fahrrad, das kein Kraftfahrzeug im Sinne des § 6 Absatz 1 Nummer 4 Satz 2 ist, übereignet.**

[2]Der Arbeitgeber kann die Lohnsteuer mit folgenden Pauschsteuersätzen erheben:

1. **mit einem Pauschsteuersatz von 15 Prozent für die nicht nach § 3 Nummer 15 steuerfreien**

   a) **Sachbezüge in Form einer unentgeltlichen oder verbilligten Beförderung eines Arbeitnehmers zwischen Wohnung und erster Tätigkeitsstätte sowie Fahrten nach § 9 Absatz 1 Satz 3 Nummer 4a Satz 3 oder**

   b) **Zuschüsse zu den Aufwendungen des Arbeitnehmers für Fahrten zwischen Wohnung und erster Tätigkeitsstätte oder Fahrten nach § 9 Absatz 1 Satz 3 Nummer 4a Satz 3, die zusätzlich zum ohnehin geschuldeten Arbeitslohn geleistet werden,**

   soweit die Bezüge den Betrag nicht übersteigen, den der Arbeitnehmer nach § 9 Absatz 1 Satz 3 Nummer 4 und Absatz 2 als Werbungskosten geltend machen könnte, wenn die Bezüge nicht pau-

---

1) Absatz 2 Satz 1 Nr. 6 in der am 17.11.2016 geltenden Fassung ist erstmals anzuwenden auf Vorteile, die in einem nach dem 31.12.2016 endenden Lohnzahlungszeitraum oder als sonstige Bezüge nach dem 31.12.2016 zugewendet werden, und letztmals anzuwenden auf Vorteile, die in einem vor dem 1.1.2031 endenden Lohnzahlungszeitraum oder als sonstige Bezüge vor dem 1.1.2031 zugewendet werden >§ 52 Abs. 37c Satz 1.

schal besteuert würden; diese pauschal besteuerten Bezüge mindern die nach § 9 Absatz 1 Satz 3 Nummer 4 Satz 2 und Absatz 2 abziehbaren Werbungskosten oder

2. mit einem Pauschsteuersatz von 25 Prozent anstelle der Steuerfreiheit nach § 3 Nummer 15 einheitlich für alle dort genannten Bezüge eines Kalenderjahres, auch wenn die Bezüge dem Arbeitnehmer nicht zusätzlich zum ohnehin geschuldeten Arbeitslohn gewährt werden; für diese pauschal besteuerten Bezüge unterbleibt eine Minderung der nach § 9 Absatz 1 Satz 3 Nummer 4 Satz 2 und Absatz 2 abziehbaren Werbungskosten oder

[1]) **3. mit einem Pauschsteuersatz von 25 Prozent für die Freifahrtberechtigungen, die Soldaten nach § 30 Absatz 6 des Soldatengesetzes erhalten; für diese pauschal besteuerten Bezüge unterbleibt eine Minderung der nach § 9 Absatz 1 Satz 3 Nummer 4 Satz 2 sowie Nummer 5 Satz 6 abziehbaren Werbungskosten.**

[3] Die nach Satz 2 pauschalbesteuerten Bezüge bleiben bei der Anwendung des § 40a Absatz 1 bis 4 außer Ansatz. [4] Bemessungsgrundlage der pauschalen Lohnsteuer sind in den Fällen des Satzes 2 Nummer 2 und 3 die Aufwendungen des Arbeitgebers einschließlich Umsatzsteuer. [1])

(3) [1] Der Arbeitgeber hat die pauschale Lohnsteuer zu übernehmen. [2] Er ist Schuldner der pauschalen Lohnsteuer; auf den Arbeitnehmer abgewälzte pauschale Lohnsteuer gilt als zugeflossener Arbeitslohn und mindert nicht die Bemessungsgrundlage. [3] Der pauschal besteuerte Arbeitslohn und die pauschale Lohnsteuer bleiben bei einer Veranlagung zur Einkommensteuer und beim Lohnsteuer-Jahresausgleich außer Ansatz. [4] Die pauschale Lohnsteuer ist weder auf die Einkommensteuer noch auf die Jahreslohnsteuer anzurechnen.

R 40.1

Bemessung der Lohnsteuer nach besonderen Pauschsteuersätzen (§ 40 Abs. 1 EStG)

Größere Zahl von Fällen

S 2370 (1) [1] Eine größere Zahl von Fällen ist ohne weitere Prüfung anzunehmen, wenn gleichzeitig mindestens 20 Arbeitnehmer in die Pauschalbesteuerung einbezogen werden. [2] Wird ein Antrag auf Lohnsteuerpauschalierung für weniger als 20 Arbeitnehmer gestellt, kann unter Berücksichtigung der besonderen Verhältnisse des Arbeitgebers und der mit der Pauschalbesteuerung angestrebten Vereinfachung eine größere Zahl von Fällen auch bei weniger als 20 Arbeitnehmern angenommen werden.

---

[1]) Absatz 2 Satz 2 Nr. 3 und Satz 4 ist erstmals auf Freifahrtberechtigungen anzuwenden, die nach dem 31.12.2020 gewährt werden >§ 52 Abs. 37c Satz 2.

Beachtung der Pauschalierungsgrenze

(2) [1]Der Arbeitgeber hat anhand der Aufzeichnungen im Lohnkonto (>§ 4 Abs. 2 Nr. 8 Satz 1 LStDV) vor jedem Pauschalierungsantrag zu prüfen, ob die Summe aus den im laufenden Kalenderjahr bereits gezahlten sonstigen Bezügen, für die die Lohnsteuer mit einem besonderen Steuersatz erhoben worden ist, und aus dem sonstigen Bezug, der nunmehr an den einzelnen Arbeitnehmer gezahlt werden soll, die Pauschalierungsgrenze nach § 40 Abs. 1 Satz 3 EStG übersteigt. [2]Wird diese Pauschalierungsgrenze durch den sonstigen Bezug überschritten, ist der übersteigende Teil nach § 39b Abs. 3 EStG zu besteuern. [3]Hat der Arbeitgeber die Pauschalierungsgrenze mehrfach nicht beachtet, sind Anträge auf Lohnsteuerpauschalierung nach § 40 Abs. 1 Satz 1 Nr. 2 EStG nicht zu genehmigen. Anhang 22

Berechnung des durchschnittlichen Steuersatzes

(3) [1]Die Verpflichtung, den durchschnittlichen Steuersatz zu errechnen, kann der Arbeitgeber dadurch erfüllen, dass er

1. den Durchschnittsbetrag der pauschal zu versteuernden Bezüge,
2. die Zahl der betroffenen Arbeitnehmer nach Steuerklassen getrennt in folgenden drei Gruppen:
   a) Arbeitnehmer in den Steuerklassen I, II und IV,
   b) Arbeitnehmer in der Steuerklasse III und
   c) Arbeitnehmer in den Steuerklassen V und VI sowie
3. die Summe der Jahresarbeitslöhne der betroffenen Arbeitnehmer, gemindert um die nach § 39b Abs. 3 Satz 3 EStG abziehbaren Freibeträge und den Entlastungsbetrag für Alleinerziehende bei der Steuerklasse II[1]), erhöht um den Hinzurechnungsbetrag,

ermittelt. [2]Hierbei kann aus Vereinfachungsgründen davon ausgegangen werden, dass die betroffenen Arbeitnehmer in allen Zweigen der Sozialversicherung versichert sind und keinen Beitragszuschlag für Kinderlose (§ 55 Abs. 3 SGB XI) leisten; die individuellen Verhältnisse auf Grund des Faktorverfahrens nach § 39f EStG bleiben unberücksichtigt. [3]Außerdem kann für die Ermittlungen nach Satz 1 Nr. 2 und 3 eine repräsentative Auswahl der betroffenen Arbeitnehmer zugrunde gelegt werden. [4]Zur Festsetzung eines Pauschsteuersatzes für das laufende Kalenderjahr können für die Ermittlung nach Satz 1 Nr. 3 auch die Verhältnisse des Vorjahres zugrunde gelegt werden. [5]Aus dem nach Satz 1 Nr. 3 ermittelten Betrag hat der Arbeitgeber den durchschnittlichen Jahresarbeitslohn der erfassten Arbeitnehmer zu berechnen. [6]Für jede der in Satz 1 Nr. 2 bezeichneten Gruppen hat der Arbeitgeber sodann den Steuerbetrag zu ermitteln, dem der Durchschnittsbetrag der pauschal zu versteuernden Bezüge unterliegt, wenn er dem durchschnittlichen Jahresarbeitslohn hinzugerechnet wird. [7]Dabei ist für die Gruppe nach Satz 1 Nr. 2 Buchstabe a die Steuerklasse I, für die Gruppe nach Satz 1 Nr. 2 Buchstabe b die Steuerklasse III und für die

---

[1]) ab ***2022*** = ***4.008*** Euro (ohne Erhöhungsbeträge für weitere Kinder)

Gruppe nach Satz 1 Nr. 2 Buchstabe c die Steuerklasse V maßgebend; der Durchschnittsbetrag der pauschal zu besteuernden Bezüge ist auf den nächsten durch 216 ohne Rest teilbaren Euro-Betrag aufzurunden. [8] Durch Multiplikation der Steuerbeträge mit der Zahl der in der entsprechenden Gruppe erfassten Arbeitnehmer und Division der sich hiernach ergebenden Summe der Steuerbeträge durch die Gesamtzahl der Arbeitnehmer und den Durchschnittsbetrag der pauschal zu besteuernden Bezüge ist hiernach die durchschnittliche Steuerbelastung zu berechnen, der die pauschal zu besteuernden Bezüge unterliegen. [9] Das Finanzamt hat den Pauschsteuersatz nach dieser Steuerbelastung so zu berechnen, dass unter Berücksichtigung der Übernahme der pauschalen Lohnsteuer durch den Arbeitgeber insgesamt nicht zu wenig Lohnsteuer erhoben wird. [10] Die Prozentsätze der durchschnittlichen Steuerbelastung und des Pauschsteuersatzes sind mit einer Dezimalstelle anzusetzen, die nachfolgenden Dezimalstellen sind fortzulassen.

H 40.1

Hinweise

Berechnung des durchschnittlichen Steuersatzes

Die in R 40.1 Abs. 3 dargestellte Berechnung des durchschnittlichen Steuersatzes ist nicht zu beanstanden (>BFH vom 11.3.1988 – BStBl II S. 726). Kinderfreibeträge sind nicht zu berücksichtigen (>BFH vom 26.7.2007 – BStBl II S. 844).

Beispiel:

1. Der Arbeitgeber ermittelt für rentenversicherungspflichtige Arbeitnehmer
   a) den durchschnittlichen Betrag der pauschal zu besteuernden Bezüge mit 550 €,
   b) die Zahl der betroffenen Arbeitnehmer
      – in den Steuerklassen I, II und IV mit 20,
      – in der Steuerklasse III mit 12 und
      – in den Steuerklassen V und VI mit 3,
   c) die Summe der Jahresarbeitslöhne der betroffenen Arbeitnehmer nach Abzug aller Freibeträge mit 610.190 €; dies ergibt einen durchschnittlichen Jahresarbeitslohn von (610.190 € : 35 =) 17.434 €.
2. Die Erhöhung des durchschnittlichen Jahresarbeitslohns um den auf 648 € aufgerundeten Durchschnittsbetrag (>R 40.1 Abs. 3 Satz 7 zweiter Halbsatz) der pauschal zu besteuernden Bezüge ergibt für diesen Betrag folgende Jahreslohnsteuerbeträge:
   – in der Steuerklasse I = 160 €,
   – in der Steuerklasse III = 80 €,
   – in der Steuerklasse V = 180 €.
3. Die durchschnittliche Steuerbelastung der pauschal zu besteuernden Bezüge ist hiernach wie folgt zu berechnen:

$$\frac{20 \times 160 + 12 \times 80 + 3 \times 180}{35 \times 648} = 20{,}7\ \%$$

4. Der Pauschsteuersatz beträgt demnach

$$\frac{100 \times 20{,}7}{100 - 20{,}7} = 26{,}1\ \%$$

Bindung des Arbeitgebers an den Pauschalierungsbescheid

Der Arbeitgeber ist an seinen rechtswirksam gestellten Antrag auf Pauschalierung der Lohnsteuer gebunden, sobald der Lohnsteuer-Pauschalierungsbescheid wirksam wird (>BFH vom 5.3.1993 – BStBl II S. 692).

Bindung des Finanzamts an den Pauschalierungsbescheid

Wird auf den Einspruch des Arbeitgebers ein gegen ihn ergangener Lohnsteuer-Pauschalierungsbescheid aufgehoben, so kann der dort berücksichtigte Arbeitslohn bei der Veranlagung des Arbeitnehmers erfasst werden (>BFH vom 18.1.1991 – BStBl II S. 309).

Bindung des Finanzamts an eine Anrufungsauskunft

Hat der Arbeitgeber eine Anrufungsauskunft eingeholt und ist er danach verfahren, ist das Betriebsstättenfinanzamt im Lohnsteuer-Abzugsverfahren daran gebunden. Eine Nacherhebung der Lohnsteuer ist auch dann nicht zulässig, wenn der Arbeitgeber nach einer Lohnsteuer-Außenprüfung einer Pauschalierung nach § 40 Abs. 1 Satz 1 Nr. 2 EStG zugestimmt hat (>BFH vom 16.11.2005 – BStBl 2006 II S. 210).

Entstehung der pauschalen Lohnsteuer

In den Fällen des § 40 Abs. 1 Satz 1 Nr. 2 EStG ist der geldwerte Vorteil aus der Steuerübernahme des Arbeitgebers nicht nach den Verhältnissen im Zeitpunkt der Steuernachforderung zu versteuern. Vielmehr muss der für die pauschalierten Löhne nach den Verhältnissen der jeweiligen Zuflussjahre errechnete Bruttosteuersatz (>Beispiel Nr. 1 bis 3) jeweils auf den Nettosteuersatz (>Beispiel Nr. 4) der Jahre hochgerechnet werden, in denen die pauschalierten Löhne zugeflossen sind und in denen die pauschale Lohnsteuer entsteht (>BFH vom 6.5.1994 – BStBl II S. 715).

Kirchensteuer bei Pauschalierung der Lohn- und Einkommensteuer

>Gleich lautende Ländererlasse vom 8.8.2016 (BStBl I S. 773) Anhang 21b

Pauschalierungsantrag

Derjenige, der für den Arbeitgeber im Rahmen der Lohnsteuer-Außenprüfung auftritt, ist in der Regel dazu befugt, einen Antrag auf Lohnsteuer-Pauschalierung zu stellen (>BFH vom 10.10.2002 – BStBl 2003 II S. 156).

Pauschalierungsbescheid

Die pauschalen Steuerbeträge sind im Pauschalierungsbescheid auf die einzelnen Jahre aufzuteilen (>BFH vom 18.7.1985 – BStBl 1986 II S. 152).

Pauschalierungsvoraussetzungen

Die pauschalierte Lohnsteuer darf nur für solche Einkünfte aus nichtselbstständiger Arbeit erhoben werden, die dem Lohnsteuerabzug unterliegen, wenn der Arbeitgeber keinen Pauschalierungsantrag gestellt hätte (>BFH vom 10.5.2006 – BStBl II S. 669).

Wirkung einer fehlerhaften Pauschalbesteuerung

Eine fehlerhafte Pauschalbesteuerung ist für die Veranlagung zur Einkommensteuer nicht bindend (>BFH vom 10.6.1988 – BStBl II S. 981).

R 40.2

Bemessung der Lohnsteuer nach einem festen Pauschsteuersatz (§ 40 Abs. 2 EStG)

Allgemeines

S 2371 (1) Die Lohnsteuer kann mit einem Pauschsteuersatz von 25 % erhoben werden

1. nach § 40 Abs. 2 Satz 1 Nr. 1 EStG für den Unterschiedsbetrag zwischen dem amtlichen Sachbezugswert und dem niedrigeren Entgelt, das der Arbeitnehmer für die Mahlzeiten entrichtet (>R 8.1 Abs. 7 Nr. 1 bis 3); ggf. ist der nach R 8.1 Abs. 7 Nr. 5 ermittelte Durchschnittswert der Besteuerung zugrunde zu legen. [2]Bei der Ausgabe von Essenmarken ist die Pauschalversteuerung nur zulässig, wenn die Mahlzeit mit dem maßgebenden Sachbezugswert zu bewerten ist (>R 8.1 Abs. 7 Nr. 4 Buchstabe a) oder der Verrechnungswert der Essenmarke nach R 8.1 Abs. 7 Nr. 4 Buchstabe b anzusetzen ist;

1a. nach § 40 Abs. 2 Satz 1 Nr. 1a EStG für Mahlzeiten, die der Arbeitgeber oder auf seine Veranlassung ein Dritter den Arbeitnehmern bei einer Auswärtstätigkeit zur Verfügung stellt, wenn die Mahlzeit mit dem Sachbezugswert anzusetzen ist, z. B., weil die Abwesenheit von mehr als 8 Stunden nicht erreicht oder nicht dokumentiert wird (eintägige Auswärtstätigkeit) oder der Dreimonatszeitraum abgelaufen ist;

2. nach § 40 Abs. 2 Satz 1 Nr. 2 EStG für Zuwendungen bei Betriebsveranstaltungen, wenn die Betriebsveranstaltung oder die Zuwendung nicht üblich ist (>R 19.5)[1]);

3. nach § 40 Abs. 2 Satz 1 Nr. 3 EStG für Erholungsbeihilfen, soweit sie nicht ausnahmsweise als steuerfreie Unterstützungen anzusehen sind und wenn sie nicht die in § 40 Abs. 2 Satz 1 Nr. 3 EStG genannten Grenzen übersteigen;

4. nach § 40 Abs. 2 Satz 1 Nr. 4 EStG für Vergütungen für Verpflegungsmehraufwendungen, die anlässlich einer Auswärtstätigkeit mit einer Abwesenheitsdauer von mehr als 8 Stunden oder für den An- und Abreisetag einer mehrtägigen Auswärtstätigkeit mit Übernachtung gezahlt werden, soweit die Vergütungen die in § 9 Abs. 4a Satz 3 bis 6 EStG bezeichneten ungekürzten Pauschbeträge um nicht mehr als

---

[1]) überholt >BMF vom 14.10.2015 (BStBl I S. 832), Tz. 5, Anhang 11a

100 % übersteigen; die Pauschalversteuerung gilt nicht für die Erstattung von Verpflegungsmehraufwendungen wegen einer doppelten Haushaltsführung;

5. nach § 40 Abs. 2 Satz 1 Nr. 5 EStG für zusätzlich zum ohnehin geschuldeten Arbeitslohn unentgeltlich oder verbilligt übereignete Datenverarbeitungsgeräte, Zubehör und Internetzugang sowie für zusätzlich zum ohnehin geschuldeten Arbeitslohn gezahlte Zuschüsse des Arbeitgebers zu den Aufwendungen des Arbeitnehmers für die Internetnutzung.

Verhältnis zur Pauschalierung nach § 40 Abs. 1 Satz 1 Nr. 1

(2) Die nach § 40 Abs. 2 EStG pauschal besteuerten sonstigen Bezüge werden nicht auf die Pauschalierungsgrenze (>R 40.1 Abs. 2) angerechnet.

Erholungsbeihilfen

(3) [1] Bei der Feststellung, ob die im Kalenderjahr gewährten Erholungsbeihilfen zusammen mit früher gewährten Erholungsbeihilfen die in § 40 Abs. 2 Satz 1 Nr. 3 EStG bezeichneten Beträge übersteigen, ist von der Höhe der Zuwendungen im Einzelfall auszugehen. [2] Die Jahreshöchstbeträge für den Arbeitnehmer, seinen Ehegatten und seine Kinder sind jeweils gesondert zu betrachten. [3] Die Erholungsbeihilfen müssen für die Erholung dieser Personen bestimmt sein und verwendet werden. [4] Davon kann in der Regel ausgegangen werden, wenn die Erholungsbeihilfe im zeitlichen Zusammenhang mit einem Urlaub des Arbeitnehmers gewährt wird. [5] Übersteigen die Erholungsbeihilfen im Einzelfall den maßgebenden Jahreshöchstbetrag, ist auf sie insgesamt entweder § 39b Abs. 3 EStG mit Ausnahme des Satzes 9 oder § 40 Abs. 1 Satz 1 Nr. 1 EStG anzuwenden.

Reisekosten

(4) [1] Die Pauschalversteuerung mit einem Pauschsteuersatz von 25 % nach § 40 Abs. 2 Satz 1 Nr. 4 EStG ist auf einen Vergütungsbetrag bis zur Summe der ungekürzten Verpflegungspauschalen nach § 9 Abs. 4a Satz 3 bis 6 EStG begrenzt. [2] Für den darüber hinausgehenden Vergütungsbetrag kann weiterhin eine Pauschalversteuerung mit einem besonderen Pauschsteuersatz nach § 40 Abs. 1 Satz 1 Nr. 1 EStG in Betracht kommen. [3] Zur Ermittlung des steuerfreien Vergütungsbetrags dürfen die einzelnen Aufwendungsarten zusammengefasst werden (>R 3.16 Satz 1). [4] Aus Vereinfachungsgründen bestehen auch keine Bedenken, den Betrag, der den steuerfreien Vergütungsbetrag übersteigt, einheitlich als Vergütung für Verpflegungsmehraufwendungen zu behandeln, die in den Grenzen des § 40 Abs. 2 Satz 1 Nr. 4 EStG mit 25 % pauschal versteuert werden kann.

Datenverarbeitungsgeräte und Internet

(5) [1] Die Pauschalierung nach § 40 Abs. 2 Satz 1 Nr. 5 Satz 1 EStG kommt bei Sachzuwendungen des Arbeitgebers in Betracht. [2] Hierzu rechnet die Übereignung von Hardware einschl. technischem Zubehör und

Software als Erstausstattung oder als Ergänzung, Aktualisierung und Austausch vorhandener Bestandteile. [3]Die Pauschalierung ist auch möglich, wenn der Arbeitgeber ausschließlich technisches Zubehör oder Software übereignet. [4]Telekommunikationsgeräte, die nicht Zubehör eines Datenverarbeitungsgerätes sind oder nicht für die Internetnutzung verwendet werden können, sind von der Pauschalierung ausgeschlossen. [5]Hat der Arbeitnehmer einen Internetzugang, sind die Barzuschüsse des Arbeitgebers für die Internetnutzung des Arbeitnehmers nach § 40 Abs. 2 Satz 1 Nr. 5 Satz 2 EStG pauschalierungsfähig. [6]Zu den Aufwendungen für die Internetnutzung in diesem Sinne gehören sowohl die laufenden Kosten (z. B. Grundgebühr für den Internetzugang, laufende Gebühren für die Internetnutzung, Flatrate), als auch die Kosten der Einrichtung des Internetzugangs (z. B. Anschluss, Modem, Personalcomputer). [7]Aus Vereinfachungsgründen kann der Arbeitgeber den vom Arbeitnehmer erklärten Betrag für die laufende Internetnutzung (Gebühren) pauschal versteuern, soweit dieser 50 Euro im Monat nicht übersteigt. [8]Der Arbeitgeber hat diese Erklärung als Beleg zum Lohnkonto aufzubewahren. [9]Bei höheren Zuschüssen zur Internetnutzung und zur Änderung der Verhältnisse gilt R 3.50 Abs. 2 sinngemäß. [10]Soweit die pauschal besteuerten Bezüge auf Werbungskosten entfallen, ist der Werbungskostenabzug grundsätzlich ausgeschlossen. [11]Zu Gunsten des Arbeitnehmers sind die pauschal besteuerten Zuschüsse zunächst auf den privat veranlassten Teil der Aufwendungen anzurechnen. [12]Aus Vereinfachungsgründen unterbleibt zu Gunsten des Arbeitnehmers eine Anrechnung auf seine Werbungskosten bei Zuschüssen bis zu 50 Euro im Monat.

Fahrten zwischen Wohnung und erster Tätigkeitsstätte[1])

(6) [1]Die Lohnsteuer kann nach § 40 Abs. 2 Satz 2 EStG mit einem Pauschsteuersatz von 15 % erhoben werden. [2]Maßgeblich für die Höhe des pauschalierbaren Betrages sind die tatsächlichen Aufwendungen des Arbeitnehmers für die Fahrten zwischen Wohnung und erster Tätigkeitsstätte oder Fahrten nach § 9 Abs. 1 Satz 3 Nr. 4a Satz 3 EStG, jedoch höchstens der Betrag, den der Arbeitnehmer nach § 9 Abs. 1 Satz 3 Nr. 4, Abs. 2 EStG als Werbungskosten geltend machen könnte.

H 40.2

Hinweise

Abwälzung der pauschalen Lohnsteuer

- bei bestimmten Zukunftssicherungsleistungen >H 40b.1 (Abwälzung der pauschalen Lohnsteuer)

Anhang 4

- bei Fahrtkosten >BMF vom 10.1.2000 (BStBl I S. 138)

---

1) zur Erweiterung der Pauschalierungsmöglichkeiten >§ 40 Abs. 2 Satz 2, zur Höhe der gestaffelten Entfernungspauschale >§ 9 Abs. 1 Satz 3 Nr. 4

Beispiel:

Ein Arbeitnehmer hat Anspruch auf einen Zuschuss zu seinen Pkw-Kosten für Fahrten zwischen Wohnung und erster Tätigkeitsstätte in Höhe der gesetzlichen Entfernungspauschale, so dass sich für den Lohnabrechnungszeitraum ein Fahrtkostenzuschuss von insgesamt 210 € ergibt. Arbeitgeber und Arbeitnehmer haben vereinbart, dass diese Arbeitgeberleistung pauschal besteuert werden und der Arbeitnehmer die pauschale Lohnsteuer tragen soll.

Bemessungsgrundlage für die Anwendung des gesetzlichen Pauschsteuersatzes von 15 % ist der Bruttobetrag von 210 €.

Als pauschal besteuerte Arbeitgeberleistung ist der Betrag von 210 € zu bescheinigen. Dieser Betrag mindert den nach § 9 Abs. 1 Satz 3 Nr. 4 EStG als Werbungskosten abziehbaren Betrag von 210 € auf 0 €.

– bei Teilzeitbeschäftigten >H 40a.1 (Abwälzung der pauschalen Lohnsteuer)

Bescheinigungspflicht für Fahrgeldzuschüsse

>§ 41b Abs. 1 Satz 2 Nr. 7 EStG

Betriebsveranstaltung

– Zum Begriff >BMF vom 14.10.2015 (BStBl I S. 832) Anhang 11a
– Zur Pauschalversteuerung >BMF vom 14.10.2015 (BStBl I S. 832), Tz. 5 Anhang 11a
– Eine nur Führungskräften eines Unternehmens vorbehaltene Abendveranstaltung ist mangels Offenheit des Teilnehmerkreises keine Betriebsveranstaltung i. S. d. § 40 Abs. 2 Satz 1 Nr. 2 EStG (BFH vom 15.1.2009 – BStBl II S. 476).
– Im Rahmen einer Betriebsveranstaltung an alle Arbeitnehmer überreichte Goldmünzen unterliegen nicht der Pauschalierungsmöglichkeit des § 40 Abs. 2 Satz 1 Nr. 2 EStG (>BFH vom 7.11.2006 – BStBl 2007 II S. 128).
– Während einer Betriebsveranstaltung überreichte Geldgeschenke, die kein zweckgebundenes Zehrgeld sind, können nicht nach § 40 Abs. 2 EStG pauschal besteuert werden (>BFH vom 7.2.1997 – BStBl II S. 365).

Erholungsbeihilfen

>H 3.11 (Erholungsbeihilfen und andere Beihilfen)

Fahrten zwischen Wohnung und erster Tätigkeitsstätte

>BMF vom 4.4.2018 (BStBl I S. 592) Anhang 24 IV 1

Fahrtkostenzuschüsse

– als zusätzlich erbrachte Leistung >***§ 8 Abs. 4 EStG***;
– können auch bei Anrechnung auf andere freiwillige Sonderzahlungen pauschal versteuert werden (>BFH vom 1.10.2009 – BStBl 2010 II S. 487);

- sind auch bei Teilzeitbeschäftigten i. S. d. § 40a EStG unter Beachtung der Abzugsbeschränkung bei der Entfernungspauschale nach § 40 Abs. 2 Satz 2 EStG pauschalierbar. Die pauschal besteuerten Beförderungsleistungen und Fahrtkostenzuschüsse sind in die Prüfung der Arbeitslohngrenzen des § 40a EStG nicht einzubeziehen (>§ 40 Abs. 2 Satz 3 EStG);

Anhang 14
- Zur Pauschalbesteuerung von Fahrtkostenzuschüssen >BMF vom ***18.11.2021*** (BStBl I S.)[1]).

Fehlerhafte Pauschalversteuerung

>H 40a.1 (Fehlerhafte Pauschalversteuerung)

Gestellung von Kraftfahrzeugen

Anhang 24 IV 1
- Die Vereinfachungsregelung von 15 Arbeitstagen monatlich gilt nicht bei der Einzelbewertung einer Kraftfahrzeuggestellung nach der sog. 0,002 %-Methode >BMF vom 4.4.2018 (BStBl I S. 592), Rdnr. 10

Anhang 14
- Zur Pauschalbesteuerung bei der Gestellung von Kraftfahrzeugen >BMF vom ***18.11.2021*** (BStBl I S.)

Kirchensteuer bei Pauschalierung der Lohn- und Einkommensteuer

Anhang 21b
>Gleich lautende Ländererlasse vom 8.8.2016 (BStBl I S. 773)

Ladevorrichtung

Anhang 24 VIII
Zur Pauschalversteuerung >BMF vom 29.9.2020 (BStBl I S. 972), Rdnr. 27-31

Pauschalversteuerung von Reisekosten

Anhang 25 III
- >BMF vom 25.11.2020 (BStBl I S. 1228), Rz. 58 ff.
- **Beispiel:**

  Ein Arbeitnehmer erhält wegen einer Auswärtstätigkeit von Montag 11 Uhr bis Mittwoch 20 Uhr mit kostenloser Übernachtung mit Frühstück lediglich pauschalen Fahrtkostenersatz von 350 €, dem eine Fahrstrecke mit eigenem Pkw von 500 km zugrunde liegt.

  Steuerfrei sind

– eine Fahrtkostenvergütung von (500 km x 0,30 €/km =)	150,00 €
– Verpflegungspauschalen von (14 € + 22,40 € [28 € ./. 5,60 €] + 8,40 € [14 € ./. 5,60 €] =)	44,80 €
insgesamt	194,80 €.

  Der Mehrbetrag von (350 € ./. 194,80 € =) 155,20 € kann mit einem Teilbetrag von 56 € pauschal mit 25 % versteuert werden. Bei einer Angabe in der Lohnsteuerbescheinigung sind 44,80 € in die Zeile 20 "steuerfreie Verpflegungszuschüsse bei Auswärtstätigkeit" einzutragen (>§ 41b Abs. 1 Satz 2 Nr. 10 EStG).

[1]) zur Erweiterung der Pauschalierungsmöglichkeiten >§ 40 Abs. 2 Satz 2

Wahlrecht

Das Wahlrecht des Arbeitgebers, die Lohnsteuer für geldwerte Vorteile bei Fahrten zwischen Wohnung und erster Tätigkeitsstätte nach § 40 Abs. 2 Satz 2 EStG zu pauschalieren, wird nicht durch einen Antrag, sondern durch Anmeldung der mit einem Pauschsteuersatz erhobenen Lohnsteuer ausgeübt. Ein dahingehender Antrag, der im finanzgerichtlichen Verfahren gestellt wird, ist unbeachtlich (>BFH vom 24.9.2015 – BStBl 2016 II S. 176).

S 2372

§ 40a

Pauschalierung der Lohnsteuer für Teilzeitbeschäftigte und geringfügig Beschäftigte

(1) [1] Der Arbeitgeber kann unter Verzicht auf den Abruf von elektronischen Lohnsteuerabzugsmerkmalen (§ 39e Absatz 4 Satz 2) oder die Vorlage einer Bescheinigung für den Lohnsteuerabzug (§ 39 Absatz 3 oder § 39e Absatz 7 oder Absatz 8) bei Arbeitnehmern, die nur kurzfristig beschäftigt werden, die Lohnsteuer mit einem Pauschsteuersatz von 25 Prozent des Arbeitslohns erheben. [2] Eine kurzfristige Beschäftigung liegt vor, wenn der Arbeitnehmer bei dem Arbeitgeber gelegentlich, nicht regelmäßig wiederkehrend beschäftigt wird, die Dauer der Beschäftigung 18 zusammenhängende Arbeitstage nicht übersteigt und

1. der Arbeitslohn während der Beschäftigungsdauer 120 Euro durchschnittlich je Arbeitstag nicht übersteigt oder
2. die Beschäftigung zu einem unvorhersehbaren Zeitpunkt sofort erforderlich wird.

(2) Der Arbeitgeber kann unter Verzicht auf den Abruf von elektronischen Lohnsteuerabzugsmerkmalen (§ 39e Absatz 4 Satz 2) oder die Vorlage einer Bescheinigung für den Lohnsteuerabzug (§ 39 Absatz 3 oder § 39e Absatz 7 oder Absatz 8) die Lohnsteuer einschließlich Solidaritätszuschlag und Kirchensteuern (einheitliche Pauschsteuer) für das Arbeitsentgelt aus geringfügigen Beschäftigungen im Sinne des § 8 Absatz 1 Nummer 1 oder des § 8a des Vierten Buches Sozialgesetzbuch, für das er Beiträge nach § 168 Absatz 1 Nummer 1b oder 1c (geringfügig versicherungspflichtig Beschäftigte) oder nach § 172 Absatz 3 oder 3a (versicherungsfrei oder von der Versicherungspflicht befreite geringfügig Beschäftigte) oder nach § 276a Absatz 1 (versicherungsfrei geringfügig Beschäftigte) des Sechsten Buches Sozialgesetzbuch zu entrichten hat, mit einem einheitlichen Pauschsteuersatz in Höhe von insgesamt 2 Prozent des Arbeitsentgelts erheben.

(2a) Hat der Arbeitgeber in den Fällen des Absatzes 2 keine Beiträge nach § 168 Absatz 1 Nummer 1b oder 1c oder nach § 172 Absatz 3 oder 3a oder nach § 276a Absatz 1 des Sechsten Buches Sozialgesetzbuch zu entrichten, kann er unter Verzicht auf den Abruf von elektronischen Lohnsteuerabzugsmerkmalen (§ 39e Absatz 4 Satz 2) oder die Vorlage einer Bescheinigung für den Lohnsteuerabzug (§ 39 Absatz 3 oder § 39e Absatz 7 oder Absatz 8) die Lohnsteuer mit einem Pauschsteuersatz in Höhe von 20 Prozent des Arbeitsentgelts erheben.

(3) [1] Abweichend von den Absätzen 1 und 2a kann der Arbeitgeber unter Verzicht auf den Abruf von elektronischen Lohnsteuerabzugsmerkmalen (§ 39e Absatz 4 Satz 2) oder die Vorlage einer Bescheinigung für den Lohnsteuerabzug (§ 39 Absatz 3 oder § 39e Absatz 7

oder Absatz 8) bei Aushilfskräften, die in Betrieben der Land- und Forstwirtschaft im Sinne des § 13 Absatz 1 Nummer 1 bis 4 ausschließlich mit typisch land- oder forstwirtschaftlichen Arbeiten beschäftigt werden, die Lohnsteuer mit einem Pauschsteuersatz von 5 Prozent des Arbeitslohns erheben. [2]Aushilfskräfte im Sinne dieser Vorschrift sind Personen, die für die Ausführung und für die Dauer von Arbeiten, die nicht ganzjährig anfallen, beschäftigt werden; eine Beschäftigung mit anderen land- und forstwirtschaftlichen Arbeiten ist unschädlich, wenn deren Dauer 25 Prozent der Gesamtbeschäftigungsdauer nicht überschreitet. [3]Aushilfskräfte sind nicht Arbeitnehmer, die zu den land- und forstwirtschaftlichen Fachkräften gehören oder die der Arbeitgeber mehr als 180 Tage im Kalenderjahr beschäftigt.

(4) Die Pauschalierungen nach den Absätzen 1 und 3 sind unzulässig

1. bei Arbeitnehmern, deren Arbeitslohn während der Beschäftigungsdauer durchschnittlich je Arbeitsstunde 15 Euro übersteigt,
2. bei Arbeitnehmern, die für eine andere Beschäftigung von demselben Arbeitgeber Arbeitslohn beziehen, der nach § 39b oder § 39c dem Lohnsteuerabzug unterworfen wird.

(5) Auf die Pauschalierungen nach den Absätzen 1 bis 3 und 7 ist § 40 Absatz 3 anzuwenden.

(6) [1]Für die Erhebung der einheitlichen Pauschsteuer nach Absatz 2 ist die Deutsche Rentenversicherung Knappschaft-Bahn-See zuständig. [2]Die Regelungen zum Steuerabzug vom Arbeitslohn sind entsprechend anzuwenden. [3]Für die Anmeldung, Abführung und Vollstreckung der einheitlichen Pauschsteuer sowie die Erhebung eines Säumniszuschlags und das Mahnverfahren für die einheitliche Pauschsteuer gelten dabei die Regelungen für die Beiträge nach § 168 Absatz 1 Nummer 1b oder 1c oder nach § 172 Absatz 3 oder 3a oder nach § 276a Absatz 1 des Sechsten Buches Sozialgesetzbuch. [4]Die Deutsche Rentenversicherung Knappschaft-Bahn-See hat die einheitliche Pauschsteuer auf die erhebungsberechtigten Körperschaften aufzuteilen; dabei entfallen aus Vereinfachungsgründen 90 Prozent der einheitlichen Pauschsteuer auf die Lohnsteuer, 5 Prozent auf den Solidaritätszuschlag und 5 Prozent auf die Kirchensteuern. [5]Die erhebungsberechtigten Kirchen haben sich auf eine Aufteilung des Kirchensteueranteils zu verständigen und diesen der Deutschen Rentenversicherung Knappschaft-Bahn-See mitzuteilen. [6]Die Deutsche Rentenversicherung Knappschaft-Bahn-See ist berechtigt, die einheitliche Pauschsteuer nach Absatz 2 zusammen mit den Sozialversicherungsbeiträgen beim Arbeitgeber einzuziehen.

(7) [1]Der Arbeitgeber kann unter Verzicht auf den Abruf von elektronischen Lohnsteuerabzugsmerkmalen (§ 39e Absatz 4 Satz 2) die Lohnsteuer für Bezüge von kurzfristigen, im Inland ausgeübten Tätig-

keiten beschränkt steuerpflichtiger Arbeitnehmer, die einer ausländischen Betriebsstätte dieses Arbeitgebers zugeordnet sind, mit einem Pauschsteuersatz von 30 Prozent des Arbeitslohns erheben. [2]Eine kurzfristige Tätigkeit im Sinne des Satzes 1 liegt nur vor, wenn die im Inland ausgeübte Tätigkeit 18 zusammenhängende Arbeitstage nicht übersteigt.

R 40a.1

Kurzfristig Beschäftigte und Aushilfskräfte in der Land- und Forstwirtschaft

Allgemeines

S 2372

(1) [1]Die Pauschalierung der Lohnsteuer nach § 40a Abs. 1 und 3 EStG ist sowohl für unbeschränkt als auch für beschränkt einkommensteuerpflichtige Aushilfskräfte zulässig. [2]Bei der Prüfung der Voraussetzungen für die Pauschalierung ist von den Merkmalen auszugehen, die sich für das einzelne Dienstverhältnis ergeben. [3]Es ist nicht zu prüfen, ob die Aushilfskraft noch in einem Dienstverhältnis zu einem anderen Arbeitgeber steht. [4]Der Arbeitgeber darf die Pauschalbesteuerung nachholen, solange keine Lohnsteuerbescheinigung ausgeschrieben ist, eine Lohnsteuer-Anmeldung noch berichtigt werden kann und noch keine Festsetzungsverjährung eingetreten ist. [5]Der Arbeitnehmer kann Aufwendungen, die mit dem pauschal besteuerten Arbeitslohn zusammenhängen, nicht als Werbungskosten abziehen.

Gelegentliche Beschäftigung

(2) [1]Als gelegentliche, nicht regelmäßig wiederkehrende Beschäftigung ist eine ohne feste Wiederholungsabsicht ausgeübte Tätigkeit anzusehen. [2]Tatsächlich kann es zu Wiederholungen der Tätigkeit kommen. [3]Entscheidend ist, dass die erneute Tätigkeit nicht bereits von vornherein vereinbart worden ist. [4]Es kommt dann nicht darauf an, wie oft die Aushilfskräfte tatsächlich im Laufe des Jahres tätig werden. [5]Ob sozialversicherungsrechtlich eine kurzfristige Beschäftigung vorliegt oder nicht, ist für die Pauschalierung nach § 40a Abs. 1 EStG ohne Bedeutung.

Unvorhersehbarer Zeitpunkt

(3) [1]§ 40a Abs. 1 Satz 2 Nr. 2 EStG setzt voraus, dass das Dienstverhältnis dem Ersatz einer ausgefallenen oder dem akuten Bedarf einer zusätzlichen Arbeitskraft dient. [2]Die Beschäftigung von Aushilfskräften, deren Einsatzzeitpunkt längere Zeit vorher feststeht, z. B. bei Volksfesten oder Messen, kann grundsätzlich nicht als unvorhersehbar und sofort erforderlich angesehen werden; eine andere Beurteilung ist aber z. B. hinsichtlich solcher Aushilfskräfte möglich, deren Einstellung entgegen dem vorhersehbaren Bedarf an Arbeitskräften notwendig geworden ist.

Bemessungsgrundlage für die pauschale Lohnsteuer

(4) [1]Zur Bemessungsgrundlage der pauschalen Lohnsteuer gehören alle Einnahmen, die dem Arbeitnehmer aus der Aushilfsbeschäftigung zufließen (>§ 2 LStDV). [2]Steuerfreie Einnahmen bleiben außer Betracht. [3]Der Arbeitslohn darf für die Ermittlung der pauschalen Lohnsteuer nicht um den Altersentlastungsbetrag (§ 24a EStG) gekürzt werden.

Pauschalierungsgrenzen

(5) [1]Bei der Prüfung der Pauschalierungsgrenzen des § 40a Abs. 1 und 3 EStG ist Absatz 4 entsprechend anzuwenden. [2]Pauschal besteuerte Bezüge mit Ausnahme des § 40 Abs. 2 Satz 2 EStG sind bei der Prüfung der Pauschalierungsgrenzen zu berücksichtigen. [3]Zur Beschäftigungsdauer gehören auch solche Zeiträume, in denen der Arbeitslohn wegen Urlaubs, Krankheit oder gesetzlicher Feiertage fortgezahlt wird.

Aushilfskräfte in der Land- und Forstwirtschaft

(6) [1]Eine Pauschalierung der Lohnsteuer nach § 40a Abs. 3 EStG für Aushilfskräfte in der Land- und Forstwirtschaft ist nur zulässig, wenn die Aushilfskräfte in einem Betrieb i. S. d. § 13 Abs. 1 EStG beschäftigt werden. [2]Für Aushilfskräfte, die in einem Gewerbebetrieb i. S. d. § 15 EStG tätig sind, kommt die Pauschalierung nach § 40a Abs. 3 EStG selbst dann nicht in Betracht, wenn sie mit typisch land- und forstwirtschaftlichen Arbeiten beschäftigt werden; eine Pauschalierung der Lohnsteuer ist grundsätzlich zulässig, wenn ein Betrieb, der Land- und Forstwirtschaft betreibt, nur wegen seiner Rechtsform oder der Abfärbetheorie (§ 15 Abs. 3 Nr. 1 EStG) als Gewerbebetrieb gilt. [3]Werden die Aushilfskräfte zwar in einem land- und forstwirtschaftlichen Betrieb i. S. d. § 13 Abs. 1 EStG beschäftigt, üben sie aber keine typische land- und forstwirtschaftliche Tätigkeit aus, z. B. Blumenbinder, Verkäufer, oder sind sie abwechselnd mit typisch land- und forstwirtschaftlichen und anderen Arbeiten betraut, z. B. auch im Gewerbebetrieb oder Nebenbetrieb desselben Arbeitgebers tätig, ist eine Pauschalierung der Lohnsteuer nach § 40a Abs. 3 EStG nicht zulässig.

Hinweise H 40a.1

Abwälzung der pauschalen Lohnsteuer

>BMF vom 10.1.2000 (BStBl I S. 138) Anhang 4

Arbeitstag

Als Arbeitstag i. S. d. § 40a Abs. 1 Satz 2 Nr. 1 EStG ist grundsätzlich der Kalendertag zu verstehen. Arbeitstag kann jedoch auch eine auf zwei Kalendertage fallende Nachtschicht sein (>BFH vom 28.1.1994 – BStBl II S. 421).

Arbeitsstunde

Arbeitsstunde i. S. d. § 40a Abs. 4 Nr. 1 EStG ist die Zeitstunde. Wird der Arbeitslohn für kürzere Zeiteinheiten gezahlt, z.B. für 45 Minuten, ist der

Lohn zur Prüfung der Pauschalierungsgrenze nach § 40a Abs. 4 Nr. 1 EStG entsprechend umzurechnen (>BFH vom 10.8.1990 – BStBl II S. 1092).

Aufzeichnungspflichten

Anhang 22

- >§ 4 Abs. 2 Nr. 8 vorletzter Satz LStDV
- Als Beschäftigungsdauer ist jeweils die Zahl der tatsächlichen Arbeitsstunden (= 60 Minuten) in dem jeweiligen Lohnzahlungs- oder Lohnabrechnungszeitraum aufzuzeichnen (>BFH vom 10.9.1976 – BStBl 1977 II S. 17).
- Bei fehlenden oder fehlerhaften Aufzeichnungen ist die Lohnsteuerpauschalierung zulässig, wenn die Pauschalierungsvoraussetzungen auf andere Weise, z. B. durch Arbeitsnachweise, Zeitkontrollen, Zeugenaussagen, nachgewiesen oder glaubhaft gemacht werden (>BFH vom 12.6.1986 – BStBl II S. 681).

Fehlerhafte Pauschalversteuerung

Eine fehlerhafte Pauschalbesteuerung ist für die Veranlagung zur Einkommensteuer nicht bindend (>BFH vom 10.6.1988 – BStBl II S. 981).

Kirchensteuer bei Pauschalierung der Lohn- und Einkommensteuer

Anhang 21b

>Gleich lautende Ländererlasse vom 8.8.2016 (BStBl I S. 773)

Land- und Forstwirtschaft

- Abgrenzung Gewerbebetrieb – Betrieb der Land- und Forstwirtschaft >R 15.5 EStR
- Die Pauschalierung nach § 40a Abs. 3 EStG ist zulässig, wenn ein Betrieb, der Land- und Forstwirtschaft betreibt, ausschließlich wegen seiner Rechtsform als Gewerbebetrieb gilt (>BFH vom 5.9.1980 – BStBl 1981 II S. 76). Entsprechendes gilt, wenn der Betrieb nur wegen § 15 Abs. 3 Nr. 1 EStG (Abfärbetheorie) als Gewerbebetrieb anzusehen ist (>BFH vom 14.9.2005 – BStBl 2006 II S. 92).
- Die Pauschalierung der Lohnsteuer nach § 40a Abs. 3 EStG ist nicht zulässig, wenn der Betrieb infolge erheblichen Zukaufs fremder Erzeugnisse aus dem Tätigkeitsbereich des § 13 Abs. 1 EStG ausgeschieden und einheitlich als Gewerbebetrieb zu beurteilen ist. Etwas anderes gilt auch nicht für Neben- oder Teilbetriebe, die für sich allein die Merkmale eines land- und forstwirtschaftlichen Betriebs erfüllen (>BFH vom 3.8.1990 – BStBl II S. 1002).

Land- und forstwirtschaftliche Arbeiten

Das Schälen von Spargel durch Aushilfskräfte eines landwirtschaftlichen Betriebs zählt nicht zu den typisch land- und forstwirtschaftlichen Arbeiten i. S. d. § 40a Abs. 3 Satz 1 EStG (>BFH vom 8.5.2008 – BStBl 2009 II S. 40).

Land- und forstwirtschaftliche Fachkraft

- Ein Arbeitnehmer, der die Fertigkeiten für eine land- oder forstwirtschaftliche Tätigkeit im Rahmen einer Berufsausbildung erlernt hat, gehört zu den Fachkräften, ohne dass es darauf ankommt, ob die durchgeführten Arbeiten den Einsatz einer Fachkraft erfordern (>BFH vom 25.10.2005 – BStBl 2006 II S. 208).
- Hat ein Arbeitnehmer die erforderlichen Fertigkeiten nicht im Rahmen einer Berufsausbildung erworben, gehört er nur dann zu den land- und forstwirtschaftlichen Fachkräften, wenn er anstelle einer Fachkraft eingesetzt ist (>BFH vom 25.10.2005 – BStBl 2006 II S. 208).
- Ein Arbeitnehmer ist anstelle einer land- und forstwirtschaftlichen Fachkraft eingesetzt, wenn mehr als 25 % der zu beurteilenden Tätigkeit Fachkraft-Kenntnisse erfordern (>BFH vom 25.10.2005 – BStBl 2006 II S. 208).
- Traktorführer sind jedenfalls dann als Fachkräfte und nicht als Aushilfskräfte zu beurteilen, wenn sie den Traktor als Zugfahrzeug mit landwirtschaftlichen Maschinen führen (>BFH vom 25.10.2005 – BStBl 2006 II S. 204).

Land- und forstwirtschaftliche Saisonarbeiten

- Land- und forstwirtschaftliche Arbeiten fallen nicht ganzjährig an, wenn sie wegen der Abhängigkeit vom Lebensrhythmus der produzierten Pflanzen oder Tiere einen erkennbaren Abschluss in sich tragen. Dementsprechend können darunter auch Arbeiten fallen, die im Zusammenhang mit der Viehhaltung stehen (>BFH vom 25.10.2005 – BStBl 2006 II S. 206).
- Wenn die Tätigkeit des Ausmistens nicht laufend, sondern nur im Zusammenhang mit dem einmal jährlich erfolgenden Vieh-Austrieb auf die Weide möglich ist, handelt es sich um eine nicht ganzjährig anfallende Arbeit. Unschädlich ist, dass ähnliche Tätigkeiten bei anderen Bewirtschaftungsformen ganzjährig anfallen können (>BFH vom 25.10.2005 – BStBl 2006 II S. 206).
- Reinigungsarbeiten, die ihrer Art nach während des ganzen Jahres anfallen (hier: Reinigung der Güllekanäle und Herausnahme der Güllespalten), sind nicht vom Lebensrhythmus der produzierten Pflanzen oder Tiere abhängig und sind daher keine saisonbedingten Arbeiten (>BFH vom 25.10.2005 – BStBl 2006 II S. 204).
- Die Unschädlichkeitsgrenze von 25 % der Gesamtbeschäftigungsdauer bezieht sich auf ganzjährig anfallende land- und forstwirtschaftliche Arbeiten. Für andere land- und forstwirtschaftliche Arbeiten gilt sie nicht (>BFH vom 25.10.2005 – BStBl 2006 II S. 206).

Nachforderung pauschaler Lohnsteuer

Die Nachforderung pauschaler Lohnsteuer beim Arbeitgeber setzt voraus, dass dieser der Pauschalierung zustimmt (>BFH vom 20.11.2008 – BStBl 2009 II S. 374).

Nebenbeschäftigung für denselben Arbeitgeber

Übt der Arbeitnehmer für denselben Arbeitgeber neben seiner Haupttätigkeit eine Nebentätigkeit mit den Merkmalen einer kurzfristigen Beschäftigung oder Aushilfskraft aus, ist die Pauschalierung der Lohnsteuer nach § 40a Abs. 1 und 3 EStG ausgeschlossen (>§ 40a Abs. 4 Nr. 2 EStG).

Ruhegehalt neben kurzfristiger Beschäftigung

In einer kurzfristigen Beschäftigung kann die Lohnsteuer auch dann pauschaliert werden, wenn der Arbeitnehmer vom selben Arbeitgeber ein betriebliches Ruhegeld bezieht, das dem normalen Lohnsteuerabzug unterliegt (>BFH vom 27.7.1990 – BStBl II S. 931).

R 40a.2

Geringfügig entlohnte Beschäftigte

[1] Die Erhebung der einheitlichen Pauschsteuer nach § 40a Abs. 2 EStG knüpft allein an die sozialversicherungsrechtliche Beurteilung als geringfügige Beschäftigung an und kann daher nur dann erfolgen, wenn der Arbeitgeber einen pauschalen Beitrag zur gesetzlichen Rentenversicherung von 15 % bzw. 5 % (geringfügig Beschäftigte im Privathaushalt) zu entrichten hat. [2] Die Pauschalierung der Lohnsteuer nach § 40a Abs. 2a EStG kommt in Betracht, wenn der Arbeitgeber für einen geringfügig Beschäftigten nach § 8 Abs. 1 Nr. 1, § 8a SGB IV keinen pauschalen Beitrag zur gesetzlichen Rentenversicherung zu entrichten hat (z. B. auf Grund der Zusammenrechnung mehrerer geringfügiger Beschäftigungsverhältnisse). [3] Bemessungsgrundlage für die einheitliche Pauschsteuer (§ 40a Abs. 2 EStG) und den Pauschsteuersatz nach § 40a Abs. 2a EStG ist das sozialversicherungsrechtliche Arbeitsentgelt, unabhängig davon, ob es steuerpflichtiger oder steuerfreier Arbeitslohn ist. [4] Für Lohnbestandteile, die nicht zum sozialversicherungsrechtlichen Arbeitsentgelt gehören, ist die Lohnsteuerpauschalierung nach § 40a Abs. 2 und 2a EStG nicht zulässig; sie unterliegen der Lohnsteuererhebung nach den allgemeinen Regelungen.

H 40a.2

Hinweise

Wechsel zwischen Pauschalversteuerung und Regelbesteuerung

- Es ist nicht zulässig, im Laufe eines Kalenderjahres zwischen der Regelbesteuerung und der Pauschalbesteuerung zu wechseln, wenn dadurch allein die Ausnutzung der mit Einkünften aus nichtselbständiger Arbeit verbundenen Frei- und Pauschbeträge erreicht werden soll (>BFH vom 20.12.1991 – BStBl 1992 II S. 695).
- Ein Arbeitgeber ist weder unter dem Gesichtspunkt des Rechtsmissbrauchs noch durch die Zielrichtung des § 40a EStG gehindert, nach Ablauf des Kalenderjahres die Pauschalversteuerung des Arbeitslohnes für die in seinem Betrieb angestellte Ehefrau rückgängig zu machen und zur Regelbesteuerung überzugehen (>BFH vom 26.11.2003 – BStBl 2004 II S. 195).

§ 40b

S 2373

Pauschalierung der Lohnsteuer bei bestimmten Zukunftssicherungsleistungen

(1) Der Arbeitgeber kann die Lohnsteuer von den Zuwendungen zum Aufbau einer nicht kapitalgedeckten betrieblichen Altersversorgung an eine Pensionskasse mit einem Pauschsteuersatz von 20 Prozent der Zuwendungen erheben. [1)]

(2) [1] Absatz 1 gilt nicht, soweit die zu besteuernden Zuwendungen des Arbeitgebers für den Arbeitnehmer 1.752 Euro im Kalenderjahr übersteigen oder nicht aus seinem ersten Dienstverhältnis bezogen werden. [2] Sind mehrere Arbeitnehmer gemeinsam in der Pensionskasse versichert, so gilt als Zuwendung für den einzelnen Arbeitnehmer der Teilbetrag, der sich bei einer Aufteilung der gesamten Zuwendungen durch die Zahl der begünstigten Arbeitnehmer ergibt, wenn dieser Teilbetrag 1.752 Euro nicht übersteigt; hierbei sind Arbeitnehmer, für die Zuwendungen von mehr als 2.148 Euro im Kalenderjahr geleistet werden, nicht einzubeziehen. [3] Für Zuwendungen, die der Arbeitgeber für den Arbeitnehmer aus Anlass der Beendigung des Dienstverhältnisses erbracht hat, vervielfältigt sich der Betrag von 1.752 Euro mit der Anzahl der Kalenderjahre, in denen das Dienstverhältnis des Arbeitnehmers zu dem Arbeitgeber bestanden hat; in diesem Fall ist Satz 2 nicht anzuwenden. [4] Der vervielfältigte Betrag vermindert sich um die nach Absatz 1 pauschal besteuerten Zuwendungen, die der Arbeitgeber in dem Kalenderjahr, in dem das Dienstverhältnis beendet wird, und in den sechs vorangegangenen Kalenderjahren erbracht hat. [1)]

(3) Von den Beiträgen für eine Unfallversicherung des Arbeitnehmers kann der Arbeitgeber die Lohnsteuer mit einem Pauschsteuersatz von 20 Prozent der Beiträge erheben, wenn mehrere Arbeitnehmer gemeinsam in einem Unfallversicherungsvertrag versichert sind und der Teilbetrag, der sich bei einer Aufteilung der gesamten Beiträge nach Abzug der Versicherungsteuer durch die Zahl der begünstigten Arbeitnehmer ergibt, 100 Euro im Kalenderjahr nicht übersteigt.

(4) In den Fällen des § 19 Absatz 1 Satz 1 Nummer 3 Satz 2 hat der Arbeitgeber die Lohnsteuer mit einem Pauschsteuersatz in Höhe von 15 Prozent der Sonderzahlungen zu erheben.

(5) [1] § 40 Absatz 3 ist anzuwenden. [2] Die Anwendung des § 40 Absatz 1 Satz 1 Nummer 1 auf Bezüge im Sinne des Absatzes 1, des Absatzes 3 und des Absatzes 4 ist ausgeschlossen.

---

1) ***zur Anwendung von*** Absatz 1 und 2 in der am 31.12.2004 geltenden Fassung >§ 52 Abs. 40

R 40b.1

Pauschalierung der Lohnsteuer bei Beiträgen zu Direktversicherungen und Zuwendungen an Pensionskassen für Versorgungszusagen, die vor dem 1.1.2005 erteilt wurden

Direktversicherung

S 2373 (1) [1] Eine Direktversicherung ist eine Lebensversicherung auf das Leben des Arbeitnehmers, die durch den Arbeitgeber bei einem inländischen oder ausländischen Versicherungsunternehmen abgeschlossen worden ist und bei der der Arbeitnehmer oder seine Hinterbliebenen hinsichtlich der Versorgungsleistungen des Versicherers ganz oder teilweise bezugsberechtigt sind (>§ 1b Abs. 2 Satz 1 BetrAVG). [2] Dasselbe gilt für eine Lebensversicherung auf das Leben des Arbeitnehmers, die nach Abschluss durch den Arbeitnehmer vom Arbeitgeber übernommen worden ist. [3] Der Abschluss einer Lebensversicherung durch eine mit dem Arbeitgeber verbundene Konzerngesellschaft schließt die Anerkennung als Direktversicherung nicht aus, wenn der Anspruch auf die Versicherungsleistungen durch das Dienstverhältnis veranlasst ist und der Arbeitgeber die Beitragslast trägt. [4] Als Versorgungsleistungen können Leistungen der Alters-, Invaliditäts- oder Hinterbliebenenversorgung in Betracht kommen.

Anhang 2 I

(2) [1] Es ist grundsätzlich gleichgültig, ob es sich um Kapitalversicherungen einschl. Risikoversicherungen, um Rentenversicherungen oder fondsgebundene Lebensversicherungen handelt. [2] Kapitallebensversicherungen mit steigender Todesfallleistung sind als Direktversicherung anzuerkennen, wenn zu Beginn der Versicherung eine Todesfallleistung von mindestens 10 % der Kapitalleistung im Erlebensfall vereinbart und der Versicherungsvertrag vor dem 1.8.1994 abgeschlossen worden ist. [3] Bei einer nach dem 31.7.1994 abgeschlossenen Kapitallebensversicherung ist Voraussetzung für die Anerkennung, dass die Todesfallleistung über die gesamte Versicherungsdauer mindestens 50 % der für den Erlebensfall vereinbarten Kapitalleistung beträgt. [4] Eine nach dem 31.12.1996 abgeschlossene Kapitallebensversicherung ist als Direktversicherung anzuerkennen, wenn die Todesfallleistung während der gesamten Laufzeit des Versicherungsvertrags mindestens 60 % der Summe der Beiträge beträgt, die nach dem Versicherungsvertrag für die gesamte Vertragsdauer zu zahlen sind. [5] Kapitalversicherungen mit einer Vertragsdauer von weniger als fünf Jahren können nicht anerkannt werden, es sei denn, dass sie im Rahmen einer Gruppenversicherung nach dem arbeitsrechtlichen Grundsatz der Gleichbehandlung abgeschlossen worden sind. [6] Dasselbe gilt für Rentenversicherungen mit Kapitalwahlrecht, bei denen das Wahlrecht innerhalb von fünf Jahren nach Vertragsabschluss wirksam werden kann, und für Beitragserhöhungen bei bereits bestehenden Kapitalversicherungen mit einer Restlaufzeit von weniger als fünf Jahren; aus Billigkeitsgründen können Beitragserhöhungen anerkannt werden, wenn sie im Zusammenhang mit der Anhebung der Pauschalierungsgrenzen durch das Steuer-Euroglättungsgesetz erfolgt sind. [7] Unfallversicherungen sind keine Lebensversicherungen, auch wenn bei Unfall mit Todesfolge eine Leistung vorgese-

hen ist. [8]Dagegen gehören Unfallzusatzversicherungen und Berufsunfähigkeitszusatzversicherungen, die im Zusammenhang mit Lebensversicherungen abgeschlossen werden, sowie selbständige Berufsunfähigkeitsversicherungen und Unfallversicherungen mit Prämienrückgewähr, bei denen der Arbeitnehmer Anspruch auf die Prämienrückgewähr hat, zu den Direktversicherungen. [9]Die Bezugsberechtigung des Arbeitnehmers oder seiner Hinterbliebenen muss vom Versicherungsnehmer (Arbeitgeber) der Versicherungsgesellschaft gegenüber erklärt werden (>§ 159 des Versicherungsvertragsgesetzes – VVG). [10]Die Bezugsberechtigung kann widerruflich oder unwiderruflich sein; bei widerruflicher Bezugsberechtigung sind die Bedingungen eines Widerrufs steuerlich unbeachtlich. [11]Unbeachtlich ist auch, ob die Anwartschaft des Arbeitnehmers arbeitsrechtlich bereits unverfallbar ist.

Rückdeckungsversicherung

(3) [1]Für die Abgrenzung zwischen einer Direktversicherung und einer Rückdeckungsversicherung, die vom Arbeitgeber abgeschlossen wird und die nur dazu dient, dem Arbeitgeber die Mittel zur Leistung einer dem Arbeitnehmer zugesagten Versorgung zu verschaffen, sind regelmäßig die zwischen Arbeitgeber und Arbeitnehmer getroffenen Vereinbarungen (Innenverhältnis) maßgebend und nicht die Abreden zwischen Arbeitgeber und Versicherungsunternehmen (Außenverhältnis). [2]Deshalb kann eine Rückdeckungsversicherung steuerlich grundsätzlich nur anerkannt werden, wenn die nachstehenden Voraussetzungen sämtlich erfüllt sind:

1. Der Arbeitgeber hat dem Arbeitnehmer eine Versorgung aus eigenen Mitteln zugesagt, z. B. eine Werkspension.
2. Zur Gewährleistung der Mittel für diese Versorgung hat der Arbeitgeber eine Versicherung abgeschlossen, zu der der Arbeitnehmer keine eigenen Beiträge i. S. d. § 2 Abs. 2 Nr. 2 Satz 2 LStDV leistet. Anhang 22
3. [1]Nur der Arbeitgeber, nicht aber der Arbeitnehmer erlangt Ansprüche gegen die Versicherung. [2]Unschädlich ist jedoch die Verpfändung der Ansprüche aus der Rückdeckungsversicherung an den Arbeitnehmer, weil dieser bei einer Verpfändung gegenwärtig keine Rechte erwirbt, die ihm einen Zugriff auf die Versicherung und die darin angesammelten Werte ermöglichen. [3]Entsprechendes gilt für eine aufschiebend bedingte Abtretung des Rückdeckungsanspruchs, da die Abtretung rechtlich erst wirksam wird, wenn die Bedingung eintritt (§ 158 Abs. 1 des Bürgerlichen Gesetzbuches – BGB), und für die Abtretung des Rückdeckungsanspruchs zahlungshalber im Falle der Liquidation oder der Vollstreckung in die Versicherungsansprüche durch Dritte.

[3]Wird ein Anspruch aus einer Rückdeckungsversicherung ohne Entgelt auf den Arbeitnehmer übertragen oder eine bestehende Rückdeckungsversicherung in eine Direktversicherung umgewandelt, fließt dem Arbeitnehmer im Zeitpunkt der Übertragung bzw. Umwandlung ein lohnsteuerpflichtiger geldwerter Vorteil zu, der grundsätzlich dem geschäftsplanmäßigen

Deckungskapital zuzüglich einer bis zu diesem Zeitpunkt zugeteilten Überschussbeteiligung i. S. d. § 153 VVG der Versicherung entspricht; § 3 Nr. 65 Satz 1 Buchstabe c EStG ist nicht anwendbar*1)*. [4]Entsprechendes gilt, wenn eine aufschiebend bedingte Abtretung rechtswirksam wird (>Satz 2 Nr. 3).

Pensionskasse

Anhang 2 I

(4) [1]Als Pensionskassen sind sowohl rechtsfähige Versorgungseinrichtungen i. S. d. § 1b Abs. 3 Satz 1 BetrAVG als auch nichtrechtsfähige Zusatzversorgungseinrichtungen des öffentlichen Dienstes i. S. d. § 18 BetrAVG anzusehen, die den Leistungsberechtigten, insbesondere Arbeitnehmern und deren Hinterbliebenen, auf ihre Versorgungsleistungen einen Rechtsanspruch gewähren. [2]Es ist gleichgültig, ob die Kasse ihren Sitz oder ihre Geschäftsleitung innerhalb oder außerhalb des Geltungsbereichs des Einkommensteuergesetzes hat. [3]Absatz 1 Satz 4 gilt sinngemäß.

Barlohnkürzung

(5) Für die Lohnsteuerpauschalierung nach § 40b EStG kommt es nicht darauf an, ob Beiträge oder Zuwendungen zusätzlich zum ohnehin geschuldeten Arbeitslohn oder auf Grund einer Vereinbarung mit dem Arbeitnehmer durch Herabsetzung des individuell zu besteuernden Arbeitslohns erbracht werden.

Voraussetzungen der Pauschalierung

(6) [1]Die Lohnsteuerpauschalierung setzt bei Beiträgen für eine Direktversicherung voraus, dass

1. die Versicherung nicht auf den Erlebensfall eines früheren als des 60. Lebensjahres des Arbeitnehmers abgeschlossen,
2. die Abtretung oder Beleihung eines dem Arbeitnehmer eingeräumten unwiderruflichen Bezugsrechts in dem Versicherungsvertrag ausgeschlossen und
3. eine vorzeitige Kündigung des Versicherungsvertrags durch den Arbeitnehmer ausgeschlossen

worden ist. [2]Der Versicherungsvertrag darf keine Regelung enthalten, nach der die Versicherungsleistung für den Erlebensfall vor Ablauf des 59. Lebensjahres fällig werden könnte. [3]Lässt der Versicherungsvertrag z. B. die Möglichkeit zu, Gewinnanteile zur Abkürzung der Versicherungsdauer zu verwenden, muss die Laufzeitverkürzung bis zur Vollendung des 59. Lebensjahres begrenzt sein. [4]Der Ausschluss einer vorzeitigen Kündigung des Versicherungsvertrags ist anzunehmen, wenn in dem Versicherungsvertrag zwischen dem Arbeitgeber als Versicherungsnehmer und dem Versicherer folgende Vereinbarung getroffen worden ist:

„Es wird unwiderruflich vereinbart, dass während der Dauer des Dienstverhältnisses eine Übertragung der Versicherungsnehmer-Eigenschaft und eine Abtretung von Rechten aus diesem Vertrag auf den versicherten Arbeitnehmer bis zu dem

---

1) >aber ggf. § 3 Nr. 65 Satz 1 Buchst. d

Zeitpunkt, in dem der versicherte Arbeitnehmer sein 59. Lebensjahr vollendet, insoweit ausgeschlossen ist, als die Beiträge vom Versicherungsnehmer (Arbeitgeber) entrichtet worden sind."

[5]Wird anlässlich der Beendigung des Dienstverhältnisses die Direktversicherung auf den ausscheidenden Arbeitnehmer übertragen, bleibt die Pauschalierung der Direktversicherungsbeiträge in der Vergangenheit hiervon unberührt. [6]Das gilt unabhängig davon, ob der Arbeitnehmer den Direktversicherungsvertrag auf einen neuen Arbeitgeber überträgt, selbst fortführt oder kündigt. [7]Es ist nicht Voraussetzung, dass die Zukunftssicherungsleistungen in einer größeren Zahl von Fällen erbracht werden.

Bemessungsgrundlage der pauschalen Lohnsteuer

(7) [1]Die pauschale Lohnsteuer bemisst sich grundsätzlich nach den tatsächlichen Leistungen, die der Arbeitgeber für den einzelnen Arbeitnehmer erbringt. [2]Bei einer Verrechnung des Tarifbeitrags mit Überschussanteilen stellt deshalb der ermäßigte Beitrag die Bemessungsgrundlage für die pauschale Lohnsteuer dar. [3]Wird für mehrere Arbeitnehmer gemeinsam eine pauschale Leistung erbracht, bei der der Teil, der auf den einzelnen Arbeitnehmer entfällt, nicht festgestellt werden kann, ist dem einzelnen Arbeitnehmer der Teil der Leistung zuzurechnen, der sich bei einer Aufteilung der Leistung nach der Zahl der begünstigten Arbeitnehmer ergibt (>§ 2 Abs. 2 Nr. 3 Satz 3 LStDV). [4]Werden Leistungen des Arbeitgebers für die tarifvertragliche Zusatzversorgung der Arbeitnehmer mit einem Prozentsatz der Bruttolohnsumme des Betriebs erbracht, ist die Arbeitgeberleistung Bemessungsgrundlage der pauschalen Lohnsteuer. [5]Für die Feststellung der Pauschalierungsgrenze (>Absatz 8) bei zusätzlichen pauschal besteuerbaren Leistungen für einzelne Arbeitnehmer ist die Arbeitgeberleistung auf die Zahl der durch die tarifvertragliche Zusatzversorgung begünstigten Arbeitnehmer aufzuteilen.

Anhang 22

Pauschalierungsgrenze

(8) [1]Die Pauschalierungsgrenze von 1.752 Euro nach § 40b Abs. 2 Satz 1 EStG i. d. F. am 31.12.2004 kann auch in den Fällen voll ausgeschöpft werden, in denen feststeht, dass dem Arbeitnehmer bereits aus einem vorangegangenen Dienstverhältnis im selben Kalenderjahr pauschal besteuerte Zukunftssicherungsleistungen zugeflossen sind. [2]Soweit pauschal besteuerbare Leistungen den Grenzbetrag von 1.752 Euro überschreiten, müssen sie dem normalen Lohnsteuerabzug unterworfen werden.

Durchschnittsberechnung

(9) [1]Wenn mehrere Arbeitnehmer gemeinsam in einem Direktversicherungsvertrag oder in einer Pensionskasse versichert sind, ist für die Feststellung der Pauschalierungsgrenze eine Durchschnittsberechnung anzustellen. [2]Ein gemeinsamer Direktversicherungsvertrag liegt außer bei einer Gruppenversicherung auch dann vor, wenn in einem Rahmenvertrag mit einem oder mehreren Versicherern sowohl die versicherten Personen als

auch die versicherten Wagnisse bezeichnet werden und die Einzelheiten in Zusatzvereinbarungen geregelt sind. [3]Ein Rahmenvertrag, der z. B. nur den Beitragseinzug und die Beitragsabrechnung regelt, stellt keinen gemeinsamen Direktversicherungsvertrag dar. [4]Bei der Durchschnittsberechnung bleiben Beiträge des Arbeitgebers unberücksichtigt, die nach § 3 Nr. 63 EStG steuerfrei sind oder wegen der Ausübung des Wahlrechts nach § 3 Nr. 63 Satz 2 zweite Alternative EStG individuell besteuert werden. [5]Im Übrigen ist wie folgt zu verfahren:

1. [1]Sind in der Direktversicherung oder in der Pensionskasse Arbeitnehmer versichert, für die pauschal besteuerbare Leistungen von jeweils insgesamt mehr als 2.148 Euro (§ 40b Abs. 2 Satz 2 EStG i. d. F. am 31.12.2004) jährlich erbracht werden, scheiden die Leistungen für diese Arbeitnehmer aus der Durchschnittsberechnung aus. [2]Das gilt z. B. auch dann, wenn mehrere Direktversicherungsverträge bestehen und die Beitragsanteile für den einzelnen Arbeitnehmer insgesamt 2.148 Euro übersteigen. [3]Die Erhebung der Lohnsteuer auf diese Leistungen richtet sich nach Absatz 8 Satz 2.
2. [1]Die Leistungen für die übrigen Arbeitnehmer sind zusammenzurechnen und durch die Zahl der Arbeitnehmer zu teilen, für die sie erbracht worden sind. [2]Bei einem konzernumfassenden gemeinsamen Direktversicherungsvertrag ist der Durchschnittsbetrag durch Aufteilung der Beitragszahlungen des Arbeitgebers auf die Zahl seiner begünstigten Arbeitnehmer festzustellen; es ist nicht zulässig, den Durchschnittsbetrag durch Aufteilung des Konzernbeitrags auf alle Arbeitnehmer des Konzerns zu ermitteln.
   a) [1]Übersteigt der so ermittelte Durchschnittsbetrag nicht 1.752 Euro, ist dieser für jeden Arbeitnehmer der Pauschalbesteuerung zugrunde zu legen. [2]Werden für den einzelnen Arbeitnehmer noch weitere pauschal besteuerbare Leistungen erbracht, dürfen aber insgesamt nur 1.752 Euro pauschal besteuert werden; im Übrigen gilt Absatz 8 Satz 2.
   b) [1]Übersteigt der Durchschnittsbetrag 1.752 Euro, kommt er als Bemessungsgrundlage für die Pauschalbesteuerung nicht in Betracht. [2]Der Pauschalbesteuerung sind die tatsächlichen Leistungen zugrunde zu legen, soweit sie für den einzelnen Arbeitnehmer 1.752 Euro nicht übersteigen; im Übrigen gilt Absatz 8 Satz 2.
3. [1]Ist ein Arbeitnehmer
   a) in mehreren Direktversicherungsverträgen gemeinsam mit anderen Arbeitnehmern,
   b) in mehreren Pensionskassen oder
   c) in Direktversicherungsverträgen gemeinsam mit anderen Arbeitnehmern und in Pensionskassen versichert, ist jeweils der Durchschnittsbetrag aus der Summe der Beiträge für mehrere Direktversicherungen, aus der Summe der Zuwendungen an mehrere Pensionskassen oder aus der Summe der Beiträge zu Direktversicherungen und der Zuwendungen an Pensionskassen zu ermitteln. [2]In

diese gemeinsame Durchschnittsbildung dürfen jedoch solche Verträge nicht einbezogen werden, bei denen wegen der 2.148-Euro-Grenze (>Nummer 1) nur noch ein Arbeitnehmer übrig bleibt; in diesen Fällen liegt eine gemeinsame Versicherung, die in die Durchschnittsberechnung einzubeziehen ist, nicht vor.

(10) Werden die pauschal besteuerbaren Leistungen nicht in einem Jahresbetrag erbracht, gilt Folgendes:

1. Die Einbeziehung der auf den einzelnen Arbeitnehmer entfallenden Leistungen in die Durchschnittsberechnung nach § 40b Abs. 2 Satz 2 EStG entfällt von dem Zeitpunkt an, in dem sich ergibt, dass die Leistungen für diesen Arbeitnehmer voraussichtlich insgesamt 2.148 Euro im Kalenderjahr übersteigen werden.
2. Die Lohnsteuerpauschalierung auf der Grundlage des Durchschnittsbetrags entfällt von dem Zeitpunkt an, in dem sich ergibt, dass der Durchschnittsbetrag voraussichtlich 1.752 Euro im Kalenderjahr übersteigen wird.
3. [1] Die Pauschalierungsgrenze von 1.752 Euro ist jeweils insoweit zu vermindern, als sie bei der Pauschalbesteuerung von früheren Leistungen im selben Kalenderjahr bereits ausgeschöpft worden ist. [2] Werden die Leistungen laufend erbracht, darf die Pauschalierungsgrenze mit dem auf den jeweiligen Lohnzahlungszeitraum entfallenden Anteil berücksichtigt werden.

Vervielfältigungsregelung

(11) [1] Die Vervielfältigung der Pauschalierungsgrenze nach § 40b Abs. 2 Satz 3 EStG steht in Zusammenhang mit der Beendigung des Dienstverhältnisses; ein solcher Zusammenhang ist insbesondere dann zu vermuten, wenn der Direktversicherungsbeitrag innerhalb von 3 Monaten vor dem Auflösungszeitpunkt geleistet wird. [2] Die Vervielfältigungsregelung gilt auch bei der Umwandlung von Arbeitslohn (>Absatz 5); nach Auflösung des Dienstverhältnisses kann sie ohne zeitliche Beschränkung angewendet werden, wenn die Umwandlung spätestens bis zum Zeitpunkt der Auflösung des Dienstverhältnisses vereinbart wird. [3] Die Gründe, aus denen das Dienstverhältnis beendet wird, sind für die Vervielfältigung der Pauschalierungsgrenze unerheblich. [4] Die Vervielfältigungsregelung kann daher auch in den Fällen angewendet werden, in denen ein Arbeitnehmer wegen Erreichens der Altersgrenze aus dem Dienstverhältnis ausscheidet. [5] Auf die vervielfältigte Pauschalierungsgrenze sind die für den einzelnen Arbeitnehmer in dem Kalenderjahr, in dem das Dienstverhältnis beendet wird, und in den sechs vorangegangenen Kalenderjahren tatsächlich entrichteten Beiträge und Zuwendungen anzurechnen, die nach § 40b Abs. 1 EStG pauschal besteuert wurden. [6] Dazu gehören auch die 1.752 Euro übersteigenden personenbezogenen Beiträge, wenn sie nach § 40b Abs. 2 Satz 2 EStG in die Bemessungsgrundlage für die Pauschsteuer einbezogen worden sind. [7] Ist bei Pauschalzuweisungen ein personenbezogener

Beitrag nicht feststellbar, ist als tatsächlicher Beitrag für den einzelnen Arbeitnehmer der Durchschnittsbetrag aus der Pauschalzuweisung anzunehmen.

Rückzahlung pauschal besteuerbarer Leistungen

(12) – unbesetzt –

(13) [1]Eine Arbeitslohnrückzahlung (negative Einnahme) ist anzunehmen, wenn der Arbeitnehmer sein Bezugsrecht aus einer Direktversicherung (z. B. bei vorzeitigem Ausscheiden aus dem Dienstverhältnis) ganz oder teilweise ersatzlos verliert und das Versicherungsunternehmen als Arbeitslohn versteuerte Beiträge an den Arbeitgeber zurückzahlt. [2]Zahlungen des Arbeitnehmers zum Wiedererwerb des verlorenen Bezugsrechts sind der Vermögenssphäre zuzurechnen; sie stellen keine Arbeitslohnrückzahlung dar.

(14) [1]Sind nach Absatz 13 Arbeitslohnrückzahlungen aus pauschal versteuerten Beitragsleistungen anzunehmen, mindern sie die gleichzeitig (im selben Kalenderjahr) anfallenden pauschal besteuerbaren Beitragsleistungen des Arbeitgebers. [2]Übersteigen in einem Kalenderjahr die Arbeitslohnrückzahlungen betragsmäßig die Beitragsleistungen des Arbeitgebers, ist eine Minderung der Beitragsleistungen im selben Kalenderjahr nur bis auf Null möglich. [3]Eine Minderung von Beitragsleistungen des Arbeitgebers aus den Vorjahren ist nicht möglich. [4]Der Arbeitnehmer kann negative Einnahmen aus pauschal versteuerten Beitragsleistungen nicht geltend machen.

(15) [1]Wenn Arbeitslohnrückzahlungen nach Absatz 13 aus teilweise individuell und teilweise pauschal versteuerten Beitragsleistungen herrühren, ist der Betrag entsprechend aufzuteilen. [2]Dabei kann aus Vereinfachungsgründen das Verhältnis zugrunde gelegt werden, das sich nach den Beitragsleistungen in den vorangegangenen fünf Kalenderjahren ergibt. [3]Maßgebend sind die tatsächlichen Beitragsleistungen; § 40b Abs. 2 Satz 2 EStG ist nicht anzuwenden. [4]Die lohnsteuerliche Berücksichtigung der dem Arbeitnehmer zuzurechnenden Arbeitslohnzahlung richtet sich nach folgenden Grundsätzen:

1. Besteht im Zeitpunkt der Arbeitslohnrückzahlung noch das Dienstverhältnis zu dem Arbeitgeber, der die Versicherungsbeiträge geleistet hat, kann der Arbeitgeber die Arbeitslohnrückzahlung mit dem Arbeitslohn des Kalenderjahres der Rückzahlung verrechnen und den so verminderten Arbeitslohn der Lohnsteuer unterwerfen.
2. [1]Soweit der Arbeitgeber von der vorstehenden Möglichkeit nicht Gebrauch macht oder machen kann, kann der Arbeitnehmer die Arbeitslohnrückzahlung wie Werbungskosten – ohne Anrechnung des maßgebenden Pauschbetrags für Werbungskosten nach § 9a Satz 1 Nr. 1 EStG – als Freibetrag (>§ 39a EStG) bilden lassen oder bei der Veranlagung zur Einkommensteuer geltend machen. [2]Erzielt der Arbeitnehmer durch die Arbeitslohnrückzahlung bei seinen Einkünften aus nichtselbständiger Arbeit einen Verlust, kann er diesen mit Einkünften aus

anderen Einkunftsarten ausgleichen oder unter den Voraussetzungen des § 10d EStG den Verlustabzug beanspruchen.

(16) Die Absätze 13 bis 15 gelten für Zuwendungen an Pensionskassen sinngemäß.

Hinweise

H 40b.1

§ 40b Abs. 1 und Abs. 2 in der am 31.12.2004 geltenden Fassung[1]):

(1) [1]Der Arbeitgeber kann die Lohnsteuer von den Beiträgen für eine Direktversicherung des Arbeitnehmers und von den Zuwendungen an eine Pensionskasse mit einem Pauschsteuersatz von 20 vom Hundert der Beiträge und Zuwendungen erheben. [2]Die pauschale Erhebung der Lohnsteuer von Beiträgen für eine Direktversicherung ist nur zulässig, wenn die Versicherung nicht auf den Erlebensfall eines früheren als des 60. Lebensjahres abgeschlossen und eine vorzeitige Kündigung des Versicherungsvertrages durch den Arbeitnehmer ausgeschlossen worden ist.

(2) [1]Absatz 1 gilt nicht, soweit die zu besteuernden Beiträge und Zuwendungen des Arbeitgebers für den Arbeitnehmer 1.752 Euro im Kalenderjahr übersteigen oder nicht aus seinem ersten Dienstverhältnis bezogen werden. [2]Sind mehrere Arbeitnehmer gemeinsam in einem Direktversicherungsvertrag oder in einer Pensionskasse versichert, so gilt als Beitrag oder Zuwendung für den einzelnen Arbeitnehmer der Teilbetrag, der sich bei einer Aufteilung der gesamten Beiträge oder der gesamten Zuwendungen durch die Zahl der begünstigten Arbeitnehmer ergibt, wenn dieser Teilbetrag 1.752 Euro nicht übersteigt; hierbei sind Arbeitnehmer, für die Beiträge und Zuwendungen von mehr als 2.148 Euro im Kalenderjahr geleistet werden, nicht einzubeziehen. [3]Für Beiträge und Zuwendungen, die der Arbeitgeber für den Arbeitnehmer aus Anlass der Beendigung des Dienstverhältnisses erbracht hat, vervielfältigt sich der Betrag von 1.752 Euro mit der Anzahl der Kalenderjahre, in denen das Dienstverhältnis des Arbeitnehmers zu dem Arbeitgeber bestanden hat; in diesem Fall ist Satz 2 nicht anzuwenden. [4]Der vervielfältigte Betrag vermindert sich um die nach Absatz 1 pauschal besteuerten Beiträge und Zuwendungen, die der Arbeitgeber in dem Kalenderjahr, in dem das Dienstverhältnis beendet wird, und in den sechs vorangegangenen Kalenderjahren erbracht hat.

Abwälzung der pauschalen Lohnsteuer

>BMF vom 10.1.2000 (BStBl I S. 138) Anhang 4

Beispiel:

Der Arbeitnehmer erhält eine Sonderzuwendung von 2.500 €. Er vereinbart mit dem Arbeitgeber, dass hiervon 1.752 € für eine vor 2005 abgeschlossene Direkt-

[1]) zur Anwendungsregelung >§ 52 Abs. 40
zur Aufzeichnungspflicht bei Weiteranwendung von § 40b in einer der vor dem 1.1.2005 geltenden Fassung >§ 5 Abs. 1 LStDV

versicherung verwendet werden, die eine Kapitalauszahlung vorsieht. Der Direktversicherungsbeitrag soll pauschal versteuert werden. Der Arbeitnehmer trägt die pauschale Lohnsteuer.

Sonderzuwendung	2.500 €
abzüglich Direktversicherungsbeitrag	1.752 €
nach den Lohnsteuerabzugsmerkmalen als sonstiger Bezug zu besteuern	748 €
Bemessungsgrundlage für die pauschale Lohnsteuer	1.752 €

Allgemeines

– Der Lohnsteuerpauschalierung unterliegen nur die Arbeitgeberleistungen i. S. d. § 40b EStG zugunsten von Arbeitnehmern oder früheren Arbeitnehmern und deren Hinterbliebenen (>BFH vom 7.7.1972 – BStBl II S. 890).

– Die Pauschalierung der Lohnsteuer nach § 40b EStG ist auch dann zulässig, wenn die Zukunftssicherungsleistung erst nach Ausscheiden des Arbeitnehmers aus dem Betrieb erbracht wird und er bereits in einem neuen Dienstverhältnis steht (>BFH vom 18.12.1987 – BStBl 1988 II S. 554).

– Pauschalbesteuerungsfähig sind jedoch nur Zukunftssicherungsleistungen, die der Arbeitgeber auf Grund ausschließlich eigener rechtlicher Verpflichtung erbringt (>BFH vom 29.4.1991 – BStBl II S. 647).

– Die Pauschalierung der Lohnsteuer nach § 40b EStG ist ausgeschlossen, wenn der Arbeitgeber für den Ehegatten eines verstorbenen früheren Arbeitnehmers eine Lebensversicherung abschließt oder wenn bei einer Versicherung das typische Todesfallwagnis und – bereits bei Vertragsabschluss – das Rentenwagnis ausgeschlossen worden sind. Hier liegt begrifflich keine Direktversicherung i. S. d. § 40b EStG vor (>BFH vom 9.11.1990 – BStBl 1991 II S. 189).

– Die Pauschalierung setzt allgemein voraus, dass die Zukunftssicherungsleistungen aus einem ersten Dienstverhältnis bezogen werden. Sie ist demnach bei Arbeitnehmern nicht anwendbar, bei denen der Lohnsteuerabzug nach der Steuerklasse VI vorgenommen wird (>BFH vom 12.8.1996 – BStBl 1997 II S. 143). Bei pauschal besteuerten Teilzeitarbeitsverhältnissen (>§ 40a EStG) ist die Pauschalierung zulässig, wenn es sich dabei um das erste Dienstverhältnis handelt (>BFH vom 8.12.1989 – BStBl 1990 II S. 398).

– Für Zukunftssicherungsleistungen i. S. d. § 40b EStG kann die Lohnsteuerpauschalierung nach § 40 Abs. 1 Satz 1 Nr. 1 EStG nicht vorgenommen werden, selbst wenn sie als sonstige Bezüge gewährt werden (>§ 40b Abs. 5 Satz 2 EStG).

– Zum Zeitpunkt der Beitragsleistung des Arbeitgebers für eine Direktversicherung >H 38.2 (Zufluss von Arbeitslohn).

– Die Pauschalierung setzt voraus, dass es sich bei den Beiträgen um Arbeitslohn handelt, der den Arbeitnehmern im Zeitpunkt der Abführung durch den Arbeitgeber an die Versorgungseinrichtung zufließt (>BFH vom 12.4.2007 – BStBl II S. 619).

Arbeitnehmerfinanzierte betriebliche Altersversorgung

>BMF vom ***12.8.2021*** (BStBl I S. ***1050***) Anhang 2 III

Ausscheiden des Arbeitgebers aus der VBL

Das Ausscheiden des Arbeitgebers aus der VBL und die damit verbundenen Folgen für die Zusatzversorgung des Arbeitnehmers führen nicht zur Rückzahlung von Arbeitslohn und damit weder zu negativem Arbeitslohn noch zu Werbungskosten bei den Einkünften aus nichtselbständiger Arbeit (>BFH vom 7.5.2009 – BStBl 2010 II S. 133 und S. 135).

Barlohnkürzung

Beispiel:

Der Anspruch auf das 13. Monatsgehalt entsteht gemäß Tarifvertrag zeitanteilig nach den vollen Monaten der Beschäftigung im Kalenderjahr und ist am 1.12. fällig. Die Barlohnkürzung vom 13. Monatsgehalt zu Gunsten eines Direktversicherungsbeitrags wird im November des laufenden Kalenderjahres vereinbart.

Der Barlohn kann vor Fälligkeit, also bis spätestens 30.11., auch um den Teil des 13. Monatsgehalts, der auf bereits abgelaufene Monate entfällt, steuerlich wirksam gekürzt werden. Auf den Zeitpunkt der Entstehung kommt es nicht an (>R 40b.1 Abs. 5).

Beendigung einer betrieblichen Altersversorgung

>BMF vom ***12.8.2021*** (BStBl I S. ***1050***), ***Rn.*** 166 Anhang 2 III

Dienstverhältnis zwischen Ehegatten[1]

Zur Anerkennung von Zukunftssicherungsleistungen bei Dienstverhältnissen zwischen Ehegatten >H 6a (9) EStH.

Durchschnittsberechnung nach § 40b Abs. 2 Satz 2 EStG:

- „Eigenbeiträge“ des Arbeitnehmers, die aus versteuertem Arbeitslohn stammen, sind in die Durchschnittsberechnung nicht einzubeziehen (>BFH vom 12.4.2007 – BStBl II S. 619).
- Beiträge zu Direktversicherungen können nur dann in die Durchschnittsberechnung einbezogen werden, wenn ein gemeinsamer Versicherungsvertrag vorliegt. Direktversicherungen, die nach einem Wechsel des Arbeitgebers beim neuen Arbeitgeber als Einzelversicherungen fortgeführt werden, erfüllen diese Voraussetzung nicht (>BFH vom 11.3.2010 – BStBl 2011 II S. 183).

---

[1]) Die dort aufgeführten Grundsätze gelten bei Lebenspartnern entsprechend (>§ 2 Abs. 8).

Beispiel:

Es werden ganzjährig laufend monatliche Zuwendungen an eine Pensionskasse (Altverträge mit Kapitalauszahlung)

a) für 2 Arbeitnehmer je 250 €	500 €	
b) für 20 Arbeitnehmer je 175 €	3.500 €	
c) für 20 Arbeitnehmer je 125 €	2.500 €	
insgesamt	6.500 €	geleistet.

Die Leistungen für die Arbeitnehmer zu a) betragen jeweils mehr als 2.148 € jährlich; sie sind daher in eine Durchschnittsberechnung nicht einzubeziehen. Die Leistungen für die Arbeitnehmer zu b) und c) übersteigen jährlich jeweils nicht 2.148 €; es ist daher der Durchschnittsbetrag festzustellen. Der Durchschnittsbetrag beträgt 150 € monatlich; er übersteigt hiernach 1.752 € jährlich und kommt deshalb als Bemessungsgrundlage nicht in Betracht. Der Pauschalbesteuerung sind also in allen Fällen die tatsächlichen Leistungen zugrunde zu legen. Der Arbeitgeber kann dabei

in den Fällen zu a)	im 1. bis 7. Monat je 250 € und im 8. Monat noch 2 € oder monatlich je 146 €,
in den Fällen zu b)	im 1. bis 10. Monat je 175 € und im 11. Monat noch 2 € oder monatlich je 146 €,
in den Fällen zu c)	monatlich je 125 €

pauschal versteuern.

Kirchensteuer bei Pauschalierung der Lohn- und Einkommensteuer

Anhang 21b >Gleich lautende Ländererlasse vom 8.8.2016 (BStBl I S. 773)

Mindesttodesfallschutz

>R 40b.1 Abs. 2

>BMF vom 22.8.2002 (BStBl I S. 827), Rdnr. 23-30

Negative pauschale Lohnsteuer

Die Festsetzung einer negativen Einkommensteuer und damit auch einer negativen pauschalen Lohnsteuer ist gesetzlich nicht vorgesehen (>BFH vom 28.4.2016 – BStBl II S. 898); bei Rückzahlung pauschal versteuerter Leistungen >R 40b.1 Abs. 13 ff. LStR.

Rückdeckungsversicherung

– >R 40b.1 Abs. 3
– Verzichtet der frühere Arbeitnehmer auf seine Rechte aus einer Versorgungszusage des Arbeitgebers, tritt im Gegenzug der Arbeitgeber sämtliche Rechte aus der zur Absicherung der Versorgungszusage abgeschlossenen Rückdeckungsversicherung an den vom Arbeitnehmer nunmehr getrennt lebenden Ehegatten/Lebenspartner ab und zahlt die Versicherung daraufhin das angesammelte Kapital an den Ehegatten/Lebenspartner aus, beinhaltet dies einen den früheren Arbeitnehmer bereichernden Lohnzufluss (>BFH vom 9.10.2002 – BStBl II S. 884).

– Tritt ein Arbeitgeber Ansprüche aus einer von ihm mit einem Versicherer abgeschlossenen Rückdeckungsversicherung an den Arbeitnehmer ab und leistet der Arbeitgeber im Anschluss hieran Beiträge an den Versicherer, sind diese Ausgaben Arbeitslohn (>BFH vom 5.7.2012 – BStBl 2013 II S. 190).

Rückzahlung von Arbeitslohn

– Der Verlust des durch eine Direktversicherung eingeräumten Bezugsrechts bei Insolvenz des Arbeitgebers führt wegen des Ersatzanspruchs nicht zu einer Arbeitslohnrückzahlung (>BFH vom 5.7.2007 – BStBl II S. 774).
– >R 40b.1 Abs. 13 ff. und >Ausscheiden des Arbeitgebers aus der VBL

Verhältnis von § 3 Nr. 63 EStG und § 40b EStG

>BMF vom ***12.8.2021*** (BStBl I S. ***1050***), ***Rn.*** 85 ff. Anhang 2 III

Vervielfältigungsregelung

Die Beendigung des Dienstverhältnisses i. S. d. § 40b Abs. 2 Satz 3 1. Halbsatz EStG ist die nach bürgerlichem (Arbeits-)Recht wirksame Beendigung. Ein Dienstverhältnis kann daher auch dann beendet sein, wenn der Arbeitnehmer und sein bisheriger Arbeitgeber im Anschluss an das bisherige Dienstverhältnis ein neues vereinbaren, sofern es sich nicht als Fortsetzung des bisherigen erweist. Es liegt keine solche Beendigung vor, wenn das neue Dienstverhältnis mit demselben Arbeitgeber in Bezug auf den Arbeitsbereich, die Entlohnung und die sozialen Besitzstände im Wesentlichen dem bisherigen Dienstverhältnis entspricht (>BFH vom 30.10.2008 – BStBl 2009 II S. 162).

Wahlrecht

>BMF vom ***12.8.2021*** (BStBl I S. ***1050***), ***Rn.*** 93 Anhang 2 III

Wirkung einer fehlerhaften Pauschalbesteuerung

Eine fehlerhafte Pauschalbesteuerung ist für die Veranlagung zur Einkommensteuer nicht bindend (>BFH vom 10.6.1988 – BStBl II S. 981).

Zukunftssicherungsleistungen i. S. d. § 40b EStG n. F.

>BMF vom ***12.8.2021*** (BStBl I S. ***1050***), ***Rn.*** 83-84 Anhang 2 III

R 40b.2

Pauschalierung der Lohnsteuer bei Beiträgen zu einer Gruppenunfallversicherung

[1] Die Lohnsteuerpauschalierung nach § 40b Abs. 3 EStG ist nicht zulässig, wenn der steuerpflichtige Durchschnittsbeitrag – ohne Versicherungsteuer – 62 Euro[1]) jährlich übersteigt; in diesem Falle ist der steuerpflichtige Durchschnittsbeitrag dem normalen Lohnsteuerabzug zu unterwerfen.

---

[1]) jetzt 100 Euro >§ 40b Abs. 3

[2]Bei konzernumfassenden Gruppenunfallversicherungen ist der Durchschnittsbeitrag festzustellen, der sich bei Aufteilung der Beitragszahlungen des Arbeitgebers auf die Zahl seiner begünstigten Arbeitnehmer ergibt; es ist nicht zulässig, den Durchschnittsbeitrag durch Aufteilung des Konzernbeitrags auf alle Arbeitnehmer des Konzerns zu ermitteln. [3]Ein gemeinsamer Unfallversicherungsvertrag i. S. d. § 40b Abs. 3 EStG liegt außer bei einer Gruppenversicherung auch dann vor, wenn in einem Rahmenvertrag mit einem oder mehreren Versicherern sowohl die versicherten Personen als auch die versicherten Wagnisse bezeichnet werden und die Einzelheiten in Zusatzvereinbarungen geregelt sind. [4]Ein Rahmenvertrag, der z. B. nur den Beitragseinzug und die Beitragsabrechnung regelt, stellt keinen gemeinsamen Unfallversicherungsvertrag dar.

H 40b.2

Hinweise

Allgemeine Grundsätze

Zur Ermittlung des steuerpflichtigen Beitrags für Unfallversicherungen, die das Unfallrisiko sowohl im beruflichen als auch im außerberuflichen Bereich abdecken >BMF vom 28.10.2009 (BStBl I S. 1275) Anhang 18

Geldleistung oder Sachbezug

Anhang 24 VII ***>BMF vom 13.4.2021 (BStBl I S. 624), Rdnr. 7, 29***

§ 41

S 2375

Aufzeichnungspflichten beim Lohnsteuerabzug

(1) [1] Der Arbeitgeber hat am Ort der Betriebsstätte (Absatz 2) für jeden Arbeitnehmer und jedes Kalenderjahr ein Lohnkonto zu führen. [2] In das Lohnkonto sind die nach § 39e Absatz 4 Satz 2 und Absatz 5 Satz 3 abgerufenen elektronischen Lohnsteuerabzugsmerkmale sowie die für den Lohnsteuerabzug erforderlichen Merkmale aus der vom Finanzamt ausgestellten Bescheinigung für den Lohnsteuerabzug (§ 39 Absatz 3 oder § 39e Absatz 7 oder Absatz 8) zu übernehmen. [3] Bei jeder Lohnzahlung für das Kalenderjahr, für das das Lohnkonto gilt, sind im Lohnkonto die Art und Höhe des gezahlten Arbeitslohns einschließlich der steuerfreien Bezüge sowie die einbehaltene oder übernommene Lohnsteuer einzutragen; an die Stelle der Lohnzahlung tritt in den Fällen des § 39b Absatz 5 Satz 1 die Lohnabrechnung. [4] Ferner sind das Kurzarbeitergeld, der Zuschuss zum Mutterschaftsgeld nach dem Mutterschutzgesetz, der Zuschuss bei Beschäftigungsverboten für die Zeit vor oder nach einer Entbindung sowie für den Entbindungstag während einer Elternzeit nach beamtenrechtlichen Vorschriften, die Entschädigungen für Verdienstausfall nach dem Infektionsschutzgesetz vom 20. Juli 2000 (BGBl. I S. 1045), die nach § 3 Nummer 28 steuerfreien Aufstockungsbeträge oder Zuschläge und die nach § 3 Nummer 28a steuerfreien Zuschüsse einzutragen. [5] Ist während der Dauer des Dienstverhältnisses in anderen Fällen als in denen des Satzes 4 der Anspruch auf Arbeitslohn für mindestens fünf aufeinander folgende Arbeitstage im Wesentlichen weggefallen, so ist dies jeweils durch Eintragung des Großbuchstabens U zu vermerken. [6] Hat der Arbeitgeber die Lohnsteuer von einem sonstigen Bezug im ersten Dienstverhältnis berechnet und ist dabei der Arbeitslohn aus früheren Dienstverhältnissen des Kalenderjahres außer Betracht geblieben, so ist dies durch Eintragung des Großbuchstabens S zu vermerken. [7] Die Bundesregierung wird ermächtigt, durch Rechtsverordnung mit Zustimmung des Bundesrates vorzuschreiben, welche Einzelangaben im Lohnkonto aufzuzeichnen sind und Einzelheiten für eine elektronische Bereitstellung dieser Daten im Rahmen einer Lohnsteuer-Außenprüfung oder einer Lohnsteuer-Nachschau durch die Einrichtung einer einheitlichen digitalen Schnittstelle zu regeln. [8] Dabei können für Arbeitnehmer mit geringem Arbeitslohn und für die Fälle der §§ 40 bis 40b Aufzeichnungserleichterungen sowie für steuerfreie Bezüge Aufzeichnungen außerhalb des Lohnkontos zugelassen werden. [9] Die Lohnkonten sind bis zum Ablauf des sechsten Kalenderjahres, das auf die zuletzt eingetragene Lohnzahlung folgt, aufzubewahren. [10] Die Aufbewahrungsfrist nach Satz 9 gilt abweichend von § 93c Absatz 1 Nummer 4 der Abgabenordnung auch für die dort genannten Aufzeichnungen und Unterlagen.

S 2376 **(2) [1] Betriebsstätte ist der Betrieb oder Teil des Betriebs des Arbeitgebers, in dem der für die Durchführung des Lohnsteuerabzugs maßgebende Arbeitslohn ermittelt wird. [2] Wird der maßgebende Arbeitslohn nicht in dem Betrieb oder einem Teil des Betriebs des Arbeitgebers oder nicht im Inland ermittelt, so gilt als Betriebsstätte der Mittelpunkt der geschäftlichen Leitung des Arbeitgebers im Inland; im Fall des § 38 Absatz 1 Satz 1 Nummer 2 gilt als Betriebsstätte der Ort im Inland, an dem die Arbeitsleistung ganz oder vorwiegend stattfindet. [3] Als Betriebsstätte gilt auch der inländische Heimathafen deutscher Handelsschiffe, wenn die Reederei im Inland keine Niederlassung hat.**

LStDV

LStDV

S 2375

§ 4

Lohnkonto

S 2375 (1) Der Arbeitgeber hat im Lohnkonto des Arbeitnehmers Folgendes aufzuzeichnen:

1. den Vornamen, den Familiennamen, den Tag der Geburt, den Wohnort, die Wohnung sowie die in einer vom Finanzamt ausgestellten Bescheinigung für den Lohnsteuerabzug eingetragenen allgemeinen Besteuerungsmerkmale. [2] Ändern sich im Laufe des Jahres die in einer Bescheinigung für den Lohnsteuerabzug eingetragenen allgemeinen Besteuerungsmerkmale, so ist auch der Zeitpunkt anzugeben, von dem an die Änderungen gelten;
2. den Jahresfreibetrag oder den Jahreshinzurechnungsbetrag sowie den Monatsbetrag, Wochenbetrag oder Tagesbetrag, der in einer vom Finanzamt ausgestellten Bescheinigung für den Lohnsteuerabzug eingetragen ist, und den Zeitraum, für den die Eintragungen gelten;
3. bei einem Arbeitnehmer, der dem Arbeitgeber eine Bescheinigung nach § 39b Abs. 6 des Einkommensteuergesetzes in der am 31. Dezember 2010 geltenden Fassung (Freistellungsbescheinigung) vorgelegt hat, einen Hinweis darauf, daß eine Bescheinigung vorliegt, den Zeitraum, für den die Lohnsteuerbefreiung gilt, das Finanzamt, das die Bescheinigung ausgestellt hat, und den Tag der Ausstellung;
4. in den Fällen des § 19 Abs. 2 des Einkommensteuergesetzes die für die zutreffende Berechnung des Versorgungsfreibetrags und des Zuschlags zum Versorgungsfreibetrag erforderlichen Angaben.

(2) Bei jeder Lohnabrechnung ist im Lohnkonto Folgendes aufzuzeichnen:

1. der Tag der Lohnzahlung und der Lohnzahlungszeitraum;
2. in den Fällen des § 41 Absatz 1 Satz 5 des Einkommensteuergesetzes jeweils der Großbuchstabe U;
3. der Arbeitslohn, getrennt nach Barlohn und Sachbezügen, und die davon einbehaltene Lohnsteuer. [2] Dabei sind die Sachbezüge einzeln zu

bezeichnen und – unter Angabe des Abgabetags oder bei laufenden Sachbezügen des Abgabezeitraums, des Abgabeorts und des Entgelts – mit dem nach § 8 Abs. 2 oder 3 des Einkommensteuergesetzes maßgebenden und um das Entgelt geminderten Wert zu erfassen. [3]Sachbezüge im Sinne des § 8 Abs. 3 des Einkommensteuergesetzes und Versorgungsbezüge sind jeweils als solche kenntlich zu machen und ohne Kürzung um Freibeträge nach § 8 Abs. 3 oder § 19 Abs. 2 des Einkommensteuergesetzes einzutragen. [4]Trägt der Arbeitgeber im Falle der Nettolohnzahlung die auf den Arbeitslohn entfallende Steuer selbst, ist in jedem Fall der Bruttoarbeitslohn einzutragen, die nach den Nummern 4 bis 8 gesondert aufzuzeichnenden Beträge sind nicht mitzuzählen;

4. steuerfreie Bezüge mit Ausnahme der Vorteile im Sinne des § 3 Nr. 45 des Einkommensteuergesetzes und der Trinkgelder. [2]Das Betriebsstättenfinanzamt kann zulassen, dass auch andere nach § 3 des Einkommensteuergesetzes steuerfreie Bezüge nicht angegeben werden, wenn es sich um Fälle von geringer Bedeutung handelt oder wenn die Möglichkeit zur Nachprüfung in anderer Weise sichergestellt ist;
5. Bezüge, die nach einem Abkommen zur Vermeidung der Doppelbesteuerung oder unter Progressionsvorbehalt nach § 34c Abs. 5 des Einkommensteuergesetzes von der Lohnsteuer freigestellt sind;
6. außerordentliche Einkünfte im Sinne des § 34 Abs. 1 und Abs. 2 Nr. 2 und 4 des Einkommensteuergesetzes und die davon nach § 39b Abs. 3 Satz 9 des Einkommensteuergesetzes einbehaltene Lohnsteuer;
7. das Vorliegen der Voraussetzungen für den Förderbetrag nach § 100 des Einkommensteuergesetzes;
8. Bezüge, die nach den §§ 40 bis 40b des Einkommensteuergesetzes pauschal besteuert worden sind, und die darauf entfallende Lohnsteuer. [2]Lassen sich in den Fällen des § 40 Absatz 1 Satz 1 Nummer 2 und Absatz 2 des Einkommensteuergesetzes die auf den einzelnen Arbeitnehmer entfallenden Beträge nicht ohne weiteres ermitteln, so sind sie in einem Sammelkonto anzuschreiben. [3]Das Sammelkonto muss die folgenden Angaben enthalten: Tag der Zahlung, Zahl der bedachten Arbeitnehmer, Summe der insgesamt gezahlten Bezüge, Höhe der Lohnsteuer sowie Hinweise auf die als Belege zum Sammelkonto aufzubewahrenden Unterlagen, insbesondere Zahlungsnachweise, Bestätigung des Finanzamts über die Zulassung der Lohnsteuerpauschalierung. [4]In den Fällen des § 40a des Einkommensteuergesetzes genügt es, wenn der Arbeitgeber Aufzeichnungen führt, aus denen sich für die einzelnen Arbeitnehmer Name und Anschrift, Dauer der Beschäftigung, Tag der Zahlung, Höhe des Arbeitslohns und in den Fällen des § 40a Abs. 3 des Einkommensteuergesetzes auch die Art der Beschäftigung ergeben. [5]Sind in den Fällen der Sätze 3 und 4 Bezüge nicht mit dem ermäßigten Kirchensteuersatz besteuert worden, so ist zusätzlich der fehlende Kirchensteuerabzug aufzuzeichnen und auf die als Beleg aufzubewahrende Unterlage hinzuweisen, aus der hervorgeht, dass der

Arbeitnehmer keiner Religionsgemeinschaft angehört, für die die Kirchensteuer von den Finanzbehörden erhoben wird.

(2a) [1] Der Arbeitgeber hat die nach den Absätzen 1 und 2 sowie die nach § 41 des Einkommensteuergesetzes aufzuzeichnenden Daten der Finanzbehörde nach einer amtlich vorgeschriebenen einheitlichen Form über eine digitale Schnittstelle elektronisch bereitzustellen. [2] Auf Antrag des Arbeitgebers kann das Betriebsstättenfinanzamt zur Vermeidung unbilliger Härten zulassen, dass der Arbeitgeber die in Satz 1 genannten Daten in anderer auswertbarer Form bereitstellt.

(3) [1] Das Betriebsstättenfinanzamt kann bei Arbeitgebern, die für die Lohnabrechnung ein maschinelles Verfahren anwenden, Ausnahmen von den Vorschriften der Absätze 1 und 2 zulassen, wenn die Möglichkeit zur Nachprüfung in anderer Weise sichergestellt ist. [2] Das Betriebsstättenfinanzamt soll zulassen, dass Sachbezüge im Sinne des § 8 Absatz 2 Satz 11 und Absatz 3 des Einkommensteuergesetzes für solche Arbeitnehmer nicht aufzuzeichnen sind, für die durch betriebliche Regelungen und entsprechende Überwachungsmaßnahmen gewährleistet ist, dass die in § 8 Absatz 2 Satz 11 oder Absatz 3 des Einkommensteuergesetzes genannten Beträge nicht überschritten werden.

(4) [1] In den Fällen des § 38 Abs. 3a des Einkommensteuergesetzes ist ein Lohnkonto vom Dritten zu führen. [2] In den Fällen des § 38 Abs. 3a Satz 2 ist der Arbeitgeber anzugeben und auch der Arbeitslohn einzutragen, der nicht vom Dritten, sondern vom Arbeitgeber selbst gezahlt wird. [3] In den Fällen des § 38 Abs. 3a Satz 7 ist der Arbeitslohn für jedes Dienstverhältnis gesondert aufzuzeichnen.

LStDV

S 2375

§ 5

Besondere Aufzeichnungs- und Mitteilungspflichten im Rahmen der betrieblichen Altersversorgung

(1) Der Arbeitgeber hat bei Durchführung einer kapitalgedeckten betrieblichen Altersversorgung über eine Pensionskasse oder eine Direktversicherung im Fall des § 52 Absatz 40 des Einkommensteuergesetzes aufzuzeichnen, dass vor dem 1. Januar 2018 mindestens ein Beitrag nach § 40b Absatz 1 und 2 des Einkommensteuergesetzes in einer vor dem 1. Januar 2005 geltenden Fassung pauschal besteuert wurde.

(2) [1] Der Arbeitgeber hat der Versorgungseinrichtung (Pensionsfonds, Pensionskasse, Direktversicherung), die für ihn die betriebliche Altersversorgung durchführt, spätestens zwei Monate nach Ablauf des Kalenderjahres oder nach Beendigung des Dienstverhältnisses im Laufe des Kalenderjahres die für den einzelnen Arbeitnehmer geleisteten und

1. nach § 3 Nummer 56 und 63 sowie nach § 100 Absatz 6 Satz 1 des Einkommensteuergesetzes steuerfrei belassenen,
2. nach § 40b des Einkommensteuergesetzes in der am 31. Dezember 2004 geltenden Fassung pauschal besteuerten oder
3. individuell besteuerten

Beiträge mitzuteilen. [2]Ferner hat der Arbeitgeber oder die Unterstützungskasse die nach § 3 Nr. 66 des Einkommensteuergesetzes steuerfrei belassenen Leistungen mitzuteilen. [3]Die Mitteilungspflicht des Arbeitgebers oder der Unterstützungskasse kann durch einen Auftragnehmer wahrgenommen werden.

(3) [1]Eine Mitteilung nach Absatz 2 kann unterbleiben, wenn die Versorgungseinrichtung die steuerliche Behandlung der für den einzelnen Arbeitnehmer im Kalenderjahr geleisteten Beiträge bereits kennt oder aus den bei ihr vorhandenen Daten feststellen kann, und dieser Umstand dem Arbeitgeber mitgeteilt worden ist. [2]Unterbleibt die Mitteilung des Arbeitgebers, ohne dass ihm eine entsprechende Mitteilung der Versorgungseinrichtung vorliegt, so hat die Versorgungseinrichtung davon auszugehen, dass es sich insgesamt bis zu den in § 3 Nr. 56 oder 63 des Einkommensteuergesetzes genannten Höchstbeträgen um steuerbegünstigte Beiträge handelt, die in der Auszahlungsphase als Leistungen im Sinne von § 22 Nr. 5 Satz 1 des Einkommensteuergesetzes zu besteuern sind.

Aufzeichnungserleichterungen, Aufzeichnung der Religionsgemeinschaft

R 41.1

S 2375

(1) [1]Die nach § 40 Abs. 1 Satz 1 Nr. 1 und § 40b EStG pauschal besteuerten Bezüge und die darauf entfallende pauschale Lohnsteuer sind grundsätzlich in dem für jeden Arbeitnehmer zu führenden Lohnkonto aufzuzeichnen. [2]Soweit die Lohnsteuerpauschalierung nach § 40b EStG auf der Grundlage des Durchschnittsbetrags durchgeführt wird (>§ 40b Abs. 2 Satz 2 EStG), ist dieser aufzuzeichnen.

(2) [1]Das Betriebsstättenfinanzamt kann nach § 4 Abs. 3 Satz 1 LStDV Ausnahmen von der Aufzeichnung im Lohnkonto zulassen, wenn die Möglichkeit zur Nachprüfung in anderer Weise sichergestellt ist. [2]Die Möglichkeit zur Nachprüfung ist in den bezeichneten Fällen nur dann gegeben, wenn die Zahlung der Bezüge und die Art ihrer Aufzeichnung im Lohnkonto vermerkt werden.

(3) [1]Das Finanzamt hat Anträgen auf Befreiung von der Aufzeichnungspflicht nach § 4 Abs. 3 Satz 2 LStDV im Allgemeinen zu entsprechen, wenn es im Hinblick auf die betrieblichen Verhältnisse nach der Lebenserfahrung so gut wie ausgeschlossen ist, dass der Rabattfreibetrag (>§ 8 Abs. 3 EStG) oder die Freigrenze nach § 8 Abs. 2 Satz 11 EStG im Einzelfall überschritten wird. [2]Zusätzlicher Überwachungsmaßnahmen durch den Arbeitgeber bedarf es in diesen Fällen nicht.

(4) [1]Der Arbeitgeber hat die Religionsgemeinschaft im Lohnkonto aufzuzeichnen (§ 4 Abs. 1 Nr. 1 LStDV). [2]Erhebt der Arbeitgeber von pauschal besteuerten Bezügen (§§ 37b, 40, 40a Abs. 1, 2a und 3, § 40b EStG) keine Kirchensteuer, weil der Arbeitnehmer keiner Religionsgemeinschaft angehört, für die die Kirchensteuer von den Finanzbehörden erhoben wird, hat er die Unterlage hierüber als Beleg zu den nach § 4 Abs. 2 Nr. 8 Satz 3 und 4 LStDV zu führenden Unterlagen zu nehmen (§ 4 Abs. 2 Nr. 8 Satz 5

LStDV). [3]In den Fällen des § 37b EStG und des § 40a Abs. 1, 2a und 3 EStG kann der Arbeitgeber auch eine Erklärung zur Religionszugehörigkeit nach amtlichem Muster als Beleg verwenden.

R 41.2

S 2375

Aufzeichnung des Großbuchstabens U

[1]Der Anspruch auf Arbeitslohn ist im Wesentlichen weggefallen, wenn z. B. lediglich vermögenswirksame Leistungen oder Krankengeldzuschüsse gezahlt werden, oder wenn während unbezahlter Fehlzeiten (z. B. Elternzeit) eine Beschäftigung mit reduzierter Arbeitszeit aufgenommen wird. [2]Der Großbuchstabe U ist je Unterbrechung einmal im Lohnkonto einzutragen. [3]Wird Kurzarbeitergeld einschl. Saison-Kurzarbeitergeld, der Zuschuss zum Mutterschaftsgeld nach dem Mutterschutzgesetz, der Zuschuss nach § 3 der Mutterschutz- und Elternzeitverordnung oder einer entsprechenden Landesregelung, die Entschädigung für Verdienstausfall nach dem Infektionsschutzgesetz oder werden Aufstockungsbeträge nach dem AltTZG gezahlt, ist kein Großbuchstabe U in das Lohnkonto einzutragen.

R 41.3

S 2376

Betriebsstätte

[1]Die lohnsteuerliche Betriebsstätte ist der im Inland gelegene Betrieb oder Betriebsteil des Arbeitgebers, an dem der Arbeitslohn insgesamt ermittelt wird, d. h. wo die einzelnen Lohnbestandteile oder bei maschineller Lohnabrechnung die Eingabewerte zu dem für die Durchführung des Lohnsteuerabzugs maßgebenden Arbeitslohn zusammengefasst werden. [2]Es kommt nicht darauf an, wo einzelne Lohnbestandteile ermittelt, die Berechnung der Lohnsteuer vorgenommen wird und die für den Lohnsteuerabzug maßgebenden Unterlagen aufbewahrt werden. [3]Bei einem ausländischen Arbeitgeber mit Wohnsitz und Geschäftsleitung im Ausland, der im Inland einen ständigen Vertreter (§ 13 AO) hat, aber keine Betriebsstätte unterhält, gilt als Mittelpunkt der geschäftlichen Leitung der Wohnsitz oder der gewöhnliche Aufenthalt des ständigen Vertreters. [4]Ein selbständiges Dienstleistungsunternehmen, das für einen Arbeitgeber tätig wird, kann nicht als Betriebsstätte dieses Arbeitgebers angesehen werden. [5]Bei einer Arbeitnehmerüberlassung (>R 42d.2) kann nach § 41 Abs. 2 Satz 2 EStG eine abweichende lohnsteuerliche Betriebsstätte in Betracht kommen. [6]Erlangt ein Finanzamt von Umständen Kenntnis, die auf eine Zentralisierung oder Verlegung von lohnsteuerlichen Betriebsstätten in seinem Zuständigkeitsbereich hindeuten, hat es vor einer Äußerung gegenüber dem Arbeitgeber die anderen betroffenen Finanzämter unverzüglich hierüber zu unterrichten und sich mit ihnen abzustimmen.

Hinweise H 41.3

Zuständige Finanzämter für ausländische Bauunternehmer

Für ausländische Bauunternehmer sind die in der Umsatzsteuerzuständigkeitsverordnung genannten Finanzämter für die Verwaltung der Lohnsteuer zuständig (>BMF vom 27.12.2002 – BStBl I S. 1399, Tz. 100). Anhang 32 II

Ansässigkeitsstaat	Finanzamt	Adresse
Belgien	Trier	Hubert-Neuerburg-Straße 1 54290 Trier
Bulgarien	Neuwied	Augustastraße 54 56564 Neuwied
Dänemark	Flensburg	Duburger Straße 58-64 24939 Flensburg
Estland	Rostock	Möllner Straße 13 18109 Rostock
Finnland	Bremen	Rudolf-Hilferding-Platz 1 28195 Bremen
Frankreich und Monaco	Offenburg	Zeller Straße 1-3 77654 Offenburg
Großbritannien (einschließlich Nordirland sowie Insel Man)	Hannover-Nord	Vahrenwalder Straße 206 30165 Hannover
Griechenland	Neukölln	Thiemannstraße 1 12059 Berlin
Irland	Hamburg-Nord	Borsteler Chaussee 45 22453 Hamburg
Italien	München	Finanzamt München Abteilung IV 80276 München
Kroatien	Kassel II – Hofgeismar	Altmarkt 1 34125 Kassel
Lettland	Bremen	Rudolf-Hilferding-Platz 1 28195 Bremen
Liechtenstein	Konstanz	Byk-Gulden-Straße 2a 78467 Konstanz
Litauen	Mühlhausen	Martinistraße 22 99974 Mühlhausen
Luxemburg	Saarbrücken	Am Stadtgraben 2-4 66111 Saarbrücken
Mazedonien	Neukölln	Thiemannstraße 1 12059 Berlin

Ansässigkeitsstaat	Finanzamt	Adresse
Niederlande	Kleve	Emmericher Straße 182 47533 Kleve
Norwegen	Bremen	Rudolf-Hilferding-Platz 1 28195 Bremen
Österreich	München	Finanzamt München Abteilung IV 80276 München
Polen	Hameln (Nach- bzw. Firmenname A bis G)	Süntelstraße 2 31785 Hameln
	Oranienburg (Nach- bzw. Firmenname H bis L)	Heinrich-Grüber-Platz 3 16515 Oranienburg
	Cottbus (Nach- bzw. Firmenname M bis R sowie für alle Unternehmer, auf die das Verfahren nach § 18 Abs. 4e UStG anzuwenden ist)	Vom-Stein-Straße 29 03050 Cottbus
	Nördlingen (Nach- bzw. Firmenname S bis Ż)	Tändelmarkt 1 86720 Nördlingen
Portugal	Kassel II – Hofgeismar	Altmarkt 1 34125 Kassel
Rumänien	Chemnitz-Süd	Paul-Bertz-Straße 1 09120 Chemnitz
Russland	Magdeburg	Tessenowstraße 10 39114 Magdeburg
Schweden	Hamburg-Nord	Borsteler Chaussee 45 22453 Hamburg
Schweiz	Konstanz	Byk-Gulden-Straße 2a 78467 Konstanz
Slowakei	Chemnitz-Süd	Paul-Bertz-Straße 1 09120 Chemnitz
Spanien	Kassel II – Hofgeismar	Altmarkt 1 34125 Kassel
Slowenien	Oranienburg	Heinrich-Grüber-Platz 3 16515 Oranienburg
Tschechische Republik	Chemnitz-Süd	Paul-Bertz-Straße 1 09120 Chemnitz
Türkei	Dortmund-Unna	Trakehnerweg 4 44143 Dortmund
Ukraine	Magdeburg	Tessenowstraße 10 39114 Magdeburg

Ansässigkeitsstaat	Finanzamt	Adresse
Ungarn	Zentralfinanzamt Nürnberg	Thomas-Mann-Straße 50 90471 Nürnberg
Vereinigten Staaten von Amerika	Bonn-Innenstadt	Welschnonnenstraße 15 53111 Bonn
Weißrussland	Magdeburg	Tessenowstraße 10 39114 Magdeburg
Übriges Ausland	Neukölln	Thiemannstraße 1 12059 Berlin

Zuständige Finanzämter für ausländische Verleiher

Die Zuständigkeit für ausländische Verleiher (ohne Bauunternehmen) ist in den Ländern bei folgenden Finanzämtern zentralisiert:

Land	Finanzamt	Adresse
Baden-Württemberg	Offenburg	Zellerstraße 1-3 77654 Offenburg
Bayern	München Zentralfinanzamt Nürnberg	Finanzamt München Abteilung IV 80276 München Thomas-Mann-Straße 50 90471 Nürnberg
Berlin	für Körperschaften III	Volkmarstraße 13 12099 Berlin
Brandenburg	Oranienburg	Heinrich-Grüber-Platz 3 16515 Oranienburg
Bremen	Bremen	Rudolf-Hilferding-Platz 1 28195 Bremen
Hamburg	Hamburg-Eimsbüttel	Hugh-Greene-Weg 6 22529 Hamburg
Hessen	Kassel II – Hofgeismar	Altmarkt 1 34125 Kassel
Mecklenburg-Vorpommern	Greifswald	Am Gorzberg Haus 11 17489 Greifswald
Niedersachsen	Bad Bentheim	Heinrich-Böll-Straße 2 48455 Bad Bentheim
Nordrhein-Westfalen	Düsseldorf-Altstadt	Oberrather Straße 2-4 40472 Düsseldorf
Rheinland-Pfalz	Kaiserslautern	Eisenbahnstraße 56 67655 Kaiserslautern
Saarland	Saarbrücken	Am Stadtgraben 2-4 66111 Saarbrücken
Sachsen	Chemnitz-Süd	Paul-Bertz-Straße 1 09120 Chemnitz

Land	Finanzamt	Adresse
Sachsen-Anhalt	Magdeburg	Tessenowstraße 10 39114 Magdeburg
Schleswig-Holstein	Kiel	Feldstraße 23 24105 Kiel
Thüringen	Mühlhausen	Martinistraße 22 99974 Mühlhausen

Zuständige Finanzämter für ausländische Werkvertragsunternehmer

Die Zuständigkeit für ausländische Werkvertragsunternehmer ist in den Ländern bei folgenden Finanzämtern zentralisiert:

Land	Finanzamt	Adresse
Baden-Württemberg	Finanzamt Offenburg Außenstelle Kehl	Ludwig-Trick-Straße 1 77694 Kehl
Bayern	Finanzamt München für die Regierungsbezirke: Oberbayern, Niederbayern und Schwaben Zentralfinanzamt Nürnberg für die Regierungsbezirke: Oberpfalz, Mittel-, Ober- und Unterfranken	Deroystraße 20 80335 München Thomas-Mann-Straße 50 90471 Nürnberg
Berlin	Finanzamt für Körperschaften III	Volkmarstraße 13 12099 Berlin
Brandenburg	Finanzamt Oranienburg	Heinrich-Grüber-Platz 3 16515 Oranienburg
Bremen	Finanzamt für Außenprüfung Bremen – Zentrale Arbeitgeberstelle –	Rudolf-Hilferding-Platz 1 28195 Bremen
Hamburg	Finanzamt Hamburg-Eimsbüttel	Hugh-Greene-Weg 6 22529 Hamburg
Hessen	Finanzamt Kassel II – Hofgeismar	Altmarkt 1 34125 Kassel
Mecklenburg-Vorpommern	Finanzamt Greifswald	Am Gorzberg Haus 11 17489 Greifswald
Niedersachsen	–	keine zentrale Zuständigkeit

Land	Finanzamt	Adresse
Nordrhein-Westfalen	Oberfinanzbezirk Düsseldorf: Finanzamt Kleve für die Bezirke aller Finanzämter des Oberfinanzbezirks Düsseldorf Oberfinanzbezirk Köln: Finanzamt Bonn-Innenstadt für die Bezirke aller Finanzämter des Oberfinanzbezirks Köln Oberfinanzbezirk Münster: Finanzamt Dortmund-Unna für die Bezirke aller Finanzämter des Oberfinanzbezirks Münster	 Emmericher Straße 182 47533 Kleve Welschnonnenstraße 15 53111 Bonn Trakehnerweg 4 44143 Dortmund
Saarland	Finanzamt Saarbrücken	Am Stadtgraben 2-4 66111 Saarbrücken
Sachsen	Finanzamt Chemnitz-Süd	Paul-Bertz-Straße 1 09120 Chemnitz
Sachsen-Anhalt	Finanzamt Magdeburg	Tessenowstraße 10 39114 Magdeburg
Schleswig-Holstein	–	keine zentrale Zuständigkeit
Thüringen	Finanzamt Mühlhausen	Martinistraße 22 99974 Mühlhausen

S 2377

§ 41a

Anmeldung und Abführung der Lohnsteuer

(1) [1]Der Arbeitgeber hat spätestens am zehnten Tag nach Ablauf eines jeden Lohnsteuer-Anmeldungszeitraums

[1])

1. dem Finanzamt, in dessen Bezirk sich die Betriebsstätte (§ 41 Absatz 2) befindet (Betriebsstättenfinanzamt), eine Steuererklärung einzureichen, in der er die Summen der im Lohnsteuer-Anmeldungszeitraum einzubehaltenden und zu übernehmenden Lohnsteuer, getrennt nach den Kalenderjahren in denen der Arbeitslohn bezogen wird oder als bezogen gilt, angibt (Lohnsteuer-Anmeldung),
2. die im Lohnsteuer-Anmeldungszeitraum insgesamt einbehaltene und übernommene Lohnsteuer an das Betriebsstättenfinanzamt abzuführen.

[2]Die Lohnsteuer-Anmeldung ist nach amtlich vorgeschriebenem Datensatz durch Datenfernübertragung zu übermitteln. [3]Auf Antrag kann das Finanzamt zur Vermeidung unbilliger Härten auf eine elektronische Übermittlung verzichten; in diesem Fall ist die Lohnsteuer-Anmeldung nach amtlich vorgeschriebenem Vordruck abzugeben und vom Arbeitgeber oder von einer zu seiner Vertretung berechtigten Person zu unterschreiben. [4]Der Arbeitgeber wird von der Verpflichtung zur Abgabe weiterer Lohnsteuer-Anmeldungen befreit, wenn er Arbeitnehmer, für die er Lohnsteuer einzubehalten oder zu übernehmen hat, nicht mehr beschäftigt und das dem Finanzamt mitteilt.

(2) [1]Lohnsteuer-Anmeldungszeitraum ist grundsätzlich der Kalendermonat. [2]Lohnsteuer-Anmeldungszeitraum ist das Kalendervierteljahr, wenn die abzuführende Lohnsteuer für das vorangegangene Kalenderjahr mehr als 1.080 Euro, aber nicht mehr als 5.000 Euro betragen hat; Lohnsteuer-Anmeldungszeitraum ist das Kalenderjahr, wenn die abzuführende Lohnsteuer für das vorangegangene Kalenderjahr nicht mehr als 1.080 Euro betragen hat. [3]Hat die Betriebsstätte nicht während des ganzen vorangegangenen Kalenderjahres bestanden, so ist die für das vorangegangene Kalenderjahr abzuführende Lohnsteuer für die Feststellung des Lohnsteuer-Anmeldungszeitraums auf einen Jahresbetrag umzurechnen. [4]Wenn die Betriebsstätte im vorangegangenen Kalenderjahr noch nicht bestanden hat, ist die auf einen Jahresbetrag umgerechnete für den ersten vollen Kalendermonat nach der Eröffnung der Betriebsstätte abzuführende Lohnsteuer maßgebend.

(3) [1]Die oberste Finanzbehörde des Landes kann bestimmen, dass die Lohnsteuer nicht dem Betriebsstättenfinanzamt, sondern einer anderen öffentlichen Kasse anzumelden und an diese abzuführen ist;

---

[1]) Absatz 1 Satz 1 Nr. 1 ist erstmals für Lohnzahlungszeiträume anzuwenden, die nach dem 31.12.2020 enden >§ 52 Abs. 40a Satz 1.

die Kasse erhält insoweit die Stellung einer Landesfinanzbehörde. [2]Das Betriebsstättenfinanzamt oder die zuständige andere öffentliche Kasse können anordnen, dass die Lohnsteuer abweichend von dem nach Absatz 1 maßgebenden Zeitpunkt anzumelden und abzuführen ist, wenn die Abführung der Lohnsteuer nicht gesichert erscheint.

(4) [1]*Arbeitgeber, die eigene oder gecharterte Handelsschiffe betreiben, dürfen die anzumeldende und abzuführende Lohnsteuer abziehen und einbehalten, die auf den Arbeitslohn entfällt, der an die Besatzungsmitglieder für die Beschäftigungszeiten auf diesen Schiffen gezahlt wird.* [2]*Die Handelsschiffe müssen in einem inländischen Seeschiffsregister eingetragen sein, die Flagge eines Mitgliedstaates der Europäischen Union oder eines Staates, auf den das Abkommen über den Europäischen Wirtschaftsraum anwendbar ist, führen und zur Beförderung von Personen oder Gütern im Verkehr mit oder zwischen ausländischen Häfen, innerhalb eines ausländischen Hafens oder zwischen einem ausländischen Hafen und der Hohen See betrieben werden.* [3]*Die Sätze 1 und 2 sind entsprechend anzuwenden, wenn Seeschiffe im Wirtschaftsjahr überwiegend außerhalb der deutschen Hoheitsgewässer zum Schleppen, Bergen oder zur Aufsuchung von Bodenschätzen oder zur Vermessung von Energielagerstätten unter dem Meeresboden eingesetzt werden.* [4]*Bei Besatzungsmitgliedern, die auf Schiffen, einschließlich Ro-Ro-Fahrgastschiffen, arbeiten, die im regelmäßigen Personenbeförderungsdienst zwischen Häfen im Hoheitsgebiet der Mitgliedstaaten der Europäischen Union eingesetzt werden, gelten die Sätze 1 und 2 nur, wenn die Besatzungsmitglieder Staatsangehörige eines Mitgliedstaates der Europäischen Union oder eines Staates sind, auf den das Abkommen über den Europäischen Wirtschaftsraum anwendbar ist.* [5]*Bei Seeschiffen, die für Schlepp- und Baggerarbeiten genutzt werden, gelten die Sätze 1 und 2 nur, wenn es sich um seetüchtige Schlepper und Baggerschiffe mit Eigenantrieb handelt und die Schiffe während mindestens 50 Prozent ihrer* [1)]

[1)] *Absatz 4 wurde durch Artikel 1 des Gesetzes zur Verlängerung des erhöhten Lohnsteuereinbehalts in der Seeschifffahrt neu gefasst und gilt für eine Dauer von 72 Monaten. Absatz 4 ist erstmals für laufenden Arbeitslohn anzuwenden, der für den Lohnzahlungszeitraum Juni 2021 gezahlt wird; die Regelung ist erstmals für sonstige Bezüge anzuwenden, die ab dem 1.6.2021 zufließen >Bekanntmachung über die Anwendung des Gesetzes zur Verlängerung des erhöhten Lohnsteuereinbehalts in der Seeschifffahrt vom 29.6.2021 (BGBl. I S. 2247, BStBl I S. 854).*

Die Europäische Kommission hat am 22.6.2021 die Genehmigung mit der Maßgabe erteilt, dass das Erfordernis der Eintragung in einem Seeschiffsregister diskriminierungsfrei ausgestaltet werde. Die mit dem Änderungsgesetz vorgesehene Fassung entspreche nicht dieser Anforderung, da Eigner, deren Handelsschiffe in einem Register eines anderen EU- oder EWR-Staates eingetragen sind, benachteiligt seien, ohne dass es hierfür eine ausreichende Rechtfertigung gebe. Die geänderte Regelung ist daher mit der Maßgabe anzuwenden, dass an die Stelle der Eintragung in einem inländischen Seeschiffsregister die Eintragung in einem Seeschiffsregister eines Mitgliedstaates der Europäischen Union oder eines Staates, auf den das Abkommen über den Europäischen Wirtschaftsraum anwendbar ist, tritt >Bekanntmachung über die Anwendung des Gesetzes zur Verlängerung des erhöhten Lohnsteuereinbehalts in der Seeschifffahrt vom 29.6.2021 (BGBl. I S. 2247, BStBl I S. 854).

Betriebszeit für Tätigkeiten auf See eingesetzt werden. [6]Ist für den Lohnsteuerabzug die Lohnsteuer nach der Steuerklasse V oder VI zu ermitteln, bemisst sich der Betrag nach Satz 1 nach der Lohnsteuer der Steuerklasse I.

R 41a.1

S 2377

Lohnsteuer-Anmeldung

(1) [1]Der Arbeitgeber ist von der Verpflichtung befreit, eine weitere Lohnsteuer-Anmeldung einzureichen, wenn er dem Betriebsstättenfinanzamt mitteilt, dass er im Lohnsteuer-Anmeldungszeitraum keine Lohnsteuer einzubehalten oder zu übernehmen hat, weil der Arbeitslohn nicht steuerbelastet ist. [2]Dies gilt auch, wenn der Arbeitgeber nur Arbeitnehmer beschäftigt, für die er lediglich die Pauschsteuer nach § 40a Abs. 2 EStG an die Deutsche Rentenversicherung Knappschaft-Bahn-See entrichtet.

(2) [1]Für jede Betriebsstätte (>§ 41 Abs. 2 EStG) und für jeden Lohnsteuer-Anmeldungszeitraum ist eine einheitliche Lohnsteuer-Anmeldung einzureichen. [2]Die Abgabe mehrerer Lohnsteuer-Anmeldungen für dieselbe Betriebsstätte und denselben Lohnsteuer-Anmeldungszeitraum, etwa getrennt nach den verschiedenen Bereichen der Lohnabrechnung, z. B. gewerbliche Arbeitnehmer, Gehaltsempfänger, Pauschalierungen nach den §§ 37a, 37b, 40 bis 40b EStG, ist nicht zulässig.

(3) Der für den Lohnsteuer-Anmeldungszeitraum maßgebende Betrag der abzuführenden Lohnsteuer (>§ 41a Abs. 2 EStG) ist die Summe der nach § 38 Abs. 3 EStG im Zeitpunkt der Zahlung einbehaltenen und übernommenen Lohnsteuer ohne Kürzung um das ihr entnommene Kindergeld (>§ 72 Abs. 7 EStG).

(4) [1]Das Betriebsstättenfinanzamt hat den rechtzeitigen Eingang der Lohnsteuer-Anmeldung zu überwachen. [2]Es kann bei nicht rechtzeitigem Eingang der Lohnsteuer-Anmeldung einen Verspätungszuschlag nach § 152 AO festsetzen oder erforderlichenfalls die Abgabe der Lohnsteuer-Anmeldung mit Zwangsmitteln nach §§ 328 bis 335 AO durchsetzen. [3]Wird eine Lohnsteuer-Anmeldung nicht eingereicht, kann das Finanzamt die Lohnsteuer im Schätzungswege ermitteln und den Arbeitgeber durch Steuerbescheid in Anspruch nehmen (>§§ 162, 167 Abs. 1 AO). [4]Pauschale Lohnsteuer kann im Schätzungswege ermittelt und in einem Steuerbescheid festgesetzt werden, wenn der Arbeitgeber mit dem Pauschalierungsverfahren einverstanden ist.

(5) [1]Bemessungsgrundlage für den Steuereinbehalt nach § 41a Abs. 4 EStG ist die Lohnsteuer, die auf den für die Tätigkeit an Bord von Schiffen gezahlten Arbeitslohn entfällt, wenn der betreffende Arbeitnehmer mehr als 183 Tage bei dem betreffenden Reeder beschäftigt ist.[1)] [2]Der Lohnsteuereinbehalt durch den Reeder nach § 41a Abs. 4 EStG gilt für den Kapitän und alle Besatzungsmitglieder – einschl. des Servicepersonals –, die über

[1)] überholt durch Neufassung des § 41a Abs. 4 Satz 1

ein Seefahrtsbuch[1]) verfügen und deren Arbeitgeber er ist. [3]Der Lohnsteuereinbehalt kann durch Korrespondent- oder Vertragsreeder nur vorgenommen werden, wenn diese mit der Bereederung des Schiffes in ihrer Eigenschaft als Mitgesellschafter an der Eigentümergesellschaft beauftragt sind. [4]Bei Vertragsreedern ist dies regelmäßig nicht der Fall. [5]Bei Korrespondentreedern ist der Lohnsteuereinbehalt nur für die Heuern der Seeleute zulässig, die auf den Schiffen tätig sind, bei denen der Korrespondentreeder auch Miteigentümer ist.

Hinweise

H 41a.1

Änderung der Lohnsteuer-Anmeldung durch das Finanzamt

Eine Erhöhung der Lohnsteuer-Entrichtungsschuld ist unter den Voraussetzungen des § 164 Abs. 2 Satz 1 AO auch nach Übermittlung oder Ausschreibung der Lohnsteuerbescheinigung zulässig (>BFH vom 30.10.2008 – BStBl 2009 II S. 354).

Anfechtung der Lohnsteuer-Anmeldung durch den Arbeitnehmer

Ein Arbeitnehmer kann die Lohnsteuer-Anmeldung des Arbeitgebers aus eigenem Recht anfechten, soweit sie ihn betrifft (>BFH vom 20.7.2005 – BStBl II S. 890).

Elektronische Abgabe der Lohnsteuer-Anmeldung

Die Verpflichtung eines Arbeitgebers, seine Steueranmeldung dem Finanzamt grundsätzlich elektronisch zu übermitteln, ist verfassungsgemäß (>BFH vom 14.3.2012 – BStBl II S. 477).

Förderbetrag zur betrieblichen Altersversorgung

>BMF vom ***12.8.2021*** (BStBl I S. ***1050***), ***Rn.*** 100 ff. Anhang 2 III

Härtefallregelung

Ein Härtefall liegt vor, wenn dem Arbeitgeber die elektronische Datenübermittlung wirtschaftlich oder persönlich unzumutbar ist. Dies ist z. B. der Fall, wenn ihm nicht zuzumuten ist, die technischen Voraussetzungen für die elektronische Übermittlung einzurichten (>BFH vom 14.3.2012 – BStBl II S. 477).

Lohnsteuereinbehalt durch Reeder

- Arbeitgeber i. S. d. § 41a Abs. 4 EStG ist der zum Lohnsteuereinbehalt nach § 38 Abs. 3 EStG Verpflichtete. Dies ist regelmäßig der Vertragspartner des Arbeitnehmers aus dem Dienstvertrag (>BFH vom 13.7.2011 – BStBl II S. 986).
- Eine Kürzung der einbehaltenen Lohnsteuer nach § 41a Abs. 4 Sätze 1 und 2 EStG kommt nicht in Betracht, wenn das Schiff im maßgebenden Lohnzahlungszeitraum nicht im internationalen Verkehr betrieben wird.

[1]) jetzt eine Dienstbescheinigung

Ein qualifizierter Betrieb an wenigen Tagen im Jahr reicht nicht aus, um die einbehaltene Lohnsteuer für das gesamte Wirtschaftsjahr zu kürzen (>BFH vom 18.12.2019 – BStBl 2020 II S. 289).

– Zur Anwendung der Neuregelung des § 41a Abs. 4 EStG >BMF vom ***29.6.2021*** (BStBl I S. ***854***)

Schätzungsbescheid

Wenn ein Arbeitgeber die Lohnsteuer trotz gesetzlicher Verpflichtung nicht anmeldet und abführt, kann das Finanzamt sie durch Schätzungsbescheid festsetzen. Die Möglichkeit, einen Haftungsbescheid zu erlassen, steht dem nicht entgegen (>BFH vom 7.7.2004 – BStBl II S. 1087).

R 41a.2

S 2377

Abführung der Lohnsteuer

[1] Der Arbeitgeber hat die Lohnsteuer in einem Betrag an die Kasse des Betriebsstättenfinanzamts (>§ 41 Abs. 2 EStG) oder an eine von der obersten Finanzbehörde des Landes bestimmte öffentliche Kasse (>§ 41a Abs. 3 EStG) abzuführen. [2] Der Arbeitgeber muss mit der Zahlung angeben oder durch sein Kreditinstitut angeben lassen: die Steuernummer, die Bezeichnung der Steuer und den Lohnsteuer-Anmeldungszeitraum. [3] Eine Stundung der einzubehaltenden oder einbehaltenen Lohnsteuer ist nicht möglich (>§ 222 Satz 3 und 4 AO).

§ 41b

S 2378

Abschluss des Lohnsteuerabzugs

(1) [1]Bei Beendigung eines Dienstverhältnisses oder am Ende des Kalenderjahres hat der Arbeitgeber das Lohnkonto des Arbeitnehmers abzuschließen. [2]Auf Grund der Aufzeichnungen im Lohnkonto hat der Arbeitgeber nach Abschluss des Lohnkontos für jeden Arbeitnehmer der für dessen Besteuerung nach dem Einkommen zuständigen Finanzbehörde nach Maßgabe des § 93c der Abgabenordnung neben den in § 93c Absatz 1 der Abgabenordnung genannten Daten insbesondere folgende Angaben zu übermitteln (elektronische Lohnsteuerbescheinigung):

1. **die abgerufenen elektronischen Lohnsteuerabzugsmerkmale oder die auf der entsprechenden Bescheinigung für den Lohnsteuerabzug eingetragenen Lohnsteuerabzugsmerkmale sowie die Bezeichnung und die Nummer des Finanzamts, an das die Lohnsteuer abgeführt worden ist,**
2. **die Dauer des Dienstverhältnisses während des Kalenderjahres sowie die Anzahl der nach § 41 Absatz 1 Satz 5 vermerkten Großbuchstaben U,**
3. **die Art und Höhe des gezahlten Arbeitslohns sowie den nach § 41 Absatz 1 Satz 6 vermerkten Großbuchstaben S,**
4. **die einbehaltene Lohnsteuer, den Solidaritätszuschlag und die Kirchensteuer,**
5. **das Kurzarbeitergeld, den Zuschuss zum Mutterschaftsgeld nach dem Mutterschutzgesetz, die Entschädigungen für Verdienstausfall nach dem Infektionsschutzgesetz vom 20. Juli 2000 (BGBl. I S. 1045), zuletzt geändert durch Artikel 11 § 3 des Gesetzes vom 6. August 2002 (BGBl. I S. 3082), in der jeweils geltenden Fassung, die nach § 3 Nummer 28 steuerfreien Aufstockungsbeträge oder Zuschläge sowie die nach § 3 Nummer 28a steuerfreien Zuschüsse,** [1)]
6. **die auf die Entfernungspauschale nach § 3 Nummer 15 Satz 3 und § 9 Absatz 1 Satz 3 Nummer 4 Satz 5 anzurechnenden steuerfreien Arbeitgeberleistungen,**
7. **die auf die Entfernungspauschale nach § 40 Absatz 2 Satz 2 Nummer 1 2. Halbsatz anzurechnenden pauschal besteuerten Arbeitgeberleistungen,**
8. **für die dem Arbeitnehmer zur Verfügung gestellten Mahlzeiten nach § 8 Absatz 2 Satz 8 den Großbuchstaben M,**
9. **für die steuerfreie Sammelbeförderung nach § 3 Nummer 32 den Großbuchstaben F,**

---

1) Die Steuerbefreiung gem. § 3 Nr. 28a gilt nur für Zuschüsse, die für Lohnzahlungszeiträume geleistet werden, die nach dem 29.2.2020 beginnen und vor dem 1.1.***2022*** enden >§ 3 Nr. 28a.

10. die nach § 3 Nummer 13 und 16 steuerfrei gezahlten Verpflegungszuschüsse und Vergütungen bei doppelter Haushaltsführung,
11. Beiträge zu den gesetzlichen Rentenversicherungen und an berufsständische Versorgungseinrichtungen, getrennt nach Arbeitgeber- und Arbeitnehmeranteil,
12. die nach § 3 Nummer 62 gezahlten Zuschüsse zur Kranken- und Pflegeversicherung,
13. die Beiträge des Arbeitnehmers zur gesetzlichen Krankenversicherung und zur sozialen Pflegeversicherung,
14. die Beiträge des Arbeitnehmers zur Arbeitslosenversicherung,
15. den nach § 39b Absatz 2 Satz 5 Nummer 3 Buchstabe d berücksichtigten Teilbetrag der Vorsorgepauschale.

[3]Der Arbeitgeber hat dem Arbeitnehmer die elektronische Lohnsteuerbescheinigung nach amtlich vorgeschriebenem Muster binnen angemessener Frist als Ausdruck auszuhändigen oder elektronisch bereitzustellen. [4]Soweit der Arbeitgeber nicht zur elektronischen Übermittlung nach Absatz 1 Satz 2 verpflichtet ist, hat er nach Ablauf des Kalenderjahres oder wenn das Dienstverhältnis vor Ablauf des Kalenderjahres beendet wird, eine Lohnsteuerbescheinigung nach amtlich vorgeschriebenem Muster auszustellen und an das Betriebsstättenfinanzamt bis zum letzten Tag des Monats Februar des auf den Abschluss des Lohnkontos folgenden Kalenderjahres zu übersenden. [5]Er hat dem Arbeitnehmer eine Zweitausfertigung dieser Bescheinigung auszuhändigen. [6]Nicht ausgehändigte Lohnsteuerbescheinigungen hat der Arbeitgeber dem Betriebsstättenfinanzamt einzureichen.

(2) [1]Ist dem Arbeitgeber die Identifikationsnummer (§ 139b der Abgabenordnung) des Arbeitnehmers nicht bekannt, hat er bis zum Veranlagungszeitraum 2022 für die Datenübermittlung nach Absatz 1 Satz 2 aus dem Namen, Vornamen und Geburtsdatum des Arbeitnehmers ein Ordnungsmerkmal nach amtlich festgelegter Regel für den Arbeitnehmer zu bilden und das Ordnungsmerkmal zu verwenden. [2]Er darf das lohnsteuerliche Ordnungsmerkmal nur für die Zuordnung der elektronischen Lohnsteuerbescheinigung oder sonstiger für das Besteuerungsverfahren erforderlicher Daten zu einem bestimmten Steuerpflichtigen und für Zwecke des Besteuerungsverfahrens verarbeiten oder bilden.

(3) [1]Ein Arbeitgeber ohne maschinelle Lohnabrechnung, der ausschließlich Arbeitnehmer im Rahmen einer geringfügigen Beschäftigung in seinem Privathaushalt im Sinne des § 8a des Vierten Buches Sozialgesetzbuch beschäftigt und keine elektronische Lohnsteuerbescheinigung erteilt, hat anstelle der elektronischen Lohnsteuerbescheinigung eine entsprechende Lohnsteuerbescheinigung nach amtlich vorgeschriebenem Muster auszustellen und an das Betriebsstättenfinanzamt bis zum letzten Tag des Monats Februar des auf den

Abschluss des Lohnkontos folgenden Kalenderjahres zu übersenden. [2]Der Arbeitgeber hat dem Arbeitnehmer nach Ablauf des Kalenderjahres oder nach Beendigung des Dienstverhältnisses, wenn es vor Ablauf des Kalenderjahres beendet wird, eine Zweitausfertigung der Lohnsteuerbescheinigung die Lohnsteuerbescheinigung auszuhändigen. [3]Nicht ausgehändigte Lohnsteuerbescheinigungen hat der Arbeitgeber dem Betriebsstättenfinanzamt einzureichen.

(4) [1]In den Fällen des Absatzes 1 ist für die Anwendung des § 72a Absatz 4 und des § 93c Absatz 4 Satz 1 der Abgabenordnung sowie für die Anwendung des Absatzes 2a das Betriebsstättenfinanzamt des Arbeitgebers zuständig. [2]Sind für einen Arbeitgeber mehrere Betriebsstättenfinanzämter zuständig, so ist das Finanzamt zuständig, in dessen Bezirk sich die Geschäftsleitung des Arbeitgebers im Inland befindet. [3]Ist dieses Finanzamt kein Betriebsstättenfinanzamt, so ist das Finanzamt zuständig, in dessen Bezirk sich die Betriebsstätte mit den meisten Arbeitnehmern befindet.

(5) [1]Die nach Absatz 1 übermittelten Daten können durch das nach Absatz 4 zuständige Finanzamt zum Zweck der Anwendung des § 72a Absatz 4 und des § 93c Absatz 4 Satz 1 der Abgabenordnung verarbeitet werden. [2]Zur Überprüfung der Ordnungsmäßigkeit der Einbehaltung und Abführung der Lohnsteuer können diese Daten auch von den hierfür zuständigen Finanzbehörden bei den für die Besteuerung der Arbeitnehmer nach dem Einkommen zuständigen Finanzbehörden verarbeitet werden.

(6) Die Absätze 1 bis 5 gelten nicht für Arbeitnehmer, soweit sie Arbeitslohn bezogen haben, der nach den §§ 40 bis 40b pauschal besteuert worden ist.

Abschluss des Lohnsteuerabzugs

R 41b

Lohnsteuerbescheinigungen

S 2378

(1) Die Lohnsteuerbescheinigung richtet sich nach § 41b EStG und der im Bundessteuerblatt Teil I bekannt gemachten Datensatzbeschreibung für die elektronische Übermittlung sowie dem entsprechenden Vordruckmuster.

Lohnsteuerbescheinigungen von öffentlichen Kassen

(2) [1]Wird ein Arbeitnehmer, der den Arbeitslohn im Voraus für einen Lohnzahlungszeitraum erhalten hat, während dieser Zeit einer anderen Dienststelle zugewiesen und geht die Zahlung des Arbeitslohns auf die Kasse dieser Dienststelle über, hat die früher zuständige Kasse in der Lohnsteuerbescheinigung (>Absatz 1) den vollen von ihr gezahlten Arbeitslohn und die davon einbehaltene Lohnsteuer auch dann aufzunehmen, wenn ihr ein Teil des Arbeitslohns von der nunmehr zuständigen Kasse erstattet wird; der Arbeitslohn darf nicht um die Freibeträge für Versorgungsbezüge (>§ 19 Abs. 2 EStG) und den Altersentlastungsbetrag

(>§ 24a EStG) gekürzt werden. [2]Die nunmehr zuständige Kasse hat den der früher zuständigen Kasse erstatteten Teil des Arbeitslohns nicht in die Lohnsteuerbescheinigung aufzunehmen.

H 41b

Hinweise

Ausstellung von elektronischen Lohnsteuerbescheinigungen für Kalenderjahre ab 2020;

Ausstellung von Besonderen Lohnsteuerbescheinigungen durch den Arbeitgeber ohne maschinelle Lohnabrechnung für Kalenderjahre ab 2020

Anhang 23 I >BMF vom 9.9.2019 (BStBl I S. 911)

Bekanntmachung des Musters für den Ausdruck der elektronischen Lohnsteuerbescheinigung *2022*

Anhang 23 II >BMF vom ***18.8.2021*** (BStBl I S. ***1079***)

Berichtigung der Lohnsteuerbescheinigung

– Der Arbeitnehmer kann nach Übermittlung oder Ausschreibung der Lohnsteuerbescheinigung deren Berichtigung nicht mehr verlangen (>BFH vom 13.12.2007 – BStBl 2008 II S. 434).
– Zur Berichtigung der Lohnsteuerbescheinigung bei Änderung der Lohnsteuer-Anmeldung zu Gunsten des Arbeitgebers >§ 41c Abs. 3 Satz 4 und 5 EStG

Bescheinigung zu Unrecht einbehaltener Lohnsteuer

Wird von steuerfreien Einnahmen aus nichtselbständiger Arbeit (zu Unrecht) Lohnsteuer einbehalten und an ein inländisches Finanzamt abgeführt, ist auch diese Lohnsteuer in der Lohnsteuerbescheinigung einzutragen und auf die für den VZ festgesetzte Einkommensteuerschuld des Arbeitnehmers anzurechnen (>BFH vom 23.5.2000 – BStBl II S. 581).

Finanzrechtsweg

Bei einer Nettolohnvereinbarung ist für Streitigkeiten über die Höhe des in der Lohnsteuerbescheinigung auszuweisenden Bruttoarbeitslohns der Finanzrechtsweg nicht gegeben (>BFH vom 13.12.2007 – BStBl 2008 II S. 434).

Unzutreffender Steuerabzug

Ein unzutreffender Lohnsteuerabzug kann durch Einwendungen gegen die Lohnsteuerbescheinigung nicht berichtigt werden (>BFH vom 13.12.2007 – BStBl 2008 II S. 434).

§ 41c

S 2379

Änderung des Lohnsteuerabzugs

(1) [1] Der Arbeitgeber ist berechtigt, bei der jeweils nächstfolgenden Lohnzahlung bisher erhobene Lohnsteuer zu erstatten oder noch nicht erhobene Lohnsteuer nachträglich einzubehalten,

1. wenn ihm elektronische Lohnsteuerabzugsmerkmale zum Abruf zur Verfügung gestellt werden oder ihm der Arbeitnehmer eine Bescheinigung für den Lohnsteuerabzug mit Eintragungen vorlegt, die auf einen Zeitpunkt vor Abruf der Lohnsteuerabzugsmerkmale oder vor Vorlage der Bescheinigung für den Lohnsteuerabzug zurückwirken, oder
2. wenn er erkennt, dass er die Lohnsteuer bisher nicht vorschriftsmäßig einbehalten hat; dies gilt auch bei rückwirkender Gesetzesänderung.

[2] In den Fällen des Satzes 1 Nummer 2 ist der Arbeitgeber jedoch verpflichtet, wenn ihm dies wirtschaftlich zumutbar ist.

(2) [1] Die zu erstattende Lohnsteuer ist dem Betrag zu entnehmen, den der Arbeitgeber für seine Arbeitnehmer insgesamt an Lohnsteuer einbehalten oder übernommen hat. [2] Wenn die zu erstattende Lohnsteuer aus dem Betrag nicht gedeckt werden kann, der insgesamt an Lohnsteuer einzubehalten oder zu übernehmen ist, wird der Fehlbetrag dem Arbeitgeber auf Antrag vom Betriebsstättenfinanzamt ersetzt.

(3) [1] Nach Ablauf des Kalenderjahres oder, wenn das Dienstverhältnis vor Ablauf des Kalenderjahres endet, nach Beendigung des Dienstverhältnisses, ist die Änderung des Lohnsteuerabzugs nur bis zur Übermittlung oder Ausschreibung der Lohnsteuerbescheinigung zulässig. [2] Bei Änderung des Lohnsteuerabzugs nach Ablauf des Kalenderjahres ist die nachträglich einzubehaltende Lohnsteuer nach dem Jahresarbeitslohn zu ermitteln. [3] Eine Erstattung von Lohnsteuer ist nach Ablauf des Kalenderjahres nur im Wege des Lohnsteuer-Jahresausgleichs nach § 42b zulässig. [4] Eine Minderung der einzubehaltenden und zu übernehmenden Lohnsteuer (§ 41a Absatz 1 Satz 1 Nummer 1) nach § 164 Absatz 2 Satz 1 der Abgabenordnung ist nach der Übermittlung oder Ausschreibung der Lohnsteuerbescheinigung nur dann zulässig, wenn sich der Arbeitnehmer ohne vertraglichen Anspruch und gegen den Willen des Arbeitgebers Beträge verschafft hat, für die Lohnsteuer einbehalten wurde. [5] In diesem Fall hat der Arbeitgeber die bereits übermittelte oder ausgestellte Lohnsteuerbescheinigung zu berichtigen und sie als geändert gekennzeichnet an die Finanzverwaltung zu übermitteln; § 41b Absatz 1 gilt entsprechend. [6] Der Arbeitgeber hat seinen Antrag zu begründen und die Lohnsteuer-Anmeldung (§ 41a Absatz 1 Satz 1) zu berichtigen.

(4) [1]Der Arbeitgeber hat die Fälle, in denen er die Lohnsteuer nach Absatz 1 nicht nachträglich einbehält oder die Lohnsteuer nicht nachträglich einbehalten werden kann, weil

1. der Arbeitnehmer vom Arbeitgeber Arbeitslohn nicht mehr bezieht oder

2. der Arbeitgeber nach Ablauf des Kalenderjahres bereits die Lohnsteuerbescheinigung übermittelt oder ausgeschrieben hat,

dem Betriebsstättenfinanzamt unverzüglich anzuzeigen. [2]Das Finanzamt hat die zu wenig erhobene Lohnsteuer vom Arbeitnehmer nachzufordern, wenn der nachzufordernde Betrag 10 Euro übersteigt. [3]§ 42d bleibt unberührt.

R 41c.1

S 2379

Änderung des Lohnsteuerabzugs

(1) [1]Unabhängig von der Verpflichtung des Arbeitgebers, nach § 39c Abs. 1 und 2 EStG den Lohnsteuerabzug für vorangegangene Monate zu überprüfen und erforderlichenfalls zu ändern, ist der Arbeitgeber in den in § 41c Abs. 1 EStG bezeichneten Fällen zu einer Änderung des Lohnsteuerabzugs bei der jeweils nächstfolgenden Lohnzahlung berechtigt. [2]Die Änderung ist zugunsten oder zuungunsten des Arbeitnehmers zulässig, ohne dass es dabei auf die Höhe der zu erstattenden oder nachträglich einzubehaltenden Steuer ankommt. [3]Für die nachträgliche Einbehaltung durch den Arbeitgeber gilt der Mindestbetrag für die Nachforderung durch das Finanzamt (§ 41c Abs. 4 Satz 2 EStG) nicht.

(2) [1]Der Arbeitgeber ist zur Änderung des Lohnsteuerabzugs nur berechtigt, soweit die Lohnsteuer von ihm einbehalten worden ist oder einzubehalten war. [2]Bei Nettolöhnen (>R 39b.9) gilt dies für die zu übernehmende Steuer.

(3) [1]Die Änderung des Lohnsteuerabzugs auf Grund rückwirkender Lohnsteuerabzugsmerkmale ist nicht auf die Fälle beschränkt, in denen das Finanzamt die Lohnsteuerabzugsmerkmale mit Wirkung von einem zurückliegenden Zeitpunkt an ändert oder ergänzt. [2]Die Änderung des Lohnsteuerabzugs ist ebenso zulässig, wenn der Arbeitgeber wegen fehlender Lohnsteuerabzugsmerkmale den Lohnsteuerabzug gemäß § 39c Abs. 1 Satz 1 bis 3 oder Abs. 2 Satz 1 EStG vorgenommen hat und dem Arbeitgeber erstmals Lohnsteuerabzugsmerkmale zur Verfügung gestellt werden bzw. der Arbeitnehmer erstmals eine Bescheinigung für den Lohnsteuerabzug vorlegt oder wenn bei Vorauszahlung des Arbeitslohns der Geltungsbeginn der Lohnsteuerabzugsmerkmale in einen bereits abgerechneten Lohnzahlungszeitraum fällt.

(4) [1]Die Änderung des Lohnsteuerabzugs ist, sofern der Arbeitgeber von seiner Berechtigung hierzu Gebrauch macht, bei der nächsten Lohnzahlung vorzunehmen, die dem Abruf von rückwirkenden Lohnsteuerabzugsmerkmalen oder auf die Vorlage einer Bescheinigung für den Lohnsteuerabzug mit den rückwirkenden Eintragungen oder dem Erkennen einer nicht vorschriftsmäßigen Lohnsteuereinbehaltung folgt. [2]Der Arbeitgeber darf in

Fällen nachträglicher Einbehaltung von Lohnsteuer die Einbehaltung nicht auf mehrere Lohnzahlungen verteilen. [3]Die nachträgliche Einbehaltung ist auch insoweit zulässig, als dadurch die Pfändungsfreigrenzen unterschritten werden; wenn die nachträglich einzubehaltende Lohnsteuer den auszuzahlenden Barlohn übersteigt, ist die nachträgliche Einbehaltung in Höhe des auszuzahlenden Barlohns vorzunehmen und dem Finanzamt für den übersteigenden Betrag eine Anzeige nach § 41c Abs. 4 EStG zu erstatten.

(5) [1]Im Falle der Erstattung von Lohnsteuer hat der Arbeitgeber die zu erstattende Lohnsteuer dem Gesamtbetrag der von ihm abzuführenden Lohnsteuer zu entnehmen. [2]Als Antrag auf Ersatz eines etwaigen Fehlbetrags reicht es aus, wenn in der Lohnsteuer-Anmeldung der Erstattungsbetrag kenntlich gemacht wird. [3]Macht der Arbeitgeber von seiner Berechtigung zur Lohnsteuererstattung nach § 41c Abs. 1 und 2 EStG keinen Gebrauch, kann der Arbeitnehmer die Erstattung beim Finanzamt beantragen.

(6) [1]Nach Ablauf des Kalenderjahres ist eine Änderung des Lohnsteuerabzugs in der Weise vorzunehmen, dass die Jahreslohnsteuer festzustellen und durch Gegenüberstellung mit der insgesamt einbehaltenen Lohnsteuer der nachträglich einzubehaltende oder zu erstattende Steuerbetrag zu ermitteln ist. [2]Eine Erstattung darf aber nur im Lohnsteuer-Jahresausgleich unter den Voraussetzungen des § 42b EStG vorgenommen werden. [3]Wenn der Arbeitgeber nach § 42b Abs. 1 EStG den Lohnsteuer-Jahresausgleich nicht durchführen darf, ist auch eine Änderung des Lohnsteuerabzugs mit Erstattungsfolge nicht möglich; der Arbeitnehmer kann in diesen Fällen die Erstattung im Rahmen einer Veranlagung zur Einkommensteuer erreichen. [4]Soweit der Arbeitgeber auf Grund einer Änderung des Lohnsteuerabzugs nach Ablauf des Kalenderjahres nachträglich Lohnsteuer einbehält, handelt es sich um Lohnsteuer des abgelaufenen Kalenderjahres, die zusammen mit der übrigen einbehaltenen Lohnsteuer des abgelaufenen Kalenderjahres in einer Summe in der Lohnsteuerbescheinigung zu übermitteln oder anzugeben ist. [5]Die nachträglich einbehaltene Lohnsteuer ist für den Anmeldungszeitraum anzugeben und abzuführen, in dem sie einbehalten wurde.

(7) [1]Hat der Arbeitgeber die Lohnsteuerbescheinigung übermittelt oder ausgestellt, ist eine Änderung des Lohnsteuerabzuges nicht mehr möglich. [2]Die bloße Korrektur eines zunächst unrichtig übermittelten Datensatzes ist zulässig. [3]Die Anzeigeverpflichtung nach § 41c Abs. 4 Satz 1 Nr. 2 EStG bleibt unberührt.

(8) [1]Bei beschränkt Stpfl. ist auch nach Ablauf des Kalenderjahres eine Änderung des Lohnsteuerabzugs nur für die Lohnzahlungszeiträume vorzunehmen, auf die sich die Änderungen beziehen. [2]Eine Änderung mit Erstattungsfolge kann in diesem Falle nur das Finanzamt durchführen.

H 41c.1

Hinweise

Änderung der Festsetzung

Eine Erhöhung der Lohnsteuer-Entrichtungsschuld ist unter den Voraussetzungen des § 164 Abs. 2 Satz 1 AO auch nach Übermittlung oder Ausschreibung der Lohnsteuerbescheinigung zulässig (>BFH vom 30.10.2008 – BStBl 2009 II S. 354).

Erstattungsantrag

Erstattungsansprüche des Arbeitnehmers wegen zu Unrecht einbehaltener Lohnsteuer sind nach Ablauf des Kalenderjahres im Rahmen einer Veranlagung zur Einkommensteuer geltend zu machen. Darüber hinaus ist ein Erstattungsantrag gemäß § 37 AO nicht zulässig (>BFH vom 20.5.1983 – BStBl II S. 584). Dies gilt auch für zu Unrecht angemeldete und abgeführte Lohnsteuerbeträge, wenn der Lohnsteuerabzug nach § 41c Abs. 3 EStG nicht mehr geändert werden kann (>BFH vom 17.6.2009 – BStBl 2010 II S. 72).

I

Minderung der Lohnsteuer

Steht eine Lohnsteuer-Anmeldung nicht mehr unter dem Vorbehalt der Nachprüfung, hindert § 41c Abs. 3 Satz 4 EStG nicht eine Änderung der Lohnsteuer-Anmeldung nach den allgemeinen Korrekturvorschriften der §§ 172 ff. AO (>BFH vom 30.9.2020 – BStBl II S. 446).

R 41c.2

S 2379

Anzeigepflichten des Arbeitgebers

(1) [1]Der Arbeitgeber hat die Anzeigepflichten nach § 38 Abs. 4, § 41c Abs. 4 EStG unverzüglich zu erfüllen. [2]Sobald der Arbeitgeber erkennt, dass der Lohnsteuerabzug in zu geringer Höhe vorgenommen worden ist, hat er dies dem Betriebsstättenfinanzamt anzuzeigen, wenn er die Lohnsteuer nicht nachträglich einbehalten kann oder von seiner Berechtigung hierzu keinen Gebrauch macht; dies gilt auch bei rückwirkender Gesetzesänderung. [3]Der Arbeitgeber hat die Anzeige über die zu geringe Einbehaltung der Lohnsteuer ggf. auch für die zurückliegenden vier Kalenderjahre zu erstatten. [4]Die Anzeigepflicht besteht unabhängig von dem Mindestbetrag (§ 41c Abs. 4 Satz 2 EStG) für die Nachforderung durch das Finanzamt.

(2) [1]Die Anzeige ist schriftlich zu erstatten. [2]In ihr sind der Name, Anschrift, Geburtsdatum und Identifikationsnummer des Arbeitnehmers, seine Lohnsteuerabzugsmerkmale, nämlich Steuerklasse/Faktor, Zahl der Kinderfreibeträge, Kirchensteuermerkmal und ggf. ein Freibetrag oder Hinzurechnungsbetrag, sowie der Anzeigegrund und die für die Berechnung einer Lohnsteuer-Nachforderung erforderlichen Mitteilungen über Höhe und Art des Arbeitslohns, z. B. Auszug aus dem Lohnkonto, anzugeben.

(3) [1]Das Betriebsstättenfinanzamt hat die Anzeige an das für die Einkommensbesteuerung des Arbeitnehmers zuständige Finanzamt weiterzuleiten, wenn es zweckmäßig erscheint, die Lohnsteuer-Nachforderung nicht sofort durchzuführen, z. B. weil es wahrscheinlich ist, dass der Arbeitnehmer zur Einkommensteuer veranlagt wird. [2]Das ist auch angebracht in Fällen, in denen bei Eingang der Anzeige nicht abzusehen ist, ob sich bei Änderung des Lohnsteuerabzugs nach Ablauf des Kalenderjahres (>§ 41c Abs. 3 Satz 2 EStG) eine Lohnsteuer-Nachforderung ergeben wird.

Nachforderung von Lohnsteuer

R 41c.3

S 2379

(1) In den Fällen des § 38 Abs. 4 und des § 41c Abs. 4 EStG ist das Betriebsstättenfinanzamt für die Nachforderung dann zuständig, wenn die zu wenig erhobene Lohnsteuer bereits im Laufe des Kalenderjahres nachgefordert werden soll.

(2) [1]Im Falle des § 41c Abs. 4 EStG gilt für die Berechnung der nachzufordernden Lohnsteuer nach Ablauf des Kalenderjahres R 41c.1 Abs. 6 Satz 1 und Abs. 8 Satz 1 entsprechend. [2]In anderen Fällen ist die Jahreslohnsteuer wie folgt zu ermitteln:

1		Bruttoarbeitslohn
2	+	ermäßigt besteuerte Entschädigungen und ermäßigt besteuerte Vergütungen für mehrjährige Tätigkeit i. S. d. § 34 EStG
3	=	Jahresarbeitslohn
4	–	Freibeträge für Versorgungsbezüge (§ 19 Abs. 2 EStG)
5	–	Werbungskosten, maßgebender Pauschbetrag für Werbungskosten (§§ 9, 9a EStG)
6	–	Altersentlastungsbetrag (§ 24a EStG)
7	–	Entlastungsbetrag für Alleinerziehende (§ 24b EStG)[1)]
8	=	Gesamtbetrag der Einkünfte (§ 2 Abs. 3 EStG)
9	–	Sonderausgaben (§§ 10, 10b, 10c, 39b Abs. 2 Satz 5 Nr. 3 EStG)
10	–	außergewöhnliche Belastungen (§§ 33 bis 33b EStG)
11	=	Einkommen (§ 2 Abs. 4 EStG)
12	–	Freibeträge für Kinder (nur für Kinder, für die kein Anspruch auf Kindergeld besteht; § 39a Abs. 1 Nr. 6 EStG)
13	=	zu versteuerndes Einkommen (§ 2 Abs. 5 EStG)
14	–	Entschädigungen und Vergütungen i. S. d. § 34 EStG (Zeile 2)
15	=	verbleibendes zu versteuerndes Einkommen

1) ab 2015 die Summe der Beträge nach § 24b Abs. 2

16	+	ein Fünftel der Entschädigungen und Vergütungen i. S. d. § 34 EStG (Zeile 2)
17	=	Summe
18	=	Steuerbetrag für die Summe (Zeile 17) laut Grundtarif/Splittingtarif
19	–	Steuerbetrag für das verbleibende zu versteuernde Einkommen (Zeile 15) laut Grundtarif/Splittingtarif
20	=	Unterschiedsbetrag

[3]Hat der Arbeitnehmer keine Entschädigungen und Vergütungen i. S. d. § 34 EStG bezogen, ist der für das zu versteuernde Einkommen (Zeile 13) nach dem Grundtarif/Splittingtarif ermittelte Steuerbetrag die Jahreslohnsteuer (tarifliche Einkommensteuer – § 32a Abs. 1, 5 EStG). [4]Hat der Arbeitnehmer Entschädigungen und Vergütungen i. S. d. § 34 EStG bezogen, ist der Steuerbetrag für das verbleibende zu versteuernde Einkommen (Zeile 19) zuzüglich des Fünffachen des Unterschiedsbetrags (Zeile 20) die Jahreslohnsteuer (tarifliche Einkommensteuer – § 32a Abs. 1, 5 EStG).

(3) [1]Will das Finanzamt zu wenig einbehaltene Lohnsteuer vom Arbeitnehmer nachfordern, erlässt es gegen diesen einen Steuerbescheid. [2]Nach Ablauf des Kalenderjahres kommt eine Nachforderung von Lohnsteuer oder Einkommensteuer ggf. auch durch erstmalige oder geänderte Veranlagung zur Einkommensteuer in Betracht. [3]Die Nachforderung von Lohnsteuer oder Einkommensteuer erfolgt durch erstmalige oder geänderte Veranlagung zur Einkommensteuer, wenn ein Hinzurechnungsbetrag als Lohnsteuerabzugsmerkmal gebildet wurde (>§ 46 Abs. 2 Nr. 2 EStG).

(4) [1]Außer im Falle des § 38 Abs. 4 EStG unterbleibt die Nachforderung, wenn die nachzufordernde Lohnsteuer den Mindestbetrag nach § 41c Abs. 4 Satz 2 EStG nicht übersteigt. [2]Bezieht sich die Nachforderung auf mehrere Kalenderjahre, ist für jedes Kalenderjahr gesondert festzustellen, ob der Mindestbetrag überschritten wird. [3]Treffen in einem Kalenderjahr mehrere Nachforderungsgründe zusammen, gilt der Mindestbetrag für die insgesamt nachzufordernde Lohnsteuer.

H 41c.3

Hinweise

Einzelfälle

Das Finanzamt hat die zu wenig einbehaltene Lohnsteuer vom Arbeitnehmer nachzufordern, wenn

- der Barlohn des Arbeitnehmers zur Deckung der Lohnsteuer nicht ausreicht und die Steuer weder aus zurückbehaltenen anderen Bezügen des Arbeitnehmers noch durch einen entsprechenden Barzuschuss des Arbeitnehmers aufgebracht werden kann (>§ 38 Abs. 4 EStG),
- eine Änderung der Lohnsteuerabzugsmerkmale erforderlich war, diese aber unterblieben ist,

- in den Fällen des § 39a Abs. 5 EStG ein Freibetrag rückwirkend herabgesetzt worden ist und der Arbeitgeber die zu wenig erhobene Lohnsteuer nicht nachträglich einbehalten kann,
- die rückwirkende Änderung eines Pauschbetrags für behinderte Menschen und Hinterbliebene (>§ 33b EStG) wegen der bereits erteilten Lohnsteuerbescheinigung nicht zu einer Nacherhebung von Lohnsteuer durch den Arbeitgeber führen kann (>BFH vom 24.9.1982 – BStBl 1983 II S. 60),
- der Arbeitgeber dem Finanzamt angezeigt hat, dass er von seiner Berechtigung, Lohnsteuer nachträglich einzubehalten, keinen Gebrauch macht, oder die Lohnsteuer nicht nachträglich einbehalten kann (>§ 41c Abs. 4 EStG),
- der Arbeitnehmer in den Fällen des § 42d Abs. 3 Satz 4 EStG für die nicht vorschriftsmäßig einbehaltene oder angemeldete Lohnsteuer in Anspruch zu nehmen ist; wegen der Wahl der Inanspruchnahme >R 42d.1 Abs. 3 und 4 oder
- die Voraussetzungen der unbeschränkten Einkommensteuerpflicht nach § 1 Abs. 3 EStG nicht vorgelegen haben und es dies bereits bei Erteilung der Bescheinigung hätte bemerken können (>§ 50 Abs. 2 Satz 2 Nr. 2 EStG); auch bei einer fehlerhaft erteilten Bescheinigung kann das Finanzamt die zu wenig erhobene Lohnsteuer nachfordern (>BFH vom 23.9.2008 – BStBl 2009 II S. 666).

Erkenntnisse aus rechtswidriger Außenprüfung

>BFH vom 9.11.1984 (BStBl 1985 II S. 191)

Festsetzungsfrist gegenüber dem Arbeitnehmer

Durch eine Anzeige des Arbeitgebers nach § 41c Abs. 4 Satz 1 Nr. 1 EStG wird der Anlauf der Festsetzungsfrist für die Lohnsteuer gegenüber dem Arbeitnehmer gemäß § 170 Abs. 2 Satz 1 Nr. 1 AO gehemmt (>BFH vom 5.7.2012 – BStBl 2013 II S. 190).

Freibeträge, rückwirkende Änderung

Wird Lohnsteuer nach Ablauf des Kalenderjahres wegen der rückwirkenden Änderung eines Pauschbetrags für behinderte Menschen und Hinterbliebene (>§ 33b EStG) und einer bereits erteilten Lohnsteuerbescheinigung nachgefordert, bedarf es keiner förmlichen Berichtigung des Freibetrags; es genügt, wenn die Inanspruchnahme des Arbeitnehmers ausdrücklich mit der rückwirkenden Änderung des Freibetrags begründet wird (>BFH vom 24.9.1982 – BStBl 1983 II S. 60).

Zuständigkeit

Für die Nachforderung ist im Allgemeinen das für die Einkommensbesteuerung des Arbeitnehmers zuständige Finanzamt zuständig. Ist keine Pflicht- oder Antragsveranlagung nach § 46 Abs. 2 EStG durchzuführen, ist die Nachforderung vom Betriebsstättenfinanzamt vorzunehmen (>BFH vom 21.2.1992 – BStBl II S. 565); Entsprechendes gilt, wenn zu wenig erhobene Lohnsteuer nach §§ 38 Abs. 4 und 41c Abs. 4 EStG bereits im Laufe des Kalenderjahres nachgefordert werden soll. Für die Nachforderung zu wenig einbehaltener Lohnsteuer von beschränkt einkommensteuerpflichtigen Arbeitnehmern ist stets das Betriebsstättenfinanzamt zuständig (>BFH vom 20.6.1990 – BStBl 1992 II S. 43).

§§ 42 und 42a
(weggefallen)

§ 42b

S 2381

Lohnsteuer-Jahresausgleich durch den Arbeitgeber

(1) [1]Der Arbeitgeber ist berechtigt, seinen Arbeitnehmern, die während des abgelaufenen Kalenderjahres (Ausgleichsjahr) ständig in einem zu ihm bestehenden Dienstverhältnis gestanden haben, die für das Ausgleichsjahr einbehaltene Lohnsteuer insoweit zu erstatten, als sie die auf den Jahresarbeitslohn entfallende Jahreslohnsteuer übersteigt (Lohnsteuer-Jahresausgleich). [2]Er ist zur Durchführung des Lohnsteuer-Jahresausgleichs verpflichtet, wenn er am 31. Dezember des Ausgleichsjahres mindestens zehn Arbeitnehmer beschäftigt. [3]Der Arbeitgeber darf den Lohnsteuer-Jahresausgleich nicht durchführen, wenn

1. der Arbeitnehmer es beantragt oder

2. der Arbeitnehmer für das Ausgleichsjahr oder für einen Teil des Ausgleichsjahres nach den Steuerklassen V oder VI zu besteuern war oder

3. der Arbeitnehmer für einen Teil des Ausgleichsjahres nach den Steuerklassen II, III oder IV zu besteuern war oder

3a. bei der Lohnsteuerberechnung ein Freibetrag oder Hinzurechnungsbetrag zu berücksichtigen war oder

3b. das Faktorverfahren angewandt wurde oder

4. der Arbeitnehmer im Ausgleichsjahr Kurzarbeitergeld, Zuschuss zum Mutterschaftsgeld nach dem Mutterschutzgesetz, Zuschuss bei Beschäftigungsverboten für die Zeit vor oder nach einer Entbindung sowie für den Entbindungstag während einer Elternzeit nach beamtenrechtlichen Vorschriften, Entschädigungen für Verdienstausfall nach dem Infektionsschutzgesetz vom 20. Juli 2000 (BGBl. I S. 1045), nach § 3 Nummer 28 steuerfreie Aufstockungsbeträge oder Zuschläge oder nach § 3 Nummer 28a steuerfreie Zuschüsse bezogen hat oder [1)]

4a. die Anzahl der im Lohnkonto oder in der Lohnsteuerbescheinigung eingetragenen Großbuchstaben U mindestens eins beträgt oder

5. für den Arbeitnehmer im Ausgleichsjahr im Rahmen der Vorsorgepauschale jeweils nur zeitweise Beträge nach § 39b Absatz 2 Satz 5 Nummer 3 Buchstabe a bis d oder der Beitragszuschlag nach § 39b Absatz 2 Satz 5 Nummer 3 Buchstabe c berücksichtigt wurden oder sich im Ausgleichsjahr der Zusatzbeitragssatz (§ 39b Absatz 2 Satz 5 Nummer 3 Buchstabe b) geändert hat oder

---

[1)] Die Steuerbefreiung gem. § 3 Nr. 28a gilt jedoch nur für Zuschüsse, die für Lohnzahlungszeiträume geleistet werden, die nach dem 29.2.2020 beginnen und vor dem 1.1.***2022*** enden >§ 3 Nr. 28a.

6. der Arbeitnehmer im Ausgleichsjahr ausländische Einkünfte aus nichtselbständiger Arbeit bezogen hat, die nach einem Abkommen zur Vermeidung der Doppelbesteuerung oder unter Progressionsvorbehalt nach § 34c Absatz 5 von der Lohnsteuer freigestellt waren.

(2) [1]Für den Lohnsteuer-Jahresausgleich hat der Arbeitgeber den Jahresarbeitslohn aus dem zu ihm bestehenden Dienstverhältnis festzustellen. [2]Dabei bleiben Bezüge im Sinne des § 34 Absatz 1 und 2 Nummer 2 und 4 außer Ansatz, wenn der Arbeitnehmer nicht jeweils die Einbeziehung in den Lohnsteuer-Jahresausgleich beantragt. [3]Vom Jahresarbeitslohn sind der etwa in Betracht kommende Versorgungsfreibetrag und Zuschlag zum Versorgungsfreibetrag und der etwa in Betracht kommende Altersentlastungsbetrag abzuziehen. [4]Für den so geminderten Jahresarbeitslohn ist die Jahreslohnsteuer nach § 39b Absatz 2 Satz 6 und 7 zu ermitteln nach Maßgabe der Steuerklasse, die für den letzten Lohnzahlungszeitraum des Ausgleichsjahres als elektronisches Lohnsteuerabzugsmerkmal abgerufen oder auf der Bescheinigung für den Lohnsteuerabzug oder etwaigen Mitteilungen über Änderungen zuletzt eingetragen wurde. [5]Den Betrag, um den die sich hiernach ergebende Jahreslohnsteuer die Lohnsteuer unterschreitet, die von dem zugrunde gelegten Jahresarbeitslohn insgesamt erhoben worden ist, hat der Arbeitgeber dem Arbeitnehmer zu erstatten. [6]Bei der Ermittlung der insgesamt erhobenen Lohnsteuer ist die Lohnsteuer auszuscheiden, die von den nach Satz 2 außer Ansatz gebliebenen Bezügen einbehalten worden ist.

(3) [1]Der Arbeitgeber darf den Lohnsteuer-Jahresausgleich frühestens bei der Lohnabrechnung für den letzten im Ausgleichsjahr endenden Lohnzahlungszeitraum, spätestens bei der Lohnabrechnung für den letzten Lohnzahlungszeitraum, der im Monat Februar des dem Ausgleichsjahr folgenden Kalenderjahres endet, durchführen. [2]Die zu erstattende Lohnsteuer ist dem Betrag zu entnehmen, den der Arbeitgeber für seine Arbeitnehmer für den Lohnzahlungszeitraum insgesamt an Lohnsteuer erhoben hat. [3]§ 41c Absatz 2 Satz 2 ist anzuwenden.

(4) [1]Im Lohnkonto für das Ausgleichsjahr ist die im Lohnsteuer-Jahresausgleich erstattete Lohnsteuer gesondert einzutragen. [2]In der Lohnsteuerbescheinigung für das Ausgleichsjahr ist der sich nach Verrechnung der erhobenen Lohnsteuer mit der erstatteten Lohnsteuer ergebende Betrag als erhobene Lohnsteuer einzutragen.

Durchführung des Lohnsteuer-Jahresausgleichs durch den Arbeitgeber[1]

R 42b

(1) [1]Der Arbeitgeber darf den Lohnsteuer-Jahresausgleich nur für unbeschränkt einkommensteuerpflichtige Arbeitnehmer durchführen, S 2381

1. die während des Ausgleichsjahres ständig in einem zu ihm bestehenden Dienstverhältnis gestanden haben,
2. die am 31. Dezember des Ausgleichsjahres in seinen Diensten stehen oder zu diesem Zeitpunkt von ihm Arbeitslohn aus einem früheren Dienstverhältnis beziehen und
3. bei denen kein Ausschlusstatbestand nach § 42b Abs. 1 Satz 3 EStG vorliegt.

[2]Beginnt oder endet die unbeschränkte Einkommensteuerpflicht im Laufe des Kalenderjahres, darf der Arbeitgeber den Lohnsteuer-Jahresausgleich nicht durchführen.

(2) Beantragt der Arbeitnehmer, Entschädigungen oder Vergütungen für mehrjährige Tätigkeit i. S. d. § 34 EStG in den Lohnsteuer-Jahresausgleich einzubeziehen (>§ 42b Abs. 2 Satz 2 EStG), gehören die Entschädigungen und Vergütungen zum Jahresarbeitslohn, für den die Jahreslohnsteuer zu ermitteln ist.

(3) [1]Bei Arbeitnehmern, für die der Arbeitgeber nach § 42b Abs. 1 EStG einen Lohnsteuer-Jahresausgleich durchführen darf, darf der Arbeitgeber den Jahresausgleich mit der Ermittlung der Lohnsteuer für den letzten im Ausgleichsjahr endenden Lohnzahlungszeitraum zusammenfassen (>§ 42b Abs. 3 Satz 1 EStG). [2]Hierbei ist die Jahreslohnsteuer nach § 42b Abs. 2 Satz 1 bis 3 EStG zu ermitteln und der Lohnsteuer, die von dem Jahresarbeitslohn erhoben worden ist, gegenüberzustellen. [3]Übersteigt die ermittelte Jahreslohnsteuer die erhobene Lohnsteuer, ist der Unterschiedsbetrag die Lohnsteuer, die für den letzten Lohnzahlungszeitraum des Ausgleichsjahres einzubehalten ist. [4]Übersteigt die erhobene Lohnsteuer die ermittelte Jahreslohnsteuer, ist der Unterschiedsbetrag dem Arbeitnehmer zu erstatten; § 42b Abs. 3 Satz 2 und 3 sowie Abs. 4 EStG ist hierbei anzuwenden.

Hinweise

H 42b

Vorsorgepauschale

Zum Ausschluss des Lohnsteuer-Jahresausgleichs >§ 42b Abs. 1 Satz 3 Nr. 5 EStG und >BMF vom 26.11.2013 (BStBl I S. 1532), Tz. 8 Anhang 30a

§ 42c
(weggefallen)

[1]) Einschränkung auf unbeschränkt einkommensteuerpflichtige Arbeitnehmer überholt >§ 42b Abs. 1 Satz 1

S 2383

§ 42d

Haftung des Arbeitgebers und Haftung bei Arbeitnehmerüberlassung

(1) Der Arbeitgeber haftet

1. für die Lohnsteuer, die er einzubehalten und abzuführen hat,
2. für die Lohnsteuer, die er beim Lohnsteuer-Jahresausgleich zu Unrecht erstattet hat,
3. für die Einkommensteuer (Lohnsteuer), die auf Grund fehlerhafter Angaben im Lohnkonto oder in der Lohnsteuerbescheinigung verkürzt wird,
4. für die Lohnsteuer, die in den Fällen des § 38 Absatz 3a der Dritte zu übernehmen hat.

(2) Der Arbeitgeber haftet nicht, soweit Lohnsteuer nach § 39 Absatz 5 oder § 39a Absatz 5 nachzufordern ist und in den vom Arbeitgeber angezeigten Fällen des § 38 Absatz 4 Satz 2 und 3 und des § 41c Absatz 4.

(3) [1] Soweit die Haftung des Arbeitgebers reicht, sind der Arbeitgeber und der Arbeitnehmer Gesamtschuldner. [2] Das Betriebsstättenfinanzamt kann die Steuerschuld oder Haftungsschuld nach pflichtgemäßem Ermessen gegenüber jedem Gesamtschuldner geltend machen. [3] Der Arbeitgeber kann auch dann in Anspruch genommen werden, wenn der Arbeitnehmer zur Einkommensteuer veranlagt wird. [4] Der Arbeitnehmer kann im Rahmen der Gesamtschuldnerschaft nur in Anspruch genommen werden,

1. wenn der Arbeitgeber die Lohnsteuer nicht vorschriftsmäßig vom Arbeitslohn einbehalten hat,
2. wenn der Arbeitnehmer weiß, dass der Arbeitgeber die einbehaltene Lohnsteuer nicht vorschriftsmäßig angemeldet hat. [2] Dies gilt nicht, wenn der Arbeitnehmer den Sachverhalt dem Finanzamt unverzüglich mitgeteilt hat.

(4) [1] Für die Inanspruchnahme des Arbeitgebers bedarf es keines Haftungsbescheids und keines Leistungsgebots, soweit der Arbeitgeber

1. die einzubehaltende Lohnsteuer angemeldet hat oder
2. nach Abschluss einer Lohnsteuer-Außenprüfung seine Zahlungsverpflichtung schriftlich anerkennt.

[2] Satz 1 gilt entsprechend für die Nachforderung zu übernehmender pauschaler Lohnsteuer.

(5) Von der Geltendmachung der Steuernachforderung oder Haftungsforderung ist abzusehen, wenn diese insgesamt 10 Euro nicht übersteigt.

S 2384

(6) [1] Soweit einem Dritten (Entleiher) Arbeitnehmer im Sinne des § 1 Absatz 1 Satz 1 des Arbeitnehmerüberlassungsgesetzes in der Fassung der Bekanntmachung vom 3. Februar 1995 (BGBl. I S. 158), das

zuletzt durch Artikel 26 des Gesetzes vom 20. Dezember 2011 (BGBl. I S. 2854)[1]) geändert worden ist, zur Arbeitsleistung überlassen werden, haftet er mit Ausnahme der Fälle, in denen eine Arbeitnehmerüberlassung nach § 1 Absatz 3 des Arbeitnehmerüberlassungsgesetzes vorliegt, neben dem Arbeitgeber. [2]Der Entleiher haftet nicht, wenn der Überlassung eine Erlaubnis nach § 1 des Arbeitnehmerüberlassungsgesetzes, in der jeweils geltenden Fassung zugrunde liegt und soweit er nachweist, dass er den nach § 51 Absatz 1 Nummer 2 Buchstabe d vorgesehenen Mitwirkungspflichten nachgekommen ist. [3]Der Entleiher haftet ferner nicht, wenn er über das Vorliegen einer Arbeitnehmerüberlassung ohne Verschulden irrte. [4]Die Haftung beschränkt sich auf die Lohnsteuer für die Zeit, für die ihm der Arbeitnehmer überlassen worden ist. [5]Soweit die Haftung des Entleihers reicht, sind der Arbeitgeber, der Entleiher und der Arbeitnehmer Gesamtschuldner. [6]Der Entleiher darf auf Zahlung nur in Anspruch genommen werden, soweit die Vollstreckung in das inländische bewegliche Vermögen des Arbeitgebers fehlgeschlagen ist oder keinen Erfolg verspricht; § 219 Satz 2 der Abgabenordnung ist entsprechend anzuwenden. [7]Ist durch die Umstände der Arbeitnehmerüberlassung die Lohnsteuer schwer zu ermitteln, so ist die Haftungsschuld mit 15 Prozent des zwischen Verleiher und Entleiher vereinbarten Entgelts ohne Umsatzsteuer anzunehmen, solange der Entleiher nicht glaubhaft macht, dass die Lohnsteuer, für die er haftet, niedriger ist. [8]Die Absätze 1 bis 5 sind entsprechend anzuwenden. [9]Die Zuständigkeit des Finanzamts richtet sich nach dem Ort der Betriebsstätte des Verleihers.

(7) Soweit der Entleiher Arbeitgeber ist, haftet der Verleiher wie ein Entleiher nach Absatz 6.

(8) [1]Das Finanzamt kann hinsichtlich der Lohnsteuer der Leiharbeitnehmer anordnen, dass der Entleiher einen bestimmten Teil des mit dem Verleiher vereinbarten Entgelts einzubehalten und abzuführen hat, wenn dies zur Sicherung des Steueranspruchs notwendig ist; Absatz 6 Satz 4 ist anzuwenden. [2]Der Verwaltungsakt kann auch mündlich erlassen werden. [3]Die Höhe des einzubehaltenden und abzuführenden Teils des Entgelts bedarf keiner Begründung, wenn der in Absatz 6 Satz 7 genannte Prozentsatz nicht überschritten wird.

(9) [1]Der Arbeitgeber haftet auch dann, wenn ein Dritter nach § 38 Absatz 3a dessen Pflichten trägt. [2]In diesen Fällen haftet der Dritte neben dem Arbeitgeber. [3]Soweit die Haftung des Dritten reicht, sind der Arbeitgeber, der Dritte und der Arbeitnehmer Gesamtschuldner. [4]Absatz 3 Satz 2 bis 4 ist anzuwenden; Absatz 4 gilt auch für die Inanspruchnahme des Dritten. [5]Im Fall des § 38 Absatz 3a Satz 2 beschränkt sich die Haftung des Dritten auf die Lohnsteuer, die für die Zeit zu erheben ist, für die er sich gegenüber dem Arbeitgeber zur

---

1) Das Arbeitnehmerüberlassungsgesetz (>Anhang 5) wurde zuletzt durch ***Artikel 4 des Gesetzes zur Aktualisierung der Strukturreform des Bundes vom 18.7.2016 (BGBl. I S. 1666)*** geändert.

Vornahme des Lohnsteuerabzugs verpflichtet hat; der maßgebende Zeitraum endet nicht, bevor der Dritte seinem Betriebsstättenfinanzamt die Beendigung seiner Verpflichtung gegenüber dem Arbeitgeber angezeigt hat. [6]In den Fällen des § 38 Absatz 3a Satz 7 ist als Haftungsschuld der Betrag zu ermitteln, um den die Lohnsteuer, die für den gesamten Arbeitslohn des Lohnzahlungszeitraums zu berechnen und einzubehalten ist, die insgesamt tatsächlich einbehaltene Lohnsteuer übersteigt. [7]Betrifft die Haftungsschuld mehrere Arbeitgeber, so ist sie bei fehlerhafter Lohnsteuerberechnung nach dem Verhältnis der Arbeitslöhne und für nachträglich zu erfassende Arbeitslohnbeträge nach dem Verhältnis dieser Beträge auf die Arbeitgeber aufzuteilen. [8]In den Fällen des § 38 Absatz 3a ist das Betriebsstättenfinanzamt des Dritten für die Geltendmachung der Steuer- oder Haftungsschuld zuständig.

R 42d.1

Inanspruchnahme des Arbeitgebers

Allgemeines

S 2383

(1) [1]Der Arbeitnehmer ist – vorbehaltlich § 40 Abs. 3 EStG – Schuldner der Lohnsteuer (§ 38 Abs. 2 EStG); dies gilt auch für den Fall einer Nettolohnvereinbarung (>R 39b.9). [2]Für diese Schuld kann der Arbeitgeber als Haftender in Anspruch genommen werden, soweit seine Haftung reicht (§ 42d Abs. 1 und 2 EStG); die Haftung entfällt auch in den vom Arbeitgeber angezeigten Fällen des § 38 Abs. 4 Satz 3 EStG. [3]Dies gilt auch bei Lohnzahlung durch Dritte, soweit der Arbeitgeber zur Einbehaltung der Lohnsteuer verpflichtet ist (§ 38 Abs. 1 Satz 3 EStG), und in Fällen des § 38 Abs. 3a EStG.

Haftung anderer Personen

(2) [1]Soweit Dritte für Steuerleistungen in Anspruch genommen werden können, z. B. gesetzliche Vertreter juristischer Personen, Vertreter, Bevollmächtigte, Vermögensverwalter, Rechtsnachfolger, haften sie als Gesamtschuldner neben dem Arbeitgeber als weiterem Haftenden und neben dem Arbeitnehmer als Steuerschuldner (§ 44 AO). [2]Die Haftung kann sich z. B. aus §§ 69 bis 77 AO ergeben.

Gesamtschuldner

(3) [1]Soweit Arbeitgeber, Arbeitnehmer und ggf. andere Personen Gesamtschuldner sind, schuldet jeder die gesamte Leistung (§ 44 Abs. 1 Satz 2 AO). [2]Das Finanzamt muss die Wahl, an welchen Gesamtschuldner es sich halten will, nach pflichtgemäßem Ermessen unter Beachtung der durch Recht und Billigkeit gezogenen Grenzen und unter verständiger Abwägung der Interessen aller Beteiligten treffen.

Ermessensprüfung

(4) [1]Die Haftung des Arbeitgebers ist von einem Verschulden grundsätzlich nicht abhängig. [2]Ein geringfügiges Verschulden oder ein schuldloses

Verhalten des Arbeitgebers ist aber bei der Frage zu würdigen, ob eine Inanspruchnahme des Arbeitgebers im Rahmen des Ermessens liegt. [3]Die Frage, ob der Arbeitgeber vor dem Arbeitnehmer in Anspruch genommen werden darf, hängt wesentlich von den Gesamtumständen des Einzelfalles ab, wobei von dem gesetzgeberischen Zweck des Lohnsteuerverfahrens, durch den Abzug an der Quelle den schnellen Eingang der Lohnsteuer in einem vereinfachten Verfahren sicherzustellen, auszugehen ist. [4]Die Inanspruchnahme des Arbeitgebers kann ausgeschlossen sein, wenn er den individuellen Lohnsteuerabzug ohne Berücksichtigung von Gesetzesänderungen durchgeführt hat, soweit es ihm in der kurzen Zeit zwischen der Verkündung des Gesetzes und den folgenden Lohnabrechnungen bei Anwendung eines strengen Maßstabs nicht zumutbar war, die Gesetzesänderungen zu berücksichtigen.

Haftungsbescheid

(5) [1]Wird der Arbeitgeber nach § 42d EStG als Haftungsschuldner in Anspruch genommen, ist, vorbehaltlich § 42d Abs. 4 Nr. 1 und 2 EStG, ein Haftungsbescheid zu erlassen. [2]Darin sind die für das Entschließungs- und Auswahlermessen maßgebenden Gründe anzugeben. [3]Hat der Arbeitgeber nach Abschluss einer Lohnsteuer-Außenprüfung eine Zahlungsverpflichtung schriftlich anerkannt, steht die Anerkenntniserklärung einer Lohnsteuer-Anmeldung gleich (§ 167 Abs. 1 Satz 3 AO). [4]Ein Haftungsbescheid lässt die Lohnsteuer-Anmeldungen unberührt.

Nachforderungsbescheid

(6) [1]Wird pauschale Lohnsteuer nacherhoben, die der Arbeitgeber zu übernehmen hat (§ 40 Abs. 3 EStG), ist ein Nachforderungsbescheid (Steuerbescheid) zu erlassen; Absatz 5 Satz 3 und 4 gilt entsprechend. [2]Der Nachforderungsbescheid bezieht sich auf bestimmte steuerpflichtige Sachverhalte. [3]Die Änderung ist hinsichtlich der ihm zugrunde liegenden Sachverhalte – außer in den Fällen der §§ 172 und 175 AO – wegen der Änderungssperre des § 173 Abs. 2 AO nur bei Steuerhinterziehung oder leichtfertiger Steuerverkürzung möglich.

Zahlungsfrist

(7) Für die durch Haftungsbescheid (>Absatz 5) oder Nachforderungsbescheid (>Absatz 6) angeforderten Steuerbeträge ist eine Zahlungsfrist von einem Monat zu setzen.

Hinweise H 42d.1

Allgemeines zur Arbeitgeberhaftung

– Wegen der Einschränkung der Haftung in den Fällen, in denen sich der Arbeitgeber und der Arbeitnehmer über die Zugehörigkeit von Bezügen zum Arbeitslohn und damit auch über die Notwendigkeit der Eintragung der mit diesen Bezügen zusammenhängenden Werbungskosten irrten und irren konnten >BFH vom 5.11.1971 (BStBl 1972 II S. 137)

- Die Lohnsteuer ist nicht vorschriftsmäßig einbehalten, wenn der Arbeitgeber im Lohnsteuer-Jahresausgleich eine zu hohe Lohnsteuer erstattet (>BFH vom 24.1.1975 – BStBl II S. 420).
- Wurde beim Arbeitgeber eine Lohnsteuer-Außenprüfung durchgeführt, bewirkt dies zugleich eine Hemmung der Verjährungsfrist in Bezug auf den Steueranspruch gegen den Arbeitnehmer (>§ 171 Abs. 15 AO).
- Der Arbeitgeber hat den Arbeitslohn vorschriftsmäßig gekürzt, wenn er die Lohnsteuer entsprechend den Lohnsteuerabzugsmerkmalen berechnet hat und wenn er der Berechnung der Lohnsteuer die für das maßgebende Jahr gültigen Lohnsteuertabellen zugrunde gelegt hat (>BFH vom 9.3.1990 – BStBl II S. 608).
- Die Lohnsteuer ist dann vorschriftsmäßig einbehalten, wenn in der betreffenden Lohnsteuer-Anmeldung die mit dem Zufluss des Arbeitslohns entstandene Lohnsteuer des Anmeldungszeitraums erfasst wurde. Maßgebend für das Entstehen der Lohnsteuer sind dabei nicht die Kenntnisse und Vorstellungen des Arbeitgebers, sondern die Verwirklichung des Tatbestandes, an den das Gesetz die Besteuerung knüpft (>BFH vom 4.6.1993 – BStBl II S. 687).
- Bei einer fehlerhaft ausgestellten Lohnsteuerbescheinigung beschränkt sich die Haftung des Arbeitgebers auf die Lohnsteuer, die sich bei der Einkommensteuerveranlagung des Arbeitnehmers ausgewirkt hat (>BFH vom 22.7.1993 – BStBl II S. 775).
- Führt der Arbeitgeber trotz fehlender Kenntnis der individuellen Lohnsteuerabzugsmerkmale des Arbeitnehmers den Lohnsteuerabzug nicht nach der Steuerklasse VI, sondern nach der Steuerklasse I bis V durch, kann der Arbeitgeber auch nach Ablauf des Kalenderjahres grundsätzlich nach Steuerklasse VI (§ 42d Abs. 1 Nr. 1 EStG) in Haftung genommen werden (>BFH vom 12.1.2001 – BStBl 2003 II S. 151).
- Die Anzeige des Arbeitgebers nach § 38 Abs. 4 Satz 2 EStG ersetzt die Erfüllung der Einbehaltungspflichten. Bei unterlassener Anzeige hat der Arbeitgeber die Lohnsteuer mit den Haftungsfolgen nicht ordnungsgemäß einbehalten (>BFH vom 9.10.2002 – BStBl II S. 884).
- Hat der Arbeitgeber auf Grund unrichtiger Angaben in den Lohnkonten oder den Lohnsteuerbescheinigungen vorsätzlich Lohnsteuer verkürzt, ist ihm als Steuerstraftäter der Einwand verwehrt, das Finanzamt hätte statt seiner die Arbeitnehmer in Anspruch nehmen müssen (>BFH vom 12.2.2009 – BStBl II S. 478).

Ermessensausübung

- Die Grundsätze von Recht und Billigkeit verlangen keine vorrangige Inanspruchnahme des Arbeitnehmers (>BFH vom 6.5.1959 – BStBl III S. 292).
- Eine vorrangige Inanspruchnahme des Arbeitgebers vor dem Arbeitnehmer kann unzulässig sein, wenn die Lohnsteuer ebenso schnell und ebenso einfach vom Arbeitnehmer nacherhoben werden kann, weil z. B. der Arbeitnehmer ohnehin zu veranlagen ist (>BFH vom 30.11.1966 –

BStBl 1967 III S. 331 und vom 12.1.1968 – BStBl II S. 324); das gilt insbesondere dann, wenn der Arbeitnehmer inzwischen aus dem Betrieb ausgeschieden ist (>BFH vom 10.1.1964 – BStBl III S. 213).

- Zur Ermessensprüfung bei geringfügigem Verschulden >BFH vom 21.1.1972 (BStBl II S. 364)
- Der Inanspruchnahme des Arbeitgebers steht nicht entgegen, dass das Finanzamt über einen längeren Zeitraum von seinen Befugnissen zur Überwachung des Lohnsteuerabzugs und zur Beitreibung der Lohnabzugsbeträge keinen Gebrauch gemacht hat (>BFH vom 11.8.1978 – BStBl II S. 683).
- War die Inanspruchnahme des Arbeitgebers nach der Ermessensprüfung unzulässig, so kann er trotzdem in Anspruch genommen werden, wenn der Versuch des Finanzamts, die Lohnsteuer beim Arbeitnehmer nachzuerheben, erfolglos verlaufen ist (>BFH vom 18.7.1958 – BStBl III S. 384) und § 173 Abs. 2 AO dem Erlass eines Haftungsbescheids nicht entgegensteht (>BFH vom 17.2.1995 – BStBl II S. 555).
- Eine vorsätzliche Steuerstraftat prägt das Auswahlermessen für die Festsetzung der Lohnsteuerhaftungsschuld; eine besondere Begründung der Ermessensentscheidung ist entbehrlich (>BFH vom 12.2.2009 – BStBl II S. 478).

Eine Inanspruchnahme des Arbeitgebers kann ausgeschlossen sein, wenn z. B.

- der Arbeitgeber eine bestimmte Methode der Steuerberechnung angewendet und das Finanzamt hiervon Kenntnis erlangt und nicht beanstandet hat oder wenn der Arbeitgeber durch Prüfung und Erörterung einer Rechtsfrage durch das Finanzamt in einer unrichtigen Rechtsauslegung bestärkt wurde (>BFH vom 20.7.1962 – BStBl 1963 III S. 23),
- der Arbeitgeber einem entschuldbaren Rechtsirrtum unterlegen ist, weil das Finanzamt eine unklare oder falsche Auskunft gegeben hat (>BFH vom 24.11.1961 – BStBl 1962 III S. 37) oder weil er den Angaben in einem Manteltarifvertrag über die Steuerfreiheit vertraut hat (>BFH vom 18.9.1981 – BStBl II S. 801),
- der Arbeitgeber den Lohnsteuerabzug entsprechend der von einer vorgesetzten Landesfinanzbehörde in einem Erlass oder einer Verfügung geäußerten Auffassung durchführt, auch wenn er die Verwaltungsanweisung nicht gekannt hat (>BFH vom 25.10.1985 – BStBl 1986 II S. 98); das gilt aber nicht, wenn dem Arbeitgeber bekannt war, dass das für ihn zuständige Betriebsstättenfinanzamt eine andere Auffassung vertritt,
- der Arbeitgeber entsprechend einer Billigkeitsregelung der Finanzbehörden Lohnsteuer materiell unzutreffend einbehält (>BFH vom 13.6.2013 – BStBl 2014 II S. 340).

Die Inanspruchnahme des Arbeitgebers ist in aller Regel ermessensfehlerfrei, wenn

- die Einbehaltung der Lohnsteuer in einem rechtlich einfach und eindeutig vorliegenden Fall nur deshalb unterblieben ist, weil der Arbeitgeber sich über seine Verpflichtungen nicht hinreichend unterrichtet hat (>BFH vom 5.2.1971 – BStBl II S. 353),
- das Finanzamt auf Grund einer fehlerhaften Unterlassung des Arbeitgebers aus tatsächlichen Gründen nicht in der Lage ist, die Arbeitnehmer als Schuldner der Lohnsteuer heranzuziehen (>BFH vom 7.12.1984 – BStBl 1985 II S. 164),
- im Falle einer Nettolohnvereinbarung der Arbeitnehmer nicht weiß, dass der Arbeitgeber die Lohnsteuer nicht angemeldet hat (>BFH vom 8.11.1985 – BStBl 1986 II S. 186),
- sie der Vereinfachung dient, weil gleiche oder ähnliche Berechnungsfehler bei einer größeren Zahl von Arbeitnehmern gemacht worden sind (>BFH vom 16.3.1962 – BStBl III S. 282, vom 6.3.1980 – BStBl II S. 289 und vom 24.1.1992 – BStBl II S. 696: regelmäßig bei mehr als 40 Arbeitnehmern),
- die individuelle Ermittlung der Lohnsteuer schwierig ist und der Arbeitgeber bereit ist, die Lohnsteuerschulden seiner Arbeitnehmer endgültig zu tragen und keinen Antrag auf Pauschalierung stellt. In diesen und vergleichbaren Fällen kann die nachzufordernde Lohnsteuer unter Anwendung eines durchschnittlichen Bruttosteuersatzes – gegebenenfalls im Schätzungswege – ermittelt werden (>BFH vom 7.12.1984 – BStBl 1985 II S. 170, vom 12.6.1986 – BStBl II S. 681 und vom 29.10.1993 – BStBl 1994 II S. 197),
- der Arbeitgeber in schwierigen Fällen, in denen bei Anwendung der gebotenen Sorgfalt Zweifel über die Rechtslage kommen müssen, einem Rechtsirrtum unterliegt, weil er von der Möglichkeit der Anrufungsauskunft (§ 42e EStG) keinen Gebrauch gemacht hat (>BFH vom 18.8.2005 – BStBl 2006 II S. 30 und vom 29.5.2008 – BStBl II S. 933).

Ermessensbegründung

- Die Ermessensentscheidung des Finanzamts muss im Haftungsbescheid, spätestens aber in der Einspruchsentscheidung begründet werden, andernfalls ist sie im Regelfall fehlerhaft. Dabei müssen die bei der Ausübung des Verwaltungsermessens angestellten Erwägungen – die Abwägung des Für und Wider der Inanspruchnahme des Haftungsschuldners – aus der Entscheidung erkennbar sein. Insbesondere muss zum Ausdruck kommen, warum der Haftungsschuldner anstatt des Steuerschuldners oder an Stelle anderer ebenfalls für die Haftung in Betracht kommender Personen in Anspruch genommen wird (>BFH vom 8.11.1988 – BStBl 1989 II S. 219).
- Enthält der Haftungsbescheid keine Aufgliederung des Haftungsbetrags auf die Anmeldungszeiträume, so ist er nicht deshalb nichtig (>BFH vom 22.11.1988 – BStBl 1989 II S. 220).

- Nimmt das Finanzamt sowohl den Arbeitgeber nach § 42d EStG als auch den früheren Gesellschafter-Geschäftsführer u. a. wegen Lohnsteuer-Hinterziehung nach § 71 AO in Haftung, so hat es insoweit eine Ermessensentscheidung nach § 191 Abs. 1 i. V. m. § 5 AO zu treffen und die Ausübung dieses Ermessens regelmäßig zu begründen (>BFH vom 9.8.2002 – BStBl 2003 II S. 160).

Haftung anderer Personen

- Zur Frage der Pflichtverletzung bei der Abführung von Lohnsteuer durch den Geschäftsführer einer GmbH >BFH vom 20.4.1982 (BStBl II S. 521).
- Zur Frage der Pflichtverletzung des Geschäftsführers bei Zahlung von Arbeitslohn aus dem eigenen Vermögen >BFH vom 22.11.2005 (BStBl 2006 II S. 397).
- Die steuerrechtlich und die insolvenzrechtlich unterschiedliche Bewertung der Lohnsteuer-Abführungspflicht des Arbeitgebers in insolvenzreifer Zeit kann zu einer Pflichtenkollision führen. Eine solche steht der Haftung des Geschäftsführers wegen Nichtabführung der Lohnsteuer aber jedenfalls dann nicht entgegen, wenn der Insolvenzverwalter die Beträge im gedachten Falle der pflichtgemäßen Zahlung der Lohnsteuer vom Finanzamt deshalb nicht herausverlangen kann, weil die Anfechtungsvoraussetzungen nach §§ 129 ff. InsO nicht vorliegen (>BFH vom 27.2.2007 – BStBl 2009 II S. 348).
- Der Geschäftsführer einer GmbH kann als Haftungsschuldner für die von der GmbH nicht abgeführte Lohnsteuer auch insoweit in Anspruch genommen werden, als die Steuer auf seinen eigenen Arbeitslohn entfällt (>BFH vom 15.4.1987 – BStBl 1988 II S. 167).
- Zu den Anforderungen an die inhaltliche Bestimmtheit von Lohnsteuerhaftungsbescheiden bei der Haftung von Vertretern >BFH vom 8.3.1988 (BStBl II S. 480)
- Zum Umfang der Haftung bei voller Auszahlung der Nettolöhne >BFH vom 26.7.1988 (BStBl II S. 859)
- Durch privatrechtliche Vereinbarungen im Gesellschaftsvertrag kann die Haftung der Gesellschafter einer Gesellschaft bürgerlichen Rechts nicht auf das Gesellschaftsvermögen beschränkt werden (>BFH vom 27.3.1990 – BStBl II S. 939).
- Das Auswahlermessen für die Inanspruchnahme eines von zwei jeweils alleinvertretungsberechtigten GmbH-Geschäftsführern als Haftungsschuldner ist in der Regel nicht sachgerecht ausgeübt, wenn das Finanzamt hierfür allein auf die Beteiligungsverhältnisse der Geschäftsführer am Gesellschaftskapital abstellt (>BFH vom 29.5.1990 – BStBl II S. 1008).
- Zum Zeitpunkt der Anmeldung und Fälligkeit der einzubehaltenden Lohnsteuer und seine Auswirkung auf die Geschäftsführerhaftung >BFH vom 17.11.1992 (BStBl 1993 II S. 471)

- Ein ehrenamtlich und unentgeltlich tätiger Vorsitzender eines Vereins, der sich als solcher wirtschaftlich betätigt und zur Erfüllung seiner Zwecke Arbeitnehmer beschäftigt, haftet für die Erfüllung der steuerlichen Verbindlichkeiten des Vereins grundsätzlich nach denselben Grundsätzen wie ein Geschäftsführer einer GmbH (>BFH vom 23.6.1998 – BStBl II S. 761).
- Eine unzutreffende, jedoch bestandskräftig gewordene Lohnsteuer-Anmeldung muss sich der als Haftungsschuldner in Anspruch genommene Geschäftsführer einer GmbH dann nicht nach § 166 AO entgegenhalten lassen, wenn er nicht während der gesamten Dauer der Rechtsbehelfsfrist Vertretungsmacht und damit das Recht hatte, namens der GmbH zu handeln (>BFH vom 24.8.2004 – BStBl 2005 II S. 127).

Haftungsbefreiende Anzeige

- Die haftungsbefreiende Wirkung der Anzeige nach § 41c Abs. 4 EStG setzt voraus, dass die nicht vorschriftsmäßige Einbehaltung der Lohnsteuer vom Arbeitgeber erkannt worden ist. Weicht der Arbeitgeber von einer erteilten Anrufungsauskunft ab, kann er nicht dadurch einen Haftungsausschluss bewirken, indem er die Abweichung dem Betriebsstättenfinanzamt anzeigt (>BFH vom 4.6.1993 – BStBl II S. 687).
- Der Haftungsausschluss nach § 42d Abs. 2 i. V. m. § 41c Abs. 4 EStG setzt stets eine Korrekturberechtigung i. S. d. § 41c Abs. 1 EStG voraus. Daran fehlt es, wenn eine Lohnsteuer-Anmeldung vorsätzlich fehlerhaft abgegeben worden war und dies dem Arbeitgeber zuzurechnen ist (>BFH vom 21.4.2010 – BStBl II S. 833).

Haftungsverfahren

- Wurde nach einer ergebnislosen Lohnsteuer-Außenprüfung der Vorbehalt der Nachprüfung aufgehoben, steht einer Änderung der Lohnsteuer-Anmeldung nach § 173 Abs. 1 AO durch Erlass eines Lohnsteuer-Haftungsbescheides die Änderungssperre des § 173 Abs. 2 AO entgegen, es sei denn, es liegt eine Steuerhinterziehung oder eine leichtfertige Steuerverkürzung vor (>BFH vom 15.5.1992 – BStBl 1993 II S. 840 und vom 7.2.2008 – BStBl 2009 II S. 703). Gleiches gilt, wenn nach einer Lohnsteuer-Außenprüfung bereits ein Lohnsteuer-Haftungsbescheid ergangen ist und der Vorbehalt der Nachprüfung für die betreffenden Lohnsteuer-Anmeldungen aufgehoben worden ist (>BFH vom 15.5.1992 – BStBl 1993 II S. 829).
- Wird im Anschluss an eine Außenprüfung pauschale Lohnsteuer fälschlicherweise durch einen Haftungsbescheid geltend gemacht, kann mit der Aufhebung des Haftungsbescheides die Unanfechtbarkeit i. S. d. § 171 Abs. 4 Satz 1 AO und damit das Ende der Ablaufhemmung für die Festsetzungsfrist eintreten. Der Eintritt der Festsetzungsverjährung kann nur vermieden werden, wenn der inkorrekte Haftungsbescheid erst dann aufgehoben wird, nachdem zuvor der formell

korrekte Nachforderungsbescheid erlassen worden ist (>BFH vom 6.5.1994 – BStBl II S. 715).

- Wird vom Arbeitgeber Lohnsteuer in einer Vielzahl von Fällen nachgefordert, ist die Höhe der Lohnsteuer trotz des damit verbundenen Arbeitsaufwands grundsätzlich individuell zu ermitteln. Etwas anderes gilt dann, wenn entweder die Voraussetzungen des § 162 AO für eine Schätzung der Lohnsteuer vorliegen oder der Arbeitgeber der Berechnung der Haftungsschuld mit einem durchschnittlichen Steuersatz zugestimmt hat (>BFH vom 17.3.1994 – BStBl II S. 536).
- Auch die Ansprüche gegenüber dem Haftenden unterliegen der Verjährung (>§ 191 Abs. 3 AO). Die Festsetzungsfrist für einen Lohnsteuer-Haftungsbescheid endet nicht vor Ablauf der Festsetzungsfrist für die Lohnsteuer (§ 191 Abs. 3 Satz 4 1. Halbsatz AO). Der Beginn der Festsetzungsfrist für die Lohnsteuer richtet sich nach § 170 Abs. 2 Satz 1 Nr. 1 AO. Für den Beginn der die Lohnsteuer betreffenden Festsetzungsfrist ist die Lohnsteuer-Anmeldung (Steueranmeldung) und nicht die Einkommensteuererklärung der betroffenen Arbeitnehmer maßgebend (>BFH vom 6.3.2008 – BStBl II S. 597). Bei der Berechnung der für die Lohnsteuer maßgebenden Festsetzungsfrist sind Anlauf- und Ablaufhemmungen nach §§ 170, 171 AO zu berücksichtigen, soweit sie gegenüber dem Arbeitgeber wirken (>AEAO § 191 Nr. 9).
- Wenn ein Arbeitgeber die Lohnsteuer trotz gesetzlicher Verpflichtung nicht anmeldet und abführt, kann das Finanzamt sie durch Schätzungsbescheid festsetzen. Die Möglichkeit, einen Haftungsbescheid zu erlassen, steht dem nicht entgegen (>BFH vom 7.7.2004 – BStBl II S. 1087).
- Hat das Finanzamt einen Haftungsbescheid erlassen, darf das Finanzgericht diesen Bescheid nicht aufheben und stattdessen einen (niedrigeren) Nachforderungsbetrag festsetzen (>BFH vom 24.9.2015 – BStBl 2016 II S. 176).

Inanspruchnahme des Arbeitnehmers

- Die Beschränkung der Inanspruchnahme des Arbeitnehmers innerhalb des Lohnsteuerabzugsverfahrens nach § 42d Abs. 3 Satz 4 EStG steht einer uneingeschränkten Inanspruchnahme im Einkommensteuerveranlagungsverfahren nicht entgegen (>BFH vom 13.1.2011 – BStBl II S. 479).
- Im Rahmen des Lohnsteuerabzugsverfahrens kann das Wohnsitzfinanzamt die vom Arbeitgeber auf Grund einer (unrichtigen) Anrufungsauskunft nicht einbehaltene und abgeführte Lohnsteuer vom Arbeitnehmer nicht nach § 42d Abs. 3 Satz 4 Nr. 1 EStG nachfordern (>BFH vom 17.10.2013 – BStBl 2014 II S. 892).
- Wurde beim Arbeitgeber eine Lohnsteuer-Außenprüfung durchgeführt, bewirkt dies zugleich eine Hemmung der Verjährungsfrist in Bezug auf den Steueranspruch gegen den Arbeitnehmer (>§ 171 Abs. 15 AO).

Nachforderungsverfahren

- Hat der Arbeitgeber Arbeitslohn nach § 40a Abs. 3 EStG pauschal versteuert, obwohl nicht die Voraussetzungen dieser Vorschrift, sondern die des § 40a Abs. 2 EStG erfüllt sind, kann ein Nachforderungsbescheid nur erlassen werden, wenn sich der Arbeitgeber eindeutig zu einer Pauschalierung nach § 40a Abs. 2 EStG bereit erklärt hat (>BFH vom 25.5.1984 – BStBl II S. 569).
- Wird Lohnsteuer für frühere Kalenderjahre nachgefordert, braucht die Steuerschuld nur nach Kalenderjahren aufgegliedert zu werden (>BFH vom 18.7.1985 – BStBl 1986 II S. 152).
- Die Nachforderung pauschaler Lohnsteuer beim Arbeitgeber setzt voraus, dass der Arbeitgeber der Pauschalierung zustimmt (>BFH vom 20.11.2008 – BStBl 2009 II S. 374).

Rechtsbehelf gegen den Haftungsbescheid

- Der Arbeitnehmer hat gegen diesen Haftungsbescheid insoweit ein Einspruchsrecht, als er persönlich für die nachgeforderte Lohnsteuer in Anspruch genommen werden kann (>BFH vom 29.6.1973 – BStBl II S. 780).
- Wird der Arbeitgeber nach dem Entscheidungssatz des Bescheids als Haftender in Anspruch genommen, ist der Bescheid unwirksam, wenn nach seiner Begründung pauschale Lohnsteuer nachgefordert wird (>BFH vom 15.3.1985 – BStBl II S. 581).
- Wird Lohnsteuer für frühere Kalenderjahre nachgefordert, braucht der Haftungsbetrag nur nach Kalenderjahren aufgegliedert zu werden (>BFH vom 18.7.1985 – BStBl 1986 II S. 152).
- Der Haftungsbetrag ist grundsätzlich auf die einzelnen Arbeitnehmer aufzuschlüsseln; wegen der Ausnahmen >BFH vom 8.11.1985 (BStBl 1986 II S. 274) und die dort genannten Urteile.
- Werden zu verschiedenen Zeiten und auf Grund unterschiedlicher Tatbestände entstandene Haftungsschulden in einem Haftungsbescheid festgesetzt und ficht der Haftungsschuldner diesen Sammelhaftungsbescheid nur hinsichtlich ganz bestimmter Haftungsfälle an, erwächst der restliche Teil des Bescheids in Bestandskraft (>BFH vom 4.7.1986 – BStBl II S. 921).
- Der Arbeitnehmer kann sich als Steuerschuldner nicht darauf berufen, dass die haftungsweise Inanspruchnahme des Arbeitgebers wegen Nichtbeanstandung seines Vorgehens bei einer vorangegangenen Außenprüfung gegen Treu und Glauben verstoßen könnte (>BFH vom 27.3.1991 – BStBl II S. 720).
- In einem allein vom Arbeitnehmer veranlassten Einspruchsverfahren ist der Arbeitgeber hinzuzuziehen (>§ 360 AO).

Zusammengefasster Steuer- und Haftungsbescheid

– Steuerschuld und Haftungsschuld können äußerlich in einer Verfügung verbunden werden (>BFH vom 16.11.1984 – BStBl 1985 II S. 266).

– Wird vom Arbeitgeber pauschale Lohnsteuer nacherhoben und wird er zugleich als Haftungsschuldner in Anspruch genommen, ist die Steuerschuld von der Haftungsschuld zu trennen. Dies kann im Entscheidungssatz des zusammengefassten Steuer- und Haftungsbescheids, in der Begründung dieses Bescheids oder in dem dem Arbeitgeber bereits bekannten oder beigefügten Bericht einer Lohnsteuer-Außenprüfung, auf den zur Begründung Bezug genommen ist, geschehen (>BFH vom 1.8.1985 – BStBl II S. 664).

Haftung bei Arbeitnehmerüberlassung

R 42d.2

Allgemeines

(1) [1]Bei Arbeitnehmerüberlassung ist steuerrechtlich grundsätzlich der Verleiher Arbeitgeber der Leiharbeitnehmer (>R 19.1 Satz 5). [2]Dies gilt für einen ausländischen Verleiher (>R 38.3 Abs. 1 Satz 2) selbst dann, wenn der Entleiher Arbeitgeber im Sinne eines Doppelbesteuerungsabkommens ist; die Arbeitgebereigenschaft des Entleihers nach einem Doppelbesteuerungsabkommen hat nur Bedeutung für die Zuweisung des Besteuerungsrechts. [3]Wird der Entleiher als Haftungsschuldner in Anspruch genommen, ist wegen der unterschiedlichen Voraussetzungen und Folgen stets danach zu unterscheiden, ob er als Arbeitgeber der Leiharbeitnehmer oder als Dritter nach § 42d Abs. 6 EStG neben dem Verleiher als dem Arbeitgeber der Leiharbeitnehmer haftet. S 2384

Inanspruchnahme des Entleihers nach § 42d Abs. 6 EStG

(2) [1]Der Entleiher haftet nach § 42d Abs. 6 EStG wie der Verleiher (Arbeitgeber), jedoch beschränkt auf die Lohnsteuer für die Zeit, für die ihm der Leiharbeitnehmer überlassen worden ist. [2]Die Haftung des Entleihers richtet sich deshalb nach denselben Grundsätzen wie die Haftung des Arbeitgebers. [3]Sie scheidet aus, wenn der Verleiher als Arbeitgeber nicht haften würde. [4]Die Haftung des Entleihers kommt nur bei Arbeitnehmerüberlassung nach § 1 des Arbeitnehmerüberlassungsgesetzes (AÜG) in Betracht. Anhang 5 [5]Arbeitnehmerüberlassung liegt nicht vor, wenn das Überlassen von Arbeitnehmern als Nebenleistung zu einer anderen Leistung anzusehen ist, wenn z. B. im Falle der Vermietung von Maschinen und Überlassung des Bedienungspersonals der wirtschaftliche Wert der Vermietung überwiegt. [6]In den Fällen des § 1 Abs. 1 Satz 3 und Abs. 3 AÜG ist ebenfalls keine Arbeitnehmerüberlassung anzunehmen.

(3) [1]Zu der rechtlichen Würdigung eines Sachverhalts mit drittbezogener Tätigkeit als Arbeitnehmerüberlassung und ihrer Abgrenzung insbesondere gegenüber einem Werkvertrag ist entscheidend auf das Gesamtbild der Tätigkeit abzustellen. [2]Auf die Bezeichnung des Rechtsgeschäfts, z. B.

als Werkvertrag, kommt es nicht entscheidend an. [3]Auf Arbeitnehmerüberlassung weisen z. B. folgende Merkmale hin:

1. Der Inhaber der Drittfirma (Entleiher) nimmt im Wesentlichen das Weisungsrecht des Arbeitgebers wahr;
2. der mit dem Einsatz des Arbeitnehmers verfolgte Leistungszweck stimmt mit dem Betriebszweck der Drittfirma überein;
3. das zu verwendende Werkzeug wird im Wesentlichen von der Drittfirma gestellt, es sei denn auf Grund von Sicherheitsvorschriften;
4. die mit anderen Vertragstypen, insbesondere Werkvertrag, verbundenen Haftungsrisiken sind ausgeschlossen oder beschränkt worden;
5. die Arbeit des eingesetzten Arbeitnehmers gegenüber dem entsendenden Arbeitgeber wird auf der Grundlage von Zeiteinheiten vergütet.

[4]Bei der Prüfung der Frage, ob Arbeitnehmerüberlassung vorliegt, ist die Auffassung der Bundesagentur für Arbeit zu berücksichtigen. [5]Eine Inanspruchnahme des Entleihers kommt regelmäßig nicht in Betracht, wenn die Bundesagentur für Arbeit gegenüber dem Entleiher die Auffassung geäußert hat, bei dem verwirklichten Sachverhalt liege Arbeitnehmerüberlassung nicht vor.

(4) [1]Ausnahmen von der Entleiherhaftung enthält § 42d Abs. 6 Satz 2 und 3 EStG. [2]Der Überlassung liegt eine Erlaubnis nach § 1 AÜG i. S. d. § 42d Abs. 6 Satz 2 EStG immer dann zugrunde, wenn der Verleiher eine Erlaubnis nach § 1 AÜG zur Zeit des Verleihs besessen hat oder die Erlaubnis in dieser Zeit nach § 2 Abs. 4 AÜG als fortbestehend gilt, d. h. bis zu zwölf Monaten nach Erlöschen der Erlaubnis für die Abwicklung der erlaubt abgeschlossenen Verträge. [3]Der Überlassung liegt jedoch keine Erlaubnis zugrunde, wenn Arbeitnehmer im Rahmen einer wirtschaftlichen Tätigkeit an Betriebe des Baugewerbes für Arbeiten überlassen werden, die üblicherweise von Arbeitern verrichtet werden, weil dies nach § 1b AÜG unzulässig ist und sich die Erlaubnis nach § 1 AÜG auf solchen Verleih nicht erstreckt, es sei denn, die Überlassung erfolgt zwischen Betrieben des Baugewerbes, die von denselben Rahmen- und Sozialkassentarifverträgen oder von der Allgemeinverbindlichkeit erfasst werden. [4]Bei erlaubtem Verleih durch einen inländischen Verleiher haftet der Entleiher nicht. [5]Der Entleiher trägt die Feststellungslast, wenn er sich darauf beruft, dass er über das Vorliegen einer Arbeitnehmerüberlassung ohne Verschulden irrte (§ 42d Abs. 6 Satz 3 EStG). [6]Bei der Inanspruchnahme des Entleihers ist Absatz 3 zu berücksichtigen. [7]Im Bereich unzulässiger Arbeitnehmerüberlassung sind wegen des Verbots in § 1b AÜG strengere Maßstäbe anzulegen, wenn sich der Entleiher darauf beruft, ohne Verschulden einem Irrtum erlegen zu sein. [8]Dies gilt insbesondere, wenn das Überlassungsentgelt deutlich günstiger ist als dasjenige von anderen Anbietern. [9]Ob der Verleiher eine Erlaubnis nach § 1 AÜG hat, muss der Verleiher in dem schriftlichen Überlassungsvertrag nach § 12 Abs. 1 AÜG erklären und kann der Entleiher selbst oder das Finanzamt durch Anfrage bei der Regionaldirektion der Bundesagentur für Arbeit erfahren oder überprüfen.

Anhang 5

(5) [1]Die Höhe des Haftungsbetrags ist auf die Lohnsteuer begrenzt, die vom Verleiher ggf. anteilig für die Zeit einzubehalten war, für die der Leiharbeitnehmer dem Entleiher überlassen war. [2]Hat der Verleiher einen Teil der von ihm insgesamt einbehaltenen und angemeldeten Lohnsteuer für den entsprechenden Lohnsteuer-Anmeldungszeitraum gezahlt, wobei er auch die Lohnsteuer des dem Entleiher überlassenen Leiharbeitnehmers berücksichtigt hat, mindert sich der Haftungsbetrag im Verhältnis von angemeldeter zu gezahlter Lohnsteuer.

(6) [1]Der Haftungsbescheid kann gegen den Entleiher ergehen, wenn die Voraussetzungen der Haftung erfüllt sind. [2]Auf Zahlung darf er jedoch erst in Anspruch genommen werden nach einem fehlgeschlagenen Vollstreckungsversuch in das inländische bewegliche Vermögen des Verleihers oder wenn die Vollstreckung keinen Erfolg verspricht (§ 42d Abs. 6 Satz 6 EStG). [3]Eine vorherige Zahlungsaufforderung an den Arbeitnehmer oder ein Vollstreckungsversuch bei diesem ist nicht erforderlich (entsprechende Anwendung des § 219 Satz 2 AO).

Inanspruchnahme des Verleihers nach § 42d Abs. 7 EStG

(7) [1]Nach § 42d Abs. 7 EStG kann der Verleiher, der steuerrechtlich nicht als Arbeitgeber zu behandeln ist, wie ein Entleiher nach § 42d Abs. 6 EStG als Haftender in Anspruch genommen werden. [2]Insoweit kann er erst nach dem Entleiher auf Zahlung in Anspruch genommen werden. [3]Davon zu unterscheiden ist der Erlass des Haftungsbescheids, der vorher ergehen kann. [4]Gegen den Haftungsbescheid kann sich der Verleiher deswegen nicht mit Erfolg darauf berufen, der Entleiher sei auf Grund der tatsächlichen Abwicklung einer unerlaubten Arbeitnehmerüberlassung als Arbeitgeber aller oder eines Teils der überlassenen Leiharbeitnehmer zu behandeln.

Sicherungsverfahren nach § 42d Abs. 8 EStG

(8) [1]Als Sicherungsmaßnahme kann das Finanzamt den Entleiher verpflichten, einen bestimmten Euro-Betrag oder einen als Prozentsatz bestimmten Teil des vereinbarten Überlassungsentgelts einzubehalten und abzuführen. [2]Hat der Entleiher bereits einen Teil der geschuldeten Überlassungsvergütung an den Verleiher geleistet, kann der Sicherungsbetrag mit einem bestimmten Euro-Betrag oder als Prozentsatz bis zur Höhe des Restentgelts festgesetzt werden. [3]Die Sicherungsmaßnahme ist nur anzuordnen in Fällen, in denen eine Haftung in Betracht kommen kann. [4]Dabei darf berücksichtigt werden, dass sie den Entleiher im Ergebnis weniger belasten kann als die nachfolgende Haftung, wenn er z. B. einen Rückgriffsanspruch gegen den Verleiher nicht durchsetzen kann.

Haftungsverfahren

(9) Wird der Entleiher oder Verleiher als Haftungsschuldner in Anspruch genommen, ist ein Haftungsbescheid zu erlassen (>R 42d.1 Abs. 5).

Zuständigkeit

(10) [1]Zuständig für den Haftungsbescheid gegen den Entleiher oder Verleiher ist das Betriebsstättenfinanzamt des Verleihers (§ 42d Abs. 6 Satz 9 EStG). [2]Wird bei einem Entleiher festgestellt, dass seine Inanspruchnahme als Haftungsschuldner nach § 42d Abs. 6 EStG in Betracht kommt, ist das Betriebsstättenfinanzamt des Verleihers einzuschalten. [3]Bei Verleih durch einen ausländischen Verleiher (>§ 38 Abs. 1 Satz 1 Nr. 2 EStG) ist das Betriebsstättenfinanzamt des Entleihers zuständig, wenn dem Finanzamt keine andere Überlassung des Verleihers im Inland bekannt ist, da es zugleich Betriebsstättenfinanzamt des Verleihers nach § 41 Abs. 2 Satz 2 EStG ist. [4]Dies gilt grundsätzlich auch für eine Sicherungsmaßnahme nach § 42d Abs. 8 EStG. [5]Darüber hinaus ist für eine Sicherungsmaßnahme jedes Finanzamt zuständig, in dessen Bezirk der Anlass für die Amtshandlung hervortritt, insbesondere bei Gefahr im Verzug (§§ 24, 29 AO).

H 42d.2

Hinweise

Abgrenzungsfragen

Zur Abgrenzung zwischen Arbeitnehmerüberlassung und Werk- oder Dienstverträgen bei Einsatz hochqualifizierter Mitarbeiter des Auftragnehmers >BFH vom 18.1.1991 (BStBl II S. 409)

Arbeitnehmerüberlassung im Baugewerbe

Die Haftung des Entleihers nach § 42d Abs. 6 EStG sowie die Anordnung einer Sicherungsmaßnahme nach § 42d Abs. 8 EStG sind ausgeschlossen, soweit der zum Steuerabzug nach § 48 Abs. 1 EStG verpflichtete Leistungsempfänger den Abzugsbetrag einbehalten und abgeführt hat bzw. dem Leistungsempfänger im Zeitpunkt der Abzugsverpflichtung eine Freistellungsbescheinigung des Leistenden vorliegt, auf deren Rechtmäßigkeit er vertrauen durfte (>§ 48 Abs. 4 Nr. 2, § 48b Abs. 5 EStG).

Arbeitnehmerüberlassung im Konzern

Überlässt eine im Ausland ansässige Kapitalgesellschaft von ihr eingestellte Arbeitnehmer an eine inländische Tochtergesellschaft gegen Erstattung der von ihr gezahlten Lohnkosten, ist die inländische Tochtergesellschaft nicht Arbeitgeber im lohnsteuerlichen Sinne. Sie haftet daher für nicht einbehaltene Lohnsteuer nur unter den Voraussetzungen des § 42d Abs. 6 EStG (>BFH vom 24.3.1999 – BStBl 2000 II S. 41).

Steuerrechtlicher Arbeitgeber

Der Verleiher ist grundsätzlich auch bei unerlaubter Arbeitnehmerüberlassung Arbeitgeber der Leiharbeitnehmer, da § 10 Abs. 1 AÜG, der den Entleiher bei unerlaubter Arbeitnehmerüberlassung als Arbeitgeber der Leiharbeitnehmer bestimmt, steuerrechtlich nicht maßgebend ist. Der Entleiher kann jedoch nach dem Gesamtbild der tatsächlichen Gestaltung der Beziehungen zu den für ihn tätigen Leiharbeitnehmern und zum Verleiher, insbesondere bei Entlohnung der Leiharbeitnehmer, steuerrechtlich Arbeitgeber sein (>BFH vom 2.4.1982 – BStBl II S. 502).

Zuständige Finanzämter für ausländische Verleiher
>H 41.3

Haftung bei Lohnsteuerabzug durch einen Dritten

R 42d.3

[1]In den Fällen der Lohnzahlung durch Dritte haftet der Dritte in beiden Fallgestaltungen des § 38 Abs. 3a EStG neben dem Arbeitgeber (§ 42d Abs. 9 EStG). [2]Es besteht eine Gesamtschuldnerschaft zwischen Arbeitgeber, dem Dritten und dem Arbeitnehmer. [3]Das Finanzamt muss die Wahl, an welchen Gesamtschuldner es sich halten will, nach pflichtgemäßem Ermessen unter Beachtung der durch Recht und Billigkeit gezogenen Grenzen und unter verständiger Abwägung der Interessen aller Beteiligten treffen. [4]Eine Haftungsinanspruchnahme des Arbeitgebers unterbleibt, wenn beim Arbeitnehmer selbst eine Nachforderung unzulässig ist, weil der Mindestbetrag nach § 42d Abs. 5 EStG nicht überschritten wird. [5]Für die durch Haftungsbescheid angeforderten Steuerbeträge ist eine Zahlungsfrist von einem Monat zu setzen.

Hinweise

H 42d.3

Ermessensausübung

Eine Haftung des Arbeitgebers bei einer Lohnsteuerabzugspflicht Dritter kommt nach § 42d Abs. 9 Satz 4 i. V. m. Abs. 3 Satz 4 Nr. 1 EStG nur in Betracht, wenn der Dritte die Lohnsteuer für den Arbeitgeber nicht vorschriftsmäßig vom Arbeitslohn einbehalten hat. An einem derartigen Fehlverhalten fehlt es, wenn beim Lohnsteuerabzug entsprechend einer Lohnsteueranrufungsauskunft oder in Übereinstimmung mit den Vorgaben der zuständigen Finanzbehörden der Länder oder des Bundes verfahren wird (>BFH vom 20.3.2014 – BStBl II S. 592).

S 2388

§ 42e

Anrufungsauskunft

[1]Das Betriebsstättenfinanzamt hat auf Anfrage eines Beteiligten darüber Auskunft zu geben, ob und inwieweit im einzelnen Fall die Vorschriften über die Lohnsteuer anzuwenden sind. [2]Sind für einen Arbeitgeber mehrere Betriebsstättenfinanzämter zuständig, so erteilt das Finanzamt die Auskunft, in dessen Bezirk sich die Geschäftsleitung (§ 10 der Abgabenordnung) des Arbeitgebers im Inland befindet. [3]Ist dieses Finanzamt kein Betriebsstättenfinanzamt, so ist das Finanzamt zuständig, in dessen Bezirk sich die Betriebsstätte mit den meisten Arbeitnehmern befindet. [4]In den Fällen der Sätze 2 und 3 hat der Arbeitgeber sämtliche Betriebsstättenfinanzämter, das Finanzamt der Geschäftsleitung und erforderlichenfalls die Betriebsstätte mit den meisten Arbeitnehmern anzugeben sowie zu erklären, für welche Betriebsstätten die Auskunft von Bedeutung ist.

R 42e

S 2388

Anrufungsauskunft

(1) [1]Einen Anspruch auf gebührenfreie Auskunft haben sowohl der Arbeitgeber, der die Pflichten des Arbeitgebers erfüllende Dritte i. S. d. § 38 Abs. 3a EStG als auch der Arbeitnehmer. [2]In beiden Fällen ist das Betriebsstättenfinanzamt für die Erteilung der Auskunft zuständig; bei Anfragen eines Arbeitnehmers soll es jedoch seine Auskunft mit dessen Wohnsitzfinanzamt abstimmen. [3]Das Finanzamt soll die Auskunft unter ausdrücklichem Hinweis auf § 42e EStG schriftlich erteilen und kann sie befristen; das gilt auch, wenn der Beteiligte die Auskunft nur formlos erbeten hat.

(2) [1]Hat ein Arbeitgeber mehrere Betriebsstätten, hat das zuständige Finanzamt seine Auskunft mit den anderen Betriebsstättenfinanzämtern abzustimmen, soweit es sich um einen Fall von einigem Gewicht handelt und die Auskunft auch für die anderen Betriebsstätten von Bedeutung ist. [2]Bei Anrufungsauskünften grundsätzlicher Art informiert das zuständige Finanzamt die übrigen betroffenen Finanzämter.

(3) [1]Sind mehrere Arbeitgeber unter einer einheitlichen Leitung zusammengefasst (Konzernunternehmen), bleiben für den einzelnen Arbeitgeber entsprechend der Regelung des § 42e Satz 1 und 2 EStG das Betriebsstättenfinanzamt bzw. das Finanzamt der Geschäftsleitung für die Erteilung der Anrufungsauskunft zuständig. [2]Sofern es sich bei einer Anrufungsauskunft um einen Fall von einigem Gewicht handelt und erkennbar ist, dass die Auskunft auch für andere Arbeitgeber des Konzerns von Bedeutung ist oder bereits Entscheidungen anderer Finanzämter vorliegen, ist insbesondere auf Antrag des Auskunftsersuchenden die zu erteilende Auskunft mit den übrigen betroffenen Finanzämtern abzustimmen. [3]Dazu informiert das für die Auskunftserteilung zuständige Finanzamt das Finanzamt der Konzernzentrale. [4]Dieses koordiniert daraufhin die Abstimmung mit den Fi-

nanzämtern der anderen Arbeitgeber des Konzerns, die von der zu erteilenden Auskunft betroffen sind. [5]Befindet sich die Konzernzentrale im Ausland, koordiniert das Finanzamt die Abstimmung, das als erstes mit der Angelegenheit betraut war.

(4) [1]In Fällen der Lohnzahlung durch Dritte, in denen der Dritte die Pflichten des Arbeitgebers trägt, ist die Anrufungsauskunft bei dem Betriebsstättenfinanzamt des Dritten zu stellen. [2]Fasst der Dritte die dem Arbeitnehmer in demselben Lohnzahlungszeitraum aus mehreren Dienstverhältnissen zufließenden Arbeitslöhne zusammen, ist die Anrufungsauskunft bei dem Betriebsstättenfinanzamt des Dritten zu stellen. [3]Dabei hat das Betriebsstättenfinanzamt seine Auskunft in Fällen von einigem Gewicht mit den anderen Betriebsstättenfinanzämtern abzustimmen.

Hinweise

H 42e

Allgemeine Grundsätze

>BMF vom 12.12.2017 (BStBl I S. 1656) Anhang 3a

S 2386

§ 42f
Lohnsteuer-Außenprüfung

(1) Für die Außenprüfung der Einbehaltung oder Übernahme und Abführung der Lohnsteuer ist das Betriebsstättenfinanzamt zuständig.

(2) [1]Für die Mitwirkungspflicht des Arbeitgebers bei der Außenprüfung gilt § 200 der Abgabenordnung. [2]Darüber hinaus haben die Arbeitnehmer des Arbeitgebers dem mit der Prüfung Beauftragten jede gewünschte Auskunft über Art und Höhe ihrer Einnahmen zu geben und auf Verlangen die etwa in ihrem Besitz befindlichen Bescheinigungen für den Lohnsteuerabzug sowie die Belege über bereits entrichtete Lohnsteuer vorzulegen. [3]Dies gilt auch für Personen, bei denen es streitig ist, ob sie Arbeitnehmer des Arbeitgebers sind oder waren.

(3) [1]In den Fällen des § 38 Absatz 3a ist für die Außenprüfung das Betriebsstättenfinanzamt des Dritten zuständig; § 195 Satz 2 der Abgabenordnung bleibt unberührt. [2]Die Außenprüfung ist auch beim Arbeitgeber zulässig; dessen Mitwirkungspflichten bleiben neben den Pflichten des Dritten bestehen.

(4) Auf Verlangen des Arbeitgebers können die Außenprüfung und die Prüfungen durch die Träger der Rentenversicherung (§ 28p des Vierten Buches Sozialgesetzbuch) zur gleichen Zeit durchgeführt werden.

R 42f

S 2386
Anhang 11

Lohnsteuer-Außenprüfung

(1) [1]Für die Lohnsteuer-Außenprüfung gelten die §§ 193 bis 207 AO. [2]Die §§ 5 bis 12, 20 bis 24, 29 und 30 Betriebsprüfungsordnung sind mit Ausnahme des § 5 Abs. 4 Satz 2 sinngemäß anzuwenden.

(2) [1]Der Lohnsteuer-Außenprüfung unterliegen sowohl private als auch öffentlich-rechtliche Arbeitgeber. [2]Prüfungen eines öffentlich-rechtlichen Arbeitgebers durch die zuständige Aufsichts- und Rechnungsprüfungsbehörde stehen der Zulässigkeit einer Lohnsteuer-Außenprüfung nicht entgegen.

(3) [1]Die Lohnsteuer-Außenprüfung hat sich hauptsächlich darauf zu erstrecken, ob sämtliche Arbeitnehmer, auch die nicht ständig beschäftigten, erfasst wurden und alle zum Arbeitslohn gehörigen Einnahmen, gleichgültig in welcher Form sie gewährt wurden, dem Steuerabzug unterworfen wurden und ob bei der Berechnung der Lohnsteuer von der richtigen Lohnhöhe ausgegangen wurde. [2]Privathaushalte, in denen nur gering entlohnte Hilfen beschäftigt werden, sind in der Regel nicht zu prüfen.

(4) [1]Über das Ergebnis der Außenprüfung ist dem Arbeitgeber ein Prüfungsbericht zu übersenden (>§ 202 Abs. 1 AO). [2]Führt die Außenprüfung zu keiner Änderung der Besteuerungsgrundlagen, genügt es, wenn dies dem Arbeitgeber schriftlich mitgeteilt wird (>§ 202 Abs. 1 Satz 3 AO). [3]In

den Fällen, in denen ein Nachforderungsbescheid oder ein Haftungsbescheid nicht zu erteilen ist (>§ 42d Abs. 4 EStG), kann der Arbeitgeber auf die Übersendung eines Prüfungsberichts verzichten.

(5) Das Recht auf Anrufungsauskunft nach § 42e EStG steht dem Recht auf Erteilung einer verbindlichen Zusage auf Grund einer Außenprüfung nach § 204 AO nicht entgegen.

Hinweise H 42f

Aufhebung des Vorbehalts der Nachprüfung

>§ 164 Abs. 3 Satz 3 AO

Digitale LohnSchnittstelle

Nach § 41 Abs. 1 Satz 7 EStG i. V. m. § 4 Abs. 2a LStDV haben Arbeitgeber die ab dem 1.1.2018 aufzuzeichnenden lohnsteuerrelevanten Daten der Finanzbehörde nach einer amtlich vorgeschriebenen einheitlichen digitalen Schnittstelle elektronisch bereitzustellen. Dies gilt unabhängig von dem vom Arbeitgeber eingesetzten Lohnabrechnungsprogramm. Zur Vermeidung unbilliger Härten können in begründeten Fällen die lohnsteuerlichen Daten auch in einer anderen auswertbaren Form bereitgestellt werden. Die amtlich vorgeschriebene Digitale LohnSchnittstelle (DLS) ist ein Standarddatensatz mit einer einheitlichen Strukturierung und Bezeichnung von elektronischen Dateien und Datenfeldern. Die jeweils aktuelle Version der DLS mit weitergehenden Informationen steht auf der Internetseite des Bundeszentralamts für Steuern unter www.bzst.bund.de zum Download bereit. Das Datenzugriffsrecht nach § 147 Abs. 6 Satz 2 AO auf prüfungsrelevante steuerliche Daten bleibt von der Anwendung der DLS unberührt (>BMF vom 26.5.2017 – BStBl I S. 789).

Festsetzungsverjährung

Wurde beim Arbeitgeber eine Lohnsteuer-Außenprüfung durchgeführt, bewirkt dies zugleich eine Hemmung der Verjährungsfrist in Bezug auf den Steueranspruch gegen den Arbeitnehmer (>§ 171 Abs. 15 AO).

Rechte und Mitwirkungspflichten des Arbeitgebers

>BMF vom 24.10.2013 (BStBl I S. 1264)

§ 42g

Lohnsteuer-Nachschau

(1) [1] Die Lohnsteuer-Nachschau dient der Sicherstellung einer ordnungsgemäßen Einbehaltung und Abführung der Lohnsteuer. [2] Sie ist ein besonderes Verfahren zur zeitnahen Aufklärung steuererheblicher Sachverhalte.

(2) [1] Eine Lohnsteuer-Nachschau findet während der üblichen Geschäfts- und Arbeitszeiten statt. [2] Dazu können die mit der Nachschau Beauftragten ohne vorherige Ankündigung und außerhalb einer Lohnsteuer-Außenprüfung Grundstücke und Räume von Personen, die eine gewerbliche oder berufliche Tätigkeit ausüben, betreten. [3] Wohnräume dürfen gegen den Willen des Inhabers nur zur Verhütung dringender Gefahren für die öffentliche Sicherheit und Ordnung betreten werden.

(3) [1] Die von der Lohnsteuer-Nachschau betroffenen Personen haben dem mit der Nachschau Beauftragten auf Verlangen Lohn- und Gehaltsunterlagen, Aufzeichnungen, Bücher, Geschäftspapiere und andere Urkunden über die der Lohnsteuer-Nachschau unterliegenden Sachverhalte vorzulegen und Auskünfte zu erteilen, soweit dies zur Feststellung einer steuerlichen Erheblichkeit zweckdienlich ist. [2] § 42f Absatz 2 Satz 2 und 3 gilt sinngemäß.

(4) [1] Wenn die bei der Lohnsteuer-Nachschau getroffenen Feststellungen hierzu Anlass geben, kann ohne vorherige Prüfungsanordnung (§ 196 der Abgabenordnung) zu einer Lohnsteuer-Außenprüfung nach § 42f übergegangen werden. [2] Auf den Übergang zur Außenprüfung wird schriftlich hingewiesen.

(5) Werden anlässlich einer Lohnsteuer-Nachschau Verhältnisse festgestellt, die für die Festsetzung und Erhebung anderer Steuern erheblich sein können, so ist die Auswertung der Feststellungen insoweit zulässig, als ihre Kenntnis für die Besteuerung der in Absatz 2 genannten Personen oder anderer Personen von Bedeutung sein kann.

H 42g

Hinweise

Allgemeines

Anhang 22a

>BMF vom 16.10.2014 (BStBl I S. 1408)

3. Steuerabzug vom Kapitalertrag (Kapitalertragsteuer)

§ 43

S 2400

Kapitalerträge mit Steuerabzug

(1) [1] Bei den folgenden inländischen und in den Fällen der Nummern 5 bis 7 Buchstabe a und Nummern 8 bis 12 sowie Satz 2 auch ausländischen Kapitalerträgen wird die Einkommensteuer durch Abzug vom Kapitalertrag (Kapitalertragsteuer) erhoben:

1. Kapitalerträgen im Sinne des § 20 Absatz 1 Nummer 1, soweit diese nicht nachfolgend in Nummer 1a gesondert genannt sind, und Kapitalerträgen im Sinne des § 20 Absatz 1 Nummer 2. [2] Entsprechendes gilt für Kapitalerträge im Sinne des § 20 Absatz 2 Satz 1 Nummer 2 Buchstabe a und Nummer 2 Satz 2;

1a. Kapitalerträgen im Sinne des § 20 Absatz 1 Nummer 1 aus Aktien und Genussscheinen, die entweder gemäß § 5 des Depotgesetzes zur Sammelverwahrung durch eine Wertpapiersammelbank zugelassen sind und dieser zur Sammelverwahrung im Inland anvertraut wurden, bei denen eine Sonderverwahrung gemäß § 2 Satz 1 des Depotgesetzes erfolgt oder bei denen die Erträge gegen Aushändigung der Dividendenscheine oder sonstigen Erträgnisscheine ausgezahlt oder gutgeschrieben werden;

2. Zinsen aus Teilschuldverschreibungen, bei denen neben der festen Verzinsung ein Recht auf Umtausch in Gesellschaftsanteile (Wandelanleihen) oder eine Zusatzverzinsung, die sich nach der Höhe der Gewinnausschüttungen des Schuldners richtet (Gewinnobligationen), eingeräumt ist, und Zinsen aus Genussrechten, die nicht in § 20 Absatz 1 Nummer 1 genannt sind. [2] Zu den Gewinnobligationen gehören nicht solche Teilschuldverschreibungen, bei denen der Zinsfuß nur vorübergehend herabgesetzt und gleichzeitig eine von dem jeweiligen Gewinnergebnis des Unternehmens abhängige Zusatzverzinsung bis zur Höhe des ursprünglichen Zinsfußes festgelegt worden ist. [3] Zu den Kapitalerträgen im Sinne des Satzes 1 gehören nicht die Bundesbankgenussrechte im Sinne des § 3 Absatz 1 des Gesetzes über die Liquidation der Deutschen Reichsbank und der Deutschen Golddiskontbank in der im Bundesgesetzblatt Teil III, Gliederungsnummer 7620-6, veröffentlichten bereinigten Fassung, das zuletzt durch das Gesetz vom 17. Dezember 1975 (BGBl. I S. 3123) geändert worden ist. [4] Beim Steuerabzug auf Kapitalerträge sind die für den Steuerabzug nach Nummer 1a geltenden Vorschriften entsprechend anzuwenden, wenn
   a) die Teilschuldverschreibungen und Genussrechte gemäß § 5 des Depotgesetzes zur Sammelverwahrung durch eine Wertpapiersammelbank zugelassen sind und dieser zur Sammelverwahrung im Inland anvertraut wurden,

b) die Teilschuldverschreibungen und Genussrechte gemäß § 2 Satz 1 des Depotgesetzes gesondert aufbewahrt werden oder

c) die Erträge der Teilschuldverschreibungen und Genussrechte gegen Aushändigung der Erträgnisscheine ausgezahlt oder gutgeschrieben werden;

3. Kapitalerträgen im Sinne des § 20 Absatz 1 Nummer 4;

4. Kapitalerträgen im Sinne des § 20 Absatz 1 Nummer 6 Satz 1 bis 6; § 20 Absatz 1 Nummer 6 Satz 2 und 3 in der am 1. Januar 2008 anzuwendenden Fassung bleiben für Zwecke der Kapitalertragsteuer unberücksichtigt. [2]Der Steuerabzug vom Kapitalertrag ist in den Fällen des § 20 Absatz 1 Nummer 6 Satz 4 in der am 31. Dezember 2004 geltenden Fassung nur vorzunehmen, wenn das Versicherungsunternehmen auf Grund einer Mitteilung des Finanzamts weiß oder infolge der Verletzung eigener Anzeigeverpflichtungen nicht weiß, dass die Kapitalerträge nach dieser Vorschrift zu den Einkünften aus Kapitalvermögen gehören;

5. Kapitalerträgen im Sinne des § 20 Absatz 1 Nummer 3 mit Ausnahme der Gewinne aus der Veräußerung von Anteilen an Investmentfonds im Sinne des § 16 Absatz 1 Nummer 3 in Verbindung mit § 2 Absatz 13 des Investmentsteuergesetzes;

S 2405 6. ausländischen Kapitalerträgen im Sinne der Nummern 1 und 1a;

7. Kapitalerträgen im Sinne des § 20 Absatz 1 Nummer 7, außer bei Kapitalerträgen im Sinne der Nummer 2, wenn

a) es sich um Zinsen aus Anleihen und Forderungen handelt, die in ein öffentliches Schuldbuch oder in ein ausländisches Register eingetragen oder über die Sammelurkunden im Sinne des § 9a des Depotgesetzes oder Teilschuldverschreibungen ausgegeben sind;

[1)] b) der Schuldner der nicht in Buchstabe a genannten Kapitalerträge ein inländisches Kreditinstitut oder ein inländisches Finanzdienstleistungsinstitut im Sinne des Gesetzes über das Kreditwesen *oder ein Wertpapierinstitut im Sinne des Wertpapierinstitutsgesetzes* ist. [2]Kreditinstitut in diesem Sinne ist auch die Kreditanstalt für Wiederaufbau, eine Bausparkasse, ein Versicherungsunternehmen für Erträge aus Kapitalanlagen, die mit Einlagegeschäften bei Kreditinstituten vergleichbar sind, die Deutsche Bundesbank bei Geschäften mit jedermann einschließlich ihrer Betriebsangehörigen im Sinne der §§ 22 und 25 des Gesetzes über die Deutsche Bundesbank und eine inländische Zweigstelle oder Zweigniederlassung eines ausländischen Unternehmens im Sinne der §§ 53

[1)] *Absatz 1 Satz 1 Nr. 7 Buchstabe b Satz 1 und 2 wurde durch Artikel 7 Abs. 7 des Gesetzes zur Umsetzung der Richtlinie (EU) 2019/2034 über die Beaufsichtigung von Wertpapierinstituten ab VZ 2021 geändert.*

und 53b des Gesetzes über das Kreditwesen, nicht aber eine ausländische Zweigstelle eines inländischen Kreditinstituts, eines inländischen Finanzdienstleistungsinstituts *oder einem inländischen Wertpapierinstitut*. [3]Die inländische Zweigstelle oder Zweigniederlassung gilt anstelle des ausländischen Unternehmens als Schuldner der Kapitalerträge;

c) es sich um Zinsen aus Forderungen handelt, die über eine Internet-Dienstleistungsplattform erworben wurden. Eine Internet-Dienstleistungsplattform in diesem Sinne ist ein webbasiertes Medium, das Kauf- und Verkaufsaufträge in Aktien und anderen Finanzinstrumenten sowie Darlehensnehmer und Darlehensgeber zusammenführt und so einen Vertragsabschluss vermittelt;

7a. Kapitalerträgen im Sinne des § 20 Absatz 1 Nummer 9;

7b. Kapitalerträgen im Sinne des § 20 Absatz 1 Nummer 10 Buchstabe a;

7c. Kapitalerträgen im Sinne des § 20 Absatz 1 Nummer 10 Buchstabe b;

8. Kapitalerträgen im Sinne des § 20 Absatz 1 Nummer 11;

9. Kapitalerträgen im Sinne des § 20 Absatz 2 Satz 1 Nummer 1 und Gewinnen aus der Veräußerung von Anteilen an Investmentfonds im Sinne des § 16 Absatz 1 Nummer 3 in Verbindung mit § 2 Absatz 13 des Investmentsteuergesetzes;

10. Kapitalerträgen im Sinne des § 20 Absatz 2 Satz 1 Nummer 2 Buchstabe b und Nummer 7;

11. Kapitalerträgen im Sinne des § 20 Absatz 2 Satz 1 Nummer 3;

12. Kapitalerträgen im Sinne des § 20 Absatz 2 Satz 1 Nummer 8.

[2]Dem Steuerabzug unterliegen auch Kapitalerträge im Sinne des § 20 Absatz 3, die neben den in den Nummern 1 bis 12 bezeichneten Kapitalerträgen oder an deren Stelle gewährt werden. [3]Der Steuerabzug ist ungeachtet des § 3 Nummer 40 und des § 8b des Körperschaftsteuergesetzes vorzunehmen. [4]Für Zwecke des Kapitalertragsteuerabzugs gilt die Übertragung eines von einer auszahlenden Stelle verwahrten oder verwalteten Wirtschaftsguts im Sinne des § 20 Absatz 2 auf einen anderen Gläubiger als Veräußerung des Wirtschaftsguts. [5]Satz 4 gilt nicht, wenn der Steuerpflichtige der auszahlenden Stelle unter Benennung der in Satz 6 Nummer 4 bis 6 bezeichneten Daten mitteilt, dass es sich um eine unentgeltliche Übertragung handelt. [6]Die auszahlende Stelle hat in den Fällen des Satzes 5 folgende Daten dem für sie zuständigen Betriebsstättenfinanzamt bis zum 31. Mai des jeweiligen Folgejahres nach Maßgabe des § 93c der Abgabenordnung mitzuteilen:

1. Bezeichnung der auszahlenden Stelle,
2. das zuständige Betriebsstättenfinanzamt,

3. das übertragene Wirtschaftsgut, den Übertragungszeitpunkt, den Wert zum Übertragungszeitpunkt und die Anschaffungskosten des Wirtschaftsguts,
4. Name, Geburtsdatum, Anschrift und Identifikationsnummer des Übertragenden,
5. Name, Geburtsdatum, Anschrift und Identifikationsnummer des Empfängers sowie die Bezeichnung des Kreditinstituts, der Num-
[1)] mer des Depots, des Kontos oder des Schuldbuchkontos. [2] *Sofern die Identifikationsnummer des Empfängers nicht bereits bekannt ist, kann die auszahlende Stelle diese in einem maschinellen Verfahren nach amtlich vorgeschriebenem Datensatz beim Bundeszentralamt für Steuern erfragen.* [3] *In der Anfrage dürfen nur die in § 139b Absatz 3 der Abgabenordnung genannten Daten der betroffenen Person angegeben werden.* [4] *Das Bundeszentralamt für Steuern teilt der auszahlenden Stelle die Identifikationsnummer der betroffenen Person mit, sofern die übermittelten Daten mit den nach § 139b Absatz 3 der Abgabenordnung beim Bundeszentralamt für Steuern gespeicherten Daten übereinstimmen.* [5] *Ist eine eindeutige Zuordnung des Empfängers nicht möglich, ist die Depotübertragung als kapitalertragsteuerpflichtiger Vorgang nach Satz 4 dieses Absatzes zu behandeln,*
6. soweit bekannt, das persönliche Verhältnis (Verwandtschaftsverhältnis, Ehe, Lebenspartnerschaft) zwischen Übertragendem und Empfänger.

[7] § 72a Absatz 4, § 93c Absatz 4 und § 203a der Abgabenordnung finden keine Anwendung.

(2) [1] Der Steuerabzug ist außer in den Fällen des Absatzes 1 Satz 1 Nummer 1a und 7c nicht vorzunehmen, wenn Gläubiger und Schuldner der Kapitalerträge (Schuldner) oder die auszahlende Stelle im Zeitpunkt des Zufließens dieselbe Person sind. [2] Der Steuerabzug ist außerdem nicht vorzunehmen, wenn in den Fällen des Absatzes 1 Satz 1 Nummer 5 bis 7 und 8 bis 12 Gläubiger der Kapitalerträge ein inländisches Kreditinstitut oder inländisches Finanzdienstleistungsinstitut nach Absatz 1 Satz 1 Nummer 7 Buchstabe b oder eine inländische Kapitalverwaltungsgesellschaft ist. [3] Bei Kapitalerträgen im Sinne des Absatzes 1 Satz 1 Nummer 6 und 8 bis 12 ist ebenfalls kein Steuerabzug vorzunehmen, wenn

1. eine unbeschränkt steuerpflichtige Körperschaft, Personenvereinigung oder Vermögensmasse, die nicht unter Satz 2 oder § 44a Absatz 4 Satz 1 fällt, Gläubigerin der Kapitalerträge ist, oder

---

[1)] *Absatz 1 Satz 6 Nr. 5 Satz 2 bis 5 wurde durch Artikel 1 des AbzStEntModG angefügt ist erstmals auf Kapitalerträge anzuwenden, die nach dem 31.12.2019 zufließen >§ 52 Abs. 42 Satz 5.*

2. die Kapitalerträge Betriebseinnahmen eines inländischen Betriebs sind und der Gläubiger der Kapitalerträge dies gegenüber der auszahlenden Stelle nach amtlich vorgeschriebenem Muster erklärt; dies gilt entsprechend für Kapitalerträge aus Options- und Termingeschäften im Sinne des Absatzes 1 Satz 1 Nummer 8 und 11, wenn sie zu den Einkünften aus Vermietung und Verpachtung gehören.

4 Im Fall des § 1 Absatz 1 Nummer 4 und 5 des Körperschaftsteuergesetzes ist Satz 3 Nummer 1 nur anzuwenden, wenn die Körperschaft, Personenvereinigung oder Vermögensmasse durch eine Bescheinigung des für sie zuständigen Finanzamts ihre Zugehörigkeit zu dieser Gruppe von Steuerpflichtigen nachweist. 5 Die Bescheinigung ist unter dem Vorbehalt des Widerrufs auszustellen. 6 Die Fälle des Satzes 3 Nummer 2 hat die auszahlende Stelle gesondert aufzuzeichnen und die Erklärung der Zugehörigkeit der Kapitalerträge zu den Betriebseinnahmen oder zu den Einnahmen aus Vermietung und Verpachtung sechs Jahre aufzubewahren; die Frist beginnt mit dem Schluss des Kalenderjahres, in dem die Freistellung letztmalig berücksichtigt wird. 7 Die auszahlende Stelle hat in den Fällen des Satzes 3 Nummer 2 der Finanzbehörde, die für die Besteuerung des Einkommens des Gläubigers der Kapitalerträge zuständig ist, nach Maßgabe des § 93c der Abgabenordnung neben den in § 93c Absatz 1 der Abgabenordnung genannten Angaben auch die Konto- oder Depotbezeichnung oder die sonstige Kennzeichnung des Geschäftsvorgangs zu übermitteln. 8 § 72a Absatz 4, § 93c Absatz 1 Nummer 3 und Absatz 4 sowie § 203a der Abgabenordnung finden keine Anwendung.

(3) 1 Kapitalerträge im Sinne des Absatzes 1 Satz 1 Nummer 1 Satz 1 sowie Nummer 1a bis 4 sind inländische, wenn der Schuldner Wohnsitz, Geschäftsleitung oder Sitz im Inland hat; Kapitalerträge im Sinne des Absatzes 1 Satz 1 Nummer 4 sind auch dann inländische, wenn der Schuldner eine Niederlassung im Sinne der §§ 61, 65 oder des § 68 des Versicherungsaufsichtsgesetzes im Inland hat. 2 Kapitalerträge im Sinne des Absatzes 1 Satz 1 Nummer 1 Satz 2 sind inländische, wenn der Schuldner der veräußerten Ansprüche die Voraussetzungen des Satzes 1 erfüllt. 3 Kapitalerträge im Sinne des § 20 Absatz 1 Nummer 1 Satz 4 sind inländische, wenn der Emittent der Aktien Geschäftsleitung oder Sitz im Inland hat. 4 Kapitalerträge im Sinne des Absatzes 1 Satz 1 Nummer 6 sind ausländische, wenn weder die Voraussetzungen nach Satz 1 noch nach Satz 2 vorliegen.

(4) Der Steuerabzug ist auch dann vorzunehmen, wenn die Kapitalerträge beim Gläubiger zu den Einkünften aus Land- und Forstwirtschaft, aus Gewerbebetrieb, aus selbständiger Arbeit oder aus Vermietung und Verpachtung gehören.

(5) 1 Für Kapitalerträge im Sinne des § 20, soweit sie der Kapitalertragsteuer unterlegen haben, ist die Einkommensteuer mit dem Steuerabzug abgegolten; die Abgeltungswirkung des Steuerabzugs tritt

nicht ein, wenn der Gläubiger nach § 44 Absatz 1 Satz 10 und 11 und Absatz 5 in Anspruch genommen werden kann. [2]Dies gilt nicht in Fällen des § 32d Absatz 2 und für Kapitalerträge, die zu den Einkünften aus Land- und Forstwirtschaft, aus Gewerbebetrieb, aus selbständiger Arbeit oder aus Vermietung und Verpachtung gehören. [3]Auf Antrag des Gläubigers werden Kapitalerträge im Sinne des Satzes 1 in die besondere Besteuerung von Kapitalerträgen nach § 32d einbezogen. [4]Eine vorläufige Festsetzung der Einkommensteuer im Sinne des § 165 Absatz 1 Satz 2 Nummer 2 bis 4 der Abgabenordnung umfasst auch Einkünfte im Sinne des Satzes 1, für die der Antrag nach Satz 3 nicht gestellt worden ist.

§ 43a

S 2406

Bemessung der Kapitalertragsteuer

(1) [1] Die Kapitalertragsteuer beträgt

1. in den Fällen des § 43 Absatz 1 Satz 1 Nummer 1 bis 7a und 8 bis 12 sowie Satz 2:
   25 Prozent des Kapitalertrags;
2. in den Fällen des § 43 Absatz 1 Satz 1 Nummer 7b und 7c:
   15 Prozent des Kapitalertrags.

[2] Im Fall einer Kirchensteuerpflicht ermäßigt sich die Kapitalertragsteuer um 25 Prozent der auf die Kapitalerträge entfallenden Kirchensteuer. [3] § 32d Absatz 1 Satz 4 und 5 gilt entsprechend.

(2) [1] Dem Steuerabzug unterliegen die vollen Kapitalerträge ohne Abzug; dies gilt nicht für Erträge aus Investmentfonds nach § 16 Absatz 1 des Investmentsteuergesetzes, auf die nach § 20 des Investmentsteuergesetzes eine Teilfreistellung anzuwenden ist; § 20 Absatz 1 Satz 2 bis 4 des Investmentsteuergesetzes sind beim Steuerabzug nicht anzuwenden. [2] In den Fällen des § 43 Absatz 1 Satz 1 Nummer 9 bis 12 bemisst sich der Steuerabzug

1. bei Gewinnen aus der Veräußerung von Anteilen an Investmentfonds im Sinne des § 16 Absatz 1 Nummer 3 in Verbindung mit § 2 Absatz 13 des Investmentsteuergesetzes nach § 19 des Investmentsteuergesetzes und
2. in allen übrigen Fällen nach § 20 Absatz 4 und 4a,

wenn die Wirtschaftsgüter von der die Kapitalerträge auszahlenden Stelle erworben oder veräußert und seitdem verwahrt oder verwaltet worden sind. [3] Überträgt der Steuerpflichtige die Wirtschaftsgüter auf ein anderes Depot, hat die abgebende inländische auszahlende Stelle der übernehmenden inländischen auszahlenden Stelle die Anschaffungsdaten mitzuteilen. [4] Satz 3 gilt in den Fällen des § 43 Absatz 1 Satz 5 entsprechend. [5] Handelt es sich bei der abgebenden auszahlenden Stelle um ein Kreditinstitut, *ein Finanzdienstleistungsinstitut oder ein Wertpapierinstitut* mit Sitz in einem anderen Mitgliedstaat der Europäischen Union, in einem anderen Vertragsstaat des EWR-Abkommens vom 3. Januar 1994 (ABl. EG Nr. L 1 S. 3) in der jeweils geltenden Fassung oder in einem anderen Vertragsstaat nach Artikel 17 Absatz 2 Ziffer i der Richtlinie 2003/48/EG vom 3. Juni 2003 im Bereich der Besteuerung von Zinserträgen (ABl. EU Nr. L 157 S. 38), kann der Steuerpflichtige den Nachweis nur durch eine Bescheinigung des ausländischen Instituts führen; dies gilt entsprechend für eine in diesem Gebiet belegene Zweigstelle eines inländischen Kreditinstituts*, Finanzdienstleistungsinstituts oder einem inländischen* [1)]

[1)] *Absatz 2 Satz 5 wurde durch Artikel 7 Abs. 7 des Gesetzes zur Umsetzung der Richtlinie (EU) 2019/2034 über die Beaufsichtigung von Wertpapierinstituten ab VZ 2021 geändert.*

Wertpapierinstitut. [6]In allen anderen Fällen ist ein Nachweis der Anschaffungsdaten nicht zulässig. [7]Sind die Anschaffungsdaten nicht nachgewiesen, bemisst sich der Steuerabzug nach 30 Prozent der Einnahmen aus der Veräußerung oder Einlösung der Wirtschaftsgüter. [8]In den Fällen des § 43 Absatz 1 Satz 4 gelten der Börsenpreis zum Zeitpunkt der Übertragung zuzüglich Stückzinsen als Einnahmen aus der Veräußerung und die mit dem Depotübertrag verbundenen Kosten als Veräußerungskosten im Sinne des § 20 Absatz 4 Satz 1. [9]Zur Ermittlung des Börsenpreises ist der niedrigste am Vortag der Übertragung im regulierten Markt notierte Kurs anzusetzen; liegt am Vortag eine Notierung nicht vor, so werden die Wirtschaftsgüter mit dem letzten innerhalb von 30 Tagen vor dem Übertragungstag im regulierten Markt notierten Kurs angesetzt; Entsprechendes gilt für Wertpapiere, die im Inland in den Freiverkehr einbezogen sind oder in einem anderen Staat des Europäischen Wirtschaftsraums zum Handel an einem geregelten Markt im Sinne des Artikels 1 Nummer 13 der Richtlinie 93/22/EWG des Rates vom 10. Mai 1993 über Wertpapierdienstleistungen (ABl. EG Nr. L 141 S. 27) zugelassen sind. [10]Liegt ein Börsenpreis nicht vor, bemisst sich die Steuer nach 30 Prozent der Anschaffungskosten. [11]Die übernehmende auszahlende Stelle hat als Anschaffungskosten den von der abgebenden Stelle angesetzten Börsenpreis anzusetzen und die bei der Übertragung als Einnahmen aus der Veräußerung angesetzten Stückzinsen nach Absatz 3 zu berücksichtigen. [12]Satz 9 gilt entsprechend. [13]Liegt ein Börsenpreis nicht vor, bemisst sich der Steuerabzug nach 30 Prozent der Einnahmen aus der Veräußerung oder Einlösung der Wirtschaftsgüter. [14]Hat die auszahlende Stelle die Wirtschaftsgüter vor dem 1. Januar 1994 erworben oder veräußert und seitdem verwahrt oder verwaltet, kann sie den Steuerabzug nach 30 Prozent der Einnahmen aus der Veräußerung oder Einlösung der Wertpapiere und Kapitalforderungen bemessen. [15]Abweichend von den Sätzen 2 bis 14 bemisst sich der Steuerabzug bei Kapitalerträgen aus nicht für einen marktmäßigen Handel bestimmten schuldbuchfähigen Wertpapieren des Bundes und der Länder oder bei Kapitalerträgen im Sinne des § 43 Absatz 1 Satz 1 Nummer 7 Buchstabe b aus nicht in Inhaber- oder Orderschuldverschreibungen verbrieften Kapitalforderungen nach dem vollen Kapitalertrag ohne jeden Abzug.

(3) [1]Die auszahlende Stelle hat ausländische Steuern auf Kapitalerträge nach Maßgabe des § 32d Absatz 5 zu berücksichtigen. [2]Sie hat unter Berücksichtigung des § 20 Absatz 6 Satz 4 im Kalenderjahr negative Kapitalerträge einschließlich gezahlter Stückzinsen bis zur Höhe der positiven Kapitalerträge auszugleichen; liegt ein gemeinsamer Freistellungsauftrag im Sinne des § 44a Absatz 2 Satz 1 Nummer 1 in Verbindung mit § 20 Absatz 9 Satz 2 vor, erfolgt ein gemeinsamer Ausgleich. [3]Der nicht ausgeglichene Verlust ist auf das nächste Kalenderjahr zu übertragen. [4]Auf Verlangen des Gläubigers der Kapitalerträge hat sie über die Höhe eines nicht ausgeglichenen

Verlusts eine Bescheinigung nach amtlich vorgeschriebenem Muster zu erteilen; der Verlustübertrag entfällt in diesem Fall. [5]Der unwiderrufliche Antrag auf Erteilung der Bescheinigung muss bis zum 15. Dezember des laufenden Jahres der auszahlenden Stelle zugehen. [6]Überträgt der Gläubiger der Kapitalerträge seine im Depot befindlichen Wirtschaftsgüter vollständig auf ein anderes Depot, hat die abgebende auszahlende Stelle der übernehmenden auszahlenden Stelle auf Verlangen des Gläubigers der Kapitalerträge die Höhe des nicht ausgeglichenen Verlusts mitzuteilen; eine Bescheinigung nach Satz 4 darf in diesem Fall nicht erteilt werden. [7]Erfährt die auszahlende Stelle nach Ablauf des Kalenderjahres von der Veränderung einer Bemessungsgrundlage oder einer zu erhebenden Kapitalertragsteuer, hat sie die entsprechende Korrektur erst zum Zeitpunkt ihrer Kenntnisnahme vorzunehmen; § 44 Absatz 5 bleibt unberührt. [8]Die vorstehenden Sätze gelten nicht in den Fällen des § 20 Absatz 8 und des § 44 Absatz 1 Satz 4 Nummer 1 Buchstabe a Doppelbuchstabe bb sowie bei Körperschaften, Personenvereinigungen oder Vermögensmassen.

(4) [1]Die Absätze 2 und 3 gelten entsprechend für die das Bundesschuldbuch führende Stelle oder eine Landesschuldenverwaltung als auszahlende Stelle. [2]Werden die Wertpapiere oder Forderungen von einem Kreditinstitut*, Finanzdienstleistungsinstitut oder einem Wertpapierinstitut* mit der Maßgabe der Verwahrung und Verwaltung durch die das Bundesschuldbuch führende Stelle oder eine Landesschuldenverwaltung erworben, hat das Kreditinstitut*, das Finanzdienstleistungsinstitut oder das Wertpapierinstitut* der das Bundesschuldbuch führenden Stelle oder einer Landesschuldenverwaltung zusammen mit den im Schuldbuch einzutragenden Wertpapieren und Forderungen den Erwerbszeitpunkt und die Anschaffungsdaten sowie in Fällen des Absatzes 2 den Erwerbspreis der für einen marktmäßigen Handel bestimmten schuldbuchfähigen Wertpapiere des Bundes oder der Länder und außerdem mitzuteilen, dass es diese Wertpapiere und Forderungen erworben oder veräußert und seitdem verwahrt oder verwaltet hat. *1)*

1) Absatz 4 Satz 2 wurde durch Artikel 7 Abs. 7 des Gesetzes zur Umsetzung der Richtlinie (EU) 2019/2034 über die Beaufsichtigung von Wertpapierinstituten ab VZ 2021 geändert.

§ 43b

Bemessung der Kapitalertragsteuer bei bestimmten Gesellschaften

[1] (1) [1] Auf Antrag wird die Kapitalertragsteuer für Kapitalerträge im Sinne des § 20 Absatz 1 Nummer 1, die einer Muttergesellschaft, die weder ihren Sitz noch ihre Geschäftsleitung im Inland hat, oder einer in einem anderen Mitgliedstaat der Europäischen Union gelegenen Betriebsstätte dieser Muttergesellschaft, aus Ausschüttungen einer Tochtergesellschaft zufließen, nicht erhoben*; § 50d Absatz 3 gilt entsprechend*. [2] Satz 1 gilt auch für Ausschüttungen einer Tochtergesellschaft, die einer in einem anderen Mitgliedstaat der Europäischen Union gelegenen Betriebsstätte einer unbeschränkt steuerpflichtigen Muttergesellschaft zufließen. [3] Ein Zufluss an die Betriebsstätte liegt nur vor, wenn die Beteiligung an der Tochtergesellschaft tatsächlich zu dem Betriebsvermögen der Betriebsstätte gehört. [4] Die Sätze 1 bis 3 gelten nicht für Kapitalerträge im Sinne des § 20 Absatz 1 Nummer 1, die anlässlich der Liquidation oder Umwandlung einer Tochtergesellschaft zufließen.

(2) [1] Muttergesellschaft im Sinne des Absatzes 1 ist jede Gesellschaft, die

1. die in der Anlage 2 zu diesem Gesetz bezeichneten Voraussetzungen erfüllt und
2. nach Artikel 3 Absatz 1 Buchstabe a der Richtlinie 2011/96/EU des Rates vom 30. November 2011 über das gemeinsame Steuersystem der Mutter- und Tochtergesellschaften verschiedener Mitgliedstaaten (ABl. L 345 vom 29.12.2011, S. 8), die zuletzt durch die Richtlinie 2014/86/EU (ABl. L 219 vom 25.7.2014, S. 40) geändert worden ist, zum Zeitpunkt der Entstehung der Kapitalertragsteuer gemäß § 44 Absatz 1 Satz 2 nachweislich mindestens zu 10 Prozent unmittelbar am Kapital der Tochtergesellschaft beteiligt ist (Mindestbeteiligung).

[2] Ist die Mindestbeteiligung zu diesem Zeitpunkt nicht erfüllt, ist der Zeitpunkt des Gewinnverteilungsbeschlusses maßgeblich. [3] Tochtergesellschaft im Sinne des Absatzes 1 sowie des Satzes 1 ist jede unbeschränkt steuerpflichtige Gesellschaft, die die in der Anlage 2 zu diesem Gesetz und in Artikel 3 Absatz 1 Buchstabe b der Richtlinie 2011/96/EU bezeichneten Voraussetzungen erfüllt. [4] Weitere Voraussetzung ist, dass die Beteiligung nachweislich ununterbrochen zwölf
[2] Monate besteht. [5] Wird dieser Beteiligungszeitraum nach dem Zeitpunkt der Entstehung der Kapitalertragsteuer gemäß § 44 Absatz 1 Satz 2 vollendet, ist die einbehaltene und abgeführte Kapitalertragsteuer nach *§ 50c Absatz 3* zu erstatten; das Freistellungsverfahren nach *§ 50c Absatz 2* ist ausgeschlossen.

---

[1]) Absatz 1 Satz 1 wurde durch Artikel 1 des AbzStEntModG ab VZ 2021 geändert.
[2]) Absatz 2 Satz 5 wurde durch Artikel 1 des AbzStEntModG ab VZ 2021 geändert.

(2a) Betriebsstätte im Sinne der Absätze 1 und 2 ist eine feste Geschäftseinrichtung in einem anderen Mitgliedstaat der Europäischen Union, durch die die Tätigkeit der Muttergesellschaft ganz oder teilweise ausgeübt wird, wenn das Besteuerungsrecht für die Gewinne dieser Geschäftseinrichtung nach dem jeweils geltenden Abkommen zur Vermeidung der Doppelbesteuerung dem Staat, in dem sie gelegen ist, zugewiesen wird und diese Gewinne in diesem Staat der Besteuerung unterliegen.

Anlage 2
(zu § 43b)

Gesellschaften im Sinne der Richtlinie Nr. 2011/96/EU

Gesellschaft im Sinne der genannten Richtlinie ist jede Gesellschaft, die

1. eine der folgenden Formen aufweist:
   a) eine Gesellschaft, die gemäß der Verordnung (EG) Nr. 2157/2001 des Rates vom 8. Oktober 2001 über das Statut der Europäischen Gesellschaft (SE) und der Richtlinie 2001/86/EG des Rates vom 8. Oktober 2001 zur Ergänzung des Statuts der Europäischen Gesellschaft hinsichtlich der Beteiligung der Arbeitnehmer gegründet wurde, sowie eine Genossenschaft, die gemäß der Verordnung (EG) Nr. 1435/2003 des Rates vom 22. Juli 2003 über das Statut der Europäischen Genossenschaft (SCE) und gemäß der Richtlinie 2003/72/EG des Rates vom 22. Juli 2003 zur Ergänzung des Statuts der Europäischen Genossenschaft hinsichtlich der Beteiligung der Arbeitnehmer gegründet wurde,

   b) Gesellschaften belgischen Rechts mit der Bezeichnung „société anonyme“/„naamloze vennootschap“, „société en commandite par actions“/„commanditaire vennootschap op aandelen“, „société privée à responsabilité limitée“/„besloten vennootschap met beperkte aansprakelijkheid“, „société coopérative à responsabilité limitée“/„coöperatieve vennootschap met beperkte aansprakelijkheid“, „société coopérative à responsabilité illimitée“/„coöperatieve vennootschap met onbeperkte aansprakelijkheid“, „société en nom collectif“/„vennootschap onder firma“ oder „société en commandite simple“/„gewone commanditaire vennootschap“, öffentliche Unternehmen, die eine der genannten Rechtsformen angenommen haben, und andere nach belgischem Recht gegründete Gesellschaften, die der belgischen Körperschaftsteuer unterliegen,

   c) Gesellschaften bulgarischen Rechts mit der Bezeichnung „събирателно дружество“, „командитно дружество“, „дружество с ограничена отговорност“, „акционерно дружество“, „командитно дружество с акции“,

„неперсонифицирано дружество“, „кооперации“, „кооперативни съюзи“ oder „държавни предприятия“, die nach bulgarischem Recht gegründet wurden und gewerbliche Tätigkeiten ausüben,

d) Gesellschaften tschechischen Rechts mit der Bezeichnung „akciová společnost“ oder „společnost s ručením omezeným“,

e) Gesellschaften dänischen Rechts mit der Bezeichnung „aktieselskab“ oder „anpartsselskab“ und weitere nach dem Körperschaftsteuergesetz steuerpflichtige Gesellschaften, soweit ihr steuerbarer Gewinn nach den allgemeinen steuerrechtlichen Bestimmungen für die „aktieselskaber“ ermittelt und besteuert wird,

f) Gesellschaften deutschen Rechts mit der Bezeichnung „Aktiengesellschaft“, „Kommanditgesellschaft auf Aktien“, „Gesellschaft mit beschränkter Haftung“, „Versicherungsverein auf Gegenseitigkeit“, „Erwerbs- und Wirtschaftsgenossenschaft“ oder „Betrieb gewerblicher Art von juristischen Personen des öffentlichen Rechts“ und andere nach deutschem Recht gegründete Gesellschaften, die der deutschen Körperschaftsteuer unterliegen,

g) Gesellschaften estnischen Rechts mit der Bezeichnung „täisühing“, „usaldusühing“, „osaühing“, „aktsiaselts“ oder „tulundusühistu“,

h) nach irischem Recht gegründete oder eingetragene Gesellschaften, gemäß dem Industrial and Provident Societies Act eingetragene Körperschaften, gemäß dem Building Societies Act gegründete „building societies“ und „trustee savings banks“ im Sinne des Trustee Savings Banks Act von 1989,

i) Gesellschaften griechischen Rechts mit der Bezeichnung „ανώνυμη εταιρεία“ oder „εταιρεία περιωρισμένης ευθύνης (Ε.Π.Ε.)“ und andere nach griechischem Recht gegründete Gesellschaften, die der griechischen Körperschaftsteuer unterliegen,

j) Gesellschaften spanischen Rechts mit der Bezeichnung „sociedad anónima“, „sociedad comanditaria por acciones“ oder „sociedad de responsabilidad limitada“ und die öffentlich-rechtlichen Körperschaften, deren Tätigkeit unter das Privatrecht fällt sowie andere nach spanischem Recht gegründete Körperschaften, die der spanischen Körperschaftsteuer („impuesto sobre sociedades“) unterliegen,

k) Gesellschaften französischen Rechts mit der Bezeichnung „société anonyme“, „société en commandite par actions“, „société à responsabilité limitée“, „sociétés par actions simplifiées“, „sociétés d'assurances mutuelles“, „caisses d'épargne et de prévoyance“, „sociétés civiles“, die automatisch der Körperschaftsteuer unterliegen, „coopératives“,

„unions de coopératives", die öffentlichen Industrie- und Handelsbetriebe, die öffentlichen Industrie- und Handelsunternehmen und andere nach französischem Recht gegründete Gesellschaften, die der französischen Körperschaftsteuer unterliegen,

l) Gesellschaften kroatischen Rechts mit der Bezeichnung „dioničko društvo" oder „društvo s ograničenom odgovornošću" und andere nach kroatischem Recht gegründete Gesellschaften, die der kroatischen Gewinnsteuer unterliegen,

m) Gesellschaften italienischen Rechts mit der Bezeichnung „società per azioni", „società in accomandita per azioni", „società a responsabilità limitata", „società cooperative" oder „società di mutua assicurazione" sowie öffentliche und private Körperschaften, deren Tätigkeit ganz oder überwiegend handelsgewerblicher Art ist,

n) Gesellschaften zyprischen Rechts mit der Bezeichnung „εταιρείες" im Sinne der Einkommensteuergesetze,

o) Gesellschaften lettischen Rechts mit der Bezeichnung „akciju sabiedrība" oder „sabiedrība ar ierobežotu atbildību",

p) Gesellschaften litauischen Rechts,

q) Gesellschaften luxemburgischen Rechts mit der Bezeichnung „société anonyme", „société anonyme", „société en commandite par actions", „société à responsabilité limitée", „société coopérative", „société coopérative organisée comme une société anonyme", „association d'assurances mutuelles", „association d'épargne-pension" oder „entreprise de nature commerciale, industrielle ou minière de l'Etat, des communes, des syndicats de communes, des établissements publics et des autres personnes morales de droit public" sowie andere nach luxemburgischem Recht gegründete Gesellschaften, die der luxemburgischen Körperschaftsteuer unterliegen,

r) Gesellschaften ungarischen Rechts mit der Bezeichnung: „közkereseti társaság", „betéti társaság", „közös vállalat", „korlátolt felelősségű társaság", „részvénytársaság", „egyesülés" oder „szövetkezet",

s) Gesellschaften maltesischen Rechts mit der Bezeichnung: „Kumpaniji ta' Responsabilita' Limitata" oder „Soċjetajiet en commandite li l-kapital tagħhom maqsum f'azzjonijiet",

t) Gesellschaften niederländischen Rechts mit der Bezeichnung „naamloze vennnootschap", „besloten vennootschap met beperkte aansprakelijkheid", „open commanditaire vennootschap", „coöperatie", „onderlinge waarborgmaatschappij", „fonds voor gemene rekening", „vereniging op coöperatieve grondslag" oder „vereniging welke op onderlinge grondslag als verzekeraar of keredietinstelling optreedt" und andere nach niederländischem Recht gegründete Gesellschaften, die der niederländischen Körperschaftsteuer unterliegen,

u) Gesellschaften österreichischen Rechts mit der Bezeichnung „Aktiengesellschaft", „Gesellschaft mit beschränkter Haftung", „Versicherungsvereine auf Gegenseitigkeit", „Erwerbs- und Wirtschaftsgenossenschaften", „Betriebe gewerblicher Art von Körperschaften des öffentlichen Rechts" oder „Sparkassen" sowie andere nach österreichischem Recht gegründete Gesellschaften, die der österreichischen Körperschaftsteuer unterliegen,

v) Gesellschaften polnischen Rechts mit der Bezeichnung „spółka akcyjna", „spółka z ograniczoną odpowiedzialnością" oder „spółka komandytowo-akcyjna",

w) Gesellschaften portugiesischen Rechts in Form von Handelsgesellschaften oder zivilrechtlichen Handelsgesellschaften sowie Genossenschaften und öffentliche Unternehmen,

x) Gesellschaften rumänischen Rechts mit der Bezeichnung „societăţi pe acţiuni", „societăţi în comandită pe acţiuni", „societăţi cu răspundere limitată", „societăţi în nume colectiv" oder „societăţi în comandită simplă",

y) Gesellschaften slowenischen Rechts mit der Bezeichnung „delniška družba", „komanditna družba" oder „družba z omejeno odgovornostjo",

z) Gesellschaften slowakischen Rechts mit der Bezeichnung „akciová spoločnosť", „spoločnosť s ručením obmedzeným" oder „komanditná spoločnosť",

aa) Gesellschaften finnischen Rechts mit der Bezeichnung „osakeyhtiö"/„aktiebolag", „osuuskunta"/„andelslag", „säästöpankki"/„sparbank" oder „vakuutusyhtiö"/„försäkringsbolag",

bb) Gesellschaften schwedischen Rechts mit der Bezeichnung „aktiebolag", „försäkringsaktiebolag", „ekonomiska föreningar", „sparbanker", „ömsesidiga försäkringsbolag" oder „försäkringsföreningar",

cc) nach dem Recht des Vereinigten Königreichs gegründete Gesellschaften;

2. nach dem Steuerrecht eines Mitgliedstaates in Bezug auf den steuerlichen Wohnsitz als in diesem Staat ansässig betrachtet wird und auf Grund eines mit einem dritten Staat geschlossenen Doppelbesteuerungsabkommens in Bezug auf den steuerlichen

Wohnsitz nicht als außerhalb der Gemeinschaft ansässig betrachtet wird und

3. ohne Wahlmöglichkeit einer der folgenden Steuern oder irgendeiner Steuer, die eine dieser Steuern ersetzt, unterliegt, ohne davon befreit zu sein:
   - vennootschapsbelasting/impôt des sociétés in Belgien,
   - корпоративен данък in Bulgarien,
   - daň z příjmů právnických osob in der Tschechischen Republik,
   - selskabsskat in Dänemark,
   - Körperschaftsteuer in Deutschland,
   - tulumaks in Estland,
   - corporation tax in Irland,
   - φόρος εισοδήματος νομικών προσώπων κερδοσκοπικού χαρακτήρα in Griechenland,
   - impuesto sobre sociedades in Spanien,
   - impôt sur les sociétés in Frankreich,
   - porez na dobit in Kroatien,
   - imposta sul reddito delle persone giuridiche in Italien,
   - φόρος εισοδήματος in Zypern,
   - uzņēmumu ienākuma nodoklis in Lettland,
   - pelno mokestis in Litauen,
   - impôt sur le revenu des collectivités in Luxemburg,
   - társasági adó, osztalékadó in Ungarn,
   - taxxa fuq l-income in Malta,
   - vennootschapsbelasting in den Niederlanden,
   - Körperschaftsteuer in Österreich,
   - podatek dochodowy od osób prawnych in Polen,
   - imposto sobre o rendimento das pessoas colectivas in Portugal,
   - impozit pe profit in Rumänien,
   - davek od dobička pravnih oseb in Slowenien,
   - daň z príjmov právnických osôb in der Slowakei,
   - yhteisöjen tulovero/inkomstskatten för samfund in Finnland,
   - statlig inkomstskatt in Schweden,
   - corporation tax im Vereinigten Königreich.

§ 44

Entrichtung der Kapitalertragsteuer

S 2407 **(1) [1] Schuldner der Kapitalertragsteuer ist in den Fällen des § 43 Absatz 1 Satz 1 Nummer 1 bis 7b und 8 bis 12 sowie Satz 2 der Gläubiger der Kapitalerträge. [2] Die Kapitalertragsteuer entsteht in dem Zeitpunkt, in dem die Kapitalerträge dem Gläubiger zufließen. [3] In diesem Zeitpunkt haben in den Fällen des § 43 Absatz 1 Satz 1 Nummer 1, 2 bis 4 sowie 7a und 7b der Schuldner der Kapitalerträge, jedoch in den Fällen des § 43 Absatz 1 Satz 1 Nummer 1 Satz 2 die für den Verkäufer der Wertpapiere den Verkaufsauftrag ausführende Stelle im Sinne des Satzes 4 Nummer 1, und in den Fällen des § 43 Absatz 1 Satz 1 Nummer 1a, 5 bis 7 und 8 bis 12 sowie Satz 2 die die Kapitalerträge auszahlende Stelle den Steuerabzug unter Beachtung der im Bundessteuerblatt veröffentlichten Auslegungsvorschriften der Finanzverwaltung für Rechnung des Gläubigers der Kapitalerträge vorzunehmen. [4] Die die Kapitalerträge auszahlende Stelle ist**

1. in den Fällen des § 43 Absatz 1 Satz 1 Nummer 5 bis 7 Buchstabe a und Nummer 8 bis 12 sowie Satz 2

a) das inländische Kreditinstitut oder das inländische Finanzdienstleistungsinstitut im Sinne des § 43 Absatz 1 Satz 1 Nummer 7 Buchstabe b, das inländische Wertpapierhandelsunternehmen oder die inländische Wertpapierhandelsbank,

aa) das die Teilschuldverschreibungen, die Anteile an einer Sammelschuldbuchforderung, die Wertrechte, die Zinsscheine, die Anteile an Investmentfonds im Sinne des Investmentsteuergesetzes oder sonstigen Wirtschaftsgüter verwahrt oder verwaltet oder deren Veräußerung durchführt und die Kapitalerträge auszahlt oder gutschreibt oder in den Fällen des § 43 Absatz 1 Satz 1 Nummer 8 und 11 die Kapitalerträge auszahlt oder gutschreibt,

bb) das die Kapitalerträge gegen Aushändigung der Zinsscheine oder der Teilschuldverschreibungen einem anderen als einem ausländischen Kreditinstitut oder einem ausländischen Finanzdienstleistungsinstitut auszahlt oder gutschreibt;

b) der Schuldner der Kapitalerträge in den Fällen des § 43 Absatz 1 Satz 1 Nummer 7 Buchstabe a und Nummer 10 unter den Voraussetzungen des Buchstabens a, wenn kein inländisches Kreditinstitut oder kein inländisches Finanzdienstleistungsinstitut die die Kapitalerträge auszahlende Stelle ist;

2. in den Fällen des § 43 Absatz 1 Satz 1 Nummer 7 Buchstabe b das inländische Kreditinstitut oder das inländische Finanzdienstleistungsinstitut, das die Kapitalerträge als Schuldner auszahlt oder gutschreibt;

2a. in den Fällen des § 43 Absatz 1 Satz 1 Nummer 7 Buchstabe c

a) der inländische Betreiber oder die inländische Zweigniederlassung eines ausländischen Betreibers einer Internet-Dienstleistungsplattform im Sinne des § 43 Absatz 1 Satz 1 Nummer 7 Buchstabe c Satz 2, der die Kapitalerträge an den Gläubiger auszahlt oder gutschreibt,

b) das inländische Kreditinstitut oder das inländische Finanzdienstleistungsinstitut im Sinne des § 43 Absatz 1 Satz 1 Nummer 7 Buchstabe b, das die Kapitalerträge im Auftrag des inländischen oder ausländischen Betreibers einer Internet-Dienstleistungsplattform im Sinne des § 43 Absatz 1 Satz 1 Nummer 7 Buchstabe c Satz 2 an den Gläubiger auszahlt oder gutschreibt,

sofern sich für diese Kapitalerträge kein zum Steuerabzug Verpflichteter nach der Nummer 1 ergibt.

3. in den Fällen des § 43 Absatz 1 Satz 1 Nummer 1a

a) das inländische Kredit- oder Finanzdienstleistungsinstitut *oder das inländische Wertpapierinstitut* im Sinne des § 43 Absatz 1 Satz 1 Nummer 7 Buchstabe b, welche die Anteile verwahrt oder verwaltet und die Kapitalerträge auszahlt oder gutschreibt oder die Kapitalerträge gegen Aushändigung der Dividendenscheine auszahlt oder gutschreibt oder die Kapitalerträge an eine ausländische Stelle auszahlt, [1]

b) die Wertpapiersammelbank, der die Anteile zur Sammelverwahrung anvertraut wurden, wenn sie die Kapitalerträge an eine ausländische Stelle auszahlt,

c) der Schuldner der Kapitalerträge, soweit die Wertpapiersammelbank, der die Anteile zur Sammelverwahrung anvertraut wurden, keine Dividendenregulierung vornimmt; die Wertpapiersammelbank hat dem Schuldner der Kapitalerträge den Umfang der Bestände ohne Dividendenregulierung mitzuteilen,

4. in den Fällen des § 43 Absatz 1 Satz 1 Nummer 5, soweit es sich um die Vorabpauschale nach § 16 Absatz 1 Nummer 2 des Investmentsteuergesetzes handelt, das inländische Kredit- oder Finanzdienstleistungsinstitut im Sinne des § 43 Absatz 1 Satz 1 Nummer 7 Buchstabe b, das inländische Wertpapierhandelsunternehmen oder die inländische Wertpapierhandelsbank, welches oder welche die Anteile an dem Investmentfonds im Sinne des Investmentsteuergesetzes verwahrt oder verwaltet;

[1] *Absatz 1 Satz 4 Nr. 3 Buchstabe a wurde durch Artikel 7 Abs. 7 des Gesetzes zur Umsetzung der Richtlinie (EU) 2019/2034 über die Beaufsichtigung von Wertpapierinstituten ab VZ 2021 geändert.*

5. in den Fällen des § 43 Absatz 1 Satz 1 Nummer 5 der Investmentfonds, wenn es sich um Kapitalerträge aus Anteilen an inländischen Investmentfonds handelt, die nicht von einem inländischen oder ausländischen Kredit- oder Finanzdienstleistungsinstitut im Sinne des § 43 Absatz 1 Satz 1 Nummer 7 Buchstabe b, einem inländischen oder ausländischen Wertpapierhandelsunternehmen oder einer inländischen oder ausländischen Wertpapierhandelsbank verwahrt oder verwaltet werden.

[5] Die innerhalb eines Kalendermonats einbehaltene Steuer ist jeweils bis zum zehnten des folgenden Monats an das Finanzamt abzuführen, das für die Besteuerung

1. des Schuldners der Kapitalerträge,
2. der den Verkaufsauftrag ausführenden Stelle oder
3. der die Kapitalerträge auszahlenden Stelle

nach dem Einkommen zuständig ist; bei Kapitalerträgen im Sinne des § 43 Absatz 1 Satz 1 Nummer 1 ist die einbehaltene Steuer in dem Zeitpunkt abzuführen, in dem die Kapitalerträge dem Gläubiger zufließen. [6] Dabei ist die Kapitalertragsteuer, die zu demselben Zeitpunkt abzuführen ist, jeweils auf den nächsten vollen Eurobetrag abzurunden. [7] Wenn Kapitalerträge ganz oder teilweise nicht in Geld bestehen (§ 8 Absatz 2) und der in Geld geleistete Kapitalertrag nicht zur Deckung der Kapitalertragsteuer ausreicht, hat der Gläubiger der Kapitalerträge dem zum Steuerabzug Verpflichteten den Fehlbetrag zur Verfügung zu stellen. [8] Zu diesem Zweck kann der zum Steuerabzug Verpflichtete den Fehlbetrag von einem bei ihm unterhaltenen und auf den Namen des Gläubigers der Kapitalerträge lautenden Konto, ohne Einwilligung des Gläubigers, einziehen. [9] Soweit der Gläubiger nicht vor Zufluss der Kapitalerträge widerspricht, darf der zum Steuerabzug Verpflichtete auch insoweit die Geldbeträge von einem auf den Namen des Gläubigers der Kapitalerträge lautenden Konto einziehen, wie ein mit dem Gläubiger vereinbarter Kontokorrentkredit für dieses Konto nicht in Anspruch genommen wurde. [10] Soweit der Gläubiger seiner Verpflichtung nicht nachkommt, hat der zum Steuerabzug Verpflichtete dies dem für ihn zuständigen Betriebsstättenfinanzamt anzuzeigen. [11] Das Finanzamt hat die zu wenig erhobene Kapitalertragsteuer vom Gläubiger der Kapitalerträge nachzufordern.

(1a) [1] Werden inländische Aktien über eine ausländische Stelle mit Dividendenberechtigung erworben, aber ohne Dividendenanspruch geliefert und leitet die ausländische Stelle auf die Erträge im Sinne des § 20 Absatz 1 Nummer 1 Satz 4 einen einbehaltenen Steuerbetrag im Sinne des § 43a Absatz 1 Satz 1 Nummer 1 an eine inländische Wertpapiersammelbank weiter, ist diese zur Abführung der einbehaltenen Steuer verpflichtet. [2] Bei Kapitalerträgen im Sinne des § 43 Absatz 1 Satz 1 Nummer 1 und 2 gilt Satz 1 entsprechend.

(1b) Bei inländischen und ausländischen Investmentfonds ist für die Vorabpauschale nach § 16 Absatz 1 Nummer 2 des Investmentsteuergesetzes Absatz 1 Satz 7 bis 11 entsprechend anzuwenden.

(2) [1]Gewinnanteile (Dividenden) und andere Kapitalerträge im Sinne des § 43 Absatz 1 Satz 1 Nummer 1, deren Ausschüttung von einer Körperschaft beschlossen wird, fließen dem Gläubiger der Kapitalerträge an dem Tag zu (Absatz 1), der im Beschluss als Tag der Auszahlung bestimmt worden ist. [2]Ist die Ausschüttung nur festgesetzt, ohne dass über den Zeitpunkt der Auszahlung ein Beschluss gefasst worden ist, so gilt als Zeitpunkt des Zufließens der Tag nach der Beschlussfassung; ist durch Gesetz eine abweichende Fälligkeit des Auszahlungsanspruchs bestimmt oder lässt das Gesetz eine abweichende Bestimmung der Fälligkeit durch Satzungsregelung zu, gilt als Zeitpunkt des Zufließens der Tag der Fälligkeit. [3]Für Kapitalerträge im Sinne des § 20 Absatz 1 Nummer 1 Satz 4 gelten diese Zuflusszeitpunkte entsprechend. S 2408

(3) [1]Ist bei Einnahmen aus der Beteiligung an einem Handelsgewerbe als stiller Gesellschafter in dem Beteiligungsvertrag über den Zeitpunkt der Ausschüttung keine Vereinbarung getroffen, so gilt der Kapitalertrag am Tag nach der Aufstellung der Bilanz oder einer sonstigen Feststellung des Gewinnanteils des stillen Gesellschafters, spätestens jedoch sechs Monate nach Ablauf des Wirtschaftsjahres, für das der Kapitalertrag ausgeschüttet oder gutgeschrieben werden soll, als zugeflossen. [2]Bei Zinsen aus partiarischen Darlehen gilt Satz 1 entsprechend. S 2408

(4) Haben Gläubiger und Schuldner der Kapitalerträge vor dem Zufließen ausdrücklich Stundung des Kapitalertrags vereinbart, weil der Schuldner vorübergehend zur Zahlung nicht in der Lage ist, so ist der Steuerabzug erst mit Ablauf der Stundungsfrist vorzunehmen. S 2408

(5) [1]Die Schuldner der Kapitalerträge, die den Verkaufsauftrag ausführenden Stellen oder die die Kapitalerträge auszahlenden Stellen haften für die Kapitalertragsteuer, die sie einzubehalten und abzuführen haben, es sei denn, sie weisen nach, dass sie die ihnen auferlegten Pflichten weder vorsätzlich noch grob fahrlässig verletzt haben. [2]Der Gläubiger der Kapitalerträge wird nur in Anspruch genommen, wenn S 2408a

1. der Schuldner, die den Verkaufsauftrag ausführende Stelle oder die die Kapitalerträge auszahlende Stelle die Kapitalerträge nicht vorschriftsmäßig gekürzt hat,
2. der Gläubiger weiß, dass der Schuldner, die den Verkaufsauftrag ausführende Stelle oder die die Kapitalerträge auszahlende Stelle die einbehaltene Kapitalertragsteuer nicht vorschriftsmäßig abgeführt hat, und dies dem Finanzamt nicht unverzüglich mitteilt oder
3. das die Kapitalerträge auszahlende inländische Kreditinstitut oder das inländische Finanzdienstleistungsinstitut die Kapitalerträge zu Unrecht ohne Abzug der Kapitalertragsteuer ausgezahlt hat.

[3] Für die Inanspruchnahme des Schuldners der Kapitalerträge, der den Verkaufsauftrag ausführenden Stelle und der die Kapitalerträge auszahlenden Stelle bedarf es keines Haftungsbescheids, soweit der Schuldner, die den Verkaufsauftrag ausführende Stelle oder die die Kapitalerträge auszahlende Stelle die einbehaltene Kapitalertragsteuer richtig angemeldet hat oder soweit sie ihre Zahlungsverpflichtungen gegenüber dem Finanzamt oder dem Prüfungsbeamten des Finanzamts schriftlich anerkennen.

S 2408 (6) [1] In den Fällen des § 43 Absatz 1 Satz 1 Nummer 7c gilt die juristische Person des öffentlichen Rechts und die von der Körperschaftsteuer befreite Körperschaft, Personenvereinigung oder Vermögensmasse als Gläubiger und der Betrieb gewerblicher Art und der wirtschaftliche Geschäftsbetrieb als Schuldner der Kapitalerträge. [2] Die Kapitalertragsteuer entsteht, auch soweit sie auf verdeckte Gewinnausschüttungen entfällt, die im abgelaufenen Wirtschaftsjahr vorgenommen worden sind, im Zeitpunkt der Bilanzerstellung; sie entsteht spätestens acht Monate nach Ablauf des Wirtschaftsjahres; in den Fällen des § 20 Absatz 1 Nummer 10 Buchstabe b Satz 2 am Tag nach der Beschlussfassung über die Verwendung und in den Fällen des § 22 Absatz 4 des Umwandlungssteuergesetzes am Tag nach der Veräußerung. [3] Die Kapitalertragsteuer entsteht in den Fällen des § 20 Absatz 1 Nummer 10 Buchstabe b Satz 3 zum Ende des Wirtschaftsjahres. [4] Die Absätze 1 bis 4 und 5 Satz 2 sind entsprechend anzuwenden. [5] Der Schuldner der Kapitalerträge haftet für die Kapitalertragsteuer, soweit sie auf verdeckte Gewinnausschüttungen und auf Veräußerungen im Sinne des § 22 Absatz 4 des Umwandlungssteuergesetzes entfällt.

S 2408 (7) [1] In den Fällen des § 14 Absatz 3 des Körperschaftsteuergesetzes entsteht die Kapitalertragsteuer in dem Zeitpunkt der Feststellung der Handelsbilanz der Organgesellschaft; sie entsteht spätestens acht Monate nach Ablauf des Wirtschaftsjahres der Organgesellschaft. [2] Die entstandene Kapitalertragsteuer ist an dem auf den Entstehungszeitpunkt nachfolgenden Werktag an das Finanzamt abzuführen, das für die Besteuerung der Organgesellschaft nach dem Einkommen zuständig ist. [3] Im Übrigen sind die Absätze 1 bis 4 entsprechend anzuwenden.

§ 44a

S 2404

Abstandnahme vom Steuerabzug

(1) [1] Soweit die Kapitalerträge, die einem unbeschränkt einkommensteuerpflichtigen Gläubiger zufließen, zusammen mit den Kapitalerträgen, für die die Kapitalertragsteuer nach § 44b zu erstatten ist oder nach Absatz 10 kein Steuerabzug vorzunehmen ist, den Sparer-Pauschbetrag nach § 20 Absatz 9 nicht übersteigen, ist ein Steuerabzug nicht vorzunehmen bei Kapitalerträgen im Sinne des

1. § 43 Absatz 1 Satz 1 Nummer 1 und 2 aus Genussrechten oder
2. § 43 Absatz 1 Satz 1 Nummer 1 und 2 aus Anteilen, die von einer Kapitalgesellschaft ihren Arbeitnehmern überlassen worden sind und von ihr, einem von der Kapitalgesellschaft bestellten Treuhänder, einem inländischen Kreditinstitut oder einer inländischen Zweigniederlassung einer der in § 53b Absatz 1 oder 7 des Kreditwesengesetzes genannten Unternehmen verwahrt werden, und
3. § 43 Absatz 1 Satz 1 Nummer 3 bis 7 und 8 bis 12 sowie Satz 2.

[2] Den Arbeitnehmern im Sinne des Satzes 1 stehen Arbeitnehmer eines mit der Kapitalgesellschaft verbundenen Unternehmens nach § 15 des Aktiengesetzes sowie frühere Arbeitnehmer der Kapitalgesellschaft oder eines mit ihr verbundenen Unternehmens gleich. [3] Den von der Kapitalgesellschaft überlassenen Anteilen stehen Aktien gleich, die den Arbeitnehmern bei einer Kapitalerhöhung auf Grund ihres Bezugsrechts aus den von der Kapitalgesellschaft überlassenen Aktien zugeteilt worden sind oder die den Arbeitnehmern auf Grund einer Kapitalerhöhung aus Gesellschaftsmitteln gehören. [4] Bei Kapitalerträgen im Sinne des § 43 Absatz 1 Satz 1 Nummer 1, 2 bis 7 und 8 bis 12 sowie Satz 2, die einem unbeschränkt einkommensteuerpflichtigen Gläubiger zufließen, ist der Steuerabzug nicht vorzunehmen, wenn anzunehmen ist, dass auch für Fälle der Günstigerprüfung nach § 32d Absatz 6 keine Steuer entsteht.

(2) [1] Voraussetzung für die Abstandnahme vom Steuerabzug nach Absatz 1 ist, dass dem nach § 44 Absatz 1 zum Steuerabzug Verpflichteten in den Fällen

1. des Absatzes 1 Satz 1 ein Freistellungsauftrag des Gläubigers der Kapitalerträge nach amtlich vorgeschriebenem Muster oder
2. des Absatzes 1 Satz 4 eine Nichtveranlagungs-Bescheinigung des für den Gläubiger zuständigen Wohnsitzfinanzamts

vorliegt. [2] In den Fällen des Satzes 1 Nummer 2 ist die Bescheinigung unter dem Vorbehalt des Widerrufs auszustellen. [3] Ihre Geltungsdauer darf höchstens drei Jahre betragen und muss am Schluss eines Kalenderjahres enden. [4] Fordert das Finanzamt die Bescheinigung zurück oder erkennt der Gläubiger, dass die Voraussetzungen für ihre Erteilung weggefallen sind, so hat er dem Finanzamt die Bescheinigung zurückzugeben.

(2a) [1]Ein Freistellungsauftrag kann nur erteilt werden, wenn der Gläubiger der Kapitalerträge seine Identifikationsnummer (§ 139b der Abgabenordnung) und bei gemeinsamen Freistellungsaufträgen auch die Identifikationsnummer des Ehegatten mitteilt. [2]Ein Freistellungsauftrag ist ab dem 1. Januar 2016 unwirksam, wenn der Meldestelle im Sinne des § 45d Absatz 1 Satz 1 keine Identifikationsnummer des Gläubigers der Kapitalerträge und bei gemeinsamen Freistellungsaufträgen auch keine des Ehegatten vorliegen. [3]Sofern der Meldestelle im Sinne des § 45d Absatz 1 Satz 1 die Identifikationsnummer nicht bereits bekannt ist, kann sie diese beim Bundeszentralamt für Steuern abfragen. [4]In der Anfrage dürfen nur die in § 139b Absatz 3 der Abgabenordnung genannten Daten des Gläubigers der Kapitalerträge und bei gemeinsamen Freistellungsaufträgen die des Ehegatten angegeben werden, soweit sie der Meldestelle bekannt sind. [5]Die Anfrage hat nach amtlich vorgeschriebenem Datensatz durch Datenfernübertragung zu erfolgen. [6]Das Bundeszentralamt für Steuern teilt der Meldestelle die Identifikationsnummer mit, sofern die übermittelten Daten mit den nach § 139b Absatz 3 der Abgabenordnung beim Bundeszentralamt für Steuern gespeicherten Daten übereinstimmen. [7]Die Meldestelle darf die Identifikationsnummer nur verarbeiten, soweit dies zur Erfüllung von steuerlichen Pflichten erforderlich ist.

(3) Der nach § 44 Absatz 1 zum Steuerabzug Verpflichtete hat in seinen Unterlagen das Finanzamt, das die Bescheinigung erteilt hat, den Tag der Ausstellung der Bescheinigung und die in der Bescheinigung angegebene Steuer- und Listennummer zu vermerken sowie die Freistellungsaufträge aufzubewahren.

S 2405 (4) [1]Ist der Gläubiger

1. eine von der Körperschaftsteuer befreite inländische Körperschaft, Personenvereinigung oder Vermögensmasse oder
2. eine inländische juristische Person des öffentlichen Rechts,

so ist der Steuerabzug bei Kapitalerträgen im Sinne des § 43 Absatz 1 Satz 1 Nummer 4 bis 7 und 8 bis 12 sowie Satz 2 nicht vorzunehmen. [2]Dies gilt auch, wenn es sich bei den Kapitalerträgen um Bezüge im Sinne des § 20 Absatz 1 Nummer 1 und 2 handelt, die der Gläubiger von einer von der Körperschaftsteuer befreiten Körperschaft bezieht. [1)] [3]Voraussetzung ist, dass der Gläubiger dem *Schuldner, dem die Kapitalerträge auszahlenden inländischen Kreditinstitut, Finanzdienstleistungsinstitut oder der die Kapitalerträge auszahlenden inländischen Wertpapierinstitute* durch eine Bescheinigung des für seine Geschäftsleitung oder seinen Sitz zuständigen Finanzamts nachweist, dass er eine Körperschaft, Personenvereinigung oder Vermögensmasse im Sinne des Satzes 1 Nummer 1 oder 2 ist. [4]Absatz 2

---

1) Absatz 4 Satz 3 wurde durch Artikel 7 Abs. 7 des Gesetzes zur Umsetzung der Richtlinie (EU) 2019/2034 über die Beaufsichtigung von Wertpapierinstituten ab VZ 2021 geändert.

Satz 2 bis 4 und Absatz 3 gelten entsprechend. [5]Die in Satz 3 bezeichnete Bescheinigung wird nicht erteilt, wenn die Kapitalerträge in den Fällen des Satzes 1 Nummer 1 in einem wirtschaftlichen Geschäftsbetrieb anfallen, für den die Befreiung von der Körperschaftsteuer ausgeschlossen ist, oder wenn sie in den Fällen des Satzes 1 Nummer 2 in einem nicht von der Körperschaftsteuer befreiten Betrieb gewerblicher Art anfallen. [6]Ein Steuerabzug ist auch nicht vorzunehmen bei Kapitalerträgen im Sinne des § 49 Absatz 1 Nummer 5 Buchstabe c und d, die einem Anleger zufließen, der eine nach den Rechtsvorschriften eines Mitgliedstaates der Europäischen Union oder des Europäischen Wirtschaftsraums gegründete Gesellschaft im Sinne des Artikels 54 des Vertrags über die Arbeitsweise der Europäischen Union oder des Artikels 34 des Abkommens über den Europäischen Wirtschaftsraum mit Sitz und Ort der Geschäftsleitung innerhalb des Hoheitsgebietes eines dieser Staaten ist, und der einer Körperschaft im Sinne des § 5 Absatz 1 Nummer 3 des Körperschaftsteuergesetzes vergleichbar ist; soweit es sich um eine nach den Rechtsvorschriften eines Mitgliedstaates des Europäischen Wirtschaftsraums gegründete Gesellschaft oder eine Gesellschaft mit Ort und Geschäftsleitung in diesem Staat handelt, ist zusätzlich Voraussetzung, dass mit diesem Staat ein Amtshilfeabkommen besteht.

(4a) [1]Absatz 4 ist entsprechend auf Personengesellschaften im Sinne des § 212 Absatz 1 des Fünften Buches Sozialgesetzbuch anzuwenden. [2]Dabei tritt die Personengesellschaft an die Stelle des Gläubigers der Kapitalerträge.

(4b) [1]Werden Kapitalerträge im Sinne des § 43 Absatz 1 Satz 1 Nummer 1 von einer Genossenschaft an ihre Mitglieder gezahlt, hat sie den Steuerabzug nicht vorzunehmen, wenn ihr für das jeweilige Mitglied

1. eine Nichtveranlagungs-Bescheinigung nach Absatz 2 Satz 1 Nummer 2,
2. eine Bescheinigung nach Absatz 5 Satz 4,
3. eine Bescheinigung nach Absatz 7 Satz 2 oder
4. eine Bescheinigung nach Absatz 8 Satz 2 vorliegt; in diesen Fällen ist ein Steuereinbehalt in Höhe von drei Fünfteln vorzunehmen.

[2]Eine Genossenschaft hat keinen Steuerabzug vorzunehmen, wenn ihr ein Freistellungsauftrag erteilt wurde, der auch Kapitalerträge im Sinne des Satzes 1 erfasst, soweit die Kapitalerträge zusammen mit den Kapitalerträgen, für die nach Absatz 1 kein Steuerabzug vorzunehmen ist oder für die die Kapitalertragsteuer nach § 44b zu erstatten ist, den mit dem Freistellungsauftrag beantragten Freibetrag nicht übersteigen. [3]Dies gilt auch, wenn die Genossenschaft einen Verlustausgleich nach § 43a Absatz 3 Satz 2 unter Einbeziehung von Kapitalerträgen im Sinne des Satzes 1 durchgeführt hat.

(5) [1]Bei Kapitalerträgen im Sinne des § 43 Absatz 1 Satz 1 Nummer 1, 2, 5 bis 7 und 8 bis 12 sowie Satz 2, die einem unbeschränkt S 2404a

oder beschränkt einkommensteuerpflichtigen Gläubiger zufließen, ist der Steuerabzug nicht vorzunehmen, wenn die Kapitalerträge Betriebseinnahmen des Gläubigers sind und die Kapitalertragsteuer bei ihm auf Grund der Art seiner Geschäfte auf Dauer höher wäre als die gesamte festzusetzende Einkommensteuer oder Körperschaftsteuer. [2]Ist der Gläubiger ein Lebens- oder Krankenversicherungsunternehmen als Organgesellschaft, ist für die Anwendung des Satzes 1 eine bestehende Organschaft im Sinne des § 14 des Körperschaftsteuergesetzes nicht zu berücksichtigen, wenn die beim Organträger anzurechnende Kapitalertragsteuer, einschließlich der Kapitalertragsteuer des Lebens- oder Krankenversicherungsunternehmens, die auf Grund von § 19 Absatz 5 des Körperschaftsteuergesetzes anzurechnen wäre, höher wäre, als die gesamte festzusetzende Körperschaftsteuer. [3]Für die Prüfung der Voraussetzung des Satzes 2 ist auf die Verhältnisse der dem Antrag auf Erteilung einer Bescheinigung im Sinne des Satzes 4 vorangehenden drei Veranlagungszeiträume abzustellen. [4]Die Voraussetzung des Satzes 1 ist durch eine Bescheinigung des für den Gläubiger zuständigen Finanzamts nachzuweisen. [5]Die Bescheinigung ist unter dem Vorbehalt des Widerrufs auszustellen. [6]Die Voraussetzung des Satzes 2 ist gegenüber dem für den Gläubiger zuständigen Finanzamt durch eine Bescheinigung des für den Organträger zuständigen Finanzamts nachzuweisen.

S 2405 (6) [1]Voraussetzung für die Abstandnahme vom Steuerabzug nach den Absätzen 1, 4 und 5 bei Kapitalerträgen im Sinne des § 43 Absatz 1 Satz 1 Nummer 6, 7 und 8 bis 12 sowie Satz 2 ist, dass die Teilschuldverschreibungen, die Anteile an der Sammelschuldbuchforderung, die Wertrechte, die Einlagen und Guthaben oder sonstigen Wirtschaftsgüter im Zeitpunkt des Zufließens der Einnahmen unter dem Namen des Gläubigers der Kapitalerträge bei der die Kapitalerträge auszahlenden Stelle verwahrt oder verwaltet werden. [2]Ist dies nicht der Fall, ist die Bescheinigung nach § 45a Absatz 2 durch einen entsprechenden Hinweis zu kennzeichnen. [1)] [3]Wird bei einem inländischen Kredit- oder Finanzdienstleistungsinstitut *oder bei einem inländischen Wertpapierinstitut* im Sinne des § 43 Absatz 1 Satz 1 Nummer 7 Buchstabe b ein Konto oder Depot für eine gemäß § 5 Absatz 1 Nummer 9 des Körperschaftsteuergesetzes befreite Stiftung im Sinne des § 1 Absatz 1 Nummer 5 des Körperschaftsteuergesetzes auf den Namen eines anderen Berechtigten geführt und ist das Konto oder Depot durch einen Zusatz zur Bezeichnung eindeutig sowohl vom übrigen Vermögen des anderen Berechtigten zu unterscheiden als auch steuerlich der Stiftung zuzuordnen, so gilt es für die Anwendung des Absatzes 4, des Absatzes 7, des Absatzes 10 Satz 1 Nummer 3 und

---

[1)] Absatz 6 Satz 3 wurde durch Artikel 7 Abs. 7 des Gesetzes zur Umsetzung der Richtlinie (EU) 2019/2034 über die Beaufsichtigung von Wertpapierinstituten ab VZ 2021 geändert.

des § 44b Absatz 6 in Verbindung mit Absatz 7 als im Namen der Stiftung geführt.

(7) [1] Ist der Gläubiger eine inländische S 2405

1. **Körperschaft, Personenvereinigung oder Vermögensmasse im Sinne des § 5 Absatz 1 Nummer 9 des Körperschaftsteuergesetzes oder**
2. **Stiftung des öffentlichen Rechts, die ausschließlich und unmittelbar gemeinnützigen oder mildtätigen Zwecken dient, oder**
3. **juristische Person des öffentlichen Rechts, die ausschließlich und unmittelbar kirchlichen Zwecken dient,**

so ist der Steuerabzug bei Kapitalerträgen im Sinne des § 43 Absatz 1 Satz 1 Nummer 1, 2, 3 und 7a bis 7c nicht vorzunehmen. [2] Voraussetzung für die Anwendung des Satzes 1 ist, dass der Gläubiger durch eine Bescheinigung des für seine Geschäftsleitung oder seinen Sitz zuständigen Finanzamts nachweist, dass er eine Körperschaft, Personenvereinigung oder Vermögensmasse nach Satz 1 ist. [3] Absatz 4 gilt entsprechend.

(8) [1] Ist der Gläubiger S 2405

1. **eine nach § 5 Absatz 1 mit Ausnahme der Nummer 9 des Körperschaftsteuergesetzes oder nach anderen Gesetzen von der Körperschaftsteuer befreite Körperschaft, Personenvereinigung oder Vermögensmasse oder**
2. **eine inländische juristische Person des öffentlichen Rechts, die nicht in Absatz 7 bezeichnet ist,**

so ist der Steuerabzug bei Kapitalerträgen im Sinne des § 43 Absatz 1 Satz 1 Nummer 1, 2, 3 und 7a nur in Höhe von drei Fünfteln vorzunehmen. [2] Voraussetzung für die Anwendung des Satzes 1 ist, dass der Gläubiger durch eine Bescheinigung des für seine Geschäftsleitung oder seinen Sitz zuständigen Finanzamts nachweist, dass er eine Körperschaft, Personenvereinigung oder Vermögensmasse im Sinne des Satzes 1 ist. [3] Absatz 4 gilt entsprechend.

(8a) [1] Absatz 8 ist entsprechend auf Personengesellschaften im Sinne des § 212 Absatz 1 des Fünften Buches Sozialgesetzbuch anzuwenden. [2] Dabei tritt die Personengesellschaft an die Stelle des Gläubigers der Kapitalerträge.

(9) [1] Ist der Gläubiger der Kapitalerträge im Sinne des § 43 Absatz 1 eine beschränkt steuerpflichtige Körperschaft im Sinne des § 2 Nummer 1 des Körperschaftsteuergesetzes, so werden zwei Fünftel der einbehaltenen und abgeführten Kapitalertragsteuer erstattet. [2] *§ 50c Absatz 3 und 5 sowie § 50d Absatz 3 sind entsprechend anzuwenden. [3] Weitergehende Ansprüche aus § 43b oder § 50g oder einem Abkom-* S 2405 [1)]

[1)] Absatz 9 Satz 2 bis 4 wurde durch Artikel 1 des AbzStEntModG ab VZ 2021 neu gefasst.

men zur Vermeidung der Doppelbesteuerung bleiben unberührt. [4] Verfahren nach den vorstehenden Sätzen und nach § 50c Absatz 3 soll das Bundeszentralamt für Steuern verbinden.

S 2405 (10) [1] Werden Kapitalerträge im Sinne des § 43 Absatz 1 Satz 1 Nummer 1a gezahlt, hat die auszahlende Stelle keinen Steuerabzug vorzunehmen, wenn

1. der auszahlenden Stelle eine Nichtveranlagungs-Bescheinigung nach Absatz 2 Satz 1 Nummer 2 für den Gläubiger vorgelegt wird,

1) I

1) *2.* der auszahlenden Stelle eine Bescheinigung nach Absatz 7 Satz 2 für den Gläubiger vorgelegt wird; soweit die Kapitalerträge einen Betrag von 20.000 Euro übersteigen, ist bei Gläubigern nach Absatz 7 Satz 1 Nummer 1 abweichend vom ersten Halbsatz ein Steuerabzug in Höhe von drei Fünfteln vorzunehmen, wenn der Gläubiger bei Zufluss der Kapitalerträge nicht seit mindestens einem Jahr ununterbrochen wirtschaftlicher Eigentümer der Aktien oder Genussscheine ist oder

1) *3.* der auszahlenden Stelle eine Bescheinigung nach Absatz 8 Satz 2 für den Gläubiger vorgelegt wird; in diesen Fällen ist ein Steuereinbehalt in Höhe von drei Fünfteln vorzunehmen.

[2] Wird der auszahlenden Stelle ein Freistellungsauftrag erteilt, der auch Kapitalerträge im Sinne des Satzes 1 erfasst, oder führt diese einen Verlustausgleich nach § 43a Absatz 3 Satz 2 unter Einbeziehung von Kapitalerträgen im Sinne des Satzes 1 durch, so hat sie den Steuerabzug nicht vorzunehmen, soweit die Kapitalerträge zusammen mit den Kapitalerträgen, für die nach Absatz 1 kein Steuerabzug vorzunehmen ist oder die Kapitalertragsteuer nach § 44b zu erstatten ist, den mit dem Freistellungsauftrag beantragten Freistellungsbetrag nicht übersteigen. [3] Absatz 6 ist entsprechend anzuwenden. [4] Werden Kapitalerträge im Sinne des § 43 Absatz 1 Satz 1 Nummer 1a von einer auszahlenden Stelle im Sinne des § 44 Absatz 1 Satz 4 Nummer 3 an eine ausländische Stelle ausgezahlt, hat diese auszahlende Stelle über den von ihr vor der Zahlung in das Ausland von diesen Kapitalerträgen vorgenommenen Steuerabzug der letzten inländischen auszahlenden Stelle in der Wertpapierverwahrkette, welche die Kapitalerträge auszahlt oder gutschreibt, auf deren Antrag eine Sammel-Steuerbescheinigung für die Summe der eigenen und der für Kunden verwahrten Aktien nach amtlich vorgeschriebenem Muster auszustellen. [5] Der Antrag darf nur für Aktien gestellt werden, die mit Dividendenberechtigung erworben und mit Dividendenanspruch geliefert wurden. [6] Wird eine solche Sammel-Steuerbescheinigung beantragt, ist die Ausstellung von Einzel-Steuerbescheinigungen oder die

---

1) Absatz 10 Satz 1 Nr. 2 wurde durch Artikel 1 des AbzStEntModG ab VZ 2021 aufgehoben. Die bisherigen Nummern 3 und 4 wurden die Nummern 2 und 3.

Weiterleitung eines Antrags auf Ausstellung einer Einzel-Steuerbescheinigung über den Steuerabzug von denselben Kapitalerträgen ausgeschlossen; die Sammel-Steuerbescheinigung ist als solche zu kennzeichnen. [7] Auf die ihr ausgestellte Sammel-Steuerbescheinigung wendet die letzte inländische auszahlende Stelle § 44b Absatz 6 mit der Maßgabe an, dass sie von den ihr nach dieser Vorschrift eingeräumten Möglichkeiten Gebrauch zu machen hat.

§ 44b

S 2410

Erstattung der Kapitalertragsteuer

(1) Nach Ablauf eines Kalenderjahres hat der zum Steuerabzug Verpflichtete die im vorangegangenen Kalenderjahr abgeführte Steuer auf Ausschüttungen eines Investmentfonds zu erstatten, soweit die Ausschüttungen nach § 17 des Investmentsteuergesetzes nicht als Ertrag gelten.

[1] **(2) Ist bei Gläubigern nach § 44a Absatz 7 Satz 1 Nummer 1 gemäß *§ 44a Absatz 10 Satz 1 Nummer 2* Kapitalertragsteuer einbehalten und abgeführt worden, wird auf Antrag durch das Finanzamt, in dessen Bezirk sich die Geschäftsleitung oder der Sitz des Gläubigers befindet, die Kapitalertragsteuer erstattet, wenn der Gläubiger die Voraussetzungen nach § 36a Absatz 1 bis 3 erfüllt.**

(3) bis (4) (weggefallen)

(5) [1] Ist Kapitalertragsteuer einbehalten oder abgeführt worden, obwohl eine Verpflichtung hierzu nicht bestand, oder hat der Gläubiger dem nach § 44 Absatz 1 zum Steuerabzug Verpflichteten die Bescheinigung nach § 43 Absatz 2 Satz 4, den Freistellungsauftrag, die Nichtveranlagungs-Bescheinigung oder die Bescheinigungen nach § 44a Absatz 4 oder 5 erst zu einem Zeitpunkt vorgelegt, zu dem die Kapitalertragsteuer bereits abgeführt war, oder nach diesem Zeitpunkt erst die Erklärung nach § 43 Absatz 2 Satz 3 Nummer 2 abgegeben, ist auf Antrag des nach § 44 Absatz 1 zum Steuerabzug Verpflichteten die Steueranmeldung (§ 45a Absatz 1) insoweit zu ändern; stattdessen kann der zum Steuerabzug Verpflichtete bei der folgenden Steueranmeldung die abzuführende Kapitalertragsteuer entsprechend kürzen. [2] Erstattungsberechtigt ist der Antragsteller. [3] Solange noch keine Steuerbescheinigung nach § 45a erteilt ist, hat der zum Steuerabzug Verpflichtete das Verfahren nach Satz 1 zu betreiben. [4] Die vorstehenden Sätze sind in den Fällen des Absatzes 6 nicht anzuwenden.

[2] **(6) [1] Werden Kapitalerträge im Sinne des § 43 Absatz 1 Satz 1 Nummer 1 und 2 durch ein inländisches Kredit- oder Finanzdienstleistungsinstitut *oder einem inländischen Wertpapierinstitut* im Sinne des § 43 Absatz 1 Satz 1 Nummer 7 Buchstabe b, das die Wertpapiere, Wertrechte oder sonstigen Wirtschaftsgüter unter dem Namen des Gläubigers verwahrt oder verwaltet, als Schuldner der Kapitalerträge oder für Rechnung des Schuldners gezahlt, kann das Kredit- oder Finanzdienstleistungsinstitut *oder das Wertpapierinstitut* die einbehaltene und abgeführte Kapitalertragsteuer dem Gläubiger der Kapitalerträge bis zur Ausstellung einer Steuerbescheinigung, längstens bis**

---

[1] Absatz 2 wurde durch Artikel 1 des AbzStEntModG ab VZ 2021 geändert.

[2] Absatz 6 Satz 1 wurde durch Artikel 7 Abs. 7 des Gesetzes zur Umsetzung der Richtlinie (EU) 2019/2034 über die Beaufsichtigung von Wertpapierinstituten ab VZ 2021 geändert.

zum 31. März des auf den Zufluss der Kapitalerträge folgenden Kalenderjahres, unter den folgenden Voraussetzungen erstatten:

1. dem Kredit- oder Finanzdienstleistungsinstitut *oder das Wertpapierinstitut* wird eine Nichtveranlagungs-Bescheinigung nach § 44a Absatz 2 Satz 1 Nummer 2 für den Gläubiger vorgelegt, [1)]
2. dem Kredit- oder Finanzdienstleistungsinstitut *oder das Wertpapierinstitut* wird eine Bescheinigung nach § 44a Absatz 5 für den Gläubiger vorgelegt, [1)]
3. dem Kredit- oder Finanzdienstleistungsinstitut *oder das Wertpapierinstitut* wird eine Bescheinigung nach § 44a Absatz 7 Satz 2 für den Gläubiger vorgelegt und eine Abstandnahme war nicht möglich oder [1)]
4. dem Kredit- oder Finanzdienstleistungsinstitut *oder das Wertpapierinstitut* wird eine Bescheinigung nach § 44a Absatz 8 Satz 2 für den Gläubiger vorgelegt und die teilweise Abstandnahme war nicht möglich; in diesen Fällen darf die Kapitalertragsteuer nur in Höhe von zwei Fünfteln erstattet werden. [1)]

[2]Das erstattende Kredit- oder Finanzdienstleistungsinstitut *oder das erstattende Wertpapierinstitut* haftet in sinngemäßer Anwendung des § 44 Absatz 5 für zu Unrecht vorgenommene Erstattungen; für die Zahlungsaufforderung gilt § 219 Satz 2 der Abgabenordnung entsprechend. [3]Das Kredit- oder Finanzdienstleistungsinstitut *oder das Wertpapierinstitut* hat die Summe der Erstattungsbeträge in der Steueranmeldung gesondert anzugeben und von der von ihm abzuführenden Kapitalertragsteuer abzusetzen. [4]Wird dem Kredit- oder Finanzdienstleistungsinstitut *oder das Wertpapierinstitut* ein Freistellungsauftrag erteilt, der auch Kapitalerträge im Sinne des Satzes 1 erfasst, oder führt das Institut *oder das Wertpapierinstitut* einen Verlustausgleich nach § 43a Absatz 3 Satz 2 unter Einbeziehung von Kapitalerträgen im Sinne des Satzes 1 aus, so hat es bis zur Ausstellung der Steuerbescheinigung, längstens bis zum 31. März des auf den Zufluss der Kapitalerträge folgenden Kalenderjahres, die einbehaltene und abgeführte Kapitalertragsteuer auf diese Kapitalerträge zu erstatten; Satz 2 ist entsprechend anzuwenden. [2)]

(7) [1]Eine Gesamthandsgemeinschaft kann für ihre Mitglieder im Sinne des § 44a Absatz 7 oder Absatz 8 eine Erstattung der Kapitalertragsteuer bei dem für die gesonderte Feststellung ihrer Einkünfte zuständigen Finanzamt beantragen. [2]Die Erstattung ist unter den Voraussetzungen des § 44a Absatz 4, 7 oder Absatz 8 und in dem dort bestimmten Umfang zu gewähren.

---

1) Absatz 6 Satz 1 Nr. 1 bis 4 wurde durch Artikel 7 Abs. 7 des Gesetzes zur Umsetzung der Richtlinie (EU) 2019/2034 über die Beaufsichtigung von Wertpapierinstituten ab VZ 2021 geändert.

2) Absatz 6 Satz 2 bis 4 wurde durch Artikel 7 Abs. 7 des Gesetzes zur Umsetzung der Richtlinie (EU) 2019/2034 über die Beaufsichtigung von Wertpapierinstituten ab VZ 2021 geändert.

S 2410a

§ 45

Ausschluss der Erstattung von Kapitalertragsteuer

[1] In den Fällen, in denen die Dividende an einen anderen als an den Anteilseigner ausgezahlt wird, ist die Erstattung oder Anrechnung von Kapitalertragsteuer für den Zahlungsempfänger ausgeschlossen. [2] Satz 1 gilt nicht für den Erwerber eines Dividendenscheines oder sonstigen Anspruches in den Fällen des § 20 Absatz 2 Satz 1 Nummer 2 Buchstabe a Satz 2; beim Erwerber sind drei Fünftel der Kapitalertragsteuer nicht anzurechnen oder zu erstatten. [3] In den Fällen des § 20 Absatz 2 Satz 1 Nummer 2 Buchstabe b ist die Erstattung von Kapitalertragsteuer an den Erwerber von Zinsscheinen nach § 37 Absatz 2 der Abgabenordnung ausgeschlossen.

§ 45a

S 2401

Anmeldung und Bescheinigung der Kapitalertragsteuer

(1) [1] Die Anmeldung der einbehaltenen Kapitalertragsteuer ist dem Finanzamt innerhalb der in § 44 Absatz 1 oder Absatz 7 bestimmten Frist nach amtlich vorgeschriebenem Vordruck auf elektronischem Weg zu übermitteln; die auszahlende Stelle hat die Kapitalertragsteuer auf die Erträge im Sinne des § 43 Absatz 1 Satz 1 Nummer 1a jeweils gesondert für das Land, in dem sich der Ort der Geschäftsleitung des Schuldners der Kapitalerträge befindet, anzugeben. [2] Satz 1 gilt entsprechend, wenn ein Steuerabzug nicht oder nicht in voller Höhe vorzunehmen ist. [3] Der Grund für die Nichtabführung ist anzugeben. [4] Auf Antrag kann das Finanzamt zur Vermeidung unbilliger Härten auf eine elektronische Übermittlung verzichten; in diesem Fall ist die Kapitalertragsteuer-Anmeldung von dem Schuldner, der den Verkaufsauftrag ausführenden Stelle, der auszahlenden Stelle oder einer vertretungsberechtigten Person zu unterschreiben.

(2) [1] Folgende Stellen sind verpflichtet, dem Gläubiger der Kapitalerträge auf Verlangen eine Bescheinigung nach amtlich vorgeschriebenem Muster auszustellen, die die nach § 32d erforderlichen Angaben enthält; bei Vorliegen der Voraussetzungen des

1. **§ 43 Absatz 1 Satz 1 Nummer 1, 2 bis 4, 7a und 7b der Schuldner der Kapitalerträge,**
2. **§ 43 Absatz 1 Satz 1 Nummer 1a, 5 bis 7 und 8 bis 12 sowie Satz 2 die die Kapitalerträge auszahlende Stelle vorbehaltlich des Absatzes 3,**
3. **§ 44 Absatz 1a die zur Abführung der Steuer verpflichtete Stelle und**
4. **§ 44 Absatz 1 Satz 4 Nummer 5 der Investmentfonds.**

[2] Die Bescheinigung kann elektronisch übermittelt werden; auf Anforderung des Gläubigers der Kapitalerträge ist sie auf Papier zu übersenden. [3] Die Bescheinigung braucht nicht unterschrieben zu werden, wenn sie in einem maschinellen Verfahren ausgedruckt worden ist und den Aussteller erkennen lässt. [4] § 44a Absatz 6 gilt sinngemäß; über die zu kennzeichnenden Bescheinigungen haben die genannten Institute und Unternehmen Aufzeichnungen zu führen. [5] Diese müssen einen Hinweis auf den Buchungsbeleg über die Auszahlung an den Empfänger der Bescheinigung enthalten.

(2a) Ist der Gläubiger der Kapitalerträge beschränkt steuerpflichtig, tritt in den Fällen des § 43 Absatz 1 Satz 1 Nummer 1a und 2 Satz 4 an die Stelle der Bescheinigung nach Absatz 2 Satz 1 die Übermittlung der Angaben gemäß § 45b Absatz 5. [1)]

[1)] Absatz 2a wurde durch Artikel 1 des AbzStEntModG eingefügt und ist erstmals auf Kapitalerträge anzuwenden, die dem Gläubiger nach dem 31.12.2024 zufließen >§ 52 Abs. 44a Satz 3.

[1] (3) [1] Werden Kapitalerträge für Rechnung des Schuldners durch ein inländisches Kreditinstitut, ein inländisches Finanzdienstleistungsinstitut *oder ein inländisches Wertpapierinstitut* gezahlt, so hat anstelle des Schuldners das Kreditinstitut, das Finanzdienstleistungsinstitut *oder das Wertpapierinstitut* die Bescheinigung zu erteilen, sofern nicht die Voraussetzungen des Absatzes 2 Satz 1 erfüllt sind. [2] Satz 1 gilt in den Fällen des § 20 Absatz 1 Nummer 1 Satz 4 entsprechend; der Emittent der Aktien gilt insoweit als Schuldner der Kapitalerträge.

(4) [1] Eine Bescheinigung nach Absatz 2 oder Absatz 3 ist auch zu erteilen, wenn in Vertretung des Gläubigers ein Antrag auf Erstattung der Kapitalertragsteuer nach § 44b gestellt worden ist oder gestellt wird. [2] Satz 1 gilt entsprechend, wenn nach § 44a Absatz 8 Satz 1 der Steuerabzug nur[2] nicht in voller Höhe vorgenommen worden ist.

(5) [1] Eine Ersatzbescheinigung darf nur ausgestellt werden, wenn die Urschrift oder die elektronisch übermittelten Daten nach den Angaben des Gläubigers abhandengekommen oder vernichtet sind. [2] Die Ersatzbescheinigung muss als solche gekennzeichnet sein. [3] Über die Ausstellung von Ersatzbescheinigungen hat der Aussteller Aufzeichnungen zu führen.

[3] (6) [1] Eine Bescheinigung, die den Absätzen 2 bis 5 nicht entspricht, hat der Aussteller unverzüglich durch eine berichtigte Bescheinigung zu ersetzen. [2] Die berichtigte Bescheinigung ist als solche zu kennzeichnen. [3] Der Aussteller hat dem für ihn zuständigen Betriebsstättenfinanzamt unverzüglich nach Maßgabe des § 93c der Abgabenordnung neben den in § 93c Absatz 1 der Abgabenordnung genannten Angaben folgende Daten zu übermitteln:

1. den Anlass für die Ausstellung der berichtigen Bescheinigung und deren Ausstellungsdatum,
2. die ursprünglichen und die berichtigten Angaben in der Bescheinigung sowie
3. in den Fällen des Gläubigerwechsels die Identifikationsnummer, den Namen und die Anschrift des bisherigen Gläubigers der Kapitalerträge.

[4] Bei Steuerpflichtigen, die nicht unbeschränkt steuerpflichtig sind, findet Satz 3 mit der Maßgabe Anwendung, dass der Aussteller die Daten an das Bundeszentralamt für Steuern zu übermitteln hat.

---

[1] *Absatz 3 Satz 1 wurde durch Artikel 7 Abs. 7 des Gesetzes zur Umsetzung der Richtlinie (EU) 2019/2034 über die Beaufsichtigung von Wertpapierinstituten ab VZ 2021 geändert.*

[2] Das Wort „nur“ ist durch ein Redaktionsversehen nicht gestrichen worden.

[3] Absatz 6 ist auf Kapitalerträge anzuwenden, die nach dem 31.12.2022 zufließen >§ 52 Abs. 44a Satz 2.

(7) [1] ***Der Aussteller einer Bescheinigung, die den Absätzen 2 bis 5 sowie § 45b Absatz 1 bis 4 nicht entspricht, haftet für die auf Grund dessen verkürzten Steuern oder zu Unrecht gewährten Steuervorteile; dies gilt entsprechend für die die Kapitalerträge auszahlende Stelle im Hinblick auf die nach § 45b Absatz 5 zu übermittelnden Angaben.*** [2] **Ist die Bescheinigung nach Absatz 3 durch ein inländisches Kreditinstitut oder ein inländisches Finanzdienstleistungsinstitut auszustellen, so haftet der Schuldner auch, wenn er zum Zweck der Bescheinigung unrichtige Angaben macht.** [1)] | [2)]

[1)] *Absatz 7 Satz 1 wurde durch Artikel 1 des AbzStEntModG neu gefasst und ist erstmals auf Kapitalerträge anzuwenden, die dem Gläubiger nach dem 31.12.2024 zufließen >§ 52 Abs. 44a Satz 3.*

[2)] *Absatz 7 Satz 3 wurde durch Artikel 1 des AbzStEntModG aufgehoben und ist letztmals anzuwenden für Kapitalerträge, die vor dem 1.1.2024 zufließen >§ 52 Abs. 44a Satz 4.*

S 2410

§ 45b[1])

Angaben zur Bescheinigung und Abführung der Kapitalertragsteuer

(1) Die die Kapitalerträge auszahlende Stelle weist jeder nach Maßgabe des § 45a Absatz 2 zu erteilenden Bescheinigung und jedem nach § 45b Absatz 5 zu übermittelnden Datensatz eine nach amtlichem Muster zu erstellende Ordnungsnummer zu.

(2) Bei Kapitalerträgen im Sinne des § 43 Absatz 1 Satz 1 Nummer 1a und 2 Satz 4 ist die Bescheinigung nach § 45a Absatz 2 um folgende Angaben zu ergänzen:

1. *die Identifikationsnummer nach § 139b der Abgabenordnung des Gläubigers der Kapitalerträge; handelt es sich bei dem Gläubiger der Kapitalerträge nicht um eine natürliche Person, so sind dessen Firma oder Name, Anschrift und Wirtschafts-Identifikationsnummer nach § 139c der Abgabenordnung oder, wenn die Wirtschafts-Identifikationsnummer noch nicht vergeben wurde, dessen Steuernummer anzugeben;*
2. *den Bruttobetrag der vom Gläubiger der Kapitalerträge je Wertpapiergattung und Zahlungstag erzielten Kapitalerträge unter Angabe der Bezeichnung und der Internationalen Wertpapierkennnummer des Wertpapiers;*
3. *den Betrag, der je Wertpapiergattung und Zahlungstag einbehaltenen und abgeführten Kapitalertragsteuer und den Betrag der einbehaltenen und abgeführten Zuschlagsteuern; die Ermäßigung der Kapitalertragsteuer um die auf die Kapitalerträge entfallende Kirchensteuer ist nicht zu berücksichtigen; sind die Kapitalerträge nach Maßgabe des § 43a Absatz 3 Satz 2 mit negativen Kapitalerträgen auszugleichen, sind statt der Beträge der abgeführten Steuern der Betrag der einbehaltenen und auf die Kapitalerträge entfallenden Kapitalertragsteuer vor Durchführung des Verlustausgleiches und vor Berücksichtigung des Sparer-Pauschbetrages sowie der Betrag der darauf entfallenden Zuschlagsteuern anzugeben;*
4. *die Höhe des jeweils angewendeten Steuersatzes;*
5. *die Stückzahl der Wertpapiere je Wertpapiergattung und Zahlungstag sowie davon die Stückzahl der Wertpapiere, die auf der Grundlage einer Wertpapierleihe oder eines Wertpapierpensionsgeschäftes übertragen wurden, verbunden mit der Angabe, ob bei Anschaffung der Aktien die Lieferung von Aktien mit oder ohne Dividendenanspruch vereinbart wurde und ob Aktien mit oder ohne Dividendenanspruch geliefert wurden;*

---

[1]) *§ 45b wurde durch Artikel 1 des AbzStEntModG eingefügt und ist erstmals auf Kapitalerträge anzuwenden, die dem Gläubiger nach dem 31.12.2024 zufließen >§ 52 Abs. 44b.*

6. zur Anschaffung der Wertpapiere oder zu ihrer Übertragung auf der Grundlage einer Wertpapierleihe oder eines Wertpapierpensionsgeschäftes jeweils das Datum des Handelstags, das Datum des vereinbarten Abwicklungstags und das Datum des tatsächlichen Abwicklungstags sowie die jeweilige Stückzahl;

7. zur Veräußerung der Wertpapiere oder zu ihrer Rückübertragung auf der Grundlage einer Wertpapierleihe oder eines Wertpapierpensionsgeschäftes, soweit die Wertpapiere innerhalb von 45 Tagen nach Fälligkeit der Kapitalerträge veräußert oder rückübertragen wurden, jeweils das Datum des Handelstags, das Datum des vereinbarten Abwicklungstags und das Datum des tatsächlichen Abwicklungstags sowie die jeweilige Stückzahl;

8. die Firma, die Rechtsform, die Anschrift und der Legal Entity Identifier der jeweils in die Verwahrkette nacheinander eingebundenen inländischen oder ausländischen Zwischenverwahrstellen der Wertpapiere sowie der Depotbank, die die Wertpapiere für den Gläubiger der Kapitalerträge unmittelbar verwahrt, unter Angabe der jeweiligen Depotnummern der durch die Zwischenverwahrstellen geführten Depots, in denen die Aktien verwahrt werden;

9. die Konto- oder Depotnummer des Gläubigers der Kapitalerträge; werden die Wertpapiere durch einen Treuhänder für den Gläubiger der Kapitalerträge verwahrt, sind die Konto- oder Depotnummer des Treuhänders sowie die Daten nach Nummer 1 auch für den Treuhänder anzugeben.

(3) [1] Soweit die Kapitalerträge im Sinne des Absatzes 2 auf Grund eines Hinterlegungsscheines bezogen wurden, beziehen sich die Angaben nach Absatz 2 auf den Hinterlegungsschein. [2] Die Bescheinigung nach § 45a Absatz 2 ist in diesem Fall je Wertpapiergattung und Zahlungstag um folgende Angaben zu ergänzen:

1. die Bezeichnung und die Internationale Wertpapierkennnummer der hinterlegten Wertpapiere;

2. das in den Emissionsbedingungen des Hinterlegungsscheines festgelegte Verhältnis der Hinterlegungsscheine zu den durch die inländische Hinterlegungsstelle verwahrten inländischen Wertpapieren;

3. die Gesamtzahl ausgegebener Hinterlegungsscheine sowie die Gesamtzahl der hinterlegten Wertpapiere, jeweils zum Zeitpunkt des Gewinnverteilungsbeschlusses;

4. die Anzahl der Hinterlegungsscheine des Gläubigers der Kapitalerträge zum Zeitpunkt des Gewinnverteilungsbeschlusses.

[3] Einem Kredit- oder Finanzdienstleistungsinstitut darf eine Bescheinigung nach § 45a Absatz 2 Satz 1 erster Halbsatz nur erteilt werden, soweit es dem Aussteller schriftlich versichert, dass die Wertpapiere nicht als Deckungsbestand für ausgegebene Hinterlegungsscheine

dienen. [4] Für Kapitalerträge, die auf einem Hinterlegungsschein beruhen, darf dem Inhaber des Hinterlegungsscheines eine Bescheinigung nur erteilt werden, wenn der Emittent des Hinterlegungsscheines dem Aussteller schriftlich versichert, dass die Gesamtzahl ausgegebener Hinterlegungsscheine im gesamten Zeitraum zwischen dem Gewinnverteilungsbeschluss für die bei der inländischen Hinterlegungsstelle hinterlegten Wertpapiere und der Gutschrift der Erträge bei den Inhabern der Hinterlegungsscheine dem Verhältnis nach Satz 2 Nummer 2 entsprochen hat.

(4) [1] Der Aussteller der Bescheinigung hat die nach Absatz 2 und 3 Satz 2 zu ergänzenden Angaben an das Bundeszentralamt für Steuern nach Maßgabe des § 93c Absatz 1 Nummer 1 und 2 der Abgabenordnung elektronisch zu übermitteln; dabei ist die nach Absatz 1 vergebene Ordnungsnummer anzugeben. [2] Die Datenübermittlung nach Satz 1 hat abweichend von § 93c Absatz 1 Nummer 1 der Abgabenordnung bis spätestens zum 31. Juli des auf den Zufluss des Kapitalertrages folgenden Kalenderjahres zu erfolgen. [3] Sind die Kapitalerträge nach Maßgabe des § 43a Absatz 3 Satz 2 mit negativen Kapitalerträgen auszugleichen, so sind neben den Angaben nach Satz 1 der Betrag der auf der nach amtlichem Muster erteilten Bescheinigung für den Gläubiger der Kapitalerträge ausgewiesenen Kapitalertragsteuer und der Betrag der ausgewiesenen Zuschlagsteuern zu übermitteln. [4] Die nach Maßgabe des § 93c Absatz 1 Nummer 3 der Abgabenordnung dem Steuerpflichtigen zu erteilende Information kann auf der Bescheinigung angegeben werden.

(5) [1] In den Fällen des § 45a Absatz 2a hat die die Kapitalerträge auszahlende Stelle auf Verlangen des Gläubigers der Kapitalerträge dem Bundeszentralamt für Steuern nach Maßgabe des § 93c Absatz 1 Nummer 1 und 2 der Abgabenordnung für jeden Zufluss unverzüglich elektronisch die in den Absätzen 2 und 3 Satz 2 genannten Angaben zu übermitteln; dabei sind die nach Absatz 1 vergebene Ordnungsnummer, das durch den Ansässigkeitsstaat vergebene Steueridentifikationsmerkmal des Gläubigers der Kapitalerträge sowie, sofern der Gläubiger der Kapitalerträge keine natürliche Person ist und eine Wirtschafts-Identifikationsnummer nach § 139c Absatz 1 der Abgabenordnung noch nicht vergeben wurde, die Rechtsform und das Datum des Gründungsaktes der Körperschaft, Personenvereinigung oder Vermögensmasse anzugeben. [2] Absatz 3 Satz 3 und 4 gilt entsprechend.

(6) [1] Wurde für Kapitalerträge im Sinne des § 43 Absatz 1 Satz 1 Nummer 1a oder Nummer 2 Satz 4 keine Bescheinigung nach § 45a Absatz 2 erteilt oder wurden keine Angaben gemäß § 45a Absatz 2a übermittelt, hat die die Kapitalerträge auszahlende Stelle dem Bundeszentralamt für Steuern elektronisch nach Maßgabe des § 93c Absatz 1 Nummer 1 und 2 der Abgabenordnung folgende Angaben zu den Zuflüssen des vorangegangenen Kalenderjahres zu übermitteln:

1. die Identifikationsnummer nach § 139b Absatz 1 der Abgabenordnung des Depotinhabers; handelt es sich bei dem Depotinhaber nicht um eine natürliche Person, so sind dessen Firma oder Name, Anschrift und Wirtschafts-Identifikationsnummer nach § 139c Absatz 1 der Abgabenordnung oder, wenn diese noch nicht vergeben wurde, dessen Steuernummer anzugeben; bei im Ausland ansässigen Steuerpflichtigen ist zusätzlich das durch den Ansässigkeitsstaat vergebene Steueridentifikationsmerkmal anzugeben;

2. die Konto- oder Depotnummer;

3. den Bruttobetrag der je Wertpapiergattung und Zahlungstag erzielten Kapitalerträge unter Angabe der Bezeichnung und der Internationalen Wertpapierkennnummer des Wertpapiers sowie die Stückzahl der Wertpapiere und

4. den Betrag der je Wertpapiergattung und Zahlungstag einbehaltenen und abgeführten Kapitalertragsteuer und den Betrag der Zuschlagsteuern sowie den angewendeten Steuersatz.

[2] Wurde für Kapitalerträge im Sinne des § 43 Absatz 1 Satz 1 Nummer 1a oder Nummer 2 Satz 4 vom Steuerabzug ganz oder teilweise Abstand genommen, so hat die die Kapitalerträge auszahlende Stelle dem Bundeszentralamt für Steuern elektronisch nach Maßgabe des § 93c Absatz 1 Nummer 1 und 2 der Abgabenordnung neben den in den Absätzen 2, 3 Satz 2 und Absatz 5 Satz 1 genannten Angaben folgende Angaben zu den Zuflüssen des vorangegangenen Kalenderjahres zu übermitteln:

1. die Ordnungsnummer, die bei Erteilung einer Bescheinigung nach § 45a Absatz 2 oder Übermittlung von Angaben gemäß § 45a Absatz 2a vergeben wurde, und

2. die Rechtsgrundlage für den reduzierten oder unterlassenen Steuerabzug.

[3] Die Datenübermittlung nach den Sätzen 1 und 2 hat abweichend von § 93c Absatz 1 Nummer 1 der Abgabenordnung bis spätestens zum 31. Juli des auf den Zufluss des Kapitalertrages folgenden Kalenderjahres zu erfolgen.

(7) [1] Die inländischen und ausländischen Zwischenverwahrstellen sowie die Depotbank und der Treuhänder, die die Wertpapiere für den Gläubiger der Kapitalerträge unmittelbar verwahren, sind für die Zwecke der Absätze 2 bis 5 verpflichtet, ihrer jeweiligen Verwahrstelle die Angaben nach Absatz 2 Nummer 1, 2, 5 bis 9 und Absatz 3 Satz 2 vollständig und richtig mitzuteilen. [2] Das Kredit- oder Finanzdienstleistungsinstitut und der Emittent der Hinterlegungsscheine haben die nach § 45b Absatz 3 Satz 3 oder Satz 4 gegenüber dem Aussteller der Steuerbescheinigung zu erteilende schriftliche Versicherung vollständig und richtig abzugeben. [3] Die Bescheinigung nach § 45a Absatz 2 darf erst erteilt und die Angaben gemäß § 45a Absatz 2a dürfen erst übermittelt werden, wenn der die Kapitalerträge auszahlenden Stelle die Angaben nach den Absätzen 2 und 3 vollständig vorliegen.

(8) In den Fällen der Absätze 4 bis 6 gilt Folgendes:

1. *§ 93c Absatz 3 der Abgabenordnung ist mit der Maßgabe anzuwenden, dass der übermittelte Datensatz unabhängig davon zu korrigieren oder zu stornieren ist, wann die die Kapitalerträge auszahlende Stelle die Feststellung im Sinne des § 93c Absatz 3 Satz 1 Nummer 1 oder Nummer 2 der Abgabenordnung trifft; die die Kapitalerträge auszahlende Stelle ist unabhängig von der in § 93c Absatz 3 der Abgabenordnung genannten Frist verpflichtet, einen Datensatz zu übermitteln, wenn sie nachträglich erkennt, dass sie zur Übermittlung eines Datensatzes verpflichtet war und der Datensatz nicht übermittelt wurde;*
2. *§ 171 Absatz 10a der Abgabenordnung ist mit der Maßgabe anzuwenden, dass die Festsetzungsfrist unabhängig vom Zeitpunkt des Zugangs der Daten bei dem Bundeszentralamt für Steuern nicht vor Ablauf von zwei Jahren nach Zugang der Daten endet.*

(9) Inländische börsennotierte Gesellschaften haben gemäß § 67d des Aktiengesetzes Informationen über die Identität ihrer Aktionäre zum Zeitpunkt ihres Gewinnverteilungsbeschlusses zu verlangen und die ihnen übermittelten Informationen elektronisch nach Maßgabe des § 93c der Abgabenordnung unverzüglich elektronisch an das Bundeszentralamt für Steuern zu übermitteln.

(10) [1] Das Bundeszentralamt für Steuern speichert die nach den Absätzen 4 bis 6 und 9 übermittelten Daten zur Ermittlung der auf die Kapitalerträge einbehaltenen und abgeführten Kapitalertragsteuer und analysiert diese im Hinblick auf missbräuchliche Steuergestaltungsmodelle, die die Erlangung eines Steuervorteils aus der Erhebung oder Entlastung von Kapitalertragsteuer mit erheblicher Bedeutung zum Gegenstand haben. [2] Es darf dazu auch ihm nach Maßgabe dieser Absätze übermittelte personenbezogene Daten verarbeiten, soweit dies zur Erfüllung der Aufgabe nach Satz 1 erforderlich ist.

§ 45c[1]) S 2410

Zusammengefasste Mitteilung zur Bescheinigung und Abführung der Kapitalertragsteuer

***(1)** [1] Die die Kapitalerträge auszahlende Stelle hat dem Bundeszentralamt für Steuern bis zum 31. Juli des auf den Zufluss der Kapitalerträge folgenden Kalenderjahres folgende Daten zu übermitteln:*

1. *die Summe der in einem Kalenderjahr je Wertpapiergattung und Zahlungstag durch die die Kapitalerträge auszahlende Stelle berücksichtigten Bruttoerträge im Sinne des § 43 Absatz 1 Satz 1 Nummer 1a und 2 Satz 4;*
2. *den Betrag der auf diese Kapitalerträge einbehaltenen und abgeführten Kapitalertragsteuer und den Betrag der einbehaltenen und abgeführten Zuschlagsteuern;*
3. *die für diese Kapitalerträge nach § 45a Absatz 2 bescheinigte oder gemäß § 45a Absatz 2a angegebene Kapitalertragsteuer und Zuschlagsteuern; sind die Kapitalerträge nach Maßgabe des § 43a Absatz 3 Satz 2 mit negativen Kapitalerträgen auszugleichen, sind der Betrag der einbehaltenen und auf die Kapitalerträge entfallenden Kapitalertragsteuer vor Durchführung des Verlustausgleiches und vor Berücksichtigung des Sparer-Pauschbetrages sowie der Betrag der darauf entfallenden Zuschlagsteuern zu übermitteln;*
4. *die diesen Kapitalerträgen zugrunde liegende Stückzahl der Wertpapiere und*
5. *die Bezeichnung und die Internationale Wertpapierkennnummer der Wertpapiergattung.*

[2] Satz 1 gilt entsprechend für die Summe der gutgeschriebenen Kapitalerträge, bei denen ein Steuerabzug nicht oder nicht in voller Höhe vorgenommen wurde. [3] Die Rechtsgrundlage für die Abstandnahme vom Steuerabzug und die darauf entfallenden Beträge sind anzugeben.

***(2)** [1] Die inländische Wertpapiersammelbank hat dem Bundeszentralamt für Steuern bis zum 31. Juli des auf den Zufluss der Kapitalerträge folgenden Kalenderjahres folgende Daten je Wertpapiergattung und Kundendepot unter Angabe der Internationalen Wertpapierkennnummer und der Stückzahl der Wertpapiere zu übermitteln:*

1. *die in § 45b Absatz 2 Nummer 1 genannten Angaben zum Depotinhaber; verfügt der Depotinhaber nicht über eine inländische Steuernummer, so ist die durch seinen Ansässigkeitsstaat vergebene Steueridentifikationsnummer anzugeben;*
2. *die Konto- oder Depotnummer;*
3. *die Summe der in einem Kalenderjahr am Zahlungstag gutgeschriebenen Kapitalerträge im Sinne des § 43 Absatz 1 Satz 1*

---

[1]) *§ 45c wurde durch Artikel 1 des AbzStEntModG eingefügt und ist erstmals auf Kapitalerträge anzuwenden, die dem Gläubiger nach dem 31.12.2024 zufließen >§ 52 Abs. 44c.*

Nummer 1a und 2 Satz 4, die auf Grund eines gebuchten Bestandes am Dividendenstichtag gutgeschrieben wurden;

4. die Summe der in einem Kalenderjahr gutgeschriebenen Kompensationszahlungen;

5. die Summe der in einem Kalenderjahr belasteten Kompensationszahlungen;

6. den Saldo aus der Summe der gutgeschriebenen Kapitalerträge zuzüglich der Summe der gutgeschriebenen Kompensationszahlungen und der Summe der belasteten Kompensationszahlungen;

7. den Betrag der einbehaltenen und abgeführten Kapitalertragsteuer und den Betrag der einbehaltenen und abgeführten Zuschlagsteuern auf die Beträge nach den Nummern 3 und 4;

8. die Stückzahl der Wertpapiere, für die die Wertpapiersammelbank keine Dividendenregulierung vorgenommen hat.

[2] Die Pflicht zur Datenübermittlung nach Satz 1 mit Ausnahme der Angabe nach Satz 1 Nummer 8 gilt entsprechend für die die Kapitalerträge auszahlenden Stellen nach § 44 Absatz 1 Satz 4 Nummer 3. [3] Dem Bundeszentralamt für Steuern sind bis zum 31. Juli des auf die Abführung des Steuerbetrages folgenden Kalenderjahres der Betrag der nach § 44 Absatz 1a abgeführten Kapitalertragsteuer sowie die nach § 45a Absatz 2 Satz 1 Nummer 3 bescheinigten Angaben zu übermitteln.

(3) [1] § 93c der Abgabenordnung ist mit Ausnahme von dessen Absatz 1 Nummer 2 Buchstabe c und d und Nummer 3 entsprechend anzuwenden. [2] § 45b Absatz 8 gilt entsprechend.

(4) [1] Das Bundeszentralamt für Steuern speichert die ihm nach den Absätzen 1 und 2 übermittelten Daten zur Ermittlung der auf diese Kapitalerträge einbehaltenen und bescheinigten Kapitalertragsteuer und analysiert diese im Hinblick auf missbräuchliche Steuergestaltungsmodelle, die die Erlangung eines Steuervorteils aus der Erhebung oder Entlastung von Kapitalertragsteuer mit erheblicher Bedeutung zum Gegenstand haben. [2] Es darf dazu ihm nach Maßgabe der Absätze 1 und 2 übermittelte personenbezogene Daten verarbeiten, soweit dies zur Erfüllung der Aufgabe nach Satz 1 erforderlich ist.

§ 45d

S 2409a

Mitteilungen an das Bundeszentralamt für Steuern

(1) [1]Wer nach § 44 Absatz 1 dieses Gesetzes und § 7 des Investmentsteuergesetzes zum Steuerabzug verpflichtet ist, hat dem Bundeszentralamt für Steuern nach Maßgabe des § 93c der Abgabenordnung neben den in § 93c Absatz 1 der Abgabenordnung genannten Angaben folgende Daten zu übermitteln:

1. bei den Kapitalerträgen, für die ein Freistellungsauftrag erteilt worden ist,
   a) die Kapitalerträge, bei denen vom Steuerabzug Abstand genommen worden ist oder bei denen Kapitalertragsteuer auf Grund des Freistellungsauftrags gemäß § 44b Absatz 6 Satz 4 dieses Gesetzes oder gemäß § 7 Absatz 5 Satz 1 des Investmentsteuergesetzes erstattet wurde,
   b) die Kapitalerträge, bei denen die Erstattung von Kapitalertragsteuer beim Bundeszentralamt für Steuern beantragt worden ist,
2. die Kapitalerträge, bei denen auf Grund einer Nichtveranlagungs-Bescheinigung einer natürlichen Person nach § 44a Absatz 2 Satz 1 Nummer 2 vom Steuerabzug Abstand genommen oder eine Erstattung vorgenommen wurde.

[2]Bei einem gemeinsamen Freistellungsauftrag sind die Daten beider Ehegatten zu übermitteln. [3]§ 72a Absatz 4, § 93c Absatz 1 Nummer 3 und § 203a der Abgabenordnung finden keine Anwendung.

(2) [1]Das Bundeszentralamt für Steuern darf den Sozialleistungsträgern die Daten nach Absatz 1 mitteilen, soweit dies zur Überprüfung des bei der Sozialleistung zu berücksichtigenden Einkommens oder Vermögens erforderlich ist oder die betroffene Person zustimmt. [2]Für Zwecke des Satzes 1 ist das Bundeszentralamt für Steuern berechtigt, die ihm von den Sozialleistungsträgern übermittelten Daten mit den vorhandenen Daten nach Absatz 1 im Wege des automatisierten Datenabgleichs zu überprüfen und das Ergebnis den Sozialleistungsträgern mitzuteilen.

(3) [1]Ein inländischer Versicherungsvermittler im Sinne des § 59 Absatz 1 des Versicherungsvertragsgesetzes hat das Zustandekommen eines Vertrages im Sinne des § 20 Absatz 1 Nummer 6 zwischen einer im Inland ansässigen Person und einem Versicherungsunternehmen mit Sitz und Geschäftsleitung im Ausland nach Maßgabe des § 93c der Abgabenordnung dem Bundeszentralamt für Steuern mitzuteilen. [2]Dies gilt nicht, wenn das Versicherungsunternehmen eine Niederlassung im Inland hat oder das Versicherungsunternehmen dem Bundeszentralamt für Steuern bis zu diesem Zeitpunkt das Zustandekommen eines Vertrages angezeigt und den Versicherungsvermittler hierüber in Kenntnis gesetzt hat. [3]Neben den in § 93c Absatz 1 der Abgabenordnung genannten Daten sind folgende Daten zu übermitteln:

1. Name und Anschrift des Versicherungsunternehmens sowie Vertragsnummer oder sonstige Kennzeichnung des Vertrages,
2. Laufzeit und garantierte Versicherungssumme oder Beitragssumme für die gesamte Laufzeit,
3. Angabe, ob es sich um einen konventionellen, einen fondsgebundenen oder einen vermögensverwaltenden Versicherungsvertrag handelt.

[3]Ist mitteilungspflichtige Stelle nach Satz 1 das ausländische Versicherungsunternehmen und verfügt dieses weder über ein Identifikationsmerkmal nach den §§ 139a bis 139c der Abgabenordnung noch über eine Steuernummer oder ein sonstiges Ordnungsmerkmal, so kann abweichend von § 93c Absatz 1 Nummer 2 Buchstabe a der Abgabenordnung auf diese Angaben verzichtet werden. [4]Der Versicherungsnehmer gilt als Steuerpflichtiger im Sinne des § 93c Absatz 1 Nummer 2 Buchstabe c der Abgabenordnung. [5]§ 72a Absatz 4 und § 203a der Abgabenordnung finden keine Anwendung.

S 2402

§ 45e

Ermächtigung für Zinsinformationsverordnung

[1]Die Bundesregierung wird ermächtigt, durch Rechtsverordnung mit Zustimmung des Bundesrates die Richtlinie 2003/48/EG des Rates vom 3. Juni 2003 (ABl. EU Nr. L 157 S. 38) in der jeweils geltenden Fassung im Bereich der Besteuerung von Zinserträgen umzusetzen. [2]§ 45d Absatz 1 Satz 2 und Absatz 2 ist entsprechend anzuwenden.

4. Veranlagung von Steuerpflichtigen mit steuerabzugspflichtigen Einkünften

§ 46

S 2270

Veranlagung bei Bezug von Einkünften aus nichtselbständiger Arbeit

(1) (weggefallen)

(2) Besteht das Einkommen ganz oder teilweise aus Einkünften aus nichtselbständiger Arbeit, von denen ein Steuerabzug vorgenommen worden ist, so wird eine Veranlagung nur durchgeführt,

1. wenn die positive Summe der einkommensteuerpflichtigen Einkünfte, die nicht dem Steuerabzug vom Arbeitslohn zu unterwerfen waren, vermindert um die darauf entfallenden Beträge nach § 13 Absatz 3 und § 24a, oder die positive Summe der Einkünfte und Leistungen, die dem Progressionsvorbehalt unterliegen, jeweils mehr als 410 Euro beträgt;
2. wenn der Steuerpflichtige nebeneinander von mehreren Arbeitgebern Arbeitslohn bezogen hat; das gilt nicht, soweit nach § 38 Absatz 3a Satz 7 Arbeitslohn von mehreren Arbeitgebern für den Lohnsteuerabzug zusammengerechnet worden ist;
3. wenn bei einem Steuerpflichtigen die Summe der beim Steuerabzug vom Arbeitslohn nach § 39b Absatz 2 Satz 5 Nummer 3 Buchstabe b bis d berücksichtigten Teilbeträge der Vorsorgepauschale größer ist als die abziehbaren Vorsorgeaufwendungen nach § 10 Absatz 1 Nummer 3 und Nummer 3a in Verbindung mit Absatz 4 und der im Kalenderjahr insgesamt erzielte Arbeitslohn *12.550 Euro* übersteigt, oder bei Ehegatten, die die Voraussetzungen des § 26 Absatz 1 erfüllen, der im Kalenderjahr von den Ehegatten insgesamt erzielte Arbeitslohn *23.900 Euro* übersteigt; [1)]

3a. wenn von Ehegatten, die nach den §§ 26, 26b zusammen zur Einkommensteuer zu veranlagen sind, beide Arbeitslohn bezogen haben und einer für den Veranlagungszeitraum oder einen Teil davon nach der Steuerklasse V oder VI besteuert oder bei Steuerklasse IV der Faktor (§ 39f) eingetragen worden ist;

4. wenn für einen Steuerpflichtigen ein Freibetrag im Sinne des § 39a Absatz 1 Satz 1 Nummer 1 bis 3, 5 oder Nummer 6 ermittelt worden ist und der im Kalenderjahr insgesamt erzielte Arbeitslohn *12.550 Euro* übersteigt oder bei Ehegatten, die die Voraussetzungen des § 26 Absatz 1 erfüllen, der im Kalenderjahr von den Ehegatten insgesamt erzielte Arbeitslohn *23.900 Euro* übersteigt; dasselbe gilt für einen Steuerpflichtigen, der zum Personenkreis des § 1 Absatz 2 gehört; [1)]

[1)] *Absatz 2 Nr. 3 und 4 wurde durch Artikel 2 des 2. FamEntlastG ab VZ 2022 geändert.*

4a. wenn bei einem Elternpaar, bei dem die Voraussetzungen des § 26 Absatz 1 Satz 1 nicht vorliegen,
   a) bis c) (weggefallen)
   d) im Fall des § 33a Absatz 2 Satz 5 das Elternpaar gemeinsam eine Aufteilung des Abzugsbetrags in einem anderen Verhältnis als je zur Hälfte beantragt oder
   e) im Fall des § 33b Absatz 5 Satz 3 das Elternpaar gemeinsam eine Aufteilung des Pauschbetrags für Menschen mit Behinderungen oder des Pauschbetrags für Hinterbliebene in einem anderen Verhältnis als je zur Hälfte beantragt.

   [2] Die Veranlagungspflicht besteht für jeden Elternteil, der Einkünfte aus nichtselbständiger Arbeit bezogen hat;
5. wenn bei einem Steuerpflichtigen die Lohnsteuer für einen sonstigen Bezug im Sinne des § 34 Absatz 1 und 2 Nummer 2 und 4 nach § 39b Absatz 3 Satz 9 oder für einen sonstigen Bezug nach § 39c Absatz 3 ermittelt wurde;
5a. wenn der Arbeitgeber die Lohnsteuer von einem sonstigen Bezug berechnet hat und dabei der Arbeitslohn aus früheren Dienstverhältnissen des Kalenderjahres außer Betracht geblieben ist (§ 39b Absatz 3 Satz 2, § 41 Absatz 1 Satz 6, Großbuchstabe S);
6. wenn die Ehe des Arbeitnehmers im Veranlagungszeitraum durch Tod, Scheidung oder Aufhebung aufgelöst worden ist und er oder sein Ehegatte der aufgelösten Ehe im Veranlagungszeitraum wieder geheiratet hat;
7. wenn
   a) für einen unbeschränkt Steuerpflichtigen im Sinne des § 1 Absatz 1 bei der Bildung der Lohnsteuerabzugsmerkmale (§ 39) ein Ehegatte im Sinne des § 1a Absatz 1 Nummer 2 berücksichtigt worden ist oder
   b) für einen Steuerpflichtigen, der zum Personenkreis des § 1 Absatz 3 oder des § 1a gehört, Lohnsteuerabzugsmerkmale nach § 39 Absatz 2 gebildet worden sind; das nach § 39 Absatz 2 Satz 2 bis 4 zuständige Betriebsstättenfinanzamt ist dann auch für die Veranlagung zuständig;
8. wenn die Veranlagung beantragt wird, insbesondere zur Anrechnung von Lohnsteuer auf die Einkommensteuer. [2] Der Antrag ist durch Abgabe einer Einkommensteuererklärung zu stellen;
9. wenn ein Antrag im Sinne der Nummer 8 gestellt wird und daneben beantragt wird, als unbeschränkt Steuerpflichtiger im Sinne des § 1 Absatz 3 behandelt zu werden; die Zuständigkeit liegt beim lohnsteuerlichen Betriebsstättenfinanzamt des Arbeitgebers.

(3) [1] In den Fällen des Absatzes 2 ist ein Betrag in Höhe der einkommensteuerpflichtigen Einkünfte, von denen der Steuerabzug vom Arbeitslohn nicht vorgenommen worden ist und die nicht nach § 32d

Absatz 6 der tariflichen Einkommensteuer unterworfen wurden, vom Einkommen abzuziehen, wenn diese Einkünfte insgesamt nicht mehr als 410 Euro betragen. [2]Der Betrag nach Satz 1 vermindert sich um den Altersentlastungsbetrag, soweit dieser den unter Verwendung des nach § 24a Satz 5 maßgebenden Prozentsatzes zu ermittelnden Anteil des Arbeitslohns mit Ausnahme der Versorgungsbezüge im Sinne des § 19 Absatz 2 übersteigt, und um den nach § 13 Absatz 3 zu berücksichtigenden Betrag.

(4) [1]Kommt nach Absatz 2 eine Veranlagung zur Einkommensteuer nicht in Betracht, so gilt die Einkommensteuer, die auf die Einkünfte aus nichtselbständiger Arbeit entfällt, für den Steuerpflichtigen durch den Lohnsteuerabzug als abgegolten, soweit er nicht für zu wenig erhobene Lohnsteuer in Anspruch genommen werden kann. [2]§ 42b bleibt unberührt.

(5) Durch Rechtsverordnung kann in den Fällen des Absatzes 2 Nummer 1, in denen die einkommensteuerpflichtigen Einkünfte, von denen der Steuerabzug vom Arbeitslohn nicht vorgenommen worden ist und die nicht nach § 32d Absatz 6 der tariflichen Einkommensteuer unterworfen wurden, den Betrag von 410 Euro übersteigen, die Besteuerung so gemildert werden, dass auf die volle Besteuerung dieser Einkünfte stufenweise übergeleitet wird.

Hinweise H 46

Antragsveranlagung

>R 46.2 EStR, H 46.2 EStH

Härteausgleich

>H 46.3 EStH

§ 47
(weggefallen)

VII. Steuerabzug bei Bauleistungen

S 2272

§ 48

Steuerabzug

(1) [1] Erbringt jemand im Inland eine Bauleistung (Leistender) an einen Unternehmer im Sinne des § 2 des Umsatzsteuergesetzes oder an eine juristische Person des öffentlichen Rechts (Leistungsempfänger), ist der Leistungsempfänger verpflichtet, von der Gegenleistung einen Steuerabzug in Höhe von 15 Prozent für Rechnung des Leistenden vorzunehmen. [2] Vermietet der Leistungsempfänger Wohnungen, so ist Satz 1 nicht auf Bauleistungen für diese Wohnungen anzuwenden, wenn er nicht mehr als zwei Wohnungen vermietet. [3] Bauleistungen sind alle Leistungen, die der Herstellung, Instandsetzung, Instandhaltung, Änderung oder Beseitigung von Bauwerken dienen. [4] Als Leistender gilt auch derjenige, der über eine Leistung abrechnet, ohne sie erbracht zu haben.

(2) [1] Der Steuerabzug muss nicht vorgenommen werden, wenn der Leistende dem Leistungsempfänger eine im Zeitpunkt der Gegenleistung gültige Freistellungsbescheinigung nach § 48b Absatz 1 Satz 1 vorlegt oder die Gegenleistung im laufenden Kalenderjahr den folgenden Betrag voraussichtlich nicht übersteigen wird:

1. 15.000 Euro, wenn der Leistungsempfänger ausschließlich steuerfreie Umsätze nach § 4 Nummer 12 Satz 1 des Umsatzsteuergesetzes ausführt,
2. 5.000 Euro in den übrigen Fällen.

[2] Für die Ermittlung des Betrags sind die für denselben Leistungsempfänger erbrachten und voraussichtlich zu erbringenden Bauleistungen zusammenzurechnen.

(3) Gegenleistung im Sinne des Absatzes 1 ist das Entgelt zuzüglich Umsatzsteuer.

(4) Wenn der Leistungsempfänger den Steuerabzugsbetrag angemeldet und abgeführt hat,

1. ist § 160 Absatz 1 Satz 1 der Abgabenordnung nicht anzuwenden,
2. sind § 42d Absatz 6 und 8 und § 50a Absatz 7 nicht anzuwenden.

§ 48a

S 2272a

Verfahren

(1) [1]Der Leistungsempfänger hat bis zum zehnten Tag nach Ablauf des Monats, in dem die Gegenleistung im Sinne des § 48 erbracht wird, eine Anmeldung nach amtlich vorgeschriebenem Vordruck abzugeben, in der er den Steuerabzug für den Anmeldungszeitraum selbst zu berechnen hat. [2]Der Abzugsbetrag ist am zehnten Tag nach Ablauf des Anmeldungszeitraums fällig und an das für den Leistenden zuständige Finanzamt für Rechnung des Leistenden abzuführen. [3]Die Anmeldung des Abzugsbetrags steht einer Steueranmeldung gleich.

(2) Der Leistungsempfänger hat mit dem Leistenden unter Angabe

1. des Namens und der Anschrift des Leistenden,
2. des Rechnungsbetrags, des Rechnungsdatums und des Zahlungstags,
3. der Höhe des Steuerabzugs und
4. des Finanzamts, bei dem der Abzugsbetrag angemeldet worden ist,

über den Steuerabzug abzurechnen.

(3) [1]Der Leistungsempfänger haftet für einen nicht oder zu niedrig abgeführten Abzugsbetrag. [2]Der Leistungsempfänger haftet nicht, wenn ihm im Zeitpunkt der Gegenleistung eine Freistellungsbescheinigung (§ 48b) vorgelegen hat, auf deren Rechtmäßigkeit er vertrauen konnte. [3]Er darf insbesondere dann nicht auf eine Freistellungsbescheinigung vertrauen, wenn diese durch unlautere Mittel oder durch falsche Angaben erwirkt wurde und ihm dies bekannt oder infolge grober Fahrlässigkeit nicht bekannt war. [4]Den Haftungsbescheid erlässt das für den Leistenden zuständige Finanzamt.

(4) § 50b gilt entsprechend.

S 2272b

§ 48b

Freistellungsbescheinigung

(1) [1] Auf Antrag des Leistenden hat das für ihn zuständige Finanzamt, wenn der zu sichernde Steueranspruch nicht gefährdet erscheint und ein inländischer Empfangsbevollmächtigter bestellt ist, eine Bescheinigung nach amtlich vorgeschriebenem Vordruck zu erteilen, die den Leistungsempfänger von der Pflicht zum Steuerabzug befreit. [2] Eine Gefährdung kommt insbesondere dann in Betracht, wenn der Leistende

1. Anzeigepflichten nach § 138 der Abgabenordnung nicht erfüllt,

2. seiner Auskunfts- und Mitwirkungspflicht nach § 90 der Abgabenordnung nicht nachkommt,

3. den Nachweis der steuerlichen Ansässigkeit durch Bescheinigung der zuständigen ausländischen Steuerbehörde nicht erbringt.

(2) Eine Bescheinigung soll erteilt werden, wenn der Leistende glaubhaft macht, dass keine zu sichernden Steueransprüche bestehen.

(3) [1] In der Bescheinigung sind anzugeben:

1. Name, Anschrift und Steuernummer des Leistenden,

2. Geltungsdauer der Bescheinigung,

3. Umfang der Freistellung sowie der Leistungsempfänger, wenn sie nur für bestimmte Bauleistungen gilt,

4. das ausstellende Finanzamt.

[2] Der Antragsteller ist über die Verarbeitung der in Satz 1 genannten Daten durch das Bundeszentralamt für Steuern gemäß Absatz 6 zu informieren.

(4) Wird eine Freistellungsbescheinigung aufgehoben, die nur für bestimmte Bauleistungen gilt, ist dies den betroffenen Leistungsempfängern mitzuteilen.

(5) Wenn eine Freistellungsbescheinigung vorliegt, gilt § 48 Absatz 4 entsprechend.

(6) [1] Das Bundeszentralamt für Steuern speichert die Daten nach Absatz 3 Satz 1. [2] Es erteilt dem Leistungsempfänger im Sinne des § 48 Absatz 1 Satz 1 im Wege einer elektronischen Abfrage Auskunft über die beim Bundeszentralamt für Steuern gespeicherten Freistellungsbescheinigungen.

§ 48c

S 2272c

Anrechnung

(1) [1]Soweit der Abzugsbetrag einbehalten und angemeldet worden ist, wird er auf vom Leistenden zu entrichtende Steuern nacheinander wie folgt angerechnet:

1. die nach § 41a Absatz 1 einbehaltene und angemeldete Lohnsteuer,
2. die Vorauszahlungen auf die Einkommen- oder Körperschaftsteuer,
3. die Einkommen- oder Körperschaftsteuer des Besteuerungs- oder Veranlagungszeitraums, in dem die Leistung erbracht worden ist, und
4. die vom Leistenden im Sinne der §§ 48, 48a anzumeldenden und abzuführenden Abzugsbeträge.

[2]Die Anrechnung nach Satz 1 Nummer 2 kann nur für Vorauszahlungszeiträume innerhalb des Besteuerungs- oder Veranlagungszeitraums erfolgen, in dem die Leistung erbracht worden ist. [3]Die Anrechnung nach Satz 1 Nummer 2 darf nicht zu einer Erstattung führen.

(2) [1]Auf Antrag des Leistenden erstattet das nach § 20a Absatz 1 der Abgabenordnung zuständige Finanzamt den Abzugsbetrag. [2]Die Erstattung setzt voraus, dass der Leistende nicht zur Abgabe von Lohnsteueranmeldungen verpflichtet ist und eine Veranlagung zur Einkommen- oder Körperschaftsteuer nicht in Betracht kommt oder der Leistende glaubhaft macht, dass im Veranlagungszeitraum keine zu sichernden Steueransprüche entstehen werden. [3]Der Antrag ist nach amtlich vorgeschriebenem Muster bis zum Ablauf des zweiten Kalenderjahres zu stellen, das auf das Jahr folgt, in dem der Abzugsbetrag angemeldet worden ist; weitergehende Fristen nach einem Abkommen zur Vermeidung der Doppelbesteuerung bleiben unberührt.

(3) Das Finanzamt kann die Anrechnung ablehnen, soweit der angemeldete Abzugsbetrag nicht abgeführt worden ist und Anlass zu der Annahme besteht, dass ein Missbrauch vorliegt.

S 2272d

§ 48d

Besonderheiten im Fall von Doppelbesteuerungsabkommen

(1) [1] Können Einkünfte, die dem Steuerabzug nach § 48 unterliegen, nach einem Abkommen zur Vermeidung der Doppelbesteuerung nicht besteuert werden, so sind die Vorschriften über die Einbehaltung, Abführung und Anmeldung der Steuer durch den Schuldner der Gegenleistung ungeachtet des Abkommens anzuwenden. [2] Unberührt bleibt der Anspruch des Gläubigers der Gegenleistung auf Erstattung der einbehaltenen und abgeführten Steuer. [3] Der Anspruch ist durch Antrag nach § 48c Absatz 2 geltend zu machen. [4] Der Gläubiger der Gegenleistung hat durch eine Bestätigung der für ihn zuständigen Steuerbehörde des anderen Staates nachzuweisen, dass er dort ansässig ist. [5] § 48b gilt entsprechend. [6] Der Leistungsempfänger kann sich im Haftungsverfahren nicht auf die Rechte des Gläubigers aus dem Abkommen berufen.

(2) Unbeschadet des § 5 Absatz 1 Nummer 2 des Finanzverwaltungsgesetzes liegt die Zuständigkeit für Entlastungsmaßnahmen nach Absatz 1 bei dem nach § 20a der Abgabenordnung zuständigen Finanzamt.

VIII. Besteuerung beschränkt Steuerpflichtiger

§ 49

S 2300

Beschränkt steuerpflichtige Einkünfte

(1) Inländische Einkünfte im Sinne der beschränkten Einkommensteuerpflicht (§ 1 Absatz 4) sind

1. Einkünfte aus einer im Inland betriebenen Land- und Forstwirtschaft (§§ 13, 14);
2. Einkünfte aus Gewerbebetrieb (§§ 15 bis 17),
   a) für den im Inland eine Betriebsstätte unterhalten wird oder ein ständiger Vertreter bestellt ist,
   b) die durch den Betrieb eigener oder gecharterter Seeschiffe oder Luftfahrzeuge aus Beförderungen zwischen inländischen und von inländischen zu ausländischen Häfen erzielt werden, einschließlich der Einkünfte aus anderen mit solchen Beförderungen zusammenhängenden, sich auf das Inland erstreckenden Beförderungsleistungen,
   c) die von einem Unternehmen im Rahmen einer internationalen Betriebsgemeinschaft oder eines Pool-Abkommens, bei denen ein Unternehmen mit Sitz oder Geschäftsleitung im Inland die Beförderung durchführt, aus Beförderungen und Beförderungsleistungen nach Buchstabe b erzielt werden,
   d) die, soweit sie nicht zu den Einkünften im Sinne der Nummern 3 und 4 gehören, durch im Inland ausgeübte oder verwertete künstlerische, sportliche, artistische, unterhaltende oder ähnliche Darbietungen erzielt werden, einschließlich der Einkünfte aus anderen mit diesen Leistungen zusammenhängenden Leistungen, unabhängig davon, wem die Einnahmen zufließen,
   e) die unter den Voraussetzungen des § 17 erzielt werden, wenn es sich um Anteile an einer Kapitalgesellschaft handelt,
      aa) die ihren Sitz oder ihre Geschäftsleitung im Inland hat,
      bb) bei deren Erwerb auf Grund eines Antrags nach § 13 Absatz 2 oder § 21 Absatz 2 Satz 3 Nummer 2 des Umwandlungssteuergesetzes nicht der gemeine Wert der eingebrachten Anteile angesetzt worden ist oder auf die § 17 Absatz 5 Satz 2 anzuwenden war oder
      cc) deren Anteilswert zu irgendeinem Zeitpunkt während der 365 Tage vor der Veräußerung unmittelbar oder mittelbar zu mehr als 50 Prozent auf inländischem unbeweglichem Vermögen beruhte und die Anteile dem Veräußerer zu diesem Zeitpunkt zuzurechnen waren; für die Ermittlung dieser Quote sind die aktiven Wirtschaftsgüter des Betriebsvermögens mit den Buchwerten, die zu

diesem Zeitpunkt anzusetzen gewesen wären, zugrunde zu legen,

f) die, soweit sie nicht zu den Einkünften im Sinne des Buchstaben a gehören, durch

aa) Vermietung und Verpachtung oder

bb) Veräußerung

von inländischem unbeweglichem Vermögen, von Sachinbegriffen oder Rechten, die im Inland belegen oder in ein inländisches öffentliches Buch oder Register eingetragen sind oder deren Verwertung in einer inländischen Betriebsstätte oder anderen Einrichtung erfolgt, erzielt werden. [2]§ 23 Absatz 1 Satz 4 gilt entsprechend. [3]Als Einkünfte aus Gewerbebetrieb gelten auch die Einkünfte aus Tätigkeiten im Sinne dieses Buchstabens, die von einer Körperschaft im Sinne des § 2 Nummer 1 des Körperschaftsteuergesetzes erzielt werden, die mit einer Kapitalgesellschaft oder sonstigen juristischen Person im Sinne des § 1 Absatz 1 Nummer 1 bis 3 des Körperschaftsteuergesetzes vergleichbar ist. [4]Zu den Einkünften aus der Veräußerung von inländischem unbeweglichem Vermögen im Sinne dieses Buchstabens gehören auch Wertveränderungen von Wirtschaftsgütern, die mit diesem Vermögen in wirtschaftlichem Zusammenhang stehen, oder

g) die aus der Verschaffung der Gelegenheit erzielt werden, einen Berufssportler als solchen im Inland vertraglich zu verpflichten; dies gilt nur, wenn die Gesamteinnahmen 10.000 Euro übersteigen;

3. Einkünfte aus selbständiger Arbeit (§ 18), die im Inland ausgeübt oder verwertet wird oder worden ist, oder für die im Inland eine feste Einrichtung oder eine Betriebsstätte unterhalten wird;

4. Einkünfte aus nichtselbständiger Arbeit (§ 19), die

a) im Inland ausgeübt oder verwertet wird oder worden ist,

b) aus inländischen öffentlichen Kassen einschließlich der Kassen des Bundeseisenbahnvermögens und der Deutschen Bundesbank mit Rücksicht auf ein gegenwärtiges oder früheres Dienstverhältnis gewährt werden, ohne dass ein Zahlungsanspruch gegenüber der inländischen öffentlichen Kasse bestehen muss; dies gilt nicht, wenn das Dienstverhältnis im Tätigkeitsstaat oder einem anderen ausländischen Staat begründet wurde, der Arbeitnehmer keinen inländischen Wohnsitz oder gewöhnlichen Aufenthalt auf Grund des Dienstverhältnisses oder eines vorangegangenen vergleichbaren Dienstverhältnisses aufgegeben hat und mit dem Tätigkeitsstaat kein Abkommen zur Vermeidung der Doppelbesteuerung besteht,

c) als Vergütung für eine Tätigkeit als Geschäftsführer, Prokurist oder Vorstandsmitglied einer Gesellschaft mit Geschäftsleitung im Inland bezogen werden,

d) als Entschädigung im Sinne des § 24 Nummer 1 für die Auflösung eines Dienstverhältnisses gezahlt werden, soweit die für die zuvor ausgeübte Tätigkeit bezogenen Einkünfte der inländischen Besteuerung unterlegen haben,

e) an Bord eines im internationalen Luftverkehr eingesetzten Luftfahrzeugs ausgeübt wird, das von einem Unternehmen mit Geschäftsleitung im Inland betrieben wird;

5. Einkünfte aus Kapitalvermögen im Sinne des

a) § 20 Absatz 1 Nummer 1, 2, 4, 6 und 9, wenn

aa) der Schuldner Wohnsitz, Geschäftsleitung oder Sitz im Inland hat,

bb) in den Fällen des § 20 Absatz 1 Nummer 1 Satz 4 der Emittent der Aktien Geschäftsleitung oder Sitz im Inland hat oder

cc) es sich um Fälle des § 44 Absatz 1 Satz 4 Nummer 1 Buchstabe a Doppelbuchstabe bb handelt;

dies gilt auch für Erträge aus Wandelanleihen und Gewinnobligationen,

b) (weggefallen)

c) § 20 Absatz 1 Nummer 5 und 7, wenn

aa) das Kapitalvermögen durch inländischen Grundbesitz, durch inländische Rechte, die den Vorschriften des bürgerlichen Rechts über Grundstücke unterliegen, oder durch Schiffe, die in ein inländisches Schiffsregister eingetragen sind, unmittelbar oder mittelbar gesichert ist. [2] Ausgenommen sind Zinsen aus Anleihen und Forderungen, die in ein öffentliches Schuldbuch eingetragen oder über die Sammelurkunden im Sinne des § 9a des Depotgesetzes oder Teilschuldverschreibungen, soweit es sich nicht um Wandelanleihen oder Gewinnobligationen handelt, ausgegeben sind, oder

bb) das Kapitalvermögen aus Genussrechten besteht, die nicht in § 20 Absatz 1 Nummer 1 genannt sind,

d) § 43 Absatz 1 Satz 1 Nummer 7 Buchstabe a, Nummer 9 und 10 sowie Satz 2, wenn sie von einem Schuldner oder von einem inländischen Kreditinstitut oder einem inländischen Finanzdienstleistungsinstitut *oder einem inländischen Wertpapier-* [1)]

---

1) Absatz 1 Nr. 5 Buchstabe d wurde durch Artikel 7 Abs. 7 des Gesetzes zur Umsetzung der Richtlinie (EU) 2019/2034 über die Beaufsichtigung von Wertpapierinstituten ab VZ 2021 geändert.

institut im Sinne des § 43 Absatz 1 Satz 1 Nummer 7 Buchstabe b einem anderen als einem ausländischen Kreditinstitut oder einem ausländischen Finanzdienstleistungsinstitut *oder einem ausländischen Wertpapierinstitut*

[1] aa) gegen Aushändigung der Zinsscheine ausgezahlt oder gutgeschrieben werden und die Teilschuldverschreibungen nicht von dem Schuldner, dem inländischen Kreditinstitut, dem inländischen Finanzdienstleistungsinstitut *oder dem inländischen Wertpapierinstitut* verwahrt werden oder

bb) gegen Übergabe der Wertpapiere ausgezahlt oder gutgeschrieben werden und diese vom Kreditinstitut weder verwahrt noch verwaltet werden.

[2] § 20 Absatz 3 gilt entsprechend;

6. Einkünfte aus Vermietung und Verpachtung (§ 21), soweit sie nicht zu den Einkünften im Sinne der Nummern 1 bis 5 gehören, wenn das unbewegliche Vermögen, die Sachinbegriffe oder Rechte im Inland belegen oder in ein inländisches öffentliches Buch oder Register eingetragen sind oder in einer inländischen Betriebsstätte oder in einer anderen Einrichtung verwertet werden;
7. sonstige Einkünfte im Sinne des § 22 Nummer 1 Satz 3 Buchstabe a, die von den inländischen gesetzlichen Rentenversicherungsträgern, der inländischen landwirtschaftlichen Alterskasse, den inländischen berufsständischen Versorgungseinrichtungen, den inländischen Versicherungsunternehmen oder sonstigen inländischen Zahlstellen gewährt werden; dies gilt entsprechend für Leibrenten und andere Leistungen ausländischer Zahlstellen, wenn die Beiträge, die den Leistungen zugrunde liegen, nach § 10 Absatz 1 Nummer 2 ganz oder teilweise bei der Ermittlung der Sonderausgaben berücksichtigt wurden;
8. sonstige Einkünfte im Sinne des § 22 Nummer 2, soweit es sich um private Veräußerungsgeschäfte handelt, mit
   a) inländischen Grundstücken oder
   b) inländischen Rechten, die den Vorschriften des bürgerlichen Rechts über Grundstücke unterliegen;

8a. sonstige Einkünfte im Sinne des § 22 Nummer 4;

9. sonstige Einkünfte im Sinne des § 22 Nummer 3, auch wenn sie bei Anwendung dieser Vorschrift einer anderen Einkunftsart zuzurechnen wären, soweit es sich um Einkünfte aus inländischen unterhaltenden Darbietungen, aus der Nutzung beweglicher Sachen im Inland oder aus der Überlassung der Nutzung oder

---

[1] *Absatz 1 Nr. 5 Buchstabe d Doppelbuchstabe aa wurde durch Artikel 7 Abs. 7 des Gesetzes zur Umsetzung der Richtlinie (EU) 2019/2034 über die Beaufsichtigung von Wertpapierinstituten ab VZ 2021 geändert.*

des Rechts auf Nutzung von gewerblichen, technischen, wissenschaftlichen und ähnlichen Erfahrungen, Kenntnissen und Fertigkeiten, zum Beispiel Plänen, Mustern und Verfahren, handelt, die im Inland genutzt werden oder worden sind; dies gilt nicht, soweit es sich um steuerpflichtige Einkünfte im Sinne der Nummern 1 bis 8 handelt;

10. sonstige Einkünfte im Sinne des § 22 Nummer 5; dies gilt auch für Leistungen ausländischer Zahlstellen, soweit die Leistungen bei einem unbeschränkt Steuerpflichtigen zu Einkünften nach § 22 Nummer 5 Satz 1 führen würden oder wenn die Beiträge, die den Leistungen zugrunde liegen, nach § 10 Absatz 1 Nummer 2 ganz oder teilweise bei der Ermittlung der Sonderausgaben berücksichtigt wurden.

11. Einkünfte aus der Beteiligung an einer Personengesellschaft oder Gemeinschaft, die ihren Sitz oder ihre Geschäftsleitung im Inland hat oder in ein inländisches Register eingetragen ist, soweit diese Einkünfte [1)]

a) in dem Staat, in dem der Beteiligte seinen Wohnsitz oder gewöhnlichen Aufenthalt hat, aufgrund einer vom deutschen Recht abweichenden steuerlichen Behandlung der Personengesellschaft oder Gemeinschaft keiner Besteuerung unterliegen,

b) nicht bereits als Einkünfte im Sinne der Nummern 1 bis 10 einer Besteuerung unterliegen und

c) in keinem anderen Staat einer Besteuerung unterliegen.

[2] Satz 1 gilt nur, wenn dem Beteiligten allein oder zusammen mit ihm nahestehenden Personen im Sinne des § 1 Absatz 2 des Außensteuergesetzes, die keiner unbeschränkten Steuerpflicht im Inland nach § 1 Absatz 1 oder nach § 1 des Körperschaftsteuergesetzes unterliegen, mehr als die Hälfte der Stimmrechte oder mehr als die Hälfte der Anteile am Kapital unmittelbar oder mittelbar zuzurechnen sind oder unmittelbar oder mittelbar ein Anspruch auf mehr als die Hälfte des Gewinns oder des Liquidationserlöses der Personengesellschaft oder Gemeinschaft zusteht; eine Beteiligung in diesem Sinne setzt nicht die Stellung als Gesellschafter oder Gemeinschafter voraus. [3] Die Sätze 1 und 2 gelten nicht, wenn es sich bei der Personengesellschaft oder Gemeinschaft um einen Altersvorsorgevermögensfonds im Sinne des § 53 des Investmentsteuergesetzes handelt oder die Einkünfte auch bei einer nicht vom deutschen Recht abweichenden Behandlung der Personengesellschaft oder Gemeinschaft im ausländischen Staat keiner Besteuerung unterliegen würden.

---

1) Absatz 1 Nr. 11 wurde durch Artikel 1 des ATADUmsG angefügt und ist erstmals auf Einkünfte anzuwenden, die nach dem 31.12.2021 zufließen >§ 52 Abs. 45a Satz 4.

[4] Die Besteuerung nach den vorstehenden Sätzen erfolgt ungeachtet der Bestimmungen eines Abkommens zur Vermeidung der Doppelbesteuerung.

(2) Im Ausland gegebene Besteuerungsmerkmale bleiben außer Betracht, soweit bei ihrer Berücksichtigung inländische Einkünfte im Sinne des Absatzes 1 nicht angenommen werden könnten.

S 1302 **(3) [1] Bei Schifffahrt- und Luftfahrtunternehmen sind die Einkünfte im Sinne des Absatzes 1 Nummer 2 Buchstabe b mit 5 Prozent der für diese Beförderungsleistungen vereinbarten Entgelte anzusetzen. [2] Das gilt auch, wenn solche Einkünfte durch eine inländische Betriebsstätte oder einen inländischen ständigen Vertreter erzielt werden (Absatz 1 Nummer 2 Buchstabe a). [3] Das gilt nicht in den Fällen des Absatzes 1 Nummer 2 Buchstabe c oder soweit das deutsche Besteuerungsrecht nach einem Abkommen zur Vermeidung der Doppelbesteuerung ohne Begrenzung des Steuersatzes aufrechterhalten bleibt.**

(4) [1] Abweichend von Absatz 1 Nummer 2 sind Einkünfte steuerfrei, die ein beschränkt Steuerpflichtiger mit Wohnsitz oder gewöhnlichem Aufenthalt in einem ausländischen Staat durch den Betrieb eigener oder gecharterter Schiffe oder Luftfahrzeuge aus einem Unternehmen bezieht, dessen Geschäftsleitung sich in dem ausländischen Staat befindet. [2] Voraussetzung für die Steuerbefreiung ist, dass dieser ausländische Staat Steuerpflichtigen mit Wohnsitz oder gewöhnlichem Aufenthalt im Geltungsbereich dieses Gesetzes eine entsprechende Steuerbefreiung für derartige Einkünfte gewährt und dass das Bundesministerium für Verkehr und digitale Infrastruktur die Steuerbefreiung nach Satz 1 für verkehrspolitisch unbedenklich erklärt hat.

§ 50

S 2301

Sondervorschriften für beschränkt Steuerpflichtige

(1) [1]Beschränkt Steuerpflichtige dürfen Betriebsausgaben (§ 4 Absatz 4 bis 8) oder Werbungskosten (§ 9) nur insoweit abziehen, als sie mit inländischen Einkünften in wirtschaftlichem Zusammenhang stehen. [2]§ 32a Absatz 1 ist mit der Maßgabe anzuwenden, dass das zu versteuernde Einkommen um den Grundfreibetrag des § 32a Absatz 1 Satz 2 Nummer 1 erhöht wird; dies gilt bei Einkünften nach § 49 Absatz 1 Nummer 4 nur in Höhe des diese Einkünfte abzüglich der nach *Satz 5* abzuziehenden Aufwendungen übersteigenden Teils des Grundfreibetrags. [3]Wenn für das um den Grundfreibetrag erhöhte zu versteuernde Einkommen ein besonderer Steuersatz nach § 32b Absatz 2 oder nach § 2 Absatz 5 des Außensteuergesetzes gilt, ist dieser auf das zu versteuernde Einkommen anzuwenden. [4]§ 10 Absatz 1, 1a Nummer 1, 3 und 4, Absatz 2 bis 6, die §§ 10a, 10c, 16 Absatz 4, die §§ 24b, 32, 32a Absatz 6, die §§ 33, 33a, 33b, 35a und 35c sind nicht anzuwenden. [5]Hiervon abweichend sind bei Arbeitnehmern, die Einkünfte aus nichtselbständiger Arbeit im Sinne des § 49 Absatz 1 Nummer 4 beziehen, § 10 Absatz 1 Nummer 2 Buchstabe a, Nummer 3 und Absatz 3 sowie § 10c anzuwenden, soweit die Aufwendungen auf die Zeit entfallen, in der Einkünfte im Sinne des § 49 Absatz 1 Nummer 4 erzielt wurden und die Einkünfte nach § 49 Absatz 1 Nummer 4 nicht übersteigen. [6]Die Jahres- und Monatsbeträge der Pauschalen nach § 9a Satz 1 Nummer 1 und § 10c ermäßigen sich zeitanteilig, wenn Einkünfte im Sinne des § 49 Absatz 1 Nummer 4 nicht während eines vollen Kalenderjahres oder Kalendermonats zugeflossen sind. [1)] [2)]

(1a) [1]Abweichend von Absatz 1 Satz 4 ist § 10 Absatz 1 Nummer 2 Buchstabe a sowie Absatz 2 und 3 auf Beiträge an berufsständische Versorgungseinrichtungen anzuwenden, wenn eine gesetzliche Pflichtmitgliedschaft in der Versorgungseinrichtung besteht, die auf einer für die inländische Berufsausübung erforderlichen Zulassung beruht. [2]Dies gilt nur für Staatsangehörige

1. eines Mitgliedstaates der Europäischen Union oder eines Staates, auf den das Abkommen über den Europäischen Wirtschaftsraum Anwendung findet, und die im Hoheitsgebiet eines dieser Staaten oder der Schweiz ihren Wohnsitz oder gewöhnlichen Aufenthalt haben, sowie
2. der Schweizerischen Eidgenossenschaft, die ihren Wohnsitz oder gewöhnlichen Aufenthalt im Hoheitsgebiet eines Mitgliedstaates der Europäischen Union oder der Schweiz haben.

---

*1) **Absatz 1 Satz 2 wurde durch Artikel 1 des AbzStEntModG geändert und ist in allen offenen Fällen anzuwenden >§ 52 Abs. 46 Satz 5.***

2) Absatz 1 Satz 3 ist in allen offenen Fällen anzuwenden >§ 52 Abs. 46 Satz 1.

[3]Die Beiträge können nur als Sonderausgaben abgezogen werden, soweit sie in unmittelbarem wirtschaftlichem Zusammenhang mit inländischen Einkünften nach § 49 Absatz 1 Nummer 2 oder 3 stehen, die aus der durch die Zulassung ermöglichten Berufsausübung erzielt werden. [4]Der Abzug der Beiträge erfolgt entsprechend dem Anteil der inländischen Einkünfte im Sinne des Satzes 3 an dem Gesamtbetrag der positiven in- und ausländischen Einkünfte aus der durch die Zulassung ermöglichten Berufsausübung. [5]Der Abzug der Beiträge ist ausgeschlossen, soweit sie im Rahmen der Einkommensbesteuerung des Steuerpflichtigen in einem Staat, in dem er seinen Wohnsitz oder gewöhnlichen Aufenthalt hat, abgezogen worden sind oder sie die Einkünfte nach Satz 3 übersteigen.

(2) [1]Die Einkommensteuer für Einkünfte, die dem Steuerabzug vom Arbeitslohn oder vom Kapitalertrag oder dem Steuerabzug auf Grund des § 50a unterliegen, gilt bei beschränkt Steuerpflichtigen durch den Steuerabzug als abgegolten. [2]Satz 1 gilt nicht

1. für Einkünfte eines inländischen Betriebs;
2. wenn nachträglich festgestellt wird, dass die Voraussetzungen der unbeschränkten Einkommensteuerpflicht im Sinne des § 1 Absatz 2 oder Absatz 3 oder des § 1a nicht vorgelegen haben; § 39 Absatz 7 ist sinngemäß anzuwenden;
3. in Fällen des § 2 Absatz 7 Satz 3;
4. für Einkünfte aus nichtselbständiger Arbeit im Sinne des § 49 Absatz 1 Nummer 4,
   [1)]
   a) wenn als Lohnsteuerabzugsmerkmal ein Freibetrag nach § 39a Absatz 4 gebildet worden ist und der im Kalenderjahr insgesamt erzielte Arbeitslohn *12.550 Euro* übersteigt,
   b) wenn die Veranlagung zur Einkommensteuer beantragt wird (§ 46 Absatz 2 Nummer 8) oder
   c) in den Fällen des § 46 Absatz 2 Nummer 2, 5 und 5a;
5. für Einkünfte im Sinne des § 50a Absatz 1 Nummer 1, 2 und 4, wenn die Veranlagung zur Einkommensteuer beantragt wird;
6. für Einkünfte aus Kapitalvermögen im Sinne des § 49 Absatz 1 Nummer 5 Satz 1 Buchstabe a, auf die § 20 Absatz 1 Nummer 6 Satz 2 anzuwenden ist, wenn die Veranlagung zur Einkommensteuer beantragt wird.

[3]In den Fällen des Satzes 2 Nummer 4 erfolgt die Veranlagung durch das Betriebsstättenfinanzamt, das nach § 39 Absatz 2 Satz 2 oder Satz 4 für die Bildung und die Änderung der Lohnsteuerabzugsmerkmale zuständig ist. [4]Bei mehreren Betriebsstättenfinanzämtern ist das Betriebsstättenfinanzamt zuständig, in dessen Bezirk der Arbeit-

---

[1)] Absatz 2 Satz 2 Nr. 4 Buchstabe a wurde durch Artikel 2 des 2. FamEntlastG ab VZ 2022 geändert.

nehmer zuletzt beschäftigt war. [5]Bei Arbeitnehmern mit Steuerklasse VI ist das Betriebsstättenfinanzamt zuständig, in dessen Bezirk der Arbeitnehmer zuletzt unter Anwendung der Steuerklasse I beschäftigt war. [6]Hat der Arbeitgeber für den Arbeitnehmer keine elektronischen Lohnsteuerabzugsmerkmale (§ 39e Absatz 4 Satz 2) abgerufen und wurde keine Bescheinigung für den Lohnsteuerabzug nach § 39 Absatz 3 oder § 39e Absatz 7 Satz 5 ausgestellt, ist das Betriebsstättenfinanzamt zuständig, in dessen Bezirk der Arbeitnehmer zuletzt beschäftigt war. [7]Satz 2 Nummer 4 Buchstabe b und Nummer 5 gilt nur für Staatsangehörige eines Mitgliedstaats der Europäischen Union oder eines anderen Staates, auf den das Abkommen über den Europäischen Wirtschaftsraum Anwendung findet, die im Hoheitsgebiet eines dieser Staaten ihren Wohnsitz oder gewöhnlichen Aufenthalt haben. [8]In den Fällen des Satzes 2 Nummer 5 erfolgt die Veranlagung durch das Bundeszentralamt für Steuern. [9]In den Fällen des Satzes 2 Nummer 6 ist für die Besteuerung des Gläubigers nach dem Einkommen das Finanzamt zuständig, das auch für die Besteuerung des Schuldners nach dem Einkommen zuständig ist; bei mehreren Schuldnern ist das Finanzamt zuständig, das für den Schuldner, dessen Leistung dem Gläubiger im Veranlagungszeitraum zuerst zufloss, zuständig ist. [10]Werden im Rahmen einer Veranlagung Einkünfte aus nichtselbständiger Arbeit im Sinne des § 49 Absatz 1 Nummer 4 bei der Ermittlung des zu versteuernden Einkommens berücksichtigt, gilt § 46 Absatz 3 und 5 entsprechend.

(3) § 34c Absatz 1 bis 3 ist bei Einkünften aus Land- und Forstwirtschaft, Gewerbebetrieb oder selbständiger Arbeit, für die im Inland ein Betrieb unterhalten wird, entsprechend anzuwenden, soweit darin nicht Einkünfte aus einem ausländischen Staat enthalten sind, mit denen der beschränkt Steuerpflichtige dort in einem der unbeschränkten Steuerpflicht ähnlichen Umfang zu einer Steuer vom Einkommen herangezogen wird.

(4) Die obersten Finanzbehörden der Länder oder die von ihnen beauftragten Finanzbehörden können mit Zustimmung des Bundesministeriums der Finanzen die Einkommensteuer bei beschränkt Steuerpflichtigen ganz oder zum Teil erlassen oder in einem Pauschbetrag festsetzen, wenn dies im besonderen öffentlichen Interesse liegt; ein besonderes öffentliches Interesse besteht S 2302

1. an der inländischen Veranstaltung international bedeutsamer kultureller und sportlicher Ereignisse, um deren Ausrichtung ein internationaler Wettbewerb stattfindet, oder
2. am inländischen Auftritt einer ausländischen Kulturvereinigung, wenn ihr Auftritt wesentlich aus öffentlichen Mitteln gefördert wird.

S 2303 **§ 50a**

Steuerabzug bei beschränkt Steuerpflichtigen

S 2411 **(1) Die Einkommensteuer wird bei beschränkt Steuerpflichtigen im Wege des Steuerabzugs erhoben**

1. **bei Einkünften, die durch im Inland ausgeübte künstlerische, sportliche, artistische, unterhaltende oder ähnliche Darbietungen erzielt werden, einschließlich der Einkünfte aus anderen mit diesen Leistungen zusammenhängenden Leistungen, unabhängig davon, wem die Einkünfte zufließen (§ 49 Absatz 1 Nummer 2 bis 4 und 9), es sei denn, es handelt sich um Einkünfte aus nichtselbständiger Arbeit, die bereits dem Steuerabzug vom Arbeitslohn nach § 38 Absatz 1 Satz 1 Nummer 1 unterliegen,**
2. **bei Einkünften aus der inländischen Verwertung von Darbietungen im Sinne der Nummer 1 (§ 49 Absatz 1 Nummer 2 bis 4 und 6),**
3. **bei Einkünften, die aus Vergütungen für die Überlassung der Nutzung oder des Rechts auf Nutzung von Rechten, insbesondere von Urheberrechten und gewerblichen Schutzrechten, von gewerblichen, technischen, wissenschaftlichen und ähnlichen Erfahrungen, Kenntnissen und Fertigkeiten, zum Beispiel Plänen, Mustern und Verfahren, herrühren, sowie bei Einkünften, die aus der Verschaffung der Gelegenheit erzielt werden, einen Berufssportler über einen begrenzten Zeitraum vertraglich zu verpflichten (§ 49 Absatz 1 Nummer 2, 3, 6 und 9),**

S 2412
4. **bei Einkünften, die Mitgliedern des Aufsichtsrats, Verwaltungsrats oder anderen mit der Überwachung der Geschäftsführung von Körperschaften, Personenvereinigungen und Vermögensmassen im Sinne des § 1 des Körperschaftsteuergesetzes beauftragten Personen sowie von anderen inländischen Personenvereinigungen des privaten und öffentlichen Rechts, bei denen die Gesellschafter nicht als Unternehmer (Mitunternehmer) anzusehen sind, für die Überwachung der Geschäftsführung gewährt werden (§ 49 Absatz 1 Nummer 3).**

S 2411
S 2412 **(2) [1] Der Steuerabzug beträgt 15 Prozent, in den Fällen des Absatzes 1 Nummer 4 beträgt er 30 Prozent der gesamten Einnahmen. [2] Vom Schuldner der Vergütung ersetzte oder übernommene Reisekosten gehören nur insoweit zu den Einnahmen, als die Fahrt- und Übernachtungsauslagen die tatsächlichen Kosten und die Vergütungen für Verpflegungsmehraufwand die Pauschbeträge nach § 4 Absatz 5 Satz 1 Nummer 5 übersteigen. [3] Bei Einkünften im Sinne des Absatzes 1 Nummer 1 wird ein Steuerabzug nicht erhoben, wenn die Einnahmen je Darbietung 250 Euro nicht übersteigen.**

(3) [1] Der Schuldner der Vergütung kann von den Einnahmen in den Fällen des Absatzes 1 Nummer 1, 2 und 4 mit ihnen in unmittelbarem wirtschaftlichem Zusammenhang stehende Betriebsausgaben oder Werbungskosten abziehen, die ihm ein beschränkt Steuerpflichtiger

in einer für das Bundeszentralamt für Steuern nachprüfbaren Form nachgewiesen hat oder die vom Schuldner der Vergütung übernommen worden sind. [2]Das gilt nur, wenn der beschränkt Steuerpflichtige Staatsangehöriger eines Mitgliedstaats der Europäischen Union oder eines anderen Staates ist, auf den das Abkommen über den Europäischen Wirtschaftsraum Anwendung findet, und im Hoheitsgebiet eines dieser Staaten seinen Wohnsitz oder gewöhnlichen Aufenthalt hat. [3]Es gilt entsprechend bei einer beschränkt steuerpflichtigen Körperschaft, Personenvereinigung oder Vermögensmasse im Sinne des § 32 Absatz 4 des Körperschaftsteuergesetzes. [4]In diesen Fällen beträgt der Steuerabzug von den nach Abzug der Betriebsausgaben oder Werbungskosten verbleibenden Einnahmen (Nettoeinnahmen), wenn

1. **Gläubiger der Vergütung eine natürliche Person ist, 30 Prozent,**
2. **Gläubiger der Vergütung eine Körperschaft, Personenvereinigung oder Vermögensmasse ist, 15 Prozent.**

(4) [1]Hat der Gläubiger einer Vergütung seinerseits Steuern für Rechnung eines anderen beschränkt steuerpflichtigen Gläubigers einzubehalten (zweite Stufe), kann er vom Steuerabzug absehen, wenn seine Einnahmen bereits dem Steuerabzug nach Absatz 2 unterlegen haben. [2]Wenn der Schuldner der Vergütung auf zweiter Stufe Betriebsausgaben oder Werbungskosten nach Absatz 3 geltend macht, die Veranlagung nach § 50 Absatz 2 Satz 2 Nummer 5 beantragt oder die Erstattung der Abzugsteuer nach *§ 50c Absatz 3* oder einer anderen Vorschrift beantragt, hat er die sich nach Absatz 2 oder Absatz 3 ergebende Steuer zu diesem Zeitpunkt zu entrichten; Absatz 5 gilt entsprechend. [1)]

(5) [1]Die Steuer entsteht in dem Zeitpunkt, in dem die Vergütung dem Gläubiger zufließt. [2]In diesem Zeitpunkt hat der Schuldner der Vergütung den Steuerabzug für Rechnung des Gläubigers (Steuerschuldner) vorzunehmen. [3]*Er hat die innerhalb eines Kalendervierteljahres einzubehaltende Steuer jeweils bis zum zehnten des dem Kalendervierteljahr folgenden Monats beim Bundeszentralamt für Steuern anzumelden und die einbehaltene Steuer an das Bundeszentralamt für Steuern abzuführen. [4]Eine Anmeldungsverpflichtung beim Bundeszentralamt für Steuern besteht auch, wenn ein Steuerabzug auf Grund des Absatzes 2 Satz 3 oder des Absatzes 4 Satz 1 nicht vorzunehmen ist oder auf Grund des § 50c Absatz 2 nicht oder nicht in voller Höhe vorzunehmen ist; Satz 3 gilt insoweit entsprechend.* [5]Der Schuldner der Vergütung haftet für die Einbehaltung und Abführung der Steuer. [6]Der Steuerschuldner kann in Anspruch genommen werden, wenn der Schuldner der Vergütung den Steuerabzug nicht vorschriftsmäßig vorgenommen hat. [7]Der Schuldner der Vergütung ist S 2411 S 2412 [2)]

*[1)] **Absatz 4 Satz 2 wurde durch Artikel 1 des AbzStEntModG ab VZ 2021 geändert.***

*[2)] **Absatz 5 Satz 3 wurde durch Artikel 1 des AbzStEntModG ab VZ 2021 durch die Sätze 3 und 4 ersetzt. Die bisherigen Sätze 4 bis 6 wurden die Sätze 5 bis 7.***

verpflichtet, dem Gläubiger auf Verlangen die folgenden Angaben nach amtlich vorgeschriebenem Muster zu bescheinigen:

1. den Namen und die Anschrift des Gläubigers,
2. die Art der Tätigkeit und Höhe der Vergütung in Euro,
3. den Zahlungstag,
4. den Betrag der einbehaltenen und abgeführten Steuer nach Absatz 2 oder Absatz 3.

(6) Die Bundesregierung kann durch Rechtsverordnung mit Zustimmung des Bundesrates bestimmen, dass bei Vergütungen für die Nutzung oder das Recht auf Nutzung von Urheberrechten (Absatz 1 Nummer 3), die nicht unmittelbar an den Gläubiger, sondern an einen Beauftragten geleistet werden, anstelle des Schuldners der Vergütung der Beauftragte die Steuer einzubehalten und abzuführen hat und für die Einbehaltung und Abführung haftet.

S 2411 (7) [1]Das Finanzamt des Vergütungsgläubigers kann anordnen, dass der Schuldner der Vergütung für Rechnung des Gläubigers (Steuerschuldner) die Einkommensteuer von beschränkt steuerpflichtigen Einkünften, soweit diese nicht bereits dem Steuerabzug unterliegen, im Wege des Steuerabzugs einzubehalten und abzuführen hat, wenn dies zur Sicherung des Steueranspruchs zweckmäßig ist. [2]Der Steuerabzug beträgt 25 Prozent der gesamten Einnahmen, bei Körperschaften, Personenvereinigungen oder Vermögensmassen 15 Prozent der gesamten Einnahmen; das Finanzamt kann die Höhe des Steuerabzugs hiervon abweichend an die voraussichtlich geschuldete Steuer anpassen. [3]Absatz 5 gilt entsprechend mit der Maßgabe, dass die Steuer bei dem Finanzamt anzumelden und abzuführen ist, das den Steuerabzug angeordnet hat; das Finanzamt kann anordnen, dass die innerhalb eines Monats einbehaltene Steuer jeweils bis zum zehnten des Folgemonats anzumelden und abzuführen ist. [4]§ 50 Absatz 2 Satz 1 ist nicht anzuwenden. [5]Ist für Einkünfte im Sinne des § 49 Absatz 1 Nummer 7 und 10 der Steuerabzug einbehalten und abgeführt worden, obwohl eine Verpflichtung hierzu nicht bestand, ist auf Antrag des Schuldners der Vergütung die Anmeldung über den Steuerabzug insoweit zu ändern; stattdessen kann der Schuldner der Vergütung, sobald er erkennt, dass er den Steuerabzug ohne Verpflichtung einbehalten und abgeführt hat, bei der folgenden Steueranmeldung den abzuführenden Steuerabzug entsprechend kürzen; erstattungsberechtigt ist der Schuldner der Vergütung; die nach Absatz 5 Satz 6 erteilte Bescheinigung ist durch eine berichtigte Bescheinigung zu ersetzen und im Fall der Übermittlung in Papierform zurückzufordern. [6]Die Anrechnung der durch Steuerabzug erhobenen Einkommensteuer nach § 36 Absatz 2 Nummer 2 Buchstabe a richtet sich nach der Höhe der in der Rentenbezugsmitteilung nach § 22a ausgewiesenen einbehaltenen Steuerabzugsbeträge. [7]Wird eine Rentenbezugsmitteilung wegen einbehaltener Steuerabzugsbeträge korrigiert, ist die Anrechnung insoweit nachzuholen oder zu ändern.

IX. Sonstige Vorschriften, Bußgeld-, Ermächtigungs- und Schlussvorschriften

§ 50b

S 2409

Prüfungsrecht

[1] Die Finanzbehörden sind berechtigt, Verhältnisse, die für die Anrechnung oder Vergütung von Körperschaftsteuer, für die Anrechnung oder Erstattung von Kapitalertragsteuer, für die Nichtvornahme des Steuerabzugs, für die Ausstellung der Jahresbescheinigung nach § 24c oder für die Mitteilungen an das Bundeszentralamt für Steuern nach § 45e von Bedeutung sind oder der Aufklärung bedürfen, bei den am Verfahren Beteiligten zu prüfen. [2] Die §§ 193 bis 203 der Abgabenordnung gelten sinngemäß.

§ 50c[1])

Entlastung vom Steuerabzug in bestimmten Fällen

(1) [1] Soweit der Besteuerung von Einkünften, die der Kapitalertragsteuer oder dem Steuerabzug nach § 50a unterliegen, der § 43b, der § 50g oder ein Abkommen zur Vermeidung der Doppelbesteuerung entgegenstehen, sind dessen ungeachtet die Vorschriften zur Einbehaltung, Abführung und Anmeldung der Steuer anzuwenden. [2] Der zum Steuerabzug Verpflichtete kann sich vorbehaltlich des Absatzes 2 nicht auf die Rechte des Gläubigers der Kapitalerträge oder Vergütungen aus § 43b, § 50g oder dem Abkommen berufen.

(2) [1] Der Schuldner der Kapitalerträge oder Vergütungen ist zur Einbehaltung und Abführung der Steuer nicht verpflichtet,

1. ***soweit dem Gläubiger der Kapitalerträge oder Vergütungen auf dessen Antrag (Freistellungsantrag) vom Bundeszentralamt für Steuern bescheinigt wird, dass § 43b, § 50g oder ein Abkommen zur Vermeidung der Doppelbesteuerung der Besteuerung der Einkünfte entgegensteht (Freistellungsbescheinigung), oder***

2) 2. ***soweit es sich um Einkünfte eines beschränkt Steuerpflichtigen im Sinne des § 50a Absatz 1 Nummer 3 handelt und soweit der Besteuerung der Einkünfte ein Abkommen zur Vermeidung der Doppelbesteuerung entgegensteht; dies gilt nur, wenn die Vergütung zuzüglich der dem beschränkt Steuerpflichtigen in demselben Kalenderjahr vom Schuldner bereits zugeflossenen Vergütungen 5.000 Euro nicht übersteigt.***

[2] Der Schuldner ist zur Steueranmeldung auch dann verpflichtet, wenn er gemäß Satz 1 keine Steuer einzubehalten und abzuführen
3) ***hat. [3] Eine Steueranmeldung kann auf der Grundlage des Satzes 1 nicht geändert werden, es sei denn, die Freistellungsbescheinigung ist zum Zeitpunkt der Anmeldung der Steuer noch nicht erteilt worden. [4] Eine Freistellungsbescheinigung ist auf einen Zeitraum von höchstens drei Jahren frühestens ab dem Tag, an dem der Antrag beim Bundeszentralamt für Steuern eingeht, zu befristen und von der Einhaltung der Voraussetzungen ihrer Erteilung während ihrer Geltung abhängig zu machen; sie kann mit weiteren Nebenbestimmungen gemäß § 120 Absatz 2 der Abgabenordnung versehen werden. [5] Eine Freistellungsbescheinigung für die Kapitalertragsteuer auf Grund eines Abkommens zur Vermeidung der Doppelbesteuerung ist nur zu erteilen, wenn der Gläubiger der Kapitalerträge eine Kapitalgesellschaft ist, die im Staat ihrer Ansässigkeit den Steuern vom Ein-***

---

1) § 50c wurde durch Artikel 1 des AbzStEntModG ab VZ 2021 eingefügt.

2) Absatz 2 Satz 1 Nr. 2 ist erstmals auf Einkünfte anzuwenden, die dem beschränkt Stpfl. nach dem 31.12.2021 zufließen; die Geltung von Ermächtigungen nach § 50d Abs. 5 und 6 i. d. F., die vor dem Inkrafttreten des Artikels 1 des Gesetzes vom 2.6.2021 (BGBl. I S. 1259) galt, endet spätestens zu diesem Zeitpunkt >§ 52 Abs. 47a Satz 1.

3) Absatz 2 Satz 3 wurde durch Artikel 1 des ATADUmsG ab VZ 2021 geändert.

kommen oder Gewinn unterliegt, ohne davon befreit zu sein, und soweit dem Gläubiger Kapitalerträge von einer unbeschränkt steuerpflichtigen Kapitalgesellschaft im Sinne des § 1 Absatz 1 Nummer 1 des Körperschaftsteuergesetzes zufließen, an deren Nennkapital der Gläubiger zu mindestens einem Zehntel unmittelbar beteiligt ist. [6] Über einen Freistellungsantrag ist innerhalb von drei Monaten nach Vorlage aller erforderlichen Nachweise zu entscheiden.

(3) [1] Dem beschränkt steuerpflichtigen Gläubiger der Kapitalerträge oder Vergütungen wird auf seinen fristgemäßen Antrag beim Bundeszentralamt für Steuern (Erstattungsantrag) auf der Grundlage eines Freistellungsbescheides die gemäß Absatz 1 Satz 1 einbehaltene und abgeführte oder auf Grund eines Haftungsbescheids oder Nachforderungsbescheids entrichtete Steuer erstattet, wenn die Steuer nicht nach § 36 Absatz 2 Nummer 2 auf die Einkommensteuer oder die Körperschaftsteuer des Gläubigers angerechnet werden kann. [2] Die Frist für einen Erstattungsantrag beträgt vier Jahre und beginnt mit Ablauf des Kalenderjahres, in dem die Kapitalerträge oder Vergütungen bezogen worden sind; sie endet nicht vor Ablauf eines Jahres seit dem Zeitpunkt der Entrichtung der Steuer und nicht vor Ablauf der im Abkommen zur Vermeidung der Doppelbesteuerung vorgesehenen Frist. [3] Ein Freistellungsbescheid für Kapitalertragsteuer wird nur erteilt, wenn die in § 45a Absatz 2 oder Absatz 3 bezeichnete Bescheinigung vorgelegt wurde oder die Angaben gemäß § 45a Absatz 2a übermittelt wurden; einem Antrag auf Erstattung der nach § 50a entrichteten Steuer ist die Bescheinigung nach § 50a Absatz 5 Satz 6 beizufügen. [4] Hat der Gläubiger nach § 50a Absatz 5 Steuern für Rechnung anderer beschränkt steuerpflichtiger Gläubiger einzubehalten, kann die Auszahlung des Erstattungsanspruchs davon abhängig gemacht werden, dass er die Zahlung der von ihm einzubehaltenden Steuer nachweist, hierfür Sicherheit leistet oder unwiderruflich die Zustimmung zur Verrechnung seines Erstattungsanspruchs mit dem Steueranspruch nach § 50a Absatz 5 Satz 3 erklärt.

(4) [1] Ein nach Absatz 3 in Verbindung mit § 50g zu erstattender Betrag ist nach Maßgabe der §§ 238 und 239 der Abgabenordnung zu verzinsen. [2] Die Festsetzungsfrist beginnt mit Ablauf des Kalenderjahres, in dem der Freistellungsbescheid erlassen, aufgehoben oder nach § 129 der Abgabenordnung berichtigt worden ist. [3] Der Zinslauf beginnt zwölf Monate nach Ablauf des Monats, in dem der Erstattungsantrag und alle für die Entscheidung erforderlichen Nachweise vorliegen, frühestens am Tag der Entrichtung der Steuer. [4] Der Zinslauf endet mit Ablauf des Tages, an dem der Freistellungsbescheid wirksam wird. [5] § 233a Absatz 5 der Abgabenordnung gilt sinngemäß.

1) ***(5) [1] Der Freistellungsantrag und der Erstattungsantrag sind nach***
amtlich vorgeschriebenem Datensatz über die amtlich bestimmte
Schnittstelle zu übermitteln. [2] Der Antragsteller hat durch eine Bestä-
tigung der für ihn zuständigen Steuerbehörde des anderen Staates
nachzuweisen, dass er dort ansässig ist oder in den Fällen des § 43b
Absatz 1 Satz 1 zweite Alternative oder des § 50g Absatz 1 Satz 1
1) ***letzte Alternative dort eine Betriebsstätte hat. [3] Zur Vermeidung unbil-***
liger Härten kann das Bundeszentralamt für Steuern auf Antrag auf
eine Übermittlung gemäß Satz 1 verzichten; in diesem Fall ist der Frei-
stellungsantrag oder der Erstattungsantrag nach amtlich vorgeschrie-
1) ***benem Vordruck zu stellen. [4] Die Entscheidung über einen Freistel-***
lungsantrag und die Entscheidung über einen Erstattungsantrag wer-
den zum Datenabruf über die amtlich bestimmte Schnittstelle bereit-
gestellt, es sei denn, der Antrag war nach amtlich vorgeschriebenem
Vordruck zu stellen; § 122a Absatz 3 und 4 der Abgabenordnung ist
entsprechend anzuwenden.

1) Absatz 5 Satz 1, 3 und 4 ist erstmals auf Anträge anzuwenden, die nach dem 31.12.2022 gestellt werden; für Anträge, die gemäß § 50c Abs. 2 oder 3 bis zu diesem Zeitpunkt gestellt werden, ist der amtlich vorgeschriebene Vordruck zu verwenden und § 50d Abs. 1 Satz 7 und 8 i. d. F. anzuwenden, die vor dem Inkrafttreten des Artikels 1 des Gesetzes vom 2.6.2021 (BGBl. I S. 1259) galt >§ 52 Abs. 47a Satz 2.

§ 50d
Anwendung von Abkommen zur Vermeidung der Doppelbesteuerung[1])

(1)-(2) (weggefallen) [2])

(3) [1] ***Eine Körperschaft, Personenvereinigung oder Vermögensmasse hat auf der Grundlage eines Abkommens zur Vermeidung der Doppelbesteuerung keinen Anspruch auf Entlastung von der Kapitalertragsteuer und vom Steuerabzug nach § 50a, soweit*** [3])

1. ***Personen an ihr beteiligt oder durch die Satzung, das Stiftungsgeschäft oder die sonstige Verfassung begünstigt sind, denen dieser Anspruch nicht zustünde, wenn sie die Einkünfte unmittelbar erzielten, und***
2. ***die Einkunftsquelle keinen wesentlichen Zusammenhang mit einer Wirtschaftstätigkeit dieser Körperschaft, Personenvereinigung oder Vermögensmasse aufweist; das Erzielen der Einkünfte, deren Weiterleitung an beteiligte oder begünstigte Personen sowie eine Tätigkeit, soweit sie mit einem für den Geschäftszweck nicht angemessen eingerichteten Geschäftsbetrieb ausgeübt wird, gelten nicht als Wirtschaftstätigkeit.***

[2] ***Satz 1 findet keine Anwendung, soweit die Körperschaft, Personenvereinigung oder Vermögensmasse nachweist, dass keiner der Hauptzwecke ihrer Einschaltung die Erlangung eines steuerlichen Vorteils ist, oder wenn mit der Hauptgattung der Anteile an ihr ein wesentlicher und regelmäßiger Handel an einer anerkannten Börse stattfindet.*** [3] ***§ 42 der Abgabenordnung bleibt unberührt.***

(4)-(6) (weggefallen) [4])

(7) Werden Einkünfte im Sinne des § 49 Absatz 1 Nummer 4 aus einer Kasse einer juristischen Person des öffentlichen Rechts im Sinne der Vorschrift eines Abkommens zur Vermeidung der Doppelbesteuerung über den öffentlichen Dienst gewährt, so ist diese Vorschrift bei Bestehen eines Dienstverhältnisses mit einer anderen Person in der Weise auszulegen, dass die Vergütungen für der erstgenannten Person geleistete Dienste gezahlt werden, wenn sie ganz oder im Wesentlichen aus öffentlichen Mitteln aufgebracht werden.

(8) [1] Sind Einkünfte eines unbeschränkt Steuerpflichtigen aus nichtselbständiger Arbeit (§ 19) nach einem Abkommen zur Vermeidung der Doppelbesteuerung von der Bemessungsgrundlage der deutschen

---

[1]) *Die Überschrift zu § 50d wurde durch Artikel 1 des AbzStEntModG ab VZ 2021 neu gefasst.*

[2]) *Absatz 1, 1a und 2 wurde durch Artikel 1 des AbzStEntModG ab VZ 2021 aufgehoben.*

[3]) *Absatz 3 wurde durch Artikel 1 des AbzStEntModG neu gefasst und ist in allen offenen Fällen anzuwenden, es sei denn, § 50d Abs. 3 i. d. F., die zu dem Zeitpunkt galt, in dem die Einkünfte zugeflossen sind, steht dem Anspruch auf Entlastung nicht entgegen >§ 52 Abs. 47b.*

[4]) *Absatz 4 bis 6 wurde durch Artikel 1 des AbzStEntModG ab VZ 2021 aufgehoben.*

Steuer auszunehmen, wird die Freistellung bei der Veranlagung ungeachtet des Abkommens nur gewährt, soweit der Steuerpflichtige nachweist, dass der Staat, dem nach dem Abkommen das Besteuerungsrecht zusteht, auf dieses Besteuerungsrecht verzichtet hat oder dass die in diesem Staat auf die Einkünfte festgesetzten Steuern entrichtet wurden. [2] Wird ein solcher Nachweis erst geführt, nachdem die Einkünfte in eine Veranlagung zur Einkommensteuer einbezogen wurden, ist der Steuerbescheid insoweit zu ändern. [3] § 175 Absatz 1 Satz 2 der Abgabenordnung ist entsprechend anzuwenden.

(9) [1] Sind Einkünfte eines unbeschränkt Steuerpflichtigen nach einem Abkommen zur Vermeidung der Doppelbesteuerung von der Bemessungsgrundlage der deutschen Steuer auszunehmen, so wird die Freistellung der Einkünfte ungeachtet des Abkommens nicht gewährt, soweit

1) 1. der andere Staat die Bestimmungen des Abkommens so anwendet, dass die Einkünfte in diesem Staat von der Besteuerung auszunehmen sind oder nur zu einem durch das Abkommen begrenzten Steuersatz besteuert werden können,

1) 2. die Einkünfte in dem anderen Staat nur deshalb nicht steuerpflichtig sind, weil sie von einer Person bezogen werden, die in diesem Staat nicht auf Grund ihres Wohnsitzes, ständigen Aufenthalts, des Ortes ihrer Geschäftsleitung, des Sitzes oder eines ähnlichen Merkmals unbeschränkt steuerpflichtig ist, *oder*

1) *3. die Einkünfte in dem anderen Staat nur deshalb nicht steuerpflichtig sind, weil sie einer Betriebsstätte in einem anderen Staat zugeordnet werden oder auf Grund einer anzunehmenden schuldrechtlichen Beziehung die steuerliche Bemessungsgrundlage in dem anderen Staat gemindert wird.*

[2] Nummer 2 gilt nicht für Dividenden, die nach einem Abkommen zur Vermeidung der Doppelbesteuerung von der Bemessungsgrundlage der deutschen Steuer auszunehmen sind, es sei denn, die Dividenden sind bei der Ermittlung des Gewinns der ausschüttenden Gesellschaft abgezogen worden. [3] Bestimmungen eines Abkommens zur Vermeidung der Doppelbesteuerung, sowie Absatz 8 und § 20 Absatz 2 des Außensteuergesetzes bleiben unberührt, soweit sie jeweils die Freistellung von Einkünften in einem weitergehenden Umfang einschränken. [4] Bestimmungen eines Abkommens zur Vermeidung der Doppelbesteuerung, nach denen Einkünfte aufgrund ihrer Behandlung im anderen Vertragsstaat nicht von der Bemessungsgrundlage der deutschen Steuer ausgenommen werden, sind auch auf Teile von Einkünften anzuwenden, soweit die Voraussetzungen der jeweiligen Bestimmung des Abkommens hinsichtlich dieser Einkunftsteile erfüllt sind.

---

1) Absatz 9 Satz 1 Nr. 1 und 2 wurde durch Artikel 1 des ATADUmsG ab VZ 2021 geändert und Nummer 3 angefügt.

(10) [1] Sind auf eine Vergütung im Sinne des § 15 Absatz 1 Satz 1 Nummer 2 Satz 1 zweiter Halbsatz und Nummer 3 zweiter Halbsatz die Vorschriften eines Abkommens zur Vermeidung der Doppelbesteuerung anzuwenden und enthält das Abkommen keine solche Vergütungen betreffende ausdrückliche Regelung, gilt die Vergütung für Zwecke der Anwendung des Abkommens zur Vermeidung der Doppelbesteuerung ausschließlich als Teil des Unternehmensgewinns des vergütungsberechtigten Gesellschafters. [2] Satz 1 gilt auch für die durch das Sonderbetriebsvermögen veranlassten Erträge und Aufwendungen. [3] Die Vergütung des Gesellschafters ist ungeachtet der Vorschriften eines Abkommens zur Vermeidung der Doppelbesteuerung über die Zuordnung von Vermögenswerten zu einer Betriebsstätte derjenigen Betriebsstätte der Gesellschaft zuzurechnen, der der Aufwand für die der Vergütung zugrunde liegende Leistung zuzuordnen ist; die in Satz 2 genannten Erträge und Aufwendungen sind der Betriebsstätte zuzurechnen, der die Vergütung zuzuordnen ist. [4] Die Sätze 1 bis 3 gelten auch in den Fällen des § 15 Absatz 1 Satz 1 Nummer 2 Satz 2 sowie in den Fällen des § 15 Absatz 1 Satz 2 entsprechend. [5] Sind Einkünfte im Sinne der Sätze 1 bis 4 einer Person zuzurechnen, die nach einem Abkommen zur Vermeidung der Doppelbesteuerung als im anderen Staat ansässig gilt, und weist der Steuerpflichtige nach, dass der andere Staat die Einkünfte besteuert, ohne die darauf entfallende deutsche Steuer anzurechnen, ist die in diesem Staat nachweislich auf diese Einkünfte festgesetzte und gezahlte und um einen entstandenen Ermäßigungsanspruch gekürzte, der deutschen Einkommensteuer entsprechende, anteilige ausländische Steuer bis zur Höhe der anteilig auf diese Einkünfte entfallenden deutschen Einkommensteuer anzurechnen. [6] Satz 5 gilt nicht, wenn das Abkommen zur Vermeidung der Doppelbesteuerung eine ausdrückliche Regelung für solche Einkünfte enthält. [7] Die Sätze 1 bis 6

1. sind nicht auf Gesellschaften im Sinne des § 15 Absatz 3 Nummer 2 anzuwenden;
2. gelten entsprechend, wenn die Einkünfte zu den Einkünften aus selbständiger Arbeit im Sinne des § 18 gehören; dabei tritt der Artikel über die selbständige Arbeit an die Stelle des Artikels über die Unternehmenseinkünfte, wenn das Abkommen zur Vermeidung der Doppelbesteuerung einen solchen Artikel enthält.

[8] Absatz 9 Satz 1 Nummer 1 bleibt unberührt.

(11) [1] Sind Dividenden beim Zahlungsempfänger nach einem Abkommen zur Vermeidung der Doppelbesteuerung von der Bemessungsgrundlage der deutschen Steuer auszunehmen, wird die Freistellung ungeachtet des Abkommens nur insoweit gewährt, als die Dividenden nach deutschem Steuerrecht nicht einer anderen Person zuzurechnen sind. [2] Soweit die Dividenden nach deutschem Steuerrecht einer anderen Person zuzurechnen sind, werden sie bei dieser

Person freigestellt, wenn sie bei ihr als Zahlungsempfänger nach Maßgabe des Abkommens freigestellt würden.

[1] ***(11a) Ist der Gläubiger der Kapitalerträge oder Vergütungen eine Person, der die Kapitalerträge oder Vergütungen nach diesem Gesetz oder nach dem Steuerrecht des anderen Vertragsstaats nicht zugerechnet werden, steht der Anspruch auf völlige oder teilweise Erstattung des Steuerabzugs vom Kapitalertrag oder nach § 50a auf Grund eines Abkommens zur Vermeidung der Doppelbesteuerung nur der Person zu, der die Kapitalerträge oder Vergütungen nach den Steuergesetzen des anderen Vertragsstaats als Einkünfte oder Gewinne einer ansässigen Person zugerechnet werden.***

(12) [1] Abfindungen, die anlässlich der Beendigung eines Dienstverhältnisses gezahlt werden, gelten für Zwecke der Anwendung eines Abkommens zur Vermeidung der Doppelbesteuerung als für frühere Tätigkeit geleistetes zusätzliches Entgelt. [2] Dies gilt nicht, soweit das Abkommen in einer gesonderten, ausdrücklich solche Abfindungen
[2] **betreffenden Vorschrift eine abweichende Regelung trifft. [3] Absatz 9 Satz 1 Nummer 1 sowie Rechtsverordnungen gemäß § 2 Absatz 2 Satz 1 der Abgabenordnung bleiben unberührt.**

(13) Werden Aktien einer Gesellschaft mit Sitz oder Geschäftsleitung im Inland mit Dividendenberechtigung erworben, aber ohne Dividendenanspruch geliefert, sind vom Erwerber an Stelle von Dividenden erhaltene sonstige Bezüge für Zwecke der Anwendung eines Abkommens zur Vermeidung der Doppelbesteuerung den Dividenden, die von dieser Gesellschaft gezahlt werden, gleichgestellt.

[3] ***(14) [1] Dem Gläubiger der Kapitalerträge im Sinne des § 20 Absatz 1 Nummer 1 und 2 aus Anteilen an einer optierenden Gesellschaft im Sinne des § 1a des Körperschaftsteuergesetzes steht ungeachtet der Bestimmungen eines Abkommens zur Vermeidung der Doppelbesteuerung kein Anspruch auf Entlastung von der Kapitalertragsteuer zu, wenn die Kapitalerträge im anderen Staat aufgrund einer vom deutschen Recht abweichenden steuerlichen Behandlung der optierenden Gesellschaft nicht der Besteuerung unterliegen. [2] Gewinne aus der Veräußerung von Anteilen an einer optierenden Gesellschaft im Sinne des § 1a des Körperschaftsteuergesetzes sind ungeachtet der Bestimmungen eines Abkommens zur Vermeidung der Doppelbesteuerung zu versteuern, wenn sie im anderen Staat aufgrund einer vom deutschen Recht abweichenden steuerlichen Behandlung der optierenden Gesellschaft nicht der Besteuerung unterliegen.***

---

1) Absatz 11a wurde durch Artikel 1 des AbzStEntModG ab VZ 2021 eingefügt.
2) Absatz 12 Satz 3 wurde durch Artikel 1 des AbzStEntModG ab VZ 2021 geändert.
3) Absatz 14 wurde durch Artikel 5 des Gesetzes zur Modernisierung des Körperschaftsteuerrechts ab VZ 2022 angefügt.

§ 50e

Bußgeldvorschriften; Nichtverfolgung von Steuerstraftaten bei geringfügiger Beschäftigung in Privathaushalten

(1) Ordnungswidrig handelt, wer vorsätzlich oder leichtfertig entgegen § 45d Absatz 1 Satz 1, § 45d Absatz 3 Satz 1, der nach § 45e erlassenen Rechtsverordnung oder den unmittelbar geltenden Verträgen mit den in Artikel 17 der Richtlinie 2003/48/EG genannten Staaten und Gebieten eine Mitteilung nicht, nicht richtig, nicht vollständig oder nicht rechtzeitig abgibt. [1]

[2]

(2) Ordnungswidrig handelt, wer vorsätzlich oder leichtfertig [3]

1. ***entgegen § 45b Absatz 3 Satz 3 oder 4, jeweils auch in Verbindung mit Absatz 5 Satz 2, eine Bescheinigung erteilt,***
2. ***entgegen § 45b Absatz 4 Satz 1 erster Halbsatz, Absatz 5 Satz 1 erster Halbsatz oder Absatz 6 Satz 1 oder 2, § 45c Absatz 1 Satz 1, auch in Verbindung mit Satz 2, oder § 45c Absatz 2 Satz 1, auch in Verbindung mit Satz 2, eine dort genannte Angabe oder dort genannte Daten nicht richtig oder nicht vollständig übermittelt oder***
3. ***entgegen***
   a) ***§ 45b Absatz 7 Satz 1 eine Mitteilung nicht richtig oder nicht vollständig macht oder***
   b) ***§ 45b Absatz 7 Satz 2 eine schriftliche Versicherung nicht richtig oder nicht vollständig abgibt***

und dadurch ermöglicht, Steuern zu verkürzen oder nicht gerechtfertigte Steuervorteile zu erlangen.

(3) In den Fällen des Absatzes 2 Nummer 2 kann die Ordnungswidrigkeit auch dann geahndet werden, wenn sie nicht im Geltungsbereich dieses Gesetzes begangen wird. [3]

(4) Die Ordnungswidrigkeit kann in den Fällen des Absatzes 2 mit einer Geldbuße bis zu zwanzigtausend Euro, in den Fällen des Absatzes 1 mit einer Geldbuße bis zu fünftausend Euro geahndet werden. [4]

(5) Verwaltungsbehörde im Sinne des § 36 Absatz 1 Nummer 1 des Gesetzes über Ordnungswidrigkeiten ist das Bundeszentralamt für Steuern. [4]

---

[1] *Absatz 1 Satz 2 wurde durch Artikel 1 des AbzStEntModG aufgehoben und ist ab dem 1.1.2022 anzuwenden >§ 52 Abs. 47c Satz 1.*

[2] *Absatz 1a wurde durch Artikel 1 des AbzStEntModG ab VZ 2021 aufgehoben.*

[3] *Absatz 2 und 3 wurde durch Artikel 1 des AbzStEntModG eingefügt und ist erstmals auf die nach dem 31.12.2024 nicht oder nicht vollständig erfolgte Übermittlung von Daten oder Mitteilungen anzuwenden >§ 52 Abs. 47c Satz 2.*

[4] *Absatz 4 und 5 wurde durch Artikel 1 des AbzStEntModG eingefügt und ist ab dem 1.1.2022 anzuwenden >§ 52 Abs. 47c Satz 1.*

1) (*6*) [1] Liegen die Voraussetzungen des § 40a Absatz 2 vor, werden Steuerstraftaten (§§ 369 bis 376 der Abgabenordnung) als solche nicht verfolgt, wenn der Arbeitgeber in den Fällen des § 8a des Vierten Buches Sozialgesetzbuch entgegen § 41a Absatz 1 Nummer 1, auch in Verbindung mit Absatz 2 und 3 und § 51a, und § 40a Absatz 6 Satz 3 dieses Gesetzes in Verbindung mit § 28a Absatz 7 Satz 1 des Vierten Buches Sozialgesetzbuch für das Arbeitsentgelt die Lohnsteuer-Anmeldung und die Anmeldung der einheitlichen Pauschsteuer nicht oder nicht rechtzeitig durchführt und dadurch Steuern verkürzt oder für sich oder einen anderen nicht gerechtfertigte Steuervorteile erlangt. [2] Die Freistellung von der Verfolgung nach Satz 1 gilt auch für den Arbeitnehmer einer in Satz 1 genannten Beschäftigung, der die Finanzbehörde pflichtwidrig über steuerlich erhebliche Tatsachen aus dieser Beschäftigung in Unkenntnis lässt. [3] Die Bußgeldvorschriften der §§ 377 bis 384 der Abgabenordnung bleiben mit der Maßgabe anwendbar, dass § 378 der Abgabenordnung auch bei vorsätzlichem Handeln anwendbar ist.

S 2257c

§ 50f

Bußgeldvorschriften

(1) Ordnungswidrig handelt, wer vorsätzlich oder leichtfertig entgegen § 22a Absatz 1 Satz 1 dort genannte Daten nicht, nicht vollständig oder nicht rechtzeitig übermittelt oder eine dort genannte Mitteilung nicht, nicht vollständig oder nicht rechtzeitig macht.

(2) Die Ordnungswidrigkeit kann mit einer Geldbuße bis zu fünfzigtausend Euro geahndet werden.

(3) Verwaltungsbehörde im Sinne des § 36 Absatz 1 Nummer 1 des Gesetzes über Ordnungswidrigkeiten ist die zentrale Stelle nach § 81.

1) § 50e Abs. 2 wurde durch Artikel 1 des AbzStEntModG zu Absatz 6 und ist ab dem 1.1.2022 anzuwenden >§ 52 Abs. 47c Satz 1.

§ 50g

Entlastung vom Steuerabzug bei Zahlungen von Zinsen und Lizenzgebühren zwischen verbundenen Unternehmen verschiedener Mitgliedstaaten der Europäischen Union

(1) [1] Auf Antrag werden die Kapitalertragsteuer für Zinsen und die Steuer auf Grund des § 50a für Lizenzgebühren, die von einem Unternehmen der Bundesrepublik Deutschland oder einer dort gelegenen Betriebsstätte eines Unternehmens eines anderen Mitgliedstaates der Europäischen Union als Schuldner an ein Unternehmen eines anderen Mitgliedstaates der Europäischen Union oder an eine in einem anderen Mitgliedstaat der Europäischen Union gelegene Betriebsstätte eines Unternehmens eines Mitgliedstaates der Europäischen Union als Gläubiger gezahlt werden, nicht erhoben. [2] Erfolgt die Besteuerung durch Veranlagung, werden die Zinsen und Lizenzgebühren bei der Ermittlung der Einkünfte nicht erfasst. [3] Voraussetzung für die Anwendung der Sätze 1 und 2 ist, dass der Gläubiger der Zinsen oder Lizenzgebühren ein mit dem Schuldner verbundenes Unternehmen oder dessen Betriebsstätte ist. [4] Die Sätze 1 bis 3 sind nicht anzuwenden, wenn die Zinsen oder Lizenzgebühren an eine Betriebsstätte eines Unternehmens eines Mitgliedstaates der Europäischen Union als Gläubiger gezahlt werden, die in einem Staat außerhalb der Europäischen Union oder im Inland gelegen ist und in der die Tätigkeit des Unternehmens ganz oder teilweise ausgeübt wird.

(2) Absatz 1 ist nicht anzuwenden auf die Zahlung von

1. Zinsen,
   a) die nach deutschem Recht als Gewinnausschüttung behandelt werden (§ 20 Absatz 1 Nummer 1 Satz 2) oder
   b) die auf Forderungen beruhen, die einen Anspruch auf Beteiligung am Gewinn des Schuldners begründen;

2. Zinsen oder Lizenzgebühren, die den Betrag übersteigen, den der Schuldner und der Gläubiger ohne besondere Beziehungen, die zwischen den beiden oder einem von ihnen und einem Dritten auf Grund von Absatz 3 Nummer 5 Buchstabe b bestehen, vereinbart hätten.

(3) Für die Anwendung der Absätze 1 und 2 gelten die folgenden Begriffsbestimmungen und Beschränkungen:

1. Der Gläubiger muss der Nutzungsberechtigte sein. [2] Nutzungsberechtigter ist
   a) ein Unternehmen, wenn es die Einkünfte im Sinne von § 2 Absatz 1 erzielt;
   b) eine Betriebsstätte, wenn
      aa) die Forderung, das Recht oder der Gebrauch von Informationen, auf Grund derer/dessen Zahlungen von Zinsen oder Lizenzgebühren geleistet werden, tatsächlich zu der Betriebsstätte gehört und

bb) die Zahlungen der Zinsen oder Lizenzgebühren Einkünfte darstellen, auf Grund derer die Gewinne der Betriebsstätte in dem Mitgliedstaat der Europäischen Union, in dem sie gelegen ist, zu einer der in Nummer 5 Satz 1 Buchstabe a Doppelbuchstabe cc genannten Steuern beziehungsweise im Fall Belgiens dem „impôt des non-résidents/belasting der nietverblijfhouders" beziehungsweise im Fall Spaniens dem „Impuesto sobre la Renta de no Residentes" oder zu einer mit diesen Steuern identischen oder weitgehend ähnlichen Steuer herangezogen werden, die nach dem jeweiligen Zeitpunkt des Inkrafttretens der Richtlinie 2003/49/EG des Rates vom 3. Juni 2003 über eine gemeinsame Steuerregelung für Zahlungen von Zinsen und Lizenzgebühren zwischen verbundenen Unternehmen verschiedener Mitgliedstaaten (ABl. EU Nr. L 157 vom 26.6.2003, S. 49), die zuletzt durch die Richtlinie 2013/13/EU (ABl. L 141 vom 28.5.2013, S. 30) geändert worden ist, anstelle der bestehenden Steuern oder ergänzend zu ihnen eingeführt wird.

2. Eine Betriebsstätte gilt nur dann als Schuldner der Zinsen oder Lizenzgebühren, wenn die Zahlung bei der Ermittlung des Gewinns der Betriebsstätte eine steuerlich abzugsfähige Betriebsausgabe ist.
3. Gilt eine Betriebsstätte eines Unternehmens eines Mitgliedstaates der Europäischen Union als Schuldner oder Gläubiger von Zinsen oder Lizenzgebühren, so wird kein anderer Teil des Unternehmens als Schuldner oder Gläubiger der Zinsen oder Lizenzgebühren angesehen.
4. Im Sinne des Absatzes 1 sind

a) „Zinsen" Einkünfte aus Forderungen jeder Art, auch wenn die Forderungen durch Pfandrechte an Grundstücken gesichert sind, insbesondere Einkünfte aus öffentlichen Anleihen und aus Obligationen einschließlich der damit verbundenen Aufgelder und der Gewinne aus Losanleihen; Zuschläge für verspätete Zahlung und die Rückzahlung von Kapital gelten nicht als Zinsen;

b) „Lizenzgebühren" Vergütungen jeder Art, die für die Nutzung oder für das Recht auf Nutzung von Urheberrechten an literarischen, künstlerischen oder wissenschaftlichen Werken, einschließlich kinematografischer Filme und Software, von Patenten, Marken, Mustern oder Modellen, Plänen, geheimen Formeln oder Verfahren oder für die Mitteilung gewerblicher, kaufmännischer oder wissenschaftlicher Erfahrungen gezahlt werden; Zahlungen für die Nutzung oder das Recht auf Nutzung gewerblicher, kaufmännischer oder wissenschaftlicher Ausrüstungen gelten als Lizenzgebühren.

5. Die Ausdrücke „Unternehmen eines Mitgliedstaates der Europäischen Union“, „verbundenes Unternehmen“ und „Betriebsstätte“ bedeuten:
   a) „Unternehmen eines Mitgliedstaates der Europäischen Union“ jedes Unternehmen, das
      aa) eine der in Anlage 3 Nummer 1 zu diesem Gesetz aufgeführten Rechtsformen aufweist und
      bb) nach dem Steuerrecht eines Mitgliedstaates in diesem Mitgliedstaat ansässig ist und nicht nach einem zwischen dem betreffenden Staat und einem Staat außerhalb der Europäischen Union geschlossenen Abkommen zur Vermeidung der Doppelbesteuerung von Einkünften für steuerliche Zwecke als außerhalb der Gemeinschaft ansässig gilt und
      cc) einer der in Anlage 3 Nummer 2 zu diesem Gesetz aufgeführten Steuern unterliegt und nicht von ihr befreit ist. [2]Entsprechendes gilt für eine mit diesen Steuern identische oder weitgehend ähnliche Steuer, die nach dem jeweiligen Zeitpunkt des Inkrafttretens der Richtlinie 2003/49/EG des Rates vom 3. Juni 2003 (ABl. L 157 vom 26.6.2003, S. 49), zuletzt geändert durch die Richtlinie 2013/13/EU (ABl. L 141 vom 28.5.2013, S. 30) anstelle der bestehenden Steuern oder ergänzend zu ihnen eingeführt wird.

   [2]Ein Unternehmen ist im Sinne von Doppelbuchstabe bb in einem Mitgliedstaat der Europäischen Union ansässig, wenn es der unbeschränkten Steuerpflicht im Inland oder einer vergleichbaren Besteuerung in einem anderen Mitgliedstaat der Europäischen Union nach dessen Rechtsvorschriften unterliegt.
   b) „Verbundenes Unternehmen“ jedes Unternehmen, das dadurch mit einem zweiten Unternehmen verbunden ist, dass
      aa) das erste Unternehmen unmittelbar mindestens zu 25 Prozent an dem Kapital des zweiten Unternehmens beteiligt ist oder
      bb) das zweite Unternehmen unmittelbar mindestens zu 25 Prozent an dem Kapital des ersten Unternehmens beteiligt ist oder
      cc) ein drittes Unternehmen unmittelbar mindestens zu 25 Prozent an dem Kapital des ersten Unternehmens und dem Kapital des zweiten Unternehmens beteiligt ist.

   [2]Die Beteiligungen dürfen nur zwischen Unternehmen bestehen, die in einem Mitgliedstaat der Europäischen Union ansässig sind.

c) „Betriebsstätte“ eine feste Geschäftseinrichtung in einem Mitgliedstaat der Europäischen Union, in der die Tätigkeit eines Unternehmens eines anderen Mitgliedstaates der Europäischen Union ganz oder teilweise ausgeübt wird.

[1)] (4) *§ 50d Absatz 3 gilt entsprechend.*

(5) Entlastungen von der Kapitalertragsteuer für Zinsen und der Steuer auf Grund des § 50a nach einem Abkommen zur Vermeidung der Doppelbesteuerung, die weiter gehen als die nach Absatz 1 gewährten, werden durch Absatz 1 nicht eingeschränkt.

(6) [1] Ist im Fall des Absatzes 1 Satz 1 eines der Unternehmen ein Unternehmen der Schweizerischen Eidgenossenschaft oder ist eine in der Schweizerischen Eidgenossenschaft gelegene Betriebsstätte eines Unternehmens eines anderen Mitgliedstaats der Europäischen Union Gläubiger der Zinsen oder Lizenzgebühren, gelten die Absätze 1 bis 5 entsprechend mit der Maßgabe, dass die Schweizerische Eidgenossenschaft insoweit einem Mitgliedstaat der Europäischen Union gleichgestellt ist. [2] Absatz 3 Nummer 5 Buchstabe a gilt entsprechend mit der Maßgabe, dass ein Unternehmen der Schweizerischen Eidgenossenschaft jedes Unternehmen ist, das

1. eine der folgenden Rechtsformen aufweist:
   – Aktiengesellschaft/société anonyme/società anonima;
   – Gesellschaft mit beschränkter Haftung/société à responsabilité limitée/società à responsabilità limitata;
   – Kommanditaktiengesellschaft/société en commandite par actions/società in accomandita per azioni, und
2. nach dem Steuerrecht der Schweizerischen Eidgenossenschaft dort ansässig ist und nicht nach einem zwischen der Schweizerischen Eidgenossenschaft und einem Staat außerhalb der Europäischen Union geschlossenen Abkommen zur Vermeidung der Doppelbesteuerung von Einkünften für steuerliche Zwecke als außerhalb der Gemeinschaft oder der Schweizerischen Eidgenossenschaft ansässig gilt, und
3. unbeschränkt der schweizerischen Körperschaftsteuer unterliegt, ohne von ihr befreit zu sein.

[1)] *Absatz 4 wurde durch Artikel 1 des AbzStEntModG ab VZ 2021 neu gefasst.*

Anlage 3
(zu § 50g)

1. **Unternehmen im Sinne von § 50g Absatz 3 Nummer 5 Buchstabe a Doppelbuchstabe aa sind:**
   a) **Gesellschaften belgischen Rechts mit der Bezeichnung „naamloze vennootschap"/„société anonyme", „commanditaire vennootschap op aandelen"/„société en commandite par actions" oder „besloten vennootschap met beperkte aansprakelijkheid"/„société privée à responsabilité limitée" sowie öffentlich-rechtliche Körperschaften, deren Tätigkeit unter das Privatrecht fällt;**
   b) **Gesellschaften dänischen Rechts mit der Bezeichnung „aktieselskab" und „anpartsselskab";**
   c) **Gesellschaften deutschen Rechts mit der Bezeichnung „Aktiengesellschaft", „Kommanditgesellschaft auf Aktien" oder „Gesellschaft mit beschränkter Haftung";**
   d) **Gesellschaften griechischen Rechts mit der Bezeichnung „ανώνυμη εταιρία";**
   e) **Gesellschaften spanischen Rechts mit der Bezeichnung „sociedad anónima", „sociedad comanditaria por acciones" oder „sociedad de responsabilidad limitada" sowie öffentlich-rechtliche Körperschaften, deren Tätigkeit unter das Privatrecht fällt;**
   f) **Gesellschaften französischen Rechts mit der Bezeichnung „société anonyme", „société en commandite par actions" oder „société a responsabilité limitée" sowie die staatlichen Industrie- und Handelsbetriebe und Unternehmen;**
   g) **Gesellschaften irischen Rechts mit der Bezeichnung „public companies limited by shares or by guarantee", „private companies limited by shares or by guarantee", gemäß den „Industrial and Provident Societies Acts" eingetragene Einrichtungen oder gemäß den „Building Societies Acts" eingetragene „building societies";**
   h) **Gesellschaften italienischen Rechts mit der Bezeichnung „società per azioni", „società in accomandita per azioni" oder „società a responsabilità limitata" sowie staatliche und private Industrie- und Handelsunternehmen;**
   i) **Gesellschaften luxemburgischen Rechts mit der Bezeichnung „société anonyme", „société en commandite par actions" oder „société à responsabilité limitée";**
   j) **Gesellschaften niederländischen Rechts mit der Bezeichnung „naamloze vennootschap" oder „besloten vennootschap met beperkte aansprakelijkheid";**

k) Gesellschaften österreichischen Rechts mit der Bezeichnung „Aktiengesellschaft“ oder „Gesellschaft mit beschränkter Haftung“;

l) Gesellschaften portugiesischen Rechts in Form von Handelsgesellschaften oder zivilrechtlichen Handelsgesellschaften sowie Genossenschaften und öffentliche Unternehmen;

m) Gesellschaften finnischen Rechts mit der Bezeichnung „osakeyhtiö/aktiebolag“, „osuuskunta/andelslag“, „säästöpankki/sparbank“ oder „vakuutusyhtiö/försäkringsbolag“;

n) Gesellschaften schwedischen Rechts mit der Bezeichnung „aktiebolag“ oder „försäkringsaktiebolag“;

o) nach dem Recht des Vereinigten Königreichs gegründete Gesellschaften;

p) Gesellschaften tschechischen Rechts mit der Bezeichnung „akciová společnost“, „společnost s ručením omezeným“, „veřejná obchodní společnost“, „komanditní společnost“ oder „družstvo“;

q) Gesellschaften estnischen Rechts mit der Bezeichnung „täisühing“, „usaldusühing“, „osaühing“, „aktsiaselts“ oder „tulundusühistu“;

r) Gesellschaften zyprischen Rechts, die nach dem Gesellschaftsrecht als Gesellschaften bezeichnet werden, Körperschaften des öffentlichen Rechts und sonstige Körperschaften, die als Gesellschaft im Sinne der Einkommensteuergesetze gelten;

s) Gesellschaften lettischen Rechts mit der Bezeichnung „akciju sabiedrība“ oder „sabiedrība ar ierobežotu atbildību“;

t) nach dem Recht Litauens gegründete Gesellschaften;

u) Gesellschaften ungarischen Rechts mit der Bezeichnung „közkereseti társaság“, „betéti társaság“, „közös vállalat“, „korlátolt felelősségű társaság“, „részvénytársaság“, „egyesülés“, „közhasznú társaság“ oder „szövetkezet“;

v) Gesellschaften maltesischen Rechts mit der Bezeichnung „Kumpaniji ta' Responsabilita' Limitata“ oder „Soċjetajiet in akkomandita li l-kapital tagħhom maqsum f'azzjonijiet“;

w) Gesellschaften polnischen Rechts mit der Bezeichnung „spółka akcyjna“ oder „spółka z ograniczoną odpowiedzialnością“;

x) Gesellschaften slowenischen Rechts mit der Bezeichnung „delniška družba“, „komanditna delniška družba“, „komanditna družba“, „družba z omejeno odgovornostjo“ oder „družba z neomejeno odgovornostjo“;

y) Gesellschaften slowakischen Rechts mit der Bezeichnung „akciová spoločnos“, „spoločnosť s ručením obmedzeným“, „komanditná spoločnos“, „verejná obchodná spoločnos“ oder „družstvo“;

aa) Gesellschaften bulgarischen Rechts mit der Bezeichnung „събирателното дружество“, „командитното дружество“, „дружеството с ограничена отговорност“, „акционерното дружество“, „командитното дружество с акции“, „кооперации“, „кооперативни съюзи“ oder „държавни предприятия“, die nach bulgarischem Recht gegründet wurden und gewerbliche Tätigkeiten ausüben;

bb) Gesellschaften rumänischen Rechts mit der Bezeichnung „societăţi pe acţiuni“, „societăţi în comandită pe acţiuni“ oder „societăţi cu răspundere limitată“;

cc) Gesellschaften kroatischen Rechts mit der Bezeichnung „dioničko društvo“ oder „društvo s ograničenom odgovornošću“ und andere nach kroatischem Recht gegründete Gesellschaften, die der kroatischen Gewinnsteuer unterliegen.

2. Steuern im Sinne von § 50g Absatz 3 Nummer 5 Buchstabe a Doppelbuchstabe cc sind:

- impôt des sociétés/vennootschapsbelasting in Belgien,
- selskabsskat in Dänemark,
- Körperschaftsteuer in Deutschland,
- Φόρος εισοδήματος νομικών προσώπων in Griechenland,
- impuesto sobre sociedades in Spanien,
- impôt sur les sociétés in Frankreich,
- corporation tax in Irland,
- imposta sul reddito delle persone giuridiche in Italien,
- impôt sur le revenu des collectivités in Luxemburg,
- vennootschapsbelasting in den Niederlanden,
- Körperschaftsteuer in Österreich,
- imposto sobre o rendimento da pessoas colectivas in Portugal,
- yhteisöjen tulovero/inkomstskatten för samfund in Finnland,
- statlig inkomstskatt in Schweden,
- corporation tax im Vereinigten Königreich,
- Daň z příjmů právnických osob in der Tschechischen Republik,
- Tulumaks in Estland,
- φόρος εισοδήματος in Zypern,
- Uzņēmumu ienākuma nodoklis in Lettland,
- Pelno mokestis in Litauen,
- Társasági adó in Ungarn,

- Taxxa fuq l-income in Malta,
- Podatek dochodowy od osób prawnych in Polen,
- Davek od dobička pravnih oseb in Slowenien,
- Daň z príjmov právnických osôb in der Slowakei,
- корпоративен данък in Bulgarien,
- impozit pe profit, impozitul pe veniturile obţinute din România de nerezidenţi in Rumänien,
- porez na dobit in Kroatien.

§ 50h
Bestätigung für Zwecke der Entlastung von Quellensteuern in einem anderen Mitgliedstaat der Europäischen Union oder der Schweizerischen Eidgenossenschaft

Auf Antrag hat das Finanzamt, das für die Besteuerung eines Unternehmens der Bundesrepublik Deutschland oder einer dort gelegenen Betriebsstätte eines Unternehmens eines anderen Mitgliedstaats der Europäischen Union im Sinne des § 50g Absatz 3 Nummer 5 oder eines Unternehmens der Schweizerischen Eidgenossenschaft im Sinne des § 50g Absatz 6 Satz 2 zuständig ist, für die Entlastung von der Quellensteuer dieses Staats auf Zinsen oder Lizenzgebühren im Sinne des § 50g zu bescheinigen, dass das empfangende Unternehmen steuerlich im Inland ansässig ist oder die Betriebsstätte im Inland gelegen ist.

§ 50i
Besteuerung bestimmter Einkünfte und Anwendung von Doppelbesteuerungsabkommen

(1) [1] Sind Wirtschaftsgüter des Betriebsvermögens oder sind Anteile im Sinne des § 17

1. vor dem 29. Juni 2013 in das Betriebsvermögen einer Personengesellschaft im Sinne des § 15 Absatz 3 übertragen oder überführt worden,
2. ist eine Besteuerung der stillen Reserven im Zeitpunkt der Übertragung oder Überführung unterblieben, und
3. ist das Recht der Bundesrepublik Deutschland hinsichtlich der Besteuerung des Gewinns aus der Veräußerung oder Entnahme dieser Wirtschaftsgüter oder Anteile ungeachtet der Anwendung dieses Absatzes vor dem 1. Januar 2017 ausgeschlossen oder beschränkt worden,

so ist der Gewinn, den ein Steuerpflichtiger, der im Sinne eines Abkommens zur Vermeidung der Doppelbesteuerung im anderen Vertragsstaat ansässig ist, aus der späteren Veräußerung oder Entnahme dieser Wirtschaftsgüter oder Anteile erzielt, ungeachtet entgegenstehender Bestimmungen des Abkommens zur Vermeidung der Doppelbesteuerung zu versteuern. [2] Als Übertragung oder Überführung von Anteilen im Sinne des § 17 in das Betriebsvermögen einer Personengesellschaft gilt auch die Gewährung neuer Anteile an eine Personengesellschaft, die bisher auch eine Tätigkeit im Sinne des § 15 Absatz 1 Satz 1 Nummer 1 ausgeübt hat oder gewerbliche Einkünfte im Sinne des § 15 Absatz 1 Satz 1 Nummer 2 bezogen hat, im Rahmen der Einbringung eines Betriebs oder Teilbetriebs oder eines Mitunternehmeranteils dieser Personengesellschaft in eine Körperschaft nach § 20 des Umwandlungssteuergesetzes, wenn

1. der Einbringungszeitpunkt vor dem 29. Juni 2013 liegt,
2. die Personengesellschaft nach der Einbringung als Personengesellschaft im Sinne des § 15 Absatz 3 fortbesteht und
3. das Recht der Bundesrepublik Deutschland hinsichtlich der Besteuerung des Gewinns aus der Veräußerung oder Entnahme der neuen Anteile ungeachtet der Anwendung dieses Absatzes bereits im Einbringungszeitpunkt ausgeschlossen oder beschränkt ist oder vor dem 1. Januar 2017 ausgeschlossen oder beschränkt worden ist.

[3] Auch die laufenden Einkünfte aus der Beteiligung an der Personengesellschaft, auf die die in Satz 1 genannten Wirtschaftsgüter oder Anteile übertragen oder überführt oder der im Sinne des Satzes 2 neue Anteile gewährt wurden, sind ungeachtet entgegenstehender Bestimmungen des Abkommens zur Vermeidung der Doppelbesteuerung zu versteuern. [4] Die Sätze 1 und 3 gelten sinngemäß, wenn Wirt-

schaftsgüter vor dem 29. Juni 2013 Betriebsvermögen eines Einzelunternehmens oder einer Personengesellschaft geworden sind, die deswegen Einkünfte aus Gewerbebetrieb erzielen, weil der Steuerpflichtige sowohl im überlassenden Betrieb als auch im nutzenden Betrieb allein oder zusammen mit anderen Gesellschaftern einen einheitlichen geschäftlichen Betätigungswillen durchsetzen kann und dem nutzenden Betrieb eine wesentliche Betriebsgrundlage zur Nutzung überlässt.

(2) Bei Einbringung nach § 20 des Umwandlungssteuergesetzes sind die Wirtschaftsgüter und Anteile im Sinne des Absatzes 1 abweichend von § 20 Absatz 2 Satz 2 des Umwandlungssteuergesetzes, stets mit dem gemeinen Wert anzusetzen, soweit das Recht der Bundesrepublik Deutschland hinsichtlich der Besteuerung des Gewinns aus der Veräußerung der erhaltenen Anteile oder hinsichtlich der mit diesen im Zusammenhang stehenden Anteile im Sinne des § 22 Absatz 7 des Umwandlungssteuergesetzes ausgeschlossen oder beschränkt ist.

§ 50j
Versagung der Entlastung von Kapitalertragsteuern in bestimmten Fällen

(1) [1] Ein Gläubiger von Kapitalerträgen im Sinne des § 43 Absatz 1 Satz 1 Nummer 1a, die nach einem Abkommen zur Vermeidung der Doppelbesteuerung nicht oder nur nach einem Steuersatz unterhalb des Steuersatzes des § 43a Absatz 1 Satz 1 Nummer 1 besteuert werden, hat ungeachtet dieses Abkommens nur dann Anspruch auf völlige oder teilweise Entlastung nach *§ 50c Absatz 3*, wenn er [1)]

1. während der Mindesthaltedauer nach Absatz 2 hinsichtlich der diesen Kapitalerträgen zugrunde liegenden Anteile oder Genussscheine ununterbrochen wirtschaftlicher Eigentümer ist,
2. während der Mindesthaltedauer nach Absatz 2 ununterbrochen das Mindestwertänderungsrisiko nach Absatz 3 trägt und
3. nicht verpflichtet ist, die Kapitalerträge im Sinne des § 43 Absatz 1 Satz 1 Nummer 1a ganz oder überwiegend, unmittelbar oder mittelbar anderen Personen zu vergüten.

[2] Satz 1 gilt entsprechend für Anteile oder Genussscheine, die zu inländischen Kapitalerträgen im Sinne des § 43 Absatz 3 Satz 1 führen und einer Wertpapiersammelbank im Ausland zur Verwahrung anvertraut sind.

(2) [1] Die Mindesthaltedauer umfasst 45 Tage und muss innerhalb eines Zeitraums von 45 Tagen vor und 45 Tagen nach der Fälligkeit der Kapitalerträge erreicht werden. [2] Bei Anschaffungen und Veräußerungen ist zu unterstellen, dass die zuerst angeschafften Anteile oder Genussscheine zuerst veräußert wurden.

(3) [1] Der Gläubiger der Kapitalerträge muss unter Berücksichtigung von gegenläufigen Ansprüchen und Ansprüchen nahe stehender Personen das Risiko aus einem sinkenden Wert der Anteile oder Genussscheine im Umfang von mindestens 70 Prozent tragen (Mindestwertänderungsrisiko). [2] Kein hinreichendes Mindestwertänderungsrisiko liegt insbesondere dann vor, wenn der Gläubiger der Kapitalerträge oder eine ihm nahe stehende Person Kurssicherungsgeschäfte abgeschlossen hat, die das Wertänderungsrisiko der Anteile oder Genussscheine unmittelbar oder mittelbar um mehr als 30 Prozent mindern.

(4) [1] Die Absätze 1 bis 3 sind nur anzuwenden, wenn

1. die Steuer auf die dem Antrag zu Grunde liegenden Kapitalerträge nach einem Abkommen zur Vermeidung der Doppelbesteuerung 15 Prozent des Bruttobetrags der Kapitalerträge im Sinne des § 43 Absatz 1 Satz 1 Nummer 1a und des Absatzes 1 Satz 2 unterschreitet und

---

1) In Absatz 1a Satz 1 wurde durch Artikel 1 des AbzStEntModG der Satzteil vor Nummer 1 ab VZ 2021 geändert.

2. es sich nicht um Kapitalerträge handelt, die einer beschränkt steuerpflichtigen Kapitalgesellschaft, die am Nennkapital einer unbeschränkt steuerpflichtigen Kapitalgesellschaft im Sinne des § 1 Absatz 1 Nummer 1 des Körperschaftsteuergesetzes zu mindestens einem Zehntel unmittelbar beteiligt ist und im Staat ihrer Ansässigkeit den Steuern vom Einkommen oder Gewinn unterliegt, ohne davon befreit zu sein, von der unbeschränkt steuerpflichtigen Kapitalgesellschaft zufließen.

[1)] [2]Die Absätze 1 bis 3 sind nicht anzuwenden, wenn der Gläubiger der Kapitalerträge im Sinne des § 43 Absatz 1 Satz 1 Nummer 1a und des *Absatzes 1 Satz 2* bei Zufluss seit mindestens einem Jahr ununterbrochen wirtschaftlicher Eigentümer der Aktien oder Genussscheine ist; Absatz 2 Satz 2 gilt entsprechend.

(5) Bestimmungen eines Abkommens zur Vermeidung der Doppelbesteuerung, § 42 der Abgabenordnung und andere steuerliche Vorschriften bleiben unberührt, soweit sie jeweils die Entlastung in einem weitergehenden Umfang einschränken.

[1)] *Absatz 4 Satz 2 wurde durch Artikel 1 des AbzStEntModG ab VZ 2021 geändert.*

§ 51
Ermächtigungen

(1) Die Bundesregierung wird ermächtigt, mit Zustimmung des Bundesrates

1. zur Durchführung dieses Gesetzes Rechtsverordnungen zu erlassen, soweit dies zur Wahrung der Gleichmäßigkeit bei der Besteuerung, zur Beseitigung von Unbilligkeiten in Härtefällen, zur Steuerfreistellung des Existenzminimums oder zur Vereinfachung des Besteuerungsverfahrens erforderlich ist, und zwar:
   a) über die Abgrenzung der Steuerpflicht, die Beschränkung der Steuererklärungspflicht auf die Fälle, in denen eine Veranlagung in Betracht kommt, über die den Einkommensteuererklärungen beizufügenden Unterlagen und über die Beistandspflichten Dritter;
   b) über die Ermittlung der Einkünfte und die Feststellung des Einkommens einschließlich der abzugsfähigen Beträge;
   c) über die Höhe von besonderen Betriebsausgaben-Pauschbeträgen für Gruppen von Betrieben, bei denen hinsichtlich der Besteuerungsgrundlagen annähernd gleiche Verhältnisse vorliegen, wenn der Steuerpflichtige Einkünfte aus Gewerbebetrieb (§ 15) oder selbständiger Arbeit (§ 18) erzielt, in Höhe eines Prozentsatzes der Umsätze im Sinne des § 1 Absatz 1 Nummer 1 des Umsatzsteuergesetzes; Umsätze aus der Veräußerung von Wirtschaftsgütern des Anlagevermögens sind nicht zu berücksichtigen. [2]Einen besonderen Betriebsausgaben-Pauschbetrag dürfen nur Steuerpflichtige in Anspruch nehmen, die ihren Gewinn durch Einnahme-Überschussrechnung nach § 4 Absatz 3 ermitteln. [3]Bei der Festlegung der Höhe des besonderen Betriebsausgaben-Pauschbetrags ist der Zuordnung der Betriebe entsprechend der Klassifikation der Wirtschaftszweige, Fassung für Steuerstatistiken, Rechnung zu tragen. [4]Bei der Ermittlung der besonderen Betriebsausgaben-Pauschbeträge sind alle Betriebsausgaben mit Ausnahme der an das Finanzamt gezahlten Umsatzsteuer zu berücksichtigen. [5]Bei der Veräußerung oder Entnahme von Wirtschaftsgütern des Anlagevermögens sind die Anschaffungs- oder Herstellungskosten vermindert um die Absetzungen für Abnutzung nach § 7 Absatz 1 oder 4 sowie die Veräußerungskosten neben dem besonderen Betriebsausgaben-Pauschbetrag abzugsfähig. [6]Der Steuerpflichtige kann im folgenden Veranlagungszeitraum zur Ermittlung der tatsächlichen Betriebsausgaben übergehen. [7]Wechselt der Steuerpflichtige zur Ermittlung der tatsächlichen Betriebsausgaben, sind die abnutzbaren Wirtschaftsgüter des Anlagevermögens mit ihren Anschaffungs- oder Herstellungskosten, vermindert um die Ab-

setzungen für Abnutzung nach § 7 Absatz 1 oder 4, in ein laufend zu führendes Verzeichnis aufzunehmen. [8]§ 4 Absatz 3 Satz 5 bleibt unberührt. [9]Nach dem Wechsel zur Ermittlung der tatsächlichen Betriebsausgaben ist eine erneute Inanspruchnahme des besonderen Betriebsausgaben-Pauschbetrags erst nach Ablauf der folgenden vier Veranlagungszeiträume zulässig; die §§ 140 und 141 der Abgabenordnung bleiben unberührt;

d) über die Veranlagung, die Anwendung der Tarifvorschriften und die Regelung der Steuerentrichtung einschließlich der Steuerabzüge;

e) über die Besteuerung der beschränkt Steuerpflichtigen einschließlich eines Steuerabzugs;

[1]) I

[2]Die besonderen Nachweis- und Mitwirkungspflichten auf Grund dieses Buchstabens gelten nicht, wenn die außerhalb des Geltungsbereichs dieses Gesetzes ansässigen Beteiligten oder andere Personen in einem Staat oder Gebiet ansässig sind, mit dem ein Abkommen besteht, das die Erteilung von Auskünften entsprechend Artikel 26 des Musterabkommens der OECD zur Vermeidung der Doppelbesteuerung auf dem Gebiet der Steuern vom Einkommen und vom Vermögen in der Fassung von 2005 vorsieht oder der Staat oder das Gebiet Auskünfte in einem vergleichbaren Umfang erteilt oder die Bereitschaft zu einer entsprechenden Auskunftserteilung besteht;

2. Vorschriften durch Rechtsverordnung zu erlassen

   a) über die sich aus der Aufhebung oder Änderung von Vorschriften dieses Gesetzes ergebenden Rechtsfolgen, soweit dies zur Wahrung der Gleichmäßigkeit bei der Besteuerung oder zur Beseitigung von Unbilligkeiten in Härtefällen erforderlich ist;

   b) (weggefallen)

   c) über den Nachweis von Zuwendungen im Sinne des § 10b einschließlich erleichterter Nachweisanforderungen;

   d) über Verfahren, die in den Fällen des § 38 Absatz 1 Nummer 2 den Steueranspruch der Bundesrepublik Deutschland sichern oder die sicherstellen, dass bei Befreiungen im Ausland ansässiger Leiharbeitnehmer von der Steuer der Bundesrepublik Deutschland auf Grund von Abkommen zur Vermeidung der Doppelbesteuerung die ordnungsgemäße Besteuerung im Ausland gewährleistet ist. [2]Hierzu kann nach Maßgabe zwischenstaatlicher Regelungen bestimmt werden, dass

---

[1]) *Absatz 1 Nr. 1 Buchst. f wurde durch Artikel 2 des Gesetzes zur Abwehr von Steuervermeidung und unfairem Steuerwettbewerb und zur Änderung weiterer Gesetze ab VZ 2021 aufgehoben.*

aa) der Entleiher in dem hierzu notwendigen Umfang an derartigen Verfahren mitwirkt,

bb) er sich im Haftungsverfahren nicht auf die Freistellungsbestimmungen des Abkommens berufen kann, wenn er seine Mitwirkungspflichten verletzt;

e) bis m) (weggefallen)

n) über Sonderabschreibungen S 2185

aa) im Tiefbaubetrieb des Steinkohlen-, Pechkohlen-, Braunkohlen- und Erzbergbaues bei Wirtschaftsgütern des Anlagevermögens unter Tage und bei bestimmten mit dem Grubenbetrieb unter Tage in unmittelbarem Zusammenhang stehenden, der Förderung, Seilfahrt, Wasserhaltung und Wetterführung sowie der Aufbereitung des Minerals dienenden Wirtschaftsgütern des Anlagevermögens über Tage, soweit die Wirtschaftsgüter

für die Errichtung von neuen Förderschachtanlagen, auch in Form von Anschlussschachtanlagen,

für die Errichtung neuer Schächte sowie die Erweiterung des Grubengebäudes und den durch Wasserzuflüsse aus stillliegenden Anlagen bedingten Ausbau der Wasserhaltung bestehender Schachtanlagen,

für Rationalisierungsmaßnahmen in der Hauptschacht-, Blindschacht-, Strecken- und Abbauförderung, im Streckenvortrieb, in der Gewinnung, Versatzwirtschaft, Seilfahrt, Wetterführung und Wasserhaltung sowie in der Aufbereitung,

für die Zusammenfassung von mehreren Förderschachtanlagen zu einer einheitlichen Förderschachtanlage und

für den Wiederaufschluss stillliegender Grubenfelder und Feldesteile,

bb) im Tagebaubetrieb des Braunkohlen- und Erzbergbaues bei bestimmten Wirtschaftsgütern des beweglichen Anlagevermögens (Grubenaufschluss, Entwässerungsanlagen, Großgeräte sowie Einrichtungen des Grubenrettungswesens und der ersten Hilfe und im Erzbergbau auch Aufbereitungsanlagen), die

für die Erschließung neuer Tagebaue, auch in Form von Anschlusstagebauen, für Rationalisierungsmaßnahmen bei laufenden Tagebauen,

beim Übergang zum Tieftagebau für die Freilegung und Gewinnung der Lagerstätte und

für die Wiederinbetriebnahme stillgelegter Tagebaue

von Steuerpflichtigen, die den Gewinn nach § 5 ermitteln, vor dem 1. Januar 1990 angeschafft oder hergestellt werden. [2]Die Sonderabschreibungen können bereits für Anzahlungen auf

Anschaffungskosten und für Teilherstellungskosten zugelassen werden. [3]Hat der Steuerpflichtige vor dem 1. Januar 1990 die Wirtschaftsgüter bestellt oder mit ihrer Herstellung begonnen, so können die Sonderabschreibungen auch für nach dem 31. Dezember 1989 und vor dem 1. Januar 1991 angeschaffte oder hergestellte Wirtschaftsgüter sowie für vor dem 1. Januar 1991 geleistete Anzahlungen auf Anschaffungskosten und entstandene Teilherstellungskosten in Anspruch genommen werden. [4]Voraussetzung für die Inanspruchnahme der Sonderabschreibungen ist, dass die Förderungswürdigkeit der bezeichneten Vorhaben von der obersten Landesbehörde für Wirtschaft im Einvernehmen mit dem Bundesministerium für Wirtschaft und Energie bescheinigt worden ist. [5]Die Sonderabschreibungen können im Wirtschaftsjahr der Anschaffung oder Herstellung und in den vier folgenden Wirtschaftsjahren in Anspruch genommen werden, und zwar bei beweglichen Wirtschaftsgütern des Anlagevermögens bis zu insgesamt 50 Prozent, bei unbeweglichen Wirtschaftsgütern des Anlagevermögens bis zu insgesamt 30 Prozent der Anschaffungs- oder Herstellungskosten. [6]Bei den begünstigten Vorhaben im Tagebaubetrieb des Braunkohlen- und Erzbergbaues kann außerdem zugelassen werden, dass die vor dem 1. Januar 1991 aufgewendeten Kosten für den Vorabraum bis zu 50 Prozent als sofort abzugsfähige Betriebsausgaben behandelt werden;

o) (weggefallen)

S 2190 p) über die Bemessung der Absetzungen für Abnutzung oder Substanzverringerung bei nicht zu einem Betriebsvermögen gehörenden Wirtschaftsgütern, die vor dem 21. Juni 1948 angeschafft oder hergestellt oder die unentgeltlich erworben sind. [2]Hierbei kann bestimmt werden, dass die Absetzungen für Abnutzung oder Substanzverringerung nicht nach den Anschaffungs- oder Herstellungskosten, sondern nach Hilfswerten (am 21. Juni 1948 maßgebender Einheitswert, Anschaffungs- oder Herstellungskosten des Rechtsvorgängers abzüglich der von ihm vorgenommenen Absetzungen, fiktive Anschaffungskosten an einem noch zu bestimmenden Stichtag) zu bemessen sind. [3]Zur Vermeidung von Härten kann zugelassen werden, dass anstelle der Absetzungen für Abnutzung, die nach dem am 21. Juni 1948 maßgebenden Einheitswert zu bemessen sind, der Betrag abgezogen wird, der für das Wirtschaftsgut in dem Veranlagungszeitraum 1947 als Absetzung für Abnutzung geltend gemacht werden konnte. [4]Für das Land Berlin tritt in den Sätzen 1 bis 3 an die Stelle des 21. Juni 1948 jeweils der 1. April 1949;

q) über erhöhte Absetzungen bei Herstellungskosten S 2198

aa) für Maßnahmen, die für den Anschluss eines im Inland belegenen Gebäudes an eine Fernwärmeversorgung einschließlich der Anbindung an das Heizsystem erforderlich sind, wenn die Fernwärmeversorgung überwiegend aus Anlagen der Kraft-Wärme-Kopplung, zur Verbrennung von Müll oder zur Verwertung von Abwärme gespeist wird,

bb) für den Einbau von Wärmepumpenanlagen, Solaranlagen und Anlagen zur Wärmerückgewinnung in einem im Inland belegenen Gebäude einschließlich der Anbindung an das Heizsystem,

cc) für die Errichtung von Windkraftanlagen, wenn die mit diesen Anlagen erzeugte Energie überwiegend entweder unmittelbar oder durch Verrechnung mit Elektrizitätsbezügen des Steuerpflichtigen von einem Elektrizitätsversorgungsunternehmen zur Versorgung eines im Inland belegenen Gebäudes des Steuerpflichtigen verwendet wird, einschließlich der Anbindung an das Versorgungssystem des Gebäudes,

dd) für die Errichtung von Anlagen zur Gewinnung von Gas, das aus pflanzlichen oder tierischen Abfallstoffen durch Gärung unter Sauerstoffabschluss entsteht, wenn dieses Gas zur Beheizung eines im Inland belegenen Gebäudes des Steuerpflichtigen oder zur Warmwasserbereitung in einem solchen Gebäude des Steuerpflichtigen verwendet wird, einschließlich der Anbindung an das Versorgungssystem des Gebäudes,

ee) für den Einbau einer Warmwasseranlage zur Versorgung von mehr als einer Zapfstelle und einer zentralen Heizungsanlage oder bei einer zentralen Heizungs- und Warmwasseranlage für den Einbau eines Heizkessels, eines Brenners, einer zentralen Steuerungseinrichtung, einer Wärmeabgabeeinrichtung und eine Änderung der Abgasanlage in einem im Inland belegenen Gebäude oder in einer im Inland belegenen Eigentumswohnung, wenn mit dem Einbau nicht vor Ablauf von zehn Jahren seit Fertigstellung dieses Gebäudes begonnen worden ist und der Einbau nach dem 30. Juni 1985 fertig gestellt worden ist; Entsprechendes gilt bei Anschaffungskosten für neue Einzelöfen, wenn keine Zentralheizung vorhanden ist.

[2] Voraussetzung für die Gewährung der erhöhten Absetzungen ist, dass die Maßnahmen vor dem 1. Januar 1992 fertig gestellt worden sind; in den Fällen des Satzes 1 Doppelbuchstabe aa müssen die Gebäude vor dem 1. Juli 1983 fertig gestellt wor-

den sein, es sei denn, dass der Anschluss nicht schon im Zusammenhang mit der Errichtung des Gebäudes möglich war. [3]Die erhöhten Absetzungen dürfen jährlich 10 Prozent der Aufwendungen nicht übersteigen. [4]Sie dürfen nicht gewährt werden, wenn für dieselbe Maßnahme eine Investitionszulage in Anspruch genommen wird. [5]Sind die Aufwendungen Erhaltungsaufwand und entstehen sie bei einer zu eigenen Wohnzwecken genutzten Wohnung im eigenen Haus, für die der Nutzungswert nicht mehr besteuert wird, und liegen in den Fällen des Satzes 1 Doppelbuchstabe aa die Voraussetzungen des Satzes 2 zweiter Halbsatz vor, so kann der Abzug dieser Aufwendungen wie Sonderausgaben mit gleichmäßiger Verteilung auf das Kalenderjahr, in dem die Arbeiten abgeschlossen worden sind, und die neun folgenden Kalenderjahre zugelassen werden, wenn die Maßnahme vor dem 1. Januar 1992 abgeschlossen worden ist;

S 2211 r) nach denen Steuerpflichtige größere Aufwendungen

aa) für die Erhaltung von nicht zu einem Betriebsvermögen gehörenden Gebäuden, die überwiegend Wohnzwecken dienen,

bb) zur Erhaltung eines Gebäudes in einem förmlich festgelegten Sanierungsgebiet oder städtebaulichen Entwicklungsbereich, die für Maßnahmen im Sinne des § 177 des Baugesetzbuchs sowie für bestimmte Maßnahmen, die der Erhaltung, Erneuerung und funktionsgerechten Verwendung eines Gebäudes dienen, das wegen seiner geschichtlichen, künstlerischen oder städtebaulichen Bedeutung erhalten bleiben soll, und zu deren Durchführung sich der Eigentümer neben bestimmten Modernisierungsmaßnahmen gegenüber der Gemeinde verpflichtet hat, aufgewendet worden sind,

cc) zur Erhaltung von Gebäuden, die nach den jeweiligen landesrechtlichen Vorschriften Baudenkmale sind, soweit die Aufwendungen nach Art und Umfang zur Erhaltung des Gebäudes als Baudenkmal und zu seiner sinnvollen Nutzung erforderlich sind,

auf zwei bis fünf Jahre gleichmäßig verteilen können. [2]In den Fällen der Doppelbuchstaben bb und cc ist Voraussetzung, dass der Erhaltungsaufwand vor dem 1. Januar 1990 entstanden ist. [3]In den Fällen von Doppelbuchstabe cc sind die Denkmaleigenschaft des Gebäudes und die Voraussetzung, dass die Aufwendungen nach Art und Umfang zur Erhaltung des Gebäudes als Baudenkmal und zu seiner sinnvollen Nutzung erforderlich sind, durch eine Bescheinigung der nach Landesrecht zuständigen oder von der Landesregierung bestimmten Stelle nachzuweisen;

s) nach denen bei Anschaffung oder Herstellung von abnutzbaren beweglichen und bei Herstellung von abnutzbaren unbeweglichen Wirtschaftsgütern des Anlagevermögens auf Antrag ein Abzug von der Einkommensteuer für den Veranlagungszeitraum der Anschaffung oder Herstellung bis zur Höhe von 7,5 Prozent der Anschaffungs- oder Herstellungskosten dieser Wirtschaftsgüter vorgenommen werden kann, wenn eine Störung des gesamtwirtschaftlichen Gleichgewichts eingetreten ist oder sich abzeichnet, die eine nachhaltige Verringerung der Umsätze oder der Beschäftigung zur Folge hatte oder erwarten lässt, insbesondere bei einem erheblichen Rückgang der Nachfrage nach Investitionsgütern oder Bauleistungen. [2]Bei der Bemessung des von der Einkommensteuer abzugsfähigen Betrags dürfen nur berücksichtigt werden S 2185

aa) die Anschaffungs- oder Herstellungskosten von beweglichen Wirtschaftsgütern, die innerhalb eines jeweils festzusetzenden Zeitraums, der ein Jahr nicht übersteigen darf (Begünstigungszeitraum), angeschafft oder hergestellt werden,

bb) die Anschaffungs- oder Herstellungskosten von beweglichen Wirtschaftsgütern, die innerhalb des Begünstigungszeitraums bestellt und angezahlt werden oder mit deren Herstellung innerhalb des Begünstigungszeitraums begonnen wird, wenn sie innerhalb eines Jahres, bei Schiffen innerhalb zweier Jahre, nach Ablauf des Begünstigungszeitraums geliefert oder fertig gestellt werden. [2]Soweit bewegliche Wirtschaftsgüter im Sinne des Satzes 1 mit Ausnahme von Schiffen nach Ablauf eines Jahres, aber vor Ablauf zweier Jahre nach dem Ende des Begünstigungszeitraums geliefert oder fertig gestellt werden, dürfen bei Bemessung des Abzugs von der Einkommensteuer die bis zum Ablauf eines Jahres nach dem Ende des Begünstigungszeitraums aufgewendeten Anzahlungen und Teilherstellungskosten berücksichtigt werden,

cc) die Herstellungskosten von Gebäuden, bei denen innerhalb des Begünstigungszeitraums der Antrag auf Baugenehmigung gestellt wird, wenn sie bis zum Ablauf von zwei Jahren nach dem Ende des Begünstigungszeitraums fertig gestellt werden;

dabei scheiden geringwertige Wirtschaftsgüter im Sinne des § 6 Absatz 2 und Wirtschaftsgüter, die in gebrauchtem Zustand erworben werden, aus. [3]Von der Begünstigung können außerdem Wirtschaftsgüter ausgeschlossen werden, für die Sonderabschreibungen, erhöhte Absetzungen oder die Investitionszulage nach § 19 des Berlinförderungsgesetzes in Anspruch genommen werden. [4]In den Fällen des Satzes 2 Doppelbuchstabe bb und cc können bei Bemessung des von der Einkommensteuer abzugsfähigen Betrags bereits die im Begünstigungszeitraum, im Fall des Satzes 2 Doppelbuchstabe bb Satz 2 auch die bis zum Ablauf eines Jahres nach dem Ende des Begünstigungszeitraums aufgewendeten Anzahlungen und Teilherstellungskosten berücksichtigt werden; der Abzug von der Einkommensteuer kann insoweit schon für den Veranlagungszeitraum vorgenommen werden, in dem die Anzahlungen oder Teilherstellungskosten aufgewendet worden sind. [5]Übersteigt der von der Einkommensteuer abzugsfähige Betrag die für den Veranlagungszeitraum der Anschaffung oder Herstellung geschuldete Einkommensteuer, so kann der übersteigende Betrag von der Einkommensteuer für den darauf folgenden Veranlagungszeitraum abgezogen werden. [6]Entsprechendes gilt, wenn in den Fällen des Satzes 2 Doppelbuchstabe bb und cc der Abzug von der Einkommensteuer bereits für Anzahlungen oder Teilherstellungskosten geltend gemacht wird. [7]Der Abzug von der Einkommensteuer darf jedoch die für den Veranlagungszeitraum der Anschaffung oder Herstellung und den folgenden Veranlagungszeitraum insgesamt zu entrichtende Einkommensteuer nicht übersteigen. [8]In den Fällen des Satzes 2 Doppelbuchstabe bb Satz 2 gilt dies mit der Maßgabe, dass an die Stelle des Veranlagungszeitraums der Anschaffung oder Herstellung der Veranlagungszeitraum tritt, in dem zuletzt Anzahlungen oder Teilherstellungskosten aufgewendet worden sind. [9]Werden begünstigte Wirtschaftsgüter von Gesellschaften im Sinne des § 15 Absatz 1 Satz 1 Nummer 2 und 3 angeschafft oder hergestellt, so ist der abzugsfähige Betrag nach dem Verhältnis der Gewinnanteile einschließlich der Vergütungen aufzuteilen. [10]Die Anschaffungs- oder Herstellungskosten der Wirtschaftsgüter, die bei Bemessung des von der Einkommensteuer abzugsfähigen Betrags berücksichtigt worden sind, werden durch den Abzug von der Einkommensteuer nicht gemindert. [11]Rechtsverordnungen auf Grund dieser Ermächtigung bedürfen der Zustimmung des Bundestages. [12]Die Zustimmung gilt als erteilt, wenn der Bundestag nicht binnen vier Wochen nach Eingang der Vorlage der Bundesregierung die Zustimmung verweigert hat;

t) (weggefallen)

S 2185 u) über Sonderabschreibungen bei abnutzbaren Wirtschaftsgütern des Anlagevermögens, die der Forschung oder Entwicklung dienen und nach dem 18. Mai 1983 und vor dem 1. Januar 1990 angeschafft oder hergestellt werden. [2]Voraussetzung für die Inanspruchnahme der Sonderabschreibungen ist, dass die beweglichen Wirtschaftsgüter ausschließlich und die unbeweglichen Wirtschaftsgüter zu mehr als 33 1/3 Prozent der Forschung oder Entwicklung dienen. [3] Die Sonderabschreibungen können auch für Ausbauten und Erweiterungen an bestehenden Gebäuden, Gebäudeteilen, Eigentumswohnungen oder im Teileigentum stehenden Räumen zugelassen werden, wenn die ausgebauten oder neu hergestellten Gebäudeteile zu mehr als 33 1/3 Prozent der Forschung oder Entwicklung dienen. [4] Die Wirtschaftsgüter dienen der Forschung oder Entwicklung, wenn sie verwendet werden

aa) zur Gewinnung von neuen wissenschaftlichen oder technischen Erkenntnissen und Erfahrungen allgemeiner Art (Grundlagenforschung) oder

bb) zur Neuentwicklung von Erzeugnissen oder Herstellungsverfahren oder

cc) zur Weiterentwicklung von Erzeugnissen oder Herstellungsverfahren, soweit wesentliche Änderungen dieser Erzeugnisse oder Verfahren entwickelt werden.

[5] Die Sonderabschreibungen können im Wirtschaftsjahr der Anschaffung oder Herstellung und in den vier folgenden Wirtschaftsjahren in Anspruch genommen werden, und zwar

aa) bei beweglichen Wirtschaftsgütern des Anlagevermögens bis zu insgesamt 40 Prozent,

bb) bei unbeweglichen Wirtschaftsgütern des Anlagevermögens, die zu mehr als 66 2/3 Prozent der Forschung oder Entwicklung dienen, bis zu insgesamt 15 Prozent, die nicht zu mehr als 66 2/3 Prozent, aber zu mehr als 33 1/3 Prozent der Forschung oder Entwicklung dienen, bis zu insgesamt 10 Prozent,

cc) bei Ausbauten und Erweiterungen an bestehenden Gebäuden, Gebäudeteilen, Eigentumswohnungen oder im Teileigentum stehenden Räumen, wenn die ausgebauten oder neu hergestellten Gebäudeteile zu mehr als 66 2/3 Prozent der Forschung oder Entwicklung dienen, bis zu insgesamt 15 Prozent, zu nicht mehr als 66 2/3 Prozent, aber zu mehr als 33 1/3 Prozent der Forschung oder Entwicklung dienen, bis zu insgesamt 10 Prozent

der Anschaffungs- oder Herstellungskosten. [6] Sie können bereits für Anzahlungen auf Anschaffungskosten und für Teilherstellungskosten zugelassen werden. [7] Die Sonderabschreibungen sind nur unter der Bedingung zuzulassen, dass die Wirtschaftsgüter und die ausgebauten oder neu hergestellten Gebäudeteile mindestens drei Jahre nach ihrer Anschaffung oder Herstellung in dem erforderlichen Umfang der Forschung oder Entwicklung in einer inländischen Betriebsstätte des Steuerpflichtigen dienen;

v) (weggefallen)

S 2185 w) über Sonderabschreibungen bei Handelsschiffen, die auf Grund eines vor dem 25. April 1996 abgeschlossenen Schiffbauvertrags hergestellt, in einem inländischen Seeschiffsregister eingetragen und vor dem 1. Januar 1999 von Steuerpflichtigen angeschafft oder hergestellt worden sind, die den Gewinn nach § 5 ermitteln. [2]Im Fall der Anschaffung eines Handelsschiffes ist weitere Voraussetzung, dass das Schiff vor dem 1. Januar 1996 in ungebrauchtem Zustand vom Hersteller oder nach dem 31. Dezember 1995 auf Grund eines vor dem 25. April 1996 abgeschlossenen Kaufvertrags bis zum Ablauf des vierten auf das Jahr der Fertigstellung folgenden Jahres erworben worden ist. [3]Bei Steuerpflichtigen, die in eine Gesellschaft im Sinne des § 15 Absatz 1 Satz 1 Nummer 2 und Absatz 3 nach Abschluss des Schiffbauvertrags (Unterzeichnung des Hauptvertrags) eingetreten sind, dürfen Sonderabschreibungen nur zugelassen werden, wenn sie der Gesellschaft vor dem 1. Januar 1999 beitreten. [4]Die Sonderabschreibungen können im Wirtschaftsjahr der Anschaffung oder Herstellung und in den vier folgenden Wirtschaftsjahren bis zu insgesamt 40 Prozent der Anschaffungs- oder Herstellungskosten in Anspruch genommen werden. [5]Sie können bereits für Anzahlungen auf Anschaffungskosten und für Teilherstellungskosten zugelassen werden. [6]Die Sonderabschreibungen sind nur unter der Bedingung zuzulassen, dass die Handelsschiffe innerhalb eines Zeitraums von acht Jahren nach ihrer Anschaffung oder Herstellung nicht veräußert werden; für Anteile an einem Handelsschiff gilt dies entsprechend. [7]Die Sätze 1 bis 6 gelten für Schiffe, die der Seefischerei dienen, entsprechend. [8]Für Luftfahrzeuge, die vom Steuerpflichtigen hergestellt oder in ungebrauchtem Zustand vom Hersteller erworben worden sind und die zur gewerbsmäßigen Beförderung von Personen oder Sachen im internationalen Luftverkehr oder zur Verwendung zu sonstigen gewerblichen Zwecken im Ausland bestimmt sind, gelten die Sätze 1 bis 4 und 6 mit der Maßgabe entsprechend, dass an die Stelle der Eintragung in ein inländisches Seeschiffsregister die Eintragung in die deutsche Luftfahrzeugrolle, an die Stelle des Höchstsatzes von 40 Prozent ein Höchstsatz von 30 Prozent und bei der Vorschrift des Satzes 6 an die Stelle des Zeitraums von acht Jahren ein Zeitraum von sechs Jahren treten;

S 2198a x) über erhöhte Absetzungen bei Herstellungskosten für Modernisierungs- und Instandsetzungsmaßnahmen im Sinne des § 177 des Baugesetzbuchs sowie für bestimmte Maßnahmen, die der Erhaltung, Erneuerung und funktionsgerechten Verwendung eines Gebäudes dienen, das wegen seiner geschichtlichen, künstlerischen oder städtebaulichen Bedeutung erhalten bleiben soll, und zu deren Durchführung sich der Eigentümer neben bestimmten Modernisierungsmaßnahmen gegenüber der Gemeinde verpflichtet hat, die für Gebäude in einem förmlich festgelegten Sanierungsgebiet oder städtebaulichen Entwicklungsbereich aufgewendet worden sind; Voraussetzung ist, dass die Maßnahmen vor dem 1. Januar 1991 abgeschlossen worden sind. [2]Die erhöhten Absetzungen dürfen jährlich 10 Prozent der Aufwendungen nicht übersteigen;

y) über erhöhte Absetzungen für Herstellungskosten an Gebäuden, die nach den jeweiligen landesrechtlichen Vorschriften Baudenkmale sind, soweit die Aufwendungen nach Art und Umfang zur Erhaltung des Gebäudes als Baudenkmal und zu seiner sinnvollen Nutzung erforderlich sind; Voraussetzung ist, dass die Maßnahmen vor dem 1. Januar 1991 abgeschlossen worden sind. [2]Die Denkmaleigenschaft des Gebäudes und die Voraussetzung, dass die Aufwendungen nach Art und Umfang zur Erhaltung des Gebäudes als Baudenkmal und zu seiner sinnvollen Nutzung erforderlich sind, sind durch eine Bescheinigung der nach Landesrecht zuständigen oder von der Landesregierung bestimmten Stelle nachzuweisen. [3]Die erhöhten Absetzungen dürfen jährlich 10 Prozent der Aufwendungen nicht übersteigen; S 2198b

3. die in § 4a Absatz 1 Satz 2 Nummer 1, § 10 Absatz 5, § 22 Nummer 1 Satz 3 Buchstabe a, § 26a Absatz 3, § 34c Absatz 7, § 46 Absatz 5 und § 50a Absatz 6 vorgesehenen Rechtsverordnungen zu erlassen.

(2) [1]Die Bundesregierung wird ermächtigt, durch Rechtsverordnung Vorschriften zu erlassen, nach denen die Inanspruchnahme von Sonderabschreibungen und erhöhten Absetzungen sowie die Bemessung der Absetzung für Abnutzung in fallenden Jahresbeträgen ganz oder teilweise ausgeschlossen werden können, wenn eine Störung des gesamtwirtschaftlichen Gleichgewichts eingetreten ist oder sich abzeichnet, die erhebliche Preissteigerungen mit sich gebracht hat oder erwarten lässt, insbesondere, wenn die Inlandsnachfrage nach Investitionsgütern oder Bauleistungen das Angebot wesentlich übersteigt. [2]Die Inanspruchnahme von Sonderabschreibungen und erhöhten Absetzungen sowie die Bemessung der Absetzung für Abnutzung in fallenden Jahresbeträgen darf nur ausgeschlossen werden S 1987

1. für bewegliche Wirtschaftsgüter, die innerhalb eines jeweils festzusetzenden Zeitraums, der frühestens mit dem Tage beginnt, an dem die Bundesregierung ihren Beschluss über die Verordnung bekannt gibt, und der ein Jahr nicht übersteigen darf, angeschafft oder hergestellt werden. [2]Für bewegliche Wirtschaftsgüter, die vor Beginn dieses Zeitraums bestellt und angezahlt worden sind oder mit deren Herstellung vor Beginn dieses Zeitraums angefangen

worden ist, darf jedoch die Inanspruchnahme von Sonderabschreibungen und erhöhten Absetzungen sowie die Bemessung der Absetzung für Abnutzung in fallenden Jahresbeträgen nicht ausgeschlossen werden;

2. für bewegliche Wirtschaftsgüter und für Gebäude, die in dem in Nummer 1 bezeichneten Zeitraum bestellt werden oder mit deren Herstellung in diesem Zeitraum begonnen wird. [2]Als Beginn der Herstellung gilt bei Gebäuden der Zeitpunkt, in dem der Antrag auf Baugenehmigung gestellt wird.

[3]Rechtsverordnungen auf Grund dieser Ermächtigung bedürfen der Zustimmung des Bundestages und des Bundesrates. [4]Die Zustimmung gilt als erteilt, wenn der Bundesrat nicht binnen drei Wochen, der Bundestag nicht binnen vier Wochen nach Eingang der Vorlage der Bundesregierung die Zustimmung verweigert hat.

(3) [1]Die Bundesregierung wird ermächtigt, durch Rechtsverordnung mit Zustimmung des Bundesrates Vorschriften zu erlassen, nach denen die Einkommensteuer einschließlich des Steuerabzugs vom Arbeitslohn, des Steuerabzugs vom Kapitalertrag und des Steuerabzugs bei beschränkt Steuerpflichtigen

1. um höchstens 10 Prozent herabgesetzt werden kann. [2]Der Zeitraum, für den die Herabsetzung gilt, darf ein Jahr nicht übersteigen; er soll sich mit dem Kalenderjahr decken. [3]Voraussetzung ist, dass eine Störung des gesamtwirtschaftlichen Gleichgewichts eingetreten ist oder sich abzeichnet, die eine nachhaltige Verringerung der Umsätze oder der Beschäftigung zur Folge hatte oder erwarten lässt, insbesondere bei einem erheblichen Rückgang der Nachfrage nach Investitionsgütern und Bauleistungen oder Verbrauchsgütern;
2. um höchstens 10 Prozent erhöht werden kann. [2]Der Zeitraum, für den die Erhöhung gilt, darf ein Jahr nicht übersteigen; er soll sich mit dem Kalenderjahr decken. [3]Voraussetzung ist, dass eine Störung des gesamtwirtschaftlichen Gleichgewichts eingetreten ist oder sich abzeichnet, die erhebliche Preissteigerungen mit sich gebracht hat oder erwarten lässt, insbesondere, wenn die Nachfrage nach Investitionsgütern und Bauleistungen oder Verbrauchsgütern das Angebot wesentlich übersteigt.

[2]Rechtsverordnungen auf Grund dieser Ermächtigung bedürfen der Zustimmung des Bundestages.

(4) Das Bundesministerium der Finanzen wird ermächtigt,

1. im Einvernehmen mit den obersten Finanzbehörden der Länder die Vordrucke für
   a) (weggefallen),
   b) die Erklärungen zur Einkommensbesteuerung,
   c) die Anträge nach § 38b Absatz 2, nach § 39a Absatz 2, in dessen Vordrucke der Antrag nach § 39f einzubeziehen ist, die

Anträge nach § 39a Absatz 4 sowie die Anträge zu den elektronischen Lohnsteuerabzugsmerkmalen (§ 38b Absatz 3 und § 39e Absatz 6 Satz 7),

d) die Lohnsteuer-Anmeldung (§ 41a Absatz 1),

e) die Anmeldung der Kapitalertragsteuer (§ 45a Absatz 1) und den Freistellungsauftrag nach § 44a Absatz 2 Satz 1 Nummer 1,

f) die Anmeldung des Abzugsbetrags (§ 48a),

g) die Erteilung der Freistellungsbescheinigung (§ 48b),

h) die Anmeldung der Abzugsteuer (§ 50a Absatz 7) [1]

[1]

und die Muster der Bescheinigungen für den Lohnsteuerabzug nach § 39 Absatz 3 und § 39e Absatz 7 Satz 5, des Ausdrucks der elektronischen Lohnsteuerbescheinigung (§ 41b Absatz 1), das Muster der Lohnsteuerbescheinigung nach § 41b Absatz 3 Satz 1, der Anträge auf Erteilung einer Bescheinigung für den Lohnsteuerabzug nach § 39 Absatz 3 und § 39e Absatz 7 Satz 1 sowie der in § 45a Absatz 2 und 3 und § 50a Absatz 5 Satz 6 vorgesehenen Bescheinigungen zu bestimmen;

1a. im Einvernehmen mit den obersten Finanzbehörden der Länder auf der Basis der §§ 32a und 39b einen Programmablaufplan für die Herstellung von Lohnsteuertabellen zur manuellen Berechnung der Lohnsteuer aufzustellen und bekannt zu machen. [2] Der Lohnstufenabstand beträgt bei den Jahrestabellen 36. [3] Die in den Tabellenstufen auszuweisende Lohnsteuer ist aus der Obergrenze der Tabellenstufen zu berechnen und muss an der Obergrenze mit der maschinell berechneten Lohnsteuer übereinstimmen. [4] Die Monats-, Wochen- und Tagestabellen sind aus den Jahrestabellen abzuleiten;

1b. im Einvernehmen mit den obersten Finanzbehörden der Länder den Mindestumfang der nach § 5b elektronisch zu übermittelnden Bilanz und Gewinn- und Verlustrechnung zu bestimmen;

1c. durch Rechtsverordnung zur Durchführung dieses Gesetzes mit Zustimmung des Bundesrates Vorschriften über einen von dem vorgesehenen erstmaligen Anwendungszeitpunkt gemäß § 52 Absatz 15a in der Fassung des Artikels 1 des Gesetzes vom 20. Dezember 2008 (BGBl. I S. 2850) abweichenden späteren Anwendungszeitpunkt zu erlassen, wenn bis zum 31. Dezember 2010 erkennbar ist, dass die technischen oder organisatorischen Voraussetzungen für eine Umsetzung der in § 5b Absatz 1 in der

---

[1] *Absatz 4 Nr. 1 Buchst. h wurde durch Artikel 1 des AbzStEntModG geändert und Buchst. i aufgehoben. § 51 i. d. F. des Artikels 1 des Gesetzes vom 2.6.2021 (BGBl. I S. 1259) gilt erstmals für die Vergabe von Ordnungsnummern zu Steuerbescheinigungen für Kapitalerträge, die nach dem 31.12.2023 zufließen >§ 52 Abs. 48a.*

Fassung des Artikels 1 des Gesetzes vom 20. Dezember 2008 (BGBl. I S. 2850) vorgesehenen Verpflichtung nicht ausreichen;

1d. die Vordrucke für die Anmeldung des Steuerabzugs von Vergütungen im Sinne des § 50a Absatz 1 zu bestimmen;

[1] ***1e. im Einvernehmen mit den obersten Finanzbehörden der Länder die Vorgaben für die Zuweisung der Ordnungsnummer nach § 45b Absatz 1 zu bestimmen;***

2. den Wortlaut dieses Gesetzes und der zu diesem Gesetz erlassenen Rechtsverordnungen in der jeweils geltenden Fassung satzweise nummeriert mit neuem Datum und in neuer Paragraphenfolge bekannt zu machen und dabei Unstimmigkeiten im Wortlaut zu beseitigen.

---

[1] *Absatz 4 Nr. 1e wurde durch Artikel 1 des AbzStEntModG eingefügt und gilt erstmals für die Vergabe von Ordnungsnummern zu Steuerbescheinigungen für Kapitalerträge, die nach dem 31.12.2023 zufließen >§ 52 Abs. 48a.*

§ 51a

S 2444

Festsetzung und Erhebung von Zuschlagsteuern

(1) [1] Auf die Festsetzung und Erhebung von Steuern, die nach der Einkommensteuer bemessen werden (Zuschlagsteuern), sind die Vorschriften dieses Gesetzes mit Ausnahme des § 36a entsprechend anzuwenden. [2] Wird Einkommensteuer im Wege des Steuerabzugs erhoben, dürfen die zu diesem Zweck verarbeiteten personenbezogenen Daten auch für die Erhebung einer Zuschlagsteuer im Wege des Steuerabzugs verarbeitet werden.

(2) [1] Bemessungsgrundlage ist die Einkommensteuer, die abweichend von § 2 Absatz 6 unter Berücksichtigung von Freibeträgen nach § 32 Absatz 6 in allen Fällen des § 32 festzusetzen wäre. [2] Zur Ermittlung der Einkommensteuer im Sinne des Satzes 1 ist das zu versteuernde Einkommen um die nach § 3 Nummer 40 steuerfreien Beträge zu erhöhen und um die nach § 3c Absatz 2 nicht abziehbaren Beträge zu mindern. [3] § 35 ist bei der Ermittlung der festzusetzenden Einkommensteuer nach Satz 1 nicht anzuwenden.

(2a) [1] Vorbehaltlich des § 40a Absatz 2 ist beim Steuerabzug vom Arbeitslohn Bemessungsgrundlage die Lohnsteuer; beim Steuerabzug vom laufenden Arbeitslohn und beim Jahresausgleich ist die Lohnsteuer maßgebend, die sich ergibt, wenn der nach § 39b Absatz 2 Satz 5 zu versteuernde Jahresbetrag für die Steuerklassen I, II und III um den doppelten Kinderfreibetrag sowie den doppelten Freibetrag für den Betreuungs- und Erziehungs- oder Ausbildungsbedarf und für die Steuerklasse IV um den Kinderfreibetrag sowie den Freibetrag für den Betreuungs- und Erziehungs- oder Ausbildungsbedarf (§ 32 Absatz 6 Satz 1) für jedes Kind vermindert wird, für das eine Kürzung der Freibeträge für Kinder nach § 32 Absatz 6 Satz 4 nicht in Betracht kommt. [2] Bei der Anwendung des § 39b für die Ermittlung der Zuschlagsteuern ist die als Lohnsteuerabzugsmerkmal gebildete Zahl der Kinderfreibeträge maßgebend. [3] Bei Anwendung des § 39f ist beim Steuerabzug vom laufenden Arbeitslohn die Lohnsteuer maßgebend, die sich bei Anwendung des nach § 39f Absatz 1 ermittelten Faktors auf den nach den Sätzen 1 und 2 ermittelten Betrag ergibt.

(2b) Wird die Einkommensteuer nach § 43 Absatz 1 durch Abzug vom Kapitalertrag (Kapitalertragsteuer) erhoben, wird die darauf entfallende Kirchensteuer nach dem Kirchensteuersatz der Religionsgemeinschaft, der der Kirchensteuerpflichtige angehört, als Zuschlag zur Kapitalertragsteuer erhoben. *[1]*

(2c) [1] Der zur Vornahme des Steuerabzugs vom Kapitalertrag Verpflichtete (Kirchensteuerabzugsverpflichteter) hat die auf die Kapitalertragsteuer nach Absatz 2b entfallende Kirchensteuer nach folgenden Maßgaben einzubehalten:

---

[1] Absatz 2b Satz 2 wird durch Artikel 3 des 2. FamEntlastG ab VZ 2023 angefügt.

1. **Das Bundeszentralamt für Steuern speichert unabhängig von und zusätzlich zu den in § 139b Absatz 3 der Abgabenordnung genannten und nach § 39e gespeicherten Daten des Steuerpflichtigen den Kirchensteuersatz der steuererhebenden Religionsgemeinschaft des Kirchensteuerpflichtigen sowie die ortsbezogenen Daten, mit deren Hilfe der Kirchensteuerpflichtige seiner Religionsgemeinschaft zugeordnet werden kann. [2] Die Daten werden als automatisiert abrufbares Merkmal für den Kirchensteuerabzug bereitgestellt;**
2. **sofern dem Kirchensteuerabzugsverpflichteten die Identifikationsnummer des Schuldners der Kapitalertragsteuer nicht bereits bekannt ist, kann er sie beim Bundeszentralamt für Steuern anfragen. [2] In der Anfrage dürfen nur die in § 139b Absatz 3 der Abgabenordnung genannten Daten des Schuldners der Kapitalertragsteuer angegeben werden, soweit sie dem Kirchensteuerabzugsverpflichteten bekannt sind. [3] Die Anfrage hat nach amtlich vorgeschriebenem Datensatz durch Datenfernübertragung zu erfolgen. [4] Das Bundeszentralamt für Steuern teilt dem Kirchensteuerabzugsverpflichteten die Identifikationsnummer mit, sofern die übermittelten Daten mit den nach § 139b Absatz 3 der Abgabenordnung beim Bundeszentralamt für Steuern gespeicherten Daten übereinstimmen;**

1) 3. ***der Kirchensteuerabzugsverpflichtete hat unter Angabe der Identifikationsnummer und des Geburtsdatums des Schuldners der Kapitalertragsteuer bei Begründung einer rechtlichen Verbindung beim Bundeszentralamt für Steuern anzufragen, ob der Schuldner der Kapitalertragsteuer kirchensteuerpflichtig ist (Anlassabfrage), und einmal jährlich im Zeitraum vom 1. September bis 31. Oktober beim Bundeszentralamt für Steuern anzufragen, ob der Schuldner der Kapitalertragsteuer am 31. August des betreffenden Jahres (Stichtag) kirchensteuerpflichtig ist (Regelabfrage).*** **[2] Für Kapitalerträge im Sinne des § 43 Absatz 1 Nummer 4 aus Versicherungsverträgen hat der Kirchensteuerabzugsverpflichtete eine auf den Zuflusszeitpunkt der Kapitalerträge bezogene Abfrage (Anlassabfrage) an das Bundeszentralamt für Steuern zu richten.** 2) **[3]** ***Im Übrigen kann der Kirchensteuerabzugsverpflichtete eine Anlassabfrage auf Veranlassung des Schuldners der Kapitalertragsteuer an das Bundeszentralamt für Steuern richten.*** **[4] Auf die Anfrage hin teilt das Bundeszentralamt für Steuern dem Kirchensteuerabzugsverpflichteten die rechtliche Zugehörigkeit zu einer steuererhebenden Religionsgemeinschaft und den für die Religionsgemeinschaft geltenden Kirchensteuersatz zum Zeitpunkt der Anfrage als**

---

1) In Absatz 2c Satz 1 Nr. 3 wurde durch Artikel 2 des 2. FamEntlastG ab VZ 2022 der Satzteil vor Satz 2 neu gefasst.

2) Absatz 2c Satz 1 Nr. 3 Satz 3 wurde durch Artikel 2 des 2. FamEntlastG ab VZ 2022 neu gefasst.

automatisiert abrufbares Merkmal nach Nummer 1 mit. [5]*Bei Begründung einer rechtlichen Verbindung ist der Schuldner der Kapitalertragsteuer vom Kirchensteuerabzugsverpflichteten auf die Datenabfrage sowie das Antragsrecht nach Absatz 2e Satz 1 in geeigneter Form hinzuweisen.* [6]Anträge auf das Setzen der Sperrvermerke, die im aktuellen Kalenderjahr für eine Regelabfrage berücksichtigt werden sollen, müssen bis zum 30. Juni beim Bundeszentralamt für Steuern eingegangen sein. [7]Alle übrigen Sperrvermerke können nur berücksichtigt werden, wenn sie spätestens zwei Monate vor der Abfrage des Kirchensteuerabzugsverpflichteten eingegangen sind. [8]Dies gilt für den Widerruf entsprechend. [9]Gehört der Schuldner der Kapitalertragsteuer keiner steuererhebenden Religionsgemeinschaft an oder hat er dem Abruf von Daten zur Religionszugehörigkeit widersprochen (Sperrvermerk), so teilt das Bundeszentralamt für Steuern dem Kirchensteuerabzugsverpflichteten zur Religionszugehörigkeit einen neutralen Wert (Nullwert) mit. [10]Der Kirchensteuerabzugsverpflichtete hat die vorhandenen Daten zur Religionszugehörigkeit unverzüglich zu löschen, wenn ein Nullwert übermittelt wurde; [1)]

4. im Falle einer am Stichtag oder im Zuflusszeitpunkt bestehenden Kirchensteuerpflicht hat der Kirchensteuerabzugsverpflichtete den Kirchensteuerabzug für die steuererhebende Religionsgemeinschaft durchzuführen und den Kirchensteuerbetrag an das für ihn zuständige Finanzamt abzuführen. [2]§ 45a Absatz 1 gilt entsprechend; in der Steueranmeldung sind die nach Satz 1 einbehaltenen Kirchensteuerbeträge für jede steuererhebende Religionsgemeinschaft jeweils als Summe anzumelden. [3]Die auf Grund der Regelabfrage vom Bundeszentralamt für Steuern bestätigte Kirchensteuerpflicht hat der Kirchensteuerabzugsverpflichtete dem Kirchensteuerabzug des auf den Stichtag folgenden Kalenderjahres zu Grunde zu legen. [4]Das Ergebnis einer Anlassabfrage wirkt anlassbezogen.

[2]Die Daten gemäß Nummer 3 sind nach amtlich vorgeschriebenem Datensatz durch Datenfernübertragung zu übermitteln. [3]Die Verbindung der Anfrage nach Nummer 2 mit der Anfrage nach Nummer 3 zu einer Anfrage ist zulässig. [4]Auf Antrag kann das Bundeszentralamt für Steuern zur Vermeidung unbilliger Härten auf eine elektronische Übermittlung verzichten. [5]§ 44 Absatz 5 ist mit der Maßgabe anzuwenden, dass der Haftungsbescheid von dem für den Kirchensteuerabzugsverpflichteten zuständigen Finanzamt erlassen wird. [6]§ 45a Absatz 2 ist mit der Maßgabe anzuwenden, dass die steuererhebende Religionsgemeinschaft angegeben wird. [7]Sind an den Kapitalerträgen

---

[1)] *Absatz 2c Satz 1 Nr. 3 Satz 5 wurde durch Artikel 2 des 2. FamEntlastG ab VZ 2022 neu gefasst und Satz 9 aufgehoben. Die bisherigen Sätze 10 und 11 wurden die Sätze 9 und 10.*

ausschließlich Ehegatten beteiligt, wird der Anteil an der Kapitalertragsteuer hälftig ermittelt. [8]Der Kirchensteuerabzugsverpflichtete darf die von ihm für die Durchführung des Kirchensteuerabzugs erhobenen Daten ausschließlich für diesen Zweck verarbeiten. [9]Er hat organisatorisch dafür Sorge zu tragen, dass ein Zugriff auf diese Daten für andere Zwecke gesperrt ist. [10]Ohne Einwilligung der oder des Kirchensteuerpflichtigen und soweit gesetzlich nichts anderes zugelassen ist, dürfen der Kirchensteuerabzugsverpflichtete und die beteiligte Finanzbehörde die Daten nach Satz 8 nicht für andere Zwecke verarbeiten.

(2d) [1]Wird die nach Absatz 2b zu erhebende Kirchensteuer nicht nach Absatz 2c als Kirchensteuerabzug vom Kirchensteuerabzugsverpflichteten einbehalten, wird sie nach Ablauf des Kalenderjahres nach dem Kapitalertragsteuerbetrag veranlagt, der sich ergibt, wenn die Steuer auf Kapitalerträge nach § 32d Absatz 1 Satz 4 und 5 errechnet wird; wenn Kirchensteuer als Kirchensteuerabzug nach Absatz 2c erhoben wurde, wird eine Veranlagung auf Antrag des Steuerpflichtigen durchgeführt. [2]Der Abzugsverpflichtete hat dem Kirchensteuerpflichtigen auf dessen Verlangen hin eine Bescheinigung über die einbehaltene Kapitalertragsteuer zu erteilen. [3]Der Kirchensteuerpflichtige hat die erhobene Kapitalertragsteuer zu erklären und die Bescheinigung nach Satz 2 oder nach § 45a Absatz 2 oder 3 vorzulegen.

(2e) [1]Der Schuldner der Kapitalertragsteuer kann unter Angabe seiner Identifikationsnummer nach amtlich vorgeschriebenem Vordruck schriftlich beim Bundeszentralamt für Steuern beantragen, dass der automatisierte Datenabruf seiner rechtlichen Zugehörigkeit zu einer steuererhebenden Religionsgemeinschaft bis auf schriftlichen Widerruf unterbleibt (Sperrvermerk). [2]Das Bundeszentralamt für Steuern kann für die Abgabe der Erklärungen nach Satz 1 ein anderes sicheres Verfahren zur Verfügung stellen. [3]Der Sperrvermerk verpflichtet den Kirchensteuerpflichtigen für jeden Veranlagungszeitraum, in dem Kapitalertragsteuer einbehalten worden ist, zur Abgabe einer Steuer-
1) erklärung zum Zwecke der Veranlagung nach Absatz 2d Satz 1. [4]Das Bundeszentralamt für Steuern übermittelt für jeden Veranlagungszeitraum, für den ein Sperrvermerk abgerufen worden ist, an das Wohnsitzfinanzamt des Schuldners der Kapitalertragsteuer Name und Anschrift des Kirchensteuerabzugsverpflichteten, dem im Fall des Absatzes 2c Satz 1 Nummer 3 auf Grund des Sperrvermerks ein Nullwert im Sinne des *Absatzes 2c Satz 1 Nummer 3 Satz 9* mitgeteilt worden ist. [5]Das Wohnsitzfinanzamt fordert den Kirchensteuerpflichtigen zur Abgabe einer Steuererklärung nach § 149 Absatz 1 Satz 1 und 2 der Abgabenordnung auf.

1) Absatz 2e Satz 4 wurde durch Artikel 2 des 2. FamEntlastG ab VZ 2022 geändert.

(3) Ist die Einkommensteuer für Einkünfte, die dem Steuerabzug unterliegen, durch den Steuerabzug abgegolten oder werden solche Einkünfte bei der Veranlagung zur Einkommensteuer oder beim Lohnsteuer-Jahresausgleich nicht erfasst, gilt dies für die Zuschlagsteuer entsprechend.

(4) [1] Die Vorauszahlungen auf Zuschlagsteuern sind gleichzeitig mit den festgesetzten Vorauszahlungen auf die Einkommensteuer zu entrichten; § 37 Absatz 5 ist nicht anzuwenden. [2] Solange ein Bescheid über die Vorauszahlungen auf Zuschlagsteuern nicht erteilt worden ist, sind die Vorauszahlungen ohne besondere Aufforderung nach Maßgabe der für die Zuschlagsteuern geltenden Vorschriften zu entrichten. [3] § 240 Absatz 1 Satz 3 der Abgabenordnung ist insoweit nicht anzuwenden; § 254 Absatz 2 der Abgabenordnung gilt insoweit sinngemäß.

(5) [1] Mit einem Rechtsbehelf gegen die Zuschlagsteuer kann weder die Bemessungsgrundlage noch die Höhe des zu versteuernden Einkommens angegriffen werden. [2] Wird die Bemessungsgrundlage geändert, ändert sich die Zuschlagsteuer entsprechend.

(6) Die Absätze 1 bis 5 gelten für die Kirchensteuern nach Maßgabe landesrechtlicher Vorschriften.

aS 2259

§ 52

Anwendungsvorschriften

[1] (1) [1] Diese Fassung des Gesetzes ist, soweit in den folgenden Absätzen nichts anderes bestimmt ist, erstmals für den *Veranlagungszeitraum 2022* anzuwenden. [2] Beim Steuerabzug vom Arbeitslohn gilt Satz 1 mit der Maßgabe, dass diese Fassung erstmals auf den laufenden Arbeitslohn anzuwenden ist, der für einen nach dem *31. Dezember 2021* endenden Lohnzahlungszeitraum gezahlt wird, und auf sonstige Bezüge, die nach dem *31. Dezember 2021* zufließen. [3] Beim Steuerabzug vom Kapitalertrag gilt Satz 1 mit der Maßgabe, dass diese Fassung des Gesetzes erstmals auf Kapitalerträge anzuwenden ist, die dem Gläubiger nach dem *31. Dezember 2021* zufließen.

(2) [1] § 2a Absatz 1 Satz 1 Nummer 6 Buchstabe b in der am 1. Januar 2000 geltenden Fassung ist erstmals auf negative Einkünfte eines Steuerpflichtigen anzuwenden, die er aus einer entgeltlichen Überlassung von Schiffen auf Grund eines nach dem 31. Dezember 1999 rechtswirksam abgeschlossenen obligatorischen Vertrags oder gleichstehenden Rechtsakts erzielt. [2] Für negative Einkünfte im Sinne des § 2a Absatz 1 und 2 in der am 24. Dezember 2008 geltenden Fassung, die vor dem 25. Dezember 2008 nach § 2a Absatz 1 Satz 5 bestandskräftig gesondert festgestellt wurden, ist § 2a Absatz 1 Satz 3 bis 5 in der am 24. Dezember 2008 geltenden Fassung weiter anzuwenden. [3] § 2a Absatz 3 Satz 3, 5 und 6 in der am 29. April 1997 geltenden Fassung ist für Veranlagungszeiträume ab 1999 weiter anzuwenden, soweit sich ein positiver Betrag im Sinne des § 2a Absatz 3 Satz 3 in der am 29. April 1997 geltenden Fassung ergibt oder soweit eine in einem ausländischen Staat belegene Betriebsstätte im Sinne des § 2a Absatz 4 in der Fassung des § 52 Absatz 3 Satz 8 in der am 30. Juli 2014 geltenden Fassung in eine Kapitalgesellschaft umgewandelt, übertragen oder aufgegeben wird. [4] Insoweit ist in § 2a Absatz 3 Satz 5 letzter Halbsatz in der am 29. April 1997 geltenden Fassung die Angabe „§ 10d Absatz 3“ durch die Angabe „§ 10d Absatz 4“ zu ersetzen.

(3) § 2b in der Fassung der Bekanntmachung vom 19. Oktober 2002 (BGBl. I S. 4210; 2003 I S. 179) ist weiterhin für Einkünfte aus einer Einkunftsquelle im Sinne des § 2b anzuwenden, die der Steuerpflichtige nach dem 4. März 1999 und vor dem 11. November 2005 rechtswirksam erworben oder begründet hat.

(4) [1] § 3 Nummer 5 in der am 30. Juni 2013 geltenden Fassung ist vorbehaltlich des Satzes 2 erstmals für den Veranlagungszeitraum 2013 anzuwenden. [2] § 3 Nummer 5 in der am 29. Juni 2013 geltenden Fassung ist weiterhin anzuwenden für freiwillig Wehrdienst Leistende, die das Dienstverhältnis vor dem 1. Januar 2014 begonnen haben. [3] § 3 Nummer 10 in der am 31. Dezember 2005 geltenden Fassung

---

[1] *Absatz 1 wurde durch Artikel 2 des 2. FamEntlastG (Inkrafttreten 1.1.2022) geändert.*

ist weiter anzuwenden für ausgezahlte Übergangsbeihilfen an Soldatinnen auf Zeit und Soldaten auf Zeit, wenn das Dienstverhältnis vor dem 1. Januar 2006 begründet worden ist. [4]Auf fortlaufende Leistungen nach dem Gesetz über die Heimkehrerstiftung vom 21. Dezember 1992 (BGBl. I S. 2094, 2101), das zuletzt durch Artikel 1 des Gesetzes vom 10. Dezember 2007 (BGBl. I S. 2830) geändert worden ist, in der jeweils geltenden Fassung ist § 3 Nummer 19 in der am 31. Dezember 2010 geltenden Fassung weiter anzuwenden. [5]§ 3 Nummer 26 und 26a in der Fassung des Artikels 2 des Gesetzes vom 11. Dezember 2018 (BGBl. I S. 2338) ist in allen offenen Fällen anzuwenden. [6]Für die Anwendung des § 3 Nummer 34 in der Fassung des Artikels 3 des Gesetzes vom 11. Dezember 2018 (BGBl. I S. 2338) ist das Zertifizierungserfordernis nach § 20 Absatz 2 Satz 2 in Verbindung mit § 20 Absatz 5 des Fünften Buches Sozialgesetzbuch für bereits vor dem 1. Januar 2019 begonnene unzertifizierte Gesundheitsmaßnahmen erstmals maßgeblich für Sachbezüge, die nach dem 31. Dezember 2019 gewährt werden. [7]§ 3 Nummer 37 in der Fassung des Artikels 3 des Gesetzes vom 11. Dezember 2018 (BGBl. I S. 2338) ist letztmals für den Veranlagungszeitraum 2030 anzuwenden, sowie beim Steuerabzug vom Arbeitslohn auf Vorteile, die in einem vor dem 1. Januar 2031 endenden Lohnzahlungszeitraum oder als sonstige Bezüge vor dem 1. Januar 2031 zugewendet werden. [8]§ 3 Nummer 40 ist erstmals anzuwenden für

1. **Gewinnausschüttungen, auf die bei der ausschüttenden Körperschaft der nach Artikel 3 des Gesetzes vom 23. Oktober 2000 (BGBl. I S. 1433) aufgehobene Vierte Teil des Körperschaftsteuergesetzes nicht mehr anzuwenden ist; für die übrigen in § 3 Nummer 40 genannten Erträge im Sinne des § 20 gilt Entsprechendes;**
2. **Erträge im Sinne des § 3 Nummer 40 Satz 1 Buchstabe a, b, c und j nach Ablauf des ersten Wirtschaftsjahres der Gesellschaft, an der die Anteile bestehen, für das das Körperschaftsteuergesetz in der Fassung des Artikels 3 des Gesetzes vom 23. Oktober 2000 (BGBl. I S. 1433) erstmals anzuwenden ist.**

[9]§ 3 Nummer 40 Satz 1 Buchstabe d Satz 3 in der Fassung des Artikels 1 des Gesetzes vom 25. Juni 2021 (BGBl. I S. 2035) ist erstmals für Bezüge anzuwenden, die nach dem 31. Dezember 2019 zufließen. [1)] ***[10]*****§ 3 Nummer 40 Satz 3 und 4 in der am 12. Dezember 2006 geltenden Fassung ist für Anteile, die einbringungsgeboren im Sinne des § 21 des Umwandlungssteuergesetzes in der am 12. Dezember 2006 geltenden Fassung sind, weiter anzuwenden. *[11]*§ 3 Nummer 40 Satz 3 erster Halbsatz in der am 1. Januar 2017 geltenden Fassung ist erstmals für den Veranlagungszeitraum 2017 anzuwenden; der zweite Halbsatz ist anzuwenden auf Anteile, die nach dem 31. Dezember**

---

1) Absatz 4 Satz 9 wurde durch Artikel 1 des ATADUmsG (Inkrafttreten 1.1.2020) eingefügt. Die bisherigen Sätze 9 bis 13 wurden die Sätze 10 bis 14.

2016 dem Betriebsvermögen zugehen. [12]Bei vom Kalenderjahr abweichenden Wirtschaftsjahren ist § 3 Nummer 40 Buchstabe d Satz 2 in der am 30. Juni 2013 geltenden Fassung erstmals für den Veranlagungszeitraum anzuwenden, in dem das Wirtschaftsjahr endet, das nach dem 31. Dezember 2013 begonnen hat. [13]§ 3 Nummer 40a in der am 6. August 2004 geltenden Fassung ist auf Vergütungen im Sinne des § 18 Absatz 1 Nummer 4 anzuwenden, wenn die vermögensverwaltende Gesellschaft oder Gemeinschaft nach dem 31. März 2002 und vor dem 1. Januar 2009 gegründet worden ist oder soweit die Vergütungen in Zusammenhang mit der Veräußerung von Anteilen an Kapitalgesellschaften stehen, die nach dem 7. November 2003 und vor dem 1. Januar 2009 erworben worden sind. [14]§ 3 Nummer 40a in der am 19. August 2008 geltenden Fassung ist erstmals auf Vergütungen im Sinne des § 18 Absatz 1 Nummer 4 anzuwenden, wenn die vermögensverwaltende Gesellschaft oder Gemeinschaft nach dem 31. Dezember 2008 gegründet worden ist. [1)] *[15]§ 3 Nummer 41 in der am 30. Juni 2021 geltenden Fassung ist letztmals für den Veranlagungszeitraum 2021 anzuwenden.* [16]§ 3 Nummer 46 in der am 17. November 2016 geltenden Fassung ist erstmals anzuwenden auf Vorteile, die in einem nach dem 31. Dezember 2016 endenden Lohnzahlungszeitraum oder als sonstige Bezüge nach dem 31. Dezember 2016 zugewendet werden, und letztmals anzuwenden auf Vorteile, die in einem vor dem 1. Januar 2031 endenden Lohnzahlungszeitraum oder als sonstige Bezüge vor dem 1. Januar 2031 zugewendet werden. [17]§ 3 Nummer 60 in der am 13. August 2020 geltenden Fassung ist weiterhin anzuwenden für Anpassungsgelder an Arbeitnehmer im Steinkohlenbergbau bis zum Auslaufen dieser öffentlichen Mittel im Jahr 2027. [18]Der Höchstbetrag nach § 3 Nummer 63 Satz 1 verringert sich um Zuwendungen, auf die § 40b Absatz 1 und 2 Satz 1 und 2 in der am 31. Dezember 2004 geltenden Fassung angewendet wird. [19]§ 3 Nummer 63 Satz 3 in der ab dem 1. Januar 2018 geltenden Fassung ist nicht anzuwenden, soweit § 40b Absatz 1 und 2 Satz 3 und 4 in der am 31. Dezember 2004 geltenden Fassung angewendet wird. [20]§ 3 Nummer 71 in der am 31. Dezember 2014 geltenden Fassung ist erstmals für den Veranlagungszeitraum 2013 anzuwenden. [21]§ 3 Nummer 71 in der Fassung des Artikels 1 des Gesetzes vom 27. Juni 2017 (BGBl. I S. 2074) ist erstmals für den Veranlagungszeitraum 2017 anzuwenden.

(4a) [1]§ 3a in der Fassung des Artikels 2 des Gesetzes vom 27. Juni 2017 (BGBl. I S. 2074) ist erstmals in den Fällen anzuwenden, in denen die Schulden ganz oder teilweise nach dem 8. Februar 2017 erlassen wurden. [2]Satz 1 gilt bei einem Schuldenerlass nach dem 8. Februar 2017 nicht, wenn dem Steuerpflichtigen auf Antrag Billigkeitsmaßnah-

---

1) Absatz 4 Satz 15 wurde durch Artikel 1 des ATADUmsG (Inkrafttreten 1.7.2021) eingefügt. Die bisherigen Sätze 14 bis 19 wurden die Sätze 16 bis 21.

men aus Gründen des Vertrauensschutzes für einen Sanierungsertrag auf Grundlage von § 163 Absatz 1 Satz 2 und den §§ 222, 227 der Abgabenordnung zu gewähren sind. [3]Auf Antrag des Steuerpflichtigen ist § 3a auch in den Fällen anzuwenden, in denen die Schulden vor dem 9. Februar 2017 erlassen wurden. [4]Satz 1 gilt auch für § 3a Absatz 3a in der Fassung des Artikels 1 des Gesetzes vom 12. Dezember 2019 (BGBl. I S. 2451).

(5) [1]§ 3c Absatz 2 Satz 3 und 4 in der am 12. Dezember 2006 geltenden Fassung ist für Anteile, die einbringungsgeboren im Sinne des § 21 des Umwandlungssteuergesetzes in der am 12. Dezember 2006 geltenden Fassung sind, weiter anzuwenden. [2]§ 3c Absatz 2 in der am 31. Dezember 2014 geltenden Fassung ist erstmals für Wirtschaftsjahre anzuwenden, die nach dem 31. Dezember 2014 beginnen. [3]§ 3c Absatz 4 in der Fassung des Artikels 2 des Gesetzes vom 27. Juni 2017 (BGBl. I S. 2074) ist für Betriebsvermögensminderungen oder Betriebsausgaben in unmittelbarem wirtschaftlichem Zusammenhang mit einem Schuldenerlass nach dem 8. Februar 2017 anzuwenden, für den § 3a angewendet wird. [4]§ 3c Absatz 4 ist auch in den Fällen anzuwenden, in denen dem Steuerpflichtigen die Steuerbefreiung des § 3a auf Grund eines Antrags nach Absatz 4a Satz 3 gewährt wird.

(6) *[1]§ 4 Absatz 1 Satz 3 in der Fassung des Artikels 1 des Gesetzes vom 25. Juni 2021 (BGBl. I S. 2035) ist erstmals für nach dem 31. Dezember 2019 endende Wirtschaftsjahre anzuwenden.* [2]§ 4 Absatz 1 Satz 4 in der Fassung des Artikels 1 des Gesetzes vom 8. Dezember 2010 (BGBl. I S. 1768) gilt in allen Fällen, in denen § 4 Absatz 1 Satz 3 anzuwenden ist. *[3]§ 4 Absatz 1 Satz 9 in der Fassung des Artikels 1 des Gesetzes vom 25. Juni 2021 (BGBl. I S. 2035) ist erstmals für nach dem 31. Dezember 2019 endende Wirtschaftsjahre anzuwenden.* [4]§ 4 Absatz 3 Satz 4 ist nicht anzuwenden, soweit die Anschaffungs- oder Herstellungskosten vor dem 1. Januar 1971 als Betriebsausgaben abgesetzt worden sind. [5]§ 4 Absatz 3 Satz 4 und 5 in der Fassung des Artikels 1 des Gesetzes vom 28. April 2006 (BGBl. I S. 1095) ist erstmals für Wirtschaftsgüter anzuwenden, die nach dem 5. Mai 2006 angeschafft, hergestellt oder in das Betriebsvermögen eingelegt werden. [6]Die Anschaffungs- oder Herstellungskosten für nicht abnutzbare Wirtschaftsgüter des Anlagevermögens, die vor dem 5. Mai 2006 angeschafft, hergestellt oder in das Betriebsvermögen eingelegt wurden, sind erst im Zeitpunkt des Zuflusses des Veräußerungserlöses oder im Zeitpunkt der Entnahme als Betriebsausgaben zu berücksichtigen. [7]§ 4 Absatz 4a in der Fassung des Gesetzes vom 22. Dezember 1999 (BGBl. I S. 2601) ist erstmals für das Wirtschaftsjahr anzuwenden, das nach dem 31. Dezember 1998 endet. [8]Über- und Unterentnahmen vorangegangener Wirtschaftsjahre bleiben unberücksichtigt.

1) Dem Absatz 6 wurde durch Artikel 1 des ATADUmsG (Inkrafttreten 1.1.2020) ein neuer Satz 1 vorangestellt. Der bisherige Satz 1 wurde Satz 2.

2) Absatz 6 Satz 3 wurde durch Artikel 1 des ATADUmsG (Inkrafttreten 1.1.2020) eingefügt. Die bisherigen Sätze 2 bis 13 wurden die Sätze 4 bis 15.

[9]Bei vor dem 1. Januar 1999 eröffneten Betrieben sind im Fall der Betriebsaufgabe bei der Überführung von Wirtschaftsgütern aus dem Betriebsvermögen in das Privatvermögen die Buchwerte nicht als Entnahme anzusetzen; im Fall der Betriebsveräußerung ist nur der Veräußerungsgewinn als Entnahme anzusetzen. [10]§ 4 Absatz 5 Satz 1 Nummer 5 in der Fassung des Artikels 1 des Gesetzes vom 20. Februar 2013 (BGBl. I S. 285) ist erstmals ab dem 1. Januar 2014 anzuwenden. [11]§ 4 Absatz 5 Satz 1 Nummer 6a in der Fassung des Artikels 1 des Gesetzes vom 20. Februar 2013 (BGBl. I S. 285) ist erstmals ab dem 1. Januar 2014 anzuwenden. [12]§ 4 Absatz 5 Satz 1 Nummer 8 in der Fassung des Artikels 1 des Gesetzes vom 12. Dezember 2019 (BGBl. I S. 2451) ist erstmals anzuwenden auf nach dem 31. Dezember 2018 festgesetzte Geldbußen, Ordnungsgelder und Verwarnungsgelder sowie auf nach dem 31. Dezember 2018 entstandene mit der Geldbuße, dem Ordnungsgeld oder dem Verwarnungsgeld zusammenhängende Aufwendungen. [13]§ 4 Absatz 5 Satz 1 Nummer 8a in der Fassung des Artikels 1 des Gesetzes vom 12. Dezember 2019 (BGBl. I S. 2451) ist erstmals anzuwenden auf nach dem 31. Dezember 2018 festgesetzte Zinsen im Sinne der Vorschrift. [14]§ 4 Absatz 10 in der Fassung des Artikels 2 des Gesetzes vom 12. Dezember 2019 (BGBl. I S. 2451) ist erstmals anzuwenden auf nach dem 31. Dezember 2019 durchgeführte Übernachtungen im Sinne der Vorschrift. [15]§ 4 Absatz 5 Satz 1 Nummer 6b Satz 4 in der Fassung des Artikels 1 des Gesetzes vom 21. Dezember 2020 (BGBl. I S. 3096) ist für nach dem 31. Dezember 2019 und vor dem 1. Januar 2022 in der häuslichen Wohnung ausgeübte Tätigkeiten anzuwenden.

(7) (weggefallen)

(8) [1]§ 4f in der Fassung des Gesetzes vom 18. Dezember 2013 (BGBl. I S. 4318) ist erstmals für Wirtschaftsjahre anzuwenden, die nach dem 28. November 2013 enden. [2]§ 4f Absatz 1 Satz 3 in der Fassung des Artikels 1 des Gesetzes vom 21. Dezember 2020 (BGBl. I S. 3096) ist erstmals für Wirtschaftsjahre anzuwenden, die nach dem 31. Dezember 2019 enden; bei nach § 4a vom Kalenderjahr abweichenden Wirtschaftsjahren ist § 4f Absatz 1 Satz 3 spätestens für Wirtschaftsjahre anzuwenden, die nach dem 17. Juli 2020 enden.

1) *(8a) § 4g Absatz 1 in der Fassung des Artikels 1 des Gesetzes vom 25. Juni 2021 (BGBl. I S. 2035) ist in allen offenen Fällen anzuwenden.*

1) (*8b*) § 4j in der Fassung des Artikels 1 des Gesetzes vom 27. Juni 2017 (BGBl. I S. 2074) ist erstmals für Aufwendungen anzuwenden, die nach dem 31. Dezember 2017 entstehen.

2) *(8c) [1]§ 4k in der Fassung des Artikels 1 des Gesetzes vom 25. Juni 2021 (BGBl. I S. 2035) ist erstmals für Aufwendungen anzuwenden,*

---

1) Absatz 8a wurde durch Artikel 1 des ATADUmsG (Inkrafttreten 1.1.2020) eingefügt. Der bisherige Absatz 8a wurde Absatz 8b.

2) Absatz 8c wurde durch Artikel 1 des ATADUmsG (Inkrafttreten 1.1.2020) eingefügt.

die nach dem 31. Dezember 2019 entstehen. [2]Aufwendungen, die rechtlich bereits vor dem 1. Januar 2020 verursacht wurden, gelten bei der Anwendung des Satzes 1 nur insoweit als nach dem 31. Dezember 2019 entstanden, als ihnen ein Dauerschuldverhältnis zugrunde liegt und sie ab diesem Zeitpunkt ohne wesentliche Nachteile hätten vermieden werden können. [3]Ein Nachteil ist insbesondere dann wesentlich im Sinne des Satzes 2, wenn sämtliche mit der Vermeidung der Aufwendungen verbundenen Kosten den steuerlichen Vorteil infolge der Besteuerungsinkongruenz übersteigen. [4]Satz 2 gilt nicht, wenn das Dauerschuldverhältnis nach dem 31. Dezember 2019 wesentlich geändert wurde.

(9) [1]§ 5 Absatz 7 in der Fassung des Gesetzes vom 18. Dezember 2013 (BGBl. I S. 4318) ist erstmals für Wirtschaftsjahre anzuwenden, die nach dem 28. November 2013 enden. [2]Auf Antrag kann § 5 Absatz 7 auch für frühere Wirtschaftsjahre angewendet werden. [3]Bei Schuldübertragungen, Schuldbeitritten und Erfüllungsübernahmen, die vor dem 14. Dezember 2011 vereinbart wurden, ist § 5 Absatz 7 Satz 5 mit der Maßgabe anzuwenden, dass für einen Gewinn, der sich aus der Anwendung von § 5 Absatz 7 Satz 1 bis 3 ergibt, jeweils in Höhe von 19 Zwanzigsteln eine gewinnmindernde Rücklage gebildet werden kann, die in den folgenden 19 Wirtschaftsjahren jeweils mit mindestens einem Neunzehntel gewinnerhöhend aufzulösen ist.

(10) [1]§ 5a Absatz 3 in der Fassung des Artikels 9 des Gesetzes vom 29. Dezember 2003 (BGBl. I S. 3076) ist erstmals für das Wirtschaftsjahr anzuwenden, das nach dem 31. Dezember 2005 endet. [2]§ 5a Absatz 3 Satz 1 in der am 31. Dezember 2003 geltenden Fassung ist weiterhin anzuwenden, wenn der Steuerpflichtige im Fall der Anschaffung das Handelsschiff auf Grund eines vor dem 1. Januar 2006 rechtswirksam abgeschlossenen schuldrechtlichen Vertrags oder gleichgestellten Rechtsakts angeschafft oder im Fall der Herstellung mit der Herstellung des Handelsschiffs vor dem 1. Januar 2006 begonnen hat. [3]In Fällen des Satzes 2 muss der Antrag auf Anwendung des § 5a Absatz 1 spätestens bis zum Ablauf des Wirtschaftsjahres gestellt werden, das vor dem 1. Januar 2008 endet. ***[4]§ 5a Absatz 4 Satz 5 bis 7 in der Fassung des Artikels 1 des Gesetzes vom 2. Juni 2021 (BGBl. I S. 1259) ist erstmals auf Wirtschaftsjahre anzuwenden, die nach dem 31. Dezember 1998 beginnen.*** [1)] **[5]Soweit Ansparabschreibungen im Sinne des § 7g Absatz 3 in der am 17. August 2007 geltenden Fassung zum Zeitpunkt des Übergangs zur Gewinnermittlung nach § 5a Absatz 1 noch nicht gewinnerhöhend aufgelöst worden sind, ist § 5a Absatz 5 Satz 3 in der am 17. August 2007 geltenden Fassung weiter anzuwenden. [6]§ 5a Absatz 6 in der durch Artikel 1 des Gesetzes vom 12. Dezember 2019 (BGBl. I S. 2451) geänderten Fassung**

---

1) Absatz 10 Satz 4 wurde durch Artikel 1 des AbzStEntModG (Inkrafttreten 9.6.2021) eingefügt. Die bisherigen Sätze 4 und 5 wurden die Sätze 5 und 6.

ist erstmals für Wirtschaftsjahre anzuwenden, die nach dem 31. Dezember 2018 beginnen.

(11) § 5b in der Fassung des Artikels 1 des Gesetzes vom 20. Dezember 2008 (BGBl. I S. 2850) ist erstmals für Wirtschaftsjahre anzuwenden, die nach dem 31. Dezember 2010 beginnen.

(12) [1] § 6 Absatz 1 Nummer 1b kann auch für Wirtschaftsjahre angewendet werden, die vor dem 23. Juli 2016 enden. [2] § 6 Absatz 1 Nummer 4 Satz 2 Nummer 3 und Satz 3 Nummer 3 in der Fassung des Artikels 1 des Gesetzes vom 29. Juni 2020 (BGBl. I S. 1512) ist bereits ab dem 1. Januar 2020 anzuwenden. [3] § 6 Absatz 1 Nummer 4 Satz 6 ist bis zum 31. Dezember 2030 anzuwenden. [4] § 6 Absatz 1 Nummer 5 Satz 1 Buchstabe c in der Fassung des Artikels 2 des Gesetzes vom 11. Dezember 2018 (BGBl. I S. 2338) ist erstmals bei Wirtschaftsgütern anzuwenden, die nach dem 31. Dezember 2017 in ein Betriebsvermögen eingelegt werden. [5] § 6 Absatz 2 Satz 4 in der Fassung des Artikels 4 des Gesetzes vom 30. Juni 2017 (BGBl. I S. 2143) ist erstmals bei Wirtschaftsgütern anzuwenden, die nach dem 31. Dezember 2017 angeschafft, hergestellt oder in das Betriebsvermögen eingelegt werden. [6] § 6 Absatz 2 Satz 1 in der Fassung des Artikels 1 des Gesetzes vom 27. Juni 2017 (BGBl. I S. 2074) ist erstmals bei Wirtschaftsgütern anzuwenden, die nach dem 31. Dezember 2017 angeschafft, hergestellt oder in das Betriebsvermögen eingelegt werden. [7] § 6 Absatz 5 Satz 1 zweiter Halbsatz in der am 14. Dezember 2010 geltenden Fassung gilt in allen Fällen, in denen § 4 Absatz 1 Satz 3 anzuwenden ist. [8] § 6 Absatz 2a in der Fassung des Artikels 1 des Gesetzes vom 27. Juni 2017 (BGBl. I S. 2074) ist erstmals bei Wirtschaftsgütern anzuwenden, die nach dem 31. Dezember 2017 angeschafft, hergestellt oder in das Betriebsvermögen eingelegt werden. [1)] [9] *§ 6 Absatz 1 Nummer 4 Satz 1 zweiter Halbsatz, Nummer 5a zweiter Halbsatz und Nummer 5b in der Fassung des Artikels 1 des Gesetzes vom 25. Juni 2021 (BGBl. I S. 2035) ist erstmals für nach dem 31. Dezember 2019 endende Wirtschaftsjahre anzuwenden.*

(13) (weggefallen)

(14) [1] § 6b Absatz 2a in der am 6. November 2015 geltenden Fassung ist auch auf Gewinne im Sinne des § 6b Absatz 2 anzuwenden, die vor dem 6. November 2015 entstanden sind. [2] § 6b Absatz 10 Satz 11 in der am 12. Dezember 2006 geltenden Fassung ist für Anteile, die einbringungsgeboren im Sinne des § 21 des Umwandlungssteuergesetzes in der am 12. Dezember 2006 geltenden Fassung sind, weiter anzuwenden. [3] § 6b Absatz 2a in der Fassung des Artikels 1 des Gesetzes vom 11. Dezember 2018 (BGBl. I S. 2338) ist erstmals auf Gewinne im Sinne des § 6b Absatz 2 anzuwenden, die in nach dem 31. Dezember 2017 beginnenden Wirtschaftsjahren entstanden sind.

1) Absatz 12 Satz 9 wurde durch Artikel 1 des ATADUmsG (Inkrafttreten 1.1.2020) angefügt.

[4]Die Fristen des § 6b Absatz 3 Satz 2, 3 und 5, Absatz 8 Satz 1 Nummer 1 sowie Absatz 10 Satz 1 und 8 verlängern sich jeweils um *zwei Jahre*, wenn die Rücklage wegen § 6b Absatz 3 Satz 5, Absatz 8 Satz 1 Nummer 1 in Verbindung mit Absatz 3 Satz 5 oder Absatz 10 Satz 8 am Schluss des nach dem 29. Februar 2020 und vor dem 1. Januar 2021 endenden Wirtschaftsjahres aufzulösen wäre. [5]*Die in Satz 4 genannten Fristen verlängern sich um ein Jahr, wenn die Rücklage wegen § 6b Absatz 3 Satz 5, Absatz 8 Satz 1 Nummer 1 in Verbindung mit Absatz 3 Satz 5 oder Absatz 10 Satz 8 am Schluss des nach dem 31. Dezember 2020 und vor dem 1. Januar 2022 endenden Wirtschaftsjahres aufzulösen wäre.* [1] [1] [1]

(14a) § 6e in der Fassung des Artikels 1 des Gesetzes vom 12. Dezember 2019 (BGBl. I S. 2451) ist auch in Wirtschaftsjahren anzuwenden, die vor dem 18. Dezember 2019 enden.

(15) [1]Bei Wirtschaftsgütern, die vor dem 1. Januar 2001 angeschafft oder hergestellt worden sind, ist § 7 Absatz 2 Satz 2 in der Fassung des Gesetzes vom 22. Dezember 1999 (BGBl. I S. 2601) weiter anzuwenden. [2]Bei Gebäuden, soweit sie zu einem Betriebsvermögen gehören und nicht Wohnzwecken dienen, ist § 7 Absatz 4 Satz 1 und 2 in der am 31. Dezember 2000 geltenden Fassung weiter anzuwenden, wenn der Steuerpflichtige im Fall der Herstellung vor dem 1. Januar 2001 mit der Herstellung des Gebäudes begonnen hat oder im Fall der Anschaffung das Objekt auf Grund eines vor dem 1. Januar 2001 rechtswirksam abgeschlossenen obligatorischen Vertrags oder gleichstehenden Rechtsakts angeschafft hat. [3]Als Beginn der Herstellung gilt bei Gebäuden, für die eine Baugenehmigung erforderlich ist, der Zeitpunkt, in dem der Bauantrag gestellt wird; bei baugenehmigungsfreien Gebäuden, für die Bauunterlagen einzureichen sind, der Zeitpunkt, in dem die Bauunterlagen eingereicht werden.

(15a) [1]Die Inanspruchnahme der Sonderabschreibungen nach § 7b in der Fassung des Artikels 1 des Gesetzes vom 4. August 2019 (BGBl. I S. 1122) kann erstmalig für den Veranlagungszeitraum 2018 und letztmalig für den Veranlagungszeitraum 2026, in den Fällen des § 4a letztmalig für Wirtschaftsjahre, die vor dem 1. Januar 2027 enden, geltend gemacht werden. [2]Das gilt auch dann, wenn der Abschreibungszeitraum nach § 7b Absatz 1 noch nicht abgelaufen ist.

(15b) § 7c in der Fassung des Artikels 2 des Gesetzes vom 12. Dezember 2019 (BGBl. I S. 2451) ist für nach dem 31. Dezember 2019 und vor dem 1. Januar 2031 angeschaffte neue Elektrolieferfahrzeuge anzuwenden.

(16) [1]§ 7g Absatz 1 Satz 1, 2 Nummer 1, Absatz 2 Satz 1 und 3, Absatz 4 Satz 1 sowie Absatz 6 in der Fassung des Artikels 1 des Ge-

---

[1]) *Absatz 14 Satz 4 wurde durch Artikel 5 des Gesetzes zur Modernisierung des Körperschaftsteuerrechts (Inkrafttreten 1.7.2021) geändert, Satz 5 neu gefasst und Satz 6 aufgehoben.*

setzes vom 21. Dezember 2020 (BGBl. I S. 3096) ist erstmals für Investitionsabzugsbeträge und Sonderabschreibungen anzuwenden, die in nach dem 31. Dezember 2019 endenden Wirtschaftsjahren in Anspruch genommen werden; bei nach § 4a vom Kalenderjahr abweichenden Wirtschaftsjahren ist § 7g Absatz 1 Satz 2 Nummer 1 und Absatz 6 Nummer 1 spätestens für Investitionsabzugsbeträge und Sonderabschreibungen anzuwenden, die in nach dem 17. Juli 2020 endenden Wirtschaftsjahren in Anspruch genommen werden. [2]§ 7g Absatz 2 Satz 2 und Absatz 7 in der Fassung des Artikels 1 des Gesetzes vom 21. Dezember 2020 (BGBl. I S. 3096) ist erstmals für Investitionsabzugsbeträge anzuwenden, die in nach dem 31. Dezember 2020 endenden Wirtschaftsjahren in Anspruch genommen werden. [1)] [3]Bei in nach dem 31. Dezember 2016 und vor dem 1. Januar 2018 endenden Wirtschaftsjahren beanspruchten Investitionsabzugsbeträgen endet die Investitionsfrist abweichend von § 7g Absatz 3 Satz 1 erst *zum Ende des fünften* auf das Wirtschaftsjahr des Abzugs folgenden Wirtschaftsjahres. [1)] *[4]Bei in nach dem 31. Dezember 2017 und vor dem 1. Januar 2019 endenden Wirtschaftsjahren beanspruchten Investitionsabzugsbeträgen endet die Investitionsfrist abweichend von § 7g Absatz 3 Satz 1 erst zum Ende des vierten auf das Wirtschaftsjahr des Abzugs folgenden Wirtschaftsjahres.*

(16a) [1]§ 7h Absatz 1a in der Fassung des Artikels 1 des Gesetzes vom 12. Dezember 2019 (BGBl. I S. 2451) ist erstmals auf Baumaßnahmen anzuwenden, mit denen nach dem 31. Dezember 2018 begonnen wurde. [2]Als Beginn der Baumaßnahmen am Gebäude, für die eine Baugenehmigung erforderlich ist, gilt der Zeitpunkt, in dem der Bauantrag gestellt wurde. [3]Bei baugenehmigungsfreien Baumaßnahmen, für die Bauunterlagen einzureichen sind, gilt als Beginn der Baumaßnahmen der Zeitpunkt, in dem die Bauunterlagen eingereicht werden. [4]§ 7h Absatz 2 Satz 1 in der Fassung des Artikels 1 des Gesetzes vom 21. Dezember 2020 (BGBl. I S. 3096) ist erstmals anzuwenden auf Bescheinigungen der zuständigen Gemeindebehörde, die nach dem 31. Dezember 2020 erteilt werden. [5]§ 7h Absatz 2 Satz 1 letzter Halbsatz in der Fassung des Artikels 1 des Gesetzes vom 12. Dezember 2019 (BGBl. I S. 2451) ist erstmals anzuwenden auf Bescheinigungen der zuständigen Gemeindebehörde, die nach dem 31. Dezember 2018 erteilt werden. [6]§ 7h Absatz 3 in der Fassung des Artikels 1 des Gesetzes vom 12. Dezember 2019 (BGBl. I S. 2451) ist erstmals anzuwenden auf Baumaßnahmen, mit denen nach dem 31. Dezember 2018 begonnen wurde sowie auf Bescheinigungen, die nach dem 31. Dezember 2018 erteilt werden. [7]§ 7i Absatz 2 Satz 1 in der Fassung des Artikels 1 des Gesetzes vom 21. Dezember 2020 (BGBl. I S. 3096) ist erst-

---

1) Absatz 16 Satz 3 wurde durch Artikel 5 des Gesetzes zur Modernisierung des Körperschaftsteuerrechts (Inkrafttreten 1.7.2021) geändert und Satz 4 angefügt.

mals anzuwenden auf Bescheinigungen der nach Landesrecht zuständigen oder von der Landesregierung bestimmten Stelle, die nach dem 31. Dezember 2020 erteilt werden.

(16b) [1] § 9 Absatz 1 Satz 3 Nummer 7 Satz 1 in der Fassung des Artikels 1 des Gesetzes vom 12. Dezember 2019 (BGBl. I S. 2451) ist erstmals anzuwenden auf Sonderabschreibungen nach § 7b in der Fassung des Artikels 1 des Gesetzes vom 4. August 2019 (BGBl. I S. 1122). [2] § 9 Absatz 5 Satz 2 in der Fassung des Artikels 1 des Gesetzes vom 27. Juni 2017 (BGBl. I S. 2074) ist erstmals für Aufwendungen im Sinne des § 4j in der Fassung des Artikels 1 des Gesetzes vom 27. Juni 2017 (BGBl. I S. 2074) anzuwenden, die nach dem 31. Dezember 2017 entstehen. [3] § 9 Absatz 5 Satz 2 in der Fassung des Artikels 1 des Gesetzes vom 12. Dezember 2019 (BGBl. I S. 2451) ist auch für Veranlagungszeiträume vor 2019 anzuwenden. *[4] § 9 Absatz 5 Satz 2 in der Fassung des Artikels 1 des Gesetzes vom 25. Juni 2021 (BGBl. I S. 2035) ist erstmals für Aufwendungen im Sinne des § 4k anzuwenden, die nach dem 31. Dezember 2019 entstehen.* *1)*

(17) § 9b Absatz 2 in der Fassung des Artikels 11 des Gesetzes vom 18. Dezember 2013 (BGBl. I S. 4318) ist auf Mehr- und Minderbeträge infolge von Änderungen der Verhältnisse im Sinne von § 15a des Umsatzsteuergesetzes anzuwenden, die nach dem 28. November 2013 eingetreten sind.

(18) [1] § 10 Absatz 1a Nummer 2 in der am 1. Januar 2015 geltenden Fassung ist auf alle Versorgungsleistungen anzuwenden, die auf Vermögensübertragungen beruhen, die nach dem 31. Dezember 2007 vereinbart worden sind. [2] Für Versorgungsleistungen, die auf Vermögensübertragungen beruhen, die vor dem 1. Januar 2008 vereinbart worden sind, gilt dies nur, wenn das übertragene Vermögen nur deshalb einen ausreichenden Ertrag bringt, weil ersparte Aufwendungen, mit Ausnahme des Nutzungsvorteils eines vom Vermögensübernehmer zu eigenen Zwecken genutzten Grundstücks, zu den Erträgen des Vermögens gerechnet werden. [3] § 10 Absatz 1 Nummer 5 in der am 1. Januar 2012 geltenden Fassung gilt auch für Kinder, die wegen einer vor dem 1. Januar 2007 in der Zeit ab Vollendung des 25. Lebensjahres und vor Vollendung des 27. Lebensjahres eingetretenen körperlichen, geistigen oder seelischen Behinderung außerstande sind, sich selbst zu unterhalten. [4] § 10 Absatz 2 Satz 1 Nummer 1 in der Fassung des Artikels 1 des Gesetzes vom 21. Dezember 2020 (BGBl. I S. 3096) ist in allen offenen Fällen anzuwenden. [5] § 10 Absatz 4b Satz 4 bis 6 in der am 30. Juni 2013 geltenden Fassung ist erstmals für die Übermittlung der Daten des Veranlagungszeitraums 2016 anzuwenden. [6] § 10 Absatz 5 in der am 31. Dezember 2009 geltenden Fassung ist auf Beiträge zu Versicherungen im Sinne des § 10 Absatz 1 Nummer 2 Buchstabe b Doppelbuchstabe bb bis dd in der am 31. Dezember 2004 geltenden Fassung weiterhin anzuwenden,

1) Absatz 16b Satz 4 wurde durch Artikel 1 des ATADUmsG (Inkrafttreten 1.7.2021) angefügt.

wenn die Laufzeit dieser Versicherungen vor dem 1. Januar 2005 begonnen hat und ein Versicherungsbeitrag bis zum 31. Dezember 2004 entrichtet wurde.

(18a) § 10b Absatz 1 Satz 8 in der Fassung des Artikels 2 des Gesetzes vom 12. Dezember 2019 (BGBl. I S. 2451) ist erstmals auf Mitgliedsbeiträge anzuwenden, die nach dem 31. Dezember 2019 gezahlt werden.

[1]) (18b) *[1] § 10d Absatz 1 Satz 1 in der Fassung des Artikels 1 des Gesetzes vom 10. März 2021 (BGBl. I S. 330) ist für die Veranlagungszeiträume 2020 und 2021 anzuwenden.* [2]) *[2] § 10d Absatz 1 Satz 1 in der Fassung des Artikels 2 des Gesetzes vom 29. Juni 2020 (BGBl. I S. 1512) ist ab dem Veranlagungszeitraum 2022 anzuwenden.* [3]) *[3] § 10d Absatz 1 Satz 1 in der Fassung des Artikels 2 des Gesetzes vom 10. März 2021 (BGBl. I S. 330) ist erstmals für den Veranlagungszeitraum 2022 anzuwenden.*

(19) [1] Für nach dem 31. Dezember 1986 und vor dem 1. Januar 1991 hergestellte oder angeschaffte Wohnungen im eigenen Haus oder Eigentumswohnungen sowie in diesem Zeitraum fertiggestellte Ausbauten oder Erweiterungen ist § 10e in der am 30. Dezember 1989 geltenden Fassung weiter anzuwenden. [2] Für nach dem 31. Dezember 1990 hergestellte oder angeschaffte Wohnungen im eigenen Haus oder Eigentumswohnungen sowie in diesem Zeitraum fertiggestellte Ausbauten oder Erweiterungen ist § 10e in der am 28. Juni 1991 geltenden Fassung weiter anzuwenden. [3] Abweichend von Satz 2 ist § 10e Absatz 1 bis 5 und 6 bis 7 in der am 28. Juni 1991 geltenden Fassung erstmals für den Veranlagungszeitraum 1991 bei Objekten im Sinne des § 10e Absatz 1 und 2 anzuwenden, wenn im Fall der Herstellung der Steuerpflichtige nach dem 30. September 1991 den Bauantrag gestellt oder mit der Herstellung des Objekts begonnen hat oder im Fall der Anschaffung der Steuerpflichtige das Objekt nach dem 30. September 1991 auf Grund eines nach diesem Zeitpunkt rechtswirksam abgeschlossenen obligatorischen Vertrags oder gleichstehenden Rechtsakts angeschafft hat oder mit der Herstellung des Objekts nach dem 30. September 1991 begonnen worden ist. [4] § 10e Absatz 5a ist erstmals bei den in § 10e Absatz 1 und 2 bezeichneten Objekten anzuwenden, wenn im Fall der Herstellung der Steuerpflichtige den Bauantrag nach dem 31. Dezember 1991 gestellt oder, falls ein solcher nicht erforderlich ist, mit der Herstellung nach diesem Zeitpunkt begonnen hat, oder im Fall der Anschaffung der Steuerpflichtige das Objekt auf Grund eines nach dem 31. Dezember 1991

---

[1]) Absatz 18b (jetzt Satz 1) wurde durch Artikel 1 des Dritten Corona-Steuerhilfegesetzes (Inkrafttreten 18.3.2021) neu gefasst.

[2]) Absatz 18b Satz 2 wurde durch Artikel 2 des Zweiten Corona-Steuerhilfegesetzes (Inkrafttreten 1.1.2022) angefügt und ist durch Artikel 2 des Dritten Corona-Steuerhilfegesetzes überflüssig geworden.

[3]) Absatz 18b Satz 3 wurde durch Artikel 2 des Dritten Corona-Steuerhilfegesetzes (Inkrafttreten 1.1.2022) angefügt.

rechtswirksam abgeschlossenen obligatorischen Vertrags oder gleichstehenden Rechtsakts angeschafft hat. [5]§ 10e Absatz 1 Satz 4 in der am 27. Juni 1993 geltenden Fassung und § 10e Absatz 6 Satz 3 in der am 30. Dezember 1993 geltenden Fassung sind erstmals anzuwenden, wenn der Steuerpflichtige das Objekt auf Grund eines nach dem 31. Dezember 1993 rechtswirksam abgeschlossenen obligatorischen Vertrags oder gleichstehenden Rechtsakts angeschafft hat. [6]§ 10e ist letztmals anzuwenden, wenn der Steuerpflichtige im Fall der Herstellung vor dem 1. Januar 1996 mit der Herstellung des Objekts begonnen hat oder im Fall der Anschaffung das Objekt auf Grund eines vor dem 1. Januar 1996 rechtswirksam abgeschlossenen obligatorischen Vertrags oder gleichstehenden Rechtsakts angeschafft hat. [7]Als Beginn der Herstellung gilt bei Objekten, für die eine Baugenehmigung erforderlich ist, der Zeitpunkt, in dem der Bauantrag gestellt wird; bei baugenehmigungsfreien Objekten, für die Bauunterlagen einzureichen sind, gilt als Beginn der Herstellung der Zeitpunkt, in dem die Bauunterlagen eingereicht werden.

(20) § 12 Nummer 4 in der Fassung des Artikels 1 des Gesetzes vom 12. Dezember 2019 (BGBl. I S. 2451) ist erstmals anzuwenden auf nach dem 31. Dezember 2018 festgesetzte Geldstrafen, sonstige Rechtsfolgen vermögensrechtlicher Art, bei denen der Strafcharakter überwiegt, und Leistungen zur Erfüllung von Auflagen oder Weisungen, soweit die Auflagen oder Weisungen nicht lediglich der Wiedergutmachung des durch die Tat verursachten Schadens dienen, sowie auf nach dem 31. Dezember 2018 entstandene damit zusammenhängende Aufwendungen.

(21) (weggefallen)

(22) Für die Anwendung des § 13 Absatz 7 in der am 31. Dezember 2005 geltenden Fassung gilt Absatz 25 entsprechend.

(22a) [1]§ 13a in der am 31. Dezember 2014 geltenden Fassung ist letztmals für das Wirtschaftsjahr anzuwenden, das vor dem 31. Dezember 2015 endet. [2]§ 13a in der am 1. Januar 2015 geltenden Fassung ist erstmals für das Wirtschaftsjahr anzuwenden, das nach dem 30. Dezember 2015 endet. [3]Die Bindungsfrist auf Grund des § 13a Absatz 2 Satz 1 in der am 31. Dezember 2014 geltenden Fassung bleibt bestehen.

(22b) [1)]

(22c) [1]§ 14 Absatz 3 ist erstmals auf Fälle anzuwenden, in denen die Übertragung oder Überführung der Grundstücke nach dem 16. Dezember 2020 stattgefunden hat. [2]Auf unwiderruflichen Antrag des jeweiligen Mitunternehmers ist § 14 Absatz 3 auch für Übertragungen oder Überführungen vor dem 17. Dezember 2020 anzuwenden. [3]Der Antrag ist bei dem Finanzamt zu stellen, das für die einheitliche und

---

1) Absatz 22b wird durch Artikel 5 des Gesetzes zur weiteren steuerlichen Förderung der Elektromobilität und zur Änderung weiterer steuerlicher Vorschriften (Inkrafttreten 1.1.2025) eingefügt.

gesonderte Feststellung der Einkünfte der Mitunternehmerschaft zuständig ist.

(23) [1] § 15 Absatz 3 Nummer 1 Satz 2 ist auch für Veranlagungszeiträume vor 2019 anzuwenden. [2] § 15 Absatz 4 Satz 2 und 7 in der am 30. Juni 2013 geltenden Fassung ist in allen Fällen anzuwenden, in denen am 30. Juni 2013 die Feststellungsfrist noch nicht abgelaufen ist.

(24) [1] § 15a ist nicht auf Verluste anzuwenden, soweit sie

1. durch Sonderabschreibungen nach § 82f der Einkommensteuer-Durchführungsverordnung,
2. durch Absetzungen für Abnutzung in fallenden Jahresbeträgen nach § 7 Absatz 2 von den Herstellungskosten oder von den Anschaffungskosten von in ungebrauchtem Zustand vom Hersteller erworbenen Seeschiffen, die in einem inländischen Seeschiffsregister eingetragen sind,

entstehen; Nummer 1 gilt nur bei Schiffen, deren Anschaffungs- oder Herstellungskosten zu mindestens 30 Prozent durch Mittel finanziert werden, die weder unmittelbar noch mittelbar in wirtschaftlichem Zusammenhang mit der Aufnahme von Krediten durch den Gewerbebetrieb stehen, zu dessen Betriebsvermögen das Schiff gehört. [2] § 15a ist in diesen Fällen erstmals anzuwenden auf Verluste, die in nach dem 31. Dezember 1999 beginnenden Wirtschaftsjahren entstehen, wenn der Schiffbauvertrag vor dem 25. April 1996 abgeschlossen worden ist und der Gesellschafter der Gesellschaft vor dem 1. Januar 1999 beigetreten ist; soweit Verluste, die in dem Betrieb der Gesellschaft entstehen und nach Satz 1 oder nach § 15a Absatz 1 Satz 1 ausgleichsfähig oder abzugsfähig sind, zusammen das Eineinviertelfache der insgesamt geleisteten Einlage übersteigen, ist § 15a auf Verluste anzuwenden, die in nach dem 31. Dezember 1994 beginnenden Wirtschaftsjahren entstehen. [3] Scheidet ein Kommanditist oder ein anderer Mitunternehmer, dessen Haftung der eines Kommanditisten vergleichbar ist und dessen Kapitalkonto in der Steuerbilanz der Gesellschaft auf Grund von ausgleichs- oder abzugsfähigen Verlusten negativ geworden ist, aus der Gesellschaft aus oder wird in einem solchen Fall die Gesellschaft aufgelöst, so gilt der Betrag, den der Mitunternehmer nicht ausgleichen muss, als Veräußerungsgewinn im Sinne des § 16. [4] In Höhe der nach Satz 3 als Gewinn zuzurechnenden Beträge sind bei den anderen Mitunternehmern unter Berücksichtigung der für die Zurechnung von Verlusten geltenden Grundsätze Verlustanteile anzusetzen. [5] Bei der Anwendung des § 15a Absatz 3 sind nur Verluste zu berücksichtigen, auf die § 15a Absatz 1 anzuwenden ist.

(25) [1] § 15b in der Fassung des Artikels 1 des Gesetzes vom 22. Dezember 2005 (BGBl. I S. 3683) ist nur auf Verluste der dort bezeichneten Steuerstundungsmodelle anzuwenden, denen der Steuerpflichtige nach dem 10. November 2005 beigetreten ist oder für die nach

dem 10. November 2005 mit dem Außenvertrieb begonnen wurde. [2]Der Außenvertrieb beginnt in dem Zeitpunkt, in dem die Voraussetzungen für die Veräußerung der konkret bestimmbaren Fondsanteile erfüllt sind und die Gesellschaft selbst oder über ein Vertriebsunternehmen mit Außenwirkung an den Markt herangetreten ist. [3]Dem Beginn des Außenvertriebs stehen der Beschluss von Kapitalerhöhungen und die Reinvestition von Erlösen in neue Projekte gleich. [4]Besteht das Steuerstundungsmodell nicht im Erwerb eines Anteils an einem geschlossenen Fonds, ist § 15b in der Fassung des Artikels 1 des Gesetzes vom 22. Dezember 2005 (BGBl. I S. 3683) anzuwenden, wenn die Investition nach dem 10. November 2005 rechtsverbindlich getätigt wurde. [5]§ 15b Absatz 3a ist erstmals auf Verluste der dort bezeichneten Steuerstundungsmodelle anzuwenden, bei denen Wirtschaftsgüter des Umlaufvermögens nach dem 28. November 2013 angeschafft, hergestellt oder in das Betriebsvermögen eingelegt werden.

(25a) [1]§ 17 Absatz 2a in der Fassung des Artikels 2 des Gesetzes vom 12. Dezember 2019 (BGBl. I S. 2451) ist erstmals für Veräußerungen im Sinne von § 17 Absatz 1, 4 oder 5 nach dem 31. Juli 2019 anzuwenden. [2]Auf Antrag des Steuerpflichtigen ist § 17 Absatz 2a Satz 1 bis 4 auch für Veräußerungen im Sinne von § 17 Absatz 1, 4 oder 5 vor dem 31. Juli 2019 anzuwenden.

(26) Für die Anwendung des § 18 Absatz 4 Satz 2 in der Fassung des Artikels 1 des Gesetzes vom 22. Dezember 2005 (BGBl. I S. 3683) gilt Absatz 25 entsprechend.

(26a) § 19 Absatz 1 Satz 1 Nummer 3 Satz 2 und 3 in der am 31. Dezember 2014 geltenden Fassung gilt für alle Zahlungen des Arbeitgebers nach dem 30. Dezember 2014.

(27) *§ 19a in der Fassung des Artikels 3 des Gesetzes vom 3. Juni 2021 (BGBl. I S. 1498) ist erstmals anzuwenden auf Vermögensbeteiligungen, die nach dem 30. Juni 2021 übertragen werden.* [1)]

(28) [1]Für die Anwendung des § 20 Absatz 1 Nummer 4 Satz 2 in der am 31. Dezember 2005 geltenden Fassung gilt Absatz 25 entsprechend. [2]Für die Anwendung von § 20 Absatz 1 Nummer 4 Satz 2 und Absatz 2b in der am 1. Januar 2007 geltenden Fassung gilt Absatz 25 entsprechend. [3]§ 20 Absatz 1 Nummer 6 in der Fassung des Gesetzes vom 7. September 1990 (BGBl. I S. 1898) ist erstmals auf nach dem 31. Dezember 1974 zugeflossene Zinsen aus Versicherungsverträgen anzuwenden, die nach dem 31. Dezember 1973 abgeschlossen worden sind. [4]§ 20 Absatz 1 Nummer 6 in der Fassung des Gesetzes vom 20. Dezember 1996 (BGBl. I S. 2049) ist erstmals auf Zinsen aus Versicherungsverträgen anzuwenden, bei denen die Ansprüche nach dem 31. Dezember 1996 entgeltlich erworben worden sind. [5]Für Kapitalerträge aus Versicherungsverträgen, die vor dem

[1)] *Absatz 27 wurde durch Artikel 3 des FoStoG (Inkrafttreten 1.7.2021) neu gefasst.*

1. Januar 2005 abgeschlossen worden sind, ist § 20 Absatz 1 Nummer 6 in der am 31. Dezember 2004 geltenden Fassung mit der Maßgabe weiterhin anzuwenden, dass in Satz 3 die Wörter „§ 10 Absatz 1 Nummer 2 Buchstabe b Satz 5“ durch die Wörter „§ 10 Absatz 1 Nummer 2 Buchstabe b Satz 6“ ersetzt werden. [6]§ 20 Absatz 1 Nummer 6 Satz 3 in der Fassung des Artikels 1 des Gesetzes vom 13. Dezember 2006 (BGBl. I S. 2878) ist erstmals anzuwenden auf Versicherungsleistungen im Erlebensfall bei Versicherungsverträgen, die nach dem 31. Dezember 2006 abgeschlossen werden, und auf Versicherungsleistungen bei Rückkauf eines Vertrages nach dem 31. Dezember 2006. [7]§ 20 Absatz 1 Nummer 6 Satz 2 ist für Vertragsabschlüsse nach dem 31. Dezember 2011 mit der Maßgabe anzuwenden, dass die Versicherungsleistung nach Vollendung des 62. Lebensjahres des Steuerpflichtigen ausgezahlt wird. [8]§ 20 Absatz 1 Nummer 6 Satz 6 in der Fassung des Artikels 1 des Gesetzes vom 19. Dezember 2008 (BGBl. I S. 2794) ist für alle Versicherungsverträge anzuwenden, die nach dem 31. März 2009 abgeschlossen werden oder bei denen die erstmalige Beitragsleistung nach dem 31. März 2009 erfolgt. [9]Wird auf Grund einer internen Teilung nach § 10 des Versorgungsausgleichsgesetzes oder einer externen Teilung nach § 14 des Versorgungsausgleichsgesetzes ein Anrecht in Form eines Versicherungsvertrags zugunsten der ausgleichsberechtigten Person begründet, so gilt dieser Vertrag insoweit zu dem gleichen Zeitpunkt als abgeschlossen wie derjenige der ausgleichspflichtigen Person. [10]§ 20 Absatz 1 Nummer 6 Satz 7 und 8 ist auf Versicherungsleistungen anzuwenden, die auf Grund eines nach dem 31. Dezember 2014 eingetretenen Versicherungsfalles ausgezahlt werden. [11]§ 20 Absatz 2 Satz 1 Nummer 1 in der am 18. August 2007 geltenden Fassung ist erstmals auf Gewinne aus der Veräußerung von Anteilen anzuwenden, die nach dem 31. Dezember 2008 erworben wurden. [12]§ 20 Absatz 2 Satz 1 Nummer 3 in der am 18. August 2007 geltenden Fassung ist erstmals auf Gewinne aus Termingeschäften anzuwenden, bei denen der Rechtserwerb nach dem 31. Dezember 2008 stattgefunden hat. [13]§ 20 Absatz 2 Satz 1 Nummer 4, 5 und 8 in der am 18. August 2007 geltenden Fassung ist erstmals auf Gewinne anzuwenden, bei denen die zugrunde liegenden Wirtschaftsgüter, Rechte oder Rechtspositionen nach dem 31. Dezember 2008 erworben oder geschaffen wurden. [14]§ 20 Absatz 2 Satz 1 Nummer 6 in der am 18. August 2007 geltenden Fassung ist erstmals auf die Veräußerung von Ansprüchen nach dem 31. Dezember 2008 anzuwenden, bei denen der Versicherungsvertrag nach dem 31. Dezember 2004 abgeschlossen wurde; dies gilt auch für Versicherungsverträge, die vor dem 1. Januar 2005 abgeschlossen wurden, sofern bei einem Rückkauf zum Veräußerungszeitpunkt die Erträge nach § 20 Absatz 1 Nummer 6 in der am 31. Dezember 2004 geltenden Fassung steuerpflichtig wären. [15]§ 20 Absatz 2 Satz 1 Nummer 7 in der Fassung des Artikels 1 des Gesetzes vom 14. August 2007 (BGBl. I S. 1912) ist erstmals auf nach dem 31. Dezember 2008

zufließende Kapitalerträge aus der Veräußerung sonstiger Kapitalforderungen anzuwenden. [16] Für Kapitalerträge aus Kapitalforderungen, die zum Zeitpunkt des vor dem 1. Januar 2009 erfolgten Erwerbs zwar Kapitalforderungen im Sinne des § 20 Absatz 1 Nummer 7 in der am 31. Dezember 2008 anzuwendenden Fassung, aber nicht Kapitalforderungen im Sinne des § 20 Absatz 2 Satz 1 Nummer 4 in der am 31. Dezember 2008 anzuwendenden Fassung sind, ist § 20 Absatz 2 Satz 1 Nummer 7 nicht anzuwenden; für die bei der Veräußerung in Rechnung gestellten Stückzinsen ist Satz 15 anzuwenden; Kapitalforderungen im Sinne des § 20 Absatz 2 Satz 1 Nummer 4 in der am 31. Dezember 2008 anzuwendenden Fassung liegen auch vor, wenn die Rückzahlung nur teilweise garantiert ist oder wenn eine Trennung zwischen Ertrags- und Vermögensebene möglich erscheint. [17] Bei Kapitalforderungen, die zwar nicht die Voraussetzungen von § 20 Absatz 1 Nummer 7 in der am 31. Dezember 2008 geltenden Fassung, aber die Voraussetzungen von § 20 Absatz 1 Nummer 7 in der am 18. August 2007 geltenden Fassung erfüllen, ist § 20 Absatz 2 Satz 1 Nummer 7 in Verbindung mit § 20 Absatz 1 Nummer 7 vorbehaltlich der Regelung in Absatz 31 Satz 2 und 3 auf alle nach dem 30. Juni 2009 zufließenden Kapitalerträge anzuwenden, es sei denn, die Kapitalforderung wurde vor dem 15. März 2007 angeschafft. [18] § 20 Absatz 4a Satz 3 in der Fassung des Artikels 1 des Gesetzes vom 8. Dezember 2010 (BGBl. I S. 1768) ist erstmals für Wertpapiere anzuwenden, die nach dem 31. Dezember 2009 geliefert wurden, sofern für die Lieferung § 20 Absatz 4 anzuwenden ist. [19] § 20 Absatz 4a Satz 3 in der Fassung des Artikels 1 des Gesetzes vom 21. Dezember 2020 (BGBl. I S. 3096) ist für die Andienung von Wertpapieren anzuwenden, wenn diese nach dem 31. Dezember 2020 erfolgt. [20] § 20 Absatz 4a Satz 5 in der Fassung des Artikels 1 des Gesetzes vom 21. Dezember 2020 (BGBl. I S. 3096) ist für die Zuteilung von Anteilen anzuwenden, wenn diese nach dem 31. Dezember 2020 erfolgt und die die Zuteilung begründenden Anteile nach dem 31. Dezember 2008 angeschafft worden sind. [21] § 20 Absatz 2 und 4 in der am 27. Juli 2016 geltenden Fassung ist erstmals ab dem 1. Januar 2017 anzuwenden. [22] § 20 Absatz 1 in der am 27. Juli 2016 geltenden Fassung ist erstmals ab dem 1. Januar 2018 anzuwenden. [23] Investmenterträge nach § 20 Absatz 1 Nummer 6 Satz 9 sind

1. die nach dem 31. Dezember 2017 zugeflossenen Ausschüttungen nach § 2 Absatz 11 des Investmentsteuergesetzes,
2. die realisierten oder unrealisierten Wertveränderungen aus Investmentanteilen nach § 2 Absatz 4 Satz 1 des Investmentsteuergesetzes, die das Versicherungsunternehmen nach dem 31. Dezember 2017 dem Sicherungsvermögen zur Sicherung der Ansprüche des Steuerpflichtigen zugeführt hat, und
3. die realisierten oder unrealisierten Wertveränderungen aus Investmentanteilen nach § 2 Absatz 4 Satz 1 des Investmentsteuergesetzes, die das Versicherungsunternehmen vor dem 1. Januar 2018

dem Sicherungsvermögen zur Sicherung der Ansprüche des Steuerpflichtigen zugeführt hat, soweit Wertveränderungen gegenüber dem letzten im Kalenderjahr 2017 festgesetzten Rücknahmepreis des Investmentanteils eingetreten sind.

[24]Wird kein Rücknahmepreis festgesetzt, tritt der Börsen- oder Marktpreis an die Stelle des Rücknahmepreises. [25]§ 20 Absatz 6 Satz 5 in der Fassung des Artikels 1 des Gesetzes vom 21. Dezember 2020 (BGBl. I S. 3096) ist auf Verluste anzuwenden, die nach dem 31. Dezember 2020 entstehen. [26]§ 20 Absatz 6 Satz 6 in der Fassung des Artikels 1 des Gesetzes vom 21. Dezember 2020 (BGBl. I S. 3096) ist auf Verluste anzuwenden, die nach dem 31. Dezember 2019 entstehen.

(29) Für die Anwendung des § 21 Absatz 1 Satz 2 in der am 31. Dezember 2005 geltenden Fassung gilt Absatz 25 entsprechend.

(30) Für die Anwendung des § 22 Nummer 1 Satz 1 zweiter Halbsatz in der am 31. Dezember 2005 geltenden Fassung gilt Absatz 25 entsprechend.

(30a) § 22a Absatz 2 Satz 2 in der am 1. Januar 2017 geltenden Fassung ist erstmals für die Übermittlung von Daten ab dem 1. Januar 2019 anzuwenden.

[1)] *(30b) [1]Die mitteilungspflichtige Stelle nach § 22a Absatz 1 kann die Identifikationsnummer im Sinne des § 139b der Abgabenordnung ihrer Kunden, bei denen das Versicherungs- oder Vertragsverhältnis vor dem Stichtag bestand, der in der Rechtsverordnung nach § 13 Absatz 3 des Rentenübersichtsgesetzes festgelegt wird, abweichend von § 22a Absatz 2 Satz 1 und 2 zur Durchführung des Rentenübersichtsgesetzes beim Bundeszentralamt für Steuern bereits vor dem Leistungsbezug erheben. [2]Das Bundeszentralamt für Steuern teilt der mitteilungspflichtigen Stelle die Identifikationsnummer des Versicherten nur mit, wenn die von der mitteilungspflichtigen Stelle übermittelten Daten mit den nach § 139b Absatz 3 der Abgabenordnung beim Bundeszentralamt für Steuern gespeicherten Daten im maschinellen Datenabgleich übereinstimmen.*

(31) [1]§ 23 Absatz 1 Satz 1 Nummer 2 in der am 18. August 2007 geltenden Fassung ist erstmals auf Veräußerungsgeschäfte anzuwenden, bei denen die Wirtschaftsgüter nach dem 31. Dezember 2008 auf Grund eines nach diesem Zeitpunkt rechtswirksam abgeschlossenen obligatorischen Vertrags oder gleichstehenden Rechtsakts angeschafft wurden; § 23 Absatz 1 Satz 1 Nummer 2 Satz 2 in der am 14. Dezember 2010 geltenden Fassung ist erstmals auf Veräußerungsgeschäfte anzuwenden, bei denen die Gegenstände des täglichen Gebrauchs auf Grund eines nach dem 13. Dezember 2010 rechtskräftig abgeschlossenen Vertrags oder gleichstehenden Rechtsakts angeschafft wurden. [2]§ 23 Absatz 1 Satz 1 Nummer 2 in der am

---

[1)] Absatz 30b wurde durch Artikel 9 des Gesetzes Digitale Rentenübersicht (Inkrafttreten 1.7.2022) eingefügt.

1. Januar 1999 geltenden Fassung ist letztmals auf Veräußerungsgeschäfte anzuwenden, bei denen die Wirtschaftsgüter vor dem 1. Januar 2009 erworben wurden. [3]§ 23 Absatz 1 Satz 1 Nummer 3 in der Fassung des Artikels 7 des Gesetzes vom 20. Dezember 2016 (BGBl. I S. 3000) ist erstmals auf Veräußerungsgeschäfte anzuwenden, bei denen die Veräußerung auf einem nach dem 23. Dezember 2016 rechtswirksam abgeschlossenen obligatorischen Vertrag oder gleichstehenden Rechtsakt beruht. [4]§ 23 Absatz 1 Satz 1 Nummer 4 ist auf Termingeschäfte anzuwenden, bei denen der Erwerb des Rechts auf einen Differenzausgleich, Geldbetrag oder Vorteil nach dem 31. Dezember 1998 und vor dem 1. Januar 2009 erfolgt. [5]§ 23 Absatz 3 Satz 4 in der am 1. Januar 2000 geltenden Fassung ist auf Veräußerungsgeschäfte anzuwenden, bei denen der Steuerpflichtige das Wirtschaftsgut nach dem 31. Juli 1995 und vor dem 1. Januar 2009 angeschafft oder nach dem 31. Dezember 1998 und vor dem 1. Januar 2009 fertiggestellt hat; § 23 Absatz 3 Satz 4 in der am 1. Januar 2009 geltenden Fassung ist auf Veräußerungsgeschäfte anzuwenden, bei denen der Steuerpflichtige das Wirtschaftsgut nach dem 31. Dezember 2008 angeschafft oder fertiggestellt hat. [6]§ 23 Absatz 1 Satz 2 und 3 sowie Absatz 3 Satz 3 in der am 12. Dezember 2006 geltenden Fassung sind für Anteile, die einbringungsgeboren im Sinne des § 21 des Umwandlungssteuergesetzes in der am 12. Dezember 2006 geltenden Fassung sind, weiter anzuwenden.

(32) [1]§ 32 Absatz 4 Satz 1 Nummer 3 in der Fassung des Artikels 1 des Gesetzes vom 19. Juli 2006 (BGBl. I S. 1652) ist erstmals für Kinder anzuwenden, die im Veranlagungszeitraum 2007 wegen einer vor Vollendung des 25. Lebensjahres eingetretenen körperlichen, geistigen oder seelischen Behinderung außerstande sind, sich selbst zu unterhalten; für Kinder, die wegen einer vor dem 1. Januar 2007 in der Zeit ab der Vollendung des 25. Lebensjahres und vor Vollendung des 27. Lebensjahres eingetretenen körperlichen, geistigen oder seelischen Behinderung außerstande sind, sich selbst zu unterhalten, ist § 32 Absatz 4 Satz 1 Nummer 3 weiterhin in der bis zum 31. Dezember 2006 geltenden Fassung anzuwenden. [2]§ 32 Absatz 5 ist nur noch anzuwenden, wenn das Kind den Dienst oder die Tätigkeit vor dem 1. Juli 2011 angetreten hat. [3]Für die nach § 10 Absatz 1 Nummer 2 Buchstabe b und den §§ 10a, 82 begünstigten Verträge, die vor dem 1. Januar 2007 abgeschlossen wurden, gelten für das Vorliegen einer begünstigten Hinterbliebenenversorgung die Altersgrenzen des § 32 in der am 31. Dezember 2006 geltenden Fassung. [4]Dies gilt entsprechend für die Anwendung des § 93 Absatz 1 Satz 3 Buchstabe b.

(32a) [1]§ 32a Absatz 1 und § 51a Absatz 2a Satz 1 in der am 23. Juli 2015 geltenden Fassung sind beim Steuerabzug vom Arbeitslohn erstmals anzuwenden auf laufenden Arbeitslohn, der für einen nach dem 30. November 2015 endenden Lohnzahlungszeitraum gezahlt wird, und auf sonstige Bezüge, die nach dem 30. November 2015 zufließen. [2]Bei der Lohnsteuerberechnung auf laufenden Arbeitslohn, der für einen nach dem 30. November 2015, aber vor dem 1. Januar 2016 endenden täglichen, wöchentlichen und monatlichen Lohnzahlungszeitraum gezahlt wird, ist zu berücksichtigen, dass § 32a Absatz 1 und § 51a Absatz 2a Satz 1 in der am 23. Juli 2015 geltenden Fassung bis zum 30. November 2015 nicht angewandt wurden (Nachholung). [3]Das Bundesministerium der Finanzen hat im Einvernehmen mit den obersten Finanzbehörden der Länder entsprechende Programmablaufpläne aufzustellen und bekannt zu machen (§ 39b Absatz 6 und § 51 Absatz 4 Nummer 1a).

(33) [1]§ 32b Absatz 2 Satz 1 Nummer 2 Satz 2 Buchstabe c ist erstmals auf Wirtschaftsgüter des Umlaufvermögens anzuwenden, die nach dem 28. Februar 2013 angeschafft, hergestellt oder in das Betriebsvermögen eingelegt werden. [2]§ 32b Absatz 1 Satz 3 in der Fassung des Artikels 11 des Gesetzes vom 18. Dezember 2013 (BGBl. I S. 4318) ist in allen offenen Fällen anzuwenden. [3]§ 32b Absatz 3 bis 5 in der am 1. Januar 2017 geltenden Fassung ist erstmals für ab dem 1. Januar 2018 gewährte Leistungen anzuwenden.

(33a) [1]§ 32c in der Fassung des Artikels 4 des Gesetzes vom 12. Dezember 2019 (BGBl. I S. 2451) ist erstmals für den Veranlagungszeitraum 2016 anzuwenden. [2]§ 32c ist im Veranlagungszeitraum 2016 mit der Maßgabe anzuwenden, dass der erste Betrachtungszeitraum die Veranlagungszeiträume 2014 bis 2016 umfasst. [3]Die weiteren Betrachtungszeiträume umfassen die Veranlagungszeiträume 2017 bis 2019 und 2020 bis 2022. [4]§ 32c ist letztmalig für den Veranlagungszeitraum 2022 anzuwenden.

(33b) [1]§ 32d Absatz 2 Nummer 1 Buchstabe b in der Fassung des Artikels 1 des Gesetzes vom 21. Dezember 2020 (BGBl. I S. 3096) ist auf Kapitalerträge anzuwenden, die nach dem 31. Dezember 2020 erzielt werden. [2]Auf Kapitalerträge aus Darlehen an die Kapitalgesellschaft oder Genossenschaft, deren rechtliche Grundlage vor dem 1. Januar 2021 begründet wurde, ist § 32d Absatz 2 Nummer 1 Buchstabe b in der Fassung des Artikels 1 des Gesetzes vom 21. Dezember 2020 (BGBl. I S. 3096) ab dem Veranlagungszeitraum 2024 anzuwenden. [3]§ 32d Absatz 2 Nummer 3 Buchstabe b in der Fassung des Artikels 7 des Gesetzes vom 20. Dezember 2016 (BGBl. I S. 3000) ist erstmals auf Anträge für den Veranlagungszeitraum 2017 anzuwenden.

(33c) Die §§ 33 und 33b in der Fassung des Artikels 1 des Gesetzes vom 9. Dezember 2020 (BGBl. I S. 2770) sind erstmals für den Veranlagungszeitraum 2021 anzuwenden.

(34) [1]§ 34a in der Fassung des Artikels 1 des Gesetzes vom 19. Dezember 2008 (BGBl. I S. 2794) ist erstmals für den Veranlagungszeitraum 2008 anzuwenden. [2]§ 34a Absatz 6 Satz 1 Nummer 3 und Satz 2 in der Fassung des Artikels 1 des Gesetzes vom 27. Juni 2017 (BGBl. I S. 2074) ist erstmals für unentgeltliche Übertragungen nach dem 5. Juli 2017 anzuwenden.

(34a) Für Veranlagungszeiträume bis einschließlich 2014 ist § 34c Absatz 1 Satz 2 in der bis zum 31. Dezember 2014 geltenden Fassung in allen Fällen, in denen die Einkommensteuer noch nicht bestandskräftig festgesetzt ist, mit der Maßgabe anzuwenden, dass an die Stelle der Wörter „Summe der Einkünfte" die Wörter „Summe der Einkünfte abzüglich des Altersentlastungsbetrages (§ 24a), des Entlastungsbetrages für Alleinerziehende (§ 24b), der Sonderausgaben (§§ 10, 10a, 10b, 10c), der außergewöhnlichen Belastungen (§§ 33 bis 33b), der berücksichtigten Freibeträge für Kinder (§§ 31, 32 Absatz 6) und des Grundfreibetrages (§ 32a Absatz 1 Satz 2 Nummer 1)" treten.

(34b) [1] § 34d Nummer 4 Buchstabe b Doppelbuchstabe bb in der Fassung des Artikels 3 des Gesetzes vom 11. Dezember 2018 (BGBl. I S. 2338) ist erstmals auf Gewinne aus der Veräußerung von Anteilen anzuwenden, bei denen die Veräußerung nach dem 31. Dezember 2018 erfolgt, und nur soweit den Gewinnen nach dem 31. Dezember 2018 eingetretene Wertveränderungen zugrunde liegen. [2] § 34d Nummer 7 in der Fassung des Artikels 3 des Gesetzes vom 11. Dezember 2018 (BGBl. I S. 2338) ist erstmals auf Wertveränderungen anzuwenden, die nach dem 31. Dezember 2018 eintreten.

(35) [1] § 34f Absatz 3 und 4 Satz 2 in der Fassung des Gesetzes vom 25. Februar 1992 (BGBl. I S. 297) ist erstmals anzuwenden bei Inanspruchnahme der Steuerbegünstigung nach § 10e Absatz 1 bis 5 in der Fassung des Gesetzes vom 25. Februar 1992 (BGBl. I S. 297). [2] § 34f Absatz 4 Satz 1 ist erstmals anzuwenden bei Inanspruchnahme der Steuerbegünstigung nach § 10e Absatz 1 bis 5 oder nach § 15b des Berlinförderungsgesetzes für nach dem 31. Dezember 1991 hergestellte oder angeschaffte Objekte.

(35a) [1] § 35c ist erstmals auf energetische Maßnahmen anzuwenden, mit deren Durchführung nach dem 31. Dezember 2019 begonnen wurde und die vor dem 1. Januar 2030 abgeschlossen sind. [2] Als Beginn gilt bei energetischen Maßnahmen, für die eine Baugenehmigung erforderlich ist, der Zeitpunkt, in dem der Bauantrag gestellt wird. [3] Bei nicht genehmigungsbedürftigen Vorhaben für solche Vorhaben, die nach Maßgabe des Bauordnungsrechts der zuständigen Behörde zur Kenntnis zu geben sind, gilt als Beginn der Zeitpunkt des Eingangs der Kenntnisgabe bei der zuständigen Behörde und für sonstige nicht genehmigungsbedürftige, insbesondere genehmigungs-, anzeige- und verfahrensfreie Vorhaben, der Zeitpunkt des Beginns der Bauausführung.

(35b) [1] § 36 Absatz 2 Nummer 2 Satz 5 in der Fassung des Artikels 2 des Gesetzes vom 21. Dezember 2020 (BGBl. I S. 3096) ist erstmals auf Kapitalerträge anzuwenden, die nach dem 31. Dezember 2020 zufließen. [2] § 36 Absatz 2 Nummer 4 in der Fassung des Artikels 2 des Gesetzes vom 21. Dezember 2020 (BGBl. I S. 3096) ist erstmals für den Veranlagungszeitraum 2016 und letztmalig für den Veranlagungszeitraum 2022 anzuwenden.

(35c) [1] § 36a in der am 27. Juli 2016 geltenden Fassung ist erstmals auf Kapitalerträge anzuwenden, die ab dem 1. Januar 2016 zufließen. [2] § 36a in der Fassung des Artikels 1 des Gesetzes vom 12. Dezember 2019 (BGBl. I S. 2451) ist erstmals auf Kapitalerträge anzuwenden, die ab dem 1. Januar 2019 zufließen.

1) *(35d) § 37 Absatz 3 Satz 3 ist auf Antrag des Steuerpflichtigen mit der Maßgabe anzuwenden, dass für den Veranlagungszeitraum 2019 an die Stelle des 15. Kalendermonats der 21. Kalendermonat und an die Stelle des 23. Kalendermonats der 28. Kalendermonat tritt sowie dass für den Veranlagungszeitraum 2020 an die Stelle des 15. Kalendermonats der 18. Kalendermonat und an die Stelle des 23. Kalendermonats der 26. Kalendermonat tritt.*

2) (36) [1] Das Bundesministerium der Finanzen kann im Einvernehmen mit den obersten Finanzbehörden der Länder in einem Schreiben mitteilen, wann die in § 39 Absatz 4 Nummer 4 und 5 genannten Lohnsteuerabzugsmerkmale erstmals abgerufen werden können (§ 39e Absatz 3 Satz 1). [2] Dieses Schreiben ist im Bundessteuerblatt zu veröffentlichen.

(37) [1] Das Bundesministerium der Finanzen kann im Einvernehmen mit den obersten Finanzbehörden der Länder in einem Schreiben mitteilen, ab wann die Regelungen in § 39a Absatz 1 Satz 3 bis 5 erstmals anzuwenden sind. [2] Dieses Schreiben ist im Bundessteuerblatt zu veröffentlichen.

(37a) § 39f Absatz 1 Satz 9 bis 11 und Absatz 3 Satz 1 ist erstmals für den Veranlagungszeitraum 2019 anzuwenden.

(37b) [1] § 39b Absatz 2 Satz 5 Nummer 4 in der am 23. Juli 2015 geltenden Fassung ist erstmals anzuwenden auf laufenden Arbeitslohn, der für einen nach dem 30. November 2015 endenden Lohnzahlungszeitraum gezahlt wird, und auf sonstige Bezüge, die nach dem 30. November 2015 zufließen. [2] Bei der Lohnsteuerberechnung auf laufenden Arbeitslohn, der für einen nach dem 30. November 2015, aber vor dem 1. Januar 2016 endenden täglichen, wöchentlichen und monatlichen Lohnzahlungszeitraum gezahlt wird, ist zu berücksichtigen, dass § 39b Absatz 2 Satz 5 Nummer 4 in der am 23. Juli 2015 geltenden Fassung bis zum 30. November 2015 nicht angewandt wurde (Nachholung). [3] Das Bundesministerium der Finanzen hat dies im Einvernehmen mit den obersten Finanzbehörden der Länder bei der Aufstellung und Bekanntmachung der geänderten Programmablaufpläne für 2015 zu berücksichtigen (§ 39b Absatz 6 und § 51 Absatz 4 Nummer 1a). [4] In den Fällen des § 24b Absatz 4 ist für das Kalenderjahr

---

1) Absatz 35d wurde durch Artikel 1 des ATADUmsG (Inkrafttreten 1.7.2021) eingefügt.

2) Absatz 36 Satz 1 wird durch Artikel 4 des JStG 2020 (Inkrafttreten 1.1.2023) geändert und Satz 3 angefügt.

2015 eine Veranlagung durchzuführen, wenn die Nachholung nach Satz 2 durchgeführt wurde.

(37c) [1] § 40 Absatz 2 Satz 1 Nummer 6 in der am 17. November 2016 geltenden Fassung ist erstmals anzuwenden auf Vorteile, die in einem nach dem 31. Dezember 2016 endenden Lohnzahlungszeitraum oder als sonstige Bezüge nach dem 31. Dezember 2016 zugewendet werden, und letztmals anzuwenden auf Vorteile, die in einem vor dem 1. Januar 2031 endenden Lohnzahlungszeitraum oder als sonstige Bezüge vor dem 1. Januar 2031 zugewendet werden. [2] § 40 Absatz 2 Satz 2 Nummer 3 und Satz 4 in der Fassung des Artikels 2 des Gesetzes vom 21. Dezember 2020 (BGBl. I S. 3096) ist erstmals auf Freifahrtberechtigungen anzuwenden, die nach dem 31. Dezember 2020 gewährt werden.

(38) § 40a Absatz 2, 2a und 6 in der am 31. Juli 2014 geltenden Fassung ist erstmals ab dem Kalenderjahr 2013 anzuwenden.

(39) (weggefallen)

(40) § 40b Absatz 1 und 2 in der am 31. Dezember 2004 geltenden Fassung ist weiter anzuwenden auf Beiträge für eine Direktversicherung des Arbeitnehmers und Zuwendungen an eine Pensionskasse, wenn vor dem 1. Januar 2018 mindestens ein Beitrag nach § 40b Absatz 1 und 2 in einer vor dem 1. Januar 2005 geltenden Fassung pauschal besteuert wurde.

(40a) [1] § 41a Absatz 1 Satz 1 Nummer 1 in der Fassung des Artikels 2 des Gesetzes vom 12. Dezember 2019 (BGBl. I S. 2451) ist erstmals für Lohnzahlungszeiträume anzuwenden, die nach dem 31. Dezember 2020 enden. [2] § 41a Absatz 4 Satz 1 in der Fassung des Artikels 1 des Gesetzes vom 24. Februar 2016 (BGBl. I S. 310) gilt für eine Dauer von 60 Monaten und ist erstmals für laufenden Arbeitslohn anzuwenden, der für den Lohnzahlungszeitraum gezahlt wird, der nach dem Kalendermonat folgt, in dem die Europäische Kommission die Genehmigung zu diesem Änderungsgesetz erteilt hat; die Regelung ist erstmals für sonstige Bezüge anzuwenden, die nach dem Monat zufließen, in dem die Europäische Kommission die Genehmigung zu diesem Änderungsgesetz erteilt hat. *[3] § 41a Absatz 4 in der Fassung des Artikels 1 des Gesetzes vom 12. Mai 2021 (BGBl. I S. 989) gilt für eine Dauer von 72 Monaten und ist erstmals für laufenden Arbeitslohn anzuwenden, der für den Lohnzahlungszeitraum gezahlt wird, der nach dem Kalendermonat folgt, in dem die Europäische Kommission die beihilferechtliche Genehmigung zu diesem Gesetz erteilt hat, aber* [1)]

1) Absatz 40a Satz 3 und 4 wurde durch Artikel 1 des Gesetzes zur Verlängerung des erhöhten Lohnsteuereinbehalts in der Seeschifffahrt (Inkrafttreten 18.5.2021) neu gefasst. Bekanntmachung über die Anwendung des Gesetzes zur Verlängerung des erhöhten Lohnsteuereinbehalts in der Seeschifffahrt vom 29.6.2021 (BGBl. I S. 2247, BStBl I S. 854):

§ 41a Abs. 4 gilt für eine Dauer von 72 Monaten und ist erstmals für laufenden Arbeitslohn anzuwenden, der für den Lohnzahlungszeitraum Juni 2021 gezahlt wird; die Regelung ist erstmals für sonstige Bezüge anzuwenden, die ab dem 1.6.2021 zufließen.

nicht vor dem 1. Juni 2021; die Regelung ist erstmals für sonstige Bezüge anzuwenden, die nach dem Monat zufließen, in dem die Europäische Kommission die Genehmigung zu diesem Gesetz erteilt hat, aber nicht vor dem 1. Juni 2021. [4] Das Bundesministerium der Finanzen gibt den Beschluss der Europäischen Kommission über die Vereinbarkeit mit dem Beihilferecht sowie den Tag der erstmaligen Anwendung im Bundesgesetzblatt bekannt.

(41) Bei der Veräußerung oder Einlösung von Wertpapieren und Kapitalforderungen, die von der das Bundesschuldbuch führenden Stelle oder einer Landesschuldenverwaltung verwahrt oder verwaltet werden können, bemisst sich der Steuerabzug nach den bis zum 31. Dezember 1993 geltenden Vorschriften, wenn die Wertpapier- und Kapitalforderungen vor dem 1. Januar 1994 emittiert worden sind; dies gilt nicht für besonders in Rechnung gestellte Stückzinsen.

(42) [1] § 43 Absatz 1 Satz 1 Nummer 7 Buchstabe b Satz 2 in der Fassung des Artikels 1 des Gesetzes vom 13. Dezember 2006 (BGBl. I S. 2878) ist erstmals auf Verträge anzuwenden, die nach dem 31. Dezember 2006 abgeschlossen werden. [2] § 43 Absatz 1 Satz 1 Nummer 7 Buchstabe c in der Fassung des Artikels 2 des Gesetzes vom 12. Dezember 2019 (BGBl. I S. 2451) ist erstmals auf Kapitalerträge anzuwenden, die dem Gläubiger nach dem 31. Dezember 2020 zufließen. [3] § 43 Absatz 1 Satz 6 und Absatz 2 Satz 7 und 8 in der am 1. Januar 2017 geltenden Fassung ist erstmals anzuwenden auf Kapitalerträge, die dem Gläubiger nach dem 31. Dezember 2016 zufließen. [4] § 43 in der Fassung des Artikels 3 des Gesetzes vom 19. Juli 2016 (BGBl. I S. 1730) ist erstmals ab dem 1. Januar 2018 anzuwenden. [1)] ***[5] § 43 Absatz 1 Satz 6 Nummer 5 in der Fassung des Artikels 1 des Gesetzes vom 2. Juni 2021 (BGBl. I S. 1259) ist erstmals auf Kapitalerträge anzuwenden, die nach dem 31. Dezember 2019 zufließen.***

(42a) § 43a in der Fassung des Artikels 3 des Gesetzes vom 19. Juli 2016 (BGBl. I S. 1730) ist erstmals ab dem 1. Januar 2018 anzuwenden.

(42b) § 43b und Anlage 2 (zu § 43b) in der am 1. Januar 2016 geltenden Fassung sind erstmals auf Ausschüttungen anzuwenden, die nach dem 31. Dezember 2015 zufließen.

(43) [1] Ist ein Freistellungsauftrag im Sinne des § 44a vor dem 1. Januar 2007 unter Beachtung des § 20 Absatz 4 in der bis dahin geltenden Fassung erteilt worden, darf der nach § 44 Absatz 1 zum Steuerabzug Verpflichtete den angegebenen Freistellungsbetrag nur zu 56,37 Prozent berücksichtigen. [2] Sind in dem Freistellungsauftrag der gesamte Sparer-Freibetrag nach § 20 Absatz 4 in der Fassung des Artikels 1 des Gesetzes vom 19. Juli 2006 (BGBl. I S. 1652) und der gesamte Werbungskosten-Pauschbetrag nach § 9a Satz 1 Nummer 2 in der Fassung des Artikels 1 des Gesetzes vom 19. Juli 2006 (BGBl. I

1) Absatz 42 Satz 5 wurde durch Artikel 1 des AbzStEntModG (Inkrafttreten 9.6.2021) angefügt.

S. 1652) angegeben, ist der Werbungskosten-Pauschbetrag in voller Höhe zu berücksichtigen.

(44) [1]§ 44 Absatz 1 Satz 4 Nummer 2a in der Fassung des Artikels 2 des Gesetzes vom 12. Dezember 2019 (BGBl. I S. 2451) ist erstmals auf Kapitalerträge anzuwenden, die dem Gläubiger nach dem 31. Dezember 2020 zufließen. [2]§ 44 Absatz 6 Satz 2 und 5 in der am 12. Dezember 2006 geltenden Fassung ist für Anteile, die einbringungsgeboren im Sinne des § 21 des Umwandlungssteuergesetzes in der am 12. Dezember 2006 geltenden Fassung sind, weiter anzuwenden. [3]§ 44 in der Fassung des Artikels 3 des Gesetzes vom 19. Juli 2016 (BGBl. I S. 1730) ist erstmals ab dem 1. Januar 2018 anzuwenden. [4]§ 44 Absatz 1 in der Fassung des Artikels 1 des Gesetzes vom 21. Dezember 2020 (BGBl. I S. 3096) ist erstmals auf Kapitalerträge anzuwenden, die dem Gläubiger nach dem 29. Dezember 2020 zufließen.

(44a) [1]§ 45a Absatz 2 Satz 1 in der Fassung des Artikels 1 des Gesetzes vom 21. Dezember 2020 (BGBl. I S. 3096) ist erstmals auf Kapitalerträge anzuwenden, die dem Gläubiger nach dem 29. Dezember 2020 zufließen. [2]§ 45a Absatz 6 in der Fassung des Artikels 2 des Gesetzes vom 21. Dezember 2020 (BGBl. I S. 3096) ist auf Kapitalerträge anzuwenden, die nach dem 31. Dezember 2022 zufließen. *[3]§ 45a Absatz 2a und 7 Satz 1 in der Fassung des Artikels 1 des Gesetzes vom 2. Juni 2021 (BGBl. I S. 1259) ist erstmals auf Kapitalerträge anzuwenden, die dem Gläubiger nach dem 31. Dezember 2024 zufließen. [4]§ 45a Absatz 7 Satz 3 in der am 8. Juni 2021 geltenden Fassung ist letztmals anzuwenden für Kapitalerträge, die vor dem 1. Januar 2024 zufließen.* 1)

(44b) § 45b in der Fassung des Artikels 1 des Gesetzes vom 2. Juni 2021 (BGBl. I S. 1259) ist erstmals auf Kapitalerträge anzuwenden, die dem Gläubiger nach dem 31. Dezember 2024 zufließen. 2)

(44c) § 45c in der Fassung des Artikels 1 des Gesetzes vom 2. Juni 2021 (BGBl. I S. 1259) ist erstmals auf Kapitalerträge anzuwenden, die dem Gläubiger nach dem 31. Dezember 2024 zufließen. 2)

(45) [1]§ 45d Absatz 1 in der am 14. Dezember 2010 geltenden Fassung ist erstmals für Kapitalerträge anzuwenden, die ab dem 1. Januar 2013 zufließen; eine Übermittlung der Identifikationsnummer hat für Kapitalerträge, die vor dem 1. Januar 2016 zufließen, nur zu erfolgen, wenn die Identifikationsnummer der Meldestelle vorliegt. [2]§ 45d Absatz 1 in der am 1. Januar 2017 geltenden Fassung ist erstmals anzuwenden auf Kapitalerträge, die dem Gläubiger nach dem 31. Dezem-

---

1) *Absatz 44a Satz 3 und 4 wurde durch Artikel 1 des AbzStEntModG (Inkrafttreten 9.6.2021) angefügt.*

2) *Die Absätze 44b und 44c wurden durch Artikel 1 des AbzStEntModG (Inkrafttreten 9.6.2021) eingefügt.*

ber 2016 zufließen. [3]§ 45d Absatz 3 in der am 1. Januar 2017 geltenden Fassung ist für Versicherungsverträge anzuwenden, die nach dem 31. Dezember 2016 abgeschlossen werden.

(45a) [1]§ 49 Absatz 1 Nummer 2 Buchstabe e Doppelbuchstabe cc in der Fassung des Artikels 3 des Gesetzes vom 11. Dezember 2018 (BGBl. I S. 2338) ist erstmals auf Gewinne aus der Veräußerung von Anteilen anzuwenden, bei denen die Veräußerung nach dem 31. Dezember 2018 erfolgt, und nur soweit den Gewinnen nach dem 31. Dezember 2018 eingetretene Wertveränderungen zugrunde liegen. [2]§ 49 Absatz 1 Nummer 2 Buchstabe f in der Fassung des Artikels 3 des Gesetzes vom 11. Dezember 2018 (BGBl. I S. 2338) ist erstmals auf Wertveränderungen anzuwenden, die nach dem 31. Dezember 2018 eintreten. [3]§ 49 Absatz 1 Nummer 5 in der am 27. Juli 2016 geltenden Fassung ist erstmals auf Kapitalerträge anzuwenden, die ab dem
1) 1. Januar 2018 zufließen. *[4]§ 49 Absatz 1 Nummer 11 in der am 1. Juli 2021 geltenden Fassung ist erstmals auf Einkünfte anzuwenden, die nach dem 31. Dezember 2021 zufließen.*

(46) [1]§ 50 Absatz 1 Satz 3 in der Fassung des Artikels 1 des Gesetzes vom 21. Dezember 2020 (BGBl. I S. 3096) ist in allen offenen Fällen anzuwenden. [2]§ 50 Absatz 1a in der Fassung des Artikels 2 des Gesetzes vom 21. Dezember 2020 (BGBl. I S. 3096) ist erstmals auf Beiträge an berufsständische Versorgungseinrichtungen anzuwenden, die nach dem 31. Dezember 2020 geleistet werden. [3]§ 50 Absatz 2 Satz 2 Nummer 6 in der Fassung des Artikels 1 des Gesetzes vom 12. Dezember 2019 (BGBl. I S. 2451) ist erstmals auf Kapitalerträge anzuwenden, die nach dem 31. Dezember 2016 zufließen.[4]§ 50 Absatz 4 in der am 1. Januar 2016 geltenden Fassung ist in allen offenen
2) Fällen anzuwenden. *[5]§ 50 Absatz 1 Satz 2 in der Fassung des Artikels 1 des Gesetzes vom 2. Juni 2021 (BGBl. I S. 1259) ist in allen offenen Fällen anzuwenden.*

(47) [1]Der Zeitpunkt der erstmaligen Anwendung des § 50a Absatz 3 und 5 in der am 18. August 2009 geltenden Fassung wird durch eine Rechtsverordnung der Bundesregierung bestimmt, die der Zustimmung des Bundesrates bedarf; dieser Zeitpunkt darf nicht vor dem 31. Dezember 2011 liegen. [2]§ 50a Absatz 7 in der am 31. Juli 2014 geltenden Fassung ist erstmals auf Vergütungen anzuwenden, für die der Steuerabzug nach dem 31. Dezember 2014 angeordnet worden ist.

3) *(47a) [1]§ 50c Absatz 2 Satz 1 Nummer 2 in der Fassung des Artikels 1 des Gesetzes vom 2. Juni 2021 (BGBl. I S. 1259) ist erstmals auf Einkünfte anzuwenden, die dem beschränkt Steuerpflichtigen nach dem 31. Dezember 2021 zufließen; die Geltung von Ermächtigungen*

---

1) Absatz 45a Satz 4 wurde durch Artikel 1 des ATADUmsG (Inkrafttreten 1.1.2022) neu gefasst.

2) Absatz 46 Satz 5 wurde durch Artikel 1 des AbzStEntModG (Inkrafttreten 9.6.2021) angefügt.

3) Absatz 47a wurde durch Artikel 1 des AbzStEntModG (Inkrafttreten 9.6.2021) eingefügt.

nach § 50d Absatz 5 und 6 des Gesetzes in der Fassung, die vor dem Inkrafttreten des Artikels 1 des Gesetzes vom 2. Juni 2021 (BGBl. I S. 1259) galt, endet spätestens zu diesem Zeitpunkt. [2]§ 50c Absatz 5 Satz 1, 3 und 4 in der Fassung des Artikels 1 des Gesetzes vom 2. Juni 2021 (BGBl. I S. 1259) ist erstmals auf Anträge anzuwenden, die nach dem 31. Dezember 2022 gestellt werden; für Anträge, die gemäß § 50c Absatz 2 oder 3 bis zu diesem Zeitpunkt gestellt werden, ist der amtlich vorgeschriebene Vordruck zu verwenden und § 50d Absatz 1 Satz 7 und 8 des Gesetzes in der Fassung anzuwenden, die vor dem Inkrafttreten des Artikels 1 des Gesetzes vom 2. Juni 2021 (BGBl. I S. 1259) galt.

(47b) § 50d Absatz 3 in der Fassung des Artikels 1 des Gesetzes vom 2. Juni 2021 (BGBl. I S. 1259) ist in allen offenen Fällen anzuwenden, es sei denn, § 50d Absatz 3 in der Fassung, die zu dem Zeitpunkt galt, in dem die Einkünfte zugeflossen sind, steht dem Anspruch auf Entlastung nicht entgegen. [1)]

(47c) [1]§ 50e Absatz 1 und 4 bis 6 in der Fassung des Artikels 1 des Gesetzes vom 2. Juni 2021 (BGBl. I S. 1259) ist ab dem 1. Januar 2022 anzuwenden. [2]§ 50e Absatz 2 und 3 in der Fassung des Artikels 1 des Gesetzes vom 2. Juni 2021 (BGBl. I S. 1259) ist erstmals auf die nach dem 31. Dezember 2024 nicht oder nicht vollständig erfolgte Übermittlung von Daten oder Mitteilungen anzuwenden. [1)]

(48) [1]§ 50i Absatz 1 Satz 1 und 2 ist auf die Veräußerung oder Entnahme von Wirtschaftsgütern oder Anteilen anzuwenden, die nach dem 29. Juni 2013 stattfindet. [2]Hinsichtlich der laufenden Einkünfte aus der Beteiligung an der Personengesellschaft ist die Vorschrift in allen Fällen anzuwenden, in denen die Einkommensteuer noch nicht bestandskräftig festgesetzt worden ist. [3]§ 50i Absatz 1 Satz 4 in der am 31. Juli 2014 geltenden Fassung ist erstmals auf die Veräußerung oder Entnahme von Wirtschaftsgütern oder Anteilen anzuwenden, die nach dem 31. Dezember 2013 stattfindet. [4]§ 50i Absatz 2 in der Fassung des Artikels 7 des Gesetzes vom 20. Dezember 2016 (BGBl. I S. 3000) ist erstmals für Einbringungen anzuwenden, bei denen der der Einbringungsvertrag nach dem 31. Dezember 2013 geschlossen worden ist.

(48a) § 51 in der Fassung des Artikels 1 des Gesetzes vom 2. Juni 2021 (BGBl. I S. 1259) gilt erstmals für die Vergabe von Ordnungsnummern zu Steuerbescheinigungen für Kapitalerträge, die nach dem 31. Dezember 2023 zufließen. [1)]

(49) § 51a Absatz 2c und 2e in der am 30. Juni 2013 geltenden Fassung ist erstmals auf nach dem 31. Dezember 2014 zufließende Kapitalerträge anzuwenden.

---

1) Die Absätze 47b, 47c und 48a wurden durch Artikel 1 des AbzStEntModG (Inkrafttreten 9.6.2021) eingefügt.

(49a) [1]§ 62 Absatz 1a in der am 18. Juli 2019 geltenden Fassung ist für Kindergeldfestsetzungen anzuwenden, die Zeiträume betreffen, die nach dem 31. Juli 2019 beginnen. [2]§ 62 Absatz 2 Nummer 1 bis 4 in der Fassung des Artikels 3 des Gesetzes vom 12. Dezember 2019 (BGBl. I S. 2451) ist für Kindergeldfestsetzungen anzuwenden, die Zeiträume betreffen, die nach dem 29. Februar 2020 beginnen. [3]§ 62 Absatz 2 Nummer 5 in der Fassung des Artikels 3 des Gesetzes vom 12. Dezember 2019 (BGBl. I S. 2451) ist für Kindergeldfestsetzungen anzuwenden, die Zeiträume betreffen, die nach dem 31. Dezember 2019 beginnen. [4]Die §§ 62, 63 und 67 in der am 9. Dezember 2014 geltenden Fassung sind für Kindergeldfestsetzungen anzuwenden, die Zeiträume betreffen, die nach dem 31. Dezember 2015 beginnen. [5]Die §§ 62, 63 und 67 in der am 9. Dezember 2014 geltenden Fassung sind auch für Kindergeldfestsetzungen anzuwenden, die Zeiträume betreffen, die vor dem 1. Januar 2016 liegen, der Antrag auf Kindergeld aber erst nach dem 31. Dezember 2015 gestellt wird. [6]§ 66 Absatz 1 in der am 23. Juli 2015 geltenden Fassung ist für Kindergeldfestsetzungen anzuwenden, die Zeiträume betreffen, die nach dem 31. Dezember 2014 beginnen. [7]§ 66 Absatz 1 in der am 1. Januar 2016 geltenden Fassung ist für Kindergeldfestsetzungen anzuwenden, die Zeiträume betreffen, die nach dem 31. Dezember 2015 beginnen. [8]§ 66 Absatz 1 in der am 1. Januar 2017 geltenden Fassung ist für Kindergeldfestsetzungen anzuwenden, die Zeiträume betreffen, die nach dem 31. Dezember 2016 beginnen. [9]§ 66 Absatz 1 in der am 1. Januar 2018 geltenden Fassung ist für Kindergeldfestsetzungen anzuwenden, die Zeiträume betreffen, die nach dem 31. Dezember 2017 beginnen. [10]§ 66 Absatz 3 ist auf Anträge anzuwenden, die nach dem 31. Dezember 2017 und vor dem 18. Juli 2019 eingehen. [11]§ 69 in der am 1. Januar 2018 geltenden Fassung ist erstmals am 1. November 2019 anzuwenden. [12]§ 66 Absatz 1 in der Fassung des Artikels 2 des Gesetzes vom 29. November 2018 (BGBl. I S. 2210) ist für Kindergeldfestsetzungen anzuwenden, die Zeiträume betreffen, die nach dem 30. Juni 2019 beginnen. [13]§ 66 Absatz 1 in der Fassung des Artikels 1 des Gesetzes vom 1. Dezember 2020 (BGBl. I S. 2616) ist für Kindergeldfestsetzungen anzuwenden, die Zeiträume betreffen, die nach dem 31. Dezember 2020 beginnen.

(50) [1]§ 70 Absatz 1 Satz 2 ist auf Anträge anzuwenden, die nach dem 18. Juli 2019 eingehen. [2]§ 70 Absatz 1 Satz 2 ist auf Anträge anzuwenden, die nach dem 18. Juli 2019 eingehen. [2]§ 70 Absatz 4 in der am 31. Dezember 2011 geltenden Fassung ist weiter für Kindergeldfestsetzungen anzuwenden, die Zeiträume betreffen, die vor dem 1. Januar 2012 enden.

(51) [1]§ 89 Absatz 2 Satz 1 in der am 1. Januar 2017 geltenden Fassung ist erstmals für die Übermittlung von Daten ab dem 1. Januar 2017 anzuwenden. [2]§ 89 Absatz 2 Satz 1 in der Fassung des Artikels 3 des Gesetzes vom 11. Dezember 2018 (BGBl. I S. 2338) ist erstmals für die Übermittlung von Daten ab dem 1. Januar 2020 anzuwenden.

(52) ***§ 110 in der Fassung des Artikels 1 des Gesetzes vom 10. März 2021 (BGBl. I S. 330) ist für den Veranlagungszeitraum 2019 anzuwenden.*** [1]

(53) ***§ 111 in der Fassung des Artikels 1 des Gesetzes vom 10. März 2021 (BGBl. I S. 330) ist für die Veranlagungszeiträume 2019 und 2020 anzuwenden.*** [1]

§§ 52a *bis* 54
(weggefallen)

[1] § 52 Abs. 52 und 53 wurde durch Artikel 1 des Dritten Corona-Steuerhilfegesetzes (Inkrafttreten 18.3.2021) neu gefasst.

S 2188

§ 55
Schlussvorschriften
(Sondervorschriften für die Gewinnermittlung nach § 4 oder nach Durchschnittssätzen bei vor dem 1. Juli 1970 angeschafftem Grund und Boden)

(1) [1] Bei Steuerpflichtigen, deren Gewinn für das Wirtschaftsjahr, in das der 30. Juni 1970 fällt, nicht nach § 5 zu ermitteln ist, gilt bei Grund und Boden, der mit Ablauf des 30. Juni 1970 zu ihrem Anlagevermögen gehört hat, als Anschaffungs- oder Herstellungskosten (§ 4 Absatz 3 Satz 4 und § 6 Absatz 1 Nummer 2 Satz 1) das Zweifache des nach den Absätzen 2 bis 4 zu ermittelnden Ausgangsbetrags. [2] Zum Grund und Boden im Sinne des Satzes 1 gehören nicht die mit ihm in Zusammenhang stehenden Wirtschaftsgüter und Nutzungsbefugnisse.

(2) [1] Bei der Ermittlung des Ausgangsbetrags des zum land- und forstwirtschaftlichen Vermögen (§ 33 Absatz 1 Satz 1 des Bewertungsgesetzes in der Fassung der Bekanntmachung vom 10. Dezember 1965 – BGBl. I S. 1861 –, zuletzt geändert durch das Bewertungsänderungsgesetz 1971 vom 27. Juli 1971 – BGBl. I S. 1157) gehörenden Grund und Bodens ist seine Zuordnung zu den Nutzungen und Wirtschaftsgütern (§ 34 Absatz 2 des Bewertungsgesetzes) am 1. Juli 1970 maßgebend; dabei sind die Hof- und Gebäudeflächen sowie die Hausgärten im Sinne des § 40 Absatz 3 des Bewertungsgesetzes nicht in die einzelne Nutzung einzubeziehen. [2] Es sind anzusetzen:

1. bei Flächen, die nach dem Bodenschätzungsgesetz vom 20. Dezember 2007 (BGBl. I S. 3150, 3176) in der jeweils geltenden Fassung zu schätzen sind, für jedes katastermäßig abgegrenzte Flurstück der Betrag in Deutsche Mark, der sich ergibt, wenn die für das Flurstück am 1. Juli 1970 im amtlichen Verzeichnis nach § 2 Absatz 2 der Grundbuchordnung (Liegenschaftskataster) ausgewiesene Ertragsmesszahl vervierfacht wird. [2] Abweichend von Satz 1 sind für Flächen der Nutzungsteile
   a) Hopfen, Spargel, Gemüsebau und Obstbau
      2,05 Euro je Quadratmeter,
   b) Blumen- und Zierpflanzenbau sowie Baumschulen
      2,56 Euro je Quadratmeter

   anzusetzen, wenn der Steuerpflichtige dem Finanzamt gegenüber bis zum 30. Juni 1972 eine Erklärung über die Größe, Lage und Nutzung der betreffenden Flächen abgibt,
2. für Flächen der forstwirtschaftlichen Nutzung
   je Quadratmeter 0,51 Euro,
3. für Flächen der weinbaulichen Nutzung der Betrag, der sich unter Berücksichtigung der maßgebenden Lagenvergleichszahl (Vergleichszahl der einzelnen Weinbaulage, § 39 Absatz 1 Satz 3 und § 57 Bewertungsgesetz), die für ausbauende Betriebsweise mit

Fassweinerzeugung anzusetzen ist, aus der nachstehenden Tabelle ergibt:

Lagenvergleichszahl	Ausgangsbetrag je Quadratmeter in Euro
bis 20	1,28
21 bis 30	1,79
31 bis 40	2,56
41 bis 50	3,58
51 bis 60	4,09
61 bis 70	4,60
71 bis 100	5,11
über 100	6,39

4. für Flächen der sonstigen land- und forstwirtschaftlichen Nutzung, auf die Nummer 1 keine Anwendung findet,
   je Quadratmeter 0,51 Euro,
5. für Hofflächen, Gebäudeflächen und Hausgärten im Sinne des § 40 Absatz 3 des Bewertungsgesetzes
   je Quadratmeter 2,56 Euro,
6. für Flächen des Geringstlandes
   je Quadratmeter 0,13 Euro,
7. für Flächen des Abbaulandes
   je Quadratmeter 0,26 Euro,
8. für Flächen des Unlandes
   je Quadratmeter 0,05 Euro,

(3) [1] Lag am 1. Juli 1970 kein Liegenschaftskataster vor, in dem Ertragsmesszahlen ausgewiesen sind, so ist der Ausgangsbetrag in sinngemäßer Anwendung des Absatzes 2 Nummer 1 Satz 1 auf der Grundlage der durchschnittlichen Ertragsmesszahl der landwirtschaftlichen Nutzung eines Betriebs zu ermitteln, die die Grundlage für die Hauptfeststellung des Einheitswerts auf den 1. Januar 1964 bildet. [2] Absatz 2 Satz 2 Nummer 1 Satz 2 bleibt unberührt.

(4) Bei nicht zum land- und forstwirtschaftlichen Vermögen gehörendem Grund und Boden ist als Ausgangsbetrag anzusetzen:

1. Für unbebaute Grundstücke der auf den 1. Januar 1964 festgestellte Einheitswert. [2] Wird auf den 1. Januar 1964 kein Einheitswert festgestellt oder hat sich der Bestand des Grundstücks nach dem 1. Januar 1964 und vor dem 1. Juli 1970 verändert, so ist der Wert maßgebend, der sich ergeben würde, wenn das Grundstück nach seinem Bestand vom 1. Juli 1970 und nach den Wertverhältnissen vom 1. Januar 1964 zu bewerten wäre;

2. für bebaute Grundstücke der Wert, der sich nach Nummer 1 ergeben würde, wenn das Grundstück unbebaut wäre.

(5) [1]Weist der Steuerpflichtige nach, dass der Teilwert für Grund und Boden im Sinne des Absatzes 1 am 1. Juli 1970 höher ist als das Zweifache des Ausgangsbetrags, so ist auf Antrag des Steuerpflichtigen der Teilwert als Anschaffungs- oder Herstellungskosten anzusetzen. [2]Der Antrag ist bis zum 31. Dezember 1975 bei dem Finanzamt zu stellen, das für die Ermittlung des Gewinns aus dem Betrieb zuständig ist. [3]Der Teilwert ist gesondert festzustellen. [4]Vor dem 1. Januar 1974 braucht diese Feststellung nur zu erfolgen, wenn ein berechtigtes Interesse des Steuerpflichtigen gegeben ist. [5]Die Vorschriften der Abgabenordnung und der Finanzgerichtsordnung über die gesonderte Feststellung von Besteuerungsgrundlagen gelten entsprechend.

(6) [1]Verluste, die bei der Veräußerung oder Entnahme von Grund und Boden im Sinne des Absatzes 1 entstehen, dürfen bei der Ermittlung des Gewinns in Höhe des Betrags nicht berücksichtigt werden, um den der ausschließlich auf den Grund und Boden entfallende Veräußerungspreis oder der an dessen Stelle tretende Wert nach Abzug der Veräußerungskosten unter dem Zweifachen des Ausgangsbetrags liegt. [2]Entsprechendes gilt bei Anwendung des § 6 Absatz 1 Nummer 2 Satz 2.

(7) Grund und Boden, der nach § 4 Absatz 1 Satz 5 des Einkommensteuergesetzes 1969 nicht anzusetzen war, ist wie eine Einlage zu behandeln; er ist dabei mit dem nach Absatz 1 oder Absatz 5 maßgebenden Wert anzusetzen.

§ 56

S 2259a

Sondervorschriften für Steuerpflichtige in dem in Artikel 3 des Einigungsvertrages genannten Gebiet

Bei Steuerpflichtigen, die am 31. Dezember 1990 einen Wohnsitz oder ihren gewöhnlichen Aufenthalt in dem in Artikel 3 des Einigungsvertrages genannten Gebiet und im Jahre 1990 keinen Wohnsitz oder gewöhnlichen Aufenthalt im bisherigen Geltungsbereich dieses Gesetzes hatten, gilt Folgendes:

§ 7 Absatz 5 ist auf Gebäude anzuwenden, die in dem Artikel 3 des Einigungsvertrages genannten Gebiet nach dem 31. Dezember 1990 angeschafft oder hergestellt worden sind.

§ 57

S 2259b

Besondere Anwendungsregeln aus Anlass der Herstellung der Einheit Deutschlands

(1) Die §§ 7c, 7f, 7g, 7k und 10e dieses Gesetzes, die §§ 76, 78, 82a und 82f der Einkommensteuer-Durchführungsverordnung sowie die §§ 7 und 12 Absatz 3 des Schutzbaugesetzes sind auf Tatbestände anzuwenden, die in dem in Artikel 3 des Einigungsvertrages genannten Gebiet nach dem 31. Dezember 1990 verwirklicht worden sind.

(2) Die §§ 7b und 7d dieses Gesetzes sowie die §§ 81, 82d, 82g und 82i der Einkommensteuer-Durchführungsverordnung sind nicht auf Tatbestände anzuwenden, die in dem in Artikel 3 des Einigungsvertrages genannten Gebiet verwirklicht worden sind.

(3) Bei der Anwendung des § 7g Absatz 2 Nummer 1 und des § 14a Absatz 1 ist in dem in Artikel 3 des Einigungsvertrages genannten Gebiet anstatt vom maßgebenden Einheitswert des Betriebs der Land- und Forstwirtschaft und den darin ausgewiesenen Werten vom Ersatzwirtschaftswert nach § 125 des Bewertungsgesetzes auszugehen.

(4) [1] § 10d Absatz 1 ist mit der Maßgabe anzuwenden, dass der Sonderausgabenabzug erstmals von dem für die zweite Hälfte des Veranlagungszeitraums 1990 ermittelten Gesamtbetrag der Einkünfte vorzunehmen ist. [2] § 10d Absatz 2 und 3 ist auch für Verluste anzuwenden, die in dem in Artikel 3 des Einigungsvertrages genannten Gebiet im Veranlagungszeitraum 1990 entstanden sind.

(5) § 22 Nummer 4 ist auf vergleichbare Bezüge anzuwenden, die auf Grund des Gesetzes über Rechtsverhältnisse der Abgeordneten der Volkskammer der Deutschen Demokratischen Republik vom 31. Mai 1990 (GBl. I Nr. 30 S. 274) gezahlt worden sind.

(6) § 34f Absatz 3 Satz 3 ist erstmals auf die in dem in Artikel 3 des Einigungsvertrags genannten Gebiet für die zweite Hälfte des Veranlagungszeitraums 1990 festgesetzte Einkommensteuer anzuwenden.

S 2259c

§ 58

Weitere Anwendung von Rechtsvorschriften, die vor Herstellung der Einheit Deutschlands in dem in Artikel 3 des Einigungsvertrages genannten Gebiet gegolten haben

(1) Die Vorschriften über Sonderabschreibungen nach § 3 Absatz 1 des Steueränderungsgesetzes vom 6. März 1990 (GBl. I Nr. 17 S. 136) in Verbindung mit § 7 der Durchführungsbestimmung zum Gesetz zur Änderung der Rechtsvorschriften über die Einkommen-, Körperschaft- und Vermögensteuer – Steueränderungsgesetz – vom 16. März 1990 (GBl. I Nr. 21 S. 195) sind auf Wirtschaftsgüter weiter anzuwenden, die nach dem 31. Dezember 1989 und vor dem 1. Januar 1991 in dem in Artikel 3 des Einigungsvertrages genannten Gebiet angeschafft oder hergestellt worden sind.

(2) [1]Rücklagen nach § 3 Absatz 2 des Steueränderungsgesetzes vom 6. März 1990 (GBl. I Nr. 17 S. 136) in Verbindung mit § 8 der Durchführungsbestimmung zum Gesetz zur Änderung der Rechtsvorschriften über die Einkommen-, Körperschaft- und Vermögensteuer – Steueränderungsgesetz – vom 16. März 1990 (GBl. I Nr. 21 S. 195) dürfen, soweit sie zum 31. Dezember 1990 zulässigerweise gebildet worden sind, auch nach diesem Zeitpunkt fortgeführt werden. [2]Sie sind spätestens im Veranlagungszeitraum 1995 gewinn- oder sonst einkünfteerhöhend aufzulösen. [3]Sind vor dieser Auflösung begünstigte Wirtschaftsgüter angeschafft oder hergestellt worden, sind die in Rücklage eingestellten Beträge von den Anschaffungs- oder Herstellungskosten abzuziehen; die Rücklage ist in Höhe des abgezogenen Betrags im Veranlagungszeitraum der Anschaffung oder Herstellung gewinn- oder sonst einkünfteerhöhend aufzulösen.

(3) Die Vorschrift über den Steuerabzugsbetrag nach § 9 Absatz 1 der Durchführungsbestimmung zum Gesetz zur Änderung der Rechtsvorschriften über die Einkommen-, Körperschaft- und Vermögensteuer – Steueränderungsgesetz – vom 16. März 1990 (GBl. I Nr. 21 S. 195) ist für Steuerpflichtige weiter anzuwenden, die vor dem 1. Januar 1991 in dem in Artikel 3 des Einigungsvertrages genannten Gebiet eine Betriebsstätte begründet haben, wenn sie von dem Tag der Begründung der Betriebsstätte an zwei Jahre lang die Tätigkeit ausüben, die Gegenstand der Betriebsstätte ist.

S 2259c

§§ 59 bis 61

(weggefallen)

X. Kindergeld

§ 62

S 2470

Anspruchsberechtigte

(1) [1] Für Kinder im Sinne des § 63 hat Anspruch auf Kindergeld nach diesem Gesetz, wer

1. im Inland einen Wohnsitz oder seinen gewöhnlichen Aufenthalt hat oder
2. ohne Wohnsitz oder gewöhnlichen Aufenthalt im Inland
   a) nach § 1 Absatz 2 unbeschränkt einkommensteuerpflichtig ist oder
   b) nach § 1 Absatz 3 als unbeschränkt einkommensteuerpflichtig behandelt wird.

[2] Voraussetzung für den Anspruch nach Satz 1 ist, dass der Berechtigte durch die an ihn vergebene Identifikationsnummer (§ 139b der Abgabenordnung) identifiziert wird. [3] Die nachträgliche Vergabe der Identifikationsnummer wirkt auf Monate zurück, in denen die Voraussetzungen des Satzes 1 vorliegen.

(1a) [1] Begründet ein Staatsangehöriger eines anderen Mitgliedstaates der Europäischen Union oder eines Staates, auf den das Abkommen über den Europäischen Wirtschaftsraum Anwendung findet, im Inland einen Wohnsitz oder gewöhnlichen Aufenthalt, so hat er für die ersten drei Monate ab Begründung des Wohnsitzes oder des gewöhnlichen Aufenthalts keinen Anspruch auf Kindergeld. [2] Dies gilt nicht, wenn er nachweist, dass er inländische Einkünfte im Sinne des § 2 Absatz 1 Satz 1 Nummer 1 bis 4 mit Ausnahme von Einkünften nach § 19 Absatz 1 Satz 1 Nummer 2 erzielt. [3] Nach Ablauf des in Satz 1 genannten Zeitraums hat er Anspruch auf Kindergeld, es sei denn, die Voraussetzungen des § 2 Absatz 2 oder Absatz 3 des Freizügigkeitsgesetzes/EU liegen nicht vor oder es sind nur die Voraussetzungen des § 2 Absatz 2 Nummer 1a des Freizügigkeitsgesetzes/EU erfüllt, ohne dass vorher eine andere der in § 2 Absatz 2 des Freizügigkeitsgesetzes/EU genannten Voraussetzungen erfüllt war. [4] Die Prüfung, ob die Voraussetzungen für einen Anspruch auf Kindergeld gemäß Satz 2 vorliegen oder gemäß Satz 3 nicht gegeben sind, führt die Familienkasse in eigener Zuständigkeit durch. [5] Lehnt die Familienkasse eine Kindergeldfestsetzung in diesem Fall ab, hat sie ihre Entscheidung der zuständigen Ausländerbehörde mitzuteilen. [6] Wurde das Vorliegen der Anspruchsvoraussetzungen durch die Verwendung gefälschter oder verfälschter Dokumente oder durch Vorspiegelung falscher Tatsachen vorgetäuscht, hat die Familienkasse die zuständige Ausländerbehörde unverzüglich zu unterrichten.

(2) Ein nicht freizügigkeitsberechtigter Ausländer erhält Kindergeld nur, wenn er

1. eine Niederlassungserlaubnis oder eine Erlaubnis zum Daueraufenthalt-EU besitzt,
2. eine Blaue Karte EU, eine ICT-Karte, eine Mobiler-ICT-Karte oder eine Aufenthaltserlaubnis besitzt, die für einen Zeitraum von mindestens sechs Monaten zur Ausübung einer Erwerbstätigkeit berechtigen oder berechtigt haben oder diese erlauben, es sei denn, die Aufenthaltserlaubnis wurde
   a) nach § 16e des Aufenthaltsgesetzes zu Ausbildungszwecken, nach § 19c Absatz 1 des Aufenthaltsgesetzes zum Zweck der Beschäftigung als Au-Pair oder zum Zweck der Saisonbeschäftigung, nach § 19e des Aufenthaltsgesetzes zum Zweck der Teilnahme an einem Europäischen Freiwilligendienst oder nach § 20 Absatz 1 und 2 des Aufenthaltsgesetzes zur Arbeitsplatzsuche erteilt,
   b) nach § 16b des Aufenthaltsgesetzes zum Zweck eines Studiums, nach § 16d des Aufenthaltsgesetzes für Maßnahmen zur Anerkennung ausländischer Berufsqualifikationen oder nach § 20 Absatz 3 des Aufenthaltsgesetzes zur Arbeitsplatzsuche erteilt und er ist weder erwerbstätig noch nimmt er Elternzeit nach § 15 des Bundeselterngeld- und Elternzeitgesetzes oder laufende Geldleistungen nach dem Dritten Buch Sozialgesetzbuch in Anspruch,
   c) nach § 23 Absatz 1 des Aufenthaltsgesetzes wegen eines Krieges in seinem Heimatland oder nach den §§ 23a, 24 oder § 25 Absatz 3 bis 5 des Aufenthaltsgesetzes erteilt,
3. eine in Nummer 2 Buchstabe c genannte Aufenthaltserlaubnis besitzt und im Bundesgebiet berechtigt erwerbstätig ist oder Elternzeit nach § 15 des Bundeselterngeld- und Elternzeitgesetzes oder laufende Geldleistungen nach dem Dritten Buch Sozialgesetzbuch in Anspruch nimmt,
4. eine in Nummer 2 Buchstabe c genannte Aufenthaltserlaubnis besitzt und sich seit mindestens 15 Monaten erlaubt, gestattet oder geduldet im Bundesgebiet aufhält oder
5. eine Beschäftigungsduldung gemäß § 60d in Verbindung mit § 60a Absatz 2 Satz 3 des Aufenthaltsgesetzes besitzt.

§ 63

S 2471

Kinder

(1) [1]Als Kinder werden berücksichtigt

1. Kinder im Sinne des § 32 Absatz 1,
2. vom Berechtigten in seinen Haushalt aufgenommene Kinder seines Ehegatten,
3. vom Berechtigten in seinen Haushalt aufgenommene Enkel.

[2]§ 32 Absatz 3 bis 5 gilt entsprechend. [3]Voraussetzung für die Berücksichtigung ist die Identifizierung des Kindes durch die an dieses Kind vergebene Identifikationsnummer (§ 139b der Abgabenordnung). [4]Ist das Kind nicht nach einem Steuergesetz steuerpflichtig (§ 139a Absatz 2 der Abgabenordnung), ist es in anderer geeigneter Weise zu identifizieren. [5]Die nachträgliche Identifizierung oder nachträgliche Vergabe der Identifikationsnummer wirkt auf Monate zurück, in denen die Voraussetzungen der Sätze 1 bis 4 vorliegen. [6]Kinder, die weder einen Wohnsitz noch ihren gewöhnlichen Aufenthalt im Inland, in einem Mitgliedstaat der Europäischen Union oder in einem Staat, auf den das Abkommen über den Europäischen Wirtschaftsraum Anwendung findet, haben, werden nicht berücksichtigt, es sei denn, sie leben im Haushalt eines Berechtigten im Sinne des § 62 Absatz 1 Satz 1 Nummer 2 Buchstabe a. [7]Kinder im Sinne von § 2 Absatz 4 Satz 2 des Bundeskindergeldgesetzes werden nicht berücksichtigt.

(2) Die Bundesregierung wird ermächtigt, durch Rechtsverordnung, die nicht der Zustimmung des Bundesrates bedarf, zu bestimmen, dass einem Berechtigten, der im Inland erwerbstätig ist oder sonst seine hauptsächlichen Einkünfte erzielt, für seine in Absatz 1 Satz 3 erster Halbsatz bezeichneten Kinder Kindergeld ganz oder teilweise zu leisten ist, soweit dies mit Rücksicht auf die durchschnittlichen Lebenshaltungskosten für Kinder in deren Wohnsitzstaat und auf die dort gewährten dem Kindergeld vergleichbaren Leistungen geboten ist.

S 2472

§ 64

Zusammentreffen mehrerer Ansprüche

(1) Für jedes Kind wird nur einem Berechtigten Kindergeld gezahlt.

(2) [1]Bei mehreren Berechtigten wird das Kindergeld demjenigen gezahlt, der das Kind in seinen Haushalt aufgenommen hat. [2]Ist ein Kind in den gemeinsamen Haushalt von Eltern, einem Elternteil und dessen Ehegatten, Pflegeeltern oder Großeltern aufgenommen worden, so bestimmen diese untereinander den Berechtigten. [3]Wird eine Bestimmung nicht getroffen, so bestimmt das Familiengericht auf Antrag den Berechtigten. [4]Den Antrag kann stellen, wer ein berechtigtes Interesse an der Zahlung des Kindergeldes hat. [5]Lebt ein Kind im gemeinsamen Haushalt von Eltern und Großeltern, so wird das Kindergeld vorrangig einem Elternteil gezahlt; es wird an einen Großelternteil gezahlt, wenn der Elternteil gegenüber der zuständigen Stelle auf seinen Vorrang schriftlich verzichtet hat.

(3) [1]Ist das Kind nicht in den Haushalt eines Berechtigten aufgenommen, so erhält das Kindergeld derjenige, der dem Kind eine Unterhaltsrente zahlt. [2]Zahlen mehrere Berechtigte dem Kind Unterhaltsrenten, so erhält das Kindergeld derjenige, der dem Kind die höchste Unterhaltsrente zahlt. [3]Werden gleich hohe Unterhaltsrenten gezahlt oder zahlt keiner der Berechtigten dem Kind Unterhalt, so bestimmen die Berechtigten untereinander, wer das Kindergeld erhalten soll. [4]Wird eine Bestimmung nicht getroffen, so gilt Absatz 2 Satz 3 und 4 entsprechend.

§ 65

S 2473

Andere Leistungen für Kinder

(1) [1] Kindergeld wird nicht für ein Kind gezahlt, für das eine der folgenden Leistungen zu zahlen ist oder bei entsprechender Antragstellung zu zahlen wäre:

1. Kinderzulagen aus der gesetzlichen Unfallversicherung oder Kinderzuschüsse aus den gesetzlichen Rentenversicherungen,
2. Leistungen für Kinder, die im Ausland gewährt werden und dem Kindergeld oder einer der unter Nummer 1 genannten Leistungen vergleichbar sind,
3. Leistungen für Kinder, die von einer zwischen- oder überstaatlichen Einrichtung gewährt werden und dem Kindergeld vergleichbar sind.

[2] Soweit es für die Anwendung von Vorschriften dieses Gesetzes auf den Erhalt von Kindergeld ankommt, stehen die Leistungen nach Satz 1 dem Kindergeld gleich. [3] Steht ein Berechtigter in einem Versicherungspflichtverhältnis zur Bundesagentur für Arbeit nach § 24 des Dritten Buches Sozialgesetzbuch oder ist er versicherungsfrei nach § 28 Absatz 1 Nummer 1 des Dritten Buches Sozialgesetzbuch oder steht er im Inland in einem öffentlich-rechtlichen Dienst- oder Amtsverhältnis, so wird sein Anspruch auf Kindergeld für ein Kind nicht nach Satz 1 Nummer 3 mit Rücksicht darauf ausgeschlossen, dass sein Ehegatte als Beamter, Ruhestandsbeamter oder sonstiger Bediensteter der Europäischen Union für das Kind Anspruch auf Kinderzulage hat.

(2) Ist in den Fällen des Absatzes 1 Satz 1 Nummer 1 der Bruttobetrag der anderen Leistung niedriger als das Kindergeld nach § 66, wird Kindergeld in Höhe des Unterschiedsbetrags gezahlt, wenn er mindestens 5 Euro beträgt.

S 2474

§ 66

Höhe des Kindergeldes, Zahlungszeitraum

(1) [1] Das Kindergeld beträgt monatlich für das erste und zweite Kind jeweils 219 Euro, für das dritte Kind 225 Euro und für das vierte und jedes weitere Kind jeweils 250 Euro. [2] Darüber hinaus wird für jedes Kind, für das für den Monat September 2020 ein Anspruch auf Kindergeld besteht, für den Monat September 2020 ein Einmalbetrag von 200 Euro und für den Monat Oktober 2020 ein Einmalbetrag von 100 Euro gezahlt. [3] Ein Anspruch in Höhe der Einmalbeträge von insgesamt 300 Euro für das Kalenderjahr 2020 besteht auch für ein Kind, für das nicht für den Monat September 2020, jedoch für mindestens einen anderen Kalendermonat im Kalenderjahr 2020 ein Anspruch auf Kindergeld besteht. [4] Die Einmalbeträge nach den Sätzen 2 und 3 werden als Kindergeld im Rahmen der Vergleichsberechnung nach § 31 Satz 4 berücksichtigt. [1)] ***[5] Darüber hinaus wird für jedes Kind, für das für den Monat Mai 2021 ein Anspruch auf Kindergeld besteht, für den Monat Mai 2021 ein Einmalbetrag in Höhe von 150 Euro gezahlt. [6] Ein Anspruch in Höhe des Einmalbetrags von 150 Euro für das Kalenderjahr 2021 besteht auch für ein Kind, für das nicht für den Monat Mai 2021, jedoch für mindestens einen anderen Kalendermonat im Kalenderjahr 2021 ein Anspruch auf Kindergeld besteht. [7] Der Einmalbetrag nach den Sätzen 2 und 3 wird als Kindergeld im Rahmen der Vergleichsberechnung nach § 31 Satz 4 berücksichtigt.***

(2) Das Kindergeld wird monatlich vom Beginn des Monats an gezahlt, in dem die Anspruchsvoraussetzungen erfüllt sind, bis zum Ende des Monats, in dem die Anspruchsvoraussetzungen wegfallen.

---

1) Absatz 1 Satz 5 bis 7 wurde durch Artikel 1 des Dritten Corona-Steuerhilfegesetzes ab VZ 2021 angefügt.

§ 67

S 2475

Antrag

[1] **Das Kindergeld ist bei der zuständigen Familienkasse schriftlich zu beantragen; eine elektronische Antragstellung nach amtlich vorgeschriebenem Datensatz über die amtlich vorgeschriebene Schnittstelle ist zulässig, soweit der Zugang eröffnet wurde.** [2] **Den Antrag kann außer dem Berechtigten auch stellen, wer ein berechtigtes Interesse an der Leistung des Kindergeldes hat.** [3] **In Fällen des Satzes 2 ist § 62 Absatz 1 Satz 2 bis 3 anzuwenden.** [4] **Der Berechtigte ist zu diesem Zweck verpflichtet, demjenigen, der ein berechtigtes Interesse an der Leistung des Kindergeldes hat, seine an ihn vergebene Identifikationsnummer (§ 139b der Abgabenordnung) mitzuteilen.** [5] **Kommt der Berechtigte dieser Verpflichtung nicht nach, teilt die zuständige Familienkasse demjenigen, der ein berechtigtes Interesse an der Leistung des Kindergeldes hat, auf seine Anfrage die Identifikationsnummer des Berechtigten mit.**

S 2476

§ 68
Besondere Mitwirkungspflichten und Offenbarungsbefugnis

(1) [1]Wer Kindergeld beantragt oder erhält, hat Änderungen in den Verhältnissen, die für die Leistung erheblich sind oder über die im Zusammenhang mit der Leistung Erklärungen abgegeben worden sind, unverzüglich der zuständigen Familienkasse mitzuteilen. [2]Ein Kind, das das 18. Lebensjahr vollendet hat, ist auf Verlangen der Familienkasse verpflichtet, an der Aufklärung des für die Kindergeldzahlung maßgebenden Sachverhalts mitzuwirken; § 101 der Abgabenordnung findet insoweit keine Anwendung.

(2) (weggefallen)

(3) Auf Antrag des Berechtigten erteilt die das Kindergeld auszahlende Stelle eine Bescheinigung über das für das Kalenderjahr ausgezahlte Kindergeld.

(4) [1]Die Familienkassen dürfen den Stellen, die die Bezüge im öffentlichen Dienst anweisen, den für die jeweilige Kindergeldzahlung maßgebenden Sachverhalt durch automatisierte Abrufverfahren bereitstellen oder Auskunft über diesen Sachverhalt erteilen. [2]Das Bundesministerium der Finanzen wird ermächtigt, durch Rechtsverordnung ohne Zustimmung des Bundesrates zur Durchführung von automatisierten Abrufen nach Satz 1 die Voraussetzungen, unter denen ein Datenabruf erfolgen darf, festzulegen.

(5) [1]Zur Erfüllung der in § 31a Absatz 2 der Abgabenordnung genannten Mitteilungspflichten dürfen die Familienkassen den Leistungsträgern, die für Leistungen der Arbeitsförderung nach § 19 Absatz 2, für Leistungen der Grundsicherung für Arbeitsuchende nach § 19a Absatz 2, für Kindergeld, Kinderzuschlag, Leistungen für Bildung und Teilhabe und Elterngeld nach § 25 Absatz 3 oder für Leistungen der Sozialhilfe nach § 28 Absatz 2 des Ersten Buches Sozialgesetzbuch zuständig sind, und den nach § 9 Absatz 1 Satz 2 des Unterhaltsvorschussgesetzes zuständigen Stellen den für die jeweilige Kindergeldzahlung maßgebenden Sachverhalt durch automatisierte Abrufverfahren bereitstellen. [2]Das Bundesministerium der Finanzen wird ermächtigt, durch Rechtsverordnung mit Zustimmung des Bundesrates zur Durchführung von automatisierten Abrufen nach Satz 1 die Voraussetzungen, unter denen ein Datenabruf erfolgen darf, festzulegen.

(6) [1]Zur Prüfung und Bemessung der in Artikel 3 Absatz 1 Buchstabe j in Verbindung mit Artikel 1 Buchstabe z der Verordnung (EG) Nr. 883/2004 des Europäischen Parlaments und des Rates vom 29. April 2004 zur Koordinierung der Systeme der sozialen Sicherheit (ABl. L 166 vom 30.4.2004, S. 1), die zuletzt durch die Verordnung (EU) 2017/492 (ABl. L 76 vom 22.3.2017, S. 13) geändert worden ist, genannten Familienleistungen dürfen die Familienkassen den zuständigen öffentlichen Stellen eines Mitgliedstaates der Europäischen

Union den für die jeweilige Kindergeldzahlung maßgebenden Sachverhalt durch automatisierte Abrufverfahren bereitstellen. [2] Das Bundesministerium der Finanzen wird ermächtigt, durch Rechtsverordnung ohne Zustimmung des Bundesrates zur Durchführung von automatisierten Abrufen nach Satz 1 die Voraussetzungen, unter denen ein Datenabruf erfolgen darf, festzulegen.

(7) [1] Die Datenstelle der Rentenversicherung darf den Familienkassen in einem automatisierten Abrufverfahren die zur Überprüfung des Anspruchs auf Kindergeld nach § 62 Absatz 1a und 2 erforderlichen Daten übermitteln; § 79 Absatz 2 bis 4 des Zehnten Buches Sozialgesetzbuch gilt entsprechend. [2] Die Träger der Leistungen nach dem Zweiten und Dritten Buch Sozialgesetzbuch dürfen den Familienkassen in einem automatisierten Abrufverfahren die zur Überprüfung des Anspruchs auf Kindergeld nach § 62 erforderlichen Daten übermitteln. [3] Das Bundesministerium für Arbeit und Soziales wird ermächtigt, durch Rechtsverordnung mit Zustimmung des Bundesrates die Voraussetzungen für das Abrufverfahren und Regelungen zu den Kosten des Verfahrens nach Satz 2 festzulegen.

§ 69

Datenübermittlung an die Familienkassen

Erfährt das Bundeszentralamt für Steuern, dass ein Kind, für das Kindergeld gezahlt wird, ins Ausland verzogen ist oder von Amts wegen von der Meldebehörde abgemeldet wurde, hat es der zuständigen Familienkasse unverzüglich die in § 139b Absatz 3 Nummer 1, 3, 5, 8 und 14 der Abgabenordnung genannten Daten zum Zweck der Prüfung der Rechtmäßigkeit des Bezugs von Kindergeld zu übermitteln.

S 2478

§ 70
Festsetzung und Zahlung des Kindergeldes

(1) [1]Das Kindergeld nach § 62 wird von den Familienkassen durch Bescheid festgesetzt und ausgezahlt. [2]Die Auszahlung von festgesetztem Kindergeld erfolgt rückwirkend nur für die letzten sechs Monate vor Beginn des Monats, in dem der Antrag auf Kindergeld eingegangen ist. [3]Der Anspruch auf Kindergeld nach § 62 bleibt von dieser Auszahlungsbeschränkung unberührt.

(2) [1]Soweit in den Verhältnissen, die für den Anspruch auf Kindergeld erheblich sind, Änderungen eintreten, ist die Festsetzung des Kindergeldes mit Wirkung vom Zeitpunkt der Änderung der Verhältnisse aufzuheben oder zu ändern. [2]Ist die Änderung einer Kindergeldfestsetzung nur wegen einer Anhebung der in § 66 Absatz 1 genannten Kindergeldbeträge erforderlich, kann von der Erteilung eines schriftlichen Änderungsbescheides abgesehen werden.

(3) [1]Materielle Fehler der letzten Festsetzung können durch Aufhebung oder Änderung der Festsetzung mit Wirkung ab dem auf die Bekanntgabe der Aufhebung oder Änderung der Festsetzung folgenden Monat beseitigt werden. [2]Bei der Aufhebung oder Änderung der Festsetzung nach Satz 1 ist § 176 der Abgabenordnung entsprechend anzuwenden; dies gilt nicht für Monate, die nach der Verkündung der maßgeblichen Entscheidung eines obersten Bundesgerichts beginnen.

S 2478

§ 71
Vorläufige Einstellung der Zahlung des Kindergeldes

(1) Die Familienkasse kann die Zahlung des Kindergeldes ohne Erteilung eines Bescheides vorläufig einstellen, wenn

1. sie Kenntnis von Tatsachen erhält, die kraft Gesetzes zum Ruhen oder zum Wegfall des Anspruchs führen, und
2. die Festsetzung, aus der sich der Anspruch ergibt, deshalb mit Wirkung für die Vergangenheit aufzuheben ist.

(2) [1]Soweit die Kenntnis der Familienkasse nicht auf Angaben des Berechtigten beruht, der das Kindergeld erhält, sind dem Berechtigten unverzüglich die vorläufige Einstellung der Zahlung des Kindergeldes sowie die dafür maßgeblichen Gründe mitzuteilen. [2]Ihm ist Gelegenheit zu geben, sich zu äußern.

(3) Die Familienkasse hat die vorläufig eingestellte Zahlung des Kindergeldes unverzüglich nachzuholen, soweit die Festsetzung, aus der sich der Anspruch ergibt, zwei Monate nach der vorläufigen Einstellung der Zahlung nicht mit Wirkung für die Vergangenheit aufgehoben oder geändert wird.

§ 72

S 2479

Festsetzung und Zahlung des Kindergeldes an Angehörige des öffentlichen Dienstes

(1) [1] Steht Personen, die

1. in einem öffentlich-rechtlichen Dienst-, Amts- oder Ausbildungsverhältnis stehen, mit Ausnahme der Ehrenbeamten,
2. Versorgungsbezüge nach beamten- oder soldatenrechtlichen Vorschriften oder Grundsätzen erhalten oder
3. Arbeitnehmer einer Körperschaft, einer Anstalt oder einer Stiftung des öffentlichen Rechts sind, einschließlich der zu ihrer Berufsausbildung Beschäftigten,

Kindergeld nach Maßgabe dieses Gesetzes zu, wird es von den Körperschaften, Anstalten oder Stiftungen des öffentlichen Rechts als Familienkassen festgesetzt und ausgezahlt. [2] Das Bundeszentralamt für Steuern erteilt den Familienkassen ein Merkmal zu ihrer Identifizierung (Familienkassenschlüssel). [3] Satz 1 ist nicht anzuwenden, wenn die Körperschaften, Anstalten oder Stiftungen des öffentlichen Rechts gegenüber dem Bundeszentralamt für Steuern auf ihre Zuständigkeit zur Festsetzung und Auszahlung des Kindergeldes schriftlich oder elektronisch verzichtet haben und dieser Verzicht vom Bundeszentralamt für Steuern schriftlich oder elektronisch bestätigt worden ist. [4] Die Bestätigung des Bundeszentralamts für Steuern darf erst erfolgen, wenn die haushalterischen Voraussetzungen für die Übernahme der Festsetzung und Auszahlung des Kindergeldes durch die Bundesagentur für Arbeit vorliegen. [5] Das Bundeszentralamt für Steuern veröffentlicht die Namen und die Anschriften der Körperschaften, Anstalten oder Stiftungen des öffentlichen Rechts, die nach Satz 3 auf die Zuständigkeit verzichtet haben, sowie den jeweiligen Zeitpunkt, zu dem der Verzicht wirksam geworden ist, im Bundessteuerblatt. [6] Hat eine Körperschaft, Anstalt oder Stiftung des öffentlichen Rechts die Festsetzung des Kindergeldes auf eine Bundes- oder Landesfamilienkasse im Sinne des § 5 Absatz 1 Nummer 11 Satz 6 bis 9 des Finanzverwaltungsgesetzes übertragen, kann ein Verzicht nach Satz 3 nur durch die Bundes- oder Landesfamilienkasse im Einvernehmen mit der auftraggebenden Körperschaft, Anstalt oder Stiftung wirksam erklärt werden. [7] Satz 1 ist nicht anzuwenden, wenn die Körperschaften, Anstalten oder Stiftungen des öffentlichen Rechts nach dem 31. Dezember 2018 errichtet wurden; das Bundeszentralamt für Steuern kann auf Antrag eine Ausnahmegenehmigung erteilen, wenn das Kindergeld durch eine Landesfamilienkasse im Sinne des § 5 Absatz 1 Nummer 11 Satz 8 bis 10 des Finanzverwaltungsgesetzes festgesetzt und ausgezahlt wird und kein Verzicht nach Satz 3 vorliegt.

[1] (2) *(weggefallen)*

[2] (3) Absatz 1 gilt nicht für Personen, die ihre Bezüge oder *ihr* Arbeitsentgelt

[3] 1. von einem Dienstherrn oder Arbeitgeber im Bereich der Religionsgesellschaften des öffentlichen Rechts,

[3] 2. von einem Spitzenverband der Freien Wohlfahrtspflege, einem diesem unmittelbar oder mittelbar angeschlossenen Mitgliedsverband oder einer einem solchen Verband angeschlossenen Einrichtung oder Anstalt *oder*

[3] *3. von einem Dienstherrn oder Arbeitgeber im Bereich des Bundes mit Ausnahme der Nachrichtendienste des Bundes, des Bundesverwaltungsamtes sowie derjenigen Behörden, Körperschaften, Anstalten und Stiftungen des öffentlichen Rechts, die die Festsetzung und Auszahlung des Kindergeldes auf das Bundesverwaltungsamt übertragen haben,*

erhalten.

[4] (4) *Absatz 1 gilt* nicht für Personen, die voraussichtlich nicht länger als sechs Monate in den Kreis der in Absatz 1 Satz 1 Nummer 1 bis 3 Bezeichneten eintreten.

(5) Obliegt mehreren Rechtsträgern die Zahlung von Bezügen oder Arbeitsentgelt (Absatz 1 Satz 1) gegenüber einem Berechtigten, so ist für die Durchführung dieses Gesetzes zuständig:

1. bei Zusammentreffen von Versorgungsbezügen mit anderen Bezügen oder Arbeitsentgelt der Rechtsträger, dem die Zahlung der anderen Bezüge oder des Arbeitsentgelts obliegt;
2. bei Zusammentreffen mehrerer Versorgungsbezüge der Rechtsträger, dem die Zahlung der neuen Versorgungsbezüge im Sinne der beamtenrechtlichen Ruhensvorschriften obliegt;
3. bei Zusammentreffen von Arbeitsentgelt (Absatz 1 Satz 1 Nummer 3) mit Bezügen aus einem der in Absatz 1 Satz 1 Nummer 1 bezeichneten Rechtsverhältnisse der Rechtsträger, dem die Zahlung dieser Bezüge obliegt;
4. bei Zusammentreffen mehrerer Arbeitsentgelte (Absatz 1 Satz 1 Nummer 3) der Rechtsträger, dem die Zahlung des höheren Arbeitsentgelts obliegt oder – falls die Arbeitsentgelte gleich hoch

---

[1] *Absatz 2 wurde durch Artikel 3 des Gesetzes zur Beendigung der Sonderzuständigkeit der Familienkassen des öffentlichen Dienstes im Bereich des Bundes ab VZ 2022 aufgehoben.*

[2] *Absatz 3 wurde durch Artikel 3 des Gesetzes zur Beendigung der Sonderzuständigkeit der Familienkassen des öffentlichen Dienstes im Bereich des Bundes ab VZ 2022 geändert.*

[3] *Absatz 3 Nr. 1 und 2 wurde durch Artikel 3 des Gesetzes zur Beendigung der Sonderzuständigkeit der Familienkassen des öffentlichen Dienstes im Bereich des Bundes ab VZ 2022 geändert und Nummer 3 angefügt.*

[4] *Absatz 4 wurde durch Artikel 3 des Gesetzes zur Beendigung der Sonderzuständigkeit der Familienkassen des öffentlichen Dienstes im Bereich des Bundes ab VZ 2022 geändert.*

sind – der Rechtsträger, zu dem das zuerst begründete Arbeitsverhältnis besteht.

(6) [1] Scheidet ein Berechtigter im Laufe eines Monats aus dem Kreis der in Absatz 1 Satz 1 Nummer 1 bis 3 Bezeichneten aus oder tritt er im Laufe eines Monats in diesen Kreis ein, so wird das Kindergeld für diesen Monat von der Stelle gezahlt, die bis zum Ausscheiden oder Eintritt des Berechtigten zuständig war. [2] Dies gilt nicht, soweit die Zahlung von Kindergeld für ein Kind in Betracht kommt, das erst nach dem Ausscheiden oder Eintritt bei dem Berechtigten nach § 63 zu berücksichtigen ist. [3] Ist in einem Fall des Satzes 1 das Kindergeld bereits für einen folgenden Monat gezahlt worden, so muss der für diesen Monat Berechtigte die Zahlung gegen sich gelten lassen.

(7) [1] In den Abrechnungen der Bezüge und des Arbeitsentgelts ist das Kindergeld gesondert auszuweisen, wenn es zusammen mit den Bezügen oder dem Arbeitsentgelt ausgezahlt wird. [2] Der Rechtsträger hat die Summe des von ihm für alle Berechtigten ausgezahlten Kindergeldes dem Betrag, den er insgesamt an Lohnsteuer einzubehalten hat, zu entnehmen und unter Angabe des in Absatz 1 genannten Familienkassenschlüssels bei der nächsten Lohnsteuer-Anmeldung gesondert abzusetzen. [3] Übersteigt das insgesamt ausgezahlte Kindergeld den Betrag, der insgesamt an Lohnsteuer abzuführen ist, so wird der übersteigende Betrag dem Rechtsträger auf Antrag von dem Finanzamt, an das die Lohnsteuer abzuführen ist, aus den Einnahmen der Lohnsteuer ersetzt.

(8) [1] Abweichend von Absatz 1 Satz 1 werden Kindergeldansprüche auf Grund über- oder zwischenstaatlicher Rechtsvorschriften durch die Familienkassen der Bundesagentur für Arbeit festgesetzt und ausgezahlt. [2] Dies gilt auch für Fälle, in denen Kindergeldansprüche sowohl nach Maßgabe dieses Gesetzes als auch auf Grund über- oder zwischenstaatlicher Rechtsvorschriften bestehen. *[3] Die Sätze 1 und 2 sind auf Kindergeldansprüche von Angehörigen der Nachrichtendienste des Bundes nicht anzuwenden.* [1)]

§ 73

S 2480

(weggefallen)

---

1) § 72 Abs. 8 Satz 3 wurde durch Artikel 3 des Gesetzes zur Beendigung der Sonderzuständigkeit der Familienkassen des öffentlichen Dienstes im Bereich des Bundes ab VZ 2022 angefügt.

S 2486

§ 74
Zahlung des Kindergeldes in Sonderfällen

(1) [1]Das für ein Kind festgesetzte Kindergeld nach § 66 Absatz 1 kann an das Kind ausgezahlt werden, wenn der Kindergeldberechtigte ihm gegenüber seiner gesetzlichen Unterhaltspflicht nicht nachkommt. [2]Kindergeld kann an Kinder, die bei der Festsetzung des Kindergeldes berücksichtigt werden, bis zur Höhe des Betrags, der sich bei entsprechender Anwendung des § 76 ergibt, ausgezahlt werden. [3]Dies gilt auch, wenn der Kindergeldberechtigte mangels Leistungsfähigkeit nicht unterhaltspflichtig ist oder nur Unterhalt in Höhe eines Betrags zu leisten braucht, der geringer ist als das für die Auszahlung in Betracht kommende Kindergeld. [4]Die Auszahlung kann auch an die Person oder Stelle erfolgen, die dem Kind Unterhalt gewährt.

(2) Für Erstattungsansprüche der Träger von Sozialleistungen gegen die Familienkasse gelten die §§ 102 bis 109 und 111 bis 113 des Zehnten Buches Sozialgesetzbuch entsprechend.

S 2487

§ 75
Aufrechnung

(1) Mit Ansprüchen auf Erstattung von Kindergeld kann die Familienkasse gegen Ansprüche auf Kindergeld bis zu deren Hälfte aufrechnen, wenn der Leistungsberechtigte nicht nachweist, dass er dadurch hilfebedürftig im Sinne der Vorschriften des Zwölften Buches Sozialgesetzbuch über die Hilfe zum Lebensunterhalt oder im Sinne der Vorschriften des Zweiten Buches Sozialgesetzbuch über die Leistungen zur Sicherung des Lebensunterhalts wird.

(2) Absatz 1 gilt für die Aufrechnung eines Anspruchs auf Erstattung von Kindergeld gegen einen späteren Kindergeldanspruch eines mit dem Erstattungspflichtigen in Haushaltsgemeinschaft lebenden Berechtigten entsprechend, soweit es sich um laufendes Kindergeld für ein Kind handelt, das bei beiden berücksichtigt werden kann oder konnte.

§ 76
Pfändung

S 2487

[1]Der Anspruch auf Kindergeld kann nur wegen gesetzlicher Unterhaltsansprüche eines Kindes, das bei der Festsetzung des Kindergeldes berücksichtigt wird, gepfändet werden. [2]Für die Höhe des pfändbaren Betrags gilt:

1. [1]Gehört das unterhaltsberechtigte Kind zum Kreis der Kinder, für die dem Leistungsberechtigten Kindergeld gezahlt wird, so ist eine Pfändung bis zu dem Betrag möglich, der bei gleichmäßiger Verteilung des Kindergeldes auf jedes dieser Kinder entfällt. [2]Ist das Kindergeld durch die Berücksichtigung eines weiteren Kindes erhöht, für das einer dritten Person Kindergeld oder dieser oder dem Leistungsberechtigten eine andere Geldleistung für Kinder zusteht, so bleibt der Erhöhungsbetrag bei der Bestimmung des pfändbaren Betrags des Kindergeldes nach Satz 1 außer Betracht;
2. der Erhöhungsbetrag nach Nummer 1 Satz 2 ist zugunsten jedes bei der Festsetzung des Kindergeldes berücksichtigten unterhaltsberechtigten Kindes zu dem Anteil pfändbar, der sich bei gleichmäßiger Verteilung auf alle Kinder, die bei der Festsetzung des Kindergeldes zugunsten des Leistungsberechtigten berücksichtigt werden, ergibt.

§ 77
Erstattung von Kosten im Vorverfahren

S 2488

(1) [1]Soweit der Einspruch gegen die Kindergeldfestsetzung erfolgreich ist, hat die Familienkasse demjenigen, der den Einspruch erhoben hat, die zur zweckentsprechenden Rechtsverfolgung oder Rechtsverteidigung notwendigen Aufwendungen zu erstatten. [2]Dies gilt auch, wenn der Einspruch nur deshalb keinen Erfolg hat, weil die Verletzung einer Verfahrens- oder Formvorschrift nach § 126 der Abgabenordnung unbeachtlich ist. [3]Aufwendungen, die durch das Verschulden eines Erstattungsberechtigten entstanden sind, hat dieser selbst zu tragen; das Verschulden eines Vertreters ist dem Vertretenen zuzurechnen.

(2) Die Gebühren und Auslagen eines Bevollmächtigten oder Beistandes, der nach den Vorschriften des Steuerberatungsgesetzes zur geschäftsmäßigen Hilfeleistung in Steuersachen befugt ist, sind erstattungsfähig, wenn dessen Zuziehung notwendig war.

(3) [1]Die Familienkasse setzt auf Antrag den Betrag der zu erstattenden Aufwendungen fest. [2]Die Kostenentscheidung bestimmt auch, ob die Zuziehung eines Bevollmächtigten oder Beistandes im Sinne des Absatzes 2 notwendig war.

S 2489

§ 78
Übergangsregelungen

(1) bis (4) (weggefallen)

(5) [1] Abweichend von § 64 Absatz 2 und 3 steht Berechtigten, die für Dezember 1990 für ihre Kinder Kindergeld in dem in Artikel 3 des Einigungsvertrages genannten Gebiet bezogen haben, das Kindergeld für diese Kinder auch für die folgende Zeit zu, solange sie ihren Wohnsitz oder gewöhnlichen Aufenthalt in diesem Gebiet beibehalten und die Kinder die Voraussetzungen ihrer Berücksichtigung weiterhin erfüllen. [2] § 64 Absatz 2 und 3 ist insoweit erst für die Zeit vom Beginn des Monats an anzuwenden, in dem ein hierauf gerichteter Antrag bei der zuständigen Stelle eingegangen ist; der hiernach Berechtigte muss die nach Satz 1 geleisteten Zahlungen gegen sich gelten lassen.

XI. Altersvorsorgezulage

S 2490

§ 79
Zulageberechtigte

[1] Die in § 10a Absatz 1 genannten Personen haben Anspruch auf eine Altersvorsorgezulage (Zulage). [2] Ist nur ein Ehegatte nach Satz 1 begünstigt, so ist auch der andere Ehegatte zulageberechtigt, wenn

1. beide Ehegatten nicht dauernd getrennt leben (§ 26 Absatz 1),
2. beide Ehegatten ihren Wohnsitz oder gewöhnlichen Aufenthalt in einem Mitgliedstaat der Europäischen Union oder einem Staat haben, auf den das Abkommen über den Europäischen Wirtschaftsraum anwendbar ist,
3. ein auf den Namen des anderen Ehegatten lautender Altersvorsorgevertrag besteht,
4. der andere Ehegatte zugunsten des Altersvorsorgevertrags nach Nummer 3 im jeweiligen Beitragsjahr mindestens 60 Euro geleistet hat und
5. die Auszahlungsphase des Altersvorsorgevertrags nach Nummer 3 noch nicht begonnen hat.

[3] Satz 1 gilt entsprechend für die in § 10a Absatz 6 Satz 1 und 2 genannten Personen, sofern sie unbeschränkt steuerpflichtig sind oder für das Beitragsjahr nach § 1 Absatz 3 als unbeschränkt steuerpflichtig behandelt werden.

§ 80

S 2490

Anbieter

Anbieter im Sinne dieses Gesetzes sind Anbieter von Altersvorsorgeverträgen gemäß § 1 Absatz 2 des Altersvorsorgeverträge-Zertifizierungsgesetzes sowie die in § 82 Absatz 2 genannten Versorgungseinrichtungen.

§ 81

S 2490

Zentrale Stelle

Zentrale Stelle im Sinne dieses Gesetzes ist die Deutsche Rentenversicherung Bund.

§ 81a

S 2490

Zuständige Stelle

[1] Zuständige Stelle ist bei einem

1. **Empfänger von Besoldung nach dem Bundesbesoldungsgesetz oder einem Landesbesoldungsgesetz die die Besoldung anordnende Stelle,**
2. **Empfänger von Amtsbezügen im Sinne des § 10a Absatz 1 Satz 1 Nummer 2 die die Amtsbezüge anordnende Stelle,**
3. **versicherungsfrei Beschäftigten sowie bei einem von der Versicherungspflicht befreiten Beschäftigten im Sinne des § 10a Absatz 1 Satz 1 Nummer 3 der die Versorgung gewährleistende Arbeitgeber der rentenversicherungsfreien Beschäftigung,**
4. **Beamten, Richter, Berufssoldaten und Soldaten auf Zeit im Sinne des § 10a Absatz 1 Satz 1 Nummer 4 der zur Zahlung des Arbeitsentgelts verpflichtete Arbeitgeber und**
5. **Empfänger einer Versorgung im Sinne des § 10a Absatz 1 Satz 4 die die Versorgung anordnende Stelle.**

[2] Für die in § 10a Absatz 1 Satz 1 Nummer 5 genannten Steuerpflichtigen gilt Satz 1 entsprechend.

S 2491

§ 82

Altersvorsorgebeiträge

(1) [1]Geförderte Altersvorsorgebeiträge sind im Rahmen des in § 10a Absatz 1 Satz 1 genannten Höchstbetrags

1. Beiträge,
2. Tilgungsleistungen,

die der Zulageberechtigte (§ 79) bis zum Beginn der Auszahlungsphase zugunsten eines auf seinen Namen lautenden Vertrags leistet, der nach § 5 des Altersvorsorgeverträge-Zertifizierungsgesetzes zertifiziert ist (Altersvorsorgevertrag). [2]Die Zertifizierung ist Grundlagenbescheid im Sinne des § 171 Absatz 10 der Abgabenordnung. [3]Als Tilgungsleistungen gelten auch Beiträge, die vom Zulageberechtigten zugunsten eines auf seinen Namen lautenden Altersvorsorgevertrags im Sinne des § 1 Absatz 1a Satz 1 Nummer 3 des Altersvorsorgeverträge-Zertifizierungsgesetzes erbracht wurden und die zur Tilgung eines im Rahmen des Altersvorsorgevertrags abgeschlossenen Darlehens abgetreten wurden. [4]Im Fall der Übertragung von gefördertem Altersvorsorgevermögen nach § 1 Absatz 1 Satz 1 Nummer 10 Buchstabe b des Altersvorsorgeverträge-Zertifizierungsgesetzes in einen Altersvorsorgevertrag im Sinne des § 1 Absatz 1a Satz 1 Nummer 3 des Altersvorsorgeverträge-Zertifizierungsgesetzes gelten die Beiträge nach Satz 1 Nummer 1 ab dem Zeitpunkt der Übertragung als Tilgungsleistungen nach Satz 3; eine erneute Förderung nach § 10a oder Abschnitt XI erfolgt insoweit nicht. [5]Tilgungsleistungen nach den Sätzen 1 und 3 werden nur berücksichtigt, wenn das zugrunde liegende Darlehen für eine nach dem 31. Dezember 2007 vorgenommene wohnungswirtschaftliche Verwendung im Sinne des § 92a Absatz 1 Satz 1 eingesetzt wurde. [6]Bei einer Aufgabe der Selbstnutzung nach § 92a Absatz 3 Satz 1 gelten im Beitragsjahr der Aufgabe der Selbstnutzung auch die nach der Aufgabe der Selbstnutzung geleisteten Beiträge oder Tilgungsleistungen als Altersvorsorgebeiträge nach Satz 1. [7]Bei einer Reinvestition nach § 92a Absatz 3 Satz 9 Nummer 1 gelten im Beitragsjahr der Reinvestition auch die davor geleisteten Beiträge oder Tilgungsleistungen als Altersvorsorgebeiträge nach Satz 1. [8]Bei einem beruflich bedingten Umzug nach § 92a Absatz 4 gelten

1. im Beitragsjahr des Wegzugs auch die nach dem Wegzug und
2. im Beitragsjahr des Wiedereinzugs auch die vor dem Wiedereinzug

geleisteten Beiträge und Tilgungsleistungen als Altersvorsorgebeiträge nach Satz 1.

(2) [1]Zu den Altersvorsorgebeiträgen gehören auch

a) die aus dem individuell versteuerten Arbeitslohn des Arbeitnehmers geleisteten Beiträge an einen Pensionsfonds, eine Pensionskasse oder eine Direktversicherung zum Aufbau einer kapitalgedeckten betrieblichen Altersversorgung und

b) Beiträge des Arbeitnehmers und des ausgeschiedenen Arbeitnehmers, die dieser im Fall der zunächst durch Entgeltumwandlung (§ 1a des Betriebsrentengesetzes) finanzierten und nach § 3 Nummer 63 oder § 10a und diesem Abschnitt geförderten kapitalgedeckten betrieblichen Altersversorgung nach Maßgabe des § 1a Absatz 4, des § 1b Absatz 5 Satz 1 Nummer 2 und des § 22 Absatz 3 Nummer 1 Buchstabe a des Betriebsrentengesetzes selbst erbringt.

[2]Satz 1 gilt nur, wenn

1. a) vereinbart ist, dass die zugesagten Altersversorgungsleistungen als monatliche Leistungen in Form einer lebenslangen Leibrente oder als Ratenzahlungen im Rahmen eines Auszahlungsplans mit einer anschließenden Teilkapitalverrentung ab spätestens dem 85. Lebensjahr ausgezahlt werden und die Leistungen während der gesamten Auszahlungsphase gleich bleiben oder steigen; dabei können bis zu zwölf Monatsleistungen in einer Auszahlung zusammengefasst und bis zu 30 Prozent des zu Beginn der Auszahlungsphase zur Verfügung stehenden Kapitals außerhalb der monatlichen Leistungen ausgezahlt werden, und

   b) ein vereinbartes Kapitalwahlrecht nicht oder nicht außerhalb des letzten Jahres vor dem vertraglich vorgesehenen Beginn der Altersversorgungsleistung ausgeübt wurde, oder

2. bei einer reinen Beitragszusage nach § 1 Absatz 2 Nummer 2a des Betriebsrentengesetzes der Pensionsfonds, die Pensionskasse oder die Direktversicherung eine lebenslange Zahlung als Altersversorgungsleistung zu erbringen hat.

[3]Die §§ 3 und 4 des Betriebsrentengesetzes stehen dem vorbehaltlich des § 93 nicht entgegen.

(3) Zu den Altersvorsorgebeiträgen gehören auch die Beitragsanteile, die zur Absicherung der verminderten Erwerbsfähigkeit des Zulageberechtigten und zur Hinterbliebenenversorgung verwendet werden, wenn in der Leistungsphase die Auszahlung in Form einer Rente erfolgt.

(4) Nicht zu den Altersvorsorgebeiträgen zählen

1. Aufwendungen, die vermögenswirksame Leistungen nach dem Fünften Vermögensbildungsgesetz in der jeweils geltenden Fassung darstellen,

2. prämienbegünstigte Aufwendungen nach dem Wohnungsbau-Prämiengesetz in der Fassung der Bekanntmachung vom 30. Oktober 1997 (BGBl. I S. 2678), zuletzt geändert durch Artikel 5 des Gesetzes vom 29. Juli 2008 (BGBl. I S. 1509), in der jeweils geltenden Fassung,
3. Aufwendungen, die im Rahmen des § 10 als Sonderausgaben geltend gemacht werden,
4. Zahlungen nach § 92a Absatz 2 Satz 4 Nummer 1 und Absatz 3 Satz 9 Nummer 2 oder
5. Übertragungen im Sinne des § 3 Nummer 55 bis 55c.

(5) [1]Der Zulageberechtigte kann für ein abgelaufenes Beitragsjahr bis zum Beitragsjahr 2011 Altersvorsorgebeiträge auf einen auf seinen Namen lautenden Altersvorsorgevertrag leisten, wenn

1. der Anbieter des Altersvorsorgevertrags davon Kenntnis erhält, in welcher Höhe und für welches Beitragsjahr die Altersvorsorgebeiträge berücksichtigt werden sollen,
2. in dem Beitragsjahr, für das die Altersvorsorgebeiträge berücksichtigt werden sollen, ein Altersvorsorgevertrag bestanden hat,
3. im fristgerechten Antrag auf Zulage für dieses Beitragsjahr eine Zulageberechtigung nach § 79 Satz 2 angegeben wurde, aber tatsächlich eine Zulageberechtigung nach § 79 Satz 1 vorliegt,
4. die Zahlung der Altersvorsorgebeiträge für abgelaufene Beitragsjahre bis zum Ablauf von zwei Jahren nach Erteilung der Bescheinigung nach § 92, mit der zuletzt Ermittlungsergebnisse für dieses Beitragsjahr bescheinigt wurden, längstens jedoch bis zum Beginn der Auszahlungsphase des Altersvorsorgevertrages erfolgt und
5. der Zulageberechtigte vom Anbieter in hervorgehobener Weise darüber informiert wurde oder dem Anbieter seine Kenntnis darüber versichert, dass die Leistungen aus diesen Altersvorsorgebeiträgen der vollen nachgelagerten Besteuerung nach § 22 Nummer 5 Satz 1 unterliegen.

[2]Wurden die Altersvorsorgebeiträge dem Altersvorsorgevertrag gutgeschrieben und sind die Voraussetzungen nach Satz 1 erfüllt, so hat der Anbieter der zentralen Stelle (§ 81) die entsprechenden Daten nach § 89 Absatz 2 Satz 1 für das zurückliegende Beitragsjahr nach einem mit der zentralen Stelle abgestimmten Verfahren mitzuteilen. [3]Die Beträge nach Satz 1 gelten für die Ermittlung der zu zahlenden Altersvorsorgezulage nach § 83 als Altersvorsorgebeiträge für das Beitragsjahr, für das sie gezahlt wurden. [4]Für die Anwendung des § 10a Absatz 1 Satz 1 sowie bei der Ermittlung der dem Steuerpflichtigen zustehenden Zulage im Rahmen des § 2 Absatz 6 und des § 10a sind die nach Satz 1 gezahlten Altersvorsorgebeiträge weder für das Beitragsjahr nach Satz 1 Nummer 2 noch für das Beitragsjahr der Zahlung zu berücksichtigen.

§ 83 S 2492

Altersvorsorgezulage

In Abhängigkeit von den geleisteten Altersvorsorgebeiträgen wird eine Zulage gezahlt, die sich aus einer Grundzulage (§ 84) und einer Kinderzulage (§ 85) zusammensetzt.

§ 84 S 2492

Grundzulage

[1] Jeder Zulageberechtigte erhält eine Grundzulage; diese beträgt ab dem Beitragsjahr 2018 jährlich 175 Euro. [2] Für Zulageberechtigte nach § 79 Satz 1, die zu Beginn des Beitragsjahres (§ 88) das 25. Lebensjahr noch nicht vollendet haben, erhöht sich die Grundzulage nach Satz 1 um einmalig 200 Euro. [3] Die Erhöhung nach Satz 2 ist für das erste nach dem 31. Dezember 2007 beginnende Beitragsjahr zu gewähren, für das eine Altersvorsorgezulage beantragt wird.

§ 85 S 2492

Kinderzulage

(1) [1] Die Kinderzulage beträgt für jedes Kind, für das gegenüber dem Zulageberechtigten Kindergeld festgesetzt wird, jährlich 185 Euro. [2] Für ein nach dem 31. Dezember 2007 geborenes Kind erhöht sich die Kinderzulage nach Satz 1 auf 300 Euro. [3] Der Anspruch auf Kinderzulage entfällt für den Veranlagungszeitraum, für den das Kindergeld insgesamt zurückgefordert wird. [4] Erhalten mehrere Zulageberechtigte für dasselbe Kind Kindergeld, steht die Kinderzulage demjenigen zu, dem gegenüber für den ersten Anspruchszeitraum (§ 66 Absatz 2) im Kalenderjahr Kindergeld festgesetzt worden ist.

(2) [1] Bei Eltern verschiedenen Geschlechts, die miteinander verheiratet sind, nicht dauernd getrennt leben (§ 26 Absatz 1) und ihren Wohnsitz oder gewöhnlichen Aufenthalt in einem Mitgliedstaat der Europäischen Union oder einem Staat haben, auf den das Abkommen über den Europäischen Wirtschaftsraum (EWR-Abkommen) anwendbar ist, wird die Kinderzulage der Mutter zugeordnet, auf Antrag beider Eltern dem Vater. [2] Bei Eltern gleichen Geschlechts, die miteinander verheiratet sind oder eine Lebenspartnerschaft führen, nicht dauernd getrennt leben (§ 26 Absatz 1) und ihren Wohnsitz oder gewöhnlichen Aufenthalt in einem Mitgliedstaat der Europäischen Union oder einem Staat haben, auf den das EWR-Abkommen anwendbar ist, ist die Kinderzulage dem Elternteil zuzuordnen, dem gegenüber das Kindergeld festgesetzt wird, auf Antrag beider Eltern dem anderen Elternteil. [3] Der Antrag kann für ein abgelaufenes Beitragsjahr nicht zurückgenommen werden.

S 2492

§ 86

Mindesteigenbeitrag

(1) [1]Die Zulage nach den §§ 84 und 85 wird gekürzt, wenn der Zulageberechtigte nicht den Mindesteigenbeitrag leistet. [2]Dieser beträgt jährlich 4 Prozent der Summe der in dem dem Kalenderjahr vorangegangenen Kalenderjahr

1. erzielten beitragspflichtigen Einnahmen im Sinne des Sechsten Buches Sozialgesetzbuch,
2. bezogenen Besoldung und Amtsbezüge,
3. in den Fällen des § 10a Absatz 1 Satz 1 Nummer 3 und Nummer 4 erzielten Einnahmen, die beitragspflichtig wären, wenn die Versicherungsfreiheit in der gesetzlichen Rentenversicherung nicht bestehen würde und
4. bezogenen Rente wegen voller Erwerbsminderung oder Erwerbsunfähigkeit oder bezogenen Versorgungsbezüge wegen Dienstunfähigkeit in den Fällen des § 10a Absatz 1 Satz 4,

jedoch nicht mehr als der in § 10a Absatz 1 Satz 1 genannte Höchstbetrag, vermindert um die Zulage nach den §§ 84 und 85; gehört der Ehegatte zum Personenkreis nach § 79 Satz 2, berechnet sich der Mindesteigenbeitrag des nach § 79 Satz 1 Begünstigten unter Berücksichtigung der den Ehegatten insgesamt zustehenden Zulagen. [3]Auslandsbezogene Bestandteile nach den §§ 52 ff. des Bundesbesoldungsgesetzes oder entsprechender Regelungen eines Landesbesoldungsgesetzes bleiben unberücksichtigt. [4]Als Sockelbetrag sind ab dem Jahr 2005 jährlich 60 Euro zu leisten. [5]Ist der Sockelbetrag höher als der Mindesteigenbeitrag nach Satz 2, so ist der Sockelbetrag als Mindesteigenbeitrag zu leisten. [6]Die Kürzung der Zulage ermittelt sich nach dem Verhältnis der Altersvorsorgebeiträge zum Mindesteigenbeitrag.

(2) [1]Ein nach § 79 Satz 2 begünstigter Ehegatte hat Anspruch auf eine ungekürzte Zulage, wenn der zum begünstigten Personenkreis nach § 79 Satz 1 gehörende Ehegatte seinen geförderten Mindesteigenbeitrag unter Berücksichtigung der den Ehegatten insgesamt zustehenden Zulagen erbracht hat. [2]Werden bei einer in der gesetzlichen Rentenversicherung pflichtversicherten Person beitragspflichtige Einnahmen zu Grunde gelegt, die höher sind als das tatsächlich erzielte Entgelt oder die Entgeltersatzleistung, ist das tatsächlich erzielte Entgelt oder der Zahlbetrag der Entgeltersatzleistung für die Berechnung des Mindesteigenbeitrags zu berücksichtigen. [3]Für die nicht erwerbsmäßig ausgeübte Pflegetätigkeit einer nach § 3 Satz 1 Nummer 1a des Sechsten Buches Sozialgesetzbuch rentenversicherungspflichtigen Person ist für die Berechnung des Mindesteigenbeitrags ein tatsächlich erzieltes Entgelt von 0 Euro zu berücksichtigen.

(3) [1]Für Versicherungspflichtige nach dem Gesetz über die Alterssicherung der Landwirte ist Absatz 1 mit der Maßgabe anzuwenden,

dass auch die Einkünfte aus Land- und Forstwirtschaft im Sinne des § 13 des zweiten dem Beitragsjahr vorangegangenen Veranlagungszeitraums als beitragspflichtige Einnahmen des vorangegangenen Kalenderjahres gelten. [2]Negative Einkünfte im Sinne des Satzes 1 bleiben unberücksichtigt, wenn weitere nach Absatz 1 oder Absatz 2 zu berücksichtigende Einnahmen erzielt werden.

(4) Wird nach Ablauf des Beitragsjahres festgestellt, dass die Voraussetzungen für die Gewährung einer Kinderzulage nicht vorgelegen haben, ändert sich dadurch die Berechnung des Mindesteigenbeitrags für dieses Beitragsjahr nicht.

(5) Bei den in § 10a Absatz 6 Satz 1 und 2 genannten Personen ist der Summe nach Absatz 1 Satz 2 die Summe folgender Einnahmen und Leistungen aus dem dem Kalenderjahr vorangegangenen Kalenderjahr hinzuzurechnen:

1. die erzielten Einnahmen aus der Tätigkeit, die die Zugehörigkeit zum Personenkreis des § 10a Absatz 6 Satz 1 begründet, und
2. die bezogenen Leistungen im Sinne des § 10a Absatz 6 Satz 2 Nummer 1.

§ 87

S 2493

Zusammentreffen mehrerer Verträge

(1) [1]Zahlt der nach § 79 Satz 1 Zulageberechtigte Altersvorsorgebeiträge zugunsten mehrerer Verträge, so wird die Zulage nur für zwei dieser Verträge gewährt. [2]Der insgesamt nach § 86 zu leistende Mindesteigenbeitrag muss zugunsten dieser Verträge geleistet worden sein. [3]Die Zulage ist entsprechend dem Verhältnis der auf diese Verträge geleisteten Beiträge zu verteilen.

(2) [1]Der nach § 79 Satz 2 Zulageberechtigte kann die Zulage für das jeweilige Beitragsjahr nicht auf mehrere Altersvorsorgeverträge verteilen. [2]Es ist nur der Altersvorsorgevertrag begünstigt, für den zuerst die Zulage beantragt wird.

§ 88

S 2493

Entstehung des Anspruchs auf Zulage

Der Anspruch auf die Zulage entsteht mit Ablauf des Kalenderjahres, in dem die Altersvorsorgebeiträge geleistet worden sind (Beitragsjahr).

S 2493

§ 89
Antrag

(1) [1] Der Zulageberechtigte hat den Antrag auf Zulage nach amtlich vorgeschriebenem Vordruck bis zum Ablauf des zweiten Kalenderjahres, das auf das Beitragsjahr (§ 88) folgt, bei dem Anbieter seines Vertrages einzureichen. [2] Hat der Zulageberechtigte im Beitragsjahr Altersvorsorgebeiträge für mehrere Verträge gezahlt, so hat er mit dem Zulageantrag zu bestimmen, auf welche Verträge die Zulage überwiesen werden soll. [3] Beantragt der Zulageberechtigte die Zulage für mehr als zwei Verträge, so wird die Zulage nur für die zwei Verträge mit den höchsten Altersvorsorgebeiträgen gewährt. [4] Sofern eine Zulagenummer (§ 90 Absatz 1 Satz 2) durch die zentrale Stelle (§ 81) oder eine Versicherungsnummer nach § 147 des Sechsten Buches Sozialgesetzbuch für den nach § 79 Satz 2 berechtigten Ehegatten noch nicht vergeben ist, hat dieser über seinen Anbieter eine Zulagenummer bei der zentralen Stelle zu beantragen. [5] Der Antragsteller ist verpflichtet, dem Anbieter unverzüglich eine Änderung der Verhältnisse mitzuteilen, die zu einer Minderung oder zum Wegfall des Zulageanspruchs führt.

(1a) [1] Der Zulageberechtigte kann den Anbieter seines Vertrages schriftlich bevollmächtigen, für ihn abweichend von Absatz 1 die Zulage für jedes Beitragsjahr zu beantragen. [2] Absatz 1 Satz 5 gilt mit Ausnahme der Mitteilung geänderter beitragspflichtiger Einnahmen im Sinne des Sechsten Buches Sozialgesetzbuch entsprechend. [3] Ein Widerruf der Vollmacht ist bis zum Ablauf des Beitragsjahres, für das der Anbieter keinen Antrag auf Zulage stellen soll, gegenüber dem Anbieter zu erklären.

(2) [1] Der Anbieter ist verpflichtet,

a) die Vertragsdaten,
b) die Identifikationsnummer, die Versicherungsnummer nach § 147 des Sechsten Buches Sozialgesetzbuch, die Zulagenummer des Zulageberechtigten und dessen Ehegatten, oder einen Antrag auf Vergabe einer Zulagenummer eines nach § 79 Satz 2 berechtigten Ehegatten,
c) die vom Zulageberechtigten mitgeteilten Angaben zur Ermittlung des Mindesteigenbeitrags (§ 86),
d) die Identifikationsnummer des Kindes sowie die weiteren für die für die Gewährung der Kinderzulage erforderlichen Daten,
e) die Höhe der geleisteten Altersvorsorgebeiträge und
f) das Vorliegen einer nach Absatz 1a erteilten Vollmacht

als die für die Ermittlung und Überprüfung des Zulageanspruchs und Durchführung des Zulageverfahrens erforderlichen Daten zu erfassen. [2] Er hat die Daten der bei ihm im Laufe eines Kalendervierteljahres eingegangenen Anträge bis zum Ende des folgenden Monats nach

amtlich vorgeschriebenem Datensatz durch amtlich bestimmte Datenfernübertragung an die zentrale Stelle zu übermitteln. [3]Dies gilt auch im Fall des Absatzes 1 Satz 5. [4]§ 22a Absatz 2 gilt entsprechend.

(3) [1]Ist der Anbieter nach Absatz 1a Satz 1 bevollmächtigt worden, hat er der zentralen Stelle die nach Absatz 2 Satz 1 erforderlichen Angaben für jedes Kalenderjahr bis zum Ablauf des auf das Beitragsjahr folgenden Kalenderjahres zu übermitteln. [2]Liegt die Bevollmächtigung erst nach dem im Satz 1 genannten Meldetermin vor, hat der Anbieter die Angaben bis zum Ende des folgenden Kalendervierteljahres nach der Bevollmächtigung, spätestens jedoch bis zum Ablauf der in Absatz 1 Satz 1 genannten Antragsfrist, zu übermitteln. [3]Absatz 2 Satz 2 und 3 gilt sinngemäß.

S 2494

§ 90
Verfahren

(1) [1]Die zentrale Stelle ermittelt auf Grund der von ihr erhobenen oder der ihr übermittelten Daten, ob und in welcher Höhe ein Zulageanspruch besteht. [2]Soweit der zuständige Träger der Rentenversicherung keine Versicherungsnummer vergeben hat, vergibt die zentrale Stelle zur Erfüllung der ihr nach diesem Abschnitt zugewiesenen Aufgaben eine Zulagenummer. [3]Die zentrale Stelle teilt im Fall eines Antrags nach § 10a Absatz 1a der zuständigen Stelle, im Fall eines Antrags nach § 89 Absatz 1 Satz 4 dem Anbieter die Zulagenummer mit; von dort wird sie an den Antragsteller weitergeleitet.

(2) [1]Die zentrale Stelle veranlasst die Auszahlung an den Anbieter zugunsten der Zulageberechtigten durch die zuständige Kasse. [2]Ein gesonderter Zulagenbescheid ergeht vorbehaltlich des Absatzes 4 nicht. [3]Der Anbieter hat die erhaltenen Zulagen unverzüglich den begünstigten Verträgen gutzuschreiben. [4]Zulagen, die nach Beginn der Auszahlungsphase für das Altersvorsorgevermögen von der zentralen Stelle an den Anbieter überwiesen werden, können vom Anbieter an den Anleger ausgezahlt werden. [5]Besteht kein Zulageanspruch, so teilt die zentrale Stelle dies dem Anbieter durch Datensatz mit. [6]Die zentrale Stelle teilt dem Anbieter die Altersvorsorgebeiträge im Sinne des § 82, auf die § 10a oder dieser Abschnitt angewendet wurde, durch Datensatz mit.

(3) [1]Erkennt die zentrale Stelle bis zum Ende des zweiten auf die Ermittlung der Zulage folgenden Jahres nachträglich, dass der Zulageanspruch ganz oder teilweise nicht besteht oder weggefallen ist, so hat sie zu Unrecht gutgeschriebene oder ausgezahlte Zulagen bis zum Ablauf eines Jahres nach der Erkenntnis zurückzufordern und dies dem Anbieter durch Datensatz mitzuteilen. [2]Bei bestehendem Vertragsverhältnis hat der Anbieter das Konto zu belasten. [3]Die ihm im Kalendervierteljahr mitgeteilten Rückforderungsbeträge hat er bis zum zehnten Tag des dem Kalendervierteljahr folgenden Monats in einem Betrag bei der zentralen Stelle anzumelden und an diese abzuführen. [4]Die Anmeldung nach Satz 3 ist nach amtlich vorgeschriebenem Vordruck abzugeben. [5]Sie gilt als Steueranmeldung im Sinne der Abgabenordnung.

(3a) [1]Erfolgt nach der Durchführung einer versorgungsrechtlichen Teilung eine Rückforderung von zu Unrecht gezahlten Zulagen, setzt die zentrale Stelle den Rückforderungsbetrag nach Absatz 3 unter Anrechnung bereits vom Anbieter einbehaltener und abgeführter Beträge gegenüber dem Zulageberechtigten fest, soweit

1. das Guthaben auf dem Vertrag des Zulageberechtigten zur Zahlung des Rückforderungsbetrags nach § 90 Absatz 3 Satz 1 nicht ausreicht und

2. im Rückforderungsbetrag ein Zulagebetrag enthalten ist, der in der Ehe- oder Lebenspartnerschaftszeit ausgezahlt wurde.

[2]Erfolgt nach einer Inanspruchnahme eines Altersvorsorge-Eigenheimbetrags im Sinne des § 92a Absatz 1 oder während einer Darlehenstilgung bei Altersvorsorgeverträgen nach § 1 Absatz 1a des Altersvorsorgeverträge-Zertifizierungsgesetzes eine Rückforderung zu Unrecht gezahlter Zulagen, setzt die zentrale Stelle den Rückforderungsbetrag nach Absatz 3 unter Anrechnung bereits vom Anbieter einbehaltener und abgeführter Beträge gegenüber dem Zulageberechtigten fest, soweit das Guthaben auf dem Altersvorsorgevertrag des Zulageberechtigten zur Zahlung des Rückforderungsbetrags nicht ausreicht. [3]Der Anbieter hat in diesen Fällen der zentralen Stelle die nach Absatz 3 einbehaltenen und abgeführten Beträge nach amtlich vorgeschriebenem Datensatz durch amtlich bestimmte Datenfernübertragung mitzuteilen.

(4) [1]Eine Festsetzung der Zulage erfolgt nur auf besonderen Antrag des Zulageberechtigten. [2]Der Antrag ist schriftlich innerhalb eines Jahres vom Antragsteller an den Anbieter zu richten; die Frist beginnt mit der Erteilung der Bescheinigung nach § 92, die die Ermittlungsergebnisse für das Beitragsjahr enthält, für das eine Festsetzung der Zulage erfolgen soll. [3]Der Anbieter leitet den Antrag der zentralen Stelle zur Festsetzung zu. [4]Er hat dem Antrag eine Stellungnahme und die zur Festsetzung erforderlichen Unterlagen beizufügen. [5]Die zentrale Stelle teilt die Festsetzung auch dem Anbieter mit. [6]Im Übrigen gilt Absatz 3 entsprechend.

(5) [1]Im Rahmen des Festsetzungsverfahrens kann der Zulageberechtigte bis zum rechtskräftigen Abschluss des Festsetzungsverfahrens eine nicht fristgerecht abgegebene Einwilligung nach § 10a Absatz 1 Satz 1 Halbsatz 2 gegenüber der zuständigen Stelle nachholen. [2]Über die Nachholung hat er die zentrale Stelle unter Angabe des Datums der Erteilung der Einwilligung unmittelbar zu informieren. [3]Hat der Zulageberechtigte im Rahmen des Festsetzungsverfahrens eine wirksame Einwilligung gegenüber der zuständigen Stelle erteilt, wird er so gestellt, als hätte er die Einwilligung innerhalb der Frist nach § 10a Absatz 1 Satz 1 Halbsatz 2 wirksam gestellt.

S 2495

§ 91

Datenerhebung und Datenabgleich

(1) [1]Für die Berechnung und Überprüfung der Zulage sowie die Überprüfung des Vorliegens der Voraussetzungen des Sonderausgabenabzugs nach § 10a übermitteln die Träger der gesetzlichen Rentenversicherung, die landwirtschaftliche Alterskasse, die Bundesagentur für Arbeit, die Meldebehörden, die Familienkassen und die Finanzämter der zentralen Stelle auf Anforderung unter Angabe der Identifikationsnummer (§ 139b der Abgabenordnung) des Steuerpflichtigen die bei ihnen vorhandenen Daten nach § 89 Absatz 2 durch Datenfernübertragung; für Zwecke der Berechnung des Mindesteigenbeitrags für ein Beitragsjahr darf die zentrale Stelle bei den Trägern der gesetzlichen Rentenversicherung und der landwirtschaftlichen Alterskasse die bei ihnen vorhandenen Daten zu den beitragspflichtigen Einnahmen sowie in den Fällen des § 10a Absatz 1 Satz 4 zur Höhe der bezogenen Rente wegen voller Erwerbsminderung oder Erwerbsunfähigkeit erheben, sofern diese nicht vom Anbieter nach § 89 übermittelt worden sind; im Datenabgleich mit den Familienkassen sind auch die Identifikationsnummern des Kindergeldberechtigten und des Kindes anzugeben. [2]Für Zwecke der Überprüfung nach Satz 1 darf die zentrale Stelle die ihr übermittelten Daten mit den ihr nach § 89 Absatz 2 übermittelten Daten automatisiert abgleichen. [3]Führt die Überprüfung zu einer Änderung der ermittelten oder festgesetzten Zulage, ist dies dem Anbieter mitzuteilen. [4]Ergibt die Überprüfung eine Abweichung von dem in der Steuerfestsetzung berücksichtigten Sonderausgabenabzug nach § 10a oder der gesonderten Feststellung nach § 10a Absatz 4, ist dies dem Finanzamt mitzuteilen; die Steuerfestsetzung oder die gesonderte Feststellung ist insoweit zu ändern.

(2) [1]Die zuständige Stelle hat der zentralen Stelle die Daten nach § 10a Absatz 1 Satz 1 zweiter Halbsatz bis zum 31. März des dem Beitragsjahr folgenden Kalenderjahres durch Datenfernübertragung zu übermitteln. [2]Liegt die Einwilligung nach § 10a Absatz 1 Satz 1 zweiter Halbsatz erst nach dem im Satz 1 genannten Meldetermin vor, hat die zuständige Stelle die Daten spätestens bis zum Ende des folgenden Kalendervierteljahres nach Erteilung der Einwilligung nach Maßgabe von Satz 1 zu übermitteln.

§ 92

S 2495

Bescheinigung

[1]Der Anbieter hat dem Zulageberechtigten jährlich bis zum Ablauf des auf das Beitragsjahr folgenden Jahres eine Bescheinigung nach amtlich vorgeschriebenem Muster zu erteilen über

1. die Höhe der im abgelaufenen Beitragsjahr geleisteten Altersvorsorgebeiträge (Beiträge und Tilgungsleistungen),
2. die im abgelaufenen Beitragsjahr getroffenen, aufgehobenen oder geänderten Ermittlungsergebnisse (§ 90),
3. die Summe der bis zum Ende des abgelaufenen Beitragsjahres dem Vertrag gutgeschriebenen Zulagen,
4. die Summe der bis zum Ende des abgelaufenen Beitragsjahres geleisteten Altersvorsorgebeiträge (Beiträge und Tilgungsleistungen),
5. den Stand des Altersvorsorgevermögens,
6. den Stand des Wohnförderkontos (§ 92a Absatz 2 Satz 1), sofern er diesen von der zentralen Stelle mitgeteilt bekommen hat, und
7. die Bestätigung der durch den Anbieter erfolgten Datenübermittlung an die zentrale Stelle im Fall des § 10a Absatz 5 Satz 1.

[2]Einer jährlichen Bescheinigung bedarf es nicht, wenn zu Satz 1 Nummer 1, 2, 6 und 7 keine Angaben erforderlich sind und sich zu Satz 1 Nummer 3 bis 5 keine Änderungen gegenüber der zuletzt erteilten Bescheinigung ergeben. [3]Liegen die Voraussetzungen des Satzes 2 nur hinsichtlich der Angabe nach Satz 1 Nummer 6 nicht vor und wurde die Geschäftsbeziehung im Hinblick auf den jeweiligen Altersvorsorgevertrag zwischen Zulageberechtigtem und Anbieter beendet, weil

1. das angesparte Kapital vollständig aus dem Altersvorsorgevertrag entnommen wurde oder
2. das gewährte Darlehen vollständig getilgt wurde,

bedarf es keiner jährlichen Bescheinigung, wenn der Anbieter dem Zulageberechtigten in einer Bescheinigung im Sinne dieser Vorschrift Folgendes mitteilt: „Das Wohnförderkonto erhöht sich bis zum Beginn der Auszahlungsphase jährlich um 2 Prozent, solange Sie keine Zahlungen zur Minderung des Wohnförderkontos leisten.“ [4]Der Anbieter kann dem Zulageberechtigten mit dessen Einverständnis die Bescheinigung auch elektronisch bereitstellen.

S 2496

§ 92a

Verwendung für eine selbst genutzte Wohnung

(1) [1]Der Zulageberechtigte kann das in einem Altersvorsorgevertrag gebildete und nach § 10a oder nach diesem Abschnitt geförderte Kapital in vollem Umfang oder, wenn das verbleibende geförderte Restkapital mindestens 3.000 Euro beträgt, teilweise wie folgt verwenden (Altersvorsorge-Eigenheimbetrag):

1. bis zum Beginn der Auszahlungsphase unmittelbar für die Anschaffung oder Herstellung einer Wohnung oder zur Tilgung eines zu diesem Zweck aufgenommenen Darlehens, wenn das dafür entnommene Kapital mindestens 3.000 Euro beträgt, oder
2. bis zum Beginn der Auszahlungsphase unmittelbar für den Erwerb von Pflicht-Geschäftsanteilen an einer eingetragenen Genossenschaft für die Selbstnutzung einer Genossenschaftswohnung oder zur Tilgung eines zu diesem Zweck aufgenommenen Darlehens, wenn das dafür entnommene Kapital mindestens 3.000 Euro beträgt, oder
3. bis zum Beginn der Auszahlungsphase unmittelbar für die Finanzierung eines Umbaus einer Wohnung, wenn
   a) das dafür entnommene Kapital
      aa) mindestens 6.000 Euro beträgt und für einen innerhalb eines Zeitraums von drei Jahren nach der Anschaffung oder Herstellung der Wohnung vorgenommenen Umbau verwendet wird oder
      bb) mindestens 20.000 Euro beträgt,
   b) das dafür entnommene Kapital zu mindestens 50 Prozent auf Maßnahmen entfällt, die die Vorgaben der DIN 18040 Teil 2, Ausgabe September 2011, soweit baustrukturell möglich, erfüllen, und der verbleibende Teil der Kosten der Reduzierung von Barrieren in oder an der Wohnung dient; die zweckgerechte Verwendung ist durch einen Sachverständigen zu bestätigen; und
   c) der Zulageberechtigte oder ein Mitnutzer der Wohnung für die Umbaukosten weder eine Förderung durch Zuschüsse noch eine Steuerermäßigung nach § 35a in Anspruch nimmt oder nehmen wird noch die Berücksichtigung als außergewöhnliche Belastung nach § 33 beantragt hat oder beantragen wird und dies schriftlich bestätigt. [2]Diese Bestätigung ist bei der Antragstellung nach § 92b Absatz 1 Satz 1 gegenüber der zentralen Stelle abzugeben. [3]Bei der Inanspruchnahme eines Darlehens im Rahmen eines Altersvorsorgevertrags nach § 1 Absatz 1a des Altersvorsorgeverträge-Zertifizierungsgesetzes hat der Zulageberechtigte die Bestätigung gegenüber seinem Anbieter abzugeben.

[2]Die DIN 18040 ist im Beuth-Verlag GmbH, Berlin und Köln, erschienen und beim Deutschen Patent- und Markenamt in München archivmäßig gesichert niedergelegt. [3]Die technischen Mindestanforderungen für die Reduzierung von Barrieren in oder an der Wohnung nach Satz 1 Nummer 3 Buchstabe b werden durch das Bundesministerium des Innern, für Bau und Heimat im Einvernehmen mit dem Bundesministerium der Finanzen festgelegt und im Bundesbaublatt veröffentlicht. [4]Sachverständige im Sinne dieser Vorschrift sind nach Landesrecht Bauvorlageberechtigte sowie nach § 91 Absatz 1 Nummer 8 der Handwerksordnung öffentlich bestellte und vereidigte Sachverständige, die für ein Sachgebiet bestellt sind, das die Barrierefreiheit und Barrierereduzierung in Wohngebäuden umfasst, und die eine besondere Sachkunde oder ergänzende Fortbildung auf diesem Gebiet nachweisen. [5]Eine nach Satz 1 begünstigte Wohnung ist

1. eine Wohnung in einem eigenen Haus oder
2. eine eigene Eigentumswohnung oder
3. eine Genossenschaftswohnung einer eingetragenen Genossenschaft,

wenn diese Wohnung in einem Mitgliedstaat der Europäischen Union oder in einem Staat, auf den das Abkommen über den Europäischen Wirtschaftsraum (EWR-Abkommen) anwendbar ist, belegen ist und die Hauptwohnung oder den Mittelpunkt der Lebensinteressen des Zulageberechtigten darstellt; dies gilt auch für eine im Vereinigten Königreich Großbritannien und Nordirland belegene Wohnung, die vor dem Zeitpunkt, ab dem das Vereinigte Königreich Großbritannien und Nordirland nicht mehr Mitgliedstaat der Europäischen Union ist und auch nicht wie ein solcher zu behandeln ist, bereits begünstigt war, soweit für diese Wohnung bereits vor diesem Zeitpunkt eine Verwendung nach Satz 1 erfolgt ist und keine erneute beantragt wird. [6]Einer Wohnung im Sinne des Satzes 5 steht ein eigentumsähnliches oder lebenslanges Dauerwohnrecht nach § 33 des Wohnungseigentumsgesetzes gleich, soweit Vereinbarungen nach § 39 des Wohnungseigentumsgesetzes getroffen werden. [7]Bei der Ermittlung des Restkapitals nach Satz 1 ist auf den Stand des geförderten Altersvorsorgevermögens zum Ablauf des Tages abzustellen, an dem die zentrale Stelle den Bescheid nach § 92b ausgestellt hat. [8]Der Altersvorsorge-Eigenheimbetrag gilt nicht als Leistung aus einem Altersvorsorgevertrag, die dem Zulageberechtigten im Zeitpunkt der Auszahlung zufließt.

(2) [1]Der Altersvorsorge-Eigenheimbetrag, die Tilgungsleistungen im Sinne des § 82 Absatz 1 Satz 1 Nummer 2 und die hierfür gewährten Zulagen sind durch die zentrale Stelle in Bezug auf den zugrunde liegenden Altersvorsorgevertrag gesondert zu erfassen (Wohnförderkonto); die zentrale Stelle teilt für jeden Altersvorsorgevertrag, für den sie ein Wohnförderkonto (Altersvorsorgevertrag mit Wohnförderkonto) führt, dem Anbieter jährlich den Stand des Wohnförderkontos

nach amtlich vorgeschriebenem Datensatz durch Datenfernübertragung mit. [2]Beiträge, die nach § 82 Absatz 1 Satz 3 wie Tilgungsleistungen behandelt wurden, sind im Zeitpunkt der unmittelbaren Darlehenstilgung einschließlich der zur Tilgung eingesetzten Zulagen und Erträge in das Wohnförderkonto aufzunehmen; zur Tilgung eingesetzte ungeförderte Beiträge einschließlich der darauf entfallenden Erträge fließen dem Zulageberechtigten in diesem Zeitpunkt zu. [3]Nach Ablauf eines Beitragsjahres, letztmals für das Beitragsjahr des Beginns der Auszahlungsphase, ist der sich aus dem Wohnförderkonto ergebende Gesamtbetrag um 2 Prozent zu erhöhen. [4]Das Wohnförderkonto ist zu vermindern um

1. Zahlungen des Zulageberechtigten auf einen auf seinen Namen lautenden zertifizierten Altersvorsorgevertrag nach § 1 Absatz 1 des Altersvorsorgeverträge-Zertifizierungsgesetzes bis zum Beginn der Auszahlungsphase zur Minderung der in das Wohnförderkonto eingestellten Beträge; der Anbieter, bei dem die Einzahlung erfolgt, hat die Einzahlung der zentralen Stelle nach amtlich vorgeschriebenem Datensatz durch Datenfernübertragung mitzuteilen; erfolgt die Einzahlung nicht auf den Altersvorsorgevertrag mit Wohnförderkonto, hat der Zulageberechtigte dem Anbieter, bei dem die Einzahlung erfolgt, die Vertragsdaten des Altersvorsorgevertrags mit Wohnförderkonto mitzuteilen; diese hat der Anbieter der zentralen Stelle zusätzlich mitzuteilen;
2. den Verminderungsbetrag nach Satz 5.

[5]Verminderungsbetrag ist der sich mit Ablauf des Kalenderjahres des Beginns der Auszahlungsphase ergebende Stand des Wohnförderkontos dividiert durch die Anzahl der Jahre bis zur Vollendung des 85. Lebensjahres des Zulageberechtigten; als Beginn der Auszahlungsphase gilt der vom Zulageberechtigten und Anbieter vereinbarte Zeitpunkt, der zwischen der Vollendung des 60. Lebensjahres und des 68. Lebensjahres des Zulageberechtigten liegen muss; ist ein Auszahlungszeitpunkt nicht vereinbart, so gilt die Vollendung des 67. Lebensjahres als Beginn der Auszahlungsphase; die Verschiebung des Beginns der Auszahlungsphase über das 68. Lebensjahr des Zulageberechtigten hinaus ist unschädlich, sofern es sich um eine Verschiebung im Zusammenhang mit der Abfindung einer Kleinbetragsrente auf Grund des § 1 Absatz 1 Satz 1 Nummer 4 Buchstabe a des Altersvorsorgeverträge-Zertifizierungsgesetzes handelt. [6]Anstelle einer Verminderung nach Satz 5 kann der Zulageberechtigte jederzeit in der Auszahlungsphase von der zentralen Stelle die Auflösung des Wohnförderkontos verlangen (Auflösungsbetrag). [7]Der Anbieter hat im Zeitpunkt der unmittelbaren Darlehenstilgung die Beträge nach Satz 2 erster Halbsatz und der Anbieter eines Altersvorsorgevertrags mit Wohnförderkonto hat zu Beginn der Auszahlungsphase den Zeitpunkt des Beginns der Auszahlungsphase der zentralen Stelle nach amtlich vorgeschriebenem Datensatz durch Datenfernübertragung spätestens bis zum Ablauf des zweiten Monats, der

auf den Monat der unmittelbaren Darlehenstilgung oder des Beginns der Auszahlungsphase folgt, mitzuteilen. [8]Wird gefördertes Altersvorsorgevermögen nach § 93 Absatz 2 Satz 1 von einem Anbieter auf einen anderen auf den Namen des Zulageberechtigten lautenden Altersvorsorgevertrag vollständig übertragen und hat die zentrale Stelle für den bisherigen Altersvorsorgevertrag ein Wohnförderkonto geführt, so schließt sie das Wohnförderkonto des bisherigen Vertrags und führt es zu dem neuen Altersvorsorgevertrag fort. [9]Erfolgt eine Zahlung nach Satz 4 Nummer 1 oder nach Absatz 3 Satz 9 Nummer 2 auf einen anderen Altersvorsorgevertrag als auf den Altersvorsorgevertrag mit Wohnförderkonto, schließt die zentrale Stelle das Wohnförderkonto des bisherigen Vertrags und führt es ab dem Zeitpunkt der Einzahlung für den Altersvorsorgevertrag fort, auf den die Einzahlung erfolgt ist. [10]Die zentrale Stelle teilt die Schließung des Wohnförderkontos dem Anbieter des bisherigen Altersvorsorgevertrags mit Wohnförderkonto mit.

(2a) [1]Geht im Rahmen der Regelung von Scheidungsfolgen der Eigentumsanteil des Zulageberechtigten an der Wohnung im Sinne des Absatzes 1 Satz 5 ganz oder teilweise auf den anderen Ehegatten über, geht das Wohnförderkonto in Höhe des Anteils, der dem Verhältnis des übergegangenen Eigentumsanteils zum ursprünglichen Eigentumsanteil entspricht, mit allen Rechten und Pflichten auf den anderen Ehegatten über; dabei ist auf das Lebensalter des anderen Ehegatten abzustellen. [2]Hat der andere Ehegatte das Lebensalter für den vertraglich vereinbarten Beginn der Auszahlungsphase oder, soweit kein Beginn der Auszahlungsphase vereinbart wurde, das 67. Lebensjahr im Zeitpunkt des Übergangs des Wohnförderkontos bereits überschritten, so gilt als Beginn der Auszahlungsphase der Zeitpunkt des Übergangs des Wohnförderkontos. [3]Der Zulageberechtigte hat den Übergang des Eigentumsanteils der zentralen Stelle nachzuweisen. [4]Dazu hat er die für die Anlage eines Wohnförderkontos erforderlichen Daten des anderen Ehegatten mitzuteilen. [5]Die Sätze 1 bis 4 gelten entsprechend für Ehegatten, die im Zeitpunkt des Todes des Zulageberechtigten

1. nicht dauernd getrennt gelebt haben (§ 26 Absatz 1) und
2. ihren Wohnsitz oder gewöhnlichen Aufenthalt in einem Mitgliedstaat der Europäischen Union oder einem Staat hatten, auf den das Abkommen über den Europäischen Wirtschaftsraum anwendbar ist; dies gilt auch, wenn die Ehegatten ihren vor dem Zeitpunkt, ab dem das Vereinigte Königreich Großbritannien und Nordirland nicht mehr Mitgliedstaat der Europäischen Union ist und auch nicht wie ein solcher zu behandeln ist, begründeten Wohnsitz oder gewöhnlichen Aufenthalt im Vereinigten Königreich Großbritannien und Nordirland hatten und der Altersvorsorgevertrag vor dem 23. Juni 2016 abgeschlossen worden ist.

(3) [1]Nutzt der Zulageberechtigte die Wohnung im Sinne des Absatzes 1 Satz 5, für die ein Altersvorsorge-Eigenheimbetrag verwendet oder für die eine Tilgungsförderung im Sinne des § 82 Absatz 1 in Anspruch genommen worden ist, nicht nur vorübergehend nicht mehr zu eigenen Wohnzwecken, hat er dies dem Anbieter, in der Auszahlungsphase der zentralen Stelle, unter Angabe des Zeitpunkts der Aufgabe der Selbstnutzung anzuzeigen. [2]Eine Aufgabe der Selbstnutzung liegt auch vor, soweit der Zulageberechtigte das Eigentum an der Wohnung aufgibt. [3]Die Anzeigepflicht gilt entsprechend für den Rechtsnachfolger der begünstigten Wohnung, wenn der Zulageberechtigte stirbt. [4]Die Anzeigepflicht entfällt, wenn das Wohnförderkonto vollständig zurückgeführt worden ist, es sei denn, es liegt ein Fall des § 22 Nummer 5 Satz 6 vor. [5]Im Fall des Satzes 1 gelten die im Wohnförderkonto erfassten Beträge als Leistungen aus einem Altersvorsorgevertrag, die dem Zulageberechtigten nach letztmaliger Erhöhung des Wohnförderkontos nach Absatz 2 Satz 3 zum Ende des Veranlagungszeitraums, in dem die Selbstnutzung aufgegeben wurde, zufließen; das Wohnförderkonto ist aufzulösen (Auflösungsbetrag). [6]Verstirbt der Zulageberechtigte, ist der Auflösungsbetrag ihm noch zuzurechnen. [7]Der Anbieter hat der zentralen Stelle den Zeitpunkt der Aufgabe nach amtlich vorgeschriebenem Datensatz durch Datenfernübertragung spätestens bis zum Ablauf des zweiten Monats, der auf den Monat der Anzeige des Zulageberechtigten folgt, mitzuteilen. [8]Wurde im Fall des Satzes 1 eine Tilgungsförderung nach § 82 Absatz 1 Satz 3 in Anspruch genommen und erfolgte keine Einstellung in das Wohnförderkonto nach Absatz 2 Satz 2, sind die Beiträge, die nach § 82 Absatz 1 Satz 3 wie Tilgungsleistungen behandelt wurden, sowie die darauf entfallenden Zulagen und Erträge in ein Wohnförderkonto aufzunehmen und anschließend die weiteren Regelungen dieses Absatzes anzuwenden; Absatz 2 Satz 2 zweiter Halbsatz und Satz 7 gilt entsprechend. [9]Die Sätze 5 bis 7 sowie § 20 sind nicht anzuwenden, wenn

1. der Zulageberechtigte einen Betrag in Höhe des noch nicht zurückgeführten Betrags im Wohnförderkonto innerhalb von zwei Jahren vor dem Veranlagungszeitraum und von fünf Jahren nach Ablauf des Veranlagungszeitraums, in dem er die Wohnung letztmals zu eigenen Wohnzwecken genutzt hat, für eine weitere Wohnung im Sinne des Absatzes 1 Satz 5 verwendet,
2. der Zulageberechtigte einen Betrag in Höhe des noch nicht zurückgeführten Betrags im Wohnförderkonto innerhalb eines Jahres nach Ablauf des Veranlagungszeitraums, in dem er die Wohnung letztmals zu eigenen Wohnzwecken genutzt hat, auf einen auf seinen Namen lautenden zertifizierten Altersvorsorgevertrag zahlt; Absatz 2 Satz 4 Nummer 1 ist entsprechend anzuwenden,
3. die Ehewohnung auf Grund einer richterlichen Entscheidung nach § 1361b des Bürgerlichen Gesetzbuchs oder nach der Verordnung

über die Behandlung der Ehewohnung und des Hausrats dem anderen Ehegatten zugewiesen wird,

4. der Zulageberechtigte krankheits- oder pflegebedingt die Wohnung nicht mehr bewohnt, sofern er Eigentümer dieser Wohnung bleibt, sie ihm weiterhin zur Selbstnutzung zur Verfügung steht und sie nicht von Dritten, mit Ausnahme seines Ehegatten, genutzt wird oder
5. der Zulageberechtigte innerhalb von fünf Jahren nach Ablauf des Veranlagungszeitraums, in dem er die Wohnung letztmals zu eigenen Wohnzwecken genutzt hat, die Selbstnutzung dieser Wohnung wieder aufnimmt.

[10] Satz 9 Nummer 1 und 2 setzt voraus, dass der Zulageberechtigte dem Anbieter, in der Auszahlungsphase der zentralen Stelle, die fristgemäße Reinvestitionsabsicht im Rahmen der Anzeige nach Satz 1 und den Zeitpunkt der Reinvestition oder die Aufgabe der Reinvestitionsabsicht anzeigt; in den Fällen des Absatzes 2a und des Satzes 9 Nummer 3 gelten die Sätze 1 bis 9 entsprechend für den anderen, geschiedenen oder überlebenden Ehegatten, wenn er die Wohnung nicht nur vorübergehend nicht mehr zu eigenen Wohnzwecken nutzt. [11] Satz 5 ist mit der Maßgabe anzuwenden, dass der Eingang der Anzeige der aufgegebenen Reinvestitionsabsicht, spätestens jedoch der 1. Januar

1. des sechsten Jahres nach dem Jahr der Aufgabe der Selbstnutzung bei einer Reinvestitionsabsicht nach Satz 9 Nummer 1 oder
2. des zweiten Jahres nach dem Jahr der Aufgabe der Selbstnutzung bei einer Reinvestitionsabsicht nach Satz 9 Nummer 2

als Zeitpunkt der Aufgabe gilt. [12] Satz 9 Nummer 5 setzt voraus, dass bei einer beabsichtigten Wiederaufnahme der Selbstnutzung der Zulageberechtigte dem Anbieter, in der Auszahlungsphase der zentralen Stelle, die Absicht der fristgemäßen Wiederaufnahme der Selbstnutzung im Rahmen der Anzeige nach Satz 1 und den Zeitpunkt oder die Aufgabe der Reinvestitionsabsicht nach Satz 10 anzeigt. [13] Satz 10 zweiter Halbsatz und Satz 11 gelten für die Anzeige der Absicht der fristgemäßen Wiederaufnahme der Selbstnutzung entsprechend.

(4) [1] Absatz 3 sowie § 20 sind auf Antrag des Steuerpflichtigen nicht anzuwenden, wenn er

1. die Wohnung im Sinne des Absatzes 1 Satz 5 auf Grund eines beruflich bedingten Umzugs für die Dauer der beruflich bedingten Abwesenheit nicht selbst nutzt; wird während dieser Zeit mit einer anderen Person ein Nutzungsrecht für diese Wohnung vereinbart, ist diese Vereinbarung von vorneherein entsprechend zu befristen,
2. beabsichtigt, die Selbstnutzung wieder aufzunehmen und
3. die Selbstnutzung spätestens mit der Vollendung seines 67. Lebensjahres aufnimmt.

[2] Der Steuerpflichtige hat den Antrag bei der zentralen Stelle zu stellen und dabei die notwendigen Nachweise zu erbringen. [3] Die zentrale Stelle erteilt dem Steuerpflichtigen einen Bescheid über die Bewilligung des Antrags und informiert den Anbieter des Altersvorsorgevertrags mit Wohnförderkonto des Zulageberechtigten über die Bewilligung, eine Wiederaufnahme der Selbstnutzung nach einem beruflich bedingten Umzug und den Wegfall der Voraussetzungen nach diesem Absatz; die Information hat nach amtlich vorgeschriebenem Datensatz durch Datenfernübertragung zu erfolgen. [4] Entfällt eine der in Satz 1 genannten Voraussetzungen, ist Absatz 3 mit der Maßgabe anzuwenden, dass bei einem Wegfall der Voraussetzung nach Satz 1 Nummer 1 als Zeitpunkt der Aufgabe der Zeitpunkt des Wegfalls der Voraussetzung und bei einem Wegfall der Voraussetzung nach Satz 1 Nummer 2 oder Nummer 3 der Eingang der Mitteilung des Steuerpflichtigen nach Absatz 3 als Zeitpunkt der Aufgabe gilt, spätestens jedoch die Vollendung des 67. Lebensjahres des Steuerpflichtigen.

§ 92b

S 2496

Verfahren bei Verwendung für eine selbst genutzte Wohnung

(1) [1] Der Zulageberechtigte hat die Verwendung des Kapitals nach § 92a Absatz 1 Satz 1 spätestens zehn Monate vor dem Beginn der Auszahlungsphase des Altersvorsorgevertrags im Sinne des § 1 Absatz 1 Nummer 2 des Altersvorsorgeverträge-Zertifizierungsgesetzes bei der zentralen Stelle zu beantragen und dabei die notwendigen Nachweise zu erbringen. [2] Er hat zu bestimmen, aus welchen Altersvorsorgeverträgen der Altersvorsorge-Eigenheimbetrag ausgezahlt werden soll. [3] Die zentrale Stelle teilt dem Zulageberechtigten durch Bescheid und den Anbietern der in Satz 2 genannten Altersvorsorgeverträge nach amtlich vorgeschriebenem Datensatz durch Datenfernübertragung mit, bis zu welcher Höhe eine wohnungswirtschaftliche Verwendung im Sinne des § 92a Absatz 1 Satz 1 vorliegen kann.

(2) [1] Die Anbieter der in Absatz 1 Satz 2 genannten Altersvorsorgeverträge dürfen den Altersvorsorge-Eigenheimbetrag auszahlen, sobald sie die Mitteilung nach Absatz 1 Satz 3 erhalten haben. [2] Sie haben der zentralen Stelle nach amtlich vorgeschriebenem Datensatz durch Datenfernübertragung Folgendes spätestens bis zum Ablauf des zweiten Monats, der auf den Monat der Auszahlung folgt, anzuzeigen:

1. den Auszahlungszeitpunkt und den Auszahlungsbetrag,
2. die Summe der bis zum Auszahlungszeitpunkt dem Altersvorsorgevertrag gutgeschriebenen Zulagen,
3. die Summe der bis zum Auszahlungszeitpunkt geleisteten Altersvorsorgebeiträge und
4. den Stand des geförderten Altersvorsorgevermögens im Zeitpunkt der Auszahlung.

(3) [1] Die zentrale Stelle stellt zu Beginn der Auszahlungsphase und in den Fällen des § 92a Absatz 2a und 3 Satz 5 den Stand des Wohnförderkontos, soweit für die Besteuerung erforderlich, den Verminderungsbetrag und den Auflösungsbetrag von Amts wegen gesondert fest. [2] Die zentrale Stelle teilt die Feststellung dem Zulageberechtigten, in den Fällen des § 92a Absatz 2a Satz 1 auch dem anderen Ehegatten, durch Bescheid und dem Anbieter nach amtlich vorgeschriebenem Datensatz durch Datenfernübertragung mit. [3] Der Anbieter hat auf Anforderung der zentralen Stelle die zur Feststellung erforderlichen Unterlagen vorzulegen. [4] Auf Antrag des Zulageberechtigten stellt die zentrale Stelle den Stand des Wohnförderkontos gesondert fest. [5] § 90 Absatz 4 Satz 2 bis 5 gilt entsprechend.

S 2497

§ 93
Schädliche Verwendung

(1) [1]Wird gefördertes Altersvorsorgevermögen nicht unter den in § 1 Absatz 1 Satz 1 Nummer 4 und 10 Buchstabe c des Altersvorsorgeverträge-Zertifizierungsgesetzes oder § 1 Absatz 1 Satz 1 Nummer 4, 5 und 10 Buchstabe c des Altersvorsorgeverträge-Zertifizierungsgesetzes in der bis zum 31. Dezember 2004 geltenden Fassung genannten Voraussetzungen an den Zulageberechtigten ausgezahlt (schädliche Verwendung), sind die auf das ausgezahlte geförderte Altersvorsorgevermögen entfallenden Zulagen und die nach § 10a Absatz 4 gesondert festgestellten Beträge (Rückzahlungsbetrag) zurückzuzahlen. [2]Dies gilt auch bei einer Auszahlung nach Beginn der Auszahlungsphase (§ 1 Absatz 1 Satz 1 Nummer 2 des Altersvorsorgeverträge-Zertifizierungsgesetzes) und bei Auszahlungen im Fall des Todes des Zulageberechtigten. [3]Hat der Zulageberechtigte Zahlungen im Sinne des § 92a Absatz 2 Satz 4 Nummer 1 oder § 92a Absatz 3 Satz 9 Nummer 2 geleistet, dann handelt es sich bei dem hierauf beruhenden Altersvorsorgevermögen um gefördertes Altersvorsorgevermögen im Sinne des Satzes 1; der Rückzahlungsbetrag bestimmt sich insoweit nach der für die in das Wohnförderkonto eingestellten Beträge gewährten Förderung. [4]Eine Rückzahlungsverpflichtung besteht nicht für den Teil der Zulagen und der Steuerermäßigung,

a) der auf nach § 1 Absatz 1 Satz 1 Nummer 2 des Altersvorsorgeverträge-Zertifizierungsgesetzes angespartes gefördertes Altersvorsorgevermögen entfällt, wenn es in Form einer Hinterbliebenenrente an die dort genannten Hinterbliebenen ausgezahlt wird; dies gilt auch für Leistungen im Sinne des § 82 Absatz 3 an Hinterbliebene des Steuerpflichtigen;

b) der den Beitragsanteilen zuzuordnen ist, die für die zusätzliche Absicherung der verminderten Erwerbsfähigkeit und eine zusätzliche Hinterbliebenenabsicherung ohne Kapitalbildung verwendet worden sind;

c) der auf gefördertes Altersvorsorgevermögen entfällt, das im Fall des Todes des Zulageberechtigten auf einen auf den Namen des Ehegatten lautenden Altersvorsorgevertrag übertragen wird, wenn die Ehegatten im Zeitpunkt des Todes des Zulageberechtigten nicht dauernd getrennt gelebt haben (§ 26 Absatz 1) und ihren Wohnsitz oder gewöhnlichen Aufenthalt in einem Mitgliedstaat der Europäischen Union oder einem Staat hatten, auf den das Abkommen über den Europäischen Wirtschaftsraum (EWR-Abkommen) anwendbar ist; dies gilt auch, wenn die Ehegatten ihren vor dem Zeitpunkt, ab dem das Vereinigte Königreich Großbritannien und Nordirland nicht mehr Mitgliedstaat der Europäischen Union ist und auch nicht wie ein solcher zu behandeln ist, begründeten

Wohnsitz oder gewöhnlichen Aufenthalt im Vereinigten Königreich Großbritannien und Nordirland hatten und der Vertrag vor dem 23. Juni 2016 abgeschlossen worden ist;

d) der auf den Altersvorsorge-Eigenheimbetrag entfällt.

(1a) [1] Eine schädliche Verwendung liegt nicht vor, wenn gefördertes Altersvorsorgevermögen auf Grund einer internen Teilung nach § 10 des Versorgungsausgleichsgesetzes oder auf Grund einer externen Teilung nach § 14 des Versorgungsausgleichsgesetzes auf einen zertifizierten Altersvorsorgevertrag oder eine nach § 82 Absatz 2 begünstigte betriebliche Altersversorgung übertragen wird; die auf das übertragene Anrecht entfallende steuerliche Förderung geht mit allen Rechten und Pflichten auf die ausgleichsberechtigte Person über. [2] Eine schädliche Verwendung liegt ebenfalls nicht vor, wenn gefördertes Altersvorsorgevermögen auf Grund einer externen Teilung nach § 14 des Versorgungsausgleichsgesetzes auf die Versorgungsausgleichskasse oder die gesetzliche Rentenversicherung übertragen wird; die Rechte und Pflichten der ausgleichspflichtigen Person aus der steuerlichen Förderung des übertragenen Anteils entfallen. [3] In den Fällen der Sätze 1 und 2 teilt die zentrale Stelle der ausgleichspflichtigen Person die Höhe der auf die Ehezeit im Sinne des § 3 Absatz 1 des Versorgungsausgleichsgesetzes oder die Lebenspartnerschaftszeit im Sinne des § 20 Absatz 2 des Lebenspartnerschaftsgesetzes entfallenden gesondert festgestellten Beträge nach § 10a Absatz 4 und die ermittelten Zulagen mit. [4] Die entsprechenden Beträge sind monatsweise zuzuordnen. [5] Die zentrale Stelle teilt die geänderte Zuordnung der gesondert festgestellten Beträge nach § 10a Absatz 4 sowie der ermittelten Zulagen der ausgleichspflichtigen und in den Fällen des Satzes 1 auch der ausgleichsberechtigten Person durch Feststellungsbescheid mit. [6] Nach Eintritt der Unanfechtbarkeit dieses Feststellungsbescheids informiert die zentrale Stelle den Anbieter durch einen Datensatz über die geänderte Zuordnung.

(2) [1] Die Übertragung von gefördertem Altersvorsorgevermögen auf einen anderen auf den Namen des Zulageberechtigten lautenden Altersvorsorgevertrag (§ 1 Absatz 1 Satz 1 Nummer 10 Buchstabe b des Altersvorsorgeverträge-Zertifizierungsgesetzes) stellt keine schädliche Verwendung dar. [2] Dies gilt sinngemäß in den Fällen des § 4 Absatz 2 und 3 des Betriebsrentengesetzes, wenn das geförderte Altersvorsorgevermögen auf eine der in § 82 Absatz 2 Buchstabe a genannten Einrichtungen der betrieblichen Altersversorgung zum Aufbau einer kapitalgedeckten betrieblichen Altersversorgung übertragen und eine lebenslange Altersversorgung entsprechend § 82 Absatz 2 Satz 2 vorgesehen ist, wie auch in den Fällen einer Übertragung nach § 3 Nummer 55c Satz 2 Buchstabe a. [3] In den übrigen Fällen der Abfindung von Anwartschaften der betrieblichen Altersversorgung gilt dies, soweit das geförderte Altersvorsorgevermögen zugunsten eines auf den Namen des Zulageberechtigten lautenden Altersvorsorgevertrages geleistet wird. [4] Auch keine schädliche Verwendung sind

der gesetzliche Forderungs- und Vermögensübergang nach § 9 des Betriebsrentengesetzes und die gesetzlich vorgesehene schuldbefreiende Übertragung nach § 8 Absatz 1 des Betriebsrentengesetzes.

(3) [1]Auszahlungen zur Abfindung einer Kleinbetragsrente zu Beginn der Auszahlungsphase oder im darauffolgenden Jahr gelten nicht als schädliche Verwendung. [2]Eine Kleinbetragsrente ist eine Rente, die bei gleichmäßiger Verrentung des gesamten zu Beginn der Auszahlungsphase zur Verfügung stehenden Kapitals eine monatliche Rente ergibt, die 1 Prozent der monatlichen Bezugsgröße nach § 18 des Vierten Buches Sozialgesetzbuch nicht übersteigt. [3]Bei der Berechnung dieses Betrags sind alle bei einem Anbieter bestehenden Verträge des Zulageberechtigten insgesamt zu berücksichtigen, auf die nach diesem Abschnitt geförderte Altersvorsorgebeiträge geleistet wurden. [4]Die Sätze 1 bis 3 gelten entsprechend, wenn

1. nach dem Beginn der Auszahlungsphase ein Versorgungsausgleich durchgeführt wird und
2. sich dadurch die Rente verringert.

(4) [1]Wird bei einem einheitlichen Vertrag nach § 1 Absatz 1a Satz 1 Nummer 2 zweiter Halbsatz des Altersvorsorgeverträge-Zertifizierungsgesetzes das Darlehen nicht wohnungswirtschaftlich im Sinne des § 92a Absatz 1 Satz 1 verwendet, liegt zum Zeitpunkt der Darlehensauszahlung eine schädliche Verwendung des geförderten Altersvorsorgevermögens vor, es sei denn, das geförderte Altersvorsorgevermögen wird innerhalb eines Jahres nach Ablauf des Veranlagungszeitraums, in dem das Darlehen ausgezahlt wurde, auf einen anderen zertifizierten Altersvorsorgevertrag übertragen, der auf den Namen des Zulageberechtigten lautet. [2]Der Zulageberechtigte hat dem Anbieter die Absicht zur Kapitalübertragung, den Zeitpunkt der Kapitalübertragung bis zum Zeitpunkt der Darlehensauszahlung und die Aufgabe der Absicht zur Kapitalübertragung mitzuteilen. [3]Wird die Absicht zur Kapitalübertragung aufgegeben, tritt die schädliche Verwendung zu dem Zeitpunkt ein, zu dem die Mitteilung des Zulageberechtigten hierzu beim Anbieter eingeht, spätestens aber am 1. Januar des zweiten Jahres nach dem Jahr, in dem das Darlehen ausgezahlt wurde.

§ 94

S 2497

Verfahren bei schädlicher Verwendung

(1) [1]In den Fällen des § 93 Absatz 1 hat der Anbieter der zentralen Stelle vor der Auszahlung des geförderten Altersvorsorgevermögens die schädliche Verwendung nach amtlich vorgeschriebenem Datensatz durch amtlich bestimmte Datenfernübertragung anzuzeigen. [2]Die zentrale Stelle ermittelt den Rückzahlungsbetrag und teilt diesen dem Anbieter durch Datensatz mit. [3]Der Anbieter hat den Rückzahlungsbetrag einzubehalten, mit der nächsten Anmeldung nach § 90 Absatz 3 anzumelden und an die zentrale Stelle abzuführen. [4]Der Anbieter hat die einbehaltenen und abgeführten Beträge der zentralen Stelle nach amtlich vorgeschriebenem Datensatz durch amtlich bestimmte Datenfernübertragung mitzuteilen und diese Beträge dem Zulageberechtigten zu bescheinigen; mit Einverständnis des Zulageberechtigten kann die Bescheinigung elektronisch bereitgestellt werden. [5]In den Fällen des § 93 Absatz 3 gilt Satz 1 entsprechend.

(2) [1]Eine Festsetzung des Rückzahlungsbetrags erfolgt durch die zentrale Stelle auf besonderen Antrag des Zulageberechtigten oder sofern die Rückzahlung nach Absatz 1 ganz oder teilweise nicht möglich oder nicht erfolgt ist. [2]§ 90 Absatz 4 Satz 2 bis 6 gilt entsprechend; § 90 Absatz 4 Satz 5 gilt nicht, wenn die Geschäftsbeziehung im Hinblick auf den jeweiligen Altersvorsorgevertrag zwischen dem Zulageberechtigten und dem Anbieter beendet wurde. [3]Im Rückforderungsbescheid sind auf den Rückzahlungsbetrag die vom Anbieter bereits einbehaltenen und abgeführten Beträge nach Maßgabe der Bescheinigung nach Absatz 1 Satz 4 anzurechnen. [4]Der Zulageberechtigte hat den verbleibenden Rückzahlungsbetrag innerhalb eines Monats nach Bekanntgabe des Rückforderungsbescheids an die zuständige Kasse zu entrichten. [5]Die Frist für die Festsetzung des Rückzahlungsbetrags beträgt vier Jahre und beginnt mit Ablauf des Kalenderjahres, in dem die Auszahlung im Sinne des § 93 Absatz 1 erfolgt ist.

(3) [1]Sofern der zentralen Stelle für den Zulageberechtigten im Zeitpunkt der schädlichen Verwendung eine Meldung nach § 118 Absatz 1a des Zwölften Buches Sozialgesetzbuch zum erstmaligen Bezug von Hilfe zum Lebensunterhalt und von Grundsicherung im Alter und bei Erwerbsminderung vorliegt, teilt die zentrale Stelle zum Zeitpunkt der Mitteilung nach Absatz 1 Satz 2 der Datenstelle der Rentenversicherungsträger als Vermittlungsstelle die schädliche Verwendung durch Datenfernübertragung mit. [2]Dies gilt nicht, wenn das Ausscheiden aus diesem Hilfebezug nach § 118 Absatz 1a des Zwölften Buches Sozialgesetzbuch angezeigt wurde.

S 2498

§ 95

Sonderfälle der Rückzahlung

(1) [1] Die §§ 93 und 94 gelten entsprechend, wenn

1. sich der Wohnsitz oder gewöhnliche Aufenthalt des Zulageberechtigten außerhalb der Mitgliedstaaten der Europäischen Union und der Staaten befindet, auf die das Abkommen über den Europäischen Wirtschaftsraum (EWR-Abkommen) anwendbar ist, oder wenn der Zulageberechtigte ungeachtet eines Wohnsitzes oder gewöhnlichen Aufenthaltes in einem dieser Staaten nach einem Abkommen zur Vermeidung der Doppelbesteuerung mit einem dritten Staat als außerhalb des Hoheitsgebiets dieser Staaten ansässig gilt und
2. entweder keine Zulageberechtigung besteht oder der Vertrag in der Auszahlungsphase ist.

[2] Satz 1 gilt nicht, sofern sich der Wohnsitz oder gewöhnliche Aufenthalt des Zulageberechtigten bereits seit dem 22. Juni 2016 ununterbrochen im Vereinigten Königreich Großbritannien und Nordirland befindet und der Vertrag vor dem 23. Juni 2016 abgeschlossen worden ist.

(2) [1] Auf Antrag des Zulageberechtigten ist der Rückzahlungsbetrag im Sinne des § 93 Absatz 1 Satz 1 zunächst bis zum Beginn der Auszahlung zu stunden. [2] Die Stundung ist zu verlängern, wenn der Rückzahlungsbetrag mit mindestens 15 Prozent der Leistungen aus dem Vertrag getilgt wird. [3] Die Stundung endet, wenn das geförderte Altersvorsorgevermögen nicht unter den in § 1 Absatz 1 Satz 1 Nummer 4 des Altersvorsorgeverträge-Zertifizierungsgesetzes genannten Voraussetzungen an den Zulageberechtigten ausgezahlt wird. [4] Der Stundungsantrag ist über den Anbieter an die zentrale Stelle zu richten. [5] Der Anbieter hat dem Zulageberechtigten den Stundungsantrag bereitzustellen; mit Einverständnis des Zulageberechtigten kann der Antrag elektronisch bereitgestellt werden. [6] Die zentrale Stelle teilt ihre Entscheidung auch dem Anbieter mit.

(3) Wurde der Rückzahlungsbetrag nach Absatz 2 gestundet und

1. verlegt der ehemals Zulageberechtigte seinen ausschließlichen Wohnsitz oder gewöhnlichen Aufenthalt in einen Mitgliedstaat der Europäischen Union oder einen Staat, auf den das Abkommen über den Europäischen Wirtschaftsraum (EWR-Abkommen) anwendbar ist, oder
2. wird der ehemals Zulageberechtigte erneut zulageberechtigt,

sind der Rückzahlungsbetrag und die bereits entstandenen Stundungszinsen von der zentralen Stelle zu erlassen.

§ 96

S 2499

Anwendung der Abgabenordnung, allgemeine Vorschriften

(1) [1]Auf die Zulagen und die Rückzahlungsbeträge sind die für Steuervergütungen geltenden Vorschriften der Abgabenordnung entsprechend anzuwenden. [2]Dies gilt nicht für § 163 der Abgabenordnung.

(2) [1]Hat der Anbieter vorsätzlich oder grob fahrlässig

1. unrichtige oder unvollständige Daten übermittelt oder
2. Daten pflichtwidrig nicht übermittelt,

obwohl der Zulageberechtigte seiner Informationspflicht gegenüber dem Anbieter zutreffend und rechtzeitig nachgekommen ist, haftet der Anbieter für die entgangene Steuer und die zu Unrecht gewährte Steuervergünstigung. [2]Dies gilt auch, wenn im Verhältnis zum Zulageberechtigten Festsetzungsverjährung eingetreten ist. [3]Der Zulageberechtigte haftet als Gesamtschuldner neben dem Anbieter, wenn er weiß, dass der Anbieter unrichtige oder unvollständige Daten übermittelt oder Daten pflichtwidrig nicht übermittelt hat. [4]Für die Inanspruchnahme des Anbieters ist die zentrale Stelle zuständig.

(3) Die zentrale Stelle hat auf Anfrage des Anbieters Auskunft über die Anwendung des Abschnitts XI zu geben.

(4) [1]Die zentrale Stelle kann beim Anbieter ermitteln, ob er seine Pflichten erfüllt hat. [2]Die §§ 193 bis 203 der Abgabenordnung gelten sinngemäß. [3]Auf Verlangen der zentralen Stelle hat der Anbieter ihr Unterlagen, soweit sie im Ausland geführt und aufbewahrt werden, verfügbar zu machen.

(5) Der Anbieter erhält vom Bund oder den Ländern keinen Ersatz für die ihm aus diesem Verfahren entstehenden Kosten.

(6) [1]Der Anbieter darf die im Zulageverfahren bekannt gewordenen Verhältnisse der Beteiligten nur für das Verfahren verwerten. [2]Er darf sie ohne Zustimmung der Beteiligten nur offenbaren, soweit dies gesetzlich zugelassen ist.

(7) [1]Für die Zulage gelten die Strafvorschriften des § 370 Absatz 1 bis 4, der §§ 371, 375 Absatz 1 und des § 376 sowie die Bußgeldvorschriften der §§ 378, 379 Absatz 1 und 4 und der §§ 383 und 384 der Abgabenordnung entsprechend. [2]Für das Strafverfahren wegen einer Straftat nach Satz 1 sowie der Begünstigung einer Person, die eine solche Tat begangen hat, gelten die §§ 385 bis 408, für das Bußgeldverfahren wegen einer Ordnungswidrigkeit nach Satz 1 die §§ 409 bis 412 der Abgabenordnung entsprechend.

S 2499

§ 97

Übertragbarkeit

[1]Das nach § 10a oder Abschnitt XI geförderte Altersvorsorgevermögen einschließlich seiner Erträge, die geförderten laufenden Altersvorsorgebeiträge und der Anspruch auf die Zulage sind nicht übertragbar. [2]§ 93 Absatz 1a und § 4 des Betriebsrentengesetzes bleiben unberührt.

S 2499

§ 98

Rechtsweg

In öffentlich-rechtlichen Streitigkeiten über die auf Grund des Abschnitts XI ergehenden Verwaltungsakte ist der Finanzrechtsweg gegeben.

S 2499

§ 99

Ermächtigung

(1) Das Bundesministerium der Finanzen wird ermächtigt, die Vordrucke für die Anträge nach § 89, für die Anmeldung nach § 90 Absatz 3 und für die in den §§ 92 und 94 Absatz 1 Satz 4 vorgesehenen Bescheinigungen und im Einvernehmen mit den obersten Finanzbehörden der Länder das Muster für die nach § 22 Nummer 5 Satz 7 vorgesehene Bescheinigung und den Inhalt und Aufbau der für die Durchführung des Zulageverfahrens zu übermittelnden Datensätze zu bestimmen.

(2) [1]Das Bundesministerium der Finanzen wird ermächtigt, im Einvernehmen mit dem Bundesministerium für Arbeit und Soziales und dem Bundesministerium des Innern, für Bau und Heimat durch Rechtsverordnung mit Zustimmung des Bundesrates Vorschriften zur Durchführung dieses Gesetzes über das Verfahren für die Ermittlung, Festsetzung, Auszahlung, Rückzahlung und Rückforderung der Zulage sowie die Rückzahlung und Rückforderung der nach § 10a Absatz 4 festgestellten Beträge zu erlassen. [2]Hierzu gehören insbesondere

1. Vorschriften über Aufzeichnungs-, Aufbewahrungs-, Bescheinigungs- und Anzeigepflichten des Anbieters,
2. Grundsätze des vorgesehenen Datenaustausches zwischen den Anbietern, der zentralen Stelle, den Trägern der gesetzlichen Rentenversicherung, der Bundesagentur für Arbeit, den Meldebehörden, den Familienkassen, den zuständigen Stellen und den Finanzämtern und
3. Vorschriften über Mitteilungspflichten, die für die Erteilung der Bescheinigungen nach § 22 Nummer 5 Satz 7 und § 92 erforderlich sind.

XII. Förderbetrag zur betrieblichen Altersversorgung

§ 100

S 2391

Förderbetrag zur betrieblichen Altersversorgung

(1) [1] Arbeitgeber im Sinne des § 38 Absatz 1 dürfen vom Gesamtbetrag der einzubehaltenden Lohnsteuer für jeden Arbeitnehmer mit einem ersten Dienstverhältnis einen Teilbetrag des Arbeitgeberbeitrags zur kapitalgedeckten betrieblichen Altersversorgung (Förderbetrag) entnehmen und bei der nächsten Lohnsteuer-Anmeldung gesondert absetzen. [2] Übersteigt der insgesamt zu gewährende Förderbetrag den Betrag, der insgesamt an Lohnsteuer abzuführen ist, so wird der übersteigende Betrag dem Arbeitgeber auf Antrag von dem Finanzamt, an das die Lohnsteuer abzuführen ist, aus den Einnahmen der Lohnsteuer ersetzt.

(2) [1] Der Förderbetrag beträgt im Kalenderjahr 30 Prozent des zusätzlichen Arbeitgeberbeitrags nach Absatz 3, höchstens 288 Euro. [2] In Fällen, in denen der Arbeitgeber bereits im Jahr 2016 einen zusätzlichen Arbeitgeberbeitrag an einen Pensionsfonds, eine Pensionskasse oder für eine Direktversicherung geleistet hat, ist der jeweilige Förderbetrag auf den Betrag beschränkt, den der Arbeitgeber darüber hinaus leistet.

(3) Voraussetzung für die Inanspruchnahme des Förderbetrags nach den Absätzen 1 und 2 ist, dass

1. der Arbeitslohn des Arbeitnehmers im Lohnzahlungszeitraum, für den der Förderbetrag geltend gemacht wird, im Inland dem Lohnsteuerabzug unterliegt;
2. der Arbeitgeber für den Arbeitnehmer zusätzlich zum ohnehin geschuldeten Arbeitslohn im Kalenderjahr mindestens einen Betrag in Höhe von 240 Euro an einen Pensionsfonds, eine Pensionskasse oder für eine Direktversicherung zahlt;
3. im Zeitpunkt der Beitragsleistung der laufende Arbeitslohn (§ 39b Absatz 2 Satz 1 und 2), der pauschal besteuerte Arbeitslohn (§ 40a Absatz 1 und 3) oder das pauschal besteuerte Arbeitsentgelt (§ 40a Absatz 2 und 2a) nicht mehr beträgt als
   a) 85,84 Euro bei einem täglichen Lohnzahlungszeitraum,
   b) 600,84 Euro bei einem wöchentlichen Lohnzahlungszeitraum,
   c) 2.575 Euro bei einem monatlichen Lohnzahlungszeitraum oder
   d) 30.900 Euro bei einem jährlichen Lohnzahlungszeitraum;
4. eine Auszahlung der zugesagten Alters-, Invaliditäts- oder Hinterbliebenenversorgungsleistungen entsprechend § 82 Absatz 2 Satz 2 vorgesehen ist;
5. sichergestellt ist, dass von den Beiträgen jeweils derselbe prozentuale Anteil zur Deckung der Vertriebskosten herangezogen wird;

der Prozentsatz kann angepasst werden, wenn die Kalkulationsgrundlagen geändert werden, darf die ursprüngliche Höhe aber nicht überschreiten.

(4) [1] Für die Inanspruchnahme des Förderbetrags sind die Verhältnisse im Zeitpunkt der Beitragsleistung maßgeblich; spätere Änderungen der Verhältnisse sind unbeachtlich. [2] Abweichend davon sind die für den Arbeitnehmer nach Absatz 1 geltend gemachten Förderbeträge zurückzugewähren, wenn eine Anwartschaft auf Leistungen aus einer nach Absatz 1 geförderten betrieblichen Altersversorgung später verfällt und sich daraus eine Rückzahlung an den Arbeitgeber ergibt. [3] Der Förderbetrag ist nur zurückzugewähren, soweit er auf den Rückzahlungsbetrag entfällt. [4] Der Förderbetrag ist in der Lohnsteuer-Anmeldung für den Lohnzahlungszeitraum, in dem die Rückzahlung zufließt, der an das Betriebsstättenfinanzamt abzuführenden Lohnsteuer hinzuzurechnen.

(5) Für den Förderbetrag gelten entsprechend:

1. **die §§ 41, 41a, 42e, 42f und 42g,**
2. **die für Steuervergütungen geltenden Vorschriften der Abgabenordnung mit Ausnahme des § 163 der Abgabenordnung und**
3. **die §§ 195 bis 203 der Abgabenordnung, die Strafvorschriften des § 370 Absatz 1 bis 4, der §§ 371, 375 Absatz 1 und des § 376, die Bußgeldvorschriften der §§ 378, 379 Absatz 1 und 4 und der §§ 383 und 384 der Abgabenordnung, die §§ 385 bis 408 für das Strafverfahren und die §§ 409 bis 412 der Abgabenordnung für das Bußgeldverfahren.**

(6) [1] Der Arbeitgeberbeitrag im Sinne des Absatzes 3 Nummer 2 ist steuerfrei, soweit er im Kalenderjahr 960 Euro nicht übersteigt. [2] Die Steuerfreistellung des § 3 Nummer 63 bleibt hiervon unberührt.

H 100

Hinweise

Allgemeines

Anhang 2 III

>BMF vom ***12.8.2021*** (BStBl I S. ***1050***), ***Rn.*** 100 ff.

I

Zusätzlichkeitsvoraussetzung

>*§ 8 Abs. 4 EStG*

XIII. Mobilitätsprämie

§ 101

Bemessungsgrundlage und Höhe der Mobilitätsprämie

[1]Steuerpflichtige können für die Veranlagungszeiträume 2021 bis 2026 neben der Berücksichtigung der Entfernungspauschalen ab dem 21. vollen Entfernungskilometer gemäß § 9 Absatz 1 Satz 3 Nummer 4 Satz 8 Buchstabe a und b, Nummer 5 Satz 9 Buchstabe a und b und § 4 Absatz 5 Satz 1 Nummer 6 Satz 4 als Werbungskosten oder Betriebsausgaben eine Mobilitätsprämie beanspruchen. [2]Bemessungsgrundlage der Mobilitätsprämie sind die berücksichtigten Entfernungspauschalen im Sinne des Satz 1, begrenzt auf den Betrag, um den das zu versteuernde Einkommen den Grundfreibetrag im Sinne des § 32a Absatz 1 Satz 2 Nummer 1 unterschreitet; bei Ehegatten, die nach §§ 26, 26b zusammen zur Einkommensteuer veranlagt werden, sind das gemeinsame zu versteuernde Einkommen und der doppelte Grundfreibetrag maßgebend. [3]Bei Steuerpflichtigen mit Einkünften aus nichtselbständiger Arbeit gilt dies nur, soweit die Entfernungspauschalen im Sinne des Satzes 1 zusammen mit den übrigen zu berücksichtigenden Werbungskosten im Zusammenhang mit den Einnahmen aus nichtselbständiger Arbeit den Arbeitnehmer-Pauschbetrag nach § 9a Satz 1 Nummer 1 Buchstabe a übersteigen. [4]Die Mobilitätsprämie beträgt 14 Prozent dieser Bemessungsgrundlage.

§ 102

Anspruchsberechtigung

Anspruchsberechtigt sind unbeschränkt oder beschränkt Steuerpflichtige im Sinne des § 1.

§ 103

Entstehung der Mobilitätsprämie

Der Anspruch auf die Mobilitätsprämie entsteht mit Ablauf des Kalenderjahres, in dem der Anspruchsberechtigte die erste Tätigkeitsstätte im Sinne des § 9 Absatz 4 oder eine Betriebsstätte im Sinne des § 4 Absatz 5 Satz 1 Nummer 6 aufgesucht oder Familienheimfahrten im Rahmen einer doppelten Haushaltsführung im Sinne des § 9 Absatz 1 Satz 3 Nummer 5 Satz 5 sowie des § 4 Absatz 5 Satz 1 Nummer 6 durchgeführt hat.

§ 104

Antrag auf die Mobilitätsprämie

(1) Die Mobilitätsprämie wird auf Antrag gewährt.

(2) [1]Der Anspruchsberechtigte hat den Antrag auf die Mobilitätsprämie bis zum Ablauf des vierten Kalenderjahres, das auf das Kalenderjahr folgt, in dem nach § 103 die Mobilitätsprämie entsteht, zu stellen. [2]Der Antrag ist nach amtlich vorgeschriebenem Vordruck bei dem Finanzamt zu stellen, dass für die Besteuerung des Anspruchsberechtigten nach dem Einkommen zuständig ist.

§ 105

Festsetzung und Auszahlung der Mobilitätsprämie

(1) [1]Die Mobilitätsprämie ist nach Ablauf des Kalenderjahres im Rahmen einer Einkommensteuerveranlagung festzusetzen. [2]Eine Festsetzung erfolgt nur, wenn die Mobilitätsprämie mindestens 10 Euro beträgt. [3]Die festgesetzte Mobilitätsprämie mindert die festgesetzte Einkommensteuer im Wege der Anrechnung. [4]Sie gilt insoweit als Steuervergütung. [5]Die Auszahlung erfolgt aus den Einnahmen an Einkommensteuer.

(2) [1]Besteht das Einkommen ganz oder teilweise aus Einkünften aus nichtselbständiger Arbeit, die dem Steuerabzug unterlegen haben, gilt der Antrag auf Mobilitätsprämie zugleich als ein Antrag auf Einkommensteuerveranlagung. [2]Besteht nach § 46 keine Pflicht zur Durchführung einer Veranlagung und wird keine Veranlagung, insbesondere zur Anrechnung von Lohnsteuer auf die Einkommensteuer nach § 46 Absatz 2 Nummer 8 beantragt, ist für die Festsetzung der Mobilitätsprämie die im Rahmen der Einkommensteuerveranlagung festgesetzte Einkommensteuer, die sich aufgrund des Antrags auf Mobilitätsprämie ergibt, mit Null Euro anzusetzen. [3]Auch in den Fällen des § 25 gilt, ungeachtet des § 56 Satz 1 der Einkommensteuer-Durchführungsverordnung, der Antrag auf Mobilitätsprämie zugleich als Abgabe einer Einkommensteuererklärung.

§ 106

Ertragsteuerliche Behandlung der Mobilitätsprämie

Die Mobilitätsprämie gehört nicht zu den steuerpflichtigen Einnahmen im Sinne des Einkommensteuergesetzes.

§ 107
Anwendung der Abgabenordnung

Auf die Mobilitätsprämie sind die für Steuervergütungen geltenden Vorschriften der Abgabenordnung mit Ausnahme des § 163 der Abgabenordnung entsprechend anzuwenden.

§ 108
Anwendung von Straf- und Bußgeldvorschriften der Abgabenordnung

[1] Für die Mobilitätsprämie gelten die Strafvorschriften des § 370 Absatz 1 bis 4, der §§ 371, 375 Absatz 1 und des § 376 der Abgabenordnung sowie die Bußgeldvorschriften der §§ 378 und 379 Absatz 1 und 4 sowie der §§ 383 und 384 der Abgabenordnung entsprechend. [2] Für das Strafverfahren wegen einer Straftat nach Satz 1 sowie der Begünstigung einer Person, die eine solche Tat begangen hat, gelten die §§ 385 bis 408 der Abgabenordnung, für das Bußgeldverfahren wegen einer Ordnungswidrigkeit nach Satz 1 die §§ 409 bis 412 der Abgabenordnung entsprechend.

§ 109
Verordnungsermächtigung

Die Bundesregierung wird ermächtigt, durch Rechtsverordnung mit Zustimmung des Bundesrates das Verfahren bei der Festsetzung und der Auszahlung der Mobilitätsprämie näher zu regeln.

XIV. Sondervorschriften zur Bewältigung der Corona-Pandemie

§ 110
Anpassung von Vorauszahlungen für den Veranlagungszeitraum 2019

(1) [1]Auf Antrag wird der für die Bemessung der Vorauszahlungen für den Veranlagungszeitraum 2019 zugrunde gelegte Gesamtbetrag der Einkünfte pauschal um 30 Prozent gemindert. [2]Das gilt nicht, soweit in dem Gesamtbetrag der Einkünfte Einkünfte aus nichtselbständiger Arbeit (§ 19) enthalten sind. [3]Voraussetzung für die Anwendung des Satzes 1 ist, dass die Vorauszahlungen für 2020 auf 0 Euro herabgesetzt wurden.

(2) Abweichend von Absatz 1 wird der für die Bemessung der Vorauszahlungen für den Veranlagungszeitraum 2019 zugrunde gelegte Gesamtbetrag der Einkünfte um einen höheren Betrag als 30 Prozent gemindert, wenn der Steuerpflichtige einen voraussichtlichen Verlustrücktrag im Sinne des § 10d Absatz 1 Satz 1 für 2020 in dieser Höhe nachweisen kann.

[1]) (3) [1]Die Minderungen nach den Absätzen 1 und 2 dürfen insgesamt *10.000.000 Euro*, bei Ehegatten, die nach den §§ 26 und 26b zusammenveranlagt werden, *20.000.000 Euro* nicht überschreiten. [2]§ 37 Absatz 3, 5 und 6 ist entsprechend anzuwenden.

---

[1]) Absatz 3 Satz 1 wurde durch Artikel 1 des Dritten Corona-Steuerhilfegesetzes geändert und ist für den VZ 2019 anzuwenden >§ 52 Abs. 52.

§ 111

Vorläufiger Verlustrücktrag für 2020 und 2021[1])

(1) [1]Auf Antrag wird bei der Steuerfestsetzung für den Veranlagungszeitraum 2019 pauschal ein Betrag in Höhe von 30 Prozent des Gesamtbetrags der Einkünfte des Veranlagungszeitraums 2019 als Verlustrücktrag aus 2020 abgezogen (vorläufiger Verlustrücktrag für 2020). [2]Bei der Berechnung des vorläufigen Verlustrücktrags für 2020 sind Einkünfte aus nichtselbständiger Arbeit (§ 19) nicht zu berücksichtigen, die im Gesamtbetrag der Einkünfte enthalten sind. [3]Voraussetzung für die Anwendung des Satzes 1 ist, dass die Vorauszahlungen für den Veranlagungszeitraum 2020 auf 0 Euro herabgesetzt wurden. [4]Soweit bei der Steuerfestsetzung für den Veranlagungszeitraum 2019 der vorläufige Verlustrücktrag für 2020 abgezogen wird, ist § 233a Absatz 2a der Abgabenordnung entsprechend anzuwenden.

(2) Abweichend von Absatz 1 wird ein höherer Betrag als 30 Prozent vom Gesamtbetrag der Einkünfte abgezogen, wenn der Steuerpflichtige einen voraussichtlichen Verlustrücktrag im Sinne des § 10d Absatz 1 Satz 1 für 2020 in dieser Höhe nachweisen kann.

(3) Der vorläufige Verlustrücktrag für 2020 nach den Absätzen 1 *1)* **und 2 kann insgesamt bis zu *10.000.000 Euro*, bei Ehegatten, die nach den §§ 26 und 26b zusammenveranlagt werden, bis zu *20.000.000 Euro* betragen.**

(4) [1]Führt die Herabsetzung von Vorauszahlungen für den Veranlagungszeitraum 2019 auf Grund eines voraussichtlich erwarteten Verlustrücktrags für 2020 zu einer Nachzahlung bei der Steuerfestsetzung für den Veranlagungszeitraum 2019, so wird diese auf Antrag des Steuerpflichtigen bis zum Ablauf eines Monats nach Bekanntgabe der Steuerfestsetzung für den Veranlagungszeitraum 2020 gestundet. [2]Stundungszinsen werden nicht erhoben.

(5) Für den Veranlagungszeitraum 2020 ist bei Anwendung von Absatz 1 oder 2 eine Einkommensteuererklärung abzugeben.

(6) [1]Mit der Veranlagung für 2020 ist die Steuerfestsetzung für den Veranlagungszeitraum 2019 zu ändern; hierbei ist der bislang berücksichtigte vorläufige Verlustrücktrag für 2020 dem Gesamtbetrag der Einkünfte hinzuzurechnen. [2]Dies gilt auch dann, wenn der Steuerbescheid für den Veranlagungszeitraum 2019 bestandskräftig geworden ist; die Festsetzungsfrist endet insoweit nicht, bevor die Festsetzungsfrist für den Veranlagungszeitraum 2020 abgelaufen ist. [3]Soweit die Änderung der Steuerfestsetzung für den Veranlagungszeitraum 2019 auf der Hinzurechnung des vorläufigen Verlustrücktrags für 2020 beruht, ist § 233a Absatz 2a der Abgabenordnung entsprechend anzuwenden.

---

1) Die Überschrift zu § 111 und Absatz 3 wurde durch Artikel 1 des Dritten Corona-Steuerhilfegesetzes geändert und ist für die VZ 2019 und 2020 anzuwenden >§ 52 Abs. 53.

(7) Die Absätze 1 bis 3 sind nicht anzuwenden, wenn die Veranlagung für den Veranlagungszeitraum 2020 vor der Veranlagung für den Veranlagungszeitraum 2019 durchgeführt wird.

[1] **(8) [1] *Wird der Einkommensteuerbescheid für 2019 vor dem 1. April 2021 bestandskräftig, kann bis zum 17. April 2021 nachträglich ein erstmaliger oder geänderter Antrag auf Berücksichtigung des vorläufigen Verlustrücktrags für 2020 gestellt werden. [2] Der Einkommensteuerbescheid für 2019 ist insoweit zu ändern.***

[1] ***(9) Die Absätze 1 bis 7 gelten für die Steuerfestsetzung für den Veranlagungszeitraum 2020 und die Berücksichtigung des Verlustrücktrags für 2021 entsprechend.***

---

[1] Absatz 8 wurde durch Artikel 1 des Dritten Corona-Steuerhilfegesetzes neu gefasst und Absatz 9 angefügt. Absätze 8 und 9 sind für die VZ 2019 und 2020 anzuwenden >§ 52 Abs. 53.

B.

Anhänge

Altersteilzeitgesetz (Art. 1 des Gesetzes zur Förderung eines gleitenden Übergangs in den Ruhestand)

vom 23.7.1996 (BGBl. I S. 1078)

zuletzt geändert durch Artikel 22 des Gesetzes zur Regelung des Sozialen Entschädigungsrechts vom 12.12.2019 (BGBl. I S. 2652)

§ 1 Grundsatz

(1) Durch Altersteilzeitarbeit soll älteren Arbeitnehmern ein gleitender Übergang vom Erwerbsleben in die Altersrente ermöglicht werden.

(2) Die Bundesagentur für Arbeit (Bundesagentur) fördert durch Leistungen nach diesem Gesetz die Teilzeitarbeit älterer Arbeitnehmer, die ihre Arbeitszeit ab Vollendung des 55. Lebensjahres spätestens ab 31. Dezember 2009 vermindern und damit die Einstellung eines sonst arbeitslosen Arbeitnehmers ermöglichen.

(3) [1] Altersteilzeit im Sinne dieses Gesetzes liegt unabhängig von einer Förderung durch die Bundesagentur auch vor bei einer Teilzeitarbeit älterer Arbeitnehmer, die ihre Arbeitszeit ab Vollendung des 55. Lebensjahres nach dem 31. Dezember 2009 vermindern. [2] Für die Anwendung des § 3 Nr. 28 des Einkommensteuergesetzes kommt es nicht darauf an, dass die Altersteilzeit vor dem 1. Januar 2010 begonnen wurde und durch die Bundesagentur nach § 4 gefördert wird.

§ 2 Begünstigter Personenkreis

(1) Leistungen werden für Arbeitnehmer gewährt, die

1. das 55. Lebensjahr vollendet haben,
2. nach dem 14. Februar 1996 auf Grund einer Vereinbarung mit ihrem Arbeitgeber, die sich zumindest auf die Zeit erstrecken muß, bis eine Rente wegen Alters beansprucht werden kann, ihre Arbeitszeit auf die Hälfte der bisherigen wöchentlichen Arbeitszeit vermindert haben, und versicherungspflichtig beschäftigt im Sinne des Dritten Buches Sozialgesetzbuch sind (Altersteilzeitarbeit) und
3. innerhalb der letzten fünf Jahre vor Beginn der Altersteilzeitarbeit mindestens 1.080 Kalendertage in einer versicherungspflichtigen Beschäftigung nach dem Dritten Buch Sozialgesetzbuch oder nach den Vorschriften eines Mitgliedstaates, der Europäischen Union, eines Vertragsstaates des Abkommens über den Europäischen Wirtschaftsraum oder Schweiz, gestanden haben. [2] Zeiten mit Anspruch auf Arbeitslosengeld oder Arbeitslosenhilfe, Zeiten des Bezuges von Arbeitslosengeld II sowie Zeiten, in denen Versicherungspflicht nach § 26 Abs. 2 des Dritten Buches Sozialgesetzbuch bestand, stehen der versicherungspflichtigen Beschäftigung gleich.

(2) [1] Sieht die Vereinbarung über die Altersteilzeitarbeit unterschiedliche wöchentliche Arbeitszeiten oder eine unterschiedliche Verteilung der wöchentlichen Arbeitszeit vor, ist die Voraussetzung nach Absatz 1 Nr. 2 auch erfüllt, wenn

1. die wöchentliche Arbeitszeit im Durchschnitt eines Zeitraums von bis zu drei Jahren oder bei Regelung in einem Tarifvertrag, auf Grund eines Tarifvertrages in einer Betriebsvereinbarung oder in einer Regelung der Kirchen und der öffentlich-rechtlichen Religionsgesellschaften im Durchschnitt eines Zeitraums von bis zu sechs Jahren die Hälfte der bisherigen wöchentlichen Arbeitszeit nicht überschreitet und der Arbeitnehmer versicherungspflichtig beschäftigt im Sinne des Dritten Buches Sozialgesetzbuch ist und
2. das Arbeitsentgelt für die Altersteilzeitarbeit sowie der Aufstockungsbetrag nach § 3 Abs. 1 Nr. 1 Buchstabe a fortlaufend gezahlt werden.

[2] Im Geltungsbereich eines Tarifvertrages nach Satz 1 Nr. 1 kann die tarifvertragliche Regelung im Betrieb eines nicht tarifgebundenen Arbeitgebers durch Betriebsvereinbarung oder, wenn ein Betriebsrat nicht besteht, durch schriftliche Vereinbarung zwischen dem Arbeitgeber und dem Arbeitnehmer übernommen werden. [3] Können auf Grund eines solchen Tarifvertrages abweichende Regelungen in einer Betriebsvereinbarung getroffen werden, kann auch in Betrieben eines nicht tarifgebundenen Arbeitgebers davon Gebrauch gemacht werden. [4] Satz 1 Nr. 1, 2. Alternative gilt entsprechend. [5] In einem Bereich, in dem tarifvertragliche Regelungen zur Verteilung der Arbeitszeit nicht getroffen sind oder üblicherweise nicht getroffen werden, kann eine Regelung im Sinne des Satzes 1 Nr. 1, 2. Alternative auch durch Betriebsvereinbarung oder, wenn ein Betriebsrat nicht besteht, durch schriftliche Vereinbarung zwischen Arbeitgeber und Arbeitnehmer getroffen werden.

(3) [1] Sieht die Vereinbarung über die Altersteilzeitarbeit unterschiedliche wöchentliche Arbeitszeiten oder eine unterschiedliche Verteilung der wöchentlichen Arbeitszeit über einen Zeitraum von mehr als sechs Jahren vor, ist die Voraussetzung nach Absatz 1 Nr. 2 auch erfüllt, wenn die wöchentliche Arbeitszeit im Durchschnitt eines Zeitraums von sechs Jahren, der innerhalb des Gesamtzeitraums der vereinbarten Altersteilzeitarbeit liegt, die Hälfte der bisherigen wöchentlichen Arbeitszeit nicht überschreitet, der Arbeitnehmer versicherungspflichtig beschäftigt im Sinne des Dritten Buches Sozialgesetzbuch ist und die weiteren Voraussetzungen des Absatzes 2 vorliegen. [2] Die Leistungen nach § 3 Abs. 1 Nr. 1 sind nur in dem in Satz 1 genannten Zeitraum von sechs Jahren zu erbringen.

§ 3
Anspruchsvoraussetzungen

(1) Der Anspruch auf die Leistungen nach § 4 setzt voraus, daß

1. der Arbeitgeber auf Grund eines Tarifvertrages, einer Regelung der Kirchen und der öffentlich-rechtlichen Religionsgesellschaften, einer Betriebsvereinbarung oder einer Vereinbarung mit dem Arbeitnehmer
   a) das Regelarbeitsentgelt für die Altersteilzeitarbeit um mindestens 20 vom Hundert aufgestockt hat, wobei die Aufstockung auch weitere Entgeltbestandteile umfassen kann, und
   b) für den Arbeitnehmer zusätzlich Beiträge zur gesetzlichen Rentenversicherung mindestens in Höhe des Beitrags entrichtet hat, der auf 80 vom Hundert des Regelarbeitsentgelts für die Altersteilzeitarbeit auf den Unterschiedsbetrag zwischen 90 vom Hundert der monatlichen Beitragsbemessungsgrenze und dem Regelarbeitsentgelt, entfällt, höchstens bis zur Beitragsbemessungsgrenze, sowie
2. der Arbeitgeber aus Anlass des Übergangs des Arbeitnehmers in die Altersteilzeitarbeit
   a) einen bei einer Agentur für Arbeit arbeitslos gemeldeten Arbeitnehmer, einen Bezieher von Arbeitslosengeld II oder einen Arbeitnehmer nach Abschluss der Ausbildung auf dem freigemachten oder auf einem in diesem Zusammenhang durch Umsetzung frei gewordenen Arbeitsplatz versicherungspflichtig im Sinne des Dritten Buches Sozialgesetzbuch beschäftigt; bei Arbeitgebern, die in der Regel nicht mehr als 50 Arbeitnehmer beschäftigen, wird unwiderleglich vermutet, dass der Arbeitnehmer auf dem freigemachten oder auf einem in diesem Zusammenhang durch Umsetzung frei gewordenen Arbeitsplatz beschäftigt wird, oder
   b) einen Auszubildenden versicherungspflichtig im Sinne des Dritten Buches Sozialgesetzbuch beschäftigt, wenn der Arbeitgeber in der Regel nicht mehr als 50 Arbeitnehmer beschäftigt

   und
3. die freie Entscheidung des Arbeitgebers bei einer über fünf vom Hundert der Arbeitnehmer des Betriebes hinausgehenden Inanspruchnahme sichergestellt ist oder eine Ausgleichskasse der Arbeitgeber oder eine gemeinsame Einrichtung der Tarifvertragsparteien besteht, wobei beide Voraussetzungen in Tarifverträgen verbunden werden können.

(1a) Die Voraussetzungen des Absatzes 1 Nr. 1 Buchstabe a sind auch erfüllt, wenn Bestandteile des Arbeitsentgelts, die für den Zeitraum der vereinbarten Altersteilzeitarbeit vermindert worden sind, bei der Aufstockung außer Betracht bleiben.

(2) Für die Zahlung der Beiträge nach Absatz 1 Nr. 1 Buchstabe b gelten die Bestimmungen des Sechsten Buches Sozialgesetzbuch über die Beitragszahlung aus dem Arbeitsentgelt.

(3) Hat der in Altersteilzeitarbeit beschäftigte Arbeitnehmer die Arbeitsleistung oder Teile der Arbeitsleistung im voraus erbracht, so ist die Voraussetzung nach Absatz 1 Nr. 2 bei Arbeitszeiten nach § 2 Abs. 2 und 3 erfüllt, wenn die Beschäftigung eines bei einer Agentur für Arbeit arbeitslos gemeldeten Arbeitnehmers oder eines Arbeitnehmers nach Abschluß der Ausbildung auf dem freigemachten oder durch Umsetzung freigewordenen Arbeitsplatz erst nach Erbringung der Arbeitsleistung erfolgt.

§ 4
Leistungen

(1) Die Bundesagentur erstattet dem Arbeitgeber für längstens sechs Jahre

1. den Aufstockungsbetrag nach § 3 Abs. 1 Nr. 1 Buchstabe a in Höhe von 20 vom Hundert des für die Altersteilzeitarbeit gezahlten Regelarbeitsentgelts und
2. den Betrag, der nach § 3 Abs. 1 Nr. 1 Buchstabe b in Höhe des Beitrags geleistet worden ist, der auf den Betrag entfällt, der sich aus 80 vom Hundert des Regelarbeitsentgelts für die Altersteilzeitarbeit ergibt, jedoch höchstens des auf den Unterschiedsbetrag zwischen 90 vom Hundert der monatlichen Beitragsbemessungsgrenze und dem Regelarbeitsentgelt entfallenden Beitrags.

(2) [1] Bei Arbeitnehmern, die nach § 6 Abs. 1 Satz 1 Nr. 1 oder § 231 Abs. 1 und 2 des Sechsten Buches Sozialgesetzbuch von der Versicherungspflicht befreit sind, werden Leistungen nach Absatz 1 auch erbracht, wenn die Voraussetzung des § 3 Abs. 1 Nr. 1 Buchstabe b nicht erfüllt ist. [2] Dem Betrag nach Absatz 1 Nr. 2 stehen in diesem Fall vergleichbare Aufwendungen des Arbeitgebers bis zur Höhe des Beitrags gleich, den die Bundesagentur nach Absatz 1 Nr. 2 zu tragen hätte, wenn der Arbeitnehmer nicht von der Versicherungspflicht befreit wäre.

§ 5
Erlöschen und Ruhen des Anspruchs

(1) Der Anspruch auf die Leistungen nach § 4 erlischt

1. mit Ablauf des Kalendermonats, in dem der Arbeitnehmer die Altersteilzeitarbeit beendet hat,
2. mit Ablauf des Kalendermonats vor dem Kalendermonat, für den der Arbeitnehmer eine Rente wegen Alters oder, wenn er von der Versicherungspflicht in der gesetzlichen Rentenversicherung befreit ist, das 65. Lebensjahr vollendet hat oder eine der Rente vergleichbare Leistung einer Versicherungs- oder Versorgungseinrichtung oder eines Versicherungsunternehmens beanspruchen kann; dies gilt nicht für Renten, die vor dem für den Versicherten maßgebenden Rentenalter in Anspruch genommen werden können oder
3. mit Beginn des Kalendermonats, für den der Arbeitnehmer eine Rente wegen Alters, eine Knappschaftsausgleichsleistung, eine ähnliche Leistung öffentlich-rechtlicher Art oder, wenn er von der Versicherungspflicht in der gesetzlichen Rentenversicherung befreit ist, eine vergleichbare Leistung einer Versicherungs- oder Versorgungseinrichtung oder eines Versicherungsunternehmens bezieht.

(2) [1] Der Anspruch auf die Leistungen besteht nicht, solange der Arbeitgeber auf dem freigemachten oder durch Umsetzung freigewordenen Arbeitsplatz keinen Arbeitnehmer mehr beschäftigt, der bei Beginn der Beschäftigung die Voraussetzungen des § 3 Abs. 1 Nr. 2 erfüllt hat. [2] Dies gilt nicht, wenn der Arbeitsplatz mit einem Arbeitnehmer, der diese Voraussetzungen erfüllt, innerhalb von drei Monaten erneut wiederbesetzt wird oder der Arbeitgeber insgesamt für vier Jahre die Leistungen erhalten hat.

(3) [1]Der Anspruch auf die Leistungen ruht während der Zeit, in der der Arbeitnehmer neben seiner Altersteilzeitarbeit Beschäftigungen oder selbständige Tätigkeiten ausübt, die die Geringfügigkeitsgrenze des § 8 des Vierten Buches Sozialgesetzbuch überschreiten oder auf Grund solcher Beschäftigungen eine Entgeltersatzleistung erhält. [2]Der Anspruch auf die Leistungen erlischt, wenn er mindestens 150 Kalendertage geruht hat. [3]Mehrere Ruhenszeiträume sind zusammenzurechnen. [4]Beschäftigungen oder selbständige Tätigkeiten bleiben unberücksichtigt, soweit der altersteilzeitarbeitende Arbeitnehmer sie bereits innerhalb der letzten fünf Jahre vor Beginn der Altersteilzeitarbeit ständig ausgeübt hat.

(4) [1]Der Anspruch auf die Leistungen ruht während der Zeit, in der der Arbeitnehmer über die Altersteilzeitarbeit hinaus Mehrarbeit leistet, die den Umfang der Geringfügigkeitsgrenze des § 8 des Vierten Buches Sozialgesetzbuch überschreitet. [2]Absatz 3 Satz 2 und 3 gilt entsprechend.

(5) § 48 Abs. 1 Nr. 3 des Zehnten Buches Sozialgesetzbuch findet keine Anwendung.

§ 6
Begriffsbestimmungen

(1) [1]Das Regelarbeitsentgelt für die Altersteilzeitarbeit im Sinne dieses Gesetzes ist das auf einen Monat entfallende vom Arbeitgeber regelmäßig zu zahlende sozialversicherungspflichtige Arbeitsentgelt, soweit es die Beitragsbemessungsgrenze des Dritten Buches Sozialgesetzbuch nicht überschreitet. [2]Entgeltbestandteile, die nicht laufend gezahlt werden, sind nicht berücksichtigungsfähig.

(2) [1]Als bisherige wöchentliche Arbeitszeit ist die wöchentliche Arbeitszeit zugrunde zu legen, die mit dem Arbeitnehmer vor dem Übergang in die Altersteilzeitarbeit vereinbart war. [2]Zugrunde zu legen ist höchstens die Arbeitszeit, die im Durchschnitt der letzten 24 Monate vor dem Übergang in die Altersteilzeit vereinbart war. [3]Die ermittelte durchschnittliche Arbeitszeit kann auf die nächste volle Stunde gerundet werden.

§ 7
Berechnungsvorschriften

(1) [1]Ein Arbeitgeber beschäftigt in der Regel nicht mehr als 50 Arbeitnehmer, wenn er in dem Kalenderjahr, das demjenigen, für das die Feststellung zu treffen ist, vorausgegangen ist, für einen Zeitraum von mindestens acht Kalendermonaten nicht mehr als 50 Arbeitnehmer beschäftigt hat. [2]Hat das Unternehmen nicht während des ganzen nach Satz 1 maßgebenden Kalenderjahrs bestanden, so beschäftigt der Arbeitgeber in der Regel nicht mehr als 50 Arbeitnehmer, wenn er während des Zeitraums des Bestehens des Unternehmens in der überwiegenden Zahl der Kalendermonate nicht mehr als 50 Arbeitnehmer beschäftigt hat. [3]Ist das Unternehmen im Laufe des Kalenderjahrs errichtet worden, in dem die Feststellung nach Satz 1 zu treffen ist, so beschäftigt der Arbeitgeber in der Regel nicht mehr als 50 Arbeitnehmer, wenn nach der Art des Unternehmens anzunehmen ist, dass die Zahl der beschäftigten Arbeitnehmer während der überwiegenden Kalendermonate dieses Kalenderjahrs 50 nicht überschreiten wird.

(2) [1]Für die Berechnung der Zahl der Arbeitnehmer nach § 3 Abs. 1 Nr. 3 ist der Durchschnitt der letzten zwölf Kalendermonate vor dem Beginn der Altersteilzeitarbeit des Arbeitnehmers maßgebend. [2]Hat ein Betrieb noch nicht zwölf Monate bestanden, ist der Durchschnitt der Kalendermonate während des Zeitraums des Bestehens des Betriebes maßgebend.

(3) [1]Bei der Feststellung der Zahl der beschäftigten Arbeitnehmer nach Absatz 1 und 2 bleiben schwerbehinderte Menschen und Gleichgestellte im Sinne des Neunten Buches Sozialgesetzbuch sowie Auszubildende außer Ansatz. [2]Teilzeitbeschäftigte Arbeitnehmer mit einer regelmäßigen wöchentlichen Arbeitszeit von nicht mehr als 20 Stunden sind mit 0,5 und mit einer regelmäßigen wöchentlichen Arbeitszeit von nicht mehr als 30 Stunden mit 0,75 zu berücksichtigen.

(4) Bei der Ermittlung der Zahl der in Altersteilzeitarbeit beschäftigten Arbeitnehmer nach § 3 Abs. 1 Nr. 3 sind schwerbehinderte Menschen und Gleichgestellte im Sinne des Neunten Buches Sozialgesetzbuch zu berücksichtigen.

§ 8
Arbeitsrechtliche Regelungen

(1) Die Möglichkeit eines Arbeitnehmers zur Inanspruchnahme von Altersteilzeitarbeit gilt nicht als eine die Kündigung des Arbeitsverhältnisses durch den Arbeitgeber begründende Tatsache im Sinne des § 1 Abs. 2 Satz 1 des Kündigungsschutzgesetzes; sie kann auch nicht bei der sozialen Auswahl nach § 1 Abs. 3 Satz 1 des Kündigungsschutzgesetzes zum Nachteil des Arbeitnehmers berücksichtigt werden.

(2) [1] Die Verpflichtung des Arbeitgebers zur Zahlung von Leistungen nach § 3 Abs. 1 Nr. 1 kann nicht für den Fall ausgeschlossen werden, daß der Anspruch des Arbeitgebers auf die Leistungen nach § 4 nicht besteht, weil die Voraussetzung des § 3 Abs. 1 Nr. 2 nicht vorliegt. [2] Das gleiche gilt für den Fall, daß der Arbeitgeber die Leistungen nur deshalb nicht erhält, weil er den Antrag nach § 12 nicht, nicht richtig, nicht vollständig oder nicht rechtzeitig gestellt hat oder seinen Mitwirkungspflichten nicht nachgekommen ist, ohne daß dafür eine Verletzung der Mitwirkungspflichten des Arbeitnehmers ursächlich war.

(3) Eine Vereinbarung zwischen Arbeitnehmer und Arbeitgeber über die Altersteilzeitarbeit, die die Beendigung des Arbeitsverhältnisses ohne Kündigung zu einem Zeitpunkt vorsieht, in dem der Arbeitnehmer Anspruch auf eine Rente wegen Alters hat, ist zulässig.

§ 8a
Insolvenzsicherung

(1) [1] Führt eine Vereinbarung über die Altersteilzeitarbeit im Sinne von § 2 Abs. 2 zum Aufbau eines Wertguthabens, das den Betrag des Dreifachen des Regelarbeitsentgelts nach § 6 Abs. 1 einschließlich des darauf entfallenden Arbeitgeberanteils am Gesamtsozialversicherungsbeitrag übersteigt, ist der Arbeitgeber verpflichtet, das Wertguthaben einschließlich des darauf entfallenden Arbeitgeberanteils am Gesamtsozialversicherungsbeitrag mit der ersten Gutschrift in geeigneter Weise gegen das Risiko seiner Zahlungsunfähigkeit abzusichern; § 7e des Vierten Buches Sozialgesetzbuch findet keine Anwendung. [2] Bilanzielle Rückstellungen sowie zwischen Konzernunternehmen (§ 18 des Aktiengesetzes) begründete Einstandspflichten, insbesondere Bürgschaften, Patronatserklärungen oder Schuldbeitritte, gelten nicht als geeignete Sicherungsmittel im Sinne des Satzes 1.

(2) Bei der Ermittlung der Höhe des zu sichernden Wertguthabens ist eine Anrechnung der Leistungen nach § 3 Abs. 1 Nr. 1 Buchstabe a und b und § 4 Abs. 2 sowie der Zahlungen des Arbeitgebers zur Übernahme der Beiträge im Sinne des § 187a des Sechsten Buches Sozialgesetzbuch unzulässig.

(3) [1] Der Arbeitgeber hat dem Arbeitnehmer die zur Sicherung des Wertguthabens ergriffenen Maßnahmen mit der ersten Gutschrift und danach alle sechs Monate in Textform nachzuweisen. [2] Die Betriebsparteien können eine andere gleichwertige Art und Form des Nachweises vereinbaren; Absatz 4 bleibt hiervon unberührt.

(4) [1] Kommt der Arbeitgeber seiner Verpflichtung nach Absatz 3 nicht nach oder sind die nachgewiesenen Maßnahmen nicht geeignet und weist er auf schriftliche Aufforderung des Arbeitnehmers nicht innerhalb eines Monats eine geeignete Insolvenzsicherung des bestehenden Wertguthabens in Textform nach, kann der Arbeitnehmer verlangen, dass Sicherheit in Höhe des bestehenden Wertguthabens geleistet wird. [2] Die Sicherheitsleistung kann nur erfolgen durch Stellung eines tauglichen Bürgen oder Hinterlegung von Geld oder solchen Wertpapieren, die nach § 234 Abs. 1 und 3 des Bürgerlichen Gesetzbuchs zur Sicherheitsleistung geeignet sind. [3] Die Vorschriften der §§ 233, 234 Abs. 2, §§ 235 und 239 des Bürgerlichen Gesetzbuchs sind entsprechend anzuwenden.

(5) Vereinbarungen über den Insolvenzschutz, die zum Nachteil des in Altersteilzeitarbeit beschäftigten Arbeitnehmers von den Bestimmungen dieser Vorschrift abweichen, sind unwirksam.

(6) Die Absätze 1 bis 5 finden keine Anwendung gegenüber dem Bund, den Ländern, den Gemeinden, Körperschaften, Stiftungen und Anstalten des öffentlichen Rechts, über deren Vermögen die Eröffnung eines Insolvenzverfahrens nicht zulässig ist, sowie solchen juristischen Personen des

öffentlichen Rechts, bei denen der Bund, ein Land oder eine Gemeinde kraft Gesetzes die Zahlungsfähigkeit sichert.

§ 9
Ausgleichskassen, gemeinsame Einrichtungen

(1) Werden die Leistungen nach § 3 Abs. 1 Nr. 1 auf Grund eines Tarifvertrages von einer Ausgleichskasse der Arbeitgeber erbracht oder dem Arbeitgeber erstattet, gewährt die Bundesagentur auf Antrag der Tarifvertragsparteien die Leistungen nach § 4 der Ausgleichskasse.

(2) Für gemeinsame Einrichtungen der Tarifvertragsparteien gilt Absatz 1 entsprechend.

§ 10
Soziale Sicherung des Arbeitnehmers

(1) [1]Beansprucht ein Arbeitnehmer, der Altersteilzeitarbeit (§ 2) geleistet hat und für den der Arbeitgeber Leistungen nach § 3 Abs. 1 Nr. 1 erbracht hat, Arbeitslosengeld oder Arbeitslosenhilfe, erhöht sich das Bemessungsentgelt, das sich nach den Vorschriften des Dritten Buches Sozialgesetzbuch ergibt, bis zu dem Betrag, der als Bemessungsentgelt zugrunde zu legen wäre, wenn der Arbeitnehmer seine Arbeitszeit nicht im Rahmen der Altersteilzeit vermindert hätte. [2]Kann der Arbeitnehmer eine Rente wegen Alters in Anspruch nehmen, ist von dem Tage an, an dem die Rente erstmals beansprucht werden kann, das Bemessungsentgelt maßgebend, das ohne die Erhöhung nach Satz 1 zugrunde zu legen gewesen wäre. [3]Änderungsbescheide werden mit dem Tag wirksam, an dem die Altersrente erstmals beansprucht werden konnte.

(2) [1]Bezieht ein Arbeitnehmer, für den die Bundesagentur Leistungen nach § 4 erbracht hat, Krankengeld, Versorgungskrankengeld, Verletztengeld oder Übergangsgeld und liegt der Bemessung dieser Leistungen ausschließlich die Altersteilzeit zugrunde oder bezieht der Arbeitnehmer Krankentagegeld von einem privaten Krankenversicherungsunternehmen erbringt die Bundesagentur anstelle des Arbeitgebers die Leistungen nach § 3 Abs. 1 Nr. 1 in Höhe der Erstattungsleistungen nach § 4. [2]Satz 1 gilt soweit und solange nicht, als Leistungen nach § 3 Abs. 1 Nr. 1 vom Arbeitgeber erbracht werden. [3]Durch die Leistungen darf der Höchstförderzeitraum nach § 4 Abs. 1 nicht überschritten werden. [4]§ 5 Abs. 1 gilt entsprechend.

(3) Absatz 2 gilt entsprechend für Arbeitnehmer, die nur wegen Inanspruchnahme der Altersteilzeit nach § 2 Abs. 1 Nr. 1 und 2 des Zweiten Gesetzes über die Krankenversicherung der Landwirte versicherungspflichtig in der Krankenversicherung der Landwirte sind, soweit und solange ihnen Krankengeld gezahlt worden wäre, falls sie nicht Mitglied der landwirtschaftlichen Krankenkasse geworden wären.

(4) Bezieht der Arbeitnehmer Kurzarbeitergeld, gilt für die Berechnung der Leistungen des § 3 Abs. 1 Nr. 1 und des § 4 das Entgelt für die vereinbarte Arbeitszeit als Arbeitsentgelt für die Altersteilzeitarbeit.

(5) [1]Sind für den Arbeitnehmer Aufstockungsleistungen nach § 3 Abs. 1 Nr. 1 Buchstabe a und b gezahlt worden, gilt in den Fällen der nicht zweckentsprechenden Verwendung von Wertguthaben für die Berechnung der Beiträge zur gesetzlichen Rentenversicherung der Unterschiedsbetrag zwischen dem Betrag, den der Arbeitgeber der Berechnung der Beiträge nach § 3 Abs. 1 Nr. 1 Buchstabe b zugrunde gelegt hat, und dem Doppelten des Regelarbeitsentgelts bis zum Zeitpunkt der nicht zweckentsprechenden Verwendung, höchstens bis zur Beitragsbemessungsgrenze, als beitragspflichtige Einnahme aus dem Wertguthaben; für die Beiträge zur Krankenversicherung, Pflegeversicherung oder nach dem Recht der Arbeitsförderung gilt § 23b Abs. 2 bis 3 des Vierten Buches Sozialgesetzbuch. [2]Im Falle der Zahlungsunfähigkeit des Arbeitgebers gilt Satz 1 entsprechend, soweit Beiträge gezahlt werden.

§ 11
Mitwirkungspflichten des Arbeitnehmers

(1) [1] Der Arbeitnehmer hat Änderungen der ihn betreffenden Verhältnisse, die für die Leistungen nach § 4 erheblich sind, dem Arbeitgeber unverzüglich mitzuteilen. [2] Werden im Fall des § 9 die Leistungen von der Ausgleichskasse der Arbeitgeber oder der gemeinsamen Einrichtung der Tarifvertragsparteien erbracht, hat der Arbeitnehmer Änderungen nach Satz 1 diesen gegenüber unverzüglich mitzuteilen.

(2) [1] Der Arbeitnehmer hat der Bundesagentur die dem Arbeitgeber zu Unrecht gezahlten Leistungen zu erstatten, wenn der Arbeitnehmer die unrechtmäßige Zahlung dadurch bewirkt hat, daß er vorsätzlich oder grob fahrlässig

1. Angaben gemacht hat, die unrichtig oder unvollständig sind, oder
2. der Mitteilungspflicht nach Absatz 1 nicht nachgekommen ist.

[2] Die zu erstattende Leistung ist durch schriftlichen Verwaltungsakt festzusetzen. [3] Eine Erstattung durch den Arbeitgeber kommt insoweit nicht in Betracht.

§ 12
Verfahren

(1) [1] Die Agentur für Arbeit entscheidet auf Antrag des Arbeitgebers, ob die Voraussetzungen für die Erbringung von Leistungen nach § 4 vorliegen. [2] Der Antrag wirkt vom Zeitpunkt des Vorliegens der Anspruchsvoraussetzungen, wenn er innerhalb von drei Monaten nach deren Vorliegen gestellt wird, andernfalls wirkt er vom Beginn des Monats der Antragstellung. [3] In den Fällen des § 3 Abs. 3 kann die Agentur für Arbeit auch vorab entscheiden, ob die Voraussetzungen des § 2 vorliegen. [4] Mit dem Antrag sind die Namen, Anschriften und Versicherungsnummern der Arbeitnehmer mitzuteilen, für die Leistungen beantragt werden. [5] Zuständig ist die Agentur für Arbeit, in deren Bezirk der Betrieb liegt, in dem der Arbeitnehmer beschäftigt ist. [6] Die Bundesagentur erklärt eine andere Agentur für Arbeit für zuständig, wenn der Arbeitgeber dafür ein berechtigtes Interesse glaubhaft macht.

(2) [1] Die Höhe der Leistungen nach § 4 wird zu Beginn des Erstattungsverfahrens in monatlichen Festbeträgen für die gesamte Förderdauer festgelegt. [2] Die monatlichen Festbeträge werden nur angepasst, wenn sich das berücksichtigungsfähige Regelarbeitsentgelt um mindestens 10 Euro verringert. [3] Leistungen nach § 4 werden auf Antrag erbracht und nachträglich jeweils für den Kalendermonat ausgezahlt, in dem die Anspruchsvoraussetzungen vorgelegen haben. [4] Leistungen nach § 10 Abs. 2 werden auf Antrag des Arbeitnehmers oder, im Falle einer Leistungserbringung des Arbeitgebers an den Arbeitnehmer gemäß § 10 Abs. 2 Satz 2, auf Antrag des Arbeitgebers monatlich nachträglich ausgezahlt.

(3) [1] In den Fällen des § 3 Abs. 3 werden dem Arbeitgeber die Leistungen nach Absatz 1 erst von dem Zeitpunkt an ausgezahlt, in dem der Arbeitgeber auf dem freigemachten oder durch Umsetzung freigewordenen Arbeitsplatz einen Arbeitnehmer beschäftigt, der bei Beginn der Beschäftigung die Voraussetzungen des § 3 Abs. 1 Nr. 2 erfüllt hat. [2] Endet die Altersteilzeitarbeit in den Fällen des § 3 Abs. 3 vorzeitig, erbringt die Agentur für Arbeit dem Arbeitgeber die Leistungen für zurückliegende Zeiträume nach Satz 3, solange die Voraussetzungen des § 3 Abs. 1 Nr. 2 erfüllt sind und soweit dem Arbeitgeber entsprechende Aufwendungen für Aufstockungsleistungen nach § 3 Abs. 1 Nr. 1 und § 4 Abs. 2 verblieben sind. [3] Die Leistungen für zurückliegende Zeiten werden zusammen mit den laufenden Leistungen jeweils in monatlichen Teilbeträgen ausgezahlt. [4] Die Höhe der Leistungen für zurückliegende Zeiten bestimmt sich nach der Höhe der laufenden Leistungen.

(4) [1] Über die Erbringung von Leistungen kann die Agentur für Arbeit vorläufig entscheiden, wenn die Voraussetzungen für den Anspruch mit hinreichender Wahrscheinlichkeit vorliegen und zu ihrer Feststellung voraussichtlich längere Zeit erforderlich ist. [2] Aufgrund der vorläufigen Entscheidung erbrachte Leistungen sind auf die zustehende Leistung anzurechnen. [3] Sie sind zu erstatten, soweit mit der abschließenden Entscheidung ein Anspruch nicht oder nur in geringerer Höhe zuerkannt wird.

§ 13
Auskünfte und Prüfung

[1]Die §§ 315 und 319 des Dritten Buches und das Zweite Kapitel des Zehnten Buches Sozialgesetzbuch gelten entsprechend. [2]§ 2 Abs. 1 Satz 1 Nummer 3 des Schwarzarbeitsbekämpfungsgesetzes bleibt unberührt.

§ 14
Bußgeldvorschriften

(1) Ordnungswidrig handelt, wer vorsätzlich oder fahrlässig

1. entgegen § 11 Abs. 1 oder als Arbeitgeber entgegen § 60 Abs. 1 Nr. 2 des Ersten Buches Sozialgesetzbuch eine Mitteilung nicht, nicht richtig, nicht vollständig oder nicht rechtzeitig macht,
2. entgegen § 13 Satz 1 in Verbindung mit § 315 Abs. 1, 2 Satz 1, Abs. 3 oder 5 Satz 1 und 2 des Dritten Buches Sozialgesetzbuch eine Auskunft nicht, nicht richtig, nicht vollständig oder nicht rechtzeitig erteilt,
3. entgegen § 13 Satz 1 in Verbindung mit § 319 Abs. 1 Satz 1 des Dritten Buches Sozialgesetzbuch Einsicht oder Zutritt nicht gewährt oder
4. entgegen § 13 Satz 1 in Verbindung mit § 319 Abs. 2 Satz 1 des Dritten Buches Sozialgesetzbuch Daten nicht, nicht richtig, nicht vollständig, nicht in der vorgeschriebenen Weise oder nicht rechtzeitig zur Verfügung stellt.

(2) Die Ordnungswidrigkeit kann in den Fällen des Absatzes 1 Nr. 4 mit einer Geldbuße bis zu dreißigtausend Euro, in den übrigen Fällen mit einer Geldbuße bis zu tausend Euro geahndet werden.

(3) Verwaltungsbehörden im Sinne des § 36 Abs. 1 Nr. 1 des Gesetzes über Ordnungswidrigkeiten sind die Agenturen für Arbeit.

(4) [1]Die Geldbußen fließen in die Kasse der Bundesagentur. [2]§ 66 des Zehnten Buches Sozialgesetzbuch gilt entsprechend.

(5) Die notwendigen Auslagen trägt abweichend von § 105 Abs. 2 des Gesetzes über Ordnungswidrigkeiten die Bundesagentur; diese ist auch ersatzpflichtig im Sinne des § 110 Abs. 4 des Gesetzes über Ordnungswidrigkeiten.

§ 15
(weggefallen)

§ 15a
Übergangsregelung nach dem Gesetz zur Reform der Arbeitsförderung

Haben die Voraussetzungen für die Erbringung von Leistungen nach § 4 vor dem 1. April 1997 vorgelegen, erbringt die Bundesagentur die Leistungen nach § 4 auch dann, wenn die Voraussetzungen des § 2 Abs. 1 Nr. 2 und Abs. 2 Nr. 1 in der bis zum 31. März 1997 geltenden Fassung vorliegen.

§ 15b
Übergangsregelung nach dem Gesetz zur Reform der gesetzlichen Rentenversicherung

Abweichend von § 5 Abs. 1 Nr. 2 erlischt der Anspruch auf die Leistungen nach § 4 nicht, wenn mit der Altersteilzeit vor dem 1. Juli 1998 begonnen worden ist und Anspruch auf eine ungeminderte Rente wegen Alters besteht, weil 45 Jahre mit Pflichtbeiträgen für eine versicherte Beschäftigung oder Tätigkeit vorliegen.

§ 15c
Übergangsregelung nach dem Gesetz zur Fortentwicklung der Altersteilzeit

Ist eine Vereinbarung über Altersteilzeitarbeit vor dem 1. Januar 2000 abgeschlossen worden, erbringt die Bundesagentur die Leistungen nach § 4 auch dann, wenn die Voraussetzungen des § 2 Abs. 1 Nr. 2 und 3 in der bis zum 1. Januar 2000 geltenden Fassung vorliegen.

§ 15d
Übergangsregelung zum Zweiten Gesetz zur Fortentwicklung der Altersteilzeit

[1] Ist eine Vereinbarung über Altersteilzeitarbeit vor dem 1. Juli 2000 abgeschlossen worden, gelten § 5 Abs. 2 Satz 2 und § 6 Abs. 2 Satz 2 in der bis zum 1. Juli 2000 geltenden Fassung. [2] Sollen bei einer Vereinbarung nach Satz 1 Leistungen nach § 4 für einen Zeitraum von länger als fünf Jahren beansprucht werden, gilt § 5 Abs. 2 Satz 2 in der ab dem 1. Juli 2000 geltenden Fassung.

§ 15e
Übergangsregelung nach dem Gesetz zur Reform der Renten wegen verminderter Erwerbsfähigkeit

Abweichend von § 5 Abs. 1 Nr. 2 erlischt der Anspruch auf die Leistungen nach § 4 nicht, wenn mit der Altersteilzeit vor dem 17. November 2000 begonnen worden ist und Anspruch auf eine ungeminderte Rente wegen Alters besteht, weil die Voraussetzungen nach § 236a Satz 5 Nr. 1 des Sechsten Buches Sozialgesetzbuch vorliegen.

§ 15f
Übergangsregelung nach dem Zweiten für moderne Dienstleistungen am Arbeitsmarkt

Wurde mit der Altersteilzeit vor dem 1. April 2003 begonnen, gelten Arbeitnehmer, die bis zu diesem Zeitpunkt in einer versicherungspflichtigen Beschäftigung nach dem Dritten Sozialgesetzbuch gestanden haben, auch nach dem 1. April 2003 als versicherungspflichtig beschäftigt, wenn sie die bis zum 31. März 2003 geltenden Voraussetzungen für das Vorliegen einer versicherungspflichtigen Beschäftigung weiterhin erfüllen.

§ 15g
Übergangsregelung zum Dritten Gesetz für moderne Dienstleistungen am Arbeitsmarkt

[1] Wurde mit der Altersteilzeitarbeit vor dem 1. Juli 2004 begonnen, sind die Vorschriften in der bis zum 30. Juni 2004 geltenden Fassung mit Ausnahme des § 15 weiterhin anzuwenden. [2] Auf Antrag des Arbeitgebers erbringt die Bundesagentur abweichend von Satz 1 Leistungen nach § 4 in der ab dem 1. Juli 2004 geltenden Fassung, wenn die hierfür ab dem 1. Juli 2004 maßgebenden Voraussetzungen erfüllt sind.

§ 15h
Übergangsregelung zum Gesetz über Leistungsverbesserungen in der gesetzlichen Rentenversicherung

Abweichend von § 5 Absatz 1 Nummer 2 erlischt der Anspruch auf die Leistungen nach § 4 nicht, wenn mit der Altersteilzeit vor dem 1. Januar 2010 begonnen worden ist und die Voraussetzungen für einen Anspruch auf eine Rente für besonders langjährig Versicherte nach § 236b des Sechsten Buches Sozialgesetzbuch erfüllt sind.

§ 15i
Übergangsregelung zum Gesetz zu Änderungen im Bereich der geringfügigen Beschäftigung

Wurde mit der Altersteilzeit vor dem 1. Januar 2013 begonnen, gelten Arbeitnehmerinnen und Arbeitnehmer, die bis zu diesem Zeitpunkt in einer versicherungspflichtigen Beschäftigung nach dem

Dritten Buch Sozialgesetzbuch gestanden haben, auch nach dem 31. Dezember 2012 als versicherungspflichtig beschäftigt, wenn sie die bis zum 31. Dezember 2012 geltenden Voraussetzungen für das Vorliegen einer versicherungspflichtigen Beschäftigung weiterhin erfüllen.

§ 16
Befristung der Förderungsfähigkeit

Für die Zeit ab dem 1. Januar 2010 sind Leistungen nach § 4 nur noch zu erbringen, wenn die Voraussetzungen des § 2 erstmals vor diesem Zeitpunkt vorgelegen haben.

Übersicht

I.

Gesetz zur Verbesserung der betrieblichen Altersversorgung (Betriebsrentengesetz – BetrAVG)

vom 19.12.1974 (BGBl. I S. 3610, BStBl 1975 I S. 22),

zuletzt geändert durch ***Artikel 23 des Gesetzes zur Fortentwicklung des Sanierungs- und Insolvenzrechts vom 22.12.2020 (BGBl. I S. 3256)***

Erster Teil
Arbeitsrechtliche Vorschriften

Erster Abschnitt
Durchführung der betrieblichen Altersversorgung

§ 1
Zusage des Arbeitgebers auf betriebliche Altersversorgung

(1) [1] Werden einem Arbeitnehmer Leistungen der Alters-, Invaliditäts- oder Hinterbliebenenversorgung aus Anlass seines Arbeitsverhältnisses vom Arbeitgeber zugesagt (betriebliche Altersversorgung), gelten die Vorschriften dieses Gesetzes. [2] Die Durchführung der betrieblichen Altersversorgung kann unmittelbar über den Arbeitgeber oder über einen der in § 1b Abs. 2 bis 4 genannten Versorgungsträger erfolgen. [3] Der Arbeitgeber steht für die Erfüllung der von ihm zugesagten Leistungen auch dann ein, wenn die Durchführung nicht unmittelbar über ihn erfolgt.

(2) Betriebliche Altersversorgung liegt auch vor, wenn

1. der Arbeitgeber sich verpflichtet, bestimmte Beiträge in eine Anwartschaft auf Alters-, Invaliditäts- oder Hinterbliebenenversorgung umzuwandeln (beitragsorientierte Leistungszusage),
2. der Arbeitgeber sich verpflichtet, Beiträge zur Finanzierung von Leistungen der betrieblichen Altersversorgung an einen Pensionsfonds, eine Pensionskasse oder eine Direktversicherung zu zahlen und für Leistungen zur Altersversorgung das planmäßig zuzurechnende Versorgungskapital auf der Grundlage der gezahlten Beiträge (Beiträge und die daraus erzielten Erträge), mindestens die Summe der zugesagten Beiträge, soweit sie nicht rechnungsmäßig für einen biometrischen Risikoausgleich verbraucht wurden, hierfür zur Verfügung zu stellen (Beitragszusage mit Mindestleistung),

2a. der Arbeitgeber durch Tarifvertrag oder auf Grund eines Tarifvertrages in einer Betriebs oder Dienstvereinbarung verpflichtet wird, Beiträge zur Finanzierung von Leistungen der betrieblichen Altersversorgung an einen Pensionsfonds, eine Pensionskasse oder eine Direktversicherung nach § 22 zu zahlen; die Pflichten des Arbeitgebers nach Absatz 1 Satz 3, § 1a Absatz 4 Satz 2, den §§ 1b bis 6 und 16 sowie die Insolvenzsicherungspflicht nach dem Vierten Abschnitt bestehen nicht (reine Beitragszusage),
3. künftige Entgeltansprüche in eine wertgleiche Anwartschaft auf Versorgungsleistungen umgewandelt werden (Entgeltumwandlung) oder
4. der Arbeitnehmer Beiträge aus seinem Arbeitsentgelt zur Finanzierung von Leistungen der betrieblichen Altersversorgung an einen Pensionsfonds, eine Pensionskasse oder eine Direktversicherung leistet und die Zusage des Arbeitgebers auch die Leistungen aus diesen Beiträgen umfasst; die Regelungen für Entgeltumwandlung sind hierbei entsprechend anzuwenden, soweit die zugesagten Leistungen aus diesen Beiträgen im Wege der Kapitaldeckung finanziert werden.

§ 1a
Anspruch auf betriebliche Altersversorgung durch Entgeltumwandlung

(1) [1] Der Arbeitnehmer kann vom Arbeitgeber verlangen, dass von seinen künftigen Entgeltansprüchen bis zu 4 vom Hundert der jeweiligen Beitragsbemessungsgrenze in der allgemeinen Rentenversicherung durch Entgeltumwandlung für seine betriebliche Altersversorgung verwendet werden. [2] Die Durchführung des Anspruchs des Arbeitnehmers wird durch Vereinbarung geregelt. [3] Ist der Arbeitgeber zu einer Durchführung über einen Pensionsfonds oder eine Pensionskasse (§ 1b Abs. 3) oder über eine Versorgungseinrichtung nach § 22 bereit, ist die betriebliche Altersversorgung dort durchzuführen; andernfalls kann der Arbeitnehmer verlangen, dass der Arbeitgeber für ihn eine Direktversicherung (§ 1b Abs. 2) abschließt. [4] Soweit der Anspruch geltend gemacht wird, muss der Arbeitnehmer jährlich einen Betrag in Höhe von mindestens einem Hundertsechzigstel der Bezugsgröße nach § 18 Abs. 1 des Vierten Buches Sozialgesetzbuch für seine betriebliche Altersversorgung verwenden. [5] Soweit der Arbeitnehmer Teile seines regelmäßigen Entgelts für betriebliche Altersversorgung verwendet, kann der Arbeitgeber verlangen, dass während eines laufenden Kalenderjahres gleich bleibende monatliche Beträge verwendet werden.

(1a) Der Arbeitgeber muss 15 Prozent des umgewandelten Entgelts zusätzlich als Arbeitgeberzuschuss an den Pensionsfonds, die Pensionskasse oder die Direktversicherung weiterleiten, soweit er durch die Entgeltumwandlung Sozialversicherungsbeiträge einspart.

(2) Soweit eine durch Entgeltumwandlung finanzierte betriebliche Altersversorgung besteht, ist der Anspruch des Arbeitnehmers auf Entgeltumwandlung ausgeschlossen.

(3) Soweit der Arbeitnehmer einen Anspruch auf Entgeltumwandlung für betriebliche Altersversorgung nach Abs. 1 hat, kann er verlangen, dass die Voraussetzungen für eine Förderung nach den §§ 10a, 82 Abs. 2 des Einkommensteuergesetzes erfüllt werden, wenn die betriebliche Altersversorgung über einen Pensionsfonds, eine Pensionskasse oder eine Direktversicherung durchgeführt wird.

(4) [1] Falls der Arbeitnehmer bei fortbestehendem Arbeitsverhältnis kein Entgelt erhält, hat er das Recht, die Versicherung oder Versorgung mit eigenen Beiträgen fortzusetzen. [2] Der Arbeitgeber steht auch für die Leistungen aus diesen Beiträgen ein. [3] Die Regelungen über Entgeltumwandlung gelten entsprechend.

§ 1b
Unverfallbarkeit und Durchführung der betrieblichen Altersversorgung

(1) [1] Einem Arbeitnehmer, dem Leistungen aus der betrieblichen Altersversorgung zugesagt worden sind, bleibt die Anwartschaft erhalten, wenn das Arbeitsverhältnis vor Eintritt des Versorgungsfalls, jedoch nach Vollendung des 21. Lebensjahres endet und die Versorgungszusage zu diesem

Zeitpunkt mindestens drei Jahre bestanden hat (unverfallbare Anwartschaft). [2] Ein Arbeitnehmer behält seine Anwartschaft auch dann, wenn er aufgrund einer Vorruhestandsregelung ausscheidet und ohne das vorherige Ausscheiden die Wartezeit und die sonstigen Voraussetzungen für den Bezug von Leistungen der betrieblichen Altersversorgung hätte erfüllen können. [3] Eine Änderung der Versorgungszusage oder ihre Übernahme durch eine andere Person unterbricht nicht den Ablauf der Fristen nach Satz 1. [4] Der Verpflichtung aus einer Versorgungszusage stehen Versorgungsverpflichtungen gleich, die auf betrieblicher Übung oder dem Grundsatz der Gleichbehandlung beruhen. [5] Der Ablauf einer vorgesehenen Wartezeit wird durch die Beendigung des Arbeitsverhältnisses nach Erfüllung der Voraussetzungen der Sätze 1 und 2 nicht berührt. [6] Wechselt ein Arbeitnehmer vom Geltungsbereich dieses Gesetzes in einen anderen Mitgliedstaat der Europäischen Union, bleibt die Anwartschaft in gleichem Umfange wie für Personen erhalten, die auch nach Beendigung eines Arbeitsverhältnisses innerhalb des Geltungsbereichs dieses Gesetzes verbleiben.

(2) [1] Wird für die betriebliche Altersversorgung eine Lebensversicherung auf das Leben des Arbeitnehmers durch den Arbeitgeber abgeschlossen und sind der Arbeitnehmer oder seine Hinterbliebenen hinsichtlich der Leistungen des Versicherers ganz oder teilweise bezugsberechtigt (Direktversicherung), so ist der Arbeitgeber verpflichtet, wegen Beendigung des Arbeitsverhältnisses nach Erfüllung der in Absatz 1 Satz 1 und 2 genannten Voraussetzungen das Bezugsrecht nicht mehr zu widerrufen. [2] Eine Vereinbarung, nach der das Bezugsrecht durch die Beendigung des Arbeitsverhältnisses nach Erfüllung der in den Absatz 1 Satz 1 und 2 genannten Voraussetzungen auflösend bedingt ist, ist unwirksam. [3] Hat der Arbeitgeber die Ansprüche aus dem Versicherungsvertrag abgetreten oder beliehen, so ist er verpflichtet, den Arbeitnehmer, dessen Arbeitsverhältnis nach Erfüllung der in Absatz 1 Satz 1 und 2 genannten Voraussetzungen geendet hat, bei Eintritt des Versicherungsfalles so zu stellen, als ob die Abtretung oder Beleihung nicht erfolgt wäre. [4] Als Zeitpunkt der Erteilung der Versorgungszusage im Sinne des Absatzes 1 gilt der Versicherungsbeginn, frühestens jedoch der Beginn der Betriebszugehörigkeit.

(3) [1] Wird die betriebliche Altersversorgung von einer rechtsfähigen Versorgungseinrichtung durchgeführt, die dem Arbeitnehmer oder seinen Hinterbliebenen auf ihre Leistungen einen Rechtsanspruch gewährt (Pensionskasse und Pensionsfonds), so gilt Absatz 1 entsprechend. [2] Als Zeitpunkt der Erteilung der Versorgungszusage im Sinne des Absatzes 1 gilt der Versicherungsbeginn, frühestens jedoch der Beginn der Betriebszugehörigkeit.

(4) [1] Wird die betriebliche Altersversorgung von einer rechtsfähigen Versorgungseinrichtung durchgeführt, die auf ihre Leistungen keinen Rechtsanspruch gewährt (Unterstützungskasse), so sind die nach Erfüllung der in Absatz 1 Satz 1 und 2 genannten Voraussetzungen und vor Eintritt des Versorgungsfalles aus dem Unternehmen ausgeschiedenen Arbeitnehmer und ihre Hinterbliebenen den bis zum Eintritt des Versorgungsfalles dem Unternehmen angehörenden Arbeitnehmern und deren Hinterbliebenen gleichgestellt. [2] Die Versorgungszusage gilt in dem Zeitpunkt als erteilt im Sinne des Absatzes 1, von dem an der Arbeitnehmer zum Kreis der Begünstigten der Unterstützungskasse gehört.

(5) [1] Soweit betriebliche Altersversorgung durch Entgeltumwandlung einschließlich eines möglichen Arbeitgeberzuschusses nach § 1a Absatz 1a erfolgt, behält der Arbeitnehmer seine Anwartschaft, wenn sein Arbeitsverhältnis vor Eintritt des Versorgungsfalles endet; in den Fällen der Absätze 2 und 3

1. dürfen die Überschussanteile nur zur Verbesserung der Leistung verwendet,
2. muss dem ausgeschiedenen Arbeitnehmer das Recht zur Fortsetzung der Versicherung oder Versorgung mit eigenen Beiträgen eingeräumt und
3. muss das Recht zur Verpfändung, Abtretung oder Beleihung durch den Arbeitgeber ausgeschlossen werden.

[2] Im Fall einer Direktversicherung ist dem Arbeitnehmer darüber hinaus mit Beginn der Entgeltumwandlung ein unwiderrufliches Bezugsrecht einzuräumen.

§ 2
Höhe der unverfallbaren Anwartschaft

(1) [1] Bei Eintritt des Versorgungsfalles wegen Erreichens der Altersgrenze, wegen Invalidität oder Tod haben ein vorher ausgeschiedener Arbeitnehmer, dessen Anwartschaft nach § 1b fortbesteht, und seine Hinterbliebenen einen Anspruch mindestens in Höhe des Teiles der ohne das vorherige Ausscheiden zustehenden Leistung, der dem Verhältnis der Dauer der Betriebszugehörigkeit zu der Zeit vom Beginn der Betriebszugehörigkeit bis zum Erreichen der Regelaltersgrenze in der gesetzlichen Rentenversicherung entspricht; an die Stelle des Erreichens der Regelaltersgrenze tritt ein früherer Zeitpunkt, wenn dieser in der Versorgungsregelung als feste Altersgrenze vorgesehen ist, spätestens der Zeitpunkt der Vollendung des 65. Lebensjahres, falls der Arbeitnehmer ausscheidet und gleichzeitig eine Altersrente aus der gesetzlichen Rentenversicherung für besonders langjährig Versicherte in Anspruch nimmt. [2] Der Mindestanspruch auf Leistungen wegen Invalidität oder Tod vor Erreichen der Altersgrenze ist jedoch nicht höher als der Betrag, den der Arbeitnehmer oder seine Hinterbliebenen erhalten hätten, wenn im Zeitpunkt des Ausscheidens der Versorgungsfall eingetreten wäre und die sonstigen Leistungsvoraussetzungen erfüllt gewesen wären.

(2) [1] Ist bei einer Direktversicherung der Arbeitnehmer nach Erfüllung der Voraussetzungen des § 1b Abs. 1 und 5 vor Eintritt des Versorgungsfalls ausgeschieden, so gilt Absatz 1 mit der Maßgabe, daß sich der vom Arbeitgeber zu finanzierende Teilanspruch nach Absatz 1, soweit er über die von dem Versicherer nach dem Versicherungsvertrag auf Grund der Beiträge des Arbeitgebers zu erbringende Versicherungsleistung hinausgeht, gegen den Arbeitgeber richtet. [2] An die Stelle der Ansprüche nach Satz 1 tritt die von dem Versicherer auf Grund des Versicherungsvertrags zu erbringende Versicherungsleistung, wenn

1. spätestens nach 3 Monaten seit dem Ausscheiden des Arbeitnehmers das Bezugsrecht unwiderruflich ist und eine Abtretung oder Beleihung des Rechts aus dem Versicherungsvertrag durch den Arbeitgeber und Beitragsrückstände nicht vorhanden sind,
2. vom Beginn der Versicherung, frühestens jedoch vom Beginn der Betriebszugehörigkeit an, nach dem Versicherungsvertrag die Überschußanteile nur zur Verbesserung der Versicherungsleistung zu verwenden sind und
3. der ausgeschiedene Arbeitnehmer nach dem Versicherungsvertrag das Recht zur Fortsetzung der Versicherung mit eigenen Beiträgen hat.

[3] Die Einstandspflicht des Arbeitgebers nach § 1 Absatz 1 Satz 3 bleibt unberührt. [4] Der ausgeschiedene Arbeitnehmer darf die Ansprüche aus dem Versicherungsvertrag in Höhe des durch Beitragszahlungen des Arbeitgebers gebildeten geschäftsplanmäßigen Deckungskapitals oder, soweit die Berechnung des Deckungskapitals nicht zum Geschäftsplan gehört, des nach § 169 Abs. 3 und 4 des Versicherungsvertragsgesetzes berechneten Wertes weder abtreten noch beleihen. [5] In dieser Höhe darf der Rückkaufswert auf Grund einer Kündigung des Versicherungsvertrags nicht in Anspruch genommen werden; im Falle einer Kündigung wird die Versicherung in eine prämienfreie Versicherung umgewandelt. [6] § 169 Abs. 1 des Versicherungsvertragsgesetzes findet insoweit keine Anwendung. [7] Eine Abfindung des Anspruchs nach § 3 ist weiterhin möglich.

(3) [1] Für Pensionskassen gilt Absatz 1 mit der Maßgabe, daß sich der vom Arbeitgeber zu finanzierende Teilanspruch nach Absatz 1, soweit er über die von der Pensionskasse nach dem aufsichtsbehördlich genehmigten Geschäftsplan oder, soweit eine aufsichtsbehördliche Genehmigung nicht vorgeschrieben ist, nach den allgemeinen Versicherungsbedingungen und den fachlichen Geschäftsunterlagen im Sinne des § 9 Absatz 2 Nummer 2 in Verbindung mit § 219 Absatz 3 Nummer 1 Buchstabe b des Versicherungsaufsichtsgesetzes (Geschäftsunterlagen) auf Grund der Beiträge des Arbeitgebers zu erbringende Leistung hinausgeht, gegen den Arbeitgeber richtet. [2] An die Stelle der Ansprüche nach Satz 1 tritt die von der Pensionskasse auf Grund des Geschäftsplans oder der Geschäftsunterlagen zu erbringende Leistung, wenn nach dem aufsichtsbehördlich genehmigten Geschäftsplan oder den Geschäftsunterlagen

1. vom Beginn der Versicherung, frühestens jedoch vom Beginn der Betriebszugehörigkeit an, Überschußanteile, die auf Grund des Finanzierungsverfahrens regelmäßig entstehen, nur zur Verbesserung der Versicherungsleistung zu verwenden sind oder die Steigerung der Versorgungsanwartschaften des Arbeitnehmers der Entwicklung seines Arbeitsentgelts, soweit es unter den jeweiligen Beitragsbemessungsgrenzen der gesetzlichen Rentenversicherungen liegt, entspricht und
2. der ausgeschiedene Arbeitnehmer das Recht zur Fortsetzung der Versicherung mit eigenen Beiträgen hat.

[3] Absatz 2 Satz 3 bis 7 gilt entsprechend.

(3a) Für Pensionsfonds gilt Absatz 1 mit der Maßgabe, dass sich der vom Arbeitgeber zu finanzierende Teilanspruch, soweit er über die vom Pensionsfonds auf der Grundlage der nach dem geltenden Pensionsplan im Sinne des § 237 Absatz 1 Satz 3 des Versicherungsaufsichtsgesetzes berechnete Deckungsrückstellung hinausgeht, gegen den Arbeitgeber richtet.

(4) Eine Unterstützungskasse hat bei Eintritt des Versorgungsfalls einem vorzeitig ausgeschiedenen Arbeitnehmer, der nach § 1b Abs. 4 gleichgestellt ist, und seinen Hinterbliebenen mindestens den nach Absatz 1 berechneten Teil der Versorgung zu gewähren.

(5) Bei einer unverfallbaren Anwartschaft aus Entgeltumwandlung tritt an die Stelle der Ansprüche nach Absatz 1, 3a oder 4 die vom Zeitpunkt der Zusage auf betriebliche Altersversorgung bis zum Ausscheiden des Arbeitnehmers erreichte Anwartschaft auf Leistungen aus den bis dahin umgewandelten Entgeltbestandteilen; dies gilt entsprechend für eine unverfallbare Anwartschaft aus Beiträgen im Rahmen einer beitragsorientierten Leistungszusage.

(6) An die Stelle der Ansprüche nach den Absätzen 2, 3, 3a und 5 tritt bei einer Beitragszusage mit Mindestleistung das dem Arbeitnehmer planmäßig zuzurechnende Versorgungskapital auf der Grundlage der bis zu seinem Ausscheiden geleisteten Beiträge (Beiträge und die bis zum Eintritt des Versorgungsfalls erzielten Erträge), mindestens die Summe der bis dahin zugesagten Beiträge, soweit sie nicht rechnungsmäßig für einen biometrischen Risikoausgleich verbraucht wurden.

§ 2a
Berechnung und Wahrung des Teilanspruchs

(1) Bei der Berechnung des Teilanspruchs eines mit unverfallbarer Anwartschaft ausgeschiedenen Arbeitnehmers nach § 2 sind die Versorgungsregelung und die Bemessungsgrundlagen im Zeitpunkt des Ausscheidens zugrunde zu legen; Veränderungen, die nach dem Ausscheiden eintreten, bleiben außer Betracht.

(2) [1] Abweichend von Absatz 1 darf ein ausgeschiedener Arbeitnehmer im Hinblick auf den Wert seiner unverfallbaren Anwartschaft gegenüber vergleichbaren nicht ausgeschiedenen Arbeitnehmern nicht benachteiligt werden. [2] Eine Benachteiligung gilt insbesondere als ausgeschlossen, wenn

1. die Anwartschaft
   a) als nominales Anrecht festgelegt ist,
   b) eine Verzinsung enthält, die auch dem ausgeschiedenen Arbeitnehmer zugutekommt, oder
   c) über einen Pensionsfonds, eine Pensionskasse oder eine Direktversicherung durchgeführt wird und die Erträge auch dem ausgeschiedenen Arbeitnehmer zugutekommen, oder
2. die Anwartschaft angepasst wird
   a) um 1 Prozent jährlich,
   b) wie die Anwartschaften oder die Nettolöhne vergleichbarer nicht ausgeschiedener Arbeitnehmer,
   c) wie die laufenden Leistungen, die an die Versorgungsempfänger des Arbeitgebers erbracht werden, oder
   d) entsprechend dem Verbraucherpreisindex für Deutschland.

(3) [1] Ist bei der Berechnung des Teilanspruchs eine Rente der gesetzlichen Rentenversicherung zu berücksichtigen, so kann bei einer unmittelbaren oder über eine Unterstützungskasse durchgeführten Versorgungszusage das bei der Berechnung von Pensionsrückstellungen allgemein zulässige Verfahren zugrunde gelegt werden, es sei denn, der ausgeschiedene Arbeitnehmer weist die bei der gesetzlichen Rentenversicherung im Zeitpunkt des Ausscheidens erreichten Entgeltpunkte nach. [2] Bei einer Versorgungszusage, die über eine Pensionskasse oder einen Pensionsfonds durchgeführt wird, sind der aufsichtsbehördlich genehmigte Geschäftsplan, der Pensionsplan oder die sonstigen Geschäftsunterlagen zugrunde zu legen.

(4) Versorgungsanwartschaften, die der Arbeitnehmer nach seinem Ausscheiden erwirbt, dürfen nicht zu einer Kürzung des Teilanspruchs führen.

§ 3
Abfindung

(1) Unverfallbare Anwartschaften im Falle der Beendigung des Arbeitsverhältnisses und laufende Leistungen dürfen nur unter den Voraussetzungen der folgenden Absätze abgefunden werden.

(2) [1] Der Arbeitgeber kann eine Anwartschaft ohne Zustimmung des Arbeitnehmers abfinden, wenn der Monatsbetrag der aus der Anwartschaft resultierenden laufenden Leistung bei Erreichen der vorgesehenen Altersgrenze 1 vom Hundert, bei Kapitalleistungen zwölf Zehntel der monatlichen Bezugsgröße nach § 18 des Vierten Buches Sozialgesetzbuch nicht übersteigen würde. [2] Dies gilt entsprechend für die Abfindung einer laufenden Leistung. [3] Die Abfindung einer Anwartschaft bedarf der Zustimmung des Arbeitnehmers, wenn dieser nach Beendigung des Arbeitsverhältnisses ein neues Arbeitsverhältnis in einem anderen Mitgliedstaat der Europäischen Union begründet und dies innerhalb von drei Monaten nach Beendigung des Arbeitsverhältnisses seinem ehemaligen Arbeitgeber mitteilt. [4] Die Abfindung ist unzulässig, wenn der Arbeitnehmer von seinem Recht auf Übertragung der Anwartschaft Gebrauch macht.

(3) Die Anwartschaft ist auf Verlangen des Arbeitnehmers abzufinden, wenn die Beiträge zur gesetzlichen Rentenversicherung erstattet worden sind.

(4) Der Teil der Anwartschaft, der während eines Insolvenzverfahrens erdient worden ist, kann ohne Zustimmung des Arbeitnehmers abgefunden werden, wenn die Betriebstätigkeit vollständig eingestellt und das Unternehmen liquidiert wird.

(5) Für die Berechnung des Abfindungsbetrages gilt § 4 Abs. 5 entsprechend.

(6) Die Abfindung ist gesondert auszuweisen und einmalig zu zahlen.

§ 4
Übertragung

(1) Unverfallbare Anwartschaften und laufende Leistungen dürfen nur unter den Voraussetzungen der folgenden Absätze übertragen werden.

(2) Nach Beendigung des Arbeitsverhältnisses kann im Einvernehmen des ehemaligen mit dem neuen Arbeitgeber sowie dem Arbeitnehmer

1. die Zusage vom neuen Arbeitgeber übernommen werden oder
2. der Wert der vom Arbeitnehmer erworbenen unverfallbaren Anwartschaft auf betriebliche Altersversorgung (Übertragungswert) auf den neuen Arbeitgeber übertragen werden, wenn dieser eine wertgleiche Zusage erteilt; für die neue Anwartschaft gelten die Regelungen über Entgeltumwandlung entsprechend.

(3) [1] Der Arbeitnehmer kann innerhalb eines Jahres nach Beendigung des Arbeitsverhältnisses von seinem ehemaligen Arbeitgeber verlangen, dass der Übertragungswert auf den neuen Arbeitgeber oder auf die Versorgungseinrichtung nach § 22 des neuen Arbeitgebers übertragen wird, wenn

1. die betriebliche Altersversorgung über einen Pensionsfonds, eine Pensionskasse oder eine Direktversicherung durchgeführt worden ist und

2. der Übertragungswert die Beitragsbemessungsgrenze in der allgemeinen Rentenversicherung nicht übersteigt.

[2] Der Anspruch richtet sich gegen den Versorgungsträger, wenn die versicherungsförmige Lösung nach § 2 Abs. 2 oder 3 vorliegt oder soweit der Arbeitnehmer die Versicherung oder Versorgung mit eigenen Beiträgen fortgeführt hat. [3] Der neue Arbeitgeber ist verpflichtet, eine dem Übertragungswert wertgleiche Zusage zu erteilen und über einen Pensionsfonds, eine Pensionskasse oder eine Direktversicherung durchzuführen. [4] Für die neue Anwartschaft gelten die Regelungen über Entgeltumwandlung entsprechend. [5] Ist der neue Arbeitgeber zu einer Durchführung über eine Versorgungseinrichtung nach § 22 bereit, ist die betriebliche Altersversorgung dort durchzuführen; die Sätze 3 und 4 sind in diesem Fall nicht anzuwenden.

(4) [1] Wird die Betriebstätigkeit eingestellt und das Unternehmen liquidiert, kann eine Zusage von einer Pensionskasse oder einem Unternehmen der Lebensversicherung ohne Zustimmung des Arbeitnehmers oder Versorgungsempfängers übernommen werden, wenn sichergestellt ist, dass die Überschussanteile ab Rentenbeginn entsprechend § 16 Abs. 3 Nr. 2 verwendet werden. [2] Bei einer Pensionskasse nach § 7 Absatz 1 Satz 2 Nummer 3 muss sichergestellt sein, dass im Zeitpunkt der Übernahme der in der Rechtsverordnung zu § 235 Absatz 1 Nummer 4 des Versicherungsaufsichtsgesetzes in der jeweils geltenden Fassung festgesetzte Höchstzinssatz zur Berechnung der Deckungsrückstellung nicht überschritten wird. [3] § 2 Abs. 2 Satz 4 bis 6 gilt entsprechend.

(5) [1] Der Übertragungswert entspricht bei einer unmittelbar über den Arbeitgeber oder über eine Unterstützungskasse durchgeführten betrieblichen Altersversorgung dem Barwert der nach § 2 bemessenen künftigen Versorgungsleistung im Zeitpunkt der Übertragung; bei der Berechnung des Barwerts sind die Rechnungsgrundlagen sowie die anerkannten Regeln der Versicherungsmathematik maßgebend. [2] Soweit die betriebliche Altersversorgung über einen Pensionsfonds, eine Pensionskasse oder eine Direktversicherung durchgeführt worden ist, entspricht der Übertragungswert dem gebildeten Kapital im Zeitpunkt der Übertragung.

(6) Mit der vollständigen Übertragung des Übertragungswerts erlischt die Zusage des ehemaligen Arbeitgebers.

§ 4a
Auskunftspflichten

(1) Der Arbeitgeber oder der Versorgungsträger hat dem Arbeitnehmer auf dessen Verlangen mitzuteilen,

1. ob und wie eine Anwartschaft auf betriebliche Altersversorgung erworben wird,
2. wie hoch der Anspruch auf betriebliche Altersversorgung aus der bisher erworbenen Anwartschaft ist und bei Erreichen der in der Versorgungsregelung vorgesehenen Altersgrenze voraussichtlich sein wird,
3. wie sich eine Beendigung des Arbeitsverhältnisses auf die Anwartschaft auswirkt und
4. wie sich die Anwartschaft nach einer Beendigung des Arbeitsverhältnisses entwickeln wird.

(2) [1] Der Arbeitgeber oder der Versorgungsträger hat dem Arbeitnehmer oder dem ausgeschiedenen Arbeitnehmer auf dessen Verlangen mitzuteilen, wie hoch bei einer Übertragung der Anwartschaft nach § 4 Absatz 3 der Übertragungswert ist. [2] Der neue Arbeitgeber oder der Versorgungsträger hat dem Arbeitnehmer auf dessen Verlangen mitzuteilen, in welcher Höhe aus dem Übertragungswert ein Anspruch auf Altersversorgung bestehen würde und ob eine Invaliditäts- oder Hinterbliebenenversorgung bestehen würde.

(3) [1] Der Arbeitgeber oder der Versorgungsträger hat dem ausgeschiedenen Arbeitnehmer auf dessen Verlangen mitzuteilen, wie hoch die Anwartschaft auf betriebliche Altersversorgung ist und wie sich die Anwartschaft künftig entwickeln wird. [2] Satz 1 gilt entsprechend für Hinterbliebene im Versorgungsfall.

(4) Die Auskunft muss verständlich, in Textform und in angemessener Frist erteilt werden.

Zweiter Abschnitt
Auszehrungsverbot

§ 5
Auszehrung und Anrechnung

(1) Die bei Eintritt des Versorgungsfalls festgesetzten Leistungen der betrieblichen Altersversorgung dürfen nicht mehr dadurch gemindert oder entzogen werden, daß Beträge, um die sich andere Versorgungsbezüge nach diesem Zeitpunkt durch Anpassung an die wirtschaftliche Entwicklung erhöhen, angerechnet oder bei der Begrenzung der Gesamtversorgung auf einen Höchstbetrag berücksichtigt werden.

(2) [1] Leistungen der betrieblichen Altersversorgung dürfen durch Anrechnung oder Berücksichtigung anderer Versorgungsbezüge, soweit sie auf eigenen Beiträgen des Versorgungsempfängers beruhen, nicht gekürzt werden. [2] Dies gilt nicht für Renten aus den gesetzlichen Rentenversicherungen, soweit sie auf Pflichtbeiträgen beruhen, sowie für sonstige Versorgungsbezüge, die mindestens zur Hälfte auf Beiträgen oder Zuschüssen des Arbeitgebers beruhen.

Dritter Abschnitt
Altersgrenze

§ 6
Vorzeitige Altersleistung

[1] Einem Arbeitnehmer, der die Altersrente aus der gesetzlichen Rentenversicherung als Vollrente in Anspruch nimmt, sind auf sein Verlangen nach Erfüllung der Wartezeit und sonstiger Leistungsvoraussetzungen Leistungen der betrieblichen Altersversorgung zu gewähren. [2] Fällt die Altersrente aus der gesetzlichen Rentenversicherung wieder weg oder wird sie auf einen Teilbetrag beschränkt, so können auch die Leistungen der betrieblichen Altersversorgung eingestellt werden. [3] Der ausgeschiedene Arbeitnehmer ist verpflichtet, die Aufnahme oder Ausübung einer Beschäftigung oder Erwerbstätigkeit, die zu einem Wegfall oder zu einer Beschränkung der Altersrente aus der gesetzlichen Rentenversicherung führt, dem Arbeitgeber oder sonstigen Versorgungsträger unverzüglich anzuzeigen.

Vierter Abschnitt
Insolvenzsicherung

§ 7
Umfang des Versicherungsschutzes

(1) [1] Versorgungsempfänger, deren Ansprüche aus einer unmittelbaren Versorgungszusage des Arbeitgebers nicht erfüllt werden, weil über das Vermögen des Arbeitgebers oder über seinen Nachlaß das Insolvenzverfahren eröffnet worden ist, und ihre Hinterbliebenen haben gegen den Träger der Insolvenzsicherung einen Anspruch in Höhe der Leistung, die der Arbeitgeber aufgrund der Versorgungszusage zu erbringen hätte, wenn das Insolvenzverfahren nicht eröffnet worden wäre. [2] Satz 1 gilt entsprechend,

1. wenn Leistungen aus einer Direktversicherung aufgrund der in § 1b Abs. 2 Satz 3 genannten Tatbestände nicht gezahlt werden und der Arbeitgeber seiner Verpflichtung nach § 1b Abs. 2 Satz 3 wegen der Eröffnung des Insolvenzverfahrens nicht nachkommt,
2. wenn eine Unterstützungskasse die nach ihrer Versorgungsregelung vorgesehene Versorgung nicht erbringt, weil über das Vermögen oder den Nachlass eines Arbeitgebers, der der Unterstützungskasse Zuwendungen leistet, das Insolvenzverfahren eröffnet worden ist,
3. wenn über das Vermögen oder den Nachlass des Arbeitgebers, dessen Versorgungszusage von einem Pensionsfonds oder einer Pensionskasse durchgeführt wird, das Insolvenzverfahren er-

öffnet worden ist und soweit der Pensionsfonds oder die Pensionskasse die nach der Versorgungszusage des Arbeitgebers vorgesehene Leistung nicht erbringt; ein Anspruch gegen den Träger der Insolvenzsicherung besteht nicht, wenn eine Pensionskasse einem Sicherungsfonds nach dem Dritten Teil des Versicherungsaufsichtsgesetzes angehört oder in Form einer gemeinsamen Einrichtung nach § 4 des Tarifvertragsgesetzes organisiert ist.

[3] § 14 des Versicherungsvertragsgesetzes findet entsprechende Anwendung. [4] Der Eröffnung des Insolvenzverfahrens stehen bei der Anwendung der Sätze 1 bis 3 gleich

1. die Abweisung des Antrags auf Eröffnung des Insolvenzverfahrens mangels Masse,
2. der außergerichtliche Vergleich (Stundungs-, Quoten- oder Liquidationsvergleich) des Arbeitgebers mit seinen Gläubigern zur Abwendung eines Insolvenzverfahrens, wenn ihm der Träger der Insolvenzsicherung zustimmt,
3. die vollständige Beendigung der Betriebstätigkeit im Geltungsbereich dieses Gesetzes, wenn ein Antrag auf Eröffnung des Insolvenzverfahrens nicht gestellt worden ist und ein Insolvenzverfahren offensichtlich mangels Masse nicht in Betracht kommt.

(1a) [1] Der Anspruch gegen den Träger der Insolvenzsicherung entsteht mit dem Beginn des Kalendermonats, der auf den Eintritt des Sicherungsfalles folgt. [2] Der Anspruch endet mit Ablauf des Sterbemonats des Begünstigten, soweit in der Versorgungszusage des Arbeitgebers nicht etwas anderes bestimmt ist. [3] In den Fällen des Absatzes 1 Satz 1 und 4 Nr. 1 und 3 umfaßt der Anspruch auch rückständige Versorgungsleistungen, soweit diese bis zu zwölf Monaten vor Entstehen der Leistungspflicht des Trägers der Insolvenzsicherung entstanden sind.

(2) Personen, die bei Eröffnung des Insolvenzverfahrens oder bei Eintritt der nach Absatz 1 Satz 4 gleichstehenden Voraussetzungen (Sicherungsfall) eine nach § 1b unverfallbare Versorgungsanwartschaft haben, und ihre Hinterbliebenen haben bei Eintritt des Versorgungsfalls einen Anspruch gegen den Träger der Insolvenzsicherung, wenn die Anwartschaft beruht

1. auf einer unmittelbaren Versorgungszusage des Arbeitgebers,
2. auf einer Direktversicherung und der Arbeitnehmer hinsichtlich der Leistungen des Versicherers widerruflich bezugsberechtigt ist oder die Leistungen auf Grund der in § 1b Absatz 2 Satz 3 genannten Tatbestände nicht gezahlt werden und der Arbeitgeber seiner Verpflichtung aus § 1b Absatz 2 Satz 3 wegen der Eröffnung des Insolvenzverfahrens nicht nachkommt,
3. auf einer Versorgungszusage des Arbeitgebers, die von einer Unterstützungskasse durchgeführt wird, oder
4. auf einer Versorgungszusage des Arbeitgebers, die von einem Pensionsfonds oder einer Pensionskasse nach Absatz 1 Satz 2 Nummer 3 durchgeführt wird, soweit der Pensionsfonds oder die Pensionskasse die nach der Versorgungszusage des Arbeitgebers vorgesehene Leistung nicht erbringt.

(2a) [1] Die Höhe des Anspruchs nach Absatz 2 richtet sich

1. bei unmittelbaren Versorgungszusagen, Unterstützungskassen und Pensionsfonds nach § 2 Absatz 1,
2. bei Direktversicherungen nach § 2 Absatz 2 Satz 2,
3. bei Pensionskassen nach § 2 Absatz 3 Satz 2.

[2] Die Betriebszugehörigkeit wird bis zum Eintritt des Sicherungsfalls berücksichtigt. [3] § 2 Absatz 5 und 6 gilt entsprechend. [4] Veränderungen der Versorgungsregelung und der Bemessungsgrundlagen, die nach dem Eintritt des Sicherungsfalls eintreten, sind nicht zu berücksichtigen; § 2a Absatz 2 findet keine Anwendung.

(3) [1] Ein Anspruch auf laufende Leistungen gegen den Träger der Insolvenzsicherung beträgt jedoch im Monat höchstens das Dreifache der im Zeitpunkt der ersten Fälligkeit maßgebenden monatlichen Bezugsgröße gemäß § 18 des Vierten Buches Sozialgesetzbuch. [2] Satz 1 gilt entsprechend bei einem Anspruch auf Kapitalleistungen mit der Maßgabe, daß zehn vom Hundert der Leistung als Jahresbetrag einer laufenden Leistung anzusetzen sind.

(4) [1]Ein Anspruch auf Leistungen gegen den Träger der Insolvenzsicherung vermindert sich in dem Umfang, in dem der Arbeitgeber oder sonstige Träger der Versorgung die Leistungen der betrieblichen Altersversorgung erbringt. [2]Wird im Insolvenzverfahren ein Insolvenzplan bestätigt, vermindert sich der Anspruch auf Leistungen gegen den Träger der Insolvenzsicherung insoweit, als nach dem Insolvenzplan der Arbeitgeber oder sonstige Träger der Versorgung einen Teil der Leistungen selbst zu erbringen hat. [3]Sieht der Insolvenzplan vor, daß der Arbeitgeber oder sonstige Träger der Versorgung die Leistungen der betrieblichen Altersversorgung von einem bestimmten Zeitpunkt an selbst zu erbringen hat, so entfällt der Anspruch auf Leistungen gegen den Träger der Insolvenzsicherung von diesem Zeitpunkt an. [4]Die Sätze 2 und 3 sind für den außergerichtlichen Vergleich nach Absatz 1 Satz 4 Nr. 2 entsprechend anzuwenden. [5]Im Insolvenzplan soll vorgesehen werden, daß bei einer nachhaltigen Besserung der wirtschaftlichen Lage des Arbeitgebers die vom Träger der Insolvenzsicherung zu erbringenden Leistungen ganz oder zum Teil vom Arbeitgeber oder sonstigen Träger der Versorgung wieder übernommen werden.

(5) [1]Ein Anspruch gegen den Träger der Insolvenzsicherung besteht nicht, soweit nach den Umständen des Falles die Annahme gerechtfertigt ist, daß es der alleinige oder überwiegende Zweck der Versorgungszusage oder ihre Verbesserung oder der für die Direktversicherung in § 1b Abs. 2 Satz 3 genannten Tatbestände gewesen ist, den Träger der Insolvenzsicherung in Anspruch zu nehmen. [2]Diese Annahme ist insbesondere dann gerechtfertigt, wenn bei Erteilung oder Verbesserung der Versorgungszusage wegen der wirtschaftlichen Lage des Arbeitgebers zu erwarten war, daß die Zusage nicht erfüllt werde. [3]Ein Anspruch auf Leistungen gegen den Träger der Insolvenzsicherung besteht bei Zusagen und Verbesserungen von Zusagen, die in den beiden letzten Jahren vor dem Eintritt des Sicherungsfalls erfolgt sind, nur

1. für ab dem 1. Januar 2002 gegebene Zusagen, soweit bei Entgeltumwandlung Beträge von bis zu 4 vom Hundert der Beitragsbemessungsgrenze in der allgemeinen Rentenversicherung für eine betriebliche Altersversorgung verwendet werden oder
2. für im Rahmen von Übertragungen gegebene Zusagen, soweit der Übertragungswert die Beitragsbemessungsgrenze in der allgemeinen Rentenversicherung nicht übersteigt.

(6) Ist der Sicherungsfall durch kriegerische Ereignisse, innere Unruhen, Naturkatastrophen oder Kernenergie verursacht worden, kann der Träger der Insolvenzsicherung mit Zustimmung der Bundesanstalt für Finanzdienstleistungsaufsicht die Leistungen nach billigem Ermessen abweichend von den Absätzen 1 bis 5 festsetzen.

§ 8
Übertragung der Leistungspflicht

(1) Ein Anspruch gegen den Träger der Insolvenzsicherung auf Leistungen nach § 7 besteht nicht, wenn ein Unternehmen der Lebensversicherung sich dem Träger der Insolvenzsicherung gegenüber verpflichtet, diese Leistungen zu erbringen, und die nach § 7 Berechtigten ein unmittelbares Recht erwerben, die Leistungen zu fordern.

(2) [1]An die Stelle des Anspruchs gegen den Träger der Insolvenzsicherung nach § 7 tritt auf Verlangen des Berechtigten die Versicherungsleistung aus einer auf sein Leben abgeschlossenen Rückdeckungsversicherung, wenn die Versorgungszusage auf die Leistungen der Rückdeckungsversicherung verweist. [2]Das Wahlrecht des Berechtigten nach Satz 1 besteht nicht, sofern die Rückdeckungsversicherung in die Insolvenzmasse des Arbeitgebers fällt oder die Aufsichtsbehörde das Vermögen nach § 9 Absatz 3a oder 3b nicht auf den Träger der Insolvenzsicherung überträgt. [3]Der Berechtigte hat das Recht, als Versicherungsnehmer in die Versicherung einzutreten und die Versicherung mit eigenen Beiträgen fortzusetzen; § 1b Absatz 5 Satz 1 Nummer 1 und § 2 Absatz 2 Satz 4 bis 6 gelten entsprechend. [4]Der Träger der Insolvenzsicherung informiert den Berechtigten über sein Wahlrecht nach Satz 1 und über die damit verbundenen Folgen für den Insolvenzschutz. [5]Das Wahlrecht erlischt sechs Monate nach Information durch den Träger der Insolvenzsicherung. [6]Der Versicherer informiert den Träger der Insolvenzsicherung unverzüglich über den Versicherungsnehmerwechsel.

§ 8a
Abfindung durch den Träger der Insolvenzsicherung

[1] Der Träger der Insolvenzsicherung kann eine Anwartschaft ohne Zustimmung des Arbeitnehmers abfinden, wenn der Monatsbetrag der aus der Anwartschaft resultierenden laufenden Leistung bei Erreichen der vorgesehenen Altersgrenze 1 vom Hundert, bei Kapitalleistungen zwölf Zehntel der monatlichen Bezugsgröße nach § 18 des Vierten Buches Sozialgesetzbuch nicht übersteigen würde oder wenn dem Arbeitnehmer die Beiträge zur gesetzlichen Rentenversicherung erstattet worden sind. [2] Dies gilt entsprechend für die Abfindung einer laufenden Leistung. [3] Die Abfindung ist darüber hinaus möglich, wenn sie an ein Unternehmen der Lebensversicherung gezahlt wird, bei dem der Versorgungsberechtigte im Rahmen einer Direktversicherung versichert ist. [4] § 2 Abs. 2 Satz 4 bis 6 und § 3 Abs. 5 gelten entsprechend.

§ 9
Mitteilungspflicht, Forderungs- und Vermögensübergang

(1) [1] Der Träger der Insolvenzsicherung teilt dem Berechtigten die ihm nach § 7 oder § 8 zustehenden Ansprüche oder Anwartschaften schriftlich mit. [2] Unterbleibt die Mitteilung, so ist der Anspruch oder die Anwartschaft spätestens ein Jahr nach dem Sicherungsfall bei dem Träger der Insolvenzsicherung anzumelden; erfolgt die Anmeldung später, so beginnen die Leistungen frühestens mit dem Ersten des Monats der Anmeldung, es sei denn, daß der Berechtigte an der rechtzeitigen Anmeldung ohne sein Verschulden verhindert war.

(2) [1] Ansprüche oder Anwartschaften des Berechtigten gegen den Arbeitgeber auf Leistungen der betrieblichen Altersversorgung, die den Anspruch gegen den Träger der Insolvenzsicherung begründen, gehen im Falle eines Insolvenzverfahrens mit dessen Eröffnung, in den übrigen Sicherungsfällen dann auf den Träger der Insolvenzsicherung über, wenn dieser nach Absatz 1 Satz 1 dem Berechtigten die ihm zustehenden Ansprüche oder Anwartschaften mitteilt. [2] Der Übergang kann nicht zum Nachteil des Berechtigten geltend gemacht werden. [3] Die mit der Eröffnung des Insolvenzverfahrens übergegangenen Anwartschaften werden im Insolvenzverfahren als unbedingte Forderungen nach § 45 der Insolvenzordnung geltend gemacht.

(3) [1] Ist der Träger der Insolvenzsicherung zu Leistungen verpflichtet, die ohne den Eintritt des Sicherungsfalls eine Unterstützungskasse erbringen würde, geht deren Vermögen einschließlich der Verbindlichkeiten auf ihn über; die Haftung für die Verbindlichkeiten beschränkt sich auf das übergegangene Vermögen. [2] Wenn die übergegangenen Vermögenswerte den Barwert der Ansprüche und Anwartschaften gegen den Träger der Insolvenzsicherung übersteigen, hat dieser den übersteigenden Teil entsprechend der Satzung der Unterstützungskasse zu verwenden. [3] Bei einer Unterstützungskasse mit mehreren Trägerunternehmen hat der Träger der Insolvenzsicherung einen Anspruch gegen die Unterstützungskasse auf einen Betrag, der dem Teil des Vermögens der Kasse entspricht, der auf das Unternehmen entfällt, bei dem der Sicherungsfall eingetreten ist. [4] Die Sätze 1 bis 3 gelten nicht, wenn der Sicherungsfall auf den in § 7 Abs. 1 Satz 4 Nr. 2 genannten Gründen beruht, es sei denn, daß das Trägerunternehmen seine Betriebstätigkeit nach Eintritt des Sicherungsfalls nicht fortsetzt und aufgelöst wird (Liquidationsvergleich).

(3a) [1] Hat die Pensionskasse nach § 7 Absatz 1 Satz 2 Nummer 3 Kenntnis über den Sicherungsfall bei einem Arbeitgeber erlangt, dessen Versorgungszusage von ihr durchgeführt wird, hat sie dies und die Auswirkungen des Sicherungsfalls auf die Pensionskasse der Aufsichtsbehörde und dem Träger der Insolvenzsicherung unverzüglich mitzuteilen. [2] Sind bei der Pensionskasse vor Eintritt des Sicherungsfalls garantierte Leistungen gekürzt worden oder liegen der Aufsichtsbehörde Informationen vor, die eine dauerhafte Verschlechterung der finanziellen Lage der Pensionskasse wegen der Insolvenz des Arbeitgebers erwarten lassen, entscheidet die Aufsichtsbehörde nach Anhörung des Trägers der Insolvenzsicherung und der Pensionskasse nach pflichtgemäßem Ermessen, ob das dem Arbeitgeber zuzuordnende Vermögen der Pensionskasse einschließlich der Verbindlichkeiten auf den Träger der Insolvenzsicherung übertragen werden soll. [3] Die Aufsichtsbehörde teilt ihre Entscheidung dem Träger der Insolvenzsicherung und der Pensionskasse mit. [4]Die Übertragungsanordnung kann mit Nebenbestimmungen versehen werden. [5]Absatz 3 Satz 1 zweiter Halbsatz gilt entsprechend. [6]Der Träger der Insolvenzsicherung kann nach Anhörung der Aufsichtsbehörde der Pensionskasse Finanzmittel zur Verfügung stellen. [7]Werden nach Eintritt des Sicherungsfalls von der Pensionskasse garantierte Leistungen gekürzt, gelten die Sätze 2 bis 6 entsprechend.

(3b) [1]Absatz 3a gilt entsprechend für den Pensionsfonds. [2]Abweichend von Absatz 3a Satz 2 hat die Aufsichtsbehörde bei nicht versicherungsförmigen Pensionsplänen stets das dem Arbeitgeber zuzuordnende Vermögen einschließlich der Verbindlichkeiten auf den Träger der Insolvenzsicherung zu übertragen.

(4) [1]***In einem Insolvenzplan, der die Fortführung des Unternehmens oder eines Betriebes vorsieht, ist für den Träger der Insolvenzsicherung eine besondere Gruppe zu bilden, sofern er hierauf nicht verzichtet[1]).*** [2]Sofern im Insolvenzplan nichts anderes vorgesehen ist, kann der Träger der Insolvenzsicherung, wenn innerhalb von drei Jahren nach der Aufhebung des Insolvenzverfahrens ein Antrag auf Eröffnung eines neuen Insolvenzverfahrens über das Vermögen des Arbeitgebers gestellt wird, in diesem Verfahren als Insolvenzgläubiger Erstattung der von ihm erbrachten Leistungen verlangen.

(5) Dem Träger der Insolvenzsicherung steht gegen den Beschluß, durch den das Insolvenzverfahren eröffnet wird, die sofortige Beschwerde zu.

§ 10
Beitragspflicht und Beitragsbemessung

(1) [1]Die Mittel für die Durchführung der Insolvenzsicherung werden auf Grund öffentlich-rechtlicher Verpflichtung durch Beiträge aller Arbeitgeber aufgebracht, die Leistungen der betrieblichen Altersversorgung unmittelbar zugesagt haben oder eine betriebliche Altersversorgung über eine Unterstützungskasse, eine Direktversicherung der in § 7 Abs. 1 Satz 2 und Absatz 2 Satz 1 Nr. 2 bezeichneten Art, einen Pensionsfonds oder eine Pensionskasse nach § 7 Absatz 1 Satz 2 Nummer 3 durchführen. [2]Der Versorgungsträger kann die Beiträge für den Arbeitgeber übernehmen.

(2) [1]Die Beiträge müssen den Barwert der im laufenden Kalenderjahr entstehenden Ansprüche auf Leistungen der Insolvenzsicherung decken zuzüglich eines Betrages für die aufgrund eingetretener Insolvenzen zu sichernden Anwartschaften, der sich aus dem Unterschied der Barwerte dieser Anwartschaften am Ende des Kalenderjahres und am Ende des Vorjahres bemisst. [2]Der Rechnungszinsfuß bei der Berechnung des Barwerts der Ansprüche auf Leistungen der Insolvenzsicherung bestimmt sich nach § 235 Absatz 1 Nummer 4 des Versicherungsaufsichtsgesetzes; soweit keine Übertragung nach § 8 Abs. 1 stattfindet, ist der Rechnungszinsfuß bei der Berechnung des Barwerts der Anwartschaften um ein Drittel höher. [3]Darüber hinaus müssen die Beiträge die im gleichen Zeitraum entstehenden Verwaltungskosten und sonstigen Kosten, die mit der Gewährung der Leistungen zusammenhängen, und die Zuführung zu einem von der Bundesanstalt für Finanzdienstleistungsaufsicht festgesetzten Ausgleichsfonds decken; § 193 des Versicherungsaufsichtsgesetzes bleibt unberührt. [4]Auf die am Ende des Kalenderjahres fälligen Beiträge können Vorschüsse erhoben werden. [5]In Jahren, in denen sich außergewöhnlich hohe Beiträge ergeben würden, kann zu deren Ermäßigung der Ausgleichsfonds in einem von der Bundesanstalt für Finanzdienstleistungsaufsicht zu genehmigenden Umfang herangezogen werden; außerdem können die nach den Sätzen 1 bis 3 erforderlichen Beiträge auf das laufende und die bis zu vier folgenden Kalenderjahre verteilt werden.

(3) Die nach Absatz 2 erforderlichen Beiträge werden auf die Arbeitgeber nach Maßgabe der nachfolgenden Beträge umgelegt, soweit sie sich auf die laufenden Versorgungsleistungen und die nach § 1b unverfallbaren Versorgungsanwartschaften beziehen (Beitragsbemessungsgrundlage); diese Beträge sind festzustellen auf den Schluß des Wirtschaftsjahrs des Arbeitgebers, das im abgelaufenen Jahr geendet hat:

---

1) § 9 Abs. 4 Satz 1 BetrAVG wurde durch Artikel 23 des Gesetzes zur Fortentwicklung des Sanierungs- und Insolvenzrechts (Inkrafttreten 1.1.2021) neu gefasst.

1. Bei Arbeitgebern, die Leistungen der betrieblichen Altersversorgung unmittelbar zugesagt haben, ist Beitragsbemessungsgrundlage der Teilwert der Pensionsverpflichtung (§ 6a Abs. 3 des Einkommensteuergesetzes).
2. Bei Arbeitgebern, die eine betriebliche Altersversorgung über eine Direktversicherung mit widerruflichem Bezugsrecht durchführen, ist Beitragsbemessungsgrundlage das geschäftsplanmäßige Deckungskapital oder, weit die Berechnung des Deckungskapitals nicht zum Geschäftsplan gehört, die Deckungsrückstellung. [2] Für Versicherungen, bei denen der Versicherungsfall bereits eingetreten ist, und für Versicherungsanwartschaften, für die ein unwiderrufliches Bezugsrecht eingeräumt ist, ist das Deckungskapital oder die Deckungsrückstellung nur insoweit zu berücksichtigen, als die Versicherungen abgetreten oder beliehen sind.
3. Bei Arbeitgebern, die eine betriebliche Altersversorgung über eine Unterstützungskasse durchführen, ist Beitragsbemessungsgrundlage das Deckungskapital für die laufenden Leistungen (§ 4d Abs. 1 Nr. 1 Buchstabe a des Einkommensteuergesetzes) zuzüglich des Zwanzigfachen der nach § 4d Abs. 1 Nr. 1 Buchstabe b Satz 1 des Einkommensteuergesetzes errechneten jährlichen Zuwendungen für Leistungsanwärter im Sinne von § 4d Abs. 1 Nr. 1 Buchstabe b Satz 2 des Einkommensteuergesetzes.
4. Bei Arbeitgebern, die eine betriebliche Altersversorgung über einen Pensionsfonds oder eine Pensionskasse nach § 7 Absatz 1 Satz 2 Nummer 3 durchführen, ist Beitragsbemessungsgrundlage
   a) für unverfallbare Anwartschaften auf lebenslange Altersleistungen die Höhe der jährlichen Versorgungsleistung, die im Versorgungsfall, spätestens zum Zeitpunkt des Erreichens der Regelaltersgrenze in der gesetzlichen Rentenversicherung, erreicht werden kann, bei ausschließlich lebenslangen Invaliditäts- oder lebenslangen Hinterbliebenenleistungen jeweils ein Viertel dieses Wertes; bei Kapitalleistungen gelten 10 Prozent der Kapitalleistung, bei Auszahlungsplänen 10 Prozent der Ratensumme zuzüglich des Restkapitals als Höhe der lebenslangen jährlichen Versorgungsleistung,
   b) für lebenslang laufende Versorgungsleistungen 20 Prozent des nach Anlage 1 Spalte 2 zu § 4d Absatz 1 des Einkommensteuergesetzes berechneten Deckungskapitals; bei befristeten Versorgungsleistungen gelten 10 Prozent des Produktes aus maximal möglicher Restlaufzeit in vollen Jahren und der Höhe der jährlichen laufenden Leistung, bei Auszahlungsplänen 10 Prozent der zukünftigen Ratensumme zuzüglich des Restkapitals als Höhe der lebenslangen jährlichen Versorgungsleistung.

(4) [1] Aus den Beitragsbescheiden des Trägers der Insolvenzsicherung findet die Zwangsvollstreckung in entsprechender Anwendung der Vorschriften der Zivilprozeßordnung statt. [2] Die vollstreckbare Ausfertigung erteilt der Träger der Insolvenzsicherung.

§ 10a
Säumniszuschläge, Zinsen, Verjährung

(1) Für Beiträge, die wegen Verstoßes des Arbeitgebers gegen die Meldepflicht erst nach Fälligkeit erhoben werden, kann der Träger der Insolvenzsicherung für jeden angefangenen Monat vom Zeitpunkt der Fälligkeit an einen Säumniszuschlag in Höhe von bis zu eins vom Hundert der nacherhobenen Beiträge erheben.

(2) [1] Für festgesetzte Beiträge und Vorschüsse, die der Arbeitgeber nach Fälligkeit zahlt, erhebt der Träger der Insolvenzsicherung für jeden Monat Verzugszinsen in Höhe von 0,5 vom Hundert der rückständigen Beiträge. [2] Angefangene Monate bleiben außer Ansatz.

(3) [1] Vom Träger der Insolvenzsicherung zu erstattende Beiträge werden vom Tage der Fälligkeit oder bei Feststellung des Erstattungsanspruchs durch gerichtliche Entscheidung vom Tage der Rechtshängigkeit an für jeden Monat mit 0,5 vom Hundert verzinst. [2] Angefangene Monate bleiben außer Ansatz.

(4) [1] Ansprüche auf Zahlung der Beiträge zur Insolvenzsicherung gemäß § 10 sowie Erstattungsansprüche nach Zahlung nicht geschuldeter Beiträge zur Insolvenzsicherung verjähren in sechs Jahren. [2] Die Verjährungsfrist beginnt mit Ablauf des Kalenderjahres, in dem die Beitragspflicht entstanden oder der Erstattungsanspruch fällig geworden ist. [3] Auf die Verjährung sind die Vorschriften des Bürgerlichen Gesetzbuchs anzuwenden.

§ 11
Melde-, Auskunfts- und Mitteilungspflichten

(1) [1] Der Arbeitgeber hat dem Träger der Insolvenzsicherung eine betriebliche Altersversorgung nach § 1b Abs. 1, 2 und 4 für seine Arbeitnehmer innerhalb von 3 Monaten nach Erteilung der unmittelbaren Versorgungszusage, dem Abschluß einer Direktversicherung, der Errichtung einer Unterstützungskasse, eines Pensionsfonds oder einer Pensionskasse nach § 7 Absatz 1 Satz 2 Nummer 3 mitzuteilen. [2] Der Arbeitgeber, der sonstige Träger der Versorgung, der Insolvenzverwalter und die nach § 7 Berechtigten sind verpflichtet, dem Träger der Insolvenzsicherung alle Auskünfte zu erteilen, die zur Durchführung der Vorschriften dieses Abschnitts erforderlich sind, sowie Unterlagen vorzulegen, aus denen die erforderlichen Angaben ersichtlich sind.

(2) [1] Ein beitragspflichtiger Arbeitgeber hat dem Träger der Insolvenzsicherung spätestens bis zum 30. September eines jeden Kalenderjahrs die Höhe des nach § 10 Abs. 3 für die Bemessung des Beitrages maßgebenden Betrages bei unmittelbaren Versorgungszusagen auf Grund eines versicherungsmathematischen Gutachtens, bei Direktversicherungen auf Grund einer Bescheinigung des Versicherers und bei Unterstützungskassen, Pensionsfonds und Pensionskassen auf Grund einer nachprüfbaren Berechnung mitzuteilen. [2] Der Arbeitgeber hat die in Satz 1 bezeichneten Unterlagen mindestens 6 Jahre aufzubewahren.

(3) [1] Der Insolvenzverwalter hat dem Träger der Insolvenzsicherung die Eröffnung des Insolvenzverfahrens, Namen und Anschriften der Versorgungsempfänger und die Höhe ihrer Versorgung nach § 7 unverzüglich mitzuteilen. [2] Er hat zugleich Namen und Anschriften der Personen, die bei Eröffnung des Insolvenzverfahrens eine nach § 1 unverfallbare Versorgungsanwartschaft haben, sowie die Höhe ihrer Anwartschaft nach § 7 mitzuteilen.

(4) Der Arbeitgeber, der sonstige Träger der Versorgung und die nach § 7 Berechtigten sind verpflichtet, dem Insolvenzverwalter Auskünfte über alle Tatsachen zu erteilen, auf die sich die Mitteilungspflicht nach Absatz 3 bezieht.

(5) In den Fällen, in denen ein Insolvenzverfahren nicht eröffnet wird (§ 7 Abs. 1 Satz 4) oder nach § 207 der Insolvenzordnung eingestellt worden ist, sind die Pflichten des Insolvenzverwalters nach Absatz 3 vom Arbeitgeber oder dem sonstigen Träger der Versorgung zu erfüllen.

(6) [1] Kammern und andere Zusammenschlüsse von Unternehmern oder anderen selbständigen Berufstätigen, die als Körperschaften des öffentlichen Rechts errichtet sind, ferner Verbände und andere Zusammenschlüsse, denen Unternehmer oder andere selbständige Berufstätige kraft Gesetzes angehören oder anzugehören haben, haben den Träger der Insolvenzsicherung bei der Ermittlung der nach § 10 beitragspflichtigen Arbeitgeber zu unterstützen. [2] Die Aufsichtsbehörden haben auf Anfrage dem Träger der Insolvenzsicherung die unter ihrer Aufsicht stehenden Pensionskassen mitzuteilen.

(6a) Ist bei einem Arbeitgeber, dessen Versorgungszusage von einer Pensionskasse oder einem Pensionsfonds durchgeführt wird, der Sicherungsfall eingetreten, muss die Pensionskasse oder der Pensionsfonds dem Träger der Insolvenzsicherung beschlossene Änderungen von Versorgungsleistungen unverzüglich mitteilen.

(7) Die nach den Absätzen 1 bis 3 und 5 zu Mitteilungen und Auskünften und die nach Absatz 6 zur Unterstützung Verpflichteten haben die vom Träger der Insolvenzsicherung vorgesehenen Vordrucke und technischen Verfahren zu verwenden.

(8) [1] Zur Sicherung der vollständigen Erfassung der nach § 10 beitragspflichtigen Arbeitgeber können die Finanzämter dem Träger der Insolvenzsicherung mitteilen, welche Arbeitgeber für die Beitragspflicht in Betracht kommen. [2] Die Bundesregierung wird ermächtigt, durch Rechtsverordnung mit Zustimmung des Bundesrates das Nähere zu bestimmen und Einzelheiten des Verfahrens zu regeln.

§ 12
Ordnungswidrigkeiten

(1) Ordnungswidrig handelt, wer vorsätzlich oder fahrlässig
1. entgegen § 11 Absatz 1 Satz 1, Absatz 2 Satz 1, Absatz 3, 5 oder 6a eine Mitteilung nicht, nicht richtig, nicht vollständig oder nicht rechtzeitig vornimmt,
2. entgegen § 11 Abs. 1 Satz 2 oder Abs. 4 eine Auskunft nicht, nicht richtig, nicht vollständig oder nicht rechtzeitig erteilt oder
3. entgegen § 11 Abs. 1 Satz 2 Unterlagen nicht, nicht richtig, nicht vollständig oder nicht rechtzeitig vorlegt oder entgegen § 11 Abs. 2 Satz 2 Unterlagen nicht aufbewahrt.

(2) Die Ordnungswidrigkeit kann mit einer Geldbuße bis zu zweitausendfünfhundert Euro geahndet werden.

(3) Verwaltungsbehörde im Sinne des § 36 Abs. 1 Nr. 1 des Gesetzes über Ordnungswidrigkeiten ist die Bundesanstalt für Finanzdienstleistungsaufsicht.

§ 13
(weggefallen)

§ 14
Träger der Insolvenzsicherung

(1) [1] Träger der Insolvenzsicherung ist der Pensions-Sicherungs-Verein Versicherungsverein auf Gegenseitigkeit. [2] Er ist zugleich Träger der Insolvenzsicherung von Versorgungszusagen Luxemburger Unternehmen nach Maßgabe des Abkommens vom 22. September 2000 zwischen der Bundesrepublik Deutschland und dem Großherzogtum Luxemburg über Zusammenarbeit im Bereich der Insolvenzsicherung betrieblicher Altersversorgung.

(2) [1] Der Pensions-Sicherungs-Verein Versicherungsverein auf Gegenseitigkeit unterliegt der Aufsicht durch die Bundesanstalt für Finanzdienstleistungsaufsicht. [2] Soweit dieses Gesetz nichts anderes bestimmt, gelten für ihn die Vorschriften für kleine Versicherungsunternehmen nach den §§ 212 bis 216 des Versicherungsaufsichtsgesetzes und die auf Grund des § 217 des Versicherungsaufsichtsgesetzes erlassenen Rechtsverordnungen entsprechend. [3] Die folgenden Vorschriften gelten mit folgenden Maßgaben:
1. § 212 Absatz 2 Nummer 1 des Versicherungsaufsichtsgesetzes gilt mit der Maßgabe, dass § 30 des Versicherungsaufsichtsgesetzes Anwendung findet;
2. § 212 Absatz 3 Nummer 6 des Versicherungsaufsichtsgesetzes gilt ohne Maßgabe; § 212 Absatz 3 Nummer 7, 10 und 12 des Versicherungsaufsichtsgesetzes gilt mit der Maßgabe, dass die dort genannten Vorschriften auch auf die interne Revision Anwendung finden; § 212 Absatz 3 Nummer 13 des Versicherungsaufsichtsgesetzes gilt mit der Maßgabe, dass die Bundesanstalt für Finanzdienstleistungsaufsicht bei Vorliegen der gesetzlichen Tatbestandsmerkmale die Erlaubnis zum Geschäftsbetrieb widerrufen kann;
3. § 214 Absatz 1 des Versicherungsaufsichtsgesetzes gilt mit der Maßgabe, dass grundsätzlich die Hälfte des Ausgleichsfonds den Eigenmitteln zugerechnet werden kann. [2] Auf Antrag des Pensions-Sicherungs-Vereins Versicherungsverein auf Gegenseitigkeit kann die Bundesanstalt für Finanzdienstleistungsaufsicht im Fall einer Inanspruchnahme des Ausgleichsfonds nach § 10 Absatz 2 Satz 5 festsetzen, dass der Ausgleichsfonds vorübergehend zu einem hierüber hinaus-

gehenden Anteil den Eigenmitteln zugerechnet werden kann; § 214 Absatz 6 des Versicherungsaufsichtsgesetzes findet keine Anwendung; In den Fällen der Nummern 2 und 3 geht das Vermögen des in Absatz 1 genannten Trägers einschließlich der Verbindlichkeiten auf die Kreditanstalt für Wiederaufbau über, die es dem Fonds zur Insolvenzsicherung der betrieblichen Altersversorgung zuweist.

4. der Umfang des Sicherungsvermögens muss mindestens der Summe aus den Bilanzwerten der in § 125 Absatz 2 des Versicherungsaufsichtsgesetzes genannten Beträge und dem nicht den Eigenmitteln zuzurechnenden Teil des Ausgleichsfonds entsprechen;
5. § 134 Absatz 3 Satz 2 des Versicherungsaufsichtsgesetzes gilt mit der Maßgabe, dass die Aufsichtsbehörde die Frist für Maßnahmen des Pensions-Sicherungs-Vereins Versicherungsverein auf Gegenseitigkeit um einen angemessenen Zeitraum verlängern kann; § 134 Absatz 6 Satz 1 des Versicherungsaufsichtsgesetzes ist entsprechend anzuwenden;
6. § 135 Absatz 2 Satz 2 des Versicherungsaufsichtsgesetzes gilt mit der Maßgabe, dass die Aufsichtsbehörde die genannte Frist um einen angemessenen Zeitraum verlängern kann.

(3) [1] Der Bundesminister für Arbeit und Sozialordnung weist durch Rechtsverordnung mit Zustimmung des Bundesrates die Stellung des Trägers der Insolvenzsicherung der Kreditanstalt für Wiederaufbau zu, bei der ein Fonds zur Insolvenzsicherung der betrieblichen Altersversorgung gebildet wird, wenn

1. bis zum 31. Dezember 1974 nicht nachgewiesen worden ist, daß der in Absatz 1 genannte Träger die Erlaubnis der Aufsichtsbehörde zum Geschäftsbetrieb erhalten hat,
2. der in Absatz 1 genannte Träger aufgelöst worden ist oder
3. die Aufsichtsbehörde den Geschäftsbetrieb des in Absatz 1 genannten Trägers untersagt oder die Erlaubnis zum Geschäftsbetrieb widerruft.

[2] In den Fällen der Nummern 2 und 3 geht das Vermögen des in Absatz 1 genannten Trägers einschließlich der Verbindlichkeiten auf die Kreditanstalt für Wiederaufbau über, die es dem Fonds zur Insolvenzsicherung der betrieblichen Altersversorgung zuweist.

(4) [1] Wird die Insolvenzsicherung von der Kreditanstalt für Wiederaufbau durchgeführt, gelten die Vorschriften dieses Abschnittes mit folgenden Abweichungen:

1. In § 7 Abs. 6 entfällt die Zustimmung der Bundesanstalt für Finanzdienstleistungsaufsicht.
2. § 10 Abs. 2 findet keine Anwendung. [2] Die von der Kreditanstalt für Wiederaufbau zu erhebenden Beiträge müssen den Bedarf für die laufenden Leistungen der Insolvenzsicherung im laufenden Kalenderjahr und die im gleichen Zeitraum entstehenden Verwaltungskosten und sonstigen Kosten, die mit der Gewährung der Leistungen zusammenhängen, decken. [3] Bei einer Zuweisung nach Absatz 2 Nr. 1 beträgt der Beitrag für die ersten 3 Jahre mindestens 0,1 vom Hundert der Beitragsbemessungsgrundlage gemäß § 10 Abs. 3; der nicht benötigte Teil dieses Beitragsaufkommens wird einer Betriebsmittelreserve zugeführt. [4] Bei einer Zuweisung nach Absatz 2 Nr. 2 oder 3 wird in den ersten 3 Jahren zu dem Beitrag nach Nummer 2 Satz 2 ein Zuschlag von 0,08 vom Hundert der Beitragsbemessungsgrundlage gemäß § 10 Abs. 3 zur Bildung einer Betriebsmittelreserve erhoben. [5] Auf die Beiträge können Vorschüsse erhoben werden.
3. In § 12 Abs. 3 tritt an die Stelle der Bundesanstalt für Finanzdienstleistungsaufsicht die Kreditanstalt für Wiederaufbau.

[2] Die Kreditanstalt für Wiederaufbau verwaltet den Fonds im eigenen Namen. [3] Für Verbindlichkeiten des Fonds haftet sie nur mit dem Vermögen des Fonds. [4] Dieser haftet nicht für die sonstigen Verbindlichkeiten der Bank. [5] § 11 Abs. 1 Satz 1 des Gesetzes über die Kreditanstalt für Wiederaufbau in der Fassung der Bekanntmachung vom 23. Juni 1969 (BGBl. I S. 573), das zuletzt durch Artikel 14 des Gesetzes vom 21. Juni 2002 (BGBl. I S. 2010) geändert worden ist, ist in der jeweils geltenden Fassung auch für den Fonds anzuwenden.

§ 15
Verschwiegenheitspflicht

[1] Personen, die bei dem Träger der Insolvenzsicherung beschäftigt oder für ihn tätig sind, dürfen fremde Geheimnisse, insbesondere Betriebs- oder Geschäftsgeheimnisse, nicht unbefugt offenbaren oder verwerten. [2] Sie sind nach dem Gesetz über die förmliche Verpflichtung nichtbeamteter Personen vom 2. März 1974 (Bundesgesetzblatt I S. 469, 547) von der Bundesanstalt für Finanzdienstleistungsaufsicht auf die gewissenhafte Erfüllung ihrer Obliegenheiten zu verpflichten.

Fünfter Abschnitt
Anpassung

§ 16
Anpassungsprüfungspflicht

(1) Der Arbeitgeber hat alle drei Jahre eine Anpassung der laufenden Leistungen der betrieblichen Altersversorgung zu prüfen und hierüber nach billigem Ermessen zu entscheiden; dabei sind insbesondere die Belange des Versorgungsempfängers und die wirtschaftliche Lage des Arbeitgebers zu berücksichtigen.

(2) Die Verpflichtung nach Absatz 1 gilt als erfüllt, wenn die Anpassung nicht geringer ist als der Anstieg

1. des Verbraucherpreisindexes für Deutschland oder
2. der Nettolöhne vergleichbarer Arbeitnehmergruppen des Unternehmens

im Prüfungszeitraum.

(3) Die Verpflichtung nach Absatz 1 entfällt wenn

1. der Arbeitgeber sich verpflichtet, die laufenden Leistungen jährlich um wenigstens eins vom Hundert anzupassen,
2. die betriebliche Altersversorgung über eine Direktversicherung im Sinne des § 1b Abs. 2 oder über eine Pensionskasse im Sinne des § 1b Abs. 3 durchgeführt wird und ab Rentenbeginn sämtliche auf den Rentenbestand entfallende Überschußanteile zur Erhöhung der laufenden Leistungen verwendet werden oder
3. eine Beitragszusage mit Mindestleistung erteilt wurde; Absatz 5 findet insoweit keine Anwendung.

(4) [1] Sind laufende Leistungen nach Absatz 1 nicht oder nicht in vollem Umfang anzupassen (zu Recht unterbliebene Anpassung), ist der Arbeitgeber nicht verpflichtet, die Anpassung zu einem späteren Zeitpunkt nachzuholen. [2] Eine Anpassung gilt als zu Recht unterblieben, wenn der Arbeitgeber dem Versorgungsempfänger die wirtschaftliche Lage des Unternehmens schriftlich dargelegt, der Versorgungsempfänger nicht binnen drei Kalendermonaten nach Zugang der Mitteilung schriftlich widersprochen hat und er auf die Rechtsfolgen eines nicht fristgemäßen Widerspruchs hingewiesen wurde.

(5) Soweit betriebliche Altersversorgung durch Entgeltumwandlung finanziert wird, ist der Arbeitgeber verpflichtet, die Leistungen mindestens entsprechend Absatz 3 Nr. 1 anzupassen oder im Falle der Durchführung über eine Direktversicherung oder eine Pensionskasse sämtliche Überschussanteile entsprechend Absatz 3 Nr. 2 zu verwenden.

(6) Eine Verpflichtung zur Anpassung besteht nicht für monatliche Raten im Rahmen eines Auszahlungsplans sowie für Renten ab Vollendung des 85. Lebensjahres im Anschluss an einen Auszahlungsplan.

Sechster Abschnitt
Geltungsbereich

§ 17
Persönlicher Geltungsbereich

(1) [1]Arbeitnehmer im Sinne der §§ 1 bis 16 sind Arbeiter und Angestellte einschließlich der zu ihrer Berufsausbildung Beschäftigten; ein Berufsausbildungsverhältnis steht einem Arbeitsverhältnis gleich. [2]Die §§ 1 bis 16 gelten entsprechend für Personen, die nicht Arbeitnehmer sind, wenn ihnen Leistungen der Alters-, Invaliditäts- oder Hinterbliebenenversorgung aus Anlaß ihrer Tätigkeit für ein Unternehmen zugesagt worden sind. [3]Arbeitnehmer im Sinne von § 1a Abs. 1 sind nur Personen nach den Sätzen 1 und 2, soweit sie aufgrund der Beschäftigung oder Tätigkeit bei dem Arbeitgeber, gegen den sich der Anspruch nach § 1a richten würde, in der gesetzlichen Rentenversicherung pflichtversichert sind.

(2) Die §§ 7 bis 15 gelten nicht für den Bund, die Länder, die Gemeinden sowie die Körperschaften, Stiftungen und Anstalten des öffentlichen Rechts, bei denen das Insolvenzverfahren nicht zulässig ist, und solche juristische Personen des öffentlichen Rechts, bei denen der Bund, ein Land oder eine Gemeinde kraft Gesetzes die Zahlungsfähigkeit sichert.

(3) Gesetzliche Regelungen über Leistungen der betrieblichen Altersversorgung werden unbeschadet des § 18 durch die §§ 1 bis 16 und 26 bis 30 nicht berührt.

§ 18
Sonderregelungen für den öffentlichen Dienst

(1) [1]Für Personen, die

1. bei der Versorgungsanstalt des Bundes und der Länder (VBL) oder einer kommunalen oder kirchlichen Zusatzversorgungseinrichtung versichert sind, oder
2. bei einer anderen Zusatzversorgungseinrichtung versichert sind, die mit einer der Zusatzversorgungseinrichtungen nach Nummer 1 ein Überleitungsabkommen abgeschlossen hat oder aufgrund satzungsrechtlicher Vorschriften von Zusatzversorgungseinrichtungen nach Nummer 1 ein solches Abkommen abschließen kann, oder
3. unter das Hamburgische Zusatzversorgungsgesetz oder unter das Bremische Ruhelohngesetz in ihren jeweiligen Fassungen fallen oder auf die diese Gesetze sonst Anwendung finden,

gelten die §§ 2, 2a Absatz 1, 3 und 4 sowie die §§ 5, 16, 27 und 28 nicht, soweit sich aus den nachfolgenden Regelungen nichts Abweichendes ergibt; § 4 gilt nicht, wenn die Anwartschaft oder die laufende Leistung ganz oder teilweise umlage- oder haushaltsfinanziert ist. [2]Soweit die betriebliche Altersversorgung über eine der in Satz 1 genannten Einrichtungen durchgeführt wird, finden die §§ 7 bis 15 keine Anwendung.

(2) Bei Eintritt des Versorgungsfalles vor dem 2. Januar 2002 erhalten die in Absatz 1 Nummer 1 und 2 bezeichneten Personen, deren Anwartschaft nach § 1b fortbesteht und deren Arbeitsverhältnis vor Eintritt des Versorgungsfalles geendet hat, von der Zusatzversorgungseinrichtung eine Zusatzrente nach folgenden Maßgaben:

1. Der monatliche Betrag der Zusatzrente beträgt für jedes Jahr der aufgrund des Arbeitsverhältnisses bestehenden Pflichtversicherung bei einer Zusatzversorgungseinrichtung 2,25 vom Hundert, höchstens jedoch 100 vom Hundert der Leistung, die bei dem höchstmöglichen Versorgungssatz zugestanden hätte (Voll-Leistung). [2]Für die Berechnung der Voll-Leistung
   a) ist der Versicherungsfall der Regelaltersrente maßgebend,
   b) ist das Arbeitsentgelt maßgebend, das nach der Versorgungsregelung für die Leistungsbemessung maßgebend wäre, wenn im Zeitpunkt des Ausscheidens der Versicherungsfall im Sinne der Versorgungsregelung eingetreten wäre,
   c) findet § 2a Absatz 1 entsprechend Anwendung,

d) ist im Rahmen einer Gesamtversorgung der im Falle einer Teilzeitbeschäftigung oder Beurlaubung nach der Versorgungsregelung für die gesamte Dauer des Arbeitsverhältnisses maßgebliche Beschäftigungsquotient nach der Versorgungsregelung als Beschäftigungsquotient auch für die übrige Zeit maßgebend,

e) finden die Vorschriften der Versorgungsregelung über eine Mindestleistung keine Anwendung und

f) ist eine anzurechnende Grundversorgung nach dem bei der Berechnung von Pensionsrückstellungen für die Berücksichtigung von Renten aus der gesetzlichen Rentenversicherung allgemein zulässigen Verfahren zu ermitteln. [2]Hierbei ist das Arbeitsentgelt nach Buchstabe b zugrunde zu legen und – soweit während der Pflichtversicherung Teilzeitbeschäftigung bestand – diese nach Maßgabe der Versorgungsregelung zu berücksichtigen.

2. Die Zusatzrente vermindert sich um 0,3 vom Hundert für jeden vollen Kalendermonat, den der Versorgungsfall vor Vollendung des 65. Lebensjahres eintritt, höchstens jedoch um den in der Versorgungsregelung für die Voll-Leistung vorgesehenen Vomhundertsatz.

3. Übersteigt die Summe der Vomhundertsätze nach Nummer 1 aus unterschiedlichen Arbeitsverhältnissen 100, sind die einzelnen Leistungen im gleichen Verhältnis zu kürzen.

4. Die Zusatzrente muss monatlich mindestens den Betrag erreichen, der sich aufgrund des Arbeitsverhältnisses nach der Versorgungsregelung als Versicherungsrente aus den jeweils maßgeblichen Vomhundertsätzen der zusatzversorgungspflichtigen Entgelte oder der gezahlten Beiträge und Erhöhungsbeträge ergibt.

5. Die Vorschriften der Versorgungsregelung über das Erlöschen, das Ruhen und die Nichtleistung der Versorgungsrente gelten entsprechend. [2]Soweit die Versorgungsregelung eine Mindestleistung in Ruhensfällen vorsieht, gilt dies nur, wenn die Mindestleistung der Leistung im Sinne der Nummer 4 entspricht.

6. Verstirbt die in Absatz 1 genannte Person und beginnt die Hinterbliebenenrente vor dem 2. Januar 2002, erhält eine Witwe oder ein Witwer 60 vom Hundert, eine Witwe oder ein Witwer im Sinne des § 46 Abs. 1 des Sechsten Buches Sozialgesetzbuch 42 vom Hundert, eine Halbwaise 12 vom Hundert und eine Vollwaise 20 vom Hundert der unter Berücksichtigung der in diesem Absatz genannten Maßgaben zu berechnenden Zusatzrente; die §§ 46, 48, 103 bis 105 des Sechsten Buches Sozialgesetzbuch sind entsprechend anzuwenden. [2]Die Leistungen an mehrere Hinterbliebene dürfen den Betrag der Zusatzrente nicht übersteigen; gegebenenfalls sind die Leistungen im gleichen Verhältnis zu kürzen.

7. Versorgungsfall ist der Versicherungsfall im Sinne der Versorgungsregelung.

(2a) Bei Eintritt des Versorgungsfalles oder bei Beginn der Hinterbliebenenrente nach dem 1. Januar 2002 erhalten die in Absatz 1 Nummer 1 und 2 genannten Personen, deren Anwartschaft nach § 1b fortbesteht und deren Arbeitsverhältnis vor Eintritt des Versorgungsfalles geendet hat, von der Zusatzversorgungseinrichtung die nach der jeweils maßgebenden Versorgungsregelung vorgesehenen Leistungen.

(3) [1]Personen, auf die bis zur Beendigung ihres Arbeitsverhältnisses die Regelungen des Hamburgischen Zusatzversorgungsgesetzes oder des Bremischen Ruhelohngesetzes in ihren jeweiligen Fassungen Anwendung gefunden haben, haben Anspruch gegenüber ihrem ehemaligen Arbeitgeber auf Leistungen in sinngemäßer Anwendung des Absatzes 2 mit Ausnahme von Absatz 2 Nummer 3 und 4 sowie Nummer 5 Satz 2; bei Anwendung des Hamburgischen Zusatzversorgungsgesetzes bestimmt sich der monatliche Betrag der Zusatzrente abweichend von Absatz 2 nach der nach dem Hamburgischen Zusatzversorgungsgesetz maßgebenden Berechnungsweise. [2]An die Stelle des Stichtags 2. Januar 2002 tritt im Bereich des Hamburgischen Zusatzversorgungsgesetzes der 1. August 2003 und im Bereich des Bremischen Ruhelohngesetzes der 1. März 2007.

(4) [1]Die Leistungen nach den Absätzen 2, 2a und 3 werden in der Pflichtversicherung jährlich zum 1. Juli um 1 Prozent erhöht. [2]In der freiwilligen Versicherung bestimmt sich die Anpassung der Leistungen nach der jeweils maßgebenden Versorgungsregelung.

(5) Besteht der Eintritt des Versorgungsfalles neben dem Anspruch auf Zusatzrente nach Absatz 2 oder auf die in Absatz 3 oder Absatz 7 bezeichneten Leistungen auch Anspruch auf eine Versorgungsrente oder Versicherungsrente der in Absatz 1 Satz 1 Nr. 1 und 2 bezeichneten Zusatzversorgungseinrichtungen oder Anspruch auf entsprechende Versorgungsleistungen der Versorgungsanstalt der deutschen Kulturorchester oder der Versorgungsanstalt der deutschen Bühnen oder nach den Regelungen des Ersten Ruhegeldgesetzes, des Zweiten Ruhegeldgesetzes oder des Bremischen Ruhelohngesetzes, in deren Berechnung auch die der Zusatzrente zugrunde liegenden Zeiten berücksichtigt sind, ist nur die im Zahlbetrag höhere Rente zu leisten.

(6) Eine Anwartschaft auf Versorgungsleistungen kann bei Übertritt der anwartschaftsberechtigten Person in ein Versorgungssystem einer überstaatlichen Einrichtung in das Versorgungssystem dieser Einrichtung übertragen werden, wenn ein entsprechendes Abkommen zwischen der Zusatzversorgungseinrichtung oder der Freien und Hansestadt Hamburg oder der Freien Hansestadt Bremen und der überstaatlichen Einrichtung besteht.

(7) [1] Für Personen, die bei der Versorgungsanstalt der deutschen Kulturorchester oder der Versorgungsanstalt der deutschen Bühnen pflichtversichert sind, gelten die §§ 2 bis 5, 16, 27 und 28 nicht; soweit die betriebliche Altersversorgung über die Versorgungsanstalten durchgeführt wird, finden die §§ 7 bis 15 keine Anwendung. [2] Bei Eintritt des Versorgungsfalles treten an die Stelle der Zusatzrente und der Leistungen an Hinterbliebene nach Absatz 2 und an die Stelle der Regelung in Absatz 4 die satzungsgemäß vorgesehenen Leistungen; Absatz 2 Nr. 5 findet entsprechend Anwendung. [3] Die Höhe der Leistungen kann nach dem Ausscheiden aus dem Beschäftigungsverhältnis nicht mehr geändert werden. [4] Als pflichtversichert gelten auch die freiwillig Versicherten der Versorgungsanstalt der deutschen Kulturorchester und der Versorgungsanstalt der deutschen Bühnen.

(8) Gegen Entscheidungen der Zusatzversorgungseinrichtungen über Ansprüche nach diesem Gesetz ist der Rechtsweg gegeben, der für Versicherte der Einrichtung gilt.

(9) Bei Personen, die aus einem Arbeitsverhältnis ausscheiden, in dem sie nach § 5 Abs. 1 Satz 1 Nr. 2 des Sechsten Buches Sozialgesetzbuch versicherungsfrei waren, dürfen die Ansprüche nach § 2 Abs. 1 Satz 1 und 2 nicht hinter dem Rentenanspruch zurückbleiben, der sich ergeben hätte, wenn der Arbeitnehmer für die Zeit der versicherungsfreien Beschäftigung in der gesetzlichen Rentenversicherung nachversichert worden wäre; die Vergleichsberechnung ist im Versorgungsfall aufgrund einer Auskunft der Deutschen Rentenversicherung Bund vorzunehmen.

§ 18a
Verjährung

[1] Der Anspruch auf Leistungen aus der betrieblichen Altersversorgung verjährt in 30 Jahren. [2] Ansprüche auf regelmäßig wiederkehrende Leistungen unterliegen der regelmäßigen Verjährungsfrist nach den Vorschriften des Bürgerlichen Gesetzbuchs.

Siebter Abschnitt
Betriebliche Altersversorgung und Tarifvertrag

Unterabschnitt 1
Tariföffnung; Optionssysteme

§ 19
Allgemeine Tariföffnungsklausel

(1) Von den §§ 1a, 2, 2a Absatz 1, 3 und 4, § 3, mit Ausnahme des § 3 Absatz 2 Satz 3, von den §§ 4, 5, 16, 18a Satz 1, §§ 27 und 28 kann in Tarifverträgen abgewichen werden.

(2) Die abweichenden Bestimmungen haben zwischen nichttarifgebundenen Arbeitgebern und Arbeitnehmern Geltung, wenn zwischen diesen die Anwendung der einschlägigen tariflichen Regelung vereinbart ist.

(3) Im Übrigen kann von den Bestimmungen dieses Gesetzes nicht zuungunsten des Arbeitnehmers abgewichen werden.

§ 20
Tarifvertrag und Entgeltumwandlung; Optionssysteme

(1) Soweit Entgeltansprüche auf einem Tarifvertrag beruhen, kann für diese eine Entgeltumwandlung nur vorgenommen werden, soweit dies durch Tarifvertrag vorgesehen oder durch Tarifvertrag zugelassen ist.

(2) [1] In einem Tarifvertrag oder auf Grund eines Tarifvertrages in einer Betriebs- oder Dienstvereinbarung kann geregelt werden, dass der Arbeitgeber für alle Arbeitnehmer oder für eine Gruppe von Arbeitnehmern des Unternehmens oder einzelner Betriebe eine automatische Entgeltumwandlung einführt, gegen die der Arbeitnehmer ein Widerspruchsrecht hat (Optionssystem). [2] Das Angebot des Arbeitgebers auf Entgeltumwandlung gilt als vom Arbeitnehmer angenommen, wenn er nicht widersprochen hat und das Angebot

1. in Textform und mindestens drei Monate vor der ersten Fälligkeit des umzuwandelnden Entgelts gemacht worden ist und
2. deutlich darauf hinweist,
   a) welcher Betrag und welcher Vergütungsbestandteil umgewandelt werden sollen und
   b) dass der Arbeitnehmer ohne Angabe von Gründen innerhalb einer Frist von mindestens einem Monat nach dem Zugang des Angebots widersprechen und die Entgeltumwandlung mit einer Frist von höchstens einem Monat beenden kann.

[3] Nichttarifgebundene Arbeitgeber können ein einschlägiges tarifvertragliches Optionssystem anwenden oder auf Grund eines einschlägigen Tarifvertrages durch Betriebs- oder Dienstvereinbarung die Einführung eines Optionssystems regeln; Satz 2 gilt entsprechend.

Unterabschnitt 2
Tarifvertrag und reine Beitragszusage

§ 21
Tarifvertragsparteien

(1) Vereinbaren die Tarifvertragsparteien eine betriebliche Altersversorgung in Form der reinen Beitragszusage, müssen sie sich an deren Durchführung und Steuerung beteiligen.

(2) [1] Die Tarifvertragsparteien sollen im Rahmen von Tarifverträgen nach Absatz 1 bereits bestehende Betriebsrentensysteme angemessen berücksichtigen. [2] Die Tarifvertragsparteien müssen insbesondere prüfen, ob auf der Grundlage einer Betriebs- oder Dienstvereinbarung oder, wenn ein Betriebs- oder Personalrat nicht besteht, durch schriftliche Vereinbarung zwischen Arbeitgeber und Arbeitnehmer, tarifvertraglich vereinbarte Beiträge für eine reine Beitragszusage für eine andere nach diesem Gesetz zulässige Zusageart verwendet werden dürfen.

(3) [1] Die Tarifvertragsparteien sollen nichttarifgebundenen Arbeitgebern und Arbeitnehmern den Zugang zur durchführenden Versorgungseinrichtung nicht verwehren. [2] Der durchführenden Versorgungseinrichtung dürfen im Hinblick auf die Aufnahme und Verwaltung von Arbeitnehmern nichttarifgebundener Arbeitgeber keine sachlich unbegründeten Vorgaben gemacht werden.

(4) Wird eine reine Beitragszusage über eine Direktversicherung durchgeführt, kann eine gemeinsame Einrichtung nach § 4 des Tarifvertragsgesetzes als Versicherungsnehmer an die Stelle des Arbeitgebers treten.

§ 22
Arbeitnehmer und Versorgungseinrichtung

(1) [1]Bei einer reinen Beitragszusage hat der Pensionsfonds, die Pensionskasse oder die Direktversicherung dem Versorgungsempfänger auf der Grundlage des planmäßig zuzurechnenden Versorgungskapitals laufende Leistungen der betrieblichen Altersversorgung zu erbringen. [2]Die Höhe der Leistungen darf nicht garantiert werden.

(2) [1]Die auf den gezahlten Beiträgen beruhende Anwartschaft auf Altersrente ist sofort unverfallbar. [2]Die Erträge der Versorgungseinrichtung müssen auch dem ausgeschiedenen Arbeitnehmer zugutekommen.

(3) Der Arbeitnehmer hat gegenüber der Versorgungseinrichtung das Recht,

1. nach Beendigung des Arbeitsverhältnisses
   a) die Versorgung mit eigenen Beiträgen fortzusetzen oder
   b) innerhalb eines Jahres das gebildete Versorgungskapital auf die neue Versorgungseinrichtung, an die Beiträge auf der Grundlage einer reinen Beitragszusage gezahlt werden, zu übertragen,
2. entsprechend § 4a Auskunft zu verlangen und
3. entsprechend § 6 vorzeitige Altersleistungen in Anspruch zu nehmen.

(4) [1]Die bei der Versorgungseinrichtung bestehende Anwartschaft ist nicht übertragbar, nicht beleihbar und nicht veräußerbar. [2]Sie darf vorbehaltlich des Satzes 3 nicht vorzeitig verwertet werden. [3]Die Versorgungseinrichtung kann Anwartschaften und laufende Leistungen bis zu der Wertgrenze in § 3 Absatz 2 Satz 1 abfinden; § 3 Absatz 2 Satz 3 gilt entsprechend.

(5) Für die Verjährung der Ansprüche gilt § 18a entsprechend.

§ 23
Zusatzbeiträge des Arbeitgebers

(1) Zur Absicherung der reinen Beitragszusage soll im Tarifvertrag ein Sicherungsbeitrag vereinbart werden.

(2) Bei einer reinen Beitragszusage ist im Fall der Entgeltumwandlung im Tarifvertrag zu regeln, dass der Arbeitgeber 15 Prozent des umgewandelten Entgelts zusätzlich als Arbeitgeberzuschuss an die Versorgungseinrichtung weiterleiten muss, soweit der Arbeitgeber durch die Entgeltumwandlung Sozialversicherungsbeiträge einspart.

§ 24
Nichttarifgebundene Arbeitgeber und Arbeitnehmer

Nichttarifgebundene Arbeitgeber und Arbeitnehmer können die Anwendung der einschlägigen tariflichen Regelung vereinbaren.

§ 25
Verordnungsermächtigung

[1]Das Bundesministerium für Arbeit und Soziales wird ermächtigt, im Einvernehmen mit dem Bundesministerium der Finanzen durch Rechtsverordnung Mindestanforderungen an die Verwendung der Beiträge nach § 1 Absatz 2 Nummer 2a festzulegen. [2]Die Ermächtigung kann im Einvernehmen mit dem Bundesministerium der Finanzen auf die Bundesanstalt für Finanzdienstleistungsaufsicht übertragen werden. [3]Rechtsverordnungen nach den Sätzen 1 und 2 bedürfen nicht der Zustimmung des Bundesrates.

Zweiter Teil
Übergangs- und Schlußvorschriften

§ 26
Anwendbarkeit auf bereits beendete Arbeits- oder Dienstverhältnisse

Die §§ 1 bis 4 und 18 gelten nicht, wenn das Arbeitsverhältnis oder Dienstverhältnis vor dem Inkrafttreten des Gesetzes beendet worden ist.

§ 26a
Übergangsvorschrift zu § 1a Absatz 1a

§ 1a Absatz 1a gilt für individual- und kollektivrechtliche Entgeltumwandlungsvereinbarungen, die vor dem 1. Januar 2019 geschlossen worden sind, erst ab dem 1. Januar 2022.

§ 27
Anwendbarkeit bei Direktversicherungen oder Pensionskassen

§ 2 Abs. 2 Satz 2 Nr. 2 und 3 und Abs. 3 Satz 2 Nr. 1 und 2 gelten in Fällen, in denen vor dem Inkrafttreten des Gesetzes die Direktversicherung abgeschlossen worden ist oder die Versicherung des Arbeitnehmers bei einer Pensionskasse begonnen hat, mit der Maßgabe, daß die in diesen Vorschriften genannten Voraussetzungen spätestens für die Zeit nach Ablauf eines Jahres seit dem Inkrafttreten des Gesetzes erfüllt sein müssen.

§ 28
Anwendbarkeit bei bereits eingetretenen Versorgungsfällen

§ 5 gilt für Fälle, in denen der Versorgungsfall vor dem Inkrafttreten des Gesetzes eingetreten ist, mit der Maßgabe, daß diese Vorschrift bei der Berechnung der nach dem Inkrafttreten des Gesetzes fällig werdenden Versorgungsleistungen anzuwenden ist.

§ 29
Anwendbarkeit bezüglich Altersruhegeld

§ 6 gilt für die Fälle, in denen das Altersruhegeld der gesetzlichen Rentenversicherung bereits vor dem Inkrafttreten des Gesetzes in Anspruch genommen worden ist, mit der Maßgabe, daß die Leistungen der betrieblichen Altersversorgung vom Inkrafttreten des Gesetzes an zu gewähren sind.

§ 30
Anspruch gegen den Träger der Insolvenzsicherung

(1) [1] Ein Anspruch gegen den Träger der Insolvenzsicherung nach § 7 besteht nur, wenn der Sicherungsfall nach dem Inkrafttreten der §§ 7 bis 15 eingetreten ist; er kann erstmals nach dem Ablauf von sechs Monaten nach diesem Zeitpunkt geltend gemacht werden. [2] Die Beitragspflicht des Arbeitgebers beginnt mit dem Inkrafttreten der §§ 7 bis 15.

(2) [1] Wenn die betriebliche Altersversorgung über eine Pensionskasse nach § 7 Absatz 1 Satz 2 Nummer 3 durchgeführt wird, besteht ein Anspruch gegen den Träger der Insolvenzsicherung, wenn der Sicherungsfall nach dem 31. Dezember 2021 eingetreten ist. [2] Die Beitragspflicht des Arbeitgebers, der betriebliche Altersversorgung über eine Pensionskasse nach § 7 Absatz 1 Satz 2 Nummer 3 durchführt, beginnt im Jahr 2021; der Beitrag beträgt in diesem Jahr 3 Promille der Beitragsbemessungsgrundlage nach § 10 Absatz 3 Nummer 4. [3] Zusätzlich zum Beitrag nach § 10 Absatz 2 Satz 1 wird für die betriebliche Altersversorgung nach Satz 2 für die Jahre 2022 bis 2025 ein Beitrag in Höhe von 1,5 Promille der Beitragsbemessungsgrundlage nach § 10 Absatz 3 Nummer 4 erhoben; die Beiträge sind zum Ende des jeweiligen Kalenderjahres fällig.

(3) [1] Ist der Sicherungsfall nach Absatz 2 vor dem 1. Januar 2022 eingetreten, besteht ein Anspruch gegen den Träger der Insolvenzsicherung, wenn die Pensionskasse die nach der Versorgungszusage des Arbeitgebers vorgesehene Leistung um mehr als die Hälfte kürzt oder das Einkommen des

ehemaligen Arbeitnehmers wegen einer Kürzung unter die von Eurostat für Deutschland ermittelte Armutsgefährdungsschwelle fällt. [2] Leistungen werden nur auf Antrag und nicht rückwirkend erbracht; sie können mit Nebenbestimmungen versehen werden. [3] Mit dem Antrag sind Unterlagen vorzulegen, die den Anspruch belegen. [4] Die Kosten, die dem Träger der Insolvenzsicherung insofern entstehen, werden vom Bund übernommen; Einzelheiten werden in einer Verwaltungsvereinbarung zwischen dem Träger der Insolvenzsicherung und dem Bundesministerium für Arbeit und Soziales im Einvernehmen mit dem Bundesministerium der Finanzen geregelt.

(4) Soweit die betriebliche Altersversorgung über einen Pensionsfonds durchgeführt wird, gelten für Sicherungsfälle, die vor dem 1. Januar 2022 eingetreten sind, die §§ 7, 8 und 9 in der am 31. Dezember 2019 geltenden Fassung; für die Beitragsjahre 2020 bis 2022 können Arbeitgeber die Beitragsbemessungsgrundlage nach § 10 Absatz 3 Nummer 4 in der am 31. Dezember 2019 geltenden Fassung ermitteln.

(5) [1] Das Bundesministerium für Arbeit und Soziales untersucht 2026, ob die Beitragsbemessung nach § 10 Absatz 3 Nummer 4 bei betrieblicher Altersversorgung, die von Pensionskassen durchgeführt wird, weiterhin sachgerecht ist, insbesondere, ob die Höhe des Beitrags dem vom Träger der Insolvenzsicherung zu tragenden Risiko entspricht. [2] Das Bundesministerium für Arbeit und Soziales kann Dritte mit dieser Untersuchung beauftragen.

§ 30a
(weggefallen)

§ 30b
Zeitliche Grenzen für die Anwendung des § 4 Abs. 3

§ 4 Abs. 3 gilt nur für Zusagen, die nach dem 31. Dezember 2004 erteilt wurden.

§ 30c
Zeitliche Grenzen für die Anwendung des § 16

(1) § 16 Abs. 3 Nr. 1 gilt nur für laufende Leistungen, die auf Zusagen beruhen, die nach dem 31. Dezember 1998 erteilt werden.

(1a) § 16 Absatz 3 Nummer 2 gilt auch für Anpassungszeiträume, die vor dem 1. Januar 2016 liegen; in diesen Zeiträumen bereits erfolgte Anpassungen oder unterbliebene Anpassungen, gegen die der Versorgungsberechtigte vor dem 1. Januar 2016 Klage erhoben hat, bleiben unberührt.

(2) § 16 Abs. 4 gilt nicht für vor dem 1. Januar 1999 zu Recht unterbliebene Anpassungen.

(3) § 16 Abs. 5 gilt nur für laufende Leistungen, die auf Zusagen beruhen, die nach dem 31. Dezember 2000 erteilt werden.

(4) Für die Erfüllung der Anpassungsprüfungspflicht für Zeiträume vor dem 1. Januar 2003 gilt § 16 Abs. 2 Nr. 1 mit der Maßgabe, dass an die Stelle des Verbraucherpreisindexes für Deutschland der Preisindex für die Lebenshaltung von 4-Personenhaushalten von Arbeitern und Angestellten mit mittlerem Einkommen tritt.

§ 30d
Übergangsregelung zu § 18

(1) [1] Ist der Versorgungsfall vor dem 1. Januar 2001 eingetreten oder ist der Arbeitnehmer vor dem 1. Januar 2001 aus dem Beschäftigungsverhältnis bei einem öffentlichen Arbeitgeber ausgeschieden und der Versorgungsfall nach dem 31. Dezember 2000 und vor dem 2. Januar 2002 eingetreten, sind für die Berechnung der Voll-Leistung die Regelungen der Zusatzversorgungseinrichtungen nach § 18 Abs. 1 Satz 1 Nr. 1 und 2 oder die Gesetze im Sinne des § 18 Abs. 1 Satz 1 Nr. 3 sowie die weiteren Berechnungsfaktoren jeweils in der am 31. Dezember 2000 geltenden Fassung maßgebend; § 18 Abs. 2 Nr. 1 Buchstabe b bleibt unberührt. [2] Die Steuerklasse III/O ist zugrunde zu legen. [3] Ist der Versorgungsfall vor dem 1. Januar 2001 eingetreten, besteht der Anspruch auf Zusatzrente

mindestens in der Höhe, wie er sich aus § 18 in der Fassung vom 16. Dezember 1997 (BGBl. I S. 2998) ergibt.

(2) Die Anwendung des § 18 ist in den Fällen des Absatzes 1 ausgeschlossen, soweit eine Versorgungsrente der in § 18 Abs. 1 Satz 1 Nr. 1 und 2 bezeichneten Zusatzversorgungseinrichtungen oder eine entsprechende Leistung aufgrund der Regelungen des Ersten Ruhegeldgesetzes, des Zweiten Ruhegeldgesetzes oder des Bremischen Ruhelohngesetzes bezogen wird, oder eine Versicherungsrente abgefunden wurde.

(2a) Für Personen, deren Beschäftigungsverhältnis vor dem 1. Januar 2002 vor Eintritt des Versorgungsfalls geendet hat und deren Anwartschaft nach § 1b fortbesteht, haben die in § 18 Absatz 1 Satz 1 Nummer 1 und 2 bezeichneten Zusatzversorgungseinrichtungen bei Eintritt des Versorgungsfalls nach dem 1. Januar 2002 die Anwartschaft für Zeiten bis zum 1. Januar 2002 nach § 18 Absatz 2 unter Berücksichtigung des § 18 Absatz 5 zu ermitteln.

(3) [1] Für Arbeitnehmer im Sinne des § 18 Abs. 1 Satz 1 Nr. 4, 5 und 6 in der bis zum 31. Dezember 1998 geltenden Fassung, für die bis zum 31. Dezember 1998 ein Anspruch auf Nachversicherung nach § 18 Abs. 6 entstanden ist, gilt Absatz 1 Satz 1 für die aufgrund der Nachversicherung zu ermittelnde Voll-Leistung entsprechend mit der Maßgabe, dass sich der nach § 2 zu ermittelnde Anspruch gegen den ehemaligen Arbeitgeber richtet. [2] Für den nach § 2 zu ermittelnden Anspruch gilt § 18 Abs. 2 Nr. 1 Buchstabe b entsprechend; für die übrigen Bemessungsfaktoren ist auf die Rechtslage am 31. Dezember 2000 abzustellen. [3] Leistungen der gesetzlichen Rentenversicherung, die auf einer Nachversicherung wegen Ausscheidens aus einem Dienstordnungsverhältnis beruhen, und Leistungen, die die zuständige Versorgungseinrichtung aufgrund von Nachversicherungen im Sinne des § 18 Abs. 6 in der am 31. Dezember 1998 geltenden Fassung gewährt, werden auf den Anspruch nach § 2 angerechnet. [4] Hat das Arbeitsverhältnis im Sinne des § 18 Abs. 9 bereits am 31. Dezember 1998 bestanden, ist in die Vergleichsberechnung nach § 18 Abs. 9 auch die Zusatzrente nach § 18 in der bis zum 31. Dezember 1998 geltenden Fassung einzubeziehen.

§ 30e
Zeitliche Grenzen für die Anwendung des § 1 Abs. 2 Nr. 4

(1) § 1 Abs. 2 Nr. 4 zweiter Halbsatz gilt für Zusagen, die nach dem 31. Dezember 2002 erteilt werden.

(2) [1] § 1 Abs. 2 Nr. 4 zweiter Halbsatz findet auf Pensionskassen, deren Leistungen der betrieblichen Altersversorgung durch Beiträge der Arbeitnehmer und Arbeitgeber gemeinsam finanziert und die als beitragsorientierte Leistungszusage oder als Leistungszusage durchgeführt werden, mit der Maßgabe Anwendung, dass dem ausgeschiedenen Arbeitnehmer das Recht zur Fortführung mit eigenen Beiträgen nicht eingeräumt werden und eine Überschussverwendung gemäß § 1b Abs. 5 Nr. 1 nicht erfolgen muss. [2] Wird dem ausgeschiedenen Arbeitnehmer ein Recht zur Fortführung nicht eingeräumt, gilt für die Höhe der unverfallbaren Anwartschaft § 2 Absatz 5 entsprechend. [3] Für die Anpassung laufender Leistungen gelten die Regelungen nach § 16 Abs. 1 bis 4. [4] Die Regelung in Absatz 1 bleibt unberührt.

§ 30f
Zeitliche Grenzen für die Anwendung des § 1b Abs. 1

(1) [1] Wenn Leistungen der betrieblichen Altersversorgung vor dem 1. Januar 2001 zugesagt worden sind, ist § 1b Abs. 1 mit der Maßgabe anzuwenden, dass die Anwartschaft erhalten bleibt, wenn das Arbeitsverhältnis vor Eintritt des Versorgungsfalles, jedoch nach Vollendung des 35. Lebensjahres endet und die Versorgungszusage zu diesem Zeitpunkt

1. mindestens zehn Jahre oder
2. bei mindestens zwölfjähriger Betriebszugehörigkeit mindestens drei Jahre

bestanden hat; in diesen Fällen bleibt die Anwartschaft auch erhalten, wenn die Zusage ab dem 1. Januar 2001 fünf Jahre bestanden hat und bei Beendigung des Arbeitsverhältnisses das 30. Lebensjahr vollendet ist. [2] § 1b Abs. 5 findet für Anwartschaften aus diesen Zusagen keine Anwendung.

(2) Wenn Leistungen der betrieblichen Altersversorgung vor dem 1. Januar 2009 und nach dem 31. Dezember 2000 zugesagt worden sind, ist § 1b Abs. 1 Satz 1 mit der Maßgabe anzuwenden, dass die Anwartschaft erhalten bleibt, wenn das Arbeitsverhältnis vor Eintritt des Versorgungsfalls, jedoch nach Vollendung des 30. Lebensjahres endet und die Versorgungszusage zu diesem Zeitpunkt fünf Jahre bestanden hat; in diesen Fällen bleibt die Anwartschaft auch erhalten, wenn die Zusage ab dem 1. Januar 2009 fünf Jahre bestanden hat und bei Beendigung des Arbeitsverhältnisses das 25. Lebensjahr vollendet ist.

(3) Wenn Leistungen der betrieblichen Altersversorgung vor dem 1. Januar 2018 und nach dem 31. Dezember 2008 zugesagt worden sind, ist § 1b Absatz 1 Satz 1 mit der Maßgabe anzuwenden, dass die Anwartschaft erhalten bleibt, wenn das Arbeitsverhältnis vor Eintritt des Versorgungsfalls, jedoch nach Vollendung des 25. Lebensjahres endet und die Versorgungszusage zu diesem Zeitpunkt fünf Jahre bestanden hat; in diesen Fällen bleibt die Anwartschaft auch erhalten, wenn die Zusage ab dem 1. Januar 2018 drei Jahre bestanden hat und bei Beendigung des Arbeitsverhältnisses das 21. Lebensjahr vollendet ist.

§ 30g
Zeitliche Grenzen für die Anwendung der §§ 2a Absatz 2 , § 2 Absatz 5 und 3

(1) § 2a Absatz 2 gilt nicht für Beschäftigungszeiten vor dem 1. Januar 2018. Für Beschäftigungszeiten nach dem 31. Dezember 2017 gilt § 2a Absatz 2 nicht, wenn das Versorgungssystem vor dem 20. Mai 2014 für neue Arbeitnehmer geschlossen war.

(2) [1] § 2 Absatz 5 gilt nur für Anwartschaften, die auf Zusagen beruhen, die nach dem 31. Dezember 2000 erteilt worden sind. [2] Im Einvernehmen zwischen Arbeitgeber und Arbeitnehmer kann § 2 Absatz 5 auch auf Anwartschaften angewendet werden, die auf Zusagen beruhen, die vor dem 1. Januar 2001 erteilt worden sind.

(3) § 3 findet keine Anwendung auf laufende Leistungen, die vor dem 1. Januar 2005 erstmals gezahlt worden sind.

§ 30h
Zeitliche Grenzen für die Anwendung des § 20 Absatz 1

§ 20 Absatz 1 gilt für Entgeltumwandlungen, die auf Zusagen beruhen, die nach dem 29. Juni 2001 erteilt werden.

§ 30i
Anwartschaften bei eingetretener Insolvenz

(1) [1] Der Barwert der bis zum 31. Dezember 2005 aufgrund eingetretener Insolvenzen zu sichernden Anwartschaften wird einmalig auf die beitragspflichtigen Arbeitgeber entsprechend § 10 Abs. 3 umgelegt und vom Träger der Insolvenzsicherung nach Maßgabe der Beträge zum Schluss des Wirtschaftsjahres, das im Jahr 2004 geendet hat, erhoben. [2] Der Rechnungszinsfuß bei der Berechnung des Barwerts beträgt 3,67 vom Hundert.

(2) [1] Der Betrag ist in 15 gleichen Raten fällig. [2] Die erste Rate wird am 31. März 2007 fällig, die weiteren zum 31. März der folgenden Kalenderjahre. [3] Bei vorfälliger Zahlung erfolgt eine Diskontierung der einzelnen Jahresraten mit dem zum Zeitpunkt der Zahlung um ein Drittel erhöhten Rechnungszinsfuß nach der nach § 235 Nummer 4 des Versicherungsaufsichtsgesetzes erlassenen Rechtsverordnung, wobei nur volle Monate berücksichtigt werden.

(3) Der abgezinste Gesamtbetrag ist gemäß Absatz 2 am 31. März 2007 fällig, wenn die sich ergebende Jahresrate nicht höher als 50 Euro ist.

(4) Insolvenzbedingte Zahlungsausfälle von ausstehenden Raten werden im Jahr der Insolvenz in die erforderlichen jährlichen Beiträge gemäß § 10 Abs. 2 eingerechnet.

§ 30j
Übergangsregelung zu § 20 Absatz 2

§ 20 Absatz 2 gilt nicht für Optionssysteme, die auf der Grundlage von Betriebs- oder Dienstvereinbarungen vor dem 1. Juni 2017 eingeführt worden sind.

§ 31
Zeitliche Grenze für Sicherungsfälle

Auf Sicherungsfälle, die vor dem 1. Januar 1999 eingetreten sind, ist dieses Gesetz in der bis zu diesem Zeitpunkt geltenden Fassung anzuwenden.

§ 32
Inkrafttreten

[1] Dieses Gesetz tritt vorbehaltlich des Satzes 2 am Tag nach seiner Verkündung in Kraft. [2] Die §§ 7 bis 15 treten am 1. Januar 1975 in Kraft.

II.

Verordnung zur Durchführung der steuerlichen Vorschriften des Einkommensteuergesetzes zur Altersvorsorge und zum Rentenbezugsmitteilungsverfahren sowie zum weiteren Datenaustausch mit der zentralen Stelle (Altersvorsorge-Durchführungsverordnung – AltvDV)

vom 28.2.2005 (BGBl. I S. 487, BStBl I S. 452)

zuletzt geändert durch ***Artikel 12 des Gesetzes zur Verbesserung der Transparenz in der Alterssicherung und der Rehabilitation sowie zur Modernisierung der Sozialversicherungswahlen und zur Änderung anderer Gesetze (Gesetz Digitale Rentenübersicht) vom 11.2.2021 (BGBl. I S. 154)***

Abschnitt 1
Grundsätze der Datenübermittlung

§ 1
Datensätze

(1) Eine Übermittlung von Daten nach

1. § 10 Absatz 2a, 2b und 4b, den §§ 10a, 22a oder Abschnitt XI des Einkommensteuergesetzes,
2. § 32b Absatz 3 des Einkommensteuergesetzes, soweit auf § 22a des Einkommensteuergesetzes verwiesen wird, ***§ 52 Absatz 30b des Einkommensteuergesetzes*** oder[1)]
3. dieser Verordnung

sowie eine nach diesen Vorschriften bestehende Anzeige- und Mitteilungspflicht zwischen den am Verfahren Beteiligten erfolgen in Form eines amtlich vorgeschriebenen Datensatzes.

(2) [1] Absatz 1 gilt nicht für

1. Mitteilungen an den Zulageberechtigten,
2. Mitteilungen des Zulageberechtigten nach § 10a oder Abschnitt XI des Einkommensteuergesetzes,
3. Anzeigen nach den §§ 5 und 13 oder
4. Mitteilungen nach den §§ 6, 10 Absatz 2 Satz 2 und § 11 Absatz 1 und 3.

[2] Wird die Mitteilung nach § 11 Abs. 1 und 3 über die zentrale Stelle übermittelt, ist Absatz 1 anzuwenden. [3] Die Mitteilung des Anbieters an den Zulageberechtigten nach § 90 Abs. 1 Satz 3 des Einkommensteuergesetzes kann mit der Bescheinigung nach § 92 des Einkommensteuergesetzes erfolgen.

§ 2
Technisches Übermittlungsformat

(1) Die Datensätze sind im XML-Format zu übermitteln.

(2) [1] Der codierte Zeichensatz für eine nach § 10a oder Abschnitt XI des Einkommensteuergesetzes oder nach einer im Abschnitt 2 dieser Verordnung vorzunehmenden Datenübermittlung hat vorbehaltlich der Sätze 2 und 3 den Anforderungen der DIN 66303, Ausgabe Juni 2000, zu entsprechen. [2] Die zentrale Stelle kann für einzelne oder alle Datensätze die Verwendung eines anderen Zeichensatzes und die dafür erforderliche Codierung bestimmen. [3] Der Zeitpunkt der erstmaligen Verwendung wird mindestens sechs Monate vorher durch das Bundesministerium der Finanzen im Bundessteuerblatt bekannt gegeben.

(3) [1] Der codierte Zeichensatz für eine Datenübermittlung nach

1) § 1 Abs. 1 Nr. 2 AltvDV wurde durch Artikel 12 des Gesetzes Digitale Rentenübersicht (Inkrafttreten 1.7.2022) geändert.

1. § 10 Absatz 2a, 2b und 4b oder § 22a des Einkommensteuergesetzes,
2. § 32b Absatz 3 des Einkommensteuergesetzes, soweit auf § 22a des Einkommensteuergesetzes verwiesen wird, ***§ 52 Absatz 30b des Einkommensteuergesetzes*** oder*[1])*
3. den Abschnitten 3 und 4 dieser Verordnung

hat vorbehaltlich des Satzes 2 den Anforderungen der ISO/IEC 8859-15, Ausgabe März 1999, zu entsprechen. [2]Absatz 2 Satz 2 und 3 gilt entsprechend.

§ 2a
DIN- und ISO/IEC-Normen

DIN- und ISO/IEC-Normen, auf die in dieser Verordnung verwiesen wird, sind im Beuth-Verlag GmbH, Berlin und Köln, erschienen und beim Deutschen Patent- und Markenamt in München archivmäßig gesichert niedergelegt.

§ 3
Verfahren der Datenübermittlung, Schnittstellen

(1) Die Übermittlung der Datensätze hat durch Datenfernübertragung zu erfolgen.

(1a) [1]Bei der elektronischen Übermittlung sind die für den jeweiligen Besteuerungszeitraum oder -zeitpunkt bestimmten Schnittstellen ordnungsgemäß zu bedienen. [2]Die für die Datenübermittlung erforderlichen Schnittstellen und die dazugehörige Dokumentation werden über das Internet in einem geschützten Bereich der zentralen Stelle zur Verfügung gestellt.

(2) [1]Werden Mängel festgestellt, die eine ordnungsgemäße Übernahme der Daten beeinträchtigen, kann die Übernahme der Daten abgelehnt werden. [2]Der Absender ist über die Mängel zu unterrichten.

(3) Die technischen Einrichtungen für die Datenübermittlung stellt jede übermittelnde Stelle für ihren Bereich bereit.

§ 4
Übermittlung durch Datenfernübertragung

(1) [1]Bei der Datenfernübertragung sind dem jeweiligen Stand der Technik entsprechende Maßnahmen zur Sicherstellung von Datenschutz und Datensicherheit zu treffen, die insbesondere die Vertraulichkeit und Unversehrtheit der Daten sowie die Authentifizierung der übermittelnden und empfangenden Stelle gewährleisten. [2]Bei der Nutzung allgemein zugänglicher Netze sind Verschlüsselungsverfahren zu verwenden. [3]Die zentrale Stelle bestimmt das einzusetzende Verschlüsselungsverfahren, das dem jeweiligen Stand der Technik entsprechen muss.

(2) [1]Die zentrale Stelle bestimmt den zu nutzenden Übertragungsweg. [2]Hierbei soll der Übertragungsweg zugelassen werden, der von den an der Datenübermittlung Beteiligten gewünscht wird.

(3) (weggefallen)

(4) Hat die mitteilungspflichtige Stelle einen Auftragnehmer im Sinne des § 87d der Abgabenordnung mit der Datenübermittlung beauftragt, gilt der Auftragnehmer als Empfangsbevollmächtigter für Mitteilungen der zentralen Stelle an den Auftraggeber, solange dieser nicht widerspricht.

§ 5
Identifikation der am Verfahren Beteiligten

(1) Der Anbieter, die zuständige Stelle und die Familienkassen haben der zentralen Stelle auf Anforderung anzuzeigen:

1. die Kundenart,
2. den Namen und die Anschrift,

---

[1]) § 2 Abs. 3 Satz 1 Nr. 2 AltvDV wurde durch Artikel 12 des Gesetzes Digitale Rentenübersicht (Inkrafttreten 1.7.2022) geändert.

3. soweit erforderlich die E-Mail-Adresse
4. die Telefon- und soweit vorhanden die Telefaxnummer,
5. die Betriebsnummer und
6. die Art der Verbindung.

(2) [1] Der Anbieter hat zusätzlich zu den in Absatz 1 aufgeführten Angaben eine Zertifizierungsnummer sowie die Bankverbindung, über welche die Zulagenzahlungen abgewickelt werden sollen, anzuzeigen. [2] Hat der Anbieter ausschließlich Daten nach § 10 Absatz 2a, 2b und 4b des Einkommensteuergesetzes zu übermitteln, ist die Angabe der Bankverbindung nicht erforderlich.

(2a) Die Familienkassen haben zusätzlich zu den in Absatz 1 aufgeführten Angaben eine von ihnen im Außenverhältnis gegenüber dem Kindergeldempfänger verwendete Kurzbezeichnung der Familienkasse anzuzeigen.

(3) [1] Im Fall der Beauftragung eines Auftragnehmers (§ 87d der Abgabenordnung) hat der Auftraggeber der zentralen Stelle auch die in Absatz 1 genannten Daten des Auftragnehmers anzuzeigen. [2] Eine Mandanten- oder Institutionsnummer des Beteiligten beim Auftragnehmer ist ebenfalls anzuzeigen.

(4) Die am Verfahren Beteiligten (übermittelnde Stellen und ihre Auftragnehmer) erhalten von der zentralen Stelle eine Kundennummer und ein Passwort, die den Zugriff auf den geschützten Bereich des Internets der zentralen Stelle ermöglichen.

(5) Jede Änderung der in den Absätzen 1 bis 3 genannten Daten ist der zentralen Stelle von dem am Verfahren Beteiligten unter Angabe der Kundennummer (Absatz 4) unverzüglich anzuzeigen.

(6) Die Absätze 1 und 3 bis 5 gelten für die mitteilungspflichtigen Stellen im Sinne des § 10 Absatz 2a, 2b und 4b, § 22a Absatz 1 Satz 1 und § 32b Absatz 3 des Einkommensteuergesetzes entsprechend.

Abschnitt 2
Vorschriften zur Altersvorsorge nach § 10a oder Abschnitt XI des Einkommensteuergesetzes

Unterabschnitt 1
Mitteilungs- und Anzeigepflichten

§ 6
Mitteilungspflichten des Arbeitgebers und der Unterstützungskasse

(1) [1] Der Arbeitgeber hat der Versorgungseinrichtung (Pensionsfonds, Pensionskasse, Direktversicherung), die für ihn die betriebliche Altersversorgung durchführt, spätestens zwei Monate nach Ablauf des Kalenderjahres oder nach Beendigung des Dienstverhältnisses im Laufe des Kalenderjahres mitzuteilen, in welcher Höhe die für den einzelnen Arbeitnehmer geleisteten Beiträge individuell besteuert wurden. [2] Die Mitteilungspflicht des Arbeitgebers kann durch einen Auftragnehmer wahrgenommen werden.

(2) Eine Mitteilung nach Absatz 1 kann unterbleiben, wenn die Versorgungseinrichtung dem Arbeitgeber mitgeteilt hat, dass

1. sie die Höhe der individuell besteuerten Beiträge bereits kennt oder aus den bei ihr vorhandenen Daten feststellen kann oder
2. eine Förderung nach § 10a oder Abschnitt XI des Einkommensteuergesetzes nicht möglich ist.

(3) Der Arbeitnehmer kann gegenüber der Versorgungseinrichtung für die individuell besteuerten Beiträge insgesamt auf die Förderung nach § 10a oder Abschnitt XI des Einkommensteuergesetzes verzichten; der Verzicht kann für die Zukunft widerrufen werden.

(4) Soweit eine Mitteilung nach Absatz 1 unterblieben ist und die Voraussetzungen des Absatzes 2 Nr. 1 nicht vorliegen oder der Arbeitnehmer nach Absatz 3 verzichtet hat, hat die Versorgungseinrichtung davon auszugehen, dass es sich nicht um Altersvorsorgebeiträge im Sinne des § 82 Abs. 2 des Einkommensteuergesetzes handelt.

§ 7
Besondere Mitteilungspflichten der zuständigen Stelle

(1) [1] Beantragt ein Steuerpflichtiger, der zu dem in § 10a Abs. 1 Satz 1 zweiter Halbsatz des Einkommensteuergesetzes bezeichneten Personenkreis gehört, über die für ihn zuständige Stelle (§ 81a des Einkommensteuergesetzes) eine Zulagenummer (§ 10a Abs. 1a des Einkommensteuergesetzes), übermittelt die zuständige Stelle die Angaben des Steuerpflichtigen an die zentrale Stelle. [2] Für Empfänger einer Versorgung im Sinne des § 10a Abs. 1 Satz 4 des Einkommensteuergesetzes gilt Satz 1 entsprechend.

(2) [1] Hat der Steuerpflichtige die nach § 10a Abs. 1 Satz 1 zweiter Halbsatz des Einkommensteuergesetzes erforderliche Einwilligung erteilt, hat die zuständige Stelle die Zugehörigkeit des Steuerpflichtigen zum begünstigten Personenkreis für das Beitragsjahr zu bestätigen und die für die Ermittlung des Mindesteigenbeitrags und für die Gewährung der Kinderzulage erforderlichen Daten an die zentrale Stelle zu übermitteln. [2] Sind für ein Beitragsjahr oder für das vorangegangene Kalenderjahr mehrere zuständige Stellen nach § 91 Abs. 2 des Einkommensteuergesetzes zur Meldung der Daten nach § 10a Abs. 1 Satz 1 zweiter Halbsatz des Einkommensteuergesetzes verpflichtet, meldet jede zuständige Stelle die Daten für den Zeitraum, für den jeweils das Beschäftigungs-, Amts- oder Dienstverhältnis bestand und auf den sich jeweils die zu übermittelnden Daten beziehen. [3] Gehört der Steuerpflichtige im Beitragsjahr nicht mehr zum berechtigten Personenkreis im Sinne des § 10a Abs. 1 Satz 1 zweiter Halbsatz des Einkommensteuergesetzes oder ist er nicht mehr Empfänger einer Versorgung im Sinne des § 10a Abs. 1 Satz 4 des Einkommensteuergesetzes oder hat er im Beitragsjahr erstmalig einen Altersvorsorgevertrag (§ 82 Abs. 1 des Einkommensteuergesetzes) abgeschlossen, hat die zuständige Stelle die für die Ermittlung des Mindesteigenbeitrags erforderlichen Daten an die zentrale Stelle zu übermitteln, wenn ihr eine Einwilligung des Steuerpflichtigen vorliegt. [4] Sind die zuständige Stelle und die Familienkasse verschiedenen juristischen Personen zugeordnet, entfällt die Meldung der kinderbezogenen Daten nach Satz 1. [5] In den anderen Fällen kann eine Übermittlung der Kinderdaten durch die zuständige Stelle entfallen, wenn sichergestellt ist, dass die Familienkasse die für die Gewährung der Kinderzulage erforderlichen Daten an die zentrale Stelle übermittelt oder ein Datenabgleich (§ 91 Abs. 1 Satz 1 erster Halbsatz des Einkommensteuergesetzes) erfolgt.

(3) Hat die zuständige Stelle die für die Gewährung der Kinderzulage erforderlichen Daten an die zentrale Stelle übermittelt (§ 91 Abs. 2 des Einkommensteuergesetzes) und wird für diesen gemeldeten Zeitraum das Kindergeld insgesamt zurückgefordert, hat die zuständige Stelle dies der zentralen Stelle bis zum 31. März des Kalenderjahres, das dem Kalenderjahr der Rückforderung folgt, mitzuteilen.

§ 8
(weggefallen)

§ 9
Besondere Mitteilungspflicht der Familienkasse

Hat die zuständige Familienkasse der zentralen Stelle die Daten für die Gewährung der Kinderzulage übermittelt und wird für diesen gemeldeten Zeitraum das Kindergeld insgesamt zurückgefordert, hat die Familienkasse dies der zentralen Stelle unverzüglich mitzuteilen.

§ 10
Besondere Mitteilungspflichten des Anbieters

(1) [1]Der Anbieter hat die vom Antragsteller im Zulageantrag anzugebenden Daten sowie die Mitteilungen nach § 89 Abs. 1 Satz 5 des Einkommensteuergesetzes zu erfassen und an die zentrale Stelle zu übermitteln. [2]Erfolgt eine Datenübermittlung nach § 89 Abs. 3 des Einkommensteuergesetzes, gilt Satz 1 entsprechend.

(2) [1]Der Anbieter hat einen ihm bekannt gewordenen Tatbestand des § 95 Absatz 1 des Einkommensteuergesetzes der zentralen Stelle mitzuteilen. [2]Wenn dem Anbieter ausschließlich eine Anschrift des Zulageberechtigten außerhalb der Mitgliedstaaten der Europäischen Union und der Staaten, auf die das Abkommen über den Europäischen Wirtschaftsraum (EWR-Abkommen) anwendbar ist, bekannt ist, teilt er dies der zentralen Stelle mit.

(3) Der Anbieter hat der zentralen Stelle die Zahlung des nach § 90 Abs. 3 Satz 3 des Einkommensteuergesetzes abzuführenden Rückforderungsbetrages und des nach § 94 Abs. 1 Satz 3 des Einkommensteuergesetzes abzuführenden Rückzahlungsbetrages, jeweils bezogen auf den Zulageberechtigten, sowie die Zahlung von ihm geschuldeter Verspätungs- oder Säumniszuschläge mitzuteilen.

(4) [1]Der Zulageberechtigte kann gegenüber seinem Anbieter erklären, dass er eine steuerliche Berücksichtigung seiner an den Anbieter entrichteten Altersvorsorgebeiträge für den jeweiligen Vertrag bei der Ermittlung der abziehbaren Sonderausgaben nach § 10a des Einkommensteuergesetzes durch die Finanzbehörden nicht beabsichtigt. [2]Liegt dem Anbieter eine Erklärung nach Satz 1 vor, hat er ab dem 1. Januar 2022 ein gesondertes Merkmal in der Meldung nach § 10a Absatz 5 des Einkommensteuergesetzes aufzunehmen. [3]Die Erklärung gilt ab dem Veranlagungsjahr, das dem Jahr folgt, in welchem die Erklärung gegenüber dem Anbieter abgegeben wird. [4]Die Erklärung kann widerrufen werden; Satz 3 gilt entsprechend.

§ 11
Anbieterwechsel

(1) [1]Im Fall der Übertragung von Altersvorsorgevermögen nach § 1 Abs. 1 Satz 1 Nr. 10 Buchstabe b des Altersvorsorgeverträge-Zertifizierungsgesetzes sowie in den Fällen des § 93 Abs. 1 Satz 4 Buchstabe c, Abs. 1a Satz 1 oder Abs. 2 Satz 2 und 3 des Einkommensteuergesetzes hat der Anbieter des bisherigen Vertrags dem Anbieter des neuen Vertrags die in § 92 des Einkommensteuergesetzes genannten Daten einschließlich der auf den Zeitpunkt der Übertragung fortgeschriebenen Beträge im Sinne des § 19 Abs. 1 und 2 mitzuteilen. [2]Dies gilt auch bei einer Übertragung von ausschließlich ungefördertem Altersvorsorgevermögen, die mit einer Übertragung nach § 93 Absatz 1a Satz 1 des Einkommensteuergesetzes vergleichbar ist. [3]Bei der Übermittlung hat er die bisherige Vertragsnummer, die Zertifizierungsnummer und die Anbieternummer anzugeben. [4]Der Anbieter des bisherigen Vertrags kann die Mitteilung nach Satz 1 über die zentrale Stelle dem Anbieter des neuen Vertrags übermitteln. [5]Die zentrale Stelle leitet die Mitteilung ohne inhaltliche Prüfung an den Anbieter des neuen Vertrags. [6]Der Anbieter des bisherigen Vertrags hat den Anbieter des neuen Vertrags über eine Abweisung eines Datensatzes nach § 12 Abs. 1 Satz 3 oder 4 unverzüglich zu unterrichten.

(2) Wird das Altersvorsorgevermögen im laufenden Beitragsjahr vollständig auf einen neuen Anbieter übertragen, ist dieser Anbieter zur Ausstellung der Bescheinigung nach § 92 des Einkommensteuergesetzes sowie zur Übermittlung der Daten nach § 10a Abs. 5 des Einkommensteuergesetzes an die zentrale Stelle für das gesamte Beitragsjahr verpflichtet.

(3) [1]Bei Übertragungen von Altersvorsorgevermögen nach Absatz 1 Satz 1 oder Satz 2 haben der Anbieter des bisherigen Vertrags sowie der Anbieter des neuen Vertrags die Übertragung der zentralen Stelle mitzuteilen. [2]Bei einer Übertragung von gefördertem Altersvorsorgevermögen nach § 82 Absatz 1 Satz 4 des Einkommensteuergesetzes hat der Anbieter des neuen Vertrags dies der zentralen Stelle ergänzend mitzuteilen. [3]Bei einer Übertragung von Altersvorsorgevermögen nach § 93

Absatz 1a Satz 2 des Einkommensteuergesetzes oder bei einer Übertragung von ausschließlich ungefördertem Altersvorsorgevermögen, die mit einer Übertragung nach § 93 Absatz 1a Satz 2 des Einkommensteuergesetzes vergleichbar ist, hat der Anbieter des bisherigen Vertrags die Übertragung der zentralen Stelle mitzuteilen. [4]Bei einer Übertragung nach § 93 Absatz 1a Satz 1 oder Satz 2 des Einkommensteuergesetzes oder bei einer Übertragung von ausschließlich ungefördertem Altersvorsorgevermögen, die mit einer Übertragung nach § 93 Absatz 1a Satz 1 oder Satz 2 des Einkommensteuergesetzes vergleichbar ist, hat der Anbieter des bisherigen Vertrags der zentralen Stelle außerdem die vom Familiengericht angegebene Ehezeit oder die Lebenspartnerschaftszeit mitzuteilen.

(4) [1]Wird Altersvorsorgevermögen auf Grund vertraglicher Vereinbarung nur teilweise auf einen anderen Vertrag übertragen, gehen Zulagen, Beiträge und Erträge anteilig auf den neuen Vertrag über. [2]Die Absätze 1 und 3 gelten entsprechend.

§ 12
Besondere Mitteilungspflichten der zentralen Stelle gegenüber dem Anbieter

(1) [1]Die zentrale Stelle hat dem Anbieter das Ermittlungsergebnis (§ 90 Abs. 1 Satz 1 des Einkommensteuergesetzes) mitzuteilen. [2]Die Mitteilung steht unter dem Vorbehalt der Nachprüfung (§ 164 der Abgabenordnung). [3]Das Ermittlungsergebnis kann auch durch Abweisung des nach § 89 Abs. 2 des Einkommensteuergesetzes übermittelten Datensatzes, der um eine in dem vom Bundesministerium der Finanzen veröffentlichten Fehlerkatalog besonders gekennzeichnete Fehlermeldung ergänzt wird, übermittelt werden. [4]Ist der Datensatz nach § 89 Abs. 2 des Einkommensteuergesetzes auf Grund von unzureichenden oder fehlerhaften Angaben des Zulageberechtigten abgewiesen sowie um eine Fehlermeldung ergänzt worden und werden die Angaben innerhalb der Antragsfrist des § 89 Abs. 1 Satz 1 des Einkommensteuergesetzes von dem Zulageberechtigten an den Anbieter nicht nachgereicht, gilt auch diese Abweisung des Datensatzes als Übermittlung des Ermittlungsergebnisses.

(2) [1]Die zentrale Stelle hat dem Anbieter die Auszahlung der Zulage nach § 90 Abs. 2 Satz 1 des Einkommensteuergesetzes und § 15, jeweils bezogen auf den Zulageberechtigten, mitzuteilen. [2]Mit Zugang der Mitteilung nach Satz 1 entfällt der Vorbehalt der Nachprüfung der Mitteilung nach Absatz 1 Satz 2. [3]Die zentrale Stelle kann eine Mahnung (§ 259 der Abgabenordnung) nach amtlich vorgeschriebenem Datensatz an den Anbieter übermitteln.

(3) Wird der Rückzahlungsbetrag nach § 95 Abs. 3 Satz 1 des Einkommensteuergesetzes erlassen, hat die zentrale Stelle dies dem Anbieter mitzuteilen.

§ 13
Anzeigepflichten des Zulageberechtigten

(1) (weggefallen)

(2) Liegt ein Tatbestand des § 95 Absatz 1 des Einkommensteuergesetzes vor, hat der Zulageberechtigte dies dem Anbieter auch dann anzuzeigen, wenn aus dem Vertrag bereits Leistungen bezogen werden.

Unterabschnitt 2
Ermittlung, Festsetzung, Auszahlung, Rückforderung und Rückzahlung der Zulagen

§ 14
Nachweis der Rentenversicherungspflicht und der Höhe der maßgebenden Einnahmen

(1) [1]Weichen die Angaben des Zulageberechtigten zur Rentenversicherungspflicht oder zu den beitragspflichtigen Einnahmen oder zu der bezogenen Rente wegen voller Erwerbsminderung oder Erwerbsunfähigkeit im Sinne des Sechsten Buches Sozialgesetzbuch – Gesetzliche Rentenversicherung – in der Fassung der Bekanntmachung vom 19. Februar 2002 (BGBl. I S. 754, 1404, 3384),

zuletzt geändert durch Artikel 5 des Gesetzes vom 23. Juli 2002 (BGBl. I S. 2787), in der jeweils geltenden Fassung von den nach § 91 Abs. 1 Satz 1 des Einkommensteuergesetzes übermittelten Angaben des zuständigen Sozialversicherungsträgers ab, sind für den Nachweis der Rentenversicherungspflicht oder die Berechnung des Mindesteigenbeitrags die Angaben des zuständigen Sozialversicherungsträgers maßgebend. [2] Für die von der landwirtschaftlichen Alterskasse übermittelten Angaben gilt Satz 1 entsprechend. [3] Wird abweichend vom tatsächlich erzielten Entgelt oder vom Zahlbetrag der Entgeltersatzleistung ein höherer Betrag als beitragspflichtige Einnahmen im Sinne des § 86 Abs. 1 Satz 2 Nr. 1 des Einkommensteuergesetzes berücksichtigt und stimmen der vom Zulageberechtigten angegebene und der bei dem zuständigen Sozialversicherungsträger ermittelte Zeitraum überein, ist Satz 1 insoweit nicht anzuwenden. [4] Im Festsetzungsverfahren ist dem Zulageberechtigten Gelegenheit zu geben, eine Klärung mit dem Sozialversicherungsträger herbeizuführen.

(2) Liegt der zentralen Stelle eine Bestätigung der zuständigen Stelle über die Zugehörigkeit des Zulageberechtigten zu dem in § 10a Abs. 1 Satz 1 Nr. 1 bis 5 und Satz 4 des Einkommensteuergesetzes genannten Personenkreis vor, gilt Absatz 1 entsprechend.

§ 15
Auszahlung der Zulage

[1] Die Zulagen werden jeweils am 15. der Monate Februar, Mai, August und November eines Jahres zur Zahlung angewiesen. [2] Zum jeweiligen Auszahlungstermin werden angewiesen:

a) Zulagen, die bis zum Ablauf des dem Auszahlungstermin vorangegangenen Kalendervierteljahres über den Anbieter beantragt worden sind und von der zentralen Stelle bis zum Ablauf des dem Auszahlungstermin vorangehenden Kalendermonats ermittelt wurden,

b) Erhöhungen von Zulagen, die bis zum Ablauf des dem Auszahlungstermin vorangehenden Kalendervierteljahres ermittelt oder festgesetzt wurden.

§ 16
Kleinbetragsgrenze für Rückforderungen gegenüber dem Zulageberechtigten

Ein Rückzahlungsbetrag nach § 94 Absatz 2 des Einkommensteuergesetzes, der nicht über den Anbieter zurückgefordert werden kann, wird nur festgesetzt, wenn die Rückforderung mindestens 25 Euro beträgt.

§ 17
Vollstreckung von Bescheiden über Forderungen der zentralen Stelle

[1] Bescheide über Forderungen der zentralen Stelle werden von den Hauptzollämtern vollstreckt. [2] Zuständig ist das Hauptzollamt, in dessen Vollstreckungsbezirk der Schuldner oder die Schuldnerin einen Wohnsitz oder gewöhnlichen Aufenthalt hat. [3] Mangelt es an einem Wohnsitz oder gewöhnlichen Aufenthalt im Inland, ist das Hauptzollamt Potsdam zuständig. [4] Über die Niederschlagung (§ 261 der Abgabenordnung) entscheidet die zentrale Stelle.

Unterabschnitt 3
Bescheinigungs-, Aufzeichnungs- und Aufbewahrungspflichten

§ 18
Erteilung der Anbieterbescheinigungen

(1) Werden Bescheinigungen nach § 22 Nr. 5 Satz 7, § 92 oder § 94 Abs. 1 Satz 4 des Einkommensteuergesetzes mit Hilfe automatischer Einrichtungen erstellt, können Unterschrift und Namenswiedergabe des Anbieters oder des Vertretungsberechtigten fehlen.

(2) [1] Wird die Bescheinigung nach § 92 oder § 94 Abs. 1 Satz 4 des Einkommensteuergesetzes durch die Post übermittelt, ist das Datum der Aufgabe zur Post auf der Bescheinigung anzugeben.

[2]Für die Berechnung der Frist nach § 90 Abs. 4 Satz 2 des Einkommensteuergesetzes ist § 122 Abs. 2 und 2a der Abgabenordnung sinngemäß anzuwenden.

§ 19
Aufzeichnungs- und Aufbewahrungspflichten

(1) [1]Der Anbieter nach § 1 Abs. 2 des Altersvorsorgeverträge-Zertifizierungsgesetzes hat für jedes Kalenderjahr Aufzeichnungen zu führen über

1. Name und Anschrift des Anlegers,
2. Vertragsnummer und Vertragsdatum,
3. Altersvorsorgebeiträge, auf die § 10a oder Abschnitt XI des Einkommensteuergesetzes angewendet wurde,
4. dem Vertrag gutgeschriebene Zulagen,
5. dem Vertrag insgesamt gutgeschriebene Erträge,
6. Beiträge, auf die § 10a oder Abschnitt XI des Einkommensteuergesetzes nicht angewendet wurde,
7. Beiträge und Zulagen, die zur Absicherung der verminderten Erwerbsfähigkeit verwendet wurden,
8. Beiträge und Zulagen, die zur Hinterbliebenenabsicherung im Sinne des § 1 Abs. 1 Satz 1 Nr. 2 des Altersvorsorgeverträge-Zertifizierungsgesetzes oder § 1 Abs. 1 Satz 1 Nr. 6 des Altersvorsorgeverträge-Zertifizierungsgesetzes in der bis zum 31. Dezember 2004 geltenden Fassung verwendet wurden, und
9. die im Wohnförderkonto (§ 92a Abs. 2 Satz 1 des Einkommensteuergesetzes) zu berücksichtigenden Beträge.

[2]Werden zugunsten des Altersvorsorgevertrags auch nicht geförderte Beiträge geleistet, sind die Erträge anteilig den geförderten und den nicht geförderten Beiträgen zuzuordnen und entsprechend aufzuzeichnen. [3]Die auf den 31. Dezember des jeweiligen Kalenderjahres fortgeschriebenen Beträge sind gesondert aufzuzeichnen.

(2) [1]Für einen Anbieter nach § 80 zweite Alternative des Einkommensteuergesetzes gilt Absatz 1 sinngemäß. [2]Darüber hinaus hat er Aufzeichnungen zu führen über

1. Beiträge, auf die § 3 Nr. 63 des Einkommensteuergesetzes angewendet wurde; hierzu gehören auch die Beiträge im Sinne des § 5 Abs. 3 Satz 2 der Lohnsteuer-Durchführungsverordnung,
2. Beiträge, auf die § 40b des Einkommensteuergesetzes in der am 31. Dezember 2004 geltenden Fassung angewendet wurde, und
3. Leistungen, auf die § 3 Nr. 66 des Einkommensteuergesetzes angewendet wurde.

(3) [1]Für die Aufbewahrung der Aufzeichnungen nach den Absätzen 1 und 2, der Mitteilungen nach § 5 Abs. 2 der Lohnsteuer-Durchführungsverordnung und des Antrags auf Altersvorsorgezulage oder der einer Antragstellung nach § 89 Abs. 3 des Einkommensteuergesetzes zugrunde liegenden Unterlagen gilt § 147 Abs. 3 der Abgabenordnung entsprechend. [2]Die Unterlagen sind spätestens am Ende des zehnten Kalenderjahres zu löschen oder zu vernichten, das auf die Mitteilung nach § 22 Nr. 5 Satz 7 des Einkommensteuergesetzes folgt. [3]Satz 2 gilt nicht, soweit die Löschung oder Vernichtung schutzwürdige Interessen des Anlegers oder die Wahrnehmung von Aufgaben oder berechtigten Interessen des Anbieters beeinträchtigen würde.

(3a) Unterlagen über die Auszahlung des Altersvorsorge-Eigenheimbetrages im Sinne des § 92a Absatz 1 Satz 1 des Einkommensteuergesetzes sowie Unterlagen, die eine wohnungswirtschaftliche Verwendung im Sinne des § 92a Absatz 1 Satz 1 des Einkommensteuergesetzes nach dem 31. Dezember 2007 eines Darlehens im Sinne des § 1 Absatz 1a des Altersvorsorgeverträge-Zertifizierungsgesetzes nachweisen, sind für die Dauer von zehn Jahren nach der Auflösung oder der Schließung des für den Altersvorsorgevertrag geführten Wohnförderkontos (§ 92a Absatz 2 Satz 1 des Einkommensteuergesetzes) aufzubewahren.

(4) [1]Nach Absatz 3 Satz 1 und Absatz 3a aufzubewahrende schriftliche Unterlagen können als Wiedergabe auf einem Bild- oder anderen dauerhaften Datenträger aufbewahrt werden, wenn sichergestellt ist, dass

1. die Wiedergabe während der Dauer der Aufbewahrungsfrist verfügbar bleibt und innerhalb angemessener Zeit lesbar gemacht werden kann und
2. die lesbar gemachte Wiedergabe mit der schriftlichen Unterlage bildlich und inhaltlich übereinstimmt.

[2]Das Vorliegen der Voraussetzung nach Satz 1 Nr. 2 ist vor der Vernichtung der schriftlichen Unterlage zu dokumentieren.

(5) Sonstige Vorschriften über Aufzeichnungs- und Aufbewahrungspflichten bleiben unberührt.

(6) Der Anbieter hat der zentralen Stelle auf Anforderung den Inhalt der Aufzeichnungen mitzuteilen und die für die Überprüfung der Zulage erforderlichen Unterlagen zur Verfügung zu stellen.

Abschnitt 3
Vorschriften zu Rentenbezugsmitteilungen

§ 20
(weggefallen)

§ 20a
Vollstreckung von Bescheiden über Forderungen der zentralen Stelle

§ 17 gilt für Bescheide über Forderungen der zentralen Stelle im Rahmen des Rentenbezugsmitteilungsverfahrens nach § 22a des Einkommensteuergesetzes entsprechend.

§ 21
Erprobung des Verfahrens

(1) Die zentrale Stelle kann bei den mitteilungspflichtigen Stellen Daten nach § 22a Abs. 1 Satz 1 des Einkommensteuergesetzes erheben zum Zweck der Erprobung

1. des Verfahrens der Datenübermittlung von den mitteilungspflichtigen Stellen an die zentrale Stelle,
2. der bei der zentralen Stelle einzusetzenden Programme,
3. der Weiterleitung an die Finanzverwaltung und
4. der Weiterverarbeitung der Daten in der Finanzverwaltung.

(2) Das Bundeszentralamt für Steuern kann bei den mitteilungspflichtigen Stellen Daten nach § 22a Abs. 2 Satz 3 des Einkommensteuergesetzes in Verbindung mit § 139b Abs. 3 der Abgabenordnung erheben zum Zweck der Erprobung

1. des Verfahrens der Datenübermittlung von den mitteilungspflichtigen Stellen an das Bundeszentralamt für Steuern,
2. des Verfahrens der Datenübermittlung von dem Bundeszentralamt für Steuern an die mitteilungspflichtigen Stellen,
3. der vom Bundeszentralamt für Steuern und der zentralen Stelle einzusetzenden Programme, mit denen den mitteilungspflichtigen Stellen die Daten zur Verfügung gestellt werden.

(3) Die Datenübermittlung erfolgt durch Datenfernübertragung; § 4 Abs. 1 gilt entsprechend.

(4) [1]Die Daten dürfen nur für die in den Absätzen 1 und 2 genannten Zwecke verwendet werden. [2]Sie sind unmittelbar nach Beendigung der Erprobung, spätestens am 31. Dezember 2009, zu löschen.

Abschnitt 4
Vorschriften zum weiteren Datenaustausch mit der zentralen Stelle

§ 22
(weggefallen)

§ 23
Erprobung des Verfahrens

§ 21 Absatz 1 dieser Verordnung gilt für die Erprobung des Verfahrens nach § 10 Absatz 2a, 2b und 4b des Einkommensteuergesetzes entsprechend mit der Maßgabe, dass die zentrale Stelle bei den mitteilungspflichtigen Stellen die Daten nach § 10 Absatz 2a, 2b und 4b des Einkommensteuergesetzes erheben kann.

§ 24
Mitteilungspflichten nach § 10 Absatz 4b des Einkommensteuergesetzes

[1] Die in § 10 Absatz 4b Satz 4 des Einkommensteuergesetzes genannten mitteilungspflichtigen Stellen haben der zentralen Stelle folgende Daten zu übermitteln:

1. die Höhe der im jeweiligen Zahlungsjahr geleisteten und zurückgeforderten steuerfreien Zuschüsse und der erstatteten Vorsorgeaufwendungen, jeweils gesondert betragsmäßig nach Art der Vorsorgeaufwendungen ausgewiesen,
2. den Beginn und das Ende des Zeitraums, für den der steuerfreie Zuschuss und die Erstattung der Vorsorgeaufwendungen erfolgt sind, und
3. das Jahr des Zuflusses oder Abflusses.

[2] Eine Mitteilungspflicht nach Satz 1 besteht nicht, wenn die mitteilungspflichtige Stelle der Finanzverwaltung die Zahlung der geleisteten und zurückgeforderten steuerfreien Zuschüsse und der erstatteten Vorsorgeaufwendungen bereits auf Grund anderer Vorschriften elektronisch mitzuteilen hat.

III.

Steuerliche Förderung der betrieblichen Altersversorgung

BMF vom 12.8.2021 (BStBl I S. 1050)
IV C 5 – S 2333/19/10008 :017 – 2021/0770982

Vor dem Hintergrund **insbesondere** der Änderungen durch das **Gesetz zur Vermeidung von Umsatzsteuerausfällen beim Handel mit Waren im Internet und zur Änderung weiterer steuerlicher Vorschriften vom 11. Dezember 2018 (BGBl. I S. 2338, BStBl I S. 1377) sowie das Grundrentengesetz vom 12. August 2020 (BGBl. I S. 1879, BStBl 2021 I S. 4)** nehme ich **unter Bezugnahme auf das Ergebnis der Erörterungen** mit den obersten Finanzbehörden der Länder zur steuerlichen Förderung der betrieblichen Altersversorgung wie folgt Stellung[1]):

Inhaltsverzeichnis

[1]) Die Änderungen gegenüber dem BMF-Schreiben vom 6.12.2017 (BStBl 2018 I S. 147) sind durch **Fettdruck** hervorgehoben.

I. Allgemeines

1 Betriebliche Altersversorgung liegt vor, wenn dem Arbeitnehmer aus Anlass seines Arbeitsverhältnisses vom Arbeitgeber Leistungen oder Beiträge zur Absicherung mindestens eines biometrischen Risikos (Alter, Tod, Invalidität) zugesagt werden und Ansprüche auf diese Leistungen erst mit dem Eintritt des biologischen Ereignisses fällig werden (§ 1 des Betriebsrentengesetzes – BetrAVG –). **Die Zusage des Arbeitgebers muss somit einem im Betriebsrentengesetz geregelten Versorgungszweck dienen, die Leistungspflicht nach dem Inhalt der Zusage durch ein im Gesetz genanntes biologisches Ereignis ausgelöst werden und durch die vorgesehene Leistung ein im Gesetz angesprochenes biometrisches Risiko teilweise übernommen werden (BAG-Urteil vom 16. März 2010 – 3 AZR 594/09, Rn. 23 ff.).** Werden mehrere biometrische Risiken abgesichert, ist aus steuerrechtlicher Sicht die gesamte Vereinbarung/Zusage nur dann als betriebliche Altersversorgung anzuerkennen, wenn für alle Risiken die Vorgaben der **Rn.** 1 bis 7 beachtet werden. Keine betriebliche Altersversorgung in diesem Sinne liegt vor, wenn vereinbart ist, dass ohne Eintritt eines biometrischen Risikos die Auszahlung an beliebige Dritte (z. B. die Erben) erfolgt. Dies gilt für alle Auszahlungsformen (z. B. lebenslange Rente, Auszahlungsplan mit Restkapitalverrentung, Einmalkapitalauszahlung und ratenweise Auszahlung). Als Durchführungswege der betrieblichen Altersversorgung kommen die Direktzusage (§ 1 Abs. 1 Satz 2 BetrAVG), die Unterstützungskasse (§ 1b Abs. 4 BetrAVG), die Direktversicherung (§ 1b Abs. 2 BetrAVG), die Pensionskasse (§ 1b Abs. 3 BetrAVG, § 232 des Versicherungsaufsichtsgesetzes – VAG) oder der Pensionsfonds (§ 1b Abs. 3 BetrAVG, § 236 VAG) in Betracht.

Nicht um betriebliche Altersversorgung handelt es sich, wenn der Arbeitgeber oder eine Versorgungseinrichtung dem nicht bei ihm beschäftigten Ehegatten eines Arbeitnehmers eigene Versorgungsleistungen zur Absicherung seiner biometrischen Risiken (Alter, Tod, Invalidität) verspricht, da hier keine Versorgungszusage aus Anlass eines Arbeitsverhältnisses zwischen dem Arbeitgeber und dem Ehegatten vorliegt (§ 1 BetrAVG). **Dies gilt entsprechend für Lebenspartner nach dem Lebenspartnerschaftsgesetz sowie für nichteheliche Lebensgefährtinnen und Lebensgefährten.** 2

Das biologische Ereignis ist bei der Altersversorgung das altersbedingte Ausscheiden aus dem Erwerbsleben, bei der Hinterbliebenenversorgung der Tod des Arbeitnehmers und bei der Invaliditätsversorgung der Invaliditätseintritt, ohne dass es auf den Invaliditätsgrad ankommt. Als Untergrenze für betriebliche Altersversorgungsleistungen bei altersbedingtem Ausscheiden aus dem Erwerbsleben gilt im Regelfall das 60. Lebensjahr. In Ausnahmefällen können betriebliche Altersversorgungsleistungen auch schon vor dem 60. Lebensjahr gewährt werden, so z. B. bei Berufsgruppen wie Piloten, bei denen schon vor dem 60. Lebensjahr Versorgungsleistungen üblich sind. Ob solche Ausnahmefälle (berufsspezifische Besonderheiten) vorliegen, ergibt sich aus Gesetz, Tarifvertrag oder Betriebsvereinbarung. Erreicht der Arbeitnehmer im Zeitpunkt der Auszahlung das 60. Lebensjahr, hat aber seine berufliche Tätigkeit noch nicht beendet, so ist dies bei den Durchführungswegen Direktversicherung, Pensionskasse und Pensionsfonds unschädlich. Zur bilanzsteuerrechtlichen Berücksichtigung von Versorgungsleistungen, die ohne die Voraussetzung des Ausscheidens aus dem Dienstverhältnis gewährt werden, siehe BMF-Schreiben vom 18. September 2017 (BStBl I S. 1293). Für Versorgungszusagen, die nach dem 31. Dezember 2011 erteilt werden, tritt an die Stelle des 60. Lebensjahres regelmäßig das 62. Lebensjahr (siehe auch BT-Drucksache 16/3794 vom 12. Dezember 2006, S. 31, unter „IV. Zusätzliche Altersvorsorge“ zum RV-Altersgrenzenanpassungsgesetz vom 20. April 2007, BGBl. I S. 554). Bei der für die steuerrechtliche Beurteilung maßgeblichen Frage, zu welchem Zeitpunkt eine Versorgungszusage erteilt wurde, ist grundsätzlich die zu einem Rechtsanspruch führende arbeitsrechtliche bzw. betriebsrentenrechtliche Verpflichtungserklärung des Arbeitgebers maßgebend (z. B. Einzelvertrag, Betriebsvereinbarung oder Tarifvertrag). Entscheidend ist danach nicht, wann Mittel an die Versorgungseinrichtung fließen. Bei kollektiven, rein arbeitgeberfinanzierten Versorgungsregelungen ist die Zusage daher in der Regel mit Abschluss der Versorgungsregelung bzw. mit Beginn des Dienstverhältnisses des Arbeitnehmers erteilt. Ist die erste Dotierung durch den Arbeitgeber erst nach Ablauf einer von vornherein arbeitsrechtlich festgelegten Wartezeit vorgesehen, so wird der Zusagezeitpunkt dadurch nicht verändert. Im Fall der ganz oder teilweise durch Entgeltumwandlung finanzierten Zusage gilt diese regelmäßig mit Abschluss der erstmaligen Gehaltsänderungsvereinbarung (vgl. auch **Rn.** 9 ff.) als erteilt. Liegen zwischen der Gehaltsänderungsvereinbarung und der erstmaligen Herabsetzung des Arbeitslohns mehr als 12 Monate, gilt die Versorgungszusage erst im Zeitpunkt der erstmaligen Herabsetzung als erteilt. 3

Bei Eintritt einer Erwerbsminderung, Erwerbsunfähigkeit oder Berufsunfähigkeit wird das biometrische Risiko der Invalidität grundsätzlich erfüllt; die Versicherung dieser Risiken erfüllt die Voraussetzungen des Betriebsrentengesetzes. Dies gilt auch dann, wenn der Leistungsfall nicht zusätzlich daran geknüpft ist, dass der Arbeitnehmer tatsächlich durch den Eintritt des Invaliditätsgrades in seiner Berufsausübung beeinträchtigt ist. Eine solche Einschränkung lässt sich § 1 Abs. 1 Satz 1 BetrAVG nicht entnehmen. Es steht dem Arbeitgeber aber frei, in seiner Versorgungszusage und entsprechend in den versicherungsvertraglichen Vereinbarungen den Leistungsfall in diesem Sinne einzuschränken. 3a

3b **Eine Grundfähigkeitenversicherung dient ebenfalls der Absicherung des biometrischen Risikos „Invalidität“, da der Verlust einer Grundfähigkeit zum Eintritt eines Invaliditätsgrades führt. Auch eine Grundfähigkeitenversicherung erfüllt daher die Voraussetzungen des Betriebsrentengesetzes.**

3c **Demgegenüber stellt die Versicherung des Risikos einer Arbeitsunfähigkeit, auch wenn es sich um eine längerfristige handelt, keine Absicherung des biometrischen Risikos „Invalidität“ dar und dient folglich nicht einer betrieblichen Altersversorgung.**

3d **Ist in den Durchführungswegen Direktversicherung, Pensionskasse und Pensionsfonds eine Beitragsfreistellung für bestimmte Zeiten – wie etwa Zeiten der Arbeitsunfähigkeit und Zeiten, in der ein Arbeitnehmer Krankengeld erhält – vereinbart, ist dies betriebsrentenrechtlich unbedenklich und steht der steuerlichen Anerkennung als betriebliche Altersversorgung somit nicht entgegen.**

4 Eine Hinterbliebenenversorgung im steuerlichen Sinne darf nur Leistungen an die Witwe/den Witwer der Arbeitnehmerin/des Arbeitnehmers, die Kinder im Sinne des § 32 Abs. 3, 4 Satz 1 Nr. 1 bis 3 und Abs. 5 EStG, den früheren Ehegatten oder die Lebensgefährtin/den Lebensgefährten vorsehen. Der Arbeitgeber hat bei Erteilung oder Änderung der Versorgungszusage zu prüfen, ob die Versorgungsvereinbarung insoweit generell diese Voraussetzungen erfüllt; ob im Einzelfall Hinterbliebene in diesem Sinne vorhanden sind, ist letztlich vom Arbeitgeber/Versorgungsträger erst im Zeitpunkt der Auszahlung der Hinterbliebenenleistung zu prüfen. Als Kind kann auch ein im Haushalt des Arbeitnehmers auf Dauer aufgenommenes Kind begünstigt werden, welches in einem Obhuts- und Pflegeverhältnis zu ihm steht und nicht die Voraussetzungen des § 32 EStG zu ihm erfüllt (Pflegekind/Stiefkind und faktisches Stiefkind). Dabei ist es – anders als bei der Gewährung von staatlichen Leistungen – unerheblich, ob noch ein Obhuts- und Pflegeverhältnis zu einem leiblichen Elternteil des Kindes besteht, der ggf. ebenfalls im Haushalt des Arbeitnehmers lebt. Es muss jedoch spätestens zu Beginn der Auszahlungsphase der Hinterbliebenenleistung eine schriftliche Versicherung des Arbeitnehmers vorliegen, in der, neben der geforderten namentlichen Benennung des Pflegekindes/Stiefkindes und faktischen Stiefkindes, bestätigt wird, dass ein entsprechendes Kindschaftsverhältnis besteht. Entsprechendes gilt, wenn ein Enkelkind auf Dauer im Haushalt der Großeltern aufgenommen und versorgt wird. Bei Versorgungszusagen, die vor dem 1. Januar 2007 erteilt wurden, sind für das Vorliegen einer begünstigten Hinterbliebenenversorgung die Altersgrenzen des § 32 EStG in der bis zum 31. Dezember 2006 geltenden Fassung (27. Lebensjahr) maßgebend. Der Begriff des/der Lebensgefährten/in ist als Oberbegriff zu verstehen, der auch die gleichgeschlechtliche Lebenspartnerschaft mit erfasst. Ob eine gleichgeschlechtliche Lebenspartnerschaft eingetragen wurde oder nicht, ist dabei zunächst unerheblich. Für Partner einer eingetragenen Lebenspartnerschaft besteht allerdings die Besonderheit, dass sie einander nach § 5 Lebenspartnerschaftsgesetz zum Unterhalt verpflichtet sind. Insoweit liegt eine mit der zivilrechtlichen Ehe vergleichbare Partnerschaft vor. Handelt es sich dagegen um eine andere Form der nicht ehelichen Lebensgemeinschaft, muss anhand der im BMF-Schreiben vom 25. Juli 2002 (BStBl I S. 706) genannten Voraussetzungen geprüft werden, ob diese als Hinterbliebenenversorgung anerkannt werden kann. Ausreichend ist dabei regelmäßig, dass spätestens zu Beginn der Auszahlungsphase der Hinterbliebenenleistung eine Versicherung des Arbeitnehmers in Textform vorliegt, in der neben der geforderten namentlichen Benennung des/der Lebensgefährten/in bestätigt wird, dass eine gemeinsame Haushaltsführung besteht.

5 Die Möglichkeit, andere als die in **Rn.** 4 genannten Personen als Begünstigte für den Fall des Todes des Arbeitnehmers zu benennen, führt steuerrechtlich dazu, dass es sich

nicht mehr um eine Hinterbliebenenversorgung handelt, sondern von einer Vererblichkeit der Anwartschaften auszugehen ist. Gleiches gilt, wenn z. B. bei einer vereinbarten Rentengarantiezeit die Auszahlung auch an andere als die in **Rn.** 4 genannten Personen möglich ist. Ist die Auszahlung der garantierten Leistungen nach dem Tod des Berechtigten hingegen ausschließlich an Hinterbliebene im engeren Sinne (**Rn.** 4) möglich, ist eine vereinbarte Rentengarantiezeit ausnahmsweise unschädlich. Ein Wahlrecht des Arbeitnehmers zur Einmal- oder Teilkapitalauszahlung ist in diesem Fall nicht zulässig. Es handelt sich vielmehr nur dann um unschädliche Zahlungen nach dem Tod des Berechtigten, wenn die garantierte Rente in unveränderter Höhe (einschließlich Dynamisierungen) an die versorgungsberechtigten Hinterbliebenen im engeren Sinne weitergezahlt wird. Dabei ist zu beachten, dass die Zahlungen einerseits durch die garantierte Zeit und andererseits durch das Vorhandensein von entsprechenden Hinterbliebenen begrenzt werden. Die Zusammenfassung von bis zu zwölf Monatsleistungen in einer Auszahlung sowie die gesonderte Auszahlung der zukünftig in der Auszahlungsphase anfallenden Zinsen und Erträge sind dabei unschädlich. Im Fall der Witwe/des Witwers oder der Lebensgefährtin/des Lebensgefährten wird dabei nicht beanstandet, wenn anstelle der Zahlung der garantierten Rentenleistung in unveränderter Höhe das im Zeitpunkt des Todes des Berechtigten noch vorhandene „Restkapital" ausnahmsweise lebenslang verrentet wird. Die Möglichkeit, ein einmaliges angemessenes Sterbegeld an andere Personen als die in **Rn.** 4 genannten Hinterbliebenen auszuzahlen, führt nicht zur Versagung der Anerkennung als betriebliche Altersversorgung; bei Auszahlung ist das Sterbegeld gem. § 19 EStG oder § 22 Nr. 5 EStG zu besteuern (vgl. **Rn.** 145 ff.). Im Fall der Pauschalbesteuerung von Beiträgen für eine Direktversicherung nach § 40b EStG in der am 31. Dezember 2004 geltenden Fassung (§ 40b EStG a. F.) ist es ebenfalls unschädlich, wenn eine beliebige Person als Bezugsberechtigte für den Fall des Todes des Arbeitnehmers benannt wird. Zur bilanzsteuerrechtlichen Berücksichtigung von vererblichen Versorgungsanwartschaften und Versorgungsleistungen siehe **Rn.** 11 des BMF-Schreibens vom 18. September 2017 (BStBl I S. 1293).

Keine betriebliche Altersversorgung liegt vor, wenn zwischen Arbeitnehmer und Arbeitgeber die Vererblichkeit von Anwartschaften vereinbart ist. Auch Vereinbarungen, nach denen Arbeitslohn gutgeschrieben und ohne Abdeckung eines biometrischen Risikos zu einem späteren Zeitpunkt (z. B. bei Ausscheiden aus dem Dienstverhältnis) ggf. mit Wertsteigerung ausgezahlt wird, sind nicht dem Bereich der betrieblichen Altersversorgung zuzuordnen. Gleiches gilt, wenn von vornherein eine Abfindung der Versorgungsanwartschaft, z. B. zu einem bestimmten Zeitpunkt oder bei Vorliegen bestimmter Voraussetzungen, vereinbart ist und dadurch nicht mehr von der Absicherung eines biometrischen Risikos ausgegangen werden kann. Demgegenüber führt allein die Möglichkeit einer Beitragserstattung einschließlich der gutgeschriebenen Erträge bzw. einer entsprechenden Abfindung für den Fall des Ausscheidens aus dem Dienstverhältnis vor Erreichen der gesetzlichen Unverfallbarkeit und/oder für den Fall des Todes vor Ablauf einer arbeitsrechtlich vereinbarten Wartezeit sowie der Abfindung einer Witwenrente/Witwerrente für den Fall der Wiederheirat noch nicht zur Versagung der Anerkennung als betriebliche Altersversorgung. Ebenfalls unschädlich für das Vorliegen von betrieblicher Altersversorgung ist die Abfindung vertraglich unverfallbarer Anwartschaften; dies gilt sowohl bei Beendigung als auch während des bestehenden Arbeitsverhältnisses. Zu den steuerlichen Folgen im Auszahlungsfall siehe **Rn.** 145 ff. 6

Bei Versorgungszusagen, die vor dem 1. Januar 2005 erteilt wurden, ist es nicht zu beanstanden, wenn in den Versorgungsordnungen in Abweichung von den **Rn.** 1 ff. die Möglichkeit einer Elternrente oder der Beitragserstattung einschließlich der gutgeschriebenen Erträge an die in **Rn.** 4 genannten Personen im Fall des Versterbens vor Erreichen der Altersgrenze und in Abweichung von **Rn.** 34 lediglich für die zugesagte Al- 7 tersversorgung, nicht aber für die Hinterbliebenen- oder Invaliditätsversorgung die Auszahlung in Form einer Rente oder eines Auszahlungsplans vorgesehen ist. Dagegen sind Versorgungszusagen, die nach dem 31. Dezember 2004 aufgrund von Versorgungsordnungen erteilt werden, die die Voraussetzungen dieses Schreibens nicht erfüllen, aus steuerlicher Sicht nicht mehr als betriebliche Altersversorgung anzuerkennen; eine steuerliche Förderung ist hierfür nicht mehr möglich. Im Fall der nach § 40b EStG a. F. pauschal besteuerten (Alt-)Direktversicherungen gilt nach **Rn.** 5 weiterhin keine Begrenzung bezüglich des Kreises der Bezugsberechtigten.

II. Lohnsteuerliche Behandlung von Zusagen auf Leistungen der betrieblichen Altersversorgung

1. Allgemeines

8 Der Zeitpunkt des Zuflusses von Arbeitslohn richtet sich bei einer durch Beiträge des Arbeitgebers (einschließlich Entgeltumwandlung oder anderer Finanzierungsanteile des Arbeitnehmers, vgl. **Rn.** 26) finanzierten betrieblichen Altersversorgung nach dem Durchführungsweg der betrieblichen Altersversorgung (vgl. auch R 40b.1 LStR zur Abgrenzung). Bei der Versorgung über eine Direktversicherung, eine Pensionskasse oder einen Pensionsfonds liegt Zufluss von Arbeitslohn im Zeitpunkt der Zahlung der Beiträge durch den Arbeitgeber an die entsprechende Versorgungseinrichtung vor. Erfolgt die Beitragszahlung durch den Arbeitgeber vor „Versicherungsbeginn“, liegt ein Zufluss von Arbeitslohn jedoch erst im Zeitpunkt des „Versicherungsbeginns“ vor. Die Einbehaltung der Lohnsteuer richtet sich nach § 38a Abs. 1 und 3 EStG (vgl. auch R 39b.2, 39b.5 und 39b.6 LStR). Bei der Versorgung über eine Direktzusage oder Unterstützungskasse fließt der Arbeitslohn erst im Zeitpunkt der Zahlung der Altersversorgungsleistungen an den Arbeitnehmer zu.

2. Entgeltumwandlung zugunsten betrieblicher Altersversorgung

9 Um durch Entgeltumwandlung finanzierte betriebliche Altersversorgung handelt es sich, wenn Arbeitgeber und Arbeitnehmer vereinbaren, künftige Arbeitslohnansprüche zugunsten einer betrieblichen Altersversorgung herabzusetzen (Umwandlung in eine wertgleiche Anwartschaft auf Versorgungsleistungen – Entgeltumwandlung –, § 1 Abs. 2 Nr. 3 BetrAVG).

10 Davon zu unterscheiden sind die eigenen Beiträge des Arbeitnehmers, zu deren Leistung er aufgrund einer eigenen vertraglichen Vereinbarung mit der Versorgungseinrichtung originär selbst verpflichtet ist. Diese eigenen Beiträge des Arbeitnehmers zur betrieblichen Altersversorgung werden aus dem bereits zugeflossenen und versteuerten Arbeitsentgelt geleistet (vgl. auch **Rn.** 26).

11 Eine Herabsetzung von Arbeitslohnansprüchen zugunsten betrieblicher Altersversorgung ist steuerlich als Entgeltumwandlung auch dann anzuerkennen, wenn die in § 1 Abs. 2 Nr. 3 BetrAVG geforderte Wertgleichheit außerhalb versicherungsmathematischer Grundsätze berechnet wird. Entscheidend ist allein, dass die Versorgungsleistung zur Absicherung mindestens eines biometrischen Risikos (Alter, Tod, Invalidität) zugesagt und erst bei Eintritt des biologischen Ereignisses fällig wird.

12 Die Herabsetzung von Arbeitslohn (laufender Arbeitslohn, Einmal- und Sonderzahlungen) zugunsten der betrieblichen Altersversorgung wird aus Vereinfachungsgründen grundsätzlich auch dann als Entgeltumwandlung steuerlich anerkannt, wenn die Gehaltsänderungsvereinbarung bereits erdiente, aber noch nicht fällig gewordene Anteile umfasst. Dies gilt auch, wenn eine Einmal- oder Sonderzahlung einen Zeitraum von mehr als einem Jahr betrifft.

13 Bei einer Herabsetzung laufenden Arbeitslohns zugunsten einer betrieblichen Altersversorgung hindert es die Annahme einer Entgeltumwandlung nicht, wenn der bisherige

ungekürzte Arbeitslohn weiterhin Bemessungsgrundlage für künftige Erhöhungen des Arbeitslohns oder andere Arbeitgeberleistungen (wie z. B. Weihnachtsgeld, Tantieme, Jubiläumszuwendungen, betriebliche Altersversorgung) bleibt, die Gehaltsminderung zeitlich begrenzt oder vereinbart wird, dass der Arbeitnehmer oder der Arbeitgeber sie für künftigen Arbeitslohn einseitig ändern können.

3. Behandlung laufender Zuwendungen und Sonderzahlungen des Arbeitgebers an einen Pensionsfonds, eine Pensionskasse oder für eine Direktversicherung (§ 19 Abs. 1 Satz 1 Nr. 3 EStG)

a) Sonderzahlungen und Sanierungsgelder an umlagefinanzierte Pensionskassen

Laufende Zuwendungen sind regelmäßig fortlaufend geleistete Zahlungen des Arbeitgebers für eine betriebliche Altersversorgung an eine Pensionskasse, die nicht im Kapitaldeckungsverfahren, sondern im Umlageverfahren finanziert wird. Hierzu gehören insbesondere Umlagen an die Versorgungsanstalt des Bundes und der Länder – VBL – bzw. an eine kommunale Zusatzversorgungskasse. 14

Sonderzahlungen des Arbeitgebers sind insbesondere Zahlungen, die an die Stelle der bei regulärem Verlauf zu entrichtenden laufenden Zuwendungen treten oder neben laufenden Beiträgen oder Zuwendungen entrichtet werden und zur Finanzierung des nicht kapitalgedeckten Versorgungssystems dienen. Hierzu gehören beispielsweise Zahlungen, die der Arbeitgeber anlässlich seines Ausscheidens aus einem umlagefinanzierten Versorgungssystem, des Wechsels von einem umlagefinanzierten zu einem anderen umlagefinanzierten Versorgungssystem oder der Zusammenlegung zweier nicht kapitalgedeckter Versorgungssysteme zu leisten hat. Keine Sonderzahlungen des Arbeitgebers sind hingegen Zahlungen, die der Arbeitgeber wirtschaftlich nicht trägt, sondern die mittels Entgeltumwandlung finanziert, als Eigenanteil des Arbeitnehmers oder Ähnliches erbracht werden. 15

Beispiel zum Wechsel der Zusatzversorgungskasse (ZVK): 16

Die ZVK A wird auf die ZVK B überführt. Der Umlagesatz der ZVK A betrug bis zur Überführung 6 % vom zusatzversorgungspflichtigen Entgelt. Die ZVK B erhebt nur 4 % vom zusatzversorgungspflichtigen Entgelt. Der Arbeitgeber zahlt nach der Überführung auf die ZVK B für seine Arbeitnehmer zusätzlich zu den 4 % Umlage einen festgelegten Betrag, durch den die Differenz bei der Umlagenhöhe (6 % zu 4 % vom zusatzversorgungspflichtigen Entgelt) ausgeglichen wird.

Bei dem Differenzbetrag, den der Arbeitgeber nach der Überführung auf die ZVK B zusätzlich leisten muss, handelt es sich um eine steuerpflichtige Sonderzahlung gem. § 19 Abs. 1 Satz 1 Nr. 3 Satz 2 Halbsatz 2 Buchstabe b EStG, die mit 15 % gem. § 40b Abs. 4 EStG pauschal zu besteuern ist **(vgl. Rn. 84)**.

Zu den nicht zu besteuernden Sanierungsgeldern gehören die Sonderzahlungen des Arbeitgebers, die er anlässlich der Umstellung der Finanzierung des Versorgungssystems von der Umlagefinanzierung auf die Kapitaldeckung für die bis zur Umstellung bereits entstandenen Versorgungsverpflichtungen oder -anwartschaften noch zu leisten hat. Gleiches gilt für die Zahlungen, die der Arbeitgeber im Fall der Umstellung auf der Leistungsseite für diese vor Umstellung bereits entstandenen Versorgungsverpflichtungen und -anwartschaften in das Versorgungssystem leistet. Davon ist z. B. auszugehen, wenn 17

- eine deutliche Trennung zwischen bereits entstandenen und neu entstehenden Versorgungsverpflichtungen sowie -anwartschaften sichtbar wird **(vgl. auch Rn. 19a)**,
- der finanzielle Fehlbedarf zum Zeitpunkt der Umstellung hinsichtlich der bereits entstandenen Versorgungsverpflichtungen sowie -anwartschaften ermittelt wird und
- dieser Betrag ausschließlich vom Arbeitgeber als Zuschuss geleistet wird.

Solange ein zusätzlicher Finanzierungsbedarf in Form von Sanierungsgeldern besteht, ist kein Raum für eine Reduzierung von Umlagen. Bei sinkendem Finanzierungsbedarf reduzieren sich vielmehr zunächst die nicht zu besteuernden Sanierungsgelder. Dies betrifft auch Fälle, in denen laufende Umlagezahlungen vorübergehend ausgesetzt werden.

18 Beispiel zum Sanierungsgeld:

Die ZVK A stellt ihre betriebliche Altersversorgung auf der Finanzierungs- und Leistungsseite um. Bis zur Systemumstellung betrug die Umlage 6,2 % vom zusatzversorgungspflichtigen Entgelt. Nach der Systemumstellung beträgt die Zahlung insgesamt 7,7 % vom zusatzversorgungspflichtigen Entgelt. Davon werden 4 % zugunsten der nun im Kapitaldeckungsverfahren finanzierten Neuanwartschaften und 3,7 % für die weiterhin im Umlageverfahren finanzierten Anwartschaften einschließlich eines Sanierungsgeldes geleistet.

Die Ermittlung des nicht zu besteuernden Sanierungsgeldes erfolgt nach § 19 Abs. 1 Satz 1 Nr. 3 Satz 4 Halbsatz 2 EStG. Ein solches, nicht zu besteuerndes Sanierungsgeld liegt nur vor, soweit der bisherige Umlagesatz überstiegen wird.

Zahlungen nach der Systemumstellung insgesamt	7,7 %
Zahlungen vor der Systemumstellung	6,2 %
nicht zu besteuerndes Sanierungsgeld	1,5 %

Ermittlung der weiterhin nach § 19 Abs. 1 Satz 1 Nr. 3 Satz 1 EStG grundsätzlich zu besteuernden Umlagezahlung:

nach der Systemumstellung geleistete Zahlung für das Umlageverfahren einschließlich des Sanierungsgeldes	3,7 %
nicht zu besteuerndes Sanierungsgeld	1,5 %
grundsätzlich zu besteuernde Umlagezahlung	2,2 %

18a Eine Differenzrechnung nach § 19 Abs. 1 Satz 1 Nr. 3 Satz 4 Halbsatz 2 EStG entfällt, wenn es an laufenden und wiederkehrenden Zahlungen entsprechend dem periodischen Bedarf fehlt, also das zu erbringende Sanierungsgeld als Gesamtfehlbetrag feststeht und lediglich ratierlich getilgt wird.

b) Sonstige Sonderzahlungen des Arbeitgebers

19 Nicht zu besteuernder Arbeitslohn nach § 19 Abs. 1 Satz 1 Nr. 3 Satz 2 Halbsatz 1 Buchstabe b EStG sind Sonderzahlungen des Arbeitgebers an eine externe Versorgungseinrichtung (Pensionsfonds, Pensionskasse oder Direktversicherung), die neben den laufenden Beiträgen und Zuwendungen erbracht werden und

– der Wiederherstellung einer angemessenen Kapitalausstattung nach unvorhersehbaren Verlusten oder
– der Finanzierung der Verstärkung der Rechnungsgrundlagen aufgrund einer unvorhersehbaren und nicht nur vorübergehenden Änderung der Verhältnisse dienen.

Dabei dürfen die Sonderzahlungen nicht zu einer Absenkung des laufenden Beitrags führen oder durch eine Absenkung des laufenden Beitrags ausgelöst werden.

Die vorstehenden Voraussetzungen sind insbesondere beim Vorliegen folgender Sachverhalte dem Grunde nach erfüllt:

– Einbruch am Kapitalmarkt,
– Anstieg der Invaliditätsfälle,
– gestiegene Lebenserwartung,
– Niedrigzinsumfeld,
– **Satzungsänderungen nach § 234 Abs. 7 VAG.**

19a **Werden zwei Abrechnungsverbände eines Versorgungswerks einschließlich des gesamten Verpflichtungs- und Vermögensbestandes unter gleichzeitiger Umstel-**

lung des Finanzierungssystems in einen gemeinsamen Abrechnungsverband zusammengefasst und von den Beteiligten künftig gemeinschaftlich mittels laufender Pflichtbeiträge finanziert, können erforderliche Angleichungsbeträge aufgrund unterschiedlicher Deckungslücken als Sonderzahlungen im Sinne des § 19 Abs. 1 Satz 1 Nr. 3 Satz 2 Halbsatz 1 Buchstabe b EStG anzusehen sein. Durch die Zusammenfassung der bisher getrennten Abrechnungsverbände besteht aber keine Möglichkeit mehr, nicht steuerbare Sanierungsgelder im Sinne des § 19 Abs. 1 Satz 1 Nr. 3 Satz 2 Halbsatz 1 Buchstabe d EStG zu erheben (Aufgabe des Trennungsprinzips zwischen Altverpflichtungen und neu erworbenen Anwartschaften; siehe Rn. 17). Nach der Zusammenfassung der Abrechnungsverbände und Umstellung des Finanzierungssystems kommt eine erneute Anwendung des § 19 Abs. 1 Satz 1 Nr. 3 Satz 2 Halbsatz 1 Buchstabe b EStG nur noch für mögliche, sich (später) neu ergebende Änderungen der Verhältnisse in Betracht.

Um steuerpflichtigen Arbeitslohn handelt es sich hingegen bei Sonderzahlungen, die der Arbeitgeber an eine externe Versorgungseinrichtung der betrieblichen Altersversorgung erbringt 20

- wegen Verlusten aus Einzelgeschäften oder
- bei Fehlbeträgen, die durch früher gesetzte Risiken verursacht worden sind (z. B. Kalkulationsfehler, Insolvenzrisiken).

Die konkrete Höhe der nicht als Arbeitslohn zu besteuernden Sonderzahlungen des Arbeitgebers ist im jeweiligen Einzelfall unter Beachtung der versicherungsaufsichtsrechtlichen Vorgaben durch einen Aktuar festzustellen. 21

Für die Anwendung des § 19 Abs. 1 Satz 1 Nr. 3 Satz 2 Halbsatz 1 Buchstabe b EStG ist es unerheblich, ob es sich bei der Sonderzahlung des Arbeitgebers um eine einmalige Kapitalzahlung oder um eine regelmäßige Zahlung (z. B. einen satzungsmäßig vorgesehenen Sonderzuschlag) neben den laufenden Beiträgen und Zuwendungen handelt. 22

Die Bildung eines Gründungsstocks im Sinne des § 178 Abs. 5 VAG stellt grundsätzlich keine Sonderzahlung im Sinne des § 19 Abs. 1 Satz 1 Nr. 3 Satz 2 EStG dar, weil es sich um Darlehensmittel handelt. Entfällt der Darlehenscharakter des Gründungsstocks im Nachhinein, z. B. weil auf die Rückzahlung verzichtet wird oder das Darlehen als uneinbringlich anzusehen ist, liegt zu diesem Zeitpunkt eine Sonderzahlung vor. Die Sonderzahlung gehört nicht zum Arbeitslohn, soweit nach den vertraglichen Vereinbarungen die Bereitstellung und der Abruf der Darlehensmittel den unter § 19 Abs. 1 Satz 1 Nr. 3 Satz 2 Halbsatz 1 EStG bezeichneten Zwecken diente. **22a**

4. Steuerfreiheit nach § 3 Nr. 63 EStG

a) Steuerfreiheit nach § 3 Nr. 63 Satz 1 EStG

aa) Begünstigter Personenkreis

Zu dem, durch § 3 Nr. 63 EStG begünstigten Personenkreis gehören alle Arbeitnehmer (§ 1 LStDV), unabhängig davon, ob sie in der gesetzlichen Rentenversicherung pflichtversichert sind oder nicht (z. B. beherrschende Gesellschafter-Geschäftsführer, geringfügig Beschäftigte, in einem berufsständischen Versorgungswerk Versicherte). 23

Die Steuerfreiheit setzt lediglich ein bestehendes erstes Dienstverhältnis voraus. Diese Voraussetzung kann auch erfüllt sein, wenn es sich um ein weiterbestehendes Dienstverhältnis ohne Anspruch auf Arbeitslohn (z. B. während der Elternzeit, der Pflegezeit, des Bezugs von **Kurzarbeiter- oder** Krankengeld) oder ein geringfügiges Beschäftigungsverhältnis oder eine Aushilfstätigkeit handelt, bei der die Möglichkeit der Pauschalbesteuerung nach § 40a EStG in Anspruch genommen wird. In diesen Fällen ist, da die elektronischen Lohnsteuerabzugsmerkmale (ELStAM-Daten) nicht abgerufen werden, 24 mittels Erklärung des Arbeitnehmers zu dokumentieren, dass es sich um ein erstes Dienstverhältnis handelt. Die Steuerfreiheit ist nicht bei Arbeitnehmern zulässig, bei denen der Arbeitgeber den Lohnsteuerabzug nach der Steuerklasse VI **vornimmt**.

bb) Begünstigte Aufwendungen

25 Zu den nach § 3 Nr. 63 EStG begünstigten Aufwendungen gehören nur Beiträge an Pensionsfonds, Pensionskassen und Direktversicherungen, die zum Aufbau einer betrieblichen Altersversorgung (**Rn.** 1 ff.) im Kapitaldeckungsverfahren erhoben werden. Für Umlagen, die vom Arbeitgeber an eine Versorgungseinrichtung entrichtet werden, kommt die Steuerfreiheit nach § 3 Nr. 63 EStG dagegen nicht in Betracht (siehe aber § 3 Nr. 56 EStG, **Rn.** 76 ff.). Werden sowohl Umlagen als auch Beiträge im Kapitaldeckungsverfahren erhoben, gehören Letztere nur dann zu den begünstigten Aufwendungen, wenn eine getrennte Verwaltung und Abrechnung beider Vermögensmassen erfolgt (Trennungsprinzip).

26 Steuerfrei sind nur Beiträge des Arbeitgebers. Das sind diejenigen Beiträge, die vom Arbeitgeber als Versicherungsnehmer (bzw. im Fall des § 21 Abs. 4 BetrAVG von einer gemeinsamen Einrichtung nach § 4 des Tarifvertragsgesetzes) selbst geschuldet und an die Versorgungseinrichtung geleistet werden. **Von Beiträgen des Arbeitgebers ist auch auszugehen, wenn der jeweilige Arbeitgeber nicht Versicherungsnehmer, sondern gegenüber der Versorgungseinrichtung lediglich Beitragsschuldner ist.** Dazu gehören

- die Beiträge des Arbeitgebers, die zusätzlich zum ohnehin geschuldeten Arbeitslohn erbracht werden (rein arbeitgeberfinanzierte Beiträge), sowie
- alle im Gesamtversicherungsbeitrag des Arbeitgebers enthaltenen Finanzierungsanteile des Arbeitnehmers (BFH-Urteil vom 9. Dezember 2010 – VI R 57/08 –, BStBl **2011** II S. 978) wie z. B.
  - eine Eigenbeteiligung des Arbeitnehmers oder
  - die mittels Entgeltumwandlung finanzierten Beiträge (vgl. **Rn.** 9 ff.), einschließlich der Leistungen des Arbeitgebers im Sinne des § 1a Abs. 1a und § 23 Abs. 2 BetrAVG[1]), die er als Ausgleich für die ersparten Sozialversicherungsbeiträge in Folge einer Entgeltumwandlung erbringt. Im Fall der Finanzierung der Beiträge durch eine Entgeltumwandlung ist die Beachtung des Mindestbetrags gem. § 1a BetrAVG für die Inanspruchnahme der Steuerfreiheit nicht erforderlich.

Beiträge des Arbeitnehmers, zu deren Leistung er aufgrund einer eigenen vertraglichen Vereinbarung mit der Versorgungseinrichtung originär selbst verpflichtet ist (sog. eigene Beiträge des Arbeitnehmers), sind dagegen vom Anwendungsbereich des § 3 Nr. 63

[1]) Das Bundesministerium für Arbeit und Soziales weist in diesem Zusammenhang auf Folgendes hin:

§ 1a Abs. 1a und § 23 Abs. 2 BetrAVG sehen ausdrücklich vor, dass der Arbeitgeberzuschuss nur zu leisten ist, „soweit der Arbeitgeber durch die Entgeltumwandlung Sozialversicherungsbeiträge einspart". Ist das nicht der Fall, etwa wenn Entgelt oberhalb einer Beitragsbemessungsgrenze umgewandelt wird, ist insoweit auch kein Arbeitgeberzuschuss fällig. Wird Entgelt bspw. im Bereich zwischen der Beitragsbemessungsgrenze in der gesetzlichen Krankenversicherung und der Beitragsbemessungsgrenze in der gesetzlichen Rentenversicherung umgewandelt, kann der Arbeitgeber „spitz" abrechnen, er kann aber auch 15 % des umgewandelten Beitrags an die Versorgungseinrichtung weiterleiten. Wie die Weiterleitung des Arbeitgeberzuschusses an die Versorgungseinrichtung technisch umgesetzt wird, obliegt den Beteiligten. So kann der Arbeitgeberzuschuss zusätzlich zu dem vereinbarten Entgeltumwandlungsbetrag an die Versorgungseinrichtung weitergeleitet werden. Sofern die Versorgungeinrichtung nicht bereit ist, den Vertrag entsprechend anzupassen, kommt der Neuabschluss eines Vertrages nur für den Arbeitgeberzuschuss in Betracht. Denkbar ist aber auch z. B. eine Vereinbarung zwischen Arbeitgeber und Arbeitnehmer, wonach der an die Versorgungseinrichtung abzuführende Betrag gleich bleibt und künftig neben einem entsprechend verminderten umgewandelten Entgelt den Arbeitgeberzuschuss enthält.

EStG ausgeschlossen, auch wenn sie vom Arbeitgeber an die Versorgungseinrichtung abgeführt werden.

Macht ein Arbeitnehmer (z. B. aufgrund eines entsprechenden Tarifvertrags) von der Möglichkeit Gebrauch, zusätzliche vermögenwirksame Leistungen des Arbeitgebers für den Aufbau einer betrieblichen Altersversorgung über die Durchführungswege Pensionsfonds, Pensionskasse oder Direktversicherung im Rahmen einer Entgeltumwandlung zu verwenden, fallen diese Beiträge in den Anwendungsbereich des § 3 Nr. 63 EStG. Dies gilt auch für in diesem Zusammenhang gewährte Erhöhungsbeträge des Arbeitgebers (z. B. erhöhter Beitrag zur betrieblichen Altersversorgung i. H. v. 26 € statt vermögenswirksamer Leistungen i. H. v. 6,65 €) und für Erhöhungsbeträge des Arbeitgebers, die von einer zusätzlichen Entgeltumwandlung abhängen (z. B. erhöhter Beitrag zur betrieblichen Altersversorgung i. H. v. 50 €, wenn der Arbeitnehmer 13 € seines Arbeitslohns umwandelt). **26a**

Die Steuerfreiheit nach § 3 Nr. 63 EStG kann nur dann in Anspruch genommen werden, wenn der vom Arbeitgeber zur Finanzierung der zugesagten Versorgungsleistung gezahlte Beitrag nach bestimmten individuellen Kriterien dem einzelnen Arbeitnehmer zugeordnet wird. Allein die Verteilung eines vom Arbeitgeber gezahlten Gesamtbeitrags nach der Anzahl der begünstigten Arbeitnehmer genügt hingegen für die Anwendung des § 3 Nr. 63 EStG nicht. Für die Anwendung des § 3 Nr. 63 EStG ist nicht Voraussetzung, dass sich die Höhe der zugesagten Versorgungsleistung an der Höhe des eingezahlten Beitrags des Arbeitgebers orientiert, da der Arbeitgeber nach § 1 BetrAVG nicht nur eine reine Beitragszusage, eine Beitragszusage mit Mindestleistung oder eine beitragsorientierte Leistungszusage, sondern auch eine Leistungszusage erteilen kann. 27

Maßgeblich für die betragsmäßige Begrenzung der Steuerfreiheit auf 8 % der Beitragsbemessungsgrenze **(BBG)** in der allgemeinen Rentenversicherung ist auch bei einer Beschäftigung in den neuen Ländern oder Berlin (Ost) die in dem Kalenderjahr gültige Beitragsbemessungsgrenze (West). Bei dem Höchstbetrag des § 3 Nr. 63 Satz 1 EStG handelt es sich um einen Jahresbetrag. Eine zeitanteilige Kürzung des Höchstbetrags ist daher nicht vorzunehmen, wenn das Arbeitsverhältnis nicht während des ganzen Jahres besteht oder nicht für das ganze Jahr Beiträge gezahlt werden. Der Höchstbetrag kann erneut in Anspruch genommen werden, wenn der Arbeitnehmer ihn in einem vorangegangenen Dienstverhältnis bereits ausgeschöpft hat. Im Fall der Gesamtrechtsnachfolge und des Betriebsübergangs nach § 613a BGB kommt dies dagegen nicht in Betracht. 28

Soweit die Beiträge den steuerfreien Höchstbetrag (8 % der Beitragsbemessungsgrenze in der allgemeinen Rentenversicherung [West] abzüglich der tatsächlich nach § 40b EStG a. F. pauschal besteuerten Beiträge; vgl. **Rn.** 85 ff.) übersteigen, sind sie individuell zu besteuern. Für die individuell besteuerten Beiträge kann eine Förderung durch Sonderausgabenabzug nach § 10a und Zulage nach Abschnitt XI EStG in Betracht kommen (vgl. **Rn.** 66 ff.). Zur Übergangsregelung des § 52 Abs. 4 **Satz 16 f.** EStG siehe **Rn.** 85 ff. 29

Bei monatlicher Zahlung der Beiträge bestehen keine Bedenken, wenn der Höchstbetrag in gleichmäßige monatliche Teilbeträge aufgeteilt wird. Stellt der Arbeitgeber vor Ablauf des Kalenderjahres, z. B. bei Beendigung des Dienstverhältnisses fest, dass die Steuerfreiheit im Rahmen der monatlichen Teilbeträge nicht in vollem Umfang ausgeschöpft worden ist oder werden kann, muss eine ggf. vorgenommene Besteuerung der Beiträge rückgängig gemacht (spätester Zeitpunkt hierfür ist die Übermittlung oder Erteilung der Lohnsteuerbescheinigung) oder der monatliche Teilbetrag künftig so geändert werden, dass der Höchstbetrag ausgeschöpft wird. 30

31 Rein arbeitgeberfinanzierte Beiträge sind steuerfrei, soweit sie den Höchstbetrag (8 % der Beitragsbemessungsgrenze in der allgemeinen Rentenversicherung [West] abzüglich der tatsächlich nach § 40b EStG a. F. pauschal besteuerten Beiträge; vgl. **Rn.** 85 ff.) nicht übersteigen. Der steuerfreie Höchstbetrag wird zunächst durch diese Beiträge ausgefüllt. Soweit der steuerfreie Höchstbetrag dadurch nicht ausgeschöpft worden ist, sind die verbleibenden, auf den verschiedenen Finanzierungsanteilen des Arbeitnehmers beruhenden Beiträge des Arbeitgebers zu berücksichtigen (vgl. **Rn.** 26; Leistungen des Arbeitgebers im Sinne des § 1a Abs. 1a und § 23 Abs. 2 BetrAVG, die er als Ausgleich für die ersparten Sozialversicherungsbeiträge infolge einer Entgeltumwandlung erbringt, sind dabei Teil der Entgeltumwandlung).

32 Beispiel:

Steuerfreier Höchstbetrag (8 % BBG **in der allgemeinen Rentenversicherung** [West], **85.200 € für 2021**)	**6.816 €**
abzgl. tatsächlich pauschal besteuerte Beiträge (angenommen Höchstbetrag)	./. 1.752 €
verbleiben als steuerfreies Volumen	= **5.064 €**
abzüglich rein arbeitgeberfinanzierte Beiträge (angenommen)	./. 3.000 €
verbleiben als steuerfreies Volumen für Entgeltumwandlung	= **2.064 €**

33 Die Anwendung der Pauschalbesteuerung nach § 40b EStG a. F. für Beiträge an Pensionskassen und für Direktversicherungen (siehe **Rn.** 85 ff.) ist nicht erst nach Übersteigen des steuerfreien Höchstbetrages von 8 % möglich, sondern mindert das maximal steuerfreie Volumen (§ 52 Abs. 4 **Satz 16** EStG).

cc) Begünstigte Auszahlungsformen

34 Voraussetzung für die Steuerfreiheit ist, dass die Auszahlung der zugesagten Alters-, Invaliditäts- oder Hinterbliebenenversorgungsleistungen **entsprechend der in § 82 Abs. 2 Satz 2 EStG genannten Auszahlungsformen vorgesehen ist. Zu den begünstigten Auszahlungsformen siehe im Einzelnen die Ausführungen unter Rn. 68. Allein** die Möglichkeit, anstelle dieser Auszahlungsformen eine Einmalkapitalauszahlung (100 % des zu Beginn der Auszahlungsphase zur Verfügung stehenden Kapitals) zu wählen, steht der Steuerfreiheit noch nicht entgegen; hieran wird ungeachtet des BFH-Urteils vom 20. September 2016 – X R 23/15 – (BStBl 2017 II S. 347) **festgehalten. Entscheidet** sich der Arbeitnehmer zugunsten einer Einmalkapitalauszahlung, so sind von diesem Zeitpunkt an die Voraussetzungen des § 3 Nr. 63 EStG nicht mehr erfüllt und die Beitragsleistungen zu besteuern. Erfolgt die Ausübung des **Wahlrechts** innerhalb des letzten Jahres vor dem altersbedingten Ausscheiden aus dem Erwerbsleben, so ist es aus Vereinfachungsgründen nicht zu beanstanden, wenn die Beitragsleistungen weiterhin nach § 3 Nr. 63 EStG steuerfrei belassen werden. Für die Berechnung der Jahresfrist ist dabei auf das im Zeitpunkt der Ausübung des Wahlrechts vertraglich vorgesehene Ausscheiden aus dem Erwerbsleben (vertraglich vorgesehener Beginn der Altersversorgungsleistung) **abzustellen. Bei** Auszahlung oder anderweitiger wirtschaftlicher Verfügung ist der Einmalkapitalbetrag gem. § 22 Nr. 5 EStG zu besteuern (siehe dazu **Rn.** 148 ff.).

dd) Sonstiges

35 Eine Steuerfreiheit der Beiträge kommt nicht in Betracht, soweit es sich hierbei nicht um Arbeitslohn im Rahmen eines Dienstverhältnisses, sondern um eine verdeckte Gewinnausschüttung im Sinne des § 8 Abs. 3 Satz 2 KStG handelt. Die allgemeinen Grundsätze zur Abgrenzung zwischen verdeckter Gewinnausschüttung und Arbeitslohn sind hierbei zu beachten.

Bei Beiträgen an ausländische betriebliche Altersversorgungssysteme ist zu entscheiden, ob das ausländische Altersversorgungssystem mit einem Durchführungsweg der betrieblichen Altersversorgung nach dem deutschen Betriebsrentengesetz vergleichbar ist bzw. einem der Durchführungswege als vergleichbar zugeordnet werden kann. Entsprechende Beiträge sind steuerfrei nach § 3 Nr. 63 EStG, wenn 36

- das ausländische betriebliche Altersversorgungssystem vergleichbar mit dem Pensionsfonds, der Pensionskasse oder der Direktversicherung ist und
- auch die weiteren wesentlichen Kriterien für die steuerliche Anerkennung einer betrieblichen Altersversorgung im Inland erfüllt werden (u. a. Absicherung mindestens eines biometrischen Risikos – vgl. **Rn.** 1 –, enger Hinterbliebenenbegriff – vgl. **Rn.** 4 –, keine Vererblichkeit – vgl. **Rn.** 6 –, begünstigte Auszahlungsformen – vgl. **Rn.** 34 **i. V. m. Rn. 68**) und
- die ausländische Versorgungseinrichtung in vergleichbarer Weise den für inländische Versorgungseinrichtungen maßgeblichen Aufbewahrungs-, Mitteilungs- und Bescheinigungspflichten nach dem Einkommensteuergesetz und der Altersvorsorge-Durchführungsverordnung zur Sicherstellung der Besteuerung der Versorgungsleistungen im Wesentlichen nachkommt.

Darüber hinaus kann sich die unmittelbare Anwendbarkeit des § 3 Nr. 63 EStG aus einer völkerrechtlichen Vereinbarung ergeben (z. B. Nr. 16 des Protokolls zum Doppelbesteuerungsabkommens [DBA] USA). 37

In Entsendungsfällen hat für die Beiträge des Arbeitgebers zur kapitalgedeckten betrieblichen Altersversorgung die Regelung des § 3 Nr. 63 EStG gegenüber den Regelungen eines DBA Vorrang. 38

Unter den Voraussetzungen der **Rn.** 23 bis 35 sind auch die vom Arbeitgeber zusätzlich zum ohnehin geschuldeten Arbeitslohn erbrachten Beiträge an eine Zusatzversorgungskasse (wie z. B. zur Versorgungsanstalt der deutschen Bühnen – VddB –, zur Versorgungsanstalt der deutschen Kulturorchester – VddKO – oder zum Zusatzversorgungswerk für Arbeitnehmer in der Land- und Forstwirtschaft – ZLF –), die er nach der jeweiligen Satzung der Versorgungseinrichtung als Pflichtbeiträge für die Altersversorgung seiner Arbeitnehmer zusätzlich zu den nach § 3 Nr. 62 EStG steuerfreien Beiträgen zur gesetzlichen Rentenversicherung zu erbringen hat, ebenfalls im Rahmen des § 3 Nr. 63 EStG steuerfrei. Die Steuerfreiheit nach § 3 Nr. 62 Satz 1 EStG kommt für diese Beiträge nicht in Betracht. Die Steuerbefreiung des § 3 Nr. 63 (und auch Nr. 56) EStG ist nicht nur der Höhe, sondern dem Grunde nach vorrangig anzuwenden; die Steuerbefreiung nach § 3 Nr. 62 EStG ist bei Vorliegen von Zukunftssicherungsleistungen im Sinne des § 3 Nr. 63 (und auch Nr. 56) EStG daher auch dann ausgeschlossen, wenn die Höchstbeträge des § 3 Nr. 63 (und Nr. 56) EStG bereits voll ausgeschöpft werden. 39

b) Ausschluss der Steuerfreiheit nach § 3 Nr. 63 Satz 2 EStG

aa) Personenkreis

Auf die Steuerfreiheit können grundsätzlich nur Arbeitnehmer verzichten, die in der gesetzlichen Rentenversicherung pflichtversichert sind (§§ 1a, 17 Abs. 1 Satz 3 BetrAVG). Alle anderen Arbeitnehmer können von dieser Möglichkeit nur dann Gebrauch machen, wenn der Arbeitgeber zustimmt. 40

bb) Höhe und Zeitpunkt der Ausübung des Wahlrechts

Soweit der Arbeitnehmer einen Anspruch auf Entgeltumwandlung nach § 1a BetrAVG hat oder andere Finanzierungsanteile (vgl. **Rn.** 26) zur betrieblichen Altersversorgung erbringt, ist eine individuelle Besteuerung dieser Beiträge auf Verlangen des Arbeitneh- 41 mers durchzuführen; die Beiträge sind dabei gleichrangig zu behandeln. Der Arbeitnehmer kann sein Verlangen nach individueller Besteuerung (Verzicht auf die Steuerfreiheit) betragsmäßig oder prozentual begrenzen.

41a **Beispiel:**

Der in der gesetzlichen Rentenversicherung pflichtversicherte Arbeitnehmer hat in 2021 eine Versorgungszusage im Durchführungsweg der Pensionskasse. Die Beiträge betragen 8 % der BBG in der allgemeinen Rentenversicherung (West). Die Beiträge werden vollständig durch Entgeltumwandlung finanziert. Der Arbeitnehmer verlangt vom Arbeitgeber, die Beiträge zur Pensionskasse individuell zu besteuern, um die Förderung durch Sonderausgabenabzug nach § 10a EStG und Zulagen nach Abschnitt XI EStG (vgl. Rn. 66 ff.) zu erhalten; eine Begrenzung hinsichtlich der Höhe der individuell zu besteuernden Beiträge nimmt der Arbeitnehmer nicht vor.

Die Beiträge zur Pensionskasse sind i. H. v. 4 % der BBG (West) individuell zu besteuern und darüber hinaus nach § 3 Nr. 63 Satz 1 EStG steuerfrei zu behandeln. Der Arbeitnehmer kann eine individuelle Besteuerung nach § 3 Nr. 63 Satz 2 EStG i. V. m. § 1a Abs. 3 BetrAVG nur verlangen, soweit er einen Anspruch auf Entgeltumwandlung hat. Dieser Anspruch beträgt höchstens 4 % der BBG (West), § 1a Abs. 1 Satz 1 BetrAVG.

41b In allen anderen Fällen der Entgeltumwandlung (z. B. Entgeltumwandlungsvereinbarung aus dem Jahr 2001 oder früher) ist die individuelle Besteuerung der Beiträge hingegen nur aufgrund einvernehmlicher Vereinbarung zwischen Arbeitgeber und Arbeitnehmer möglich. Bei rein arbeitgeberfinanzierten Beiträgen kann auf die Steuerfreiheit nicht verzichtet werden (vgl. **Rn.** 31).

42 Die Ausübung des Wahlrechts nach § 3 Nr. 63 Satz 2 EStG muss bis zu dem Zeitpunkt erfolgen, zu dem die entsprechende Gehaltsänderungsvereinbarung steuerlich noch anzuerkennen ist (vgl. **Rn.** 12). Eine nachträgliche Änderung der steuerlichen Behandlung der im Wege der Entgeltumwandlung finanzierten Beiträge ist nicht zulässig.

c) Vervielfältigungsregelung nach § 3 Nr. 63 Satz 3 EStG

43 Beiträge an einen Pensionsfonds, eine Pensionskasse oder für eine Direktversicherung, die der Arbeitgeber aus Anlass der Beendigung des Dienstverhältnisses leistet, können im Rahmen des § 3 Nr. 63 Satz 3 EStG – zusätzlich zu den Beiträgen nach § 3 Nr. 63 Satz 1 EStG – steuerfrei belassen werden. Ein Zusammenhang mit der Beendigung des Dienstverhältnisses ist insbesondere dann zu vermuten, wenn der Beitrag innerhalb von drei Monaten vor dem Beendigungs-/Auflösungszeitpunkt geleistet wird. Die Vervielfältigungsregelung kann auch nach Beendigung des Dienstverhältnisses angewendet werden, wenn die Beitragsleistung oder Entgeltumwandlung spätestens bis zum Zeitpunkt der Beendigung des Dienstverhältnisses vereinbart wird.

44 Die Höhe der Steuerfreiheit ist begrenzt auf den Betrag, der sich ergibt aus 4 % der Beitragsbemessungsgrenze in der allgemeinen Rentenversicherung (West) vervielfältigt mit der Anzahl der Kalenderjahre, in denen das Dienstverhältnis des Arbeitnehmers zu dem Arbeitgeber bestanden hat, höchstens zehn Kalenderjahre.

45 Die Vervielfältigungsregelung steht jedem Arbeitnehmer aus demselben Dienstverhältnis insgesamt nur einmal zu. Werden die Beiträge statt als Einmalbeitrag in Teilbeträgen geleistet, sind diese so lange steuerfrei, bis der für den Arbeitnehmer maßgebende Höchstbetrag ausgeschöpft ist. Eine Anwendung der Vervielfältigungsregelung des § 3 Nr. 63 Satz 3 EStG ist nicht möglich, soweit die Vervielfältigungsregelung des § 40b Abs. 2 Satz 3 und 4 EStG a. F. auf die Beiträge, die der Arbeitgeber aus Anlass der Beendigung des Dienstverhältnisses leistet, angewendet wird (vgl. **Rn.** 94 f.). Die hiernach pauschal besteuerten Beiträge und Zuwendungen sind folglich auf das steuerfreie Volumen anzurechnen.

d) Nachholung der Steuerfreiheit nach § 3 Nr. 63 Satz 4 EStG

Beiträge im Sinne des § 3 Nr. 63 Satz 1 EStG, die für Kalenderjahre nachgezahlt werden, in denen das erste Dienstverhältnis ruhte, vom Arbeitgeber im Inland kein steuerpflichtiger Arbeitslohn bezogen wurde und in diesen Zeiten keine Beiträge im Sinne des § 3 Nr. 63 Satz 1 EStG geleistet wurden, sind steuerfrei, soweit sie **8 %** der Beitragsbemessungsgrenze in der allgemeinen Rentenversicherung (West), vervielfältigt mit der Anzahl dieser Kalenderjahre, höchstens jedoch zehn Kalenderjahre, nicht übersteigen. Eine Nachzahlung kommt beispielsweise in Betracht für Zeiten einer Entsendung ins Ausland, während der Elternzeit oder eines Sabbatjahres. Für die Berechnung des maximalen steuerfreien Volumens wird auf die Beitragsbemessungsgrenze des Jahres der Nachzahlung abgestellt und diese mit der Anzahl der zu berücksichtigenden Jahre multipliziert. 46

Im Zeitraum des Ruhens und im Zeitpunkt der Nachzahlung muss ein erstes Dienstverhältnis vorliegen (§ 3 Nr. 63 Satz 4 EStG). Der Nachweis, dass ein erstes Dienstverhältnis vorliegt, ist vom Arbeitgeber zu führen. Dieser kann z. B. über die abgerufenen ELStAM-Daten, eine Bescheinigung für den Lohnsteuerabzug oder eine schriftliche Bestätigung des Arbeitnehmers erfolgen (siehe dazu auch **Rn.** 24). 47

Die Nachholungsregelung ist eine Jahres-Regelung, d. h., es sind nur solche Kalenderjahre zu berücksichtigen, in denen vom 1. Januar bis zum 31. Dezember vom Arbeitgeber im Inland kein steuerpflichtiger Arbeitslohn bezogen wurde. Berücksichtigt werden dabei auch Kalenderjahre vor 2018, sofern die Nachzahlung ab dem 1. Januar 2018 erfolgt. Arbeitslöhne aus anderen Dienstverhältnissen (Steuerklasse VI oder pauschal besteuert) bleiben unberücksichtigt. 48

Die Nachholung muss im Zusammenhang mit dem Ruhen des Dienstverhältnisses stehen. Von einem solchen Zusammenhang kann ausgegangen werden, wenn die Beiträge spätestens bis zum Ende des Kalenderjahres, das auf das Ende der Ruhensphase folgt, nachgezahlt werden. Die Nachholung kann in einem Betrag oder in mehreren Teilbeträgen erfolgen. Bei Teilbeträgen gilt die Beitragsbemessungsgrenze des Jahres der ersten Teilzahlung. In dem Kalenderjahr, **in dem die Ruhensphase endet und in dem darauffolgenden Jahr** können die Steuerbefreiungen nach § 3 Nr. 63 Satz 1 und 4 EStG nebeneinander in Anspruch genommen werden. 49

Übersteigen die nachgezahlten Beiträge das steuerfreie Volumen nach § 3 Nr. 63 Satz 4 EStG, können die übersteigenden Beiträge nach § 3 Nr. 63 Satz 1 EStG steuerfrei belassen werden, soweit der Höchstbetrag nach § 3 Nr. 63 Satz 1 EStG durch die laufenden Beiträge für das entsprechende Kalenderjahr noch nicht verbraucht ist. Für Beiträge an eine Pensionskasse oder für eine Direktversicherung kommt ggf. auch die Pauschalbesteuerung nach § 40b Abs. 1 und Abs. 2 Satz 1 und 2 EStG a. F. in Betracht, sofern die Voraussetzungen für die Anwendung des § 40b EStG a. F. vorliegen (vgl. **Rn.** 85 bis 99). 50

5. Steuerfreiheit für Sicherungsbeiträge des Arbeitgebers nach § 3 Nr. 63a EStG

§ 3 Nr. 63a EStG gilt für Zusatzbeiträge des Arbeitgebers im Sinne des § 23 Abs. 1 BetrAVG, die den einzelnen Arbeitnehmern nicht unmittelbar gutgeschrieben oder zugerechnet, sondern zunächst zur Absicherung der reinen Beitragszusage genutzt werden. Diese Zusatzbeiträge bleiben im Zeitpunkt der Dotierung/Leistung des Arbeitgebers an die Versorgungseinrichtung steuerfrei. Soweit aus den nach § 3 Nr. 63a EStG steuerfreien Beiträgen dem Arbeitnehmer später Versorgungsleistungen oder andere Vorteile zufließen, sind diese vollständig nach § 22 Nr. 5 Satz 1 EStG zu besteuern (vgl. **Rn.** 148 ff.). 51

52 Für Zusatzbeiträge des Arbeitgebers, die den einzelnen Arbeitnehmern direkt gutgeschrieben bzw. zugerechnet werden, gelten hingegen die gleichen steuerlichen Regelungen wie für die übrigen Beiträge des Arbeitgebers im Rahmen des Kapitaldeckungsverfahrens an einen Pensionsfonds, eine Pensionskasse oder für eine Direktversicherung zum Aufbau einer betrieblichen Altersversorgung (z. B. Steuerfreiheit nach § 3 Nr. 63 EStG, Förderung nach § 10a/Abschnitt XI EStG beim Arbeitnehmer).

6. Steuerfreiheit nach § 3 Nr. 65 EStG

53 Die sich aus § 3 Nr. 65 Satz 2 bis 4 EStG ergebenden Rechtsfolgen treten auch dann ein, wenn die Auszahlungen unmittelbar vom Träger der Insolvenzsicherung an den Versorgungsberechtigten oder seine Hinterbliebenen vorgenommen werden. In diesem Fall ist der Träger der Insolvenzsicherung Dritter im Sinne des § 3 Nr. 65 Satz 4 EStG und daher zum Lohnsteuereinbehalt verpflichtet.

54 Nach § 8 Abs. 3 BetrAVG[1] hat der Arbeitnehmer im Insolvenzfall des Arbeitgebers das Recht, in eine für ihn abgeschlossene Rückdeckungsversicherung des Arbeitgebers oder der Unterstützungskasse als Versicherungsnehmer einzutreten und die Versicherung mit eigenen Beiträgen fortzusetzen. Macht der Arbeitnehmer von diesem Recht Gebrauch und tritt in die Versicherung ein, ist der Erwerb der Ansprüche aus der Rückdeckungsversicherung steuerfrei nach § 3 Nr. 65 Satz 1 Buchstabe d EStG. Die späteren Versorgungsleistungen aus der Rückdeckungsversicherung, in die der Arbeitnehmer nach § 3 Nr. 65 Satz 1 Buchstabe d EStG eingetreten ist, gehören insgesamt zu den sonstigen Einkünften nach § 22 Nr. 5 Satz 1 EStG (§ 3 Nr. 65 Satz 5 Halbsatz 1 EStG). Das Versicherungsunternehmen muss keinen Lohnsteuerabzug durchführen, sondern lediglich – wie sonst auch – die Rentenbezugsmitteilung an die zentrale Stelle übermitteln (§ 22a EStG). Dies gilt auch für beherrschende Gesellschafter-Geschäftsführer einer GmbH.

55 Führt der Arbeitnehmer die nach § 8 Abs. 3 BetrAVG[1] übernommene Rückdeckungsversicherung mit eigenen Beiträgen fort, sind die **auf diesen Beiträgen beruhenden** Versorgungsleistungen nach § 22 Nr. 5 Satz 1 oder 2 EStG zu versteuern (§ 3 Nr. 65 Satz 5 Halbsatz 2 EStG). Die Leistungen, die auf geförderten Beiträgen beruhen, sind nach § 22 Nr. 5 Satz 1 EStG voll zu versteuern. Die Leistungen, die auf nicht geförderten Beiträgen beruhen, sind nach § 22 Nr. 5 Satz 2 Buchstabe a EStG entweder mit dem Ertragsanteil (**lebenslange** Rentenleistungen sowie Berufsunfähigkeits-, Erwerbsminderungs- und Hinterbliebenenrenten) oder ggf. nach § 22 Nr. 5 Satz 2 Buchstabe b i. V. m. § 20 Abs. 1 Nr. 6 EStG (Kapitalleistungen) zu versteuern.

7. Steuerfreiheit nach § 3 Nr. 66 EStG

56 Voraussetzung für die Steuerfreiheit nach § 3 Nr. 66 EStG ist, dass vom Arbeitgeber ein Antrag nach § 4d **Abs. 3 oder** § 4e Abs. 3 EStG gestellt worden ist. Die Steuerfreiheit nach § 3 Nr. 66 EStG gilt auch dann, wenn beim übertragenden Unternehmen keine Zuwendungen **im Sinne des** § 4d Abs. 3 EStG oder Leistungen im Sinne des § 4e Abs. 3 EStG im Zusammenhang mit der Übernahme einer Versorgungsverpflichtung durch einen Pensionsfonds anfallen. Bei einer entgeltlichen Übertragung von Versorgungsanwartschaften aktiver Beschäftigter kommt die Anwendung von § 3 Nr. 66 EStG nur für Zahlungen an den Pensionsfonds in Betracht, die für die bis zum Zeitpunkt der Übertragung bereits erdienten Versorgungsanwartschaften geleistet werden (sog. „Past-Service"); Zahlungen an den Pensionsfonds für zukünftig noch zu erdienende Anwartschaften (sog. „Future-Service") sind ausschließlich in dem begrenzten Rahmen des § 3 Nr. 63 EStG lohnsteuerfrei; zu weiteren Einzelheiten, insbesondere zur Abgrenzung von „Past-" und „Future-Service", siehe BMF-Schreiben vom 26. Oktober 2006 (BStBl I S. 709)

---

1) jetzt § 8 Abs. 2 BetrAVG

und vom 10. Juli 2015 (BStBl I S. 544). Erfolgt im Rahmen eines Gesamtplans zunächst eine nach § 3 Nr. 66 EStG begünstigte Übertragung der erdienten Anwartschaften auf einen Pensionsfonds und werden anschließend regelmäßig wiederkehrend (z. B. jährlich) die dann neu erdienten Anwartschaften auf den Pensionsfonds übertragen, sind die weiteren Übertragungen auf den Pensionsfonds nicht nach § 3 Nr. 66 EStG begünstigt, sondern nur im Rahmen des § 3 Nr. 63 EStG steuerfrei. **Bei der Auslagerung des „Past-Services" ohne Einbeziehung des „Future-Services" und einer sich anschließenden zweiten Auslagerung der in der Zwischenzeit angesammelten Versorgungsanwartschaften bei Renteneintritt handelt es sich nicht um einen steuerschädlichen Gesamtplan.** Hinsichtlich des durch die Steuerbefreiungsvorschrift begünstigten Personenkreises vgl. **Rn.** 23.

8. Steuerfreiheit nach § 3 Nr. 55 EStG

Gem. § 4 Abs. 2 Nr. 2 BetrAVG kann nach Beendigung des Arbeitsverhältnisses im Einvernehmen des ehemaligen mit dem neuen Arbeitgeber sowie dem Arbeitnehmer der Wert der vom Arbeitnehmer erworbenen Altersversorgung (Übertragungswert nach § 4 Abs. 5 BetrAVG) auf den neuen Arbeitgeber übertragen werden, wenn dieser eine wertgleiche Zusage erteilt. § 4 Abs. 3 BetrAVG gibt dem Arbeitnehmer für Versorgungszusagen, die nach dem 31. Dezember 2004 erteilt werden, das Recht, innerhalb eines Jahres nach Beendigung des Arbeitsverhältnisses von seinem ehemaligen Arbeitgeber zu verlangen, dass der Übertragungswert auf den neuen Arbeitgeber übertragen wird, wenn die betriebliche Altersversorgung beim ehemaligen Arbeitgeber über einen Pensionsfonds, eine Pensionskasse oder eine Direktversicherung durchgeführt worden ist und der Übertragungswert die im Zeitpunkt der Übertragung maßgebliche Beitragsbemessungsgrenze in der allgemeinen Rentenversicherung (West) nicht übersteigt. 57

Die Anwendung der Steuerbefreiungsvorschrift des § 3 Nr. 55 EStG setzt aufgrund des Verweises auf die Vorschriften des Betriebsrentengesetzes die Beendigung des bisherigen Dienstverhältnisses und ein anderes Dienstverhältnis voraus. Die Übernahme der Versorgungszusage durch einen Arbeitgeber, bei dem der Arbeitnehmer bereits beschäftigt ist, ist betriebsrentenrechtlich unschädlich und steht daher der Anwendung der Steuerbefreiungsvorschrift nicht entgegen. § 3 Nr. 55 EStG und **Rn.** 57 gelten entsprechend für Arbeitnehmer, die nicht in der gesetzlichen Rentenversicherung pflichtversichert sind (z. B. beherrschende Gesellschafter-Geschäftsführer oder geringfügig Beschäftigte). 58

Die Steuerfreiheit gilt sowohl für Versorgungszusagen, die gesetzlich unverfallbar sind, als auch für Versorgungszusagen, die aufgrund vertraglicher Vereinbarungen mit oder ohne Fristerfordernis unverfallbar sind (§ 3 Nr. 55 Satz 1 Halbsatz 2 EStG). 59

Der geleistete Übertragungswert ist nach § 3 Nr. 55 Satz 1 EStG steuerfrei, wenn die betriebliche Altersversorgung sowohl beim ehemaligen Arbeitgeber als auch beim neuen Arbeitgeber über einen Pensionsfonds, eine Pensionskasse oder eine Direktversicherung durchgeführt wird. Es ist nicht Voraussetzung, dass beide Arbeitgeber auch den gleichen Durchführungsweg gewählt haben. Um eine Rückabwicklung der steuerlichen Behandlung der Beitragsleistungen an einen Pensionsfonds, eine Pensionskasse oder eine Direktversicherung vor der Übertragung (Steuerfreiheit nach § 3 Nr. 63, 66 EStG, individuelle Besteuerung, Besteuerung nach § 40b EStG) zu verhindern, bestimmt § 3 Nr. 55 Satz 3 EStG, dass die auf dem Übertragungsbetrag beruhenden Versorgungsleistungen weiterhin zu den Einkünften gehören, zu denen sie gehört hätten, wenn eine Übertragung nach § 4 BetrAVG nicht stattgefunden hätte. Der Übertragungswert ist gem. § 3 Nr. 55 Satz 2 EStG auch steuerfrei, wenn er vom ehemaligen Arbeitgeber oder von einer Unterstützungskasse an den neuen Arbeitgeber oder an eine andere Unterstützungskasse geleistet wird. 60

61 Die Steuerfreiheit des § 3 Nr. 55 EStG kommt jedoch nicht in Betracht, wenn die betriebliche Altersversorgung beim ehemaligen Arbeitgeber als Direktzusage oder mittels einer Unterstützungskasse ausgestaltet war, während sie beim neuen Arbeitgeber über einen Pensionsfonds, eine Pensionskasse oder eine Direktversicherung abgewickelt wird. Dies gilt auch für den umgekehrten Fall. Ebenso kommt die Steuerfreiheit nach § 3 Nr. 55 EStG bei einem Betriebsübergang nach § 613a BGB nicht in Betracht, da in einem solchen Fall die Regelung des § 4 BetrAVG keine Anwendung findet.

62 Wird die betriebliche Altersversorgung sowohl beim alten als auch beim neuen Arbeitgeber über einen Pensionsfonds, eine Pensionskasse oder eine Direktversicherung abgewickelt, liegt im Fall der Übernahme der Versorgungszusage nach § 4 Abs. 2 Nr. 1 BetrAVG lediglich ein Schuldnerwechsel und damit für den Arbeitnehmer kein lohnsteuerlich relevanter Vorgang vor. Entsprechendes gilt im Fall der Übernahme der Versorgungszusage nach § 4 Abs. 2 Nr. 1 BetrAVG, wenn die betriebliche Altersversorgung sowohl beim alten als auch beim neuen Arbeitgeber über eine Direktzusage oder Unterstützungskasse durchgeführt wird.

9. Steuerfreiheit nach § 3 Nr. 55c Satz 2 Buchstabe a EStG

63 Steuerfrei nach § 3 Nr. 55c Satz 2 Buchstabe a EStG ist die bei einem fortbestehenden Dienstverhältnis vorgenommene Übertragung von Anwartschaften aus einer betrieblichen Altersversorgung, die über einen Pensionsfonds, eine Pensionskasse oder ein Unternehmen der Lebensversicherung (Direktversicherung) durchgeführt wird, wenn die Anwartschaft lediglich auf einen anderen Träger einer betrieblichen Altersversorgung in Form eines Pensionsfonds, einer Pensionskasse oder eines Unternehmens der Lebensversicherung (Direktversicherung) übertragen wird. Dies gilt nicht für Zahlungen, die unmittelbar an den Arbeitnehmer erfolgen. **Kommt es im Zusammenhang mit der Übertragung aufgrund rechtlicher Vorgaben des aufnehmenden Versorgungsträgers (z. B. abweichendes Tarifwerk der aufnehmenden Pensionskasse, andere Rechnungsgrundlagen, anderer Rechnungszins) zwingend zu Änderungen der Rahmenbedingungen der zugesagten betrieblichen Altersversorgung (z. B. Beitragsanpassung, Ausschluss einer Hinterbliebenenabsicherung), steht dies der Anwendung von § 3 Nr. 55c Satz 2 Buchstabe a EStG nicht entgegen. Soweit danach § 3 Nr. 55c Satz 2 Buchstabe a EStG anwendbar ist, führen diese Änderungen nicht zu einem neuen Vertrag** (§ 20 Abs. 1 Nr. 6 **EStG).**

10. Übernahme von Pensionsverpflichtungen gegen Entgelt durch Beitritt eines Dritten in eine Pensionsverpflichtung (Schuldbeitritt) oder Ausgliederung/ Abspaltung von Pensionsverpflichtungen

64 Bei der Übernahme von Pensionsverpflichtungen gegen Entgelt durch Beitritt eines Dritten in eine Pensionsverpflichtung (Schuldbeitritt) oder durch Ausgliederung von Pensionsverpflichtungen – ohne inhaltliche Veränderung der Zusage – handelt es sich weiterhin um eine Direktzusage des Arbeitgebers. Aus lohnsteuerlicher Sicht bleibt es folglich bei den für eine Direktzusage geltenden steuerlichen Regelungen, d. h., es liegen erst bei Auszahlung der Versorgungsleistungen – durch den Dritten bzw. durch die Pensionsgesellschaft anstelle des Arbeitgebers – Einkünfte im Sinne des § 19 EStG vor. Der Lohnsteuerabzug kann in diesem Fall mit Zustimmung des Finanzamts anstelle vom Arbeitgeber auch von dem Dritten bzw. der Pensionsgesellschaft vorgenommen werden (§ 38 Abs. 3a Satz 2 EStG). Die vorstehenden Ausführungen gelten entsprechend, wenn es sich nach dem Umwandlungsgesetz nicht um eine Ausgliederung, sondern um eine Abspaltung handelt.

Zu den lohnsteuerlichen Folgerungen der Übernahme der Pensionszusage eines beherrschenden Gesellschafter-Geschäftsführers gegen eine Ablösungszahlung und zum Wechsel des Durchführungswegs siehe aber BMF-Schreiben vom 4. Juli 2017 (BStBl I S. 883)[1]). 65

11. Förderung durch Sonderausgabenabzug nach § 10a EStG und Zulage nach Abschnitt XI EStG

Zahlungen des Arbeitgebers im Rahmen der betrieblichen Altersversorgung an einen Pensionsfonds, eine Pensionskasse oder eine Direktversicherung können als Altersvorsorgebeiträge durch Sonderausgabenabzug nach § 10a EStG und Zulage nach Abschnitt XI EStG gefördert werden (§ 82 Abs. 2 EStG). Die zeitliche Zuordnung der Altersvorsorgebeiträge im Sinne des § 82 Abs. 2 EStG richtet sich grundsätzlich nach den für die Zuordnung des Arbeitslohns geltenden Vorschriften (§ 38a Abs. 3 EStG; R 39b.2, 39b.5 und 39b.6 LStR). 66

Um Beiträge im Rahmen der betrieblichen Altersversorgung handelt es sich nur, wenn die Beiträge für eine vom Arbeitgeber aus Anlass des Arbeitsverhältnisses zugesagte Versorgungsleistung erbracht werden (§ 1 BetrAVG). Dies gilt unabhängig davon, ob die Beiträge 67

- ausschließlich vom Arbeitgeber finanziert werden,
- auf einer Entgeltumwandlung beruhen,
- andere im Gesamtversicherungsbeitrag des Arbeitgebers enthaltene Finanzierungsanteile des Arbeitnehmers sind (BFH-Urteil vom 9. Dezember 2010 – VI R 57/08 –, BStBl 2011 II S. 978) oder
- eigene Beiträge des Arbeitnehmers sind, die er aus seinem bereits zugeflossenen und versteuerten Arbeitsentgelt zur Finanzierung der betrieblichen Altersversorgung leistet.

Im Übrigen sind die **Rn.** 2 ff. zu beachten.

Voraussetzung für die steuerliche Förderung ist neben der individuellen Besteuerung der Beiträge, dass **gem. § 82 Abs. 2 Satz 2 Nr. 1 EStG** 68

- **eine Vereinbarung vorliegt, nach der die zugesagten Altersversorgungsleistungen als monatliche Leistungen in Form einer lebenslangen Leibrente oder als Ratenzahlungen im Rahmen eines Auszahlungsplans mit einer anschließenden Teilkapitalverrentung ab spätestens dem 85. Lebensjahr ausgezahlt werden und die Leistungen während der gesamten Auszahlungsphase gleich bleiben oder steigen; dabei können bis zu zwölf Monatsleistungen in einer Auszahlung zusammengefasst und bis zu 30 % des zu Beginn der Auszahlungsphase zur Verfügung stehenden Kapitals außerhalb der monatlichen Leistungen ausgezahlt werden, und**
- **ein vereinbartes Kapitalwahlrecht nicht oder nicht außerhalb des letzten Jahres vor dem vertraglich vorgesehenen Beginn der Altersversorgungsleistung ausgeübt wurde.**

Bei einer reinen Beitragszusage (§ 1 Abs. 2 Nr. 2a BetrAVG) muss vereinbart sein, dass der Pensionsfonds, die Pensionskasse oder die Direktversicherung eine lebenslange Zahlung als Altersversorgungsleistung zu erbringen hat (§ 82 Abs. 2 Satz 2 Nr. 2 EStG).

Im Hinblick auf die entfallende Versorgungsbedürftigkeit z. B. für den Fall der Vollendung des 25. Lebensjahres der Kinder (siehe auch Rn. 4; bei Versorgungszusa-

[1]) >Anhang 2 V

gen, die vor dem 1. Januar 2007 erteilt wurden, ist grundsätzlich das 27. Lebensjahr maßgebend), der Wiederheirat der verwitweten Person, dem Ende der Erwerbsminderung durch Wegfall der Voraussetzungen für den Bezug (insbesondere bei Verbesserung der Gesundheitssituation oder Erreichen der Altersgrenze) ist es nicht zu beanstanden, wenn eine Rente oder ein Auszahlungsplan zeitlich befristet ist.

Die zu Beginn der Auszahlungsphase zu treffende Entscheidung **hinsichtlich einer Entnahme bis zu 30 % des zur Verfügung stehenden Kapitals erfolgt pro Vertrag** (**Rn.** 210 des BMF-Schreibens vom 21. Dezember 2017, BStBl 2018 I S. 93**, geändert durch das BMF-Schreiben vom 17. Februar 2020, BStBl I S. 213**[1])**. Die ausgezahlten Leistungen unterliegen – unabhängig von der Entscheidung bezüglich einer Teilkapitalentnahme – der** Besteuerung nach § 22 Nr. 5 EStG. Allein die Möglichkeit, anstelle **der o. g.** Auszahlungsformen eine Einmalkapitalauszahlung (100 % des zu Beginn der Auszahlungsphase zur Verfügung stehenden Kapitals) zu wählen, steht der Förderung noch nicht entgegen. Die Möglichkeit, eine Einmalkapitalauszahlung anstelle einer Rente oder eines Auszahlungsplans zu wählen, gilt nicht nur für Altersversorgungsleistungen, sondern auch für Invaliditäts- oder Hinterbliebenenversorgungsleistungen. Entscheidet sich der Arbeitnehmer zugunsten einer Einmalkapitalauszahlung, so sind von diesem Zeitpunkt an die Voraussetzungen des § 10a und Abschnitts XI EStG nicht mehr erfüllt und die Beitragsleistungen können nicht mehr gefördert werden. Erfolgt die Ausübung des **Wahlrechts** innerhalb des letzten Jahres vor dem altersbedingten Ausscheiden aus dem Erwerbsleben, so ist es aus Vereinfachungsgründen nicht zu beanstanden, wenn die Beitragsleistungen weiterhin nach § 10a/Abschnitt XI EStG gefördert werden. Für die Berechnung der Jahresfrist ist dabei auf das im Zeitpunkt der Ausübung des Wahlrechts vertraglich vorgesehene Ausscheiden aus dem Erwerbsleben (vertraglich vorgesehener Beginn der Altersversorgungsleistung) abzustellen. Da die Auszahlungsphase bei der Hinterbliebenenleistung erst mit dem Zeitpunkt des Todes des ursprünglich Berechtigten beginnt, ist es in diesem Fall aus steuerlicher Sicht nicht zu beanstanden, wenn das Wahlrecht zu diesem Zeitpunkt ausgeübt wird. Bei Auszahlung des Einmalkapitalbetrags handelt es sich um eine schädliche Verwendung im Sinne des § 93 EStG (vgl. **Rn.** 167 f.), soweit sie auf steuerlich gefördertem Altersvorsorgevermögen beruht. **Zur Anwendung des § 34 EStG (der sog. Fünftelungsregelung) auf diese Zahlungen siehe Rn. 149.**

69 Die aus bereits zugeflossenem Arbeitslohn des Arbeitnehmers geleisteten Beiträge an einen Pensionsfonds, eine Pensionskasse oder eine Direktversicherung zum Aufbau einer kapitalgedeckten betrieblichen Altersversorgung, bei der eine Auszahlung der zugesagten Altersversorgungsleistung **entsprechend § 82 Abs. 2 Satz 2 EStG** vorgesehen ist, zählen auch dann zu den Altersvorsorgebeiträgen im Sinne **des** § 82 Abs. 2 EStG, wenn der Arbeitslohn aufgrund eines DBA nicht in Deutschland, sondern in einem anderen Land der inländischen individuellen Besteuerung vergleichbar versteuert wird.

70 Beitragsleistungen, die aus nach § 40a EStG pauschal versteuertem Arbeitslohn erbracht werden, gehören nicht zu den Altersvorsorgebeiträgen nach § 82 Abs. 2 Satz 1 Buchstabe a EStG.

71 Altersvorsorgebeiträge im Sinne des § 82 Abs. 2 EStG sind auch die Beiträge des ehemaligen Arbeitnehmers, die dieser im Fall einer zunächst ganz oder teilweise durch Entgeltumwandlung finanzierten und nach § 3 Nr. 63 oder § 10a/Abschnitt XI EStG geförderten betrieblichen Altersversorgung nach der Beendigung des Arbeitsverhältnisses

[1]) >Anhang 1a I EStH

nach Maßgabe des § 1b Abs. 5 Satz 1 Nr. 2 BetrAVG selbst erbringt. Dies gilt entsprechend in den Fällen der Finanzierung durch eigene Beiträge des Arbeitnehmers (vgl. **Rn.** 26).

Die vom Steuerpflichtigen nach Maßgabe des § 1b Abs. 5 Satz 1 Nr. 2 BetrAVG selbst zu erbringenden Beiträge müssen nicht aus individuell versteuertem Arbeitslohn stammen (z. B. Finanzierung aus steuerfreiem Arbeitslosengeld). Gleiches gilt, soweit der Arbeitnehmer trotz eines weiter bestehenden Arbeitsverhältnisses keinen Anspruch auf Arbeitslohn mehr hat und die Beiträge nun selbst erbringt (z. B. während der Schutzfristen des § 3 Abs. 2 und § 6 Abs. 1 des Mutterschutzgesetzes, der Elternzeit, des Bezugs von **Kurzarbeiter- oder** Krankengeld oder auch § 1a Abs. 4 BetrAVG) oder aufgrund einer gesetzlichen Verpflichtung Beiträge zur betrieblichen Altersversorgung entrichtet werden (z. B. nach §§ 14a und 14b des Arbeitsplatzschutzgesetzes). 72

Voraussetzung für die Förderung durch Sonderausgabenabzug nach § 10a EStG und Zulage nach Abschnitt XI EStG ist in den Fällen der **Rn.** 71 f., dass der Steuerpflichtige zum begünstigten Personenkreis gehört. Die zeitliche Zuordnung dieser Altersvorsorgebeiträge richtet sich grundsätzlich nach § 11 Abs. 2 EStG. 73

Zu den begünstigten Altersvorsorgebeiträgen gehören nur Beiträge, die zum Aufbau einer betrieblichen Altersversorgung im Kapitaldeckungsverfahren erhoben werden. Für Umlagen, die an eine Versorgungseinrichtung gezahlt werden, kommt die Förderung dagegen nicht in Betracht. Werden sowohl Umlagen als auch Beiträge im Kapitaldeckungsverfahren erhoben, gehören Letztere nur dann zu den begünstigten Aufwendungen, wenn eine getrennte Verwaltung und Abrechnung beider Vermögensmassen erfolgt (Trennungsprinzip). 74

Die Versorgungseinrichtung hat dem Zulageberechtigten jährlich eine Bescheinigung zu erteilen (§ 92 EStG). Diese Bescheinigung muss u. a. den Stand des Altersvorsorgevermögens ausweisen (§ 92 Nr. 5 EStG). Altersvorsorgevermögen kann immer nur dann vorliegen, wenn sich der Steuerpflichtige bewusst für die Förderung nach § 10a EStG und Abschnitt XI EStG entschieden hat. Dies ist dann der Fall, wenn der Steuerpflichtige seiner Versorgungseinrichtung in der Vergangenheit mitgeteilt hat oder mit Wirkung für die Zukunft mitteilt, dass er diese Förderung in Anspruch nehmen möchte und die Versorgungseinrichtung daraufhin ihre Pflichten als Anbieter nach § 80 EStG wahrnimmt. **Als bewusste Entscheidung für die steuerliche Förderung wird auch angesehen, wenn Altersvorsorgebeiträge gem. § 82 Abs. 2 EStG geleistet wurden, (ausschließlich) eine Einwilligung zur Datenübermittlung nach § 10a Abs. 2a Satz 1 EStG in der Fassung vom 17. August 2017 vorliegt und diese vom Zulageberechtigten nicht wirksam widerrufen wurde.** Ein Zulagenantrag muss nicht gestellt werden. Bei einer Leistungszusage (§ 1 Abs. 1 Satz 2 Halbsatz 2 BetrAVG) und einer beitragsorientierten Leistungszusage (§ 1 Abs. 2 Nr. 1 BetrAVG) kann stattdessen der Barwert der erdienten Anwartschaft bescheinigt werden. 75

12. Steuerfreiheit nach § 3 Nr. 56 EStG

a) Begünstigter Personenkreis

Die **Rn.** 23 f. gelten entsprechend. 76

b) Begünstigte Aufwendungen

Zu den nach § 3 Nr. 56 EStG begünstigten Aufwendungen gehören nur laufende Zuwendungen des Arbeitgebers für eine betriebliche Altersversorgung an eine Pensionskasse, die nicht im Kapitaldeckungsverfahren, sondern im Umlageverfahren finanziert wird (wie z. B. Umlagen an die Versorgungsanstalt des Bundes und der Länder – VBL – bzw. an eine kommunale oder kirchliche Zusatzversorgungskasse). Soweit diese Zuwendungen nicht nach § 3 Nr. 56 EStG steuerfrei bleiben, können sie individuell oder 77 nach § 40b Abs. 1 und 2 EStG pauschal besteuert werden. Im Übrigen gelten die **Rn.** 27 f. und die **Rn.** 30 bis 34 entsprechend. Danach sind z. B. der Arbeitnehmereigenanteil an einer Umlage und die sog. eigenen Beiträge des Arbeitnehmers nicht steuerfrei nach § 3 Nr. 56 EStG.

78 Werden von der Versorgungseinrichtung sowohl Zuwendungen/Umlagen als auch Beiträge im Kapitaldeckungsverfahren erhoben, ist § 3 Nr. 56 EStG auch auf die im Kapitaldeckungsverfahren erhobenen Beiträge anwendbar, wenn eine getrennte Verwaltung und Abrechnung beider Vermögensmassen (Trennungsprinzip, **Rn.** 25) nicht erfolgt.

79 Erfolgt eine getrennte Verwaltung und Abrechnung beider Vermögensmassen, ist die Steuerfreiheit nach § 3 Nr. 63 EStG für die im Kapitaldeckungsverfahren erhobenen Beiträge vorrangig zu berücksichtigen. Dies gilt unabhängig davon, ob diese Beiträge rein arbeitgeberfinanziert sind, auf einer Entgeltumwandlung oder anderen im Gesamtversicherungsbeitrag des Arbeitgebers enthaltenen Finanzierungsanteilen des Arbeitnehmers beruhen. Die nach § 3 Nr. 63 EStG steuerfreien Beträge mindern den Höchstbetrag des § 3 Nr. 56 EStG (§ 3 Nr. 56 Satz 3 EStG). Zuwendungen nach § 3 Nr. 56 EStG sind daher nur steuerfrei, soweit die nach § 3 Nr. 63 EStG steuerfreien Beiträge den Höchstbetrag des § 3 Nr. 56 EStG unterschreiten. Eine Minderung nach § 3 Nr. 56 Satz 3 EStG ist immer nur in dem jeweiligen Dienstverhältnis vorzunehmen; die Steuerfreistellung nach § 3 Nr. 56 EStG bleibt somit unberührt, wenn z. B. erst in einem späteren ersten Dienstverhältnis Beiträge nach § 3 Nr. 63 EStG steuerfrei bleiben.

80 Beispiel:

Arbeitgeber A zahlt **in 2021** an seine Zusatzversorgungskasse einen Betrag i. H. v.:

– **1.200 €** (12 x **100 €)** zugunsten einer getrennt verwalteten und abgerechneten kapitalgedeckten betrieblichen Altersversorgung und
– 1.680 € (12 x 140 €) zugunsten einer umlagefinanzierten betrieblichen Altersversorgung.

Der Beitrag i. H. v. **1.200 €** ist steuerfrei gem. § 3 Nr. 63 EStG, denn der entsprechende Höchstbetrag wird nicht überschritten.

Von der Umlage sind (bei **einer BBG** in der allgemeinen Rentenversicherung [West] **für 2021** i. H. v. **85.200 €**) **1.356 €** steuerfrei gem. § 3 Nr. 56 Satz 1 und 3 EStG (grundsätzlich 1 680 €, aber maximal **3 %** der **BBG** in der allgemeinen Rentenversicherung [West] i. H. v. **2.556 €** abzüglich **1.200 €**). Die verbleibende Umlage i. H. v. **324 €** (1.680 € abzüglich **1.356 €**) ist individuell oder gem. § 40b Abs. 1 und 2 EStG pauschal zu besteuern.

81 Es bestehen keine Bedenken gegen eine auf das Kalenderjahr bezogene Betrachtung hinsichtlich der gem. § 3 Nr. 56 Satz 3 EStG vorzunehmenden Verrechnung, wenn sowohl nach § 3 Nr. 63 EStG steuerfreie Beiträge als auch nach § 3 Nr. 56 EStG steuerfreie Zuwendungen erbracht werden sollen. Stellt der Arbeitgeber vor Übermittlung der elektronischen Lohnsteuerbescheinigung fest (z. B. wegen einer erst im Laufe des Kalenderjahres vereinbarten nach § 3 Nr. 63 EStG steuerfreien Entgeltumwandlung aus einer Sonderzuwendung), dass die ursprüngliche Betrachtung nicht mehr zutreffend ist, hat er eine Korrektur vorzunehmen.

82 Beispiel:

Arbeitgeber A zahlt ab dem 1. Januar **2021** monatlich an eine Zusatzversorgungskasse **220 €** zugunsten einer umlagefinanzierten betrieblichen Altersversorgung; nach § 3 Nr. 63 EStG steuerfreie Beiträge werden nicht entrichtet. Aus dem Dezembergehalt (Gehaltszahlung 15. Dezember **2021**) wandelt der Arbeitnehmer einen Betrag i. H. v. 240 € zugunsten einer kapitalgedeckten betrieblichen Altersversorgung um (wobei die Mitteilung an den Arbeitgeber am **6. Dezember 2021** erfolgt).

Der Beitrag i. H. v. 240 € ist vorrangig steuerfrei nach § 3 Nr. 63 EStG.

Von der Umlage wurde bisher ein Betrag i. H. v. **2.343 €** (= 11 x **213 €** [**3 % der BBG für 2021** in der allgemeinen Rentenversicherung [West] i. H. v. **85.200 € = 2.556 €**, verteilt auf 12 Monate]) nach § 3 Nr. 56 EStG steuerfrei belassen.

Im Monat Dezember ist die steuerliche Behandlung der Umlagezahlung zu korrigieren, denn nur ein Betrag i. H. v. **2.316 €** (**2.556 €** abzüglich 240 €) kann maximal im Kalenderjahr steuerfrei nach § 3 Nr. 56 EStG gezahlt werden. Ein Betrag i. H. v. **27 €** (**2.343 €** abzüglich **2.316 €**) ist noch individuell oder pauschal zu besteuern. Der Arbeitgeber kann wahlweise den Lohnsteuerabzug der Monate Januar bis November **2021** korrigieren oder im Dezember **2021** den Betrag als sonstigen Bezug behandeln. Der **Beitrag zugunsten der umlagefinanzierten betrieblichen Altersversorgung** für den Monat Dezember **2021** i. H. v. **220 €** ist vollständig individuell oder pauschal zu besteuern.

13. Anwendung des § 40b EStG in der geltenden Fassung

§ 40b EStG erfasst nur noch Zuwendungen des Arbeitgebers für eine betriebliche Altersversorgung an eine Pensionskasse, die nicht im Kapitaldeckungsverfahren, sondern im Umlageverfahren finanziert wird (wie z. B. Umlagen an die Versorgungsanstalt des Bundes und der Länder – VBL – bzw. an eine kommunale oder kirchliche Zusatzversorgungskasse). Werden für den Arbeitnehmer solche Zuwendungen laufend geleistet, bleiben diese zunächst im Rahmen des § 3 Nr. 56 EStG steuerfrei. Die den Rahmen des § 3 Nr. 56 EStG übersteigenden Zuwendungen können dann nach § 40b Abs. 1 und 2 EStG pauschal besteuert werden (zur Anwendung der Pauschalbesteuerung nach § 40b EStG a. F. für den Bereich der kapitalgedeckten betrieblichen Altersversorgung vgl. **Rn.** 85 ff.). Werden von einer Versorgungseinrichtung sowohl Umlagen als auch Beiträge im Kapitaldeckungsverfahren erhoben, ist § 40b EStG auch auf die im Kapitaldeckungsverfahren erhobenen Beiträge anwendbar, wenn eine getrennte Verwaltung und Abrechnung beider Vermögensmassen (Trennungsprinzip, **Rn.** 25) nicht erfolgt. 83

Zuwendungen des Arbeitgebers im Sinne des § 19 Abs. 1 Satz 1 Nr. 3 Satz 2 EStG an eine Pensionskasse sind in voller Höhe pauschal nach § 40b Abs. 4 EStG mit 15 % zu besteuern. Dazu gehören z. B. Gegenwertzahlungen und Zahlungen im Erstattungsmodell nach § 23a und § 23c der Satzung der Versorgungsanstalt des Bundes und der Länder – VBL – oder nach § 15a und § 15b der AKA-Mustersatzung für die kommunalen und kirchlichen Zusatzversorgungskassen. Für die Anwendung des § 40b Abs. 4 EStG ist es unerheblich, wenn an die Versorgungseinrichtung keine weiteren laufenden Beiträge oder Zuwendungen geleistet werden. 84

14. Übergangsregelungen § 52 Abs. 4 Satz 16 f. und Abs. 40 EStG zur Anwendung des § 3 Nr. 63 EStG sowie des § 40b EStG a. F.

a) Mindestens eine pauschal besteuerte Beitragsleistung vor dem 1. Januar 2018

Für die weitere Anwendung von § 40b Abs. 1 und 2 EStG a. F. **über § 52 Abs. 40 EStG** ist als grundlegende personenbezogene Voraussetzung zunächst entscheidend, ob vor dem 1. Januar 2018 mindestens ein Beitrag des Arbeitgebers zum Aufbau einer kapitalgedeckten Altersversorgung an eine Pensionskasse oder Direktversicherung rechtmäßig nach § 40b Abs. 1 und 2 EStG a. F. pauschal besteuert **wurde. Hierfür mussten** die entsprechenden Beiträge aufgrund einer Versorgungszusage geleistet werden, die vor dem 1. Januar 2005 erteilt **wurde. Für** die Frage der zulässigen Anwendung der Pauschalbesteuerung vor 2018 sind daher die Regelungen in den **Rn.** 349 ff. des BMF-Schreibens vom 24. Juli 2013 (BStBl I S. 1022), unter Berücksichtigung der Änderungen durch das BMF-Schreiben vom 13. Januar 2014 (BStBl I S. 97) und das BMF-Schreiben vom 13. März 2014 (BStBl I S. 554) weiter von **Bedeutung.** 85

Wurde für einen Arbeitnehmer vor dem 1. Januar 2018 mindestens ein Beitrag rechtmäßig nach § 40b EStG a. F. pauschal besteuert, liegen für diesen Arbeitnehmer die persönlichen Voraussetzungen für die weitere Anwendung des § 40b EStG a. F. sein ganzes Leben lang vor. Vertragsänderungen (z. B. Beitragserhöhungen), Neuabschlüsse, Änderungen der Versorgungszusage, Arbeitgeberwechsel etc. sind unbeachtlich. Im Fall eines Arbeitgeberwechsels genügt es, wenn der Arbeitnehmer gegenüber dem 86 neuen Arbeitgeber nachweist, dass vor dem 1. Januar 2018 mindestens ein Beitrag an eine Pensionskasse oder **für** eine Direktversicherung nach § 40b EStG a. F. pauschal besteuert wurde (beispielsweise durch eine Gehaltsabrechnung oder eine Bescheinigung eines Vorarbeitgebers bzw. des Versorgungsträgers). Der neue Arbeitgeber kann dann die in Betracht kommenden Beiträge zugunsten einer kapitalgedeckten Pensionskasse oder Direktversicherung im Sinne des R 40b.1 LStR ebenfalls weiterhin nach § 40b EStG a. F. pauschal besteuern. Übersteigen die Beiträge des Arbeitgebers den Pauschalierungshöchstbetrag von 1.752 €, sind diese unter den Voraussetzungen des § 3 Nr. 63 Satz 1 EStG i. V. m. § 52 Abs. 4 **Satz 16** EStG steuerfrei (vgl. **Rn.** 31). Die Anwendung der Pauschalbesteuerung nach § 40b EStG a. F. für Beiträge an Pensionskassen und für Direktversicherungen ist somit nicht erst nach Übersteigen des steuerfreien Höchstbetrages von 8 % möglich, sondern mindert das maximal steuerfreie Volumen (§ 52 Abs. 4 **Satz 16** EStG).

87 Beispiel 1:

Dem Arbeitnehmer A wurde vom Arbeitgeber B im Jahr **2003** eine Versorgungszusage über eine Pensionskasse und im Jahr **2013** in Form einer Direktversicherung erteilt. Die Beiträge für die Pensionskasse wurden – soweit sie die Steuerfreiheit nach § 3 Nr. 63 EStG überstiegen – bis zur Beendigung des Dienstverhältnisses am 30. Juni **2020** nach § 40b EStG a. F. pauschal besteuert. Die Beiträge für die Direktversicherung wurden aus individuell versteuertem Arbeitslohn geleistet. Nach einer Zeit der Arbeitslosigkeit (1. Juli **2020** bis 31. März **2021**) nimmt A zum 1. April **2021** ein neues Beschäftigungsverhältnis beim Arbeitgeber C auf. C erteilt A eine neue Versorgungszusage über einen Pensionsfonds und übernimmt die Direktversicherung. A weist dem C nach, dass die Beiträge für die Pensionskasse in 2017 **(damit vor dem 1. Januar 2018)** nach § 40b EStG a. F. pauschal besteuert wurden (Vorlage einer Gehaltsabrechnung).

Arbeitgeber C kann die Beiträge für die Direktversicherung bis zur Höhe von maximal 1.752 € nach § 40b EStG a. F. pauschal besteuern. Der Zeitpunkt der Erteilung der Versorgungszusage für die Direktversicherung ist ohne Bedeutung. Die Beiträge an den Pensionsfonds sind nach Maßgabe des § 3 Nr. 63 EStG steuerfrei.

88 Beispiel 2:

Dem Arbeitnehmer A wurde vom Arbeitgeber B im Jahr **2009** eine Versorgungszusage in Form einer Direktversicherung erteilt. Die Beiträge für die Direktversicherung waren bis zum 30. Juni **2020** steuerfrei nach § 3 Nr. 63 EStG. Nach einer Zeit der Arbeitslosigkeit (1. Juli **2020** bis 31. März **2021**) nimmt A zum 1. April **2021** ein neues Beschäftigungsverhältnis beim Arbeitgeber C auf. C übernimmt die Direktversicherung und führt sie fort.

Arbeitgeber C kann die Beiträge für die Direktversicherung nicht nach § 40b EStG a. F. pauschal besteuern, da vor dem 1. Januar 2018 kein Beitrag nach § 40b Abs. 1 und 2 EStG a. F. pauschal besteuert wurde.

b) Weiteranwendung des § 40b Abs. 1 und 2 EStG a. F.

89 Neben diesen Vorgaben (s. **Rn.** 85 f.) ist Folgendes zu beachten:

90 Im Fall der Durchschnittsberechnung nach § 40b Abs. 2 Satz 2 EStG a. F. sind zur Ermittlung des verbleibenden steuerfreien Volumens nach § 3 Nr. 63 Satz 1 EStG grundsätzlich die auf den einzelnen Arbeitnehmer entfallenden Leistungen des Arbeitgebers mindernd anzurechnen. Hat der Arbeitgeber keine individuelle Zuordnung der auf den einzelnen Arbeitnehmer entfallenden Leistungen vorgenommen, bestehen keine Bedenken, wenn der Arbeitgeber aus Vereinfachungsgründen einheitlich für alle Arbeitnehmer den nach § 40b EStG a. F. pauschal besteuerten Durchschnittsbetrag berücksichtigt.

91 Beispiel 1:

Der Arbeitgeber zahlt in einen Gruppendirektversicherungsvertrag 600 € jährlich für den Arbeitnehmer A und 2.000 € jährlich für den Arbeitnehmer B ein. Der Durchschnittsbetrag von 1.300 € (600 € zuzüglich 2.000 € : 2 Arbeitnehmer) wird mit 20 % pauschal besteuert.

Das steuerfreie Volumen von 8 % der **BBG** in der allgemeinen Rentenversicherung (West) ist beim Arbeitnehmer A um 600 € und beim Arbeitnehmer B um 2.000 € zu vermindern.

Beispiel 2: **92-93**

Der Arbeitgeber zahlt an **eine** Pensionskasse 3 % seiner Bruttolohnsumme als Beitrag für alle Arbeitnehmer. Der mit 20 % pauschal besteuerte, auf jeden Arbeitnehmer entfallende Durchschnittsbetrag nach § 40b Abs. 2 Satz 2 EStG a. F. beträgt 1.500 €.

Das steuerfreie Volumen von 8 % der **BBG** in der allgemeinen Rentenversicherung (West) wird bei allen Arbeitnehmern um 1.500 € gemindert.

c) Verhältnis von § 3 Nr. 63 Satz 3 EStG und § 40b Abs. 1, Abs. 2 Satz 3 und 4 EStG a. F.

Begünstigte Aufwendungen (**Rn.** 25 ff.), die der Arbeitgeber aus Anlass der Beendigung des Dienstverhältnisses leistet, können nach § 3 Nr. 63 Satz 3 EStG steuerfrei belassen oder nach § 40b Abs. 2 Satz 3 und 4 EStG a. F. pauschal besteuert werden. 94

Das steuerfreie Volumen von § 3 Nr. 63 Satz 3 EStG wird gemindert, soweit § 40b Abs. 1 und Abs. 2 Satz 3 und 4 EStG a. F. auf die Beiträge, die der Arbeitgeber aus Anlass der Beendigung des Dienstverhältnisses leistet, angewendet wird (§ 52 Abs. 4 **Satz 17** EStG). Die Pauschalbesteuerung nach § 40b Abs. 2 Satz 1 und 2 EStG a. F. berührt hingegen das steuerfreie Volumen des § 3 Nr. 63 Satz 3 EStG nicht. 95

Beispiel: **96-97**

Steuerfreier Höchstbetrag (maximal 10 Jahre x 4 % BBG **in der allgemeinen Rentenversicherung** [West] **für 2021: 85.200 €**)	**34.080 €**
abzgl. nach § 40b Abs. 2 Satz 3 und 4 EStG a. F. tatsächlich pauschal besteuerte Beiträge z. B.	./. 26.280 €
verbleiben als steuerfreies Volumen nach § 3 Nr. 63 Satz 3 EStG	= **7.800 €**

d) Verhältnis von § 3 Nr. 63 Satz 4 EStG und § 40b Abs. 1 und 2 Satz 1 und 2 EStG a. F.

Begünstigte Aufwendungen (**Rn.** 46), die der Arbeitgeber für Kalenderjahre nachzahlt, in denen das erste Dienstverhältnis ruhte, können nach § 3 Nr. 63 Satz 4 EStG sowie ggf. nach § 3 Nr. 63 Satz 1 EStG steuerfrei belassen oder nach § 40b Abs. 2 Satz 1 und 2 EStG a. F. pauschal besteuert werden (**Rn.** 50). 98

e) Verhältnis von § 3 Nr. 63 EStG und § 40b EStG a. F., wenn die betriebliche Altersversorgung nebeneinander bei verschiedenen Versorgungseinrichtungen durchgeführt wird

Leistet der Arbeitgeber nach § 3 Nr. 63 Satz 1 EStG begünstigte Beiträge an verschiedene Versorgungseinrichtungen, kann er § 40b EStG a. F. auf Beiträge an Pensionskassen und Direktversicherungen unabhängig von der zeitlichen Reihenfolge der Beitragszahlung anwenden, wenn die Voraussetzungen für die weitere Anwendung der Pauschalbesteuerung vorliegen. 99

15. BAV-Förderbetrag

a) Allgemeines

Der in § 100 EStG geregelte BAV-Förderbetrag ist ein staatlicher Zuschuss zu einem vom Arbeitgeber zusätzlich zum ohnehin geschuldeten Arbeitslohn geleisteten Beitrag zur betrieblichen Altersversorgung von Arbeitnehmern mit geringem Einkommen (Bruttoarbeitslohn von monatlich nicht mehr als **2.575 €**). Gefördert werden Beiträge von mindestens 240 € bis höchstens **960 €** im Kalenderjahr. Der staatliche Zuschuss beträgt 100

30 % des gesamten zusätzlichen Arbeitgeberbeitrags, also mindestens 72 € bis höchstens **288 €** im Kalenderjahr. Er wird dem Arbeitgeber im Wege der Verrechnung mit der von ihm abzuführenden Lohnsteuer gewährt, grundsätzlich für den Lohnsteuer-Anmeldungszeitraum, dem der jeweilige Beitrag des Arbeitgebers zuzuordnen ist.

b) Grundlegende Voraussetzungen und Abwicklung (§ 100 Abs. 1 EStG)

101 Arbeitgeber im Sinne des § 38 Abs. 1 EStG dürfen für jeden begünstigten Arbeitnehmer (vgl. **Rn.** 106 ff.) mit einem ersten Dienstverhältnis vom Gesamtbetrag der einzubehaltenden Lohnsteuer einen Teilbetrag des Arbeitgeberbeitrags zur kapitalgedeckten betrieblichen Altersversorgung (BAV-Förderbetrag) entnehmen und bei der nächsten Lohnsteuer-Anmeldung gesondert absetzen.

102 Ist keine Lohnsteuer einzubehalten (weil der Arbeitslohn nicht steuerbelastet ist oder lediglich die Pauschalsteuer an die Deutsche Rentenversicherung Knappschaft/Bahn/See zu entrichten ist) oder ist die vom Arbeitgeber einzubehaltende Lohnsteuer geringer als der BAV-Förderbetrag, kommt es mit der Lohnsteuer-Anmeldung zu einer Erstattung durch das Betriebsstättenfinanzamt.

103 Die Förderung beanspruchen kann somit nur ein Arbeitgeber, der dem Grunde nach zum Lohnsteuerabzug verpflichtet ist. Das sind inländische Arbeitgeber (§ 38 Abs. 1 Satz 1 Nr. 1 EStG), ausländische Verleiher (§ 38 Abs. 1 Satz 1 Nr. 2 EStG) und in den Fällen der Arbeitnehmerentsendung das in Deutschland ansässige aufnehmende Unternehmen, das den Arbeitslohn für die geleistete Arbeit wirtschaftlich trägt **oder nach dem Fremdvergleichsgrundsatz hätte tragen müssen** (§ 38 Abs. 1 Satz 2 EStG).

104 Der BAV-Förderbetrag setzt ein erstes Dienstverhältnis voraus (Steuerklassen I bis V oder die Bestimmung durch den Arbeitnehmer bei pauschal besteuertem Arbeitslohn; vgl. auch **Rn.** 24). Hierzu zählt auch ein weiterbestehendes Dienstverhältnis ohne Anspruch auf Arbeitslohn (z. B. während der Elternzeit, der Pflegezeit, des Bezugs von **Kurzarbeiter- oder** Krankengeld). Bei einem Arbeitgeberwechsel im Laufe des Jahres **kann der BAV-Förderbetrag erneut bis zum Höchstbetrag in Anspruch genommen werden, auch wenn er in einem vorangegangenen Dienstverhältnis bereits ausgeschöpft wurde. Im Fall der Gesamtrechtsnachfolge und des Betriebsübergangs nach § 613a BGB kommt dies dagegen nicht in Betracht.**

105 Durch den BAV-Förderbetrag wird die kapitalgedeckte betriebliche Altersversorgung bezuschusst. Werden sowohl Umlagen als auch Beiträge im Kapitaldeckungsverfahren erhoben, gehören Letztere nur dann zu den begünstigten Aufwendungen, wenn eine getrennte Verwaltung und Abrechnung beider Vermögensmassen erfolgt (Trennungsprinzip); s. **Rn.** 25.

c) Begünstigte Personen, Einkommensgrenze (§ 100 Abs. 3 Nr. 3 EStG)

106 Begünstigt sind alle Arbeitnehmer (§ 1 LStDV, also auch Auszubildende, Teilzeitbeschäftigte oder geringfügig Beschäftigte), deren laufender steuerpflichtiger Arbeitslohn im Zeitpunkt der Beitragsleistung innerhalb der von § 100 Abs. 3 Nr. 3 EStG festgelegten Einkommensgrenze (**2.575 €** monatlich, **85,84 €** täglich, **600,84 €** wöchentlich und **30.900 €** bei jährlicher Lohnzahlung) liegt. Maßgebend ist dabei der laufende Arbeitslohn des Arbeitnehmers im jeweiligen Lohnabrechnungszeitraum, der Berechnungsgrundlage für die Lohnsteuerberechnung gem. § 39b Abs. 2 Satz 1 EStG ist. Bei einem täglichen (z. B. untermonatiger Eintritt in das Dienstverhältnis), wöchentlichen oder **monatlichen** Lohnzahlungszeitraum ist der Lohn daher nicht auf einen voraussichtlichen Jahresarbeitslohn hochzurechnen. Ergibt sich z. B. aufgrund einer rechtlich fehlerhaften Lohnabrechnung oder einer Lohnsteuer-Außenprüfung nachträglich eine Korrektur des laufenden Arbeitslohns mit der Folge, dass die Voraussetzungen für die Gewährung des

BAV-Förderbetrags im jeweiligen Lohnzahlungszeitraum nicht vorlagen, sind die entsprechenden Lohnsteuer-Anmeldungen zu ändern (vgl. **Rn.** 114 und 142).

Beispiel: 107

Ein Arbeitnehmer ist seit 1. Januar beim Arbeitgeber A beschäftigt (Monatsarbeitslohn **5.000 €**). Ab 16. April ist er im Ausland tätig und bezieht seitdem nach DBA steuerfreien Arbeitslohn. Im April betragen der steuerpflichtige und der steuerfreie Arbeitslohn jeweils **2.500 €**.

Der Lohnzahlungszeitraum im April ist der Kalendermonat (R 39b.5 Abs. 2 Satz 3 LStR). Im April beträgt das maßgebliche Einkommen **2.500 €**. Die Einkommensgrenze des § 100 Abs. 3 Nr. 3 EStG wird nicht überschritten.

Steuerfreie Lohnbestandteile (z. B. nach § 3 Nr. 63 EStG steuerfreie Beiträge zur betrieblichen Altersversorgung, steuerfreie Arbeitslohnteile nach DBA), sonstige Bezüge (§ 39b Abs. 3 EStG, auch R 39b.5 Abs. 4 Satz 2 LStR), unter die 44 €-Freigrenze **– ab 2022: 50 €-Freigrenze – (§ 8 Abs. 2 Satz 11 EStG[1]))** oder den Rabattfreibetrag fallende Sachbezüge (§ 8 Abs. 3 EStG) oder nach den §§ 37a, 37b, 40, 40b EStG oder § 40b EStG a. F. pauschal besteuerter Arbeitslohn bleiben bei der Prüfung der Einkommensgrenze unberücksichtigt. 108

Bei Teilzeitbeschäftigten und geringfügig Beschäftigten, bei denen die Lohnsteuer pauschal erhoben wird, gibt es keinen laufenden Arbeitslohn im Sinne des § 39b Abs. 2 Satz 1 und 2 EStG. Hier wird auf den pauschal besteuerten Arbeitslohn oder das pauschal besteuerte Arbeitsentgelt für den entsprechenden Lohnzahlungszeitraum abgestellt. Als sonstige Bezüge einzuordnende Arbeitsentgelt-/Arbeitslohnteile bleiben hier ebenfalls unberücksichtigt. 109

Zu dem durch den BAV-Förderbetrag begünstigten Personenkreis gehören alle Arbeitnehmer (§ 1 LStDV), unabhängig davon, ob sie in der gesetzlichen Rentenversicherung pflichtversichert sind oder nicht (z. B. beherrschende Gesellschafter-Geschäftsführer, geringfügig Beschäftigte, in einem berufsständischen Versorgungswerk Versicherte). 110

d) Begünstigte Aufwendungen, zusätzlicher Arbeitgeberbeitrag (§ 100 Abs. 3 Nr. 2 EStG)

Nach § 100 Abs. 3 Nr. 2 EStG kann der BAV-Förderbetrag nur für einen vom Arbeitgeber zusätzlich zum ohnehin geschuldeten Arbeitslohn erbrachten Beitrag zur betrieblichen Altersversorgung an einen Pensionsfonds, eine Pensionskasse oder für eine Direktversicherung beansprucht werden **(§ 8 Abs. 4 EStG[1]))**. Die zusätzlichen Beiträge können z. B. tarifvertraglich, durch eine Betriebsvereinbarung oder auch einzelvertraglich festgelegt sein. Im Gesamtversicherungsbeitrag des Arbeitgebers enthaltene Finanzierungsanteile des Arbeitnehmers sowie die mittels Entgeltumwandlung finanzierten Beiträge oder Eigenbeteiligungen des Arbeitnehmers sind – anders als bei § 3 Nr. 63 und § 10a/Abschnitt XI EStG (s. **Rn.** 26 und 67) – daher nicht begünstigt. 111

Auch die in Rn. 26a angesprochenen Beiträge zur betrieblichen Altersversorgung (für die betriebliche Altersversorgung verwendete vermögenswirksame Leistungen und Erhöhungsbeträge) erfüllen die Voraussetzungen für den BAV-Förderbetrag nicht, da es an der Voraussetzung „zusätzlich zum ohnehin geschuldeten Arbeitslohn" (§ 100 Abs. 3 Nr. 2 EStG) fehlt. Im Übrigen widerspricht es der Intention des Betriebsrentenstärkungsgesetzes, entsprechende Beiträge, die zu einer Zuschusspflicht nach § 1a Abs. 1a und § 23 Abs. 2 BetrAVG führen, zu fördern. **111a**

---

[1]) i. d. F. des JStG 2020 vom 21.12.2020, BGBl. I S. 3096, BStBl 2021 I S. 6

112 Nicht begünstigt sind auch die Leistungen des Arbeitgebers im Sinne des § 1a Abs. 1a und § 23 Abs. 2 BetrAVG, die er als Ausgleich für die ersparten Sozialversicherungsbeiträge infolge einer Entgeltumwandlung erbringt. Diese Beiträge werden steuerlich wie die zu Grunde liegende Entgeltumwandlung behandelt (s. a. Einzelbegründung zu § 1a Abs. 1a BetrAVG in der BT-Drs. 18/12612 und Einzelbegründung zu § 23 Abs. 2 BetrAVG in der BT-Drs. 18/11286). Nicht begünstigt sind ferner Leistungen des Arbeitgebers im Sinne des § 23 Abs. 1 BetrAVG, die dem einzelnen Arbeitnehmer unmittelbar gutgeschrieben oder zugerechnet werden.

113 Die Förderung setzt des Weiteren voraus, dass der Arbeitgeber einen Mindestbetrag i. H. v. 240 € im Kalenderjahr geleistet hat. **Bei der Ermittlung des Mindestbetrags sind nur Beiträge des Arbeitgebers an einen Pensionsfonds, eine Pensionskasse oder für eine Direktversicherung zu berücksichtigen, die die Voraussetzungen des § 100 Abs. 3 Nr. 4 und 5 EStG erfüllen.** Wird der jährliche Mindestbetrag aus Gründen nicht erreicht, die zum Zeitpunkt der Inanspruchnahme des BAV-Förderbetrags nicht absehbar waren, beispielsweise weil der Arbeitgeber einen Monatsbetrag leistet und der Arbeitnehmer unerwartet aus dem Unternehmen ausscheidet, bevor der Mindestbetrag erreicht werden kann, ist der BAV-Förderbetrag nicht rückgängig zu machen (s. § 100 Abs. 4 Satz 1 EStG). Maximal begünstigt ist ein zusätzlicher Beitrag des Arbeitgebers i. H. v. **960 €** im Kalenderjahr.

e) Verhältnisse im Zeitpunkt der Beitragsleistung

114 Für die Prüfung der Voraussetzungen des BAV-Förderbetrags sind immer nur die Verhältnisse im Zeitpunkt der Beitragsleistung maßgeblich (§ 100 Abs. 4 Satz 1 EStG). Sich nachträglich ergebende, rückwirkende Änderungen der Verhältnisse sind unbeachtlich. Die Regelung betrifft insbesondere Fälle mit schwankendem oder steigendem Arbeitslohn, rückwirkende Erhöhungen des Arbeitslohns sowie Fälle, in denen der Mindestbetrag nach § 100 Abs. 3 Nr. 2 EStG unvorhergesehen nicht erreicht wird. Etwas anderes gilt, wenn z. B. aufgrund einer rechtlich fehlerhaften Lohnabrechnung oder im Rahmen einer Lohnsteuer-Außenprüfung nachträglich festgestellt wird, dass der für die Einkommensgrenze nach § 100 Abs. 3 Nr. 3 EStG maßgebliche laufende Arbeitslohn unzutreffend ermittelt wurde.

115 Beispiel 1:

Bei einem Arbeitnehmer beträgt im Januar der laufende Arbeitslohn **2.500 €**. Der Arbeitgeber zahlt monatlich zum 10. des Monats einen zusätzlichen Arbeitgeberbeitrag von **80 €** und nimmt mit der Lohnsteuer-Anmeldung für Januar den BAV-Förderbetrag in Anspruch. Im August wird eine Gehaltserhöhung von **3,5 %** vereinbart, und zwar rückwirkend ab Juni. Der laufende Arbeitslohn beträgt daher ab Juni **2.587,50 €**. Der Arbeitgeber zahlt weiterhin monatlich den zusätzlichen Arbeitgeberbeitrag.

Ab August kann der BAV-Förderbetrag nicht mehr in Anspruch genommen werden. Das Überschreiten der Einkommensgrenze ab August hat aber keinen Einfluss auf den bereits in den Monaten Januar bis Juli zulässigerweise in Anspruch genommenen BAV-Förderbetrag.

116 Beispiel 2:

Bei einem Arbeitnehmer beträgt der laufende Arbeitslohn **2.500 €**. Zusätzlich erhält der Arbeitnehmer steuerfreien Arbeitslohn von 200 €. Der Arbeitgeber zahlt monatlich zum 10. des Monats einen zusätzlichen Arbeitgeberbeitrag von **80 €** und nimmt mit der Lohnsteuer-Anmeldung jeweils den BAV-Förderbetrag in Anspruch. Im Rahmen einer Lohnsteuer-Außenprüfung wird im folgenden Jahr festgestellt, dass die Voraussetzungen für die Steuerfreiheit im August nicht erfüllt sind.

Der BAV-Förderbetrag kann nicht in Anspruch genommen werden und ist zurückzuzahlen, weil der laufende Arbeitslohn unzutreffend ermittelt wurde. Die Lohnsteuer-Anmeldung für den Anmeldungszeitraum August des Vorjahres ist zu korrigieren.

Beispiel 3: 117
Der Arbeitgeber zahlt bei einem unbefristet beschäftigten Arbeitnehmer monatlich zum 10. des Monats einen zusätzlichen Arbeitgeberbeitrag i. H. v. 30 €. Der Arbeitgeber nimmt mit der Lohnsteuer-Anmeldung den BAV-Förderbetrag in Anspruch. Zum 1. Mai verlässt der Arbeitnehmer unerwartet das Unternehmen. Hierüber hat er den Arbeitgeber am 20. April informiert. Vom Arbeitgeber kann der zu zahlende Mindestbetrag von 240 € nicht mehr erreicht werden.
Das unerwartete Ausscheiden des Arbeitnehmers hat keinen Einfluss auf den bereits in den Monaten Januar bis April in Anspruch genommenen BAV-Förderbetrag (keine rückwirkende Korrektur).

Beispiel 4: 118
Der Arbeitgeber zahlt bei einem unbefristet beschäftigten Arbeitnehmer monatlich zum 10. des Monats einen zusätzlichen Arbeitgeberbeitrag i. H. v. 30 €. Der Arbeitgeber nimmt mit der Lohnsteuer-Anmeldung den BAV-Förderbetrag in Anspruch. Der Arbeitnehmer informiert seinen Arbeitgeber am 20. Januar über seine fristgemäße Kündigung zum 30. April des Jahres.
Das Ausscheiden des Arbeitnehmers hat keinen Einfluss auf den bereits im Monat Januar in Anspruch genommenen BAV-Förderbetrag (keine rückwirkende Korrektur). Ab Februar kann der BAV-Förderbetrag nicht mehr in Anspruch genommen werden, da der vom Arbeitgeber zu zahlende Mindestbetrag von 240 € (bei unveränderter Beitragszahlung) nicht mehr erreicht werden kann.

f) Höhe des BAV-Förderbetrags (§ 100 Abs. 2 EStG)

aa) Neue Vereinbarungen ab 2018

Der BAV-Förderbetrag beträgt im Kalenderjahr 30 % des begünstigten Arbeitgeberbeitrags, also mindestens 72 € bis höchstens **288 €** (§ 100 Abs. 2 Satz 1 EStG**; bis einschließlich 2019: höchstens 144 €**). Der BAV-Förderbetrag ist ein Jahresbetrag. Für die Gewährung des BAV-Förderbetrags spielt es grundsätzlich keine Rolle, ob der zusätzliche Arbeitgeberbeitrag als Jahresbetrag, halb-, vierteljährlich, monatlich oder unregelmäßig gezahlt wird. Bei laufender oder unregelmäßiger Zahlung der Beiträge kann der BAV-Förderbetrag in entsprechenden Teilbeträgen bei der jeweiligen Lohnsteuer-Anmeldung geltend gemacht werden. 119

Beispiel: 120
Der Arbeitgeber zahlt vierteljährlich jeweils am 15. Januar, 15. April, 15. Juli und 15. Oktober einen zusätzlichen Arbeitgeberbeitrag i. H. v. **300 €**.
Am 15. Januar, 15. April und 15. Juli beträgt der BAV-Förderbetrag jeweils **90 €** (30 % von **300 €**). Am 15. Oktober beträgt der BAV-Förderbetrag nur noch **18 €**, denn bis dahin wurde der Höchstbetrag von **288 €** bereits mit **270 €** ausgeschöpft.

Wird der BAV-Förderbetrag dabei ganz oder teilweise unberechtigterweise in Anspruch genommen, z. B. weil sich aufgrund eines nachträglich festgestellten Fehlers (**Rn.** 114 ff.) herausstellt, dass die Einkommensgrenze überschritten ist, sind die jeweiligen Lohnsteuer-Anmeldungen zu ändern. Um solche Änderungen infolge nachträglich festgestellter Fehler zu vermeiden, bestehen keine Bedenken, wenn der auf die laufend oder unregelmäßig gezahlten Beiträge entfallende, rechtmäßig zustehende BAV-Förderbetrag in einer Summe spätestens bei der letzten Lohnsteuer-Anmeldung für das entsprechende Kalenderjahr geltend gemacht wird. 121

Beispiel 1: 122
Der Arbeitgeber zahlt monatlich jeweils am 15. einen zusätzlichen Arbeitgeberbeitrag i. H. v. **80 €**. Der laufende Arbeitslohn für Arbeitnehmer A beträgt **2.500 €**. Der Arbeitgeber macht den BAV-Förderbetrag von **24 €** (30 % von **80 €**) monatlich bei seiner Lohnsteuer-Anmeldung geltend. Im Oktober stellt er fest, dass der für August zu berücksichtigende laufende Arbeitslohn des A zutreffend **2.600 €** betragen hat.

Der BAV-Förderbetrag durfte für August nicht in Anspruch genommen werden. Die entsprechende Lohnsteuer-Anmeldung für August ist zu korrigieren und der BAV-Förderbetrag i. H. v. **24 €** zurückzuzahlen, weil der laufende Arbeitslohn für August unzutreffend ermittelt wurde.

123 Beispiel 2:

Der Arbeitgeber zahlt monatlich jeweils am 15. einen zusätzlichen Arbeitgeberbeitrag i. H. v. **80 €**. Der laufende Arbeitslohn für Arbeitnehmer A beträgt **2.500 €**. Er macht vorerst den BAV-Förderbetrag nicht geltend. Im Oktober stellt er fest, dass der für August zu berücksichtigende laufende Arbeitslohn des A zutreffend **2.600 €** beträgt und korrigiert die Lohnabrechnung. Für den Monat August liegen die Voraussetzungen für den BAV-Förderbetrag wegen Überschreitens der Einkommensgrenze somit nicht vor.

Der Arbeitgeber kann den ihm insgesamt zustehenden BAV-Förderbetrag i. H. v. **264 €** (11 x **24 €**) bei der Lohnsteuer-Anmeldung für Dezember in einer Summe geltend machen.

124 Wird der entsprechende Arbeitgeberbeitrag als Einmalbetrag im Kalenderjahr geleistet, müssen nur einmal (im Lohnzahlungszeitraum der Beitragsentrichtung) die Einkommensgrenze sowie die Erreichung des Mindestbetrags geprüft werden.

125 Stellt der Arbeitgeber vor Ablauf des Kalenderjahres fest, dass die Förderung nach § 100 EStG nicht vollständig beansprucht worden ist, muss eine anderweitige steuerliche Behandlung der Beiträge des Arbeitgebers zur betrieblichen Altersversorgung (z. B. § 3 Nr. 63 EStG oder § 40b EStG a. F.) rückgängig gemacht werden (spätester Zeitpunkt hierfür ist die Übermittlung oder Erteilung der Lohnsteuerbescheinigung) oder der monatliche Teilbetrag künftig so geändert werden, dass der BAV-Förderbetrag voll ausgeschöpft wird.

bb) Anwendung bei bereits bestehenden Vereinbarungen

126 In Fällen, in denen der Arbeitgeber bereits im Jahr 2016 einen zusätzlichen Arbeitgeberbeitrag an einen Pensionsfonds, eine Pensionskasse oder für eine Direktversicherung geleistet hat, ist der jeweilige BAV-Förderbetrag auf den Betrag beschränkt, den der Arbeitgeber über den bisherigen Beitrag hinaus leistet (§ 100 Abs. 2 Satz 2 EStG).

127 Beispiel 1:

Der Arbeitgeber zahlt seit **2016** einen zusätzlichen Arbeitgeberbeitrag i. H. v. jährlich 200 €. Er erhöht den Arbeitgeberbeitrag ab dem Jahr **2021** auf **240 €.**

Der BAV-Förderbetrag beträgt grundsätzlich 30 % von 240 € (= 72 €), wegen der Begrenzung nach § 100 Abs. 2 Satz 2 EStG jedoch nur 40 € (Erhöhung des Arbeitgeberbeitrags). Im Ergebnis wird trotz der Begrenzung also der Aufstockungsbetrag in vollem Umfang über den BAV-Förderbetrag finanziert. Der Beitrag des Arbeitgebers ist i. H. v. 240 € nach § 100 Abs. 6 EStG steuerfrei.

128 Beispiel 2:

Der Arbeitgeber zahlt seit **2016** einen zusätzlichen Arbeitgeberbeitrag i. H. v. jährlich 200 €. Er erhöht den Arbeitgeberbeitrag ab dem Jahr **2021** auf 300 €.

Der BAV-Förderbetrag beträgt 30 % von 300 € (= 90 €). Es erfolgt keine Begrenzung nach § 100 Abs. 2 Satz 2 EStG, da der Arbeitgeberbeitrag um 100 € (also um mehr als 90 €) erhöht wird. Der Beitrag des Arbeitgebers ist i. H. v. 300 € nach § 100 Abs. 6 EStG steuerfrei.

129 Beispiel 3:

Der Arbeitgeber zahlt seit **2016** einen zusätzlichen Arbeitgeberbeitrag i. H. v. jährlich **720 €**. Er erhöht den Arbeitgeberbeitrag ab dem Jahr **2021** um **288 €** auf **1.008 €**.

Der BAV-Förderbetrag beträgt 30 % von **960 €** (= **288 €**). Es erfolgt keine Begrenzung nach § 100 Abs. 2 Satz 2 EStG, da der Arbeitgeberbeitrag um **288 €** erhöht wird. Im Ergebnis wird trotz der Begrenzung also der Aufstockungsbetrag in vollem Umfang über den BAV-Förderbetrag finanziert. Der Beitrag des Arbeitgebers ist i. H. v. **960 €** nach § 100 Abs. 6 EStG steuerfrei. Für den den Höchstbetrag von **960 €** übersteigenden Arbeitgeberbeitrag i. H. v. **48 €** kommt die Steuerfreiheit nach § 3 Nr. 63 EStG in Betracht.

Beispiel 4: 130
Der Arbeitgeber zahlt seit **2016** einen zusätzlichen Arbeitgeberbeitrag i. H. v. jährlich **1.200 €**. Er erhöht den Arbeitgeberbeitrag ab dem Jahr **2021** um **288 €** auf **1.488 €**.

Der BAV-Förderbetrag beträgt 30 % von **960 €** (= **288 €**). Es erfolgt keine Begrenzung nach § 100 Abs. 2 Satz 2 EStG, da der Arbeitgeberbeitrag um **288 €** erhöht wird. Im Ergebnis wird trotz der Begrenzung also der Aufstockungsbetrag in vollem Umfang über den BAV-Förderbetrag finanziert. Der Beitrag des Arbeitgebers ist i. H. v. **960 €** nach § 100 Abs. 6 EStG steuerfrei. Für den den Höchstbetrag von **960 €** übersteigenden Arbeitgeberbeitrag i. H. v. **528 €** kommt die Steuerfreiheit nach § 3 Nr. 63 EStG in Betracht.

Für die Begrenzung des BAV-Förderbetrags bei bereits bestehenden Versorgungsvereinbarungen wird auf das Referenzjahr 2016 abgestellt. Dadurch greift bei einer erst ab 2017 bestehenden betrieblichen Altersversorgung (z. B. Neueinstellung in 2017) die Begrenzung des § 100 Abs. 2 Satz 2 EStG nicht. Dies gilt **dann auch** für alle Erhöhungen der zusätzlichen Arbeitgeberbeiträge **in** 2017 **oder später**. **Die Begrenzung greift jedoch dann, wenn der Arbeitgeber im Jahr 2016 einen zusätzlichen Arbeitgeberbeitrag geleistet hat, das Arbeitsverhältnis in 2016 beendet wurde und zum selben Arbeitgeber später, d. h. in 2017 oder danach, neu begründet wurde oder wird.** 131

Beispiel 1: 132
Der Arbeitgeber **zahlt für den Arbeitnehmer A seit** 2016 einen zusätzlichen Arbeitgeberbeitrag i. H. v. jährlich 180 €. Er erhöht den Arbeitgeberbeitrag ab dem Jahr **2021** auf 240 €. In **2021** stellt er außerdem **Arbeitnehmer B neu** ein, **für den er ebenfalls einen zusätzlichen Arbeitgeberbeitrag i. H. v. 240 € zahlt.**

Der BAV-Förderbetrag beträgt grundsätzlich 30 % von 240 € (= 72 €). Für **den** neu eingestellten **Arbeitnehmer B kann** der Arbeitgeber den BAV-Förderbetrag **für einen Arbeitgeberbeitrag i. H. v. 240 € (BAV-Förderbetrag von 72 €)** beanspruchen. **Für Arbeitnehmer A** kann der Arbeitgeber wegen § 100 Abs. 2 Satz 2 EStG den BAV-Förderbetrag **nur für einen Arbeitgeberbeitrag** i. H. v. 60 € (**Erhöhungsbetrag)** beanspruchen. Der Beitrag des Arbeitgebers ist bei **beiden** Arbeitnehmern i. H. v. 240 € nach § 100 Abs. 6 EStG steuerfrei.

Beispiel 2: 133
Der Arbeitgeber zahlte in 2016 einen zusätzlichen Arbeitgeberbeitrag i. H. v. jährlich 210 €. Er **hatte** den Arbeitgeberbeitrag **bereits** ab 2017 auf 300 € **erhöht**.

Der BAV-Förderbetrag beträgt 30 % von 300 € (= 90 €). Es erfolgt keine Begrenzung nach § 100 Abs. 2 Satz 2 EStG, da der Arbeitgeberbeitrag ab 2017 um 90 € erhöht **wurde**. Im Ergebnis wird damit **seit** 2018 der Aufstockungsbetrag in vollem Umfang über den BAV-Förderbetrag finanziert. Der Beitrag des Arbeitgebers ist i. H. v. 300 € nach § 100 Abs. 6 EStG steuerfrei.

War ein laufender (Monats-/Quartals-)Beitrag so bemessen, dass die Begrenzung nach § 100 Abs. 2 Satz 2 EStG bei planmäßigem Verlauf nicht greift und scheidet der Arbeitnehmer unerwartet aus dem Unternehmen aus, ist der BAV-Förderbetrag nicht rückgängig zu machen (siehe auch Rn. 113). 133a

Beispiel: 133b
Der Arbeitgeber zahlte in 2016 einen zusätzlichen Arbeitgeberbeitrag i. H. v. jährlich 210 €. Er hatte den Arbeitgeberbeitrag bereits ab 2017 auf 300 € (monatlich 25 €) erhöht. Zum 1. April 2021 scheidet der Arbeitnehmer unerwartet aus dem Unternehmen aus.

Der BAV-Förderbetrag für die Jahre 2018 bis 2020 beträgt 30 % von 300 € (= 90 €). Es erfolgt keine Begrenzung nach § 100 Abs. 2 Satz 2 EStG, da der Arbeitgeberbeitrag ab 2017 um 90 € erhöht wurde.

Für das Jahr 2021 leistet der Arbeitgeber lediglich einen Beitrag i. H. v. 75 € (3 x 25 €). Entsprechend Rn. 133a beträgt der BAV-Förderbetrag für das Jahr 2021 gleichwohl 30 % von 75 € (= 22,50 €).

g) Weitere Voraussetzungen für die Inanspruchnahme (§ 100 Abs. 3 EStG)

aa) Lohnsteuerabzug im Inland (§ 100 Abs. 3 Nr. 1 EStG)

134 Nach § 100 Abs. 3 Nr. 1 EStG setzt die Inanspruchnahme des BAV-Förderbetrags zudem voraus, dass der Arbeitslohn des Arbeitnehmers im Lohnzahlungszeitraum, für den der BAV-Förderbetrag geltend gemacht wird, im Inland dem Lohnsteuerabzug unterliegt. Hiervon ist beispielsweise auch während der Eltern- und Pflegezeit, des Bezugs von **Kurzarbeiter- oder** Krankengeld auszugehen, obgleich der zu besteuernde Arbeitslohn 0 € beträgt. Auf die Art der Steuerpflicht des Arbeitnehmers (unbeschränkt oder beschränkt einkommensteuerpflichtig bzw. als unbeschränkt einkommensteuerpflichtig zu behandeln) kommt es nicht an.

135 Eine Förderung ist hingegen ausgeschlossen für Arbeitnehmer, die ausschließlich nach einem DBA steuerfreien Arbeitslohn beziehen. Nicht ausgeschlossen ist hingegen die Förderung für Arbeitnehmer, bei denen aufgrund eines DBA der Lohnsteuerabzug im Inland begrenzt ist (beispielsweise bei Grenzgängern aus der Schweiz auf 4,5 % des Bruttobetrags der Vergütungen).

bb) Auszahlungsform (§ 100 Abs. 3 Nr. 4 EStG)

136 Nach § 100 Abs. 3 Nr. 4 EStG setzt die Förderung mittels **BAV-Förderbetrag voraus**, dass die Auszahlung der Versorgungsleistungen **entsprechend § 82 Abs. 2 Satz 2 EStG** vorgesehen **ist. Zu den begünstigten Auszahlungsformen siehe im Einzelnen die Ausführungen unter Rn. 68. Entscheidet** sich der Arbeitnehmer zugunsten einer Einmalkapitalauszahlung, so sind von diesem Zeitpunkt an die Voraussetzungen des § 100 EStG nicht mehr erfüllt, d. h., die Förderung entfällt und die Beitragsleistungen sind zu besteuern. Erfolgt die Ausübung des **Wahlrechts** innerhalb des letzten Jahres vor dem altersbedingten Ausscheiden aus dem Erwerbsleben, so ist es aus Vereinfachungsgründen nicht zu beanstanden, wenn die Beitragsleistungen weiterhin nach § 100 EStG gefördert werden. Für die Berechnung der Jahresfrist ist dabei auf das im Zeitpunkt der Ausübung des Wahlrechts vertraglich vorgesehene Ausscheiden aus dem Erwerbsleben (vertraglich vorgesehener Beginn der Altersversorgungsleistung) abzustellen. Bei Auszahlung oder anderweitiger wirtschaftlicher Verfügung ist der Einmalkapitalbetrag gem. § 22 Nr. 5 Satz 1 EStG zu besteuern (siehe dazu **Rn.** 148 f.).

cc) Keine „Zillmerung“ (§ 100 Abs. 3 Nr. 5 EStG)

137 Nach § 100 Abs. 3 Nr. 5 EStG kommt die steuerliche Förderung nur in Betracht, wenn sichergestellt ist, dass die Abschluss- und Vertriebskosten des Vertrages über die betriebliche Altersversorgung nur als fester Anteil der laufenden Beiträge einbehalten werden; die Finanzierung der Abschluss- und Vertriebskosten zulasten der ersten Beiträge („Zillmerung“) ist förderschädlich. Bei am 1. Januar 2018 bereits bestehenden Verträgen kann die steuerliche Förderung ausnahmsweise in Anspruch genommen werden, sobald für die Restlaufzeit des Vertrages sichergestellt ist, dass

– die verbliebenen Abschluss- und Vertriebskosten und
– die ggf. neu anfallenden Abschluss- und Vertriebskosten

jeweils als fester Anteil der ausstehenden laufenden Beiträge einbehalten werden.

h) Rückgewährung des BAV-Förderbetrags (§ 100 Abs. 4 Satz 2 bis 4 EStG)

138 Verfällt die Anwartschaft auf Leistungen aus einer geförderten betrieblichen Altersversorgung, z. B. wenn das Dienstverhältnis zum Arbeitnehmer vor Ablauf der Unverfallbarkeitsfrist von drei Jahren endet (§ 1b Abs. 1 **BetrAVG)**, und ergibt sich daraus eine ganz oder teilweise Rückzahlung der Beiträge an den Arbeitgeber, sind die entsprechende BAV-Förderbeträge zurückzugewähren (§ 100 Abs. 4 Satz 2 bis 4 EStG).

Eine Verpflichtung zur Rückgewährung des BAV-Förderbetrages ergibt sich jedoch nur, soweit er auf den Rückzahlungsbetrag an den Arbeitgeber entfällt (§ 100 Abs. 4 Satz 3 EStG). Dies trägt dem Umstand Rechnung, dass nicht in allen Fällen mit der Verfallbarkeit der Anwartschaft Rückflüsse an den Arbeitgeber erfolgen. Dies kann z. B. der Fall sein bei einer verfallenen Invaliditäts- und Hinterbliebenenversorgung im Zusammenhang mit der Beitragszusage im Sinne des § 1 Abs. 2 Nr. 2a und § 21 ff. BetrAVG, bei der alle Beiträge im Kollektiv verbleiben. 139

Die Rückgewährung des BAV-Förderbetrages erfolgt über die Lohnsteuer-Anmeldung für den Lohnzahlungszeitraum, in dem die Rückzahlung zufließt. Der zurückzugewährende **BAV-Förderbetrag** ist der an das Betriebsstättenfinanzamt abzuführenden Lohnsteuer hinzuzurechnen. 140

i) Anwendbarkeit anderer Vorschriften (§ 100 Abs. 5 EStG)

Nach § 100 Abs. 5 EStG gelten beispielsweise die Regelungen zur Lohnsteuer-Außenprüfung und zur lohnsteuerlichen Anrufungsauskunft entsprechend. Aber auch bestimmte Regelungen der AO sind entsprechend beim BAV-Förderbetrag anzuwenden. Das sind insbesondere die für Steuervergütungen geltenden Vorschriften und die Straf- und Bußgeldvorschriften der AO. 141

Wird bei einer Lohnsteuer-Außenprüfung festgestellt, dass bei einem Arbeitgeber die Voraussetzungen für den BAV-Förderbetrag und die Absetzung der an das Finanzamt abzuführenden Lohnsteuer nicht vorgelegen haben, werden die entsprechenden Lohnsteuer-Anmeldungen geändert (denn die Lohnsteuer-Anmeldungen stehen als Steueranmeldungen einer Steuerfestsetzung unter dem Vorbehalt der Nachprüfung gleich, § 169 i. V. m. § 164 AO). 142

j) Steuerfreiheit des zusätzlich geleisteten Arbeitgeberbeitrags (§ 100 Abs. 6 EStG)

Liegen sämtliche Fördervoraussetzungen des § 100 EStG für den zusätzlichen Arbeitgeberbeitrag zur betrieblichen Altersversorgung vor, ist der Betrag maximal bis zum förderfähigen Höchstbetrag i. H. v. **960 €** steuerfrei nach § 100 Abs. 6 EStG. Liegen die Fördervoraussetzungen des § 100 EStG nicht vor, greift auch die Steuerfreiheit nach § 100 Abs. 6 EStG nicht. 143

Die Steuerfreiheit nach § 100 Abs. 6 EStG hat Vorrang gegenüber der Steuerfreiheit nach § 3 Nr. 63 EStG. Ein über den förderfähigen Höchstbetrag nach § 100 Abs. 6 EStG hinaus gezahlter zusätzlicher Arbeitgeberbeitrag ist somit in der Regel nach § 3 Nr. 63 EStG steuerfrei, sofern das entsprechende Volumen des § 3 Nr. 63 EStG noch nicht anderweitig ausgeschöpft wurde. 144

III. Steuerliche Behandlung der Versorgungsleistungen

1. Allgemeines

Die Leistungen aus einer Versorgungszusage des Arbeitgebers können Einkünfte aus nichtselbständiger Arbeit oder sonstige Einkünfte sein oder nicht der Besteuerung unterliegen. 145

2. Direktzusage und Unterstützungskasse

Versorgungsleistungen des Arbeitgebers aufgrund einer Direktzusage und Versorgungsleistungen einer Unterstützungskasse führen zu Einkünften aus nichtselbständiger Arbeit (§ 19 EStG). 146

Werden solche Versorgungsleistungen nicht fortlaufend, sondern in einer Summe gezahlt, handelt es sich um Vergütungen (Arbeitslohn) für mehrjährige Tätigkeiten im Sinne des § 34 Abs. 2 Nr. 4 EStG (vgl. BFH-Urteil vom 12. April 2007 – VI R 6/02 –, BStBl II 147

S. 581), die bei Zusammenballung als außerordentliche Einkünfte nach § 34 Abs. 1 EStG zu besteuern sind. Die Gründe für eine Kapitalisierung **der Versorgungsleistungen** sind dabei unerheblich. Im Fall von Teilkapitalauszahlungen in mehreren Kalenderjahren ist dagegen der Tatbestand der Zusammenballung nicht erfüllt; eine Anwendung des § 34 EStG kommt daher für diese Zahlungen nicht in Betracht.

3. Direktversicherung, Pensionskasse und Pensionsfonds

a) Allgemeines

148 Die steuerliche Behandlung der Leistungen aus einer Direktversicherung, Pensionskasse und Pensionsfonds in der Auszahlungsphase erfolgt nach § 22 Nr. 5 EStG (lex specialis, vgl. **Rn.** 126 ff. des BMF-Schreibens vom 21. Dezember 2017, BStBl 2018 I S. 93**, geändert durch das BMF-Schreiben vom 17. Februar 2020, BStBl I S. 213**[1])). Der Umfang der Besteuerung hängt davon ab, inwieweit die Beiträge in der Ansparphase durch die Steuerfreiheit nach § 3 Nr. 63 EStG (vgl. **Rn.** 23 ff.), nach § 3 Nr. 63a EStG (vgl. **Rn.** 51 f.), nach § 3 Nr. 66 EStG (vgl. **Rn.** 56), nach § 100 EStG (vgl. **Rn.** 100 ff.) oder durch Sonderausgabenabzug nach § 10a EStG und Zulage nach Abschnitt XI EStG (vgl. **Rn.** 66 ff.) gefördert wurden oder die Leistungen auf steuerfreien Zuwendungen nach § 3 Nr. 56 EStG oder auf der nach § 3 Nr. 55b Satz 1 oder § 3 Nr. 55c EStG steuerfreien Leistung aus einem neu begründeten Anrecht basieren. Dies gilt auch für Leistungen aus einer ergänzenden Absicherung der Invalidität oder von Hinterbliebenen. Dabei ist grundsätzlich von einer einheitlichen Versorgungszusage und somit für den Aufteilungsmaßstab von einer einheitlichen Behandlung der Beitragskomponenten für Alter und Zusatzrisiken auszugehen. Ist nur die Absicherung von Zusatzrisiken Gegenstand einer Versorgungszusage, ist für den Aufteilungsmaßstab auf die gesamte Beitragsphase und nicht allein auf den letzten geleisteten Beitrag abzustellen. Zu den nicht geförderten Beiträgen gehören insbesondere die nach § 40b EStG a. F. pauschal besteuerten sowie die vor dem 1. Januar 2002 erbrachten Beiträge an eine Pensionskasse oder für eine Direktversicherung. Die Besteuerung erfolgt auch dann nach § 22 Nr. 5 EStG, wenn ein Direktversicherungsvertrag ganz oder teilweise privat fortgeführt wird.

148a **Wird infolge von § 1a Abs. 1a, § 26a BetrAVG die gesetzlich angeordnete Beitragsaufstockung und dementsprechende Leistungserhöhung der zugesagten betrieblichen Altersversorgung in den Durchführungswegen Pensionsfonds, Pensionskasse oder Direktversicherung vorgenommen, gilt die Betragsaufstockung nicht als gesonderter neuer Vertrag (§ 20 Abs. 1 Nr. 6 EStG).**

149 Im Fall von Teil- bzw. Einmalkapitalauszahlungen handelt es sich nicht um außerordentliche Einkünfte im Sinne des § 34 Abs. 2 EStG. Daher kommt eine Anwendung der Fünftelungsregelung des § 34 EStG auf diese Zahlungen nicht in **Betracht.**

b) Leistungen, die ausschließlich auf nicht geförderten Beiträgen beruhen

150 Leistungen, die ausschließlich auf nicht geförderten Beiträgen beruhen, sind, wenn es sich um eine lebenslange Rente, eine Berufsunfähigkeits-, Erwerbsminderungs- oder um eine Hinterbliebenenrente handelt, als sonstige Einkünfte gem. § 22 Nr. 5 Satz 2 Buchstabe a i. V. m. § 22 Nr. 1 Satz 3 Buchstabe a Doppelbuchstabe bb EStG mit dem Ertragsanteil zu besteuern.

151 Handelt es sich um Renten im Sinne der **Rn.** 150, die die Voraussetzungen des § 10 Abs. 1 Nr. 2 Satz 1 Buchstabe b EStG erfüllen, sind diese als sonstige Einkünfte gem. § 22 Nr. 5 Satz 2 Buchstabe a i. V. m. § 22 Nr. 1 Satz 3 Buchstabe a Doppelbuchstabe aa EStG **mit dem Besteuerungsanteil** zu besteuern. Liegen die Voraussetzungen des § 10 Abs. 1 Nr. 2 Satz 1 Buchstabe b EStG nicht vor, erfolgt die Besteuerung gem. § 22

---

[1]) >Anhang 1a I EStH

Nr. 5 Satz 2 Buchstabe a i. V. m. § 22 Nr. 1 Satz 3 Buchstabe a Doppelbuchstabe bb EStG mit dem Ertragsanteil.

Auf andere als die in den **Rn.** 150 f. genannten Leistungen (z. B. Kapitalauszahlungen, Teilraten aus Auszahlungsplänen, Abfindungen) sind die Regelungen in **Rn.** 145 des BMF-Schreibens vom 21. Dezember 2017 (BStBl 2018 I S. 93), **geändert durch das BMF-Schreiben vom 17. Februar 2020 (BStBl I S. 213**[1]**),** entsprechend anzuwenden. Wird bei einem vor dem 1. Januar 2012 abgeschlossenen Vertrag die Untergrenze für betriebliche Altersversorgungsleistungen bis auf das 62. Lebensjahr oder der Zeitpunkt des erstmaligen Bezugs von Altersversorgungsleistungen bei altersbedingtem Ausscheiden aus dem Erwerbsleben auf das 67. Lebensjahr erhöht (vgl. **Rn.** 3) und dadurch die Laufzeit des Vertrages verlängert, führt dies allein zu keiner nachträglichen Vertragsänderung, wenn die Verlängerung einen Zeitraum von höchstens zwei Jahren umfasst. Eine entsprechende Verlängerung der Beitragszahlungsdauer ist zulässig. Eine Verlängerung der Laufzeit bzw. der Beitragszahlungsdauer infolge der Anhebung der Altersgrenze kann nur einmalig vorgenommen werden. 152

Zu Leistungen aus einer reinen Risikoversicherung vgl. insoweit **Rn.** 7 des BMF-Schreibens vom 1. Oktober 2009 (BStBl I S. 1172), geändert durch die BMF-Schreiben vom 6. März 2012 (BStBl I S. 238), vom 29. September 2017 (BStBl I S. 1314) **und vom 9. August 2019 (BStBl I S. 829**[2]). 153

c) Leistungen, die ausschließlich auf geförderten Beiträgen beruhen

Leistungen, die ausschließlich auf geförderten Beiträgen beruhen, unterliegen als sonstige Einkünfte nach § 22 Nr. 5 Satz 1 EStG in vollem Umfang der Besteuerung (vgl. auch **Rn.** 137 f. des BMF-Schreibens vom 21. Dezember 2017, BStBl 2018 I S. 93, **geändert durch das BMF-Schreiben vom 17. Februar 2020, BStBl I S. 213**[1])). 154

d) Leistungen, die auf geförderten und nicht geförderten Beiträgen beruhen

Beruhen die Leistungen sowohl auf geförderten als auch auf nicht geförderten Beiträgen, müssen die Leistungen in der Auszahlungsphase aufgeteilt werden (vgl. **Rn.** 139 ff. des BMF-Schreibens vom 21. Dezember 2017, BStBl 2018 I S. 93, **geändert durch das BMF-Schreiben vom 17. Februar 2020, BStBl I S. 213**[1])). Für die Frage des Aufteilungsmaßstabs ist das BMF-Schreiben vom 11. November 2004 (BStBl I S. 1061) unter Berücksichtigung der Änderungen durch das BMF-Schreiben vom 14. März 2012 (BStBl I S. 311) anzuwenden. 155

Soweit die Leistungen auf geförderten Beiträgen beruhen, unterliegen sie als sonstige Einkünfte nach § 22 Nr. 5 Satz 1 EStG in vollem Umfang der Besteuerung. Dies gilt unabhängig davon, ob sie in Form der Rente oder als Kapitalauszahlung geleistet werden. 156

Soweit die Leistungen auf nicht geförderten Beiträgen beruhen, gelten die Regelungen in den **Rn.** 150 bis 153 entsprechend. 157

e) Sonderzahlungen des Arbeitgebers nach § 19 Abs. 1 Satz 1 Nr. 3 EStG

Sonderzahlungen des Arbeitgebers im Sinne des § 19 Abs. 1 Satz 1 Nr. 3 Satz 2 EStG einschließlich der Zahlungen des Arbeitgebers zur erstmaligen Bereitstellung der Kapitalausstattung zur Erfüllung der Solvabilitätsvorschriften nach den **§§ 89, 213, 234g oder 238 VAG**, zur Wiederherstellung einer angemessenen Kapitalausstattung nach unvorhersehbaren Verlusten oder zur Finanzierung der Verstärkung der Rechnungsgrundlagen aufgrund einer unvorhersehbaren und nicht nur vorübergehenden Änderung der Verhältnisse, der Zahlungen des Arbeitgebers in der Rentenbezugszeit nach § 236 158

---

1) >Anhang 1a I EStH

2) >Anhang 22a I EStH

Abs. 2 VAG und der Sanierungsgelder sind bei der Ermittlung des Aufteilungsmaßstabs nicht zu berücksichtigen. Siehe im Übrigen **Rn.** 14 ff.

f) Bescheinigungspflicht

159 Nach § 22 Nr. 5 Satz 7 EStG hat der Anbieter beim erstmaligen Bezug von Leistungen sowie bei Änderung der im Kalenderjahr auszuzahlenden Leistungen dem Steuerpflichtigen nach amtlich vorgeschriebenem Muster den Betrag der im abgelaufenen Kalenderjahr zugeflossenen Leistungen zu bescheinigen. In dieser Bescheinigung sind die Leistungen entsprechend den Grundsätzen in den **Rn.** 137 ff. des BMF-Schreibens vom 21. Dezember 2017 (BStBl 2018 I S. 93**, geändert durch das BMF-Schreiben vom 17. Februar 2020, BStBl I S. 213**[1])) gesondert auszuweisen.

g) Sonderregelungen

aa) Leistungen aus einem Pensionsfonds aufgrund der Übergangsregelung nach § 22 Nr. 5 Satz 11 EStG

160 Haben Arbeitnehmer schon von ihrem Arbeitgeber aufgrund einer Direktzusage oder von einer Unterstützungskasse laufende Versorgungsleistungen erhalten und ist diese Versorgungsverpflichtung nach § 3 Nr. 66 EStG auf einen Pensionsfonds übertragen worden, werden bei den Leistungsempfängern nach § 22 Nr. 5 Satz 11 EStG weiterhin der Arbeitnehmer-Pauschbetrag i. H. v. 1.000 € (§ 9a Satz 1 Nr. 1 Buchstabe a EStG) bzw. der Pauschbetrag für Werbungskosten i. H. v. 102 € nach § 9a Satz 1 Nr. 1 Buchstabe b EStG und der Versorgungsfreibetrag sowie der Zuschlag zum Versorgungsfreibetrag (§ 19 Abs. 2 EStG) berücksichtigt. Dies gilt auch, wenn der Zeitpunkt des erstmaligen Leistungsbezugs und der Zeitpunkt der Übertragung der Versorgungsverpflichtung auf den Pensionsfonds in denselben Monat fallen. Die Leistungen unterliegen unabhängig davon als sonstige Einkünfte nach § 22 Nr. 5 Satz 1 EStG der Besteuerung. Die vorstehenden Ausführungen zur Berücksichtigung des Versorgungsfreibetrags und des Zuschlags zum Versorgungsfreibetrag gelten entsprechend für einen Hinterbliebenenbezug, der auf den Versorgungsbezug folgt.

161 Handelt es sich bereits beim erstmaligen Bezug der Versorgungsleistungen um Versorgungsbezüge im Sinne des § 19 Abs. 2 EStG, wird der Pauschbetrag nach § 9a Satz 1 Nr. 1 Buchstabe b EStG abgezogen; zusätzlich werden der Versorgungsfreibetrag und der Zuschlag zum Versorgungsfreibetrag mit dem für das Jahr des Versorgungsbeginns maßgebenden Prozentsatz und Beträgen berücksichtigt. Handelt es sich beim erstmaligen Bezug der Versorgungsleistungen nicht um Versorgungsbezüge im Sinne des § 19 Abs. 2 EStG, weil z. B. keine der Altersgrenzen in § 19 Abs. 2 EStG erreicht sind, ist lediglich der Arbeitnehmer-Pauschbetrag (§ 9a Satz 1 Nr. 1 Buchstabe a EStG) abzuziehen. Wird eine der Altersgrenzen in § 19 Abs. 2 EStG erst zu einem späteren Zeitpunkt erreicht, sind ab diesem Zeitpunkt der für dieses Jahr maßgebende Versorgungsfreibetrag und der Zuschlag zum Versorgungsfreibetrag abzuziehen sowie anstelle des Arbeitnehmer-Pauschbetrags der Pauschbetrag nach § 9a Satz 1 Nr. 1 Buchstabe b EStG. Ein Abzug des Versorgungsfreibetrags nach § 19 Abs. 2 EStG in der bis zum 31. Dezember 2004 geltenden Fassung kommt nach dem 31. Dezember 2004 nicht mehr in Betracht. Dies gilt unabhängig vom Zeitpunkt der Übertragung der Versorgungsverpflichtung auf den Pensionsfonds. Folgt ein Hinterbliebenenbezug einem Versorgungsbezug, sind die **Rn.** 180 ff. des BMF-Schreibens vom 19. August 2013 (BStBl I S. 1087) in der jeweils aktuell gültigen Fassung entsprechend anzuwenden.

---

1) >Anhang 1a I EStH

bb) Arbeitgeberzahlungen infolge der Anpassungsprüfungspflicht nach § 16 BetrAVG

Leistungen des Arbeitgebers aufgrund der Anpassungsprüfungspflicht nach § 16 Abs. 1 BetrAVG, mit der die Leistungen einer Versorgungseinrichtung ergänzt werden, gehören zu den Einkünften nach § 19 Abs. 1 Satz 1 Nr. 2 EStG. **Rn.** 161 gilt entsprechend. Als Versorgungsbeginn im Sinne des § 19 Abs. 2 EStG ist der Beginn der Zahlung durch den Arbeitgeber anzusehen. 162

Erhöhen sich die Zahlungen des Arbeitgebers infolge der Anpassungsprüfungspflicht nach § 16 BetrAVG, liegt eine regelmäßige Anpassung vor, die nicht zu einer Neuberechnung des Versorgungsfreibetrags und des Zuschlags zum Versorgungsfreibetrag führen. 163

Ändert sich die Höhe der Arbeitgeberzahlung unabhängig von der Anpassungsprüfungspflicht, gilt Folgendes: 164

Übernimmt die Versorgungseinrichtung die Arbeitgeberzahlung nur zum Teil, ist dies als Anrechnungs-/Ruhensregelung im Sinne des § 19 Abs. 2 Satz 10 EStG anzusehen und führt zu einer Neuberechnung. Gleiches gilt für den Fall, dass die Versorgungseinrichtung die Zahlungen nicht mehr erbringen kann und sich die Arbeitgeberzahlung wieder erhöht.

Kann die Versorgungseinrichtung die Arbeitgeberzahlungen zunächst vollständig übernehmen und stellt diese später (z. B. wegen Liquiditätsproblemen) wieder ein, so dass der Arbeitgeber die Zahlungsverpflichtung wieder vollständig erfüllen muss, lebt der Anspruch wieder auf. Dies führt nicht zu einem neuen Versorgungsbeginn, so dass für die (Neu-)Berechnung des Versorgungsfreibetrags und des Zuschlags zum Versorgungsfreibetrag die „alte“ Kohorte maßgebend ist. 165

cc) Beendigung einer betrieblichen Altersversorgung

Bei Beendigung einer nach § 3 Nr. 63 oder § 100 EStG geförderten betrieblichen Altersversorgung gilt Folgendes: 166

Liegt eine betriebliche Altersversorgung im Sinne des BetrAVG vor und wird diese lediglich mit Wirkung für die Zukunft beendet, z. B. durch eine Abfindung (ggf. auch in Form der Beitragsrückerstattung), dann handelt es sich bei der Zahlung der Versorgungseinrichtung an den Arbeitnehmer um sonstige Einkünfte im Sinne des § 22 Nr. 5 EStG und nicht um Einkünfte nach § 19 EStG.

Im Fall einer kompletten Rückabwicklung des Vertragsverhältnisses mit Wirkung für die Vergangenheit handelt es sich bei der Zahlung der Versorgungseinrichtung an den Arbeitnehmer um eine Arbeitslohnzahlung im Sinne des § 19 Abs. 1 EStG, die im Zeitpunkt des Zuflusses nach den allgemeinen lohnsteuerlichen Grundsätzen behandelt wird.

Kündigt der Arbeitgeber vorzeitig einen nach § 40b EStG a. F. begünstigten Direktversicherungsvertrag und wird der Rückkaufswert im Hinblick auf ein unwiderrufliches bzw. unverfallbares Bezugsrecht an den Arbeitnehmer ausgezahlt, ergeben sich aus diesem Vorgang keine lohnsteuerlichen Konsequenzen.

Im Gegensatz zur rückwirkenden Aufhebung einer Vereinbarung mit der Rechtsfolge, dass der Anspruch auf betriebliche Altersversorgung gänzlich untergeht, bewirkt die Abfindung des Anspruchs lediglich einen Rechtsverlust ab dem Zeitpunkt des Wirksamwerdens der Vereinbarung. Der Pauschalierung nach § 40b EStG a. F. steht die vorzeitige Kündigung durch den Arbeitnehmer entgegen. Eine Kündigung durch den Arbeitgeber ist dagegen unschädlich. Von einer Kündigung durch den Arbeitgeber ist auszugehen, wenn betriebliche Gründe (z. B. Liquiditätsschwierigkeiten) maßgebend waren oder die

Kündigung durch den Arbeitgeber auf Wunsch des Arbeitnehmers erfolgt ist. Die Kündigung hat keine Auswirkung auf eine bis zu diesem Zeitpunkt erfolgte Pauschalierung nach § 40b EStG a. F.

IV. Schädliche Auszahlung von gefördertem Altersvorsorgevermögen

1. Allgemeines

167 Wird das nach § 10a/Abschnitt XI EStG steuerlich geförderte Altersvorsorgevermögen an den Arbeitnehmer nicht als Rente oder im Rahmen eines Auszahlungsplans ausgezahlt, handelt es sich grundsätzlich um eine schädliche Verwendung (§ 93 Abs. 1 EStG; **Rn.** 195 ff. des BMF-Schreibens vom 21. Dezember 2017, BStBl 2018 I S. 93**, geändert durch das BMF-Schreiben vom 17. Februar 2020, BStBl I S. 213**[1])). Im Bereich der betrieblichen Altersversorgung kann eine solche schädliche Verwendung dann gegeben sein, wenn Versorgungsanwartschaften abgefunden oder übertragen werden. Entsprechendes gilt, wenn der Arbeitnehmer im Versorgungsfall ein bestehendes Wahlrecht auf Einmalkapitalauszahlung ausübt (vgl. **Rn.** 68).

168 Liegt eine schädliche Verwendung von gefördertem Altersvorsorgevermögen vor, gelten die **Rn.** 202 ff. sowie 216 bis 239 des BMF-Schreibens vom 21. Dezember 2017 (BStBl 2018 I S. 93), **geändert durch das BMF-Schreiben vom 17. Februar 2020 (BStBl I S. 213**[1])).

2. Abfindungen von Anwartschaften, die auf nach § 10a/Abschnitt XI EStG geförderten Beiträgen beruhen

169 Im Fall der Abfindung von Anwartschaften der betrieblichen Altersversorgung gem. § 3 BetrAVG handelt es sich gem. § 93 Abs. 2 Satz 3 EStG um keine schädliche Verwendung, soweit das nach § 10a/Abschnitt XI EStG geförderte Altersvorsorgevermögen zugunsten eines auf den Namen des Zulageberechtigten lautenden zertifizierten privaten Altersvorsorgevertrags geleistet wird. Der Begriff der Abfindung umfasst außerdem auch Abfindungen, die in arbeitsrechtlich zulässiger Weise außerhalb des Regelungsbereiches des § 3 BetrAVG erfolgen, wie z. B. den Fall der Abfindung ohne Ausscheiden aus dem Arbeitsverhältnis. Liegen die übrigen Voraussetzungen des § 93 Abs. 2 Satz 3 EStG vor, kann somit auch in anderen Abfindungsfällen als denen des § 3 BetrAVG gefördertes Altersvorsorgevermögen aus der betrieblichen Altersversorgung auf einen zertifizierten privaten Altersvorsorgevertrag übertragen werden, ohne dass eine schädliche Verwendung vorliegt.

3. Abfindungen von Anwartschaften, die auf steuerfreien oder nicht geförderten Beiträgen beruhen

170 Wird eine Anwartschaft der betrieblichen Altersversorgung abgefunden, die ganz oder teilweise auf nach § 3 Nr. 63, 63a, 66 oder § 100 EStG steuerfreien oder nicht geförderten Beiträgen beruht und zugunsten eines auf den Namen des Steuerpflichtigen lautenden zertifizierten Altersvorsorgevertrags geleistet wird, unterliegt der Abfindungsbetrag im Zeitpunkt der Abfindung nicht der Besteuerung (§ 3 Nr. 55c Satz 2 Buchstabe b EStG; **Rn.** 150 **f.** des BMF-Schreibens vom 21. Dezember 2017, BStBl 2018 I S. 93**, geändert durch das BMF-Schreiben vom 17. Februar 2020, BStBl I S. 213**[1])). Die **Rn.** 152 ff. des BMF-Schreibens vom 21. Dezember 2017 (BStBl 2018 I S. 93)**, geändert durch das BMF-Schreiben vom 17. Februar 2020 (BStBl I S. 213**[1])**)**, gelten entsprechend.

---

[1]) >Anhang 1a I EStH

Wird der Abfindungsbetrag nicht entsprechend der **Rn.** 170 verwendet, erfolgt eine Besteuerung des Abfindungsbetrags im Zeitpunkt der Abfindung entsprechend den Grundsätzen der **Rn.** 150 bis 157. 171

4. Portabilität

Bei einem Wechsel des Arbeitgebers kann der Arbeitnehmer für Versorgungszusagen, die nach dem 31. Dezember 2004 erteilt werden, gem. § 4 Abs. 3 BetrAVG verlangen, dass der bisherige Arbeitgeber den Übertragungswert (§ 4 Abs. 5 BetrAVG) auf eine Versorgungseinrichtung des neuen Arbeitgebers überträgt. Die Übertragung ist gem. § 93 Abs. 2 Satz 2 **Halbsatz 1** EStG dann keine schädliche Verwendung, wenn auch nach der Übertragung eine lebenslange Altersversorgung **entsprechend § 82 Abs. 2 Satz 2 EStG vorgesehen ist. Zu den begünstigten Auszahlungsformen siehe im Einzelnen die Ausführungen unter Rn. 68**. Dies gilt auch, wenn der alte und neue Arbeitgeber sowie der Arbeitnehmer sich gem. § 4 Abs. 2 Nr. 2 BetrAVG freiwillig auf eine Übertragung der Versorgungsanwartschaften mittels Übertragungswert von einer Versorgungseinrichtung im Sinne des § 82 Abs. 2 EStG auf eine andere Versorgungseinrichtung im Sinne des § 82 Abs. 2 EStG verständigen. 172

Auch die Fälle des § 3 Nr. 55c Satz 2 Buchstabe a EStG (Übertragung auf einen anderen Träger der betrieblichen Altersversorgung; s. Rn. 63) führen zu keiner schädlichen Verwendung (§ 93 Abs. 2 Satz 2 Halbsatz 2 EStG). **172a**

Erfüllt die Versorgungseinrichtung des neuen Arbeitgebers nicht die Voraussetzungen des **§ 82 Abs. 2 Satz 2 EStG**, gelten **die Rn.** 150 bis 157 entsprechend. 173

5. Entschädigungsloser Widerruf eines noch verfallbaren Bezugsrechts

Hat der Arbeitnehmer für arbeitgeberfinanzierte Beiträge an eine Direktversicherung, eine Pensionskasse oder einen Pensionsfonds die Förderung durch Sonderausgabenabzug nach § 10a EStG und Zulage nach Abschnitt XI EStG erhalten und verliert er vor Eintritt der Unverfallbarkeit sein Bezugsrecht durch einen entschädigungslosen Widerruf des Arbeitgebers, handelt es sich um eine schädliche Verwendung im Sinne des § 93 Abs. 1 EStG. Das Versicherungsunternehmen, die Pensionskasse oder der Pensionsfonds hat der **zentralen Stelle im Sinne des § 81 EStG (Zentrale Zulagenstelle für Altersvermögen** – ZfA – **bei der Deutschen Rentenversicherung Bund)** die schädliche Verwendung nach § 94 Abs. 1 EStG anzuzeigen. Die gutgeschriebenen Zulagen sind vom Anbieter einzubehalten. Darüber hinaus hat die ZfA den steuerlichen Vorteil aus dem Sonderausgabenabzug nach § 10a EStG beim Arbeitnehmer nach § 94 Abs. 2 EStG zurückzufordern. Der maßgebliche Zeitpunkt für die Rückforderung der Zulagen und des steuerlichen Vorteils ist der Zeitpunkt, in dem die den Verlust des Bezugsrechts begründenden Willenserklärungen (z. B. Kündigung oder Widerruf) wirksam geworden sind. Im Übrigen gilt R 40b.1 Abs. 13 ff. LStR. 174

Zahlungen, die das Versicherungsunternehmen, die Pensionskasse oder der Pensionsfonds an den Arbeitgeber leistet, weil der Arbeitnehmer für eine arbeitgeberfinanzierte betriebliche Altersversorgung vor Eintritt der Unverfallbarkeit sein Bezugsrecht verloren hat (z. B. bei vorzeitigem Ausscheiden aus dem Dienstverhältnis), stellen Betriebseinnahmen dar. Die §§ 43 **ff. EStG sind** in diesem Fall zu beachten. 175

V. Anwendungsregelungen

Dieses BMF-Schreiben **ersetzt die BMF-Schreiben vom 6. Dezember 2017 (BStBl 2018 I S. 147) und vom 8. August 2019 (BStBl I S. 834). Es ist in allen offenen Fällen** anzuwenden. **In den Beispielen und bei den Zahlenangaben wurden die 2021 gelten-** 176

den gesetzlichen Beträge berücksichtigt. Die besonderen gesetzlichen Inkrafttretensregelungen (z. B. Anhebung der Einkommensgrenzen beim BAV-Förderbetrag ab 2020) sind bei der Anwendung in offenen Fällen vor 2021 zu beachten.

177 **Die** Regelungen des **durch das BMF-Schreiben vom 6. Dezember 2017 (BStBl 2018 I S. 147) aufgehobenen** BMF-Schreibens vom 24. Juli 2013 **(BStBl I S. 1022), geändert durch das BMF-Schreiben vom 13. Januar 2014 (BStBl I S. 97) und das BMF-Schreiben vom 13. März 2014 (BStBl I S. 554),** sind weiter zu beachten, wenn sie auch für Zeiträume ab dem 1. Januar 2018 Bedeutung haben.

IV.

– unbesetzt –

I

V.

Betriebliche Altersversorgung; Lohnsteuerliche Folgerungen der Übernahme der Pensionszusage eines beherrschenden Gesellschafter-Geschäftsführers gegen eine Ablösungszahlung und Wechsel des Durchführungswegs

BMF vom 4.7.2017 (BStBl I S. 883)
IV C 5 – S 2333/16/10002 – 2017/0581849

Der Bundesfinanzhof (BFH) hat mit Urteil vom 18. August 2016 – VI R 18/13 – (BStBl 2017 II Seite 730) seine Rechtsprechung bestätigt, nach der im Fall eines beherrschenden Gesellschafter-Geschäftsführers die Ablösung einer vom Arbeitgeber erteilten Pensionszusage beim Arbeitnehmer dann zum Zufluss von Arbeitslohn führt, wenn der Ablösungsbetrag auf Verlangen des Arbeitnehmers zur Übernahme der Pensionsverpflichtung an einen Dritten gezahlt wird (BFH-Urteil vom 12. April 2007 – VI R 6/02 –, BStBl II Seite 581). Hat der Arbeitnehmer kein Wahlrecht, den Ablösungsbetrag alternativ an sich auszahlen zu lassen, wird mit der Zahlung des Ablösungsbetrags an den die Pensionsverpflichtung übernehmenden Dritten der Anspruch des Arbeitnehmers auf die künftigen Pensionszahlungen (noch) nicht wirtschaftlich erfüllt. Zufluss von Arbeitslohn liegt in diesem Fall nicht vor.

Nach dem Ergebnis der Erörterung mit den obersten Finanzbehörden der Länder ist Folgendes zu beachten:

1. Das o. g. BFH-Urteil vom 18. August 2016 ist zum speziellen Fall der Ablösung einer vom Arbeitgeber erteilten Pensionszusage eines beherrschenden Gesellschafter-Geschäftsführers, der nicht unter das Betriebsrentengesetz fällt, ergangen. Es ist in gleichgelagerten Fällen anzuwenden. Führt danach die Zahlung des Ablösungsbetrags an den die Pensionsverpflichtung übernehmenden Dritten nicht zu einem Zufluss von Arbeitslohn beim Gesellschafter-Geschäftsführer, liegt Zufluss von Arbeitslohn im Zeitpunkt der Auszahlung der späteren (Versorgungs-) Leistungen vor (§ 24 Nummer 2, § 2 Absatz 1 Satz 1 Nummer 4 und § 19 Absatz 1 Satz 1 Nummer 2 EStG). Der übernehmende Dritte hat die Lohnsteuer dann einzubehalten und alle anderen lohnsteuerlichen Arbeitgeberpflichten zu erfüllen.

2.[1]) Anders als in dem mit o. g. BFH-Urteil vom 18. August 2016 entschiedenen Fall fließt einem Arbeitnehmer allerdings dann Arbeitslohn zu, wenn der Durchführungsweg nach dem Betriebsrentengesetzes von einer Pensions-/Direktzusage oder von einer Versorgungszusage über eine Unterstützungskasse auf einen Pensionsfonds, eine Pensionskasse oder eine Direktversicherung gewechselt wird und der Arbeitgeber in diesem Zusammenhang einen Ablösungsbetrag zahlt (§ 19 EStG). Dies steht im Einklang mit der ständigen Rechtsprechung des BFH, wonach bei Zukunftssicherungsleistungen dann von Arbeitslohn auszugehen ist, wenn die Leistung des Arbeitgebers an einen Dritten (Versicherer) erfolgt und sich der Vorgang – wirtschaftlich betrachtet – so darstellt, als ob der Arbeitgeber dem Arbeitnehmer die Mittel zur Verfügung gestellt und der Arbeitnehmer sie zum Zweck seiner Zukunftssicherung verwendet hat (u. a. BFH-Urteil vom 5. Juli 2012 – VI R 11/11 –, BStBl 2013 II Seite 190). Der Ablösungsbetrag kann in diesem Fall nur unter den entsprechenden Voraussetzungen des § 3 Nummer 66 oder § 3 Nummer 63 EStG steuerfrei bleiben. Von einem steuerpflichtigen Ablösungsbetrag hat der Arbeitgeber Lohnsteuer einzubehalten (§ 38 EStG).

Dieses Schreiben ist in allen offenen Fällen anzuwenden.

---

[1]) ***bestätigt durch BFH vom 19.4.2021 (BStBl II S. 775)***

Übersicht

I.

– unbesetzt –

II.

Einkommensteuerrechtliche Behandlung von Vorsorgeaufwendungen und Altersbezügen

BMF vom 19.8.2013 (BStBl I S. 1087)

IV C 3 – S 2221/12/10010:004 / IV C 5 – S 2345/08/0001 – 2013/0760735

unter Berücksichtigung der Änderungen durch
BMF vom 10.1.2014 (BStBl I S. 70),
vom 10.4.2015 (BStBl I S. 256),
vom 1.6.2015 (BStBl I S. 475),
vom 4.7.2016 (BStBl I S. 645),
vom 6.12.2016 (BStBl I S. 1426),
vom 19.12.2016 (BStBl I S. 1433),
vom 24.5.2017 (BStBl I S. 820) ***und***
vom 28.9.2021 (BStBl I S. 1831)
IV C 3 – S 2221/19/10050 :002 – 2021/0862436

Zum Sonderausgabenabzug für Beiträge nach § 10 Absatz 1 und zur Besteuerung von Versorgungsbezügen nach § 19 Absatz 2 sowie von Einkünften nach § 22 Nummer 1 Satz 3 Buchstabe a des Einkommensteuergesetzes (EStG) gilt im Einvernehmen mit den obersten Finanzbehörden der Länder Folgendes[1]**:**

Inhaltsverzeichnis

---

[1]) Im Fettdruck sind grundsätzlich die Änderungen gegenüber dem BMF-Schreiben vom 13.9.2010 (BStBl I S. 681) dargestellt.

[2]) Teil A neugefasst durch BMF vom 24.5.2017 (BStBl I S. 820), >Anhang 1a II 1 EStH

A. Abzug von Vorsorgeaufwendungen – § 10 EStG –[1])

B. Besteuerung von Versorgungsbezügen – § 19 Absatz 2 EStG –

I. Von internationalen Organisationen gezahlte Pensionen

Bei von folgenden internationalen Organisationen gezahlten Pensionen einschl. der Zulagen (Steuerausgleichszahlung, Familienzulagen und andere) handelt es sich um Versorgungsbezüge i. S. d. § 19 Absatz 2 EStG: 168[2])

- **Koordinierte Organisationen:**
  - **Europäische Weltraumorganisation (ESA),**
  - **Europarat,**
  - **Nordatlantikvertragsorganisation (NATO),**
  - **Organisation für wirtschaftliche Zusammenarbeit und Entwicklung (OECD),**
  - **Westeuropäische Union (WEU),**
  - **Europäisches Zentrum für mittelfristige Wettervorhersage (EZMV, engl. ECWMF),**
- **Europäische Organisation zur Sicherung der Luftfahrt (EUROCONTROL),**
- **Europäische Patentorganisation (EPO) einschließlich der Dienststellen des Europäischen Patentamts (EPA)[3]),**
- **Europäisches Hochschulinstitut (EHI),**
- **Europäische Organisation für die Nutzung meteorologischer Satelliten (EUMETSAT)[4]).**

Die Zulässigkeit der Besteuerung von an ehemalige Bedienstete internationaler Organisationen gezahlten Pensionen und Ruhegehältern in Deutschland ist davon abhängig, welche Bestimmungen das für die jeweilige internationale Organisation geltende Abkommen oder Privilegienprotokoll enthält. In der Regel lässt dieses Abkommen bzw. Privilegienprotokoll das deutsche Besteuerungsrecht für die Pensionen oder Ruhegehälter unberührt. Eine Ausnahme hiervon stellt das Protokoll über die Vorrechte und Befreiungen der Europäischen Union (ABl. EU 2008 Nr. C 115 S. 266 vom 9. Mai 2008) dar, d. h. Pensionen und Gehälter ehemaliger Bediensteter von Organisationen, auf die dieses Protokoll anzuwenden ist, unterliegen ausschließlich der EU-internen Besteuerung. Eine Zusammenstellung der internationalen Organisationen einschließlich der Fundstellen der zwischenstaatlichen Vereinbarungen, Zustimmungsgesetze und Rechtsverordnungen, aufgrund derer Personen, Personenvereinigungen, Körperschaften, internationalen Organisationen oder ausländischen Staaten Befreiungen von deutschen Steuern vom Einkommen und vom Vermögen gewährt werden (ausgenommen Abkommen zur Vermeidung der Doppelbesteuerung), enthält das BMF-Schreiben vom 18. März 2013 (BStBl I Seite 404)*[5])*.

---

[1]) Teil A neugefasst durch BMF vom 24.5.2017 (BStBl I S. 820), >Anhang 1a II 1 EStH

[2]) Rz. 168 wurde durch BMF-Schreiben vom 1.6.2015 (BStBl I S. 475) neu gefasst und ist auf alle offenen Fälle anzuwenden.

[3]) bestätigt durch BFH vom 23.2.2017 (BStBl II S. 636)

[4]) Rz. 168 Satz 1 wurde durch BMF-Schreiben vom 19.12.2016 (BStBl I S. 1433) geändert. Die Regelungen dieses BMF-Schreibens sind aus Vertrauensschutzgründen ab dem VZ 2017 anzuwenden.

[5]) zwischenzeitlich aufgehoben

II. Arbeitnehmer-/Werbungskosten-Pauschbetrag/Zuschlag zum Versorgungsfreibetrag

169 Ab 2005 ist der Arbeitnehmer-Pauschbetrag (§ 9a Satz 1 Nummer 1 Buchstabe a EStG) bei Versorgungsbezügen i. S. d. § 19 Absatz 2 EStG nicht mehr anzuwenden. Stattdessen wird – wie auch bei den Renten – ein Werbungskosten-Pauschbetrag von 102 € berücksichtigt (§ 9a Satz 1 Nummer 1 Buchstabe b EStG). Als Ausgleich für den Wegfall des Arbeitnehmer-Pauschbetrags wird dem Versorgungsfreibetrag ein Zuschlag von zunächst 900 € hinzugerechnet, der für jeden ab 2006 neu in den Ruhestand tretenden Jahrgang abgeschmolzen wird (§ 19 Absatz 2 Satz 3 EStG). **Werden neben** Versorgungsbezügen i. S. d. § 19 Absatz 2 EStG **auch Einnahmen aus nichtselbständiger Arbeit i. S. d. § 19 Absatz 1 EStG bezogen,** kommen der Arbeitnehmer-Pauschbetrag und der Werbungskosten-Pauschbetrag nebeneinander zur Anwendung. **Bei den Versorgungsbezügen i. S. d. § 19 Absatz 2 EStG ist** der Werbungskosten-Pauschbetrag auch **dann** zu berücksichtigen, wenn bei Einnahmen aus nichtselbständiger Arbeit i. S. d. § 19 Absatz 1 EStG höhere Werbungskosten **als der Arbeitnehmer-Pauschbetrag** anzusetzen sind.

III. Versorgungsfreibetrag/Zuschlag zum Versorgungsfreibetrag

1. Allgemeines

170 Der maßgebende Prozentsatz für den steuerfreien Teil der Versorgungsbezüge und der Höchstbetrag des Versorgungsfreibetrags sowie der Zuschlag zum Versorgungsfreibetrag bestimmen sich ab 2005 nach dem Jahr des Versorgungsbeginns (§ 19 Absatz 2 Satz 3 EStG). Sie werden für jeden ab 2006 neu in den Ruhestand tretenden Jahrgang abgeschmolzen.

2. Berechnung des Versorgungsfreibetrags und des Zuschlags zum Versorgungsfreibetrag

171 Der Versorgungsfreibetrag und der Zuschlag zum Versorgungsfreibetrag (Freibeträge für Versorgungsbezüge) berechnen sich auf der Grundlage des Versorgungsbezugs für Januar 2005 bei Versorgungsbeginn vor 2005 bzw. des Versorgungsbezugs für den ersten vollen Monat bei Versorgungsbeginn ab 2005; wird der Versorgungsbezug insgesamt nicht für einen vollen Monat gezahlt (z. B. wegen Todes des Versorgungsempfängers), ist der Bezug des Teilmonats auf einen Monatsbetrag hochzurechnen. Bei einer nachträglichen Festsetzung von Versorgungsbezügen ist der Monat maßgebend, für den die Versorgungsbezüge erstmals festgesetzt werden; auf den Zahlungstermin kommt es nicht an. Bei Bezügen und Vorteilen aus früheren Dienstleistungen i. S. d. § 19 Absatz 2 Satz 2 Nummer 2 EStG, die wegen Erreichens einer Altersgrenze gezahlt werden, ist der Monat maßgebend, in dem der Steuerpflichtige das 63. Lebensjahr oder, wenn er schwerbehindert ist, das 60. Lebensjahr vollendet hat, da die Bezüge erst mit Erreichen dieser Altersgrenzen als Versorgungsbezüge gelten. Der maßgebende Monatsbetrag ist jeweils mit zwölf zu vervielfältigen und um Sonderzahlungen zu erhöhen, auf die zu diesem Zeitpunkt (erster voller Monat bzw. Januar 2005) ein Rechtsanspruch besteht (§ 19 Absatz 2 Satz 4 EStG). Die Sonderzahlungen (z. B. Urlaubs- oder Weihnachtsgeld) sind mit dem Betrag anzusetzen, auf den bei einem Bezug von Versorgungsbezügen für das ganze Jahr des Versorgungsbeginns ein Rechtsanspruch besteht. Bei Versorgungsempfängern, die schon vor dem 1. Januar 2005 in Ruhestand gegangen sind, können aus Vereinfachungsgründen die Sonderzahlungen 2004 berücksichtigt werden.

Das Jahr des Versorgungsbeginns (§ 19 Absatz 2 Satz 3 EStG) ist grundsätzlich das Jahr, in dem der Anspruch auf die Versorgungsbezüge (§ 19 Absatz 2 Satz 2 EStG) entstanden ist. 171a[1])

Bei Bezügen wegen Erreichens einer Altersgrenze im Sinne des § 19 Absatz 2 Satz 2 Nummer 2 EStG ist das Jahr des Versorgungsbeginns das Jahr, in dem erstmals zum einen der Anspruch auf die Bezüge besteht und zum anderen das 60. bzw. 63. Lebensjahr vollendet ist. Der Versorgungsbeginn tritt dagegen nicht ein, solange der Arbeitnehmer von einer bloßen Option, Versorgungsleistungen für einen Zeitraum ab dem Erreichen der maßgeblichen Altersgrenze zu beanspruchen, tatsächlich keinen Gebrauch macht, z. B. weil er die Leistungen erst ab einem späteren Zeitpunkt in Anspruch nehmen will.

3. Festschreibung des Versorgungsfreibetrags und des Zuschlags zum Versorgungsfreibetrag

Der nach Rz. **171** ermittelte Versorgungsfreibetrag und der Zuschlag zum Versorgungsfreibetrag gelten grundsätzlich für die gesamte Laufzeit des Versorgungsbezugs (§ 19 Absatz 2 Satz 8 EStG). 172

4. Neuberechnung des Versorgungsfreibetrags und des Zuschlags zum Versorgungsfreibetrag

Regelmäßige Anpassungen des Versorgungsbezugs (laufender Bezug und Sonderzahlungen) führen nicht zu einer Neuberechnung (§ 19 Absatz 2 Satz 9 EStG). Zu einer Neuberechnung führen nur Änderungen des Versorgungsbezugs, die ihre Ursache in der Anwendung von Anrechnungs-, Ruhens-, Erhöhungs- oder Kürzungsregelungen haben (§ 19 Absatz 2 Satz 10 EStG), z. B. Wegfall, Hinzutreten oder betragsmäßige Änderungen. Dies ist insbesondere der Fall, wenn der Versorgungsempfänger neben seinen Versorgungsbezügen 173

- Erwerbs- oder Erwerbsersatzeinkommen (§ 53 des Beamtenversorgungsgesetzes – BeamtVG –),
- andere Versorgungsbezüge (§ 54 BeamtVG),
- Renten (§ 55 BeamtVG) oder
- Versorgungsbezüge aus zwischenstaatlicher und überstaatlicher Verwendung (§ 56 BeamtVG)

erzielt, wenn sich die Voraussetzungen für die Gewährung des Familienzuschlags oder des Unterschiedsbetrags nach § 50 BeamtVG ändern oder wenn ein Witwen- oder Waisengeld nach einer Unterbrechung der Zahlung wieder bewilligt wird **(Zur Neuberechnung beim Versorgungsausgleich siehe Rz. 288). Gleiches gilt für entsprechende Leistungen aufgrund landesrechtlicher Beamtenversorgungsgesetze.** Ändert sich der anzurechnende Betrag aufgrund einer einmaligen Sonderzahlung und hat dies nur eine einmalige Minderung des Versorgungsbezugs zur Folge, so kann auf eine Neuberechnung verzichtet werden. Auf eine Neuberechnung kann aus Vereinfachungsgründen auch verzichtet werden, wenn der Versorgungsbezug, der bisher Bemessungsgrundlage für den Versorgungsfreibetrag war, vor und nach einer Anpassung aufgrund von Anrechnungs-, Ruhens-, Erhöhungs- und Kürzungsregelungen mindestens 7.500 € jährlich/625 € monatlich beträgt, also die Neuberechnung zu keiner Änderung der Freibeträge für Versorgungsbezüge führen würde.

---

[1]) Rz. 171a wurde durch BMF-Schreiben vom 10.4.2015 (BStBl I S. 256) eingefügt und ist auf alle offenen Fälle anzuwenden.

174 In den Fällen einer Neuberechnung ist der geänderte Versorgungsbezug, ggf. einschließlich zwischenzeitlicher Anpassungen, Bemessungsgrundlage für die Berechnung der Freibeträge für Versorgungsbezüge (§ 19 Absatz 2 Satz 11 EStG).

175 Bezieht ein Steuerpflichtiger zunächst Versorgungsbezüge wegen verminderter Erwerbsfähigkeit, bestimmen sich der Prozentsatz, der Höchstbetrag des Versorgungsfreibetrags und der Zuschlag zum Versorgungsfreibetrag nach dem Jahr des Beginns dieses Versorgungsbezugs. Wird der Versorgungsbezug wegen verminderter Erwerbsfähigkeit mit Vollendung des 63. Lebensjahres des Steuerpflichtigen oder, wenn er schwerbehindert ist, mit Vollendung des 60. Lebensjahres, in einen Versorgungsbezug wegen Erreichens der Altersgrenze umgewandelt, bestimmen sich der Prozentsatz, der Höchstbetrag des Versorgungsfreibetrags und der Zuschlag zum Versorgungsfreibetrag weiterhin nach dem Jahr des Beginns des Versorgungsbezugs wegen verminderter Erwerbsfähigkeit. Da es sich bei der Umwandlung des Versorgungsbezugs nicht um eine regelmäßige Anpassung handelt, ist eine Neuberechnung des Versorgungsfreibetrags erforderlich.

5. Zeitanteilige Berücksichtigung des Versorgungsfreibetrags und des Zuschlags zum Versorgungsfreibetrag

176 Werden Versorgungsbezüge nur für einen Teil des Kalenderjahres gezahlt, so ermäßigen sich der Versorgungsfreibetrag und der Zuschlag zum Versorgungsfreibetrag für jeden vollen Kalendermonat, für den keine Versorgungsbezüge geleistet werden, in diesem Kalenderjahr um ein Zwölftel (§ 19 Absatz 2 Satz 12 EStG). Bei Zahlung mehrerer Versorgungsbezüge erfolgt eine Kürzung nur für Monate, für die keiner der Versorgungsbezüge geleistet wird. Ändern sich der Versorgungsfreibetrag und/oder der Zuschlag zum Versorgungsfreibetrag im Laufe des Kalenderjahrs aufgrund einer Neuberechnung nach Rz. **173** f., sind in diesem Kalenderjahr die höchsten Freibeträge für Versorgungsbezüge maßgebend (§ 19 Absatz 2 Satz 11 2. Halbsatz EStG); eine zeitanteilige Aufteilung ist nicht vorzunehmen. Die Änderung der Freibeträge für Versorgungsbezüge kann im Lohnsteuerabzugsverfahren berücksichtigt werden.

6. Mehrere Versorgungsbezüge

177 Bei mehreren Versorgungsbezügen bestimmen sich der maßgebende Prozentsatz für den steuerfreien Teil der Versorgungsbezüge und der Höchstbetrag des Versorgungsfreibetrags sowie der Zuschlag zum Versorgungsfreibetrag nach dem Beginn des jeweiligen Versorgungsbezugs. Die Summe aus den jeweiligen Freibeträgen für Versorgungsbezüge wird nach § 19 Absatz 2 Satz 6 EStG auf den Höchstbetrag des Versorgungsfreibetrags und den Zuschlag zum Versorgungsfreibetrag nach dem Beginn des ersten Versorgungsbezugs begrenzt. Fällt der maßgebende Beginn mehrerer laufender Versorgungsbezüge in dasselbe Kalenderjahr, können die Bemessungsgrundlagen aller Versorgungsbezüge zusammengerechnet werden, da in diesen Fällen für sie jeweils dieselben Höchstbeträge gelten.

178 Werden mehrere Versorgungsbezüge von unterschiedlichen Arbeitgebern gezahlt, ist die Begrenzung der Freibeträge für Versorgungsbezüge im Lohnsteuerabzugsverfahren nicht anzuwenden; die Gesamtbetrachtung und ggf. die Begrenzung erfolgt im Veranlagungsverfahren. Treffen mehrere Versorgungsbezüge bei demselben Arbeitgeber zusammen, ist die Begrenzung auch im Lohnsteuerabzugsverfahren zu beachten.

179 Beispiel:

Zwei Ehegatten erhalten jeweils eigene Versorgungsbezüge. Der Versorgungsbeginn des einen Ehegatten liegt im Jahr **2008**, der des anderen im Jahr **2009**. Im Jahr **2013** verstirbt der Ehegatte, der bereits seit **2008** Versorgungsbezüge erhalten hatte. Dem überlebenden Ehegatten werden ab **2013** zusätzlich zu seinen eigenen Versorgungsbezügen i. H. v. monatlich 400 € Hinterbliebenenbezüge i. H. v. monatlich 250 € gezahlt.

Für die eigenen Versorgungsbezüge des überlebenden Ehegatten berechnen sich die Freibeträge für Versorgungsbezüge nach dem Jahr des Versorgungsbeginns **2009**. Der Versorgungsfreibetrag beträgt demnach **33,6** % von 4.800 € (= 400 € Monatsbezug x 12) = **1.613 €** (aufgerundet); der Zuschlag zum Versorgungsfreibetrag beträgt **756 €**.

Für den Hinterbliebenenbezug sind mit Versorgungsbeginn im Jahr **2013** die Freibeträge für Versorgungsbezüge nach § 19 Absatz 2 Satz 7 EStG unter Zugrundelegung des maßgeblichen Prozentsatzes, des Höchstbetrags und des Zuschlags zum Versorgungsfreibetrag des verstorbenen Ehegatten zu ermitteln (siehe dazu Rz. **180 bis 183**). Für die Berechnung sind also die Beträge des maßgebenden Jahres **2008** zugrunde zu legen. Der Versorgungsfreibetrag für die Hinterbliebenenbezüge beträgt demnach **35,2** % von 3.000 € (= 250 € Monatsbezug x 12) = **1.056 €**; der Zuschlag zum Versorgungsfreibetrag beträgt **792 €**.

Die Summe der Versorgungsfreibeträge ab **2013** beträgt (**1.613 €** zuzügl. **1.056 €**) **2.669 €**. Der insgesamt berücksichtigungsfähige Höchstbetrag bestimmt sich nach dem Jahr des Beginns des ersten Versorgungsbezugs (**2008: 2.640 €**). Da der Höchstbetrag überschritten ist, ist der Versorgungsfreibetrag auf insgesamt **2.640 €** zu begrenzen. Auch die Summe der Zuschläge zum Versorgungsfreibetrag (**756 €** zuzügl. **792 €**) **1.548 €** ist nach dem maßgebenden Jahr des Versorgungsbeginns (**2008**) auf insgesamt **792 €** zu begrenzen.

7. Hinterbliebenenversorgung

Folgt ein Hinterbliebenenbezug einem Versorgungsbezug, bestimmen sich der Prozent- 180
satz, der Höchstbetrag des Versorgungsfreibetrags und der Zuschlag zum Versorgungsfreibetrag für den Hinterbliebenenbezug nach dem Jahr des Beginns des Versorgungsbezugs des Verstorbenen (§ 19 Absatz 2 Satz 7 EStG). Bei Bezug von Witwen- oder Waisengeld ist für die Berechnung der Freibeträge für Versorgungsbezüge das Jahr des Versorgungsbeginns des Verstorbenen maßgebend, der diesen Versorgungsanspruch zuvor begründete.

Beispiel: 181

Im Oktober **2012** verstirbt ein 67-jähriger Ehegatte, der seit dem 63. Lebensjahr Versorgungsbezüge erhalten hat. Der überlebende Ehegatte erhält ab November **2012** Hinterbliebenenbezüge.

Für den verstorbenen Ehegatten sind die Freibeträge für Versorgungsbezüge bereits mit der Pensionsabrechnung für Januar **2008** (**35,2 %** der voraussichtlichen Versorgungsbezüge **2008**, maximal **2.640 €** zuzügl. **792 €** Zuschlag) festgeschrieben worden. Im Jahr **2012** sind die Freibeträge für Versorgungsbezüge des verstorbenen Ehegatten mit zehn Zwölfteln zu berücksichtigen. Für den überlebenden Ehegatten sind mit der Pensionsabrechnung für November **2012** eigene Freibeträge für Versorgungsbezüge zu ermitteln. Zugrunde gelegt werden dabei die hochgerechneten Hinterbliebenenbezüge (einschl. Sonderzahlungen). Darauf sind nach § 19 Absatz 2 Satz 7 EStG der maßgebliche Prozentsatz, der Höchstbetrag und der Zuschlag zum Versorgungsfreibetrag des verstorbenen Ehegatten (**35,2 %**, maximal **2.640 €** zuzügl. **792 €** Zuschlag) anzuwenden. Im Jahr **2012** sind die Freibeträge für Versorgungsbezüge des überlebenden Ehegatten mit zwei Zwölfteln zu berücksichtigen.

Erhält ein Hinterbliebener Sterbegeld, stellt dieses gem. R 19.8 Absatz 1 Nummer 1 und 182
R 19.9 Absatz 3 Nummer 3 LStR ebenfalls einen Versorgungsbezug dar. Für das Sterbegeld gelten zur Berechnung der Freibeträge für Versorgungsbezüge ebenfalls der Prozentsatz, der Höchstbetrag und der Zuschlag zum Versorgungsfreibetrag des Verstorbenen. Das Sterbegeld darf als Leistung aus Anlass des Todes die Berechnung des Versorgungsfreibetrags für etwaige sonstige Hinterbliebenenbezüge nicht beeinflussen und ist daher nicht in deren Berechnungsgrundlage einzubeziehen. Das Sterbegeld ist vielmehr als eigenständiger – zusätzlicher – Versorgungsbezug zu behandeln. Die Zwölftelungsregelung ist für das Sterbegeld nicht anzuwenden. Als Bemessungsgrundlage für die Freibeträge für Versorgungsbezüge ist die Höhe des Sterbegeldes im Kalenderjahr anzusetzen, unabhängig von der Zahlungsweise und Berechnungsart.

183 Beispiel:

Im April **2012** verstirbt ein Ehegatte, der zuvor seit **2007** Versorgungsbezüge i. H. v. 1.500 € monatlich erhalten hat. Der überlebende Ehegatte erhält ab Mai **2012** laufende Hinterbliebenenbezüge i. H. v. 1.200 € monatlich. Daneben wird ihm einmalig Sterbegeld i. H. v. zwei Monatsbezügen des verstorbenen Ehegatten, also 3.000 € gezahlt.

Laufender Hinterbliebenenbezug:

Monatsbetrag 1.200 € x 12 = 14.400 €. Auf den hochgerechneten Jahresbetrag werden der für den Verstorbenen maßgebende Prozentsatz und Höchstbetrag des Versorgungsfreibetrags (**2007**), zuzügl. des Zuschlags von **828 €** angewandt. Das bedeutet im vorliegenden Fall 14.400 € x **36,8 % = 5.300 € (aufgerundet)**, höchstens **2.760 €**. Da der laufende Hinterbliebenenbezug nur für acht Monate gezahlt wurde, erhält der überlebende Ehegatte **8/12** dieses Versorgungsfreibetrags, **2.760 €** : 12 = **230 €** x 8 = **1.840 €**. Der Versorgungsfreibetrag für den laufenden Hinterbliebenenbezug beträgt somit **1.840 €**, der Zuschlag zum Versorgungsfreibetrag **552 €** (**8/12** von **828 €**).

Sterbegeld:

Gesamtbetrag des Sterbegelds 2 x 1.500 € = 3.000 €. Auf diesen Gesamtbetrag von 3.000 € werden ebenfalls der für den Verstorbenen maßgebende Prozentsatz und Höchstbetrag des Versorgungsfreibetrags (**2007**), zuzügl. des Zuschlags von **828 €** angewandt, 3.000 € x **36,8 %** = **1.104 €**. Der Versorgungsfreibetrag für das Sterbegeld beträgt **1.104 €**, der Zuschlag zum Versorgungsfreibetrag **828 €**.

Beide Versorgungsfreibeträge ergeben zusammen einen Betrag von **2.944 €**, auf den der insgesamt berücksichtigungsfähige Höchstbetrag nach dem maßgebenden Jahr **2007** anzuwenden ist. Der Versorgungsfreibetrag für den laufenden Hinterbliebenenbezug und das Sterbegeld zusammen beträgt damit **2.760 €**. Dazu kommt der Zuschlag zum Versorgungsfreibetrag von insgesamt **828 €**.

8. Berechnung des Versorgungsfreibetrags im Falle einer Kapitalauszahlung/Abfindung

184 Wird anstelle eines monatlichen Versorgungsbezugs eine Kapitalauszahlung/Abfindung an den Versorgungsempfänger gezahlt, so handelt es sich um einen sonstigen Bezug. Für die Ermittlung der Freibeträge für Versorgungsbezüge ist das Jahr des Versorgungsbeginns zugrunde zu legen, die Zwölftelungsregelung ist für diesen sonstigen Bezug nicht anzuwenden. Bemessungsgrundlage ist der Betrag der Kapitalauszahlung/Abfindung im Kalenderjahr.

185 Beispiel 1:

Dem Versorgungsempfänger wird im Jahr **2012** eine Abfindung i. H. v. 10.000 € gezahlt. Der Versorgungsfreibetrag beträgt (**28,8 %** von 10.000 € = **2.880 €**, höchstens) **2.160 €**; der Zuschlag zum Versorgungsfreibetrag beträgt **648 €**.

Beispiel 2[1]**:**

Der Versorgungsempfänger vollendet sein 63. Lebensjahr am 1. September 2015. Bereits seit August 2012 bezieht er Versorgungsleistungen des Arbeitgebers aus einer Direktzusage. Die Versorgungsbezüge werden als (Teil)-Kapitalauszahlungen in jährlichen Raten von 4.800 € gewährt, erstmals am 1. August 2012.

Das Jahr des Versorgungsbeginns ist das Jahr 2015, denn erstmals in 2015 besteht kumulativ ein Anspruch auf die Bezüge und das 63. Lebensjahr ist vollendet (vgl. Rz. 171a). Für 2015 sind jedoch keine Freibeträge für Versorgungsbezüge zu berücksichtigen, da die Ratenzahlung am 1. August 2015 vor Vollendung des 63. Lebensjahres geleistet wird. Der nach dem Versorgungsbeginn in 2015 maßgebende und ab 2016 zu berücksichtigende Versorgungsfreibetrag beträgt 1.152 € (24,0 % von 4.800 €, höchstens 1.800 €); der ab 2016 zu berücksichtigende Zuschlag zum Versorgungsfreibetrag beträgt 540 €; eine Zwölftelung ist nicht vorzunehmen, da es sich bei den Versorgungsbezügen um (Teil)-Kapitalauszahlungen handelt (vgl. Rz. 184). In den Jahren

---

[1]) In Rz. 185 wurden durch BMF-Schreiben vom 10.4.2015 (BStBl I S. 256) die Beispiele 2 bis 4 eingefügt. Sie sind auf alle offenen Fälle anzuwenden.

2012 bis 2015 werden keine Freibeträge für Versorgungsbezüge berücksichtigt, da der Versorgungsempfänger erst im Jahr 2016 im Zeitpunkt der Zahlung der Ratenzahlung am 1. August 2016 sein 63. Lebensjahr vollendet hat.

Beispiel 3:

Der Versorgungsempfänger vollendet sein 63. Lebensjahr am 1. August 2014. Er könnte ab diesem Zeitpunkt monatliche Versorgungsleistungen des Arbeitgebers aus einer Direktzusage beziehen. Der Versorgungsempfänger entscheidet sich stattdessen für jährliche (Teil)-Kapitalauszahlungen von 4.800 €. Die erste Rate wird am 1. Februar 2015 ausgezahlt.

Das Jahr des Versorgungsbeginns ist das Jahr 2014, denn erstmals in 2014 besteht kumulativ ein Anspruch auf die Bezüge und das 63. Lebensjahr ist vollendet (vgl. Rz. 171a). Der ab 2015 zu berücksichtigende Versorgungsfreibetrag beträgt aufgerundet 1.229 € (25,6 % von 4.800 €, höchstens 1.920 €); der ab 2015 zu berücksichtigende Zuschlag zum Versorgungsfreibetrag beträgt 576 €; eine Zwölftelung ist nicht vorzunehmen, da es sich bei den Versorgungsbezügen um (Teil)-Kapitalauszahlungen handelt (vgl. Rz. 184). Im Jahr 2014 werden mangels Zufluss' keine Freibeträge für Versorgungsbezüge berücksichtigt.

Beispiel 4:

Der Versorgungsempfänger vollendet sein 63. Lebensjahr am 1. August 2014. Er könnte ab diesem Zeitpunkt monatliche Versorgungsleistungen des Arbeitgebers aus einer Direktzusage beziehen. Der Versorgungsempfänger entscheidet sich jedoch dafür, die Versorgungsleistungen erst ab dem 1. August 2015 in Anspruch zu nehmen, um höhere Versorgungsleistungen zu erhalten. Er wählt dabei jährliche (Teil)-Kapitalauszahlungen von 4.800 €. Die erste Rate wird am 1. Februar 2016 ausgezahlt.

Das Jahr des Versorgungsbeginns ist das Jahr 2015, denn erstmals im Jahr 2015 besteht kumulativ ein Anspruch auf die Bezüge und das 63. Lebensjahr ist vollendet (vgl. Rz. 171a). Der ab 2016 zu berücksichtigende Versorgungsfreibetrag beträgt aufgerundet 1.152 € (24 % von 4.800 €, höchstens 1.800 €); der ab 2016 zu berücksichtigende Zuschlag zum Versorgungsfreibetrag beträgt 540 €; eine Zwölftelung ist nicht vorzunehmen, da es sich bei den Versorgungsbezügen um (Teil)-Kapitalauszahlung handelt (vgl. Rz. 184). Im Jahr 2015 werden mangels Zufluss' keine Freibeträge für Versorgungsbezüge berücksichtigt.

Bei Zusammentreffen mit laufenden Bezügen darf der Höchstbetrag, der sich nach dem 186
Jahr des Versorgungsbeginns bestimmt, nicht überschritten werden (siehe dazu Beispiele in Rz. **181** und **183** zum Sterbegeld).

Die gleichen Grundsätze gelten auch, wenn Versorgungsbezüge in einem späteren Ka- 187
lenderjahr nachgezahlt oder berichtigt werden.

9. Zusammentreffen von Versorgungsbezügen (§ 19 EStG) und Rentenleistungen (§ 22 EStG)

Die Frei- und Pauschbeträge sind für jede Einkunftsart gesondert zu berechnen. **Ein** 188
Lohnsteuerabzug ist nur für Versorgungsbezüge vorzunehmen.

IV. Aufzeichnungs- und Bescheinigungspflichten

Nach § 4 Absatz 1 Nummer 4 LStDV hat der Arbeitgeber im Lohnkonto des Arbeitneh- 189
mers in den Fällen des § 19 Absatz 2 EStG die für die zutreffende Berechnung des Versorgungsfreibetrags und des Zuschlags zum Versorgungsfreibetrag erforderlichen Angaben aufzuzeichnen. Aufzuzeichnen sind die Bemessungsgrundlage für den Versorgungsfreibetrag (Jahreswert, Rz. **171**), das Jahr des Versorgungsbeginns und die Zahl der Monate (Zahl der Zwölftel), für die Versorgungsbezüge gezahlt werden. Bei mehreren Versorgungsbezügen sind die Angaben für jeden Versorgungsbezug getrennt aufzuzeichnen, soweit die maßgebenden Versorgungsbeginne in unterschiedliche Kalen-

derjahre fallen (vgl. Rz. **177**). Demnach können z. B. alle Versorgungsbezüge mit Versorgungsbeginn bis zum Jahre 2005 zusammengefasst werden. Zu den Bescheinigungspflichten wird auf die jährlichen BMF-Schreiben zu den Lohnsteuerbescheinigungen hingewiesen.

C. Besteuerung von Einkünften gem. § 22 Nummer 1 Satz 3 Buchstabe a EStG

I. Allgemeines

190 Leibrenten und andere Leistungen aus den gesetzlichen Rentenversicherungen, **der** landwirtschaftlichen Alterskasse, den berufsständischen Versorgungseinrichtungen und aus Leibrentenversicherungen i. S. d. § 10 Absatz 1 Nummer 2 Satz 1 Buchstabe b EStG (vgl. Rz. 8 bis **31**) werden innerhalb eines bis in das Jahr 2039 reichenden Übergangszeitraums in die vollständige nachgelagerte Besteuerung überführt (§ 22 Nummer 1 Satz 3 Buchstabe a Doppelbuchstabe aa EStG). Diese Regelung gilt sowohl für Leistungen von inländischen als auch von ausländischen Versorgungsträgern[1]).

191 **Eine Nachzahlung aus der gesetzlichen Rentenversicherung, die dem Empfänger nach dem 31. Dezember 2004 zufließt, wird nach § 22 Nummer 1 Satz 3 Buchstabe a Doppelbuchstabe aa EStG mit dem Besteuerungsanteil besteuert, auch wenn sie für einen Zeitraum vor dem 1. Januar 2005 gezahlt wird (BFH vom 13. April 2011 – BStBl II S. 915). Dies gilt entsprechend für eine Nachzahlung aus der landwirtschaftlichen Alterskasse und den berufsständischen Versorgungseinrichtungen. Es ist zu prüfen, ob § 34 Absatz 1 EStG Anwendung findet. Die Tarifermäßigung ist grundsätzlich auch auf Nachzahlungen von Renten i. S. d. § 22 Nummer 1 EStG anwendbar, soweit diese nicht auf den laufenden VZ entfallen (R 34.4 Absatz 1 EStR 2012).**

192[2]) **Ist wegen rückwirkender Zubilligung einer Rente der Anspruch auf eine bisher gewährte Sozialleistung (z. B. auf Krankengeld, Arbeitslosengeld oder Sozialhilfe) ganz oder teilweise weggefallen und steht dem Leistenden deswegen gegenüber dem Rentenversicherungsträger (z. B. nach § 103 des Zehnten Buches Sozialgesetzbuch) ein Erstattungsanspruch zu, sind die bisher gezahlten Sozialleistungen in Höhe dieses Erstattungsanspruchs als Rentenzahlungen anzusehen. Die Rente ist dem Leistungsempfänger insoweit im Zeitpunkt der Zahlung dieser Sozialleistungen zugeflossen. Die Besteuerungsgrundsätze des § 22 Nummer 1 Satz 3 Buchstabe a EStG gelten hierbei entsprechend. Sofern die Sozialleistungen dem Progressionsvorbehalt nach § 32b EStG unterlegen haben, ist dieser rückgängig zu machen, soweit die Beträge zu einer Rente umgewidmet werden (R 32b Absatz 4 EStR).**

193 Bei den übrigen Leibrenten erfolgt die Besteuerung auch weiterhin mit dem Ertragsanteil (§ 22 Nummer 1 Satz 3 Buchstabe a Doppelbuchstabe bb EStG ggf. i. V. m. § 55 Absatz 2 EStDV; vgl. Rz. **236** und **237**), es sei denn, es handelt sich um nach dem 31. Dezember 2004 abgeschlossene Rentenversicherungen, bei denen keine lebenslange Rentenzahlung vereinbart und erbracht wird. In diesen Fällen wird die Besteuerung im Wege der Ermittlung des Unterschiedsbetrags nach § 20 Absatz 1 Nummer 6 EStG vorgenommen. Die Regelungen in § 22 Nummer 5 EStG bleiben unberührt (vgl. insoweit auch BMF-Schreiben vom 24. Juli 2013, BStBl I S. 1022).

---

[1]) zur einkommensteuerlichen Behandlung der Leistungen aus Vorsorgeeinrichtungen nach der zweiten Säule der schweizerischen Altersvorsorge >BMF vom 27.7.2016 (BStBl I S. 759)

[2]) bestätigt durch BFH vom 9.12.2015 (BStBl 2016 II S. 624)

Für Leibrenten und andere Leistungen im Sinne von § 22 Nummer 1 Satz 3 Buchstabe a EStG sind nach § 22a EStG Rentenbezugsmitteilungen zu übermitteln. Einzelheiten hierzu sind durch BMF-Schreiben vom 7. Dezember 2011, BStBl I S. 1223, geregelt. 194

II. Leibrenten und andere Leistungen i. S. d. § 22 Nummer 1 Satz 3 Buchstabe a Doppelbuchstabe aa EStG

1. Leistungen aus den gesetzlichen Rentenversicherungen, aus der landwirtschaftlichen Alterskasse und aus den berufsständischen Versorgungseinrichtungen

§ 22 Nummer 1 Satz 3 Buchstabe a Doppelbuchstabe aa EStG erfasst alle Leistungen unabhängig davon, ob sie als Rente oder Teilrente (z. B. Altersrente, Erwerbsminderungsrente, Hinterbliebenenrente als Witwen- oder Witwerrente, Waisenrente oder Erziehungsrente) oder als einmalige Leistung (z. B. Sterbegeld oder Abfindung von Kleinbetragsrenten) ausgezahlt werden. 195

a) Besonderheiten bei Leibrenten und anderen Leistungen aus den gesetzlichen Rentenversicherungen

Zu den Leistungen i. S. d. § 22 Nummer 1 Satz 3 Buchstabe a Doppelbuchstabe aa EStG gehören auch Zusatzleistungen und andere Leistungen. Dazu zählen nicht Zinsen auf Rentennachzahlungen. Diese gehören gemäß § 20 Absatz 1 Nummer 7 EStG zu den Einkünften aus Kapitalvermögen (BFH vom 9. Juni 2015, VIII R 18/12[2]). 196[1])

§ 22 Nummer 1 Satz 3 Buchstabe a Doppelbuchstabe aa EStG gilt nicht für steuerfreie Einnahmen wie z. B. 197*[3])*

- **Leistungen aus der gesetzlichen Unfallversicherung wie z. B. Berufsunfähigkeits- oder Erwerbsminderungsrenten der Berufsgenossenschaft (§ 3 Nummer 1 Buchstabe a EStG),**
- **Sachleistungen und Kinderzuschüsse (§ 3 Nummer 1 Buchstabe b EStG),**
- **Übergangsgelder nach dem SGB VI (§ 3 Nummer 1 Buchstabe c EStG),**
- **die Erstattung von freiwilligen Beiträgen im Zusammenhang mit Nachzahlungen von Beiträgen in besonderen Fällen (§§ 204, 205 und 207 des SGB VI) sowie die Erstattung der vom Versicherten zu Unrecht geleisteten Beiträge nach § 26 SGB IV (§ 3 Nummer 3 Buchstabe b EStG),**
- **Ausgleichszahlungen nach § 86 Bundesversorgungsgesetz (§ 3 Nummer 6 EStG),**
- **Renten, die als Entschädigungsleistungen aufgrund gesetzlicher Vorschriften – insbesondere des Bundesentschädigungsgesetzes – zur Wiedergutmachung nationalsozialistischen Unrechts gewährt werden (§ 3 Nummer 8 EStG),**
- **Renten wegen Alters und wegen verminderter Erwerbsfähigkeit aus der gesetzlichen Rentenversicherung, die an Verfolgte i. S. d. § 1 des Bundesentschädigungsgesetzes gezahlt werden, wenn rentenrechtliche Zeiten aufgrund der Verfolgung in der Rente enthalten sind. Renten wegen Todes aus der gesetzlichen Rentenversicherung, wenn der verstorbene Versicherte Verfolgter i. S. d. § 1 des Bundesentschädigungsgesetzes war und wenn rentenrechtliche**

---

[1]) Rz. 196 wurde durch BMF-Schreiben vom 4.7.2016 (BStBl I S. 645) ab VZ 2016 geändert und kann in VZ vor 2016 auf Antrag in noch offenen Fällen angewendet werden.

[2]) Fundstelle: BStBl 2016 II S. 523

*[3]) **Rz. 197 wurde durch BMF vom 28.9.2021 (BStBl I S. 1831) neu gefasst und ist auf alle offenen Fälle anzuwenden.***

Zeiten aufgrund der Verfolgung in dieser Rente enthalten sind (§ 3 Nummer 8a EStG).

- **Zuschüsse zur freiwilligen oder privaten Krankenversicherung (§ 3 Nummer 14 EStG),**
- **die aufgrund eines Abkommens mit einer zwischen- oder überstaatlichen Einrichtung zur Begründung von Anrechten auf Altersversorgung übertragenen Werte bei einer zwischen- oder überstaatlichen Einrichtung (§ 3 Nummer 55e EStG),**
- **Leistungen nach den §§ 294 bis 299 SGB VI für Kindererziehung an Mütter der Geburtsjahrgänge vor 1921 (§ 3 Nummer 67 EStG); aus Billigkeitsgründen gehören dazu auch Leistungen nach § 294a Satz 2 SGB VI für Kinderziehung an Mütter der Geburtsjahrgänge vor 1927, die am 18. Mai 1990 ihren gewöhnlichen Aufenthalt im Beitrittsgebiet und am 31. Dezember 1991 keinen eigenen Anspruch auf Rente aus eigener Versicherung hatten.**

198 Renten i. S. d. § 9 Anspruchs- und Anwartschaftsüberführungsgesetz – AAÜG – werden zwar von der Deutschen Rentenversicherung Bund ausgezahlt, es handelt sich jedoch nicht um Leistungen aus der gesetzlichen Rentenversicherung. Die Besteuerung erfolgt nach § 22 Nummer 1 Satz 3 Buchstabe a Doppelbuchstabe bb EStG ggf. i. V. m. § 55 Absatz 2 EStDV, soweit die Rente nicht nach § 3 Nummer 6 EStG steuerfrei ist.

199[1]) **Die Ruhegehälter, die ehemaligen Bediensteten in internationalen Organisationen gezahlt werden, unterliegen der Besteuerung nach § 22 Nummer 1 Satz 3 Buchstabe a Doppelbuchstabe aa EStG, sofern es sich bei dem Alterssicherungssystem der jeweiligen Organisation um ein System handelt, das mit der inländischen gesetzlichen Rentenversicherung vergleichbar ist. Hierzu gehören z. B.:**

- **Bank für Internationalen Zahlungsausgleich (BIZ),**
- **Europäische Investitionsbank (EIB),**
- **Europäische Organisation für astronomische Forschung in der südlichen Hemisphäre (ESO),**
- **Europäische Organisation für Kernforschung (CERN),**
- **Europäisches Laboratorium für Molekularbiologie (EMBL),**
- **Vereinte Nationen (VN)**[2]).

b) Besonderheiten bei Leibrenten und anderen Leistungen aus der landwirtschaftlichen Alterskasse

200 Die Renten wegen Alters, wegen Erwerbsminderung und wegen Todes nach dem Gesetz über die Alterssicherung der Landwirte – ALG – gehören zu den Leistungen i. S. d. § 22 Nummer 1 Satz 3 Buchstabe a Doppelbuchstabe aa EStG.

201 Steuerfrei sind z. B. Sachleistungen nach dem ALG (§ 3 Nummer 1 Buchstabe b EStG), Geldleistungen nach den §§ 10, 36 bis 39 ALG (§ 3 Nummer 1 Buchstabe c EStG) sowie Beitragserstattungen nach den §§ 75 und 117 ALG (§ 3 Nummer 3 Buchstabe b EStG).

---

[1]) Rz. 199 wurde durch BMF-Schreiben vom 19.12.2016 (BStBl I S. 1433) geändert.

[2]) bestätigt durch BFH vom 5.4.2017 (BStBl II S. 1187)

c) Besonderheiten bei Leibrenten und anderen Leistungen aus den berufsständischen Versorgungseinrichtungen

Leistungen aus berufsständischen Versorgungseinrichtungen werden nach § 22 Nummer 1 Satz 3 Buchstabe a Doppelbuchstabe aa EStG besteuert, unabhängig davon, ob die Beiträge als Sonderausgaben nach § 10 Absatz 1 Nummer 2 Satz 1 Buchstabe a EStG berücksichtigt wurden. Die Besteuerung erfolgt auch dann nach § 22 Nummer 1 Satz 3 Buchstabe a Doppelbuchstabe aa EStG, wenn die berufsständische Versorgungseinrichtung keine den gesetzlichen Rentenversicherungen vergleichbaren Leistungen erbringt. 202[1])

Unselbständige Bestandteile der Rente (z. B. Kinderzuschüsse) werden zusammen mit der Rente nach § 22 Nummer 1 Satz 3 Buchstabe a Doppelbuchstabe aa EStG besteuert **(vgl. BFH vom 13. August 2011, BStBl II 2012 S. 312)**. 203

Einmalige Leistungen (z. B. Kapitalauszahlungen, Sterbegeld, Abfindung von Kleinbetragsrenten) unterliegen ebenfalls der Besteuerung nach § 22 Nummer 1 Satz 3 Buchstabe a Doppelbuchstabe aa EStG. Das gilt auch für Kapitalzahlungen, bei denen die erworbenen Anwartschaften auf Beiträgen beruhen, die vor dem 1. Januar 2005 erbracht worden sind. **Es ist zu prüfen, ob unter Berücksichtigung der vom BFH aufgestellten Grundsätze (Urteile vom 23. Oktober 2013 – X R 33/10 – und – X R 3/12 –, BStBl II 2014 S. 58) § 34 Absatz 1 EStG Anwendung findet.** 204[2])

Gemäß § 3 Nummer 3 Buchstabe c EStG sind die Leistungen aus berufsständischen Versorgungseinrichtungen, die den Leistungen nach § 3 Nummer 3 Buchstabe a und b EStG entsprechen, steuerfrei. Hierbei kommt es darauf an, dass die Leistungen als solche vergleichbar sind und sich ihrer Art nach entsprechen („Wesensgleichheit“, vgl. BFH vom 10. Oktober 2017, BStBl 2021 II S. 746). Es ist nicht erforderlich, dass sie auf der Grundlage identischer Voraussetzungen erbracht werden. Sind diese – entsprechend Rz. 202 bis 204 steuerbaren – Leistungen gemäß § 3 Nummer 3 Buchstabe c EStG steuerfrei, erfolgt keine Korrektur des Sonderausgabenabzugs der korrespondierenden Beiträge. 205[3])

Eine Steuerfreiheit liegt z. B. in folgenden Fällen vor:

- **Witwen- und Witwerrentenabfindungen bei der ersten Wiederheirat (§ 3 Nummer 3 Buchstabe c EStG i. V. m. § 3 Nummer 3 Buchstabe a EStG).**
- **Beitragserstattungen (§ 3 Nummer 3 Buchstabe c EStG i. V. m. § 3 Nummer 3 Buchstabe b EStG) im Falle der Beendigung der Mitgliedschaft in der berufsständischen Versorgungseinrichtung, wenn höchstens die Beiträge abzüglich des steuerfreien Arbeitgeberanteils bzw. -zuschusses (§ 3 Nummer 62 EStG) nominal erstattet werden. Dies gilt auch für Beitragserstattungen, die nach Begründung einer erneuten Versicherungspflicht in einer berufsständischen Versorgungseinrichtung aufgrund der Beendigung dieser Mitgliedschaft geleistet werden.**

  Werden bis zu 60 % der für den Versicherten geleisteten Beiträge erstattet, kann die Erstattung aus Vereinfachungsgründen insgesamt als steuerfreie

---

[1]) Ist eine zur Basisversorgung hinzutretende und von dieser getrennte Kapitalversorgung aus einem berufsständischen Versorgungswerk als Kapitallebensversicherung ausgestaltet, sind auf entsprechende Kapitalauszahlungen nicht die Regelungen über die Leistungen aus einer Basis-Altersversorgung (§ 22 Nr. 1 Satz 3 Buchst. a), sondern die Regelungen über Erträge aus Kapitallebensversicherungen (§ 20 Abs. 1 Nr. 6) anzuwenden >BFH vom 12.12.2017 (BStBl 2018 II S. 579).

[2]) Rz. 204 wurde durch BMF-Schreiben vom 10.1.2014 (BStBl I S. 70) geändert und findet auf alle offenen Fälle Anwendung.

[3]) ***Rz. 205 wurde durch BMF vom 28.9.2021 (BStBl I S. 1831) neu gefasst. Dieses Schreiben ist ab dem Zeitpunkt seiner Bekanntgabe im BStBl auf alle offenen Fälle anzuwenden.***

Beitragserstattung behandelt werden. Werden mehr als 60 % der für den Versicherten geleisteten Beiträge erstattet, ist die Beitragserstattung bei Vorlage eines Nachweises in dem Umfang steuerfrei, im dem sie auf eigenen Beiträgen des Versicherten beruht.

Basiert die Beitragserstattung ganz oder teilweise auf freiwilligen Beiträgen des Versicherten, ist dies unschädlich.

2. Leibrenten und andere Leistungen aus Rentenversicherungen i. S. d. § 10 Absatz 1 Nummer 2 Satz 1 Buchstabe b EStG

206 Leistungen aus Rentenversicherungen i. S. d. § 10 Absatz 1 Nummer 2 Satz 1 Buchstabe b EStG (vgl. Rz. 8 ff.) unterliegen der nachgelagerten Besteuerung gem. § 22 Nummer 1 Satz 3 Buchstabe a Doppelbuchstabe aa EStG.

207 Für Renten aus Rentenversicherungen, die nicht den Voraussetzungen des § 10 Absatz 1 Nummer 2 Satz 1 Buchstabe b EStG entsprechen – insbesondere für Renten aus Verträgen i. S. d. § 10 Absatz 1 Nummer 3a EStG – bleibt es bei der Ertragsanteilsbesteuerung (vgl. insoweit Rz. 212 ff.), es sei denn, es handelt sich um nach dem 31. Dezember 2004 abgeschlossene Rentenversicherungen, bei denen keine lebenslange Rentenzahlung vereinbart und erbracht wird. Dann erfolgt die Besteuerung nach § 20 Absatz 1 Nummer 6 EStG im Wege der Ermittlung des Unterschiedsbetrags. Die Regelungen in § 22 Nummer 5 EStG bleiben unberührt (vgl. BMF-Schreiben vom 24. Juli 2013, BStBl I S. 1022).

208 Wird ein Rentenversicherungsvertrag mit Versicherungsbeginn nach dem 31. Dezember 2004, der die Voraussetzungen des § 10 Absatz 1 Nummer 2 Satz 1 Buchstabe b EStG nicht erfüllt, in einen zertifizierten Basisrentenvertrag umgewandelt, führt dies zur Beendigung des bestehenden Vertrags – mit den entsprechenden steuerlichen Konsequenzen – und zum Abschluss eines neuen Basisrentenvertrags im Zeitpunkt der Umstellung. Die Beiträge einschließlich des aus dem Altvertrag übertragenen Kapitals können im Rahmen des Sonderausgabenabzugs nach § 10 Absatz 1 Nummer 2 Satz 1 Buchstabe b EStG berücksichtigt werden. Die sich aus dem Basisrentenvertrag ergebenden Leistungen unterliegen insgesamt der Besteuerung nach § 22 Nummer 1 Satz 3 Buchstabe a Doppelbuchstabe aa EStG.

209 Wird ein Kapitallebensversicherungsvertrag in einen **zertifizierten Basisrentenvertrag** umgewandelt, führt auch dies zur Beendigung des bestehenden Vertrags – mit den entsprechenden steuerlichen Konsequenzen – und zum Abschluss eines neuen Basisrentenvertrags im Zeitpunkt der Umstellung. Die Beiträge einschließlich des aus dem Altvertrag übertragenen Kapitals können im Rahmen des Sonderausgabenabzugs nach § 10 Absatz 1 Nummer 2 Satz 1 Buchstabe b EStG berücksichtigt werden. Die sich aus dem Basisrentenvertrag ergebenden Leistungen unterliegen insgesamt der Besteuerung nach § 22 Nummer 1 Satz 3 Buchstabe a Doppelbuchstabe aa EStG.

210 Wird entgegen der ursprünglichen vertraglichen Vereinbarung (vgl. Rz. **9 und 14**) ein zertifizierter Basisrentenvertrag in einen Vertrag umgewandelt, der die Voraussetzungen des § 10 Absatz 1 Nummer 2 Satz 1 Buchstabe b EStG nicht erfüllt, ist steuerlich von einem neuen Vertrag auszugehen. Wird dabei die auf den „alten" Vertrag entfallende Versicherungsleistung ganz oder teilweise auf den „neuen" Vertrag angerechnet, fließt die angerechnete Versicherungsleistung dem Versicherungsnehmer zu und unterliegt im Zeitpunkt der Umwandlung des Vertrags der Besteuerung nach § 22 Nummer 1 Satz 3 Buchstabe a Doppelbuchstabe aa EStG. Ist die Umwandlung als Missbrauch von rechtlichen Gestaltungsmöglichkeiten (§ 42 AO) anzusehen, z. B. Umwandlung innerhalb kurzer Zeit nach Vertragsabschluss ohne erkennbaren sachlichen Grund, ist für die vor der Umwandlung geleisteten Beiträge der Sonderausgabenabzug nach § 10 Absatz 1 Nummer 2 Satz 1 Buchstabe b EStG zu versagen oder rückgängig zu machen.

Werden Ansprüche des Leistungsempfängers aus einem Versicherungsvertrag mit Versicherungsbeginn nach dem 31. Dezember 2004, der die Voraussetzungen des § 10 Absatz 1 Nummer 2 **Satz 1** Buchstabe b EStG erfüllt, unmittelbar auf einen **anderen** Vertrag **des Leistungsempfängers** bei einem anderen Unternehmen übertragen, gilt die Versicherungsleistung nicht als dem Leistungsempfänger zugeflossen, wenn der neue Vertrag nach § 5a AltZertG zertifiziert ist. Sie unterliegt daher im Zeitpunkt der Übertragung nicht der Besteuerung **(§ 3 Nummer 55d EStG)**. 211

III. Leibrenten und andere Leistungen i. S. d. § 22 Nummer 1 Satz 3 Buchstabe a Doppelbuchstabe bb EStG

Der Anwendungsbereich des § 22 Nummer 1 Satz 3 Buchstabe a Doppelbuchstabe bb EStG umfasst diejenigen Leibrenten und anderen Leistungen, die nicht bereits unter Doppelbuchstabe aa der Vorschrift (vgl. Rz. **195** ff.) oder § 22 Nummer 5 EStG einzuordnen sind, wie Renten aus 212

- Rentenversicherungen, die nicht den Voraussetzungen des § 10 Absatz 1 Nummer 2 Satz 1 Buchstabe b EStG entsprechen, weil sie z. B. eine Teilkapitalisierung oder Einmalkapitalauszahlung (Kapitalwahlrecht) oder einen Rentenbeginn vor Vollendung des **62.** Lebensjahres vorsehen (bei **vor** dem **1. Januar 2012** abgeschlossenen Verträgen ist regelmäßig die Vollendung des **60.** Lebensjahres maßgebend) oder die Laufzeit der Versicherung vor dem 1. Januar 2005 begonnen hat, oder
- Verträgen i. S. d. § 10 Absatz 1 Nummer 3a EStG.

Bei nach dem 31. Dezember 2004 abgeschlossenen Rentenversicherungen muss eine lebenslange Rentenzahlung vereinbart und erbracht werden.

Werden neben einer Grundrente Überschussbeteiligungen in Form einer Bonusrente gezahlt, so ist der gesamte Auszahlungsbetrag mit einem einheitlichen Ertragsanteil der Besteuerung zu unterwerfen. Mit der Überschussbeteiligung in Form einer Bonusrente wird kein neues Rentenrecht begründet (R 22.4 Absatz 1 Satz 2 EStR; **BFH vom 22. August 2012, BStBl II 2013 S. 158**). In der Mitteilung nach § 22a EStG (bei Leistungen i. S. d. § 22 Nummer 5 Satz 2 Buchstabe a EStG in der Mitteilung nach § 22 Nummer 5 Satz 7 EStG) ist der Betrag von Grund- und Bonusrente in einer Summe auszuweisen. 213

Dem § 22 Nummer 1 Satz 3 Buchstabe a Doppelbuchstabe bb EStG zuzuordnen sind auch abgekürzte Leibrenten, die nicht unter § 22 Nummer 1 Satz 3 Buchstabe a Doppelbuchstabe aa EStG fallen (z. B. private selbständige Erwerbsminderungsrente, Waisenrente aus einer privaten Versicherung, die die Voraussetzungen des § 10 Absatz 1 Nummer 2 Satz 1 Buchstabe b EStG nicht erfüllt). Dies gilt bei Rentenversicherungen (vgl. Rz. 19 des BMF-Schreibens vom 1. Oktober 2009, BStBl I S. 1172) nur, wenn sie vor dem 1. Januar 2005 abgeschlossen wurden. 214

Auf Antrag des Steuerpflichtigen sind unter bestimmten Voraussetzungen auch Leibrenten und andere Leistungen i. S. d. § 22 Nummer 1 Satz 3 Buchstabe a Doppelbuchstabe aa EStG nach § 22 Nummer 1 Satz 3 Buchstabe a Doppelbuchstabe bb EStG zu versteuern (sog. Öffnungsklausel). Wegen der Einzelheiten hierzu vgl. die Ausführungen unter Rz. **238** ff. 215

IV. Besonderheiten bei der betrieblichen Altersversorgung

Die Versorgungsleistungen einer Pensionskasse, eines Pensionsfonds oder aus einer Direktversicherung (z. B. Rente, Auszahlungsplan, Teilkapitalauszahlung, Einmalkapitalauszahlung) unterliegen der Besteuerung nach § 22 Nummer 5 EStG. Einzelheiten zur Besteuerung von Leistungen aus der betrieblichen Altersversorgung sind im BMF-Schreiben vom 24. Juli 2013, BStBl I S. 1022, Rz. **369** ff. geregelt. 216

V. Durchführung der Besteuerung

1. Leibrenten und andere Leistungen i. S. d. § 22 Nummer 1 Satz 3 Buchstabe a Doppelbuchstabe aa EStG

a) Allgemeines

217 In der Übergangszeit bis zur vollständigen nachgelagerten Besteuerung unterliegt nur ein Teil der Leibrenten und anderen Leistungen der Besteuerung. In Abhängigkeit vom Jahresbetrag der Rente und dem Jahr des Rentenbeginns wird der steuerfreie Teil der Rente ermittelt, der grundsätzlich für die gesamte Laufzeit der Rente gilt. Diese Regelung bewirkt, dass Rentenerhöhungen, die auf einer regelmäßigen Rentenanpassung beruhen, vollständig nachgelagert besteuert werden[1]).

b) Jahresbetrag der Rente

218 Bemessungsgrundlage für die Ermittlung des der Besteuerung unterliegenden Anteils der Rente ist der Jahresbetrag der Rente (§ 22 Nummer 1 Satz 3 Buchstabe a Doppelbuchstabe aa Satz 2 EStG). Jahresbetrag der Rente ist die Summe der im Kalenderjahr zugeflossenen Rentenbeträge einschließlich der bei Auszahlung einbehaltenen eigenen Beitragsanteile zur Kranken- und Pflegeversicherung. Steuerfreie Zuschüsse zu den Krankenversicherungsbeiträgen sind nicht Bestandteil des Jahresbetrags der Rente. Zum Jahresbetrag der Rente gehören auch die im Kalenderjahr zugeflossenen anderen Leistungen. Bei rückwirkender Zubilligung der Rente ist ggf. **Rz. 192 dieses Schreibens und Rz. 48 des BMF-Schreibens vom 7. Dezember 2011 (BStBl I S. 1223)** zu beachten. Eine Pfändung der Rente hat keinen Einfluss auf die Höhe des nach § 22 EStG zu berücksichtigenden Jahresbetrags der Rente. **Dies gilt auch für Abtretungen.**

c) Bestimmung des Prozentsatzes

aa) Allgemeines

219 Der Prozentsatz in der Tabelle in § 22 Nummer 1 Satz 3 Buchstabe a Doppelbuchstabe aa Satz 3 EStG bestimmt sich grundsätzlich nach dem Jahr des Rentenbeginns.

220 Unter Beginn der Rente ist der Zeitpunkt zu verstehen, ab dem die Rente (ggf. nach rückwirkender Zubilligung) tatsächlich bewilligt wird (siehe Rentenbescheid).

221 Wird die bewilligte Rente bis auf 0 € gekürzt, z. B. weil eigene Einkünfte anzurechnen sind, steht dies dem Beginn der Rente nicht entgegen und unterbricht die Laufzeit der Rente nicht. Verzichtet der Rentenberechtigte in Kenntnis der Kürzung der Rente auf die Beantragung, beginnt die Rente jedoch nicht zu laufen, solange sie mangels Beantragung nicht dem Grunde nach bewilligt wird.

222 Fließt eine andere Leistung vor dem Beginn der Leibrente zu, bestimmt sich der Prozentsatz für die Besteuerung der anderen Leistung nach dem Jahr ihres Zuflusses, andernfalls nach dem Jahr des Beginns der Leibrente.

bb) Erhöhung oder Herabsetzung der Rente

223 Soweit Renten i. S. d. § 22 Nummer 1 Satz 3 Buchstabe a Doppelbuchstabe aa EStG später z. B. wegen Anrechnung anderer Einkünfte erhöht oder herabgesetzt werden, ist keine neue Rente anzunehmen. Gleiches gilt, wenn eine Teil-Altersrente in eine volle Altersrente oder eine volle Altersrente in eine Teil-Altersrente umgewandelt wird (§ 42 SGB VI). Für den erhöhten oder verminderten Rentenbetrag bleibt der ursprünglich ermittelte Prozentsatz maßgebend (zur Neuberechnung des Freibetrags vgl. Rz. **232** ff.).

---

[1]) Das gilt auch für die reguläre Anpassung der Renten anhand des aktuellen Rentenwertes (Ost) gem. § 255a SGB VI (>BFH vom 3.12.2019 – BStBl 2020 II S. 386).

cc) Besonderheiten bei Folgerenten aus derselben Versicherung oder demselben Vertrag

Renten aus derselben Versicherung oder demselben Vertrag liegen vor, wenn Renten auf ein und demselben Rentenrecht beruhen. Das ist beispielsweise der Fall, wenn eine Rente wegen voller Erwerbsminderung einer Rente wegen teilweiser Erwerbsminderung folgt oder umgekehrt, bei einer Altersrente, der eine (volle oder teilweise) Erwerbsminderungsrente vorherging, oder wenn eine kleine Witwen- oder Witwerrente einer großen Witwen- oder Witwerrente folgt und umgekehrt oder eine Altersrente einer Erziehungsrente folgt. Das gilt auch dann, wenn die Rentenempfänger nicht identisch sind wie z. B. bei einer Altersrente mit nachfolgender Witwen- oder Witwerrente oder Waisenrente. Leistungen aus Anrechten, die im Rahmen des Versorgungsausgleichs durch interne Teilung auf die ausgleichsberechtigte Person übertragen wurden oder die zu Lasten der Anrechte der ausgleichspflichtigen Person für die ausgleichberechtigte Person durch externe Teilung begründet wurden, stellen einen eigenen Rentenanspruch der ausgleichsberechtigten Person dar. Die Rente der ausgleichsberechtigten Person ist daher keine Rente aus der Versicherung oder dem Vertrag der ausgleichspflichtigen Person. 224

Folgen nach dem 31. Dezember 2004 Renten aus derselben Versicherung oder demselben Vertrag einander nach, wird bei der Ermittlung des Prozentsatzes nicht der tatsächliche Beginn der Folgerente herangezogen. Vielmehr wird ein fiktives Jahr des Rentenbeginns ermittelt, indem vom tatsächlichen Rentenbeginn der Folgerente die Laufzeiten vorhergehender Renten abgezogen werden. Dabei darf der Prozentsatz von 50 % nicht unterschritten werden. 225

Beispiel: 226
A bezieht von Oktober 2003 bis Dezember 2006 (= 3 Jahre und 3 Monate) eine Erwerbsminderungsrente i. H. v. 1.000 €. Anschließend ist er wieder erwerbstätig. Ab Februar 2013 erhält er seine Altersrente i. H. v. 2.000 €.

In 2003 und 2004 ist die Erwerbsminderungsrente gem. § 55 Absatz 2 EStDV mit einem Ertragsanteil von 4 % zu versteuern, in 2005 und 2006 gem. § 22 Nummer 1 Satz 3 Buchstabe a Doppelbuchstabe aa EStG mit einem Besteuerungsanteil von 50 %. Der der Besteuerung unterliegende Teil für die ab Februar 2013 gewährte Altersrente ermittelt sich wie folgt:

Rentenbeginn der Altersrente	Februar 2013
abzügl. der Laufzeit der Erwerbsminderungsrente (3 Jahre und 3 Monate)	
= fiktiver Rentenbeginn	November 2009
Besteuerungsanteil lt. Tabelle	58 %
Jahresbetrag der Rente in 2013: 11 x 2.000 €	22.000 €
Betragsmäßiger Besteuerungsanteil (58 % von 22.000 €)	12.760 €

Renten, die vor dem 1. Januar 2005 geendet haben, werden nicht als vorhergehende Renten berücksichtigt und wirken sich daher auf die Höhe des Prozentsatzes für die Besteuerung der nachfolgenden Rente nicht aus. 227

Abwandlung des Beispiels in Rz. **226**: 228
Die Erwerbsminderungsrente wurde von Oktober 2000 bis Dezember 2004 bezogen.

In diesem Fall folgen nicht nach dem 31. Dezember 2004 mehrere Renten aus derselben Versicherung einander nach mit der Folge, dass für die Ermittlung des Besteuerungsanteils für die Altersrente das Jahr 2013 maßgebend ist und folglich ein Besteuerungsanteil von 66 %.

229 Lebt eine wegen Wiederheirat des Berechtigten weggefallene Witwen- oder Witwerrente wegen Auflösung oder Nichtigerklärung der erneuten Ehe oder der erneuten Lebenspartnerschaft wieder auf (§ 46 Absatz 3 SGB VI), ist bei Wiederaufleben der Witwen- oder Witwerrente für die Ermittlung des Prozentsatzes nach § 22 Nummer 1 Satz 3 Buchstabe a Doppelbuchstabe aa Satz 3 EStG der Rentenbeginn des erstmaligen Bezugs maßgebend.

d) Ermittlung des steuerfreien Teils der Rente

aa) Allgemeines

230 Nach § 22 Nummer 1 Satz 3 Buchstabe a Doppelbuchstabe aa Satz 4 und 5 EStG gilt der steuerfreie Teil der Rente für die gesamte Laufzeit des Rentenbezugs. Der steuerfreie Teil der Rente wird in dem Jahr ermittelt, das dem Jahr des Rentenbeginns folgt. Bei Renten, die vor dem 1. Januar 2005 begonnen haben, ist der steuerfreie Teil der Rente des Jahres 2005 maßgebend.

bb) Bemessungsgrundlage für die Ermittlung des steuerfreien Teils der Rente

231 Bemessungsgrundlage für die Ermittlung des steuerfreien Teils der Rente ist der Jahresbetrag der Rente in dem Jahr, das dem Jahr des Rentenbeginns folgt. Bei Renten mit Rentenbeginn vor dem 1. Januar 2005 ist der Jahresbetrag der Rente des Jahres 2005 maßgebend. Zum Jahresbetrag der Rente vgl. Rz. **218**.

cc) Neuberechnung des steuerfreien Teils der Rente

232 Ändert sich der Jahresbetrag der Rente und handelt es sich hierbei nicht um eine regelmäßige Anpassung (z. B. jährliche Rentenerhöhung), ist der steuerfreie Teil der Rente auf der Basis des bisher maßgebenden Prozentsatzes mit der veränderten Bemessungsgrundlage neu zu ermitteln. Auch Rentennachzahlungen oder -rückzahlungen sowie der Wegfall des Kinderzuschusses zur Rente aus einer berufsständischen Versorgungseinrichtung können zu einer Neuberechnung des steuerfreien Teils der Rente führen. **Ändert sich der Jahresbetrag einer Rente in ausländischer Währung aufgrund von Währungsschwankungen, führt die sich daraus ergebende Änderung des Jahresbetrags der Rente ebenfalls zu einer Neuberechnung des steuerfreien Teils der Rente.**

233 Der steuerfreie Teil der Rente ist in dem Verhältnis anzupassen, in dem der veränderte Jahresbetrag der Rente zum Jahresbetrag der Rente steht, der der Ermittlung des bisherigen steuerfreien Teils der Rente zugrunde gelegen hat. Regelmäßige Anpassungen des Jahresbetrags der Rente bleiben dabei außer Betracht (§ 22 Nummer 1 Satz 3 Buchstabe a Doppelbuchstabe aa Satz 7 EStG). Die für die Berechnung erforderlichen Angaben ergeben sich aus der Rentenbezugsmitteilung (vgl. **BMF-Schreiben vom 7. Dezember 2011, BStBl I S. 1223**).

234 Beispiel:

R bezieht ab Mai **2010** eine monatliche Witwenrente aus der gesetzlichen Rentenversicherung **(keine Folgerente)** i. H. v. 1.100 €. Die Rente wird aufgrund regelmäßiger Anpassungen zum 1. Juli **2010**, zum 1. Juli **2011**, zum 1. Juli **2012** und zum 1. Juli **2013** jeweils um 10 € erhöht. Wegen anderer Einkünfte wird die Rente ab August **2013** auf 830 € gekürzt.

Rentenzeitraum	Monatsbetrag	Betrag im Zahlungszeitraum
1.5. – 30.6.**2010**	1.100,00 €	2.200,00 €
1.7. – 31.12.**2010**	1.110,00 €	6.660,00 €
Jahresrente 2010		**8.860,00 €**

Rentenzeitraum	Monatsbetrag	Betrag im Zahlungszeitraum
1.1. – 30.6.**2011**	1.110,00 €	6.660,00 €
1.7. – 31.12.**2011**	1.120,00 €	6.720,00 €
Jahresrente 2011		**13.380,00 €**
1.1. – 30.6.**2012**	1.120,00 €	6.720,00 €
1.7. – 31.12.**2012**	1.130,00 €	6.780,00 €
Jahresrente 2012		**13.500,00 €**
1.1. – 30.6.**2013**	1.130,00 €	6.780,00 €
1.7. – 31.7.**2013**	1.140,00 €	1.140,00 €
1.8. – 31.12.**2013**	830,00 €	4.150,00 €
Jahresrente 2013		**12.070,00 €**

Dem Finanzamt liegen die folgenden Rentenbezugsmitteilungen vor:

Jahr	Leistungsbetrag	Anpassungsbetrag
2010	8.860,00 €	0,00 €
2011	13.380,00 €	0,00 €
2012	13.500,00 €	120,00 €
2013	830,00 €	206,00 €

Berechnung des steuerfreien Teils der Rente 2011

Jahresrente **2011**	13.380,00 €
– der Besteuerung unterliegender Teil (**60** % von 13.380,00 €) =	**– 8.028,00 €**
= steuerfreier Teil der Rente	**5.352,00 €**

Neuberechnung des steuerfreien Teils der Rente im Jahr 2013

Jahresrente **2013** ohne regelmäßige Anpassungen (12.070,00 € – 206,00 €) =	11.864,00 €	
(11.864,00 € / 13.380,00 €) x **5.352,00** € =		**4.745,60 €**

Ermittlung des der Besteuerung unterliegenden Teils der Rente in Anlehnung an den Wortlaut des § 22 Nummer 1 Satz 3 Buchstabe a Doppelbuchstabe aa Satz 3 bis 7 EStG

Jahr	Besteuerungsanteil der Rente
2010	**60** % von 8.860,00 € = **5.316,00** €
2011	**60** % von 13.380,00 € = **8.028,00** €
2012	13.500,00 € – **5.352,00** € = **8.148,00** €
2013	12.070,00 € – **4.745,60** € = **7.324,40** €

Ermittlung des der Besteuerung unterliegenden Teils der Rente in Anlehnung an die Einkommensteuererklärung/die Rentenbezugsmitteilung

	2010	**2011**	**2012**	**2013**
Jahresrente lt. Rentenbezugsmitteilung	8.860,00 €	13.380,00 €	13.500,00 €	12.070,00 €
– Anpassungsbetrag lt. Rentenbezugsmitteilung	– 0,00 €	– 0,00 €	– 120,00 €	– 206,00 €
Zwischensumme	8.860,00 €	13.380,00 €	13.380,00 €	11.864,00 €
darauf fester Prozentsatz (hier: **60** %)	**5.316,00 €**	**8.028,00 €**	**8.028,00 €**	**7.118,40 €**
+ Anpassungsbetrag lt. Rentenbezugsmitteilung	+ 0,00 €	+ 0,00 €	+ 120,00 €	+ 206,00 €
= der Besteuerung unterliegende Anteil der Rente	**5.316,00 €**	**8.028,00 €**	**8.148,00 €**	**7.324,40 €**

235 Folgerenten i. S. d. § 22 Nummer 1 Satz 3 Buchstabe a Doppelbuchstabe aa Satz 8 EStG (vgl. Rz. **224** ff.) werden für die Berechnung des steuerfreien Teils der Rente (§ 22 Nummer 1 Satz 3 Buchstabe a Doppelbuchstabe aa Satz 3 bis 7 EStG) als eigenständige Renten behandelt. Das gilt nicht, wenn eine wegen Wiederheirat weggefallene Witwen- oder Witwerrente (vgl. Rz. **229**) wieder auflebt. In diesem Fall berechnet sich der steuerfreie Teil der Rente nach der ursprünglichen, später weggefallenen Rente (vgl. Rz. **230** und **231**).

2. Leibrenten und andere Leistungen i. S. d. § 22 Nummer 1 Satz 3 Buchstabe a Doppelbuchstabe bb EStG

236 Leibrenten i. S. d. § 22 Nummer 1 Satz 3 Buchstabe a Doppelbuchstabe bb EStG (vgl. Rz. **212**) unterliegen auch ab dem **VZ** 2005 nur mit dem Ertragsanteil der Besteuerung. Sie ergeben sich aus der Tabelle in § 22 Nummer 1 Satz 3 Buchstabe a Doppelbuchstabe bb Satz 4 EStG. Die neuen Ertragsanteile gelten sowohl für Renten, deren Rentenbeginn vor dem 1. Januar 2005 liegt, als auch für Renten, die erst nach dem 31. Dezember 2004 zu laufen beginnen.

237 Für abgekürzte Leibrenten (vgl. Rz. **214**) – z. B. aus einer privaten selbständigen Erwerbsminderungsversicherung, die nur bis zum 65. Lebensjahr gezahlt wird – bestimmen sich die Ertragsanteile auch weiterhin nach § 55 Absatz 2 EStDV.

3. Öffnungsklausel

a) Allgemeines

238 Durch die Öffnungsklausel in § 22 Nummer 1 Satz 3 Buchstabe a Doppelbuchstabe bb Satz 2 EStG werden auf Antrag des Steuerpflichtigen Teile der Leibrenten oder anderer Leistungen, die anderenfalls der nachgelagerten Besteuerung nach § 22 Nummer 1 Satz 3 Buchstabe a Doppelbuchstabe aa EStG unterliegen würden, nach § 22 Nummer 1 Satz 3 Buchstabe a Doppelbuchstabe bb EStG besteuert.

b) Antrag

239 Der Antrag ist vom Steuerpflichtigen beim zuständigen Finanzamt in der Regel im Rahmen der Einkommensteuererklärung formlos zu stellen. Der Antrag kann nicht vor Beginn des Leistungsbezugs gestellt werden. Die Öffnungsklausel in § 22 Nummer 1 Satz 3 Buchstabe a Doppelbuchstabe bb Satz 2 EStG ist nicht von Amts wegen anzuwenden.

c) 10-Jahres-Grenze

240 Die Anwendung der Öffnungsklausel setzt voraus, dass **bis zum 31. Dezember 2004 für** mindestens zehn Jahre Beiträge oberhalb des Betrags des Höchstbeitrags zur gesetzlichen Rentenversicherung gezahlt wurden. Dabei ist jedes Kalenderjahr getrennt zu betrachten. Die Jahre müssen nicht unmittelbar aufeinander folgen. Dabei sind Beiträge grundsätzlich dem Jahr zuzurechnen, in dem sie gezahlt oder für das sie bescheinigt werden. Sofern Beiträge jedoch rentenrechtlich (als Nachzahlung) in einem anderen Jahr wirksam werden, sind diese dem Jahr zuzurechnen, in dem sie rentenrechtlich wirksam werden. Für die Prüfung, ob die 10-Jahres-Grenze erfüllt ist, sind nur Zahlungen zu berücksichtigen, die bis zum 31. Dezember 2004 geleistet wurden (BFH vom 19. Januar 2010, **BStBl II 2011 S. 567**). Sie müssen außerdem „für" Beitragsjahre vor dem 1. Januar 2005 gezahlt worden sein. Der jährliche Höchstbeitrag ist auch dann maßgebend, wenn nur für einen Teil des Jahres Versicherungspflicht bestand oder nicht während des ganzen Jahres Beiträge geleistet wurden (BFH vom 4. Februar 2010, **BStBl II 2011 S. 579**).

d) Maßgeblicher Höchstbeitrag

Für die Prüfung, ob Beiträge oberhalb des Betrags des Höchstbeitrags gezahlt wurden, ist grundsätzlich der Höchstbeitrag zur gesetzlichen Rentenversicherung der Angestellten und Arbeiter (West) des Jahres heranzuziehen, dem die Beiträge zuzurechnen sind. In den Jahren, in denen im gesamten Kalenderjahr eine Versicherung in der knappschaftlichen Rentenversicherung bestand, ist deren Höchstbeitrag maßgebend. Bis 1949 galten in den gesetzlichen Rentenversicherungen unterschiedliche Höchstbeiträge für Arbeiter und Angestellte. Sofern keine Versicherungspflicht in den gesetzlichen Rentenversicherungen bestand, ist stets der Höchstbeitrag für Angestellte in der gesetzlichen Rentenversicherung der Arbeiter und Angestellten zu Grunde zu legen. Höchstbeitrag ist die Summe des Arbeitgeberanteils und des Arbeitnehmeranteils zur jeweiligen gesetzlichen Rentenversicherung. Die maßgeblichen Höchstbeiträge ergeben sich für die Jahre 1927 bis 2004 aus der als Anlage beigefügten Tabelle. 241

e) Ermittlung der geleisteten Beiträge

Für die Frage, ob in einem Jahr Beiträge oberhalb des Betrags des Höchstbeitrags gezahlt wurden, sind sämtliche Beiträge an gesetzliche Rentenversicherungen, an **die** landwirtschaftliche Alterskasse und an berufsständische Versorgungseinrichtungen zusammenzurechnen, die dem einzelnen Jahr zuzurechnen sind (Rz. **240**). **Dabei sind auch Beiträge zu einer ausländischen gesetzlichen Rentenversicherung (vgl. Rz. 4) sowie an Alterssicherungssysteme von internationalen Organisationen, die mit der gesetzlichen Rentenversicherung vergleichbar sind (vgl. Rz. 199), zu berücksichtigen; das gilt unabhängig davon, ob die sich daraus später ergebenden Renteneinkünfte im Inland besteuert werden können.** Beiträge zur gesetzlichen Rentenversicherung aufgrund eines Versorgungsausgleichs (§ 187 Absatz 1 Nummer 1 SGB VI), bei vorzeitiger Inanspruchnahme einer Altersrente (§ 187a SGB VI) oder zur Erhöhung der Rentenanwartschaft (§ 187b SGB VI) sind in dem Jahr zu berücksichtigen, in dem sie geleistet wurden. Dies gilt entsprechend für Beitragszahlungen dieser Art an **die** landwirtschaftliche Alterskasse und **an** berufsständische Versorgungseinrichtungen. 242

Für die Anwendung der Öffnungsklausel werden nur Beiträge berücksichtigt, die eigene Beitragsleistungen des Steuerpflichtigen enthalten. **Bei einer Hinterbliebenenrente ist auf die Beitragsleistung des Verstorbenen abzustellen.** Bei der Ermittlung der gezahlten Beiträge kommt es nicht darauf an, ob die Beiträge vom Steuerpflichtigen vollständig oder teilweise selbst getragen wurden. Es ist auch unerheblich, ob es sich um Pflichtbeiträge, freiwillige Beiträge oder Beiträge zur Höherversicherung handelt. 243

Beiträge aufgrund von Nachversicherungen in gesetzliche Rentenversicherungen, an **die** landwirtschaftliche Alterskasse und an berufsständische Versorgungseinrichtungen sind nicht zu berücksichtigen. Eine Nachversicherung wird durchgeführt, wenn ein Beschäftigungsverhältnis, das unter bestimmten Voraussetzungen nicht der Versicherungspflicht in der gesetzlichen Rentenversicherung oder in einer berufsständischen Versorgungseinrichtung unterlag (z. B. als Beamtenverhältnis), unter Verlust der Versorgungszusage gelöst wird. 244

Zuschüsse zum Beitrag nach § 32 **ALG** werden bei der Berechnung mit einbezogen. 245

Der jährliche Höchstbeitrag ist auch dann maßgebend, wenn nur für einen Teil des Jahres eine Versicherungspflicht bestand oder nicht während des ganzen Jahres Beiträge geleistet wurden (BFH vom 4. Februar 2010, **BStBl II 2011 S. 579**). Ein anteiliger Ansatz des Höchstbeitrags erfolgt nicht. 246

f) Nachweis der gezahlten Beiträge

247 Der Steuerpflichtige muss einmalig nachweisen, dass er **für** einen Zeitraum von mindestens zehn Jahren vor dem 1. Januar 2005 Beiträge oberhalb des Betrags des Höchstbeitrags gezahlt hat. Der Nachweis ist durch Bescheinigungen der Versorgungsträger, an die die Beiträge geleistet wurden – bzw. von deren Rechtsnachfolgern – zu erbringen. Aus der Bescheinigung muss sich ergeben, dass die Beiträge vor dem 1. Januar 2005 geleistet wurden und welchem Jahr sie zugerechnet wurden. Soweit der Versorgungsträger für Beiträge eine Zahlung vor dem 1. Januar 2005 nicht bescheinigen kann, hat er in der Bescheinigung ausdrücklich darauf hinzuweisen. In diesen Fällen obliegt es dem Steuerpflichtigen, den Zahlungszeitpunkt vor dem 1. Januar 2005 nachzuweisen. Wird der Nachweis nicht geführt, sind diese Beträge**, soweit es sich nicht um Pflichtbeiträge handelt,** nicht in die Berechnung einzubeziehen. Pflichtbeiträge gelten **in diesen Fällen** als in dem Jahr gezahlt, für das sie bescheinigt werden. Beiträge oberhalb des Höchstbeitrags, die nach dem 31. Dezember 2004 geleistet worden sind, bleiben für die Anwendung der Öffnungsklausel auch dann außer Betracht, wenn im Übrigen vor dem 1. Januar 2005 über einen Zeitraum von mindestens zehn Jahren Beiträge oberhalb des Betrags des Höchstbeitrags zur gesetzlichen Rentenversicherung geleistet worden sind. Wurde vom Steuerpflichtigen eine von den Grundsätzen dieses BMF-Schreibens abweichende Bescheinigung vorgelegt, ist als Folge der durch die BFH-Rechtsprechung vom 19. Januar 2010, **BStBl II 2011 S. 567,** geänderten Rechtslage bis spätestens für den VZ 2011 eine den Grundsätzen dieses BMF-Schreibens entsprechende neue Beitragsbescheinigung vorzulegen (vgl. auch Rz. **266** ff.).

g) Ermittlung des auf Beiträgen oberhalb des Betrags des Höchstbeitrags beruhenden Teils der Leistung

248 Der Teil der Leibrenten oder anderen Leistungen, der auf Beiträgen oberhalb des Betrags des Höchstbeitrags beruht, ist vom Versorgungsträger nach denselben Grundsätzen zu ermitteln wie in Leistungsfällen, bei denen keine Beiträge oberhalb des Betrags des Höchstbeitrags geleistet wurden. Dieser Teil wird bezogen auf jeden einzelnen Rentenanspruch getrennt ermittelt. Dabei sind die insgesamt in den einzelnen Kalenderjahren – ggf. zu verschiedenen Versorgungsträgern – geleisteten Beiträge nach Maßgabe der Rz. **252** bis **254** zu berücksichtigen. Jedes Kalenderjahr ist getrennt zu betrachten. Für jedes Jahr ist der Teil der Leistung, der auf Beiträgen oberhalb des Betrags des Höchstbeitrags beruht, gesondert zu ermitteln. Eine Zusammenrechnung der den einzelnen Jahren zuzurechnenden Beiträge und eine daraus resultierende Durchschnittsbildung sind nicht zulässig. Sofern Beiträge zur gesetzlichen Rentenversicherung oberhalb des Betrags des Höchstbeitrags geleistet werden und in diesen Beiträgen Höherversicherungsbeiträge enthalten sind, sind diese vorrangig als oberhalb des Betrags des Höchstbeitrags geleistet anzusehen. Wurde vom Steuerpflichtigen eine von den Grundsätzen dieses BMF-Schreibens abweichende Bescheinigung vorgelegt, ist bis spätestens für den VZ 2011 eine den Grundsätzen dieses BMF-Schreibens entsprechende neue Beitragsbescheinigung vorzulegen (vgl. auch Rz. **266** ff.).

249 Abweichend hiervon wird bei berufsständischen Versorgungseinrichtungen zugelassen, dass die tatsächlich geleisteten Beiträge und die den Höchstbeitrag übersteigenden Beiträge zum im entsprechenden Jahr maßgebenden Höchstbeitrag ins Verhältnis gesetzt werden. Aus dem Verhältnis der Summen der sich daraus ergebenden Prozentsätze ergibt sich der Prozentsatz für den Teil der Leistung, der auf Beiträge oberhalb des Betrags des Höchstbeitrags entfällt. Für Beitragszahlungen ab dem Jahr 2005 ist für übersteigende Beiträge kein Prozentsatz anzusetzen. Diese Vereinfachungsregelung ist zulässig, wenn

- alle Mitglieder der einheitlichen Anwendung der Vereinfachungsregelung zugestimmt haben oder

– die berufsständische Versorgungseinrichtung für das Mitglied den Teil der Leistung, der auf Beiträgen oberhalb des Betrags des Höchstbeitrags zur gesetzlichen Rentenversicherung beruht, nicht nach Rz. **248** ermitteln kann.

Beispiel: 250

Der Versicherte V war in den Jahren 1969 bis 2005 bei einer berufsständischen Versorgungseinrichtung versichert. Die Aufteilung kann wie folgt durchgeführt werden:

Jahr	**tatsächlich geleistete Beiträge**	**Höchstbeitrag zur gesetzlichen Rentenversicherung (HB)**	**übersteigende Beiträge**	**tatsächlich geleistete Beiträge**	**übersteigende Beiträge**
	in DM / €	**in DM / €**	**in DM / €**	**in % des HB**	**in % des HB**
1969	2.321,00 DM	3.264,00 DM	0 DM	71,11 %	0,00 %
1970	3.183,00 DM	3.672,00 DM	0 DM	86,68 %	0,00 %
1971	2.832,00 DM	3.876,00 DM	0 DM	73,07 %	0,00 %
1972	10.320,00 DM	4.284,00 DM	6.036,00 DM	240,90 %	140,90 %
1973	11.520,00 DM	4.968,00 DM	6.552,00 DM	231,88 %	131,88 %
1974	12.600,00 DM	5.400,00 DM	7.200,00 DM	233,33 %	133,33 %
1975	13.632,00 DM	6.048,00 DM	7.584,00 DM	225,40 %	125,40 %
1976	15.024,00 DM	6.696,00 DM	8.328,00 DM	224,37 %	124,37 %
1977	16.344,00 DM	7.344,00 DM	9.000,00 DM	222,55 %	122,55 %
1978	14.400,00 DM	7.992,00 DM	6.408,00 DM	180,18 %	80,18 %
1979	16.830,00 DM	8.640,00 DM	8.190,00 DM	194,79 %	94,79 %
1980	12.510,00 DM	9.072,00 DM	3.438,00 DM	137,90 %	37,90 %
1981	13.500,00 DM	9.768,00 DM	3.732,00 DM	138,21 %	38,21 %
1982	12.420,00 DM	10.152,00 DM	2.268,00 DM	122,34 %	22,34 %
1983	14.670,00 DM	10.900,00 DM	3.770,00 DM	134,59 %	34,59 %
1984	19.440,00 DM	11.544,00 DM	7.896,00 DM	168,40 %	68,40 %
1985	23.400,00 DM	12.306,60 DM	11.093,40 DM	190,14 %	90,14 %
1986	18.360,00 DM	12.902,40 DM	5.457,60 DM	142,30 %	42,30 %
1987	17.730,00 DM	12.790,80 DM	4.939,20 DM	138,62 %	38,62 %
1988	12.510,00 DM	13.464,00 DM	0,00 DM	92,91 %	0,00 %
1989	14.310,00 DM	13.688,40 DM	621,60 DM	104,54 %	4,54 %
1990	16.740,00 DM	14.137,20 DM	2.602,80 DM	118,41 %	18,41 %
1991	18.000,00 DM	14.001,00 DM	3.999,00 DM	128,56 %	28,56 %
1992	16.110,00 DM	14.443,20 DM	1.666,80 DM	111,54 %	11,54 %
1993	16.020,00 DM	15.120,00 DM	900,00 DM	105,95 %	5,95 %
1994	17.280,00 DM	17.510,40 DM	0,00 DM	98,68 %	0,00 %
1995	16.020,00 DM	17.409,60 DM	0,00 DM	92,02 %	0,00 %
1996	20.340,00 DM	18.432,00 DM	1.908,00 DM	110,35 %	10,35 %
1997	22.140,00 DM	19.975,20 DM	2.164,80 DM	110,84 %	10,84 %
1998	23.400,00 DM	20.462,40 DM	2.937,60 DM	114,36 %	14,36 %
1999	22.500,00 DM	20.094,00 DM	2.406,00 DM	111,97 %	11,97 %
2000	24.210,00 DM	19.917,60 DM	4.292,40 DM	121,55 %	21,55 %
2001	22.230,00 DM	19.940,40 DM	2.289,60 DM	111,48 %	11,48 %

Jahr	tatsächlich geleistete Beiträge	Höchstbeitrag zur gesetzlichen Rentenversicherung (HB)	übersteigende Beiträge	tatsächlich geleistete Beiträge	übersteigende Beiträge
	in DM / €	in DM / €	in DM / €	in % des HB	in % des HB
2002	12.725,00 €	10.314,00 €	2.411,00 €	123,38 %	23,38 %
2003	14.721,80 €	11.934,00 €	2.787,80 €	123,36 %	23,36 %
2004	14.447,00 €	12.051,00 €	2.396,00 €	119,88 %	19,88 %
2005	13.274,50 €	12.168,00 €	0,00 €	109,09 %	0,00 %
			Summe	**5.165,63 %**	**1.542,07 %**
			entspricht	**100 %**	**29,85 %**

Von den Leistungen unterliegt ein Anteil von 29,85 % der Besteuerung nach § 22 Nummer 1 Satz 3 Buchstabe a Doppelbuchstabe bb EStG.

h) Aufteilung bei Beiträgen an mehr als einen Versorgungsträger

251 **Hat der Steuerpflichtige sowohl Beiträge zu einer inländischen als auch Beiträge zu einer ausländischen gesetzlichen Rentenversicherung geleistet, kann er bestimmen, welcher gesetzlichen Rentenversicherung die Beiträge vorrangig zuzuordnen sind.** Weist der Steuerpflichtige **im Übrigen** die Zahlung von Beiträgen an mehr als einen Versorgungsträger nach, gilt Folgendes:

aa) Beiträge an mehr als eine berufsständische Versorgungseinrichtung

252 Die Beiträge bis zum jeweiligen Höchstbeitrag sind einer vom Steuerpflichtigen zu bestimmenden berufsständischen Versorgungseinrichtung vorrangig zuzuordnen. Die berufsständischen Versorgungseinrichtungen haben entsprechend dieser Zuordnung den Teil der Leistung zu ermitteln, der auf Beiträgen beruht, die jährlich isoliert betrachtet oberhalb des Betrags des Höchstbeitrags zur gesetzlichen Rentenversicherung gezahlt wurden.

bb) Beiträge an die gesetzliche Rentenversicherung und an berufsständische Versorgungseinrichtungen

253 Die Beiträge bis zum jeweiligen Höchstbeitrag sind vorrangig der gesetzlichen Rentenversicherung zuzuordnen **(beachte auch Rz. 251)**. Die berufsständische Versorgungseinrichtung hat den Teil der Leistung zu ermitteln, der auf Beiträgen beruht, die jährlich isoliert betrachtet oberhalb des Betrags des Höchstbeitrags zur gesetzlichen Rentenversicherung gezahlt wurden. Dies gilt für den Träger der gesetzlichen Rentenversicherung entsprechend, wenn die Beiträge zur gesetzlichen Rentenversicherung bereits oberhalb des Höchstbeitrags zur gesetzlichen Rentenversicherung liegen.

254 Beiträge an die landwirtschaftliche Alterskasse sind für die Frage der Anwendung der Öffnungsklausel wie Beiträge zur gesetzlichen Rentenversicherung zu behandeln. Sind Beiträge an die gesetzliche Rentenversicherung und an die landwirtschaftliche Alterskasse geleistet worden, sind die Beiträge bis zum jeweiligen Höchstbeitrag vorrangig der gesetzlichen Rentenversicherung zuzuordnen.

255 Beispiel:

Der Steuerpflichtige N hat in den Jahren 1980 bis 1990 folgende Beiträge zur gesetzlichen Rentenversicherung der Arbeiter und Angestellten und an eine berufsständische Versorgungseinrichtung gezahlt. Im Jahr 1981 hat er i. H. v. 22.100 DM Rentenversicherungsbeiträge für die Jahre 1967 bis 1979 nachentrichtet, dabei entfielen auf jedes Jahr 1.700 DM.

Im Jahr 1982 hat er neben seinem Grundbeitrag von 2.200 DM außerdem einen Höherversicherungsbeitrag nach § 11 Angestelltenversicherungsgesetz in Höhe von 8.000 DM an die gesetzliche Rentenversicherung gezahlt. Er beantragt die Anwendung der Öffnungsklausel.

Jahr	Beiträge zur gesetzlichen Rentenversicherung	Beiträge an die berufsständische Versorgungseinrichtung	Höchstbeitrag zur gesetzlichen Rentenversicherung	übersteigende Beiträge
1	2	3	4	5
1967	1.700,00 DM	–	2.352,00 DM	–
1968	1.700,00 DM	–	2.880,00 DM	–
1969	1.700,00 DM	–	3.264,00 DM	–
1970	1.700,00 DM	–	3.672,00 DM	–
1971	1.700,00 DM	–	3.876,00 DM	–
1972	1.700,00 DM	–	4.284,00 DM	–
1973	1.700,00 DM	–	4.968,00 DM	–
1974	1.700,00 DM	–	5.400,00 DM	–
1975	1.700,00 DM	–	6.048,00 DM	–
1976	1.700,00 DM	–	6.696,00 DM	–
1977	1.700,00 DM	–	7.344,00 DM	–
1978	1.700,00 DM	–	7.992,00 DM	–
1979	1.700,00 DM	–	8.640,00 DM	–
1980	2.000,00 DM	8.000,00 DM	9.072,00 DM	928,00 DM
1981	2.100,00 DM	8.600,00 DM	9.768,00 DM	932,00 DM
1982	10.200,00 DM	8.200,00 DM	10.152,00 DM	8.248,00 DM
1983	2.300,00 DM	9.120,00 DM	10.900,00 DM	520,00 DM
1984	2.400,00 DM	9.500,00 DM	11.544,00 DM	356,00 DM
1985	2.500,00 DM	9.940,00 DM	12.306,60 DM	133,40 DM
1986	2.600,00 DM	10.600,00 DM	12.902,40 DM	297,60 DM
1987	2.700,00 DM	11.300,00 DM	12.790,80 DM	1.209,20 DM
1988	2.800,00 DM	11.800,00 DM	13.464,00 DM	1.136,00 DM
1989	2.900,00 DM	12.400,00 DM	13.688,40 DM	1.611,60 DM
1990	3.000,00 DM	12.400,00 DM	14.137,20 DM	1.262,80 DM

Die Nachzahlung im Jahr 1981 allein führt nicht zur Anwendung der Öffnungsklausel, auch wenn in diesem Jahr Beiträge oberhalb des 1981 geltenden Höchstbeitrags und **für** einen Zeitraum von mindestens 10 Jahren gezahlt wurden, da die Jahresbeiträge in den Jahren, denen die jeweiligen Nachzahlungen zuzurechnen sind, jeweils nicht oberhalb des Betrags des Höchstbeitrags liegen.

Im Beispielsfall ist die Öffnungsklausel jedoch anzuwenden, da unabhängig von der Nachzahlung in die gesetzliche Rentenversicherung durch die zusätzliche Zahlung von Beiträgen an eine berufsständische Versorgungseinrichtung **für** einen Zeitraum von mindestens zehn Jahren Beiträge oberhalb des Betrags des Höchstbeitrags zur gesetzlichen Rentenversicherung geleistet wurden (Jahre 1980 bis 1990). Die Öffnungsklausel ist vorrangig auf die Rente aus der berufsständischen Versorgungseinrichtung anzuwenden. Für die Berechnung durch die berufsständische Versorgungseinrichtung, welcher Teil der Rente auf Beiträgen oberhalb des Betrags des Höchstbeitrags beruht, sind die übersteigenden Beiträge (Spalte 5 der Tabelle) – höchstens jedoch die tatsächlich an die berufsständische Versorgungseinrichtung geleisteten Beiträge – heranzuziehen. Es ist ausreichend, wenn die berufsständische Versorgungseinrichtung dem Steuerpflichtigen den prozentualen Anteil der auf die übersteigenden Beiträge entfallenden Leistungen mitteilt. Auf dieser Grundlage hat der Steuerpflichtige selbst in der Auszahlungsphase jährlich den konkreten Anteil der Rente zu ermitteln, der nach § 22 Nummer 1 Satz 3 Buchstabe a Doppelbuchstabe bb EStG der Besteuerung unterliegt.

Eine Besonderheit ergibt sich im Beispielsfall für das Jahr 1982. Aufgrund der Zahlung von Höherversicherungsbeiträgen im Jahr 1982 wurden auch an die gesetzliche Rentenversicherung Beiträge oberhalb des Höchstbeitrags zur gesetzlichen Rentenversicherung geleistet. Diese Beiträge sind der gesetzlichen Rentenversicherung zuzuordnen. Die gesetzliche Rentenversicherung hat auf der Grundlage der Entgeltpunkte des Jahres 1982 den Anteil der Rente aus der gesetzlichen Rentenversicherung zu ermitteln, der auf Beiträge oberhalb des Höchstbeitrags entfällt. Dabei gelten die fiktiven Entgeltpunkte für die Höherversicherungsbeiträge innerhalb der Rentenversicherung vorrangig als oberhalb des Höchstbeitrags zur gesetzlichen Rentenversicherung geleistet. Die Öffnungsklausel ist im Beispielsfall sowohl auf die Rente aus der berufsständischen Versorgungseinrichtung (8.200 DM) als auch auf die Rente aus der gesetzlichen Rentenversicherung (48 DM) anzuwenden.

Die Ermittlung des Teils der Leistung, der auf Beiträgen oberhalb des Betrags des Höchstbeitrags zur gesetzlichen Rentenversicherung (Spalte 5 der Tabelle) beruht, erfolgt durch den Versorgungsträger. Hierbei ist nach den Grundsätzen in Rz. **248** bis **250** zu verfahren.

i) Öffnungsklausel bei einmaligen Leistungen

256 Einmalige Leistungen unterliegen nicht der Besteuerung, soweit auf sie die Öffnungsklausel Anwendung findet.

257 Beispiel:

Nach der Bescheinigung der Versicherung beruhen 12 % der Leistungen auf Beiträgen, die oberhalb des Betrags des Höchstbeitrags geleistet wurden. Nach dem Tod des Steuerpflichtigen erhält die Witwe W ein einmaliges Sterbegeld und eine monatliche Witwenrente.

Von der Witwenrente unterliegt ein Anteil von 88 % der nachgelagerten Besteuerung nach § 22 Nummer 1 Satz 3 Buchstabe a Doppelbuchstabe aa EStG und ein Anteil von 12 % der Besteuerung mit dem Ertragsanteil nach § 22 Nummer 1 Satz 3 Buchstabe a Doppelbuchstabe bb EStG. Der Ertragsanteil bestimmt sich nach dem Lebensjahr der rentenberechtigten Witwe W bei Beginn der Witwenrente; die Regelung zur Folgerente findet bei der Ertragsanteilsbesteuerung keine Anwendung.

Das Sterbegeld unterliegt zu einem Anteil von 88 % der nachgelagerten Besteuerung nach § 22 Nummer 1 Satz 3 Buchstabe a Doppelbuchstabe aa EStG. 12 % des Sterbegelds unterliegen nicht der Besteuerung.

j) Versorgungsausgleich unter Ehegatten oder unter Lebenspartnern

258 Anrechte, auf deren Leistungen die Öffnungsklausel anzuwenden ist, können in einen Versorgungsausgleich unter Ehegatten oder Lebenspartnern einbezogen worden sein. Soweit ein solches Anrecht auf die ausgleichsberechtigte Person übertragen bzw. soweit zu Lasten eines solchen Anrechts für die ausgleichsberechtigte Person ein Anrecht begründet wurde (§§ 10, 14 VersAusglG), kann auf Antrag der ausgleichsberechtigten Person auf die darauf beruhenden Leistungen die Öffnungsklausel ebenfalls Anwendung finden. Es besteht insoweit ein Auskunftsanspruch gegen die ausgleichspflichtige Person bzw. den Versorgungsträger (§ 4 VersAusglG). In dem Umfang, wie die ausgleichsberechtigte Person für übertragene oder begründete Anrechte die Öffnungsklausel anwenden kann, entfällt für die ausgleichspflichtige Person die Anwendbarkeit der Öffnungsklausel. Dabei kommt es nicht darauf an, ob die ausgleichsberechtigte Person tatsächlich von der Anwendbarkeit der Öffnungsklausel Gebrauch macht.

259 Die Anwendung der Öffnungsklausel bei der ausgleichsberechtigten Person setzt voraus, dass die ausgleichspflichtige Person bis zum 31. Dezember 2004 **für** einen Zeitraum von mindestens zehn Jahren Beiträge oberhalb des Betrags des Höchstbeitrags zur gesetzlichen Rentenversicherung gezahlt hat (vgl. Rz. **240**). Dabei sind sämtliche Beitragszahlungen der ausgleichspflichtigen Person ohne Beschränkung auf die Ehe- bzw. Lebenspartnerschaftszeit heranzuziehen.

Bei Ehen bzw. Lebenspartnerschaften, die nach dem 31. Dezember 2004 geschlossen werden, kommt die Öffnungsklausel hinsichtlich der Leistungen an die ausgleichsberechtigte Person, die auf im Wege des Versorgungsausgleichs übertragenen oder begründeten Anrechten beruhen, nicht zur Anwendung, da die während der Ehe- bzw. Lebenspartnerschaftszeit erworbenen Leistungen der ausgleichspflichtigen Person insgesamt nicht auf bis zum 31. Dezember 2004 geleisteten Beiträgen oberhalb des Höchstbeitrags beruhen. 260

Erhält die ausgleichsberechtigte Person neben der Leistung, die sich aus dem im Rahmen des Versorgungsausgleichs übertragenen oder begründeten Anrecht ergibt, noch eine auf „eigenen" Beiträgen beruhende Leistung, ist das Vorliegen der 10-Jahres-Grenze für diese Leistung gesondert zu prüfen. Die Beitragszahlungen der ausgleichspflichtigen Person sind dabei nicht zu berücksichtigen. 261

Der auf dem im Rahmen des Versorgungsausgleichs übertragenen oder begründeten Anrecht beruhende Teil der Leistung, der auf Beiträgen oberhalb des Betrags des Höchstbeitrags zur gesetzlichen Rentenversicherung beruht, ermittelt sich ehe- bzw. lebenspartnerschaftszeitbezogen. Dazu ist der Teil der Leistung, der auf in der Ehe- bzw. Lebenspartnerschaftszeit von der ausgleichspflichtigen Person geleisteten Beiträgen oberhalb des Höchstbeitrags beruht, ins Verhältnis zu der insgesamt während der Ehe- bzw. Lebenspartnerschaftszeit erworbenen Leistung der ausgleichspflichtigen Person zu setzen. Als insgesamt während der Ehe- bzw. Lebenspartnerschaftszeit erworbenes Anrecht ist stets der durch das Familiengericht dem Versorgungsausgleich zugrunde gelegte Wert maßgeblich. Abänderungsverfahren nach §§ 225, 226 des Gesetzes über das Verfahren in Familiensachen und in den Angelegenheiten der freiwilligen Gerichtsbarkeit (FamFG) oder § 51 VersAusglG sind zu berücksichtigen. Mit dem sich danach ergebenden prozentualen Anteil unterliegt die sich aus dem im Rahmen des Versorgungsausgleichs übertragenen oder begründeten Anrecht ergebende Leistung an die ausgleichsberechtigte Person der Besteuerung nach § 22 Nummer 1 Satz 3 Buchstabe a Doppelbuchstabe bb EStG. Entsprechend reduziert sich der Teil der Leistung der ausgleichspflichtigen Person, auf den die Öffnungsklausel anwendbar ist. Hierzu ist zunächst bei der ausgleichspflichtigen Person der Betrag der Leistung zu ermitteln, der sich aus allen durch eigene Versicherung erworbenen Anrechten ergibt und auf bis zum 31. Dezember 2004 gezahlten Beiträgen oberhalb des Höchstbeitrags zur gesetzlichen Rentenversicherung beruht, wenn kein Versorgungsausgleich durchgeführt worden wäre. Dabei sind auch diejenigen Anrechte, die der ausgleichspflichtigen Person infolge des durchgeführten Versorgungsausgleichs nicht mehr zustehen, weil sie übertragen worden sind bzw. zu ihren Lasten ein Anrecht für die ausgleichsberechtigte Person begründet worden ist, zu berücksichtigen. Von diesem Betrag wird der Betrag der Leistung abgezogen, der auf Anrechten beruht, die auf die ausgleichsberechtigte Person im Rahmen des Versorgungsausgleichs übertragen wurden und für die die ausgleichsberechtigte Person die Öffnungsklausel in Anspruch nehmen kann. Der verbleibende Betrag ist ins Verhältnis zu der der ausgleichspflichtigen Person nach Berücksichtigung des Versorgungsausgleichs tatsächlich verbleibenden Leistung zu setzen. Mit diesem Prozentsatz unterliegt die nach Durchführung des Versorgungsausgleichs verbleibende Leistung der ausgleichspflichtigen Person der Öffnungsklausel nach § 22 Nummer 1 Satz 3 Buchstabe a Doppelbuchstabe bb Satz 2 EStG. Diese Berechnung ist auch dann vorzunehmen, wenn die ausgleichsberechtigte Person die Anwendung der Öffnungsklausel auf das im Versorgungsausgleich übertragene oder begründete Anrecht nicht geltend macht. 262

Die Anwendung der Öffnungsklausel auf im Rahmen des Versorgungsausgleichs übertragene bzw. begründete Anrechte ist unabhängig vom Rentenbeginn der ausgleichspflichtigen Person und unabhängig davon, ob diese für sich selbst die Öffnungsklausel 263 beantragt. Der bei der ausgleichsberechtigten Person nach § 22 Nummer 1 Satz 3 Buchstabe a Doppelbuchstabe aa EStG anzuwendende Prozentsatz (für die Kohortenbesteuerung) bestimmt sich nach dem Jahr ihres Rentenbeginns.

264 Bezieht die ausgleichsberechtigte Person vom gleichen Versorgungsträger neben der Leistung, die auf dem im Rahmen des Versorgungsausgleichs übertragenen oder begründeten Anrecht beruht, eine durch eigene Versicherung erworbene Leistung, ist die Anwendung der Öffnungsklausel und deren Umfang für die Leistung aus eigener Versicherung gesondert zu ermitteln. Die Beitragszahlungen der ausgleichspflichtigen Person sind dabei nicht zu berücksichtigen. Der sich insoweit ergebende Prozentsatz kann von demjenigen abweichen, der auf das von der ausgleichspflichtigen Person auf die ausgleichsberechtigte Person übertragene bzw. begründete Anrecht anzuwenden ist. Wird vom Versorgungsträger eine einheitliche Leistung erbracht, die sich aus der eigenen und dem im Rahmen des Versorgungsausgleichs übertragenen bzw. begründeten Anrecht zusammensetzt, kann vom Versorgungsträger ein sich auf die Gesamtleistung ergebender einheitlicher Prozentsatz ermittelt werden. Dabei sind ggf. weitere Rentenanteile, die auf einem durchgeführten Versorgungsausgleich beruhen und für die die Anwendbarkeit der Öffnungsklausel nicht gegeben ist, mit einem Verhältniswert von 0 einzubringen. Solange für Rentenanteile aus dem Versorgungsausgleich die Anwendbarkeit der Öffnungsklausel und der entsprechende Verhältniswert nicht festgestellt sind, ist stets von einem Wert von 0 auszugehen. Wird kein auf die Gesamtleistung anzuwendender Wert ermittelt, sind die einzelnen Leistungsteile, auf die der/die berechnete/n Verhältniswert/e anzuwenden ist/sind, anzugeben.

265 Beispiel:

Berechnung für die ausgleichsberechtigte Person:

Nach dem Ausscheiden aus dem Erwerbsleben erhält A von einer berufsständischen Versorgungseinrichtung eine Rente i. H. v. monatlich 1.000 €. Diese Rente beruht zu 200 € auf im Rahmen des Versorgungsausgleichs auf A übertragenen Rentenanwartschaften von seiner geschiedenen Ehefrau. Die Voraussetzungen der Öffnungsklausel liegen vor. Nach Ermittlung der berufsständischen Versorgungseinrichtung unterliegen 25 % der übertragenen und 5 % der durch eigene Versicherung erworbenen Rentenanwartschaft des A nach § 22 Nummer 1 Satz 3 Buchstabe a Doppelbuchstabe bb Satz 2 EStG der Ertragsanteilsbesteuerung.

Weist die berufsständische Versorgungseinrichtung die Renten jährlich getrennt aus, sind die jeweiligen Prozentsätze unmittelbar auf die einzelnen Renten anzuwenden.

800 € x 12 = 9.600 €	
95 % nach § 22 Nummer 1 Satz 3 Buchstabe a Doppelbuchstabe aa EStG	9.120 €
5 % nach § 22 Nummer 1 Satz 3 Buchstabe a Doppelbuchstabe bb EStG	480 €
200 € x 12 = 2.400 €	
75 % nach § 22 Nummer 1 Satz 3 Buchstabe a Doppelbuchstabe aa EStG	1.800 €
25 % nach § 22 Nummer 1 Satz 3 Buchstabe a Doppelbuchstabe bb EStG	600 €
Insgesamt zu versteuern	
nach § 22 Nummer 1 Satz 3 Buchstabe a Doppelbuchstabe aa EStG	10.920 €
nach § 22 Nummer 1 Satz 3 Buchstabe a Doppelbuchstabe bb EStG	1.080 €

Weist die berufsständische Versorgungseinrichtung einen einheitlichen Rentenbetrag aus, kann anstelle der Rentenaufteilung auch ein einheitlicher Prozentsatz ermittelt werden.

Der einheitliche Wert für die gesamte Leistung berechnet sich wie folgt:

[(800 € x 5 %) + (200 € x 25 %)] / 1.000 € = 9 %

1.000 € x 12 = 12.000	
91 % nach § 22 Nummer 1 Satz 3 Buchstabe a Doppelbuchstabe aa EStG	10.920 €
9 % nach § 22 Nummer 1 Satz 3 Buchstabe a Doppelbuchstabe bb EStG	1.080 €

9 % der Rente aus der berufsständischen Versorgungseinrichtung unterliegen der Besteuerung nach § 22 Nummer 1 Satz 3 Buchstabe a Doppelbuchstabe bb EStG.

Berechnung für die ausgleichspflichtige Person:

B hat Rentenanwartschaften bei einer berufsständischen Versorgungseinrichtung von insgesamt 1.500 € erworben. Davon wurden im Versorgungsausgleich 200 € auf ihren geschiedenen Ehemann A übertragen. B erfüllt die Voraussetzungen für die Anwendung der Öffnungsklausel. 35 % der gesamten Anwartschaft von 1.500 € beruhen auf bis zum 31. Dezember 2004 gezahlten Beiträgen oberhalb des Höchstbeitrags zur gesetzlichen Rentenversicherung. Für die Ehezeit hat der Träger der berufsständischen Versorgungseinrichtung einen Anteil von 25 % ermittelt.

Der auf die nach Durchführung des Versorgungsausgleichs der B noch zustehende Rente von 1.300 € anwendbare Prozentsatz für die Öffnungsklausel ermittelt sich wie folgt:

Rente der ausgleichspflichtigen Person vor Versorgungsausgleich:
1.500 € x 12 = 18.000 €

Anteilsberechnung für Öffnungsklausel, wenn kein Versorgungsausgleich erfolgt wäre:
35 % von 18.000 € = 6.300 €;
6.300 € der insgesamt von B erworbenen Rentenanwartschaften unterliegen (auf Antrag) der Ertragsanteilsbesteuerung (§ 22 Nummer 1 Satz 3 Buchstabe a Doppelbuchstabe bb EStG), die restlichen 11.700 € sind nach § 22 Nummer 1 Satz 3 Buchstabe a Doppelbuchstabe aa EStG zu versteuern.

Im Versorgungsausgleich übertragene Rentenanwartschaft:
200 € x 12 = 2.400 €
25 % von 2.400 € = 600 €
Von den im Versorgungsausgleich auf den geschiedenen Ehemann A übertragenen Rentenanwartschaften können 600 € mit dem Ertragsanteil besteuert werden.

Verbleibender Betrag der ausgleichspflichtigen Person für die Anteilsberechnung im Rahmen der Öffnungsklausel:
6.300 € – 600 € = 5.700 €
Der für B verbleibende Betrag, der mit dem Ertragsanteil (§ 22 Nummer 1 Satz 3 Buchstabe a Doppelbuchstabe bb EStG) besteuert werden kann, beträgt 5.700 €.

Rente der ausgleichspflichtigen Person nach Versorgungsausgleich:
1.300 € x 12 = 15.600 €

Anteilsberechnung bei der ausgleichspflichtigen Person:
5.700 € von 15.600 € = 36,54 %
Dies entspricht 36,54 % der B nach Durchführung des Versorgungsausgleichs zustehenden Rente. Dieser Anteil der Rente ist nach § 22 Nummer 1 Satz 3 Buchstabe a Doppelbuchstabe bb EStG zu versteuern. Für den übrigen Anteil i. H. v. 63,46 % (9.900 € von 15.600 €) ist § 22 Nummer 1 Satz 3 Buchstabe a Doppelbuchstabe aa EStG anzuwenden.

Rechenweg für die Anteilsberechnung (Öffnungsklausel) bei der ausgleichspflichtigen Person in verkürzter Darstellung:
(18.000 € x 35 % – 2.400 € x 25 %) / 15.600 € x 100 = 36,54 %

k) Bescheinigung der Leistung nach § 22 Nummer 1 Satz 3 Buchstabe a Doppelbuchstabe bb Satz 2 EStG

Der Versorgungsträger hat dem Steuerpflichtigen auf dessen Verlangen den prozentualen Anteil der Leistung zu bescheinigen, der auf bis zum 31. Dezember 2004 geleisteten Beiträgen beruht, die oberhalb des Betrags des Höchstbeitrags zur gesetzlichen Rentenversicherung gezahlt wurden. **Wurde der Prozentsatz für die Anwendung der Öffnungsklausel einmal bescheinigt, ist eine weitere Bescheinigung weder bei einer Neufeststellung der Rente noch für Folgerenten erforderlich. Rz. 269 Satz 4 bleibt hiervon unberührt.** Im Fall der Anwendung der Vereinfachungsregelung (Rz. **249**) hat 266 der Versorgungsträger die Berechnung – entsprechend dem Beispielsfall in Rz. **250** – darzustellen.

267 Wurden Beiträge an mehr als einen Versorgungsträger gezahlt und ist der Höchstbeitrag – auch unter Berücksichtigung der Zusammenrechnung nach Rz. **242** – nur bei einem Versorgungsträger überschritten, so ist nur von diesem Versorgungsträger eine Bescheinigung zur Aufteilung der Leistung auszustellen. Der dort bescheinigte Prozentsatz ist nur auf die Leistung dieses Versorgungsträgers anzuwenden. Für die Leistungen der übrigen Versorgungsträger kommt die Öffnungsklausel nicht zur Anwendung. Diese unterliegen in vollem Umfang der Besteuerung nach § 22 Nummer 1 Satz 3 Buchstabe a Doppelbuchstabe aa EStG.

268 Stellt die gesetzliche Rentenversicherung fest, dass geleistete Beiträge zur gesetzlichen Rentenversicherung mindestens einem Jahr zugerechnet wurden, für welches die geleisteten Beiträge oberhalb des Betrags des Höchstbeitrags lagen, so stellt sie – unabhängig davon, ob die Voraussetzungen für die Öffnungsklausel erfüllt sind – eine Mitteilung aus, in der bescheinigt wird, welcher Teil der Leistung auf Beiträgen oberhalb des Betrags des Höchstbeitrags beruht. Für die Frage, welchem Jahr die geleisteten Beiträge zuzurechnen sind, ist Rz. **240** zu beachten. In dieser Bescheinigung wird ausdrücklich darauf hingewiesen, über wie viele Jahre der Betrag des Höchstbeitrags überschritten wurde und dass die Öffnungsklausel nur zur Anwendung kommt, wenn bis zum 31. Dezember 2004 **für** einen Zeitraum von mindestens zehn Jahren Beiträge oberhalb des Betrags des Höchstbeitrags geleistet wurden. Sind die Voraussetzungen der Öffnungsklausel durch Beiträge an weitere Versorgungsträger erfüllt, dient diese Mitteilung der gesetzlichen Rentenversicherung als Bescheinigung zur Aufteilung der Leistung. Der darin mitgeteilte Prozentsatz ist in diesem Fall auf die Leistung der gesetzlichen Rentenversicherung anzuwenden; eine weitere Bescheinigung ist nicht erforderlich.

269 Die endgültige Entscheidung darüber, ob die Öffnungsklausel zur Anwendung kommt, obliegt ausschließlich der Finanzverwaltung und nicht der die Rente auszahlenden Stelle. Der Steuerpflichtige muss deshalb die Anwendung der Öffnungsklausel beim Finanzamt und nicht beim Versorgungsträger beantragen. Der Versorgungsträger ermittelt hierfür den Teil der Leistung, der auf Beiträgen oberhalb des Betrags des Höchstbeitrags beruht und bescheinigt diesen. Für VZ ab 2011 kommt die Öffnungsklausel nur dann zur Anwendung, wenn der Steuerpflichtige das Vorliegen der Voraussetzungen (vgl. Rz. **240** und **242**) nachweist. Der Versorgungsträger erstellt ihm hierfür auf Antrag eine entsprechende Bescheinigung. Wenn bei einer vorangegangenen Bescheinigung von den Grundsätzen dieses BMF-Schreibens nicht abgewichen wurde, genügt eine Bestätigung des Versorgungsträgers, dass die vorangegangene Bescheinigung den Grundsätzen dieses BMF-Schreibens entspricht.

D. Besonderheiten beim Versorgungsausgleich

I. Allgemeines

1. Gesetzliche Neuregelung des Versorgungsausgleichs

270 Mit dem VersAusglG wurden die Vorschriften zum Versorgungsausgleich grundlegend geändert. Es gilt künftig für alle ausgleichsreifen Anrechte auf Altersversorgung der Grundsatz der internen Teilung, der bisher schon bei der gesetzlichen Rentenversicherung zur Anwendung kam. Bisher wurden alle von den Ehegatten während der Ehe **bzw. von den Lebenspartnern während der Lebenspartnerschaftszeit** erworbenen Anrechte auf eine Versorgung wegen Alter und Invalidität bewertet und im Wege eines Einmalausgleichs ausgeglichen, vorrangig über die gesetzliche Rentenversicherung.

271 Das neue VersAusglG sieht dagegen die interne Teilung als Grundsatz des Versorgungsausgleichs auch für alle Systeme der betrieblichen Altersversorgung und privaten Altersvorsorge vor. Hierbei werden die von den Ehegatten **oder Lebenspartnern (§ 20**

des Lebenspartnerschaftsgesetzes) in den unterschiedlichen Altersversorgungssystemen erworbenen Anrechte zum Zeitpunkt der Scheidung innerhalb des jeweiligen Systems geteilt und für den ausgleichsberechtigten Ehegatten **oder Lebenspartner** eigenständige Versorgungsanrechte geschaffen, die unabhängig von den Versorgungsanrechten des ausgleichspflichtigen Ehegatten **oder Lebenspartner** im jeweiligen System gesondert weitergeführt werden.

Zu einem Ausgleich über ein anderes Versorgungssystem (externe Teilung) kommt es nur noch in den in §§ 14 bis 17 VersAusglG geregelten Ausnahmefällen. Bei einer externen Teilung entscheidet die ausgleichsberechtigte Person über die Zielversorgung. Sie bestimmt also, in welches Versorgungssystem der Ausgleichswert zu transferieren ist (ggf. Aufstockung einer bestehenden Anwartschaft, ggf. Neubegründung einer Anwartschaft). Dabei darf die Zahlung des Kapitalbetrags an die gewählte Zielversorgung nicht zu nachteiligen steuerlichen Folgen bei der ausgleichspflichtigen Person führen, es sei denn, sie stimmt der Wahl der Zielversorgung zu. 272

Die gesetzliche Rentenversicherung ist Auffang-Zielversorgung, wenn die ausgleichsberechtigte Person ihr Wahlrecht nicht ausübt und es sich nicht um eine betriebliche Altersversorgung handelt. Bei einer betrieblichen Altersversorgung wird bei fehlender Ausübung des Wahlrechts ein Anspruch in der Versorgungsausgleichskasse begründet. 273

Verbunden ist die externe Teilung mit der Leistung eines Kapitalbetrags in Höhe des Ausgleichswerts, der vom Versorgungsträger der ausgleichspflichtigen Person an den Versorgungsträger der ausgleichsberechtigten Person gezahlt wird (Ausnahme: Externe Teilung von Beamtenversorgungen nach § 16 VersAusglG; hier findet wie nach dem bisherigen Quasi-Splitting zwischen der gesetzlichen Rentenversicherung und dem Träger der Beamtenversorgung ein Erstattungsverfahren im Leistungsfall statt.). 274

Kommt in Einzelfällen weder die interne Teilung noch die externe Teilung in Betracht, etwa weil ein Anrecht zum Zeitpunkt des Versorgungsausgleichs nicht ausgleichsreif ist (§ 19 VersAusglG), z. B. ein Anrecht bei einem ausländischen, zwischenstaatlichen oder überstaatlichen Versorgungsträger oder ein Anrecht i. S. d. Betriebsrentengesetzes, das noch verfallbar ist, kommt es zu Ausgleichsansprüchen nach der Scheidung (§ 20ff. VersAusglG). Zur steuerlichen Behandlung der Ausgleichsansprüche nach der Scheidung vgl. BMF-Schreiben vom **9. April** 2010, BStBl I S. **323**. 275

2. Besteuerungszeitpunkte

Bei der steuerlichen Beurteilung des Versorgungsausgleichs ist zwischen dem Zeitpunkt der Teilung eines Anrechts im Versorgungsausgleich durch gerichtliche Entscheidung und dem späteren Zufluss der Leistungen aus den unterschiedlichen Versorgungssystemen zu unterscheiden. 276

Bei der internen Teilung wird die Übertragung der Anrechte auf die ausgleichsberechtigte Person zum Zeitpunkt des Versorgungsausgleichs für beide Ehegatten **oder Lebenspartner** nach § 3 Nummer 55a EStG steuerfrei gestellt, weil auch bei den im Rahmen eines Versorgungsausgleichs übertragenen Anrechten auf eine Alters- und Invaliditätsversorgung das Prinzip der nachgelagerten Besteuerung eingehalten wird. Die Besteuerung erfolgt erst während der Auszahlungsphase. Die später zufließenden Leistungen gehören dabei bei beiden Ehegatten **oder Lebenspartnern** zur gleichen Einkunftsart, da die Versorgungsanrechte innerhalb des jeweiligen Systems geteilt wurden. Ein Wechsel des Versorgungssystems und ein damit möglicherweise verbundener Wechsel der Besteuerung weg von der nachgelagerten Besteuerung hat nicht stattgefunden. Lediglich die individuellen Merkmale für die Besteuerung sind bei jedem Ehegatten **oder Lebenspartner** gesondert zu ermitteln. 277

278 Bei einer externen Teilung kann dagegen die Übertragung der Anrechte zu einer Besteuerung führen, da sie mit einem Wechsel des Versorgungsträgers und damit regelmäßig mit einem Wechsel des Versorgungssystems verbunden ist. § 3 Nummer 55b Satz 1 EStG stellt deshalb die Leistung des Ausgleichswerts in den Fällen der externen Teilung für beide Ehegatten **oder Lebenspartner** steuerfrei, soweit das Prinzip der nachgelagerten Besteuerung insgesamt eingehalten wird. Soweit die späteren Leistungen bei der ausgleichsberechtigten Person jedoch nicht der nachgelagerten Besteuerung unterliegen werden (z. B. Besteuerung nach § 20 Absatz 1 Nummer 6 EStG oder nach § 22 Nummer 1 Satz 3 Buchstabe a Doppelbuchstabe bb EStG mit dem Ertragsanteil), greift die Steuerbefreiung gem. § 3 Nummer 55b Satz 2 EStG nicht, und die Leistung des Ausgleichswerts ist bereits im Zeitpunkt der Übertragung beim ausgleichspflichtigen Ehegatten **oder Lebenspartner** zu besteuern. Die Besteuerung der später zufließenden Leistungen erfolgt bei jedem Ehegatten **oder Lebenspartner** unabhängig davon, zu welchen Einkünften die Leistungen beim jeweils anderen Ehegatten **oder Lebenspartner** führen, und richtet sich danach, aus welchem Versorgungssystem sie jeweils geleistet werden.

II. Interne Teilung (§ 10 VersAusglG)

1. Steuerfreiheit des Teilungsvorgangs nach § 3 Nummer 55a EStG

279 § 3 Nummer 55a EStG stellt klar, dass die aufgrund einer internen Teilung durchgeführte Übertragung von Anrechten steuerfrei ist; dies gilt sowohl für die ausgleichspflichtige als auch für die ausgleichsberechtigte Person.

2. Besteuerung bei der ausgleichsberechtigten Person

280 Die Leistungen aus den übertragenen Anrechten gehören bei der ausgleichsberechtigten Person zu den Einkünften, zu denen die Leistungen bei der ausgleichspflichtigen Person gehören würden, wenn die interne Teilung nicht stattgefunden hätte. Die (späteren) Versorgungsleistungen sind daher (weiterhin) Einkünfte aus nichtselbständiger Arbeit (§ 19 EStG) oder aus Kapitalvermögen (§ 20 EStG) oder sonstige Einkünfte (§ 22 EStG). Ausgleichspflichtige und ausgleichsberechtigte Person versteuern beide die ihnen jeweils zufließenden Leistungen.

281 Für die Ermittlung des Versorgungsfreibetrags und des Zuschlags zum Versorgungsfreibetrag nach § 19 Absatz 2 EStG, des Besteuerungsanteils nach § 22 Nummer 1 Satz 3 Buchstabe a Doppelbuchstabe aa EStG sowie des Ertragsanteils nach § 22 Nummer 1 Satz 3 Buchstabe a Doppelbuchstabe bb EStG bei der ausgleichsberechtigten Person ist auf deren Versorgungsbeginn, deren Rentenbeginn bzw. deren Lebensalter abzustellen.

282 Zu Besonderheiten bei der Öffnungsklausel s. Rz. **258** ff.

III. Externe Teilung (§ 14 VersAusglG)

1. Steuerfreiheit nach § 3 Nummer 55b EStG

283 Nach § 3 Nummer 55b Satz 1 EStG ist der aufgrund einer externen Teilung an den Träger der Zielversorgung geleistete Ausgleichswert grundsätzlich steuerfrei, soweit die späteren Leistungen aus den dort begründeten Anrechten zu steuerpflichtigen Einkünften bei der ausgleichsberechtigten Person führen würden. Soweit die Übertragung von Anrechten im Rahmen des Versorgungsausgleichs zu keinen Einkünften i. S. d. EStG führt, bedarf es keiner Steuerfreistellung nach § 3 Nummer 55b EStG. Die Steuerfreiheit nach § 3 Nummer 55b Satz 1 EStG greift gem. § 3 Nummer 55b Satz 2 EStG nicht, soweit Leistungen, die auf dem begründeten Anrecht beruhen, bei der ausgleichsberechtigten Person zu Einkünften nach § 20 Absatz 1 Nummer 6 EStG oder § 22 Nummer 1 Satz 3 Buchstabe a Doppelbuchstabe bb EStG führen würden.

2. Besteuerung bei der ausgleichsberechtigten Person

Für die Besteuerung bei der ausgleichsberechtigten Person ist unerheblich, zu welchen Einkünften die Leistungen aus den übertragenen Anrechten bei der ausgleichspflichtigen Person geführt hätten, da mit der externen Teilung ein neues Anrecht begründet wird. 284

3. Beispiele

Beispiel 1: 285

Im Rahmen einer externen Teilung zahlt das Versicherungsunternehmen X, bei dem der ausgleichspflichtige Ehegatte A eine private Rentenversicherung mit Kapitalwahlrecht abgeschlossen hat, einen Ausgleichswert an das Versicherungsunternehmen Y zugunsten des ausgleichsberechtigten Ehegatten B in eine private Rentenversicherung, die dieser als Zielversorgung gewählt hat.

Der Ausgleichswert ist nicht steuerfrei nach § 3 Nummer 55b Satz 1 EStG, da sich aus der Übertragung keine Einkünfte i. S. d. EStG ergeben (kein Fall des § 20 Absatz 1 Nummer 6 EStG, da es sich weder um einen Erlebensfall noch um einen Rückkauf handelt); mangels Anwendbarkeit von § 3 Nummer 55b Satz 1 EStG kann auch kein Fall des Satzes 2 dieser Vorschrift vorliegen. Bei Ausübung des Kapitalwahlrechts unterliegt die spätere geminderte Kapitalleistung bei A der Besteuerung nach § 20 Absatz 1 Nummer 6 EStG (ggf. keine Besteuerung wegen § 52 Absatz 36 EStG[1])); Rentenleistungen sind bei A steuerpflichtig nach § 22 Nummer 1 Satz 3 Buchstabe a Doppelbuchstabe bb EStG. Die Leistungen werden bei B in gleicher Weise besteuert.

Beispiel 2: 286

Im Rahmen einer externen Teilung zahlt das Versicherungsunternehmen X, bei dem der ausgleichspflichtige Ehegatte A eine Basisrentenversicherung (§ 10 Absatz 1 Nummer 2 Satz 1 Buchstabe b EStG) abgeschlossen hat, **mit Zustimmung des A** einen Ausgleichswert an das Versicherungsunternehmen Y zugunsten des ausgleichsberechtigten Ehegatten B in eine private Rentenversicherung, die dieser als Zielversorgung gewählt hat.

Der Ausgleichswert ist nicht steuerfrei nach § 3 Nummer 55b Satz 2 EStG, denn die Leistungen, die auf dem begründeten Anrecht beruhen, würden bei der ausgleichsberechtigten Person zu Einkünften nach § 20 Absatz 1 Nummer 6 EStG (bei Ausübung eines Kapitalwahlrechts) oder nach § 22 Nummer 1 Satz 3 Buchstabe a Doppelbuchstabe bb EStG (bei Rentenzahlungen) führen. A hat im Zeitpunkt der Zahlung durch das Versicherungsunternehmen X einen Betrag in Höhe des Ausgleichswerts nach § 22 Nummer 1 Satz 3 Buchstabe a Doppelbuchstabe aa EStG zu versteuern. Die späteren durch den Versorgungsausgleich gekürzten Leistungen unterliegen bei A ebenfalls der Besteuerung nach § 22 Nummer 1 Satz 3 Buchstabe a Doppelbuchstabe aa EStG. Bei Ausübung des Kapitalwahlrechts unterliegt die spätere Kapitalleistung bei B der Besteuerung nach § 20 Absatz 1 Nummer 6 EStG; Rentenleistungen sind bei B steuerpflichtig nach § 22 Nummer 1 Satz 3 Buchstabe a Doppelbuchstabe bb EStG.

4. Verfahren

Der Versorgungsträger der ausgleichspflichtigen Person hat grundsätzlich den Versorgungsträger der ausgleichsberechtigten Person über die für die Besteuerung der Leistungen erforderlichen Grundlagen zu informieren. Andere Mitteilungs-, Informations- und Aufzeichnungspflichten bleiben hiervon unberührt. 287

IV. Neuberechnung des Versorgungsfreibetrags und des Zuschlags zum Versorgungsfreibetrag

Werden im Zeitpunkt der Wirksamkeit der Teilung bereits Versorgungsbezüge bezogen, erfolgt bei der ausgleichspflichtigen Person eine Neuberechnung des Versorgungsfreibetrags und des Zuschlags zum Versorgungsfreibetrag entsprechend § 19 Absatz 2 288

[1]) jetzt § 52 Abs. 28 Satz 5

Satz 10 EStG. Bei der ausgleichsberechtigten Person sind der Versorgungsfreibetrag und der Zuschlag zum Versorgungsfreibetrag erstmals zu berechnen, da es sich um einen neuen Versorgungsbezug handelt. Dabei bestimmen sich der Prozentsatz, der Höchstbetrag des Versorgungsfreibetrags und der Zuschlag zum Versorgungsfreibetrag nach dem Jahr, für das erstmals Anspruch auf den Versorgungsbezug aufgrund der internen oder externen Teilung besteht.

E. Anwendungsregelung[1])

289 Vorbehaltlich besonderer Regelungen in den einzelnen Randziffern ist dieses Schreiben ab dem Zeitpunkt seiner Bekanntgabe im Bundessteuerblatt anzuwenden.

290 Das BMF-Schreiben vom 13. September 2010 – IV C 3 – S 2222/09/10041 /IV C 5 – S 2345/08/0001 (2010/0628045) –, BStBl I S. 681 wird zum Zeitpunkt der Bekanntgabe dieses Schreibens im Bundessteuerblatt aufgehoben.

[1]) Die Regelungen des BMF-Schreibens vom 10.4.2015 (BStBl I S. 256) und des BMF-Schreibens vom 1.6.2015 (BStBl I S. 475) sind auf alle offenen Fälle anzuwenden. Die Regelung in der Rz. 196 des BMF-Schreibens vom 4.7.2016 (BStBl I S. 645) gilt ab dem VZ 2016. Auf Antrag kann eine Anwendung in noch offenen Fällen erfolgen. Die Regelungen des BMF-Schreibens vom 19.12.2016 (BStBl I S. 1433) sind aus Vertrauensschutzgründen ab dem VZ 2017 anzuwenden.

Anlage

Zusammenstellung der Höchstbeiträge in der gesetzlichen Rentenversicherung der Arbeiter und Angestellten und in der knappschaftlichen Rentenversicherung (jeweils Arbeitgeber- und Arbeitnehmeranteil) für die Jahre 1927 bis 2004

	Gesetzliche Rentenversicherung der Arbeiter und Angestellten		Knappschaftliche Rentenversicherung	
Jahr	**Arbeiter**	**Angestellte**	**Arbeiter**	**Angestellte**
1927	83,43 RM	240,00 RM	383,67 RM	700,00 RM
1928	104,00 RM	280,00 RM	371,25 RM	816,00 RM
1929	104,00 RM	360,00 RM	355,50 RM	901,60 RM
1930	104,00 RM	360,00 RM	327,83 RM	890,40 RM
1931	104,00 RM	360,00 RM	362,48 RM	915,60 RM
1932	104,00 RM	360,00 RM	405,40 RM	940,80 RM
1933	104,00 RM	360,00 RM	405,54 RM	940,80 RM
1934	124,80 RM	300,00 RM	456,00 RM	806,40 RM
1935	124,80 RM	300,00 RM	456,00 RM	806,40 RM
1936	124,80 RM	300,00 RM	456,00 RM	806,40 RM
1937	124,80 RM	300,00 RM	456,00 RM	806,40 RM
1938	136,37 RM	300,00 RM	461,93 RM	1.767,60 RM
1939	140,40 RM	300,00 RM	471,90 RM	1.771,20 RM
1940	140,40 RM	300,00 RM	471,90 RM	1.771,20 RM
1941	140,40 RM	300,00 RM	472,73 RM	1.767,60 RM
1942	171,00 RM	351,60 RM	478,50 RM	1.764,00 RM
1943	201,60 RM	403,20 RM	888,00 RM	1.032,00 RM
1944	201,60 RM	403,20 RM	888,00 RM	1.032,00 RM
1945	201,60 RM	403,20 RM	888,00 RM	1.032,00 RM
1946	201,60 RM	403,20 RM	888,00 RM	1.032,00 RM
1947	201,60 RM	403,20 RM	888,00 RM	1.462,00 RM
1948	201,60 DM[1)]	403,20 DM[1)]	888,00 DM[1)]	1.548,00 DM[1)]
1949	504,00 DM	588,00 DM	1.472,50 DM	1.747,50 DM

[1)] Die im Jahr 1948 vor der Währungsreform geltenden Höchstbeiträge wurden entsprechend der Umstellung der Renten im Verhältnis 1 : 1 von Reichsmark (RM) in Deutsche Mark (DM) umgerechnet.

Jahr	Gesetzliche Rentenversicherung der Arbeiter und Angestellten		Knappschaftliche Rentenversicherung	
	Arbeiter	Angestellte	Arbeiter	Angestellte
1950	720,00 DM		1.890,00 DM	
1951	720,00 DM		1.890,00 DM	
1952	780,00 DM		2.160,00 DM	
1953	900,00 DM		2.700,00 DM	
1954	900,00 DM		2.700,00 DM	
1955	967,50 DM		2.700,00 DM	
1956	990,00 DM		2.700,00 DM	
1957	1.215,00 DM		2.770,00 DM	
1958	1.260,00 DM		2.820,00 DM	
1959	1.344,00 DM		2.820,00 DM	
1960	1.428,00 DM		2.820,00 DM	
1961	1.512,00 DM		3.102,00 DM	
1962	1.596,00 DM		3.102,00 DM	
1963	1.680,00 DM		3.384,00 DM	
1964	1.848,00 DM		3.948,00 DM	
1965	2.016,00 DM		4.230,00 DM	
1966	2.184,00 DM		4.512,00 DM	
1967	2.352,00 DM		4.794,00 DM	
1968	2.880,00 DM		5.358,00 DM	
1969	3.264,00 DM		5.640,00 DM	
1970	3.672,00 DM		5.922,00 DM	
1971	3.876,00 DM		6.486,00 DM	
1972	4.284,00 DM		7.050,00 DM	
1973	4.968,00 DM		7.896,00 DM	
1974	5.400,00 DM		8.742,00 DM	
1975	6.048,00 DM		9.588,00 DM	
1976	6.696,00 DM		10.716,00 DM	
1977	7.344,00 DM		11.844,00 DM	
1978	7.992,00 DM		12.972,00 DM	
1979	8.640,00 DM		13.536,00 DM	
1980	9.072,00 DM		14.382,00 DM	
1981	9.768,00 DM		15.876,00 DM	
1982	10.152,00 DM		16.356,00 DM	
1983	10.900,00 DM		17.324,00 DM	
1984	11.544,00 DM		18.624,00 DM	

	Gesetzliche Rentenversicherung der Arbeiter und Angestellten		Knappschaftliche Rentenversicherung	
Jahr	**Arbeiter**	**Angestellte**	**Arbeiter**	**Angestellte**
1985	12.306,60 DM		19.892,30 DM	
1986	12.902,40 DM		20.658,60 DM	
1987	12.790,80 DM		20.831,40 DM	
1988	13.464,00 DM		21.418,20 DM	
1989	13.688,40 DM		22.005,00 DM	
1990	14.137,20 DM		22.885,20 DM	
1991	14.001,00 DM		22.752,00 DM	
1992	14.443,20 DM		23.637,60 DM	
1993	15.120,00 DM		24.831,00 DM	
1994	17.510,40 DM		28.764,00 DM	
1995	17.409,60 DM		28.454,40 DM	
1996	18.432,00 DM		29.988,00 DM	
1997	19.975,20 DM		32.602,80 DM	
1998	20.462,40 DM		33.248,40 DM	
1999	20.094,00 DM		32.635,20 DM	
2000	19.917,60 DM		32.563,20 DM	
2001	19.940,40 DM		32.613,60 DM	
2002	10.314,00 €		16.916,40 €	
2003	11.934,00 €		19.425,00 €	
2004	12.051,00 €		19.735,80 €	

Anrufungsauskunft nach § 42e EStG

BMF vom 12.12.2017 (BStBl I S. 1656)
IV C 5 – S 2388/14/10001 – 2017/0888392

Im Einvernehmen mit den obersten Finanzbehörden der Länder gilt zur Anrufungsauskunft Folgendes:

1. Berechtigte Personen

1 Mögliche Antragsteller einer Anrufungsauskunft (Beteiligte im Sinne von § 42e Satz 1 Einkommensteuergesetz – EStG) sind der Arbeitgeber, der die Pflichten des Arbeitgebers erfüllende Dritte im Sinne von § 38 Absatz 3a EStG und der Arbeitnehmer. Eine Anrufungsauskunft können auch Personen beantragen, die nach Vorschriften außerhalb des EStG für Lohnsteuer haften, z. B. gesetzliche Vertreter, Vermögensverwalter und Verfügungsberechtigte i. S. d. §§ 34 und 35 Abgabenordnung (AO). Die Anrufungsauskunft ist stets gebührenfrei. Im Auskunftsantrag sind konkrete Rechtsfragen darzulegen, die für den Einzelfall von Bedeutung sind.

2. Zuständigkeit

2 Das Betriebsstättenfinanzamt, § 41 Absatz 2 EStG, ist für die Erteilung der Anrufungsauskunft zuständig.

3 Hat ein Arbeitgeber mehrere Betriebsstätten, so hat das zuständige Finanzamt seine Auskunft mit den anderen Betriebsstättenfinanzämtern abzustimmen, soweit es sich um einen Fall von einigem Gewicht handelt und die Auskunft auch für die anderen Betriebsstätten von Bedeutung ist. Bei Anrufungsauskünften grundsätzlicher Art informiert das zuständige Finanzamt die übrigen betroffenen Finanzämter.

4 Sind mehrere Arbeitgeber unter einer einheitlichen Leitung zusammengefasst (Konzernunternehmen), bleiben für den einzelnen Arbeitgeber entsprechend der Regelung des § 42e Sätze 1 und 2 EStG das Betriebsstättenfinanzamt bzw. das Finanzamt der Geschäftsleitung für die Erteilung der Anrufungsauskunft zuständig. Sofern es sich bei einer Anrufungsauskunft um einen Fall von einigem Gewicht handelt und erkennbar ist, dass die Auskunft auch für andere Arbeitgeber des Konzerns von Bedeutung ist oder bereits Entscheidungen anderer Finanzämter vorliegen, ist insbesondere auf Antrag des Auskunftsersuchenden die zu erteilende Auskunft mit den übrigen betroffenen Finanzämtern abzustimmen. Dazu informiert das für die Auskunftserteilung zuständige Finanzamt das Finanzamt der Konzernzentrale. Dieses koordiniert daraufhin die Abstimmung mit den Finanzämtern der anderen Arbeitgeber des Konzerns, die von der zu erteilenden Auskunft betroffen sind. Befindet sich die Konzernzentrale im Ausland, koordiniert das Finanzamt die Abstimmung, dass als erstes mit der Angelegenheit betraut war.

5 In Fällen der Lohnzahlung durch Dritte, in denen der Dritte die Pflichten des Arbeitgebers trägt, ist die Anrufungsauskunft bei dem Betriebsstättenfinanzamt des Dritten zu stellen. Fasst dieser die dem Arbeitnehmer in demselben Lohnzahlungszeitraum aus mehreren Dienstverhältnissen zufließenden Arbeitslöhne zusammen, ist die Anrufungsauskunft bei dem Betriebsstättenfinanzamt des Dritten zu stellen. Dabei hat das Betriebsstättenfinanzamt seine Auskunft in Fällen von einigem Gewicht mit den anderen Betriebsstättenfinanzämtern abzustimmen.

6 Ist eine öffentliche Kasse einer juristischen Person des öffentlichen Rechts berechtigt eine Anrufungsauskunft zu beantragen, hat das Betriebsstättenfinanzamt eine Auskunft zu erteilen, in dessen Bezirk die lohnsteuerliche Betriebsstätte des Arbeitgebers liegt. Die Zuständigkeit richtet sich sinngemäß nach § 42e Sätze 2 bis 4 EStG.

3. Form

Für den Antrag nach § 42e EStG ist eine bestimmte Form nicht vorgeschrieben. 7

Das Betriebsstättenfinanzamt soll die Anrufungsauskunft unter ausdrücklichem Hinweis auf § 42e EStG schriftlich erteilen. Dies gilt auch, wenn der Beteiligte die Auskunft nur formlos erbeten hat. Wird eine Anrufungsauskunft abgelehnt oder abweichend vom Antrag erteilt, hat die Auskunft oder die Ablehnung der Erteilung schriftlich zu erfolgen. 8

Das Betriebsstättenfinanzamt kann die Auskunft befristen. 9

4. Anwendbare Rechtsvorschriften

Für die Anrufungsauskunft nach § 42e EStG gelten die Regelungen in §§ 118 ff. AO unmittelbar, und zwar insbesondere: 10

- die Anforderungen an Bestimmtheit und Form gemäß § 119 AO,
- die Regelungen über mögliche Nebenbestimmungen gemäß § 120 AO,
- die Regelungen über die Bekanntgabe gemäß § 122 AO,
- die Regelungen über die Berichtigung offenbarer Unrichtigkeiten gemäß § 129 AO.

Die Anrufungsauskunft kann mit Wirkung für die Zukunft aufgehoben oder geändert werden; § 207 Absatz 2 AO ist sinngemäß anzuwenden. Hierbei handelt es sich um eine Ermessensentscheidung, die zu begründen ist (vgl. BFH vom 2. September 2010, BStBl 2011 II Seite 233). 11

Im Falle einer zeitlichen Befristung der Anrufungsauskunft endet die Wirksamkeit des Verwaltungsaktes durch Zeitablauf (§ 124 Absatz 2 AO). 12

Außerdem tritt eine Anrufungsauskunft außer Kraft, wenn die Rechtsvorschriften, auf denen die Entscheidung beruht, geändert werden (analoge Anwendung des § 207 Absatz 1 AO). Die Anweisungen im Anwendungserlass zu § 207 AO sind sinngemäß anzuwenden. 13

Die Regelungen über das außergerichtliche Rechtsbehelfsverfahren (§§ 347 ff. AO) sind anzuwenden. Im Falle der Ablehnung, Aufhebung (Rücknahme, Widerruf) oder Änderung einer Anrufungsauskunft nach § 42e EStG kommt eine Aussetzung der Vollziehung allerdings nicht in Betracht, da es sich nicht um einen vollziehbaren Verwaltungsakt handelt (BFH vom 15. Januar 2015, BStBl II Seite 447). 14

5. Bindungswirkung und gerichtliche Überprüfung

Die Erteilung und die Aufhebung (Rücknahme und Widerruf) einer Anrufungsauskunft stellt nicht nur eine Wissenserklärung (unverbindliche Rechtsauskunft) des Betriebsstättenfinanzamts dar, sondern ist ein feststellender, aber nicht vollziehbarer Verwaltungsakt im Sinne des § 118 Satz 1 AO, mit dem sich das Finanzamt selbst bindet. Der Arbeitgeber hat ein Recht auf förmliche Bescheidung seines Antrags und kann eine ihm erteilte Anrufungsauskunft im Rechtsbehelfsverfahren inhaltlich überprüfen lassen (BFH vom 30. April 2009, BStBl 2010 II Seite 996 und vom 2. September 2010, BStBl 2011 II Seite 233). 15

Die Anrufungsauskunft trifft eine Regelung dahin, wie die Finanzbehörde den vom Antragsteller dargestellten Sachverhalt gegenwärtig beurteilt (BFH vom 30. April 2009, BStBl 2010 II Seite 996 und vom 27. Februar 2014, BStBl II Seite 894). 16

Das Finanzgericht überprüft die Auskunft sachlich nur daraufhin, ob der von dem Antragsteller dargestellte Sachverhalt zutreffend erfasst und die rechtliche Beurteilung nicht evident fehlerhaft ist (BFH vom 27. Februar 2014, BStBl II Seite 894). 17

Erteilt das Betriebsstättenfinanzamt eine Anrufungsauskunft, sind die Finanzbehörden im Rahmen des Lohnsteuerabzugsverfahrens an diese gegenüber allen Beteiligten ge- 18 bunden (BFH vom 17. Oktober 2013, BStBl 2014 II Seite 892). Das Betriebsstättenfinanzamt kann daher die vom Arbeitgeber aufgrund einer (unrichtigen) Anrufungsauskunft nicht einbehaltene und abgeführte Lohnsteuer vom Arbeitnehmer nicht nach § 42d Absatz 3 Satz 4 Nummer 1 EStG nachfordern.

19 Hat der Arbeitgeber eine Anrufungsauskunft eingeholt und ist er danach verfahren, ist eine Nacherhebung der Lohnsteuer auch dann nicht zulässig, wenn der Arbeitgeber nach einer Lohnsteuer-Außenprüfung einer Pauschalierung nach § 40 Absatz 1 Satz 1 Nummer 2 EStG zugestimmt hat (BFH vom 16. November 2005, BStBl 2006 II Seite 210).

20 Die Bindungswirkung einer Anrufungsauskunft erstreckt sich – unabhängig davon, ob sie dem Arbeitgeber oder dem Arbeitnehmer erteilt wurde – nicht auf das Veranlagungsverfahren. Das Wohnsitzfinanzamt kann daher bei der Einkommensteuerveranlagung des Arbeitnehmers einen anderen Rechtsstandpunkt als das Betriebsstättenfinanzamt einnehmen (BFH vom 17. Oktober 2013, BStBl 2014 II Seite 892).

6. Zeitliche Anwendung

21 Dieses Schreiben ersetzt das BMF-Schreiben vom 18. Februar 2011, BStBl I Seite 213.

Gesetz zur Neuregelung der geringfügigen Beschäftigungsverhältnisse und Steuerentlastungsgesetz 1999/2000/2002; Anwendung von Vorschriften zum Lohnsteuerabzugsverfahren

BMF vom 10.1.2000 (BStBl I S. 138)
IV C 5 – S 2330 – 2/00

– Auszug –

Unter Bezugnahme auf das Ergebnis der Erörterung mit den obersten Finanzbehörden der Länder nehme ich zu Fragen der Anwendung von Vorschriften des Lohnsteuerabzugsverfahrens, die durch das Gesetz zur Neuregelung der geringfügigen Beschäftigungsverhältnisse vom 24. März 1999 (BGBl. I S. 388; BStBl I S. 302) und das Steuerentlastungsgesetz 1999/2000/2002 vom 24. März 1999 (BGBl. I S. 402; BStBl I S. 304) geändert worden sind, wie folgt Stellung:

Steuerentlastungsgesetz 1999/2000/2002

1. Abwälzung von pauschaler Lohnsteuer und Annexsteuern auf Arbeitnehmer

Nach § 40 Abs. 3 Satz 2 EStG in der Fassung des Steuerentlastungsgesetzes 1999/2000/2002 gilt die auf den Arbeitnehmer abgewälzte pauschale Lohnsteuer als zugeflossener Arbeitslohn; sie darf die Bemessungsgrundlage nicht mindern. Dies entspricht dem in § 12 Nr. 3 EStG zum Ausdruck kommenden allgemeinen Grundsatz, dass Personensteuern nur abzugsfähig sind, wenn sie die Voraussetzungen als Betriebsausgaben oder Werbungskosten erfüllen oder ihre steuermindernde Berücksichtigung ausdrücklich zugelassen ist. Die Neuregelung gilt aufgrund von Verweisungen auch für §§ 40 a und 40 b EStG.

a) Abwälzung von Lohnsteuer

Im Fall der Abwälzung bleibt zwar der Arbeitgeber Schuldner der pauschalen Lohnsteuer, im wirtschaftlichen Ergebnis wird sie jedoch vom Arbeitnehmer getragen. Die Verlagerung der Belastung darf weder zu einer Minderung des individuell nach den Merkmalen der Lohnsteuerkarte zu versteuernden Arbeitslohns noch zu einer Minderung der Bemessungsgrundlage für die pauschale Lohnsteuer führen. Eine Abwälzung kann sich beispielsweise aus dem Arbeitsvertrag selbst, aus einer Zusatzvereinbarung zum Arbeitsvertrag ergeben oder aus dem wirtschaftlichen Ergebnis einer Gehaltsumwandlung oder Gehaltsänderungsvereinbarung. Das ist der Fall, wenn die pauschale Lohnsteuer als Abzugsbetrag in der Gehaltsabrechnung ausgewiesen wird. Dies gilt auch, wenn zur Abwälzung zwar in arbeitsrechtlich zulässiger Weise eine Gehaltsminderung vereinbart wird, der bisherige ungekürzte Arbeitslohn aber weiterhin für die Bemessung künftiger Erhöhungen des Arbeitslohns oder anderer Arbeitgeberleistungen (z. B. Weihnachtsgeld, Tantieme, Jubiläumszuwendungen) maßgebend bleibt. Eine Abwälzung der pauschalen Lohnsteuer ist hingegen nicht anzunehmen, wenn eine Gehaltsänderungsvereinbarung zu einer Neufestsetzung künftigen Arbeitslohns führt, aus der alle rechtlichen und wirtschaftlichen Folgerungen gezogen werden, also insbesondere der geminderte Arbeitslohn Bemessungsgrundlage für künftige Erhöhungen des Arbeitslohns oder andere Arbeitgeberleistungen wird. Dies gilt auch dann, wenn die Gehaltsminderung in Höhe der Pauschalsteuer vereinbart wird.

b) Abwälzung von Annexsteuern (Kirchensteuer, Solidaritätszuschlag)

Für im Zusammenhang mit der Pauschalierung der Lohnsteuer ebenfalls pauschal erhobene und auf den Arbeitnehmer abgewälzte Annexsteuern (Kirchensteuer, Solidaritätszuschlag) gelten die Ausführungen unter Buchstabe a entsprechend. Daher ist auch hinsichtlich der abgewälzten Annexsteuern von zugeflossenem Arbeitslohn auszugehen, der die Bemessungsgrundlage für die Lohnsteuer nicht mindert.

c) Übergangsregelung

Nach § 52 Abs. 53 EStG in der Fassung des Steuerentlastungsgesetzes 1999/2000/2002 ist § 40 Abs. 3 EStG in der Fassung der Bekanntmachung vom 16. April 1997 (BGBl I S. 821; BStBl I S. 415) auf Arbeitslöhne weiter anzuwenden, soweit sie vor dem 1. April 1999 zugeflossen sind. Es stellt sich die Frage, wie zu verfahren ist, wenn Arbeitslöhne für Januar bis März 1999 erst nach dem 31. März 1999 abgerechnet werden. Nach Sinn und Zweck der Übergangsregelung ist § 38 a Abs. 1 Satz 2 und 3 EStG sinngemäß anzuwenden. Daher ist in diesen Fällen zwischen laufendem Arbeitslohn und sonstigen Bezügen zu unterscheiden. Handelt es sich um laufenden Arbeitslohn für Januar bis März 1999, so kann noch § 40 Abs. 3 EStG in der alten Fassung angewendet werden. Bei nach dem 31. März 1999 zufließenden sonstigen Bezügen ist § 40 Abs. 3 EStG in der neuen Fassung anzuwenden. Die Regelungen in den R 127 Abs. 8 Satz 3 ff., 128 Abs. 3 Satz 5 und 129 Abs. 2 Satz 3 LStR 1999 zu den Rechtsfolgen bei der Abwälzung pauschaler Lohnsteuer sind durch die Gesetzesänderung überholt.

2. Anwendung der Fünftelungsregelung nach § 39 b Abs. 3 Satz 9 EStG bei außerordentlichen Einkünften nach § 34 Abs. 2 Nr. 4 EStG im Lohnsteuerabzugsverfahren

Die Lohnsteuer für Vergütungen für mehrjährige Tätigkeiten[1]) (Arbeitnehmer- oder Firmenjubiläum) ist nach § 39 b Abs. 3 Satz 9 EStG ab 1. Januar 1999 nach der Fünftelungsmethode zu ermäßigen, wenn eine Zusammenballung im Sinne von § 34 Abs. 1 EStG vorliegt (zur Zusammenballung vgl. BMF-Schreiben vom 18. Dezember 1998 – BStBl I S. 1512)[2]). Im Lohnsteuerabzugsverfahren ist die begünstigte Besteuerung nicht antragsgebunden und daher vom Arbeitgeber – bei Zusammenballung – grundsätzlich anzuwenden. Dies kann im Einzelfall, insbesondere bei niedrigen Beträgen zu einer höheren Lohnsteuer führen als die Besteuerung als sonstiger Bezug. Da die Lohnsteuer nach dem Wortlaut des Gesetzes zu ermäßigen ist, darf in diesen Fällen die Fünftelungsregelung nicht angewendet werden. Der Arbeitgeber hat daher eine Vergleichsrechnung durchzuführen (Günstigerprüfung) und die Fünftelungsregelung nur anzuwenden, wenn sie zu einer niedrigeren Lohnsteuer führt als die Besteuerung als nicht begünstigter sonstiger Bezug. Die Aufzeichnung und Angabe in der Lohnsteuerbescheinigung folgen anschließend der tatsächlichen Behandlung.

Die für die Anwendung der begünstigten Besteuerung erforderliche Zusammenballung kann der Arbeitgeber im Lohnsteuerabzugsverfahren unterstellen, wenn die Jubiläumszuwendung an einen Arbeitnehmer bezahlt wird, der voraussichtlich bis Ende des Kalenderjahres nicht aus dem Dienstverhältnis ausscheidet.

---

1) >BFH vom 14.10.2004 (BStBl 2005 II S. 289)

2) ersetzt durch BMF vom 1.11.2013 (BStBl I S. 1326), >Anhang 15

Gesetz zur Regelung der Arbeitnehmerüberlassung (Arbeitnehmerüberlassungsgesetz – AÜG)

vom 3.2.1995 (BGBl. I S. 158)

zuletzt geändert durch ***Artikel 4 des Gesetzes zur Aktualisierung der Strukturreform des Gebührenrechts des Bundes vom 18.7.2016 (BGBl. I S. 1666)***

§ 1
Arbeitnehmerüberlassung, Erlaubnispflicht

(1) [1]Arbeitgeber, die als Verleiher Dritten (Entleihern) Arbeitnehmer (Leiharbeitnehmer) im Rahmen ihrer wirtschaftlichen Tätigkeit zur Arbeitsleistung überlassen (Arbeitnehmerüberlassung) wollen, bedürfen der Erlaubnis. [2]Arbeitnehmer werden zur Arbeitsleistung überlassen, wenn sie in die Arbeitsorganisation des Entleihers eingegliedert sind und seinen Weisungen unterliegen. [3]Die Überlassung und das Tätigwerdenlassen von Arbeitnehmern als Leiharbeitnehmer ist nur zulässig, soweit zwischen dem Verleiher und dem Leiharbeitnehmer ein Arbeitsverhältnis besteht. [4]Die Überlassung von Arbeitnehmern ist vorübergehend bis zu einer Überlassungshöchstdauer nach Absatz 1b zulässig. [5]Verleiher und Entleiher haben die Überlassung von Leiharbeitnehmern in ihrem Vertrag ausdrücklich als Arbeitnehmerüberlassung zu bezeichnen, bevor sie den Leiharbeitnehmer überlassen oder tätig werden lassen. [6]Vor der Überlassung haben sie die Person des Leiharbeitnehmers unter Bezugnahme auf diesen Vertrag zu konkretisieren.

(1a) [1]Die Abordnung von Arbeitnehmern zu einer zur Herstellung eines Werkes gebildeten Arbeitsgemeinschaft ist keine Arbeitnehmerüberlassung, wenn der Arbeitgeber Mitglied der Arbeitsgemeinschaft ist, für alle Mitglieder der Arbeitsgemeinschaft Tarifverträge desselben Wirtschaftszweiges gelten und alle Mitglieder auf Grund des Arbeitsgemeinschaftsvertrages zur selbständigen Erbringung von Vertragsleistungen verpflichtet sind. [2]Für einen Arbeitgeber mit Geschäftssitz in einem anderen Mitgliedstaat des Europäischen Wirtschaftsraumes ist die Abordnung von Arbeitnehmern zu einer zur Herstellung eines Werkes gebildeten Arbeitsgemeinschaft auch dann keine Arbeitnehmerüberlassung, wenn für ihn deutsche Tarifverträge desselben Wirtschaftszweiges wie für die anderen Mitglieder der Arbeitsgemeinschaft nicht gelten, er aber die übrigen Voraussetzungen des Satzes 1 erfüllt.

(1b) [1]Der Verleiher darf denselben Leiharbeitnehmer nicht länger als 18 aufeinander folgende Monate demselben Entleiher überlassen; der Entleiher darf denselben Leiharbeitnehmer nicht länger als 18 aufeinander folgende Monate tätig werden lassen. [2]Der Zeitraum vorheriger Überlassungen durch denselben oder einen anderen Verleiher an denselben Entleiher ist vollständig anzurechnen, wenn zwischen den Einsätzen jeweils nicht mehr als drei Monate liegen. [3]In einem Tarifvertrag von Tarifvertragsparteien der Einsatzbranche kann eine von Satz 1 abweichende Überlassungshöchstdauer festgelegt werden. [4]Im Geltungsbereich eines Tarifvertrages nach Satz 3 können abweichende tarifvertragliche Regelungen im Betrieb eines nicht tarifgebundenen Entleihers durch Betriebs- oder Dienstvereinbarung übernommen werden. [5]In einer auf Grund eines Tarifvertrages von Tarifvertragsparteien der Einsatzbranche getroffenen Betriebs- oder Dienstvereinbarung kann eine von Satz 1 abweichende Überlassungshöchstdauer festgelegt werden. [6]Können auf Grund eines Tarifvertrages nach Satz 5 abweichende Regelungen in einer Betriebs- oder Dienstvereinbarung getroffen werden, kann auch in Betrieben eines nicht tarifgebundenen Entleihers bis zu einer Überlassungshöchstdauer von 24 Monaten davon Gebrauch gemacht werden, soweit nicht durch diesen Tarifvertrag eine von Satz 1 abweichende Überlassungshöchstdauer für Betriebs- oder Dienstvereinbarungen festgelegt ist. [7]Unterfällt der Betrieb des nicht tarifgebundenen Entleihers bei Abschluss einer Betriebs- oder Dienstvereinbarung nach Satz 4 oder Satz 6 den Geltungsbereichen mehrerer Tarifverträge, ist auf den für die Branche des Entleihers repräsentativen Tarifvertrag abzustellen. [8]Die Kirchen und die öffentlich-rechtlichen Religionsgesellschaften können von Satz 1 abweichende Überlassungshöchstdauern in ihren Regelungen vorsehen.

(2) Werden Arbeitnehmer Dritten zur Arbeitsleistung überlassen und übernimmt der Überlassende nicht die üblichen Arbeitgeberpflichten oder das Arbeitgeberrisiko (§ 3 Abs. 1 Nr. 1 bis 3), so wird vermutet, daß der Überlassende Arbeitsvermittlung betreibt.

(3) Dieses Gesetz ist mit Ausnahme des § 1 b Satz 1, des § 16 Absatz 1 Nummer 1f und Absatz 2 bis 5 sowie der §§ 17 und 18 nicht anzuwenden auf die Arbeitnehmerüberlassung

1. zwischen Arbeitgebern desselben Wirtschaftszweiges zur Vermeidung von Kurzarbeit oder Entlassungen, wenn ein für den Entleiher und Verleiher geltender Tarifvertrag dies vorsieht,
2. zwischen Konzernunternehmen im Sinne des § 18 des Aktiengesetzes, wenn der Arbeitnehmer nicht zum Zweck der Überlassung eingestellt und beschäftigt wird,

2a. zwischen Arbeitgebern, wenn die Überlassung nur gelegentlich erfolgt und der Arbeitnehmer nicht zum Zweck der Überlassung eingestellt und beschäftigt wird,

2b. zwischen Arbeitgebern, wenn Aufgaben eines Arbeitnehmers von dem bisherigen zu dem anderen Arbeitgeber verlagert werden und auf Grund eines Tarifvertrages des öffentlichen Dienstes
   a) das Arbeitsverhältnis mit dem bisherigen Arbeitgeber weiter besteht und
   b) die Arbeitsleistung zukünftig bei dem anderen Arbeitgeber erbracht wird,

2c. zwischen Arbeitgebern, wenn diese juristische Personen des öffentlichen Rechts sind und Tarifverträge des öffentlichen Dienstes oder Regelungen der öffentlich-rechtlichen Religionsgesellschaften anwenden, oder

3. in das Ausland, wenn der Leiharbeitnehmer in ein auf der Grundlage zwischenstaatlicher Vereinbarungen begründetes deutsch-ausländisches Gemeinschaftsunternehmen verliehen wird, an dem der Verleiher beteiligt ist.

§ 1a
Anzeige der Überlassung

(1) Keiner Erlaubnis bedarf ein Arbeitgeber mit weniger als 50 Beschäftigten, der zur Vermeidung von Kurzarbeit oder Entlassungen an einen Arbeitgeber einen Arbeitnehmer, der nicht zum Zweck der Überlassung eingestellt und beschäftigt wird, bis zur Dauer von zwölf Monaten überläßt, wenn er die Überlassung vorher schriftlich Bundesagentur für Arbeit angezeigt hat.

(2) In der Anzeige sind anzugeben

1. Vor- und Familiennamen, Wohnort und Wohnung, Tag und Ort der Geburt des Leiharbeitnehmers,
2. Art der vom Leiharbeitnehmer zu leistenden Tätigkeit und etwaige Pflicht zur auswärtigen Leistung,
3. Beginn und Dauer der Überlassung,
4. Firma und Anschrift des Entleihers.

§ 1b
Einschränkungen im Baugewerbe

[1] Arbeitnehmerüberlassung nach § 1 in Betriebe des Baugewerbes für Arbeiten, die üblicherweise von Arbeitern verrichtet werden, ist unzulässig. [2] Sie ist gestattet

a) zwischen Betrieben des Baugewerbes und anderen Betrieben, wenn diese Betriebe erfassende, für allgemeinverbindlich erklärte Tarifverträge dies bestimmen,

b) zwischen Betrieben des Baugewerbes, wenn der verleihende Betrieb nachweislich seit mindestens drei Jahren von denselben Rahmen- und Sozialkassentarifverträgen oder von deren Allgemeinverbindlichkeit erfasst wird.

[3] Abweichend von Satz 2 ist für Betriebe des Baugewerbes mit Geschäftssitz in einem anderen Mitgliedstaat des Europäischen Wirtschaftsraumes Arbeitnehmerüberlassung auch gestattet, wenn die ausländischen Betriebe nicht von deutschen Rahmen- und Sozialkassentarifverträgen oder für allgemeinverbindlich erklärten Tarifverträgen erfasst werden, sie aber nachweislich seit mindestens

drei Jahren überwiegend Tätigkeiten ausüben, die unter den Geltungsbereich derselben Rahmen- und Sozialkassentarifverträge fallen, von denen der Betrieb des Entleihers erfasst wird.

§ 2
Erteilung und Erlöschen der Erlaubnis

(1) Die Erlaubnis wird auf schriftlichen Antrag erteilt.

(2) [1] Die Erlaubnis kann unter Bedingungen erteilt und mit Auflagen verbunden werden, um sicherzustellen, daß keine Tatsachen eintreten, die nach § 3 die Versagung der Erlaubnis rechtfertigen. [2] Die Aufnahme, Änderung oder Ergänzung von Auflagen sind auch nach Erteilung der Erlaubnis zulässig.

(3) Die Erlaubnis kann unter dem Vorbehalt des Widerrufs erteilt werden, wenn eine abschließende Beurteilung des Antrags noch nicht möglich ist.

(4) [1] Die Erlaubnis ist auf ein Jahr zu befristen. [2] Der Antrag auf Verlängerung der Erlaubnis ist spätestens drei Monate vor Ablauf des Jahres zu stellen. [3] Die Erlaubnis verlängert sich um ein weiteres Jahr, wenn die Erlaubnisbehörde die Verlängerung nicht vor Ablauf des Jahres ablehnt. [4] Im Fall der Ablehnung gilt die Erlaubnis für die Abwicklung der nach § 1 erlaubt abgeschlossenen Verträge als fortbestehend, jedoch nicht länger als zwölf Monate.

(5) [1] Die Erlaubnis kann unbefristet erteilt werden, wenn der Verleiher drei aufeinanderfolgende Jahre lang nach § 1 erlaubt tätig war. [2] Sie erlischt, wenn der Verleiher von der Erlaubnis drei Jahre lang keinen Gebrauch gemacht hat.

1) I

§ 3
Versagung

(1) Die Erlaubnis oder ihre Verlängerung ist zu versagen, wenn Tatsachen die Annahme rechtfertigen, daß der Antragsteller

1. die für die Ausübung der Tätigkeit nach § 1 erforderliche Zuverlässigkeit nicht besitzt, insbesondere weil er die Vorschriften des Sozialversicherungsrechts, über die Einbehaltung und Abführung der Lohnsteuer, über die Arbeitsvermittlung, über die Anwerbung im Ausland oder über die Ausländerbeschäftigung, über die Überlassungshöchstdauer nach § 1 Absatz 1b, die Vorschriften des Arbeitsschutzrechts oder die arbeitsrechtlichen Pflichten nicht einhält;
2. nach der Gestaltung seiner Betriebsorganisation nicht in der Lage ist, die üblichen Arbeitgeberpflichten ordnungsgemäß zu erfüllen;
3. dem Leiharbeitnehmer die ihm nach § 8 zustehenden Arbeitsbedingungen einschließlich des Arbeitsentgelts nicht gewährt.

4.-6. (weggefallen)

(2) Die Erlaubnis oder ihre Verlängerung ist ferner zu versagen, wenn für die Ausübung der Tätigkeit nach § 1 Betriebe, Betriebsteile oder Nebenbetriebe vorgesehen sind, die nicht in einem Mitgliedstaat der Europäischen Wirtschaftsgemeinschaft oder einem anderen Vertragsstaat des Abkommens über den Europäischen Wirtschaftsraum liegen.

(3) Die Erlaubnis kann versagt werden, wenn der Antragsteller nicht Deutscher im Sinne des Artikels 116 des Grundgesetzes ist oder wenn eine Gesellschaft oder juristische Person den Antrag stellt, die entweder nicht nach deutschem Recht gegründet ist oder die weder ihren satzungsmäßigen Sitz noch ihre Hauptverwaltung noch ihre Hauptniederlassung im Geltungsbereich dieses Gesetzes hat.

1) § 2a AÜG wurde durch Artikel 4 des Gesetzes zur Aktualisierung der Strukturreform des Gebührenrechts des Bundes vom 18.7.2016 (BGBl. I S. 1666) (Inkrafttreten 1.10.2021) aufgehoben.

(4) [1]Staatsangehörige der Mitgliedstaaten der Europäischen Wirtschaftsgemeinschaft oder eines anderen Vertragsstaates des Abkommens über den Europäischen Wirtschaftsraum erhalten die Erlaubnis unter den gleichen Voraussetzungen wie deutsche Staatsangehörige. [2]Den Staatsangehörigen dieser Staaten stehen gleich Gesellschaften und juristische Personen, die nach den Rechtsvorschriften dieser Staaten gegründet sind und ihren satzungsgemäßen Sitz, ihre Hauptverwaltung oder ihre Hauptniederlassung innerhalb dieser Staaten haben. [3]Soweit diese Gesellschaften oder juristische Personen zwar ihren satzungsmäßigen Sitz, jedoch weder ihre Hauptverwaltung noch ihre Hauptniederlassung innerhalb dieser Staaten haben, gilt Satz 2 nur, wenn ihre Tätigkeit in tatsächlicher und dauerhafter Verbindung mit der Wirtschaft eines Mitgliedstaates oder eines Vertragsstaates des Abkommens über den Europäischen Wirtschaftsraum steht.

(5) [1]Staatsangehörige anderer als der in Absatz 4 genannten Staaten, die sich aufgrund eines internationalen Abkommens im Geltungsbereich dieses Gesetzes niederlassen und hierbei sowie bei ihrer Geschäftstätigkeit nicht weniger günstig behandelt werden dürfen als deutsche Staatsangehörige, erhalten die Erlaubnis unter den gleichen Voraussetzungen wie deutsche Staatsangehörige. [2]Den Staatsangehörigen nach Satz 1 stehen gleich Gesellschaften, die nach den Rechtsvorschriften des anderen Staates gegründet sind.

§ 3a
Lohnuntergrenze

(1) [1]Gewerkschaften und Vereinigungen von Arbeitgebern, die zumindest auch für ihre jeweiligen in der Arbeitnehmerüberlassung tätigen Mitglieder zuständig sind (vorschlagsberechtigte Tarifvertragsparteien) und bundesweit tarifliche Mindeststundenentgelte im Bereich der Arbeitnehmerüberlassung miteinander vereinbart haben, können dem Bundesministerium für Arbeit und Soziales gemeinsam vorschlagen, diese als Lohnuntergrenze in einer Rechtsverordnung verbindlich festzusetzen; die Mindeststundenentgelte können nach dem jeweiligen Beschäftigungsort differenzieren und auch Regelungen zur Fälligkeit entsprechender Ansprüche einschließlich hierzu vereinbarter Ausnahme und deren Voraussetzungen umfassen. [2]Der Vorschlag muss für Verleihzeiten und verleihfreie Zeiten einheitliche Mindeststundenentgelte sowie eine Laufzeit enthalten. [3]Der Vorschlag ist schriftlich zu begründen.

(2) [1]Das Bundesministerium für Arbeit und Soziales kann, wenn dies im öffentlichen Interesse geboten erscheint, in einer Rechtsverordnung ohne Zustimmung des Bundesrates bestimmen, dass die vorgeschlagenen tariflichen Mindeststundenentgelte nach Absatz 1 als verbindliche Lohnuntergrenze auf alle in den Geltungsbereich der Verordnung fallenden Arbeitgeber sowie Leiharbeitnehmer Anwendung findet. [2]Der Verordnungsgeber kann den Vorschlag nur inhaltlich unverändert in die Rechtsverordnung übernehmen.

(3) [1]Der Verordnungsgeber hat bei seiner Entscheidung nach Absatz 2 im Rahmen einer Gesamtabwägung neben den Zielen dieses Gesetzes zu prüfen, ob eine Rechtsverordnung nach Absatz 2 insbesondere geeignet ist, die finanzielle Stabilität der sozialen Sicherungssysteme zu gewährleisten. [2]Der Verordnungsgeber hat zu berücksichtigen

1. die bestehenden bundesweiten Tarifverträge in der Arbeitnehmerüberlassung und
2. die Repräsentativität der vorschlagenden Tarifvertragsparteien.

(4) [1]Liegen mehrere Vorschläge nach Absatz 1 vor, hat der Verordnungsgeber bei seiner Entscheidung nach Absatz 2 im Rahmen der nach Absatz 3 erforderlichen Gesamtabwägung die Repräsentativität der vorschlagenden Tarifvertragsparteien besonders zu berücksichtigen. [2]Bei der Feststellung der Repräsentativität ist vorrangig abzustellen auf

1. die Zahl der jeweils in den Geltungsbereich einer Rechtsverordnung nach Absatz 2 fallenden Arbeitnehmer, die bei Mitgliedern der vorschlagenden Arbeitgebervereinigung beschäftigt sind;
2. die Zahl der jeweils in den Geltungsbereich einer Rechtsverordnung nach Absatz 2 fallenden Mitglieder der vorschlagenden Gewerkschaften.

(5) [1]Vor Erlass ist ein Entwurf der Rechtsverordnung im Bundesanzeiger bekannt zu machen. [2]Das Bundesministerium für Arbeit und Soziales gibt Verleihern und Leiharbeitnehmern sowie den Gewerkschaften und Vereinigungen von Arbeitgebern, die im Geltungsbereich der Rechtsverordnung zumindest teilweise tarifzuständig sind, Gelegenheit zur schriftlichen Stellungnahme innerhalb von drei Wochen ab dem Tag der Bekanntmachung des Entwurfs der Rechtsverordnung im Bundesanzeiger. [3]Nach Ablauf der Stellungnahmefrist wird der in § 5 Absatz 1 Satz 1 des Tarifvertragsgesetzes genannte Ausschuss mit dem Vorschlag befasst.

(6) [1]Nach Absatz 1 vorschlagsberechtigte Tarifvertragsparteien können gemeinsam die Änderung einer nach Absatz 2 erlassenen Rechtsverordnung vorschlagen. [2]Die Absätze 1 bis 5 finden entsprechend Anwendung.

§ 4
Rücknahme

(1) [1]Eine rechtswidrige Erlaubnis kann mit Wirkung für die Zukunft zurückgenommen werden. [2]§ 2 Abs. 4 Satz 4 gilt entsprechend.

(2) [1]Die Erlaubnisbehörde hat dem Verleiher auf Antrag den Vermögensnachteil auszugleichen, den dieser dadurch erleidet, daß er auf den Bestand der Erlaubnis vertraut hat, soweit sein Vertrauen unter Abwägung mit dem öffentlichen Interesse schutzwürdig ist. [2]Auf Vertrauen kann sich der Verleiher nicht berufen, wenn er

1. die Erlaubnis durch arglistige Täuschung, Drohung oder eine strafbare Handlung erwirkt hat;
2. die Erlaubnis durch Angaben erwirkt hat, die in wesentlicher Beziehung unrichtig oder unvollständig waren, oder
3. die Rechtswidrigkeit der Erlaubnis kannte oder infolge grober Fahrlässigkeit nicht kannte.

[3]Der Vermögensnachteil ist jedoch nicht über den Betrag des Interesses hinaus zu ersetzen, das der Verleiher an dem Bestand der Erlaubnis hat. [4]Der auszugleichende Vermögensnachteil wird durch die Erlaubnisbehörde festgesetzt. [5]Der Anspruch kann nur innerhalb eines Jahres geltend gemacht werden; die Frist beginnt, sobald die Erlaubnisbehörde den Verleiher auf sie hingewiesen hat.

(3) Die Rücknahme ist nur innerhalb eines Jahres seit dem Zeitpunkt zulässig, in dem die Erlaubnisbehörde von den Tatsachen Kenntnis erhalten hat, die die Rücknahme der Erlaubnis rechtfertigen.

§ 5
Widerruf

(1) Die Erlaubnis kann mit Wirkung für die Zukunft widerrufen werden, wenn

1. der Widerruf bei ihrer Erteilung nach § 2 Abs. 3 vorbehalten worden ist;
2. der Verleiher eine Auflage nach § 2 nicht innerhalb einer ihm gesetzten Frist erfüllt hat;
3. die Erlaubnisbehörde aufgrund nachträglich eingetretener Tatsachen berechtigt wäre, die Erlaubnis zu versagen, oder
4. die Erlaubnisbehörde aufgrund einer geänderten Rechtslage berechtigt wäre, die Erlaubnis zu versagen; § 4 Abs. 2 gilt entsprechend.

(2) [1]Die Erlaubnis wird mit dem Wirksamwerden des Widerrufs unwirksam. [2]§ 2 Abs. 4 Satz 4 gilt entsprechend.

(3) Der Widerruf ist unzulässig, wenn eine Erlaubnis gleichen Inhalts erneut erteilt werden müßte.

(4) Der Widerruf ist nur innerhalb eines Jahres seit dem Zeitpunkt zulässig, in dem die Erlaubnisbehörde von den Tatsachen Kenntnis erhalten hat, die den Widerruf der Erlaubnis rechtfertigen.

§ 6
Verwaltungszwang

Werden Leiharbeitnehmer von einem Verleiher ohne die erforderliche Erlaubnis überlassen, so hat die Erlaubnisbehörde dem Verleiher dies zu untersagen und das weitere Überlassen nach den Vorschriften des Verwaltungsvollstreckungsgesetzes zu verhindern.

§ 7
Anzeigen und Auskünfte

(1) [1] Der Verleiher hat der Erlaubnisbehörde nach Erteilung der Erlaubnis unaufgefordert die Verlegung, Schließung und Errichtung von Betrieben, Betriebsteilen oder Nebenbetrieben vorher anzuzeigen, soweit diese die Ausübung der Arbeitnehmerüberlassung zum Gegenstand haben. [2] Wenn die Erlaubnis Personengesamtheiten, Personengesellschaften oder juristischen Personen erteilt ist und nach ihrer Erteilung eine andere Person zur Geschäftsführung oder Vertretung nach Gesetz, Satzung oder Gesellschaftsvertrag berufen wird, ist auch dies unaufgefordert anzuzeigen.

(2) [1] Der Verleiher hat der Erlaubnisbehörde auf Verlangen die Auskünfte zu erteilen, die zur Durchführung des Gesetzes erforderlich sind. [2] Die Auskünfte sind wahrheitsgemäß, vollständig, fristgemäß und unentgeltlich zu erteilen. [3] Auf Verlangen der Erlaubnisbehörde hat der Verleiher die geschäftlichen Unterlagen vorzulegen, aus denen sich die Richtigkeit seiner Angaben ergibt, oder seine Angaben auf sonstige Weise glaubhaft zu machen. [4] Der Verleiher hat seine Geschäftsunterlagen drei Jahre lang aufzubewahren.

(3) [1] In begründeten Einzelfällen sind die von der Erlaubnisbehörde beauftragten Personen befugt, Grundstücke und Geschäftsräume des Verleihers zu betreten und dort Prüfungen vorzunehmen. [2] Der Verleiher hat die Maßnahmen nach Satz 1 zu dulden. [3] Das Grundrecht der Unverletzlichkeit der Wohnung (Artikel 13 des Grundgesetzes) wird insoweit eingeschränkt.

(4) [1] Durchsuchungen können nur auf Anordnung des Richters bei dem Amtsgericht, in dessen Bezirk die Durchsuchung erfolgen soll, vorgenommen werden. [2] Auf die Anfechtung dieser Anordnung finden die §§ 304 bis 310 der Strafprozeßordnung entsprechende Anwendung. [3] Bei Gefahr im Verzug können die von der Erlaubnisbehörde beauftragten Personen während der Geschäftszeit die erforderlichen Durchsuchungen ohne richterliche Anordnung vornehmen. [4] An Ort und Stelle ist eine Niederschrift über die Durchsuchung und ihr wesentliches Ergebnis aufzunehmen, aus der sich, falls keine richterliche Anordnung ergangen ist, auch die Tatsachen ergeben, die zur Annahme einer Gefahr im Verzug geführt haben.

(5) Der Verleiher kann die Auskunft auf solche Fragen verweigern, deren Beantwortung ihn selbst oder einen der in § 383 Abs. 1 Nr. 1 bis 3 der Zivilprozeßordnung bezeichneten Angehörigen der Gefahr strafgerichtlicher Verfolgung oder eines Verfahrens nach dem Gesetz über Ordnungswidrigkeiten aussetzen würde.

§ 8
Grundsatz der Gleichstellung

(1) [1] Der Verleiher ist verpflichtet, dem Leiharbeitnehmer für die Zeit der Überlassung an den Entleiher die im Betrieb des Entleihers für einen vergleichbaren Arbeitnehmer des Entleihers geltenden wesentlichen Arbeitsbedingungen einschließlich des Arbeitsentgelts zu gewähren (Gleichstellungsgrundsatz). [2] Erhält der Leiharbeitnehmer das für einen vergleichbaren Arbeitnehmer des Entleihers im Entleihbetrieb geschuldete tarifvertragliche Arbeitsentgelt oder in Ermangelung eines solchen ein für vergleichbare Arbeitnehmer in der Einsatzbranche geltendes tarifvertragliches Arbeitsentgelt, wird vermutet, dass der Leiharbeitnehmer hinsichtlich des Arbeitsentgelts im Sinne von Satz 1 gleichgestellt ist. [3] Werden im Betrieb des Entleihers Sachbezüge gewährt, kann ein Wertausgleich in Euro erfolgen.

(2) [1] Ein Tarifvertrag kann vom Gleichstellungsgrundsatz abweichen, soweit er nicht die in einer Rechtsverordnung nach § 3a Absatz 2 festgesetzten Mindeststundenentgelte unterschreitet. [2] So-

weit ein solcher Tarifvertrag vom Gleichstellungsgrundsatz abweicht, hat der Verleiher dem Leiharbeitnehmer die nach diesem Tarifvertrag geschuldeten Arbeitsbedingungen zu gewähren. [3] Im Geltungsbereich eines solchen Tarifvertrages können nicht tarifgebundene Arbeitgeber und Arbeitnehmer die Anwendung des Tarifvertrages vereinbaren. [4] Soweit ein solcher Tarifvertrag die in einer Rechtsverordnung nach § 3a Absatz 2 festgesetzten Mindeststundenentgelte unterschreitet, hat der Verleiher dem Leiharbeitnehmer für jede Arbeitsstunde das im Betrieb des Entleihers für einen vergleichbaren Arbeitnehmer des Entleihers für eine Arbeitsstunde zu zahlende Arbeitsentgelt zu gewähren.

(3) Eine abweichende tarifliche Regelung im Sinne von Absatz 2 gilt nicht für Leiharbeitnehmer, die in den letzten sechs Monaten vor der Überlassung an den Entleiher aus einem Arbeitsverhältnis bei diesem oder einem Arbeitgeber, der mit dem Entleiher einen Konzern im Sinne des § 18 des Aktiengesetzes bildet, ausgeschieden sind.

(4) [1] Ein Tarifvertrag im Sinne des Absatzes 2 kann hinsichtlich des Arbeitsentgelts vom Gleichstellungsgrundsatz für die ersten neun Monate einer Überlassung an einen Entleiher abweichen. [2] Eine längere Abweichung durch Tarifvertrag ist nur zulässig, wenn

1. nach spätestens 15 Monaten einer Überlassung an einen Entleiher mindestens ein Arbeitsentgelt erreicht wird, das in dem Tarifvertrag als gleichwertig mit dem tarifvertraglichen Arbeitsentgelt vergleichbarer Arbeitnehmer in der Einsatzbranche festgelegt ist, und
2. nach einer Einarbeitungszeit von längstens sechs Wochen eine stufenweise Heranführung an dieses Arbeitsentgelt erfolgt.

[3] Im Geltungsbereich eines solchen Tarifvertrages können nicht tarifgebundene Arbeitgeber und Arbeitnehmer die Anwendung der tariflichen Regelungen vereinbaren. [4] Der Zeitraum vorheriger Überlassungen durch denselben oder einen anderen Verleiher an denselben Entleiher ist vollständig anzurechnen, wenn zwischen den Einsätzen jeweils nicht mehr als drei Monate liegen.

(5) Der Verleiher ist verpflichtet, dem Leiharbeitnehmer mindestens das in einer Rechtsverordnung nach § 3a Absatz 2 für die Zeit der Überlassung und für Zeiten ohne Überlassung festgesetzte Mindeststundenentgelt zu zahlen.

§ 9
Unwirksamkeit

(1) Unwirksam sind:

1. Verträge zwischen Verleihern und Entleihern sowie zwischen Verleihern und Leiharbeitnehmern, wenn der Verleiher nicht die nach § 1 erforderliche Erlaubnis hat; der Vertrag zwischen Verleiher und Leiharbeitnehmer wird nicht unwirksam, wenn der Leiharbeitnehmer schriftlich bis zum Ablauf eines Monats nach dem zwischen Verleiher und Entleiher für den Beginn der Überlassung vorgesehenen Zeitpunkt gegenüber dem Verleiher oder dem Entleiher erklärt, dass er an dem Arbeitsvertrag mit dem Verleiher festhält; tritt die Unwirksamkeit erst nach Aufnahme der Tätigkeit beim Entleiher ein, so beginnt die Frist mit Eintritt der Unwirksamkeit,

1a. Arbeitsverträge zwischen Verleihern und Leiharbeitnehmern, wenn entgegen § 1 Absatz 1 Satz 5 und 6 die Arbeitnehmerüberlassung nicht ausdrücklich als solche bezeichnet und die Person des Leiharbeitnehmers nicht konkretisiert worden ist, es sei denn, der Leiharbeitnehmer erklärt schriftlich bis zum Ablauf eines Monats nach dem zwischen Verleiher und Entleiher für den Beginn der Überlassung vorgesehenen Zeitpunkt gegenüber dem Verleiher oder dem Entleiher, dass er an dem Arbeitsvertrag mit dem Verleiher festhält,

1b. Arbeitsverträge zwischen Verleihern und Leiharbeitnehmern mit dem Überschreiten der zulässigen Überlassungshöchstdauer nach § 1 Absatz 1b, es sei denn, der Leiharbeitnehmer erklärt schriftlich bis zum Ablauf eines Monats nach Überschreiten der zulässigen Überlassungshöchstdauer gegenüber dem Verleiher oder dem Entleiher, dass er an dem Arbeitsvertrag mit dem Verleiher festhält,

2. Vereinbarungen, die für den Leiharbeitnehmer schlechtere als die ihm nach § 8 zustehenden Arbeitsbedingungen einschließlich des Arbeitsentgelts vorsehen,
2a. Vereinbarungen, die den Zugang des Leiharbeitnehmers zu den Gemeinschaftseinrichtungen oder -diensten im Unternehmen des Entleihers entgegen § 13b beschränken,
3. Vereinbarungen, die dem Entleiher untersagen, den Leiharbeitnehmer zu einem Zeitpunkt einzustellen, in dem dessen Arbeitsverhältnis zum Verleiher nicht mehr besteht; dies schließt die Vereinbarung einer angemessenen Vergütung zwischen Verleiher und Entleiher für die nach vorangegangenem Verleih oder mittels vorangegangenem Verleih erfolge Vermittlung nicht aus,
4. Vereinbarungen, die dem Leiharbeitnehmer untersagen, mit dem Entleiher zu einem Zeitpunkt, in dem das Arbeitsverhältnis zwischen Verleiher und Leiharbeitnehmer nicht mehr besteht, ein Arbeitsverhältnis einzugehen,
5. Vereinbarungen, nach denen der Leiharbeitnehmer eine Vermittlungsvergütung an den Verleiher zu zahlen hat.

(2) Die Erklärung nach Absatz 1 Nummer 1, 1a oder 1b (Festhaltenserklärung) ist nur wirksam, wenn
1. der Leiharbeitnehmer diese vor ihrer Abgabe persönlich in einer Agentur für Arbeit vorlegt,
2. die Agentur für Arbeit die abzugebende Erklärung mit dem Datum des Tages der Vorlage und dem Hinweis versieht, dass sie die Identität des Leiharbeitnehmers festgestellt hat, und
3. die Erklärung spätestens am dritten Tag nach der Vorlage in der Agentur für Arbeit dem Ver- oder Entleiher zugeht.

(3) [1] Eine vor Beginn einer Frist nach Absatz 1 Nummer 1 bis 1b abgegebene Festhaltenserklärung ist unwirksam. [2] Wird die Überlassung nach der Festhaltenserklärung fortgeführt, gilt Absatz 1 Nummer 1 bis 1b. [3] Eine erneute Festhaltenserklärung ist unwirksam. [4] § 28e Absatz 2 Satz 4 des Vierten Buches Sozialgesetzbuch gilt unbeschadet der Festhaltenserklärung.

§ 10
Rechtsfolgen bei Unwirksamkeit

(1) [1] Ist der Vertrag zwischen einem Verleiher und einem Leiharbeitnehmer nach § 9 unwirksam, so gilt ein Arbeitsverhältnis zwischen Entleiher und Leiharbeitnehmer zu dem zwischen dem Entleiher und dem Verleiher für den Beginn der Tätigkeit vorgesehenen Zeitpunkt als zustande gekommen; tritt die Unwirksamkeit erst nach Aufnahme der Tätigkeit beim Entleiher ein, so gilt das Arbeitsverhältnis zwischen Entleiher und Leiharbeitnehmer mit dem Eintritt der Unwirksamkeit als zustande gekommen. [2] Das Arbeitsverhältnis nach Satz 1 gilt als befristet, wenn die Tätigkeit des Leiharbeitnehmers bei dem Entleiher nur befristet vorgesehen war und ein die Befristung des Arbeitsverhältnisses sachlich rechtfertigender Grund vorliegt. [3] Für das Arbeitsverhältnis nach Satz 1 gilt die zwischen dem Verleiher und dem Entleiher vorgesehene Arbeitszeit als vereinbart. [4] Im übrigen bestimmen sich Inhalt und Dauer dieses Arbeitsverhältnisses nach den für den Betrieb des Entleihers geltenden Vorschriften und sonstigen Regelungen; sind solche nicht vorhanden, gelten diejenigen vergleichbarer Betriebe. [5] Der Leiharbeitnehmer hat gegen den Entleiher mindestens Anspruch auf das mit dem Verleiher vereinbarte Arbeitsentgelt.

(2) [1] Der Leiharbeitnehmer kann im Fall der Unwirksamkeit seines Vertrags mit dem Verleiher nach § 9 von diesem Ersatz des Schadens verlangen, den er dadurch erleidet, daß er auf die Gültigkeit des Vertrags vertraut. [2] Die Ersatzpflicht tritt nicht ein, wenn der Leiharbeitnehmer den Grund der Unwirksamkeit kannte.

(3) [1] Zahlt der Verleiher das vereinbarte Arbeitsentgelt oder Teile des Arbeitsentgelts an den Leiharbeitnehmer, obwohl der Vertrag nach § 9 unwirksam ist, so hat er auch sonstige Teile des Arbeitsentgelts, die bei einem wirksamen Arbeitsvertrag für den Leiharbeitnehmer an einen anderen zu zahlen wären, an den anderen zu zahlen. [2] Hinsichtlich dieser Zahlungspflicht gilt der Verleiher neben dem Entleiher als Arbeitgeber; beide haften insoweit als Gesamtschuldner.

§ 10a
Rechtsfolgen bei Überlassung durch eine andere Person als den Arbeitgeber

Werden Arbeitnehmer entgegen § 1 Absatz 1 Satz 3 von einer anderen Person überlassen und verstößt diese Person hierbei gegen § 1 Absatz 1 Satz 1, 5 und 6 oder Absatz 1b, gelten für das Arbeitsverhältnis des Leiharbeitnehmers § 9 Absatz 1 Nummer 1 bis 1b und § 10 entsprechend.

§ 11
Sonstige Vorschriften über das Leiharbeitsverhältnis

(1) [1]Der Nachweis der wesentlichen Vertragsbedingungen des Leiharbeitsverhältnisses richtet sich nach den Bestimmungen des Nachweisgesetzes. [2]Zusätzlich zu den in § 2 Abs. 1 des Nachweisgesetzes genannten Angaben sind in die Niederschrift aufzunehmen:

1. Firma und Anschrift des Verleihers, die Erlaubnisbehörde sowie Ort und Datum der Erteilung der Erlaubnis nach § 1,
2. Art und Höhe der Leistungen für Zeiten, in denen der Leiharbeitnehmer nicht verliehen ist.

(2) [1]Der Verleiher ist ferner verpflichtet, dem Leiharbeitnehmer bei Vertragsschluß ein Merkblatt der Erlaubnisbehörde über den wesentlichen Inhalt dieses Gesetzes auszuhändigen. [2]Nichtdeutsche Leiharbeitnehmer erhalten das Merkblatt und den Nachweis (BGBl 2002 I S. 4619) nach Absatz 1 auf Verlangen in ihrer Muttersprache. [3]Die Kosten des Merkblatts trägt der Verleiher. [4]Der Verleiher hat den Leiharbeitnehmer vor jeder Überlassung darüber zu informieren, dass er als Leiharbeitnehmer tätig wird.

(3) [1]Der Verleiher hat den Leiharbeitnehmer unverzüglich über den Zeitpunkt des Wegfalls der Erlaubnis zu unterrichten. [2]In den Fällen der Nichtverlängerung (§ 2 Abs. 4 Satz 3), der Rücknahme (§ 4) oder des Widerrufs (§ 5) hat er ihn ferner auf das voraussichtliche Ende der Abwicklung (§ 2 Abs. 4 Satz 4) und die gesetzliche Abwicklungsfrist (§ 2 Abs. 4 Satz 4 letzter Halbsatz) hinzuweisen.

(4) [1]§ 622 Abs. 5 Nr. 1 des Bürgerlichen Gesetzbuchs ist nicht auf Arbeitsverhältnisse zwischen Verleihern und Leiharbeitnehmern anzuwenden. [2]Das Recht des Leiharbeitnehmers auf Vergütung bei Annahmeverzug des Verleihers (§ 615 Satz 1 des Bürgerlichen Gesetzbuchs) kann nicht durch Vertrag aufgehoben oder beschränkt werden; § 615 Satz 2 des Bürgerlichen Gesetzbuchs bleibt unberührt.

(5) [1]Der Entleiher darf Leiharbeitnehmer nicht tätig werden lassen, wenn sein Betrieb unmittelbar durch einen Arbeitskampf betroffen ist. [2]Satz 1 gilt nicht, wenn der Entleiher sicherstellt, dass Leiharbeitnehmer keine Tätigkeiten übernehmen, die bisher von Arbeitnehmern erledigt wurden, die

1. sich im Arbeitskampf befinden oder
2. ihrerseits Tätigkeiten von Arbeitnehmern, die sich im Arbeitskampf befinden, übernommen haben.

[3]Der Leiharbeitnehmer ist nicht verpflichtet, bei einem Entleiher tätig zu sein, soweit dieser durch einen Arbeitskampf unmittelbar betroffen ist. [4]In den Fällen eines Arbeitskampfes hat der Verleiher den Leiharbeitnehmer auf das Recht, die Arbeitsleistung zu verweigern, hinzuweisen.

(6) [1]Die Tätigkeit des Leiharbeitnehmers bei dem Entleiher unterliegt den für den Betrieb des Entleihers geltenden öffentlich-rechtlichen Vorschriften des Arbeitsschutzrechts; die hieraus sich ergebenden Pflichten für den Arbeitgeber obliegen dem Entleiher unbeschadet der Pflichten des Verleihers. [2]Insbesondere hat der Entleiher den Leiharbeitnehmer vor Beginn der Beschäftigung und bei Veränderungen in seinem Arbeitsbereich über Gefahren für Sicherheit und Gesundheit, denen er bei der Arbeit ausgesetzt sein kann, sowie über die Maßnahmen und Einrichtungen zur Abwendung dieser Gefahren zu unterrichten. [3]Der Entleiher hat den Leiharbeitnehmer zusätzlich über die Notwendigkeit besonderer Qualifikationen oder beruflicher Fähigkeiten oder einer besonderen ärztlichen Überwachung sowie über erhöhte besondere Gefahren des Arbeitsplatzes zu unterrichten.

(7) Hat der Leiharbeitnehmer während der Dauer der Tätigkeit bei dem Entleiher eine Erfindung oder einen technischen Verbesserungsvorschlag gemacht, so gilt der Entleiher als Arbeitgeber im Sinne des Gesetzes über Arbeitnehmererfindungen.

§ 11a
Verordnungsermächtigung

[1]Die Bundesregierung wird ermächtigt, für den Fall außergewöhnlicher Verhältnisse auf dem Arbeitsmarkt durch Rechtsverordnung ohne Zustimmung des Bundesrates zu bestimmen, dass das in § 11 Absatz 4 Satz 2 geregelte Recht des Leiharbeitnehmers auf Vergütung bei Vereinbarung von Kurzarbeit für den Arbeitsausfall und für die Dauer aufgehoben ist, für die dem Leiharbeitnehmer Kurzarbeitergeld nach dem Dritten Buch Sozialgesetzbuch gezahlt wird. [2]Die Verordnung ist zeitlich zu befristen. [3]Die Ermächtigung tritt mit Ablauf des 31. Dezember 2021 außer Kraft.

§ 12
Rechtsbeziehungen zwischen Verleiher und Entleiher

(1) [1]Der Vertrag zwischen dem Verleiher und dem Entleiher bedarf der Schriftform. [2]Wenn der Vertrag und seine tatsächliche Durchführung einander widersprechen, ist für die rechtliche Einordnung des Vertrages die tatsächliche Durchführung maßgebend. [3]In der Urkunde hat der Verleiher anzugeben, ob er die Erlaubnis nach § 1 besitzt. [4]Der Entleiher hat in der Urkunde anzugeben, welche besonderen Merkmale die für den Leiharbeitnehmer vorgesehene Tätigkeit hat und welche berufliche Qualifikation dafür erforderlich ist sowie welche im Betrieb des Entleihers für einen vergleichbaren Arbeitnehmer des Entleihers wesentlichen Arbeitsbedingungen einschließlich des Arbeitsentgelts gelten; Letzteres gilt nicht, soweit die Voraussetzungen der in § 8 Absatz 2 und 4 Satz 2 genannten Ausnahme vorliegen.

(2) [1]Der Verleiher hat den Entleiher unverzüglich über den Zeitpunkt des Wegfalls der Erlaubnis zu unterrichten. [2]In den Fällen der Nichtverlängerung (§ 2 Abs. 4 Satz 3), der Rücknahme (§ 4) oder des Widerrufs (§ 5) hat er ihn ferner auf das voraussichtliche Ende der Abwicklung (§ 2 Abs. 4 Satz 4) und die gesetzliche Abwicklungsfrist (§ 2 Abs. 4 Satz 4 letzter Halbsatz) hinzuweisen.

(3) (weggefallen)

§ 13
Auskunftsanspruch des Leiharbeitnehmers

Der Leiharbeitnehmer kann im Falle der Überlassung von seinem Entleiher Auskunft über die im Betrieb des Entleihers für einen vergleichbaren Arbeitnehmer des Entleihers geltenden wesentlichen Arbeitsbedingungen einschließlich des Arbeitsentgelts verlangen; dies gilt nicht, soweit die Voraussetzungen der in § 8 Absatz 2 und 4 Satz 2 genannten Ausnahme vorliegen.

§ 13a
Informationspflicht des Entleihers über freie Arbeitsplätze

[1]Der Entleiher hat den Leiharbeitnehmer über Arbeitsplätze des Entleihers, die besetzt werden sollen, zu informieren. [2]Die Information kann durch allgemeine Bekanntgabe an geeigneter, dem Leiharbeitnehmer zugänglicher Stelle im Betrieb und Unternehmen des Entleihers erfolgen.

§ 13b
Zugang des Leiharbeitnehmers zu Gemeinschaftseinrichtungen oder -diensten

[1]Der Entleiher hat dem Leiharbeitnehmer Zugang zu den Gemeinschaftseinrichtungen und -diensten im Unternehmen unter den gleichen Bedingungen zu gewähren wie vergleichbaren Arbeitnehmern in dem Betrieb, in dem der Leiharbeitnehmer seine Arbeitsleistung erbringt, es sei denn, eine unterschiedliche Behandlung ist aus sachlichen Gründen gerechtfertigt. [2]Gemeinschaftseinrichtungen oder -dienste im Sinne des Satzes 1 sind insbesondere Kinderbetreuungseinrichtungen, Gemeinschaftsverpflegung und Beförderungsmittel.

§ 14
Mitwirkungs- und Mitbestimmungsrechte

(1) Leiharbeitnehmer bleiben auch während der Zeit ihrer Arbeitsleistung bei einem Entleiher Angehörige des entsendenden Betriebs des Verleihers.

(2) [1] Leiharbeitnehmer sind bei der Wahl der Arbeitnehmervertreter in den Aufsichtsrat im Entleiherunternehmen und bei der Wahl der betriebsverfassungsrechtlichen Arbeitnehmervertretungen im Entleiherbetrieb nicht wählbar. [2] Sie sind berechtigt, die Sprechstunden dieser Arbeitnehmervertretungen aufzusuchen und an den Betriebs- und Jugendversammlungen im Entleiherbetrieb teilzunehmen. [3] Die §§ 81, 82 Abs. 1 und die §§ 84 bis 86 des Betriebsverfassungsgesetzes gelten im Entleiherbetrieb auch in bezug auf die dort tätigen Leiharbeitnehmer. [4] Soweit Bestimmungen des Betriebsverfassungsgesetzes mit Ausnahme des § 112a, des Europäische Betriebsräte-Gesetzes oder der auf Grund der jeweiligen Gesetze erlassenen Wahlordnungen eine bestimmte Anzahl oder einen bestimmten Anteil von Arbeitnehmern voraussetzen, sind Leiharbeitnehmer auch im Entleiherbetrieb zu berücksichtigen. [5] Soweit Bestimmungen des Mitbestimmungsgesetzes, des Montan-Mitbestimmungsgesetzes, des Mitbestimmungsergänzungsgesetzes, des Drittelbeteiligungsgesetzes, des Gesetzes über die Mitbestimmung der Arbeitnehmer bei einer grenzüberschreitenden Verschmelzung, des SE- und des SCE-Beteiligungsgesetzes oder der auf Grund der jeweiligen Gesetze erlassenen Wahlordnungen eine bestimmte Anzahl oder einen bestimmten Anteil von Arbeitnehmern voraussetzen, sind Leiharbeitnehmer auch im Entleiherunternehmen zu berücksichtigen. [6] Soweit die Anwendung der in Satz 5 genannten Gesetze eine bestimmte Anzahl oder einen bestimmten Anteil von Arbeitnehmern erfordert, sind Leiharbeitnehmer im Entleiherunternehmen nur zu berücksichtigen, wenn die Einsatzdauer sechs Monate übersteigt.

(3) [1] Vor der Übernahme eines Leiharbeitnehmers zur Arbeitsleistung ist der Betriebsrat des Entleiherbetriebs nach § 99 des Betriebsverfassungsgesetzes zu beteiligen. [2] Dabei hat der Entleiher dem Betriebsrat auch die schriftliche Erklärung des Verleihers nach § 12 Absatz 1 Satz 3 vorzulegen. [3] Er ist ferner verpflichtet, Mitteilungen des Verleihers nach § 12 Abs. 2 unverzüglich dem Betriebsrat bekanntzugeben.

(4) Die Absätze 1 und 2 Satz 1 und 2 sowie Absatz 3 gelten für die Anwendung des Bundespersonalvertretungsgesetzes sinngemäß.

§ 15
Ausländische Leiharbeitnehmer ohne Genehmigung

(1) Wer als Verleiher einen Ausländer, der einen erforderlichen Aufenthaltstitel nach § 4a Absatz 5 Satz 1 des Aufenthaltsgesetzes, eine Erlaubnis oder Berechtigung nach § 4a Absatz 5 Satz 2 in Verbindung mit Absatz 4 des Aufenthaltsgesetzes, eine Aufenthaltsgestattung oder eine Duldung, die zur Ausbildung der Beschäftigung berechtigen, oder eine Genehmigung nach § 284 Abs. 1 des Dritten Buches Sozialgesetzbuch nicht besitzt, entgegen § 1 einem Dritten ohne Erlaubnis überlässt, wird mit Freiheitsstrafe bis zu drei Jahren oder mit Geldstrafe bestraft.

(2) [1] In besonders schweren Fällen ist die Strafe Freiheitsstrafe von sechs Monaten bis zu fünf Jahren. [2] Ein besonders schwerer Fall liegt in der Regel vor, wenn der Täter gewerbsmäßig oder aus grobem Eigennutz handelt.

§ 15a
Entleih von Ausländern ohne Genehmigung

(1) [1] Wer als Entleiher einen ihm überlassenen Ausländer, der einen erforderlichen Aufenthaltstitel nach § 4a Absatz 5 Satz 1 des Aufenthaltsgesetzes, eine Erlaubnis oder Berechtigung nach § 4a Absatz 5 Satz 2 in Verbindung mit Absatz 4 des Aufenthaltsgesetzes, eine Aufenthaltsgestattung oder eine Duldung, die zur Ausbildung der Beschäftigung berechtigen, oder eine Genehmigung nach § 284 Abs. 1 des Dritten Buches Sozialgesetzbuch nicht besitzt, zu Arbeitsbedingungen des Leiharbeitsverhältnisses tätig werden läßt, die in einem auffälligen Mißverhältnis zu den Arbeitsbedingungen deutscher Leiharbeitnehmer stehen, die die gleiche oder eine vergleichbare Tätigkeit ausüben,

wird mit Freiheitsstrafe bis zu drei Jahren oder mit Geldstrafe bestraft. [2]In besonders schweren Fällen ist die Strafe Freiheitsstrafe von sechs Monaten bis zu fünf Jahren; ein besonders schwerer Fall liegt in der Regel vor, wenn der Täter gewerbsmäßig oder aus grobem Eigennutz handelt.

(2) [1]Wer als Entleiher

1. gleichzeitig mehr als fünf Ausländer, die einen erforderlichen Aufenthaltstitel nach § 4a Absatz 5 Satz 1 des Aufenthaltsgesetzes, eine Erlaubnis oder Berechtigung nach § 4a Absatz 5 Satz 2 in Verbindung mit Absatz 4 des Aufenthaltsgesetzes, eine Aufenthaltsgestattung oder eine Duldung, die zur Ausbildung der Beschäftigung berechtigen, oder eine Genehmigung nach § 284 Abs. 1 des Dritten Buches Sozialgesetzbuch nicht besitzen, tätig werden lässt oder
2. eine in § 16 Abs. 1 Nr. 2 bezeichnete vorsätzliche Zuwiderhandlung beharrlich wiederholt,

wird mit Freiheitsstrafe bis zu einem Jahr oder mit Geldstrafe bestraft. [2]Handelt der Täter aus grobem Eigennutz, ist die Strafe Freiheitsstrafe bis zu drei Jahren oder Geldstrafe.

§ 16
Ordnungswidrigkeiten

(1) Ordnungswidrig handelt, wer vorsätzlich oder fahrlässig

1. entgegen § 1 einen Leiharbeitnehmer einem Dritten ohne Erlaubnis überläßt,

1a. einen ihm von einem Verleiher ohne Erlaubnis überlassenen Leiharbeitnehmer tätig werden läßt,

1b. entgegen § 1 Absatz 1 Satz 3 einen Arbeitnehmer überlässt oder tätig werden lässt,

1c. entgegen § 1 Absatz 1 Satz 5 eine dort genannte Überlassung nicht, nicht richtig oder nicht rechtzeitig bezeichnet,

1d. entgegen § 1 Absatz 1 Satz 6 die Person nicht, nicht richtig oder nicht rechtzeitig konkretisiert,

1e. entgegen § 1 Absatz 1b Satz 1 einen Leiharbeitnehmer überlässt,

1f. entgegen § 1b Satz 1 Arbeitnehmer überläßt oder tätig werden läßt,

2. einen ihm überlassenen ausländischen Leiharbeitnehmer, der einen erforderlichen Aufenthaltstitel nach § 4a Absatz 5 Satz 1 des Aufenthaltsgesetzes, eine Erlaubnis oder Berechtigung nach § 4a Absatz 5 Satz 2 in Verbindung mit Absatz 4 des Aufenthaltsgesetzes, eine Aufenthaltsgestattung oder eine Duldung, die zur Ausbildung der Beschäftigung berechtigen, oder eine Genehmigung nach § 284 Abs. 1 des Dritten Buches Sozialgesetzbuch nicht besitzt, tätig werden läßt,

2a. eine Anzeige nach § 1a nicht richtig, nicht vollständig oder nicht rechtzeitig erstattet,

3. einer Auflage nach § 2 Abs. 2 nicht, nicht vollständig oder nicht rechtzeitig nachkommt,

4. eine Anzeige nach § 7 Abs. 1 nicht, nicht richtig, nicht vollständig oder nicht rechtzeitig erstattet,

5. eine Auskunft nach § 7 Abs. 2 Satz 1 nicht, nicht richtig, nicht vollständig oder nicht rechtzeitig erteilt,

6. seiner Aufbewahrungspflicht nach § 7 Abs. 2 Satz 4 nicht nachkommt,

6a. entgegen § 7 Abs. 3 Satz 2 eine dort genannte Maßnahme nicht duldet,

7. aufgehoben

7a. entgegen § 8 Absatz 1 Satz 1 oder Absatz 2 Satz 2 oder 4 eine Arbeitsbedingung nicht gewährt,

7b. entgegen § 8 Absatz 5 in Verbindung mit einer Rechtsverordnung nach § 3a Absatz 2 Satz 1 das dort genannte Mindeststundenentgelt nicht oder nicht rechtzeitig zahlt,

8. einer Pflicht nach § 11 Abs. 1 oder Abs. 2 nicht nachkommt,

8a. entgegen § 11 Absatz 5 Satz 1 einen Leiharbeitnehmer tätig werden lässt,

9. entgegen § 13a Satz 1 den Leiharbeitnehmer nicht, nicht richtig oder nicht vollständig informiert,

10. entgegen § 13b Satz 1 Zugang nicht gewährt,

11. entgegen § 17a in Verbindung mit § 5 Absatz 1 Satz 1 Nummer 1 oder 3 des Schwarzarbeitsbekämpfungsgesetzes eine Prüfung nicht duldet oder bei dieser Prüfung nicht mitwirkt,
12. entgegen § 17a in Verbindung mit § 5 Absatz 1 Satz 1 Nummer 2 des Schwarzarbeitsbekämpfungsgesetzes das Betreten eines Grundstücks oder Geschäftsraums nicht duldet,
13. entgegen § 17a in Verbindung mit § 5 Absatz 5 Satz 1 des Schwarzarbeitsbekämpfungsgesetzes Daten nicht, nicht richtig, nicht vollständig, nicht in der vorgeschriebenen Weise oder nicht rechtzeitig übermittelt,
14. entgegen § 17b Absatz 1 Satz 1 eine Anmeldung nicht, nicht richtig, nicht vollständig, nicht in der vorgeschriebenen Weise oder nicht rechtzeitig zuleitet,
15. entgegen § 17b Absatz 1 Satz 2 eine Änderungsmeldung nicht, nicht richtig, nicht vollständig, nicht in der vorgeschriebenen Weise oder nicht rechtzeitig macht,
16. entgegen § 17b Absatz 2 eine Versicherung nicht beifügt,
17. entgegen § 17c Absatz 1 eine Aufzeichnung nicht, nicht richtig, nicht vollständig oder nicht rechtzeitig erstellt oder nicht mindestens zwei Jahre aufbewahrt oder
18. entgegen § 17c Absatz 2 eine Unterlage nicht, nicht richtig, nicht vollständig oder nicht in der vorgeschriebenen Weise bereithält.

(2) Die Ordnungswidrigkeit nach Absatz 1 Nummer 1 bis 1f, 6 und 11 bis 18 kann mit einer Geldbuße bis zu dreißigtausend Euro, die Ordnungswidrigkeit nach Absatz 1 Nummer 2, 7a und 7b und 8a mit einer Geldbuße bis zu fünfhunderttausend Euro, die Ordnungswidrigkeit nach Absatz 1 Nummer 2a, 3, 9 und 10 mit einer Geldbuße bis zu zweitausendfünfhundert Euro, die Ordnungswidrigkeit nach Absatz 1 Nummer 4, 5, 6a und 8 mit einer Geldbuße bis zu tausend Euro geahndet werden.

(3) Verwaltungsbehörden im Sinne des § 36 Absatz 1 Nummer 1 des Gesetzes über Ordnungswidrigkeiten sind in den Fällen des Absatzes 1 Nummer 1, 1a, 1c, 1d, 1f, 2, 2a und 7b sowie 11 bis 18 die Behörden der Zollverwaltung jeweils für ihren Geschäftsbereich, in den Fällen des Absatzes 1 Nummer 1b, 1e, 3 bis 7a sowie 8 bis 10 die Bundesagentur für Arbeit.

(4) § 66 des Zehnten Buches Sozialgesetzbuch gilt entsprechend.

(5) [1] Die Geldbußen fließen in die Kasse der zuständigen Verwaltungsbehörde. [2] Sie trägt abweichend von § 105 Abs. 2 des Gesetzes über Ordnungswidrigkeiten die notwendigen Auslagen und ist auch ersatzpflichtig im Sinne des § 110 Abs. 4 des Gesetzes über Ordnungswidrigkeiten.

§ 17
Durchführung

(1) [1] Die Bundesagentur für Arbeit führt dieses Gesetz nach fachlichen Weisungen des Bundesministeriums für Arbeit und Soziales durch. [2] Verwaltungskosten werden nicht erstattet.

(2) Die Prüfung der Arbeitsbedingungen nach § 8 Absatz 5 obliegt zudem den Behörden der Zollverwaltung nach Maßgabe der §§ 17a bis 18a.

§ 17a
Befugnisse der Behörden der Zollverwaltung

Die §§ 2, 3 bis 6 und 14 bis 20, 22, 23 des Schwarzarbeitsbekämpfungsgesetzes sind entsprechend anzuwenden mit der Maßgabe, dass die dort genannten Behörden auch Einsicht in Arbeitsverträge, Niederschriften nach § 2 des Nachweisgesetzes und andere Geschäftsunterlagen nehmen können, die mittelbar oder unmittelbar Auskunft über die Einhaltung der Arbeitsbedingungen nach § 8 Absatz 5 geben.

§ 17b
Meldepflicht

(1) [1]Überlässt ein Verleiher mit Sitz im Ausland einen Leiharbeitnehmer zur Arbeitsleistung einem Entleiher, hat der Entleiher, sofern eine Rechtsverordnung nach § 3a auf das Arbeitsverhältnis Anwendung findet, vor Beginn jeder Überlassung der zuständigen Behörde der Zollverwaltung eine schriftliche Anmeldung in deutscher Sprache mit folgenden Angaben zuzuleiten:

1. Familienname, Vornamen und Geburtsdatum des überlassenen Leiharbeitnehmers,
2. Beginn und Dauer der Überlassung,
3. Ort der Beschäftigung,
4. Ort im Inland, an dem die nach § 17c erforderlichen Unterlagen bereitgehalten werden,
5. Familienname, Vornamen und Anschrift in Deutschland eines oder einer Zustellungsbevollmächtigten des Verleihers,
6. Branche, in die die Leiharbeitnehmer überlassen werden sollen, und
7. Familienname, Vornamen oder Firma sowie Anschrift des Verleihers.

[2]Änderungen bezüglich dieser Angaben hat der Entleiher unverzüglich zu melden.

(2) Der Entleiher hat der Anmeldung eine Versicherung des Verleihers beizufügen, dass dieser seine Verpflichtungen nach § 8 Absatz 5 einhält.

(3) Das Bundesministerium der Finanzen kann durch Rechtsverordnung im Einvernehmen mit dem Bundesministerium für Arbeit und Soziales ohne Zustimmung des Bundesrates bestimmen,

1. dass, auf welche Weise und unter welchen technischen und organisatorischen Voraussetzungen eine Anmeldung, Änderungsmeldung und Versicherung abweichend von den Absätzen 1 und 2 elektronisch übermittelt werden kann,
2. unter welchen Voraussetzungen eine Änderungsmeldung ausnahmsweise entfallen kann und
3. wie das Meldeverfahren vereinfacht oder abgewandelt werden kann.

(4) Das Bundesministerium der Finanzen kann durch Rechtsverordnung ohne Zustimmung des Bundesrates die zuständige Behörde nach Absatz 1 Satz 1 bestimmen.

§ 17c
Erstellen und Bereithalten von Dokumenten

(1) Sofern eine Rechtsverordnung nach § 3a auf ein Arbeitsverhältnis Anwendung findet, ist der Entleiher verpflichtet, Beginn, Ende und Dauer der täglichen Arbeitszeit des Leiharbeitnehmers spätestens bis zum Ablauf des siebten auf den Tag der Arbeitsleistung folgenden Kalendertages aufzuzeichnen und diese Aufzeichnungen mindestens zwei Jahre beginnend ab dem für die Aufzeichnung maßgeblichen Zeitpunkt aufzubewahren.

(2) [1]Jeder Verleiher ist verpflichtet, die für die Kontrolle der Einhaltung einer Rechtsverordnung nach § 3a erforderlichen Unterlagen im Inland für die gesamte Dauer der tatsächlichen Beschäftigung des Leiharbeitnehmers im Geltungsbereich dieses Gesetzes, insgesamt jedoch nicht länger als zwei Jahre, in deutscher Sprache bereitzuhalten. [2]Auf Verlangen der Prüfbehörde sind die Unterlagen auch am Ort der Beschäftigung bereitzuhalten.

§ 18
Zusammenarbeit mit anderen Behörden

(1) Zur Verfolgung und Ahndung der Ordnungswidrigkeiten nach § 16 arbeiten die Bundesagentur für Arbeit und die Behörden der Zollverwaltung insbesondere mit folgenden Behörden zusammen:

1. den Trägern der Krankenversicherung als Einzugsstellen für die Sozialversicherungsbeiträge,
2. den in § 71 des Aufenthaltsgesetzes genannten Behörden,
3. den Finanzbehörden,

4. den nach Landesrecht für die Verfolgung und Ahndung von Ordnungswidrigkeiten nach dem Schwarzarbeitsbekämpfungsgesetz zuständigen Behörden,
5. den Trägern der Unfallversicherung,
6. den für den Arbeitsschutz zuständigen Landesbehörden,
7. den Rentenversicherungsträgern,
8. den Trägern der Sozialhilfe.

(2) Ergeben sich für die Bundesagentur für Arbeit oder die Behörden der Zollverwaltung bei der Durchführung dieses Gesetzes im Einzelfall konkrete Anhaltspunkte für

1. Verstöße gegen das Schwarzarbeitsbekämpfungsgesetz,
2. eine Beschäftigung oder Tätigkeit von Ausländern ohne erforderlichen Aufenthaltstitel nach § 4a Absatz 5 Satz 1 des Aufenthaltsgesetzes, eine Erlaubnis oder Berechtigung nach § 4a Absatz 5 Satz 2 in Verbindung mit Absatz 4 des Aufenthaltsgesetzes, eine Aufenthaltsgestattung oder eine Duldung, die zur Ausbildung der Beschäftigung berechtigen, oder eine Genehmigung nach § 284 Abs. 1 des Dritten Buches Sozialgesetzbuch,
3. Verstöße gegen die Mitwirkungspflicht nach § 60 Abs. 1 Satz 1 Nr. 2 des Ersten Buches Sozialgesetzbuch gegenüber einer Dienststelle der Bundesagentur für Arbeit, einem Träger der gesetzlichen Kranken-, Pflege-, Unfall- oder Rentenversicherung oder einem Träger der Sozialhilfe oder gegen die Meldepflicht nach § 8 a des Asylbewerberleistungsgesetzes,
4. Verstöße gegen die Vorschriften des Vierten und Siebten Buches Sozialgesetzbuch über die Verpflichtung zur Zahlung von Sozialversicherungsbeiträgen, soweit sie im Zusammenhang mit den in den Nummern 1 bis 3 genannten Verstößen sowie mit Arbeitnehmerüberlassung entgegen § 1 stehen,
5. Verstöße gegen die Steuergesetze,
6. Verstöße gegen das Aufenthaltsgesetz,

unterrichten sie die für die Verfolgung und Ahndung zuständigen Behörden, die Träger der Sozialhilfe sowie die Behörden nach § 71 des Aufenthaltsgesetzes.

(3) [1]In Strafsachen, die Straftaten nach den §§ 15 und 15 a zum Gegenstand haben, sind der Bundesagentur für Arbeit und den Behörden der Zollverwaltung zur Verfolgung von Ordnungswidrigkeiten

1. bei Einleitung des Strafverfahrens die Personendaten des Beschuldigten, der Straftatbestand, die Tatzeit und der Tatort,
2. im Falle der Erhebung der öffentlichen Klage die das Verfahren abschließende Entscheidung mit Begründung

zu übermitteln. [2]Ist mit der in Nummer 2 genannten Entscheidung ein Rechtsmittel verworfen worden oder wird darin auf die angefochtene Entscheidung Bezug genommen, so ist auch die angefochtene Entscheidung zu übermitteln. [3]Die Übermittlung veranlaßt die Strafvollstreckungs- oder die Strafverfolgungsbehörde. [4]Eine Verwendung

1. der Daten der Arbeitnehmer für Maßnahmen zu ihren Gunsten,
2. der Daten des Arbeitgebers zur Besetzung seiner offenen Arbeitsplätze, die im Zusammenhang mit dem Strafverfahren bekanntgeworden sind,
3. der in den Nummern 1 und 2 genannten Daten für Entscheidungen über die Einstellung oder Rückforderung von Leistungen der Bundesagentur für Arbeit

ist zulässig.

(4) (weggefallen)

(5) Die Behörden der Zollverwaltung unterrichten die zuständigen örtlichen Landesfinanzbehörden über den Inhalt von Meldungen nach § 17b.

(6) [1] Die Behörden der Zollverwaltung und die übrigen in § 2 des Schwarzarbeitsbekämpfungsgesetzes genannten Behörden dürfen nach Maßgabe der jeweils einschlägigen datenschutzrechtlichen Bestimmungen auch mit Behörden anderer Vertragsstaaten des Abkommens über den Europäischen Wirtschaftsraum zusammenarbeiten, die dem § 17 Absatz 2 entsprechende Aufgaben durchführen oder für die Bekämpfung illegaler Beschäftigung zuständig sind oder Auskünfte geben können, ob ein Arbeitgeber seine Verpflichtungen nach § 8 Absatz 5 erfüllt. [2] Die Regelungen über die internationale Rechtshilfe in Strafsachen bleiben hiervon unberührt.

§ 18a
(weggefallen)

§ 19
Übergangsvorschrift

(1) § 8 Absatz 3 findet keine Anwendung auf Leiharbeitsverhältnisse, die vor dem 15. Dezember 2010 begründet worden sind.

(2) Überlassungszeiten vor dem 1. April 2017 werden bei der Berechnung der Überlassungshöchstdauer nach § 1 Absatz 1b und der Berechnung der Überlassungszeiten nach § 8 Absatz 4 Satz 1 nicht berücksichtigt.

§ 20
Evaluation

Die Anwendung dieses Gesetzes ist im Jahr 2020 zu evaluieren.

Zuschüsse an einen Arbeitnehmer für dessen Versicherung in einer ausländischen gesetzlichen Krankenversicherung innerhalb der Europäischen Union und des Europäischen Wirtschaftsraums sowie im Verhältnis zur Schweiz (§ 3 Nummer 62 EStG)

BMF vom 30.1.2014 (BStBl I S. 210)
IV C 5 – S 2333/13/10004 – 2014/0079071

Der BFH hat mit Urteil vom 12. Januar 2011 – I R 49/10 – (BStBl II 2011 Seite 446) im Anschluss an seine bisherige Rechtsprechung (Urteile vom 18. Mai 2004 – VI R 11/01 – [BStBl II Seite 1014] und vom 28. Mai 2009 – VI R 27/06 – [BStBl II Seite 857]) entschieden, dass Zuschüsse zu einer Krankenversicherung, die ein inländischer Arbeitgeber an einen Arbeitnehmer für dessen Versicherung in der französischen gesetzlichen Krankenversicherung leistet, nicht nach § 3 Nummer 62 EStG steuerfrei sind. Nach Auffassung des BFH greift die Steuerfreiheit nicht, weil eine gesetzliche Verpflichtung des Arbeitgebers zu Zahlungen des Zuschusses fehle. Der BFH hat sich in seinem Urteil der sozialversicherungsrechtlichen Beurteilung der Vorinstanz angeschlossen (Urteil des FG München vom 21. Mai 2010 – 8 K 3773/07 – [EFG 2010 Seite 2096]).

Das Bundesministerium für Gesundheit hat in Abstimmung mit dem Bundesministerium für Arbeit und Soziales nunmehr hierzu mitgeteilt, dass entgegen der Auffassung der Finanzgerichtsbarkeit gleichwohl eine sozialrechtliche Zuschusspflicht des Arbeitgebers nach § 257 Absatz 1 des Fünften Buches Sozialgesetzbuch (SGB V) besteht, denn die Begründung einer freiwilligen Mitgliedschaft in einer ausländischen gesetzlichen Krankenversicherung ist zumindest innerhalb der Europäischen Union und des Europäischen Wirtschaftsraums sowie im Verhältnis zur Schweiz nach Artikel 5 Buchstabe b der Verordnung (EG) Nummer 883/2004 des Europäischen Parlaments und des Rates vom 29. April 2004 so zu behandeln, als ob eine (freiwillige) Mitgliedschaft bei einer inländischen gesetzlichen Krankenkasse begründet worden wäre.

Vor diesem Hintergrund gilt unter Bezugnahme auf das Ergebnis der Erörterung mit den obersten Finanzbehörden der Länder Folgendes:

Zuschüsse eines inländischen Arbeitgebers an einen Arbeitnehmer für dessen Versicherung in einer ausländischen gesetzlichen Krankenversicherung zumindest innerhalb der Europäischen Union und des Europäischen Wirtschaftsraums sowie im Verhältnis zur Schweiz fallen unter den Anwendungsbereich des § 3 Nummer 62 EStG, weil auf Grund von Artikel 5 Buchstabe b der Verordnung (EG) Nummer 883/2004 des Europäischen Parlaments und des Rates vom 29. April 2004 eine gesetzliche Zuschusspflicht nach § 257 Absatz 1 SGB V besteht. Das BFH-Urteil vom 12. Januar 2011 – I R 49/10 – (a. a. O.) ist daher nicht mehr allgemein anzuwenden, soweit der BFH von anderen Rechtsgrundsätzen ausgegangen ist. Dies gilt in allen offenen Fällen.

Steuerliche Behandlung von Arbeitnehmereinkünften bei Auslandstätigkeiten (Auslandstätigkeitserlass)[1])

BMF vom 31.10.1983 (BStBl I S. 470)
IV B 6 – S 2293 – 50/83

Im Einvernehmen mit den obersten Finanzbehörden der Länder gilt auf Grund des § 34 c Abs. 5 und des § 50 Abs. 7 EStG[2]) folgendes:

Bei Arbeitnehmern eines inländischen Arbeitgebers (Abschnitt 72 LStR[3])) wird von der Besteuerung des Arbeitslohns abgesehen, den der Arbeitnehmer auf Grund eines gegenwärtigen Dienstverhältnisses für eine begünstigte Tätigkeit im Ausland erhält.

I. Begünstigte Tätigkeit

Begünstigt ist die Auslandstätigkeit für einen inländischen Lieferanten, Hersteller, Auftragnehmer oder Inhaber ausländischer Mineralaufsuchungs- oder -gewinnungsrechte im Zusammenhang mit

1. der Planung, Errichtung, Einrichtung, Inbetriebnahme, Erweiterung, Instandsetzung, Modernisierung, Überwachung oder Wartung von Fabriken, Bauwerken, ortsgebundenen großen Maschinen oder ähnlichen Anlagen sowie dem Einbau, der Aufstellung oder Instandsetzung sonstiger Wirtschaftsgüter; außerdem ist das Betreiben der Anlagen bis zur Übergabe an den Auftraggeber begünstigt,
2. dem Aufsuchen oder der Gewinnung von Bodenschätzen,
3. der Beratung (Consulting) ausländischer Auftraggeber oder Organisationen im Hinblick auf Vorhaben im Sinne der Nummern 1 oder 2 oder
4. der deutschen öffentlichen Entwicklungshilfe im Rahmen der technischen oder finanziellen Zusammenarbeit.

Nicht begünstigt sind die Tätigkeit des Bordpersonals auf Seeschiffen und die Tätigkeit von Leiharbeitnehmern[4]), für deren Arbeitgeber die Arbeitnehmerüberlassung Unternehmenszweck ist, sowie die finanzielle Beratung mit Ausnahme der Nummer 4. Nicht begünstigt ist ferner das Einholen von Aufträgen (Akquisition), ausgenommen die Beteiligung an Ausschreibungen.

II. Dauer der begünstigten Tätigkeit

Die Auslandstätigkeit muß mindestens drei Monate ununterbrochen in Staaten ausgeübt werden, mit denen kein Abkommen zur Vermeidung der Doppelbesteuerung besteht, in das Einkünfte aus nichtselbständiger Arbeit einbezogen sind.

Sie beginnt mit Antritt der Reise ins Ausland und endet mit der endgültigen Rückkehr ins Inland. Eine vorübergehende Rückkehr ins Inland oder ein kurzer Aufenthalt in einem Staat, mit dem ein Abkommen zur Vermeidung der Doppelbesteuerung besteht, in das Einkünfte aus nichtselbständiger Arbeit einbezogen sind, gelten bis zu einer Gesamtaufenthaltsdauer von zehn vollen Kalendertagen innerhalb der Mindestfrist nicht als Unterbrechung der Auslandstätigkeit, wenn sie zur weiteren Durchführung oder Vorbereitung eines begünstigten Vorhabens notwendig sind. Dies gilt bei längeren Auslandstätigkeiten entsprechend für die jeweils letzten drei Monate.

Eine Unterbrechung der Tätigkeit im Falle eines Urlaubs oder einer Krankheit ist unschädlich, unabhängig davon, wo sich der Arbeitnehmer während der Unterbrechung aufhält. Zeiten der unschädlichen Unterbrechung sind bei der Dreimonatsfrist nicht mitzurechnen.

---

1) Das BMF-Schreiben wird überarbeitet.
2) überholt
3) jetzt R 38.3 LStR
4) Die Tätigkeit von Leiharbeitnehmern ist begünstigt bei Tätigkeiten i. S. v. Abschnitt I Nrn. 1 bis 4.

III. Begünstigter Arbeitslohn

Zum begünstigten Arbeitslohn gehören auch folgende steuerpflichtige Einnahmen, soweit sie für eine begünstigte Auslandstätigkeit gezahlt werden:

1. Zulagen, Prämien oder Zuschüsse des Arbeitgebers für Aufwendungen des Arbeitnehmers, die durch eine begünstigte Auslandstätigkeit veranlaßt sind, oder die entsprechende unentgeltliche Ausstattung oder Bereitstellung durch den Arbeitgeber,
2. Weihnachtszuwendungen, Erfolgsprämien oder Tantiemen,
3. Arbeitslohn, der auf den Urlaub – einschließlich eines angemessenen Sonderurlaubs auf Grund einer begünstigten Tätigkeit – entfällt, Urlaubsgeld oder Urlaubsabgeltung,
4. Lohnfortzahlung auf Grund einer Erkrankung während einer begünstigten Auslandstätigkeit bis zur Wiederaufnahme dieser oder einer anderen begünstigten Tätigkeit oder bis zur endgültigen Rückkehr ins Inland.

Werden solche Zuwendungen nicht gesondert für die begünstigte Tätigkeit geleistet, so sind sie im Verhältnis der Kalendertage aufzuteilen[1]).

Der begünstigte Arbeitslohn ist steuerfrei im Sinne der §§ 3 c, 10 Abs. 2 Nr. 2 EStG und des § 28 Abs. 2 BerlinFG.

IV. Progressionsvorbehalt für unbeschränkt steuerpflichtige Arbeitnehmer

Auf das nach § 32 a Abs. 1 EStG zu versteuernde Einkommen ist der Steuersatz anzuwenden, der sich ergibt, wenn die begünstigten Einkünfte aus nichtselbständiger Arbeit bei der Berechnung der Einkommensteuer einbezogen werden. Bei der Ermittlung der begünstigten Einkünfte ist der Arbeitslohn um die Freibeträge nach § 19 Abs. 3 und 4 EStG und um den Werbungskosten-Pauschbetrag nach § 9 a Nr. 1 EStG zu kürzen, soweit sie nicht bei der Ermittlung der Einkünfte aus nicht begünstigter nichtselbständiger Arbeit berücksichtigt worden sind.

V. Nichtanwendung

Diese Regelung gilt nicht, wenn

1. der Arbeitslohn aus inländischen öffentlichen Kassen[2]) – einschließlich der Kassen der Deutschen Bundesbahn und der Deutschen Bundesbank – gezahlt wird,
2. die Tätigkeit in einem Staat ausgeübt wird, mit dem ein Abkommen zur Vermeidung der Doppelbesteuerung besteht, in das Einkünfte aus nichtselbständiger Arbeit einbezogen sind; ist ein Abkommen für die Zeit vor seinem Inkrafttreten anzuwenden, so verbleibt es bis zum Zeitpunkt des Inkrafttretens bei den vorstehenden Regelungen, soweit sie für den Arbeitnehmer günstiger sind, oder
3. es sich um eine Tätigkeit in der Deutschen Demokratischen Republik oder Berlin (Ost) handelt.

VI. Verfahrensvorschriften

1. Der Verzicht auf die Besteuerung im Steuerabzugsverfahren (Freistellungsbescheinigung) ist vom Arbeitgeber oder Arbeitnehmer beim Betriebsstättenfinanzamt zu beantragen. Ein Nachweis, daß von dem Arbeitslohn in dem Staat, in dem die Tätigkeit ausgeübt wird, eine der deutschen Lohnsteuer (Einkommensteuer) entsprechende Steuer erhoben wird, ist nicht erforderlich.

   Ist glaubhaft gemacht worden, daß die in Abschnitt I und II bezeichneten Voraussetzungen vorliegen, so kann die Freistellungsbescheinigung erteilt werden, solange dem Arbeitgeber eine Änderung des Lohnsteuerabzugs möglich ist (§ 41 c EStG). Außerdem muß sich der Arbeitgeber verpflichten, das folgende Verfahren einzuhalten:

---

[1]) zur Zuordnung der Zuwendungen >BMF vom 14.3.2017 (BStBl I S. 473), Rdnr. 26, Anhang 12 IV

[2]) >BMF vom 13.11.2019 (BStBl I S. 1082)

a) Der begünstigte Arbeitslohn ist im Lohnkonto, auf der Lohnsteuerkarte, der besonderen Lohnsteuerbescheinigung sowie dem Lohnzettel getrennt von dem übrigen Arbeitslohn anzugeben.

b) Die Freistellungsbescheinigung ist als Beleg zum Lohnkonto des Arbeitnehmers zu nehmen.

c) Für Arbeitnehmer, die während des Kalenderjahrs begünstigten Arbeitslohn bezogen haben, darf der Arbeitgeber weder die Lohnsteuer nach dem voraussichtlichen Jahresarbeitslohn (sog. permanenter Jahresausgleich) ermitteln noch einen Lohnsteuer-Jahresausgleich durchführen.

Der Arbeitgeber ist bis zur Ausschreibung der Lohnsteuerbescheinigung sowie des Lohnzettels berechtigt, bei der jeweils nächstfolgenden Lohnzahlung bisher noch nicht erhobene Lohnsteuer nachträglich einzubehalten, wenn er erkennt, daß die Voraussetzungen für den Verzicht auf die Besteuerung nicht vorgelegen haben. Macht er von dieser Berechtigung keinen Gebrauch oder kann die Lohnsteuer nicht nachträglich einbehalten werden, so ist er zu einer Anzeige an das Betriebsstättenfinanzamt verpflichtet.

2. Soweit nicht bereits vom Steuerabzug abgesehen worden ist, hat der Arbeitnehmer den Verzicht auf die Besteuerung bei seinem Wohnsitzfinanzamt zu beantragen.

VII. Anwendungszeitraum, Übergangsregelung

Diese Regelung gilt ab 1. Januar 1984. Sie ersetzt die bisher hierzu ergangenen Verwaltungsbestimmungen.

Eine vor dem 1. Januar 1984 geleistete und nach den vorstehenden Bestimmungen begünstigte Tätigkeit ist bei der Dreimonatsfrist mitzurechnen.

Anhang 8

– unbesetzt –

Neuregelung der einkommensteuerlichen Behandlung von Berufsausbildungskosten gemäß § 10 Absatz 1 Nummer 7, § 12 Nummer 5 EStG in der Fassung des Gesetzes zur Änderung der Abgabenordnung und weiterer Gesetze vom 21. Juli 2004 (BGBl. I S. 1753, BStBl I 2005 S. 343) ab 2004

BMF vom 22.9.2010 (BStBl I S. 721)[1][2][3])
IV C 4 – S 2227/07/10002 :002 – 2010/0416045

Die einkommensteuerliche Behandlung von Berufsausbildungskosten wurde durch das Gesetz zur Änderung der Abgabenordnung und weiterer Gesetze vom 21. Juli 2004 (BGBl. I S. 1753, BStBl I 2005 S. 343) neu geordnet (Neuordnung). Nach dem Ergebnis der Erörterungen mit den obersten Finanzbehörden der Länder unter Einbeziehung der Rechtsfolgen aus der allgemeinen Anwendung des BFH-Urteils vom 18. Juni 2009 – VI R 14/07 – (BStBl II 2010, S. 816) und notwendiger redaktioneller Änderungen gelten dazu die nachfolgenden Ausführungen.

Inhaltsverzeichnis

1. Grundsätze

Aufwendungen für die erstmalige Berufsausbildung oder ein Erststudium[4]) stellen nach § 12 Nummer 5 EStG[5]) keine Betriebsausgaben oder Werbungskosten dar, es sei denn, die Bildungsmaßnahme findet im Rahmen eines Dienstverhältnisses statt (Ausbildungsdienstverhältnis). 1

Aufwendungen für die eigene Berufsausbildung, die nicht Betriebsausgaben oder Werbungskosten darstellen, können nach § 10 Absatz 1 Nummer 7 EStG bis zu 4.000 Euro[6]) im Kalenderjahr als Sonderausgaben abgezogen werden.

---

[1]) >auch § 4 Abs. 9, § 9 Abs. 6, § 10 Abs. 1 Nr. 7 Satz 1 und § 12 Nr. 5 i. d. F. des BeitrRLUmsG

[2]) Ab dem VZ 2015 gelten neue gesetzliche Regelungen zur Definition einer Erstausbildung (§ 9 Abs. 6 i. d. F. des Gesetzes zur Anpassung der Abgabenordnung an den Zollkodex der Union und zur Änderung weiterer steuerlicher Vorschriften).

[3]) Die Regelungen zur Abziehbarkeit von Aufwendungen für eine Berufsausbildung sind verfassungsgemäß (>BVerfG vom 19.11.2019 – Az. 2 BvL 22-27/14).

[4]) bestätigt durch BFH vom 5.11.2013 (BStBl 2014 II S. 165)

[5]) Die Regelung ist verfassungsgemäß (>BFH vom 5.11.2013 – BStBl 2014 II S. 165).

[6]) ab dem VZ 2012 bis zu 6.000 Euro

2 Ist einer Berufsausbildung oder einem Studium eine abgeschlossene erstmalige Berufsausbildung oder ein abgeschlossenes Erststudium vorausgegangen (weitere Berufsausbildung oder weiteres Studium), handelt es sich dagegen bei den durch die weitere Berufsausbildung oder das weitere Studium veranlassten Aufwendungen um Betriebsausgaben oder Werbungskosten, wenn ein hinreichend konkreter, objektiv feststellbarer Zusammenhang mit späteren im Inland steuerpflichtigen Einnahmen aus der angestrebten beruflichen Tätigkeit besteht. Entsprechendes gilt für ein Erststudium nach einer abgeschlossenen nichtakademischen Berufsausbildung (BFH vom 18. Juni 2009 – VI R 14/07 –, BStBl II 2010 S. 816). Die Rechtsprechung des BFH zur Rechtslage vor der Neuordnung ist insoweit weiter anzuwenden, BFH vom 4. Dezember 2002 – VI R 120/01 – (BStBl II 2003 S. 403); vom 17. Dezember 2002 – VI R 137/01 – (BStBl II 2003 S. 407); vom 13. Februar 2003 – IV R 44/01 – (BStBl II 2003 S. 698); vom 29. April 2003 – VI R 86/99 – (BStBl II 2003 S. 749); vom 27. Mai 2003 – VI R 33/01 – (BStBl II 2004 S. 884); vom 22. Juli 2003 – VI R 190/97 – (BStBl II 2004 S. 886); vom 22. Juli 2003 – VI R 137/99 – (BStBl II 2004 S. 888); vom 22. Juli 2003 – VI R 50/02 – (BStBl II 2004 S. 889); vom 13. Oktober 2003 – VI R 71/02 – (BStBl II 2004 S. 890); vom 4. November 2003 – VI R 96/01 – (BStBl II 2004 S. 891).

3 Unberührt von der Neuordnung bleibt die Behandlung von Aufwendungen für eine berufliche Fort- und Weiterbildung. Sie stellen Betriebsausgaben oder Werbungskosten dar, sofern sie durch den Beruf veranlasst sind, soweit es sich dabei nicht um eine erstmalige Berufsausbildung oder ein Erststudium i. S. d. § 12 Nummer 5 EStG handelt.

2. Erstmalige Berufsausbildung, Erststudium und Ausbildungsdienstverhältnisse i. S. d. § 12 Nummer 5 EStG

2.1 Erstmalige Berufsausbildung

4 Unter dem Begriff „Berufsausbildung" i. S. d. § 12 Nummer 5 EStG ist eine berufliche Ausbildung unter Ausschluss eines Studiums zu verstehen.

Eine Berufsausbildung i. S. d. § 12 Nummer 5 EStG liegt vor, wenn der Steuerpflichtige durch eine berufliche Ausbildungsmaßnahme die notwendigen fachlichen Fertigkeiten und Kenntnisse erwirbt, die zur Aufnahme eines Berufs befähigen. Voraussetzung ist, dass der Beruf durch eine Ausbildung im Rahmen eines öffentlich-rechtlich geordneten Ausbildungsgangs erlernt wird (BFH vom 6. März 1992 – VI R 163/88 –, BStBl II 1992 S. 661) und der Ausbildungsgang durch eine Prüfung abgeschlossen wird.

Die Auslegung des Begriffs „Berufsausbildung" im Rahmen des § 32 Absatz 4 EStG ist für § 12 Nummer 5 EStG nicht maßgeblich.

5 Zur Berufsausbildung zählen:

– Berufsausbildungsverhältnisse gemäß § 1 Absatz 3, §§ 4 bis 52 Berufsbildungsgesetz (Artikel 1 des Gesetzes zur Reform der beruflichen Bildung [Berufsbildungsreformgesetz – BerBiRefG] vom 23. März 2005, BGBl. I S. 931 zuletzt geändert durch Gesetz vom 5. Februar 2009, BGBl. I S. 160, im Folgenden BBiG), sowie anerkannte Lehr- und Anlernberufe oder vergleichbar geregelte Ausbildungsberufe aus der Zeit vor dem In-Kraft-Treten des BBiG, § 104 BBiG. Der erforderliche Abschluss besteht hierbei in der erfolgreich abgelegten Abschlussprüfung i. S. d. § 37 BBiG. Gleiches gilt, wenn die Abschlussprüfung nach § 43 Absatz 2 BBiG ohne ein Ausbildungsverhältnis auf Grund einer entsprechenden schulischen Ausbildung abgelegt wird, die gemäß den Voraussetzungen des § 43 Absatz 2 BBiG als im Einzelnen gleichwertig anerkannt ist;
– mit Berufsausbildungsverhältnissen vergleichbare betriebliche Ausbildungsgänge außerhalb des Geltungsbereichs des BBiG (zurzeit nach der Schiffsmechaniker-

Ausbildungsverordnung vom 12. April 1994, BGBl. I S. 797 in der jeweils geltenden Fassung);

- die Ausbildung auf Grund der bundes- oder landesrechtlichen Ausbildungsregelungen für Berufe im Gesundheits- und Sozialwesen;
- landesrechtlich geregelte Berufsabschlüsse an Berufsfachschulen;
- die Berufsausbildung behinderter Menschen in anerkannten Berufsausbildungsberufen oder auf Grund von Regelungen der zuständigen Stellen in besonderen „Behinderten-Ausbildungsberufen" und
- die Berufsausbildung in einem öffentlich-rechtlichen Dienstverhältnis sowie die Berufsausbildung auf Kauffahrtschiffen, die nach dem Flaggenrechtsgesetz vom 8. Februar 1951 (BGBl. I S. 79) die Bundesflagge führen, soweit es sich nicht um Schiffe der kleinen Hochseefischerei und der Küstenfischerei handelt.

Andere Bildungsmaßnahmen werden einer Berufsausbildung i. S. d. § 12 Nummer 5 EStG gleichgestellt, wenn sie dem Nachweis einer Sachkunde dienen, die Voraussetzung zur Aufnahme einer fest umrissenen beruflichen Betätigung ist[1]). Die Ausbildung muss im Rahmen eines geordneten Ausbildungsgangs erfolgen und durch eine staatliche oder staatlich anerkannte Prüfung abgeschlossen werden. Der erfolgreiche Abschluss der Prüfung muss Voraussetzung für die Aufnahme der beruflichen Betätigung sein. Die Ausbildung und der Abschluss müssen vom Umfang und Qualität der Ausbildungsmaßnahmen und Prüfungen her grundsätzlich mit den Anforderungen, die im Rahmen von Berufsausbildungsmaßnahmen i. S. d. Rz. 5 gestellt werden, vergleichbar sein. Dazu gehört z. B. die Ausbildung zu Berufspiloten auf Grund der JAR-FCL 1 deutsch vom 15. April 2003, Bundesanzeiger 2003 Nummer 80a. 6

Aufwendungen für den Besuch allgemein bildender Schulen sind Kosten der privaten Lebensführung i. S. d. § 12 Nummer 1 EStG und dürfen daher nicht bei den einzelnen Einkunftsarten abgezogen werden. Der Besuch eines Berufskollegs zum Erwerb der Fachhochschulreife gilt als Besuch einer allgemein bildenden Schule. Dies gilt auch, wenn ein solcher Abschluss, z. B. das Abitur, nach Abschluss einer Berufsausbildung nachgeholt wird (BFH vom 22. Juni 2006 – VI R 5/04 –, BStBl II S. 717). Derartige Aufwendungen können als Sonderausgaben gemäß § 10 Absatz 1 Nummer 7 oder Nummer 9 EStG vom Gesamtbetrag der Einkünfte abgezogen werden. 7

Die Berufsausbildung ist als erstmalige Berufsausbildung anzusehen, wenn ihr keine andere abgeschlossene Berufsausbildung beziehungsweise kein abgeschlossenes berufsqualifizierendes Hochschulstudium vorausgegangen ist. Wird ein Steuerpflichtiger ohne entsprechende Berufsausbildung in einem Beruf tätig und führt er die zugehörige Berufsausbildung nachfolgend durch (nachgeholte Berufsausbildung), handelt es sich dabei um eine erstmalige Berufsausbildung (BFH vom 6. März 1992 – VI R 163/88 –, BStBl II 1992 S. 661). 8

Diese Grundsätze gelten auch für die Behandlung von Aufwendungen für Anerkennungsjahre und praktische Ausbildungsabschnitte als Bestandteil einer Berufsausbildung. Soweit keine vorherige abgeschlossene Berufsausbildung vorangegangen ist, stellen sie Teil einer ersten Berufsausbildung dar und unterliegen § 12 Nummer 5 EStG. Nach einer vorherigen abgeschlossenen Berufsausbildung oder einem berufsqualifizierenden Studium können Anerkennungsjahre und Praktika einen Bestandteil einer weiteren Berufsausbildung darstellen oder bei einem entsprechenden Veranlassungszusammenhang als Fort- oder Weiterbildung anzusehen sein. 9

Bei einem Wechsel und einer Unterbrechung der erstmaligen Berufsausbildung sind die in Rz. 19 angeführten Grundsätze entsprechend anzuwenden. 10

[1]) Ab dem VZ 2015 gelten neue gesetzliche Regelungen zur Definition einer Erstausbildung.

11 Inländischen Abschlüssen gleichgestellt sind Berufsausbildungsabschlüsse von Staatsangehörigen eines Mitgliedstaats der Europäischen Union (EU) oder eines Vertragstaats des europäischen Wirtschaftsraums (EWR) oder der Schweiz, die in einem dieser Länder erlangt werden, sofern der Abschluss in mindestens einem dieser Länder unmittelbar den Zugang zu dem entsprechenden Beruf eröffnet. Ferner muss die Tätigkeit, zu denen die erlangte Qualifikation in mindestens einem dieser Länder befähigt, der Tätigkeit, zu der ein entsprechender inländischer Abschluss befähigt, gleichartig sein. Zur Vereinfachung kann in der Regel davon ausgegangen werden, dass eine Gleichartigkeit vorliegt.

2.2 Erststudium

2.2.1 Grundsätze

12 Ein Studium i. S. d. § 12 Nummer 5 EStG liegt dann vor, wenn es sich um ein Studium an einer Hochschule i. S. d. § 1 Hochschulrahmengesetz handelt (Gesetz vom 26. Januar 1976, BGBl. I S. 185 in der Fassung der Bekanntmachung vom 19. Januar 1999, BGBl. I S. 18, zuletzt geändert durch Gesetz vom 12. April 2007, BGBl. I S. 506, im Folgenden HRG). Nach dieser Vorschrift sind Hochschulen die Universitäten, die Pädagogischen Hochschulen, die Kunsthochschulen, die Fachhochschulen und die sonstigen Einrichtungen des Bildungswesens, die nach Landesrecht staatliche Hochschulen sind. Gleichgestellt sind private und kirchliche Bildungseinrichtungen sowie die Hochschulen des Bundes, die nach Landesrecht als Hochschule anerkannt werden, § 70 HRG. Studien können auch als Fernstudien durchgeführt werden, § 13 HRG. Auf die Frage, welche schulischen Abschlüsse oder sonstigen Leistungen den Zugang zum Studium eröffnet haben, kommt es nicht an.

13 Ein Studium stellt dann ein erstmaliges Studium i. S. d. § 12 Nummer 5 EStG dar, wenn es sich um eine Erstausbildung handelt. Es darf ihm kein anderes durch einen berufsqualifizierenden Abschluss beendetes Studium oder keine andere abgeschlossene nichtakademische Berufsausbildung i. S. d. Rz. 4 bis 11 vorangegangen sein (BFH vom 18. Juni 2009 – VI R 14/07 –, BStBl II 2010 S. 816)[1]). Dies gilt auch in den Fällen, in denen während eines Studiums eine Berufsausbildung erst abgeschlossen wird, unabhängig davon, ob die beiden Ausbildungen sich inhaltlich ergänzen. In diesen Fällen ist eine Berücksichtigung der Aufwendungen für das Studium als Werbungskosten/Betriebsausgaben erst – unabhängig vom Zahlungszeitpunkt – ab dem Zeitpunkt des Abschlusses der Berufsausbildung möglich. Davon ausgenommen ist ein Studium, das im Rahmen eines Dienstverhältnisses stattfindet (siehe Rz. 27). Ein Studium wird auf Grund der entsprechenden Prüfungsordnung einer inländischen Hochschule durch eine Hochschulprüfung oder eine staatliche oder kirchliche Prüfung abgeschlossen, §§ 15, 16 HRG.

14 Auf Grund einer berufsqualifizierenden Hochschulprüfung kann ein Hochschulgrad verliehen werden. Hochschulgrade sind der Diplom- und der Magistergrad i. S. d. § 18 HRG. Das Landesrecht kann weitere Grade vorsehen. Ferner können die Hochschulen Studiengänge einrichten, die auf Grund entsprechender berufsqualifizierender Prüfungen zu einem Bachelor- oder Bakkalaureusgrad und einem Master- oder Magistergrad führen, § 19 HRG. Der Magistergrad i. S. d. § 18 HRG setzt anders als der Master- oder Magistergrad i. S. d. des § 19 HRG keinen vorherigen anderen Hochschulabschluss voraus. Zwischenprüfungen stellen keinen Abschluss eines Studiums i. S. d. § 12 Nummer 5 EStG dar.

---

[1]) Aufwendungen für ein Erststudium, welches zugleich eine Erstausbildung vermittelt und das nicht im Rahmen eines Dienstverhältnisses stattgefunden hat, sind keine (vorweggenommenen) Betriebsausgaben (>BFH vom 5.11.2013 – BStBl 2014 II S. 165).

Die von den Hochschulen angebotenen Studiengänge führen in der Regel zu einem berufsqualifizierenden Abschluss, § 10 Absatz 1 Satz 1 HRG. Im Zweifel ist davon auszugehen, dass die entsprechenden Prüfungen berufsqualifizierend sind. 15

Die Ausführungen bei den Berufsausbildungskosten zur Behandlung von Aufwendungen für Anerkennungsjahre und Praktika gelten entsprechend, vgl. Rz. 9. 16

Studien- und Prüfungsleistungen an ausländischen Hochschulen, die zur Führung eines ausländischen akademischen Grades berechtigen, der nach § 20 HRG in Verbindung mit dem Recht des Landes, in dem der Gradinhaber seinen inländischen Wohnsitz oder inländischen gewöhnlichen Aufenthalt hat, anerkannt wird, sowie Studien- und Prüfungsleistungen, die von Staatsangehörigen eines Mitgliedstaats der EU oder von Vertragstaaten des EWR oder der Schweiz an Hochschulen dieser Staaten erbracht werden, sind nach diesen Grundsätzen inländischen Studien- und Prüfungsleistungen gleichzustellen. Der Steuerpflichtige hat die Berechtigung zur Führung des Grades nachzuweisen. Für die Gleichstellung von Studien- und Prüfungsleistungen werden die in der Datenbank „anabin“ (www.anabin.de) der Zentralstelle für ausländisches Bildungswesen beim Sekretariat der Kultusministerkonferenz aufgeführten Bewertungsvorschläge zugrunde gelegt. 17

2.2.2 Einzelfragen

Fachschulen: 18

Die erstmalige Aufnahme eines Studiums nach dem berufsqualifizierenden Abschluss einer Fachschule stellt auch dann ein Erststudium dar, wenn die von der Fachschule vermittelte Bildung und das Studium sich auf ein ähnliches Wissensgebiet beziehen. Die Aufwendungen für ein solches Erststudium können bei Vorliegen der entsprechenden Voraussetzungen als Betriebsausgaben oder Werbungskosten berücksichtigt werden.

Wechsel und Unterbrechung des Studiums: 19

Bei einem Wechsel des Studiums ohne Abschluss des zunächst betriebenen Studiengangs, z. B. von Rechtswissenschaften zu Medizin, stellt das zunächst aufgenommene Jurastudium kein abgeschlossenes Erststudium dar. Bei einer Unterbrechung eines Studiengangs ohne einen berufsqualifizierenden Abschluss und seiner späteren Weiterführung stellt der der Unterbrechung nachfolgende Studienteil kein weiteres Studium dar.

Beispiel:

An einer Universität wird der Studiengang des Maschinenbaustudiums aufgenommen, anschließend unterbrochen und nunmehr eine Ausbildung als Kfz-Mechaniker begonnen, aber ebenfalls nicht abgeschlossen. Danach wird der Studiengang des Maschinenbaustudiums weitergeführt und abgeschlossen. § 12 Nummer 5 EStG ist auf beide Teile des Maschinenbaustudiums anzuwenden. Das gilt unabhängig davon, ob das Maschinenbaustudium an derselben Hochschule fortgeführt oder an einer anderen Hochschule bzw. Fachhochschule aufgenommen und abgeschlossen wird.

Abwandlung:

Wird das begonnene Studium statt dessen, nachdem die Ausbildung zum Kfz-Mechaniker erfolgreich abgeschlossen wurde, weitergeführt und abgeschlossen, ist § 12 Nummer 5 EStG nur auf den ersten Teil des Studiums anzuwenden, da der Fortsetzung des Studiums eine abgeschlossene nichtakademische Berufsausbildung vorausgeht.

Mehrere Studiengänge: 20

Werden zwei (oder ggf. mehrere) Studiengänge parallel studiert, die zu unterschiedlichen Zeiten abgeschlossen werden, stellt der nach dem berufsqualifizierenden Abschluss eines der Studiengänge weiter fortgesetzte andere Studiengang vom Zeitpunkt des Abschlusses an ein weiteres Studium dar.

21 **Aufeinander folgende Abschlüsse unterschiedlicher Hochschultypen:**

Da die Universitäten, Pädagogischen Hochschulen, Kunsthochschulen, Fachhochschulen sowie weitere entsprechende landesrechtliche Bildungseinrichtungen gleichermaßen Hochschulen i. S. d. § 1 HRG darstellen, stellt ein Studium an einer dieser Bildungseinrichtungen nach einem abgeschlossen Studium an einer anderen dieser Bildungseinrichtungen ein weiteres Studium dar. So handelt es sich bei einem Universitätsstudium nach einem abgeschlossenen Fachhochschulstudium um ein weiteres Studium.

22 **Ergänzungs- und Aufbaustudien:**

Postgraduale Zusatz-, Ergänzungs- und Aufbaustudien i. S. d. § 12 HRG setzen den Abschluss eines ersten Studiums voraus und stellen daher ein weiteres Studium dar.

23 **Vorbereitungsdienst:**

Als berufsqualifizierender Studienabschluss gilt auch der Abschluss eines Studiengangs, durch den die fachliche Eignung für einen beruflichen Vorbereitungsdienst oder eine berufliche Einführung vermittelt wird, § 10 Absatz 1 Satz 2 HRG. Dazu zählt beispielhaft der jur. Vorbereitungsdienst (Referendariat). Das erste juristische Staatsexamen stellt daher einen berufsqualifizierenden Abschluss dar.

24 **Bachelor- und Masterstudiengänge:**

Nach § 19 Absatz 2 HRG stellt der Bachelor- oder Bakkalaureusgrad einer inländischen Hochschule einen berufsqualifizierenden Abschluss dar. Daraus folgt, dass der Abschluss eines Bachelorstudiengangs den Abschluss eines Erststudiums darstellt und ein nachfolgender Studiengang als weiteres Studium anzusehen ist.

Nach § 19 Absatz 3 HRG kann die Hochschule auf Grund von Prüfungen, mit denen ein weiterer berufsqualifizierender Abschluss erworben wird, einen Master- oder Magistergrad verleihen. Die Hochschule kann einen Studiengang ausschließlich mit dem Abschluss Bachelor anbieten (grundständig). Sie kann einen Studiengang mit dem Abschluss als Bachelor und einem inhaltlich darauf aufbauenden Masterstudiengang vorsehen (konsekutives Masterstudium). Sie kann aber auch ein Masterstudium anbieten, ohne selbst einen entsprechenden Bachelorstudiengang anzubieten (postgraduales Masterstudium).

Ein Masterstudium i. S. d. § 19 HRG kann nicht ohne ein abgeschlossenes Bachelor- oder anderes Studium aufgenommen werden. Es stellt daher ein weiteres Studium dar. Dies gilt auch für den Master of Business Administration (MBA).

Er ermöglicht Studenten verschiedener Fachrichtungen ein anwendungsbezogenes Postgraduiertenstudium in den Wirtschaftwissenschaften.

25 **Berufsakademien und andere Ausbildungseinrichtungen:**

Nach Landesrecht kann vorgesehen werden, dass bestimmte an Berufsakademien oder anderen Ausbildungseinrichtungen erfolgreich absolvierte Ausbildungsgänge einem abgeschlossenen Studium an einer Fachhochschule gleichwertig sind und die gleichen Berechtigungen verleihen, auch wenn es sich bei diesen Ausbildungseinrichtungen nicht um Hochschulen i. S. d. § 1 HRG handelt. Soweit dies der Fall ist, stellt ein entsprechend abgeschlossenes Studium unter der Voraussetzung, dass ihm kein anderes abgeschlossenes Studium oder keine andere abgeschlossene Berufsausbildung vorangegangen ist, ein Erststudium i. S. d. § 12 Nummer 5 EStG dar.

Promotion: 26

Es ist regelmäßig davon auszugehen, dass dem Promotionsstudium und der Promotion durch die Hochschule selber der Abschluss eines Studiums vorangeht. Aufwendungen für ein Promotionsstudium und die Promotion stellen Betriebsausgaben oder Werbungskosten dar, sofern ein berufsbezogener Veranlassungszusammenhang zu bejahen ist (BFH vom 4. November 2003 – VI R 96/01 –, BStBl II 2004, S. 891). Dies gilt auch, wenn das Promotionsstudium bzw. die Promotion im Einzelfall ohne vorhergehenden berufsqualifizierenden Studienabschluss durchgeführt wird.

Eine Promotion stellt keinen berufsqualifizierenden Abschluss eines Studienganges dar.

2.3 Berufsausbildung oder Studium im Rahmen eines Ausbildungsdienstverhältnisses

Eine erstmalige Berufsausbildung oder ein Studium findet im Rahmen eines Ausbildungsdienstverhältnisses statt, wenn die Ausbildungsmaßnahme Gegenstand des Dienstverhältnisses ist (vgl. R 9.2 LStR 2008[1]) und H 9.2 „Ausbildungsdienstverhältnis" LStH 2010[2]) sowie die dort angeführte Rechtsprechung des BFH). Die dadurch veranlassten Aufwendungen stellen Werbungskosten dar. Zu den Ausbildungsdienstverhältnissen zählen z. B. die Berufsausbildungsverhältnisse gemäß § 1 Absatz 3, §§ 4 bis 52 BBiG. 27

Dementsprechend liegt kein Ausbildungsdienstverhältnis vor, wenn die Berufsausbildung oder das Studium nicht Gegenstand des Dienstverhältnisses ist, auch wenn die Berufsbildungsmaßnahme oder das Studium seitens des Arbeitgebers durch Hingabe von Mitteln, z. B. eines Stipendiums, gefördert wird. 28

3. Abzug von Aufwendungen für die eigene Berufsausbildung als Sonderausgaben, § 10 Absatz 1 Nummer 7 EStG

Bei der Ermittlung der Aufwendungen gelten die allgemeinen Grundsätze des Einkommensteuergesetzes. Dabei sind die Regelungen in § 4 Absatz 5 Satz 1 Nummer 5 und 6b, § 9 Absatz 1 Satz 3 Nummer 4 und 5 und Absatz 2 EStG[3]) zu beachten. Zu den abziehbaren Aufwendungen gehören z. B. 29

- Lehrgangs-, Schul- oder Studiengebühren, Arbeitsmittel, Fachliteratur,
- Fahrten zwischen Wohnung und Ausbildungsort,
- Mehraufwendungen für Verpflegung,
- Mehraufwendungen wegen auswärtiger Unterbringung.

  Für den Abzug von Aufwendungen für eine auswärtige Unterbringung ist nicht erforderlich, dass die Voraussetzungen einer doppelten Haushaltsführung vorliegen.

4. Anwendungszeitraum

Die Grundsätze dieses Schreibens sind in allen noch offenen Fällen ab dem Veranlagungszeitraum 2004 anzuwenden. Dieses Schreiben ersetzt die BMF-Schreiben vom 4. November 2005 – IV C 8 – S 2227 – 5/05 – (BStBl I S. 955) und 21. Juni 2007 – IV C 4 – S 2227/07/0002 – 2007/0137269 – (BStBl I S. 492). 30

1) >LStR 2015

2) >LStH ***2022***

3) Ab 2014 ist erste Tätigkeitsstätte auch eine Bildungseinrichtung, die außerhalb eines Dienstverhältnisses zum Zwecke eines Vollzeitstudiums oder einer vollzeitigen Bildungsmaßnahme aufgesucht wird (§ 9 Abs. 4 Satz 8).
>BMF vom 25.11.2020 (BStBl I S. 1228), Rz. 33 ff., Anhang 25 III

Übersicht

I. Steuerabzug vom Arbeitslohn bei unbeschränkt einkommensteuer-(lohnsteuer-)pflichtigen Künstlern und verwandten Berufen
BMF vom 5.10.1990 (BStBl I S. 638); die Anlage wurde durch BMF vom 9.7.2014 (BStBl I S. 1103) geändert

II. Besteuerung der Einkünfte aus nichtselbständiger Arbeit bei beschränkt einkommensteuerpflichtigen Künstlern;
Pauschsteuersatz für in Deutschland kurzfristig abhängig Beschäftigte ausländische Künstler
BMF vom 31.7.2002 (BStBl I S. 707) unter Berücksichtigung der Änderungen durch BMF vom 28.3.2013 (BStBl I S. 443)

I.
Steuerabzug vom Arbeitslohn bei unbeschränkt einkommensteuer-(lohnsteuer-)pflichtigen Künstlern und verwandten Berufen

BMF vom 5.10.1990 (BStBl I S. 638)
IV B 6 – S 2332 – 73/90;
die Anlage wurde durch BMF vom 9.7.2014 (BStBl I S. 1103) geändert

Unter Bezugnahme auf das Ergebnis der Erörterung mit den obersten Finanzbehörden der Länder gilt bei Künstlern und verwandten Berufen, soweit sie eine unmittelbare Vertragsbeziehung zum Arbeitgeber/Auftraggeber begründen, zur Abgrenzung zwischen selbständiger Tätigkeit und nichtselbständiger Arbeit sowie für den Steuerabzug bei Annahme einer nichtselbständigen Arbeit folgendes:

1. Abgrenzung zwischen selbständiger Tätigkeit und nichtselbständiger Arbeit

Für die Annahme einer nichtselbständigen Arbeit sind die in § 1 LStDV aufgestellten Merkmale maßgebend. Danach liegt eine nichtselbständige Arbeit vor, wenn die tätige Person in der Betätigung ihres geschäftlichen Willens unter der Leitung eines Arbeitgebers steht oder in den geschäftlichen Organismus des Arbeitgebers eingegliedert und dessen Weisungen zu folgen verpflichtet ist. Dagegen ist nicht Arbeitnehmer, wer Lieferungen und sonstige Leistungen innerhalb der von ihm selbständig ausgeübten gewerblichen und beruflichen Tätigkeit im Inland gegen Entgelt ausführt, soweit es sich um die Entgelte für diese Lieferungen und sonstigen Leistungen handelt. Im übrigen kommt es bei der Abgrenzung zwischen selbständiger Tätigkeit und nichtselbständiger Arbeit nicht so sehr auf die formelle vertragliche Gestaltung, z. B. auf die Bezeichnung als freies Mitarbeiterverhältnis, als vielmehr auf die Durchführung der getroffenen Vereinbarung an (BFH-Urteil vom 29. September 1967 – BStBl 1968 II S. 84). Dies führt bei künstlerischen und verwandten Berufen im allgemeinen zu folgenden Ergebnissen:

1.1 Tätigkeit bei Theaterunternehmen

1.1.1 Spielzeitverpflichtete Künstler

Künstler und Angehörige von verwandten Berufen, die auf Spielzeit- oder Teilspielzeitvertrag angestellt sind, sind in den Theaterbetrieb eingegliedert und damit nichtselbständig. Dabei spielt es keine Rolle, ob der Künstler gleichzeitig eine Gastspielverpflichtung bei einem anderen Unternehmen eingegangen ist.

1.1.2 Gastspielverpflichtete Künstler

Bei gastspielverpflichteten Künstlern und Angehörigen von verwandten Berufen erstreckt sich der Vertrag in der Regel auf eine bestimmte Anzahl von Aufführungen.

Für die Annahme einer nichtselbständigen Tätigkeit kommt es darauf an, ob das Gastspieltheater während der Dauer des Vertrages im wesentlichen über die Arbeitskraft des Gastkünstlers verfügt (BFH-Urteil vom 24. Mai 1973 – BStBl II S. 636). Dies hängt von dem Maß der Einbindung in den Theaterbetrieb (nicht in das Ensemble) ab. Ob ein Künstler allein (Solokünstler) oder in einer Gruppe (z. B. Chor) auftritt und welchen künstlerischen Rang er hat, spielt für die Abgrenzung keine entscheidende Rolle. Auch kommt es nicht darauf an, wie das für die Veranlagung des Künstlers zuständige Finanzamt eine vergleichbare Tätigkeit des Künstlers bei Hörfunk und Fernsehen bewertet und ob es hierfür eine entsprechende Bescheinigung erteilt hat. Im einzelnen gilt deshalb:

Gastspielverpflichtete Regisseure, Choreographen, Bühnenbildner und Kostümbildner sind selbständig. Gastspielverpflichtete Dirigenten üben dagegen eine nichtselbständige Tätigkeit aus; sie sind ausnahmsweise selbständig, wenn sie nur für kurze Zeit einspringen. Gastspielverpflichtete Schauspieler, Sänger, Tänzer und andere Künstler sind in den Theaterbetrieb eingegliedert und deshalb nichtselbständig, wenn sie eine Rolle in einer Aufführung übernehmen und gleichzeitig eine Probenverpflichtung zur Einarbeitung in die Rolle oder eine künstlerische Konzeption eingehen. Stell- oder Verständigungsproben reichen nicht aus. Voraussetzung ist außerdem, daß die Probenverpflichtung tatsächlich erfüllt wird. Die Zahl der Aufführungen ist nicht entscheidend.

Aushilfen für Chor und Orchester sind selbständig, wenn sie nur für kurze Zeit einspringen.

Gastspielverpflichtete Künstler einschließlich der Instrumentalsolisten sind selbständig, wenn sie an einer konzertanten Opernaufführung, einem Oratorium, Liederabend oder dergleichen mitwirken.

1.2 Tätigkeit bei Kulturorchestern

Sämtliche gastspielverpflichteten (vgl. Tz. 1.1.2 Abs. 1) Künstler, z. B. Dirigenten, Vokal- und Instrumentalsolisten, sind stets und ohne Rücksicht auf die Art und Anzahl der Aufführungen selbständig. Orchesteraushilfen sind ebenfalls selbständig, wenn sie nur für kurze Zeit einspringen.

1.3 Tätigkeit bei Hörfunk und Fernsehen

Für die neben dem ständigen Personal beschäftigten Künstler und Angehörigen von verwandten Berufen, die in der Regel auf Grund von Honorarverträgen tätig werden und im allgemeinen als freie Mitarbeiter bezeichnet werden, gilt vorbehaltlich der Tz. 1.4 folgendes:

1.3.1 Die freien Mitarbeiter sind grundsätzlich nichtselbständig.

1.3.2 Im allgemeinen sind nur die folgenden Gruppen von freien Mitarbeitern selbständig, soweit sie nur für einzelne Produktionen (z. B. ein Fernsehspiel, eine Unterhaltungssendung oder einen aktuellen Beitrag) tätig werden („Negativkatalog"):

Architekten	Darsteller[3])	Journalisten
Arrangeure	Dirigenten[2])	Kommentatoren
Artisten[1])	Diskussionsleiter	Komponisten
Autoren	Dolmetscher	Korrespondenten
Berichterstatter	Fachberater	Kostümbildner
Bildhauer	Fotografen	Kunstmaler
Bühnenbildner	Gesprächsteilnehmer	Lektoren
Choreographen	Grafiker	Moderatoren[4])
Chorleiter[2])	Interviewpartner	musikalische Leiter[2])

[1]) die als Gast außerhalb eines Ensembles oder einer Gruppe eine Sololeistung erbringen

[2]) soweit sie als Gast mitwirken oder Träger des Chores/Klangkörpers oder Arbeitgeber der Mitglieder des Chores/Klangkörpers sind

[3]) die als Gast in einer Sendung mit Live-Charakter mitwirken

[4]) wenn der eigenschöpferische Teil der Leistung überwiegt

Quizmaster	Solisten (Gesang, Musik, Tanz)[2]	Übersetzer
Realisatoren[1]	Schriftsteller	
Regisseure		

1.3.3 Eine von vornherein auf Dauer angelegte Tätigkeit eines freien Mitarbeiters ist nichtselbständig, auch wenn für sie mehrere Honorarverträge abgeschlossen werden.

Beispiele:

a) Ein Journalist reist in das Land x, um in mehreren Beiträgen über kulturelle Ereignisse zu berichten. Eine Rundfunkanstalt verpflichtet sich vor Reiseantritt, diese Beiträge abzunehmen.

Die Tätigkeit ist nichtselbständig, weil sie von vornherein auf Dauer angelegt ist und die Berichte auf Grund einer vorher eingegangenen Gesamtverpflichtung geliefert werden. Dies gilt auch, wenn diese Beiträge einzeln abgerechnet werden.

b) Ein Journalist wird von einer Rundfunkanstalt für kulturpolitische Sendungen um Beiträge gebeten. Die Beiträge liefert er aufgrund von jeweils einzeln abgeschlossenen Vereinbarungen.

Die Tätigkeit ist selbständig, weil sie nicht von vornherein auf Dauer angelegt ist.

1.3.4 Wird der freie Mitarbeiter für denselben Auftraggeber in mehreren zusammenhängenden Leistungsbereichen tätig, von denen der eine als selbständig und der andere als nichtselbständig zu beurteilen ist, ist die gesamte Tätigkeit einheitlich als selbständige oder als nichtselbständige Tätigkeit zu behandeln. Die Einordnung dieser Mischtätigkeit richtet sich nach der überwiegenden Tätigkeit, die sich aus dem Gesamterscheinungsbild ergibt. Für die Frage des Überwiegens kann auch auf die Höhe des aufgeteilten Honorars abgestellt werden.

1.3.5 Übernimmt ein nichtselbständiger Mitarbeiter für seinen Arbeitgeber zusätzliche Aufgaben, die nicht zu den Nebenpflichten aus seiner Haupttätigkeit gehören, so ist nach den allgemeinen Abgrenzungskriterien zu prüfen, ob die Nebentätigkeit selbständig oder nichtselbständig ausgeübt wird (siehe Abschn. 68 LStR[3]) und BFH-Urteil vom 25. November 1971 – BStBl 1972 II S. 212).

1.3.6 Gehört ein freier Mitarbeiter nicht zu einer der im Negativkatalog (Tz. 1.3.2) genannten Berufsgruppen, so kann auf Grund besonderer Verhältnisse des Einzelfalls die Tätigkeit gleichwohl selbständig sein. Das Wohnsitzfinanzamt erteilt dem Steuerpflichtigen nach eingehender Prüfung ggf. eine Bescheinigung nach beiliegendem Muster. Die Bescheinigung bezieht sich auf die Tätigkeit des freien Mitarbeiters für einen bestimmten Auftraggeber. Das Finanzamt hat seine Entscheidung grundsätzlich mit dem Betriebsstättenfinanzamt des Auftraggebers abzustimmen.

1.3.7 Gehört ein freier Mitarbeiter zu einer der in Tz. 1.3.2 genannten Berufsgruppen, so kann er auf Grund besonderer Verhältnisse des Einzelfalls gleichwohl nichtselbständig sein.

1.3.8 Aushilfen für Chor und Orchester sind selbständig, wenn sie nur für kurze Zeit einspringen.

1.4 Tätigkeit bei Film- und Fernsehfilmproduzenten (Eigen- und Auftragsproduktion) einschl. Synchronisierung

Filmautoren, Filmkomponisten und Fachberater sind im allgemeinen nicht in den Organismus des Unternehmens eingegliedert, so daß ihre Tätigkeit in der Regel selbständig ist. Schauspieler, Regisseure, Kameraleute, Regieassistenten und sonstige Mitarbeiter in der Film- und Fernsehfilmproduktion sind dagegen im allgemeinen nichtselbständig (BFH-Urteil

---

[1]) wenn der eigenschöpferische Teil der Leistung überwiegt

[2]) die als Gast außerhalb eines Ensembles oder einer Gruppe eine Sololeistung erbringen

[3]) jetzt R 19.2 LStR

vom 6. Oktober 1971 – BStBl 1972 II S. 88). Das gilt auch für Mitarbeiter bei der Herstellung von Werbefilmen[1]).

Synchronsprecher sind in der Regel selbständig (BFH-Urteil vom 12. Oktober 1978 – BStBl 1981 II S. 706). Das gilt nicht nur für Lippensynchronsprecher, sondern auch für Synchronsprecher für besondere Filme (z. B. Kultur-, Lehr- und Werbefilme), bei denen der in eine andere Sprache zu übertragende Begleittext zu sprechen ist. Diese Grundsätze gelten für Synchronregisseure entsprechend.

1.5 Wiederholungshonorare[2])

Wiederholungshonorare sind der Einkunftsart zuzuordnen, zu welcher das Ersthonorar gehört hat. Dies gilt auch dann, wenn das Wiederholungshonorar nicht vom Schuldner des Ersthonorars gezahlt wird. Ist das Ersthonorar im Rahmen der Einkünfte aus nichtselbständiger Arbeit zugeflossen und wird das Wiederholungshonorar durch einen Dritten gezahlt, so ist ein Lohnsteuerabzug nicht vorzunehmen.

2. Steuerabzug vom Arbeitslohn[3])

2.1 Bei Annahme einer nichtselbständigen Tätigkeit ist der Arbeitgeber zur Einbehaltung und Abführung der Lohnsteuer verpflichtet. Die Höhe der einzubehaltenden Lohnsteuer richtet sich dabei nach der für den jeweiligen Lohnzahlungszeitraum maßgebenden Lohnsteuertabelle.

2.2 Bei täglicher Zahlung des Honorars ist grundsätzlich die Lohnsteuertabelle für tägliche Lohnzahlungen anzuwenden. Stellt sich die tägliche Lohnzahlung lediglich als Abschlagszahlung auf ein für einen längeren Lohnabrechnungszeitraum vereinbartes Honorar dar, so ist der Lohnabrechnungszeitraum als Lohnzahlungszeitraum zu betrachten (§ 39b Abs. 5 EStG). Können die Honorare nicht als Abschlagszahlungen angesehen werden, bestehen keine Bedenken, wenn eines der folgenden Verfahren angewendet wird:

2.2.1 Erweiterter Lohnzahlungszeitraum

Der Lohnzahlungszeitraum wird auf die vor der tatsächlichen Beschäftigung liegende Zeit ausgedehnt, soweit dieser Zeitraum nach der auf der Lohnsteuerkarte vermerkten Lohnsteuerbescheinigung nicht schon belegt ist. Dabei gilt jedoch die Einschränkung, daß für je zwei Tage der tatsächlichen Beschäftigung nur eine Woche, insgesamt jedoch höchstens ein Monat bescheinigt werden kann.

Beispiel:

a) Beschäftigung vom 26. bis 31. März (6 Tage). Letzte Eintragung auf der Lohnsteuerkarte 2. bis 5. März. Für 6 Tage Beschäftigung Eintragung von 3 Wochen = 21 Tage. Es kommt demnach ein erweiterter Lohnzahlungszeitraum für die Zeit vom 11. bis 31. März (21 Tage) in Betracht.

   Würde sich im vorstehenden Beispiel die letzte Eintragung auf der Lohnsteuerkarte statt auf die Zeit vom 2. bis 5. März auf die Zeit vom 15. bis 18. März erstrecken, dann käme als erweiterter Lohnzahlungszeitraum nur die Zeit vom 19. bis 31. März in Betracht.

b) Beschäftigung vom 10. bis 19. März (10 Tage). Letzte Eintragung auf der Lohnsteuerkarte vom 2. bis 7. Februar. Für 10 Tage Beschäftigung Eintragung von 5 Wochen, höchstens jedoch ein Monat. Es kommt demnach ein erweiterter Lohnzahlungszeitraum für die Zeit vom 20. Februar bis 19. März in Betracht.

---

[1]) Ausländische Fotomodelle, die zur Produktion von Werbefilmen kurzfristig im Inland tätig werden, können selbständig tätig sein (>BFH vom 14.6.2007 – BStBl 2009 II S. 931).

[2]) Nach BFH vom 26.7.2006 (BStBl II S. 917) sind Wiederholungshonorare an Künstler für nochmalige Ausstrahlung von Fernseh- und Hörfunkproduktionen kein Arbeitslohn. Sie führen regelmäßig zu Einkünften aus § 18.

[3]) Die nachfolgenden Regelungen gelten grundsätzlich auch im ELStAM-Verfahren.

Würde im vorstehenden Beispiel die Beschäftigung statt vom 10. bis 19. März vom 10. März bis 15. April, also mindestens einen Monat dauern, so kommt die Anwendung des erweiterten Lohnzahlungszeitraums nicht in Betracht.

Ist die Zahl der tatsächlichen Beschäftigungstage nicht durch zwei teilbar und verbleibt demnach ein Rest von einem Tag oder beträgt die tatsächliche Beschäftigungsdauer nur einen Tag, so kann hierfür – im Rahmen des Höchstzeitraums von einem Monat – ebenfalls eine Woche bescheinigt werden.

Beispiel:

Beschäftigung vom 10. bis 12. März (3 Tage). Letzte Eintragung auf der Lohnsteuerkarte 2. bis 7. Februar. Für 3 Tage Beschäftigung Eintragung von 2 Wochen = 14 Tage. Es kommt demnach ein erweiterter Lohnzahlungszeitraum für die Zeit vom 27. Februar bis 12. März (14 Tage) in Betracht.

Würde im vorstehenden Beispiel die Beschäftigung statt vom 10. bis 12. März vom 10. bis 18. März dauern, so würden nach dieser Berechnung zwar 5 Wochen in Betracht kommen. Es kann aber nur höchstens ein Monat als Lohnzahlungszeitraum angesetzt werden, also die Zeit vom 19. Februar bis 18. März. Bei Eintragung voller Wochen ist die Wochentabelle auf jeweils das auf die Anzahl der Wochen aufgeteilte Honorar, bei Eintragung eines Monats die Monatstabelle anzuwenden.

Beispiel:

Das Honorar für eine Beschäftigung von 5 Tagen beträgt 900 DM. Bei einem erweiterten Lohnzahlungszeitraum von 3 Wochen ist die Wochentabelle jeweils auf ein Drittel des Honorars = 300 DM anzuwenden.

Der Arbeitgeber hat in der Lohnsteuerbescheinigung in die zu bescheinigende Dauer des Dienstverhältnisses auch die Tage einzubeziehen, um die nach vorstehenden Verfahren Lohnzahlungszeiträume erweitert worden sind. Im Lohnkonto hat der Arbeitgeber neben den sonstigen Angaben, zu denen er verpflichtet ist, den Zeitraum der tatsächlichen Beschäftigung, den nach vorstehendem Verfahren erweiterten Lohnzahlungszeitraum sowie den auf der Lohnsteuerkarte vermerkten vorangegangenen Beschäftigungszeitraum sowie Name und Anschrift des früheren Arbeitgebers einzutragen. Händigt der Arbeitgeber dem Arbeitnehmer die Lohnsteuerkarte vorübergehend aus (§ 39b Abs. 1 Satz 3 EStG), so hat er zuvor auf der Rückseite der Lohnsteuerkarte bereits die für eine spätere Lohnsteuerbescheinigung vorgesehene letzte Spalte (Anschrift und Steuer-Nr. des Arbeitgebers, ggf. Firmenstempel, mit Unterschrift) auszufüllen. Ein anderer Arbeitgeber, dem eine derart gekennzeichnete Lohnsteuerkarte vorgelegt wird, darf diese nicht seiner Lohnsteuerberechnung zugrunde legen; er hat vielmehr der Berechnung der Lohnsteuerbeträge die tatsächliche Zahl der Arbeitstage nach § 39b Abs. 4 EStG[1]) zugrunde zu legen und die Lohnsteuer nach § 39c Abs. 1 EStG zu errechnen.

2.2.2 Verlängerung des Lohnzahlungszeitraums auf einen Monat

Der Arbeitgeber vereinbart mit dem Arbeitnehmer, daß für das in einem Monat anfallende Honorar der Monat als Lohnzahlungszeitraum angesehen wird und die Zahlungen zunächst als Abschlag behandelt werden. Die in dem Monat gezahlten Abschläge werden innerhalb von 3 Wochen nach Ablauf des Monats als Monatshonorare abgerechnet. Die Lohnsteuer wird dem Lohnzahlungszeitraum entsprechend nach der Monatstabelle einbehalten. Auf den Zeitpunkt der Leistung des Arbeitnehmers und die Dauer seiner Beschäftigung wird dabei nicht besonders abgestellt.

[1]) weggefallen

Dem Lohnsteuerabzug wird die dem Arbeitgeber vorgelegte Lohnsteuerkarte zugrunde gelegt. Voraussetzung für die Anwendung dieses Verfahrens ist, daß die für den Lohnsteuerabzug maßgebende Lohnsteuerkarte für den betreffenden Monat noch keine Eintragung enthält und mindestens für den Monat, in dem das Honorar anfällt, beim Arbeitgeber verbleibt.

Vor der Aushändigung der Lohnsteuerkarte wird die Lohnsteuerbescheinigung (§ 41b Abs. 1 EStG) eingetragen. Diese ist dem Lohnabrechnungszeitraum entsprechend jeweils für abgeschlossene Kalendermonate zu erteilen. Als Dauer des Dienstverhältnisses wird der Zeitraum eingetragen, in dem die Lohnsteuerkarte dem Arbeitgeber vorgelegen hat.

Verlangt ein Arbeitnehmer schon im Laufe des Kalenderjahrs die Aushändigung der Lohnsteuerkarte, weil er nicht mehr für den Arbeitgeber tätig ist oder einen Steuerkartenwechsel (z. B. wegen Verlagerung seiner Haupteinnahmequelle zu einem anderen Arbeitgeber; vgl. Abschn. 114 Abs. 3 Satz 1 LStR[1])) vornehmen will, wird diese Lohnsteuerkarte noch bis zum Ende des laufenden Lohnabrechnungszeitraums dem Steuerabzug zugrunde gelegt. Kann die Lohnsteuerkarte nach Ablauf des Lohnabrechnungszeitraums infolge einer maschinellen Lohnabrechnung nicht sofort ausgehändigt werden, erhält der neue Arbeitgeber unmittelbar oder über den Arbeitnehmer eine vorläufige Bescheinigung – Zwischenbescheinigung – (§ 41b Abs. 1 Satz 6 EStG[2])), so daß er ab Beginn des neuen Lohnabrechnungszeitraums (z. B. Monat) die sich daraus ergebende Steuerklasse anwenden kann. Auf die bei Abschluß des Lohnsteuerabzugs nach § 41b Abs. 1 EStG auszuschreibende Bescheinigung wird besonders hingewiesen.

Enthält die Lohnsteuerkarte für einen Teil des Monats bereits eine Eintragung oder händigt der Arbeitgeber dem Arbeitnehmer die Lohnsteuerkarte vor Ablauf des Monats aus, in dem das Honorar anfällt, so ist der Steuerabzug vom Arbeitslohn für diesen Monat nach den allgemeinen Vorschriften oder nach dem in der nachfolgenden Tz. 2.2.3 zugelassenen Verfahren vorzunehmen. Bei Aushändigung der Lohnsteuerkarte im Laufe des Monats, in dem das Honorar anfällt, ist § 41c EStG zu beachten.

Sofern dem Arbeitgeber eine Lohnsteuerkarte nicht vorliegt, wird nach § 39c Abs. 1 und 2 EStG verfahren.

2.2.3 Permanente Monatsabrechnung

Liegen die Voraussetzungen der Tz. 2.2.2 vor, so kann der Steuerabzug vom Arbeitslohn für die während eines Monats anfallenden Lohnzahlungen nach der Monatstabelle auch in der Weise vorgenommen werden, daß die früheren Lohnzahlungen desselben Monats mit in die Steuerberechnung für den betreffenden Monat einbezogen werden. Dieses Verfahren kann grundsätzlich unabhängig von der auf der Lohnsteuerkarte eingetragenen Steuerklasse angewendet werden. Es gilt also auch bei Vorlage einer Lohnsteuerkarte mit der Steuerklasse VI, nicht hingegen, wenn wegen fehlender Lohnsteuerkarte der Steuerabzug nach der Steuerklasse VI vorzunehmen ist. Die mehrmalige Anwendung der Monatstabelle innerhalb eines Monats ohne Einbeziehung früherer Zahlungen desselben Monats ist auf keinen Fall zulässig.

Beispiel:
Ein Arbeitnehmer, der dem Arbeitgeber eine Lohnsteuerkarte mit der Steuerklasse I vorgelegt hat, erhält am 8. August 1990 für eine eintägige Beschäftigung 400 DM. Die Lohnsteuer hierauf beträgt nach der Monatstabelle 0 DM.

(Wenn der Arbeitnehmer eine Lohnsteuerkarte mit der Steuerklasse VI vorgelegt hat, beträgt die Lohnsteuer nach der Monatstabelle 75,16 DM.) Erhält der Arbeitnehmer im August 1990 von diesem Arbeitgeber keine weiteren Lohnzahlungen, so beträgt die Lohnsteuer für die

1) jetzt R 39b.1 Abs. 2 Satz 1 LStR
2) weggefallen

am 8. August 1990 gezahlte Vergütung in Höhe von 400 DM nach Steuerklasse I 0 DM. Erhält der Arbeitnehmer am 13. August 1990 und am 27. August 1990 vom selben Arbeitgeber nochmals jeweils 500 DM, so berechnet der Arbeitgeber die Lohnsteuer für diese Lohnzahlungen wie folgt (in der 2. Spalte ist vergleichsweise die Steuerberechnung bei Vorlage einer Lohnsteuerkarte mit der Steuerklasse VI aufgeführt):

a) Lohnzahlung am 13. August 1990:		Steuerklasse I	Steuerklasse IV
Bis 13. August 1990 bereits gezahlter Arbeitslohn	400 DM		
zuzüglich für den 13. August	500 DM		
1990 zu zahlender Arbeitslohn insgesamt	900 DM		
Lohnsteuer hierauf nach der Monatstabelle		17,08 DM	177,33 DM
abzüglich:			
Lohnsteuer, die vom bereits gezahlten Arbeitslohn einbehalten wurde		0,00 DM	75,16 DM
Für die Lohnzahlung am 13. August 1990 einzubehaltende Lohnsteuer		17,08 DM	102,17 DM
b) Lohnzahlung am 27. August 1990		Steuerklasse I	Steuerklasse IV
Bis 27. August 1990 bereits gezahlter Arbeitslohn	900 DM		
zuzüglich für den 27. August 1990 zu zahlender Arbeitslohn	500 DM		
insgesamt	1.400 DM		
Lohnsteuer hierauf nach der Monatstabelle		97,33 DM	303,00 DM
abzüglich:			
Lohnsteuer, die vom bereits gezahlten Arbeitslohn einbehalten wurde		17,08 DM	177,33 DM
Für die Lohnzahlung am 27. August 1990 einzubehaltende Lohnsteuer		80,25 DM	125,67 DM

Hat der Arbeitnehmer dem Arbeitgeber keine Lohnsteuerkarte vorgelegt, so ist für die am 8., 13. und 27. August gezahlten Beträge die Lohnsteuer jeweils nach der Tagestabelle zu ermitteln.

2.2.4 Permanenter Lohnsteuer-Jahresausgleich

Der Steuerabzug vom Arbeitslohn kann unter den in § 39b Abs. 2 Satz 7 EStG[1]) bzw. in Abschn. 121 Abs. 2 LStR[2]) genannten Voraussetzungen auch nach dem voraussichtlichen Jahresarbeitslohn unter Anwendung der Jahreslohnsteuertabelle unabhängig davon vorgenommen werden, welche Steuerklasse auf der Lohnsteuerkarte des Arbeitnehmers eingetragen ist.

Dieses Schreiben tritt an die Stelle der BMF-Schreiben vom 27. Juni 1975 – IV B 6 – S 2365 – 8/75 – (BStBl I S. 923), vom 20. Juli 1976 – IV B 6 – S 2367 – 22/76 –, vom 22. Juni 1977 – IV B 6 – S 2367 – 10/77 – und vom 23. Februar 1981 – IV B 6 – S 2367 – 13/81 –.

1) jetzt § 39b Abs. 2 Satz 12
2) jetzt R 39b.8 LStR

Anlage[1])

Finanzamt ____________________

Steuernummer ____________________

Bescheinigung

Herrn/Frau ____________ geb. am ______________

wohnhaft ______________________________________

wird bescheinigt, dass er/sie hier unter der Steuernummer ____________ zur Einkommensteuer veranlagt wird.

Aufgrund des/der vorgelegten Vertrages/Verträge,

Prod.-Nr. ____________ vom ______________

der zwischen ihm/ihr und ______________

über die Tätigkeit als ______________

geschlossen wurde, werden die Honorareinnahmen unter dem Vorbehalt des jederzeitigen Widerrufs als

– Einkünfte aus selbständiger Arbeit i. S. des § 18 EStG*
– Einkünfte aus Gewerbebetrieb i. S. des § 15 EStG*

behandelt.

Im Auftrag

____

* Nichtzutreffendes bitte streichen

1) Die Anlage wurde durch BMF vom 9.7.2014 (BStBl I S. 1103) geändert.

II.

Besteuerung der Einkünfte aus nichtselbständiger Arbeit bei beschränkt einkommensteuerpflichtigen Künstlern[1]); Pauschsteuersatz für in Deutschland kurzfristig abhängig Beschäftigte ausländische Künstler

BMF vom 31.7.2002 (BStBl I S. 707)
IV C 5 – S 2369 – 5/02
unter Berücksichtigung der Änderungen durch
BMF vom 28.3.2013 (BStBl I S. 443)
IV C 5 – S 2332/09/10002 – 2013/0298100

Unter Bezugnahme auf das Ergebnis der Erörterung mit den obersten Finanzbehörden der Länder gilt für die Besteuerung der Einkünfte aus nichtselbständiger Arbeit bei beschränkt einkommensteuerpflichtigen Künstlern Folgendes:

1. Abgrenzung der nichtselbständigen Arbeit

Für die Abgrenzung zwischen selbständiger Tätigkeit und nichtselbständiger Tätigkeit bei beschränkter Einkommensteuerpflicht sind die Regelungen maßgebend, die für unbeschränkt einkommensteuerpflichtige Künstler in Tz. 1, insbesondere in Tz. 1.1.2, des BMF-Schreibens vom 5. Oktober 1990 (BStBl. I S. 638) getroffen worden sind.

2. Steuerabzug vom Arbeitslohn

2.1 Verpflichtung zum Lohnsteuerabzug

Die Einkünfte der beschränkt einkommensteuerpflichtigen Künstler aus nichtselbständiger Arbeit unterliegen ab 1996 nicht mehr der Abzugssteuer nach § 50a Abs. 4 EStG, sondern der Lohnsteuer, wenn der Arbeitgeber ein inländischer Arbeitgeber im Sinne des § 38 Abs. 1 Satz 1 Nr. 1 EStG ist, der den Lohnsteuerabzug durchzuführen hat.

2.2 Freistellung vom Lohnsteuerabzug

Der Lohnsteuerabzug darf nur dann unterbleiben, wenn der Arbeitslohn nach den Vorschriften eines Doppelbesteuerungsabkommens von der deutschen Lohnsteuer freizustellen ist. Dies ist vielfach für künstlerische Tätigkeiten im Rahmen eines Kulturaustausches vorgesehen. Das Betriebsstättenfinanzamt hat auf Antrag des Arbeitnehmers oder des Arbeitgebers (im Namen des Arbeitnehmers) eine entsprechende Freistellungsbescheinigung nach R 123 LStR[2]) zu erteilen (§ 39b Abs. 6 in Verbindung mit § 39d Abs. 3 Satz 4 EStG)[3]).

3. Erhebung der Lohnsteuer nach den Regelvorschriften

3.1 Bescheinigung des Betriebsstättenfinanzamts

Zur Durchführung des Lohnsteuerabzugs hat das Betriebsstättenfinanzamt auf Antrag des Arbeitnehmers oder des Arbeitgebers (im Namen des Arbeitnehmers) eine Bescheinigung über die maßgebende Steuerklasse und den vom Arbeitslohn ggf. abzuziehenden Freibetrag zu erteilen (§ 39d Abs. 1 Satz 3 und Abs. 2 EStG)[4]). Dabei kommt ein Freibetrag nur in Betracht, soweit die Werbungskosten, die im wirtschaftlichen Zusammenhang mit der im Inland ausgeübten künstlerischen Tätig-

---

[1]) Die nachfolgenden Regelungen gelten grundsätzlich auch im ELStAM-Verfahren.

[2]) jetzt R 39b.10 LStR

[3]) jetzt R 39b.10 i. V. m. R 39.4 Abs. 3 LStR

[4]) jetzt § 39 Abs. 2 Satz 2 i. V. m. § 39 Abs. 3

keit stehen, den zeitanteiligen Arbeitnehmer-Pauschbetrag (§ 9a Satz 1 Nr. 1 EStG) und die abziehbaren Ausgaben für steuerbegünstigte Zwecke im Sinne des § 10b EStG den zeitanteiligen Sonderausgaben-Pauschbetrag (§ 10c Abs. 1 EStG) übersteigen (§ 50 Abs. 1 Satz 6 EStG[1]).

Der Zeitanteil des Arbeitnehmer-Pauschbetrags und des Sonderausgaben-Pauschbetrags bestimmt sich nach der (voraussichtlichen) Dauer des jeweiligen Dienstverhältnisses. Dabei ist der Beginn des Dienstverhältnisses besonders anzugeben. Auf Antrag kann der Beginn des Dienstverhältnisses zurückdatiert werden, soweit glaubhaft gemacht ist, dass der Künstler in der Zwischenzeit nicht bereits für einen anderen inländischen Arbeitgeber als Arbeitnehmer beschäftigt war. Dabei gilt jedoch die Einschränkung, dass für je zwei Tage der tatsächlichen Beschäftigungsdauer nur eine Zurückdatierung um eine Woche, insgesamt jedoch höchstens um einen Monat zulässig ist. Tz. 2.2.1 des BMF-Schreibens vom 5. Oktober 1990 (BStBl I S. 638) ist sinngemäß anzuwenden.

Der ermittelte Freibetrag ist durch Aufteilung in Monatsbeträge, erforderlichenfalls auch in Wochen- und Tagesbeträge, ebenfalls auf die (voraussichtliche) Dauer des Dienstverhältnisses zu verteilen; auf Antrag des Künstlers kann nach R 125 Abs. 8 LStR[2]) auch die restliche Dauer des Dienstverhältnisses zu Grunde gelegt werden.

Die Bescheinigung ist vom Arbeitgeber als Beleg zum Lohnkonto aufzubewahren (§ 39d Abs. 3 Satz 2 EStG[3])). Für Künstler, die bei mehreren inländischen Arbeitgebern beschäftigt werden, sind entsprechend viele Bescheinigungen zu erteilen; R 125 Abs. 7 Satz 2 LStR[4]) ist zu beachten.

3.2 Ermittlung der Lohnsteuer

Der Arbeitgeber hat die Lohnsteuer nach Maßgabe des § 39b Abs. 2 bis 6[5]) und § 39c Abs. 1 und 2[6]) in Verbindung mit § 39d Abs. 3 Satz 4 EStG[7]) zu ermitteln. Der Ermittlung ist der steuerpflichtige Arbeitslohn und die Vorsorgepauschale nach § 10c Abs. 2 EStG[8]) zu Grunde zu legen. Zum steuerpflichtigen Arbeitslohn gehören nicht die steuerfreien Bezüge im Sinne des § 3 EStG, insbesondere die steuerfreien Reisekostenvergütungen nach § 3 Nr. 13 und 16 EStG.

Bei täglicher Lohnzahlung ist nach den Regelungen des § 39b Abs. 2 Sätze 5 bis 12 EStG zu verfahren. Stellt sich die tägliche Lohnzahlung lediglich als Abschlagszahlung dar, kann der Lohnabrechnungszeitraum als Lohnzahlungszeitraum behandelt werden (§ 39b Abs. 5 in Verbindung mit § 39d Abs. 3 Satz 4 EStG[8])). Auf Lohnzahlungen, die nicht als Abschlagszahlungen angesehen werden können, kann der Arbeitgeber eines der Verfahren im Sinne der Tz. 2.2.1 bis 2.2.3 des BMF-Schreibens vom 5. Oktober 1990 (BStBl I S. 638)[9]) anwenden. Dabei tritt anstelle des Zeitraumes, der nach der Lohnsteuerbescheinigung nicht belegt ist, der Zeitraum, um den der Beginn des Dienstverhältnisses vom Betriebsstättenfinanzamt nach Tz. 3.1 dieses Schreibens zurückdatiert worden ist.

3.3 Lohnsteuerbescheinigung

Eine Lohnsteuerbescheinigung ist vom Arbeitgeber nur auf besonderen Antrag des Künstlers zu erteilen (§ 39d Abs. 3 Satz 5 EStG[10])). Sie ist erforderlich, wenn der Künstler Staatsangehöriger eines Mitgliedstaates der Europäischen Union oder von Island, Liechtenstein oder Norwegen ist, in

1) jetzt § 50 Abs. 1 Satz 5
2) jetzt R 39.4 Abs. 1 LStR
3) jetzt § 39 Abs. 3 Satz 4
4) jetzt R 39.3 LStR
5) jetzt § 39b Abs. 1 bis 6
6) ab VZ 2004: § 39c Abs. 1, 2 und 5
7) durch BeitrRLUmsG ab 1.1.2012 aufgehoben
8) jetzt § 39b Abs. 2 Satz 5 Nr. 3 und Abs. 4
9) >Anhang 10 I
10) jetzt § 41b Abs. 1 Satz 4 bis 6

einem dieser Staaten ansässig ist und eine Veranlagung zur Einkommensteuer beantragen will (vgl. § 50 Abs. 5 Satz 2 Nr. 2 EStG[1])).

4. Pauschale Erhebung der Lohnsteuer

4.1 Vereinfachungsmaßnahme

Wegen der besonderen Schwierigkeiten, die mit der Anwendung der Regelvorschriften nach Tz. 3.1 und 3.2 zur steuerlichen Erfassung der Einkünfte bei nur kurzfristig beschäftigten Künstlern verbunden sind, wird zugelassen, dass die Lohnsteuer nach Maßgabe folgender Regelungen pauschal erhoben wird. Der Arbeitgeber hat jedoch die Regelvorschriften anzuwenden, wenn der Arbeitnehmer dies verlangt.

4.2 Pauschal zu besteuernder Personenkreis

Der inländische Arbeitgeber kann die Lohnsteuer pauschal erheben bei beschränkt einkommensteuerpflichtigen Künstlern, die

– als gastspielverpflichtete Künstler bei Theaterbetrieben,
– als freie Mitarbeiter für den Hör- oder Fernsehfunk oder
– als Mitarbeiter in der Film- und Fernsehproduktion

nach Tz. 1.1.2, Tz. 1.3.1 (Tz. 1.3.7) bzw. Tz. 1.4 des BMF-Schreibens vom 5. Oktober 1990 (BStBl I S. 638)[2]) nichtselbständig tätig sind und von dem Arbeitgeber nur kurzfristig, höchstens für sechs zusammenhängende Monate, beschäftigt werden.

4.3 Höhe der pauschalen Lohnsteuer[3])

Die pauschale Lohnsteuer bemisst sich nach den gesamten Einnahmen des Künstlers einschließlich der Beträge im Sinne des § 3 Nr. 13 und 16 EStG. Abzüge, z. B. für Werbungskosten, Sonderausgaben und Steuern, sind nicht zulässig. Die pauschale Lohnsteuer beträgt 20 % der Einnahmen, wenn der Künstler die Lohnsteuer trägt. Übernimmt der Arbeitgeber die Lohnsteuer und den Solidaritätszuschlag von 5,5 % der Lohnsteuer, so beträgt die Lohnsteuer 25,35 % der Einnahmen; sie beträgt 20,22 % der Einnahmen, wenn der Arbeitgeber nur den Solidaritätszuschlag übernimmt. Der Solidaritätszuschlag beträgt zusätzlich jeweils 5,5 % der Lohnsteuer.

4.4 Lohnsteuerbescheinigung

Die Verpflichtung des Arbeitgebers, auf Verlangen des Künstlers eine Lohnsteuerbescheinigung zu erteilen (§ 39d Abs. 3 Satz 5 EStG[4])), wird durch die pauschale Lohnsteuererhebung nicht berührt. Dasselbe gilt für das Veranlagungswahlrecht bestimmter Staatsangehöriger nach § 50 Abs. 5 Satz 2 Nr. 2 EStG[5]). In die Lohnsteuerbescheinigung sind aber die Einnahmen im Sinne des § 3 Nr. 13 und 16 EStG nicht einzubeziehen. Die pauschale Lohnsteuer ist nach § 36 Abs. 2 Satz 2 Nr. 2 EStG[6]) auf die veranlagte Einkommensteuer anzurechnen.

---

[1]) jetzt § 50 Abs. 2

[2]) >Anhang 10 I

[3]) Tz. 4.3 wurde durch BMF vom 28.3.2013 (BStBl I S. 443) geändert und ist erstmals anzuwenden für Einnahmen, die nach dem 30.6.2013 zufließen.

[4]) jetzt § 41b Abs. 1 Satz 3

[5]) jetzt § 50 Abs. 2

[6]) jetzt § 36 Abs. 2 Nr. 2

Allgemeine Verwaltungsvorschrift für die Betriebsprüfung – Betriebsprüfungsordnung – (BpO 2000)

vom 15.3.2000 (BAnz. Nr. 5 S. 368, BStBl I S. 368)

zuletzt geändert durch die Allgemeine Verwaltungsvorschrift zur Änderung der Betriebsprüfungsordnung vom 20.7.2011 (BStBl I S. 710)

– Auszug –

I. Allgemeine Vorschriften

§ 1
Anwendungsbereich der Betriebsprüfungsordnung

(1) Diese Verwaltungsvorschrift gilt für Außenprüfungen der Landesfinanzbehörden und des Bundeszentralamtes für Steuern.

(2) Für besondere Außenprüfungen der Landesfinanzbehörden und des Bundeszentralamtes für Steuern (z. B. Lohnsteueraußenprüfung und Umsatzsteuersonderprüfung) sind die §§ 5 bis 12, 20 bis 24, 29 und 30 mit Ausnahme des § 5 Abs. 4 Satz 2 sinngemäß anzuwenden.

§ 2
Aufgaben der Betriebsprüfungsstellen

(1) [1] Zweck der Außenprüfung ist die Ermittlung und Beurteilung der steuerlich bedeutsamen Sachverhalte, um die Gleichmäßigkeit der Besteuerung sicherzustellen (§§ 85, 199 Abs. 1 AO). [2] Bei der Anordnung und Durchführung von Prüfungsmaßnahmen sind im Rahmen der Ermessensausübung die Grundsätze der Verhältnismäßigkeit der Mittel und des geringstmöglichen Eingriffs zu beachten.

(2) Den Betriebsprüfungsstellen können auch Außenprüfungen im Sinne des § 193 Abs. 2 AO, Sonderprüfungen sowie andere Tätigkeiten mit Prüfungscharakter, z. B. Liquiditätsprüfungen, übertragen werden; dies gilt nicht für Steuerfahndungsprüfungen.

(3) [1] Die Finanzbehörde entscheidet nach pflichtgemäßem Ermessen, ob und wann eine Außenprüfung durchgeführt wird. [2] Dies gilt auch, wenn der Steuerpflichtige eine baldige Außenprüfung begehrt.

§ 3
Größenklassen

[1] Steuerpflichtige, die der Außenprüfung unterliegen, werden in die Größenklassen

- Großbetriebe (G)
- Mittelbetriebe (M)
- Kleinbetriebe (K) und
- Kleinstbetriebe (Kst)

eingeordnet. [2] Der Stichtag, der maßgebende Besteuerungszeitraum und die Merkmale für diese Einordnung werden jeweils von den obersten Finanzbehörden der Länder im Benehmen mit dem Bundesministerium der Finanzen festgelegt.

II. Durchführung der Außenprüfung

§ 4
Umfang der Außenprüfung

(1) Die Finanzbehörde bestimmt den Umfang der Außenprüfung nach pflichtgemäßem Ermessen.

(2) [1] Bei Großbetrieben und Unternehmen im Sinne der §§ 13 und 19 soll der Prüfungszeitraum an den vorhergehenden Prüfungszeitraum anschließen. [2] Eine Anschlussprüfung ist auch in den Fällen des § 18 möglich.

(3) [1]Bei anderen Betrieben soll der Prüfungszeitraum in der Regel nicht mehr als drei zusammenhängende Besteuerungszeiträume umfassen. [2]Der Prüfungszeitraum kann insbesondere dann drei Besteuerungszeiträume übersteigen, wenn mit nicht unerheblichen Änderungen der Besteuerungsgrundlagen zu rechnen ist oder wenn der Verdacht einer Steuerstraftat oder einer Steuerordnungswidrigkeit besteht. [3]Anschlussprüfungen sind zulässig.

(4) Für die Entscheidung, ob ein Betrieb nach Absatz 2 oder Absatz 3 geprüft wird, ist grundsätzlich die Größenklasse maßgebend, in die der Betrieb im Zeitpunkt der Bekanntgabe der Prüfungsanordnung eingeordnet ist.

(5) [1]Hält die Finanzbehörde eine umfassende Ermittlung der steuerlichen Verhältnisse im Einzelfall nicht für erforderlich, kann sie eine abgekürzte Außenprüfung (§ 203 AO) durchführen. [2]Diese beschränkt sich auf die Prüfung einzelner Besteuerungsgrundlagen eines Besteuerungszeitraums oder mehrerer Besteuerungszeiträume.

§ 4a
Zeitnahe Betriebsprüfung

(1) [1]Die Finanzbehörde kann Steuerpflichtige unter den Voraussetzungen des Absatzes 2 für eine zeitnahe Betriebsprüfung auswählen. [2]Eine Betriebsprüfung ist zeitnah, wenn der Prüfungszeitraum einen oder mehrere gegenwartsnahe Besteuerungszeiträume umfasst.

(2) [1]Grundlage zeitnaher Betriebsprüfungen sind die Steuererklärungen im Sinne des § 150 der Abgabenordnung der zu prüfenden Besteuerungszeiträume (Absatz 1 Satz 2). [2]Zur Sicherstellung der Mitwirkungsrechte des Bundeszentralamtes für Steuern ist der von der Finanzbehörde ausgewählte Steuerpflichtige dem Bundeszentralamt für Steuern abweichend von der Frist des § 21 Absatz 1 Satz 1 unverzüglich zu benennen.

(3) Über das Ergebnis der zeitnahen Betriebsprüfung ist ein Prüfungsbericht oder eine Mitteilung über die ergebnislose Prüfung anzufertigen (§ 202 der Abgabenordnung).

§ 5
Anordnung der Außenprüfung

(1) [1]Die für die Besteuerung zuständige Finanzbehörde ordnet die Außenprüfung an. [2]Die Befugnis zur Anordnung kann auch der beauftragten Finanzbehörde übertragen werden.

(2) [1]Die Prüfungsanordnung hat die Rechtsgrundlagen der Außenprüfung, die zu prüfenden Steuerarten, Steuervergütungen, Prämien, Zulagen, ggf. zu prüfende bestimmte Sachverhalte sowie den Prüfungszeitraum zu enthalten. [2]Ihr sind Hinweise auf die wesentlichen Rechte und Pflichten des Steuerpflichtigen bei der Außenprüfung beizufügen. [3]Die Mitteilung über den voraussichtlichen Beginn und die Festlegung des Ortes der Außenprüfung kann mit der Prüfungsanordnung verbunden werden. [4]Handelt es sich um eine abgekürzte Außenprüfung nach § 203 AO, ist die Prüfungsanordnung um diese Rechtsgrundlage zu ergänzen. [5]Soll der Umfang einer Außenprüfung nachträglich erweitert werden, ist eine ergänzende Prüfungsanordnung zu erlassen.

(3) Der Name des Betriebsprüfers, eines Betriebsprüfungshelfers und andere prüfungsleitende Bestimmungen können in die Prüfungsanordnung aufgenommen werden.

(4) [1]Die Prüfungsanordnung und die Mitteilungen nach den Absätzen 2 und 3 sind dem Steuerpflichtigen angemessene Zeit vor Beginn der Prüfung bekanntzugeben, wenn der Prüfungszweck dadurch nicht gefährdet wird. [2]In der Regel sind bei Großbetrieben 4 Wochen und in anderen Fällen 2 Wochen angemessen.

(5) [1]Wird beantragt, den Prüfungsbeginn zu verlegen, können als wichtige Gründe z. B. Erkrankung des Steuerpflichtigen, seines steuerlichen Beraters oder eines für Auskünfte maßgeblichen Betriebsangehörigen, beträchtliche Betriebsstörungen durch Umbau oder höhere Gewalt anerkannt werden. [2]Dem Antrag des Steuerpflichtigen kann auch unter Auflage, z. B. Erledigung von Vorbereitungsarbeiten für die Prüfung, stattgegeben werden.

(6) Werden die steuerlichen Verhältnisse von Gesellschaftern und Mitgliedern sowie von Mitgliedern der Überwachungsorgane in die Außenprüfung einbezogen, so ist für jeden Beteiligten eine Prüfungsanordnung unter Beachtung der Voraussetzungen des § 193 AO zu erteilen.

§ 6
Ort der Außenprüfung

[1] Die Außenprüfung ist in den Geschäftsräumen des Steuerpflichtigen durchzuführen. [2] Ist ein geeigneter Geschäftsraum nachweislich nicht vorhanden und kann die Außenprüfung nicht in den Wohnräumen des Steuerpflichtigen stattfinden, ist an Amtsstelle zu prüfen (§ 200 Abs. 2 AO). [3] Ein anderer Prüfungsort kommt nur ausnahmsweise in Betracht.

§ 7
Prüfungsgrundsätze

[1] Die Außenprüfung ist auf das Wesentliche abzustellen. [2] Ihre Dauer ist auf das notwendige Maß zu beschränken. [3] Sie hat sich in erster Linie auf solche Sachverhalte zu erstrecken, die zu endgültigen Steuerausfällen oder Steuererstattungen oder -vergütungen oder zu nicht unbedeutenden Gewinnverlagerungen führen können.

§ 8
Mitwirkungspflichten

(1) [1] Der Steuerpflichtige ist zu Beginn der Prüfung darauf hinzuweisen, dass er Auskunftspersonen benennen kann. [2] Ihre Namen sind aktenkundig zu machen. [3] Die Auskunfts- und sonstigen Mitwirkungspflichten des Steuerpflichtigen erlöschen nicht mit der Benennung von Auskunftspersonen.

(2) Der Betriebsprüfer darf im Rahmen seiner Ermittlungsbefugnisse unter den Voraussetzungen des § 200 Abs. 1 Sätze 3 und 4 AO auch Betriebsangehörige um Auskunft ersuchen, die nicht als Auskunftspersonen benannt worden sind.

(3) Die Vorlage von Büchern, Aufzeichnungen, Geschäftspapieren und anderen Unterlagen, die nicht unmittelbar den Prüfungszeitraum betreffen, kann ohne Erweiterung des Prüfungszeitraums verlangt werden, wenn dies zur Feststellung von Sachverhalten des Prüfungszeitraums für erforderlich gehalten wird.

§ 9
Kontrollmitteilungen

[1] Feststellungen, die nach § 194 Abs. 3 AO für die Besteuerung anderer Steuerpflichtiger ausgewertet werden können, sollen der zuständigen Finanzbehörde mitgeteilt werden. [2] Kontrollmaterial über Auslandsbeziehungen ist auch dem Bundeszentralamt für Steuern zur Auswertung zu übersenden.

§ 10
Verdacht einer Steuerstraftat oder -ordnungswidrigkeit

(1) [1] Ergeben sich während einer Außenprüfung zureichende tatsächliche Anhaltspunkte für eine Straftat (§ 152 Abs. 2 StPO), deren Ermittlung der Finanzbehörde obliegt, so ist die für die Bearbeitung dieser Straftat zuständige Stelle unverzüglich zu unterrichten. [2] Dies gilt auch, wenn lediglich die Möglichkeit besteht, dass ein Strafverfahren durchgeführt werden muss. [3] Richtet sich der Verdacht gegen den Steuerpflichtigen, dürfen hinsichtlich des Sachverhalts, auf den sich der Verdacht bezieht, die Ermittlungen (§ 194 AO) bei ihm erst fortgesetzt werden, wenn ihm die Einleitung des Strafverfahrens mitgeteilt worden ist. [4] Der Steuerpflichtige ist dabei, soweit die Feststellungen auch für Zwecke des Strafverfahrens verwendet werden können, darüber zu belehren, dass seine Mitwir-

kung im Besteuerungsverfahren nicht mehr erzwungen werden kann (§ 393 Abs. 1 AO). [5] Die Belehrung ist unter Angabe von Datum und Uhrzeit aktenkundig zu machen und auf Verlangen schriftlich zu bestätigen (§ 397 Abs. 2 AO).

(2) Absatz 1 gilt beim Verdacht einer Ordnungswidrigkeit sinngemäß.

§ 11
Schlussbesprechung

(1) [1] Findet eine Schlussbesprechung statt, so sind die Besprechungspunkte und der Termin der Schlussbesprechung dem Steuerpflichtigen angemessene Zeit vor der Besprechung bekanntzugeben. [2] Diese Bekanntgabe bedarf nicht der Schriftform.

(2) Hinweise nach § 201 Abs. 2 AO sind aktenkundig zu machen.

§ 12
Prüfungsbericht und Auswertung der Prüfungsfeststellungen

(1) Wenn zu einem Sachverhalt mit einem Rechtsbehelf oder mit einem Antrag auf verbindliche Zusage zu rechnen ist, soll der Sachverhalt umfassend im Prüfungsbericht dargestellt werden.

(2) [1] Ist bei der Auswertung des Prüfungsberichts oder im Rechtsbehelfsverfahren beabsichtigt, von den Feststellungen der Außenprüfung abzuweichen, so ist der Betriebsprüfungsstelle Gelegenheit zur Stellungnahme zu geben. [2] Dies gilt auch für die Erörterung des Sach- und Rechtsstandes gemäß § 364 a AO. [3] Bei wesentlichen Abweichungen zuungunsten des Steuerpflichtigen soll auch diesem Gelegenheit gegeben werden, sich hierzu zu äußern.

(3) In dem durch die Prüfungsanordnung vorgegebenen Rahmen muss die Außenprüfung entweder durch Steuerfestsetzung oder durch Mitteilung über eine ergebnislose Prüfung abgeschlossen werden.

IV. Mitwirkung des Bundes an Außenprüfungen der Landesfinanzbehörden

§ 20
Art der Mitwirkung

(1) Das Bundeszentralamt für Steuern wirkt an Außenprüfungen der Landesfinanzbehörden durch Prüfungstätigkeit und Beteiligung an Besprechungen mit.

(2) Art und Umfang der Mitwirkung werden jeweils von den beteiligten Behörden im gegenseitigen Einvernehmen festgelegt.

(3) Die Landesfinanzbehörde bestimmt den für den Ablauf der Außenprüfung verantwortlichen Prüfer.

§ 21
Auswahl der Betriebe und Unterrichtung über die vorgesehene Mitwirkung

(1) [1] Die Landesfinanzbehörden stellen dem Bundeszentralamt für Steuern die Prüfungsgeschäftspläne für Großbetriebe spätestens 10 Tage vor dem Beginn des Zeitraums, für den sie aufgestellt worden sind, zur Verfügung. [2] Betriebe, bei deren Prüfung eine Mitwirkung des Bundeszentralamtes für Steuern von den Landesfinanzbehörden für zweckmäßig gehalten wird, sollen kenntlich gemacht werden. [3] Das Bundeszentralamt für Steuern teilt den Landesfinanzbehörden unverzüglich die Betriebe mit, an deren Prüfung es mitwirken will.

(2) Sobald die Landesfinanzbehörde den Prüfungsbeginn mitgeteilt hat, wird sie vom Bundeszentralamt für Steuern über die vorgesehene Mitwirkung unterrichtet.

§ 22
Mitwirkung durch Prüfungstätigkeit

(1) [1]Wirkt das Bundeszentralamt für Steuern durch Prüfungstätigkeit mit, so hat der Bundesbetriebsprüfer regelmäßig in sich geschlossene Prüfungsfelder zu übernehmen und diesen Teil des Prüfungsberichts zu entwerfen. [2]Der Prüfungsstoff wird im gegenseitigen Einvernehmen auf die beteiligten Betriebsprüfer aufgeteilt.

(2) Hat das Bundeszentralamt für Steuern an einer Außenprüfung mitgewirkt, so erhält es eine Ausfertigung des Prüfungsberichts.

§ 23
(weggefallen)

§ 24
Verfahren bei Meinungsverschiedenheiten zwischen dem Bundeszentralamt für Steuern und der Landesfinanzbehörde

Soweit Meinungsverschiedenheiten, die sich bei der Mitwirkung an Außenprüfungen zwischen dem Bundeszentralamt für Steuern und der Landesfinanzbehörde ergeben, von den Beteiligten nicht ausgeräumt werden können, ist den obersten Finanzbehörden des Bundes und des Landes zu berichten und die Entscheidung abzuwarten.

V. Betriebsprüfer, Sachgebietsleiter für Betriebsprüfung, Prüferbesprechungen

§ 29
Prüferausweis

[1]Für Sachgebietsleiter für Betriebsprüfung und Betriebsprüfer ist jeweils ein Ausweis auszustellen. [2]Der Ausweis hat zu enthalten:

1. die Bezeichnung der ausstellenden Landesfinanzverwaltung oder der ausstellenden Finanzbehörde
2. das Lichtbild des Inhabers
3. den Vor- und Familiennamen
4. die laufende Nummer
5. die Gültigkeitsdauer und
6. die Befugnisse des Inhabers.

§ 30
Prüferbesprechungen

Die Sachgebietsleiter für Betriebsprüfung sollen mit den Prüfern ihrer Sachgebiete, die zuständigen vorgesetzten Finanzbehörden mit den Sachgebietsleitern für Betriebsprüfung oder mit den Betriebsprüfern ihrer Oberfinanzbezirke regelmäßig Zweifelsfragen aus der Prüfungstätigkeit erörtern, sie über neuere Rechtsprechung und neueres Schrifttum unterrichten sowie Richtlinien und Anregungen für ihre Arbeit geben.

IX. Inkrafttreten

§ 39
Inkrafttreten

[1]Diese allgemeine Verwaltungsvorschrift tritt am Tage nach der Veröffentlichung im Bundesanzeiger[1]) in Kraft. [2]Gleichzeitig tritt die allgemeine Verwaltungsvorschrift für die Betriebsprüfung – Betriebsprüfungsordnung – vom 17. Dezember 1987 (BAnz. Nr. 241a vom 24. Dezember 1987) außer Kraft.

---

[1]) Veröffentlichung erfolgte am 23.3.2000

Lohn- und umsatzsteuerliche Behandlung von Betriebsveranstaltungen; Rechtslage nach dem „Gesetz zur Anpassung der Abgabenordnung an den Zollkodex der Union und zur Änderung weiterer steuerlicher Vorschriften"

BMF vom 14.10.2015 (BStBl I S. 832)

IV C 5 – S 2332/15/10001 / III C 2 – S 7109/15/10001 – 2015/0581477

Mit dem Gesetz zur Anpassung der Abgabenordnung an den Zollkodex der Union und zur Änderung weiterer steuerlicher Vorschriften vom 22. Dezember 2014 (BGBl. I S. 2417, BStBl 2015 I S. 58) wurde die Besteuerung von Zuwendungen an Arbeitnehmer im Rahmen von Betriebsveranstaltungen gesetzlich geregelt. Unter Bezugnahme auf das Ergebnis der Erörterungen mit den obersten Finanzbehörden der Länder gelten bei der Anwendung des am 1. Januar 2015 in Kraft getretenen § 19 Absatz 1 Satz 1 Nummer 1a EStG die folgenden Grundsätze:

1. Begriff der Betriebsveranstaltung

Betriebsveranstaltungen sind Veranstaltungen auf betrieblicher Ebene mit gesellschaftlichem Charakter, z. B. Betriebsausflüge, Weihnachtsfeiern, Jubiläumsfeiern. Ob die Veranstaltung vom Arbeitgeber, Betriebsrat oder Personalrat durchgeführt wird, ist unerheblich. Eine Betriebsveranstaltung liegt nur vor, wenn der Teilnehmerkreis sich überwiegend aus Betriebsangehörigen, deren Begleitpersonen und gegebenenfalls Leiharbeitnehmern oder Arbeitnehmern anderer Unternehmen im Konzernverbund zusammensetzt.

Die Ehrung eines einzelnen Jubilars oder eines einzelnen Arbeitnehmers z. B. bei dessen Ausscheiden aus dem Betrieb, auch unter Beteiligung weiterer Arbeitnehmer, ist keine Betriebsveranstaltung; zu Sachzuwendungen aus solchem Anlass vgl. R 19.3 Absatz 2 Nummer 3 und 4 LStR. Auch ein so genanntes Arbeitsessen (R 19.6 Absatz 2 LStR) ist keine Betriebsveranstaltung.

Erfüllt eine Veranstaltung des Arbeitgebers nicht den Begriff der Betriebsveranstaltung, ist nach allgemeinen Grundsätzen zu prüfen, ob es sich bei geldwerten Vorteilen, die der Arbeitgeber seinen Arbeitnehmern im Rahmen dieser Veranstaltung gewährt, um Arbeitslohn nach § 19 EStG handelt.

2. Begriff der Zuwendung

Zuwendungen anlässlich einer Betriebsveranstaltung sind alle Aufwendungen des Arbeitgebers einschließlich Umsatzsteuer unabhängig davon, ob sie einzelnen Arbeitnehmern individuell zurechenbar sind oder ob es sich um einen rechnerischen Anteil an den Kosten der Betriebsveranstaltung handelt, die der Arbeitgeber gegenüber Dritten für den äußeren Rahmen der Betriebsveranstaltung aufwendet*[1])*.

Zuwendungen anlässlich einer Betriebsveranstaltung sind insbesondere:

a) Speisen, Getränke, Tabakwaren und Süßigkeiten,

b) die Übernahme von Übernachtungs- und Fahrtkosten (siehe auch Tz. 6),

c) Musik, künstlerische Darbietungen sowie Eintrittskarten für kulturelle und sportliche Veranstaltungen, wenn sich die Veranstaltung nicht im Besuch der kulturellen oder sportlichen Veranstaltung erschöpft,

[1]) ***bestätigt durch BFH vom 29.4.2021 (BStBl II S. 606)***

d) Geschenke[1]). Dies gilt auch für die nachträgliche Überreichung der Geschenke an solche Arbeitnehmer, die aus betrieblichen oder persönlichen Gründen nicht an der Betriebsveranstaltung teilnehmen konnten, nicht aber für eine deswegen gewährte Barzuwendung,

e) Zuwendungen an Begleitpersonen des Arbeitnehmers,

f) Barzuwendungen, die statt der in a) bis c) genannten Sachzuwendungen gewährt werden, wenn ihre zweckentsprechende Verwendung sichergestellt ist,

g) Aufwendungen für den äußeren Rahmen, z. B. für Räume, Beleuchtung oder Eventmanager.

Als Aufwendungen für den äußeren Rahmen sind auch die Kosten zu erfassen, die nur zu einer abstrakten Bereicherung des Arbeitnehmers führen, wie z. B. Kosten für anwesende Sanitäter, für die Erfüllung behördlicher Auflagen, Stornokosten oder Trinkgelder. Keine Aufwendungen für den äußeren Rahmen nach Tz. 2 Buchstabe g) sind die rechnerischen Selbstkosten des Arbeitgebers, wie z. B. die anteiligen Kosten der Lohnbuchhaltung für die Erfassung des geldwerten Vorteils der Betriebsveranstaltung oder die anteilige AfA sowie Kosten für Energie- und Wasserverbrauch bei einer Betriebsveranstaltung in den Räumlichkeiten des Arbeitgebers.

Die gesetzliche Regelung stellt nicht darauf ab, ob es sich um übliche Zuwendungen handelt. Auch unübliche Zuwendungen, wie z. B. Geschenke, deren Wert je Arbeitnehmer 60 Euro übersteigt, oder Zuwendungen an einzelne Arbeitnehmer aus Anlass – nicht nur bei Gelegenheit – einer Betriebsveranstaltung unterfallen daher § 19 Absatz 1 Satz 1 Nummer 1a EStG.

3. Arbeitnehmer

§ 19 Absatz 1 Satz 1 Nummer 1a EStG erfasst Zuwendungen des Arbeitgebers an seine aktiven Arbeitnehmer, seine ehemaligen Arbeitnehmer, Praktikanten, Referendare, ähnliche Personen sowie Begleitpersonen.

Aus Vereinfachungsgründen wird es nicht beanstandet, wenn auch Leiharbeitnehmer bei Betriebsveranstaltungen des Entleihers sowie Arbeitnehmer anderer konzernangehöriger Unternehmen einbezogen werden.

Die Anwendbarkeit der Regelung auf Leiharbeitnehmer und Arbeitnehmer anderer konzernangehöriger Unternehmen setzt voraus, dass hinsichtlich dieser Personengruppen die weiteren Voraussetzungen (Offenstehen der Betriebsveranstaltung für alle Angehörigen dieser Personengruppe) des § 19 Absatz 1 Satz 1 Nummer 1a EStG erfüllt sind.

4. Freibetrag

Soweit die unter Tz. 2 aufgeführten Zuwendungen den Betrag von 110 Euro je Betriebsveranstaltung und teilnehmendem Arbeitnehmer nicht übersteigen, gehören sie nicht zu den Einkünften aus nichtselbständiger Arbeit, wenn die Teilnahme an der Betriebsveranstaltung allen Angehörigen des Betriebs oder eines Betriebsteils offensteht. Dies gilt für bis zu zwei Betriebsveranstaltungen jährlich.

a) Berechnung des Freibetrags

Die Höhe der dem einzelnen Arbeitnehmer gewährten Zuwendungen berechnet sich wie folgt:

Alle nach der Tz. 2. zu berücksichtigenden Aufwendungen sind zu gleichen Teilen auf alle bei der Betriebsveranstaltung anwesenden Teilnehmer aufzuteilen[2]). Sodann ist der auf eine Begleitperson entfallende Anteil der Aufwendungen dem jeweiligen Arbeitnehmer zuzurechnen. Für die Begleitperson ist kein zusätzlicher Freibetrag von 110 Euro anzusetzen.

---

[1]) Auszug aus dem Antwortschreiben des BMF vom 7.12.2016 (IV C 5 – S 2332/15/10001 – 2016/1104637) an die acht Spitzenverbände der gewerblichen Wirtschaft:

> „Geschenke, deren Wert je Arbeitnehmer 60 Euro nicht übersteigt, können als Zuwendungen anlässlich einer Betriebsveranstaltung in die Bemessungsgrundlage für die Ermittlung des Freibetrags nach Tz. 4 einbezogen werden; bei Geschenken, deren Wert je Arbeitnehmer 60 Euro übersteigt, ist im Einzelfall zu prüfen, ob sie „anlässlich" oder „nur bei Gelegenheit" einer Betriebsveranstaltung zugewendet werden."

[2]) ***bestätigt durch BFH vom 29.4.2021 (BStBl II S. 606)***

Beispiel:

Die Aufwendungen für eine Betriebsveranstaltung betragen 10.000 Euro. Der Teilnehmerkreis setzt sich aus 75 Arbeitnehmern zusammen, von denen 25 von je einer Person begleitet werden.

Die Aufwendungen sind auf 100 Personen zu verteilen, so dass auf jede Person ein geldwerter Vorteil von 100 Euro entfällt. Sodann ist der auf die Begleitperson entfallende geldwerte Vorteil dem jeweiligen Arbeitnehmer zuzurechnen. 50 Arbeitnehmer haben somit einen geldwerten Vorteil von 100 Euro, der den Freibetrag von 110 Euro nicht übersteigt und daher nicht steuerpflichtig ist. Bei 25 Arbeitnehmern beträgt der geldwerte Vorteil 200 Euro; nach Abzug des Freibetrags von 110 Euro ergibt sich für diese Arbeitnehmer ein steuerpflichtiger geldwerter Vorteil von jeweils 90 Euro.

Die 44-Euro-Freigrenze[1] des § 8 Absatz 2 Satz 11 EStG ist für Zuwendungen anlässlich von Betriebsveranstaltungen nicht anwendbar.

b) Offenstehen der Betriebsveranstaltung für alle Arbeitnehmer

Voraussetzung für die Gewährung des Freibetrags ist, dass die Betriebsveranstaltung allen Angehörigen des Betriebs oder eines Betriebsteils offensteht. Veranstaltungen, die nur für einen beschränkten Kreis der Arbeitnehmer von Interesse sind, sind nach § 19 Absatz 1 Satz 1 Nummer 1a Satz 3 EStG begünstigte Betriebsveranstaltungen, wenn sich die Begrenzung des Teilnehmerkreises nicht als eine Bevorzugung bestimmter Arbeitnehmergruppen darstellt. Als begünstigte Betriebsveranstaltungen sind deshalb auch solche Veranstaltungen anzuerkennen, die z. B.

- jeweils nur für eine Organisationseinheit des Betriebs, z. B. Abteilung, durchgeführt werden, wenn alle Arbeitnehmer dieser Organisationseinheit an der Veranstaltung teilnehmen können,
- nur für alle im Ruhestand befindlichen früheren Arbeitnehmer des Unternehmens veranstaltet werden (Pensionärstreffen),
- nur für solche Arbeitnehmer durchgeführt werden, die bereits im Unternehmen ein rundes (10-, 20-, 25-, 30-, 40-, 50-, 60-jähriges) Arbeitnehmerjubiläum gefeiert haben oder i. V. m. der Betriebsveranstaltung feiern (Jubilarfeiern). Dabei ist es unschädlich, wenn neben den Jubilaren auch ein begrenzter Kreis anderer Arbeitnehmer, wie z. B. die engeren Mitarbeiter und Abteilungsleiter des Jubilars, Betriebsrats-/Personalratsvertreter oder auch die Familienangehörigen des Jubilars eingeladen werden. Der Annahme eines 40-, 50- oder 60-jährigen Arbeitnehmerjubiläums steht nicht entgegen, wenn die Jubilarfeier zu einem Zeitpunkt stattfindet, der höchstens fünf Jahre vor den bezeichneten Jubiläumsdienstzeiten liegt.

c) Freibetrag für maximal zwei Betriebsveranstaltungen jährlich

Der Freibetrag gilt für bis zu zwei Betriebsveranstaltungen jährlich. Nimmt der Arbeitnehmer an mehr als zwei Betriebsveranstaltungen teil, können die beiden Veranstaltungen, für die der Freibetrag gelten soll, ausgewählt werden. Dient die Teilnahme eines Arbeitnehmers an einer Betriebsveranstaltung der Erfüllung beruflicher Aufgaben, z. B. wenn der Personalchef oder Betriebsrats-/Personalratsmitglieder die Veranstaltungen mehrerer Abteilungen besuchen, ist der auf diesen Arbeitnehmer entfallende Anteil an den Gesamtaufwendungen kein Arbeitslohn.

5. Besteuerung der Zuwendungen

Für die Erhebung der Lohnsteuer gelten die allgemeinen Vorschriften; § 40 Absatz 2 EStG ist anwendbar. Das gilt für alle steuerpflichtigen Zuwendungen an Arbeitnehmer aus Anlass – nicht nur bei Gelegenheit – einer Betriebsveranstaltung.

Arbeitslohn aus Anlass von Betriebsveranstaltungen i. S. der Tz. 4 Buchstabe b kann mit 25 % pauschal besteuert werden (§ 40 Absatz 2 Satz 1 Nummer 2 EStG). Eine solche Pauschalierung der Lohnsteuer kommt von vornherein nicht in Betracht, wenn es sich bei der Veranstaltung nicht um eine Betriebsveranstaltung im Sinne der Tz. 1 handelt.

---

[1] *ab 1.1.2022: 50-Euro-Freigrenze*

R 40.2 Absatz 1 Nummer 2 LStR ist ab dem Jahr 2015 insoweit überholt, als dort eine gesonderte Pauschalierung der Lohnsteuer bei nicht üblichen Zuwendungen vorgesehen ist. Auch nicht übliche Zuwendungen gehören zu den maßgebenden Gesamtkosten einer Betriebsveranstaltung.

Zuwendungen aus Anlass von Betriebsveranstaltungen an Arbeitnehmer von anderen Unternehmen im Konzernverbund sowie an Leiharbeitnehmer durch den Entleiher können wahlweise vom Zuwendenden oder vom Arbeitgeber versteuert werden. § 40 Absatz 2 Satz 1 Nummer 2 EStG ist auch insoweit anwendbar. Wendet der Zuwendende die Freibetragsregelung an, hat sich der Zuwendende beim Arbeitgeber zu vergewissern, dass für den Arbeitnehmer die unter Tz. 4 Buchstabe c) dieses Schreibens dargestellten Voraussetzungen erfüllt sind.

6. Reisekosten

Reisekosten liegen ausnahmsweise vor, wenn die Betriebsveranstaltung außerhalb der ersten Tätigkeitsstätte des Arbeitnehmers stattfindet, die Anreise der Teilnahme an der Veranstaltung dient und die Organisation dem Arbeitnehmer obliegt. Steuerfreie Erstattungen durch den Arbeitgeber sind nach den Grundsätzen des § 3 Nummer 13 oder 16 EStG zulässig.

Beispiel 1:

Arbeitgeber A veranstaltet einen Betriebsausflug. Mitarbeiter, die an einem anderen Standort tätig sind, reisen für den Betriebsausflug zunächst zur Unternehmenszentrale an. Diese Fahrtkosten – sowie ggf. im Zusammenhang mit der An- und Abreise entstehende Verpflegungspauschalen und Übernachtungskosten – gehören nicht zu den Zuwendungen anlässlich der Betriebsveranstaltung, sondern können als Reisekosten vom Arbeitgeber steuerfrei erstattet werden.

Beispiel 2:

Arbeitgeber A veranstaltet einen Betriebsausflug. Für die Fahrt vom Unternehmen zum Ausflugsziel organisiert er eine gemeinsame Busfahrt. Die Kosten hierfür zählen zu den Zuwendungen anlässlich der Betriebsveranstaltung.

Beispiel 3:

Der Betriebsausflug beginnt mit einer ganztägigen Fahrt auf einem Fahrgastschiff. Am nächsten Tag wird die Betriebsveranstaltung am Zielort fortgesetzt. Sowohl die übernommenen Fahrtkosten als auch die Übernachtungskosten gehören zu den Zuwendungen anlässlich der Betriebsveranstaltung.

7. Auswirkungen der gesetzlichen Änderung auf die Umsatzsteuer

Die gesetzlichen Änderungen, insbesondere die Ersetzung der bisherigen lohnsteuerlichen Freigrenze durch einen Freibetrag, haben grundsätzlich keine Auswirkungen auf die umsatzsteuerrechtlichen Regelungen.

Ob eine Betriebsveranstaltung vorliegt und wie die Kosten, die auf den einzelnen Arbeitnehmer entfallen, zu berechnen sind, bestimmt sich nach den o. g. lohnsteuerrechtlichen Grundsätzen.

Von einer überwiegend durch das unternehmerische Interesse des Arbeitgebers veranlassten, üblichen Zuwendung ist umsatzsteuerrechtlich im Regelfall auszugehen, wenn der Betrag je Arbeitnehmer und Betriebsveranstaltung 110 € einschließlich Umsatzsteuer nicht überschreitet. Übersteigt dagegen der Betrag, der auf den einzelnen Arbeitnehmer entfällt, pro Veranstaltung die Grenze von 110 € einschließlich Umsatzsteuer, ist von einer überwiegend durch den privaten Bedarf des Arbeitnehmers veranlassten unentgeltlichen Zuwendung auszugehen.

Durch die LStÄR 2015 vom 22. Oktober 2014, BStBl I S. 1344, wurde die sog. Aufmerksamkeitsgrenze auf 60 € erhöht. Zur Wahrung einer einheitlichen Rechtsanwendung wird dieser Betrag auch in Abschnitt 1.8 Absatz 3 Satz 2 UStAE übernommen.

Unter Bezugnahme auf das Ergebnis der Erörterungen mit den obersten Finanzbehörden der Länder wird der Umsatzsteuer-Anwendungserlass (UStAE) vom 1. Oktober 2010, BStBl I S. 846, der zuletzt durch das BMF-Schreiben vom 7. Oktober 2015 – III C 2 – S 7282/13/10001 (2015/0874602) –, BStBl I S. 782, geändert worden ist, wie folgt geändert:

1. Abschnitt 1.8 wird wie folgt geändert:
   a) In Absatz 3 Satz 2 UStAE wird die Betragsangabe „40 €“ durch die Betragsangabe „**60 €**“ ersetzt.
   b) In Absatz 4 Satz 3 Nr. 6 Satz 4 UStAE wird der Klammerzusatz gestrichen.
2. In Abschnitt 15.15 Abs. 2 wird das Beispiel 3 wie folgt gefasst:

„Beispiel 3[1]):

[1] Unternehmer U mit zur Hälfte steuerfreien, den Vorsteuerabzug ausschließenden Ausgangsumsätzen bezieht Leistungen für die Durchführung eines Betriebsausfluges. [2] Die Kosten pro Arbeitnehmer betragen

a) **80** €

b) 200 €

Zu a)

[1] Die Aufwendungen für den Betriebsausflug stellen Aufmerksamkeiten dar, weil sie **den Betrag** von 110 € nicht übersteigen (vgl. **Abschnitt 1.8 Abs. 4 Satz 3 Nr. 6**). [2] Da die Überlassung dieser Aufmerksamkeiten keinen Wertabgabentatbestand erfüllt, fehlt es an einem steuerbaren Ausgangsumsatz, dem die Leistungsbezüge direkt und unmittelbar zugeordnet werden können. [3] Für den Vorsteuerabzug ist deshalb die Gesamttätigkeit des U maßgeblich. [4] U kann daher die Hälfte der Aufwendungen als Vorsteuer abziehen.

Zu b)

[1] Die Aufwendungen für den Betriebsausflug stellen **grundsätzlich** keine Aufmerksamkeiten dar, weil sie **den Betrag von 110 €** übersteigen (**vgl. Abschnitt 1.8 Abs. 4 Satz 3 Nr. 6**). [2] Es liegt eine Mitveranlassung durch die Privatsphäre der Arbeitnehmer vor. [3] Bei Überschreiten **des Betrags** von 110 € besteht für U kein Anspruch auf Vorsteuerabzug, sofern die Verwendung bereits bei Leistungsbezug beabsichtigt ist. [4] Dementsprechend unterbleibt eine Wertabgabenbesteuerung. [5] Maßgeblich ist hierfür, dass sich ein Leistungsbezug zur Entnahme für unternehmensfremde Privatzwecke und ein Leistungsbezugs für das Unternehmen gegenseitig ausschließen. [6] Der nur mittelbar verfolgte Zweck, das Betriebsklima zu fördern, ändert hieran nichts (vgl. BFH-Urteil vom 9. 12. 2010, V R 17/10, BStBl 2012 II S. 53).“

8. Zeitliche Anwendung

Dieses Schreiben gilt im Hinblick auf die lohn- und einkommensteuerlichen Regelungen für alle nach dem 31. Dezember 2014 endenden Lohnzahlungszeiträume sowie für nach dem 31. Dezember 2014 beginnende Veranlagungszeiträume. R 19.5 LStR 2015 ist für diese Zeiträume nicht mehr anzuwenden.

Die Grundsätze dieses Schreibens gelten für die Umsatzbesteuerung von Sachzuwendungen und Betriebsveranstaltungen, die nach dem 31. Dezember 2014 ausgeführt wurden. Aus Vereinfachungsgründen ist es nicht zu beanstanden, wenn die Grundsätze dieses Schreibens erst auf die Umsatzbesteuerung von Sachzuwendungen und Betriebsveranstaltungen angewendet werden, die ab dem Tag nach der Veröffentlichung des Schreibens im Bundessteuerblatt Teil I[2]) ausgeführt werden.

---

[1]) geändert durch BMF vom 13.12.2017 (BStBl I S. 1667), wird überarbeitet

[2]) Veröffentlichung erfolgte am 9.11.2015

Übersicht

I. Stand der Doppelbesteuerungsabkommen und anderer Abkommen im Steuerbereich sowie der Abkommensverhandlungen am *1. Januar 2021* – Auszug –
BMF vom 18.2.2021 (BStBl I S. 265)

II. Steuerliche Behandlung des Arbeitslohns nach den Doppelbesteuerungsabkommen
BMF vom 3.5.2018 (BStBl I S. 643) unter Berücksichtigung der Änderungen durch BMF vom 22.4.2020 (BStBl I S. 483)

III. Besteuerung von Gastlehrkräften nach den Doppelbesteuerungsabkommen (DBA)
BMF vom 10.1.1994 (BStBl 1994 I S. 14)

IV. Ermittlung des steuerfreien und steuerpflichtigen Arbeitslohns nach den Doppelbesteuerungsabkommen sowie nach dem Auslandstätigkeitserlass im Lohnsteuerabzugsverfahren und Änderung des Auslandstätigkeitserlasses
BMF vom 14.3.2017 (BStBl I S. 473)

Stand der Doppelbesteuerungsabkommen und anderer Abkommen im Steuerbereich sowie der Abkommensverhandlungen am *1. Januar 2021*

BMF vom 18.2.2021 (BStBl I S. 265)
IV B 2 – S 1301/07/10017-12 – 2021/0026720

– Auszug –

I. Geltende Abkommen

Abkommen		Fundstelle				Inkrafttreten				Anwendung
		BGBl. II		BStBl I		BGBl. II		BStBl I		grundsätzlich
mit	vom	Jg.	S.	Jg.	S.	Jg.	S.	Jg.	S.	ab
1. Abkommen auf dem Gebiet der Steuern vom Einkommen und vom Vermögen										
Ägypten	08.12.1987	1990	278	1990	280	1991	1.042	1992	7	01.01.1992
Albanien	06.04.2010	2011	1.186	2012	292	2012	145	2012	305	01.01.2012
Algerien	12.11.2007	2008	1.188	2009	382	2009	136	2009	396	01.01.2009
Argentinien	13.07.1978/	1979	585	1979	326	1979	1.332	1980	51	01.01.1976
	16.09.1996	1998	18	1998	187	2001	694	2001	540	01.01.1996
Armenien	24.11.1981	1983	2	1983	90	1983	427	1983	352	01.01.1980
(DBA mit UdSSR gilt fort, BGBl. 1993 II S. 169)										
	29.06.2016	2017	1.077			2017	1.560			01.01.2018
Aserbaidschan	25.08.2004	2005	1.146	2006	291	2006	120	2006	304:1	01.01.2006
Australien	24.11.1972/	1974	337	1974	423	1975	216	1975	386	01.01.1971
	12.11.2015	2016	1.114	2017	121	2017	48	2017	139	01.01.2017
Bangladesch[1])	29.05.1990	1991	1.410	1992	34	1993	847	1993	466	01.01.1990
Belarus (Weißrussland)	30.09.2005	2006	1.042	2007	276	2007	287	2007	290	01.01.2007
Belgien	11.04.1967/	1969	17	1969	38	1969	1.465	1969	468	01.01.1966
	05.11.2002	2003	1.615	2005	346	2003	1.744	2005	348	01.01.2004
Bolivien	30.09.1992	1994	1.086	1994	575	1995	907	1995	758	01.01.1991

Änderungen sind durch seitliche Striche gekennzeichnet

[1]) gilt nicht für die VSt

Abkommen mit	vom	Fundstelle BGBl. II Jg.	S.	BStBl I Jg.	S.	Inkrafttreten BGBl. II Jg.	S.	BStBl I Jg.	S.	Anwendung grundsätzlich ab
(noch 1. Abkommen auf dem Gebiet der Steuern vom Einkommen und vom Vermögen)										
Bosnien und Herzegowina	26.03.1987	1988	744	1988	372	1988	1.179	1989	35	01.01.1989
(DBA mit SFR Jugoslawien gilt fort, BGBl. 1992 II S. 1.196)										
Bulgarien	25.01.2010	2010	1.286	2011	543	2011	584	2011	558	01.01.2011
China	10.06.1985/	1986	446	1986	329	1986	731	1986	339	01.01.1985
(ohne Hongkong und Macau)	28.03.2014	2015	1.647	2016	1.130	2016	1.005	2016	1.144	01.01.2017
Costa Rica	13.02.2014	2014	917	2016	1.169	2016	1.159	2016	1.182	01.01.2017
Côte d'Ivoire	03.07.1979	1982	153	1982	357	1982	637	1982	628	01.01.1982
Dänemark	22.11.1995	1996	2.565	1996	1.219	1997	728	1997	624	01.01.1997
Ecuador	07.12.1982	1984	466	1984	339	1986	781	1986	358	01.01.1987
Estland	29.11.1996	1998	547	1998	543	1999	84	1999	269	01.01.1994
Finnland	05.07.1979	1981	1.164	1982	201	1982	577	1982	587	01.01.1981
	19.02.2016	2017	466	2017	1.527	2017	1.369	2017	1.539	01.01.2018
Frankreich	21.07.1959/	1961	397	1961	342	1961	1.659	1961	712	01.01.1957
	09.06.1969/	1970	717	1970	900	1970	1.189	1970	1.072	01.01.1968
	28.09.1989/	1990	770	1990	413	1991	387	1991	93	01.01.1990
	20.12.2001/	2002	2.370	2002	891	2003	542	2003	383	01.01.2002
	31.03.2015	2015	1.332	2016	515	2016	227	2016	526	01.01.2016
Georgien	01.06.2006/	2007	1.034	2008	482	2008	521	2008	494	01.01.2008
	11.03.2014	2014	940	2015	177,178	2015	62	2015	181	01.01.2015
Ghana	12.08.2004	2006	1.018	2008	467	2008	51	2008	481	01.01.2008
Griechenland	18.04.1966	1967	852	1967	50	1968	30	1968	296	01.01.1964
Indien	19.06.1995	1996	706	1996	599	1997	751	1997	363	01.01.1997
Indonesien	30.10.1990	1991	1.086	1991	1.001	1991	1.401	1992	186	01.01.1992
Iran, Islamische Republik	20.12.1968	1969	2.133	1970	768	1969	2.288	1970	777	01.01.1970
						1970	282			
Irland	03.06.2011/	2011	1.042	2013	471	2013	332	2013	487	01.01.2013
	03.12.2014	2015	1.322	2016	196	2016	135	2016	199	01.01.2016
Island	18.03.1971	1973	357	1973	504	1973	1.567	1973	730	01.01.1968
Israel	21.08.2014	2015	1.301	2016	1.116	2016	1.160	2016	1.129	01.01.2017
Italien	18.10.1989	1990	742	1990	396	1993	59	1993	172	01.01.1993
Jamaika	08.10.1974	1976	1.194	1976	407	1976	1.703	1976	632	01.01.1973
Japan	22.04.1966/	1967	871	1967	58	1967	2.028	1967	336	01.01.1967
	17.04.1979/	1980	1.182	1980	649	1980	1.426	1980	772	01.01.1977
	17.02.1983	1984	194	1984	216	1984	567	1984	388	01.01.1981
	17.12.2015	2016	956	2016	1.306	2016	1.230	2016	1.323	01.01.2017
Jersey	04.07.2008	2009	589	2010	174	2010	38	2010	178	01.01.2010
	07.05.2015	2015	1.326	2016	272	2016	227	2016	276	29.08.2014
Kanada	19.04.2001	2002	671	2002	505	2002	962	2002	521	01.01.2001
Kasachstan	26.11.1997	1998	1.592	1998	1.029	1999	86	1999	269	01.01.1996
Kenia	17.05.1977	1979	606	1979	337	1980	1.357	1980	792	01.01.1980
Kirgisistan	01.12.2005	2006	1.066	2007	233	2007	214	2007	246	01.01.2007
Korea, Republik	10.03.2000	2002	1.630	2003	24	2002	2.855	2003	36	01.01.2003

Änderungen sind durch seitliche Striche gekennzeichnet

Abkommen mit	vom	Fundstelle BGBl. II Jg.	S.	BStBl I Jg.	S.	Inkrafttreten BGBl. II Jg.	S.	BStBl I Jg.	S.	Anwendung grundsätzlich ab
(noch 1. Abkommen auf dem Gebiet der Steuern vom Einkommen und vom Vermögen)										
Kosovo	26.03.1987	1988	744	1988	372	1988	1.179	1989	35	01.01.1989
(DBA mit SFR Jugoslawien gilt fort, BGBl. 2011 II S. 748)										
Kroatien	06.02.2006	2006	1.112	2007	247	2007	213	2007	260	01.01.2007
Kuwait	04.12.1987	1989	354	1989	150	1989	637	1989	268	01.01.84–31.12.97
	18.05.1999	2000	390	2000	439	2000	1.156	2000	1.383	01.01.1998
Lettland	21.02.1997	1998	330	1998	531	1998	2.630	1998	1.219	01.01.1996
Liberia	25.11.1970	1973	1.285	1973	615	1975	916	1975	943	01.01.1970
Liechtenstein	17.11.2011	2012	1.462	2013	488	2013	332	2013	507	01.01.2013
Litauen	22.07.1997	1998	1.571	1998	1.016	1998	2.962	1999	121	01.01.1995
Luxemburg	23.04.2012	2012	1.403	2015	7	2014	728	2015	21	01.01.2014
Malaysia	23.02.2010	2010	1.310	2011	329	2011	464	2011	344	01.01.2011
Malta	08.03.2001/	2001	1.297	2002	76	2002	320	2002	240	01.01.2002
	17.06.2010	2011	275	2011	742	2011	640	2011	745	01.01.2002
Marokko	07.06.1972	1974	21	1974	59	1974	1.325	1974	1.009	01.01.1974
Mauritius	07.10.2011	2012	1.050	2013	388	2013	331	2013	402	01.01.2013
Mazedonien	13.07.2006/	2010	1.153	2011	313	2011	462	2011	327	01.01.2011
	14.11.2016	2017	814	2018	710	2018	230	2018	713	01.01.2019
Mexiko	09.07.2008	2009	746	2014	1.223	2010	62	2014	1.238	01.01.2010
Moldau, Republik	24.11.1981	1983	2	1983	90	1983	427	1983	352	01.01.1980
(DBA mit UdSSR gilt fort, BGBl. 1996 II S. 768)										
Mongolei	22.08.1994	1995	818	1995	607	1996	1.220	1996	1.135	01.01.1997
Montenegro	26.03.1987	1988	744	1988	372	1988	1.179	1989	35	01.01.1989
(DBA mit SFR Jugoslawien gilt fort, BGBl. 2011 II S. 745)										
Namibia	02.12.1993	1994	1.262	1994	673	1995	770	1995	678	01.01.1993
Neuseeland	20.10.1978	1980	1.222	1980	654	1980	1.485	1980	787	01.01.1978
Niederlande	12.04.2012/	2012	1.414	2016	47	2015	1.674	2016	75	01.01.2016
	11.01.2016	2016	886	2017	69	2016	1.352	2017	72	01.01.2017
Norwegen	04.10.1991/	1993	970	1993	655	1993	1.895	1993	926	01.01.1991
	24.06..2013	2014	906	2015	245	2015	346	2015	252	01.01.2015
Österreich	24.08.2000/	2002	734	2002	584	2002	2.435	2002	958	01.01.2003
	29.12.2010	2011	1.209	2012	366	2012	146	2012	369	01.01.2011
Pakistan [1]	14.07.1994	1995	836	1995	617	1996	467	1996	445	01.01.1995
Philippinen	09.09.2013	2014	822	2016	252	2016	262	2016	266	01.01.2016
Polen	14.05.2003	2004	1.304	2005	15	2005	55	2005	27	01.01.2005
Portugal	15.07.1980	1982	129	1982	347	1982	861	1982	763	01.01.1983
Rumänien	04.07.2001	2003	1.594	2004	273	2004	102	2004	286	01.01.2004
Russische Föderation	29.05.1996/	1996	2.710	1996	1.490	1997	752	1997	363	01.01.1997
	15.10.2007	2008	1.398	2009	831	2009	820	2009	834	01.01.2010

Änderungen sind durch seitliche Striche gekennzeichnet

[1]) gilt nicht für die VSt

Abkommen		Fundstelle				Inkrafttreten				Anwendung
		BGBl. II		BStBl I		BGBl. II		BStBl I		grundsätzlich
mit	vom	Jg.	S.	Jg.	S.	Jg.	S.	Jg.	S.	ab
(noch 1. Abkommen auf dem Gebiet der Steuern vom Einkommen und vom Vermögen)										
Sambia	30.05.1973	1975	661	1975	688	1975	2.204	1976	7	01.01.1971
Schweden	14.07.1992	1994	686	1994	422	1995	29	1995	88	01.01.1995
Schweiz	11.08.1971/	1972	1.021	1972	518	1973	74	1973	61	01.01.1972
	30.11.1978/	1980	751	1980	398	1980	1.281	1980	678	01.01.1977
	17.10.1989/	1990	766	1990	409	1990	1.698	1991	93	01.01.1990
	21.12.1992/	1993	1.886	1993	927	1994	21	1994	110	01.01.1994
	12.03.2002/	2003	67	2003	165	2003	436	2003	329	01.01.02/01.01.04
	27.10.2010	2011	1.090	2012	512	2012	279	2012	516	01.01.11/01.01.12
Serbien (Namensänderung; ehem. Bundesrepublik Jugoslawien; DBA mit SFR Jugoslawien gilt fort, BGBl. 1997 II S. 961)	26.03.1987	1988	744	1988	372	1988	1.179	1989	35	01.01.1989
Simbabwe	22.04.1988	1989	713	1989	310	1990	244	1990	178	01.01.1987
Singapur	28.06.2004/	2006	930	2007	157	2007	24	2007	171	01.01.2007
	09.12.2019	2020	1.187							
Slowakei (DBA mit Tschechoslowakei gilt fort, BGBl. 1993 II S. 762)	19.12.1980	1982	1.022	1982	904	1983	692	1983	486	01.01.1984
Slowenien	03.05.2006/	2006	1.091	2007	171	2007	213	2007	183	01.01.2007
	17.05.2011	2012	154	2013	369	2013	330	2013	372	30.07.2012
Spanien	03.02.2011	2012	18	2013	349	2013	329	2013	363	01.01.2013
Sri Lanka	13.09.1979	1981	630	1981	610	1982	185	1982	373	01.01.1983
Südafrika	25.01.1973	1974	1.185	1974	850	1975	440	1975	640	01.01.1965
Syrien	17.02.2010	2010	1.359	2011	345	2011	463	2011	358	01.01.2011
Tadschikistan	27.03.2003	2004	1.034	2005	15	2004	1.565	2005	27	01.01.2005
Thailand	10.07.1967	1968	589	1968	1.046	1968	1.104	1969	18	01.01.1967
Trinidad und Tobago	04.04.1973	1975	679	1975	697	1977	263	1977	192	01.01.1972
Tschechien (DBA mit Tschechoslowakei gilt fort, BGBl. 1993 II S. 762)	19.12.1980	1982	1.022	1982	904	1983	692	1983	486	01.01.1984
Tunesien	23.12.1975	1976	1.653	1976	498	1976	1.927	1977	4	01.01.1976
	08.02.2018	2018	710	2020	264	2020	154	2020	279	01.01.2020
Türkei	16.04.1985/	1989	866	1989	471	1989	1.066	1989	482	01.01.1990
	19.09.2011	2012	526	2013	373	2013	329	2013	387	01.01.2011
Turkmenistan (DBA mit UdSSR gilt fort, Bericht der Botschaft Aschgabat vom 11.08.1999 – Nr. 377/99)	24.11.1981	1983	2	1983	90	1983	427	1983	352	01.01.1980
	25.08.2016	2017	573			2017	1.559			01.01.2018
Ukraine	03.07.1995	1996	498	1996	675	1996	2.609	1996	1.421	01.01.1997
Ungarn	28.02.2011	2011	919	2012	155	2012	47	2012	168	01.01.2012
Uruguay	09.03.2010	2011	954	2012	350	2012	131	2012	365	01.01.2012
Usbekistan	07.09.1999/	2001	978	2001	765	2002	269	2002	239	01.01.2002
	14.10.2014	2015	1.198	2016	267	2016	263	2016	271	01.01.2016
Venezuela	08.02.1995	1996	727	1996	611	1997	1.809	1997	938	01.01.1997

Änderungen sind durch seitliche Striche gekennzeichnet

Abkommen mit	vom	Fundstelle BGBl. II Jg.	S.	BStBl I Jg.	S.	Inkrafttreten BGBl. II Jg.	S.	BStBl I Jg.	S.	Anwendung grundsätzlich ab
(noch 1. Abkommen auf dem Gebiet der Steuern vom Einkommen und vom Vermögen)										
Vereinigte Arab. Emirate	01.07.2010	2011	538	2011	942	2011	873	2011	955	01.01.2009
Vereinigtes Königreich	30.03.2010/	2010	1.333	2011	469	2011	536	2011	485	01.01.2011
	17.03.2014	2015	1.297	2016	192	2016	136	2016	195	01.01.2016
Vereinigte Staaten	29.08.1989/	1991	354	1991	94	1992	235	1992	262	01.01.1990
	01.06.2006	2006	1.184	2008	766	2008	117	2008	782	01.01.2007/ 01.01.2008
(Bekanntmachung der Neufassung	04.06.2008)	2008	611/ 851	2008	783					
Vietnam	16.11.1995	1996	2.622	1996	1.422	1997	752	1997	364	01.01.1997
Zypern	18.02.2011	2011	1.068	2012	222	2012	117	2012	235	01.01.2012
2. Abkommen auf dem Gebiet der Erbschaft- und Schenkungsteuern										
Dänemark[1]	22.11.1995	1996	2.565	1996	1.219	1997	728	1997	624	01.01.1997
Frankreich	12.10.2006	2007	1.402	2009	1.258	2009	596	2009	1.266	03.04.2009
Griechenland	18.11.1910/ 01.12.1910	1912	173[2]	–	–	1953	525	1953	377	01.01.1953
Schweden[1]	14.07.1992	1994	686	1994	422	1995	29	1995	88	01.01.1995
Schweiz	30.11.1978	1980	594	1980	243	1980	1.341	1980	786	28.09.1980
Vereinigte Staaten	03.12.1980/	1982	847	1982	765	1986	860	1986	478	01.01.1979
	14.12.1998	2000	1.170	2001	110	2001	62	2001	114	15.12.2000
(Bekanntmachung der Neufassung	21.12.2000)	2001	65	2001	114					
3. Sonderabkommen betreffend Einkünfte und Vermögen von Schifffahrt (S)- und Luftfahrt (L)-Unternehmen[3]										
Brasilien (S) (Protokoll)	17.08.1950	1951	11	–	–	1952	604	–	–	10.05.1952
Chile (S) (Handelsvertrag)	02.02.1951	1952	325	–	–	1953	128	–	–	08.01.1952
Hongkong (L)	08.05.1997	1998	2.064	1998	1.156	1999	26	2000	1.554	01.01.1998
Hongkong (S)	13.01.2003	2004	34	2005	610	2005	332	2005	613	01.01.1998
Insel Man (S)	02.03.2009	2010	968	2011	510	2011	534	2011	511	01.01.2010
Jemen (L)	02.03.2005	2006	538	2006	229	2007	214	2007	231	01.01.1982

Änderungen sind durch seitliche Striche gekennzeichnet

[1]) Die Erbschaftsteuer bzw. Vorschriften zur Rechts- und Amtshilfe sind in den unter I.1. bzw. II.1 aufgeführten Abkommen enthalten.

[2]) Angabe bezieht sich auf RGBl bzw. RStBl.

[3]) siehe auch Bekanntmachungen über die Steuerbefreiungen nach § 49 Abs. 4 EStG (und § 2 Abs. 3 VStG):
Äthiopien L (BStBl 1962 I S. 536),
Afghanistan L (BStBl 1964 I S. 411),
Brasilien S, L (BStBl 2006 I S. 216),
Chile L (BStBl 1977 I S. 350),
Fidschi S (BStBl 2015 I S. 1087),
Irak S, L (BStBl 1972 I S. 490),
Jordanien L (BStBl 1976 I S. 278),
Katar L (BStBl 2006 I S. 3),
Libanon S, L (BStBl 1959 I S. 198),
Malediven L (BStBl 2015 I S. 675),
Oman S, L (BStBl 2018 I S. 1036),
Papua-Neuguinea L (BStBl 1989 I S. 115),
Seychellen L (BStBl 1998 I S. 582),
Sudan L (BStBl 1983 I S. 370) und
Zaire S, L (BStBl 1990 I S. 178).

Abkommen		Fundstelle				Inkrafttreten				Anwendung
		BGBl. II		BStBl I		BGBl. II		BStBl I		grundsätzlich
mit	vom	Jg.	S.	Jg.	S.	Jg.	S.	Jg.	S.	ab
(noch 3. Sonderabkommen betreffend Einkünfte und Vermögen von Schifffahrt (S)- und Luftfahrt (L)-Unternehmen[1])										
Kamerun (L)	24.08.2017	2018	466	2021	219	2021	85	2021	221	01.01.2021
Kolumbien (S, L)	10.09.1965	1967	762	1967	24	1971	855	1971	340	01.01.1962
Panama (S, L)	21.11.2016	2017	1.072			2017	1.511			01.01.2017
Paraguay (L)	27.01.1983	1984	644	1984	456	1985	623	1985	222	01.01.1979
Saudi-Arabien (L)	08.11.2007	2008	782	2009	866	2009	1.027	2009	869	01.01.1967
Venezuela (S, L)	23.11.1987	1989	373	1989	161	1989	1.065	1990	2	01.01.1990
4. Abkommen auf dem Gebiet der Rechts- und Amtshilfe und des Informationsaustauschs										
Andorra	25.11.2010	2011	1.213	2017	81	2012	146	2017	88	01.01.2013
Anguilla	19.03.2010	2010	1.381	2012	100	2011	948	2012	107	01.01.2012
Antigua und Barbuda	19.10.2010	2011	1.212	2017	388	2012	737	2017	395	01.01.2013
Bahamas	09.04.2010	2011	642	2012	267	2012	63	2012	274	01.01.2012
Bermuda	03.07.2009	2012	1.306	2013	692	2013	330	2013	702	01.01.2013
Britische Jungferninseln	05.10.2010	2011	895	2012	283	2012	53	2012	291	01.01.2012
Cookinseln	03.04.2012	2013	665	2017	289	2014	102	2017	296	01.01.2014
Dänemark[2])	22.11.1995	1996	2.565	1996	1.219	1997	728	1997	624	01.01.1997
Gibraltar	13.08.2009	2010	984	2011	521	2011	535	2011	527	01.01.2011
Grenada	03.02.2011	2013	654	2017	405	2013	1.649	2017	412	01.01.2014
Guernsey	26.03.2009	2010	973	2011	514	2011	535	2011	520	01.01.2011
Insel Man	02.03.2009	2010	957	2011	504	2011	534	2011	509	01.01.2011
Italien	09.06.1938	1939	124[3])	1939	377[3])	1956	2.154	1957	142	23.01.1939
Jersey	04.07.2008	2009	578	2010	166	2010	38	2010	177	01.01.2010
Kaimaninseln	27.05.2010	2011	664	2011	841	2011	823	2011	848	01.01.2012
Liechtenstein	02.09.2009	2010	950	2011	286	2011	326	2011	292	01.01.2010
Monaco	27.07.2010	2011	653	2017	73	2012	92	2017	80	01.01.2012
Montserrat	28.10.2011	2012	1.321	2017	396	2014	517	2017	404	01.01.2015
Niederlande	21.05.1999	2001	2	2001	66	2001	691	2001	539	23.06.2001
Österreich	04.10.1954	1955	833	1955	434	1955	926	1955	743	26.11.1955

Änderungen sind durch seitliche Striche gekennzeichnet

[1]) siehe auch Bekanntmachungen über die Steuerbefreiungen nach § 49 Abs. 4 EStG (und § 2 Abs. 3 VStG):
Äthiopien L (BStBl 1962 I S. 536),
Afghanistan L (BStBl 1964 I S. 411),
Brasilien S, L (BStBl 2006 I S. 216),
Chile L (BStBl 1977 I S. 350),
Fidschi S (BStBl 2015 I S. 1087),
Irak S, L (BStBl 1972 I S. 490),
Jordanien L (BStBl 1976 I S. 278),
Katar L (BStBl 2006 I S. 3),
Libanon S, L (BStBl 1959 I S. 198),
Malediven L (BStBl 2015 I S. 675),
Oman S, L (BStBl 2018 I S. 1036),
Papua-Neuguinea L (BStBl 1989 I S. 115),
Seychellen L (BStBl 1998 I S. 582),
Sudan L (BStBl 1983 I S. 370) und
Zaire S, L (BStBl 1990 I S. 178).

[2]) Die Erbschaftsteuer bzw. Vorschriften zur Rechts- und Amtshilfe sind in den unter I.1. bzw. II.1 aufgeführten Abkommen enthalten.

[3]) Angabe bezieht sich auf RGBl bzw. RStBl.

Abkommen		Fundstelle				Inkrafttreten				Anwendung
		BGBl. II		BStBl I		BGBl. II		BStBl I		grundsätzlich
mit	vom	Jg.	S.	Jg.	S.	Jg.	S.	Jg.	S.	ab
(noch 4. Abkommen auf dem Gebiet der Rechts- und Amtshilfe und des Informationsaustauschs)										
San Marino	21.06.2010	2011	908	2013	684	2012	147	2013	691	01.01.2012
Schweden[1])	14.07.1992	1994	686	1994	422	1995	29	1995	88	01.01.1995
St. Kitts und Nevis	19.10.2010	2015	1.286	2017	297	2016	1.242	2017	304	01.01.2017
St. Lucia	07.06.2010	2011	264	2013	760	2013	559	2013	767	01.01.2014
St. Vincent und Grenadinen	29.03.2010	2011	253	2011	777	2011	696	2011	784	01.01.2012
Turks und Caicos Inseln	04.06.2010	2011	882	2012	275	2012	116	2012	282	01.01.2012
Vereinigte Staaten	31.05.2013	2013	1.362	2014	242	2014	111	2014	264	11.12.2013

Änderungen sind durch seitliche Striche gekennzeichnet

[1]) Die Erbschaftsteuer bzw. Vorschriften zur Rechts- und Amtshilfe sind in den unter I.1. bzw. II.1 aufgeführten Abkommen enthalten.

II. Künftige Abkommen und laufende Verhandlungen

Abkommen mit	Art des Abkommens[1])	Sachstand[2])	Geltung für Veranlagungssteuern[3]) ab	Geltung für Abzugsteuern[4]) ab	Bemerkungen
1. Abkommen auf dem Gebiet der Steuern vom Einkommen und vom Vermögen					
Ägypten	R-A	P: 09.11.2012	KR	KR	
Angola	A	V:			
Äthopien	A	V:			
Argentinien	R-P	P: 25.10.2019	KR	KR	
Bangladesch	R-A	V:			
Belgien	R-A	P: 15.03.2018	KR	KR	
Benin	A	V:			
Botsuana	A	V:			
Bulgarien	R-P	P: 29.07.2019	KR	KR	
Burkina Faso	A	V:			
Chile	A	V:			
China	R-P	V:			
Costa Rica	R-P	V:			
Dänemark	R-P	U: 01.10.2020	KR	KR	
Ecuador	R-A	P: 19.10.2012	KR	KR	
Estland	R-P	U: 15.12.2020	KR	KR	
Finnland	R-P	U: 18.11.2019	KR	KR	
Griechenland	R-A	V:	KR	KR	
Hongkong	A	V:			
Indien	R-P	V:			
Iran	R-A	P: 12.12.2018	KR	KR	
Irland	R-P	P: 28.02.2018	KR	KR	
Island	R-A	V:			
Israel	R-P	P: 24.05.2019	KR	KR	
Jersey	R-P	V:			
Jordanien	A	V:			

Änderungen sind durch seitliche Striche gekennzeichnet

[1]) A: Erstmaliges Abkommen.
R-A: Revisionsabkommen als Ersatz eines bestehenden Abkommens.
R-P: Revisionsprotokoll zu einem bestehenden Abkommen.
E-P: Ergänzungsprotokoll zu einem bestehenden Abkommen.

[2]) V: Verhandlung.
P: Paraphierung.
U: Unterzeichnung hat stattgefunden, Gesetzgebungs- oder Ratifikationsverfahren noch nicht abgeschlossen.

[3]) Einkommen-, Körperschaft-, Gewerbe- und Vermögensteuer KR: keine Rückwirkung vorgesehen

[4]) Abzugsteuern von Dividenden, Zinsen und Lizenzgebühren KR: keine Rückwirkung vorgesehen

Abkommen mit	Art des Abkommens[1]	Sachstand[2]		Geltung für Veranlagungssteuern[3] ab	Geltung für Abzugsteuern[4] ab	Bemerkungen
(noch 1. Abkommen auf dem Gebiet der Steuern vom Einkommen und vom Vermögen)						
Kanada	R-P	V:				
Katar	A	V:				
Kirgistan	R-P	V:				
Kolumbien	A	V:				
Korea, Republik	R-P	P:	18.04.2018	KR	KR	
Kosovo	A	V:				
Kroatien	R-P	P:	11.06.2013	KR	KR	
Kuwait	R-P	V:				
Lettland	R-P	P:	18.06.2018	KR	KR	
Libanon	A	V:				
Liberia	R-P	V:				
Liechtenstein	R-P	U:	27.10.2020	KR	KR	
Litauen	R-P	P:	14.04.2020	KR	KR	
Malta	R-P	V:				
Mauritius	R-P	P:	23.06.2020	KR	KR	
Mexico	R-P	P:	06.02.2018	KR	KR	
Namibia	R-P	V:				
Neuseeland	R-P	V:				
Niederlande	R-P	P:	30.07.2020	KR	KR	
Nigeria	A	V:				
Norwegen	R-P	P:	26.04.2018	KR	KR	
Oman	A R-P	U: V:	15.08.2012	KR	KR	ab 1985 für int. Verkehr
Polen	R-P	P:	27.11.2017	KR	KR	
Portugal	R-A	P:	26.10.2017	KR	KR	
Ruanda	A	V:				
Rumänien	R-P	V:				
Russische Föderation	R-P	P:	08.10.2019	KR	KR	

Änderungen sind durch seitliche Striche gekennzeichnet

[1] A: Erstmaliges Abkommen.
R-A: Revisionsabkommen als Ersatz eines bestehenden Abkommens.
R-P: Revisionsprotokoll zu einem bestehenden Abkommen.
E-P: Ergänzungsprotokoll zu einem bestehenden Abkommen.

[2] V: Verhandlung.
P: Paraphierung.
U: Unterzeichnung hat stattgefunden, Gesetzgebungs- oder Ratifikationsverfahren noch nicht abgeschlossen.

[3] Einkommen-, Körperschaft-, Gewerbe- und Vermögensteuer — KR: keine Rückwirkung vorgesehen

[4] Abzugsteuern von Dividenden, Zinsen und Lizenzgebühren — KR: keine Rückwirkung vorgesehen

Abkommen mit	Art des Abkommens[1]	Sachstand[2]	Geltung für Veranlagungssteuern[3] ab	Geltung für Abzugsteuern[4] ab	Bemerkungen
(noch 1. Abkommen auf dem Gebiet der Steuern vom Einkommen und vom Vermögen)					
San Marino	A	V:			
Schweden	R-P	P: 25.05.2018	KR	KR	
Schweiz	R-P	P: 03.12.2020	KR	KR	
Senegal	A	V:			
Serbien	A	V:			
Slowakei	R-A	V:			
Slowenien	R-P	V:			
Sri Lanka	R-A	P: 24.08.2012	KR	KR	
Südafrika	R-A	U: 09.09.2008	KR	KR	
	R-P	P: 16.09.2019	KR	KR	
Tadschikistan	R-P	V:			
Trinidad und Tobago	R-A	P: 16.01.2015	KR	KR	
Tschechien	R-A	V:			
Ukraine	R-A	V:	KR	KR	
Vereinigtes Königreich	R-P	P: 25.07.2018	KR	KR	
Zypern	R-P	P: 22.03.2019	KR	KR	
2. Abkommen auf dem Gebiet der Erbschaft- und Schenkungsteuern					
3. Sonderabkommen betreffend Einkünfte und Vermögen von Schifffahrt (S)- und Luftfahrt (L)-Unternehmen					

Änderungen sind durch seitliche Striche gekennzeichnet

---

[1] A: Erstmaliges Abkommen.
R-A: Revisionsabkommen als Ersatz eines bestehenden Abkommens.
R-P: Revisionsprotokoll zu einem bestehenden Abkommen.
E-P: Ergänzungsprotokoll zu einem bestehenden Abkommen.

[2] V: Verhandlung.
P: Paraphierung.
U: Unterzeichnung hat stattgefunden, Gesetzgebungs- oder Ratifikationsverfahren noch nicht abgeschlossen.

[3] Einkommen-, Körperschaft-, Gewerbe- und Vermögensteuer KR: keine Rückwirkung vorgesehen

[4] Abzugsteuern von Dividenden, Zinsen und Lizenzgebühren KR: keine Rückwirkung vorgesehen

Abkommen mit	Art des Abkommens[1])	Sachstand[2])		Geltung für Veranlagungssteuern[3]) ab	Geltung für Abzugsteuern[4]) ab	Bemerkungen
4. Abkommen auf dem Gebiet der Amtshilfe und des Informationsaustauschs						
Aruba	A	U:	29.06.2017	KR	KR	
Bahamas	E-P	V:				
Barbados	A	P:	30.11.2011	KR	KR	
Brasilien	A	V:				
Brunei	A	V:				
Dominica	A	U:	21.09.2010	KR	KR	
Panama	A	P:	13.05.2013	KR	KR	
Vereinigte Staaten	A	U:	14.08.2020	KR	KR	I

Änderungen sind durch seitliche Striche gekennzeichnet

1) A: Erstmaliges Abkommen.
R-A: Revisionsabkommen als Ersatz eines bestehenden Abkommens.
R-P: Revisionsprotokoll zu einem bestehenden Abkommen.
E-P: Ergänzungsprotokoll zu einem bestehenden Abkommen.

2) V: Verhandlung.
P: Paraphierung.
U: Unterzeichnung hat stattgefunden, Gesetzgebungs- oder Ratifikationsverfahren noch nicht abgeschlossen.

3) Einkommen-, Körperschaft-, Gewerbe- und Vermögensteuer — KR: keine Rückwirkung vorgesehen

4) Abzugsteuern von Dividenden, Zinsen und Lizenzgebühren — KR: keine Rückwirkung vorgesehen

II.

Steuerliche Behandlung des Arbeitslohns nach den Doppelbesteuerungsabkommen

BMF vom 3.5.2018 (BStBl I S. 643)
IV B 2 – S 1300/08/10027 – 2018/0353235
unter Berücksichtigung der Änderungen durch
BMF vom 22.4.2020 (BStBl I S. 483)
IV B 2 – S 1300/08/10027-01 – 2020/0391130

Unter Bezugnahme auf das Ergebnis der Erörterungen mit den obersten Finanzbehörden der Länder gilt für die Besteuerung der Einkünfte aus unselbständiger Arbeit nach den DBA Folgendes:

Inhaltsverzeichnis

Abkürzungsverzeichnis

a. a. O.	am angegebenen Ort
Abs.	Absatz/Absätze
a. F.	alte Fassung
AO	Abgabenordnung
AOA	Authorized OECD Approach (OECD authorisierter Ansatz)
Art.	Artikel
BFH	Bundesfinanzhof
BMF	Bundesministerium der Finanzen
BGBl.	Bundesgesetzblatt
BStBl	Bundessteuerblatt
DBA	Doppelbesteuerungsabkommen
d. h.	das heißt
EStG	Einkommensteuergesetz
EU	Europäische Union
EWR	Europäischer Wirtschaftsraum
ff.	folgende Seite(n), Randnummer(n)
ggf.	gegebenenfalls
GmbH	Gesellschaft mit beschränkter Haftung
i. d. F.	in der Fassung
i. d. R.	in der Regel
i. H.	In Höhe
i. H. v.	in Höhe von
i. S.	im Sinne
i. V. m.	in Verbindung mit
Kj	Kalenderjahr
LStR	Lohnsteuerrichtlinien
LStH	Amtliches Lohnsteuerhandbuch
NATO	North Atlantic Treaty Organization (Organisation des Nordatlantikvertrags)
Nr.	Nummer
OECD	Organisation für wirtschaftliche Zusammenarbeit und Entwicklung (Organisation for Economic Co-operation and Development)
OECD-MA	OECD-Musterabkommen
OECD-MK	OECD-Musterkommentar
R	Richtlinie
Rn.	Randnummer
S.	Seite
s.	siehe
sog.	so genannte/so genannten
Tz.	Textziffer/Textziffern
u. a.	unter anderem
UNO	United Nations Organization (Organisation der Vereinten Nationen)
VAE	Vereinigte Arabische Emirate
VZ	Veranlagungszeitraum
z. B.	zum Beispiel

1 Allgemeines

1.1 Regelungsbereich eines DBA/des OECD-MA

1 Die DBA enthalten Regelungen für die Zuweisung des Besteuerungsrechts sowie zur Vermeidung einer Doppelbesteuerung im Verhältnis der beiden vertragschließenden Staaten zueinander. Sie begründen selbst keinen Besteuerungsanspruch. Die Abkommen werden durch Protokolle, die Denkschrift, Briefwechsel oder andere Dokumente ergänzt und erläutert. Diese Dokumente sind Bestandteile des Abkommens und in gleicher Weise verbindlich.

2 Im Nachfolgenden wird die abkommensrechtliche Behandlung der Vergütungen aus unselbständiger Arbeit anhand des OECD-MA dargestellt. Sowohl das OECD-MA als auch der OECD-MK werden vom Steuerausschuss der OECD laufend weiterentwickelt. Das OECD-MA entfaltet selbst keine rechtliche Bindungswirkung; die von Deutschland abgeschlossenen und rechtlich wirksamen DBA orientieren sich jedoch nach Inhalt und Aufbau am OECD-MA. Im konkreten Einzelfall sind die jeweiligen Vorschriften des anzuwendenden DBA maßgeblich, nicht das OECD-MA. Soweit im Einzelfall Anknüpfungspunkte zu mehreren Staaten bestehen, können verschiedene DBA nebeneinander zu beachten sein (z. B. bei Berufskraftfahrern, s. Tz. 7, Rn. 332 ff.).

3 Bei der steuerlichen Beurteilung von Vergütungen aus unselbständiger Arbeit sind daher insbesondere die Bestimmungen des nationalen Rechts und die des jeweils einschlägigen DBA zu beachten. Die Regelungen des OECD-MA, als auch des OECD-MK, sind unter Berücksichtigung der nachfolgenden Grundsätze bei der Auslegung zu berücksichtigen.

4 **Beispiel 1: Wohnsitz in Deutschland**

Der Arbeitnehmer ist nur in Deutschland unbeschränkt steuerpflichtig. Er ist in Österreich und Belgien tätig.

Es sind die DBA zwischen Deutschland und dem jeweiligen Tätigkeitsstaat (DBA-Österreich und DBA-Belgien) zu prüfen.

5 **Beispiel 2: kein Wohnsitz in Deutschland**

Der Arbeitnehmer ist nur in Österreich unbeschränkt steuerpflichtig. Er ist in Deutschland und zusätzlich in Belgien tätig. Er erstellt Marktanalysen und erzielt daraus Vergütungen, mit denen er insgesamt nach § 1 Abs. 4 EStG i. V. m. § 49 Abs. 1 Nr. 4 Buchstabe a EStG beschränkt steuerpflichtig ist (BFH-Urteil vom 12. November 1986, BStBl 1987 II S. 379).

Es ist aus deutscher Sicht ausschließlich das DBA zwischen Österreich und Deutschland zu prüfen, da nur für dieses DBA eine Abkommensberechtigung nach Art. 4 Abs. 1 i. V. m. Art. 1 DBA-Österreich vorliegt. Soweit die Vergütungen auf die in Belgien ausgeübte Tätigkeit entfallen, sind sie grundsätzlich nach Art. 15 Abs. 1 Satz 1 DBA-Österreich in Österreich als Ansässigkeitsstaat zu besteuern.

1.2 OECD-Musterabkommen

1.2.1 Bestimmung der Ansässigkeit – Art. 4 OECD-MA

6 Für die Anwendung eines DBA ist der Staat zu bestimmen, in dem der Arbeitnehmer und ggf. der Arbeitgeber entsprechend Art. 1 i. V. m. Art. 4 OECD-MA ansässig sind. Der abkommensrechtliche Begriff der Ansässigkeit entspricht nicht dem im innerstaatlichen Recht verwendeten Begriff der unbeschränkten Steuerpflicht.

7 Während die unbeschränkte Steuerpflicht nach nationalem Recht eine umfassende Steuerpflicht begründet, führt die Ansässigkeit einer Person in einem der Vertragsstaaten zu ihrer Abkommensberechtigung (Art. 1 OECD-MA). Zugleich wird mit der Bestimmung der Ansässigkeit einer Person in einem Vertragsstaat dieser Staat für die Anwendung des Abkommens zum Ansässigkeitsstaat; der andere Vertragsstaat ist Quellen-

staat. Eine Person kann zwar in beiden Vertragsstaaten (z. B. aufgrund doppelten Wohnsitzes) unbeschränkt steuerpflichtig sein, dagegen kann sie nur in einem der beiden Vertragsstaaten als ansässig i. S. eines DBA gelten.

Eine natürliche Person ist nach Art. 4 Abs. 1 Satz 1 OECD-MA in einem Staat ansässig, wenn sie dort aufgrund ihres Wohnsitzes, ihres ständigen Aufenthalts oder eines anderen ähnlichen Merkmals steuerpflichtig ist (s. Tz. 2.1, Rn. 29 ff. zur Steuerpflicht nach dem EStG). Zu berücksichtigen ist jedoch, dass nach Art. 4 Abs. 1 Satz 2 OECD-MA eine Ansässigkeit in einem Staat nicht begründet wird, wenn die Person in diesem Staat nur mit Einkünften aus Quellen in diesem Staat oder mit in diesem Staat gelegenem Vermögen steuerpflichtig ist, die Person nach deutschem Rechtsverständnis dort also nur der beschränkten Steuerpflicht unterliegt. Die Ansässigkeit nach Art. 4 Abs. 1 OECD-MA setzt damit eine unbeschränkte Steuerpflicht nach dem jeweiligen innerstaatlichen Recht voraus. 8

Dies gilt auch für Abkommen, in denen der deklaratorische Zusatz des Art. 4 Abs. 1 Satz 2 OECD-MA nicht enthalten ist. Zu beachten sind deshalb die Besonderheiten, die sich durch die speziellen Regelungen in einzelnen DBA (z. B. Art. 4 Abs. 1 Buchstabe b DBA-VAE) bzw. durch den Rückgriff auf das jeweilige nationale Recht (z. B. China, Südafrika) ergeben können. 9

Z. B. können nach China entsandte Arbeitnehmer eines inländischen Arbeitgebers unter Berücksichtigung des chinesischen Einkommensteuerrechts auch in China im Sinne des Art. 4 Abs. 1 Satz 1 DBA-China ansässig sein, wenn sie sich dort zwischen 1 und 5 Jahren zur Arbeitsausübung aufhalten und die chinesische Steuerbehörden dem Antrag auf Anwendung der sogenannten Time-Apportionment-Methode stattgegeben haben. Bei einem Aufenthalt von weniger als einem Jahr unterliegen sie jedoch nicht der dortigen unbeschränkten Steuerpflicht. 10

Beispiel 1: 11

Ein Arbeitnehmer begründet während seines zehnmonatigen Aufenthalts in China einen Wohnsitz. Die Familie ist dem Arbeitnehmer in den Tätigkeitsstaat gefolgt. Die Wohnung im bisherigen Ansässigkeitsstaat steht der Familie jederzeit zur Nutzung zur Verfügung. Trotz der Begründung des Wohnsitzes wird nach chinesischem Recht bei einem kurzfristigen Aufenthalt keine unbeschränkte Steuerpflicht ausgelöst. Vielmehr werden lediglich die für eine in China ausgeübte Tätigkeit gezahlten Vergütungen der dortigen Besteuerung unterworfen (beschränkte Steuerpflicht).

Der Arbeitnehmer ist nach Art. 4 Abs. 1 DBA-China nur in Deutschland ansässig.

Ist die Person nach Art. 4 Abs. 1 Satz 1 OECD-MA in beiden Vertragsstaaten ansässig (sog. doppelte Ansässigkeit), ist nach der in Art. 4 Abs. 2 OECD-MA festgelegten Prüfungsreihenfolge festzustellen, in welchem Vertragsstaat die Person als ansässig gilt. Verfügt die Person nur in einem Staat über eine ständige Wohnstätte, so gilt sie als nur in diesem Staat ansässig. Unter einer ständigen Wohnstätte sind Räumlichkeiten zu verstehen, die nach Art und Einrichtung zum Wohnen geeignet sind, die ständig genutzt werden können und die tatsächlich regelmäßig genutzt werden. Es handelt sich um eine in den allgemeinen Lebensrhythmus der Person einbezogene Anlaufstelle (s. BFH-Urteile vom 23. Oktober 1985, BStBl 1986 II S. 133, vom 16. Dezember 1998, BStBl 1999 II S. 207 und vom 5. Juni 2007, BStBl II S. 812). Verfügt die Person in beiden Staaten über eine ständige Wohnstätte, so gilt sie als nur in dem Staat ansässig, zu dem sie die engeren persönlichen und wirtschaftlichen Beziehungen hat (Mittelpunkt der Lebensinteressen). Dabei sind ihre familiären und gesellschaftlichen Beziehungen, ihre berufliche, politische, kulturelle und sonstige Verwurzelung, der Ort ihrer Geschäftstätigkeit, der Ort, von wo aus sie ihr Vermögen verwaltet, und Ähnliches zu berücksichtigen. Die Umstände sind als Ganzes zu prüfen und nach objektiven Kriterien gegeneinander abzuwä- 12 gen. Lässt sich die Ansässigkeit nach diesen Kriterien nicht bestimmen, sind als Hilfsmerkmale zunächst der gewöhnliche Aufenthalt und danach die Staatsangehörigkeit heranzuziehen. Kann die Ansässigkeit auch nach dem letztgenannten Kriterium nicht bestimmt werden, weil die Person Staatsangehöriger beider Staaten oder keines der Staaten ist, regeln die betreffenden Staaten die Frage in gegenseitigem Einvernehmen nach Art. 25 OECD-MA (s. Tz. 10).

13 **Beispiel 2:**

Der Arbeitnehmer begründet während seines Aufenthalts im ausländischen Tätigkeitsstaat einen Wohnsitz. Die Familie ist dem Arbeitnehmer nicht in den Tätigkeitsstaat gefolgt. Es liegt sowohl im Inland als auch im Ausland eine ständige Wohnstätte i. S. von Art. 4 Abs. 2 Buchstabe a OECD-MA vor.

Der Mittelpunkt der Lebensinteressen des Arbeitnehmers befindet sich i. d. R. auch während seines Aufenthalts im ausländischen Tätigkeitsstaat weiterhin in dem bisherigen Ansässigkeitsstaat (kein Ansässigkeitswechsel). Insbesondere hat der Arbeitnehmer nach wie vor persönliche Beziehungen zu seiner Familie im bisherigen Ansässigkeitsstaat. Demgegenüber treten die persönlichen Beziehungen, die der Arbeitnehmer im Tätigkeitsstaat unterhält, in aller Regel stark zurück. Zudem verfügt der Arbeitnehmer häufig auch im bisherigen Ansässigkeitsstaat über wirtschaftliche Beziehungen (z. B. Grundbesitz, Kapitalvermögen, Arbeitgeber ist in diesem Staat ansässig), während die wirtschaftlichen Beziehungen zum Tätigkeitsstaat i. d. R. nur vorübergehender Natur sind.

14 **Beispiel 3:**

Der Arbeitnehmer begründet während seines auf 12 Monate befristeten Aufenthalts im ausländischen Tätigkeitsstaat einen Wohnsitz. Die Wohnung im bisherigen Ansässigkeitsstaat steht ihm und ggf. seiner Familie jederzeit zur Nutzung zur Verfügung. Es liegt sowohl im Inland als auch im Ausland eine ständige Wohnstätte i. S. von Art. 4 Abs. 2 Buchstabe a OECD-MA vor. Das Arbeitsverhältnis zum bisherigen Arbeitgeber besteht fort.

a) Der Arbeitnehmer ist alleinstehend.
b) Die Familie ist dem Arbeitnehmer in den Tätigkeitsstaat gefolgt.

Der Mittelpunkt der Lebensinteressen befindet sich – unabhängig vom Familienstand – in aller Regel weiterhin im bisherigen Ansässigkeitsstaat (s. BFH-Urteil vom 23. Oktober 1985, a. a. O.), da bei einem auf kurze Zeit befristeten Aufenthalt im Tätigkeitsstaat und dem Fortbestehen des bisherigen Arbeitsverhältnisses die persönlichen und wirtschaftlichen Beziehungen zum bisherigen Ansässigkeitsstaat zumeist gewichtiger sind als die zum anderen Staat. Dies bedeutet jedoch nicht, dass sich der Mittelpunkt der Lebensinteressen bei einem vorübergehenden Aufenthalt von über einem Jahr zwangsläufig in den anderen Staat verlagern muss. Vielmehr ist stets das Gesamtbild der Verhältnisse zu würdigen.

15 **Beispiel 4:**

Der Arbeitnehmer begründet während seines fünfjährigen oder unbefristeten Aufenthalts im ausländischen Tätigkeitsstaat einen Wohnsitz. Die Familie ist dem Arbeitnehmer in den Tätigkeitsstaat gefolgt. Die Wohnung im bisherigen Ansässigkeitsstaat steht der Familie jederzeit zur Nutzung zur Verfügung. Es liegt sowohl im Inland als auch im Ausland eine ständige Wohnstätte i. S. von Art. 4 Abs. 2 Buchstabe a OECD-MA vor.

Wegen des inländischen Wohnsitzes besteht weiterhin die unbeschränkte Einkommensteuerpflicht im Inland. Der Mittelpunkt der Lebensinteressen befindet sich in diesem Fall i. d. R. im Tätigkeitsstaat.

1.2.2. Vergütungen aus unselbständiger Arbeit

1.2.2.1 Art. 15 OECD-MA

16 Nach Art. 15 Abs. 1 OECD-MA können die Vergütungen aus unselbständiger Arbeit nur im Ansässigkeitsstaat des Arbeitnehmers besteuert werden, es sei denn, die Tätigkeit wird im anderen Staat ausgeübt. Wird die unselbständige Arbeit im anderen Staat (Tätigkeitsstaat) ausgeübt, steht grundsätzlich diesem Staat das Besteuerungsrecht für die

bezogenen Vergütungen (sog. Arbeitsortprinzip) zu. Die bloße Verwertung einer unselbständigen Arbeit (§ 49 Abs. 1 Nr. 4 Buchstabe a 2. Alternative EStG) stellt keine Tätigkeit i. S. der DBA dar.

Abweichend hiervon steht unter den Voraussetzungen des Art. 15 Abs. 2 OECD-MA (sog. 183-Tage-Klausel) das Besteuerungsrecht für solche Vergütungen nur dem Ansässigkeitsstaat des Arbeitnehmers zu. 17

Art. 15 Abs. 3 OECD-MA enthält eine gesonderte Bestimmung für die Besteuerung der Vergütungen des Bordpersonals von Seeschiffen und Luftfahrzeugen im internationalen Verkehr und des Bordpersonals von Schiffen im Binnenverkehr (s. Tz. 8, Rn. 345 ff.). 18

1.2.2.2 Grenzgängerregelung

Grenzgänger sind Arbeitnehmer, die i. d. R. im Grenzbereich des einen Staates arbeiten und täglich zu ihrem Wohnsitz im Grenzbereich des anderen Staates zurückkehren. Das OECD-MA sieht für Grenzgänger keine spezielle Regelung vor. Für diese Arbeitnehmer gelten Besonderheiten nach den DBA mit Frankreich (Art. 13 Abs. 5 – i. d. R. Besteuerung im Wohnsitzstaat), Österreich (Art. 15 Abs. 6 – i. d. R. Besteuerung im Wohnsitzstaat) und der Schweiz (Art. 15a – begrenzte Besteuerung im Tätigkeitsstaat und Wohnsitzbesteuerung mit Anrechnungssystem). 19

Besonderheiten bei Grenzpendlern nach Luxemburg sind in der Verständigungsvereinbarung vom 26. Mai 2011 (KonsVerLUXV vom 9. Juli 2012, BStBl I S. 852) geregelt. 20

1.2.2.3 Besondere Regelungen bezüglich der Zuweisung des Besteuerungsrechts

Das OECD-MA bzw. die einzelnen DBA enthalten von Art. 15 OECD-MA abweichende Regelungen für bestimmte Arbeitnehmer, insbesondere für das für die Geschäftsführung eines Unternehmens verantwortliche Personal (s. Tz. 6.1), für Künstler und Sportler (Art. 17 OECD-MA), für Ruhegehaltsempfänger (Art. 18 OECD-MA), für die Arbeitnehmer der Gebietskörperschaften, teilweise auch für weitere öffentlich-rechtliche Körperschaften sowie für Vergütungen, die im Rahmen eines Entwicklungshilfeprogramms eines Vertragsstaates gezahlt werden (Art. 19 OECD-MA), für Studenten, Schüler, Lehrlinge und sonstige Auszubildende (Art. 20 OECD-MA), für Hochschullehrer und Lehrer (z. B. Art. 21 DBA-Italien; Art. 20 DBA-Österreich; Art. 20 DBA-USA) sowie für Mitglieder diplomatischer Missionen und konsularischer Vertretungen (Art. 28 OECD-MA). Darüber hinaus enthalten neue DBA sog. Förderstaatsklauseln (z. B. Großbritannien, Spanien, Luxemburg, Niederlande). Danach ist die Besteuerung von Renten und Ruhegehältern in der Auszahlungsphase davon abhängig, in welchem Vertragsstaat eine Förderung in der Aufbauphase erfolgte. 21

1.2.3 Vermeidung der Doppelbesteuerung – Art. 23 OECD-MA

Deutschland als Ansässigkeitsstaat vermeidet bei Einkünften aus unselbständiger Arbeit die Doppelbesteuerung regelmäßig durch Freistellung der Einkünfte (Anwendung der Freistellungsmethode entsprechend Art. 23 A OECD-MA) unter Berücksichtigung des § 32b Abs. 1 Satz 1 Nr. 3 EStG (Progressionsvorbehalt). Die Steuerfreistellung setzt allerdings i. d. R. die ausländische Besteuerung voraus; diesbezüglich wird auf die Ausführungen zu § 50d Abs. 8 bzw. 9 EStG und zu den Rückfallklauseln in den DBA verwiesen (s. Tz. 2.3, Rn. 45 ff., 2.4, Rn. 67 ff. und 9, Rn. 366, 367). 22

Nach einzelnen DBA-Bestimmungen werden die Einkünfte nicht von der Besteuerung freigestellt; stattdessen wird die Doppelbesteuerung durch Steueranrechnung nach Maßgabe des § 34c EStG vermieden (Anwendung der Anrechnungsmethode). Dies gilt u. a. für Fälle der gewerbsmäßigen Arbeitnehmerüberlassung (z. B. DBA mit Dänemark, 23

Frankreich, Italien, Norwegen, Polen oder Schweden) oder für Vergütungen des Bordpersonals von Schiffen und Luftfahrzeugen (s. Tz. 8.2, Rn. 352 ff.). In einigen Fällen sehen DBA die Anrechnungsmethode grundsätzlich vor (z. B. Art. 22 Abs. 1 DBA-VAE; Art. 23 Abs. 1 Buchstabe b Doppelbuchstabe ee DBA-Liechtenstein; Art. 22 Abs. 1 DBA-Zypern; Art. 23 Abs. 2 Buchstabe a DBA-Mauritius, Art. 23 Abs. 2 Buchstabe b Doppelbuchstabe cc DBA-Norwegen). Wegen der regelmäßig auftretenden Doppelbesteuerung von Lohneinkünften bestehen keine Bedenken, aus Billigkeitsgründen für die voraussichtlich abzuführende ausländische Abzugsteuer einen Freibetrag für das Lohnsteuerabzugsverfahren zu bilden. Der Freibetrag darf jedoch die Einnahmen, die unter die Anrechnungsmethode fallen, nicht übersteigen. Zu den Einzelheiten dieser Billigkeitsregelung s. Tz. 4.3.4.2, Rn. 177.

24 Wird dem anderen Staat in der Verteilungsnorm ein sog. ausschließliches Besteuerungsrecht zugewiesen, wird die Doppelbesteuerung für diese Einkünfte stets durch die Freistellungsmethode (mit Progressionsvorbehalt) vermieden, auch wenn das DBA im Methodenartikel grundsätzlich die Anrechnungsmethode vorsieht (z. B. Art. 22 Abs. 2 i. V. m. Art. 14 Abs. 4 DBA-Zypern).

25 Eine besondere Regelung enthält Punkt 11 des Schlussprotokolls zu Art. 23 DBA-Belgien i. d. F. des Zusatzabkommens von 2002. Danach rechnet Deutschland die von belgischen Gemeinden erhobene Zusatzsteuer pauschal i. H. v. 8 % der deutschen Steuer an. Die danach verbleibende deutsche Einkommensteuer ist Bemessungsgrundlage für die Kirchensteuer und den Solidaritätszuschlag. Die pauschale Anrechnung erfolgt nur, soweit Belgien als Ansässigkeitsstaat des Arbeitnehmers anzusehen ist und Deutschland als Quellenstaat für die der deutschen Steuer zugrundeliegenden Einkünfte nach Art. 15 DBA-Belgien das Besteuerungsrecht hat und Belgien diese Einkünfte grundsätzlich nach Art. 23 Abs. 2 Nr. 1 DBA-Belgien freistellt. Unterfallen die Einkünfte aus nichtselbständiger Arbeit, für die Deutschland das Besteuerungsrecht zusteht, einem anderen Artikel, z. B. Art. 16 DBA-Belgien, greift die vorgenannte Anrechnung nicht.

26 Die vollständige Anrechnung ausländischer Steuern i. S. des § 36 EStG stellt eine seltene Ausnahme dar (z. B. Art. 15a Abs. 3 Buchstabe a DBA-Schweiz, Grenzgängerregelung).

1.2.4 Abgrenzung zu anderen Abkommen und Bestimmungen

27 Neben den DBA sind weitere zwischenstaatliche Abkommen bzw. Vereinbarungen zu beachten, nach denen u. a. Arbeitnehmer von deutschen Steuern befreit sind (z. B. bei Tätigkeiten für die EU, UNO oder NATO). Eine Zusammenstellung der einzelnen Fundstellen zum 1. Januar 2013 ist dem BMF-Schreiben vom 18. März 2013*[1])* (BStBl I S. 404) zu entnehmen.

28 Nach dem Protokoll über die Vorrechte und Befreiungen der Europäischen Union vom 26. Oktober 2012 (Abl. EU C 326, S. 266 – EU-Privilegienprotokoll) unterliegen z. B. Gehälter, Löhne und andere Bezüge, welche die EU ihren eigenen Beamten und sonstigen Bediensteten zahlt, nicht der nationalen Steuer in den EU-Mitgliedstaaten. Soweit Einkünfte aufgrund dessen in Deutschland freizustellen sind, unterliegen sie nicht dem Progressionsvorbehalt gemäß § 32b Abs. 1 Satz 1 Nr. 4 EStG, weil das EU-Privilegienprotokoll keinen entsprechenden Vorbehalt vorsieht. Vergütungen für eine Tätigkeit bei einem Organ bzw. einer Einrichtung der EU oder im Rahmen eines EU-Projektes, die an Personen gezahlt werden, die keine EU-Beamten oder sonstigen Bediensteten der EU sind (z. B. nationale Sachverständige), fallen i. d. R. nicht unter eine unionsrechtliche Befreiungsvorschrift. Hier ist ggf. die Anwendung eines DBA zu prüfen (s. BMF-Schreiben vom 12. April 2006, BStBl I S. 340, zur steuerlichen Behandlung des EU-Tagesgeldes).

[1]) zwischenzeitlich aufgehoben

2 Besteuerung im Inland

2.1 Steuerpflicht nach dem EStG

Steuerliche Sachverhalte mit Auslandsbezug, die nach dem nationalen Recht der Besteuerung im Inland unterliegen, können im Verhältnis zu DBA-Staaten nur besteuert werden, wenn das jeweils anzuwendende DBA das deutsche Besteuerungsrecht nicht ausschließt. 29

Hat ein Arbeitnehmer einen Wohnsitz oder seinen gewöhnlichen Aufenthalt im Inland, unterliegt er als unbeschränkt Steuerpflichtiger grundsätzlich mit seinem gesamten Welteinkommen der inländischen Besteuerung (§ 1 Abs. 1 i. V. m. § 2 Abs. 1 EStG). 30

Fehlt es sowohl an einem solchen Wohnsitz als auch an einem gewöhnlichen Aufenthalt, ist ein Arbeitnehmer, der inländische Einkünfte i. S. des § 49 Abs. 1 Nr. 4 EStG erzielt, grundsätzlich nach § 1 Abs. 4 EStG beschränkt einkommensteuerpflichtig. Die Erzielung inländischer Einkünfte nach § 49 Abs. 1 Nr. 4 EStG ist allein vom dort definierten inländischen Anknüpfungspunkt und nicht von einem Mindestaufenthalt im Inland abhängig. 31

Auf die unbeschränkte Steuerpflicht nach § 1 Abs. 2 und 3 EStG sowie § 1a EStG wird hingewiesen. Für EU-/EWR-Staatsangehörige mit Wohnsitz in der Schweiz wird auf das BMF-Schreiben vom 16. September 2013, BStBl I S. 1325 verwiesen. 32

Beispiel: 33

Der in Dänemark wohnhafte Arbeitnehmer A ist für den in Flensburg ansässigen Arbeitgeber B tätig. A übt seine Tätigkeit zu 60 % in Deutschland und zu 40 % in Dänemark aus. Soweit A seine Tätigkeit im Inland ausübt, erzielt er inländische Einkünfte i. S. des § 49 Abs. 1 Nr. 4 Buchstabe a EStG. Nur für den auf diese Tätigkeit entfallenden Arbeitslohn besteht eine beschränkte Steuerpflicht nach § 1 Abs. 4 EStG.

Besteht eine beschränkte Steuerpflicht i. S. des § 1 Abs. 4 EStG, kann der Arbeitnehmer bei Vorliegen bestimmter Voraussetzungen nach § 1 Abs. 3 EStG als unbeschränkt Steuerpflichtiger behandelt werden und ggf. zusätzlich Vergünstigungen gemäß § 1a EStG in Anspruch nehmen. 34

Besteht während eines Kj sowohl unbeschränkte als auch beschränkte Einkommensteuerpflicht, so sind die während der beschränkten Einkommensteuerpflicht erzielten inländischen Einkünfte in eine Veranlagung zur unbeschränkten Einkommensteuerpflicht einzubeziehen (§ 2 Abs. 7 Satz 3 EStG). Die materiell-rechtliche Behandlung bleibt hiervon unberührt. 35

2.2 Progressionsvorbehalt

Ist nach nationalem Recht zeitweise oder ganzjährig eine unbeschränkte Steuerpflicht gegeben, sind aber die Einkünfte nach einem DBA in Deutschland freizustellen, unterliegen die in Deutschland freigestellten Einkünfte dem Progressionsvorbehalt nach § 32b Abs. 1 Satz 1 Nr. 2 bzw. 3 EStG. Eine Freistellung ist aber nur dann zu gewähren, wenn eine Rückfallklausel weder nach DBA (s. Tz. 9) noch nach nationalem Recht (z. B. § 50d Abs. 8 bzw. 9 EStG) anzuwenden ist (s. Tz. 2.3, Rn. 45 ff. und 2.4, Rn. 67 ff.). 36

Bei einer im VZ nur zeitweise bestehenden unbeschränkten Steuerpflicht sind die ausländischen Einkünfte, die bereits vom nationalen deutschen Steuerrecht nicht erfasst werden und damit im VZ nicht der deutschen Einkommensteuer unterlegen haben, ebenfalls in den Progressionsvorbehalt einzubeziehen (§ 32b Abs. 1 Satz 1 Nr. 2 EStG). 37

Zu beachten ist, dass der nach § 32b Abs. 1 Satz 2 EStG angeordnete Ausschluss des Progressionsvorbehalts für Fälle des § 32b Abs. 1 Satz 1 Nr. 3 EStG nicht Einkünfte aus unselbständiger Arbeit betrifft und nicht für den Progressionsvorbehalt nach § 32b Abs. 1 Satz 1 Nr. 2 EStG gilt. 38

Bei Arbeitnehmern, die im Inland weder einen Wohnsitz noch ihren gewöhnlichen Aufenthalt haben, ist in den Fällen der Veranlagung gemäß § 1 Abs. 3, § 1a und § 50 Abs. 2 39

Satz 2 Nr. 4 EStG zu beachten, dass die nicht der deutschen Einkommensteuer oder dem Steuerabzug unterliegenden Einkünfte grundsätzlich dem Progressionsvorbehalt zu unterwerfen sind (§ 32b Abs. 1 Satz 1 Nr. 5 EStG).

40 Einkünfte, die nach einem sonstigen zwischenstaatlichen Übereinkommen steuerfrei sind, werden nach § 32b Abs. 1 Satz 1 Nr. 4 EStG in den Progressionsvorbehalt einbezogen, wenn in dem jeweiligen Übereinkommen die Anwendung des Progressionsvorbehalts ausdrücklich zugelassen worden ist.

41 Die Höhe der Einkünfte, die dem Progressionsvorbehalt unterliegen, ist nach deutschem Steuerrecht zu ermitteln (s. BFH-Urteile vom 20. September 2006, BStBl 2007 II S. 756 und vom 11. Februar 2009, BStBl 2010 II S. 536). Dies bedeutet, dass beispielsweise ausländische Werbungskostenpauschalen oder Steuerbefreiungsvorschriften nicht zu berücksichtigen sind. Die steuerfreien ausländischen Einkünfte aus unselbständiger Arbeit i. S. des § 32b Abs. 1 Satz 1 Nr. 2 bis 5 EStG sind als Überschuss der Einnahmen über die Werbungskosten zu berechnen.

42 Bei der Ermittlung der Einkünfte i. S. des § 32b Abs. 1 Satz 1 Nr. 2 bis 5 EStG

– ist der Arbeitnehmer-Pauschbetrag abzuziehen, soweit er nicht schon bei der Ermittlung der Einkünfte aus nichtselbständiger Arbeit abgezogen wurde (§ 32b Abs. 2 Nr. 2 Satz 2 Buchstabe a EStG);
– sind Werbungskosten nur insoweit zu berücksichtigen, als sie zusammen mit den bei der Ermittlung der Einkünfte aus unselbständiger Arbeit abziehbaren Werbungskosten den Arbeitnehmer-Pauschbetrag übersteigen (§ 32b Abs. 2 Nr. 2 Satz 2 Buchstabe b EStG, s. H 32b „Ausländische Einkünfte" – EStH).

43 **Beispiel 1:**

Der inländische steuerpflichtige Arbeitslohn im Kj beträgt 20.000 €; die Werbungskosten betragen 500 €. Der nach DBA unter Progressionsvorbehalt steuerfreie Arbeitslohn beträgt 10.000 €; im Zusammenhang mit der Erzielung des steuerfreien Arbeitslohns sind Werbungskosten i. H. v. 400 € tatsächlich angefallen.

Inländischer steuerpflichtiger Arbeitslohn	20.000 €
./. Werbungskosten im Zusammenhang mit steuerpflichtigem Arbeitslohn, mindestens Arbeitnehmer-Pauschbetrag (§ 9a Satz 1 Nr. 1 Buchstabe a EStG)	./. 1.000 €
Steuerpflichtige Einkünfte gemäß § 19 EStG	19.000 €
Ausländische Progressionseinnahmen	10.000 €
./. Gesamtwerbungskosten abzgl. bereits in Anspruch genommener Arbeitnehmer-Pauschbetrag oder abzgl. tatsächliche inländische Werbungskosten, sofern diese höher sind als der Arbeitnehmer-Pauschbetrag	0 €
Maßgebende Progressionseinkünfte (§ 32b Abs. 2 Nr. 2 Satz 2 EStG)	10.000 €

44 **Beispiel 2:**

Sachverhalt wie Beispiel 1 (Werbungskosten Inland 500 €), jedoch sind im Zusammenhang mit der Erzielung des steuerfreien Arbeitslohns tatsächlich Werbungskosten i. H. v. 600 € angefallen. Die Summe der tatsächlichen Werbungskosten beträgt somit 1.100 €. Sie überschreitet den Arbeitnehmer-Pauschbetrag um 100 €.

Inländischer steuerpflichtiger Arbeitslohn		20.000 €
./. Werbungskosten im Zusammenhang mit steuerpflichtigem Arbeitslohn, mindestens Arbeitnehmer-Pauschbetrag (§ 9a Satz 1 Nr. 1 Buchstabe a EStG)		./. 1.000 €
Steuerpflichtige Einkünfte gemäß § 19 EStG		19.000 €
Ausländische Progressionseinnahmen		10.000 €
./. Gesamtwerbungskosten	1.100 €	
abzgl. bereits bei den stpfl. Einkünften in Anspruch genommener Arbeitnehmer-Pauschbetrag	./. 1.000 €	
oder abzgl. tatsächlicher inländischer Werbungskosten, sofern diese höher sind als der Arbeitnehmer-Pauschbetrag		100 €
Maßgebende Progressionseinkünfte (§ 32b Abs. 2 Nr. 2 Satz 2 EStG)		9.900 €

2.3 Anwendung des § 50d Abs. 8 EStG

2.3.1 Anwendungsbereich

Bei Einkünften aus nichtselbständiger Arbeit (§ 19 EStG), die nach einem DBA in einem ausländischen Staat besteuert werden können, wird die unter Progressionsvorbehalt (§ 32b Abs. 1 Satz 1 Nr. 3 EStG) erfolgende Freistellung von der deutschen Steuer eines unbeschränkt Steuerpflichtigen im Rahmen der Einkommensteuerveranlagung nach der Regelung des § 50d Abs. 8 EStG nur unter bestimmten Voraussetzungen gewährt. Der Steuerpflichtige muss für die Freistellung nachweisen, dass die in dem ausländischen Staat festgesetzten Steuern entrichtet wurden oder dass dieser Staat auf sein Besteuerungsrecht verzichtet hat. Das gilt nicht für Einkünfte aus Staaten, auf die der Auslandstätigkeitserlass (BMF-Schreiben vom 31. Oktober 1983 – BStBl I S. 470 s. Anhang 7 LStH) anzuwenden ist. Die Regelung des § 50d Abs. 8 EStG ist auch in den Fällen nicht anzuwenden, in denen das einschlägige DBA das Besteuerungsrecht an Deutschland zurückverweist, weil der ausländische Staat von dem ihm zugewiesenen Besteuerungsrecht insoweit keinen Gebrauch macht (z. B. Art. 13 Abs. 2 DBA-Frankreich, Art. 15 Abs. 4 DBA-Österreich, Art. 15 Abs. 3 und 4 DBA-Schweiz) oder die Besteuerung von der Überweisung der Einkünfte in den Tätigkeitsstaat abhängig macht(z. B. Art. 24 DBA-Großbritannien, Art. 29 DBA-Irland, Art. 2 Abs. 2 DBA-Israel). Nach der Normenhierarchie gehen die im einzelnen DBA enthaltenen Rückfallklauseln grundsätzlich den nationalen Rückfallklauseln vor (s. BMF-Schreiben vom 20. Juni 2013, BStBl I S. 980, Tz. 1). 45

Die Anwendung des § 50d Abs. 8 EStG erfordert nicht, dass Deutschland als Ansässigkeitsstaat anzusehen ist, sondern knüpft allein an die unbeschränkte Steuerpflicht im Inland an. Auch der Umstand, dass bei einer Verteilungsnorm mit abschließender Rechtsfolge die Freistellung nicht aus dem Methodenartikel, sondern aus der Verteilungsnorm selbst resultiert, bleibt bei Anwendung der Vorschrift ohne Bedeutung. Ebenso wird § 50d Abs. 8 EStG nicht durch ein zeitlich nachfolgendes DBA überschrieben (s. BFH-Urteil vom 25. Mai 2016, BStBl II 2017 S. 1185). 46

2.3.2 Nachweispflicht

Aufgrund seiner erhöhten Mitwirkungspflicht gem. § 90 Abs. 2 AO bei Auslandssachverhalten hat der Steuerpflichtige nachzuweisen, dass seine Einkünfte im Ausland (ggf. in einem anderen VZ) der Besteuerung unterworfen wurden bzw. werden oder dass der Staat, dem nach dem Abkommen das Besteuerungsrecht zusteht, auf dieses Besteuerungsrecht verzichtet hat (s. Tz. 2.3.2.2, Rn. 54). 47

Bei der Anforderung und Prüfung von Nachweisen sind die objektiven Umstände des Einzelfalles und der Grundsatz der Verhältnismäßigkeit zu beachten. 48

Die Nachweispflicht gem. § 50d Abs. 8 EStG besteht erst im Veranlagungsverfahren. Sie gilt nicht für das Lohnsteuerabzugsverfahren (s. BMF-Schreiben vom 14. März 2017, 49

BStBl I S. 473). Das Betriebsstättenfinanzamt kann daher unverändert auf Antrag des Arbeitnehmers oder des Arbeitgebers (§ 38 EStG) ein Lohnsteuerabzugsmerkmal erteilen (§ 39 Abs. 4 Nr. 5 EStG). In der Bescheinigung über die Freistellung des Arbeitslohns vom Steuerabzug auf Grund eines DBA ist ein Hinweis auf die abschließende Prüfung im Rahmen der Veranlagung enthalten.

2.3.2.1 Besteuerung im ausländischen Staat

2.3.2.1.1 Ermittlung und Nachweis der Höhe der Einkünfte

50 Die Einkünfte i. S. des § 50d Abs. 8 EStG sind nach den Vorschriften des deutschen Steuerrechts zu ermitteln. Aufgrund der unterschiedlichen Steuersysteme und Begriffsbestimmungen können sich bei den der ausländischen und deutschen Besteuerung zugrunde gelegten Einkünften Abweichungen ergeben. Diese können unter anderem entstehen, weil der ausländische Staat ein vom Kj abweichendes Steuerjahr (vgl. Tz. 4.2.5, Rn. 108 ff.) hat oder Sachverhalte zeitlich abweichend von den Regelungen des deutschen Rechts erfasst. Daneben können Abweichungen aus der Definition der Begriffe „Arbeitslohn“ und „Werbungskosten“, aus der Zuordnung von Bezügen zu steuerpflichtigen oder steuerfreien Einnahmen, der Bewertung von Sachbezügen und nachträglichen Bonuszahlungen oder der Behandlung von Altersteilzeitmodellen resultieren.

51 Soweit der Steuerpflichtige die Ursachen eventueller Abweichungen glaubhaft macht (z. B. Kopie der ausländischen Steuererklärung/en und/oder Steuerbescheid/e, Berechnungsschema), gilt der Nachweis über die Höhe der Einkünfte für den jeweiligen VZ als erbracht.

2.3.2.1.2 Nachweis über die Festsetzung und Entrichtung der Steuern

52 Der Nachweis über die Zahlung der festgesetzten Steuern ist grundsätzlich durch Vorlage des Steuerbescheids der ausländischen Behörde und des Zahlungsbelegs (Überweisungs- bzw. Einzahlungsbeleg der Bank oder Finanzbehörde) zu erbringen. Sofern der andere Staat ein Selbstveranlagungsverfahren vorsieht und daher keinen Steuerbescheid erteilt (z. B. USA), reicht die Vorlage des Zahlungsbelegs und einer Kopie der Steuererklärung aus.

53 Soweit der Steuerpflichtige aus tatsächlichen Gründen nicht in der Lage ist, geeignete Nachweise zu erbringen oder in Fällen, in denen ein Quellensteuerabzug/Lohnsteuerabzug mit Abgeltungswirkung im anderen Staat vorgenommen wird (z. B. Italien, Spanien, Österreich) und somit keine Veranlagung zur Einkommensteuer erfolgt oder diese Einkünfte wegen des Steuereinbehalts nicht in die Veranlagung einbezogen werden, kann die tatsächliche Besteuerung im anderen Staat durch eine entsprechende Bescheinigung des zivilrechtlichen oder wirtschaftlichen Arbeitgebers (s. Tz. 4.3.3.1, Rn. 128 ff.) über den Steuerabzug (z. B. Quellen-/Lohnsteuerbescheinigung, ausländische Gehaltsabrechnungen mit Ausweis der abgeführten Quellensteuern) nachgewiesen werden. Dabei ist die ausländische Steuerbehörde – unter Angabe der dortigen Steuernummer – zu benennen, an die die Quellen-/Lohnsteuer abgeführt wurde. Darüber hinaus müssen aus der Bescheinigung insbesondere die Höhe der im jeweiligen VZ zugeflossenen Einnahmen, die vom Arbeitgeber abgeführten Steuern, einschließlich der dafür maßgeblichen steuerpflichtigen Einkünfte (steuerliche Bemessungsgrundlage) und der Zeitraum der Tätigkeit im Ausland hervorgehen. Eine tatsächliche Besteuerung im anderen Staat ist auch dann anzunehmen, wenn eine pauschale Steuer abgeführt wurde, die der Arbeitgeber getragen hat.

2.3.2.2 Verzicht auf das Besteuerungsrecht

54 Wenn der ausländische Staat auf das ihm zugewiesene Besteuerungsrecht verzichtet, hat der Steuerpflichtige Unterlagen vorzulegen, aus denen sich der Verzicht ergibt. Es

kann sich hierbei um einen Verzicht gegenüber Einzelpersonen, bestimmten Personengruppen oder um einen generellen Verzicht handeln (z. B. Erlass, Steuerbefreiung, genereller Verzicht auf die Steuererhebung, völkerrechtlicher Vertrag).

In Staaten, in denen generell auf die Erhebung von Ertragsteuern verzichtet wird (z. B. VAE und Kuwait) ist von einem Nachweis über den Verzicht des ausländischen Staates auf das Besteuerungsrecht abzusehen, sofern die Ausübung der Tätigkeit in einem dieser Staaten nachgewiesen wurde (Arbeitgeberbescheinigung oder Lohnabrechnung). 55

2.3.3 Entwicklungszusammenarbeit

2.3.3.1 Besteuerungsrecht des Kassenstaates (Deutschland)

Sofern Vergütungen im Rahmen der Entwicklungszusammenarbeit gezahlt werden, ist zunächst zu prüfen, ob das anzuwendende DBA Deutschland als Kassenstaat das Besteuerungsrecht zuweist und eine Anwendung des § 50d Abs. 8 EStG damit ausscheidet (z. B. Art. 19 Abs. 3 DBA-Bangladesch, Art. 18 Abs. 2 DBA-Bolivien, Art. 18 Abs. 2 DBA-Ecuador, Art. 19 Abs. 4 DBA-Indien, Art. 19 Abs. 3 DBA-Indonesien, Art. 19 Abs. 3 DBA-Pakistan). 56

Bei DBA mit sog. Entwicklungshilfeklauseln können Vergütungen, die im Rahmen eines Entwicklungshilfeprogramms eines Vertragsstaats aus Mitteln, die ausschließlich von diesem Staat bereitgestellt werden, an Fachkräfte oder freiwillige Helfer gezahlt werden, die in den anderen Vertragsstaat mit dessen Zustimmung entsandt worden sind, nur in diesem Staat (Kassenstaat) besteuert werden (s. BFH-Urteil vom 7. Juli 2015, BStBl 2016 II S. 14). 57

2.3.3.2 Besteuerungsrecht des Tätigkeitsstaates/Freistellung im Tätigkeitsstaat

Soweit Arbeitnehmer im Rahmen der Entwicklungszusammenarbeit aufgrund von zwischenstaatlichen oder diesen vergleichbaren Abkommen oder Vereinbarungen in dem jeweiligen ausländischen Staat von der Steuer befreit sind (Verzicht auf das Besteuerungsrecht), ist dies durch geeignete Unterlagen nachzuweisen. 58

Als Nachweis ist dabei eine Bescheinigung des jeweiligen Arbeitgebers in Verbindung mit einem Auszug des geltenden Abkommens bzw. der Vereinbarung anzuerkennen (vgl. Anlage 1). 59

Arbeitgeber sind Organisationen und Firmen, die direkt oder indirekt durch die Bundesregierung, Landesregierungen oder andere deutsche staatliche Stellen mit der Durchführung personeller Leistungen im Rahmen der Entwicklungszusammenarbeit beauftragt worden sind. Weitere Auftraggeber sind z. B. die Europäische Union, internationale Finanzierungsinstitute und Regierungen anderer Staaten. 60

2.3.4 Festsetzungsverfahren

2.3.4.1 Festsetzung im Falle eines fehlenden Nachweises

Soweit die nach Tz. 2.3.2, Rn. 47 und Tz. 2.3.3, Rn. 58, 59 erforderlichen Nachweise nicht oder nicht vollständig vorgelegt werden, ist die Steuer unter Einbeziehung der betroffenen Einkünfte festzusetzen. Der Einkommensteuerbescheid ist gemäß § 50d Abs. 8 Satz 2 EStG zugunsten des Steuerpflichtigen zu ändern, sobald die tatsächliche Besteuerung oder der Verzicht auf die Besteuerung im Ausland nachgewiesen wird. Die Festsetzungsfrist beginnt mit Ablauf des Jahres, in dem das Ereignis (Erbringung des Nachweises) eintritt (§ 50d Abs. 8 Satz 3 EStG). Die Verzinsung richtet sich nach § 233a Abs. 1 und 2 AO. 61

2.3.4.2 Bagatellgrenze

Bis auf Weiteres ist aus Vereinfachungsgründen die Freistellung unter Progressionsvorbehalt von der deutschen Einkommensteuer auch ohne das Erbringen von Nachweisen 62 zu gewähren, wenn der maßgebende, nach deutschem Recht ermittelte Arbeitslohn, der nach einem DBA freizustellen wäre, in dem jeweiligen VZ insgesamt nicht mehr als 10.000 € beträgt. Diese Bagatellgrenze gilt nicht pro Staat, sondern nur einmal je VZ.

63 Bei Ortskräften diplomatischer Vertretungen mit Staatsangehörigkeit der jeweiligen Staatenvertretung kann auf den Besteuerungsnachweis nach § 50d Abs. 8 EStG verzichtet werden.

2.3.5 Informationsaustausch

64 Auf die Regelungen des Merkblattes zur zwischenstaatlichen Amtshilfe durch Informationsaustausch in Steuersachen (Amtshilfe-Merkblatt) vom 23. November 2015 BStBl I S. 928 wird hingewiesen.

65 In den Fällen, in denen der Steuerpflichtige die Nachweise im Sinne des § 50d Abs. 8 EStG erbracht hat, sind weder Auskunftsersuchen zu stellen noch Spontanauskünfte zu erteilen.

66 Bestehen Zweifel hinsichtlich der Zahlung der festgesetzten Steuer bzw. des Verzichts des ausländischen Staates auf sein Besteuerungsrecht, ist die Steuer unter Einbeziehung der betroffenen Einkünfte festzusetzen (Tz. 2.3.4.1, Rn. 61) und ein Auskunftsersuchen an den ausländischen Staat zu richten. Entsprechendes gilt, soweit unklar ist, ob sämtliche steuerfrei zu stellenden Gehaltsbestandteile (z. B. Gratifikationen, Tantiemen, Urlaubsgeld) im ausländischen Staat zur Besteuerung herangezogen wurden. In diesen Fällen entfällt nach Tz. 3.1.2 des Amtshilfe-Merkblattes eine Anhörung des Steuerpflichtigen, sofern die Informationen auf Angaben beruhen, die der Steuerpflichtige in einem Antrag oder einer Erklärung gemacht hat. Gleichwohl kann der Steuerpflichtige gegen die Übermittlung aufgrund seiner Angaben in der Einkommensteuererklärung Einwendungen erheben (Tz. 3.2.1 des Amtshilfe-Merkblattes).

2.4 Anwendung des § 50d Abs. 9 EStG

67 Fällt das Besteuerungsrecht nicht bereits nach einer Bestimmung des DBA an Deutschland zurück (vgl. Tz. 9, Rn. 366), sind nach § 50d Abs. 9 Satz 1 Nr. 1 EStG Einkünfte nicht freizustellen, soweit die Nichtbesteuerung oder niedrige Besteuerung im anderen Staat die Folge eines Qualifikationskonfliktes ist. Qualifikationskonflikte haben ihre Ursache in einer nicht übereinstimmenden Anwendung der Vorschriften eines DBA durch die Vertragsstaaten, weil sie

- von unterschiedlichen Sachverhalten ausgehen,
- Abkommensbestimmungen unterschiedlich auslegen oder
- Abkommensbegriffe, die im DBA nicht definiert sind, nach ihrem nationalen Recht unterschiedlich auslegen (s. Art. 3 Abs. 2 OECD-MA).

68 Soweit das Besteuerungsrecht nicht durch eine im DBA einschlägige Regelung (vgl. Tz. 9, Rn. 366) an Deutschland zurückfällt, sind Einkünfte nach § 50d Abs. 9 Satz 1 Nr. 2 EStG nicht von der Besteuerung auszunehmen, soweit die Nichtbesteuerung darauf zurückzuführen ist, dass sich der andere Vertragsstaat an der Ausübung seines DBA-Besteuerungsrechts durch sein innerstaatliches Recht, das diese Einkünfte ganz oder teilweise im Rahmen der beschränkten Steuerpflicht nicht erfasst, gehindert sieht. Als Nichtbesteuerung gilt auch, wenn Einkünfte oder Einkunftsteile nur deshalb im anderen Vertragsstaat besteuert werden, weil der Steuerpflichtige es versäumt, einen Antrag auf Erstattung der erstattungsfähigen Steuer zu stellen. § 50d Abs. 9 EStG verhindert auch dann eine vom DBA angeordnete Steuerfreistellung, wenn der andere Vertragsstaat das ihm abkommensrechtlich zugewiesene Besteuerungsrecht an den Einkünften im Rahmen der beschränkten Steuerpflicht nur für einen Teil der Einkünfte wahrnimmt § 50d

Abs. 9 EStG i. d. F. des „Gesetzes zur Umsetzung der Änderungen der EU-Amtshilferichtlinie und von weiteren Maßnahmen gegen Gewinnkürzungen und -verlagerungen" (AmtsHRLÄndUG) vom 20. Dezember 2016, BStBl 2017 I S. 5 (anzuwenden ab VZ 2017).

§ 50d Abs. 9 EStG kann auch dann zur Besteuerung von Einkünften aus unselbständiger Arbeit führen, wenn die Einkünfte nach § 50d Abs. 8 EStG oder einer DBA-Rückfallklausel steuerfrei belassen werden können. Die Regelungen des § 50d Abs. 8 und 9 EStG sind insoweit nebeneinander anzuwenden (§ 50d Abs. 9 Satz 3 EStG i. d. F. des AmtsHRLÄndUG, a. a. O.). 69

Die Ausführungen zu den Nachweispflichten im Zusammenhang mit § 50d Abs. 8 EStG (s. Tz. 2.3.2.1, Rn. 52, 53) gelten entsprechend. Der Steuerpflichtige muss für die Freistellung regelmäßig nachweisen, dass sämtliche seiner ausländischen Einkünfte und Einkunftsteile im ausländischen Staat besteuert wurden und er die ausländischen Steuern entrichtet hat. Weist der Steuerpflichtige nach, dass die Einkünfte, die er im ausländischen Staat erzielt hat, der ausländische Staat wegen der dortigen beschränkten Steuerpflicht nicht erfassen kann, der ausländische Staat die entsprechenden Einkünfte aber bei unbeschränkt Steuerpflichtigen ebenfalls nicht besteuert, ist § 50 Abs. 9 Satz 1 Nr. 2 EStG nicht anwendbar. Auch in diesen Fällen kann die Freistellung von der deutschen Einkommensteuer nicht verweigert werden. 70

Aus Vereinfachungsgründen kann im Rahmen des Lohnsteuerabzugsverfahrens auf die Prüfung der Anwendung des § 50d Abs. 9 EStG verzichtet werden (s. Tz. III. des BMF-Schreibens vom 14. März 2017, BStBl I S. 473). 71

In den Fällen des § 50d Abs. 9 EStG sind § 34c Abs. 1 bis 3 sowie Abs. 6 Satz 6 EStG entsprechend anzuwenden (§ 34c Abs. 6 Satz 5 EStG). 72

Beispiel: 73

K ist in Deutschland ansässig und sowohl bei seinem Arbeitgeber in Deutschland als auch bei einer Schwestergesellschaft in einem anderen DBA-Staat tätig. Im Jahr 01 hält sich K an 150 Tagen im anderen DBA-Staat auf. Der Arbeitslohn wird vom deutschen Arbeitgeber bezahlt und – soweit er auf die Tätigkeit im anderen DBA-Staat entfällt – der Schwestergesellschaft im anderen DBA-Staat weiterberechnet. Der Steuerberater beantragt die Freistellung des Arbeitslohns, der auf die Tätigkeit im anderen DBA-Staat entfällt, unter Hinweis auf Art. 15 Abs. 2 Buchstabe b des DBA (wirtschaftlicher Arbeitgeber, s. Tz. 4.3.3.1, Rn. 128 ff.). Die Einkommensteuer im anderen DBA-Staat wird mit 0 € festgesetzt. Der Steuerberater weist nach, dass es im anderen DBA-Staat das Rechtsinstitut des wirtschaftlichen Arbeitgebers i. S. des DBA nicht gibt.

Die Höhe der im anderen DBA-Staat festgesetzten Steuer beträgt 0 €. Der Steuerpflichtige hat somit nachgewiesen, dass die festgesetzte Steuer „entrichtet" wurde (§ 50d Abs. 8 Satz 1 zweite Alternative EStG). Nach § 50d Abs. 9 Satz 1 Nr. 1 EStG kann die Steuerfreistellung in Deutschland dann nicht gewährt werden, soweit der andere Staat die Bestimmungen des DBA so anwendet, dass die Einkünfte in diesem Staat von der Besteuerung auszunehmen sind.

Da die Nichtbesteuerung im anderen DBA-Staat ihre Ursache in einer nicht übereinstimmenden Anwendung von DBA-Bestimmungen hat (Qualifikationskonflikt), entfällt nach § 50d Abs. 9 Satz 1 Nr. 1 EStG die Freistellung des Arbeitslohns.

2.5 Abzugsbeschränkungen

Gemäß § 3c Abs. 1 EStG dürfen Ausgaben, die mit steuerfreien Einnahmen in unmittelbarem wirtschaftlichen Zusammenhang stehen, nicht als Werbungskosten abgezogen werden. Sind Einkünfte aufgrund eines DBA freizustellen, sind regelmäßig nicht nur die Einnahmen, sondern auch die damit zusammenhängenden Werbungskosten von der Bemessungsgrundlage der deutschen Steuer auszunehmen (s. BFH-Urteil vom 11. Februar 2009, BStBl 2010 II S. 536). Darunter fallen sowohl laufende Werbungskosten, die durch steuerfreie Auslandseinkünfte veranlasst sind, als auch vorweggenommene Werbungskosten, die sich auf steuerfreie Auslandseinkünfte beziehen (s. BFH-Urteil vom 74

20. September 2006, BStBl 2007 II S. 756). Gleiches gilt für nachträgliche Werbungskosten.

75 Lassen sich die Werbungskosten nicht eindeutig zuordnen, sind diese nach den zu § 3c Abs. 1 EStG entwickelten Kriterien aufzuteilen. Hierbei sind die Werbungskosten den steuerfreien Einnahmen in dem Verhältnis zuzuordnen, in dem die steuerfreien Einnahmen zu den gesamten Einnahmen stehen, die der Steuerpflichtige im betreffenden Zeitraum bezogen hat (s. BFH-Urteil vom 26. März 2002, BStBl II S. 823).

76 Vorsorgeaufwendungen, die mit steuerfreien Einnahmen in unmittelbarem wirtschaftlichen Zusammenhang stehen, sind nach § 10 Abs. 2 S. 1 Nr. 1 EStG grundsätzlich nicht als Sonderausgaben abziehbar (s. auch Rz. 199 des BMF-Schreibens vom 24. Mai 2017, BStBl I S. 820 und BMF-Schreiben vom 27. September 2017, BStBl I S. 1339 unter I. Nr. 13 Buchstabe e). Sie mindern außerdem nicht die Höhe der im Rahmen des Progressionsvorbehalts zu berücksichtigenden Einkünfte (s. BFH-Urteil vom 18. April 2012, BStBl II S. 721).

77 Auf das BMF-Schreiben vom 11. Dezember 2017, BStBl I S. 1624 zur Anwendung des EuGH-Urteils vom 22. Juni 2017 – C-20/16 „Bechtel“ wird in diesem Zusammenhang hingewiesen.

3 Besteuerung im Tätigkeitsstaat – Art. 15 Abs. 1 OECD-MA

78 Nach Art. 15 Abs. 1 Satz 1 OECD-MA können die Vergütungen aus unselbständiger Arbeit ausschließlich im Ansässigkeitsstaat des Arbeitnehmers besteuert werden, es sei denn, die Tätigkeit wird im anderen Staat ausgeübt. Wird die unselbständige Arbeit im anderen Staat ausgeübt, steht grundsätzlich diesem Staat (Tätigkeitsstaat) das Besteuerungsrecht für die bezogenen Vergütungen zu (Art. 15 Abs. 1 Satz 2 OECD-MA).

79 Der Ort der Arbeitsausübung ist grundsätzlich der Ort, an dem sich der Arbeitnehmer zur Ausführung seiner Tätigkeit tatsächlich persönlich aufhält (BFH-Urteil vom 25. November 2014, BStBl 2015 II S. 448). Unerheblich ist, woher oder wohin die Zahlung des Arbeitslohns geleistet wird oder wo der Arbeitgeber ansässig ist.

4 Besteuerung im Ansässigkeitsstaat – Art. 15 Abs. 2 OECD-MA (sog. 183-Tage-Klausel)

4.1 Voraussetzungen

80 Abweichend von Art. 15 Abs. 1 Satz 2 OECD-MA steht nach Art. 15 Abs. 2 OECD-MA dem Ansässigkeitsstaat des Arbeitnehmers das ausschließliche Besteuerungsrecht für eine nicht in diesem Staat ausgeübte unselbständige Arbeit zu, wenn

- der Arbeitnehmer sich insgesamt nicht länger als 183 Tage innerhalb eines im jeweiligen Abkommen näher beschriebenen Zeitraums im Tätigkeitsstaat aufgehalten oder die Tätigkeit dort ausgeübt hat (s. Tz. 4.2, Rn. 85 ff.) **und**
- der Arbeitgeber, der die Vergütungen wirtschaftlich trägt oder hätte tragen müssen, nicht im Tätigkeitsstaat ansässig ist (s. Tz. 4.3, Rn. 120 ff.) **und**
- der Arbeitslohn nicht von einer Betriebsstätte oder einer festen Einrichtung, die der Arbeitgeber im Tätigkeitsstaat hat, wirtschaftlich getragen wurde oder zu tragen gewesen wäre (s. Tz. 4.4, Rn. 183 ff.).

81 Nur wenn alle drei Voraussetzungen zusammen vorliegen, steht dem Ansässigkeitsstaat des Arbeitnehmers das Besteuerungsrecht für Vergütungen, die für eine im Ausland ausgeübte Tätigkeit gezahlt werden, zu. Liegen dagegen nicht sämtliche Voraussetzungen des Art. 15 Abs. 2 OECD-MA zusammen vor, steht nach Art. 15 Abs. 1 OECD-MA dem Tätigkeitsstaat das Besteuerungsrecht für die Einkünfte aus der vom Arbeitnehmer dort ausgeübten unselbständigen Arbeit zu.

Nach dem DBA-Norwegen ist weitere Voraussetzung, dass der Arbeitgeber im selben Staat wie der Arbeitnehmer ansässig ist (Art. 15 Abs. 2 Buchstabe b DBA-Norwegen). 82

Steht in einem solchen Fall dem ausländischen Staat das Besteuerungsrecht zu, sind die Vergütungen i. d. R. unter Beachtung einer etwaigen Rückfallklausel im DBA oder des § 50d Abs. 8 bzw. 9 EStG im Inland freizustellen und nur im Rahmen des Progressionsvorbehalts zu berücksichtigen. 83

Ist Deutschland der Tätigkeitsstaat, ist nach den einkommensteuerrechtlichen Vorschriften zu prüfen, ob die Vergütungen des Arbeitnehmers aus seiner im Inland ausgeübten Tätigkeit im Wege der unbeschränkten oder der beschränkten Steuerpflicht der inländischen Besteuerung unterliegen. 84

4.2 Aufenthalt bis zu 183 Tagen – Art. 15 Abs. 2 Buchstabe a OECD-MA

4.2.1 Ermittlung der Aufenthalts-/Ausübungstage

Die in den DBA genannte 183-Tage-Frist bezieht sich häufig auf den Aufenthalt im Tätigkeitsstaat. Nach einigen DBA ist jedoch die Dauer der Ausübung der unselbständigen Arbeit im Tätigkeitsstaat maßgebend. 85

Die genannte 183-Tage-Frist kann sich entweder auf das Steuerjahr oder auf das Kj oder auch auf einen Zeitraum von zwölf Monaten beziehen. 86

4.2.2 183-Tage-Frist – Dauer des Aufenthalts im Tätigkeitsstaat

Wird in einem DBA zur Ermittlung der Aufenthalts-/Ausübungstage auf den Aufenthalt im Tätigkeitsstaat abgestellt (z. B. Art. 13 Abs. 4 Nr. 1 DBA-Frankreich; Art. 15 Abs. 2 Buchstabe a DBA-Italien; Art. 15 Abs. 2 Buchstabe a DBA-Österreich), so ist hierbei nicht die Dauer der beruflichen Tätigkeit maßgebend, sondern allein die körperliche Anwesenheit im Tätigkeitsstaat. Es kommt darauf an, ob der Arbeitnehmer an mehr als 183 Tagen im Tätigkeitsstaat anwesend war. Dabei ist auch eine nur kurzfristige Anwesenheit an einem Tag als voller Aufenthaltstag im Tätigkeitsstaat zu berücksichtigen. Es muss sich nicht um einen zusammenhängenden Aufenthalt im Tätigkeitsstaat handeln; mehrere Aufenthalte im selben Tätigkeitsstaat sind zusammenzurechnen. 87

Als volle Tage des Aufenthalts im Tätigkeitsstaat werden u. a. mitgezählt: 88

- der Ankunfts- und Abreisetag,
- alle Tage der Anwesenheit im Tätigkeitsstaat unmittelbar vor, während und unmittelbar nach der Tätigkeit, z. B. Samstage, Sonntage, gesetzliche Feiertage,
- Tage der Anwesenheit im Tätigkeitsstaat während Arbeitsunterbrechungen, z. B. bei Streik, Aussperrung, Ausbleiben von Lieferungen oder Krankheit, es sei denn, die Krankheit steht der Abreise des Arbeitnehmers entgegen und er hätte ohne sie die Voraussetzungen für die Steuerbefreiung im Tätigkeitsstaat erfüllt,
- Urlaubstage, die unmittelbar vor, während und nach oder in einem engen zeitlichen Zusammenhang mit der Tätigkeit im Tätigkeitsstaat verbracht werden (s. Beispiel 3, Rn. 95).

Tage, die ausschließlich außerhalb des Tätigkeitsstaats verbracht werden, unabhängig davon, ob aus beruflichen oder privaten Gründen, werden nicht mitgezählt. Auch Tage des Transits in einem Durchreisestaat zählen nicht als Aufenthaltstage für diesen Staat (s. Beispiel 4, Rn. 96). Eine Ausnahme hiervon gilt für Berufskraftfahrer (s. Tz. 7.2, Rn. 335). 89

Kehrt der Arbeitnehmer täglich zu seinem Wohnsitz im Ansässigkeitsstaat zurück, so ist er täglich im Tätigkeitsstaat anwesend (s. BFH-Urteil vom 10. Juli 1996, BStBl 1997 II S. 15). 90

Zur Ermittlung der Aufenthaltstage nach dem DBA-Frankreich wird auf die Verständigungsvereinbarung mit Frankreich vom 16. Februar 2006 (s. BMF-Schreiben vom 91

3. April 2006, BStBl I S. 304 und § 7 KonsVerFRAV vom 20. Dezember 2010 – BStBl 2011 I S. 104) verwiesen, wonach unter bestimmten Voraussetzungen bei mehrtägigen Dienstreisen grundsätzlich auch Sonn- und Feiertage, Urlaubs- und Krankheitstage sowie kurze Unterbrechungen im Zusammenhang mit Reisen in den Heimatstaat oder in Drittstaaten als Tage des Aufenthalts im Tätigkeitsstaat mitgezählt werden. § 6 KonsVerFRAV ist weiterhin anzuwenden.

92 Bei Arbeitnehmern, die – ohne Grenzgänger i. S. des Art. 13 Abs. 5 DBA-Frankreich zu sein – arbeitstäglich in den Tätigkeitsstaat fahren und nach Erbringung der Arbeitsleistung wieder in den Wohnsitzstaat zurückkehren (sog. Grenzpendler), ist jedoch auf die tatsächlich im anderen Staat verbrachten Tage abzustellen (s. BFH-Urteil vom 12. Oktober 2011, BStBl II S. 548). Beim Grenzpendler zählt jeder einzelne Tätigkeitstag als ein abgeschlossener Aufenthaltstag. Ein sich über mehrere Arbeitstage oder Wochen erstreckender Aufenthalt im anderen Staat liegt nicht vor.

93 **Beispiel 1: Zu Wochenendheimfahrt:**

A ist für seinen deutschen Arbeitgeber mehrere Monate lang jeweils von Montag bis Freitag in den Niederlanden tätig. Seine Wochenenden verbringt er bei seiner Familie in Deutschland. Dazu fährt er an jedem Freitag nach Arbeitsende nach Deutschland. Er verlässt Deutschland jeweils am Montagmorgen, um in den Niederlanden seiner Berufstätigkeit nachzugehen.

Die Tage von Montag bis Freitag sind jeweils als volle Anwesenheitstage in den Niederlanden zu berücksichtigen, weil sich A dort zumindest zeitweise aufgehalten hat. Dagegen können die Samstage und Sonntage mangels Aufenthalts in den Niederlanden nicht als Anwesenheitstage i. S. der 183-Tage-Klausel berücksichtigt werden.

94 **Beispiel 2: Zu Wochenendheimfahrt:**

Wie Fall 1, jedoch fährt A an jedem Samstagmorgen von den Niederlanden nach Deutschland und an jedem Sonntagabend zurück in die Niederlande.

Bei diesem Sachverhalt sind auch die Samstage und Sonntage als volle Anwesenheitstage in den Niederlanden i. S. der 183-Tage-Klausel zu berücksichtigen, weil sich A an diesen Tagen zumindest zeitweise dort aufgehalten hat.

95 **Beispiel 3: Berechnung der Urlaubstage:**

B ist für seinen deutschen Arbeitgeber vom 1. Januar bis 15. Juni in Schweden tätig. Im Anschluss hieran hielt er sich zu Urlaubszwecken bis einschließlich 24. Juni in Deutschland auf. Vom 25. Juni bis 24. Juli verbringt er seinen weiteren Urlaub in Schweden.

Das Besteuerungsrecht für den Arbeitslohn hat Schweden, weil sich B länger als 183 Tage im Kj in Schweden aufgehalten hat (Art. 15 DBA-Schweden), denn die Urlaubstage, die B im Anschluss an seine Tätigkeit in Schweden verbringt, stehen in einem engen zeitlichen Zusammenhang mit dieser Tätigkeit und werden daher für die Aufenthaltsdauer berücksichtigt.

96 **Beispiel 4: Transittage:**

C (kein Berufskraftfahrer) fährt für seinen deutschen Arbeitgeber an einem Montag mit dem Pkw von Hamburg nach Mailand, um dort eine Montagetätigkeit auszuüben. Er unterbricht seine Fahrt in Österreich, wo er übernachtet. Am folgenden Tag fährt C weiter nach Mailand. Am Freitag fährt C von Mailand über Österreich nach Hamburg zurück.

C durchquert Österreich lediglich für Zwecke des Transits. Zur Berechnung der Aufenthaltstage in Österreich werden daher die Tage, die C auf seiner Fahrt von und nach Mailand in Österreich verbringt, nicht gezählt; damit sind für Italien vier Tage zu zählen, für Österreich ist kein Tag zu berücksichtigen.

4.2.3 183-Tage-Frist – Dauer der Ausübung der unselbständigen Arbeit im Tätigkeitsstaat

97 Wird in einem DBA zur Ermittlung der Aufenthalts-/Ausübungstage auf die Dauer der Ausübung der unselbständigen Arbeit im Tätigkeitsstaat abgestellt (z. B. Art. 15 Abs. 2 Buchstabe a DBA-Dänemark), so ist hierbei jeder Tag zu berücksichtigen, an dem sich

der Arbeitnehmer, sei es auch nur für kurze Zeit, in dem anderen Vertragsstaat zur Arbeitsausübung tatsächlich aufgehalten hat.

Tage der Anwesenheit im Tätigkeitsstaat, an denen eine Ausübung der beruflichen Tätigkeit ausnahmsweise nicht möglich ist, werden mitgezählt, z. B. bei Streik, Aussperrung, Ausbleiben von Lieferungen oder Krankheit, es sei denn, die Krankheit steht der Abreise des Arbeitnehmers entgegen und er hätte ohne sie die Voraussetzungen für die Steuerbefreiung im Tätigkeitsstaat erfüllt. Abweichend von Tz. 4.2.2 sind alle arbeitsfreien Tage der Anwesenheit im Tätigkeitsstaat vor, während und nach der Tätigkeit, z. B. Samstage, Sonntage, öffentliche Feiertage, Urlaubstage, nicht zu berücksichtigen (s. Beispiel 1, Rn. 99). 98

Beispiel 1: Wochenendheimfahrten: 99

A ist für seinen deutschen Arbeitgeber mehrere Monate lang jeweils von Montag bis Freitag in Dänemark tätig. Seine Wochenenden verbringt er bei seiner Familie in Deutschland. Dazu fährt er an jedem Samstagmorgen von Dänemark nach Deutschland und an jedem Sonntagabend zurück nach Dänemark.

Die Tage von Montag bis Freitag sind jeweils als volle Tage in Dänemark zu berücksichtigen, weil A an diesen Tagen dort seine berufliche Tätigkeit ausgeübt hat. Dagegen können die Samstage und Sonntage mangels Ausübung der Tätigkeit in Dänemark nicht als Tage i. S. der 183-Tage-Klausel berücksichtigt werden.

Im Verhältnis zu Belgien (Art. 15 Abs. 2 Nr. 1 DBA-Belgien) gilt die Besonderheit, dass für die Berechnung der 183-Tage-Frist Tage der Arbeitsausübung und übliche Arbeitsunterbrechungen auch dann mitgezählt werden, wenn sie nicht im Tätigkeitsstaat verbracht werden, z. B. Tage wie Samstage, Sonntage, Krankheits- und Urlaubstage, soweit sie auf den Zeitraum der Auslandstätigkeit entfallen (Art. 15 Abs. 2 Nr. 1 DBA-Belgien, s. Beispiel 2). 100

Dies gilt aber nicht für den Anreise- und Abreisetag, wenn an diesen Tagen nicht gearbeitet wird. Insofern handelt es sich nicht um Arbeitsunterbrechungen. 101

Beispiel 2: Besonderheiten Belgien: 102

B ist für seinen deutschen Arbeitgeber zwei Wochen in Belgien tätig. Hierzu reist B am Sonntag nach Brüssel und nimmt dort am Montag seine Tätigkeit auf. Am folgenden arbeitsfreien Wochenende fährt B am Samstag nach Deutschland und kehrt am Montagmorgen zurück nach Brüssel. Nach Beendigung seiner Tätigkeit am darauf folgenden Freitag kehrt B am Samstag nach Deutschland zurück.

Der Anreisetag sowie der Abreisetag werden nicht als Tage der Arbeitsausübung in Belgien berücksichtigt, weil B an diesen Tagen dort seine berufliche Tätigkeit nicht ausgeübt hat und eine Arbeitsunterbrechung nicht gegeben ist. Die Tage von Montag bis Freitag sind jeweils als Tage der Arbeitsausübung in Belgien zu berücksichtigen, weil B an diesen Tagen dort seine berufliche Tätigkeit ausgeübt hat. Das dazwischen liegende Wochenende wird unabhängig vom Aufenthaltsort als Tage der Arbeitsausübung in Belgien berücksichtigt, weil eine übliche Arbeitsunterbrechung vorliegt. Somit sind für die 183-Tage-Frist 12 Tage zu berücksichtigen.

Eine dem DBA-Belgien ähnliche Regelung ist in den Abkommen mit der Côte d'Ivoire (Art. 15 Abs. 2 Buchstabe a), Marokko (Art. 15 Abs. 2 Nr. 1) und Tunesien (Art. 15 Abs. 2 Buchstabe a) vereinbart. Diese Abkommen beziehen sich zwar auf die Dauer des Aufenthalts, jedoch werden auch hier gewöhnliche Arbeitsunterbrechungen bei der Berechnung der 183-Tage-Frist berücksichtigt. 103

4.2.4 Anwendung der 183-Tage-Frist auf einen 12-Monats-Zeitraum

Wird in einem DBA zur Ermittlung der Aufenthalts-/Ausübungstage entsprechend dem aktuellen OECD-Standard (Art. 15 Abs. 2 OECD-MA) auf einen „Zeitraum von zwölf Monaten" abgestellt, so sind hierbei alle denkbaren 12-Monats-Zeiträume in Betracht zu ziehen, auch wenn sie sich zum Teil überschneiden. Wenn sich der Arbeitnehmer in 104 einem beliebigen 12-Monats-Zeitraum an mehr als 183 Tagen in dem anderen Vertragsstaat aufhält, steht diesem für die Einkünfte, die auf diese Tage entfallen, das Besteuerungsrecht zu. Mit jedem Aufenthaltstag des Arbeitnehmers in dem anderen Vertragsstaat ergeben sich somit neue zu beachtende 12-Monats-Zeiträume.

105 Ein 12-Monats-Zeitraum wurde z. B. mit folgenden Staaten vereinbart (Stand: 1. Januar 2018):

Albanien	(ab 1. Januar 2012),
Algerien	(ab 1. Januar 2009),
Armenien	(ab 1. Januar 2018),
Aserbaidschan	(ab 1. Januar 2006),
Australien	(ab 1. Januar 2017),
Belarus (Weißrussland)	(ab 1. Januar 2007),
Bulgarien	(ab 1. Januar 2011),
China	(ab 1. Januar 2017),
Costa Rica	(ab 1. Januar 2017),
Finnland	(ab 1. Januar 2018),
Georgien	(ab 1. Januar 2008),
Ghana	(ab 1. Januar 2008),
Großbritannien	(ab 1. Januar 2011),
Irland	(ab 1. Januar 2013),
Israel	(ab 1. Januar 2017),
Japan	(ab 1. Januar 2017),
Kanada	(ab 1. Januar 2011),
Kasachstan	(ab 1. Januar 1996),
Kirgisistan	(ab 1. Januar 2007),
Korea	(ab 1. Januar 2003),
Kroatien	(ab 1. Januar 2007),
Liberia	(ab 1. Januar 1970),
Liechtenstein	(ab 1. Januar 2013),
Luxemburg	(ab 1. Januar 2014),
Malaysia	(ab 1. Januar 2011),
Malta	(ab 1. Januar 2002),
Mauritius	(ab 1. Januar 2013),
Mazedonien	(ab 1. Januar 2011),
Mexiko	(ab 1. Januar 1993),
Niederlande	(ab 1. Januar 2016),
Norwegen	(ab 1. Januar 1991),
Philippinen	(ab 1. Januar 2016),
Polen	(ab 1. Januar 2005),
Rumänien	(ab 1. Januar 2004),
Russland	(ab 1. Januar 1997),
Singapur	(ab 1. Januar 2007),
Slowenien	(ab 1. Januar 2007),
Spanien	(ab 1. Januar 2013),
Syrien	(ab 1. Januar 2011),
Tadschikistan	(ab 1. Januar 2005),
Taiwan	(ab 1. Januar 2013),
Türkei	(ab 1. Januar 2011),

Turkmenistan	(ab 1. Januar 2018),
Ungarn	(ab 1. Januar 2012),
Uruguay	(ab 1. Januar 2012),
Usbekistan	(ab 1. Januar 2002),
VAE	(ab 1. Januar 2009),
Zypern	(ab 1. Januar 2012).

Beispiel 1: 106

A ist für seinen deutschen Arbeitgeber vom 1. April bis 20. April 01 für 20 Tage, zwischen dem 1. August 01 und dem 31. März 02 für 90 Tage sowie vom 25. April 02 bis zum 31. Juli 02 für 97 Tage in Spanien tätig.

Für die Vergütungen, die innerhalb des Zeitraums 1. August 01 bis 31. Juli 02 auf Tage entfallen, an denen sich A in Spanien aufhält, hat Spanien das Besteuerungsrecht, da sich A innerhalb eines 12-Monats-Zeitraums dort an insgesamt mehr als 183 Tagen (insgesamt 187 Tage) aufgehalten hat. Das Besteuerungsrecht für die Einkünfte, die auf den Zeitraum 1. bis 20. April 01 entfallen, steht dagegen Deutschland zu, da sich A in allen auf diesen Zeitraum bezogenen denkbaren 12-Monats-Zeiträumen an nicht mehr als 183 Tagen in Spanien aufgehalten hat.

Beispiel 2: 107

B ist für seinen deutschen Arbeitgeber zwischen dem 1. Januar 01 und dem 28. Februar 01 sowie vom 1. Mai 01 bis zum 30. April 02 für jeweils monatlich 20 Tage in Spanien tätig.

Das Besteuerungsrecht für die Vergütungen, die innerhalb des Zeitraums 1. Mai 01 bis 30. April 02 auf Tage entfallen, an denen sich B in Spanien aufhält, hat Spanien, da sich B innerhalb eines 12-Monats-Zeitraums dort an insgesamt mehr als 183 Tagen (insgesamt = 240 Tage) aufgehalten hat. Gleiches gilt für den Zeitraum 1. Januar 01 bis 28. Februar 01, da sich B auch innerhalb des 12-Monats-Zeitraums 1. Januar 01 bis 31. Dezember 01 an insgesamt mehr als 183 Tagen (insgesamt = 200 Tage) in Spanien aufgehalten hat.

4.2.5 Anwendung der 183-Tage-Frist auf das Steuerjahr/Kalenderjahr

Wird in einem DBA zur Ermittlung der Aufenthalts-/Ausübungstage anstelle eines 12-Monats-Zeitraums auf das Steuerjahr oder Kj abgestellt, so sind die Aufenthalts-/Ausübungstage für jedes Steuer- oder Kj gesondert zu ermitteln. Weicht das Steuerjahr des anderen Vertragsstaats vom Steuerjahr Deutschlands (= Kalenderjahr) ab, ist jeweils das Steuerjahr des Vertragsstaats maßgebend, in dem die Tätigkeit ausgeübt wird. 108

Folgende Vertragsstaaten haben z. B. ein vom Kj abweichendes Steuerjahr und keinen 12-Monats-Zeitraum (s. Tz. 4.2.4, Rn. 104 ff.): 109

(Stand: 1. Januar 2018):

Bangladesch	1. Juli bis 30. Juni
Indien	1. April bis 31. März
Iran	21. März bis 20. März
Namibia	1. März bis 28./29. Februar
Neuseeland	1. April bis 31. März
Pakistan	1. Juli bis 30. Juni
Sri Lanka	1. April bis 31. März
Südafrika	1. März bis 28./29. Februar

Beispiel 1: 110

A ist vom 1. Oktober 01 bis 31. Mai 02 für seinen deutschen Arbeitgeber in Schweden tätig. Die Aufenthaltstage sind für jedes Kj getrennt zu ermitteln. A hält sich weder im Kj 01 (92 Tage) noch im Kj 02 (151 Tage) länger als 183 Tage in Schweden auf.

Beispiel 2: 111

B ist für seinen deutschen Arbeitgeber vom 1. Januar 02 bis 31. Juli 02 in Indien (Steuerjahr 1. April bis 31. März) tätig.

Die Aufenthaltstage sind für jedes Steuerjahr getrennt zu ermitteln. Maßgeblich ist das Steuerjahr des Tätigkeitsstaates. Da das Steuerjahr 01/02 in Indien am 31. März 02 endet, hält sich B weder im Steuerjahr 01/02 (90 Tage) noch im Steuerjahr 02/03 (122 Tage) länger als 183 Tage in Indien auf.

4.2.6 Besonderheiten beim Wechsel des Bezugszeitraums im DBA und Wechsel der Ansässigkeit

112 Bei Umstellung eines DBA vom Steuerjahr auf einen 12-Monats-Zeitraum ist – soweit im DBA nichts anderes vereinbart ist – ab Anwendbarkeit des neuen DBA auch dann ein 12-Monats-Zeitraum zu betrachten, wenn dessen Beginn in den Anwendungszeitraum des alten DBA hineinreicht.

113 **Beispiel 1:**

Ein deutscher Arbeitgeber entsendet einen in Deutschland ansässigen Mitarbeiter A vom 15. November 2010 bis 31. Mai 2011 (insgesamt 198 Tage) nach Großbritannien.

Das DBA-Großbritannien 2010 ist nach Art. 32 Abs. 2 Buchstabe a Doppelbuchstabe bb ab 1. Januar 2011 anzuwenden und enthält als maßgeblichen Bezugszeitraum einen 12-Monats-Zeitraum, der während des bestehenden Steuerjahres (6. April bis 5. April) beginnt bzw. endet. Für den VZ 2010 bedeutet das, dass zur Ermittlung der Aufenthaltstage nach Art. XI Abs. 3 DBA-Großbritannien 1964 auf das britische Steuerjahr (6. April 2010 bis 5. April 2011) abzustellen ist. In diesem Zeitraum hielt sich A an 142 Tagen und somit nicht länger als 183 Tage in Großbritannien auf. In 2010 verbleibt somit das Besteuerungsrecht für die in 2010 erhaltenen Einkünfte des A in Deutschland. Für den VZ 2011 ist allerdings nach Art. 14 Abs. 2 des DBA-Großbritannien 2010 zu prüfen, ob sich A insgesamt länger als 183 Tage innerhalb eines 12-Monats-Zeitraums, der in 2010 beginnt und im Steuerjahr 2011 endet, in Großbritannien aufgehalten hat. A hat sich 198 Tage in Großbritannien aufgehalten. In 2011 erhält somit Großbritannien das Besteuerungsrecht für die vom 1. Januar 2011 bis 31. Mai 2011 vereinnahmten Einkünfte des A.

114 Bei einem Wechsel der Ansässigkeit innerhalb der vorgenannten Bezugszeiträume sind bei der Berechnung der 183 Aufenthalts-/Ausübungstage diejenigen Tage, an denen der Steuerpflichtige im Tätigkeitsstaat ansässig ist, nicht zu berücksichtigen (s. OECD-MK Punkt 5.1 zu Art. 15 OECD-MA).

115 **Beispiel 2: (s. OECD-MK Punkt 5.1)**

Vom 1. Januar 01 bis 31. Dezember 01 ist A in Polen ansässig. Am 1. Januar 02 wird A von einem in Deutschland ansässigen Arbeitgeber eingestellt und ist ab diesem Zeitpunkt in Deutschland ansässig. A wird vom 15. bis 31. März 02 von seinem deutschen Arbeitgeber nach Polen entsandt.

In diesem Fall hält sich A zwischen dem 1. April 01 und dem 31. März 02 insgesamt 292 Tage in Polen auf. Da er aber zwischen dem 1. April 01 und dem 31. Dezember 01 in Polen ansässig war, kann dieser Zeitraum für die Berechnung der 183 Tage nicht berücksichtigt werden. Das DBA-Polen (Anwendung ab 01.01.2005) sieht als maßgeblichen Bezugszeitraum für die 183-Tage-Frist den 12-Monats-Zeitraum vor.

A hat sich somit zwischen dem 1. April 01 und 31. März 02 nur 17 Tage (15. März 02 bis 31. März 02) in Polen aufgehalten, ohne zugleich dort ansässig zu sein.

116 **Beispiel 3: (s. OECD-MK Punkt 5.1)**

Vom 15. bis 31. Oktober 01 hält sich A, der in Polen ansässig ist, in Deutschland auf, um dort die Erweiterung der Geschäftstätigkeit der X-AG, die in Polen ansässig ist, vorzubereiten. Am 1. Mai 02 zieht A nach Deutschland, wo er ansässig wird und für eine in Deutschland neu gegründete Tochtergesellschaft der X-AG arbeitet.

In diesem Fall hält sich A zwischen dem 15. Oktober 01 und dem 14. Oktober 02 insgesamt 184 Tage in Deutschland auf. Da er aber zwischen dem 1. Mai 02 und dem 14. Oktober 02 in Deutschland ansässig war, wird dieser letztere Zeitraum für die Berechnung der nach Art. 15 Abs. 2 Buchstabe a DBA-Polen genannten Zeiträume nicht berücksichtigt.

A hat sich somit zwischen dem 15. Oktober 01 und dem 14. Oktober 02 nur 17 Tage (15. Oktober 01 bis 31. Oktober 01) in Deutschland aufgehalten, ohne zugleich dort ansässig zu sein.

Beispiel 4: 117

Vom 1. Januar 01 bis 30. April 01 war A in Deutschland und vom 1. Mai 01 bis 31. Dezember 01 in den USA ansässig.

Bis zum 30. April 01 war A bei einem deutschen Arbeitgeber beschäftigt. Vom 1. März bis 6. März 01 war A für seinen deutschen Arbeitgeber in den USA tätig. Der deutsche Arbeitgeber hatte in den USA keine Betriebsstätte.

Deutschland hat für den Zeitraum bis zum 30. April 01 das Besteuerungsrecht, weil Deutschland der Ansässigkeitsstaat war, sich A nicht mehr als 183 Tage in den USA aufgehalten hat (der Zeitraum 1. Mai 01 bis 31. Dezember 01 wird insoweit nicht mitgerechnet, weil A in diesem Zeitraum in den USA ansässig war), und der Arbeitslohn nicht von einem US-amerikanischen Arbeitgeber oder einer US-amerikanischen Betriebsstätte getragen wurde.

4.2.7 Nachträgliche Änderung der Zuweisung des Besteuerungsrechts

Bei der Anwendung der 183-Tage-Regelung auf einen 12-Monats-Zeitraum (vgl. Tz. 4.2.4, Rn. 104 ff.) kann eine einmal vorgenommene Zuordnung des Besteuerungsrechts durch weitere, nach der Veranlagung des Vorjahres durchgeführte Auslandseinsätze abweichend zu beurteilen sein. 118

Beispiel: 119

A, wohnhaft und ansässig im Inland, wird von seinem Arbeitgeber (ebenfalls im Inland ansässig) vom 1. August 01 bis 31. Dezember 01 nach Spanien an ein Schwesterunternehmen entsandt, in dessen Betrieb er nicht eingegliedert ist. Der Arbeitslohn wird deshalb weiterhin von seinem deutschen Arbeitgeber bezahlt und nicht an das Schwesterunternehmen weiterbelastet. A hält sich während dieses Zeitraums ausschließlich in Spanien auf (153 Aufenthaltstage). Aufgrund unvorhersehbarer Umstände muss A nochmals in der Zeit vom 15. Mai 02 bis 20. Juni 02 in Spanien tätig werden (37 Aufenthaltstage). A gibt seine Einkommensteuererklärung für 01 im März 02 ab. Die Veranlagung erfolgt

a) am 20. April 02 (Bescheid vom 30. April 02),
b) am 22. Juni 02 (Bescheid vom 2. Juli 02).

In beiden Fällen wurde der in Spanien erzielte Arbeitslohn der deutschen Besteuerung unterworfen, da – nach den Kenntnissen des Finanzamts am Veranlagungstag – alle drei Bedingungen der 183-Tage-Regelung (Art. 14 Abs. 2 DBA-Spanien) erfüllt waren. A informiert das Finanzamt am 05. Juli 02 über seinen erneuten Arbeitsaufenthalt in Spanien und beantragt, die Veranlagung 01 in der Weise zu ändern, dass der in Spanien erzielte Arbeitslohn steuerfrei gestellt und nur noch dem Progressionsvorbehalt unterworfen wird.

Durch den erneuten Aufenthalt in Spanien hat sich A in dem 12-Monats-Zeitraum, der am 01. August 01 beginnt und am 31. Juli 02 endet, an mehr als 183 Tagen in Spanien aufgehalten (190 Aufenthaltstage).

a) Aus Sicht des Veranlagungszeitpunktes war die inländische Besteuerung des in der Zeit vom 1. August 01 bis 31. Dezember 01 in Spanien erzielten Arbeitslohns zutreffend. Durch den nach der Veranlagung erfolgten erneuten Aufenthalt in Spanien erweist sich diese Zuordnung des Besteuerungsrechts nunmehr als unzutreffend, da A seinen Aufenthalt insgesamt an mehr als 183 Tagen in einem 12-Monats-Zeitraum (1. August 01 bis 31. Juli 02) in Spanien hatte. Die Veranlagung 01 ist deshalb antragsgemäß nach § 50d Abs. 8 Satz 2 EStG zu ändern, sofern A die Besteuerung dieses Arbeitslohns in Spanien nach § 50d Abs. 8 Satz 1 EStG nachweist.
b) Nach den tatsächlichen Verhältnissen im Veranlagungszeitpunkt lagen die Voraussetzungen für eine inländische Besteuerung des in der Zeit vom 1. August 01 bis 31. Dezember 01 in Spanien erzielten Arbeitslohns objektiv nicht vor, da A sich in dem 12-Monats-Zeitraum an mehr als 183 Tagen in Spanien aufgehalten hat. Dem Finanzamt war der zweite Spanienaufenthalt am Veranlagungstag allerdings nicht bekannt. Nach § 50d Abs. 8 Satz 3 EStG ist die Veranlagung 01 zu ändern, denn danach beginnt die Festsetzungsfrist des zu ändernden Steuerbescheids erst mit Ablauf des Kalenderjahrs,

in dem der Nachweis nach § 50d Abs. 8 Satz 1 EStG geführt wird. So hat der Steuerpflichtige ausreichend Zeit, die entsprechende steuerliche Behandlung herbeizuführen.

4.3 Zahlung durch einen oder für einen im Tätigkeitsstaat ansässigen Arbeitgeber – Art. 15 Abs. 2 Buchstabe b OECD-MA

4.3.1 Allgemeines

120 Erfolgt die Zahlung durch einen oder für einen im Tätigkeitsstaat ansässigen Arbeitgeber, sind die Voraussetzungen für die Besteuerung im Ansässigkeitsstaat nach Art. 15 Abs. 2 Buchstabe b OECD-MA nicht erfüllt.

121 Die im Ausland ausgeübte unselbständige Tätigkeit eines Arbeitnehmers kann für seinen zivilrechtlichen Arbeitgeber (s. Tz. 4.3.2, Rn. 125 ff.), für seinen wirtschaftlichen Arbeitgeber im Rahmen einer Arbeitnehmerentsendung zwischen verbundenen Unternehmen (s. Tz. 4.3.3, Rn. 128 ff.) oder aber für einen nicht verbundenen Unternehmer (s. Tz. 4.3.4, Rn. 158 ff. und 4.3.5, Rn. 179 ff.) erfolgen.

122 Ist eine Personengesellschaft Arbeitgeberin, bestimmt sich deren Ansässigkeit für Zwecke des Art. 15 Abs. 2 Buchstabe b OECD-MA grundsätzlich nach dem Ort der Geschäftsleitung. Entsprechendes gilt für eine Personengesellschaft, die im anderen Staat wie eine Kapitalgesellschaft besteuert wird.

123 Eine Betriebsstätte kommt zivilrechtlich nicht als Arbeitgeberin i. S. des DBA in Betracht (s. BFH-Urteile vom 29. Januar 1986, BStBl II S. 442 und BStBl II S. 513), s. aber Tz. 4.4, Rn. 183 ff.

124 **Beispiel:**

A ist Arbeitnehmer eines britischen Unternehmens B. Er wohnt seit Jahren in Deutschland und ist bei einer deutschen Betriebsstätte des B in Hamburg beschäftigt. Im Jahr 01 befindet er sich an fünf Arbeitstagen bei Kundenbesuchen in der Schweiz und an fünf Arbeitstagen bei Kundenbesuchen in Norwegen.

Aufenthalt in der Schweiz: Maßgeblich ist das DBA-Schweiz, da A in Deutschland ansässig ist (Art. 1, 4 Abs. 1 DBA-Schweiz) und die „Quelle" der Einkünfte aus unselbständiger Arbeit in dem Staat liegt, in dem die Tätigkeit ausgeübt wird. Nach Art. 15 Abs. 2 DBA-Schweiz hat Deutschland das Besteuerungsrecht, da neben der Erfüllung der weiteren Voraussetzungen dieser Vorschrift A von einem Arbeitgeber entlohnt wird, der nicht in der Schweiz ansässig ist.

Aufenthalt in Norwegen: Maßgeblich ist das DBA-Norwegen. Norwegen hat das Besteuerungsrecht für die Vergütungen aus der Tätigkeit in Norwegen. Zwar hält sich A nicht länger als 183 Tage in Norwegen auf. Das ausschließliche Besteuerungsrecht würde Deutschland nach Art. 15 Abs. 2 Buchstabe b DBA-Norwegen nur dann zustehen, wenn der Arbeitgeber in dem Staat ansässig ist, in dem auch der Arbeitnehmer ansässig ist. Arbeitgeber ist hier das britische Unternehmen B; die inländische Betriebsstätte kann nicht Arbeitgeber i. S. des DBA sein. Deutschland vermeidet in diesem Fall die Doppelbesteuerung der Lohneinkünfte durch Anrechnung der in Norwegen gezahlten Steuern (Art. 23 Abs. 2 Buchstabe b Doppelbuchstabe cc DBA-Norwegen).

4.3.2 Auslandstätigkeit für den zivilrechtlichen Arbeitgeber

125 Sofern der im Inland ansässige Arbeitnehmer für seinen zivilrechtlichen Arbeitgeber, der nicht im Tätigkeitstaat ansässig ist (z. B. im Rahmen einer Lieferung oder Werk-/Dienstleistung) bei einem nicht verbundenen Unternehmen im Ausland tätig ist, ist regelmäßig davon auszugehen, dass der zivilrechtliche Arbeitgeber auch der Arbeitgeber i. S. des DBA ist. Sofern in diesem Fall auch keine Betriebsstätte des Arbeitgebers vorliegt, die die Vergütungen wirtschaftlich trägt, fällt das Besteuerungsrecht erst dann an den ausländischen Tätigkeitsstaat, wenn die 183-Tage-Frist überschritten ist (s. dazu Art. 15 Abs. 2 Buchstabe a und c OECD-MA).

126 Entsprechendes gilt für einen im Ausland ansässigen Arbeitnehmer, der für seinen ausländischen zivilrechtlichen Arbeitgeber im Inland tätig ist.

Beispiel: Werkleistungsverpflichtung 127

Das ausschließlich in Spanien ansässige Unternehmen S ist spezialisiert auf die Installation von Computeranlagen. Das in Deutschland ansässige, nicht mit S verbundene Unternehmen D hat kürzlich eine neue Computeranlage angeschafft und schließt für die Durchführung der Installation dieser Anlage einen Werkleistungsvertrag mit S ab. X, ein in Spanien ansässiger Angestellter von S, wird für vier Monate an den Firmensitz von D im Inland gesandt, um die vereinbarte Installation durchzuführen. S berechnet D für die Installationsleistungen (einschließlich Reisekosten des X, Gewinnaufschlag etc.) einen pauschalen Betrag. Der Arbeitslohn des X ist dabei lediglich ein nicht gesondert ausgewiesener Preisbestandteil im Rahmen der Preiskalkulation des S.

X wird im Rahmen einer Werkleistungsverpflichtung und nicht im Rahmen einer Arbeitnehmerentsendung des S bei D tätig. Vorausgesetzt, X hält sich nicht mehr als 183 Tage während des betreffenden 12-Monats-Zeitraums in Deutschland auf und S hat in Deutschland keine Betriebsstätte, der die Gehaltszahlungen an X zuzurechnen sind, weist Art. 14 Abs. 2 DBA-Spanien das Besteuerungsrecht für die Vergütungen aus unselbständiger Arbeit dem Ansässigkeitsstaat von X Spanien zu.

X ist in Deutschland nach nationalem Recht bereits deshalb beschränkt steuerpflichtig, weil die Tätigkeit in Deutschland ausgeübt wurde (s. § 49 Abs. 1 Nr. 4 Buchstabe a EStG). Da Deutschland für den entsprechenden Arbeitslohn nach Art. 14 Abs. 2 DBA-Spanien kein Besteuerungsrecht hat, ergibt sich für X insoweit keine Einkommensteuer. Der Lohnsteuerabzug für die in Deutschland ausgeübte Tätigkeit kann bereits deshalb unterbleiben, weil in Deutschland kein inländischer Arbeitgeber vorliegt und darüber hinaus auch auf der Abkommensebene Deutschland kein Besteuerungsrecht zusteht. S ist kein in § 38 Abs. 1 Satz 1 Nr. 1 und 2 EStG genannter inländischer abzugspflichtiger Arbeitgeber. Eine Abzugsverpflichtung ergibt sich für Deutschland auch nicht nach § 38 Abs. 1 Satz 2 EStG, weil X im Rahmen einer Werkleistungsverpflichtung tätig wird. Für den Fall, dass S und D verbundene Unternehmen sind, ergibt sich keine abweichende Lösung.

4.3.3 Grenzüberschreitende Arbeitnehmerentsendung zwischen verbundenen Unternehmen

4.3.3.1 Wirtschaftlicher Arbeitgeber

Arbeitgeber i. S. des DBA kann nicht nur der zivilrechtliche Arbeitgeber, sondern auch eine andere natürliche oder juristische Person sein, die die Vergütung für die ihr geleistete unselbständige Tätigkeit wirtschaftlich trägt oder hätte tragen müssen (s. BFH-Urteil vom 23. Februar 2005, BStBl II S. 547). Entsprechendes gilt für Personengesellschaften (s. Tz. 4.3.1, Rn. 122). Wird die unselbständige Tätigkeit eines im Inland ansässigen Arbeitnehmers bei einem im Ausland ansässigen verbundenen Unternehmen (Art. 9 OECD-MA) ausgeübt, ist zu prüfen, welches dieser Unternehmen als Arbeitgeber i. S. des DBA und damit als wirtschaftlicher Arbeitgeber anzusehen ist. Hierbei ist auf den wirtschaftlichen Gehalt und die tatsächliche Durchführung der zugrunde liegenden Vereinbarungen abzustellen. Entsprechendes gilt, wenn ein im Ausland ansässiger Arbeitnehmer bei einem im Inland ansässigen verbundenen Unternehmen (Art. 9 OECD-MA) tätig ist. 128

In den Fällen der Arbeitnehmerentsendung ist der wirtschaftliche Arbeitgeber i. S. des Abkommensrechts auch der zum Lohnsteuerabzug verpflichtete inländische Arbeitgeber i. S. des § 38 Abs. 1 Satz 2 EStG, s. BMF-Schreiben vom 27. Januar 2004, BStBl I S. 173, Tz. III.1. 129

Die Grundsätze des BMF-Schreibens vom 9. November 2001, BStBl I S. 796, (Grundsätze für die Prüfung der Einkunftsabgrenzung zwischen international verbundenen Unternehmen in Fällen der Arbeitnehmerentsendung – Verwaltungsgrundsätze-Arbeitnehmerentsendung) sind bei der Abgrenzung zu beachten. Einzeln abgrenzbare Leistungen sind gesondert zu betrachten. 130

Wird der Arbeitnehmer im Rahmen einer Arbeitnehmerentsendung zur Erfüllung einer Lieferungs- oder Werk-/Dienstleistungsverpflichtung des entsendenden Unternehmens 131 bei einem verbundenen Unternehmen tätig und ist sein Arbeitslohn Preisbestandteil der Lieferung oder Werkleistung, ist der zivilrechtliche Arbeitgeber (= entsendendes Unternehmen) auch Arbeitgeber i. S. des DBA.

132 Dagegen wird das aufnehmende verbundene Unternehmen zum Arbeitgeber im abkommensrechtlichen Sinne (wirtschaftlicher Arbeitgeber), wenn

– der Arbeitnehmer in das aufnehmende Unternehmen eingebunden ist, z. B. weil das aufnehmende Unternehmen über Art und Umfang der täglichen Arbeit entscheidet und ggf. erforderliche Arbeitsmittel zur Verfügung stellt und
– das aufnehmende Unternehmen den Arbeitslohn (infolge seines eigenen betrieblichen Interesses an der Entsendung des Arbeitnehmers) wirtschaftlich trägt oder nach dem Fremdvergleichsgrundsatz hätte tragen müssen. Hierbei ist es unerheblich, ob die Vergütungen unmittelbar dem betreffenden Arbeitnehmer ausgezahlt werden, oder ein anderes Unternehmen mit diesen Arbeitsvergütungen in Vorlage tritt (s. Verwaltungsgrundsätze-Arbeitnehmerentsendung, a. a. O.). Eine „willkürliche“ Weiterbelastung des Arbeitslohns führt nicht zur Begründung der Arbeitgebereigenschaft, ebenso wie eine unterbliebene Weiterbelastung die Arbeitgebereigenschaft beim aufnehmenden Unternehmen nicht verhindern kann.

133 Für die Entscheidung, ob der Arbeitnehmer in das aufnehmende Unternehmen eingebunden ist, ist das Gesamtbild der Verhältnisse maßgebend. Hierbei ist insbesondere zu berücksichtigen, ob

– das aufnehmende Unternehmen die Verantwortung oder das Risiko für die durch die Tätigkeit des Arbeitnehmers erzielten Ergebnisse trägt und
– der Arbeitnehmer den fachlichen Weisungen des aufnehmenden Unternehmens unterworfen ist.

134 Darüber hinaus kann für die vorgenannte Entscheidung u. a. zu berücksichtigen sein, wer über die Höhe der Bezüge, die Teilnahme an einem etwaigen Erfolgsbonus- und Aktienerwerbsplan des Konzerns oder die Urlaubsgewährung entscheidet, das Risiko für eine Lohnzahlung im Nichtleistungsfall trägt, das Recht der Entscheidung über Kündigung oder Entlassung hat, oder für die Sozialversicherungsbelange des Arbeitnehmers verantwortlich ist, in wessen Räumlichkeiten die Arbeit erbracht wird, welchen Zeitraum das Tätigwerden im aufnehmenden Unternehmen umfasst, wem gegenüber Abfindungs- und Pensionsansprüche erwachsen und mit wem der Arbeitnehmer Meinungsverschiedenheiten aus dem Arbeitsvertrag auszutragen hat.

135 Nach diesen Grundsätzen wird z. B. bei Entsendung eines Arbeitnehmers von einer Muttergesellschaft zu ihrer Tochtergesellschaft das aufnehmende Unternehmen nicht zum wirtschaftlichen Arbeitgeber, wenn der Arbeitnehmer nicht in dessen Hierarchie eingebunden ist. In diesem Fall wird der Arbeitnehmer ausschließlich als Vertreter der Muttergesellschaft tätig, während im Verhältnis zur Tochtergesellschaft die für ein Arbeitsverhältnis kennzeichnende Abhängigkeit fehlt. Hier bleibt selbst dann, wenn die Tochtergesellschaft der Muttergesellschaft den Arbeitslohn ersetzt, letztere Arbeitgeberin im abkommensrechtlichen Sinne (s. BFH-Urteil vom 23. Februar 2005, BStBl II S. 547).

136 Zu einem Wechsel der wirtschaftlichen Arbeitgeberstellung bedarf es weder einer förmlichen Änderung des Arbeitsvertrages zwischen dem Arbeitnehmer und dem entsendenden Unternehmen noch ist der Abschluss eines zusätzlichen Arbeitsvertrages zwischen dem Arbeitnehmer und dem aufnehmenden Unternehmen oder eine im Vorhinein getroffene Verrechnungspreisabrede zwischen den betroffenen verbundenen Unternehmen erforderlich (s. BFH-Urteil vom 23. Februar 2005, a. a. O.).

Auf den Sonderfall eines Arbeitnehmers, der im Interesse seines inländischen Arbeitgebers die Funktion als Verwaltungsratsmitglied oder -beirat bei einem ausländischen verbundenen Unternehmen wahrnimmt, wird hingewiesen (s. BFH-Urteil vom 23. Februar 2005, a. a. O.). 137

In den Fällen der internationalen Arbeitnehmerentsendung ist das in Deutschland ansässige aufnehmende Unternehmen, das den Arbeitslohn für die ihm geleistete Arbeit wirtschaftlich trägt, zum Steuerabzug verpflichtet (§ 38 Abs. 1 Satz 2 EStG). Der wirtschaftliche Arbeitgeberbegriff ist damit auch für Zwecke des Lohnsteuerabzugs zu beachten. Nicht erforderlich ist hierfür, dass das deutsche Unternehmen den Arbeitslohn im eigenen Namen und für eigene Rechnung, beispielsweise aufgrund eigener arbeitsrechtlicher Verpflichtung, auszahlt. Die Lohnsteuerabzugsverpflichtung des inländischen Unternehmens entsteht bereits im Zeitpunkt der Auszahlung des Arbeitslohns an den Arbeitnehmer, insbesondere, wenn es aufgrund einer Vereinbarung mit dem ausländischen, entsendenden Unternehmen mit einer Weiterbelastung rechnen kann (R 38.3 Abs. 5 LStR). 138

Zum Umfang der Abzugsverpflichtung durch das inländische Unternehmen ist darauf hinzuweisen, dass sämtliche Gehaltsbestandteile für im Inland ausgeübte Tätigkeiten – auch die von anderen konzernverbundenen Unternehmen gezahlten Bonuszahlungen oder gewährten Aktienoptionen – grundsätzlich dem inländischen Lohnsteuerabzug unterliegen (§ 38 Abs. 1 Satz 3 EStG). 139

Beispiel 1: Entsendung im Interesse des entsendenden verbundenen Unternehmens 140

Das ausschließlich in Spanien ansässige Unternehmen S ist die Muttergesellschaft einer Firmengruppe. Zu dieser Gruppe gehört auch D, ein in Deutschland ansässiges Unternehmen, das Produkte der Gruppe verkauft. S hat eine neue weltweite Marktstrategie für die Produkte der Gruppe entwickelt. Um sicherzustellen, dass diese Strategie von D richtig verstanden und umgesetzt wird, wird X, ein in Spanien ansässiger Angestellter von S, der an der Entwicklung der Marktstrategie mitgearbeitet hat, für vier Monate an den Firmensitz von D gesandt. Das Gehalt von X wird ausschließlich von S getragen.

D ist nicht als wirtschaftlicher Arbeitgeber des X anzusehen, denn S trägt allein die Gehaltsaufwendungen des X. Zudem übt X seine Tätigkeit im alleinigen Interesse von S aus. Eine Eingliederung in die organisatorischen Strukturen des D erfolgt nicht. Das Besteuerungsrecht für die Vergütungen des X wird Spanien zugewiesen (Art. 14 Abs. 2 DBA-Spanien). Deutschland stellt die Vergütungen steuerfrei.

X ist in Deutschland nach nationalem Recht bereits deshalb beschränkt steuerpflichtig, weil die Tätigkeit in Deutschland ausgeübt wurde (s. § 49 Abs. 1 Nr. 4 Buchstabe a EStG). Da Deutschland für den entsprechenden Arbeitslohn nach Art. 14 Abs. 2 DBA-Spanien kein Besteuerungsrecht hat, ergibt sich für X insoweit keine Einkommensteuer.

S und D sind keine inländischen Arbeitgeber i. S. des § 38 Abs. 1 EStG des X und daher auch nicht zum Lohnsteuerabzug verpflichtet.

Beispiel 2: Arbeitnehmerentsendung im Interesse des aufnehmenden Unternehmens 141

Ein internationaler Hotelkonzern betreibt durch eine Anzahl von Tochtergesellschaften weltweit Hotels. S, eine in Spanien ansässige Tochtergesellschaft, betreibt in Spanien ein Hotel. D, eine weitere Tochtergesellschaft der Gruppe, betreibt ein Hotel in Deutschland. D benötigt für fünf Monate einen Arbeitnehmer mit spanischen Sprachkenntnissen. Aus diesem Grund wird X, ein in Spanien ansässiger Angestellter der S, zu D entsandt, um während dieser Zeit an der Rezeption im Inland tätig zu sein. X bleibt während dieser Zeit bei S angestellt und wird auch weiterhin von S bezahlt. D übernimmt die Reisekosten von X und bezahlt an S eine Gebühr, die auf dem Gehalt, den Sozialabgaben und weiteren Vergütungen des X für diese Zeit basiert.

Für den Zeitraum der Tätigkeit des X im Inland ist D als wirtschaftlicher Arbeitgeber des X anzusehen. Die Entsendung des X zwischen den international verbundenen Unternehmen erfolgt im Interesse des aufnehmenden Unternehmens D. X ist in dem genannten Zeitraum in den Geschäftsbetrieb des D eingebunden. Zudem trägt D wirtschaftlich die Arbeitsvergütungen. Die Tatbestandsvoraussetzungen des Art. 14 Abs. 2 Buchstabe b DBA-Spanien sind damit nicht gegeben. Obwohl X sich an nicht mehr als 183 Tagen in Deutschland aufhält, wird Deutschland gemäß Art. 14 Abs. 1 DBA-Spanien das Besteuerungsrecht für die Vergütungen des X für den genannten Zeitraum zugewiesen.

X ist in Deutschland nach nationalem Recht bereits deshalb beschränkt steuerpflichtig, weil die Tätigkeit in Deutschland ausgeübt wurde (s. § 49 Abs. 1 Nr. 4 Buchstabe a EStG).

D ist inländischer Arbeitgeber i. S. des § 38 Abs. 1 Satz 2 EStG. D zahlt den Arbeitslohn zwar nicht an X aus, trägt ihn aber wirtschaftlich und ist daher zum Lohnsteuerabzug verpflichtet (R 38.3 Abs. 5 LStR). Der Lohnsteuerabzug für X ist durchzuführen.

4.3.3.2 Vereinfachungsregelung

142 Bei einer Arbeitnehmerentsendung zwischen international verbundenen Unternehmen von nicht mehr als drei Monaten (auch jahresübergreifend für sachlich zusammenhängende Tätigkeiten) spricht eine widerlegbare Anscheinsvermutung dafür, dass das aufnehmende Unternehmen mangels Einbindung des Arbeitnehmers nicht als wirtschaftlicher Arbeitgeber anzusehen ist. Die Anscheinsvermutung kann im Einzelfall unter Beachtung der Kriterien in der Tz. 4.3.3.1, Rn. 128 ff. entkräftet werden. Folglich sind stets die tatsächlichen Verhältnisse des Einzelfalls maßgeblich. Ergibt sich nach den tatsächlich feststellbaren Verhältnissen eine Eingliederung in das aufnehmende Unternehmen, ist dieses auch bei Tätigkeiten von bis zu drei Monaten als wirtschaftlicher Arbeitgeber i. S. des DBA anzusehen. Die Grundsätze des BMF-Schreibens vom 9. November 2001, BStBl I S. 796, (Verwaltungsgrundsätze-Arbeitnehmerentsendung) sind zu beachten.

4.3.3.3 Entsendendes und aufnehmendes Unternehmen sind Arbeitgeber

143 Ist ein Arbeitnehmer abwechselnd sowohl für seinen inländischen zivilrechtlichen Arbeitgeber als auch für ein weiteres im Ausland ansässiges verbundenes Unternehmen tätig (z. B. ein Arbeitnehmer einer deutschen Muttergesellschaft wird abgrenzbar in Spanien und/oder in Deutschland sowohl im Interesse der spanischen aufnehmenden Gesellschaft als auch im Interesse der entsendenden deutschen Gesellschaft tätig), können abkommensrechtlich beide Unternehmen „Arbeitgeber“ des betreffenden Arbeitnehmers sein. Voraussetzung ist, dass nach den vorgenannten Grundsätzen beide Unternehmen für die jeweils anteiligen Vergütungen als Arbeitgeber i. S. des DBA anzusehen sind. Dies kann z. B. der Fall sein, wenn sowohl das entsendende als auch das aufnehmende Unternehmen ein Interesse an der Entsendung haben, weil der Arbeitnehmer Planungs-, Koordinierungs- oder Kontrollfunktionen für das entsendende Unternehmen ausübt. Die Tätigkeiten für das entsendende und für das aufnehmende Unternehmen sind mit ihrer (zeit-)anteiligen Vergütung jeweils getrennt zu beurteilen. Zunächst ist regelmäßig davon auszugehen, dass der entsandte Arbeitnehmer mit seiner Tätigkeit beim aufnehmenden Unternehmen in dessen Interesse tätig wird. Anhand von nachvollziehbaren Aufzeichnungen und Beschreibungen über die einzelnen abgrenzbaren Tätigkeiten kann aber dargelegt werden, dass im beschriebenen Umfang die Tätigkeit im Interesse des entsendenden Unternehmens erfolgt und insoweit diesem zuzuordnen ist (s. Tz. 3. der Verwaltungsgrundsätze-Arbeitnehmerentsendung, a. a. O.).

144 Erhält der Arbeitnehmer seine Vergütungen aus unselbständiger Tätigkeit in vollem Umfang von seinem zivilrechtlichen Arbeitgeber und trägt das im Ausland ansässige verbundene Unternehmen wirtschaftlich die an den Arbeitnehmer gezahlten (zeit-)anteiligen Vergütungen für die in diesem Unternehmen ausgeübte Tätigkeit, indem die (zeit-)anteiligen Vergütungen zwischen den verbundenen Unternehmen verrechnet werden, ist zu prüfen, ob der Betrag dieser (zeit-)anteiligen Vergütungen höher ist, als sie ein anderer Arbeitnehmer unter gleichen oder ähnlichen Bedingungen für diese Tätigkeit in diesem anderen Staat erhalten hätte. Der übersteigende Betrag stellt keine Erstattung von Arbeitslohn dar, sondern ist Ausfluss des Verhältnisses der beiden verbundenen Unternehmen zueinander. Der übersteigende Betrag gehört nicht zum Arbeitslohn für

die Auslandstätigkeit. Das Besteuerungsrecht steht insoweit dem Ansässigkeitsstaat des Arbeitnehmers zu.

Beispiel: 145

Ein in Deutschland ansässiger Arbeitnehmer wird vom 15. August 01 bis 31. Dezember 01 (80 Arbeitstage) an eine chinesische Tochtergesellschaft entsandt. Der Arbeitslohn i. H. v. 110.000 € wird weiterhin vom deutschen Unternehmen ausbezahlt. Davon werden (nach Fremdvergleichsgrundsätzen zutreffend) jedoch 80.000 € an die chinesische Tochtergesellschaft weiterbelastet, da der Arbeitnehmer nicht nur im Interesse der aufnehmenden Tochtergesellschaft, sondern auch im Interesse der entsendenden Muttergesellschaft (z. B. Aufsichtsfunktion zur Umsetzung eines von der Muttergesellschaft vorgegebenen Konzeptes) entsendet wird. Der Arbeitnehmer hält sich während des gesamten Zeitraums (80 Arbeitstage) stets im Interesse beider Arbeitgeber an 20 Arbeitstagen in Deutschland und an 60 Arbeitstagen in China auf. Folglich nimmt er zu jeder Zeit in beiden Staaten jeweils Aufgaben sowohl von der deutschen Muttergesellschaft als auch von der chinesischen Tochtergesellschaft wahr.

Nach Art. 15 Abs. 1 DBA-China können Vergütungen nur im Ansässigkeitsstaat besteuert werden, es sei denn die Tätigkeit wird im anderen Vertragsstaat ausgeübt. Wird die Arbeit dort ausgeübt, so können die dafür bezogenen Vergütungen im anderen Staat besteuert werden. **Soweit** die Voraussetzungen des Art. 15 Abs. 2 DBA-China erfüllt sind, bleibt es jedoch beim ausschließlichen Besteuerungsrecht des Ansässigkeitsstaates.

Behandlung der nicht weiterbelasteten Lohnbestandteile:

Da der Arbeitnehmer auch im Interesse des entsendenden Unternehmens (deutsche Muttergesellschaft) in China tätig war, entfallen die nicht an die chinesische Tochtergesellschaft weiterbelasteten Lohnbestandteile i. H. v. 30.000 € nach Art. 15 Abs. 1 DBA-China zwar auf die in China ausgeübte Tätigkeit. Insoweit liegen aber die Voraussetzungen des Art. 15 Abs. 2 DBA-China (sog. 183-Tage-Klausel) vor. Der Arbeitnehmer hat sich innerhalb eines 12-Monats-Zeitraums (z. B. vom 15. August 01 bis 14. August 02) nicht länger als 183 Tage im Tätigkeitsstaat China aufgehalten, die Vergütung wurde in dieser Höhe (zutreffend) nicht von einem im Tätigkeitsstaat ansässigen Arbeitgeber oder einer dort gelegenen Betriebsstätte bezahlt und war im ausländischen Tätigkeitstaat China nach Fremdvergleichsgrundsätzen auch nicht von einem dort ansässigen Arbeitgeber oder einer dort gelegenen Betriebsstätte zu tragen. Das ausschließliche Besteuerungsrecht an diesem Vergütungsbestandteil i. H. v. 30.000 € verbleibt deshalb im Ansässigkeitsstaat Deutschland. Das deutsche Unternehmen kann die entsprechenden Lohnkosten i. H. v. 30.000 € als Betriebsausgaben geltend machen.

Behandlung der weiterbelasteten Lohnbestandteile:

Der übrige Lohnanteil (80.000 €) ist anhand der auf diesen Zeitraum des Auslandsaufenthalts entfallenden tatsächlichen Arbeitstage (80) auf die in Deutschland und die in China ausgeübte Tätigkeit aufzuteilen.

Der Arbeitslohn entfällt i. H. v. 80.000 € x 20/80 = 20.000 € auf die im Inland ausgeübte Tätigkeit. Das Besteuerungsrecht steht gemäß Art. 15 Abs. 1 Satz 1 1. Halbsatz DBA-China ausschließlich dem Ansässigkeitsstaat Deutschland zu.

Für den auf die Tätigkeit in China entfallenden Arbeitslohn i. H. v. 80.000 € x 60/80 = 60.000 € hat hingegen China gemäß Art. 15 Abs. 1 Satz 2 DBA-China das Besteuerungsrecht. Insbesondere sind aufgrund der nach Fremdvergleichsgrundsätzen zutreffenden Weiterbelastung der Lohnkosten an die chinesische Tochtergesellschaft in dieser Höhe die Voraussetzungen des Art. 15 Abs. 2 DBA-China nicht erfüllt. Der Arbeitslohn ist folglich i. H. v. 60.000 € unter Beachtung der nationalen Rückfallklauseln des § 50d Abs. 8 und 9 EStG und der im DBA enthaltenen Rückfallklauseln sowie unter Anwendung des Progressionsvorbehalts von der deutschen Besteuerung auszunehmen (Art. 23 Abs. 2 Buchstabe a und d DBA-China).

Abwandlung: 146

Sachverhalt wie im Beispiel 1, jedoch entfallen die nicht an die Tochtergesellschaft weiterbelasteten Lohnbestandteile i. H. v. 30.000 € lediglich auf die 20 in Deutschland verbrachten Arbeitstage. Gleichwohl führt der Arbeitnehmer während seines Aufenthalts in Deutschland auch Aufgaben im Interesse der chinesischen Tochtergesellschaft aus.

Behandlung der nicht weiterbelasteten Lohnbestandteile:

Die nicht an die chinesische Tochtergesellschaft weiterbelasteten Lohnbestandteile i. H. v. 30.000 € entfallen auf eine ausschließlich im Ansässigkeitsstaat Deutschland ausgeübte Tätigkeit. Damit steht dem Ansässigkeitsstaat Deutschland gemäß Art. 15 Abs. 1 Satz 1 1. Halbsatz DBA-China das ausschließliche Besteuerungsrecht zu.

Behandlung der weiterbelasteten Lohnbestandteile:

Die Behandlung der an die chinesische Tochtergesellschaft nach Fremdvergleichsgrundsätzen zutreffend weiterbelasteten Lohnbestandteile entspricht der Lösung im obigen Beispiel.

4.3.3.4 Geschäftsführer, Vorstände und Prokuristen

147 Wenn lediglich das im Ausland ansässige verbundene Unternehmen den formellen Anstellungsvertrag mit der natürlichen Person schließt und diese im Rahmen eines Managementvertrags an das inländische verbundene Unternehmen überlässt und die natürliche Person in das deutsche Handelsregister einträgt, ist das deutsche aufnehmende Unternehmen dann als wirtschaftlicher Arbeitgeber anzusehen, wenn die Person in das deutsche aufnehmende Unternehmen eingegliedert ist. Die auf diese Tätigkeit entfallenden Vergütungen sind nach den Fremdvergleichsgrundsätzen dem aufnehmenden Unternehmen (als wirtschaftlichem Arbeitgeber) zuzurechnen. Dies gilt allerdings nicht, wenn die o. g. leitende Person zur Erfüllung einer Dienstleistungsverpflichtung des entsendenden Unternehmens bei einem verbundenen Unternehmen tätig wird und sein Arbeitslohn Preisbestandteil der Dienstleistung ist. In diesem Fall wäre zu prüfen, ob durch die Tätigkeit dieser Person eine Betriebsstätte begründet wurde (s. BMF-Schreiben vom 9. November 2001, BStBl I S. 796, Tz. 2.1).

148 Gleiches gilt in Fällen, in denen für die Tätigkeit als leitende Person beim inländischen verbundenen Unternehmen keine gesonderte Vergütung vereinbart wird oder die Tätigkeit für das deutsche Unternehmen ausdrücklich unentgeltlich erfolgen soll, da der auf die leitende Tätigkeit entfallende Lohnanteil bereits in dem insgesamt im Ausland geschuldeten Arbeitslohn enthalten ist. Das Besteuerungsrecht für den Arbeitslohn, der dem deutschen verbundenen Unternehmen zuzurechnen ist, steht nach den allgemeinen Grundsätzen des Art. 15 OECD-MA Deutschland zu. Ist die natürliche Person im Ausland ansässig, gilt dies nur insoweit, als die Tätigkeit in Deutschland ausgeübt wird.

149 Sondervorschriften in einzelnen DBA zu Geschäftsführern, Vorständen oder anderen leitenden Angestellten wie z. B. Art. 16 DBA-Österreich, Art. 15 Abs. 4 DBA-Schweiz Art. 15 Abs. 2 DBA-Niederlande und Art 16 DBA-Polen sind jedoch stets vorrangig anzuwenden (s. Tz 6.1, Rn. 311.). In diesen Sonderfällen ist der Ort, an dem die Tätigkeit für das inländische Unternehmen ausgeübt wird, für die Zuteilung des Besteuerungsrechts der Einkünfte aus unselbständiger Arbeit unbeachtlich. Die Sondervorschriften gelten jedoch nur, wenn die Gesellschaft nicht im gleichen Staat ansässig ist wie die vorgenannte leitende Person. Des Weiteren ist auch in diesen Fällen zu prüfen, ob die Freistellungsmethode oder die Anrechnungsmethode zum Zuge kommt.

150 **Beispiel:**

X (mit einzigem Wohnsitz in Österreich) ist Vorstand bei der in Österreich ansässigen Y AG. Der monatliche laufende Arbeitslohn beträgt 10.000 €. Darüber hinaus erhält X eine Weihnachtszuwendung von 30.000 €. Im Jahr 01 wird der Arbeitsvertrag dahingehend geändert, dass X bei der in Deutschland neu gegründeten Z GmbH (Tochtergesellschaft der Y AG) als Geschäftsführer tätig werden soll (Eintrag in das deutsche Handelsregister). Es wird vereinbart, dass X die Tätigkeit in Deutschland unentgeltlich erbringt. Nach den tatsächlichen Verhältnissen ergibt sich, dass X 40 % seiner Arbeitszeit für die deutsche Z GmbH aufwendet. Die restlichen 60 % entfallen auf die schon bisher ausgeübte Tätigkeit in Österreich. Die Tätigkeit für die deutsche Z GmbH wird zu je 50 % in Deutschland und in Österreich ausgeübt. Das von der österreichischen Y AG ausgezahlte Gehalt bleibt unverändert. Ein gesonderter Arbeitsvertrag mit der deutschen Z GmbH wurde nicht geschlossen. X begründet in

Deutschland keinen Wohnsitz oder gewöhnlichen Aufenthalt. In Deutschland ist zudem ein weiterer Geschäftsführer für die Z GmbH tätig. Es existiert keine Dienstleistungsvereinbarung zwischen der Y AG und der Z GmbH.

Die Tätigkeit des X ist nach dem Gesamtbild der Verhältnisse als nichtselbständige Arbeit zu werten. Nach wirtschaftlicher Betrachtungsweise sind aufgrund des Umfangs der Tätigkeit für die deutsche Z GmbH 40 % von 150.000 € (= 60.000 €) der Z GmbH zuzuordnen.

X erzielt aus seiner Tätigkeit für die deutsche Z GmbH inländische Einkünfte nach § 49 Abs. 1 Nr. 4 Buchstabe c EStG.

Die Z GmbH ist als wirtschaftlicher Arbeitgeber i. S. des DBA-Österreich anzusehen. Nach Art. 16 Abs. 2 DBA-Österreich steht Deutschland für den gesamten Betrag der Geschäftsführervergütung (60.000 €) das Besteuerungsrecht zu. Dies gilt unabhängig davon, dass die Tätigkeit sowohl in Deutschland als auch in Österreich ausgeübt wird. Die deutsche Z GmbH ist als wirtschaftlicher Arbeitgeber i. S. des § 38 Abs. 1 Satz 2 EStG zum Lohnsteuerabzug verpflichtet.

Abwandlung: 151

Die Y AG befindet sich nicht in Österreich, sondern in Liechtenstein, und X (mit einzigem Wohnsitz in Liechtenstein) übt seine Tätigkeit in Liechtenstein und in Deutschland aus.

Zwar unterliegt X nach wie vor mit 60.000 € der nationalen beschränkten Steuerpflicht. Diese wird jedoch nach Art. 14 Abs. 1 DBA-Liechtenstein insoweit beschränkt, als die Geschäftsführertätigkeit im Inland ausgeübt wurde. Deutschland kann also lediglich einen Arbeitslohn i. H. v. 30.000 € besteuern. Der Rückfall des Besteuerungsrechts an den Ansässigkeitsstaat nach Art. 14 Abs. 2 DBA-Liechtenstein greift nicht, da die deutsche Z GmbH als wirtschaftlicher Arbeitgeber in Deutschland anzusehen ist.

Die Grundsätze dieser Textziffer gelten auch in den Fällen, in denen es sich nicht um verbundene Unternehmen handelt. 152

4.3.3.5 Gestaltungsmissbrauch i. S. des § 42 AO

Dient eine Arbeitnehmerentsendung ausschließlich oder fast ausschließlich dazu, die deutsche Besteuerung zu vermeiden, ist im Einzelfall zu prüfen, ob ein Missbrauch rechtlicher Gestaltungsmöglichkeiten nach § 42 AO vorliegt. 153

Beispiel: 154

Ein in der Schweiz ansässiger Gesellschafter-Geschäftsführer einer inländischen Kapitalgesellschaft unterlag in der Vergangenheit der inländischen Besteuerung nach Art. 15 Abs. 4 DBA-Schweiz. Die Grenzgängereigenschaft des Art. 15a DBA-Schweiz war bei ihm nicht gegeben. Er legt diese Beteiligung in eine Schweizer AG ein, an der er ebenfalls als Gesellschafter-Geschäftsführer wesentlich beteiligt ist. Dieser Ertrag ist nach Art. 13 Abs. 3 i. V. m. Abs. 4 DBA-Schweiz in Deutschland steuerfrei. Sein inländischer Anstellungsvertrag wird aufgelöst, er wird ab der Umstrukturierung als Arbeitnehmer der neuen Muttergesellschaft im Rahmen eines Managementverleihvertrags für die deutsche Tochtergesellschaft tätig.

Dient die gewählte Gestaltung nur dazu, die Anwendung des Art. 15 Abs. 4 DBA-Schweiz zu vermeiden, ist die Gestaltung ungeachtet der ggf. erfüllten Kriterien der Tz. 4.3.3.1, Rn. 128 ff. nach § 42 AO nicht anzuerkennen. 155

4.3.3.6 Arbeitgeber im Rahmen einer Poolvereinbarung

Schließen sich verbundene Unternehmen zu einem Pool zusammen, handelt es sich steuerlich um eine Innengesellschaft (Verwaltungsgrundsätze-Umlageverträge, s. BMF-Schreiben vom 30. Dezember 1999, BStBl I S. 1122). Das gegebene zivilrechtliche Arbeitsverhältnis bleibt in diesen Fällen unverändert bestehen. Maßgeblich für die Anwendung des DBA ist dieses Arbeitsverhältnis. 156

Beispiel: 157

Fünf europäische Landesgesellschaften eines international tätigen Maschinenbau-Konzerns schließen sich zusammen, um eine Einsatzgruppe von Technikern zu bilden, die je nach

Bedarf in Notfällen für die Landesgesellschaften in den einzelnen Ländern tätig werden sollen. Jede Landesgesellschaft stellt hierfür drei Techniker; die Kosten der Gruppe werden nach einem Umsatzschlüssel auf die Gesellschaften verteilt.

Arbeitgeber i. S. des DBA ist der jeweilige zivilrechtliche Arbeitgeber (die jeweilige Landesgesellschaft) des Technikers.

4.3.4 Gewerbliche Arbeitnehmerüberlassung

158 Gewerbliche Arbeitnehmerüberlassung liegt bei Unternehmen (Verleiher) vor, die Dritten (Entleiher) gewerbsmäßig Arbeitnehmer (Leiharbeitnehmer) zur Arbeitsleistung überlassen.

4.3.4.1 Beurteilung einer gewerblichen Arbeitnehmerüberlassung nach Art. 15 Abs. 1 und 2 OECD-MA entsprechenden Vorschriften

159 Bei einer grenzüberschreitenden Arbeitnehmerüberlassung nimmt grundsätzlich der Entleiher die wesentlichen Arbeitgeberfunktionen wahr. Der Leiharbeitnehmer ist regelmäßig in den Betrieb des Entleihers eingebunden. Dementsprechend ist (abweichend von Tz. 4.3.3.2, Rn. 142) bereits mit Aufnahme der Tätigkeit des Leiharbeitnehmers beim Entleiher i. d. R. dieser als Arbeitgeber i. S. des DBA anzusehen.

160 Bei einer doppel- oder mehrstöckigen gewerblichen Arbeitnehmerüberlassung ist i. d. R. der letzte Entleiher in der Kette als wirtschaftlicher Arbeitgeber nach DBA anzusehen.

161 Die Arbeitgeberstellung des Entleihers ergibt sich insbesondere anhand nachfolgender Kriterien (s. auch OECD-MK, Tz. 8.14 zu Art. 15). Dabei sind die einzelnen Kriterien nach den Umständen des Einzelfalls ggf. unterschiedlich zu gewichten:

- Der Entleiher trägt die Verantwortung oder das Risiko für die durch die Tätigkeit des Arbeitnehmers erzielten Ergebnisse.
- Der Entleiher hat im Falle von Beanstandungen das Recht, den Arbeitnehmer an den Verleiher zurückzuweisen.
- Der Entleiher hat das Recht, dem Arbeitnehmer Weisungen zu erteilen, auf welche Weise die anfallenden Arbeiten auszuführen sind.
- Der Entleiher kontrolliert und verantwortet die Einrichtung, in der der Arbeitnehmer seine Tätigkeit ausübt.
- Der Entleiher stellt dem Arbeitnehmer im Wesentlichen die Werkzeuge und das Material zur Verfügung.
- Der Entleiher bestimmt die Zahl und die Qualifikation der Arbeitnehmer.
- Der Entleiher trägt das Lohnkostenrisiko im Falle der Nichtbeschäftigung.
- Der Entleiher legt die Arbeitszeiten sowie die Urlaubszeiten des Arbeitnehmers fest bzw. muss diesen zustimmen.
- Die Vergütung für den Verleiher wird auf Grundlage der Arbeitszeit des verliehenen Arbeitnehmers berechnet. Es handelt sich nicht lediglich um eine Art Dienstleistungsvertrag in dem die Arbeitsstunden des Arbeitnehmers ggf. einer von vielen Kostenbestandteilen ist.

162 In begründeten Ausnahmefällen kann auch der Verleiher als Arbeitgeber i. S. des DBA anzusehen sein, weil wesentliche Arbeitgeberfunktionen beim Verleiher verbleiben. Dies setzt jedoch regelmäßig voraus, dass die Vergütung für den Verleiher unabhängig von der geleisteten Arbeitszeit des verliehenen Arbeitnehmers ermittelt wird (s. BFH-Beschluss vom 4. September 2002, BStBl 2003 II S. 306) und die gewerbliche Arbeitnehmerüberlassung lediglich von kurzer Dauer ist (nach dem o. g. BFH-Beschluss zweieinhalb Wochen).

Beispiel 1: Verleih im Inland mit anschließender grenzüberschreitender Lieferungs- oder Werkleistungsverpflichtung 163

Der im Inland ansässige Verleiher überlässt den im Inland ansässigen Arbeitnehmer an ein ebenfalls im Inland ansässiges Unternehmen (Entleiher), das den Arbeitnehmer für nicht mehr als 183 Tage zur Erfüllung einer eigenen Lieferungs- oder Werkleistungsverpflichtung bei einem fremden dritten Unternehmen im Ausland einsetzt.

Das im Ausland ansässige Unternehmen nimmt als Empfänger einer Lieferung bzw. Werkleistung keinerlei Arbeitgeberfunktionen gegenüber dem Arbeitnehmer wahr und ist damit nicht dessen Arbeitgeber im abkommensrechtlichen Sinne. Wirtschaftlicher Arbeitgeber des Arbeitnehmers ist vielmehr der im Inland ansässige Entleiher. Das Besteuerungsrecht für die vom Arbeitnehmer im Ausland ausgeübte Tätigkeit richtet sich ausschließlich nach den Art. 15 Abs. 1 und 2 OECD-MA entsprechenden Vorschriften der DBA. Da der Arbeitnehmer nicht mehr als 183 Tage im Ausland eingesetzt ist und der Entleiher dort weder ansässig ist, noch eine Betriebsstätte unterhält, steht das Besteuerungsrecht für die Vergütungen aus der Tätigkeit ausschließlich Deutschland zu.

Beispiel 2: Verleih im Inland mit anschließender grenzüberschreitender Arbeitnehmerentsendung 164

Der im Inland ansässige Verleiher überlässt den im Inland ansässigen Arbeitnehmer an ein ebenfalls im Inland ansässiges Unternehmen (Entleiher), das den Arbeitnehmer für nicht mehr als 183 Tage im Ausland bei einem zum Konzern gehörenden Unternehmen einsetzt.

In diesem Fall ist zu prüfen, welche der beiden Konzerngesellschaften als Arbeitgeber i. S. des DBA anzusehen ist (s. Tz. 4.3.3, Rn. 128 ff.). Ist der im Inland ansässige Entleiher der wirtschaftliche Arbeitgeber des Leiharbeitnehmers, entspricht die Lösung der im Beispiel 1 und das Besteuerungsrecht verbleibt im Inland.

Ist dagegen das im Ausland ansässige Unternehmen als wirtschaftlicher Arbeitgeber anzusehen, sind die Voraussetzungen des Art. 15 Abs. 2 OECD-MA nicht erfüllt und der ausländische Tätigkeitsstaat hat nach Art. 15 Abs. 1 OECD-MA das Besteuerungsrecht.

Beispiel 3: Grenzüberschreitender Verleih mit anschließender Lieferungs- oder Werkleistungsverpflichtung im Inland 165

Der im Inland ansässige Verleiher überlässt den im Inland ansässigen Arbeitnehmer an ein im Ausland ansässiges Unternehmen (Entleiher), das den Arbeitnehmer für nicht mehr als 183 Tage zur Erfüllung einer eigenen Lieferungs- oder Werkleistungsverpflichtung bei einem Unternehmen im Inland einsetzt.

Es liegt eine grenzüberschreitende gewerbliche Arbeitnehmerüberlassung vor, in deren Rahmen der Arbeitnehmer an ein im Ausland ansässiges Unternehmen verliehen wird. Der Entleiher ist auch Arbeitgeber im abkommensrechtlichen Sinne, sofern er die wesentlichen Arbeitgeberfunktionen wahrnimmt. Soweit jedoch der Arbeitnehmer seine unselbständige Arbeit im Inland ausübt, ist der Ansässigkeitsstaat des Arbeitnehmers zugleich dessen Tätigkeitsstaat. Für die auf diese Tätigkeit entfallenden Vergütungen hat Deutschland das ausschließliche Besteuerungsrecht. Allein deshalb, weil der im anderen Vertragsstaat ansässige Entleiher im abkommensrechtlichen Sinne der Arbeitgeber ist und den Arbeitslohn an den Arbeitnehmer zahlt, ist das Besteuerungsrecht nicht dem anderen Vertragsstaat zuzuweisen.

Beispiel 4: Grenzüberschreitender Verleih mit anschließender Arbeitnehmerentsendung in das Inland 166

Der im Inland ansässige Verleiher überlässt den im Inland ansässigen Arbeitnehmer an ein im Ausland ansässiges Unternehmen (Entleiher), das den Arbeitnehmer für nicht mehr als 183 Tage bei einem im Inland ansässigen zum Konzern gehörenden Unternehmen einsetzt.

Soweit der Arbeitnehmer seine unselbständige Arbeit im Inland ausübt, ist der Ansässigkeitsstaat des Arbeitnehmers zugleich dessen Tätigkeitsstaat. Für die auf diese Tätigkeit entfallenden Vergütungen hat Deutschland das ausschließliche Besteuerungsrecht. In diesem Fall ist (abweichend von Beispiel 2, Rn. 164) nicht entscheidend, welche der beiden Konzerngesellschaften als Arbeitgeber i. S. des DBA anzusehen ist.

167 **Beispiel 5: Grenzüberschreitender Verleih mit anschließender Lieferungs- oder Werkleistungsverpflichtung im gleichen ausländischen Staat**

Der im Inland ansässige Verleiher überlässt den im Inland ansässigen Arbeitnehmer an ein im Ausland ansässiges Unternehmen (Entleiher), das den Arbeitnehmer für nicht mehr als 183 Tage zur Erfüllung einer eigenen Lieferungs- oder Werkleistungsverpflichtung bei einem dritten Unternehmen im gleichen ausländischen Staat einsetzt.

Es liegt eine grenzüberschreitende gewerbliche Arbeitnehmerüberlassung vor, in deren Rahmen der Arbeitnehmer an ein im Ausland ansässiges Unternehmen entliehen und auch in diesem ausländischen Staat tätig wird. Der Entleiher ist Arbeitgeber im abkommensrechtlichen Sinne, sofern er die wesentlichen Arbeitgeberfunktionen wahrnimmt. Die Voraussetzungen des Art. 15 Abs. 2 OECD-MA sind nicht erfüllt und der ausländische Tätigkeitsstaat hat nach Art. 15 Abs. 1 OECD-MA das Besteuerungsrecht.

168 **Beispiel 6: Grenzüberschreitender Verleih mit anschließender Arbeitnehmerentsendung innerhalb des gleichen ausländischen Staats**

Der im Inland ansässige Verleiher überlässt den im Inland ansässigen Arbeitnehmer an ein im Ausland ansässiges Unternehmen (Entleiher), das den Arbeitnehmer für nicht mehr als 183 Tage bei einem im gleichen ausländischen Staat ansässigen zum Konzern gehörenden Unternehmen einsetzt.

Die Voraussetzungen des Art. 15 Abs. 2 OECD-MA sind nicht erfüllt und der ausländische Tätigkeitsstaat hat nach Art. 15 Abs. 1 OECD-MA das Besteuerungsrecht für die Vergütungen, die auf diese Tätigkeit entfallen. In diesem Fall ist (abweichend von Beispiel 2, Rn. 164) nicht entscheidend, welche der beiden Konzerngesellschaften als Arbeitgeber i. S. des DBA anzusehen ist, da beide im gleichen ausländischen Staat ansässig sind.

169 **Beispiel 7: Grenzüberschreitender Verleih mit anschließender Lieferungs- oder Werkleistungsverpflichtung in einem weiteren ausländischen Staat**

Der im Inland ansässige Verleiher überlässt den im Inland ansässigen Arbeitnehmer an ein im Staat X ansässiges Unternehmen (Entleiher), das den Arbeitnehmer für nicht mehr als 183 Tage zur Erfüllung einer eigenen Lieferungs- oder Werkleistungsverpflichtung bei einem dritten Unternehmen in einem dritten Staat Y einsetzt.

Es liegt eine grenzüberschreitende gewerbliche Arbeitnehmerüberlassung vor, in deren Rahmen der Arbeitnehmer an das in Staat X ansässige Unternehmen entliehen wird. Der Entleiher ist Arbeitgeber im abkommensrechtlichen Sinne, sofern er die wesentlichen Arbeitgeberfunktionen wahrnimmt. Staat X hat nach Art. 15 Abs. 1 OECD-MA dennoch kein Besteuerungsrecht für die Vergütungen, soweit diese auf die im Staat Y ausgeübte Tätigkeit des Arbeitnehmers entfallen.

Das im Staat Y ansässige Unternehmen nimmt keinerlei Arbeitgeberfunktionen gegenüber dem Arbeitnehmer wahr und ist damit nicht dessen Arbeitgeber im abkommensrechtlichen Sinne. Wenn der Arbeitnehmer nicht mehr als 183 Tage in Staat Y eingesetzt ist und der nicht in Staat Y ansässige Arbeitgeber im abkommensrechtlichen Sinne dort keine Betriebsstätte unterhält, steht das Besteuerungsrecht für die Vergütungen aus der Tätigkeit ausschließlich Deutschland zu.

170 **Beispiel 8: Grenzüberschreitender Verleih mit anschließender Arbeitnehmerentsendung in einen weiteren ausländischen Staat**

Der im Inland ansässige Verleiher überlässt den im Inland ansässigen Arbeitnehmer an ein im Staat X ansässiges Unternehmen (Entleiher), das den Arbeitnehmer für nicht mehr als 183 Tage bei einem zum Konzern gehörenden, in Staat Y ansässigen Unternehmen einsetzt.

In diesem Fall ist zu prüfen, welche der beiden in ausländischen Staaten ansässigen Konzerngesellschaften als Arbeitgeber i. S. des DBA anzusehen ist (s. Tz. 4.3.3, Rn. 128 ff.). Ist der im Staat X ansässige Entleiher der wirtschaftliche Arbeitgeber des Leiharbeitnehmers, entspricht die Lösung der im Beispiel 7 (Rn. 169) und das Besteuerungsrecht bleibt im Inland.

Ist dagegen das im Staat Y ansässige Unternehmen als wirtschaftlicher Arbeitgeber anzusehen, sind die Voraussetzungen des Art. 15 Abs. 2 OECD-MA nicht erfüllt und der ausländische Tätigkeitsstaat Y hat nach Art. 15 Abs. 1 OECD-MA das Besteuerungsrecht.

Beispiel 9: Grenzüberschreitender Verleih mit anschließendem Verleih in einen weiteren ausländischen Staat 171

Der im Inland ansässige gewerbliche Verleiher überlässt den im Inland ansässigen Arbeitnehmer an ein im Staat X ansässiges Unternehmen (Entleiher), das ebenfalls ein gewerblicher Verleiher ist und den Arbeitnehmer für nicht mehr als 183 Tage einem dritten, in Staat Y ansässigen Unternehmen (Entleiher) überlässt.

Es liegt eine grenzüberschreitende gewerbliche Arbeitnehmerüberlassung vor. Als wirtschaftlicher Arbeitgeber im abkommensrechtlichen Sinne ist der letzte, in Staat Y ansässige Entleiher in der Kette anzusehen, sofern er die wesentlichen Arbeitgeberfunktionen wahrnimmt. Die Voraussetzungen des Art. 15 Abs. 2 OECD-MA sind nicht erfüllt und der ausländische Tätigkeitsstaat Y hat nach Art. 15 Abs. 1 OECD-MA das Besteuerungsrecht.

Die vorstehenden Grundsätze zum grenzüberschreitenden Arbeitnehmerverleih sind auch in den Fällen anzuwenden, in denen ein im Inland ansässiger Arbeitnehmer bei einem ausländischen gewerbsmäßigen Arbeitnehmerverleiher beschäftigt ist und dieser den Arbeitnehmer an ein Unternehmen im Ausland verleiht. 172

4.3.4.2 Besondere Regelungen in einzelnen DBA

Einige DBA enthalten zur Vermeidung von Missbrauch in Fällen von grenzüberschreitenden Leiharbeitsverhältnissen besondere Regelungen. Diese Sonderregelungen sind als sog. Spezialregelung vorrangig anzuwenden (Stand 1. Januar 2018): 173

- Protokoll Ziffer 5 zu Art. 15 DBA-Albanien,
- Art. 15 Abs. 3 DBA-Algerien,
- Art. 15 Abs. 3 DBA-Aserbaidschan,
- Art. 14 Abs. 3 DBA-Bulgarien,
- Art. 15 Abs. 3 DBA-Costa Rica,
- Art. 15 Abs. 4 DBA-Dänemark,
- Art. 14 Abs. 3 DBA-Finnland,
- Art. 13 Abs. 6 DBA-Frankreich,
- Protokoll Ziffer 13 zu Art. 15 DBA-Italien,
- Art. 15 Abs. 3 DBA-Kasachstan,
- Art. 15 Abs. 3 DBA-Korea,
- Art. 15 Abs. 3 DBA-Kroatien,
- Protokoll Ziffer 5 zu Art. 15/23 DBA-Norwegen,
- Art. 15 Abs. 3 DBA-Österreich,
- Art. 15 Abs. 3 DBA-Polen,
- Art. 15 Abs. 3 DBA-Rumänien,
- Art. 15 Abs. 4 DBA-Schweden,
- Protokoll Ziffer 4 zum DBA-Slowenien,
- Art. 14 Abs. 3 DBA-Tadschikistan,
- Art. 15 Abs. 3 DBA-Turkmenistan,
- Art. 14 Abs. 3 DBA-Ungarn,
- Art. 14 Abs. 3 DBA-Uruguay,
- Art. 14 Abs. 3 DBA-Zypern.

Regelmäßig bleibt es beim Besteuerungsrecht des Tätigkeitsstaates nach den Art. 15 Abs. 1 OECD-MA entsprechenden Vorschriften der DBA, unabhängig davon, wie lange der Arbeitnehmer in diesem Staat tätig ist. 174

175 In folgenden Fällen vermeidet Deutschland als Ansässigkeitsstaat die Doppelbesteuerung durch die Anrechnungsmethode (Stand: 1. Januar 2018):

- Art. 23 Abs. 1 Buchstabe b Doppelbuchstabe ee DBA-Albanien,
- Art. 23 Abs. 2 Buchstabe b Doppelbuchstabe ee DBA-Algerien,
- Art. 23 Abs. 1 Buchstabe b Doppelbuchstabe ee DBA-Aserbaidschan,
- Art. 22 Abs. 1 Buchstabe b Doppelbuchstabe ee DBA-Bulgarien,
- Art. 23 Abs. 1 Buchstabe b Doppelbuchstabe ee DBA-Costa Rica;
- Art. 24 Abs. 1 Buchstabe b Doppelbuchstabe bb DBA-Dänemark,
- Art. 21 Abs. 1 Buchstabe b Ziffer 3 DBA-Finnland,
- Art. 20 Abs. 1 Buchstabe c DBA-Frankreich,
- Protokoll Ziffer 13 zum DBA-Italien,
- Art. 23 Abs. 2 Buchstabe b Doppelbuchstabe ee DBA-Kasachstan,
- Art. 23 Abs. 1 Buchstabe b Doppelbuchstabe ee DBA-Korea,
- Art. 23 Abs. 1 Buchstabe b Doppelbuchstabe ee DBA-Kroatien,
- Art. 23 Abs. 2 Buchstabe b Doppelbuchstabe cc DBA-Norwegen,
- Art. 24 Abs. 1 Buchstabe b Doppelbuchstabe bb DBA-Polen,
- Art. 23 Abs. 2 Buchstabe b Doppelbuchstabe ee DBA-Rumänien,
- Art. 23 Abs. 1 Buchstabe b Doppelbuchstabe cc DBA-Schweden,
- Art. 23 Abs. 2 Buchstabe b Doppelbuchstabe dd DBA-Slowenien,
- Art. 22 Abs. 2 Buchstabe b Doppelbuchstabe dd DBA-Tadschikistan,
- Art. 22 Abs. 1 Buchstabe b Doppelbuchstabe ee DBA-Turkmenistan,
- Art. 22 Abs. 1 Buchstabe b Doppelbuchstabe cc DBA-Ungarn,
- Art. 22 Abs. 1 Buchstabe b Doppelbuchstabe ee DBA-Uruguay,
- Art. 22 Abs. 1 DBA-Zypern.

176 **Weitere Besonderheiten**

Art. 15 Abs. 3 DBA-Österreich regelt, dass Art. 15 Abs. 2 Buchstabe b (Arbeitgeber i. S. des DBA) für den Fall der gewerblichen Arbeitnehmerüberlassung dann keine Anwendung findet, wenn sich der Arbeitnehmer nicht länger als 183 Tage im anderen Staat aufhält. Damit wird dem Ansässigkeitsstaat des Arbeitnehmers das Besteuerungsrecht auch dann zugewiesen, wenn der Entleiher seinen Sitz im Tätigkeitsstaat hat und sich der Arbeitnehmer an nicht mehr als 183 Tagen im anderen Staat aufgehalten hat. Die Regelung des DBA wird durch Nr. 6 des Protokolls dahingehend flankiert, dass die 183-Tage-Regelung nur dann nicht zur Anwendung kommt, wenn der Verleiher im anderen Staat eine Betriebsstätte unterhält, die die Vergütungen trägt. Steht nach diesen Regeln Österreich als Tätigkeitsstaat das Besteuerungsrecht zu, vermeidet Deutschland die Doppelbesteuerung durch Anwendung der Freistellungsmethode nach Art. 23 Abs. 1 Buchstabe a DBA-Österreich.

177 In folgenden Fällen, in denen es wegen der Anwendung der Anrechnungsmethode im laufenden Kj zu einer zeitweiligen Doppelbesteuerung kommen kann, bestehen keine Bedenken, dass aus Billigkeitsgründen entsprechend der Regelung des § 39a Abs. 1 Satz 1 Nr. 5 Buchstabe c EStG maximal das Vierfache der voraussichtlich abzuführenden ausländischen Abzugsteuer als Freibetrag für das Lohnsteuerabzugsverfahren gebildet wird, begrenzt auf die Höhe des voraussichtlichen im Ausland zu versteuernden Arbeitslohns, für den die Anrechnungsmethode anzuwenden ist:

- Das DBA sieht für Lohneinkünfte die Anwendung der Anrechnungsmethode vor (z. B. Art. 13 Abs. 6 i. V. m. Art. 20 Abs. 1 Buchstabe c DBA-Frankreich oder Art. 15 i. V. m. Art. 23 Abs. 2 Buchstabe b Doppelbuchstabe cc DBA-Norwegen).

– Berücksichtigung ausländischer Steuern nach § 34c Abs. 1 EStG, die von Staaten erhoben werden, mit denen kein DBA besteht, und wenn der Auslandstätigkeitserlass (BMF-Schreiben vom 31. Oktober 1983, BStBl I S. 470) nicht anzuwenden ist. Es ist jedoch zu beachten, dass der Auslandstätigkeitserlass grundsätzlich auch bei Arbeitnehmerüberlassungen angewendet werden kann.

Hierzu ist es erforderlich, dass der Arbeitnehmer durch geeignete Unterlagen (z. B. Bestätigung des Arbeitgebers) glaubhaft macht, dass der Quellensteuerabzug im anderen Staat bereits vorgenommen wurde oder mit dem Quellensteuerabzug zumindest ernsthaft zu rechnen ist. Bei der Berechnung des Freibetrags dürfen ausländische Steuern eines Nicht-DBA-Staates nur zugrunde gelegt werden, wenn sie der deutschen Einkommensteuer entsprechen (Anhang 12 II EStH). Auf die Veranlagungsverpflichtung nach § 46 Abs. 2 Nr. 4 EStG wird hingewiesen. 178

4.3.5 Gelegentliche Arbeitnehmerüberlassung zwischen fremden Dritten

Sofern gelegentlich ein Arbeitnehmer bei einem fremden Dritten eingesetzt wird, kann entweder eine Arbeitnehmerüberlassung oder eine Tätigkeit zur Erfüllung einer Liefer- oder Werkleistungsverpflichtung vorliegen. 179

Eine gelegentliche Arbeitnehmerüberlassung liegt grundsätzlich dann vor, wenn der zivilrechtliche Arbeitgeber, dessen Unternehmenszweck nicht die Arbeitnehmerüberlassung ist, mit einem nicht verbundenen Unternehmen vereinbart, den Arbeitnehmer für eine befristete Zeit bei letztgenanntem Unternehmen tätig werden zu lassen und das aufnehmende Unternehmen entweder eine arbeitsrechtliche Vereinbarung (Arbeitsverhältnis) mit dem Arbeitnehmer schließt oder als wirtschaftlicher Arbeitgeber anzusehen ist. 180

Bezogen auf die vom Entleiher gezahlten Vergütungen ist in diesen Fällen regelmäßig der Entleiher als Arbeitgeber i. S. des DBA anzusehen. 181

Beispiel: Arbeitnehmerüberlassung zwischen fremden Dritten 182

S, ein in Spanien ansässiges Unternehmen, und D, ein in Deutschland ansässiges Unternehmen, sind ausschließlich mit der Ausübung technischer Dienstleistungen befasst. Sie sind keine verbundenen Unternehmen i. S. des Art. 9 OECD-MA. D benötigt für eine Übergangszeit die Leistungen eines Spezialisten, um eine Bauleistung im Inland fertig zu stellen und wendet sich deswegen an S. Beide Unternehmen vereinbaren, dass X, ein in Spanien ansässiger Angestellter von S, für die Dauer von vier Monaten für D unter der direkten Aufsicht von dessen erstem Ingenieur arbeiten soll. X bleibt während dieser Zeit formal weiterhin bei S angestellt. D zahlt S einen Betrag, der dem Gehalt, Sozialversicherungsabgaben, Reisekosten und anderen Vergütungen des Technikers für diesen Zeitraum entspricht. Zusätzlich wird ein Aufschlag von 5 % gezahlt. Es wurde vereinbart, dass S von allen Schadensersatzansprüchen, die in dieser Zeit aufgrund der Tätigkeit von X entstehen sollten, befreit ist.

Es liegt eine gelegentliche Arbeitnehmerüberlassung zwischen fremden Unternehmen vor. D ist während des genannten Zeitraums als wirtschaftlicher Arbeitgeber des X anzusehen. Die Tatbestandsvoraussetzungen des Art. 14 Abs. 2 Buchstabe b DBA-Spanien sind damit nicht erfüllt. Gemäß Art. 14 Abs. 1 DBA-Spanien hat somit Deutschland als Tätigkeitsstaat das Besteuerungsrecht für die Vergütungen des X für den genannten Zeitraum. Der Aufschlag i. H. v. 5% stellt keinen Arbeitslohn des X dar.

X ist in Deutschland nach nationalem Recht bereits deshalb beschränkt steuerpflichtig, weil die Tätigkeit in Deutschland ausgeübt wurde (§ 49 Abs. 1 Nr. 4 Buchstabe a EStG).

D ist inländischer Arbeitgeber i. S. des § 38 Abs. 1 Satz 2 EStG und daher zum Lohnsteuerabzug verpflichtet.

4.4 Zahlung des Arbeitslohns zu Lasten einer Betriebsstätte des Arbeitgebers im Tätigkeitsstaat – Art. 15 Abs. 2 Buchstabe c OECD-MA

183 Erfolgt die Zahlung zu Lasten einer Betriebsstätte des Arbeitgebers im Tätigkeitsstaat, sind die Voraussetzungen für die alleinige Besteuerung im Ansässigkeitsstaat nach Art. 15 Abs. 2 Buchstabe c OECD-MA nicht erfüllt.

184 Maßgebend für den Begriff der „Betriebsstätte" ist die Definition in dem jeweiligen Abkommen (Art. 5 OECD-MA). Nach vielen DBA wird z. B. eine Bauausführung oder Montage erst ab einem Zeitraum von mehr als 12 Monaten zu einer Betriebsstätte (abweichend von § 12 AO, wonach bei einer Dauer von mehr als 6 Monaten eine Betriebsstätte vorliegt).

185 Der Arbeitslohn wird zu Lasten einer Betriebsstätte gezahlt, wenn die Zahlungen wirtschaftlich der Betriebsstätte zuzuordnen sind. Nicht entscheidend ist, wer die Vergütungen auszahlt oder in seiner Teilbuchführung abrechnet. Es kommt nicht darauf an, dass die Vergütungen zunächst von der Betriebsstätte ausgezahlt und später vom Stammhaus erstattet werden. Ebenso ist es nicht entscheidend, wenn eine zunächst vom Stammhaus ausgezahlte Vergütung später in der Form einer Kostenumlage auf die ausländische Betriebsstätte abgewälzt wird. Entscheidend ist allein, ob und ggf. in welchem Umfang die ausgeübte Tätigkeit des Arbeitnehmers nach dem jeweiligen DBA der Betriebsstätte zuzuordnen ist (s. Betriebsstätten-Verwaltungsgrundsätze; BMF-Schreiben vom 24. Dezember 1999, BStBl I S. 1076 und Verwaltungsgrundsätze Betriebsstättengewinnaufteilung; BMF-Schreiben vom 22. Dezember 2016, BStBl 2017 I S. 182) und die Vergütung deshalb wirtschaftlich zu Lasten der Betriebsstätte geht (s. BFH-Urteil vom 24. Februar 1988, BStBl II S. 819).

186 Eine Betriebsstätte kann zivilrechtlich nicht Arbeitgeber sein. Dies gilt unabhängig davon, welchem DBA-Staat die maßgeblichen Personalfunktionen i. S. des § 1 Abs. 5 AStG zuzuordnen sind. Damit bleibt es auch ohne Auswirkung, ob in einem DBA der einschlägige Artikel zur Besteuerung der Unternehmensgewinne (z. B. Protokoll Nr. 4 zu Art. 7 DBA-USA, Art. 7 DBA-Luxemburg und Art. 7 DBA-Großbritannien) bezüglich des Betriebsstättengewinns eine Formulierung entsprechend des OECD-Betriebsstättenberichts 2010 (AOA) enthält. Der Grundsatz des AOA, wonach Betriebsstätten bei der Gewinnermittlung nach DBA als selbständige Unternehmen behandelt werden (Selbständigkeitsfiktion), ist bei Arbeitnehmerentsendung zwischen einer Betriebsstätte und dem Stammhaus nicht zu übernehmen.

187 Eine selbständige Tochtergesellschaft (z. B. GmbH) ist grundsätzlich nicht Betriebsstätte der Muttergesellschaft, kann aber ggf. eine Vertreterbetriebsstätte begründen oder selbst Arbeitgeber sein.

188 Im Übrigen wird auf die „Grundsätze der Verwaltung für die Prüfung der Aufteilung der Einkünfte bei Betriebsstätten international tätiger Unternehmen" (Betriebsstätten-Verwaltungsgrundsätze; s. BMF-Schreiben vom 24. Dezember 1999, a. a. O., unter Berücksichtigung der Änderungen durch die BMF-Schreiben vom 20. November 2000, BStBl I S. 1509, vom 29. September 2004, BStBl I S. 917, und vom 25. August 2009, BStBl I S. 888 sowie die „Verwaltungsgrundsätze-Arbeitnehmerentsendung", BMF-Schreiben vom 9. November 2001, BStBl I S. 796) verwiesen.

189 **Beispiel 1:**

Der in Deutschland ansässige A ist vom 1. Januar 01 bis 31. März 01 bei einer Betriebsstätte seines deutschen Arbeitgebers in Frankreich (nicht innerhalb der Grenzzone nach Art. 13 Abs. 5 DBA-Frankreich) tätig. Der Lohnaufwand ist der Betriebsstätte nach Art. 4 DBA-Frankreich als Betriebsausgabe zuzuordnen.

Das Besteuerungsrecht für den Arbeitslohn steht Frankreich zu. A hält sich zwar nicht länger als 183 Tage in Frankreich auf. Da der Arbeitslohn aber zu Lasten einer französischen Betriebsstätte des Arbeitgebers geht, bleibt das Besteuerungsrecht Deutschland nicht erhalten

(Art. 13 Abs. 4 DBA-Frankreich). Frankreich kann als Tätigkeitsstaat den Arbeitslohn besteuern (Art. 13 Abs. 1 DBA-Frankreich). Deutschland stellt die Einkünfte unter Beachtung des § 50d Abs. 8 bzw. 9 EStG und des Progressionsvorbehalts frei (Art. 20 Abs. 1 Buchstabe a DBA-Frankreich).

Beispiel 2: 190

Der in Frankreich ansässige B ist bei einer deutschen Betriebsstätte seines französischen Arbeitgebers A (nicht innerhalb der Grenzzone nach Art. 13 Abs. 5 DBA-Frankreich) vom 1. Januar 01 bis 31. März 01 in Deutschland tätig. Der Lohnaufwand ist der deutschen Betriebsstätte nach Art. 4 DBA-Frankreich als Betriebsausgabe zuzuordnen.

Das Besteuerungsrecht für den Arbeitslohn hat Deutschland. B hält sich zwar nicht länger als 183 Tage in Deutschland auf, der Arbeitslohn geht aber zu Lasten einer deutschen Betriebsstätte. Deutschland kann daher als Tätigkeitsstaat den Arbeitslohn besteuern (Art. 13 Abs. 1 DBA-Frankreich i. V. m. § 1 Abs. 4 und § 49 Abs. 1 Nr. 4 Buchstabe a EStG).

A ist inländischer Arbeitgeber i. S. des § 38 Abs. 1 Satz 1 Nr. 1 EStG, weil er im Inland über eine Betriebsstätte verfügt, und deshalb zum Lohnsteuerabzug verpflichtet ist.

Wird ein Arbeitnehmer, der einer Betriebsstätte zuzuordnen ist, im Stammhaus seines Arbeitgebers tätig, steht dem Tätigkeitsstaat wegen der dortigen Ansässigkeit des Arbeitgebers grundsätzlich das Besteuerungsrecht zu (s. BFH-Urteil vom 5. Juni 2007, BStBl II S. 810). Dies gilt auch dann, wenn die Tätigkeit nur von kurzer Dauer ist. 191

Für die Zuweisung des Besteuerungsrechts nach DBA ist die Dauer der Tätigkeit im Stammhaus ebenso ohne Bedeutung wie die Frage, wer die Aufwendungen für den im Stammhaus tätigen Arbeitnehmer trägt oder hätte tragen müssen. Die erfüllende Tatbestandsvoraussetzung für den Rückfall des Besteuerungsrechts an den Ansässigkeitsstaat im Rahmen der sog. 183-Tage-Klausel ist bereits dann nicht gegeben, wenn der Arbeitgeber (auch) im Tätigkeitsstaat ansässig ist. 192

Beispiel 3: 193

Ein im Ausland ansässiger Mitarbeiter einer

a) ausländischen Betriebsstätte

b) ausländischen Tochtergesellschaft

besucht für eine Woche eine interne Schulungsveranstaltung beim deutschen Stammhaus bzw. bei der deutschen Konzernmutter (zivilrechtlicher Arbeitgeber). Der Arbeitslohn wird vollständig durch (a) die Betriebsstätte bzw. (b) die ausländische Tochtergesellschaft getragen; eine Weiterbelastung der Kosten erfolgt nicht.

zu a)

Die Betriebsstätte kann nicht Arbeitgeber sein. Deutschland hat nach Art. 15 Abs. 1 i. V. m. Art. 15 Abs. 2 Buchstabe b OECD-MA das Besteuerungsrecht für die fünf deutschen Arbeitstage, da das Stammhaus einen in Deutschland ansässigen Arbeitgeber darstellt, der die Vergütungen zahlt. Folglich muss vom deutschen Stammhaus Lohnsteuer einbehalten und abgeführt werden.

zu b)

Der ausländische Ansässigkeitsstaat hat nach Art. 15 Abs. 2 OECD-MA das ausschließliche Besteuerungsrecht an den Lohneinkünften, da der Arbeitnehmer die 183-Tage-Frist nicht überschreitet und sein Arbeitslohn weder von einem in Deutschland ansässigen Arbeitgeber noch von einer in Deutschland ansässigen Betriebsstätte zu tragen ist. Ein deutsches Besteuerungsrecht besteht nicht.

5 Ermittlung des steuerpflichtigen/steuerfreien Arbeitslohns

5.1 Differenzierung zwischen der Anwendung der 183-Tage-Klausel und der Ermittlung des steuerpflichtigen/steuerfreien Arbeitslohns

Nach Art. 15 Abs. 1 OECD-MA können die Vergütungen aus unselbständiger Arbeit ausschließlich im Ansässigkeitsstaat des Arbeitnehmers besteuert werden, es sei denn, die Tätigkeit wird im anderen Staat ausgeübt. Wird die unselbständige Arbeit im anderen 194

Staat ausgeübt, steht auch diesem Staat das Besteuerungsrecht für Vergütungen zu, die für die dort ausgeübte Tätigkeit gezahlt werden (s. Tz. 3, Rn. 78). Gemäß Art. 15 Abs. 2 OECD-MA ist zu prüfen, ob trotz der Auslandstätigkeit dem Ansässigkeitsstaat des Arbeitnehmers das ausschließliche Besteuerungsrecht an den Vergütungen aus unselbständiger Arbeit verbleibt (s. Tz. 4, Rn. 80 ff.). Im Rahmen dieser Prüfung wird u. a. eine Berechnung der nach dem jeweils anzuwendenden DBA maßgeblichen Aufenthalts- oder Ausübungstage im Ausland anhand der 183-Tage-Klausel vorgenommen.

195 Die Ermittlung des steuerpflichtigen/steuerfreien Arbeitslohns erfolgt sodann in einem weiteren gesonderten Schritt.

5.2 Grundsätze bei der Ermittlung des steuerpflichtigen/steuerfreien Arbeitslohns

196 Nach § 90 Abs. 2 AO hat der Steuerpflichtige den Nachweis über die Ausübung der Tätigkeit in dem anderen Staat und deren Zeitdauer durch Vorlage geeigneter Aufzeichnungen (z. B. Stundenprotokolle, Terminkalender, Reisekostenabrechnungen) zu führen.

197 Ist der Arbeitslohn in Deutschland nach einem DBA freizustellen, ist zunächst zu prüfen, inwieweit die Vergütungen unmittelbar der Auslandstätigkeit oder der Inlandstätigkeit zugeordnet werden können (s. Tz. 5.3, Rn. 198). Soweit eine unmittelbare Zuordnung nicht möglich ist, ist der verbleibende tätigkeitsbezogene Arbeitslohn aufzuteilen. Die Aufteilung hat bereits der Arbeitgeber im Lohnsteuerabzugsverfahren entsprechend dem BMF-Schreiben vom 14. März 2017, BStBl I S. 473 („Ermittlung des steuerfreien und steuerpflichtigen Arbeitslohns nach den Doppelbesteuerungsabkommen sowie nach dem Auslandstätigkeitserlass im Lohnsteuerabzugsverfahren") vorzunehmen; zum Erfordernis der Freistellungsbescheinigung vgl. R 39b.10 LStR. Darüber hinaus hat er den steuerfrei belassenen Arbeitslohn in der Lohnsteuerbescheinigung anzugeben. Das Lohnsteuerabzugsverfahren ist zwar ein Vorauszahlungsverfahren, dessen Besonderheiten und Regelungen nicht in das Veranlagungsverfahren hineinwirken (s. BFH-Urteil vom 13. Januar 2011, BStBl II S. 479), jedoch ist zu berücksichtigen, dass der Arbeitgeber auch nach Erstellung der Lohnsteuerbescheinigung für die zutreffende Anmeldung und Abführung der Lohnsteuer haftet und verpflichtet ist, etwaige Änderungen nach § 41c Abs. 4 EStG anzuzeigen. Das Finanzamt ist nicht gehindert, im Einkommensteuerveranlagungsverfahren die vorgenommene Aufteilung zu überprüfen; es ist nicht an eine fehlerhaft erteilte Freistellungsbescheinigung gebunden (s. BFH-Urteil vom 13. März 1985, BStBl II S. 500).

5.3 Direkte Zuordnung

198 Gehaltsbestandteile, die unmittelbar aufgrund einer konkreten inländischen oder ausländischen Arbeitsleistung gewährt werden, sind vorab direkt zuzuordnen. Dies können z. B. Reisekosten, Überstundenvergütungen, Zuschläge für Sonntags-, Feiertags- und Nachtarbeit, Auslandszulagen, die Gestellung einer Wohnung im Tätigkeitsstaat, Kosten für eine Orientierungsreise, Sprachunterricht, interkulturelle Schulungen, Aufwendungen für Visa oder medizinische Untersuchungen für die Auslandstätigkeit und sonstige Auslagen oder Unterstützungsleistungen für die mitumziehende Familie sein. Daran schließt sich die Würdigung an, ob überhaupt steuerpflichtiger Arbeitslohn vorliegt oder ob nicht Leistungen im ganz überwiegend betrieblichen Interesse bzw. steuerfreie Aufwandserstattungen vorliegen. Der Gesamtarbeitslohn abzüglich der direkt zugeordneten Gehaltsbestandteile ist der verbleibende Arbeitslohn.

5.4 Aufteilung des verbleibenden Arbeitslohns

Der nicht direkt zuordenbare, verbleibende Arbeitslohn ist aufzuteilen. Zum verbleibenden Arbeitslohn gehören z. B. neben den laufenden Vergütungen auch Zusatzvergütungen, die auf die nichtselbständige Arbeit des Arbeitnehmers innerhalb des gesamten Berechnungszeitraums entfallen (z. B. Weihnachts- und Urlaubsgeld). Hat sich das vereinbarte Gehalt während des Kj verändert, so ist dieser Veränderung Rechnung zu tragen (s. Tz.5.4.2, Beispiel 3, Rn. 210). 199

Grundlage für die Berechnung des steuerfreien Arbeitslohns ist die Zahl der tatsächlichen Arbeitstage (s. Tz. 5.4.1, Rn. 210) innerhalb eines Erdienungszeitraums. Den tatsächlichen Arbeitstagen ist das für die entsprechende Zeit bezogene und nicht nach Tz. 5.3, Rn. 198 direkt zugeordnete Arbeitsentgelt gegenüberzustellen (s. Tz. 5.4.2, Rn. 204 ff.). 200

5.4.1 Definition der tatsächlichen Arbeitstage

Die tatsächlichen Arbeitstage sind alle Tage innerhalb eines Kj, an denen der Arbeitnehmer seine Tätigkeit tatsächlich ausübt und für die er Arbeitslohn bezieht. Krankheitstage mit oder ohne Lohnfortzahlung, Urlaubstage und Tage des ganztägigen Arbeitszeitausgleichs sind folglich keine Arbeitstage. Dagegen können auch Wochenend- oder Feiertage grundsätzlich als tatsächliche Arbeitstage zu zählen sein, wenn der Arbeitnehmer an diesen Tagen seine Tätigkeit tatsächlich ausübt und diese durch den Arbeitgeber vergütet wird. Eine solche Vergütung liegt auch vor, wenn dem Arbeitnehmer ein entsprechender Arbeitszeitausgleich gewährt wird. Es kommt weder auf die Zahl der Kalendertage (365) noch auf die Anzahl der vertraglich vereinbarten Arbeitstage an. 201

Beispiel 1: 202

Ein Arbeitnehmer (AN) ist grundsätzlich an 250 Werktagen zur Arbeit verpflichtet und verfügt über einen Anspruch von 30 Urlaubstagen (= vereinbarte Arbeitstage: 220). Die tatsächlichen Tage verändern sich wie folgt:

	220
AN überträgt 10 Urlaubstage vom Vorjahr	– 10
AN überträgt 20 Urlaubstage ins Folgejahr	+ 20
AN ist 30 Tage krank mit Lohnfortzahlung	– 30
AN ist 30 Tage krank ohne Lohnfortzahlung	– 30
Tatsächliche Arbeitstage gesamt	170

Beispiel 2: 203

C ist laut Arbeitsvertrag von montags bis freitags verpflichtet zu arbeiten. Er macht eine Auslandsdienstreise von Freitag bis Montag, wobei C auch am Samstag und Sonntag für seinen Arbeitgeber tätig ist. Von seinem Arbeitgeber erhält C für Samstag eine Überstundenvergütung und für Sonntag einen ganztägigen Freizeitausgleich, den er bereits am Dienstag in Anspruch nimmt. Außer Dienstag sind alle Tage als Arbeitstage zu zählen, da C an diesen Tagen tatsächlich und entgeltlich gearbeitet hat. An dem Dienstag wurde jedoch tatsächlich keine Tätigkeit ausgeübt.

5.4.2 Durchführung der Aufteilung

Das aufzuteilende Arbeitsentgelt (Tz. 5.4, Rn. 199) ist in Bezug zu den tatsächlichen Arbeitstagen (Tz. 5.4.1, Rn. 201) zu setzen. Daraus ergibt sich ein Arbeitsentgelt pro tatsächlichen Arbeitstag. Das aufzuteilende Arbeitsentgelt pro tatsächlichen Arbeitstag ist mit den tatsächlichen Arbeitstagen zu multiplizieren, an denen der Arbeitnehmer seine Tätigkeit im anderen Staat ausgeübt hat. 204

Beispiel 1: Grundfall zur Aufteilung nach tatsächlichen Arbeitstagen 205

A ist vom 1. Januar 01 bis 31. Juli 01 für seinen deutschen Arbeitgeber in Österreich tätig. Die vereinbarten Arbeitstage des A belaufen sich auf 220 Tage. Tatsächlich hat A jedoch in

Österreich an 145 Tagen und in Deutschland an 95 Tagen gearbeitet (240 Tage). Der aufzuteilende Arbeitslohn beträgt 120.000 €.

Unter Berücksichtigung der Rückfallklauseln stellt Deutschland Einkünfte i. H. v. 145/240 x 120.000 € = 72.500 € unter Progressionsvorbehalt steuerfrei und unterwirft 95/240 x 120.000 € = 47.500 € der deutschen Besteuerung.

206 **Beispiel 2: zweistufige Ermittlung des steuerfreien Arbeitslohns**

A ist vom 1. Januar 01 bis 31. Juli 01 für seinen deutschen Arbeitgeber in Japan tätig. Seinen Familienwohnsitz in Deutschland behält er bei und ist daher während der Tätigkeit in Japan weiterhin in Deutschland i. S. des DBA ansässig. Er erhält im Jahr 01 einen Arbeitslohn einschließlich Weihnachtsgeld und Urlaubsgeld i. H. v. 80.000 €. Für die Tätigkeit in Japan erhält er zusätzlich eine Zulage i. H. v. 30.000 €. A ist im Jahr 01 vertraglich an 200 Tagen zur Arbeit verpflichtet, übt seine Tätigkeit jedoch tatsächlich an 220 Tagen (davon 140 in Japan) aus.

Deutschland hat für den Arbeitslohn, der auf die Tätigkeit in Japan entfällt, kein Besteuerungsrecht, da sich A länger als 183 Tage innerhalb eines 12-Monats-Zeitraums (210 Tage) in Japan aufgehalten hat (Art. 14, 22 Abs. 2 Buchstabe a DBA-Japan). Der steuerfreie Arbeitslohn berechnet sich wie folgt:

Die Zulage i. H. v. 30.000 € ist der Auslandstätigkeit unmittelbar zuzuordnen und deshalb im Inland steuerfrei. Der übrige Arbeitslohn i. H. v. 80.000 € ist nach den tatsächlichen Arbeitstagen aufzuteilen. Den tatsächlichen Arbeitstagen im Jahr 01 ist das im Jahr 01 aufzuteilende Arbeitsentgelt i. H. v. 80.000 € gegenüberzustellen. Es ergibt sich ein aufzuteilendes Arbeitsentgelt pro tatsächlichem Arbeitstag i. H. v. 363,64 €. Dieses Entgelt ist mit den tatsächlichen Arbeitstagen zu multiplizieren, die auf die Tätigkeit in Japan entfallen, hier 140 Tage. Von den 80.000 € Arbeitslohn sind daher 140 x 363,64 € = 50.910 € im Inland steuerfrei. Der insgesamt steuerfreie Arbeitslohn i. H. v. 80.910 € (30.000 € + 50.910 €) ist nach Abzug von Werbungskosten, die in unmittelbarem wirtschaftlichen Zusammenhang mit der Tätigkeit in Japan angefallen sind, freizustellen und nur im Wege des Progressionsvorbehalts zu berücksichtigen (sofern keine Rückfallklausel anzuwenden ist). Der übrige Arbeitslohn i. H. v. 29.090 € ist im Inland steuerpflichtig.

207 Dabei ist zu beachten, dass Vergütungen grundsätzlich dem Zeitraum zugeordnet werden müssen, in dem sie erdient bzw. für den sie gezahlt wurden. Aus Vereinfachungsgründen kann bei der Übertragung von Urlaubstagen in ein anderes Kj von diesem Grundsatz abgewichen werden. Die Vereinfachungsregelung greift jedoch nicht bei der finanziellen Abgeltung von Urlaubsansprüchen.

208 Der für die Aufteilung des laufenden Arbeitslohns maßgebliche Erdienungszeitraum ist grundsätzlich das Kj, da der Arbeitnehmer seine Einnahmen aus nichtselbständiger Arbeit regelmäßig erhält, weil er mit dem Arbeitgeber vereinbart hat, seine Arbeitsleistung an einer bestimmten Zahl von Tagen innerhalb eines Jahres zur Verfügung zu stellen. Die vertragliche Vereinbarung einer wöchentlichen Arbeitszeit steht dieser Betrachtungsweise nicht entgegen.

209 Beginnt oder endet das Arbeitsverhältnis während des Kj, so verkürzt sich der Erdienungszeitraum auf die Dauer des Arbeitsverhältnisses während des Kj. Darüber hinaus kann ein vom Kj abweichender Erdienungszeitraum gegeben sein, wenn ein Arbeitnehmer im Rahmen seines Arbeitsverhältnisses eine neue Funktion ausübt (z. B. Beförderung, Übernahme neuer Aufgaben) und damit eine maßgebliche Veränderung seines Arbeitslohns einhergeht. Hat sich das vereinbarte Gehalt während des Kj ohne Funktionswechsel verändert (z. B. Tarifanpassung), so kann dieser Veränderung auf Antrag Rechnung getragen werden, in dem durch die erstmalige Auszahlung des veränderten Gehalts der Beginn eines neuen Erdienungszeitraum begründet wird.

210 **Beispiel 3: wirtschaftliche Zuordnung zum Erdienungszeitraum**

Der in Deutschland ansässige A übt seine Tätigkeit als Ingenieur für die deutsche X-AG an 240 Arbeitstagen pro Kj tatsächlich aus (20 tatsächliche Arbeitstage im Monat). Im Kj 01 arbeitet er im Februar und März an insgesamt 35 Arbeitstagen tatsächlich in Japan und erzielt dabei einen Bruttomonatslohn i. H. v. 5.000 €. Ab April wird er zum Abteilungsleiter befördert und wird in dieser Eigenschaft bis November an insgesamt 150 Tagen tatsächlich in Japan tätig. Mit seiner Beförderung geht eine Gehaltsanpassung auf 7.500 € pro Monat einher. Ab Mai 02 erhält A eine im Tarifvertrag vorgesehene Gehaltsanpassung von 3 % (neues Bruttomonatsgehalt 7.725 €). Er war bis zu diesem Zeitpunkt an 80 Arbeitstagen in Japan tätig. Von Juni bis November arbeitete er an 105 Tagen in Japan.

Deutschland hat für den Arbeitslohn, der auf die Tätigkeit in Japan entfällt, kein Besteuerungsrecht, da sich A jeweils länger als 183 Tage innerhalb eines 12-Monats-Zeitraums in Japan aufgehalten hat (Art. 14, 22 Abs. 2 Buchstabe a DBA-Japan). Der steuerfreie Arbeitslohn berechnet sich wie folgt:

Jahr 01: Der im Rahmen der Beförderung zum Abteilungsleiter angefallenen, wesentlichen Gehaltserhöhung ist zwingend Rechnung zu tragen, sodass für die Aufteilung des laufenden Gehalts gesonderte Erdienungszeiträume zu betrachten sind. Der Erdienungszeitraum für die Tätigkeit als Ingenieur endet am 31. März. Das dort gültige Entgelt pro Arbeitstag (15.000 €/60 = 250 €) ist mit den in diesem Zeitraum in Japan verbrachten tatsächlichen Arbeitstagen (35) zu multiplizieren. Von den 15.000 € Arbeitslohn sind in diesem Zeitraum also 35 x 250 € = 8.750 € unter Progressionsvorbehalt steuerfrei. Der Erdienungszeitraum für die Tätigkeit als Abteilungsleiter umfasst den Zeitraum April bis Dezember. Das aufzuteilende Entgelt beträgt 7.500 € x 9 = 67.500 €. Daraus ergibt sich ein in diesem Erdienungszeitraum aufzuteilendes Entgelt pro tatsächlichem Arbeitstag von 67.500/180 = 375 €, das mit den in diesem Erdienungszeitraum in Japan verbrachten tatsächlichen Arbeitstagen (150) zu multiplizieren ist (150 x 375 = 56.250 €). Insgesamt sind vom Arbeitslohn des Jahres 01 i. H. v. 82.500 € also 65.000 € unter Progressionsvorbehalt von der deutschen Besteuerung auszunehmen (§ 32b Abs. 1 Satz 1 Nr. 3 EStG).

Jahr 02: Das Bruttojahresgehalt setzt sich wie folgt zusammen:

Januar bis April:	4 x 7.500 € =	30.000 €
Mai bis Dezember:	8 x 7.725 € =	61.800 €
= Bruttojahresgehalt:		91.800 €

Der Erdienungszeitraum des laufenden Arbeitslohns erstreckt sich grundsätzlich auf das ganze Kj. Das sich ergebende Entgelt pro tatsächlichem Arbeitstag beträgt (91.800 €/240) = 382,50 €. Insgesamt sind also (382,50 € x 185 =) 70.762,50 € unter Progressionsvorbehalt von der deutschen Besteuerung auszunehmen. Auf Antrag könnte A auch geltend machen, dass der tarifvertraglichen Gehaltsveränderung Rechnung zu tragen ist. Insoweit wird auf die Lösung von Jahr 01 verwiesen.

Beispiel 4: wirtschaftliche Zuordnung zum Erdienungszeitraum 211

Der ausschließlich in Deutschland ansässige D übt seine Tätigkeit für einen deutschen Arbeitgeber im Rahmen einer Werkleistungsverpflichtung im Jahr 01 an 30 Tagen bei Kunden in Deutschland und an 200 Tagen bei Kunden in der Schweiz aus. Im Jahr 02 wird er ausschließlich in der Schweiz tätig. Er erhält im Februar 02 eine allgemeine Prämienzahlung für das Jahr 01.

Die Prämienzahlung ist nach den Verhältnissen des Erdienungszeitraums (Jahr 01) aufzuteilen und lediglich zu 200/230 unter Progressionsvorbehalt von der deutschen Besteuerung auszunehmen.

Beispiel 5: Aufteilung bei Urlaubsübertragung 212

B ist in 01 und 02 für seinen deutschen Arbeitgeber sowohl im Inland als auch in Schweden tätig. Seinen Familienwohnsitz in Deutschland behält er bei. In beiden Jahren hält sich B länger als 183 Tage in Schweden auf. Die vereinbarten Arbeitstage des B belaufen sich in den Kj 01 und 02 auf jeweils 220 Tage zuzüglich der vertraglichen Urlaubstage von je 30 Tagen. Der Urlaub von 01 und 02 wurde vollständig in 02 genommen. Die tatsächlichen Arbeitstage in 01 betrugen in Schweden 230 Tage, auf das Inland entfielen 20 Arbeitstage. In 02 entfielen 150 tatsächliche Arbeitstage auf Schweden und 40 tatsächliche Arbeitstage auf das Inland. Der aufzuteilende Arbeitslohn beträgt 50.000 € in 01 und 60.000 € in 02.

Deutschland hat für den Arbeitslohn, der auf die Tätigkeit in Schweden entfällt, kein Besteuerungsrecht, da sich B länger als 183 Tage in 01 und 02 in Schweden aufgehalten hat

(Art. 15, 23 Abs. 1 Buchstabe a DBA-Schweden). Der steuerfreie Arbeitslohn berechnet sich wie folgt:

Jahr 01: Die tatsächlichen Arbeitstage (250) setzen sich aus den vertraglich vereinbarten Arbeitstagen (220) und aus den in 01 nicht genommenen Urlaubstagen (30) zusammen. Die so ermittelten 250 tatsächlichen Arbeitstage sind dem aufzuteilenden Arbeitsentgelt von 50.000 € gegenüberzustellen. Das aufzuteilende Arbeitsentgelt pro Arbeitstag beträgt 200 €. Dieser Betrag ist mit den Arbeitstagen zu multiplizieren, an denen sich B tatsächlich in Schweden aufgehalten hat. Von den 50.000 € Jahresarbeitslohn sind in 01 daher 46.000 € (230 Tage x 200 €) im Inland unter Beachtung des § 50d Abs. 8 und 9 EStG steuerfrei und nach Abzug von Werbungskosten, die im Zusammenhang mit der in Schweden ausgeübten Tätigkeit angefallen sind, beim Progressionsvorbehalt zu berücksichtigen. Der übrige Arbeitslohn i. H. v. 4.000 € ist im Inland steuerpflichtig.

Jahr 02: Wegen des aus dem Kj 01 übertragenen Urlaubs sind nur 190 tatsächliche Arbeitstage angefallen. Aus Vereinfachungsgründen kann die wirtschaftliche Zuordnung des auf den Urlaub des Jahres 01 entfallenden Arbeitslohns verzichtet werden. Bei einem Jahresarbeitslohn von 60.000 € im Kj 02 ergibt sich ein Arbeitslohn pro Kalendertag von 315,79 € (60.000/190). Im Kj 02 sind danach insgesamt 47.369 € (375,79 x 150 tatsächliche Arbeitstage) im Inland unter Beachtung des § 50d Abs. 8 und 9 EStG steuerfrei und beim Progressionsvorbehalt zu berücksichtigen. Der verbleibende Betrag i. H. v. 12.631 € ist im Inland steuerpflichtig.

213 **Beispiel 6: finanzielle Abgeltung von Urlaubsansprüchen**

Sachverhalt wie Beispiel 5. Der im Jahr 01 in das Jahr 02 übertragene Urlaub wird jedoch nicht beansprucht, sondern vom Arbeitgeber im Juli 02 mit einer Einmalzahlung i. H. v. 10.000 € abgegolten. Der Arbeitnehmer übte im Jahr 02 seine Tätigkeit an 150 Arbeitstagen in Schweden und an 70 Arbeitstagen in Deutschland aus.

Jahr 01: Lösung wie in Beispiel 5

Jahr 02: B hat im Jahr 02 tatsächlich an 220 Arbeitstagen seine Tätigkeit ausgeübt. Der Urlaub, der mit der Einmalzahlung abgegolten wurde, ist wirtschaftlich dem Jahr 01 zuzuordnen. Folglich sind für diese Einmalzahlung die Verhältnisse des Jahres 01 entscheidend. Im Jahr 02 ergibt sich deshalb folgender steuerfrei zu stellender Arbeitslohn:

60.000 € x 150/220 =	40.909 €
+ 10.000 € x 230/250 =	9.200 €
	50.109 €

Der übrige Arbeitslohn (70.000 € – 50.109 € = 19.891 €) ist der deutschen Besteuerung zu unterwerfen.

214 Hält sich der Arbeitnehmer an einem Arbeitstag nicht ausschließlich im anderen Staat auf (z. B. an Reisetagen), so ist das Arbeitsentgelt für diesen Arbeitstag zeitanteilig aufzuteilen. Dies muss ggf. im Schätzungswege erfolgen. Hierbei ist die tatsächliche Arbeitszeit für diesen Tag zugrunde zu legen.

215 Darüber hinaus ist bei der Aufteilung zu berücksichtigen, dass tatsächliche Arbeitszeiten, die in Transitländern verbracht werden, dem Ansässigkeitsstaat zuzuordnen sind. Zu den Besonderheiten bei Berufskraftfahrern s. Tz. 7, Rn. 332 ff.

5.5 Beispiele für die Aufteilung bestimmter Lohnbestandteile

5.5.1 Tantiemen und andere Erfolgsvergütungen

216 Unabhängig vom Zuflusszeitpunkt ist eine zeitraumbezogene Erfolgsvergütung nach den Verhältnissen des Zeitraums zuzuordnen, für den sie gewährt wird (s. BFH-Urteil vom 27. Januar 1972, BStBl II S. 459) und ggf. unter Beachtung des § 50d Abs. 8 bzw. 9 EStG und des Progressionsvorbehalts von der inländischen Besteuerung freizustellen. Dagegen ist eine projektbezogene Erfolgsvergütung vorab direkt zuzuordnen.

5.5.2 Antrittsgeld (Signing Bonus)

Soweit in bestimmten Fällen ein sog. „signing bonus" für eine künftige Tätigkeit vor Beginn des Dienstverhältnisses gewährt wird, ist das Besteuerungsrecht an dieser Vergütung nach wirtschaftlicher Betrachtungsweise im Tätigkeitsstaat anhand der vereinbarten Vertragslaufzeit zuzuordnen[1]). Denn ohne das künftige Dienstverhältnis ist diese Art der Bonuszahlung nicht denkbar. Vielmehr besteht eine unmittelbare Verknüpfung mit der künftigen Tätigkeit. 217

5.5.3 Urlaubsentgelte, Urlaubs- und Weihnachtsgeld

Urlaubsentgelt (laufende Vergütung), Urlaubs- und Weihnachtsgeld (Vergütungen die auf den gesamten Berechnungszeitraum entfallen) sind in die Aufteilung einzubeziehen. Dies gilt auch für Bezüge, die für den Verzicht auf den Urlaub gezahlt werden (Urlaubsabgeltung für nicht genommenen Urlaub). Dabei ist der Teil der Urlaubsentgelte im Inland freizustellen, der auf die im Ausland ausgeübte Tätigkeit entfällt (s. Beispiel 6 zu Tz. 5.4.2, Rn. 213). 218

5.5.4 Nachzahlung für eine frühere aktive Tätigkeit

Eine einmalige Zahlung (z. B. Jubiläumszahlung), die eine Nachzahlung für eine frühere aktive Tätigkeit darstellt und anteilig auf die Auslands- und Inlandstätigkeit entfällt, ist nach den Grundsätzen in Tz. 5.4 (Rn. 199 ff.) aufzuteilen. Für die Zuweisung des Besteuerungsrechts kommt es nicht darauf an, zu welchem Zeitpunkt und wo die Vergütung bezahlt wird, sondern allein darauf, dass sie dem Arbeitnehmer für eine Auslandstätigkeit gezahlt wird (s. BFH-Urteil vom 5. Februar 1992, BStBl II S. 660). Eine Nachzahlung für eine frühere aktive Tätigkeit liegt nicht vor, wenn die einmalige Zahlung ganz oder teilweise der Versorgung dient (s. BFH-Urteil vom 5. Februar 1992, a. a. O.). 219

5.5.5 Abfindungen und Vergütungen für Diensterfindungen

5.5.5.1 Grundsätze zur Besteuerung von Abfindungen

Abfindungen, die dem Arbeitnehmer anlässlich seines Ausscheidens aus dem Arbeitsverhältnis gezahlt werden, sind regelmäßig den Vergütungen aus unselbständiger Arbeit i. S. des Art. 15 Abs. 1 OECD-MA zuzuordnen. Unter Abfindungen in diesem Sinne sind Zahlungen zu verstehen, die der Arbeitnehmer als Ausgleich für die mit der Auflösung des Dienstverhältnisses verbundenen Nachteile, insbesondere für den Verlust des Arbeitsplatzes, erhält. 220

Nach dem ab VZ 2017 anzuwendenden § 50d Abs. 12 EStG i. d. F. des AmtsHRLÄndUG (a. a. O.) gelten Abfindungen, die anlässlich der Beendigung eines Dienstverhältnisses gezahlt werden, für Zwecke der Anwendung eines DBA als für eine frühere Tätigkeit geleistetes zusätzliches Entgelt. Abfindungen sind daher nach § 50d Abs. 12 Satz 1 EStG insoweit im ehemaligen Tätigkeitsstaat des Arbeitnehmers zu besteuern, als diesem das Besteuerungsrecht für die aktive Tätigkeit zustand. Maßgeblich für die Anwendung des § 50d Abs. 12 EStG ist der Zuflusszeitpunkt i. S. des § 11 EStG i. V. m. § 38a Abs. 1 Satz 3 EStG (BFH-Urteil vom 24. Februar 1988, BStBl II S. 819 und vom 10. Juli 1996, BStBl 1997 II S. 341). Trifft das einschlägige DBA für Abfindungen, die anlässlich der Beendigung eines Dienstverhältnisses gezahlt werden, in einer gesonderten Vorschrift ausdrücklich eine von § 50d Abs. 12 Satz 1 EStG abweichende Regelung, wird durch Satz 2 der Norm sichergestellt, dass die DBA-Regelung anzuwenden ist. § 50d Abs. 12 Satz 3 EStG regelt insbesondere den Rückfall des Besteuerungsrechts an Deutschland in entsprechender Anwendung des § 50d Abs. 9 Satz 1 Nr. 1 EStG, soweit 221

[1]) bestätigt durch BFH vom 11.4.2018 (BStBl II S. 761)

die Abfindungen im vormaligen Tätigkeitsstaat aufgrund eines abweichenden DBA-Verständnisses nicht besteuert werden.

222 Die Aufteilung des abkommensrechtlichen Besteuerungsrechts für Abfindungszahlungen soll grundsätzlich nach der Dauer des Beschäftigungsverhältnisses beim Arbeitgeber erfolgen, da die Höhe der Abfindungszahlung i. d. R. von der Dauer des Dienstverhältnisses abhängt. Bei Tätigkeiten in verschiedenen Staaten sollen die jeweiligen Tätigkeitszeiten des Arbeitsverhältnisses die Grundlage für eine anteilige Zuordnung der Abfindungszahlung als nachträgliches Arbeitsentgelt i. S. von Art. 15 Abs. 1 Satz 2 OECD-MA bilden. Soweit die Verhältnisse während der gesamten Beschäftigungsdauer im Einzelnen nicht mehr ermittelt werden können, soll die Abfindungszahlung dennoch so aufgeteilt werden, dass den tatsächlichen Verhältnissen im Beschäftigungszeitraum möglichst Rechnung getragen wird. Sind keine Tatsachen oder Anhaltspunkte feststellbar, die sich zur Aufteilung der Abfindung eignen, kann entsprechend Tz. 2.7 des OECD-MK zu Art. 15 OECD-MA auf die Verhältnisse der letzten 12 Monate des Beschäftigungsverhältnisses abgestellt werden.

223 Ein zeitlicher Zusammenhang zwischen dem Zufluss der Abfindung und der Beendigung des Dienstverhältnisses ist nicht erforderlich. Bei einer Zahlung innerhalb eines Zeitraums von fünf Jahren vor Beendigung des Dienstverhältnisses ist zum Beispiel ein sachlicher Zusammenhang mit der Auflösung des Dienstverhältnisses anzunehmen. Ein erhebliches zeitliches Auseinanderfallen der beiden Ereignisse kann jedoch den sachlichen Zusammenhang in Frage stellen.

224 Keine Abfindungen im vorstehenden Sinne stellen Zahlungen zur Abgeltung bereits vertraglich erdienter Ansprüche (z. B. Ausgleichszahlungen für Urlaubs- oder Tantiemeansprüche) dar. Diese sind als nachträglicher Arbeitslohn anzusehen und entsprechend den Aktivbezügen zu behandeln.

225 Hat eine Abfindung hingegen Versorgungscharakter, wird das Besteuerungsrecht nach Art. 18 OECD-MA (Ruhegehälter) zugeordnet. Ob ein solcher Versorgungscharakter vorliegt, richtet sich stets nach dem Grund der Zahlung. Dem zeitlichen Aspekt kann jedoch indizielle Bedeutung zukommen.

226 Abfindungen zur Ablösung eines Pensionsanspruchs, die während eines laufenden Arbeitsverhältnisses oder bei dessen Beendigung gezahlt werden, sind als laufende Vergütungen aus unselbständiger Arbeit nach Art. 15 Abs. 1 OECD-MA zu behandeln und können im Tätigkeitsstaat besteuert werden, sofern diesem das Besteuerungsrecht für die aktive Tätigkeit zustand. Sie können dagegen Versorgungscharakter haben, wenn der Arbeitnehmer höchstens ein Jahr vor dem Eintritt in den gesetzlichen Ruhestand steht. Ein Ruhegehalt kann weiterhin vorliegen, wenn bereits laufende Pensionszahlungen kapitalisiert und in einem Einmalbetrag ausgezahlt werden (BFH-Urteil vom 19. September 1975, BStBl 1976 II S. 65).

5.5.5.2 Abfindungsbesteuerung in Sonderfällen und beim Vorliegen von Konsultationsvereinbarungen

227 Die steuerliche Behandlung von Abfindungszahlungen kann allerdings von den bislang dargestellten Grundsätzen abweichen, wenn in einem DBA hierzu eine Sonderregelung enthalten ist oder mit dem jeweils betroffenen Vertragsstaat eine Konsultationsvereinbarung bezüglich der Besteuerung von Abfindungen vereinbart wurde oder aus der Besonderheit der Fassung des im Abkommen einschlägigen Artikels eine andere Zuordnung abzuleiten ist (z. B. DBA-Frankreich).

228 Mit folgenden Staaten existieren Konsultationsvereinbarungen, die sich mit der Besteuerung von Abfindungen befassen (Stand: 1. Januar 2018):

- Belgien, BStBl 2007 I S. 261,

- Großbritannien, BStBl 2011 I S. 1221,
- Luxemburg, BStBl 2011 I S. 852,
- Österreich, BStBl 2010 I S. 645,
- Schweiz, BStBl 2010 I S. 268.

Im Verhältnis zu Belgien, Großbritannien, Luxemburg und der Schweiz richtet sich die 229 steuerliche Behandlung von Abfindungen nach dem Charakter der Abfindungszahlung. Während Abfindungen mit Versorgungscharakter als Ruhegehälter im Ansässigkeitsstaat besteuert werden können, steht das Besteuerungsrecht für Abfindungen, bei denen es sich um Lohn- oder Gehaltsnachzahlungen oder andere Vergütungen aus dem früheren Arbeitsverhältnis handelt oder die allgemein für das vorzeitige Ausscheiden aus dem Dienst gewährt werden, dem (früheren) Tätigkeitsstaat zu, sofern diesem das Besteuerungsrecht für die aktive Tätigkeit zustand.

Zur Aufteilung des Besteuerungsrechts in den Fällen, in denen der Arbeitnehmer in der 230 Zeit vor dem Ausscheiden aus dem Dienst nicht nur in seinem (früheren) Tätigkeitsstaat, sondern auch in seinem Wohnsitzstaat oder in Drittstaaten tätig war, wird auf die oben genannten Konsultationsvereinbarungen mit Belgien, Großbritannien, Luxemburg und der Schweiz verwiesen. Durch den Verweis in § 50d Abs. 12 Satz 3 EStG i. d. F. des AmtsHRLÄndUG (a. a. O.) auf Rechtsverordnungen i. S. des § 2 Abs. 2 AO sind auch die Grundsätze der jeweils einschlägigen Rechtsverordnung ab 1. Januar 2017 wieder uneingeschränkt anzuwenden.

Im Verhältnis zu Österreich steht nach der o.g. Konsultationsvereinbarung das Besteu- 231 erungsrecht für Abfindungen aus Anlass der Beendigung des Arbeitsverhältnisses sowie für Urlaubsentschädigungen ungeachtet von deren Charakter stets dem Staat zu, der auch für die Bezüge aus der aktiven Zeit besteuerungsberechtigt war.

Eine spezielle Regelung für Abfindungszahlungen ist im DBA mit Liechtenstein enthalten 232 (Nr. 5 des Protokolls zu Art. 14 und 17 DBA-Liechtenstein).

Unter das DBA-Frankreich fallende Abfindungen, die zur Abgeltung von mit der Auf- 233 lösung des Dienstverhältnisses verbundenen Nachteilen gezahlt werden, sind aufgrund des besonderen Wortlauts des Art. 13 Abs. 1 DBA-Frankreich (abweichend zu den Art. 15 OECD-MA entsprechenden Regelungen und vorbehaltlich etwaiger Sonderregelungen, wie Art. 13 Abs. 5 DBA-Frankreich bei Grenzgängern) auch bereits vor Inkrafttreten von § 50d Abs. 12 EStG ausschließlich im (ehemaligen) Tätigkeitsstaat zu besteuern (BFH-Urteil vom 24. Juli 2013, BStBl 2014 II S. 929). Bei Grenzgängern (s. Tz. 1.2.2.2, Rn. 19) erfolgt die Besteuerung der Abfindung im Ansässigkeitsstaat, soweit der Vergütungsempfänger während seines aktiven Berufslebens mit seinen laufenden Einkünften als Grenzgänger dem Besteuerungsrecht des Ansässigkeitsstaates unterlag.

5.5.5.3 Erfindervergütungen

Eine Vergütung für eine sog. Diensterfindung i. S. des § 9 des Gesetzes über Arbeitneh- 234 mererfindungen unterliegt als Arbeitslohn i. S. des § 19 EStG grundsätzlich der Steuerpflicht nach innerstaatlichem Recht (s. BFH-Urteil vom 21. Oktober 2009, BStBl 2012 II S. 493). Dies gilt auch dann, wenn das Arbeitsverhältnis im Augenblick der Zahlung nicht mehr besteht (§ 24 Nr. 2 EStG). Bei diesen Vergütungen liegt, ausgehend von der Qualifikation nach innerstaatlichem Recht (s. Art. 3 Abs. 2 OECD-MA), zwar grundsätzlich Arbeitslohn i. S. des Art. 15 OECD-MA vor. Um zusätzliches Entgelt für eine frühere Tätigkeit i. S. des Art. 15 Abs. 1 Satz 2 OECD-MA, für das der Tätigkeitsstaat das Besteuerungsrecht hat, handelt es sich jedoch regelmäßig nicht.

235 Soweit aber die Vergütungen als konkrete Gegenleistung zu einer früheren Arbeitsleistung anzusehen sind, kommt eine Besteuerung im ehemaligen Tätigkeitsstaat in Betracht; ein bloßer Anlasszusammenhang zwischen Zahlung und Tätigkeit reicht hierfür nicht aus.

5.5.6 Optionsrechte auf den Erwerb von Aktien („Stock Options")

5.5.6.1 Allgemeines

236 Das Einräumen von Aktienoptionen ist häufig Bestandteil moderner Vergütungssysteme, wodurch Arbeitnehmer direkt an der Steigerung des Unternehmenswertes („shareholder value") beteiligt und gleichzeitig an den Arbeitgeber gebunden werden sollen.

237 Aktienoptionen im Rahmen eines Dienstverhältnisses liegen vor, wenn ein Arbeitgeber oder eine Konzernobergesellschaft (Optionsgeber) seinen Beschäftigten das Recht einräumt, sich zu einem bestimmten Übernahmepreis an seinem Unternehmen zu beteiligen. Dieses Recht kann zu einem späteren Zeitpunkt durch den Arbeitnehmer ausgeübt und die Beteiligungen damit verbilligt bezogen werden („Stock Options"). Mitunter wird auch das Recht eingeräumt, dass der Arbeitnehmer das Optionsrecht selbst veräußern darf, ohne vorher die Beteiligung am Unternehmen erworben zu haben.

238 Bezüglich des Zeitpunkts der Besteuerung und der Aufteilung des Besteuerungsrechtes existieren aus internationaler Sicht unterschiedliche Rechtsauffassungen. Eingetretene Doppelbesteuerungen können in der Regel nur im Rahmen eines zwischenstaatlichen Verständigungsverfahrens beseitigt werden.

5.5.6.2 Zuflusszeitpunkt und Höhe des geldwerten Vorteils nach nationalem Recht

239 Lohneinnahmen, die nicht als laufender Arbeitslohn gezahlt werden (sonstige Bezüge) gelten nach § 38a Abs. 1 Satz 3 EStG als zugeflossen, wenn ein Arbeitnehmer wirtschaftlich über sie verfügen kann. Dies ist regelmäßig der Fall, wenn die verbilligt überlassenen Aktien in das Eigentum des Arbeitnehmers übergegangen sind (Einbuchung der Aktien auf das Depot des Arbeitnehmers). Folglich führt sowohl bei handelbaren als auch bei nicht handelbaren Aktienoptionen grundsätzlich erst die tatsächliche Ausübung („exercise") der Aktienoption zum Zufluss eines geldwerten Vorteils (s. BFH-Urteile vom 24. Januar 2001, BStBl II S. 509, S. 512 und vom 20. November 2008, BStBl 2009 II S. 382). Stimmt der Zeitpunkt der Optionsausübung mit dem Zeitpunkt der Gutschrift der Aktien im Depot des Arbeitnehmers nicht überein, fließt der geldwerte Vorteil erst an dem Tag zu, an dem die Aktien in das Depot des Arbeitnehmers eingebucht werden (s. BFH-Urteil vom 20. November 2008, a. a. O. und BMF-Schreiben vom 8. Dezember 2009, BStBl I S. 1513, Tz 1.6). Im Rahmen der Vereinfachungsregelung kann auch auf den Tag der Ausbuchung oder den Vortag der Ausbuchung beim Überlassenden abgestellt werden (BMF-Schreiben vom 8. Dezember 2009, BStBl I S. 1513, Tz 1.3).

240 Werden die Aktienoptionen in der sog. Exercise-and-Sell-Variante (Verkauf der Aktien sofort mit Ausübung des Aktienoptionsrechts) ausgeübt, erfolgt keine Einbuchung in das Depot des Arbeitnehmers. Der Zufluss des geldwerten Vorteils gilt hier bereits grundsätzlich als im Zeitpunkt der Optionsausübung des Aktienoptionsrechts, d. h. konkret am Tag des Zugangs der Ausübungserklärung beim Optionsgeber, bewirkt. Jedoch können auch in diesen Fällen private Veräußerungsgewinne entstehen, wenn der Verkaufspreis über dem Ausübungspreis liegt (s. Tz. 5.5.6.3, Rn. 244 ff.).

241 Daneben ist ein Zufluss von Arbeitslohn auch dann zu bejahen, wenn das Optionsrecht vor der Ausübung anderweitig verwertet wird, denn der für den Zufluss von Arbeitslohn maßgebliche geldwerte Vorteil, der in dem auf die Aktien gewährten Preisnachlass besteht, wird insoweit durch den Arbeitnehmer realisiert (BFH-Urteile vom 20. November

2008, a. a. O. und vom 20. Juni 2005, BStBl II S. 770). Eine solche Verwertung liegt insbesondere vor, wenn der Arbeitnehmer die Aktienoption auf einen Dritten überträgt (BFH-Urteil vom 18. September 2012, BStBl 2013 II S. 289).

Voraussetzung für den Zufluss von Arbeitslohn bei Aktienoptionen ist eine verbilligte oder unentgeltliche Überlassung der Aktien (geldwerter Vorteil). Der geldwerte Vorteil errechnet sich in der Regel aus der Differenz zwischen dem Kurswert der Aktien am Zuflusszeitpunkt (§ 11 Abs. 1 BewG) und dem vom Arbeitnehmer geleisteten Übernahmepreis bzw. den Erwerbsaufwendungen (s. BFH-Urteile vom 20. November 2008, a. a. O. und vom 24. Januar 2001, a. a. O.). Es ist in diesem Zusammenhang nicht zu beanstanden, wenn von den Vereinfachungsregelungen nach Tz. 1.3 letzter Absatz des BMF-Schreibens vom 8. Dezember 2009, a. a. O. zur lohnsteuerlichen Behandlung der Überlassung von Vermögensbeteiligungen ab 2009 Gebrauch gemacht wird. Veränderungen des Kurswertes der Aktien haben auf die Höhe des geldwerten Vorteils keine Auswirkungen. In Ermangelung eines Kurswerts, z. B. bei nicht handelbaren Aktienoptionen, sind die Aktien am Zuflusstag mit dem gemeinen Wert anzusetzen (§ 11 Abs. 2 BewG). 242

Bei der Ermittlung des geldwerten Vorteils ist die Steuerbefreiung i. H. v. 360 € nach § 3 Nr. 39 EStG zu berücksichtigen, sofern der Arbeitnehmer die verbilligten Aktienoptionen im Rahmen eines gegenwärtigen Dienstverhältnisses erhält. Im Übrigen kommt für steuerpflichtige geldwerte Vorteile aus der Ausübung von Aktienoptionen die Tarifermäßigung des § 34 Abs. 1 EStG i. V. m. § 34 Abs. 2 Nr. 4 EStG in Betracht, wenn es sich um Vergütungen für mehrjährige Tätigkeiten handelt (s. BFH-Urteil vom 24. Januar 2001, a. a. O.). Diese liegen vor, wenn die Laufzeit zwischen Einräumung und Ausübung mehr als 12 Monate betragen hat und das Arbeitsverhältnis nach Einräumung des Optionsrechts mindestens noch 12 Monate fortbestanden hat. Dagegen muss das Arbeitsverhältnis bei Optionsausübung nicht mehr bestehen. Maßgeblich ist alleine die Laufzeit der einzelnen Aktienoptionen von mehr als 12 Monaten bei gleichzeitiger Beschäftigung durch den Arbeitgeber. Unschädlich ist es, wenn ein Arbeitnehmer Aktienoptionen nicht vollständig in einem einzigen VZ ausübt (s. BFH-Urteil vom 18. Dezember 2007, BStBl 2008 II S. 294) oder wiederholt Aktienoptionen eingeräumt und die betreffenden Optionen nicht auf einmal ausgeübt werden. 243

5.5.6.3 Aufteilung des Besteuerungsrechtes des geldwerten Vorteils nach Abkommensrecht

Der geldwerte Vorteil aus der Optionsgewährung ist den Einkünften aus unselbständiger Arbeit nach Art. 15 OECD-MA zuzuordnen. Diejenigen Einkünfte, die der Arbeitnehmer in seiner Eigenschaft als Anteilseigner nach Ausübung des Optionsrechts aus dem Halten der erworbenen Aktien (z. B. Dividenden) oder ihrer späteren Veräußerung erzielt, sind hingegen Art. 10 bzw. 13 OECD-MA zuzuordnen. 244

Für die Aufteilung des Besteuerungsrechts des geldwerten Vorteils ist bei Aktienoptionen grundsätzlich danach zu unterscheiden, ob die Option einen Vergangenheits- oder einen Zukunftsbezug aufweist. Für den zugrunde zu legenden Aufteilungszeitraum empfiehlt es sich regelmäßig danach zu differenzieren, ob Aktienoptionen an einer Wertpapierbörse gehandelt werden können oder nicht (handelbare und nicht handelbare Aktienoptionen). Können Optionsrechte lediglich außerhalb einer Wertpapierbörse gehandelt werden, gelten sie als nicht handelbar. 245

Handelbare Aktienoptionen werden regelmäßig gewährt, um in der Vergangenheit geleistete Tätigkeiten zu honorieren. Unter Umständen können sie jedoch auch mit Blick auf die Zukunft eingeräumt werden (z. B. mit Verfügungsbeschränkungen). Der geldwerte Vorteil ist unabhängig vom Zuflusszeitpunkt nach den Verhältnissen des Zeitraums zuzuordnen, für den er gewährt wird (Erdienungszeitraum). 246

247 Nicht handelbare Aktienoptionen stellen lediglich die Einräumung einer Chance dar. Der geldwerte Vorteil ist damit bei Zufluss als Vergütung für den ganzen Erdienungszeitraum („vesting period") anzusehen. Der Erdienungszeitraum ist der Zeitraum zwischen der Optionsgewährung („grant") und der erstmalig tatsächlich möglichen Ausübung des Optionsrechts durch den Arbeitnehmer („vesting"). In Fällen, in denen die Optionsausübung jedoch schon bei Optionsgewährung möglich ist, wird eine bereits in der Vergangenheit geleistete Arbeit entlohnt. Die Aufteilung des geldwerten Vorteils ist nach den Verhältnissen des Zeitraums zuzuordnen, für den er gewährt wird (Erdienungszeitraum).

248 Soweit keine unmittelbare Zuordnung zu der im Inland oder im Ausland ausgeübten Tätigkeit möglich ist, ist das Besteuerungsrecht nach den in der Tz. 5.4 (Rn. 199 ff.) erläuterten Grundsätzen anhand der tatsächlichen Arbeitstage aufzuteilen und zeitanteilig unter Beachtung von Rückfallklauseln nach den DBA oder des § 50d Abs. 8 bzw. 9 EStG und des Progressionsvorbehalts von der inländischen Besteuerung freizustellen:

$$\text{steuerfreier geldwerter Vorteil} = \frac{\text{Anzahl der tatsächlichen Arbeitstage im ausländischen Staat, dem für die Tage das Besteuerungsrecht zusteht}}{\text{Tatsächliche Arbeitstage im gesamten Erdienungszeitraum}}$$

249 Befindet sich der Arbeitnehmer im Zeitpunkt der Erdienung des Optionsrechts bereits im Ruhestand, ist für die Aufteilung des geldwerten Vorteils nur der Zeitraum von der Gewährung bis zur Beendigung der aktiven Tätigkeit heranzuziehen. Ist das Arbeitsverhältnis vor der Erdienung des Optionsrechts aus anderen Gründen beendet worden (z. B. Auflösung des Arbeitsverhältnisses), ist für die Aufteilung des geldwerten Vorteils der Zeitraum von der Gewährung des Optionsrechts bis zum Ausscheiden des Arbeitnehmers aus dem aktiven Arbeitsverhältnis maßgeblich. Dies gilt nicht, soweit der Arbeitnehmer weiterhin im Konzernverbund (§ 15 AktG) beschäftigt bleibt und daher das Optionsrecht weiterhin erdient wird. In diesem Fall zählt auch die Tätigkeit beim verbundenen Unternehmen zum Erdienungszeitraum.

250 Vorgenannte Ausführungen gelten unbeschadet eines Wechsels der Steuerpflicht des Arbeitnehmers während des genannten Zeitraums. Maßgeblich ist lediglich, ob der geldwerte Vorteil zum Zeitpunkt des Zuflusses der deutschen Steuerpflicht unterliegt.

251 Sofern der Arbeitnehmer jährlich Aktienoptionsrechte erhält, sind die oben genannten Ausführungen für jedes jährlich ausgegebene Optionsrecht zu beachten.

252 **Beispiel:**

Ein in Deutschland beschäftigter Arbeitnehmer hat am 1. Juni 01 („grant") die nicht handelbare Option auf den Erwerb von 1.000 Aktien seines inländischen Arbeitgebers gewährt bekommen. Der Übernahmepreis liegt bei 10 € je Aktie. Ab dem 1. Januar 02 ist der Arbeitnehmer im Rahmen einer Arbeitnehmerentsendung in Italien tätig und dort mit seinen Arbeitseinkünften steuerpflichtig. Seinen deutschen Wohnsitz behält er während der Entsendung bei. Der Zeitpunkt der erstmalig möglichen Optionsausübung ist der 1. Juni 03 („vesting"). Am 1. September 03 übt der Arbeitnehmer die Aktienoption aus. Der Kurswert der Aktie beträgt zu diesem Zeitpunkt 15 €. Die Aktien werden noch am selben Tag auf seinem Depot gutgeschrieben. Der Arbeitnehmer hat an 220 Tagen im Jahr seine Tätigkeit tatsächlich ausgeübt. Im Erdienungszeitraum („vesting period" 1. Juni 01 bis 1. Juni 03) hält er sich wie folgt auf:

Kalenderjahr	01	02	03
Deutschland	128 Arbeitstage	0	0
Italien	0	220 Arbeitstage	92 Arbeitstage

Gemeiner Wert der Aktien zum Zuflusszeitpunkt:	15.000 €
./. Erwerbsaufwendungen:	10.000 €
= Steuerpflichtiger geldwerter Vorteil:	5.000 €*)

*) = Auf die Berechnung der Freibeträge wird aus Vereinfachungsgründen verzichtet.

Gesamtarbeitstage im Erdienungszeitraum:	440
in Italien verbrachte Arbeitstage im Erdienungszeitraum mit einem Besteuerungsrecht für Italien:	312

Der in Deutschland unter Beachtung von § 50d Abs. 8 EStG unter Progressionsvorbehalt steuerfrei zu stellende geldwerte Vorteil beträgt damit:

$$5.000\ € \times \frac{312 \text{ Arbeitstage in Italien}}{440 \text{ Tatsächliche Gesamtarbeitstage im Erdienungszeitraum}} = 3.546\ €$$

5.5.6.4 Weitere Aktienvergütungsmodelle

5.5.6.4.1 Virtuelle Aktienoptionen (Stock Appreciation Rights, Phantom Stock Awards)

Als virtuelle Variante der Stock Options wird auf die tatsächliche Ausgabe von Aktien verzichtet und es werden die finanziellen Auswirkungen entsprechend nachgebildet. Damit werden Neuemissionen sowie die damit verbundene Verwässerung des Aktienkurses und des Stimmrechts vermieden. Im Unterschied zu realen Aktienoptionsplänen besteht im Fall von virtuellen Aktienoptionen (Stock Appreciation Rights oder Phantom Stock Awards) bei Ausübung also kein Recht auf Lieferung von Aktien, sondern ein Recht auf Auszahlung eines Geldbetrages, der sich aus der Kursentwicklung ergibt. Wirtschaftlich betrachtet, stellen die Vergütungen aus den virtuellen Aktienoptionen ein Entgelt für die in der Vergangenheit geleistete Arbeit dar. Die vorgenannten Ausführungen bezüglich Zufluss und Aufteilung gelten entsprechend. 253

5.5.6.4.2 Aktienoptionsplan mit vorgeschaltetem Wandeldarlehen oder Wandelanleihe (Wandelschuldverschreibung)

Bei einem Wandeldarlehen gewährt der Darlehensgeber (hier: Arbeitnehmer) dem Darlehensnehmer (hier: Arbeitgeber) ein Darlehen, das mit einem Wandlungs- bzw. Umtauschrecht auf Aktien des Darlehensnehmers ausgestattet ist. 254

Eine Wandelanleihe (Wandelschuldverschreibung) ist ein von einer Aktiengesellschaft (hier: Arbeitgeber als Emittent) ausgegebenes verzinsliches Wertpapier, das dem Inhaber (hier: Arbeitnehmer) das Recht einräumt, die Anleihe in Aktien des Emittenten umzutauschen. 255

Bei Ausübung des Wandlungsrechtes im Rahmen des Aktienoptionsplans gelten die vorgenannten Ausführungen entsprechend (s. BFH-Urteil vom 23. Juni 2005, BStBl II S. 770). Der Zufluss des geldwerten Vorteils erfolgt also zu dem Zeitpunkt, in dem der Arbeitnehmer die wirtschaftliche Verfügungsmacht über die Aktien erhält und nicht bereits durch Hingabe des Darlehens. 256

5.5.6.4.3 Verfügungsbeschränkungen (Restrictions) für Aktien und Aktienanwartschaften

Im Gegensatz zu Aktienoptionen handelt es sich bei Restricted Stocks oder Restricted Shares um direkte Übertragungen von Aktien, die gewissen Verfügungsbeschränkungen unterliegen (u. a. Ausschluss von Stimm- und Dividendenbezugsrechten sowie Veräußerungsverbot für einen bestimmten Zeitraum). In vielen Fällen erfolgt die Aktienübertragung aber nicht unmittelbar, sondern den Arbeitnehmern wird zunächst in Aussicht 257 gestellt, in einem späteren Jahr unentgeltlich Aktien ihres Arbeitgebers zu erhalten (Aktienanrechte, Stock Awards, Restricted Stock Units). Voraussetzung ist regelmäßig, dass der betreffende Arbeitnehmer zu diesem Stichtag noch bei dem Arbeitgeber (oder bei einem anderen Unternehmen im Konzernverbund) beschäftigt ist. Dabei werden häufig Sammel- oder Sperrdepots für die Mitarbeiter angelegt und eine entsprechende Anzahl an Aktien gutgeschrieben.

258 Sowohl bei direkten Aktienübertragungen als auch bei der Einräumung von Aktienanrechten setzt ein Lohnzufluss die Erlangung von wirtschaftlichem Eigentum beim Arbeitnehmer voraus. Wirtschaftliches Eigentum kann nicht unterstellt werden, wenn umfassende Verfügungsbeschränkungen (z. B. keine Stimm- und Dividendenbezugsrechte in Kombination mit einem Veräußerungsverbot) vereinbart wurden. Deshalb fließt dem Arbeitnehmer der geldwerte Vorteil erst in dem Zeitpunkt zu, in dem die Verfügungsbeschränkungen nicht mehr umfassend sind (z. B. bei Wegfall einzelner Beschränkungen). Dies gilt insbesondere auch, wenn eine Übertragung der Aktien in ihrer Wirksamkeit von der Zustimmung der Gesellschaft abhängig und eine Veräußerung der Aktien für den Arbeitnehmer rechtlich unmöglich ist (vinkulierte Namensaktien, s. BFH-Urteil vom 30. Juni 2011, BStBl II S. 923). Ein schuldrechtliches Veräußerungsverbot verhindert den Zufluss jedoch nicht, da die Veräußerung (ggf. unter Sanktionierung) rechtlich möglich ist.

259 Dagegen ist auch von wirtschaftlichem Eigentum auszugehen, wenn der Arbeitnehmer aufgrund einer Sperr- bzw. Haltefrist die Aktien lediglich für eine bestimmte Zeit nicht veräußern kann, ihm aber das Stimmrecht und der Dividendenanspruch unabhängig von der Vereinbarung einer Sperrfrist zustehen. Sperr- oder Haltefristen stehen einem Zufluss von Arbeitslohn in diesem Fall nicht entgegen (s. BFH-Urteil vom 30. September 2008, BStBl 2009 II S. 282). Die Erlangung der wirtschaftlichen Verfügungsmacht erfordert nicht, dass der Arbeitnehmer in der Lage sein muss, den Vorteil sofort durch Veräußerung der Aktien in Bargeld umzuwandeln.

260 Wegen der Zukunftsbezogenheit bei dieser Form der Mitarbeiterbeteiligung wird das Besteuerungsrecht am geldwerten Vorteil auf den Zeitraum zwischen der Einräumung und der Erlangung der wirtschaftlichen Verfügungsmacht (i. d. R. bei Wegfall der Verfügungsbeschränkung) aufgeteilt. Dies entspricht somit dem Erdienungszeitraum.

261 Im Übrigen gelten die vorgenannten Ausführungen entsprechend.

5.5.6.5 Anwendung im Lohnsteuerabzugsverfahren

262 Die Lohnsteuer entsteht nach § 38 Abs. 2 Satz 2 EStG in dem Zeitpunkt, in dem der Arbeitslohn dem Arbeitnehmer zufließt. Der nach § 38 EStG abzugspflichtige Arbeitgeber hat grundsätzlich auch den geldwerten Vorteil aus der Optionsausübung nach den im Zuflusszeitpunkt gegebenen Verhältnissen der Lohnsteuer zu unterwerfen. Die Verpflichtung zum Lohnsteuerabzug trifft ein inländisches Konzernunternehmen als inländischen Arbeitgeber i. S. des § 38 Abs. 1 EStG nach § 38 Abs. 1 Satz 3 EStG auch dann, wenn die ausländische Konzernobergesellschaft die Aktienoptionen gewährt (sog. Arbeitslohn von dritter Seite).

263 Einzelheiten sind im BMF-Schreiben zur „Ermittlung des steuerfreien und steuerpflichtigen Arbeitslohns nach den Doppelbesteuerungsabkommen sowie nach dem Auslandstätigkeiterlass im Lohnsteuerabzugsverfahren" vom 14. März 2017, BStBl I S. 473 geregelt.

5.5.7 Kaufkraftausgleich, Standortbonus und Sicherung des Wechselkurses

264 Gleicht der Arbeitgeber die gegenüber dem bisherigen Ansässigkeitsstaat höheren Lebenshaltungskosten im Tätigkeitsstaat durch Zahlung eines Auslandsverwendungszuschlags/Kaufkraftausgleiches aus und sind die in § 3 Nr. 64 EStG genannten Beträge

überschritten, liegt nach nationalem Recht steuerpflichtiger Arbeitslohn vor, der nach den DBA ausschließlich der Tätigkeit im Tätigkeitsstaat zuzuordnen ist.

Der Standortbonus ist eine zusätzliche Vergütung, mit der die Bereitschaft eines Arbeitnehmers zu internationalen Einsätzen, insbesondere an schwierigen Standorten mit vom Wohnsitzstaat abweichenden Lebensbedingungen, gewürdigt werden soll. Auch hier handelt es sich nach nationalem Recht um Arbeitslohn, der abkommensrechtlich der Tätigkeit im Tätigkeitsstaat direkt zuzuordnen ist. 265

Wird Arbeitslohn in der Währung des Tätigkeitsstaates ausgezahlt, ist er bei Zufluss nach dem von der Europäischen Zentralbank veröffentlichten monatlichen Euro-Durchschnittsreferenzkurs umzurechnen (s. BFH-Urteil vom 3. Dezember 2009, BStBl 2010 II S. 698; H 8.1 (1-4) „Ausländische Währung" LStH). 266

Gleicht der Arbeitgeber Wechselkursschwankungen in gewissen Zeitabständen aus, indem er wechselkursbezogen einen Mehrbetrag ermittelt, den er an den Arbeitnehmer auszahlt oder einen Minderbetrag ermittelt, den er vom Arbeitnehmer zurückfordert, ist dieser Mehr- oder Minderbetrag in demselben Verhältnis aufzuteilen, in dem das wechselkursgesicherte Gehalt auf den Wohnsitzstaat und den Tätigkeitsstaat entfällt. 267

5.5.8 Entgeltumwandlung zugunsten eines Arbeitszeitkontos

Unter den Begriff der Arbeitszeitkonten in diesem Sinne fallen nur sog. Zeitwertkonten (Arbeitsentgeltguthaben). Hierbei vereinbaren Arbeitgeber und Arbeitnehmer, dass künftig fällig werdender Arbeitslohn anstelle einer sofortigen Auszahlung auf einem Zeitwertkonto betragsmäßig erfasst und dem Arbeitnehmer erst im Rahmen einer späteren Freistellung von der weiterhin geschuldeten Arbeitsleistung ausgezahlt wird. Der steuerliche Begriff des Zeitwertkontos entspricht insoweit einer Wertguthabenvereinbarung i. S. des § 7b SGB IV. Die Voraussetzungen für die Anerkennung einer Zeitwertkontenvereinbarung und ihre Besteuerung sind im BMF-Schreiben vom 17. Juni 2009, BStBl I S. 1286 geregelt. Das gilt auch bei einem im Ausland ansässigen Arbeitnehmer, der mit seinem dortigen Arbeitgeber eine Zeitwertkontenvereinbarung geschlossen hat und vorübergehend im Inland tätig ist. In diesem Fall wird auch im Rahmen der beschränkten Steuerpflicht (s. § 49 Abs. 1 Nr. 4 Buchstabe a EStG) der Zufluss des Arbeitslohns zu einem späteren Zeitpunkt erfasst. 268

Auf Zahlungen aus Zeitwertkonten an den Arbeitnehmer ist Art. 15 OECD-MA anzuwenden. Das Besteuerungsrecht des Ansässigkeitsstaates wird danach nur insoweit durchbrochen, als der Arbeitnehmer im anderen Vertragsstaat tätig wird und hierfür Vergütungen bezieht, für die dem Tätigkeitsstaat das Besteuerungsrecht zusteht. Ausgehend von dem engen Veranlassungszusammenhang zwischen Auslandstätigkeit und Vergütungsbezug steht das Besteuerungsrecht für Auszahlungen aus dem Zeitwertkonto dem Vertragsstaat zu, dem das Besteuerungsrecht in der Einbringungsphase aufgrund der ausgeübten Tätigkeit zustand (Erdienungsprinzip). 269

Beispiel 1: 270

Arbeitgeber und Arbeitnehmer A sind im Inland ansässig und schließen eine Zeitwertkontenvereinbarung. In 01 wird A insgesamt für 120 (Aufenthalts- und Tätigkeits-)Tage in die ausländische Betriebsstätte seines Arbeitgebers im DBA-Staat B entsandt. Den regulären Arbeitslohn trägt die ausländische Betriebsstätte. Vereinbarungsgemäß wird A nur die Hälfte des Arbeitslohns ausgezahlt, der auf die Auslandstätigkeit entfällt. Der restliche Betrag wird seinem Zeitwertkonto gutgeschrieben; weitere Wertgutschriften erfolgen nicht. In 05 nimmt A sein Guthaben in Anspruch und wird für 60 Arbeitstage von der Verpflichtung zur Arbeitsleistung unter Fortzahlung seiner (seit 01 unveränderten) Bezüge in voller Höhe freigestellt. Dem Staat B steht nach Art. 15 Abs. 1 Satz 2 und Abs. 2 Buchstabe c OECD-MA das Besteuerungsrecht für diejenigen Vergütungen zu, die A für seine Tätigkeit dort bezogen hat. Dies gilt unabhängig davon, ob der Betrag dem Arbeitnehmer im regulären Zahlungsturnus zufließt oder der Zuflusszeitpunkt durch die Gutschrift auf dem Zeitwertkonto wirksam in die

Zukunft verlagert wird. Vorliegend steht dem Staat B das Besteuerungsrecht an den Zahlungen aus dem Zeitwertkonto im Jahr 05 zu. Deutschland stellt die Vergütungen unter Progressionsvorbehalt und Beachtung des § 50d Abs. 8 bzw. 9 EStG frei.

271 Das Besteuerungsrecht des Tätigkeitsstaates wird nicht dadurch berührt, dass die Voraussetzungen für die steuerliche Anerkennung der Zeitwertkontenvereinbarung später ganz oder teilweise entfallen (BMF-Schreiben vom 17. Juni 2009, BStBl I S. 1286 „planwidrige Verwendung"). Andererseits steht dies auch einer Berücksichtigung der Zahlungen im Rahmen des Progressionsvorbehalts zum Zuflusszeitpunkt nicht entgegen.

272 Soweit sich der Wert des Arbeitszeitguthabens aus anderen Gründen als den vereinbarten Lohngutschriften erhöht hat, z. B. infolge einer vom Arbeitgeber zugesagten Verzinsung oder aufgrund der erfolgreichen Anlage des Arbeitsentgeltguthabens am Kapitalmarkt (s. § 7d Abs. 3 SGB IV), stellt dieser Wertzuwachs keine Gegenleistung für die im anderen Staat ausgeübte Tätigkeit dar. Insoweit verbleibt das Besteuerungsrecht für Vergütungen, die unter Art. 15 OECD-MA fallen, beim Ansässigkeitsstaat. Vorgenannte Zinsen erhöhen das Guthaben des Zeitwertkontos und sind bei tatsächlicher Auszahlung an den Arbeitnehmer als steuerpflichtiger Arbeitslohn im Ansässigkeitsstaat zu erfassen.

273 Bringt der Arbeitnehmer sowohl nach DBA freigestellten als auch steuerpflichtigen Arbeitslohn in sein Zeitwertkonto ein, gilt im Zeitpunkt der Auszahlung des Arbeitsentgeltguthabens stets der steuerfreie Arbeitslohn als zuerst verwandt. Ist der steuerfreie Arbeitslohn in mehreren Staaten erdient worden, ist er nach den einzelnen Tätigkeitsstaaten aufzuteilen. In diesem Fall gilt bei der Auszahlung des steuerfreien Arbeitslohns aus dem Arbeitsentgeltguthaben der zuerst erdiente steuerfreie Arbeitslohn als zuerst verwandt.

274 **Beispiel 2:**

Arbeitgeber und Arbeitnehmer A sind im Inland ansässig und schließen eine Zeitwertkontenvereinbarung. Im Jahr 01 wird A insgesamt für 40 (Aufenthalts- und Tätigkeits-)Tage in die ausländische Betriebsstätte seines Arbeitgebers im DBA-Staat B entsandt. Seinen Arbeitslohn trägt die ausländische Betriebsstätte. Vereinbarungsgemäß erhält A für die Auslandstätigkeiten einen Lohnzuschlag i. H. v. 50 %. Dieser wird seinem Zeitwertkonto gutgeschrieben. Der reguläre Lohn wird ausgezahlt. Im Jahr 02 führt A seinem Zeitwertkonto im Inland erdiente Wertgutschriften zu, die eine Freistellung von 20 Arbeitstagen unter Fortzahlung der Bezüge in voller Höhe erlauben. Im Jahr 03 wird A zu den gleichen Konditionen wie im Jahr 01 für 40 (Aufenthalts- und Tätigkeits-)Tage in die ausländische Betriebsstätte seines Arbeitgebers im DBA-Staat C entsandt. Im Jahr 05 nimmt A sein gesamtes Zeitwertguthaben in Anspruch und wird für 60 Arbeitstage von der Verpflichtung zur Arbeitsleistung unter Fortzahlung seiner Bezüge in voller Höhe freigestellt.

Die Entgeltzahlung für die ersten 20 Tage der Freistellung von der Arbeitspflicht speisen sich aus dem im Staat B erdienten und unter Beachtung von § 50d Abs. 8 bzw. 9 EStG steuerfreien Arbeitslohn; der unter denselben Bedingungen steuerfreie Arbeitslohn für die folgenden 20 Tage rührt aus der Tätigkeit im Staat C her. Erst in den letzten 20 Tagen kommt das durch die Inlandstätigkeit erdiente steuerpflichtige Arbeitsentgeltguthaben zur Auszahlung.

275 Im vorstehenden Beispiel ist die Versteuerung im Veranlagungsverfahren 05 auch dann nachgewiesen, wenn der Tätigkeitsstaat den auf dem Zeitwertkonto gutgeschriebenen Lohn einer Besteuerung in 01 unterworfen hat und dies belegt wird.

276 Aufgrund der oft langen Zeitspanne zwischen dem Erwerb der Lohnforderung und ihrem Zufluss kommt in diesen Fällen den steuerlichen Nachweispflichten eine besondere Bedeutung zu. Die Feststellungslast trifft im Lohnsteuerabzugsverfahren beide Beteiligte (Arbeitgeber und Arbeitnehmer). § 90 Abs. 2 AO verankert die Verantwortung für die Aufklärung und Beweismittelvorsorge unter den dort genannten Voraussetzungen (s. auch Tz. 5.2, Rn. 196, 197). Soweit der Tätigkeitsstaat die Arbeitszeitkontenvereinbarung nicht

anerkennt und stattdessen von einem unmittelbaren Zufluss des gutgeschriebenen Arbeitslohns ausgeht, reicht es für Zwecke des § 50d Abs. 8 EStG aus, die steuerliche Erfassung im Tätigkeitsstaat zu diesem Zeitpunkt nachzuweisen.

Die vorstehenden Grundsätze finden auf sog. Gleitzeitkonten keine Anwendung, die lediglich der Ansammlung von Mehr- oder Minderarbeitszeit dienen und zu einem späteren Zeitpunkt ausgeglichen werden. Der Zufluss des Arbeitslohns richtet sich nach den allgemeinen Regeln. 277

5.5.9 Steuerausgleichsmechanismen – Hypo-Tax

Schließt der Arbeitgeber mit dem Arbeitnehmer eine Vereinbarung über den Ausgleich oder die Tragung von Steuern des Auslandsaufenthalts, wird bei der Berechnung des Arbeitslohns für Arbeitnehmer im internationalen Einsatz in vielen Fällen eine sog. fiktive bzw. hypothetische Steuer (auch Hypo-Tax) ausgewiesen. Hierbei handelt es sich um eine fiktive Berechnungsgröße, die den auszuzahlenden Arbeitslohn i. d. R. tatsächlich mindert. Im Gegenzug verpflichtet sich der Arbeitgeber regelmäßig, die im Ansässigkeitsstaat oder im Tätigkeitsstaat anfallende Einkommensteuer des Arbeitnehmers zu bezahlen, soweit sie dem Arbeitsverhältnis zuzurechnen ist (sog. Nettolohnvereinbarung bzw. partielle Nettolohnvereinbarung bezogen auf die im Einsatzstaat anfallende Steuer für den erdienten Arbeitslohn). Die Höhe bzw. die Berechnung der Hypo-Tax ist abhängig von der zwischen Arbeitgeber und Arbeitnehmer getroffenen Vereinbarung. Insbesondere in den Fällen der Entsendung von Führungskräften nach Deutschland wird in einer Vielzahl von Fällen eine Regelung dahingehend getroffen, dass die in Deutschland anfallenden Steuern (Lohnsteuer- und Einkommensteuernachzahlung) vom Arbeitgeber übernommen werden. Deshalb wird ein sog. Nettoausgangsbetrag vereinbart, der auf einen Bruttobetrag hochzurechnen ist. 278

Soweit vom Arbeitgeber eine Hypo-Tax berücksichtigt wird, fließt kein Arbeitslohn zu. Sie ist – da die entsprechenden Beträge nicht tatsächlich zufließen – auch nicht der Besteuerung zuzuführen. Der Betrag der Minderung des Bruttoarbeitslohns wegen der sog. Hypo-Tax wird nicht an das Finanzamt abgeführt. Maßgebend sind allein die tatsächlich anfallenden und vom Arbeitgeber gezahlten Steuern. 279

Die vom Arbeitgeber tatsächlich gezahlte Einkommensteuer ist in voller Höhe jeweils dem Staat (Ansässigkeits- oder Tätigkeitsstaat) als Arbeitslohn zuzuordnen, in dem sie anfällt. Übernimmt der Arbeitgeber darüber hinaus auch Steuern, die mit anderen Einkunftsquellen in Zusammenhang stehen, ist der hierauf entfallende Betrag abkommensrechtlich nach den allgemeinen Grundsätzen in einen auf die Tätigkeit im Ansässigkeitsstaat und in einen auf die Tätigkeit im Tätigkeitsstaat entfallenden Anteil aufzuteilen. 280

Arbeitgeberbescheinigungen über den Einbehalt einer Hypo-Tax stellen keinen Besteuerungsnachweis i. S. des § 50d Abs. 8 EStG dar, da es sich bei der Hypo-Tax nicht um eine tatsächlich entrichtete Steuer handelt. 281

In einem ersten Schritt ist zu prüfen, ob ein zum Lohnsteuerabzug verpflichteter Arbeitgeber i. S. des § 38 Abs. 1 EStG (z. B. inländischer Arbeitgeber § 38 Abs. 1 Satz 1 Nr. 1 EStG) vorhanden ist. Im zweiten Schritt ist zu prüfen, ob eine Netto- oder Bruttolohnvereinbarung besteht. 282

Unter einer Nettolohnvereinbarung ist die Abrede zu verstehen, dass der Arbeitgeber an den Arbeitnehmer das Arbeitsentgelt ungekürzt durch sämtliche oder bestimmte gesetzliche Abgaben als Nettolohn zahlt und sich zugleich verpflichtet, die Beträge – grundsätzlich unabhängig von ihrer Höhe – für den Arbeitnehmer zu tragen (s. BFH-Urteil vom 28. Februar 1992, BStBl II S. 733). Der Abschluss einer Nettolohnvereinbarung soll klar und einwandfrei feststellbar sein (BFH-Urteil vom 14. März 1986, BStBl II S. 886). Grund- 283 sätzlich ist bei Hypo-Tax-Gestaltungen von einer Nettolohnvereinbarung bzw. einer partiellen Nettolohnvereinbarung, bezogen auf die im Einsatzstaat anfallende Steuer, auszugehen.

284 Sofern ein zum Lohnsteuerabzug verpflichteter Arbeitgeber (Arbeitgeber i. S. des § 38 EStG) den Nettolohn auszahlt, ist der Nettolohn des jeweiligen Lohnzahlungszeitraums (= Auszahlungsbetrag), also i. d. R. der Arbeitslohn eines Kalendermonats auf einen Bruttolohn „hochzurechnen“ (vgl. R 39b.9 LStR). Übernimmt der Arbeitgeber Einkommensteuernachzahlungen des Arbeitnehmers, führt dies im Zeitpunkt des Zuflusses zu weiterem Arbeitslohn, der in einen Bruttobetrag „hochzurechnen“ ist (BFH-Urteil vom 3. September 2015, BStBl 2016 II S. 31).

285 Aus der Summe der hochgerechneten Arbeitslöhne der einzelnen Lohnzahlungszeiträume (laufende Arbeitslohnzahlungen und ggf. sonstige Bezüge) errechnet sich der gesamte hochgerechnete Brutto-Jahresarbeitslohn eines Kj. Dieser hochgerechnete Betrag ist unter Nr. 3 (steuerpflichtiger Arbeitslohn) bzw. 16a (nach DBA steuerfreier Arbeitslohn) der elektronischen Lohnsteuerbescheinigung auszuweisen.

286 Sollte kein zum Lohnsteuerabzug verpflichteter Arbeitgeber vorhanden sein und die Zahlung an den Arbeitnehmer in Form einer Nettolohnvereinbarung erfolgen, ist im Rahmen der Veranlagung abweichend vom Lohnsteuerabzugsverfahren, nur der im jeweiligen Kj ausgezahlte Nettolohn in die Einkommensteuerveranlagung einzubeziehen (Zuflussprinzip des § 11 EStG). Erst wenn die angefallenen Steuerbeträge später vom ausländischen Arbeitgeber ersetzt werden, ist dieser Betrag erneut der Besteuerung im Rahmen der Einkommensteuerveranlagung zu unterwerfen. Eine Hochrechnung des übernommenen Betrags erfolgt in diesen Fällen nicht. Erhält der Arbeitnehmer ausnahmsweise von seinem Arbeitgeber bereits während des laufenden Kj Zuschüsse, um seine gegenüber dem Finanzamt fälligen Vorauszahlungen leisten zu können oder überweist der Arbeitgeber die Vorauszahlungen im abgekürzten Zahlungsweg direkt an das Finanzamt des Arbeitnehmers, liegt auch insoweit bereits zugeflossener Arbeitslohn vor. Eine Hochrechnung ist ebenfalls nicht vorzunehmen.

287 Da die tatsächliche Steuerbelastung in diesen Fällen regelmäßig nicht identisch mit der vom Arbeitgeber einbehaltenen Hypo-Tax ist, hat dies nachfolgend dargestellte Auswirkungen auf die steuerliche Behandlung im Inland:

288 **Beispiel 1:**

Im Jahr 01 wird ein Nettolohn i. H. v. monatlich 6 x 2.000 € und 6 x 3.000 € ausgezahlt. Der Jahresnettolohn beträgt demnach 30.000 €. In der Einkommensteuerveranlagung für das Jahr 01 ergibt sich eine Nachzahlung von 800 €. Diesen Betrag ersetzt der inländische Arbeitgeber dem Arbeitnehmer im Jahr 02.

Die übernommene Einkommensteuernachzahlung ist im Zeitpunkt des Zuflusses auf einen Bruttobetrag hochzurechnen (BFH-Urteil vom 3. September 2015, BStBl 2016 II S. 31). Wird im Rahmen einer Außenprüfung festgestellt, dass der im Jahr 01 ausgezahlte Nettolohn unzutreffend auf einen Bruttolohn hochgerechnet wurde, ist für das Jahr 01 ein Betrag von 30.000 € auf den korrekten Bruttobetrag hochzurechnen. Der Arbeitgeber führt die hierauf entfallende Lohnsteuer an das Finanzamt ab. Daneben ist die Einkommensteuerveranlagung des Arbeitnehmers für das Jahr 01 entsprechend zu korrigieren.

289 **Beispiel 2:**

Ein im DBA-Ausland ansässiger Arbeitnehmer wird von seinem ausländischen Arbeitgeber nach Deutschland entsandt. Der Arbeitnehmer wird für eine inländische Betriebsstätte des ausländischen Arbeitgebers tätig oder übernimmt die Funktion eines ständigen Vertreters i. S. des § 13 AO.

Der Arbeitgeber hat mit dem Arbeitnehmer für das Jahr 01 die Zahlung von Nettolöhnen vereinbart. Aus den Nettosummen der einzelnen Kalendermonate (12 x 2.000 €) ergibt sich eine Jahresnettosumme von 24.000 €. Die hochgerechneten Beträge der einzelnen Kalendermonate ergeben eine Jahressumme von (12 x 3.200 €) = 38.400 €.

Die Einkommensteuernachzahlung für das Jahr 01 i. H. v. 1.000 € wird im Jahr 02 (Folgejahr) vom Arbeitgeber auf das Konto des Arbeitnehmers überwiesen. Daraus errechnet sich ein hochgerechneter Betrag von 1.500 €. Dieser hochgerechnete Betrag ist der dazugehörende Bruttoarbeitslohn, der neben dem laufenden Lohn im Lohnkonto und auf der Lohnsteuerbescheinigung des Jahres 02 zu erfassen ist.

In die Einkommensteuerveranlagung sind folgende Beträge einzubeziehen:

Jahr 01:	38.400 €	(hochgerechneter laufender Arbeitslohn 01)
Jahr 02:	1.500 €	+ hochgerechneter laufender Arbeitslohn 02
		+ ggf. hochgerechnete vom Arbeitgeber übernommene ESt-Vorauszahlung

Abwandlung: 290

Wie Beispiel 2, jedoch existiert kein zum Lohnsteuerabzug verpflichteter inländischer Arbeitgeber i. S. des § 38 Abs. 1 EStG.

Der Nettoarbeitslohn i. H. v. 24.000 € ist im Rahmen der Einkommensteuerveranlagung des Jahr 01 des Arbeitnehmers in Deutschland anzusetzen. Die sich ergebende deutsche Einkommensteuernachzahlung z. B. von 3.100 €, die vom ausländischen Arbeitgeber im Jahr 02 gezahlt wird, ist im Jahr der Zahlung 02 durch den Arbeitgeber beim Arbeitnehmer als geldwerter Vorteil zu erfassen (s. BFH-Urteil vom 6. Dezember 1991, BStBl 1992 II S. 441).

In die Einkommensteuerveranlagung sind folgende Beträge einzubeziehen:

Jahr 01:	24.000 €	(laufender Nettolohn 01)
Jahr 02:	3.100 €	+ laufender Nettolohn 02
		(+ ggf. vom Arbeitgeber übernommene ESt-Vorauszahlungen)

Beispiel 3: 291

Ein im Inland ansässiger Arbeitnehmer wird von seinem inländischen Arbeitgeber zu einer ausländischen Tochtergesellschaft abgeordnet, die auch die Lohnkosten wirtschaftlich trägt. Der Arbeitnehmer behält seinen inländischen Wohnsitz bei. Der Bruttolohn des Arbeitnehmers beträgt monatlich 3.000 €. Der monatliche Nettoarbeitslohn (ohne Berücksichtigung der Sozialversicherungsabzüge) vor Entsendung beträgt 2.421 € (= 3.000 € – 579 € LSt). Der Arbeitnehmer soll weiterhin den gleichen Nettobetrag erhalten. Im Ausland sind monatlich 250 € Steuern für den Arbeitslohnbezug des Arbeitnehmers fällig.

Die Lohnabrechnung sieht wie folgt aus:

Bruttoarbeitslohn	3.000 €
Hypo-Tax	– 579 €
Nettoauszahlungsbetrag	2.421 €

Für Zwecke des Progressionsvorbehalts nach § 32b EStG ist der im Ausland erzielte Arbeitslohn wie folgt zu ermitteln:

Nettoauszahlungsbetrag	2.421 €
vom Arbeitgeber übernommene ausländische Steuern	+ 250 €
Bruttoarbeitslohn	2.671 €

Der Betrag von monatlich 2.671 € ist für Zwecke des Progressionsvorbehalts bei der Ermittlung der deutschen Einkommensteuer anzusetzen. Der Arbeitgeber wird für den Zeitraum der Entsendung um monatlich 329 € entlastet. Die Hypo-Tax ist völlig unbeachtlich.

Abwandlung: 292

Wie Beispiel 2, jedoch beträgt die monatliche Steuerbelastung im Ausland 800 €.

Die Lohnabrechnung sieht wie folgt aus:

Bruttoarbeitslohn	3.000 €
Hypo-Tax	– 579 €
Nettoauszahlungsbetrag	2.421 €

Für Zwecke des Progressionsvorbehalts nach § 32b EStG ist der im Ausland erzielte Arbeitslohn wie folgt zu ermitteln:

Nettoauszahlungsbetrag	2.421 €
vom Arbeitgeber übernommene ausländische Steuern	+ 800 €
Bruttoarbeitslohn	3.221 €

5.5.9.1 Treuhandmodelle

293 Von dem vorstehend dargestellten System zu unterscheiden sind Treuhandmodelle, bei denen die Arbeitnehmer freiwillig Beiträge in ein gemeinsames Treuhandvermögen leisten, ohne dass der Arbeitgeber eine Zuschuss- oder Insolvenzpflicht hat und aus diesem Treuhandvermögen die ausländischen Steuern beglichen werden. In diesen Fällen gelten die in das gemeinsame Treuhandvermögen (sog. Steuertopf) von den Arbeitnehmern eingebrachten Beträge, die aus dem geschuldeten Arbeitslohn finanziert werden, als sog. Einkommensverwendung. Denn der Arbeitnehmer hat mit der Einbringung der Beträge Rechtsansprüche gegenüber einem fremden Dritten (Treuhandvermögen) erworben. Damit führen die eingebrachten Beträge nicht zu einer Minderung des Bruttoarbeitslohnes. Die Aufteilung des ungekürzten Bruttoarbeitslohnes in einen steuerpflichtigen- und steuerfreien Teil erfolgt nach allgemeinen Grundsätzen. Im Gegenzug bewirkt die Finanzierung der anfallenden Steuer im Ausland oder in Deutschland aus dem Treuhandvermögen keinen Zufluss von Arbeitslohn.

5.5.10 Beiträge bzw. Zuschüsse im Rahmen der sozialen Absicherung

294 Ein Arbeitnehmer kann während seiner Auslandstätigkeit ausschließlich dem Sozialversicherungsrecht des Ansässigkeits-, des Tätigkeitsstaates oder dem Sozialversicherungsrecht beider Staaten unterworfen sein. Bei letzterem unterliegt der von einem Arbeitgeber bezogene Arbeitslohn sowohl dem Sozialversicherungsrecht des Ansässigkeitsstaates als auch dem Sozialversicherungsrecht des Tätigkeitsstaates. Dabei kann das jeweilige Sozialversicherungsrecht insbesondere eine verpflichtende Renten-, Arbeitslosen- oder Krankenversicherung, aber auch Wahlrechte und freiwillige Versicherungen umfassen.

295 Eine Liste aller Länder, mit denen Deutschland Sozialversicherungsabkommen abgeschlossen hat, ist unter www.dvka.de zu finden.

296 Vom Arbeitgeber geleistete Beiträge bzw. Zuschüsse zu einer Renten-, Arbeitslosen- oder Krankenversicherung stellen regelmäßig Arbeitslohn dar. Soweit keine vorrangige Steuerfreiheit nach § 3 Nr. 62 EStG besteht, ist das Besteuerungsrecht anschließend dem Wohnsitz- und dem Tätigkeitsstaat nach den DBA ggf. anteilig zuzuordnen, und zwar regelmäßig in dem gleichen Verhältnis, in dem auch der übrige Arbeitslohn aufzuteilen ist. Bei einer Bruttolohnvereinbarung wird der Sozialversicherungsbeitrag „automatisch" zusammen mit den Lohnbestandteilen in einen DBA-rechtlich auf den Heimatstaat entfallenden und in einen DBA-rechtlich auf den Einsatzstaat entfallenden Anteil aufgeteilt.

297 **Beispiel:**

Ein im Inland wohnhafter Arbeitnehmer ist im Jahr 01 für seinen Arbeitgeber sowohl im bisherigen Ansässigkeitsstaat als auch im Tätigkeitsstaat tätig. Der auf den bisherigen Ansässigkeitsstaat entfallende Arbeitslohnanteil beträgt brutto 25.000 €. Enthalten sind sowohl direkt als auch nicht direkt zuordenbare Lohnbestandteile. Die Steuer im bisherigen Ansässigkeitsstaat beträgt 5.000 €. Sie wird vom Arbeitgeber nicht übernommen. Der auf den Tätigkeitsstaat entfallende Arbeitslohnanteil beträgt brutto 50.000 €. Enthalten sind auch hier sowohl direkt als auch nicht direkt zuordenbare Lohnbestandteile. Die hierauf entfallende Steuer beläuft sich im Tätigkeitsstaat auf 10.000 €. Sie wird vom Arbeitgeber ebenfalls nicht übernommen. Der Sozialversicherungsbeitrag beträgt – bezogen auf das Gesamtjahr – 15.000 €.

Die Lohnabrechnung sieht wie folgt aus:

Bruttoarbeitslohn bisheriger Ansässigkeitsstaat	25.000 €
Bruttoarbeitslohn Tätigkeitsstaat	50.000 €
abzüglich Steuer bisheriger Ansässigkeitsstaat	5.000 €
abzüglich Steuer Tätigkeitsstaat	10.000 €
abzüglich Sozialversicherungsbeitrag (einheitlich für das gesamte Kj)	15.000 €
Nettoauszahlungsbetrag	45.000 €

Der Bruttoarbeitslohn wird DBA-rechtlich zu 1/3 dem bisherigen Ansässigkeitsstaat und zu 2/3 dem Tätigkeitsstaat zugerechnet. In diesem Verhältnis – 1/3 zu 2/3 – wird „automatisch" auch der Sozialversicherungsbeitrag verteilt (bezüglich der Abzugsbeschränkungen von Sonderausgaben im Zusammenhang mit steuerfreien Einkünften, s. Tz. 2.5, Rn. 74 ff.).

Das gilt unabhängig davon, an welchen Sozialversicherungsträger im bisherigen Ansässigkeits- oder Tätigkeitsstaat die Beiträge bzw. Zuschüsse gezahlt werden. Insbesondere erfolgt keine direkte Zuordnung nach Tz. 5.3 aufgrund des Sitzes eines Sozialversicherungsträgers. 298

5.5.11 Übernahme von bestimmten Aufwendungen durch den Arbeitgeber

Die Steuerfreiheit bestimmter Einnahmen nach § 3 EStG (hier z. B. Nr. 13 und 16) ist vorrangig zu beachten; einige nach § 3 EStG steuerfreie Einnahmen unterliegen nicht dem Progressionsvorbehalt. 299

Zahlungen, die der Arbeitgeber im Hinblick auf einen künftigen internationalen Einsatz des Arbeitnehmers aufwendet, stellen i. d. R. Arbeitslohn dar, der nach Tz. 5.3, Rn. 198 abkommensrechtlich direkt dem Tätigkeitsstaat zuzuordnen ist. Dies sind z. B. Kosten: 300

- für eine Orientierungsreise, um dem Arbeitnehmer einen Einblick in die Lebensbedingungen am Einsatzort zu geben (z. B. für Unterkunft, Mietwagen, Reisekosten oder Verpflegung),
- für Visa sowie Arbeits- oder Aufenthaltsgenehmigungen,
- für Sprachunterricht oder interkulturelles Training in Bezug auf den rechtlichen, kulturellen, sozialen und wirtschaftlichen Rahmen am Einsatzort (Ausnahmen s. R 19.7 Abs. 2 Satz 4 LStR),
- für medizinische Vorsorge oder sonstige Hilfestellungen und Informationen (u. a. Eröffnung von Bankkonten, Wohnraumbeschaffung).

Das gilt auch für: 301

- Übergangszuschüsse, die der Arbeitgeber als zusätzliche Leistung an bestimmten Einsatzorten zahlt, um höhere Kosten des Arbeitnehmers in der Orientierungsphase auszugleichen oder
- Ausgleichzahlungen des Arbeitgebers für Verluste des Arbeitnehmers aus privaten Veräußerungen im Wohnsitzstaat anlässlich des internationalen Einsatzes.

Übernimmt der Arbeitgeber während des Einsatzes Aufwendungen für den Arbeitnehmer im Tätigkeitsstaat (z. B. für die Unterbringung, die Verpflegung, den Umzug oder den Dienstwagen) oder im Wohnsitzstaat (z. B. für die Beibehaltung der bisherigen Wohnung oder deren Aufgabe) oder für Fahrten zwischen beiden Staaten und dies nur in Fällen des internationalen Einsatzes, liegt insoweit i. d. R. Arbeitslohn vor, der nach Tz. 5.3, Rn. 198 abkommensrechtlich direkt dem Tätigkeitsstaat zuzuordnen ist. Soweit eine Leistung jedoch nicht auf Fälle des internationalen Einsatzes beschränkt ist und auch dem Wohnsitzstaat nach Tz. 5.3 nicht direkt zugeordnet werden kann, ist eine Aufteilung i. S. der Tz. 5.4, Rn. 199 ff. vorzunehmen. Das gilt entsprechend auch für Zu- 302 schüsse, die der Arbeitgeber dem Arbeitnehmer zum Ausgleich für dessen Aufwendungen im Zusammenhang mit dem Einsatz zahlt (z. B. Unterstützungsleistungen für den Arbeitnehmer und dessen Familie, Zuschüsse bei Anschaffungen).

303[1]) Die Übernahme von Steuerberatungskosten durch den Arbeitgeber führt in der Regel zum Zufluss eines geldwerten Vorteils i. H. der tatsächlichen Kosten (inkl. Umsatzsteuer). Hierzu gehören insbesondere sämtliche Leistungen, die mit der Erstellung der Einkommensteuererklärung des Arbeitnehmers oder seiner Angehörigen in Verbindung stehen (z. B. Erstellung der Steuererklärung, Vorbereitungsgespräche, Beantwortung der Fragen des Finanzamts, Bescheidüberprüfung und Einspruchsverfahren, Beantragung Kindergeld, Beratungsleistungen, VIP-Services etc., s. BFH-Urteil vom 3. September 2015, BStBl II 2016 S. 31). Der in diesem Zusammenhang zugeflossene Arbeitslohn ist grundsätzlich dergestalt direkt zuzuordnen, dass die Kosten für die Erklärungsabgabe im Heimatstaat ausschließlich der Tätigkeit im Heimatstaat und die Kosten für die Erklärungsabgabe im Einsatzstaat ausschließlich der Tätigkeit im Einsatzstaat zuzurechnen sind. Erfolgt die Übernahme der Steuerberatungskosten jedoch im ausschließlichen wirtschaftlichen Zusammenhang mit der im Inland oder im Ausland ausgeübten Tätigkeit (z. B. aufgrund ausdrücklicher und auf die Dauer der Entsendung beschränkter Vereinbarung im Entsendevertrag), so ist der hieraus resultierende Lohn ausschließlich dieser Tätigkeit zuzuordnen.

303a[2]) Übernimmt der Arbeitgeber, der mit dem Arbeitnehmer unter Abtretung der Steuererstattungsansprüche eine Nettolohnvereinbarung abgeschlossen hat, die Steuerberatungskosten für die Erstellung der Einkommensteuererklärungen des Arbeitnehmers, wendet er damit regelmäßig keinen Arbeitslohn zu (BFH-Urteil vom 9. Mai 2019 – VI R 28/17 – BStBl II S. 785). Arbeitslohn liegt dagegen regelmäßig vor, soweit die Steuerberatungskosten anderen Einkunftsarten (z. B. Kapitalvermögen oder Vermietung und Verpachtung) als den aus dem Dienstverhältnis zum Arbeitgeber oder verbundenen Unternehmen (§ 15 des Aktiengesetzes) erzielten Einkünften aus nichtselbständiger Arbeit zuzuordnen sind.

303b[2]) Wird für die Steuerberatungskosten eine pauschale Vergütung je Arbeitnehmer oder für alle Arbeitnehmer vereinbart, bestehen grundsätzlich keine Bedenken, wenn aus Vereinfachungsgründen auf die Erfassung der anteilig den anderen Einkunftsarten zuzuordnenden Steuerberatungskosten verzichtet wird.

304 Betreffen die Aufwendungen jedoch nur Arbeitgeberleistungen (z. B. Erstellung der Lohnabrechnung und Lohnsteueranmeldung, Steuerausgleichsberechnungen (TEQ), Beratungsleistungen im Zusammenhang mit sozialversicherungsrechtlichen Fragen etc.) handelt es sich um Aufwendungen im sog. überwiegenden betrieblichen Interesse, die beim einzelnen Arbeitnehmer zu keiner Bereicherung führen und insoweit keinen Zufluss von Arbeitslohn darstellen.

305 Stellt der Arbeitgeber dem Arbeitnehmer einen Dienstwagen zur Verfügung, ist der hieraus resultierende geldwerte Vorteil für Privatfahrten und der für Fahrten zwischen Wohnung und erster Tätigkeitsstätte nach dem Veranlassungszusammenhang zuzuordnen. Der anlässlich der Fahrten zwischen Wohnung und erster Tätigkeitsstätte entstehende geldwerte Vorteil ist direkt der Tätigkeit im Wohnsitzstaat oder im Tätigkeitsstaat nach Tz. 5.3, Rn. 198 zuzuordnen. Wird dagegen der Dienstwagen allgemein ohne Abhängigkeit von einer bestimmten Tätigkeit im Aus- oder Inland überlassen, handelt es sich um Arbeitslohn, der nicht direkt zugeordnet werden kann (vgl. Tz. 5.4, Rn. 199 ff.).

---

1) Rn. 303 wurde durch BMF vom 22.4.2020 (BStBl I S. 483) neu gefasst und ist in allen offenen Fällen anzuwenden.

2) Rn. 303a und 303b wurden durch BMF vom 22.4.2020 (BStBl I S. 483) eingefügt und sind in allen offenen Fällen anzuwenden.

Übernimmt der Arbeitgeber Aufwendungen für die Reintegration des Arbeitnehmers in den früheren Wohnsitzstaat (z. B. für die Unterbringung, die Verpflegung, den Rückumzug) und war der zurückliegende Einsatz in dem anderen Staat von vornherein befristet, liegt insoweit i. d. R. Arbeitslohn vor, der nach Tz. 5.3, Rn. 198 abkommensrechtlich direkt dem Tätigkeitsstaat zuzuordnen ist. Erfolgte dagegen der Einsatz in dem anderen Staat unbefristet, ist die Rückkehr in den Wohnsitzstaat regelmäßig durch eine neue Tätigkeit im Wohnsitzstaat veranlasst. In diesem Fall sind die Aufwendungen des Arbeitgebers für die Reintegration des Arbeitnehmers in den Wohnsitzstaat ggf. dieser neuen Tätigkeit zuzuordnen. 306

6 Abkommensrechtliche Beurteilung bestimmter Auslandstätigkeiten

6.1 Organe von Kapitalgesellschaften

Bei der Besteuerung der Organe von Kapitalgesellschaften ist zwischen den geschäftsführenden und den überwachenden Organen zu unterscheiden. 307

Die Vergütungen von geschäftsführenden Organen (z. B. Vorstände und Geschäftsführer) von Kapitalgesellschaften fallen regelmäßig in den Anwendungsbereich des Art. 15 OECD-MA. Der Ort der Geschäftsleitung oder der Sitz der Gesellschaft ist für die Aufteilung des Besteuerungsrechts ebenso wenig relevant wie der Ort, an dem die Tätigkeit „verwertet“ wird, da die Mitglieder der Geschäftsleitung abkommensrechtlich ihre Tätigkeit grundsätzlich an dem Ort ausüben, an dem sie sich persönlich aufhalten (BFH-Urteil vom 5. Oktober 1994, BStBl 1995 II S. 95). Soweit das nationale Besteuerungsrecht nicht durch diese abkommensrechtliche Regelung beschränkt wird, unterliegen die Löhne innerstaatlich gemäß § 49 Abs. 1 Nr. 4 Buchstabe c EStG auch dann der beschränkten Einkommensteuerpflicht, wenn die geschäftsführenden Organe ihre Aufgaben im Ausland erfüllen. 308

Davon abzugrenzen sind jedoch die Vergütungen der überwachenden Organe von Kapitalgesellschaften (z. B. Aufsichts- und Verwaltungsräte). Dabei handelt es sich um Einkünfte aus selbständiger Tätigkeit i. S. des § 18 EStG, die unter den Anwendungsbereich von Art. 16 OECD-MA fallen. Das Besteuerungsrecht wird regelmäßig dem Ansässigkeitsstaat der Kapitalgesellschaft zugewiesen und die Doppelbesteuerung durch die Anrechnungsmethode vermieden. Soweit das nationale Besteuerungsrecht nicht durch die abkommensrechtliche Regelung beschränkt wird, unterliegen die Vergütungen gemäß § 49 Abs. 1 Nr. 3 EStG nur dann der beschränkten Einkommensteuerpflicht, wenn die Tätigkeit im Inland ausgeübt oder verwertet wird oder worden ist oder für die Tätigkeit im Inland eine feste Einrichtung oder eine Betriebsstätte unterhalten wird. 309

Hinsichtlich einiger Staaten ist es üblich, dass bestimmte Organe von Kapitalgesellschaften sowohl geschäftsführende als auch überwachende Aufgaben wahrnehmen (z. B. Schweizer Verwaltungsrat, kanadisches Board of Directors). In diesem Fall sind die Vergütungen unter Beachtung von Fremdüblichkeitsgrundsätzen aufzuteilen (s. BFH-Urteil vom 14. März 2011, BStBl 2013 II S. 73). Soweit die Einnahmen auf die geschäftsführenden Tätigkeiten entfallen, ist das Besteuerungsrecht nach Art. 15 OECD-MA zuzuweisen. Der übrige Teil fällt unter die Anwendung des Art. 16 OECD-MA. 310

Abweichend von o.g. Grundsätzen wird in einigen DBA geregelt, dass das Besteuerungsrecht an den Geschäftsführervergütungen dem Sitz der Geschäftsleitung der Gesellschaft zusteht (z. B. Art. 16 DBA-Belgien, Art. 16 Abs. 2 DBA-Kasachstan, Art. 15 Abs. 2 DBA-Niederlande, Art. 16 DBA-Österreich, Art. 16 Abs. 2 DBA-Polen, Art. 16 DBA-Schweden, Art. 15 Abs. 4 DBA-Schweiz s. auch Tz. 1.2.2.3, Rn. 21). 311

Die in Tz. 4.3.3.4, Rn. 147 ff. dargestellten Grundsätze zum Geschäftsführer für oben genannte Organe gelten entsprechend. Abfindungen wegen Auflösung des Arbeitsverhältnisses unterfallen ebenfalls den vorgenannten Sonderregelungen. Soweit auf die tatsächliche Ausübung der Geschäftsführertätigkeit abzustellen ist, endet die Anwendung 312 der in einzelnen DBA enthaltenen Sondervorschriften für Organe von Kapitalgesellschaften bereits dann, wenn die Tätigkeit als Geschäftsführer oder Aufsichtsrat nachweislich tatsächlich nicht mehr ausgeübt wird (i. d. R. sind Austrag aus dem Handelsregister oder Aufkündigung des Geschäftsführervertrages maßgebend). Ab diesem Zeitpunkt greift der allgemeine Artikel über unselbständige Arbeit (Art. 15 OECD-MA).

313 **Beispiel 1:**

Der ausschließlich in Deutschland ansässige X arbeitet als Geschäftsführer für eine niederländische Kapitalgesellschaft und als Aufsichtsrat einer belgischen Kapitalgesellschaft. Seine Tätigkeit übt er zu 1/3 in den Niederlanden, zu 1/3 in Belgien und zu 1/3 in Drittstaaten aus.

Nach Art. 16 Abs. 1 DBA-Belgien bzw. Art. 15 Abs. 2 DBA-Niederlande steht ungeachtet dessen, ob X in geschäftsführender oder in überwachender Funktion tätig ist, dem jeweiligen Ansässigkeitsstaat der Kapitalgesellschaft das Besteuerungsrecht zu. Dies würde auch dann gelten, wenn X in Deutschland tätig gewesen wäre. Nach dem DBA-Niederlande 2012 gilt zudem die Besonderheit, dass die Doppelbesteuerung auch für geschäftsführende Organe nach Art. 22 Abs. 1 Buchst. b) Doppelbuchstabe cc) durch die Anrechnungsmethode vermieden wird.

314 In einigen DBA sind aufgrund unterschiedlicher Übersetzungen des Art. 16 zum Teil Organe genannt, die lediglich geschäftsführenden und keinen überwachenden Charakter haben. Da geschäftsführende Tätigkeiten nach deutscher Auffassung jedoch regelmäßig unter Art. 15 OECD-MA fallen, führt dies zu Qualifikationskonflikten, die im Verständigungsverfahren zu lösen sind. Soweit weiße Einkünfte drohen, ist der ausländische Staat im Wege einer Spontanauskunft zu informieren.

6.2 Sich-zur-Verfügung-Halten

315 Soweit die Arbeitsleistung in einem Sich-zur-Verfügung-Halten (z. B. Bereitschaftsdienst, Zeiträume der widerruflichen Arbeitsfreistellung im Zusammenhang mit der Beendigung des Dienstverhältnisses) besteht, ohne dass es zu einer Tätigkeit kommt, wird die Arbeitsleistung dort erbracht, wo sich der Arbeitnehmer während der Dauer des Sich-zur-Verfügung-Haltens tatsächlich aufhält (s. BFH-Urteil vom 9. September 1970, BStBl II S. 867).

316 Im Falle einer unwiderruflichen Arbeitsfreistellung findet dagegen keine Tätigkeitsausübung statt, sodass nach Art. 15 Abs. 1 Satz 1 OECD-MA grundsätzlich der Ansässigkeitsstaat das Besteuerungsrecht an den übrigen Vergütungen innehat.

6.3 Vorruhestandsgelder

317 Laufend ausgezahlte Ruhestandsgelder haben immer Versorgungscharakter. Sie sind daher Art. 18 OECD-MA zuzuordnen und im Ansässigkeitsstaat zu besteuern.

318 Erdiente kapitalisierte Vorruhestandsgelder, bei denen ein Versorgungscharakter angenommen werden kann, weil sie kurz (maximal 1 Jahr) vor dem Eintrittsalter in die gesetzliche Rentenversicherung gezahlt werden, sind Art. 18 OECD-MA zuzuordnen. Das Besteuerungsrecht steht daher dem Ansässigkeitsstaat zu.

319 Bei Einmalzahlungen zur Ablösung eines bereits im Arbeitsvertrag vereinbarten Anspruchs auf Vorruhestandsgeld, denen kein Versorgungscharakter beigemessen werden kann, weil sie nicht in einem nahen zeitlichen Zusammenhang vor Erreichen der gesetzlichen Altersgrenze gezahlt werden, handelt es sich grundsätzlich um Vergütungen aus unselbständiger Arbeit i. S. des Art. 15 Abs. 1 OECD-MA, für die dem Tätigkeitsstaat das Besteuerungsrecht zusteht.

320 Werden solche Einmalzahlungen aber in einem nahen zeitlichen Zusammenhang mit dem Erreichen des gesetzlichen Rentenalters geleistet, d. h. innerhalb eines Jahres vor diesem Zeitpunkt, unterfallen sie nicht mehr Art. 15 Abs. 1 OEC-MA. Die Zuordnung des

Besteuerungsrechts erfolgt dann über Art. 18 OECD-MA. Besondere Umstände für den Eintritt in den Vorruhestand (z. B. Dienstunfähigkeit) sind dabei zu berücksichtigen.

Ist ein Vorruhestandsgeld dagegen nicht in einem Arbeitsvertrag vereinbart und somit nicht durch eine bestimmte Tätigkeit erdient, sondern wird der Anspruch erst im Zusammenhang mit der Auflösung eines Dienstverhältnisses begründet, steht das Besteuerungsrecht nach Art. 18 OECD-MA nicht dem Tätigkeitsstaat, sondern dem Ansässigkeitsstaat im Zeitpunkt der Zahlung zu. 321

6.4. Konkurrenz- oder Wettbewerbsverbot

Vergütungen an den Arbeitnehmer für ein Konkurrenz- oder Wettbewerbsverbot fallen unter Art. 15 OECD-MA. Es handelt sich hierbei um Vergütungen, die für eine in die Zukunft gerichtete Verpflichtung gezahlt werden und nicht der Abgeltung und Abwicklung von Interessen aus dem bisherigen Rechtsverhältnis dienen (s. BFH-Urteil vom 12. Juni 1996, BStBl II S. 516). Die Arbeitsleistung, das Nicht-Tätig-Werden, wird in dem Staat erbracht, in dem sich der Arbeitnehmer während der Dauer des Verbotes aufhält. Die Fiktion eines Tätigkeitsortes unabhängig von der körperlichen Anwesenheit, beispielsweise in dem Staat, in dem der Steuerpflichtige nicht tätig werden darf, ist nicht möglich (s. BFH-Urteil vom 5. Oktober 1994, BStBl 1995 II S. 95). Hält sich der Arbeitnehmer während dieses Zeitraums in mehreren Staaten auf, ist das Entgelt entsprechend aufzuteilen. 322

Im Verhältnis zu Österreich werden Zahlungen anlässlich eines im Rahmen der Auflösung des Dienstverhältnisses verankerten Wettbewerbsverbots (Karenzentschädigung) dem vormaligen Tätigkeitsstaat in dem Verhältnis zugewiesen, in dem die für die zuvor ausgeübte Tätigkeit bezogenen Einkünfte dort der Besteuerung unterlegen haben (s. § 5 KonsVerAUTV, BStBl 2011 I S. 144). Im Verhältnis zur Schweiz sind die Besonderheiten der Konsultationsvereinbarung zu Abfindungen (BStBl 2010 I S. 268) auf Zahlungen im Zusammenhang mit einem bei Auflösung eines Dienstverhältnisses vereinbarten Wettbewerbsverbot sinngemäß anzuwenden. 323

6.5 Altersteilzeit nach dem Blockmodell

Für den Arbeitnehmer besteht im Rahmen des Altersteilzeitgesetzes unter bestimmten Voraussetzungen die Möglichkeit, seine Arbeitszeit zu halbieren. Beim sog. Blockmodell schließt sich dabei an eine Phase der Vollzeitarbeit (Arbeitsphase) eine gleich lange Freistellungsphase an. Das Arbeitsverhältnis besteht bis zum Ende der Freistellungsphase weiter fort. Der Arbeitgeber zahlt dem Arbeitnehmer für die von ihm geleistete Tätigkeit Arbeitslohn. 324

Den Anspruch auf Zahlung des Arbeitslohns während der Freistellungsphase erwirbt der Arbeitnehmer dabei durch seine Tätigkeit in der Arbeitsphase. 325

Der Arbeitslohn in der Arbeits- und in der Freistellungsphase stellt eine Vergütung i. S. des Art. 15 OECD-MA dar. In der Freistellungphase handelt es sich dabei einheitlich um nachträglich gezahlten Arbeitslohn, der in dem Verhältnis aufzuteilen ist, das der Aufteilung der Vergütungen zwischen dem Wohnsitz- und Tätigkeitsstaat in der Arbeitsphase entspricht (s. BFH-Urteil vom 12. Januar 2011, BStBl II S. 446 zum DBA-Frankreich). 326

Der Arbeitslohn wird durch den sog. Aufstockungsbetrag erhöht. Dabei wird der Aufstockungsbetrag nicht für die im Ausland geleistete Tätigkeit gezahlt, sondern für die Bereitschaft des Mitarbeiters eine Altersteilzeitvereinbarung mit dem Arbeitgeber einzugehen. Diese ist unabhängig von der Auslandstätigkeit des Mitarbeiters vereinbart. Der Wert der Auslandsarbeit des Mitarbeiters wird durch die Zahlung des Aufstockungsbetrags nicht erhöht, da der Arbeitnehmer im Ausland keine anderswertige Tätigkeit erbringt als diejenige, die er ohne Altersteilzeitvereinbarung erbringen würde. Als solche Vergütung fällt der Aufstockungsbetrag als Arbeitslohn nicht in das Besteuerungsrecht 327 des Tätigkeitsstaates, sondern steht ausschließlich dem Ansässigkeitsstaat zu. Ist Deutschland der Ansässigkeitsstaat, ist eine Steuerbefreiung nach § 3 Nr. 28 EStG (s. auch R 3.28 Abs. 3 LStR) zu prüfen.

328 Dies gilt auch für Grenzgänger i. S. des Art. 13 Abs. 5 DBA-Frankreich, des Art. 15 Abs. 6 DBA-Österreich und des Art. 15a DBA-Schweiz unabhängig davon, dass ein Grenzgänger während der Freistellungsphase nicht mehr regelmäßig über die Grenze pendelt.

329 **Beispiel 1:**

Der inländische Arbeitnehmer A ist für seinen im Inland ansässigen Arbeitgeber B tätig. Zwischen A und B ist für die Jahre 01 und 02 eine Altersteilzeit nach dem Blockmodell vereinbart, d. h. das erste Jahr umfasst die Arbeitsphase und das zweite Jahr die Freistellungsphase. A arbeitet im Jahr 01 an 60 Arbeitstagen in einer Betriebsstätte seines Arbeitgebers in Korea. Der Arbeitslohn wird während dieser Zeit von der Betriebsstätte getragen. Die übrigen 180 Arbeitstage ist A im Inland tätig. Seinen inländischen Wohnsitz behält A bei und auch die Freistellungsphase verbringt A ausschließlich im Inland.

In 01 steht Korea als Tätigkeitsstaat des A das Besteuerungsrecht anteilig für 60/240 der Vergütungen zu, da die Voraussetzung des Art. 15 Abs. 2 Buchstabe c DBA-Korea nicht erfüllt ist. Deutschland stellt die Vergütungen insoweit unter Beachtung des § 50d Abs. 8 bzw. 9 EStG und des Progressionsvorbehalts frei. Für die übrigen 180/240 der Vergütungen steht Deutschland das Besteuerungsrecht zu. Entsprechend dieser Aufteilung in der Arbeitsphase steht das Besteuerungsrecht für die Vergütungen des A in der Freistellungsphase in 02 zu 60/240 Korea und zu 180/240 Deutschland zu. Da der Aufstockungsbetrag nicht für die Tätigkeit in Korea gezahlt wird, verbleibt das Besteuerungsrecht diesbezüglich im Ansässigkeitsstaat Deutschland. Die Steuerfreiheit ist unter Beachtung von § 3 Nr. 28 EStG und R 3.28 Abs. 3 LStR zu prüfen.

330 **Beispiel 2:**

Der in Dänemark ansässige Arbeitnehmer A ist für seinen im Inland ansässigen Arbeitgeber B tätig. Zwischen A und B ist für die Jahre 01 und 02 eine Altersteilzeit nach dem Blockmodell vereinbart, d. h. das erste Jahr umfasst die Arbeitsphase und das zweite Jahr die Freistellungsphase. A arbeitet während der Arbeitsphase ausschließlich in Deutschland.

In 01 steht Deutschland als Tätigkeitsstaat des A das Besteuerungsrecht an den Vergütungen in vollem Umfang zu, da die Voraussetzungen des Art. 15 Abs. 2 Buchstabe a und b DBA-Dänemark nicht erfüllt sind. Dementsprechend steht auch das Besteuerungsrecht für die Vergütungen des A in der Freistellungsphase in 02 nur Deutschland zu. Da der Aufstockungsbetrag nicht für die Tätigkeit in Deutschland gezahlt wird, verbleibt das Besteuerungsrecht diesbezüglich im Ansässigkeitsstaat Dänemark.

331 **Beispiel 3:**

Arbeitnehmer A ist für seinen im Inland ansässigen Arbeitgeber B tätig. Zwischen A und B ist für die Jahr 01 und 02 eine Altersteilzeit nach dem Blockmodell vereinbart, d. h. das erste Jahr umfasst die Arbeitsphase und das zweite Jahr die Freistellungsphase. Im Jahr 01 hat A seinen Wohnsitz in Deutschland und arbeitet auch ausschließlich im Inland. Anfang 02 zieht A nach Spanien.

In 01 unterliegt A im Inland der unbeschränkten Steuerpflicht; ein DBA ist nicht zu beachten. In 02 unterliegt A mit den Vergütungen für die ehemals in Deutschland geleistete Tätigkeit in der Freistellungsphase der beschränkten Steuerpflicht in Deutschland, weil insoweit inländische Einkünfte i. S. des § 49 Abs. 1 Nr. 4 Buchstabe a EStG vorliegen. Nach Art. 14 Abs. 1 DBA-Spanien steht für diese Vergütungen ausschließlich Deutschland das Besteuerungsrecht zu, da die Tätigkeit in der Arbeitsphase in Deutschland ausgeübt wurde. Da der Aufstockungsbetrag nicht für eine Tätigkeit im In- oder Ausland gezahlt wird unterliegt er im Jahr 01(Aktivphase) der Besteuerung im Ansässigkeitsstaat Deutschland und im Jahr 02 (Freistellungsphase) der Besteuerung im Ansässigkeitsstaat Spanien.

7 Besonderheiten bei Berufskraftfahrern

7.1 Allgemeines

Berufskraftfahrer halten sich während der Arbeitsausübung in oder bei ihrem Fahrzeug auf (s. BFH-Urteil vom 31. März 2004, BStBl II S. 936). Das Fahrzeug ist daher ihr Ort der Arbeitsausübung. Der Ort der Arbeitsausübung des Berufskraftfahrers bestimmt sich nach dem jeweiligen Aufenthalts- oder Fortbewegungsort des Fahrzeugs. Zu den Berufskraftfahrern i. S. dieses Schreibens zählen auch Auslieferungsfahrer, nicht aber Reisevertreter. Fahrten zwischen der Wohnung und dem Standort des Fahrzeugs gehören nicht zur beruflichen Tätigkeit des Berufskraftfahrers i. S. der DBA. 332

7.2 Arbeitgeber im Inland

Sind der Berufskraftfahrer und der Arbeitgeber im Inland ansässig und wird der Arbeitslohn nicht von einer ausländischen Betriebsstätte getragen, ist der Anwendungsbereich der DBA nicht betroffen, soweit die Vergütungen aus unselbständiger Arbeit auf Tätigkeiten des Berufskraftfahrers in Deutschland entfallen. Diese Vergütungen unterliegen der inländischen unbeschränkten Einkommensteuerpflicht. 333

Soweit der Berufskraftfahrer seine Tätigkeit in einem anderen Staat ausübt, ist anhand der 183-Tage-Klausel zu prüfen, welchem der beiden Vertragsstaaten das Besteuerungsrecht für die auf das Ausland entfallenden Einkünfte zusteht. 334

Die Berechnung der 183-Tage-Frist ist dabei für jeden Vertragsstaat gesondert durchzuführen. In Abweichung von den Regelungen in Tz. 4.2.2, Rn. 89 führt die von einem Berufskraftfahrer ausgeübte Fahrtätigkeit dazu, dass auch Anwesenheitstage der Durchreise in einem Staat bei der Ermittlung der 183-Tage-Frist als volle Tage der Anwesenheit in diesem Staat zu berücksichtigen sind. Durchquert der Fahrer an einem Tag mehrere Staaten, so zählt dieser Tag für Zwecke der Ermittlung der 183-Tage-Frist in jedem dieser Staaten als voller Anwesenheitstag. 335

Für die Zuordnung des Arbeitslohns gelten die Ausführungen der Tz. 5.2, bis 5.5 (Rn. 196 bis Rn. 306) entsprechend. 336

Beispiel: 337

Der in München wohnhafte Berufskraftfahrer A nimmt seine Fahrt morgens in München auf, und fährt über Österreich nach Italien. Von dort kehrt er am selben Tage über die Schweiz nach München zurück.

Bei Berufskraftfahrern sind auch Tage der Durchreise als volle Anwesenheitstage im jeweiligen Staat zu berücksichtigen. Für die Ermittlung der 183-Tage-Frist ist damit für Österreich, Italien und die Schweiz jeweils ein Tag zu zählen.

7.3 Arbeitgeber oder arbeitslohntragende Betriebsstätte im Ausland

In den Fällen, in denen der Berufskraftfahrer in Deutschland, sein Arbeitgeber aber in dem anderen Vertragsstaat ansässig ist, steht Deutschland das Besteuerungsrecht für die Vergütungen des Berufskraftfahrers aus unselbständiger Arbeit zu, soweit die Vergütungen auf Tätigkeiten des Berufskraftfahrers im Inland entfallen. 338

Soweit der Berufskraftfahrer seine Tätigkeit in dem Staat ausübt, in dem der Arbeitgeber ansässig ist, ist die Anwendung des Art. 15 Abs. 2 OECD-MA ausgeschlossen, da die Voraussetzungen des Art. 15 Abs. 2 Buchstabe b OECD-MA nicht vorliegen. Mit jedem Tätigwerden des Berufskraftfahrers im Ansässigkeitsstaat des Arbeitgebers steht diesem als Tätigkeitsstaat das Besteuerungsrecht insoweit zu (Art. 15 Abs. 1 OECD-MA). 339

Übt der Berufskraftfahrer seine Tätigkeit in einem Drittstaat aus, d. h. weder in Deutschland noch in dem Staat, in dem der Arbeitgeber ansässig ist, steht das Besteuerungsrecht für die auf den Drittstaat entfallenden Arbeitsvergütungen im Verhältnis zum Ansässigkeitsstaat des Arbeitgebers Deutschland als Ansässigkeitsstaat des Berufskraftfahrers zu. Besteht mit dem jeweiligen Drittstaat ein DBA, ist im Verhältnis zu diesem 340

Staat nach diesem DBA zu prüfen, welchem Staat das Besteuerungsrecht zusteht. Soweit die Tätigkeit im jeweiligen Drittstaat an nicht mehr als 183 Tagen ausgeübt wird, verbleibt das Besteuerungsrecht regelmäßig bei Deutschland.

341 Die vorgenannten Ausführungen gelten entsprechend für die Fälle, in denen der Arbeitgeber in Deutschland oder in einem Drittstaat ansässig ist, die Arbeitsvergütungen aber von einer Betriebsstätte im Tätigkeitsstaat getragen werden (s. Tz. 4.4, Rn. 183 ff.).

342 Auf die Verständigungsvereinbarungen mit Luxemburg vom 7. September 2011, BStBl I S. 849, und der Schweiz vom 9./16. Juni 2011, BStBl I S. 621, wird hingewiesen.

343 **Beispiel:**

A, ansässig im Inland, ist für seinen in Österreich ansässigen Arbeitgeber als Berufskraftfahrer tätig. Im Jahr 01 war A das ganze Jahr über im Inland tätig. Lediglich zwei Arbeitstage hat A in Österreich und zwei Arbeitstage in Italien verbracht. A ist kein Grenzgänger i. S. von Art. 15 Abs. 6 DBA-Österreich.

Deutschland hat als Ansässigkeitsstaat des A das Besteuerungsrecht für die Vergütungen, die auf die Arbeitstage entfallen, an denen A seine Tätigkeit in Deutschland ausgeübt hat (Art. 15 Abs. 1 DBA-Österreich). Zudem hat Deutschland das Besteuerungsrecht für die Vergütungen, die auf die in Italien verbrachten Arbeitstage entfallen, da sich A nicht mehr als 183 Tage in Italien aufgehalten hat (Art. 15 Abs. 2 DBA-Italien). Dagegen wird Österreich das Besteuerungsrecht für die Vergütungen zugewiesen, die auf die Tage entfallen, an denen A in Österreich seine Tätigkeit ausgeübt hat (Art. 15 Abs. 1 Satz 2, Abs. 2 Buchstabe b DBA-Österreich). Insoweit stellt Deutschland die Einkünfte unter Beachtung des § 50d Abs. 8 bzw. 9 EStG und des Progressionsvorbehaltes frei (Art. 23 Abs. 1 Buchstabe a DBA-Österreich).

7.4 DBA mit Sonderregelung zu Berufskraftfahrern

344 Die im Art. 14 Abs. 3 DBA-Spanien enthaltene Sonderregelung für Personal auf Schiffen und Flugzeugen umfasst auch Personal auf Straßenfahrzeugen im internationalen Verkehr (Tz. 8, Rn. 345 ff.).

8 Personal auf Schiffen und Flugzeugen

8.1 Allgemeines

345 Die DBA enthalten für die steuerliche Behandlung der Einkünfte des Bordpersonals von Seeschiffen und Luftfahrzeugen im internationalen Verkehr sowie des Bordpersonals von Binnenschiffen häufig gesonderte Bestimmungen. Diese orientieren sich i. d. R. an Art. 15 Abs. 3 OECD-MA. Für Einkünfte aus nichtselbständiger Tätigkeit des Bordpersonals von Flugzeugen und von Seeleuten sehen die von der Bundesrepublik Deutschland abgeschlossenen DBA in der Regel vor, dass dem Staat das Besteuerungsrecht zusteht, in dem sich die tatsächliche Geschäftsleitung des die Schifffahrt oder Luftfahrt betreibenden Unternehmens i. S. des Art. 8 OECD-MA befindet (z. B. Art. 13 Abs. 2 DBA-Frankreich, Art. 15 Abs. 3 DBA-Dänemark, Art. 14 Abs. 3 DBA-Spanien). Die Vorschrift folgt der Regelung für Unternehmensgewinne aus Schiffen und Luftfahrzeugen; insbesondere kann der Vertragsstaat die Vergütungen an das Bordpersonal besteuern, bei dem sie die Bemessungsgrundlage für die Gewinnbesteuerung mindern.

346 Im Verhältnis zu den Niederlanden ist zu beachten, dass vor VZ 2016 und ab VZ 2017 der Geschäftsleitungsstaat des Unternehmens das Besteuerungsrecht nach Art. 10 Abs. 3 DBA-Niederlande a. F. bzw. Art. 14 Abs. 4 DBA-Niederlande 2012 i. d. F. des Protokolls vom 11. Januar 2016 (BGBl. II S. 866) hat. Im VZ 2016 steht nach Art. 14 Abs. 4 des in diesem VZ gültigen DBA-Niederlande 2012 vorbehaltlich der Übergangsregelung des Art. 33 Abs. 6 DBA-Niederlande 2012 dem Ansässigkeitsstaat des Arbeitnehmers das Besteuerungsrecht zu.

Einzelne Sonderregelungen knüpfen dagegen an Tatbestände an, die von Art. 15 Abs. 3 OECD-MA abweichen oder sehen anstelle der Freistellungsmethode die Anrechnungsmethode vor (z. B. DBA mit Griechenland, der Schweiz und Österreich). Soweit die DBA keine Sonderregelung enthalten, sind die allgemeinen Bestimmungen entsprechend Art. 15 Abs. 1 und 2 OECD-MA anzuwenden (z. B. DBA mit Liberia und Trinidad und Tobago). Mit einigen Staaten bestehen darüber hinaus Sonderabkommen betreffend die Einkünfte von Schiff- und Luftfahrtunternehmen, die auch Bestimmungen für die Vergütungen des Bordpersonals enthalten können (z. B. Abkommen mit der Insel Man und Saudi-Arabien). 347

Zur Unterscheidung, ob das Bordpersonal von Schiffen oder Luftfahrzeugen im Binnenverkehr oder im internationalen Verkehr tätig wird, ist eine Aufteilung im Verhältnis der Einsatzzeiten sachgerecht. Die Anwendung der Spezialregelung für Bordpersonal auf See- oder Luftfahrzeugen (Art. 15 Abs. 3 OECD-MA) ist nicht auf die tatsächlich an Bord ausgeübte Tätigkeit beschränkt, sondern umfasst auch die damit zusammenhängenden Tätigkeiten am Boden, wie z. B. das sog. „Briefing“ und den Sicherheitscheck (s. BFH-Urteil vom 20. Mai 2016, BStBl II S. 808). 348

Personal einer Betreibergesellschaft von Fahrzeugen im Wasser- oder Luftverkehr, das jedoch nach den Gesamtverhältnissen des Einzelfalls nicht als Bordpersonal angesehen werden kann, wie z. B. Hafenarbeiter, fällt nicht unter die Spezialregelung des Art. 15 Abs. 3 OECD-MA. 349

In Fällen der Vercharterung eines vollständig ausgerüsteten und bemannten Schiffes können sowohl der Vercharterer (unabhängig von der Nutzung durch den Charterer) als auch der Charterer Gewinne aus Beförderungsleistungen i. S. des Art. 8 OECD-MA erzielen. Auch hier ist ggf. der Vertragsstaat zur Besteuerung der Vergütungen an die Besatzungsmitglieder nach Art. 15 Abs. 3 OECD-MA berechtigt, in dem der Ort der Geschäftsleitung desjenigen Unternehmens liegt, das als wirtschaftlicher Arbeitgeber anzusehen ist. Vorstehendes gilt nicht für den Vercharterer, der das Schiff nicht betreibt, sondern leer vermietet (sog. Bare-Boat-Charter). 350

Die Anwendung der Art. 15 Abs. 3 OECD-MA entsprechenden Bestimmungen setzt außerdem voraus, dass das maßgebliche Unternehmen i. S. des Art. 8 OECD-MA zugleich abkommensrechtlicher Arbeitgeber des Besatzungsmitglieds ist. Dabei kann Arbeitgeber i. S. des Abkommens nicht nur der zivilrechtliche Arbeitgeber, sondern auch ein wirtschaftlicher Arbeitgeber sein. Dies ist im Einzelfall unter Berücksichtigung des wirtschaftlichen Gehalts und der tatsächlichen Durchführung der zugrunde liegenden Vereinbarungen zu prüfen; die Kriterien gemäß Tz. 4.3.3.1 (wirtschaftlicher Arbeitgeber) gelten entsprechend. In den Fällen der Einschaltung von Shipmanagement- und Crewingunternehmen, s. BFH-Urteile vom 10. November 1993, BStBl 1994 II S. 218 und vom 11. Februar 1997, BStBl II S. 432. 351

8.2 Beispiele für Abkommen, die von der Regelung des OECD-MA abweichen

8.2.1 DBA-Liberia/DBA-Trinidad und Tobago

Das DBA-Liberia enthält keine besondere Regelung für Vergütungen des Bordpersonals von Schiffen oder Luftfahrzeugen, daher sind die allgemeinen Regelungen des Art. 15 Abs. 1 und 2 DBA-Liberia anzuwenden. Demnach gilt Folgendes: 352

Gemäß Art. 15 Abs. 1 DBA-Liberia steht das Besteuerungsrecht dem Ansässigkeitsstaat zu, es sei denn, die Tätigkeit wird im anderen Vertragsstaat ausgeübt. Soweit in Deutschland ansässige Besatzungsmitglieder ihre Tätigkeit auf einem Schiff unter liberianischer Flagge ausüben und sich das Schiff im Hoheitsgebiet von Liberia oder auf hoher See aufhält, ist Liberia als Tätigkeitsstaat anzusehen. Nach Seerecht wird eine Tätigkeit in internationalen Gewässern dem Staat zugeordnet, dessen Flagge das Schiff 353 trägt. Hält sich das Schiff dagegen im Hoheitsgebiet Deutschlands auf, steht das Besteuerungsrecht für die darauf entfallenden Einkünfte Deutschland zu, weil insoweit der Ansässigkeitsstaat des Arbeitnehmers zugleich dessen Tätigkeitsstaat ist. Hält sich das Schiff in den Hoheitsgewässern von Drittstaaten auf, ist zu prüfen, ob das deutsche Besteuerungsrecht aufgrund eines DBA zugunsten eines dritten Staates beschränkt wird.

354 Für den Teil der Einkünfte, für den Art. 15 Abs. 1 DBA-Liberia dem Tätigkeitsstaat Liberia das Besteuerungsrecht zuweist, fällt nach Art. 15 Abs. 2 DBA-Liberia nur dann das Besteuerungsrecht an Deutschland zurück, wenn die dort genannten Voraussetzungen gleichzeitig erfüllt sind. Dabei sind bei der Berechnung der Aufenthaltstage i. S. des Art. 15 Abs. 2 Buchstabe a DBA-Liberia auch solche Tage als volle Tage in Liberia mitzuzählen, in denen sich das Schiff nur zeitweise im Hoheitsgebiet von Liberia oder auf hoher See aufhält.

355 Die Ermittlung des steuerpflichtigen bzw. steuerfreien Arbeitslohns erfolgt in einem weiteren Schritt gemäß Tz. 5, Rn. 194 ff.; soweit Vergütungen nicht direkt zugeordnet werden können, sind sie nach Tz. 5.4, Rn. 199 aufzuteilen. Hält sich der Arbeitnehmer an einem Arbeitstag nicht vollständig im Hoheitsgebiet von Liberia oder auf hoher See auf, sind nach Tz. 5.4, Rn. 199 die Vergütungen im Wege der Schätzung zeitanteilig zuzuordnen.

356 Die vorstehenden Ausführungen gelten sinngemäß für die Anwendung des DBA-Trinidad und Tobago.

357 Bei einer Tätigkeit auf einem unter liberianischer Flagge fahrenden Schiff ist zu beachten, dass Liberia von seinem ihm zustehenden Besteuerungsrecht keinen Gebrauch macht.

358 Die Rückfallklausel des § 50d Abs. 8 EStG (s. Tz. 2.3, Rn. 54, 55) kommt demnach nicht zur Anwendung. Liberia stellt für Arbeitnehmer, die auf Schiffen unter liberianischer Flagge tätig werden, eine entsprechende Bescheinigung aus (vgl. Anlage 2). Diese liberianische Bescheinigung ist anzuerkennen. Dieser Bescheinigung ist eine Bescheinigung des Arbeitgebers beizufügen, in der die Angaben für den jeweiligen Steuerpflichtigen bestätigt werden (Dauer der Tätigkeit, Schiffsname, Bestätigung, dass unter liberianischer Flagge fahrend). Die Bescheinigung von Liberia ist hierbei zu beachten. Eine Anwendung des § 50d Abs. 9 Satz 1 Nr. 2 EStG kommt ebenfalls nicht in Betracht, weil Seeleute, die in Liberia unbeschränkt steuerpflichtig sind, dort auch nicht besteuert werden. (vgl. Anlage 2).

8.2.2 DBA-Schweiz

359 Art. 15 Abs. 3 Satz 1 DBA-Schweiz regelt die Besteuerung der Vergütungen des Bordpersonals entsprechend Art. 15 Abs. 3 OECD-MA. Art. 15 Abs. 3 Satz 2 DBA-Schweiz enthält zudem eine Rückfallklausel zugunsten des Ansässigkeitsstaates. Können nach Art. 15 Abs. 3 Satz 1 DBA-Schweiz die Vergütungen eines in Deutschland ansässigen Besatzungsmitglieds in der Schweiz besteuert werden, sind diese Vergütungen nur nach Art. 24 Abs. 1 Nr. 1 Buchstabe d i. V. m. Art. 15 Abs. 3 DBA-Schweiz von der deutschen Besteuerung auszunehmen, soweit sie auf eine Tätigkeit entfallen, die tatsächlich in der Schweiz ausgeübt wurde (s. BFH-Urteil vom 22. Oktober 2003, BStBl 2004 II S. 704). In den Fällen, in denen die Arbeit tatsächlich nicht in der Schweiz ausgeübt wurde, wird nach Art. 24 Abs. 1 Nr. 2 DBA-Schweiz die Doppelbesteuerung durch Anrechnung der anteiligen schweizerischen Quellensteuer vermieden. Eine Arbeitsortfiktion in der Schweiz wie bei den sog. leitenden Angestellten im Sinne des Art. 15 Abs. 4 DBA-Schweiz kommt nicht in Betracht (s. BFH-Urteile vom 22. Oktober 2003, BStBl 2004 II S. 704 und vom 11. November 2009, BStBl 2010 II S. 781).

8.2.3 DBA-Griechenland 1966

Art. XI Abs. 5 DBA-Griechenland enthält eine spezielle Regelung für Vergütungen des Bordpersonals von Seeschiffen, die von Art. 15 Abs. 3 OECD-MA abweicht. Entscheidend ist hier, wo sich der Registerhafen des jeweiligen Schiffes befindet. Ist Deutschland der Ansässigkeitsstaat, wird die Doppelbesteuerung nach Art. XVII Abs. 2 Nr. 2 Buchstabe a Doppelbuchstabe dd DBA-Griechenland durch die Anrechnungsmethode vermieden. 360

8.2.4 DBA-Großbritannien 2010

Nach Art. 14 Abs. 3 DBA-Großbritannien 2010 können Vergütungen, die eine Person für eine an Bord eines im internationalen Verkehr betriebenen Seeschiffs oder Luftfahrzeugs ausgeübte unselbständige Arbeit bezieht, nur im Ansässigkeitsstaat dieses Besatzungsmitglieds besteuert werden. Soweit Großbritannien als Ansässigkeitsstaat die Vergütungen besteuern kann, ist die Regelung des Art. 24 DBA-Großbritannien (sog. „Remittance-base"-Klausel; s. Tz. 9, Rn. 366) zu beachten. 361

8.2.5 DBA-Zypern 2011

Der Wortlaut des Art. 14 Abs. 4 DBA-Zypern 2011 entspricht im Wesentlichen dem Text des Art. 15 Abs. 3 OECD-MA und beinhaltet nach dem OECD-MK auch den wirtschaftlichen Arbeitgeber. Folgerichtig kann Arbeitgeber i. S. dieses Abkommens nicht nur der zivilrechtliche Arbeitgeber (Verleiher/Crewinggesellschaft), sondern auch ein aufnehmendes Unternehmen (Entleiher) sein, in das der Arbeitnehmer eingegliedert ist und in dessen Interesse er tätig wird (wirtschaftlicher Arbeitgeber i. S. der Tz. 4.3.3.1, Rn. 128 ff.). Denn die Nr. 4 des Protokolls zu Art. 14 Abs. 4 DBA-Zypern schließt die Anwendung des wirtschaftlichen Arbeitgeberbegriffs nicht aus, so dass auch hier vom abkommensrechtlichen Arbeitgeberbegriff auszugehen ist. 362

Ein Arbeitnehmerverleiher bzw. eine Crewinggesellschaft als formeller bzw. zivilrechtlicher Arbeitgeber erfüllt aber die Tatbestandsvoraussetzungen des Art. 14 Abs. 4 DBA-Zypern nur dann, wenn er zugleich auch wirtschaftlicher Arbeitgeber i. S. des DBA (Tz. 4.3.3, Rn. 128 ff.) ist und als Unternehmen angesehen werden kann, das eigenständig den Schiffsverkehr betreibt. 363

8.2.6 DBA-Insel Man 2009

Nach Art. 3 Abs. 4 Satz 1 DBA-Insel Man können Vergütungen für eine unselbständige Arbeit an Bord eines im internationalen Verkehr betriebenen Schiffes in der Vertragspartei besteuert werden, in der sich der Ort der Geschäftsleitung des Unternehmens befindet, das die Schifffahrt betreibt (vgl. auch Art. 2 Abs. 1 Buchstaben e und j DBA-Insel Man). 364

Gemäß Art. 3 Abs. 4 Satz 2 DBA-Insel Man können die Vergütungen jedoch auch in der Vertragspartei besteuert werden, in der das Besatzungsmitglied ansässig ist. Eine Doppelbesteuerung wird nach Art. 3 Abs. 4 Satz 3 DBA-Insel Man in diesem Fall durch die Vertragspartei, in der das Besatzungsmitglied ansässig ist, durch Anrechnung der nach Art. 3 Abs. 4 Satz 1 DBA-Insel Man erhobenen Steuer vermieden. 365

9 Rückfallklauseln nach DBA

Um zu vermeiden, dass Vergütungen in keinem der beiden Vertragsstaaten einer Besteuerung unterliegen, enthalten einige Abkommen Klauseln, die gewährleisten sollen, dass Einkünfte oder Einkunftsteile nicht doppelt unbesteuert bleiben. Diese Klauseln sind in den Abkommen unterschiedlich ausgestaltet; überwiegend handelt es sich um sog. Subject-to-tax-Klauseln, Remittance-base-Klauseln oder um Switch-over-Klauseln. Nähere Ausführungen dazu enthält das BMF-Schreiben vom 20. Juni 2013, BStBl I S. 980. 366

367 DBA-Rückfallklauseln, nach denen Einkünfte aufgrund ihrer Behandlung im anderen Vertragsstaat nicht von der Bemessungsgrundlage der deutschen Steuer ausgenommen werden, sind auch auf Teile von Einkünften anzuwenden (s. Tz. 56.1 des OECD-Kommentars zu Art. 23 Abs. 4 OECD-MA 2014, der im Rahmen der Einschränkung der Freistellungsmethode für die Auslegung des Abkommensbegriffs „Einkünfte“ (income) ausdrücklich auf einzelne Einkunftspositionen und Vermögensgegenstände (an item of income or capital) abstellt). Insofern in den DBA ein Rückfall der Besteuerung nur für unbesteuerte „Einkünfte“, nicht aber ausdrücklich auch für unbesteuerte „Einkunftsteile“ angeordnet wird, kann sich die Anwendung solcher Rückfallklauseln für Veranlagungszeiträume vor dem VZ 2017 nicht aus dem erst ab 1. Januar 2017 anzuwendenden § 50d Abs. 9 Satz 4 EStG i. d. F. des AmtsHRLÄndUG, a. a. O. ergeben, sondern nur aus der Auslegung der DBA-Rückfallklauseln selbst.

10 Verständigungsvereinbarungen

368 Verständigungsvereinbarungen i. S. des Art. 25 Abs. 1 OECD-MA und Konsultationsvereinbarungen i. S. des Art. 25 Abs. 3 OECD-MA zwischen den zuständigen Behörden der Vertragsstaaten sowie Verordnungen zur Umsetzung von Konsultationsvereinbarungen i. S. des § 2 Abs. 2 AO werden durch die vorstehenden Regelungen nicht berührt. Bezüglich der Besonderheiten in Zusammenhang mit der Abfindungsbesteuerung wird auf die Tz. 5.5.5.2, Rn. 227 ff. verwiesen.

369 Sofern sich bei der Anwendung der oben genannten Grundsätze eine Doppelbesteuerung ergibt, bleibt es dem Abkommensberechtigten vorbehalten, die Einleitung eines Verständigungsverfahrens zu beantragen (s. BMF-Schreiben vom 13. Juli 2006, BStBl I S. 461, geändert durch das BMF-Schreiben vom 5. April 2017, BStBl I S. 707).

11. Anwendungsregelung

370 Das BMF-Schreiben vom 21. Juli 2005 (Merkblatt zur Steuerfreistellung ausländischer Einkünfte gemäß § 50d Abs. 8 EStG), BStBl I S. 821 wird aufgehoben und die Regelungen in dieses Schreiben aufgenommen.

371 Das BMF-Schreiben vom 12. November 2014, BStBl I S. 1467, wird aufgehoben und durch dieses Schreiben ersetzt.

372 Auf Antrag des Steuerpflichtigen können die bevorstehenden Regelungen in allen offenen Fällen angewendet werden, sofern gesetzliche Regelungen (z. B. § 50d Abs. 12 EStG – s. Tz. 5.5.5) dem nicht entgegenstehen.

Anlage 1

giz Deutsche Gesellschaft für Internationale Zusammenarbeit (GIZ) GmbH

Personalbereich

Bescheinigung zur Vorlage beim Finanzamt
Bestätigung nach § 50d Abs. 8 EStG

Für Einkünfte aus nichtselbständiger Arbeit (Arbeitnehmereinkünfte), die nach einem Doppelbesteuerungsabkommen von der Besteuerung in Deutschland freizustellen sind, wird die Steuerbefreiung gemäß § 50d Abs. 8 EStG nur dann gewährt, wenn der Arbeitnehmer nachweist, dass diese Einkünfte im anderen Staat tatsächlich besteuert wurden oder der ausländische Staat auf sein Besteuerungsrecht verzichtet hat.

Zur Vorlage beim Finanzamt bestätigen wir unserem Mitarbeiter ___, geb. am ___, dass er als Angestellter der Deutschen Gesellschaft für Internationale Zusammenarbeit GmbH (GIZ) in der Zeit vom bis in dem Projekt ___ als entsandte Fachkraft im Rahmen der Entwicklungszusammenarbeit/ Technischen Zusammenarbeit zwischen der Bundesrepublik Deutschland und ___ tätig gewesen ist.

Das zuvor genannte Projekt wurde von der Deutschen Gesellschaft für Internationale Zusammenarbeit (GIZ) GmbH, die vom Bundesministerium für wirtschaftliche Zusammenarbeit und Entwicklung beauftragt wurde (Projektnummer ___), auf der Grundlage des Rahmenabkommens vom zwischen der Bundesrepublik Deutschland und ___ sowie auf der Grundlage des Projektabkommens / Sammelabkommens vom zwischen der Bundesrepublik Deutschland und ___ durchgeführt.

Weiter bestätigen wir, dass das Einsatzland Deutschland nach Art. des genannten Rahmenabkommens von Vergütungen, die an im Rahmen der Technischen Zusammenarbeit entsandte Fachkräfte gezahlt werden, keine Steuern und sonstige öffentliche Abgaben erhebt.

Eschborn, den

DEUTSCHE GESELLSCHAFT FÜR
INTERNATIONALE ZUSAMMENARBEIT
(GIZ) GmbH

Leiter Gehalt 2 und Lohnsteuer   Gehalt 2 und Lohnsteuer

1-8.dotm

Deutsche Gesellschaft für
Internationale Zusammenarbeit (GIZ) GmbH

Sitz der Gesellschaft Bonn und Eschborn

Friedrich-Ebert-Allee 36+40
53113 Bonn, Deutschland
T +49 228 44 60-0
F +49 228 44 60-17 66

Dag-Hammarskjöld-Weg 1-5
65760 Eschborn, Deutschland
T +49 61 96 79-0
F +49 61 96 79-11 15

E info@giz.de
I www.giz.de

Amtsgericht Bonn
Eintragungs-Nr. HRB 18384
Amtsgericht Frankfurt am Main
Eintragungs-Nr. HRB 12394
USt-IdNr. DE 113891176
Steuernummer 040 250 56973

Vorsitzender des Aufsichtsrats
Staatssekretär Dr. Friedrich Kitschelt

Vorstand
Tanja Gönner (Vorstandssprecherin)
Dr. Christoph Beier (Stellv. Vorstandssprecher)
Dr. Hans-Joachim Preuß
Cornelia Richter

Commerzbank AG Frankfurt am Main
BLZ 500 400 00
Konto 58 89 555 00
BIC (SWIFT): COBADEFFXXX
IBAN: DE45 5004 0000 0588 9555 00

Anlage 2

The Republic of Liberia

Ministry of Finance

Certificate of Compliance

The Ministry of Finance of the Republic of Liberia presents its compliments and has the honor to issue this certificate of compliance:

According to Art. 15 (1, 2) of the Liberian-German Double-Taxation-Agreement, dated 25 November 1970, salaries, wages, and other similar remuneration derived by a resident of Germany in respect of employment shall be taxable only in Liberia if the employment is exercised in Liberia, including Liberian flag ships, and further conditions, as required in paragraph 2, are met. That remuneration is then excluded from taxation in Germany.

It is hereby certified that such remuneration as mentioned above is not subject to taxation in Liberia according to the Internal Revenue Code, Title 36 of the Revenue and Finance Law of the Liberian Code of Laws of1956 Revised, because employment on board ships under Liberian flag is not deemed to be an inland employment.

Done this __________ day of ____________________

____
Minister of Finance, R. L.

III.

Besteuerung von Gastlehrkräften nach den Doppelbesteuerungsabkommen (DBA)

BMF vom 10.1.1994 (BStBl I S. 14)
IV C 5 – S 1300 – 196/93

Unter Bezugnahme auf das Ergebnis der Erörterungen mit den obersten Finanzbehörden der Länder gilt für die Besteuerung der Gastlehrkräfte nach den Doppelbesteuerungsabkommen (DBA) folgendes:

1. Die DBA enthalten unterschiedliche Regelungen zur Befreiung von Lehrtätigkeitsvergütungen bei Gastlehrkräften. Die Befreiung von der deutschen Steuer kann davon abhängen, daß der Gastlehrer im Entsendestaat im Sinne des DBA ansässig bleibt oder daß er zumindest unmittelbar vor Aufnahme der Tätigkeit dort ansässig war. Nach einigen Abkommen setzt die Steuerfreiheit voraus, daß die Vergütungen aus Quellen außerhalb des Tätigkeitsstaats stammen. Die Besonderheiten des jeweiligen Abkommens sind zu beachten. Wird die Lehrkraft aus öffentlichen Kassen des ausländischen Entsendestaats besoldet, sind die Bestimmungen des Abkommens über Zahlungen aus öffentlichen Kassen anzuwenden.

2. Nach mehreren DBA sind die Lehrkräfte aus dem jeweiligen Partnerstaat mit ihren Einkünften aus der Lehrtätigkeit in Deutschland von der deutschen Einkommensteuer befreit, wenn sie sich hier vorübergehend für höchstens zwei Jahre zu Unterrichtszwecken aufhalten (z. B. Artikel XIII DBA-Großbritannien). Bei längerem Aufenthalt tritt für in den ersten beiden Aufenthaltsjahren erzielte Einkünfte aus Lehrtätigkeit auch dann keine Steuerbefreiung ein (wie bisher schon im Verhältnis zu Großbritannien), wenn ursprünglich eine kürzere Verweildauer geplant war und der Aufenthalt später verlängert wurde; es ist auf die objektiv feststellbare Verweildauer abzustellen (BFH-Urteil vom 22. Juli 1987, BStBl II S. 842).

   Liegt ein Zeitraum von mehr als 6 Monaten zwischen zwei Aufenthalten, so gelten die Aufenthalte nicht als zusammenhängend. Beträgt der Zeitraum weniger als 6 Monate, so gilt der Aufenthalt als nicht unterbrochen, es sei denn, aus den Umständen des Einzelfalls ergibt sich, daß die beiden Aufenthalte völlig unabhängig voneinander sind.

   Ist nach einem Doppelbesteuerungsabkommen die Steuerbefreiung von einem Antrag abhängig, darf der Lohnsteuerabzug nur dann unterbleiben, wenn das Betriebsstättenfinanzamt bescheinigt, daß der Arbeitslohn nicht der deutschen Lohnsteuer unterliegt (vgl. BFH-Urteil vom 10. Mai 1989 – BStBl II S. 755). Ist die Steuerbefreiung nach einem Doppelbesteuerungsabkommen antragsunabhängig, hat das Betriebsstättenfinanzamt gleichwohl auf Antrag eine Freistellungsbescheinigung zu erteilen. Wird nach einem Doppelbesteuerungsabkommen zulässigerweise kein Antrag gestellt, kann die Überprüfung der für die Lohnsteuerbefreiung maßgebenden 2-Jahres-Frist im Rahmen einer Lohnsteuer-Außenprüfung und unter Umständen die Inanspruchnahme des Arbeitgebers als Haftungsschuldner in Frage kommen.

   Ist zweifelhaft, ob es bei einer ursprünglich vorgesehenen längstens zweijährigen Aufenthaltsdauer bleibt, können Freistellungsbescheinigungen unter dem Vorbehalt der Nachprüfung (§ 164 AO) erteilt werden und Steuerfestsetzungen nach § 165 AO insoweit vorläufig erfolgen oder ausgesetzt werden.

3. Unabhängig von dem in Nummer 2 dargestellten Grundsatz kann im Einzelfall nach Maßgabe der allgemeinen Vorschriften eine Billigkeitsmaßnahme in Betracht kommen, z. B. bei Verlängerung des Aufenthalts einer Gastlehrkraft im Falle einer Schwangerschaft. Ebenso kann in Fällen, in denen der vorübergehende Aufenthalt der Gastlehrkraft durch Heirat mit einem hier Ansässigen und Begründung des Familienwohnsitzes im Inland beendet wird, von einer Nachversteuerung der bis zum Zeitpunkt der Eheschließung bezogenen Bezüge abgesehen werden, sofern die bis dahin ausgeübte Gastlehrtätigkeit den Zeitraum von höchstens zwei Jahren nicht überschreitet.

4. Lehranstalten im Sinne dieser Regelungen können neben Universitäten, Schulen und anderen Lehranstalten des jeweiligen Staates auch private Institute sein. Voraussetzung ist, daß sie nach Struktur und Zielsetzung mit öffentlichen Lehranstalten, gleich welchen Typs, vergleichbar sind. Insbesondere müssen sie einen ständigen Lehrkörper besitzen, der nach einem festen Lehrplan Unterricht mit einem genau umrissenen Ziel erteilt, das auch von vergleichbaren öffentlichen Lehranstalten verfolgt wird. Das Vorliegen dieser Voraussetzungen kann im allgemeinen bei privaten Lehranstalten unterstellt werden, soweit ihnen Umsatzsteuerfreiheit nach § 4 Nr. 21 Buchstabe a oder b UStG gewährt wird. Nicht erfüllt werden diese Voraussetzungen z. B. von Fernkursveranstaltern und anderen Einrichtungen, bei denen nur ein sehr loses Verhältnis zwischen Lehranstalt und Schülern besteht oder bei denen die Lehrkräfte ihre Tätigkeit in der Hauptsache nebenberuflich ausüben.

   Forschungsinstitutionen mit mehreren Instituten können nicht in ihrer Gesamtheit als Lehranstalt im Sinne der Doppelbesteuerungsabkommen anerkannt werden. Eine Anerkennung ist nur für die einzelnen Institute möglich, sofern diese die Voraussetzungen hierfür nachweisen oder sich durch Bescheinigungen der zuständigen Kultusministerien als Lehranstalten ausweisen.
5. Als Lehrer ist jede Person anzusehen, die an einer Lehranstalt eine Lehrtätigkeit hauptberuflich ausübt. Ein besonderer Nachweis der Qualifikation ist nicht zu fordern.
6. Soweit aufgrund der Nummer 2 für die ersten beiden Aufenthaltsjahre keine Steuerfreiheit eintritt, ist das BFH-Urteil vom 22. Juli 1987 (BStBl II S. 842) für Veranlagungszeiträume vor 1988 in noch offenen Fällen nicht über den entschiedenen Einzelfall hinaus anzuwenden.
7. Dieses Schreiben tritt an die Stelle meiner Schreiben vom 8. April 1953 – IV – S 2227 – 14/53 –, 4. September 1975 – IV C 5 – S 1300 – 343/75 –, 5. April 1976 – IV C 5 – S 1301 Gr Br – 43/76 –, 15. Juli 1980 – IV C 5 – S 1300 – 242/80 –, 23. August 1985 – IV C 6 – S 1301 SAf – 6/85 – und 18. August 1986 – IV C 5 – S 1301 GB – 35/86 –.

IV.

Ermittlung des steuerfreien und steuerpflichtigen Arbeitslohns nach den Doppelbesteuerungsabkommen sowie nach dem Auslandstätigkeitserlass im Lohnsteuerabzugsverfahren und Änderung des Auslandstätigkeitserlasses

BMF vom 14.3.2017 (BStBl I S. 473)
IV C 5 – S 2369/10/10002 – 2017/0204843

Inhaltsverzeichnis

I. Aufteilung des Arbeitslohns nach den Doppelbesteuerungsabkommen

Nach den Rdnrn. 161 und 162 des BMF-Schreibens vom 12. November 2014 ((BStBl I S. 1467)[1]) zur steuerlichen Behandlung des Arbeitslohns nach den Doppelbesteuerungsabkommen ist der nicht direkt zuordenbare, verbleibende Arbeitslohn nach der Zahl der tatsächlichen Arbeitstage innerhalb eines Kalenderjahres aufzuteilen (Jahresbetrachtung). Unter Bezugnahme auf das Ergebnis der Erörterungen der obersten Finanzbehörden des Bundes und der Länder gelten ergänzend zu Rdnr. 162 des o. g. BMF-Schreibens[1]) im Lohnsteuerabzugsverfahren für die Aufteilung des Arbeitslohns nach den Doppelbesteuerungsabkommen (DBA) in einen steuerfreien und einen steuerpflichtigen Arbeitslohnteil die folgenden Grundsätze:

1. Ermittlung des steuerfreien und des steuerpflichtigen Arbeitslohns

1 Zahlt der Arbeitgeber seinem Arbeitnehmer Arbeitslohn, der nach einem DBA teilweise steuerfrei und teilweise steuerpflichtig ist, so hat der Arbeitgeber für den nach § 38 Absatz 3 EStG vorzunehmenden Lohnsteuerabzug zunächst den im Lohnzahlungszeitraum direkt zuordenbaren Arbeitslohn zu ermitteln und entsprechend als steuerfrei oder steuerpflichtig zu behandeln. Sodann hat der Arbeitgeber den verbleibenden und nicht direkt zuordenbaren Arbeitslohn in einen steuerfreien und einen steuerpflichtigen Teil aufzuteilen.

2 Als unmittelbar aufgrund einer konkreten inländischen oder ausländischen Arbeitsleistung direkt zuordenbarer Arbeitslohn kommen z. B. Reisekosten, Überstundenvergütungen, Zuschläge für Sonntags-, Feiertags- und Nachtarbeit, Auslandszulagen, die Gestellung einer Wohnung im Tätigkeitsstaat und Unterstützungsleistungen für die mitumziehende Familie in Betracht.

3 Der Gesamtarbeitslohn abzüglich der direkt zugeordneten Gehaltsbestandteile ist der verbleibende Arbeitslohn. Zum verbleibenden Arbeitslohn gehören z. B. neben den laufenden Vergütungen auch Zusatzvergütungen, die auf die nichtselbständige Arbeit des Arbeitnehmers innerhalb des gesamten nach dem DBA zu berücksichtigenden Zeitraums entfallen (z. B. sonstige Bezüge wie Weihnachts- und Urlaubsgeld; vgl. Rdnrn. 15 f.).

2. Aufteilung des verbleibenden laufenden Arbeitslohns

4 Nach dem BMF-Schreiben vom 12. November 2014 (a. a. O.)[2]) ist der nicht direkt zuordenbare, verbleibende Arbeitslohn bei der Veranlagung zur Einkommensteuer und im Lohnsteuerabzugsverfahren stets nach den im In- und Ausland verbrachten tatsächlichen Arbeitstagen innerhalb eines Kalenderjahres aufzuteilen.

Beim laufenden Lohnsteuerabzug für den einzelnen Lohnzahlungszeitraum während des Kalenderjahres werden zur Aufteilung des nicht direkt zuordenbaren Arbeitslohns im Hinblick darauf, dass die endgültigen Werte zu diesem Zeitpunkt nicht bestimmt werden können, folgende Alternativen zugelassen:

a) Aufteilung nach tatsächlichen Arbeitstagen im gesamten Beschäftigungszeitraum innerhalb eines Kalenderjahres

5 Anhand der am Ende des einzelnen Lohnzahlungszeitraums bekannten Tatsachen werden die voraussichtlichen tatsächlichen Tage im In- und Ausland mit einer Prognose ermittelt und ins Verhältnis zu den Gesamtarbeitstagen des gesamten Beschäftigungszeitraums innerhalb des Kalenderjahres gesetzt. Die maßgeblichen Tage können dadurch ermittelt werden, dass die möglichen Arbeitstage nach Abzug der bekannten Ur-

[1]) jetzt BMF vom 3.5.2018 (BStBl I S. 643), >Anhang 12 II, Tz. 5.4
[2]) jetzt BMF vom 3.5.2018 (BStBl I S. 643), >Anhang 12 II

laubstage sowie bereits angefallener Krankheitstage angesetzt werden. Künftige Krankheitstage sind nur dann zu berücksichtigen, wenn sie nach den bekannten Verhältnissen voraussichtlich anfallen werden, z. B. nach Angabe in einer vorliegenden Arbeitsunfähigkeitsbescheinigung. Dieser Aufteilungsmaßstab wird auf den einzelnen Lohnzahlungszeitraum angewandt.

b) Aufteilung nach tatsächlichen Arbeitstagen im einzelnen Lohnzahlungszeitraum

Alternativ können auch die tatsächlichen Arbeitstage des einzelnen Lohnzahlungszeitraums für die Aufteilung des Arbeitslohns herangezogen werden. 6

c) Aufteilung nach vereinbarten Arbeitstagen im gesamten Beschäftigungszeitraum innerhalb eines Kalenderjahres

Die für den gesamten Beschäftigungszeitraum innerhalb des Kalenderjahres vereinbarten Arbeitstage im In- und Ausland werden mit den tatsächlichen ausgeübten Arbeitstagen im Ausland ins Verhältnis gesetzt. Dieser Aufteilungsmaßstab wird auf den einzelnen Lohnzahlungszeitraum angewandt. Ändert sich die Prognose zu den vereinbarten Arbeitstagen (z. B. wegen Änderung der Urlaubsplanung oder Krankheitstagen nach Wegfall der Lohnfortzahlung), ist der neu ermittelte Aufteilungsmaßstab ab diesem Lohnzahlungszeitraum anzuwenden; vgl. Rdnr. 12. 7

Die vertraglich vereinbarten Arbeitstage sind die Kalendertage pro Jahr abzüglich der Tage, an denen der Arbeitnehmer laut Arbeitsvertrag nicht verpflichtet ist, zu arbeiten (z. B. Urlaubs- und Wochenendtage) oder für die ein erkrankter Arbeitnehmer keine Lohnfortzahlung erhält. Es kommt weder auf die Zahl der Kalendertage (365), noch auf die Steuertage im Kalenderjahr (360) an. In einem anderen Staat verbrachte Tage, die nicht zu den vereinbarten Arbeitstagen rechnen (z. B. Aufenthalt aus privaten Gründen), werden bei der Berechnung der steuerfreien Einkünfte nicht berücksichtigt. 8

d) Aufteilung nach vereinbarten Arbeitstagen im einzelnen Lohnzahlungszeitraum

Alternativ können auch die vereinbarten Arbeitstage des einzelnen Lohnzahlungszeitraums für die Aufteilung des Arbeitslohns herangezogen werden. 9

e) Abrechnung nach einheitlichen Grundsätzen

Innerhalb eines Dienstverhältnisses während des Kalenderjahres darf der Arbeitgeber nur nach einheitlichen Grundsätzen abrechnen. Zwischen den Alternativen a)-d) darf nicht gewechselt werden. 10

3. Ermittlung der Verhältnisse zur Lohnabrechnung

Zeitpunkt für die Ermittlung der Verhältnisse zur Lohnabrechnung ist der Tag, an dem der Lohnabrechnungszeitraum endet (R 39b.5 Absatz 1 Satz 3 LStR). Für Lohnabrechnungen vor dem Ende des betreffenden Lohnzahlungszeitraums können aus Vereinfachungsgründen die zu diesem Zeitpunkt bekannten Verhältnisse zu Grunde gelegt werden. 11

4. Änderung der Verhältnisse

Ändert sich die Prognose für die Anzahl der tatsächlichen oder vereinbarten Arbeitstage in einem folgenden Lohnzahlungszeitraum, ist der neu ermittelte Aufteilungsmaßstab ab diesem Lohnzahlungszeitraum anzuwenden. Die bisher vorgenommenen Lohnabrechnungen können unverändert bleiben. 12

5. Beginn und Beendigung des Dienstverhältnisses während des Kalendermonats

13 Beim Beginn oder bei einer Beendigung des Dienstverhältnisses im Laufe eines Kalendermonats ist regelmäßig ein verkürzter Lohnzahlungszeitraum zu beachten. Solange das Dienstverhältnis jedoch fortbesteht, sind bei der Bemessung des Lohnzahlungszeitraums auch solche in den Lohnzahlungszeitraum fallende Arbeitstage mitzuzählen, für die der Arbeitnehmer keinen steuerpflichtigen Arbeitslohn bezogen hat (R 39b.5 Absatz 2 Satz 3 LStR). Dies gilt unabhängig davon, ob der Arbeitnehmer der unbeschränkten oder der beschränkten Einkommensteuerpflicht unterliegt. Zu Lohnzahlungen vor Ende des Lohnzahlungszeitraumes vgl. Rdnr. 11.

14 **Beispiel**

Der übliche monatliche Bruttoarbeitslohn im Monat Mai des Kalenderjahres 01 beträgt 3.000 €. Außerdem erhält der Arbeitnehmer eine Erschwerniszulage für die Arbeitstage im Inland von 500 €. Der in Österreich ansässige Arbeitnehmer übt seine Tätigkeit im Mai des Kalenderjahres 01 an 5 Arbeitstagen im Inland aus. Die übrigen 10 Arbeitstage des Monats verrichtet er in seinem Home-Office in Österreich. Die Grenzgängerregelung findet keine Anwendung.

Lösung (nach den voraussichtlichen tatsächlichen Arbeitstagen im Lohnzahlungszeitraum)

Der Erschwerniszuschlag von 500 € ist direkt der Tätigkeit im Inland zuzurechnen.

Der nicht zuordenbare Betrag von 3.000 € wird nach dem Verhältnis der im Inland und Ausland ausgeübten Tätigkeit aufgeteilt.

Inland:	3.000 € x 5/15	= 1.000 €
Ausland:	3.000 € x 10/15	= 2.000 €
Steuerpflichtiger Gesamtlohn Inland:		
500 € (direkt zugeordnet) + 1.000 € (Verhältnisrechnung)		= 1.500 €

Der Lohnzahlungszeitraum umfasst den ganzen Kalendermonat Mai 01. Der im Inland steuerpflichtige Betrag von 1.500 € wird daher aufgrund des amtlichen Programmablaufplans einem Bemessungszeitraum von „30 Steuertagen“ zugerechnet. Dies entspricht der sog. Monatstabelle.

6. Zuordnung und Aufteilung von sonstigen Bezügen

15 Kann ein sonstiger Bezug entweder dem steuerfreien oder dem steuerpflichtigen Teil direkt zugeordnet werden (z. B. Erfolgsprämie für die nach DBA steuerbegünstigte Tätigkeit oder eine Sonderzahlung für die Tätigkeit im Inland), erfolgt eine vollständige Steuerfreistellung (mit Progressionsvorbehalt) oder eine vollständige Besteuerung im Inland. Ist eine solche Zuordnung nicht möglich (z. B. für Urlaubs- oder Weihnachtsgeld), ist eine Aufteilung im Kalenderjahr nach den vorstehenden Rdnrn. 5 und 7 (Anteil an den Gesamtarbeitstagen im Beschäftigungszeitraum des Kalenderjahres) vorzunehmen. Die sonstigen Bezüge sind im Kalenderjahr des Zuflusses nach den Verhältnissen des Erdienungszeitraums aufzuteilen; vgl. Rdnrn. 169 und 170 des BMF-Schreibens vom 12. November 2014 (a. a. O.)[1].

16 Maßgeblich für diese Aufteilung sind die dem Arbeitgeber bekannten Tatsachen zum Ende des Kalendermonats des Zuflusses (R 39b.6 Absatz 3 Satz 1 LStR). Aus Vereinfachungsgründen können jedoch auch die im Zeitpunkt der Lohnabrechnung bekannten Tatsachen zu Grunde gelegt werden.

---

[1]) jetzt BMF vom 3.5.2018 (BStBl I S. 643), >Anhang 12 II, Tz. 5.4

7. Überprüfung der im Kalenderjahr durchgeführten Lohnabrechnungen

Der Arbeitgeber hat den innerhalb eines Kalenderjahres durchgeführten Lohnsteuerabzug am Ende des Kalenderjahres oder bei Beendigung des Dienstverhältnisses zu überprüfen und bei Abweichungen zu korrigieren. Ab diesem Zeitpunkt ist der Arbeitgeber in der Lage, die tatsächlichen In- und Auslandstage im Beschäftigungszeitraum des Kalenderjahres zu ermitteln, die bei der Überprüfung der Lohnabrechnungen anzusetzen sind. Ein Wahlrecht wie unter Tz. 2 Buchstaben a-d (Rdnrn. 5-9) dargestellt, besteht bei der (abschließenden) Überprüfung nicht. 17

Dabei ist die Korrektur des bisherigen Lohnsteuerabzugs im Grundsatz bei unbeschränkt sowie bei beschränkt Steuerpflichtigen für den jeweiligen Lohnzahlungszeitraum vorzunehmen. Dies gilt unabhängig davon, ob das Dienstverhältnis das ganze Kalenderjahr oder nur einen Teil des Kalenderjahres bestanden hat (zur Vereinfachungsregelung vgl. Rdnr. 19). Soweit der Lohnsteuerabzug Abgeltungswirkung nach § 50 Absatz 2 Satz 1 EStG hat, wie bei beschränkt Steuerpflichtigen, hat die Korrektur besondere Bedeutung. § 41c EStG mit Ausnahme von § 41c Absatz 3 Satz 2 und 3 EStG sowie R 41c.1 LStR mit Ausnahme von R 41c.1 Absatz 6 Satz 1 bis 3 LStR sind anzuwenden. 18

Bei ganzjähriger Beschäftigung von unbeschränkt Steuerpflichtigen (§ 1 Absatz 1 und 3 EStG) wird es unabhängig von dem vorstehenden Grundsatz (vgl. Rdnr. 18) aus Vereinfachungsgründen nicht beanstandet, wenn zum Ende des Kalenderjahres vor Übermittlung der Lohnsteuerbescheinigung eine einzige Korrektur nach den Berechnungsgrundsätzen des § 42b EStG bis zum Ablauf des Februars des Folgejahres vorgenommen wird. Voraussetzung ist, dass es im Laufe des Kalenderjahres nicht zu einer Änderung der Steuerklasse gekommen ist. Wenn das Dienstverhältnis das ganze Kalenderjahr bestanden hat, genügt es für die vorgenannte vereinfachende Jahresbetrachtung, wenn die unbeschränkte Steuerpflicht nach § 1 Absatz 1 EStG oder die auf Antrag unbeschränkte Steuerpflicht nach § 1 Absatz 3 EStG nur einen Teil des Kalenderjahres bestanden hat. 19

Der Arbeitgeber hat die zu viel erhobene Lohnsteuer an den Arbeitnehmer zu erstatten. Noch nicht erhobene Lohnsteuer hat der Arbeitgeber nachträglich einzubehalten. Soweit der Arbeitgeber auf Grund einer Änderung des Lohnsteuerabzugs nach Ablauf des Kalenderjahres nachträglich Lohnsteuer erstattet oder einbehält, handelt es sich um Lohnsteuer des abgelaufenen Kalenderjahres, die zusammen mit der übrigen einbehaltenen Lohnsteuer des abgelaufenen Kalenderjahres in einer Summe in der Lohnsteuerbescheinigung zu übermitteln oder anzugeben ist. Die nachträglich erstattete bzw. einbehaltene Lohnsteuer ist für den Anmeldungszeitraum anzugeben und abzuführen, in dem sie erstattet oder einbehalten wurde. 20

8. Zusammenfassendes Beispiel einer ganzjährigen Beschäftigung mit Abrechnung nach den voraussichtlichen tatsächlichen Arbeitstagen im Kalenderjahr und Überprüfung

Sachverhalt 21

Der in Deutschland wohnende Arbeitnehmer B arbeitet im Kalenderjahr 01 i. d. R. an 5 Tagen pro Woche und erhält einen Bruttolohn von monatlich 5.000 €. Darüber hinaus erhält er im Juli 01 eine Erfolgsprämie für das laufende Kalenderjahr von 10.000 € und im Dezember 01 ein Weihnachtsgeld von 8.000 €. Arbeitsvertraglich stehen ihm 30 Urlaubstage zu. Es ist geplant, dass B im Kalenderjahr 01 insgesamt an 60 Tagen im Ausland tätig wird.

Im Oktober 01 erkrankt B und fällt tatsächlich an 10 Arbeitstagen aus. Nach seiner Rückkehr im Oktober 01 stellt sich heraus, dass B an zusätzlichen 20 Arbeitstagen ins Ausland reisen soll, sodass im Kalenderjahr voraussichtlich 80 Auslandsarbeitstage anfallen. Um bestehende Projekte abzuschließen, entscheidet sich B im Dezember 01 dazu, 5 Urlaubstage in das Kalenderjahr 02 zu übertragen.

Der auf die Tätigkeit im Ausland entfallende Arbeitslohn ist nach dem einschlägigen DBA im Inland steuerfrei. Weil der ausgezahlte Arbeitslohn nicht direkt zugeordnet werden kann, ist er durch eine Verhältnisrechnung aufzuteilen.

Zusammenfassung für das Kalenderjahr 01

Voraussichtliche Urlaubstage nach Kenntnis des Arbeitgebers bis November:	30
voraussichtliche Urlaubstage nach Kenntnis des Arbeitgebers ab Dezember:	25
(B darf 5 Urlaubstage in das Kalenderjahr 02 übertragen)	
Krankheitstage im Oktober:	10
Bruttolohn monatlich:	5.000,00 €
Erfolgsprämie für das laufende Kalenderjahr (ausgezahlt im Juli):	10.000,00 €
Weihnachtsgeld (ausgezahlt im Dezember):	8.000,00 €
voraussichtliche tatsächliche Auslandstage nach Kenntnis des Arbeitgebers bis September:	60
voraussichtliche tatsächliche Auslandstage nach Kenntnis des Arbeitgebers ab Oktober:	80

Berechnung

Ermittlung des Aufteilungsmaßstabs

Prognosezeitpunkt	**Mögliche Arbeitstage p.a.**	**Voraussichtliche Urlaubstage p.a.**	**Tatsächlich angefallene Krankheitstage p.a.**	**Verbleibende tatsächliche Arbeitstage p.a.**	**Anteil Ausland (steuerfrei)**	**Anteil Inland (steuerpflichtig)**
ab Januar	254	30	0	224	60/224	164/224
ab Oktober (Krankheit und Erhöhung der Auslandstage)	254	30	10	214	80/214	134/214
ab Dezember (Übertrag Urlaub nach 02)	254	25	10	219	80/219	139/219

Ermittlung des steuerfreien und des steuerpflichtigen Bruttolohns

Monat	**Bruttolohn in €**	**Steuerfreier Anteil**	**Steuerfreier Bruttolohn in €**	**Steuerpflichtiger Anteil**	**Steuerpflichtiger Bruttolohn in €**
Januar	5.000,00	60/224	1.339,29	164/224	3.660,71
Februar	5.000,00	60/224	1.339,29	164/224	3.660,71
März	5.000,00	60/224	1.339,29	164/224	3.660,71
April	5.000,00	60/224	1.339,29	164/224	3.660,71
Mai	5.000,00	60/224	1.339,29	164/224	3.660,71
Juni	5.000,00	60/224	1.339,29	164/224	3.660,71
Juli lfd. Arbeitslohn	5.000,00	60/224	1.339,29	164/224	3.660,71

Monat	**Bruttolohn in €**	**Steuerfreier Anteil**	**Steuerfreier Bruttolohn in €**	**Steuer-pflichtiger Anteil**	**Steuer-pflichtiger Bruttolohn in €**
Juli sonst. Bezug	10.000,00	60/224	2.678,57	164/224	7.321,43
August	5.000,00	60/224	1.339,29	164/224	3.660,71
September	5.000,00	60/224	1.339,29	164/224	3.660,71
Oktober	5.000,00	80/214	1.869,16	134/214	3.130,84
November	5.000,00	80/214	1.869,16	134/214	3.130,84
Dezember lfd. Arbeitslohn	5.000,00	80/219	1.826,48	139/219	3.173,52
Dezember sonst. Bezug	8.000,00	80/219	2.922,37	139/219	5.077,63
Jahressummen der einzelnen Lohnzahlungs-zeiträume (LZZ)	**78.000,00**		**23.219,35**		**54.780,65**

Aufteilung des Bruttolohns mit einer Jahresbetrachtung nach den zuletzt bekannten Verhältnissen, die auch bei der Einkommensteuerveranlagung für das Kalenderjahr 01 maßgeblich sind:

Jahressummen bei abschließen-der Überprü-fung	**78.000,00**	**80/219**	**28.493,15**	**139/219**	**49.506,85**

Der Arbeitgeber hat die auf den Differenzbetrag i. H. v. 5.273,80 € (Minderung des steuerpflichtigen Betrags) entfallende Lohnsteuer (einschließlich Solidaritätszuschlag und ggf. Kirchenlohnsteuer) an den Arbeitnehmer zu erstatten.
Die Differenz beim steuerpflichtigen Bruttolohn beruht auf den Änderungen der Verhältnisse während des Kalenderjahres. Da die Überprüfung auf Grund der Jahresbetrachtung abweichende Werte ergab, sind die einzelnen Lohnabrechnungen noch vor Übermittlung der Lohnsteuerbescheinigung durch den Arbeitgeber zu berichtigen (§ 41c Absatz 1 EStG). Aus Vereinfachungsgründen kann die Korrektur nach den Berechnungsgrundsätzen des § 42b EStG (Jahresbetrachtung) vor Übermittlung der Lohnsteuerbescheinigung bis zum Ablauf des Februars des Folgejahres vorgenommen werden, wenn die Voraussetzungen der Rdnr. 19 erfüllt sind.

9. Beispiel für eine nicht ganzjährige Beschäftigung

Sachverhalt 22

Arbeitnehmer B ist beim Arbeitgeber A im Kalenderjahr 01 vom 1. Januar bis zum 31. Oktober beschäftigt (5 Arbeitstage pro Woche) und erhält einen Bruttolohn von monatlich 5.000 €, der jeweils zum 25. eines Monats gezahlt wird. Es ist geplant, dass B im Kalenderjahr 01 vom 1. Februar bis zum 15. April an insgesamt 50 Tagen im Ausland tätig wird. Arbeitsvertraglich stehen ihm bis zum Ende des Dienstverhältnisses am 31. Oktober 01 insgesamt 25 Urlaubstage zu. B möchte vom 16. April bis 30. April 10 Arbeitstage Urlaub nehmen. Ab dem 1. Mai soll B wieder im Inland arbeiten (voraussichtlich an 20 Tagen im Monat).

Im Juli erhält B ein Urlaubsgeld (sonstiger Bezug) in Höhe von 2.000 €; am 2. September erkrankt B (19 Arbeitstage Krankheit). Vom 1. Oktober bis zum 24. Oktober nimmt B seinen Resturlaub (15 Arbeitstage). Am 25. Oktober arbeitet B im Inland. Um weitere Projekte zu betreuen, arbeitet B spontan vom 26. Oktober bis zum 31. Oktober im Ausland bei der ausländischen DBA-Betriebsstätte (4 Arbeitstage), sodass im Beschäftigungszeitraum insgesamt 54 Auslandsarbeitstage bei der ausländischen DBA-Betriebsstätte anfallen.

Für die Tätigkeit im Ausland hat der ausländische DBA-Staat das Besteuerungsrecht, weil der Arbeitnehmer in einer ausländischen DBA-Betriebsstätte tätig wird. Der ausgezahlte Arbeitslohn kann nicht direkt zugeordnet werden. Er ist daher durch eine Verhältnisrechnung aufzuteilen.

Der Arbeitgeber ermittelt den Aufteilungsmaßstab für die Lohnzahlungszeiträume während des Kalenderjahres nach den voraussichtlichen tatsächlichen Arbeitstagen des einzelnen Lohnzahlungszeitraums.

<u>Zusammenfassung für den Beschäftigungszeitraum 01</u>

Voraussichtliche Urlaubstage nach Kenntnis des Arbeitgebers bis Oktober:	25
Krankheitstage im September:	19
voraussichtliche tatsächliche Auslandstage nach Kenntnis des Arbeitgebers bis September:	50
voraussichtliche tatsächliche Auslandstage nach Kenntnis des Arbeitgebers im Oktober:	54
Bruttolohn monatlich:	5.000,00 €
Urlaubsgeld für das laufende Kalenderjahr, ausgezahlt im Juli:	2.000,00 €

9.1 Variante 1: Aufteilung nach den voraussichtlichen tatsächlichen Arbeitstagen des jeweiligen Lohnzahlungszeitraums

23 **Ermittlung des Aufteilungsmaßstabs und Abrechnung nach den voraussichtlichen tatsächlichen Arbeitstagen des jeweiligen Lohnzahlungszeitraums**

Prognosezeitpunkt	Mögliche tatsächliche Arbeitstage im LZZ	Voraussichtliche Urlaubstage im LZZ	Tatsächlich angefallene Krankheitstage im LZZ	Verbleibende tatsächliche Arbeitstage im LZZ	Arbeitstage Ausland (steuerfrei)	Arbeitstage Inland (steuerpflichtig)
Januar	20	0	0	20	0	20
Februar bis März	20	0	0	20	20	0
April	20	10	0	10	10	0
Mai bis August	20	0	0	20	0	20
im September (Krankheit)	20	0	19	1	0	1
im Oktober (Erhöhung der Auslandstage)	20	15	0	5	4	1
Summe	200	25	19	156	54	102

<u>Ermittlung des steuerfreien und des steuerpflichtigen Bruttolohns</u>

Prognosezeitpunkt	**Mögliche tatsächliche Arbeitstage im LZZ**	**Voraussichtliche tatsächliche Arbeitstage im LZZ** (Nenner für Ausland und Inland)	**Voraussichtliche tatsächliche Arbeitstage Ausland im LZZ** (Zähler für Ausland)	**Verbleibende voraussichtliche tatsächliche Arbeitstage Inland im LZZ** (Zähler für Inland)	**Bruttolohn Anteil Ausland (steuerfrei) in €**	**Bruttolohn Anteil Inland (steuerpflichtig) in €**
Januar (nur Inland)	20	20	0	20	0	5.000
Februar (nur Ausland)	20	20	20	0	5.000	0
März (nur Ausland)	20	20	20	0	5.000	0
April	20	10	10	0	5.000	0
Mai	20	20	0	20	0	5.000
Juni	20	20	0	20	0	5.000
Juli lfd. Arbeitslohn	20	20	0	20	0	5.000
Juli sonst. Bezug (deshalb hier Prognose für den gesamten Beschäftigungszeitraum)	200	175	50	125	2.000 x 50/175 = 571,43	2.000 x 125/175 = 1.428,57
August	20	20	0	20	0	5.000
September (1 Arbeitstag im Inland)	20	1	0	1	0	5.000
Oktober (4 Arbeitstage im Ausland)	20	5	4	1	4.000	1.000
Summen der einzelnen LZZ					**19.571,43**	**32.428,57**

Im gesamten Beschäftigungszeitraum vom 1. Januar 01 bis 31. Oktober 01 errechnet sich für den insgesamt bezogenen Arbeitslohn i. H. v. 52.000 € folgender Anteil an steuerfreiem bzw. steuerpflichtigem Arbeitslohn, der nicht direkt zuordenbar ist:

Anteil steuerfrei: **54/156**
Anteil steuerpflichtig: **102/156**

Mit diesem Aufteilungsmaßstab ist in jedem abgelaufenen Lohnzahlungszeitraum von Januar bis Oktober 01 für den im jeweiligen Lohnzahlungszeitraum zugeflossenen Arbeitslohn eine

Berichtigung der bisherigen Lohnabrechnungen vorzunehmen. Dieser vorgenannte Aufteilungsmaßstab gilt auch für den im Juli 01 zugeflossenen sonstigen Bezug.

Die Differenz beim steuerpflichtigen Bruttolohn beruht auf den Änderungen der Verhältnisse während des Kalenderjahres, da der Arbeitgeber zunächst die voraussichtlichen tatsächlichen Arbeitstage des einzelnen Lohnzahlungszeitraums angesetzt hat. Da die Überprüfung nach den Verhältnissen des Beschäftigungszeitraums vom 1. Januar 01 bis zum 31. Oktober 01 abweichende Werte ergab, sind die einzelnen Lohnabrechnungen noch vor Übermittlung der Lohnsteuerbescheinigung durch den Arbeitgeber zu berichtigen (§ 41c Absatz 1 EStG).

9.2 Variante 2: Aufteilung nach den voraussichtlichen tatsächlichen Arbeitstagen des gesamten Beschäftigungszeitraums

24 **Ermittlung des Aufteilungsmaßstabs und Abrechnung nach den voraussichtlichen tatsächlichen Arbeitstagen des Beschäftigungszeitraums im Kalenderjahr**

Prognosezeitpunkt	Mögliche Arbeitstage	Voraussichtliche Urlaubstage	Tatsächlich angefallene Krankheitstage	Verbleibende tatsächliche Arbeitstage	Anteil Ausland (steuerfrei)	Anteil Inland (steuerpflichtig)
Januar bis August	200	25	0	175	50/175	125/175
September (Krankheit)	200	25	19	156	50/156	106/156
Oktober (Erhöhung der Auslandstage)	200	25	19	156	54/156	102/156

<u>Ermittlung des steuerfreien und des steuerpflichtigen Bruttolohns</u>

Monat	Bruttolohn in €	Steuerfreier Anteil	Steuerfreier Bruttolohn in €	Steuerpflichtiger Anteil	Steuerpflichtiger Bruttolohn in €
Januar	5.000,00	50/175	1.428,57	125/175	3.571,43
Februar	5.000,00	50/175	1.428,57	125/175	3.571,43
März	5.000,00	50/175	1.428,57	125/175	3.571,43
April	5.000,00	50/175	1.428,57	125/175	3.571,43
Mai	5.000,00	50/175	1.428,57	125/175	3.571,43
Juni	5.000,00	50/175	1.428,57	125/175	3.571,43
Juli lfd. Arbeitslohn	5.000,00	50/175	1.428,57	125/175	3.571,43
Juli sonst. Bezug	2.000,00	50/175	571,43	125/175	1.428,57
August	5.000,00	50/175	1.428,57	125/175	3.571,43
September	5.000,00	50/156	1.602,56	106/156	3.397,44
Oktober	5.000,00	54/156	1.730,77	102/156	3.269,23
Summen der einzelnen LZZ	**52.000,00**		**15.333,32**		**36.666,68**

Im gesamten Beschäftigungszeitraum vom 1. Januar 01 bis 31. Oktober 01 errechnet sich für den insgesamt bezogenen Arbeitslohn i. H. v. 52.000 € folgender Anteil an steuerfreiem bzw. steuerpflichtigem Arbeitslohn, der nicht direkt zuordenbar ist:

Anteil steuerfrei: 54/156
Anteil steuerpflichtig: 102/156

Mit diesem Aufteilungsmaßstab ist für jeden abgelaufenen Lohnzahlungszeitraum eine Überprüfung und ggf. eine Berichtigung der bisherigen Lohnabrechnung vorzunehmen. Weil für den Lohnzahlungszeitraum Oktober 01 bereits der zutreffende Aufteilungsmaßstab angesetzt wird, führt die Überprüfung zu keiner Änderung.

Die Differenz beim steuerpflichtigen Bruttolohn beruht auf den Änderungen der Verhältnisse während des Kalenderjahres. Da die vorzunehmende Überprüfung abweichende Werte ergab, sind die einzelnen Lohnabrechnungen – ohne Oktober 01 – noch vor Übermittlung der Lohnsteuerbescheinigung durch den Arbeitgeber zu berichtigen (§ 41c Absatz 1 EStG). Eine Korrektur nach den Berechnungsgrundsätzen des § 42b EStG ist nicht zulässig (Rdnr. 18).

II. Änderung des BMF-Schreibens für die steuerliche Behandlung von Arbeitnehmereinkünften bei Auslandstätigkeiten (Auslandstätigkeitserlass) und entsprechende Anwendung der vorgenannten Grundsätze zur Aufteilung des Arbeitslohns

Nach dem BMF-Schreiben für die steuerliche Behandlung von Arbeitnehmereinkünften bei Auslandstätigkeiten (Auslandstätigkeitserlass) vom 31. Oktober 1983 ((BStBl I S. 470) sind Zuwendungen (Gehaltsbestandteile), die nicht gesondert für die begünstigte Tätigkeit geleistet werden, bisher im Verhältnis der Kalendertage aufzuteilen (vgl. Abschnitt III Satz 2 des Auslandstätigkeitserlasses). Diese Regelung wird durch die Rdnrn. 161 und 162 des BMF-Schreibens vom 12. November 2014 (a. a. O.)[1]) ersetzt. Danach ist der nicht direkt zuordenbare, verbleibende Arbeitslohn bei der Veranlagung zur Einkommensteuer und im Lohnsteuerabzugsverfahren nach der Zahl der tatsächlichen Arbeitstage innerhalb eines Kalenderjahres aufzuteilen; vgl. Rdnrn. 4 ff. 25

Bei Anwendung des Abschnitts III des Auslandstätigkeitserlasses vom 31. Oktober 1983 (a. a. O.) ist Folgendes zu beachten: 26

- Die in Abschnitt III Satz 1 Nummer 1 des Auslandstätigkeitserlasses genannten Zulagen, Prämien und Zuschüsse des Arbeitgebers für Aufwendungen des Arbeitnehmers sind regelmäßig der begünstigten Auslandstätigkeit (steuerfrei) oder der nicht begünstigten Inlandstätigkeit (steuerpflichtig) direkt zuordenbar. Können sie weder der Auslandstätigkeit noch der Inlandstätigkeit direkt zugeordnet werden, sind sie nach den in Rdnrn. 15 f. dargestellten Grundsätzen aufzuteilen.
- Bei Weihnachtszuwendungen, Urlaubsgeld und Tantiemen sowie bei dem auf Urlaubstage entfallenden Arbeitslohn (Urlaubsentgelt und Urlaubsabgeltung) handelt es sich regelmäßig um Gehaltsbestandteile, die weder der begünstigten Auslandstätigkeit noch der nicht begünstigten Inlandstätigkeit direkt zugeordnet werden können. Solche Zahlungen sind ebenfalls nach den in Rdnrn. 15 f. dargestellten Grundsätzen aufzuteilen.

III. Anwendung der Regelungen des § 50d Absatz 9 EStG

Bei Lohneinkünften, die nach einem DBA in einem ausländischen Staat besteuert werden können, wird die unter Progressionsvorbehalt (§ 32b Absatz 1 Nummer 3 EStG) erfolgende Freistellung von der deutschen Steuer eines unbeschränkt Steuerpflichtigen nur gewährt, wenn die Voraussetzungen hierfür nach § 50d Absatz 8 und Absatz 9 EStG gegeben sind. Der Steuerpflichtige muss für die Freistellung regelmäßig nachweisen, dass sämtliche seiner ausländischen Einkünfte und Einkunftsteile im ausländischen Staat besteuert wurden und er die ausländischen Steuern entrichtet hat oder dass der Staat, dem nach dem Abkommen das Besteuerungsrecht zusteht, auf dieses Besteuerungsrecht verzichtet hat. § 50d Absatz 8 EStG ist im Lohnsteuerabzugsverfahren 27

[1]) jetzt BMF vom 3.5.2018 (BStBl I S. 643), >Anhang 12 II, Tz. 5.4

grundsätzlich nicht anzuwenden. Auch die sich aus der Anwendung des § 50d Absatz 9 EStG ergebenden Änderungen der Bemessungsgrundlage müssen aus Vereinfachungsgründen nicht im Rahmen des Lohnsteuerabzugsverfahrens geprüft und durchgeführt werden.

IV. Zahlung des Arbeitslohns in ausländischer Währung

28 Die einzubehaltenden sowie die beim zuständigen Betriebsstättenfinanzamt anzumeldenden und abzuführenden Lohnsteuerbeträge sind stets in Euro auszuweisen. Wird der zu besteuernde Arbeitslohn in einer ausländischen Währung gezahlt, ist dieser vor Ermittlung der Lohnsteuer in einen Euro-Betrag umzurechnen. Umrechnungsmaßstab ist – soweit vorhanden – der auf den Umrechnungszeitpunkt bezogene Euro-Referenzkurs der Europäischen Zentralbank. Lohnzahlungen sind bei Zufluss des Arbeitslohns anhand der von der Europäischen Zentralbank veröffentlichten monatlichen Euro-Durchschnittsreferenzkurse umzurechnen, denen die im (BStBl I veröffentlichten Umsatzsteuer-Umrechnungskurse entsprechen (BFH vom 3. Dezember 2009, BStBl 2010 II S. 698). Der für den jeweiligen Lohnzahlungszeitraum angesetzte Referenzkurs ist auch dann beizubehalten, wenn der Arbeitslohn nach den Rdnrn. 16 f. nach einem anderen Maßstab aufgeteilt wird.

29 Die mit dem Umtausch verbundenen Kosten und Gebühren sind der privaten Lebensführung des Arbeitnehmers zuzuordnen und können daher nicht arbeitslohnmindernd oder als Werbungskosten berücksichtigt werden (BFH-Urteil vom 24. Juni 2009, (BStBl II S. 1000).

V. Zeitliche Anwendungsregelungen

30 Die vorgenannten Grundsätze gelten im Lohnsteuerabzugsverfahren für die Aufteilung des Arbeitslohns nach einem DBA sowie dem Auslandstätigkeitserlass. Sie sind spätestens für den laufenden Arbeitslohn anzuwenden, der für einen nach dem 31. Dezember 2018 endenden Lohnzahlungszeitraum gezahlt wird, und für sonstige Bezüge, die nach dem 31. Dezember 2018 zufließen. Bis dahin wird es im Lohnsteuerabzugsverfahren in DBA-Fällen aus Vereinfachungsgründen nicht beanstandet, wenn die Aufteilung des verbleibenden Arbeitslohns nach den vereinbarten Arbeitstagen erfolgt. Bei Anwendung des Auslandstätigkeitserlasses vom 31. Oktober 1983 (a. a. O.) kann bis dahin das Verhältnis der Kalendertage herangezogen werden.

Anhang 12a

– unbesetzt –

Anhang 12b

Steuerfreie Einnahmen aus ehrenamtlicher Tätigkeit; Anwendungsschreiben zu § 3 Nummer 26a und 26b EStG

BMF vom 21.11.2014 (BStBl I S. 1581)
IV C 4 – S 2121/07/0010 :032 – 2014/0847902

Unter Bezugnahme auf das Ergebnis der Erörterung mit den obersten Finanzbehörden der Länder gilt zur Anwendung der § 3 Nummer 26a und Nummer 26b Einkommensteuergesetz (EStG) in der Fassung des Gesetzes zur Stärkung des Ehrenamtes vom 21. März 2013 (BGBl. I Seite 556) Folgendes:

1. Begünstigte Tätigkeiten i. S. d. § 3 Nummer 26a EStG

§ 3 Nummer 26a EStG sieht im Gegensatz zu § 3 Nummer 26 EStG keine Begrenzung auf bestimmte Tätigkeiten im gemeinnützigen Bereich vor. Begünstigt sind z. B. die Tätigkeiten der Mitglieder des Vorstands, des Kassierers, der Bürokräfte, des Reinigungspersonals, des Platzwartes, des Aufsichtspersonals oder des Schiedsrichters im Amateurbereich. Die Tätigkeit der Amateursportler ist nicht begünstigt. Eine Tätigkeit im Dienst oder Auftrag einer steuerbegünstigten Körperschaft muss für deren ideellen Bereich einschließlich ihrer Zweckbetriebe ausgeübt werden. Tätigkeiten in einem steuerpflichtigen wirtschaftlichen Geschäftsbetrieb und bei der Verwaltung des Vermögens sind nicht begünstigt.

2. Nebenberuflichkeit

Eine Tätigkeit wird nebenberuflich ausgeübt, wenn sie – bezogen auf das Kalenderjahr – nicht mehr als ein Drittel der Arbeitszeit eines vergleichbaren Vollzeiterwerbs in Anspruch nimmt[1]). Es können deshalb auch solche Personen nebenberuflich tätig sein, die im steuerrechtlichen Sinne keinen Hauptberuf ausüben, z. B. Hausfrauen, Vermieter, Studenten, Rentner oder Arbeitslose. Übt ein Steuerpflichtiger mehrere verschiedenartige Tätigkeiten i. S. d. § 3 Nummer 26 oder 26a EStG aus, ist die Nebenberuflichkeit für jede Tätigkeit getrennt zu beurteilen. Mehrere gleichartige Tätigkeiten sind zusammenzufassen, wenn sie sich nach der Verkehrsanschauung als Ausübung eines einheitlichen Hauptberufs darstellen, z. B. Erledigung der Buchführung oder Aufzeichnungen von jeweils weniger als dem dritten Teil des Pensums einer Bürokraft für mehrere gemeinnützige Körperschaften. Eine Tätigkeit wird nicht nebenberuflich ausgeübt, wenn sie als Teil der Haupttätigkeit anzusehen ist. Dies ist auch bei formaler Trennung von haupt- und nebenberuflicher selbständiger oder nichtselbständiger Tätigkeit für denselben Arbeitgeber anzunehmen, wenn beide Tätigkeiten gleichartig sind und die Nebentätigkeit unter ähnlichen organisatorischen Bedingungen wie die Haupttätigkeit ausgeübt wird oder der Steuerpflichtige mit der Nebentätigkeit eine ihm aus seinem Dienstverhältnis faktisch oder rechtlich obliegende Nebenpflicht erfüllt.

3. Auftraggeber/Arbeitgeber

Der Freibetrag wird nur gewährt, wenn die Tätigkeit im Dienst oder im Auftrag einer der in § 3 Nummer 26a EStG genannten Personen erfolgt. Als juristische Personen des öffentlichen Rechts kommen beispielsweise in Betracht Bund, Länder, Gemeinden, Gemeindeverbände, Industrie- und Handelskammern, Handwerkskammern, Rechtsanwaltskammern, Steuerberaterkammern, Wirtschafts-

[1]) >H 3.26 (Nebenberuflichkeit)

prüferkammern, Ärztekammern, Universitäten oder die Träger der Sozialversicherung. Zu den Einrichtungen i. S. d. § 5 Absatz 1 Nummer 9 des Körperschaftsteuergesetzes (KStG) gehören Körperschaften, Personenvereinigungen, Stiftungen und Vermögensmassen, die nach der Satzung oder dem Stiftungsgeschäft und nach der tatsächlichen Geschäftsführung ausschließlich und unmittelbar gemeinnützige, mildtätige oder kirchliche Zwecke verfolgen. Nicht zu den begünstigten Einrichtungen gehören beispielsweise Berufsverbände (Arbeitgeberverband, Gewerkschaft) oder Parteien. Fehlt es an einem begünstigten Auftraggeber/Arbeitgeber, kann der Freibetrag nicht in Anspruch genommen werden.

4. Förderung gemeinnütziger, mildtätiger und kirchlicher Zwecke

Die Begriffe der gemeinnützigen, mildtätigen und kirchlichen Zwecke ergeben sich aus den §§ 52 bis 54 der Abgabenordnung (AO). Eine Tätigkeit dient auch dann der selbstlosen Förderung begünstigter Zwecke, wenn sie diesen Zwecken nur mittelbar zugute kommt.

Wird die Tätigkeit im Rahmen der Erfüllung der Satzungszwecke einer juristischen Person ausgeübt, die wegen Förderung gemeinnütziger, mildtätiger oder kirchlicher Zwecke steuerbegünstigt ist, ist im Allgemeinen davon auszugehen, dass die Tätigkeit ebenfalls der Förderung dieser steuerbegünstigten Zwecke dient. Dies gilt auch dann, wenn die nebenberufliche Tätigkeit in einem so genannten Zweckbetrieb i. S. d. §§ 65 bis 68 AO ausgeübt wird, z. B. als nebenberuflicher Kartenverkäufer in einem Museum, Theater oder Opernhaus nach § 68 Nummer 7 AO.

Der Förderung begünstigter Zwecke kann auch eine Tätigkeit für eine juristische Person des öffentlichen Rechts dienen, z. B. nebenberufliche Aufsichtstätigkeit in einem Schwimmbad, nebenberuflicher Kirchenvorstand. Dem steht nicht entgegen, dass die Tätigkeit in den Hoheitsbereich der juristischen Person des öffentlichen Rechts fallen kann.

5. Nach § 3 Nummer 12, 26 oder 26b EStG begünstigte Tätigkeiten

Der Freibetrag nach § 3 Nummer 26a EStG kann nicht in Anspruch genommen werden, wenn für die Einnahmen aus derselben Tätigkeit ganz oder teilweise eine Steuerbefreiung nach § 3 Nummer 12 EStG (Aufwandsentschädigungen aus öffentlichen Kassen) gewährt wird oder eine Steuerbefreiung nach § 3 Nummer 26 EStG (sog. Übungsleiterfreibetrag) gewährt wird oder gewährt werden könnte[1]). Die Tätigkeit der Versichertenältesten fällt unter die schlichte Hoheitsverwaltung, so dass die Steuerbefreiungsvorschrift des § 3 Nummer 12 Satz 2 EStG anwendbar ist. Für eine andere Tätigkeit, die neben einer nach § 3 Nummer 12 oder 26 EStG begünstigten Tätigkeit bei einer anderen oder derselben Körperschaft ausgeübt wird, kann die Steuerbefreiung nach § 3 Nummer 26a EStG nur dann in Anspruch genommen werden, wenn die Tätigkeit nebenberuflich ausgeübt wird (s. dazu 2.) und die Tätigkeiten voneinander trennbar sind, gesondert vergütet werden und die dazu getroffenen Vereinbarungen eindeutig sind und durchgeführt werden. Einsatz- und Bereitschaftsdienstzeiten der Rettungssanitäter und Ersthelfer sind als einheitliche Tätigkeit zu behandeln, die insgesamt nach § 3 Nummer 26 EStG begünstigt sein kann und für die deshalb auch nicht teilweise die Steuerbefreiung nach § 3 Nummer 26a EStG gewährt wird.

Aufwandsentschädigungen nach § 1835a BGB an ehrenamtlich tätige Betreuer (§ 1896 Absatz 1 Satz 1, § 1908i Absatz 1 BGB), Vormünder (§ 1773 Absatz 1 Satz 1 BGB) und Pfleger (§§ 1909 ff., 1915 Absatz 1 Satz 1 BGB) fallen ab dem Veranlagungszeitraum 2011 ausschließlich unter die Steuerbefreiung nach § 3 Nummer 26b EStG.

Eine Anwendung des § 3 Nummer 26a EStG ist ausgeschlossen (§ 3 Nummer 26a Satz 2 EStG).

---

[1]) Erhält ein Stpfl. im Rahmen seiner ehrenamtlichen Tätigkeit als Versichertenberater und Mitglied eines Widerspruchsausschusses Entschädigungen für Zeitaufwand gemäß § 41 Abs. 3 Satz 2 SGB IV, liegen die Voraussetzungen des § 3 Nr. 12 und 26 nicht vor (>BFH vom 3.7.2018 – BStBl II S. 715).

6. Verschiedenartige Tätigkeiten

Erzielt der Steuerpflichtige Einnahmen, die teils für eine Tätigkeit, die unter § 3 Nummer 26a EStG fällt, und teils für eine andere Tätigkeit, die nicht unter § 3 Nummer 12, 26 oder 26a EStG fällt, gezahlt werden, ist lediglich für den entsprechenden Anteil nach § 3 Nummer 26a EStG der Freibetrag zu gewähren. Die Steuerfreiheit von Bezügen nach anderen Vorschriften, z. B. nach § 3 Nummer 13, 16 EStG, bleibt unberührt; wenn auf bestimmte Bezüge sowohl § 3 Nummer 26a EStG als auch andere Steuerbefreiungsvorschriften anwendbar sind, sind die Vorschriften in der Reihenfolge anzuwenden, die für den Steuerpflichtigen am günstigsten ist.

7. Höchstbetrag

Der Freibetrag nach § 3 Nummer 26a EStG ist ein Jahresbetrag. Dieser wird auch dann nur einmal gewährt, wenn mehrere begünstigte Tätigkeiten ausgeübt werden. Er ist nicht zeitanteilig aufzuteilen, wenn die begünstigte Tätigkeit lediglich wenige Monate ausgeübt wird[1]).

Die Steuerbefreiung ist auch bei Ehegatten oder Lebenspartnern stets personenbezogen vorzunehmen. Auch bei der Zusammenveranlagung kann der Freibetrag demnach von jedem Ehegatten oder Lebenspartner bis zur Höhe der Einnahmen, höchstens 720 Euro, die er für eine eigene begünstigte Tätigkeit erhält, in Anspruch genommen werden. Eine Übertragung des nicht ausgeschöpften Teils des Freibetrags eines Ehegatten oder Lebenspartners auf höhere Einnahmen des anderen Ehegatten oder Lebenspartners aus der begünstigten nebenberuflichen Tätigkeit ist nicht zulässig.

8. Ehrenamtlicher Vorstand

Die Zahlung von pauschalen Vergütungen für Arbeits- oder Zeitaufwand (Tätigkeitsvergütungen) an den Vorstand ist nur dann zulässig, wenn dies durch bzw. aufgrund einer Satzungsregelung ausdrücklich zugelassen ist (vgl. auch § 27 Absatz 3 Satz 2 BGB in der Fassung des Ehrenamtsstärkungsgesetzes). Ein Verein, der nicht ausdrücklich die Bezahlung des Vorstands regelt und der dennoch Tätigkeitsvergütungen an Mitglieder des Vorstands zahlt, verstößt gegen das Gebot der Selbstlosigkeit. Die regelmäßig in den Satzungen enthaltene Aussage: „Es darf keine Person … durch unverhältnismäßig hohe Vergütungen begünstigt werden“ (vgl. Anlage 1 zu § 60 AO; dort § 4 der Mustersatzung) ist keine satzungsmäßige Zulassung von Tätigkeitsvergütungen an Vorstandsmitglieder.

Eine Vergütung ist auch dann anzunehmen, wenn sie nach der Auszahlung an den Verein zurückgespendet oder durch Verzicht auf die Auszahlung eines entstandenen Vergütungsanspruchs an den Verein gespendet wird.

Der Ersatz tatsächlich entstandener Aufwendungen (z. B. Büromaterial, Telefon- und Fahrtkosten) ist auch ohne entsprechende Regelung in der Satzung zulässig. Der Einzelnachweis der Aufwendungen ist nicht erforderlich, wenn pauschale Zahlungen den tatsächlichen Aufwand offensichtlich nicht übersteigen; dies gilt nicht, wenn durch die pauschalen Zahlungen auch Arbeits- oder Zeitaufwand abgedeckt werden soll. Die Zahlungen dürfen nicht unangemessen hoch sein (§ 55 Absatz 1 Nummer 3 AO).

Falls ein gemeinnütziger Verein bis zum 31. Dezember 2010 ohne ausdrückliche Erlaubnis dafür in seiner Satzung bereits Tätigkeitsvergütungen gezahlt hat, sind daraus unter den folgenden Voraussetzungen keine für die Gemeinnützigkeit des Vereins schädlichen Folgerungen zu ziehen:

1. Die Zahlungen dürfen nicht unangemessen hoch gewesen sein (§ 55 Absatz 1 Nummer 3 AO).
2. Die Mitgliederversammlung hat bis zum 31. Dezember 2010 eine Satzungsänderung beschlossen, die Tätigkeitsvergütungen zulässt. An die Stelle einer Satzungsänderung kann ein Beschluss des Vorstands treten, künftig auf Tätigkeitsvergütungen zu verzichten.

[1]) bestätigt durch BFH vom 3.7.2018 (BStBl II S. 715)

9. Werbungskosten- oder Betriebsausgabenabzug

Ein Abzug von Werbungskosten bzw. Betriebsausgaben, die mit den steuerfreien Einnahmen nach § 3 Nummer 26a EStG in einem unmittelbaren wirtschaftlichen Zusammenhang stehen, ist nur dann möglich, wenn die Einnahmen aus der Tätigkeit und gleichzeitig auch die jeweiligen Ausgaben den Freibetrag übersteigen[1]). In Arbeitnehmerfällen ist in jedem Falle der Arbeitnehmer-Pauschbetrag anzusetzen, soweit er nicht bei anderen Dienstverhältnissen verbraucht ist.

Beispiel:

Ein Student, der keine anderen Einnahmen aus nichtselbständiger Arbeit erzielt, arbeitet nebenberuflich im Dienst der Stadt als Tierpfleger bei deren als gemeinnützig anerkanntem Tierheim. Dafür erhält er insgesamt 1.200 Euro im Jahr. Von den Einnahmen sind der Arbeitnehmer-Pauschbetrag von 1.000 Euro (§ 9a Satz 1 Nummer 1 Buchstabe a EStG) und der Freibetrag nach § 3 Nummer 26a EStG bis zur Höhe der verbliebenen Einnahmen (200 Euro) abzuziehen. Die Einkünfte aus der nebenberuflichen Tätigkeit betragen 0 Euro.

10. Freigrenze des § 22 Nummer 3 EStG

Gehören die Einnahmen des Steuerpflichtigen aus seiner nebenberuflichen Tätigkeit zu den sonstigen Einkünften (§ 22 Nummer 3 EStG), sind diese nicht einkommensteuerpflichtig, wenn sie weniger als 256 Euro im Kalenderjahr betragen haben. Der Freibetrag nach § 3 Nummer 26a EStG ist bei der Prüfung ob diese Freigrenze überschritten ist, zu berücksichtigen.

Beispiel:

Ein nebenberuflicher ehrenamtlicher Schiedsrichter im Amateurbereich erhält insgesamt 900 Euro. Nach Abzug des Freibetrags nach § 3 Nummer 26a EStG betragen die Einkünfte 180 Euro. Sie sind nicht einkommensteuerpflichtig, weil sie weniger als 256 Euro im Kalenderjahr betragen haben (§ 22 Nummer 3 Satz 2 EStG).

11. Lohnsteuerverfahren

Beim Lohnsteuerabzug ist eine zeitanteilige Aufteilung des Freibetrags nicht erforderlich. Dies gilt auch dann, wenn feststeht, dass das Dienstverhältnis nicht bis zum Ende des Kalenderjahres besteht. Der Arbeitnehmer hat dem Arbeitgeber jedoch schriftlich zu bestätigen, dass die Steuerbefreiung nach § 3 Nummer 26a EStG nicht bereits in einem anderen Dienst- oder Auftragsverhältnis berücksichtigt worden ist oder berücksichtigt wird. Diese Erklärung ist zum Lohnkonto zu nehmen.

12. Rückspende

Die Rückspende einer steuerfrei ausgezahlten Aufwandsentschädigung oder Vergütung an die steuerbegünstigte Körperschaft ist grundsätzlich zulässig. Für den Spendenabzug sind die Grundsätze des BMF-Schreibens vom 7. Juni 1999 (BStBl I S. 591)[2]) zur Anerkennung sog. Aufwandsspenden an gemeinnützige Vereine zu beachten.

---

[1]) Aufwendungen für eine ehrenamtliche Tätigkeit sind auch insoweit abzugsfähig, als sie die unterhalb des maßgebenden Höchstbetrags steuerfreien Einnahmen übersteigen, wenn hinsichtlich der Tätigkeit eine Einkunftserzielungsabsicht vorliegt (>BFH vom 20.12.2017 – BStBl 2019 II S. 469 und vom 20.11.2018 – BStBl 2019 II S. 422).

[2]) jetzt BMF vom 25.11.2014 (BStBl I S. 1584)

Übersicht

I.

Elektronische Lohnsteuerabzugsmerkmale (ELStAM); Lohnsteuerabzug im Verfahren der elektronischen Lohnsteuerabzugsmerkmale

BMF vom 8.11.2018 (BStBl I S. 1137)
IV C 5 – S 2363/13/10003-02 – 2018/0877385

Im Einvernehmen mit den obersten Finanzbehörden der Länder gilt für den Lohnsteuerabzug im Verfahren der elektronischen Lohnsteuerabzugsmerkmale Folgendes:

Inhaltsverzeichnis

I. Verfahren der elektronischen Lohnsteuerabzugsmerkmale

1 Im Verfahren der elektronischen Lohnsteuerabzugsmerkmale (ELStAM-Verfahren) ist die Finanzverwaltung für die Bildung und Änderung der Lohnsteuerabzugsmerkmale und deren Bereitstellung für den Abruf durch den Arbeitgeber zuständig. Die steuerlichen Rechte und Pflichten der Arbeitgeber und Arbeitnehmer ergeben sich aus den §§ 38 bis 39f EStG. Es ist nicht erforderlich, dass der Arbeitnehmer die Aufnahme einer Beschäftigung bzw. Beginn eines Dienstverhältnisses beim Finanzamt anzeigt oder einen Antrag zur Bildung der ELStAM (**E**lektronische **L**ohn**st**euer**a**bzugsmerk**m**ale) stellt. Zur Vereinfachung und besseren Lesbarkeit des BMF-Schreibens wird – entsprechend den Regelungen in § 2 Absatz 8 EStG – auf eine sprachliche Unterscheidung zwischen Ehegatte/n und Lebenspartner/n sowie zwischen Scheidung und Aufhebung der Lebenspartnerschaft verzichtet.

2 Der Arbeitgeber ist verpflichtet, den Arbeitnehmer bei Aufnahme des Dienstverhältnisses bei der Finanzverwaltung anzumelden und zugleich die ELStAM anzufordern. Diese Verpflichtung besteht auch, wenn das Finanzamt einen Härtefallantrag auf Nichtteilnahme am ELStAM-Verfahren (vgl. Rz. 122 bis 126, § 39e Absatz 7 EStG) abgelehnt hat. Stimmt das Finanzamt hingegen dem Antrag des Arbeitgebers auf Anwendung der Härtefallregelung zu, hat der Arbeitgeber dem Finanzamt die für den Abruf der ELStAM bestimmten Daten (vgl. Rz. 45) in Papierform mitzuteilen. Die Anforderung von ELStAM ist nur für im Betrieb des Arbeitgebers beschäftigte Arbeitnehmer zulässig.

3 Nach dem Abruf sind die ELStAM in das Lohnkonto des Arbeitnehmers zu übernehmen und entsprechend deren Gültigkeit für die Dauer des Dienstverhältnisses für den Lohnsteuerabzug anzuwenden. Etwaige Änderungen stellt die Finanzverwaltung dem Arbeitgeber monatlich spätestens bis zum fünften Werktag des Folgemonats zum Abruf bereit. Wird das Dienstverhältnis beendet, ist der Arbeitgeber verpflichtet, den Arbeitnehmer unter Angabe des Beschäftigungsendes (Datum)im ELStAM-Verfahren abzumelden.

II. Bildung und Inhalt der ELStAM

1. Allgemeines

4 Soweit ein Arbeitgeber für die Durchführung des Lohnsteuerabzugs Lohnsteuerabzugsmerkmale benötigt, werden sie auf Veranlassung des Arbeitnehmers gebildet (§ 39 Absatz 1 Satz 1 EStG). Die Bildung der ELStAM erfolgt grundsätzlich automatisiert durch das Bundeszentralamt für Steuern (§ 39e Absatz 1 Satz 1 EStG) aufgrund der gespeicherten Daten (ELStAM-Datenbank). Dabei werden je Arbeitnehmer grundsätzlich die Steuerklasse und die Kinderfreibeträge für die in den Steuerklassen I bis IV zu berücksichtigenden Kinder gebildet (§ 39 Absatz 4 Satz 1 Nummer 1 und 2 i. V. m. § 38b Absatz 1 und 2 EStG). Soweit das Finanzamt auf Antrag des Arbeitnehmers Lohnsteuerabzugsmerkmale nach § 39 Absatz 1 und 2 EStG bildet (z. B. Freibeträge nach § 39a EStG oder Steuerklassen nach antragsgebundenem Steuerklassenwechsel), teilt es diese dem Bundeszentralamt für Steuern zum Zweck der Bereitstellung für den automatisierten Abruf durch den Arbeitgeber mit.

2. Lohnsteuerabzugsmerkmale

5 Als Lohnsteuerabzugsmerkmale kommen in Betracht (§ 39 Absatz 4 EStG):

1. Steuerklasse (§ 38b Absatz 1 EStG) und Faktor (§ 39f EStG),
2. Zahl der Kinderfreibeträge bei den Steuerklassen I bis IV (§ 38b Absatz 2 EStG),
3. auf Antrag des Arbeitnehmers ein Freibetrag und ein Hinzurechnungsbetrag (§ 39a EStG); diese Beträge können längstens für zwei Jahre berücksichtigt werden (§ 39a Absatz 1 Satz 3 bis 5 EStG),

4. auf Antrag des Arbeitnehmers die Höhe der Beiträge für eine private Krankenversicherung und für eine private Pflege-Pflichtversicherung (§ 39b Absatz 2 Satz 5 Nummer 3 Buchstabe d EStG) für die Dauer von zwölf Monaten[1]),
5. auf Antrag des Arbeitnehmers oder Arbeitgebers die Mitteilung, dass der von einem Arbeitgeber gezahlte Arbeitslohn nach einem Abkommen zur Vermeidung der Doppelbesteuerung von der Lohnsteuer freizustellen ist[2]),
6. die für den Kirchensteuerabzug erforderlichen Merkmale (§ 39e Absatz 3 Satz 1 EStG).

Die unter Nummer 4 und 5 aufgeführten Lohnsteuerabzugsmerkmale sollen erst in einer weiteren programmtechnischen Ausbaustufe des Verfahrens als ELStAM berücksichtigt werden (§ 52 Absatz 36 EStG). Übergangsweise können die unter Nummer 4 aufgeführten Beiträge für eine private Krankenversicherung und für eine private Pflege-Pflichtversicherung beim Lohnsteuerabzug berücksichtigt werden, wenn der Arbeitnehmer dem Arbeitgeber eine entsprechende Beitragsbescheinigung des Versicherungsunternehmens vorlegt (vgl. BMF-Schreiben vom 26. November 2013, BStBl I Seite 1532, Tz. 6.1). Die Freistellung von Arbeitslohn im Sinne der Nummer 5 kann mit dem Vordruck „Antrag für unbeschränkt einkommensteuerpflichtige Arbeitnehmer auf Erteilung einer Bescheinigung über die Freistellung des Arbeitslohns vom Steuerabzug auf Grund eines Abkommens zur Vermeidung der Doppelbesteuerung“ beim Betriebsstättenfinanzamt des Arbeitgebers (§ 41a Absatz 1 Satz 1 Nummer 1 EStG) beantragt werden. 6

3. Bildung und Änderung der (elektronischen) Lohnsteuerabzugsmerkmale

Für die (erstmalige) Bildung der (elektronischen) Lohnsteuerabzugsmerkmale stehen zwei Möglichkeiten zur Verfügung: 7

1. Im Regelfall erfolgt die erstmalige Bildung der ELStAM zu Beginn eines Dienstverhältnisses aufgrund der Anmeldung des Arbeitnehmers durch seinen Arbeitgeber bei der Finanzverwaltung mit dem Ziel, die ELStAM des Arbeitnehmers abzurufen (§ 39e Absatz 4 Satz 2 EStG).
2. Soweit Lohnsteuerabzugsmerkmale nicht automatisiert gebildet werden oder davon abweichend zu bilden sind (z. B. Freibeträge nach § 39a EStG oder Steuerklassen nach antragsgebundenem Steuerklassenwechsel), erfolgt die Bildung der Lohnsteuerabzugsmerkmale auf Antrag des Arbeitnehmers durch das Finanzamt (§ 39 Absatz 1 und 2 EStG).

Wird der Arbeitslohn nach § 40a EStG pauschal besteuert, darf der Arbeitgeber keine ELStAM abrufen. Dem Arbeitgeber bleibt es unbenommen, geringfügig Beschäftigte im ELStAM-Verfahren anzumelden und den Lohnsteuerabzug nach den individuellen Lohnsteuerabzugsmerkmalen (z. B. der Steuerklasse) durchzuführen. 8

Lohnsteuerabzugsmerkmale werden sowohl für ein erstes als auch für jedes weitere Dienstverhältnis gebildet (§ 39 Absatz 1 Satz 1 EStG). Auf Antrag des Arbeitnehmers 9

[1]) ***Durch Artikel 4 des JStG 2020 wird ein elektronischer Datenaustausch zwischen den Unternehmen der privaten Krankenversicherung, der Finanzverwaltung und den Arbeitgebern für die Bemessung des steuerfreien Arbeitgeberzuschusses zur Kranken- und Pflegeversicherung und zur Vorsorgepauschale für diese Beiträge eingeführt (§§ 39 Abs. 4a). Dieser Datenaustausch ersetzt die im Lohnsteuerabzugsverfahren bestehenden Verfahren mittels Papierbescheinigungen vollständig. Im Rahmen eines Pilotprojekts können die Regelungen bereits ab dem 1.1.2023 angewendet werden. Der Regelbetrieb startet ab dem 1.1.2024 (>§ 52 Abs. 36).***

[2]) ***Das BMF kann im Einvernehmen mit den obersten Finanzbehörden der Länder in einem Schreiben mitteilen, wann das in Absatz 4 Nr. 5 genannte Lohnsteuerabzugsmerkmal erstmals abgerufen werden kann (§ 39e Abs. 3 Satz 1). Dieses Schreiben ist im BStBl zu veröffentlichen (>§ 52 Abs. 36).***

teilt ihm das Finanzamt – auch im Hinblick auf ein zukünftiges Dienstverhältnis – seine (elektronischen) Lohnsteuerabzugsmerkmale mit (§ 39e Absatz 6 Satz 4 EStG). Daneben hat der Arbeitnehmer die Möglichkeit, seine aktuellen ELStAM auf der Internetseite www.elster.de jederzeit einzusehen (vgl. Rz. 86).

10 Grundlage für die Bildung der Lohnsteuerabzugsmerkmale sind die von den Meldebehörden mitgeteilten melderechtlichen Daten (§ 39e Absatz 2 Satz 1 und 2 EStG), wobei die Finanzverwaltung grundsätzlich an diese melderechtlichen Daten gebunden ist (§ 39 Absatz 1 Satz 3 EStG). Änderungen der melderechtlichen Daten sind von den Meldebehörden dem Bundeszentralamt für Steuern tagesaktuell mitzuteilen und in der ELStAM-Datenbank zu speichern. Dies ermöglicht der Finanzverwaltung, z. B. die Steuerklassen bei Änderung des Familienstands automatisch zu bilden und zu ändern. Auslöser hierfür sind jeweils die Mitteilungen der Meldebehörden. Bei der automatischen Änderung kann es eventuell zu zeitlichen Verzögerungen kommen, die das Finanzamt nicht beeinflussen kann.

11 In begründeten Ausnahmefällen hat das Finanzamt rechtliche Prüfungen zu melderechtlichen Merkmalen vorzunehmen und bei abweichenden Feststellungen selbst eine Entscheidung über die zutreffende Besteuerung zu treffen. Trifft das Finanzamt in diesen Einzelfällen eine von den gespeicherten melderechtlichen Daten abweichende Entscheidung für die Besteuerung, werden die Lohnsteuerabzugsmerkmale nicht auf Basis der ELStAM-Datenbank gebildet. Das Finanzamt stellt in diesen Fällen eine jahresbezogene Bescheinigung für den Lohnsteuerabzug aus, anhand derer der Arbeitgeber den Lohnsteuerabzug durchzuführen hat (§ 39 Absatz 1 Satz 2 EStG). Der Abruf der ELStAM wird zugleich für den Gültigkeitszeitraum der Bescheinigung allgemein gesperrt; vgl. im Übrigen Rz. 33 bis 37. Für Änderungen der melderechtlichen Daten im Melderegister sind allein die Meldebehörden zuständig.

4. Zuständigkeit

12 Die Zuständigkeit für die Bildung der Lohnsteuerabzugsmerkmale für nach § 1 Absatz 1 EStG unbeschränkt einkommensteuerpflichtige Arbeitnehmer richtet sich nach den Vorschriften der AO. Zuständiges Finanzamt ist in der Regel das Wohnsitzfinanzamt. Abweichend hiervon kann dies nach Zuständigkeitsverordnungen der Länder auch das für die Veranlagung zur Einkommensteuer zuständige Finanzamt sein (z. B. durch Zentralisierungsmaßnahmen in Großstädten).

5. Steuerklassenbildung bei Ehegatten

13 Ändert sich der Familienstand eines Arbeitnehmers, z. B. durch Eheschließung, Tod des Ehegatten oder Scheidung, übermitteln die nach Landesrecht für das Meldewesen zuständigen Behörden (Meldebehörden) die melderechtlichen Änderungen des Familienstands automatisch an die Finanzverwaltung.

Eheschließung

14 Heiraten Arbeitnehmer, teilen die zuständigen Meldebehörden der Finanzverwaltung den Familienstand „verheiratet", das Datum der Eheschließung und die Identifikationsnummer des Ehegatten mit. Dadurch werden beide Ehegatten programmgesteuert in die Steuerklasse IV eingereiht, wenn sie unbeschränkt einkommensteuerpflichtig sind und nicht dauernd getrennt leben (§ 39e Absatz 3 Satz 3 EStG). Dies gilt auch dann, wenn einer der Ehegatten keinen Arbeitslohn bezieht (§ 39e Absatz 3 Satz 3 i. V. m. § 38b Absatz 1 Satz 2 Nummer 4 EStG). Die Steuerklasse IV wird mit Wirkung ab Beginn des Monats der Eheschließung vergeben.

Soll die bei Heirat automatisch gebildete Steuerklassenkombination IV/IV nicht zur Anwendung kommen, können die Ehegatten gemeinsam die Steuerklassenkombination IV/IV mit Faktor (für einen Zeitraum von längstens zwei Jahren, § 39f Absatz 1 Satz 9 bis 11 i. V. m. § 52 Absatz 37a EStG) oder die Steuerklassenkombination III/V beim zuständigen Finanzamt mit Wirkung ab Beginn des Monats der Eheschließung beantragen. Steuerklassenwechsel sind stets mit dem Vordruck „Antrag auf Steuerklassenwechsel bei Ehegatten/Lebenspartnern“ zu beantragen. 15

Im Übrigen ist ein Wechsel der Steuerklassenkombination grundsätzlich nur einmal jährlich zulässig (§ 39 Absatz 6 Satz 3 und 4 EStG)[1]). Für eine Berücksichtigung der Änderung im laufenden Kalenderjahr ist der Antrag spätestens bis zum 30. November zu stellen (§ 39 Absatz 6 Satz 6 EStG). Die beantragten Steuerklassen werden mit Wirkung vom Beginn des Kalendermonats, der auf die Antragstellung folgt, gewährt (§ 39 Absatz 6 Satz 5 EStG). 16

Zusätzlich ist der Wechsel der Steuerklassenkombination zulässig, 17

1. wenn ein Ehegatte keinen steuerpflichtigen Arbeitslohn mehr bezieht oder verstorben ist,
2. wenn sich die Ehegatten auf Dauer getrennt haben,
3. bei Wiederaufnahme der ehelichen Gemeinschaft,
4. wenn ein Dienstverhältnis wieder aufgenommen wird, z. B. nach einer Arbeitslosigkeit oder einer Elternzeit.

Ein Wechsel der Steuerklassenkombination III/V in IV/IV ist darüber hinaus auch auf Antrag nur eines Ehegatten möglich (§ 38b Absatz 3 Satz 2 EStG). Dies hat zur Folge, dass beide Ehegatten in die Steuerklasse IV eingereiht werden. Die Steuerklassenkombination III/V kommt also nur zur Anwendung, wenn und solange beide Ehegatten dies wünschen. Die einseitige Antragsmöglichkeit besteht unabhängig von der jährlichen Möglichkeit zur Änderung der Steuerklassen nach § 39 Absatz 6 Satz 3 EStG. 18

Scheidung

Wird die Ehe durch Scheidung aufgelöst, übermittelt die Meldebehörde den geänderten melderechtlichen Familienstand sowie das Datum der Scheidung der Ehe an die Finanzverwaltung. Zu Beginn des darauf folgenden Kalenderjahres wird für diese Arbeitnehmer automatisiert die Steuerklasse I gebildet. Auf Antrag kann bei Alleinstehenden, denen ein Kinderfreibetrag nach § 32 Absatz 6 EStG oder Kindergeld zusteht, ab Beginn des Folgejahres die Steuerklasse II vom Finanzamt gewährt werden (Vordruck „Antrag auf Lohnsteuer-Ermäßigung“, Hauptvordruck und Anlage Kinder). Davon unberührt bleibt die Anzeigepflicht des Arbeitnehmers bei Beginn eines dauernden Getrenntlebens (vgl. Rz. 23). Entsprechendes gilt bei der Aufhebung einer Ehe. 19

Tod

Verstirbt ein Ehegatte, wird die Steuerklasse des überlebenden Ehegatten ab dem ersten des auf den Todestag folgenden Monats automatisch in Steuerklasse III geändert (§ 38b Absatz 1 Satz 1 Nummer 3 Buchstabe b EStG; sog. Verwitwetensplitting nach § 32a Absatz 6 Satz 1 Nummer 1 EStG). Ab Beginn des zweiten Kalenderjahres nach dem Tod des Ehegatten wird programmgesteuert die Steuerklasse I gebildet. Etwas anderes gilt nur, sofern die Voraussetzungen für die Anwendung der Steuerklasse III im Zeitpunkt des Todes nicht vorgelegen haben (z. B. bei dauerndem Getrenntleben). 20

[1]) Die Begrenzung auf einen Antrag ist ab VZ 2020 aufgehoben worden.

Auslandssachverhalte

21 Gibt ein Ehegatte den inländischen Wohnsitz bzw. gewöhnlichen Aufenthalt auf, wird der Abruf der ELStAM des ins Ausland verzogenen Ehegatten gesperrt. In der Folge erhält der im Inland verbleibende Ehegatte ab dem Beginn des Folgejahres automatisiert die Steuerklasse I zugeteilt. Erfüllt der im Inland verbleibende unbeschränkt einkommensteuerpflichtige Ehegatte die Voraussetzungen des § 1a Absatz 1 Nummer 2 EStG, kann dieser auf Antrag in die Steuerklasse III eingereiht werden (Vordruck „Anträge zu den elektronischen Lohnsteuerabzugsmerkmalen – ELStAM –“, vgl. Rz. 91 bis 93 und 95). Zu den Pflichten des Arbeitnehmers beim Wechsel der Steuerpflicht vgl. Rz. 77.

22 Die erneute Begründung eines inländischen Wohnsitzes bzw. gewöhnlichen Aufenthalts nach einem Auslandsaufenthalt führt bei beiden Ehegatten ab Beginn dieses Monats automatisch zur Einreihung in die Steuerklasse IV.

Dauerndes Getrenntleben

23 Leben Ehegatten dauernd getrennt, haben sie dies dem zuständigen Wohnsitzfinanzamt (vgl. Rz. 12) unverzüglich anzuzeigen (Vordruck „Erklärung zum dauernden Getrenntleben“). Dadurch wird – ungeachtet eines etwaigen Steuerklassenwechsels im Trennungsjahr – ab Beginn des darauf folgenden Jahres automatisch die Steuerklasse I gebildet.

6. Steuerklassenbildung bei Lebenspartnern

24 Nach § 2 Absatz 8 EStG sind die Regelungen des EStG zu Ehegatten und Ehen auch auf Lebenspartner und Lebenspartnerschaften anzuwenden. Der Familienstand „verheiratet“ und der Familienstand „Lebenspartnerschaft“ werden demnach im ELStAM-Verfahren identisch behandelt. Im Rahmen des Lohnsteuerabzugsverfahrens betrifft dies u. a. die Regelungen zur Bildung der familiengerechten Steuerklasse III/V bzw. IV/IV, ggf. mit Faktor (§ 38b Absatz 1 EStG).

25 Zum 1. Oktober 2017 ist das Gesetz zur Einführung des Rechts auf Eheschließung für Personen gleichen Geschlechts vom 20. Juli 2017 (BGBl. 2017 I Seite 2787) in Kraft getreten. Danach können gleichgeschlechtliche Partner seit dem 1. Oktober 2017 nur noch eine Ehe schließen (§ 1353 Absatz 1 Satz 1 BGB). Eine bestehende Lebenspartnerschaft wird in eine Ehe umgewandelt, wenn beide Lebenspartner beim Standesamt persönlich erklären, miteinander eine Ehe auf Lebenszeit führen zu wollen (§ 20a Lebenspartnerschaftsgesetz). Lebenpartnerschaften können seit dem 1. Oktober 2017 nicht mehr begründet werden. Das Lebenspartnerschaftsgesetz gilt seit dem 1. Oktober 2017 nur noch für die Lebenspartnerschaften, die ihre Partnerschaft nicht in eine Ehe umwandeln lassen.

26 Im ELStAM-Verfahren führt die Mitteilung über die Heirat zur automatisierten Bildung der Steuerklasse IV. Insoweit ergeben sich für gleichgeschlechtliche Ehegatten im ELStAM-Verfahren keine Besonderheiten. Auch die Möglichkeit, beim Finanzamt eine ungünstigere Steuerklasse zu beantragen, bleibt bestehen (vgl. Rz. 87 f.). Die Umwandlung einer Lebenspartnerschaft in eine Ehe hat für den Lohnsteuerabzug keine Folgen, weil die Steuerklassen, die während der Lebenspartnerschaft gewählt worden sind, nach der Umwandlung in eine Ehe gültig bleiben.

7. Berücksichtigung von Kindern

Lohnsteuerabzugsmerkmal

27 Die Berücksichtigung von Kindern erfolgt im laufenden Kalenderjahr bei Arbeitnehmern über das Kindergeld. Die Kinderfreibeträge als Lohnsteuerabzugsmerkmal wirken sich nur auf die Zuschlagsteuern (Solidaritätszuschlag und Kirchensteuer) aus. Im Lohnsteuerabzugsverfahren wird für Zwecke der Zuschlagsteuern der Kinderfreibetragszähler ab

dem Monat der Geburt des Kindes gebildet und bis zum Ablauf des Jahres, in dem die Voraussetzungen für die Berücksichtigung des Kindes nach § 32 Absatz 1, 2, 4 und 5 EStG entfallen, zum Abruf bereitgestellt. Im Veranlagungsverfahren zur Einkommensteuer wird bei den Zuschlagsteuern ein Kinderfreibetrag ab Beginn des Jahres der Geburt des Kindes bis zum Ablauf des Jahres, in dem die Voraussetzungen für die Berücksichtigung des Kindes nach § 32 Absatz 1, 2, 4 und 5 EStG entfallen, berücksichtigt (Jahresprinzip).

Bei minderjährigen Kindern im Sinne des § 32 Absatz 1 Nummer 1 EStG werden in den Steuerklassen I bis IV die Kinderfreibetragszähler bei beiden Elternteilen entsprechend der Regelungen in § 38b Absatz 2 EStG automatisch berücksichtigt, sofern Eltern und Kind in derselben Gemeinde wohnen. 28

Bei minderjährigen Kindern, die nicht in der Wohnung des Arbeitnehmers gemeldet sind, setzt die Bildung der Kinderfreibetragszähler einen einmaligen Antrag voraus (Vordruck „Antrag auf Lohnsteuer-Ermäßigung", Hauptvordruck und Anlage Kinder). Dabei ist der Nachweis beim Finanzamt durch Vorlage einer Geburtsurkunde des Kindes zu führen. 29

Kommt ein Elternteil seinen Unterhaltsverpflichtungen im Wesentlichen nicht nach oder ist er mangels Leistungsfähigkeit nicht unterhaltspflichtig (sog. Mangelunterhaltsfälle), ist eine Übertragung des Kinderfreibetrags auf den anderen Elternteil im Lohnsteuerabzugsverfahren nur möglich, wenn der Antragsteller keinen Unterhaltsvorschuss erhalten hat. Ein Antrag auf Übertragung kann auch erst im Rahmen einer Veranlagung zur Einkommensteuer gestellt werden. 30

Mehrjährige Berücksichtigung in den Antragsfällen nach § 38b Absatz 2 Satz 2 EStG

Auch in den Antragsfällen nach § 38b Absatz 2 Satz 2 EStG ist die mehrjährige Berücksichtigung von Kindern im Lohnsteuerabzugsverfahren möglich, wenn nach den tatsächlichen Verhältnissen zu erwarten ist, dass die Voraussetzungen bestehen bleiben (§ 38b Absatz 2 Satz 3 EStG). Eine mehrjährige Berücksichtigung kommt z. B. in den folgenden Fällen in Betracht: 31

1. Pflegekinder in den Fällen des § 32 Absatz 1 Nummer 2 EStG,
2. Kinder unter 18 Jahren, wenn der Wohnsitz/gewöhnliche Aufenthalt des anderen Elternteils nicht ermittelbar oder der Vater des Kindes amtlich nicht feststellbar ist,
3. Kinder nach Vollendung des 18. Lebensjahres, die die Voraussetzungen des § 32 Absatz 4 EStG erfüllen. Bei Kindern, die sich in Berufsausbildung im Sinne des § 32 Absatz 4 Nummer 2 Buchstabe a EStG befinden, kann sich die mehrjährige Berücksichtigung bei einem Ausbildungsdienstverhältnis, z. B. aus dem Ausbildungsvertrag, ergeben; bei einem Erststudium kann für die mehrjährige Berücksichtigung grundsätzlich die Regelstudienzeit im Sinne der §§ 11, 19 HRG zugrunde gelegt werden.

Der Antrag nach § 38b Absatz 2 Satz 2 EStG kann nur nach amtlich vorgeschriebenem Vordruck gestellt werden (§ 38b Absatz 2 Satz 5 EStG); hierfür steht der Vordruck „Antrag auf Lohnsteuer-Ermäßigung", Hauptvordruck und Anlage Kinder zur Verfügung. 32

III. Durchführung des Lohnsteuerabzugs

1. Elektronisches Verfahren

Regelverfahren

Der Lohnsteuerabzug ist grundsätzlich nach den amtlich gebildeten ELStAM durchzuführen (Regelverfahren). Dazu stellt die Finanzverwaltung dem Arbeitgeber die Lohnsteuerabzugsmerkmale unentgeltlich zum elektronischen Abruf bereit (§ 39e Absatz 3 Satz 1 EStG). Die Finanzverwaltung bildet für Arbeitnehmer als Grundlage für den Lohn- 33 steuerabzug die Steuerklasse, die Zahl der Kinderfreibetragszähler für die Steuerklassen I bis IV sowie die Merkmale für den Kirchensteuerabzug automatisch als ELStAM. Auf Antrag des Arbeitnehmers werden auch Freibeträge und Hinzurechnungsbeträge nach § 39a EStG oder ein Faktor nach § 39f EStG berücksichtigt.

Verfahren bei unzutreffenden ELStAM

34 Stellt die Finanzverwaltung dem Arbeitgeber unzutreffende ELStAM bereit, kann der Arbeitnehmer deren Berichtigung beim Finanzamt beantragen (§ 39 Absatz 1 Satz 2 und Absatz 2 EStG, vgl. Rz. 7 und 10 bis 12). In Betracht kommen neben unzutreffenden melderechtlichen Merkmalen insbesondere ELStAM, die aus technischen Gründen nicht zeitnah berichtigt werden können. Neben der Möglichkeit des Arbeitnehmers, eine Bescheinigung für den Lohnsteuerabzug zu beantragen (vgl. Rz. 35), besteht für den Arbeitgeber die Möglichkeit, für die Dauer von bis zu drei Monaten den Lohnsteuerabzug mit den bisherigen ELStAM durchzuführen (vgl. Rz. 97 ff.).

35 Um bei unzutreffenden ELStAM den zutreffenden Lohnsteuerabzug vornehmen zu können, stellt das Finanzamt auf Antrag des Arbeitnehmers eine Bescheinigung für den Lohnsteuerabzug (§ 39 Absatz 1 Satz 2 EStG) für die Dauer eines Kalenderjahres aus und sperrt in der Regel gleichzeitig den Arbeitgeberabruf (Vollsperrung). Durch diese Sperrung erhält der Arbeitgeber für den Arbeitnehmer keine sog. Änderungslisten mehr. Legt der Arbeitnehmer dem Arbeitgeber die Bescheinigung für den Lohnsteuerabzug vor, sind die darauf eingetragenen Lohnsteuerabzugsmerkmale maßgebend. Folglich hat sie der Arbeitgeber in das Lohnkonto des Arbeitnehmers zu übernehmen, dem Lohnsteuerabzug zugrunde zu legen und die Regelung in § 39e Absatz 6 Satz 8 EStG (Lohnsteuerabzug nach Steuerklasse VI) nicht anzuwenden.

36 Hebt das Finanzamt die Sperre nach einer Korrektur der (fehlerhaften) Daten auf, werden dem Arbeitgeber die zutreffenden ELStAM in einer sog. Änderungsliste zum Abruf bereitgestellt. Mit dem erneuten Abruf der ELStAM durch den Arbeitgeber verliert die Bescheinigung für den Lohnsteuerabzug ihre Gültigkeit; sie ist nicht an das Finanzamt zurückzugeben. Der Arbeitgeber darf sie nach Ablauf des Kalenderjahres vernichten.

37 Ist eine Korrektur unzutreffender ELStAM durch das Finanzamt für zurückliegende Lohnzahlungszeiträume erforderlich, stellt das Finanzamt auf Antrag des Arbeitnehmers eine befristete Bescheinigung für den Lohnsteuerabzug aus (§ 39 Absatz 1 Satz 2 EStG). Dies gilt insbesondere für Änderungen von ELStAM im Einspruchsverfahren oder bei verzögert übermittelten bzw. weiterverarbeiteten Daten der Meldebehörden. In der befristeten Bescheinigung werden die anzuwendenden Lohnsteuerabzugsmerkmale für im Kalenderjahr zurückliegende Monate ausgewiesen (befristet bis zum Monatsende vor Bereitstellung der zutreffenden ELStAM). Weil diese Lohnsteuerabzugsmerkmale nur für die Vergangenheit anzuwenden sind, wird der Arbeitgeberabruf für die ELStAM nicht gesperrt.

2. Arbeitgeberpflichten

Registrierung zur Abrufberechtigung unter „Mein ELSTER"

38 Die Lohnsteuerabzugsmerkmale werden aus der ELStAM-Datenbank grundsätzlich elektronisch bereitgestellt. Für die Teilnahme am ELStAM-Verfahren muss sich ein Arbeitgeber zunächst einmalig auf der Internetseite www.elster.de unter „Mein ELSTER" mit dem Organisationszertifikat registrieren (sog. ELSTER-Authentifizierung). Dies ermöglicht der Finanzverwaltung nachzuverfolgen, wer zu welchem Zeitpunkt als Arbeitgeber oder Datenübermittler welche Daten aus der Datenbank angefordert hat.

39 Nach erfolgreicher Authentifizierung erhält der Arbeitgeber ein elektronisches Zertifikat. Für die Teilnahme am ELStAM-Verfahren wird die Auswahl des Organisationszertifikats empfohlen. Die Registrierung hat mit der Steuernummer des Unternehmens zu erfolgen.

Dieses Zertifikat wird dem Unternehmen zugewiesen. Technisch ist es möglich, zu einer Steuernummer bis zu 100 gleichwertige Organisationszertifikate zu erzeugen.

Die Registrierung für ein Zertifikat erfolgt mit der aktuellen Steuernummer des Arbeitgebers im Internet unter „ELSTER – Ihr Online-Finanzamt" – (nach Registrierung dann im geschützten Bereich „Mein ELSTER") direkt von der Startseite aus. Alternativ kann sie über den Bereich der Benutzergruppe „Arbeitgeber" vorgenommen werden. 40

Arbeitgeber, die ihre Lohnabrechnungen durch einen Dritten erstellen lassen, z. B. durch einen Steuerberater, benötigen keine eigene Registrierung. In diesen Fällen übernimmt der Dritte als „Datenübermittler" die Aufgaben des Arbeitgebers. Dieser benötigt hierfür nur sein eigenes und kein zusätzliches Zertifikat für den betroffenen Arbeitgeber. Weitere Informationen für Arbeitgeber stehen im Internet unter www.elster.de zur Verfügung. 41

Ist ein Dritter mit der Datenübermittlung beauftragt, ist eine zusammengefasste Übermittlung von Daten zur Anmeldung und Abmeldung sowie für den Abruf der ELStAM von Arbeitnehmern mehrerer Arbeitgeber zulässig. 42

Mitteilung der Steuernummer an den Arbeitnehmer

Möchte der Arbeitnehmer eine Negativ- oder Positivliste (vgl. Rz. 79 bis 83) beim Finanzamt einrichten, hat der Arbeitgeber dem Arbeitnehmer die Steuernummer der Betriebsstätte oder des Teilbetriebs, in dem der für die Durchführung des Lohnsteuerabzugs maßgebende Arbeitslohn ermittelt wird, mitzuteilen (§ 39e Absatz 6 Satz 6 Nummer 1 Satz 2 und Absatz 9 EStG). Der Arbeitnehmer hat für die Verwendung dieser Steuernummer die Schutzvorschriften für die ELStAM entsprechend zu beachten (§ 39e Absatz 6 Satz 6 Nummer 1 Satz 3 EStG, vgl. Rz. 116 f.). 43

Abruf der ELStAM

Die Teilnahme am ELStAM-Verfahren setzt voraus, dass der Arbeitgeber den neu eingestellten Arbeitnehmer bei der Finanzverwaltung per Datenfernübertragung einmalig anmeldet und dadurch dessen ELStAM anfordert. Mit der Anmeldebestätigung werden dem Arbeitgeber die ELStAM des Arbeitnehmers zur Verfügung gestellt. Diese ELStAM sind für die Lohnabrechnung abzurufen, in das Lohnkonto zu übernehmen und gemäß der zeitlichen Gültigkeitsangabe anzuwenden § 39e Absatz 4 Satz 2 EStG). 44

Für die Anforderung von ELStAM hat der Arbeitgeber folgende Daten des Arbeitnehmers mitzuteilen (§ 39e Absatz 4 Satz 3 EStG): 45

1. Identifikationsnummer,
2. Tag der Geburt,
3. Tag des Beginns des Dienstverhältnisses,
4. ob es sich um das erste Dienstverhältnis (Hauptarbeitsverhältnis mit Steuerklasse I bis V) oder um ein weiteres Dienstverhältnis (Nebenarbeitsverhältnis mit Steuerklasse VI) handelt (§ 38b Absatz 1 Satz 2 Nummer 6 EStG),
5. etwaige Angaben, ob und in welcher Höhe ein nach § 39a Absatz 1 Satz 1 Nummer 7 EStG festgestellter Freibetrag und Hinzurechnungsbetrag abgerufen werden soll.

Die Anmeldung eines ersten Dienstverhältnisses ist nur bei Vorliegen einer entsprechenden Mitteilung des Arbeitnehmers zulässig. Teilt der Arbeitnehmer dem Arbeitgeber auch auf Nachfrage nicht mit, ob es sich um das erste oder ein weiteres Dienstverhältnis handelt, muss der Arbeitgeber ein weiteres Dienstverhältnis anmelden (§ 39c Absatz 1 Satz 1 EStG). Macht der Arbeitgeber zu 4. keine Angaben, ist eine Anmeldung des Arbeitnehmers im ELStAM-Verfahren nicht möglich. Die Angabe zur Art des Dienstverhältnisses ist zwingend erforderlich (sog. Pflichtfeld). 46

47 Neben dem „Beschäftigungsbeginn" hat der Arbeitgeber in der Anmeldung des Arbeitnehmers zusätzlich das Referenzdatum anzugeben. Das Referenzdatum ist das Datum, ab dem ELStAM bereitgestellt werden sollen („gültig ab") und ist bei neu eingestellten Arbeitnehmern in der Regel identisch mit dem Datum des Beschäftigungsbeginns. Das Referenzdatum darf weder in der Zukunft noch vor dem Beschäftigungsbeginn liegen.

48 Das Referenzdatum kann von dem Datum des Beschäftigungsbeginns abweichen.

Beispiel:

Ab 1. Mai Beschäftigungsbeginn i. R. eines geringfügigen Beschäftigungsverhältnisses mit pauschaler Lohnsteuererhebung und ab 1. Oktober Umwandlung in ein sozialversicherungspflichtiges Beschäftigungsverhältnis mit der Besteuerung des Arbeitslohns im Regelverfahren nach den ELStAM des Arbeitnehmers.

Als Beschäftigungsbeginn ist der 1. Mai und als Referenzdatum der 1. Oktober anzugeben.

49 Darüber hinaus darf bei einer Anmeldung des Arbeitnehmers vor dem 1. März des aktuellen Jahres das Referenzdatum nicht vor dem 1. Januar des Vorjahres liegen. Bei einer Anmeldung nach dem 28. bzw. 29. Februar darf das Referenzdatum nicht vor dem 1. Januar des aktuellen Jahres liegen.

(Falsch)-Anmeldung als Haupt- oder Nebenarbeitgeber

50 Meldet sich ein zweiter oder weiterer Arbeitgeber (Nebenarbeitgeber, Steuerklasse VI) als erster Arbeitgeber (Hauptarbeitgeber) in der ELStAM-Datenbank an, wird der bisherige Hauptarbeitgeber (Steuerklasse I bis V) automatisch zum Nebenarbeitgeber und erhält mit der nächsten Änderungsliste die Steuerklasse VI zum Abruf bereitgestellt.

51 Ist die Anmeldung als Hauptarbeitgeber zu Unrecht erfolgt, kann der tatsächliche Hauptarbeitgeber die Hauptarbeitgebereigenschaft wie folgt zurück erlangen:

1. In einem ersten Schritt muss er den Arbeitnehmer unter Berücksichtigung des neu mitgeteilten Referenzdatums (aus der sog. Änderungsliste) zunächst rückwirkend als Nebenarbeitgeber aus der ELStAM-Datenbank abmelden.
2. Im zweiten Schritt (frühestens ein Tag nach dem ersten Schritt) ist eine erneute Anmeldung als Hauptarbeitgeber vorzunehmen. Als Referenzdatum ist dabei das Datum anzugeben, ab dem die Hauptarbeitgebereigenschaft zu Unrecht entfallen war.

52 Diese Vorgehensweise ist innerhalb der programmtechnisch vorgegebenen „Sechs-Wochen-Frist" unabhängig davon möglich, ob sich der irrtümlich unzutreffend angemeldete Hauptarbeitgeber bereits wieder abgemeldet hat oder nicht. Durch die erneute Anmeldung des tatsächlichen Hauptarbeitgebers wird der tatsächliche Nebenarbeitgeber automatisch zutreffend als solcher eingestuft, so dass dieser (der Verursacher der Falschanmeldung) innerhalb der „Sechs-Wochen-Frist" nicht tätig werden muss.

53 Erfolgt die Korrektur der Falschanmeldung nach Ablauf der „Sechs-Wochen-Frist", ist der aktuelle Nebenarbeitgeber, der sich unzutreffend als Hauptarbeitgeber angemeldet hat, zunächst in einem ersten Schritt verpflichtet, den Arbeitnehmer mit dem Datum der ursprünglichen Anmeldung (= Referenzdatum, für das ELStAM als Hauptarbeitgeber abgerufen werden sollten) abzumelden. In einem zweiten Schritt (frühestens ein Tag nach dem ersten Schritt) ist die erneute Anmeldung als Nebenarbeitgeber durchzuführen. Als Referenzdatum ist dabei das Datum der ursprünglichen Anmeldung anzugeben. Erst durch die erfolgte Abmeldung der irrtümlichen Hauptarbeitgebereigenschaft ist eine Neuanmeldung des tatsächlichen Hauptarbeitgebers mit Rückwirkung möglich.

Laufendes Abrufverfahren

54 Der Arbeitgeber ist grundsätzlich verpflichtet, die ELStAM monatlich anzufragen und abzurufen (§ 39e Absatz 5 Satz 3 EStG). Da sich die Lohnsteuerabzugsmerkmale der Ar-

beitnehmer in einer Vielzahl von Fällen nicht in jedem Monat ändern, hat die Finanzverwaltung einen Mitteilungsservice eingerichtet. Zur Nutzung dieses Mitteilungsverfahrens kann der Arbeitgeber auf der Internetseite www.elster.de unter „Mein ELSTER“ auswählen, per E-Mail über die Bereitstellung von Änderungen informiert zu werden. Es wird nicht beanstandet, wenn der Arbeitgeber nur in den Fällen ELStAM anfragt und abruft, in denen er durch den E-Mail-Mitteilungsservice erfährt, dass sich für den Lohnzahlungszeitraum Änderungen bei den ELStAM seiner Arbeitnehmer ergeben haben (§ 39e Absatz 5 Satz 1 Nummer 1 EStG).

Legt der Arbeitnehmer eine Bescheinigung des Finanzamts zur Korrektur des Lohnsteuerabzugs zurückliegender Lohnzahlungszeiträume vor (vgl. Rz. 35 und 37), ist eine Änderung des Lohnsteuerabzugs nach Maßgabe des § 41c Absatz 1 Satz 1 Nummer 1 EStG möglich. 55

Gültigkeit der ELStAM, Beendigung des Dienstverhältnisses

Nach § 39e Absatz 5 Satz 1 EStG sind die abgerufenen ELStAM gemäß der zeitlichen Gültigkeitsangabe vom Arbeitgeber für die Durchführung des Lohnsteuerabzugs des Arbeitnehmers anzuwenden, bis 56

1. ihm die Finanzverwaltung geänderte ELStAM zum Abruf bereitstellt oder
2. der Arbeitgeber der Finanzverwaltung die Beendigung des Dienstverhältnisses mitteilt.

Der Arbeitgeber hat der Finanzverwaltung die Beendigung des Dienstverhältnisses unverzüglich mitzuteilen (§ 39e Absatz 4 Satz 5 EStG). Hierzu übermittelt der Arbeitgeber oder der von ihm beauftragte Dritte die Daten des abzumeldenden Arbeitnehmers (Identifikationsnummer, Geburtsdatum, Datum der Beendigung des Dienstverhältnisses und das Referenzdatum) auf elektronischem Weg nach amtlich vorgeschriebenem Datensatz (Abmeldung). Vgl. im Übrigen Rz. 64. 57

Besonderheiten im Sterbemonat des Arbeitnehmers

Mit der Übermittlung des Sterbedatums durch die Meldebehörde an die ELStAM-Datenbank ist der Datensatz für die ELStAM und die Abrufberechtigung für jeden Arbeitgeber gesperrt. Der Arbeitgeber eines verstorbenen Arbeitnehmers erhält mit den nächsten Änderungsmitteilungen den Hinweis, dass keine Abrufberechtigung mehr vorliegt. Die Nachricht, dass der Arbeitnehmer verstorben ist, darf aus Datenschutzgründen nicht mitgeteilt werden. 58

Für ausstehende Arbeitslohnzahlungen sind grundsätzlich die ELStAM des Erben anzuwenden. Abweichend davon kann die Zahlung von laufendem Arbeitslohn für den gesamten Monat, in dem der Arbeitnehmer verstorben ist, nach den ELStAM des Verstorbenen abgerechnet werden (R 19.9 Absatz 1 LStR). Wird für die folgenden Monate laufender Arbeitslohn gezahlt, sind die ELStAM des Erben anzuwenden. Der verstorbene Arbeitnehmer ist dazu zum Ende des Sterbemonats abzumelden und der Erbe zum 1. des folgenden Monats anzumelden. Soweit die Arbeitgebersperre durch die Übermittlung des Sterbedatums bereits gesetzt ist, muss im Sterbemonat die Lohnabrechnung nach den ELStAM des Verstorbenen ggf. manuell vorgenommen werden. 59

Lohnzahlungen nach Beendigung des Dienstverhältnisses

Zahlt der Arbeitgeber nach Beendigung des Dienstverhältnisses laufenden Arbeitslohn (R 39b.2 Absatz 1 LStR), sind der Besteuerung die ELStAM zum Ende des Lohnzahlungszeitraums zugrunde zu legen, für den die Nachzahlung erfolgt (R 39b.5 Absatz 1 Satz 3 LStR). Eine erneute Anmeldung des Arbeitnehmers bei der Finanzverwaltung ist insoweit nicht erforderlich. 60

61 Handelt es sich dagegen um sonstige Bezüge (R 39b.2 Absatz 2 LStR), sind für die Besteuerung die ELStAM zum Ende des Kalendermonats des Zuflusses des sonstigen Bezugs maßgebend (R 39b.6 Absatz 3 Satz 1 LStR). Der Arbeitgeber muss daher den Arbeitnehmer erneut bei der Finanzverwaltung anmelden. Dazu sollte er sich mit dem Arbeitnehmer abstimmen, ob die Anmeldung für die Arbeitslohnnachzahlung als Hauptarbeitsverhältnis (für Steuerklasse I bis V) oder als Nebenarbeitsverhältnis (für Steuerklasse VI) vorgenommen werden soll. Unterlässt der Arbeitgeber in diesem Fall die Anmeldung, obwohl ihm die hierzu erforderlichen Angaben des Arbeitnehmers vorliegen und der Anmeldung keine technischen Hinderungsgründe gemäß § 39c Absatz 1 Satz 2 EStG entgegenstehen, ist der Steuerabzug nach der Steuerklasse VI vorzunehmen.

62 **Beispiel zur Arbeitslohnnachzahlung nach Arbeitgeberwechsel:**

Ein Arbeitnehmer beendet seine Beschäftigung beim ersten Arbeitgeber A (dort bis dahin Steuerklasse I) zum 31. Oktober 01 und beginnt ein neues Hauptbeschäftigungsverhältnis beim Arbeitgeber B zum 1. November 01 (dort Steuerklasse I). Arbeitgeber A zahlt am 15. November 01 noch Arbeitslohn aus dem früheren Beschäftigungsverhältnis an den Arbeitnehmer (Nachzahlung für Oktober 01). Nach welcher Steuerklasse muss die Besteuerung erfolgen?

Laufender Arbeitslohn

Nachzahlungen von Arbeitslohn, die sich ausschließlich auf Lohnzahlungszeiträume beziehen, die im Kalenderjahr der Zahlung enden (hier Auszahlung am 15. November 01 für Oktober 01), stellen begrifflich laufenden Arbeitslohn dar (R 39b.2 Absatz 1 Nummer 6 LStR). Folglich ist diese Nachzahlung für die Berechnung der Lohnsteuer dem Lohnzahlungszeitraum zuzurechnen, für den sie geleistet wurde (R 39b.5 Absatz 4 Satz 1 LStR).

Der Arbeitgeber A hat daher die Arbeitslohnnachzahlung für Oktober 01 dem Lohnzahlungszeitraum Oktober 01 zuzurechnen und folglich nach der Steuerklasse I zu versteuern (R 39b.5 Absatz 1 Satz 3 LStR). Hierfür ist eine erneute Anmeldung des Arbeitnehmers im ELStAM-Verfahren nicht erforderlich.

Sonstiger Bezug

Allerdings steht dem Arbeitgeber A insoweit ein Wahlrecht zu. Er hat auch die Möglichkeit, diese Nachzahlung als sonstigen Bezug zu behandeln, wenn der Arbeitnehmer von ihm nicht ausdrücklich die zuvor erläuterte Besteuerung als laufenden Arbeitslohn verlangt hat (R 39b.5 Absatz 4 Satz 2 LStR). Von einem sonstigen Bezug ist die Lohnsteuer stets in dem Zeitpunkt einzubehalten, in dem er zufließt. In diesem Fall sind die Lohnsteuerabzugsmerkmale (insbesondere die Steuerklasse) zugrunde zu legen, die zum Ende des Kalendermonats des Zuflusses gelten (R 39b.6 Absatz 1 LStR). Weil der Arbeitnehmer ab November 01 ein erstes Beschäftigungsverhältnis (Steuerklasse I) beim neuen Arbeitgeber B aufgenommen hat, wäre die vom Arbeitgeber A geleistete Nachzahlung nach der Steuerklasse VI zu besteuern. Dafür müsste A den Arbeitnehmer erneut im ELStAM-Verfahren anmelden. Evtl. zu viel einbehaltene Lohnsteuer könnte dem Arbeitnehmer dann im Rahmen der Veranlagung zur Einkommensteuer für das Kalenderjahr 01 erstattet werden.

Abwandlung zum vorherigen Beispiel:

Die Arbeitslohnnachzahlung erfolgt nicht am 15. November 01, sondern erst in 02.

Weil die Nachzahlung erst im Kalenderjahr 02 geleistet wird, liegt regelmäßig ein sonstiger Bezug vor, der nach der Steuerklasse VI zu besteuern ist (R 39b.6 Absatz 1 LStR). Nur wenn der Arbeitslohn dem Arbeitnehmer innerhalb der ersten drei Wochen des nachfolgenden Kalenderjahres zufließt, liegt laufender Arbeitslohn des Lohnzahlungszeitraums Oktober 01 vor, der nach Steuerklasse I zu versteuern ist (R 39b.2 Absatz 1 Nummer 7 und R 39b.5 Absatz 4 Satz 1 LStR).

3. Arbeitgeberwechsel

63 In Fällen des Arbeitgeberwechsels ist der bisherige Hauptarbeitgeber verpflichtet, die Beendigung des Dienstverhältnisses der Finanzverwaltung unverzüglich durch Datenfernübertragung mitzuteilen und den Arbeitnehmer bei der Finanzverwaltung zeitnah

elektronisch abzumelden (§ 39e Absatz 4 Satz 5 EStG, vgl. Rz. 57). Der neue Hauptarbeitgeber hat sich bei der Finanzverwaltung als Hauptarbeitgeber anzumelden und die ELStAM des Arbeitnehmers abzurufen (vgl. Rz. 44 bis 49).

Bei der Abmeldung ist zu berücksichtigen, dass die aktuellen ELStAM des Arbeitnehmers dem Arbeitgeber ab dem ersten bis zum fünften Werktag des Folgemonats zum Abruf bereitgestellt werden. Erfolgt die Abmeldung des Arbeitnehmers vor dem fünften Werktag des Folgemonats, kann der bisherige Hauptarbeitgeber die aktuellen ELStAM des Arbeitnehmers für den Monat der Beendigung des Dienstverhältnisses ggf. nicht abrufen. 64

Erfolgt nach einem Arbeitgeberwechsel die Anmeldung des Arbeitnehmers durch den neuen (aktuellen) Hauptarbeitgeber, bevor der vorherige Hauptarbeitgeber die Abmeldung vorgenommen hat, gilt Folgendes: 65

1. Der aktuelle Hauptarbeitgeber erhält die für das erste Dienstverhältnis gültigen ELStAM rückwirkend ab dem Beginn des Dienstverhältnisses. Der bisherige Hauptarbeitgeber erhält mit Gültigkeit ab diesem Tag die ELStAM für Steuerklasse VI.
2. Erfolgt die Anmeldung des Arbeitnehmers zu einem Zeitpunkt, der mehr als sechs Wochen nach Beginn des Dienstverhältnisses liegt, erhält der aktuelle Hauptarbeitgeber die für das erste Dienstverhältnis gültigen ELStAM ab dem Tag der Anmeldung. Der bisherige Hauptarbeitgeber erhält mit Gültigkeit ab diesem Tag die ELStAM für Steuerklasse VI.

Beispiel 1 (Anmeldung innerhalb der 6-Wochen-Frist): 66
Arbeitnehmer A ist mit Steuerklasse III bei Arbeitgeber ALT beschäftigt. A wechselt zum 20. Juni 01 zum Arbeitgeber NEU. Während Arbeitgeber NEU das Beschäftigungsverhältnis am 10. Juli 01 als Hauptarbeitgeber mit Beschäftigungsbeginn 20. Juni 01 anmeldet, unterbleibt eine Abmeldung durch den bisherigen Arbeitgeber ALT.

Arbeitgeber NEU
NEU erhält in der Anmeldebestätigungsliste zur Anmeldung vom 10. Juli 01 die ELStAM rückwirkend auf den Tag des Beginns der Beschäftigung (Gültigkeit ab 20. Juni 01) mit der Steuerklasse III.

Arbeitgeber ALT
ALT erhält mit dem nächsten Abruf (Anfang August 01) ELStAM mit der Steuerklasse VI mit Gültigkeit ab Beginn der Beschäftigung bei Arbeitgeber NEU (20. Juni 01). In der Zeit ab dem 20. Juni 01 gezahlter Restlohn ist nach Steuerklasse VI zu besteuern.

Hinweis: Hätte Arbeitgeber ALT den Arbeitnehmer bis Ende des Monats Juli 01 abgemeldet, wären ihm für A keine ELStAM mehr zum Abruf bereitgestellt worden.

Beispiel 2 (Anmeldung außerhalb der 6-Wochen-Frist): 67
Arbeitnehmer B ist mit Steuerklasse III beim Arbeitgeber ALT beschäftigt. B wechselt zum 20. Juni 01 zum Arbeitgeber NEU. NEU meldet das Beschäftigungsverhältnis am 20. August 01 als Hauptarbeitgeber mit Beschäftigungsbeginn 20. Juni 01 an, eine Abmeldung durch den bisherigen Arbeitgeber ALT unterbleibt.

Arbeitgeber NEU
NEU erhält für B erstmalig ELStAM mit der Steuerklasse III mit Gültigkeit ab dem Tag der Anmeldung (20. August 01). Zuvor gezahlter Lohn ist mit Steuerklasse VI zu besteuern.

Arbeitgeber ALT
ALT erhält mit dem nächsten Abruf (Anfang September 01) ELStAM mit der Steuerklasse VI mit Gültigkeit ab dem 20. August 01.

Hinweis: Hätte Arbeitgeber ALT den Arbeitnehmer bis Ende des Monats August 01 abgemeldet, wären ihm für B keine ELStAM mehr zum Abruf bereitgestellt worden.

4. Weiteres Dienstverhältnis

Beginn eines weiteren Dienstverhältnisses

68 Beginnt der Arbeitnehmer ein neues Dienstverhältnis und bezieht er nebeneinander von mehreren Arbeitgebern Arbeitslohn, hat er zu entscheiden, welches das erste und welches das weitere Dienstverhältnis ist. Soll der Arbeitslohn des neuen Dienstverhältnisses nach der Steuerklasse VI besteuert werden, hat der Arbeitnehmer dem Arbeitgeber neben der Identifikationsnummer und dem Tag der Geburt mitzuteilen, dass es sich um ein weiteres Dienstverhältnis handelt (vgl. Rz. 72 f.). Zur Berücksichtigung eines nach § 39a Absatz 1 Satz 1 Nummer 7 EStG festgestellten Freibetrags vgl. Rz. 137. Soll der Arbeitslohn des neuen Dienstverhältnisses nach den Merkmalen des ersten Dienstverhältnisses besteuert werden, hat der Arbeitnehmer dem Arbeitgeber mitzuteilen, dass es sich um das erste Dienstverhältnis handelt (vgl. Rz. 46).

69 Nachdem der Arbeitgeber des neuen Dienstverhältnisses den Arbeitnehmer bei der Finanzverwaltung angemeldet hat, bildet die Finanzverwaltung die zutreffenden Steuerklassen automatisch und stellt sie dem jeweiligen Arbeitgeber zum Abruf bereit. Dem Nebenarbeitgeber werden als ELStAM die Steuerklasse VI und ggf. die rechtliche Zugehörigkeit zu einer steuererhebenden Religionsgemeinschaft sowie ein Freibetrag nach § 39a Absatz 1 Satz 1 Nummer 7 EStG zum Abruf bereitgestellt. Wird das neue Dienstverhältnis als erstes Dienstverhältnis angemeldet, stellt die Finanzverwaltung diesem Arbeitgeber die ELStAM nach Rz. 4, 7 und 9 und dem anderen Arbeitgeber die Steuerklasse VI zum Abruf bereit.

70 Die für das neue Dienstverhältnis gültigen ELStAM werden grundsätzlich rückwirkend ab dem Beginn des Dienstverhältnisses (vgl. Rz. 63, 65 bis 67) gebildet.

Wechsel des ersten Dienstverhältnisses

71 Bezieht der Arbeitnehmer nebeneinander von mehreren Arbeitgebern Arbeitslohn, kann er auch während des Kalenderjahres einen neuen ersten Arbeitgeber bestimmen. Hierfür ist dem neuen Hauptarbeitgeber mitzuteilen, dass es sich nun um das erste Dienstverhältnis handelt. Dem weiteren Arbeitgeber ist mitzuteilen, dass es sich nun um das weitere Dienstverhältnis handelt und ggf. ob und in welcher Höhe ein nach § 39a Absatz 1 Satz 1 Nummer 7 EStG festgestellter Freibetrag (vgl. Rz. 137) abgerufen werden soll. Ein solcher Wechsel darf frühestens mit Wirkung vom Beginn des Kalendermonats an erfolgen, in dem der Arbeitnehmer das erste Dienstverhältnis neu bestimmt.

5. Pflichten des Arbeitnehmers

Gegenüber dem Arbeitgeber

72 Zum Zweck des Abrufs der ELStAM hat der Arbeitnehmer jedem Arbeitgeber bei Eintritt in das Dienstverhältnis Folgendes mitzuteilen (§ 39e Absatz 4 Satz 1 EStG):

1. die Identifikationsnummer sowie den Tag der Geburt,
2. ob es sich um das erste oder ein weiteres Dienstverhältnis handelt (vgl. Rz. 68),
3. ggf. ob und in welcher Höhe ein nach § 39a Absatz 1 Satz 1 Nummer 7 EStG festgestellter Freibetrag abgerufen werden soll (vgl. Rz. 137).

73 Soll in einem zweiten oder weiteren Dienstverhältnis ein Freibetrag nach § 39a Absatz 1 Satz 1 Nummer 1 bis 6 EStG abgerufen werden, wird auf die Erläuterung unter Rz. 133 und 135 verwiesen.

Gegenüber der Finanzverwaltung

74 Die Steuerklasse und die Zahl der Kinderfreibeträge für minderjährige Kinder werden in der Regel automatisch geändert. Auslöser hierfür sind Mitteilungen der Meldebehörden

über den geänderten Familienstand bzw. die Geburt oder den Tod eines Kindes. In diesen Fällen ist der Arbeitnehmer nicht zu einer Mitteilung an das Finanzamt verpflichtet (§ 39 Absatz 5 Satz 3 EStG i. V. m. § 39e Absatz 2 Satz 2 EStG).

Ändern sich die persönlichen Verhältnisse des Arbeitnehmers und treten die Voraussetzungen zur Einreihung in eine für ihn ungünstigere Steuerklasse oder für eine geringere Zahl der Kinderfreibeträge ein, ist er in den Fällen, in denen die Änderungen nicht durch geänderte Meldedaten automatisch angestoßen werden, verpflichtet, dies dem Finanzamt mitzuteilen und die Steuerklasse sowie die Zahl der Kinderfreibeträge umgehend ändern zu lassen (§ 39 Absatz 5 Satz 1 EStG). Dies gilt insbesondere bei dauernder Trennung der Ehegatten bzw. Lebenspartner oder wenn die Voraussetzungen für die Berücksichtigung des Entlastungsbetrags für Alleinerziehende und somit für die Anwendung der Steuerklasse II entfallen. 75

Ferner besteht eine Mitteilungspflicht des Arbeitnehmers gegenüber dem Finanzamt, wenn ihm bekannt wird, dass die ELStAM zu seinen Gunsten von den nach § 39 EStG zu bildenden Lohnsteuerabzugsmerkmalen abweichen (§ 39e Absatz 6 Satz 5 EStG), z. B. wenn der Arbeitgeber abgerufene ELStAM irrtümlich nicht dem zutreffenden Arbeitnehmer zugeordnet hat. 76

Wird ein unbeschränkt einkommensteuerpflichtiger Arbeitnehmer beschränkt einkommensteuerpflichtig, z. B. weil er ins grenznahe Ausland verzieht und seinen Arbeitsplatz im Inland beibehält, hat er dies seinem Wohnsitzfinanzamt (vgl. Rz. 12) ebenfalls unverzüglich mitzuteilen (§ 39 Absatz 7 Satz 1 EStG). Als Folge hat das Finanzamt die Lohnsteuerabzugsmerkmale vom Zeitpunkt des Eintritts der beschränkten Einkommensteuerpflicht an zu ändern (Sperrung des Abrufs der ELStAM). Auf Antrag wird das Betriebsstättenfinanzamt des Arbeitgebers für den Arbeitnehmer eine Bescheinigung für den Lohnsteuerabzug ausstellen (vgl. Rz. 89 bis 91) und ihn ggf. in die Steuerklasse I einreihen. 77

Zu den Folgerungen aufgrund fehlender oder unzutreffender Angaben vgl. Rz. 96 bis 98 und 105 bis 108. 78

6. Rechte des Arbeitnehmers

Abrufsperren und Abrufberechtigungen

Der Arbeitnehmer kann einen oder mehrere zum Abruf von ELStAM berechtigte(n) Arbeitgeber benennen (Abrufberechtigung, „Positivliste") oder bestimmte Arbeitgeber von der Abrufberechtigung im ELStAM-Verfahren ausschließen (Abrufsperre, „Negativliste"; § 39e Absatz 6 Satz 6 Nummer 1 EStG). Zudem gibt es die Möglichkeit, sämtliche Arbeitgeber vom Abruf auszuschließen („Vollsperrung"; § 39e Absatz 6 Satz 6 Nummer 2 EStG). Eine Abrufberechtigung oder eine Sperrung ist dem Finanzamt mit dem Vordruck „Anträge zu den elektronischen Lohnsteuerabzugsmerkmalen – ELStAM –" mitzuteilen. Eine Verpflichtung zur Erteilung einer Abrufberechtigung der ELStAM oder deren Sperrung besteht nicht. 79

Abrufberechtigungen und Abrufsperren gelten lediglich mit Wirkung für die Zukunft, eine rückwirkende Berücksichtigung ist nicht möglich. Sie gelten, bis der Arbeitnehmer erklärt, die Abrufberechtigung zu widerrufen oder die Sperrung aufzuheben. 80

Die Erteilung einer Abrufberechtigung oder Sperrung eines Arbeitgebers zum Abruf der ELStAM setzt die Angabe der Steuernummer der Betriebsstätte oder des Teilbetriebs des Arbeitgebers, in dem der für die Durchführung des Lohnsteuerabzugs maßgebende Arbeitslohn ermittelt wird, voraus. Zu den sich hieraus ergebenden Arbeitgeberpflichten vgl. Rz. 43. Für die Verwendung der Steuernummer des Arbeitgebers gelten die Regelungen zu den Schutzvorschriften für die ELStAM entsprechend (vgl. Rz. 116 f.). 81

Positivliste

82 Hat der Arbeitnehmer bei seinem Wohnsitzfinanzamt (vgl. Rz. 12) eine Positivliste eingereicht, werden darin nicht genannte Arbeitgeber für den Abruf von ELStAM des Antragstellers gesperrt. Wird im Falle eines Arbeitgeberwechsels der neue Arbeitgeber nicht in eine bereits vorhandene Positivliste aufgenommen, ist ein Abruf der ELStAM durch den neuen Arbeitgeber nicht möglich. Bei fehlender Abrufberechtigung ist der Arbeitgeber zur Anwendung der Steuerklasse VI verpflichtet (§ 39e Absatz 6 Satz 8 EStG). Die Aufnahme von Arbeitgebern in die Positivliste setzt kein bestehendes Arbeitsverhältnis voraus.

Negativliste

83 Hat der Arbeitnehmer bei seinem Wohnsitzfinanzamt (vgl. Rz. 12) eine Negativliste eingereicht, können die darin genannten Arbeitgeber die ELStAM des Antragstellers nicht abrufen. Kommt es gleichwohl zu einem Dienstverhältnis und einer Arbeitslohnzahlung eines dieser Arbeitgeber, hat er aufgrund der fehlenden Abrufberechtigung die Steuerklasse VI anzuwenden (§ 39e Absatz 6 Satz 8 EStG).

Vollsperrung

84 Hat der Arbeitnehmer bei seinem Wohnsitzfinanzamt (vgl. Rz. 12) beantragt, die Bildung oder Bereitstellung der ELStAM allgemein sperren zu lassen, ist ein Abruf nicht möglich. Aufgrund der fehlenden Abrufberechtigung hat der Arbeitgeber die Steuerklasse VI anzuwenden (§ 39e Absatz 6 Satz 8 EStG). Die Sperrung bleibt solange bestehen, bis der Arbeitnehmer die Bildung oder Bereitstellung der ELStAM allgemein freischalten lässt.

Auskunft über die eigenen ELStAM

85 Der Arbeitnehmer kann beim zuständigen Wohnsitzfinanzamt (vgl. Rz. 12) auf Antrag Auskunft über die für ihn gebildeten ELStAM erhalten. Darüber hinaus erhält der Arbeitnehmer auf Antrag Auskunft über die durch den Arbeitgeber in den letzten 24 Monaten*1)* erfolgten Abrufe der ELStAM (§ 39e Absatz 6 Satz 4 EStG; vgl. Vordruck „Anträge zu den elektronischen Lohnsteuerabzugsmerkmalen – ELStAM –“). Ein Ausdruck der aktuellen ELStAM kann auch im Rahmen eines Antrags auf Lohnsteuer-Ermäßigung beantragt werden (s. Vordruck „Antrag auf Lohnsteuer-Ermäßigung“, Ankreuzfeld Hauptvordruck auf Seite 1). Benötigen Alleinerziehende für den Bezug von Elterngeld einen amtlichen Nachweis der Eigenschaft „alleinerziehend“, kann den für die Festsetzung und Auszahlung von Elterngeld zuständigen Behörden im Einzelfall der aktuelle ELStAM-Ausdruck mit der Steuerklasse II vorgelegt werden, wenn die Alleinerziehenden bereits in die Steuerklasse II eingereiht sind. Ferner kann der Ausdruck der ELStAM auch zum Nachweis der bei der Berechnung des Arbeitslosengeldes zu berücksichtigenden Lohnsteuerabzugsmerkmale verwendet werden. Eine Änderung der Steuerklasse ausschließlich für den Nachweis gegenüber anderen Behörden kommt hingegen nicht in Betracht.

86 Dem Arbeitnehmer ist es darüber hinaus möglich, seine ELStAM auf der Internetseite www.elster.de unter der Rubrik „Auskunft zur elektronischen Lohnsteuerkarte (ELStAM)“ jederzeit selbst einzusehen. Dazu ist in „Mein ELSTER“ eine einmalige kostenfreie Registrierung unter Verwendung der Identifikationsnummer notwendig.

Ungünstigere Lohnsteuerabzugsmerkmale

87 Nach § 38b Absatz 3 Satz 1 EStG haben unbeschränkt einkommensteuerpflichtige Arbeitnehmer die Möglichkeit, beim Wohnsitzfinanzamt (vgl. Rz. 12) die Berücksichtigung ungünstigerer Lohnsteuerabzugsmerkmale zu beantragen (eine ungünstigere Steuerklasse, eine geringere Anzahl von Kindern, s. Vordruck „Anträge zu den elektronischen

1) jetzt in den letzten 60 Monaten

Lohnsteuerabzugsmerkmalen – ELStAM –"; die Rücknahme eines Antrags auf Berücksichtigung des Pauschbetrags für behinderte Menschen ist formlos möglich). Von ungünstigeren Besteuerungsmerkmalen ist stets auszugehen, wenn die vom Arbeitnehmer gewählten Lohnsteuerabzugsmerkmale zu einem höheren Lohnsteuerabzug (inkl. Solidaritätszuschlag und ggf. Kirchensteuer) führen. Die Einreihung in die Steuerklasse I statt III, IV oder V ist möglich.

Ein solcher Antrag ist z. B. bei Arbeitnehmern denkbar, die dem Arbeitgeber ihren aktuellen Familienstand nicht mitteilen möchten. Um zu vermeiden, dass dem Arbeitgeber z. B. nach einer Eheschließung die nunmehr für verheiratete Arbeitnehmer in Betracht kommende Steuerklasse III, IV oder V mitgeteilt wird, kann der Arbeitnehmer beantragen, stattdessen die Steuerklasse I beizubehalten. Der Antrag auf eine ungünstigere Steuerklasse kann bereits vor dem Ereignis (hier Eheschließung) gestellt werden. Änderungen der Meldedaten, die zu einer günstigeren Steuerklasse führen würden, werden in diesem Fall nicht berücksichtigt. Beantragt der Arbeitnehmer die Einreihung in der Steuerklasse I statt der bisherigen Steuerklasse V, geht dies zeitgleich mit einem Wechsel der Steuerklassenkombination von III/V zu IV/IV einher (vgl. Rz. 16), der andere Ehegatte wird daher in die Steuerklasse IV eingereiht. 88

7. Im Inland nicht meldepflichtige Arbeitnehmer[1])

Für im Inland nicht meldepflichtige Personen (nach § 1 Absatz 1 EStG unbeschränkt einkommensteuerpflichtige Arbeitnehmer, die keinen Wohnsitz aber einen gewöhnlichen Aufenthalt im Inland haben, nach § 1 Absatz 2 EStG erweitert unbeschränkt einkommensteuerpflichtige Arbeitnehmer, nach § 1 Absatz 3 EStG auf Antrag wie unbeschränkt einkommensteuerpflichtig zu behandelnde Arbeitnehmer, nach § 1 Absatz 4 EStG beschränkt einkommensteuerpflichtige Arbeitnehmer), wird die steuerliche Identifikationsnummer nicht auf Grund von Mitteilungen der Meldebehörden zugeteilt. Für diese Arbeitnehmer und für im Inland meldepflichtige Arbeitnehmer, die beschränkt Steuerpflichtige sind, ist eine Teilnahme am ELStAM-Verfahren erst in einer späteren programmtechnischen Ausbaustufe vorgesehen. Dies gilt auch dann, wenn für diesen Arbeitnehmerkreis auf Anforderung des Finanzamts oder aus anderen Gründen (z. B. früherer Wohnsitz im Inland) steuerliche Identifikationsnummern vorliegen. 89

In diesen Fällen hat das Betriebsstättenfinanzamt des Arbeitgebers derzeit noch auf Antrag Papierbescheinigungen für den Lohnsteuerabzug auszustellen (Vordrucke „Antrag auf Erteilung einer Bescheinigung für den Lohnsteuerabzug 201__ bei erweiterter unbeschränkter Einkommensteuerpflicht und für übrige Bezieher von Arbeitslohn aus inländischen öffentlichen Kassen", „Antrag auf Behandlung als unbeschränkt einkommensteuerpflichtiger Arbeitnehmer nach § 1 Abs. 3, § 1a EStG für 201_", „Antrag auf Erteilung einer Bescheinigung für den Lohnsteuerabzug 20__ für beschränkt einkommensteuerpflichtige Arbeitnehmer"). Eine Bescheinigung für den Lohnsteuerabzug für einen nach § 1 Absatz 1 EStG unbeschränkt einkommensteuerpflichtigen Arbeitnehmer ohne Wohnsitz im Inland stellt dagegen das Wohnsitzfinanzamt aus (§ 39e Absatz 8 Satz 1 EStG; Vordruck „Antrag auf Ausstellung einer Bescheinigung für den Lohnsteuerabzug 201_"; vgl. Rz. 105). Legt ein Arbeitnehmer eine dieser Bescheinigungen für den Lohnsteuerabzug vor, entfällt die Verpflichtung und Berechtigung des Arbeitgebers zum Abruf der ELStAM nach § 39e Absatz 4 Satz 2 und Absatz 5 Satz 3 EStG. 90

Der Antrag nach § 39 Absatz 3 Satz 1 EStG ist grundsätzlich vom Arbeitnehmer zu stellen. Die Bescheinigung der Steuerklasse I kann auch der Arbeitgeber beantragen (§ 39 Absatz 3 Satz 3 EStG), wenn er den Antrag im Namen des Arbeitnehmers stellt. Weitere 91

[1]) Rz. 89 bis 94 teilweise überholt durch BMF vom 7.11.2019, zum Abruf der Lohnsteuerabzugsmerkmale im ELStAM-Verfahren für gem. § 1 Abs. 4 beschränkt einkommensteuerpflichtige Arbeitnehmer ab 1.1.2020 >Anhang 13a II

Lohnsteuerabzugsmerkmale, etwa die Zahl der Kinderfreibeträge oder ein Freibetrag nach § 39a EStG, können nur auf Antrag des Arbeitnehmers gebildet werden (§ 39 Absatz 3 Satz 1 EStG).

92 Der Arbeitgeber hat die in der jahresbezogenen Bescheinigung für den Lohnsteuerabzug ausgewiesenen Lohnsteuerabzugsmerkmale in das Lohnkonto des Arbeitnehmers zu übernehmen, diese Bescheinigung als Beleg zum Lohnkonto zu nehmen und während des Dienstverhältnisses, längstens bis zum Ablauf des jeweiligen Kalenderjahres, aufzubewahren (§ 39 Absatz 3 Satz 4 EStG). Bei Beendigung des Arbeitsverhältnisses vor Ablauf des Kalenderjahres hat er dem Arbeitnehmer diese Bescheinigung für den Lohnsteuerabzug auszuhändigen.

93 Ist die Ausstellung einer solchen Bescheinigung nicht beantragt oder legt der Arbeitnehmer sie nicht innerhalb von sechs Wochen nach Beginn des Dienstverhältnisses vor, hat der Arbeitgeber die Lohnsteuer nach der Steuerklasse VI zu ermitteln (§ 39c Absatz 2 Satz 2 EStG).

94 In den Lohnsteuerbescheinigungen dieser Arbeitnehmer ist anstelle der Identifikationsnummer das lohnsteuerliche Ordnungsmerkmal (§ 41b Absatz 2 Satz 1 und 2 EStG, sog. eTIN = elektronische Transfer-Identifikations-Nummer) auszuweisen.

95 Hinsichtlich der Schutzvorschriften für die Lohnsteuerabzugsmerkmale gelten die Regelungen zu den ELStAM unter Rz. 116 f. entsprechend.

8. Durchführung des Lohnsteuerabzugs ohne ELStAM

Fehlende Lohnsteuerabzugsmerkmale

96 Bei fehlenden Lohnsteuerabzugsmerkmalen hat der Arbeitgeber die Lohnsteuererhebung nach der Steuerklasse VI durchzuführen. Dies kommt insbesondere dann in Betracht, wenn der Arbeitnehmer

1. bei Beginn des Dienstverhältnisses seinem Arbeitgeber die zum Abruf der ELStAM erforderliche steuerliche Identifikationsnummer und das Geburtsdatum schuldhaft nicht mitteilt (§ 39e Absatz 4 Satz 1 EStG),
2. eine Übermittlung der ELStAM an den Arbeitgeber gesperrt hat (§ 39e Absatz 6 Satz 6 Nummer 1 EStG) oder
3. beim Wohnsitzfinanzamt (vgl. Rz. 12) die Bildung oder Bereitstellung der ELStAM allgemein sperren lassen hat (§ 39e Absatz 6 Satz 6 Nummer 2 EStG).

97 Abweichend hiervon hat der Arbeitgeber in den folgenden Fällen für die Lohnsteuerberechnung – längstens für die Dauer von drei Kalendermonaten – die voraussichtlichen Lohnsteuerabzugsmerkmale im Sinne des § 38b EStG zu Grunde zu legen (§ 39c Absatz 1 Satz 2 EStG), wenn

1. ein Abruf der ELStAM wegen technischer Störungen nicht möglich ist oder
2. der Arbeitnehmer die fehlende Mitteilung über die ihm zuzuteilende Identifikationsnummer nicht zu vertreten hat.

98 Als Störungen in diesem Sinne kommen technische Schwierigkeiten bei Anforderung und Abruf, Bereitstellung oder Übermittlung der ELStAM in Betracht oder eine verzögerte Ausstellung der Bescheinigung für den Lohnsteuerabzug durch das Finanzamt.

Fehlerhafte Lohnsteuerabzugsmerkmale

99 Fehlerhafte Lohnsteuerabzugsmerkmale können z. B. durch folgende Ereignisse gebildet werden:

1. aufgrund einer unvollständigen Datenlieferung der Gemeinden entfällt die Ehegattenverknüpfung, weshalb die Finanzverwaltung dem Arbeitgeber rückwirkend

eine fehlerhafte Steuerklasse mitteilt (z. B. Steuerklasse I statt der bisherigen Steuerklasse III) oder

2. ein weiterer Arbeitgeber des Arbeitnehmers meldet sich bei der Finanzverwaltung unzutreffenderweise als Hauptarbeitgeber an, worauf dem Arbeitgeber des ersten Dienstverhältnisses zu Unrecht die Steuerklasse VI mitgeteilt wird (vgl. Rz. 50 bis 53).

Auch in diesen Fällen darf der Arbeitgeber für die Dauer von längstens drei Monaten die 100 voraussichtlichen Lohnsteuerabzugsmerkmale des Arbeitnehmers (hier also regelmäßig die bisherigen ELStAM) anwenden, wenn ohne Änderung der persönlichen Verhältnisse des Arbeitnehmers und ohne dessen Zutun dem Arbeitgeber unzutreffende elektronische Lohnsteuerabzugsmerkmale bereitgestellt werden, die zu einem unzutreffenden Lohnsteuerabzug führen.

Die Finanzverwaltung legt die zuvor beschriebene Regelung des § 39c Absatz 1 Satz 2 101 EStG praxisorientiert und weitgehend aus. Auch wenn in den Fällen der Bereitstellung unzutreffender elektronischer Lohnsteuerabzugsmerkmale keine „technische Störung" im engeren Sinne vorliegt, muss der Arbeitnehmer in diesen Fällen seinem Arbeitgeber nicht zwingend eine vom Finanzamt ausgestellte „Papierbescheinigung" für den Lohnsteuerabzug vorlegen (vgl. Rz. 34, 35). Es genügt, dass sich der Arbeitnehmer gegenüber seinem Arbeitgeber schriftlich erklärt; diese Erklärung ist zum Lohnkonto zu nehmen.

Zur raschen und unkomplizierten Abwicklung der bezeichneten Fälle kann der Arbeit- 102 nehmer den Vordruck „Antrag auf Korrektur von unzutreffenden elektronischen Lohnsteuerabzugsmerkmalen (ELStAM)" verwenden und ihn seinem Finanzamt zusenden.

Aufgrund dieser Ausnahmeregelungen kann der Arbeitgeber den Lohnsteuerabzug für 103 die Dauer von längstens drei Monaten nach den ihm bekannten persönlichen Besteuerungsmerkmalen des Arbeitnehmers durchführen (Steuerklasse, Kinderzähler und Religionszugehörigkeit). Erhält der Arbeitgeber die (elektronischen) Lohnsteuerabzugsmerkmale vor Ablauf der drei Monate, hat er in den Fällen des § 39c Absatz 1 Satz 2 EStG die Lohnsteuerermittlungen für die vorangegangenen Kalendermonate zu überprüfen und erforderlichenfalls zu ändern (§ 39c Absatz 1 Satz 4 EStG).

Hat der Arbeitnehmer nach Ablauf der drei Monate die Identifikationsnummer sowie den 104 Tag seiner Geburt nicht mitgeteilt und ersatzweise die Bescheinigung für den Lohnsteuerabzug nicht vorgelegt, so ist rückwirkend die Besteuerung nach der Steuerklasse VI durchzuführen und die Lohnsteuerermittlungen für die vorhergehenden drei Monate zu korrigieren. Erhält der Arbeitgeber in diesen Fällen die ELStAM oder ersatzweise die Bescheinigung für den Lohnsteuerabzug nach Ablauf der 3-Monatsfrist, ist eine Änderung des Lohnsteuerabzugs nur nach Maßgabe des § 41c Absatz 1 Satz 1 Nummer 1 EStG möglich.

Unbeschränkt einkommensteuerpflichtige Arbeitnehmer ohne steuerliche Identifikationsnummer

Ist einem nach § 1 Absatz 1 EStG unbeschränkt einkommensteuerpflichtigen und im In- 105 land meldepflichtigen Arbeitnehmer (noch) keine Identifikationsnummer (§§ 139a, 139b AO) zugeteilt worden, können ELStAM weder automatisiert gebildet, noch vom Arbeitgeber abgerufen werden. In diesen Fällen ersetzt eine dem Arbeitgeber vorzulegende Bescheinigung für den Lohnsteuerabzug mit den anzuwendenden Lohnsteuerabzugsmerkmalen die ELStAM. Der Arbeitnehmer hat eine solche Bescheinigung für den Lohnsteuerabzug beim Wohnsitzfinanzamt (vgl. Rz. 12) formlos oder mit dem „Antrag auf

Ausstellung einer Bescheinigung für den Lohnsteuerabzug 201_“ zu beantragen und dem Arbeitgeber vorzulegen (§ 39e Absatz 8 Satz 1 und 4 EStG)*1)*.

106 Das Wohnsitzfinanzamt (vgl. Rz. 12) hat diese Bescheinigung für die Dauer eines Kalenderjahres auszustellen. Legt der Arbeitnehmer eine entsprechende Bescheinigung für den Lohnsteuerabzug vor, entfällt die Verpflichtung und Berechtigung des Arbeitgebers zum Abruf der ELStAM (§ 39e Absatz 8 Satz 2 EStG)*2)*.

107 Der Arbeitgeber hat diese jahresbezogene Bescheinigung für den Lohnsteuerabzug als Beleg zum Lohnkonto zu nehmen und während des Dienstverhältnisses, längstens bis zum Ablauf des jeweiligen Kalenderjahres, aufzubewahren. Bei Beendigung des Arbeitsverhältnisses vor Ablauf des Kalenderjahres hat er dem Arbeitnehmer diese Bescheinigung auszuhändigen.

108 Hat der Arbeitnehmer die Ausstellung einer solchen Bescheinigung für den Lohnsteuerabzug nicht beantragt oder legt er sie nicht innerhalb von sechs Wochen nach Beginn des Dienstverhältnisses vor, hat der Arbeitgeber die Lohnsteuer nach der Steuerklasse VI zu ermitteln.

109 Erhält der Arbeitnehmer seine Identifikationsnummer zugeteilt, hat er sie dem Arbeitgeber mitzuteilen (§ 39e Absatz 4 Satz 1 EStG). Mit dieser Angabe und dem (bereits vorliegenden) Geburtsdatum ist der Arbeitgeber berechtigt, die ELStAM des Arbeitnehmers abzurufen. Die vorliegende Bescheinigung für den Lohnsteuerabzug hindert den Arbeitgeber nicht, im laufenden Kalenderjahr zum elektronischen Verfahren zu wechseln, um so die ELStAM des Arbeitnehmers abrufen zu können. Die Bescheinigung für den Lohnsteuerabzug ist weder an das ausstellende Finanzamt, noch an den Arbeitnehmer herauszugeben.

110 Hinsichtlich der Pflichten des Arbeitgebers zur Übertragung der Lohnsteuerabzugsmerkmale in das Lohnkonto, Aufbewahrung und Herausgabe der Bescheinigung für den Lohnsteuerabzug, Verwendung des lohnsteuerlichen Ordnungsmerkmals nach § 41b Absatz 2 Satz 1 und 2 EStG sowie der Schutzvorschriften für die Lohnsteuerabzugsmerkmale gelten die Regelungen unter Rz. 92, 94 und 116 f. entsprechend.

9. ELStAM bei verschiedenen Lohnarten

111 Lohnsteuerlich gilt der Grundsatz des einheitlichen Dienstverhältnisses mit der Folge, dass die Lohnsteuer für sämtliche vom Arbeitgeber an den Arbeitnehmer gezahlten Bezüge einheitlich und nach denselben Lohnsteuerabzugsmerkmalen zu erheben ist. Daher kann der Arbeitgeber im ELStAM-Verfahren für einen Arbeitnehmer nur ein Dienstverhältnis anmelden und als Lohnsteuerabzugsmerkmal nur eine Steuerklasse anfordern bzw. abrufen.

112 **Beispiel:**

Arbeitnehmer A ist ledig, seit 2 Jahren Rentner und bezieht eine Altersrente aus der gesetzlichen Rentenversicherung. Daneben erhält A von seinem früheren Arbeitgeber B noch eine Rente aus einer Werkspension (= Arbeitslohn aus einem früheren Dienstverhältnis). A übt im Betrieb des B noch eine aktive Beschäftigung als Pförtner aus.

Auch wenn A von seinem Arbeitgeber B nebeneinander Arbeitslohn aus einem aktiven Dienstverhältnis und Versorgungsbezüge aus seiner früheren Beschäftigung dort erhält, liegt insgesamt nur ein einheitliches Dienstverhältnis vor. B müsste A folglich im ELStAM-Verfahren anmelden. In der ELStAM würde als Lohnsteuerabzugsmerkmal die Steuerklasse I ausgewiesen und die gesamten Bezüge (aus dem früheren und dem aktiven Dienstverhältnis) müssten nach der Steuerklasse I besteuert werden.

---

1) Die Bescheinigung kann auch der Arbeitgeber beantragen, wenn ihn der Arbeitnehmer dazu nach § 80 Abs. 1 AO bevollmächtigt hat (>§ 39e Abs. 8 Satz 2).

2) jetzt § 39e Abs. 8 Satz 3

Gemäß der Sonderregelung in § 39e Absatz 5a EStG darf der Arbeitgeber oder ein von ihm beauftragter Dritter bei Zahlung verschiedenartiger Lohnbezüge die Lohnsteuer für den zweiten und jeden weiteren Bezug ohne Abruf weiterer Lohnsteuerabzugsmerkmale nach der Steuerklasse VI einbehalten. 113

Verschiedenartige Bezüge liegen vor (abschließende Aufzählung), wenn der Arbeitnehmer vom Arbeitgeber 114

1. neben dem Arbeitslohn für ein aktives Dienstverhältnis auch Versorgungsbezüge erhält,
2. neben Versorgungsbezügen aus seinem früheren Dienstverhältnis auch andere Versorgungsbezüge (z. B. Hinterbliebenenbezüge) bezieht oder
3. neben Arbeitslohn während der Elternzeit oder vergleichbaren Unterbrechungszeiten des aktiven Dienstverhältnisses auch Arbeitslohn für ein weiteres befristetes aktives Dienstverhältnis (z. B. Arbeitslohn für eine Teilzeitbeschäftigung während der Elternzeit) erhält.

Eine Zusammenfassung der Bezüge bei Beendigung des Dienstverhältnisses oder am Ende des Kalenderjahres ist nicht durchzuführen. Entsprechend ist für jeden der abgerechneten Bezüge eine Lohnsteuerbescheinigung zu erstellen und an die Finanzverwaltung zu übermitteln. Zur Überprüfung der einbehaltenen Lohnsteuer hat der Arbeitnehmer die Veranlagungspflicht zur Einkommensteuer zu beachten (§ 39e Absatz 5a Satz 3 EStG). Danach ist die Regelung des § 46 Absatz 2 Nummer 2 EStG (Veranlagung zur Einkommensteuer, wenn der Arbeitnehmer nebeneinander von mehreren Arbeitgebern Arbeitslohn bezieht) entsprechend anzuwenden. 115

10. Schutzvorschriften für die (elektronischen) Lohnsteuerabzugsmerkmale

Nur die Personen, denen der Arbeitnehmer die Berechtigung erteilt hat (vgl. Rz. 72, Arbeitgeber oder beauftragte Dritte), sind befugt, ELStAM abzurufen und zu verarbeiten (§ 39e Absatz 4 Satz 2 und 6 EStG). ELStAM sind nur für den Lohnsteuerabzug bestimmt (§ 39e Absatz 4 Satz 7 und Absatz 5 Satz 1 EStG). Folglich dürfen grundsätzlich weder der Arbeitgeber, noch der mit der Durchführung des Lohnsteuerabzugs beauftragte Dritte abgerufene ELStAM bzw. Lohnsteuerabzugsmerkmale offenbaren. Dies gilt nicht, soweit eine Weitergabe von (elektronischen) Lohnsteuerabzugsmerkmalen gesetzlich zugelassen ist oder der Arbeitnehmer einer anderen Verarbeitung zustimmt (§ 39 Absatz 8 Satz 2 EStG). 116

Vorsätzliche oder leichtfertige Zuwiderhandlungen können mit einer Geldbuße nach den Bußgeldbestimmungen des Artikels 83 der Verordnung (EU) 2016/679 des Europäischen Parlaments und des Rates vom 27. April 2016 zum Schutz natürlicher Personen bei der Verarbeitung personenbezogener Daten, zum freien Datenverkehr und zur Aufhebung der Richtlinie 95/46/EG (Datenschutz-Grundverordnung) (ABl. L 119 vom 4.5.2016, S. 1; L 314 vom 22.11.2016, S. 72; L 127 vom 23.5.2018, S. 2) in ihrer jeweils geltenden Fassung geahndet werden (§ 39 Absatz 9 i. V. m. § 39e Absatz 4 Satz 7 EStG). 117

IV. Verfahrensrecht

Sowohl die erstmalige Bildung der (elektronischen) Lohnsteuerabzugsmerkmale als auch deren späteren Änderungen sind eine gesonderte Feststellung von Besteuerungsgrundlagen im Sinne von § 179 Absatz 1 AO, die unter dem Vorbehalt der Nachprüfung steht (§ 39 Absatz 1 Satz 4 EStG). Eine solche Feststellung ist ein anfechtbarer Verwaltungsakt, dessen Vollziehung gemäß § 361 AO ausgesetzt werden kann. Da die Bildung der ELStAM unter dem Vorbehalt der Nachprüfung steht, hat der Arbeitnehmer daneben auch die Möglichkeit, eine Änderung nach § 164 Absatz 2 Satz 2 AO zu beantragen. 118

119 Um als Verwaltungsakt erkennbar und anfechtbar zu sein, müssen die Bildung der (elektronischen) Lohnsteuerabzugsmerkmale und deren Änderungen dem Arbeitnehmer bekannt gegeben werden (§ 39 Absatz 1 Satz 5 EStG). Gemäß § 119 Absatz 2 AO kann dies schriftlich, elektronisch, mündlich oder in anderer Weise erfolgen. Üblicherweise hat der Arbeitgeber die ELStAM als Grundlage für die Lohnsteuerermittlung in der Lohn- und Gehaltsabrechnung auszuweisen (§ 39e Absatz 5 Satz 2 und Absatz 6 EStG). In diesen Fällen werden sie mit Aushändigung der Lohnabrechnung an den Arbeitnehmer bekannt gegeben (§ 39e Absatz 6 Satz 3 EStG). Wird die Lohnabrechnung elektronisch bereitgestellt, ist das Bereitstellungsdatum maßgebend.

120 Diesen Formen der Bekanntgabe ist keine Rechtsbehelfsbelehrung beizufügen (§ 39e Absatz 6 Satz 2 EStG). Dies führt dazu, dass ein Einspruch gegen die gebildeten ELStAM innerhalb eines Jahres ab Bekanntgabe des Verwaltungsaktes eingelegt werden kann (§ 356 Absatz 2 AO).

121 Erteilt das Finanzamt auf Antrag des Arbeitnehmers einen Bescheid über die Berücksichtigung von Lohnsteuerabzugsmerkmalen (§ 39 Absatz 1 Satz 8 EStG), ist diesem eine Rechtsbehelfsbelehrung beizufügen. Das Finanzamt ist zudem zur schriftlichen Erteilung eines Bescheids mit einer Belehrung über den zulässigen Rechtsbehelf verpflichtet, wenn dem Antrag des Arbeitnehmers auf Bildung oder Änderung der Lohnsteuerabzugsmerkmale (regelmäßig im Rahmen eines Antrags auf Lohnsteuer-Ermäßigung) nicht oder nicht in vollem Umfang entsprochen wird.

V. Härtefallregelung

Allgemeines

122 Bei Nichtteilnahme am ELStAM-Verfahren gelten die allgemeinen Regelungen des Zwangsgeldverfahrens nach §§ 328 ff. AO. Sind Arbeitgeber allerdings nicht in der Lage und ist es ihnen nicht zumutbar, die ELStAM der Arbeitnehmer elektronisch abzurufen, wird ein Ersatzverfahren angeboten (§ 39e Absatz 7 EStG). Auf Antrag des Arbeitgebers kann das Betriebsstättenfinanzamt zur Vermeidung unbilliger Härten die Nichtteilnahme am ELStAM-Verfahren zulassen (§ 39e Absatz 7 Satz 1 EStG). Die Teilnahme am Härtefallverfahren ist kalenderjährlich unter Darlegung der Gründe neu zu beantragen (§ 39e Absatz 7 Satz 4 EStG), ggf. rückwirkend bis zum Beginn des Kalenderjahres der Antragstellung.

123 Eine unbillige Härte liegt insbesondere bei einem Arbeitgeber vor, für den die Kommunikation über das Internet mangels technischer Möglichkeiten und Voraussetzungen wirtschaftlich oder persönlich unzumutbar ist (§ 150 Absatz 8 AO ist entsprechend anzuwenden).

124 Dem Antrag ist stets stattzugeben, wenn der Arbeitgeber ohne maschinelle Lohnabrechnung ausschließlich Arbeitnehmer im Rahmen einer geringfügigen Beschäftigung in seinem Privathaushalt im Sinne des § 8a Viertes Buch Sozialgesetzbuch bzw. § 276a Sechstes Buch Sozialgesetzbuch beschäftigt und wenn er die Lohnsteuer vom Arbeitslohn/-entgelt nicht pauschal erhebt (§ 39e Absatz 7 Satz 2 EStG).

125 Auch nach einer Genehmigung zur Nichtteilnahme am ELStAM-Verfahren kann der Arbeitgeber jederzeit ohne gesonderte Mitteilung zum elektronischen Abrufverfahren wechseln.

Antragstellung

126 Der Antrag ist nach amtlich vorgeschriebenem Vordruck zu stellen (Vordruck „Antrag des Arbeitgebers auf Nichtteilnahme am Abrufverfahren der elektronischen Lohnsteuerabzugsmerkmale (ELStAM) für 201_") und muss folgende Angaben beinhalten:

1. Steuernummer der lohnsteuerlichen Betriebsstätte,

2. Verzeichnis der beschäftigten Arbeitnehmer,
3. Identifikationsnummer und Geburtsdatum der einzelnen Beschäftigten,
4. Angaben darüber, ob es sich um ein erstes (Hauptarbeitgeber) oder weiteres Dienstverhältnis (Steuerklasse VI) handelt und
5. bei einem weiteren Dienstverhältnis ggf. den nach § 39a Absatz 1 Satz 1 Nummer 7 EStG zu berücksichtigenden Betrag.

Verfahren/Bescheinigung der Lohnsteuerabzugsmerkmale

Gibt das Betriebsstättenfinanzamt dem Antrag statt, wird dem Arbeitgeber eine arbeitgeberbezogene Bescheinigung zur Durchführung des Lohnsteuerabzugs erteilt, welche die für das jeweilige Kalenderjahr gültigen Lohnsteuerabzugsmerkmale der einzelnen Arbeitnehmer enthält. Im Fall der Änderung von Lohnsteuerabzugsmerkmalen wird dem Arbeitgeber automatisch eine Bescheinigung mit den geänderten Lohnsteuerabzugsmerkmalen übersandt. Diese Bescheinigungen sind nur für den beantragenden Arbeitgeber bestimmt und dürfen von einem weiteren Arbeitgeber nicht als Grundlage für den Lohnsteuerabzug herangezogen werden. 127

Pflichten des Arbeitgebers

Für die Lohnsteuererhebung gelten in diesen Fällen die Regelungen des Abrufverfahrens für die ELStAM entsprechend. Insbesondere haben auch die wegen der Inanspruchnahme der Härtefallregelung nicht am elektronischen Verfahren teilnehmenden Arbeitgeber die Lohnsteuerabzugsmerkmale der Arbeitnehmer in deren Lohnabrechnung auszuweisen. Auch hier gelten die Lohnsteuerabzugsmerkmale gegenüber dem Arbeitnehmer als bekannt gegeben, sobald der Arbeitgeber dem Arbeitnehmer die Lohnabrechnung mit den ausgewiesenen Lohnsteuerabzugsmerkmalen aushändigt. Im Übrigen sind für die in der Bescheinigung ausgewiesenen Lohnsteuerabzugsmerkmale die Schutzvorschriften für die ELStAM entsprechend zu beachten (vgl. Rz. 116 f.). 128

Der Arbeitgeber hat die Bescheinigung zur Durchführung des Lohnsteuerabzugs sowie evtl. Änderungsmitteilungen als Beleg zum Lohnkonto zu nehmen und sie während der Beschäftigung, längstens bis zum Ablauf des maßgebenden Kalenderjahres, aufzubewahren. Zur Erteilung der Lohnsteuerbescheinigung (§ 41b EStG) hat der Arbeitgeber die Besondere Lohnsteuerbescheinigung zu verwenden. 129

Beginnt ein Arbeitnehmer im laufenden Kalenderjahr ein Dienstverhältnis, ist der Arbeitgeber zur Mitteilung an das Betriebsstättenfinanzamt verpflichtet (vgl. Rz. 2). Für die Ausstellung und Entgegennahme der Bescheinigung zur Durchführung des Lohnsteuerabzugs gelten Rz. 126 bis 129 entsprechend. 130

Beim Ausscheiden eines Arbeitnehmers aus dem Dienstverhältnis ist dem Betriebsstättenfinanzamt unverzüglich das Datum der Beendigung schriftlich anzuzeigen (§ 39e Absatz 7 Satz 8 EStG). 131

VI. Betrieblicher Lohnsteuer-Jahresausgleich (§ 42b EStG)

Nach einem Arbeitgeberwechsel im laufenden Kalenderjahr sind dem neuen Arbeitgeber regelmäßig nur die ELStAM des aktuellen Dienstverhältnisses bekannt. Deshalb hat der Arbeitgeber als weitere Voraussetzung für die Durchführung eines Lohnsteuer-Jahresausgleichs zu beachten, dass der Arbeitnehmer durchgängig das gesamte Kalenderjahr bei ihm beschäftigt war. Im Rahmen des Lohnsteuer-Jahresausgleichs ist die Jahreslohnsteuer nach der Steuerklasse zu ermitteln, die für den letzten Lohnzahlungszeitraum des Ausgleichsjahres als ELStAM abgerufen oder in einer Bescheinigung für den Lohnsteuerabzug ausgewiesen worden ist. 132

VII. Lohnsteuer-Ermäßigungsverfahren

Allgemeines

133 Im Rahmen des Lohnsteuer-Ermäßigungsverfahrens nach § 39a Absatz 2 EStG hat der Arbeitnehmer die Möglichkeit, die Berücksichtigung von Freibeträgen zu beantragen. Diese werden als Lohnsteuerabzugsmerkmale berücksichtigt und dem Arbeitgeber elektronisch zum Abruf bereitgestellt. Ein solcher Freibetrag kann auf Antrag des Arbeitnehmers für zwei Jahre berücksichtigt werden (§ 39a Absatz 1 Satz 3 bis 5 EStG, BMF-Schreiben vom 21. Mai 2015, BStBl I Seite 488).

Start- und Endtermin für das Lohnsteuer-Ermäßigungsverfahren

134 Die Frist für die Stellung eines Antrags auf Lohnsteuer-Ermäßigung beginnt am 1. Oktober des Vorjahres, für das der Freibetrag gelten soll. Sie endet am 30. November des Kalenderjahres, in dem der Freibetrag gilt (§ 39a Absatz 2 Satz 3 EStG). Werden Anträge auf Lohnsteuer-Ermäßigung entgegen der gesetzlichen Vorgabe bereits vor dem 1. Oktober des Vorjahres gestellt, hat das Finanzamt diese Anträge nicht aus formalen Gründen abzulehnen. Diese Anträge sind mit Start des Lohnsteuer-Ermäßigungsverfahrens zu bearbeiten.

135 Soll ein Freibetrag nach § 39a Absatz 1 Satz 1 Nummer 1 bis 6 EStG auf mehrere Dienstverhältnisse aufgeteilt werden, ist ein Antrag des Arbeitnehmers beim Finanzamt erforderlich. In diesen Fällen ordnet das Finanzamt die Freibeträge den einzelnen Dienstverhältnissen für den Abruf als ELStAM zu. Der Arbeitnehmer hat dem Arbeitgeber weder Angaben zur Anwendung des Freibetrags noch dessen Höhe mitzuteilen.

136 Die Aufteilung von Freibeträgen auf mehrere Dienstverhältnisse ist nur dann möglich, wenn die jeweiligen Arbeitgeber den Arbeitnehmer im Zeitpunkt der Antragstellung bei der Finanzverwaltung angemeldet haben. Meldet ein Arbeitgeber den Arbeitnehmer verspätet an, ist für die Aufteilung des Freibetrags ein erneuter Antrag des Arbeitnehmers erforderlich. Der Freibetrag muss nicht stets dem ersten Dienstverhältnis zugewiesen werden. Es ist zulässig, ihn ganz oder teilweise auf ein oder mehrere weitere Dienstverhältnisse aufzuteilen.

Aufteilung Hinzurechnungsbetrag/Freibetrag

137 Im ELStAM-Verfahren kann der Arbeitnehmer entscheiden, ob bzw. in welcher Höhe der Arbeitgeber einen nach § 39a Absatz 1 Satz 1 Nummer 7 EStG beantragten und vom Finanzamt ermittelten Freibetrag sowie den im Gegenzug korrespondierenden Hinzurechnungsbetrag abrufen soll. Allein für eine solche Verteilung auf die einzelnen Dienstverhältnisse ist ein Antrag beim Finanzamt nicht erforderlich. Diese Wahlmöglichkeit ist für zweite und weitere Dienstverhältnisse insbesondere für Fälle eines Arbeitgeberwechsels, nach Beendigung eines Dienstverhältnisses sowie bei in größeren Zeiträumen schwankenden Arbeitslöhnen gedacht. Soll der zum ersten Dienstverhältnis erfasste Hinzurechnungsbetrag auf ein oder mehrere weitere Dienstverhältnisse als Freibetrag aufgeteilt werden, hat der Arbeitnehmer dem jeweiligen Arbeitgeber den zu berücksichtigenden Freibetrag mitzuteilen.

138 Der Arbeitgeber hat den vom Arbeitnehmer genannten Betrag im Rahmen einer Anmeldung des Arbeitnehmers an die Finanzverwaltung zu übermitteln. Handelt es sich um ein bereits angemeldetes Dienstverhältnis, muss der Arbeitgeber den Arbeitnehmer zum letzten Tag vor der Gültigkeit des Freibetrags nach § 39a Absatz 1 Satz 1 Nummer 7 EStG abmelden und ab dem Gültigkeitstag des Freibetrags erneut anmelden, um den Freibetrag abrufen zu können.

139 Nach Prüfung des übermittelten Betrags stellt die Finanzverwaltung dem Arbeitgeber den tatsächlich zu berücksichtigenden Freibetrag als ELStAM zum Abruf bereit. Nur die-

ser Freibetrag ist für den Arbeitgeber maßgebend und für den Lohnsteuerabzug anzuwenden sowie in der üblichen Lohn- und Gehaltsabrechnung des Arbeitnehmers als ELStAM auszuweisen.

VIII. Sonstiges

Aufzeichnung im Lohnkonto

Der Arbeitgeber hat die im elektronischen Verfahren abgerufenen ELStAM in das Lohnkonto zu übernehmen (§ 41 Absatz 1 Satz 2 EStG). Gleiches gilt für die im Rahmen der Härtefallregelung (vgl. Rz. 127 und 129) in der vom Finanzamt ausgestellten Bescheinigung ausgewiesenen (Lohnsteuerabzugs-) Merkmale und für die in der nach § 39e Absatz 8 EStG ausgestellten Bescheinigungen für den Lohnsteuerabzug ausgewiesenen (Lohnsteuerabzugs-) Merkmale. 140

Korrektur des Lohnsteuerabzugs

Nach § 41c Absatz 1 Satz 1 Nummer 1 EStG ist der Arbeitgeber berechtigt, bei der jeweils nächsten Lohnzahlung bisher erhobene Lohnsteuer zu erstatten bzw. noch nicht erhobene Lohnsteuer nachträglich einzubehalten. Das gilt auch dann, wenn ihm ELStAM zum Abruf zur Verfügung gestellt werden oder ihm der Arbeitnehmer eine Bescheinigung für den Lohnsteuerabzug mit Eintragungen vorlegt, die auf einen Zeitpunkt vor Abruf der Lohnsteuerabzugsmerkmale oder vor Vorlage der Bescheinigung für den Lohnsteuerabzug zurückwirken. 141

Bereitstellung von Steuererklärungen und Vordrucken

Die im ELStAM-Verfahren erforderlichen bundeseinheitlich abgestimmten Erklärungen und Vordrucke werden von den Finanzbehörden des Bundes und der Länder zur Verfügung gestellt. Die seitens des Bundesministeriums der Finanzen bereitgestellten Erklärungen und Vordrucke stehen im Internet in einer Formulardatenbank unter der Internetadresse https://www.formulare-bfinv.de in der Rubrik Formularcenter/Formularkatalog/Steuerformulare/Lohnsteuer als ausfüllbare Formulare bereit. 142

Verlust der ELStAM-Daten

Sind die ELStAM-Daten für sämtliche seiner Arbeitnehmer verloren gegangen oder physikalisch zerstört worden (unvorhergesehener Datenverlust), besteht für den Arbeitgeber die Möglichkeit, die aktuellen ELStAM-Daten bei der Finanzverwaltung anzufordern (sog. Bruttoliste). Diese Option ist ausschließlich für den Sonderfall vorgesehen, dass bei einem Arbeitgeber aufgrund technischer Probleme die abgerufenen und gespeicherten ELStAM dauerhaft nicht mehr elektronisch verfügbar und nicht wiederherstellbar sind. Die Bruttoliste wird dem Arbeitgeber auf formlosen Antrag elektronisch von seinem Betriebsstättenfinanzamt zur Verfügung gestellt. 143

Anwendungszeitraum

Dieses Schreiben ist ab dem Kalenderjahr 2019 anzuwenden. Es ersetzt das BMF-Schreiben vom 7. August 2013, BStBl I S. 951. 144

II.

Elektronische Lohnsteuerabzugsmerkmale (ELStAM); Abruf der Lohnsteuerabzugsmerkmale im ELStAM-Verfahren für gemäß § 1 Absatz 4 EStG beschränkt einkommensteuerpflichtige Arbeitnehmer ab dem 1. Januar 2020

BMF-Schreiben vom 7.11.2019 (BStBl I S. 1087)
IV C 5 – S 2363/19/10007 :001 – 2019/0972167

Im Einvernehmen mit den obersten Finanzbehörden der Länder gilt in Bezug auf den Abruf der Lohnsteuerabzugsmerkmale im ELStAM-Verfahren für gemäß § 1 Absatz 4 EStG beschränkt einkommensteuerpflichtige Arbeitnehmer Folgendes:

1. Start des Arbeitgeberabrufs zum 1. Januar 2020

Der elektronische Abruf der Lohnsteuerabzugsmerkmale im ELStAM-Verfahren für gemäß § 1 Absatz 4 EStG beschränkt einkommensteuerpflichtige Arbeitnehmer wird zum 1. Januar 2020 freigeschaltet. Arbeitgeber haben ab diesem Zeitpunkt die Lohnsteuerabzugsmerkmale für beschränkt einkommensteuerpflichtige Arbeitnehmer entsprechend den Rz. 44 ff. des BMF-Schreibens vom 8. November 2018 (a.a.O.)[1]) im ELStAM-Verfahren abzurufen. Die anderslautenden Regelungen in den Rz. 89 bis 94 des BMF-Schreibens sind insoweit überholt.

2. Voraussetzung zum Arbeitgeberabruf

Voraussetzung für die Teilnahme von Arbeitnehmern am ELStAM-Verfahren ist die Zuteilung einer Identifikationsnummer. Diese ist nach § 39 Absatz 3 Satz 1 EStG beim Betriebsstättenfinanzamt des Arbeitgebers (§ 41a Absatz 1 Satz 1 Nummer 1 EStG) zu beantragen. Die Zuteilung einer Identifikationsnummer kann auch der Arbeitgeber beantragen, wenn ihn der Arbeitnehmer dazu nach § 80 Absatz 1 AO bevollmächtigt hat. Wurde dem beschränkt einkommensteuerpflichtigen Arbeitnehmer bereits eine Identifikationsnummer zugeteilt, teilt das Betriebsstättenfinanzamt diese auf Anfrage des Arbeitnehmers mit. Der Arbeitgeber ist auch berechtigt, eine Anfrage im Namen des Arbeitnehmers zu stellen.

Zur Beantragung der Identifikationsnummer wird ein bundeseinheitlicher Vordruck zur Verfügung gestellt. Der Vordruck wird vor dem Start des Arbeitgeberabrufes auf dem Formularserver des Bundes (http://www.formulare-bfinv.de) zum Abruf bereitgestellt.

3. Ausnahmen vom ELStAM-Verfahren für beschränkt steuerpflichtige Arbeitnehmer mit Freibetrag im Sinne des § 39a EStG

Die Teilnahme am ELStAM-Verfahren gilt noch nicht für Fälle, in denen für beschränkt steuerpflichtige Arbeitnehmer ein Freibetrag im Sinne des § 39a EStG berücksichtigt wird. Entsprechendes gilt, wenn deren Arbeitslohn nach den Regelungen in Doppelbesteuerungsabkommen auf Antrag von der Besteuerung freigestellt oder, wenn der Steuerabzug nach den Regelungen in Doppelbesteuerungsabkommen auf Antrag gemindert oder begrenzt wird.

In diesen Fällen und auch für Arbeitnehmer, die nach § 1 Absatz 2 EStG erweitert unbeschränkt einkommensteuerpflichtig sind oder nach § 1 Absatz 3 EStG auf Antrag wie unbeschränkt einkommensteuerpflichtig zu behandeln sind, hat das Betriebsstättenfinanzamt des Arbeitgebers (§ 41a Absatz 1 Satz 1 Nummer 1 EStG) wie bisher auf Antrag eine Papierbescheinigung für den Lohnsteuerabzug auszustellen und den Arbeitgeberabruf zu sperren.

Dies gilt auch dann, wenn für diesen Arbeitnehmerkreis auf Anforderung des Finanzamts oder aus anderen Gründen (z. B. früherer Wohnsitz im Inland) steuerliche Identifikationsnummern vorliegen.

---

[1]) >Anhang 13a I

Der beschränkt einkommensteuerpflichtige Arbeitnehmer hat dem Arbeitgeber die Papierbescheinigung unverzüglich vorzulegen.

Der Arbeitgeber eines beschränkt einkommensteuerpflichtigen Arbeitnehmers ist zum Abruf der ELStAM berechtigt und verpflichtet, wenn dem beschränkt einkommensteuerpflichtigen Arbeitnehmer eine Identifikationsnummer zugeteilt und diese dem Arbeitgeber mitgeteilt wurde und der Arbeitnehmer keine Papierbescheinigung vorgelegt hat.

Wurde dem Arbeitgeber vom beschränkt einkommensteuerpflichtigen Arbeitnehmer eine Papierbescheinigung vorgelegt, tritt diese für den vermerkten Gültigkeitszeitraum an die Stelle der bereits abgerufenen ELStAM. Der Arbeitgeber hat in diesem Fall den Lohnsteuerabzug anhand der Papierbescheinigung vorzunehmen.

4. Übergangsregelung für vereinfachte Antragsverfahren

Haben das Betriebsstättenfinanzamt und der Arbeitgeber aufgrund einer Vielzahl gleichgelagerter Einzelfälle (z. B. beschränkt steuerpflichtige Betriebsrentner), in denen Papierbescheinigungen für den Lohnsteuerabzug auszustellen waren, bislang ein vereinfachtes Antrags- oder Listenverfahren praktiziert, bestehen keine Bedenken, für die in den Listen aufgeführten Arbeitnehmer auch nach dem 31. Dezember 2019 hieran festzuhalten.

Unabhängig davon, dass in diesen Fällen der Lohnsteuerabzug weiterhin auf der Grundlage von Papierbescheinigungen durchgeführt werden darf, kann für diese Arbeitnehmer die Vergabe der Identifikationsnummer listenmäßig beantragt werden, wenn die Bestimmungen zum Datenschutz, wie sie der bundeseinheitliche Vordruck vorsieht, entsprechend eingehalten werden. Die Übergangsregelung ist längstens bis zum Abschluss der programmtechnischen Einbindung von im Inland nicht meldepflichtigen Arbeitnehmern in das ELStAM-Verfahren anzuwenden.

5. Anwendungszeitpunkt

Dieses Schreiben ist ab dem 1. Januar 2020 anzuwenden.

Entfernungspauschalen; Gesetz zur Umsetzung des Klimaschutzprogramms 2030 im Steuerrecht vom 21. Dezember 2019 (BGBl. I Seite 2886) sowie Gesetz zur weiteren steuerlichen Förderung der Elektromobilität und zur Änderung weiterer steuerlicher Vorschriften vom 12. Dezember 2019 (BGBl. I 2019 Seite 2451)

BMF vom 18.11.2021 (BStBl I S.)
IV C 5 – S 2351/20/10001 :002 – 2021/1203982

Mit dem Gesetz zur Umsetzung des Klimaschutzprogramms 2030 im Steuerrecht vom 21. Dezember 2019 (BGBl. I Seite 2886) sowie dem Gesetz zur weiteren steuerlichen Förderung der Elektromobilität und zur Änderung weiterer steuerlicher Vorschriften vom 12. Dezember 2019 (BGBl. I 2019 Seite 2451) haben sich Änderungen zu den Entfernungspauschalen und zur Pauschalbesteuerung nach § 40 Absatz 2 EStG ergeben. Diese Änderungen gegenüber dem BMF-Schreiben zu den Entfernungspauschalen vom 31. Oktober 2013 (BStBl I Seite 1376) sind **in Fettdruck** dargestellt.

Inhaltsverzeichnis

Unter Bezugnahme auf das Ergebnis der Erörterungen mit den obersten Finanzbehörden der Länder gilt zur Ermittlung der Entfernungspauschalen sowie zur Pauschalbesteuerung nach § 40 Absatz 2 EStG Folgendes:

1. Entfernungspauschale für die Wege zwischen Wohnung und erster Tätigkeitsstätte (§ 9 Absatz 1 Satz 3 Nummer 4 und Absatz 2 EStG) oder für Fahrten nach § 9 Absatz 1 Satz 3 Nummer 4a Satz 3 EStG

Durch das Gesetz zur Umsetzung des Klimaschutzprogramms 2030 im Steuerrecht vom 21. Dezember 2019 (BGBl. I Seite 2886) wurde die Entfernungspauschale ab dem Jahr 2021 um 5 Cent auf 0,35 € und ab dem Jahr 2024 um weitere 3 Cent auf 0,38 € angehoben. Die Anhebung gilt erst ab dem 21. Entfernungskilometer und ist bis zum Jahr 2026 befristet.

1.1 Allgemeines

Die Entfernungspauschale ist grundsätzlich unabhängig vom Verkehrsmittel zu gewähren. Ihrem Wesen als Pauschale entsprechend kommt es grundsätzlich nicht auf die Höhe der tatsächlichen Aufwendungen an. Unfallkosten können als außergewöhnliche Aufwendungen (§ 9 Absatz 1 Satz 1 EStG) jedoch neben der Entfernungspauschale berücksichtigt werden (vgl. **Rz. 30**). 1

Auch bei Benutzung öffentlicher Verkehrsmittel wird die Entfernungspauschale angesetzt. Übersteigen die Aufwendungen für die Benutzung öffentlicher Verkehrsmittel den im Kalenderjahr insgesamt als Entfernungspauschale anzusetzenden Betrag, können diese übersteigenden Aufwendungen zusätzlich angesetzt werden (§ 9 Absatz 2 Satz 2 EStG; vgl. auch unter **Rz. 20 ff.**). 2

Beispiel 1:

Ein Arbeitnehmer benutzt im Jahr **2021 an 220 Arbeitstagen** für die Fahrten von der Wohnung zur ersten Tätigkeitsstätte den Bus und die Bahn. Die kürzeste benutzbare Straßenverbindung beträgt 20 km. Die Monatskarte für den Bus kostet 50 € und für die Bahn 65 € (= 115 €).

Für das gesamte Kalenderjahr ergibt sich eine Entfernungspauschale von 220 Tagen x 20 km x 0,30 € = 1.320 €. Die für die Nutzung von Bus und Bahn im Kalenderjahr angefallenen Aufwendungen betragen 1.380 € (12 x 115 €). Da die tatsächlich angefallenen Kosten für die Benutzung der öffentlichen Verkehrsmittel die insgesamt im Kalenderjahr anzusetzende Entfernungspauschale übersteigen, kann der übersteigende Betrag zusätzlich angesetzt werden; insgesamt somit 1.380 €.

Ausgenommen von der Entfernungspauschale sind Flugstrecken und Strecken mit steuerfreier Sammelbeförderung. 3

Für Flugstrecken sind die tatsächlichen Aufwendungen anzusetzen (BFH vom 26. März 2009, VI R 42/07, BStBl II Seite 724). **Die Entfernungspauschale gilt bei der Nutzung von Flugzeugen nur für die An- und Abfahrten zu und von Flughäfen.** Bei **verbilligter** Sammelbeförderung durch den Arbeitgeber **nach § 3 Nummer 32 EStG** sind die **vom Arbeitnehmer getragenen** Aufwendungen ebenso als Werbungskosten anzusetzen. 4

Für Fahrten zwischen Wohnung und einem sog. „Sammelpunkt" oder Wohnung und dem nächstgelegenen Zugang eines „weiträumigen Tätigkeitsgebiets" gelten die Regelungen der Entfernungspauschale entsprechend. Zu den Voraussetzungen und der Anwendung des § 9 Absatz 1 Satz 3 Nummer 4a Satz 3 EStG im Einzelnen sind die **Rz. 38 bis 46 des BMF-Schreibens zur Reform des steuerlichen Reisekostenrechts vom 25. November 2020, BStBl I Seite 1228** zu beachten. 5

1.2 Höhe der Entfernungspauschale

6 Die Entfernungspauschale beträgt 0,30 € für jeden vollen Entfernungskilometer zwischen Wohnung und erster Tätigkeitsstätte.

7 **Für die Jahre 2021 bis 2026 gilt ab dem 21. Entfernungskilometer eine erhöhte Entfernungspauschale von 0,35 € und ab 2024 von 0,38 €. Für die Entfernungen bis zu 20 km ist unverändert ein Entfernungspauschale von 0,30 € zu berücksichtigen.**

8 **Für die Jahre 2021 bis 2023 ist die anzusetzende Entfernungspauschale in Fällen, in denen die Entfernung mindestens 21 Kilometer beträgt, somit wie folgt zu berechnen:**

Zahl der Arbeitstage x 20 Entfernungskilometer x 0,30 € zuzüglich

Zahl der Arbeitstage x restliche Entfernungskilometer x 0,35 €.

9 **Für die Jahre 2024 bis 2026 ist in diesen Fällen die anzusetzende Entfernungspauschale somit wie folgt zu berechnen:**

Zahl der Arbeitstage x 20 Entfernungskilometer x 0,30 € zuzüglich

Zahl der Arbeitstage x restliche Entfernungskilometer x 0,38 €.

Beispiel 2:

Ein Arbeitnehmer benutzt von Januar bis September **2021** (an 165 Arbeitstagen) für die Wege von seiner Wohnung zur **80** km entfernten ersten Tätigkeitsstätte und zurück den eigenen Kraftwagen. Dann verlegt er seinen Wohnsitz. Von der neuen Wohnung aus gelangt er ab Oktober (an 55 Arbeitstagen) zur nunmehr nur noch 5 km entfernten ersten Tätigkeitsstätte mit dem Bus. Hierfür entstehen ihm tatsächliche Kosten in Höhe von (3 x 70 € =) 210 €.

Für die Strecken mit dem eigenen Kraftwagen ergibt sich eine Entfernungspauschale von **165 Arbeitstagen x 20 km x 0,30 € = 990 € zuzüglich 165 Arbeitstage x 60 km x 0,35 € = 3.465 €; in der Summe 4.455 €**. Für die Strecke mit dem Bus errechnet sich eine Entfernungspauschale von 55 Arbeitstagen x 5 km x 0,30 € = 83 €. Die insgesamt im Kalenderjahr anzusetzende Entfernungspauschale beträgt **4.538 €** (**4.455 €** + 83 €), da die tatsächlich angefallenen Aufwendungen für die Nutzung der öffentlichen Verkehrsmittel (210 €) diese nicht übersteigen.

1.3 Höchstbetrag von 4.500 €

10 Die anzusetzende Entfernungspauschale ist grundsätzlich auf einen Höchstbetrag von 4.500 € im Kalenderjahr begrenzt.

Die Beschränkung auf 4.500 € gilt insbesondere,

- wenn der Weg zwischen Wohnung und erster Tätigkeitsstätte mit einem Motorrad, Motorroller, Moped, Fahrrad oder zu Fuß zurückgelegt wird,
- bei Benutzung eines Kraftwagens für die Teilnehmer an einer Fahrgemeinschaft und zwar für die Tage, an denen der Arbeitnehmer seinen eigenen oder zur Nutzung überlassenen Kraftwagen nicht einsetzt (vgl. auch **Rz. 18**, Beispiel 5),
- wenn der Weg zwischen Wohnung und erster Tätigkeitsstätte mit öffentlichen Verkehrsmitteln zurückgelegt wird, soweit im Kalenderjahr insgesamt keine höheren Aufwendungen glaubhaft gemacht oder nachgewiesen werden (§ 9 Absatz 2 Satz 2 EStG).

11 Bei Benutzung eines eigenen oder zur Nutzung überlassenen Kraftwagens greift die Begrenzung auf 4.500 € nicht. Der Arbeitnehmer muss lediglich nachweisen oder glaubhaft machen, dass er die Fahrten zwischen Wohnung und erster Tätigkeitsstätte mit dem eigenen oder ihm zur Nutzung überlassenen Kraftwagen zurückgelegt hat. Ein Nachweis der tatsächlichen Aufwendungen für den Kraftwagen ist für den Ansatz eines höheren Betrages als 4.500 € nicht erforderlich.

1.4 Maßgebende Entfernung zwischen Wohnung und erster Tätigkeitsstätte

Für die Bestimmung der Entfernung zwischen Wohnung und erster Tätigkeitsstätte ist die kürzeste Straßenverbindung zwischen Wohnung und erster Tätigkeitsstätte maßgebend. Dabei sind nur volle Kilometer der Entfernung anzusetzen, ein angefangener Kilometer bleibt unberücksichtigt. Die Entfernungsbestimmung richtet sich nach der Straßenverbindung; sie ist unabhängig von dem Verkehrsmittel, das tatsächlich für den Weg zwischen Wohnung und erster Tätigkeitsstätte benutzt wird. Eine andere als die kürzeste Straßenverbindung kann dann zugrunde gelegt werden, wenn diese offensichtlich verkehrsgünstiger ist und vom Arbeitnehmer regelmäßig für die Wege zwischen Wohnung und erster Tätigkeitsstätte benutzt wird. Eine mögliche, aber vom Steuerpflichtigen nicht tatsächlich benutzte Straßenverbindung kann der Berechnung der Entfernungspauschale nicht zugrunde gelegt werden. Diese Grundsätze gelten auch, wenn der Arbeitnehmer ein öffentliches Verkehrsmittel benutzt, dessen Linienführung direkt über die verkehrsgünstigere Straßenverbindung erfolgt (z. B. Bus). Eine von der kürzesten Straßenverbindung abweichende Strecke ist verkehrsgünstiger, wenn der Arbeitnehmer die erste Tätigkeitsstätte – trotz gelegentlicher Verkehrsstörungen – in der Regel schneller und pünktlicher erreicht (BFH vom 10. Oktober 1975, VI R 33/74, BStBl II Seite 852 sowie BFH vom 16. November 2011, VI R 46/10, BStBl 2012 II Seite 470 und VI R 19/11, BStBl 2012 II Seite 520). Teilstrecken mit steuerfreier Sammelbeförderung sind nicht in die Entfernungsermittlung einzubeziehen. 12

Eine Fährverbindung ist sowohl bei der Ermittlung der kürzesten Straßenverbindung als auch bei der Ermittlung der verkehrsgünstigsten Straßenverbindung einzubeziehen, soweit **ihre Nutzung** zumutbar erscheint und wirtschaftlich sinnvoll ist. Die Fahrtstrecke der Fähre selbst ist dann jedoch nicht Teil der maßgebenden Entfernung. An ihrer Stelle können die tatsächlichen Fährkosten berücksichtigt werden. 13

Die kürzeste Straßenverbindung ist auch dann maßgeblich, wenn diese mautpflichtig ist oder mit dem vom Arbeitnehmer tatsächlich verwendeten Verkehrsmittel straßenverkehrsrechtlich nicht benutzt werden darf (vgl. BFH vom 24. September 2013, VI R 20/13, BStBl 2014 II Seite 259). Gebühren für die Benutzung eines Straßentunnels oder einer mautpflichtigen Straße dürfen dagegen nicht neben der Entfernungspauschale berücksichtigt werden, weil sie nicht für die Benutzung eines Verkehrsmittels entstehen. 14

Fallen die Hin- und Rückfahrt zur ersten Tätigkeitsstätte auf verschiedene Arbeitstage, **ist nur die Hälfte der Entfernungspauschale je Entfernungskilometer und Arbeitstag als Werbungskosten zu berücksichtigen** (vgl. H 9.10 „Fahrtkosten – bei einfacher Fahrt“ LStH 2021). 15

Beispiel 3:

Ein Arbeitnehmer fährt mit der U-Bahn zur ersten Tätigkeitsstätte. Einschließlich der Fußwege beträgt die zurückgelegte Entfernung 15 km. Die kürzeste Straßenverbindung beträgt **10,6** km.

Für die Ermittlung der Entfernungspauschale ist eine Entfernung von 10 km anzusetzen.

Beispiel 4:

Ein Arbeitnehmer wohnt an einem Fluss und hat seine erste Tätigkeitsstätte auf der anderen Flussseite. Die Entfernung zwischen Wohnung und erster Tätigkeitsstätte beträgt über die nächstgelegene Brücke 60 km und bei Benutzung einer Autofähre 19 km zuzüglich einer Fährstrecke von **1,6 km**. Die Fährkosten betragen 650 € jährlich.

Für die Entfernungspauschale ist eine Entfernung von 19 km anzusetzen. Daneben können die Fährkosten berücksichtigt werden (vgl. auch **Rz. 22** Beispiel 9).

1.5 Fahrgemeinschaften

16 Unabhängig von der Art der Fahrgemeinschaft ist bei jedem Teilnehmer der Fahrgemeinschaft die Entfernungspauschale entsprechend der für ihn maßgebenden Entfernungsstrecke anzusetzen. Umwegstrecken, insbesondere zum Abholen von Mitfahrern, sind jedoch nicht in die Entfernungsermittlung einzubeziehen.

17 Der Höchstbetrag für die Entfernungspauschale von 4.500 € greift auch bei einer wechselseitigen Fahrgemeinschaft, und zwar für die Mitfahrer der Fahrgemeinschaft an den Arbeitstagen, an denen sie ihren eigenen oder zur Nutzung überlassenen Kraftwagen nicht einsetzen.

18 Bei wechselseitigen Fahrgemeinschaften kann der Höchstbetrag von 4.500 € zunächst durch die Wege an den Arbeitstagen ausgeschöpft werden, an denen der Arbeitnehmer mitgenommen wurde. Deshalb ist zunächst die (auf 4.500 € begrenzte) anzusetzende Entfernungspauschale für diese Tage zu berechnen. Anschließend ist die anzusetzende (unbegrenzte) Entfernungspauschale für die Tage zu ermitteln, an denen der Arbeitnehmer seinen eigenen Kraftwagen benutzt hat. Beide Beträge zusammen ergeben die insgesamt anzusetzende Entfernungspauschale.

Beispiel 5:

Bei einer aus drei Arbeitnehmern bestehenden wechselseitigen Fahrgemeinschaft beträgt die Entfernung zwischen Wohnung und erster Tätigkeitsstätte für jeden Arbeitnehmer im Kalenderjahr **2021** 90 km. Bei tatsächlichen 210 Arbeitstagen benutzt jeder Arbeitnehmer seinen eigenen Kraftwagen an 70 Tagen für die Fahrten zwischen Wohnung und erster Tätigkeitsstätte.

Die Entfernungspauschale ist für jeden Teilnehmer der Fahrgemeinschaft wie folgt zu ermitteln:

Zunächst ist die Entfernungspauschale für die Fahrten und Tage zu ermitteln, an denen der Arbeitnehmer mitgenommen wurde:

140 Arbeitstage x 20 km x 0,30 €		**= 840 €**
140 Arbeitstage x 70 km x 0,35 €		**= 3.430 €**
(Höchstbetrag von 4.500 € ist nicht überschritten)		**4.270 €**
Anschließend ist die Entfernungspauschale für die Fahrten und Tage zu ermitteln, an denen der Arbeitnehmer seinen eigenen Kraftwagen benutzt hat:		
70 Arbeitstage x 20 km x 0,30 €	**= 420 €**	
70 Arbeitstage x 70 km x 0,35 €	**= 1.715 €**	
abziehbar (unbegrenzt)		**2.135 €**
anzusetzende Entfernungspauschale		**= 6.405 €**

19 Setzt bei einer Fahrgemeinschaft nur ein Teilnehmer seinen Kraftwagen ein, kann er die Entfernungspauschale ohne Begrenzung auf den Höchstbetrag von 4.500 € für seine Entfernung zwischen Wohnung und erster Tätigkeitsstätte geltend machen; eine Umwegstrecke zum Abholen der Mitfahrer ist nicht in die Entfernungsermittlung einzubeziehen. Bei den Mitfahrern wird gleichfalls die Entfernungspauschale angesetzt, allerdings bei ihnen begrenzt auf den Höchstbetrag von 4.500 €.

1.6 Benutzung verschiedener Verkehrsmittel

20 Arbeitnehmer legen die Wege zwischen Wohnung und erster Tätigkeitsstätte oftmals auf unterschiedliche Weise zurück, d. h. für eine Teilstrecke werden der Kraftwagen und für die weitere Teilstrecke öffentliche Verkehrsmittel benutzt (Park & Ride) oder es werden für einen Teil des Jahres der eigene Kraftwagen und für den anderen Teil öffentliche Verkehrsmittel benutzt. In derartigen Mischfällen ist zunächst die maßgebende Entfer-

nung **anhand der** kürzesten Straßenverbindung **der Gesamtstrecke von der Wohnung zur ersten Tätigkeitsstätte** zu ermitteln (**Rz. 12 bis 15**). **Diese ist im nächsten Schritt in die Teilstrecken der jeweiligen Verkehrsmittel aufzuteilen.**

Die Teilstrecke, die mit dem eigenen Kraftwagen zurückgelegt wird, ist in voller Höhe anzusetzen; für diese Teilstrecke kann **Rz. 12** zur verkehrsgünstigeren Strecke angewandt werden. Der verbleibende Teil der maßgebenden Entfernung ist die Teilstrecke, die auf öffentliche Verkehrsmittel entfällt. Die anzusetzende Entfernungspauschale ist sodann für die Teilstrecke und Arbeitstage zu ermitteln, an denen der Arbeitnehmer seinen eigenen oder ihm zur Nutzung überlassenen Kraftwagen eingesetzt hat. Anschließend ist die anzusetzende Entfernungspauschale für die Teilstrecke und Arbeitstage zu ermitteln, an denen der Arbeitnehmer öffentliche Verkehrsmittel benutzt. Beide Beträge ergeben die insgesamt anzusetzende Entfernungspauschale, so dass auch in Mischfällen ein höherer Betrag als 4.500 € angesetzt werden kann. 21

In den Kalenderjahren 2021 bis 2026 ist zu berücksichtigen 22

- **die erhöhte Entfernungspauschale ab dem 21. Entfernungskilometer vorrangig bei der Teilstrecke, die mit einem eigenen oder zur Nutzung überlassenen Kraftwagen zurückgelegt wird, da für diese der Höchstbetrag von 4.500 € nicht gilt und**
- **die Entfernungspauschale von 0,30 € für die ersten 20 km vorrangig bei der Teilstrecke der öffentlichen Verkehrsmittel.**

Beispiel 6:

Ein Arbeitnehmer fährt an 220 Arbeitstagen im Jahr **2021** mit dem eigenen Kraftwagen 30 km zur nächsten Bahnstation und von dort 100 km mit der Bahn zur ersten Tätigkeitsstätte. Die kürzeste maßgebende Entfernung (Straßenverbindung) beträgt 100 km. Die Aufwendungen für die Bahnfahrten betragen 2.160 € (monatlich 180 € x 12) im Jahr.

Von der maßgebenden Entfernung von 100 km entfällt eine Teilstrecke von 30 km auf Fahrten mit dem eigenen Kraftwagen und eine Teilstrecke von 70 km auf Fahrten mit der Bahn.

Für die Teilstrecke mit der Bahn (100 km – 30 km) errechnet sich eine Entfernungspauschale von 220 Arbeitstagen x 20 km x 0,30 € = 1.320 € zuzüglich 220 Arbeitstage x 50 km x 0,35 € = 3.850 €; in der Summe 5.170 €.

Hierfür ist der Höchstbetrag von 4.500 € anzusetzen.

Für die Teilstrecke mit dem Kraftwagen errechnet sich eine Entfernungspauschale von 220 Arbeitstagen x 30 km x 0,35 € = 2.310 €, so dass sich eine insgesamt anzusetzende Entfernungspauschale von 6 810 € (4.500 € + 2.310 €) ergibt.

Die tatsächlichen Aufwendungen für die Bahnfahrten in Höhe von 2.160 € bleiben unberücksichtigt, weil sie unterhalb der für das Kalenderjahr insgesamt anzusetzenden Entfernungspauschale liegen.

Beispiel 7:

Ein Arbeitnehmer fährt an 220 Arbeitstagen im Jahr **2021** mit dem eigenen Kraftwagen 3 km zu einer verkehrsgünstig gelegenen Bahnstation und von dort noch 30 km mit der Bahn zur ersten Tätigkeitsstätte. Die kürzeste maßgebende Straßenverbindung beträgt 25 km. Die Jahreskarte für die Bahn kostet 1.746 €.

Von der maßgebenden Entfernung von 25 km entfällt eine Teilstrecke von 3 km auf Fahrten mit dem eigenen Kraftwagen und eine Teilstrecke von 22 km auf Fahrten mit der Bahn.

Für die Teilstrecke mit der Bahn (25 km – 3 km) errechnet sich eine Entfernungspauschale von 220 Arbeitstagen x 20 km x 0,30 € = 1.320 € zuzüglich 220 Arbeitstage x 2 km x 0,35 € = 154 €; in der Summe 1.474 €.

Für die Teilstrecke mit dem Kraftwagen errechnet sich eine Entfernungspauschale von 220 Arbeitstagen x 3 km x 0,35 € = 231 €, so dass sich eine insgesamt anzusetzende Entfernungspauschale von 1.705 € (1.474 € + 231 €) ergibt.

Da die tatsächlichen Aufwendungen für die Bahnfahrten in Höhe von 1.746 € höher sind als die für das Kalenderjahr insgesamt anzusetzende Entfernungspauschale, kann zusätzlich der die Entfernungspauschale übersteigende Betrag angesetzt werden; insgesamt also 1.746 €.

Beispiel 8:

Ein Arbeitnehmer fährt im Kalenderjahr **2021** die ersten drei Monate mit dem eigenen Kraftwagen und die letzten neun Monate mit öffentlichen Verkehrsmitteln zur 120 km entfernten ersten Tätigkeitsstätte. Die entsprechende Monatskarte kostet 190 €.

Die Entfernungspauschale ist für die beiden Zeiträume jeweils gesondert zu ermitteln, da bei Benutzung des eigenen Kraftwagens die Begrenzung auf den Höchstbetrag von 4.500 € nicht greift. Die anzusetzende Entfernungspauschale ist bei Zugrundelegung von insgesamt 220 Arbeitstagen wie folgt zu ermitteln:

165 Arbeitstage x 20 km x 0,30 €	**= 990 €**	
165 Arbeitstage x 100 km x 0,35 €	**= 5.775 €**	
	6.765 €	
Begrenzt auf den Höchstbetrag von		4.500 €
zuzüglich		
55 Arbeitstage x 20 km x 0,30 €	**= 330 €**	
55 Arbeitstage x 100 km x 0,35 €	**= 1.925 €**	
	2.255 €	
anzusetzende Entfernungspauschale insgesamt		**6.755 €**

Die tatsächlichen Kosten für die Benutzung der öffentlichen Verkehrsmittel (9 x 190 € = 1.710 €) sind niedriger; anzusetzen ist also die Entfernungspauschale in Höhe von **6.755 €**.

Beispiel 9:

Ein Arbeitnehmer wohnt in Konstanz und hat seine erste Tätigkeitsstätte auf der anderen Seite des Bodensees. Für die Fahrt zur ersten Tätigkeitsstätte benutzt er im Jahr **2021** seinen Kraftwagen und die Fähre von Konstanz nach Meersburg. Die Fahrtstrecke einschließlich der Fährstrecke von 4,2 km beträgt insgesamt 15 km. Die Monatskarte für die Fähre kostet 122,50 €. Bei 220 Arbeitstagen im Jahr ergibt sich eine Entfernungspauschale von:

220 Arbeitstage x 10 km x 0,30 €	= 660 €
zuzüglich	
Fährkosten (12 x 122,50 €)	= 1.470 €
Insgesamt zu berücksichtigen	2.130 €

1.7 Mehrere Wege an einem Arbeitstag

23 Die Entfernungspauschale kann für die Wege zu derselben ersten Tätigkeitsstätte für jeden Arbeitstag nur einmal angesetzt werden.

1.8 Mehrere Dienstverhältnisse

24 Bei Arbeitnehmern, die in mehreren Dienstverhältnissen stehen und denen Aufwendungen für die Wege zu mehreren auseinanderliegenden ersten Tätigkeitsstätten entstehen, ist die Entfernungspauschale für jeden Weg zur ersten Tätigkeitsstätte anzusetzen, wenn der Arbeitnehmer am Tag zwischenzeitlich in die Wohnung zurückkehrt. **Die erhöhte Entfernungspauschale (0,35 € bzw. 0,38 €) ist für jeden Weg zur ersten Tätigkeitsstätte erst ab dem 21. Entfernungskilometer zu berücksichtigen**. Die Einschränkung, dass täglich nur eine Fahrt zu berücksichtigen ist, gilt nur für den Fall einer, nicht aber für den Fall mehrerer erster Tätigkeitsstätten. Werden täglich mehrere erste Tätigkeitsstätten ohne Rückkehr zur Wohnung nacheinander angefahren, so ist für die Entfernungsermittlung der Weg zur zuerst aufgesuchten ersten Tätigkeitsstätte als Umwegstrecke zur nächsten ersten Tätigkeitsstätte zu berücksichtigen; die für die Ermittlung der Entfernungspauschale anzusetzende Entfernung darf höchstens die Hälfte der Gesamtstrecke betragen.

Beispiel 10:

Ein Arbeitnehmer fährt im Jahr **2021** mit öffentlichen Verkehrsmitteln an 220 Arbeitstagen vormittags von seiner Wohnung A zur ersten Tätigkeitsstätte B, mittags zur Wohnung A, nachmittags zu **einer anderen** ersten Tätigkeitsstätte C und abends zur Wohnung A zurück. Die Entfernungen betragen zwischen A und B 30 km und zwischen A und C 40 km. Die Monatskarte für die öffentlichen Verkehrsmittel kostet 300 € monatlich.

Da die erhöhte Entfernungspauschale (0,35 € bzw. 0,38 €) für jeden Weg zur ersten Tätigkeitsstätte erst ab dem 21. Entfernungskilometer zu berücksichtigen ist, betragen die Entfernungspauschalen

a) für die Fahrten zur ersten Tätigkeitsstätte in B

220 Tage x 20 km x 0,30 €	**= 1.320 €**
220 Tage x 10 km x 0,35 €	**= 770 €**
insgesamt	**= 2.090 €**

b) für die Fahrten zur ersten Tätigkeitsstätte in C

220 Tage x 20 km x 0,30 €	**= 1.320 €**
220 Tage x 20 km x 0,35 €	**= 1.540 €**
insgesamt	**= 2.860 €**

Die Summe der Entfernungspauschalen beträgt 4.950 € (2 090 € + 2 860 €), begrenzt auf den Höchstbetrag von 4.500 €.

Beispiel 11:

Ein Arbeitnehmer fährt im Jahr 2021 an 220 Tagen vormittags von seiner Wohnung A zur ersten Tätigkeitsstätte B, nachmittags weiter zur ersten Tätigkeitsstätte C und abends zur Wohnung in A zurück. Die Entfernungen betragen zwischen A und B 30 km, zwischen B und C 40 km und zwischen C und A 50 km.

Die Gesamtstrecke beträgt 30 km + 40 km + 50 km = 120 km, die Entfernung zwischen der Wohnung und den beiden ersten Tätigkeitsstätten 30 km + 50 km = 80 km. Da dies mehr als die Hälfte der Gesamtstrecke ist, sind (120 km : 2) = 60 km für die Ermittlung der Entfernungspauschale anzusetzen.

Da die erhöhte Entfernungspauschale (0,35 € bzw. 0,38 €) für jeden Weg zur ersten Tätigkeitsstätte erst ab dem 21. Entfernungskilometer zu berücksichtigen ist, beträgt die Entfernungspauschale für die Fahrten zur ersten Tätigkeitsstätte in B und C

220 Tage x 20 km x 0,30 €	**= 1.320 €**
220 Tage x 20 km x 0,30 €	**= 1.320 €**
220 Tage x 20 km x 0,35 €	**= 1.540 €**
insgesamt	**= 4.180 €**

1.9 Anrechnung von Arbeitgeberleistungen auf die Entfernungspauschale

Jeder Arbeitnehmer erhält die Entfernungspauschale unabhängig von der Höhe seiner 25
Aufwendungen für die Wege zwischen Wohnung und erster Tätigkeitsstätte. Nach § 9 Absatz 1 Satz 3 Nummer 4 EStG gilt dies auch dann, wenn der Arbeitgeber dem Arbeitnehmer einen **Kraftwagen oder ein anderes Fahrzeug** für die Wege zwischen Wohnung und erster Tätigkeitsstätte überlässt und diese Arbeitgeberleistung nach § 8 Absatz 3 EStG (Rabattfreibetrag) steuerfrei ist, z. B. wenn ein Mietwagenunternehmen dem Arbeitnehmer einen Mietwagen für die Fahrten zwischen Wohnung und erster Tätigkeitsstätte überlässt. **Steuerfreie Sachbezüge nach § 3 Nummer 37 EStG mindern die Entfernungspauschale nicht (§ 9 Absatz 1 Satz 3 Nummer 4 Satz 7 EStG). Entsprechendes gilt für pauschal besteuerte Arbeitgeberleistungen nach § 40 Absatz 2 Satz 2 Nummer 2 EStG.**

Die folgenden steuerfreien bzw. pauschal besteuerten Arbeitgeberleistungen sind je- 26
doch auf die anzusetzende und ggf. auf 4.500 € begrenzte Entfernungspauschale anzurechnen:

- **nach § 3 Nummer 15 EStG steuerfreie Arbeitgeberleistungen (vgl. Rz. 27 ff. des BMF-Schreibens vom 15. August 2019, BStBl I Seite 875)**
- nach § 8 Absatz 2 Satz 11 EStG (**50** €-Freigrenze; **bis 31. Dezember 2021 = 44** €-Freigrenze) steuerfreie Sachbezüge für die Wege zwischen Wohnung und erster Tätigkeitsstätte,
- nach § 8 Absatz 3 EStG steuerfreie Sachbezüge für Fahrten zwischen Wohnung und erster Tätigkeitsstätte bis höchstens 1.080 € (Rabattfreibetrag),
- die nach § 40 Absatz 2 Satz 2 **Nummer 1** EStG pauschal besteuerten Arbeitgeber**leistungen** bis zur Höhe der abziehbaren Entfernungspauschale (vgl. **Rz. 31 ff.**).

27 Die vorgenannten steuerfreien oder pauschal besteuerten Arbeitgeberleistungen sind vom Arbeitgeber zu bescheinigen (§ 41b Absatz 1 Satz 2 Nummer 6 und 7 EStG).

2. Entfernungspauschale für Familienheimfahrten bei doppelter Haushaltsführung (§ 9 Absatz 1 Satz 3 Nummer 5 EStG)

28 Auf die Entfernungspauschale für Familienheimfahrten bei doppelter Haushaltsführung **(§ 9 Absatz 1 Satz 3 Nummer 5 Satz 5 bis 9 EStG)** sind die **Rz. 1 bis 5** und **Rz. 12 ff.** entsprechend anzuwenden. Die Begrenzung auf den Höchstbetrag von 4.500 € gilt bei Familienheimfahrten nicht. Für Flugstrecken und bei **verbilligter** Sammelbeförderung durch den Arbeitgeber **nach § 3 Nummer 32 EStG** sind die tatsächlichen Aufwendungen des Arbeitnehmers anzusetzen. Arbeitgeberleistungen für Familienheimfahrten, die nach § 3 Nummer 13 oder 16 EStG steuerfrei sind, sind nach § 3c Absatz 1 EStG auf die für die Familienheimfahrten anzusetzende Entfernungspauschale anzurechnen.

3. Menschen mit Behinderungen

29 Nach § 9 Absatz 2 Satz 3 EStG können Menschen mit Behinderungen für die Wege zwischen Wohnung und erster Tätigkeitsstätte an Stelle der Entfernungspauschale die tatsächlichen Aufwendungen ansetzen. Bei Benutzung eines privaten Fahrzeugs können die Fahrtkosten aus Vereinfachungsgründen auch mit den pauschalen Kilometersätzen gemäß § 9 Absatz 1 Satz 3 Nummer 4a EStG angesetzt werden, **die für das jeweils benutzte Beförderungsmittel als höchste Wegstreckenentschädigung nach dem Bundesreisekostengesetz festgesetzt sind (vgl. auch Rz. 37 des BMF-Schreibens zur Reform des steuerlichen Reisekostenrechts vom 25. November 2020, BStBl I Seite 1228)**. Bei Benutzung eines eigenen oder zur Nutzung überlassenen Kraftwagens kann danach ohne Einzelnachweis der Kilometersatz von 0,30 € je gefahrenen Kilometer angesetzt werden. Unfallkosten, die auf einer Fahrt zwischen Wohnung und erster Tätigkeitsstätte entstanden sind, können neben dem pauschalen Kilometersatz **nach § 9 Absatz 1 Satz 1 EStG** berücksichtigt werden **(vgl. Rz. 30)**. Werden die Wege zwischen Wohnung und erster Tätigkeitsstätte mit verschiedenen Verkehrsmitteln zurückgelegt, kann das Wahlrecht – Entfernungspauschale oder tatsächliche Kosten – für beide zurückgelegten Teilstrecken – nur einheitlich ausgeübt werden (BFH vom 5. Mai 2009, VI R 77/06, BStBl II Seite 729).

Beispiel 12:

Ein Arbeitnehmer A (Grad der Behinderung von 90) fährt an 220 Arbeitstagen im Jahr **2021** mit dem eigenen Kraftwagen 17 km zu einem behindertengerechten Bahnhof und von dort 82 km mit der Bahn zur ersten Tätigkeitsstätte. Die tatsächlichen Bahnkosten betragen 240 € im Monat.

A wählt das günstigste Ergebnis, das sich aufgrund der Höchstgrenze von 4.500 € der Entfernungspauschale für die Teilstrecke mit der Bahn ergibt. Dies erreicht er mit dem Ansatz der Entfernungspauschale für 162 Tage (4.500 € Höchstbetrag : tägliche Entfernungspauschale für 82 km von 27,70 € [20 km x 0,30 € = 6 € zuzüglich 62 km x 0,35 € = 21,70 €] = 162 Tage) und dem Ansatz der tatsächlichen Kosten für 58 Tage.

a) **Ermittlung der Entfernungspauschale 162 Tage (erhöhte Entfernungspauschale vorrangig auf die Teilstrecke mit dem eigenen Kraftwagen, vgl. Rz. 22)**
Für die Teilstrecke mit dem eigenen Kraftwagen errechnet sich eine Entfernungspauschale von 162 Arbeitstagen x 17 km x 0,35 € = 963,90 €.
Für die Teilstrecke mit der Bahn beträgt die Entfernungspauschale 162 Arbeitstagen x 20 km x 0,30 € = 972 € zuzüglich 162 Arbeitstagen x 62 km x 0,35 € = 3.515,40 €, insgesamt 4.487,40 €.
so dass sich eine insgesamt anzusetzende Entfernungspauschale von 5.451,30 € (963,90 € + 4.487,40 €) ergibt.

b) **Ermittlung der tatsächlichen Kosten für 58 Tage**
Für die Teilstrecke mit dem eigenen Kraftwagen sind nunmehr 58 Arbeitstage x 17 km x 2 x 0,30 € = 591,60 € anzusetzen (= tatsächliche Aufwendungen mit pauschalem Kilometersatz je Fahrtkilometer).
Für die verbleibende Teilstrecke mit der Bahn sind die anteiligen tatsächlichen Kosten von 759,27 € (240 € x 12 Monate = 2.880 € : 220 Tage x 58 Tage) anzusetzen,
so dass sich insgesamt ein Betrag von 1.350,87 € (591,60 € + 759,27 €) ergibt.

Insgesamt kann somit ein Betrag von 6.803 € (5.451,30 € + 1.350,87 €) abgezogen werden.

Beispiel 13:
Ein Arbeitnehmer A fährt an 220 Arbeitstagen im Jahr mit dem eigenen Kraftwagen 17 km zum Bahnhof und von dort 82 km mit der Bahn zur ersten Tätigkeitsstätte. Die tatsächlichen Bahnkosten betragen 240 € im Monat. Mitte des Jahres **2021** (110 Arbeitstage) tritt eine Behinderung ein (Grad der Behinderung von 90).

A wählt wieder das günstigste Ergebnis (für 162 Tage die Entfernungspauschale und für 58 Tage während des Zeitraums der Behinderung den Ansatz der tatsächlichen Kosten).

a) **Ermittlung der Entfernungspauschale**
Für die Teilstrecke mit dem eigenen Kraftwagen errechnet sich eine Entfernungspauschale von 162 Arbeitstagen x 17 km x 0,35 € = 963,90 €.
Für die Teilstrecke mit der Bahn errechnet sich eine Entfernungspauschale von 162 Arbeitstagen x 20 km x 0,30 € = 972 € zuzüglich 162 Arbeitstagen x 62 km x 0,35 € = 3.515,40 €, insgesamt 4.487,40 €.
so dass sich eine insgesamt anzusetzende Entfernungspauschale von 5.451,30 € (963,90 € + 4.487,40 €) ergibt.

b) **Ermittlung der tatsächlichen Kosten**
Für die Teilstrecke mit dem eigenen Kraftwagen sind nunmehr 58 Arbeitstage x 17 km x 2 x 0,30 € = 591,60 € anzusetzen (= tatsächliche Aufwendungen mit pauschalem Kilometersatz).
Für die verbleibende Teilstrecke mit der Bahn sind die anteiligen tatsächlichen Kosten von 759,27 € (240 € x 12 Monate = 2.880 € : 220 Tage x 58 Tage) anzusetzen,
so dass sich insgesamt ein Betrag von 1.350,87 € (591,60 € + 759,27 €) ergibt.

Insgesamt kann auch in diesem Fall ein Betrag von 6.803 € (162 Tage Entfernungspauschale und 58 Tage tatsächliche Kosten) abgezogen werden.

4. Abgeltungswirkung der Entfernungspauschalen

Nach § 9 Absatz 2 Satz 1 EStG sind durch die Entfernungspauschale sämtliche Aufwendungen abgegolten, die durch die Wege zwischen Wohnung und erster Tätigkeitsstätte und Familienheimfahrten entstehen. Dies gilt z. B. auch für Parkgebühren für das Abstellen des Kraftwagens während der Arbeitszeit, für Finanzierungskosten (vgl. auch BFH vom 15. April 2010, VI R 20/08, BStBl II Seite 805), Beiträge für Kraftfahrerverbände, Versicherungsbeiträge für einen Insassenunfallschutz, Aufwendungen infolge 30

Diebstahls sowie für die Kosten eines Austauschmotors anlässlich eines Motorschadens auf einer Fahrt zwischen Wohnung und erster Tätigkeitsstätte oder einer Familienheimfahrt. Unfallkosten, die auf einer Fahrt zwischen Wohnung und erster Tätigkeitsstätte oder auf einer zu berücksichtigenden Familienheimfahrt entstehen, sind als außergewöhnliche Aufwendungen im Rahmen der allgemeinen Werbungskosten nach § 9 Absatz 1 Satz 1 EStG weiterhin neben der Entfernungspauschale zu berücksichtigen (vgl. Bundestags-Drucksache 16/12099, Seite 6). **Zu den neben der Entfernungspauschale berücksichtigungsfähigen Unfallkosten gehören sowohl fahrzeug- und wegstreckenbezogene Aufwendungen (entgegen BFH vom 19. Dezember 2019, VI R 8/18, BStBl 2020 II Seite 291) als auch Aufwendungen im Zusammenhang mit der Beseitigung oder Linderung von Körperschäden, die durch einen Unfall auf einer beruflich veranlassten Fahrt zwischen Wohnung und erster Tätigkeitsstätte eingetreten sind.**

5. Pauschalbesteuerung nach § 40 Absatz 2 EStG in der ab 1. Januar 2021 geltenden Fassung

5.1 Allgemeines

31 **Mit dem Gesetz zur weiteren steuerlichen Förderung der Elektromobilität und zur Änderung weiterer steuerlicher Vorschriften (BGBl. I 2019 Seite 2451) wurde § 40 Absatz 2 Satz 2 und 3 EStG an die Steuerbefreiung des § 3 Nummer 15 EStG angepasst. Zur Anwendung des § 3 Nummer 15 EStG wird auf das BMF-Schreiben vom 15. August 2019 (BStBl I Seite 875) verwiesen. Darüber hinaus gilt Folgendes:**

32 Der Arbeitgeber kann die Lohnsteuer für Sachbezüge in Form der unentgeltlichen oder verbilligten Beförderung eines Arbeitnehmers zwischen Wohnung und erster Tätigkeitsstätte oder Fahrten nach § 9 Absatz 1 Satz 3 Nummer 4a Satz 3 EStG sowie für zusätzlich zum ohnehin geschuldeten Arbeitslohn gezahlte Zuschüsse zu den Aufwendungen des Arbeitnehmers für Fahrten zwischen Wohnung und erster Tätigkeitsstätte sowie Fahrten nach § 9 Absatz 1 Satz 3 Nummer 4a Satz 3 EStG pauschal mit 15 % erheben, soweit diese den Betrag nicht übersteigen, den der Arbeitnehmer nach § 9 Absatz 1 Satz 3 Nummer 4 und Absatz 2 EStG als Werbungskosten geltend machen kann. Ausschlaggebend für die Höhe des **pauschal besteuerbaren** Betrags ist demnach der Betrag, den der Arbeitnehmer für die Fahrten zwischen Wohnung und erster Tätigkeitsstätte oder Fahrten nach § 9 Absatz 1 Satz 3 Nummer 4a Satz 3 EStG als Werbungskosten geltend machen kann.

33 **Die Pauschalbesteuerung durch den Arbeitgeber entfaltet keine Bindungswirkung für das Veranlagungsverfahren, soweit die pauschal besteuerten Beträge den Betrag übersteigen, den der Arbeitnehmer nach § 9 Absatz 1 Satz 3 Nummer 4 und Absatz 2 EStG als Werbungskosten geltend machen kann; dies gilt für alle noch nicht bestandskräftigen Fälle.**

34 **Für die Ermittlung der Höhe der pauschal besteuerbaren Sachbezüge oder Zuschüsse nach § 40 Absatz 2 Satz 2 Nummer 1 EStG sind für die Jahre 2021 bis 2026 die jeweils gültigen Entfernungspauschalen nach § 9 Absatz 1 Satz 3 Nummer 4 Satz 8 EStG anzuwenden. Das bedeutet, dass bei Entfernungen ab 21 Kilometern zwischen Wohnung und erster Tätigkeitsstätte die Kilometer aufzuteilen und ab dem 21. Kilometer die erhöhte Entfernungspauschale zu berücksichtigen ist.**

35 **Durch die Entfernungspauschale für die Wege zwischen Wohnung und erster Tätigkeitsstätte werden arbeitstäglich zwei Wege (einen Hin- und einen Rückweg) abgegolten. Legt der Arbeitnehmer an dem jeweiligen Arbeitstag nur einen Weg zwischen Wohnung und erster Tätigkeitsstätte zurück, darf auch für die Höhe der**

nach § 40 Absatz 2 Satz 2 Nummer 1 EStG pauschal besteuerbaren Sachbezüge oder Zuschüsse nur die Hälfte der Entfernungspauschale je Entfernungskilometer und Arbeitstag berücksichtigt werden.

5.2 Höhe der pauschal besteuerbaren Sachbezüge und Zuschüsse

Nutzung eines Kraftwagens

Bei ausschließlicher Benutzung eines eigenen oder zur Nutzung überlassenen Kraftwagens ist die Höhe der **pauschal besteuerbaren** Sachbezüge und Zuschüsse des Arbeitgebers auf die Höhe der nach § 9 Absatz 1 Satz 3 Nummer 4 EStG als Werbungskosten abziehbaren Entfernungspauschale beschränkt, ohne Begrenzung auf den Höchstbetrag von 4.500 €. Aus Vereinfachungsgründen kann im **Lohnsteuerabzugsverfahren** davon ausgegangen werden, dass monatlich an 15 Arbeitstagen Fahrten zwischen Wohnung und erster Tätigkeitsstätte oder Fahrten nach § 9 Absatz 1 Satz 3 Nummer 4a Satz 3 EStG erfolgen. 36

Nutzung anderer motorisierter Fahrzeuge

Bei ausschließlicher Benutzung **anderer motorisierter Fahrzeuge** (wie z. B. eines Motorrads, Motorrollers, Mopeds, Mofas, **Pedelecs, E-Bikes)** sind die pauschal besteuerbaren Sachbezüge und Zuschüsse des Arbeitgebers auf die Höhe der nach § 9 Absatz 1 Satz 3 Nummer 4 EStG als Werbungskosten abziehbaren Entfernungspauschale, begrenzt auf den Höchstbetrag von 4.500 €, beschränkt. Aus Vereinfachungsgründen kann im **Lohnsteuerabzugsverfahren** hier ebenfalls davon ausgegangen werden, dass monatlich an 15 Arbeitstagen Fahrten zwischen Wohnung und erster Tätigkeitsstätte oder Fahrten nach § 9 Absatz 1 Satz 3 Nummer 4a Satz 3 EStG erfolgen. 37

Nutzung öffentlicher Verkehrsmittel und Sammelbeförderung

Bei ausschließlicher Benutzung öffentlicher Verkehrsmittel, bei **verbilligter** Sammelbeförderung **nach § 3 Nummer 32 EStG**, für Flugstrecken sowie bei Menschen mit Behinderungen ist eine **Pauschalbesteuerung** der Sachbezüge und Zuschüsse in Höhe der tatsächlichen Aufwendungen des Arbeitnehmers (§ 9 Absatz 1 Satz 3 Nummer 4 und Absatz 2 EStG) für die Fahrten zwischen Wohnung und erster Tätigkeitsstätte oder Fahrten nach § 9 Absatz 1 Satz 3 Nummer 4a Satz 3 EStG zulässig. 38

Nutzung verschiedener Verkehrsmittel (sog. Park & Ride)

Bei der Benutzung verschiedener Verkehrsmittel (insbesondere sog. Park & Ride-Fälle) ist die Höhe der **pauschal besteuerbaren** Sachbezüge und Zuschüsse des Arbeitgebers auf die Höhe der nach § 9 Absatz 1 Satz 3 Nummer 4 und Absatz 2 EStG als Werbungskosten abziehbaren Entfernungspauschale beschränkt. Eine **Pauschalbesteuerung** in Höhe der tatsächlichen Aufwendungen des Arbeitnehmers für die Nutzung öffentlicher Verkehrsmittel kommt erst dann in Betracht, wenn diese die insgesamt im Kalenderjahr anzusetzende Entfernungspauschale, ggf. begrenzt auf den Höchstbetrag von 4.500 €, übersteigen. Aus Vereinfachungsgründen kann im Lohnsteuerabzugsverfahren auch in diesen Fällen davon ausgegangen werden, dass monatlich an 15 Arbeitstagen Fahrten zwischen Wohnung und erster Tätigkeitsstätte oder Fahrten nach § 9 Absatz 1 Satz 3 Nummer 4a Satz 3 EStG erfolgen. 39

Ausnahmen von der Vereinfachungsregelung in Rz. 36, 37 und 39

Die Vereinfachungsregelung (15-Tage-Regel) in Rz. 36 ist nicht anzuwenden, wenn der Arbeitgeber bei der Überlassung eines Kraftwagens bei der Ermittlung des Sachbezugs die tatsächliche Anzahl der Fahrten zwischen Wohnung und erster Tätigkeitsstätte zugrunde gelegt hat. 40

41 **Bei Anwendung der Vereinfachungsregelung (15-Tage-Regelung) in Rz. 36, 37 und 39 wird davon ausgegangen, dass bei einer 5-Tage-Woche monatlich an 15 Arbeitstagen Fahrten zwischen Wohnung und erster Tätigkeitsstätte oder Fahrten nach § 9 Absatz 1 Satz 3 Nummer 4a Satz 3 EStG erfolgen. Die Anzahl dieser Fahrten mindert sich daher verhältnismäßig, wenn der Arbeitnehmer bei einer in die Zukunft gerichteten Prognose an der ersten Tätigkeitsstätte typischerweise an weniger als 5 Arbeitstagen in der Kalenderwoche nach den dienst- oder arbeitsrechtlichen Festlegungen beruflich tätig werden soll (z. B. bei Teilzeitmodellen, Homeoffice, Telearbeit, mobilem Arbeiten). So kann z. B. bei einer 3-Tage-Woche aus Vereinfachungsgründen davon ausgegangen werden, dass monatlich an 9 Arbeitstagen (3/5 von 15 Tagen) Fahrten zwischen Wohnung und erster Tätigkeitsstätte oder Fahrten nach § 9 Absatz 1 Satz 3 Nummer 4a Satz 3 EStG erfolgen.**

5.2.1 Pauschale Besteuerung von Sachbezügen in Form einer unentgeltlichen oder verbilligten Beförderung zwischen Wohnung und erster Tätigkeitsstätte (§ 40 Absatz 2 Satz 2 Nummer 1 Buchstabe a EStG)

42 **Der Arbeitgeber kann die Lohnsteuer für Sachbezüge in Form einer unentgeltlichen oder verbilligten Beförderung zwischen Wohnung und erster Tätigkeitsstätte oder für die Fahrten nach § 9 Absatz 1 Satz 3 Nummer 4a Satz 3 EStG pauschal mit 15 % erheben, soweit die Bezüge den Betrag nicht übersteigen, den der Arbeitnehmer als Werbungskosten geltend machen könnte. Die nach § 40 Absatz 2 Satz 2 Nummer 1 Buchstabe a EStG pauschal besteuerten Bezüge mindern die nach § 9 Absatz 1 Satz 3 Nummer 4 Satz 2 und 8 und Absatz 2 EStG abziehbaren Werbungskosten.**

Beispiel 14:

A nutzt für die Fahrten zwischen Wohnung und erster Tätigkeitsstätte einen vom Arbeitgeber unentgeltlich überlassenen Firmenwagen (kein E-Auto, Bruttolistenpreis im Zeitpunkt der Erstzulassung 40.000 €). Die einfache Entfernung beträgt 25 km.

Der monatlich zu versteuernde geldwerte Vorteil für die Fahrten zwischen Wohnung und erster Tätigkeitsstätte beträgt 300 € (25 km x 0,03 % x 40.000 €). Die Entfernungspauschale beträgt 116,25 € (0,30 € x 20 km x 15 Tage zuzüglich 0,35 € x 5 km x 15 Tage).

Der Arbeitgeber kann den geldwerten Vorteil aus der unentgeltlichen Beförderung für die Fahrten zwischen Wohnung und erster Tätigkeitsstätte in Höhe von 116,25 € mit 15 % pauschal besteuern. Insoweit werden die abziehbaren Werbungskosten gekürzt. Der Differenzbetrag in Höhe von 183,75 € (300 € abzüglich 116,25 €) ist dem (mit dem individuellen Steuersatz zu versteuernden) Bruttoarbeitslohn hinzuzurechnen.

Die pauschal besteuerten Bezüge sind nach Maßgabe des § 4 Absatz 1 Nummer 8 LStDV im Lohnkonto aufzuzeichnen und nach § 41b Absatz 1 Satz 2 Nummer 7 EStG in der Zeile 18 der Lohnsteuerbescheinigung auszuweisen.

Beispiel 15:

A pendelt werktags regelmäßig mit dem ICE von Stuttgart zur ersten Tätigkeitsstätte nach Karlsruhe. Der Arbeitgeber stellt A zusätzlich zum ohnehin geschuldeten Arbeitslohn eine Bahncard 100 zur Verfügung, die A auch privat uneingeschränkt nutzen darf. Die Bahncard 100 kostet 4.400 €. Der reguläre Preis einer Jahresfahrkarte auf dieser Strecke beträgt 3.000 €. Dienstreisen unternimmt A nicht; eine Pauschalbesteuerung nach § 40 Absatz 2 Satz 2 Nummer 2 EStG erfolgt nicht.

Nach § 3 Nummer 15 EStG sind 3.000 € steuerfrei (Preis einer Jahresfahrkarte für die Strecke zwischen Wohnung und erster Tätigkeitsstätte, vgl. Rz. 13 des BMF-Schreibens vom 15. August 2019, BStBl I Seite 875). Der übersteigende Betrag in Höhe von 1.400 € ist steuerpflichtig; er kann nicht nach § 40 Absatz 2 Satz 2 Nummer 1 Buchstabe a EStG pauschal besteuert werden, da es sich insoweit nicht um einen Sachbezug für die Wege zwischen Wohnung und erster Tätigkeitsstätte handelt. Bleiben im Lohnsteuerabzugsverfahren die 3.000 € nach § 3 Nummer 15 EStG steuerfrei, vermin-

dert sich insoweit die Entfernungspauschale des Arbeitnehmers im Veranlagungsverfahren. Wird im Lohnsteuerabzugsverfahren auf die Steuerbefreiung des § 3 Nummer 15 EStG verzichtet und der Arbeitgeber besteuert freiwillig pauschal den Betrag von 3.000 € nach § 40 Absatz 2 Satz 2 Nummer 2 EStG mit 25 %, ist eine Kürzung der abziehbaren Entfernungspauschale im Veranlagungsverfahren sowie ein individueller Ausweis auf der Lohnsteuerbescheinigung des Arbeitnehmers nicht vorzunehmen, vgl. hierzu Rz. 44.

5.2.2 Pauschale Besteuerung von Zuschüssen zu Fahrten zwischen Wohnung und erster Tätigkeitsstätte (§ 40 Absatz 2 Satz 2 Nummer 1 Buchstabe b EStG)

Der Arbeitgeber kann die Lohnsteuer für zusätzlich zum ohnehin geschuldeten Arbeitslohn gezahlte Zuschüsse zu den Aufwendungen des Arbeitnehmers für Fahrten zwischen Wohnung und erster Tätigkeitsstätte sowie Fahrten nach § 9 Absatz 1 Satz 3 Nummer 4a Satz 3 EStG, die nicht nach § 3 Nummer 15 EStG steuerbefreit sind, pauschal mit 15 % erheben, soweit die Zuschüsse den Betrag nicht übersteigen, den der Arbeitnehmer als Werbungskosten geltend machen könnte. Die pauschal besteuerten Zuschüsse mindern die nach § 9 Absatz 1 Satz 3 Nummer 4 Satz 2 und Absatz 2 EStG abziehbaren Werbungskosten. 43

Beispiel 16:

A fährt arbeitstäglich mit seinem privaten Kraftwagen die einfache Entfernung von 30 km zur ersten Tätigkeitstätte. Der Arbeitgeber leistet für diese Fahrten zusätzlich zum ohnehin geschuldeten Arbeitslohn einen Zuschuss von 150 € pro Monat.

Zuschüsse zu Fahrtkosten mit dem eigenen Pkw fallen nicht unter § 3 Nummer 15 EStG. Der Arbeitgeber kann im Lohnsteuerabzugsverfahren aus Vereinfachungsgründen (vgl. Rz. 36) davon ausgehen, dass die abziehbare Entfernungspauschale pro Monat 142,50 € beträgt (20 km x 0,30 € x 15 Tage zuzüglich 10 km x 0,35 € x 15 Tage). Der Arbeitgeber kann den Zuschuss folglich in Höhe von 142,50 € nach § 40 Absatz 2 Satz 2 Nummer 1 Buchstabe b EStG pauschal besteuern. Der übersteigende Betrag des Zuschusses von 7,50 € pro Monat erhöht den (mit dem individuellen Steuersatz zu versteuernden) Bruttoarbeitslohn.

Die pauschal besteuerten Bezüge sind nach Maßgabe des § 4 Absatz 1 Nummer 8 LStDV im Lohnkonto aufzuzeichnen und nach § 41b Absatz 1 Satz 2 Nummer 7 EStG in der Zeile 18 der Lohnsteuerbescheinigung auszuweisen.

Beispiel 17:

A soll laut seinem Arbeitsvertrag an 3 Tagen pro Woche im Homeoffice und einen Tag pro Woche an der ersten Tätigkeitsstätte beruflich tätig werden. Die einfache Entfernung von 30 km zur ersten Tätigkeitsstätte legt A mit seinem privaten Kraftwagen zurück. Der Arbeitgeber leistet für diese Fahrten zusätzlich zum ohnehin geschuldeten Arbeitslohn einen Zuschuss von 150 € pro Monat.

Der Arbeitgeber kann bei einem Tag pro Woche beruflicher Tätigkeit an der ersten Tätigkeitsstätte im Lohnsteuerabzugsverfahren aus Vereinfachungsgründen (vgl. Rz. 36 und 41) davon ausgehen, dass an 1/5 von 15 Tagen (= 3 Tage/Monat) Fahrten zwischen Wohnung und erster Tätigkeitsstätte oder Fahrten nach § 9 Absatz 1 Satz 3 Nummer 4a Satz 3 EStG erfolgen und die abziehbare Entfernungspauschale pro Monat somit 28,50 € beträgt (20 km x 0,30 € x 3 Tage zuzüglich 10 km x 0,35 € x 3 Tage). Der Arbeitgeber kann den Zuschuss folglich in Höhe von 28,50 € nach § 40 Absatz 2 Satz 2 Nummer 1 Buchstabe b EStG mit 15 % pauschal besteuern. Der übersteigende Betrag des Zuschusses von 121,50 € pro Monat erhöht den (mit dem individuellen Steuersatz zu versteuernden) Bruttoarbeitslohn.

Die pauschal besteuerten Bezüge sind nach Maßgabe des § 4 Absatz 1 Nummer 8 LStDV im Lohnkonto aufzuzeichnen und nach § 41b Absatz 1 Satz 2 Nummer 7 EStG in der Zeile 18 der Lohnsteuerbescheinigung auszuweisen.

5.2.3 Pauschale Besteuerung von Sachbezügen und Zuschüssen im Sinne des § 3 Nummer 15 EStG (§ 40 Absatz 2 Satz 2 Nummer 2 EStG)

44 **Anstelle der Steuerbefreiung nach § 3 Nummer 15 EStG kann der Arbeitgeber die Lohnsteuer für alle dort genannten Bezüge eines Kalenderjahres mit einem Pauschsteuersatz von 25 % erheben. Der Arbeitgeber kann auch dann die Pauschalbesteuerung wählen, wenn die Bezüge dem Arbeitnehmer nicht zusätzlich zum ohnehin geschuldeten Arbeitslohn gewährt werden. Mit Ausnahme der Zusätzlichkeitsvoraussetzung müssen die übrigen Voraussetzungen des § 3 Nummer 15 EStG erfüllt sein. Bemessungsgrundlage sind die Aufwendungen des Arbeitgebers einschließlich Umsatzsteuer (§ 40 Absatz 2 Satz 4 EStG).**

Bezüge, die nach § 40 Absatz 2 Satz 2 Nummer 2 EStG besteuert wurden, mindern die abziehbaren Werbungskosten nicht.

Beispiel 18:
Arbeitgeber A schließt mit einem regionalen Verkehrsträger einen Vertrag, wonach alle 100 Arbeitnehmer eine Fahrberechtigung für den gesamten Verkehrsverbund erhalten können. Hierfür zahlt A 80.000 € (einschließlich Umsatzsteuer) an den Verkehrsträger (pro Arbeitnehmer pauschal 800 €).
Die Überlassung der Fahrberechtigung ist nach § 3 Nummer 15 EStG steuerfrei, da es sich um eine Fahrberechtigung für den öffentlichen Personennahverkehr handelt (vgl. Rz. 8 des BMF-Schreibens vom 15. August 2019, BStBl I Seite 875).
A kann bei jedem Arbeitnehmer, der die Fahrberechtigung annimmt (zum möglichen „Nutzungsverzicht" vgl. Rz. 38 des BMF-Schreibens vom 15. August 2019, BStBl I Seite 875), anstelle der Steuerbefreiung nach § 3 Nummer 15 EStG den geldwerten Vorteil aus der Überlassung der unentgeltlichen Fahrberechtigung nach § 40 Absatz 2 Satz 2 Nummer 2 EStG auch mit 25 % pauschal besteuern. Eine Kürzung der abziehbaren Entfernungspauschale sowie ein individueller Ausweis auf der Lohnsteuerbescheinigung ist bei diesen Arbeitnehmern dann nicht vorzunehmen. Die pauschal besteuerten Bezüge sind nach Maßgabe des § 4 Absatz 1 Nummer 8 LStDV im Lohnkonto aufzuzeichnen.

6. Anwendungsregelung

45 **Vorbehaltlich der besonderen Regelungen in Rz. 33 ist dieses Schreiben mit Wirkung ab 1. Januar 2021 anzuwenden; es ist jedoch nicht zu beanstanden, wenn die Ausnahme von der Vereinfachungsregelung (15-Tage-Regelung) in Rz. 41 erst ab 1. Januar 2022 angewendet wird.**

46 **Das BMF-Schreiben zu den Entfernungspauschalen vom 31. Oktober 2013 (BStBl I Seite 1376) ist letztmals für den Veranlagungszeitraum 2020 anzuwenden. Beim Steuerabzug vom Arbeitslohn gilt dies mit der Maßgabe, dass die Fassung des BMF-Schreibens vom 31. Oktober 2013 letztmals auf den laufenden Arbeitslohn anzuwenden ist, der für einen bis zum 31. Dezember 2020 endenden Lohnzahlungszeitraum gezahlt wird, und auf sonstige Bezüge, die bis zum 31. Dezember 2020 zufließen.**

Zweifelsfragen im Zusammenhang mit der ertragsteuerlichen Behandlung von Entlassungsentschädigungen (§ 34 EStG)

BMF vom 1.11.2013 (BStBl I S. 1326)
IV C 4 – S 2290/13/10002 – 2013/0929313
geändert durch BMF vom 4.3.2016 (BStBl I S. 277)
IV C 4 – S 2290/07/10007 :031 – 2016/0166315

Unter Bezugnahme auf das Ergebnis der Erörterungen mit den obersten Finanzbehörden der Länder nehme ich zu Fragen im Zusammenhang mit der ertragsteuerlichen Behandlung von Entlassungsentschädigungen wie folgt Stellung:

Inhaltsverzeichnis

I. Allgemeines

1 [1]Scheidet ein Arbeitnehmer auf Veranlassung des Arbeitgebers vorzeitig aus einem Dienstverhältnis aus, so können ihm folgende Leistungen des Arbeitgebers zufließen, die wegen ihrer unterschiedlichen steuerlichen Auswirkung gegeneinander abzugrenzen sind:

- normal zu besteuernder Arbeitslohn nach § 19, ggf. i. V. m. § 24 Nr. 2 EStG,
- steuerbegünstigte Entschädigungen nach § 24 Nr. 1 i. V. m. § 34 Abs. 1 und 2 EStG (>Rz. 2 bis 3),
- steuerbegünstigte Entschädigungen nach § 24 Nr. 1 i. V. m. § 34 Abs. 1 und 2 EStG (>Rz. 2 bis 4),
- steuerbegünstigte Leistungen für eine mehrjährige Tätigkeit i. S. d. § 34 Abs. 2 Nr. 4 EStG.

[2]Auch die Modifizierung betrieblicher Renten kann Gegenstand von Auflösungsvereinbarungen sein (>Rz. 4 bis 7).

2 [1]Eine steuerbegünstigte Entschädigung setzt voraus, dass an Stelle der bisher geschuldeten Leistung eine andere tritt. [2]Diese andere Leistung muss auf einem anderen, eigenständigen Rechtsgrund beruhen. [3]Ein solcher Rechtsgrund wird regelmäßig Bestandteil der Auflösungsvereinbarung sein; er kann aber auch bereits bei Abschluss des Dienstvertrags oder im Verlauf des Dienstverhältnisses für den Fall des vorzeitigen Ausscheidens vereinbart werden. [4]Eine Leistung in Erfüllung eines bereits vor dem Ausscheiden begründeten Anspruchs des Empfängers ist keine Entschädigung, auch wenn dieser Anspruch in einer der geänderten Situation angepassten Weise erfüllt wird (Modifizierung; siehe z. B. Rz. 4 bis 7). [5]Der Entschädigungsanspruch darf – auch wenn er bereits früher vereinbart worden ist – erst als Folge einer vorzeitigen Beendigung des Dienstverhältnisses entstehen. [6]Eine Entschädigung i. S. d. § 24 Nr. 1 Buchstabe a EStG kann auch vorliegen, wenn der Arbeitgeber seinem Arbeitnehmer eine (Teil-)Abfindung zahlt, weil dieser seine Wochenarbeitszeit aufgrund eines Vertrags zur Änderung des Arbeitsvertrags unbefristet reduziert (>BFH vom 25.8.2009 – BStBl 2010 II S. 1030).

3 [1]Eine Entschädigung i. S. d. § 24 Nr. 1 Buchstabe a EStG, die aus Anlass einer Entlassung aus dem Dienstverhältnis vereinbart wird (Entlassungsentschädigung), setzt den Verlust von Einnahmen voraus, mit denen der Arbeitnehmer rechnen konnte. [2]Eine Zahlung des Arbeitgebers, die bereits erdiente Ansprüche abgilt, wie z. B. rückständiger Arbeitslohn, anteiliges Urlaubsgeld, Urlaubsabgeltung, Weihnachtsgeld, Gratifikationen, Tantiemen oder bei rückwirkender Beendigung des Dienstverhältnisses bis zum steuerlich anzuerkennenden Zeitpunkt der Auflösung noch zustehende Gehaltsansprüche, ist keine Entschädigung i. S. d. § 24 Nr. 1 Buchstabe a EStG. [3]Das gilt auch für freiwillige Leistungen, wenn sie in gleicher Weise den verbleibenden Arbeitnehmern tatsächlich zugewendet werden.

II. Lebenslängliche betriebliche Versorgungszusagen

4 [1]Lebenslängliche Bar- oder Sachleistungen sind als Einkünfte i. S. d. § 24 Nr. 2 EStG zu behandeln (>BFH vom 28.9.1967 – BStBl 1968 II S. 76). [2]Sie sind keine außerordentlichen Einkünfte i. S. d. § 34 Abs. 2 EStG und damit für eine begünstigte Besteuerung der im Übrigen gezahlten Entlassungsentschädigung i. S. d. § 24 Nr. 1 Buchstabe a EStG unschädlich (siehe die hauptsächlichen Anwendungsfälle in Rz. 5 bis 7). [3]Deshalb kommt die begünstigte Besteuerung auch dann in Betracht, wenn dem Arbeitnehmer im Rahmen der Ausscheidensvereinbarung erstmals lebenslang laufende Versorgungsbezüge zugesagt werden. [4]Auch eine zu diesem Zeitpunkt erstmals eingeräumte lebenslängliche Sachleistung, wie z. B. ein verbilligtes oder unentgeltliches Wohnrecht, ist für die ermäßigte Besteuerung unschädlich.

1. Steuerliche Behandlung von Entlassungsentschädigungen bei Verzicht des Arbeitgebers auf die Kürzung einer lebenslänglichen Betriebsrente

Wird bei Beginn der Rente aus der gesetzlichen Rentenversicherung die lebenslängliche Betriebsrente ungekürzt gezahlt, so schließt dies die ermäßigte Besteuerung der Entlassungsentschädigung, die in einem Einmalbetrag gezahlt wird, nicht aus. 5

2. Steuerliche Behandlung von Entlassungsentschädigungen bei vorgezogener lebenslänglicher Betriebsrente

[1]Wird im Zusammenhang mit der Auflösung des Dienstverhältnisses neben einer Einmalzahlung eine (vorgezogene) lebenslängliche Betriebsrente bereits vor Beginn der Rente aus der gesetzlichen Rentenversicherung gezahlt, so schließt auch dies die ermäßigte Besteuerung der Entlassungsentschädigung nicht aus. [2]Dabei ist es unerheblich, ob die vorgezogene Betriebsrente gekürzt, ungekürzt oder erhöht geleistet wird. [3]In diesen Fällen ist die vorgezogene Betriebsrente nach § 24 Nr. 2 EStG zu erfassen. 6

3. Steuerliche Behandlung von Entlassungsentschädigungen bei Umwandlung eines (noch) verfallbaren Anspruchs auf lebenslängliche Betriebsrente in einen unverfallbaren Anspruch

Wird ein (noch) verfallbarer Anspruch auf lebenslängliche Betriebsrente im Zusammenhang mit der Auflösung eines Dienstverhältnisses in einen unverfallbaren Anspruch umgewandelt, so ist die Umwandlung des Anspruchs für die Anwendung des § 34 Abs. 1 EStG auf die Einmalzahlung unschädlich. 7

III. Zusammenballung von Einkünften i. S. d. § 34 EStG

1. Zusammenballung von Einkünften in einem VZ (>1. Prüfung)

[1]Nach ständiger Rechtsprechung (>BFH vom 14.8.2001 – BStBl 2002 II S. 180 m. w. N.) setzt die Anwendung der begünstigten Besteuerung nach § 34 Abs. 1 und 2 EStG u. a. voraus, dass die Entschädigungsleistungen zusammengeballt in einem VZ zufließen. [2]Der Zufluss mehrerer Teilbeträge in unterschiedlichen VZ ist deshalb grundsätzlich schädlich (>BFH vom 3.7.2002 – BStBl 2004 II S. 447, >1. Prüfung). [3]Dies gilt nicht, soweit es sich um eine im Verhältnis zur Hauptleistung stehende geringfügige Zahlung (maximal 5 % der Hauptleistung) handelt, die in einem anderen VZ zufließt (>BFH vom 25.8.2009 – BStBl 2011 II S. 27). [4]Aus Vereinfachungsgründen wird es nicht beanstandet, eine geringfügige Zahlung anzunehmen, wenn diese nicht mehr als 10 % der Hauptleistung beträgt. [5]Darüber hinaus kann eine Zahlung unter Berücksichtigung der konkreten individuellen Steuerbelastung als geringfügig anzusehen sein, wenn sie niedriger ist als die tarifliche Steuerbegünstigung der Hauptleistung (>BFH vom 13.10.2015 – BStBl 2016 II S. 214). [6]Ferner können jedoch auch ergänzende Zusatzleistungen, die Teil der einheitlichen Entschädigung sind und in späteren VZ aus Gründen der sozialen Fürsorge für eine gewisse Übergangszeit gewährt werden, für die Beurteilung der Hauptleistung als einer zusammengeballten Entschädigung unschädlich sein (>Rz. 13). [7]Pauschalbesteuerte Arbeitgeberleistungen sind bei der Beurteilung des Zuflusses in einem VZ nicht zu berücksichtigen. [8]Bestimmen Arbeitgeber und Arbeitnehmer, dass die fällige Entschädigung erst im Folgejahr zufließen soll, ist dies für die Anwendung von § 34 Abs. 1 und 2 EStG unschädlich. [9]Dabei gelten die Grundsätze von Rz. 8 bis 15 entsprechend (>BFH vom 11.11.2009 – BStBl 2010 II S. 46). [10]Ein auf zwei Jahre verteilter Zufluss der Entschädigung ist ausnahmsweise unschädlich, wenn die Zahlung der Entschädigung von vornherein in einer Summe vorgesehen war und nur wegen ihrer ungewöhnlichen Höhe und der besonderen Verhältnisse des Zahlungspflichtigen auf zwei 8[1)]

1) Rz. 8 wurde durch BMF vom 4.3.2016 (BStBl I S. 277) geändert und ist in allen offenen Fällen anzuwenden.

Jahre verteilt wurde oder wenn der Entschädigungsempfänger – bar aller Existenzmittel – dringend auf den baldigen Bezug einer Vorauszahlung angewiesen war (>BFH vom 2.9.1992 – BStBl 1993 II S. 831).

2. Zusammenballung von Einkünften unter Berücksichtigung der wegfallenden Einnahmen (>2. Prüfung)

2.1. Zusammenballung i. S. d. § 34 EStG, wenn durch die Entschädigung die bis zum Jahresende wegfallenden Einnahmen überschritten werden

9 Übersteigt die anlässlich der Beendigung eines Arbeitsverhältnisses gezahlte Entschädigung die bis zum Ende des VZ entgehenden Einnahmen, die der Arbeitnehmer bei Fortsetzung des Arbeitsverhältnisses bezogen hätte, so ist das Merkmal der Zusammenballung von Einkünften stets erfüllt.

2.2. Zusammenballung i. S. d. § 34 EStG, wenn durch die Entschädigung nur ein Betrag bis zur Höhe der bis zum Jahresende wegfallenden Einnahmen abgegolten wird

10 Übersteigt die anlässlich der Beendigung eines Dienstverhältnisses gezahlte Entschädigung die bis zum Ende des (Zufluss-)VZ entgehenden Einnahmen nicht, ist das Merkmal der Zusammenballung von Einkünften nur erfüllt, wenn der Steuerpflichtige weitere Einnahmen bezieht, die er bei Fortsetzung des Dienstverhältnisses nicht bezogen hätte (>BFH vom 4.3.1998 – BStBl II S. 787, >2. Prüfung).

a) Ermittlung der zu berücksichtigenden Einkünfte (mit Beispielen)

11 [1] Für die Beurteilung der Zusammenballung ist es ohne Bedeutung, ob die Entschädigung für den Einnahmeverlust mehrerer Jahre gewährt werden soll. [2] Entscheidend ist vielmehr, ob es unter Einschluss der Entschädigung infolge der Beendigung des Dienstverhältnisses in dem jeweiligen VZ insgesamt zu einer über die normalen Verhältnisse hinausgehenden Zusammenballung von Einkünften kommt (>BFH vom 4.3.1998 – BStBl II S. 787). [3] Dagegen kommt es auf eine konkrete Progressionserhöhung nicht an (>BFH vom 17.12.1982 – BStBl 1983 II S. 221, vom 21.3.1996 – BStBl II S. 416 und vom 4.3.1998 – BStBl II S. 787). [4] Auch die Zusammenballung mit anderen laufenden Einkünften des Steuerpflichtigen ist keine weitere Voraussetzung für die Anwendung des § 34 Abs. 1 EStG (>BFH vom 13.11.1953 – BStBl 1954 III S. 13); dies gilt insbesondere in Fällen, in denen die Entschädigung die bis zum Jahresende entgehenden Einnahmen nur geringfügig übersteigt (>Rz. 9). [5] Andererseits kommt § 34 Abs. 1 EStG unter dem Gesichtspunkt der Zusammenballung auch dann in Betracht, wenn im Jahr des Zuflusses der Entschädigung weitere Einkünfte erzielt werden, die der Steuerpflichtige nicht bezogen hätte, wenn das Dienstverhältnis ungestört fortgesetzt worden wäre und er dadurch mehr erhält, als er bei normalem Ablauf der Dinge erhalten hätte (>BFH vom 4.3.1998 – BStBl II S. 787). [6] Bei der Berechnung der Einkünfte, die der Steuerpflichtige beim Fortbestand des Vertragsverhältnisses im VZ bezogen hätte, ist grundsätzlich auf die Einkünfte des Vorjahres abzustellen (>BFH vom 4.3.1998 – BStBl II S. 787), es sei denn, die Einnahmesituation ist in diesem Jahr durch außergewöhnliche Ereignisse geprägt (>BFH vom 27.1.2010 – BStBl 2011 II S. 28). [7] Die erforderliche Vergleichsrechnung ist grundsätzlich anhand der jeweiligen Einkünfte des Steuerpflichtigen laut Steuerbescheid/Steuererklärung vorzunehmen (>Beispiele 1 und 2). [8] Da die außerordentlichen Einkünfte innerhalb einer Einkunftsart bzw. der Summe der Einkünfte eine „besondere Abteilung" bilden (>BFH vom 29.10.1998 – BStBl 1999 II S. 588), sind in die Vergleichsrechnung nur Einkünfte einzubeziehen, die in einem Veranlassungszusammenhang mit dem (früheren) Arbeitsverhältnis oder dessen Beendigung bzw. in einem inneren Zusammenhang mit der früheren Tätigkeit stehen, d. h. die dazu bestimmt sind, die

Einkünfte aus der früheren Tätigkeit zu ersetzen. [9] Negative Einkünfte aus einer neu aufgenommenen Tätigkeit i. S. d. §§ 13, 15, 18 sowie § 19 EStG (ohne Versorgungsbezüge) sind nie zu berücksichtigen. [10] Dabei ist der Arbeitnehmer-Pauschbetrag vorrangig von den laufenden Einkünften i. S. d. § 19 EStG abzuziehen (>BFH vom 29.10.1998 – BStBl 1999 II S. 588). [11] Dem Progressionsvorbehalt unterliegende positive Lohnersatzleistungen und dem § 32b EStG unterliegender Arbeitslohn sind in die Vergleichsrechnung einzubeziehen. [12] Liegen ausschließlich Einkünfte i. S. d. § 19 EStG vor, ist es nicht zu beanstanden, wenn die erforderliche Vergleichsrechnung stattdessen anhand der betreffenden Einnahmen aus nichtselbständiger Arbeit durchgeführt wird. [13] Unbeschadet der Regelungen in Rz. 8 (Zusammenballung von Einkünften in einem VZ) sind bei einer solchen Vergleichsrechnung nach Maßgabe der Einnahmen neben den positiven Lohnersatzleistungen und dem Arbeitslohn, die dem Progressionsvorbehalt nach § 32b EStG unterliegen, auch pauschalbesteuerte Arbeitgeberleistungen einzubeziehen (>Beispiel 3).

Beispiel 1:

Auflösung des Dienstverhältnisses im Jahr 02. Die Entschädigung im Jahr 02 beträgt 15.000 EUR.

Vergleich

– Jahr 01		
Einkünfte i. S. d. § 19 EStG (50.000 EUR ./. 1.000 EUR)		49.000 EUR
Einkünfte aus den übrigen Einkunftsarten		0 EUR
Summe		49.000 EUR
– Jahr 02		
Einnahmen i. S. d. § 19 EStG aus bisherigem Dienstverhältnis	25.000 EUR	
Einnahmen i. S. d. § 19 EStG aus neuem Dienstverhältnis	25.000 EUR	
abzgl. AN-Pauschbetrag	1.000 EUR	49.000 EUR
Entschädigung		15.000 EUR
Summe		64.000 EUR

Die Entschädigung (15.000 EUR) übersteigt nicht den Betrag der entgehenden Einnahmen (25.000 EUR). Der Steuerpflichtige hat aber aus dem alten und neuen Dienstverhältnis so hohe Einkünfte, dass es unter Einbeziehung der Entschädigung zu einer die bisherigen Einkünfte übersteigenden Zusammenballung von Einkünften und somit zur Anwendung des § 34 EStG kommt.

Beispiel 2:

Auflösung des Dienstverhältnisses im Jahr 02. Die Entschädigung im Jahr 02 beträgt 20.000 EUR.

Vergleich

– Jahr 01	
Einkünfte i. S. d. § 19 EStG (50.000 EUR ./. 1.000 EUR)	49.000 EUR
Einkünfte aus den übrigen Einkunftsarten	0 EUR
Summe	49.000 EUR
– Jahr 02	
Einnahmen i. S. d. § 19 EStG aus bisherigem Dienstverhältnis (20.000 EUR) abzgl. AN-Pauschbetrag (1.000 EUR)	19.000 EUR
Entschädigung	20.000 EUR
tatsächlich bezogenes Arbeitslosengeld	4.800 EUR
Summe	43.800 EUR

Die Entschädigung von 20.000 EUR übersteigt nicht den Betrag der entgehenden Einnahmen (30.000 EUR). Der auf der Basis der Einkünfte vorgenommene Vergleich der aus dem bisherigen Dienstverhältnis im Jahr 02 bezogenen Einkünfte einschließlich der Entschädigung (19.000 EUR + 20.000 EUR + 4.800 EUR = 43.800 EUR) übersteigt nicht die bisherigen Einkünfte des Jahres 01 (49.000 EUR).

Auch bei einem Vergleich nach Maßgabe der Einnahmen aus nichtselbständiger Arbeit übersteigen die im Jahr 02 bezogenen Einnahmen einschließlich der Entschädigung (20.000 EUR + 20.000 EUR + 4.8000 = 44.800 EUR) nicht die Einnahmen des Jahres 01 (50.000 EUR). Eine Zusammenballung der Einkünfte liegt daher nicht vor. Für die Entschädigung kommt eine ermäßigte Besteuerung nach § 34 Abs. 1 und 2 EStG deshalb nicht in Betracht.

Beispiel 3:

Auflösung des Dienstverhältnisses im Jahr 02. Die Entschädigung im Jahr 02 beträgt 25.000 EUR.

Vergleich auf der Basis der Einnahmen:

– Jahr 01	
Einnahmen i. S. d. § 19 EStG	50.000 EUR
– Jahr 02	
Einnahmen i. S. d. § 19 EStG aus bisherigem Dienstverhältnis	20.000 EUR
Entschädigung	25.000 EUR
pauschal besteuerte Zukunftssicherungsleistungen ab dem Ausscheiden	994 EUR
tatsächlich bezogenes Arbeitslosengeld	4.800 EUR
Summe	50.794 EUR

Die Entschädigung 25.000 EUR übersteigt nicht den Betrag der entgehenden Einnahmen (30.000 EUR).

Der Vergleich nach Maßgabe der Einnahmen aus nichtselbständiger Arbeit ergibt, dass die Einnahmen im Jahr 02 einschließlich der Entschädigung, den pauschal besteuerten Zukunftssicherungsleistungen ab dem Ausscheiden und dem tatsächlich bezogenen Arbeitslosengeld (50.794 EUR) die Einnahmen des Jahres 01 (50.000 EUR) übersteigen. Aufgrund der vorliegenden Zusammenballung kann die Entschädigung nach § 34 Abs. 1 und 2 EStG ermäßigt besteuert werden.

Beispiel 4:

Auflösung des Dienstverhältnisses im März 02 – Einnahmen i. S. d. § 19 EStG bis dahin 17.000 EUR, die Entschädigung beträgt 46.000 EUR. Anschließend Bezug von Arbeitslosengeld (April 02 bis Oktober 02) 9.000 EUR. Gründung eines Gewerbebetriebs im November 02 (Einkünfte ./. 15.000 EUR).

Vergleich:

– Jahr 01	
Einkünfte i. S. d. § 19 EStG (65.000 EUR ./. 1.000 EUR)	64.000 EUR
Einkünfte aus den übrigen Einkunftsarten	0 EUR
Summe	64.000 EUR
– Jahr 02	
Einkünfte i. S. d. § 19 EStG aus bisherigem Dienstverhältnis (17.000 EUR ./. 1.000 EUR)	16.000 EUR
Entschädigung	46.000 EUR
tatsächlich bezogenes Arbeitslosengeld	9.000 EUR
Summe	71.000 EUR

Die Entschädigung (46.000 EUR) übersteigt nicht den Betrag der entgehenden Einnahmen (65.000 EUR ./. 17.000 EUR) in Höhe von 48.000 EUR.

Nach dem Vergleich der Einkünfte aus dem früheren Dienstverhältnis des Jahres 01 (64.000 EUR) mit den Einkünften des Jahres 02, die in Zusammenhang mit dem früheren Arbeitsverhältnis (Arbeitslohn und Entschädigung) und dessen Auflösung (Arbeitslosengeld) stehen (71.000 EUR), liegt jedoch eine Zusammenballung von Einkünften im Jahr 02 vor.

Die negativen Einkünfte aus dem neu aufgenommenen Gewerbebetrieb sind nicht zu berücksichtigen.

b) Anwendung im Lohnsteuerabzugsverfahren

[1]Im Lohnsteuerabzugsverfahren richtet sich die Anwendung des § 34 EStG nach § 39b Abs. 3 Satz 9 EStG. [2]Dabei ist die Regelung nach Rz. 8 und 11 ebenfalls anzuwenden, wobei der Arbeitgeber auch solche Einnahmen (Einkünfte) berücksichtigen darf, die der Arbeitnehmer nach Beendigung des bestehenden Dienstverhältnisses erzielt. [3]Der Arbeitnehmer ist in diesem Fall zur Abgabe einer Einkommensteuererklärung verpflichtet (Pflichtveranlagung nach § 46 Abs. 2 Nr. 5 EStG). [4]Kann der Arbeitgeber die erforderlichen Feststellungen nicht treffen, ist im Lohnsteuerabzugsverfahren die Besteuerung ohne Anwendung des § 39b Abs. 3 Satz 9 EStG durchzuführen. [5]Die begünstigte Besteuerung erfolgt dann ggf. erst im Veranlagungsverfahren (Antragsveranlagung nach § 46 Abs. 2 Nr. 8 EStG). [6]Die ermäßigte Besteuerung ist im Lohnsteuerabzugsverfahren nicht anzuwenden, wenn sie zu einer höheren Steuer führt als die Besteuerung als nicht begünstigter sonstiger Bezug (>BMF-Schreiben vom 10.1.2000 – BStBl I S. 138). 12

3. Zusammenballung von Einkünften bei zusätzlichen Entschädigungsleistungen des Arbeitgebers

a) Zusätzliche Entschädigungsleistungen des Arbeitgebers

[1]Sehen Entlassungsvereinbarungen zusätzliche Leistungen des früheren Arbeitgebers vor, z. B. unentgeltliche Nutzung des Dienstwagens, ohne dass der ausgeschiedene Mitarbeiter noch zu einer Dienstleistung verpflichtet wäre, so kann es sich um eine Entschädigung handeln (>Rz. 2, 3). [2]Eine Entschädigung liegt in diesen Fällen u. a. nicht vor, wenn derartige zusätzliche Leistungen nicht nur bei vorzeitigem Ausscheiden, sondern auch in anderen Fällen, insbesondere bei altersbedingtem Ausscheiden, erbracht werden, z. B. Fortführung von Mietverhältnissen, von Arbeitgeberdarlehen, von Deputatlieferungen und von Sondertarifen, sowie Weitergewährung von Rabatten. [3]Lebenslänglich zugesagte Geld- oder Sachleistungen sind stets nach § 24 Nr. 2 EStG zu behandeln. 13

b) Zusammenballung von Einkünften bei zusätzlichen Entschädigungsleistungen des Arbeitgebers aus Gründen der sozialen Fürsorge in späteren VZ

[1]Fließt die Gesamtentschädigung (Einmalbetrag zuzüglich zusätzlicher Entschädigungsleistungen) nicht in einem VZ zu, so ist dies für die Anwendung des § 34 EStG grundsätzlich schädlich (>Rz. 8). [2]Werden aber zusätzliche Entschädigungsleistungen, die Teil einer einheitlichen Entschädigung sind, aus Gründen der sozialen Fürsorge für eine gewisse Übergangszeit in späteren VZ gewährt, sind diese für die Beurteilung der Hauptleistung als einer zusammengeballten Entschädigung unschädlich, wenn sie weniger als 50 % der Hauptleistung betragen. 14

[3]Die Vergleichsrechnung ist hier durch Einnahmenvergleich vorzunehmen.

[4]Zusatzleistungen aus Gründen der sozialen Fürsorge sind beispielsweise solche Leistungen, die der (frühere) Arbeitgeber seinem (früheren) Arbeitnehmer zur Erleichterung des Arbeitsplatz- oder Berufswechsels oder als Anpassung an eine dauerhafte Berufsaufgabe und Arbeitslosigkeit erbringt. [5]Sie setzen keine Bedürftigkeit des entlassenen Arbeitnehmers voraus. [6]Soziale Fürsorge ist allgemein im Sinne der Fürsorge des Arbeitgebers für seinen früheren Arbeitnehmer zu verstehen. [7]Ob der Arbeitgeber zu der Fürsorge arbeitsrechtlich verpflichtet ist, ist unerheblich.

[8]Derartige ergänzende Zusatzleistungen können beispielsweise die Übernahme von Kosten für eine Outplacement-Beratung (>BFH vom 14.8.2001 – BStBl 2002 II S. 180),

die befristete Weiterbenutzung des Dienstwagens (>BFH vom 3.7.2002 – BStBl 2004 II S. 447), die befristete Übernahme von Versicherungsbeiträgen, die befristete Zahlung von Zuschüssen zum Arbeitslosengeld (>BFH vom 24.1.2002 – BStBl 2004 II S. 442), die Zahlung einer Jubiläumszuwendung nach dem Ausscheiden, die der Arbeitnehmer bei Fortsetzung des Arbeitsverhältnisses erhalten hätte (>BFH vom 14.5.2003 – BStBl 2004 II S. 451) und Zahlungen zur Verwendung für die Altersversorgung (>BFH vom 15.10.2003 – BStBl 2004 II S. 264) sein.

[9] Die aus sozialer Fürsorge erbrachten ergänzenden Zusatzleistungen, die außerhalb des zusammengeballten Zuflusses in späteren VZ erfolgen, fallen nicht unter die Tarifbegünstigung des § 34 Abs. 1 EStG.

Beispiel:

Auflösung des Dienstverhältnisses im Jahr 02. Der Arbeitgeber zahlt im Jahr 02 insgesamt 150.000 EUR Entschädigung und gewährt von Juli 02 bis Juni 03 zur Überbrückung der Arbeitslosigkeit einen Zuschuss zum Arbeitslosengeld von monatlich 2.500 EUR. Im Jahr 03 fließen keine weiteren Einkünfte zu.

–	Jahr 02		
	Einnahmen i. S. d. § 19 EStG		50.000 EUR
	Entschädigung	150.000 EUR	
	monatlicher Zuschuss (6 x 2.500 EUR)	15.000 EUR	
	Entschädigung insgesamt (Hauptleistung)		165.000 EUR
–	Jahr 03		
	monatlicher Zuschuss (6 x 2.500 EUR)		15.000 EUR

Die im Jahr 03 erhaltenen Zahlungen sind zusätzliche Entschädigungsleistungen, die aus sozialer Fürsorge für eine gewisse Übergangszeit gewährt wurden. Sie betragen 15.000 EUR = 9,09 % von 165.000 EUR (Entschädigungshauptleistung) und sind damit unschädlich für die Beurteilung der Hauptleistung als einer zusammengeballten Entschädigung. Die im Jahr 02 erhaltenen Entschädigungsleistungen sind daher nach § 34 EStG ermäßigt zu besteuern. Die im Jahr 03 erhaltenen Zusatzleistungen fallen nicht unter die Tarifbegünstigung des § 34 EStG. Wegen des vorzunehmenden Vergleichs der Einnahmen bleibt der Arbeitnehmer-Pauschbetrag außer Betracht.

c) Weitere Nutzung der verbilligten Wohnung

15 Ist die weitere Nutzung einer Wohnung Bestandteil der Entschädigungsvereinbarung, so ist die Mietverbilligung nur dann für die Zusammenballung von Einkünften schädlich, wenn sie mietrechtlich frei vereinbar und dem Grunde nach geldwerter Vorteil aus dem früheren Dienstverhältnis ist und nicht auf die Lebenszeit des oder der Berechtigten abgeschlossen ist.

IV. Planwidriger Zufluss in mehreren VZ/Rückzahlung bereits empfangener Entschädigungen

16 [1] Die Anwendung der begünstigten Besteuerung nach § 34 Abs. 1 und 2 EStG setzt u. a. voraus, dass die Entschädigungsleistungen zusammengeballt, d. h. in einem VZ zufließen (>Rz. 9). [2] Das Interesse der Vertragsparteien ist daher regelmäßig auf den planmäßigen Zufluss in einem VZ gerichtet. [3] Findet in den Fällen der nachstehenden Rz. 19 und 20 ein planwidriger Zufluss in mehreren VZ statt, obwohl die Vereinbarungen eindeutig auf einen einmaligen Zufluss gerichtet waren, ist der Korrekturbetrag eines nachfolgenden VZ (VZ 02) auf Antrag des Steuerpflichtigen in den VZ (VZ 01) zurück zu beziehen, in dem die – grundsätzlich begünstigte – Hauptentschädigung zugeflossen ist. [4] Stimmt das Finanzamt diesem Antrag zu (§ 163 AO), ist der Steuerbescheid (VZ 01) nach § 175 Abs. 1 Satz 1 Nr. 2 AO zu ändern, wobei die begünstigte Besteuerung auf die

gesamte Entschädigungsleistung (Hauptentschädigung zzgl. Korrekturbetrag) anzuwenden ist. [5]Wird der Antrag nicht gestellt und ist die Steuerfestsetzung für diesen VZ (VZ 02) bereits bestandskräftig, so ist der Bescheid (VZ 01) nach § 175 Abs. 1 Satz 1 Nr. 2 AO zu ändern und die begünstigte Steuerberechnung wegen fehlender Zusammenballung zu versagen.

[1]Hat der Steuerpflichtige in einem nachfolgenden VZ einen Teil der Entschädigung zurückzuzahlen, so ist die Rückzahlung als Korrektur auch dann im Jahr des Abflusses zu berücksichtigen, wenn die Abfindung im Zuflussjahr begünstigt besteuert worden ist. [2]Eine Lohnrückzahlung ist regelmäßig kein rückwirkendes Ereignis i. S. d. § 175 Abs. 1 Satz 1 Nr. 2 AO, das zur Änderung des Einkommensteuerbescheides des Zuflussjahres berechtigt (>BFH vom 4.5.2006 – BStBl II S. 911). 17

1. Versehentlich zu niedrige Auszahlung der Entschädigung

[1]Es kommt vor, dass eine Entschädigung an den ausscheidenden Arbeitnehmer versehentlich – z. B. auf Grund eines Rechenfehlers, nicht jedoch bei unzutreffender rechtlicher Würdigung – im Jahr des Ausscheidens zu niedrig ausgezahlt wird. [2]Der Fehler wird im Laufe eines späteren VZ erkannt und der Differenzbetrag ausgezahlt. 18

2. Nachzahlung nach Rechtsstreit

[1]Streiten sich Arbeitgeber und Arbeitnehmer vor Gericht über die Höhe der Entschädigung, zahlt der Arbeitgeber üblicherweise an den Arbeitnehmer im Jahr des Ausscheidens nur den von ihm (Arbeitgeber) für zutreffend gehaltenen Entschädigungsbetrag und leistet ggf. erst Jahre später auf Grund einer gerichtlichen Entscheidung oder eines Vergleichs eine weitere Zahlung. [2]Voraussetzung für die Anwendung der Billigkeitsregelung nach Rz. 16 ist in diesen Fällen, dass der ausgeschiedene Arbeitnehmer keinen Ersatzanspruch hinsichtlich einer aus der Nachzahlung resultierenden eventuellen ertragsteuerlichen Mehrbelastung gegenüber dem früheren Arbeitgeber hat. 19

V. Vom Arbeitgeber freiwillig übernommene Rentenversicherungsbeiträge i. S. d. § 187a SGB VI

Die Hälfte der vom Arbeitgeber freiwillig übernommenen Rentenversicherungsbeiträge i. S. d. § 187a SGB VI, durch die Rentenminderungen bei vorzeitiger Inanspruchnahme der Altersrente gemildert oder vermieden werden können, ist steuerfrei nach § 3 Nr. 28 EStG. 20

[1]Die vom Arbeitgeber zusätzlich geleisteten Rentenversicherungsbeiträge nach § 187a SGB VI einschließlich darauf entfallender, ggf. vom Arbeitgeber getragener Steuerabzugsbeträge sind als Teil der Entschädigung i. S. d. § 24 Nr. 1 EStG, die im Zusammenhang mit der Auflösung eines Dienstverhältnisses geleistet wird, zu behandeln. [2]Leistet der Arbeitgeber diese Beiträge in Teilbeträgen, ist dies für die Frage der Zusammenballung unbeachtlich. [3]Die dem Arbeitnehmer darüber hinaus zugeflossene Entschädigung (Einmalbetrag) kann daher aus Billigkeitsgründen auf Antrag unter den übrigen Voraussetzungen begünstigt besteuert werden. 21

VI. Anwendung

[1]Die vorstehenden Grundsätze sind in allen noch offenen Fällen anzuwenden. [2]Dieses Schreiben ersetzt die im Bezug genannten BMF-Schreiben[1]). 22

---

[1]) BMF-Schreiben vom 24.5.2004 (BStBl I S. 505, berichtigt BStBl I S. 633) und vom 17.1.2011 (BStBl I S. 39)

Entlastungsbetrag für Alleinerziehende (§ 24b EStG); Anwendungsschreiben

BMF vom 23.10.2017 (BStBl I S. 1432)
IV C 8 – S 2265-a/14/10005 – 2017/0877364

Unter Bezugnahme auf das Ergebnis der Erörterungen mit den obersten Finanzbehörden der Länder gilt für die Anwendung des § 24b EStG Folgendes:

I. Allgemeines

1 Alleinerziehende Steuerpflichtige haben gemäß § 24b EStG Anspruch auf einen Entlastungsbetrag. Ziel des Entlastungsbetrags ist es, die höheren Kosten für die eigene Lebens- bzw. Haushaltsführung der Alleinerziehenden abzugelten, die einen gemeinsamen Haushalt nur mit ihren Kindern und keiner anderen erwachsenen Person führen, die tatsächlich oder finanziell zum Haushalt beiträgt. Ab dem Veranlagungszeitraum 2015 beträgt der Entlastungsbetrag jährlich 1.908 Euro[1]) und erhöht sich für jedes weitere Kind um jährlich 240 Euro (vgl. Artikel 1 des Gesetzes zur Anhebung des Grundfreibetrags, des Kinderfreibetrags, des Kindergeldes und des Kinderzuschlags vom 16. Juli 2015, BGBl. I S. 1202).

2 Der Entlastungsbetrag für Alleinerziehende wird außerhalb des Familienleistungsausgleichs bei der Ermittlung des Gesamtbetrags der Einkünfte durch Abzug von der Summe der Einkünfte und beim Lohnsteuerabzug durch die Steuerklasse II berücksichtigt.

II. Anspruchsvoraussetzungen

3 Der Entlastungsbetrag für Alleinerziehende wird gemäß § 24b Absatz 1 Satz 1 EStG Steuerpflichtigen gewährt, die alleinstehend sind und zu deren Haushalt mindestens ein Kind gehört, für das ihnen ein Freibetrag nach § 32 Absatz 6 EStG oder Kindergeld zusteht.

1. Alleinstehend

4 Alleinstehend i. S. d. § 24b Absatz 1 EStG sind nach § 24b Absatz 3 Satz 1 EStG Steuerpflichtige, die nicht die Voraussetzungen für die Anwendung des Splitting-Verfahrens (§ 26 Absatz 1 EStG) erfüllen oder verwitwet sind und keine Haushaltsgemeinschaft mit einer anderen volljährigen Person bilden. Eine Haushaltsgemeinschaft mit einem minderjährigen Kind ist stets unschädlich.

a) Kein Splitting-Verfahren

5 Als alleinstehend sind grundsätzlich nur Steuerpflichtige anspruchsberechtigt, die nicht die Voraussetzungen für die Anwendung des Splitting-Verfahrens erfüllen (vgl. BFH-Urteil vom 19. Oktober 2006, III R 4/05, BStBl 2007 II S. 637). Nach § 2 Absatz 8 EStG sind die Regelungen des Splitting-Verfahrens auch auf Lebenspartner und Lebenspartnerschaften anzuwenden.

6 Alleinstehend sind daher nur Steuerpflichtige,

- die während des gesamten Veranlagungszeitraums nicht verheiratet/verpartnert sind oder
- die verheiratet/verpartnert sind, aber seit mindestens dem vorangegangenen Veranlagungszeitraum dauernd getrennt leben oder

---

[1]) jetzt 4.008 €

– die verwitwet sind oder
– deren Ehegatte/Lebenspartner im Ausland lebt und nicht unbeschränkt einkommensteuerpflichtig i. S. d. § 1 Absatz 1 oder Absatz 2 oder des § 1a EStG ist.

b) Keine Haushaltsgemeinschaft mit einer anderen volljährigen Person

Weitere Voraussetzung ist, dass der Steuerpflichtige keine Haushaltsgemeinschaft mit einer anderen volljährigen Person bildet. Es ist allerdings unschädlich, wenn es sich bei der anderen volljährigen Person um ein leibliches Kind, Adoptiv-, Pflege-, Stief- oder Enkelkind handelt, für das dem Steuerpflichtigen ein Freibetrag nach § 32 Absatz 6 EStG oder Kindergeld zusteht. 7

Eine Haushaltsgemeinschaft mit einer anderen volljährigen Person liegt vor, wenn der Steuerpflichtige und die andere Person in der gemeinsamen Wohnung gemeinsam wirtschaften. Ein gemeinsames Wirtschaften i. S. v. § 24b Absatz 3 Satz 2 EStG kann sowohl darin bestehen, dass die andere volljährige Person zu den Kosten des gemeinsamen Haushalts beiträgt, als auch in einer Entlastung durch tatsächliche Hilfe und Zusammenarbeit. Auf den Umfang der Hilfe oder des Anteils an den im Haushalt anfallenden Arbeiten kommt es grundsätzlich nicht an (vgl. BFH-Urteil vom 28. Juni 2012, III R 26/10, BStBl II S. 815). 8

Ein gemeinsames Wirtschaften setzt ferner nicht voraus, dass nur eine gemeinsame Kasse besteht und die zur Befriedigung jeglichen Lebensbedarfs dienenden Güter nur gemeinsam und aufgrund gemeinsamer Planung angeschafft werden. Es genügt eine mehr oder weniger enge Gemeinschaft mit nahem Beieinanderwohnen, bei der jedes Mitglied der Gemeinschaft tatsächlich oder finanziell seinen Beitrag zur Haushalts- bzw. Lebensführung leistet und an ihr partizipiert (der gemeinsame Verbrauch der Lebensmittel oder Reinigungsmittel, die gemeinsame Nutzung des Kühlschrankes etc.). Auf die Zahlungswege kommt es nicht an. Es steht daher der Annahme einer Haushaltsgemeinschaft nicht entgegen, wenn z. B. der Steuerpflichtige die laufenden Kosten des Haushalts ohne Miete trägt und die andere Person dafür vereinbarungsgemäß die volle Miete bezahlt. 9

Es kommt ferner nicht darauf an, dass der Steuerpflichtige und die andere Person in besonderer Weise materiell (Unterhaltsgewährung) und immateriell (Fürsorge und Betreuung) verbunden sind. Als Kriterien für eine Haushaltsgemeinschaft können auch der Zweck und die Dauer der Anwesenheit der anderen Person in der Wohnung des Steuerpflichtigen herangezogen werden. So liegt eine Haushaltsgemeinschaft nicht vor, bei nur kurzfristiger Anwesenheit in der Wohnung oder nicht nur vorübergehender Abwesenheit von der Wohnung. 10

Beispiele für nur kurzfristige Anwesenheit:
Zu Besuchszwecken, aus Krankheitsgründen.

Beispiele für nur vorübergehende Abwesenheit:
Krankenhausaufenthalt, Auslandsreise, Auslandsaufenthalt eines Montagearbeiters, doppelte Haushaltsführung aus beruflichen Gründen bei regelmäßiger Rückkehr in die gemeinsame Wohnung.

Beispiele für eine nicht nur vorübergehende Abwesenheit:
Strafvollzug, bei Meldung als vermisst, Auszug aus der gemeinsamen Wohnung, Unterhaltung einer zweiten Wohnung aus privaten Gründen.

Eine Haushaltsgemeinschaft ist insbesondere gegeben bei eheähnlichen oder lebenspartnerschaftsähnlichen Gemeinschaften, bei Wohngemeinschaften unter gemeinsamer Wirtschaftsführung mit einer sonstigen volljährigen Person, z. B. einem Studierenden, mit volljährigen Kindern, für die dem Steuerpflichtigen weder ein Freibetrag nach § 32 Absatz 6 EStG noch Kindergeld zusteht, mit anderen Verwandten (vgl. BFH-Urteil vom 11

28. Juni 2012, III R 26/10, BStBl II S. 815), oder bei nicht dauernd getrennt lebenden Ehegatten/Lebenspartnern, wenn keine Ehegatten-/Lebenspartnerbesteuerung in Betracht kommt, z. B. deutsche Ehegatten/Lebenspartner von Angehörigen der NATO-Streitkräfte.

12 Eheähnliche oder lebenspartnerschaftsähnliche Gemeinschaften – im Sinne einer auf Dauer angelegten Verantwortungs- und Einstehensgemeinschaft – können anhand der folgenden, aus dem Sozialrecht abgeleiteten Indizien festgestellt werden:

- Dauer des Zusammenlebens (z. B. von länger als einem Jahr),
- Versorgung gemeinsamer Kinder im selben Haushalt,
- Versorgung anderer Angehöriger im selben Haushalt,
- von beiden Partnern unterschriebener und auf Dauer angelegter Mietvertrag,
- gemeinsame Kontoführung,
- andere Verfügungsbefugnisse über Einkommen und Vermögen des Partners oder
- andere gemeinsame Verträge, z. B. über Unterhaltspflichten.

Beantragt ein Steuerpflichtiger den Abzug von Unterhaltsleistungen an die andere volljährige Person als außergewöhnliche Belastungen nach § 33a Absatz 1 Satz 3 EStG, ist in der Regel vom Vorliegen einer eheähnlichen oder lebenspartnerschaftsähnlichen Gemeinschaft auszugehen.

13 Mit einer sonstigen volljährigen Person besteht keine Haushaltsgemeinschaft, wenn sie sich tatsächlich und finanziell nicht an der Haushaltsführung beteiligt. Das ist grundsätzlich nur dann der Fall, wenn diese einen vollständig getrennten Haushalt führt oder wenn – z. B. beim Zusammenleben mit einkommenslosen pflegebedürftigen Angehörigen – jedwede Unterstützungsleistung durch die andere Person ausgeschlossen erscheint. So fehlt die Fähigkeit, sich tatsächlich an der Haushaltsführung zu beteiligen, bei Personen, bei denen mindestens ein Schweregrad der Pflegebedürftigkeit i. S. d. §§ 14, 15 SGB XI (Pflegegrade 1 bis 5, bis einschließlich Veranlagungszeitraum 2016: Pflegestufe I, II oder III) besteht oder die blind sind. Der Nachweis des gesundheitlichen Merkmals „blind" richtet sich nach § 65 EStDV. Der Nachweis über den Pflegegrad i. S. d. § 15 SGB XI ist durch Vorlage des Leistungsbescheides des Sozialhilfeträgers bzw. des privaten Pflegeversicherungsunternehmens zu führen. Bei rückwirkender Feststellung des Merkmals „blind" oder der Pflegebedürftigkeit sind ggf. bestandskräftige Steuerfestsetzungen auch hinsichtlich des Entlastungsbetrags nach § 24b EStG zu ändern. Die Fähigkeit, sich finanziell an der Haushaltsführung zu beteiligen, fehlt bei einer Person, die kein oder nur geringes Vermögen i. S. d. § 33a Absatz 1 Satz 4 EStG besitzt und deren Einkünfte und Bezüge i. S. d. § 33a Absatz 1 Satz 5 EStG den in § 33a Absatz 1 Satz 1 EStG genannten Betrag nicht übersteigen.

c) Gesetzliche Vermutung einer Haushaltsgemeinschaft

14 Die Annahme einer Haushaltsgemeinschaft setzt nicht die Meldung der anderen Person in der Wohnung des Steuerpflichtigen voraus. § 24b Absatz 3 Satz 2 EStG enthält jedoch neben der gesetzlichen Definition der Haushaltsgemeinschaft auch die Vermutung für das Vorliegen einer Haushaltsgemeinschaft, wenn eine andere volljährige Person mit Haupt- oder Nebenwohnsitz in der Wohnung des Steuerpflichtigen gemeldet ist. Eine nachträgliche Ab- bzw. Ummeldung ist insoweit unerheblich.

15 Die Vermutung ist widerlegbar (§ 24b Absatz 3 Satz 3 EStG). Sie ist widerlegt, wenn die Gemeinde oder das Finanzamt positive Kenntnis davon haben, dass die tatsächlichen Verhältnisse von den melderechtlichen Verhältnissen zugunsten des Steuerpflichtigen abweichen. Der Steuerpflichtige kann die Vermutung der Haushaltsgemeinschaft mit einer in seiner Wohnung gemeldeten anderen volljährigen Person widerlegen, wenn er

glaubhaft darlegt, dass eine Haushaltsgemeinschaft mit der anderen Person nicht vorliegt.

Leben der Steuerpflichtige und die andere volljährige Person in einer eheähnlichen oder lebenspartnerschaftsähnlichen Gemeinschaft (vgl. Rz. 11-12), ist die Vermutung, dass eine Haushaltsgemeinschaft vorliegt, unwiderlegbar (§ 24b Absatz 3 Satz 3 2. Halbsatz EStG). 16

2. Haushaltszugehörigkeit eines Kindes

Weitere Anspruchsvoraussetzung ist, dass ein Kind, für das dem Steuerpflichtigen ein Freibetrag nach § 32 Absatz 6 EStG oder Kindergeld zusteht, zum Haushalt des Steuerpflichtigen gehört. Ein Kind gehört zum Haushalt des Steuerpflichtigen, wenn es in der Wohnung des Steuerpflichtigen gemeldet, dauerhaft in dessen Wohnung lebt oder mit seiner Einwilligung vorübergehend, z. B. zu Ausbildungszwecken, auswärtig untergebracht ist. 17

Haushaltszugehörigkeit erfordert ferner eine Verantwortung für das materielle (Versorgung, Unterhaltsgewährung) und immaterielle Wohl (Fürsorge, Betreuung) des Kindes. Eine Heimunterbringung ist unschädlich, wenn die Wohnverhältnisse in der Familienwohnung die speziellen Bedürfnisse des Kindes berücksichtigen und es sich im Haushalt des Steuerpflichtigen regelmäßig aufhält (vgl. BFH-Urteil vom 14. November 2001, X R 24/99, BStBl 2002 II S. 244). Die Haushaltszugehörigkeit ist gemäß § 24b Absatz 1 Satz 2 EStG selbst dann anzunehmen, wenn das Kind in der Wohnung des Steuerpflichtigen gemeldet ist, aber tatsächlich in einer eigenen Wohnung lebt. Diese Vermutung ist unwiderlegbar (vgl. BFH-Urteil vom 5. Februar 2015, III R 9/13, BStBl II S. 926). Ist das Kind hingegen nicht in der Wohnung des Steuerpflichtigen gemeldet, trägt der Steuerpflichtige die Beweislast für das Vorliegen der Haushaltszugehörigkeit. Ist das Kind bei mehreren Steuerpflichtigen gemeldet oder gehört es unstreitig zum Haushalt des Steuerpflichtigen, ohne bei ihm gemeldet zu sein, steht der Entlastungsbetrag demjenigen Alleinstehenden zu, der das Kind tatsächlich in seinen Haushalt aufgenommen hat. 18

Ist ein Kind annähernd gleichwertig in die beiden Haushalte seiner alleinstehenden Eltern aufgenommen, können die Eltern – unabhängig davon, an welchen Berechtigten das Kindergeld ausgezahlt wird – untereinander bestimmen, wem der Entlastungsbetrag zustehen soll, es sei denn, einer der Berechtigten hat bei seiner Veranlagung oder durch Berücksichtigung der Steuerklasse II beim Lohnsteuerabzug den Entlastungsbetrag bereits in Anspruch genommen. Treffen die Eltern keine Bestimmung über die Zuordnung des Entlastungsbetrags, steht er demjenigen zu, an den das Kindergeld ausgezahlt wird (vgl. BFH-Urteil vom 28. April 2010, III R 79/08, BStBl 2011 II S. 30). 19

Ist das Kind in den Wohnungen beider Elternteile gemeldet und ist nur ein Elternteil alleinstehend, ist diesem Elternteil der Entlastungsbetrag für Alleinerziehende unabhängig davon zu gewähren, ob dieser die Voraussetzungen für die Auszahlung des Kindergeldes erfüllt oder erfüllen würde. 20

Beispiel:

Die geschiedenen Eltern M und V haben eine gemeinsame zehnjährige Tochter T. M hat erneut geheiratet und lebt mit dem neuen Ehegatten und T in einem gemeinsamen Haushalt. T ist sowohl in der Wohnung von M und als auch in der Wohnung von V gemeldet. M erhält das Kindergeld für T.

V ist alleinstehend i. S. d. § 24b Absatz 3 EStG. Zudem gehört T zu seinem Haushalt. V kann den Entlastungsbetrag für Alleinerziehende in Anspruch nehmen, da ihn M nicht in Anspruch nehmen kann. Bei ihr sind die Voraussetzungen zur Anwendung des Splitting-Verfahrens erfüllt.

3. Identifizierung eines Kindes

21 Voraussetzung für die Berücksichtigung des Kindes ist gemäß § 24b Absatz 1 Satz 4 EStG die Identifizierung des Kindes durch die an dieses Kind vergebene Identifikationsnummer (§ 139b AO).

III. Jahresbetrag, zeitanteilige Gewährung

22 Der Entlastungsbetrag für Alleinerziehende von 1.908 Euro[1)] erhöht sich gemäß § 24b Absatz 2 EStG um jeweils 240 Euro für jedes weitere zum Haushalt gehörende Kind. Er ist ein Jahresbetrag, der in jedem Veranlagungszeitraum insgesamt nur einmal in Anspruch genommen werden kann. Eine Aufteilung zwischen den Haushalten alleinerziehender Elternteile ist nicht möglich.

23 Für jeden vollen Kalendermonat, in dem die Voraussetzungen für die Inanspruchnahme des Entlastungsbetrages dem Grunde nach nicht vorgelegen haben, ermäßigt sich der Betrag zeitanteilig um ein Zwölftel (§ 24b Absatz 4 EStG).

Beispiel:

Die alleinstehende Mutter M bringt im April ihr erstes Kind zur Welt. Sie lebt in ihrem Haushalt mit keiner weiteren volljährigen Person zusammen. Ab April kann M den Entlastungsbetrag für Alleinerziehende zeitanteilig in Höhe von (1.908 Euro x $^9/_{12}$ =) 1.431 Euro[2)] in Anspruch nehmen.

24 Entsprechend ermäßigt sich für jeden Kalendermonat, in dem die Voraussetzungen für die Inanspruchnahme des Erhöhungsbetrages nicht vorgelegen haben, der Erhöhungsbetrag zeitanteilig.

Beispiel:

Die alleinstehende Mutter M bringt im Juni ihr zweites Kind zur Welt. Sie lebt in ihrem Haushalt mit keiner weiteren volljährigen Person zusammen. Für den Veranlagungszeitraum kann M einen Entlastungsbetrag für Alleinerziehende in Höhe von 2.048 Euro[3)] (1.908 Euro + 240 Euro x $^7/_{12}$) in Anspruch nehmen.

25 In dem Veranlagungszeitraum, in dem Ehegatten bzw. Lebenspartner sich trennen (Verlassen der gemeinsamen Wohnung, Scheidung), ist eine zeitanteilige Inanspruchnahme des Entlastungsbetrages nicht möglich, wenn für das Jahr grundsätzlich die Voraussetzungen für die Anwendung des Splitting-Verfahrens gegeben sind. Entsprechendes gilt in Fällen der Einzelveranlagung (bis einschließlich Veranlagungszeitraum 2012: in Fällen der getrennten Veranlagung im Jahr der Eheschließung) sowie in dem Jahr der Eheschließung oder des Eingehens einer Lebenspartnerschaft. Abweichend hiervon können verwitwete Steuerpflichtige nach § 24b Absatz 4 EStG den Entlastungsbetrag für Alleinerziehende erstmals zeitanteilig für den Monat des Todes des Ehegatten oder Lebenspartners beanspruchen.

26 Im Fall des Zusammenlebens mit einer anderen volljährigen Person ist der Entlastungsbetrag zeitanteilig für volle Kalendermonate zu kürzen, in denen eine Haushaltsgemeinschaft mit der anderen volljährigen Person besteht.

Beispiel:

Mutter M ist alleinstehend und lebt mit ihren minderjährigen Kindern K und L in einem gemeinsamen Haushalt zusammen. Am 15. August des Jahres zieht der volljährige Bruder von M in die Wohnung mit ein. Bis einschließlich August kann M den Entlastungsbetrag für Alleinerziehende zeitanteilig in Höhe von (2.148 Euro x $^8/_{12}$ =) 1.432 Euro[4)] in Anspruch nehmen.

[1)] *jetzt 4.008 €*

[2)] *jetzt (4.008 € x $^9/_{12}$ =) 3.006 €*

[3)] *jetzt (4.008 € + 240 € x $^7/_{12}$ =) 4.148 €*

[4)] *jetzt (4.248 € x $^8/_{12}$ =) 2.832 €*

Dieses Schreiben ersetzt das Anwendungsschreiben vom 29. Oktober 2004 (BStBl I S. 1042) und ist in Bezug auf die Änderungen durch das Gesetz zur Anhebung des Grundfreibetrags, des Kinderfreibetrags, des Kindergeldes und des Kinderzuschlags (a. a. O.) für Veranlagungszeiträume ab 2015, im Übrigen in allen noch offenen Fällen anzuwenden.

Anhang 17

– unbesetzt –

Steuerbefreiung nach § 3 Nummer 15 EStG in der Fassung des Gesetzes zur Vermeidung von Umsatzsteuerausfällen beim Handel mit Waren im Internet und zur Änderung weiterer steuerlicher Vorschriften (UStAVermG)

BMF vom 15.8.2019 (BStBl I S. 875)
IV C 5 – S 2342/19/10007 :001 – 2019/0678827

Unter Bezugnahme auf das Ergebnis der Erörterungen mit den obersten Finanzbehörden der Länder gelten bei der Anwendung des § 3 Nummer 15 EStG die folgenden Grundsätze:

Vorbemerkung

1 Mit dem Gesetz zur Vermeidung von Umsatzsteuerausfällen beim Handel mit Waren im Internet und zur Änderung weiterer steuerlicher Vorschriften (UStAVermG) vom 11. Dezember 2018 (BGBl. I Seite 2338, BStBl I S. 1377) wurde die neue Steuerbefreiung § 3 Nummer 15 EStG in das Einkommensteuergesetz aufgenommen, um Arbeitgeberleistungen für bestimmte Fahrten mit öffentlichen Verkehrsmitteln im Linienverkehr sowie im öffentlichen Personennahverkehr zu begünstigen. Ziel dieser Begünstigung ist es, die Arbeitnehmer verstärkt zur Nutzung öffentlicher Verkehrsmittel zu veranlassen, um die durch den motorisierten Individualverkehr entstehenden Umwelt- und Verkehrsbelastungen sowie den Energieverbrauch zu senken.

1. Überblick über die einzelnen Steuerbefreiungstatbestände

2 Begünstigt sind

- Arbeitgeberleistungen für Fahrten des Arbeitnehmers mit öffentlichen Verkehrsmitteln im Linienverkehr (ohne Luftverkehr) – Personen**fern**verkehr – zwischen Wohnung und erster Tätigkeitsstätte und für Fahrten nach § 9 Absatz 1 Satz 3 Nummer 4a Satz 3 EStG (**1. Alternative**)

  sowie
- Arbeitgeberleistungen für alle Fahrten des Arbeitnehmers im öffentlichen Personen**nah**verkehr (**2. Alternative**).

3 Nicht in den Anwendungsbereich des § 3 Nummer 15 EStG fallende Verkehrsmittel sind insbesondere:

- für konkrete Anlässe speziell gemietete bzw. gecharterte Busse oder Bahnen,
- Taxen im Gelegenheitsverkehr, die nicht auf konzessionierten Linien oder Routen fahren,
- Luftverkehr.

4 Die Steuerfreiheit des § 3 Nummer 15 1. Alternative EStG (Fahrberechtigungen für den Personen**fern**verkehr) kommt infolge der Begrenzung auf Fahrten zwischen Wohnung und erster Tätigkeitsstätte sowie für Fahrten nach § 9 Absatz 1 Satz 3 Nummer 4a Satz 3 EStG nur in Betracht für Arbeitnehmer in einem aktiven Beschäftigungsverhältnis sowie für die beim Entleiher beschäftigten Leiharbeitnehmer.

Die Steuerfreiheit des § 3 Nummer 15 2. Alternative EStG (Fahrberechtigungen für den öffentlichen Personen**nah**verkehr) gilt hingegen für alle Arbeitnehmer oder Leiharbeitnehmer.

5 Unter die Steuerbefreiung fallen Arbeitgeberleistungen in Form von unentgeltlichen oder verbilligt überlassenen Fahrberechtigungen (Sachbezüge) sowie Zuschüsse (Barlohn) des Arbeitgebers zu den von den Arbeitnehmern selbst erworbenen Fahrberechtigungen. Begünstigt sind insbesondere Fahrberechtigungen in Form von Einzel-/Mehrfahrtenfahrscheinen, Zeitkarten (z. B. Monats-, Jahrestickets, Bahncard 100), allgemeine

Freifahrberechtigungen, Freifahrberechtigungen für bestimmte Tage (z. B. bei Smogalarm) oder Ermäßigungskarten (z. B. Bahncard 25).

Umfasst die Fahrberechtigung die Mitnahme von anderen Personen oder ist die Fahrberechtigung auf andere Personen übertragbar, schließt dies die Steuerbefreiung nicht von vornherein aus. 6

2. Personenfernverkehr – öffentliche Verkehrsmittel im Linienverkehr (1. Alternative)

Zum **Personenfernverkehr** im Sinne des § 3 Nummer 15 EStG (öffentliche Verkehrsmittel im Linienverkehr) gehören: 7

- Fernzüge der Deutschen Bahn (ICE, IC, EC), Fernbusse auf festgelegten Linien oder Routen und mit festgelegten Haltepunkten,
- vergleichbare Hochgeschwindigkeitszüge und schnellfahrende Fernzüge anderer Anbieter (z. B. TGV, Thalys).

3. Personennahverkehr (2. Alternative)

Zum öffentlichen Personennahverkehr gehört die allgemein zugängliche Beförderung von Personen im Linienverkehr, die überwiegend dazu bestimmt ist, die Verkehrsnachfrage im Stadt-, Vorort- oder Regionalverkehr zu befriedigen. Als öffentlicher **Personennahverkehr** im Sinne des § 3 Nummer 15 EStG gelten aus Vereinfachungsgründen alle öffentlichen Verkehrsmittel, die nicht Personenfernverkehr im Sinne der Rz. 7 sind und nicht unter Rz. 3 fallen. 8

Soweit Taxen ausnahmsweise im Linienverkehr nach Maßgabe der genehmigten Nahverkehrspläne eingesetzt werden (z. B. zur Verdichtung, Ergänzung oder zum Ersatz anderer öffentlicher Verkehrsmittel) und von der Fahrberechtigung mitumfasst sind oder gegen einen geringen Aufpreis genutzt werden dürfen, gehören sie zum Personennahverkehr. 9

Die Nutzung des öffentlichen Personennahverkehrs ist unabhängig von der Art der Fahrten nach § 3 Nummer 15 EStG begünstigt, also auch bei Privatfahrten des Arbeitnehmers. Damit ist – anders als im Personenfernverkehr – bei Fahrberechtigungen, die nur eine Nutzung des Personennahverkehrs ermöglichen, keine weitere Prüfung zur Art der Nutzung vorzunehmen. 10

4. Gemischte Nutzung von Fahrberechtigungen für den Personenfernverkehr (Auswärtstätigkeit, Familienheimfahrten im Rahmen der doppelten Haushaltsführung, Fahrten zwischen Wohnung und erster Tätigkeitsstätte sowie Privatfahrten)

Arbeitgeberleistungen, die zur Nutzung des Personenfernverkehrs berechtigen, sind nach § 3 Nummer 15 EStG steuerfrei, soweit sie auf Fahrten zwischen Wohnung und erster Tätigkeitsstätte sowie zu einem Sammelpunkt oder einem weiträumigen Tätigkeitsgebiet (§ 9 Absatz 1 Satz 3 Nummer 4a Satz 3 EStG) entfallen; Privatfahrten im Personenfernverkehr sind hingegen nicht begünstigt. 11

a) Arbeitgeberleistung berechtigt zur Nutzung des Personenfernverkehrs für die Strecke zwischen Wohnung und erster Tätigkeitsstätte, zu einem Sammelpunkt oder einem weiträumigen Tätigkeitsgebiet (§ 9 Absatz 1 Satz 3 Nummer 4a Satz 3 EStG)

Aus Vereinfachungsgründen ist davon auszugehen, dass eine Fahrberechtigung für den Personenfernverkehr nur auf Fahrten zwischen Wohnung und erster Tätigkeitsstätte, zu einem Sammelpunkt oder einem weiträumigen Tätigkeitsgebiet (§ 9 Absatz 1 Satz 3 Nummer 4a Satz 3 EStG) entfällt und nach § 3 Nummer 15 EStG steuerbefreit ist, wenn 12 sie lediglich zur Nutzung für die Strecke zwischen Wohnung und erster Tätigkeitsstätte sowie zu einem Sammelpunkt oder einem weiträumigen Tätigkeitsgebiet (§ 9 Absatz 1 Satz 3 Nummer 4a Satz 3 EStG) berechtigt. Die tatsächliche Nutzung der Fahrberechtigung auch zu privaten Fahrten ist dann unbeachtlich.

13 Geht die Fahrberechtigung für den Personenfernverkehr über die Strecke zwischen Wohnung und erster Tätigkeitsstätte, zu einem Sammelpunkt oder einem weiträumigen Tätigkeitsgebiet (§ 9 Absatz 1 Satz 3 Nummer 4a Satz 3 EStG) hinaus (Fahrberechtigung für ein bestimmtes Gebiet oder eine zusätzliche Strecke), ist aus Vereinfachungsgründen davon auszugehen, dass die Fahrberechtigung insoweit auf Fahrten zwischen Wohnung und erster Tätigkeitsstätte, zu einem Sammelpunkt oder zu einem weiträumigen Tätigkeitsgebiet (§ 9 Absatz 1 Satz 3 Nummer 4a Satz 3 EStG) entfällt, als der anzusetzende Wert der Arbeitgeberleistung den regulären Verkaufspreis einer Fahrberechtigung nur für die Strecke zwischen Wohnung und erster Tätigkeitsstätte, zu einem Sammelpunkt oder einem weiträumigen Tätigkeitsgebiet (§ 9 Absatz 1 Satz 3 Nummer 4a Satz 3 EStG) für den entsprechenden Gültigkeitszeitraum nicht überschreitet.

14 Wird eine Fahrberechtigung, die ganz oder teilweise die Voraussetzungen für die Steuerbefreiung nach § 3 Nummer 15 EStG erfüllt, auch für Fahrten im Rahmen von Auswärtstätigkeiten oder für eine Familienheimfahrt pro Woche im Rahmen der doppelten Haushaltsführung genutzt, ist die Arbeitgeberleistung, soweit sie auf diese Fahrten entfällt, nach § 3 Nummer 13 oder 16 EStG steuerfrei. Die Steuerfreistellung nach § 3 Nummer 13 oder 16 EStG hat Vorrang gegenüber der Steuerfreistellung nach § 3 Nummer 15 EStG.

In diesem Fall kann der Arbeitgeber im Rahmen einer Prognoseberechnung prüfen, ob die Fahrberechtigung bereits bei Hingabe insgesamt steuerfrei belassen werden kann (siehe dazu Rz. 15 ff.). Nutzt er die Möglichkeit der Amortisationsprognose nicht, gilt Rz. 22.

b) Amortisationsprognose bei Nutzung einer Fahrberechtigung des Personenfernverkehrs zu Fahrten im Rahmen einer Auswärtstätigkeit oder Familienheimfahrten im Rahmen der doppelten Haushaltsführung (§ 3 Nummer 13 und 16 EStG)

aa) Prognostizierte Vollamortisation allein durch Fahrten nach § 3 Nummer 13 und 16 EStG

15 Ergibt die Prognose zum Zeitpunkt der Hingabe der Fahrberechtigung, dass die Summe aus den ersparten Kosten für Einzelfahrscheine, die ohne Nutzung der Fahrberechtigung während deren Gültigkeitsdauer für die steuerlich begünstigten Fahrten nach § 3 Nummer 13 oder 16 EStG (Fahrten im Rahmen einer Auswärtstätigkeit oder eine Familienheimfahrt pro Woche im Rahmen der doppelten Haushaltsführung) anfallen würden, die Kosten der Fahrberechtigung erreichen oder übersteigen (prognostizierte Vollamortisation ohne § 3 Nummer 15 EStG), stellt die Überlassung der Fahrberechtigung an den Arbeitnehmer keinen steuerpflichtigen Arbeitslohn dar. Auf die darüber hinaus gehenden Nutzungsmöglichkeiten kommt es dann nicht mehr an.

Tritt die prognostizierte Vollamortisierung aus unvorhersehbaren Gründen (z. B. Krankheit oder Verschiebung von Dienstreisen) nicht ein, ist eine Nachversteuerung nicht vorzunehmen. Ändern sich die der Prognose zu Grunde liegenden Annahmen grundlegend (z. B. Wechsel vom Außendienst in den Innendienst), hat eine Korrektur und ggfs. Nachversteuerung unter Berücksichtigung der Rz. 16, 19 f. für den noch nicht abgelaufenen Gültigkeitszeitraum zu erfolgen.

bb) Prognostizierte Vollamortisation unter Einbeziehung des § 3 Nummer 15 EStG

Ergibt die Prognose zum Zeitpunkt der Hingabe der Fahrberechtigung, dass die Summe 16

- aus den ersparten Kosten für Einzelfahrscheine, die ohne Nutzung der Fahrberechtigung während deren Gültigkeitsdauer für die steuerlich begünstigten Fahrten nach § 3 Nummer 13 oder 16 EStG (Fahrten im Rahmen einer Auswärtstätigkeit oder eine Familienheimfahrt pro Woche im Rahmen der doppelten Haushaltsführung) anfallen würden, und
- dem regulären Verkaufspreis einer Fahrberechtigung für die Strecke zwischen Wohnung und erster Tätigkeitsstätte, zu einem Sammelpunkt oder zu einem weiträumigen Tätigkeitsgebiet (§ 9 Absatz 1 Satz 3 Nummer 4a Satz 3 EStG) für den entsprechenden Gültigkeitszeitraum

die Kosten der Fahrberechtigung erreicht oder übersteigt (prognostizierte Vollamortisation mit § 3 Nummer 15 EStG), ist die Arbeitgeberleistung insgesamt steuerfrei; sie ist dann vorrangig steuerfrei nach § 3 Nummer 13 oder 16 EStG in Höhe der prognostizierten ersparten Kosten für Einzelfahrscheine, die ohne Nutzung der Fahrberechtigung während deren Gültigkeitsdauer anfallen würden und im Übrigen nachrangig steuerfrei nach § 3 Nummer 15 EStG. Auf den Umfang der späteren tatsächlichen Nutzung und die darüber hinaus gehenden privaten Nutzungsmöglichkeiten kommt es nicht an.

Tritt die prognostizierte Vollamortisierung aus unvorhersehbaren Gründen (z. B. Krankheit oder Verschiebung von Dienstreisen) nicht ein, ist eine Nachversteuerung nicht vorzunehmen. Ändern sich die der Prognose zu Grunde liegenden Annahmen grundlegend (z. B. Wechsel vom Außendienst in den Innendienst) hat eine Korrektur und ggfs. Nachversteuerung entsprechend Rz. 19 ff. für den noch nicht abgelaufenen Gültigkeitszeitraum zu erfolgen.

Beispiel 1 17

Der Arbeitgeber überlässt seinem Arbeitnehmer eine Bahncard 100, die er zum Preis von 4.400 Euro erworben hat. Nach der Prognose des Arbeitgebers betragen die ersparten Kosten der Einzelfahrscheine für Dienstreisen im Gültigkeitszeitraum 3.000 Euro. Der reguläre Preis der Jahresfahrkarte für die Strecke zwischen Wohnung und erster Tätigkeitsstätte des Arbeitnehmers hätte 1.600 Euro betragen. Tatsächlich ergeben sich im Laufe der Gültigkeitsdauer für Dienstreisen des Arbeitnehmers aus unvorhersehbaren Gründen nur ersparte Kosten der Einzelfahrscheine i. H. v. 2.500 Euro.

Lösung

Nach der Prognose des Arbeitgebers zum Zeitpunkt der Hingabe der Fahrberechtigung übersteigen die ersparten Kosten für die Einzelfahrscheine, die ohne Nutzung der Bahncard 100 während deren Gültigkeitsdauer für die steuerlich begünstigten Fahrten nach § 3 Nummer 16 EStG anfallen würden (3.000 Euro), zusammen mit dem regulären Verkaufspreis einer Fahrberechtigung für die Strecke zwischen Wohnung und erster Tätigkeitsstätte (1.600 Euro) die Kosten der Bahncard 100. Die Bahncard 100 ist daher i. H. v. 3.000 Euro steuerfreier Reisekostenersatz und der verbleibende Betrag von 1.400 Euro (4.400 Euro – 3.000 Euro) ist eine steuerfreie Arbeitgeberleistung nach § 3 Nummer 15 EStG. Auf den Umfang der tatsächlichen Nutzung sowie die private Nutzungsmöglichkeit kommt es nicht an. Dass die prognostizierte Vollamortisation tatsächlich nicht eingetreten ist (2.500 Euro + 1.600 Euro = 4.100 Euro), ist unerheblich und führt weder zu einer Nachversteuerung noch zu einer Änderung der nach § 3 Nummer 15 EStG steuerfreien Arbeitgeberleistungen; es bleibt somit bei der zu bescheinigenden steuerfreien Arbeitgeberleistung nach § 3 Nummer 15 EStG i. H. v. 1.400 Euro.

Beispiel 2 18

Wie Beispiel 1, allerdings ergeben sich im Laufe der Gültigkeitsdauer für Dienstreisen des Arbeitnehmers aus unvorhersehbaren Gründen ersparte Kosten der Einzelfahrscheine i. H. v. 4.000 Euro.

Lösung

Wie in Beispiel 1 ist die Bahncard 100 i. H. v. 3.000 Euro steuerfreier Reisekostenersatz und der verbleibende Betrag von 1.400 Euro (4.400 Euro – 3.000 Euro) ist eine steuerfreie Arbeitgeberleistung nach § 3 Nummer 15 EStG. Auf den Umfang der tatsächlichen Nutzung sowie die private Nutzungsmöglichkeit kommt es nicht an. Auch der nicht vorhersehbare tatsächlich höhere Einsatz der Bahncard 100 für Dienstreisen (4.000 Euro statt 3.000 Euro), führt zu keiner Änderung der Prognose, d. h. es bleibt somit auch bei den zu bescheinigenden Arbeitgeberleistungen nach § 3 Nummer 15 EStG i. H. v. 1.400 Euro (und nicht 400 Euro). Etwas anderes gilt nur, wenn die der Prognose zu Grunde liegenden Annahmen sich grundlegend ändern.

cc) Prognostizierte Teilamortisation bei Berücksichtigung von § 3 Nummer 13 und 16 sowie § 3 Nummer 15 EStG

19 Ergibt die Prognose zum Zeitpunkt der Hingabe der Fahrberechtigung, dass die Summe

– aus den ersparten Kosten für Einzelfahrscheine, die ohne Nutzung der Fahrberechtigung während deren Gültigkeitsdauer für die steuerlich begünstigten Fahrten nach § 3 Nummer 13 oder 16 EStG (Fahrten im Rahmen einer Auswärtstätigkeit oder eine Familienheimfahrt pro Woche im Rahmen der doppelten Haushaltsführung) anfallen würden, und
– dem regulären Verkaufspreis einer Fahrberechtigung für die Strecke zwischen Wohnung und erster Tätigkeitsstätte, zu einem Sammelpunkt oder einem weiträumigen Tätigkeitsgebiet (§ 9 Absatz 1 Satz 3 Nummer 4a Satz 3 EStG) für den entsprechenden Gültigkeitszeitraum

die Kosten der Fahrberechtigung **nicht** erreicht (prognostizierte Teilamortisation), stellt die Überlassung der Fahrberechtigung zunächst in voller Höhe steuerpflichtigen Arbeitslohn dar. Die Arbeitgeberleistung kann allerdings insoweit steuerfrei belassen werden, als die Voraussetzungen für eine Steuerfreistellung nach § 3 Nummer 15 EStG vorliegen. Im Übrigen ist die Fahrberechtigung als geldwerter Vorteil dem Lohnsteuerabzug zu unterwerfen.

20 Die während der Gültigkeitsdauer der Fahrberechtigung durch deren tatsächliche Nutzung für Fahrten nach § 3 Nummer 13 oder 16 EStG ersparten Fahrtkosten können dann zusätzlich monatsweise oder auch am Ende des Gültigkeitszeitraumes als Korrekturbetrag den steuerpflichtigen Arbeitslohn mindern (mittels Verrechnung des dann feststehenden steuerfreien Reisekostenerstattungsanspruchs des Arbeitnehmers). Für die Höhe des Korrekturbetrags können aus Vereinfachungsgründen die ersparten Reisekosten für Einzelfahrscheine, die für die Fahrten nach § 3 Nummer 13 oder 16 EStG ohne Nutzung der Fahrberechtigung während deren Gültigkeitsdauer angefallen wären, begrenzt auf die Höhe der tatsächlichen Kosten der Fahrberechtigung, zugrunde gelegt werden. Die nach § 3 Nummer 15 EStG steuerfreien Leistungen ändern sich dadurch nicht.

21 **Beispiel 3**

Der Arbeitgeber überlässt seinem Arbeitnehmer eine Bahncard 100, die er zum Preis von 4.400 Euro erworben hat. Nach der Prognose des Arbeitgebers betragen die ersparten Kosten der Einzelfahrscheine für Dienstreisen im Gültigkeitszeitraum 2.500 Euro. Der reguläre Preis der Jahresfahrkarte für die Strecke zwischen Wohnung und erster Tätigkeitsstätte des Arbeitnehmers hätte 1.600 Euro betragen. Tatsächlich ergeben sich im Laufe der Gültigkeitsdauer für dienstliche Fahrten des Arbeitnehmers ersparte Kosten der Einzelfahrscheine i. H. v. 4.000 Euro.

Lösung

Nach der Prognose des Arbeitgebers zum Zeitpunkt der Hingabe der Fahrberechtigung erreichen die ersparten Kosten, die für Einzelfahrscheine für die steuerlich begünstigten dienstlichen Fahrten nach § 3 Nummer 16 EStG anfallen würden (2.500 Euro) auch zusammen mit dem regulären Verkaufspreis einer Fahrberechtigung für die Strecke zwischen Wohnung und erster Tätigkeitsstätte (1.600 Euro) nicht die Kosten der Bahncard 100 von 4.400 Euro (prognostizierte Teilamortisation).

Die Hingabe der Bahncard kann daher zunächst nur insoweit steuerfrei belassen werden, als die Voraussetzungen für eine Steuerfreistellung nach § 3 Nummer 15 EStG vorliegen (1.600 Euro).

Der Arbeitgeber kann aber den steuerpflichtigen Arbeitslohn in Höhe der durch die tatsächliche Nutzung der Bahncard 100 für Dienstreisen ersparten Kosten der Einzelfahrscheine monatsweise oder auch am Ende des Gültigkeitszeitraumes mindern (mittels Verrechnung mit dem dann feststehenden steuerfreien Reisekostenerstattungsanspruch des Arbeitnehmers). Danach ergibt sich noch eine steuerfreie Reisekostenerstattung i. H. v. 2.800 Euro, neben den bereits steuerfrei belassenen Arbeitgeberleistungen nach § 3 Nummer 15 EStG i. H. v. 1.600 Euro.

dd) Verzicht auf Amortisationsprognose

22 Führt der Arbeitgeber keine Amortisationsprognose nach den Rz. 15 bis 21 durch, stellt die Überlassung der Fahrberechtigung zunächst in voller Höhe steuerpflichtigen Arbeitslohn dar. Die ersparten Kosten

– für Einzelfahrscheine, die ohne Nutzung der Fahrberechtigung während der Gültigkeitsdauer für die steuerlich begünstigten Fahrten nach § 3 Nummer 13 oder 16 EStG (Fahrten im Rahmen einer Auswärtstätigkeit oder eine Familienheimfahrt pro Woche im Rahmen einer doppelten Haushaltsführung) angefallen wären, und
– für den regulären Verkaufspreis einer Fahrberechtigung für die Strecke zwischen Wohnung und erster Tätigkeitsstätte, zu einem Sammelpunkt oder einem weiträumigen Tätigkeitsgebiet (§ 9 Absatz 1 Satz 3 Nummer 4a Satz 3 EStG), die für den entsprechenden Gültigkeitszeitraum entstanden wären (Fahrten im Sinne des § 3 Nummer 15 EStG),

sind am Ende des Kalenderjahres der Gültigkeit der Fahrberechtigung als Korrekturbetrag beim steuerpflichtigen Arbeitslohn mindernd zu berücksichtigen. Bei einer Gültigkeit der Fahrberechtigung über den Jahreswechsel hinaus sowie bei einer mehrjährigen Gültigkeitsdauer ist der Korrekturbetrag zum Ende eines jeden Kalenderjahres sowie zum Ende des Gültigkeitszeitraums anhand der in dem jeweiligen Zeitraum durchgeführten Fahrten nach § 3 Nummer 13 oder 16 EStG sowie anhand des zeitanteiligen regulären Verkaufspreises einer Fahrberechtigung für die Strecke zwischen Wohnung und erster Tätigkeitsstätte, zu einem Sammelpunkt oder einem weiträumigen Tätigkeitsgebiet (§ 9 Absatz 1 Satz 3 Nummer 4a Satz 3 EStG) zu ermitteln. Dabei hat die Steuerfreistellung nach § 3 Nummer 13 oder 16 EStG Vorrang gegenüber der Steuerfreistellung nach § 3 Nummer 15 EStG. Die Summe der Korrekturbeträge kann insgesamt höchstens bis zum Betrag des steuerpflichtigen Arbeitslohns mindernd berücksichtigt werden. Eine Änderung der sich für abgelaufene Kalenderjahre nach § 3 Nummer 15 EStG ergebenden Korrekturbeträge ist nicht zulässig. Dies gilt auch dann, wenn sich in nachfolgenden Kalenderjahren in großem Umfang dienstliche Fahrten ergeben, die nach § 3 Nummer 13 oder 16 EStG begünstigt sind.

Beispiel 4 23

Der Arbeitgeber überlässt seinem Arbeitnehmer eine Bahncard 100, die er zum Preis von 4.400 Euro erworben hat. Die Fahrberechtigung ist vom 1. Oktober 01 bis 30. September 02 gültig. Eine Prognoseberechnung führt der Arbeitgeber nicht durch.

Lösung

Kalenderjahr 01:

Zum Ende des Kalenderjahres 01 der Fahrberechtigung ergibt sich für den Zeitraum 1. Oktober 01 bis 31. Dezember 01, dass die ersparten Kosten der Einzelfahrscheine für Dienstreisen 500 Euro betragen. Der reguläre Preis der Jahresfahrkarte für die Strecke zwischen

Wohnung und erster Tätigkeitsstätte des Arbeitnehmers beträgt für den Zeitraum 1. Oktober 01 bis 31. Dezember 01 anteilig 400 Euro (3/12 von 1.600 Euro). Da der Arbeitgeber keine Prognoseberechnung vornimmt, führt die Überlassung der Bahncard durch den Arbeitgeber an den Arbeitnehmer im Jahr 01 i. H. v. 4.400 Euro zu steuerpflichtigem Arbeitslohn.

Zum Ende des Kalenderjahres 01 kann der Arbeitgeber beim steuerpflichtigen Arbeitslohn des Arbeitnehmers für die ersparten Kosten der Einzelfahrscheine für Dienstreisen (§ 3 Nummer 13 EStG) einen Korrekturbetrag von 500 Euro und für den anteiligen regulären Preis der Jahresfahrkarte für die Strecke zwischen Wohnung und erster Tätigkeitsstätte (§ 3 Nummer 15 EStG) einen Korrekturbetrag von 400 Euro (= 3/12 von 1.600 Euro) mindernd berücksichtigen. Der Arbeitgeber muss die nach § 3 Nummer 15 EStG steuerfreie Leistung i. H. v. 400 Euro nach § 41b Absatz 1 Satz 2 Nummer 6 EStG in Zeile 17 der Lohnsteuerbescheinigung 01 angeben.

Kalenderjahr 02:

Zum Ende des Gültigkeitszeitraums (= 30. September 02) der Fahrberechtigung ergibt sich für den Zeitraum 1. Januar 02 bis 30. September 02, dass die ersparten Kosten der Einzelfahrscheine für Dienstreisen 1.500 Euro betragen.

Zum Ende des Gültigkeitszeitraums (= 30. September 02) kann der Arbeitgeber beim steuerpflichtigen Arbeitslohn des Arbeitnehmers in Höhe der ersparten Kosten der Einzelfahrscheine für Dienstreisen (§ 3 Nummer 13 EStG) einen Korrekturbetrag von 1.500 Euro und in Höhe des anteiligen regulären Preises der Jahresfahrkarte für die Strecke zwischen Wohnung und erster Tätigkeitsstätte (§ 3 Nummer 15 EStG) einen Korrekturbetrag von 1.200 Euro (= 9/12 von 1.600 Euro) mindernd berücksichtigen. Der Arbeitgeber muss die nach § 3 Nummer 15 EStG steuerfreie Leistung i. H. v. 1.200 Euro nach § 41b Absatz 1 Satz 2 Nummer 6 EStG in Zeile 17 der Lohnsteuerbescheinigung 02 angeben.

Die Summe der Korrekturbeträge beträgt 3.600 Euro (Jahr 01 500 Euro + 400 Euro = 900 Euro; Jahr 02 1.500 Euro + 1.200 Euro = 2.700 Euro) und übersteigt nicht die Höhe des steuerpflichtigen Arbeitslohns im Jahr 01 (= 4.400 Euro).

c) Zuschüsse des Arbeitgebers zu einer vom Arbeitnehmer selbst erworbenen Fahrberechtigung

24 Für Zuschüsse des Arbeitgebers zu einer vom Arbeitnehmer erworbenen Fahrberechtigung, die die Voraussetzungen des § 3 Nummer 15 EStG ganz oder teilweise erfüllt, gelten Rz. 11 bis 14. entsprechend; Rz. 19 ist entsprechend anzuwenden, sofern die Fahrberechtigung auch für steuerfreie Fahrten nach § 3 Nummer 13 oder 16 EStG (Fahrten im Rahmen einer Auswärtstätigkeit oder eine Familienheimfahrt pro Woche im Rahmen der doppelten Haushaltsführung) genutzt wird.

5. Steuerfreiheit nur für zusätzlich zum ohnehin geschuldeten Arbeitslohn erbrachte Arbeitgeberleistungen

25[1] Der Steuerbefreiung des § 3 Nummer 15 EStG unterliegen nur Arbeitgeberleistungen, die zusätzlich zum ohnehin geschuldeten Arbeitslohn erbracht werden. Dies ist der Fall, wenn die zweckbestimmte Leistung zu dem Arbeitslohn hinzukommt, den der Arbeitgeber arbeitsrechtlich schuldet (siehe R 3.33 Absatz 5 LStR; BMF-Schreiben vom 22. Mai 2013, BStBl I S. 728). Als zusätzlich gilt eine Leistung des Arbeitgebers auch dann, wenn der Arbeitnehmer aus den vom Arbeitgeber zusätzlich zum ohnehin geschuldeten Arbeitslohn zur Verfügung gestellten Mobilitätsalternativen wählen kann (z. B. Dienstwagen, E-Bike oder Fahrberechtigung für öffentliche Verkehrsmittel). Wird eine zweckbestimmte Leistung unter Anrechnung auf den arbeitsrechtlich geschuldeten Arbeitslohn oder durch dessen Umwandlung gewährt (Gehaltsumwandlung), liegt keine zusätzliche Leistung vor (BMF-Schreiben vom 14. Dezember 2016; BStBl I S. 1446). Eine mittels Gehaltsumwandlung oder Gehaltsverzicht erbrachte Arbeitgeberleistung fällt somit nicht unter die Steuerbefreiung des § 3 Nummer 15 EStG.

---

[1]) ***zur Zusätzlichkeitsvoraussetzung >§ 8 Abs. 4***

Steuerfrei sind auch von Dritten gewährte Preisvorteile, wenn sie nach den Grundsätzen des BMF-Schreibens vom 20. Januar 2015, BStBl I S. 143, sowie H 8.1 LStH Stichwort „Jobticket" als Arbeitslohn zu behandeln wären. 26

6. Minderung der Entfernungspauschale

Die nach § 3 Nummer 15 EStG steuerfreien Arbeitgeberleistungen mindern den nach § 9 Absatz 1 Satz 3 Nummer 4 Satz 2 EStG als Entfernungspauschale abziehbaren Betrag (§ 3 Nummer 15 Satz 3 EStG). Bei Überlassung einer Fahrberechtigung oder Zuschüssen zu einer vom Arbeitnehmer selbst erworbenen Fahrberechtigung ist § 3 Nummer 13 und 16 EStG vorrangig zu berücksichtigen (siehe dazu Rz. 16 und 22). 27

Der Minderungsbetrag entspricht dem Wert der überlassenen Fahrberechtigung oder dem geleisteten Zuschuss, der ohne die Steuerbefreiung nach § 3 Nummer 15 EStG als Arbeitslohn zu besteuern gewesen wäre. Aus Vereinfachungsgründen bestehen keine Bedenken, als Wert der überlassenen Fahrberechtigung die Aufwendungen des Arbeitgebers einschließlich Umsatzsteuer anzusetzen. 28

Fahrberechtigungen mit einem Gültigkeitszeitraum, der sich über zwei oder mehr Kalenderjahre erstreckt, gelten in dem Kalenderjahr als zugeflossen, in dem die Arbeitgeberleistung erbracht wird. Für die Anrechnung auf die Entfernungspauschale ist der Wert der Fahrberechtigung (Rz. 28) anteilig auf den Gültigkeitszeitraum der Fahrberechtigung zu verteilen und entsprechend zu bescheinigen. 29

Beispiel 5 30

Der Arbeitgeber überlässt seinem Arbeitnehmer am 1. Juli 01 ein Jahresticket (Gültigkeit bis zum 30. Juni 02) für den regionalen Verkehrsverbund B, das er zum Preis von 600 Euro erworben hat.

Lösung

Das überlassene Jahresticket im Wert von 600 Euro ist als Fahrberechtigung des öffentlichen Personennahverkehrs vollständig steuerfrei nach § 3 Nummer 15 EStG.

Der Wert von 600 Euro ist für die Anrechnung auf die Entfernungspauschale aber anteilig auf den Gültigkeitszeitraum der Fahrberechtigung von 12 Monaten zu verteilen und entfällt somit mit 300 Euro auf das Jahr 01 und mit 300 Euro auf das Jahr 02.

Eine Minderung der Entfernungspauschale nach § 3 Nummer 15 Satz 3 EStG erfolgt maximal bis auf 0 Euro und ist unabhängig von der tatsächlichen Nutzung der vom Arbeitgeber überlassenen oder bezuschussten Fahrberechtigung vorzunehmen; eine Kürzung der Entfernungspauschale erfolgt daher auch in den Fällen, in denen der Arbeitnehmer die nach § 3 Nummer 15 EStG steuerfreie Fahrberechtigung tatsächlich nicht oder ganz bzw. teilweise privat nutzt. Die Minderung unterbleibt hingegen, wenn der Arbeitnehmer wirksam auf die Fahrberechtigung verzichtet hat (vgl. Rz. 38). 31

Die Minderung erfolgt von der abziehbaren Entfernungspauschale, die nach § 9 Absatz 1 Satz 3 Nummer 4 Satz 2 EStG ermittelt wurde, d. h. nach Beachtung der 4.500 Euro-Grenze nach § 9 Absatz 1 Satz 3 Nummer 4 Satz 2 erster und zweiter Teilsatz EStG. Im Übrigen ist § 3c Absatz 1 EStG zu beachten (siehe auch Rz. 37). 32

Der Arbeitgeber muss die nach § 3 Nummer 15 EStG steuerfreie Leistung grundsätzlich individuell für jeden Arbeitnehmer ermitteln und nach § 41b Absatz 1 Satz 2 Nummer 6 EStG (in Zeile 17 der Lohnsteuerbescheinigung) bescheinigen. Bietet der Arbeitgeber gleichartige Fahrberechtigungen allen seinen Arbeitnehmern an und zahlt hierfür an den Verkehrsträger einen pauschalen Preis pro Arbeitnehmer, kann er zur Ermittlung des Minderungsbetrags für den einzelnen Arbeitnehmer seine Gesamtaufwendungen einschließlich Umsatzsteuer nach gleichen Anteilen auf die Anzahl aller Arbeitnehmer aufteilen, unabhängig davon, wie viele Arbeitnehmer die Fahrberechtigungen annehmen oder auf sie verzichten (vgl. Rz. 38). 33

34 **Beispiel 6**

Ein Arbeitgeber schließt mit einem regionalen Verkehrsträger einen Vertrag, wonach alle 50 Arbeitnehmer des Arbeitgebers eine Fahrberechtigung für den gesamten Verkehrsbund erhalten sollen. Hierfür zahlt der Arbeitgeber einschließlich Umsatzsteuer 30.000 Euro an den Verkehrsträger (pro Arbeitnehmer pauschal 600 Euro im Kalenderjahr). Arbeitnehmer A nutzt die Jahreskarte an 220 Arbeitstagen für seine Fahrten zwischen Wohnung und erster Tätigkeitsstätte; die Fahrtstrecke beträgt bei A 50 km. Arbeitnehmer B nutzt die Jahreskarte nicht und fährt die 5 km zur Arbeit an allen 220 Tagen mit dem Auto. Arbeitnehmer C verzichtet wirksam auf die Fahrberechtigung.

Lösung[1])

Der Arbeitgeber teilt seine Aufwendungen einschließlich Umsatzsteuer von 30.000 Euro durch die Anzahl der Arbeitnehmer. Der Arbeitgeber weist danach 600 Euro (30.000 Euro/ 50 Arbeitnehmer) bei jedem Arbeitnehmer, der auf die Fahrberechtigung nicht wirksam verzichtet hat, in Zeile 17 der Lohnsteuerbescheinigung aus, unabhängig von der tatsächlichen Nutzung. Die Überlassung der Jahreskarten ist bei A und B steuerfrei nach § 3 Nummer 15 EStG, da es sich um eine Fahrberechtigung für den öffentlichen Personennahverkehr (Verkehrsverbund, vgl. Rz. 8) handelt. Die Entfernungspauschale ist bei A und B um 600 Euro zu kürzen (maximal bis auf 0 Euro).

Bei A ergibt sich eine Entfernungspauschale von 2.700 Euro

(50 km x 220 Arbeitstage x 0,30 Cent = 3.300 Euro – 600 Euro = 2.700 Euro).

Bei B ergibt sich eine Entfernungspauschale von 0 Euro

(5 km x 220 Arbeitstage x 0,30 Cent = 330 Euro – 600 Euro = max. 0 Euro).

Da C auf die Jahreskarte verzichtet hat, erfolgt bei ihm kein Ausweis in Zeile 17 seiner Lohnsteuerbescheinigung und keine Kürzung der Entfernungspauschale.

35 **Beispiel 7**

Arbeitnehmer A fährt an 220 Tagen von seiner Wohnung mit dem Auto 30 km zum Bahnhof und von dort 100 km mit der Bahn zur ersten Tätigkeitsstätte. Die kürzeste Straßenverbindung zwischen Wohnung und erster Tätigkeitsstätte beträgt 110 km. Der Arbeitgeber überlässt dem Arbeitnehmer eine Jahreskarte der Bahn ausschließlich für die Strecke Wohnung – erste Tätigkeitsstätte im Wert von 4.600 Euro. Diesen Betrag weist der Arbeitgeber in der Zeile 17 der Lohnsteuerbescheinigung aus.

Lösung[1])

Die Überlassung der Jahreskarte ist steuerfrei nach § 3 Nummer 15 EStG.

Von der maßgeblichen Entfernung von 110 km entfällt eine Teilstrecke von 30 km auf Fahrten mit dem Auto und eine Teilstrecke von 80 km auf die Fahrten mit öffentlichen Verkehrsmitteln. Es ergibt sich folgende Entfernungspauschale:

220 Arbeitstagen x 30 km x 0,30 Cent =	1.980 Euro
220 Arbeitstagen x 80 km x 0,30 Cent =	5.280 Euro,
begrenzt auf Höchstbetrag von	4.500 Euro

Entfernungspauschale nach § 9 Absatz 1 Satz 3 Nummer 4 Satz 2 EStG somit insgesamt 6.480 Euro (1.980 Euro + 4.500 Euro). Von diesem Gesamtbetrag sind die nach § 3 Nummer 15 EStG steuerfreien Aufwendungen für die Jahreskarte i. H. v. 4.600 Euro abzuziehen. Damit verbleibt eine Entfernungspauschale von 1.880 Euro (6.480 Euro – 4.600 Euro).

36 **Beispiel 8**

Arbeitnehmer A fährt an 220 Tagen von seiner Wohnung mit dem Auto 40 km zum Bahnhof und von dort 40 km mit der Bahn zur ersten Tätigkeitsstätte. Die kürzeste Straßenverbindung zwischen Wohnung und erster Tätigkeitsstätte beträgt 65 km. Der Arbeitgeber überlässt dem Arbeitnehmer eine Jahreskarte der Bahn ausschließlich für die Strecke Wohnung – erste Tätigkeitsstätte im Wert von 4.600 Euro. Diesen Betrag weist der Arbeitgeber in der Zeile 17 der Lohnsteuerbescheinigung aus.

[1]) Die Erhöhung der Entfernungspauschale für die Jahre 2021 bis 2026 ab dem 21. Entfernungskilometer gem. § 9 Abs. 1 Satz 3 Nr. 4 Satz 8 ist nicht berücksichtigt.

Lösung[1])

Die Überlassung der Jahreskarte ist steuerfrei nach § 3 Nummer 15 EStG.

Von der maßgeblichen Entfernung von 65 km entfällt eine Teilstrecke von 40 km auf Fahrten mit dem Auto und eine Teilstrecke von 25 km auf die Fahrten mit öffentlichen Verkehrsmitteln. Es ergibt sich folgende Entfernungspauschale:

220 Arbeitstagen x 40 km x 0,30 Cent =	2.640 Euro
220 Arbeitstagen x 25 km x 0,30 Cent =	1.650 Euro,

Entfernungspauschale nach § 9 Absatz 1 Satz 3 Nummer 4 Satz 2 EStG somit insgesamt 4.290 Euro (2.640 Euro + 1.650 Euro). Von diesem Gesamtbetrag sind die nach § 3 Nummer 15 EStG steuerfreien Aufwendungen für die Jahreskarte von 4.600 Euro abzuziehen. Damit verbleibt eine Entfernungspauschale von 0 Euro (4.290 Euro – 4.600 Euro = 0 Euro).

Macht der Steuerpflichtige nach § 9 Absatz 2 Satz 3 EStG die tatsächlichen Aufwendungen anstelle der Entfernungspauschale geltend, ist dafür in § 3 Nummer 15 Satz 3 EStG keine Anrechnung vorgesehen. 37

Sofern der Arbeitgeber aber steuerfreie Zuschüsse zu einer vom Arbeitnehmer selbst erworbenen Fahrberechtigung geleistet hat, ist § 3c Absatz 1 EStG zu beachten.

Sofern der Arbeitgeber nach § 40 Absatz 2 Satz 2 EStG pauschalbesteuerte Zuschüsse, z. B. zu den tatsächlichen Aufwendungen für die PKW Nutzung geleistet hat, ist § 40 Absatz 2 Satz 3 EStG zu beachten.

7. Nutzungsverzicht

Erklärt ein Arbeitnehmer gegenüber dem Arbeitgeber, auf die Fahrberechtigung gänzlich zu verzichten (Fahrberechtigung wird nicht angenommen oder zurückgegeben), ist von einer Kürzung der Entfernungspauschale abzusehen. Ein Nachweis des Nutzungsverzichts ist zum Lohnkonto aufzubewahren. 38

8. Aufzeichnungs- und Nachweispflichten

Der Arbeitgeber hat die steuerfreien Arbeitgeberleistungen nach § 4 Absatz 2 Nummer 4 LStDV im Lohnkonto aufzuzeichnen und nach § 41b Absatz 1 Satz 2 Nummer 6 EStG in Zeile 17 der Lohnsteuerbescheinigung unter Beachtung der Rz. 29 zu bescheinigen. 39

Zahlt der Arbeitgeber einen Zuschuss zu den vom Arbeitnehmer selbst erworbenen Fahrberechtigungen, hat er als Nachweis der zweckentsprechenden Verwendung die vom Arbeitnehmer erworbenen und genutzten Fahrausweise oder entsprechende Belege (z. B. Rechnungen über den Erwerb eines Fahrausweises oder eine Bestätigung des Verkehrsträgers über den Bezug eines Jobtickets) zum Lohnkonto aufzubewahren. Der Zuschuss darf dabei die Aufwendungen des Arbeitnehmers einschließlich Umsatzsteuer für die entsprechenden Fahrberechtigungen nicht übersteigen.

Überlässt der Arbeitgeber seinem Arbeitnehmer eine Fahrberechtigung für den Personennahverkehr, hat er zum Nachweis für das Vorliegen der Voraussetzungen des § 3 Nummer 15 EStG den Beleg für die erworbenen Fahrberechtigungen zum Lohnkonto aufzubewahren. Dies gilt auch, wenn der Arbeitgeber dem Arbeitnehmer eine Fahrberechtigung für den Personenfernverkehr überlässt, die lediglich zur Nutzung für die Strecke zwischen Wohnung und erster Tätigkeitsstätte sowie zu einem Sammelpunkt oder einem weiträumigen Tätigkeitsgebiet (§ 9 Absatz 1 Satz 3 Nummer 4a Satz 3 EStG) berechtigt (vgl. Rz. 12). 40

Überlässt oder bezuschusst der Arbeitgeber eine Fahrberechtigung für den Personenfernverkehr, die über die Strecke zwischen Wohnung und erster Tätigkeitsstätte sowie 41

[1]) Die Erhöhung der Entfernungspauschale für die Jahre 2021 bis 2026 ab dem 21. Entfernungskilometer gem. § 9 Abs. 1 Satz 3 Nr. 4 Satz 8 ist nicht berücksichtigt.

zu einem Sammelpunkt oder einem weiträumigen Tätigkeitsgebiet (9 Absatz 1 Satz 3 Nummer 4a Satz 3 EStG) hinausgeht oder auch zu Fahrten im Sinne des § 3 Nummer 13 oder 16 EStG genutzt wird, hat er den Nachweis für das Vorliegen der Voraussetzungen des § 3 Nummer 15 EStG (vgl. Rz. 13) oder den entsprechenden Nachweis zu der von ihm durchgeführten Prognoseberechnung (prognostizierte Voll- bzw. Teilamortisierung, vgl. Rz. 15 ff.) neben dem Beleg für die erworbene Fahrberechtigung ebenfalls zum Lohnkonto des jeweiligen Arbeitnehmers aufzubewahren. Entsprechendes gilt in den Fällen der Rz. 22 f. (Verzicht auf Amortisationsprognose).

9. Schlussvorschriften

42 Nach der bis zum 31. Dezember 2018 geltenden Rechtslage gehörten Arbeitgeberleistungen in Form von Zuschüssen und Sachbezügen für Fahrten des Arbeitnehmers zwischen Wohnung und erster Tätigkeitsstätte zum steuerpflichtigen Arbeitslohn. Lediglich im Rahmen des § 8 Absatz 2 Satz 11 EStG blieben die als Sachbezüge gewährten Arbeitgeberleistungen unter Einhaltung der monatlichen 44-Euro-Freigrenze[1] außer Ansatz. Eine Steuerbefreiung kam außerdem in Betracht, wenn ein Arbeitnehmer vom Arbeitgeber eine Fahrberechtigung erhalten hat und hierfür die Voraussetzungen des § 8 Absatz 3 EStG erfüllt waren (Rabattfreibetrag). Die neu eingeführte Steuerbefreiungsvorschrift des § 3 Nummer 15 EStG ist ab 1. Januar 2019 vorrangig vor § 8 Absatz 2 Satz 11 und Absatz 3 Satz 2 EStG zu berücksichtigen.

43 Dieses Schreiben ist ab dem 1. Januar 2019 anzuwenden. Aus Vereinfachungsgründen wird es nicht beanstandet, wenn der Arbeitgeber für die bis zum 31. Dezember 2019 erbrachten Leistungen im Sinne des § 3 Nummer 15 EStG eine bisher durchgeführte Pauschalierung der Lohnsteuer nach § 40 EStG oder Pauschalierung der Einkommensteuer nach § 37b EStG fortführt.

44 Hat der Arbeitnehmer eine Fahrberechtigung vor dem 1. Januar 2019 erworben, für die er auch nach dem 1. Januar 2019 noch Zahlungen erbringt, können die Zuschüsse des Arbeitgebers zu den Aufwendungen des Arbeitnehmers ab dem 1. Januar 2019 steuerfrei nach § 3 Nummer 15 EStG bleiben.

45 Zuschüsse des Arbeitgebers zu der vom Arbeitnehmer vor dem 1. Januar 2019 erworbenen und bezahlten Fahrberechtigung fallen hingegen nicht unter die ab 1. Januar 2019 geltende Steuerfreiheit nach § 3 Nummer 15 EStG.

---

[1] *ab 1.1.2022 50-Euro-Freigrenze*

Einkommen-(lohn-)steuerliche Behandlung von freiwilligen Unfallversicherungen

BMF vom 28.10.2009 (BStBl I S. 1275)
IV C 5 – S 2332/09/10004 – 2009/0690175

Im Einvernehmen mit den obersten Finanzbehörden der Länder gilt für die einkommen-(lohn-)steuerrechtliche Behandlung von freiwilligen Unfallversicherungen Folgendes[1]):

1. Versicherungen des Arbeitnehmers

1.1 Versicherung gegen Berufsunfälle

Aufwendungen des Arbeitnehmers für eine Versicherung ausschließlich gegen Unfälle, die mit der beruflichen Tätigkeit in unmittelbarem Zusammenhang stehen (einschließlich der Unfälle auf dem Weg von und zur **regelmäßigen** Arbeitsstätte), sind Werbungskosten (§ 9 **Absatz** 1 Satz 1 EStG).

1.2 Versicherung gegen außerberufliche Unfälle

Aufwendungen des Arbeitnehmers für eine Versicherung gegen außerberufliche Unfälle sind Sonderausgaben (§ 10 Absatz 1 Nummer 3 Buchstabe a i. V. m. § 10 Absatz 4 und 4a EStG und ab dem Veranlagungszeitraum 2010 § 10 Absatz 1 Nummer 3a i. V. m. Absatz 4 und 4a EStG).

1.3 Versicherung gegen alle Unfälle

Aufwendungen des Arbeitnehmers für eine Unfallversicherung, die das Unfallrisiko sowohl im beruflichen als auch im außerberuflichen Bereich abdeckt, sind zum einen Teil Werbungskosten und zum anderen Teil Sonderausgaben. Der Gesamtbeitrag einschließlich Versicherungsteuer für beide Risiken ist entsprechend aufzuteilen (vgl. BFH-Urteil vom 22. Juni 1990 – **VI R 2/87** –, BStBl II S. 901). Für die Aufteilung sind die Angaben des Versicherungsunternehmens darüber maßgebend, welcher Anteil des Gesamtbeitrags das berufliche Unfallrisiko abdeckt. Fehlen derartige Angaben, ist der Gesamtbeitrag durch Schätzung aufzuteilen. Es bestehen keine Bedenken, wenn die Anteile auf jeweils 50 % des Gesamtbeitrags geschätzt werden.

1.4 Übernahme der Beiträge durch den Arbeitgeber

Vom Arbeitgeber übernommene Beiträge des Arbeitnehmers sind steuerpflichtiger Arbeitslohn. Das gilt nicht, soweit Beiträge zu Versicherungen gegen berufliche Unfälle und Beiträge zu Versicherungen gegen alle Unfälle (Tz. 1.1 und 1.3) auch das Unfallrisiko bei **Auswärtstätigkeiten (R 9.4 Absatz 2 LStR 2008**[2]) abdecken. **Beiträge zu Unfallversicherungen sind als Reisenebenkosten steuerfrei, soweit sie Unfälle bei einer Auswärtstätigkeit abdecken** (§ 3 Nummer 13 und 16 EStG). Es bestehen keine Bedenken, wenn **aus Vereinfachungsgründen** bei der Aufteilung des auf den beruflichen Bereich entfallenden Beitrags/Beitragsanteils in steuerfreie Reisekosten**erstattungen** und steuerpflichtigen Werbungskostenersatz **(z.** B. **Unfälle auf Fahrten zwischen Wohnung und regelmäßiger Arbeitsstätte)** der auf steuerfreie Reisekostenerstattungen entfallende Anteil auf 40 % geschätzt wird. Der Beitragsanteil, der als Werbungskostenersatz dem Lohnsteuerabzug zu unterwerfen ist, gehört zu den Werbungskosten des Arbeitnehmers.

2. Versicherungen des Arbeitgebers

2.1 Ausübung der Rechte steht ausschließlich dem Arbeitgeber zu

2.1.1 Kein Arbeitslohn zum Zeitpunkt der Beitragszahlung

Handelt es sich bei vom Arbeitgeber abgeschlossenen Unfallversicherungen seiner Arbeitnehmer um Versicherungen für fremde Rechnung **(§ 179 Absatz 1 Satz 2 i. V. m. §§ 43 bis 48 VVG)**, bei denen die Ausübung der Rechte ausschließlich dem Arbeitgeber zusteht, so stellen die **Beiträge im**

---

[1]) Die Änderungen gegenüber dem BMF-Schreiben vom 17. Juli 2000 – IV C 5 – S 2332 – 67/00 – (BStBl I S. 1204) sind durch Fettdruck hervorgehoben.

[2]) jetzt R 9.4 LStR 2015

Zeitpunkt der Zahlung durch den Arbeitgeber keinen Arbeitslohn dar (BFH-Urteile vom 16. April 1999 – VI R 60/96 –, BStBl 2000 II S. 406, **sowie – VI R 66/97 –, BStBl 2000 II S. 408**).

2.1.2 Arbeitslohn zum Zeitpunkt der Leistungsgewährung

Erhält ein Arbeitnehmer Leistungen aus einem entsprechenden Vertrag, führen die bis dahin entrichteten, auf den Versicherungsschutz des Arbeitnehmers entfallenden Beiträge im Zeitpunkt der Auszahlung oder Weiterleitung der Leistung an den Arbeitnehmer zu Arbeitslohn in Form von Barlohn, begrenzt auf die dem Arbeitnehmer ausgezahlte Versicherungsleistung (BFH-Urteil vom 11. Dezember 2008 – VI R 9/05 –, BStBl 2009 II S. 385); das gilt unabhängig davon, ob der Unfall im beruflichen oder außerberuflichen Bereich eingetreten ist und ob es sich um eine Einzelunfallversicherung oder eine Gruppenunfallversicherung handelt. Bei einer Gruppenunfallversicherung ist der auf den einzelnen Arbeitnehmer entfallende Teil der Beiträge ggf. zu schätzen (BFH-Urteil vom 11. Dezember 2008 – VI R 19/06 –, BFH/NV 2009 S. 905). Bei den im Zuflusszeitpunkt zu besteuernden Beiträgen kann es sich um eine Vergütung für eine mehrjährige Tätigkeit im Sinne des § 34 Absatz 1 i. V. m. Absatz 2 Nummer 4 EStG handeln.

Da sich der Vorteil der Beitragsgewährung nicht auf den konkreten Versicherungsfall, sondern allgemein auf das Bestehen von Versicherungsschutz des Arbeitnehmers bezieht, sind zur Ermittlung des Arbeitslohns alle seit Begründung des Dienstverhältnisses entrichteten Beiträge zu berücksichtigen, unabhängig davon, ob es sich um einen oder mehrere Versicherungsverträge handelt. Das gilt auch dann, wenn die Versicherungsverträge zeitlich befristet abgeschlossen wurden, das Versicherungsunternehmen gewechselt wurde oder der Versicherungsschutz für einen bestimmten Zeitraum des Dienstverhältnisses nicht bestanden hat (zeitliche Unterbrechung des Versicherungsschutzes). Bei einem Wechsel des Arbeitgebers sind ausschließlich die seit Begründung des neuen Dienstverhältnisses entrichteten Beiträge zu berücksichtigen, auch wenn der bisherige Versicherungsvertrag vom neuen Arbeitgeber fortgeführt wird. Das gilt auch, wenn ein Wechsel des Arbeitnehmers innerhalb eines Konzernverbundes zwischen Konzernunternehmen mit einem Arbeitgeberwechsel verbunden ist. Bei einem Betriebsübergang nach § 613a BGB liegt kein neues Dienstverhältnis vor.

Beiträge, die individuell oder pauschal besteuert wurden, sind im Übrigen nicht einzubeziehen.

Aus Vereinfachungsgründen können die auf den Versicherungsschutz des Arbeitnehmers entfallenden Beiträge unter Berücksichtigung der Beschäftigungsdauer auf Basis des zuletzt vor Eintritt des Versicherungsfalls geleisteten Versicherungsbeitrags hochgerechnet werden.

Die bei einer früheren Versicherungsleistung als Arbeitslohn berücksichtigten Beiträge sind bei einer späteren Versicherungsleistung nicht erneut als Arbeitslohn zu erfassen. Bei einer späteren Versicherungsleistung sind zumindest die seit der vorangegangenen Auszahlung einer Versicherungsleistung entrichteten Beiträge zu berücksichtigen (BFH-Urteil vom 11. Dezember 2008 – VI R 3/08 –, BFH/NV 2009 S. 907), allerdings auch in diesem Fall begrenzt auf die ausgezahlte Versicherungsleistung.

Erhält ein Arbeitnehmer die Versicherungsleistungen in mehreren Teilbeträgen oder ratierlich, so fließt dem Arbeitnehmer solange Arbeitslohn in Form von Barlohn zu, bis die Versicherungsleistungen die Summe der auf den Versicherungsschutz des Arbeitnehmers entfallenden Beiträge erreicht haben. Erhält ein Arbeitnehmer die Versicherungsleistungen als Leibrente, so fließt dem Arbeitnehmer solange Arbeitslohn in Form von Barlohn zu, bis der Teil der Versicherungsleistungen, der nicht Ertragsanteil ist (§ 22 Nummer 1 Satz 3 Buchstabe a Doppelbuchstabe bb EStG ggf. i. V. m. § 55 EStDV; siehe auch Tz. 2.1.6), die Summe der auf den Versicherungsschutz des Arbeitnehmers entfallenden Beiträge erreicht hat. Beiträge, die vom Arbeitgeber nach der ersten Auszahlung oder Weiterleitung von Versicherungsleistungen an den Arbeitnehmer gezahlt werden, sind hier aus Vereinfachungsgründen

jeweils nicht einzubeziehen; diese Beiträge sind dann bei einem ggf. später eintretenden Versicherungsfall zu berücksichtigen.

Beispiel:
Nach einem Unfall wird ab dem Jahr 01 eine Versicherungsleistung als Leibrente i. H. v. jährlich 1.000 € ausgezahlt. Der Ertragsanteil beträgt 25 %. An Beiträgen wurden für den Arbeitnehmer in der Vergangenheit insgesamt 2.500 € gezahlt.

Ab dem Jahr 01 sind 250 € (1.000 € x 25 % Ertragsanteil) steuerpflichtig nach § 22 Nummer 1 Satz 3 Buchstabe a Doppelbuchstabe bb EStG.

Darüber hinaus sind in den Jahren 01 bis 03 jeweils ein Betrag von 750 € und im Jahr 04 ein Betrag von 250 € (2.500 € – [3 Jahre x 750 €]) steuerpflichtig nach § 19 EStG. Ab dem Jahr 05 fließt kein steuerpflichtiger Arbeitslohn mehr zu; steuerpflichtig ist dann nur noch die Leibrente mit dem Ertragsanteil von 25 %.

Dem Arbeitnehmer steht bei mehreren Versicherungsleistungen innerhalb verschiedener Veranlagungszeiträume (mehr als ein Versicherungsfall oder bei einem Versicherungsfall, Auszahlung in mehreren Veranlagungszeiträumen) kein Wahlrecht zu, inwieweit die vom Arbeitgeber erbrachten Beiträge jeweils als Arbeitslohn erfasst werden sollen. In diesen Fällen ist für den Arbeitslohn im jeweiligen Veranlagungszeitraum gesondert zu prüfen, ob es sich um eine Vergütung für eine mehrjährige Tätigkeit im Sinne des § 34 Absatz 1 i. V. m. Absatz 2 Nummer 4 EStG handelt.

2.1.3 Steuerfreier Reisekostenersatz und lohnsteuerpflichtiger Werbungskostenersatz

Der auf das Risiko beruflicher Unfälle entfallende Anteil der Beiträge ist zum Zeitpunkt der Leistungsgewährung steuerfreier Reisekostenersatz oder steuerpflichtiger Werbungskostenersatz des Arbeitgebers (dem bei der Veranlagung zur Einkommensteuer Werbungskosten in gleicher Höhe gegenüberstehen). Für die Aufteilung und Zuordnung gelten die Regelungen in Tz. 1.1 bis 1.4.

2.1.4 Schadensersatzleistungen

Bei einem im beruflichen Bereich eingetretenen Unfall gehört die Auskehrung des Arbeitgebers nicht zum Arbeitslohn, soweit der Arbeitgeber gesetzlich zur Schadensersatzleistung verpflichtet ist oder soweit der Arbeitgeber einen zivilrechtlichen Schadensersatzanspruch des Arbeitnehmers wegen schuldhafter Verletzung arbeitsvertraglicher Fürsorgepflichten erfüllt (BFH-Urteil vom 20. September 1996 – VI R 57/95 –, BStBl 1997 II S. 144). **Der gesetzliche Schadensersatzanspruch des Arbeitnehmers aus unfallbedingten Personenschäden im beruflichen Bereich wird regelmäßig durch Leistungen aus der gesetzlichen Unfallversicherung erfüllt; diese Leistungen sind nach § 3 Nummer 1 Buchstabe a EStG steuerfrei.**

Schmerzensgeldrenten **nach § 253 Absatz 2 BGB (bis 31. Juli 2002**: § 847 BGB), Schadensersatzrenten zum Ausgleich vermehrter Bedürfnisse (§ 843 **Absatz** 1 2. Alternative BGB), **Unterhaltsrenten nach § 844 Absatz 2 BGB** sowie Ersatzansprüche wegen entgangener Dienste nach § 845 BGB sind ebenfalls nicht steuerbar (vgl. BMF-Schreiben vom **15. Juli 2009 – IV C 3 – S 2255/08/10012 –, BStBl I S. 836**).

2.1.5 Entschädigungen für entgangene oder entgehende Einnahmen

Sind die Versicherungsleistungen ausnahmsweise Entschädigungen für entgangene oder entgehende Einnahmen i. S. d. § 24 Nummer 1 Buchstabe a EStG (z. B. Leistungen wegen einer Körperverletzung, soweit sie den Verdienstausfall ersetzen; siehe H 24.1 EStH 2008), liegen insoweit zusätzliche steuerpflichtige Einkünfte aus nichtselbständiger Arbeit (steuerpflichtiger Arbeitslohn) vor. Wickelt das Versicherungsunternehmen die Auszahlung der Versicherungsleistung unmittelbar mit dem Arbeitnehmer ab, hat der Arbeitgeber Lohnsteuer nur einzubehalten, wenn er weiß oder erkennen kann, dass derartige Zahlungen erbracht wurden (§ 38 Absatz 1 Satz 3 EStG).

Der nach Tz. 2.1.2 zu besteuernde Betrag ist in diesen Fällen anteilig zu mindern.

Beispiel:

Nach einem Unfall wird eine Versicherungsleistung i. H. v. 10.000 € ausgezahlt. Hiervon sind 8.000 € die Entschädigung für entgangene oder entgehende Einnahmen. An Beiträgen wurden in der Vergangenheit 2.500 € gezahlt.

Die steuerpflichtigen Leistungen i. S. d. § 24 Nummer 1 Buchstabe a EStG betragen 8.000 €. Zusätzlich sind 500 € (= 2.500 € – [2.500 € x 8.000 € : 10.000 €]) entsprechend der Regelungen in Tz. 2.1.2 und 2.1.3 zu besteuern.

2.1.6 Sonstige Einkünfte nach § 22 Nummer 1 EStG

Wiederkehrende Leistungen aus der entsprechenden Unfallversicherung können Leibrenten nach § 22 Nummer 1 Satz 3 Buchstabe a Doppelbuchstabe bb EStG sein. Siehe auch Tz. 2.1.2 letzter Absatz.

2.2 Ausübung der Rechte steht unmittelbar dem Arbeitnehmer zu

2.2.1 Arbeitslohn zum Zeitpunkt der Beitragszahlung

Kann der Arbeitnehmer den Versicherungsanspruch **bei einer vom Arbeitgeber abgeschlossenen Unfallversicherung** unmittelbar gegenüber dem Versicherungsunternehmen geltend machen, **sind** die Beiträge **bereits im Zeitpunkt der Zahlung durch den Arbeitgeber** als Zukunftssicherungsleistungen Arbeitslohn in Form von Barlohn[1]) (§ 19 **Absatz** 1 Satz 1 **Nummer** 1 EStG, § 2 **Absatz** 2 **Nummer** 3 Satz 1 LStDV). **Davon ist auch dann auszugehen, wenn zwar der Anspruch durch den Versicherungsnehmer (Arbeitgeber) geltend gemacht werden kann, vertraglich nach den Unfallversicherungsbedingungen jedoch vorgesehen ist, dass der Versicherer die Versicherungsleistung in jedem Fall an die versicherte Person (Arbeitnehmer) auszahlt. Die Ausübung der Rechte steht dagegen nicht unmittelbar dem Arbeitnehmer zu, wenn die Versicherungsleistung mit befreiender Wirkung auch an den Arbeitgeber gezahlt werden kann; in diesem Fall kann der Arbeitnehmer die Auskehrung der Versicherungsleistung letztlich nur im Innenverhältnis vom Arbeitgeber verlangen.**

Das gilt unabhängig davon, ob es sich um eine Einzelunfallversicherung oder eine Gruppenunfallversicherung handelt; Beiträge zu Gruppenunfallversicherungen sind ggf. nach der Zahl der versicherten Arbeitnehmer auf diese aufzuteilen (§ 2 **Absatz** 2 **Nummer** 3 Satz 3 LStDV). Steuerfrei sind Beiträge oder Beitragsteile, die **bei Auswärtstätigkeiten (R 9.4 Absatz 2 LStR 2008**[2])**)** das Unfallrisiko abdecken und deshalb zu den steuerfreien Reisekosten**erstattungen** gehören. Für die Aufteilung eines auf den beruflichen Bereich entfallenden Gesamtbeitrags in steuerfreie Reisekosten**erstattungen** und steuerpflichtigen Werbungskostenersatz ist die Vereinfachungsregelung in Tz. 1.4 anzuwenden.

2.2.2 Arbeitslohn zum Zeitpunkt der Leistungsgewährung

Leistungen aus einer **entsprechenden** Unfallversicherung **gehören zu den Einkünften aus nichtselbständiger Arbeit (steuerpflichtiger Arbeitslohn)**, soweit sie Entschädigungen für entgangene oder entgehende Einnahmen i. S. d. § 24 **Nummer** 1 **Buchstabe** a EStG darstellen, der Unfall im beruflichen Bereich eingetreten ist und die Beiträge ganz oder teilweise Werbungskosten bzw. steuerfreie Reisenebenkostenerstattungen waren.

Der Arbeitgeber hat Lohnsteuer nur einzubehalten, wenn er weiß oder erkennen kann, dass derartige Zahlungen erbracht wurden (§ 38 Absatz 1 Satz 3 EStG). Andernfalls ist der als Entschädigung i. S. d. § 24 **Nummer** 1 **Buchstabe** a EStG steuerpflichtige **Teil des Arbeitslohns, der ggf**. durch Schätzung zu ermitteln ist, im Rahmen der Veranlagung des Arbeitnehmers zur Einkommensteuer zu erfassen.

---

[1]) ***teilweise überholt durch BMF vom 13.4.2021 (BStBl I S. 624), Rdnr. 7, 29, >Anhang 24 VII***

[2]) jetzt R 9.4 LStR 2015

2.2.3 Sonstige Einkünfte nach § 22 Nummer 1 Satz 1 EStG

Tz. 2.1.6 gilt entsprechend.

3. Arbeitgeber als Versicherer

Gewährt ein Arbeitgeber als Versicherer Versicherungsschutz, handelt es sich um Sachleistungen. Tz. 2 gilt entsprechend. § 8 Absatz 3 EStG ist zu beachten.

4. Werbungskosten- oder Sonderausgabenabzug

Der Arbeitnehmer kann die dem Lohnsteuerabzug unterworfenen Versicherungsbeiträge als Werbungskosten oder als Sonderausgaben geltend machen. Für die **Aufteilung** und Zuordnung gelten die Regelungen in Tz. 1.1 bis 1.3.

5. Lohnsteuerabzug von Beitragsleistungen

Soweit die vom Arbeitgeber übernommenen Beiträge (Tz. 1.4) oder die Beiträge zu Versicherungen des Arbeitgebers (Tz. 2) steuerpflichtiger Arbeitslohn sind, sind sie im Zeitpunkt **ihres Zuflusses** dem Lohnsteuerabzug **nach den allgemeinen Regelungen** zu unterwerfen, wenn nicht eine Pauschalbesteuerung nach § 40b **Absatz** 3 EStG **erfolgt. Zu den Voraussetzungen der Lohnsteuerpauschalierung siehe auch R 40b.2 LStR 2008**[1]).

6. Betriebliche Altersversorgung

Die lohnsteuerliche Behandlung von Zusagen auf Leistungen der betrieblichen Altersversorgung nach dem Betriebsrentengesetz bleibt durch dieses Schreiben unberührt. Zu den Einzelheiten vgl. BMF-Schreiben vom 20. Januar 2009 – VI C 3 – S 2496/08/10011/IV C 5 – S 2333/07/0003 – (BStBl I S. 273)[2]).

7. Anwendungsregelung

Dieses Schreiben ist in allen noch nicht formell bestandskräftigen Fällen anzuwenden. Das BMF-Schreiben vom 17. Juli 2000 – IV C 5 – S 2332 – 67/00 – (BStBl I S. 1204) wird hiermit aufgehoben.

---

[1]) jetzt LStR 2015

[2]) jetzt BMF vom ***12.8.2021*** (BStBl I S. ***1050***), >Anhang 2 III

Steuerliche Beurteilung gemischter Aufwendungen; Beschluss des Großen Senats des BFH vom 21. September 2009 – GrS 1/06 (BStBl 2010 II S. 672)

BMF vom 6.7.2010 (BStBl I S. 614)
IV C 3 – S 2227/07/10003 :002 – 2010/0522213

Inhaltsverzeichnis

Der Große Senat des Bundesfinanzhofs hat mit dem o. a. Beschluss entschieden, dass § 12 Nummer 1 Satz 2 EStG kein allgemeines Aufteilungs- und Abzugsverbot für Aufwendungen normiert, die sowohl durch die Einkunftserzielung als auch privat veranlasste Teile enthalten (gemischte Aufwendungen). Unter Bezugnahme auf das Ergebnis der Erörterungen mit den obersten Finanzbehörden der Länder gelten zur steuerlichen Beurteilung gemischter Aufwendungen für alle Einkunftsarten und für die verschiedenen Arten der Gewinnermittlung die folgenden Grundsätze:

1. Allgemeines

1 Gemischte Aufwendungen eines Steuerpflichtigen können nach Maßgabe der folgenden Ausführungen grundsätzlich in als Betriebsausgaben oder Werbungskosten abziehbare sowie in privat veranlasste und damit nicht abziehbare Teile aufgeteilt werden, soweit nicht gesetzlich etwas anderes geregelt ist oder es sich um Aufwandspositionen handelt, die durch das steuerliche Existenzminimum abgegolten oder als Sonderausgaben oder als außergewöhnliche Belastungen abziehbar sind.

2 Eine Aufteilung der Aufwendungen kommt nur in Betracht, wenn der Steuerpflichtige die betriebliche oder berufliche Veranlassung im Einzelnen umfassend dargelegt und nachgewiesen hat. Bestehen gewichtige Zweifel an einer betrieblichen oder beruflichen (Mit)-Veranlassung der Aufwendungen, so kommt für die Aufwendungen schon aus diesem Grund ein Abzug insgesamt nicht in Betracht.

3 Die Aufteilung gemischt veranlasster Aufwendungen hat nach einem an objektiven Kriterien orientierten Maßstab der Veranlassungsbeiträge zu erfolgen. Ist eine verlässliche Aufteilung nur mit unverhältnismäßigem Aufwand möglich, erfolgt die Aufteilung im Wege der Schätzung. Fehlt es an einer geeigneten Schätzungsgrundlage oder sind die Veranlassungsbeiträge nicht trennbar, gelten die Aufwendungen als insgesamt privat veranlasst.

2. Nicht abziehbare Aufwendungen der Lebensführung

4 Nach § 12 Nummer 1 Satz 1 EStG sind Aufwendungen für den Haushalt des Steuerpflichtigen und für den Unterhalt seiner Familienangehörigen vollständig vom Betriebsausgaben-/Werbungskostenabzug ausgeschlossen und demzufolge nicht in einen abziehbaren und nicht abziehbaren Teil aufzuteilen. Sie sind durch die Vorschriften zur Berücksichtigung des steuerlichen Existenzminimums (Grundfreibetrag, Freibeträge für

Kinder) pauschal abgegolten oder als Sonderausgaben oder als außergewöhnliche Belastungen abziehbar.

Kosten der Lebensführung in diesem Sinne sind insbesondere Aufwendungen für

- Wohnung,
- Ernährung,
- Kleidung,
- allgemeine Schulausbildung,
- Kindererziehung,
- persönliche Bedürfnisse des täglichen Lebens, z. B. Erhaltung der Gesundheit, Pflege, Hygieneartikel,
- Zeitung,
- Rundfunk oder
- Besuch kultureller und sportlicher Veranstaltungen.

Vollumfänglich nicht abziehbar und demzufolge nicht aufzuteilen sind ferner Aufwendungen nach § 12 Nummer 1 Satz 2 EStG. Das sind Aufwendungen für die Lebensführung, die zwar der Förderung des Berufs oder der Tätigkeit dienen können, die aber grundsätzlich die wirtschaftliche oder gesellschaftliche Stellung des Steuerpflichtigen mit sich bringt. Hierbei handelt es sich um Aufwendungen, die mit dem persönlichen Ansehen des Steuerpflichtigen in Zusammenhang stehen, d. h. der Pflege der sozialen Verpflichtungen dienen (sog. Repräsentationsaufwendungen). 5

Ob Aufwendungen Repräsentationsaufwendungen im Sinne des § 12 Nummer 1 Satz 2 EStG oder (zumindest teilweise) Betriebsausgaben/Werbungskosten darstellen, ist stets durch eine Gesamtwürdigung aller Umstände des Einzelfalls festzustellen[1]). Bei Veranstaltungen, die vom Steuerpflichtigen ausgerichtet werden, stellt ein persönlicher Anlass (z. B. Geburtstag, Trauerfeier) regelmäßig ein bedeutendes Indiz für die Annahme nicht abziehbarer Repräsentationsaufwendungen dar. Auch Aufwendungen für gesellschaftliche Veranstaltungen fallen in der Regel unter § 12 Nummer 1 Satz 2 EStG.

Aufwendungen nach § 12 Nummer 1 EStG sind selbst im Falle einer betrieblichen/beruflichen Mitveranlassung nicht als Betriebsausgaben/Werbungskosten abziehbar. 6

Aufwendungen im Sinne der Rn. 4 und 5 sind Betriebsausgaben oder Werbungskosten, soweit sie ausschließlich oder nahezu ausschließlich betrieblich/beruflich veranlasst sind (z. B. § 4 Absatz 5 Satz 1 Nummer 6b EStG: Arbeitszimmer; § 9 Absatz 1 Satz 3 Nummer 6 EStG: Arbeitsmittel, typische Berufskleidung) oder ein abgegrenzter betrieblicher/beruflicher Mehraufwand gegeben ist. Die Abzugsbeschränkungen des § 4 Absatz 5 Satz 1 Nummer 5 EStG (Verpflegungsmehraufwendungen) und § 9 Absatz 1 Satz 3 Nummer 5 EStG (Doppelte Haushaltsführung) sind zu beachten[2]). 7

3. Grundsätze der Aufteilung gemischter Aufwendungen

Gemäß § 4 Absatz 4 EStG (Betriebsausgaben) und § 9 Absatz 1 EStG (Werbungskosten) werden bei der Ermittlung der Einkünfte nur Aufwendungen berücksichtigt, die durch die Einkunftserzielung veranlasst sind. Ein Veranlassungszusammenhang in diesem Sinne besteht, wenn die Aufwendungen mit der Einkunftserzielung objektiv zusammenhängen und ihr subjektiv zu dienen bestimmt sind, d. h. wenn sie in unmittelbarem oder mittelbarem wirtschaftlichem Zusammenhang mit einer der Einkunftsarten des Einkommensteuergesetzes stehen. 8

---

[1]) >H 9.1 (Gemischte Aufwendungen)

[2]) vgl. C III. 4. a der Entscheidungsgründe des GrS

9 Aufwendungen, die eindeutig und klar abgrenzbar ausschließlich betrieblich/beruflich oder privat veranlasst sind, sind unmittelbar dem betrieblichen/beruflichen oder privaten Teil der Aufwendungen zuzuordnen.

a) Durch die Einkunftserzielung (mit)veranlasste Aufwendungen

10 Nicht von § 12 Nummer 1 EStG erfasste Aufwendungen, die nicht eindeutig zugeordnet werden können, aber einen nachgewiesenen abgrenzbaren betrieblichen oder beruflichen Anteil enthalten, sind nach dem jeweiligen Veranlassungsanteil in abziehbare und nicht abziehbare Aufwendungen aufzuteilen.

11 Bei einer untergeordneten betrieblichen/beruflichen Mitveranlassung (< 10 %) sind die Aufwendungen in vollem Umfang nicht als Betriebsausgaben/Werbungskosten abziehbar.

Wird ein Sachverhalt insgesamt als privat veranlasst gewürdigt und werden die Aufwendungen dementsprechend steuerlich nicht berücksichtigt, so können zusätzliche ausschließlich betrieblich/beruflich veranlasste Aufwendungen für sich genommen als Betriebsausgaben oder Werbungskosten abzuziehen sein (vgl. Rn. 9)[1]).

Beispiel 1:

Ein Steuerpflichtiger nimmt während seiner 14-tägigen Urlaubsreise an einem eintägigen Fachseminar teil.

B1 Die Aufwendungen für die Urlaubsreise sind nicht abziehbar. Die Aufwendungen, die unmittelbar mit dem Fachseminar zusammenhängen (Seminargebühren, Fahrtkosten vom Urlaubsort zum Tagungsort, ggf. Pauschbetrag für Verpflegungsmehraufwendungen), sind als Betriebsausgaben/Werbungskosten abziehbar.

12 Bei einer untergeordneten privaten Mitveranlassung (< 10 %) sind die Aufwendungen in vollem Umfang als Betriebsausgaben/Werbungskosten abziehbar; die Abzugsbeschränkungen des § 4 Absatz 5 EStG und § 9 Absatz 5 EStG bleiben unberührt.

Von einer untergeordneten privaten Mitveranlassung der Kosten für die Hin- und Rückreise ist auch dann auszugehen, wenn der Reise ein eindeutiger unmittelbarer betrieblicher/beruflicher Anlass zugrunde liegt (z. B. ein Arbeitnehmer nimmt aufgrund einer Weisung seines Arbeitgebers einen ortsgebundenen Pflichttermin wahr oder ein Nichtarbeitnehmer tätigt einen ortsgebundenen Geschäftsabschluss oder ist Aussteller auf einer auswärtigen Messe), den der Steuerpflichtige mit einem vorangehenden oder nachfolgenden Privataufenthalt verbindet.

b) Höhe der abziehbaren Aufwendungen

13 Sind die Aufwendungen sowohl durch betriebliche/berufliche als auch private Gründe von jeweils nicht untergeordneter Bedeutung (vgl. Rn. 11 und 12) veranlasst, ist nach Möglichkeit eine Aufteilung der Aufwendungen nach Veranlassungsbeiträgen vorzunehmen (vgl. BFH vom 21. April 2010 VI R 66/04 – BStBl II Seite 685; siehe aber Rn. 18).

14 Es ist ein geeigneter, den Verhältnissen im Einzelfall gerecht werdender Aufteilungsmaßstab zu finden. Der Maßstab muss nach objektivierbaren – d. h. nach außen hin erkennbaren und nachvollziehbaren – Kriterien ermittelt und hinsichtlich des ihm zugrunde liegenden Veranlassungsbeitrags dokumentiert werden.

15 Der betrieblich/beruflich und privat veranlasste Teil der Aufwendungen kann beispielsweise nach folgenden Kriterien ermittelt werden: Zeit-, Mengen- oder Flächenanteile sowie Aufteilung nach Köpfen.

---

1) vgl. C. III. 3 f der Entscheidungsgründe des GrS

Beispiel 2:
An der Feier zum 30. Firmenjubiläum des Einzelunternehmens Y nehmen 100 Personen teil (80 Kunden und Geschäftsfreunde und 20 private Gäste des Firmeninhabers). Die Gesamtkosten der Feier betragen 5.000 €, auf Essen und Getränke entfallen 4.000 €.

B2 Aufgrund der Teilnahme privater Gäste handelt es sich um eine gemischt betrieblich und privat veranlasste Veranstaltung. Zwar liegt der Anlass der Veranstaltung im betrieblichen Bereich (Firmenjubiläum). Die Einladung der privaten Gäste erfolgte allerdings ausschließlich aus privaten Gründen, so dass die Kosten der Verköstigung und Unterhaltung der privaten Gäste als privat veranlasst zu behandeln sind. Sachgerechtes objektivierbares Kriterium für eine Aufteilung ist eine Aufteilung nach Köpfen. 80 Personen nehmen aus betrieblichen Gründen an dem Firmenjubiläum teil, 20 aus privaten Gründen. Damit sind 1.000 € (20 % des Gesamtkosten), die anteilig auf die privaten Gäste entfallen, nicht als Betriebsausgaben abziehbar. Von den verbleibenden betrieblich veranlassten Kosten in Höhe von 4.000 € sind unter Berücksichtigung des § 4 Absatz 5 Satz 1 Nummer 2 EStG 3.040 € (80 % von 1.000 € + 70 % von 80 % von 4.000 €) als Betriebsausgaben abziehbar.

Beispiel 3:
Ein niedergelassener Arzt besucht einen Fachkongress in London. Er reist Samstagfrüh an. Die Veranstaltung findet ganztägig von Dienstag bis Donnerstag statt. Am Sonntagabend reist er nach Hause zurück.

B3 Da Reisen nach dem Beschluss des Großen Senats des BFH entgegen der bisherigen Rechtsprechung nicht mehr in jedem Fall als Einheit zu betrachten sind, sind die Kosten für 2 Übernachtungen (von Dienstag bis Donnerstag) sowie die Kongressgebühren ausschließlich dem betrieblichen Bereich zuzuordnen und daher vollständig als Betriebsausgaben abziehbar. Die Flugkosten sind gemischt veranlasst und entsprechend den Veranlassungsbeiträgen aufzuteilen. Sachgerechter Aufteilungsmaßstab ist das Verhältnis der betrieblichen und privaten Zeitanteile der Reise (betrieblich veranlasst sind $^3/_9$). Ein Abzug der Verpflegungskosten als Betriebsausgaben ist nur in Höhe der Pauschbeträge für Verpflegungsmehraufwendungen für die betrieblich veranlassten Tage zulässig.

Abwandlung:
Der Arzt fährt nicht als Zuhörer, sondern als Mitveranstalter zu dem Fachkongress.

B4 Die Kosten für die Hin- und Rückreise sind vollständig dem betrieblichen Bereich zuzurechnen und daher nicht aufzuteilen (vgl. Rn. 12).

Bestehen keine Zweifel daran, dass ein nach objektivierbaren Kriterien abgrenzbarer Teil der Aufwendungen betrieblich/beruflich veranlasst ist, bereitet seine Quantifizierung aber Schwierigkeiten, so ist dieser Anteil unter Berücksichtigung aller maßgeblichen Umstände zu schätzen (§ 162 AO). Ist also zweifelsfrei ein betrieblicher/beruflicher Kostenanteil entstanden, kann aber dessen jeweiliger Umfang mangels geeigneter Unterlagen nicht belegt werden, ist wie bisher eine Schätzung geboten. 16

c) Nicht aufteilbare gemischte Aufwendungen

Ein Abzug der Aufwendungen kommt insgesamt nicht in Betracht, wenn die – für sich gesehen jeweils nicht unbedeutenden – betrieblichen/beruflichen und privaten Veranlassungsbeiträge so ineinander greifen, dass eine Trennung nicht möglich und eine Grundlage für die Schätzung nicht erkennbar ist. Das ist insbesondere der Fall, wenn es an objektivierbaren Kriterien für eine Aufteilung fehlt. 17

Beispiel 4:
Ein Steuerberater begehrt die hälftige Anerkennung der Kosten eines Abonnements einer überregionalen Zeitung, die er neben der regionalen Tageszeitung bezieht, als Betriebsausgaben, weil die überregionale Zeitung umfassend auch über die steuerrechtliche Entwicklung informiere.

B5 Die Kosten sind insgesamt nicht als Betriebsausgaben abziehbar. Die betrieblichen und privaten Veranlassungsbeiträge greifen so ineinander, dass eine Trennung nicht möglich ist. Soweit die Zeitung nicht bereits durch das steuerliche Existenzminimum abgegolten ist, fehlt es an einer Aufteilbarkeit der Veranlassungsbeiträge. Denn keine Rubrik oder Seite einer Zeitung kann ausschließlich dem betrieblichen Bereich zugeordnet werden, sondern dient stets auch dem privaten Informationsinteresse. Es fehlt damit an einer Möglichkeit zur Aufteilung nach objektivierbaren Kriterien.

18 Die für Auslandsgruppenreisen aufgestellten Abgrenzungsmerkmale gelten grundsätzlich weiter (BFH vom 27. November 1978 – BStBl 1979 II Seite 213; zuletzt BFH vom 21. April 2010 VI R 5/07 – BStBl II Seite 687)[1]). Eine Aufteilung der Kosten und damit ein teilweiser Abzug als Betriebsausgaben/Werbungskosten kommt bei solchen Reisen regelmäßig nur in Betracht, soweit die beruflichen und privaten Veranlassungsbeiträge voneinander abgrenzbar sind (vgl. BFH vom 21. April 2010 VI R 5/07 – BStBl II Seite 687).

19 Soweit der BFH bisher die Abziehbarkeit anderer gemischter Aufwendungen mangels objektiver Aufteilungskriterien abgelehnt hat, ist weiterhin von der Nichtabziehbarkeit auszugehen.

Beispiele:

B6 Aufwendungen für Sicherheitsmaßnahmen eines Steuerpflichtigen zum Schutz von Leben, Gesundheit, Freiheit und Vermögen seiner Person (BFH vom 5. April 2006 – BStBl II Seite 541),

B7 Aufwendungen eines in Deutschland lebenden Ausländers für das Erlernen der deutschen Sprache (BFH vom 15. März 2007 – BStBl II Seite 814),

B8 Aufwendungen einer Landärztin für einen Schutzhund (BFH vom 29. März 1979 – BStBl II Seite 512),

B9 Einbürgerungskosten zum Erwerb der deutschen Staatsangehörigkeit (BFH vom 18. Mai 1984 – BStBl II Seite 588),

B10 Kosten für den Erwerb eines Führerscheins (BFH vom 8. April 1964 – BStBl III Seite 431).

4. Anwendungsregelung

20 Dieses Schreiben ist vorbehaltlich des § 176 Absatz 1 Satz 1 Nummer 3 AO für alle offenen Fälle anzuwenden.

---

[1]) vgl. C. III. 4 e der Entscheidungsgründe des GrS

Verdeckte Einlage in eine Kapitalgesellschaft und Zufluss von Gehaltsbestandteilen bei einem Gesellschafter-Geschäftsführer einer Kapitalgesellschaft; Urteile des Bundesfinanzhofs vom 3.2.2011 – VI R 4/10 – (BStBl 2014 II S. 493) und – VI R 66/09 – (BStBl 2014 II S. 491) sowie vom 15.5.2013 – VI R 24/12 – (BStBl 2014 II S. 495)

BMF vom 12.5.2014 (BStBl I S. 860)
IV C 2 – S 2743/12/10001 – 2014/0074863

Der Bundesfinanzhof hat in den Urteilen vom 3. Februar 2011 – VI R 4/10 – (BStBl 2014 II S. 493) und – VI R 66/09 – (BStBl 2014 II S. 491) sowie vom 15. Mai 2013 – VI R 24/12 – (BStBl II S. 495) zur lohnsteuerlichen Behandlung bestimmter Gehaltsbestandteile eines Gesellschafter-Geschäftsführers einer Kapitalgesellschaft Stellung genommen, die im Anstellungsvertrag vereinbart, tatsächlich aber nicht ausgezahlt wurden.

Nach dem Ergebnis der Erörterungen mit den obersten Finanzbehörden der Länder sind die Entscheidungen vom 3. Februar 2011 (a. a. O.) unter Berücksichtigung der Entscheidung vom 15. Mai 2013 (a. a. O.) auszulegen.

Dem beherrschenden Gesellschafter fließt eine eindeutige und unbestrittene Forderung gegen „seine" Kapitalgesellschaft bereits mit der Fälligkeit zu (BFH-Urteil vom 3. Februar 2011 – VI R 66/09 – m. w. N.). Ob sich der Vorgang in der Bilanz der Kapitalgesellschaft tatsächlich gewinnmindernd ausgewirkt hat, etwa durch die Bildung einer Verbindlichkeit, ist für die Anwendung dieser sog. Zuflussfiktion unerheblich, sofern eine solche Verbindlichkeit nach den Grundsätzen ordnungsgemäßer Buchführung hätte gebildet werden müssen.

Für den Zufluss beim Gesellschafter-Geschäftsführer durch eine verdeckte Einlage in eine Kapitalgesellschaft kommt es darauf an, ob der Gesellschafter-Geschäftsführer vor oder nach Entstehen seines Anspruchs darauf verzichtet hat (H 40 KStH 2008[1])). Maßgeblich dafür ist, inwieweit Passivposten in eine Bilanz der Gesellschaft hätten eingestellt werden müssen, die zum Zeitpunkt des Verzichts erstellt worden wäre (BFH-Urteile vom 15. Mai 2013, a. a. O. und vom 24. Mai 1984 – I R 166/78 –, BStBl 1984 II S. 747). Auf die tatsächliche Buchung in der Bilanz der Gesellschaft kommt es für die Frage des Zuflusses aufgrund einer verdeckten Einlage nicht an[2]).

---

1) jetzt H 8.9 KStH 2015

2) Verzichtet der Gesellschafter-Geschäftsführer vor der Entstehung seines Gehaltsanspruchs, kommt es nicht zu einem fiktiven Zufluss von Arbeitslohn (>BFH vom 15.6.2016 – BStBl II S. 903).

Umsetzungshilfe zur steuerlichen Anerkennung von Arbeitgeberleistungen nach § 3 Nummer 34 EStG

BMF vom 20.4.2021 (BStBl I S. 700)
IV C 5 – S 2342/20/10003 :003 – 2021/0400744

Unter Bezugnahme auf das Ergebnis der Erörterungen mit den obersten Finanzbehörden der Länder gilt zur Anwendung der Steuerfreiheit des § 3 Nummer 34 EStG Folgendes:

1. Gesetzliche Grundlagen

1.1. Steuerbefreiung des § 3 Nummer 34 EStG

1 Rechtsgrundlage der Steuerfreiheit für arbeitgebergeförderte Präventions- und betriebliche Gesundheitsförderungsleistungen (§ 3 Nummer 34 des Einkommensteuergesetzes – EStG):

„Steuerfrei sind…

34. zusätzlich zum ohnehin geschuldeten Arbeitslohn erbrachte Leistungen des Arbeitgebers zur Verhinderung und Verminderung von Krankheitsrisiken und zur Förderung der Gesundheit in Betrieben, die hinsichtlich Qualität, Zweckbindung, Zielgerichtetheit und Zertifizierung den Anforderungen der §§ 20 und 20b des Fünften Buches Sozialgesetzbuch (SGB V) genügen, soweit sie 600 Euro je Kalenderjahr und Arbeitnehmer nicht übersteigen“.

2 Nach der Gesetzesbegründung fallen unter die Steuerbefreiung des § 3 Nummer 34 EStG: Maßnahmen zur individuellen verhaltensbezogenen Prävention, die nach § 20 Absatz 2 Satz 2 SGB V zertifiziert sind sowie gesundheitsförderliche Maßnahmen in Betrieben (betriebliche Gesundheitsförderung), die den vom Spitzenverband Bund der Krankenkassen (GKV-Spitzenverband) nach § 20 Absatz 2 Satz 1 und § 20b Absatz 1 SGB V festgelegten Kriterien entsprechen.

1.2 Verweis in § 3 Nummer 34 EStG auf die Vorschriften der §§ 20, 20b SGB V

3 § 20 Absatz 1 Satz 3 SGB V verlangt, dass Leistungen zur individuellen verhaltensbezogenen Prävention (Präventionskurse), die von Krankenkassen bezuschusst werden, den vom GKV-Spitzenverband definierten Handlungsfeldern und Kriterien (GKV-Leitfaden Prävention) genügen und von den Krankenkassen oder einer von ihnen beauftragten Stelle zertifiziert sein müssen (§ 20 Absatz 5 Satz 1 SGB V).

4 § 20b Absatz 1 SGB V beschreibt die Anforderungen an Leistungen zur Gesundheitsförderung in Betrieben (betriebliche Gesundheitsförderung), die von Krankenkassen erbracht werden können. Diese Maßnahmen sind an den spezifischen betrieblichen Bedarfen ausgerichtet und werden gemäß den Handlungsfeldern und Kriterien des GKV-Leitfadens Prävention zwischen dem Betrieb und der leistenden Krankenkasse individuell vereinbart. Für Leistungen zur betrieblichen Gesundheitsförderung nach § 20b SGB V ist eine Zertifizierung grundsätzlich nicht vorgesehen. Für Leistungen zur individuellen verhaltensbezogenen Prävention nach § 20 SGB V sind die Voraussetzungen nach Tz. 2.1 und 2.2 zu beachten, auch wenn sie im Rahmen der betrieblichen Gesundheitsförderung erbracht werden.

2. Nach § 3 Nummer 34 EStG steuerfreie Leistungen des Arbeitgebers

5 Die Steuerfreiheit nach § 3 Nummer 34 EStG erfasst zertifizierte Leistungen zur individuellen verhaltensbezogenen Prävention (siehe Tz. 2.1).

Nicht zertifizierte Leistungen zur individuellen verhaltensbezogenen Prävention können unter bestimmten Voraussetzungen nach § 3 Nummer 34 EStG steuerfrei sein (siehe Tz. 2.2).

2.1 Individuelle verhaltensbezogene Prävention (zertifizierte Präventionskurse)

Leistungen zur individuellen verhaltensbezogenen Prävention werden grundsätzlich in Form von Präventionskursen erbracht und sollen den Einzelnen motivieren und befähigen, Möglichkeiten einer gesunden, Störungen und Erkrankungen vorbeugenden Lebensführung auszuschöpfen. Die Zertifizierung von Leistungen zur individuellen verhaltensbezogenen Prävention, soweit sie von der Krankenkasse gefördert oder erbracht werden, erfolgt durch eine Krankenkasse oder in ihrem Namen durch einen mit der Wahrnehmung dieser Aufgabe beauftragten Dritten. Die Kurse können auch in die betriebliche Gesundheitsförderung integriert werden. 6

2.1.1 Zertifizierte Präventionskurse der Krankenkassen

Die meisten Krankenkassen lassen ihre Leistungen zur individuellen verhaltensbezogenen Prävention nach § 20 Absatz 4 Nummer 1 SGB V im Rahmen einer Kooperationsgemeinschaft über die „Zentrale Prüfstelle Prävention“ des Dienstleistungsunternehmens „Team Gesundheit GmbH“ prüfen und zertifizieren. 7

Die zertifizierten Präventionskurse der Krankenkassen finden in der Regel außerhalb des Betriebsgeländes statt und werden durch den Arbeitgeber bezuschusst. Leistet der Arbeitgeber einen Zuschuss an die Krankenkasse, ist der auf den teilnehmenden Arbeitnehmer entfallende Zuschuss nach Maßgabe des § 3 Nummer 34 EStG steuerfrei. 8

Die Teilnahme ist vom Arbeitnehmer mit einer vom Kursleiter unterschriebenen Teilnahmebescheinigung nachzuweisen, aus der der Titel des Kurses einschließlich der Kurs-Identifikationsnummer der jeweiligen Prüfstelle und die Teilnahme des Arbeitnehmers hervorgehen. 9

Sofern der Arbeitnehmer selbst in finanzielle Vorleistung getreten ist, kann er bei seinem Arbeitgeber unter Vorlage der Teilnahmebescheinigung eine Arbeitgeberförderung beantragen. Zur Vermeidung von Doppelförderungen ist in dem Antrag vom Arbeitnehmer eine Erklärung abzugeben, ob bereits die Krankenkasse einen Zuschuss gezahlt hat oder ein solcher beantragt wurde. In diesem Fall kann der Arbeitgeberzuschuss höchstens bis zu der beim Arbeitnehmer nach Abzug des Krankenkassenzuschusses verbliebenen Vorleistung nach § 3 Nummer 34 EStG steuerfrei sein. 10

Das Zertifikat, die Teilnahmebescheinigung und gegebenenfalls der Antrag auf Arbeitgeberförderung sind vom Arbeitgeber als Belege zum Lohnkonto zu nehmen. 11

2.1.2 Zertifizierte Präventionskurse auf Veranlassung des Arbeitgebers

Für Leistungen, die der Arbeitgeber zur individuellen verhaltensbezogenen Prävention gewährt, kommt die Steuerbefreiung nach § 3 Nummer 34 EStG in Betracht, wenn die Leistungen durch eine Krankenkasse oder in ihrem Namen durch einen mit der Wahrnehmung dieser Aufgabe beauftragten Dritten zertifiziert sind. 12

Dabei macht es keinen Unterschied, ob die Leistung auf Veranlassung des Arbeitgebers zertifiziert wurden oder ob der Arbeitgeber eine bereits zertifizierte Leistung einkauft und seinen Arbeitnehmern anbietet. Erforderlich ist bei eingekauften Leistungen, dass 13

- der beim Arbeitgeber durchgeführte Kurs mit dem zertifizierten Kurs inhaltlich identisch ist,
- das Zertifikat auf den Kursleiter ausgestellt ist, der den Kurs beim Arbeitgeber durchführt, und
- das Zertifikat bei Kursbeginn noch gültig ist.

Das Zertifikat und die Teilnahmebescheinigung sind vom Arbeitgeber als Belege zum Lohnkonto zu nehmen. Bei Barleistungen des Arbeitgebers sind als Nachweis der zweckentsprechenden Verwendung die Teilnahmebescheinigung, der Zahlungsbeleg des Arbeitnehmers und eine Kopie des Zertifikats als Belege zum Lohnkonto zu nehmen. 14

2.2 Nicht zertifizierte Präventionskurse des Arbeitgebers

15 Für im Auftrag des Arbeitgebers allein für dessen Beschäftigte erbrachte Präventionskurse besteht mangels Beteiligung der gesetzlichen Krankenkassen keine Zertifizierungsmöglichkeit. Eine Zertifizierung von Präventionskursen durch die Krankenkassen oder einer von ihr beauftragten dritten Stelle sieht das SGB V nur für die Fälle vor, in denen es sich um Kurse handelt, die die Krankenkassen für ihre Versicherten als Leistungen zur primären Prävention nach § 20 Absatz 4 Nummer 1, Absatz 5 Satz 1 SGB V erbringen. Nicht zertifizierte Leistungen des Arbeitgebers zur individuellen verhaltensbezogenen Prävention können somit nach § 3 Nummer 34 EStG unter folgenden Voraussetzungen steuerfrei sein. Erforderlich hierfür ist, dass

- die Leistungen Bestandteil eines betrieblichen Gesundheitsförderungsprozesses sind, der nach § 20b SGB V bezuschusst wurde, beziehungsweise wird, oder
- die nicht zertifizierten Präventionskurse hinsichtlich Qualität, Zweckbindung und Zielgerichtetheit den Anforderungen des § 20 SGB V genügen und sie im Auftrag eines Arbeitgebers allein für dessen Beschäftigte durchgeführt sowie vom Leistungsanbieter nicht mit demselben Konzept auch für Versicherte der gesetzlichen Krankenversicherung angeboten werden.

16 Der vom Arbeitgeber allein für dessen Beschäftigte erbrachte Präventionskurs genügt jedenfalls dann den Anforderungen der §§ 20 und 20b SGB V, wenn er inhaltlich mit einem bereits zertifizierten und geprüften Kurskonzept eines Fachverbands oder einer anderen Organisation (zum Beispiel Kursinhalt „Rücken-Fit") identisch ist. Der Kursleiter hat das von ihm genutzte zertifizierte Kurskonzept zu benennen und schriftlich zu bestätigen, dass der angebotene Präventionskurs entsprechend den vorgegebenen Stundenverlaufsplänen durchgeführt wird.

17 Zum Nachweis der Qualifikation hat der Kursleiter schriftlich zu versichern, dass seine Qualifikation den Kriterien des GKV-Spitzenverbandes zur Zertifizierung von Kursangeboten in der individuellen verhaltensbezogenen Prävention entspricht.

18 Die Erklärung des Kursleiters zum verwendeten Kurskonzept und zu seiner Qualifikation sind als Belege zum Lohnkonto zu nehmen.

2.3 Leistungen betrieblicher Gesundheitsförderung im Handlungsfeld „gesundheitsförderlicher Arbeits- und Lebensstil"

19 Leistungen zur betrieblichen Gesundheitsförderung des Arbeitgebers werden von der Steuerbefreiung des § 3 Nummer 34 EStG erfasst, wenn die Leistungen Bestandteil eines betrieblichen Gesundheitsförderungsprozesses sind und im Handlungsfeld „gesundheitsförderlicher Arbeits- und Lebensstil" erbracht werden. Für Präventionskurse nach § 20 SGB V sind die Voraussetzungen nach Tz. 2.1 und 2.2 zu beachten, auch wenn sie im Rahmen der betrieblichen Gesundheitsförderung erbracht werden.

20 Die Leistungen müssen im Rahmen eines strukturierten innerbetrieblichen Prozesses (zum Beispiel gesteuert durch ein internes betriebliches Gremium) mit Analyse des Bedarfs (zum Beispiel durch Befragung der Mitarbeiterinnen und Mitarbeiter, Analyse des Krankenstandes, partizipative Methoden wie Gesundheitszirkel oder Zukunftswerkstätten) und unter Einbindung der Beschäftigten beziehungsweise ihrer Vertretungen sowie – sofern vorhanden – der für Sicherheit und Gesundheit verantwortlichen Fachkräfte im Betrieb (zum Beispiel Fachkräfte für Arbeitssicherheit und Betriebsärzte) erbracht werden. Sie werden insbesondere in Form von Kursen beziehungsweise Vorträgen in Gruppen durchgeführt.

21 Die Steuerfreiheit gilt für die im GKV-Leitfaden Prävention beschriebenen und dem Arbeitnehmer persönlich zuordenbaren Leistungen im Handlungsfeld „Gesundheitsförderlicher Arbeits- und Lebensstil" mit den Präventionsprinzipien „Stressbewältigung und

Ressourcenstärkung", „Bewegungsförderliches Arbeiten und körperlich aktive Beschäftigte", „Gesundheitsgerechte Ernährung im Arbeitsalltag" sowie „Verhaltensbezogene Suchtprävention im Betrieb". In der nachfolgenden Aufstellung sind den Präventionsprinzipien beispielhaft mögliche Inhalte zugeordnet:

Stressbewältigung und Ressourcenstärkung: 22

- Sensibilisierung und Information zu durch Stress bedingten Gesundheitsproblemen und ihrer Verhütung,
- Vermittlung und praktische Einübung von Selbstmanagement-Kompetenzen in Bereichen wie systematisches Problemlösen, Zeitmanagement und persönliche Arbeitsorganisation,
- Vermittlung von Methoden zur Ressourcenstärkung, insbesondere kognitive Umstrukturierung zur Einstellungsänderung, positive Selbstinstruktion, Stärkung der Achtsamkeit, Resilienz, Balance von Berufs- und Privatleben sowie deren praktische Einübung,
- Vermittlung und praktische Einübung von Entspannungsverfahren (zum Beispiel Autogenes Training und Progressive Relaxation, Hatha Yoga, Tai Chi und Qigong),
- Vermittlung von Selbstbehauptungs- und sozialkommunikativen Kompetenzen,
- Anleitungen für Übungen außerhalb der Trainingssitzungen.

Bewegungsförderliches Arbeiten und körperlich aktive Beschäftigte: 23

- Sensibilisierung und Information zu durch Bewegungsmangel und körperliche Fehlbelastungen bedingten Gesundheitsproblemen und ihrer Verhütung,
- angeleitete Gesundheitssportangebote zur Reduzierung von Bewegungsmangel: Vermittlung von Wissen und Aufbau von Handlungskompetenzen zur Vorbeugung von bewegungsmangelbedingten und durch Fehlbeanspruchungen induzierten Beschwerden und Erkrankungen (zum Beispiel Pausengymnastik, Ausgleichsgymnastik, Krafttraining mit bis zu 50 % Geräteeinsatz, Ausdauertraining auch im Wasser),
- Anleitung zur Bewältigung von Schmerzen und Beschwerden im Bereich des Muskel- und Skelettsystems (zum Beispiel Rückenschule, Muskelaufbautraining auch mit bis zu 50 % Geräteeinsatz).

Gesundheitsgerechte Ernährung im Arbeitsalltag: 24

- Sensibilisierung und Information für einen gesundheitsgerechten Ernährungsstil, auch durch Erstellung individueller Gesundheitsprofile (zum Beispiel Übergewicht, Bluthochdruck, Diabetes mellitus, Fettstoffwechselstörungen, Metabolisches Syndrom),
- Gruppen- und Einzelberatungen zur Vermeidung/Reduzierung von Übergewicht sowie von Mangel- und Fehlernährung,
- Gruppenangebote zur gesunden Ernährung mit Beratung und Anleitung (zum Beispiel Informationen zu Inhaltsstoffen, praktischen Übungen, Kochen).

Verhaltensbezogene Suchtprävention im Betrieb: 25

- Sensibilisierung und Information zu Suchtgefahren und ihrer Verhütung,
- Beratungen/Kurse zur Tabakentwöhnung, zum gesundheitsgerechten Alkoholkonsum sowie zu weiteren Suchtformen.

Die Leistungen nach Tz. 2.3 können auf dem Betriebsgelände oder in einer geeigneten Einrichtung (zum Beispiel Fitness-Studio, Sportverein, Praxisräume freiberuflicher Fachkräfte) außerhalb des Betriebsgeländes erbracht werden. 26

Der Arbeitgeber hat die Teilnahmebescheinigung und eine Erklärung als Beleg zum Lohnkonto zu nehmen, wonach die Maßnahme im Rahmen eines strukturierten innerbetrieblichen Prozesses mit einer Bedarfsanalyse und unter Einbindung der für Sicherheit 27 und Gesundheit verantwortlichen Stellen und der Beschäftigten beispielsweise ihrer gesetzlichen Vertretung umgesetzt wurde. In diesen Fällen ist eine Zertifizierung der Leistung für Zwecke der Steuerbefreiung grundsätzlich nicht erforderlich (siehe Tz. 2.2).

28 Wenn der Arbeitgeber bei der betrieblichen Gesundheitsförderung von einer gesetzlichen Krankenkasse unterstützt wird und die Leistung des Arbeitgebers Bestandteil dieser betrieblichen Gesundheitsförderung ist, kann anstelle der Erklärung des Arbeitgebers auch eine Bescheinigung der Krankenkasse über die erfolgte Unterstützung als Beleg zum Lohnkonto genommen werden.

29 Abweichend von Rz. 27 und 28 genügt bei Vorträgen zum Handlungsfeld „gesundheitlicher Arbeits- und Lebensstil" eine vom Arbeitgeber zu führende Anwesenheitsliste, aus der sich zudem der wesentliche Inhalt des Vortrags ergibt.

30 Sofern Leistungen für Gesundheitsmaßnahmen, Unterbringungs-, Verpflegungs- und Reisekosten mit einem pauschalen Gesamtbetrag in Rechnung gestellt werden, ist eine Aufteilung des Gesamtrechnungsbetrages im Wege der Schätzung zur Ermittlung der nach § 3 Nummer 34 EStG steuerfreien Leistungen nicht zulässig. Die zusätzlich zum ohnehin geschuldeten Arbeitslohn erbrachten Leistungen des Arbeitgebers müssen dem Grunde und der Höhe nach feststehen.

3. Bewertung der Leistungen und Zufluss

31 Die Leistungen des Arbeitgebers sind grundsätzlich mit den um übliche Preisnachlässe geminderten Endpreisen am Abgabeort anzusetzen (§ 8 Absatz 2 Satz 1 EStG). Zuzahlungen des Arbeitnehmers sind auf den Endpreis anzurechnen.

32 Es bestehen grundsätzlich keine Bedenken, wenn die Leistungen des Arbeitgebers aus Vereinfachungsgründen mit den tatsächlichen Aufwendungen des Arbeitgebers bewertet werden. Die Aufwendungen sind zu gleichen Teilen auf alle am Präventionskurs teilnehmenden oder beim Vortrag anwesenden Arbeitnehmer aufzuteilen und jeweils im Lohnkonto des Arbeitnehmers entsprechend zu dokumentieren.

33 Die Leistungen des Arbeitgebers fließen dem Arbeitnehmer mit Beginn des Präventionskurses oder Vortrags zu.

4. Leistungen, die nicht nach § 3 Nummer 34 EStG steuerfrei sind

34 Nicht unter die Steuerbefreiung des § 3 Nummer 34 EStG fallen insbesondere

- Mitgliedsbeiträge in Sportvereinen, Fitness-Studios und ähnlichen Einrichtungen,
- Maßnahmen ausschließlich zum Erlernen einer Sportart,
- Trainingsprogramme mit einseitigen körperlichen Belastungen (zum Beispiel Spinning als Training nur der unteren Extremitäten),
- physiotherapeutische Behandlungen,
- Massagen,
- Screenings (Gesundheitsuntersuchungen, Vorsorgeuntersuchungen) ohne Verknüpfung mit Interventionen aus den Handlungsfeldern der betrieblichen Gesundheitsförderung der Krankenkassen,
- Maßnahmen von Anbietern, die ein wirtschaftliches Interesse am Verkauf von Begleitprodukten (zum Beispiel Diäten, Nahrungsergänzungsmitteln) haben,
- Maßnahmen, bei denen der Einsatz von Medikamenten zur Gewichtsabnahme, Formula-Diäten (Nahrungsersatz- oder -ergänzungsmittel) sowie extrem kalorienreduzierter Kost propagiert wird,
- Aufwendungen für Arbeitsmittel, Sport- und Übungsgeräte, Einrichtungsgegenstände und bauliche Maßnahmen (vergleiche aber Rz. 37),
- Zuschüsse zur Kantinenverpflegung,

- mit den Präventionsleistungen im Zusammenhang stehende Neben- oder Zusatzleistungen (zum Beispiel Verpflegungs-, Reise- und Unterkunftskosten),
- Eintrittsgelder in Schwimmbäder, Saunen, Teilnahme an Tanzschulen,
- Gestellung/Bezuschussung von Bildschirmarbeitsplatzbrillen bei Nichtvorliegen der Voraussetzungen der R 19.3 Absatz 2 Nummer 2 Lohnsteuer-Richtlinien,
- Leistungen des Arbeitgebers für nicht zertifizierte Präventionskurse mit Ausnahme der in Tz. 2.2 genannten Fälle.

5. Im ganz überwiegend eigenbetrieblichen Interesse liegende Arbeitgeber-Leistungen zur betrieblichen Gesundheitsförderung

Losgelöst von der Regelung des § 3 Nummer 34 EStG sind Leistungen des Arbeitgebers zur betrieblichen Gesundheitsförderung kein Arbeitslohn, wenn sie im ganz überwiegend eigenbetrieblichen Interesse erbracht werden. 35

Vorteile sind dann nicht als Arbeitslohn anzusehen, wenn sie sich bei objektiver Würdigung aller Umstände nicht als Entlohnung, sondern lediglich als notwendige Begleiterscheinung betriebsfunktionaler Zielsetzungen erweisen. Vorteile besitzen danach keinen Arbeitslohncharakter, wenn sie im ganz überwiegend eigenbetrieblichen Interesse des Arbeitgebers gewährt werden. Das ist der Fall, wenn sich aus den Begleitumständen wie Anlass, Art und Höhe des Vorteils, Auswahl der Begünstigten, freie oder nur gebundene Verfügbarkeit, Freiwilligkeit oder Zwang zur Annahme des Vorteils und seiner besonderen Geeignetheit für den jeweils verfolgten betrieblichen Zweck ergibt, dass diese Zielsetzung ganz im Vordergrund steht und ein damit einhergehendes eigenes Interesse des Arbeitnehmers, den betreffenden Vorteil zu erlangen, vernachlässigt werden kann (vergleiche BFH-Urteil vom 09.05.2019 – VI R 28/17, BStBl II S. 785). 36

Leistungen im ganz überwiegend eigenbetrieblichem Interesse sind danach zum Beispiel: 37

- Leistungen zur Verbesserung von Arbeitsbedingungen (zum Beispiel Bereitstellung von Aufenthalts- und Erholungsräumen, Duschanlagen),
- Aufwendungen für Sport- und Übungsgeräte, Einrichtungsgegenstände und bauliche Maßnahmen (zum Beispiel im betriebseigenen Fitnessraum),
- Leistungen zur Förderung von Mannschaftssportarten durch Zuschüsse, auch an Betriebssportgemeinschaften oder Bereitstellung einer Sporthalle/eines Sportplatzes ohne Individualsportarten (zum Beispiel Tennis, Squash und Golf),
- Maßnahmen zur Vorbeugung spezifisch berufsbedingter Beeinträchtigungen der Gesundheit (durch medizinische Gutachten belegt),
- Arbeitsplatzausstattung (zum Beispiel höhenverstellbarer Schreibtisch),
- Qualifizierung/Fortbildung von Beschäftigten zu innerbetrieblichen Multiplikatoren in Fragen betrieblicher Gesundheitsförderung,
- Analyseleistungen (zum Beispiel Arbeitsunfähigkeits-, Arbeitssituations- und Altersstrukturanalysen, Befragungen von Mitarbeitern, Workshops zur Bedarfsfeststellung),
- Beratung von betrieblichen Verantwortlichen zur gesundheitsförderlichen Gestaltung von Arbeitstätigkeiten und -bedingungen, zum gesundheitsgerechten Führungsverhalten sowie zur gesundheitsförderlichen Gestaltung betrieblicher Rahmenbedingungen in Abstimmung mit den Vertretern des Arbeitsschutzes,
- Beratung der betrieblich Verantwortlichen zur Ziel- und Konzeptentwicklung sowie zu allen Themen der Beschäftigtengesundheit einschließlich Unterstützungsmöglichkeiten zur Vereinbarkeit von Beruf und Privatleben und Umgang mit Diversität,

- Beratung einzelner Beschäftigter oder Gruppen bei individuellen Problemen mit Bezug zum Arbeitsplatz oder Auswirkungen auf die individuelle Leistung am Arbeitsplatz (zum Beispiel Mediation, psychologische Beratung durch Fachpersonal),
- Maßnahmen des Betrieblichen Eingliederungsmanagements,
- Aufbau eines Projektmanagements,
- Moderation von Arbeitsgruppen,
- interne Kommunikation und Öffentlichkeitsarbeit (zum Beispiel Veranstaltungen zur Gesundheitsförderung, Arbeitsplatz- und Arbeitsablaufgestaltung),
- Dokumentation, Evaluation und Qualitätssicherung,
- Bildschirmarbeitsplatzbrille auf ärztliche Verordnung, um eine ausreichende Sehfähigkeit in den Entfernungsbereichen des Bildschirmarbeitsplatzes zu gewährleisten; liegt eine ärztliche Verordnung nicht vor, findet § 3 Nummer 34 EStG keine Anwendung,
- Schutzimpfungen entsprechend den Empfehlungen der Ständigen Impfkommission (STIKO),
- Aufwendungen für Gesundheits-Check-Ups und Vorsorgeuntersuchungen, höchstens bis zu dem Betrag, den die gesetzlichen Krankenkassen für diese Leistungen erstatten würden.

38 Ob Maßnahmen des Arbeitgebers aufgrund von Gesetzen mit Bezug zu Sicherheit und Gesundheit bei der Arbeit (zum Beispiel Arbeitsschutzgesetz) im ganz überwiegend eigenbetrieblichen Interesse gewährt werden, ist ebenfalls anhand der Grundsätze in Rz. 36 zu entscheiden.

6. Unterstützungsmöglichkeiten durch Krankenkassen

39 Die Krankenkassen bieten interessierten Betrieben auf der Grundlage von § 20b SGB V in der betrieblichen Gesundheitsförderung Unterstützung an. Die Kontaktaufnahme durch den Betrieb kann bei jeder Krankenkasse, bei der ein Teil der Beschäftigten versichert ist, oder über die gemeinsame BGF-Koordinierungsstelle der Krankenkassen (www.bgf-koordinierungsstelle.de) im jeweiligen Land erfolgen.

40 Die möglichen Leistungen von Krankenkassen in der betrieblichen Gesundheitsförderung werden im GKV-Leitfaden Prävention des GKV-Spitzenverbandes beschrieben (www.gkv-Spitzenverband.de → Krankenversicherung → Prävention, Selbsthilfe, Beratung → Prävention und betriebliche Gesundheitsförderung → Leitfaden Prävention).

41 Betriebliche Gesundheitsförderung bildet hiernach einen Prozess mit den Schritten „Vorbereitung“, „Nutzung/Aufbau von Strukturen“, „Analyse“, „Maßnahmenplanung“, „Umsetzung“ und „Evaluation“ unter Einbindung der Beschäftigten und der Verantwortlichen für den Betrieb einschließlich der Betriebsärzte und der Fachkräfte für Arbeitssicherheit.

42 Leistungen von Krankenkassen in der betrieblichen Gesundheitsförderung nach § 20b SGB V werden gemäß GKV-Leitfaden Prävention nicht individuumsbezogen abgerechnet. Sie stehen bedarfsbezogen allen Beschäftigten eines Betriebes offen.

43 Krankenkassen beraten und unterstützen Betriebe in der betrieblichen Gesundheitsförderung zeitlich befristet im Sinne einer Hilfe zur Selbsthilfe und streben eine Verzahnung der von ihnen selbst erbrachten Maßnahmen mit den von Arbeitgebern geförderten Maßnahmen in der Prävention und Gesundheitsförderung gemäß § 3 Nummer 34 EStG an.

Übersicht

I.
Einkommensteuerliche Behandlung der Aufwendungen für ein häusliches Arbeitszimmer nach § 4 Absatz 5 Satz 1 Nummer 6b, § 9 Absatz 5 und § 10 Absatz 1 Nummer 7 EStG

BMF vom 6.10.2017 (BStBl I S. 1320)
IV C 6 – S 2145/07/10002 :019 – 2017/0224975

Im Einvernehmen mit den obersten Finanzbehörden der Länder gilt zur einkommensteuerrechtlichen Behandlung der Aufwendungen für ein häusliches Arbeitszimmer nach § 4 Absatz 5 Satz 1 Nummer 6b, § 9 Absatz 5 und § 10 Absatz 1 Nummer 7 EStG Folgendes:

I. Grundsatz

Nach § 4 Absatz 5 Satz 1 Nummer 6b Satz 1 und § 9 Absatz 5 Satz 1 EStG dürfen die Aufwendungen für ein häusliches Arbeitszimmer sowie die Kosten der Ausstattung grundsätzlich nicht als Betriebsausgaben oder Werbungskosten abgezogen werden. Bildet das häusliche Arbeitszimmer den Mittelpunkt der gesamten betrieblichen und beruflichen Betätigung, dürfen die Aufwendungen in voller Höhe steuerlich berücksichtigt werden (§ 4 Absatz 5 Satz 1 Nummer 6b Satz 3, 2. Halbsatz EStG); dies gilt auch, wenn ein anderer Arbeitsplatz zur Verfügung steht. Bildet das häusliche Arbeitszimmer nicht den Mittelpunkt der gesamten betrieblichen und beruflichen Betätigung und steht für die betriebliche oder berufliche Tätigkeit kein anderer Arbeitsplatz zur Verfügung, sind die Aufwendungen bis zur Höhe von 1.250 Euro je Wirtschaftsjahr oder Kalenderjahr als Betriebsausgaben oder Werbungskosten abziehbar (§ 4 Absatz 5 Satz 1 Nummer 6b Satz 2 und 3, 1. Halbsatz EStG). Diese Begrenzung begegnet keinen verfassungsrechtlichen Bedenken (>BFH-Urteil vom 28. Februar 2013 – VI R 58/11 –, BStBl II S. 642). Der Betrag von 1.250 Euro ist kein Pauschbetrag. Es handelt sich um einen personenbezogenen Höchstbetrag, der nicht mehrfach für verschiedene Tätigkeiten in Anspruch genommen werden kann, sondern ggf. auf die unterschiedlichen Tätigkeiten aufzuteilen ist (vgl. Rdnr. 19 bis 20). Bei der Nutzung mehrerer häuslicher Arbeitszimmer in verschiedenen Haushalten ist der Höchstbetrag nur einmal anzuwenden (>BFH-Urteil vom 9. Mai 2017 – VIII R 15/15 –, BStBl II S. 956). 1

II. Anwendungsbereich der gesetzlichen Regelung

Unter die Regelungen des § 4 Absatz 5 Satz 1 Nummer 6b und § 9 Absatz 5 EStG fällt die Nutzung eines häuslichen Arbeitszimmers zur Erzielung von Einkünften aus sämtlichen Einkunftsarten. 2

III. Begriff des häuslichen Arbeitszimmers

3 Ein häusliches Arbeitszimmer ist ein Raum, der seiner Lage, Funktion und Ausstattung nach in die häusliche Sphäre des Steuerpflichtigen eingebunden ist, vorwiegend der Erledigung gedanklicher, schriftlicher, verwaltungstechnischer oder -organisatorischer Arbeiten dient (>BFH-Urteile vom 19. September 2002 – VI R 70/01 –, BStBl II 2003 S. 139 und vom 16. Oktober 2002 – XI R 89/00 –, BStBl II 2003 S. 185) und ausschließlich oder nahezu ausschließlich zu betrieblichen und/oder beruflichen Zwecken genutzt wird (>BFH-Urteile vom 22. März 2016 – VIII R 10/12 –, BStBl II S. 881, – VIII R 24/12 –, BStBl II S. 884 und vom 8. September 2016 – III R 62/11 –, BStBl II 2017 S. 163); eine untergeordnete private Mitbenutzung (< 10 %) ist unschädlich (>BFH-Beschluss vom 27. Juli 2015 – GrS 1/14 –, BStBl II 2016 S. 265). Es muss sich nicht zwingend um Arbeiten büromäßiger Art handeln; ein häusliches Arbeitszimmer kann auch bei geistiger, künstlerischer oder schriftstellerischer Betätigung gegeben sein. In die häusliche Sphäre eingebunden ist ein als Arbeitszimmer genutzter Raum regelmäßig dann, wenn er zur privaten Wohnung oder zum Wohnhaus des Steuerpflichtigen gehört. Dies betrifft nicht nur die Wohnräume, sondern ebenso Zubehörräume (>BFH-Urteil vom 26. Februar 2003 – VI R 130/01 –, BStBl II 2004 S. 74 und BFH-Urteil vom 19. September 2002 – VI R 70/01 –, BStBl II 2003 S. 139). So kann auch ein Raum z. B. im Keller (>BFH-Urteil vom 11. November 2014 – VIII R 3/12 –, BStBl II 2015 S. 382) oder unter dem Dach (Mansarde) des Wohnhauses, in dem der Steuerpflichtige seine Wohnung hat, ein häusliches Arbeitszimmer sein, wenn die Räumlichkeiten aufgrund der unmittelbaren Nähe mit den privaten Wohnräumen des Steuerpflichtigen als gemeinsame Wohneinheit verbunden sind. Aufwendungen für einen in die häusliche Sphäre eingebundenen Raum, der mit einem nicht unerheblichen Teil seiner Fläche auch privat genutzt wird (sog. „Arbeitsecke“), können nicht als Betriebsausgaben oder Werbungskosten abgezogen werden (>BFH-Urteil vom 17. Februar 2016 – X R 32/11 –, BStBl II S. 708).

4 Dagegen kann es sich bei einem im Keller oder Dachgeschoss eines Mehrfamilienhauses befindlichen Raum, der nicht zur Privatwohnung des Steuerpflichtigen gehört, sondern zusätzlich angemietet wurde, um ein außerhäusliches Arbeitszimmer handeln (>BFH-Urteile vom 26. Februar 2003 – VI R 160/99 –, BStBl II S. 515 und vom 18. August 2005 – VI R 39/04 –, BStBl II 2006 S. 428). Maßgebend ist, ob eine innere häusliche Verbindung des Arbeitszimmers mit der privaten Lebenssphäre des Steuerpflichtigen besteht. Dabei ist das Gesamtbild der Verhältnisse im Einzelfall entscheidend. Für die Anwendung des § 4 Absatz 5 Satz 1 Nummer 6b, des § 9 Absatz 5 und des § 10 Absatz 1 Nummer 7 EStG ist es ohne Bedeutung, ob die Wohnung, zu der das häusliche Arbeitszimmer gehört, gemietet ist oder ob sie sich im Eigentum des Steuerpflichtigen befindet. Auch mehrere Räume können als ein häusliches Arbeitszimmer anzusehen sein; die Abtrennung der Räumlichkeiten vom übrigen Wohnbereich ist erforderlich. Aufwendungen für Räume wie Küche, Bad und Flur, die in die häusliche Sphäre eingebunden sind und zu einem nicht unerheblichen Teil privat genutzt werden, können auch dann nicht als Betriebsausgaben oder Werbungskosten abgezogen werden, wenn ein berücksichtigungsfähiges häusliches Arbeitszimmer existiert (>BFH-Urteil vom 17. Februar 2016 – X R 26/13 –, BStBl II S. 611).

5 Nicht unter die Abzugsbeschränkung des § 4 Absatz 5 Satz 1 Nummer 6b und § 9 Absatz 5 EStG fallen Räume, die ihrer Ausstattung und Funktion nach nicht einem Büro entsprechen (z. B. Betriebsräume, Lagerräume, Ausstellungsräume), selbst wenn diese ihrer Lage nach mit dem Wohnraum des Steuerpflichtigen verbunden und so in dessen häusliche Sphäre eingebunden sind (>BFH-Urteile vom 28. August 2003 – IV R 53/01 –, BStBl II 2004 S. 55 und vom 26. März 2009 – VI R 15/07 – BStBl II S. 598). Unschädlich für die Abzugsfähigkeit der Aufwendungen ist eine nur untergeordnete private Mitbenutzung (>BFH-Urteil vom 22. März 2016 – VIII R 24/12 –, BStBl II S. 884).

Beispiele:

a) Ein häusliches Arbeitszimmer liegt in folgenden Fällen regelmäßig vor:

- Bei einem häuslichen Büro eines selbständigen Handelsvertreters, eines selbständigen Übersetzers oder eines selbständigen Journalisten.
- Bei Anmietung einer unmittelbar angrenzenden oder unmittelbar gegenüberliegenden Zweitwohnung in einem Mehrfamilienhaus (>BFH-Urteile vom 26. Februar 2003 – VI R 124/01 – und – VI R 125/01 –, BStBl II 2004 S. 69 und 72).
- Beim häuslichen, ausschließlich beruflich genutzten Musikzimmer einer freiberuflich tätigen Konzertpianistin, in dem diese Musikunterricht erteilt.
- Bei einem zugleich als Büroarbeitsplatz und als Warenlager betrieblich genutzten Raum, wenn dieser nach dem Gesamtbild der Verhältnisse, vor allem aufgrund seiner Ausstattung und Funktion, ein typisches häusliches Büro ist und die Ausstattung und Funktion als Lager dahinter zurücktritt (>BFH-Urteil vom 22. November 2006 – X R 1/05 –, BStBl II 2007 S. 304).
- Bei einem Raum, in dem der Steuerpflichtige einen Telearbeitsplatz unterhält und der dem Typus des häuslichen Arbeitszimmers entspricht (>BFH vom 26. Februar 2014 – VI R 40/12 –, BStBl II S. 568).
- Bei betrieblich oder beruflich genutzten Räumen in einem ausschließlich vom Steuerpflichtigen genutzten Zweifamilienhaus, wenn der Steuerpflichtige auf dem Weg dazwischen keine der Allgemeinheit zugängliche oder von fremden Dritten benutzte Verkehrsfläche betreten muss (>BFH-Urteil vom 15. Januar 2013 – VIII R 7/10 –, BStBl II S. 374).

b) Kein häusliches Arbeitszimmer, sondern betrieblich genutzte Räume liegen regelmäßig in folgenden Fällen vor:

- Eine Arzt-, Steuerberater- oder Anwaltspraxis grenzt an das Einfamilienhaus an oder befindet sich im selben Gebäude wie die Privatwohnung, wenn diese Räumlichkeiten für einen intensiven und dauerhaften Publikumsverkehr geöffnet und z. B. bei häuslichen Arztpraxen für Patientenbesuche und -untersuchungen eingerichtet sind (>BFH-Urteil vom 5. Dezember 2002 – IV R 7/01 –, BStBl II 2003 S. 463 zu einer Notfallpraxis und Negativabgrenzung im BFH-Urteil vom 23. Januar 2003 – IV R 71/00 –, BStBl II 2004 S. 43 zur Gutachtertätigkeit einer Ärztin)[1]).
- In einem Geschäftshaus befinden sich neben der Wohnung des Bäckermeisters die Backstube, der Verkaufsraum, ein Aufenthaltsraum für das Verkaufspersonal und das Büro, in dem die Buchhaltungsarbeiten durchgeführt werden. Das Büro ist in diesem Fall aufgrund der Nähe zu den übrigen Betriebsräumen nicht als häusliches Arbeitszimmer zu werten.
- Im Keller ist ein Arbeitsraum belegen, der – anders als z. B. ein Archiv (>BFH-Urteil vom 19. September 2002 – VI R 70/01 –, BStBl II 2003 S. 139) – keine (Teil-)Funktionen erfüllt, die typischerweise einem häuslichen Arbeitszimmer zukommen, z. B. Lager für Waren und Werbematerialien.

IV. Betroffene Aufwendungen

Zu den Aufwendungen für ein häusliches Arbeitszimmer gehören insbesondere die Aufwendungen für die Ausstattung des Zimmers, wie z. B. Tapeten, Teppiche, Fenstervorhänge, Gardinen und Lampen (zu Einrichtungsgegenständen, die zugleich Arbeitsmittel sind, vgl. Rdnr. 8), sowie die anteiligen Aufwendungen für: 6

- Miete,
- Gebäude-AfA, Absetzungen für außergewöhnliche technische oder wirtschaftliche Abnutzung, Sonderabschreibungen,
- Schuldzinsen für Kredite, die zur Anschaffung, Herstellung oder Reparatur des Gebäudes oder der Eigentumswohnung verwendet worden sind,

---

[1]) zu einer Notfallpraxis, bei der der private Flur durchquert werden muss >BFH vom 29.1.2020 (BStBl II S. 445)

- Wasser- und Energiekosten,
- Reinigungskosten,
- Grundsteuer, Müllabfuhrgebühren, Schornsteinfegergebühren, Gebäudeversicherungen,
- Renovierungskosten[1]).

Die Kosten einer Gartenerneuerung können anteilig den Kosten des häuslichen Arbeitszimmers zuzurechnen sein, wenn bei einer Reparatur des Gebäudes Schäden am Garten verursacht worden sind. Den Kosten des Arbeitszimmers zuzurechnen sind allerdings nur diejenigen Aufwendungen, die der Wiederherstellung des ursprünglichen Zustands dienen (>BFH-Urteil vom 6. Oktober 2004 – VI R 27/01 –, BStBl II S. 1071).

6a Die auf ein häusliches Arbeitszimmer anteilig entfallenden Aufwendungen sind grundsätzlich nach dem Verhältnis der Fläche des Arbeitszimmers zu der nach §§ 42 bis 44 der Zweiten Berechnungsverordnung (II. BV) oder nach der Wohnflächenverordnung berechneten Wohnfläche der Wohnung (einschließlich des Arbeitszimmers) zu ermitteln. Die Wohnfläche einer Wohnung umfasst die Grundfläche der Räume, die ausschließlich zu dieser Wohnung gehören. Nicht zur Wohnfläche gehören hingegen die Grundflächen von Zubehörräumen.

Bei einem im Keller belegenen häuslichen Arbeitszimmer ist entscheidend, ob es sich um einen zur Wohnfläche gehörenden Hauptraum oder um einen nicht zur Wohnfläche gehörenden Nebenraum handelt. Dient ein Raum unmittelbar seiner Funktion nach dem Wohnen und ist er nach seiner baulichen Beschaffenheit (z. B. Vorhandensein von Fenstern), Lage (unmittelbare Verbindung zu den übrigen Wohnräumen) und Ausstattung (Wand- und Bodenbelag, Beheizbarkeit, Einrichtung mit Mobiliar) dem Standard eines Wohnraumes und nicht dem eines Zubehörraumes vergleichbar und zum dauernden Aufenthalt von Menschen tatsächlich geeignet und bestimmt, ist für die rechtliche Beurteilung nicht von Bedeutung, dass der Raum im Kellergeschoss liegt (>BFH vom 11. November 2014 – VIII R 3/12 –, BStBl II 2015 S. 382). Werden betrieblich oder beruflich genutzte Nebenräume in die Kostenberechnung einbezogen, sind die abziehbaren Kosten nach dem Verhältnis des gesamten betrieblich oder beruflich genutzten Bereiches (betrieblich oder beruflich genutzte Haupt- und Nebenräume) zu der Gesamtfläche aller Räume des Gebäudes aufzuteilen.

7 Luxusgegenstände wie z. B. Kunstgegenstände, die vorrangig der Ausschmückung des Arbeitszimmers dienen, gehören zu den nach § 12 Nummer 1 EStG nicht abziehbaren Aufwendungen (>BFH-Urteil vom 30. Oktober 1990 – VIII R 42/87 –, BStBl II 1991 S. 340).

8 Keine Aufwendungen i. S. d. § 4 Absatz 5 Satz 1 Nummer 6b EStG sind die Aufwendungen für Arbeitsmittel (>BFH-Urteil vom 21. November 1997 – VI R 4/97 –, BStBl II 1998 S. 351). Diese werden daher von § 4 Absatz 5 Satz 1 Nummer 6b EStG nicht berührt.

V. Mittelpunkt der gesamten betrieblichen und beruflichen Betätigung

9 Ein häusliches Arbeitszimmer ist der Mittelpunkt der gesamten betrieblichen und beruflichen Betätigung des Steuerpflichtigen, wenn nach Würdigung des Gesamtbildes der Verhältnisse und der Tätigkeitsmerkmale dort diejenigen Handlungen vorgenommen und Leistungen erbracht werden, die für die konkret ausgeübte betriebliche oder berufliche Tätigkeit wesentlich und prägend sind. Bei der Gesamtbetrachtung zur Beurteilung des Mittelpunktes der gesamten betrieblichen und beruflichen Betätigung sind nur solche Einkünfte zu berücksichtigen, die grundsätzlich ein Tätigwerden des Steuerpflichtigen

---

[1]) Renovierungs- und Umbaukosten, die für einen Raum anfallen, der ausschließlich oder mehr als in nur untergeordnetem Umfang privaten Wohnzwecken dient, sind nicht als allgemeine Gebäudekosten über den Flächenanteil des Arbeitszimmers bei den Betriebsausgaben anteilig zu berücksichtigen >BFH vom 14.5.2019 (BStBl II S. 510).

im jeweiligen Veranlagungszeitraum erfordern; Versorgungsbezüge bleiben bei dieser Betrachtung daher außen vor (>BFH vom 11. November 2014 – VIII R 3/12 –, BStBl II 2015 S. 382). Der Tätigkeitsmittelpunkt i. S. d. § 4 Absatz 5 Satz 1 Nummer 6b Satz 3, 2. Halbsatz EStG bestimmt sich nach dem inhaltlichen (qualitativen) Schwerpunkt der betrieblichen und beruflichen Betätigung des Steuerpflichtigen.

Dem zeitlichen (quantitativen) Umfang der Nutzung des häuslichen Arbeitszimmers 10
kommt im Rahmen dieser Würdigung lediglich eine indizielle Bedeutung zu; das zeitliche Überwiegen der außerhäuslichen Tätigkeit schließt einen unbeschränkten Abzug der Aufwendungen für das häusliche Arbeitszimmer nicht von vornherein aus (>BFH-Urteile vom 13. November 2002 – VI R 82/01 –, BStBl II 2004 S. 62; – VI R 104/01 –, BStBl II 2004 S. 65 und – VI R 28/02 –, BStBl II 2004 S. 59).

Übt ein Steuerpflichtiger nur eine betriebliche oder berufliche Tätigkeit aus, die in quali- 11
tativer Hinsicht gleichwertig sowohl im häuslichen Arbeitszimmer als auch am außerhäuslichen Arbeitsort erbracht wird, so liegt der Mittelpunkt der gesamten betrieblichen und beruflichen Betätigung dann im häuslichen Arbeitszimmer, wenn der Steuerpflichtige mehr als die Hälfte der Arbeitszeit im häuslichen Arbeitszimmer tätig wird (>BFH-Urteil vom 23. Mai 2006 – VI R 21/03 –, BStBl II S. 600).

Übt ein Steuerpflichtiger mehrere betriebliche und berufliche Tätigkeiten nebeneinander 12
aus, ist nicht auf eine Einzelbetrachtung der jeweiligen Betätigung abzustellen; vielmehr sind alle Tätigkeiten in ihrer Gesamtheit zu erfassen. Grundsätzlich lassen sich folgende Fallgruppen unterscheiden:

- Bilden bei allen Erwerbstätigkeiten – jeweils – die im häuslichen Arbeitszimmer verrichteten Arbeiten den qualitativen Schwerpunkt, so liegt dort auch der Mittelpunkt der Gesamttätigkeit.
- Bilden hingegen die außerhäuslichen Tätigkeiten – jeweils – den qualitativen Schwerpunkt der Einzeltätigkeiten oder lassen sich diese keinem Schwerpunkt zuordnen, so kann das häusliche Arbeitszimmer auch nicht durch die Summe der darin verrichteten Arbeiten zum Mittelpunkt der Gesamttätigkeit werden.
- Bildet das häusliche Arbeitszimmer den qualitativen Mittelpunkt lediglich einer Einzeltätigkeit, nicht jedoch im Hinblick auf die übrigen Tätigkeiten, ist regelmäßig davon auszugehen, dass das Arbeitszimmer nicht den Mittelpunkt der Gesamttätigkeit bildet.

Der Steuerpflichtige hat jedoch die Möglichkeit, anhand konkreter Umstände des Einzelfalls glaubhaft zu machen oder nachzuweisen, dass die Gesamttätigkeit gleichwohl einem einzelnen qualitativen Schwerpunkt zugeordnet werden kann und dass dieser im häuslichen Arbeitszimmer liegt. Abzustellen ist dabei auf das Gesamtbild der Verhältnisse und auf die Verkehrsanschauung, nicht auf die Vorstellung des betroffenen Steuerpflichtigen (>BFH-Urteile vom 13. Oktober 2003 – VI R 27/02 –, BStBl II 2004 S. 771 und vom 16. Dezember 2004 – IV R 19/03 –, BStBl II 2005 S. 212).

Das häusliche Arbeitszimmer und der Außendienst können nicht gleichermaßen „Mittel- 13
punkt" der beruflichen Betätigung eines Steuerpflichtigen i. S. d. § 4 Absatz 5 Satz 1 Nummer 6b Satz 3, 2. Halbsatz EStG sein (>BFH-Urteil vom 21. Februar 2003 – VI R 14/02 –, BStBl II 2004 S. 68).

Beispiele, in denen das häusliche Arbeitszimmer den Mittelpunkt der gesamten betrieblichen und beruflichen Betätigung bilden kann:

- Bei einem Verkaufsleiter, der zur Überwachung von Mitarbeitern und zur Betreuung von Großkunden auch im Außendienst tätig ist, kann das häusliche Arbeitszimmer Tätigkeitsmittelpunkt sein, wenn er dort die für den Beruf wesentlichen Leistungen (z. B. Organisation der Betriebsabläufe) erbringt (>BFH-Urteil vom 13. November 2002 – VI R 104/01 –, BStBl II 2004 S. 65).

- Bei einem Ingenieur, dessen Tätigkeit durch die Erarbeitung theoretischer, komplexer Problemlösungen im häuslichen Arbeitszimmer geprägt ist, kann dieses auch dann der Mittelpunkt der beruflichen Betätigung sein, wenn die Betreuung von Kunden im Außendienst ebenfalls zu seinen Aufgaben gehört (>BFH-Urteil vom 13. November 2002 – VI R 28/02 –, BStBl II 2004 S. 59).
- Bei einem Praxis-Konsultant, der ärztliche Praxen in betriebswirtschaftlichen Fragen berät, betreut und unterstützt, kann das häusliche Arbeitszimmer auch dann den Mittelpunkt der gesamten beruflichen Tätigkeit bilden, wenn er einen nicht unerheblichen Teil seiner Arbeitszeit im Außendienst verbringt (>BFH-Urteil vom 29. April 2003 – VI R 78/02 –, BStBl II 2004 S. 76).

Beispiele, in denen das Arbeitszimmer nicht den Mittelpunkt der gesamten betrieblichen und beruflichen Betätigung bildet:

- Bei einem – freien oder angestellten – Handelsvertreter liegt der Tätigkeitsschwerpunkt außerhalb des häuslichen Arbeitszimmers, wenn die Tätigkeit nach dem Gesamtbild der Verhältnisse durch die Arbeit im Außendienst geprägt ist, auch wenn die zu Hause verrichteten Tätigkeiten zur Erfüllung der beruflichen Aufgaben unerlässlich sind (>BFH-Urteil vom 13. November 2002 – VI R 82/01 –, BStBl II 2004 S. 62).
- Ein kaufmännischer Angestellter eines Industrieunternehmens ist nebenbei als Mitarbeiter für einen Lohnsteuerhilfeverein selbständig tätig und nutzt für letztere Tätigkeit sein häusliches Arbeitszimmer als „Beratungsstelle“, in dem er Steuererklärungen erstellt, Beratungsgespräche führt und Rechtsbehelfe bearbeitet. Für diese Nebentätigkeit ist das Arbeitszimmer zwar der Tätigkeitsmittelpunkt. Aufgrund der erforderlichen Gesamtbetrachtung ist das Arbeitszimmer jedoch nicht Mittelpunkt seiner gesamten betrieblichen und beruflichen Betätigung (>BFH-Urteil vom 23. September 1999 – VI R 74/98 –, BStBl II 2000 S. 7).
- Bei einer Ärztin, die Gutachten über die Einstufung der Pflegebedürftigkeit erstellt und dazu ihre Patienten ausschließlich außerhalb des häuslichen Arbeitszimmers untersucht und dort (vor Ort) alle erforderlichen Befunde erhebt, liegt der qualitative Schwerpunkt nicht im häuslichen Arbeitszimmer, in welchem lediglich die Tätigkeit begleitende Aufgaben erledigt werden (>BFH-Urteil vom 23. Januar 2003 – IV R 71/00 –, BStBl II 2004 S. 43).
- Bei einem Architekten, der neben der Planung auch mit der Ausführung der Bauwerke (Bauüberwachung) betraut ist, kann diese Gesamttätigkeit keinem konkreten Tätigkeitsschwerpunkt zugeordnet werden. Das häusliche Arbeitszimmer bildet in diesem Fall nicht den Mittelpunkt der gesamten betrieblichen und beruflichen Betätigung (>BFH-Urteil vom 26. Juni 2003 – IV R 9/03 –, BStBl II 2004 S. 50).
- Bei Lehrern befindet sich der Mittelpunkt der betrieblichen und beruflichen Betätigung regelmäßig nicht im häuslichen Arbeitszimmer, weil die berufsprägenden Merkmale eines Lehrers im Unterrichten bestehen und diese Leistungen in der Schule o. Ä. erbracht werden (>BFH-Urteil vom 26. Februar 2003 – VI R 125/01 –, BStBl II 2004 S. 72). Deshalb sind die Aufwendungen für das häusliche Arbeitszimmer auch dann nicht in voller Höhe abziehbar, wenn die überwiegende Arbeitszeit auf die Vor- und Nachbereitung des Unterrichts verwendet und diese Tätigkeit im häuslichen Arbeitszimmer ausgeübt wird. Auch bei einem Hochschullehrer ist das häusliche Arbeitszimmer grundsätzlich nicht der Mittelpunkt der beruflichen Tätigkeit (>BFH-Urteil vom 27. Oktober 2011 – VI R 71/10 –, BStBl II 2012 S. 234).
- Bei einem Richter liegt der Mittelpunkt der beruflichen Tätigkeit im Gericht (>BFH-Urteil vom 8. Dezember 2011 – VI R 13/11 –, BStBl II 2012 S. 236).

VI. Für die betriebliche oder berufliche Betätigung steht kein anderer Arbeitsplatz zur Verfügung

14 Anderer Arbeitsplatz i. S. d. § 4 Absatz 5 Satz 1 Nummer 6b Satz 2 EStG ist grundsätzlich jeder Arbeitsplatz, der zur Erledigung büromäßiger Arbeiten geeignet ist (>BFH-Urteil vom 7. August 2003 – VI R 17/01 –, BStBl II 2004 S. 78). Weitere Anforderungen an die Beschaffenheit des Arbeitsplatzes werden nicht gestellt; unbeachtlich sind mithin

grundsätzlich die konkreten Arbeitsbedingungen und Umstände wie beispielsweise Lärmbelästigung oder Publikumsverkehr (>BFH-Urteil vom 7. August 2003 – VI R 162/00 –, BStBl II 2004 S. 83). Voraussetzung ist auch nicht das Vorhandensein eines eigenen, räumlich abgeschlossenen Arbeitsbereichs oder eines individuell zugeordneten Arbeitsplatzes, so dass auch ein Arbeitsplatz in einem Großraumbüro oder in der Schalterhalle einer Bank ein anderer Arbeitsplatz i. S. d. o. g. Vorschrift ist (>BFH-Urteile vom 7. August 2003 – VI R 17/01 –, BStBl II 2004 S. 78 und – VI R 162/00 –, BStBl II 2004 S. 83). Die Ausstattung des häuslichen Arbeitszimmers mit Arbeitsmitteln, die im Betrieb/in dem vom Arbeitgeber zur Verfügung gestellten Raum nicht vorhanden sind, ist ohne Bedeutung. Ob ein anderer Arbeitsplatz vorliegt, ist nach objektiven Gesichtspunkten zu beurteilen. Subjektive Erwägungen des Steuerpflichtigen zur Annehmbarkeit des Arbeitsplatzes sind unbeachtlich.

Ein anderer Arbeitsplatz steht dem Steuerpflichtigen dann zur Verfügung, wenn dieser 15
ihn in dem konkret erforderlichen Umfang und in der konkret erforderlichen Art und Weise tatsächlich nutzen kann. Die Erforderlichkeit des häuslichen Arbeitszimmers entfällt nicht bereits dann, wenn dem Steuerpflichtigen irgendein Arbeitsplatz zur Verfügung steht, sondern nur dann, wenn dieser Arbeitsplatz grundsätzlich so beschaffen ist, dass der Steuerpflichtige auf das häusliche Arbeitszimmer nicht angewiesen ist (>BFH-Urteil vom 7. August 2003 – VI R 17/01 –, BStBl II 2004 S. 78). Die Beurteilung, ob für die betriebliche oder berufliche Tätigkeit kein anderer Arbeitsplatz zur Verfügung steht, ist jeweils tätigkeitsbezogen vorzunehmen. Ein anderer Arbeitsplatz steht auch dann zur Verfügung, wenn er außerhalb der üblichen Arbeitszeiten, wie z. B. am Wochenende oder in den Ferien, nicht zugänglich ist. Ändern sich die Nutzungsverhältnisse des Arbeitszimmers innerhalb eines Veranlagungszeitraumes, ist auf den Zeitraum der begünstigten Nutzung abzustellen. Werden in einem Arbeitszimmer sowohl Tätigkeiten, für die ein anderer Arbeitsplatz zur Verfügung steht, als auch Tätigkeiten, für die ein anderer Arbeitsplatz nicht zur Verfügung steht, ausgeübt, so sind die Aufwendungen dem Grunde nach nur zu berücksichtigen, soweit sie auf Tätigkeiten entfallen, für die ein anderer Arbeitsplatz nicht zur Verfügung steht.

Übt ein Steuerpflichtiger mehrere betriebliche oder berufliche Tätigkeiten nebeneinander 16
aus, ist daher für jede Tätigkeit zu prüfen, ob ein anderer Arbeitsplatz zur Verfügung steht. Dabei kommt es nicht darauf an, ob ein für eine Tätigkeit zur Verfügung stehender Arbeitsplatz auch für eine andere Tätigkeit genutzt werden kann (z. B. Firmenarbeitsplatz auch für schriftstellerische Nebentätigkeit), vgl. Rdnr. 20.

Geht ein Steuerpflichtiger nur einer betrieblichen oder beruflichen Tätigkeit nach, muss 17
ein vorhandener anderer Arbeitsplatz auch tatsächlich für alle Aufgabenbereiche dieser Erwerbstätigkeit genutzt werden können. Ist ein Steuerpflichtiger auf sein häusliches Arbeitszimmer angewiesen, weil er dort einen nicht unerheblichen Teil seiner betrieblichen oder beruflichen Tätigkeit verrichten muss, ist der andere Arbeitsplatz unschädlich. Es genügt allerdings nicht, wenn er im häuslichen Arbeitszimmer Arbeiten verrichtet, die er grundsätzlich auch an einem anderen Arbeitsplatz verrichten könnte (>BFH-Urteil vom 7. August 2003 – VI R 17/01 – BStBl II 2004 S. 78).

Beispiele (kein anderer Arbeitsplatz vorhanden):

- Ein Lehrer hat für seine Unterrichtsvorbereitung in der Schule keinen Schreibtisch. Das jeweilige Klassenzimmer oder das Lehrerzimmer stellt keinen Arbeitsplatz im Sinne der Abzugsbeschränkung dar.
- Ein angestellter oder selbständiger Orchestermusiker hat im Konzertsaal keine Möglichkeit zu üben. Hierfür hat er sich ein häusliches Arbeitszimmer eingerichtet.
- Ein angestellter Krankenhausarzt übt eine freiberufliche Gutachtertätigkeit aus. Dafür steht ihm im Krankenhaus kein Arbeitsplatz zur Verfügung.

- Kein anderer Arbeitsplatz steht zur Verfügung, wenn dieser wegen Gesundheitsgefahr nicht nutzbar ist (>BFH-Urteil vom 26. Februar 2014 – VI R 11/12 –, BStBl II S. 674).

Beispiele (vorhandener anderer Arbeitsplatz steht nicht für alle Aufgabenbereiche der Erwerbstätigkeit zur Verfügung)

- Ein EDV-Berater übt außerhalb seiner regulären Arbeitszeit vom häuslichen Arbeitszimmer aus Bereitschaftsdienst aus und kann dafür den Arbeitsplatz bei seinem Arbeitgeber tatsächlich nicht nutzen (>BFH-Urteil vom 7. August 2003 – VI R 41/98 –, BStBl II 2004 S. 80).
- Einer Schulleiterin mit einem Unterrichtspensum von 18 Wochenstunden steht im Schulsekretariat ein Schreibtisch nur für die Verwaltungsarbeiten zur Verfügung. Für die Vor- und Nachbereitung des Unterrichts kann dieser Arbeitsplatz nach objektiven Kriterien wie Größe, Ausstattung und Nutzung nicht genutzt werden; diese Arbeiten müssen im häuslichen Arbeitszimmer verrichtet werden (>BFH-Urteil vom 7. August 2003 – VI R 118/00 –, BStBl II 2004 S. 82).
- Einem Grundschulleiter, der zu 50 % von der Unterrichtsverpflichtung freigestellt ist, steht für die Verwaltungstätigkeit ein Dienstzimmer von 11 qm zur Verfügung. Das Dienstzimmer bietet keinen ausreichenden Platz zur Unterbringung der für die Vor- und Nachbereitung des Unterrichts erforderlichen Gegenstände (>BFH-Urteil vom 7. August 2003 – VI R 16/01 –, BStBl II 2004 S. 77).
- Muss ein Bankangestellter in einem nicht unerheblichen Umfang Büroarbeiten auch außerhalb der üblichen Bürozeiten verrichten und steht ihm hierfür sein regulärer Arbeitsplatz nicht zur Verfügung, können die Aufwendungen für ein häusliches Arbeitszimmer grundsätzlich (bis zu einer Höhe von 1.250 Euro) als Werbungskosten zu berücksichtigen sein (>BFH-Urteil vom 7. August 2003 – VI R 162/00 –, BStBl II 2004 S. 83).
- Ein Poolarbeitsplatz, bei dem sich acht Großbetriebsprüfer drei Arbeitsplätze für die vor- und nachbereitenden Arbeiten der Prüfungen teilen, steht nicht als anderer Arbeitsplatz zur Verfügung, wenn er zur Erledigung der Innendienstarbeiten nicht in dem erforderlichen Umfang genutzt werden kann (>BFH-Urteil vom 26. Februar 2014 – VI R 37/13 –, BStBl II S. 570).
- Der Arbeitsplatz eines Selbständigen, den dieser nicht uneingeschränkt nutzen kann und der daher einen nicht unerheblichen Teil seiner beruflichen oder betrieblichen Tätigkeit im häuslichen Arbeitszimmer verrichten muss, steht nicht in dem erforderlichen Umfang zur Verfügung (>BFH-Urteil vom 22. Februar 2017 – III R 9/16 –, BStBl II S. 698).

18 Der Steuerpflichtige muss konkret darlegen, dass ein anderer Arbeitsplatz für die jeweilige betriebliche oder berufliche Tätigkeit nicht zur Verfügung steht. Die Art der Tätigkeit kann hierfür Anhaltspunkte bieten. Zusätzliches Indiz kann eine entsprechende Bescheinigung des Arbeitgebers sein.

VII. Nutzung des Arbeitszimmers zur Erzielung unterschiedlicher Einkünfte

19 Übt ein Steuerpflichtiger mehrere betriebliche und berufliche Tätigkeiten nebeneinander aus und bildet das häusliche Arbeitszimmer den Mittelpunkt der gesamten betrieblichen und beruflichen Betätigung, so sind die Aufwendungen für das Arbeitszimmer entsprechend dem Nutzungsumfang den darin ausgeübten Tätigkeiten zuzuordnen. Liegt dabei der Mittelpunkt einzelner Tätigkeiten außerhalb des häuslichen Arbeitszimmers, ist der Abzug der anteiligen Aufwendungen auch für diese Tätigkeiten möglich.

20 Liegt der Mittelpunkt der gesamten betrieblichen und beruflichen Betätigung nicht im häuslichen Arbeitszimmer, steht für einzelne Tätigkeiten jedoch kein anderer Arbeitsplatz zur Verfügung, können die Aufwendungen bis zur Höhe von 1.250 Euro abgezogen werden. Dabei sind die Aufwendungen für das Arbeitszimmer entsprechend dem Nutzungsumfang den darin ausgeübten Tätigkeiten zuzuordnen. Soweit der Kostenabzug für eine oder mehrere Tätigkeiten möglich ist, kann der Steuerpflichtige diese anteilig insgesamt bis zum Höchstbetrag abziehen (>BFH-Urteil vom 25. April 2017 – VIII R 52/13 –,

BStBl II S. 949). Eine Vervielfachung des Höchstbetrages entsprechend der Anzahl der darin ausgeübten Tätigkeiten ist ausgeschlossen.

Beispiel:

Ein Angestellter nutzt sein Arbeitszimmer zu 40 % für seine nichtselbständige Tätigkeit und zu 60 % für eine unternehmerische Nebentätigkeit. Nur für die Nebentätigkeit steht ihm kein anderer Arbeitsplatz zur Verfügung. An Aufwendungen sind für das Arbeitszimmer insgesamt 2.500 Euro entstanden. Diese sind nach dem Nutzungsverhältnis aufzuteilen. Auf die nichtselbständige Tätigkeit entfallen 40 % von 2.500 Euro = 1.000 Euro, die nicht abgezogen werden können. Auf die Nebentätigkeit entfallen 60 % von 2.500 Euro = 1.500 Euro, die bis zu 1.250 Euro als Betriebsausgaben abgezogen werden können.

VIII. Nutzung des Arbeitszimmers durch mehrere Steuerpflichtige

Die Abzugsbeschränkung ist personenbezogen anzuwenden. Daher kann jeder Nutzende die Aufwendungen, die er getragen hat, entweder unbegrenzt, bis zum Höchstbetrag von 1.250 Euro oder gar nicht abziehen. Nutzen mehrere Personen, wie z. B. Ehegatten, ein Arbeitszimmer gemeinsam, sind die Voraussetzungen des § 4 Absatz 5 Satz 1 Nummer 6b EStG bezogen auf die einzelne steuerpflichtige Person zu prüfen (>BFH-Urteile vom 15. Dezember 2016 – VI R 53/12 –, BStBl II 2017 S. 938 und VI R 86/13 –, BStBl II 2017 S. 941). Nutzen Miteigentümer das Arbeitszimmer gemeinsam zur Erzielung von Einkünften, kann jeder die seinem Anteil entsprechenden und von ihm getragenen Aufwendungen (z. B. Absetzung für Abnutzung, Schuldzinsen) als Betriebsausgaben oder Werbungskosten abziehen. Dasselbe gilt für Mietzahlungen für eine durch Ehegatten oder Lebenspartner gemeinsam gemietete Wohnung (>BFH-Urteil vom 15. Dezember 2016 – VI R 86/13 –, BStBl II 2017 S. 941). 21

Beispiel:

A und B nutzen gemeinsam ein häusliches Arbeitszimmer jeweils zu 50 Prozent (zeitlicher Nutzungsanteil). Die Gesamtaufwendungen betragen 4.000 Euro und werden entsprechend dem Nutzungsanteil getragen. Für A bildet das häusliche Arbeitszimmer den Mittelpunkt der gesamten betrieblichen und beruflichen Betätigung; A kann 2.000 Euro als Betriebsausgaben oder Werbungskosten abziehen. B steht für die im häuslichen Arbeitszimmer ausgeübte betriebliche oder berufliche Tätigkeit kein anderer Arbeitsplatz zur Verfügung, er kann daher 1.250 Euro als Betriebsausgaben oder Werbungskosten abziehen.

IX. Nicht ganzjährige Nutzung des häuslichen Arbeitszimmers

Ändern sich die Nutzungsverhältnisse innerhalb eines Wirtschafts- oder Kalenderjahres, können nur die auf den Zeitraum, in dem das Arbeitszimmer den Mittelpunkt der gesamten betrieblichen und beruflichen Betätigung bildet, entfallenden Aufwendungen in voller Höhe abgezogen werden. Für den übrigen Zeitraum kommt ein beschränkter Abzug nur in Betracht, wenn für die betriebliche oder berufliche Betätigung kein anderer Arbeitsplatz zur Verfügung steht. Der Höchstbetrag von 1.250 Euro ist auch bei nicht ganzjähriger Nutzung eines häuslichen Arbeitszimmers in voller Höhe, also nicht zeitanteilig, zum Abzug zuzulassen. 22

Beispiele:

- Ein Arbeitnehmer hat im 1. Halbjahr den Mittelpunkt seiner gesamten betrieblichen und beruflichen Tätigkeit in seinem häuslichen Arbeitszimmer. Im 2. Halbjahr übt er die Tätigkeit am Arbeitsplatz bei seinem Arbeitgeber aus. Die Aufwendungen für das Arbeitszimmer, die auf das 1. Halbjahr entfallen, sind in voller Höhe als Werbungskosten abziehbar. Für das 2. Halbjahr kommt ein Abzug nicht in Betracht.
- Ein Arbeitnehmer hat ein häusliches Arbeitszimmer, das er nur nach Feierabend und am Wochenende auch für seine nichtselbständige Tätigkeit nutzt. Seit 15. Juni ist er in diesem Raum auch schriftstellerisch tätig. Aus der schriftstellerischen Tätigkeit erzielt er Einkünfte aus selbständiger Arbeit. Fortan nutzt der Steuerpflichtige sein Arbeitszimmer

zu 30 % für die nichtselbständige Tätigkeit und zu 70 % für die schriftstellerische Tätigkeit, wofür ihm kein anderer Arbeitsplatz zur Verfügung steht. Die Gesamtaufwendungen für das Arbeitszimmer betrugen 5.000 Euro. Davon entfallen auf den Zeitraum ab 15. Juni (6,5/12 =) 2.708 Euro. Der auf die nichtselbständige Tätigkeit entfallende Kostenanteil ist insgesamt nicht abziehbar. Auf die selbständige Tätigkeit entfallen 70 % von 2.708 Euro = 1.896 Euro, die bis zum Höchstbetrag von 1.250 Euro als Betriebsausgaben abgezogen werden können. Eine zeitanteilige Kürzung des Höchstbetrages ist nicht vorzunehmen.

23 Wird das Arbeitszimmer für eine spätere Nutzung vorbereitet, bei der die Abzugsvoraussetzungen vorliegen, sind die darauf entfallenden Aufwendungen entsprechend zu berücksichtigen (>BFH-Urteil vom 23. Mai 2006 – VI R 21/03 –, BStBl II S. 600).

X. Nutzung eines häuslichen Arbeitszimmers zu Ausbildungszwecken

24 Nach § 10 Absatz 1 Nummer 7 Satz 4 EStG ist die Regelung des § 4 Absatz 5 Satz 1 Nummer 6b EStG auch für Aufwendungen für ein häusliches Arbeitszimmer anzuwenden, das für die eigene erstmalige Berufsausbildung oder im Rahmen eines Erststudiums, das zugleich eine Erstausbildung vermittelt und nicht im Rahmen eines Dienstverhältnisses stattfindet, genutzt wird. Im Rahmen der Erstausbildungskosten können jedoch in jedem Fall Aufwendungen nur bis zu insgesamt 6.000 Euro (bis Veranlagungszeitraum 2011: 4.000 Euro) als Sonderausgaben abgezogen werden (§ 10 Absatz 1 Nummer 7 Satz 1 EStG). Wird das häusliche Arbeitszimmer auch zur Einkunftserzielung genutzt, sind für die Aufteilung der Kosten Rdnr. 19 und 20 entsprechend anzuwenden.

XI. Nutzung eines häuslichen Arbeitszimmers in Zeiten der Nichtbeschäftigung

24a Die Aufwendungen für ein häusliches Arbeitszimmer können in Zeiten der Nichtbeschäftigung (z. B. Erwerbslosigkeit, Mutterschutz, Elternzeit) nach den Regeln vorweggenommener Betriebsausgaben oder Werbungskosten abgezogen werden, wenn und soweit dem Steuerpflichtigen der Abzug der Aufwendungen auch unter den zu erwartenden Umständen der späteren betrieblichen oder beruflichen Tätigkeit zustehen würde (>BFH-Urteil vom 2. Dezember 2005 – VI R 63/03 –, BStBl II 2006 S. 329).

XII. Vermietung eines häuslichen Arbeitszimmers

24b Zur Vermietung eines Büroraums an den Arbeitgeber wird auf das BMF-Schreiben vom 13. Dezember 2005 (BStBl 2006 I S. 4) und zur Vermietung eines häuslichen Arbeitsraums an den Auftraggeber eines Gewerbetreibenden wird auf das BFH-Urteil vom 13. Dezember 2016 – X R 18/12 – (BStBl II 2017 S. 450) hingewiesen.

XIII. Besondere Aufzeichnungspflichten

25 Nach § 4 Absatz 7 EStG dürfen Aufwendungen für ein häusliches Arbeitszimmer bei der Gewinnermittlung nur berücksichtigt werden, wenn sie besonders aufgezeichnet sind. Es bestehen keine Bedenken, wenn die auf das Arbeitszimmer anteilig entfallenden Finanzierungskosten im Wege der Schätzung ermittelt werden und nach Ablauf des Wirtschafts- oder Kalenderjahres eine Aufzeichnung aufgrund der Jahresabrechnung des Kreditinstitutes erfolgt. Entsprechendes gilt für die verbrauchsabhängigen Kosten wie z. B. Wasser- und Energiekosten. Es ist ausreichend, Abschreibungsbeträge einmal jährlich – zeitnah nach Ablauf des Kalender- oder Wirtschaftsjahres – aufzuzeichnen.

XIV. Zeitliche Anwendung

26 Dieses Schreiben ersetzt das BMF-Schreiben vom 2. März 2011 (BStBl I S. 195) und ist in allen offenen Fällen ab dem Veranlagungszeitraum 2007 anzuwenden.

II.

Vermietung eines Arbeitszimmers oder einer als Homeoffice genutzten Wohnung an den Arbeitgeber; Anwendung der BFH-Urteile vom 16. September 2004 (BStBl 2006 II S. 10) und vom 17. April 2018 (BStBl 2019 II S. 219)

BMF vom 18.4.2019 (BStBl I S. 461)
IV C 1 – S 2211/16/10003 :005 – 2019/0046116

Zur einkommensteuerrechtlichen Beurteilung der Vermietung eines **Arbeitszimmers oder einer als Homeoffice genutzten Wohnung** durch einen Arbeitnehmer an seinen Arbeitgeber gelten unter Bezugnahme auf das Ergebnis der Erörterungen mit den obersten Finanzbehörden der Länder und unter Berücksichtigung der Urteile des BFH vom 19. Oktober 2001 (BStBl 2002 II S. 300), 20. März 2003 (BStBl II S. 519), 16. September 2004 (BStBl 2006 II S. 10) und **17. April 2018 (BStBl 2019 II S. 219)** die folgenden Grundsätze:

Die Beurteilung von Leistungen des Arbeitgebers für ein im Haus oder in der Wohnung des Arbeitnehmers gelegenes **Arbeitszimmer** oder **für eine Wohnung** des Arbeitnehmers, **die dieser zweckfremd als Homeoffice nutzt, als** Arbeitslohn oder als Einnahmen aus Vermietung und Verpachtung ist daran auszurichten, in wessen vorrangigem Interesse die Nutzung erfolgt.

I. Einkünfte aus nichtselbständiger Arbeit

Zu den Einkünften aus nichtselbständiger Arbeit gehören nach § 19 Absatz 1 Satz 1 Nummer 1 EStG auch andere Bezüge und Vorteile, die durch das individuelle Dienstverhältnis des Arbeitnehmers veranlasst sind. Hieran fehlt es, wenn der Arbeitgeber dem Arbeitnehmer **Bezüge und** Vorteile aufgrund einer anderen, neben dem Dienstverhältnis gesondert bestehenden Rechtsbeziehung – beispielsweise einem Mietverhältnis – zuwendet.

Dient **das Arbeitszimmer oder die als Homeoffice genutzte Wohnung** in erster Linie dem Interesse des Arbeitnehmers, ist davon auszugehen, dass die **Leistungen** des Arbeitgebers als Gegenleistung für das Zurverfügungstellen der **individuellen** Arbeitskraft des Arbeitnehmers **erfolgen**. Die Einnahmen sind als Arbeitslohn zu **beurteilen**. **Einkünfte aus Vermietung und Verpachtung liegen dann nicht vor (§ 21 Absatz 3 EStG).**

Ein für den Arbeitslohncharakter der **Leistungen des Arbeitgebers an den Arbeitnehmer** sprechendes gewichtiges Indiz liegt vor, wenn der Arbeitnehmer im Betrieb des Arbeitgebers über einen weiteren Arbeitsplatz verfügt und die Nutzung des **Arbeitszimmers oder der als Homeoffice genutzten Wohnung** vom Arbeitgeber lediglich gestattet oder geduldet wird. In diesem Fall ist grundsätzlich von einem vorrangigen Interesse des Arbeitnehmers an der Nutzung auszugehen. Zur Widerlegung dieser Annahme muss der Steuerpflichtige das vorrangige Interesse seines Arbeitgebers am zusätzlichen Arbeitsplatz, hinter welches das Interesse des Steuerpflichtigen zurücktritt, nachweisen. Ein etwa gleichgerichtetes Interesse von Arbeitgeber und Arbeitnehmer reicht nicht aus.

II. Einkünfte aus Vermietung und Verpachtung

Eine für die Zuordnung der **Leistungen des Arbeitgebers an den Arbeitnehmer** zu den Einkünften aus Vermietung und Verpachtung im Sinne von § 21 Absatz 1 Satz 1 Nummer 1 EStG erforderliche, neben dem Dienstverhältnis gesondert bestehende Rechtsbeziehung setzt voraus, dass das Arbeitszimmer **oder die als Homeoffice genutzte Wohnung** vorrangig im betrieblichen Interesse des Arbeitgebers genutzt wird und dieses Interesse über die Entlohnung des Arbeitnehmers sowie über die Erbringung der jeweiligen Arbeitsleistung hinausgeht. Die Ausgestaltung der Vereinbarung zwischen Arbeitgeber und Arbeitnehmer als auch die tatsächliche Nutzung des angemieteten **Arbeitszimmers oder der als Homeoffice genutzten Wohnung** des Arbeitnehmers müssen maßgeblich und objektiv nachvollziehbar von den Bedürfnissen des Arbeitgebers geprägt sein.

Für das Vorliegen eines betrieblichen Interesses **des Arbeitgebers** sprechen beispielsweise folgende Anhaltspunkte:

- Für den Arbeitnehmer ist im Unternehmen kein geeigneter **Arbeitsplatz** vorhanden; die Versuche des Arbeitgebers, entsprechende Räume von fremden Dritten anzumieten, sind erfolglos geblieben.
- Der Arbeitgeber hat für andere Arbeitnehmer des Betriebs, die über keine für ein Arbeitszimmer geeignete Wohnung verfügen, entsprechende Rechtsbeziehungen mit fremden Dritten begründet, die nicht in einem Dienstverhältnis zu ihm stehen.
- Es wurde eine ausdrückliche, schriftliche Vereinbarung über die Bedingungen der Nutzung **der überlassenen Räumlichkeiten** abgeschlossen.

Allerdings muss der Steuerpflichtige auch in diesen Fällen das vorrangige betriebliche Interesse seines Arbeitgebers nachweisen, ansonsten sind die **Leistungen** als Arbeitslohn entsprechend den Ausführungen zu I. zu **beurteilen**.

Für das Vorliegen eines betrieblichen Interesses kommt es nicht darauf an,

- ob ein entsprechendes Nutzungsverhältnis zu gleichen Bedingungen auch mit einem fremden Dritten hätte begründet werden können,
- ob der vereinbarte Mietzins die Höhe der ortsüblichen **Marktmiete** unterschreitet, denn das geforderte betriebliche Interesse an der Nutzung der betreffenden Räumlichkeiten wird durch eine für den Arbeitgeber vorteilhafte Gestaltung der zugrunde liegenden Rechtsbeziehung grundsätzlich nicht in Frage gestellt.

Bei der zweckentfremdeten Vermietung von Wohnraum an den Arbeitgeber zu dessen betrieblichen Zwecken (z. B. Arbeitszimmer, als Homeoffice genutzte Wohnung) handelt es sich um Gewerbeimmobilien, für die die Einkünfteerzielungsabsicht ohne typisierende Vermutung durch objektbezogene Überschussprognose festzustellen ist (vgl. BFH vom 17. April 2018 s. o.).

Ist das vorrangige betriebliche Interesse des Arbeitgebers an der Vermietung des Arbeitszimmers oder der als Homeoffice genutzten Wohnung vom Arbeitnehmer an den Arbeitgeber nachgewiesen, mangelt es aber an der Einkünfteerzielungsabsicht nach § 21 Absatz 1 Satz 1 Nummer 1 EStG infolge negativer Überschussprognose, handelt es sich um einen steuerlich unbeachtlichen Vorgang auf der privaten Vermögensebene. Eine Zuordnung der Leistungen des Arbeitgebers an den Arbeitnehmer als Arbeitslohn kommt dann im Hinblick auf § 21 Absatz 3 EStG nicht mehr in Betracht.

III. Werbungskostenabzug für das Arbeitszimmer oder die als Homeoffice genutzte Wohnung des Arbeitnehmers

Liegen die Voraussetzungen für die Zuordnung der **Leistungen des Arbeitgebers an den Arbeitnehmer** zu den Einkünften aus Vermietung und Verpachtung vor, sind die **das Arbeitszimmer oder die als Homeoffice genutzte Wohnung** betreffenden Aufwendungen in vollem Umfang als Werbungskosten bei den Einkünften aus Vermietung und Verpachtung zu berücksichtigen. Sie fallen nicht unter die Abzugsbeschränkung des § 4 Absatz 5 Satz 1 Nummer 6b EStG.

Sind die Leistungen des Arbeitgebers an den Arbeitnehmer hingegen als Arbeitslohn zu erfassen, unterliegt der Abzug der Aufwendungen für das Arbeitszimmer oder die als Homeoffice genutzte Wohnung ggf. der Abzugsbeschränkung des § 4 Absatz 5 Satz 1 Nummer 6b EStG.

Dieses Schreiben findet auf alle offenen Fälle Anwendung. Das BMF-Schreiben vom 13. Dezember 2005 (BStBl 2006 I S. 4) wird aufgehoben.

Es wird für vor dem 1. Januar 2019 abgeschlossene Mietverträge nicht beanstandet, wenn bei den Einkünften aus Vermietung und Verpachtung nach § 21 Absatz 1 Satz 1 Nummer 1 EStG unverändert entsprechend den Grundsätzen des BFH-Urteils vom 16. September 2004 (BStBl 2006 II S. 10) eine Einkünfteerzielungsabsicht typisierend angenommen wird.

Anhang 20 und 21a

– unbesetzt –

Anhang 21b

Gleich lautende Erlasse der obersten Finanzbehörden der Länder betr. Kirchensteuer bei Pauschalierung der Lohn- und Einkommensteuer

vom 8.8.2016 (BStBl I S. 773)

Bei der Erhebung der Kirchensteuer kann in den Fällen der Pauschalierung

- der Lohnsteuer nach Maßgabe der § 40, § 40a Abs. 1, 2a und 3 und § 40b EStG der Arbeitgeber,
- der Einkommensteuer nach Maßgabe des § 37a das Unternehmen, das Sachprämien im Sinne des § 3 Nummer 38 EStG gewährt,
- der Einkommensteuer nach Maßgabe des § 37b EStG der Steuerpflichtige, der Sachzuwendungen gewährt,

jeweils zwischen einem vereinfachten Verfahren und einem Nachweisverfahren wählen. Die Wahl zwischen diesen Verfahren kann der Pauschalierende sowohl für jeden Lohnsteuer-Anmeldungszeitraum als auch für die jeweils angewandte Pauschalierungsvorschrift und darüber hinaus für die in den einzelnen Rechtsvorschriften aufgeführten Pauschalierungstatbestände unterschiedlich treffen. Im Einzelnen gilt Folgendes:

1. Vereinfachtes Verfahren

Entscheidet sich der Pauschalierende für das vereinfachte Verfahren, hat er in allen Fällen der Pauschalierung für sämtliche Arbeitnehmer, für sämtliche Empfänger von Sachprämien oder für sämtliche Empfänger von Sachzuwendungen (nachf.: Empfänger) Kirchensteuer zu entrichten. Dabei ist ein ermäßigter Steuersatz anzuwenden, der in pauschaler Weise dem Umstand Rechnung trägt, dass nicht alle Empfänger Angehörige einer steuererhebenden Religionsgemeinschaft sind.

Die im vereinfachten Verfahren ermittelten Kirchensteuern sind in der Lohnsteuer-Anmeldung unter der Kirchensteuer-Kennzahl 47 anzugeben. Die Aufteilung auf die steuererhebenden Religionsgemeinschaften wird von der Finanzverwaltung übernommen.

2. Nachweisverfahren

a) Macht der Pauschalierende keinen Gebrauch vom vereinfachten Verfahren, hat er grundsätzlich für alle Empfänger die Zugehörigkeit zu einer steuererhebenden Religionsgemeinschaft festzustellen (Nachweisverfahren). Für Empfänger, die keiner steuererhebenden Religionsgemeinschaft angehören, ist keine Kirchensteuer auf die pauschale Steuer zu entrichten; für die übrigen Empfänger gilt der allgemeine Kirchensteuersatz.

b) Als Beleg für die Zugehörigkeit oder Nichtzugehörigkeit zu einer steuererhebenden Religionsgemeinschaft dienen in den Fällen der §§ 40 und 40b EStG grundsätzlich die vom Arbeitgeber beim Bundeszentralamt für Steuern abgerufenen elektronischen Lohnsteuerabzugsmerkmale (ELStAM) oder ein Vermerk des Arbeitgebers, dass der Arbeitnehmer seine Zugehörigkeit oder Nichtzugehörigkeit zu einer steuererhebenden Religionsgemeinschaft mit der vom Finanzamt ersatzweise ausgestellten Bescheinigung für den Lohnsteuerabzug nachgewiesen hat. Liegen dem Arbeitgeber diese amtlichen Nachweise nicht vor, bedarf es einer schriftlichen Erklärung des Arbeitnehmers nach beigefügtem Muster; insbesondere in den Fällen des § 40a Abs. 1, 2a und 3 EStG genügt als Nachweis eine Erklärung nach beigefügtem Muster. Die Erklärung des Arbeitnehmers muss als Beleg zum Lohnkonto aufbewahrt werden.

c) Als Beleg für die Zugehörigkeit oder Nichtzugehörigkeit zu einer steuererhebenden Religionsgemeinschaft genügt in den Fällen der §§ 37a und 37b EStG eine Erklärung nach beigefügtem Muster. Die Erklärung des Empfängers von Sachprämien oder Sachzuwendungen muss vom Pauschalierenden aufbewahrt werden. Bei Arbeitnehmern des Pauschalierenden ist zur Ermittlung der Zugehörigkeit zu einer steuererhebenden Religionsgemeinschaft Buchstabe b entsprechend anzuwenden.

d) Die auf die jeweiligen Empfänger entfallende pauschale Steuer hat der Pauschalierende entsprechend deren Zugehörigkeit oder Nichtzugehörigkeit zu einer steuererhebenden Religionsgemeinschaft zuzuordnen; führt der Arbeitgeber ein Sammelkonto (§ 4 Abs. 2 Nr. 8 Satz 2 LStDV) oder in den Fällen des § 40a EStG entsprechende Aufzeichnungen, hat er dort die Zugehörigkeit oder Nichtzugehörigkeit zu einer steuererhebenden Religionsgemeinschaft der jeweiligen Arbeitnehmer anzugeben.

Kann der Pauschalierende die auf den einzelnen Empfänger entfallende pauschale Steuer nicht ermitteln, ist aus Vereinfachungsgründen die gesamte pauschale Steuer im Verhältnis der kirchensteuerpflichtigen zu den nicht kirchensteuerpflichtigen Empfängern aufzuteilen; der auf die kirchensteuerpflichtigen Empfänger entfallende Anteil ist Bemessungsgrundlage für die Anwendung des allgemeinen Kirchensteuersatzes. Die so ermittelte Kirchensteuer ist auf die Empfänger gleichmäßig zu verteilen und entsprechend deren Zugehörigkeit zu einer steuererhebenden Religionsgemeinschaft zuzuordnen.

Die im Nachweisverfahren ermittelten Kirchensteuern sind in der Lohnsteuer-Anmeldung in der Regel unter der jeweiligen Kirchensteuer-Kennzahl (z. B. 61, 62) anzugeben.

Kann der Pauschalierende bei einzelnen Empfängern die Zugehörigkeit zu einer steuererhebenden Religionsgemeinschaft nicht ermitteln und deshalb eine Zuordnung zur jeweiligen steuererhebenden Religionsgemeinschaft nicht vornehmen, gilt ebenfalls der allgemeine Kirchensteuersatz. Die auf diese Empfänger entfallende pauschale Steuer ist Bemessungsgrundlage für die Anwendung des allgemeinen Kirchensteuersatzes. Die so ermittelte Kirchensteuer ist vereinfachungshalber in der Lohnsteuer-Anmeldung unter der Kirchensteuer-Kennzahl 47 anzugeben. Die Aufteilung auf die steuererhebenden Religionsgemeinschaften wird von der Finanzverwaltung übernommen.

3. Kirchensteuersätze

Die Höhe der Kirchensteuersätze ergibt sich sowohl bei Anwendung des vereinfachten Verfahrens (Nr. 1) als auch des Nachweisverfahrens (Nr. 2) aus den Kirchensteuerbeschlüssen der steuererhebenden Religionsgemeinschaften. Die in den jeweiligen Ländern geltenden Regelungen werden im Bundessteuerblatt Teil I veröffentlicht.

4. Anwendungsregelung

Die Regelungen unter Nr. 1 bis 3 sind erstmals anzuwenden bei

– laufendem Arbeitslohn, der für einen nach dem 31. Dezember 2016 endenden Lohnzahlungszeitraum gezahlt wird,
– sonstigen Bezügen, die nach dem 31. Dezember 2016 zufließen, und
– Sachprämien und Sachzuwendungen, die nach dem 31. Dezember 2016 zufließen.

Dieser Erlass ersetzt die Erlasse vom 28. Dezember 2006 (BStBl 2007 I S. 76) [Fußnote im BStBl für Rheinland-Pfalz: vom 29. Oktober 2008, (BStBl 2009 I S. 332)] und vom 23. Oktober 2012 (BStBl I S. 1083).

Anlage

Muster

Erklärung gegenüber dem Betriebsstättenfinanzamt zur Religionszugehörigkeit für die Erhebung der pauschalen Lohnsteuer nach §§ 40, 40a Abs. 1, 2a und 3 und § 40b EStG und der pauschalen Einkommensteuer nach §§ 37a und 37b EStG

Finanzamt ....

Arbeitgeber/Unternehmen/Steuerpflichtiger:

Name der Firma ....

Anschrift: ....

Arbeitnehmer/Empfänger der Sachprämien oder Sachzuwendungen:

Name, Vorname ....

Anschrift: ....

Ich, der vorbezeichnete Arbeitnehmer/Empfänger der Sachprämien oder Sachzuwendungen, erkläre, dass ich

☐ keiner Religionsgemeinschaft angehöre, die Kirchensteuer erhebt, und zwar

a) ☐ seit Beginn meines Beschäftigungsverhältnisses mit dem oben genannten Arbeitgeber.

b) ☐ im Zeitpunkt der Gewährung (bitte Datum oder Zeitraum angeben: ....) der Sachprämie oder Sachzuwendung.

c) ☐ seit dem .... (bei Änderungen nach dem unter Buchstabe a bzw. b genannten Zeitpunkt).

☐ einer Religionsgemeinschaft angehöre, die Kirchensteuer erhebt

☐ evangelisch ☐ römisch-katholisch

☐ alt-katholisch ☐ jüdisch/israelitisch ☐ freireligiös

und zwar seit dem...*.

* Datumsangabe nur erforderlich, wenn Sie gegenüber dem o. g. Arbeitgeber/Unternehmen/Steuerpflichtigen früher erklärt haben, dass Sie keiner Religionsgemeinschaft angehören, die Kirchensteuer erhebt, und zwischenzeitlich in eine solche Religionsgemeinschaft eingetreten sind oder Sie zu einer anderen Kirchensteuer erhebenden Religionsgemeinschaft gewechselt sind.

Ich versichere, die Angaben in dieser Erklärung wahrheitsgemäß nach bestem Wissen und Gewissen gemacht zu haben. Mir ist bekannt, dass die Erklärung als Grundlage für das Besteuerungsverfahren dient.

-- --

Ort, Datum — Unterschrift des Arbeitnehmers/Empfängers der Sachprämien oder Sachzuwendungen

Diese Erklärung ist vom Arbeitgeber/Unternehmen/Steuerpflichtigen aufzubewahren.

Lohnsteuer-Durchführungsverordnung 1990 (LStDV 1990)

i. d. F. der Bekanntmachung vom 10.10.1989
(BGBl. I S. 1848, BStBl I S. 405)
zuletzt geändert durch Artikel 2 der Fünften Verordnung zur Änderung steuerlicher Verordnungen vom 25.6.2020 (BGBl. I S. 1495)

S 2331

§ 1
Arbeitnehmer, Arbeitgeber

(1) [1] Arbeitnehmer sind Personen, die in öffentlichem oder privatem Dienst angestellt oder beschäftigt sind oder waren und die aus diesem Dienstverhältnis oder einem früheren Dienstverhältnis Arbeitslohn beziehen. [2] Arbeitnehmer sind auch die Rechtsnachfolger dieser Personen, soweit sie Arbeitslohn aus dem früheren Dienstverhältnis ihres Rechtsvorgängers beziehen.

(2) [1] Ein Dienstverhältnis (Absatz 1) liegt vor, wenn der Angestellte (Beschäftigte) dem Arbeitgeber (öffentliche Körperschaft, Unternehmer, Haushaltsvorstand) seine Arbeitskraft schuldet. [2] Dies ist der Fall, wenn die tätige Person in der Betätigung ihres geschäftlichen Willens unter der Leitung des Arbeitgebers steht oder im geschäftlichen Organismus des Arbeitgebers dessen Weisungen zu folgen verpflichtet ist.

(3) Arbeitnehmer ist nicht, wer Lieferungen und sonstige Leistungen innerhalb der von ihm selbständig ausgeübten gewerblichen oder beruflichen Tätigkeit im Inland gegen Entgelt ausführt, soweit es sich um die Entgelte für diese Lieferungen und sonstigen Leistungen handelt.

§ 2
Arbeitslohn

(1) [1] Arbeitslohn sind alle Einnahmen, die dem Arbeitnehmer aus dem Dienstverhältnis zufließen. [2] Es ist unerheblich, unter welcher Bezeichnung oder in welcher Form die Einnahmen gewährt werden.

(2) Zum Arbeitslohn gehören auch

1. Einnahmen im Hinblick auf ein künftiges Dienstverhältnis;
2. Einnahmen aus einem früheren Dienstverhältnis, unabhängig davon, ob sie dem zunächst Bezugsberechtigten oder seinem Rechtsnachfolger zufließen. [2] Bezüge, die ganz oder teilweise auf früheren Beitragsleistungen des Bezugsberechtigten oder seines Rechtsvorgängers beruhen, gehören nicht zum Arbeitslohn, es sei denn, daß die Beitragsleistungen Werbungskosten gewesen sind;

S 2333

3. Ausgaben, die ein Arbeitgeber leistet, um einen Arbeitnehmer oder diesem nahestehende Personen für den Fall der Krankheit, des Unfalls, der Invalidität, des Alters oder des Todes abzusichern (Zukunftssicherung). [2] Voraussetzung ist, daß der Arbeitnehmer der Zukunftssicherung ausdrücklich oder stillschweigend zustimmt. [3] Ist bei einer Zukunftssicherung für mehrere Arbeitnehmer oder diesen nahestehende Personen in Form einer Gruppenversicherung oder Pauschalversicherung der für den einzelnen Arbeitnehmer geleistete Teil der Ausgaben nicht in anderer Weise zu ermitteln, so sind die Ausgaben nach der Zahl der gesicherten Arbeitnehmer auf diese aufzuteilen. [4] Nicht zum Arbeitslohn gehören Ausgaben, die nur dazu dienen, dem Arbeitgeber die Mittel zur Leistung einer dem Arbeitnehmer zugesagten Versorgung zu verschaffen;
4. Entschädigungen, die dem Arbeitnehmer oder seinem Rechtsnachfolger als Ersatz für entgangenen oder entgehenden Arbeitslohn oder für die Aufgabe oder Nichtausübung einer Tätigkeit gewährt werden;

5. besondere Zuwendungen, die auf Grund des Dienstverhältnisses oder eines früheren Dienstverhältnisses gewährt werden, zum Beispiel Zuschüsse im Krankheitsfall;
6. besondere Entlohnungen für Dienste, die über die regelmäßige Arbeitszeit hinaus geleistet werden, wie Entlohnung für Überstunden, Überschichten, Sonntagsarbeit;
7. Lohnzuschläge, die wegen der Besonderheit der Arbeit gewährt werden;
8. Entschädigungen für Nebenämter und Nebenbeschäftigungen im Rahmen eines Dienstverhältnisses.

§ 3
(weggefallen)

§ 4 Lohnkonto
S 2375

(1) Der Arbeitgeber hat im Lohnkonto des Arbeitnehmers Folgendes aufzuzeichnen:
1. den Vornamen, den Familiennamen, den Tag der Geburt, den Wohnort, die Wohnung sowie die in einer vom Finanzamt ausgestellten Bescheinigung für den Lohnsteuerabzug eingetragenen allgemeinen Besteuerungsmerkmale. [2]Ändern sich im Laufe des Jahres die in einer Bescheinigung für den Lohnsteuerabzug eingetragenen allgemeinen Besteuerungsmerkmale, so ist auch der Zeitpunkt anzugeben, von dem an die Änderungen gelten;
2. den Jahresfreibetrag oder den Jahreshinzurechnungsbetrag sowie den Monatsbetrag, Wochenbetrag oder Tagesbetrag, der in einer vom Finanzamt ausgestellten Bescheinigung für den Lohnsteuerabzug eingetragen ist, und den Zeitraum, für den die Eintragungen gelten;
3. bei einem Arbeitnehmer, der dem Arbeitgeber eine Bescheinigung nach § 39b Abs. 6 des Einkommensteuergesetzes in der am 31. Dezember 2010 geltenden Fassung (Freistellungsbescheinigung) vorgelegt hat, einen Hinweis darauf, daß eine Bescheinigung vorliegt, den Zeitraum, für den die Lohnsteuerbefreiung gilt, das Finanzamt, das die Bescheinigung ausgestellt hat, und den Tag der Ausstellung;
4. in den Fällen des § 19 Abs. 2 des Einkommensteuergesetzes die für die zutreffende Berechnung des Versorgungsfreibetrags und des Zuschlags zum Versorgungsfreibetrag erforderlichen Angaben.

(2) Bei jeder Lohnabrechnung ist im Lohnkonto folgendes aufzuzeichnen:
1. der Tag der Lohnzahlung und der Lohnzahlungszeitraum;
2. in den Fällen des § 41 Absatz 1 Satz 5 des Einkommensteuergesetzes jeweils der Großbuchstabe U;
3. der Arbeitslohn, getrennt nach Barlohn und Sachbezügen, und die davon einbehaltene Lohnsteuer. [2]Dabei sind die Sachbezüge einzeln zu bezeichnen und – unter Angabe des Abgabetags oder bei laufenden Sachbezügen des Abgabezeitraums, des Abgabeorts und des Entgelts – mit dem nach § 8 Abs. 2 oder 3 des Einkommensteuergesetzes maßgebenden und um das Entgelt geminderten Wert zu erfassen. [3]Sachbezüge im Sinne des § 8 Abs. 3 des Einkommensteuergesetzes und Versorgungsbezüge sind jeweils als solche kenntlich zu machen und ohne Kürzung um Freibeträge nach § 8 Abs. 3 oder § 19 Abs. 2 des Einkommensteuergesetzes einzutragen. [4]Trägt der Arbeitgeber im Falle der Nettolohnzahlung die auf den Arbeitslohn entfallende Steuer selbst, ist in jedem Fall der Bruttoarbeitslohn einzutragen, die nach den Nummern 4 bis 8 gesondert aufzuzeichnenden Beträge sind nicht mitzuzählen;

4. steuerfreie Bezüge mit Ausnahme der Vorteile im Sinne des § 3 Nummer 37, 45, 46 und 51 des Einkommensteuergesetzes. [2]Das Betriebsstättenfinanzamt kann zulassen, daß auch andere nach § 3 des Einkommensteuergesetzes steuerfreie Bezüge nicht angegeben werden, wenn es sich um Fälle von geringer Bedeutung handelt oder wenn die Möglichkeit zur Nachprüfung in anderer Weise sichergestellt ist;
5. Bezüge, die nach einem Abkommen zur Vermeidung der Doppelbesteuerung oder unter Progressionsvorbehalt nach § 34c Abs. 5 des Einkommensteuergesetzes von der Lohnsteuer freigestellt sind;
6. außerordentliche Einkünfte im Sinne des § 34 Abs. 1 und Abs. 2 Nr. 2 und 4 des Einkommensteuergesetzes und die davon nach § 39b Abs. 3 Satz 9 des Einkommensteuergesetzes einbehaltene Lohnsteuer;
7. das Vorliegen der Voraussetzungen für den Förderbetrag nach § 100 des Einkommensteuergesetzes;
8. Bezüge, die nach den §§ 40 bis 40b des Einkommensteuergesetzes pauschal besteuert worden sind, und die darauf entfallende Lohnsteuer. [2]Lassen sich in den Fällen des § 40 Absatz 1 Satz 1 Nummer 2 und Absatz 2 des Einkommensteuergesetzes die auf den einzelnen Arbeitnehmer entfallenden Beträge nicht ohne weiteres ermitteln, so sind sie in einem Sammelkonto anzuschreiben. [3]Das Sammelkonto muß die folgenden Angaben enthalten: Tag der Zahlung, Zahl der bedachten Arbeitnehmer, Summe der insgesamt gezahlten Bezüge, Höhe der Lohnsteuer sowie Hinweise auf die als Belege zum Sammelkonto aufzubewahrenden Unterlagen, insbesondere Zahlungsnachweise, Bestätigung des Finanzamts über die Zulassung der Lohnsteuerpauschalierung. [4]In den Fällen des § 40a des Einkommensteuergesetzes genügt es, wenn der Arbeitgeber Aufzeichnungen führt, aus denen sich für die einzelnen Arbeitnehmer Name und Anschrift, Dauer der Beschäftigung, Tag der Zahlung, Höhe des Arbeitslohns und in den Fällen des § 40a Abs. 3 des Einkommensteuergesetzes auch die Art der Beschäftigung ergeben. [5]Sind in den Fällen der Sätze 3 und 4 Bezüge nicht mit dem ermäßigten Kirchensteuersatz besteuert worden, so ist zusätzlich der fehlende Kirchensteuerabzug aufzuzeichnen und auf die als Beleg aufzubewahrende Unterlage hinzuweisen, aus der hervorgeht, daß der Arbeitnehmer keiner Religionsgemeinschaft angehört, für die die Kirchensteuer von den Finanzbehörden erhoben wird.

(2a) [1]Der Arbeitgeber hat die nach den Absätzen 1 und 2 sowie die nach § 41 des Einkommensteuergesetzes aufzuzeichnenden Daten der Finanzbehörde nach einer amtlich vorgeschriebenen einheitlichen Form über eine digitale Schnittstelle elektronisch bereitzustellen. [2]Auf Antrag des Arbeitgebers kann das Betriebsstättenfinanzamt zur Vermeidung unbilliger Härten zulassen, dass der Arbeitgeber die in Satz 1 genannten Daten in anderer auswertbarer Form bereitstellt.

(3) [1]Das Betriebsstättenfinanzamt kann bei Arbeitgebern, die für die Lohnabrechnung ein maschinelles Verfahren anwenden, Ausnahmen von den Vorschriften der Absätze 1 und 2 zulassen, wenn die Möglichkeit zur Nachprüfung in anderer Weise sichergestellt ist. [2]Das Betriebsstättenfinanzamt soll zulassen, daß Sachbezüge im Sinne des § 8 Absatz 2 Satz 11 und Absatz 3 des Einkommensteuergesetzes für solche Arbeitnehmer nicht aufzuzeichnen sind, für die durch betriebliche Regelungen und entsprechende Überwachungsmaßnahmen gewährleistet ist, daß die in § 8 Absatz 2 Satz 11 oder Absatz 3 des Einkommensteuergesetzes genannten Beträge nicht überschritten werden.

(4) [1]In den Fällen des § 38 Abs. 3a des Einkommensteuergesetzes ist ein Lohnkonto vom Dritten zu führen. [2]In den Fällen des § 38 Abs. 3a Satz 2 ist der Arbeitgeber anzugeben und auch der Arbeitslohn einzutragen, der nicht vom Dritten, sondern vom Arbeitgeber selbst gezahlt wird. [3]In den Fällen des § 38 Abs. 3a Satz 7 ist der Arbeitslohn für jedes Dienstverhältnis gesondert aufzuzeichnen.

§ 5
Besondere Aufzeichnungs- und Mitteilungspflichten im Rahmen der betrieblichen Altersversorgung

(1) Der Arbeitgeber hat bei Durchführung einer kapitalgedeckten betrieblichen Altersversorgung über eine Pensionskasse oder eine Direktversicherung im Fall des § 52 Absatz 40 des Einkommensteuergesetzes aufzuzeichnen, dass vor dem 1. Januar 2018 mindestens ein Beitrag nach § 40b Absatz 1 und 2 des Einkommensteuergesetzes in einer vor dem 1. Januar 2005 geltenden Fassung pauschal besteuert wurde.

(2) [1] Der Arbeitgeber hat der Versorgungseinrichtung (Pensionsfonds, Pensionskasse, Direktversicherung), die für ihn die betriebliche Altersversorgung durchführt, spätestens zwei Monate nach Ablauf des Kalenderjahres oder nach Beendigung des Dienstverhältnisses im Laufe des Kalenderjahres die für den einzelnen Arbeitnehmer geleisteten und

1. nach § 3 Nummer 56 und 63 sowie nach § 100 Absatz 6 Satz 1 des Einkommensteuergesetzes steuerfrei belassenen,
2. nach § 40b des Einkommensteuergesetzes in der am 31. Dezember 2004 geltenden Fassung pauschal besteuerten oder
3. individuell besteuerten

Beiträge mitzuteilen. [2] Ferner hat der Arbeitgeber oder die Unterstützungskasse die nach § 3 Nr. 66 des Einkommensteuergesetzes steuerfrei belassenen Leistungen mitzuteilen. [3] Die Mitteilungspflicht des Arbeitgebers oder der Unterstützungskasse kann durch einen Auftragnehmer wahrgenommen werden.

(3) [1] Eine Mitteilung nach Absatz 2 kann unterbleiben, wenn die Versorgungseinrichtung die steuerliche Behandlung der für den einzelnen Arbeitnehmer im Kalenderjahr geleisteten Beiträge bereits kennt oder aus den bei ihr vorhandenen Daten feststellen kann, und dieser Umstand dem Arbeitgeber mitgeteilt worden ist. [2] Unterbleibt die Mitteilung des Arbeitgebers, ohne dass ihm eine entsprechende Mitteilung der Versorgungseinrichtung vorliegt, so hat die Versorgungseinrichtung davon auszugehen, dass es sich insgesamt bis zu den in § 3 Nr. 56 oder 63 des Einkommensteuergesetzes genannten Höchstbeträgen um steuerbegünstigte Beiträge handelt, die in der Auszahlungsphase als Leistungen im Sinne von § 22 Nr. 5 Satz 1 des Einkommensteuergesetzes zu besteuern sind.

§§ 6, 7
(weggefallen)

§ 8
Anwendungszeitraum

(1) Die Vorschriften dieser Verordnung in der Fassung des Artikels 2 des Gesetzes vom 13. Dezember 2006 (BGBl. I S. 2878) sind erstmals anzuwenden auf laufenden Arbeitslohn, der für einen nach dem 31. Dezember 2006 endenden Lohnzahlungszeitraum gezahlt wird, und auf sonstige Bezüge, die nach dem 31. Dezember 2006 zufließen.

(2) [1] § 6 Abs. 3 und 4 sowie § 7 in der am 31. Dezember 2001 geltenden Fassung sind weiter anzuwenden im Falle einer schädlichen Verfügung vor dem 1. Januar 2002. [2] Die Nachversteuerung nach § 7 Abs. 1 Satz 1 unterbleibt, wenn der nachzufordernde Betrag 10 Euro nicht übersteigt.

(3) § 4 Absatz 2a ist für ab dem 1. Januar 2018 im Lohnkonto aufzuzeichnende Daten anzuwenden.

Lohnsteuer-Nachschau

BMF vom 16.10.2014 (BStBl I S. 1408)
IV C 5 – S 2386/09/10002 :001 – 2014/0890135

1 Mit § 42g EStG ist durch das Amtshilferichtlinie-Umsetzungsgesetz vom 26. Juni 2013 (BGBl. I S. 1809) eine Regelung zur Lohnsteuer-Nachschau neu in das EStG eingefügt worden. Die Vorschrift ist zum 30. Juni 2013 in Kraft getreten. Im Einvernehmen mit den obersten Finanzbehörden der Länder gilt zur Anwendung der Vorschrift Folgendes:

1. Allgemeines

2 Die Lohnsteuer-Nachschau ist ein besonderes Verfahren zur zeitnahen Aufklärung möglicher steuererheblicher Sachverhalte. Steuererheblich sind Sachverhalte, die eine Lohnsteuerpflicht begründen oder zu einer Änderung der Höhe der Lohnsteuer oder der Zuschlagsteuern führen können. Das für die Lohnsteuer-Nachschau zuständige Finanzamt kann das Finanzamt, in dessen Bezirk der steuererhebliche Sachverhalt verwirklicht wird, mit der Nachschau beauftragen. Die Lohnsteuer-Nachschau ist keine Außenprüfung i. S. d. §§ 193 ff. AO. Die Vorschriften für eine Außenprüfung sind nicht anwendbar, insbesondere gelten die §§ 146 Absatz 2b, 147 Absatz 6, 201, 202 AO und § 42d Absatz 4 Satz 1 Nummer 2 EStG nicht. Es bedarf weder einer Prüfungsanordnung im Sinne des § 196 AO, noch einer Schlussbesprechung oder eines Prüfungsberichts. Im Anschluss an eine Lohnsteuer-Nachschau ist ein Antrag auf verbindliche Zusage (§ 204 AO) nicht zulässig.

2. Zweck der Lohnsteuer-Nachschau

3 Die Lohnsteuer-Nachschau dient der Sicherstellung einer ordnungsgemäßen Einbehaltung und Abführung der Lohnsteuer, des Solidaritätszuschlags, der Kirchenlohnsteuer oder von Pflichtbeiträgen zu einer Arbeits- oder Arbeitnehmerkammer. Ziel der Lohnsteuer-Nachschau ist es, einen Eindruck von den räumlichen Verhältnissen, dem tatsächlich eingesetzten Personal und dem üblichen Geschäftsbetrieb zu gewinnen.

4 Eine Lohnsteuer-Nachschau kommt insbesondere in Betracht:

- bei Beteiligung an Einsätzen der Finanzkontrolle Schwarzarbeit,
- zur Feststellung der Arbeitgeber- oder Arbeitnehmereigenschaft,
- zur Feststellung der Anzahl der insgesamt beschäftigten Arbeitnehmer,
- bei Aufnahme eines neuen Betriebs,
- zur Feststellung, ob der Arbeitgeber eine lohnsteuerliche Betriebsstätte unterhält,
- zur Feststellung, ob eine Person selbständig oder als Arbeitnehmer tätig ist,
- zur Prüfung der steuerlichen Behandlung von sog. Minijobs (vgl. § 8 Absatz 1 und 2 SGB IV), ausgenommen Beschäftigungen in Privathaushalten,
- zur Prüfung des Abrufs und der Anwendung der elektronischen Lohnsteuerabzugsmerkmale (ELStAM) und
- zur Prüfung der Anwendung von Pauschalierungsvorschriften, z. B. § 37b Absatz 2 EStG.

5 Nicht Gegenstand der Lohnsteuer-Nachschau sind:

- Ermittlungen der individuellen steuerlichen Verhältnisse der Arbeitnehmer, soweit sie für den Lohnsteuer-Abzug nicht von Bedeutung sind,
- die Erfüllung der Pflichten des Arbeitgebers nach dem Fünften Vermögensbildungsgesetz und
- Beschäftigungen in Privathaushalten.

3. Durchführung der Lohnsteuer-Nachschau

Die Lohnsteuer-Nachschau muss nicht angekündigt werden (§ 42g Absatz 2 Satz 2 EStG). Die Anordnung der Nachschau erfolgt in der Regel mündlich und zu Beginn der Lohnsteuer-Nachschau. Dem Arbeitgeber soll zu Beginn der Lohnsteuer-Nachschau der Vordruck „Durchführung einer Lohnsteuer-Nachschau“ übergeben werden. Der mit der Lohnsteuer-Nachschau beauftragte Amtsträger hat sich auszuweisen. 6

Zum Zweck der Lohnsteuer-Nachschau können die mit der Lohnsteuer-Nachschau beauftragten Amtsträger Grundstücke und Räume von Personen, die eine gewerbliche oder berufliche Tätigkeit ausüben, betreten (§ 42g Absatz 2 Satz 2 EStG). Die Grundstücke und Räume müssen nicht im Eigentum der gewerblich oder beruflich tätigen Person stehen. Die Lohnsteuer-Nachschau kann sich auch auf gemietete oder gepachtete Grundstücke und Räume sowie auf andere Orte, an denen steuererhebliche Sachverhalte verwirklicht werden (z. B. Baustellen), erstrecken. 7

Wohnräume dürfen gegen den Willen des Inhabers nur zur Verhütung dringender Gefahren für die öffentliche Sicherheit und Ordnung betreten werden (§ 42g Absatz 2 Satz 3 EStG). 8

Häusliche Arbeitszimmer oder Büros, die innerhalb einer ansonsten privat genutzten Wohnung belegen sind, dürfen auch dann betreten bzw. besichtigt werden, wenn sie nur durch die ausschließlich privat genutzten Wohnräume erreichbar sind. 9

Ein Betreten der Grundstücke und Räume ist während der üblichen Geschäfts- und Arbeitszeiten zulässig. Die Nachschau kann auch außerhalb der Geschäftszeiten vorgenommen werden, wenn dort Arbeitnehmer anzutreffen sind. 10

Das Betreten muss dazu dienen, Sachverhalte festzustellen oder zu überprüfen, die für den Steuerabzug vom Arbeitslohn erheblich sein können. Ein Durchsuchungsrecht gewährt die Lohnsteuer-Nachschau nicht. Das bloße Betreten oder Besichtigen von Geschäftsräumen, Betriebsräumen oder Grundstücken ist noch kein Durchsuchen. 11

4. Mitwirkungspflicht

Der Arbeitgeber hat dem mit der Lohnsteuer-Nachschau beauftragten Amtsträger auf Verlangen Lohn- und Gehaltsunterlagen, Aufzeichnungen, Bücher, Geschäftspapiere und andere Urkunden vorzulegen und Auskünfte zu erteilen, soweit dies zur Feststellung steuerlich erheblicher Sachverhalte zweckdienlich ist (§ 42g Absatz 3 Satz 1 EStG). 12

Darüber hinaus haben die Arbeitnehmer dem mit der Lohnsteuer-Nachschau beauftragten Amtsträger jede gewünschte Auskunft über Art und Höhe ihrer Einnahmen zu geben und auf Verlangen in ihrem Besitz befindliche Bescheinigungen über den Lohnsteuerabzug sowie Belege über bereits entrichtete Lohnsteuer vorzulegen (§ 42g Absatz 3 Satz 2 i. V. m. § 42f Absatz 2 Satz 2 EStG). Diese Pflichten gelten auch für Personen, bei denen es streitig ist, ob sie Arbeitnehmer sind oder waren. Die Auskunftspflicht erstreckt sich auf alle Fragen, die für die Beurteilung von Bedeutung sind, ob und in welcher Höhe eine Pflicht zum Abzug von Lohnsteuer und Zuschlagsteuern besteht. 13

5. Recht auf Datenzugriff

Der mit der Lohnsteuer-Nachschau beauftragte Amtsträger darf nur dann auf elektronische Daten des Arbeitgebers zugreifen, wenn der Arbeitgeber zustimmt. Stimmt der Arbeitgeber dem Datenzugriff nicht zu, kann der mit der Lohnsteuer-Nachschau beauftragte Amtsträger verlangen, dass ihm die erforderlichen Unterlagen in Papierform vorgelegt werden. Sollten diese nur in elektronischer Form existieren, kann er verlangen, dass diese unverzüglich ausgedruckt werden (vgl. § 147 Absatz 5 zweiter Halbsatz AO). 14

6. Übergang zu einer Lohnsteuer-Außenprüfung

15 Geben die bei der Lohnsteuer-Nachschau getroffenen Feststellungen hierzu Anlass, kann ohne vorherige Prüfungsanordnung (§ 196 AO) zu einer Lohnsteuer-Außenprüfung nach § 42f EStG übergegangen werden (§ 42g Absatz 4 Satz 1 EStG). Auf den Übergang zur Außenprüfung ist schriftlich hinzuweisen (§ 42g Absatz 4 Satz 2 EStG). Die allgemeinen Grundsätze über den notwendigen Inhalt von Prüfungsanordnungen gelten entsprechend. Insbesondere sind der Prüfungszeitraum und der Prüfungsumfang festzulegen. Der Beginn einer Lohnsteuer-Außenprüfung nach erfolgter Lohnsteuer-Nachschau ist unter Angabe von Datum und Uhrzeit aktenkundig zu machen. Für die Durchführung der nachfolgenden Lohnsteuer-Außenprüfung gelten die §§ 199 ff. AO. Die Entscheidung zum Übergang zu einer Lohnsteuer-Außenprüfung ist eine Ermessensentscheidung der Finanzbehörde (§ 5 AO).

16 Der Übergang zu einer Lohnsteuer-Außenprüfung nach § 42f EStG kann insbesondere angezeigt sein:

- wenn bei der Lohnsteuer-Nachschau erhebliche Fehler beim Steuerabzug vom Arbeitslohn festgestellt wurden,
- wenn der für die Besteuerung maßgebliche Sachverhalt im Rahmen der Lohnsteuer-Nachschau nicht abschließend geprüft werden kann und weitere Ermittlungen erforderlich sind,
- wenn der Arbeitgeber seinen Mitwirkungspflichten im Rahmen der Lohnsteuer-Nachschau nicht nachkommt oder
- wenn die Ermittlung von Sachverhalten aufgrund des fehlenden Datenzugriffs nicht oder nur erschwert möglich ist.

7. Auswertungsmöglichkeiten

17 Der Arbeitgeber kann aufgrund der im Rahmen der Lohnsteuer-Nachschau gewonnenen Erkenntnisse durch Lohnsteuer-Nachforderungsbescheid oder Lohnsteuer-Haftungsbescheid in Anspruch genommen werden. Die Lohnsteuer-Nachschau kann auch zu einer nachträglichen oder geänderten Lohnsteuer-Anmeldung führen. Soll auf Grund der Lohnsteuer-Nachschau der Arbeitgeber in Haftung genommen oder bei ihm Lohnsteuer nachgefordert werden, ist ihm rechtliches Gehör zu gewähren (§ 91 AO).

18 Ebenso kann der jeweilige Arbeitnehmer im Rahmen der allgemeinen gesetzlichen Regelungen in Anspruch genommen werden (§ 42d Absatz 3 EStG). Erkenntnisse der Lohnsteuer-Nachschau können auch im Veranlagungsverfahren des Arbeitnehmers berücksichtigt werden.

19 Feststellungen, die während einer Lohnsteuer-Nachschau getroffen werden und die für die Festsetzung und Erhebung anderer Steuern des Betroffenen oder anderer Personen erheblich sein können, können ausgewertet werden (§ 42g Absatz 5 EStG). Zu diesem Zweck können Kontrollmitteilungen erstellt werden.

8. Rechtsfolgen

20 Der Beginn der Lohnsteuer-Nachschau hemmt nicht den Ablauf der Festsetzungsfrist nach § 171 Absatz 4 AO. Die Änderungssperre des § 173 Absatz 2 AO findet keine Anwendung. Soweit eine Steuer gemäß § 164 AO unter dem Vorbehalt der Nachprüfung festgesetzt worden ist, muss dieser nach Durchführung der Lohnsteuer-Nachschau nicht aufgehoben werden.

9. Zwangsmittel

21 Im Rahmen einer Lohnsteuer-Nachschau erlassene Verwaltungsakte sind grundsätzlich mit Zwangsmitteln (§§ 328 ff. AO) durchsetzbar. Ein Verwaltungsakt liegt dann vor, wenn

der mit der Lohnsteuer-Nachschau beauftragte Amtsträger Maßnahmen ergreift, die den Steuerpflichtigen zu einem bestimmten Tun, Dulden oder Unterlassen verpflichten sollen. Ein Verwaltungsakt liegt insbesondere vor, wenn der Amtsträger den Steuerpflichtigen auffordert,

- das Betreten der nicht öffentlich zugänglichen Geschäftsräume zu dulden,
- Aufzeichnungen, Bücher, Geschäftspapiere und andere lohnsteuerlich relevante Urkunden vorzulegen oder
- Auskunft zu erteilen.

10. Rechtsbehelf

Gegen schlichtes Verwaltungshandeln (z. B. Betreten von Grundstücken und Räumen zur Durchführung einer Lohnsteuer-Nachschau) ist kein Einspruch gegeben. Im Rahmen der Lohnsteuer-Nachschau ergangene Verwaltungsakte (vgl. Rz. 21) können gemäß § 347 AO mit Einspruch angefochten werden. Der Amtsträger ist berechtigt und verpflichtet, den Einspruch entgegenzunehmen. Der Einspruch hat keine aufschiebende Wirkung und hindert daher nicht die Durchführung der Lohnsteuer-Nachschau, es sei denn, die Vollziehung des angefochtenen Verwaltungsakts wurde ausgesetzt (§ 361 AO, § 69 FGO). Mit Beendigung der Lohnsteuer-Nachschau sind oder werden Einspruch und Anfechtungsklage gegen die Anordnung der Lohnsteuer-Nachschau unzulässig; insoweit kommt lediglich eine Fortsetzungs-Feststellungsklage (§ 100 Absatz 1 Satz 4 FGO) in Betracht. Wurden die Ergebnisse der Lohnsteuer-Nachschau in einem Steuer- oder Haftungsbescheid berücksichtigt, muss auch dieser Bescheid angefochten werden, um ein steuerliches Verwertungsverbot zu erlangen. 22

Für die Anfechtung der Mitteilung des Übergangs zur Außenprüfung (§ 42g Absatz 4 EStG) gelten die Grundsätze für die Anfechtung einer Prüfungsanordnung entsprechend (vgl. AEAO zu § 196). 23

Übersicht

I. Ausstellung von elektronischen Lohnsteuerbescheinigungen für Kalenderjahre ab 2020; Ausstellung von Besonderen Lohnsteuerbescheinigungen durch den Arbeitgeber ohne maschinelle Lohnabrechnung für Kalenderjahre ab 2020
BMF vom 9.9.2019 (BStBl I S. 911)

II. Bekanntmachung des Musters für den Ausdruck der elektronischen Lohnsteuerbescheinigung ***2022 BMF vom 18.8.2021 (BStBl I S. 1079)***

I.

Ausstellung von elektronischen Lohnsteuerbescheinigungen für Kalenderjahre ab 2020; Ausstellung von Besonderen Lohnsteuerbescheinigungen durch den Arbeitgeber ohne maschinelle Lohnabrechnung für Kalenderjahre ab 2020[1])

BMF vom 9.9.2019 (BStBl I S. 911)
IV C 5 – S 2378/19/10002 :001 – 2019/0202264

Im Einvernehmen mit den obersten Finanzbehörden der Länder wird auf Folgendes hingewiesen:

Auf Grund der Aufzeichnungen im Lohnkonto hat der Arbeitgeber nach Abschluss des Lohnkontos für jeden Arbeitnehmer der zuständigen Finanzbehörde nach Maßgabe des § 93c der Abgabenordnung – AO – bis zum letzten Tag des Monats Februar des folgenden Jahres eine elektronische Lohnsteuerbescheinigung zu übermitteln (§ 41b Absatz 1 Satz 2 des Einkommensteuergesetzes – EStG – i. V. m. § 93c Absatz 1 Nummer 1 AO). Die Datenübermittlung ist nach amtlich vorgeschriebenem Datensatz durch Datenfernübertragung über die amtlich bestimmte Schnittstelle (§ 93c Absatz 1 Nummer 1 AO) authentifiziert vorzunehmen. Das für die Authentifizierung erforderliche Zertifikat muss vom Datenübermittler einmalig ***auf der Internetseite*** www.elster.de beantragt werden. Ohne Authentifizierung ist eine elektronische Übermittlung der Lohnsteuerbescheinigung nicht möglich.

Für jede elektronische Lohnsteuerbescheinigung ist eine eindeutige, durch den Datenlieferanten zu vergebende ID (KmId) zu erstellen, deren Zusammensetzung in der technischen Schnittstellenbeschreibung zur elektronischen Lohnsteuerbescheinigung dokumentiert ist. Einzelheiten zum amtlich vorgeschriebenen Datensatz sind unter www.elster.de abrufbar.

Davon abweichend können insbesondere Arbeitgeber ohne maschinelle Lohnabrechnung, die ausschließlich Arbeitnehmer im Rahmen einer geringfügigen Beschäftigung in ihren Privathaushalten im Sinne des § 8a SGB IV beschäftigen, anstelle der elektronischen Lohnsteuerbescheinigung eine entsprechende manuelle Lohnsteuerbescheinigung (Besondere Lohnsteuerbescheinigung) erteilen.

Für die elektronische Lohnsteuerbescheinigung und die Ausschreibung von Besonderen Lohnsteuerbescheinigungen sind § 41b EStG sowie die Anordnungen in R 41b der Lohnsteuer-Richtlinien (LStR) maßgebend. Lohnsteuerbescheinigungen sind hiernach sowohl für unbeschränkt als auch für beschränkt einkommensteuerpflichtige Arbeitnehmer zu erstellen.

Das Muster des Ausdrucks der elektronischen Lohnsteuerbescheinigung wird jährlich im Bundessteuerblatt Teil I gesondert bekannt gemacht.

Für Arbeitnehmer, für die der Arbeitgeber die Lohnsteuer ausschließlich nach den §§ 40 bis 40b EStG pauschal erhoben hat, ist keine Lohnsteuerbescheinigung zu erstellen.

---

[1]) Die Änderungen gegenüber dem BMF-Schreiben vom 27.9.2017 (BStBl I S. 1339) sind durch Fett- und Kursivdruck hervorgehoben.

I. Ausstellung von elektronischen Lohnsteuerbescheinigungen

Dem Arbeitnehmer ist ein nach amtlich vorgeschriebenem Muster gefertigter Ausdruck der elektronischen Lohnsteuerbescheinigung mit Angabe der Identifikationsnummer (IdNr.) auszuhändigen oder elektronisch bereitzustellen (§ 41b Absatz 1 Satz 3 EStG). Sofern für den Arbeitnehmer **keine** IdNr. vergeben wurde oder der Arbeitnehmer diese dem Arbeitgeber nicht mitgeteilt hat, ist weiter die elektronische Übermittlung der Lohnsteuerbescheinigung mit der eTIN (= elektronische Transfer-Identifikations-Nummer) zulässig.

Es sind die abgerufenen elektronischen Lohnsteuerabzugsmerkmale (ELStAM) oder die auf der entsprechenden Bescheinigung für den Lohnsteuerabzug eingetragenen Lohnsteuerabzugsmerkmale vollständig zu übermitteln. Dabei ist im elektronischen Datensatz neben den ELStAM auch das Datum „gültig ab" zu übermitteln. Hiervon abweichend sind im Muster des Ausdrucks der elektronischen Lohnsteuerbescheinigung aus Vereinfachungsgründen nur die im letzten Lohnzahlungszeitraum zugrunde gelegten Lohnsteuerabzugsmerkmale – ohne „gültig ab" – zu bescheinigen.

Außerdem gilt Folgendes:

1. Unter **Nummer 1** des Ausdrucks ist die Dauer des Dienstverhältnisses während des Kalenderjahres oder der Monat der Auszahlung bei sonstigen Bezügen, die nach Beendigung des Dienstverhältnisses gezahlt werden, zu bescheinigen.
2. Unter **Nummer 2** des Ausdrucks ist in dem Feld Anzahl „U" die Anzahl der Unterbrechungszeiträume zu bescheinigen, in denen an mindestens 5 aufeinander folgenden Arbeitstagen der Anspruch auf Arbeitslohn im Wesentlichen weggefallen ist (z. B. wegen Krankheit). Nicht zu bescheinigen sind Zeiträume, in denen der Arbeitnehmer Lohnersatzleistungen im Sinne des § 41 Absatz 1 Satz 4 EStG erhalten hat (z. B. Kurzarbeitergeld, Schlechtwettergeld). Weiterhin sind in dem dafür vorgesehenen Feld die nachfolgenden Großbuchstaben zu bescheinigen:

   „S" ist einzutragen, wenn die Lohnsteuer von einem sonstigen Bezug im ersten Dienstverhältnis berechnet wurde und dabei der Arbeitslohn aus früheren Dienstverhältnissen des Kalenderjahres außer Betracht geblieben ist.

   „M" ist einzutragen, wenn dem Arbeitnehmer anlässlich oder während einer beruflichen Auswärtstätigkeit oder im Rahmen einer beruflichen doppelten Haushaltsführung vom Arbeitgeber oder auf dessen Veranlassung von einem Dritten eine nach § 8 Absatz 2 Satz 8 EStG mit dem amtlichen Sachbezugswert zu bewertende Mahlzeit zur Verfügung gestellt wurde. Die Eintragung hat unabhängig davon zu erfolgen, ob die Besteuerung der Mahlzeit nach § 8 Absatz 2 Satz 9 EStG unterbleibt, der Arbeitgeber die Mahlzeit individuell oder nach § 40 Absatz 2 Satz 1 Nummer 1a EStG pauschal besteuert hat.

   Im Übrigen sind für die Bescheinigung des Großbuchstabens „M" auch die Ausführungen der Rz. 90 ff. im Ergänzten BMF-Schreiben zur Reform des steuerlichen Reisekostenrechts ab 1. Januar 2014 vom 24. Oktober 2014 (BStBl I Seite 1412) zu beachten.

   „F" ist einzutragen, wenn eine steuerfreie Sammelbeförderung eines Arbeitnehmers zwischen Wohnung und erster Tätigkeitsstätte sowie bei Fahrten nach § 9 Absatz 1 Satz 3 Nummer 4a Satz 3 EStG nach § 3 Nummer 32 EStG erfolgte.

   „FR" ist einzutragen bei französischen Grenzgängern, bei denen aufgrund einer Bescheinigung nach § 39 Absatz 4 Nummer 5 i. V. m. § 52 Absatz 36 EStG vom Lohnsteuerabzug abzusehen ist. Der Großbuchstabe „FR" ist um das Land zu ergänzen, in dem der Grenzgänger im Bescheinigungszeitraum zuletzt tätig war. Für Baden-Württemberg ist der Großbuchstabe „FR" ohne Leerzeichen um die Ziffer 1 („FR1"), für Rheinland-Pfalz um die Ziffer 2 („FR2") und für das Saarland um die Ziffer 3 („FR3") zu ergänzen. Für die Bescheinigung des Großbuchstabens „FR" gelten die Ausführungen im BMF-Schreiben zur Durchführung des Grenzgängerfiskalausgleichs vom 30. März 2017 (BStBl I Seite 753).

3. Unter **Nummer 3** des Ausdrucks ist der Gesamtbetrag des steuerpflichtigen Bruttoarbeitslohns – einschließlich des Werts der Sachbezüge – zu bescheinigen, den der Arbeitnehmer aus dem Dienstverhältnis im Kalenderjahr bezogen hat. Bruttoarbeitslohn ist die Summe aus dem laufenden Arbeitslohn, der für Lohnzahlungszeiträume gezahlt worden ist, die im Kalenderjahr geendet haben, und den sonstigen Bezügen, die dem Arbeitnehmer im Kalenderjahr zugeflossen sind. Netto gezahlter Arbeitslohn ist mit dem hochgerechneten Bruttobetrag anzusetzen. Zum Bruttoarbeitslohn rechnen auch die laufend und einmalig gezahlten Versorgungsbezüge einschließlich Sterbegelder und Abfindungen/Kapitalauszahlungen solcher Ansprüche (Nummer 8 und Nummer 32 des Ausdrucks). Versorgungsbezüge für mehrere Jahre, die ermäßigt besteuert wurden, sind ausschließlich in **Nummer 9** zu bescheinigen. Der Bruttoarbeitslohn darf nicht um die Freibeträge für Versorgungsbezüge (§ 19 Absatz 2 EStG) und den Altersentlastungsbetrag (§ 24a EStG) gekürzt werden. Andere Freibeträge sind gleichfalls nicht abzuziehen und Hinzurechnungsbeträge nicht hinzuzurechnen. Arbeitslöhne im Sinne des § 8 Absatz 3 EStG sind um den Rabatt-Freibetrag nach § 8 Absatz 3 Satz 2 EStG zu kürzen.

   Hat der Arbeitgeber steuerpflichtigen Arbeitslohn zurückgefordert, ist unter Nummer 3 bei fortbestehendem Dienstverhältnis nur der gekürzte steuerpflichtige Bruttoarbeitslohn zu bescheinigen. Dies gilt auch für zurückgeforderten Arbeitslohn, der im Zuflussjahr ermäßigt besteuert worden ist. Ergibt die Verrechnung von ausgezahltem und zurückgefordertem Arbeitslohn einen negativen Betrag, so ist dieser Betrag mit einem Minuszeichen zu versehen.

   Nicht zum steuerpflichtigen Bruttoarbeitslohn gehören steuerfreie Bezüge, z. B. steuerfreie Zuschläge für Sonntags-, Feiertags- oder Nachtarbeit, steuerfreie Umzugskostenvergütungen, steuerfreier Reisekostenersatz, steuerfreier Auslagenersatz, die nach § 3 Nummer 56 und 63 ***sowie § 100 Absatz 6*** EStG steuerfreien Beiträge des Arbeitgebers an einen Pensionsfonds, eine Pensionskasse oder für eine Direktversicherung sowie Bezüge, für die die Lohnsteuer nach §§ 37b, 40 bis 40b EStG pauschal erhoben wurde.

   Nicht unter Nummer 3, sondern gesondert zu bescheinigen sind insbesondere ermäßigt besteuerte Entschädigungen, ermäßigt besteuerter Arbeitslohn für mehrere Kalenderjahre sowie die auf Grund eines Doppelbesteuerungsabkommens oder des Auslandstätigkeitserlasses von der Lohnsteuer freigestellten Bezüge.

4. Unter **Nummer 4** bis **6** des Ausdrucks sind die Lohnsteuer, der Solidaritätszuschlag und die Kirchensteuer zu bescheinigen, die der Arbeitgeber vom bescheinigten Bruttoarbeitslohn einbehalten hat. Wurden Lohnsteuer, Solidaritätszuschlag oder Kirchensteuer nicht einbehalten, ist das jeweilige Eintragungsfeld durch einen waagerechten Strich auszufüllen.

5. Bei konfessionsverschiedenen Ehen/konfessionsverschiedenen Lebenspartnerschaften (z. B. ein Ehegatte/Lebenspartner ev, der andere rk) ist sowohl bei Haupt- als auch bei Nebenarbeitsverhältnissen der auf den Ehegatten/Lebenspartner entfallende Teil der Kirchensteuer unter **Nummer 7** oder **14** des Ausdrucks anzugeben (Halbteilung der Kirchensteuer nach den Kirchensteuergesetzen der Länder). Diese Halbteilung der Kirchensteuer kommt in Bayern, Bremen und Niedersachsen nicht in Betracht. Deshalb ist in diesen Ländern die einbehaltene Kirchensteuer immer nur unter Nummer 6 oder 13 einzutragen.

6. Unter **Nummer 8** des Ausdrucks sind die in Nummer 3 enthaltenen Versorgungsbezüge nach § 19 Absatz 2 EStG (z. B. auch regelmäßige Anpassungen von Versorgungsbezügen nach § 19 Absatz 2 Satz 9 EStG) einzutragen.

   Werden einem Versorgungsempfänger zusätzlich zum laufenden Versorgungsbezug weitere Zuwendungen und geldwerte Vorteile (z. B. steuerpflichtige Fahrtkostenzuschüsse, Freifahrtberechtigungen, Kontoführungsgebühren) gewährt, zählen diese ebenfalls zu den unter Nummer 8 zu bescheinigenden Versorgungsbezügen.

7. Im Lohnsteuerabzugsverfahren ermäßigt besteuerte Entschädigungen (z. B. Abfindungen) und ermäßigt besteuerter Arbeitslohn für mehrere Kalenderjahre (z. B. Jubiläumszuwendungen) sind in einer Summe unter **Nummer 10** des Ausdrucks gesondert zu bescheinigen.

Entschädigungen und Arbeitslohn für mehrere Kalenderjahre, die nicht ermäßigt besteuert wurden, können unter **Nummer 19** eingetragen werden; diese Beträge müssen in dem unter Nummer 3 bescheinigten Bruttoarbeitslohn enthalten sein.

Gesondert zu bescheinigen sind unter **Nummer 11** bis **14** des Ausdrucks die Lohnsteuer, der Solidaritätszuschlag und die Kirchensteuer, die der Arbeitgeber von ermäßigt besteuerten Versorgungsbezügen für mehrere Kalenderjahre, Entschädigungen und Vergütungen für eine mehrjährige Tätigkeit im Sinne des § 34 EStG einbehalten hat.

8. Das Kurzarbeitergeld einschließlich Saison-Kurzarbeitergeld, der Zuschuss zum Mutterschaftsgeld, der Zuschuss bei Beschäftigungsverbot für die Zeit vor oder nach einer Entbindung sowie für den Entbindungstag während der Elternzeit nach beamtenrechtlichen Vorschriften, die Verdienstausfallentschädigung nach dem Infektionsschutzgesetz, Aufstockungsbeträge und Altersteilzeitzuschläge sind in einer Summe unter **Nummer 15** des Ausdrucks zu bescheinigen. Hat der Arbeitgeber Kurzarbeitergeld zurückgefordert, sind nur die so gekürzten Beträge zu bescheinigen. Ergibt die Verrechnung von ausgezahlten und zurückgeforderten Beträgen einen negativen Betrag, so ist dieser Betrag mit einem Minuszeichen zu bescheinigen. Wurde vom Arbeitgeber in Fällen des § 47b Absatz 4 SGB V Krankengeld in Höhe des Kurzarbeitergeldes gezahlt, ist dieses nicht unter Nummer 15 des Ausdrucks anzugeben.

9. Unter **Nummer 16 a)** des Ausdrucks ist der nach Doppelbesteuerungsabkommen und unter **Nummer 16 b)** der nach dem Auslandstätigkeitserlass steuerfreie Arbeitslohn auszuweisen.

10. ***Unter Nummer 17 des Ausdrucks sind die folgenden auf die Entfernungspauschale anzurechnenden steuerfreien Zuschüsse und Sachbezüge betragsmäßig zu bescheinigen:***

– ***Zuschüsse des Arbeitgebers, die zusätzlich zum ohnehin geschuldeten Arbeitslohn zu den Aufwendungen des Arbeitnehmers für Fahrten mit öffentlichen Verkehrsmitteln im Linienverkehr (ohne Luftverkehr) zwischen Wohnung und erster Tätigkeitsstätte und nach § 9 Absatz 1 Satz 3 Nummer 4a Satz 3 EStG sowie für Fahrten im öffentlichen Personennahverkehr gezahlt werden (§ 3 Nummer 15 Satz 1 EStG),***

– ***Sachbezüge für die unentgeltliche oder verbilligte Nutzung öffentlicher Verkehrsmittel im Linienverkehr (ohne Luftverkehr) für Fahrten zwischen Wohnung und erster Tätigkeitsstätte und nach § 9 Absatz 1 Satz 3 Nummer 4a Satz 3 EStG sowie für Fahrten im öffentlichen Personennahverkehr, die der Arbeitnehmer aufgrund seines Dienstverhältnisses zusätzlich zum ohnehin geschuldeten Arbeitslohn erhält (§ 3 Nummer 15 Satz 2 EStG),***

– ***Sachbezüge, die im Rahmen des § 8 Absatz 2 Satz 11 EStG – Job-Ticket – oder § 8 Absatz 3 EStG – Verkehrsträger – steuerfrei bleiben.***

11. Unter **Nummer 18** des Ausdrucks sind ***nur die auf die Entfernungspauschale nach § 40 Absatz 2 Satz 2 Nummer 1 zweiter Halbsatz EStG anzurechnenden pauschal besteuerten Arbeitgeberleistungen*** für Fahrten zwischen Wohnung und erster Tätigkeitsstätte ***sowie für Fahrten nach § 9 Absatz 1 Satz 3 Nummer 4a Satz 3 EStG*** zu bescheinigen.

12. Unter **Nummer 20** des Ausdrucks sind die nach § 3 Nummer 13 oder 16 EStG steuerfrei gezahlten Vergütungen für Verpflegung bei beruflich veranlassten Auswärtstätigkeiten zu bescheinigen.

Steuerfreie Vergütungen bei doppelter Haushaltsführung sind unter **Nummer 21** des Ausdrucks zu bescheinigen.

Sofern das Betriebsstättenfinanzamt nach § 4 Absatz 2 Nummer 4 Satz 2 der Lohnsteuer-Durchführungsverordnung – LStDV – ***hierfür*** eine andere Aufzeichnung als im Lohnkonto zugelassen hat, ist eine Bescheinigung dieser Beträge nicht zwingend erforderlich.

13. Bei der Bescheinigung von Zukunftssicherungsleistungen ist Folgendes zu beachten:

a) Beiträge und Zuschüsse zur Alterssicherung

Der **Arbeitgeber**anteil der Beiträge zu den gesetzlichen Rentenversicherungen und der Arbeitgeberzuschuss an berufsständische Versorgungseinrichtungen, die den gesetzlichen Rentenversicherungen vergleichbare Leistungen erbringen (vgl. BMF-Schreiben vom 8. Juli 2014, BStBl I Seite 1098), ist **getrennt** unter **Nummer 22 a)** und **b)** des Ausdrucks auszuweisen, der entsprechende **Arbeitnehmer**anteil unter **Nummer 23 a)** und **b)**. Gleiches gilt für Beiträge zur Alterssicherung, wenn darin zumindest teilweise ein Arbeitnehmeranteil enthalten ist, die auf Grund einer nach ausländischen Gesetzen bestehenden Verpflichtung an ausländische Sozialversicherungsträger, die den inländischen Sozialversicherungsträgern vergleichbar sind, geleistet werden. Beiträge zur Alterssicherung an ausländische Versicherungsunternehmen sind nicht zu bescheinigen.

Werden von ausländischen Sozialversicherungsträgern Globalbeiträge erhoben, ist eine Aufteilung vorzunehmen. In diesen Fällen ist unter Nummer 22 a) und Nummer 23 a) der auf die Rentenversicherung entfallende Teilbetrag zu bescheinigen. Die für die Aufteilung maßgebenden staatenbezogenen Prozentsätze werden für jeden Veranlagungszeitraum durch ein gesondertes BMF-Schreiben bekannt gegeben.

In Fällen, in denen der Arbeitgeber die Beiträge unmittelbar an eine berufsständische Versorgungseinrichtung abführt (sog. **Firmenzahler**), ist der Arbeitgeberzuschuss unter Nummer 22 b) und der Arbeitnehmeranteil unter Nummer 23 b) zu bescheinigen. Führt der Arbeitnehmer den gesamten Beitrag selbst an die berufsständische Versorgungseinrichtung ab (sog. **Selbstzahler**) und zahlt der Arbeitgeber dem Arbeitnehmer hierfür einen zweckgebundenen Zuschuss, ist unter Nummer 22 b) der Zuschuss zu bescheinigen. Eine Eintragung unter Nummer 23 b) ist in diesen Fällen nicht vorzunehmen.

Unter Nummer 22 a) und Nummer 23 a) sind auch Beiträge zur umlagefinanzierten Hüttenknappschaftlichen Zusatzversicherung im Saarland zu bescheinigen. Das Gleiche gilt für Rentenversicherungsbeiträge bei geringfügiger Beschäftigung, wenn die Lohnsteuer nicht pauschal erhoben wurde (der Arbeitgeberbeitrag in Höhe von 15 % oder 5 % und der Arbeitnehmerbeitrag). Dies gilt für den Arbeitgeberbeitrag auch dann, wenn kein Arbeitnehmeranteil zur Rentenversicherung gezahlt wurde.

Arbeitgeberbeiträge zur gesetzlichen Rentenversicherung für Beschäftigte nach § 172 Absatz 1 SGB VI (z. B. bei weiterbeschäftigten Rentnern) gehören nicht zum steuerpflichtigen Arbeitslohn; sie sind nicht als steuerfreie Arbeitgeberanteile im Sinne des § 3 Nummer 62 EStG unter Nummer 22 a) zu bescheinigen. Dies gilt auch, wenn dieser Arbeitnehmerkreis geringfügig beschäftigt ist (§ 172 Absatz 3 und 3a SGB VI). Hat der Beschäftigte jedoch auf die Versicherungsfreiheit verzichtet (§ 5 Absatz 4 Satz 2 SGB VI), sind die Arbeitgeberanteile/-zuschüsse und Arbeitnehmeranteile nach den allgemeinen Regelungen zu bescheinigen.

Arbeitgeberbeiträge zur Rentenversicherung und an berufsständische Versorgungseinrichtungen, die im Zusammenhang mit nach § 3 Nummer 2 EStG steuerfreiem Kurzarbeitergeld stehen, sind nicht zu bescheinigen.

Zahlt der Arbeitgeber steuerfreie Beiträge zur gesetzlichen Rentenversicherung im Sinne des § 3 Nummer 28 EStG (bei Altersteilzeit), können diese nicht als Sonderausgaben berücksichtigt werden und sind daher nicht in der Bescheinigung anzugeben. Werden darüber hinaus steuerpflichtige Beiträge zum Ausschluss einer Minderung der Altersrente gezahlt, sind diese an die gesetzliche Rentenversicherung abgeführten Beiträge als Sonderausgaben abziehbar und deshalb unter Nummer 23 a) zu bescheinigen.

b) Zuschüsse zur Kranken- und Pflegeversicherung

Steuerfreie Zuschüsse des Arbeitgebers zur gesetzlichen Krankenversicherung bei freiwillig in der gesetzlichen Krankenversicherung versicherten Arbeitnehmern, soweit der Arbeitgeber zur Zuschussleistung gesetzlich verpflichtet ist, sind unter **Nummer 24 a)** des Ausdrucks einzutragen. Entsprechende Zuschüsse zu privaten Krankenversicherungen sind unter **Nummer 24 b)** zu bescheinigen.

Unter **Nummer 24 c)** sind steuerfreie Zuschüsse des Arbeitgebers zu gesetzlichen Pflegeversicherungen (soziale Pflegeversicherung und private Pflege-Pflichtversicherung) einzutragen. Bei freiwillig in der gesetzlichen Krankenversicherung versicherten oder privat versicherten Arbeitnehmern, die Kurzarbeitergeld beziehen, sind unter Nummer 24 a) bis c) die gesamten vom Arbeitgeber gewährten Zuschüsse zu bescheinigen.

Zu bescheinigen sind auch Zuschüsse des Arbeitgebers zur Kranken- und Pflegeversicherung bei ausländischen Versicherungsunternehmen und bei ausländischen Sozialversicherungsträgern. Nicht einzutragen ist der Arbeitgeberanteil zur gesetzlichen Kranken- und sozialen Pflegeversicherung bei pflichtversicherten Arbeitnehmern.

c) **Beiträge zur gesetzlichen Kranken- und sozialen Pflegeversicherung**

Der Arbeitnehmerbeitrag zur inländischen **gesetzlichen** Krankenversicherung einschließlich des einkommensabhängigen Zusatzbeitrags nach § 242 SGB V ist bei pflichtversicherten Arbeitnehmern unter **Nummer 25** einzutragen. Es sind die an die Krankenkasse abgeführten Beiträge zu bescheinigen, d. h. ggf. mit Beitragsanteilen für Krankengeld.

Die Beiträge des Arbeitnehmers zur inländischen sozialen Pflegeversicherung sind unter Nummer 26 des Ausdrucks zu bescheinigen.

Bei **freiwillig** in der gesetzlichen Krankenversicherung versicherten Arbeitnehmern ist unter Nummer 25 und 26 der **gesamte** Beitrag einschließlich des einkommensabhängigen Zusatzbeitrags nach § 242 SGB V zu bescheinigen, wenn der Arbeitgeber die Beiträge an die Krankenkasse abführt (sog. **Firmenzahler**). Dies gilt auch in den Fällen des Bezugs von Kurzarbeitergeld. Arbeitgeberzuschüsse sind **nicht** von den Arbeitnehmerbeiträgen abzuziehen, sondern gesondert unter Nummer 24 zu bescheinigen.

In Fällen, in denen der **freiwillig** in der gesetzlichen Krankenversicherung versicherte Arbeitnehmer und nicht der Arbeitgeber die Beiträge an die Krankenkasse abführt (sog. **Selbstzahler**), sind unter Nummer 25 und 26 keine Eintragungen vorzunehmen. Dies gilt auch in den Fällen des Bezugs von Kurzarbeitergeld. Arbeitgeberzuschüsse sind unabhängig davon ungekürzt unter Nummer 24 zu bescheinigen.

Die vom Arbeitnehmer allein zu tragenden Beiträge aus Versorgungsbezügen an die gesetzliche Kranken- und soziale Pflegeversicherung sind ebenfalls unter Nummer 25 und 26 zu bescheinigen. Dies gilt für pflichtversicherte Arbeitnehmer und für freiwillig in der gesetzlichen Krankenversicherung versicherte Arbeitnehmer, wenn der Arbeitgeber die Beiträge an die Krankenkasse abführt (sog. Firmenzahler).

Beiträge zur Kranken- und Pflegeversicherung an ausländische Sozialversicherungsträger sind nicht zu bescheinigen.

d) **Beiträge zur Arbeitslosenversicherung**

Arbeitnehmerbeiträge zur Arbeitslosenversicherung sind unter **Nummer 27** des Ausdrucks zu bescheinigen; dies gilt auch bei Beitragszahlungen an ausländische Sozialversicherungsträger.

e) **Bescheinigung bei steuerfreiem oder pauschal besteuertem Arbeitslohn**

Unter Nummer 22 bis 27 des Ausdrucks dürfen keine Beträge bescheinigt werden, die mit steuerfreiem Arbeitslohn (z. B. nach dem Auslandstätigkeitserlass oder auf Grund eines Doppelbesteuerungsabkommens) in unmittelbarem wirtschaftlichen Zusammenhang stehen. Danach sind z. B. nicht zu bescheinigen:

- bei pflichtversicherten Arbeitnehmern die gesetzlichen Arbeitgeber- und Arbeitnehmeranteile, die auf steuerfreien Arbeitslohn entfallen (zur Aufteilung siehe unten),
- Beiträge, die auf den nach § 3 Nummer 63 ***sowie nach § 100 Absatz 6*** EStG steuerfreien Arbeitslohn oder auf den im Zusammenhang mit nach § 3 Nummer 56 EStG steuerfreiem Arbeitslohn stehenden Hinzurechnungsbetrag nach § 1 Absatz 1 Satz 3 und 4 der Sozialversicherungs-Entgeltverordnung – SvEV – entfallen und nicht als Sonderausgaben abziehbar sind,
- Beiträge oder Zuschüsse des Arbeitgebers, die nicht nach § 3 Nummer 62 EStG, sondern nach einer anderen Vorschrift steuerfrei sind,

Hingegen sind z. B. zu bescheinigen:

- in voller Höhe auf steuerfreien Arbeitslohn entfallende Zuschüsse und Beiträge für freiwillig in der gesetzlichen Kranken-/sozialen Pflegeversicherung Versicherte und privat Kranken-/Pflegeversicherte (Nummer 24 bis 26),
- die Beiträge im Fall der beitragspflichtigen Umwandlung von Arbeitslohn zugunsten einer Direktzusage oberhalb von 4 % der Beitragsbemessungsgrenze in der allgemeinen Rentenversicherung (Nummer 22 bis 27; § 14 Absatz 1 Satz 2 SGB IV),
- Beiträge von pauschal besteuertem Arbeitslohn (z. B. nach § 37b Absatz 2, § 40b EStG ggf. i. V. m. § 1 Absatz 1 Satz 3 und 4 SvEV), die bei einem sozialversicherungspflichtigen Arbeitnehmer erhoben werden (Nummer 22 bis 27; zur Aufteilung siehe unten).

Bei steuerfreien und steuerpflichtigen Arbeitslohnteilen im Bescheinigungszeitraum ist nur der Anteil der Sozialversicherungsbeiträge zu bescheinigen, der sich nach dem Verhältnis des steuerpflichtigen Arbeitslohns zum gesamten Arbeitslohn des Bescheinigungszeitraums ergibt. Hierbei sind Arbeitslohnanteile, die ***unabhängig von der Beitragsbemessungsgrenze*** nicht der Sozialversicherungspflicht unterliegen (z. B. Entlassungsabfindungen), nicht in die Verhältnisrechnung einzubeziehen.

Die Verhältnisrechnung ist auch durchzuführen, wenn der steuerpflichtige Arbeitslohn im Bescheinigungszeitraum die für die Beitragsberechnung maßgebende Beitragsbemessungsgrenze ***übersteigt***.

Auf den Hinzurechnungsbetrag nach § 1 Absatz 1 Satz 3 und 4 SvEV entfallende Vorsorgeaufwendungen sind nur insoweit zu bescheinigen, als sie auf den Teil des Hinzurechnungsbetrags entfallen, der dem Anteil der pauschal besteuerten Umlagen an der Summe aus pauschal besteuerten und steuerfreien Umlagen entspricht (quotale Aufteilung nach dem Verhältnis der Beiträge im Bescheinigungszeitraum).

Werden Sozialversicherungsbeiträge erstattet, sind unter Nummer 22 bis 27 nur die gekürzten Beiträge zu bescheinigen.

f) **Teilbeträge der Vorsorgepauschale für die private Basis-Kranken- und private Pflege-Pflichtversicherung**

Unter **Nummer 28** des Ausdrucks ist der tatsächlich im Lohnsteuerabzugsverfahren berücksichtigte Teilbetrag der Vorsorgepauschale nach § 39b Absatz 2 Satz 5 Nummer 3 Buchstabe d EStG (Beiträge zur privaten Basis-Krankenversicherung und privaten Pflege-Pflichtversicherung) zu bescheinigen (z. B. bei Arbeitnehmern ohne Arbeitgeberzuschuss mit einem nachgewiesenen Monatsbeitrag von 500 €, Beschäftigungsdauer drei Monate, Bescheinigung 1.500 €). Wurde beim Lohnsteuerabzug die Mindestvorsorgepauschale berücksichtigt (ggf. auch nur in einzelnen Lohnzahlungszeiträumen), ist auch diese zu bescheinigen (z. B. Ansatz der Mindestvorsorgepauschale für zwei Monate, Bescheinigung von 2/12 der Mindestvorsorgepauschale).

Bei geringfügig Beschäftigten, bei denen die Lohnsteuer nach den Lohnsteuerabzugsmerkmalen des Arbeitnehmers erhoben wird und kein Arbeitnehmeranteil für die Krankenversicherung zu entrichten ist, ist an Stelle des Teilbetrags für die gesetzliche Krankenversicherung die Mindestvorsorgepauschale anzusetzen und unter Nummer 28 des Ausdrucks zu bescheinigen. Entsprechendes gilt für andere Arbeitnehmer, z. B. Praktikanten, Schüler, Studenten. Siehe auch Programmablaufplan für den Lohnsteuerabzug zu „VKVLZZ“ und „VKVSONST“. Ist der berechnete Betrag negativ, ist der Wert mit einem deutlichen Minuszeichen zu versehen.

Beiträge zur Kranken- und Pflegeversicherung an ausländische Versicherungsunternehmen sind nicht zu bescheinigen.

Werden vom Arbeitnehmer Beiträge zur privaten Krankenversicherung und Pflege-Pflichtversicherung nachgewiesen, wird jedoch kein Arbeitslohn gezahlt, ist keine Lohnsteuerbescheinigung auszustellen.

14. Für die Ermittlung des bei Versorgungsbezügen nach § 19 Absatz 2 EStG zu berücksichtigenden Versorgungsfreibetrags sowie des Zuschlags zum Versorgungsfreibetrag (Freibeträge für Versorgungsbezüge) sind die Bemessungsgrundlage des Versorgungsfreibetrags, das Jahr des Versorgungsbeginns und bei unterjähriger Zahlung von Versorgungsbezügen der erste und letzte Monat, für den Versorgungsbezüge gezahlt werden, maßgebend.

Folgt ein Hinterbliebenenbezug einem Versorgungsbezug, bestimmen sich der Prozentsatz, der Höchstbetrag des Versorgungsfreibetrags und der Zuschlag zum Versorgungsfreibetrag für den Hinterbliebenenbezug nach dem Jahr des Beginns des Versorgungsbezugs des Verstorbenen (§ 19 Absatz 2 Satz 7 EStG). Unabhängig davon ist bei erstmaliger Zahlung dieses Hinterbliebenenbezugs im laufenden Kalenderjahr unter Nummer 31 des Ausdrucks eine unterjährige Zahlung zu bescheinigen.

Sterbegelder und Kapitalauszahlungen/Abfindungen von Versorgungsbezügen sowie Nachzahlungen von Versorgungsbezügen, die sich ganz oder teilweise auf vorangegangene Kalenderjahre beziehen, sind als eigenständige zusätzliche Versorgungsbezüge zu behandeln. Für diese Bezüge sind die Höhe des gezahlten Bruttobetrags im Kalenderjahr und das maßgebende Kalenderjahr des Versorgungsbeginns anzugeben. In diesen Fällen sind die maßgebenden Freibeträge für Versorgungsbezüge in voller Höhe und nicht zeitanteilig zu berücksichtigen (Rz. 184 bis 187 des BMF-Schreibens vom 19. August 2013, BStBl I Seite 1087, geändert durch die BMF-Schreiben vom 10. Januar 2014, BStBl I Seite 70, 10. April 2015, BStBl I Seite 256, 1. Juni 2015, BStBl I Seite 475, 4. Juli 2016, BStBl I Seite 645, 6. Dezember 2016, BStBl I Seite 1426, 19. Dezember 2016, BStBl I Seite 1433 und vom 24. Mai 2017, BStBl I Seite 820).

Der Arbeitgeber ist verpflichtet, die für die Berechnung der Freibeträge für Versorgungsbezüge erforderlichen Angaben für jeden Versorgungsbezug gesondert im Lohnkonto aufzuzeichnen (§ 4 Absatz 1 Nummer 4 LStDV i. V. m. Rz. 189 des BMF-Schreibens vom 19. August 2013 in der aktuellen Fassung). Die hiernach im Lohnkonto aufgezeichneten Angaben zu Versorgungsbezügen sind in den Ausdruck wie folgt zu übernehmen (§ 41b Absatz 1 Satz 2 EStG):

a) **Versorgungsbezug, der laufenden Arbeitslohn darstellt**

Unter **Nummer 29** des Ausdrucks ist die nach § 19 Absatz 2 Satz 4 bis 11 EStG ermittelte Bemessungsgrundlage für den Versorgungsfreibetrag (das Zwölffache des Versorgungsbezugs für den ersten vollen Monat zuzüglich voraussichtlicher Sonderzahlungen) einzutragen. In die Bemessungsgrundlage sind auch zusätzlich zu den laufenden Versorgungsbezügen gewährte weitere Zuwendungen und geldwerte Vorteile (z. B. steuerpflichtige Fahrtkostenzuschüsse, Freifahrtberechtigungen, Kontoführungsgebühren) einzubeziehen.

Unter **Nummer 30** ist das maßgebende Kalenderjahr des Versorgungsbeginns (vierstellig) zu bescheinigen.

Unter **Nummer 31** ist **nur bei unterjähriger Zahlung** eines laufenden Versorgungsbezugs der erste und letzte Monat (zweistellig mit Bindestrich, z. B. „02 - 12“ oder „01 - 08“), für den Versorgungsbezüge gezahlt wurden, einzutragen. Dies gilt auch bei unterjährigem Wechsel des Versorgungsträgers.

b) Versorgungsbezug, der einen sonstigen Bezug darstellt

Sterbegelder, Kapitalauszahlungen/Abfindungen von Versorgungsbezügen und die als sonstige Bezüge zu behandelnden Nachzahlungen von Versorgungsbezügen, die in Nummer 3 und 8 des Ausdrucks enthalten sind, sind unter **Nummer 32** gesondert zu bescheinigen.

Nach § 34 EStG ermäßigt zu besteuernde Versorgungsbezüge für mehrere Kalenderjahre sind dagegen nur unter Nummer 9 des Ausdrucks zu bescheinigen. Zusätzlich ist zu den in Nummer 9 oder 32 bescheinigten Versorgungsbezügen jeweils unter Nummer 30 des Ausdrucks das Kalenderjahr des Versorgungsbeginns anzugeben.

c) Mehrere Versorgungsbezüge

Fällt der maßgebende Beginn mehrerer laufender Versorgungsbezüge in dasselbe Kalenderjahr (Nummer 30 des Ausdrucks), kann der Arbeitgeber unter Nummer 29 des Ausdrucks die zusammengerechneten Bemessungsgrundlagen dieser Versorgungsbezüge in einem Betrag bescheinigen (Rz. 177 des BMF-Schreibens vom 19. August 2013 in der aktuellen Fassung). In diesem Fall sind auch die unter Nummer 8 zu bescheinigenden Versorgungsbezüge zusammenzufassen.

Bei mehreren als sonstige Bezüge gezahlten Versorgungsbezügen mit maßgebendem Versorgungsbeginn in demselben Kalenderjahr können die Nummer 8 und/oder Nummer 9 sowie Nummer 30 und 32 zusammengefasst werden. Gleiches gilt, wenn der Versorgungsbeginn laufender Versorgungsbezüge und als sonstige Bezüge gezahlter Versorgungsbezüge in dasselbe Kalenderjahr fällt.

Bei mehreren laufenden Versorgungsbezügen und als sonstige Bezüge gezahlten Versorgungsbezügen mit unterschiedlichen Versorgungsbeginnen nach § 19 Absatz 2 Satz 3 EStG sind die Angaben zu Nummer 8 und/oder Nummer 9 sowie Nummer 29 bis 32 jeweils **getrennt** zu bescheinigen (Rz. 177 des BMF-Schreibens vom 19. August 2013 in der aktuellen Fassung).

15. Unter **Nummer 33** des Ausdrucks ist die Summe des vom Arbeitgeber an Angehörige des öffentlichen Dienstes im Kalenderjahr ausgezahlten Kindergeldes zu bescheinigen, wenn es zusammen mit den Bezügen oder dem Arbeitsentgelt ausgezahlt wird (§ 72 Absatz 7 Satz 1 EStG).
16. Unter **Nummer 34** des Ausdrucks ist der beim Lohnsteuerabzug verbrauchte Betrag nach Artikel 18 Absatz 2 des Abkommens zwischen der Bundesrepublik Deutschland und der Republik Türkei zur Vermeidung der Doppelbesteuerung und der Steuerverkürzung auf dem Gebiet der Steuern vom Einkommen zu bescheinigen (Rz. 17 des BMF-Schreibens vom 11. Dezember 2014, BStBl I 2015 Seite 92). Hierfür ist ein entsprechender Programmablaufplan mit einem entsprechenden Ausgangsparameter bekannt gemacht.
17. In der letzten Zeile des Ausdrucks ist stets das Finanzamt, an das die Lohnsteuer abgeführt wurde, und dessen vierstellige Nummer einzutragen. Bei Finanzamtsaußenstellen mit eigener Nummer ist diese Nummer einzutragen.

In den nicht amtlich belegten Zeilen des Ausdrucks sind freiwillig vom Arbeitgeber übermittelte Daten zu bescheinigen, z. B.

- „Arbeitnehmerbeitrag zur Winterbeschäftigungs-Umlage“,
- bei Arbeitgeberbeiträgen zur Zusatzversorgung, die nach den Lohnsteuerabzugsmerkmalen versteuert wurden: „Steuerpflichtiger Arbeitgeberbeitrag zur Zusatzversorgung“,
- „Arbeitnehmerbeitrag/-anteil zur Zusatzversorgung“,
- bei Fahrten zwischen Wohnung und erster Tätigkeitsstätte: „Anzahl der Arbeitstage“,
- bei steuerfreiem Fahrtkostenersatz für beruflich veranlasste Auswärtstätigkeiten: „Steuerfreie Fahrtkosten bei beruflich veranlasster Auswärtstätigkeit“,
- „Versorgungsbezüge für mehrere Kalenderjahre, die nicht ermäßigt besteuert wurden – in 3. und 8. enthalten“.

Außerdem sind weitere, nicht der Finanzverwaltung übermittelte Angaben zulässig (betriebsinterne, für den Arbeitnehmer bestimmte Informationen); dies ist entsprechend zu kennzeichnen.

Die Anschrift des Arbeitnehmers kann im Ausdruck – abweichend von der im Datensatz elektronisch übermittelten Adresse – so gestaltet sein, dass sie den Gegebenheiten des Unternehmens entspricht (z. B. Übermittlung durch Hauspost, Auslandszustellung). Es ist darauf zu achten, dass die IdNr./eTIN bei Benutzung von Fensterbriefumschlägen im Adressfeld nicht sichtbar ist.

Neben der Anschrift des Arbeitgebers ist **die Steuernummer seiner lohnsteuerlichen Betriebsstätte** anzugeben. Hat ein Dritter für den Arbeitgeber die lohnsteuerlichen Pflichten übernommen (§ 38 Absatz 3a EStG), ist die Anschrift und **Steuernummer des Dritten** anzugeben.

Damit gewährleistet ist, dass die Daten der elektronischen Lohnsteuerbescheinigung(en) der Finanzverwaltung vollständig zur Verfügung stehen, muss nach der elektronischen Übermittlung das Verarbeitungsprotokoll abgerufen werden. Im Ausdruck der elektronischen Lohnsteuerbescheinigung ist das elektronisch vergebene Transferticket ***der Datenübermittlung*** anzugeben.

II. Korrektur- und Stornierungsverfahren

Stellt der Arbeitgeber bis zum Ablauf des siebten auf den Besteuerungszeitraum folgenden Kalenderjahres fest, dass die übermittelten Daten unzutreffend waren, so hat er die Lohnsteuerbescheinigung vorbehaltlich der Regelungen des § 41c Absatz 3 und 4 EStG durch Übermittlung eines weiteren Datensatzes zu korrigieren oder zu stornieren (§ 93c Absatz 3 Satz 1 AO).

Gemäß § 41c Absatz 3 Satz 1 EStG ist eine Änderung des Lohnsteuerabzugs grundsätzlich nur bis zur Übermittlung der elektronischen Lohnsteuerbescheinigung zulässig. Lediglich in dem Sonderfall des § 41c Absatz 3 Satz 4 EStG ist eine Minderung der einzubehaltenden und zu übernehmenden Lohnsteuer zulässig. In diesem Fall ist der Arbeitgeber verpflichtet, eine bereits an die Finanzverwaltung übermittelte oder ausgestellte Lohnsteuerbescheinigung zu berichtigen (§ 41c Absatz 3 Satz 5 EStG). Im Übrigen können Erstattungsansprüche wegen zu Unrecht einbehaltener Lohnsteuer nach Ablauf des Kalenderjahres und nach Übermittlung der Lohnsteuerbescheinigung lediglich im Rahmen einer Veranlagung zur Einkommensteuer geltend gemacht werden (H 41c.1 „Erstattungsantrag“ LStH).

Wird eine Zahlung des Arbeitgebers zu Unrecht dem Lohnsteuerabzug unterworfen, weil die Besteuerung abkommensrechtlich dem Wohnsitzstaat des Arbeitnehmers zugewiesen ist, besteht daneben die Möglichkeit, einen Erstattungsantrag in analoger Anwendung des § 50d Absatz 1 Satz 2 EStG zu stellen, soweit die entsprechenden Einkünfte aus nichtselbständiger Arbeit nicht bereits im Rahmen einer Veranlagung nach § 50 Absatz 2 Satz 2 Nummer 4 Buchstabe b i. V. m. Satz 7 EStG erfasst wurden (H 41c.1 „Erstattungsantrag“ LStH).

Wurde der Lohnsteuerabzug in zu geringer Höhe vorgenommen, hat der Arbeitgeber dies dem Betriebsstättenfinanzamt anzuzeigen (§ 41c Absatz 4 EStG).

Eine Korrektur oder Stornierung nach § 93c Absatz 3 Satz 1 AO kommt in Betracht, wenn es sich um eine bloße Berichtigung eines zunächst unrichtig übermittelten Datensatzes handelt (R 41c.1 Absatz 7 LStR). Eine solche Korrektur oder Stornierung unzutreffend bescheinigter Angaben bzw. Lohnsteuerdaten (z. B. einbehaltene Lohnsteuer oder einbehaltener Solidaritätszuschlag) ist der Finanzverwaltung durch Übermittlung einer berichtigten Lohnsteuerbescheinigung mitzuteilen, soweit sie nicht im Widerspruch zur maßgebenden bereits bestandskräftigen Lohnsteuer-Anmeldung steht.

Korrigierte Lohnsteuerbescheinigungen sind mit dem Merker „Korrektur“ zu versehen.

Eine Stornierung von bereits übermittelten Lohnsteuerbescheinigungen kommt insbesondere in Betracht, wenn

- ein falsches Kalenderjahr angegeben wurde,
- kennzeichnende Daten zu einer Person (IdNr., eTIN, Name, Vorname und Geburtsdatum) falsch übermittelt wurden oder
- mehrere Einzelbescheinigungen zu einem Arbeitsverhältnis durch eine zusammenfassende Bescheinigung ersetzt werden.

Eine Stornierungsmitteilung storniert über die eindeutige verfahrensweite Kennzeichnung genau eine Lohnsteuerbescheinigung.

Eine detaillierte Beschreibung der technischen Umsetzung des Korrektur- und Stornierungsverfahrens ist in der technischen Schnittstellenbeschreibung zur elektronischen Lohnsteuerbescheinigung dokumentiert.

Wird eine Lohnsteuerbescheinigung korrigiert oder storniert, ist der Arbeitnehmer hierüber zu informieren (§ 93c Absatz 3 Satz 2 i. V. m. § 93c Absatz 1 Nummer 3 AO).

III. Nachzahlungen

Stellen Nachzahlungen laufenden Arbeitslohn dar, sind diese für die Berechnung der Lohnsteuer den Lohnzahlungszeiträumen zuzurechnen, für die sie geleistet werden (R 39b.5 Absatz 4 Satz 1 LStR). Wird eine solche Nachzahlung nach Beendigung des Dienstverhältnisses im selben Kalenderjahr für Lohnzahlungszeiträume bis zur Beendigung des Dienstverhältnisses geleistet, ist die bereits erteilte und übermittelte Lohnsteuerbescheinigung zu korrigieren. Die berichtigte Lohnsteuerbescheinigung ist mit dem Merker „Korrektur" zu versehen. Sonstige Bezüge, die nach Beendigung des Dienstverhältnisses oder in folgenden Kalenderjahren gezahlt werden, sind gesondert zu bescheinigen; als Dauer des Dienstverhältnisses ist in diesen Fällen der Monat der Zahlung anzugeben.

IV. Ausstellung von Besonderen Lohnsteuerbescheinigungen durch den Arbeitgeber ohne maschinelle Lohnabrechnung

Die unter I. Nummer 1 bis 17 aufgeführten Regelungen für den Ausdruck der elektronischen Lohnsteuerbescheinigung gelten für die Ausschreibung von Besonderen Lohnsteuerbescheinigungen entsprechend. In den Fällen des § 39c Absatz 3 EStG ist eine Besondere Lohnsteuerbescheinigung auszustellen (R 39c Satz 5 LStR). Eine Besondere Lohnsteuerbescheinigung kann von Arbeitgebern ausgestellt werden, für die das Betriebsstättenfinanzamt zugelassen hat, dass diese nicht am elektronischen Abrufverfahren teilnehmen (§§ 39e Absatz 7, 41b Absatz 1 Satz 4 bis 6 EStG). Dies gilt insbesondere für Arbeitgeber ohne maschinelle Lohnabrechnung, die ausschließlich Arbeitnehmer im Rahmen einer geringfügigen Beschäftigung nach § 8a SGB IV im Privathaushalt beschäftigen und die Lohnsteuerbescheinigung nicht elektronisch an die Finanzverwaltung übermitteln.

Der Vordruck wird dem Arbeitgeber auf Anforderung kostenlos vom Finanzamt zur Verfügung gestellt.

II.

Bekanntmachung des Musters für den Ausdruck der elektronischen Lohnsteuerbescheinigung *2022*

Gemäß § 51 Absatz 4 Nummer 1 des Einkommensteuergesetzes ist das Bundesministerium der Finanzen ermächtigt, das Muster für den Ausdruck der elektronischen Lohnsteuerbescheinigung zu bestimmen. Im Einvernehmen mit den obersten Finanzbehörden der Länder wird hiermit das Muster für den Ausdruck der elektronischen Lohnsteuerbescheinigung für das Kalenderjahr ***2022*** bekannt gemacht (siehe Anlage).

Der Ausdruck hat das Format DIN A 4.

Der Ausdruck der elektronischen Lohnsteuerbescheinigung kann vom amtlichen Muster abweichen, wenn er sämtliche Angaben in gleicher Reihenfolge enthält und in Format und Aufbau dem bekannt gemachten Muster entspricht.

Bei der Ausstellung des Ausdrucks der elektronischen Lohnsteuerbescheinigung sind die Vorgaben im BMF-Schreiben vom 9. September 2019 (BStBl I Seite 911) zu beachten.

Anlage

Ausdruck der elektronischen Lohnsteuerbescheinigung für 2022

Nachstehende Daten wurden maschinell an die Finanzverwaltung übertragen.

Korrektur/Stornierung
Datum:
eTIN:
Identifikationsnummer:
Personalnummer:
Geburtsdatum:
Transferticket:

Dem Lohnsteuerabzug wurden im letzten Lohnzahlungszeitraum zugrunde gelegt:

Steuerklasse/Faktor

Zahl der Kinderfreibeträge

Steuerfreier Jahresbetrag

Jahreshinzurechnungsbetrag

Kirchensteuermerkmale

Anschrift und Steuernummer des Arbeitgebers:

1. Bescheinigungszeitraum		vom - bis	
2. Zeiträume ohne Anspruch auf Arbeitslohn		Anzahl „U"	
Großbuchstaben (S, M, F, FR)			
		EUR	Ct
3. Bruttoarbeitslohn einschl. Sachbezüge ohne 9. und 10.			
4. Einbehaltene Lohnsteuer von 3.			
5. Einbehaltener Solidaritätszuschlag von 3.			
6. Einbehaltene Kirchensteuer des Arbeitnehmers von 3.			
7. Einbehaltene Kirchensteuer des Ehegatten/Lebenspartners von 3. (nur bei Konfessionsverschiedenheit)			
8. In 3. enthaltene Versorgungsbezüge			
9. Ermäßigt besteuerte Versorgungsbezüge für mehrere Kalenderjahre			
10. Ermäßigt besteuerter Arbeitslohn für mehrere Kalenderjahre (ohne 9.) und ermäßigt besteuerte Entschädigungen			
11. Einbehaltene Lohnsteuer von 9. und 10.			
12. Einbehaltener Solidaritätszuschlag von 9. und 10.			
13. Einbehaltene Kirchensteuer des Arbeitnehmers von 9. und 10.			
14. Einbehaltene Kirchensteuer des Ehegatten/Lebenspartners von 9. und 10. (nur bei Konfessionsverschiedenheit)			
15. (Saison-)Kurzarbeitergeld, Zuschuss zum Mutterschaftsgeld, Verdienstausfallentschädigung (Infektionsschutzgesetz), Aufstockungsbetrag und Altersteilzeitzuschlag			
16. Steuerfreier Arbeitslohn nach	a) Doppelbesteuerungsabkommen (DBA)		
	b) Auslandstätigkeitserlass		
17. Steuerfreie Arbeitgeberleistungen, die auf die Entfernungspauschale anzurechnen sind			
18. Pauschal mit 15 % besteuerte Arbeitgeberleistungen für Fahrten zwischen Wohnung und erster Tätigkeitsstätte			
19. Steuerpflichtige Entschädigungen und Arbeitslohn für mehrere Kalenderjahre, die nicht ermäßigt besteuert wurden - in 3. enthalten			
20. Steuerfreie Verpflegungszuschüsse bei Auswärtstätigkeit			
21. Steuerfreie Arbeitgeberleistungen bei doppelter Haushaltsführung			
22. Arbeitgeber-anteil/ -zuschuss	a) zur gesetzlichen Rentenversicherung		
	b) an berufsständische Versorgungs-einrichtungen		
23. Arbeitnehmer-anteil	a) zur gesetzlichen Rentenversicherung		
	b) an berufsständische Versorgungs-einrichtungen		
24. Steuerfreie Arbeitgeber-zuschüsse	a) zur gesetzlichen Krankenversicherung		
	b) zur privaten Krankenversicherung		
	c) zur gesetzlichen Pflegeversicherung		
25. Arbeitnehmerbeiträge zur gesetzlichen Krankenversicherung			
26. Arbeitnehmerbeiträge zur sozialen Pflegeversicherung			
27. Arbeitnehmerbeiträge zur Arbeitslosenversicherung			
28. Beiträge zur privaten Kranken- und Pflege-Pflichtversicherung oder Mindestvorsorgepauschale			
29. Bemessungsgrundlage für den Versorgungsfreibetrag zu 8.			
30. Maßgebendes Kalenderjahr des Versorgungsbeginns zu 8. und/oder 9.			
31. Zu 8. bei unterjähriger Zahlung: Erster und letzter Monat, für den Versorgungsbezüge gezahlt wurden			
32. Sterbegeld; Kapitalauszahlungen/Abfindungen und Nachzahlungen von Versorgungsbezügen - in 3. und 8. enthalten			
33. Ausgezahltes Kindergeld			—
34. Freibetrag DBA Türkei			
Finanzamt, an das die Lohnsteuer abgeführt wurde (Name und vierstellige Nr.)			

3.21

Pauschalierung der Einkommensteuer bei Sachzuwendungen nach § 37b EStG

BMF vom 19.5.2015 (BStBl I S. 468)
IV C 6 – S 2297-b/14/10001 – 2015/0331056
unter Berücksichtigung der Änderungen durch
BMF vom 28.6.2018 (BStBl I S. 814)
IV C 6 – S 2297-b/14/10001 – 2018/0500573

Mit dem Jahressteuergesetz 2007 vom 13. Dezember 2006 (BGBl I 2006 S. 2878, BStBl I 2007 S. 28) wurde mit § 37b EStG eine Regelung in das Einkommensteuergesetz eingefügt, die es dem zuwendenden Steuerpflichtigen ermöglicht, die Einkommensteuer auf Sachzuwendungen an Arbeitnehmer oder Nichtarbeitnehmer mit einem Steuersatz von 30 Prozent pauschal zu übernehmen und abzuführen. Mit Urteilen vom 16. Oktober und 12. Dezember 2013 hat der BFH in vier Entscheidungen – VI R 52/11, VI R 57/11, VI R 78/12 und VI R 47/12 – den Anwendungsbereich des § 37b EStG eingegrenzt und entschieden, die Pauschalierung der Einkommensteuer nach § 37b EStG setze die Steuerpflicht der Sachzuwendungen voraus. Das BMF-Schreiben vom 29. April 2008 (BStBl I S. 566) wird im Einvernehmen mit den obersten Finanzbehörden der Länder unter Berücksichtigung der Grundsätze der BFH Entscheidungen sowie weiterer inzwischen geklärter Zweifelsfragen wie folgt neu gefasst:

I. Anwendungsbereich des § 37b EStG

Zuwendender i. S. d. § 37b EStG kann jede natürliche und juristische Person oder Personenvereinigung sein, die aus betrieblichem Anlass nicht in Geld bestehende Geschenke oder Zuwendungen zusätzlich 1

- zur ohnehin vereinbarten Leistung oder Gegenleistung oder
- zum ohnehin geschuldeten Arbeitslohn

erbringt. Juristische Personen des öffentlichen Rechts sind sowohl mit ihrem hoheitlichen Bereich und dem Bereich der Vermögensverwaltung als auch mit ihren einzelnen Betrieben gewerblicher Art jeweils Zuwendender i. S. d. § 37b EStG. Die Wahlmöglichkeit kann für die verschiedenen Bereiche unabhängig voneinander ausgeübt werden. Macht der Zuwendende von der Wahlmöglichkeit des § 37b EStG Gebrauch, ist er Steuerpflichtiger i. S. d. § 33 AO. Ausländische Zuwendende und nicht steuerpflichtige juristische Personen des öffentlichen Rechts werden spätestens mit der Anwendung des § 37b EStG zu Steuerpflichtigen i. S. dieser Vorschrift.

Zuwendungsempfänger können eigene Arbeitnehmer des Zuwendenden sowie Dritte 2 unabhängig von ihrer Rechtsform (z. B. AG, GmbH, Aufsichtsräte, Verwaltungsratsmitglieder, sonstige Organmitglieder von Vereinen und Verbänden, Geschäftspartner, deren Familienangehörige, Arbeitnehmer Dritter) sein.

Von § 37b EStG werden nur solche Zuwendungen erfasst, die betrieblich veranlasst sind 3 (BFH vom 12. Dezember 2013 – VI R 47/12 –, BStBl II 2015 S. 490) und die beim Empfänger dem Grunde nach zu steuerbaren und steuerpflichtigen Einkünften führen (BFH vom 16. Oktober 2013 – VI R 57/11 –, BStBl II 2015 S. 457). § 37b EStG begründet keine eigenständige Einkunftsart und erweitert nicht den einkommensteuerrechtlichen Lohnbegriff, sondern stellt lediglich eine besondere pauschalierende Erhebungsform der Einkommensteuer zur Wahl (BFH vom 16. Oktober 2013 – VI R 57/11 und VI R 78/12 –, BStBl II 2015 S. 457 und 495). Zusätzlich zum ohnehin geschuldeten Arbeitslohn gewährte Zuwendungen an eigene Arbeitnehmer sind Sachbezüge i. S. d. § 8 Absatz 2 Satz 1 EStG, für die keine gesetzliche Bewertungsmöglichkeit nach § 8 Absatz 2 Satz 2 bis 10 und Absatz 3 EStG sowie keine Pauschalierungsmöglichkeit nach § 40 Absatz 2 EStG besteht. In den Fällen des § 8 Absatz 3 EStG ist es auch dann nicht zulässig, die Steuer nach § 37b Absatz 2 EStG zu pauschalieren, wenn der Steuerpflichtige nach R 8.2

Absatz 1 Satz 1 Nummer 4 LStR 2015 die Bewertung des geldwerten Vorteils nach § 8 Absatz 2 EStG wählt. Für sonstige Sachbezüge, die nach § 40 Absatz 1 EStG pauschaliert besteuert werden können, kann der Steuerpflichtige auch die Pauschalierung nach § 37b EStG wählen. Die Zuwendung von Vermögensbeteiligungen an eigene Arbeitnehmer ist von der Pauschalierung nach § 37b EStG ausgeschlossen.

II. Wahlrecht zur Anwendung des § 37b EStG

1. Einheitlichkeit der Wahlrechtsausübung

4 Das Wahlrecht zur Anwendung der Pauschalierung der Einkommensteuer ist nach § 37b Absatz 1 Satz 1 EStG einheitlich für alle innerhalb eines Wirtschaftsjahres gewährten Zuwendungen, mit Ausnahme der die Höchstbeträge nach § 37b Absatz 1 Satz 3 EStG übersteigenden Zuwendungen, auszuüben. Dabei ist es zulässig, für Zuwendungen an Dritte (Absatz 1) und an eigene Arbeitnehmer (Absatz 2) § 37b EStG jeweils gesondert anzuwenden. Auch bei einem vom Kalenderjahr abweichenden Wirtschaftsjahr ist für den Personenkreis der eigenen Arbeitnehmer immer die kalenderjahrbezogene Betrachtungsweise für das Wahlrecht maßgeblich. Das Wahlrecht kann für alle inländischen lohnsteuerlichen Betriebsstätten nach § 41 Absatz 2 EStG nur einheitlich ausgeübt werden. Die Entscheidung zur Anwendung des § 37b EStG kann nicht zurückgenommen werden[1]).

5 Werden Zuwendungen an Arbeitnehmer verbundener Unternehmen i. S. d. §§ 15 ff. AktG oder § 271 HGB vergeben, fallen diese Zuwendungen in den Anwendungsbereich des § 37b Absatz 1 EStG und sind nach § 37b Absatz 1 Satz 2 EStG mindestens mit dem sich aus § 8 Absatz 3 Satz 1 EStG ergebenden Wert zu bemessen (Rabattgewährung an Konzernmitarbeiter). Es wird nicht beanstandet, wenn diese Zuwendungen an Arbeitnehmer verbundener Unternehmen individuell besteuert werden, auch wenn der Zuwendende für die übrigen Zuwendungen § 37b Absatz 1 EStG anwendet. Für die übrigen Zuwendungen ist das Wahlrecht einheitlich auszuüben.

6 Übt ein ausländischer Zuwendender das Wahlrecht zur Anwendung des § 37b EStG aus, sind die Zuwendungen, die unbeschränkt oder beschränkt Einkommen- oder Körperschaftsteuerpflichtigen im Inland gewährt werden, einheitlich zu pauschalieren.

2. Zeitpunkt der Wahlrechtsausübung

7 Die Entscheidung zur Anwendung der Pauschalierung kann für den Anwendungsbereich des § 37b Absatz 1 EStG auch im laufenden Wirtschaftsjahr, spätestens in der letzten Lohnsteuer Anmeldung des Wirtschaftsjahres der Zuwendung getroffen werden. Eine Berichtigung der vorangegangenen einzelnen Lohnsteuer-Anmeldungen zur zeitgerechten Erfassung ist nicht erforderlich.

8 Für den Anwendungsbereich des § 37b Absatz 2 EStG soll die Entscheidung zur Anwendung der Pauschalierung spätestens bis zu der für die Übermittlung der elektronischen Lohnsteuerbescheinigung geltenden Frist (§ 41b Absatz 1 Satz 2 EStG, 28. Februar des Folgejahres) getroffen werden. Dieser Endtermin gilt auch, wenn ein Arbeitnehmer während des laufenden Kalenderjahres ausscheidet. Ist eine Änderung des Lohnsteuerabzugs gemäß § 41c EStG zum Zeitpunkt der Ausübung des Wahlrechts nicht mehr möglich, so hat der Arbeitgeber dem Arbeitnehmer eine Bescheinigung über die Pauschalierung nach § 37b Absatz 2 EStG auszustellen. Die Korrektur des bereits individuell besteuerten Arbeitslohns kann der Arbeitnehmer dann nur noch im Veranlagungsverfahren zur Einkommensteuer begehren.

---

[1]) Überholt durch BFH vom 15.6.2016 (BStBl II S. 1010); das Wahlrecht kann nur durch Abgabe einer geänderten Lohnsteuer-Anmeldung widerrufen werden. Der Widerruf ist nur wirksam, wenn der Zuwendende den Zuwendungsempfänger hiervon unterrichtet; der Widerruf stellt beim Zuwendungsempfänger ein rückwirkendes Ereignis i. S. d. § 175 Abs. 1 Satz 1 Nr. 2 AO dar.

Das Wahlrecht kann auch durch Änderung einer noch nicht materiell bestandskräftigen Lohnsteuer-Anmeldung ausgeübt werden. Eine erstmalige Wahlrechtsausübung im Rahmen einer Außenprüfung ist somit zulässig. Wurden Sachzuwendungen an eigene Arbeitnehmer (§ 37b Absatz 2) vorbehaltlich der Pauschalierung nach § 40 Absatz 1 Satz 1 EStG (Rdnr. 22) weder nach anderen Vorschriften pauschal noch individuell besteuert, kann das Wahlrecht (erstmalig) auch noch nach der in den Rdnr. 7 und 8 genannten Frist im Rahmen einer Änderung einer noch nicht materiell bestandskräftigen Lohnsteuer-Anmeldung ausgeübt werden. Wurden Sachzuwendungen an eigene Arbeitnehmer dagegen bisher individuell besteuert, weil eine Pauschalierung zum maßgeblichen Wahlrechtszeitpunkt nicht vorgenommen worden ist, ist eine Pauschalierung nach § 37b Absatz 2 EStG nicht mehr möglich. Wurden Zuwendungen an eigene Arbeitnehmer nach § 37b EStG bisher pauschal besteuert, ist die bisherige Ausübung des Wahlrechts für den Zuwendenden bindend. Eine nachträgliche individuelle Besteuerung der Sachzuwendungen ist nicht zulässig[1]). 8a

III. Bemessungsgrundlage

1. Begriffsbestimmung

Besteuerungsgegenstand sind betrieblich veranlasste Sachzuwendungen, die zusätzlich zur ohnehin vereinbarten Leistung oder zum ohnehin geschuldeten Arbeitslohn erbracht werden, und Geschenke, die nicht in Geld bestehen. Gesellschaftsrechtlich veranlasste Zuwendungen, wie z. B. verdeckte Gewinnausschüttungen (§ 8 Absatz 3 Satz 2 KStG, R 36 KStR[2])) sind von der Pauschalierung nach § 37b EStG ausgenommen (BFH vom 12. Dezember 2013 – VI R 47/12 –, BStBl II 2015 S. 490). 9

Die „Zusätzlichkeitsvoraussetzung“ für betrieblich veranlasste Zuwendungen nach § 37b Absatz 1 Satz 1 Nummer 1 EStG erfordert, dass die Zuwendungen in sachlichem und zeitlichem Zusammenhang mit einem zwischen den Vertragsparteien abgeschlossenen Vertragsverhältnis (sog. Grundgeschäft) stehen und zur ohnehin geschuldeten Leistung als zusätzliche Leistung hinzukommen. Zuwendungen, die nicht zu einem Leistungsaustausch hinzutreten, etwa zur Anbahnung eines Vertragsverhältnisses, fallen nicht in den Anwendungsbereich des § 37b Absatz 1 Nummer 1 EStG (BFH vom 12. Dezember 2013 – VI R 47/12 –, BStBl II 2015 S. 490). Unbeachtlich ist, ob der Empfänger einen Rechtsanspruch auf die Zuwendungen hat oder die Zuwendungen vom Zuwendenden freiwillig erbracht werden. 9a

Die „Zusätzlichkeitsvoraussetzung“ für zusätzlich zum ohnehin geschuldeten Arbeitslohn erbrachte betrieblich veranlasste Zuwendungen nach § 37b Absatz 2 Satz 1 EStG erfordert, dass die Zuwendung zu dem Arbeitslohn hinzukommt, den der Arbeitgeber arbeitsrechtlich schuldet; eine Gehaltsumwandlung erfüllt diese Voraussetzung nicht. Kommt die zweckbestimmte Leistung zu dem Arbeitslohn hinzu, den der Arbeitgeber schuldet, ist das Tatbestandsmerkmal auch dann erfüllt, wenn der Arbeitnehmer arbeitsvertraglich oder aufgrund einer anderen arbeits- oder dienstrechtlichen Rechtsgrundlage einen Anspruch auf die zweckbestimmte Leistung hat (vgl. R 3.33 Absatz 5 LStR und BMF-Schreiben vom 22. Mai 2013, BStBl I S. 728). 9b[3])

Bei Zuwendungen an Dritte handelt es sich regelmäßig um Geschenke i. S. d. § 4 Absatz 5 Satz 1 Nummer 1 Satz 1 EStG und R 4.10 Absatz 4 Satz 1 bis 5 EStR oder Incentives 9c[4])

---

[1]) Überholt durch BFH vom 15.6.2016 (BStBl II S. 1010); das Wahlrecht kann nur durch Abgabe einer geänderten Lohnsteuer-Anmeldung widerrufen werden. Der Widerruf ist nur wirksam, wenn der Zuwendende den Zuwendungsempfänger hiervon unterrichtet; der Widerruf stellt beim Zuwendungsempfänger ein rückwirkendes Ereignis i. S. d. § 175 Abs. 1 Satz 1 Nr. 2 AO dar.

[2]) jetzt R 8.5 KStR 2015

[3]) zur Zusätzlichkeitsvoraussetzung >§ 8 Abs. 4

[4]) Rdnr. 9c geändert durch BMF vom 28.6.2018 (BStBl I S. 814)

(z. B. Reise oder Sachpreise aufgrund eines ausgeschriebenen Verkaufs- oder Außendienstwettbewerbs). Geschenke in diesem Sinne sind auch Nutzungsüberlassungen. Zuzahlungen des Zuwendungsempfängers ändern nicht den Charakter als Zuwendung; sie mindern lediglich die Bemessungsgrundlage. Zuzahlungen Dritter (z. B. Beteiligung eines anderen Unternehmers an der Durchführung einer Incentive-Reise) mindern die Bemessungsgrundlage hingegen nicht. Aufmerksamkeiten i. S. d. R 19.6 Absatz 1 LStR, die dem Empfänger aus Anlass eines besonderen persönlichen Ereignisses zugewendet werden, führen nicht zu steuerbaren und steuerpflichtigen Einnahmen und gehören daher nicht zur Bemessungsgrundlage.

9d Bei der Teilnahme eines Kunden an einem Bonusprogramm wird die Ausgabe der Bonuspunkte zum Bestandteil der Gegenleistung des leistenden Unternehmens. Damit liegt weder in der Gutschrift der Punkte noch in der Hingabe der Prämie eine zusätzliche Leistung vor, so dass eine Pauschalierung nach § 37b EStG in derartigen Fällen ausgeschlossen ist. Die Einkommensteuer kann in diesen Fällen bei Vorliegen der weiteren Voraussetzungen nach § 37a EStG pauschaliert werden.

9e[1]) Gewinne aus Verlosungen, Preisausschreiben und sonstigen Gewinnspielen sowie Prämien aus (Neu)Kundenwerbungsprogrammen und Vertragsneuabschlüssen führen beim Empfänger regelmäßig nicht zu steuerbaren und steuerpflichtigen Einnahmen und fallen dann nicht in den Anwendungsbereich des § 37b Absatz 1 EStG.

10 Sachzuwendungen, deren Anschaffungs- oder Herstellungskosten 10 Euro nicht übersteigen, sind bei der Anwendung des § 37b EStG als Streuwerbeartikel anzusehen und brauchen daher nicht in den Anwendungsbereich der Vorschrift einbezogen zu werden[2]). § 9b Absatz 1 EStG ist zu beachten. Die Teilnahme an einer geschäftlich veranlassten Bewirtung i. S. d. § 4 Absatz 5 Satz 1 Nummer 2 EStG ist nicht in den Anwendungsbereich des § 37b EStG einzubeziehen (R 4.7 Absatz 3 EStR, R 8.1 Absatz 8 Nummer 1 LStR); es sei denn, sie ist Teil einer Gesamtleistung, die insgesamt als Zuwendung nach § 37b EStG besteuert wird (z. B. Bewirtung im Rahmen einer Incentive-Reise, vgl. BMF-Schreiben vom 14. Oktober 1996, BStBl I S. 1192) oder die Bewirtung findet im Rahmen von Repräsentationsveranstaltungen i. S. d. § 4 Absatz 5 Satz 1 Nummer 4 EStG statt (z. B. Einladung zu einem Golfturnier, zu einem Segeltörn oder zu einer Jagdgesellschaft). Eine Incentive-Reise liegt in Abgrenzung zu einer Incentive-Maßnahme, bei der ggf. ein Bewirtungsanteil gemäß Rdnr. 15 herausgerechnet werden kann, vor, wenn die Veranstaltung mindestens eine Übernachtung umfasst.

11 Zuwendungen, die ein Arbeitnehmer von einem Dritten erhalten hat, können nicht vom Arbeitgeber, der nach § 38 Absatz 1 Satz 3 EStG zum Lohnsteuerabzug verpflichtet ist, nach § 37b EStG pauschal besteuert werden. Die Pauschalierung nach § 37b EStG kann nur der Zuwendende selbst vornehmen. Für Zuwendungen an Mitarbeiter verbundener Unternehmen i. S. d. §§ 15 ff. AktG oder § 271 HGB (vgl. Rdnr. 23) wird es nicht beanstandet, wenn anstelle des Zuwendenden der Arbeitgeber des Zuwendungsempfängers die Pauschalierung gemäß § 37b Absatz 1 EStG vornimmt. Die erforderliche „Zusätzlichkeitsvoraussetzung“ ist nur dann erfüllt, wenn die Zuwendungen auf vertraglichen Beziehungen zwischen dem Dritten und dem Arbeitnehmer beruhen. Zuwendun-

---

[1]) Rdnr. 9e geändert durch BMF vom 28.6.2018 (BStBl I S. 814)
Soweit die Änderungen von Rdnr. 9e durch das BMF-Schreiben vom 28.6.2018 (BStBl I S. 814) dazu führen, dass auch Sachzuwendungen pauschal nach § 37b besteuert werden können, die zuvor nach Rdnr. 9e des BMF-Schreibens vom 19.5.2015 nicht in die Bemessungsgrundlage einzubeziehen gewesen wären. Der Stpfl. kann entscheiden, ob er die geänderte Fassung auch für vor dem 1.7.2018 verwirklichte Sachverhalte anwenden will >Rdnr. 38.

[2]) Diese Regelung ist trotz entgegenstehender Auffassung des BFH im Urteil vom 16.10.2013 (BStBl II 2015 S. 455) weiter anzuwenden.

gen, die auf vertraglichen Beziehungen zwischen dem Zuwendenden und dem Arbeitgeber des Arbeitnehmers beruhen (sog. Rahmenvertrag), können vom Zuwendenden daher nach § 37b EStG pauschal besteuert werden, wenn dem Grunde nach Arbeitslohn vorliegt (vgl. BMF-Schreiben vom 20. Januar 2015, BStBl I S. 143).

Gibt ein Steuerpflichtiger eine Zuwendung unmittelbar weiter, die dieser selbst unter Anwendung des § 37b EStG erhalten hat, entfällt eine erneute pauschale Besteuerung nach § 37b EStG, wenn der Steuerpflichtige hierfür keinen Betriebsausgabenabzug vornimmt. 12

In die Bemessungsgrundlage nach § 37b Absatz 1 und 2 EStG sind alle Zuwendungen einzubeziehen, die beim Empfänger dem Grunde nach zu steuerbaren und steuerpflichtigen Einkünften führen. Demzufolge sind Zuwendungen an beschränkt und unbeschränkt steuerpflichtige Empfänger auszuscheiden, die nach den Bestimmungen eines Doppelbesteuerungsabkommens oder des Auslandstätigkeitserlasses nicht der inländischen Besteuerung unterliegen oder die dem Empfänger nicht im Rahmen einer Einkunftsart zufließen. Für Zuwendungen, die nicht in die Bemessungsgrundlage des § 37b EStG einzubeziehen sind, hat der Zuwendende neben den für den Betriebsausgabenabzug bestehenden Aufzeichnungspflichten zusätzlich durch geeignete Aufzeichnungen darzulegen, dass diese Zuwendungen beim Empfänger nicht steuerbar und steuerpflichtig sind. Die Empfänger der Zuwendungen müssen auf Verlangen der Finanzbehörde genau benannt werden können (§ 160 AO). 13

Zur Vereinfachung der Ermittlung der Bemessungsgrundlage für die Anwendung des § 37b Absatz 1 EStG kann der Steuerpflichtige der Besteuerung nach § 37b EStG einen bestimmten Prozentsatz aller gewährten Zuwendungen an Dritte unterwerfen. Der Prozentsatz orientiert sich an den unternehmensspezifischen Gegebenheiten und ist vom Steuerpflichtigen anhand geeigneter Unterlagen oder Aufzeichnungen glaubhaft zu machen. In diesem Fall kann er auf weitergehende Aufzeichnungen zur Steuerpflicht beim Empfänger verzichten. Für die Glaubhaftmachung kann auch auf die Aufzeichnungen, die über einen repräsentativen Zeitraum (mindestens drei Monate) geführt werden, zurückgegriffen und aus diesen der anzuwendende Prozentsatz ermittelt werden. Dieser kann so lange angewandt werden, wie sich die Verhältnisse nicht wesentlich ändern. Für die Ermittlung der Bemessungsgrundlage der Zuwendungen nach § 37b Absatz 2 EStG vgl. Tz. III.3 Wirkungen auf andere Regelungen (Rdnrn. 17 bis 19). 13a

2. Bewertung der Zuwendungen

Nach § 37b Absatz 1 Satz 2 EStG sind die Zuwendungen mit den Aufwendungen des Steuerpflichtigen einschließlich Umsatzsteuer zu bewerten. Der Bruttobetrag kann aus Vereinfachungsgründen mit dem Faktor 1,19 aus dem Nettobetrag hochgerechnet werden. In die Bemessungsgrundlage sind alle tatsächlich angefallenen Aufwendungen einzubeziehen, die der jeweiligen Zuwendung direkt zugeordnet werden können[1]. Soweit diese nicht direkt ermittelt werden können, weil sie Teil einer Gesamtleistung sind, ist der auf die jeweilige Zuwendung entfallende Anteil an den Gesamtaufwendungen anzusetzen, der ggf. im Wege der Schätzung zu ermitteln ist. Zu den Aufwendungen im Rahmen von Veranstaltungen gehören z. B. Aufwendungen für Musik, künstlerische und artistische Darbietungen und Aufwendungen für den äußeren Rahmen (z. B. Raummiete, Eventmanager). Wird ein Wirtschaftsgut zugewandt, das der Steuerpflichtige selbst hergestellt hat, sind als Aufwendungen grundsätzlich die Herstellungskosten des Wirtschaftsguts (zuzüglich der Umsatzsteuer) anzusetzen (z. B. Eintrittskarten für eine selbst ausgerichtete Veranstaltung). Der Zuwendende kann stattdessen den gemeinen Wert (z. B. den Kartenpreis) ansetzen, wenn dieser ohne weiteres ermittelt werden kann. 14

---

[1]) ***bestätigt durch BFH vom 13.5.2020 (BStBl 2021 II S. 395) betr. Aufwendungen für einen Eventmanager***

15 Die bestehenden Vereinfachungsregelungen, die zur Aufteilung der Gesamtaufwendungen für VIP-Logen in Sportstätten und in ähnlichen Sachverhalten ergangen sind, gelten unverändert (Rdnr. 14 und 19 des BMF-Schreibens vom 22. August 2005, BStBl I S. 845 und vom 11. Juli 2006, BStBl I S. 447). Der danach ermittelte, auf Geschenke entfallende pauschale Anteil stellt die Aufwendungen dar, die in die Bemessungsgrundlage nach § 37b EStG einzubeziehen sind. Die Vereinfachungsregelungen zur Übernahme der Besteuerung (Rdnrn. 16 und 18 des BMF-Schreibens vom 22. August 2005 und entsprechende Verweise im BMF-Schreiben vom 11. Juli 2006) sind ab dem 1. Januar 2007 nicht mehr anzuwenden.

16 Besteht die Zuwendung in der Hingabe eines Wirtschaftsgutes des Betriebsvermögens oder in der unentgeltlichen Nutzungsüberlassung und sind dem Zuwendenden keine oder nur unverhältnismäßig geringe Aufwendungen entstanden (z. B. zinslose Darlehensgewährung), ist als Bemessungsgrundlage für eine Besteuerung nach § 37b EStG der gemeine Wert anzusetzen.

3. Wirkungen auf bestehende Regelungen

Sachbezüge, die im ganz überwiegenden eigenbetrieblichen Interesse des Arbeitgebers gewährt werden (vgl. hierzu BFH vom 16. Oktober 2013 – VI R 78/12 –, BStBl II 2015 S. 495) sowie steuerfreie Sachbezüge, z. B. auch nach § 19 Absatz 1 Satz 1 Nummer 1a EStG, werden von § 37b Absatz 2 EStG nicht erfasst. Im Übrigen gilt Folgendes:

a) Sachbezugsfreigrenze

17 Wird die Freigrenze des § 8 Absatz 2 Satz 11 EStG in Höhe von 44 Euro[1] nicht überschritten, liegt kein steuerpflichtiger Sachbezug vor[2]. Bei der Prüfung der Freigrenze bleiben die nach § 8 Absatz 2 Satz 1 EStG zu bewertenden Vorteile, die nach §§ 37b und 40 EStG pauschal versteuert werden, außer Ansatz.

b) Mahlzeiten aus besonderem Anlass

18 Mahlzeiten aus besonderem Anlass, die vom oder auf Veranlassung des Steuerpflichtigen anlässlich von Auswärtstätigkeiten an seine Arbeitnehmer abgegeben werden, können nach § 37b EStG pauschal besteuert werden, wenn der Wert der Mahlzeit 60 Euro (bis 31. Dezember 2014: 40 Euro) übersteigt.

c) Aufmerksamkeiten

19 Zuwendungen des Steuerpflichtigen an seine Arbeitnehmer, die als bloße Aufmerksamkeiten (R 19.6 LStR) anzusehen sind und deren jeweiliger Wert 60 Euro (bis 31. Dezember 2014: 40 Euro) nicht übersteigt, gehören nicht zum Arbeitslohn und sind daher nicht in die Pauschalierung nach § 37b EStG einzubeziehen. Bei Überschreitung des Betrags von 60 Euro (bis 31. Dezember 2014: 40 Euro) ist die Anwendung des § 37b EStG möglich.

4. Zeitpunkt der Zuwendung

20 Die Zuwendung ist im Zeitpunkt der Erlangung der wirtschaftlichen Verfügungsmacht zu erfassen. Das ist bei Geschenken der Zeitpunkt der Hingabe (z. B. Eintrittskarte) und bei Nutzungen der Zeitpunkt der Inanspruchnahme (z. B. bei der Einladung zu einer Veranstaltung der Zeitpunkt der Teilnahme). Es ist aber nicht zu beanstanden, wenn die Pauschalierung nach § 37b EStG bereits in dem Wirtschaftsjahr vorgenommen wird, in dem der Aufwand zu berücksichtigen ist. Auf einen hiervon abweichenden Zeitpunkt der Bezahlung der Rechnung durch den Zuwendenden kann hingegen nicht abgestellt werden.

---

[1] ***ab 1.1.2022 50 Euro***
[2] ***bestätigt durch BFH vom 7.7.2020 (BStBl 2021 II S. 232)***

5. Beträge nach § 37b Absatz 1 Satz 3 EStG

Die Beträge des § 37b Absatz 1 Satz 3 EStG i. H. v. 10.000 Euro sind auf die Bruttoaufwendungen anzuwenden. Bei dem Betrag nach § 37b Absatz 1 Satz 3 Nummer 1 EStG handelt es sich um einen Höchstbetrag (z. B. drei Zuwendungen im Wert von jeweils 4.000 Euro, § 37b EStG ist nicht nur für die ersten beiden Zuwendungen anwendbar, sondern auch die Hälfte der Aufwendungen für die dritte Zuwendung muss in die Pauschalbesteuerung einbezogen werden); bei dem Betrag nach § 37b Absatz 1 Satz 3 Nummer 2 EStG handelt es sich um eine Höchstgrenze (z. B. Zuwendung im Wert von 15.000 Euro, § 37b EStG ist auf diese Zuwendung nicht anwendbar). Wird die Höchstgrenze für eine Zuwendung überschritten, ist eine Pauschalierung für andere Zuwendungen an diesen Zuwendungsempfänger im Rahmen des § 37b Absatz 1 Satz 3 Nummer 1 EStG zulässig (z. B. drei Zuwendungen im Wert von 3.000 Euro, 5.000 Euro und 12.000 Euro, die Aufwendungen für die Einzelzuwendung in Höhe von 12.000 Euro können nicht nach § 37b EStG pauschal besteuert werden, in die Pauschalbesteuerung sind indes die Aufwendungen für die beiden anderen Einzelzuwendungen von insgesamt 8.000 Euro einzubeziehen). Bei Zuzahlungen durch den Zuwendungsempfänger mindert sich der Wert der Zuwendung, auf den der Höchstbetrag/die Höchstgrenze anzuwenden ist. Für die Prüfung des Höchstbetrags ist bei betrieblich veranlassten Sachzuwendungen an nahestehende Personen eines Geschäftsfreunds oder eines Arbeitnehmers Zuwendungsempfänger der Geschäftsfreund oder der Arbeitnehmer selbst. 21

IV. Verhältnis zu anderen Pauschalierungsvorschriften

1. Lohnsteuerpauschalierung mit Nettosteuersatz

Zum Zeitpunkt der Ausübung des Wahlrechts nach § 37b Absatz 2 EStG bereits nach § 40 Absatz 1 Satz 1 EStG durchgeführte Pauschalierungen müssen nicht rückgängig gemacht werden. Eine Änderung ist aber in den Grenzen der allgemeinen Regelungen zulässig; § 37b Absatz 2 EStG kann danach angewandt werden. Die Rückabwicklung eines nach § 40 Absatz 1 Satz 1 EStG pauschalierten Zuwendungsfalls muss für alle Arbeitnehmer einheitlich vorgenommen werden, die diese Zuwendung erhalten haben. Nach der Entscheidung zur Anwendung des § 37b EStG ist eine Pauschalierung nach § 40 Absatz 1 Satz 1 EStG für alle Zuwendungen, auf die § 37b EStG anwendbar ist, nicht mehr möglich. 22

2. Arbeitnehmer verbundener Unternehmen

Die Pauschalierung ist für Sachzuwendungen an Arbeitnehmer verbundener Unternehmen i. S. d. §§ 15 ff. AktG oder § 271 HGB zulässig, wenn die Voraussetzungen des § 37b Absatz 1 EStG erfüllt sind. 23

V. Steuerliche Behandlung beim Zuwendenden

1. Zuwendung

Die Aufwendungen für die Zuwendung sind nach allgemeinen steuerlichen Grundsätzen zu beurteilen; sie sind entweder in voller Höhe als Betriebsausgaben abziehbar (Geschenke an eigene Arbeitnehmer und Zuwendungen, die keine Geschenke sind) oder unter der Maßgabe des § 4 Absatz 5 Satz 1 Nummer 1 EStG beschränkt abziehbar. Die übrigen Abzugsbeschränkungen des § 4 Absatz 5 EStG, insbesondere des § 4 Absatz 5 Satz 1 Nummer 4 oder Nummer 10 EStG sind ebenfalls zu beachten. 24

25[1]) Bei der Prüfung der Freigrenze des § 4 Absatz 5 Satz 1 Nummer 1 Satz 2 EStG ist aus Vereinfachungsgründen allein auf den Betrag der Zuwendung abzustellen. Die übernommene Steuer ist nicht mit einzubeziehen.

2. Pauschalsteuer

26 Die Abziehbarkeit der Pauschalsteuer als Betriebsausgabe richtet sich danach, ob die Aufwendungen für die Zuwendung als Betriebsausgabe abziehbar sind.

VI. Steuerliche Behandlung beim Empfänger

27 Nach § 37b Absatz 3 Satz 1 EStG bleibt eine pauschal besteuerte Sachzuwendung bei der Ermittlung der Einkünfte des Empfängers außer Ansatz.

28 Besteht die Zuwendung in der Hingabe eines einzelnen Wirtschaftsgutes, das beim Empfänger Betriebsvermögen wird, gilt sein gemeiner Wert als Anschaffungskosten (§ 6 Absatz 4 EStG). Rdnr. 12 ist zu beachten.

VII. Verfahren zur Pauschalierung der Einkommensteuer

1. Entstehung der Steuer

29 Für den Zeitpunkt der Entstehung der Steuer ist grundsätzlich der Zeitpunkt der Zuwendung (vgl. Rdnr. 20) maßgeblich. Dabei ist nicht auf den Entstehungszeitpunkt der Einkommen- und Körperschaftsteuer beim Zuwendungsempfänger abzustellen.

2. Unterrichtung des Empfängers der Zuwendung

30 Nach § 37b Absatz 3 Satz 3 EStG hat der Zuwendende den Empfänger der Zuwendung über die Anwendung der Pauschalierung zu unterrichten. Eine besondere Form ist nicht vorgeschrieben.

31 Arbeitnehmer sind nach § 38 Absatz 4 Satz 3 EStG verpflichtet, ihrem Arbeitgeber die ihnen von Dritten gewährten Bezüge am Ende des Lohnzahlungszeitraumes anzuzeigen. Erhält der Arbeitnehmer erst im Nachhinein eine Mitteilung vom Zuwendenden über die Anwendung des § 37b EStG, kann bei bereits durchgeführter individueller Besteuerung eine Korrektur des Lohnsteuerabzugs vorgenommen werden, wenn die Änderung des Lohnsteuerabzugs beim Arbeitnehmer noch zulässig ist.

3. Aufzeichnungspflichten

32 Die bestehenden Aufzeichnungspflichten für Geschenke nach § 4 Absatz 5 Satz 1 Nummer 1 EStG bleiben unberührt (§ 4 Absatz 7 EStG, R 4.11 EStR). Besondere Aufzeichnungspflichten für die Ermittlung der Zuwendungen, für die § 37b EStG angewandt wird, bestehen nicht. Aus der Buchführung oder den Aufzeichnungen muss sich ablesen lassen, dass bei Wahlrechtsausübung alle Zuwendungen erfasst wurden und dass die Höchstbeträge nicht überschritten wurden. Nach § 37b EStG pauschal versteuerte Zuwendungen müssen nicht zum Lohnkonto genommen werden (§ 4 Absatz 2 Nummer 8 LStDV i. V. m. § 41 Absatz 1 EStG).

33 Aus Vereinfachungsgründen kann bei Zuwendungen bis zu einem Wert von jeweils 60 Euro (bis 31. Dezember 2014 = 40 Euro) davon ausgegangen werden, dass der Höchstbetrag nach § 37b Absatz 1 Satz 3 Nummer 1 EStG auch beim Zusammenfallen mit weiteren Zuwendungen im Wirtschaftsjahr nicht überschritten wird. Eine Aufzeichnung der Empfänger kann insoweit unterbleiben.

---

[1]) An der Regelung der Rdnr. 25 wird auch nach der Entscheidung des BFH vom 30.3.2017 (BStBl II S. 892) festgehalten.

§ 37b EStG kann auch angewendet werden, wenn die Aufwendungen beim Zuwendenden ganz oder teilweise unter das Abzugsverbot des § 160 AO fallen. Fallen mehrere Zuwendungen zusammen, bei denen § 160 AO zum Abzugsverbot der Aufwendungen führt, ist die Summe dieser Aufwendungen den Höchstbeträgen gegenüberzustellen. 34

4. Örtliche Zuständigkeit

Für ausländische Zuwendende ergeben sich die für die Verwaltung der Lohnsteuer zuständigen Finanzämter aus analoger Anwendung des H 41.3 LStH (wie ausländische Bauunternehmer). 35

5. Kirchensteuer

Für die Ermittlung der Kirchensteuer bei Anwendung des § 37b EStG ist in Rheinland-Pfalz nach dem Erlass des rheinland-pfälzischen Finanzministeriums vom 29. Dezember 2006 (BStBl I 2007 S. 79) und in den übrigen Ländern nach den gleichlautenden Erlassen der obersten Finanzbehörden dieser Länder vom 28. Dezember 2006 (BStBl I 2007 S. 76) zu verfahren. 36[1])

6. Anrufungsauskunft

Für Sachverhalte zur Pauschalierung der Einkommensteuer bei Sachzuwendungen nach § 37b EStG kann eine Anrufungsauskunft i. S. d. § 42e EStG eingeholt werden. 37

VIII. Anwendungszeitpunkt

Dieses Schreiben ersetzt das BMF-Schreiben vom 29. April 2008 (a. a. O.). Die Grundsätze dieses Schreibens sind in allen noch offenen Fällen anzuwenden. Soweit die Änderungen von Rdnr. 9e durch das BMF-Schreiben vom 28. Juni 2018 (BStBl I S. 814) dazu führen, dass auch Sachzuwendungen pauschal nach § 37b EStG besteuert werden können, die zuvor nach Rdnr. 9e des BMF-Schreibens vom 19. Mai 2015 nicht in die Bemessungsgrundlage einzubeziehen gewesen wären, kann der Steuerpflichtige entscheiden, ob er die geänderte Fassung auch für vor dem 1. Juli 2018 verwirklichte Sachverhalte anwenden will. 38[2])

---

1) >Gleich lautende Erlasse bei Pauschalierung der Lohn- und Einkommensteuer vom 8.8.2016 (BStBl I S. 773), Anhang 21b

2) Rdnr. 38 ergänzt durch BMF vom 28.6.2018 (BStBl I S. 814)

Übersicht

I. Rabatte an Arbeitnehmer von dritter Seite
Steuerliche Behandlung der Rabatte, die Arbeitnehmern von dritter Seite eingeräumt werden
BMF vom 20.1.2015 (BStBl I S. 143)

II. Erwerb von Kraftfahrzeugen vom Arbeitgeber in der Automobilbranche
Ermittlung des geldwerten Vorteils beim Erwerb von Kraftfahrzeugen vom Arbeitgeber in der Automobilbranche (§ 8 Absatz 3 EStG)
BMF vom 18.12.2009 (BStBl 2010 I S. 20)

III. Verhältnis von § 8 Absatz 2 und Absatz 3 EStG bei der Bewertung von Sachbezügen; Anwendung der Urteile des BFH vom 26. Juli 2012 – VI R 30/09 – (BStBl 2013 II S. 400) und – V R 27/11 – (BStBl 2013 II S. 402)

BMF vom 16.5.2013 (BStBl I S. 729) ***unter Berücksichtigung der Änderungen durch BMF vom 11.2.2021 (BStBl I S. 311)***

IV. Fahrzeugüberlassung durch den Arbeitgeber

1. Lohnsteuerliche Behandlung der Überlassung eines betrieblichen Kraftfahrzeugs an Arbeitnehmer
BMF vom 4.4.2018 (BStBl I S. 592)
2. – unbesetzt –
3. Private Kfz-Nutzung durch den Gesellschafter-Geschäftsführer einer Kapitalgesellschaft; Urteile des Bundesfinanzhofs vom 23. Januar 2008 – I R 8/06 – (BStBl 2012 II S. 260), vom 23. April 2009 – VI R 81/06 – (BStBl 2012 II S. 262) und vom 11. Februar 2010 – VI R 43/09 – (BStBl 2012 II S. 266)
BMF vom 3.4.2012 (BStBl I S. 478)
4. Gleich lautende Erlasse der obersten Finanzbehörden der Länder
Steuerliche Behandlung der Überlassung von (Elektro-)Fahrrädern vom 9.1.2020 (BStBl I S. 174)
5. Lohnsteuerliche Behandlung der Überlassung von (Elektro-)Fahrrädern an Arbeitnehmer in Leasingfällen
BMF vom 17.11.2017 (BStBl I S. 1546)
6. ***Nutzung eines betrieblichen Kraftfahrzeugs für private Fahrten, Fahrten zwischen Wohnung und Betriebsstätte/erster Tätigkeitsstätte oder Fahrten nach § 9 Absatz 1 Satz 3 Nummer 4a Satz 3 EStG und Familienheimfahrten;***
Nutzung von Elektro- und Hybridelektrofahrzeugen
BMF vom 5.11.2021 (BStBl I S.)

V. Sachbezugswert für arbeitstägliche Zuschüsse zu Mahlzeiten
BMF vom 18.1.2019 (BStBl I S. 66)

VI. Lohnsteuerliche Behandlung der Übernahme von Studiengebühren für ein berufsbegleitendes Studium durch den Arbeitgeber
BMF vom 13.4.2012 (BStBl I S. 531)

VII. ***Abgrenzung zwischen Geldleistung und Sachbezug;***
Anwendung der Regelungen des § 8 Absatz 1 Satz 2 und 3 und Absatz 2 Satz 11 zweiter Halbsatz EStG
BMF vom 13.4.2021 (BStBl I S. 624)

VIII. Gesetz zur steuerlichen Förderung von Elektromobilität im Straßenverkehr und
Gesetz zur weiteren steuerlichen Förderung der Elektromobilität und zur Änderung weiterer steuerlicher Vorschriften;
Steuerbefreiung nach § 3 Nummer 46 EStG und Pauschalierung der Lohnsteuer nach § 40 Absatz 2 Satz 1 Nummer 6 EStG
BMF vom 29.9.2020 (BStBl I S. 972)

IX. Steuerliche Behandlung von Arbeitgeberdarlehen
BMF vom 19.5.2015 (BStBl I S. 484)

X. Gleich lautende Erlasse der obersten Finanzbehörden der Länder
Steuerliche Behandlung der von Luftfahrtunternehmen gewährten unentgeltlichen oder verbilligten Flüge vom ***12.5.2021 (BStBl I S. 774)***

I.
Rabatte an Arbeitnehmer von dritter Seite

Steuerliche Behandlung der Rabatte, die Arbeitnehmern von dritter Seite eingeräumt werden

BMF vom 20.1.2015 (BStBl I S. 143)
IV C 5 – S 2360/12/10002 –2014/1134901

Der BFH hat mit Urteilen vom 18. Oktober 2012 – VI R 64/11 – (BStBl II 2015 S. 184) und vom 10. April 2014 – VI R 62/11 – (BStBl II 2015 S. 191) seine Rechtsprechung zur steuerlichen Behandlung der Rabatte, die Arbeitnehmern von dritter Seite eingeräumt werden, weiterentwickelt und konkretisiert.

Im Einvernehmen mit den obersten Finanzbehörden der Länder sind die Urteile unter Beachtung folgender Grundsätze über die entschiedenen Einzelfälle hinaus anzuwenden:

Preisvorteile, die Arbeitnehmern von dritter Seite eingeräumt werden, sind Arbeitslohn, 1
wenn sie sich für den Arbeitnehmer als Frucht seiner Arbeit für den Arbeitgeber darstellen und wenn sie im Zusammenhang mit dem Dienstverhältnis stehen. Ein überwiegend eigenwirtschaftliches Interesse des Dritten schließt die Annahme von Arbeitslohn dagegen in der Regel aus. Arbeitslohn liegt auch dann nicht vor, wenn und soweit der Preisvorteil auch fremden Dritten üblicherweise im normalen Geschäftsverkehr eingeräumt wird (z. B. Mengenrabatte).

Es spricht dafür, dass Preisvorteile zum Arbeitslohn gehören, wenn der Arbeitgeber an 2
der Verschaffung dieser Preisvorteile aktiv mitgewirkt hat. Eine aktive Mitwirkung des Arbeitgebers in diesem Sinne liegt vor, wenn

a) aus dem Handeln des Arbeitgebers ein Anspruch des Arbeitnehmers auf den Preisvorteil entstanden ist oder
b) der Arbeitgeber für den Dritten Verpflichtungen übernommen hat, z. B. Inkassotätigkeit oder Haftung.

Einer aktiven Mitwirkung des Arbeitgebers in diesem Sinne steht gleich, wenn 3

a) zwischen dem Arbeitgeber und dem Dritten eine enge wirtschaftliche oder tatsächliche Verflechtung oder enge Beziehung sonstiger Art besteht, z. B. Organschaftsverhältnis, oder
b) dem Arbeitnehmer Preisvorteile von einem Unternehmen eingeräumt werden, dessen Arbeitnehmer ihrerseits Preisvorteile vom Arbeitgeber erhalten.

Eine aktive Mitwirkung des Arbeitgebers an der Verschaffung von Preisvorteilen ist nicht 4
anzunehmen, wenn sich seine Beteiligung darauf beschränkt:

a) Angebote Dritter in seinem Betrieb z. B. am „schwarzen Brett“, im betriebseigenen Intranet oder in einem Personalhandbuch bekannt zu machen oder
b) Angebote Dritter an die Arbeitnehmer seines Betriebs und eventuell damit verbundene Störungen des Betriebsablaufs zu dulden oder
c) die Betriebszugehörigkeit der Arbeitnehmer zu bescheinigen oder

d) Räumlichkeiten für Treffen der Arbeitnehmer mit Ansprechpartnern des Dritten zur Verfügung zu stellen.

5 An einer Mitwirkung des Arbeitgebers fehlt es auch dann, wenn bei der Verschaffung von Preisvorteilen allein eine vom Arbeitgeber unabhängige Selbsthilfeeinrichtung der Arbeitnehmer mitwirkt.

6 Die Mitwirkung des Betriebsrats oder Personalrats an der Verschaffung von Preisvorteilen durch Dritte ist für die steuerliche Beurteilung dieser Vorteile dem Arbeitgeber nicht zuzurechnen und führt allein nicht zur Annahme von Arbeitslohn. In den Fällen der Randziffern 2 und 3 wird die Zurechnung von Preisvorteilen zum Arbeitslohn jedoch nicht dadurch ausgeschlossen, dass der Betriebsrat oder Personalrat ebenfalls mitgewirkt hat.

7 Dieses Schreiben ist in allen offenen Fällen anzuwenden und ersetzt das BMF-Schreiben vom 27. September 1993 (BStBl I 1993 S. 814), welches hiermit aufgehoben wird.

II.

Erwerb von Kraftfahrzeugen vom Arbeitgeber in der Automobilbranche

Ermittlung des geldwerten Vorteils beim Erwerb von Kraftfahrzeugen vom Arbeitgeber in der Automobilbranche (§ 8 Absatz 3 EStG)[1])

BMF vom 18.12.2009 (BStBl 2010 I S. 20)
IV C 5 – S 2334/09/10006 – 2009/0830813

Im Einvernehmen mit den obersten Finanzbehörden der Länder gilt bei der Ermittlung des geldwerten Vorteils beim Erwerb von Kraftfahrzeugen vom Arbeitgeber in der Automobilbranche Folgendes: Personalrabatte, die Automobilhersteller oder Automobilhändler ihren Arbeitnehmern beim Erwerb von Kraftfahrzeugen gewähren, gehören grundsätzlich als geldwerte Vorteile zum steuerpflichtigen Arbeitslohn. Der steuerlichen Bewertung der Kraftfahrzeuge sind unter den Voraussetzungen des § 8 Absatz 3 EStG (vgl. R 8.2 Absatz 1 LStR 2008) die Endpreise zugrunde zu legen, zu denen der Arbeitgeber die Kraftfahrzeuge anderen Letztverbrauchern im allgemeinen Geschäftsverkehr anbietet. Bietet der Arbeitgeber die Kraftfahrzeuge anderen Letztverbrauchern nicht an, so sind die Endpreise des nächstgelegenen Händlers maßgebend (R 8.2 Absatz 2 Satz 1 bis 6 LStR 2008).

Endpreis ist nicht der Preis, der mit dem Käufer unter Berücksichtigung individueller Preiszugeständnisse tatsächlich vereinbart wird. Regelmäßig ist vielmehr der Preis maßgebend, der nach der Preisangabenverordnung anzugeben und auszuweisen ist. Dies ist z. B. der sog. Hauspreis, mit dem Kraftfahrzeuge ausgezeichnet werden, die im Verkaufsraum eines Automobilhändlers ausgestellt werden[2]). Wenn kein anderes Preisangebot vorliegt, ist dem Endpreis grundsätzlich die unverbindliche Preisempfehlung (UPE) des Herstellers zugrunde zu legen.

Nach den Gepflogenheiten in der Automobilbranche werden Kraftfahrzeuge im allgemeinen Geschäftsverkehr fremden Letztverbrauchern tatsächlich häufig zu einem Preis angeboten, der unter der UPE des Herstellers liegt. Deshalb kann der tatsächliche Angebotspreis anstelle des empfohlenen Preises angesetzt werden (vgl. BFH-Urteil vom 4. Juni 1993 – BStBl II Seite 687, BFH-Urteil vom 17. Juni 2009 – BStBl II Seite 67).

Im Hinblick auf die Schwierigkeiten bei der Ermittlung des tatsächlichen Angebotspreises ist es nicht zu beanstanden, wenn als Endpreis im Sinne des § 8 Absatz 3 EStG der Preis angenommen wird, der sich ergibt, wenn 80 Prozent[3]) des Preisnachlasses, der durchschnittlich beim Verkauf an fremde Letztverbraucher im allgemeinen Geschäftsverkehr tatsächlich gewährt wird, von dem empfohlenen Preis abgezogen wird. Dabei ist der durchschnittliche Preisnachlass modellbezogen nach den tatsächlichen Verkaufserlösen in den vorangegangenen drei Kalendermonaten zu ermitteln und jeweils der Endpreisfeststellung im Zeitpunkt der Bestellung (Bestellbestätigung) zugrunde zu legen.

Bei der Ermittlung des durchschnittlichen Preisnachlasses sind auch Fahrzeugverkäufe, deren Endpreise inklusive Transport- und Überführungskosten[4]) im Einzelfall über der UPE liegen, sowie Fahrzeugverkäufe, die mit überhöhter Inzahlungnahme von Gebrauchtfahrzeugen, Sachzugaben oder anderen indirekten Rabatten einhergehen, einzubeziehen. Neben Barrabatten ist der Wert indirekter Rabatte bei der Ermittlung des durchschnittlichen Preisnachlasses zu berücksichtigen, soweit diese in den Verkaufsunterlagen des Automobilherstellers oder Automobilhändlers nachvollziehbar dokumentiert sind. Fahrzeugverkäufe mit Marktzins unterschreitenden Finanzierungen bleiben bei der Ermittlung des durchschnittlichen Preisnachlasses unberücksichtigt.

---

[1]) zum Wahlrecht zwischen den Bewertungsmethoden nach § 8 Abs. 2 und 3 >Rdnr. 10 des BMF-Schreibens vom 16.5.2013 (BStBl I S. 729), >Anhang 24 III

[2]) Überführungskosten sind nicht bei der Ermittlung des durchschnittlichen Preisnachlasses für das Kraftfahrzeug, sondern ggf. als ein gesondert zu bewertender geldwerter Vorteil zu berücksichtigen >BFH vom 16.1.2020 (BStBl II S. 591).

[3]) überholt >Rdnr. 8 des BMF-Schreibens vom 16.5.2013 (BStBl I S. 729), >Anhang 24 III

[4]) Die Nichtbeanstandungsregelung bleibt vom Urteil des BFH vom 16.1.2020 (BStBl II S. 591) unberührt.

Es wird nicht beanstandet, wenn bei neu eingeführten Modellen in den ersten drei Kalendermonaten ein pauschaler Abschlag von 6 Prozent der UPE als durchschnittlicher Preisnachlass angenommen wird. Als neues Modell ist ein neuer Fahrzeugtyp oder eine neue Fahrzeuggeneration anzusehen, nicht dagegen eine sog. Modellpflegemaßnahme („Facelift"). Es bestehen keine Bedenken, in Zweifelsfällen hierzu auf die ersten Ziffern des im Fahrzeugschein oder in der Zulassungsbescheinigung Teil I verzeichneten Typenschlüssels des Herstellers abzustellen. Wurde ein Modell in den der Bestellung vorangegangenen drei Kalendermonaten nicht verkauft, ist auf den durchschnittlichen Preisnachlass des letzten Dreimonatszeitraums abzustellen, in dem Verkaufsfälle vorliegen.

Der Arbeitgeber hat die Grundlagen für den ermittelten geldwerten Vorteil als Beleg zum Lohnkonto aufzubewahren.

Dieses Schreiben ersetzt das BMF-Schreiben vom 30. Januar 1996, BStBl I Seite 114, und ist ab dem 1. Januar 2009 anzuwenden.

III.

Verhältnis von § 8 Absatz 2 und Absatz 3 EStG bei der Bewertung von Sachbezügen; Anwendung der Urteile des BFH vom 26. Juli 2012 – VI R 30/09 – (BStBl 2013 II S. 400) und – VI R 27/11 – (BStBl 2013 II S. 402)

BMF vom 16.5.2013 (BStBl I S. 729)
IV C 5 – S 2334/07/0011 – 2013/0356883
unter Berücksichtigung der Änderungen durch
BMF vom 11.2.2021 (BStBl I S. 311)
IV C 5 – S 2334/19/10024 :003 – 2021/0103951

Zu den Urteilen des Bundesfinanzhofs (BFH) vom 26. Juli 2012 – VI R 30/09 – (BStBl 2013 II S. 400) und – VI R 27/11 – (BStBl 2013 II S. 402) gilt im Einvernehmen mit den obersten Finanzbehörden der Länder Folgendes:

Die Urteile sind über den jeweils entschiedenen Einzelfall hinaus entsprechend den nachfolgenden Regelungen anzuwenden. Das BMF-Schreiben vom 28. März 2007 (BStBl I S. 464) wird aufgehoben.

1. Grundsätze der BFH-Rechtsprechung

1 Der BFH bestätigt in seinen Urteilen vom 26. Juli 2012 – VI R 30/09 – und – VI R 27/11 – die in seiner Entscheidung vom 5. September 2006 – VI R 41/02 – (BStBl 2007 II S. 309) vertretene Rechtsauffassung, dass der Arbeitnehmer im Rahmen seiner Einkommensteuerveranlagung den geldwerten Vorteil wahlweise nach § 8 Absatz 2 EStG ohne Bewertungsabschlag und ohne Rabattfreibetrag oder mit diesen Abschlägen auf der Grundlage des Endpreises des Arbeitgebers nach § 8 Absatz 3 EStG bewerten lassen kann.

2 Nach Auffassung des BFH ist bei Anwendung des § 8 Absatz 2 EStG Vergleichspreis grundsätzlich der „günstigste Preis am Markt“. Endpreis i. S. d. § 8 Absatz 3 EStG ist nach Auffassung des BFH der am Ende von Verkaufsverhandlungen als letztes Angebot stehende Preis und umfasst deshalb auch Rabatte (Änderung der Rechtsprechung).

2. Zeitliche Anwendung der BFH-Rechtsprechung

3 Die BFH-Rechtsprechung ist sowohl im Lohnsteuerabzugsverfahren als auch im Veranlagungsverfahren in allen offenen Fällen anwendbar (vgl. aber Rdnr. 5 und Rdnr. 11).

3. Materielle Anwendung der BFH-Rechtsprechung

3.1. Endpreis i. S. d. § 8 Absatz 2 Satz 1 EStG

4 Einnahmen, die nicht in Geld bestehen (Wohnung, Kost, Waren, Dienstleistungen und sonstige Sachbezüge), sind mit den um übliche Preisnachlässe geminderten üblichen Endpreisen am Abgabeort anzusetzen (§ 8 Absatz 2 Satz 1 EStG); R 8.1 Absatz 2 Satz 9 LStR 2011[1]) ist anzuwenden. Endpreis in diesem Sinne ist auch der nachgewiesene günstigste Preis einschließlich sämtlicher Nebenkosten, zu dem die konkrete Ware oder Dienstleistung mit vergleichbaren Bedingungen an Endverbraucher ohne individuelle Preisverhandlungen im Zeitpunkt des Zuflusses am Markt angeboten wird; R 8.1 Absatz 2 Satz 9 LStR 2011[1]) ist nicht anzuwenden. Fallen Bestell- und Liefertag auseinander, sind die Verhältnisse am Bestelltag für die Preisfeststellung maßgebend (vgl. R 8.1

[1]) jetzt R 8.1 Abs. 2 Satz 3 LStR

Absatz 2 Satz 8 LStR 2011)[1]). Markt in diesem Sinne sind alle gewerblichen Anbieter, von denen der Steuerpflichtige die konkrete Ware oder Dienstleistung im Inland unter Einbeziehung allgemein zugänglicher Internetangebote oder auf sonstige Weise gewöhnlich beziehen kann. § 8 Absatz 2 Sätze 2 bis 9 EStG[2]) bleiben unberührt.

4a*[3])* Wird die konkrete Ware oder Dienstleistung nicht zu vergleichbaren Bedingungen an Endverbraucher am Markt angeboten, kann der Sachbezug in Höhe der entsprechenden Aufwendungen des Arbeitgebers einschließlich Umsatzsteuer und sämtlicher Nebenkosten angesetzt werden (BFH-Urteil vom 7. Juli 2020 – VI R 14/18 –, BStBl 2021 II Seite 232). R 8.1 Absatz 2 Satz 3 LStR ist nicht anzuwenden.

5 Dem Arbeitgeber bleibt es unbenommen, im Lohnsteuerabzugsverfahren einen um übliche Preisnachlässe geminderten üblichen Endpreis am Abgabeort i. S. d. Rdnr. 4 Satz 1 anzusetzen. Er ist nicht verpflichtet, den günstigsten Preis am Markt i. S. d. Rdnr. 4 Satz 2 zu ermitteln. Der Arbeitnehmer kann im Rahmen seiner Einkommensteuerveranlagung den geldwerten Vorteil mit dem günstigsten Preis am Markt i. S. d. Rdnr. 4 Satz 2 bewerten (vgl. Rdnr. 10).

6 Der Arbeitgeber hat die Grundlagen für den ermittelten und der Lohnversteuerung zu Grunde gelegten Endpreis als Belege zum Lohnkonto aufzubewahren, zu dokumentieren und dem Arbeitnehmer auf Verlangen formlos mitzuteilen.

3.2. Endpreis i. S. d. § 8 Absatz 3 Satz 1 EStG

7 Endpreis i. S. d. § 8 Absatz 3 Satz 1 EStG ist der Preis, zu dem der Arbeitgeber oder der dem Abgabeort nächstansässige Abnehmer die konkrete Ware oder Dienstleistung fremden Letztverbrauchern im allgemeinen Geschäftsverkehr am Ende von Verkaufsverhandlungen durchschnittlich anbietet. Auf diesen Angebotspreis sind der gesetzliche Bewertungsabschlag von 4 Prozent und der gesetzliche Rabattfreibetrag von 1.080 Euro zu berücksichtigen (§ 8 Absatz 3 Satz 2 EStG).

8 Bei der Ermittlung des tatsächlichen Angebotspreises ist es nicht zu beanstanden, wenn als Endpreis i. S. d. § 8 Absatz 3 EStG der Preis angenommen wird, der sich ergibt, wenn der Preisnachlass, der durchschnittlich beim Verkauf an fremde Letztverbraucher im allgemeinen Geschäftsverkehr tatsächlich gewährt wird, von dem empfohlenen Preis abgezogen wird.

Das BMF-Schreiben vom 18. Dezember 2009 (BStBl 2010 I S. 20)[4]) zur Ermittlung des geldwerten Vorteils beim Erwerb von Kraftfahrzeugen vom Arbeitgeber in der Automobilbranche ist hinsichtlich des bisher zu berücksichtigenden Preisnachlasses in Höhe von 80 Prozent nicht mehr anzuwenden. Es gilt ansonsten unverändert fort.

9 Der Arbeitgeber hat die Grundlagen für den ermittelten und der Lohnversteuerung zu Grunde gelegten Endpreis als Belege zum Lohnkonto aufzubewahren, zu dokumentieren und dem Arbeitnehmer auf Verlangen formlos mitzuteilen.

3.3. Wahlrecht zwischen den Bewertungsmethoden nach § 8 Absatz 2 und Absatz 3 EStG

10 Der Arbeitnehmer kann den geldwerten Vorteil im Rahmen seiner Einkommensteuerveranlagung nach § 8 Absatz 2 Satz 1 EStG (vgl. Rdnr. 4) bewerten. Der Arbeitnehmer hat den im Lohnsteuerabzugsverfahren der Besteuerung zu Grunde gelegten Endpreis

---

[1]) ab 2015 entfallen

[2]) jetzt § 8 Abs. 2 Sätze 2 bis 11

[3]) Rdnr. 4a wurde durch BMF vom 11.2.2021 (BStBl I S. 311) eingefügt und ist in allen offenen Fällen anzuwenden.

[4]) >Anhang 24 II

i. S. d. § 8 Absatz 3 Satz 1 EStG und den Endpreis i. S. d. § 8 Absatz 2 Satz 1 EStG nachzuweisen (z. B. formlose Mitteilung des Arbeitgebers, Ausdruck eines günstigeren inländischen Angebots im Zeitpunkt des Zuflusses).

Dem Arbeitgeber bleibt es unbenommen, im Lohnsteuerabzugsverfahren den geldwerten Vorteil nach § 8 Absatz 3 Satz 1 EStG (vgl. Rdnr. 7) zu bewerten. Er ist nicht verpflichtet, den geldwerten Vorteil nach § 8 Absatz 2 Satz 1 EStG (vgl. Rdnr. 4) zu bewerten. 11

Beispiel 12

Ein Möbelhandelsunternehmen übereignet seinem Arbeitnehmer im Januar 2013 eine Schrankwand und im Februar 2013 eine Couch zu einem Preis von je 3.000 Euro. Bestell- und Liefertag fallen nicht auseinander. Der durch Preisauszeichnung angegebene Endpreis beträgt jeweils 5.000 Euro. Das Möbelhandelsunternehmen gewährt auf diese Möbelstücke durchschnittlich 10 Prozent Rabatt. Ein anderes inländisches Möbelhandelsunternehmen bietet diese Couch im Februar 2013 auf seiner Internetseite für 4.000 Euro an. Der Arbeitgeber hat die geldwerten Vorteile nach § 8 Absatz 3 Satz 1 EStG bewertet. Der Arbeitnehmer beantragt im Rahmen seiner Einkommensteuerveranlagung die Bewertung des geldwerten Vorteils für die Couch nach § 8 Absatz 2 Satz 1 EStG und legt einen Ausdruck des günstigeren Angebots vor.

Steuerliche Behandlung im Lohnsteuerabzugsverfahren:

Endpreis i. S. d. § 8 Absatz 3 Satz 1 EStG ist der am Ende von Verkaufsverhandlungen durchschnittlich angebotene Preis des Arbeitgebers in Höhe von jeweils 4.500 Euro (= 5.000 Euro abzgl. durchschnittlichem Rabatt von 10 Prozent). Zur Ermittlung des geldwerten Vorteils aus der Übereignung der Schrankwand ist der Endpreis um 180 Euro (= 4 Prozent) zu kürzen, so dass sich nach Anrechnung des vom Arbeitnehmer gezahlten Entgelts von 3.000 Euro ein Arbeitslohn von 1.320 Euro ergibt. Dieser Arbeitslohn überschreitet den Rabatt-Freibetrag von 1.080 Euro um 240 Euro, so dass dieser Betrag für Januar 2013 zu versteuern ist. Zur Ermittlung des geldwerten Vorteils aus der Übereignung der Couch ist der Endpreis von 4.500 Euro um 180 Euro (= 4 Prozent) zu kürzen, so dass sich nach Anrechnung des vom Arbeitnehmer gezahlten Entgelts von 3.000 Euro ein Arbeitslohn von 1.320 Euro ergibt. Der Rabatt-Freibetrag kommt nicht mehr in Betracht, da er bereits bei der Ermittlung des geldwerten Vorteils aus der Übereignung der Schrankwand berücksichtigt wurde. Daher ist ein Arbeitslohn von 1.320 Euro für Februar 2013 zu versteuern.

Steuerliche Behandlung im Veranlagungsverfahren:

Endpreis i. S. d. § 8 Absatz 2 Satz 1 EStG ist die nachgewiesene günstigste Marktkondition in Höhe von 4.000 Euro. Zur Ermittlung des geldwerten Vorteils aus der Übereignung der Couch ist der Endpreis nicht zu kürzen, so dass sich nach Anrechnung des vom Arbeitnehmer gezahlten Entgelts ein Arbeitslohn von 1.000 Euro (statt bisher 1.320 Euro) ergibt. Die Freigrenze für Sachbezüge nach § 8 Absatz 2 Satz 9 EStG[1]) ist überschritten, so dass ein Arbeitslohn von 1.000 Euro zu versteuern ist. Der bisher versteuerte Arbeitslohn (vgl. Zeile 3 des Ausdrucks der elektronischen Lohnsteuerbescheinigung für 2013) ist durch das Finanzamt um 320 Euro zu mindern.

---

[1]) jetzt § 8 Abs. 2 Satz 11

IV.
Fahrzeugüberlassung durch den Arbeitgeber

1.
Lohnsteuerliche Behandlung der Überlassung eines betrieblichen Kraftfahrzeugs an Arbeitnehmer

BMF vom 4.4.2018 (BStBl I S. 592)
IV C 5 – S 2334/18/10001 – 2018/0258099

Die lohnsteuerliche Behandlung der Überlassung eines betrieblichen Kraftfahrzeugs an Arbeitnehmer ist in § 8 Absatz 2 Satz 2 bis 5 EStG sowie R 8.1 Absatz 9 und 10 LStR geregelt. Im Einvernehmen mit den obersten Finanzbehörden der Länder wird ergänzend zu Zweifelsfragen wie folgt Stellung genommen:

Inhaltsverzeichnis

7. Leasing
8. Nutzungsentgelt
9. Zuzahlungen des Arbeitnehmers zu den Anschaffungskosten
10. Elektromobilität
11. Anwendungsregelungen

1. Allgemeine Hinweise

Bei Überlassung eines betrieblichen Kraftfahrzeugs an Arbeitnehmer gelten die Regelungen zu Fahrten zwischen Wohnung und erster Tätigkeitsstätte, für Fahrten von der Wohnung zu einem Sammelpunkt oder zu einem weiträumigen Tätigkeitsgebiet im Sinne des § 9 Absatz 1 Satz 3 Nummer 4a Satz 3 EStG entsprechend (§ 8 Absatz 2 Satz 3 und 4 EStG). 1

Zur Pauschalbesteuerung des Nutzungswerts nach § 40 Absatz 2 Satz 2 EStG[1]) für Fahrten zwischen Wohnung und erster Tätigkeitsstätte vgl. Tz. 5 des BMF-Schreibens vom 31. Oktober 2013 (BStBl I S. 1376)*[2])*. 2

2. Pauschale Nutzungswertmethode

Die Anwendung der pauschalen Nutzungswertmethode (1 %-Regelung, 0,03 %-Regelung, 0,002 %-Regelung) ist in § 8 Absatz 2 Satz 2, 3 und 5 EStG sowie R 8.1 Absatz 9 Nummer 1 LStR geregelt. Zu Familienheimfahrten vgl. Rdnrn. 44, 45. 3

2.1 Begrenzung des pauschalen Nutzungswerts

Der pauschale Nutzungswert kann die dem Arbeitgeber für das Kraftfahrzeug insgesamt entstandenen Kosten übersteigen. Wird dies im Einzelfall nachgewiesen, ist der pauschale Nutzungswert höchstens mit dem Betrag der Gesamtkosten des Kraftfahrzeugs anzusetzen (Kostendeckelung). 4

2.2 Dienstliche Fahrten von und zur Wohnung

Ein geldwerter Vorteil ist für Fahrten zwischen Wohnung und erster Tätigkeitsstätte nicht zu erfassen, wenn dem Arbeitnehmer ein betriebliches Kraftfahrzeug ausschließlich an den Tagen für seine Fahrten zwischen Wohnung und erster Tätigkeitsstätte überlassen wird, an denen es erforderlich werden kann, dass er dienstliche Fahrten von der Wohnung aus antritt oder an der Wohnung beendet, z. B. beim Bereitschaftsdienst in Versorgungsunternehmen. 5

2.3 Fahrten zwischen Wohnung und erster Tätigkeitsstätte

Dem pauschalen Nutzungswert ist die einfache Entfernung zwischen Wohnung und erster Tätigkeitsstätte zugrunde zu legen; diese ist auf den nächsten vollen Kilometer abzurunden. Maßgebend ist die kürzeste benutzbare Straßenverbindung. Der pauschale Nutzungswert ist nicht zu erhöhen, wenn der Arbeitnehmer das Kraftfahrzeug an einem Arbeitstag mehrmals zwischen Wohnung und erster Tätigkeitsstätte benutzt. 6

Fährt der Arbeitnehmer abwechselnd von der ersten Tätigkeitsstätte zu verschiedenen Wohnungen, ist bei Anwendung der 0,03 %-Regelung der pauschale Monatswert unter Zugrundelegung der Entfernung zur näher gelegenen Wohnung anzusetzen. Für jede Fahrt von und zu der weiter entfernt liegenden Wohnung ist zusätzlich ein pauschaler Nutzungswert von 0,002 % des inländischen Listenpreises des Kraftfahrzeugs für jeden 7

[1]) jetzt § 40 Abs. 2 Satz 2 Nr. 1 Buchstabe a

[2]) jetzt BMF vom 18.11.2021 (BStBl I S.), >Anhang 14

Kilometer der Entfernung zwischen Wohnung und erster Tätigkeitsstätte dem Arbeitslohn zuzurechnen, soweit sie die Entfernung zur näher gelegenen Wohnung übersteigt.

8 Die 0,03 %-Regelung ist unabhängig von der 1 %-Regelung selbständig anzuwenden, wenn das Kraftfahrzeug ausschließlich für Fahrten zwischen Wohnung und erster Tätigkeitsstätte überlassen wird (vgl. BFH-Urteil vom 22. September 2010 – VI R 54/09 –, BStBl 2011 II S. 354). Die bestehenden Verwaltungsregelungen zum Nutzungsverbot (vgl. Rdnr. 16), zum Nutzungsverzicht (vgl. Rdnr. 17) und zur unbefugten Privatnutzung (vgl. Rdnr. 18) sind zu beachten.

9 Grundsätzlich ist die Ermittlung des Zuschlags kalendermonatlich mit 0,03 % des Listenpreises für jeden Kilometer der Entfernung zwischen Wohnung und erster Tätigkeitsstätte vorzunehmen (§ 8 Absatz 2 Satz 3 EStG). Ein durch Urlaub oder Krankheit bedingter Nutzungsausfall ist im Nutzungswert pauschal berücksichtigt.

10 Unter folgenden Voraussetzungen ist eine auf das Kalenderjahr bezogene Einzelbewertung der tatsächlichen Fahrten zwischen Wohnung und erster Tätigkeitsstätte mit 0,002 % des Listenpreises je Entfernungskilometer für höchstens 180 Tage entsprechend den BFH-Urteilen vom 22. September 2010 – VI R 54/09 – (BStBl 2011 II S. 354), – VI R 55/09 – (BStBl 2011 II S. 358) und – VI R 57/09 – (BStBl 2011 II S. 359) zulässig:

a) Der Arbeitnehmer hat gegenüber dem Arbeitgeber kalendermonatlich fahrzeugbezogen schriftlich zu erklären, an welchen Tagen (mit Datumsangabe) er das betriebliche Kraftfahrzeug tatsächlich für Fahrten zwischen Wohnung und erster Tätigkeitsstätte genutzt hat; die bloße Angabe der Anzahl der Tage reicht nicht aus. Es sind keine Angaben erforderlich, wie der Arbeitnehmer an den anderen Arbeitstagen zur ersten Tätigkeitsstätte gelangt ist. Arbeitstage, an denen der Arbeitnehmer das betriebliche Kraftfahrzeug für Fahrten zwischen Wohnung und erster Tätigkeitsstätte mehrmals benutzt, sind für Zwecke der Einzelbewertung nur einmal zu erfassen. Diese Erklärungen des Arbeitnehmers hat der Arbeitgeber als Belege zum Lohnkonto aufzubewahren. Es ist aus Vereinfachungsgründen nicht zu beanstanden, wenn für den Lohnsteuerabzug jeweils die Erklärung des Vormonats zugrunde gelegt wird.

b) Der Arbeitgeber hat aufgrund der Erklärungen des Arbeitnehmers den Lohnsteuerabzug durchzuführen, sofern der Arbeitnehmer nicht erkennbar unrichtige Angaben macht. Ermittlungspflichten des Arbeitgebers ergeben sich hierdurch nicht.

c) Wird im Lohnsteuerabzugsverfahren eine Einzelbewertung der tatsächlichen Fahrten zwischen Wohnung und erster Tätigkeitsstätte vorgenommen, so hat der Arbeitgeber für alle dem Arbeitnehmer überlassenen betrieblichen Kraftfahrzeuge eine jahresbezogene Begrenzung auf insgesamt 180 Fahrten vorzunehmen. Eine monatliche Begrenzung auf 15 Fahrten ist ausgeschlossen.

Beispiel 1

Arbeitnehmer A kann ein vom Arbeitgeber B überlassenes betriebliches Kraftfahrzeug (Mittelklasse) auch für Fahrten zwischen Wohnung und erster Tätigkeitsstätte nutzen.

B liegen datumsgenaue Erklärungen des A über Fahrten zwischen Wohnung und erster Tätigkeitsstätte für die Monate Januar bis Juni an jeweils 14 Tagen, für die Monate Juli bis November an jeweils 19 Tagen vor. Für den Monat Dezember liegt B eine datumsgenaue Erklärung des A über Fahrten zwischen Wohnung und erster Tätigkeitsstätte an 4 Tagen vor.

In den Monaten Januar bis Juni hat B für Zwecke der Einzelbewertung jeweils 14 Tage zugrunde zu legen, in den Monaten Juli bis November jeweils 19 Tage. Wegen der jahresbezogenen Begrenzung auf 180 Fahrten ist für Zwecke der Einzelbewertung im Dezember nur ein Tag anzusetzen (Anzahl der Fahrten von Januar bis November = 179). Damit ergeben sich für die Einzelbewertung der tatsächlichen Fahrten des A zwischen Wohnung und erster Tätigkeitsstätte je Kalendermonat folgende Prozentsätze:

- Januar bis Juni: 0,028 % (14 Fahrten x 0,002 %)
- Juli bis November: 0,038 % (19 Fahrten x 0,002 %)
- Dezember: 0,002 % (1 Fahrt x 0,002 %).

Beispiel 2

Wie Beispiel 1. Ab Dezember steht dem Arbeitnehmer A ein anderes betriebliches Kraftfahrzeug (Oberklasse) zur Nutzung zur Verfügung.

Für die Einzelbewertung der tatsächlichen Fahrten des A zwischen Wohnung und erster Tätigkeitsstätte ergeben sich entsprechend der zeitlichen Reihenfolge dieser Fahrten je Kalendermonat folgende Prozentsätze:

- Januar bis Juni: 0,028 % (14 Fahrten x 0,002 %)
- Juli bis November: 0,038 % (19 Fahrten x 0,002 %)

jeweils vom Listenpreis des betrieblichen Kraftfahrzeugs der Mittelklasse,

- Dezember: 0,002 % (1 Fahrt x 0,002 %).

jeweils vom Listenpreis des betrieblichen Kraftfahrzeugs der Oberklasse.

d) Im Falle der Einzelbewertung der tatsächlichen Fahrten zwischen Wohnung und erster Tätigkeitsstätte ist die Lohnsteuerpauschalierung nach § 40 Absatz 2 Satz 2 EStG[1]) anhand der vom Arbeitnehmer erklärten Anzahl der Tage vorzunehmen. Die Vereinfachungsregelung in Tz. 5.2 Absatz 1 Satz 2 des BMF-Schreibens vom 31. Oktober 2013 (BStBl I S. 1376)*[2])*, dass nur an 15 Arbeitstagen von Fahrten zwischen Wohnung und erster Tätigkeitsstätte ausgegangen werden kann, ist hier nicht anzuwenden.

e) Im Lohnsteuerabzugsverfahren ist der Arbeitgeber auf Verlangen des Arbeitnehmers zur Einzelbewertung der tatsächlichen Fahrten zwischen Wohnung und erster Tätigkeitsstätte verpflichtet, wenn sich aus der arbeitsvertraglichen oder einer anderen arbeits- oder dienstrechtlichen Rechtsgrundlage nichts anderes ergibt. Allerdings sind dann die Angaben des Arbeitnehmers zu den tatsächlichen Fahrten zusätzliche Voraussetzung (vgl. Buchstabe a).

   Der Arbeitgeber muss die Anwendung der 0,03 %-Regelung oder der Einzelbewertung für jedes Kalenderjahr einheitlich für alle dem Arbeitnehmer überlassenen betrieblichen Kraftfahrzeuge festlegen. Die Methode darf während des Kalenderjahres nicht gewechselt werden.

f) Im Rahmen seiner Einkommensteuerveranlagung ist der Arbeitnehmer nicht an die im Lohnsteuerabzugsverfahren angewandte 0,03 %-Regelung gebunden und kann einheitlich für alle ihm überlassenen betrieblichen Kraftfahrzeuge für das gesamte Kalenderjahr zur Einzelbewertung wechseln. Hierzu muss der Arbeitnehmer fahrzeugbezogen darlegen, an welchen Tagen (mit Datumsangabe) er das betriebliche Kraftfahrzeug tatsächlich für Fahrten zwischen Wohnung und erster Tätigkeitsstätte genutzt hat. Zudem hat er durch geeignete Belege glaubhaft zu machen, dass und in welcher Höhe der Arbeitgeber den Zuschlag mit 0,03 Prozent des Listenpreises für jeden Kilometer der Entfernung zwischen Wohnung und erster Tätigkeitsstätte ermittelt und versteuert hat (z. B. Gehaltsabrechnung, die die Besteuerung des Zuschlags erkennen lässt; Bescheinigung des Arbeitgebers).

2.4 Fahrzeugpool

Stehen Nutzungsberechtigten in einem Fahrzeugpool mehrere Kraftfahrzeuge zur Verfügung, so ist der pauschale Nutzungswert für Privatfahrten mit 1 % der Listenpreise 11

[1]) jetzt § 40 Abs. 2 Satz 2 Nr. 1 Buchstabe a

[2]) jetzt BMF vom 18.11.2021 (BStBl I S.), >Anhang 14

aller Kraftfahrzeuge zu ermitteln und die Summe entsprechend der Zahl der Nutzungsberechtigten aufzuteilen. Der pauschale Nutzungswert für Fahrten zwischen Wohnung und erster Tätigkeitsstätte ist grundsätzlich mit 0,03 % der Listenpreise aller Kraftfahrzeuge zu ermitteln und die Summe durch die Zahl der Nutzungsberechtigten zu teilen. Dieser Wert ist beim einzelnen Arbeitnehmer mit der Zahl seiner Entfernungskilometer zu multiplizieren (vgl. BFH-Urteil vom 15. Mai 2002, BStBl 2003 II S. 311). Dem einzelnen Nutzungsberechtigten bleibt es unbenommen, im Rahmen seiner Einkommensteuerveranlagung zur Einzelbewertung seiner tatsächlichen Fahrten zwischen Wohnung und erster Tätigkeitsstätte überzugehen (vgl. Rdnr. 10).

2.5 Fahrzeugwechsel

12 Bei einem Fahrzeugwechsel im Laufe eines Kalendermonats ist der Listenpreis des überwiegend zur Verfügung gestellten Kraftfahrzeugs zugrunde zu legen.

2.6 Gelegentliche Überlassung

13 Der pauschale Nutzungswert für Privatfahrten und der pauschale Nutzungswert für Fahrten zwischen Wohnung und erster Tätigkeitsstätte sind auch dann anzusetzen, wenn dem Arbeitnehmer das Kraftfahrzeug tatsächlich nur gelegentlich überlassen wird; Rdnr. 10 bleibt unberührt. Die Monatsbeträge brauchen nicht angesetzt zu werden

– für volle Kalendermonate, in denen dem Arbeitnehmer kein betriebliches Kraftfahrzeug zur Verfügung steht, oder
– wenn dem Arbeitnehmer das Kraftfahrzeug aus besonderem Anlass oder zu einem besonderen Zweck nur gelegentlich (von Fall zu Fall) für nicht mehr als fünf Kalendertage im Kalendermonat überlassen wird. In diesem Fall sind der pauschale Nutzungswert für Privatfahrten und der pauschale Nutzungswert für Fahrten zwischen Wohnung und erster Tätigkeitsstätte je Fahrtkilometer mit 0,001 % des inländischen Listenpreises des Kraftfahrzeugs zu bewerten (Einzelbewertung). Zum Nachweis der Fahrstrecke müssen die Kilometerstände festgehalten werden.

2.7 Listenpreis

14 Eine in die Bemessungsgrundlage des § 6 Absatz 1 Nummer 4 Satz 2 EStG einzubeziehende Sonderausstattung liegt nur vor, wenn das Kraftfahrzeug bereits werkseitig im Zeitpunkt der Erstzulassung damit ausgestattet ist (z. B. ein werkseitig eingebautes Satellitennavigationsgerät, vgl. BFH-Urteil vom 16. Februar 2005, BStBl II S. 563). Nachträglich eingebaute unselbständige Ausstattungsmerkmale sind durch den pauschalen Nutzungswert abgegolten und können nicht getrennt bewertet werden (vgl. BFH-Urteil vom 13. Oktober 2010, BStBl 2011 II S. 361).

15 Für den pauschalen Nutzungswert ist auch bei reimportierten Kraftfahrzeugen der inländische Listenpreis des Kraftfahrzeugs im Zeitpunkt seiner Erstzulassung maßgebend. Soweit das reimportierte Kraftfahrzeug mit zusätzlichen Sonderausstattungen versehen ist, die sich im inländischen Listenpreis nicht niedergeschlagen haben, ist der Wert der Sonderausstattung zusätzlich zu berücksichtigen. Soweit das reimportierte Kraftfahrzeug geringer wertig ausgestattet ist, lässt sich der Wert der „Minderausstattung“ durch einen Vergleich mit einem adäquaten inländischen Kraftfahrzeug angemessen berücksichtigen.

2.8 Nutzungsverbot

16 Wird dem Arbeitnehmer ein Kraftfahrzeug mit der Maßgabe zur Verfügung gestellt, es künftig für Privatfahrten, Fahrten zwischen Wohnung und erster Tätigkeitsstätte oder mehr als eine Familienheimfahrt wöchentlich (vgl. Rdnr. 45) nicht zu nutzen, ist von dem Ansatz des jeweils in Betracht kommenden pauschalen Nutzungswertes abzusehen,

wenn das Nutzungsverbot durch entsprechende Unterlagen (z. B. eine arbeitsvertragliche oder andere arbeits- oder dienstrechtliche Rechtsgrundlage) nachgewiesen wird (vgl. BFH-Urteile vom 21. März 2013 – VI R 42/12 –, BStBl II S. 918 und – VI R 46/11 –, BStBl II S. 1044 sowie vom 18. April 2013 – VI R 23/12 –, BStBl II S. 920). Diese sind als Belege zum Lohnkonto aufzubewahren.

Dem Nutzungsverbot des Arbeitgebers steht ein ausdrücklich mit Wirkung für die Zukunft erklärter schriftlicher Verzicht des Arbeitnehmers auf die Nutzung für Privatfahrten, Fahrten zwischen Wohnung und erster Tätigkeitsstätte oder mehr als eine Familienheimfahrt wöchentlich (vgl. Rdnr. 45) gleich, wenn aus außersteuerlichen Gründen ein Nutzungsverbot des Arbeitgebers nicht in Betracht kommt und der Nutzungsverzicht dokumentiert wird. Die Nutzungsverzichtserklärung ist als Beleg zum Lohnkonto aufzubewahren. 17

Die unbefugte Privatnutzung eines betrieblichen Kraftfahrzeugs hat keinen Lohncharakter (vgl. BFH-Urteile vom 21. März 2013 – VI R 42/12 –, BStBl II S. 918 und – VI R 46/11 –, S. 1044 sowie vom 18. April 2013 – VI R 23/12 –, BStBl II S. 920). Ein Zufluss von Arbeitslohn liegt in diesen Fällen erst in dem Zeitpunkt vor, in dem der Arbeitgeber zu erkennen gibt, dass er die ihm zustehende Schadenersatzforderung gegenüber dem Arbeitnehmer nicht geltend machen wird (vgl. BFH-Urteil vom 27. März 1992, BStBl II S. 837). Zur Abgrenzung zwischen Arbeitslohn und einer verdeckten Gewinnausschüttung bei unbefugter Kraftfahrzeugnutzung durch den Gesellschafter-Geschäftsführer einer Kapitalgesellschaft vgl. BMF-Schreiben vom 3. April 2012 (BStBl I S. 478)[1]). 18

2.9 Park and ride

Setzt der Arbeitnehmer ein ihm überlassenes Kraftfahrzeug bei den Fahrten zwischen Wohnung und erster Tätigkeitsstätte oder bei Familienheimfahrten (vgl. Rdnrn. 44, 45) nur für eine Teilstrecke ein, weil er regelmäßig die andere Teilstrecke mit öffentlichen Verkehrsmitteln zurücklegt, so ist der Ermittlung des pauschalen Nutzungswerts dennoch die gesamte Entfernung zugrunde zu legen. 19

Es ist jedoch nicht zu beanstanden, den jeweils in Betracht kommenden pauschalen Nutzungswert auf der Grundlage der Teilstrecke zu ermitteln, die mit dem betrieblichen Kraftfahrzeug tatsächlich zurückgelegt wird, wenn 20

- der Arbeitgeber das Kraftfahrzeug nur für diese Teilstrecke zur Verfügung stellt (vgl. Rdnr. 16 und Rdnr. 17) oder
- der Arbeitnehmer für die restliche Teilstrecke einen Nachweis über die Benutzung eines anderen Verkehrsmittels erbringt, z. B. eine auf ihn ausgestellte Jahres-Bahnfahrkarte vorlegt (vgl. BFH-Urteil vom 4. April 2008, BStBl II S. 890).

2.10 Überlassung an mehrere Arbeitnehmer

Wird ein Kraftfahrzeug mehreren Arbeitnehmern überlassen, so ist der pauschale Nutzungswert für Privatfahrten von 1 % des Listenpreises entsprechend der Zahl der Nutzungsberechtigten aufzuteilen. Der pauschale Nutzungswert für Fahrten zwischen Wohnung und erster Tätigkeitsstätte ist bei jedem Arbeitnehmer mit 0,03 % des Listenpreises je Entfernungskilometer zu ermitteln und durch die Zahl der Nutzungsberechtigten zu teilen (vgl. BFH vom 15. Mai 2002, BStBl 2003 II S. 311). Dem einzelnen Nutzungsberechtigten bleibt es unbenommen, im Rahmen seiner Einkommensteuerveranlagung zur Einzelbewertung seiner tatsächlichen Fahrten zwischen Wohnung und erster Tätigkeitsstätte überzugehen (vgl. Rdnr. 10). 21

---

[1]) >Anhang 24 IV 3

2.11 Überlassung mehrerer Kraftfahrzeuge

22 Stehen einem Arbeitnehmer gleichzeitig mehrere Kraftfahrzeuge zur Verfügung, so ist für jedes Kraftfahrzeug der pauschale Nutzungswert für Privatfahrten mit monatlich 1 % des Listenpreises anzusetzen. Dies gilt auch beim Einsatz eines Wechselkennzeichens. Dem pauschalen Nutzungswert für Privatfahrten kann der Listenpreis des überwiegend genutzten Kraftfahrzeugs zugrunde gelegt werden, wenn die Nutzung der Kraftfahrzeuge durch andere zur Privatsphäre des Arbeitnehmers gehörende Personen so gut wie ausgeschlossen ist. Bei Anwendung der 0,03 %-Regelung ist dem pauschalen Nutzungswert für Fahrten zwischen Wohnung und erster Tätigkeitsstätte stets der Listenpreis des überwiegend für diese Fahrten genutzten Kraftfahrzeugs zugrunde zu legen. Die Regelungen in Satz 3 und 4 bleiben von dem BFH-Urteil vom 13. Juni 2013 (BStBl 2014 II S. 340) unberührt. Bei Anwendung der Einzelbewertung ist der pauschale Nutzungswert entsprechend den Angaben des Arbeitnehmers fahrzeugbezogen zu ermitteln (vgl. Rdnr. 10).

3. Individuelle Nutzungswertmethode

23 Die individuelle Nutzungswertmethode (Fahrtenbuchmethode) ist in § 8 Absatz 2 Satz 4 EStG sowie R 8.1 Absatz 9 Nummer 2 LStR geregelt.

3.1 Einheitliches Verfahren der individuellen Nutzungswertermittlung

24 Wird das Kraftfahrzeug sowohl für Privatfahrten als auch für Fahrten zwischen Wohnung und erster Tätigkeitsstätte überlassen, kann die individuelle Nutzungswertermittlung weder auf Privatfahrten noch auf Fahrten zwischen Wohnung und erster Tätigkeitsstätte beschränkt werden.

3.2 Elektronisches Fahrtenbuch

25 Ein elektronisches Fahrtenbuch ist anzuerkennen, wenn sich daraus dieselben Erkenntnisse wie aus einem manuell geführten Fahrtenbuch gewinnen lassen. Beim Ausdrucken von elektronischen Aufzeichnungen müssen nachträgliche Veränderungen der aufgezeichneten Angaben technisch ausgeschlossen, zumindest aber dokumentiert werden (vgl. BFH-Urteil vom 16. November 2005, BStBl 2006 II S. 410).

26 Es bestehen keine Bedenken, ein elektronisches Fahrtenbuch, in dem alle Fahrten automatisch bei Beendigung jeder Fahrt mit Datum, Kilometerstand und Fahrtziel erfasst werden, jedenfalls dann als zeitnah geführt anzusehen, wenn der Fahrer den dienstlichen Fahrtanlass (Reisezweck und aufgesuchte Geschäftspartner) innerhalb eines Zeitraums von bis zu sieben Kalendertagen nach Abschluss der jeweiligen Fahrt in einem Webportal einträgt und die übrigen Fahrten dem privaten Bereich zugeordnet werden.

3.3 Erleichterungen bei der Führung eines Fahrtenbuchs

27 Ein Fahrtenbuch soll die Zuordnung von Fahrten zur betrieblichen und beruflichen Sphäre darstellen und ermöglichen. Es muss laufend geführt werden und die berufliche Veranlassung plausibel erscheinen lassen und ggf. eine stichprobenartige Nachprüfung ermöglichen. Auf einzelne in R 8.1 Absatz 9 Nummer 2 LStR geforderte Angaben kann verzichtet werden, soweit wegen der besonderen Umstände im Einzelfall die erforderliche Aussagekraft und Überprüfungsmöglichkeit nicht beeinträchtigt wird. Bei Automatenlieferanten, Kurierdienstfahrern, Handelsvertretern, Kundendienstmonteuren und Pflegedienstmitarbeitern mit täglich wechselnden Auswärtstätigkeiten reicht es z. B. aus, wenn sie angeben, welche Kunden sie an welchem Ort aufsuchen. Angaben über die Reiseroute und zu den Entfernungen zwischen den Stationen einer Auswärtstätigkeit sind nur bei größerer Differenz zwischen direkter Entfernung und tatsächlicher Fahrtstrecke erforderlich. Bei Fahrten eines Taxifahrers im sog. Pflichtfahrgebiet ist es in Bezug auf Reisezweck, Reiseziel und aufgesuchte Geschäftspartner ausreichend, täglich

zu Beginn und Ende der Gesamtheit dieser Fahrten den Kilometerstand anzugeben mit der Angabe „Taxifahrten im Pflichtfahrgebiet“ o. ä. Wurden Fahrten durchgeführt, die über dieses Gebiet hinausgehen, kann auf die genaue Angabe des Reiseziels nicht verzichtet werden. Für Fahrlehrer ist es ausreichend in Bezug auf Reisezweck, Reiseziel und aufgesuchte Geschäftspartner „Lehrfahrten“, „Fahrschulfahrten“ o. ä. anzugeben (vgl. BMF-Schreiben vom 18. November 2009, BStBl I S. 1326)[1]). Bei sicherheitsgefährdeten Personen, deren Fahrtroute häufig von sicherheitsmäßigen Gesichtspunkten bestimmt wird, kann auf die Angabe der Reiseroute auch bei größeren Differenzen zwischen der direkten Entfernung und der tatsächlichen Fahrtstrecke verzichtet werden.

3.4 Ermittlung des vorläufigen Nutzungswerts

Soweit die genaue Erfassung des individuellen Nutzungswerts monatlich nicht möglich 28
ist, kann der Erhebung der Lohnsteuer monatlich ein Zwölftel des Vorjahresbetrags zugrunde gelegt werden (vgl. R 8.1 Absatz 9 Nummer 3 Satz 2 LStR). Es bestehen keine Bedenken, stattdessen bei der Ermittlung des individuellen Nutzungswerts je Fahrtkilometer vorläufig 0,001 % des inländischen Listenpreises für das Kraftfahrzeug anzusetzen. Nach Ablauf des Kalenderjahres oder nach Beendigung des Dienstverhältnisses ist der tatsächlich zu versteuernde individuelle Nutzungswert zu ermitteln und eine etwaige Lohnsteuerdifferenz nach Maßgabe der §§ 41c, 42b EStG auszugleichen (vgl. R 8.1 Absatz 9 Nummer 3 Satz 3 LStR).

3.5 Gesamtkosten

Zu den Gesamtkosten im Sinne von R 8.1 Absatz 9 Nummer 2 Satz 9 LStR gehören 29
z. B. Absetzung für Abnutzung (AfA), Leasing- und Leasingsonderzahlungen (anstelle der AfA), Treibstoffkosten, Wartungs- und Reparaturkosten, Kraftfahrzeugsteuer, Beiträge für Halterhaftpflicht- und Fahrzeugversicherungen, Garagen-/Stellplatzmiete, Aufwendungen für Anwohnerparkberechtigungen, Aufwendungen für die Wagenpflege/-wäsche sowie der nicht nach § 3 Nummer 46 EStG steuerfreie Ladestrom (vgl. BMF-Schreiben vom 14. Dezember 2016, BStBl I S. 1446)*[2])*.

Nicht zu den Gesamtkosten gehören neben den in R 8.1 Absatz 9 Nummer 2 Satz 11 30
LStR genannten Kosten z. B. Fährkosten, Straßen- oder Tunnelbenutzungsgebühren (Vignetten, Mautgebühren), Parkgebühren, Aufwendungen für Insassen- und Unfallversicherungen, Verwarnungs-, Ordnungs- und Bußgelder, Kosten einer Ladevorrichtung bei Elektrofahrzeugen sowie der nach § 3 Nummer 46 EStG steuerfreie Ladestrom (vgl. BMF-Schreiben vom 14. Dezember 2016, BStBl I S. 1446, Rdnr. 13)*[3])*.

Bei der Ermittlung der Gesamtkosten ist bei einem Pkw von einer AfA von 12,5 % der 31
Anschaffungskosten entsprechend einer achtjährigen (Gesamt-)Nutzungsdauer auszugehen (vgl. BFH-Beschluss vom 29. März 2005, BStBl 2006 II S. 368).

Die Gesamtkosten sind jedenfalls dann periodengerecht anzusetzen, wenn der Arbeit- 32
geber die Kosten (z. B. Leasingsonderzahlung) des von ihm überlassenen Kraftfahrzeugs in seiner Gewinnermittlung periodengerecht erfassen muss (vgl. BFH-Urteil vom 3. September 2015, BStBl 2016 II S. 174).

Es ist nicht zu beanstanden, wenn auch die vom Arbeitnehmer unmittelbar getragenen 33
oder vom Arbeitgeber weiterbelasteten Kosten den Gesamtkosten zugerechnet werden.

[1]) >Anhang 16 III 1 EStH, Rdnr. 23

[2]) jetzt BMF vom 29.9.2020 (BStBl I S. 972), >Anhang 24 VIII

[3]) jetzt BMF vom 29.9.2020 (BStBl I S. 972), Rdnr. 13, >Anhang 24 VIII

3.6 Leerfahrten

34 Bei der Feststellung der privat und der dienstlich zurückgelegten Fahrtstrecken sind sog. Leerfahrten, die bei der Überlassung eines Kraftfahrzeugs mit Fahrer durch die An- und Abfahrten des Fahrers auftreten können, den dienstlichen Fahrten zuzurechnen.

3.7 Sicherheitsgeschützte Kraftfahrzeuge

35 Wird der Nutzungswert für ein aus Sicherheitsgründen gepanzertes Kraftfahrzeug individuell ermittelt, so kann die AfA nach den Anschaffungskosten des leistungsschwächeren Kraftfahrzeugs oder – im Falle des Leasings – die entsprechende Leasingrate des leistungsschwächeren Kraftfahrzeugs zugrunde gelegt werden, das dem Arbeitnehmer zur Verfügung gestellt würde, wenn seine Sicherheit nicht gefährdet wäre. Im Hinblick auf die durch die Panzerung verursachten höheren laufenden Betriebskosten bestehen keine Bedenken, wenn der Nutzungswertermittlung 70 % der tatsächlich festgestellten laufenden Kosten (ohne AfA) zugrunde gelegt werden.

3.8 Überlassung mehrerer Kraftfahrzeuge

36 Für jedes Kraftfahrzeug sind die insgesamt entstehenden Aufwendungen und das Verhältnis der privaten zu den übrigen Fahrten gesondert nachzuweisen. Stehen einem Arbeitnehmer gleichzeitig mehrere Kraftfahrzeuge zur Verfügung und führt er nur für einzelne Kraftfahrzeuge ein ordnungsgemäßes Fahrtenbuch, kann er für diese den Nutzungswert individuell ermitteln, während der Nutzungswert für die anderen mit monatlich 1 % des Listenpreises anzusetzen ist (vgl. BFH-Urteil vom 3. August 2000, BStBl 2001 II S. 332).

3.9 Umwegstrecken wegen Sicherheitsgefährdung

37 Bei Arbeitnehmern, die konkret gefährdet sind und durch die zuständigen Sicherheitsbehörden der Gefährdungsstufe 1, 2 oder 3 zugeordnet sind (vgl. BMF-Schreiben vom 30. Juni 1997, BStBl I S. 696), kann bei der Ermittlung des Nutzungswerts für Fahrten zwischen Wohnung und erster Tätigkeitsstätte die kürzeste benutzbare Straßenverbindung angesetzt werden, wenn wegen der Gefährdung des Arbeitnehmers aus Sicherheitsgründen eine andere und damit längere Fahrtstrecke gewählt wird. Diese Billigkeitsregelung steht unter dem Vorbehalt, dass bei der Ermittlung der als Werbungskosten abziehbaren Aufwendungen des Arbeitnehmers für Fahrten zwischen Wohnung und erster Tätigkeitsstätte ebenfalls nur die kürzeste benutzbare Straßenverbindung zugrunde gelegt wird.

4. Wechsel der Bewertungsmethode

38 Ein unterjähriger Wechsel zwischen der 1 %-Regelung und der Fahrtenbuchmethode für dasselbe Kraftfahrzeug ist nicht zulässig (vgl. R 8.1 Absatz 9 Nummer 3 LStR, BFH-Urteil vom 20. März 2014, BStBl II S. 643).

5. Fahrergestellung

39 Wird das Kraftfahrzeug mit Fahrer zur Verfügung gestellt, ist dieser geldwerte Vorteil zusätzlich nach § 8 Absatz 2 Satz 1 EStG mit dem üblichen Endpreis am Abgabeort zu bewerten. Maßstab zur Bewertung dieses Vorteils ist der Wert einer von einem fremden Dritten bezogenen vergleichbaren Dienstleistung.

40 Aus Vereinfachungsgründen kann der geldwerte Vorteil auch nach R 8.1 Absatz 10 Satz 3 LStR ermittelt werden. Der Nutzungswert für andere Privatfahrten ist auch dann um 25 % nach R 8.1 Absatz 10 Satz 3 Nummer 2 Buchstabe c) LStR zu erhöhen, wenn dem Arbeitnehmer ein Fahrer zur Verfügung steht, der Arbeitnehmer das Kraftfahrzeug tatsächlich aber ausschließlich selbst gesteuert hat.

Neben der Bewertungsmöglichkeit im Sinne von R 8.1 Absatz 10 Satz 3 LStR bestehen keine Bedenken, insgesamt einheitlich für das Kalenderjahr für Privatfahrten, für Fahrten zwischen Wohnung und erster Tätigkeitsstätte sowie für Familienheimfahrten (vgl. Rdnrn. 44, 45) als Endpreis im Sinne des § 8 Absatz 2 Satz 1 EStG den Anteil an den tatsächlichen Lohn- und Lohnnebenkosten des Fahrers (d. h. insbesondere: Bruttoarbeitslohn, Arbeitgeberbeiträge zur Sozialversicherung, Verpflegungszuschüsse sowie Kosten beruflicher Fort- und Weiterbildung für den Fahrer) anzusetzen, welcher der Einsatzdauer des Fahrers im Verhältnis zu dessen Gesamtarbeitszeit entspricht (vgl. BFH-Urteil vom 15. Mai 2013, BStBl 2014 II S. 589). Zur Einsatzdauer des Fahrers gehören auch die Stand- und Wartezeiten des Fahrers, nicht aber die bei der Überlassung eines Kraftfahrzeugs mit Fahrer durch die An- und Abfahrten des Fahrers durchgeführten Leerfahrten und die anfallenden Rüstzeiten; diese sind den dienstlichen Fahrten zuzurechnen. 41

Der Arbeitgeber hat die Grundlagen für die Berechnung des geldwerten Vorteils aus der Fahrergestellung zu dokumentieren, als Belege zum Lohnkonto aufzubewahren und dem Arbeitnehmer auf Verlangen formlos mitzuteilen. 42

Der Arbeitnehmer kann den geldwerten Vorteil aus der Fahrergestellung im Rahmen seiner Einkommensteuerveranlagung abweichend von dem Ansatz des Arbeitgebers bewerten und gegenüber dem Finanzamt nachweisen. Diese Wahl kann er im Kalenderjahr für Privatfahrten, für Fahrten zwischen Wohnung und erster Tätigkeitsstätte sowie für Familienheimfahrten (vgl. Rdnrn. 44, 45) insgesamt nur einheitlich ausüben. Eine abweichende Bewertung setzt voraus, dass der im Lohnsteuerabzugsverfahren angesetzte geldwerte Vorteil sowie die Grundlagen für die Berechnung des geldwerten Vorteils nachgewiesen werden (z. B. durch eine formlose Mitteilung des Arbeitgebers). 43

6. Familienheimfahrten

Überlässt der Arbeitgeber oder auf Grund des Dienstverhältnisses ein Dritter dem Arbeitnehmer ein Kraftfahrzeug zu einer Familienheimfahrt wöchentlich im Rahmen einer beruflich veranlassten doppelten Haushaltsführung, so ist insoweit der Nutzungswert steuerlich nicht zu erfassen (§ 8 Absatz 2 Satz 5 EStG). 44

Wird das Kraftfahrzeug zu mehr als einer Familienheimfahrt wöchentlich genutzt, ist für jede weitere Familienheimfahrt ein pauschaler Nutzungswert in Höhe von 0,002 % des inländischen Listenpreises des Kraftfahrzeugs für jeden Kilometer der Entfernung zwischen dem Beschäftigungsort und dem Ort des eigenen Hausstands anzusetzen und dem Arbeitslohn zuzurechnen. Anstelle des pauschalen Nutzungswerts kann der Arbeitgeber den Nutzungswert mit den Aufwendungen für das Kraftfahrzeug ansetzen, die auf die zu erfassenden Fahrten entfallen, wenn die für das Kraftfahrzeug insgesamt entstehenden Aufwendungen durch Belege und das Verhältnis der privaten zu den übrigen Fahrten durch ein ordnungsgemäßes Fahrtenbuch nachgewiesen werden. 45

7. Leasing

Least der Arbeitgeber ein Kraftfahrzeug und überlässt es dem Arbeitnehmer auch zur privaten Nutzung, liegt jedenfalls dann keine vom Arbeitsvertrag unabhängige Sonderrechtsbeziehung im Sinne des BFH-Urteils vom 18. Dezember 2014 (BStBl 2015 II S. 670) zum sog. „Behördenleasing" vor und ist die Nutzungsüberlassung nach § 8 Absatz 2 Satz 2 bis 5 EStG zu bewerten, wenn folgende Voraussetzungen vorliegen: 46

Der Anspruch auf die Kraftfahrzeugüberlassung resultiert aus dem Arbeitsvertrag oder aus einer anderen arbeitsrechtlichen Rechtsgrundlage, weil

– er im Rahmen einer steuerlich anzuerkennenden Gehaltsumwandlung mit Wirkung für die Zukunft vereinbart ist. Voraussetzung ist, dass der Arbeitnehmer unter Änderung des Arbeitsvertrags auf einen Teil seines Barlohns verzichtet und ihm der Arbeitgeber stattdessen Sachlohn in Form eines Nutzungsrechts an einem betrieblichen Kraftfahrzeug des Arbeitgebers gewährt (vgl. BFH-Urteil vom 6. März 2008, BStBl II S. 530) oder

– er arbeitsvertraglicher Vergütungsbestandteil ist. Davon ist insbesondere auszugehen, wenn von vornherein bei Abschluss eines Arbeitsvertrags eine solche Vereinbarung getroffen wird oder wenn die Beförderung in eine höhere Gehaltsklasse mit der Überlassung eines betrieblichen Kraftfahrzeugs des Arbeitgebers verbunden ist.

47 In Leasingfällen setzt das Vorliegen eines betrieblichen Kraftfahrzeugs des Arbeitgebers im Sinne des § 8 Absatz 2 Satz 2 bis 5 EStG zudem voraus, dass der Arbeitgeber und nicht der Arbeitnehmer gegenüber der Leasinggesellschaft zivilrechtlich Leasingnehmer ist.

48 Liegt nach diesen Grundsätzen eine nach § 8 Absatz 2 Satz 2 bis 5 EStG zu bewertende Nutzungsüberlassung vor, darf der Arbeitgeber die pauschalen Kilometersätze im Rahmen einer Auswärtstätigkeit mit diesem Kraftfahrzeug nicht – auch nicht teilweise – steuerfrei erstatten (vgl. R 9.5 Absatz 2 Satz 3 LStR).

8. Nutzungsentgelt

49 Zahlt der Arbeitnehmer an den Arbeitgeber oder auf dessen Weisung an einen Dritten zur Erfüllung einer Verpflichtung des Arbeitgebers (abgekürzter Zahlungsweg) für die außerdienstliche Nutzung eines betrieblichen Kraftfahrzeugs, insbesondere für die Nutzung zu

– privaten Fahrten,
– Fahrten zwischen Wohnung und erster Tätigkeitsstätte
  und
– Familienheimfahrten (vgl. Rdnrn. 44, 45),

ein Nutzungsentgelt, mindert dies den Nutzungswert, vgl. R 8.1 Absatz 9 Nummer 4 Satz 1 LStR, BFH-Urteile vom 30. November 2016 – VI R 49/14 – (BStBl 2017 II S. 1011) und – VI R 2/15 – (BStBl 2017 II S. 1014).

50 Nutzungsentgelt im Sinne von R 8.1 Absatz 9 Nummer 4 LStR ist bei der pauschalen und der individuellen Nutzungswertmethode:

a) ein arbeitsvertraglich oder aufgrund einer anderen arbeits- oder dienstrechtlichen Rechtsgrundlage vereinbarter nutzungsunabhängiger pauschaler Betrag (z. B. Monatspauschale),
b) ein arbeitsvertraglich oder aufgrund einer anderen arbeits- oder dienstrechtlichen Rechtsgrundlage vereinbarter an den gefahrenen Kilometern ausgerichteter Betrag (z. B. Kilometerpauschale),
c) die arbeitsvertraglich oder aufgrund einer anderen arbeits- oder dienstrechtlichen Rechtsgrundlage vom Arbeitnehmer übernommenen Leasingraten,

und bei der pauschalen Nutzungswertmethode (zur Nichtbeanstandungsregelung bei der individuellen Nutzungswertmethode s. Rdnr. 55):

d) die arbeitsvertraglich oder aufgrund einer anderen arbeits- oder dienstrechtlichen Rechtsgrundlage vereinbarte vollständige oder teilweise Übernahme einzelner Kraftfahrzeugkosten durch den Arbeitnehmer (vgl. BFH-Urteil vom 30. November 2016 – VI R 2/15 –, BStBl 2017 II S. 1014).

   Dies gilt auch für einzelne Kraftfahrzeugkosten, die zunächst vom Arbeitgeber verauslagt und anschließend dem Arbeitnehmer weiterbelastet werden oder, wenn der

Arbeitnehmer zunächst pauschale Abschlagszahlungen leistet, die zu einem späteren Zeitpunkt nach den tatsächlich entstandenen Kraftfahrzeugkosten abgerechnet werden.

Vom Arbeitnehmer selbst getragene einzelne Kraftfahrzeugkosten im Sinne der Rdnr. 50 Buchstabe d sind Kosten, die zu den Gesamtkosten des Kraftfahrzeugs im Sinne des § 8 Absatz 2 Satz 4 EStG gehören (vgl. Rdnr. 29). Unberücksichtigt bleiben Kosten, die nicht zu den Gesamtkosten des Kraftfahrzeugs gehören (vgl. Rdnr. 30). 51

Kein Nutzungsentgelt im Sinne von R 8.1 Absatz 9 Nummer 4 LStR ist insbesondere der Barlohnverzicht des Arbeitnehmers im Rahmen einer Gehaltsumwandlung. 52

In Höhe des Nutzungsentgelts im Sinne von Rdnr. 50 ist der Arbeitnehmer nicht bereichert und die gesetzlichen Voraussetzungen des § 8 Absatz 1 EStG i. V. m. § 19 Absatz 1 EStG sind nicht erfüllt. Übersteigt das Nutzungsentgelt den Nutzungswert, führt der übersteigende Betrag weder zu negativem Arbeitslohn noch zu Werbungskosten, vgl. BFH-Urteile vom 30. November 2016 – VI R 49/14 – (BStBl 2017 II S. 1011) und – VI R 2/15 – (BStBl 2017 II S. 1014). 53

Bei der individuellen Nutzungswertmethode (Fahrtenbuchmethode) fließen vom Arbeitnehmer selbst getragene individuelle Kraftfahrzeugkosten nicht in die Gesamtkosten ein und erhöhen damit nicht den individuellen Nutzungswert (R 8.1 Absatz 9 Nummer 2 Satz 8 zweiter Halbsatz LStR). Zahlt der Arbeitnehmer ein pauschales Nutzungsentgelt im Sinne der Rdnr. 50 Buchstaben a bis c, ist der individuelle Nutzungswert um diesen Betrag zu kürzen. 54

Es wird nicht beanstandet, wenn bei der Fahrtenbuchmethode vom Arbeitnehmer selbst getragene Kosten abweichend von R 8.1 Absatz 9 Nummer 2 Satz 8 zweiter Halbsatz LStR in die Gesamtkosten im Sinne von § 8 Absatz 2 Satz 4 EStG einbezogen und wie bei der pauschalen Nutzungswertmethode als Nutzungsentgelt (vgl. Rdnr. 50 Buchstabe d) behandelt werden. 55

Beispiele zur pauschalen Nutzungswertmethode 56

Der Arbeitgeber hat seinem Arbeitnehmer ein betriebliches Kraftfahrzeug auch zur Privatnutzung überlassen und den geldwerten Vorteil aus der Kraftfahrzeuggestellung nach der 1 %-Regelung bewertet.

Beispiel 1

In der Nutzungsüberlassungsvereinbarung ist geregelt, dass der Arbeitnehmer ein Nutzungsentgelt in Höhe von 0,20 Euro je privat gefahrenen Kilometer zu zahlen hat.

Es handelt sich um ein Nutzungsentgelt im Sinne der Rdnr. 50 Buchstabe b.

Beispiel 2

In der Nutzungsüberlassungsvereinbarung ist geregelt, dass der Arbeitnehmer die gesamten Treibstoffkosten zu zahlen hat.

Die Kostenübernahme durch den Arbeitnehmer ist ein Nutzungsentgelt im Sinne der Rdnr. 50 Buchstabe d.

Beispiele zur individuellen Nutzungswertmethode 57

Der Arbeitgeber hat seinem Arbeitnehmer ein betriebliches Kraftfahrzeug auch zur Privatnutzung überlassen und den geldwerten Vorteil aus der Kraftfahrzeuggestellung nach der Fahrtenbuchmethode bewertet.

Beispiel 3

In der Nutzungsüberlassungsvereinbarung ist geregelt, dass der Arbeitnehmer ein Nutzungsentgelt in Höhe von 0,20 Euro je privat gefahrenen Kilometer zu zahlen hat.

Es handelt sich um ein Nutzungsentgelt im Sinne der Rdnr. 50 Buchstabe b.

Beispiel 4

In der Nutzungsüberlassungsvereinbarung ist geregelt, dass der Arbeitnehmer die gesamten Treibstoffkosten zu zahlen hat. Diese betragen 3.000 Euro. Die übrigen vom Arbeitgeber getragenen Kraftfahrzeugkosten betragen 7.000 Euro. Auf die Privatnutzung entfällt ein Anteil von 10 %. Der individuelle Nutzungswert ist wie folgt zu ermitteln:

a) Bei Anwendung der Regelung in R 8.1 Absatz 9 Nummer 2 Satz 8 zweiter Halbsatz LStR (vgl. Rdnr. 54) fließen die vom Arbeitnehmer selbst getragenen Treibstoffkosten nicht in die Gesamtkosten des Kraftfahrzeugs ein. Es handelt sich auch nicht um ein Nutzungsentgelt im Sinne Rdnr. 50. Anhand der (niedrigeren) Gesamtkosten ist der individuelle Nutzungswert zu ermitteln (10 % von 7.000 Euro = 700 Euro).

   Ein Werbungskostenabzug in Höhe von 2.700 Euro (90 % von 3.000 Euro) ist nicht zulässig.

   oder

b) Bei Anwendung der Nichtbeanstandungsregelung (vgl. Rdnr. 55) fließen die vom Arbeitnehmer selbst getragenen Treibstoffkosten in die Gesamtkosten des Kraftfahrzeugs ein. Es handelt sich um ein Nutzungsentgelt im Sinne der Rdnr. 50 Buchstabe d in Höhe von 3.000 Euro. Anhand der Gesamtkosten ist der individuelle Nutzungswert zu ermitteln (10 % von 10.000 Euro = 1.000 Euro). Dieser Nutzungswert ist um das Nutzungsentgelt bis auf 0 Euro zu mindern. Der den Nutzungswert übersteigende Betrag in Höhe von 2.000 Euro führt nicht zu Werbungskosten (vgl. Rdnr. 53).

58 Im Lohnsteuerabzugsverfahren ist der Arbeitgeber zur Anrechnung der individuellen Kraftfahrzeugkosten des Arbeitnehmers bei der Nutzungswertermittlung verpflichtet, wenn sich aus der arbeitsvertraglichen oder einer anderen arbeits- oder dienstrechtlichen Rechtsgrundlage nichts anderes ergibt. Hierzu hat der Arbeitnehmer gegenüber dem Arbeitgeber jährlich fahrzeugbezogen schriftlich die Höhe der individuellen Kraftfahrzeugkosten und die Gesamtfahrleistung des Kraftfahrzeugs zu erklären und im Einzelnen umfassend darzulegen und belastbar nachzuweisen. Der Arbeitgeber hat aufgrund dieser Erklärungen und Belege des Arbeitnehmers den Lohnsteuerabzug durchzuführen, sofern der Arbeitnehmer nicht erkennbar unrichtige Angaben macht. Ermittlungspflichten des Arbeitgebers ergeben sich hierdurch nicht. Die Erklärungen und Belege des Arbeitnehmers hat der Arbeitgeber im Original zum Lohnkonto zu nehmen.

59 Es ist aus Vereinfachungsgründen nicht zu beanstanden, wenn für den Lohnsteuerabzug zunächst vorläufig fahrzeugbezogen die Erklärung des Vorjahres zugrunde gelegt wird. R 8.1 Absatz 9 Nummer 3 Satz 2 und 3 LStR ist sinngemäß anzuwenden.

60 Macht der Arbeitnehmer im Rahmen seiner Einkommensteuerveranlagung individuelle Kraftfahrzeugkosten vorteilsmindernd geltend, muss er die Nutzungsvereinbarung vorlegen und fahrzeugbezogen darlegen, wie der Arbeitgeber den Nutzungswert ermittelt und versteuert hat (z. B. Gehaltsabrechnung, die die Ermittlung und Besteuerung des Nutzungswerts erkennen lässt; Bescheinigung des Arbeitgebers) sowie schriftlich die Höhe der von ihm selbst getragenen individuellen Kraftfahrzeugkosten und die Gesamtfahrleistung des Kraftfahrzeugs im Kalenderjahr umfassend darlegen und belastbar nachweisen.

9. Zuzahlungen des Arbeitnehmers zu den Anschaffungskosten

61[1)] Zuzahlungen des Arbeitnehmers zu den Anschaffungskosten eines ihm auch zur privaten Nutzung überlassenen betrieblichen Kraftfahrzeugs können nicht nur im Zahlungs-

1) teilweise überholt durch BFH vom 16.12.2020 (BStBl 2021 II S. 761) Zeitraumbezogene (Einmal-)Zahlungen des Arbeitnehmers für die außerdienstliche Nutzung eines betrieblichen Kfz sind bei der Bemessung des geldwerten Vorteils auf den Zeitraum, für den sie geleistet werden, gleichmäßig zu verteilen und vorteilsmindernd zu berücksichtigen. Dies gilt auch bei zeitraumbezogenen Zuzahlungen des Arbeitnehmers zu den Anschaffungskosten eines ihm auch zur Privatnutzung überlassenen betrieblichen Kfz.

jahr, sondern auch in den darauf folgenden Kalenderjahren auf den privaten Nutzungswert für das jeweilige Kraftfahrzeug bis auf 0 Euro angerechnet werden (vgl. R 8.1 Absatz 9 Nummer 4 Satz 2 und 3 LStR). Bei Zuzahlungen des Arbeitnehmers zu Leasingsonderzahlungen ist entsprechend zu verfahren.

Beispiel

Der Arbeitnehmer hat im Jahr 01 zu den Anschaffungskosten eines betrieblichen Kraftfahrzeugs einen Zuschuss in Höhe von 10.000 Euro geleistet. Der geldwerte Vorteil beträgt jährlich 4.000 Euro. Ab Januar 03 wird ihm ein anderes betriebliches Kraftfahrzeug überlassen. Der geldwerte Vorteil in Höhe von 4.000 Euro wird in den Jahren 01 und 02 um jeweils 4.000 Euro gemindert. Auf Grund der Überlassung eines anderen betrieblichen Kraftfahrzeugs ab Januar 03 kann der verbleibende Zuzahlungsbetrag von 2.000 Euro nicht auf den geldwerten Vorteil dieses betrieblichen Kraftfahrzeugs angerechnet werden.

10. Elektromobilität

Zur einkommen- und lohnsteuerlichen Behandlung der Überlassung eines betrieblichen Elektro- und Hybridelektrofahrzeugs an Arbeitnehmer wird ergänzend auf folgende BMF-Schreiben hingewiesen: 62

- BMF-Schreiben vom 5. Juni 2014 (BStBl I S. 835), ergänzt durch BMF-Schreiben vom 24. Januar 2018 (BStBl I S. 272)[1],
- BMF-Schreiben vom 14. Dezember 2016 (BStBl I S. 1446), ergänzt durch BMF-Schreiben vom 26. Oktober 2017 (BStBl I S. 1439)[2].

11. Anwendungsregelungen

Dieses Schreiben ist in allen offenen Fällen anzuwenden. Hinsichtlich der Regelung in Rdnr. 10 Buchstabe e) ist es nicht zu beanstanden, wenn diese erst ab 1. Januar 2019 angewendet und bis dahin nach Rdnr. 5 des BMF-Schreibens vom 1. April 2011 (BStBl I S. 301) verfahren wird. 63

Das Merkblatt für den Arbeitgeber vom 1. November 1995 (BStBl I S. 719) und folgende BMF-Schreiben werden hiermit ersetzt: 64

- Steuerliche Behandlung der Überlassung eines betrieblichen Kraftfahrzeugs an Arbeitnehmer

  BMF-Schreiben vom 28. Mai 1996 (BStBl I S. 654)
- Lohnsteuerliche Behandlung der Überlassung eines betrieblichen Kraftfahrzeugs für Fahrten zwischen Wohnung und erster Tätigkeitsstätte (§ 8 Absatz 2 Satz 3 EStG); Anwendung der Urteile des BFH vom 22. September 2010 – VI R 54/09 – (BStBl 2011 II S. 354), – VI R 55/09 – (BStBl 2011 II S. 358) und – VI R 57/09 – (BStBl 2011 II S. 359)

  BMF-Schreiben vom 1. April 2011 (BStBl I S. 301)
- Geldwerter Vorteil für die Gestellung eines Kraftfahrzeugs mit Fahrer; BFH-Urteil vom 15. Mai 2013 – VI R 44/11 – (BStBl 2014 II S. 589)

  BMF-Schreiben vom 15. Juli 2014 (BStBl I S. 1109)
- Dienstwagenbesteuerung in Leasingfällen; Anwendung des BFH-Urteils vom 18. Dezember 2014, BStBl 2015 II S. 670

  BMF-Schreiben vom 15. Dezember 2016 (BStBl I S. 1449)

---

1) ***jetzt BMF vom 5.11.2021 (BStBl I S.*** ***)***, >Anhang 24 IV 6

2) ersetzt durch BMF vom 29.9.2020 (BStBl I S. 972), >Anhang 24 VIII

– Lohnsteuerliche Behandlung vom Arbeitnehmer selbst getragener Aufwendungen bei der Überlassung eines betrieblichen Kraftfahrzeugs (§ 8 Absatz 2 Satz 2 ff. EStG); Anwendung von R 8.1 Absatz 9 Nummer 1 Satz 5 LStR 2015 und R 8.1 Absatz 9 Nummer 4 LStR 2015; Anwendung der Urteile des BFH vom 30. November 2016 – VI R 49/14 – (BStBl 2017 II S. 1011) und – VI R 2/15 – (BStBl 2017 II S. 1014)

BMF-Schreiben vom 21. September 2017 (BStBl I S. 1336).

2.

– unbesetzt –

IV.

Fahrzeugüberlassung durch den Arbeitgeber

3.

Private Kfz-Nutzung durch den Gesellschafter-Geschäftsführer einer Kapitalgesellschaft; Urteile des Bundesfinanzhofs vom 23. Januar 2008 – I R 8/06 – (BStBl 2012 II S. 260), vom 23. April 2009 – VI R 81/06 – (BStBl 2012 II S. 262) und vom 11. Februar 2010 – VI R 43/09 – (BStBl 2012 II S. 266)

BMF vom 3.4.2012 (BStBl I S. 478)
IV C 2 – S 2742/08/10001 – 2012/0274530

Nach dem Ergebnis der Erörterungen mit den obersten Finanzbehörden der Länder gilt zur Anwendung der Urteile des Bundesfinanzhofs vom 23. Januar 2008 – I R 8/06 – (BStBl 2012 II S. 260), vom 23. April 2009 – VI R 81/06 – (BStBl 2012 II S. 262) und vom 11. Februar 2010 – VI R 43/09 – (BStBl 2012 II S. 266) im Hinblick auf die Frage der privaten Nutzung eines betrieblichen Kraftfahrzeugs (Kfz) durch den Gesellschafter-Geschäftsführer einer Kapitalgesellschaft Folgendes:

I. Vorliegen einer verdeckten Gewinnausschüttung (§ 8 Absatz 3 Satz 2 KStG)

Nach den BFH-Entscheidungen vom 23. Januar 2008 – I R 8/06 – (a. a. O.) und vom 17. Juli 2008 – I R 83/07 – (BFH/NV 2009 S. 417) ist nur diejenige Nutzung eines betrieblichen Kfz durch einen Gesellschafter-Geschäftsführer betrieblich veranlasst, welche durch eine fremdübliche Überlassungs- oder Nutzungsvereinbarung abgedeckt wird. Die ohne eine solche Vereinbarung erfolgende oder darüber hinausgehende oder einem ausdrücklichen Verbot widersprechende Nutzung ist hingegen durch das Gesellschaftsverhältnis zumindest mitveranlasst. Sie führt sowohl bei einem beherrschenden als auch bei einem nicht beherrschenden Gesellschafter-Geschäftsführer zu einer verdeckten Gewinnausschüttung (§ 8 Absatz 3 Satz 2 KStG)[1]). 1

Eine Überlassungs- oder Nutzungsvereinbarung kann auch durch eine – ggf. vom schriftlichen Anstellungsvertrag abweichende – mündliche oder konkludente Vereinbarung zwischen der Kapitalgesellschaft und dem Gesellschafter-Geschäftsführer erfolgen, wenn entsprechend dieser Vereinbarung tatsächlich verfahren wird (BFH-Urteil vom 24. Januar 1990 – I R 157/86 – BStBl II S. 645). Für einen außen stehenden Dritten muss dabei zweifelsfrei zu erkennen sein, dass das Kfz durch die Kapitalgesellschaft auf Grund einer entgeltlichen Vereinbarung mit dem Gesellschafter überlassen wird. 2

Erfolgt die Überlassung im Rahmen eines Arbeitsverhältnisses, muss die tatsächliche Durchführung der Vereinbarung – insbesondere durch zeitnahe Verbuchung des Lohnaufwands und Abführung der Lohnsteuer (und ggf. der Sozialversicherungsbeiträge) – durch die Kapitalgesellschaft nachgewiesen sein. Erfolgt die Überlassung nicht im Rahmen des Arbeitsverhältnisses, sondern im Rahmen eines entgeltlichen Überlassungsvertrags, muss auch hier die Durchführung der Vereinbarung – etwa durch die zeitnahe Belastung des Verrechnungskontos des Gesellschafter-Geschäftsführers – dokumentiert sein. 3

---

[1]) >BFH vom 21.3.2013 (BStBl I S. 1044)

II. Bewertung der verdeckten Gewinnausschüttung

4 Auf der Ebene der Kapitalgesellschaft ist für die Bemessung der verdeckten Gewinnausschüttung im Zusammenhang mit der privaten Kfz-Nutzung von der erzielbaren Vergütung auszugehen (H 37 KStH 2008[1]) Stichwort „Nutzungsüberlassungen"). Dies steht in Einklang mit den BFH-Urteilen vom 23. Februar 2005 – I R 70/04 – (BStBl II S. 882) und vom 23. Januar 2008 – I R 8/06 – (a. a. O.), wonach die verdeckte Gewinnausschüttung mit dem gemeinen Wert der Nutzungsüberlassung zu bemessen ist und damit einen angemessenen Gewinnaufschlag einbezieht. Aus Vereinfachungsgründen kann es die Finanzbehörde im Einzelfall zulassen, dass die verdeckte Gewinnausschüttung für die private Nutzung eines betrieblichen Kfz entsprechend § 6 Absatz 1 Nummer 4 Satz 2 EStG mit 1 Prozent des inländischen Listenpreises im Zeitpunkt der Erstzulassung zuzüglich der Kosten für Sonderausstattung einschließlich Umsatzsteuer für jeden Kalendermonat bewertet wird; bei Nutzung des Kfz durch den Gesellschafter-Geschäftsführer auch für Fahrten zwischen Wohnung und Arbeitsstätte[2]) erhöht sich dieser Wert um die in § 8 Absatz 2 Satz 3 EStG und für Familienheimfahrten im Rahmen einer doppelten Haushaltsführung um die in § 8 Absatz 2 Satz 5 EStG genannten Beträge.

5 Auf der Ebene des Gesellschafters ist die verdeckte Gewinnausschüttung auch nach Inkrafttreten des § 32a KStG durch das Jahressteuergesetz 2007 vom 13. Dezember 2006 (BStBl 2007 I S. 28) nach § 8 Absatz 2 Satz 2, 3 und 5 EStG zu bewerten.

III. Anwendung

6 Dieses Schreiben ist in allen offenen Fällen anzuwenden.

---

[1]) jetzt H 8.6 KStH

[2]) jetzt Fahrten zwischen Wohnung und erster Tätigkeitsstätte sowie Fahrten nach § 9 Abs. 1 Satz 3 Nr. 4a Satz 3 (>§ 8 Abs. 2 Satz 3)

IV.
Fahrzeugüberlassung durch den Arbeitgeber

4.
Gleich lautende Erlasse der obersten Finanzbehörden der Länder Steuerliche Behandlung der Überlassung von (Elektro-)Fahrrädern

vom 9.1.2020 (BStBl I S. 174)

Überlässt der Arbeitgeber oder auf Grund des Dienstverhältnisses ein Dritter dem Arbeitnehmer ein betriebliches Fahrrad zur privaten Nutzung, gilt vorbehaltlich der Regelung des § 3 Nummer 37 EStG für die Bewertung dieses zum Arbeitslohn gehörenden geldwerten Vorteils Folgendes:

Nach § 8 Absatz 2 Satz 10 EStG wird hiermit als monatlicher Durchschnittswert der privaten Nutzung (einschließlich Privatfahrten, Fahrten zwischen Wohnung und erster Tätigkeitsstätte sowie Fahrten nach § 9 Absatz 1 Satz 3 Nummer 4a Satz 3 EStG und Familienheimfahrten im Rahmen einer doppelten Haushaltsführung) 1 % der auf volle 100 Euro abgerundeten unverbindlichen Preisempfehlung des Herstellers, Importeurs oder Großhändlers im Zeitpunkt der Inbetriebnahme des Fahrrads einschließlich der Umsatzsteuer festgesetzt. 1

Überlässt der Arbeitgeber dem Arbeitnehmer das betriebliche Fahrrad erstmals nach dem 31. Dezember 2018 und vor dem 1. Januar 2031, wird als monatlicher Durchschnittswert der privaten Nutzung (einschließlich Privatfahrten, Fahrten zwischen Wohnung und erster Tätigkeitsstätte sowie Fahrten nach § 9 Absatz 1 Satz 3 Nummer 4a Satz 3 EStG und Familienheimfahrten im Rahmen einer doppelten Haushaltsführung) für das Kalenderjahr 2019 1 % der auf volle 100 Euro abgerundeten halbierten und ab 1. Januar 2020 1 % eines auf volle 100 Euro abgerundeten Viertels der unverbindlichen Preisempfehlung des Herstellers, Importeurs oder Großhändlers im Zeitpunkt der Inbetriebnahme des Fahrrads einschließlich der Umsatzsteuer festgesetzt. In diesen Fällen kommt es nicht auf den Zeitpunkt an, zu dem der Arbeitgeber dieses Fahrrad angeschafft, hergestellt oder geleast hat. Wurde das betriebliche Fahrrad vor dem 1. Januar 2019 vom Arbeitgeber bereits einem Arbeitnehmer zur privaten Nutzung überlassen, bleibt es bei einem Wechsel des Nutzungsberechtigten nach dem 31. Dezember 2018 für dieses Fahrrad bei den Regelungen der Rdnr. 1 und die Regelungen dieser Randnummer sind nicht anzuwenden. 2

Die Freigrenze für Sachbezüge nach § 8 Absatz 2 Satz 11 EStG ist weder bei Anwendung der Rdnr. 1 noch bei Anwendung der Rdnr. 2 anzuwenden. 3

Gehört die Nutzungsüberlassung von Fahrrädern zur Angebotspalette des Arbeitgebers an fremde Dritte (z. B. Fahrradverleihfirmen), kann der geldwerte Vorteil auch nach § 8 Absatz 3 EStG ermittelt und der Rabattfreibetrag in Höhe von 1.080 Euro berücksichtigt werden, wenn die Lohnsteuer nicht nach § 40 EStG pauschal erhoben wird. 4

Die vorstehenden Regelungen gelten auch für Elektrofahrräder, wenn diese verkehrsrechtlich als Fahrrad einzuordnen (u. a. keine Kennzeichen- und Versicherungspflicht) sind. 5

Ist ein Elektrofahrrad verkehrsrechtlich als Kraftfahrzeug einzuordnen (z. B. gelten Elektrofahrräder, deren Motor auch Geschwindigkeiten über 25 Kilometer pro Stunde unterstützt, als Kraftfahrzeuge), ist für die Bewertung des geldwerten Vorteils § 8 Absatz 2 Satz 2 bis 5 i. V. m. § 6 Absatz 1 Nummer 4 Satz 2 EStG anzuwenden. 6

7 Dieser Erlass ergeht mit Zustimmung des Bundesministeriums der Finanzen und im Einvernehmen mit den obersten Finanzbehörden der anderen Länder. Er ersetzt den Erlass vom 13. März 2019 (BStBl I S. 216) und ist erstmals für das Kalenderjahr 2019 anzuwenden.

IV.
Fahrzeugüberlassung durch den Arbeitgeber

5.
Lohnsteuerliche Behandlung der Überlassung von (Elektro-)Fahrrädern an Arbeitnehmer in Leasingfällen

BMF vom 17.11.2017 (BStBl I S. 1546)
IV C 5 – S 2334/12/10002-04 – 2017/0821734

Es ist gefragt worden, wie bestimmte Vertragsgestaltungen zum sog. (Elektro-)Fahrrad-Leasing lohnsteuerlich zu behandeln sind. Dabei werden regelmäßig folgende Verträge abgeschlossen:

1. ein Rahmenvertrag zwischen dem Arbeitgeber und einem Anbieter, der regelmäßig die gesamte Abwicklung betreut,
2. Einzelleasingverträge zwischen dem Arbeitgeber (Leasingnehmer) und einem Leasinggeber über die (Elektro-)Fahrräder mit einer festen Laufzeit von zumeist 36 Monaten,
3. ein Nutzungsüberlassungsvertrag zwischen dem Arbeitgeber und dem Arbeitnehmer hinsichtlich des einzelnen (Elektro-)Fahrrads für ebendiese Dauer, der auch eine private Nutzung zulässt,
4. eine Änderung des Arbeitsvertrags, in dem einvernehmlich das künftige Gehalt des Arbeitnehmers für die Dauer der Nutzungsüberlassung um einen festgelegten Betrag (in der Regel in Höhe der Leasingrate des Arbeitgebers) herabgesetzt wird (sog. Gehaltsumwandlung).

Zudem sehen die Vertragsgestaltungen regelmäßig vor, dass ein Dritter (z. B. Leasinggeber, Dienstleister oder Verwertungsgesellschaft) dem Arbeitnehmer das von ihm genutzte (Elektro-)Fahrrad bei Beendigung der Überlassung durch den Arbeitgeber zu einem Restwert von z. B. 10 % des ursprünglichen Kaufpreises zum Erwerb anbieten kann.

Hierzu gilt im Einvernehmen mit den obersten Finanzbehörden der Länder Folgendes:

Nach § 19 Absatz 1 Satz 1 Nummer 1 in Verbindung mit § 8 Absatz 1 EStG gehören grundsätzlich alle Einnahmen in Geld oder Geldeswert, die durch ein individuelles Dienstverhältnis veranlasst sind, zu den Einkünften aus nichtselbständiger Arbeit. Daher führt hier sowohl die vergünstigte Nutzungsüberlassung des (Elektro-)Fahrrads durch den Arbeitgeber als auch die vergünstigte Übereignung des (Elektro-)Fahrrads durch den Dritten zu einem geldwerten Vorteil beim Arbeitnehmer[1]).

1. Nutzungsüberlassung des (Elektro-)Fahrrads durch den Arbeitgeber

Für die Frage, ob von einer Gestellung des (Elektro-)Fahrrads durch den Arbeitgeber auszugehen ist, wenn das (Elektro-)Fahrrad im Rahmen einer steuerlich anzuerkennenden Gehaltsumwandlung überlassen wird, ist das BMF-Schreiben vom 15. Dezember 2016 (BStBl I Seite 1449)[2]) zur Dienstwagenbesteuerung in Leasingfällen entsprechend anzuwenden:

Least der Arbeitgeber ein (Elektro-)Fahrrad von dem Leasinggeber und überlässt es dem Arbeitnehmer auch zur privaten Nutzung, liegt jedenfalls dann keine vom Arbeitsvertrag unabhängige Sonderrechtsbeziehung im Sinne des BFH-Urteils vom 18. Dezember 2014, BStBl 2015 II Seite 670 vor und ist die Nutzungsüberlassung nach Tz. 2 zu bewerten, wenn folgende Voraussetzungen vorliegen:

Der Anspruch auf die Überlassung des (Elektro-)Fahrrads resultiert aus dem Arbeitsvertrag oder aus einer anderen arbeitsrechtlichen Rechtsgrundlage, weil

---

[1]) Zusätzlich zum ohnehin geschuldeten Arbeitslohn gewährte Vorteile aus der Überlassung eines betrieblichen (Elektro-)Fahrrads, das kein Kraftfahrzeug i. S. d. § 6 Abs. 1 Nr. 4 Satz 2 ist, sind ab 1.1.2019 steuerfrei nach § 3 Nr. 37.

[2]) jetzt BMF vom 4.4.2018 (BStBl I S. 592), Tz. 7, >Anhang 24 IV 1

- er im Rahmen einer steuerlich anzuerkennenden Gehaltsumwandlung mit Wirkung für die Zukunft vereinbart ist. Voraussetzung ist, dass der Arbeitnehmer unter Änderung des Arbeitsvertrags auf einen Teil seines Barlohns verzichtet und ihm der Arbeitgeber stattdessen Sachlohn in Form eines Nutzungsrechts an einem (Elektro-)Fahrrad des Arbeitgebers gewährt (vgl. BFH-Urteil vom 6. März 2008, BStBl II Seite 530) oder
- er arbeitsvertraglicher Vergütungsbestandteil ist. Davon ist insbesondere auszugehen, wenn von vornherein bei Abschluss eines Arbeitsvertrags eine solche Vereinbarung getroffen wird oder wenn die Beförderung in eine höhere Gehaltsklasse mit der Überlassung eines (Elektro-) Fahrrads des Arbeitgebers verbunden ist.

Eine Gestellung eines (Elektro-)Fahrrads durch den Arbeitgeber in diesem Sinne setzt zudem voraus, dass der Arbeitgeber und nicht der Arbeitnehmer gegenüber dem Leasinggeber zivilrechtlich Leasingnehmer ist.

2. Lohnsteuerliche Behandlung der Nutzungsüberlassung des (Elektro-)Fahrrads

Zur Bewertung des geldwerten Vorteils aus der privaten Nutzung des (Elektro-)Fahrrads wird auf die gleich lautenden Erlasse der obersten Finanzbehörden der Länder vom 23. November 2012, BStBl I Seite 1224[1]), verwiesen.

3. Lohnsteuerliche Behandlung der Übereignung des (Elektro-)Fahrrads

Erwirbt der Arbeitnehmer nach Beendigung der Vertragslaufzeit das von ihm bis dahin genutzte (Elektro-)Fahrrad von dem Dritten zu einem geringeren Preis als dem um übliche Preisnachlässe geminderten üblichen Endpreis am Abgabeort i. S. des § 8 Absatz 2 Satz 1 EStG für ein solches (Elektro-)Fahrrad, ist der Unterschiedsbetrag als Arbeitslohn von dritter Seite zu versteuern, vgl. BMF-Schreiben vom 20. Januar 2015, BStBl I Seite 143. Zur Ermittlung dieses geldwerten Vorteils ist grundsätzlich eine Einzelbewertung vorzunehmen, vgl. Rdnr. 4 des BMF-Schreibens vom 16. Mai 2013, BStBl I Seite 729.

Es ist nicht zu beanstanden, den üblichen Endpreis i. S. des § 8 Absatz 2 Satz 1 EStG eines (Elektro-) Fahrrads, das dem Arbeitnehmer aufgrund des Dienstverhältnisses nach 36 Monaten Nutzungsdauer übereignet wird, aus Vereinfachungsgründen mit 40 % der auf volle 100 Euro abgerundeten unverbindlichen Preisempfehlung des Herstellers, Importeurs oder Großhändlers im Zeitpunkt der Inbetriebnahme des (Elektro-)Fahrrads einschließlich der Umsatzsteuer zu bewerten. Ein niedrigerer Wert kann nachgewiesen werden.

4. Pauschalierung der Einkommensteuer nach § 37b Absatz 1 EStG

In den Fällen der Tz. 3 gilt zur Frage der Anwendung des § 37b Absatz 1 EStG durch den Zuwendenden (z. B. Leasinggeber, Dienstleister oder Verwertungsgesellschaft) und zur Höhe der Bemessungsgrundlage (Rdnr. 11 und Rdnr. 16 des BMF-Schreibens vom 19. Mai 2015, BStBl I Seite 468) Folgendes:

a) Anwendung des § 37b Absatz 1 EStG

Dem Kriterium „Zusätzlichkeitsvoraussetzung" genügt es, wenn zu dem sog. Grundgeschäft im Sinne der Rdnr. 9a des BMF-Schreibens vom 19. Mai 2015 (a. a. O.) zwischen dem Zuwendenden (z. B. Leasinggeber, Dienstleister oder Verwertungsgesellschaft) und dem Arbeitnehmer – z. B. ein Kaufvertrag über ein (Elektro-)Fahrrad – der aus einem Rahmenvertrag zwischen dem Zuwendenden und dem Arbeitgeber resultierende geldwerte Vorteil für den Arbeitnehmer – z. B. ein vereinbarter Rabatt oder eine andere Vergünstigung – hinzukommt, vgl. Rdnr. 11 des BMF-Schreibens vom 19. Mai 2015 (a. a. O.). § 37b Absatz 1 EStG ist dann grundsätzlich anwendbar.

---

[1]) ersetzt durch gleich lautende Ländererlasse vom 9.1.2020 (BStBl I S. 174), >Anhang 24 IV 4

b) Bemessungsgrundlage

Bemessungsgrundlage der pauschalen Einkommensteuer sind grundsätzlich die Aufwendungen des Zuwendenden. Als Bemessungsgrundlage ist jedoch der gemeine Wert anzusetzen, wenn die Zuwendung in der Hingabe eines Wirtschaftsgutes des Betriebsvermögens besteht und dem Zuwendenden keine oder nur unverhältnismäßig geringe Aufwendungen entstanden sind, vgl. Rdnr. 16 des BMF-Schreibens vom 19. Mai 2015 (a. a. O.). Unverhältnismäßig geringe Aufwendungen in diesem Sinne liegen regelmäßig vor, wenn die (Elektro-)Fahrräder durch den Zuwendenden (z. B. Dienstleister oder Verwertungsgesellschaft) vom Leasinggeber für einen weit unter dem gemeinen Wert liegenden Endpreis (z. B. 10 % des ursprünglichen Kaufpreises) erworben werden.

In diesen Fällen wird es nicht beanstandet, den gemeinen Wert im Sinne der Rdnr. 16 des BMF-Schreibens vom 19. Mai 2015 (a. a. O.) eines (Elektro-)Fahrrads, das dem Arbeitnehmer aufgrund des Dienstverhältnisses nach 36 Monaten der Nutzungsdauer vom Zuwendenden übereignet wird, aus Vereinfachungsgründen mit 40 % der auf volle 100 Euro abgerundeten unverbindlichen Preisempfehlung des Herstellers, Importeurs oder Großhändlers im Zeitpunkt der Inbetriebnahme des (Elektro-)Fahrrads einschließlich der Umsatzsteuer anzusetzen. Ein niedrigerer Wert kann nachgewiesen werden.

Der Kaufpreis, den der Zuwendungsempfänger zahlt, mindert die Bemessungsgrundlage der pauschalen Einkommensteuer, vgl. Rdnr. 9c des BMF-Schreibens vom 19. Mai 2015 (a. a. O.).

Dieses Schreiben ist in allen offenen Fällen anzuwenden.

IV.

Fahrzeugüberlassung durch den Arbeitgeber

6.

Nutzung eines betrieblichen Kraftfahrzeugs für private Fahrten, Fahrten zwischen Wohnung und Betriebsstätte/erster Tätigkeitsstätte oder Fahrten nach § 9 Absatz 1 Satz 3 Nummer 4a Satz 3 EStG und Familienheimfahrten; Nutzung von Elektro- und Hybridelektrofahrzeugen

BMF vom 5.11.2021 (BStBl I S.)
IV C 6 – S 2177/19/10004 :008 / IV C 5 – S 2334/19/10009 :003 – 2021/1117997

Durch das Gesetz zur Vermeidung von Umsatzsteuerausfällen beim Handel mit Waren im Internet und zur Änderung weiterer steuerlicher Vorschriften vom 11. Dezember 2018 (BGBl. I S. 2338), das Gesetz zur weiteren steuerlichen Förderung der Elektromobilität und zur Änderung weiterer steuerlicher Vorschriften vom 12. Dezember 2019 (BGBl. I S. 2451) und das Zweite Gesetz zur Umsetzung steuerlicher Hilfsmaßnahmen zur Bewältigung der Corona-Krise vom 29. Juni 2020 (BGBl. I S. 1512) wurden die in § 6 Absatz 1 Nummer 4 Satz 2 und 3 EStG enthaltenen Sonderregelungen für Elektrofahrzeuge und extern aufladbare Hybridelektrofahrzeuge fortentwickelt und der Anwendungszeitraum der Regelungen verlängert. Unter Bezugnahme auf das Ergebnis der Erörterungen mit den obersten Finanzbehörden der Länder gilt für die ertragsteuerliche Beurteilung der Nutzung von betrieblichen Elektro- und extern aufladbaren Hybridelektrofahrzeugen für private Fahrten, Fahrten zwischen Wohnung und Betriebsstätte/erster Tätigkeitsstätte oder Fahrten nach § 9 Absatz 1 Satz 3 Nummer 4a Satz 3 EStG und Familienheimfahrten Folgendes:

1. Sachlicher Anwendungsbereich

a) Elektrofahrzeuge

1 Elektrofahrzeuge im Sinne des § 6 Absatz 1 Nummer 4 Satz 2, 2. Halbsatz und Satz 3 EStG sind Kraftfahrzeuge, die ausschließlich durch einen Elektromotor angetrieben werden, der ganz oder überwiegend aus mechanischen oder elektrochemischen Energiespeichern oder aus emissionsfrei betriebenen Energiewandlern gespeist wird. Elektrofahrzeuge sind danach z. B.

a) reine Batterieelektrofahrzeuge im Sinne des § 2 Nummer 2 Elektromobilitätsgesetz (EmoG), bei denen es sich um Kraftfahrzeuge mit einem Antrieb handelt, dessen Energiewandler ausschließlich elektrische Maschinen sind und dessen Energiespeicher zumindest von außerhalb des Fahrzeugs wieder aufladbar sind und

b) Brennstoffzellenfahrzeuge im Sinne des § 2 Nummer 4 EmoG bei denen es sich um Kraftfahrzeuge mit einem Antrieb handelt, dessen Energiewandler ausschließlich aus den Brennstoffzellen und mindestens einer elektrischen Antriebsmaschine bestehen.

Nach dem Verzeichnis des Kraftfahrtbundesamtes zur Systematisierung von Kraftfahrzeugen und ihren Anhängern (Stand: Juli 2021) weisen danach folgende Codierungen im Teil 1, Feld 10 der Zulassungsbescheinigung ein Elektrofahrzeug in diesem Sinne aus: 0004 und 0015.

b) Extern aufladbare Hybridelektrofahrzeuge

Extern aufladbare Hybridelektrofahrzeuge im Sinne des § 6 Absatz 1 Nummer 4 Satz 2, 2. Halbsatz und 3 EStG sind Kraftfahrzeuge im Sinne des § 2 Nummer 3 EmoG mit einem Antrieb, der über mindestens zwei verschiedene Arten von Energiewandlern, davon mindestens ein Energiewandler als elektrische Antriebsmaschine, und Energiespeichern, davon mindestens einer von einer außerhalb des Fahrzeuges befindlichen Energiequelle elektrisch wieder aufladbar, verfügt. Extern aufladbare Hybridelektrofahrzeuge sind z. B. sogenannte Plug-in-Hybridfahrzeuge. 2

Nach dem Verzeichnis des Kraftfahrtbundesamtes zur Systematisierung von Kraftfahrzeugen und ihren Anhängern (Stand: Juli 2021) weisen danach folgende Codierungen im Teil 1, Feld 10 der Zulassungsbescheinigung ein Hybridelektrofahrzeug in diesem Sinne aus: 0016 bis 0019 und 0025 bis 0031.

c) Elektrofahrräder und Elektrokleinstfahrzeuge

Elektrofahrräder, die verkehrsrechtlich als Kraftfahrzeug einzuordnen sind (Elektrofahrräder, deren Motor auch Geschwindigkeiten über 25 km/h unterstützt) und Elektrokleinstfahrzeuge im Sinne des § 1 Absatz 1 Satz 1 Elektrokleinstfahrzeuge-Verordnung vom 6. Juni 2019 (BGBl. I Seite 756; Kraftfahrzeuge mit elektrischem Antrieb und einer bauartbedingten Höchstgeschwindigkeit von nicht weniger als 6 km/h und nicht mehr als 20 km/h) sind ertragsteuerlich als Kraftfahrzeuge im Sinne des § 6 Absatz 1 Nummer 4 Satz 2 und 3 EStG einzuordnen. Die Überlassung solcher Fahrzeuge durch den Arbeitgeber ist daher nicht nach § 3 Nummer 37 EStG steuerfrei. 3

d) Emission und Reichweite

Für die Anwendung des § 6 Absatz 1 Nummer 4 Satz 2 Nummer 2 und Satz 3 Nummer 2 EStG muss ein Hybridelektrofahrzeug, das nach dem 31. Dezember 2018 und vor dem 1. Januar 2022 angeschafft wurde, die Voraussetzungen des § 3 Absatz 2 Nummer 1 oder 2 EmoG erfüllen. Für diese Fahrzeuge muss sich aus der Übereinstimmungsbescheinigung nach Anhang IX der Richtlinie 2007/46/EG oder aus der Übereinstimmungsbescheinigung nach Artikel 38 der Verordnung (EU) Nr. 168/2013 ergeben, dass das Fahrzeug: 4

1. eine Kohlendioxidemission von höchstens 50 Gramm je gefahrenen Kilometer hat oder
2. dessen Reichweite unter ausschließlicher Nutzung der elektrischen Antriebsmaschine mindestens 40 Kilometer beträgt.

Die Erfüllung dieser Bedingungen kann durch das Führen eines E-Kennzeichens nachgewiesen werden. Soweit ein solches nicht vorhanden ist, kann der Nachweis auch durch Vorlage der Übereinstimmungsbescheinigung nach Anhang IX der Richtlinie 2007/46/EG oder aus der Übereinstimmungsbescheinigung nach Artikel 38 der Verordnung (EU) Nr. 168/2013 erbracht werden. Soweit in den Bescheinigungen verschiedene Werte ausgewiesen werden:

1. sind für Fahrzeuge, die nach dem 31. August 2018 erstmalig zugelassen wurden, grundsätzlich die WLTP[1]) Werte maßgeblich (CoC[2]) 49.4 und 49.5). Eine Ausnahme gilt nur für auslaufende Modelle und Lagerfahrzeuge, die nicht nach WLTP zertifiziert werden müssen. Für die Kohlendioxidemissionen ist hierbei auf die gewichteten kombinierten WLTP Werte (COC 49.4) abzustellen und

---

1) WLTP = Worldwide Harmonized Light-Duty Vehicles Test Procedure

2) CoC = Certificate of Conformity

2. wird für die elektrische Mindestreichweite der Wert „Elektrische Reichweite innerorts“ (EAER[1]) city gem. CoC 49.5.2) herangezogen.

5 Für die Prüfung, ob ein Elektro- oder Hybridelektrofahrzeug die Voraussetzungen an den zulässigen Kohlendioxidausstoß und die erforderliche Mindestreichweite des § 6 Absatz 1 Nummer 4 Satz 2 Nummer 3 bis 5 und Satz 3 Nummer 3 bis 5 EStG erfüllt, ist auf die in Rdnr. 11 genannten Werte abzustellen. Die Kohlendioxidemissionen und die elektrische Mindestreichweite ergeben sich aus der Übereinstimmungsbescheinigung nach Anhang IX der Richtlinie 2007/46/EG oder aus der Übereinstimmungsbescheinigung nach Artikel 38 der Verordnung (EU) Nr. 168/2013. Rdnr. 4 Satz 5 gilt sinngemäß.

2. Pauschale Ermittlung des privaten Nutzungswerts nach der 1 %-Regelung

a) Ermittlung des maßgebenden Listenpreises

6 Die Bemessungsgrundlage für die Ermittlung des Entnahmewerts nach § 6 Absatz 1 Nummer 4 Satz 2 EStG, der nicht abziehbaren Betriebsausgaben nach § 4 Absatz 5 Satz 1 Nummer 6 EStG oder des pauschalen Nutzungswerts nach § 8 Absatz 2 Satz 2, 3 und 5 EStG ist der inländische Listenpreis im Zeitpunkt der Erstzulassung des Kraftfahrzeugs zuzüglich der Kosten für Sonderausstattung einschließlich Umsatzsteuer (Bruttolistenpreis). Diese Bemessungsgrundlage ist für Kraftfahrzeuge im Sinne der Rdnrn. 1 bis 3 wie folgt anzupassen:

aa) § 6 Absatz 1 Nummer 4 Satz 2 Nummer 1 EStG (sogenannter Nachteilsausgleich)

7 Für Kraftfahrzeuge, die vor dem 1. Januar 2023 angeschafft werden und die nicht in den Anwendungsbereich des § 6 Absatz 1 Nummer 4 Satz 2 Nummer 2 bis 4 EStG fallen (vgl. Rdnr. 11) ist dieser Listenpreis wegen der darin enthaltenen Kosten für das Batteriesystem pauschal zu mindern; der pauschale Abschlag ist der Höhe nach begrenzt. Der Minderungs- und der Höchstbetrag richten sich nach dem Anschaffungsjahr des Kraftfahrzeugs und können aus nachfolgender Tabelle entnommen werden. Werden Elektro- und Hybridelektrofahrzeuge im Sinne der Rdnrn. 1 bis 3 gebraucht erworben, richtet sich der Minderungsbetrag nach dem Jahr der Erstzulassung des Kraftfahrzeugs. Der kWh-Wert kann dem Teil 1, Feld 22 der Zulassungsbescheinigung entnommen werden. Bei Brennstoffzellenfahrzeugen ist die Batteriekapazität der im Fahrzeug gespeicherten Energie vergleichbar; dieser Wert kann dem Teil 1, Feld 22 der Zulassungsbescheinigung entnommen werden.

Anschaffungsjahr/ Jahr der Erstzulassung	Minderungsbetrag in Euro/kWh der Batteriekapazität	Höchstbetrag in Euro
2013 und früher	500	10.000
2014	450	9.500
2015	400	9.000
2016	350	8.500
2017	300	8.000
2018	250	7.500
2019	200	7.000
2020	150	6.500
2021	100	6.000
2022	50	5.500

[1]) EAER = Equivalent All Electric Range

Die Abrundung des Listenpreises auf volle Hundert Euro nach Rdnr. 10 des BMF-Schreibens vom 18. November 2009 (BStBl I S. 1326) und R 8.1 Absatz 9 Nummer 1 Satz 6 LStR ist nach Abzug des Abschlages vorzunehmen. Auf den so ermittelten Wert sind für den gesamten Zeitraum der Nutzung des jeweiligen Kraftfahrzeugs die Prozentsätze nach § 4 Absatz 5 Satz 1 Nummer 6 Satz 3, § 6 Absatz 1 Nummer 4 Satz 2 und § 8 Absatz 2 Satz 2, 3 und 5 EStG anzuwenden. 8

Beispiel 1:

Der Steuerpflichtige hat in 2018 ein Elektrofahrzeug mit einer Batteriekapazität von 25,4 Kilowattstunden (kWh) erworben. Der Bruttolistenpreis beträgt 45.000 Euro. Die betriebliche Nutzung beträgt 60 %. Der private Nutzungsanteil nach § 6 Absatz 1 Nummer 4 Satz 2 Nummer 1 EStG ermittelt sich wie folgt:

Der Bruttolistenpreis (45.000 Euro) ist um 6.350 Euro (25,4 kWh x 250 Euro) zu mindern. Der für die Ermittlung des Entnahmewerts geminderte und auf volle hundert Euro abgerundete Bruttolistenpreis beträgt 38.600 Euro. Die Nutzungsentnahme nach der 1 %-Regelung beträgt 386 Euro pro Monat.

Beispiel 2:

Der Steuerpflichtige hat in 2018 ein Elektrofahrzeug mit einer Batteriekapazität von 45 Kilowattstunden (kWh) erworben. Der Bruttolistenpreis beträgt 109.150 Euro. Die betriebliche Nutzung beträgt 60 %. Der private Nutzungsanteil nach § 6 Absatz 1 Nummer 4 Satz 2 Nummer 1 EStG ermittelt sich wie folgt:

Der Bruttolistenpreis (109.150 Euro) ist um 7.500 Euro (45 kWh x 250 Euro = 11.250 Euro, begrenzt auf 7.500 Euro Höchstbetrag) zu mindern und auf volle Hundert Euro abzurunden. Der für die Ermittlung des Entnahmewerts geminderte Bruttolistenpreis beträgt 101.600 Euro. Die Nutzungsentnahme beträgt 1.016 Euro pro Monat.

Beispiel 2/1:

Der Steuerpflichtige hat in 2020 ein extern aufladbares Hybridelektrofahrzeug erworben, das die Voraussetzungen des § 3 Absatz 2 Nummer 1 oder 2 EmoG nicht erfüllt. Die betriebliche Nutzung beträgt 60 %. Der private Nutzungsanteil ist nach § 6 Absatz 1 Nummer 4 Satz 2 Nummer 1 EStG zu ermitteln, weil die Voraussetzungen für einen Bruchteilsansatz des Listenpreises nach § 6 Absatz 1 Nummer 4 Satz 2 Nummer 2 EStG (vgl. Rdnr. 11) nicht vorliegen.

Eine Minderung der Bemessungsgrundlage ist nur dann vorzunehmen, wenn der Listenpreis die Kosten des Batteriesystems beinhaltet. Wird das Batteriesystem des Elektro- oder Hybridelektrofahrzeugs nicht zusammen mit dem Kraftfahrzeug angeschafft, sondern ist für dessen Überlassung ein zusätzliches Entgelt, z. B. in Form von Leasingraten, zu entrichten, kommt eine Minderung der Bemessungsgrundlage nicht in Betracht. Die für die Überlassung der Batterie zusätzlich zu entrichtenden Entgelte sind grundsätzlich als Betriebsausgaben abziehbar. 9

Beispiel 3:

Der Steuerpflichtige hat in 2018 ein Elektrofahrzeug mit einer Batteriekapazität von 25,4 Kilowattstunden (kWh) erworben. Der Bruttolistenpreis beträgt 25.640 Euro. Für die Batterie hat der Steuerpflichtige monatlich zusätzlich eine Mietrate von 79 Euro zu zahlen. Die betriebliche Nutzung beträgt 60 %. Der private Nutzungsanteil nach § 6 Absatz 1 Nummer 4 Satz 2 Nummer 1 EStG ermittelt sich wie folgt:

Der Bruttolistenpreis (25.640 Euro) ist nicht zu mindern und wird – auf volle Hundert Euro abgerundet – für die Ermittlung des Entnahmewerts zugrunde gelegt. Die Nutzungsentnahme beträgt 256 Euro pro Monat.

Aus Vereinfachungsgründen ist es auch zulässig, die Nutzungsentnahme ausgehend vom Listenpreis für das Kraftfahrzeug mit Batteriesystem zu berechnen, wenn das gleiche Kraftfahrzeug am Markt jeweils mit oder ohne Batteriesystem angeschafft werden kann. 10

Beispiel 4:

Wie Beispiel 3, das Elektrofahrzeug könnte der Steuerpflichtige auch zusammen mit dem Batteriesystem erwerben. Der Bruttolistenpreis betrüge 31.640 Euro. Der private Nutzungsanteil nach § 6 Absatz 1 Nummer 4 Satz 2 Nummer 1 EStG könnte auch wie folgt ermittelt werden:

Der Bruttolistenpreis (31.640 Euro) ist um 6.350 Euro (25,4 kWh x 250 Euro = 6.350 Euro) zu mindern und auf volle Hundert Euro abzurunden. Der für die Ermittlung des Entnahmewerts geminderte Bruttolistenpreis beträgt 25.200 Euro. Die Nutzungsentnahme beträgt 252 Euro pro Monat.

bb) § 6 Absatz 1 Nummer 4 Satz 2 Nummer 2 bis 5 EStG (sogenannter Bruchteilsansatz)

11 Nach § 6 Absatz 1 Nummer 4 Satz 2 Nummer 2 bis 5 EStG ist in Abhängigkeit vom jeweiligen Anschaffungsdatum und von der Erfüllung der jeweiligen weiteren Voraussetzungen folgender Bruchteil dieses Listenpreises anzusetzen. Für die Überlassung eines betrieblichen Kraftfahrzeugs vom Arbeitgeber an den Arbeitnehmer gilt Rdnr. 22.

1. Für **Elektrofahrzeuge** gilt

a) mit Wirkung zum 1. Januar 2019:

Anschaffungszeitraum	Voraussetzungen	Anzusetzender Bruchteil
01.01.2019 bis 31.12.2021	keine	1/2

b) mit Wirkung zum 1. Januar 2020:

Anschaffungszeitraum	Voraussetzungen	Anzusetzender Bruchteil
01.01.2019 bis 31.12.2030	Listenpreis nicht mehr als 60.000 €	1/4
01.01.2019 bis 31.12.2030	Listenpreis mehr als 60.000 €	1/2

2. Für extern aufladbare Hybridelektrofahrzeuge gilt

a) mit Wirkung zum 1. Januar 2019:

Anschaffungszeitraum	Voraussetzungen	Anzusetzender Bruchteil
01.01.2019 bis 31.12.2021	Kohlendioxidemission höchstens 50 g/km *oder* Mindestreichweite von 40 km	1/2

b) mit Wirkung zum 1. Januar 2020:

Anschaffungszeitraum	Voraussetzungen	Anzusetzender Bruchteil
01.01.2019 bis 31.12.2021	Kohlendioxidemission höchstens 50 g/km *oder* Mindestreichweite von 40 km	1/2

Anschaffungszeitraum	Voraussetzungen	Anzusetzender Bruchteil
01.01.2022 bis 31.12.2024	Kohlendioxidemission höchstens 50 g/km *oder* Mindestreichweite von 60 km	1/2
01.01.2025 bis 31.12.2030	Kohlendioxidemission höchstens 50 g/km *oder* Mindestreichweite von 80 km	1/2

Dies gilt auch für die Anschaffung gebrauchter Kraftfahrzeuge.

Die Abrundung des Listenpreises auf volle Hundert Euro nach Rdnr. 10 des BMF-Schreibens vom 18. November 2009 (BStBl I S. 1326) und R 8.1 Absatz 9 Nummer 1 Satz 6 LStR ist nach Ermittlung des Bruchteils vorzunehmen. Auf den so ermittelten Wert sind für den gesamten Zeitraum der Nutzung des jeweiligen Kraftfahrzeugs die Prozentsätze nach § 4 Absatz 5 Satz 1 Nummer 6 Satz 3, § 6 Absatz 1 Nummer 4 Satz 2 und § 8 Absatz 2 Satz 2, 3 und 5 EStG anzuwenden. 12

Beispiel 5:

Der Steuerpflichtige hat in 2019 ein Elektrofahrzeug erworben. Der Bruttolistenpreis beträgt 35.326 Euro. Die betriebliche Nutzung beträgt 60 %. Der private Nutzungsanteil ermittelt sich wie folgt:

Für 2019 ist § 6 Absatz 1 Nummer 4 Satz 2 Nummer 2 EStG anzuwenden (Gesetz zur Vermeidung von Umsatzsteuerausfällen beim Handel mit Waren im Internet und zur Änderung weiterer steuerlicher Vorschriften):

Der Bruttolistenpreis (35.326 Euro) ist nur zur Hälfte zugrunde zu legen = 17.663 Euro und auf 17.600 Euro abzurunden. Die Nutzungsentnahme nach der 1 %-Regelung beträgt 176 Euro (1 % von 17.600 Euro) pro Monat.

Für 2020 ist § 6 Absatz 1 Nummer 4 Satz 2 Nummer 3 EStG anzuwenden (Gesetz zur weiteren steuerlichen Förderung der Elektromobilität und zur Änderung weiterer steuerlicher Vorschriften):

Der Bruttolistenpreis (35.326 Euro) ist nur zu einem Viertel zugrunde zu legen = 8.831,50 Euro und auf 8.800 Euro abzurunden. Die Nutzungsentnahme nach der 1 %-Regelung beträgt 88 Euro (1 % von 8.800 Euro) pro Monat.

b) Begrenzung der pauschalen Wertansätze (sogenannte Kostendeckelung)

Nach den Rdnrn. 18 bis 20 des BMF-Schreibens vom 18. November 2009 (BStBl I S. 1326) und Rdnr. 4 des BMF-Schreibens vom 4. April 2018 (BStBl I S. 592) sind die pauschalen Wertansätze höchstens mit dem Betrag der Gesamtkosten des Kraftfahrzeugs anzusetzen (sogenannte Kostendeckelung). Zu den Gesamtkosten gehört auch die Absetzung für Abnutzung. Für den Vergleich der pauschalen Wertansätze mit den Gesamtkosten ist die Bemessungsgrundlage für die Absetzung für Abnutzung um den Abschlag nach Rdnrn. 6 und 7 zu mindern oder mit dem entsprechenden Bruchteil nach Rdnr. 11 anzusetzen. 13

Enthalten die Anschaffungskosten für das Elektro- oder Hybridelektrofahrzeug keinen Anteil für das Batteriesystem (Rdnr. 9) und ist für die Überlassung der Batterie ein zusätzliches Entgelt (z. B. Miete oder Leasingrate) zu entrichten, sind bei Anwendung des § 6 Absatz 1 Nummer 4 Satz 2 Nummer 1 EStG (sogenannter Nachteilsausgleich) die für das genutzte oder dem Arbeitnehmer überlassene Kraftfahrzeug insgesamt tatsächlich entstandenen Gesamtkosten um dieses zusätzlich entrichtete Entgelt zu mindern. 14

In diesem Fall sind auch weitere Kosten für das Batteriesystem, wie z. B. Reparaturkosten, Wartungspauschalen oder Beiträge für spezielle Batterieversicherungen abzuziehen, wenn sie zusätzlich zu tragen sind. Bei Anwendung des § 6 Absatz 1 Nummer 4 Satz 2 Nummer 2 bis 5 EStG (Bruchteilsansatz) sind zusätzlich für das Batteriesystem getragene Kosten entsprechend dem anzuwendenden Bruchteil (Rdnr. 11) anzusetzen.

3. Individuelle Ermittlung des privaten Nutzungswerts

15 Werden die Entnahme nach § 6 Absatz 1 Nummer 4 Satz 1 oder 3 EStG (betriebliche Nutzung des Kraftfahrzeugs von 10 bis 50 Prozent oder Fahrtenbuchmethode), die nicht abziehbaren Betriebsausgaben nach § 4 Absatz 5 Satz 1 Nummer 6 Satz 3, 2. Halbsatz EStG oder der individuelle Nutzungswert nach § 8 Absatz 2 Satz 4 EStG mit den auf die jeweilige Nutzung entfallenden Aufwendungen bewertet und enthalten die Anschaffungskosten für das Elektro- oder Hybridelektrofahrzeug einen Anteil für das Batteriesystem, ist bei Anwendung des § 6 Absatz 1 Nummer 4 Satz 3 Nummer 1 EStG die Bemessungsgrundlage für die Absetzung für Abnutzung um die in pauschaler Höhe festgelegten Beträge (Rdnr. 7) zu mindern. Bei Anwendung des § 6 Absatz 1 Nummer 4 Satz 3 Nummer 2 bis 5 EStG ist die Bemessungsgrundlage für die Absetzung für Abnutzung mit dem entsprechenden Bruchteil (Rdnr. 11) anzusetzen. Bei der Ermittlung des individuellen Nutzungswerts nach § 8 Absatz 2 Satz 4 EStG ist bei einem Pkw von einer AfA von 12,5 % der Anschaffungskosten entsprechend einer achtjährigen (Gesamt-)Nutzungsdauer auszugehen, vgl. Rdnr. 31 des BMF-Schreibens vom 4. April 2018 (BStBl I S. 592). Vom Arbeitgeber verbilligt oder unentgeltlich gestellter, nach § 3 Nummer 46 EStG steuerfreier Ladestrom bleibt bei der Ermittlung der insgesamt durch das Kraftfahrzeug entstehenden Aufwendungen im Sinne des § 8 Absatz 2 Satz 4 EStG (Gesamtkosten) außer Ansatz, vgl. Rdnr. 13 des BMF-Schreibens vom 29. September 2020, BStBl I S. 972).

Beispiel 6:

Der Steuerpflichtige hat im Januar 2018 ein Elektrofahrzeug mit einer Batteriekapazität von 25,4 Kilowattstunden (kWh) erworben. Der Bruttolistenpreis beträgt 43.000 Euro; die tatsächlichen Anschaffungskosten 36.000 Euro. Die betriebliche Nutzung beträgt gemäß ordnungsgemäßem Fahrtenbuch 83 %. Der private Nutzungsanteil nach § 6 Absatz 1 Nummer 4 Satz 3 Nummer 1 EStG ermittelt sich wie folgt:

Für die Ermittlung der Gesamtkosten sind die Anschaffungskosten um den pauschal ermittelten Minderungsbetrag in Höhe von 6.350 Euro (25,4 kWh x 250 Euro) zu mindern. Danach sind bei den Gesamtkosten Absetzungen für Abnutzung in Höhe von 4.941,67 Euro (36.000 Euro ./. 6.350 Euro = 29.650 Euro verteilt auf 6 Jahre) anzusetzen. Daneben sind Aufwendungen für Versicherung (1.000 Euro) und Strom (890 Euro) angefallen. Die Summe der geminderten Gesamtaufwendungen beträgt 6.831,67 Euro. Die Nutzungsentnahme nach der Fahrtenbuchmethode beträgt 1.161,38 Euro (17 %).

Beispiel 6/1:

Der Steuerpflichtige hat im Januar 2020 ein Elektrofahrzeug erworben. Der Bruttolistenpreis beträgt 43.000 Euro; die tatsächlichen Anschaffungskosten 36.000 Euro. Die betriebliche Nutzung beträgt gemäß ordnungsgemäßem Fahrtenbuch 83 %. Der private Nutzungsanteil nach § 6 Absatz 1 Nummer 4 Satz 3 Nummer 3 EStG (Bruchteilsansatz 1/4) ermittelt sich wie folgt:

Für die Ermittlung der Gesamtkosten sind die Anschaffungskosten mit einem Viertel anzusetzen. Danach sind bei den Gesamtkosten die vom Steuerpflichtigen vorgenommenen linearen Absetzungen für Abnutzung in Höhe von 1.500 Euro (1/4 von 36.000 Euro = 9.000 Euro verteilt auf 6 Jahre) zu berücksichtigen. Daneben sind Aufwendungen für Versicherung (1.000 Euro) und Strom (890 Euro) angefallen. Die Summe der Gesamtaufwendungen beträgt 3.390 Euro. Die Nutzungsentnahme nach der Fahrtenbuchmethode beträgt 576,30 Euro (17 %).

Wird die Batterie gemietet oder geleast, sind bei Anwendung des § 6 Absatz 1 Nummer 4 Satz 3 Nummer 1 EStG (sogenannter Nachteilsausgleich) entsprechend Rdnr. 14 die Gesamtkosten um dieses zusätzlich entrichtete Entgelt sowie um weitere Kosten für das Batteriesystem zu mindern. Bei Anwendung des § 6 Absatz 1 Nummer 4 Satz 3 Nummer 2 bis 5 EStG (Bruchteilsansatz) ist ein für das Batteriesystem zusätzlich zu entrichtendes Entgelt mit dem entsprechenden Bruchteil anzusetzen. 16

Beispiel 7:

Der Steuerpflichtige hat im Januar 2018 ein Elektrofahrzeug mit einer Batteriekapazität von 25,4 Kilowattstunden (kWh) erworben. Der Bruttolistenpreis beträgt 32.000 Euro; die tatsächlichen Anschaffungskosten 25.600 Euro. Für die Batterie hat der Steuerpflichtige monatlich zusätzlich eine Mietrate von 79 Euro zu zahlen. Die betriebliche Nutzung beträgt gemäß ordnungsgemäßem Fahrtenbuch 83 %. Der private Nutzungsanteil nach § 6 Absatz 1 Nummer 4 Satz 3 Nummer 1 EStG ermittelt sich wie folgt:

Für die Ermittlung der Gesamtkosten sind Absetzungen für Abnutzung in Höhe von 4.266,67 Euro (25.600 Euro verteilt auf 6 Jahre) und weitere Aufwendungen für Versicherung (1.000 Euro) und Strom (890 Euro) anzusetzen. Die auf die Batteriemiete entfallenden Aufwendungen sind nicht zu berücksichtigen. Die Summe der geminderten Gesamtaufwendungen beträgt 6.156,67 Euro. Die Nutzungsentnahme nach der Fahrtenbuchmethode beträgt 1.046,63 Euro (17 %).

Beispiel 7/1:

Der Steuerpflichtige hat im Januar 2020 ein Elektrofahrzeug erworben. Der Bruttolistenpreis beträgt 32.000 Euro; die tatsächlichen Anschaffungskosten 25.600 Euro. Für die Batterie hat der Steuerpflichtige monatlich zusätzlich eine Mietrate von 79 Euro zu zahlen. Die betriebliche Nutzung beträgt gemäß ordnungsgemäßem Fahrtenbuch 83 %. Der private Nutzungsanteil nach § 6 Absatz 1 Nummer 4 Satz 3 Nummer 3 EStG (Bruchteilsansatz 1/4) ermittelt sich wie folgt:

Für die Ermittlung der Gesamtkosten sind die Anschaffungskosten mit einem Viertel anzusetzen. Danach sind die Absetzungen für Abnutzung = 4.266,67 Euro (25.600 Euro verteilt auf 6 Jahre) sowie die Batteriemiete = 948 Euro (12 Monate x 79 Euro) mit einem Viertel, also 1.303,67 Euro (= (4.266,67 Euro + 948 Euro) x 1/4) anzusetzen. Die Aufwendungen für Versicherung (1.000 Euro) und Strom (890 Euro) sind in voller Höhe anzusetzen. Die Summe der Gesamtaufwendungen beträgt 3.193,67 Euro. Die Nutzungsentnahme nach der Fahrtenbuchmethode beträgt 542,92 Euro (17 %).

Für Kraftfahrzeuge im Sinne der Rdnrn. 1 bis 3, für die die Bewertung der Entnahme nach § 6 Absatz 1 Nummer 4 Satz 3 Nummer 1 EStG (Nachteilsausgleich) vorgenommen wird und bei denen die Miet-/Leasinggebühren die Kosten des Batteriesystems beinhalten, sind diese Miet-/Leasinggebühren aufzuteilen. Die anteilig auf das Batteriesystem entfallenden Miet-/Leasinggebühren mindern die Gesamtkosten (vgl. Rdnr. 16). Es bestehen keine Bedenken, wenn als Aufteilungsmaßstab hierfür das Verhältnis zwischen dem Listenpreis (einschließlich der Kosten für das Batteriesystem) und dem um den Abschlag nach Rdnr. 7 geminderten Listenpreis angesetzt wird. 17

Beispiel 8:

Der Steuerpflichtige hat im Januar 2018 ein Elektrofahrzeug mit einer Batteriekapazität von 16 Kilowattstunden (kWh) geleast. Der Bruttolistenpreis beträgt 43.000 Euro; die monatliche Leasingrate 399 Euro. Die betriebliche Nutzung beträgt gemäß ordnungsgemäßem Fahrtenbuch 83 %. Der private Nutzungsanteil nach § 6 Absatz 1 Nummer 4 Satz 3 Nummer 1 EStG ermittelt sich wie folgt:

Für die Ermittlung der Gesamtkosten sind die Leasingraten unter Anwendung des Verhältnisses zwischen Listenpreis und dem um den pauschalen Abschlag geminderten Listenpreis aufzuteilen:

Listenpreis 43.000 Euro/geminderter Listenpreis 39.000 Euro (43.000 Euro ./. 4.000 Euro (= 16 kWh x 250 Euro)) entspricht einer Minderung von 9,3 % Leasingraten 399 Euro x 12 Monate = 4.788 Euro davon 9,3 % = 445,28 Euro.

Danach sind bei den Gesamtkosten Leasingaufwendungen in Höhe von. 4.342,72 Euro (4.788 Euro ./. 445,28 Euro) anzusetzen. Daneben sind Aufwendungen für Versicherung (1.000 Euro) und Strom (890 Euro) angefallen. Die Summe der geminderten Gesamtaufwendungen beträgt 6.232,72 Euro. Die Nutzungsentnahme nach der Fahrtenbuchmethode beträgt 1.059,56 Euro (17 %).

18 Für Kraftfahrzeuge im Sinne der Rdnrn. 1 bis 3, für die die Bewertung der Entnahme nach § 6 Absatz 1 Nummer 4 Satz 3 Nummer 2 bis 5 EStG (Bruchteilsansatz) vorgenommen wird, sind Miet- oder Leasinggebühren bei der Ermittlung der Gesamtkosten (vgl. Rdnr. 16) in Höhe des jeweils anzuwendenden Bruchteils anzusetzen. Ggf. gesondert vereinbarte Miet- oder Leasinggebühren für das Batteriesystem sind vor Anwendung des jeweiligen Bruchteils mit den Miet- oder Leasinggebühren für das Kraftfahrzeug zusammenzurechnen.

Beispiel 9:
Der Steuerpflichtige hat im Januar 2020 ein Elektrofahrzeug geleast. Der Bruttolistenpreis beträgt 33.000 Euro; die monatliche Leasingrate 399 Euro zuzüglich 79 Euro Batteriemiete. Die betriebliche Nutzung beträgt gemäß ordnungsgemäßem Fahrtenbuch 83 %. Der private Nutzungsanteil nach § 6 Absatz 1 Nummer 4 Satz 3 Nummer 3 EStG (Bruchteilsansatz 1/4) ermittelt sich wie folgt:

Für die Ermittlung der Gesamtkosten sind die Leasingraten für das Fahrzeug zuzüglich der Batteriemiete zusammenzurechnen = 399 Euro + 79 Euro = 478 Euro; monatliche Miet-/Leasingkosten x 12 Monate = 5.736 Euro davon 1/4 = 1.434 Euro.

Danach sind bei den Gesamtkosten Leasingaufwendungen in Höhe von 1.434 Euro anzusetzen. Daneben sind Aufwendungen für Versicherung (1.000 Euro) und Strom (890 Euro) angefallen. Die Summe der geminderten Gesamtaufwendungen beträgt 3.324 Euro. Die Nutzungsentnahme nach der Fahrtenbuchmethode beträgt 565,08 Euro (17 %).

4. Pauschaler Ansatz von Stromkosten als Betriebsausgaben

19 Wird ein betriebliches Elektro- oder Hybridelektrofahrzeug nicht ausschließlich im Betrieb, sondern auch an einer zur Wohnung des Steuerpflichtigen gehörenden Steckdose/Ladevorrichtung aufgeladen, kann der betriebliche Nutzungsanteil an den ansonsten privaten Stromkosten grundsätzlich mit Hilfe eines gesonderten Stromzählers (stationär oder mobil) nachgewiesen werden. Zum Nachweis des betrieblichen Nutzungsanteils an den ansonsten privaten Stromkosten werden Aufzeichnungen für einen repräsentativen Zeitraum von drei Monaten als ausreichend angesehen. Neben dem Einkaufspreis für die verbrauchten Kilowattstunden Strom ist auch ein zu zahlender Grundpreis anteilig zu berücksichtigen.

20 Aus Vereinfachungsgründen kann der betriebliche Nutzungsanteil an den ansonsten privaten Stromkosten auch mit den lohnsteuerlichen Pauschalen angesetzt werden (Rdnrn. 23 und 24 des BMF-Schreibens vom 29. September 2020, BStBl I S. 972). Zur Unterscheidung der anzuwendenden Pauschale ist anstelle jeder zusätzlichen Lademöglichkeit an einer ortsfesten Einrichtung des lohnsteuerlichen Arbeitgebers auf die zusätzliche Lademöglichkeit in einer der Betriebsstätten abzustellen.

5. Anwendungsregelungen

21 Die Minderungen nach § 6 Absatz 1 Nummer 4 Satz 2 Nummer 1 oder Satz 3 Nummer 1 EStG für die Ermittlung der Privatentnahme, der nicht abziehbaren Betriebsausgaben oder des Nutzungswerts für die private Nutzung eines Elektro- oder eines Hybridelektrofahrzeugs sind ab dem 1. Januar 2013 für Elektrofahrzeuge und Hybridelektrofahrzeuge anzuwenden, die vor dem 1. Januar 2023 angeschafft, geleast oder dem Arbeitnehmer erstmalig zur privaten Nutzung überlassen werden. Der Ansatz nur eines Bruchteils nach § 6 Absatz 1 Nummer 4 Satz 2 Nummer 2 bis 5 oder Satz 3 Nummer 2 bis 5 EStG ist für Elektrofahrzeuge und Hybridelektrofahrzeuge anzuwenden, die innerhalb

der in Rdnr. 11 aufgeführten Zeiträume angeschafft, geleast oder dem Arbeitnehmer erstmalig zur privaten Nutzung überlassen werden.

Die Regelungen des § 8 Absatz 2 in Verbindung mit § 6 Absatz 1 Nummer 4 Satz 2 Nummer 2 oder 3 oder Satz 3 Nummer 2 oder 3 EStG in der Fassung des Gesetzes zur weiteren steuerlichen Förderung der Elektromobilität und zur Änderung weiterer steuerlicher Vorschriften vom 12. Dezember 2019 (BGBl. I S. 2451) gelten bei der Überlassung eines betrieblichen Kraftfahrzeugs an Arbeitnehmer für alle vom Arbeitgeber erstmals nach dem 31. Dezember 2018 und vor dem 1. Januar 2022 oder 1. Januar 2031 zur privaten Nutzung überlassenen betrieblichen Elektrofahrzeuge und extern aufladbaren Hybridelektrofahrzeuge. In diesen Fällen kommt es nicht auf den Zeitpunkt an, zu dem der Arbeitgeber dieses Kraftfahrzeug angeschafft, hergestellt oder geleast hat. Wurde das betriebliche Kraftfahrzeug vor dem 1. Januar 2019 vom Arbeitgeber bereits einem Arbeitnehmer zur privaten Nutzung (z. B. für Privatfahrten, Fahrten zwischen Wohnung und erster Tätigkeitsstätte, Fahrten nach §9 Absatz 1 Satz 3 Nummer 4a Satz 3 EStG oder Familienheimfahrten im Rahmen einer doppelten Haushaltsführung) überlassen, bleibt es bei einem Wechsel des Nutzungsberechtigten nach dem 31. Dezember 2018 für dieses Kraftfahrzeug bei den bisherigen Bewertungsregelungen (§ 6 Absatz 1 Nummer 4 Satz 2 Nummer 1 oder Satz 3 Nummer 1 EStG) und die Regelungen in der Fassung des Gesetzes zur weiteren steuerlichen Förderung der Elektromobilität und zur Änderung weiterer steuerlicher Vorschriften vom 12. Dezember 2019 (BGBl. I S. 2451) sind nicht anzuwenden. Für die Anwendung des § 8 Absatz 2 in Verbindung mit § 6 Absatz 1 Nummer 4 Satz 2 Nummer 4 oder 5 oder Satz 3 Nummer 4 oder 5 EStG gelten dieselben Grundsätze. 22

Beispiel 10 (Vor dem 1. Januar 2019 begonnene Nutzungsüberlassung):
Dem Arbeitnehmer wurde das Elektrofahrzeug vom Arbeitgeber bereits vor dem 1. Januar 2019 zur privaten Nutzung überlassen. Der Nutzungswert ist auch ab dem Kalenderjahr 2019 nach den bisherigen Bewertungsregelungen (§ 8 Absatz 2 in Verbindung mit § 6 Absatz 1 Nummer 4 Satz 2 Nummer 1 EStG oder Satz 3 Nummer 1 EStG) zu ermitteln.

Beispiel 11 (Bis zum 31. Dezember 2030 begonnene Nutzungsüberlassung):
Dem Arbeitnehmer wird das Elektrofahrzeug vom Arbeitgeber ab Dezember 2030 zur privaten Nutzung überlassen. Die Ermittlung des dem Arbeitnehmer nach dem 31. Dezember 2030 zufließenden Nutzungswerts ist für die gesamte Nutzungsdauer dieses Elektrofahrzeugs nach den Regelungen des § 8 Absatz 2 in Verbindung mit § 6 Absatz 1 Nummer 4 Satz 2 Nummer 3 oder 5 EStG oder Satz 3 Nummer 3 oder 5 EStG vorzunehmen, weil ihm das Elektrofahrzeug bereits vor dem 1. Januar 2031 überlassen worden ist.

Beispiel 12 (Wechsel des Nutzungsberechtigten):
Ein Arbeitgeber überlässt dem Arbeitnehmer A in 2018 ein Elektrofahrzeug zur privaten Nutzung. Nach dessen Ausscheiden aus dem Betrieb zum 30. Juni 2019 überlässt der Arbeitgeber dieses Elektrofahrzeug ab dem 1. Juli 2019 dem Arbeitnehmer B zur privaten Nutzung. Der Nutzungswert ist sowohl für A als auch für B auch ab dem Kalenderjahr 2019 nach den bisherigen Bewertungsregelungen (§ 8 Absatz 2 Satz 2 in Verbindung mit § 6 Absatz 1 Nummer 4 Satz 2 Nummer 1 oder Satz 3 Nummer 1 EStG) zu ermitteln.

Beispiel 13 (Wechsel des Nutzungsberechtigten):
Ein Arbeitgeber überlässt dem Arbeitnehmer A ab Januar 2019 ein Elektrofahrzeug (Null-Emissionen/km und Höhe des Listenpreises nicht mehr als 60.000 Euro) zur privaten Nutzung. Nach dessen Ausscheiden aus dem Betrieb zum 30. Juni 2019 überlässt der Arbeitgeber dieses Elektrofahrzeug ab dem 1. Juli 2019 dem Arbeitnehmer B zur privaten Nutzung. Ein Fahrtenbuch wird nicht geführt. Der Nutzungswert ist sowohl für A als auch für B nach den Regelungen des § 8 Absatz 2 Satz 2 in Verbindung mit § 6 Absatz 1 Nummer 4 Satz 2 Nummer 2 (für 2019) und 3 (ab 2020) EStG zu ermitteln. Dabei ist der pauschale

Nutzungswert bei A und B im Kalenderjahr 2019 mit 1 % des auf volle 100 Euro abgerundeten halbierten und bei B ab 1. Januar 2020 mit 1 % eines auf volle 100 Euro abgerundeten Viertels des Listenpreises anzusetzen.

Beispiel 14 (Fahrzeugpool):

Die Arbeitnehmer können mehrere Elektrofahrzeuge aus einem Fahrzeugpool des Arbeitgebers privat nutzen, von denen ein Teil bereits vor und ein Teil nach dem 1. Januar 2019 an Arbeitnehmer zur privaten Nutzung überlassen worden sind. Fahrtenbücher werden nicht geführt. Der pauschale Nutzungswert für Privatfahrten ist mit 1 % und für Fahrten zwischen Wohnung und erster Tätigkeitsstätte grundsätzlich mit 0,03 % der Listenpreise aller Kraftfahrzeuge zu ermitteln und die Summe entsprechend der Zahl der Nutzungsberechtigten aufzuteilen, vgl. Rdnr. 11 des BMF-Schreibens vom 4. April 2018 (BStBl I S. 592). Dabei ist der Listenpreis zunächst für jedes Elektrofahrzeug gesondert nach den bisherigen Bewertungsregelungen oder nach den Regelungen in der Fassung des zweiten Gesetzes zur Umsetzung der steuerlichen Hilfsmaßnahmen zur Bewältigung der Corona-Krise vom 29. Juni 2020 (BGBl. I S. 1512) zu ermitteln und anschließend die Summe der gesondert ermittelten Listenpreise entsprechend der Zahl der Nutzungsberechtigten aufzuteilen.

23 Dieses Schreiben ersetzt die BMF-Schreiben vom 5. Juni 2014 (BStBl I S. 835) und vom 24. Januar 2018 (BStBl I S. 272).

V.

Sachbezugswert für arbeitstägliche Zuschüsse zu Mahlzeiten

BMF vom 18.1.2019 (BStBl I S. 66)
IV C 5 – S 2334/08/10006-01 – 2019/0040075

Zur Anwendung der Regelungen von R 8.1 Absatz 7 Nummer 4 der Lohnsteuer-Richtlinien (LStR) zu Kantinenmahlzeiten und Papier-Essenmarken (Essensgutscheine, Restaurantschecks) bei arbeitstäglichen Zuschüssen zu Mahlzeiten gilt im Einvernehmen mit den obersten Finanzbehörden der Länder Folgendes:

1. Ansatz des maßgebenden amtlichen Sachbezugswerts

Bestehen die Leistungen des Arbeitgebers in einem arbeitsvertraglich oder aufgrund einer anderen arbeitsrechtlichen Rechtsgrundlage vereinbarten Anspruch des Arbeitnehmers auf arbeitstägliche Zuschüsse zu Mahlzeiten, ist als Arbeitslohn nicht der Zuschuss, sondern die Mahlzeit des Arbeitnehmers mit dem maßgebenden amtlichen Sachbezugswert nach der Sozialversicherungsentgeltverordnung (SvEV) anzusetzen, wenn sichergestellt ist, dass

a) tatsächlich arbeitstäglich eine Mahlzeit (Frühstück, Mittag- oder Abendessen) durch den Arbeitnehmer erworben wird. Lebensmittel sind nur dann als Mahlzeit anzuerkennen, wenn sie zum unmittelbaren Verzehr geeignet oder zum Verbrauch während der Essenpausen bestimmt sind,
b) für jede Mahlzeit lediglich ein Zuschuss arbeitstäglich (ohne Krankheitstage, Urlaubstage und – vorbehaltlich Buchstabe e – Arbeitstage, an denen der Arbeitnehmer eine Auswärtstätigkeit ausübt) beansprucht werden kann,
c) der Zuschuss den amtlichen Sachbezugswert der Mahlzeit um nicht mehr als 3,10 Euro übersteigt,
d) der Zuschuss den tatsächlichen Preis der Mahlzeit nicht übersteigt und
e) der Zuschuss nicht von Arbeitnehmern beansprucht werden kann, die eine Auswärtstätigkeit ausüben, bei der die ersten drei Monate (§ 9 Absatz 4a Satz 6 und 7 EStG) noch nicht abgelaufen sind (BMF-Schreiben vom 5. Januar 2015, BStBl I Seite 119).

Dies gilt auch dann, wenn keine vertraglichen Beziehungen zwischen Arbeitgeber und dem Unternehmen (Gaststätte oder vergleichbarer Einrichtung), das die bezuschusste Mahlzeit abgibt, bestehen. Die Regelungen von R 8.1 Absatz 7 Nummer 4 Buchstabe a Satz 3 und 4 (sog. 15er-Regelung) sowie Buchstabe b und c LStR sind entsprechend anzuwenden. Die 15er-Regelung gilt für maximal 15 Zuschüsse zu Mahlzeiten (insgesamt für Frühstück, Mittag- und Abendessen) im Kalendermonat.

Der Arbeitgeber hat die vorstehenden Voraussetzungen nachzuweisen; der Nachweis der Verwendung des Zuschusses ausschließlich zum Erwerb einer Mahlzeit im Sinne des Buchstaben a kann dabei auch durch Vorlage entsprechender vertraglicher Vereinbarungen zwischen dem Unternehmen, das die bezuschusste Mahlzeit abgibt, und dem Arbeitgeber oder dem mit der Verwaltung der Zuschüsse beauftragten Unternehmen geführt werden.

Dem Arbeitgeber bleibt es unbenommen, entweder die ihm vom Arbeitnehmer vorgelegten Einzelbelegnachweise manuell zu überprüfen oder sich entsprechender elektronischer Verfahren zu bedienen (z. B. wenn ein Anbieter die Belege vollautomatisch digitalisiert, prüft und eine monatliche Abrechnung an den Arbeitgeber übermittelt, aus der sich dieselben Erkenntnisse wie aus Einzelbelegnachweisen gewinnen lassen). Der Arbeitgeber hat die Belege oder die Abrechnung zum Lohnkonto aufzubewahren.

2. Pauschalierung der Lohnsteuer

Es bestehen bei Vorliegen der Voraussetzungen der Tz. 1 keine Bedenken, wenn der Arbeitgeber die Lohnsteuer entsprechend § 40 Absatz 2 Satz 1 Nummer 1 EStG pauschal erhebt, auch wenn keine vertraglichen Beziehungen zu dem Unternehmen bestehen, das die bezuschusste Mahlzeit abgibt.

3. Arbeitstägliche Zuschüsse zu Mahlzeiten für Home Office-Mitarbeiter und für Teilzeitkräfte

Arbeitstägliche Zuschüsse zu Mahlzeiten sind bei Vorliegen der Voraussetzungen der Tz. 1 auch dann mit dem maßgebenden amtlichen Sachbezugswert anzusetzen, wenn sie an Arbeitnehmer geleistet werden, die ihre Tätigkeit in einem Home Office verrichten oder nicht mehr als sechs Stunden täglich arbeiten, auch wenn die betriebliche Arbeitszeitregelung keine entsprechenden Ruhepausen vorsieht.

4. Einzelkauf von Bestandteilen einer Mahlzeit

Arbeitstägliche Zuschüsse zu Mahlzeiten sind bei Vorliegen der Voraussetzungen der Tz. 1 auch dann mit dem maßgebenden amtlichen Sachbezugswert anzusetzen, wenn der Arbeitnehmer einzelne Bestandteile seiner Mahlzeit bei verschiedenen Akzeptanzstellen erwirbt.

5. Erwerb auf Vorrat

Je Arbeitstag und je bezuschusster Mahlzeit (Frühstück, Mittag- oder Abendessen) kann nur ein Zuschuss mit dem amtlichen Sachbezugswert angesetzt werden. Erwirbt der Arbeitnehmer am selben Tag weitere Mahlzeiten für andere Tage auf Vorrat, sind hierfür gewährte Zuschüsse als Barlohn zu erfassen. Gleiches gilt für den Einzelkauf von Bestandteilen einer Mahlzeit auf Vorrat.

Dieses Schreiben ersetzt das BMF-Schreiben vom 24. Februar 2016 (BStBl I Seite 238) und ist in allen offenen Fällen anzuwenden.

VI.

Lohnsteuerliche Behandlung der Übernahme von Studiengebühren für ein berufsbegleitendes Studium durch den Arbeitgeber

BMF vom 13.4.2012 (BStBl I S. 531)
IV C 5 – S 2332/07/0001 – 2012/0322945

Im Einvernehmen mit den obersten Finanzbehörden der Länder gilt zur lohnsteuerlichen Behandlung der Übernahme von Studiengebühren für ein berufsbegleitendes Studium durch den Arbeitgeber Folgendes:

Grundsätzlich gehören nach § 19 Absatz 1 Satz 1 Nummer 1 in Verbindung mit § 8 Absatz 1 EStG alle Einnahmen in Geld oder Geldeswert, die durch ein individuelles Dienstverhältnis veranlasst sind, zu den Einkünften aus nichtselbständiger Arbeit. Dies gilt – vorbehaltlich der weiteren Ausführungen – auch für vom Arbeitgeber übernommene Studiengebühren für ein berufsbegleitendes Studium des Arbeitnehmers.

1. Ausbildungsdienstverhältnis

Ein berufsbegleitendes Studium findet im Rahmen eines Ausbildungsdienstverhältnisses statt, wenn die Ausbildungsmaßnahme Gegenstand des Dienstverhältnisses ist (vgl. R 9.2 LStR 2011 und H 9.2 „Ausbildungsdienstverhältnis" LStH 2012 sowie die dort angeführte Rechtsprechung des BFH). Voraussetzung ist, dass die Teilnahme an dem berufsbegleitenden Studium zu den Pflichten des Arbeitnehmers aus dem Dienstverhältnis gehört.

Ein berufsbegleitendes Studium findet insbesondere nicht im Rahmen eines Ausbildungsdienstverhältnisses statt, wenn

(a) das Studium nicht Gegenstand des Dienstverhältnisses ist, auch wenn das Studium seitens des Arbeitgebers durch Hingabe von Mitteln, z. B. eines Stipendiums, gefördert wird oder

(b) Teilzeitbeschäftigte ohne arbeitsvertragliche Verpflichtung ein berufsbegleitendes Studium absolvieren und das Teilzeitarbeitsverhältnis lediglich das Studium ermöglicht.

1.1 Arbeitgeber ist Schuldner der Studiengebühren

Ist der Arbeitgeber im Rahmen eines Ausbildungsdienstverhältnisses Schuldner der Studiengebühren, wird ein ganz überwiegend eigenbetriebliches Interesse des Arbeitgebers unterstellt und steuerrechtlich kein Vorteil mit Arbeitslohncharakter angenommen. So sind auch Studiengebühren kein Arbeitslohn, die der Arbeitgeber bei einer im dualen System durchgeführten Ausbildung aufgrund einer Vereinbarung mit der Bildungseinrichtung als unmittelbarer Schuldner trägt.

1.2 Arbeitnehmer ist Schuldner der Studiengebühren

Ist der Arbeitnehmer im Rahmen eines Ausbildungsdienstverhältnisses Schuldner der Studiengebühren und übernimmt der Arbeitgeber die Studiengebühren, wird ein ganz überwiegend eigenbetriebliches Interesse des Arbeitgebers unterstellt und steuerrechtlich kein Vorteil mit Arbeitslohncharakter angenommen, wenn

(a) sich der Arbeitgeber arbeitsvertraglich zur Übernahme der Studiengebühren verpflichtet und

(b) der Arbeitgeber die übernommenen Studiengebühren vom Arbeitnehmer arbeitsvertraglich oder aufgrund einer anderen arbeitsrechtlichen Rechtsgrundlage zurückfordern kann, sofern der Arbeitnehmer das ausbildende Unternehmen auf eigenen Wunsch innerhalb von zwei Jahren nach dem Studienabschluss verlässt.

Ein ganz überwiegend eigenbetriebliches Interesse des Arbeitgebers kann auch dann angenommen werden, wenn der Arbeitgeber die übernommenen Studiengebühren nach arbeitsrechtlichen Grundsätzen nur zeitanteilig zurückfordern kann. Scheidet der Arbeitnehmer zwar auf eigenen Wunsch aus dem Unternehmen aus, fällt der Grund für das Ausscheiden aus dem

Arbeitsverhältnis aber allein in die Verantwortungs- oder Risikosphäre des Arbeitgebers (Beispiele: Der vertraglich zugesagte Arbeitsort entfällt, weil der Arbeitgeber den Standort schließt. Der Arbeitnehmer nimmt das Angebot eines Ausweicharbeitsplatzes nicht an und kündigt.), kann eine vereinbarte Rückzahlungsverpflichtung nach arbeitsrechtlichen Grundsätzen hinfällig sein. In diesen Fällen genügt die Vereinbarung der Rückzahlungsverpflichtung für die Annahme eines überwiegenden eigenbetrieblichen Interesses an der Übernahme der Studiengebühren.

Der Arbeitgeber hat auf der ihm vom Arbeitnehmer zur Kostenübernahme vorgelegten Originalrechnung die Kostenübernahme sowie deren Höhe anzugeben. Eine Ablichtung der insoweit ergänzten Originalrechnung ist als Beleg zum Lohnkonto aufzubewahren.

2. Berufliche Fort- und Weiterbildungsleistung

Ein berufsbegleitendes Studium kann als berufliche Fort- und Weiterbildungsleistung des Arbeitgebers im Sinne der Richtlinie R 19.7 LStR 2011 anzusehen sein, wenn es die Einsatzfähigkeit des Arbeitnehmers im Betrieb erhöhen soll. Ist dies der Fall, führt die Übernahme von Studiengebühren für dieses Studium durch den Arbeitgeber nicht zu Arbeitslohn, denn sie wird im ganz überwiegend eigenbetrieblichen Interesse des Arbeitgebers durchgeführt. Die lohnsteuerliche Beurteilung, ob das berufsbegleitende Studium als berufliche Fort- und Weiterbildungsleistung des Arbeitgebers im Sinne der Richtlinie R 19.7 LStR 2011 anzusehen ist, ist nach den konkreten Umständen des Einzelfalls vorzunehmen. Hierbei ist Folgendes zu beachten:

2.1 Schuldner der Studiengebühren

Es kommt für die Annahme eines ganz überwiegend eigenbetrieblichen Interesses des Arbeitgebers nicht darauf an, ob der Arbeitgeber oder der Arbeitnehmer Schuldner der Studiengebühren ist. Ist der Arbeitnehmer Schuldner der Studiengebühren, ist nur insoweit die Annahme eines ganz überwiegend eigenbetrieblichen Interesses des Arbeitgebers möglich, wie der Arbeitgeber vorab die Übernahme der zukünftig entstehenden Studiengebühren schriftlich zugesagt hat (R 19.7 Absatz 1 Satz 3 und 4 LStR 2011). Der Arbeitgeber hat auf der ihm vom Arbeitnehmer zur Kostenübernahme vorgelegten Originalrechnung die Kostenübernahme sowie deren Höhe anzugeben. Eine Ablichtung der insoweit ergänzten Originalrechnung ist als Beleg zum Lohnkonto aufzubewahren.

2.2 Rückforderungsmöglichkeit des Arbeitgebers

Für die Annahme eines ganz überwiegend eigenbetrieblichen Interesses des Arbeitgebers ist es nicht erforderlich, dass der Arbeitgeber die übernommenen Studiengebühren vom Arbeitnehmer arbeitsvertraglich oder aufgrund einer anderen arbeitsrechtlichen Rechtsgrundlage zurückfordern kann.

2.3 Übernahme von Studienkosten durch den Arbeitgeber im Darlehenswege

Bei einer Übernahme von Studienkosten durch den Arbeitgeber im Darlehenswege, bei der marktübliche Vereinbarungen über Verzinsung, Kündigung und Rückzahlung getroffen werden, führt weder die Hingabe noch die Rückzahlung der Mittel zu lohnsteuerlichen Folgerungen.

Ist das Arbeitgeberdarlehen nach den getroffenen Vereinbarungen nur dann tatsächlich zurückzuzahlen, wenn der Arbeitnehmer aus Gründen, die in seiner Person liegen, vor Ablauf des vertraglich festgelegten Zeitraums (in der Regel zwei bis fünf Jahre) aus dem Arbeitsverhältnis ausscheidet oder ist der marktübliche Zinssatz unterschritten, ist zu prüfen, ob im Zeitpunkt der Einräumung des Arbeitgeberdarlehens die Voraussetzungen des R 19.7 LStR 2011 vorliegen. Wird dies bejaht, ist der Verzicht auf die Darlehensrückzahlung oder der Zinsvorteil eine Leistung des Arbeitgebers im ganz überwiegend eigenbetrieblichen Interesse.

Liegen die Voraussetzungen des R 19.7 LStR 2011 nicht vor, stellt der (Teil-)Erlass des Darlehens einen Vorteil mit Arbeitslohncharakter für den Arbeitnehmer dar. Gleiches gilt für einen Zinsvorteil nach

Maßgabe des BMF-Schreibens vom 1. Oktober 2008 (BStBl I Seite 892[1])). Der Arbeitslohn fließt dem Arbeitnehmer bei einem Darlehens(teil-)erlass in dem Zeitpunkt zu, in dem der Arbeitgeber zu erkennen gibt, dass er auf die (Teil-)Rückzahlung des Darlehens verzichtet (BFH-Urteil vom 27. März 1992, BStBl II Seite 837).

2.4 Prüfschema

Es ist nicht zu beanstanden, wenn die lohnsteuerliche Beurteilung nach folgendem Prüfschema vorgenommen wird:

1. Liegt eine erstmalige Berufsausbildung oder ein Erststudium als Erstausbildung außerhalb eines Ausbildungsdienstverhältnisses im Sinne von § 9 Absatz 6 und § 12 Nummer 5 EStG vor[2])[3])

Wenn ja:

➔ Es liegen weder Werbungskosten des Arbeitnehmers noch ein ganz überwiegend eigenbetriebliches Interesse des Arbeitgebers vor. Die Übernahme von Studiengebühren durch den Arbeitgeber führt zu Arbeitslohn.

Wenn nein:

2. Ist eine berufliche Veranlassung gegeben?

Wenn nein:

➔ Es liegen weder Werbungskosten des Arbeitnehmers noch ein ganz überwiegend eigenbetriebliches Interesse des Arbeitgebers vor. Die Übernahme von Studiengebühren durch den Arbeitgeber führt zu Arbeitslohn.

Wenn ja:

3. Sind die Voraussetzungen der Richtlinie R 19.7 LStR 2011 (vgl. auch Tz. 2.1. bis 2.3.) erfüllt?

Wenn nein:

➔ Es liegen Werbungskosten des Arbeitnehmers, aber kein ganz überwiegend eigenbetriebliches Interesse des Arbeitgebers vor. Die Übernahme von Studiengebühren durch den Arbeitgeber führt zu Arbeitslohn.

Wenn ja:

➔ Es liegt eine Leistung des Arbeitgebers im ganz überwiegend eigenbetrieblichen Interesse vor. Die Übernahme von Studiengebühren durch den Arbeitgeber führt nicht zu Arbeitslohn. Zur Übernahme von weiteren durch die Teilnahme des Arbeitnehmers an dem berufsbegleitenden Studium veranlassten Kosten durch den Arbeitgeber vgl. R 19.7 Absatz 3 LStR 2011.

---

1) jetzt BMF vom 19.5.2015 (BStBl I S. 484), >Anhang 24 IX

2) >auch BMF vom 22.9.2010 (BStBl I S. 721), Anhang 9

3) Ab dem VZ 2015 gelten neue gesetzliche Regelungen zur Definition einer Erstausbildung (§ 9 Abs. 6 i. d. F. des Gesetzes zur Anpassung der Abgabenordnung an den Zollkodex der Union und zur Änderung weiterer steuerlicher Vorschriften).

VII.

Abgrenzung zwischen Geldleistung und Sachbezug; Anwendung der Regelungen des § 8 Absatz 1 Satz 2 und 3 und Absatz 2 Satz 11 zweiter Halbsatz EStG

BMF vom 13.4.2021 (BStBl I S. 624)
IV C 5 – S 2334/19/10007 :002 – 2021/0370565

Unter Bezugnahme auf das Ergebnis der Erörterungen mit den obersten Finanzbehörden der Länder gelten für die Anwendung der Regelungen des § 8 Absatz 1 Satz 2 und 3 und Absatz 2 Satz 11 zweiter Halbsatz EStG in der Fassung des Gesetzes zur weiteren steuerlichen Förderung der Elektromobilität und zur Änderung weiterer steuerlicher Vorschriften (BGBl. I Seite 2451) unter Berücksichtigung der Bundestags-Drucksache 19/25160 Seite 138 sowie für die Anwendung der Urteile des BFH vom 7. Juni 2018 – VI R 13/16 – (BStBl 2019 II Seite 371) und vom 4. Juli 2018 – VI R 16/17 – (BStBl 2019 II Seite 373) zur Abgrenzung zwischen Geldleistung und Sachbezug die folgenden Grundsätze:

1. Überblick über die neuen Regelungen

1 In § 8 Absatz 1 Satz 2 EStG ist durch die neue Definition „Zu den Einnahmen in Geld gehören" nun gesetzlich festgeschrieben, dass zweckgebundene Geldleistungen, nachträgliche Kostenerstattungen, Geldsurrogate und andere Vorteile, die auf einen Geldbetrag lauten, grundsätzlich keine Sachbezüge, sondern Geldleistungen sind.

2 Die BFH-Urteile vom 11. November 2010 (BStBl 2011 II Seite 383, 386 und 389) sowie vom 7. Juni 2018 (a. a. O.) und vom 4. Juli 2018 (a. a. O.) sind insoweit durch die gesetzlichen Regelungen überholt.

3 In § 8 Absatz 1 Satz 3 EStG werden bestimmte zweckgebundene Gutscheine (einschließlich entsprechender Gutscheinkarten, digitaler Gutscheine, Gutscheincodes oder Gutscheinapplikationen/-Apps) oder entsprechende Geldkarten (einschließlich Wertguthabenkarten in Form von Prepaid-Karten) hingegen als Sachbezug gesetzlich definiert.

Voraussetzung ist, dass die Gutscheine oder Geldkarten ausschließlich zum Bezug von Waren oder Dienstleistungen bei dem Arbeitgeber oder bei einem Dritten berechtigen (zur Abgrenzung vgl. Rdnr. 24) **und** zudem ab dem 1. Januar 2022 die Kriterien des § 2 Absatz 1 Nummer 10 Zahlungsdiensteaufsichtsgesetz (ZAG) erfüllen (vgl. Rdnr. 30). Von einer solchen Berechtigung zum ausschließlichen Bezug von Waren oder Dienstleistungen ist insbesondere nicht auszugehen, wenn der Arbeitnehmer (z. B. aufgrund eines vom Arbeitgeber selbst ausgestellten Gutscheins) zunächst in Vorleistung tritt und der Arbeitgeber ihm die Kosten im Nachhinein erstattet. In diesen Fällen handelt es sich um eine Geldleistung in Form einer nachträglichen Kostenerstattung; vgl. Rdnr. 20 und 21.

Bei den vom Arbeitgeber getragenen Gebühren für die Bereitstellung (z. B. Setup-Gebühr) und Aufladung von Gutscheinen und Geldkarten handelt es sich nicht um einen zusätzlichen geldwerten Vorteil, sondern um eine notwendige Begleiterscheinung betriebsfunktionaler Zielsetzungen des Arbeitgebers und damit nicht um Arbeitslohn des Arbeitnehmers.

4 Die 44-Euro-Freigrenze (ab dem 1. Januar 2022 50-Euro-Freigrenze) ist bei Gutscheinen und Geldkarten im Sinne der Rdnr. 3 nur dann anwendbar, wenn sie zusätzlich zum ohnehin geschuldeten Arbeitslohn gewährt werden (§ 8 Absatz 2 Satz 11 zweiter Halbsatz i. V. m. § 8 Absatz 4 EStG). Der steuerliche Vorteil ist damit insbesondere im Rahmen von Gehaltsverzicht oder -umwandlungen ausgeschlossen.

2. Sachbezug im Sinne des § 8 Absatz 2 Satz 1 EStG i. V. m. § 8 Absatz 1 Satz 3 EStG

Sachbezüge im Sinne des § 8 Absatz 2 Satz 1 EStG sind alle nicht in Geld bestehenden 5
Einnahmen. Ein Sachbezug im Sinne des § 8 Absatz 2 Satz 1 EStG liegt nicht vor, wenn der Arbeitnehmer anstelle des Sachbezugs auch eine Geldleistung verlangen kann, selbst wenn der Arbeitgeber die Sache zuwendet (BFH-Urteil vom 4. Juli 2018, a. a. O., Rz. 16).

Unter diesen Voraussetzungen ist Sachbezug im Sinne des § 8 Absatz 2 Satz 1 EStG i. V. m. § 8 Absatz 1 Satz 3 EStG u. a.:

– die Gewährung von **Kranken-, Krankentagegeld- oder Pflegeversicherungsschutz** 6
bei Abschluss einer Kranken-, Krankentagegeld- oder Pflegeversicherung und Beitragszahlung durch den **Arbeitgeber** (BFH-Urteil vom 7. Juni 2018, a. a. O.),

– die Gewährung von **Unfallversicherungsschutz**, soweit bei Abschluss einer frei- 7
willigen Unfallversicherung durch den Arbeitgeber der Arbeitnehmer den Versicherungsanspruch unmittelbar gegenüber dem Versicherungsunternehmen geltend machen kann, sofern die Beiträge nicht nach § 40b Absatz 3 EStG pauschal besteuert werden. Tz. 2.2.1 des BMF-Schreibens vom 28. Oktober 2009 (BStBl I Seite 1275)[1] ist insoweit überholt (siehe auch Rdnr. 29, letzter Satz). § 37b Absatz 2 EStG ist anwendbar,

– die Gewährung von **Papier-Essenmarken** (Essensgutscheine, Restaurantschecks) 8
und arbeitstäglichen **Zuschüssen zu Mahlzeiten** (sog. digitale Essenmarken); die Richtlinienregelung des R 8.1 Absatz 7 Nummer 4 LStR 2015 und die Regelungen des BMF-Schreibens vom 18. Januar 2019 (BStBl I Seite 66)[2] bleiben unberührt (§ 8 Absatz 2 Satz 10 EStG), vgl. auch Rdnr. 16,

– die Gewährung von **Gutscheinen oder Geldkarten**, die ausschließlich zum Bezug 9
von Waren oder Dienstleistungen bei dem Arbeitgeber oder bei einem Dritten berechtigen (zur Abgrenzung vgl. Rdnr. 24) und zudem ab dem 1. Januar 2022 (vgl. Rdnr. 30) unter lohn- und einkommensteuerlicher Auslegung die Kriterien des **§ 2 Absatz 1 Nummer 10 Buchstabe a ZAG** erfüllen:

  a) Gutscheine oder Geldkarten, unabhängig von einer Betragsangabe, die berechtigen, ausschließlich Waren oder Dienstleistungen vom Aussteller des Gutscheins aus seiner eigenen Produktpalette zu beziehen (BFH-Urteil vom 4. Juli 2018, a. a. O., Rz. 30); der Sitz des Ausstellers sowie dessen Produktpalette sind insoweit nicht auf das Inland beschränkt oder

  b) Gutscheine oder Geldkarten, unabhängig von einer Betragsangabe, die berechtigen, ausschließlich Waren oder Dienstleistungen aufgrund von Akzeptanzverträgen zwischen Aussteller/Emittent und Akzeptanzstellen bei einem begrenzten Kreis von Akzeptanzstellen im Inland zu beziehen (zur Abgrenzung siehe Rdnr. 23),

  Ein begrenzter Kreis von Akzeptanzstellen im Sinne der Rdnr. 9 Buchstabe b gilt für 10
  lohn- und einkommensteuerliche Zwecke als erfüllt:

  a) bei städtischen Einkaufs- und Dienstleistungsverbünden im Inland,

  b) bei Einkaufs- und Dienstleistungsverbünden, die sich auf eine bestimmte inländische Region (z. B. mehrere benachbarte Städte und Gemeinden im ländlichen Raum) erstrecken oder

  c) aus Vereinfachungsgründen bei von einer bestimmten Ladenkette (einem bestimmten Aussteller) ausgegebenen Kundenkarten zum Bezug von Waren oder Dienstleistungen in den einzelnen Geschäften im Inland oder im Internetshop

[1]) *>Anhang 18*
[2]) *>Anhang 24 V*

dieser Ladenkette mit einheitlichem Marktauftritt (z. B. ein Symbol, eine Marke, ein Logo); die Art des Betriebs (z. B. eigene Geschäfte, im Genossenschafts- oder Konzernverbund, über Agenturen oder Franchisenehmer) ist unerheblich.

11 **Beispiele zu Rdnr. 9 und 10**

- wiederaufladbare Geschenkkarten für den Einzelhandel,
- shop-in-shop-Lösungen mit Hauskarte,
- Tankgutscheine oder -karten eines einzelnen Tankstellenbetreibers zum Bezug von Waren oder Dienstleistungen in seiner Tankstelle,
- von einer bestimmten Tankstellenkette (einem bestimmten Aussteller) ausgegebene Tankgutscheine oder -karten zum Bezug von Waren oder Dienstleistungen in den einzelnen Tankstellen mit einheitlichem Marktauftritt (z. B. ein Symbol, eine Marke, ein Logo); die Art des Betriebs (z. B. eigene Geschäfte, im Genossenschafts- oder Konzernverbund, über Agenturen oder Franchisenehmer) ist unerheblich,
- ein vom Arbeitgeber selbst ausgestellter Gutschein (z. B. Tankgutschein, hierzu zählt auch eine Berechtigung zum Tanken), wenn die Akzeptanzstellen (z. B. Tankstelle oder Tankstellenkette) aufgrund des Akzeptanzvertrags (z. B. Rahmenvertrag) unmittelbar mit dem Arbeitgeber abrechnen,
- Karten eines Online-Händlers, die nur zum Bezug von Waren oder Dienstleistungen aus seiner eigenen Produktpalette (Verkauf und Versand durch den Online-Händler) berechtigen, nicht jedoch, wenn sie auch für Produkte von Fremdanbietern (z. B. Marketplace) einlösbar sind,
- Centergutscheine oder Kundenkarten von Shopping-Centern, Malls und Outlet-Villages,
- „City-Cards“, Stadtgutscheine

12 – die Gewährung von **Gutscheinen oder Geldkarten**, die ausschließlich zum Bezug von Waren oder Dienstleistungen bei dem Arbeitgeber oder bei einem Dritten berechtigen (zur Abgrenzung vgl. Rdnr. 24) und zudem ab dem 1. Januar 2022 (vgl. Rdnr. 30) unter lohn- und einkommensteuerlicher Auslegung die Kriterien des **§ 2 Absatz 1 Nummer 10 Buchstabe b ZAG** erfüllen:

Gutscheine oder Geldkarten, unabhängig von einer Betragsangabe, die nur berechtigen, Waren oder Dienstleistungen ausschließlich aus einer **sehr begrenzten Waren- oder Dienstleistungspalette** zu beziehen; auf die Anzahl der Akzeptanzstellen und den Bezug im Inland kommt es deshalb hier nicht an,

13 **Beispiele zu Rdnr. 12**

Gutscheine oder Geldkarten begrenzt auf

- den Personennah- und Fernverkehr (z. B. für Fahrberechtigungen, Zugrestaurant, Park&Ride-Parkgelegenheiten) einschließlich bestimmter Mobilitätsdienstleistungen (z. B. die Nutzung von (Elektro-)Fahrrädern, Car-Sharing, E-Scootern),
- Kraftstoff, Ladestrom etc. („Alles, was das Auto bewegt“),
- Fitnessleistungen (z. B. für den Besuch der Trainingsstätten und zum Bezug der dort angebotenen Waren oder Dienstleistungen),
- Streamingdienste für Film und Musik,
- Zeitungen und Zeitschriften, einschließlich Downloads,
- Bücher, auch als Hörbücher oder Dateien, einschließlich Downloads,
- die Behandlung der Person in Form von Hautpflege, Makeup, Frisur und dergleichen (sog. Beautykarten),
- Bekleidung inkl. Schuhe nebst Accessoires wie z. B. Taschen, Schmuck, Kosmetika, Düfte (sog. Waren, die der Erscheinung einer Person dienen)

14 – die Gewährung von **Gutscheinen oder Geldkarten**, die ausschließlich zum Bezug von Waren oder Dienstleistungen bei dem Arbeitgeber oder bei einem Dritten berechtigen (zur Abgrenzung vgl. Rdnr. 24) und zudem ab dem 1. Januar 2022 (vgl.

Rdnr. 30) unter lohn- und einkommensteuerlicher Auslegung die Kriterien des **§ 2 Absatz 1 Nummer 10 Buchstabe c ZAG** erfüllen:

Gutscheine oder Geldkarten, unabhängig von einer Betragsangabe, die nur berechtigen, aufgrund von Akzeptanzverträgen zwischen Aussteller/Emittent und Akzeptanzstellen Waren oder Dienstleistungen ausschließlich **für bestimmte soziale oder steuerliche Zwecke** im Inland zu beziehen (Zweckkarte); auf die Anzahl der Akzeptanzstellen kommt es nicht an.

Nicht um eine Zweckkarte im Sinne des § 2 Absatz 1 Nummer 10 Buchstabe c ZAG handelt es sich bei Gutscheinen oder Geldkarten, wenn deren Einsatzbereich für sich genommen nicht mehr hinreichend bestimmt eingegrenzt ist. Ein „begünstigter" sozialer oder steuerlicher Zweck in diesem Sinne ist daher insbesondere nicht die Inanspruchnahme der 44-Euro-Freigrenze (ab dem 1. Januar 2022 50-Euro-Freigrenze), der Richtlinienregelung des R 19.6 LStR (Aufmerksamkeiten) oder der Pauschalversteuerung nach § 37b EStG an sich. 15

Beispiele zu Rdnr. 14 16

- Verzehrkarten in einer sozialen Einrichtung, Papier-Essenmarken (Essensgutscheine, Restaurantschecks) und arbeitstägliche Zuschüsse zu Mahlzeiten (sog. digitale Essenmarken),
- Behandlungskarten für ärztliche Leistungen oder Reha-Maßnahmen,
- Karten für betriebliche Gesundheitsmaßnahmen (einschließlich betrieblicher Gesundheitsleistungen des Arbeitgebers im Sinne des § 3 Nummer 34 EStG)

Ein Abschlag von 4 % nach R 8.1 Absatz 2 Satz 3 LStR ist nicht vorzunehmen, wenn ein Gutschein oder eine Geldkarte über einen in Euro lautenden Höchstbetrag hingegeben wird (R 8.1 Absatz 2 Satz 4 LStR). 17

3. Geldleistung im Sinne des § 8 Absatz 1 Satz 1 und 2 EStG

Kein Sachbezug, sondern Geldleistung im Sinne des § 8 Absatz 1 Satz 1 und 2 EStG ist u. a.:

- eine Zahlung des Arbeitgebers an den Arbeitnehmer bei Abschluss einer **Kranken-, Krankentagegeld- oder Pflegeversicherung** und Beitragszahlung durch den **Arbeitnehmer**, wenn die Zahlung des Arbeitgebers mit der Auflage verbunden ist, dass der Arbeitnehmer mit einem vom Arbeitgeber benannten Unternehmen einen Versicherungsvertrag schließt (BFH-Urteil vom 4. Juli 2018, a. a. O.), 18
- ein im Inland gültiges gesetzliches **Zahlungsmittel** oder Zahlungen in einer gängigen, frei konvertiblen und im Inland handelbaren ausländischen Währung; dies gilt nicht für Zahlungsmittel (z. B. Sonderprägungen), wenn der übliche Endpreis am Abgabeort im Sinne des § 8 Absatz 2 Satz 1 EStG vom Nennwert abweicht, 19
- eine Zahlung des Arbeitgebers an den Arbeitnehmer anstelle der geschuldeten Ware oder Dienstleistung (**zweckgebundene Geldleistungen** und **nachträgliche Kostenerstattungen**); R 8.2 Absatz 1 Satz 4 LStR bleibt unberührt, 20

  Die Steuerbefreiung des § 3 Nummer 50 EStG für Beträge, die der Arbeitnehmer vom Arbeitgeber erhält, um sie für ihn auszugeben (**durchlaufende Gelder**) und für Beträge, durch die Auslagen des Arbeitnehmers für den Arbeitgeber ersetzt werden (**Auslagenersatz**), bleibt hiervon unberührt. Besteht ein eigenes Interesse des Arbeitnehmers an den bezogenen Waren oder Dienstleistungen, liegen kein steuerfreier Auslagenersatz und auch keine durchlaufenden Gelder im Sinne des § 3 Nummer 50 EStG vor (R 3.50 Absatz 1 Satz 3 LStR); von einem eigenen Interesse des Arbeitnehmers an den bezogenen Waren oder Dienstleistungen ist auszugehen, wenn die Waren oder Dienstleistungen für den privaten Gebrauch des Arbeitnehmers bestimmt sind. 21

22 **Beispiele zu Rdnr. 20**

Arbeitnehmer A hat gegenüber seinem Arbeitgeber zusätzlich zum ohnehin geschuldeten Arbeitslohn einen Anspruch auf Übereignung eines Fahrrads im Wert von 800 Euro.

a) A erhält von seinem Arbeitgeber anstelle des geschuldeten Fahrrads einen Betrag von 800 Euro für den entsprechenden Erwerb.
Die arbeitsvertragliche Zweckbestimmung führt nicht zur Annahme eines Sachbezugs. Es handelt sich um eine **zweckgebundene Geldleistung**. § 37b EStG ist nicht anwendbar.

b) A erwirbt das Fahrrad und erhält von seinem Arbeitgeber nach Vorlage seines Kaufbelegs den Betrag von 800 Euro erstattet.
Die arbeitsvertragliche Zweckbestimmung führt nicht zur Annahme eines Sachbezugs. Es handelt sich um eine **nachträgliche Kostenerstattung**. § 37b EStG ist nicht anwendbar.

23 – ab dem 1. Januar 2022 (vgl. Rdnr. 30) die Gewährung von Gutscheinen oder Geldkarten, die unter lohn- und einkommensteuerlicher Auslegung die **Kriterien des § 2 Absatz 1 Nummer 10 ZAG** (vgl. Rdnrn. 9 bis 16) nicht erfüllen:

Geldsurrogate, wie insbesondere die Gewährung von Geldkarten oder Wertguthabenkarten in Form von Prepaid-Kreditkarten mit überregionaler Akzeptanz ohne Einschränkungen hinsichtlich der Produktpalette, die im Rahmen unabhängiger Systeme des unbaren Zahlungsverkehrs eingesetzt werden können (BFH-Urteil vom 4. Juli 2018, a. a. O., Rz. 31). Allein die Begrenzung der Anwendbarkeit von Gutscheinen oder Geldkarten auf das Inland ist für die Annahme eines Sachbezugs nicht ausreichend.

24 – die Gewährung von Gutscheinen oder Geldkarten, die **nicht** ausschließlich zum Bezug von Waren oder Dienstleistungen bei dem Arbeitgeber oder bei einem Dritten berechtigen. Stets als Geldleistung zu behandeln sind daher insbesondere Gutscheine oder Geldkarten, die

a) über eine Barauszahlungsfunktion verfügen; es ist nicht zu beanstanden, wenn verbleibende Restguthaben bis zu einem Euro ausgezahlt werden können,
b) über eine eigene IBAN verfügen,
c) für Überweisungen (z. B. PayPal) verwendet werden können,
d) für den Erwerb von Devisen (z. B. Pfund, US-Dollar, Schweizer Franken) verwendet werden können oder
e) als generelles Zahlungsinstrument hinterlegt werden können.

25 **Beispiele zu Rdnr. 23**

Arbeitnehmer A erhält im Januar 2022 von seinem Arbeitgeber zusätzlich zum ohnehin geschuldeten Arbeitslohn eine Prepaid-Kreditkarte, die monatlich mit 50 Euro aufgeladen wird und mit der er bei über 30 Mio. Akzeptanzstellen weltweit Waren einkaufen kann. Auf Grundlage der arbeitsvertraglichen Vereinbarungen ist A aber nur der Erwerb von Kraftstoff für seinen **Privatwagen** erlaubt.

Die Voraussetzungen der Rdnrn. 9 bis 16 sind nicht erfüllt. Bei der Prepaid-Kreditkarte handelt es sich um ein Geldsurrogat im Sinne des § 8 Absatz 1 Satz 2 EStG. Die arbeitsvertragliche Zweckbestimmung führt nicht zur Annahme eines Sachbezugs. Es handelt sich um eine Geldleistung. Die 50-Euro-Freigrenze ist nicht anwendbar.

Abwandlung

Auf Grundlage der arbeitsvertraglichen Vereinbarungen ist A nur der Erwerb von Kraftstoff für seinen **Dienstwagen** erlaubt.

Es handelt sich nicht um einen Sachbezug, sondern um eine zweckgebundene Geldleistung, die nach § 3 Nummer 50 EStG steuerfrei ist.

4. Allgemeine lohn- und einkommensteuerliche Regelungen zu Gutscheinen oder Geldkarten

Der Zufluss des Sachbezugs erfolgt bei einem Gutschein oder einer Geldkarte, die bei einem Dritten einzulösen sind, im Zeitpunkt der Hingabe und bei Geldkarten frühestens im Zeitpunkt der Aufladung des Guthabens, weil der Arbeitnehmer zu diesem Zeitpunkt einen Rechtsanspruch gegenüber dem Dritten erhält (§ 38 Absatz 2 Satz 2 EStG, R 38.2 Absatz 3 Satz 1 LStR). Der Zufluss des Sachbezugs erfolgt bei einem Gutschein oder einer Geldkarte, die beim Arbeitgeber einzulösen sind, im Zeitpunkt der Einlösung (§ 38 Absatz 2 Satz 2 EStG, R 38.2 Absatz 3 Satz 2 LStR). Die funktionale Begrenzung der Gutscheine und Geldkarten ist in geeigneter Weise durch technische Vorkehrungen und in den zur Verwendung kommenden Vertragsvereinbarungen sicherzustellen. 26

Die konkrete aufsichtsrechtliche Einordnung einer Geldkarte als Zahlungsdienst oder eine Bescheinigung über die aufsichtsrechtliche Erfüllung der Kriterien des § 2 Absatz 1 Nummer 10 ZAG durch die Bundesanstalt für Finanzdienstleistungsaufsicht (BAFin) ist für die Finanzverwaltung nicht bindend (Gesetz zur weiteren Förderung der Elektromobilität und zur Änderung weiterer steuerlicher Vorschriften – Bericht des Finanzausschusses des Deutschen Bundestages, Bundestags-Drucksache 19/14909 Seite 10). 27

Die Regelungen dieses BMF-Schreibens gelten nur für die lohn- und einkommensteuerliche Auslegung der Kriterien des § 2 Absatz 1 Nummer 10 ZAG. Die diesbezüglichen aufsichtsrechtlichen Regelungen bleiben hiervon unberührt. 28

5. Anwendung der 44-Euro-Freigrenze*[1])* im Sinne des § 8 Absatz 2 Satz 11 EStG bei Unfallversicherungen und betrieblicher Altersversorgung

Bei pauschalierungsfähigen Beiträgen für eine Unfallversicherung der Arbeitnehmer im Sinne des § 40b Absatz 3 EStG scheidet die Anwendung der 44-Euro-Freigrenze (ab dem 1. Januar 2022 50-Euro-Freigrenze) aus (BFH-Urteil vom 26. November 2002, BStBl 2003 II Seite 492). 29

Im Rahmen der betrieblichen Altersversorgung führen laufende Beiträge und Zuwendungen des Arbeitgebers aus einem bestehenden Dienstverhältnis an einen Pensionsfonds, eine Pensionskasse oder für eine Direktversicherung zu Einkünften aus nichtselbständiger Arbeit (§ 19 Absatz 1 Satz 1 Nummer 3 EStG). Diese spezialgesetzliche Regelung schließt eine Bewertung der entsprechenden Beiträge und Zuwendungen nach § 8 Absatz 2 Satz 1 EStG aus (vgl. auch BFH-Urteil vom 7. Juni 2018, a. a. O., Rz. 23). Die 44-Euro-Freigrenze (ab dem 1. Januar 2022 50-Euro-Freigrenze) ist daher nicht anwendbar.

6. Anwendungszeitraum

Die Grundsätze dieses Schreibens sind ab 1. Januar 2020 anzuwenden. 30

Es ist jedoch – abweichend von § 8 Absatz 1 Satz 3 EStG – nicht zu beanstanden, wenn Gutscheine und Geldkarten, die ausschließlich zum Bezug von Waren oder Dienstleistungen berechtigen (zur Abgrenzung vgl. Rdnr. 24), jedoch die Kriterien des § 2 Absatz 1 Nummer 10 ZAG (vgl. Rdnrn. 9 bis 16) nicht erfüllen, noch bis zum 31. Dezember 2021 als Sachbezug anerkannt werden.

Dieses Schreiben ersetzt das BMF-Schreiben vom 10. Oktober 2013 (BStBl I Seite 1301).

---

[1]) ab 1.1.2022: 50-Euro-Freigrenze

VIII.

Gesetz zur steuerlichen Förderung von Elektromobilität im Straßenverkehr und zur Änderung weiterer steuerlicher Vorschriften; Steuerbefreiung nach § 3 Nummer 46 EStG und Pauschalierung der Lohnsteuer nach § 40 Absatz 2 Satz 1 Nummer 6 EStG

BMF vom 29.9.2020 (BStBl I S. 972)
IV C 5 – S 2334/19/10009 :004 – 2020/0965439

Unter Bezugnahme auf das Ergebnis der Erörterungen mit den obersten Finanzbehörden der Länder gelten für die Anwendung der einkommensteuerlichen und lohnsteuerlichen Vorschriften des Gesetzes zur steuerlichen Förderung von Elektromobilität im Straßenverkehr vom 7. November 2016 (BGBl. I Seite 2498, BStBl 2016 I Seite 1211) und des Gesetzes zur weiteren steuerlichen Förderung der Elektromobilität und zur Änderung weiterer steuerlicher Vorschriften vom 12. Dezember 2019 (BGBl. I Seite 2451, BStBl 2020 I Seite 17) die folgenden Grundsätze:

1. Überblick über die Regelungen

1 Mit dem Gesetz zur steuerlichen Förderung von Elektromobilität im Straßenverkehr vom 7. November 2016 (a. a. O.) wurden vom Arbeitgeber gewährte Vorteile für das elektrische Aufladen eines Elektrofahrzeugs oder Hybridelektrofahrzeugs im Betrieb des Arbeitgebers oder eines verbundenen Unternehmens und für die zeitweise zur privaten Nutzung überlassene betriebliche Ladevorrichtung von der Einkommensteuer befreit (§ 3 Nummer 46 EStG).

2 Der Arbeitgeber hat auch die Möglichkeit, die Lohnsteuer für geldwerte Vorteile aus der Übereignung einer Ladevorrichtung sowie für Zuschüsse zu den Aufwendungen des Arbeitnehmers für den Erwerb und für die Nutzung einer Ladevorrichtung pauschal mit 25 Prozent zu erheben (§ 40 Absatz 2 Satz 1 Nummer 6 EStG).

3 Voraussetzung ist jeweils, dass die geldwerten Vorteile und Leistungen sowie die Zuschüsse zusätzlich zum ohnehin geschuldeten Arbeitslohn erbracht werden, vgl. Rdnr. 34.

4 Die Regelungen gelten seit dem 1. Januar 2017 und ihr Anwendungszeitraum wurde mit dem Gesetz zur weiteren steuerlichen Förderung der Elektromobilität und zur Änderung weiterer steuerlicher Vorschriften vom 12. Dezember 2019 (a. a. O.) bis zum 31. Dezember 2030 (§ 52 Absatz 4 Satz 14 und Absatz 37c EStG) verlängert, vgl. Rdnr. 37.

2. Steuerbefreiung nach § 3 Nummer 46 EStG

5 Die Steuerbefreiung nach § 3 Nummer 46 EStG gilt für zusätzlich zum ohnehin geschuldeten Arbeitslohn vom Arbeitgeber gewährte Vorteile für das elektrische Aufladen eines Elektrofahrzeugs oder Hybridelektrofahrzeugs im Sinne des § 6 Absatz 1 Nummer 4 Satz 2 zweiter Halbsatz EStG an einer ortsfesten betrieblichen Einrichtung des Arbeitgebers oder eines verbundenen Unternehmens (§ 15 des Aktiengesetzes) und für die dem Arbeitnehmer zur privaten Nutzung überlassene betriebliche Ladevorrichtung.

2.1 Steuerbefreiung des vom Arbeitgeber unentgeltlich oder verbilligt gestellten Ladestroms

a) Elektrofahrzeug oder Hybridelektrofahrzeug im Sinne des § 6 Absatz 1 Nummer 4 Satz 2 zweiter Halbsatz EStG

6 Elektrofahrzeug ist ein Kraftfahrzeug, das ausschließlich durch einen Elektromotor angetrieben wird, der ganz oder überwiegend aus mechanischen oder elektrochemischen

Energiespeichern (z. B. Schwungrad mit Generator oder Batterie) oder aus emissionsfrei betriebenen Energiewandlern (z. B. wasserstoffbetriebene Brennstoffzelle) gespeist wird.

Nach dem Verzeichnis des Kraftfahrtbundesamtes zur Systematisierung von Kraftfahrzeugen und ihren Anhängern (Stand: März 2020) weisen danach folgende Codierungen im Feld 10 der Zulassungsbescheinigung ein Elektrofahrzeug in diesem Sinne aus: 0004 und 0015. 7

Hybridelektrofahrzeug ist ein Hybridfahrzeug, das zum Zwecke des mechanischen Antriebs aus folgenden Quellen im Fahrzeug gespeicherte Energie/Leistung bezieht: 8

- einem Betriebskraftstoff,
- einer Speichereinrichtung für elektrische Energie/Leistung (z. B. Batterie, Kondensator, Schwungrad mit Generator).

Hybridelektrofahrzeuge im Sinne des § 6 Absatz 1 Nummer 4 Satz 2 zweiter Halbsatz EStG müssen zudem extern aufladbar sein.

Nach dem Verzeichnis des Kraftfahrtbundesamtes zur Systematisierung von Kraftfahrzeugen und ihren Anhängern (Stand: März 2020) weisen danach folgende Codierungen im Feld 10 der Zulassungsbescheinigung ein Hybridelektrofahrzeug in diesem Sinne aus: 0016 bis 0019 und 0025 bis 0031. 9

Zu den begünstigten Fahrzeugen rechnen auch Elektrofahrräder, wenn diese verkehrsrechtlich als Kraftfahrzeug einzuordnen sind (z. B. gelten Elektrofahrräder, deren Motor auch Geschwindigkeiten über 25 Kilometer pro Stunde unterstützt, als Kraftfahrzeuge) sowie Elektrokleinstfahrzeuge im Sinne des § 1 Absatz 1 Satz 1 Elektrokleinstfahrzeuge-Verordnung vom 6. Juni 2019 (BGBl. I Seite 756); das sind insbesondere Kraftfahrzeuge mit elektrischem Antrieb und einer bauartbedingten Höchstgeschwindigkeit von nicht weniger als 6 km/h und nicht mehr als 20 km/h. Aus Billigkeitsgründen rechnen vom Arbeitgeber gewährte Vorteile für das elektrische Aufladen von Elektrofahrrädern, die verkehrsrechtlich nicht als Kraftfahrzeug einzuordnen sind (u. a. keine Kennzeichen- und Versicherungspflicht), im Betrieb des Arbeitgebers oder eines verbundenen Unternehmens (§ 15 des Aktiengesetzes) nicht zum Arbeitslohn; Rdnr. 37 ist hier nicht anzuwenden. 10

Begünstigt ist das Aufladen sowohl privater Elektrofahrzeuge oder Hybridelektrofahrzeuge des Arbeitnehmers als auch betrieblicher Elektrofahrzeuge oder Hybridelektrofahrzeuge des Arbeitgebers, die dem Arbeitnehmer auch zur privaten Nutzung überlassen werden (sog. Dienstwagen). 11

Wird der geldwerte Vorteil aus der privaten Nutzung eines Dienstwagens zu privaten Fahrten typisierend nach der pauschalen Nutzungswertermittlung im Sinne des § 8 Absatz 2 Satz 2 EStG (1 %-Regelung) ermittelt, ist der geldwerte Vorteil für den vom Arbeitgeber verbilligt oder unentgeltlich gestellten Ladestrom bereits abgegolten. Die Steuerbefreiung nach § 3 Nummer 46 EStG wirkt sich nicht aus. 12

Bei Anwendung der individuellen Nutzungswertermittlung im Sinne des § 8 Absatz 2 Satz 4 EStG (Fahrtenbuchmethode) bleiben unter entsprechender Anwendung von R 8.1 Absatz 9 Nummer 2 Satz 8 zweiter Halbsatz LStR 2015 Kosten für den vom Arbeitgeber verbilligt oder unentgeltlich gestellten, nach § 3 Nummer 46 EStG steuerfreien Ladestrom bei der Ermittlung der insgesamt durch das Kraftfahrzeug entstehenden Aufwendungen im Sinne des § 8 Absatz 2 Satz 4 EStG (Gesamtkosten) außer Ansatz. 13

Die Steuerbefreiung ist weder auf einen Höchstbetrag, noch nach der Anzahl der begünstigten Kraftfahrzeuge begrenzt. 14

b) Aufladeort

15 Begünstigt ist das Aufladen an jeder ortsfesten betrieblichen Einrichtung des Arbeitgebers oder eines mit dem Arbeitgeber verbundenen Unternehmens im Sinne des § 15 des Aktiengesetzes. Nicht begünstigt ist das Aufladen bei einem Dritten oder an einer von einem fremden Dritten betriebenen Ladevorrichtung im Sinne der Rdnr. 20 sowie das Aufladen beim Arbeitnehmer (vgl. Rdnr. 19 und 29).

c) Anwendungsbereich

16 Die Steuerbefreiung gilt insbesondere für Ladestrom,

- den die Arbeitnehmer an einer ortsfesten betrieblichen Einrichtung ihres Arbeitgebers beziehen,
- den die Arbeitnehmer an einer ortsfesten betrieblichen Einrichtung eines mit ihrem Arbeitgeber verbundenen Unternehmens im Sinne des § 15 des Aktiengesetzes beziehen,
- den Leiharbeitnehmer im Betrieb des Entleihers beziehen.

17 Die Steuerbefreiung gilt insbesondere nicht für Ladestrom an:

- Geschäftsfreunde des Arbeitgebers und deren Arbeitnehmer,
- Kunden des Arbeitgebers.

2.2 Steuerbefreiung der zeitweisen unentgeltlichen oder verbilligten Überlassung einer betrieblichen Ladevorrichtung an den Arbeitnehmer

18 Steuerbefreit sind vom Arbeitgeber gewährte Vorteile für die zur privaten Nutzung zeitweise überlassene betriebliche Ladevorrichtung für Elektrofahrzeuge oder Hybridelektrofahrzeuge, nicht jedoch deren Übereignung (vgl. Rdnr. 27).

19 Der von dieser betrieblichen Ladevorrichtung für Elektrofahrzeuge oder Hybridelektrofahrzeuge bezogene Ladestrom fällt nicht unter die Steuerbefreiung. Dies gilt unabhängig davon, ob es sich um einen Stromanschluss des Arbeitgebers handelt oder ob der Arbeitgeber die Stromkosten des Arbeitnehmers bezuschusst.

20 Ladevorrichtung für ein Elektrofahrzeug oder ein Hybridelektrofahrzeug im Sinne des § 6 Absatz 1 Nummer 4 Satz 2 zweiter Halbsatz EStG ist die gesamte Ladeinfrastruktur einschließlich Zubehör sowie die in diesem Zusammenhang erbrachten Dienstleistungen. Dazu gehören z. B. der Aufbau, die Installation und die Inbetriebnahme der Ladevorrichtung, deren Wartung und Betrieb sowie die für die Inbetriebnahme notwendigen Vorarbeiten wie das Verlegen eines Starkstromkabels.

21 Private Nutzung in diesem Sinne ist jede Nutzung der Ladevorrichtung durch den Arbeitnehmer außerhalb der betrieblichen Nutzung für den Arbeitgeber. Steuerfrei ist daher auch die Nutzung der zeitweise überlassenen betrieblichen Ladevorrichtung im Rahmen anderer Einkunftsarten des Arbeitnehmers (z. B. der Arbeitnehmer lädt dort sein privates Elektrofahrzeug auf und fährt zu seinem Vermietungsobjekt).

3. Steuerliche Behandlung der vom Arbeitnehmer selbst getragenen Stromkosten

22 Bei privaten Elektrofahrzeugen oder Hybridelektrofahrzeugen des Arbeitnehmers stellt die Erstattung der vom Arbeitnehmer selbst getragenen Stromkosten steuerpflichtigen Arbeitslohn dar (vgl. Rdnr. 19). Bei betrieblichen Elektrofahrzeugen oder Hybridelektrofahrzeugen des Arbeitgebers, die dem Arbeitnehmer auch zur privaten Nutzung überlassen werden (sog. Dienstwagen), stellt die Erstattung der vom Arbeitnehmer selbst getragenen Stromkosten einen steuerfreien Auslagenersatz nach § 3 Nummer 50 EStG dar.

Es bestehen keine Bedenken, für den Zeitraum vom 1. Januar 2017 bis 31. Dezember 2020 zur Vereinfachung des Auslagenersatzes für das elektrische Aufladen eines Dienstwagens (nur Pkw) nach § 3 Nummer 50 EStG und zur Anrechnung von selbst getragenen individuellen Kosten des Arbeitnehmers für Ladestrom auf den Nutzungswert folgende monatlichen Pauschalen typisierend zugrunde zu legen: 23

a) mit zusätzlicher Lademöglichkeit beim Arbeitgeber
   20 Euro für Elektrofahrzeuge im Sinne der Rdnr. 6 und
   10 Euro für Hybridelektrofahrzeuge im Sinne der Rdnr. 8
b) ohne Lademöglichkeit beim Arbeitgeber
   50 Euro für Elektrofahrzeuge im Sinne der Rdnr. 6 und
   25 Euro für Hybridelektrofahrzeuge im Sinne der Rdnr. 8.

Es bestehen keine Bedenken, für den Zeitraum vom 1. Januar 2021 bis 31. Dezember 2030 zur Vereinfachung des Auslagenersatzes für das elektrische Aufladen eines Dienstwagens (nur Pkw) nach § 3 Nummer 50 EStG und zur Anrechnung von selbst getragenen individuellen Kosten des Arbeitnehmers für Ladestrom auf den Nutzungswert folgende monatlichen Pauschalen typisierend zugrunde zu legen: 24

a) mit zusätzlicher Lademöglichkeit beim Arbeitgeber
   30 Euro für Elektrofahrzeuge im Sinne der Rdnr. 6 und
   15 Euro für Hybridelektrofahrzeuge im Sinne der Rdnr. 8
b) ohne Lademöglichkeit beim Arbeitgeber
   70 Euro für Elektrofahrzeuge im Sinne der Rdnr. 6 und
   35 Euro für Hybridelektrofahrzeuge im Sinne der Rdnr. 8.

Als zusätzliche Lademöglichkeit beim Arbeitgeber im Sinne der Rdnrn. 23 Buchstabe a und 24 Buchstabe a gilt jeder zum unentgeltlichen oder verbilligten Aufladen des Dienstwagens geeignete Stromanschluss an einer ortsfesten betrieblichen Einrichtung des lohnsteuerlichen Arbeitgebers (nicht eines mit dem Arbeitgeber verbundenen Unternehmens). 25

Dem gleichgestellt ist eine dem Arbeitnehmer vom Arbeitgeber unentgeltlich oder verbilligt zur Verfügung gestellte Stromtankkarte zum Aufladen des Dienstwagens bei einem Dritten. Ist keine zusätzliche Lademöglichkeit beim Arbeitgeber in diesem Sinne gegeben, sind die Pauschalen nach den Rdnrn. 23 Buchstabe b und 24 Buchstabe b anwendbar.

Durch den pauschalen Auslagenersatz sind sämtliche Kosten des Arbeitnehmers für den Ladestrom abgegolten. Ein zusätzlicher Auslagenersatz der nachgewiesenen tatsächlichen Kosten für den von einem Dritten bezogenen Ladestrom ist nicht zulässig. Übersteigen die vom Arbeitnehmer in einem Kalendermonat getragenen Kosten für den von einem Dritten bezogenen Ladestrom die maßgebende Pauschale, kann der Arbeitgeber dem Arbeitnehmer anstelle der maßgebenden Pauschale auch die anhand von Belegen nachgewiesenen tatsächlichen Kosten als steuerfreien Auslagenersatz nach § 3 Nummer 50 EStG erstatten. Dies gilt entsprechend für die Anrechnung von selbst getragenen individuellen Kosten des Arbeitnehmers für Ladestrom auf den Nutzungswert. 26

4. Pauschalierung der Lohnsteuer nach § 40 Absatz 2 Satz 1 Nummer 6 EStG

4.1 Unentgeltliche oder verbilligte Übereignung der Ladevorrichtung

Der Arbeitgeber kann die Lohnsteuer nach § 40 Absatz 2 Satz 1 Nummer 6 EStG mit einem Pauschsteuersatz von 25 Prozent erheben, soweit er dem Arbeitnehmer zusätzlich zum ohnehin geschuldeten Arbeitslohn unentgeltlich oder verbilligt eine Ladevorrichtung für Elektrofahrzeuge oder Hybridelektrofahrzeuge im Sinne des § 6 Absatz 1 Nummer 4 Satz 2 zweiter Halbsatz EStG übereignet. Somit kommt eine Pauschalierung nicht 27 in Betracht, wenn der Arbeitgeber die Ladevorrichtung zeitweise unentgeltlich oder verbilligt überlässt (vgl. Rdnr. 18). Zum Begriff der Ladevorrichtung vgl. Rdnr. 20.

28 Es ist aus Vereinfachungsgründen nicht zu beanstanden, wenn als Bemessungsgrundlage der pauschalen Lohnsteuer für die Übereignung der Ladevorrichtung die Aufwendungen des Arbeitgebers für den Erwerb der Ladevorrichtung im Sinne der Rdnr. 20 (einschließlich Umsatzsteuer) zugrunde gelegt werden.

4.2 Pauschalierung der Lohnsteuer für Zuschüsse des Arbeitgebers

29 Trägt der Arbeitnehmer die Aufwendungen für den Erwerb und die Nutzung (z. B. für die Wartung und den Betrieb, die Miete für den Starkstromzähler, nicht jedoch für den Ladestrom) einer privaten Ladevorrichtung selbst, kann der Arbeitgeber diese Aufwendungen bezuschussen oder vollständig übernehmen und die Lohnsteuer nach § 40 Absatz 2 Satz 1 Nummer 6 EStG pauschal mit 25 Prozent erheben. Die Pauschalierung der Lohnsteuer ist auch zulässig, wenn der Arbeitgeber die Ladevorrichtung übereignet (vgl. Rdnr. 27) und die Aufwendungen des Arbeitnehmers für die Nutzung der (nunmehr privaten) Ladevorrichtung bezuschusst.

30 Die Pauschalierung der Lohnsteuer ist begrenzt auf die Aufwendungen des Arbeitnehmers für den Erwerb und die Nutzung der Ladevorrichtung im Sinne der Rdnr. 20.

31 Pauschale Zuschüsse des Arbeitgebers für die Nutzung einer privaten Ladevorrichtung des Arbeitnehmers können pauschal besteuert werden, wenn die Aufwendungen für die Nutzung regelmäßig wiederkehren und soweit der Arbeitnehmer die entstandenen Aufwendungen für einen repräsentativen Zeitraum von drei Monaten im Einzelnen nachweist.

Die Pauschalierung der Lohnsteuer auf Grundlage des durchschnittlichen nachgewiesenen Betrags ist grundsätzlich so lange zulässig, bis sich die Verhältnisse wesentlich ändern.

5. Reisekosten

32 Nutzt der Arbeitnehmer sein privates Elektrofahrzeug oder Hybridelektrofahrzeug für Dienstfahrten, kann er anstelle der tatsächlichen Kosten die gesetzlich festgelegten pauschalen Kilometersätze (§ 9 Absatz 1 Satz 3 Nummer 4a Satz 2 EStG) aus Vereinfachungsgründen auch dann ansetzen, wenn der Arbeitnehmer nach § 3 Nummer 46 EStG steuerfreie Vorteile oder nach § 40 Absatz 2 Satz 1 Nummer 6 EStG pauschal besteuerte Leistungen und Zuschüsse vom Arbeitgeber für dieses Elektrofahrzeug oder Hybridelektrofahrzeug erhält.

33 Beim Ansatz der tatsächlichen Fahrtkosten (§ 9 Absatz 1 Satz 3 Nummer 4a Satz 1 EStG) sind diese steuerfreien Vorteile oder pauschal besteuerten Leistungen und Zuschüsse nicht in die Gesamtaufwendungen des Arbeitnehmers einzubeziehen.

6. Zusätzlichkeitsvoraussetzung[1)]

34 Voraussetzung ist, dass die geldwerten Vorteile und Leistungen sowie die Zuschüsse zusätzlich zum ohnehin geschuldeten Arbeitslohn erbracht werden. Der steuerliche Vorteil ist damit insbesondere im Rahmen von Gehaltsverzicht oder -umwandlungen ausgeschlossen, vgl. BMF-Schreiben vom 5. Februar 2020 (BStBl I Seite 222).

7. Aufzeichnungen im Lohnkonto

35 Der Arbeitgeber ist nicht verpflichtet, die steuerfreien Vorteile im Sinne des § 3 Nummer 46 EStG im Lohnkonto des Arbeitnehmers aufzuzeichnen, vgl. auch § 4 Absatz 2 Nummer 4

---

1) >§ 8 Abs. 4

Satz 1 LStDV in der Fassung der Fünften Verordnung zur Änderung steuerlicher Verordnungen vom 25. Juni 2020 (BGBl. I Seite 1495, BStBl I Seite 555). Dies gilt aus Vereinfachungsgründen auch für Vorteile im Sinne des § 3 Nummer 46 EStG, die vor dem 30. Juni 2020 gewährt wurden.

Erhebt der Arbeitgeber die Lohnsteuer pauschal nach § 40 Absatz 2 Satz 1 Nummer 6 EStG, sind die Aufwendungen des Arbeitgebers für den Erwerb der Ladevorrichtung, die Zuschüsse des Arbeitgebers und die bezuschussten Aufwendungen des Arbeitnehmers für den Erwerb und die Nutzung der Ladevorrichtung im Sinne der Rdnr. 20 nachzuweisen. Der Arbeitgeber hat diese Unterlagen als Belege zum Lohnkonto aufzubewahren. 36

8. Anwendungszeitraum

Dieses Schreiben ersetzt die BMF-Schreiben vom 14. Dezember 2016 (BStBl I Seite 1446) und vom 26. Oktober 2017 (BStBl I Seite 1439) und ist vorbehaltlich der Rdnrn. 23 und 24 für den Zeitraum vom 1. Januar 2017 bis 31. Dezember 2030 (§ 52 Absatz 4 Satz 14 und Absatz 37c EStG) anzuwenden. 37

IX.
Steuerliche Behandlung von Arbeitgeberdarlehen

BMF vom 19.5.2015 (BStBl I S. 484)
IV C 5 – S 2334/07/0009 – 2015/0316822

Im Einvernehmen mit den obersten Finanzbehörden der Länder gilt zur steuerlichen Behandlung von Arbeitgeberdarlehen Folgendes:

1. Anwendungsbereich

1 Ein Arbeitgeberdarlehen liegt vor, wenn durch den Arbeitgeber oder aufgrund des Dienstverhältnisses durch einen Dritten an den Arbeitnehmer Geld überlassen wird und diese Geldüberlassung auf einem Darlehensvertrag beruht. Erhält der Arbeitnehmer durch solch ein Arbeitgeberdarlehen Zinsvorteile, sind sie zu versteuern. Der zur Anwendung des Lohnsteuerabzugsverfahrens verpflichtete Arbeitgeber hat die Lohnsteuer nach Maßgabe von § 38 Absatz 1 i. V. m. Absatz 4 Satz 3 EStG einzubehalten und abzuführen, sofern er sie nicht nach § 40 Absatz 1 EStG pauschal erhebt oder die Einkommensteuer nicht nach § 37b EStG pauschal erhoben wird.

2 Gehaltsvorschüsse im öffentlichen Dienst, die nach den Vorschussrichtlinien des Bundes oder der entsprechenden Richtlinien der Länder gewährt werden, sind Arbeitgeberdarlehen. Keine Arbeitgeberdarlehen sind dagegen insbesondere Reisekostenvorschüsse, vorschüssig gezahlter Auslagenersatz, Lohnabschläge und Lohnvorschüsse, wenn es sich hierbei um eine abweichende Vereinbarung über die Bedingungen der Zahlung des Arbeitslohns handelt.

2. Ermittlung des Zinsvorteils

3 Bei Überlassung eines zinslosen oder zinsverbilligten Arbeitgeberdarlehens ist der geldwerte Vorteil (Zinsvorteil) zu ermitteln, der vom Arbeitnehmer als Arbeitslohn zu versteuern ist. Für die Ermittlung des Zinsvorteils ist zwischen einer Bewertung nach § 8 Absatz 2 EStG (z. B. der Arbeitnehmer eines Einzelhändlers erhält ein zinsverbilligtes Arbeitgeberdarlehen) und einer Bewertung nach § 8 Absatz 3 Satz 1 EStG (z. B. der Bankangestellte erhält von seinem Arbeitgeber ein zinsverbilligtes Arbeitgeberdarlehen mit Ansatz des Rabatt-Freibetrags) zu unterscheiden. Der Arbeitnehmer erlangt keinen steuerpflichtigen Zinsvorteil, wenn der Arbeitgeber ihm ein Darlehen zu einem marktüblichen Zinssatz (Maßstabszinssatz) gewährt (BFH-Urteil vom 4. Mai 2006 – VI R 28/05 –, BStBl II Seite 781).

4 Zinsvorteile, die der Arbeitnehmer durch Arbeitgeberdarlehen erhält, sind Sachbezüge. Sie sind als solche zu versteuern, wenn die Summe der noch nicht getilgten Darlehen am Ende des Lohnzahlungszeitraums 2.600 € übersteigt.

Beispiel:
Ein Arbeitgeber gewährt seinem Arbeitnehmer ein zinsloses Darlehen in Form eines Gehaltsvorschusses in Höhe von 2.000 €. Die daraus resultierenden Zinsvorteile sind nicht als Arbeitslohn zu versteuern, da der Darlehensbetrag am Ende des Lohnzahlungszeitraums die Freigrenze von 2.600 € nicht übersteigt.

2.1 Bewertung nach § 8 Absatz 2 EStG

2.1.1 Allgemeine Grundsätze

5 Sachbezüge sind mit den um übliche Preisnachlässe geminderten üblichen Endpreisen am Abgabeort anzusetzen (§ 8 Absatz 2 Satz 1 EStG). Von einem üblichen Endpreis ist bei einem Darlehen auszugehen, wenn sein Zinssatz mit dem Maßstabszinssatz (Rdnr. 3 Satz 3) vergleichbar ist; der pauschale Abschlag i. H. v. 4 % nach R 8.1 Absatz 2 Satz 3

LStR ist vorzunehmen. Solch ein üblicher Endpreis kann sich aus dem Angebot eines Kreditinstituts am Abgabeort ergeben.

Als üblicher Endpreis gilt auch der günstigste Preis für ein vergleichbares Darlehen mit nachgewiesener günstigster Marktkondition, zu der das Darlehen unter Einbeziehung allgemein zugänglicher Internetangebote (z. B. Internetangebote von Direktbanken) an Endverbraucher angeboten wird, ohne dass individuelle Preisverhandlungen im Zeitpunkt des Vertragsabschlusses berücksichtigt werden. Bei dieser Ermittlung kommt der pauschale Abschlag i. H. v. 4 % nach R 8.1 Absatz 2 Satz 3 LStR nicht zur Anwendung.

Hat der Arbeitgeber den Zinsvorteil nach dem üblichen Endpreis am Abgabeort bewertet 6
(Rdnr. 5 Satz 2), kann der Arbeitnehmer dennoch die Zinsvorteile im Rahmen seiner Einkommensteuerveranlagung mit dem niedrigeren günstigsten Preis am Markt i. S. d. Rdnr. 5 Satz 4 bewerten und dem Finanzamt nachweisen (z. B. durch Ausdruck des in einem Internet-Vergleichsportal ausgewiesenen individualisierten günstigeren inländischen Kreditangebots zum Zeitpunkt des Vertragsabschlusses). Ein solcher Nachweis ist auch dann zulässig, wenn der Arbeitgeber bereits den aus seiner Sicht günstigsten Preis am Markt i. S. d. Rdnr. 5 Satz 4 angesetzt hat und der Arbeitnehmer einen noch niedrigeren günstigsten Preis am Markt berücksichtigt haben möchte. Das günstigere inländische Angebot muss in einem zeitlichen Zusammenhang mit der Gewährung des Arbeitgeberdarlehens stehen. Aus Vereinfachungsgründen ist es nicht zu beanstanden, wenn dieses Angebot bis zu 10 Tage vor der Kreditanfrage beim Arbeitgeber und bis zu 10 Tage nach dem Vertragsabschluss des Arbeitgeberdarlehens eingeholt wird.

Der Arbeitgeber hat die Unterlagen für den ermittelten und der Lohnversteuerung zu 7
Grunde gelegten Endpreis sowie die Berechnung der Zinsvorteile zu dokumentieren, als Belege zum Lohnkonto aufzubewahren und dem Arbeitnehmer auf Verlangen formlos mitzuteilen.

2.1.2 Ermittlung des Zinsvorteils

Bei nach § 8 Absatz 2 Satz 1 EStG zu bewertenden Zinsvorteilen im Zusammenhang 8
mit Arbeitgeberdarlehen bemisst sich der geldwerte Vorteil nach dem Unterschiedsbetrag zwischen dem Maßstabszinssatz für vergleichbare Darlehen am Abgabeort (Rdnr. 5 Satz 2) oder dem günstigsten Preis für ein vergleichbares Darlehen am Markt (Rdnr. 5 Satz 4) und dem Zinssatz, der im konkreten Einzelfall vereinbart ist. Vergleichbar in diesem Sinne ist ein Darlehen, das dem Arbeitgeberdarlehen insbesondere hinsichtlich der Kreditart (z. B. Wohnungsbaukredit, Konsumentenkredit/Ratenkredit, Überziehungskredit), der Laufzeit des Darlehens, der Dauer der Zinsfestlegung, der zu beachtenden Beleihungsgrenze und des Zeitpunktes der Tilgungsverrechnung im Wesentlichen entspricht. Die Einordung des jeweiligen Darlehens (Kreditart) richtet sich allein nach dem tatsächlichen Verwendungszweck.

Bei Arbeitgeberdarlehen mit Zinsfestlegung ist grundsätzlich für die gesamte Vertrags- 9
laufzeit der Maßstabszinssatz für vergleichbare Darlehen am Abgabeort (Rdnr. 5 Satz 2) oder der günstigste Preis für ein vergleichbares Darlehen am Markt (Rdnr. 5 Satz 4) bei Vertragsabschluss maßgeblich. Werden nach Ablauf der Zinsfestlegung die Zinskonditionen desselben Darlehens neu vereinbart (Prolongation), ist der Zinsvorteil neu zu ermitteln. Dabei ist der neu vereinbarte Zinssatz mit dem Maßstabszinssatz für vergleichbare Darlehen am Abgabeort (Rdnr. 5 Satz 2) oder dem günstigsten Preis für ein vergleichbares Darlehen am Markt (Rdnr. 5 Satz 4) im Zeitpunkt der Prolongationsvereinbarung zu vergleichen. Bei Arbeitgeberdarlehen mit variablem Zinssatz ist für die Ermittlung des Zinsvorteils im Zeitpunkt der vertraglichen Zinssatzanpassung der neu vereinbarte Zinssatz mit dem jeweils aktuellen Maßstabszinssatz für vergleichbare Darlehen am Abgabeort (Rdnr. 5 Satz 2) oder dem jeweils günstigsten Preis für ein vergleichbares Darlehen am Markt (Rdnr. 5 Satz 4) zu vergleichen.

10 Bei der Prüfung, ob die für Sachbezüge anzuwendende 44 €-Freigrenze[1] (§ 8 Absatz 2 Satz 11 EStG) überschritten wird, sind Zinsvorteile aus der Überlassung eines zinslosen oder zinsverbilligten Arbeitgeberdarlehens vorbehaltlich der Rdnr. 4 einzubeziehen.

11 Ein nach Beachtung der Rdnr. 4 und der Rdnr. 10 ermittelter steuerpflichtiger Zinsvorteil aus der Überlassung eines zinslosen oder zinsverbilligten Arbeitgeberdarlehens i. S. d. § 8 Absatz 2 EStG kann nach § 37b EStG pauschal besteuert werden (vgl. hierzu BMF-Schreiben vom 19. Mai 2015, BStBl I Seite 468[2])). Der Arbeitgeber kann die Entscheidung, § 37b Absatz 2 EStG innerhalb eines Kalenderjahres anzuwenden, nicht zurücknehmen[3]).

12 Aus Vereinfachungsgründen wird es nicht beanstandet, wenn bei einer Bewertung nach Rdnr. 5 Satz 2 für die Feststellung des Maßstabszinssatzes die bei Vertragsabschluss von der Deutschen Bundesbank zuletzt veröffentlichten Effektivzinssätze – also die gewichteten Durchschnittszinssätze – herangezogen werden, die unter http://www.bundesbank.de/Redaktion/DE/Downloads/Statistiken/Geld_Und_Kapitalmaerkte/Zinssaetze_Renditen/S11BATGV.pdf?__blob=publicationFile[4]) veröffentlicht sind. Von dem sich danach ergebenden Effektivzinssatz kann nach R 8.1 Absatz 2 Satz 3 LStR ein pauschaler Abschlag von 4 % vorgenommen werden. Aus der Differenz zwischen diesem Maßstabszinssatz und dem Zinssatz, der im konkreten Einzelfall vereinbart ist, sind die Zinsverbilligung und der Zinsvorteil zu ermitteln, wobei die Zahlungsweise der Zinsen (z. B. monatlich, jährlich) unmaßgeblich ist. Zwischen den einzelnen Arten von Krediten (z. B. Wohnungsbaukredit, Konsumentenkredit/Ratenkredit) ist zu unterscheiden.

13 **Beispiel:**

Ein Arbeitnehmer erhält im März 2015 ein Arbeitgeberdarlehen von 30.000 € zu einem Effektivzinssatz von 2 % jährlich (Laufzeit 4 Jahre mit monatlicher Tilgungsverrechnung und monatlicher Fälligkeit der Zinsen). Der bei Vertragsabschluss im März 2015 von der Deutschen Bundesbank für Konsumentenkredite mit anfänglicher Zinsbindung von über einem Jahr bis zu fünf Jahren veröffentlichte Effektivzinssatz (Erhebungszeitraum Januar 2015) beträgt 4,71 %.

Nach Abzug des pauschalen Abschlags von 4 % ergibt sich ein Maßstabszinssatz von 4,52 % (Ansatz von zwei Dezimalstellen – ohne Rundung). Die Zinsverbilligung beträgt somit 2,52 % (4,52 % abzüglich 2 %). Danach ergibt sich im März 2015 ein Zinsvorteil von 63 € (2,52 % von 30.000 € x 1/12). Dieser Vorteil ist – da die 44 €-Freigrenze[1] überschritten ist – lohnsteuerpflichtig. Der Zinsvorteil ist jeweils bei Tilgung des Arbeitgeberdarlehens für die Restschuld neu zu ermitteln.

2.1.3 Einzelanfragen zur Ermittlung des Maßstabszinssatzes

14 Einzelanfragen zur Ermittlung des Maßstabszinssatzes für vergleichbare Darlehen am Abgabeort sind bei der Deutschen Bundesbank unter https://www.bundesbank.de/Navigation/DE/Service/Kontakt/kontakt_node.html?contact_id=16148[5])möglich.

---

*[1]) **ab 1.1.2022: 50 €-Freigrenze***

[2]) >Anhang 23a

[3]) Überholt durch BFH vom 15.6.2016 (BStBl II S. 1010); das Wahlrecht kann nur durch Abgabe einer geänderten Lohnsteuer-Anmeldung widerrufen werden. Der Widerruf ist nur wirksam, wenn der Zuwendende den Zuwendungsempfänger hiervon unterrichtet; der Widerruf stellt beim Zuwendungsempfänger ein rückwirkendes Ereignis i. S. d. § 175 Abs. 1 Satz 1 Nr. 2 AO dar.

[4]) jetzt http://www.bundesbank.de: Suchbegriff „Geldwerter Vorteil für Arbeitgeberdarlehen"

[5]) jetzt http://www.bundesbank.de: Kontaktformular

2.2 Bewertung nach § 8 Absatz 3 EStG

2.2.1 Allgemeine Grundsätze

Der Zinsvorteil aus der Überlassung eines zinslosen oder zinsverbilligten Darlehens kann nach § 8 Absatz 3 EStG ermittelt werden, wenn der Arbeitgeber Darlehen gleicher Art und – mit Ausnahme des Zinssatzes – zu gleichen Konditionen (insbesondere Laufzeit des Darlehens, Dauer der Zinsfestlegung, Zeitpunkt der Tilgungsverrechnung) überwiegend an betriebsfremde Dritte vergibt und der Zinsvorteil nicht nach § 40 EStG pauschal besteuert wird. 15

Endpreis i. S. d. § 8 Absatz 3 EStG für die von einem Kreditinstitut gegenüber seinen Mitarbeitern erbrachten Dienstleistungen ist grundsätzlich der Preis, der für diese Leistungen im Preisaushang des Kreditinstituts oder der kontoführenden Zweigstelle angegeben ist. Dieser Preisaushang ist für die steuerliche Bewertung auch der Dienstleistungen maßgebend, die vom Umfang her den Rahmen des standardisierten Privatkundengeschäfts übersteigen, es sei denn, dass für derartige Dienstleistungen in den Geschäftsräumen offen zugängliche besondere Preisverzeichnisse ausgelegt werden. Es ist zur Ermittlung des Zinsvorteils nach § 8 Absatz 3 EStG zulässig, von dem im Preisaushang dargestellten Preis abzuweichen. Rdnr. 7 und 8 des BMF-Schreibens vom 16. Mai 2013 (BStBl I Seite 729), wonach am Ende von Verkaufsverhandlungen durchschnittlich gewährte Preisnachlässe zu berücksichtigen sind, gilt auch für die Ermittlung des Zinsvorteils nach § 8 Absatz 3 EStG für die von einem Kreditinstitut gegenüber seinen Mitarbeitern erbrachten Dienstleistungen. Der Abschlag von 4 % nach § 8 Absatz 3 Satz 1 EStG ist stets vorzunehmen. 16

2.2.2 Ermittlung des Zinsvorteils

Wird der Zinsvorteil nach § 8 Absatz 3 EStG bewertet, bemisst sich der Zinsvorteil nach dem Unterschiedsbetrag zwischen dem nach Rdnr. 16 ermittelten und um 4 % geminderten Effektivzinssatz, den der Arbeitgeber fremden Letztverbrauchern im allgemeinen Geschäftsverkehr für Darlehen vergleichbarer Kreditart (z. B. Wohnungsbaukredit, Konsumentenkredit) anbietet (Maßstabszinssatz), und dem Zinssatz, der im konkreten Einzelfall vereinbart ist. Bei Arbeitgeberdarlehen mit Zinsfestlegung ist grundsätzlich der Maßstabszinssatz bei Vertragsabschluss für die gesamte Vertragslaufzeit maßgeblich. Im Falle der Prolongation ist der neu vereinbarte Zinssatz mit dem Maßstabszinssatz im Zeitpunkt der Prolongationsvereinbarung zu vergleichen. Bei Arbeitgeberdarlehen mit variablem Zinssatz ist für die Ermittlung des Zinsvorteils im Zeitpunkt der vertraglichen Zinssatzanpassung der neu vereinbarte Zinssatz mit dem jeweils aktuellen Maßstabszinssatz zu vergleichen. 17

Der Arbeitgeber hat die Unterlagen für den ermittelten und der Lohnversteuerung zu Grunde gelegten Endpreis sowie die Berechnung des Zinsvorteils zu dokumentieren, als Belege zum Lohnkonto aufzubewahren und dem Arbeitnehmer auf Verlangen formlos mitzuteilen. 18

Wird der Zinsvorteil aus der Überlassung eines zinslosen oder zinsverbilligten Darlehens nach § 40 Absatz 1 EStG pauschal versteuert, so ist der Zinsvorteil nach § 8 Absatz 2 Satz 1 EStG zu bewerten (vgl. Tz. 2.1, Rdnr. 5 bis 13). Dies gilt auch, wenn der Arbeitgeber Darlehen überwiegend betriebsfremden Dritten überlässt. Sind die Voraussetzungen für die Lohnsteuerpauschalierung erfüllt, insbesondere weil ein Pauschalierungsantrag gestellt worden ist, kann diese Bewertungsmethode auch dann gewählt werden, wenn keine pauschale Lohnsteuer anfällt. In den Fällen des § 8 Absatz 3 EStG ist es auch dann nicht zulässig, die Steuer nach § 37b Absatz 2 EStG zu pauschalieren, wenn der Arbeitgeber nach R 8.2 Absatz 1 Satz 1 Nummer 4 LStR die Bewertung des geldwerten Vorteils nach § 8 Absatz 2 EStG wählt und der Zinsvorteil nicht nach § 40 Absatz 1 EStG pauschal versteuert worden ist. 19

20 Zinsvorteile sind als sonstige Bezüge i. S. d. § 40 Absatz 1 Satz 1 Nummer 1 EStG anzusehen, wenn der maßgebende Zinszahlungszeitraum den jeweiligen Lohnzahlungszeitraum überschreitet.

21 Wird der Zinsvorteil nur zum Teil pauschal versteuert, weil die Pauschalierungsgrenze des § 40 Absatz 1 Satz 3 EStG überschritten ist, so ist bei der Bewertung des individuell zu versteuernden Zinsvorteils der Teilbetrag des Darlehens außer Ansatz zu lassen, für den die Zinsvorteile unter Anwendung der Tz. 2.1. (Rdnr. 5 bis 13) pauschal versteuert werden.

22 **Beispiel:**

Ein Kreditinstitut überlässt seinem Arbeitnehmer am 1. Januar 2015 ein Arbeitgeberdarlehen von 150.000 € zum Effektivzinssatz von 2 % jährlich (Laufzeit 4 Jahre mit jährlicher Tilgungsverrechnung und vierteljährlicher Fälligkeit der Zinsen). Darlehen gleicher Art bietet das Kreditinstitut fremden Kunden im allgemeinen Geschäftsverkehr zu einem Effektivzinssatz von 4,5 % an. Der nachgewiesene günstigste Zinssatz für vergleichbare Darlehen am Markt (i. S. d. Rdnr. 5 Satz 4) wurde im Internet bei einer Direktbank mit 4 % ermittelt.

Das Kreditinstitut beantragt die Besteuerung nach § 40 Absatz 1 Satz 1 Nummer 1 EStG. Der Zinsvorteil ist insoweit nach § 8 Absatz 2 Satz 1 EStG zu ermitteln. Die nach Tz. 2.1.2 ermittelte Zinsverbilligung beträgt 2 % (marktüblicher Zinssatz 4 %, abzüglich Zinslast des Arbeitnehmers von 2 %). Der pauschale Abschlag i. H. v. 4 % nach R 8.1 Absatz 2 Satz 3 LStR kommt nicht in Betracht.

Der Zinsvorteil im Kalenderjahr 2015 beträgt 3.000 € (2 % von 150.000 €). Mangels anderer pauschal besteuerter Leistungen kann der Zinsvorteil des Arbeitnehmers bis zum Höchstbetrag von 1.000 € pauschal besteuert werden (Pauschalierungsgrenze). Ein Zinsvorteil von 1.000 € ergibt sich unter Berücksichtigung der nach Tz. 2.1.2 ermittelten Zinsverbilligung von 2 % für ein Darlehen von 50.000 € (2 % von 50.000 € = 1.000 €). Mithin wird durch die Pauschalbesteuerung nur der Zinsvorteil aus einem Darlehensteilbetrag von 50.000 € abgedeckt. Der Zinsvorteil aus dem restlichen Darlehensteilbetrag von 100.000 € ist individuell zu versteuern. Der zu versteuernde Betrag ist wie folgt zu ermitteln:

Nach Abzug eines Abschlags von 4 % (§ 8 Absatz 3 Satz 1 EStG) vom Angebotspreis des Arbeitgebers von 4,5 % ergibt sich ein Maßstabszinssatz von 4,32 %.

100.000 € Darlehen x Maßstabszinssatz 4,32 %	4.320 €
./. Zinslast des Arbeitnehmers 100.000 € x 2 %	2.000 €
Zinsvorteil	2.320 €
./. Rabattfreibetrag (§ 8 Absatz 3 Satz 2 EStG)	1.080 €
zu versteuernder Zinsvorteil (Jahresbetrag)	1.240 €
vierteljährlich als sonstiger Bezug der Lohnsteuer zu unterwerfen	310 €

Der Zinsvorteil ist jeweils bei Tilgung des Arbeitgeberdarlehens für die Restschuld neu zu ermitteln.

2.3 Wahlrechte zwischen den Bewertungsmethoden nach § 8 Absatz 2 und Absatz 3 EStG

23 Hinsichtlich der Wahlmöglichkeit des Arbeitnehmers für die Ermittlung des Zinsvorteils nach § 8 Absatz 2 Satz 1 oder Absatz 3 EStG gilt das BMF-Schreiben vom 16. Mai 2013 (BStBl I Seite 729)[1]) entsprechend.

24 Der Arbeitnehmer kann den Zinsvorteil im Rahmen seiner Einkommensteuerveranlagung nach § 8 Absatz 2 Satz 1 EStG (vgl. Rdnr. 5-13) bewerten. In diesen Fällen hat der Arbeitnehmer den Endpreis nachzuweisen, den der Arbeitgeber im Lohnsteuerabzugsverfahren zu Grunde gelegt hat (z. B. durch eine formlose Mitteilung des Arbeitgebers).

[1]) >Anhang 24 III

Dem Arbeitgeber bleibt es unbenommen, im Lohnsteuerabzugsverfahren den Zinsvorteil nach § 8 Absatz 3 Satz 1 EStG (vgl. Rdnr. 15-18) zu bewerten. Er ist dann nicht verpflichtet, den Zinsvorteil nach § 8 Absatz 2 Satz 1 EStG (vgl. Rdnr. 5-13) zu bewerten. Ermittelt der Arbeitgeber den Vorteil nach § 8 Absatz 2 Satz 1 EStG, kann er einen um übliche Preisnachlässe geminderten üblichen Endpreis am Abgabeort i. S. d. Rdnr. 5 Satz 2 ansetzen. Er ist dann nicht verpflichtet, den günstigsten Preis am Markt i. S. d. Rdnr. 5 Satz 4 zu ermitteln. 25

3. Zufluss von Arbeitslohn

Als Zuflusszeitpunkt ist der Fälligkeitstermin der Zinsen als Nutzungsentgelt für die Überlassung eines zinsverbilligten Darlehens anzusehen (vgl. Beispiel unter Tz. 2.2.2, Rdnr. 22). Bei der Überlassung eines zinslosen Darlehens ist der Zufluss in dem Zeitpunkt anzunehmen, in dem das Entgelt üblicherweise fällig wäre. Es kann davon ausgegangen werden, dass das Entgelt üblicherweise zusammen mit der Tilgungsrate fällig wäre. Wird ein Arbeitgeberdarlehen ohne Tilgungsleistung (endfälliges Darlehen) gewährt, kann für die Entscheidung, ob der Zinsvorteil am Ende der Laufzeit oder monatlich, vierteljährlich oder jährlich zufließt, grundsätzlich dem der Vereinbarung zugrundeliegenden Willen der Beteiligten gefolgt werden. 26

4. Versteuerung in Sonderfällen

4.1 Versteuerung bei fehlender Zahlung von Arbeitslohn

Erhält der Arbeitnehmer keinen anderen laufenden Arbeitslohn (z. B. bei Beurlaubung, Elternzeit), ist der im Kalenderjahr erhaltene Zinsvorteil bei Wiederaufnahme der Arbeitslohnzahlung zu versteuern oder andernfalls spätestens nach Ablauf des Kalenderjahres nach § 41c EStG zu behandeln. 27

4.2 Versteuerung bei Ausscheiden aus dem Dienstverhältnis

Scheidet der Arbeitnehmer aus dem Dienstverhältnis aus und besteht das vergünstigte Arbeitgeberdarlehen weiter, so hat der Arbeitgeber dies dem Betriebsstättenfinanzamt anzuzeigen, wenn er aufgrund des beendeten Dienstverhältnisses die Lohnsteuer für die Zinsvorteile nicht einbehalten kann (§ 41c Absatz 4 Satz 1 Nummer 1 EStG). 28

5. Sicherheitenbestellung

Setzt der Zinssatz des vergleichbaren Darlehens eine Sicherheitenbestellung (z. B. eine Grundschuldbestellung) voraus, ist der Verzicht des Arbeitgebers auf eine solche Bestellung ein steuerpflichtiger geldwerter Vorteil. In die Bewertung des geldwerten Vorteils einbezogen werden insbesondere die üblichen Kosten und Gebühren des Grundbuchamts und des Notars für eine dingliche Sicherung des Arbeitgeberdarlehens. Diese Beträge können regelmäßig mit den im Internet bereitgestellten Notar-/Grundbuchkostenrechnern ermittelt werden. Ein Abschlag ist nicht vorzunehmen. Als Zuflusszeitpunkt ist das Auszahlungsdatum des Arbeitgeberdarlehens anzusetzen. Ein geldwerter Vorteil für die ersparte Löschung einer Sicherheitenbestellung ist aus Vereinfachungsgründen nicht anzusetzen. 29

6. Aufzeichnungserleichterungen für Kreditinstitute

Das Betriebsstättenfinanzamt kann auf Antrag eines Kreditinstituts Ausnahmen von der Aufzeichnung der geldwerten Vorteile zulassen, die sich aus der unentgeltlichen oder verbilligten 30

- Kontenführung, Nutzung von Geldautomaten sowie der Ausgabe von Kreditkarten,
- Depotführung bis zu einem Depotnennwert von 60.000 € (maßgebend ist der Depotnennwert, nach dem die Depotgebühren berechnet werden),

- Überlassung von Schließfächern und Banksafes und
- Beschaffung und Rücknahme von Devisen durch Barumtausch

ergeben.

31 Voraussetzung hierfür ist, dass

a) der durchschnittliche Betrag des Vorteils aus den von der Aufzeichnung befreiten Dienstleistungen unter Berücksichtigung des Preisabschlags nach § 8 Absatz 3 EStG von 4 % je Arbeitnehmer ermittelt wird (Durchschnittsbetrag).

   Der Durchschnittsbetrag ist jeweils im letzten Lohnzahlungszeitraum eines Kalenderjahres aus der summarischen Erfassung sämtlicher aufzeichnungsbefreiter Vorteile der vorangegangenen 12 Monate für die Arbeitnehmer eines Kreditinstituts (einschließlich sämtlicher inländischer Zweigstellen) zu ermitteln. Dabei sind auch die Vorteile einzubeziehen, die der Arbeitgeber Personen einräumt, die mit den Arbeitnehmern verbunden sind. Falls erforderlich, können für alleinstehende und verheiratete Arbeitnehmer unterschiedliche Durchschnittsbeträge festgesetzt werden.

   Hat ein Kreditinstitut mehrere lohnsteuerliche Betriebsstätten, so ist der Aufzeichnungsverzicht und ggf. die Festsetzung des Durchschnittsbetrags mit den anderen Betriebsstättenfinanzämtern abzustimmen.

b) der Arbeitgeber im letzten Lohnzahlungszeitraum des Kalenderjahres den Betrag pauschal nach § 40 Absatz 1 EStG versteuert, um den die Summe der Vorteile aus den nicht aufzeichnungsbefreiten Dienstleistungen und dem Durchschnittsbetrag bei den einzelnen Arbeitnehmern den Rabattfreibetrag von 1.080 € übersteigt. Dabei ist der übersteigende Betrag wenigstens bis zur Höhe des Durchschnittsbetrags pauschal zu versteuern. Soweit die Vorteile pauschal versteuert werden, sind sie nach § 8 Absatz 2 EStG zu bewerten.

7. Anrufungsauskunft

32 Für Sachverhalte zur steuerlichen Behandlung von Arbeitgeberdarlehen kann eine Anrufungsauskunft i. S. d. § 42e EStG eingeholt werden.

8. Zeitliche Anwendung

33 Dieses Schreiben ersetzt die BMF-Schreiben vom 15. April 1993, BStBl I Seite 339 sowie vom 1. Oktober 2008, BStBl I Seite 892, und ist in allen offenen Fällen anzuwenden.

X.

Gleich lautende Erlasse der obersten Finanzbehörden der Länder

Steuerliche Behandlung der von Luftfahrtunternehmen gewährten unentgeltlichen oder verbilligten Flüge vom 12.5.2021 (BStBl I S. 774)

Für die Bewertung der zum Arbeitslohn gehörenden Vorteile aus unentgeltlich oder verbilligt gewährten Flügen gilt Folgendes:

1. Gewähren Luftfahrtunternehmen ihren Arbeitnehmern unentgeltlich oder verbilligt Flüge, die auch betriebsfremden Fluggästen angeboten werden, so kann der Wert der Flüge nach § 8 Absatz 2 oder Absatz 3 EStG ermittelt werden. Dies gilt auch bei Beschränkungen im Reservierungsstatus, wenn das Luftfahrtunternehmen Flüge mit entsprechenden Beschränkungen betriebsfremden Fluggästen nicht anbietet (vgl. BFH-Urteil vom 26. September 2019, BStBl 2020 II Seite 162).
2. Eine Bewertung nach § 8 Absatz 3 EStG kommt nicht in Betracht, wenn
   a) die Lohnsteuer nach § 40 EStG pauschal erhoben wird oder
   b) Luftfahrtunternehmen Arbeitnehmern anderer Arbeitgeber unentgeltlich oder verbilligt Flüge gewähren.

   In diesen Fällen sind die Flüge nach § 8 Absatz 2 EStG mit dem um übliche Preisnachlässe geminderten üblichen Endpreis am Abgabeort zu bewerten.
3. In den Fällen der Bewertung nach § 8 Absatz 2 EStG können die Flüge mit Durchschnittswerten angesetzt werden. Für die Jahre 2022 bis 2024 werden die folgenden Durchschnittswerte (ohne Einbeziehung von Nebenkosten) nach § 8 Absatz 2 Satz 10 EStG für jeden Flugkilometer festgesetzt.
   a) Wenn keine Beschränkungen im Reservierungsstatus bestehen, ist der Wert des Fluges wie folgt zu berechnen:

bei einem Flug von	Durchschnittswerte in Euro je Flugkilometer (FKM)
1 bis 4.000 km	0,04
4.001 bis 12.000 km	$0{,}04 - \frac{0{,}01 \times (FKM - 4.000)}{8.000}$
mehr als 12.000 km	0,03

   Jeder Flug ist gesondert zu bewerten. Die Zahl der Flugkilometer ist mit dem Wert anzusetzen, der der im Flugschein angegebenen Streckenführung entspricht.

   Nimmt der Arbeitgeber einen nicht vollständig ausgeflogenen Flugschein zurück, so ist die tatsächlich ausgeflogene Strecke zugrunde zu legen. Bei der Berechnung des Flugkilometerwerts sind die Beträge nur bis zur fünften Dezimalstelle anzusetzen.

   Die nach dem IATA-Tarif zulässigen Kinderermäßigungen sind entsprechend anzuwenden.

   b) Bei Beschränkungen im Reservierungsstatus mit dem Vermerk „space available – SA –“ auf dem Flugschein beträgt der Wert je Flugkilometer 60 Prozent des nach Buchstabe a ermittelten Werts.
   c) Bei Beschränkungen im Reservierungsstatus ohne Vermerk „space available – SA –“ auf dem Flugschein beträgt der Wert je Flugkilometer 80 Prozent des nach Buchstabe a ermittelten Werts.

Der nach den Durchschnittswerten ermittelte Wert des Fluges ist um 10 Prozent zu erhöhen.

Beispiel:

Der Arbeitnehmer erhält einen Freiflug Frankfurt – Palma de Mallorca und zurück.

Der Flugschein trägt den Vermerk „SA". Die Flugstrecke beträgt insgesamt 2507 km.

Der Wert des Fluges für diesen Flug beträgt 60 Prozent von (0,04 x 2.507) = 60,17 Euro, zu erhöhen um 10 Prozent (= 6,02 Euro) = 66,19 Euro.

4. Mit den Durchschnittswerten nach Nummer 3 können auch Flüge bewertet werden, die der Arbeitnehmer von seinem Arbeitgeber erhalten hat, der kein Luftfahrtunternehmer ist, wenn
   a) der Arbeitgeber diesen Flug von einem Luftfahrtunternehmen erhalten hat und
   b) dieser Flug den unter Nummer 3 Buchstaben b oder c genannten Beschränkungen im Reservierungsstatus unterliegt.
5. Von dem Wert nach der Nummer 2 sind die von den Arbeitnehmern jeweils gezahlten Entgelte abzuziehen. Von den Werten nach den Nummern 3 und 4 sind die von den Arbeitnehmern jeweils gezahlten Entgelte mit Ausnahme der Nebenkosten (z. B. Steuern, Flughafengebühren, Luftsicherheitsgebühren, sonstige Gebühren, sonstige Zuschläge, Luftverkehrssteuer) abzuziehen. Der Rabattfreibetrag nach § 8 Absatz 3 EStG ist nicht abzuziehen.
6. Luftfahrtunternehmen im Sinne der vorstehenden Regelungen sind Unternehmen, denen die Betriebsgenehmigung zur Beförderung von Fluggästen im gewerblichen Luftverkehr nach der Verordnung (EWG) Nr. 2407/92 des Rates vom 23. Juli 1992 (Amtsblatt EG Nr. L 240/1) oder nach entsprechenden Vorschriften anderer Staaten erteilt worden ist.

Dieser Erlass ergeht mit Zustimmung des Bundesministeriums der Finanzen und im Einvernehmen mit den obersten Finanzbehörden der anderen Länder. Er ersetzt den Erlass vom 16. Oktober 2018 (BStBl I Seite 1088) für die Jahre 2022 bis 2024.

Ministerium für Finanzen
Baden-Württemberg
FM3-S 2334-2/261

Bayerisches Staatsministerium
der Finanzen und für Heimat
32 – S 2334-3/2

Senatsverwaltung für Finanzen Berlin
III B – S 2334 – 8/2009 – 2

Ministerium der Finanzen und für Europa
des Landes Brandenburg
36-S 2334/12#01#08

Der Senator für Finanzen
der Freien Hansestadt Bremen
900-S 2334-1/2014-11/2015

Freie und Hansestadt Hamburg
– Finanzbehörde
S 2334 – 2021/006 – 52

Hessisches Ministerium der Finanzen
S 2334 A-006-II 8a

Finanzministerium
Mecklenburg-Vorpommern
IV-S 2334-00000-2009/008-007

Niedersächsisches Finanzministerium
34-S 2334/022-0003

Ministerium der Finanzen
des Landes Nordrhein-Westfalen
S 2334 – 3 – V B 3

Ministerium der Finanzen Rheinland-Pfalz
S 2334#2021/0057-0401 441

Ministerium für Finanzen und Europa
Saarland
B/2 – S 2334-1#066, 2021/067706

Sächsisches Staatsministerium der Finanzen
32-S 2334/5/87-2021/28387

Ministerium der Finanzen
des Landes Sachsen-Anhalt
45-S 2334-346/2/27960/2021

Finanzministerium
des Landes Schleswig-Holstein
VI 302 – S 2334 – 230

Thüringer Finanzministerium
S 2334 A – 9 – 21.15

Übersicht

I.

Steuerliche Behandlung von Reisekosten und Reisekostenvergütungen bei betrieblich und beruflich veranlassten Auslandsreisen ab 1. Januar 2021

BMF vom 3.12.2020 (BStBl I S. 1256)
IV C 5 – S 2353/19/10010 :002 – 2020/1163533

Aufgrund des § 9 Absatz 4a Satz 5 ff. Einkommensteuergesetz (EStG) werden im Einvernehmen mit den obersten Finanzbehörden der Länder die in der anliegenden Übersicht ausgewiesenen Pauschbeträge für Verpflegungsmehraufwendungen und Übernachtungskosten für beruflich und betrieblich veranlasste Auslandsdienstreisen ab 1. Januar 2021 bekannt gemacht (**Fettdruck** kennzeichnet die Änderungen gegenüber der Übersicht ab 1. Januar 2020, BStBl 2019 I S. 1254).

Bei eintägigen Reisen in das Ausland ist der entsprechende Pauschbetrag des letzten Tätigkeitsortes im Ausland maßgebend. Bei mehrtägigen Reisen in verschiedenen Staaten gilt für die Ermittlung der Verpflegungspauschalen am An- und Abreisetag sowie an den Zwischentagen (Tage mit 24 Stunden Abwesenheit) im Hinblick auf § 9 Absatz 4a Satz 5 2. Halbsatz EStG insbesondere Folgendes:

– Bei der Anreise vom Inland in das Ausland oder vom Ausland in das Inland jeweils ohne Tätigwerden ist der entsprechende Pauschbetrag des Ortes maßgebend, der vor 24 Uhr Ortszeit erreicht wird.
– Bei der Abreise vom Ausland in das Inland oder vom Inland in das Ausland ist der entsprechende Pauschbetrag des letzten Tätigkeitsortes maßgebend.
– Für die Zwischentage ist in der Regel der entsprechende Pauschbetrag des Ortes maßgebend, den der Arbeitnehmer vor 24 Uhr Ortszeit erreicht.

Siehe dazu auch **Rz. 52 des BMF-Schreibens zur steuerlichen Behandlung der Reisekosten von Arbeitnehmern vom 25. November 2020 (BStBl I S. 1228)**.

Schließt sich an den Tag der Rückreise von einer mehrtägigen Auswärtstätigkeit zur Wohnung oder ersten Tätigkeitsstätte eine weitere ein- oder mehrtägige Auswärtstätigkeit an, ist für diesen Tag nur die höhere Verpflegungspauschale zu berücksichtigen. Im Übrigen, insbesondere bei Flug- und Schiffsreisen, ist R 9.6 Absatz 3 LStR zu beachten.

Zur Kürzung der Verpflegungspauschale gilt Folgendes:

Bei der Gestellung von Mahlzeiten durch den Arbeitgeber oder auf dessen Veranlassung durch einen Dritten ist die Kürzung der Verpflegungspauschale i. S. d. § 9 Absatz 4a Satz 8 ff. EStG tagesbezogen vorzunehmen, d. h. von der für den jeweiligen Reisetag maßgebenden Verpflegungspauschale

(s. o.) für eine 24-stündige Abwesenheit (§ 9 Absatz 4a Satz 5 EStG), unabhängig davon, in welchem Land die jeweilige Mahlzeit zur Verfügung gestellt wurde.

Beispiel:

Der Ingenieur I kehrt am Dienstag von einer mehrtägigen Auswärtstätigkeit in Straßburg (Frankreich) zu seiner Wohnung zurück. Nachdem er Unterlagen und neue Kleidung eingepackt hat, reist er zu einer weiteren mehrtägigen Auswärtstätigkeit nach Kopenhagen (Dänemark) weiter. I erreicht Kopenhagen um 23 Uhr. Die Übernachtungen – jeweils mit Frühstück – wurden vom Arbeitgeber im Voraus gebucht und bezahlt.

Für Dienstag ist nur die höhere Verpflegungspauschale von 39 Euro (Rückreisetag von Straßburg: 34 Euro, Anreisetag nach Kopenhagen 39 Euro) anzusetzen. Aufgrund der Gestellung des Frühstücks im Rahmen der Übernachtung in Straßburg ist die Verpflegungspauschale um 11,60 Euro (20 Prozent der Verpflegungspauschale Kopenhagen für einen vollen Kalendertag: 58 Euro) auf 27,40 Euro zu kürzen.

Die festgesetzten Beträge für die Philippinen gelten auch für Mikronesien, die Beträge für Trinidad und Tobago gelten auch für die zu dessen Amtsbezirk gehörenden Staaten Antigua und Barbuda, Dominica, Grenada, Guyana, St. Kitts und Nevis St. Lucia, St. Vincent und Grenadinen sowie Suriname.

Für die in der Bekanntmachung nicht erfassten Länder ist der für Luxemburg geltende Pauschbetrag maßgebend, für nicht erfasste Übersee- und Außengebiete eines Landes ist der für das Mutterland geltende Pauschbetrag maßgebend.

Die Pauschbeträge für Übernachtungskosten sind ausschließlich in den Fällen der Arbeitgebererstattung anwendbar (R 9.7 Absatz 3 LStR und Rz. **128 des BMF-Schreibens zur steuerlichen Behandlung der Reisekosten von Arbeitnehmern vom 25. November 2020, BStBl I S. 1228).** Für den Werbungskostenabzug sind nur die tatsächlichen Übernachtungskosten maßgebend (R 9.7 Absatz 2 LStR und **Rz. 117 des BMF-Schreibens zur steuerlichen Behandlung der Reisekosten von Arbeitnehmern vom 25. November 2020, BStBl I S. 1228**); dies gilt entsprechend für den Betriebsausgabenabzug (R 4.12 Absatz 2 und 3 EStR).

Dieses Schreiben gilt entsprechend für doppelte Haushaltsführungen im Ausland (R 9.11 Absatz 10 Satz 1, Satz 7 Nummer 3 LStR und **Rz. 112 ff. des BMF-Schreibens zur steuerlichen Behandlung der Reisekosten von Arbeitnehmern vom 25. November 2020, BStBl I S. 1228**).

Übersicht über die ab 1. Januar 2021 geltenden Pauschbeträge für Verpflegungsmehraufwendungen und Übernachtungskosten im Ausland (Änderungen gegenüber 1. Januar 2020 – BStBl 2019 I S. 1254 – im Fettdruck)

Land	Pauschbeträge für Verpflegungsmehraufwendungen		Pauschbetrag für Übernachtungskosten
	bei einer Abwesenheitsdauer von mindestens 24 Stunden je Kalendertag €	für den An- und Abreisetag sowie bei einer Abwesenheitsdauer von mehr als 8 Stunden je Kalendertag €	€
Afghanistan	30	20	95
Ägypten	41	28	125
Äthiopien	39	26	130
Äquatorialguinea	36	24	166
Albanien	**27**	**18**	**112**
Algerien	51	34	173
Andorra	**41**	**28**	**91**
Angola	52	35	299
Argentinien	35	24	113
Armenien	24	16	59
Aserbaidschan	30	20	72
Australien			
– Canberra	51	34	158
– Sydney	68	45	184
– im Übrigen	51	34	158
Bahrain	45	30	180
Bangladesch	50	33	165
Barbados	52	35	165
Belgien	42	28	135
Benin	52	35	115
Bolivien	30	20	93
Bosnien und Herzegowina	23	16	75
Botsuana	**46**	**31**	**176**
Brasilien			
– Brasilia	57	38	127
– Rio de Janeiro	57	38	145
– Sao Paulo	53	36	132
– im Übrigen	51	34	84
Brunei	52	35	106
Bulgarien	22	15	115
Burkina Faso	38	25	174
Burundi	**36**	**24**	**138**

Land	Pauschbeträge für Verpflegungsmehraufwendungen		Pauschbetrag für Übernachtungskosten
	bei einer Abwesenheitsdauer von mindestens 24 Stunden je Kalendertag €	für den An- und Abreisetag sowie bei einer Abwesenheitsdauer von mehr als 8 Stunden je Kalendertag €	€
Chile	44	29	**154**
China			
– Chengdu	**41**	**28**	**131**
– Hongkong	74	49	145
– Kanton	**36**	**24**	**150**
– Peking	**30**	**20**	**185**
– Shanghai	**58**	**39**	**217**
– im Übrigen	**48**	**32**	**112**
Costa Rica	47	32	93
Côte d'Ivoire	**59**	**40**	**166**
Dänemark	58	39	143
Dominikanische Republik	45	30	147
Dschibuti	65	44	305
Ecuador	44	29	97
El Salvador	44	29	119
Eritrea	50	33	91
Estland	29	20	85
Fidschi	34	23	69
Finnland	50	33	136
Frankreich			
– Lyon	53	36	115
– Marseille	46	31	101
– Paris sowie die Departments 92, 93 und 94	58	39	152
– Straßburg	51	34	96
– im Übrigen	44	29	115
Gabun	52	35	183
Gambia	**40**	**27**	**161**
Georgien	35	24	88
Ghana	46	31	148
Griechenland			
– Athen	46	31	132
– im Übrigen	36	24	135
Guatemala	34	23	90
Guinea	46	31	118
Guinea-Bissau	24	16	86
Haiti	58	39	130

Land	Pauschbeträge für Verpflegungsmehraufwendungen		Pauschbetrag für Übernachtungskosten
	bei einer Abwesenheitsdauer von mindestens 24 Stunden je Kalendertag	für den An- und Abreisetag sowie bei einer Abwesenheitsdauer von mehr als 8 Stunden je Kalendertag	
	€	€	€
Honduras	48	32	101
Indien			
– Bangalore	42	28	155
– Chennai	32	21	85
– Kalkutta	35	24	145
– Mumbai	50	33	146
– Neu Delhi	38	25	185
– im Übrigen	32	21	85
Indonesien	36	24	134
Iran	33	22	196
Irland	**58**	**39**	**129**
Island	47	32	108
Israel	66	44	190
Italien			
– Mailand	45	30	158
– Rom	40	27	135
– im Übrigen	40	27	135
Jamaika	57	38	138
Japan			
– Tokio	66	44	233
– im Übrigen	52	35	190
Jemen	24	16	95
Jordanien	46	31	126
Kambodscha	38	25	94
Kamerun	50	33	180
Kanada			
– Ottawa	47	32	142
– Toronto	51	34	161
– Vancouver	50	33	140
– im Übrigen	47	32	134
Kap Verde	30	20	105
Kasachstan	45	30	111
Katar	56	37	149
Kenia	**51**	**34**	**219**
Kirgisistan	27	18	74
Kolumbien	46	31	115

Land	Pauschbeträge für Verpflegungsmehraufwendungen		Pauschbetrag für Übernachtungskosten
	bei einer Abwesenheitsdauer von mindestens 24 Stunden je Kalendertag	für den An- und Abreisetag sowie bei einer Abwesenheitsdauer von mehr als 8 Stunden je Kalendertag	
	€	€	€
Kongo, Republik	**62**	**41**	**215**
Kongo, Demokratische Republik	70	47	190
Korea, Demokratische Volksrepublik	28	19	92
Korea, Republik	**48**	**32**	**108**
Kosovo	23	16	57
Kroatien	35	24	107
Kuba	46	31	228
Kuwait	**56**	**37**	**241**
Laos	33	22	96
Lesotho	24	16	103
Lettland	35	24	76
Libanon	59	40	123
Libyen	63	42	135
Liechtenstein	**56**	**37**	**190**
Litauen	26	17	109
Luxemburg	47	32	130
Madagaskar	34	23	87
Malawi	47	32	123
Malaysia	34	23	88
Malediven	52	35	170
Mali	38	25	120
Malta	46	31	114
Marokko	42	28	129
Marshall Inseln	63	42	102
Mauretanien	39	26	105
Mauritius	54	36	220
Mazedonien	29	20	95
Mexiko	48	32	177
Moldau, Republik	24	16	88
Monaco	42	28	180
Mongolei	27	18	92
Montenegro	29	20	94
Mosambik	38	25	146
Myanmar	35	24	155

Land	Pauschbeträge für Verpflegungsmehraufwendungen		Pauschbetrag für Übernachtungskosten
	bei einer Abwesenheitsdauer von mindestens 24 Stunden je Kalendertag	für den An- und Abreisetag sowie bei einer Abwesenheitsdauer von mehr als 8 Stunden je Kalendertag	
	€	€	€
Namibia	30	20	112
Nepal	**36**	**24**	**126**
Neuseeland	56	37	153
Nicaragua	36	24	81
Niederlande	47	32	122
Niger	**42**	**28**	**131**
Nigeria	46	31	182
Norwegen	80	53	182
Österreich	40	27	108
Oman	60	40	200
Pakistan			
– Islamabad	23	16	238
– im Übrigen	34	23	122
Palau	51	34	179
Panama	39	26	111
Papua-Neuguinea	60	40	234
Paraguay	38	25	108
Peru	34	23	143
Philippinen	33	22	116
Polen			
– Breslau	33	22	117
– Danzig	30	20	84
– Krakau	27	18	86
– Warschau	29	20	109
– im Übrigen	29	20	60
Portugal	36	24	102
Ruanda	46	31	141
Rumänien			
– Bukarest	32	21	**92**
– im Übrigen	**27**	**18**	**89**
Russische Föderation			
– Jekaterinburg	28	19	84
– Moskau	30	20	110
– St. Petersburg	26	17	114
– im Übrigen	24	16	58
Sambia	36	24	130

Land	Pauschbeträge für Verpflegungsmehraufwendungen		Pauschbetrag für Übernachtungskosten
	bei einer Abwesenheitsdauer von mindestens 24 Stunden je Kalendertag €	für den An- und Abreisetag sowie bei einer Abwesenheitsdauer von mehr als 8 Stunden je Kalendertag €	€
Samoa	29	20	85
San Marino	34	23	75
São Tomé – Príncipe	47	32	80
Saudi-Arabien			
– Djidda	38	25	234
– Riad	48	32	179
– im Übrigen	48	32	80
Schweden	50	33	168
Schweiz			
– Genf	**66**	**44**	**186**
– im Übrigen	**64**	**43**	**180**
Senegal	**42**	**28**	**190**
Serbien	20	13	74
Sierra Leone	48	32	161
Simbabwe	45	30	140
Singapur	54	36	197
Slowakische Republik	24	16	85
Slowenien	33	22	95
Spanien			
– Barcelona	34	23	118
– Kanarische Inseln	40	27	115
– Madrid	40	27	118
– Palma de Mallorca	35	24	121
– im Übrigen	34	23	115
Sri Lanka	42	28	100
Sudan	33	22	195
Südafrika			
– Kapstadt	27	18	112
– Johannesburg	29	20	124
– im Übrigen	22	15	94
Südsudan	34	23	150
Syrien	38	25	140
Tadschikistan	27	18	118
Taiwan	46	31	143
Tansania	47	32	201
Thailand	38	25	110

Land	Pauschbeträge für Verpflegungsmehraufwendungen bei einer Abwesenheitsdauer von mindestens 24 Stunden je Kalendertag	Pauschbeträge für Verpflegungsmehraufwendungen für den An- und Abreisetag sowie bei einer Abwesenheitsdauer von mehr als 8 Stunden je Kalendertag	Pauschbetrag für Übernachtungskosten
	€	€	€
Togo	39	26	118
Tonga	39	26	94
Trinidad und Tobago	45	30	177
Tschad	64	43	163
Tschechische Republik	35	24	94
Türkei			
– Istanbul	26	17	120
– Izmir	29	20	55
– im Übrigen	17	12	95
Tunesien	40	27	115
Turkmenistan	33	22	108
Uganda	41	28	143
Ukraine	26	17	98
Ungarn	22	15	63
Uruguay	48	32	90
Usbekistan	34	23	104
Vatikanstaat	52	35	160
Venezuela	45	30	127
Vereinigte Arabische Emirate	65	44	156
Vereinigte Staaten von Amerika (USA)			
– Atlanta	62	41	175
– Boston	58	39	265
– Chicago	54	36	209
– Houston	63	42	138
– Los Angeles	56	37	274
– Miami	64	43	151
– New York City	58	39	282
– San Francisco	51	34	314
– Washington, D. C.	62	41	276
– im Übrigen	51	34	138
Vereinigtes Königreich von Großbritannien und Nordirland			
– London	62	41	224
– im Übrigen	45	30	115
Vietnam	41	28	86
Weißrussland	20	13	98
Zentralafrikanische Republik	46	31	74
Zypern	45	30	116

II.

Keine Übernachtungspauschalen bei LKW-Fahrern, die in der Schlafkabine ihres LKW übernachten[1]; vereinfachter Nachweis von Reisenebenkosten; BFH-Urteil vom 28. März 2012 – VI R 48/11 – (BStBl 2012 II S. 926)

BMF vom 4.12.2012 (BStBl I S. 1249)
IV C 5 – S 2353/12/10009 – 2012/1074468

Der BFH hat in seinem Urteil vom 28. März 2012 – VI R 48/11 – (BStBl 2012 II S. 926) entschieden, dass ein Kraftfahrer, der in der Schlafkabine seines LKW übernachtet, die Pauschalen für Übernachtungen bei Auslandsdienstreisen nicht anwenden darf. Liegen Einzelnachweise über die Kosten nicht vor, seien die tatsächlichen Aufwendungen zu schätzen. Im Hinblick auf dieses Urteil ist nach der Erörterung mit den obersten Finanzbehörden der Länder Folgendes zu beachten:

Einem Kraftfahrer, der anlässlich seiner auswärtigen beruflichen Tätigkeit (Fahrtätigkeit) in der Schlafkabine seines LKW übernachtet, entstehen Aufwendungen, die bei anderen Arbeitnehmern mit Übernachtung anlässlich einer beruflichen Auswärtstätigkeit typischerweise in den Übernachtungskosten enthalten sind. Derartige Aufwendungen können als Reisenebenkosten in vereinfachter Weise ermittelt und glaubhaft gemacht werden. Als Reisenebenkosten in diesem Sinne kommen z. B. in Betracht:

- Gebühren für die Benutzung der sanitären Einrichtungen (Toiletten sowie Dusch- oder Waschgelegenheiten) auf Raststätten,
- Aufwendungen für die Reinigung der eigenen Schlafkabine.

Aus Gründen der Vereinfachung ist es ausreichend, wenn der Arbeitnehmer die ihm tatsächlich entstandenen und regelmäßig wiederkehrenden Reisenebenkosten für einen repräsentativen Zeitraum von drei Monaten im Einzelnen durch entsprechende Aufzeichnungen glaubhaft macht. Dabei ist zu beachten, dass bei der Benutzung der sanitären Einrichtungen auf Raststätten nur die tatsächlichen Benutzungsgebühren aufzuzeichnen sind, nicht jedoch die als Wertbons ausgegebenen Beträge.

Hat der Arbeitnehmer diesen Nachweis erbracht, kann der tägliche Durchschnittsbetrag, der sich aus den Rechnungsbeträgen für den repräsentativen Zeitraum ergibt, für den Ansatz von Werbungskosten oder auch für die steuerfreie Erstattung durch den Arbeitgeber (nach Maßgabe des § 3 Nummer 13 und 16 EStG) so lange zu Grunde gelegt werden, bis sich die Verhältnisse wesentlich ändern.

Beispiel:

Nachweis durch Belege des Arbeitnehmers:
- Monat Oktober 2012:
  Aufwendungen gesamt 60 Euro (20 Tage Auswärtstätigkeit)
- Monat November 2012:
  Aufwendungen gesamt 80 Euro (25 Tage Auswärtstätigkeit)
- Monat Dezember 2012:
  Aufwendungen gesamt 40 Euro (15 Tage Auswärtstätigkeit)

Summe der Aufwendungen: 180 Euro: 60 Tage Auswärtstätigkeit = 3 Euro täglicher Durchschnittswert.

Der so ermittelte Wert kann bei LKW-Fahrern, die in ihrer Schlafkabine übernachten, für jeden Tag der Auswärtstätigkeit als Werbungskosten geltend gemacht oder steuerfrei durch den Arbeitgeber erstattet werden.

[1]) BMF-Schreiben gilt nur alternativ zum Pauschbetrag nach § 9 Abs. 1 Satz 3 Nr. 5b

III.

Steuerliche Behandlung der Reisekosten von Arbeitnehmern (ersetzt das Schreiben vom 24. Oktober 2014 BStBl I S. 1412)

BMF vom 25.11.2020 (BStBl I S. 1228)
IV C 5 – S 2353/19/10011 :006 – 2020/1229128

Inhaltsverzeichnis

I. Vorbemerkung

1 Unter Bezugnahme auf das Ergebnis der Erörterungen mit den obersten Finanzbehörden der Länder gelten zur steuerlichen Beurteilung von Reisekosten der Arbeitnehmer die folgenden Grundsätze **zur Anwendung des Einkommensteuergesetzes** (EStG):

II. Anwendung der Regelungen bei den Einkünften aus nichtselbständiger Arbeit

1. Erste Tätigkeitsstätte, auswärtige Tätigkeit, weiträumiges Tätigkeitsgebiet

a) Erste Tätigkeitsstätte, § 9 Absatz 4 EStG

2 Der Arbeitnehmer kann je Dienstverhältnis höchstens eine erste Tätigkeitsstätte, ggf. aber auch keine erste, sondern nur auswärtige Tätigkeitsstätten haben (§ 9 Absatz 4 Satz 5 EStG). Die Bestimmung der ersten Tätigkeitsstätte erfolgt vorrangig anhand der

dienst- oder arbeitsrechtlichen Festlegungen durch den Arbeitgeber (Rz. 6 ff.). Sind solche nicht vorhanden oder sind die getroffenen Festlegungen nicht eindeutig, werden hilfsweise quantitative Kriterien (Rz. 26 ff.) herangezogen. Voraussetzung ist zudem, dass der Arbeitnehmer in einer der in § 9 Absatz 4 Satz 1 EStG genannten ortsfesten Einrichtungen (Rz. 3 ff.) dauerhaft (Rz. 14 ff.) tätig werden soll. Ein Arbeitnehmer ohne erste Tätigkeitsstätte ist außerhalb seiner Wohnung immer auswärts tätig.

aa) Tätigkeitsstätte

Tätigkeitsstätte ist eine von der Wohnung getrennte, ortsfeste betriebliche Einrichtung, **die räumlich zusammengefasste Sachmittel umfasst, die der Tätigkeit des Arbeitgebers, eines verbundenen Unternehmens oder eines vom Arbeitgeber bestimmten Dritten dienen und mit dem Erdboden verbunden oder dazu bestimmt sind, überwiegend standortgebunden genutzt zu werden (BFH-Urteil vom 11. April 2019, VI R 12/17, BStBl II S. 551). So stellen auch** Baucontainer, die z. B. auf einer Großbaustelle längerfristig fest mit dem Erdreich verbunden sind und in denen sich z. B. Baubüros, Aufenthaltsräume oder Sanitäreinrichtungen befinden, „ortsfeste" betriebliche Einrichtungen dar. 3

Eine (großräumige) erste Tätigkeitsstätte liegt auch vor, wenn eine Vielzahl solcher Mittel, die für sich betrachtet selbständige betriebliche Einrichtungen darstellen können, räumlich abgrenzbar in einem organisatorischen, technischen oder wirtschaftlichen Zusammenhang mit der betrieblichen Tätigkeit des Arbeitgebers, eines verbundenen Unternehmens oder eines vom Arbeitgeber bestimmten Dritten stehen. Demgemäß kommt als eine solche erste Tätigkeitsstätte auch ein großflächiges und entsprechend infrastrukturell erschlossenes Gebiet (z. B. Werksanlage, Betriebsgelände, Zechengelände, Bahnhof oder Flughafen) in Betracht (BFH-Urteile vom 11. April 2019, VI R 40/16 und VI R 12/17, BStBl II S. 546 und 551). Fahrzeuge, Flugzeuge, Schiffe oder Tätigkeitsgebiete ohne ortsfeste betriebliche Einrichtungen sind keine Tätigkeitsstätten i. S. d. § 9 Absatz 4 Satz 1 EStG.

bb) Häusliches Arbeitszimmer

Das häusliche Arbeitszimmer des Arbeitnehmers ist keine betriebliche Einrichtung des Arbeitgebers oder eines Dritten und kann daher keine erste Tätigkeitsstätte sein. Dies gilt auch, wenn der Arbeitgeber vom Arbeitnehmer einen oder mehrere Arbeitsräume anmietet, die der Wohnung des Arbeitnehmers zuzurechnen sind. Auch in diesem Fall handelt es sich bei einem häuslichen Arbeitszimmer um einen Teil der Wohnung des Arbeitnehmers. Zur Abgrenzung, welche Räume der Wohnung des Arbeitnehmers zuzurechnen sind, ist auf das Gesamtbild der Verhältnisse im Einzelfall abzustellen (z. B. unmittelbare Nähe zu den privaten Wohnräumen). 4

cc) Tätigkeitsstätte des Arbeitgebers bei einem verbundenen Unternehmen oder bei einem Dritten

Die Annahme einer Tätigkeitsstätte erfordert nicht, dass es sich um eine ortsfeste betriebliche Einrichtung des lohnsteuerlichen Arbeitgebers handelt. Erfasst werden auch Sachverhalte, in denen der Arbeitnehmer statt beim eigenen Arbeitgeber in einer ortsfesten betrieblichen Einrichtung eines der in § 15 AktG genannten Unternehmen oder eines Dritten (z. B. eines Kunden) tätig werden soll. Von einem solchen Tätigwerden kann dann nicht ausgegangen werden, wenn der Arbeitnehmer bei dem Dritten oder verbundenen Unternehmen z. B. nur eine Dienstleistung des Dritten in Anspruch nimmt oder einen Einkauf tätigt. 5

dd) Zuordnung mittels dienst- oder arbeitsrechtlicher Festlegung durch den Arbeitgeber

6 Eine erste Tätigkeitsstätte liegt vor, wenn der Arbeitnehmer einer solchen Tätigkeitsstätte (§ 9 Absatz 4 Satz 1 EStG) dauerhaft zugeordnet ist. Ist der Arbeitnehmer nur vorübergehend einer Tätigkeitsstätte zugeordnet, begründet er dort keine erste Tätigkeitsstätte (zur Abgrenzung der Merkmale „dauerhaft" und „vorübergehend" vgl. Rz. 14). Die dauerhafte Zuordnung des Arbeitnehmers wird durch die dienst- oder arbeitsrechtlichen Festlegungen sowie die diese ausfüllenden Absprachen oder Weisungen bestimmt (§ 9 Absatz 4 Satz 2 EStG). Das gilt für einzelne Arbeitnehmer oder Arbeitnehmergruppen, unabhängig davon, ob diese schriftlich oder mündlich erteilt worden sind. Die Zuordnung muss sich auf die Tätigkeit des Arbeitnehmers beziehen; dies ergibt sich aus § 9 Absatz 4 Satz 3 EStG, der mit der beispielhaften Aufzählung darüber hinaus das Kriterium der Dauerhaftigkeit beschreibt.

7[1)] Die Zuordnung eines Arbeitnehmers zu einer betrieblichen Einrichtung allein aus tarifrechtlichen, mitbestimmungsrechtlichen oder organisatorischen Gründen (z. B. Personalaktenführung), ohne dass der Arbeitnehmer in dieser Einrichtung tätig werden soll, ist keine Zuordnung i. S. d. § 9 Absatz 4 EStG. **Soll** der Arbeitnehmer in einer vom Arbeitgeber festgelegten Tätigkeitsstätte zumindest in ganz geringem Umfang tätig werden z. B. Hilfs- und Nebentätigkeiten (Auftragsbestätigungen, Stundenzettel abgeben etc.), kann der Arbeitgeber den Arbeitnehmer dieser Tätigkeitsstätte zuordnen. **Dies gilt** selbst **dann,** wenn für die Zuordnung tarifrechtliche, mitbestimmungsrechtliche oder organisatorische Gründe ausschlaggebend sind. Auf die Qualität des Tätigwerdens kommt es, anders als bei der Bestimmung anhand der quantitativen Zuordnungskriterien (vgl. dazu Rz. 27), **nicht an**. Vielmehr können, wie z. B. bei Festlegung einer Dienststelle/ Dienststätte, auch Tätigkeiten von untergeordneter Bedeutung ausreichend sein (Vorrang des Dienst- oder Arbeitsrechts, **BFH-Urteil vom 4. April 2019, VI R 27/17, BStBl II S. 536**).

8 Soll der Arbeitnehmer an mehreren Tätigkeitsstätten tätig werden und ist er einer bestimmten Tätigkeitsstätte dienst- oder arbeitsrechtlich dauerhaft zugeordnet, ist es unerheblich, in welchem Umfang er seine berufliche Tätigkeit an dieser oder an den anderen Tätigkeitsstätten ausüben soll. Auch auf die Regelmäßigkeit des Aufsuchens dieser Tätigkeitsstätten kommt es dann nicht mehr an.

9 Nicht entscheidend ist, ob an der vom Arbeitgeber nach § 9 Absatz 4 Satz 1 EStG festgelegten Tätigkeitsstätte der qualitative Schwerpunkt der Tätigkeit liegt oder liegen soll. **Für die Zuordnung ist lediglich entscheidend, ob der Arbeitnehmer bei einer in die Zukunft gerichteten Prognose nach den dienst- oder arbeitsrechtlichen Festlegungen an einer ortsfesten betrieblichen Einrichtung des Arbeitgebers, eines verbundenen Unternehmens oder eines vom Arbeitgeber bestimmten Dritten tätig werden soll. Erforderlich, aber ausreichend ist, dass der Arbeitnehmer am Ort der ersten Tätigkeitsstätte zumindest in geringem Umfang Tätigkeiten zu erbringen hat, die er arbeitsvertraglich oder dienstrechtlich schuldet und die zu dem von ihm ausgeübten Berufsbild gehören (BFH-Urteil vom 4. April 2019, VI R 27/17, BStBl II S. 536 und BFH-Urteil vom 11. April 2019, VI R 40/16, BStBl II S. 546).**

[1)] ***Der Zustellpunkt (Zustellzentrum), dem ein Postzusteller zugeordnet ist und an dem er arbeitstäglich vor- und nachbereitende Tätigkeiten (z. B. Sortiertätigkeiten, Abschreibpost, Abrechnungen) ausübt, ist erste Tätigkeitsstätte (>BFH vom 30.9.2020 – BStBl 2021 II S. 306). Entsprechendes gilt für die Rettungswache, der ein Rettungsassistent zugeordnet ist, wenn er dort arbeitstäglich vor dem Einsatz auf dem Rettungsfahrzeug vorbereitende Tätigkeiten vornimmt (>BFH vom 30.9.2020 – BStBl 2021 II S. 308). Erste Tätigkeitsstätte eines Gerichtsvollziehers ist sein Amtssitz, bestehend aus den Dienstgebäuden des Amtsgerichts, dem er zugeordnet ist, und dem Geschäftszimmer, welches er am Sitz des Amtsgerichts auf eigene Kosten vorzuhalten hat (>BFH vom 16.12.2020 – BStBl 2021 II S. 525).***

Beispiel 1:

Der Vertriebsmitarbeiter V für die Region A soll einmal wöchentlich an den Firmensitz nach B fahren, dem er zugeordnet ist. Dort soll er die anfallenden Bürotätigkeiten erledigen und an Dienstbesprechungen teilnehmen. B ist erste Tätigkeitsstätte auf Grund der arbeitsrechtlichen Zuordnung. Dabei ist unerheblich, dass V überwiegend in der Region A und nicht in B tätig werden soll.

Abwandlung:

Ordnet der Arbeitgeber den V dem Firmensitz in B nicht oder nicht eindeutig zu, erfolgt die Prüfung, ob eine erste Tätigkeitsstätte vorliegt anhand der quantitativen Kriterien des § 9 Absatz 4 Satz 4 EStG (Rz. 26 ff.). In diesem Fall liegt in B keine erste Tätigkeitsstätte vor.

§ 42 AO ist zu beachten. Insbesondere bei Gesellschafter-Geschäftsführern, Arbeitnehmer-Ehegatten/Lebenspartnern und sonstigen, mitarbeitenden Familienangehörigen ist entscheidend, ob die getroffenen Vereinbarungen einem Fremdvergleich standhalten. 10

Die vorrangige maßgebliche dienst- oder arbeitsrechtliche Zuordnung durch den Arbeitgeber kann außerhalb des Dienst- oder Arbeitsvertrags erfolgen (auch mündlich oder konkludent) und ist unabhängig davon, ob sich der Arbeitgeber der steuerlichen Folgen bewusst ist. Die Zuordnungsentscheidung muss nicht dokumentiert werden. Die Zuordnungsentscheidung des Arbeitgebers kann sich vielmehr auch ergeben aus: Regelungen im Arbeitsvertrag, Tarifvertrag, Protokollnotizen, dienstrechtlichen Verfügungen (u. a. Regelungen zum abweichenden Dienstsitz), Einsatzplänen, Reiserichtlinien, Reisekostenabrechnungen, dem Ansatz eines geldwerten Vorteils für die Nutzung eines Dienstwagens für die Fahrten zwischen Wohnung und erster Tätigkeitsstätte oder vom Arbeitgeber als Nachweis seiner Zuordnungsentscheidung vorgelegten Organigrammen (BFH-Urteil vom 11. April 2019, VI R 40/16, BStBl II S. 546, BFH-Urteil vom 4. April 2019, VI R 27/17, BStBl II S. 536). Fehlt eine Zuordnung, gilt § 9 Absatz 4 Satz 4 EStG. 11

Ein Organigramm kann gegen den Willen des Arbeitgebers nicht als Nachweis zur Bestimmung einer ersten Tätigkeitsstätte herangezogen werden, wenn der Arbeitgeber tatsächlich keine Zuordnung seines Arbeitnehmers zu einer Tätigkeitsstätte getroffen hat und kein anderer Nachweis über die Zuordnung erbracht wird. In diesen Fällen ist anhand der quantitativen Kriterien nach § 9 Absatz 4 Satz 4 EStG zu prüfen, ob der Arbeitnehmer eine erste Tätigkeitsstätte hat. Indiz für eine dienst- oder arbeitsrechtliche Zuordnungsentscheidung des Arbeitgebers kann auch sein, dass z. B. nach der Reiserichtlinie gerade für Tätigkeiten an dieser Tätigkeitsstätte keine Reisekosten gezahlt werden bzw. die Besteuerung eines geldwerten Vorteils für die Fahrten Wohnung – erste Tätigkeitsstätte bei Dienstwagengestellung erfolgt. 12

§ 9 Absatz 4 Satz 1 bis 3 EStG sieht die Möglichkeit einer Zuordnungsentscheidung des Arbeitgebers zu einer bestimmten Tätigkeitsstätte vor. Der Arbeitgeber kann dienst- oder arbeitsrechtlich daher nicht festlegen, dass der Arbeitnehmer keine erste Tätigkeitsstätte hat (Negativfestlegung). Er kann allerdings (ggf. auch ausdrücklich) darauf verzichten, eine erste Tätigkeitsstätte dienst- oder arbeitsrechtlich festzulegen, oder ausdrücklich erklären, dass organisatorische Zuordnungen keine erste Tätigkeitsstätte begründen sollen. In diesen Fällen erfolgt die Prüfung, ob eine erste Tätigkeitsstätte gegeben ist, anhand der quantitativen Zuordnungskriterien nach § 9 Absatz 4 Satz 4 EStG (Rz. 26 ff.). Der Arbeitgeber kann zudem festlegen, dass sich die Bestimmung der ersten Tätigkeitsstätte nach den quantitativen Zuordnungskriterien des § 9 Absatz 4 Satz 4 EStG richtet. Im Ergebnis ist eine Zuordnungsentscheidung des Arbeitgebers mittels dienst- oder arbeitsrechtlicher Festlegung (Rz. 6 ff.) somit lediglich erforderlich, wenn er die erste Tätigkeitsstätte abweichend von den quantitativen Zuordnungskriterien festlegen will. 13

Beispiel 2:

In Einstellungsbögen bzw. in Arbeitsverträgen ist aufgrund des Nachweisgesetzes und tariflicher Regelungen ein Einstellungs-, Anstellungs- oder Arbeitsort des Arbeitnehmers bestimmt. Hierbei handelt es sich nicht um eine Zuordnung i. S. d. § 9 Absatz 4 EStG, wenn der Arbeitgeber schriftlich auch gegenüber dem Arbeitnehmer bzw. in der Reiserichtlinie des Unternehmens erklärt, dass dadurch keine arbeitsrechtliche Zuordnung zu einer ersten Tätigkeitsstätte erfolgen soll.

ee) Dauerhafte Zuordnung

14 Die Zuordnung durch den Arbeitgeber zu einer Tätigkeitsstätte muss auf Dauer angelegt sein (Prognose). Typische Fälle einer dauerhaften Zuordnung sind die unbefristete Zuordnung des Arbeitnehmers zu einer bestimmten betrieblichen Einrichtung, die Zuordnung für die gesamte Dauer des – befristeten oder unbefristeten – Dienstverhältnisses oder die Zuordnung über einen Zeitraum von 48 Monaten hinaus **(§ 9 Absatz 4 Satz 3 EStG)**. Die Zuordnung „bis auf Weiteres" ist eine Zuordnung ohne Befristung und damit dauerhaft. **Eine Zuordnung ist unbefristet, wenn die Dauer der Zuordnung zu einer Tätigkeitsstätte nicht kalendermäßig bestimmt ist und sich auch nicht aus Art, Zweck oder Beschaffenheit der Arbeitsleistung ergibt. Auch der Umstand, dass der Arbeitnehmer jederzeit einer anderen Tätigkeitsstätte zugeordnet werden könnte, führt nicht zur Annahme einer befristeten Zuordnung (BFH-Urteil vom 4. April 2019, VI R 27/17, BStBl II S. 536).** Entscheidend sind allein die Festlegungen des Arbeitgebers und die **dienstlich** erteilten Weisungen.

Beispiel 3:

Der Arbeitnehmer A ist von der Firma Z als technischer Zeichner ausschließlich für ein Projekt befristet eingestellt worden. Das Arbeitsverhältnis von A soll vertragsgemäß nach Ablauf der Befristung enden.

A hat ab dem ersten Tag der Tätigkeit bei Z auf Grund der arbeitsrechtlichen Zuordnung des Arbeitgebers seine erste Tätigkeitsstätte.

15 Für die Beurteilung, ob eine dauerhafte Zuordnung vorliegt, ist die auf die Zukunft gerichtete prognostische Betrachtung (Ex-ante-Betrachtung) maßgebend. Die Änderung einer Zuordnung durch den Arbeitgeber ist mit Wirkung für die Zukunft zu berücksichtigen.

Beispiel 4:

Der in H wohnende Arbeitnehmer A ist bis auf Weiteres an drei Tagen in der Woche in einer Filiale seines Arbeitgebers in H und an zwei Tagen in der Woche in einer Filiale seines Arbeitgebers in S tätig. Der Arbeitgeber hatte zunächst die Filiale in S als erste Tätigkeitsstätte festgelegt. Ab 1. Juli **01** legt er H als erste Tätigkeitsstätte fest.

Bis 30. Juni **01** hat der Arbeitnehmer in S seine erste Tätigkeitsstätte. Ab 1. Juli **01** ist die erste Tätigkeitsstätte in H.

Beispiel 5:

Der Arbeitnehmer A ist unbefristet beschäftigt. Für einen Zeitraum von 36 Monaten soll er überwiegend in der Filiale X arbeiten. In der Filiale Y soll er nur an Teambesprechungen, Mitarbeiterschulungen und sonstigen Firmenveranstaltungen teilnehmen. Diese finden voraussichtlich einmal pro Monat statt. Der Arbeitgeber hat A der Filiale Y arbeitsrechtlich dauerhaft zugeordnet.

Erste Tätigkeitsstätte ist die Filiale Y, da A dort arbeitsrechtlich dauerhaft zugeordnet ist.

Abwandlung:

Ordnet der Arbeitgeber nicht zu, liegt keine erste Tätigkeitsstätte vor; in der Filiale X soll A nicht dauerhaft tätig werden und in der Filiale Y nicht in dem nach § 9 Absatz 4 Satz 4 EStG (Rz. 26 ff.) erforderlichen quantitativen Umfang.

Eine Änderung der Zuordnung kann auch vorliegen, wenn sich das Berufsbild des Arbeitnehmers aufgrund der Vorgaben des Arbeitgebers dauerhaft ändert, so z. B. wenn ein Außendienstmitarbeiter auf Dauer in den Innendienst wechselt. 16

Beispiel 6:

Der Arbeitnehmer A ist von seinem Arbeitgeber unbefristet eingestellt worden, um dauerhaft in der Filiale Y zu arbeiten. In den ersten 36 Monaten seiner Beschäftigung soll A aber zunächst ausschließlich die Filiale X führen. In der Filiale Y soll er während dieser Zeit nicht, auch nicht in ganz geringem Umfang tätig werden.

Die Filiale X ist keine erste Tätigkeitsstätte, da A dort lediglich für 36 Monate und damit nicht dauerhaft tätig werden soll (unabhängig vom quantitativen Umfang der Tätigkeit). Die Filiale Y wird erst nach Ablauf von 36 Monaten erste Tätigkeitsstätte.

Weichen die tatsächlichen Verhältnisse durch unvorhersehbare Ereignisse, wie etwa Krankheit, politische Unruhen am Tätigkeitsort, Insolvenz des Kunden o. ä. von der ursprünglichen Festlegung (Prognose) der dauerhaften Zuordnung ab, bleibt die zuvor getroffene Prognoseentscheidung für die Vergangenheit bezüglich des Vorliegens der ersten Tätigkeitsstätte maßgebend. 17

Beispiel 7:

Der Kundendienstmonteur K soll an der betrieblichen Einrichtung seines Arbeitgebers in A lediglich in unregelmäßigen Abständen seine Aufträge abholen und abrechnen und gelegentlich an Besprechungen teilnehmen (vgl. Rz. 27). K ist der betrieblichen Einrichtung in A nicht arbeitsrechtlich zugeordnet. Seine eigentliche berufliche Tätigkeit soll K ausschließlich bei verschiedenen Kunden ausüben. Auf Grund ungeplanter betrieblicher Abläufe ergibt es sich, dass K über einen Zeitraum von 12 Monaten nun die betriebliche Einrichtung in A arbeitstäglich aufsuchen soll und auch aufsucht, um dort seine Berichte zu verfassen (= Teil seiner eigentlichen beruflichen Tätigkeit).

Auch wenn K für einen Zeitraum von 12 Monaten arbeitstäglich einen Teil seiner beruflichen Tätigkeit in der betrieblichen Einrichtung in A ausüben soll, führt dies mangels Dauerhaftigkeit noch nicht zu einer ersten Tätigkeitsstätte. Die ursprüngliche Prognose sah dies nicht vor und nach der neuen Prognose sollen diese Arbeiten am Betriebssitz in A nur vorübergehend ausgeübt werden.

Wird eine auf **höchstens** 48 Monate geplante Auswärtstätigkeit des Arbeitnehmers verlängert, kommt es darauf an, ob dieser vom Zeitpunkt der Verlängerungsentscheidung an noch mehr als 48 Monate an der Tätigkeitsstätte eingesetzt werden soll. 18

Beispiel 8:

Der unbefristet beschäftigte Arbeitnehmer A wird für eine Projektdauer von voraussichtlich 18 Monaten der betrieblichen Einrichtung in M zugeordnet. Nach 18 Monaten wird die Zuordnung um 36 Monate verlängert.

Obwohl A insgesamt 54 Monate in M tätig wird, hat er dort keine erste Tätigkeitsstätte. Die vom Gesetz vorgegebene Prognose-Betrachtung bedeutet, dass A weder im Zeitpunkt der erstmaligen Zuordnung noch im Zeitpunkt der Verlängerungsentscheidung für mehr als 48 Monate in M eingesetzt werden sollte.

Abwandlung:

Die Zuordnung von A wird bereits nach drei Monaten um 36 Monate auf insgesamt 54 Monate verlängert.

Ab dem Zeitpunkt der Verlängerungsentscheidung hat A seine erste Tätigkeitsstätte in M, da er ab diesem Zeitpunkt noch 51 Monate und somit dauerhaft in M tätig werden soll. Das gilt auch, wenn A für diese Tätigkeit neu eingestellt und eine Probezeit vereinbart wurde oder das Projekt planwidrig bereits nach 12 Monaten beendet wird. Die steuerliche Beurteilung der ersten drei Monate als beruflich veranlasste Auswärtstätigkeit bleibt von der Verlängerungsentscheidung unberührt.

19 Bei einer sog. Kettenabordnung ist keine dauerhafte Zuordnung zu einer Tätigkeitsstätte gegeben, wenn die einzelne Abordnung jeweils einen Zeitraum von **höchstens** 48 Monaten umfasst.

20 **Wird ein befristetes Beschäftigungsverhältnis vor Ablauf der Befristung schriftlich durch bloßes Hinausschieben des Beendigungszeitpunkts bei ansonsten unverändertem Vertragsinhalt verlängert, liegt ein einheitliches Beschäftigungsverhältnis vor. Für die Frage, ob eine Zuordnung für die Dauer des Beschäftigungsverhältnisses erfolgt, ist daher ab dem Zeitpunkt der Verlängerung auf das einheitliche Beschäftigungsverhältnis und nicht lediglich auf den Zeitraum der Verlängerung abzustellen (BFH-Urteil vom 10. April 2019, VI R 6/17, BStBl II S. 539).**

21 Eine dauerhafte Zuordnung ist gegeben, wenn das Dienstverhältnis auf einen anderen Arbeitgeber ausgelagert wird und der Arbeitnehmer für die gesamte Dauer des neuen Beschäftigungsverhältnisses oder länger als 48 Monate weiterhin an seiner früheren Tätigkeitsstätte des bisherigen Arbeitgebers tätig werden soll (sog. Outsourcing). Entsprechendes gilt, **wenn** ein Leiharbeitnehmer ausnahmsweise dauerhaft (nach § 9 Absatz 4 Satz 3 EStG, „bis auf Weiteres" also unbefristet, für die gesamte Dauer des Leiharbeitsverhältnisses oder länger als 48 Monate) in einer ortsfesten betrieblichen Einrichtung des Entleihers tätig werden soll. **Die Regelungen des § 1 Absatz 1 Satz 4 i. V. m. Absatz 1b Arbeitnehmerüberlassungsgesetz entfalten für das Steuerrecht keine Wirkung.**

Beispiel 9:
Der Arbeitnehmer A ist von der Zeitarbeitsfirma Z als technischer Zeichner ausschließlich für die Überlassung an die Projektentwicklungsfirma P eingestellt worden. Das Arbeitsverhältnis von A endet vertragsgemäß nach Abschluss des aktuellen Projekts bei P.
A hat ab dem ersten Tag der Tätigkeit bei der Projektentwicklungsfirma P seine erste Tätigkeitsstätte, da er seine Tätigkeit bei P für die gesamte Dauer seines Dienstverhältnisses bei Z und damit dort dauerhaft ausüben soll.

Abwandlung:
Der Arbeitnehmer A ist von der Zeitarbeitsfirma Z unbefristet als technischer Zeichner eingestellt worden und wird bis auf Weiteres an die Projektentwicklungsfirma P überlassen.
A hat ab dem ersten Tag der Tätigkeit bei der Projektentwicklungsfirma P seine erste Tätigkeitsstätte, da er seine Tätigkeit bei P ohne Befristung und damit dort dauerhaft ausüben soll.

22 Dienststelle/Dienststätte i. S. d. öffentlichen Reisekosten-, Umzugskosten- und Trennungsgeldrechts ist die Stelle, bei der der Arbeitnehmer eingestellt oder zu der er versetzt, abgeordnet, zugeteilt, zugewiesen oder kommandiert worden ist. Jede dieser dienstlichen Maßnahmen führt dazu, dass diese Stelle zur neuen dienstrechtlichen Dienststelle/Dienststätte wird, unabhängig davon, ob die Maßnahme dauerhaft oder nur vorübergehend ist. Für die steuerrechtliche Beurteilung der dauerhaften Zuordnung zu einer bestimmten Tätigkeitsstätte gilt insbesondere Folgendes:

- Versetzung ohne zeitliche Befristung – dauerhafte Zuordnung, es wird eine neue „erste Tätigkeitsstätte" begründet.
- Abordnung ohne zeitliche Befristung – dauerhafte Zuordnung, es wird eine neue „erste Tätigkeitsstätte" begründet.
- Versetzung mit einer zeitlichen Befristung bis zu 48 Monaten – keine dauerhafte Zuordnung, damit keine neue „erste Tätigkeitsstätte".
- Abordnung mit einer zeitlichen Befristung bis zu 48 Monaten, ggf. auch verbunden mit dem Ziel der Versetzung – keine dauerhafte Zuordnung, damit keine neue „erste Tätigkeitsstätte".

- Entsprechendes gilt für abordnungs- oder versetzungsgleiche Maßnahmen (z. B. Kommandierung, Zuteilung, Zuweisung).
- **Der Umstand, dass ein Beamter unter Beachtung der dienstrechtlichen Vorschriften (jederzeit) auch einer anderen Dienststelle zugeordnet werden könnte, führt nicht zur Annahme einer befristeten Zuordnung (BFH-Urteil vom 4. April 2019, VI R 27/17, BStBl II S. 536).**

Bei grenzüberschreitender Arbeitnehmerentsendung zwischen verbundenen Unternehmen liegt beim aufnehmenden Unternehmen eine erste Tätigkeitsstätte dann vor, wenn der Arbeitnehmer im Rahmen eines eigenständigen Arbeitsvertrags mit dem aufnehmenden Unternehmen einer ortsfesten betrieblichen Einrichtung dieses Unternehmens unbefristet zugeordnet ist, die Zuordnung die Dauer des gesamten – befristeten oder unbefristeten – Dienstverhältnisses umfasst oder die Zuordnung über einen Zeitraum von 48 Monaten hinaus reicht (vgl. § 9 Absatz 4 Satz 3 EStG). 23[1)]

Beispiel 10:

Der Arbeitnehmer A ist von der ausländischen Muttergesellschaft M für zwei Jahre an die inländische Tochtergesellschaft T entsandt worden. A hat mit T einen eigenständigen Arbeitsvertrag über zwei Jahre abgeschlossen, in dem er der inländischen Hauptniederlassung von T zugeordnet wurde.

A hat bei T seine erste Tätigkeitsstätte.

Wird ein Arbeitnehmer bei grenzüberschreitender Arbeitnehmerentsendung zwischen verbundenen Unternehmen ohne Abschluss eines eigenständigen Arbeitsvertrags mit dem aufnehmenden Unternehmen in einer ortsfesten betrieblichen Einrichtung dieses Unternehmens tätig, liegt beim aufnehmenden Unternehmen eine erste Tätigkeitsstätte nur dann vor, wenn der Arbeitnehmer vom entsendenden Unternehmen einer ortsfesten Einrichtung des aufnehmenden Unternehmens unbefristet zugeordnet ist, die Zuordnung die Dauer des gesamten – befristeten oder unbefristeten – Dienstverhältnisses umfasst oder die Zuordnung über einen Zeitraum von 48 Monaten hinaus reicht (vgl. § 9 Absatz 4 Satz 3 EStG). 24

Beispiel 11:

Der Arbeitnehmer A ist von der ausländischen Muttergesellschaft M im Rahmen eines unbefristeten Arbeitsvertrags für zwei Jahre an die inländische Tochtergesellschaft T entsandt und für diesen Zeitraum der inländischen Hauptniederlassung von T zugeordnet worden. A hat mit T keinen eigenständigen Arbeitsvertrag abgeschlossen.

A hat bei T keine erste Tätigkeitsstätte, da er der inländischen Hauptniederlassung von T nicht dauerhaft i. S. v. § 9 Absatz 4 Satz 1 i. V. m. Satz 3 EStG zugeordnet worden ist. Er übt für die Dauer seiner zweijährigen Tätigkeit bei T eine beruflich veranlasste Auswärtstätigkeit aus.

Fehlt es bei grenzüberschreitender Arbeitnehmerentsendung zwischen verbundenen Unternehmen an einer dauerhaften Zuordnung des Arbeitnehmers zu einer betrieblichen Einrichtung des aufnehmenden Unternehmens durch dienst- oder arbeitsrechtliche Festlegung oder ist die getroffene Festlegung nicht eindeutig, gelten die quantitativen Zuordnungskriterien des § 9 Absatz 4 Satz 4 EStG (vgl. hierzu die Ausführungen zur Dauerhaftigkeit unter Rz. 14 ff. und zu den quantitativen Kriterien unter Rz. 26 ff.). 25

ff) Quantitative Zuordnungskriterien

Fehlt es an einer dauerhaften Zuordnung des Arbeitnehmers zu einer betrieblichen Einrichtung durch dienst- oder arbeitsrechtliche Festlegung nach den vorstehenden Kriterien (z. B. weil der Arbeitgeber ausdrücklich auf eine Zuordnung verzichtet hat oder aus- 26

[1)] ***bestätigt durch BFH vom 17.12.2020 (BStBl 2021 II S. 506)*** drücklich erklärt, dass organisatorische Zuordnungen keine steuerliche Wirkung entfalten sollen) oder ist die getroffene Festlegung nicht eindeutig, ist nach § 9 Absatz 4 Satz 4 EStG von einer ersten Tätigkeitsstätte an der betrieblichen Einrichtung auszugehen, an der der Arbeitnehmer

- typischerweise arbeitstäglich oder
- je Arbeitswoche zwei volle Arbeitstage oder mindestens ein Drittel seiner vereinbarten regelmäßigen Arbeitszeit

dauerhaft (vgl. Rz. 14 ff.) tätig werden soll.

Beispiel 12:

Der Arbeitnehmer A ist von seinem Arbeitgeber unbefristet eingestellt worden, um dauerhaft in der Filiale Y zu arbeiten. In den ersten 36 Monaten seiner Tätigkeit arbeitet er an drei Tagen wöchentlich in der Filiale X und zwei volle Tage wöchentlich in der Filiale Y. Der Arbeitgeber hat A für die ersten 36 Monate Filiale X zugeordnet.

In diesen 36 Monaten seiner Tätigkeit hat A in der Filiale X keine erste Tätigkeitsstätte, da er dort nicht dauerhaft zugeordnet ist. Erste Tätigkeitsstätte ist jedoch – auch ohne Zuordnung i. S. d. § 9 Absatz 4 Satz 1 EStG – Filiale Y, da A dort dauerhaft typischerweise an zwei vollen Tagen i. S. d. § 9 Absatz 4 Satz 4 EStG tätig werden soll.

Beispiel 13:

Der Arbeitnehmer A soll in den ersten 36 Monaten seiner Tätigkeit an vier Tagen wöchentlich in der Filiale X und einen vollen Tag wöchentlich in der Filiale Y tätig werden.

In diesen 36 Monaten seiner Tätigkeit hat A in der Filiale X keine erste Tätigkeitsstätte, da er dort nicht dauerhaft tätig werden soll. Erste Tätigkeitsstätte ist auch nicht die Filiale Y, da A dort die quantitativen Kriterien nach § 9 Absatz 4 Satz 4 EStG nicht erfüllt.

27 **Bei der quantitativen Zuordnung** muss der Arbeitnehmer an der betrieblichen Einrichtung seine eigentliche berufliche Tätigkeit ausüben. Allein ein regelmäßiges Aufsuchen der betrieblichen Einrichtung, z. B. für kurze Rüstzeiten, zur Berichtsfertigung, zur Vorbereitung der Zustellroute, zur Wartung und Pflege des Fahrzeugs, zur Abholung oder Abgabe von Kundendienstfahrzeugen oder LKWs einschließlich deren Be- und Entladung, zur Abgabe von Auftragsbestätigungen und Stundenzetteln, Krankmeldungen und Urlaubsanträgen führt hier noch nicht zu einer Qualifizierung der betrieblichen Einrichtung als erste Tätigkeitsstätte.

Beispiel 14:

Der Kundendienstmonteur K, der von seinem Arbeitgeber keiner betrieblichen Einrichtung dauerhaft zugeordnet ist, sucht den Betrieb seines Arbeitgebers regelmäßig auf, um den Firmenwagen samt Material zu übernehmen, die Auftragsbestätigungen in Empfang zu nehmen und die Stundenzettel vom Vortag abzugeben.

Der K hat keine erste Tätigkeitsstätte. Der Betrieb seines Arbeitgebers wird auch durch das regelmäßige Aufsuchen nicht zur ersten Tätigkeitsstätte, da er seine eigentliche berufliche Tätigkeit an diesem Ort nicht ausübt.

Beispiel 15:

Die Fahrer im ÖPV sollen ihr Fahrzeug immer an wechselnden Stellen im Stadtgebiet aufnehmen und in der Regel mindestens einmal wöchentlich die Kassen abrechnen. Die Kassenabrechnung sollen sie in der Geschäftsstelle oder in einem Betriebshof durchführen. Dort werden auch die Personalakten geführt oder sind Krank- und Urlaubsmeldungen abzugeben.

Bei der quantitativen Zuordnung ist allein das bloße Abrechnen der Kassen, die Führung der Personalakten sowie die Verpflichtung zur Abgabe der Krank- und Urlaubsmeldungen nicht **ausreichend, um** zu einer ersten Tätigkeitsstätte am Betriebshof oder in der Geschäftsstelle **zu kommen**. **Ordnet** der Arbeitgeber die Arbeitnehmer hingegen dem Betriebshof oder der Geschäftsstelle arbeitsrechtlich **zu, so genügen auch diese Hilfs- und Nebentätigkeiten, um dort eine** erste Tätigkeitsstätte zu **begründen (Rz. 7)**.

Beispiel 16:
Der LKW-Fahrer L soll typischerweise arbeitstäglich den Betriebssitz des Arbeitgebers aufsuchen, um dort das Fahrzeug abzuholen sowie dessen Wartung und Pflege durchzuführen. Allein das Abholen sowie die Wartung und Pflege des Fahrzeugs, als Hilfs- und Nebentätigkeiten, führen **im Rahmen der quantitativen Zuordnung** nicht zu einer ersten Tätigkeitsstätte am Betriebssitz des Arbeitgebers; allerdings handelt es sich in diesem Fall bei dem Betriebssitz um einen sog. Sammelpunkt (Rz. 38). Etwas anderes gilt nur, wenn der Arbeitgeber den Arbeitnehmer dem Betriebssitz arbeitsrechtlich als erste Tätigkeitsstätte zuordnet (Rz. 13).

Auch die in § 9 Absatz 4 Satz 4 EStG aufgeführten zeitlichen (= quantitativen) Kriterien 28
sind anhand einer in die Zukunft gerichteten Prognose zu beurteilen. Weichen die tatsächlichen Verhältnisse durch unvorhersehbare Ereignisse (wie z. B. Krankheit) hiervon ab, bleibt es bei der zuvor getroffenen Prognoseentscheidung bezüglich der ersten Tätigkeitsstätte. Die Prognoseentscheidung ist zu Beginn des Dienstverhältnisses zu treffen. Die auf Grundlage dieser Prognose getroffene Beurteilung bleibt solange bestehen, bis sich die Verhältnisse maßgeblich ändern. Davon ist insbesondere auszugehen, wenn sich das Berufsbild des Arbeitnehmers (Außendienstmitarbeiter wechselt z. B. in den Innendienst) oder die quantitativen Zuordnungskriterien (Arbeitnehmer soll z. B. statt zwei nun drei Filialen betreuen) dauerhaft ändern oder der Arbeitgeber erstmalig eine dienst- oder arbeitsrechtliche Zuordnungsentscheidung trifft.

Beispiel 17:
Der Arbeitnehmer A soll seine berufliche Tätigkeit an drei Tagen wöchentlich in einem häuslichen Arbeitszimmer ausüben und an zwei vollen Tagen wöchentlich in der betrieblichen Einrichtung seines Arbeitgebers in D tätig werden.

Das häusliche Arbeitszimmer ist nie erste Tätigkeitsstätte. Erste Tätigkeitsstätte ist hier vielmehr die betriebliche Einrichtung des Arbeitgebers in D, da der Arbeitnehmer dort an zwei vollen Tagen wöchentlich beruflich tätig werden soll.

Beispiel 18:
Der Arbeitnehmer A soll seine berufliche Tätigkeit im häuslichen Arbeitszimmer ausüben und zusätzlich jeden Arbeitstag für eine Stunde in der betrieblichen Einrichtung seines Arbeitgebers in D tätig werden.

Das häusliche Arbeitszimmer ist nie erste Tätigkeitsstätte. Erste Tätigkeitsstätte ist hier vielmehr die betriebliche Einrichtung des Arbeitgebers in D, da der Arbeitnehmer dort typischerweise arbeitstäglich tätig werden soll. In diesem Fall ist es unerheblich, dass dort weniger als 1/3 der gesamten regelmäßigen Arbeitszeit erbracht werden soll.

Beispiel 19:
Der Arbeitnehmer A soll seine berufliche Tätigkeit im häuslichen Arbeitszimmer ausüben und zusätzlich jeden Tag in einer anderen betrieblichen Einrichtung seines Arbeitgebers tätig werden. Die Arbeitszeit in den verschiedenen Tätigkeitsstätten beträgt jeweils weniger als 1/3 der gesamten Arbeitszeit des Arbeitnehmers.

Das häusliche Arbeitszimmer ist nie erste Tätigkeitsstätte. Auch an den anderen Tätigkeitsstätten des Arbeitgebers hat der Arbeitnehmer keine erste Tätigkeitsstätte, da er diese Tätigkeitsstätten nicht arbeitstäglich aufsucht und dort jeweils weniger als 1/3 seiner gesamten Arbeitszeit tätig wird.

Beispiel 20:
Der Arbeitnehmer A übt seine Tätigkeit nur bei wechselnden Kunden und im häuslichen Arbeitszimmer aus. Er hat keine erste Tätigkeitsstätte.

Zusammenfassung: 29

Bei der quantitativen Prüfung kommt es somit allein auf den Umfang der an der Tätigkeitsstätte zu leistenden arbeitsvertraglichen Arbeitszeit (mind. 1/3 der vereinbarten regelmäßigen Arbeitszeit oder zwei volle Arbeitstage wöchentlich oder arbeitstäglich) an. Dies bedeutet:

- Soll der Arbeitnehmer an einer Tätigkeitsstätte zwei volle Arbeitstage je Arbeitswoche oder mindestens 1/3 der vereinbarten regelmäßigen Arbeitszeit tätig werden, dann ist dies die erste Tätigkeitsstätte.
- Entsprechendes gilt, wenn der Arbeitnehmer an einer Tätigkeitsstätte arbeitstäglich und mindestens 1/3 der vereinbarten regelmäßigen Arbeitszeit tätig werden soll.
- Soll der Arbeitnehmer an einer Tätigkeitsstätte arbeitstäglich, aber weniger als 1/3 der vereinbarten regelmäßigen Arbeitszeit tätig werden, dann führt dies nur zu einer ersten Tätigkeitsstätte, wenn der Arbeitnehmer dort typischerweise arbeitstäglich seine eigentliche berufliche Tätigkeit und nicht nur Vorbereitungs- , Hilfs- oder Nebentätigkeiten (Rüstzeiten, Abholung oder Abgabe von Kundendienstfahrzeugen oder LKWs einschließlich deren Be- und Entladung, die Abgabe von Auftragsbestätigungen, Stundenzetteln, Krankmeldungen, Urlaubsanträgen oder Ähnlichem) durchführen soll.
- Erfüllen danach mehrere Tätigkeitsstätten die quantitativen Voraussetzungen für eine erste Tätigkeitsstätte, kann der Arbeitgeber bestimmen, welche dieser Tätigkeitsstätten die erste Tätigkeitsstätte ist.
- Fehlt eine solche Bestimmung des Arbeitgebers, wird zugunsten des Arbeitnehmers die Tätigkeitsstätte zugrunde gelegt, die der Wohnung des Arbeitnehmers am nächsten liegt.

gg) Mehrere Tätigkeitsstätten

30 Der Arbeitnehmer kann je Dienstverhältnis höchstens eine erste Tätigkeitsstätte haben (§ 9 Absatz 4 Satz 5 EStG). Hingegen kann ein Arbeitnehmer mit mehreren Dienstverhältnissen auch mehrere erste Tätigkeitsstätten haben (je Dienstverhältnis jedoch höchstens eine).

31 Erfüllen mehrere Tätigkeitsstätten in einem Dienstverhältnis die quantitativen Kriterien für die Annahme einer ersten Tätigkeitsstätte, kann der Arbeitgeber die erste Tätigkeitsstätte bestimmen (§ 9 Absatz 4 Satz 6 EStG). Dabei muss es sich nicht um die Tätigkeitsstätte handeln, an der der Arbeitnehmer den zeitlich überwiegenden oder qualitativ bedeutsameren Teil seiner beruflichen Tätigkeit ausüben soll.

Beispiel 21:

Der in H wohnende Filialleiter A ist an drei Tagen in der Woche in einer Filiale seines Arbeitgebers in H und an zwei Tagen in der Woche in einer Filiale seines Arbeitgebers in S tätig. Der Arbeitgeber bestimmt die Filiale in S zur ersten Tätigkeitsstätte.

Durch die Bestimmung seines Arbeitgebers hat der Filialleiter A in der betrieblichen Einrichtung in S seine erste Tätigkeitsstätte. Unerheblich ist, dass er dort lediglich zwei Tage und damit nicht zeitlich überwiegend beruflich tätig ist.

32 Macht der Arbeitgeber von seinem Bestimmungsrecht nach § 9 Absatz 4 Satz 6 EStG keinen Gebrauch oder ist die Bestimmung nicht eindeutig, ist die der Wohnung des Arbeitnehmers örtlich am nächsten liegende Tätigkeitsstätte die erste Tätigkeitsstätte (§ 9 Absatz 4 Satz 7 EStG). Die Fahrten zu weiter entfernt liegenden Tätigkeitsstätten werden in diesem Fall als Auswärtstätigkeit qualifiziert.

Beispiel 22:

Der in H wohnende Filialleiter A soll typischerweise arbeitstäglich in drei Filialen (X, Y und Z) seines Arbeitgebers tätig werden. Er fährt morgens mit seinem eigenen PKW regelmäßig zur Filiale X, dann zur Filiale Y, von dort zur Filiale Z und von dieser zur Wohnung. Die Filiale in Y liegt der Wohnung am nächsten. Der Arbeitgeber ordnet A arbeitsrechtlich keine Filiale (als erste Tätigkeitsstätte) zu.

Erste Tätigkeitsstätte ist die Filiale Y, da diese der Wohnung des A am nächsten liegt. Die Tätigkeit in X und Z sind beruflich veranlasste Auswärtstätigkeiten. Da A von seiner Wohnung zu einer auswärtigen Tätigkeitsstätte, von dort zur ersten Tätigkeitsstätte und von dort wieder zu einer anderen auswärtigen Tätigkeitsstätte fährt, liegen keine Fahrten zwischen Wohnung und erster Tätigkeitsstätte vor, sondern Fahrten, für die ein steuerfreier Arbeitgeberersatz bzw. Werbungskostenabzug nach Reisekostengrundsätzen in Betracht kommt.

Abwandlung:
Wie Beispiel **22**, allerdings nutzt der Filialleiter A für die arbeitstäglichen Fahrten einen ihm vom Arbeitgeber überlassenen Dienstwagen; A führt kein Fahrtenbuch, sondern ermittelt den geldwerten Vorteil nach der pauschalen Nutzungswertmethode.

Grundsätzlich ist ein geldwerter Vorteil, für die Möglichkeit den Dienstwagen für Fahrten zwischen Wohnung und erster Tätigkeitsstätte zu nutzen, in Höhe von 0,03 % des Listenpreises je Entfernungskilometer anzusetzen. Weist A mittels Einzelaufzeichnungen die Zahl der tatsächlichen Fahrten zwischen Wohnung und erster Tätigkeitsstätte nach, ist stattdessen für jede Fahrt ein geldwerter Vorteil von 0,002 % des Listenpreises je Entfernungskilometer anzusetzen. Im vorliegenden Fall hat A keine unmittelbaren Fahrten zwischen Wohnung und erster Tätigkeitsstätte; daher ist – bei Nachweis der tatsächlichen Fahrten – insoweit kein geldwerter Vorteil anzusetzen.

Beispiel 23:
Die Pflegedienstkraft P hat täglich vier Personen zu betreuen. Alle vier Pflegepersonen sollen von P nach Absprache mit der Pflegedienststelle (Arbeitgeber) bis auf Weiteres arbeitstäglich regelmäßig betreut werden. Der Arbeitgeber hat keine dieser Pflegestellen als erste Tätigkeitsstätte bestimmt.

Erste Tätigkeitsstätte der P ist die ihrer Wohnung am nächsten liegende Pflegestelle.

Abwandlung:
Die vier Pflegepersonen sollen von P nach Absprache mit der Pflegedienststelle (Arbeitgeber) zunächst für die Dauer von zwei Jahren arbeitstäglich regelmäßig betreut werden.

Die Pflegedienstkraft hat keine erste Tätigkeitsstätte, da sie an keiner der Pflegestellen dauerhaft tätig werden soll.

hh) Erste Tätigkeitsstätte bei Vollzeitstudium oder vollzeitigen Bildungsmaßnahmen

Erste Tätigkeitsstätte ist auch eine Bildungseinrichtung, die außerhalb eines Dienstverhältnisses zum Zwecke eines Vollzeitstudiums oder einer vollzeitigen Bildungsmaßnahme aufgesucht wird (§ 9 Absatz 4 Satz 8 EStG). 33 [1)]

Die Dauer einer vollzeitigen Bildungsmaßnahme ist für die Einordnung einer Bildungseinrichtung als erste Tätigkeitsstätte dabei unerheblich. Eine zeitliche Mindestdauer der Bildungsmaßnahme ist nicht erforderlich. Eine Bildungseinrichtung gilt daher auch dann als erste Tätigkeitsstätte, wenn sie vom Steuerpflichtigen im Rahmen einer nur kurzzeitigen Bildungsmaßnahme aufgesucht wird. Davon ist auszugehen, wenn der Steuerpflichtige die Bildungseinrichtung anlässlich der regelmäßig zeitlich befristeten Bildungsmaßnahme nicht nur gelegentlich, sondern mit einer gewissen Nachhaltigkeit, d. h. fortdauernd und immer wieder (dauerhaft) aufsucht. (BFH-Urteil vom 14. Mai 2020, VI R 24/18, BStBl II S. 770).

Ein Studium oder eine Bildungsmaßnahme findet insbesondere dann außerhalb eines Dienstverhältnisses statt, wenn

– diese nicht Gegenstand des Dienstverhältnisses sind, auch wenn sie seitens des Arbeitgebers durch Hingabe von Mitteln, wie z. B. eines Stipendiums, gefördert werden oder
– diese ohne arbeitsvertragliche Verpflichtung absolviert werden und die Beschäftigung lediglich das Studium oder die Bildungsmaßnahme ermöglicht.

[1)] ***Sieht die Studienordnung einer Universität vor, dass Studierende einen Teil des Studiums an einer anderen (weiteren) Hochschule (hier Auslandssemester) absolvieren können bzw. müssen, wird an der anderen Hochschule keine weitere erste Tätigkeitsstätte i. S. d. § 9 Abs. 4 Satz 8 begründet (>BFH vom 14.5.2020 – BStBl 2021 II S. 302).***

Zur Abgrenzung gegenüber einem Studium oder einer Bildungsmaßnahme innerhalb eines Dienstverhältnisses vgl. auch R 9.2 sowie 19.7 LStR 2015.

34 Ein Vollzeitstudium oder eine vollzeitige Bildungsmaßnahme liegt insbesondere vor, wenn der Steuerpflichtige im Studium oder in der Bildungsmaßnahme für einen Beruf ausgebildet wird und daneben entweder

- keiner Erwerbstätigkeit nachgeht oder
- während der gesamten Dauer des Studiums oder der Bildungsmaßnahme eine Erwerbstätigkeit mit durchschnittlich bis zu 20 Stunden regelmäßiger wöchentlicher Arbeitszeit oder in Form eines geringfügigen Beschäftigungsverhältnisses i. S. d. §§ 8 und 8a SGB IV ausübt.

35 Dies gilt auch für den Sonderausgabenabzug nach § 10 Absatz 1 Nummer 7 EStG.

b) Fahrtkosten bei auswärtiger Tätigkeit, Sammelpunkt, weiträumiges Tätigkeitsgebiet, § 9 Absatz 1 Satz 3 Nummer 4a EStG

aa) Tatsächliche Fahrtkosten und pauschaler Kilometersatz bei auswärtiger Tätigkeit

36 **Ist ein Arbeitnehmer außerhalb seiner Wohnung und ersten Tätigkeitsstätte beruflich tätig (auswärtige berufliche Tätigkeit), gilt für die steuerliche Berücksichtigung der tatsächlichen Fahrtkosten im Zusammenhang mit dieser beruflichen Tätigkeit Folgendes:**

37[1] Statt der tatsächlichen Aufwendungen kann aus Vereinfachungsgründen typisierend je nach Art des benutzten Verkehrsmittels (z. B. PKW, Motorrad) auch ein pauschaler Kilometersatz (höchste Wegstreckenentschädigung nach dem Bundesreisekostengesetz für das jeweils benutzte Beförderungsmittel: Benutzung eines Kraftwagens, z. B. PKW 0,30 €, für jedes andere motorbetriebene Fahrzeug 0,20 €) für jeden gefahrenen Kilometer angesetzt werden (§ 9 Absatz 1 Satz 3 Nummer 4a Satz 2 EStG). Eine Prüfung der tatsächlichen Kilometerkosten ist demnach nicht mehr erforderlich, wenn der Arbeitnehmer von dieser gesetzlichen Typisierung Gebrauch macht.

bb) „Sammelpunkt“

38 Liegt keine erste Tätigkeitsstätte (nach Rz. 6 ff. oder Rz. 26 ff.) vor und bestimmt der Arbeitgeber durch dienst- oder arbeitsrechtliche Festlegung, dass der Arbeitnehmer sich dauerhaft (Rz. 14 ff.) typischerweise arbeitstäglich[2] an einem festgelegten Ort, der die Kriterien für eine erste Tätigkeitsstätte nicht erfüllt **(z. B. Treffpunkt für einen betrieblichen Sammeltransport, das Busdepot, der Fährhafen)**, einfinden soll, um von dort seine unterschiedlichen eigentlichen Einsatzorte aufzusuchen oder von dort seine berufliche Tätigkeit aufzunehmen, werden die Fahrten des Arbeitnehmers von der Wohnung zu diesem Ort wie Fahrten zu einer ersten Tätigkeitsstätte behandelt. **Fahrtkosten für diese Fahrten dürfen nur durch den Ansatz der Entfernungspauschale (§ 9 Absatz 1 Satz 3 Nummer 4 und Absatz 2 EStG) steuerlich berücksichtigt werden.**

Beispiel 24:

Bus- oder LKW-Fahrer haben regelmäßig keine erste Tätigkeitsstätte. Lediglich, wenn dauerhaft und typischerweise arbeitstäglich ein vom Arbeitgeber festgelegter Ort aufgesucht werden soll, werden die Fahrten von der Wohnung zu diesem Ort/Sammelpunkt gleich behandelt mit den Fahrten von der Wohnung zu einer ersten Tätigkeitsstätte.

---

[1] ***Der Ansatz der pauschalen Kilometersätze kommt nicht in Betracht, wenn der Arbeitnehmer ein regelmäßig verkehrendes Beförderungsmittel i. S. d. § 4 Abs. 1 BRKG benutzt (>BFH vom 11.2.2021 – BStBl II S. 440).***

[2] ***Begriff „typischerweise arbeitstäglich“ konkretisiert durch BFH vom 19.4.2021 (BStBl II S. 727)***

Beispiel 25:

Kundendienstmonteure haben ebenfalls in der Regel keine erste Tätigkeitsstätte. Nur dann, wenn dauerhaft und typischerweise arbeitstäglich ein vom Arbeitgeber festgelegter Ort aufgesucht werden soll, werden die Fahrten von der Wohnung zu diesem Ort/Sammelpunkt ebenso behandelt wie die Fahrten von der Wohnung zu einer ersten Tätigkeitsstätte.

Beispiel 26:

Seeleute, die auf einem Schiff tätig werden sollen, haben in der Regel keine erste Tätigkeitsstätte, da das Schiff keine ortsfeste betriebliche Einrichtung des Arbeitgebers ist. Soll der Dienstantritt, die Ein- und Ausschiffung aber typischerweise arbeitstäglich von dem gleichen Anleger (wie z. B. einem Fähranleger, Liegeplatz des Seenotrettungskreuzers, Anleger des Fahrgastschiffes) erfolgen, werden die Fahrten zu diesem Ort/Sammelpunkt ebenso behandelt wie die Fahrten von der Wohnung zu einer ersten Tätigkeitsstätte.

Beispiel 27:

Angestellte Lotsen haben üblicherweise keine erste Tätigkeitsstätte, wenn sie ihre Tätigkeit typischerweise auf verschiedenen Schiffen ausüben sollen. Fahrten von der Wohnung zu einer vom Arbeitgeber festgelegten Lotsenstation oder Lotsenwechselstation, um von dort zum Einsatz auf ein Schiff verbracht zu werden, werden ebenso behandelt wie die Fahrten von der Wohnung zu einer ersten Tätigkeitsstätte.

Treffen sich mehrere Arbeitnehmer typischerweise arbeitstäglich an einem bestimmten Ort, um von dort aus gemeinsam zu ihren Tätigkeitsstätten zu fahren (privat organisierte Fahrgemeinschaft), liegt kein „Sammelpunkt" nach § 9 Absatz 1 Satz 3 Nummer 4a Satz 3 EStG vor. Es fehlt insoweit an einer dienst- oder arbeitsrechtlichen Festlegung des Arbeitgebers. 39

Auf die Berücksichtigung von Verpflegungspauschalen oder Übernachtungskosten als Werbungskosten oder den steuerfreien Arbeitgeberersatz hierfür hat diese Festlegung **als Sammelpunkt** hingegen keinen Einfluss, da der Arbeitnehmer weiterhin außerhalb einer ersten Tätigkeitsstätte und somit auswärts beruflich tätig wird. Es wird keine erste Tätigkeitsstätte fingiert, sondern nur die Anwendung der Entfernungspauschale für die Fahrtkosten von der Wohnung zu diesem Ort sowie die Besteuerung eines geldwerten Vorteils bei Dienstwagengestellung durch den Arbeitgeber nach § 8 Absatz 2 Satz 3 und 4 EStG festgelegt und der steuerfreie Arbeitgeberersatz für diese Fahrten nach § 3 Nummer 13 oder Nummer 16 EStG ausgeschlossen. 40

cc) Weiträumiges Tätigkeitsgebiet

Soll der Arbeitnehmer auf Grund der Weisungen des Arbeitgebers seine berufliche Tätigkeit typischerweise arbeitstäglich in einem weiträumigen Tätigkeitsgebiet ausüben, findet für die Fahrten von der Wohnung zu diesem Tätigkeitsgebiet ebenfalls die Entfernungspauschale Anwendung. 41

Ein weiträumiges Tätigkeitsgebiet liegt in Abgrenzung zur ersten Tätigkeitsstätte vor, wenn die vertraglich vereinbarte Arbeitsleistung auf einer festgelegten Fläche und nicht innerhalb einer ortsfesten betrieblichen Einrichtung des Arbeitgebers, eines verbundenen Unternehmens (§ 15 AktG) oder bei einem vom Arbeitgeber bestimmten Dritten ausgeübt werden soll. In einem weiträumigen Tätigkeitsgebiet werden in der Regel z. B. Zusteller[1]) oder Forstarbeiter tätig. 42

Hingegen sind z. B. Bezirksleiter und Vertriebsmitarbeiter, die verschiedene Niederlassungen betreuen oder mobile Pflegekräfte, die verschiedene Personen in deren Wohnungen in einem festgelegten Gebiet betreuen, sowie Schornsteinfeger von dieser Regelung nicht betroffen.

1) Der Zustellpunkt (Zustellzentrum), dem ein Postzusteller zugeordnet ist und an dem er arbeitstäglich vor- und nachbereitende Tätigkeiten (z. B. Sortiertätigkeiten, Abschreibpost, Abrechnungen) ausübt, ist erste Tätigkeitsstätte (>BFH vom 30.9.2020 – BStBl 2021 II S. 306).

43 Wird das weiträumige Tätigkeitsgebiet immer von verschiedenen Zugängen aus betreten oder befahren, ist die Entfernungspauschale aus Vereinfachungsgründen bei diesen Fahrten nur für die kürzeste Entfernung von der Wohnung zum nächstgelegenen Zugang anzuwenden.

44 Für alle Fahrten innerhalb des weiträumigen Tätigkeitsgebietes sowie für die zusätzlichen Kilometer bei den Fahrten von der Wohnung zu einem weiter entfernten Zugang können weiterhin die tatsächlichen Aufwendungen oder der sich am Bundesreisekostengesetz orientierende maßgebliche pauschale Kilometersatz angesetzt werden.

Beispiel 28:

Der Forstarbeiter A fährt an 150 Tagen mit dem PKW von seiner Wohnung zu dem 15 km entfernten, nächstgelegenen Zugang des von ihm täglich zu betreuenden Waldgebietes (weiträumiges Tätigkeitsgebiet). An 70 Tagen fährt A von seiner Wohnung über einen weiter entfernt gelegenen Zugang (20 km) in das Waldgebiet.

Die Fahrten von der Wohnung zu dem weiträumigen Tätigkeitsgebiet werden behandelt wie die Fahrten von der Wohnung zu einer ersten Tätigkeitsstätte. A kann somit für diese Fahrten lediglich die Entfernungspauschale in Höhe von 0,30 € je Entfernungskilometer (= 15 km x 0,30 €) als Werbungskosten ansetzen. Die Fahrten innerhalb des Waldgebietes können mit den tatsächlichen Kosten oder aus Vereinfachungsgründen mit dem pauschalen Kilometersatz in Höhe von 0,30 € je tatsächlich gefahrenem Kilometer berücksichtigt werden.

Bei den Fahrten zu dem weiter entfernt gelegenen Zugang werden ebenfalls nur 15 Kilometer mit der Entfernungspauschale (15 km x 0,30 €) berücksichtigt. Die jeweils zusätzlichen fünf Kilometer für den tatsächlich längeren Hin- und Rückweg, werden ebenso wie die Fahrten innerhalb des weiträumigen Tätigkeitsgebietes mit den tatsächlichen Kosten oder aus Vereinfachungsgründen mit dem pauschalen Kilometersatz in Höhe von 0,30 € je gefahrenem Kilometer berücksichtigt.

Somit sind für 220 Tage jeweils 15 km mit der Entfernungspauschale und die restlichen tatsächlich gefahrenen Kilometer mit den tatsächlichen Kosten oder aus Vereinfachungsgründen mit dem pauschalen Kilometersatz in Höhe von 0,30 € anzusetzen.

45 Auf die Berücksichtigung von Verpflegungspauschalen oder Übernachtungskosten als Werbungskosten sowie den steuerfreien Arbeitgeberersatz hat diese Festlegung „tätig werden in einem weiträumigen Tätigkeitsgebiet“ keinen Einfluss, da der Arbeitnehmer weiterhin außerhalb einer ersten Tätigkeitsstätte – und damit auswärts – beruflich tätig wird. Es wird nur die Anwendung der Entfernungspauschale für die Fahrtkosten von der Wohnung zum nächstgelegenen Zugang zu dem weiträumigen Tätigkeitsgebiet sowie die Besteuerung eines geldwerten Vorteils bei Dienstwagengestellung durch den Arbeitgeber nach § 8 Absatz 2 Satz 3 und 4 EStG festgelegt und der steuerfreie Arbeitgeberersatz für diese Fahrten nach § 3 Nummer 13 oder Nummer 16 EStG ausgeschlossen.

46 Soll der Arbeitnehmer in mehreren ortsfesten Einrichtungen seines Arbeitgebers, eines verbundenen Unternehmens oder eines Dritten, die innerhalb eines bestimmten Bezirks gelegen sind, beruflich tätig werden, wird er nicht in einem weiträumigen Tätigkeitsgebiet, sondern an verschiedenen, ggf. sogar ständig wechselnden Tätigkeitsstätten tätig.

2. Verpflegungsmehraufwendungen

a) Vereinfachung bei der Ermittlung der Pauschalen, § 9 Absatz 4a Satz 2 bis 5 EStG

aa) Eintägige Auswärtstätigkeiten im Inland

47 Für eintägige auswärtige Tätigkeiten ohne Übernachtung kann ab einer Abwesenheit von mehr als acht Stunden von der Wohnung und der ersten Tätigkeitsstätte eine Pauschale **für Verpflegungsmehraufwendungen** von **14 €** berücksichtigt werden. Dies gilt auch, wenn der Arbeitnehmer seine auswärtige berufliche Tätigkeit über Nacht (also an zwei Kalendertagen) ausübt – somit nicht übernachtet – und dadurch ebenfalls insgesamt mehr als acht Stunden von der Wohnung und der ersten Tätigkeitsstätte abwesend

ist. Ist der Arbeitnehmer an einem Kalendertag mehrfach oder über Nacht (an zwei Kalendertagen ohne Übernachtung) auswärts tätig, können die Abwesenheitszeiten dieser Tätigkeiten zusammengerechnet und im Fall der Tätigkeit über Nacht für den Kalendertag berücksichtigt werden, an dem der Arbeitnehmer den überwiegenden Teil der insgesamt mehr als 8 Stunden abwesend ist **(§ 9 Absatz 4a Satz 3 Nummer 3 2. Halbsatz EStG).**

Beispiel 29:

Der Vertriebsleiter V verlässt um 8.00 Uhr seine Wohnung in B und besucht zuerst bis 12.00 Uhr einen Kunden. Von 12.30 Uhr bis 14.30 Uhr ist er in seinem Büro (erste Tätigkeitsstätte) tätig. Anschließend fährt er von dort zu einer Tagung in C und kehrt um 19.00 Uhr noch einmal für eine Stunde in sein Büro in B zurück.

Es zählen die Zeiten vom Verlassen der Wohnung bis zur Ankunft an der ersten Tätigkeitsstätte (Büro) mittags sowie vom Verlassen der ersten Tätigkeitsstätte (Büro) bis zur Rückkehr dorthin. V war zweimal beruflich auswärts tätig und dabei insgesamt mehr als acht Stunden von seiner Wohnung und seiner ersten Tätigkeitsstätte abwesend. Er erfüllt daher die Voraussetzungen der Verpflegungspauschale für eine eintägige Auswärtstätigkeit (14 €).

Beispiel 30:

Der Kurierfahrer K ist typischerweise von 20.00 Uhr bis 5.30 Uhr des Folgetags beruflich unterwegs. In dieser Zeit legt er regelmäßig auch eine Lenkpause von 45 Minuten ein. Seine Wohnung verlässt K um 19.30 Uhr und kehrt um 6.00 Uhr dorthin zurück. Eine erste Tätigkeitsstätte liegt nicht vor.

K ist im Rahmen seiner beruflichen Auswärtstätigkeit (Fahrtätigkeit) über Nacht von seiner Wohnung abwesend. Bei der Lenkpause handelt es sich nicht um eine Übernachtung. Die Abwesenheitszeiten über Nacht können **aber** zusammengerechnet werden. Sie werden für den zweiten Kalendertag berücksichtigt, an dem A den überwiegenden Teil der Zeit abwesend ist. A erfüllt die Voraussetzungen der Verpflegungspauschale für eine eintägige Auswärtstätigkeit (**14** €).

Abwandlung 1:

Die berufliche Fahrtätigkeit des K verteilt sich wie folgt auf die Tage (in Stunden):

Montag	Dienstag	Mittwoch	Donnerstag	Freitag	Samstag
5	4 5	4 5	4 4,5	5 5	4

Wählt K die Zusammenrechnung der Abwesenheitszeiten über Nacht, kann K eine Verpflegungspauschale für eine eintägige Auswärtstätigkeit **in Höhe von 14 €** für folgende Tage beanspruchen: Montag, Dienstag, Mittwoch und Freitag.

Rechnet K stattdessen die an dem jeweiligen Tag geleisteten einzelnen Abwesenheitszeiten zusammen, dann kann K für Dienstag, Mittwoch, Donnerstag und Freitag eine Verpflegungspauschale von **jeweils 14** € beanspruchen.

Abwandlung 2:

Die berufliche Fahrtätigkeit des K verteilt sich wie folgt auf die Tage (in Stunden):

Montag	Dienstag	Mittwoch	Donnerstag	Freitag	Samstag
5	4 5	4 5	4 4,5	4 4	5

Wählt K die Zusammenrechnung der Abwesenheitszeiten über Nacht, kann K eine Verpflegungspauschale für eine eintägige Auswärtstätigkeit **in Höhe von 14 €** für folgende Tage beanspruchen: Montag, Dienstag, Mittwoch, Donnerstag und Samstag.

Rechnet K die an dem jeweiligen Tag geleisteten einzelnen Abwesenheitszeiten zusammen, dann **kann** K für Dienstag, Mittwoch und Donnerstag eine Verpflegungspauschale von **jeweils 14** € beanspruchen.

Maßgeblich hierfür ist die gesetzliche Regelung des § 9 Absatz 4a Satz 3 Nummer 3 2. Halbsatz EStG, die anstelle der auf den Kalendertag bezogenen Betrachtung bei auswärtigen beruflichen Tätigkeiten über Nacht ohne Übernachtung **ausnahmsweise** die Zusammenrechnung dieser Zeiten ermöglicht.

Beispiel 31:

Der Arbeitnehmer A unternimmt, ohne zu übernachten, eine Dienstreise, die am 5. Mai um 17.00 Uhr beginnt und am 6. Mai um 7.30 Uhr beendet wird. Am 6. Mai unternimmt A nachmittags eine weitere Dienstreise (von 14.00 Uhr bis 23.30 Uhr).

A hat hier die Möglichkeit die Abwesenheitszeiten der ersten Dienstreise über Nacht zusammenzurechnen (= 14 Stunden und 30 Minuten). Bedingt durch die überwiegende Abwesenheit am 6. Mai ist die dafür zu berücksichtigende Verpflegungspauschale dann dem 6. Mai zuzurechnen.

Alternativ können auch alle ausschließlich am 6. Mai geleisteten Abwesenheitszeiten (7 Stunden 30 Minuten zuzüglich 9 Stunden 30 Minuten = 17 Stunden) zusammengerechnet werden. In diesem Fall bleiben die während der ersten Dienstreise angefallenen Abwesenheitszeiten unberücksichtigt.

Unabhängig davon, für welche Berechnungsmethode A sich entscheidet, steht ihm lediglich eine Verpflegungspauschale von **14** € für den 6. Mai zu.

Eine Verpflegungspauschale von **28** € kommt nur in Betracht, wenn entweder die gesamte Tätigkeit über Nacht oder die Tätigkeit an dem jeweiligen Kalendertag 24 Stunden erreicht.

Beispiel 32:

Der Arbeitnehmer A arbeitet von 8.30 Uhr bis 17.00 Uhr in seinem Büro in B (erste Tätigkeitsstätte), anschließend fährt er zu einem Geschäftstermin in C. Der Termin erstreckt sich bis 0.30 Uhr des Folgetags. A kehrt um 1.30 Uhr in seine Wohnung zurück.

A war wegen beruflicher Tätigkeit mehr als acht Stunden auswärts tätig. Dass sich die Abwesenheit über zwei Kalendertage ohne Übernachtung erstreckt, ist unschädlich. Die Abwesenheiten werden zusammengerechnet und dem ersten Kalendertag zugeordnet, weil an diesem Tag der überwiegende Teil der Abwesenheit stattgefunden hat. A erfüllt die Voraussetzungen der Verpflegungspauschale für eine eintägige Auswärtstätigkeit (**14** €).

bb) Mehrtägige Auswärtstätigkeiten im Inland

48 Für **jeden** Kalendertag, an dem der Arbeitnehmer a**ufgrund einer auswärtigen** beruflichen Tätigkeit (Rz. 36) 24 Stunden von seiner Wohnung abwesend ist (**Zwischentag**), kann eine Pauschale **für Verpflegungsmehraufwendungen** von **28** € als Werbungskosten geltend gemacht bzw. vom Arbeitgeber steuerfrei ersetzt werden.

49 Für den **An- und Abreisetag** einer mehrtägigen auswärtigen Tätigkeit mit Übernachtung außerhalb der Wohnung kann ohne Prüfung einer Mindestabwesenheitszeit eine Pauschale von jeweils **14** € als Werbungskosten berücksichtigt bzw. vom Arbeitgeber steuerfrei ersetzt werden. Insoweit ist es unerheblich, ob der Arbeitnehmer die Reise von der Wohnung, der ersten oder einer anderen Tätigkeitsstätte aus antritt. Eine mehrtägige auswärtige Tätigkeit mit Übernachtung liegt auch dann vor, wenn die berufliche Auswärtstätigkeit über Nacht ausgeübt wird und sich daran eine Übernachtung am Tage sowie eine weitere Tätigkeit über Nacht anschließt. Unerheblich ist auch, ob für die Übernachtung tatsächlich Übernachtungskosten anfallen (so z. B. bei Schlafen im Bus, LKW oder Lok).

Beispiel 33:

Der Ingenieur I aus B ist von Montagabend bis Dienstag in M auswärts tätig. An diese Tätigkeit schließt sich am Dienstag gleich die Weiterreise nach H zu einer neuen auswärtigen Tätigkeit an. I fährt von M direkt nach H und kehrt am Mittwochmittag zu seiner Wohnung zurück.

I kann folgende Verpflegungspauschalen beanspruchen: für Montag als Anreisetag und für Mittwoch als Rückreisetag stehen ihm jeweils **14** € zu. Da I am Dienstag infolge der Abreise aus M und direkten Anreise nach H 24 Stunden von seiner Wohnung und ersten Tätigkeitsstätte abwesend ist, kann er für diesen Tag eine Pauschale von **28** € beanspruchen.

Abwandlung:

I sucht am Dienstag kurz seine Wohnung in B auf, um Unterlagen und Kleidung einzupacken und fährt nach einer Stunde weiter nach H.

In diesem Fall kann I auch für Dienstag als An- und gleichzeitig als Abreisetag nur **14** € Verpflegungspauschale beanspruchen. Eine Verpflegungspauschale von **28** € kann nur dann beansprucht werden, wenn I infolge seiner beruflichen Auswärtstätigkeit 24 Stunden von seiner Wohnung und ersten Tätigkeitsstätte abwesend ist.

Beispiel 34:

Monteur M aus D ist von Montag bis Mittwoch in S auswärts tätig. Eine erste Tätigkeitsstätte besteht nicht. M verlässt am Montag um 10.30 Uhr seine Wohnung in D. M verlässt S am Mittwochabend und erreicht seine Wohnung in D am Donnerstag um 1.45 Uhr.

M steht für Montag (Anreisetag) eine Verpflegungspauschale von **14** € zu. Für Dienstag und Mittwoch kann M eine Pauschale von **28** € beanspruchen, da er an diesen Tagen 24 Stunden von seiner Wohnung abwesend ist. Für Donnerstag steht ihm eine Pauschale von **14** € zu (Abreisetag).

Als Wohnung im vorstehenden Sinn gilt (§ 9 Absatz 4a Satz 4, 2. Halbsatz EStG) 50

– der Hausstand, der den Mittelpunkt der Lebensinteressen des Arbeitnehmers bildet und nicht nur gelegentlich aufgesucht wird oder
– die Zweitwohnung am Ort einer steuerlich anzuerkennenden doppelten Haushaltsführung (insbesondere zu berücksichtigen, wenn der Arbeitnehmer mehrere Wohnungen hat).

Beispiel 35:

Wohnung in diesem Sinne kann somit z. B. bei Auszubildenden auch die elterliche Wohnung sein, wenn sich dort noch der Lebensmittelpunkt des Auszubildenden befindet.

Beispiel 36:

Übernachtet der Arbeitnehmer aus beruflichem Anlass z. B. im Rahmen einer Auswärtstätigkeit in seinem eigenen Ferienappartement, welches er nur gelegentlich aufsucht, handelt es sich um eine mehrtägige auswärtige Tätigkeit mit Übernachtung, auch wenn für die Übernachtung selbst keine Kosten entstehen.

cc) Auswärtstätigkeiten im Ausland

Unter den gleichen Voraussetzungen wie bei inländischen Auswärtstätigkeiten werden bei Auswärtstätigkeiten im Ausland **Pauschalen für Verpflegungsmehraufwendungen gewährt. Diese betragen bei einer Abwesenheit von 24 Stunden** 120 % und **für den An- sowie Abreisetag oder eine Abwesenheit von mehr als 8 Stunden** 80 % der Auslandstagegelder nach dem Bundesreisekostengesetz. Die **jeweiligen** Beträge werden **regelmäßig** durch BMF-Schreiben bekannt gemacht. Im Hinblick auf die bei auswärtigen beruflichen Tätigkeiten im Ausland oftmals über Nacht oder mehrere Tage andauernden An- und Abreisen genügt es für die Qualifizierung als An- und Abreisetag, wenn der Arbeitnehmer unmittelbar nach der Anreise oder vor der Abreise auswärtig übernachtet. Die übrigen Regelungen zu den Besonderheiten bei Auswärtstätigkeiten im Ausland gelten weiter (so z. B. R 9.6 Absatz 3 LStR 2015). 51

Bei Auswärtstätigkeiten in verschiedenen ausländischen Staaten gilt für die Ermittlung der Verpflegungspauschalen am An- und Abreisetag Folgendes: 52

– Bei einer Anreise vom Inland ins Ausland oder vom Ausland ins Inland jeweils ohne Tätigwerden ist die Verpflegungspauschale des Ortes maßgebend, der vor 24.00 Uhr erreicht wird.
– Bei einer Abreise vom Ausland ins Inland oder vom Inland ins Ausland ist die Verpflegungspauschale des letzten Tätigkeitsortes maßgebend.

Beispiel 37:

Der Arbeitnehmer A reist am Montag um 20.00 Uhr zu einer beruflichen Auswärtstätigkeit von seiner Wohnung in Berlin nach Brüssel. Er erreicht Belgien um 2.00 Uhr. Dienstag ist er den ganzen Tag in Brüssel tätig. Am Mittwoch reist er zu einem weiteren Geschäftstermin um 8.00 Uhr nach Amsterdam. Er erreicht Amsterdam um 14.00 Uhr. Dort ist er bis Donnerstag um 13.00 Uhr tätig und reist anschließend zurück nach Berlin. Er erreicht seine Wohnung am Donnerstag um 22.30 Uhr.

Für Montag ist die inländische Verpflegungspauschale für den Anreisetag maßgebend, da A sich um 24.00 Uhr noch im Inland befindet. Für Dienstag ist die Verpflegungspauschale für Belgien anzuwenden. Für Mittwoch ist die Verpflegungspauschale für die Niederlande zu Grunde zulegen, da sich der Ort, den A vor 24 Uhr Ortszeit zuletzt erreicht hat, in den Niederlanden befindet (§ 9 Absatz 4a Satz 5 EStG). Für Donnerstag ist die Verpflegungspauschale der Niederlande für den Abreisetag maßgeblich, da A noch bis 13.00 Uhr in Amsterdam beruflich tätig war.

Beispiel 38:

Der Arbeitnehmer A reist für ein berufliches Projekt am Sonntag um 21.00 Uhr von Paris nach Mannheim. Am Sonntag um 24.00 Uhr befindet sich A noch in Frankreich. A ist in Mannheim von Montag bis Freitag beruflich tätig und verlässt Mannheim am Freitag um 11.00 Uhr. Er erreicht Paris am Freitag um 21.00 Uhr.

Für Sonntag (Anreisetag) ist die Verpflegungspauschale für Frankreich maßgebend. Für Montag bis Freitag ist die jeweils maßgebliche inländische Verpflegungspauschale anzuwenden.

b) Dreimonatsfrist, § 9 Absatz 4a Satz 6 EStG

53 Der Abzug der Verpflegungsmehraufwendungen ist auf die ersten drei Monate einer längerfristigen **auswärtigen** beruflichen Tätigkeit an derselben Tätigkeitsstätte beschränkt (vgl. Rz. 55). Werden **während** einer beruflichen Tätigkeit mehrere ortsfeste betriebliche Einrichtungen innerhalb eines Werks- oder Betriebsgeländes aufgesucht, handelt es sich um die Tätigkeit an einer **(großräumigen)** Tätigkeitsstätte **(BFH-Urteile vom 11. April 2019, VI R 40/16 und VI R 12/17, BStBl II S. 546 und 551)**. Handelt es sich um einzelne ortsfeste betriebliche Einrichtungen verschiedener Auftraggeber oder Kunden, liegen mehrere Tätigkeitsstätten vor. Dies gilt auch dann, wenn sich die Tätigkeitsstätten in unmittelbarer räumlicher Nähe zueinander befinden.

54 Um die Berechnung der Dreimonatsfrist zu vereinfachen, wird eine rein zeitliche Bemessung der Unterbrechungsregelung eingeführt. Eine Unterbrechung der beruflichen Tätigkeit an derselben Tätigkeitsstätte **führt** zu einem Neubeginn der Dreimonatsfrist, wenn sie mindestens vier Wochen dauert (§ 9 Absatz 4a Satz 7 EStG). Der Grund der Unterbrechung ist unerheblich; es zählt nur noch die Unterbrechungsdauer.

55 Von einer längerfristigen beruflichen Tätigkeit an derselben Tätigkeitsstätte ist erst dann auszugehen, sobald der Arbeitnehmer an dieser mindestens an drei Tagen in der Woche tätig wird. Die Dreimonatsfrist beginnt daher nicht, solange die auswärtige Tätigkeitsstätte an nicht mehr als zwei Tagen in der Woche aufgesucht wird. Die Prüfung des Unterbrechungszeitraums und des Ablaufs der Dreimonatsfrist erfolgt stets im Nachhinein mit Blick auf die zurückliegende Zeit (Ex-post-Betrachtung).

Beispiel 39:

Der Bauarbeiter A soll ab März **01** arbeitstäglich an der Baustelle in H für 5 Monate tätig werden. Am 1. April **01** nimmt er dort seine Tätigkeit auf. Ab 20. Mai **01** wird er nicht nur in H, sondern für einen Tag wöchentlich auch an der Baustelle in B tätig, da dort ein Kollege ausgefallen ist.

Für die Tätigkeit an der Baustelle in H beginnt die Dreimonatsfrist am 1. April **01** und endet am 30. Juni **01**. Eine vierwöchige Unterbrechung liegt nicht vor (immer nur eintägige Unterbrechung).

Für die Tätigkeit an der Baustelle in B greift die Dreimonatsfrist hingegen nicht, da A dort lediglich einen Tag wöchentlich tätig wird.

Beispiel 40:

Wie Beispiel **39**, allerdings wird A ab 1. April **01** zwei Tage wöchentlich in H und drei Tage wöchentlich in B tätig. Ab 15. April **01** muss er für zwei Wochen nach M. Ab 1. Mai **01** ist er dann bis auf Weiteres drei Tage wöchentlich in H und zwei Tage in B tätig.

Für die Tätigkeit an der Baustelle in B beginnt die Dreimonatsfrist am 1. April **01** und endet am 30. Juni **01**. Eine vierwöchige Unterbrechung liegt nicht vor (lediglich zwei Wochen und dann immer nur dreitägige Unterbrechung).

Für die Tätigkeit an der Baustelle in H beginnt die Dreimonatsfrist hingegen erst am 1. Mai **01**, da A dort erst ab diesem Tag an drei Tagen wöchentlich tätig wird.

Beispiel 41:

Der Außendienstmitarbeiter A wohnt in K und hat am Betriebssitz seines Arbeitgebers in S seine erste Tätigkeitsstätte (arbeitsrechtliche Zuordnung durch **den Arbeitgeber**). A sucht arbeitstäglich die Filiale in K gegen 8.00 Uhr auf und bereitet sich dort üblicherweise für ein bis zwei Stunden auf seinen Außendienst vor. Von ca. 10.00 Uhr bis 16.30 Uhr sucht er dann verschiedene Kunden im Großraum K auf. Anschließend fährt er nochmals in die Filiale in K, um Nacharbeiten zu erledigen.

Bei dem arbeitstäglichen Vor- und Nachbereiten der Außendiensttätigkeit in der Filiale in K handelt es sich um eine längerfristige berufliche Auswärtstätigkeit an derselben Tätigkeitsstätte; für die berufliche Tätigkeit an dieser Tätigkeitsstätte können nach Ablauf von drei Monaten daher keine Verpflegungspauschalen mehr beansprucht werden. Für die restliche eintägige berufliche Auswärtstätigkeit bei den verschiedenen Kunden im Großraum K gilt dies nicht. Die Tätigkeitszeit in der Filiale in K kann für die Ermittlung der erforderlichen Mindestabwesenheitszeit von mehr als 8 Stunden nach Ablauf von 3 Monaten nicht mehr berücksichtigt werden, sondern ist abzuziehen. Ab dem vierten Monat kommt es für die Ermittlung der Abwesenheitszeiten der eintägigen Auswärtstätigkeit daher jeweils auf die Dauer der Abwesenheit von der Wohnung, abzüglich der Tätigkeitszeit(en) in der Filiale in K an.

Bei beruflichen Tätigkeiten auf mobilen, nicht ortsfesten betrieblichen Einrichtungen wie z. B. Fahrzeugen, Flugzeugen, Schiffen findet die Dreimonatsfrist ebenfalls keine Anwendung. Entsprechendes gilt für eine Tätigkeit in einem weiträumigen Tätigkeitsgebiet. 56

Die Regelungen zu den Verpflegungspauschalen sowie die Dreimonatsfrist gelten auch im Rahmen einer doppelten Haushaltsführung (§ 9 Absatz 4a Satz 12 EStG). 57

c) Pauschalbesteuerung nach § 40 Absatz 2 Satz 1 Nummer 4 EStG

Der Arbeitgeber kann die Lohnsteuer mit einem Pauschsteuersatz von 25 % erheben, wenn dem Arbeitnehmer anlässlich einer Auswärtstätigkeit i. S. v. § 9 Absatz 4a Satz 3, **5 und** 6 EStG **Vergütungen für Verpflegungsmehraufwendungen** gezahlt werden, soweit diese die dem Arbeitnehmer zustehenden Verpflegungspauschalen ohne Anwendung der Kürzungsregelung nach § 9 Absatz 4a Satz 8 bis 10 EStG um nicht mehr als 100 % übersteigen. 58

Soweit nach Ablauf der Dreimonatsfrist eine steuerfreie Erstattung von Verpflegungsmehraufwendungen nicht mehr möglich ist, kommt eine Pauschalbesteuerung nach § 40 Absatz 2 Satz 1 Nummer 4 EStG nicht in Betracht. 59

Beispiel 42:

Der Arbeitnehmer A erhält während einer ununterbrochenen viermonatigen Auswärtstätigkeit von seinem Arbeitgeber Vergütungen für Verpflegungsmehraufwendungen in Höhe von **56** € für jeden vollen Kalendertag. Für An- und Abreisetage reduziert sich diese Vergütung auf **28** € pro Tag. Während seiner Auswärtstätigkeit wird dem Arbeitnehmer kostenlos eine Unterkunft vom Arbeitgeber zur Verfügung gestellt.

In den ersten drei Monaten ist die Verpflegungspauschale für die vollen Kalendertage in Höhe von **28** € und für die An- und Abreisetage jeweils in Höhe von **14** € steuerfrei. Der Mehrbetrag von **28** € bzw. **14** € kann mit 25 % pauschal versteuert werden. Ab dem vierten Monat sind die vom Arbeitgeber gezahlten Verpflegungsvergütungen von täglich **56** € bzw. **28** € wegen des Ablaufs der Dreimonatsfrist in voller Höhe als Arbeitslohn individuell zu versteuern.

60 Für Verpflegungszuschüsse, die **während** einer doppelten Haushaltsführung gezahlt werden (§ 9 Absatz 4a Satz 12 EStG), ist die Pauschalbesteuerung nach § 40 Absatz 2 Satz 1 Nummer 4 EStG nicht zulässig.

3. Vereinfachung der steuerlichen Erfassung der vom Arbeitgeber zur Verfügung gestellten Mahlzeiten während einer auswärtigen Tätigkeit

a) Bewertung und Besteuerungsverzicht bei üblichen Mahlzeiten, § 8 Absatz 2 Satz 8 und 9 EStG

61 Eine vom Arbeitgeber während einer beruflich veranlassten Auswärtstätigkeit zur Verfügung gestellte „übliche" Mahlzeit wird mit dem amtlichen Sachbezugswert nach § 2 der Sozialversicherungsentgeltverordnung[1)] bewertet. Entsprechendes gilt für die im Rahmen einer beruflich veranlassten doppelten Haushaltsführung vom Arbeitgeber zur Verfügung gestellten „üblichen" Mahlzeiten. Als „üblich" gilt eine Mahlzeit, deren Preis 60 € nicht übersteigt (§ 8 Absatz 2 Satz 8 EStG). Hierbei sind auch die zur Mahlzeit eingenommenen Getränke einzubeziehen. **Die Preisgrenze von 60 € gilt unabhängig davon, ob die Mahlzeit im Inland oder im Ausland zur Verfügung gestellt wird.**

62 Mahlzeiten mit einem Preis von über 60 € dürfen nicht mit dem amtlichen Sachbezugswert bewertet werden. Bei einer solchen Mahlzeit wird typisierend unterstellt, dass es sich um ein „Belohnungsessen" (R 8.1 Absatz 8 Nummer 3 LStR 2015) handelt. Belohnungsessen sind mit dem tatsächlichen Preis als Arbeitslohn (§ 8 Absatz 2 Satz 1 EStG) anzusetzen.

63 Für die Prüfung der 60 €-Grenze kommt es auf den Preis der Mahlzeit (einschließlich Umsatzsteuer) an, den der Dritte dem Arbeitgeber in Rechnung stellt. Zuzahlungen des Arbeitnehmers sind bei der Prüfung der 60 €-Grenze nicht zu berücksichtigen. Ist der Preis der Mahlzeit **in einem Gesamtpreis z. B. einer Fortbildungsveranstaltung enthalten und** in der Rechnung eines Dritten nicht beziffert, weil die Mahlzeit im Rahmen eines Gesamtpreises z. B. mit einer Fortbildungsveranstaltung berechnet wird, ist nach dem Gesamtbild der Verhältnisse im Einzelfall zu beurteilen, ob es sich um eine „übliche" Beköstigung i. S. d. § 8 Absatz 2 Satz 8 EStG gehandelt hat oder ob ein höherer Wert der Mahlzeit als 60 € anzunehmen ist.

64 Die für eine unmittelbar vom Arbeitgeber abgegebene Mahlzeit maßgeblichen Grundsätze gelten auch, wenn eine Mahlzeit auf Veranlassung des Arbeitgebers von einem Dritten an den Arbeitnehmer abgegeben wird. Die Gestellung einer Mahlzeit ist vom Arbeitgeber veranlasst, wenn er Tag und Ort der Mahlzeitengestellung bestimmt. Das ist insbesondere dann der Fall, wenn

- er die Verpflegungskosten im Hinblick auf die beruflich veranlasste Auswärtstätigkeit des Arbeitnehmers dienst- oder arbeitsrechtlich erstattet und
- die Rechnung auf den Arbeitgeber ausgestellt ist oder es sich um eine Kleinbetragsrechnung i. S. d. § 14 UStG i. V. m. § 33 UStDV handelt, die **als Beleg zur Buchführung des** Arbeitgebers vorliegt oder vorgelegen hat und **gesichert** wurde.

65 Zu den vom Arbeitgeber zur Verfügung gestellten Mahlzeiten (Rz. 73) gehören auch die z. B. im Flugzeug, im Zug oder auf einem Schiff im Zusammenhang mit der Beförderung unentgeltlich angebotenen Mahlzeiten, sofern die Rechnung für das Beförderungsticket auf den Arbeitgeber ausgestellt ist und von diesem dienst- oder arbeitsrechtlich erstattet wird. Die Verpflegung muss dabei nicht offen auf der Rechnung ausgewiesen werden. Lediglich dann, wenn z. B. anhand des gewählten Beförderungstarifs feststeht, dass es sich um eine reine Beförderungsleistung handelt, bei der keine Mahlzeiten unentgeltlich angeboten werden, liegt keine Mahlzeitengestellung vor.

---

1) *>**Anhang 26***

Die steuerliche Erfassung einer solchen üblichen Mahlzeit als Arbeitslohn ist ausgeschlossen, wenn der Arbeitnehmer für die betreffende Auswärtstätigkeit dem Grunde nach eine Verpflegungspauschale i. S. d. § 9 Absatz 4a EStG als Werbungskosten geltend machen könnte. Auf die Höhe der tatsächlich als Werbungskosten anzusetzenden Verpflegungspauschale kommt es nicht an. Ebenso ist eine mögliche Kürzung des Werbungskostenabzugs nach § 9 Absatz 4a Satz 8 ff. EStG wegen der Gestellung einer Mahlzeit unerheblich. 66

Im Ergebnis unterbleibt die Erfassung der mit dem Sachbezugswert bewerteten Mahlzeit bereits immer dann, wenn der Arbeitnehmer anlässlich einer beruflich veranlassten Auswärtstätigkeit eine Verpflegungspauschale beanspruchen kann, weil er innerhalb der Dreimonatsfrist nach § 9 Absatz 4a Satz 6 EStG nachweislich mehr als acht Stunden von seiner Wohnung und der ersten Tätigkeitsstätte abwesend ist oder eine mehrtägige Auswärtstätigkeit mit Übernachtung vorliegt. Nach Ablauf der Dreimonatsfrist ist die Gestellung einer Mahlzeit grundsätzlich als Arbeitslohn zu erfassen. 67

Beispiel 43:

Der Arbeitnehmer A nimmt auf Veranlassung seines Arbeitgebers an einem zweitägigen Seminar mit Übernachtung teil. Die Hotelrechnung ist auf den Arbeitgeber ausgestellt. Der Arbeitgeber erstattet die vom Arbeitnehmer verauslagten Übernachtungskosten von 100 € incl. 20 € für ein Frühstück **mit** der Reisekostenabrechnung des Arbeitnehmers. Die auf den Arbeitgeber ausgestellte Rechnung des Seminarveranstalters hat der Arbeitgeber unmittelbar bezahlt. Darin enthalten ist für beide Seminartage jeweils ein für derartige Veranstaltungen typisches Mittagessen, dessen Preis in der Rechnung nicht gesondert ausgewiesen ist.

Der Arbeitnehmer A erhält sowohl das Frühstück als auch die beiden Mittagessen auf Veranlassung seines Arbeitgebers. Für den An- und den Abreisetag steht ihm grundsätzlich jeweils eine Verpflegungspauschale i. H. v. **14** € zu.

Obgleich der Preis der Mittagessen in der Rechnung des Seminarveranstalters nicht beziffert ist, kann aufgrund der Art und Durchführung der Seminarveranstaltung von einer üblichen Beköstigung ausgegangen werden, deren Preis 60 € nicht übersteigt. Die Mahlzeiten sind daher nicht als Arbeitslohn zu erfassen und die Verpflegungspauschale des Arbeitnehmers im Hinblick auf die zur Verfügung gestellten Mahlzeiten nach § 9 Absatz 4a Satz 8 EStG zu kürzen (vgl. Rz. **73** ff.).

Eine vom Arbeitgeber oder auf dessen Veranlassung von einem Dritten abgegebene Mahlzeit mit einem höheren Preis als 60 € ist stets als Arbeitslohn zu erfassen. Das gilt auch dann, wenn der Preis der Mahlzeit zwar nicht offen in Rechnung gestellt, nach dem Gesamtbild der Umstände aber als unüblich i. S. d. § 8 Absatz 2 Satz 8 EStG anzusehen ist und ein Wert der Mahlzeit von mehr als 60 € unterstellt werden kann. Im Zweifel ist der Wert der Mahlzeit zu schätzen. Eine unübliche Mahlzeit ist als Arbeitslohn zu erfassen, unabhängig davon, ob der Arbeitnehmer für die betreffende Auswärtstätigkeit eine Verpflegungspauschale als Werbungskosten geltend machen kann. 68

Beispiel 44:

Der Arbeitnehmer A nimmt im Auftrag seines Arbeitgebers an einer eintägigen Podiumsdiskussion mit anschließender Abendveranstaltung teil. Die auf den Arbeitgeber ausgestellte Rechnung des Veranstalters hat der Arbeitgeber unmittelbar bezahlt. Darin enthalten sind die Kosten für ein Galadinner, das mit 80 € separat ausgewiesen ist. Der Arbeitnehmer ist mehr als acht Stunden von seiner Wohnung und seiner ersten Tätigkeitsstätte abwesend. Der Arbeitnehmer erhält das Galadinner vom Veranstalter der Podiumsdiskussion auf Veranlassung seines Arbeitgebers. Angesichts der Kosten von mehr als 60 € ist von einem Belohnungsessen auszugehen (unübliche Beköstigung gemäß § 8 Absatz 2 Satz 8 EStG), so dass die dafür berechneten 80 € als Arbeitslohn anzusetzen sind. Der Arbeitnehmer kann als Werbungskosten eine ungekürzte Verpflegungspauschale i. H. v. **14** € geltend machen.

Der Ansatz einer nach § 8 Absatz 2 Satz 8 EStG mit dem amtlichen Sachbezugswert bewerteten Mahlzeit als Arbeitslohn setzt voraus, dass es sich um eine übliche Mahlzeit handelt und der Arbeitnehmer keine Verpflegungspauschale beanspruchen kann; dies 69 liegt regelmäßig vor, wenn er nicht mehr als acht Stunden außerhalb seiner Wohnung und seiner ersten Tätigkeitsstätte beruflich tätig ist oder die Dreimonatsfrist nach § 9 Absatz 4a Satz 6 EStG überschritten ist.

70 Zahlt der Arbeitnehmer in diesen Fällen ein Entgelt für die erhaltene Mahlzeit, mindert dieses Entgelt den steuerpflichtigen geldwerten Vorteil. Es ist nicht zu beanstanden, wenn der Arbeitgeber ein vereinbartes Entgelt für die Mahlzeit im Rahmen der Lohnabrechnung unmittelbar aus dem Nettoentgelt des Arbeitnehmers entnimmt. Übersteigt das vom Arbeitnehmer gezahlte Entgelt den maßgebenden Sachbezugswert oder entspricht es dem Sachbezugswert, verbleibt kein steuerpflichtiger geldwerter Vorteil. Der den Sachbezugswert übersteigende Betrag darf nicht als Werbungskosten abgezogen werden.

71 Gleiches gilt, wenn der Arbeitnehmer bei der Gestellung einer Mahlzeit auf Veranlassung des Arbeitgebers ein zuvor vereinbartes Entgelt unmittelbar an den Dritten entrichtet. Es muss sich hierbei aber um ein Entgelt des Arbeitnehmers handeln. Wird das vom Dritten in Rechnung gestellte Entgelt zunächst vom Arbeitnehmer verauslagt und diesem anschließend vom Arbeitgeber erstattet, handelt es sich nicht um ein Entgelt des Arbeitnehmers. Das gilt insbesondere für den auf den Arbeitgeber ausgestellten Rechnungsbetrag.

Beispiel 45:

Der Arbeitnehmer A nimmt auf Veranlassung seines Arbeitgebers an einem zweitägigen Seminar mit Übernachtung teil. Die auf den Arbeitgeber ausgestellte Hotelrechnung von 100 € incl. 20 € für ein Frühstück wird zunächst vom Arbeitnehmer bezahlt. Der Arbeitgeber erstattet dem Arbeitnehmer die Übernachtungskosten incl. Frühstück im Rahmen der Reisekostenabrechnung.

Im Hinblick auf die Rechnungsstellung und spätere Erstattung der Auslagen durch den Arbeitgeber handelt es sich bei dem in der Hotelrechnung für das Frühstück enthaltenen Kostenanteil nicht um ein Entgelt des Arbeitnehmers. Da es sich bei den zur Verfügung gestellten Mahlzeiten um übliche Mahlzeiten handelt, sind diese nicht als Arbeitslohn zu erfassen; beim Werbungskostenabzug des Arbeitnehmers sind die Verpflegungspauschalen entsprechend zu kürzen (für den zweiten Tag zustehende Verpflegungspauschale um **5,60** €).

Beispiel 46:

Der Arbeitnehmer A wird für sechs Monate von seinem Arbeitgeber an einen Tochterbetrieb im Inland entsandt. Für die Zeit der Entsendung übernachtet der Arbeitnehmer während der Woche in einem Hotel in der Nähe des Tochterbetriebs. Das Hotel stellt dem Arbeitgeber pro Übernachtung 70 € zuzüglich 10 € für ein Frühstück in Rechnung, dass der Arbeitnehmer zunächst verauslagt und dann im Rahmen der Reisekostenabrechnung von seinem Arbeitgeber erstattet erhält. Es liegt eine beruflich veranlasste Auswärtstätigkeit vor. Der Arbeitnehmer erhält das Frühstück jeweils auf Veranlassung seines Arbeitgebers.

Für die ersten drei Monate der Auswärtstätigkeit stehen dem Arbeitnehmer arbeitstäglich Verpflegungspauschalen zu. Da es sich bei den zur Verfügung gestellten Mahlzeiten um übliche Mahlzeiten handelt, sind diese nicht als Arbeitslohn zu erfassen und beim Werbungskostenabzug des Arbeitnehmers die Verpflegungspauschalen entsprechend zu kürzen.

Ab dem vierten Monat der Auswärtstätigkeit stehen dem Arbeitnehmer keine Verpflegungspauschalen mehr zu. Das Frühstück ist jeweils mit dem amtlichen Sachbezugswert als Arbeitslohn zu erfassen, der nach § 40 Absatz 2 Satz 1 Nummer 1a EStG pauschal besteuert (vgl. dazu Rz. **94** ff.) werden kann.

Abwandlung:

Sachverhalt wie voriges Beispiel. Allerdings zahlt der Arbeitnehmer A für das Frühstück jeweils 3 €.

Das vom Arbeitnehmer A für das Frühstück gezahlte Entgelt ist ab dem vierten Monat auf den Sachbezugswert anzurechnen. Da das Entgelt höher ist als der Sachbezugswert, unterbleibt eine Besteuerung als Arbeitslohn. Der den Sachbezugswert übersteigende Betrag darf nicht als Werbungskosten abgezogen werden.

Die Vorteile aus der Teilnahme des Arbeitnehmers an einer geschäftlich veranlassten Bewirtung i. S. d. § 4 Absatz 5 Satz 1 Nummer 2 EStG gehören nicht zum Arbeitslohn (R 8.1 Absatz 8 Nummer 1 LStR 2015). Entsprechendes gilt für die im ganz überwiegend eigenbetrieblichen Interesse des Arbeitgebers abgegebenen Mahlzeiten. Hierzu gehören insbesondere die Teilnahme an einem Arbeitsessen (R 19.6 Absatz 2 Satz 2 LStR 2015) sowie die bei einer üblichen Betriebsveranstaltung (**§ 19 Absatz 1 Satz 1 Nummer 1a EStG**) abgegebenen Mahlzeiten. 72

b) Kürzung der Verpflegungspauschalen, § 9 Absatz 4a Satz 8 bis 10 EStG

aa) Kürzung bei Mahlzeitengestellung

Der Arbeitnehmer kann für ihm tatsächlich entstandene Mehraufwendungen für Verpflegung auf Grund einer beruflich veranlassten Auswärtstätigkeit Verpflegungspauschalen als Werbungskosten ansetzen oder in entsprechender Höhe einen steuerfreien Arbeitgeberersatz erhalten. **Die Höhe der Verpflegungspauschalen ist nach der Abwesenheitszeit des Arbeitnehmers von seiner Wohnung und seiner ersten Tätigkeitsstätte gestaffelt.** Das Merkmal „tatsächlich entstandene“ Mehraufwendungen bringt dabei **zum Ausdruck, dass die Verpflegungspauschalen nicht mehr zum Ansatz kommen, soweit** der Arbeitnehmer während seiner beruflichen Auswärtstätigkeit durch den Arbeitgeber „verpflegt“ wird[1]. Eine Prüfungspflicht hinsichtlich der Höhe der tatsächlich entstandenen Aufwendungen besteht nicht. Wird dem Arbeitnehmer von seinem Arbeitgeber oder auf dessen Veranlassung von einem Dritten eine Mahlzeit zur Verfügung gestellt, wird der Werbungskostenabzug tageweise gekürzt, und zwar 73

– um 20 % für ein Frühstück und
– um jeweils 40 % für ein Mittag- und Abendessen

der für die 24-stündige Abwesenheit geltenden höchsten Verpflegungspauschale. Das entspricht für Auswärtstätigkeiten im Inland einer Kürzung der jeweils zustehenden Verpflegungspauschale um **5,60 €** für ein Frühstück und jeweils **11,20 €** für ein Mittag- und Abendessen. Diese typisierende, pauschale Kürzung der Verpflegungspauschale ist tagesbezogen und maximal bis auf 0 € vorzunehmen.

Eine Mahlzeit, die zur Kürzung der Verpflegungspauschale führt, kann auch ein vom Arbeitgeber zur Verfügung gestellter Imbiss z. B. belegte Brötchen, Kuchen und Obst **sein. Die z. B. auf Flügen gereichten kleinen Tüten mit Chips, Salzgebäck, Schokowaffeln, Müsliriegel oder bei anderen Anlässen zur Verfügung gestellte vergleichbare Knabbereien und unbelegte Backwaren (BFH-Urteil vom 3. Juli 2019, VI R 36/17, BStBl II 2020 S. 788) erfüllen nicht die Kriterien für eine Mahlzeit. Sie führen zu keiner Kürzung der Pauschalen.** Eine feste zeitliche Grenze für die Frage, ob ein Frühstück, Mittag- oder Abendessen zur Verfügung gestellt wird, gibt es nicht. Maßstab für die Einordnung ist vielmehr, ob die zur Verfügung gestellte Verpflegung an die Stelle einer der genannten Mahlzeiten tritt, welche üblicherweise zu der entsprechenden Zeit eingenommen wird. 74

Ob die vom Arbeitgeber zur Verfügung gestellte Mahlzeit vom Arbeitnehmer tatsächlich eingenommen wird oder die Aufwendungen für die vom Arbeitgeber gestellte Mahlzeit niedriger sind als der jeweilige pauschale Kürzungsbetrag, **ist für die Kürzung der Verpflegungspauschalen unbeachtlich. Das Zurverfügungstellen einer Mahlzeit durch den Arbeitgeber (oder auf dessen Veranlassung durch einen Dritten) i. S. von § 9 Absatz 4a Satz 8 EStG erfordert nicht, dass der Arbeitnehmer die Mahlzeit auch tatsächlich einnimmt. Aus welchen Gründen der Arbeitnehmer eine ihm von seinem Arbeitgeber zur Verfügung gestellte Mahlzeit nicht einnimmt, ist insoweit** 75

---

[1]) § 9 Abs. 4a Satz 8 gilt auch, wenn der Arbeitnehmer nicht über eine erste Tätigkeitsstätte verfügt (>BFH vom 12.7.2021 BStBl I S. 642).

ebenfalls unerheblich (BFH-Urteil vom 7. Juli 2020 – VI R 16/18, BStBl II S. 783). Die **gesetzlich vorgeschriebene pauschale** Kürzung unterbleibt **nur**, wenn der Arbeitgeber keine Mahlzeit zur Verfügung stellt, z. B. weil er die entsprechende Mahlzeit abbestellt oder der Arbeitnehmer die Mahlzeit selbst veranlasst und bezahlt.

Beispiel 47:

Der Arbeitnehmer A ist von 9.00 Uhr bis 18.00 Uhr auswärts bei verschiedenen Kunden beruflich tätig. In der Mittagspause kauft er sich eine Pizza und ein Wasser für 8 €.

Da A anlässlich einer eintägigen beruflichen Auswärtstätigkeit mehr als acht Stunden von seiner Wohnung abwesend ist, könnte er eine Verpflegungspauschale von **14** € beanspruchen. Würde A die Rechnung für die mittags verzehrte Pizza und das Wasser seinem Arbeitgeber vorlegen und von diesem erstattet bekommen, könnte A neben 8 € Erstattungsbetrag nur noch eine gekürzte Verpflegungspauschale von **2,80** € (**14** € **– 11,20** €) beanspruchen.

76 **Bei der Hingabe von Essenmarken durch den Arbeitgeber im Rahmen einer beruflichen Auswärtstätigkeit des Arbeitnehmers, handelt es sich innerhalb der Dreimonatsfrist nicht um eine vom Arbeitgeber gestellte Mahlzeit, sondern lediglich um eine Verbilligung der vom Arbeitnehmer selbst veranlassten und bezahlten Mahlzeit. Nach Ablauf der Dreimonatsfrist sind die an diese Arbeitnehmer ausgegebenen Essenmarken (Essensgutscheine, Restaurantschecks) abweichend von R 8.1 Absatz 7 Nummer 4 Buchstabe a Satz 1 Doppelbuchstabe dd LStR 2015 mit dem maßgebenden Sachbezugswert zu bewerten. Der Ansatz des Sachbezugswerts setzt voraus, dass die übrigen Voraussetzungen der R 8.1 Absatz 7 Nummer 4 Buchstabe a LStR 2015 vorliegen.**

Beispiel 48:

Der Arbeitnehmer A ist auf einer dreitägigen Auswärtstätigkeit. Der Arbeitgeber hat für den Arbeitnehmer in einem Hotel zwei Übernachtungen jeweils mit Frühstück sowie am Zwischentag ein Mittag- und ein Abendessen gebucht und bezahlt. Der Arbeitnehmer A erhält vom Arbeitgeber keine weiteren Reisekostenerstattungen.

Der Arbeitgeber hat keinen geldwerten Vorteil für die Mahlzeiten zu versteuern. Der Arbeitnehmer kann für die Auswärtstätigkeit folgende Verpflegungspauschalen als Werbungskosten geltend machen:

Anreisetag:			**14,00 €**
Zwischentag:		**28,00 €**	
Kürzung:	Frühstück	**– 5,60 €**	
	Mittagessen	**– 11,20 €**	
	Abendessen	**– 11,20 €**	
verbleiben für Zwischentag			0,00 €
Abreisetag:		**14,00 €**	
Kürzung:	Frühstück	**– 5,60 €**	
verbleiben für den Abreisetag			**8,40 €**
Insgesamt abziehbar			**22,40 €**

Beispiel 49:

Der Werbegrafiker W arbeitet von 10.00 Uhr bis 20.00 Uhr in seinem Büro in B (erste Tätigkeitsstätte), anschließend fährt er noch zu einem Geschäftstermin in C. Der Termin erstreckt sich bis 3.00 Uhr des Folgetags. W kehrt um 4.30 Uhr in seine Wohnung zurück. Zu Beginn des Geschäftstermins nimmt W an einem Abendessen teil, welches vom Arbeitgeber des W bestellt und bezahlt wird.

W ist **bei** seiner beruflichen Tätigkeit mehr als acht Stunden auswärts tätig. Dass sich diese Abwesenheit über zwei Kalendertage ohne Übernachtung erstreckt, ist unschädlich. Die Abwesenheitszeiten werden zusammengerechnet und dem zweiten Kalendertag zugeordnet, da an diesem Tag der überwiegende Teil der Abwesenheit stattgefunden hat. Die Verpflegungspauschale von **14** € für die berufliche Abwesenheit von mehr als acht Stunden über Nacht ist allerdings um **11,20** € zu kürzen; dass die Mahlzeit am ersten Tag vom Arbeitgeber gestellt wird und die Verpflegungspauschale dem Folgetag (Tag an dem die Auswärtstätigkeit endet) zuzuordnen ist, ist dabei unbeachtlich; dem Arbeitnehmer wird im Zusammenhang mit der beruflichen Auswärtstätigkeit, für die er die Verpflegungspauschale beanspruchen kann, eine Mahlzeit vom Arbeitgeber gestellt.

bb) Kürzung bei teilweiser Kostenerstattung

Eine Kürzung der **Verpflegungspauschalen** ist auch dann vorzunehmen, wenn der Arbeitgeber die dem Arbeitnehmer zustehende Reisekostenvergütung lediglich gekürzt ausbezahlt. Nur ein für die Gestellung der Mahlzeit vereinbartes und vom Arbeitnehmer tatsächlich gezahltes Entgelt mindert den Kürzungsbetrag. Es ist hierbei nicht zu beanstanden, wenn der Arbeitgeber das für die Mahlzeit vereinbarte Entgelt unmittelbar aus dem Nettolohn des Arbeitnehmers entnimmt. Gleiches gilt, wenn der Arbeitgeber das Entgelt mit der dem Arbeitnehmer dienst- oder arbeitsrechtlich zustehenden Reisekostenerstattung **verrechnet**. 77

Beispiel 50:

Der Arbeitnehmer A ist auf einer dreitägigen Auswärtstätigkeit. Der Arbeitgeber hat für den Arbeitnehmer A in einem Hotel zwei Übernachtungen jeweils mit Frühstück sowie am Zwischentag ein Mittag- und ein Abendessen gebucht und bezahlt. Zusätzlich möchte der Arbeitgeber eine steuerfreie Reisekostenerstattung zahlen. Für die vom Arbeitgeber veranlassten und bezahlten Mahlzeiten soll jeweils der geltende Sachbezugswert (**2020**: Frühstück **jeweils 1,80** € und Mittag-/Abendessen **jeweils 3,40** €)*[1]* einbehalten werden.

Der Arbeitgeber hat keinen geldwerten Vorteil für die Mahlzeiten zu versteuern. Der Arbeitgeber kann für die Auswärtstätigkeit höchstens noch folgende Beträge zusätzlich für die Verpflegung steuerfrei auszahlen:

Anreisetag:			**14,00 €**
Zwischentag:		**28,00 €**	
Kürzung:	Frühstück	**– 5,60 €**	
	Mittagessen	**– 11,20 €**	
	Abendessen	**– 11,20 €**	
verbleiben für Zwischentag			0,00 €
Abreisetag:		**14,00 €**	
Kürzung:	Frühstück	**– 5,60 €**	
verbleiben für den Abreisetag			**8,40 €**
Insgesamt steuerfrei auszahlbar			**22,40 €**

Zahlt der Arbeitgeber angesichts der Mahlzeitengestellung nur eine (z. B. um die amtlichen Sachbezugswerte für zwei Frühstücke je **1,80** €, ein Mittagessen je **3,40** € und ein Abendessen je **3,40** € zusammen also um **10,40** €) gekürzte steuerfreie Reisekostenerstattung von **12,00** € an seinen Arbeitnehmer, kann der Arbeitnehmer die Differenz von **10,40** € als Werbungskosten geltend machen. In diesem Fall hat der Arbeitnehmer einen arbeitsrechtlichen Anspruch (nur) auf eine gekürzte Reisekostenerstattung.

Anreisetag:			**14,00 €**
Zwischentag:		**28,00 €**	
Kürzung:	Frühstück	**– 5,60 €**	
	Mittagessen	**– 11,20 €**	
	Abendessen	**– 11,20 €**	
verbleiben für Zwischentag			0,00 €
Abreisetag:		**14,00 €**	
Kürzung:	Frühstück	**– 5,60 €**	
verbleiben für den Abreisetag			**8,40 €**
Insgesamt Verpflegungspauschalen			**22,40 €**
abzüglich steuerfreie Reisekostenerstattung			**– 12,00 €**
verbleiben als Werbungskosten			**10,40 €**

[1]) aktuelle Sachbezugswerte >Tabellarische Übersicht (§ 8 Abs. 2, SvEV)

Behält der Arbeitgeber die Sachbezugswerte **(1,80 € + 3,40 € + 3,40 € + 1,80 € = 10,40 €)** z. B. von den ungekürzten Verpflegungspauschalen (**14,00 € + 28,00 € + 14,00 €** = 56 €) ein und zahlt nur eine gekürzte Reisekostenerstattung von **45,60 €** (56,00 € – **10,40 €**) an den Arbeitnehmer, können ebenfalls höchstens **22,40 €** steuerfrei erstattet werden. Der darüber hinausgehende, vom Arbeitgeber ausgezahlte Betrag von **23,20 €** (= **45,60 €** – **22,40 €**) ist pauschal (nach § 40 Absatz 2 Satz 1 Nummer 4 EStG höchstens bis zu 56,00 €) oder individuell zu besteuern.

Zahlt der Arbeitgeber eine ungekürzte steuerfreie Reisekostenerstattung von **22,40 €**, zieht hiervon aber im Wege der Verrechnung ein Entgelt für die gestellten Mahlzeiten in Höhe der amtlichen Sachbezugswerte **(1,80 € + 3,40 € + 3,40 € + 1,80 € = 10,40 €)** ab, ist die Kürzung der **steuerlichen** Verpflegungspauschalen um die verrechneten Entgelte zu kürzen, im Gegenzug aber die steuerfreie Reisekostenerstattung von **22,40 € von den steuerlichen Pauschalen** abzuziehen. Zwar erhält der Arbeitnehmer nur **12,00 € vom Arbeitgeber** ausgezahlt, dies ist aber wirtschaftlich die Differenz aus 22,40 € steuerfreie Reisekostenerstattung und **10,40 €** Entgelt für die gestellten Mahlzeiten. In diesem Fall hat der Arbeitnehmer einen arbeitsrechtlichen Anspruch auf eine ungekürzte steuerfreie Reisekostenerstattung, die der Arbeitgeber aber im Rahmen der Erfüllung dieses Erstattungsanspruchs mit seinem Anspruch auf das für die Mahlzeiten vereinbarte Entgelt aufrechnet. Die arbeitgeberinterne Verrechnung ändert nicht den wirtschaftlichen Charakter oder die Anspruchsgrundlage der Reisekostenerstattung.

Anreisetag:				**14,00 €**
Zwischentag:		**28,00 €**		
Kürzung:	Frühstück	– **3,80 €**	**(5,60 € – 1,80 €)**	
	Mittagessen	– **7,80 €**	**(11,20 € – 3,40 €)**	
	Abendessen	– **7,80 €**	**(11,20 € – 3,40 €)**	
verbleiben für Zwischentag				**8,60 €**
Abreisetag:		**14,00 €**		
Kürzung:	Frühstück	– **3,80 €**	**(5,60 € – 1,80 €)**	
verbleiben für den Abreisetag				**10,20 €**
Insgesamt Verpflegungspauschalen				**32,80 €**
abzüglich steuerfreie Reisekostenerstattung				**– 22,40 €**
verbleiben als Werbungskosten				**10,40 €**

Zahlt der Arbeitgeber eine ungekürzte Reisekostenerstattung von **56 €** und zieht hiervon das für die Mahlzeiten vereinbarte Entgelt in Höhe der Sachbezugswerte im Wege der Verrechnung ab (56,00 € **– 10,40 € = 45,60 €**), ändert dies nichts an der Berechnung der dem Arbeitnehmer steuerlich zustehenden Verpflegungspauschalen. In diesem Fall können ebenfalls **32,80 €** steuerfrei erstattet werden. Der darüber hinausgehende, dem Arbeitnehmer arbeitsrechtlich zustehende Erstattungsbetrag von **23,20 €** (= 56,00 € – **32,80 €**) ist pauschal (nach § 40 Absatz 2 Satz 1 Nummer 4 EStG höchstens bis zu 56,00 €) oder individuell zu besteuern.

Abwandlung 1:

Wie Beispiel **50** Ausgangsfall, allerdings zahlt der Arbeitnehmer A für das Frühstück je 5 € und für das Mittag- und das Abendessen je 7 €.

Anreisetag:				**14,00 €**
Zwischentag:		**28,00 €**		
Kürzung:	Frühstück	– 0,00 €	(**5,60 €** – 6,00 €)	
	Mittagessen	– **4,20 €**	(**11,20 €** – 7,00 €)	
	Abendessen	– **4,20 €**	(**11,20 €** – 7,00 €)	
verbleiben für Zwischentag				**19,60 €**
Abreisetag:		**14,00 €**		
Kürzung:	Frühstück	– 0,00 €	(**5,60 €** – 6,00 €)	
verbleiben für den Abreisetag				**14,00 €**
Insgesamt steuerfrei auszahlbar				**47,60 €**

Abwandlung 2:

Sachverhalt wie Beispiel **50** Ausgangsfall, allerdings zahlt der Arbeitnehmer für die volle Verpflegung am Zwischentag pauschal 19,00 €.

Anreisetag:			**14,00 €**
Zwischentag:		**24,00 €**	
Kürzung:	Tagesverpflegung (28 € – 19 €)	**– 9,00 €**	
verbleiben für den Zwischentag			**19,00 €**
Abreisetag:		**14,00 €**	
Kürzung:	Frühstück	**– 5,60 €**	
verbleiben für den Abreisetag			**8,40 €**
Insgesamt steuerfrei auszahlbar			**41,40 €**

Beispiel 51:

Der Arbeitnehmer ist während einer eintägigen Auswärtstätigkeit von 5.00 bis 22.00 Uhr abwesend. Der Arbeitgeber stellt am Reisetag zwei Mahlzeiten (Mittag- und Abendessen) zur Verfügung. Für eintägige Auswärtstätigkeiten erstattet der Arbeitgeber dem Arbeitnehmer einen Verpflegungsmehraufwand von 30,00 €.

Aufgrund der Kürzung der Verpflegungspauschale verbleibt kein steuerfreier Reisekostenersatz für Verpflegungsmehraufwendungen.

Verpflegungspauschale:			**14,00 €**
Kürzung:	Mittagessen	**– 11,20 €**	
	Abendessen	**– 11,20 €**	
verbleibt Verpflegungspauschale:			0,00 €

Die Erstattung des Verpflegungsmehraufwands durch den Arbeitgeber ist in Höhe von 30,00 € grundsätzlich steuerpflichtiger Arbeitslohn. Nach § 40 Absatz 2 Satz 1 Nummer 4 EStG kann der Arbeitgeber einen Betrag von **14,00** € (100 % des in § 9 Absatz 4a Satz 3 Nummer 2 EStG genannten Betrags) pauschal mit 25 % besteuern. Die verbleibenden **16,00** € (30,00 € abzüglich **14,00** €) sind nach den persönlichen Besteuerungsmerkmalen des Arbeitnehmers individuell zu besteuern.

Zuzahlungen des Arbeitnehmers sind jeweils vom Kürzungsbetrag derjenigen Mahlzeit abzuziehen, für die der Arbeitnehmer das Entgelt zahlt. Übersteigt das vom Arbeitnehmer für die Mahlzeit gezahlte Entgelt den Kürzungsbetrag, entfällt für diese Mahlzeit die Kürzung des Werbungskostenabzugs. Eine Verrechnung etwaiger Überzahlungen des Arbeitnehmers mit Kürzungsbeträgen für andere Mahlzeiten ist nicht zulässig. 78

Beispiel 52:

Der Arbeitnehmer A ist auf einer dreitägigen Auswärtstätigkeit. Der Arbeitgeber hat für den Arbeitnehmer in einem Hotel zwei Übernachtungen jeweils mit Frühstück sowie am Zwischentag ein Mittag- und ein Abendessen gebucht und bezahlt. Der Arbeitnehmer A zahlt für das Mittag- und Abendessen je 12 €.

Anreisetag:				**14,00 €**
Zwischentag:		**28,00 €**		
Kürzung:	Frühstück	**– 5,60 €**		
	Mittagessen	– 0,00 €	(**11,20 €** – 12,00 €)	
	Abendessen	– 0,00 €	(**11,20 €** – 12,00 €)	
verbleiben für den Zwischentag				**22,40 €**
Abreisetag:		**14,00 €**		
Kürzung:	Frühstück	**– 5,60 €**		
verbleiben für den Abreisetag				**8,40 €**
Insgesamt Verpflegungspauschalen				**44,80 €**

Die Kürzung **der Verpflegungspauschale** ist auch dann vorzunehmen, wenn der Arbeitgeber den amtlichen Sachbezugswert der Mahlzeit pauschal besteuert hat. 79

Beispiel 53:

Der Arbeitnehmer A nimmt an einer eintägigen Fortbildungsveranstaltung teil. Der Arbeitgeber hat für den Arbeitnehmer A auf dieser Fortbildungsveranstaltung ein Mittagessen gebucht und bezahlt. Der Arbeitgeber besteuert das Mittagessen nach § 40 Absatz 2 Satz 1 Nummer 1a EStG pauschal, da er keine Aufzeichnungen über die Abwesenheit des Arbeitnehmers führt. Der Arbeitnehmer A erhält vom Arbeitgeber keine weiteren Reisekostenerstattungen.

Der A kann anhand seiner Bahntickets gegenüber dem Finanzamt nachweisen, dass er für die Fortbildung insgesamt zehn Stunden von seiner Wohnung und seiner ersten Tätigkeitsstätte abwesend war. Er kann für die Fortbildung folgende Verpflegungspauschalen als Werbungskosten abziehen:

eintägige Auswärtstätigkeit:	**14,00 €**
Kürzung: 1 x Mittagessen	**– 11,20 €**
verbleiben als Verpflegungspauschale:	**2,80 €**

80 Erhält der Arbeitnehmer steuerfreie Erstattungen für Verpflegung vom Arbeitgeber, ist ein Werbungskostenabzug insoweit ausgeschlossen.

Beispiel 54:

Der Arbeitnehmer A ist auf einer dreitägigen Auswärtstätigkeit. Der Arbeitgeber hat für den Arbeitnehmer in einem Hotel zwei Übernachtungen jeweils mit Frühstück sowie am Zwischentag ein Mittag- und ein Abendessen gebucht und bezahlt. Der Arbeitnehmer A erhält von seinem Arbeitgeber zusätzlich zu den zur Verfügung gestellten Mahlzeiten noch eine steuerfreie Reisekostenerstattung für Verpflegungsmehraufwendungen **22,40 €**.

Der Arbeitgeber muss keinen geldwerten Vorteil für die Mahlzeiten versteuern. Der A kann für die Auswärtstätigkeit keine Verpflegungspauschalen als Werbungskosten geltend machen:

Anreisetag:			**14,00 €**
Zwischentag:		**28,00 €**	
Kürzung:	Frühstück	**– 5,60 €**	
	Mittagessen	**– 11,20 €**	
	Abendessen	**– 11,20 €**	
verbleiben für Zwischentag			0,00 €
Abreisetag:		**14,00 €**	
Kürzung:	Frühstück	**– 5,60 €**	
verbleiben für den Abreisetag			**8,40 €**
Insgesamt Verpflegungspauschalen			**22,40 €**
abzüglich steuerfreie Reisekostenerstattung			**– 22,40 €**
verbleiben als Werbungskosten			0,00 €

81 Verpflegungspauschalen sind immer **zu kürzen**, wenn dem Arbeitnehmer eine Mahlzeit von seinem Arbeitgeber oder auf dessen Veranlassung von einem Dritten zur Verfügung gestellt wird (§ 9 Absatz 4a Satz 8 EStG).

82 Die **Verpflegungspauschale ist** daher auch **zu kürzen, wenn** der Arbeitnehmer an einer geschäftlich veranlassten Bewirtung i. S. d. § 4 Absatz 5 Satz 1 Nummer 2 EStG oder an einem außerhalb der ersten Tätigkeitsstätte gewährten Arbeitsessen (R 19.6 Absatz 2 Satz 2 LStR 2015) **teilnimmt und** der Arbeitgeber oder auf dessen Veranlassung ein Dritter die Mahlzeit zur Verfügung stellt. Es kommt nicht darauf an, ob Vorteile aus der Gestellung derartiger Mahlzeiten zum Arbeitslohn zählen.

Beispiel 55:

Unternehmer U trifft sich am Samstagabend mit einigen Vertretern der Zulieferfirma Z in einem Restaurant zum Essen, um mit diesen eine geschäftliche Kooperation zu erörtern. An dem Essen nehmen auch der Vertriebsleiter und der Leiter der Konstruktionsabteilung des U teil. Jeder Teilnehmer erhält ein Menü zum Preis von 55 € einschließlich Getränke. Die Mahlzeit am Samstagabend erhalten die Arbeitnehmer des U im Rahmen einer geschäftlich veranlassten Bewirtung; sie gehört nicht zum Arbeitslohn. Sofern bei den Arbeitnehmern des U die Voraussetzungen für eine Verpflegungspauschale erfüllt wären (z. B. weil sie mehr als acht Stunden abwesend waren oder weil sie nach dem Restaurantbesuch auswärtig übernachtet haben), wäre diese um **11,20** € zu kürzen.

Für die Arbeitnehmer der Zulieferfirma Z handelt es sich ebenfalls um die Teilnahme an einer geschäftlich veranlassten Bewirtung, die auch für die Arbeitnehmer des Z keinen Arbeitslohn darstellt. Sofern die Arbeitnehmer des Z die Voraussetzungen für eine Verpflegungspauschale erfüllen, ist bei diesen keine Kürzung wegen der gestellten Mahlzeit vorzunehmen. Z selbst hat seinen Arbeitnehmern keine Mahlzeit gestellt. Da U das Essen gestellt hat, um Geschäftsbeziehungen zu Z zu knüpfen, ist das Merkmal: „ein Dritter auf Veranlassung des Arbeitgebers" nicht gegeben.

Nimmt der Arbeitnehmer hingegen an der geschäftlich veranlassten Bewirtung durch einen Dritten oder einem Arbeitsessen eines Dritten teil, fehlt es in aller Regel an einer durch den Arbeitgeber zur Verfügung gestellten Mahlzeit; in diesem Fall sind die Verpflegungspauschalen nicht zu kürzen. 83

Beispiel 56:

Der Mitarbeiter einer deutschen Gesellschaft nimmt an einer Vertriebsveranstaltung im Betriebssitz der italienischen Tochtergesellschaft teil (separate Firmierung). Die italienische Gesellschaft trägt sämtliche Kosten der Vertriebsveranstaltung (so z. B. Hotel, Essen, etc.).

Die Verpflegungspauschalen des Arbeitnehmers der deutschen Gesellschaft sind nicht zu kürzen, weil ihm die Mahlzeiten nicht auf Veranlassung seines Arbeitgebers, sondern eines Dritten (der italienischen Tochtergesellschaft) zur Verfügung gestellt werden.

Abwandlung:

Die italienische Tochtergesellschaft belastet der deutschen Gesellschaft die Kosten für den Arbeitnehmer weiter.

In diesem Fall ist davon auszugehen, dass die dem Arbeitnehmer gestellten Mahlzeiten auf Veranlassung des Arbeitgebers erfolgen, was zur gesetzlich vorgeschriebenen Kürzung der Verpflegungspauschalen führt.

Da die während einer herkömmlichen Betriebsveranstaltung (**§ 19 Absatz 1 Satz 1 Nummer 1a EStG**) abgegebenen Mahlzeiten in aller Regel durch den Arbeitgeber veranlasst sind, gelten die in Rz. **90** dargestellten Grundsätze entsprechend, **wenn die Betriebsveranstaltung mit einer beruflichen Auswärtstätigkeit verknüpft ist.** 84

Die durch eine zusätzlich zur Betriebsveranstaltung veranlasste berufliche Auswärtstätigkeit entstehenden Fahrt- und Übernachtungskosten sowie Verpflegungsmehraufwendungen sind Reisekosten und können als Werbungskosten berücksichtigt oder in entsprechender Höhe als steuerfreier Arbeitgeberersatz erstattet werden. 85

Die dem Arbeitgeber unmittelbar durch die Betriebsveranstaltung entstehenden Fahrt- und Übernachtungskosten sowie Verpflegungsaufwendungen sind nach den für die Betriebsveranstaltung geltenden allgemeinen Grundsätzen steuerlich zu beurteilen.

Die Kürzung der Verpflegungspauschalen unterbleibt insoweit, als Mahlzeiten vom Arbeitgeber zur Verfügung gestellt werden, deren Preis 60 € übersteigt und die daher individuell zu versteuern sind 86

cc) Minderung des Kürzungsbetrags, § 9 Absatz 4a Satz 10 EStG

Hat der Arbeitnehmer für die Mahlzeit ein Entgelt entrichtet, wird dieses Entgelt auf den Kürzungsbetrag angerechnet. Es kommt insoweit auf das tatsächlich entrichtete Entgelt an, nicht aber darauf, ob das Entgelt dem tatsächlichen Wert der Mahlzeit entsprochen oder der Arbeitnehmer die Mahlzeit verbilligt erhalten hat. 87

Nimmt der Arbeitnehmer eine ihm vom Arbeitgeber zur Verfügung gestellte Mahlzeit nicht ein, kann ihm der Arbeitgeber eine weitere gleichartige Mahlzeit nach den Grundsätzen der Rz. 63 und 70 zur Verfügung stellen (arbeitsrechtliche Erstattung und Belegvorlage beim Arbeitgeber). Für die Betrachtung der 60 €-Grenze 88

(Rz. 61 ff.) sind die Kosten beider Mahlzeiten zusammenzurechnen. Sofern der Arbeitnehmer für eine solche weitere vom Arbeitgeber gestellte Mahlzeit eine Zuzahlung zu leisten hat, kommt eine Minderung des Kürzungsbetrags nach den Grundsätzen der Rz. 73 ff. in Betracht.

89 Ein Werbungskostenabzug des Arbeitnehmers bei seiner Einkommensteuerveranlagung durch die Vorlage von Belegen für eine auf eigene Veranlassung eingenommene Verpflegung anstelle der vom Arbeitgeber zur Verfügung gestellten Mahlzeit ist ausgeschlossen. Hier bleibt es bei der typisierenden Kürzung der steuerlichen Verpflegungspauschalen (§ 9 Absatz 4a Satz 8 EStG).

Beispiel 57:

Arbeitnehmer A verschläft auf dem vom Arbeitgeber gebuchten Flug das Frühstück. Nachseiner Ankunft nimmt er ein Frühstück zum Preis von 16 € im Flughafenrestaurant ein. Er reicht die Frühstücksrechnung beim Arbeitgeber ein und erhält die Kosten in voller Höhe erstattet. Damit wird auch das zweite Frühstück vom Arbeitgeber gestellt.

Die Verpflegungspauschale ist wie folgt zu berechnen:

Anreisetag	14,00 €
Kürzung für gestelltes Frühstück insgesamt	– 5,60 €
verbleibende steuerfreie Verpflegungspauschale:	8,40 €

Abwandlung 1:

A reicht die Frühstücksrechnung beim Arbeitgeber ein, der verlangt nun allerdings für das zweite Frühstück von A ein Entgelt in Höhe von 6 €. Der Arbeitgeber verrechnet die Kostenerstattung für das zweite Frühstück mit dem geforderten Entgelt und erstattet den übersteigenden Betrag von 10 €.

Anreisetag		14,00 €
Kürzung für gestelltes Frühstück	(5,60 € – 6,00 €) –	0,00 €
verbleibende steuerfreie Verpflegungspauschale:		14,00 €

Abwandlung 2:

A reicht die Frühstücksrechnung beim Arbeitgeber ein, der verlangt nun für das zweite Frühstück von A ein Entgelt in Höhe von 16 €. Der Arbeitgeber verrechnet die Kostenerstattung für das zweite Frühstück mit dem geforderten Entgelt in gleicher Höhe.

Anreisetag		14,00 €
Kürzung für gestelltes Frühstück	(5,60 € – 16,00 €) –	0,00 €
verbleibende steuerfreie Verpflegungspauschale:		14,00 €

Beispiel 58:

Der Arbeitnehmer A nimmt an einer von seinem Arbeitgeber gebuchten eintägigen Fortbildungsveranstaltung von mehr als 8 Stunden Dauer teil. In der Tagungsgebühr ist ein Mittagessen zum Preis von 30 € enthalten. Der Arbeitnehmer A verzichtet auf die Einnahme dieses Essens und nimmt stattdessen in der Mittagspause in einem nahegelegenen Restaurant eine Mahlzeit zum Preis von 25 € ein, die ihm von seinem Arbeitgeber gegen Einreichung der Rechnung vollständig erstattet wird.

Verpflegungspauschale	14,00 €
Kürzung für gestelltes Mittagessen (zum Preis von insgesamt 55 €)	11,20 €
verbleibende steuerfreie Verpflegungspauschale:	2,80 €

Abwandlung:

Der Preis der im Restaurant eingenommenen Mahlzeit beträgt 35 €, die der Arbeitgeber in voller Höhe gegen Einreichung der Rechnung übernimmt.

Verpflegungspauschale	14,00 €

Eine Kürzung der Verpflegungspauschale unterbleibt, da der Preis für die gestellten Mittagessen (30 € + 35 €) insgesamt 60 € übersteigt. Die steuerfreie Verpflegungspauschale beträgt unverändert 14,00 €. Die vom Arbeitgeber getragenen Aufwendungen

für die gestellten Mittagessen von 65 € sind steuerpflichtiger Arbeitslohn, der mit einem Teilbetrag von 14 € nach § 40 Absatz 2 Satz 1 Nummer 4 EStG pauschal besteuert werden kann.

dd) Ermittlung der Pauschalen bei gemischt veranlassten Veranstaltungen mit Mahlzeitengestellung

Bei gemischt veranlassten Reisen sind die **entstehenden** Kosten **grundsätzlich** in einen beruflich veranlassten Anteil und einen den Kosten der Lebensführung zuzurechnenden Anteil aufzuteilen (vgl. BFH-Urteil vom 18. August 2005, VI R 32/03, BStBl 2006 II S. 30). Dies gilt auch für die entstehenden Verpflegungsmehraufwendungen. Stellt der Arbeitgeber während einer gemischt veranlassten Reise Mahlzeiten zur Verfügung, ist die gesetzlich vorgeschriebene Kürzung der Verpflegungspauschalen erst nach der Ermittlung des beruflich veranlassten Teils der Verpflegungspauschalen vorzunehmen. 90

Beispiel 59:

Der Arbeitnehmer A nimmt an einer einwöchigen vom Arbeitgeber organisierten und finanzierten Reise im Inland teil. Das Programm sieht morgens eine Fortbildungsmaßnahme vor, der Nachmittag steht für touristische Aktivitäten zur Verfügung. Frühstück und Abendessen sind inklusive (Halbpension).

Folgende Auswirkungen ergeben sich durch die gemischte Veranlassung der Reise (bei einer angenommenen Quote von 50 %) auf die steuerliche Berücksichtigung des Verpflegungsmehraufwands:

Die Verpflegungsmehraufwendungen sind – wie die übrigen Reisekosten – nur zu 50 % beruflich veranlasst.

Anreisetag:		
14,00 € x 50 % =	**7,00** €	
Kürzung:	**– 11,20** €	
verbleibt Verpflegungspauschale		0,00 €
5 Zwischentage je **28,00** € x 50 % =	je **14,00** €	
Kürzung je 4,80 € und je 9,60 € =	je – **16,80** €	
verbleibt Verpflegungspauschale	5 x 0,00 €	= 0,00 €
Abreisetag: **14,00** € x 50 % =	**7,00** €	
Kürzung:	– **5,60** €	
verbleibt Verpflegungspauschale		**1,40** €

c) Doppelte Haushaltsführung, § 9 Absatz 4a Satz 12 EStG

Die Verpflegungspauschalen gelten **grundsätzlich** auch für eine Übergangszeit von drei Monaten, nachdem eine steuerlich anzuerkennende doppelte Haushaltsführung begründet wurde (§ 9 Absatz 4a Satz 12 EStG). Für den Fall der Gestellung von Mahlzeiten durch den Arbeitgeber oder auf dessen Veranlassung von einem Dritten im Rahmen der doppelten Haushaltsführung gelten die vorstehenden Ausführungen unter Rz. **61** bis **89** entsprechend. 91

Beispiel 60:

Der Arbeitnehmer A wird vom Stammsitz seines Arbeitgebers, wo er mit seiner Familie wohnt, an einen 250 Kilometer entfernten Tochterbetrieb im Inland ohne zeitliche Begrenzung umgesetzt. A behält seinen Familienwohnsitz bei und übernachtet während der Woche in einem Hotel in der Nähe des Tochterbetriebs. Das Hotel stellt dem Arbeitgeber pro Übernachtung 50 € zuzüglich 10 € für ein Frühstück in Rechnung, welche der Arbeitnehmer zunächst verauslagt und dann von seinem Arbeitgeber erstattet erhält.

Es liegt eine doppelte Haushaltsführung vor, da der Tochterbetrieb mit der zeitlich unbegrenzten Zuordnung zur ersten Tätigkeitsstätte des Arbeitnehmers wird. Für die ersten drei Monate der doppelten Haushaltsführung gelten die Regelungen zur Gestellung von Mahlzeiten bei Auswärtstätigkeit entsprechend. Nach Ablauf der Dreimonatsfrist sind dann die Regeln der Gestellung von Mahlzeiten am Ort der ersten Tätigkeitsstätte anzuwenden. In den ersten drei Monaten der doppelten Haushaltsführung unterbleibt folglich die Erfassung des arbeitstäglichen Frühstücks mit dem amtlichen Sachbezugswert als Arbeitslohn bei gleichzeitiger Kürzung der täglichen Verpflegungspauschalen um jeweils 5,60 €.

Nach Ablauf der ersten drei Monate ist für das Frühstück ein geldwerter Vorteil in Höhe des Sachbezugswertes anzusetzen (**§ 8 Absatz 2 Satz 8 EStG**).

d) Bescheinigungspflicht „M“, § 41b Absatz 1 Satz 2 Nummer 8 EStG

92 Hat der Arbeitgeber oder auf dessen Veranlassung ein Dritter dem Arbeitnehmer während seiner beruflichen Tätigkeit außerhalb seiner Wohnung und seiner ersten Tätigkeitsstätte oder im Rahmen einer doppelten Haushaltsführung eine mit dem amtlichen Sachbezugswert zu bewertende Mahlzeit zur Verfügung gestellt, muss im Lohnkonto der Großbuchstabe „M“ aufgezeichnet und in der elektronischen Lohnsteuerbescheinigung bescheinigt werden. Zur Erläuterung der mit dem Großbuchstaben „M“ bescheinigten Mahlzeitengestellungen sind neben den Reisekostenabrechnungen regelmäßig keine weiteren detaillierten Arbeitgeberbescheinigungen auszustellen.

93 Diese Aufzeichnungs- und Bescheinigungspflicht gilt unabhängig von der Anzahl der Mahlzeitengestellungen an den Arbeitnehmer im Kalenderjahr. Es kommt nicht darauf an, ob eine Besteuerung der Mahlzeiten ausgeschlossen ist (§ 8 Absatz 2 Satz 9 EStG) oder die Mahlzeit pauschal nach § 40 Absatz 2 Satz 1 Nummer 1a EStG oder individuell besteuert wurde. Im Fall der Gewährung von Mahlzeiten, die keinen Arbeitslohn darstellen oder deren Preis 60 € übersteigt und die daher nicht mit dem amtlichen Sachbezugswert zu bewerten sind, besteht keine Pflicht im Lohnkonto den Großbuchstaben „M“ aufzuzeichnen und zu bescheinigen.

e) Pauschalbesteuerungsmöglichkeit üblicher Mahlzeiten, § 40 Absatz 2 Satz 1 Nummer 1a EStG

94 Nach § 40 Absatz 2 Satz 1 Nummer 1a EStG besteht bei Mahlzeiten die Möglichkeit der pauschalen Besteuerung mit 25 %, wenn

– diese dem Arbeitnehmer von seinem Arbeitgeber oder auf dessen Veranlassung von einem Dritten während einer auswärtigen Tätigkeit unentgeltlich oder verbilligt zur Verfügung gestellt werden und
– deren Besteuerung nicht nach § 8 Absatz 2 Satz 9 EStG unterbleibt.

95 Die Pauschalbesteuerung kommt demnach in Betracht, wenn

– der Arbeitnehmer ohne Übernachtung nicht mehr als acht Stunden auswärts tätig ist,
– der Arbeitgeber die Abwesenheitszeit nicht überwacht, nicht kennt oder
– die Dreimonatsfrist nach § 9 Absatz 4a Satz 6 EStG abgelaufen ist.

Beispiel 61:

Der Arbeitnehmer A nimmt an einer halbtägigen auswärtigen Seminarveranstaltung teil. Der Arbeitgeber hat für die teilnehmenden Arbeitnehmer neben dem Seminar auch ein Mittagessen gebucht und bezahlt. Der Arbeitgeber besteuert das Mittagessen nach § 40 Absatz 2 Satz 1 Nummer 1a EStG pauschal mit 25 %, weil er keine Aufzeichnungen über die Abwesenheitszeiten der Arbeitnehmer führt.

96 Voraussetzung ist, dass es sich um übliche Mahlzeiten handelt, die nach § 8 Absatz 2 Satz 8 EStG mit dem Sachbezugswert anzusetzen sind.

97 Nicht nach § 40 Absatz 2 Satz 1 Nummer 1a EStG pauschal besteuerbar sind somit sog. Belohnungsessen mit einem Preis von mehr als 60 €.

98 Im überwiegend eigenbetrieblichen Interesse des Arbeitgebers abgegebene **Mahlzeiten** (z. B. sog. Arbeitsessen oder bei Beteiligung von Arbeitnehmern an einer geschäftlich

veranlassten Bewirtung) **können nicht pauschal besteuert werden**, da insoweit kein steuerpflichtiger Arbeitslohn vorliegt.

Die Pauschalierungsmöglichkeit nach § 40 Absatz 2 Satz 1 Nummer 1a EStG gilt zudem nicht für die Gestellung von Mahlzeiten am Ort der ersten Tätigkeitsstätte im Rahmen einer doppelten Haushaltsführung; hier kommt allerdings eine Pauschalierung nach § 40 Absatz 2 Satz 1 Nummer 1 EStG in Betracht. 99

4. Unterkunftskosten

a) Unterkunftskosten im Rahmen der doppelten Haushaltsführung, § 9 Absatz 1 Satz 3 Nummer 5 EStG

aa) Vorliegen einer doppelten Haushaltsführung

Eine doppelte Haushaltsführung liegt nur vor, wenn der Arbeitnehmer außerhalb des Ortes seiner ersten Tätigkeitsstätte einen eigenen Haushalt unterhält (**Hauptwohnung**) und auch am Ort der ersten Tätigkeitsstätte wohnt (**Zweitwohnung**). Die Anzahl der Übernachtungen ist unerheblich. 100

Das Vorliegen eines eigenen Hausstandes setzt neben dem Innehaben einer Wohnung aus eigenem Recht als Eigentümer oder Mieter bzw. aus gemeinsamen oder abgeleitetem Recht als Ehegatte, Lebenspartner oder Lebensgefährte sowie Mitbewohner auch eine finanzielle Beteiligung an den Kosten der Lebensführung (laufende Kosten der **Lebensführung**) voraus (**§ 9 Absatz 1 Satz 3 Nummer 5 Satz 3 EStG**). Es genügt nicht, wenn der Arbeitnehmer z. B. im Haushalt der Eltern lediglich ein oder mehrere Zimmer unentgeltlich bewohnt oder wenn dem Arbeitnehmer eine Wohnung im Haus der Eltern unentgeltlich zur Nutzung überlassen wird. Die finanzielle Beteiligung an den Kosten der **Lebensführung** ist darzulegen und kann auch bei volljährigen Kindern, die bei ihren Eltern oder einem Elternteil wohnen, nicht generell unterstellt werden. Eine finanzielle Beteiligung an den Kosten der **Lebensführung** mit Bagatellbeträgen ist nicht ausreichend. Betragen die Barleistungen des Arbeitnehmers mehr als 10 % der monatlich regelmäßig anfallenden laufenden Kosten der **Lebensführung** (z. B. Miete, Mietnebenkosten, Kosten für Lebensmittel und andere Dinge des täglichen Bedarfs) ist von einer finanziellen Beteiligung oberhalb der Bagatellgrenze auszugehen. Liegen die Barleistungen darunter, kann der Arbeitnehmer eine hinreichende finanzielle Beteiligung auch auf andere Art und Weise darlegen. Bei Ehegatten oder Lebenspartnern mit den Steuerklassen III, IV oder V kann eine finanzielle Beteiligung an den Kosten der **Lebensführung** ohne entsprechenden Nachweis unterstellt werden (vgl. auch Rz. **113**). 101

Eine Hauptwohnung i. S. d. § 9 Absatz 1 Satz 3 Nummer 5 Satz 2 EStG ist am Ort der ersten Tätigkeitsstätte belegen, wenn der Steuerpflichtige von dieser Wohnung seine erste Tätigkeitsstätte in zumutbarer Weise täglich erreichen kann. Eine Fahrzeit von bis zu einer Stunde je Wegstrecke unter Zugrundelegung individueller Verkehrsverbindungen und Wegezeiten kann in der Regel als zumutbar angesehen werden (vgl. BFH-Urteil vom 16. November 2017, VI R 31/16, BStBl 2018 II S. 404). Aus Vereinfachungsgründen kann für die Frage, ob die Hauptwohnung am Ort der ersten Tätigkeitsstätte belegen ist oder nicht, z. B. wenn sie innerhalb derselben politischen Gemeinde, Stadt oder in deren unmittelbaren Umkreis liegen, die Entfernung der kürzesten Straßenverbindung (§ 9 Absatz 1 Satz 3 Nummer 4 Satz 4 EStG) zwischen Hauptwohnung und erster Tätigkeitsstätte herangezogen werden. Beträgt die Entfernung zwischen Hauptwohnung und erster Tätigkeitsstätte mehr als 50 km, ist davon auszugehen, dass sich die Hauptwohnung außerhalb des Ortes der ersten Tätigkeitsstätte befindet. 102

Eine Zweitwohnung oder -unterkunft in der Nähe des Ortes der ersten Tätigkeitsstätte steht einer Zweitwohnung am Ort der ersten Tätigkeitsstätte gleich. Aus 103

Vereinfachungsgründen kann davon ausgegangen werden, dass die Zweitwohnung noch am Ort der ersten Tätigkeitstätte belegen ist, wenn die Entfernung der kürzesten Straßenverbindung (§ 9 Absatz 1 Satz 3 Nummer 4 Satz 4 EStG) zwischen Zweitwohnung oder -unterkunft und erster Tätigkeitsstätte nicht mehr als 50 km beträgt. Liegt die Zweitwohnung mehr als 50 km von dem Ort der ersten Tätigkeitsstätte entfernt, ist zu prüfen, ob die erste Tätigkeitsstätte von der Zweitwohnung oder -unterkunft noch in zumutbarer Weise täglich erreicht werden kann. Eine Fahrzeit von bis zu einer Stunde je Wegstrecke unter Zugrundelegung individueller Verkehrsverbindungen und Wegezeiten ist dabei als zumutbar anzusehen (BFH-Urteil vom 19. April 2012, VI R 59/11, BStBl II S. 833).

bb) Berufliche Veranlassung

104 Das Beziehen der Zweitwohnung oder -unterkunft muss aus beruflichen Gründen erforderlich sein. **Das ist insbesondere der Fall, wenn dadurch die Fahrtstrecke oder Fahrzeit zur ersten Tätigkeitsstätte wesentlich verkürzt wird.** Aus Vereinfachungsgründen kann von **einer beruflichen Veranlassung** des Beziehens der Zweitwohnung oder -unterkunft ausgegangen werden, wenn **die kürzeste Straßenverbindung** von der Zweitwohnung oder -unterkunft zur ersten Tätigkeitsstätte weniger als die Hälfte der kürzesten Straßenverbindung zwischen der Hauptwohnung (Mittelpunkt der Lebensinteressen) und der ersten Tätigkeitsstätte beträgt **oder die Fahrzeit zur ersten Tätigkeitsstätte für eine Wegstrecke halbiert wird. Sind die Voraussetzungen dieser Vereinfachungsregelung nicht erfüllt, ist das Vorliegen einer beruflich veranlassten doppelten Haushaltsführung auf andere Weise anhand der konkreten Umstände des Einzelfalles darzulegen.**

Beispiel 62:

Der Arbeitnehmer A hat seine Hauptwohnung in B und in C seine erste Tätigkeitsstätte. Die Entfernung von B (Hauptwohnung) nach C beträgt 100 km und die Fahrzeit mit dem ICE 50 Minuten. Der Arbeitnehmer nimmt sich in Z eine Zweitwohnung. Die Entfernung von dieser Zweitwohnung in Z nach C (erste Tätigkeitsstätte) beträgt 30 km. Auf Grund der Entfernung von mehr als 50 km zwischen Hauptwohnung und erster Tätigkeitsstätte liegt die Hauptwohnung nicht am Ort der ersten Tätigkeitsstätte (vgl. Rz. 102). Eine Prüfung, der Fahrzeit zwischen Hauptwohnung und erster Tätigkeitsstätte ist nicht erforderlich. Die Zweitwohnung in Z liegt 30 km entfernt und damit noch am Ort der ersten Tätigkeitsstätte. Es liegt daher eine doppelte Haushaltsführung vor. Da die kürzeste Straßenverbindung von der Zweitwohnung zur ersten Tätigkeitsstätte (30 km) auch weniger als die Hälfte der Straßenverbindung zwischen Hauptwohnung in B und erster Tätigkeitsstätte beträgt (1/2 von 100 km = 50 km), kann auch von einer beruflichen Veranlassung der doppelten Haushaltsführung ausgegangen werden.

Abwandlung 1:

Die Entfernung von B (Hauptwohnung) zur ersten Tätigkeitsstätte beträgt 56 km und die Fahrzeit 65 Minuten. Die Zweitwohnung in Z ist 30 km von der ersten Tätigkeitsstätte entfernt und die tägliche Fahrzeit beträgt 25 Minuten.

Auf Grund der Entfernung von mehr als 50 km zwischen Hauptwohnung und erster Tätigkeitsstätte liegt die Hauptwohnung nicht am Ort der ersten Tätigkeitsstätte (vgl. Rz. 102). Eine weitergehende Prüfung der Fahrzeit zwischen Hauptwohnung und erster Tätigkeitsstätte ist nicht erforderlich. Die Zweitwohnung in Z liegt 30 km entfernt und damit noch am Ort der ersten Tätigkeitsstätte. Es liegt daher eine doppelte Haushaltsführung vor. Zwar beträgt die kürzeste Straßenverbindung von der Zweitwohnung zur ersten Tätigkeitsstätte (30 km) mehr als die Hälfte der kürzesten Straßenverbindung zwischen Hauptwohnung und erster Tätigkeitsstätte (28 km). Allerdings kann A darlegen, dass sich die Fahrzeit zur ersten Tätigkeitsstätte von der Zweitwohnung um mehr als die Hälfte und damit wesentlich verkürzt (Fahrzeit 25 Minuten); daher kann gleichwohl von einer beruflichen Veranlassung der doppelten Haushaltsführung ausgegangen werden.

Abwandlung 2:
Die Entfernung von B (Hauptwohnung) nach C beträgt 250 km. Die Zweitwohnung in Z ist 60 km von der ersten Tätigkeitsstätte entfernt. A legt den Weg mit einer günstigen Zugverbindung täglich in jeweils 40 Minuten zurück.
Die Hauptwohnung liegt mehr als 50 km von der ersten Tätigkeitsstätte entfernt und damit außerhalb des Orts der ersten Tätigkeitsstätte. Die Zweitwohnung dient, auch wenn sie mehr als 50 km von der ersten Tätigkeitsstätte entfernt liegt, noch dem Wohnen am Ort der ersten Tätigkeitsstätte, weil A von der Zweitwohnung aus seine erste Tätigkeitsstätte mit dem von ihm genutzten Verkehrsmittel in zumutbarer Weise täglich erreichen kann, da die Fahrzeit weniger als eine Stunde beträgt. Es liegt daher eine doppelte Haushaltsführung vor. Die doppelte Haushaltsführung ist auch beruflich veranlasst, da die kürzeste Straßenverbindung zwischen der Zweitwohnung und der ersten Tätigkeitsstätte weniger als die Hälfte der kürzesten Straßenverbindung zwischen der Hauptwohnung und der ersten Tätigkeitsstätte beträgt.

Abwandlung 3:
Die Entfernung von B (Hauptwohnung) nach C beträgt 150 km und die Fahrzeit mit dem ICE 90 Minuten. Die Zweitwohnung in Z ist 74 km von der ersten Tätigkeitsstätte entfernt und die Fahrzeit beträgt 65 Minuten je Wegstrecke.
Auf Grund der Entfernung von mehr als 50 km zwischen Hauptwohnung und erster Tätigkeitsstätte liegt die Hauptwohnung nicht am Ort der ersten Tätigkeitsstätte (vgl. Rz. 102). Da die Entfernung von der Zweitwohnung in Z zur ersten Tätigkeitstätte in C mehr als 50 km beträgt und die erste Tätigkeitsstätte in C auch nicht innerhalb einer Fahrzeit von einer Stunde erreicht werden kann, liegt keine doppelte Haushaltsführung vor.

cc) Ehegatten/Lebenspartner

Für Ehegatten/Lebenspartner müssen die Voraussetzungen der Rz. 100-104 jeweils 105
gesondert erfüllt sein, um für jeden von ihnen die beruflich veranlasste doppelte Haushaltsführung anerkennen zu können.

dd) Höhe der Unterkunftskosten

Als Unterkunftskosten für eine doppelte Haushaltsführung im Inland werden die dem 106
Arbeitnehmer tatsächlich entstandenen Aufwendungen für die Nutzung der Wohnung oder Unterkunft höchstens bis zu einem nachgewiesenen Betrag von 1.000 € im Monat **(Höchstbetrag)** anerkannt. Die Prüfung der Notwendigkeit und Angemessenheit entfällt; auch auf die Zahl der Wohnungsbenutzer (Angehörige) kommt es nicht an.

Steht die Zweitwohnung oder -unterkunft im Eigentum des Arbeitnehmers, sind die tat- 107
sächlichen Aufwendungen (z. B. AfA, Schuldzinsen, Reparaturkosten, Nebenkosten) bis zum Höchstbetrag von 1.000 € monatlich zu berücksichtigen. Insoweit gelten die Grundsätze der BFH-Rechtsprechung (vgl. BFH vom 3. Dezember 1982, VI R 228/80, BStBl 1983 II S. 467) weiter.

Der Höchstbetrag umfasst sämtliche entstehenden Aufwendungen wie Miete, Betriebs- 108
kosten, Kosten der laufenden Reinigung und Pflege der Zweitwohnung oder -unterkunft, Zweitwohnungsteuer, Rundfunkbeitrag, Miet- oder Pachtgebühren für Kfz-Stellplätze, Aufwendungen für Sondernutzung (wie Garten), die vom Arbeitnehmer selbst getragen werden, **nicht jedoch Aufwendungen für Hausrat, Einrichtungsgegenstände oder Arbeitsmittel, mit denen die Zweitwohnung ausgestattet ist. Aufwendungen für die erforderliche Einrichtung und Ausstattung der Zweitwohnung, soweit sie nicht überhöht sind, können als sonstige notwendige Mehraufwendungen der doppelten Haushaltsführung berücksichtigt werden (BFH-Urteil vom 4. April 2019, VI R 18/17, BStBl II S. 449). Übersteigen die Anschaffungskosten des Arbeitnehmers für Einrichtung und Ausstattung der Zweitwohnung (ohne Arbeitsmittel) ins-**

gesamt nicht den Betrag von 5.000 € einschließlich Umsatzsteuer, ist aus Vereinfachungsgründen davon auszugehen, dass es sich um notwendige Mehraufwendungen der doppelten Haushaltsführung handelt. Wird die Zweitwohnung oder -unterkunft möbliert angemietet, **überschreitet die Miete den Höchstbetrag und enthält der Mietvertrag keine Aufteilung der Miete für die Überlassung der Wohnung und der Einrichtung und Ausstattung, ist die Miete im Schätzwege aufzuteilen (BFH-Urteil vom 4. April 2019, VI R 18/17, BStBl II S. 449).** Aufwendungen für einen separat angemieteten Garagenstellplatz sind in den Höchstbetrag einzubeziehen und können nicht als „sonstige" notwendige Mehraufwendungen zusätzlich berücksichtigt werden. Maklerkosten, die für die Anmietung einer Zweitwohnung oder -unterkunft entstehen, sind als Umzugskosten zusätzlich als Werbungskosten abziehbar (R 9.9 Absatz 2 LStR 2015) oder vom Arbeitgeber steuerfrei erstattbar. Sie sind nicht in die **Höchstbetragsberechnung** mit einzubeziehen

109 **Bei Beendigung der doppelten Haushaltsführung ist eine Vorfälligkeitsentschädigung wegen vorzeitiger Ablösung einer Grundschuld aufgrund der Veräußerung der Zweitwohnung nicht als Werbungskosten zu berücksichtigen (vgl. BFH-Urteil vom 3. April 2019, V R 15/17, BStBl II S. 446).**

110 Bei der Anwendung des Höchstbetrags ist grundsätzlich § 11 EStG zu beachten. Soweit der monatliche Höchstbetrag von 1.000 € nicht ausgeschöpft wird, ist eine Übertragung des nicht ausgeschöpften Volumens in andere Monate des Bestehens der doppelten Haushaltsführung im selben Kalenderjahr möglich. Erhält der Arbeitnehmer Erstattungen z. B. für Nebenkosten, mindern diese Erstattungen im Zeitpunkt des Zuflusses die Unterkunftskosten der doppelten Haushaltsführung.

Ein häusliches Arbeitszimmer in der Zweitwohnung am Ort der ersten Tätigkeitsstätte ist bei der Ermittlung der anzuerkennenden Unterkunftskosten nicht einzubeziehen; der Abzug der hierauf entfallenden Aufwendungen richtet sich nach § 4 Absatz 5 Satz 1 Nummer 6b EStG (vgl. BFH-Urteil vom 9. August 2007, VI R 23/05, BStBl 2009 II S. 722).

111 Der Höchstbetrag nach § 9 Absatz 1 Satz 3 Nummer 5 Satz 4 EStG in Höhe von 1.000 € ist ein Monatsbetrag, der nicht auf einen Kalendertag umzurechnen ist und grundsätzlich für jede doppelte Haushaltsführung des Arbeitnehmers gesondert gilt. Beziehen mehrere berufstätige Arbeitnehmer (z. B. beiderseits berufstätige Ehegatten, Lebenspartner, Lebensgefährten, Mitglieder einer Wohngemeinschaft) am gemeinsamen Beschäftigungsort eine gemeinsame Zweitwohnung, handelt es sich jeweils um eine doppelte Haushaltsführung, so dass jeder Arbeitnehmer den Höchstbetrag für die tatsächlich von ihm getragenen Aufwendungen jeweils für sich beanspruchen kann.

Beispiel 63:

Die beiderseits berufstätigen Ehegatten bewohnen an ihrem Beschäftigungsort in M (jeweils Ort der ersten Tätigkeitsstätte) gemeinsam eine möblierte Unterkunft. Ihren Hausstand sowie ihren Lebensmittelpunkt haben die Eheleute nachweislich im eigenen Einfamilienhaus in B. Die Aufwendungen für die Nutzung der Unterkunft am Beschäftigungsort betragen inklusive sämtlicher Nebenkosten und Abschreibungen für notwendige Einrichtungsgegenstände 1.100 € im Monat. Diese werden auf Grund gemeinsamer Verpflichtung von beiden Ehegatten zu gleichen Anteilen gezahlt.

Die tatsächlichen Aufwendungen für die Nutzung der Unterkunft können bei jedem Ehegatten jeweils in Höhe von 550 € angesetzt werden.

Beispiel 64:

Der Arbeitnehmer A bewohnt am Ort seiner ersten Tätigkeitsstätte in M eine Zweitwohnung. Die Aufwendungen für die Nutzung dieser Unterkunft (Miete, inkl**usive** sämtlicher berücksichtigungsfähiger Nebenkosten) betragen bis zum 30. Juni monatlich 990 €. Ab 1. Juli wird die Miete um 30 € erhöht, so dass ab diesem Zeitpunkt die monatlichen Aufwendungen für die Nutzung der Unterkunft 1.020 € betragen.

In den Monaten Januar bis Juni können die Aufwendungen für die Nutzung der Unterkunft in voller Höhe vom Arbeitgeber steuerfrei erstattet bzw. von A als Werbungskosten geltend gemacht werden.
Ab Juli ist grundsätzlich die Beschränkung auf den Höchstbetrag von 1.000 € zu beachten. Die den Höchstbetrag übersteigenden Aufwendungen von monatlich 20 € können allerdings mit dem noch nicht aufgebrauchten Höchstbetragsvolumen der Monate Januar – Juni (6 x 10 € = 60 €) verrechnet und insoweit steuerfrei erstattet oder als Werbungskosten geltend gemacht werden.

Bei doppelter Haushaltsführung im Ausland sind die Aufwendungen in tatsächlicher Höhe notwendig, soweit sie die ortsübliche Miete für eine nach Lage und Ausstattung durchschnittliche Wohnung am Ort der ersten Tätigkeitsstätte mit einer Wohnfläche bis zu 60 qm nicht überschreiten. 112

ee) Steuerfreie Erstattung durch den Arbeitgeber und Werbungskostenabzug

Für den steuerfreien Arbeitgeberersatz kann der Arbeitgeber bei Arbeitnehmern mit den Steuerklassen III, IV oder V ohne Weiteres unterstellen, dass sie einen eigenen Hausstand haben, an dem sie sich auch finanziell beteiligen. Bei anderen Arbeitnehmern darf der Arbeitgeber einen eigenen Hausstand nur dann anerkennen, wenn sie schriftlich erklären, dass sie neben einer Zweitwohnung oder -unterkunft am Beschäftigungsort außerhalb des Beschäftigungsortes einen eigenen Hausstand unterhalten, an dem sie sich auch finanziell beteiligen. Die Kosten der Zweitwohnung oder -unterkunft am Ort der ersten Tätigkeitsstätte im Inland können weiterhin vom Arbeitgeber pauschal steuerfrei erstattet werden (R 9.11 Absatz 10 Satz 7 Nummer 3 LStR 2015). 113

Der Arbeitnehmer hat das Vorliegen einer doppelten Haushaltsführung und die finanzielle Beteiligung an der Haushaltsführung am Ort des eigenen Hausstands **grundsätzlich** in seiner Einkommensteuererklärung darzulegen. **Bei Arbeitnehmern, die mit ihrem Ehegatten oder Lebenspartner einen gemeinsamen Haushalt führen, kann eine finanzielle Beteiligung an den Kosten der Lebensführung ohne entsprechenden Nachweis unterstellt werden (vgl. auch Rz. 101).** Kosten der Zweitwohnung oder -unterkunft sind für die Berücksichtigung als Werbungskosten grundsätzlich im Einzelnen nachzuweisen; sie können geschätzt werden, wenn sie dem Grunde nach zweifelsfrei entstanden sind (vgl. BFH-Urteil vom 12. September 2001, VI R 72/97, BStBl II S. 775). 114

b) Unterkunftskosten im Rahmen einer Auswärtstätigkeit, § 9 Absatz 1 Satz 3 Nummer 5a EStG

Als Werbungskosten abzugsfähig sind Unterkunftskosten bei einer Auswärtstätigkeit. Hierbei muss es sich um notwendige Mehraufwendungen eines Arbeitnehmers für beruflich veranlasste Übernachtungen an einer Tätigkeitsstätte handeln, die nicht erste Tätigkeitsstätte ist. 115

aa) Berufliche Veranlassung

Die berufliche Veranlassung ist gegeben, wenn der Arbeitnehmer auf Weisung des Arbeitgebers so gut wie ausschließlich betrieblich bzw. dienstlich unterwegs ist. Dies ist zum Beispiel der Fall, wenn der Arbeitnehmer einen Kunden besucht. Erledigt der Arbeitnehmer im Zusammenhang mit der beruflich veranlassten Auswärtstätigkeit auch in einem mehr als geringfügigen Umfang private Angelegenheiten, sind die beruflich veranlassten von den privat veranlassten Aufwendungen zu trennen (vgl. BFH-Beschluss vom 21. September 2009, GrS 1/06, BStBl 2010 II S. 672). Ist das nicht – auch nicht durch Schätzung – möglich, gehören die gesamten Aufwendungen zu den nach § 12 EStG nicht abziehbaren Aufwendungen für die Lebensführung. 116

bb) Unterkunftskosten

117 Unterkunfts- bzw. Übernachtungskosten sind die tatsächlichen Aufwendungen für die persönliche Inanspruchnahme einer Unterkunft zur Übernachtung. Hierzu zählen zum Beispiel Kosten für die Nutzung eines Hotelzimmers, Mietaufwendungen für die Nutzung eines (ggf. möblierten) Zimmers oder einer Wohnung sowie Nebenleistungen (z. B. Kultur- und Tourismusförderabgabe, Kurtaxe/Fremdenverkehrsabgabe, bei Auslandsübernachtungen die besondere Kreditkartengebühr bei Zahlungen in Fremdwährungen). Als Werbungskosten können lediglich die tatsächlich entstandenen Übernachtungskosten und keine Pauschalen abgezogen werden.

118 Kosten für Mahlzeiten gehören zu den Aufwendungen des Arbeitnehmers für die Verpflegung und sind nur nach Maßgabe des § 9 Absatz 4a EStG abziehbar. Wird durch Zahlungsbelege nur ein Gesamtpreis für Unterkunft und Verpflegung nachgewiesen und lässt sich der Preis für die Verpflegung nicht feststellen (z. B. Tagungspauschale), so ist dieser Gesamtpreis zur Ermittlung der Übernachtungskosten zu kürzen. Als Kürzungsbeträge sind dabei

– für Frühstück 20 %,
– für Mittag- und Abendessen jeweils 40 %

der für den Unterkunftsort maßgebenden Verpflegungspauschale bei einer Auswärtstätigkeit mit einer Abwesenheitsdauer von mindestens 24 Stunden anzusetzen.

Beispiel 65:

Der Arbeitnehmer A übernachtet während einer zweitägigen inländischen Auswärtstätigkeit im Hotel. Die Rechnung des Hotels ist auf den Namen des Arbeitgebers ausgestellt. Das Hotel rechnet eine Übernachtung mit Frühstück wie folgt ab:

Pauschalarrangement	70 €

Der Arbeitgeber hat folgende Möglichkeiten:

Zur Ermittlung der Übernachtungskosten kann der Gesamtpreis um **5,60** € (20 **% von 28** € **für die auf das Frühstück entfallenden anteiligen Kosten) gekürzt werden.** Der verbleibende Betrag von **64,40** € kann vom Arbeitgeber dann als Übernachtungskosten steuerfrei erstattet werden. Für den An- und Abreisetag stehen dem Arbeitnehmer Verpflegungspauschalen von insgesamt **28** € **(je 14** € für den An- und Abreisetag) zu. Die Verpflegungspauschale für den Abreisetag ist nicht zu kürzen (um **5,60** € für das Frühstück), wenn der Arbeitgeber dem Arbeitnehmer lediglich die **64,40** € als Übernachtungskosten erstattet. Insgesamt kann der Arbeitgeber somit **92,40** € steuerfrei erstatten (**64,40** € Unterkunft plus **28** € Verpflegung).

Erstattet der Arbeitgeber dem Arbeitnehmer hingegen den Gesamtpreis von 70 € (also einschließlich Frühstück) sind die Verpflegungspauschalen zu kürzen auf einen Betrag von **22,40** € für Verpflegung (**28** € Verpflegungspauschalen – **5,60** € Kürzung für ein Frühstück). Insgesamt kann der Arbeitgeber somit **92,40** € steuerfrei erstatten (70 € Unterkunft und Frühstück plus **22,40** € Verpflegung).

Die Berechnungen führen somit zum gleichen Ergebnis, egal von welchem Betrag der pauschale Einbehalt bzw. die pauschale Kürzung erfolgt.

Abwandlung:

Die Rechnung des Hotels ist auf den Namen des Arbeitnehmers ausgestellt.

Auch in diesem Fall kann der Arbeitgeber insgesamt höchstens **92,40** € steuerfrei erstatten (**64,40** € Unterkunft plus **28** € Verpflegung).

Beispiel 66:

Der Arbeitnehmer A übernachtet während einer zweitägigen Auswärtstätigkeit im Hotel. Die Rechnung ist auf den Namen des Arbeitgebers ausgestellt. Das Hotel rechnet eine Übernachtung mit Frühstück wie folgt ab:

Übernachtung	60 €
Frühstück	10 €

Die ausgewiesenen Übernachtungskosten von 60 € können vom Arbeitgeber steuerfrei erstattet werden. Für den An- und Abreisetag stünden dem Arbeitnehmer zusätzlich auch noch Verpflegungspauschalen von **28** € (**je 14** € für den An- und Abreisetag) zu. Die Verpflegungspauschale für den Abreisetag ist nicht zu kürzen, wenn der Arbeitgeber dem Arbeitnehmer lediglich die 60 € Übernachtungskosten erstattet.

Erstattet der Arbeitgeber hingegen auch den Betrag von 10 € für das Frühstück, ist die Verpflegungspauschale für den Abreisetag um **5,60** € wegen des vom Arbeitgeber zur Verfügung gestellten Frühstücks zu kürzen. Der Arbeitgeber kann dann zusätzlich einen Betrag von **22,40** € für Verpflegung steuerfrei erstatten.

Abwandlung:

Die Rechnung des Hotels ist auf den Namen des Arbeitnehmers ausgestellt.

In diesem Fall kann der Arbeitgeber insgesamt höchstens **88** € steuerfrei erstatten (60 € Unterkunft plus **28** € Verpflegung).

Werden keine steuerfreien Erstattungen seitens des Arbeitgebers gezahlt, ist der Betrag von **88** € als Werbungskosten berücksichtigungsfähig.

cc) Notwendige Mehraufwendungen

Es ist lediglich die berufliche Veranlassung zu prüfen, nicht aber die Angemessenheit der Unterkunft (bestimmte Hotelkategorie oder Größe der Unterkunft). Die Anerkennung von Unterkunftskosten bei einer auswärtigen beruflichen Tätigkeit erfordert, dass noch eine andere Wohnung besteht, für die dem Arbeitnehmer Aufwendungen entstehen, weil er dort 119

- seinen Lebensmittelpunkt hat, ohne dass dort jedoch ein eigener Hausstand vorliegen muss, oder
- seinen Lebensmittelpunkt wieder aufnehmen will.

Für die Berücksichtigung von Unterkunftskosten anlässlich einer Auswärtstätigkeit wird somit – anders als bei der doppelten Haushaltsführung – nicht vorausgesetzt, dass der Arbeitnehmer eine Wohnung aus eigenem Recht oder als Mieter innehat und eine finanzielle Beteiligung an den Kosten der Lebensführung leistet. Es genügt, wenn der Arbeitnehmer z. B. im Haushalt der Eltern ein Zimmer bewohnt.

Ist die Unterkunft am auswärtigen Tätigkeitsort die einzige Wohnung/Unterkunft des Arbeitnehmers liegt kein beruflich veranlasster Mehraufwand vor. 120

Soweit höhere Übernachtungskosten anfallen, weil der Arbeitnehmer eine Unterkunft gemeinsam mit Personen nutzt, die in keinem Dienstverhältnis zum selben Arbeitgeber stehen, sind nur diejenigen Aufwendungen anzusetzen, die bei alleiniger Nutzung durch den Arbeitnehmer angefallen wären. Nicht abziehbar sind somit Mehrkosten, die aufgrund der Mitnutzung der Übernachtungsmöglichkeit durch eine Begleitperson entstehen, insbesondere wenn die Begleitung privat und nicht beruflich veranlasst ist. Bei Mitnutzung eines Mehrbettzimmers (z. B. Doppelzimmer) können die Aufwendungen angesetzt werden, die bei Inanspruchnahme eines Einzelzimmers im selben Haus entstanden wären. 121

Bei Nutzung einer Wohnung am auswärtigen Tätigkeitsort zur Übernachtung während einer beruflich veranlassten Auswärtstätigkeit kann im Inland aus Vereinfachungsgründen – entsprechend der Regelungen für Unterkunftskosten bei einer längerfristigen Auswärtstätigkeit von mehr als 48 Monaten – bei Aufwendungen bis zu einem Betrag von 1.000 € monatlich von einer ausschließlichen beruflichen Veranlassung ausgegangen werden. Betragen die Aufwendungen im Inland mehr als 1.000 € monatlich oder handelt es sich um eine Wohnung im Ausland, können nur die Aufwendungen berücksichtigt werden, die durch die beruflich veranlasste, alleinige Nutzung des Arbeitnehmers verursacht werden; dazu kann **z. B.** die ortsübliche Miete für eine nach Lage und Ausstattung durchschnittliche Wohnung am Ort der auswärtigen Tätigkeitsstätte mit einer Wohnfläche bis zu 60 qm als Vergleichsmaßstab herangezogen werden. 122

Beispiel 67:

Der Arbeitnehmer A wird aus persönlichen Gründen auf einer Auswärtstätigkeit von seiner Ehefrau begleitet. Für die Übernachtung im Doppelzimmer entstehen Kosten von 150 €. Ein Einzelzimmer hätte 90 € gekostet.

Als Werbungskosten abziehbar oder vom Arbeitgeber steuerfrei erstattungsfähig sind 90 €.

Abwandlung:

Auf einer Auswärtstätigkeit teilt sich der Arbeitnehmer A das Doppelzimmer mit seinem Kollegen B, der ihn aus betrieblichen Gründen begleitet.

Für jeden Arbeitnehmer können (150 €: 2 =) 75 € als Werbungskosten berücksichtigt oder vom Arbeitgeber steuerfrei erstattet werden.

dd) Begrenzte Berücksichtigung von Unterkunftskosten bei einer längerfristigen Auswärtstätigkeit an derselben Tätigkeitsstätte im Inland

123 Bei einer längerfristigen beruflichen Tätigkeit an derselben Tätigkeitsstätte im Inland, die nicht erste Tätigkeitsstätte ist, können nach Ablauf von 48 Monaten die tatsächlich entstehenden Unterkunftskosten höchstens noch bis zur Höhe von 1.000 € im Monat als Werbungskosten abgezogen oder vom Arbeitgeber steuerfrei erstattet werden. Das gilt auch für Hotelübernachtungen.

124 Bei Übernachtungen im Ausland im Rahmen einer längerfristigen Auswärtstätigkeit gelten die bisherigen Grundsätze zur beruflichen Veranlassung und Notwendigkeit der entstandenen Aufwendungen unverändert weiter. Die Höchstgrenze von 1.000 € gilt hier nicht.

125 Von einer längerfristigen beruflichen Tätigkeit an derselben Tätigkeitsstätte ist erst dann auszugehen, sobald der Arbeitnehmer an dieser mindestens an drei Tagen in der Woche tätig wird. Die 48-Monatsfrist beginnt daher nicht, solange die auswärtige Tätigkeitsstätte nur an zwei Tagen in der Woche aufgesucht wird. Eine Unterbrechung von weniger als sechs Monaten, z. B. wegen Urlaub, Krankheit, beruflicher Tätigkeit an einer anderen Tätigkeitsstätte führt nicht zu einem Neubeginn der 48-Monatsfrist. Die Prüfung des Unterbrechungszeitraums und des Ablaufs der 48-Monatsfrist erfolgt stets im Nachhinein mit Blick auf die zurückliegende Zeit.

Beispiel 68:

Der Arbeitnehmer A ist seit 1. April **01** an der sich an seinem Wohnort befindlichen ersten Tätigkeitsstätte in H an zwei Tagen in der Woche tätig. An den anderen drei Tagen betreut er aufgrund arbeitsrechtlicher Festlegungen eine 200 km entfernte Filiale in B. Dort übernachtet er regelmäßig zweimal wöchentlich.

Da der Arbeitnehmer A längerfristig infolge seiner beruflichen Tätigkeit an drei Tagen in der Woche an derselben Tätigkeitsstätte in B, die nicht erste Tätigkeitsstätte ist, tätig wird und dort übernachtet, können die ihm tatsächlich entstehenden Übernachtungskosten nach Ablauf von 48 Monaten nur noch bis zur Höhe von 1.000 € monatlich als Werbungskosten geltend gemacht oder steuerfrei erstattet werden.

Abwandlung:

Wie Beispiel **68**, allerdings muss A ab 15. Juli **01** für vier Monate nach M. Ab 16. November **01** ist er dann drei Tage wöchentlich in H und zwei Tage in B.

Für die längerfristige berufliche Auswärtstätigkeit in B beginnt die 48-Monatsfrist am 1. April **01** und endet voraussichtlich am 31. März **05**. Eine sechsmonatige Unterbrechung liegt noch nicht vor (lediglich vier Monate und dann immer nur dreitägige Unterbrechung).

126 Für die Prüfung der 48-Monatsfrist wird auf den tatsächlich verwirklichten Sachverhalt abgestellt. Erst nach Ablauf von 48 Monaten greift die Begrenzung der Höhe nach auf den Betrag von 1.000 € im Monat. Die unbegrenzte Berücksichtigung der entstandenen Aufwendungen in den ersten 48 Monaten bleibt davon unberührt.

ee) Anwendung der 48-Monatsfrist zur begrenzten Berücksichtigung der Unterkunftskosten bei einer längerfristigen Auswärtstätigkeit im Inland

Maßgeblich für den Beginn der 48-Monatsfrist ist der jeweilige Beginn der längerfristigen beruflichen Tätigkeit an derselben Tätigkeitsstätte im Inland. Aus Vereinfachungsgründen ist es allerdings nicht zu beanstanden, wenn die abziehbaren Übernachtungskosten erst ab dem ersten vollen Kalendermonat, der auf den Monat folgt, in dem die 48-Monatsfrist endet, auf 1.000 € begrenzt werden. 127

ff) Steuerfreie Erstattung durch den Arbeitgeber

Für jede Übernachtung im Inland darf der Arbeitgeber die nachgewiesenen Übernachtungskosten nach Rz. **117** bis Rz. **126** oder ohne Einzelnachweis einen Pauschbetrag von 20 € steuerfrei erstatten. Bei Übernachtungen **während** einer auswärtigen beruflichen Tätigkeit im Ausland **können die nachgewiesenen Übernachtungskosten oder ohne Einzelnachweis die mit BMF-Schreiben bekannt gemachten Pauschbeträge steuerfrei erstattet werden** (R 9.**7 Absatz 3 Satz 2 ff. LStR 2015**). 128

5. Reisenebenkosten

Zu den Reisenebenkosten gehören die tatsächlichen Aufwendungen z. B. für: 129

1. Beförderung und Aufbewahrung von Gepäck;
2. **Telekommunikation** und Schriftverkehr beruflichen Inhalts mit dem Arbeitgeber oder Geschäftspartnern;
3. Straßen- und Parkplatzbenutzung sowie Schadensbeseitigung infolge von Verkehrsunfällen, wenn die jeweils damit verbundenen Fahrtkosten als Reisekosten anzusetzen sind;
4. Verlust von auf der Reise abhanden gekommener oder beschädigter Gegenstände, die der Arbeitnehmer auf der Reise verwenden musste, wenn der Verlust aufgrund einer reisespezifischen Gefährdung eingetreten ist. Berücksichtigt wird der Verlust bis zur Höhe des Wertes, der dem Gegenstand zum Zeitpunkt des Verlustes beigemessen wird.
5. Private Telefongespräche, soweit sie der beruflichen Sphäre zugeordnet werden können (vgl. BFH-Urteil vom 5. Juli 2012, VI R 50/10, BStBl 2013 II S. 282).

Die Reisenebenkosten sind durch geeignete Unterlagen nachzuweisen bzw. glaubhaft zu machen. Regelmäßig wiederkehrende Reisenebenkosten können zur Vereinfachung über einen repräsentativen Zeitraum von drei Monaten im Einzelnen nachgewiesen werden und dann in der Folgezeit mit dem täglichen Durchschnittsbetrag angesetzt werden. 130

Zur Abgeltung der notwendigen Mehraufwendungen, die einem Arbeitnehmer während seiner auswärtigen beruflichen Tätigkeit auf einem Kraftfahrzeug des Arbeitgebers oder eines vom Arbeitgeber beauftragten Dritten im Zusammenhang mit einer Übernachtung in dem Kraftfahrzeug entstehen, kann ab 1. Januar 2020 einheitlich im Kalenderjahr eine Pauschale von 8 € für jeden Kalendertag berücksichtigt werden, an dem der Arbeitnehmer eine Verpflegungspauschale nach § 9 Absatz 4a Satz 3 Nummer 1 und 2 sowie Satz 5 zur Nummer 1 und 2 EStG beanspruchen könnte. Die Pauschale kann auch von mitfahrenden Arbeitnehmern beansprucht werden, die ebenfalls im Fahrzeug übernachten, wenn der Arbeitgeber keine weiteren Erstattungen für Übernachtungskosten leistet oder der Arbeitnehmer keine weiteren Übernachtungskosten als Werbungskosten geltend macht. Die übrigen Voraussetzungen des § 9 Absatz 1 Satz 3 Nummer 5b EStG müssen erfüllt sein. 131

Zur Berücksichtigung von **höheren Mehraufwendungen ab 1. Januar 2020** vgl. BMF-Schreiben vom 4. Dezember 2012, BStBl I S. 1249[1]).

132 Nicht zu den Reisenebenkosten gehören z. B.:

1. Kosten für die persönliche Lebensführung wie Tageszeitungen, private Telefongespräche mit Ausnahme der Gespräche i. S. d. Rz. **129** Nr. 5, Massagen, Minibar oder Pay-TV,
2. Ordnungs-, Verwarnungs- und Bußgelder, die auf einer Auswärtstätigkeit verhängt werden,
3. Verlust von Geld oder Schmuck,
4. Anschaffungskosten für Bekleidung, Koffer oder andere Reiseausrüstungsgegenstände, weil sie nur mittelbar mit einer Auswärtstätigkeit zusammenhängen,
5. Essengutscheine, z. B. in Form von Raststätten- oder Autohof-Wertbons.

133 Gutscheine i. S. d. Rz. **132** Nummer 5 gehören nicht zu den Reisenebenkosten, da zur Abgeltung der tatsächlich entstandenen, beruflich veranlassten Mehraufwendungen für Verpflegung eine Verpflegungspauschale (§ 9 Absatz 4a EStG) angesetzt werden kann.

Beispiel 68:

Der LKW-Fahrer L ist im Inland eintägig mehr als acht Stunden beruflich auswärts tätig. Er nimmt ein Mittagessen im Wert von 8,50 € in einer Autobahnraststätte ein und bezahlt an der Kasse 6 € in bar und den Rest in Wertbons, die er im Zusammenhang mit der vom Arbeitgeber erstatteten Parkplatzgebühr erhalten hat.

Dem LKW-Fahrer L steht eine ungekürzte Verpflegungspauschale von **14** € zu.

6. Sonstiges

134 Zur Ermittlung der steuerfreien Leistungen für Reisekosten dürfen die einzelnen Aufwendungsarten zusammengefasst werden; die Leistungen sind steuerfrei, soweit sie die Summe der zulässigen steuerfreien Leistungen nicht übersteigen. Hierbei können mehrere Reisen zusammengefasst abgerechnet werden. Dies gilt sinngemäß für Umzugskosten und für Mehraufwendungen bei einer doppelten Haushaltsführung (R 3.16 Satz 1 bis 3 ggf. i. V. m. R 3.13 Abs. 1 Satz 3 LStR 2015).

Beispiel 70:

Bei einer längerfristigen beruflichen Auswärtstätigkeit wird ein Monteur für die Dauer von sechs Monaten (110 Arbeitstage) an derselben Tätigkeitsstätte tätig. Die arbeitstägliche Abwesenheit von seiner Wohnung und der ersten Tätigkeitsstätte beträgt jeweils mehr als 8 Stunden. Während der sechs Monate seiner Tätigkeit steht dem Monteur nach **der** Reiserichtlinie des Arbeitgebers ein Tagegeld in Höhe von insgesamt **770** € zu (110 Arbeitstage x **7** €/Arbeitstag).

Erfolgt eine monatliche Reisekostenabrechnung können die Tagegelder der ersten drei Monate steuerfrei geleistet werden:

Steuerfreie Verpflegungspauschalen: 55 Arbeitstage x **14** €/Arbeitstag	**= 770 €**
Gezahltes Tagegeld: 55 Arbeitstage x **7** €/Arbeitstag	**= 385 €**

Der Arbeitnehmer könnte somit zusätzlich für die ersten drei Monate noch **385** € als Werbungskosten geltend machen.

Die Tagegelder der folgenden drei Monate sind steuerpflichtig und der Arbeitnehmer kann keine Werbungskosten mehr geltend machen.

Steuerfreie Verpflegungspauschalen:	= 0 €
Gezahltes Tagegeld: 55 Arbeitstage x **7** €/Arbeitstag	**= 385 €**

Wird die längerfristige berufliche Auswärtstätigkeit zusammengefasst abgerechnet, können die Tagegelder der gesamten sechs Monate steuerfrei gezahlt werden. Der Arbeitnehmer kann dann keinen Werbungskostenabzug mehr geltend machen.

[1]) ***>Anhang 25 II***

Steuerfreie Verpflegungspauschalen: 55 Arbeitstage x **14** €/Arbeitstag **= 770 €**
Gezahltes Tagegeld: 110 Arbeitstage x **7** €/Arbeitstag **= 770 €**

In den Fällen, in denen keine steuerfreie Verpflegungspauschale gezahlt werden darf, ist es nicht zu beanstanden, wenn der Arbeitgeber bei einer von ihm zur Verfügung gestellten Mahlzeit eine Verrechnung des anzusetzenden Sachbezugswertes mit steuerfrei zu erstattenden Fahrt-, Unterkunfts- oder Reisenebenkosten vornimmt. 135

Beispiel 71:

Der Arbeitnehmer A nimmt an einem halbtägigen auswärtigen Seminar mit Mittagessen teil und ist 6 Stunden von seiner Wohnung und der ersten Tätigkeitsstätte abwesend. Für die Fahrt zum Seminar nutzt A seinen privaten PKW und könnte für die entstandenen Fahrtkosten eine steuerfreie Erstattung in Höhe von 30 € von seinem Arbeitgeber beanspruchen.

Der Arbeitgeber kann die von ihm im Rahmen des Seminars gestellte Mahlzeit mit dem Sachbezugswert individuell oder pauschal mit 25 % versteuern oder von den zu erstattenden 30 € abziehen.

III. Zeitliche Anwendungsregelung

Dieses Schreiben ersetzt das BMF-Schreiben vom 24. Oktober 2014 (BStBl I S. 1412) und ist in allen noch offenen Fällen anzuwenden. Änderungen sind durch Fettdruck dargestellt. In den jeweiligen Beispielen wurden die ab 1. Januar 2020 geltenden gesetzlichen Beträge für Verpflegungsmehraufwendungen und Sachbezugswerte berücksichtigt. 136

Verordnung über die sozialversicherungsrechtliche Beurteilung von Zuwendungen des Arbeitgebers als Arbeitsentgelt (Sozialversicherungsentgeltverordnung – SvEV)

vom 21.12.2006 (BGBl. I S. 3385, BStBl I S. 782)

zuletzt geändert durch ***Artikel 1 der 12. Verordnung zur Änderung der Sozialversicherungsentgeltverordnung vom (BGBl. I S.)***

§ 1
Dem sozialversicherungspflichtigen Arbeitsentgelt nicht zuzurechnende Zuwendungen

(1) [1] Dem Arbeitsentgelt sind nicht zuzurechnen:

1. einmalige Einnahmen, laufende Zulagen, Zuschläge, Zuschüsse sowie ähnliche Einnahmen, die zusätzlich zu Löhnen oder Gehältern gewährt werden, soweit sie lohnsteuerfrei sind; dies gilt nicht für Sonntags-, Feiertags- und Nachtarbeitszuschläge, soweit das Entgelt, auf dem sie berechnet werden, mehr als 25 Euro für jede Stunde beträgt, ***und nicht für Vermögensbeteiligungen nach § 19a Absatz 1 Satz 1 des Einkommensteuergesetzes[1]),***
2. sonstige Bezüge nach § 40 Abs. 1 Satz 1 Nr. 1 des Einkommensteuergesetzes, die nicht einmalig gezahltes Arbeitsentgelt nach § 23a des Vierten Buches Sozialgesetzbuch sind,
3. Einnahmen nach § 40 Abs. 2 des Einkommensteuergesetzes,
4. Beiträge nach § 40b des Einkommensteuergesetzes in der am 31. Dezember 2004 geltenden Fassung, die zusätzlich zu Löhnen und Gehältern gewährt werden; dies gilt auch für darin enthaltene Beiträge, die aus einer Entgeltumwandlung (§ 1 Abs. 2 Nr. 3 des Betriebsrentengesetzes) stammen,

4a. Zuwendungen nach § 3 Nr. 56 und § 40b des Einkommensteuergesetzes, die zusätzlich zu Löhnen und Gehältern gewährt werden und für die Satz 3 und 4 nichts Abweichendes bestimmen,

5. Beträge nach § 10 des Entgeltfortzahlungsgesetzes,
6. Zuschüsse zum Mutterschaftsgeld nach § 20 des Mutterschutzgesetzes,
7. in den Fällen des § 3 Abs. 3 der vom Arbeitgeber insoweit übernommene Teil des Gesamtsozialversicherungsbeitrags,
8. Zuschüsse des Arbeitgebers zum Kurzarbeitergeld und Saison-Kurzarbeitergeld, soweit sie zusammen mit dem Kurzarbeitergeld 80 Prozent des Unterschiedsbetrages zwischen dem Sollentgelt und dem Ist-Entgelt nach § 106 des Dritten Buches Sozialgesetzbuch nicht übersteigen,
9. steuerfreie Zuwendungen an Pensionskassen, Pensionsfonds oder Direktversicherungen nach § 3 Nr. 63 Satz 1 und 2 sowie § 100 Absatz 6 Satz 1 des Einkommensteuergesetzes im Kalenderjahr bis zur Höhe von insgesamt 4 Prozent der Beitragsbemessungsgrenze in der allgemeinen Rentenversicherung; dies gilt auch für darin enthaltene Beträge, die aus einer Entgeltumwandlung (§ 1 Abs. 2 Nr. 3 des Betriebsrentengesetzes) stammen,
10. Leistungen eines Arbeitgebers oder einer Unterstützungskasse an einen Pensionsfonds zur Übernahme bestehender Versorgungsverpflichtungen oder Versorgungsanwartschaften durch den Pensionsfonds, soweit diese nach § 3 Nr. 66 des Einkommensteuergesetzes steuerfrei sind,
11. steuerlich nicht belastete Zuwendungen des Beschäftigten zugunsten von durch Naturkatastrophen im Inland Geschädigten aus Arbeitsentgelt einschließlich Wertguthaben,

[1]) § 1 Abs. 1 Satz 1 Nr. 1 wurde durch Artikel 17 Abs. 5 des FoStoG (Inkrafttreten 1.7.2021) geändert.

12. Sonderzahlungen nach § 19 Absatz 1 Satz 1 Nummer 3 Satz 2 bis 4 des Einkommensteuergesetzes der Arbeitgeber zur Deckung eines finanziellen Fehlbetrages an die Einrichtungen, für die Satz 3 gilt,
13. Sachprämien nach § 37a des Einkommensteuergesetzes,
14. Zuwendungen nach § 37b Abs. 1 des Einkommensteuergesetzes, soweit die Zuwendungen an Arbeitnehmer eines Dritten erbracht werden und diese Arbeitnehmer nicht Arbeitnehmer eines mit dem Zuwendenden verbundenen Unternehmens sind,
15. vom Arbeitgeber getragene oder übernommene Studiengebühren für ein Studium des Beschäftigten, soweit sie steuerrechtlich kein Arbeitslohn sind,
16. steuerfreie Aufwandsentschädigungen und die in § 3 Nummer 26 und 26a des Einkommensteuergesetzes genannten steuerfreien Einnahmen.

[2] Dem Arbeitsentgelt sind die in Satz 1 Nummer 1 bis 4a, 9 bis 11, 13, 15 und 16 genannten Einnahmen, Zuwendungen und Leistungen nur dann nicht zuzurechnen, soweit diese vom Arbeitgeber oder von einem Dritten mit der Entgeltabrechnung für den jeweiligen Abrechnungszeitraum lohnsteuerfrei belassen oder pauschal besteuert werden. [3] Die Summe der in Satz 1 Nr. 4a genannten Zuwendungen nach § 3 Nr. 56 und § 40b des Einkommensteuergesetzes, die vom Arbeitgeber oder von einem Dritten mit der Entgeltabrechnung für den jeweiligen Abrechnungszeitraum lohnsteuerfrei belassen oder pauschal besteuert werden, höchstens jedoch monatlich 100 Euro, sind bis zur Höhe von 2,5 Prozent des für ihre Bemessung maßgebenden Entgelts dem Arbeitsentgelt zuzurechnen, wenn die Versorgungsregelung mindestens bis zum 31. Dezember 2000 vor der Anwendung etwaiger Nettobegrenzungsregelungen eine allgemein erreichbare Gesamtversorgung von mindestens 75 Prozent des gesamtversorgungsfähigen Entgelts und nach dem Eintritt des Versorgungsfalles eine Anpassung nach Maßgabe der Entwicklung der Arbeitsentgelte im Bereich der entsprechenden Versorgungsregelung oder gesetzlicher Versorgungsbezüge vorsieht; die dem Arbeitsentgelt zuzurechnenden Beiträge und Zuwendungen vermindern sich um monatlich 13,30 Euro. [4] Satz 3 gilt mit der Maßgabe, dass die Zuwendungen nach § 3 Nr. 56 und § 40b des Einkommensteuergesetzes, dem Arbeitsentgelt insoweit zugerechnet werden, als sie in der Summe monatlich 100 Euro übersteigen.

(2) In der gesetzlichen Unfallversicherung und in der Seefahrt sind auch lohnsteuerfreie Zuschläge für Sonntags-, Feiertags- und Nachtarbeit dem Arbeitsentgelt zuzurechnen; dies gilt in der Unfallversicherung nicht für Erwerbseinkommen, das bei einer Hinterbliebenenrente zu berücksichtigen ist.

§ 2
Verpflegung, Unterkunft und Wohnung als Sachbezug

(1)*[1)]* [1] Der Wert der als Sachbezug zur Verfügung gestellten Verpflegung wird auf monatlich ***270*** Euro festgesetzt. [2] Dieser Wert setzt sich zusammen aus dem Wert für

1. Frühstück von ***56*** Euro,
2. Mittagessen von ***107*** Euro und
3. Abendessen von ***107*** Euro.

(2) [1] Für Verpflegung, die nicht nur dem Beschäftigten, sondern auch seinen nicht bei demselben Arbeitgeber beschäftigten Familienangehörigen zur Verfügung gestellt wird, erhöhen sich die nach Absatz 1 anzusetzenden Werte je Familienangehörigen,

1. der das 18. Lebensjahr vollendet hat, um 100 Prozent,
2. der das 14., aber noch nicht das 18. Lebensjahr vollendet hat, um 80 Prozent,
3. der das 7., aber noch nicht das 14. Lebensjahr vollendet hat, um 40 Prozent und
4. der das 7. Lebensjahr noch nicht vollendet hat, um 30 Prozent.

1) § 2 Abs. 1 SvEV wurde durch Artikel 1 der 12. Verordnung zur Änderung der Sozialversicherungsentgeltverordnung (Inkrafttreten 1.1.2022) geändert.

[2] Bei der Berechnung des Wertes ist das Lebensalter des Familienangehörigen im ersten Entgeltabrechnungszeitraum des Kalenderjahres maßgebend. [3] Sind Ehegatten bei demselben Arbeitgeber beschäftigt, sind die Erhöhungswerte nach Satz 1 für Verpflegung der Kinder beiden Ehegatten je zur Hälfte zuzurechnen.

(3) [1] Der Wert einer als Sachbezug zur Verfügung gestellten Unterkunft wird auf monatlich ***241*** Euro festgesetzt***1)***. [2] Der Wert der Unterkunft nach Satz 1 vermindert sich

1. bei Aufnahme des Beschäftigten in den Haushalt des Arbeitgebers oder bei Unterbringung in einer Gemeinschaftsunterkunft um 15 Prozent,
2. für Jugendliche bis zur Vollendung des 18. Lebensjahres und Auszubildende um 15 Prozent und
3. bei der Belegung
   a) mit zwei Beschäftigten um 40 Prozent,
   b) mit drei Beschäftigten um 50 Prozent und
   c) mit mehr als drei Beschäftigten um 60 Prozent.

[3] Ist es nach Lage des einzelnen Falles unbillig, den Wert einer Unterkunft nach Satz 1 zu bestimmen, kann die Unterkunft mit dem ortsüblichen Mietpreis bewertet werden; Absatz 4 Satz 2 gilt entsprechend.

(4) [1] Für eine als Sachbezug zur Verfügung gestellte Wohnung ist als Wert der ortsübliche Mietpreis unter Berücksichtigung der sich aus der Lage der Wohnung zum Betrieb ergebenden Beeinträchtigungen sowie unter entsprechender Anwendung des § 8 Absatz 2 Satz 12 des Einkommensteuergesetzes anzusetzen. [2] Ist im Einzelfall die Feststellung des ortsüblichen Mietpreises mit außergewöhnlichen Schwierigkeiten verbunden, kann die Wohnung mit 4,16 Euro je Quadratmeter monatlich, bei einfacher Ausstattung (ohne Sammelheizung oder ohne Bad oder Dusche) mit 3,40 Euro je Quadratmeter monatlich bewertet werden. [3] Bestehen gesetzliche Mietpreisbeschränkungen, sind die durch diese Beschränkungen festgelegten Mietpreise als Werte anzusetzen. [4] Dies gilt auch für die vertraglichen Mietpreisbeschränkungen im sozialen Wohnungsbau, die nach den jeweiligen Förderrichtlinien des Landes für den betreffenden Förderjahrgang sowie für die mit Wohnungsfürsorgemitteln aus öffentlichen Haushalten geförderten Wohnungen vorgesehen sind. [5] Für Energie, Wasser und sonstige Nebenkosten ist der übliche Preis am Abgabeort anzusetzen.

(5) Werden Verpflegung, Unterkunft oder Wohnung verbilligt als Sachbezug zur Verfügung gestellt, ist der Unterschiedsbetrag zwischen dem vereinbarten Preis und dem Wert, der sich bei freiem Bezug nach den Absätzen 1 bis 4 ergeben würde, dem Arbeitsentgelt zuzurechnen.

(6) [1] Bei der Berechnung des Wertes für kürzere Zeiträume als einen Monat ist für jeden Tag ein Dreißigstel der Werte nach den Absätzen 1 bis 5 zugrunde zu legen. [2] Die Prozentsätze der Absätze 2 und 3 sind auf den Tageswert nach Satz 1 anzuwenden. [3] Die Berechnungen werden jeweils auf 2 Dezimalstellen durchgeführt; die zweite Dezimalstelle wird um 1 erhöht, wenn sich in der dritten Dezimalstelle eine der Zahlen 5 bis 9 ergibt.

§ 3
Sonstige Sachbezüge

(1) [1] Werden Sachbezüge, die nicht von § 2 erfasst werden, unentgeltlich zur Verfügung gestellt, ist als Wert für diese Sachbezüge der um übliche Preisnachlässe geminderte übliche Endpreis am Abgabeort anzusetzen. [2] Sind auf Grund des § 8 Absatz 2 Satz 10 des Einkommensteuergesetzes Durchschnittswerte festgesetzt worden, sind diese Werte maßgebend. [3] Findet § 8 Abs. 2 Satz 2, 3, 4 oder 5 oder Abs. 3 Satz 1 des Einkommensteuergesetzes Anwendung, sind die dort genannten Werte maßgebend. [4] § 8 Absatz 2 Satz 11 des Einkommensteuergesetzes gilt entsprechend.

1) § 2 Abs. 3 Satz 1 SvEV wurde durch Artikel 1 der 12. Verordnung zur Änderung der Sozialversicherungsentgeltverordnung (Inkrafttreten 1.1.2022) geändert.

(2) Werden Sachbezüge, die nicht von § 2 erfasst werden, verbilligt zur Verfügung gestellt, ist als Wert für diese Sachbezüge der Unterschiedsbetrag zwischen dem vereinbarten Preis und dem Wert, der sich bei freiem Bezug nach Absatz 1 ergeben würde, dem Arbeitsentgelt zuzurechnen.

(3) [1] Waren und Dienstleistungen, die vom Arbeitgeber nicht überwiegend für den Bedarf seiner Arbeitnehmer hergestellt, vertrieben oder erbracht werden und die nach § 40 Abs. 1 Satz 1 Nr. 1 des Einkommensteuergesetzes pauschal versteuert werden, können mit dem Durchschnittsbetrag der pauschal versteuerten Waren und Dienstleistungen angesetzt werden; dabei kann der Durchschnittsbetrag des Vorjahres angesetzt werden. [2] Besteht das Beschäftigungsverhältnis nur während eines Teils des Kalenderjahres, ist für jeden Tag des Beschäftigungsverhältnisses der dreihundertsechzigste Teil des Durchschnittswertes nach Satz 1 anzusetzen. [3] Satz 1 gilt nur, wenn der Arbeitgeber den von dem Beschäftigten zu tragenden Teil des Gesamtsozialversicherungsbeitrags übernimmt. [4] Die Sätze 1 bis 3 gelten entsprechend für Sachzuwendungen im Wert von nicht mehr als 80 Euro, die der Arbeitnehmer für Verbesserungsvorschläge sowie für Leistungen in der Unfallverhütung und im Arbeitsschutz erhält. [5] Die mit einem Durchschnittswert angesetzten Sachbezüge, die in einem Kalenderjahr gewährt werden, sind insgesamt dem letzten Entgeltabrechnungszeitraum in diesem Kalenderjahr zuzuordnen.

§ 4
Übergangsregelungen

(weggefallen)

Übersicht

I.
Solidaritätszuschlaggesetz 1995 (SolzG 1995)

vom 15.10.2002 (BGBl. I S. 4130, BStBl I S. 1154)
zuletzt geändert durch Artikel 4 des Zweiten Gesetzes zur steuerlichen Entlastung von Familien sowie zur Anpassung weiterer steuerlicher Regelungen (Zweites Familienentlastungsgesetz – 2. FamEntlastG) vom 1.12.2020 (BGBl. I S. 2616, BStBl I S. 1347)

§ 1
Erhebung eines Solidaritätszuschlags

(1) Zur Einkommensteuer und zur Körperschaftsteuer wird ein Solidaritätszuschlag als Ergänzungsabgabe erhoben.

(2) [1] Auf die Festsetzung und Erhebung des Solidaritätszuschlags sind die Vorschriften des Einkommensteuergesetzes mit Ausnahme des § 36a des Einkommensteuergesetzes und des Körperschaftsteuergesetzes entsprechend anzuwenden. [2] Wird die Einkommen- oder Körperschaftsteuer im Wege des Steuerabzugs erhoben, so dürfen die zu diesem Zweck verarbeiteten personenbezogenen Daten auch für die Erhebung des Solidaritätszuschlags im Wege des Steuerabzugs verarbeitet werden.

(3) Ist die Einkommen- oder Körperschaftsteuer für Einkünfte, die dem Steuerabzug unterliegen, durch den Steuerabzug abgegolten oder werden solche Einkünfte bei der Veranlagung zur Einkommen- oder Körperschaftsteuer oder beim Lohnsteuer-Jahresausgleich nicht erfasst, gilt dies für den Solidaritätszuschlag entsprechend.

(4) [1] Die Vorauszahlungen auf den Solidaritätszuschlag sind gleichzeitig mit den festgesetzten Vorauszahlungen auf die Einkommensteuer oder Körperschaftsteuer zu entrichten; § 37 Abs. 5 des Einkommensteuergesetzes ist nicht anzuwenden. [2] Solange ein Bescheid über die Vorauszahlungen auf den Solidaritätszuschlag nicht erteilt worden ist, sind die Vorauszahlungen ohne besondere Aufforderung nach Maßgabe der für den Solidaritätszuschlag geltenden Vorschriften zu entrichten. [3] § 240 Abs. 1 Satz 3 der Abgabenordnung ist insoweit nicht anzuwenden; § 254 Abs. 2 der Abgabenordnung gilt insoweit sinngemäß.

(5) [1] Mit einem Rechtsbehelf gegen den Solidaritätszuschlag kann weder die Bemessungsgrundlage noch die Höhe des zu versteuernden Einkommens angegriffen werden. [2] Wird die Bemessungsgrundlage geändert, ändert sich der Solidaritätszuschlag entsprechend.

§ 2
Abgabepflicht

Abgabepflichtig sind

1. natürliche Personen, die nach § 1 des Einkommensteuergesetzes einkommensteuerpflichtig sind,
2. natürliche Personen, die nach § 2 des Außensteuergesetzes erweitert beschränkt steuerpflichtig sind,
3. Körperschaften, Personenvereinigungen und Vermögensmassen, die nach § 1 oder § 2 des Körperschaftsteuergesetzes körperschaftsteuerpflichtig sind.

§ 3
Bemessungsgrundlage und zeitliche Anwendung

(1) Der Solidaritätszuschlag bemisst sich vorbehaltlich der Absätze 2 bis 5,

1. soweit eine Veranlagung zur Einkommensteuer oder Körperschaftsteuer vorzunehmen ist:

   nach der nach Absatz 2 berechneten Einkommensteuer oder der festgesetzten Körperschaftsteuer für Veranlagungszeiträume ab 1998, vermindert um die anzurechnende oder vergütete Körperschaftsteuer, wenn ein positiver Betrag verbleibt;
2. soweit Vorauszahlungen zur Einkommensteuer oder Körperschaftsteuer zu leisten sind:

   nach den Vorauszahlungen auf die Steuer für Veranlagungszeiträume ab 2002;
3. soweit Lohnsteuer zu erheben ist:

   nach der nach Absatz 2a berechneten Lohnsteuer für
   a) laufenden Arbeitslohn, der für einen nach dem 31. Dezember 1997 endenden Lohnzahlungszeitraum gezahlt wird,
   b) sonstige Bezüge, die nach dem 31. Dezember 1997 zufließen;
4. soweit ein Lohnsteuer-Jahresausgleich durchzuführen ist, nach der nach Absatz 2a sich ergebenden Jahreslohnsteuer für Ausgleichsjahre ab 1998;
5. soweit Kapitalertragsteuer oder Zinsabschlag zu erheben ist außer in den Fällen des § 43b des Einkommensteuergesetzes:

   nach der ab 1. Januar 1998 zu erhebenden Kapitalertragsteuer oder dem ab diesem Zeitpunkt zu erhebenden Zinsabschlag;
6. soweit bei beschränkt Steuerpflichtigen ein Steuerabzugsbetrag nach § 50a des Einkommensteuergesetzes zu erheben ist:

   nach dem ab 1. Januar 1998 zu erhebenden Steuerabzugsbetrag.

(2) Bei der Veranlagung zur Einkommensteuer ist Bemessungsgrundlage für den Solidaritätszuschlag die Einkommensteuer, die abweichend von § 2 Abs. 6 des Einkommensteuergesetzes unter Berücksichtigung von Freibeträgen nach § 32 Abs. 6 des Einkommensteuergesetzes in allen Fällen des § 32 des Einkommensteuergesetzes festzusetzen wäre.

(2a) [1] Vorbehaltlich des § 40a Absatz 2 des Einkommensteuergesetzes ist beim Steuerabzug vom Arbeitslohn Bemessungsgrundlage die Lohnsteuer; beim Steuerabzug vom laufenden Arbeitslohn und beim Jahresausgleich ist die Lohnsteuer maßgebend, die sich ergibt, wenn der nach § 39b Absatz 2 Satz 5 des Einkommensteuergesetzes zu versteuernde Jahresbetrag für die Steuerklassen I, II und III im Sinne des § 38b des Einkommensteuergesetzes um den Kinderfreibetrag von 5.460 Euro sowie den Freibetrag für den Betreuungs- und Erziehungs- oder Ausbildungsbedarf von 2.928 Euro und für die Steuerklasse IV im Sinne des § 38b des Einkommensteuergesetzes um den Kinderfreibetrag von 2.730 Euro sowie den Freibetrag für den Betreuungs- und Erziehungs- oder Ausbildungsbedarf von 1.464 Euro für jedes Kind vermindert wird, für das eine Kürzung der Freibeträge für Kinder nach § 32 Absatz 6 Satz 4 des Einkommensteuergesetzes nicht in Betracht kommt. [2] Bei der Anwendung des § 39b des Einkommensteuergesetzes für die Ermittlung des Solidaritätszuschlages ist die als Lohnsteuerabzugsmerkmal gebildete Zahl der Kinderfreibeträge maßgebend. [3] Bei Anwendung des § 39f des Einkommensteuergesetzes ist beim Steuerabzug vom laufenden Arbeitslohn die Lohnsteuer maßgebend, die sich bei Anwendung des nach § 39f Abs. 1 des Einkommensteuergesetzes ermittelten Faktors auf den nach den Sätzen 1 und 2 ermittelten Betrag ergibt.

(3) [1] Der Solidaritätszuschlag ist von einkommensteuerpflichtigen Personen nur zu erheben, wenn die Bemessungsgrundlage nach Absatz 1 Nummer 1 und 2, vermindert um die Einkommensteuer nach § 32d Absatz 3 und 4 des Einkommensteuergesetzes,

1. in den Fällen des § 32a Absatz 5 und 6 des Einkommensteuergesetzes 33.912 Euro,
2. in anderen Fällen 16.956 Euro

übersteigt. [2]Auf die Einkommensteuer nach § 32d Absatz 3 und 4 des Einkommensteuergesetzes ist der Solidaritätszuschlag ungeachtet des Satzes 1 zu erheben.

(4) Beim Abzug vom laufenden Arbeitslohn ist der Solidaritätszuschlag nur zu erheben, wenn die Bemessungsgrundlage im jeweiligen Lohnzahlungszeitraum

1. bei monatlicher Lohnzahlung
   a) in der Steuerklasse III mehr als 2.826 Euro und
   b) in den Steuerklassen I, II, IV bis VI mehr als 1.413 Euro,
2. bei wöchentlicher Lohnzahlung
   a) in der Steuerklasse III mehr als 659,40 Euro und
   b) in den Steuerklassen I, II, IV bis VI mehr als 329,70 Euro,
3. bei täglicher Lohnzahlung
   a) in der Steuerklasse III mehr als 94,20 Euro und
   b) in den Steuerklassen I, II, IV bis VI mehr als 47,10 Euro

beträgt.

(4a) [1]Beim Abzug von einem sonstigen Bezug ist der Solidaritätszuschlag nur zu erheben, wenn die Jahreslohnsteuer im Sinne des § 39b Absatz 3 Satz 5 des Einkommensteuergesetzes unter Berücksichtigung des Kinderfreibetrags und des Freibetrags für den Betreuungs- und Erziehungs- oder Ausbildungsbedarf für jedes Kind entsprechend den Vorgaben in Absatz 2a folgende Beträge übersteigt:

1. in den Steuerklassen I, II, IV bis VI 16.956 Euro und
2. in der Steuerklasse III 33.912 Euro.

[2]Die weiteren Berechnungsvorgaben in § 39b Absatz 3 des Einkommensteuergesetzes finden Anwendung.

(5) Beim Lohnsteuer-Jahresausgleich ist der Solidaritätszuschlag nur zu ermitteln, wenn die Bemessungsgrundlage in Steuerklasse III mehr als 33.912 Euro und in den Steuerklassen I, II oder IV mehr als 16.956 Euro beträgt.

§ 4
Zuschlagsatz

[1]Der Solidaritätszuschlag beträgt 5,5 Prozent der Bemessungsgrundlage. [2]Er beträgt nicht mehr als 11,9 Prozent des Unterschiedsbetrages zwischen der Bemessungsgrundlage, vermindert um die Einkommensteuer nach § 32d Absatz 3 und 4 des Einkommensteuergesetzes, und der nach § 3 Absatz 3, 4 und 5 jeweils maßgebenden Freigrenze. [3]Bruchteile eines Cents bleiben außer Ansatz. [4]Der Solidaritätszuschlag auf die Einkommensteuer nach § 32d Absatz 3 und 4 des Einkommensteuergesetzes und auf die Lohnsteuer nach § 39b Absatz 3 des Einkommensteuergesetzes beträgt ungeachtet des Satzes 2 5,5 Prozent.

§ 5
Doppelbesteuerungsabkommen

Werden auf Grund eines Abkommens zur Vermeidung der Doppelbesteuerung im Geltungsbereich dieses Gesetzes erhobene Steuern vom Einkommen ermäßigt, so ist diese Ermäßigung zuerst auf den Solidaritätszuschlag zu beziehen.

§ 6
Anwendungsvorschrift

(1) § 2 in der Fassung des Gesetzes vom 18. Dezember 1995 (BGBl. I S. 1959) ist ab dem Veranlagungszeitraum 1995 anzuwenden.

(2) Das Gesetz in der Fassung des Gesetzes vom 11. Oktober 1995 (BGBl. I S. 1250) ist erstmals für den Veranlagungszeitraum 1996 anzuwenden.

(3) Das Gesetz in der Fassung des Gesetzes vom 21. November 1997 (BGBl. I S. 2743) ist erstmals für den Veranlagungszeitraum 1998 anzuwenden.

(4) Das Gesetz in der Fassung des Gesetzes vom 23. Oktober 2000 (BGBl. I S. 1433) ist erstmals für den Veranlagungszeitraum 2001 anzuwenden.

(5) Das Gesetz in der Fassung des Gesetzes vom 21. Dezember 2000 (BGBl. I S. 1978) ist erstmals für den Veranlagungszeitraum 2001 anzuwenden.

(6) Das Solidaritätszuschlaggesetz 1995 in der Fassung des Artikels 6 des Gesetzes vom 19. Dezember 2000 (BGBl. I S. 1790) ist erstmals für den Veranlagungszeitraum 2002 anzuwenden.

(7) § 1 Abs. 2a in der Fassung des Gesetzes zur Regelung der Bemessungsgrundlage für Zuschlagsteuern vom 21. Dezember 2000 (BGBl. I S. 1978, 1979) ist letztmals für den Veranlagungszeitraum 2001 anzuwenden.

(8) § 3 Abs. 2a in der Fassung des Gesetzes zur Regelung der Bemessungsgrundlage für Zuschlagsteuern vom 21. Dezember 2000 (BGBl. I S. 1978, 1979) ist erstmals für den Veranlagungszeitraum 2002 anzuwenden.

(9) § 3 in der Fassung des Artikels 7 des Gesetzes vom 20. Dezember 2007 (BGBl. I S. 3150) ist erstmals für den Veranlagungszeitraum 2008 anzuwenden.

(10) § 3 in der Fassung des Artikels 5 des Gesetzes vom 22. Dezember 2008 (BGBl. I S. 2955) ist erstmals für den Veranlagungszeitraum 2009 anzuwenden.

(11) § 3 in der Fassung des Artikels 9 des Gesetzes vom 22. Dezember 2009 (BGBl. I S. 3950) ist erstmals für den Veranlagungszeitraum 2010 anzuwenden.

(12) [1] § 3 Absatz 3 und § 4 in der Fassung des Artikels 31 des Gesetzes vom 8. Dezember 2010 (BGBl. I S. 1768) sind erstmals für den Veranlagungszeitraum 2011 anzuwenden. [2] Abweichend von Satz 1 sind § 3 Absatz 3 und § 4 in der Fassung des Artikels 31 des Gesetzes vom 8. Dezember 2010 (BGBl. I S. 1768) auch für die Veranlagungszeiträume 2009 und 2010 anzuwenden, soweit sich dies zu Gunsten des Steuerpflichtigen auswirkt.

(13) § 3 Absatz 2a Satz 2 in der Fassung des Artikels 6 des Gesetzes vom 7. Dezember 2011 (BGBl. I S. 2592) ist erstmals für den Veranlagungszeitraum 2012 anzuwenden.

(14) [1] § 3 Absatz 2a Satz 1 in der am 23. Juli 2015 geltenden Fassung ist erstmals anzuwenden auf laufenden Arbeitslohn, der für einen nach dem 30. November 2015 endenden Lohnzahlungszeitraum gezahlt wird, und auf sonstige Bezüge, die nach dem 30. November 2015 zufließen. [2] Bei der Lohnsteuerberechnung auf laufenden Arbeitslohn, der für einen nach dem 30. November 2015, aber vor dem 1. Januar 2016 endenden täglichen, wöchentlichen und monatlichen Lohnzahlungszeitraum gezahlt wird, ist zu berücksichtigen, dass § 3 Absatz 2a Satz 1 in der am 23. Juli 2015 geltenden Fassung bis zum 30. November 2015 nicht angewandt wurde (Nachholung). [3] Das Bundesministerium der Finanzen hat dies im Einvernehmen mit den obersten Finanzbehörden der Länder bei der Aufstellung und Bekanntmachung der entsprechenden Programmablaufpläne zu berücksichtigen (§ 52 Absatz 32a Satz 3 des Einkommensteuergesetzes).

(15) § 3 Absatz 2a in der am 1. Januar 2016 geltenden Fassung ist erstmals auf den laufenden Arbeitslohn anzuwenden, der für einen nach dem 31. Dezember 2015 endenden Lohnzahlungszeitraum gezahlt wird, und auf sonstige Bezüge, die nach dem 31. Dezember 2015 zufließen.

(16) Das Gesetz in der Fassung des Gesetzes vom 19. Juli 2016 (BGBl. I S. 1730) ist erstmals für den Veranlagungszeitraum 2016 anzuwenden.

(17) § 3 Absatz 2a in der am 1. Januar 2017 geltenden Fassung ist erstmals auf den laufenden Arbeitslohn anzuwenden, der für einen nach dem 31. Dezember 2016 endenden Lohnzahlungszeitraum gezahlt wird, und auf sonstige Bezüge, die nach dem 31. Dezember 2016 zufließen.

(18) § 3 Absatz 2a in der am 1. Januar 2018 geltenden Fassung ist erstmals auf den laufenden Arbeitslohn anzuwenden, der für einen nach dem 31. Dezember 2017 endenden Lohnzahlungszeitraum gezahlt wird, und auf sonstige Bezüge, die nach dem 31. Dezember 2017 zufließen.

(19) § 3 Absatz 2a in der am 1. Januar 2019 geltenden Fassung ist erstmals auf den laufenden Arbeitslohn anzuwenden, der für einen nach dem 31. Dezember 2018 endenden Lohnzahlungszeitraum gezahlt wird, und auf sonstige Bezüge, die nach dem 31. Dezember 2018 zufließen.

(20) § 3 Absatz 2a in der am 1. Januar 2020 geltenden Fassung ist erstmals auf den laufenden Arbeitslohn anzuwenden, der für einen nach dem 31. Dezember 2019 endenden Lohnzahlungszeitraum gezahlt wird, und auf sonstige Bezüge, die nach dem 31. Dezember 2019 zufließen.

(21) [1] § 3 Absatz 3 und § 4 Satz 2 in der Fassung des Gesetzes vom 10. Dezember 2019 (BGBl. I S. 2115) sind erstmals im Veranlagungszeitraum 2021 anzuwenden. [2] § 3 Absatz 4 und 4a und § 4 Satz 2 und 4 in der Fassung des Gesetzes vom 10. Dezember 2019 (BGBl. I S. 2115) sind erstmals auf den laufenden Arbeitslohn anzuwenden, der für einen nach dem 31. Dezember 2020 endenden Lohnzahlungszeitraum gezahlt wird, und auf sonstige Bezüge, die nach dem 31. Dezember 2020 zufließen. [3] § 3 Absatz 5 in der Fassung des Gesetzes vom 10. Dezember 2019 (BGBl. I S. 2115) ist beim Lohnsteuer-Jahresausgleich durch den Arbeitgeber (§ 42b des Einkommensteuergesetzes) erstmals für das Ausgleichsjahr 2021 anzuwenden.

(22) § 3 Absatz 2a in der am 1. Januar 2021 geltenden Fassung ist erstmals auf den laufenden Arbeitslohn anzuwenden, der für einen nach dem 31. Dezember 2020 endenden Lohnzahlungszeitraum gezahlt wird, und auf sonstige Bezüge, die nach dem 31. Dezember 2020 zufließen.

II.

Merkblatt zum Solidaritätszuschlag im Lohnsteuer-Abzugsverfahren ab 1995

vom 20.9.1994 (BStBl I S. 757)

1 Erhebung des Solidaritätszuschlags

1.1 Zeitraum und Bemessungsgrundlage

Der Solidaritätszuschlag ist

- vom laufenden Arbeitslohn zu erheben, der für einen nach dem 31. Dezember 1994 endenden Lohnzahlungszeitraum gezahlt wird und
- von sonstigen Bezügen zu erheben, die nach dem 31. Dezember 1994 zufließen.

Bemessungsgrundlage des Solidaritätszuschlags ist die jeweilige Lohnsteuer.

1.2 Höhe des Solidaritätszuschlags

Der Solidaritätszuschlag ist für den Steuerabzug vom laufenden Arbeitslohn, für den Steuerabzug von sonstigen Bezügen und für die Steuerpauschalierung nach den §§ 40 bis 40b EStG jeweils gesondert zu ermitteln.

1.2.1 Für den Steuerabzug vom laufenden Arbeitslohn ist der Solidaritätszuschlag bei monatlicher Lohnzahlung aus der Tabelle in Anlage 1, bei wöchentlicher Lohnzahlung aus der Tabelle in Anlage 2 und bei täglicher Lohnzahlung aus der Tabelle in Anlage 3 zu ermitteln. Bei höheren als in den Tabellen ausgewiesenen Lohnsteuerbeträgen ist der Solidaritätszuschlag mit 7,5 v. H.[1]) der Lohnsteuer zu berechnen.

1.2.2 Bei von monatlichen, wöchentlichen oder täglichen Lohnzahlungszeiträumen abweichenden Lohnzahlungszeiträumen ist die Lohnsteuer nach § 39b Abs. 4 EStG[2]) unter Anwendung der Wochen- oder Tageslohnsteuertabelle zu ermitteln. Für den Wochen- oder Tageslohnsteuerbetrag ist der Solidaritätszuschlag aus den Tabellen in Anlagen 2 oder 3 zu ermitteln bzw. entsprechend Tz. 1.2.1 Satz 2 zu berechnen. Der sich ergebende Betrag ist mit der Zahl der in den abweichenden Lohnzahlungszeitraum fallenden Wochen oder Kalendertage zu vervielfältigen.

1.2.3 Für den Steuerabzug von sonstigen Bezügen und für die Steuerpauschalierung ist der Solidaritätszuschlag stets mit 7,5 v. H.[1]) der entsprechenden Lohnsteuer zu berechnen.

1.3 Übernimmt der Arbeitgeber in den Fällen einer Nettolohnvereinbarung auch den Solidaritätszuschlag, so ist die Lohnsteuer nach dem Bruttoarbeitslohn zu berechnen, der nach Kürzung um die Lohnabzüge einschließlich des Solidaritätszuschlags den ausgezahlten Nettolohnbetrag ergibt. Übernimmt der Arbeitgeber den Solidaritätszuschlag nicht, so bleibt dieser bei der Berechnung des Bruttoarbeitslohns außer Betracht. Der Nettolohn ist um den Solidaritätszuschlag zu mindern.

1.4 Wird die Lohnsteuer nach dem voraussichtlichen Jahresarbeitslohn des Arbeitnehmers unter Anwendung der Jahreslohnsteuertabelle berechnet (permanenter Lohnsteuer-Jahresausgleich – § 39b Abs. 2 letzter Satz EStG[3]), Abschnitt 121 Abs. 2 LStR[4])), so ist der Solidaritätszuschlag entsprechend den für die Lohnsteuer geltenden Regeln aus der Tabelle in Anlage 4 zu ermitteln. Bei höheren Jahreslohnsteuerbeträgen ist der Solidaritätszuschlag mit 7,5 v. H.[1]) der Jahreslohnsteuer zu berechnen.

1.5 Bruchteile eines Pfennigs, die sich bei der Berechnung des Solidaritätszuschlags nach Tz. 1.2.1, 1.2.2, 1.2.3 und 1.4 ergeben, bleiben jeweils außer Betracht.

---

[1]) jetzt 5,5 %
[2]) jetzt § 39b Abs. 2 Satz 2
[3]) jetzt § 39b Abs. 2 Satz 12
[4]) jetzt R 39b.8 LStR

1.6 Wird die Lohnsteuer infolge rückwirkender Änderungen von Besteuerungsmerkmalen (z. B. rückwirkende Änderungen der Zahl der Kinderfreibeträge) neu ermittelt, so ist auch der Solidaritätszuschlag neu zu ermitteln; in diesen Fällen ist ein etwa zuviel einbehaltener Solidaritätszuschlag dem Arbeitnehmer zu erstatten; ein etwa zu wenig einbehaltener Solidaritätszuschlag ist nachzuerheben. Das gilt auch bei nachträglicher Eintragung von Freibeträgen auf der Lohnsteuerkarte.

2 Behandlung des Solidaritätszuschlags im Lohnsteuer-Jahresausgleich durch den Arbeitgeber

2.1 Wenn der Arbeitgeber für den Arbeitnehmer einen Lohnsteuer-Jahresausgleich durchführt, ist auch für den Solidaritätszuschlag ein Jahresausgleich durchzuführen.

2.2 Der Jahresbetrag des Solidaritätszuschlags ergibt sich aus der Tabelle in Anlage 4. Bei höheren als in der Tabelle ausgewiesenen Jahreslohnsteuerbeträgen ist der Solidaritätszuschlag mit 7,5 v. H.[1]) der Jahreslohnsteuer zu berechnen. Tz. 1.5 ist anzuwenden.

2.3 Übersteigt die Summe der einbehaltenen Zuschlagsbeträge den Jahresbetrag des Solidaritätszuschlags, so ist der Unterschiedsbetrag dem Arbeitnehmer vom Arbeitgeber zu erstatten. Übersteigt der Jahresbetrag des Solidaritätszuschlags die Summe der einbehaltenen Zuschlagsbeträge, so kommt eine nachträgliche Einbehaltung des Unterschiedsbetrags durch den Arbeitgeber nur nach Maßgabe des § 41c EStG in Betracht.

3 Verhältnis des Solidaritätszuschlags zur Kirchensteuer

Der Solidaritätszuschlag bezieht sich nur auf die Lohnsteuer, nicht auf die Kirchensteuer. Die Kirchensteuer bemißt sich nach der Lohnsteuer ohne den Solidaritätszuschlag.

4 Aufzeichnung, Anmeldung und Bescheinigung des Solidaritätszuschlags

Der Solidaritätszuschlag ist im Lohnkonto (§ 41 EStG), in der Lohnsteuer-Anmeldung (§ 41a EStG) und in der Lohnsteuerbescheinigung (z. B. auf der Lohnsteuerkarte – § 41b EStG) gesondert neben der Lohnsteuer und Kirchensteuer einzutragen.

5 Maschinelle Berechnung des Solidaritätszuschlags

Es wird auf den Programmablaufplan zur maschinellen Berechnung der vom laufenden Arbeitslohn einzubehaltenden Lohnsteuer hingewiesen, der mit BMF-Schreiben vom 18. August 1994 im Bundessteuerblatt Teil I S. 713 veröffentlicht worden ist.

Anhang 28

– unbesetzt –

[1]) jetzt 5,5 %

Übersicht

I.

Gesetz über die Umzugskostenvergütung für die Bundesbeamten, Richter im Bundesdienst und Soldaten (Bundesumzugskostengesetz – BUKG)

vom 11.12.1990 (BGBl. I S. 2682)

zuletzt geändert durch Artikel 7 des Gesetzes zur Modernisierung der Strukturen des Besoldungsrechts und zur Änderung weiterer dienstrechtlicher Vorschriften (Besoldungsstrukturenmodernisierungsgesetz – BesStMG) vom 9.12.2019 (BGBl. I S. 2053, BStBl I S. 2087)

§ 1
Anwendungsbereich

(1) [1] Dieses Gesetz regelt Art und Umfang der Erstattung von Auslagen aus Anlaß der in den §§ 3 und 4 bezeichneten Umzüge und der in § 12 genannten Maßnahmen. [2] Berechtigte sind:

1. Bundesbeamte und in den Bundesdienst abgeordnete Beamte,
2. Richter im Bundesdienst und in den Bundesdienst abgeordnete Richter,
3. Berufssoldaten und Soldaten auf Zeit,
4. Beamte und Richter (Nummern 1 und 2) und Berufssoldaten im Ruhestand,
5. frühere Beamte und Richter (Nummern 1 und 2) und Berufssoldaten, die wegen Dienstunfähigkeit oder Erreichens der Altersgrenze entlassen worden sind,
6. Hinterbliebene der in den Nummern 1 bis 5 bezeichneten Personen.

(2) Hinterbliebene sind der Ehegatte, Lebenspartner, Verwandte bis zum vierten Grade, Verschwägerte bis zum zweiten Grade, Pflegekinder und Pflegeeltern, wenn diese Personen zur Zeit des Todes zur häuslichen Gemeinschaft des Verstorbenen gehört haben.

(3) Eine häusliche Gemeinschaft im Sinne dieses Gesetzes setzt ein Zusammenleben in gemeinsamer Wohnung oder in enger Betreuungsgemeinschaft in demselben Hause voraus.

§ 2
Anspruch auf Umzugskostenvergütung

(1) [1] Voraussetzung für den Anspruch auf Umzugskostenvergütung ist die schriftliche oder elektronische Zusage. [2] Sie soll gleichzeitig mit der den Umzug veranlassenden Maßnahme erteilt werden. [3] In den Fällen des § 4 Abs. 3 muß die Umzugskostenvergütung vor dem Umzug zugesagt werden.

(2) [1] Die Umzugskostenvergütung wird nach Beendigung des Umzuges gewährt. [2] Sie ist innerhalb einer Ausschlußfrist von einem Jahr bei der Beschäftigungsbehörde, in den Fällen des § 4 Abs. 3 bei

der letzten Beschäftigungsbehörde, schriftlich oder elektronisch zu beantragen. [3]Die Frist beginnt mit dem Tage nach Beendigung des Umzuges, in den Fällen des § 11 Abs. 3 Satz 1 mit der Bekanntgabe des Widerrufs.

(3) [1]Umzugskostenvergütung wird nicht gewährt, wenn nicht innerhalb von fünf Jahren nach Wirksamwerden der Zusage der Umzugskostenvergütung umgezogen wird. [2]Die oberste Dienstbehörde kann diese Frist in besonders begründeten Ausnahmefällen um längstens zwei Jahre verlängern. [3]§ 4 Abs. 3 Satz 2 bleibt unberührt.

§ 3
Zusage der Umzugskostenvergütung

(1) Die Umzugskostenvergütung ist zuzusagen für Umzüge

1. aus Anlaß der Versetzung aus dienstlichen Gründen an einen anderen Ort als den bisherigen Dienstort, es sei denn, daß
   a) mit einer baldigen weiteren Versetzung an einen anderen Dienstort zu rechnen ist,
   b) der Umzug aus besonderen Gründen nicht durchgeführt werden soll,
   c) die Wohnung auf einer üblicherweise befahrenen Strecke weniger als 30 Kilometer von der neuen Dienststätte entfernt ist oder im neuen Dienstort liegt (Einzugsgebiet) oder
   d) der Berechtigte auf die Zusage der Umzugskostenvergütung unwiderruflich verzichtet und dienstliche Gründe den Umzug nicht erfordern,
2. auf Anweisung des Dienstvorgesetzten, die Wohnung innerhalb bestimmter Entfernung von der Dienststelle zu nehmen oder eine Dienstwohnung zu beziehen,
3. aus Anlaß der Räumung einer Dienstwohnung auf dienstliche Weisung,
4. aus Anlaß der Aufhebung einer Versetzung nach einem Umzug mit Zusage der Umzugskostenvergütung.

(2) Absatz 1 Nr. 1 gilt entsprechend für Umzüge aus Anlaß

1. der Verlegung der Beschäftigungsbehörde,
2. der nicht nur vorübergehenden Zuteilung aus dienstlichen Gründen zu einem anderen Teil der Beschäftigungsbehörde,
3. der Übertragung eines anderen Richteramtes nach § 32 Abs. 2 des Deutschen Richtergesetzes oder eines weiteren Richteramtes nach § 27 Abs. 2 des vorgenannten Gesetzes.

(3) [1]Die oberste Dienstbehörde kann festlegen, dass die Zusage der Umzugskostenvergütung erst drei Jahre nach der Personalmaßnahme wirksam wird; dies gilt nicht für Ledige ohne eigene Wohnung. [2]Voraussetzung ist, dass

1. der festgelegte Bereich
   a) eine besondere Versetzungshäufigkeit aufweist oder
   b) von wesentlichen Restrukturierungen betroffen ist und
2. es sich nicht um Auslandsumzüge nach § 13 handelt; abweichend davon ist bei Umzügen vom Inland ins Ausland eine Festlegung nach Satz 1 möglich, soweit dienstliche Gründe einen Umzug nicht erfordern.

[3]Die Festlegung nach Satz 1 bedarf des Einvernehmens des Bundesministeriums der Finanzen insbesondere im Hinblick auf dessen Gesamtverantwortung für die Ausführung des Haushaltsplans. [4]Erklärt der Berechtigte innerhalb von drei Jahren nach dem Wirksamwerden der Personalmaßnahme schriftlich oder elektronisch, dass er umzugswillig ist, wird die Zusage der Umzugskostenvergütung mit dem Zeitpunkt des Zugangs der Erklärung wirksam, wenn die Voraussetzungen nach den Absätzen 1 und 2 noch gegeben sind.

(4) Absatz 3 gilt auch im Falle einer erneuten Personalmaßnahme ohne Dienstortwechsel, bei der der Verbleib am Dienstort aus zwingenden dienstlichen Gründen notwendig ist.

§ 4
Zusage der Umzugskostenvergütung in besonderen Fällen

(1) Die Umzugskostenvergütung kann in entsprechender Anwendung des § 3 Abs. 1 Nr. 1 zugesagt werden für Umzüge aus Anlaß

1. der Einstellung,
2. der Abordnung oder Kommandierung,
3. der vorübergehenden Zuteilung aus dienstlichen Gründen zu einem anderen Teil der Beschäftigungsbehörde,
4. der vorübergehenden dienstlichen Tätigkeit bei einer anderen Stelle als einer Dienststelle.

(2) Die Umzugskostenvergütung kann ferner zugesagt werden für Umzüge aus Anlaß

1. der Aufhebung oder Beendigung einer Maßnahme nach Absatz 1 Nr. 2 bis 4 nach einem Umzug mit Zusage der Umzugskostenvergütung,
2. der Räumung einer bundeseigenen oder im Besetzungsrecht des Bundes stehenden Mietwohnung, wenn sie auf Veranlassung der obersten Dienstbehörde oder der von ihr ermächtigten Behörde im dienstlichen Interesse geräumt werden soll,
3. einer Versetzung oder eines Wohnungswechsels wegen des Gesundheitszustandes des Berechtigten, des mit ihm in häuslicher Gemeinschaft lebenden Ehegatten oder Lebenspartners oder der mit ihm in häuslicher Gemeinschaft lebenden, beim Familienzuschlag nach dem Bundesbesoldungsgesetz berücksichtigungsfähigen Kinder, wobei die Notwendigkeit des Umzuges amts- oder vertrauensärztlich bescheinigt sein muß,
4. eines Wohnungswechsels, der notwendig ist, weil die Wohnung wegen der Zunahme der Zahl der zur häuslichen Gemeinschaft gehörenden, beim Familienzuschlag nach dem Bundesbesoldungsgesetz berücksichtigungsfähigen Kinder unzureichend geworden ist. [2] Unzureichend ist eine Wohnung, wenn die Zimmerzahl der bisherigen Wohnung um mindestens zwei hinter der zustehenden Zimmerzahl zurückbleibt. [3] Dabei darf für jede vor und nach dem Umzug zur häuslichen Gemeinschaft des Berechtigten gehörende Person (§ 6 Abs. 3 Satz 2 und 3) nur ein Zimmer zugebilligt werden.

(3) [1] Die Umzugskostenvergütung kann ferner für Umzüge aus Anlaß der Beendigung des Dienstverhältnisses Berechtigten nach § 1 Abs. 1 Satz 2 Nr. 4 bis 6 zugesagt werden, wenn

1. ein Verbleiben an Grenzorten, kleineren abgelegenen Plätzen oder Inselorten nicht zumutbar ist oder
2. in den vorausgegangenen zehn Jahren mindestens ein Umzug mit Zusage der Umzugskostenvergütung an einen anderen Ort durchgeführt wurde.

[2] Die Umzugskostenvergütung wird nur gewährt, wenn innerhalb von zwei Jahren nach Beendigung des Dienstverhältnisses umgezogen wird. [3] Sie wird nicht gewährt, wenn das Dienstverhältnis aus Disziplinargründen oder zur Aufnahme einer anderen Tätigkeit beendet wurde.

(4) Der Abordnung nach Absatz 1 Nr. 2 stehen die Zuweisung nach § 29 des Bundesbeamtengesetzes oder nach § 20 Beamtenstatusgesetzes gleich.

§ 5
Umzugskostenvergütung

(1) Die Umzugskostenvergütung umfaßt

1. Beförderungsauslagen (§ 6),
2. Reisekosten (§ 7),
3. Mietentschädigung (§ 8),
4. andere Auslagen (§ 9),
5. Pauschvergütung für sonstige Umzugsauslagen (§ 10),
6. Auslagen nach § 11.

(2) Zuwendungen, die für denselben Umzug von einer anderen Dienst- oder Beschäftigungsstelle gewährt werden, sind auf die Umzugskostenvergütung insoweit anzurechnen, als für denselben Zweck Umzugskostenvergütung nach diesem Gesetz gewährt wird.

(3) [1] Die aufgrund einer Zusage nach § 4 Abs. 1 Nr. 1 oder Abs. 2 Nr. 3 oder 4 gewährte Umzugskostenvergütung ist zurückzuzahlen, wenn der Berechtigte vor Ablauf von zwei Jahren nach Beendigung des Umzuges aus einem von ihm zu vertretenden Grunde aus dem Bundesdienst ausscheidet. [2] Die oberste Dienstbehörde kann hiervon Ausnahmen zulassen, wenn der Berechtigte unmittelbar in ein Dienst- oder Beschäftigungsverhältnis zu einem anderen öffentlich-rechtlichen Dienstherrn im Geltungsbereich dieses Gesetzes oder zu einer in § 40 Abs. 6 Satz 2 und 3 des Bundesbesoldungsgesetzes bezeichneten Einrichtung übertritt.

§ 6
Beförderungsauslagen

(1) [1] Die notwendigen Auslagen für das Befördern des Umzugsgutes von der bisherigen zur neuen Wohnung werden erstattet. [2] Liegt die neue Wohnung im Ausland, so werden in den Fällen des § 3 Abs. 1 Nr. 3, § 4 Abs. 2 Nr. 2 und Abs. 3 Satz 1 die Beförderungsauslagen bis zum inländischen Grenzort erstattet.

(2) Auslagen für das Befördern von Umzugsgut, das sich außerhalb der bisherigen Wohnung befindet, werden höchstens insoweit erstattet, als sie beim Befördern mit dem übrigen Umzugsgut erstattungsfähig wären.

(3) [1] Umzugsgut sind die Wohnungseinrichtung und in angemessenem Umfang andere bewegliche Gegenstände und Haustiere, die sich am Tage vor dem Einladen des Umzugsgutes im Eigentum, Besitz oder Gebrauch des Berechtigten oder anderer Personen befinden, die mit ihm in häuslicher Gemeinschaft leben. [2] Andere Personen im Sinne des Satzes 1 sind der Ehegatte, der Lebenspartner sowie die ledigen Kinder, Stief- und Pflegekinder. [3] Es gehören ferner dazu die nicht ledigen in Satz 2 genannten Kinder und Verwandte bis zum vierten Grade, Verschwägerte bis zum zweiten Grade und Pflegeeltern, wenn der Berechtigte diesen Personen aus gesetzlicher oder sittlicher Verpflichtung nicht nur vorübergehend Unterkunft und Unterhalt gewährt, sowie Hausangestellte und solche Personen, deren Hilfe der Berechtigte aus beruflichen oder gesundheitlichen Gründen nicht nur vorübergehend bedarf.

§ 7
Reisekosten

(1) [1] Die Auslagen für die Reise des Berechtigten und der zur häuslichen Gemeinschaft gehörenden Personen (§ 6 Abs. 3 Satz 2 und 3) von der bisherigen zur neuen Wohnung werden wie bei Dienstreisen des Berechtigten erstattet, in den Fällen des § 4 Abs. 3 Satz 1 Nr. 1 wie sie bei Dienstreisen im letzten Dienstverhältnis zu erstatten wären. [2] Tagegeld wird vom Tage des Einladens des Umzugsgutes an bis zum Tage des Ausladens mit der Maßgabe gewährt, daß auch diese beiden Tage als volle Reisetage gelten. [3] Übernachtungsgeld wird für den Tag des Ausladens des Umzugsgutes nur gewährt, wenn eine Übernachtung außerhalb der neuen Wohnung notwendig gewesen ist.

(2) [1] Absatz 1 Satz 1 gilt entsprechend für zwei Reisen einer Person oder eine Reise von zwei Personen zum Suchen oder Besichtigen einer Wohnung mit der Maßgabe, daß die Fahrkosten bis zur Höhe der billigsten Fahrkarte der allgemein niedrigsten Klasse eines regelmäßig verkehrenden Beförderungsmittels erstattet werden. [2] Tage- und Übernachtungsgeld wird je Reise für höchstens zwei Reise- und zwei Aufenthaltstage gewährt.

(3) [1] Für eine Reise des Berechtigten zur bisherigen Wohnung zur Vorbereitung und Durchführung des Umzuges werden Fahrkosten gemäß Absatz 2 Satz 1 erstattet. [2] Die Fahrkosten einer anderen Person für eine solche Reise werden im gleichen Umfang erstattet, wenn sich zur Zeit des Umzuges am bisherigen Wohnort weder der Berechtigte noch eine andere Person (§ 6 Abs. 3 Satz 2 und 3) befunden hat, der die Vorbereitung und Durchführung des Umzuges zuzumuten war. [3] Wird der Umzug vor dem Wirksamwerden einer Maßnahme nach den §§ 3, 4 Abs. 1 durchgeführt, so werden die

Fahrkosten für die Rückreise von der neuen Wohnung zum Dienstort, in den Fällen des § 4 Abs. 1 Nr. 1 zur bisherigen Wohnung, gemäß Absatz 2 Satz 1 erstattet.

(4) § 6 Abs. 1 Satz 2 gilt entsprechend.

§ 8
Mietentschädigung

(1) [1] Miete für die bisherige Wohnung wird bis zu dem Zeitpunkt, zu dem das Mietverhältnis frühestens gelöst werden konnte, längstens jedoch für sechs Monate, erstattet, wenn für dieselbe Zeit Miete für die neue Wohnung gezahlt werden mußte. [2] Ferner werden die notwendigen Auslagen für das Weitervermieten der Wohnung innerhalb der Vertragsdauer bis zur Höhe der Miete für einen Monat erstattet. [3] Die Sätze 1 und 2 gelten auch für die Miete einer Garage.

(2) [1] Miete für die neue Wohnung, die nach Lage des Wohnungsmarktes für eine Zeit gezahlt werden mußte, während der die Wohnung noch nicht benutzt werden konnte, wird längstens für drei Monate erstattet, wenn für dieselbe Zeit Miete für die bisherige Wohnung gezahlt werden mußte. [2] Entsprechendes gilt für die Miete einer Garage.

(3) [1] Die bisherige Wohnung im eigenen Haus oder die Eigentumswohnung steht der Mietwohnung gleich mit der Maßgabe, daß die Mietentschädigung längstens für ein Jahr gezahlt wird. [2] Die oberste Dienstbehörde kann diese Frist in besonders begründeten Ausnahmefällen um längstens sechs Monate verlängern. [3] An die Stelle der Miete tritt der ortsübliche Mietwert der Wohnung. [4] Entsprechendes gilt für die eigene Garage. [5] Für die neue Wohnung im eigenen Haus oder die neue Eigentumswohnung wird Mietentschädigung nicht gewährt.

(4) Miete nach den Absätzen 1 bis 3 wird nicht für eine Zeit erstattet, in der die Wohnung oder die Garage ganz oder teilweise anderweitig vermietet oder benutzt worden ist.

§ 9
Andere Auslagen

(1) Die notwendigen ortsüblichen Maklergebühren für die Vermittlung einer Mietwohnung und einer Garage oder die entsprechenden Auslagen bis zu dieser Höhe für eine eigene Wohnung werden erstattet.

(2) Die Auslagen für einen durch den Umzug bedingten zusätzlichen Unterricht der Kinder des Berechtigten (§ 6 Absatz 3 Satz 2) werden erstattet, pro Kind jedoch höchstens 20 Prozent des am Tag vor dem Einladen des Umzugsgutes maßgeblichen Endgrundgehaltes der Besoldungsgruppe A 13.

§ 10
Pauschvergütung für sonstige Umzugsauslagen

(1) [1] Berechtigte, die am Tage vor dem Einladen des Umzugsgutes eine Wohnung hatten und nach dem Umzug wieder eine Wohnung eingerichtet haben, erhalten eine Pauschvergütung für sonstige Umzugsauslagen. [2] Sie beträgt

1. für Berechtigte 15 Prozent,
2. für jede andere Person im Sinne des § 6 Absatz 3 Satz 1, die auch nach dem Umzug mit dem Berechtigten in häuslicher Gemeinschaft lebt, 10 Prozent

des am Tag vor dem Einladen des Umzugsgutes maßgeblichen Endgrundgehaltes der Besoldungsgruppe A 13.

(2) [1] Bei Berechtigten, die die Voraussetzungen des Absatzes 1 Satz 1 nicht erfüllen, beträgt die Pauschvergütung 3 Prozent des am Tag vor dem Einladen des Umzugsgutes maßgeblichen Endgrundgehaltes der Besoldungsgruppe A 13. [2] Die Pauschvergütung nach Satz 2 wird gewährt, wenn das Umzugsgut aus Anlass einer vorangegangenen Auslandsverwendung untergestellt war.

(3) [1]Eine Wohnung im Sinne des Absatzes 1 besteht aus einer geschlossenen Einheit von mehreren Räumen, in der ein Haushalt geführt werden kann, darunter stets eine Küche oder ein Raum mit Kochgelegenheit. [2]Zu einer Wohnung gehören außerdem Wasserversorgung, Ausguß und Toilette.

(4) In den Fällen des § 11 Abs. 3 werden die nachgewiesenen notwendigen Auslagen bis zur Höhe der Pauschvergütung erstattet.

(5) Ist innerhalb von fünf Jahren ein Umzug mit Zusage der Umzugskostenvergütung nach den §§ 3, 4 Abs. 1 Nr. 2 bis 4 oder Abs. 2 Nr. 1 vorausgegangen, so wird ein Häufigkeitszuschlag in Höhe von 50 vom Hundert der Pauschvergütung nach Absatz 1 gewährt, wenn beim vorausgegangenen und beim abzurechnenden Umzug die Voraussetzungen des Absatzes 1 Satz 1 vorgelegen haben.

(6) [1]Für eine umziehende Person kann für denselben Umzug nur eine Pauschvergütung gewährt werden. [2]Ist eine Person zugleich Berechtigter und andere Person im Sinne des § 6 Absatz 3 Satz 1, wird der Pauschbetrag nach Absatz 1 Satz 2 Nummer 1 gewährt.

§ 11
Umzugskostenvergütung in Sonderfällen

(1) [1]Ein Beamter mit Wohnung im Sinne des § 10 Abs. 3, dem Umzugskostenvergütung für einen Umzug nach § 3 Abs. 1 Nr. 1, 3 oder 4, § 4 Abs. 1 Nr. 1 bis 4, Abs. 2 Nr. 1 zugesagt ist, kann für den Umzug in eine vorläufige Wohnung Umzugskostenvergütung erhalten, wenn die zuständige Behörde diese Wohnung vorher schriftlich oder elektronisch als vorläufige Wohnung anerkannt hat. [2]Bis zum Umzug in die endgültige Wohnung darf eine Wohnung nur einmal als vorläufige Wohnung anerkannt werden.

(2) [1]In den Fällen des § 4 Abs. 2 Nr. 3 und 4 werden höchstens die Beförderungsauslagen (§ 6) und die Reisekosten (§ 7) erstattet, die bei einem Umzug über eine Entfernung von fünfundzwanzig Kilometern entstanden wären. [2]Im Falle des § 4 Abs. 3 Satz 1 Nr. 2 werden nur die Beförderungsauslagen (§ 6) erstattet. [3]Satz 2 gilt auch für das Befördern des Umzugsgutes des Ehegatten oder Lebenspartners, wenn der Berechtigte innerhalb von sechs Monaten nach dem Tag geheiratet oder die Lebenspartnerschaft begründet hat, an dem die Umzugskostenvergütung nach § 3 Abs. 1 Nr. 1 oder 2 oder Abs. 2 oder § 4 Abs. 1 oder Abs. 2 Nr. 1 zugesagt worden ist.

(3) [1]Wird die Zusage der Umzugskostenvergütung aus von dem Berechtigten nicht zu vertretenden Gründen widerrufen, so werden die durch die Vorbereitung des Umzuges entstandenen notwendigen, nach diesem Gesetz erstattungsfähigen Auslagen erstattet. [2]Muß in diesem Fall ein anderer Umzug durchgeführt werden, so wird dafür Umzugskostenvergütung gewährt; Satz 1 bleibt unberührt. [3]Die Sätze 1 und 2 gelten entsprechend, wenn die Zusage der Umzugskostenvergütung zurückgenommen, anderweitig aufgehoben wird oder sich auf andere Weise erledigt.

§ 12
Trennungsgeld

(1) Trennungsgeld wird gewährt

1. in den Fällen des § 3 Abs. 1 Nr. 1, 3 und 4 sowie Abs. 2, ausgenommen bei Vorliegen der Voraussetzungen des § 3 Abs. 1 Nr. 1 Buchstaben c und d,
2. wenn eine Festlegung nach § 3 Absatz 3 Satz 1 erfolgt ist und der Berechtigte die Umzugswilligkeit nicht erklärt hat,
3. in den Fällen des § 4 Abs. 1 Nr. 2 bis 4 und Abs. 2 Nr. 1 oder 3, soweit der Berechtigte an einen anderen Ort als den bisherigen Dienstort versetzt wird, und
4. bei der Einstellung mit Zusage der Umzugskostenvergütung

für die dem Berechtigten durch die getrennte Haushaltsführung, das Beibehalten der Wohnung oder der Unterkunft am bisherigen Wohnort oder das Unterstellen des zur Führung eines Haushalts notwendigen Teils der Wohnungseinrichtung entstehenden notwendigen Auslagen unter Berücksichtigung der häuslichen Ersparnis.

(2) [1] Ist dem Berechtigten die Umzugskostenvergütung zugesagt worden, so darf Trennungsgeld nur gewährt werden, wenn er uneingeschränkt umzugswillig ist und nachweislich wegen Wohnungsmangels am neuen Dienstort einschließlich des Einzugsgebietes (§ 3 Abs. 1 Nr. 1 Buchstabe c) nicht umziehen kann. [2] Diese Voraussetzungen müssen seit dem Tage erfüllt sein, an dem die Umzugskostenvergütung zugesagt worden oder, falls für den Berechtigten günstiger, die Maßnahme wirksam geworden oder die Dienstwohnung geräumt worden ist.

(3) [1] Nach Wegfall des Wohnungsmangels darf Trennungsgeld nur weitergewährt werden, wenn und solange dem Umzug des umzugswilligen Berechtigten einer der folgenden Hinderungsgründe entgegensteht:

1. Vorübergehende schwere Erkrankung des Berechtigten oder eines seiner Familienangehörigen (§ 6 Abs. 3 Satz 2 und 3) bis zur Dauer von einem Jahr;
2. Beschäftigungsverbote für die Berechtigte oder eine Familienangehörige (§ 6 Abs. 3 Satz 2 und 3) für die Zeit vor oder nach einer Entbindung nach mutterschutzrechtlichen Vorschriften;
3. Schul- oder Berufsausbildung eines Kindes (§ 6 Abs. 3 Satz 2 und 3) bis zum Ende des Schul- oder Ausbildungsjahres. [2] Befindet sich das Kind in der Jahrgangsstufe 12 einer Schule, so verlängert sich die Gewährung des Trennungsgeldes bis zum Ende des folgenden Schuljahres; befindet sich das Kind im vorletzten Ausbildungsjahr eines Berufsausbildungsverhältnisses, so verlängert sich die Gewährung des Trennungsgeldes bis zum Ende des folgenden Ausbildungsjahres;
4. Schul- oder Berufsausbildung eines schwerbehinderten Kindes (§ 6 Abs. 3 Satz 2 und 3). [2] Trennungsgeld wird bis zur Beendigung der Ausbildung gewährt, solange diese am neuen Dienst- oder Wohnort oder in erreichbarer Entfernung davon wegen der Behinderung nicht fortgesetzt werden kann;
5. Akute lebensbedrohende Erkrankung eines Elternteils des Berechtigten, seines Ehegatten oder Lebenspartners, wenn dieser in hohem Maße Hilfe des Ehegatten, Lebenspartners oder Familienangehörigen des Berechtigten erhält.
6. Schul- oder erste Berufsausbildung des Ehegatten oder Lebenspartner in entsprechender Anwendung der Nummer 3.

[2] Trennungsgeld darf auch gewährt werden, wenn zum Zeitpunkt des Wirksamwerdens der dienstlichen Maßnahme kein Wohnungsmangel, aber einer dieser Hinderungsgründe vorliegt. [3] Liegt bei Wegfall des Hinderungsgrundes ein neuer Hinderungsgrund vor, kann mit Zustimmung der obersten Dienstbehörde Trennungsgeld bis zu längstens einem Jahr weiterbewilligt werden. [4] Nach Wegfall des Hinderungsgrundes darf Trennungsgeld auch bei erneutem Wohnungsmangel nicht gewährt werden.

(4) [1] Im Anschluss an die Zeit, für die Trennungsgeld nach Absatz 1 Nummer 2 gewährt worden ist, wird auf Antrag des Berechtigten für weitere fünf Jahre Trennungsgeld gewährt. [2] Der Antrag ist vor Ablauf des Zeitraums nach § 3 Absatz 3 Satz 1 zu stellen. [3] Die Zusage der Umzugskostenvergütung erlischt bei Gewährung des Trennungsgeldes nach Satz 1 und kann nicht erneut erteilt werden.

(5) [1] Das Bundesministerium des Innern, für Bau und Heimat wird ermächtigt, durch Rechtsverordnung, die nicht der Zustimmung des Bundesrates bedarf, Vorschriften über die Gewährung des Trennungsgeldes zu erlassen. [2] Dabei kann bestimmt werden, daß Trennungsgeld auch bei der Einstellung ohne Zusage der Umzugskostenvergütung gewährt wird und daß in den Fällen des § 3 Abs. 1 Nr. 1 Buchstabe d der Berechtigte für längstens ein Jahr Reisebeihilfen für Heimfahrten erhält.

§ 13
Auslandsumzüge

(1) Auslandsumzüge sind Umzüge zwischen Inland und Ausland sowie im Ausland.

(2) [1] Als Auslandsumzüge gelten nicht die Umzüge

1. der im Grenzverkehr tätigen Beamten, und zwar auch dann nicht, wenn sie im Anschluß an die Tätigkeit im Grenzverkehr in das Inland oder in den Fällen des § 3 Abs. 1 Nr. 3, § 4 Abs. 2 Nr. 2 bis 4, Abs. 3 Satz 1 im Ausland umziehen,
2. in das Ausland in den Fällen des § 3 Abs. 1 Nr. 3, § 4 Abs. 2 Nr. 2 bis 4, Abs. 3 Satz 1,
3. in das Inland in den Fällen des § 3 Abs. 1 Nr. 2 und 3,
4. aus Anlaß einer Einstellung, Versetzung, Abordnung oder Kommandierung und der in § 3 Abs. 2, § 4 Abs. 1 Nr. 3, Abs. 2 Nr. 2 bis 4 bezeichneten Maßnahmen im Inland einschließlich ihrer Aufhebung, wenn die bisherige oder die neue Wohnung im Ausland liegt.

[2] In den Fällen des Satzes 1 Nr. 2 bis 4 wird für die Umzugsreise (§ 7 Abs. 1) Tage- und Übernachtungsgeld nur für die notwendige Reisedauer gewährt; § 7 Abs. 2 und 3 findet keine Anwendung.

§ 14
Sondervorschriften für Auslandsumzüge

(1) [1] Das Auswärtige Amt wird ermächtigt, im Einvernehmen mit dem Bundesministerium des Innern, für Bau und Heimat, dem Bundesministerium der Verteidigung und dem Bundesministerium der Finanzen für Auslandsumzüge durch Rechtsverordnungen, die nicht der Zustimmung des Bundesrates bedürfen, nähere Vorschriften über die notwendige Umzugskostenvergütung (Auslandsumzugskostenverordnung, Absatz 2) sowie das notwendige Trennungsgeld (Auslandstrennungsgeldverordnung, Absatz 3) zu erlassen, soweit die besonderen Bedürfnisse im Ausland es erfordern. [2] Soweit aufgrund dieser Ermächtigung keine Sonderregelungen ergangen sind, finden auch auf Auslandsumzüge die §§ 6 bis 12 Anwendung.

(2) In der Auslandsumzugskostenverordnung sind insbesondere zu regeln:

1. Erstattung der Auslagen für Umzugsvorbereitungen einschließlich Wohnungsbesichtigungsreisen,
2. Erstattung der Beförderungsauslagen,
3. Berücksichtigung bis zu 50 vom Hundert der eingesparten Beförderungsauslagen für zurückgelassene Personenkraftfahrzeuge,
4. Erstattung der Auslagen für die Umzugsreise des Berechtigten und der zu seiner häuslichen Gemeinschaft gehörenden Personen,
5. Gewährung von Beihilfen zu den Fahrkosten von Personen, die mit der Reise in die häusliche Gemeinschaft aufgenommen werden, und zu den Kosten des Beförderns des Heiratsgutes an den Auslandsdienstort, wenn der Anspruchsberechtigte nach seinem Umzug in das Ausland heiratet,
6. Gewährung von Beihilfen zu den Fahrkosten sowie zu den Kosten der Beförderung des anteiligen Umzugsgutes eines Mitglieds der häuslichen Gemeinschaft, wenn es sich vom Berechtigten während seines Auslandsdienstes auf Dauer trennt, bis zur Höhe der Kosten für eine Rückkehr an den letzten Dienstort im Inland,
7. Gewährung der Mietentschädigung,
8. Gewährung der Pauschvergütung für sonstige Umzugsauslagen und Aufwand,
9. Erstattung der nachgewiesenen sonstigen Umzugsauslagen,
10. Erstattung der Lagerkosten oder der Auslagen für das Unterstellen zurückgelassenen Umzugsgutes,
11. Berücksichtigung bis zu 50 vom Hundert der eingesparten Lagerkosten für zurückgelassenes Umzugsgut,
12. Erstattung der Kosten für das Beibehalten der Wohnung im Inland in den Fällen des Absatzes 5,
13. Erstattung der Auslagen für umzugsbedingten zusätzlichen Unterricht,

14. Erstattung der Mietvertragsabschluß-, Gutachter-, Makler- oder vergleichbarer Kosten für die eigene Wohnung,
15. Beiträge zum Beschaffen oder Instandsetzen von Wohnungen,
16. Beiträge zum Beschaffen technischer Geräte und Einrichtungen, die aufgrund der örtlichen Gegebenheiten notwendig sind,
17. Beitrag zum Beschaffen klimabedingter Kleidung,
18. Ausstattungsbeitrag bei Auslandsverwendung,
19. Einrichtungsbeitrag für Leiter von Auslandsvertretungen und funktionell selbständigen Delegationen, die von Botschaftern geleitet werden, sowie für ständige Vertreter und Leiter von Außenstellen von Auslandsvertretungen,
20. Erstattung der Auslagen für die Rückführung von Personen und Umzugsgut aus Sicherheitsgründen,
21. Erstattung der Auslagen für Umzüge in besonderen Fällen,
22. Erstattung der Auslagen für Umzüge in eine vorläufige Wohnung,
23. Erstattung der Umzugsauslagen beim Ausscheiden aus dem Dienst im Ausland.

(3) In der Auslandstrennungsgeldverordnung sind insbesondere zu regeln:

1. Entschädigung für getrennte Haushaltsführung,
2. Entschädigung für getrennte Haushaltsführung aus zwingenden persönlichen Gründen,
3. Entschädigung bei täglicher Rückkehr zum Wohnort,
4. Mietersatz,
5. Gewährung von Trennungsgeld, wenn keine Auslandsdienstbezüge gewährt werden,
6. Gewährung von Trennungsgeld im Einzelfall aus Sicherheitsgründen oder wegen anderer außergewöhnlicher Verhältnisse im Ausland (Trennungsgeld in Krisenfällen),
7. Gewährung von Reisebeihilfen für Heimfahrten für je drei Monate, in besonderen Fällen für je zwei Monate der Trennung. [2]Dies gilt auch für längstens ein Jahr, wenn der Berechtigte auf die Zusage der Umzugskostenvergütung unwiderruflich verzichtet und dienstliche Gründe den Umzug nicht erfordern.

(4) Abweichend von § 2 Abs. 2 Satz 1 entsteht der Anspruch auf die Pauschvergütung, den Beitrag zum Beschaffen klimabedingter Kleidung, den Ausstattungsbeitrag und den Einrichtungsbeitrag zu dem Zeitpunkt, an dem die Umzugskostenvergütung nach § 3 oder § 4 zugesagt wird.

(5) Abweichend von den §§ 3 und 4 kann die Umzugskostenvergütung auch in Teilen zugesagt werden, wenn dienstliche Gründe es erfordern.

(6) [1]Abweichend von § 2 Abs. 2 Satz 2 beträgt die Ausschlußfrist bei Auslandsumzügen zwei Jahre. [2]Wird in den Fällen des Absatzes 2 Nr. 16 die Beitragsfähigkeit erst nach Beendigung des Umzuges anerkannt, beginnt die Ausschlußfrist mit der Anerkennung. [3]In den Fällen des Absatzes 2 Nr. 5 und 6 beginnt sie mit dem Eintreffen am beziehungsweise der Abreise vom Dienstort. [4]Bei laufenden Zahlungen muß die erste Zahlung innerhalb der Frist geleistet werden. [5]Auf einen vor Fristablauf gestellten Antrag können in besonderen Fällen auch später geleistete Zahlungen berücksichtigt werden.

(7) Die oberste Dienstbehörde kann die Umzugskostenvergütung allgemein oder im Einzelfall ermäßigen, soweit besondere Verhältnisse es rechtfertigen.

§ 15
Dienstortbestimmung, Verwaltungsvorschriften

(1) Die oberste Dienstbehörde wird ermächtigt, im Einvernehmen mit dem Bundesministerium des Innern, für Bau und Heimat benachbarte Gemeinden zu einem Dienstort zu bestimmen, wenn sich Liegenschaften derselben Dienststelle über das Gebiet mehrerer Gemeinden erstrecken.

(2) Die allgemeinen Verwaltungsvorschriften zu diesem Gesetz erlässt das Bundesministerium des Innern, für Bau und Heimat im Einvernehmen mit dem Bundesministerium der Justiz und für Verbraucherschutz und dem Bundesministerium der Verteidigung.

§ 16
Übergangsvorschrift

Ist ein Mietbeitrag vor der Verkündung dieses Gesetzes bewilligt worden, wird er nach bisherigem Recht weiter gewährt.

II.

Allgemeine Verwaltungsvorschrift zum Bundesumzugskostengesetz (BUKGVwV)

vom 2.1.1991 (GMBl 1991 S. 66)
i. d. F. der Verwaltungsvorschrift vom 25.10.1999
(GMBl S. 787 – GMBl 2000 S. 306),

geändert durch die Sechste Verwaltungsvorschrift zur Änderung der Allgemeinen Verwaltungsvorschrift zum Bundesumzugskostengesetz (BUKGVwV) vom 25.11.2004 (GMBl S. 1076)

– Auszug –

Nach § 15 Abs. 2 des Bundesumzugskostengesetzes vom 11. Dezember 1990 (BGBl. I S. 2682) wird im Einvernehmen mit dem Bundesminister der Justiz und dem Bundesminister der Verteidigung folgende allgemeine Verwaltungsvorschrift erlassen:

. . .

5. **Zu § 5**

5.1 **Zu Absatz 1** (bleibt frei)

5.2 **Zu Absatz 2**

Zuwendungen im Sinne des § 5 Abs. 2 sind sowohl Geldbeträge als auch Sachleistungen. Beschäftigungsstelle kann auch eine Stelle außerhalb des öffentlichen Dienstes sein.

5.3 **Zu Absatz 3**

Die Vorschrift des § 5 Abs. 3 setzt nicht voraus, dass die Umzugskostenvergütung während des Beamtenverhältnisses gewährt worden ist, sie erfasst auch die Umzugskostenvergütung aus der Zeit eines vorausgegangenen Arbeitsverhältnisses. Bei Anwendung der Vorschrift sind das Arbeitsverhältnis und das sich anschließende Beamtenverhältnis als eine Einheit anzusehen.

Ein Statuswechsel ist kein vom Berechtigten zu vertretender Grund im Sinne der genannten Vorschrift.

6. **Zu § 6**

6.1 **Zu Absatz 1**

6.1.1 Für die Erstattung der Beförderungsauslagen sind die Textziffern 6.1.2 bis 6.1.7 maßgebend.

6.1.2 Wird zur Durchführung des Umzuges ein Speditionsunternehmen in Anspruch genommen, ist zur Ermittlung der notwendigen Auslagen für das Befördern des Umzugsgutes wie folgt zu verfahren:

Der Berechtigte ist in der Wahl des Möbelspediteurs grundsätzlich frei. Zur Ermittlung der notwendigen Beförderungsauslagen hat er vor Durchführung des Umzuges mindestens zwei rechtlich und wirtschaftlich selbständige Spediteure unabhängig voneinander und ohne gegenseitige Kenntnis mit der Besichtigung des Umzugsgutes und der Abgabe je eines vollständigen und umfassenden Kostenvoranschlages zu beauftragen. Es ist nicht zulässig, dass der Spediteur für den Berechtigten ein Konkurrenzangebot einholt. Die Besichtigung des Umzugsgutes ist vom Berechtigten im Antrag auf Abschlag und in der Umzugskostenrechnung zu bestätigen.

Die Kostenvoranschläge müssen einen verbindlichen Höchstpreis enthalten, der bei der Abrechnung des tatsächlichen erbrachten Leistungsumfangs auf der Grundlage der in dem

Kostenvoranschlag ausgewiesenen Einheitspreise für die Beförderungsleistung und Nebenleistungen nicht überschritten werden darf.

Erstattet werden die Beförderungsauslagen nach dem Kostenvoranschlag mit dem niedrigsten Höchstpreis und zwar auf der Grundlage einer Abrechnung der tatsächlichen erbrachten Beförderungsleistung und Nebenleistungen zu den Einheitspreisen im Kostenvoranschlag. Ist der Umfang des Umzugsgutes oder der Zeitaufwand größer als im Kostenvoranschlag angegeben, ist jedoch nur der vereinbarte Höchstpreis erstattungsfähig.

Bei einem Umzug aus Anlass einer personellen Maßnahme im Zusammenhang mit dem Beschluss des Deutschen Bundestages vom 20. Juni 1991 zur Vollendung der Einheit Deutschlands (§ 1 des Dienstrechtlichen Begleitgesetzes vom 30. Juli 1996, BGBl. I. S. 1183) hat der Berechtigte keinen zweiten Kostenvoranschlag vorzulegen, falls er einen Möbelspediteur wählt, mit dem der Rahmenvertrag für Umzüge von Bediensteten anlässlich der Umsetzung des Berlin/Bonn-Gesetzes abgeschlossen worden ist. Falls kein Rahmenvertragspartner gewählt wird, sind die Beförderungsauslagen nach dem Rahmenvertrag der erstattungsfähige Höchstbetrag.

Der Berechtigte hat die Kostenvoranschläge so rechtzeitig vorzulegen, dass eine Kostenprüfung vor Auftragserteilung erfolgen kann. Zum Preisvergleich können in Zweifelsfällen weitere Vergleichsangebote eingeholt werden; dies könnte etwa erforderlich werden, wenn Anlass zu der Annahme besteht, dass die beiden vorgelegten Kostenvoranschläge abgesprochen sind.

Sobald die zuständige Dienststelle die Kostenvoranschläge geprüft und mitgeteilt hat, welches Angebot erstattungsfähig ist, kann der Berechtigte mit dem Umzug beginnen.

6.1.3 Zu den Beförderungsauslagen gehören auch die Auslagen für die Versicherung des Umzugsgutes gegen Transport- und Bruchschäden. Über die Haftung des Unternehmens nach § 451 in Verbindung mit §§ 425 ff., §§ 451d bis 451g HGB hinaus können Transportversicherungsauslagen oder Prämien zur Haftungserweiterung für diejenige Versicherungssumme erstattet werden, die der privaten Hausrat- oder Feuerversicherungssumme entspricht. Eine höhere Versicherungssumme kann berücksichtigt werden, wenn sie durch eine Umzugsgutliste nach dem Muster der Anlage zu Textziffer 6.1.2 mit jeweiligen Wertangaben (Zeitwert) nachgewiesen wird. Als notwendige Auslagen für die Transportversicherung können bis zu 2,5 v.T. der maßgebenden Versicherungssumme erstattet werden.

Hat die Behörde für Umzüge ihrer Bediensteten mit bestimmten Versicherungsunternehmen Rahmenverträge abgeschlossen, ist die Transportversicherungsprämie nach dem Rahmenvertrag gleichzeitig der erstattungsfähige Höchstbetrag.

6.1.4 Bei Umzügen vom Inland an einen Ort außerhalb eines EU-Mitgliedstaates und umgekehrt ist für den Möbeltransport insgesamt grundsätzlich keine Umsatzsteuer zu entrichten. Das gilt auch für die mit dem Umzug notwendigerweise verbundenen Nebenleistungen (z. B. Ein- und Auspacken des Umzugsgutes, Gestellung von Packmaterial), wenn diese Nebenleistungen von demselben Unternehmer bewirkt werden, der auch den Möbeltransport durchführt. Umsatzsteuerbeträge, die bei diesen Umzügen den Umziehenden vom Unternehmer für die Beförderung des Umzugsgutes und für die bezeichneten Nebenleistungen in Rechnung gestellt werden, sind deshalb nicht erstattungsfähig.

Die Beförderung von Umzugsgut, die in dem Gebiet von zwei verschiedenen Mitgliedstaaten der Europäischen Union beginnt und endet (innergemeinschaftliche Umzüge), wird an dem Ort ausgeführt, an dem die Beförderung beginnt. Demnach unterliegen innergemeinschaftliche Umzüge der deutschen Umsatzsteuer, wenn die Beförderung im Bundesgebiet beginnt. Beginnt die Beförderung des Umzugsgutes in einem anderen Mitgliedstaat, unterliegt sie der Umsatzbesteuerung dieses Mitgliedstaates. Es kommt nicht darauf an, ob der Beförderungsunternehmer in dem Mitgliedstaat, in dem die Beförderung beginnt, ansässig ist.

Bei innergemeinschaftlichen Umzügen von Mitgliedern einer in dem Gebiet eines anderen EU-Mitgliedstaates ansässigen ständigen diplomatischen Mission oder berufskonsularischen Vertretung an einen Ort außerhalb des Bundesgebietes wird nach Regelungen des Gemeinschaftsrechts Umsatzsteuerbefreiung gewährt, wenn die genannten Personen im Zeitpunkt der Inanspruchnahme der Speditionsleistung bereits Mitglied der im Gastmitgliedstaat ansässigen Auslandsvertretung sind und die Voraussetzungen und Beschränkungen des Gastmitgliedstaates für die Steuerbefreiung erfüllen bzw. einhalten. Bei Umzügen des vorgenannten Personenkreises von einem anderen EU-Mitgliedstaat in das Bundesgebiet richtet sich die umsatzsteuerliche Behandlung nach dem Recht des Mitgliedstaates, in dem die Beförderung beginnt. Dies gilt auch für Umzüge, die für deutsche Truppenangehörige, die in anderen Mitgliedstaaten stationiert sind, oder für Mitglieder einer im Gebiet eines anderen Mitgliedstaates ansässigen zwischenstaatlichen Einrichtung durchgeführt werden. Mitgliedern einer im Bundesgebiet ansässigen zwischenstaatlichen Einrichtung werden jedoch nach dem geltenden Privilegienübereinkommen und Sitzstaatabkommen grundsätzlich keine umsatzsteuerliche Privilegien eingeräumt.

Vom Spediteur in Rechnung gestellte Versicherungsbeiträge unterliegen als Teil seiner Gesamtleistung der Umsatzsteuer, die jedoch umzugkostenrechtlich nicht als notwendig erstattungsfähig anerkannt werden kann.

6.1.5 Bei Umzügen ohne Inanspruchnahme eines Spediteurs (z. B. Umzüge in Eigenregie) werden die nachgewiesenen notwendigen Auslagen erstattet. Das gilt nicht, wenn die Arbeiten vom Berechtigten selbst oder von mit ihm in häuslicher Gemeinschaft lebenden Personen (§ 6 Abs. 3 Satz 2 und 3) durchgeführt werden.

6.1.6 Auslagen für das Befördern eines Kraftfahrzeugs durch einen Spediteur sind keine notwendigen Beförderungsauslagen im Sinne des § 6 Abs. 1. Für das Überführen des zum Umzugsgut gehörenden privaten Kraftfahrzeugs durch den Bediensteten oder einen Angehörigen vom bisherigen zum neuen Wohnort wird eine Entschädigung nach § 6 Abs. 1 Satz 1 BRKG gewährt.

Für die Überführung eines zum Umzugsgut gehörenden Wohnwagenanhängers oder eines anderen im Straßenverkehr zugelassenen Pkw-Anhängers von der bisherigen zur neuen Wohnung wird unabhängig von dessen Größe daneben eine Entschädigung von 0,12 DM/km[1]) gewährt.

6.1.7 Maßstab für die Angemessenheit sind die Transportmittel, die üblicherweise für einen Umzug benötigt werden. Üblich sind Möbelwagen und selbständig zu überführende eigene Kraftfahrzeuge, Wohnwagenanhänger oder andere im Straßenverkehr zugelassene Pkw-Anhänger. Ein unverhältnismäßig großer Möbelwagenraum übersteigt die Grenze der Angemessenheit. Dies ist auch der Fall, wenn für den Transport andere als die genannten Fahrzeuge benötigt werden. Ein oder zwei Pferde gehören daher zum Umzugsgut, wenn sie als Anhängerlast mit einem Personenkraftwagen transportiert werden (BVerwG, Urteil v. 17.9.1987 – 6 C 28.86 – Buchholz 261 § 4 Nr. 2).

6.2 **Zu Absatz 2**

Die Kosten für das Einlagern von Umzugsgut werden nicht berücksichtigt.

7. **Zu § 7**

7.1 **Zu Absatz 1**

7.1.1 Wenn einem ledigen Berechtigten ohne Wohnung im Sinne des § 10 Abs. 3 die Zusage der Umzugskostenvergütung aus Anlass der Einstellung (§ 4 Abs. 1 Nr. 1), Abordnung (§ 4 Abs. 1

[1]) BMI-Schreiben vom 6.6.2001 (GMBl S. 415): 0,06 €/km

Nr. 2) oder Versetzung (§ 3 Abs. 1 Nr. 1) erteilt wird, ist die Einstellungs-, Dienstantritts- oder Versetzungsreise als Umzugsreise nach § 7 Abs. 1 mit der Folge abzurechnen, dass in diesen Fällen kein Anspruch auf Erstattung der Auslagen für eine Reise zur Vorbereitung und Durchführung des Umzugs besteht. Auf den Umfang des Umzugsgutes kommt es dabei nicht an.

Voraussetzung hierfür ist, dass dem Berechtigten die Zusage der Umzugskostenvergütung vor Antritt der Reise bekanntgegeben wurde und dass er sein gesamtes Umzugsgut (§ 6 Abs. 3) auf der Reise mit sich führt; der Umzug gilt sodann als beendet. Eine entsprechende Erklärung ist von dem Berechtigten bei Abrechnung der Reisekostenvergütung abzugeben.

7.1.2 Benutzt ein Berechtigter bei Durchführung der Umzugsreise sein privateigenes Kraftfahrzeug, so ist bei der Festsetzung der Reisekostenvergütung von der Einschränkung des § 6 Abs. 1 Satz 2 BRKG aus triftigen Gründen abzusehen, sofern nicht bereits Wegstreckenentschädigung für dieses Kraftfahrzeug gewährt worden ist.

7.2 **Zu Absatz 2** (bleibt frei)

7.3 **Zu Absatz 3**

§ 7 Abs. 3 Satz 3 behandelt den Fall des Vorwegumzugs. Die Vorschrift geht davon aus, dass die Reise vom bisherigen zum neuen Wohnort die Umzugsreise (§ 7 Abs. 1) und die spätere Reise aus Anlass des Dienstantritts eine Dienstreise (§ 16 Abs. 1 Satz 1 BRKG) ist.

8. **Zu § 8**

8.0 **Allgemeines**

8.0.1 Mietentschädigung kommt nur in Betracht, wenn für dieselbe Zeit Miete aus zwei Mietverhältnissen zu zahlen ist. In diesem Fall wird eine Miete erstattet.

Der Zwang zur doppelten Mietzahlung besteht im Regelfalle erst von dem Zeitpunkt an, zu dem die dienstliche Maßnahme mit Zusage der Umzugskostenvergütung wirksam wird. Er kann jedoch auch vorliegen, wenn der Umzug vor dem Wirksamwerden der dienstlichen Maßnahme (sog. Vorwegumzug) aus Fürsorge oder fiskalischen Gründen (z. B. zur Einsparung von Trennungsgeld) als notwendig anerkannt werden kann. Solche Gründe können z. B. der Schulbesuch eines Kindes zum Beginn eines Schuljahres sein.

8.0.2 Die Miete wird ohne Rücksicht auf die Größe der Wohnung erstattet. Die Erstattung ist jedoch in offenkundigen Missbrauchsfällen einzuschränken, z. B. bei außergewöhnlich luxuriösen Wohnungen.

8.0.3 Nach Lage des Einzelfalles kann eine Mietentschädigung nach § 8 Abs. 2 von einer Mietentschädigung nach § 8 Abs. 1 innerhalb eines Monats abgelöst werden. Steht Mietentschädigung nicht für einen vollen Kalendermonat zu, ist die Entschädigung in Anlehnung an § 3 Abs. 4 BBesG tageweise festzusetzen.

8.1 **Zu Absatz 1**

Mietentschädigung wird für die bisherige Wohnung im eigenen Haus oder die Eigentumswohnung nach § 8 Abs. 1 in Verbindung mit § 8 Abs. 3 auch erstattet, wenn die neue Wohnung ein eigenes Haus oder eine Eigentumswohnung ist.

8.2 **Zu Absatz 2**

Die neue Wohnung kann noch nicht benutzt werden, wenn noch notwendige umfangreiche Instandsetzungsarbeiten oder Schönheitsreparaturen durchzuführen sind und für diese Zeit bereits Miete gezahlt werden muss.

9. **Zu § 9**

9.1 **Zu Absatz 1**

Entsprechende Auslagen für eine eigene Wohnung sind auch die Maklergebühren für den Erwerb eines Grundstücks, auf dem die eigene Wohnung errichtet wird. Ein Einstellplatz o. ä. ist wie eine Garage zu behandeln.

9.2 **Zu Absatz 2**

Ob der zusätzliche Unterricht durch den Umzug bedingt ist, hat der Berechtigte in geeigneter Weise nachzuweisen, z. B. durch eine Bescheinigung der Schule.

9.3 **Zu Absatz 3**

9.3.1 Zu den Auslagen für einen Kochherd bzw. Öfen gehören die Anschaffungskosten, die evtl. anfallenden Auslagen für die Anlieferung der Gegenstände und ggf. anfallende Kosten für das Anschließen der Geräte. Bei den Anschlusskosten handelt es sich um Auslagen, die für die notwendige Verbindung der Geräte an das vorhandene Energienetz bzw. an vorhandene Schornsteine anfallen, um sie gebrauchsfertig zu machen. Reichen die vorhandenen Anschlüsse nicht aus und werden deshalb zusätzliche Arbeiten für die Verlegung von Anschlussleitungen oder ähnlichem erforderlich, bleiben die dadurch entstehenden Auslagen unberücksichtigt.

9.3.2 Die Worte "unter den gleichen Voraussetzungen" in § 9 Abs. 3 Satz 2 bedeuten, dass auch die Erstattung von Auslagen für Öfen in Mietwohnungen davon abhängt, dass die Ofenbeschaffung beim Bezug der neuen Wohnung notwendig ist.

10. **Zu § 10**

10.0 **Allgemeines**

Mit der Pauschvergütung werden alle sonstigen, nicht in den §§ 6 bis 9 bezeichneten Umzugsauslagen pauschal abgegolten.

10.1 **Zu Absatz 1**

Maßgebend ist die Besoldungsgruppe, in der sich der Berechtigte am Tag vor dem Einladen des Umzugsgutes befindet, für Beamte auf Widerruf im Vorbereitungsdienst die Eingangsbesoldungsgruppe ihrer Laufbahn. Bei Berechtigten nach § 1 Abs. 1 Satz 2 Nr. 4 und 5 ist die Besoldungsgruppe maßgebend, der sie bei Beendigung des Dienstverhältnisses angehört haben oder, wenn dies günstiger ist, nach der ihre Versorgungsbezüge berechnet sind. Bei Berechtigten nach § 1 Abs. 1 Satz 2 Nr. 6 ist die Besoldungsgruppe maßgebend, der der Verstorbene zuletzt angehört hat oder, wenn dies günstiger ist, nach der ihre Versorgungsbezüge berechnet sind. Die Rückwirkung der Einweisung in eine Planstelle bleibt unberücksichtigt.

Der Tag vor dem Einladen des Umzugsgutes ist auch für die Bestimmung des Familienstandes maßgebend.

10.2 **Zu Absatz 2** (bleibt frei)

10.3 **Zu Absatz 3**

Die volle Pauschvergütung wird gewährt, wenn vor und nach dem Umzug eine Wohnung vorhanden ist. Der Wohnungsbegriff ergibt sich aus § 10 Abs. 3. Ein einzelner Raum ist hiernach keine Wohnung, auch wenn er mit einer Kochgelegenheit und den zur Führung eines Haushalts notwendigen Einrichtungen ausgestattet ist. Ist nur ein Raum gemietet und wird daneben das Bad, die Küche und die Toilette mitbenutzt, so ist der Wohnungsbegriff des § 10 Abs. 3 ebenfalls nicht erfüllt. Den Wohnungsbegriff erfüllt jedoch ein Einzimmerappartement mit Kochgelegenheit und Toilette als Nebenraum. Die Voraussetzungen sind auch erfüllt, wenn bei Altbauwohnungen die sanitären Anlagen außerhalb der Wohnung liegen.

Für die Erfüllung des Wohnungsbegriffs kommt es nicht darauf an, ob der Berechtigte das ausschließliche (alleinige) Verfügungsrecht über die Wohnung hat oder sie mit anderen Personen gemeinsam gemietet hat, z. B. im Rahmen einer Wohngemeinschaft.

Die Wohnungsvoraussetzungen sind in geeigneter Weise, z. B. durch Vorlage des Mietvertrages nachzuweisen.

10.4 **Zu Absatz 4** (bleibt frei)

10.5 **Zu Absatz 5**

§ 10 Abs. 5 stellt klar, dass für Umzugsvorbereitungen (§ 11 Abs. 3) eine Pauschvergütung für sonstige Umzugsauslagen nicht gewährt wird, dass aber die sonstigen notwendigen Umzugsauslagen bis zur Höhe der Pauschvergütung erstattet werden. Andere nach dem Gesetz erstattungsfähige Umzugsauslagen (§§ 6 bis 9) werden daneben erstattet.

10.6 **Zu Absatz 6**

Wenn der vorausgegangene Umzug ein Umzug aus Anlass der Einstellung (§ 4 Abs. 1 Nr. 1) oder der Räumung einer Mietwohnung auf dienstliche Veranlassung (§ 4 Abs. 2 Nr. 2) war, wird ein Häufigkeitszuschlag nicht gewährt.

10.7 **Zu Absatz 7**

Um denselben Umzug handelt es sich immer dann, wenn neben dem Berechtigten weitere nach § 6 Abs. 3 berücksichtigungsfähige Personen mit jeweils eigener Zusage der Umzugskostenvergütung aus einer gemeinsame bisherigen Wohnung in eine gemeinsame neue Wohnung umziehen. In allen anderen Fällen handelt es sich nicht um denselben Umzug, so dass jedem Berechtigten die jeweilige Pauschvergütung zusteht.

11. **Zu § 11**

11.1 **Zu Absatz 1**

11.1.1 Die Gründe für die Anerkennung als vorläufige Wohnung können z. B. in der weiten Entfernung zum Dienstort, in der Größe oder der Beschaffenheit der Wohnung oder in der Höhe der Miete liegen.

11.1.2 Eine Anerkennung als vorläufige Wohnung kann bezüglich der Höhe der Miete erfolgen, wenn die Nettokaltmiete der neuen Wohnung die der bisherigen um mindestens zehn Prozent übersteigt. Befindet sich die bisherige Wohnung im eigenen Haus oder ist sie eine Eigentumswohnung, tritt an die Stelle der Miete der ortsübliche Mietwert der Wohnung.

11.1.3 Hinsichtlich des Umfangs der Umzugskostenvergütung gibt es zwischen dem Umzug in eine vorläufige Wohnung und dem Umzug in eine endgültige Wohnung keinen Unterschied. Für den Umzug in eine vorläufige Wohnung kann daher ein Häufigkeitszuschlag nach § 10 Abs. 6 gewährt werden.

11.1.4 Das Erfordernis der vorherigen Anerkennung ist erfüllt, wenn eine zeitgerechte Entscheidung aus Gründen verzögert worden ist, die der Berechtigte nicht zu vertreten hat.

11.1.5 Der Widerruf der Zusage der Umzugskostenvergütung erstreckt sich sowohl auf den Umzug in die vorläufige als auch auf den Umzug in die endgültige Wohnung, wenn die vorläufige Wohnung noch nicht bezogen worden ist. Evtl. Auslagen für Umzugsvorbereitungen werden nach § 11 Abs. 3 erstattet.

11.1.6 Wird die vorläufige Wohnung zur endgültigen Wohnung, ist die Anerkennung zu widerrufen.

11.2 **Zu Absatz 2** (bleibt frei)

11.3 **Zu Absatz 3**

11.3.1 Nach § 11 Abs. 3 können die Auslagen, die durch die Vorbereitung des Umzugs entstanden sind, nur insoweit erstattet werden, als sie bei durchgeführtem Umzug zu erstatten wären. Erstattet werden in der Regel nur durch Belege nachgewiesene notwendige und nach diesem Gesetz erstattungsfähige Auslagen für Umzugsvorbereitungen (§§ 6 bis 9).

In Betracht kommen z. B. Auslagen für Reisen zum Suchen oder Besichtigen einer Wohnung und Maklergebühren. Sonstige mit der Umzugsvorbereitung zusammenhängende Auslagen werden nach § 10 Abs. 5 bis zur Höhe der Pauschvergütung erstattet, z. B. Zeitungsanzeigen zum Vermieten der alten und Suchen einer neuen Wohnung.

11.3.2 Die Durchführung eines anderen Umzugs kann in Betracht kommen, wenn das Mietverhältnis der alten Wohnung gekündigt und ein neuer Vertragsabschluss mit dem Vermieter der alten Wohnung nicht möglich ist. Ein anderer Umzug kann auch ein Vorwegumzug sein.

III.
Verordnung über die Umzugskostenvergütung bei Auslandsumzügen (Auslandsumzugskostenverordnung – AUV)

vom 26.11.2012 (BGBl. I S. 2349)

zuletzt geändert durch Artikel 2 der Verordnung zur Neuregelung des Auslandstrennungsgeldrechts und zur Änderung der Auslandsumzugskostenverordnung vom 27.6.2018 (BGBl. I S. 891)

– Auszug –

§ 1
Anwendungsbereich

Diese Verordnung regelt die bei Auslandsumzügen geltenden Abweichungen von den allgemeinen Vorschriften des Bundesumzugskostenrechts.

§ 2
Begriffsbestimmungen

(1) [1] Berücksichtigungsfähige Personen sind:

1. die Ehegattin oder der Ehegatte der berechtigten Person,
2. die Lebenspartnerin oder der Lebenspartner der berechtigten Person,
3. Kinder der berechtigten Person oder der berücksichtigungsfähigen Person nach Nummer 1 oder Nummer 2, die beim Auslandszuschlag berücksichtigungsfähig sind oder spätestens 40 Wochen nach dem Einladen des Umzugsguts geboren worden sind,
4. der gemeinsam mit der berechtigten Person sorgeberechtigte Elternteil eines eigenen Kindes der berechtigten Person,
5. pflegebedürftige Eltern der berechtigten Person oder der berücksichtigungsfähigen Person nach Nummer 1 oder Nummer 2 (mindestens Pflegestufe I nach § 15 des Elften Buches Sozialgesetzbuch); alle weiteren Maßnahmen, die der Gesundheitszustand dieser Personen erfordert, sind im Rahmen der Umzugskosten nicht berücksichtigungsfähig, sowie
6. im Einzelfall weitere Personen, die nach § 6 Absatz 3 des Bundesumzugskostengesetzes berücksichtigungsfähig sind, soweit ihre Berücksichtigung im Einzelfall nach pflichtgemäßem Ermessen geboten ist, insbesondere, weil die berechtigte Person ihnen aufgrund gesetzlicher oder sittlicher Verpflichtung nicht nur vorübergehend Unterkunft und Unterhalt gewährt,

soweit sie nach dem Umzug zur häuslichen Gemeinschaft der berechtigten Person gehören. [2] Die Personen nach Satz 1 Nummer 4 und 6 sind nur berücksichtigungsfähig, wenn sie auch vor dem Umzug zur häuslichen Gemeinschaft der berechtigten Person gehören.

(2) Eine eigene Wohnung ist eine Wohnung, deren Eigentümerin oder Eigentümer oder Hauptmieterin oder Hauptmieter die berechtigte Person oder eine berücksichtigungsfähige Person ist.

§ 3
Antrag und Anzeigepflicht

(1) Die Ausschlussfrist für die Beantragung der Umzugskostenvergütung nach § 14 Absatz 6 Satz 1 des Bundesumzugskostengesetzes beginnt mit Beendigung des Umzugs.

(2) [1] Die berechtigte Person hat jede Änderung der tatsächlichen Verhältnisse, die die Höhe der Umzugskostenvergütung beeinflussen kann, unverzüglich anzuzeigen. [2] Entsprechendes gilt für Rabatte, Geld- und Sachzuwendungen sowie für unentgeltliche Leistungen. [3] Leistungen von dritter Seite sind anzurechnen.

§ 4
Bemessung der Umzugskostenvergütung, berücksichtigungsfähige Kosten

(1) [1] Die Bemessung der Umzugskostenvergütung richtet sich nach den persönlichen Verhältnissen der berechtigten Person am Tag des Dienstantritts am neuen Dienstort. [2] Bei Umzügen aus dem Ausland ins Inland und bei Umzügen aus Anlass der Beendigung des Dienstverhältnisses (§ 28) sind die persönlichen Verhältnisse an dem Tag, für den zuletzt Auslandsdienstbezüge gewährt worden sind, maßgeblich.

(2) [1] Wenn bei einem Umzug aus dem Ausland ins Inland die berechtigte Person den Wohnort so wählt, dass sie in der ordnungsgemäßen Wahrnehmung ihrer Dienstgeschäfte beeinträchtigt ist, werden höchstens die Umzugskosten erstattet, die bei einem Umzug an den neuen Dienstort entstanden wären; Maklerkosten werden nicht erstattet; Mietentschädigung wird nicht gewährt. [2] Wird ein Umzug ins Ausland oder im Ausland an einen anderen Ort als den neuen Dienstort oder dessen Einzugsgebiet durchgeführt, werden keine Umzugskosten erstattet. [3] Die oberste Dienstbehörde oder die von ihr bestimmte Behörde kann Ausnahmen in besonderen Fällen zulassen.

(3) [1] Wird eine eigene Wohnung nicht innerhalb eines Jahres nach dem Dienstantritt der berechtigten Person am neuen Dienstort bezogen, kann eine solche Wohnung im Rahmen der Umzugskostenvergütung nicht berücksichtigt werden. [2] In den Fällen des § 28 Absatz 1 und 2 tritt der Tag nach dem Eintritt des maßgeblichen Ereignisses an die Stelle des Tages des Dienstantritts. [3] Wird die Umzugskostenvergütung erst nach dem Dienstantritt zugesagt, tritt der Tag des Zugangs der Zusage an die Stelle des Tages des Dienstantritts. [4] Ist die Wohnung wegen Wohnungsmangels oder aus anderen von der obersten Dienstbehörde als zwingend anerkannten Gründen erst nach Ablauf eines Jahres bezogen worden, kann sie berücksichtigt werden, wenn die berechtigte Person den Antrag auf Fristverlängerung vor Ablauf der Jahresfrist stellt.

(4) Leistungen nach den §§ 18 bis 21, die vor dem Umzug gewährt werden, stehen unter dem Vorbehalt, dass zu viel erhaltene Beträge zurückgefordert werden können, wenn der Umzug anders als zunächst geplant durchgeführt wird.

(5) Kosten werden nur berücksichtigt, soweit sie notwendig und nachgewiesen sind.

(6) [1] Bei einer Beurlaubung im anerkannt dienstlichen Interesse unter Wegfall der Besoldung kann mit Zustimmung der obersten Dienstbehörde Umzugskostenvergütung zugesagt werden. [2] Die oberste Dienstbehörde kann die Befugnis zur Erteilung der Zustimmung auf eine andere Behörde übertragen.

§ 5
Umzugsgut

(1) Die Auslagen für die Beförderung des Umzugsguts (Beförderungsauslagen) von der bisherigen zur neuen Wohnung werden erstattet.

(2) Zu den Beförderungsauslagen gehören auch:

1. die Kosten für das Ein- und Auspacken des Umzugsguts, die Montage und Installation der üblichen Haushaltsgeräte, das Zwischenlagern (§ 9) und die Transportversicherung sowie
2. Gebühren und Abgaben, die bei der Beförderung des Umzugsguts anfallen.

(3) Wird das Umzugsgut getrennt befördert, ohne dass die oberste Dienstbehörde die Gründe dafür vorher als zwingend anerkannt hat, werden höchstens die Beförderungsauslagen erstattet, die bei nicht getrennter Beförderung entstanden wären.

(4) Bei Umzügen im oder ins Ausland gehören zum Umzugsgut auch Einrichtungsgegenstände und Personenkraftfahrzeuge, für die die berechtigte Person innerhalb von drei Monaten nach dem Bezug der neuen Wohnung den Lieferauftrag erteilt hat; Absatz 3 gilt entsprechend.

(5) Hat die berechtigte Person nach einer Auslandsverwendung mit ausgestatteter Dienstwohnung bei einem folgenden Umzug im Ausland mit Zusage der Umzugskostenvergütung den Lieferauftrag für Einrichtungsgegenstände innerhalb der in Absatz 4 genannten Frist erteilt, um mit diesen

Einrichtungsgegenständen eine nicht ausgestattete Wohnung beziehen zu können, werden die Beförderungsauslagen erstattet.

§ 6
Umzugsvolumen

(1) [1]Der berechtigten Person werden Beförderungsauslagen für ein Umzugsvolumen von bis zu 100 Kubikmetern erstattet. [2]Zieht eine berücksichtigungsfähige Person mit um, werden die Auslagen für die Beförderung weiterer 30 Kubikmeter erstattet; für jede weitere mitumziehende berücksichtigungsfähige Person werden die Auslagen für die Beförderung weiterer 10 Kubikmeter erstattet.

(2) [1]Bei Leiterinnen und Leitern von Auslandsvertretungen kann die oberste Dienstbehörde in Einzelfällen der Erstattung der Auslagen für die Beförderung weiterer 50 Kubikmeter zustimmen. [2]Dies gilt im Geschäftsbereich des Bundesministeriums der Verteidigung nach näherer Bestimmung durch die oberste Dienstbehörde auch für sonstige Berechtigte in vergleichbaren Dienststellungen.

(3) Wird der berechtigten Person eine voll oder teilweise ausgestattete Dienstwohnung zugewiesen, kann die oberste Dienstbehörde die Volumengrenzen nach Absatz 1 herabsetzen.

(4) Der Dienstherr kann eine amtliche Vermessung des Umzugsguts veranlassen.

§ 7
Personenkraftfahrzeuge

(1) Die Kosten der Beförderung eines Personenkraftfahrzeugs werden erstattet.

(2) [1] Kosten der Beförderung eines zweiten Personenkraftfahrzeugs mit bis zu 1,8 Litern Hubraum und einem Volumen von höchstens 11 Kubikmetern werden nur erstattet, wenn zum Haushalt am neuen Dienstort mindestens eine berücksichtigungsfähige Person gehört. [2]Innerhalb Europas werden nur die Kosten der Selbstüberführung eines zweiten Personenkraftfahrzeugs bis zur Höhe der Beförderungsauslagen nach dem Bundesreisekostengesetz erstattet; die Kosten der Beförderung eines zweiten Personenkraftfahrzeugs nach Island, Malta, in die Russische Föderation, die Türkei, die Ukraine, nach Weißrussland und Zypern werden jedoch nach Satz 1 erstattet.

(3) Personenkraftfahrzeuge, die beim Umzug berücksichtigt werden, werden nicht in die Berechnung des Umzugsvolumens einbezogen.

(4) Bei einem Umzug im Ausland kann die oberste Dienstbehörde Auslagen für die Beförderung des am bisherigen Dienstort genutzten Personenkraftfahrzeugs nach Deutschland und für die Beförderung eines Fahrzeugs aus Deutschland zum neuen Dienstort erstatten, wenn bezüglich des bisher genutzten Fahrzeugs sowohl die Einfuhr am neuen Dienstort als auch der Verkauf am bisherigen Dienstort verboten sind.

§ 8
Tiere

[1]Beförderungsauslagen für bis zu zwei Haustiere werden erstattet, soweit diese üblicherweise in der Wohnung gehalten werden. [2]Kosten für Transportbehältnisse, Tierheime, Quarantäne und andere Nebenkosten werden nicht erstattet.

§ 9
Zwischenlagern von Umzugsgut

(1) Auslagen für das Zwischenlagern einschließlich der Lagerversicherung sind nur erstattungsfähig, wenn die berechtigte Person den Grund für das Zwischenlagern nicht zu vertreten hat oder wenn die berechtigte Person vorübergehend keine angemessene Leerraumwohnung am neuen Dienstort beziehen kann.

(2) Diese Auslagen werden für die Zeit vom Tag des Einladens des Umzugsguts bis zum Tag des Ausladens des Umzugsguts in der endgültigen Wohnung erstattet.

§ 10
Lagern von Umzugsgut

(1) [1] Zieht die berechtigte Person in eine ganz oder teilweise ausgestattete Dienstwohnung, werden ihr die Auslagen für das Verpacken, Versichern und Lagern des Umzugsguts erstattet, das nicht in die neue Wohnung mitgenommen wird. [2] Daneben werden die notwendigen Auslagen für die Beförderung zum Lagerort erstattet, höchstens jedoch bis zur Höhe der Auslagen für die Beförderung bis zum Sitz der obersten Dienstbehörde (erster Dienstsitz) oder bis zu einem anderen Ort im Inland mit unentgeltlicher Lagermöglichkeit. [3] Bezüglich des berücksichtigungsfähigen Volumens sind Absatz 6 Satz 2 und § 6 Absatz 1 entsprechend anzuwenden.

(2) Wird das nach Absatz 1 eingelagerte Umzugsgut bei einem folgenden Umzug wieder hinzugezogen und ist für diesen Umzug Umzugskostenvergütung zugesagt, werden die Beförderungsauslagen erstattet.

(3) Die Absätze 1 und 2 gelten entsprechend, wenn

1. die Mitnahme des Umzugsguts an den neuen Dienstort aus besonderen Gründen, insbesondere aus klimatischen oder Sicherheitsgründen, nicht zumutbar ist oder
2. während der Dauer der Verwendung an diesem Ort keine Möglichkeit besteht, eine Leerraumwohnung zu mieten, in der das Umzugsgut untergebracht werden kann.

(4) [1] Absatz 1 gilt entsprechend, wenn die berechtigte Person bei einem Umzug ins Ausland einen Teil des Umzugsguts nicht mitnehmen möchte. [2] Kosten für das Lagern werden nur für die Zeit bis zur nächsten Inlandsverwendung übernommen. [3] Kosten für das Hinzuziehen des Lagerguts während einer Auslandsverwendung werden nicht übernommen.

(5) Ist die Verwendung im Inland von vornherein voraussichtlich auf weniger als ein Jahr beschränkt, können Kosten für das Lagern des Umzugsguts erstattet werden.

(6) [1] Kann bei einem Umzug ins Ausland aufgrund der Beschränkung des Umzugsvolumens nach § 6 ein Teil des Umzugsguts nicht mitgeführt werden, gilt Absatz 4 entsprechend. [2] Kosten für das Lagern des Umzugsguts, das die Volumengrenzen nach § 6 Absatz 1 übersteigt, können nur für ein Volumen von bis zu 20 Kubikmetern für die berechtigte Person und von 10 Kubikmetern für jede mitumziehende berücksichtigungsfähige Person erstattet werden. [3] Insgesamt können bei Übersteigen der Volumengrenzen nach § 6 Absatz 1 Kosten für das Lagern von bis zu 50 Kubikmetern Umzugsgut erstattet werden.

§ 11
Wohnungsbesichtigungsreise, Umzugsabwicklungsreise

(1) Die Auslagen für eine gemeinsame Reise der berechtigten Person und einer berücksichtigungsfähigen Person nach § 2 Absatz 1 Satz 1 Nummer 1, 2 oder 4 vom bisherigen an den neuen Dienstort zur Wohnungssuche (Wohnungsbesichtigungsreise) oder für eine Reise einer dieser Personen vom neuen zum bisherigen Dienstort zur Vorbereitung und Durchführung des Umzugs (Umzugsabwicklungsreise) werden mit der Maßgabe erstattet, dass gezahlt werden:

1. die Kosten der billigsten Fahrkarte für ein regelmäßig verkehrendes Beförderungsmittel und
2. Tage- und Übernachtungsgeld wie bei Dienstreisen der berechtigten Person für höchstens vier Aufenthaltstage sowie für die notwendigen Reisetage.

(2) Mehreren berechtigten Personen, denen jeweils eine eigene Umzugskostenvergütung zugesagt wurde und die am neuen Dienstort eine gemeinsame Wohnung suchen, stehen die Ansprüche nach Absatz 1 nur für eine gemeinsame Reise zu.

(3) Auslagen für eine Wohnungsbesichtigungsreise zu einer Dienstwohnung werden nicht erstattet.

§ 12
Umzugsreise

(1) Die Auslagen für die Umzugsreise vom bisherigen zum neuen Dienstort werden unter Berücksichtigung der notwendigen Reisedauer nach Maßgabe der folgenden Absätze erstattet.

(2) [1] Die Auslagen für die Umzugsreise der berechtigten Person und der berücksichtigungsfähigen Personen werden wie bei Dienstreisen erstattet. [2] Für die Berechnung des Tagesgelds gelten die Abreise- und Ankunftstage als volle Reisetage.

(3) Die Reisekosten für einen dienstlich angeordneten Umweg der berechtigten Person werden auch für die berücksichtigungsfähigen Personen erstattet, wenn sie mit der berechtigten Person gemeinsam reisen und ihr Verbleib am bisherigen Dienstort unzumutbar ist oder Mietzuschuss nach § 54 des Bundesbesoldungsgesetzes eingespart wird.

(4) [1] Für eine angestellte Betreuungsperson werden die Kosten der billigsten Fahrkarte für ein regelmäßig verkehrendes Beförderungsmittel erstattet, wenn die berechtigte Person betreuungsbedürftig ist oder zum Haushalt der berechtigten Person am neuen Dienstort eine berücksichtigungsfähige Person gehört, die minderjährig, schwerbehindert oder pflegebedürftig (mindestens Pflegestufe I nach § 15 des Elften Buches Sozialgesetzbuch) ist; der Antrag muss spätestens drei Monate nach dem Bezug der neuen Wohnung gestellt werden. [2] Für eine angestellte Betreuungsperson, die im Ausland aus wichtigem Grund aus dem Arbeitsverhältnis ausscheidet, können Fahrtkosten bis zur Höhe der Kosten der billigsten Fahrkarte für ein regelmäßig verkehrendes Beförderungsmittel zum Sitz der obersten Bundesbehörde erstattet werden, auch wenn die Fahrtkosten nach Ablauf der Frist nach § 3 Absatz 1 entstanden sind; der Antrag muss innerhalb von sechs Monaten nach dem Ausscheiden gestellt werden. [3] Für eine Ersatzperson können Fahrtkosten erstattet werden, wenn zum Zeitpunkt ihrer Ankunft die Voraussetzungen nach Satz 1 erfüllt sind; der Erstattungsantrag muss innerhalb von drei Monaten nach Ausscheiden der vorherigen Betreuungsperson, für die Reisekosten erstattet worden sind, gestellt werden.

(5) Verbindet eine berechtigte oder eine berücksichtigungsfähige Person die Umzugsreise mit Urlaub, werden die Auslagen für die Reise zum neuen Dienstort abweichend von § 13 des Bundesreisekostengesetzes bis zu der Höhe erstattet, bis zu der sie erstattet würden, wenn die Umzugsreise unmittelbar vom bisherigen zum neuen Dienstort erfolgt wäre.

(6) [1] Wird die berechtigte Person im Anschluss an einen Heimaturlaub an einen anderen Dienstort versetzt oder abgeordnet, erhält sie für die Reise vom bisherigen Dienstort zum Sitz der für sie zuständigen Dienststelle im Inland (Heimaturlaubsreise) und für die Reise von dort zum neuen Dienstort Reisekostenvergütung wie bei einer Umzugsreise. [2] Dabei werden im anzuwendenden Kostenrahmen die fiktiven Fahrtkosten der Heimaturlaubsreise berücksichtigt, der Anspruch auf Fahrtkostenzuschuss nach der Heimaturlaubsverordnung entfällt. [3] Die Auslagen für die Versicherung des Reisegepäcks werden für die Dauer des Heimaturlaubs erstattet, höchstens jedoch für die Zeit von der Abreise vom bisherigen Dienstort bis zur Ankunft am neuen Dienstort.

(7) Für die berücksichtigungsfähigen Personen gilt Absatz 6 entsprechend.

§ 13
Reisegepäck

(1) [1] Die Auslagen für die Beförderung unbegleiteten Reisegepäcks anlässlich der Umzugsreise vom bisherigen zum neuen Dienstort werden erstattet bis zu einem Gewicht des Reisegepäcks von 200 Kilogramm. [2] Die Obergrenze erhöht sich

1. um 100 Kilogramm für die mitumziehende berücksichtigungsfähige Person nach § 2 Absatz 1 Satz 1 Nummer 1 oder Nummer 2,
2. um 50 Kilogramm für jede mitumziehende berücksichtigungsfähige Person nach § 2 Absatz 1 Satz 1 Nummer 3 bis 6 und in den Fällen des § 12 Absatz 4 für die angestellte Betreuungsperson oder Ersatzkraft.

(2) [1]Bei Flugreisen werden die Auslagen für die Beförderung unbegleiteten Luftgepäcks nach Maßgabe des Absatzes 1 erstattet. [2]Auslagen für die Beförderung begleiteten Luftgepäcks werden bis zu 50 Prozent der Gewichtsgrenzen nach Absatz 1 erstattet, wenn

1. es aus Sicherheitsgründen notwendig ist, das Gepäck als begleitetes Luftgepäck mitzuführen, oder nicht gewährleistet ist, dass das Gepäck in einem zumutbaren Zeitraum ausgelöst werden kann, und
2. vor der Aufgabe des Gepäcks die oberste Dienstbehörde oder die von ihr ermächtigte Behörde der Erstattung zugestimmt hat.

§ 14
Vorübergehende Unterkunft

(1) [1]Auslagen für eine vorübergehende Unterkunft am bisherigen und am neuen Dienstort werden für die Zeit vom letzten Tag des Einladens des Umzugsgutes bis zum ersten Tag des Ausladens des Umzugsgutes in der endgültigen Wohnung auf Antrag gegen Nachweis erstattet, soweit sie 25 Prozent der Bezüge übersteigen, die für die Berechnung des Mietzuschusses nach § 54 des Bundesbesoldungsgesetzes maßgeblich sind. [2]Wird als vorübergehende Unterkunft leerer Wohnraum angemietet, werden die notwendigen Auslagen erstattet, soweit sie 18 Prozent der Bezüge übersteigen, die für die Berechnung des Mietzuschusses nach § 54 des Bundesbesoldungsgesetzes maßgeblich sind; die §§ 18 und 19 dieser Verordnung sind anzuwenden. [3]Bei Umzügen mit Umzugskostenvergütung nach § 26 gilt Satz 1 für die Zeit vom Tag nach Beendigung der Hinreise bis zum Tag vor Antritt der Rückreise. [4]In diesen Fällen werden auch die notwendigen Auslagen nach dem Tag des Ausladens bis zum Tag vor Antritt der Rückreise erstattet.

(2) [1]Zum Ausgleich des Mehraufwands für die Verpflegung der berechtigten Person und der berücksichtigungsfähigen Personen während des in Absatz 1 genannten Zeitraums wird ohne Vorlage von Einzelnachweisen ein Zuschuss gezahlt. [2]Der Zuschuss beträgt für die ersten 14 Tage des Aufenthalts

1. am ausländischen Wohn- oder Dienstort 75 Prozent des Auslandstagegelds nach § 3 der Auslandsreisekostenverordnung,
2. am inländischen Wohn- oder Dienstort 75 Prozent des Inlandstagegelds nach § 6 Absatz 1 des Bundesreisekostengesetzes.

[3]Vom 15. Tag an wird der Zuschuss auf 50 Prozent des Auslands- oder Inlandstagegelds gesenkt.

(3) [1]Ist die Unterkunft mit einer Kochgelegenheit ausgestattet, werden 50 Prozent der Beträge nach Absatz 2 Satz 2 und 3 gezahlt. [2]Handelt es sich um eine Wohnung mit ausgestatteter Küche oder halten sich die in Absatz 2 Satz 1 genannten Personen bei Verwandten oder Bekannten auf, wird kein Zuschuss gezahlt. [3]Werden nach Absatz 1 Kosten für eine Unterkunft übernommen, in denen Kosten für ein Frühstück enthalten sind, ist der Mehraufwand für Verpflegung um 20 Prozent zu kürzen.

(4) Die Zahlungen nach den Absätzen 1 bis 3 werden nicht für die Tage geleistet, an denen die berechtigte Person

1. Heimaturlaub hat,
2. Urlaub an einem anderen als dem bisherigen oder neuen Wohn- oder Dienstort verbringt oder
3. Auslandstrennungsgeld oder vergleichbare Leistungen erhält.

§ 15
Mietentschädigung

(1) [1]Muss für dieselbe Zeit sowohl für die bisherige als auch für die neue eigene Wohnung der berechtigten Person Miete gezahlt werden, wird die Miete für die bisherige Wohnung bis zu dem Zeitpunkt erstattet, zu dem das Mietverhältnis frühestens gelöst werden kann, höchstens jedoch für drei Monate für eine Wohnung im Inland und für neun Monate für eine Wohnung im Ausland (Miet-

entschädigung). [2] Die oberste Dienstbehörde kann die Frist für eine Wohnung im Ausland um höchstens ein Jahr verlängern, wenn dies wegen der ortsüblichen Verhältnisse erforderlich ist. [3] Ausgaben für das Weitervermieten der Wohnung innerhalb der Vertragsdauer und für Maßnahmen, durch die Mietentschädigung eingespart wird, werden erstattet. [4] Die Sätze 1 bis 3 gelten entsprechend für die Miete für eine Garage.

(2) Abweichend von § 8 Absatz 4 des Bundesumzugskostengesetzes wird Mietentschädigung auch nicht gewährt

1. für eine Zeit, für die die berechtigte Person Auslandstrennungsgeld oder vergleichbare Leistungen erhält,
2. für eine Wohnung oder Garage, für die Mietzuschuss (§ 54 des Bundesbesoldungsgesetzes) gewährt wird.

(3) [1] Muss die berechtigte Person aufgrund der Lage des Wohnungsmarktes eine Wohnung am neuen Dienstort oder in dessen Einzugsgebiet mieten, die sie noch nicht nutzen kann, und muss für dieselbe Zeit für die bisherige eigene Wohnung der berechtigten Person oder für eine vorübergehende Unterkunft am neuen Dienstort Miete gezahlt werden, wird die Miete für die endgültige Wohnung höchstens für drei Monate erstattet. [2] Wenn die im oder ins Ausland versetzte berechtigte Person eine Wohnung nach Satz 1 schon vor Dienstantritt nutzt und noch keine Auslandsdienstbezüge für den neuen Dienstort erhält, kann mit Zustimmung der obersten Dienstbehörde oder der von ihr ermächtigten Behörde ein Zuschuss gewährt werden, für dessen Höhe § 54 Absatz 1 des Bundesbesoldungsgesetzes entsprechend gilt.

(4) [1] Zu der Miete für die bisherige Wohnung im Ausland kann auch ohne Anmietung einer neuen Wohnung ein Zuschuss für die Zeit gewährt werden, für die die berechtigte Person weder Auslandstrennungsgeld noch vergleichbare Leistungen erhält. [2] Für die Höhe des Zuschusses gilt § 54 Absatz 1 des Bundesbesoldungsgesetzes entsprechend.

(5) [1] Die oberste Dienstbehörde kann einer berechtigten Person, die im Ausland aus dem Dienst ausgeschieden ist, einen Mietzuschuss nach Absatz 1 bis zur frühesten Kündigungsmöglichkeit, höchstens drei Monate, auch dann bewilligen, wenn sie die Wohnung noch nutzt und keine neue Wohnung gemietet hat. [2] Für die Höhe des Zuschusses gilt § 54 des Bundesbesoldungsgesetzes entsprechend.

(6) [1] Die bisherige Wohnung im eigenen Haus oder die Eigentumswohnung steht der Mietwohnung in Bezug auf Mietentschädigung gleich, sofern eine Vermietung nicht möglich ist; in diesem Fall wird die Mietentschädigung längstens für ein Jahr gezahlt. [2] An die Stelle der Miete tritt der ortsübliche Mietwert der Wohnung. [3] Entsprechendes gilt für die eigene Garage. [4] Für die neue Wohnung im eigenen Haus oder die neue Eigentumswohnung wird keine Mietentschädigung gewährt.

§ 16
Wohnungsbeschaffungskosten

(1) Gutachterkosten, Maklerkosten, ortsübliche Mietvertragsabschlussgebühren, Kosten für Garantieerklärungen und Bürgschaften sowie vergleichbare Kosten, die beim Auszug aus der Wohnung am ausländischen Dienstort oder bei der Beschaffung einer neuen angemessenen Wohnung am ausländischen Dienstort anfallen, werden erstattet.

(2) [1] Wird dem Vermieter einer Wohnung am neuen ausländischen Dienstort eine Kaution geleistet, wird ein unverzinslicher Gehaltsvorschuss bis zum Dreifachen der Mieteigenbelastung der berechtigten Person gewährt, die sich bei entsprechender Anwendung des § 54 des Bundesbesoldungsgesetzes ergibt. [2] Der Vorschuss ist in höchstens 20 gleichen Monatsraten zurückzuzahlen. [3] Die Raten werden von den Dienstbezügen der berechtigten Person einbehalten. [4] Bei vorzeitiger Versetzung oder Beendigung des Dienstverhältnisses ist der Rest des Vorschusses in einer Summe zurückzuzahlen. [5] Soweit die ortsübliche Kaution den Gehaltsvorschuss übersteigt, wird sie erstattet.

(3) [1] Rückzahlungsansprüche gegenüber der Vermieterin oder dem Vermieter sind an den Dienstherrn abzutreten. [2] Soweit die Kaution von der Vermieterin oder vom Vermieter berechtigterweise in

Anspruch genommen wird, ist die berechtigte Person zur Rückzahlung des Erstattungsbetrags an den Dienstherrn verpflichtet.

(4) Bei Umzügen aus dem Ausland ins Inland ist § 9 Absatz 1 des Bundesumzugskostengesetzes anzuwenden.

(5) [1] Soweit die Verhältnisse im Zusammenhang mit dem Bezug oder dem Auszug aus einer Wohnung am Auslandsdienstort von im Ausland typischen Verhältnissen abweichen und dies zu einer außergewöhnlichen, von der berechtigten Person nicht zu vertretenden Härte führt, kann die oberste Dienstbehörde eine Leistung zur Milderung der Härte gewähren. [2] Die Entscheidung ist besonders zu begründen und zu dokumentieren.

§ 17
Technische Geräte

(1) Müssen beim Bezug der neuen Wohnung aufgrund der örtlichen Verhältnisse Klimageräte oder Notstromerzeuger beschafft werden, werden die Auslagen für das Beschaffen und den Einbau dieser Geräte sowie die Kosten für die bauliche Herrichtung der betreffenden Räume erstattet.

(2) Die berechtigte Person hat die Geräte auf ihre Kosten regelmäßig zu warten.

(3) Beim Auszug hat die berechtigte Person die Geräte dem Dienstherrn zur Verfügung zu stellen oder den nach Absatz 1 erstatteten Betrag zurückzuzahlen.

(4) [1] Werden anlässlich des Umzugs an einen Dienstort mit besonderer gesundheitlicher Belastung durch hohe Luftverschmutzung Luftreiniger angeschafft, so wird auf Antrag ein Zuschuss zu den Anschaffungskosten der Geräte gewährt. [2] Der Zuschuss beträgt 80 Prozent des Anschaffungspreises einschließlich eventuell anfallender Transportkosten. [3] Bei Versetzung an einen anderen Ort verbleibt das Gerät bei der berechtigten Person.

§ 18
Umzugspauschale

(1) Eine berechtigte Person, die eine eigene Wohnung einrichtet, erhält für sich und die berücksichtigungsfähigen Personen eine Pauschale für sonstige Umzugskosten (Umzugspauschale), die sich aus Teilbeträgen nach den folgenden Absätzen zusammensetzt.

(2) [1] Bei einem Auslandsumzug innerhalb der Europäischen Union erhält die berechtigte Person einen Betrag in Höhe von 20 Prozent des Grundgehalts der Stufe 8 der Besoldungsgruppe A 13. [2] Für berücksichtigungsfähige Personen erhält die berechtigte Person zusätzlich folgende Beträge:

1. für eine Person nach § 2 Absatz 1 Satz 1 Nummer 1 oder Nummer 2 einen Betrag in Höhe von 19 Prozent des Grundgehalts der Stufe 8 der Besoldungsgruppe A 13,
2. für eine Person nach § 2 Absatz 1 Satz 1 Nummer 4 bis 6 einen Betrag in Höhe von 7 Prozent des Grundgehalts der Stufe 8 der Besoldungsgruppe A 13,
3. für ein Kind nach § 2 Absatz 1 Satz 1 Nummer 3 einen Betrag in Höhe von 10 Prozent des Grundgehalts der Stufe 8 der Besoldungsgruppe A 13,
4. für ein Kind nach § 2 Absatz 1 Satz 1 Nummer 3, für das ein Auslandszuschlag gezahlt wird, das aber nicht mitumzieht, einen Betrag in Höhe von 10 Prozent des Grundgehalts der Stufe 8 der Besoldungsgruppe A 13,
5. für ein Kind nach § 2 Absatz 1 Satz 1 Nummer 3, für das ein Auslandszuschlag gezahlt wird, das aber im Inland bleibt, einen Betrag in Höhe von 7 Prozent des Grundgehalts der Stufe 8 der Besoldungsgruppe A 13.

(3) [1] Bei einem Umzug außerhalb der Europäischen Union, aus einem Mitgliedstaat der Europäischen Union in einen Staat außerhalb der Europäischen Union oder aus einem Staat außerhalb der Europäischen Union in einen Mitgliedstaat der Europäischen Union erhält die berechtigte Person einen Betrag in Höhe von 21 Prozent des Grundgehalts der Stufe 8 der Besoldungsgruppe A 13. [2] Für berücksichtigungsfähige Personen erhält die berechtigte Person zusätzlich folgende Beträge:

1. für eine Person nach § 2 Absatz 1 Satz 1 Nummer 1 oder Nummer 2 einen Betrag in Höhe von 21 Prozent des Grundgehalts der Stufe 8 der Besoldungsgruppe A 13,
2. für eine Person nach § 2 Absatz 1 Satz 1 Nummer 4 bis 6 einen Betrag in Höhe von 10,5 Prozent des Grundgehalts der Stufe 8 der Besoldungsgruppe A 13,
3. für ein Kind nach § 2 Absatz 1 Satz 1 Nummer 3 einen Betrag in Höhe von 14 Prozent des Grundgehalts der Stufe 8 der Besoldungsgruppe A 13,
4. für ein Kind nach § 2 Absatz 1 Satz 1 Nummer 3, für das ein Auslandszuschlag gezahlt wird, das aber nicht mitumzieht, einen Betrag in Höhe von 14 Prozent des Grundgehalts der Stufe 8 der Besoldungsgruppe A 13,
5. für ein Kind nach § 2 Absatz 1 Satz 1 Nummer 3, für das ein Auslandszuschlag gezahlt wird, das aber im Inland bleibt, einen Betrag in Höhe von 7 Prozent des Grundgehalts der Stufe 8 der Besoldungsgruppe A 13.

(4) Bei einem Umzug aus einem anderen Mitgliedstaat der Europäischen Union ins Inland erhält die berechtigte Person 80 Prozent der Beträge nach Absatz 2, bei einem Umzug aus einem Staat außerhalb der Europäischen Union ins Inland erhält die berechtigte Person 80 Prozent der Beträge nach Absatz 3.

(5) Bei einem Umzug am Wohnort oder in dessen Einzugsgebiet nach § 23 erhält die berechtigte Person 60 Prozent der Beträge nach den Absätzen 2 und 3.

(6) [1] Eine berechtigte Person, die keine Wohnung einrichtet oder eine ausgestattete Wohnung bezieht, erhält 25 Prozent der Beträge nach den Absätzen 2 und 3 für sich und die Person nach § 2 Absatz 1 Satz 1 Nummer 1 oder Nummer 2. [2] Ist nur ein Teil der Privaträume ausgestattet, wird der Betrag nach Satz 1 verhältnismäßig erhöht.

(7) Ist innerhalb der letzten fünf Jahre ein Umzug mit Zusage der Umzugskostenvergütung nach § 3 oder § 4 Absatz 1 Nummer 2 bis 4 oder Absatz 2 des Bundesumzugskostengesetzes an einen anderen Wohnort durchgeführt worden und ist auch bei diesem Umzug eine eigene Wohnung für die Berechnung der pauschalen Vergütung berücksichtigt worden, wird ein Zuschlag in Höhe von 50 Prozent der Beträge nach den Absätzen 2 bis 6 gezahlt.

(8) [1] Besteht am neuen Wohnort eine andere Netzspannung oder Netzfrequenz als am bisherigen Wohnort und ist die neue Wohnung nicht mit einer der bisherigen Wohnung entsprechenden Stromversorgung oder nicht mit den notwendigen elektrischen Geräten ausgestattet, wird ein Zuschlag in Höhe von 13 Prozent des Grundgehalts der Stufe 8 der Besoldungsgruppe A 13 gewährt. [2] Besteht am neuen Wohnort eine andere Fernsehnorm als am bisherigen Wohnort, wird ein weiterer Zuschlag in Höhe von 10 Prozent des Grundgehalts der Stufe 8 der Besoldungsgruppe A 13 gewährt.

(9) [1] Berechtigten Personen, die jeweils eine eigene Zusage der Umzugskostenvergütung erhalten haben und die eine gemeinsame Wohnung beziehen, wird insgesamt nur eine Umzugspauschale gewährt. [2] In diesem Fall gilt eine der beiden Personen als berücksichtigungsfähige Person nach § 2 Absatz 1 Nummer 1 oder Nummer 2. [3] Sind die Pauschalen der berechtigten Personen unterschiedlich hoch, wird die höhere gezahlt.

§ 19
Ausstattungspauschale

(1) [1] Bei der ersten Verwendung im Ausland erhält die verheiratete oder in einer Lebenspartnerschaft lebende berechtigte Person eine Ausstattungspauschale in Höhe von 70 Prozent des Grundgehalts der Stufe 8 der Besoldungsgruppe A 13, zuzüglich des Grundgehalts der Stufe 8 der jeweiligen Besoldungsgruppe, mindestens der Besoldungsgruppe A 5, höchstens der Besoldungsgruppe B 3. [2] Eine berechtigte Person, die weder verheiratet ist noch in einer Lebenspartnerschaft lebt, und die berechtigte Person, deren Ehegattin oder Ehegatte oder Lebenspartnerin oder Lebenspartner nicht an den neuen Dienstort umzieht, erhält 90 Prozent des sich nach Satz 1 ergebenden Betrages. [3] Für jedes Kind, für das ihr Auslandskinderzuschlag zusteht, erhält die berechtigte Person einen Betrag in Höhe von 14 Prozent des Grundgehalts der Stufe 8 der Besoldungsgruppe A 13. [4] Soweit

die oberste Dienstbehörde besondere Verpflichtungen der dienstlichen Repräsentation anerkennt, erhöht sich die Ausstattungspauschale nach Satz 1 oder Satz 2 um 30 Prozent; dies gilt nicht für Empfängerinnen oder Empfänger einer Einrichtungspauschale nach § 20.

(2) [1] Die berechtigte Person, die am neuen Dienstort keine Wohnung einrichtet oder eine ausgestattete Wohnung bezieht, erhält eine Ausstattungspauschale in Höhe von 50 Prozent der Beträge nach Absatz 1. [2] Ist nur ein Teil der Privaträume einer Dienstwohnung ausgestattet, wird die Ausstattungspauschale nach Satz 1 verhältnismäßig erhöht.

(3) Bei einer weiteren Verwendung im Ausland wird eine Ausstattungspauschale gezahlt, wenn die berechtigte Person

1. innerhalb der letzten drei Jahre vor der neuen Verwendung nicht oder nur vorübergehend Dienstbezüge im Ausland oder entsprechende von einer zwischen- oder überstaatlichen Organisation gezahlte Bezüge erhalten hat,
2. bei vorausgegangenen Umzügen innerhalb der letzten drei Jahre keine Ausstattungspauschale aufgrund des § 14 Absatz 7 des Bundesumzugskostengesetzes erhalten hat oder
3. bei vorausgegangenen Umzügen innerhalb der letzten drei Jahre eine verminderte Ausstattungspauschale aufgrund des § 14 Absatz 7 des Bundesumzugskostengesetzes oder nach § 26 Absatz 1 Nummer 9 oder Absatz 5 Nummer 2 dieser Verordnung erhalten hat; in diesem Fall sind die Beträge anzurechnen, die bei den vorausgegangenen Umzügen gezahlt worden sind.

(4) Berechtigte Personen, denen bereits anlässlich einer Verwendung in einem Mitgliedstaat der Europäischen Union eine Ausstattungspauschale gewährt wurde, erhalten bei einem erneuten Umzug in einen Mitgliedstaat der Europäischen Union keine weitere Ausstattungspauschale.

(5) Berechtigte Personen, die eine Gemeinschaftsunterkunft beziehen, erhalten keine Ausstattungspauschale.

(6) § 18 Absatz 9 gilt entsprechend.

§ 20
Einrichtungspauschale

(1) [1] Bei der Bestellung zur Leiterin oder zum Leiter einer Auslandsvertretung erhält die berechtigte Person, die eine ausgestattete Dienstwohnung bezieht oder eine möblierte Wohnung mietet, eine Einrichtungspauschale in Höhe von 140 Prozent des Grundgehalts der Stufe 1 ihrer jeweiligen Besoldungsgruppe. [2] Berechtigte Personen, die einer Besoldungsgruppe der Bundesbesoldungsordnung B angehören, erhalten eine Einrichtungspauschale in Höhe von 120 Prozent des jeweiligen Grundgehalts. [3] Für zusätzliche Einrichtungsgegenstände im Zusammenhang mit der Anwesenheit der Ehegattin oder des Ehegatten oder der Lebenspartnerin oder des Lebenspartners am Dienstort erhöht sich die Einrichtungspauschale um 10 Prozent.

(2) [1] Bezieht die berechtigte Person eine Leerraumwohnung, erhöht sich die Pauschale nach Absatz 1 für die Einrichtung der Empfangsräume und der privaten Wohn- und Esszimmer jeweils um 50 Prozent. [2] Ist die Wohnung teilweise ausgestattet, verringert sich der Prozentsatz verhältnismäßig.

(3) [1] Die ständige Vertreterin oder der ständige Vertreter der Leiterin oder des Leiters einer Auslandsvertretung sowie die Leiterin oder der Leiter einer Außenstelle einer Auslandsvertretung erhalten bei ihrer Bestellung eine Einrichtungspauschale in Höhe von 50 Prozent der Pauschale nach Absatz 1. [2] Bezieht die berechtigte Person eine Leerraumwohnung, erhält sie 75 Prozent der Pauschale nach Absatz 1. [3] Absatz 2 Satz 2 gilt entsprechend.

(4) [1] Früher gezahlte Einrichtungspauschalen sind anzurechnen. [2] Übersteigen diese 80 Prozent der neuen Einrichtungspauschale, wird eine Einrichtungspauschale in Höhe von 20 Prozent gezahlt.

(5) Einer berechtigten Person, die während einer Auslandsverwendung zur Leiterin oder zum Leiter einer Auslandsvertretung bestellt wird, wird die Einrichtungspauschale nur gezahlt, wenn ihr aus Anlass der Bestellung die Umzugskostenvergütung zugesagt worden ist.

(6) [1]Eine berechtigte Person, deren neuer Dienstort in einem Mitgliedstaat der Europäischen Union liegt, ist verpflichtet, die zweckentsprechende Verwendung der Einrichtungspauschale, die aus Anlass des Umzugs an diesen Dienstort gewährt worden ist, der obersten Dienstbehörde auf Verlangen nachzuweisen. [2]Die dafür erforderlichen Belege sind für die Dauer des Verbleibs an diesem Dienstort aufzubewahren und der obersten Dienstbehörde auf Verlangen vorzulegen.

(7) § 18 Absatz 9 gilt entsprechend.

(8) Das Bundesministerium der Verteidigung kann bestimmen, dass die Absätze 1 bis 7 in seinem Geschäftsbereich auch für sonstige berechtigte Personen in vergleichbaren Dienststellungen gelten.

§ 21
Pauschale für klimagerechte Kleidung

(1) [1]Bei der ersten Verwendung an einem Auslandsdienstort mit einem Klima, das vom mitteleuropäischen Klima erheblich abweicht, wird eine Pauschale für das Beschaffen klimagerechter Kleidung gezahlt, die sich aus folgenden Teilbeträgen zusammensetzt:

1. an einem Dienstort mit extrem niedrigen Temperaturen
   a) für die berechtigte Person und die berücksichtigungsfähige Person nach § 2 Absatz 1 Satz 1 Nummer 1 oder Nummer 2 jeweils 30 Prozent des Grundgehalts der Stufe 8 der Besoldungsgruppe A 13,
   b) für jedes mitumziehende berücksichtigungsfähige Kind 15 Prozent des Grundgehalts der Stufe 8 der Besoldungsgruppe A 13,
2. an einem Dienstort mit extrem hohen Temperaturen für die berechtigte Person und die berücksichtigungsfähige Person nach § 2 Absatz 1 Satz 1 Nummer 1 oder Nummer 2 jeweils 15 Prozent des Grundgehalts der Stufe 8 der Besoldungsgruppe A 13.

[2]Wird klimagerechte Kleidung von Amts wegen bereitgestellt, ist die Pauschale um 25 Prozent zu kürzen.

(2) Das Auswärtige Amt stellt im Einvernehmen mit dem Bundesministerium der Verteidigung durch Allgemeinverfügung die Auslandsdienstorte fest, deren Klima vom mitteleuropäischen Klima erheblich abweicht.

(3) Bei einer weiteren Verwendung an einem Auslandsdienstort nach Absatz 1 wird eine weitere Pauschale gezahlt, wenn

1. die berechtigte Person innerhalb der letzten drei Jahre vor der neuen Verwendung nicht an einem solchen Dienstort Auslandsdienstbezüge oder entsprechende von einer zwischen- oder überstaatlichen Organisation gezahlte Bezüge erhalten hat,
2. am neuen Dienstort Klimaverhältnisse herrschen, die denen am vorigen Dienstort entgegengesetzt sind, oder
3. die berechtigte Person bei den vorausgegangenen Umzügen innerhalb der letzten drei Jahre eine ermäßigte Pauschale aufgrund des § 26 Absatz 1 Nummer 10 oder Absatz 5 Nummer 3 erhalten hat und beim neuen Umzug keine Gründe für eine Ermäßigung vorliegen; in diesem Fall ist die bei den vorausgegangenen Umzügen gezahlte Pauschale anzurechnen.

(4) Gibt es am Dienstort während der Verwendung sowohl Zeiträume mit extrem niedrigen als auch Zeiträume mit extrem hohen Temperaturen, wird sowohl der Teilbetrag für Dienstorte mit extrem niedrigen Temperaturen als auch der Teilbetrag für Dienstorte mit extrem hohen Temperaturen gewährt.

(5) Ergeht die Feststellung nach Absatz 2 erst nach dem Dienstantritt der berechtigten Person, beginnt die Ausschlussfrist nach § 3 Absatz 1 für den Antrag auf Gewährung der Pauschale für das Beschaffen klimagerechter Kleidung mit der Feststellung der erheblichen Abweichung vom mitteleuropäischen Klima nach Absatz 2, sofern die berechtigte Person zum Zeitpunkt der Antragstellung noch für diesen Dienstort Auslandsdienstbezüge erhält.

(6) § 18 Absatz 9 gilt entsprechend.

§ 22
Zusätzlicher Unterricht

(1) [1] Benötigt ein berücksichtigungsfähiges Kind aufgrund des Umzugs zusätzlichen Unterricht, werden die Unterrichtskosten für höchstens ein Jahr zu 90 Prozent erstattet. [2] Die Frist beginnt spätestens ein Jahr nach Beendigung des Umzugs des Kindes.

(2) [1] Insgesamt wird für jedes berücksichtigungsfähige Kind höchstens ein Betrag in Höhe des zum Zeitpunkt der Beendigung des Umzugs maßgeblichen Grundgehalts der Stufe 1 der Besoldungsgruppe A 14 erstattet. [2] Mit Zustimmung der obersten Dienstbehörde können höhere Kosten erstattet werden, wenn die Anwendung des Satzes 1 für eine berechtigte Person mit häufigen Auslandsverwendungen eine unzumutbare Härte bedeuten würde.

§ 23
Umzug am ausländischen Dienstort

(1) [1] Für einen Umzug am ausländischen Dienstort kann Umzugskostenvergütung zugesagt werden, wenn die Gesundheit oder die Sicherheit der berechtigten Person oder der berücksichtigungsfähigen Personen erheblich gefährdet sind oder wenn ein Umzug aus anderen zwingenden Gründen, die sich aus dem Auslandsdienst und den besonderen Verhältnissen im Ausland ergeben, erforderlich ist. [2] In diesen Fällen werden neben den Beförderungsauslagen nach § 5 Absatz 1 bis 3 auch die Auslagen für Wohnungsbeschaffungskosten nach § 16 sowie die Umzugspauschale nach § 18 Absatz 5 gezahlt. [3] Soweit erforderlich, können auch Auslagen nach § 17 erstattet werden.

(2) Bei Umzügen nach Absatz 1 aus gesundheitlichen Gründen kann die Umzugskostenvergütung nur zugesagt werden, wenn die Notwendigkeit amts- oder vertrauensärztlich bescheinigt worden ist.

(3) Die Umzugskostenvergütung ist so rechtzeitig zu beantragen, dass über sie vor Beginn des geplanten Umzugs entschieden werden kann.

(4) Die berechtigte Person, der die Umzugskostenvergütung für einen Umzug nach § 3 Absatz 1 Nummer 1, 3 oder Nummer 4, nach § 4 Absatz 1 Nummer 2 bis 4 des Bundesumzugskostengesetzes oder in den Fällen des § 28 Absatz 1 und 2 dieser Verordnung zugesagt worden ist, erhält für den Umzug in eine vorläufige Wohnung Umzugskostenvergütung, wenn der Dienstherr die neue Wohnung vorher schriftlich oder elektronisch als vorläufige Wohnung anerkannt hat.

§ 24
Umzugsbeihilfe

(1) [1] Wenn einer berechtigten Person mit Dienstbezügen die Umzugskostenvergütung zugesagt worden ist und sie nach dem Dienstantritt am neuen ausländischen Dienstort heiratet oder eine Lebenspartnerschaft begründet, können ihr für die Umzugsreise ihrer Ehegattin oder ihres Ehegatten oder ihrer Lebenspartnerin oder ihres Lebenspartners und der zu deren oder dessen häuslicher Gemeinschaft gehörenden minderjährigen Kinder, die durch die Reise in die häusliche Gemeinschaft der berechtigten Person aufgenommen werden, die notwendigen Fahrtkosten erstattet werden. [2] Fahrtkosten werden nur erstattet bis zur Höhe der Kosten der billigsten Fahrkarte für ein regelmäßig verkehrendes Beförderungsmittel für eine Reise vom Wohnort der Ehegattin oder des Ehegatten oder der Lebenspartnerin oder des Lebenspartners zum Dienstort der berechtigten Person, höchstens jedoch für eine solche Reise vom letzten inländischen Dienstort der berechtigten Person an deren neuen ausländischen Dienstort. [3] Die notwendigen Auslagen für das Befördern des Umzugsguts der Ehegattin oder des Ehegatten oder der Lebenspartnerin oder des Lebenspartners und des Umzugsguts ihrer oder seiner Kinder an den ausländischen Dienstort können bis zur Höhe der Auslagen erstattet werden, die entstanden wären, wenn das Umzugsgut vom letzten inländischen an den ausländischen Dienstort befördert worden wäre. [4] § 6 Absatz 1 und § 10 Absatz 6 sind entsprechend anzuwenden.

(2) [1] Bei dauerhafter Trennung im Ausland und bei Beendigung der Beurlaubung der berücksichtigungsfähigen Person nach § 2 Absatz 1 Satz 1 Nummer 1 oder Nummer 2 nach § 24 Absatz 2 des Gesetzes über den Auswärtigen Dienst auf Betreiben des Dienstherrn der berücksichtigungsfähigen

Person ist Absatz 1 entsprechend anzuwenden, wenn die berücksichtigungsfähige Person bis zur Trennung zur häuslichen Gemeinschaft der berechtigten Person gehört hat. [2]Die Auslagen werden für die Reise und die Beförderungskosten vom ausländischen Wohnort zum neuen Wohnort entsprechend erstattet, höchstens jedoch bis zur Höhe der Kosten für eine Rückkehr an den letzten inländischen Dienstort der berechtigten Person. [3]Mehrkosten für das getrennte Versenden von Umzugsgut (§ 5 Absatz 3) werden nicht erstattet, wenn die berechtigte Person innerhalb von drei Monaten ins Inland versetzt wird.

(3) Die Absätze 1 und 2 gelten entsprechend für minderjährige Kinder, die erstmals zu dem in einem anderen Staat lebenden anderen Elternteil übersiedeln, sowie einmalig für Kinder der berechtigten Person, für die ein Anspruch auf Kindergeld besteht, bis längstens drei Monate nach Wegfall des Anspruchs für einen Umzug vom Inland ins Ausland oder im Ausland.

(4) Absatz 2 gilt entsprechend für berücksichtigungsfähige Kinder bei

1. Rückkehr ins Inland innerhalb von 18 Monaten nach Abschluss der Schulausbildung am ausländischen Dienstort,
2. Rückkehr ins Inland zur Fortsetzung der Schulausbildung, sofern es am Dienstort keine geeignete Schule gibt, oder
3. erstmaliger Aufnahme einer Berufsausbildung oder eines Studiums im Ausland innerhalb von 18 Monaten nach Abschluss der Schulausbildung am ausländischen Dienstort bis zur Höhe der Kosten für eine Rückkehr an den letzten inländischen Dienstort.

§ 25
Widerruf der Zusage der Umzugskostenvergütung

(1) Die Die Zusage der Umzugskostenvergütung kann ganz oder teilweise widerrufen werden, wenn

1. mit einer baldigen weiteren Versetzung an einen anderen Dienstort zu rechnen ist,
2. der Umzug aus besonderen Gründen nicht durchgeführt werden soll oder
3. die berechtigte Person stirbt, bevor sie an den neuen Dienstort umgezogen ist.

(2) Die Zusage der Umzugskostenvergütung gilt als ganz widerrufen, wenn vor dem Bezug der neuen Wohnung die Umzugskostenvergütung für einen anderen Umzug zugesagt worden ist.

(3) [1]Wird die Zusage der Umzugskostenvergütung ganz oder teilweise widerrufen, hat die berechtigte Person

1. die Pauschalen nach den §§ 18 bis 21 zurückzuzahlen, soweit sie bis zur Bekanntgabe des Widerrufs nicht bestimmungsgemäß verbraucht worden sind;
2. alle Möglichkeiten zur Vermeidung von Kosten für Umzugsvorbereitungen zu nutzen.

[2]Andere notwendige Auslagen, die der berechtigten Person im Zusammenhang mit dem erwarteten Umzug entstanden sind, und Schäden, die als unmittelbare Folge des Widerrufs entstanden sind, können erstattet werden.

(4) [1]Wird innerhalb von sechs Monaten nach dem Widerruf der Zusage die Umzugskostenvergütung für einen Umzug an einen anderen Ort zugesagt, werden die Pauschalen nach den §§ 18 bis 21, die die berechtigte Person aufgrund der ersten Zusage erhalten hat, auf die Beträge angerechnet, die ihr aufgrund der neuen Zusage gewährt werden. [2]Die Anrechnung unterbleibt, soweit die berechtigte Person die Pauschalen bis zur Bekanntgabe des Widerrufs der ersten Zusage bestimmungsgemäß verbraucht hat und die daraus beschafften Gegenstände am neuen Dienstort nicht verwendbar sind.

(5) Wird die Zusage der Umzugskostenvergütung aus Gründen widerrufen, die die berechtigte Person zu vertreten hat, hat sie abweichend von den Absätzen 3 und 4 die schon erhaltene Umzugskostenvergütung insoweit zurückzuzahlen, als die Zusage widerrufen worden ist.

(6) Bei Rücknahme, Aufhebung oder Erledigung der Zusage der Umzugskostenvergütung auf andere Weise gelten die Absätze 3 bis 5 entsprechend.

§ 26
Umzugskostenvergütung bei einer Auslandsverwendung von bis zu zwei Jahren

(1) Soweit von vornherein feststeht, dass die berechtigte Person für nicht mehr als zwei Jahre ins Ausland oder im Ausland versetzt, abgeordnet oder abkommandiert wird, wird für den Hin- und Rückumzug Umzugskostenvergütung höchstens in folgendem Umfang gewährt:

1. Erstattung der Auslagen für die Umzugsreise nach § 12,
2. Erstattung der Auslagen für die Beförderung von Reisegepäck nach § 13,
3. Erstattung der Auslagen für eine vorübergehende Unterkunft nach § 14,
4. Erstattung der Beförderungsauslagen für bis zu 200 Kilogramm Umzugsgut für die berechtigte Person und jede mitumziehende berücksichtigungsfähige Person,
5. Erstattung der notwendigen Auslagen für das Lagern des Umzugsguts im Inland,
6. Erstattung der notwendigen Garagenmiete für ein am bisherigen Dienst- oder Wohnort zurückgelassenes Personenkraftfahrzeug, sofern weder das Fahrzeug noch die Garage anderweitig genutzt wird,
7. Mietentschädigung nach § 15,
8. Erstattung der Wohnungsbeschaffungskosten nach § 16,
9. 40 Prozent der Umzugspauschale nach § 18 sowie 40 Prozent der Ausstattungspauschale nach § 19,
10. die Pauschale für klimagerechte Kleidung nach § 21; für jede mitumziehende berücksichtigungsfähige Person 40 Prozent dieser Pauschale.

(2) [1]Leistungen nach Absatz 1 Nummer 5 und 6 werden nicht für Tage gewährt, für die die berechtigte Person Auslandstrennungsgeld oder vergleichbare Leistungen erhält. [2]Leistungen nach Absatz 1 Nummer 9 und 10 werden für den Hin- und Rückumzug nur einmal gewährt.

(3) [1]Anstelle der Erstattung der Auslagen nach Absatz 1 Nummer 5 können für die Beförderung des Umzugsguts an den ausländischen Dienstort Auslagen bis zur Höhe der Kosten erstattet werden, die durch eine Einlagerung im Inland entstanden wären, höchstens jedoch bis zur Höhe der Kosten für das Beibehalten der bisherigen Wohnung. [2]Kann das Umzugsgut an einem anderen Ort im Inland unentgeltlich gelagert werden, können anstelle der Erstattung der Auslagen nach Absatz 1 Nummer 5 die Beförderungsauslagen nach § 10 Absatz 1 erstattet werden.

(4) Die oberste Dienstbehörde kann im Einzelfall aus dienstlichen Gründen

1. die Umzugskostenvergütung erweitern,
2. insbesondere aus Gründen der Sicherheit oder aus fiskalischen Gründen die Zusage der Umzugskostenvergütung auf die berechtigte Person beschränken.

(5) [1]Bei einer Auslandsverwendung mit einer vorgesehenen Dauer von bis zu acht Monaten wird Umzugskostenvergütung nur gewährt, wenn Auslandsdienstbezüge (§ 52 des Bundesbesoldungsgesetzes) gezahlt werden. [2]Die Absätze 1 bis 4 gelten in diesem Fall mit folgenden Maßgaben:

1. für die berechtigte Person und jede berücksichtigungsfähige Person, die an der Umzugsreise teilnimmt, werden die Auslagen für die Beförderung von bis zu 100 Kilogramm Umzugsgut erstattet;
2. 20 Prozent der Umzugspauschale nach § 18 sowie 10 Prozent der Ausstattungspauschale nach § 19 werden gezahlt,
3. für die berechtigte Person werden 50 Prozent und für jede mitumziehende berücksichtigungsfähige Person werden 20 Prozent der Pauschale für klimagerechte Kleidung nach § 21 gezahlt.

(6) [1]Dauert die Auslandsverwendung nach Absatz 5 länger als ursprünglich vorgesehen, kann die Umzugskostenvergütung gezahlt werden, die für die längere Verwendungsdauer zusteht. [2]In diesem

Fall beginnt die Ausschlussfrist nach § 3 Absatz 1 für die Zahlung der zusätzlichen Umzugskostenvergütung an dem Tag, an dem der berechtigten Person die Verlängerung ihrer Verwendung bekannt gegeben wird.

§ 27
Rückführung aus Gefährdungsgründen

(1) Sind an einem ausländischen Dienstort Leben oder Gesundheit der berechtigten Person oder der zu ihrer häuslichen Gemeinschaft gehörenden berücksichtigungsfähigen Personen und von Betreuungspersonen, für die Kosten nach § 12 Absatz 4 erstattet wurden, erheblich gefährdet, kann die oberste Dienstbehörde Umzugskostenvergütung für die Rückführung oder den Umzug der berechtigten Person oder der zu ihrer häuslichen Gemeinschaft gehörenden berücksichtigungsfähigen Personen und der Betreuungspersonen sowie von Umzugsgut zusagen.

(2) Ist an einem ausländischen Dienstort das Eigentum der berechtigten Person oder der zu ihrer häuslichen Gemeinschaft gehörenden berücksichtigungsfähigen Personen erheblich gefährdet, kann die oberste Dienstbehörde Umzugskostenvergütung für die Rückführung von Umzugsgut zusagen.

(3) [1] Die Zusage kann für eine Rückführung oder einen Umzug ins Inland oder im Ausland erteilt werden. [2] Die Umzugskostenvergütung darf jedoch nur in dem Umfang zugesagt werden, wie es den Umständen nach notwendig ist. [3] Die Sätze 1 und 2 gelten entsprechend für die Rückkehr zum Dienstort.

(4) [1] Die oberste Dienstbehörde bestimmt im Einzelfall, in welchem Umfang Umzugskosten erstattet werden, wenn wegen erheblicher Gefährdung des Lebens, der Gesundheit oder des Eigentums oder wegen anderer außergewöhnlicher Verhältnisse im Ausland andere als die im Bundesumzugskostengesetz vorgesehenen dienstlichen Maßnahmen erforderlich sind. [2] Dabei berücksichtigt sie die nach § 12 Absatz 8 der Auslandstrennungsgeldverordnung getroffenen Regelungen. [3] Werden für einen Dienstort, an dem sich eine Auslandsvertretung befindet, Maßnahmen nach Satz 1 erforderlich, bestimmt das Auswärtige Amt den Umfang der Umzugskostenvergütung für alle an diesem Dienstort tätigen und von der Maßnahme betroffenen berechtigten Personen.

(5) Die berechtigte Person erhält eine pauschale Vergütung nach § 18 Absatz 6, wenn außer dem Reisegepäck Teile des Hausrats zurückgeführt werden müssen und sich die Zusage der Umzugskostenvergütung hierauf erstreckt.

§ 28
Umzug bei Beendigung des Dienstverhältnisses

(1) [1] Einer berechtigten Person mit Dienstort im Ausland, die in den Ruhestand tritt oder deren Dienstverhältnis auf Zeit endet, ist Umzugskostenvergütung für einen Umzug an einen Ort ihrer Wahl im Inland zuzusagen. [2] Umzugskostenvergütung wird nur gezahlt, wenn der Umzug spätestens zwei Jahre nach der Beendigung des Dienstverhältnisses durchgeführt wird. [3] Die oberste Dienstbehörde kann diese Frist in Ausnahmefällen um ein Jahr verlängern.

(2) [1] Absatz 1 gilt nach dem Tod einer berechtigten Person, deren letzter Dienstort im Ausland liegt, entsprechend für berücksichtigungsfähige Personen, die am Todestag der berechtigten Person zu deren häuslicher Gemeinschaft gehört haben. [2] Gibt es keine solchen berücksichtigungsfähigen Personen oder ziehen diese berücksichtigungsfähigen Personen nicht ins Inland um, können den Erbinnen und Erben die notwendigen Auslagen für das Befördern beweglicher Nachlassgegenstände an einen Ort im Inland sowie sonstige berücksichtigungsfähige Auslagen, die durch den Umzug nachweislich entstanden sind, erstattet werden, wenn die Auslagen innerhalb der in Absatz 1 genannten Frist entstanden sind. [3] Für angestellte Betreuungspersonen gilt § 12 Absatz 4 entsprechend.

(3) [1] Soweit in den Fällen der Absätze 1 und 2 Satz 1 Umzüge im Ausland durchgeführt werden, können die notwendigen Umzugsauslagen erstattet werden, höchstens jedoch in dem Umfang, in dem Auslagen bei einem Umzug an den Sitz der obersten Dienstbehörde entstanden wären. [2] Wird

später, jedoch noch innerhalb der Frist nach Absatz 1, ein Umzug ins Inland durchgeführt, ist der nach Satz 1 erstattete Betrag auf die nach Absatz 1 oder Absatz 2 zustehende Umzugskostenvergütung anzurechnen.

(4) Endet das Dienstverhältnis einer berechtigten Person mit Dienstort im Ausland aus einem von ihr zu vertretenden Grund und zieht diese Person spätestens sechs Monate danach ins Inland um, können ihr und den berücksichtigungsfähigen Personen für diesen Umzug die Beförderungsauslagen und Fahrtkosten bis zur Höhe der Kosten der billigsten Fahrkarte für ein regelmäßig verkehrendes Beförderungsmittel erstattet werden, höchstens jedoch die Beförderungsauslagen und Fahrtkosten, die durch einen Umzug an den Sitz der obersten Dienstbehörde entstanden wären.

§ 29
Übergangsregelungen

(1) [1] Die Kosten für die Beförderung und die Einlagerung von Umzugsgut werden der berechtigten Person, die bereits vor dem 1. Dezember 2012 über höheres Umzugsvolumen verfügt als nach dieser Verordnung berücksichtigt werden kann, bis zum nächsten Umzug ins Inland mit Zusage der Umzugskostenvergütung nach § 3 Absatz 1 Nummer 1 des Bundesumzugskostengesetzes in dem Umfang erstattet, in dem sie vor Inkrafttreten dieser Verordnung erstattungsfähig waren. [2] Reisekosten für Hausangestellte, deren Kosten für die Reise zum bisherigen Dienstort im Rahmen der Auslandsumzugskostenverordnung vor dem 1. Dezember 2012 erstattet wurden, können beim nächsten Umzug mit Zusage der Umzugskostenvergütung nach § 3 Absatz 1 Nummer 1 des Bundesumzugskostengesetzes im Rahmen der Kosten einer Reise ins Inland geltend gemacht werden.

(2) Hat die berechtigte Person den Dienst am neuen Dienstort infolge einer Maßnahme, für die Umzugskostenvergütung zugesagt worden ist, nach dem 30. Juni 2010, aber vor dem 1. Dezember 2012 angetreten, bemisst sich die Höhe des Ausstattungs- und des Einrichtungsbeitrags nach den §§ 12 und 13 der Auslandsumzugskostenverordnung in der am 30. Juni 2010 geltenden Fassung und dem Bundesbesoldungsgesetz.

IV.

Steuerliche Anerkennung von Umzugskosten nach R 9.9 Absatz 2 Lohnsteuer-Richtlinien (LStR); Änderung der maßgebenden Beträge für umzugsbedingte Unterrichtskosten und sonstige Umzugsauslagen ab 1. April 2021 sowie 1. April 2022

BMF vom 21.7.2021 (BStBl I S. 1021)
IV C 5 – S 2353/20/10004 :002 – 2021/0281734

Im Einvernehmen mit den obersten Finanzbehörden der Länder gilt zur Anwendung der §§ 6 bis 10 des Bundesumzugskostengesetzes (BUKG) für Umzüge ab 1. April 2021 bzw. 1. April 2022 Folgendes:

Maßgeblich für die Ermittlung der Pauschalen ist der Tag vor dem Einladen des Umzugsguts.

1. Der Höchstbetrag nach § 9 Absatz 2 BUKG, der für die Anerkennung von Auslagen für den durch den Umzug bedingten zusätzlichen Unterricht für ein Kind des Berechtigten (nach § 6 Absatz 3 Satz 2 BUKG) maßgebend ist, beträgt ab
   – 1. April 2021 1.160 €
   – 1. April 2022 1.181 €.
2. Der Pauschbetrag für sonstige Umzugsauslagen beträgt:
   a) Für Berechtigte (§ 10 Absatz 1 Satz 2 Nummer 1 BUKG)
      – 1. April 2021 870 €
      – 1. April 2022 886 €.
   b) Für jede andere Person (Ehegatte, der Lebenspartner sowie die ledigen Kinder, Stief- und Pflegekinder, die auch nach dem Umzug mit dem Berechtigten in häuslicher Gemeinschaft leben (§ 10 Absatz 1 Satz 2 Nummer 2 BUKG)
      – 1. April 2021 580 €
      – 1. April 2022 590 €.
3. Für Berechtigte, die am Tage vor dem Einladen des Umzugsgutes keine Wohnung hatten oder nach dem Umzug keine eigene Wohnung eingerichtet haben, beträgt die Pauschvergütung nach § 10 Absatz 2 BUKG:
   – 1. April 2021 174 €
   – 1. April 2022 177 €.

Das BMF-Schreiben vom 20. Mai 2020 – IV C 5 – S 2353/20/10004 :001; DOK: 2020/0504692 – (BStBl I Seite 544) ist auf Umzüge nicht mehr anzuwenden, bei denen der Tag vor dem Einladen des Umzugsguts nach dem 31. März 2021 liegt.

Lohnsteuerliche Behandlung der Überlassung bzw. Übertragung von Vermögensbeteiligungen ab 2021 (§ 3 Nummer 39, § 19a EStG)

BMF vom 16.11.2021 (BStBl I S.)
IV C 5 – S 2347/21/10001 :006 – 2021/1192053

Vor dem Hintergrund insbesondere der Änderungen durch das Fondsstandortgesetz vom 3. Juni 2021 (BGBl. I S. 1498, BStBl I S. 803) nehme ich unter Bezugnahme auf das Ergebnis der Erörterungen mit den obersten Finanzbehörden der Länder zur lohnsteuerlichen Behandlung der Überlassung bzw. Übertragung von Vermögensbeteiligungen ab 2021 wie folgt Stellung:

Inhaltsverzeichnis

1. Steuerfreiheit gemäß § 3 Nummer 39 EStG

1.1 Allgemeines (§ 3 Nummer 39 Satz 1 EStG)

1.1.1 Begünstigter Personenkreis

1 Die Steuerfreiheit gemäß § 3 Nummer 39 des Einkommensteuergesetzes (EStG) gilt für unbeschränkt und beschränkt einkommensteuerpflichtige Arbeitnehmer (siehe § 1 EStG), die in einem gegenwärtigen Dienstverhältnis zum Unternehmen (siehe § 1 Absatz 1 und 2 der Lohnsteuer-Durchführungsverordnung – LStDV –) stehen. Bei dem Dienstverhältnis kann es sich sowohl um ein Hauptarbeitsverhältnis (erstes Dienstverhältnis) als auch um ein Nebenarbeitsverhältnis (weiteres Dienstverhältnis) handeln.

2 In einem gegenwärtigen Dienstverhältnis stehen auch Arbeitnehmer, deren Dienstverhältnis ruht (z. B. während des Mutterschutzes, der Elternzeit oder aufgrund einer vertraglichen Vereinbarung über eine befristete Tätigkeit im Ausland) oder die sich in der Freistellungsphase einer Altersteilzeit befinden.

3 Die Überlassung von Vermögensbeteiligungen an frühere Arbeitnehmer des Arbeitgebers ist nur steuerfrei, soweit die unentgeltliche oder verbilligte Vermögensbeteiligung bei einer Abwicklung des früheren Dienstverhältnisses als Arbeitslohn für die tatsächliche Arbeitsleistung überlassen wird. Personen, die ausschließlich Versorgungsbezüge beziehen, stehen nicht mehr in einem gegenwärtigen Dienstverhältnis.

1.1.2 Begünstigte Vermögensbeteiligungen

4 Die Vermögensbeteiligungen, deren Überlassung nach § 3 Nummer 39 EStG steuerfrei ist, sind in § 3 Nummer 39 Satz 1 EStG i. V. m. § 2 Absatz 1 Nummer 1 Buchstabe a, b, f bis l und Absatz 2 bis 5 des Fünften Vermögensbildungsgesetzes (5. VermBG) abschließend aufgezählt. Weitere Informationen dazu finden sich im BMF-Schreiben vom 29. November 2017 (BStBl I S. 1626). Sogenannte „virtuelle Beteiligungen“, also schlichte schuldrechtliche Bonusversprechen des Arbeitgebers, fallen nicht unter die Regelung für begünstige Vermögensbeteiligungen. Aktienoptionen sind keine Vermögensbeteiligungen i. S. d. Fünften Vermögensbildungsgesetzes. Jedoch kann sich z. B. nach Ausübung einer Aktienoption und dem darauffolgenden vergünstigten Bezug von Aktien ein steuerlich begünstigter Tatbestand ergeben („Vermögensbeteiligungen … verbilligt übertragen“).

5 Begünstigt sind nur Vermögensbeteiligungen „am Unternehmen des Arbeitgebers“ (§ 3 Nummer 39 Satz 1 EStG). Unternehmen, die demselben Konzern i. S. d. § 18 des Aktiengesetzes (AktG) angehören, sind dem Unternehmen des Arbeitgebers i. S. d. § 3 Nummer 39 Satzes 1 EStG zuzurechnen (siehe § 3 Nummer 39 Satz 3 EStG). Der Begriff „Unternehmen des Arbeitgebers“ umfasst das gesamte Betätigungsfeld des Arbeit-

gebers im lohnsteuerlichen Sinn; zum Arbeitgeberbegriff in diesem Sinne siehe § 1 Absatz 2 Satz 2 LStDV, R 19.1 der Lohnsteuer-Richtlinien (LStR) sowie H 19.1 (Arbeitgeber) Lohnsteuer-Handbuch.

Die Steuerfreiheit umfasst nicht inländische und ausländische Investmentanteile nach § 2 Absatz 1 Nummer 1 Buchstabe c des 5. VermBG. Dies gilt auch dann, wenn das Sondervermögen oder der ausländische Investmentfonds Vermögenswerte des Arbeitgebers (insbesondere Aktien) beinhaltet. 6

Der Erwerb von Vermögensbeteiligungen durch eine Bruchteilsgemeinschaft (z. B. ein gemeinsames Depot der Arbeitnehmerschaft) sowie der mittelbare Erwerb durch eine vermögensverwaltende Personengesellschaft (z. B. eine GbR oder eine GmbH & Co. KG) schließt die Steuerfreiheit nicht aus. An der Personengesellschaft müssen nicht ausschließlich Arbeitnehmer beteiligt sein. 7

1.1.3 Überlassung der Vermögensbeteiligung durch einen Dritten

Der Arbeitgeber muss nicht Rechtsinhaber der zu überlassenden Vermögensbeteiligung sein, damit die Steuerfreiheit gewährt wird. Die Steuerfreiheit gilt deshalb auch für den geldwerten Vorteil, der bei Überlassung der Vermögensbeteiligung durch einen Dritten entsteht, sofern die Überlassung durch das gegenwärtige Dienstverhältnis veranlasst ist. Eine steuerfreie Überlassung von Vermögensbeteiligungen durch Dritte liegt z. B. vor, wenn der Arbeitnehmer die Vermögensbeteiligung unmittelbar erhält 8

1. von einem Beauftragten des Arbeitgebers (z. B. einem Kreditinstitut oder anderen Unternehmen) oder
2. von einem Unternehmen, das mit dem Unternehmen des Arbeitgebers in einem Konzern (§ 18 AktG) verbunden ist (z. B. Ausgabe von Aktien oder anderen Vermögensbeteiligungen durch eine Konzernobergesellschaft an Arbeitnehmer einer Konzernuntergesellschaft oder durch eine Konzerngesellschaft an Arbeitnehmer einer Schwestergesellschaft).

Bei der Überlassung der Vermögensbeteiligung durch einen Dritten kommt es nicht darauf an, ob der Arbeitgeber in die Überlassung eingeschaltet ist oder ob der Arbeitgeber dem Dritten den Preis der Vermögensbeteiligung oder die durch die Überlassung entstehenden Kosten ganz oder teilweise ersetzt. 9

1.1.4 Mehrfache Inanspruchnahme der Steuerfreiheit

§ 3 Nummer 39 EStG ist auf das einzelne Dienstverhältnis bezogen. Steht der Arbeitnehmer im Kalenderjahr in mehreren aufeinanderfolgenden Dienstverhältnissen oder gleichzeitig in mehreren Dienstverhältnissen, so kann die Steuerfreiheit für jedes dieser Dienstverhältnisse in Anspruch genommen werden. 10

1.1.5 Keine Steuerfreiheit von Geldleistungen

Die Steuerfreiheit gilt nur für den geldwerten Vorteil, den der Arbeitnehmer durch die unentgeltliche oder verbilligte Überlassung der Vermögensbeteiligung erhält. Deshalb sind nicht steuerfrei 11

- Geldleistungen des Arbeitgebers an den Arbeitnehmer zur Begründung oder zum Erwerb der Vermögensbeteiligung und
- mit dem Arbeitnehmer vereinbarte vermögenswirksame Leistungen i. S. d. Fünften Vermögensbildungsgesetzes, die zur Begründung oder zum Erwerb der Vermögensbeteiligung angelegt werden.

1.1.6 Nebenkosten und Depotgebühren

12 Kein Arbeitslohn sind die vom Arbeitgeber übernommenen Nebenkosten, die mit der Überlassung von Vermögensbeteiligungen verbundenen sind (z. B. Notariatsgebühren, Eintrittsgelder im Zusammenhang mit Geschäftsguthaben bei einer Genossenschaft oder Kosten für Registereintragungen). Ebenfalls kein Arbeitslohn sind vom Arbeitgeber übernommene Depotgebühren, die durch die Festlegung der Wertpapiere für die Dauer einer vertraglich vereinbarten Sperrfrist oder zur Minderung des administrativen Aufwands (z. B. für ein zentral verwaltetes Sammeldepot) entstehen. Auch die kostenlose Depotführung durch den Arbeitgeber führt nicht zu Arbeitslohn.

1.2 Einzubeziehende Arbeitnehmer (§ 3 Nummer 39 Satz 2 EStG)

13 Nach § 3 Nummer 39 Satz 2 EStG ist – unabhängig von der arbeitsrechtlichen Verpflichtung zur Gleichbehandlung – Voraussetzung für die Steuerfreiheit, dass die Vermögensbeteiligung mindestens all jenen Arbeitnehmern (§ 1 LStDV) offensteht, die bei Bekanntgabe des Angebots ein Jahr oder länger ununterbrochen in einem gegenwärtigen Dienstverhältnis zum Unternehmen des Arbeitgebers stehen. Einzubeziehen in das Beteiligungsangebot sind auch geringfügig Beschäftigte, Teilzeitkräfte, Auszubildende und weiterbeschäftigte Rentner. Arbeitnehmer, die weniger als ein Jahr in einem Dienstverhältnis zum Unternehmen des Arbeitgebers stehen, können einbezogen werden. Bei einem Konzernunternehmen müssen die Beschäftigten der übrigen Konzernunternehmen nicht einbezogen werden. Bei einem Entleiher sind Leiharbeitnehmer nicht einzubeziehen.

14 Aus Vereinfachungsgründen muss der Arbeitgeber das Beteiligungsangebot nicht an folgende Arbeitnehmer richten:

- in ein anderes Unternehmen entsandte Arbeitnehmer, deren Dienstverhältnis deshalb ruht und mit denen das aufnehmende Unternehmen einen eigenständigen Arbeitsvertrag abgeschlossen hat,
- Organe von Körperschaften,
- Mandatsträger,
- Arbeitnehmer mit einem gekündigten Dienstverhältnis und
- Arbeitnehmer, die zwischen dem Zeitpunkt des Angebots und dem Zeitpunkt der Überlassung der Vermögensbeteiligung aus sonstigen Gründen aus dem Unternehmen ausscheiden (z. B. Auslaufen des Arbeitsvertrages).

15 War ein Arbeitgeber begründet davon ausgegangen, dass ein bestimmter Arbeitnehmer oder eine bestimmte Gruppe von Arbeitnehmern nicht einbezogen werden muss, und stellt sich im Nachhinein etwas Anderes heraus, so bleibt die Steuerfreiheit des geldwerten Vorteils aus der unentgeltlichen oder verbilligten Überlassung der Vermögensbeteiligung bei den übrigen Arbeitnehmern aus Vereinfachungsgründen unberührt.

16 **Beispiel:**

Der Arbeitgeber ging davon aus, allen Arbeitnehmern ein Angebot zum verbilligten Erwerb einer Vermögensbeteiligung unterbreitet zu haben. Bei einer nicht einbezogenen Gruppe von Personen stellte sich jedoch bei einer Lohnsteuer-Außenprüfung heraus, dass es sich nicht um selbständig tätige Mitarbeiter, sondern um Arbeitnehmer handelt. Die Steuerfreiheit des geldwerten Vorteils aus der unentgeltlichen oder verbilligten Überlassung der Vermögensbeteiligung der übrigen Arbeitnehmer bleibt davon unberührt.

17 Die Konditionen, zu denen der Arbeitgeber den einzelnen Arbeitnehmern die Vermögensbeteiligungen überlässt, können differenzieren (z. B. bezüglich der Höhe einer Zuzahlung oder der Beteiligungswerte). Diese Differenzierung bedarf aus arbeitsrechtlicher Sicht eines sachlichen Grundes.

1.3 Bewertung der Vermögensbeteiligung (§ 3 Nummer 39 Satz 4 EStG)

Nach § 3 Nummer 39 Satz 4 EStG ist die Vermögensbeteiligung mit dem gemeinen Wert bei der Überlassung anzusetzen. Die Vermögensbeteiligung kann aber auch mit dem gemeinen Wert bei Abschluss des für beide Seiten verbindlichen Veräußerungsgeschäfts angesetzt werden (BFH-Urteil vom 7. Mai 2014 – VI R 73/12 –, BStBl II S. 904). Der Wert der Vermögensbeteiligung bestimmt sich nach dem Bewertungsgesetz (BewG) und nicht nach dem um übliche Preisnachlässe geminderten üblichen Endpreis am Abgabeort, wie er nach § 8 Absatz 2 Satz 1 EStG sonst für die nicht in Geld bestehenden Einnahmen im Regelfall maßgeblich ist. § 8 Absatz 2 Satz 11 EStG und R 8.1 Absatz 2 Satz 3 LStR sind daher nicht anzuwenden. 18

Für die Bewertung der Vermögensbeteiligungen, die in § 3 Nummer 39 EStG genannt sind, gilt § 3 Nummer 39 Satz 4 EStG als spezielle Bewertungsvorschrift, und zwar auch dann, wenn die Steuerfreiheit nach § 3 Nummer 39 EStG nicht greift. Der gemeine Wert wird nach § 9 Absatz 2 Satz 1 BewG im Allgemeinen durch den Preis bestimmt, der im gewöhnlichen Geschäftsverkehr nach der Beschaffenheit des Wirtschaftsgutes bei einer Veräußerung zu erzielen wäre. Für Wertpapiere und (Unternehmens-)Anteile kommt als lex specialis § 11 BewG zur Anwendung. Dieser regelt die Ermittlung des gemeinen Wertes in der folgenden Reihenfolge: 19

- Ansatz des Börsenkurses zum Stichtag (§ 11 Absatz 1 BewG),
- Ableitung des gemeinen Wertes aus Verkäufen unter fremden Dritten, die weniger als ein Jahr zurückliegen (§ 11 Absatz 2 Satz 2 1. Alternative BewG),
- Wertermittlung unter Berücksichtigung der Ertragsaussichten (§ 11 Absatz 2 Satz 2 2. Alternative BewG) oder Wertermittlung nach einer anderen anerkannten, auch im gewöhnlichen Geschäftsverkehr für nichtsteuerliche Zwecke üblichen Methode (§ 11 Absatz 2 Satz 2 3. Alternative BewG; hierunter fallen Gutachten und Wertermittlungen, z. B. nach IDW S1, oder branchenübliche Bewertungsverfahren) oder Wertermittlung anhand des vereinfachten Ertragswertverfahrens (§ 11 Absatz 2 Satz 4 BewG i. V. m. §§ 199 ff. BewG).

Der Substanzwert als Mindestwert darf (außer bei Ansatz des Börsenkurses oder Ableitung aus Verkäufen unter fremden Dritten) nicht unterschritten werden (§ 11 Absatz 2 Satz 3 BewG).

Dieser Wertansatz ist grundsätzlich für die folgenden Vermögensbeteiligungen relevant:

- Aktien (§ 2 Absatz 1 Nummer 1 Buchstabe a des 5. VermBG),
- Wandelschuldverschreibungen, Gewinnschuldverschreibungen, Namensschuldverschreibungen (§ 2 Absatz 1 Nummer 1 Buchstabe b des 5. VermBG),
- Genussscheine (§ 2 Absatz 1 Nummer 1 Buchstabe f des 5. VermBG),
- GmbH-Beteiligungen (§ 2 Absatz 1 Nummer 1 Buchstabe h des 5. VermBG).

Bei Genossenschaftsanteilen (§ 2 Absatz 1 Nummer 1 Buchstabe g des 5. VermBG), (typisch) stillen Beteiligungen (§ 2 Absatz 1 Nummer 1 Buchstabe i des 5. VermBG), Darlehensforderungen (§ 2 Absatz 1 Nummer 1 Buchstabe k des 5. VermBG) und Genussrechten (§ 2 Absatz 1 Nummer 1 Buchstabe l des 5. VermBG) entspricht der gemeine Wert hingegen regelmäßig dem Nennwert.

Veräußerungssperren mindern den Wert der Vermögensbeteiligung nicht (siehe BFH-Urteile vom 7. April 1989 – VI R 47/88 –, BStBl II S. 608, und vom 30. September 2008 – VI R 67/05 –, BStBl 2009 II S. 282). Entsprechendes gilt für sonstige Verfügungsbeschränkungen. 20

Aus Vereinfachungsgründen kann die Ermittlung des Wertes der Vermögensbeteiligung des einzelnen Arbeitnehmers am Tag der Ausbuchung beim Überlassenden oder bei 21 dessen Erfüllungsgehilfen erfolgen; es kann auch auf den Vortag der Ausbuchung abgestellt werden. Bei allen begünstigten Arbeitnehmern kann aber auch der durchschnittliche Wert der Vermögensbeteiligungen angesetzt werden, wenn das Zeitfenster der Überlassung nicht mehr als einen Monat beträgt. Dies gilt jeweils im Lohnsteuerabzugs- und Veranlagungsverfahren.

1.4 Ermittlung des steuerfreien geldwerten Vorteils

22 Der geldwerte Vorteil ergibt sich aus dem Unterschied zwischen dem Wert der Vermögensbeteiligung und dem Preis, zu dem die Vermögensbeteiligung dem Arbeitnehmer überlassen wird. Der Zeitpunkt der Beschlussfassung über die Überlassung und der Zeitpunkt des Angebots an die Arbeitnehmer sind nicht maßgeblich. Bei einer Verbilligung ist es unerheblich, ob der Arbeitgeber dem Arbeitnehmer einen prozentualen Abschlag auf den Wert der Vermögensbeteiligung oder einen Preisvorteil in Form eines Festbetrags gewährt.

23 Der bevorzugte Erwerb von Aktien zum Einstandskurs durch den Arbeitnehmer im Zusammenhang mit einem Börsengang des Unternehmens des Arbeitgebers führt zu keinem geldwerten Vorteil, wenn auch fremde dritte natürliche Personen die Möglichkeit haben, Aktien zum Einstandspreis zu erwerben.

1.5 Keine Pauschalbesteuerung nach § 37b EStG

24 Von der Anwendung der Pauschalbesteuerung nach § 37b EStG sind sämtliche Vermögensbeteiligungen ausgeschlossen (§ 37b Absatz 2 Satz 2 EStG). Steuerpflichtige geldwerte Vorteile aus der verbilligten oder unentgeltlichen Überlassung von Vermögensbeteiligungen (z. B. geldwerte Vorteile, die den steuerfreien Höchstbetrag nach § 3 Nummer 39 Satz 1 EStG übersteigen, sowie solche, bei denen die Steuerfreiheit des § 3 Nummer 39 EStG bereits dem Grunde nach nicht greift) sind danach grundsätzlich individuell zu besteuern.

1.6 Zufluss, kein negativer Arbeitslohn

25 Der Zuflusszeitpunkt richtet sich nach den allgemeinen lohnsteuerlichen Regelungen. Zeitpunkt des Zuflusses ist der Tag der Erfüllung des Anspruchs des Arbeitnehmers auf Verschaffung der wirtschaftlichen Verfügungsmacht über die Vermögensbeteiligung (BFH-Urteil vom 23. Juni 2005 – VI R 10/03 –, BStBl II S. 770). Bei Aktien ist dies der Zeitpunkt der Einbuchung der Aktien in das Depot des Arbeitnehmers (BFH-Urteil vom 20. November 2008 – VI R 25/05 –, BStBl 2009 II S. 382). Zu Vereinfachungsregelungen siehe aber Rn. 18 bis 21.

26 Ein Zufluss von Arbeitslohn liegt nicht vor, solange es dem Arbeitnehmer rechtlich unmöglich ist, über die Vermögensbeteiligung zu verfügen (BFH-Urteil vom 30. Juni 2011 – VI R 37/09 –, BStBl II S. 923 zu vinkulierten Namensaktien). Vertragliche Sperr- und Haltefristen hemmen den Zufluss hingegen nicht (BFH-Urteil vom 30. September 2008 – VI R 67/05 –, BStBl 2009 II S. 282).

27 Muss der Arbeitnehmer aufgrund seiner mit dem Arbeitgeber getroffenen Vereinbarung einen höheren Kaufpreis als z. B. den Kurswert der Vermögensbeteiligung zahlen, so führt dies nicht zu negativem Arbeitslohn. Entsprechendes gilt für Kursrückgänge nach dem Zuflusszeitpunkt.

1.7 Erstmalige Anwendung des § 3 Nummer 39 EStG in der Fassung des Fondsstandortgesetzes

28 Die Anhebung des steuerfreien Höchstbetrags für Vorteile aus der Überlassung von Vermögensbeteiligungen (§ 3 Nummer 39 EStG) von 360 Euro auf 1.440 Euro ist am 1. Juli 2021 in Kraft getreten.

Der steuerfreie Höchstbetrag nach § 3 Nummer 39 EStG ist ein Jahresfreibetrag, der für den gesamten Veranlagungszeitraum 2021 anzuwenden ist. Hat der Arbeitgeber dem Arbeitnehmer in der Zeit zwischen dem 1. Januar 2021 und dem 30. Juni 2021 Vermögensbeteiligungen i. S. d. § 3 Nummer 39 EStG verbilligt oder unentgeltlich überlassen, bei denen der geldwerte Vorteil den bisherigen Höchstbetrag von 360 Euro übersteigt, so greift § 41c Absatz 1 Satz 1 Nummer 2 EStG. Der Arbeitgeber kann den Lohnsteuerabzug bis zur Übermittlung oder Ausschreibung der Lohnsteuerbescheinigung ändern (§ 41c Absatz 3 EStG); er ist dazu verpflichtet, wenn ihm dies – was die Regel ist – wirtschaftlich zumutbar ist (§ 41c Absatz 1 Satz 2 EStG). Ändert der Arbeitgeber den Lohnsteuerabzug nicht, kann der Arbeitnehmer beim Betriebsstättenfinanzamt bis zur Übermittlung oder Ausschreibung der Lohnsteuerbescheinigung eine Änderung der Lohnsteuer-Anmeldung und somit eine Erstattung der Lohnsteuer beantragen (§ 41c Absatz 3 EStG, R 41c.1 Absatz 5 Satz 3 LStR) oder den höheren steuerfreien Höchstbetrag bei der Veranlagung zur Einkommensteuer geltend machen. 29

2. Aufgeschobene Besteuerung geldwerter Vorteile aus Vermögensbeteiligungen (§ 19a EStG)

2.1 Allgemeines

Die Besteuerung des geldwerten Vorteils aus Vermögensbeteiligungen bei Kleinstunternehmen sowie der kleinen und mittleren Unternehmen – KMU – (siehe Rn. 42) erfolgt nach § 19a Abs. 4 Satz 1 EStG erst zu einem späteren Zeitpunkt, i. d. R. bei Veräußerung oder unentgeltlichen Übertragung, spätestens jedoch nach zwölf Jahren oder bei der Beendigung des Dienstverhältnisses. Durch die Regelung wird vermieden, dass bereits zum Zeitpunkt der Übertragung einer Vermögensbeteiligung auf den Arbeitnehmer ein Vorteil (Sachbezug) zu versteuern ist, ohne dass dem Arbeitnehmer liquide Mittel zugeflossen sind. 30

Mit der Neuregelung in § 19a EStG wird kein Systemwechsel in Bezug auf die Einkunftsart vorgenommen. Es gelten insoweit die allgemeinen Grundsätze. Mit der Übertragung einer Vermögensbeteiligung auf den Arbeitnehmer geht diese – wie bisher – in dessen Privatvermögen über. Die Besteuerung von Ausschüttungen, Zinsen etc. sowie von Veräußerungsgewinnen bzw. -verlusten richtet sich nach § 20 EStG bzw. nach § 17 EStG. 31

2.1.1 Begünstigter Personenkreis (§ 19a Absatz 1 Satz 1 EStG)

Die Rn. 1, 2 und 3 Satz 2 gelten entsprechend. 32

2.1.2 Begünstigte Vermögensbeteiligungen (§ 19a Absatz 1 Satz 1 und 2 EStG)

Die Rn. 4 bis 7 gelten grundsätzlich entsprechend. 33

Eine sog. Konzernregelung enthält § 19a EStG – anders als § 3 Nummer 39 EStG (dort Satz 3) – nicht (siehe Rn. 5 Satz 2). Vermögenbeteiligungen an anderen Unternehmen desselben Konzerns i. S. d. § 18 AktG gelten damit nicht als Vermögensbeteiligungen an dem Unternehmen des Arbeitgebers (§ 19a Absatz 1 Satz 1 EStG). § 19a EStG ist daher auf entsprechende Vermögensbeteiligungen nicht anwendbar. 34

Vermögensbeteiligungen müssen zusätzlich zum ohnehin geschuldeten Arbeitslohn gewährt werden. Die Übertragung im Zusammenhang mit Gehaltsumwandlungen und anderen in § 8 Absatz 4 EStG genannten Sachverhalten ist deshalb nicht begünstigt. 35

2.1.3 Berücksichtigung des Freibetrags nach § 3 Nummer 39 EStG (§ 19a Absatz 1 Satz 3 EStG)

Bei der Ermittlung des Vorteils i. S. d. § 19a Absatz 1 Satz 1 EStG ist der Freibetrag nach § 3 Nummer 39 EStG abzuziehen, wenn die Voraussetzungen vorliegen. Die Rn. 1 bis 27 sind zu beachten. 36

2.1.4 Vorsorgepauschale (§ 19a Absatz 1 Satz 4 und Absatz 4 Satz 3 EStG)

37 Steuerfreie bzw. nicht zu besteuernde Vorteile werden bei der Berechnung der Vorsorgepauschale (§ 39b Absatz 2 Satz 5 Nummer 3 EStG) grundsätzlich nicht berücksichtigt. Siehe u. a. Tz. 2 des BMF-Schreibens vom 26. November 2013 (BStBl I S. 1532).

38 Nicht besteuerte Arbeitsentgelte aus der Übertragung einer Vermögensbeteiligung i. S. d. § 19a Absatz 1 Satz 1 EStG unterliegen der Sozialversicherungspflicht (siehe § 1 Absatz 1 Satz 1 Nummer 1 zweiter Halbsatz der Sozialversicherungsentgeltverordnung i. d. F. des Fondsstandortgesetzes). Nach § 19a Absatz 1 Satz 4 EStG sind diese nicht besteuerten Arbeitsentgelte daher bei der Berechnung der Vorsorgepauschale einzubeziehen.

39 Bei der Besteuerung in einem späteren Zeitpunkt (Rn. 30) fallen dann keine Sozialversicherungsbeiträge mehr an. Der dann zu besteuernde Vorteil ist daher nicht bei der Berechnung der Vorsorgepauschale einzubeziehen (siehe § 19a Absatz 4 Satz 3 EStG).

2.1.5 Bewertung der Vermögensbeteiligung (§ 19a Absatz 1 Satz 5 EStG)

40 Die Rn. 18 bis 21 gelten entsprechend.

2.1.6 Zustimmungserfordernis des Arbeitnehmers (§ 19a Absatz 2 EStG)

41 Die vorläufige Nichtbesteuerung nach § 19a Absatz 1 EStG mit Zustimmung des Arbeitnehmers (§ 19a Absatz 2 EStG) ist bis zum Abschluss des Lohnsteuerabzugsverfahrens und damit bis zur Übermittlung oder Ausschreibung der Lohnsteuerbescheinigung zulässig (siehe § 41c Absatz 3 Satz 1 EStG). Eine Nachholung der vorläufigen Nichtbesteuerung im Rahmen der Veranlagung zur Einkommensteuer ist ausgeschlossen (§ 19a Absatz 2 Satz 2 EStG).

2.2 Fördervoraussetzungen (§ 19a Absatz 3 EStG)

42 Die vorläufige Nichtbesteuerung nach § 19a Absatz 1 EStG ist nur dann anzuwenden, wenn das Unternehmen des Arbeitgebers bei der Übertragung der Vermögensbeteiligung auf den Arbeitnehmer (maßgeblich ist der Zeitpunkt der wirtschaftlichen Verfügungsmacht des Arbeitnehmers über die Vermögensbeteiligung, siehe Rn. 25) die Schwellenwerte, die in Artikel 2 Absatz 1 des Anhangs der Empfehlung der Kommission vom 6. Mai 2003 betreffend die Definition der Kleinstunternehmen sowie der kleinen und mittleren Unternehmen – KMU – (ABl. L 124 vom 20.5.2003, S. 36) genannt werden, nicht überschreitet oder im vorangegangenen Kalenderjahr nicht überschritten hat, und die Gründung des Unternehmens nicht mehr als zwölf Jahre vor dem Zeitpunkt der Übertragung liegt. Zur Bestimmung der KMU-Schwellenwerte im Rahmen der Anwendung von § 19a EStG sind ergänzend die Artikel 3 ff. des Anhangs der Empfehlung der Kommission vom 6. Mai 2003 zu berücksichtigen. Mithin berechnet sich die Mitarbeiterzahl nach der Zahl der Jahresarbeitseinheiten; bei den Schwellenwerten sind Partnerunternehmen und verbundene Unternehmen zu berücksichtigen. Gemäß § 19a Absatz 3 EStG haben die Voraussetzungen für ein KMU im Übertragungszeitpunkt vorzuliegen. Hinsichtlich der Mitarbeiterzahl und der Schwellenwerte ist dabei gemäß Artikel 4 Absatz 1 des Anhangs der Empfehlung der Kommission vom 6. Mai 2003 auf den Stichtag des letzten Rechnungsabschlusses abzustellen, der Status eines KMU geht (auch für Zwecke des § 19a EStG) erst verloren bzw. wird erworben, wenn es in zwei aufeinander folgenden Geschäftsjahren zu einer Über- oder Unterschreitung kommt. Hinsichtlich der KMU-Definition gelten entsprechend Artikel 2 Absatz 1 des Anhangs der Empfehlung der Kommission vom 6. Mai 2003 derzeit folgende Schwellenwerte:

- weniger als 250 Mitarbeiter und
- Jahresumsatz höchstens 50 Mio. Euro oder Jahresbilanzsumme höchstens 43 Mio. Euro.

2.3 Nachgeholte Besteuerung (§ 19a Absatz 4 EStG)

2.3.1 Allgemeines (§ 19a Absatz 4 Satz 1 EStG)

Vorteile, die im Kalenderjahr der Übertragung der Vermögensbeteiligung nicht besteuert wurden, werden erst in einem späteren Zeitpunkt aufgeschoben besteuert. § 19a Absatz 4 Satz 1 EStG regelt abschließend den Besteuerungszeitpunkt (siehe Rn. 30). Tritt einer der dort genannten Fälle ein, so unterliegen bisher nicht besteuerte Vorteile zu diesem Zeitpunkt der Besteuerung und dem Lohnsteuerabzug. Sind seit der Übertragung der Vermögensbeteiligung mindestens drei Jahre vergangen, sind die zu besteuernden Vorteile nach der sog. Fünftelungsregelung ermäßigt zu besteuern (§ 19a Absatz 4 Satz 2 i. V. m. § 34 Absatz 1 und § 39b Absatz 3 Satz 9 und 10 EStG). Die weiteren Voraussetzungen für die Tarifermäßigung (z. B. das Vorliegen einer Zusammenballung) sind nicht zu prüfen und als erfüllt anzusehen. 43

Aus der Beendigung der unbeschränkten Steuerpflicht oder einer Verlagerung der Ansässigkeit im Sinne eines Abkommens zur Vermeidung der Doppelbesteuerung ins Ausland folgt keine Besteuerung, soweit nicht zeitgleich einer der in § 19a Absatz 4 Satz 1 EStG genannten Tatbestände eintritt. Ebenso führt eine fiktive Veräußerung im Rahmen der Wegzugsbesteuerung nach § 6 des Außensteuergesetzes oder nach § 17 Absatz 5 EStG für sich allein nicht zu einer Besteuerung nach § 19a Absatz 4 EStG. 44

Werden Teile der Vermögensbeteiligungen veräußert oder unentgeltlich übertragen, so unterliegt der Besteuerung nur der Vorteil, der damit im Zusammenhang steht und bisher nicht besteuert worden ist. Vorbehaltlich eines anderen Nachweises wird davon ausgegangen, dass die zuerst übertragenen Vermögensbeteiligungen zuerst veräußert werden. 45

Beispiel: 46

Im März 2022 und März 2023 überlässt der Arbeitgeber seinem Arbeitnehmer unentgeltlich jeweils 100 Aktien. Für das Jahr 2022 beträgt der nicht besteuerte Vorteil 2.000 Euro, für das Jahr 2023 2.500 Euro. Der Arbeitnehmer stimmt der Besteuerung in einem späteren Zeitpunkt nach § 19a EStG zu. Im August 2026 veräußert der Arbeitnehmer 150 Aktien.

Lösung:

Durch die Veräußerung der 150 Aktien ist der Besteuerungstatbestand des § 19a Absatz 4 Satz 1 Nummer 1 EStG erfüllt. Im August 2026 unterliegen folgende Vorteile unter Anwendung der sog. Fünftelungsregelung als sonstiger Bezug dem Lohnsteuerabzug:

für 2022:	100 / 100 Aktien x 2.000 Euro	= 2.000 Euro
für 2023:	50 / 100 Aktien x 2.500 Euro	= 1.250 Euro
zusammen		= 3.250 Euro.

Im März 2035 (zwölf Jahre nach Übertragung im Jahr 2023) unterliegen die Vorteile i. H. d. Restbetrags von 1.250 Euro (2.000 Euro nicht besteuert im März 2022 zuzüglich 2.500 Euro nicht besteuert im März 2023 abzüglich der im August 2026 besteuerten Vorteile von 3.250 Euro) unter Anwendung der sog. Fünftelungsregelung als sonstiger Bezug dem Lohnsteuerabzug. Daneben tritt die Besteuerung nach § 20 bzw. § 17 EStG. Zum Fall der Wertminderung siehe Rn. 49 ff.

2.3.2 Beendigung des Dienstverhältnisses (§ 19a Absatz 4 Satz 1 Nummer 3 EStG)

Ein durch den Betriebsübergang nach § 613a des Bürgerlichen Gesetzbuches bedingter Arbeitgeberwechsel führt zu keiner Beendigung, sondern zur Fortsetzung des bisherigen Dienstverhältnisses (BFH-Urteil vom 16. Juli 1997 – XI R 85/96 –, BStBl II S. 666). 47

Übernimmt der bisherige Arbeitgeber bei Beendigung des Dienstverhältnisses die Lohnsteuer, so ist der übernommene Abzugsbetrag nicht Teil des zu besteuernden Arbeitslohns (§ 19a Absatz 4 Satz 1 Nummer 3 Satz 2 EStG). Damit wird der Vorteil des Arbeitnehmers aus der Steuerübernahme steuerfrei gestellt. Die Lohnsteuer ist bei der 48

Übernahme durch den Arbeitgeber nicht höher, als in dem Fall, in dem der Arbeitnehmer die Lohnsteuer trägt. Die Regelung gilt für die Annexsteuern (ggf. Solidaritätszuschlag und Kirchensteuer) entsprechend.

2.3.3 Wertminderungen der Vermögensbeteiligung (§ 19a Absatz 4 Satz 4 bis 6 EStG)

49 Ist in den in § 19a Absatz 4 Satz 1 EStG genannten Fällen der gemeine Wert der Vermögensbeteiligung abzüglich geleisteter Zuzahlungen des Arbeitnehmers niedriger als der nach § 19a Absatz 1 EStG nicht besteuerte Vorteil, so unterliegt nur der zu diesem Zeitpunkt anzusetzende gemeine Wert der Vermögensbeteiligung abzüglich geleisteter Zuzahlungen der Besteuerung (§ 19a Absatz 4 Satz 4 EStG). In diesen Fällen gilt neben den geleisteten Zuzahlungen nur der tatsächlich besteuerte Vorteil als Anschaffungskosten i. S. d. §§ 17 und 20 EStG (§ 19a Absatz 4 Satz 5 EStG).

50 Rn. 49 gilt nicht, soweit die Wertminderung der Vermögensbeteiligung nicht betrieblich veranlasst ist oder auf einer gesellschaftsrechtlichen Maßnahme, insbesondere einer Ausschüttung oder Einlagenrückgewähr, beruht (§ 19a Absatz 4 Satz 5 EStG). In diesen Fällen ist insoweit der nicht besteuerte Vorteil weiterhin Bemessungsgrundlage für die Besteuerung.

51 **Beispiele:**

	A	B	C	D	E	F
gemeiner Wert bei Überlassung	10.000	10.000	10.000	10.000	10.000	10.000
Zuzahlung des Arbeitnehmers	0	0	0	1.500	1.500	1.500
steuerfrei nach § 3 Nummer 39 EStG	1.440	1.440	1.440	1.440	1.440	1.440
nicht besteuerter Vorteil	8.560	8.560	8.560	7.060	7.060	7.060
Anschaffungskosten §§ 17, 20 EStG	10.000	10.000	10.000	10.000	10.000	10.000
Verkauf für … bzw. gem. Wert nach Ablauf von zwölf Jahren/bei Beendigung des Dienstverhältnisses von …	12.000	9.000	7.000	9.000	7.000	Totalverlust
nachgeholt zu besteuern	8.560 (weil 12.000 ≥ 8.560)	8.560 (weil 9.000 ≥ 8.560)	7.000 (weil 7.000 < 8.560)	7.060 (weil [9.000 – 1.500] ≥ 7.060)	5.500 (weil [7.000 – 1.500] < 7.060)	0 (weil [0 – 1.500] < 0)
geänderte Anschaffungskosten	nein	nein	7.000	nein	7.000 (1.500 + 5.500)	1.500 (1.500 + 0)
zu besteuern nach §§ 17, 20 EStG	2.000 (12.000 – 10.000)	– 1.000 (9.000 – 10.000)	0 (7.000 – 7.000)	– 1.000 (9.000 – 10.000)	0 (7.000 – 7.000)	– 1.500 (0 – 1.500)

2.4 Bestätigung der Höhe des nicht besteuerten Vorteils durch das Betriebsstättenfinanzamt (§ 19a Absatz 5 EStG)

Das Betriebsstättenfinanzamt hat nach der Übertragung einer Vermögensbeteiligung an einen Arbeitnehmer im Rahmen einer gebührenfreien Anrufungsauskunft (§ 42e EStG) den vom Arbeitgeber nicht besteuerten Vorteil zu bestätigen. Eine Bestätigung wird nur erteilt, wenn der vom Arbeitgeber gewählte Wertansatz den geltenden Bestimmungen entspricht. Zu möglichen Wertansätzen einer geplanten Überlassung wird keine Auskunft erteilt. Die Bestätigung der Höhe des nicht besteuerten Vorteils setzt voraus, dass – in der Regel durch den Arbeitgeber – sowohl der ermittelte Wert als auch Unterlagen zur Wertermittlung dem Betriebsstättenfinanzamt vorgelegt werden. Aufgabe des Betriebsstättenfinanzamts ist die Überprüfung, nicht jedoch die Ermittlung des zu bestätigenden Wertes. 52

Anspruch auf eine Anrufungsauskunft haben der Arbeitgeber und der Arbeitnehmer als Beteiligte, ggf. auch ein die Pflichten des Arbeitgebers erfüllender Dritter. 53

Dem Arbeitnehmer steht es im Jahr der nachzuholenden Besteuerung frei, im Veranlagungserfahren oder im Einspruchsverfahren gegen den Einkommensteuerbescheid einen niedrigeren Wert des Vorteils nachzuweisen. Denn die Anrufungsauskunft entfaltet eine Bindungswirkung nur im Lohnsteuerabzugsverfahren, nicht jedoch im Veranlagungsverfahren. Zudem kann ein ggf. niedrigerer Wert auch bereits im Lohnsteuerabzugsverfahren im Besteuerungszeitpunkt anstelle des in der Anrufungsauskunft bestätigten Wertes angesetzt werden. Mangels fehlender Bindungswirkung im Veranlagungsverfahren kann es hier auch zu einem höheren Wertansatz kommen, sofern der Wert für den Nichtbesteuerungszeitpunkt materiell-rechtlich unzutreffend ermittelt wurde. Ein höherer Wertansatz im Veranlagungsverfahren aufgrund eines zwischen Nichtbesteuerungs- und Besteuerungszeitpunkts gestiegenen gemeinen Werts hingegen ist – anders als der Ansatz eines niedrigeren Werts gem. § 19a Absatz 4 Satz 4 EStG – nicht zulässig. 54

Unabhängig von der Anrufungsauskunft nach § 19a Absatz 5 EStG kann eine Anrufungsauskunft zu steuerrechtlichen Einschätzungen im Zusammenhang mit der Überlassung von Vermögensbeteiligungen gestellt werden (z. B. zu den einzubeziehenden Arbeitnehmern nach § 3 Nummer 39 EStG, zur nachzuholenden Besteuerung nach § 19a Absatz 4 EStG). 55

2.5 Aufzeichnungen im Lohnkonto (§ 19a Absatz 6 EStG)

Der nicht besteuerte Vorteil aus der unentgeltlichen oder verbilligten Übertragung der Vermögensbeteiligung und die übrigen Angaben der aufgeschobenen Besteuerung sind vom Arbeitgeber im Lohnkonto aufzuzeichnen. Die im Lohnsteuerabzugsverfahren maßgebliche sechsjährige Aufbewahrungsfrist verlängert sich; sie endet hier nicht vor Ablauf von sechs Jahren nach der nachgeholten Besteuerung. 56

2.6 Erstmalige Anwendung der Neuregelungen

Die Neuregelungen des § 19a EStG sind erstmals anzuwenden auf Vermögenbeteiligungen, die nach dem 30. Juni 2021 übertragen werden (§ 52 Absatz 27 EStG). 57

3. Mitarbeiterbeteiligungsprogramm nach französischem Recht (FCPE)

Nach ständiger Rechtsprechung des BFH (siehe u. a. BFH-Urteil vom 23. Juni 2005 – VI R 124/99 –, BStBl II S. 766, zu den Wandelschuldverschreibungen) führt das Innehaben von Ansprüchen oder Rechten des Arbeitnehmers gegenüber dem Arbeitgeber im Regelfall noch nicht zum Lohnzufluss. Der Zufluss ist grundsätzlich erst mit der Erfüllung des Anspruchs (der Gewinnchance) gegeben. Ein Vorteil ist dem Arbeitnehmer erst dann zugeflossen, wenn die geschuldete Leistung tatsächlich erbracht worden ist, er also wirtschaftlich verfügt oder zumindest verfügen kann. 58

59 Unter Berücksichtigung dieser Grundsätze erfolgt bei Mitarbeiterbeteiligungsprogrammen mittels Einschaltung eines Fonds Commun de Placement d'Entreprise (FCPE) nach französischem Recht und in gleich gelagerten Fällen eine Besteuerung des geldwerten Vorteils erst bei der Auflösung des Programms und der Überweisung eines Geldbetrags an den Arbeitnehmer bzw. der Zuwendung anderer Vorteile (z. B. Tausch in Aktien). Dies gilt unabhängig von der Ausgestaltung im Einzelfall. Bis zur Auflösung des Programms fließen dem Arbeitnehmer auch keine Kapitaleinkünfte (Dividenden, Zinsen etc.) zu.

4. Anwendungsregelung

60 Dieses BMF-Schreiben ist vorbehaltlich Rn. 57 ab dem 1. Januar 2021 anzuwenden. Es ersetzt das BMF-Schreiben vom 8. Dezember 2009 (BStBl I S. 1513), das bis zum 31. Dezember 2020 weiterhin anzuwenden ist.

Übersicht

I.

Fünftes Gesetz zur Förderung der Vermögensbildung der Arbeitnehmer (Fünftes Vermögensbildungsgesetz – 5. VermBG)

vom 4.3.1994 (BGBl. I S. 406, BStBl I S. 237)

zuletzt geändert durch Artikel 111 des Zweiten Gesetzes zur Anpassung des Datenschutzrechts an die Verordnung (EU) 2016/679 und zur Umsetzung der Richtlinie (EU) 2016/680 (Zweites Datenschutz-Anpassungs- und Umsetzungsgesetz EU – 2. DSAnpUG-EU) vom 20.9.2019 (BGBl. I S. 1626)

§ 1
Persönlicher Geltungsbereich

(1) Die Vermögensbildung der Arbeitnehmer durch vereinbarte vermögenswirksame Leistungen der Arbeitgeber wird nach den Vorschriften dieses Gesetzes gefördert.

(2) [1]Arbeitnehmer im Sinne dieses Gesetzes sind Arbeiter und Angestellte einschließlich der zu ihrer Berufsausbildung Beschäftigten. [2]Als Arbeitnehmer gelten auch die in Heimarbeit Beschäftigten.

(3) Die Vorschriften dieses Gesetzes gelten nicht

1. für vermögenswirksame Leistungen juristischer Personen an Mitglieder des Organs, das zur gesetzlichen Vertretung der juristischen Person berufen ist,
2. für vermögenswirksame Leistungen von Personengesamtheiten an die durch Gesetz, Satzung oder Gesellschaftsvertrag zur Vertretung der Personengesamtheit berufenen Personen.

(4) Für Beamte, Richter, Berufssoldaten und Soldaten auf Zeit gelten die nachstehenden Vorschriften dieses Gesetzes entsprechend.

§ 2
Vermögenswirksame Leistungen, Anlageformen

(1) Vermögenswirksame Leistungen sind Geldleistungen, die der Arbeitgeber für den Arbeitnehmer anlegt

1. als Sparbeiträge des Arbeitnehmers auf Grund eines Sparvertrags über Wertpapiere oder andere Vermögensbeteiligungen (§ 4)
   a) zum Erwerb von Aktien, die vom Arbeitgeber ausgegeben werden oder an einer deutschen Börse zum regulierten Markt zugelassen oder in den Freiverkehr einbezogen sind,

b) zum Erwerb von Wandelschuldverschreibungen, die vom Arbeitgeber ausgegeben werden oder an einer deutschen Börse zum regulierten Markt zugelassen oder in den Freiverkehr einbezogen sind, sowie von Gewinnschuldverschreibungen, die vom Arbeitgeber ausgegeben werden, zum Erwerb von Namensschuldverschreibungen des Arbeitgebers jedoch nur dann, wenn auf dessen Kosten die Ansprüche des Arbeitnehmers aus der Schuldverschreibung durch ein Kreditinstitut verbürgt oder durch ein Versicherungsunternehmen privatrechtlich gesichert sind und das Kreditinstitut oder Versicherungsunternehmen im Geltungsbereich dieses Gesetzes zum Geschäftsbetrieb befugt ist,

c) zum Erwerb von Anteilen an OGAW-Sondervermögen sowie an als Sondervermögen aufgelegten offenen Publikums-AIF nach den §§ 218 und 219 des Kapitalanlagegesetzbuchs sowie von Anteilen an offenen EU-Investmentvermögen und offenen ausländischen AIF, die nach dem Kapitalanlagegesetzbuch vertrieben werden dürfen, wenn nach dem Jahresbericht für das vorletzte Geschäftsjahr, das dem Kalenderjahr des Abschlusses des Vertrags im Sinne des § 4 oder des § 5 vorausgeht, der Wert der Aktien in diesem Investmentvermögen 60 Prozent des Werts dieses Investmentvermögens nicht unterschreitet; für neu aufgelegte Investmentvermögen ist für das erste und zweite Geschäftsjahr der erste Jahresbericht oder der erste Halbjahresbericht nach Auflegung des Investmentvermögens maßgebend,

d) aufgehoben,

e) aufgehoben,

f) zum Erwerb von Genußscheinen, die vom Arbeitgeber als Wertpapiere ausgegeben werden oder an einer deutschen Börse zum regulierten Markt zugelassen oder in den Freiverkehr einbezogen sind und von Unternehmen mit Sitz und Geschäftsleitung im Geltungsbereich dieses Gesetzes, die keine Kreditinstitute sind, ausgegeben werden, wenn mit den Genußscheinen das Recht am Gewinn eines Unternehmens verbunden ist und der Arbeitnehmer nicht als Mitunternehmer im Sinne des § 15 Abs. 1 Satz 1 Nr. 2 des Einkommensteuergesetzes anzusehen ist,

g) zur Begründung oder zum Erwerb eines Geschäftsguthabens bei einer Genossenschaft mit Sitz und Geschäftsleitung im Geltungsbereich dieses Gesetzes; ist die Genossenschaft nicht der Arbeitgeber, so setzt die Anlage vermögenswirksamer Leistungen voraus, daß die Genossenschaft entweder ein Kreditinstitut oder eine Bau- oder Wohnungsgenossenschaft im Sinne des § 2 Abs. 1 Nr. 2 des Wohnungsbau-Prämiengesetzes ist, die zum Zeitpunkt der Begründung oder des Erwerbs des Geschäftsguthabens seit mindestens drei Jahren im Genossenschaftsregister ohne wesentliche Änderung ihres Unternehmensgegenstandes eingetragen und nicht aufgelöst ist oder Sitz und Geschäftsleitung in dem in Artikel 3 des Einigungsvertrages genannten Gebiet hat und dort entweder am 1. Juli 1990 als Arbeiterwohnungsbaugenossenschaft, Gemeinnützige Wohnungsbaugenossenschaft oder sonstige Wohnungsbaugenossenschaft bestanden oder einen nicht unwesentlichen Teil von Wohnungen aus dem Bestand einer solchen Bau- oder Wohnungsgenossenschaft erworben hat,

h) zur Übernahme einer Stammeinlage oder zum Erwerb eines Geschäftsanteils an einer Gesellschaft mit beschränkter Haftung mit Sitz und Geschäftsleitung im Geltungsbereich dieses Gesetzes, wenn die Gesellschaft das Unternehmen des Arbeitgebers ist,

i) zur Begründung oder zum Erwerb einer Beteiligung als stiller Gesellschafter im Sinne des § 230 des Handelsgesetzbuchs am Unternehmen des Arbeitgebers mit Sitz und Geschäftsleitung im Geltungsbereich dieses Gesetzes, wenn der Arbeitnehmer nicht als Mitunternehmer im Sinne des § 15 Abs. 1 Nr. 2 des Einkommensteuergesetzes anzusehen ist,

k) zur Begründung oder zum Erwerb einer Darlehensforderung gegen den Arbeitgeber, wenn auf dessen Kosten die Ansprüche des Arbeitnehmers aus dem Darlehensvertrag durch ein Kreditinstitut verbürgt oder durch ein Versicherungsunternehmen privatrechtlich gesichert sind und das Kreditinstitut oder Versicherungsunternehmen im Geltungsbereich dieses Gesetzes zum Geschäftsbetrieb befugt ist,

l) zur Begründung oder zum Erwerb eines Genußrechts am Unternehmen des Arbeitgebers mit Sitz und Geschäftsleitung im Geltungsbereich dieses Gesetzes, wenn damit das Recht am Gewinn dieses Unternehmens verbunden ist, der Arbeitnehmer nicht als Mitunternehmer im Sinne des § 15 Abs. 1 Nr. 2 des Einkommensteuergesetzes anzusehen ist und über das Genußrecht kein Genußschein im Sinne des Buchstaben f ausgegeben wird,

2. als Aufwendungen des Arbeitnehmers auf Grund eines Wertpapier-Kaufvertrags (§ 5),
3. als Aufwendungen des Arbeitnehmers auf Grund eines Beteiligungs-Vertrags (§ 6) oder eines Beteiligungs-Kaufvertrags (§ 7),
4. als Aufwendungen des Arbeitnehmers nach den Vorschriften des Wohnungsbau-Prämiengesetzes; die Voraussetzungen für die Gewährung einer Prämie nach dem Wohnungsbau-Prämiengesetz brauchen nicht vorzuliegen; die Anlage vermögenswirksamer Leistungen als Aufwendungen nach § 2 Abs. 1 Nr. 2 des Wohnungsbau-Prämiengesetzes für den ersten Erwerb von Anteilen an Bau- und Wohnungsgenossenschaften setzt voraus, daß die Voraussetzungen der Nummer 1 Buchstabe g zweiter Halbsatz erfüllt sind,
5. als Aufwendungen des Arbeitnehmers
   a) zum Bau, zum Erwerb, zum Ausbau oder zur Erweiterung eines im Inland belegenen Wohngebäudes oder einer im Inland belegenen Eigentumswohnung,
   b) zum Erwerb eines Dauerwohnrechts im Sinne des Wohnungseigentumsgesetzes an einer im Inland belegenen Wohnung,
   c) zum Erwerb eines im Inland belegenen Grundstücks zum Zwecke des Wohnungsbaus oder
   d) zur Erfüllung von Verpflichtungen, die im Zusammenhang mit den in den Buchstaben a bis c bezeichneten Vorhaben eingegangen sind,

   sofern der Anlage nicht ein von einem Dritten vorgefertigtes Konzept zu Grunde liegt, bei dem der Arbeitnehmer vermögenswirksame Leistungen zusammen mit mehr als 15 anderen Arbeitnehmern anlegen kann; die Förderung der Aufwendungen nach den Buchstaben a bis c setzt voraus, daß sie unmittelbar für die dort bezeichneten Vorhaben verwendet werden,
6. als Sparbeiträge des Arbeitnehmers auf Grund eines Sparvertrags (§ 8),
7. als Beiträge des Arbeitnehmers auf Grund eines Kapitalversicherungsvertrags (§ 9),
8. als Aufwendungen des Arbeitnehmers, der nach § 18 Abs. 2 oder 3 die Mitgliedschaft in einer Genossenschaft oder Gesellschaft mit beschränkter Haftung gekündigt hat, zur Erfüllung von Verpflichtungen aus der Mitgliedschaft, die nach dem 31. Dezember 1994 fortbestehen oder entstehen.

(2) [1] Aktien, Wandelschuldverschreibungen, Gewinnschuldverschreibungen oder Genußscheine eines Unternehmens, das im Sinne des § 18 Abs. 1 des Aktiengesetzes als herrschendes Unternehmen mit dem Unternehmen des Arbeitgebers verbunden ist, stehen Aktien, Wandelschuldverschreibungen, Gewinnschuldverschreibungen oder Genußscheinen im Sinne des Absatzes 1 Nr. 1 Buchstabe a, b oder f gleich, die vom Arbeitgeber ausgegeben werden. [2] Ein Geschäftsguthaben bei einer Genossenschaft mit Sitz und Geschäftsleitung im Geltungsbereich dieses Gesetzes, die im Sinne des § 18 Abs. 1 des Aktiengesetzes als herrschendes Unternehmen mit dem Unternehmen des Arbeitgebers verbunden ist, steht einem Geschäftsguthaben im Sinne des Absatzes 1 Nr. 1 Buchstabe g bei einer Genossenschaft, die das Unternehmen des Arbeitgebers ist, gleich. [3] Eine Stammeinlage oder ein Geschäftsanteil an einer Gesellschaft mit beschränkter Haftung mit Sitz und Geschäftsleitung im Geltungsbereich dieses Gesetzes, die im Sinne des § 18 Abs. 1 des Aktiengesetzes als herrschendes Unternehmen mit dem Unternehmen des Arbeitgebers verbunden ist, stehen einer Stammeinlage oder einem Geschäftsanteil im Sinne des Absatzes 1 Nr. 1 Buchstabe h an einer Gesellschaft, die das Unternehmen des Arbeitgebers ist, gleich. [4] Eine Beteiligung als stiller Gesellschafter an einem Unternehmen mit Sitz und Geschäftsleitung im Geltungsbereich dieses Gesetzes, das im Sinne des § 18 Abs. 1 des Aktiengesetzes als herrschendes Unternehmen mit dem

Unternehmen des Arbeitgebers verbunden ist oder das auf Grund eines Vertrags mit dem Arbeitgeber an dessen Unternehmen gesellschaftsrechtlich beteiligt ist, steht einer Beteiligung als stiller Gesellschafter im Sinne des Absatzes 1 Nr. 1 Buchstabe i gleich. [5] Eine Darlehensforderung gegen ein Unternehmen mit Sitz und Geschäftsleitung im Geltungsbereich dieses Gesetzes, das im Sinne des § 18 Abs. 1 des Aktiengesetzes als herrschendes Unternehmen mit dem Unternehmen des Arbeitgebers verbunden ist, oder ein Genußrecht an einem solchen Unternehmen stehen einer Darlehensforderung oder einem Genußrecht im Sinne des Absatzes 1 Nr. 1 Buchstabe k oder l gleich.

(3) Die Anlage vermögenswirksamer Leistungen in Gewinnschuldverschreibungen im Sinne des Absatzes 1 Nr. 1 Buchstabe b und des Absatzes 2 Satz 1, in denen neben der gewinnabhängigen Verzinsung eine gewinnunabhängige Mindestverzinsung zugesagt ist, setzt voraus, daß

1. der Aussteller in der Gewinnschuldverschreibung erklärt, die gewinnunabhängige Mindestverzinsung werde im Regelfall die Hälfte der Gesamtverzinsung nicht überschreiten, oder
2. die gewinnunabhängige Mindestverzinsung zum Zeitpunkt der Ausgabe der Gewinnschuldverschreibung die Hälfte der Emissionsrendite festverzinslicher Wertpapiere nicht überschreitet, die in den Monatsberichten der Deutschen Bundesbank für den viertletzten Kalendermonat ausgewiesen wird, der dem Kalendermonat der Ausgabe vorausgeht.

(4) Die Anlage vermögenswirksamer Leistungen in Genußscheinen und Genußrechten im Sinne des Absatzes 1 Nr. 1 Buchstabe f und l und des Absatzes 2 Satz 1 und 5 setzt voraus, daß eine Rückzahlung zum Nennwert nicht zugesagt ist; ist neben dem Recht am Gewinn eine gewinnunabhängige Mindestverzinsung zugesagt, gilt Absatz 3 entsprechend.

(5) Der Anlage vermögenswirksamer Leistungen nach Absatz 1 Nr. 1 Buchstabe f, i bis l, Absatz 2 Satz 1, 4 und 5 sowie Absatz 4 in einer Genossenschaft mit Sitz und Geschäftsleitung im Geltungsbereich dieses Gesetzes stehen § 19 und eine Festsetzung durch Satzung gemäß § 20 des Genossenschaftsgesetzes nicht entgegen.

(5a) [1] Der Arbeitgeber hat vor der Anlage vermögenswirksamer Leistungen im eigenen Unternehmen in Zusammenarbeit mit dem Arbeitnehmer Vorkehrungen zu treffen, die der Absicherung der angelegten vermögenswirksamen Leistungen bei einer während der Dauer der Sperrfrist eintretenden Zahlungsunfähigkeit des Arbeitgebers dienen. [2] Das Bundesministerium für Arbeit und Sozialordnung berichtet den gesetzgebenden Körperschaften bis zum 30. Juni 2002 über die nach Satz 1 getroffenen Vorkehrungen.

(6) [1] Vermögenswirksame Leistungen sind steuerpflichtige Einnahmen im Sinne des Einkommensteuergesetzes und Einkommen, Verdienst oder Entgelt (Arbeitsentgelt) im Sinne der Sozialversicherung und des Dritten Buches Sozialbesetzbuch. [2] Reicht der nach Abzug der vermögenswirksamen Leistung verbleibende Arbeitslohn zur Deckung der einzubehaltenden Steuern, Sozialversicherungsbeiträge und Beiträge zur Bundesagentur für Arbeit nicht aus, so hat der Arbeitnehmer dem Arbeitgeber den zur Deckung erforderlichen Betrag zu zahlen.

(7) [1] Vermögenswirksame Leistungen sind arbeitsrechtlich Bestandteil des Lohns oder Gehalts. [2] Der Anspruch auf die vermögenswirksame Leistung ist nicht übertragbar.

§ 3
Vermögenswirksame Leistungen für Angehörige, Überweisung durch den Arbeitgeber, Kennzeichnungs-, Bestätigungs- und Mitteilungspflichten

(1) [1] Vermögenswirksame Leistungen können auch angelegt werden

1. zugunsten des nicht dauernd getrennt lebenden Ehegatten oder Lebenspartners des Arbeitnehmers,
2. zugunsten der in § 32 Abs. 1 des Einkommensteuergesetzes bezeichneten Kinder, die zu Beginn des maßgebenden Kalenderjahrs das 17. Lebensjahr noch nicht vollendet hatten oder die in diesem Kalenderjahr lebend geboren wurden oder
3. zugunsten der Eltern oder eines Elternteils des Arbeitnehmers, wenn der Arbeitnehmer als Kind die Voraussetzungen der Nummer 2 erfüllt.

[2]Dies gilt nicht für die Anlage vermögenswirksamer Leistungen auf Grund von Verträgen nach den §§ 5 bis 7.

(2) [1]Der Arbeitgeber hat die vermögenswirksamen Leistungen für den Arbeitnehmer unmittelbar an das Unternehmen oder Institut zu überweisen, bei dem sie angelegt werden sollen. [2]Er hat dabei gegenüber dem Unternehmen oder Institut die vermögenswirksamen Leistungen zu kennzeichnen. [3]Das Unternehmen oder Institut hat die nach § 2 Abs. 1 Nr. 1 bis 5, Abs. 2 bis 4 angelegten vermögenswirksamen Leistungen und die Art ihrer Anlage zu kennzeichnen. [4]Kann eine vermögenswirksame Leistung nicht oder nicht mehr die Voraussetzungen des § 2 Abs. 1 bis 4 erfüllen, so hat das Unternehmen oder Institut dies dem Arbeitgeber unverzüglich schriftlich mitzuteilen. [5]Die Sätze 1 bis 4 gelten nicht für die Anlage vermögenswirksamer Leistungen auf Grund von Verträgen nach den §§ 5, 6 Abs. 1 und § 7 Abs. 1 mit dem Arbeitgeber.

(3) [1]Für eine vom Arbeitnehmer gewählte Anlage nach § 2 Abs. 1 Nr. 5 hat der Arbeitgeber auf Verlangen des Arbeitnehmers die vermögenswirksamen Leistungen an den Arbeitnehmer zu überweisen, wenn dieser dem Arbeitgeber eine schriftliche Bestätigung seines Gläubigers vorgelegt hat, daß die Anlage bei ihm die Voraussetzungen des § 2 Abs. 1 Nr. 5 erfüllt; Absatz 2 gilt in diesem Falle nicht. [2]Der Arbeitgeber hat die Richtigkeit der Bestätigung nicht zu prüfen.

§ 4
Sparvertrag über Wertpapiere oder andere Vermögensbeteiligungen

(1) Ein Sparvertrag über Wertpapiere oder andere Vermögensbeteiligungen im Sinne des § 2 Abs. 1 Nr. 1 ist ein Sparvertrag mit einem Kreditinstitut oder einer Kapitalverwaltungsgesellschaft, in dem sich der Arbeitnehmer verpflichtet, als Sparbeiträge zum Erwerb von Wertpapieren im Sinne des § 2 Abs. 1 Nr. 1 Buchstabe a bis f, Abs. 2 Satz 1, Abs. 3 und 4 oder zur Begründung oder zum Erwerb von Rechten im Sinne des § 2 Abs. 1 Nr. 1 Buchstabe g bis l, Abs. 2 Satz 2 bis 5 und Abs. 4 einmalig oder für die Dauer von sechs Jahren seit Vertragsabschluß laufend vermögenswirksame Leistungen einzahlen zu lassen oder andere Beträge einzuzahlen.

(2) [1]Die Förderung der auf Grund eines Vertrags nach Absatz 1 angelegten vermögenswirksamen Leistungen setzt voraus, daß

1. die Leistungen eines Kalenderjahrs, vorbehaltlich des Absatzes 3, spätestens bis zum Ablauf des folgenden Kalenderjahrs zum Erwerb der Wertpapiere oder zur Begründung oder zum Erwerb der Rechte verwendet und bis zur Verwendung festgelegt werden und
2. die mit den Leistungen erworbenen Wertpapiere unverzüglich nach ihrem Erwerb bis zum Ablauf einer Frist von sieben Jahren (Sperrfrist) festgelegt werden und über die Wertpapiere oder die mit den Leistungen begründeten oder erworbenen Rechte bis zum Ablauf der Sperrfrist nicht durch Rückzahlung, Abtretung, Beleihung oder in anderer Weise verfügt wird.

[2]Die Sperrfrist gilt für alle auf Grund des Vertrags angelegten vermögenswirksamen Leistungen und beginnt am 1. Januar des Kalenderjahrs, in dem der Vertrag abgeschlossen worden ist. [3]Als Zeitpunkt des Vertragsabschlusses gilt der Tag, an dem die vermögenswirksame Leistung, bei Verträgen über laufende Einzahlungen die erste vermögenswirksame Leistung, beim Kreditinstitut oder bei der Kapitalverwaltungsgesellschaft eingeht.

(3) Vermögenswirksame Leistungen, die nicht bis zum Ablauf der Frist nach Absatz 2 Nr. 1 verwendet worden sind, gelten als rechtzeitig verwendet, wenn sie am Ende eines Kalenderjahrs insgesamt 150 Euro nicht übersteigen und bis zum Ablauf der Sperrfrist nach Absatz 2 verwendet oder festgelegt werden.

(4) Eine vorzeitige Verfügung ist abweichend von Absatz 2 unschädlich, wenn

1. der Arbeitnehmer oder sein von ihm nicht dauernd getrennt lebender Ehegatte oder Lebenspartner nach Vertragsabschluß gestorben oder völlig erwerbsunfähig geworden ist,
2. der Arbeitnehmer nach Vertragsabschluß, aber vor der vorzeitigen Verfügung geheiratet oder eine Lebenspartnerschaft begründet hat und im Zeitpunkt der vorzeitigen Verfügung mindestens zwei Jahre seit Beginn der Sperrfrist vergangen sind,

3. der Arbeitnehmer nach Vertragsabschluß arbeitslos geworden ist und die Arbeitslosigkeit mindestens ein Jahr lang ununterbrochen bestanden hat und im Zeitpunkt der vorzeitigen Verfügung noch besteht,
4. der Arbeitnehmer den Erlös innerhalb der folgenden drei Monate unmittelbar für die eigene Weiterbildung oder für die seines von ihm nicht dauernd getrennt lebenden Ehegatten oder Lebenspartners einsetzt und die Maßnahme außerhalb des Betriebes, dem er oder der Ehegatte oder der Lebenspartner angehört, durchgeführt wird und Kenntnisse und Fertigkeiten vermittelt werden, die dem beruflichen Fortkommen dienen und über arbeitsplatzbezogene Anpassungsfortbildungen hinausgehen; für vermögenswirksame Leistungen, die der Arbeitgeber für den Arbeitnehmer nach § 2 Absatz 1 Nummer 1 Buchstabe a, b, f bis l angelegt hat und die Rechte am Unternehmen des Arbeitgebers begründen, gilt dies nur bei Zustimmung des Arbeitgebers; bei nach § 2 Abs. 2 gleichgestellten Anlagen gilt dies nur bei Zustimmung des Unternehmens, das im Sinne des § 18 Abs. 1 des Aktiengesetzes als herrschendes Unternehmen mit dem Unternehmen des Arbeitgebers verbunden ist,
5. der Arbeitnehmer nach Vertragsabschluß unter Aufgabe der nichtselbständigen Arbeit eine Erwerbstätigkeit, die nach § 138 Abs. 1 der Abgabenordnung der Gemeinde mitzuteilen ist, aufgenommen hat oder
6. festgelegte Wertpapiere veräußert werden und der Erlös bis zum Ablauf des Kalendermonats, der dem Kalendermonat der Veräußerung folgt, zum Erwerb von in Absatz 1 bezeichneten Wertpapieren wiederverwendet wird; der bis zum Ablauf des der Veräußerung folgenden Kalendermonats nicht wiederverwendete Erlös gilt als rechtzeitig wiederverwendet, wenn er am Ende eines Kalendermonats insgesamt 150 Euro nicht übersteigt.

(5) Unschädlich ist auch, wenn in die Rechte und Pflichten des Kreditinstituts oder der Kapitalverwaltungsgesellschaft aus dem Sparvertrag an seine Stelle ein anderes Kreditinstitut oder eine andere Kapitalanlagegesellschaft während der Laufzeit des Vertrags durch Rechtsgeschäft eintritt.

(6) [1] Werden auf einen Vertrag über laufend einzuzahlende vermögenswirksame Leistungen oder andere Beträge in einem Kalenderjahr, das dem Kalenderjahr des Vertragsabschlusses folgt, weder vermögenswirksame Leistungen noch andere Beträge eingezahlt, so ist der Vertrag unterbrochen und kann nicht fortgeführt werden. [2] Das gleiche gilt, wenn mindestens alle Einzahlungen eines Kalenderjahrs zurückgezahlt oder die Rückzahlungsansprüche aus dem Vertrag abgetreten oder beliehen werden.

§ 5
Wertpapier-Kaufvertrag

(1) Ein Wertpapier-Kaufvertrag im Sinne des § 2 Abs. 1 Nr. 2 ist ein Kaufvertrag zwischen dem Arbeitnehmer und dem Arbeitgeber zum Erwerb von Wertpapieren im Sinne des § 2 Abs. 1 Nr. 1 Buchstabe a bis f, Abs. 2 Satz 1, Abs. 3 und 4 durch den Arbeitnehmer mit der Vereinbarung, den vom Arbeitnehmer geschuldeten Kaufpreis mit vermögenswirksamen Leistungen zu verrechnen oder mit anderen Beträgen zu zahlen.

(2) Die Förderung der auf Grund eines Vertrags nach Absatz 1 angelegten vermögenswirksamen Leistungen setzt voraus, daß

1. mit den Leistungen eines Kalenderjahrs spätestens bis zum Ablauf des folgenden Kalenderjahrs die Wertpapiere erworben werden und
2. die mit den Leistungen erworbenen Wertpapiere unverzüglich nach ihrem Erwerb bis zum Ablauf einer Frist von sechs Jahren (Sperrfrist) festgelegt werden und über die Wertpapiere bis zum Ablauf der Sperrfrist nicht durch Rückzahlung, Abtretung, Beleihung oder in anderer Weise verfügt wird; die Sperrfrist beginnt am 1. Januar des Kalenderjahrs, in dem das Wertpapier erworben worden ist; § 4 Abs. 4 Nr. 1 bis 5 gilt entsprechend.

§ 6
Beteiligungs-Vertrag

(1) Ein Beteiligungs-Vertrag im Sinne des § 2 Abs. 1 Nr. 3 ist ein Vertrag zwischen dem Arbeitnehmer und dem Arbeitgeber über die Begründung von Rechten im Sinne des § 2 Abs. 1 Nr. 1 Buchstabe g bis l und Abs. 4 für den Arbeitnehmer am Unternehmen des Arbeitgebers mit der Vereinbarung, die vom Arbeitnehmer für die Begründung geschuldete Geldsumme mit vermögenswirksamen Leistungen zu verrechnen oder mit anderen Beträgen zu zahlen.

(2) Ein Beteiligungs-Vertrag im Sinne des § 2 Abs. 1 Nr. 3 ist auch ein Vertrag zwischen dem Arbeitnehmer und

1. einem Unternehmen, das nach § 2 Abs. 2 Satz 2 bis 5 mit dem Unternehmen des Arbeitgebers verbunden oder nach § 2 Abs. 2 Satz 4 an diesem Unternehmen beteiligt ist, über die Begründung von Rechten im Sinne des § 2 Abs. 1 Nr. 1 Buchstabe g bis l, Abs. 2 Satz 2 bis 5 und Abs. 4 für den Arbeitnehmer an diesem Unternehmen oder
2. einer Genossenschaft mit Sitz und Geschäftsleitung im Geltungsbereich dieses Gesetzes, die ein Kreditinstitut oder eine Bau- oder Wohnungsgenossenschaft ist, die die Voraussetzungen des § 2 Abs. 1 Nr. 1 Buchstabe g zweiter Halbsatz erfüllt, über die Begründung eines Geschäftsguthabens für den Arbeitnehmer bei dieser Genossenschaft mit der Vereinbarung, die vom Arbeitnehmer für die Begründung der Rechte oder des Geschäftsguthabens geschuldete Geldsumme mit vermögenswirksamen Leistungen zahlen zu lassen oder mit anderen Beträgen zu zahlen.

(3) Die Förderung der auf Grund eines Vertrags nach Absatz 1 oder 2 angelegten vermögenswirksamen Leistungen setzt voraus, daß

1. mit den Leistungen eines Kalenderjahrs spätestens bis zum Ablauf des folgenden Kalenderjahrs die Rechte begründet werden und
2. über die mit den Leistungen begründeten Rechte bis zum Ablauf einer Frist von sechs Jahren (Sperrfrist) nicht durch Rückzahlung, Abtretung, Beleihung oder in anderer Weise verfügt wird; die Sperrfrist beginnt am 1. Januar des Kalenderjahrs, in dem das Recht begründet worden ist; § 4 Abs. 4 Nr. 1 bis 5 gilt entsprechend.

§ 7
Beteiligungs-Kaufvertrag

(1) Ein Beteiligungs-Kaufvertrag im Sinne des § 2 Abs. 1 Nr. 3 ist ein Kaufvertrag zwischen dem Arbeitnehmer und dem Arbeitgeber zum Erwerb von Rechten im Sinn des § 2 Abs. 1 Nr. 1 Buchstabe g bis l, Abs. 2 Satz 2 bis 5 und Abs. 4 durch den Arbeitnehmer mit der Vereinbarung, den vom Arbeitnehmer geschuldeten Kaufpreis mit vermögenswirksamen Leistungen zu verrechnen oder mit anderen Beträgen zu zahlen.

(2) Ein Beteiligungs-Kaufvertrag im Sinne des § 2 Abs. 1 Nr. 3 ist auch ein Kaufvertrag zwischen dem Arbeitnehmer und einer Gesellschaft mit beschränkter Haftung, die nach § 2 Abs. 2 Satz 3 mit dem Unternehmen des Arbeitgebers verbunden ist, zum Erwerb eines Geschäftsanteils im Sinne des § 2 Abs. 1 Nr. 1 Buchstabe h an dieser Gesellschaft durch den Arbeitnehmer mit der Vereinbarung, den vom Arbeitnehmer geschuldeten Kaufpreis mit vermögenswirksamen Leistungen zahlen zu lassen oder mit anderen Beträgen zu zahlen.

(3) Für die Förderung der auf Grund eines Vertrags nach Absatz 1 oder 2 angelegten vermögenswirksamen Leistungen gilt § 6 Abs. 3 entsprechend.

§ 8
Sparvertrag

(1) Ein Sparvertrag im Sinne des § 2 Abs. 1 Nr. 6 ist ein Sparvertrag zwischen dem Arbeitnehmer und einem Kreditinstitut, in dem die in den Absätzen 2 bis 5 bezeichneten Vereinbarungen, mindestens aber die in den Absätzen 2 und 3 bezeichneten Vereinbarungen, getroffen sind.

(2) [1] Der Arbeitnehmer ist verpflichtet,

1. einmalig oder für die Dauer von sechs Jahren seit Vertragsabschluß laufend, mindestens aber einmal im Kalenderjahr, als Sparbeiträge vermögenswirksame Leistungen einzahlen zu lassen oder andere Beträge einzuzahlen und
2. bis zum Ablauf einer Frist von sieben Jahren (Sperrfrist) die eingezahlten vermögenswirksamen Leistungen bei dem Kreditinstitut festzulegen und die Rückzahlungsansprüche aus dem Vertrag weder abzutreten noch zu beleihen.

[2] Der Zeitpunkt des Vertragsabschlusses und der Beginn der Sperrfrist bestimmen sich nach den Regelungen des § 4 Abs. 2 Satz 2 und 3.

(3) Der Arbeitnehmer ist abweichend von der in Absatz 2 Satz 1 Nr. 2 bezeichneten Vereinbarung zu vorzeitiger Verfügung berechtigt, wenn eine der in § 4 Abs. 4 Nr. 1 bis 5 bezeichneten Voraussetzungen erfüllt ist.

(4) [1] Der Arbeitnehmer ist abweichend von der in Absatz 2 Satz 1 Nr. 2 bezeichneten Vereinbarung auch berechtigt, vor Ablauf der Sperrfrist mit eingezahlten vermögenswirksamen Leistungen zu erwerben

1. Wertpapiere im Sinne des § 2 Abs. 1 Nr. 1 Buchstabe a bis f, Abs. 2 Satz 1, Abs. 3 und 4,
2. Schuldverschreibungen, die vom Bund, von den Ländern, von den Gemeinden, von anderen Körperschaften des öffentlichen Rechts, vom Arbeitgeber, von einem im Sinne des § 18 Abs. 1 des Aktiengesetzes als herrschendes Unternehmen mit dem Unternehmen des Arbeitgebers verbundenen Unternehmen oder von einem Kreditinstitut mit Sitz und Geschäftsleitung im Geltungsbereich dieses Gesetzes ausgegeben werden, Namensschuldverschreibungen des Arbeitgebers jedoch nur dann, wenn auf dessen Kosten die Ansprüche des Arbeitnehmers aus der Schuldverschreibung durch ein Kreditinstitut verbürgt oder durch ein Versicherungsunternehmen privatrechtlich gesichert sind und das Kreditinstitut oder Versicherungsunternehmen im Geltungsbereich dieses Gesetzes zum Geschäftsbetrieb befugt ist,
3. Genußscheine, die von einem Kreditinstitut mit Sitz und Geschäftsleitung im Geltungsbereich dieses Gesetzes, das nicht der Arbeitgeber ist, als Wertpapiere ausgegeben werden, wenn mit den Genußscheinen das Recht am Gewinn des Kreditinstituts verbunden ist, der Arbeitnehmer nicht als Mitunternehmer im Sinne des § 15 Abs. 1 Nr. 2 des Einkommensteuergesetzes anzusehen ist und die Voraussetzungen des § 2 Abs. 4 erfüllt sind,
4. Anleiheforderungen, die in ein Schuldbuch des Bundes oder eines Landes eingetragen werden,
5. Anteile an einem Sondervermögen, die von Kapitalverwaltungsgesellschaften im Sinne des Kapitalanlagegesetzbuchs ausgegeben werden und nicht unter § 2 Abs. 1 Nr. 1 Buchstabe c fallen, oder
6. Anteile an offenen EU-Investmentvermögen und ausländischen AIF, die nach dem Kapitalanlagegesetzbuch vertrieben werden dürfen.

[2] Der Arbeitnehmer ist verpflichtet, bis zum Ablauf der Sperrfrist die nach Satz 1 erworbenen Wertpapiere bei dem Kreditinstitut, mit dem der Sparvertrag abgeschlossen ist, festzulegen und über die Wertpapiere nicht zu verfügen; diese Verpflichtung besteht nicht, wenn eine der in § 4 Abs. 4 Nr. 1 bis 5 bezeichneten Voraussetzungen erfüllt ist.

(5) [1] Der Arbeitnehmer ist abweichend von der in Absatz 2 Satz 1 Nummer 2 bezeichneten Vereinbarung auch berechtigt, vor Ablauf der Sperrfrist die Überweisung eingezahlter vermögenswirksamer Leistungen auf einen von ihm oder seinem nicht dauernd getrennt lebenden Ehegatten oder Lebenspartner abgeschlossenen Bausparvertrag zu verlangen, wenn weder mit der Auszahlung der Bausparsumme begonnen worden ist noch die überwiesenen Beträge vor Ablauf der Sperrfrist ganz oder zum Teil zurückgezahlt noch Ansprüche aus dem Bausparvertrag abgetreten oder beliehen werden oder wenn eine solche vorzeitige Verfügung nach § 2 Absatz 3 Satz 2 Nummer 1 und 2 des Wohnungsbau-Prämiengesetzes in der Fassung der Bekanntmachung vom 30. Oktober 1997 (BGBl. I

S. 2678), das zuletzt durch Artikel 7 des Gesetzes vom 5. April 2011 (BGBl. I S. 554) geändert worden ist, in der jeweils geltenden Fassung unschädlich ist. [2] Satz 1 gilt für vor dem 1. Januar 2009 und nach dem 31. Dezember 2008 abgeschlossene Bausparverträge.

§ 9
Kapitalversicherungsvertrag

(1) Ein Kapitalversicherungsvertrag im Sinne des § 2 Abs. 1 Nr. 7 ist ein Vertrag über eine Kapitalversicherung auf den Erlebens- und Todesfall gegen laufenden Beitrag, der für die Dauer von mindestens zwölf Jahren und mit den in den Absätzen 2 bis 5 bezeichneten Vereinbarungen zwischen dem Arbeitnehmer und einem Versicherungsunternehmen abgeschlossen ist, das im Geltungsbereich dieses Gesetzes zum Geschäftsbetrieb befugt ist.

(2) Der Arbeitnehmer ist verpflichtet, als Versicherungsbeiträge vermögenswirksame Leistungen einzahlen zu lassen oder andere Beträge einzuzahlen.

(3) Die Versicherungsbeiträge enthalten keine Anteile für Zusatzleistungen wie für Unfall, Invalidität oder Krankheit.

(4) Der Versicherungsvertrag sieht vor, daß bereits ab Vertragsbeginn ein nicht kürzbarer Anteil von mindestens 50 Prozent des gezahlten Beitrags als Rückkaufswert (§ 169 des Versicherungsvertragsgesetzes) erstattet oder der Berechnung der prämienfreien Versicherungsleistung (§ 165 des Versicherungsvertragsgesetzes) zugrunde gelegt wird.

(5) Die Gewinnanteile werden verwendet

1. zur Erhöhung der Versicherungsleistung oder
2. auf Verlangen des Arbeitnehmers zur Verrechnung mit fälligen Beiträgen, wenn er nach Vertragsabschluß arbeitslos geworden ist und die Arbeitslosigkeit mindestens ein Jahr lang ununterbrochen bestanden hat und im Zeitpunkt der Verrechnung noch besteht.

§ 10
Vereinbarung zusätzlicher vermögenswirksamer Leistungen

(1) Vermögenswirksame Leistungen können in Verträgen mit Arbeitnehmern, in Betriebsvereinbarungen, in Tarifverträgen oder in bindenden Festsetzungen (§ 19 des Heimarbeitsgesetzes) vereinbart werden.

(2) bis (4) (weggefallen)

(5) Der Arbeitgeber kann auf tarifvertraglich vereinbarte vermögenswirksame Leistungen die betrieblichen Sozialleistungen anrechnen, die dem Arbeitnehmer in dem Kalenderjahr bisher schon als vermögenswirksame Leistungen erbracht worden sind.

§ 11
Vermögenswirksame Anlage von Teilen des Arbeitslohns

(1) Der Arbeitgeber hat auf schriftliches Verlangen des Arbeitnehmers einen Vertrag über die vermögenswirksame Anlage von Teilen des Arbeitslohns abzuschließen.

(2) Auch vermögenswirksam angelegte Teile des Arbeitslohns sind vermögenswirksame Leistungen im Sinne dieses Gesetzes.

(3) [1] Zum Abschluß eines Vertrags nach Absatz 1, wonach die Lohnteile nicht zusammen mit anderen vermögenswirksamen Leistungen für den Arbeitnehmer angelegt und überwiesen werden sollen, ist der Arbeitgeber nur dann verpflichtet, wenn der Arbeitnehmer die Anlage von Teilen des Arbeitslohns in monatlichen der Höhe nach gleichbleibenden Beträgen von mindestens 13 Euro oder in vierteljährlichen der Höhe nach gleichbleibenden Beträgen von mindestens 39 Euro oder nur einmal im Kalenderjahr in Höhe eines Betrags von mindestens 39 Euro verlangt. [2] Der Arbeitnehmer kann bei der Anlage in monatlichen Beträgen während des Kalenderjahrs die Art der vermögenswirksamen Anlage und das Unternehmen oder Institut, bei dem sie erfolgen soll, nur mit Zustimmung des Arbeitgebers wechseln.

(4) [1]Der Arbeitgeber kann einen Termin im Kalenderjahr bestimmen, zu dem die Arbeitnehmer des Betriebs oder Betriebsteils die einmalige Anlage von Teilen des Arbeitslohns nach Absatz 3 verlangen können. [2]Die Bestimmung dieses Termins unterliegt der Mitbestimmung des Betriebsrats oder der zuständigen Personalvertretung; das für die Mitbestimmung in sozialen Angelegenheiten vorgeschriebene Verfahren ist einzuhalten. [3]Der nach Satz 1 bestimmte Termin ist den Arbeitnehmern in jedem Kalenderjahr erneut in geeigneter Form bekanntzugeben. [4]Zu einem anderen als dem nach Satz 1 bestimmten Termin kann der Arbeitnehmer eine einmalige Anlage nach Absatz 3 nur verlangen

1. von Teilen des Arbeitslohns, den er im letzten Lohnzahlungszeitraum des Kalenderjahrs erzielt, oder
2. von Teilen besonderer Zuwendungen, die im Zusammenhang mit dem Weihnachtsfest oder Jahresende gezahlt werden.

(5) [1]Der Arbeitnehmer kann jeweils einmal im Kalenderjahr von dem Arbeitgeber schriftlich verlangen, daß der Vertrag über die vermögenswirksame Anlage von Teilen des Arbeitslohns aufgehoben, eingeschränkt oder erweitert wird. [2]Im Fall der Aufhebung ist der Arbeitgeber nicht verpflichtet, in demselben Kalenderjahr einen neuen Vertrag über die vermögenswirksame Anlage von Teilen des Arbeitslohns abzuschließen.

(6) In Tarifverträgen oder Betriebsvereinbarungen kann von den Absätzen 3 bis 5 abgewichen werden.

§ 12
Freie Wahl der Anlage

[1]Vermögenswirksame Leistungen werden nur dann nach den Vorschriften dieses Gesetzes gefördert, wenn der Arbeitnehmer die Art der vermögenswirksamen Anlage und das Unternehmen oder Institut, bei dem sie erfolgen soll, frei wählen kann. [2]Einer Förderung steht jedoch nicht entgegen, daß durch Tarifvertrag die Anlage auf die Formen des § 2 Abs. 1 Nr. 1 bis 5, Abs. 2 bis 4 beschränkt wird. [3]Eine Anlage im Unternehmen des Arbeitgebers nach § 2 Abs. 1 Nr. 1 Buchstabe g bis l und Abs. 4 ist nur mit Zustimmung des Arbeitgebers zulässig.

§ 13
Anspruch auf Arbeitnehmer-Sparzulage

(1) [1]Der Arbeitnehmer hat Anspruch auf eine Arbeitnehmer-Sparzulage nach Absatz 2, wenn er gegenüber dem Unternehmen, dem Institut oder dem in § 3 Absatz 3 genannten Gläubiger in die Datenübermittlung nach Maßgabe des § 15 Absatz 1 Satz 2 und 3 eingewilligt hat und sein Einkommen folgende Grenzen nicht übersteigt:

1. bei nach § 2 Abs. 1 Nr. 1 bis 3, Abs. 2 bis 4 angelegten vermögenswirksamen Leistungen die Einkommensgrenze von 20.000 Euro oder bei einer Zusammenveranlagung nach § 26b des Einkommensteuergesetzes von 40.000 Euro oder
2. bei nach § 2 Abs. 1 Nr. 4 und 5 angelegten vermögenswirksamen Leistungen die Einkommensgrenze von 17.900 Euro oder bei einer Zusammenveranlagung nach § 26b des Einkommensteuergesetzes von 35.800 Euro.

[2]Maßgeblich ist das zu versteuernde Einkommen nach § 2 Absatz 5 des Einkommensteuergesetzes in dem Kalenderjahr, in dem die vermögenswirksamen Leistungen angelegt worden sind.

(2) Die Arbeitnehmer-Sparzulage beträgt 20 Prozent der nach § 2 Absatz 1 Nummer 1 bis 3, Absatz 2 bis 4 angelegten vermögenswirksamen Leistungen, soweit sie 400 Euro im Kalenderjahr nicht übersteigen, und 9 Prozent der nach § 2 Absatz 1 Nummer 4 und 5 angelegten vermögenswirksamen Leistungen, soweit sie 470 Euro im Kalenderjahr nicht übersteigen.

(3) [1] Die Arbeitnehmer-Sparzulage gilt weder als steuerpflichtige Einnahme im Sinne des Einkommensteuergesetzes noch als Einkommen, Verdienst oder Entgelt (Arbeitsentgelt) im Sinne der Sozialversicherung und des Dritten Buches Sozialbesetzbuch; sie gilt arbeitsrechtlich nicht als Bestandteil des Lohns oder Gehalts. [2] Der Anspruch auf Arbeitnehmer-Sparzulage ist nicht übertragbar.

(4) Der Anspruch auf Arbeitnehmer-Sparzulage entsteht mit Ablauf des Kalenderjahrs, in dem die vermögenswirksamen Leistungen angelegt worden sind.

(5) [1] Der Anspruch auf Arbeitnehmer-Sparzulage entfällt rückwirkend, soweit die in den §§ 4 bis 7 genannten Fristen oder bei einer Anlage nach § 2 Abs. 1 Nr. 4 die in § 2 Abs. 1 Nr. 3 und 4 und Abs. 3 Satz 1 des Wohnungsbau-Prämiengesetzes vorgesehenen Voraussetzungen nicht eingehalten werden. [2] Satz 1 gilt für vor dem 1. Januar 2009 und nach dem 31. Dezember 2008 abgeschlossene Bausparverträge. [3] Der Anspruch entfällt nicht, wenn die Sperrfrist nicht eingehalten wird, weil

1. der Arbeitnehmer das Umtausch- oder Abfindungsangebot eines Wertpapier-Emittenten angenommen hat oder Wertpapiere dem Aussteller nach Auslosung oder Kündigung durch den Aussteller zur Einlösung vorgelegt worden sind,
2. die mit den vermögenswirksamen Leistungen erworbenen oder begründeten Wertpapiere oder Rechte im Sinne des § 2 Abs. 1 Nr. 1, Abs. 2 bis 4 ohne Mitwirkung des Arbeitnehmers wertlos geworden sind oder
3. der Arbeitnehmer über nach § 2 Abs. 1 Nr. 4 angelegte vermögenswirksame Leistungen nach Maßgabe des § 4 Abs. 4 Nr. 4 in Höhe von mindestens 30 Euro verfügt.

§ 14
Festsetzung der Arbeitnehmer-Sparzulage, Anwendung der Abgabenordnung, Verordnungsermächtigung, Rechtsweg

(1) [1] Die Verwaltung der Arbeitnehmer-Sparzulage obliegt den Finanzämtern. [2] Die Arbeitnehmer-Sparzulage wird aus den Einnahmen an Lohnsteuer gezahlt.

(2) [1] Auf die Arbeitnehmer-Sparzulage sind die für Steuervergütungen geltenden Vorschriften der Abgabenordnung entsprechend anzuwenden. [2] Dies gilt nicht für § 163 der Abgabenordnung.

(3) [1] Für die Arbeitnehmer-Sparzulage gelten die Strafvorschriften des § 370 Abs. 1 bis 4, der §§ 371, 375 Abs. 1 und des § 376 sowie die Bußgeldvorschriften der §§ 378, 379 Abs. 1 und 4 und der §§ 383 und 384 der Abgabenordnung entsprechend. [2] Für das Strafverfahren wegen einer Straftat nach Satz 1 sowie der Begünstigung einer Person, die eine solche Tat begangen hat, gelten die §§ 385 bis 408, für das Bußgeldverfahren wegen einer Ordnungswidrigkeit nach Satz 1 die §§ 409 bis 412 der Abgabenordnung entsprechend.

(4) [1] Die Arbeitnehmer-Sparzulage wird auf Antrag durch das für die Besteuerung des Arbeitnehmers nach dem Einkommen zuständige Finanzamt festgesetzt. [2] Der Arbeitnehmer hat den Antrag nach amtlich vorgeschriebenem Vordruck zu stellen. [3] Die Arbeitnehmer-Sparzulage wird fällig

a) mit Ablauf der für die Anlageform vorgeschriebenen Sperrfrist nach diesem Gesetz,
b) mit Ablauf der im Wohnungsbau-Prämiengesetz oder in der Verordnung zur Durchführung des Wohnungsbau-Prämiengesetzes genannten Sperr- und Rückzahlungsfristen. [2] Bei Bausparverträgen gelten die in § 2 Abs. 3 Satz 1 des Wohnungsbau-Prämiengesetzes genannten Sperr- und Rückzahlungsfristen und zwar unabhängig davon, ob der Vertrag vor dem 1. Januar 2009 oder nach dem 31. Dezember 2008 abgeschlossen worden ist,
c) mit Zuteilung des Bausparvertrags oder
d) in den Fällen unschädlicher Verfügung.

(5) [1] Ein Bescheid über die Ablehnung der Festsetzung einer Arbeitnehmer-Sparzulage ist aufzuheben und die Arbeitnehmer-Sparzulage ist nachträglich festzusetzen, wenn der Einkommensteuerbescheid nach Ergehen des Ablehnungsbescheides geändert wird und dadurch erstmals festgestellt wird, dass die Einkommensgrenzen des § 13 Absatz 1 unterschritten sind. [2] Die Frist für die Festset-

zung der Arbeitnehmer-Sparzulage endet in diesem Fall nicht vor Ablauf eines Jahres nach Bekanntgabe des geänderten Steuerbescheides. [3]Satz 2 gilt entsprechend, wenn der geänderten Einkommensteuerfestsetzung kein Bescheid über die Ablehnung der Festsetzung einer Arbeitnehmer-Sparzulage vorangegangen ist.

(6) Besteht für Aufwendungen, die vermögenswirksame Leistungen darstellen, ein Anspruch auf Arbeitnehmer-Sparzulage und hat der Arbeitnehmer hierfür abweichend von § 1 Satz 2 Nummer 1 des Wohnungsbau-Prämiengesetzes eine Wohnungsbauprämie beantragt, endet die Frist für die Festsetzung der Arbeitnehmer-Sparzulage nicht vor Ablauf eines Jahres nach Bekanntgabe der Mitteilung über die Änderung des Prämienanspruchs.

(7) [1]Die Bundesregierung wird ermächtigt, durch Rechtsverordnung mit Zustimmung des Bundesrates das Verfahren bei der Festsetzung und der Auszahlung der Arbeitnehmer-Sparzulage näher zu regeln, soweit dies zur Vereinfachung des Verfahrens erforderlich ist. [2]Dabei kann auch bestimmt werden, daß der Arbeitgeber, das Unternehmen, das Institut oder der in § 3 Abs. 3 genannte Gläubiger bei der Antragstellung mitwirkt und ihnen die Arbeitnehmer-Sparzulage zugunsten des Arbeitnehmers überwiesen wird.

(8) In öffentlich-rechtlichen Streitigkeiten über die auf Grund dieses Gesetzes ergehenden Verwaltungsakte der Finanzbehörden ist der Finanzrechtsweg gegeben.

§ 15
Elektronische Vermögensbildungsbescheinigung, Verordnungsermächtigungen, Haftung, Anrufungsauskunft, Außenprüfung

(1) [1]Das Unternehmen, das Institut oder der in § 3 Absatz 3 genannte Gläubiger hat der für die Besteuerung des Arbeitnehmers nach dem Einkommen zuständigen Finanzbehörde nach Maßgabe des § 93c der Abgabenordnung neben den in § 93c Absatz 1 der Abgabenordnung genannten Daten folgende Angaben zu übermitteln (elektronische Vermögensbildungsbescheinigung), wenn der Arbeitnehmer gegenüber der mitteilungspflichtigen Stelle in die Datenübermittlung eingewilligt hat:

1. den jeweiligen Jahresbetrag der nach § 2 Abs. 1 Nr. 1 bis 5, Abs. 2 bis 4 angelegten vermögenswirksamen Leistungen sowie die Art ihrer Anlage,
2. das Kalenderjahr, dem diese vermögenswirksamen Leistungen zuzuordnen sind, und
3. entweder das Ende der für die Anlageform vorgeschriebenen Sperrfrist nach diesem Gesetz oder bei einer Anlage nach § 2 Abs. 1 Nr. 4 das Ende der im Wohnungsbau-Prämiengesetz oder in der Verordnung zur Durchführung des Wohnungsbau-Prämiengesetzes genannten Sperr- und Rückzahlungsfristen. [2]Bei Bausparverträgen sind die in § 2 Abs. 3 Satz 1 des Wohnungsbau-Prämiengesetzes genannten Sperr- und Rückzahlungsfristen zu bescheinigen unabhängig davon, ob der Vertrag vor dem 1. Januar 2009 oder nach dem 31. Dezember 2008 abgeschlossen worden ist.

[2]Die Einwilligung nach Satz 1 ist spätestens bis zum Ablauf des zweiten Kalenderjahres, das auf das Kalenderjahr der Anlage der vermögenswirksamen Leistungen folgt, zu erteilen. [3]Dabei hat der Arbeitnehmer dem Mitteilungspflichtigen die Identifikationsnummer mitzuteilen[1]).

(1a) [1]In den Fällen des Absatzes 1 ist für die Anwendung des § 72a Absatz 4 und des § 93c Absatz 4 Satz 1 der Abgabenordnung die für die Besteuerung der mitteilungspflichtigen Stelle nach dem Einkommen zuständige Finanzbehörde zuständig. [2]Die nach Absatz 1 übermittelten Daten können durch die nach Satz 1 zuständige Finanzbehörde zum Zweck der Anwendung des § 93c

---

[1]) § 15 Abs. 1 Satz 4 bis 6 des 5. VermBG wurde durch Artikel 111 des 2. DSAnpUG-EU aufgehoben. Zur Abwicklung von Verträgen, die vor dem 25.5.2018 unter den Voraussetzungen des § 15 Abs. 1 Satz 4 des 5. VermBG in der am 30.6.2013 geltenden Fassung abgeschlossen wurden, sind das Unternehmen, das Institut oder der in § 3 Abs. 3 des 5. VermBG genannte Gläubiger verpflichtet, die Daten nach Maßgabe des § 15 Abs. 1 Satz 1 des 5. VermBG zu übermitteln, es sei denn, der Arbeitnehmer hat der Datenübermittlung schriftlich widersprochen >§ 17 Abs. 16 des 5. VermBG.

Absatz 4 Satz 1 der Abgabenordnung bei den für die Besteuerung der Arbeitnehmer nach dem Einkommen zuständigen Finanzbehörden abgerufen und verwendet werden.

(2) Die Bundesregierung wird ermächtigt, durch Rechtsverordnung mit Zustimmung des Bundesrates weitere Vorschriften zu erlassen über

1. Aufzeichnungs- und Mitteilungspflichten des Arbeitgebers und des Unternehmens oder Instituts, bei dem die vermögenswirksamen Leistungen angelegt sind, und
2. die Festlegung von Wertpapieren und die Art der Festlegung, soweit dies erforderlich ist, damit nicht die Arbeitnehmer-Sparzulage zu Unrecht gezahlt, versagt, nicht zurückgefordert oder nicht einbehalten wird.

(3) Haben der Arbeitgeber, das Unternehmen, das Institut oder der in § 3 Abs. 3 genannte Gläubiger ihre Pflichten nach diesem Gesetz oder nach einer auf Grund dieses Gesetzes erlassenen Rechtsverordnung verletzt, so haften sie für die Arbeitnehmer-Sparzulage, die wegen ihrer Pflichtverletzung zu Unrecht gezahlt, nicht zurückgefordert oder nicht einbehalten worden ist.

(4) Das Finanzamt, das für die Besteuerung nach dem Einkommen der in Absatz 3 Genannten zuständig ist, hat auf deren Anfrage Auskunft darüber zu erteilen, wie im einzelnen Fall die Vorschriften über vermögenswirksame Leistungen anzuwenden sind, die nach § 2 Absatz 1 Nummer 1 bis 5 und Absatz 2 bis 4 angelegt werden.

(5) [1] Das für die Lohnsteuer-Außenprüfung zuständige Finanzamt kann bei den in Absatz 3 Genannten eine Außenprüfung durchführen, um festzustellen, ob sie ihre Pflichten nach diesem Gesetz oder nach einer auf Grund dieses Gesetzes erlassenen Rechtsverordnung, soweit diese mit der Anlage vermögenswirksamer Leistungen nach § 2 Abs. 1 Nr. 1 bis 5, Abs. 2 bis 4 zusammenhängen, erfüllt haben. [2] Die §§ 195 bis 203a der Abgabenordnung gelten entsprechend.

§ 16
Berlin-Klausel

(gegenstandslos)

§ 17
Anwendungsvorschriften

(1) Die vorstehenden Vorschriften dieses Gesetzes gelten vorbehaltlich der nachfolgenden Absätze für vermögenswirksame Leistungen, die nach dem 31. Dezember 1993 angelegt werden.

(2) Für vermögenswirksame Leistungen, die vor dem 1. Januar 1994 angelegt werden, gilt, soweit Absatz 5 nichts anderes bestimmt, § 17 des Fünften Vermögensbildungsgesetzes in der Fassung der Bekanntmachung vom 19. Januar 1989 (BGBl. I S. 137) – Fünftes Vermögensbildungsgesetz 1989 –, unter Berücksichtigung der Änderung durch Artikel 2 Nr. 1 des Gesetzes vom 13. Dezember 1990 (BGBl. I S. 2749).

(3) Für vermögenswirksame Leistungen, die im Jahr 1994 angelegt werden auf Grund eines vor dem 1. Januar 1994 abgeschlossenen Vertrags

1. nach § 4 Abs. 1 oder § 5 Abs. 1 des Fünften Vermögensbildungsgesetzes 1989 zum Erwerb von Aktien oder Wandelschuldverschreibungen, die keine Aktien oder Wandelschuldverschreibungen im Sinne des vorstehenden § 2 Abs. 1 Nr. 1 Buchstabe a oder b, Abs. 2 Satz 1 sind, oder
2. nach § 6 Abs. 2 des Fünften Vermögensbildungsgesetzes 1989 über die Begründung eines Geschäftsguthabens bei einer Genossenschaft, die keine Genossenschaft im Sinne des vorstehenden § 2 Abs. 1 Nr. 1 Buchstabe g, Abs. 2 Satz 2 ist, oder
3. nach § 6 Abs. 2 oder § 7 Abs. 2 des Fünften Vermögensbildungsgesetzes 1989 über die Übernahme einer Stammeinlage oder zum Erwerb eines Geschäftsanteils an einer Gesellschaft mit beschränkter Haftung, die keine Gesellschaft im Sinne des vorstehenden § 2 Abs. 1 Nr. 1 Buchstabe h, Abs. 2 Satz 3 ist,

gelten statt der vorstehenden §§ 2, 4, 6 und 7 die §§ 2, 4, 6 und 7 des Fünften Vermögensbildungsgesetzes 1989.

(4) Für vermögenswirksame Leistungen, die nach dem 31. Dezember 1993 auf Grund eines Vertrags im Sinne des § 17 Abs. 5 Satz 1 des Fünften Vermögensbildungsgesetzes 1989 angelegt werden, gilt § 17 Abs. 5 und 6 des Fünften Vermögensbildungsgesetzes 1989.

(5) [1]Für vermögenswirksame Leistungen, die vor dem 1. Januar 1994 auf Grund eines Vertrags im Sinne des Absatzes 3 angelegt worden sind, gelten § 4 Abs. 2 bis 5, § 5 Abs. 2, § 6 Abs. 3 und § 7 Abs. 3 des Fünften Vermögensbildungsgesetzes 1989 über Fristen für die Verwendung vermögenswirksame Leistungen und über Sperrfristen nach dem 31. Dezember 1993 nicht mehr. [2]Für vermögenswirksame Leistungen, die vor dem 1. Januar 1990 auf Grund eines Vertrags im Sinne des § 17 Abs. 2 des Fünften Vermögensbildungsgesetzes 1989 über die Begründung einer oder mehrerer Beteiligungen als stiller Gesellschafter angelegt worden sind, gilt § 7 Abs. 3 des Fünften Vermögensbildungsgesetzes in der Fassung der Bekanntmachung vom 19. Februar 1987 (BGBl. I S. 630) über die Sperrfrist nach dem 31. Dezember 1993 nicht mehr.

(6) Für vermögenswirksame Leistungen, die vor dem 1. Januar 1999 angelegt worden sind, gilt § 13 Abs. 1 und 2 dieses Gesetzes in der Fassung der Bekanntmachung vom 4. März 1994 (BGBl. I S. 406).

(7) § 13 Abs. 1 Satz 1 und Abs. 2 in der Fassung des Artikels 2 des Gesetzes vom 7. März 2009 (BGBl. I S. 451) ist erstmals für vermögenswirksame Leistungen anzuwenden, die nach dem 31. Dezember 2008 angelegt werden.

(8) § 8 Abs. 5, § 13 Abs. 5 Satz 1 und 2, § 14 Abs. 4 Satz 4 Buchstabe b und § 15 Abs. 1 Nr. 3 in der Fassung des Artikels 7 des Gesetzes vom 29. Juli 2008 (BGBl. I S. 1509) sind erstmals für vermögenswirksame Leistungen anzuwenden, die nach dem 31. Dezember 2008 angelegt werden.

(9) § 4 Abs. 4 Nr. 4 und § 13 Abs. 5 Satz 3 Nr. 3 in der Fassung des Artikels 1 des Gesetzes vom 8. Dezember 2008 (BGBl. I S. 2373) ist erstmals bei Verfügungen nach dem 31. Dezember 2008 anzuwenden.

(10) § 14 Absatz 4 Satz 2 in der Fassung des Artikels 12 des Gesetzes vom 16. Juli 2009 (BGBl. I S. 1959) ist erstmals für vermögenswirksame Leistungen anzuwenden, die nach dem 31. Dezember 2006 angelegt werden, und in Fällen, in denen am 22. Juli 2009 über einen Antrag auf Arbeitnehmer-Sparzulage noch nicht bestandskräftig entschieden ist.

(11) § 13 Absatz 1 Satz 2 in der Fassung des Artikels 10 des Gesetzes vom 8. Dezember 2010 (BGBl. I S. 1768) ist erstmals für vermögenswirksame Leistungen anzuwenden, die nach dem 31. Dezember 2008 angelegt werden.

(12) § 2 Absatz 1 Nummer 5 in der Fassung des Artikels 13 des Gesetzes vom 7. Dezember 2011 (BGBl. I S. 2592) ist erstmals für vermögenswirksame Leistungen anzuwenden, die nach dem 31. Dezember 2011 angelegt werden.

(13) [1]§ 3 Absatz 1 Satz 1 Nummer 1 in der Fassung des Artikels 18 des Gesetzes vom 26. Juni 2013 (BGBl. I S. 1809) ist erstmals für vermögenswirksame Leistungen anzuwenden, die nach dem 31. Dezember 2012 angelegt werden. [2]§ 4 Absatz 4 Nummer 1, 2 und 4 sowie § 8 Absatz 5 Satz 1 in der Fassung des Artikels 18 des Gesetzes vom 26. Juni 2013 (BGBl. I S. 1809) sind erstmals bei Verfügungen nach dem 31. Dezember 2012 anzuwenden.

(14) [1]Das Bundesministerium der Finanzen teilt den Zeitpunkt der erstmaligen Anwendung der §§ 13 und 14 Absatz 4 sowie des § 15 in der Fassung des Artikels 18 des Gesetzes vom 26. Juni 2013 (BGBl. I S. 1809) durch ein im Bundessteuerblatt zu veröffentlichendes Schreiben mit[1]). [2]Bis zu diesem Zeitpunkt sind die §§ 13 und 14 Absatz 4 sowie der § 15 in der Fassung des Artikels 13 des Gesetzes vom 7. Dezember 2011 (BGBl. I S. 2592) weiter anzuwenden.

(15) [1]§ 2 Absatz 1 Nummer 1 in der Fassung des Artikels 5 des Gesetzes vom 18. Dezember 2013 (BGBl. I S. 4318) ist erstmals für vermögenswirksame Leistungen anzuwenden, die nach dem

---

1) Das Verfahren der elektronischen Vermögensbildungsbescheinigung ist erstmals anzuwenden für vermögenswirksame Leistungen, die nach dem 31.12.2016 angelegt werden (>BMF vom 16.12.2016, BStBl I S. 1435, Anhang 30 IV).

31. Dezember 2013 angelegt werden. [2]§ 4 Absatz 4 Nummer 4 in der Fassung des Artikels 5 des Gesetzes vom 18. Dezember 2013 (BGBl. I S. 4318) ist erstmals bei Verfügungen nach dem 31. Dezember 2013 anzuwenden.

(16) Zur Abwicklung von Verträgen, die vor dem 25. Mai 2018 unter den Voraussetzungen des § 15 Absatz 1 Satz 4 in der am 30. Juni 2013 geltenden Fassung abgeschlossen wurden, sind das Unternehmen, das Institut oder der in § 3 Absatz 3 genannte Gläubiger verpflichtet, die Daten nach Maßgabe des § 15 Absatz 1 Satz 1 zu übermitteln, es sei denn, der Arbeitnehmer hat der Datenübermittlung schriftlich widersprochen.

§ 18
Kündigung eines vor 1994 abgeschlossenen Anlagevertrags und der Mitgliedschaft in einer Genossenschaft oder Gesellschaft mit beschränkter Haftung

(1) Hat sich der Arbeitnehmer in einem Vertrag im Sinne des § 17 Abs. 3 verpflichtet, auch nach dem 31. Dezember 1994 vermögenswirksame Leistungen überweisen zu lassen oder andere Beträge zu zahlen, so kann er den Vertrag bis zum 30. September 1994 auf den 31. Dezember 1994 mit der Wirkung schriftlich kündigen, daß auf Grund dieses Vertrags vermögenswirksame Leistungen oder andere Beträge nach dem 31. Dezember 1994 nicht mehr zu zahlen sind.

(2) [1]Ist der Arbeitnehmer im Zusammenhang mit dem Abschluß eines Vertrags im Sinne des § 17 Abs. 3 Nr. 2 Mitglied in einer Genossenschaft geworden, so kann er die Mitgliedschaft bis zum 30. September 1994 auf den 31. Dezember 1994 mit der Wirkung schriftlich kündigen, daß nach diesem Zeitpunkt die Verpflichtung, Einzahlungen auf einen Geschäftsanteil zu leisten und ein Eintrittsgeld zu zahlen, entfällt. [2]Weitergehende Rechte des Arbeitnehmers nach dem Statut der Genossenschaft bleiben unberührt. [3]Der ausgeschiedene Arbeitnehmer kann die Auszahlung des Auseinandersetzungsguthabens, die Genossenschaft kann die Zahlung eines den ausgeschiedenen Arbeitnehmer treffenden Anteils an einem Fehlbetrag zum 1. Januar 1998 verlangen.

(3) [1]Ist der Arbeitnehmer im Zusammenhang mit dem Abschluß eines Vertrags im Sinne des § 17 Abs. 3 Nr. 3 Gesellschafter einer Gesellschaft mit beschränkter Haftung geworden, so kann er die Mitgliedschaft bis zum 30. September 1994 auf den 31. Dezember 1994 schriftlich kündigen. [2]Weitergehende Rechte des Arbeitnehmers nach dem Gesellschaftsvertrag bleiben unberührt. [3]Der zum Austritt berechtigte Arbeitnehmer kann von der Gesellschaft als Abfindung den Verkehrswert seines Geschäftsanteils verlangen; maßgebend ist der Verkehrswert im Zeitpunkt des Zugangs der Kündigungserklärung. [4]Der Arbeitnehmer kann die Abfindung nur verlangen, wenn die Gesellschaft sie ohne Verstoß gegen § 30 Abs. 1 des Gesetzes betreffend die Gesellschaften mit beschränkter Haftung zahlen kann. [5]Hat die Gesellschaft die Abfindung bezahlt, so stehen dem Arbeitnehmer aus seinem Geschäftsanteil keine Rechte mehr zu. [6]Kann die Gesellschaft bis zum 31. Dezember 1996 die Abfindung nicht gemäß Satz 4 zahlen, so ist sie auf Antrag des zum Austritt berechtigten Arbeitnehmers aufzulösen. [7]§ 61 Abs. 1, Abs. 2 Satz 1 und Abs. 3 des Gesetzes betreffend die Gesellschaften mit beschränkter Haftung gilt im übrigen entsprechend.

(4) Werden auf Grund der Kündigung nach Absatz 1, 2 oder 3 Leistungen nicht erbracht, so hat der Arbeitnehmer dies nicht zu vertreten.

(5) [1]Hat der Arbeitnehmer nach Absatz 1 einen Vertrag im Sinne des § 17 Abs. 3 Nr. 2 oder nach Absatz 2 die Mitgliedschaft in einer Genossenschaft gekündigt, so gelten beide Kündigungen als erklärt, wenn der Arbeitnehmer dies nicht ausdrücklich ausgeschlossen hat. [2]Entsprechendes gilt, wenn der Arbeitnehmer nach Absatz 1 einen Vertrag im Sinne des § 17 Abs. 3 Nr. 3 oder nach Absatz 3 die Mitgliedschaft in einer Gesellschaft mit beschränkter Haftung gekündigt hat.

(6) Macht der Arbeitnehmer von seinem Kündigungsrecht nach Absatz 1 keinen Gebrauch, so gilt die Verpflichtung, vermögenswirksame Leistungen überweisen zu lassen, nach dem 31. Dezember 1994 als Verpflichtung, andere Beträge in entsprechender Höhe zu zahlen.

II.
Verordnung zur Durchführung des Fünften Vermögensbildungsgesetzes (Fünftes Vermögensbildungsgesetz-Durchführungsverordnung – VermBDV)

vom 20.12.1994 (BGBl. 1994 I S. 3904)

zuletzt geändert durch Artikel 10 der Vierten Verordnung zur Änderung steuerlicher Verordnungen vom 12.7.2017 (BGBl. I S. 2360, BStBl I S. 892)

§ 1
Verfahren

Auf das Verfahren bei der Festsetzung, Auszahlung und Rückzahlung der Arbeitnehmer-Sparzulage sind neben den in § 14 Abs. 2 des Gesetzes bezeichneten Vorschriften die für die Einkommensteuer und Lohnsteuer geltenden Regelungen sinngemäß anzuwenden, soweit sich aus den nachstehenden Vorschriften nichts anderes ergibt.

§ 2
Mitteilungspflichten des Arbeitgebers, des Kreditinstituts oder des Unternehmens

(1) Der Arbeitgeber hat bei Überweisung vermögenswirksamer Leistungen im Dezember und Januar eines Kalenderjahres dem Kreditinstitut oder dem Unternehmen, bei dem die vermögenswirksamen Leistungen angelegt werden, das Kalenderjahr mitzuteilen, dem die vermögenswirksamen Leistungen zuzuordnen sind.

(2) Werden bei einer Anlage nach § 2 Absatz 1 Nummer 4 des Gesetzes

1. Wohnbau-Sparverträge in Baufinanzierungsverträge umgewandelt (§ 12 Absatz 1 Nummer 2 der Verordnung zur Durchführung des Wohnungsbau-Prämiengesetzes oder
2. Baufinanzierungsverträge in Wohnbau-Sparverträge umgewandelt (§ 18 Absatz 1 Nummer 2 der Verordnung zur Durchführung des Wohnungsbau-Prämiengesetzes),

hat das Kreditinstitut oder Unternehmen, bei dem die vermögenswirksamen Leistungen angelegt worden sind, dem neuen Kreditinstitut oder Unternehmen unverzüglich mitzuteilen:

a) den Betrag der vermögenswirksamen Leistungen,
b) das Kalenderjahr, dem sie zuzuordnen sind,
c) das Ende der Sperrfrist,
d) seinen Institutsschlüssel gemäß § 5 Absatz 1 und
e) die bisherige Vertragsnummer des Arbeitnehmers.

(3) [1] Das Kreditinstitut oder die Kapitalverwaltungsgesellschaft, bei dem vermögenswirksame Leistungen auf Grund eines Vertrags im Sinne des § 4 des Gesetzes angelegt werden, hat

1. dem Arbeitgeber, der mit den vermögenswirksamen Leistungen erworbene Wertpapiere verwahrt oder an dessen Unternehmen eine nichtverbriefte Vermögensbeteiligung im Sinne des § 2 Abs. 1 Nr. 1 Buchstabe g bis l des Gesetzes mit den vermögenswirksamen Leistungen begründet oder erworben wird, oder
2. dem Unternehmen, an dem eine nichtverbriefte Vermögensbeteiligung im Sinne des § 2 Abs. 1 Nr. 1 Buchstabe g bis l des Gesetzes mit den vermögenswirksamen Leistungen begründet oder erworben wird,

das Ende der für die vermögenswirksamen Leistungen geltenden Sperrfrist unverzüglich mitzuteilen. [2] Wenn über die verbrieften oder nichtverbrieften Vermögensbeteiligungen vor Ablauf der Sperrfrist verfügt worden ist, hat dies der Arbeitgeber oder das Unternehmen dem Kreditinstitut oder der Kapitalverwaltungsgesellschaft unverzüglich mitzuteilen.

(4) [1] Der Arbeitgeber, bei dem vermögenswirksame Leistungen auf Grund eines Vertrags im Sinne des § 5 des Gesetzes angelegt werden, hat dem vom Arbeitnehmer benannten Kreditinstitut, das

die erworbenen Wertpapiere verwahrt oder der vom Arbeitnehmer benannten Kapitalverwaltungsgesellschaft, die die erworbenen Wertpapiere verwahrt, das Ende der für die vermögenswirksamen Leistungen geltenden Sperrfrist unverzüglich mitzuteilen. [2]Wenn über die Wertpapiere vor Ablauf der Sperrfrist verfügt worden ist, hat dies das Kreditinstitut oder die Kapitalverwaltungsgesellschaft dem Arbeitgeber unverzüglich mitzuteilen.

§ 3
Aufzeichnungspflichten des Beteiligungsunternehmens

(1) [1]Das Unternehmen, an dem eine nichtverbriefte Vermögensbeteiligung im Sinne des § 2 Abs. 1 Nr. 1 Buchstabe g bis l des Gesetzes auf Grund eines Vertrags im Sinne des § 6 Abs. 2 oder des § 7 Abs. 2 des Gesetzes mit vermögenswirksamen Leistungen begründet oder erworben wird, hat den Betrag der vermögenswirksamen Leistungen und das Kalenderjahr, dem sie zuzuordnen sind, sowie das Ende der Sperrfrist aufzuzeichnen. [2]Bei Verträgen im Sinne des § 4 des Gesetzes genügt die Aufzeichnung des Endes der Sperrfrist.

(2) Zu den Aufzeichnungen nach Absatz 1 Satz 1 ist auch der Arbeitgeber verpflichtet, an dessen Unternehmen eine nichtverbriefte Vermögensbeteiligung im Sinne des § 2 Abs. 1 Nr. 1 Buchstabe g bis l des Gesetzes auf Grund eines Vertrags im Sinne des § 6 Abs. 1 oder des § 7 Abs. 1 des Gesetzes mit vermögenswirksamen Leistungen begründet oder erworben wird.

§ 4
Festlegung von Wertpapieren

(1) Wertpapiere, die auf Grund eines Vertrags im Sinne des § 4 des Gesetzes mit vermögenswirksamen Leistungen erworben werden, sind auf den Namen des Arbeitnehmers dadurch festzulegen, daß sie für die Dauer der Sperrfrist wie folgt in Verwahrung gegeben werden:

1. Erwirbt der Arbeitnehmer Einzelurkunden, so müssen diese in das Depot bei dem Kreditinstitut oder der Kapitalverwaltungsgesellschaft gegeben werden, mit dem er den Sparvertrag abgeschlossen hat. [2]Das Kreditinstitut oder die Kapitalverwaltungsgesellschaft muß in den Depotbüchern einen Sperrvermerk für die Dauer der Sperrfrist anbringen. [3]Bei Drittverwahrung genügt ein Sperrvermerk im Kundenkonto beim erstverwahrenden Kreditinstitut oder bei der erstverwahrenden Kapitalverwaltungsgesellschaft.
2. Erwirbt der Arbeitnehmer Anteile an einem Sammelbestand von Wertpapieren oder werden Wertpapiere bei einer Wertpapiersammelbank in Sammelverwahrung gegeben, so muß das Kreditinstitut oder die Kapitalverwaltungsgesellschaft einen Sperrvermerk in das Depotkonto eintragen.

(2) [1]Wertpapiere nach Absatz 1 Satz 1

1. die eine Vermögensbeteiligung an Unternehmen des Arbeitgebers oder eine gleichgestellte Vermögensbeteiligung (§ 2 Abs. 2 Satz 1 des Gesetzes) verbriefen oder
2. die der Arbeitnehmer vom Arbeitgeber erwirbt,

können auch vom Arbeitgeber verwahrt werden. [2]Der Arbeitgeber hat die Verwahrung sowie das Ende der Sperrfrist aufzuzeichnen.

(3) [1]Wertpapiere, die auf Grund eines Vertrags im Sinne des § 5 des Gesetzes erworben werden, sind festzulegen durch Verwahrung

1. beim Arbeitgeber oder
2. im Auftrag des Arbeitgebers bei einem Dritten oder
3. bei einem vom Arbeitnehmer benannten inländischen Kreditinstitut oder bei einer vom Arbeitnehmer benannten inländischen Kapitalverwaltungsgesellschaft.

[2]In den Fällen der Nummern 1 und 2 hat der Arbeitgeber die Verwahrung, den Betrag der vermögenswirksamen Leistungen, das Kalenderjahr, dem sie zuzuordnen sind, und das Ende der Sperrfrist aufzuzeichnen. [3]Im Falle der Nummer 3 hat das Kreditinstitut oder die Kapitalverwaltungsgesellschaft das Ende der Sperrfrist aufzuzeichnen.

(4) Bei einer Verwahrung durch ein Kreditinstitut oder eine Kapitalverwaltungsgesellschaft hat der Arbeitnehmer innerhalb von drei Monaten nach dem Erwerb der Wertpapiere dem Arbeitgeber eine Bescheinigung des Kreditinstituts oder der Kapitalverwaltungsgesellschaft darüber vorzulegen, daß die Wertpapiere entsprechend Absatz 1 in Verwahrung genommen worden sind.

§ 5
Elektronische Vermögensbildungsbescheinigung

(1) [1] Das Kreditinstitut, das Unternehmen oder der Arbeitgeber, bei dem vermögenswirksame Leistungen nach § 2 Absatz 1 Nummer 1 bis 4 oder Absatz 2 bis 4 des Gesetzes angelegt werden, hat in der elektronischen Vermögensbildungsbescheinigung seinen Institutsschlüssel und die Vertragsnummer des Arbeitnehmers anzugeben. [2] Der Institutsschlüssel ist bei der Zentralstelle für Arbeitnehmer-Sparzulage und Wohnungsbauprämie anzufordern. [3] Bei der Anforderung sind anzugeben

1. Name und Anschrift des anfordernden Kreditinstituts, Unternehmens oder Arbeitgebers,
2. Bankverbindung für die Überweisung der Arbeitnehmer-Sparzulagen,
3. Lieferanschrift für die Übersendung von Datenträgern.

[4] Die Vertragsnummer darf keine Sonderzeichen enthalten.

(2) Der Arbeitgeber oder das Unternehmen, bei dem vermögenswirksame Leistungen nach § 2 Abs. 1 Nr. 2 und 3, Abs. 2 bis 4 des Gesetzes angelegt werden, hat in der elektronischen Vermögensbildungsbescheinigung, die noch nicht zum Erwerb von Wertpapieren oder zur Begründung von Rechten verwendet worden sind, als Ende der Sperrfrist den 31. Dezember des sechsten Kalenderjahrs nach dem Kalenderjahr anzugeben, dem die vermögenswirksamen Leistungen zuzuordnen sind.

(3) [1] In der elektronischen Vermögensbildungsbescheinigung über vermögenswirksame Leistungen, die nach § 2 Absatz 1 Nummer 1 oder Nummer 4 des Gesetzes bei Kreditinstituten, Kapitalverwaltungsgesellschaften oder Versicherungsunternehmen angelegt worden sind, ist bei einer unschädlichen vorzeitigen Verfügung als Ende der Sperrfrist der Zeitpunkt dieser Verfügung anzugeben. [2] Dies gilt bei Zuteilung eines Bausparvertrags entsprechend.

(4) Bei einer schädlichen vorzeitigen Verfügung über vermögenswirksame Leistungen, die nach § 2 Abs. 1 Nr. 1 oder 4 des Gesetzes bei Kreditinstituten, Kapitalverwaltungsgesellschaften oder Versicherungsunternehmen angelegt worden sind, darf eine elektronische Vermögensbildungsbescheinigung nicht erteilt werden.

§ 6
Festsetzung der Arbeitnehmer-Sparzulage, Mitteilungspflichten der Finanzämter

(1) [1] Die Festsetzung der Arbeitnehmer-Sparzulage ist regelmäßig mit der Einkommensteuererklärung zu beantragen. [2] Die festzusetzende Arbeitnehmer-Sparzulage ist auf den nächsten vollen Euro-Betrag aufzurunden. [3] Sind für den Arbeitnehmer die vermögenswirksamen Leistungen eines Kalenderjahres auf mehr als einem der in § 2 Abs. 1 Nr. 1 bis 5 des Gesetzes bezeichneten Anlageverträge angelegt worden, so gilt die Aufrundung für jeden Vertrag.

(2) [1] Festgesetzte, noch nicht fällige Arbeitnehmer-Sparzulagen sind der Zentralstelle für Arbeitnehmer-Sparzulage und Wohnungsbauprämie zur Aufzeichnung der für ihre Auszahlung notwendigen Daten mitzuteilen. [2] Das gilt auch für die Änderung festgesetzter Arbeitnehmer-Sparzulagen sowie in den Fällen, in denen festgesetzte Arbeitnehmer-Sparzulagen nach Auswertung einer Anzeige über die teilweise schädliche vorzeitige Verfügung (§ 8 Abs. 4 Satz 2) unberührt bleiben.

(3) Werden bei einer Anlage nach § 2 Abs. 1 Nr. 1 bis 4, Abs. 2 bis 4 des Gesetzes vor Ablauf der Sperrfrist teilweise Beträge zurückgezahlt, Ansprüche aus dem Vertrag abgetreten oder beliehen, die Bauspar- oder Versicherungssumme ausgezahlt, die Festlegung aufgehoben oder Spitzenbeträge nach § 4 Abs. 3 des Gesetzes von mehr als 150 Euro nicht rechtzeitig verwendet, so gelten für

die Festsetzung oder Neufestsetzung der Arbeitnehmer-Sparzulage die Beträge in folgender Reihenfolge als zurückgezahlt:

1. Beträge, die keine vermögenswirksamen Leistungen sind,
2. vermögenswirksame Leistungen, für die keine Arbeitnehmer-Sparzulage festgesetzt worden ist,
3. vermögenswirksame Leistungen, für die eine Arbeitnehmer-Sparzulage festgesetzt worden ist.

(4) [1] In den Fällen des § 4 Abs. 4 Nr. 6 des Gesetzes gilt für die Festsetzung oder Neufestsetzung der Arbeitnehmer-Sparzulage der nicht wiederverwendete Erlös, wenn er 150 Euro übersteigt, in folgender Reihenfolge als zurückgezahlt:

1. Beträge, die keine vermögenswirksamen Leistungen sind,
2. vermögenswirksame Leistungen, für die keine Arbeitnehmer-Sparzulage festgesetzt worden ist,
3. vermögenswirksame Leistungen, für die eine Arbeitnehmer-Sparzulage festgesetzt worden ist.

[2] Maßgebend sind die bis zum Ablauf des Kalenderjahres, das dem Kalenderjahr der Veräußerung vorangeht, angelegten Beträge.

§ 7
Auszahlung der Arbeitnehmer-Sparzulage

(1) Die festgesetzte Arbeitnehmer-Sparzulage ist vom Finanzamt an den Arbeitnehmer auszuzahlen

1. bei einer Anlage nach § 2 Abs. 1 Nr. 4 des Gesetzes in Verbindung mit § 2 Abs. 1 Nr. 2 des Wohnungsbau-Prämiengesetzes sowie bei einer Anlage nach § 2 Abs. 1 Nr. 5 des Gesetzes;
2. bei einer Anlage nach § 2 Abs. 1 Nr. 1 bis 4, Abs. 2 bis 4 des Gesetzes, wenn im Zeitpunkt der Bekanntgabe des Bescheids über die Festsetzung der Arbeitnehmer-Sparzulage die für die Anlageform vorgeschriebene Sperrfrist oder die im Wohnungsbau-Prämiengesetz oder in der Verordnung zur Durchführung des Wohnungsbau-Prämiengesetzes genannten Sperr- und Rückzahlungsfristen abgelaufen sind. [2] Bei Bausparverträgen gelten die in § 2 Abs. 3 Satz 1 des Wohnungsbau-Prämiengesetzes genannten Sperr- und Rückzahlungsfreisten unabhängig davon, ob der Vertrag vor dem 1. Januar 2009 oder nach dem 31. Dezember 2008 abgeschlossen worden ist;
3. in den Fällen des § 5 Absatz 3;
4. bei einer Anlage nach § 2 Abs. 1 Nr. 2 und 3 des Gesetzes, wenn eine unschädliche vorzeitige Verfügung vorliegt.

(2) [1] Die bei der Zentralstelle für Arbeitnehmer-Sparzulage und Wohnungsbauprämie aufgezeichneten Arbeitnehmer-Sparzulagen für Anlagen nach § 2 Absatz 1 Nummer 1 bis 4, Absatz 2 bis 4 des Gesetzes sind dem Kreditinstitut, dem Unternehmen oder dem Arbeitgeber, bei dem die vermögenswirksamen Leistungen angelegt worden sind, zugunsten des Arbeitnehmers zu überweisen. [2] Die Überweisung ist in den Fällen des § 14 Abs. 4 Satz 4 Buchstabe c und d des Gesetzes bis zum Ende des Kalendermonats vorzunehmen, der auf den Kalendermonat folgt, in dem die Zuteilung oder die unschädliche vorzeitige Verfügung angezeigt worden ist.

§ 8
Anzeigepflichten des Kreditinstituts, des Unternehmens oder des Arbeitgebers

(1) Der Zentralstelle für Arbeitnehmer-Sparzulage und Wohnungsbauprämie ist anzuzeigen,

1. von dem Kreditinstitut, der Kapitalverwaltungsgesellschaft oder dem Versicherungsunternehmen, welches zu den nach § 2 Absatz 1 Nummer 1 oder Nummer 4 des Gesetzes angelegten vermögenswirksamen Leistungen eine elektronische Vermögensbildungsbescheinigung übermittelt hat, wenn vor Ablauf der Sperrfrist
   a) vermögenswirksame Leistungen zurückgezahlt werden,
   b) über Ansprüche aus einem Vertrag im Sinne des § 4 des Gesetzes oder einem Bausparvertrag durch Rückzahlung, Abtretung, Beleihung oder in anderer Weise verfügt wird,

c) die Festlegung erworbener Wertpapiere aufgehoben oder über solche Wertpapiere verfügt wird oder

d) der Bausparvertrag zugeteilt oder die Bausparsumme ausgezahlt wird;

2. von dem Kreditinstitut oder der Kapitalverwaltungsgesellschaft, bei dem oder bei der vermögenswirksame Leistungen nach § 4 des Gesetzes angelegt worden sind, wenn Spitzenbeträge nach § 4 Absatz 3 oder Absatz 4 Nummer 6 des Gesetzes von mehr als 150 Euro nicht rechtzeitig verwendet oder wiederverwendet worden sind;
3. von dem Kreditinstitut oder der Kapitalverwaltungsgesellschaft, dem nach § 2 Abs. 3 Satz 2 mitgeteilt worden ist, daß über verbriefte oder nichtverbriefte Vermögensbeteiligungen vor Ablauf der Sperrfrist verfügt worden ist;
4. von dem Unternehmen oder Arbeitgeber, bei dem eine nichtverbriefte Vermögensbeteiligung nach § 2 Abs. 1 Nr. 1 Buchstabe g bis l des Gesetzes aufgrund eines Vertrags nach § 6 oder § 7 des Gesetzes mit vermögenswirksamen Leistungen begründet oder erworben worden ist, wenn vor Ablauf der Sperrfrist über die Vermögensbeteiligung verfügt wird oder wenn der Arbeitnehmer die Vermögensbeteiligung nicht bis zum Ablauf des Kalenderjahres erhalten hat, das auf das Kalenderjahr der vermögenswirksamen Leistungen folgt;
5. von dem Arbeitgeber, der Wertpapiere nach § 4 Abs. 3 Satz 1 Nr. 1 oder 2 verwahrt oder bei einem Dritten verwahren läßt, wenn vor Ablauf der Sperrfrist die Festlegung von Wertpapieren aufgehoben oder über Wertpapiere verfügt wird oder wenn bei einer Verwahrung nach § 4 Abs. 3 Satz 1 Nr. 3 der Arbeitnehmer die Verwahrungsbescheinigung nach § 4 Abs. 4 nicht rechtzeitig vorlegt;
6. von dem Arbeitgeber, bei dem vermögenswirksame Leistungen aufgrund eines Vertrags im Sinne des § 5 des Gesetzes angelegt werden, wenn ihm die Mitteilung des Kreditinstituts oder der Kapitalverwaltungsgesellschaft nach § 2 Abs. 4 Satz 2 zugegangen ist oder wenn der Arbeitnehmer mit den vermögenswirksamen Leistungen eines Kalenderjahres nicht bis zum Ablauf des folgenden Kalenderjahres die Wertpapiere erworben hat.

(2) [1]Das Kreditinstitut, die Kapitalverwaltungsgesellschaft oder das Versicherungsunternehmen hat in den Anzeigen nach Absatz 1 Nr. 1 bis 3 zu kennzeichnen, ob eine unschädliche, vollständig schädliche oder teilweise schädliche vorzeitige Verfügung vorliegt. [2]Nur in den Anzeigen über eine teilweise schädliche vorzeitige Verfügung sind der Gesamtbetrag, über den schädlich vorzeitig verfügt worden ist, sowie die in den einzelnen Kalenderjahren jeweils angelegten vermögenswirksamen Leistungen anzugeben. [3]Der Gesamtbetrag ist die Summe aller Teilbeträge, über die schädlich vorzeitig verfügt worden ist. [4]Bei späteren Anzeigen sind auch die bereits angezeigten Teilbeträge einzubeziehen. [5]Der jeweils letzte übermittelte Gesamtbetrag ist gültig.

(3) Die Anzeigen nach Absatz 1 sind nach amtlich vorgeschriebenem Vordruck oder nach amtlich vorgeschriebenem Datensatz durch Datenfernübertragung für die innerhalb eines Kalendermonats bekannt gewordenen vorzeitigen Verfügungen der Zentralstelle für Arbeitnehmer-Sparzulage und Wohnungsbauprämie jeweils spätestens bis zum 15. Tag des folgenden Kalendermonats zuzuleiten.

(4) [1]Sind bei der Zentralstelle für Arbeitnehmer-Sparzulage und Wohnungsbauprämie Arbeitnehmer-Sparzulagen für Fälle aufgezeichnet,

1. die nach Absatz 1 Nr. 4 bis 6 angezeigt werden oder
2. die nach Absatz 1 Nr. 1 bis 3 angezeigt werden, wenn die Anzeigen als vollständig oder teilweise schädliche vorzeitige Verfügung gekennzeichnet sind,

so hat die Zentralstelle die Auszahlung der aufgezeichneten Arbeitnehmer-Sparzulagen zu sperren. [2]Die Zentralstelle hat die Anzeigen um ihre Aufzeichnungen zu ergänzen und zur Auswertung dem Finanzamt zu übermitteln, das nach Kenntnis der Zentralstelle zuletzt eine Arbeitnehmer-Sparzulage für den Arbeitnehmer festgesetzt hat.

§ 9
Rückforderung der Arbeitnehmer-Sparzulage durch das Finanzamt

[1] Das für die Besteuerung des Arbeitnehmers nach dem Einkommen zuständige Finanzamt (§ 19 der Abgabenordnung) hat eine zu Unrecht gezahlte Arbeitnehmer-Sparzulage vom Arbeitnehmer zurückzufordern. [2] Die Rückforderung unterbleibt, wenn der zurückzufordernde Betrag fünf Euro nicht übersteigt.

§ 10
Anwendungsregelung

(1) Diese Verordnung in der am 20. Juli 2017 geltenden Fassung ist, soweit in Absatz 2 nichts anderes bestimmt ist, erstmals ab dem 1. Januar 2018 anzuwenden.

(2) § 8 Absatz 2 Satz 2 bis 5 in der am 20. Juli 2017 geltenden Fassung ist anzuwenden bei Anzeigen nach dem 19. Juli 2017.

§ 11
(weggefallen)

III.

Anwendung des Fünften Vermögensbildungsgesetzes (5. VermBG)

BMF vom 29.11.2017 (BStBl I S. 1626)[1])
IV C 5 – S 2430/17/10001 – 2017/0985139

Inhaltsverzeichnis

---

[1]) Die Änderungen gegenüber dem BMF-Schreiben vom 23.7.2014 (BStBl I S. 1175) sind durch Fettdruck hervorgehoben.

20. Nachweis einer zulageunschädlichen Verfügung
(§ 4 Absatz 4 des 5. VermBG, § 8 **VermBDV**)
21. Anzeigepflichten
(§ 8 **VermBDV**)
22. Änderung der Festsetzung, Rückforderung von Arbeitnehmer-Sparzulagen
(§ 13 Absatz 5 des 5. VermBG, § 6 Absatz 2 und 3, § 8 Absatz 4, § 9 **VermBDV**)
22a. Anrufungsauskunft
(§ 15 Absatz 4 des 5. VermBG)
23. Außenprüfung
(§ 15 Absatz 5 des 5. VermBG)
24. Anwendungsregelungen

Unter Bezugnahme auf das Ergebnis der Erörterungen mit den obersten Finanzbehörden der Länder und mit dem Bundesministerium für Wirtschaft und Energie wird zur Anwendung des Fünften Vermögensbildungsgesetzes in der Fassung der Bekanntmachung vom 4. März 1994 (BGBl. I S. 406, BStBl I S. 237) – 5. VermBG – unter Berücksichtigung der jüngeren gesetzlichen Änderungen durch

– das Gesetz zur Umsetzung der Amtshilferichtlinie sowie zur Änderung steuerlicher Vorschriften (Amtshilferichtlinie-Umsetzungsgesetz – AmtshilfeRLUmsG) vom 26. Juni 2013 (BGBl. I S. 1809, BStBl **I S. 802),**
– das Gesetz zur Anpassung des Investmentsteuergesetzes und anderer Gesetze an das AIFM-Umsetzungsgesetz (AIFM-Steuer-Anpassungsgesetz – AIFM-StAnpG) vom 18. Dezember 2013 (BGBl. I S. 4318, BStBl 2014 I S. 2) **und**
– **das Gesetz zur Modernisierung des Besteuerungsverfahrens vom 18. Juli 2016 (BGBl. I S. 1679, BStBl I S. 694)**

in Verbindung mit der Verordnung zur Durchführung des Fünften Vermögensbildungsgesetzes (Fünftes Vermögensbildungsgesetz-Durchführungsverordnung – VermBDV) vom 20. Dezember 1994 (BGBl. I S. 3904, BStBl 1995 I S. 67) unter Berücksichtigung der jüngeren Änderungen durch

– **das Gesetz zur Umsetzung der Amtshilferichtlinie sowie zur Änderung steuerlicher Vorschriften (Amtshilferichtlinie-Umsetzungsgesetz – AmtshilfeRLUmsG) vom 26. Juni 2013 (BGBl. I S. 1809, BStBl I S. 802),**
– **das Gesetz zur Anpassung des Investmentsteuergesetzes und anderer Gesetze an das AIFM-Umsetzungsgesetz (AIFM-Steuer-Anpassungsgesetz – AIFM-StAnpG) vom 18. Dezember 2013 (BGBl. I S. 4318, BStBl 2014 I S. 2),**
– **das Gesetz zur Anpassung steuerlicher Regelungen an die Rechtsprechung des Bundesverfassungsgerichts vom 18. Juli 2014 (BGBl. I S. 1042, BStBl I S. 1062),**
– **die Verordnung vom 22. Dezember 2014 (BGBl. I S. 2392, BStBl 2015 I S. 72) und**
– **die Vierte Verordnung zur Änderung steuerlicher Vorschriften vom 12. Juli 2017 (BGBl. I S. 2360, BStBl I S. 892)**

wie folgt Stellung genommen:

1. Persönlicher Geltungsbereich (§ 1 des 5. VermBG)

(1) Das 5. VermBG gilt für unbeschränkt und beschränkt einkommensteuerpflichtige Arbeitnehmer im arbeitsrechtlichen Sinne (Angestellte, Arbeiter) und Auszubildende, deren Arbeitsverhältnis oder Ausbildungsverhältnis deutschem Arbeitsrecht unterliegt (§ 1 Absatz 1, Absatz 2 Satz 1 des 5. VermBG). Das 5. VermBG gilt auch für in Heimarbeit Beschäftigte (§ 1 Absatz 2 Satz 2 des 5. VermBG) und für Beamte, Richter, Berufssoldaten und Soldaten auf Zeit (§ 1 Absatz 4 des 5. VermBG). Soldaten

auf Zeit, für die das 5. VermBG gilt, sind auch Bezieher von Ausbildungsgeld, das nach § 30 Absatz 2 des Soldatengesetzes während des Studiums gezahlt wird.

(2) Das 5. VermBG gilt für die in Absatz 1 Satz 1 bezeichneten Arbeitnehmer, z. B. auch dann, wenn sie

1. ihren Wohnsitz im Ausland haben und als entsandte Kräfte oder deutsche Ortskräfte an Auslandsvertretungen der Bundesrepublik beschäftigt sind,
2. ausländische Arbeitnehmer sind und als Grenzgänger in der Bundesrepublik arbeiten,
3. Kommanditisten oder stille Gesellschafter eines Unternehmens sind und mit der Kommanditgesellschaft oder dem Unternehmen einen Arbeitsvertrag abgeschlossen haben, der sie in eine abhängige Stellung zu der Gesellschaft oder dem Unternehmen bringt und sie deren Weisungsrecht unterstellt,
4. freiwillig Wehrdienstleistende sind und in einem ruhenden Arbeitsverhältnis stehen (§ 1 Absatz 1 des Arbeitsplatzschutzgesetzes), aus dem sie noch **Bestandteile des Arbeitslohns (zum Beispiel vermögenswirksame Leistungen)** erhalten,
5. behinderte Menschen im Arbeitsbereich anerkannter Werkstätten für behinderte Menschen sind und zu den Werkstätten in einem arbeitnehmerähnlichen Rechtsverhältnis stehen (**§ 221** Absatz 1 **des Neunten Buches Sozialgesetzbuch** – SGB IX),
6. kurzfristig Beschäftigte, Aushilfskräfte in der Land- und Forstwirtschaft und geringfügig entlohnte Beschäftigte sind, deren Arbeitslohn nach § 40a **des Einkommensteuergesetzes (EStG)** pauschal versteuert wird.

(3) Im Zweifel **gilt** eine Person **als Arbeitnehmer, wenn** sie Arbeitslohn im steuerlichen Sinne aus einem gegenwärtigen Dienstverhältnis bezieht. Gleiches gilt für einen Gesellschafter, wenn für ihn Sozialversicherungspflicht besteht.

(4) Das 5. VermBG wird darüber hinaus angewendet auf

1. Arbeitnehmer, die als Grenzgänger im benachbarten Ausland nach ausländischem Arbeitsrecht beschäftigt sind, aber ihren ständigen Wohnsitz und den Mittelpunkt ihrer Lebensinteressen im Inland haben (vgl. auch Abschnitt 2 Absatz 3),
2. Personen, die aus dem Arbeitsverhältnis ausgeschieden sind, aber im Rahmen seiner Abwicklung noch Entgelt für geleistete Arbeit erhalten.

(5) Das 5. VermBG gilt vorbehaltlich der Sätze 3 und 4 nicht für Mitglieder des zur gesetzlichen Vertretung berufenen Organs einer juristischen Person und durch Gesetz, Satzung oder Gesellschaftsvertrag zur Vertretung einer Personengesamtheit berufene Personen (§ 1 Absatz 3 des 5. VermBG), weil sie in dieser Eigenschaft nicht Arbeitnehmer im arbeitsrechtlichen Sinne sind. Zu diesen Organmitgliedern oder Vertretern einer Personengesamtheit gehören insbesondere Vorstandsmitglieder von Aktiengesellschaften, rechtsfähigen oder nichtrechtsfähigen Vereinen, Stiftungen, Versicherungsvereinen auf Gegenseitigkeit und Genossenschaften sowie Geschäftsführer von Gesellschaften mit beschränkter Haftung und von Orts- und Innungskrankenkassen (vgl. BFH-Urteil vom 15. Oktober 1976, BStBl 1977 II S. 53). Für die bezeichneten Organmitglieder einer juristischen Person und Vertreter einer Personengesamtheit gilt das 5. VermBG jedoch dann, wenn sie mit einem Dritten einen Arbeitsvertrag abgeschlossen haben und deshalb Arbeitnehmer im Sinne des Absatzes 1 Satz 1 sind, oder wenn sie zu den in § 1 Absatz 4 des 5. VermBG bezeichneten Personen gehören (Absatz 1 Satz 2, Absatz 8). Für Vorstandsmitglieder einer Genossenschaft gilt das 5. VermBG darüber hinaus dann, wenn sie mit der Genossenschaft selbst einen Arbeitsvertrag abgeschlossen haben und wenn die Stellung und Tätigkeit auf Grund des Arbeitsverhältnisses von der Stellung und Tätigkeit als Vorstandsmitglied klar abgrenzbar ist und das Arbeitsverhältnis unabhängig von der Vorstandstätigkeit begründet wurde. Eine solche unterscheidbare und trennbare Doppelstellung als Vorstandsmitglied und Arbeitnehmer der Genossenschaft liegt z. B. dann vor, wenn eine vor der Berufung in den Vorstand ausgeübte Tätigkeit als Arbeitnehmer der Genossenschaft danach unver-

ändert fortgesetzt wird, wenn diese Tätigkeit wie bisher bezahlt, die hinzugekommene Vorstandstätigkeit dagegen unentgeltlich geleistet wird, und wenn beide Tätigkeiten sich deutlich voneinander unterscheiden.

(6) Das 5. VermBG gilt **darüber hinaus** z. B. **auch** nicht für folgende **Personen:**

1. freiwillig Wehrdienstleistende, wenn **sie in keinem** ruhenden Arbeitsverhältnis stehen (vgl. auch Absatz 2 Nummer 4),
2. Bezieher von Renten aus den gesetzlichen Rentenversicherungen und Empfänger von arbeitsrechtlichen Versorgungsbezügen einschließlich Vorruhestandsbezügen, wenn sie nicht weiter in einem Arbeitsverhältnis stehen,
3. Personen, die ein freiwilliges soziales Jahr oder ein freiwilliges ökologisches Jahr im Sinne des Jugendfreiwilligendienstegesetzes oder einen Freiwilligendienst im Sinne der Verordnung (EU) Nummer 1288/2013 des Europäischen Parlaments und des Rates vom 11. Dezember 2013 zur Einrichtung von „Erasmus+“, dem Programm der Union für allgemeine und berufliche Bildung, Jugend und Sport (ABl. EU Nummer L 347 S. 50) oder einen anderen Dienst im Ausland im Sinne von § 5 des Bundesfreiwilligendienstegesetzes oder einen entwicklungspolitischen Freiwilligendienst „weltwärts“ im Sinne der Richtlinie des Bundesministeriums für wirtschaftliche Zusammenarbeit und Entwicklung vom 1. August 2007 (BAnz. 2008 S. 1297) oder einen Freiwilligendienst aller Generationen im Sinne des § 2 Absatz 1a des Siebten Buches Sozialgesetzbuch oder einen Internationalen Jugendfreiwilligendienst im Sinne der Richtlinie des Bundesministeriums für Familie, Senioren, Frauen und Jugend vom 20. Dezember 2010 (GMBl S. 1778) oder den Bundesfreiwilligendienst im Sinne des Bundesfreiwilligendienstgesetzes leisten,
4. Entwicklungshelfer im Sinne des Entwicklungshelfer-Gesetzes.

Das 5. VermBG gilt auch nicht für Bedienstete internationaler Organisationen, deren Arbeitsverhältnis nicht deutschem Arbeitsrecht unterliegt.

(7) In Heimarbeit Beschäftigte, für die das 5. VermBG gilt (Absatz 1 Satz 2), sind Heimarbeiter und Hausgewerbetreibende (§ 1 Absatz 1 Heimarbeitsgesetz – HAG). Heimarbeiter sind Personen, die in selbst gewählter Arbeitsstätte (eigener Wohnung oder selbst gewählter Betriebsstätte) allein oder mit Familienangehörigen im Auftrag von Gewerbetreibenden oder Zwischenmeistern erwerbsmäßig arbeiten, jedoch die Verwertung der Arbeitsergebnisse den unmittelbar oder mittelbar auftraggebenden Gewerbetreibenden überlassen (§ 2 Absatz 1 HAG). Hausgewerbetreibende sind Personen, die in eigener Arbeitsstätte (eigener Wohnung oder Betriebsstätte) mit nicht mehr als zwei fremden Hilfskräften oder Heimarbeitern im Auftrag von Gewerbetreibenden oder Zwischenmeistern Waren herstellen, bearbeiten oder verpacken, wobei sie selbst wesentlich am Stück mitarbeiten, jedoch die Verwertung der Arbeitsergebnisse dem unmittelbar **oder mittelbar** auftraggebenden Gewerbetreibenden überlassen; unschädlich ist es, wenn Hausgewerbetreibende vorübergehend, d h. in nur unbedeutendem Umfang, unmittelbar für den Absatzmarkt arbeiten (§ 2 Absatz 2 HAG). Das 5. VermBG gilt nicht für die den in Heimarbeit Beschäftigten gemäß § 1 Absatz 2 HAG Gleichgestellten.

(8) Das 5. VermBG gilt nicht für

1. sog. Ehrenbeamte (z. B. ehrenamtliche Bürgermeister), weil sie keine beamtenrechtliche Besoldung beziehen,
2. Empfänger beamtenrechtlicher Versorgungsbezüge,
3. entpflichtete Hochschullehrer, wenn sie nach Landesrecht nicht weiter Beamte im beamtenrechtlichen Sinne sind.

2. Begriff der vermögenswirksamen Leistungen, Überweisung (§ 2, § 3 Absatz 2 und 3 des 5. VermBG)

(1) Vermögenswirksame Leistungen sind Geldleistungen, die der Arbeitgeber für den Arbeitnehmer in einer der in § 2 Absatz 1 des 5. VermBG genannten Anlageformen anlegt; der Arbeitgeber

hat für den Arbeitnehmer grundsätzlich unmittelbar an das Unternehmen, das Institut oder den Gläubiger zu leisten, bei dem nach Wahl des Arbeitnehmers (Abschnitt 12 Absatz 6) die vermögenswirksame Anlage erfolgen soll. Ausnahmen bestehen nach Absatz 3 dieses Abschnitts und in folgenden Fällen:

1. Bei einer Anlage nach § 2 Absatz 1 Nummer 2 und 3 des 5. VermBG in Beteiligungen auf Grund von Verträgen mit dem Arbeitgeber werden die vermögenswirksamen Leistungen verrechnet (Abschnitt 6 Absatz 1 und 2, Abschnitt 7 Absatz 2).
2. Bei einer Anlage nach § 2 Absatz 1 Nummer 5 des 5. VermBG für den Wohnungsbau (Abschnitt 10) können die vermögenswirksamen Leistungen auch unmittelbar an den Arbeitnehmer zur Weiterleitung an den Gläubiger gezahlt werden.

Im Übrigen kann nur Arbeitslohn vermögenswirksam angelegt werden, der dem Arbeitnehmer noch nicht zugeflossen ist; die nachträgliche Umwandlung von zugeflossenem Arbeitslohn in vermögenswirksame Leistungen nach § 11 des 5. VermBG (Abschnitt 12 Absatz 2 und 3) ist nur im Fall des Absatzes 3 möglich. Geldwerte Vorteile aus der verbilligten Überlassung von Vermögensbeteiligungen sind keine vermögenswirksamen Leistungen.

(2) Vermögenswirksame Leistungen liegen auch insoweit vor, als Anspruch auf Arbeitnehmer-Sparzulage nicht besteht, weil z. B.

1. auf Grund eines Sparvertrags oder Kapitalversicherungsvertrags (§ 2 Absatz 1 Nummer 6 und 7, § 13 Absatz 2 des 5. VermBG) angelegt wird,
2. die zulagebegünstigten Höchstbeträge von 400 Euro bzw. 470 Euro überschritten sind (§ 13 Absatz 2 des 5. VermBG)

   oder
3. die Einkommensgrenze überschritten ist (§ 13 Absatz 1 des 5. VermBG).

(3) Für den Grenzgänger (Abschnitt 1 Absatz 4 Nummer 1) kann der ausländische Arbeitgeber vermögenswirksame Leistungen auch dadurch anlegen, dass er eine andere Person mit der Überweisung oder Einzahlung in seinem Namen und für seine Rechnung beauftragt. Geht dies aus dem Überweisungsauftrag oder dem Einzahlungsbeleg eindeutig hervor, bestehen keine Bedenken, wenn es sich bei der beauftragten Person um den Begünstigten selbst handelt. Lehnt es der ausländische Arbeitgeber ab, mit dem bei ihm beschäftigten Grenzgänger einen Vertrag nach § 11 Absatz 1 des 5. VermBG abzuschließen, so kann statt des Arbeitgebers ein inländisches Kreditinstitut oder eine Kapitalverwaltungsgesellschaft mit dem Arbeitnehmer die vermögenswirksame Anlage von Lohnteilen vereinbaren. Voraussetzung ist, dass der ausländische Arbeitgeber den Arbeitslohn auf ein Konto des Arbeitnehmers bei dem Kreditinstitut überweist und dieses sodann die vermögenswirksam anzulegenden Beträge zu Lasten dieses Kontos unmittelbar an das Unternehmen, das Institut oder den Gläubiger leistet; wird der Vertrag mit der Kapitalverwaltungsgesellschaft abgeschlossen, gilt dies singgemäß. Diese Regelungen gelten auch für Arbeitnehmer, die bei diplomatischen und konsularischen Vertretungen ausländischer Staaten im Inland beschäftigt sind, wenn das Arbeitsverhältnis deutschem Arbeitsrecht unterliegt.

(4) Der Anspruch des Arbeitnehmers auf vermögenswirksame Leistungen ist bis zum Betrag von 870 Euro im Kalenderjahr unabhängig von der Anlageart nicht übertragbar und damit auch nicht pfändbar und nicht verpfändbar (§ 2 Absatz 7 Satz 2 des 5. VermBG, § 851 Absatz 1 **der Zivilprozessordnung** – ZPO, § 1274 Absatz 2 **des Bürgerlichen Gesetzbuches** – BGB). Dies gilt auch, soweit der Arbeitgeber die vermögenswirksamen Leistungen aus dem Arbeitslohn anzulegen hat (§ 11 des 5. VermBG) und unabhängig davon, ob und wieweit die vermögenswirksamen Leistungen zulagebegünstigt sind.

(5) Aufwendungen, die vermögenswirksame Leistungen darstellen, zählen nicht zu den Altersvorsorgebeiträgen (§ 82 Absatz 4 Nummer 1 EStG). Auf eine Förderung mittels einer Arbeitnehmer-Sparzulage kommt es nicht an.

3. Zeitliche Zuordnung der vermögenswirksamen Leistungen (§ 2 Absatz 6 des 5. VermBG)

(1) Vermögenswirksame Leistungen sind Arbeitslohn (§ 2 Absatz 6 des 5. VermBG). Die zeitliche Zuordnung vermögenswirksamer Leistungen richtet sich nach den für die Zuordnung des Arbeitslohns geltenden Vorschriften (vgl. § 38a Absatz 1 Satz 2 und 3 EStG, R 39b.5 und 39b.6 **der Lohnsteuer-Richtlinien** – LStR). Für die Zurechnung vermögenswirksamer Leistungen zum abgelaufenen Kalenderjahr kommt es auf den Zeitpunkt des Eingangs beim Anlageinstitut nicht an (vgl. Abschnitt 13 Absatz 1).

(2) Die zeitliche Zuordnung vermögenswirksamer Leistungen ist auf den Beginn der Sperrfrist ohne Einfluss. Die Sperrfrist für auf Sparverträge über Wertpapiere oder andere Vermögensbeteiligungen (§ 4 des 5. VermBG) angelegte vermögenswirksame Leistungen beginnt stets am 1. Januar des Kalenderjahrs, in dem die einmalige oder die erste laufende vermögenswirksame Leistung beim Kreditinstitut oder bei der Kapitalverwaltungsgesellschaft eingeht.

4. Vermögensbeteiligungen (§ 2 Absatz 1 Nummer 1 des 5. VermBG)

(1) Die Vermögensbeteiligungen, deren Begründung oder Erwerb nach dem 5. VermBG mit der Arbeitnehmer-Sparzulage begünstigt ist, sind in § 2 Absatz 1 Nummer 1 i. V. m. Absatz 2 bis 4 des 5. VermBG abschließend aufgezählt. Danach können sowohl Vermögensbeteiligungen am Unternehmen des Arbeitgebers (betriebliche Beteiligungen) als auch Vermögensbeteiligungen an anderen Unternehmen (außerbetriebliche Beteiligungen) begründet oder erworben werden. Eine Vermögensbeteiligung kann jedoch nur begründet oder erworben werden, wenn ihre Laufzeit nicht vor der für die gewählte Anlage geltenden Sperrfrist endet.

(2) Aktien und Wandelschuldverschreibungen sind Vermögensbeteiligungen, wenn sie

1. vom inländischen oder ausländischen Arbeitgeber oder von einem Unternehmen, das als herrschendes Unternehmen mit dem Unternehmen des Arbeitgebers verbunden ist (§ 18 Absatz 1 des Aktiengesetzes – **AktG)** ausgegeben werden oder
2. an einer deutschen Börse zum regulierten Markt zugelassen oder in den Freiverkehr einbezogen sind.

(3) Eine Gewinnschuldverschreibung ist ein Wertpapier, das auf Inhaber, Namen oder an Order lautet und in dem die Leistung einer bestimmten Geldsumme – im Regelfall die Einlösung zum Nennwert – versprochen wird. Ob die Einlösung nach Fristablauf, Kündigung oder Rückgabe vorgesehen ist, ist dabei ohne Bedeutung. Unerheblich ist ebenfalls, ob neben Geldsummenansprüchen Geldwertansprüche verbrieft sind; so liegt z. B. eine Gewinnschuldverschreibung auch vor, wenn die Einlösung zum Kurs einer entsprechenden Aktie, mindestens jedoch zu einer bestimmten Geldsumme vereinbart ist. Voraussetzung ist in allen Fällen, dass neben einer bestimmten Geldsumme eine Verzinsung zugesagt ist, die mit dem Gewinn zusammenhängt. Auf die Bezeichnung als Zins kommt es dabei nicht an. Neben dem gewinnabhängigen Zins kann ein fester Zins zugesagt bzw. ein gewinnunabhängiger Mindestzins vereinbart sein. Gewinnschuldverschreibungen sind Vermögensbeteiligungen, wenn sie vom inländischen oder ausländischen Arbeitgeber oder von einem Unternehmen ausgegeben werden, das als herrschendes Unternehmen mit dem Unternehmen des Arbeitgebers verbunden ist (§ 18 Absatz 1 AktG). Sofern in solchen Gewinnschuldverschreibungen eine gewinnunabhängige Mindestverzinsung zugesagt ist, muss eine der in § 2 Absatz 3 des 5. VermBG geforderten Voraussetzungen erfüllt sein; die Mindestverzinsung im Sinne des § 2 Absatz 3 Nummer 2 des 5. VermBG bestimmt sich nach dem Ausgabepreis, nicht nach dem Nennwert oder Tageskurs der Gewinnschuldverschreibung.

(4) Wandel- und Gewinnschuldverschreibungen, die Namensschuldverschreibungen des Arbeitgebers sind, sind Vermögensbeteiligungen, wenn die Ansprüche des Arbeitnehmers aus der Schuldverschreibung auf Kosten des Arbeitgebers durch ein inländisches Kreditinstitut verbürgt oder durch ein inländisches Versicherungsunternehmen privatrechtlich gesichert sind; ein Wechsel des Bürgen oder des Versicherungsunternehmens während der für die gewählte Anlage geltenden Sperrfrist ist

zulässig, wenn der neue Bürge oder das neue Versicherungsunternehmen die bisher entstandenen Verpflichtungen übernimmt. Durch den Eintritt des Sicherungsfalls wird die für die gewählte Anlage geltende Sperrfrist nicht berührt. Die Sicherung ist nicht erforderlich, wenn der Arbeitgeber ein inländisches Kreditinstitut ist.

(5) Anteile an OGAW-Sondervermögen sowie an als Sondervermögen aufgelegten offenen Publikums-AIF nach den §§ 218 und 219 des Kapitalanlagegesetzbuchs sowie Anteile an offenen EU-Investmentvermögen und offenen ausländischen AIF, die nach dem Kapitalanlagegesetzbuch vertrieben werden dürfen (§ 2 Absatz 1 Nummer 1 Buchstabe c des 5. VermBG), bleiben Vermögensbeteiligungen bei Änderung der im maßgebenden Jahresbericht oder im ersten Jahres- oder Halbjahresbericht nach Auflegung des Investmentvermögens festgestellten Zusammensetzung des Investmentvermögens, die während der Laufzeit eines Vertrags nach § 4 des 5. VermBG über den Erwerb von entsprechenden Anteilen mit laufenden vermögenswirksamen Leistungen eintreten kann.

(6) Ein Genussschein ist ein Wertpapier, wenn er ein Genussrecht verbrieft und auf Inhaber, Namen oder an Order lautet. Ein Genussschein kann grundsätzlich von Unternehmen jeder Rechtsform ausgegeben werden. Genussrechte können alle Vermögensrechte sein, wie sie typischerweise Aktionären zustehen. Sie unterscheiden sich von Mitgliedschaftsrechten durch das Fehlen der Kontroll- und Verwaltungsrechte. Genussscheine sind Vermögensbeteiligungen, wenn sie

1. vom inländischen oder ausländischen Arbeitgeber oder von einem Unternehmen, das als herrschendes Unternehmen mit dem Unternehmen des Arbeitgebers verbunden ist (§ 18 Absatz 1 AktG), ausgegeben werden oder
2. von einem inländischen Unternehmen, das kein Kreditinstitut ist, ausgegeben werden und an einer deutschen Börse zum regulierten Markt zugelassen oder in den Freiverkehr einbezogen sind.

Voraussetzung ist stets, dass mit dem Genussrecht das Recht am Gewinn des Unternehmens verbunden ist. Die Zusage eines gewinnunabhängigen Mindest- bzw. Festzinses steht damit grundsätzlich nicht im Einklang. Ein gewinnunabhängiger Mindest- oder Festzins ist z. B. dann nicht zugesagt, wenn die Zinszahlung ausdrücklich von einem ausreichenden Gewinn abhängig gemacht ist oder das Genussrechtskapital am Verlust teilnimmt (vgl. § 10 Absatz 5 Gesetz über das Kreditwesen). Sofern eine gewinnunabhängige Mindestverzinsung zugesagt ist, muss eine der in § 2 Absatz 4 i. V m. Absatz 3 des 5. VermBG geforderten Voraussetzungen erfüllt sein. Die Mindestverzinsung im Sinne des § 2 Absatz 3 Nummer 2 des 5. VermBG bestimmt sich nach dem Ausgabepreis, nicht nach dem Nennwert oder Tageskurs des Genussscheins. Sind neben dem Recht am Gewinn eines Unternehmens andere Rechte vereinbart, die ebenfalls typische Vermögensrechte eines Aktionärs sein können (z. B. Bezugsrechte), steht das der Annahme eines Genussrechts nicht entgegen. Voraussetzung ist außerdem, dass Rückzahlung zum Nennwert nicht zugesagt ist. Diese Voraussetzung ist z. B. in folgenden Fällen erfüllt:

1. Ausschluss der Rückzahlbarkeit (Unkündbarkeit, keine Rücknahme des Genussscheins);
2. Rückzahlbarkeit bei Kündigung, bei Rückgabe oder nach Fristablauf, wenn sich der Rückzahlungsanspruch nach der Wertentwicklung eines Unternehmens richtet (z. B. unmittelbar auf einen Anteil am Liquidationserlös gerichtet ist oder sich nach dem Börsenkurs einer entsprechenden Aktie des Unternehmens richtet);
3. Rückzahlbarkeit bei Kündigung, bei Rückgabe oder nach Fristablauf, wenn eine Beteiligung am Verlust vereinbart ist (das ist auch dann der Fall, wenn im Verlustfalle weniger als der Nennwert zurückgezahlt wird);
4. Rückzahlbarkeit bei Kündigung, bei Rückgabe oder nach Fristablauf, wenn eine Rückzahlung nur aus dem Gewinn erfolgen darf.

Ist Rückzahlung zum Nennwert zugesagt, kann es sich um eine Gewinnschuldverschreibung handeln (Absatz 3).

(7) Beteiligungen an einer Genossenschaft durch Begründung oder Erwerb eines Geschäftsguthabens sind Vermögensbeteiligungen, wenn die Genossenschaft

1. der inländische Arbeitgeber oder ein inländisches Unternehmen ist, das als herrschendes Unternehmen mit dem inländischen Unternehmen des Arbeitgebers verbunden ist (§ 18 Absatz 1 AktG), oder
2. ein inländisches Kreditinstitut oder ein Post-, Spar- oder Darlehensverein ist oder
3. eine Bau- oder Wohnungsgenossenschaft im Sinne des § 2 Absatz 1 **Satz 1** Nummer 2[1]) des Wohnungsbau-Prämiengesetzes (WoPG) ist, welche die in § 2 Absatz 1 Nummer 1 Buchstabe g des 5. VermBG geforderten Voraussetzungen erfüllt.

Die Begründung oder der Erwerb eines Geschäftsguthabens bei einer Genossenschaft setzt voraus, dass der Arbeitnehmer bereits Mitglied der Genossenschaft ist oder vereinbart ist, dass er von der Genossenschaft als Mitglied aufgenommen wird. Zur Begründung von Geschäftsguthaben bei einer Genossenschaft werden auch die vermögenswirksamen Leistungen angelegt, die als Anzahlungen oder als Einzahlungen auf den Geschäftsanteil des Arbeitnehmers geleistet werden, nachdem das Geschäftsguthaben durch Verlust gemindert oder der Geschäftsanteil durch Beschluss der Generalversammlung erhöht worden ist. Ist die Sperrfrist nicht eingehalten, gehören Aufwendungen für den ersten Erwerb von Anteilen an Bau- und Wohnungsgenossenschaften (§ 2 Absatz 1 **Satz 1** Nummer 2 WoPG[1])) zu den Anlagen nach § 2 Absatz 1 Nummer 4 des 5. VermBG (Abschnitt 9 Absatz 3).

(8) Beteiligungen an einer Gesellschaft mit beschränkter Haftung (GmbH) durch Übernahme einer Stammeinlage oder Erwerb eines Geschäftsanteils sind Vermögensbeteiligungen, wenn die GmbH der inländische Arbeitgeber oder ein inländisches Unternehmen ist, das als herrschendes Unternehmen mit dem inländischen Unternehmen des Arbeitgebers verbunden ist (§ 18 Absatz 1 AktG). Zur Übernahme einer Stammeinlage bei einer GmbH durch den Arbeitnehmer können vermögenswirksame Leistungen

1. bei Errichtung der GmbH auf Grund des mit dem Arbeitnehmer abgeschlossenen Gesellschaftsvertrags oder
2. bei Erhöhung des Stammkapitals der GmbH auf Grund einer Übernahmeerklärung des Arbeitnehmers (§ 55 Absatz 1 **des Gesetzes betreffend die Gesellschaften mit beschränkter Haftung – GmbHG**)

nach den Vorschriften des § 6 des 5. VermBG über den Beteiligungsvertrag angelegt werden. Zum Erwerb eines Geschäftsanteils an einer GmbH durch den Arbeitnehmer können vermögenswirksame Leistungen auf Grund eines Abtretungsvertrags des Arbeitnehmers mit der arbeitgebenden GmbH oder dem genannten verbundenen Unternehmen, nach den Vorschriften des § 7 des 5. VermBG über den Beteiligungs-Kaufvertrag (Abschnitt 7) angelegt werden. Nach den Vorschriften des § 4 des 5. VermBG angelegte vermögenswirksame Leistungen können zur Übernahme einer Stammeinlage auf Grund eines Gesellschaftsvertrags oder einer Übernahmeerklärung des Arbeitnehmers und zum Erwerb eines Geschäftsanteils auf Grund eines Abtretungsvertrags verwendet werden (§ 4 Absatz 2 Satz 1 Nummer 1 des 5. VermBG). Zur Übernahme einer Stammeinlage können vermögenswirksame Leistungen bereits dann angelegt oder verwendet werden, wenn der Gesellschaftsvertrag abgeschlossen oder die Übernahme der Stammeinlage erklärt, aber die Gesellschaft oder die Erhöhung des Stammkapitals noch nicht in das Handelsregister eingetragen worden ist. Unterbleibt die Eintragung, so sind Abschnitt 18 Absatz 1 Nummer 3 und § 8 Absatz 1 Nummer 4 der **Verordnung zur Durchführung des Fünften Vermögensbildungsgesetzes (Fünftes Vermögensbildungsgesetz-Durchführungsverordnung – VermBDV)** zu beachten.

(9) Stille Beteiligungen an einem Unternehmen sind Vermögensbeteiligungen, wenn dieses

1. der inländische Arbeitgeber oder ein inländisches Unternehmen ist, das als herrschendes Unternehmen mit dem inländischen Unternehmen des Arbeitgebers verbunden ist (§ 18 Absatz 1 AktG), oder

---

[1]) zutreffend: § 2 Absatz 1 Nummer 2

2. ein inländisches Unternehmen ist, das auf Grund eines Vertrags mit dem Arbeitgeber an dessen inländischem Unternehmen gesellschaftsrechtlich beteiligt ist (indirekte betriebliche stille Beteiligung über eine so genannte Mitarbeiterbeteiligungsgesellschaft).

Als Vermögensbeteiligungen sind auch stille Beteiligungen an einem inländischen Unternehmen anzusehen, das auf Grund eines Vertrags mit einem anderen inländischen Unternehmen an diesem gesellschaftsrechtlich beteiligt ist, wenn dieses als herrschendes Unternehmen mit dem inländischen Unternehmen des Arbeitgebers verbunden ist (§ 18 Absatz 1 AktG). Die stille Beteiligung muss die im Handelsgesetzbuch für sie vorgeschriebenen Voraussetzungen erfüllen. Die stille Beteiligung an einem Unternehmen ist danach unabhängig von dessen Rechtsform möglich, wenn das Unternehmen ein Handelsgewerbe betreibt, oder wenn das Unternehmen z. B. wegen seiner Rechtsform oder wegen seiner Eintragung im Handelsregister als Unternehmen gilt, das ein Handelsgewerbe betreibt. An einer Gesellschaft, die kein Handelsgewerbe betreibt, aber – zu Unrecht – als Kommanditgesellschaft im Handelsregister eingetragen ist, kann eine stille Beteiligung begründet werden, wenn die eingetragene Gesellschaft ein Gewerbe betreibt. Ob diese Voraussetzung erfüllt ist, ist jeweils unter Berücksichtigung der Umstände des Einzelfalls ausschließlich nach handelsrechtlichen Grundsätzen festzustellen. Für die Abgrenzung einer stillen Beteiligung von einem partiarischen Darlehen kommt es darauf an, ob die Vertragspartner einen gemeinsamen Zweck verfolgen (vgl. BFH-Urteil vom 21. Juni 1983, BStBl II S. 563). Indiz für die Verfolgung eines gemeinsamen Zwecks kann die ausdrückliche Vereinbarung von Kontrollrechten des Arbeitnehmers sein. Fehlt es an einem gemeinsamen Zweck der Vertragspartner, liegt ein partiarisches Darlehen vor (Absatz 10).

(10) Darlehensforderungen sind Vermögensbeteiligungen, wenn

1. sie Forderungen gegen den Arbeitgeber oder gegen ein inländisches Unternehmen sind, das als herrschendes Unternehmen mit dem Unternehmen des Arbeitgebers verbunden ist (§ 18 Absatz 1 AktG) und
2. die Ansprüche des Arbeitnehmers aus dem Darlehensvertrag gesichert sind.

Absatz 4 gilt entsprechend.

(11) Genussrechte an einem Unternehmen, über die keine Genussscheine mit Wertpapiercharakter ausgegeben werden, sind Vermögensbeteiligungen, wenn

1. das Unternehmen der inländische Arbeitgeber oder ein inländisches Unternehmen ist, das als herrschendes Unternehmen mit dem inländischen Unternehmen des Arbeitgebers verbunden ist (§ 18 Absatz 1 AktG), und
2. die Voraussetzungen des Absatzes 6 erfüllt sind.

Ist Rückzahlung zum Nennwert vereinbart, kann es sich um ein partiarisches Darlehen handeln (Absatz 10).

(12) Mit vermögenswirksamen Leistungen können auch Nebenkosten der Begründung oder des Erwerbs einer Vermögensbeteiligung beglichen werden. Nebenkosten sind z. B. Provisionen, Notariatsgebühren, Eintrittsgelder im Zusammenhang mit Geschäftsguthaben bei einer Genossenschaft, Aufgelder im Zusammenhang mit Stammeinlagen bei einer GmbH und Kosten für Registereintragungen. Keine Nebenkosten in diesem Sinne sind z. B. Stückzinsen und Verwaltungskosten wie z. B. Depot- oder Kontoführungsgebühren.

5. Anlagen auf Grund von Sparverträgen über Wertpapiere oder andere Vermögensbeteiligungen (§ 2 Absatz 1 Nummer 1, § 4 des 5. VermBG)

(1) Sparverträge über Wertpapiere oder andere Vermögensbeteiligungen (Abschnitt 4) können mit inländischen Kreditinstituten, Kapitalverwaltungsgesellschaften und Kreditinstituten oder Verwaltungsgesellschaften im Sinne der Richtlinie 2009/65/EG in anderen EU-Mitgliedstaaten abgeschlossen werden. Die Verträge brauchen die Voraussetzungen des § 21 Absatz 4 der Kreditinstituts-Rechnungslegungsverordnung nicht zu erfüllen, d. h., es können auch ohne Ausfertigung eines Spar-

buchs mit jeder Einzahlung unmittelbar wertpapiermäßig verbriefte Vermögensbeteiligungen erworben werden. Die Verträge können auf den Erwerb oder die Begründung bestimmter Vermögensbeteiligungen beschränkt sein (z. B. auf den Erwerb von Aktien eines bezeichneten Unternehmens). Die Beschränkung kann geändert oder aufgehoben werden.

(2) Ein Vertrag über eine einmalige Einzahlung ist ein Vertrag über eine einzige, der Höhe nach bestimmte Einzahlung. Ein Vertrag über laufende Einzahlungen liegt vor, wenn auf diesen Vertrag für die Dauer von sechs Jahren seit Vertragsabschluss mindestens einmal in jedem Kalenderjahr Beträge eingezahlt werden sollen; die einzuzahlenden Beträge brauchen der Höhe nach nicht bestimmt zu sein. Als Zeitpunkt des Vertragsabschlusses gilt der Tag, an dem die vermögenswirksame Leistung, bei Verträgen über laufende Einzahlungen die erste vermögenswirksame Leistung, beim Kreditinstitut oder bei der Kapitalverwaltungsgesellschaft eingeht. Aus Vereinfachungsgründen bestehen keine Bedenken dagegen, Einzahlungen auf einen Sparvertrag über laufende Einzahlungen noch bis zum letzten Tag des Kalendermonats zuzulassen, in dem die Frist von sechs Jahren endet.

(3) Die siebenjährige Sperrfrist gilt einheitlich für Verträge über die einmalige oder laufende Anlage vermögenswirksamer Leistungen. Sie beginnt am 1. Januar des Kalenderjahrs, in dem die vermögenswirksame Leistung, bei Verträgen über laufende Einzahlungen die erste vermögenswirksame Leistung beim Kreditinstitut oder bei der Kapitalverwaltungsgesellschaft eingeht. Die Einzahlung anderer Beträge **hat** auf den Beginn der Sperrfrist **keinen** Einfluss.

Beispiel:
Der Arbeitnehmer unterschreibt den Sparvertrag über laufende Einzahlungen am **30. Juli 2018**. Die erste vermögenswirksame Leistung geht am 20. August **2018** bei der Kapitalverwaltungsgesellschaft ein. Der Sparvertrag gilt am 20. August **2018** als abgeschlossen, so dass die sechsjährige Einzahlungsfrist am 19. August **2024** endet. Auf Grund der Vereinfachungsregelung ist die letzte Einzahlung aber auch noch am 31. August **2024** möglich. Die siebenjährige Sperrfrist endet am 31. Dezember **2024**.

(4) Der Vertrag über die laufende Anlage vermögenswirksamer Leistungen ist unterbrochen, wenn in einem Kalenderjahr, das dem Kalenderjahr des Vertragsabschlusses folgt, weder vermögenswirksame Leistungen noch andere Beträge eingezahlt werden; dabei liegt z. B. eine Einzahlung anderer Beträge auch dann vor, wenn Zinsen für eingezahlte Beträge gutgeschrieben bleiben.

Beispiele:

A. Der Arbeitnehmer unterschreibt den Sparvertrag über laufende Einzahlungen am **28. September 2018**. Die erste vermögenswirksame Leistung geht am **2. November 2018**, weitere vermögenswirksame Leistungen gehen bis einschließlich März **2019** bei der Kapitalverwaltungsgesellschaft ein. Ab 1. April **2019** werden keine Beträge mehr eingezahlt, weil der Arbeitnehmer arbeitslos geworden ist. Die gutgeschriebenen Zinsen und die gutgeschriebenen Erträge aus Vermögensbeteiligungen hat sich der Arbeitnehmer auszahlen lassen. Am 2. November **2020** werden erneut vermögenswirksame Leistungen eingezahlt. Der Vertrag ist nicht unterbrochen, weil in den Kalenderjahren **2019** und **2020** vermögenswirksame Leistungen angelegt worden sind.

B. Der Arbeitnehmer unterschreibt den Sparvertrag über laufende Einzahlungen am **28. September 2018**. Die erste vermögenswirksame Leistung geht am **2. November 2018** bei der Kapitalverwaltungsgesellschaft ein. Ab 1. Januar **2019** werden keine Beträge mehr eingezahlt, weil der Arbeitnehmer arbeitslos geworden ist. Die gutgeschriebenen Zinsen und die gutgeschriebenen Erträge aus Vermögensbeteiligungen hat sich der Arbeitnehmer auszahlen lassen. Ab 1. Februar **2020** werden erneut vermögenswirksame Leistungen eingezahlt. Der Vertrag ist unterbrochen, weil im Kalenderjahr **2019** keine Einzahlungen vorliegen.

(5) Nach einer Unterbrechung können auf den Sparvertrag keine vermögenswirksamen Leistungen mehr angelegt werden.

(6) Endet für vermögenswirksame Leistungen die Verwendungsfrist (§ 4 Absatz 2 Nummer 1 des 5. VermBG) mit oder nach Ablauf der Sperrfrist, so werden sie auch dann gefördert, wenn keine Vermögensbeteiligungen erworben werden.

(7) Die Festlegung erworbener Wertpapiere und die Aufzeichnungspflichten bei ihrer Verwahrung durch den Arbeitgeber sind in § 4 Absatz 1 und 2 **VermBDV** geregelt. Die Mitteilungspflichten des

Kreditinstituts oder der Kapitalverwaltungsgesellschaft und des Arbeitgebers bei Verwahrung der erworbenen Wertpapiere durch den Arbeitgeber sind in § 2 Absatz 3 **VermBDV** geregelt.

(8) Die erworbenen Wertpapiere können vor Ablauf der Sperrfrist zulagenunschädlich gegen andere verbriefte Vermögensbeteiligungen ausgetauscht werden (§ 4 Absatz 4 Nummer 6 des 5. VermBG). Dieser Austausch ist nur möglich, wenn die Wertpapiere bei einem Kreditinstitut oder bei einer Kapitalverwaltungsgesellschaft verwahrt werden. Der Erlös aus der Veräußerung einschließlich etwaiger Kursgewinne ist bis zum Ablauf des folgenden Kalendermonats zum Erwerb der für den Rest der Sperrfrist festzulegenden anderen Wertpapiere zu verwenden. Dabei übrig bleibende vermögenswirksame Leistungen bleiben gefördert, wenn sie 150 Euro nicht übersteigen; aus mehreren Veräußerungsvorgängen übrig bleibende vermögenswirksame Leistungen sind zusammenzurechnen. Wird die 150-Euro-Grenze überschritten, wird die Förderung der nicht wieder verwendeten vermögenswirksamen Leistungen rückgängig gemacht, weil in dieser Höhe eine schädliche Verfügung vorliegt. Sind zum Erwerb von Wertpapieren neben vermögenswirksamen Leistungen auch andere Beträge verwendet worden, so gelten beim Austausch von Wertpapieren zuerst die anderen Beträge als übrig bleibend; diese Beträge bleiben bei der Ermittlung der 150-Euro-Grenze außer Ansatz.

6. Anlagen auf Grund von Wertpapier-Kaufverträgen (§ 2 Absatz 1 Nummer 2, § 5 des 5. VermBG)

(1) Auf Grund eines Wertpapier-Kaufvertrags mit dem inländischen Arbeitgeber werden vermögenswirksame Leistungen durch Verrechnung mit dem Kaufpreis zum Erwerb von Wertpapieren (§ 2 Absatz 1 Nummer 1 Buchstaben a bis c und f des 5. VermBG) angelegt. Der Kaufpreis kann mit vermögenswirksamen Leistungen entrichtet werden durch

- einmalige Verrechnung als Vorauszahlung oder nachträgliche Zahlung,
- laufende Verrechnung als Anzahlungen oder Abzahlungen.

(2) Ist der Kaufpreis durch einmalige Verrechnung vorausgezahlt oder durch laufende Verrechnung angezahlt worden, so hat der Arbeitgeber ein Anzahlungskonto zu führen.

(3) Die Festlegung erworbener Wertpapiere und die Aufzeichnungspflichten bei ihrer Verwahrung sind in § 4 Absatz 3 **VermBDV** geregelt. Die Mitteilungspflichten des Arbeitgebers und des Kreditinstituts oder der Kapitalverwaltungsgesellschaft bei Verwahrung der erworbenen Wertpapiere durch ein vom Arbeitnehmer benanntes Kreditinstitut oder eine vom Arbeitnehmer benannte Kapitalverwaltungsgesellschaft sind in § 2 Absatz 4 **VermBDV** geregelt. Der sparzulagenunschädliche Austausch von Wertpapieren (Abschnitt 5 Absatz 8) ist nicht möglich, wenn diese auf Grund eines Wertpapier-Kaufvertrags erworben worden sind.

7. Anlagen auf Grund von Beteiligungs-Verträgen und Beteiligungs-Kaufverträgen (§ 2 Absatz 1 Nummer 3, §§ 6 und 7 des 5. VermBG)

(1) Beteiligungs-Verträge (§ 6 des 5. VermBG) unterscheiden sich von Beteiligungs-Kaufverträgen (§ 7 des 5. VermBG) hauptsächlich dadurch, dass Beteiligungs-Verträge nicht verbriefte Vermögensbeteiligungen erstmals begründen, während auf Grund von Beteiligungs-Kaufverträgen bereits bestehende nicht verbriefte Vermögensbeteiligungen erworben werden.

(2) Auf Grund eines Beteiligungs-Vertrags nach § 6 Absatz 1 des 5. VermBG und auf Grund eines Beteiligungs-Kaufvertrags nach § 7 Absatz 1 des 5. VermBG zwischen dem Arbeitnehmer und dem inländischen Arbeitgeber können vermögenswirksame Leistungen in nicht verbrieften betrieblichen Vermögensbeteiligungen angelegt werden. Auf Grund eines Beteiligungs-Kaufvertrags nach § 7 Absatz 1 des 5. VermBG können außerdem insbesondere außerbetriebliche Vermögensbeteiligungen in Form von Geschäftsguthaben bei inländischen Kredit-, Bau- oder Wohnungsbaugenossenschaften sowie stille Beteiligungen an sog. Mitarbeiterbeteiligungsgesellschaften (Abschnitt 4 Absatz 9) erworben werden. Die vermögenswirksamen Leistungen sind zu verrechnen (Abschnitt 6 Absatz 1 und 2).

(3) Ein Beteiligungs-Vertrag nach § 6 Absatz 2 des 5. VermBG kann vom Arbeitnehmer mit einem Unternehmen, das mit dem Unternehmen des Arbeitgebers verbunden ist, mit einer sog. Mitarbeiterbeteiligungsgesellschaft oder mit einer Kredit-, Bau- oder Wohnungsgenossenschaft zur Begründung nicht verbriefter Vermögensbeteiligungen an dem vertragschließenden Unternehmen abgeschlossen werden. Ein Beteiligungs-Kaufvertrag nach § 7 Absatz 2 des 5. VermBG kann vom Arbeitnehmer mit der GmbH, die mit dem Unternehmen des Arbeitgebers verbunden ist, zum Erwerb von Geschäftsanteilen an der vertragschließenden GmbH abgeschlossen werden. Die vermögenswirksamen Leistungen sind vom Arbeitgeber zu überweisen; die einmalige Überweisung als Voraus- oder nachträgliche Zahlung sowie laufende Überweisungen als An- oder Abzahlungen sind zulässig. So kann in einem Beteiligungs-Vertrag nach § 6 Absatz 2 des 5. VermBG vereinbart sein, dass der Arbeitnehmer an eine Genossenschaft vermögenswirksame Leistungen laufend als Anzahlungen zum Zwecke der Begründung von Geschäftsguthaben vom Arbeitgeber überweisen lässt, damit die Genossenschaft für den Arbeitnehmer die Einzahlungen erbringt, die zu leisten sind, sobald er der Genossenschaft beigetreten ist und die Geschäftsanteile übernommen hat.

(4) Ist die für die Begründung der Vermögensbeteiligung geschuldete Geldsumme (§ 6 Absatz 1 und 2 des 5. VermBG) oder der Kaufpreis (§ 7 Absatz 1 und 2 des 5. VermBG) durch einmalige vermögenswirksame Leistung vorausgezahlt oder durch laufende vermögenswirksame Leistungen angezahlt worden, so hat der Arbeitgeber oder das Unternehmen ein Anzahlungskonto zu führen.

(5) Die Aufzeichnungspflichten während der Dauer der Sperrfrist (§ 6 Absatz 3 Nummer 2, § 7 Absatz 3 des 5. VermBG) sind in § 3 **VermBDV** geregelt.

8. Insolvenzschutz (§ 2 Absatz 5a des 5. VermBG)

(1) Der Arbeitgeber hat vor der Anlage vermögenswirksamer Leistungen im eigenen Unternehmen in Zusammenarbeit mit dem Arbeitnehmer Vorkehrungen zu treffen, die der Absicherung der angelegten vermögenswirksamen Leistungen bei einer während der Dauer der Sperrfrist eintretenden Zahlungsunfähigkeit des Arbeitgebers dienen (§ 2 Absatz 5a Satz 1 des 5. VermBG). Diese Vorkehrungen des Arbeitgebers gegen Insolvenz sind nicht Voraussetzung für den Anspruch des Arbeitnehmers auf die Arbeitnehmer-Sparzulage. Die Regelung betrifft alle im Fünften Vermögensbildungsgesetz zugelassenen Formen von Kapitalbeteiligungen der Arbeitnehmer am arbeitgebenden Unternehmen mit Ausnahme von Darlehen (§ 2 Absatz 1 Nummer 1 Buchstabe k des 5. VermBG) und Namensschuldverschreibungen (§ 2 Absatz 1 Nummer 1 Buchstabe b des 5. VermBG), für die bereits die Absicherung durch eine Versicherung oder Bankbürgschaft als Voraussetzung für die Anlage vermögenswirksamer Leistungen und damit für einen möglichen Anspruch auf Arbeitnehmer-Sparzulage vorgeschrieben ist.

(2) Zum Bericht des Bundesministeriums für Arbeit und Sozialordnung über die Vorkehrungen zur Insolvenzsicherung vermögenswirksamer Leistungen beim Erwerb von Mitarbeiter-Kapitalbeteiligungen (§ 2 Absatz 5a Satz 2 des 5. VermBG) siehe Bundestags-Drucksache 14/9731 vom 28. Juni 2002.

9. Anlagen nach dem Wohnungsbau-Prämiengesetz (§ 2 Absatz 1 Nummer 4 des 5. VermBG)

(1) Als Aufwendungen des Arbeitnehmers nach dem WoPG können vermögenswirksame Leistungen auf Grund von Verträgen angelegt werden, die nach den Vorschriften des WoPG abgeschlossen worden sind. Bei der Anlage vermögenswirksamer Leistungen nach § 2 Absatz 1 **Satz 1** Nummer 2 WoPG als Aufwendungen für den ersten Erwerb von Anteilen an Bau- und Wohnungsgenossenschaften müssen jedoch die Voraussetzungen des § 2 Absatz 1 Nummer 1 Buchstabe g zweiter Halbsatz des 5. VermBG erfüllt sein. Eine Anlage nach dem WoPG liegt auch dann vor, wenn der Arbeitnehmer unbeschränkt einkommensteuerpflichtig nach § 1 Absatz 3 EStG ist und die Voraus-

setzungen des § 1 Absatz 2 Satz 1 Nummer 1 und 2 EStG nicht erfüllt oder beschränkt einkommensteuerpflichtig ist (§ 1 Absatz 4 EStG) oder wenn das Einkommen des Arbeitnehmers die Einkommensgrenze (§ 2a WoPG) überschritten hat.

(2) Beiträge an Bausparkassen zur Erlangung von Baudarlehen setzen den Abschluss eines Bausparvertrags mit einer Bausparkasse voraus (§ 2 Absatz 1 **Satz 1** Nummer 1 WoPG). Bausparkassen sind Kreditinstitute im Sinne des § 1 Absatz 1 des Gesetzes über Bausparkassen.

(3) Vermögenswirksame Leistungen können als Aufwendungen für den ersten Erwerb von Anteilen an Bau- und Wohnungsgenossenschaften erbracht werden (§ 2 Absatz 1 **Satz 1** Nummer 2 WoPG). Wegen der Zuordnung zu einer Anlage nach § 2 Absatz 1 Nummer 1 Buchstabe g des 5. VermBG und den Wegfall dieser Zulagenbegünstigung vgl. Abschnitt 4 Absatz 7 und Abschnitt 18 Absatz 1 Nummer 3.

(4) Wohnbau-Sparverträge im Sinne des WoPG sind Sparverträge mit einem Kreditinstitut oder einem am 31. Dezember 1989 als gemeinnützig anerkannten Wohnungsunternehmen oder einem am 31. Dezember 1989 als Organ der staatlichen Wohnungspolitik anerkannten Unternehmen, wenn diese Unternehmen eigene Spareinrichtungen unterhalten, auf die die Vorschriften des Gesetzes über das Kreditwesen anzuwenden sind. Die eingezahlten Sparbeiträge und die Prämien müssen zum Bau oder Erwerb selbst genutzten Wohneigentums oder zum Erwerb eines eigentumsähnlichen Dauerwohnrechts verwendet werden; die Wohnbau-Sparverträge müssen auf die Dauer von drei bis sechs Jahren als allgemeine Sparverträge oder als Sparverträge mit festgelegten Sparraten abgeschlossen werden (§ 2 Absatz 1 **Satz 1** Nummer 3 WoPG).

(5) Baufinanzierungsverträge im Sinne des WoPG sind Verträge mit einem Wohnungs- und Siedlungsunternehmen oder einem am 31. Dezember 1989 anerkannten Organ der staatlichen Wohnungspolitik, die nach der Art von Sparverträgen mit festgelegten Sparraten auf die Dauer von drei bis acht Jahren mit dem Zweck einer Kapitalansammlung abgeschlossen werden; Voraussetzung ist, dass die eingezahlten Beiträge und die Prämien zum Bau oder Erwerb selbst genutzten Wohneigentums oder zum Erwerb eines eigentumsähnlichen Dauerwohnrechts verwendet werden (§ 2 Absatz 1 **Satz 1** Nummer 4 WoPG). **Die zum Wohnungsbau verwendeten Beträge dürfen nicht im Ausland eingesetzt werden (§ 2 Absatz 2 Satz 10 WoPG).** Baufinanzierungsverträge unterscheiden sich von den Wohnbau-Sparverträgen mit festgelegten Sparraten (Absatz 4) dadurch, dass außer den Verpflichtungen des Arbeitnehmers auch die Verpflichtungen des Unternehmens zur Erbringung der vertraglichen Leistungen von vornherein festgelegt sein müssen (vgl. BFH-Urteil vom 17. März 1972, BStBl II S. 601).

10. Anlagen für den Bau, den Erwerb, den Ausbau, die Erweiterung oder die Entschuldung eines Wohngebäudes usw. (§ 2 Absatz 1 Nummer 5 des 5. VermBG)

Bei einer Anlage unmittelbar für den Bau, den Erwerb, den Ausbau, die Erweiterung oder die Entschuldung eines im Inland belegenen Wohngebäudes usw. gilt Folgendes:

1. Wohngebäude sind Gebäude, soweit sie Wohnzwecken dienen.
2. Für die Anlage ist Voraussetzung, dass der Arbeitnehmer entweder Alleineigentümer oder Miteigentümer des Wohngebäudes usw. ist; mindestens muss jedoch eine Auflassungsvormerkung zu seinen Gunsten im Grundbuch eingetragen sein. Keine Anlage in diesem Sinne liegt vor, sofern der Anlage ein von einem Dritten vorgefertigtes Konzept zu Grunde liegt, bei dem der Arbeitnehmer vermögenswirksame Leistungen zusammen mit mehr als 15 anderen Arbeitnehmern anlegen kann (§ 2 Absatz 1 Nummer 5 des 5. VermBG).
3. Eine Anlage liegt u. a. vor, wenn es sich bei den Aufwendungen um Anschaffungskosten, Herstellungskosten und Erhaltungsaufwendungen bei Instandsetzung und Modernisierung handelt (vgl. BMF-Schreiben vom 18. Juli 2003, BStBl I S. 386).

4. Als Aufwendungen für den Bau, den Erwerb, den Ausbau, die Erweiterung oder die Entschuldung eines Wohngebäudes usw. können die vermögenswirksamen Leistungen nur erbracht werden, soweit im Zeitpunkt ihres Zuflusses die Schuld des Arbeitnehmers, für den die Leistungen erbracht werden, nicht bereits getilgt ist.
5. Sparleistungen an Treuhand- und Immobilienspargesellschaften sind keine Aufwendungen für den Bau, den Erwerb, den Ausbau, die Erweiterung oder die Entschuldung eines Wohngebäudes usw.

11. Anlagen auf Grund von Verträgen des Ehegatten oder Lebenspartners, der Kinder oder der Eltern (§ 3 Absatz 1 des 5. VermBG)

(1) Der Arbeitnehmer kann vermögenswirksame Leistungen auch auf Grund von Sparverträgen über Wertpapiere oder andere Vermögensbeteiligungen (Abschnitt 5), auf Grund von Verträgen nach den Vorschriften des WoPG (Abschnitt 9), auf Grund von Sparverträgen (§ 8 des 5. VermBG) und auf Grund von Kapitalversicherungsverträgen (§ 9 des 5. VermBG) anlegen lassen, die von seinem Ehegatten oder Lebenspartner **(s. auch Gesetz zur Einführung des Rechts auf Eheschließung für Personen gleichen Geschlechts vom 20. Juli 2017, BGBl. I S. 2787)** abgeschlossen worden sind, mit dem der Arbeitnehmer die Zusammenveranlagung zur Einkommensteuer wählen kann (§ 26 Absatz 1 Satz 1 EStG). Das gilt auch, wenn die genannten Verträge von Kindern des Arbeitnehmers (§ 32 Absatz 1 EStG) abgeschlossen worden sind, solange die Kinder zu Beginn des Kalenderjahrs der vermögenswirksamen Leistung das 17. Lebensjahr noch nicht vollendet haben. Hat der Arbeitnehmer zu Beginn des Kalenderjahrs der vermögenswirksamen Leistungen das 17. Lebensjahr noch nicht vollendet, so können vermögenswirksame Leistungen auch auf die genannten Verträge angelegt werden, die von seinen Eltern oder einem Elternteil abgeschlossen worden sind. Die vom Arbeitnehmer zugunsten des Ehegatten oder Lebenspartners, der Kinder oder der Eltern auf deren Sparverträge über Wertpapiere oder andere Vermögensbeteiligungen angelegten vermögenswirksamen Leistungen sind vom Vertragsinhaber vertragsgemäß zu verwenden; der Vertragsinhaber kann mit diesen Leistungen auch betriebliche Vermögensbeteiligungen erwerben (z. B. Gewinnschuldverschreibungen oder Genussscheine seines Arbeitgebers). Eine Abtretung der Ansprüche aus den genannten Verträgen an den Arbeitnehmer steht der Anlage seiner vermögenswirksamen Leistungen auf diese Verträge nicht entgegen.

(2) Absatz 1 gilt entsprechend bei Anlagen für den Bau, den Erwerb, den Ausbau, die Erweiterung oder die Entschuldung eines Wohngebäudes usw. (Abschnitt 10), wenn die in Absatz 1 genannten Personen Alleineigentümer oder Miteigentümer des Wohngebäudes usw. sind oder zu ihren Gunsten eine Auflassungsvormerkung im Grundbuch eingetragen ist (Abschnitt 10 Nummer 2).

(3) Die Absätze 1 und 2 gelten auch bei steuerlich anerkannten Dienstverhältnissen zwischen Ehegatten oder Lebenspartnern (vgl. R 4.8 Absatz 1 EStR, H 4.8 – Arbeitsverhältnisse zwischen Ehegatten – EStH).

(4) Vermögenswirksame Leistungen können auch auf Gemeinschaftskonten/-depots angelegt werden. Abschnitt 14 Absatz 3 und Abschnitt 19 Absatz 1 Satz 3 sind zu beachten.

12. Vereinbarung der vermögenswirksamen Leistungen, freie Wahl der Anlage (§§ 10, 11, 12 des 5. VermBG)

(1) Vermögenswirksame Leistungen, die zusätzlich zum sonstigen Arbeitslohn zu erbringen sind, können in Verträgen mit Arbeitnehmern, in Betriebsvereinbarungen, in Tarifverträgen sowie in bindenden Festsetzungen nach dem Heimarbeitsgesetz vereinbart werden (§ 10 des 5. VermBG); für Beamte, Richter, Berufssoldaten und Soldaten auf Zeit werden zusätzliche vermögenswirksame Leistungen auf Grund eines Gesetzes erbracht.

(2) Die vermögenswirksame Anlage von Teilen des Arbeitslohns (Absatz 3) wird in einem Vertrag vereinbart, den der Arbeitgeber auf schriftlichen Antrag des Arbeitnehmers mit diesem abschließen muss (§ 11 Absatz 1 des 5. VermBG; bezüglich der Grenzgänger vgl. Abschnitt 2 Absatz 3). Macht

ein Tarifvertrag den Anspruch auf zusätzliche vermögenswirksame Leistungen davon abhängig, dass der Arbeitnehmer als Eigenleistung auch Teile des Arbeitslohns vermögenswirksam anlegt, so ist für die vermögenswirksame Anlage ein schriftlicher Antrag des Arbeitnehmers nicht erforderlich. Der Arbeitgeber muss auf Verlangen des Arbeitnehmers die vermögenswirksame Anlage von Lohnteilen auch dann vereinbaren, wenn der Arbeitnehmer für diese Anlage eine der nicht zulagebegünstigten Anlageformen (Abschnitt 2 Absatz 2 Nummer 1) wählt. Der Arbeitgeber muss dem Verlangen des Arbeitnehmers aber insoweit nicht folgen, als die anzulegenden Lohnteile für sich oder zusammen mit anderen vermögenswirksamen Leistungen den Betrag von 870 Euro im Kalenderjahr übersteigen. Soweit der Arbeitgeber zur Anlage von Lohnteilen nicht verpflichtet ist, kann er sich freiwillig bereit erklären, die vom Arbeitnehmer verlangte Anlage von Lohnteilen zu vereinbaren.

(3) Vermögenswirksam angelegt werden können nur Teile des Arbeitslohns, der zu den Einkünften aus nichtselbständiger Arbeit nach § 19 EStG gehört (Arbeitslohn im steuerlichen Sinne) und der dem Arbeitnehmer noch nicht zugeflossen ist; die nachträgliche Umwandlung von zugeflossenem Arbeitslohn in vermögenswirksame Leistungen ist nur im Fall der Grenzgänger (Abschnitt 2 Absatz 3) möglich. Auch pauschal besteuerter oder steuerfreier Arbeitslohn kann vermögenswirksam angelegt werden, also z. B. Teile

1. des pauschal besteuerten Arbeitslohns von kurzfristig Beschäftigten, Aushilfskräften in der Land- und Forstwirtschaft und geringfügig entlohnten Beschäftigten (§ 40a EStG),
2. der pauschal besteuerten sonstigen Bezüge (§ 40 Absatz 1 EStG),
3. des steuerfreien Zuschusses zum Mutterschaftsgeld (§ 3 Nummer 1 Buchstabe d EStG).

Kein Arbeitslohn in diesem Sinne sind z. B. die steuerfreien Lohnersatzleistungen (wie Wintergeld – Mehraufwands-Wintergeld, Zuschuss-Wintergeld –, Insolvenzgeld, Mutterschaftsgeld), der Ersatz von Aufwendungen des Arbeitnehmers, die Arbeitnehmer-Sparzulage und die Vergütungen, die ein Kommanditist für seine Tätigkeit im Dienst der Kommanditgesellschaft erhält; diese Bezüge können deshalb nicht vermögenswirksam angelegt werden.

(4) Bei einem minderjährigen Arbeitnehmer, den sein gesetzlicher Vertreter zum Abschluss des Arbeitsvertrags ermächtigt hat, ist im Allgemeinen davon auszugehen, dass er ohne ausdrückliche Zustimmung des Vertreters Verträge mit dem Arbeitgeber über vermögenswirksame Leistungen abschließen kann; denn ein solcher Arbeitnehmer ist für alle das Arbeitsverhältnis der gestatteten Art betreffenden Rechtsgeschäfte unbeschränkt geschäftsfähig, wenn die Ermächtigung keine Einschränkungen enthält.

(5) Der Arbeitnehmer hat dem Arbeitgeber mitzuteilen, in welcher Anlageform und bei welchem Unternehmen, Institut oder Gläubiger vermögenswirksame Leistungen nach seiner Wahl (Absatz 6) angelegt werden sollen; er hat dabei anzugeben, wann und in welcher Höhe er die Anlage verlangt, und den Anlagevertrag – z. B. durch dessen Konto- oder Vertragsnummer – näher zu bezeichnen.

(6) Die Zulagebegünstigung vermögenswirksamer Leistungen (§ 13 des 5. VermBG) setzt voraus, dass der Arbeitnehmer frei wählen kann, in welcher der Anlageformen und bei welchem Unternehmen, Institut oder Gläubiger (§ 3 Absatz 3 Satz 1 des 5. VermBG) der Arbeitgeber die vermögenswirksamen Leistungen anlegen soll (§ 12 Satz 1 des 5. VermBG); einer Förderung steht jedoch nicht entgegen, dass durch Tarifvertrag die Anlage auf die Formen des § 2 Absatz 1 Nummer 1 bis 5, Absatz 2 bis 4 beschränkt wird (§ 12 Satz 2 des 5. VermBG). Der Arbeitnehmer kann aber eine Vermögensbeteiligung am Unternehmen des Arbeitgebers in einer der in § 2 Absatz 1 Nummer 1 Buchstabe g bis l und Absatz 4 des 5. VermBG bezeichneten Formen (Abschnitt 4) nur dann begründen oder erwerben, wenn der Arbeitgeber zustimmt (§ 12 Satz 3 des 5. VermBG). Deshalb verstößt es nicht gegen § 12 des 5. VermBG, wenn ein Arbeitgeber nur bestimmten Arbeitnehmern oder Arbeitnehmergruppen die Möglichkeit einräumt, mit ihren vermögenswirksamen Leistungen Vermögensbeteiligungen am Unternehmen des Arbeitgebers im Sinne des § 2 Absatz 1 Nummer 1 Buchstabe g bis l und Absatz 4 des 5. VermBG – z. B. Darlehensforderungen oder stille Beteiligungen – zu begründen.

(7) Der Arbeitnehmer kann verlangen, dass die für ihn zu erbringenden vermögenswirksamen Leistungen auf verschiedene Anlageformen verteilt werden, oder dass die Anlageform gewechselt wird, wenn er daran ein berechtigtes Interesse hat, das gegenüber dem Interesse des Arbeitgebers an möglichst geringem Verwaltungsaufwand überwiegt. An der Verteilung auf verschiedene Anlageformen oder am Wechsel der Anlageform kann der Arbeitnehmer z. B. dann ein berechtigtes Interesse haben, wenn er dadurch die Förderung voll ausschöpfen möchte. Für den Wechsel der Anlageform bei vermögenswirksamer Anlage von Lohnteilen (Absatz 2) ist § 11 Absatz 5 des 5. VermBG zu beachten.

13. Kennzeichnungs- und Mitteilungspflichten (§ 3 Absatz 2 des 5. VermBG, § 2 Absatz 1 VermBDV)

(1) Bei Überweisung der vermögenswirksam anzulegenden Beträge an das Unternehmen, Institut oder den Gläubiger (Abschnitt 2 Absatz 1) hat der Arbeitgeber die Beträge als vermögenswirksame Leistung besonders kenntlich zu machen und den Namen des Arbeitnehmers sowie dessen Konto- oder Vertragsnummer anzugeben. Zusätzlich ist bei Überweisungen im Dezember und Januar anzugeben, welchem Kalenderjahr die überwiesenen Beträge zuzuordnen sind (vgl. Abschnitt 3 Absatz 1).

(2) Geht bei dem Unternehmen, dem Institut oder dem Gläubiger ein vom Arbeitgeber als vermögenswirksame Leistung gekennzeichneter Betrag ein und kann dieser nicht nach den Vorschriften des 5. VermBG angelegt werden (z. B. weil ein Anlagevertrag im Sinne des 5. VermBG nicht besteht oder bereits erfüllt ist oder weil bei einem Bausparvertrag die Bausparsumme ausgezahlt worden ist), so ist das Unternehmen, das Institut oder der Gläubiger verpflichtet, dies dem Arbeitgeber unverzüglich schriftlich mitzuteilen; nach Eingang einer solchen Mitteilung darf der Arbeitgeber für den Arbeitnehmer keine vermögenswirksame Leistungen mehr überweisen.

14. Elektronische Vermögensbildungsbescheinigung (§ 15 Absatz 1 und 1a des 5. VermBG, § 5 VermBDV)

(1) Das Verfahren der elektronischen Vermögensbildungsbescheinigung ist anzuwenden für nach dem 31. Dezember 2016 angelegte vermögenswirksame Leistungen (s. BMF-Schreiben vom 16. Dezember 2016, BStBl I S. 1435). Die Anzeigen zur vorzeitigen Verfügung (vgl. Abschnitt 21) sind weiterhin nach dem bisherigen Verfahren vorzunehmen. Im Einzelnen ist neben § 15 Absatz 1 und 1a des 5. VermBG und § 5 VermBDV Folgendes zu beachten:

(2) Das Kreditinstitut, die Kapitalverwaltungsgesellschaft, die Bausparkasse, das Unternehmen, der Arbeitgeber oder der Gläubiger, mit dem der Arbeitnehmer den Anlagevertrag abgeschlossen hat **(mitteilungspflichtige Stelle), hat die im Kalenderjahr angelegten vermögenswirksamen Leistungen bis zum letzten Tag des Monats Februar des folgenden Jahres nach amtlich vorgeschriebenem Datensatz durch Datenfernübertragung über die amtlich bestimmte Schnittstelle zu übermitteln.** Für vermögenswirksame Leistungen, die auf nicht zulagebegünstigte Anlagearten angelegt worden sind, ist **eine Übermittlung** nicht zulässig. Außerdem darf **keine Übermittlung durchgeführt** werden, wenn über sämtliche vermögenswirksame Leistungen schädlich verfügt worden ist, die nach § 2 Absatz 1 Nummer 1 oder 4 des 5. VermBG (Abschnitte 5 und 9) angelegt worden sind (§ 5 **Absatz 4 VermBDV).**

(3) **Der Datensatz muss für den Arbeitnehmer übermittelt werden,** für den der Arbeitgeber die vermögenswirksamen Leistungen erbracht hat**, und dessen Namen und Identifikationsnummer enthalten**. Das gilt auch dann, wenn die vermögenswirksamen Leistungen zugunsten des Ehegatten oder Lebenspartners, der Kinder, der Eltern oder eines Elternteils angelegt worden sind (§ 3 Absatz 1 des 5. VermBG), wenn mehrere Personen Vertragsinhaber sind (Gemeinschaftsvertrag) oder die vermögenswirksamen Leistungen auf Gemeinschaftskonten/-depots angelegt wurden (vgl. Abschnitt 11 Absatz 4).

(4) **Der Datensatz muss bestimmte Angaben enthalten.** Im Einzelnen gilt Folgendes:

1. Der „Institutsschlüssel für die Arbeitnehmer-Sparzulage" wird von der Zentralstelle für Arbeitnehmer-Sparzulage und Wohnungsbauprämie beim Technischen Finanzamt Berlin – ZPS ZANS –, Klosterstraße 59, 10179 Berlin vergeben (§ 5 Absatz 2 Satz 2 und 3 **VermBDV).** Er ist bei **sämtlichen** Anlagearten **zwingend anzugeben**.
2. Die Vertragsnummer darf höchstens 14-stellig sein und keine Sonderzeichen enthalten. Es ist nicht zulässig, für mehrere Arbeitnehmer dieselbe Vertragsnummer zu verwenden. Werden vermögenswirksame Leistungen auf von Dritten abgeschlossene Verträge oder auf Gemeinschaftsverträge angelegt (Absatz 2), so sind die vermögenswirksamen Leistungen jedes Arbeitnehmers unter einer eigenen Vertragsnummer zu **übermitteln**; eine gemeinsame Vertragsnummer ist nur bei Ehegatten oder Lebenspartnern zulässig.
3. Der „Institutsschlüssel für die Arbeitnehmer-Sparzulage", die Vertragsnummer und die Sperrfrist (vgl. Nummer 4) bilden den Ordnungsbegriff für das automatisierte Festsetzungs- und Auszahlungsverfahren der Arbeitnehmer-Sparzulage. Das automatisierte Verfahren setzt voraus, dass Inhalt und Darstellung der Vertragsnummer bei der Bescheinigung vermögenswirksamer Leistungen sowie bei der Anzeige über eine vorzeitige Verfügung (durch Datensatz oder Vordruck, vgl. Abschnitt 21 Absatz 1) übereinstimmen. Der Ordnungsbegriff ist für die gesamte Laufzeit des begünstigten Vertrages unabänderbar. Dies gilt auch, wenn der Vertrag einem anderen Anlageinstitut übertragen wird.
4. Das Ende der für die vermögenswirksamen Leistungen geltenden Sperrfrist (vgl. Nummer 1) ist stets anzugeben. Bei der Bescheinigung vermögenswirksamer Leistungen, die auf Verträge nach §§ 5 bis 7 des 5. VermBG angelegt und noch nicht für Vermögensbeteiligungen verwendet worden sind, ist als Ende der Sperrfrist der 31. Dezember des sechsten Kalenderjahrs nach dem Kalenderjahr der vermögenswirksamen Anlage anzugeben (§ 5 **Absatz 3 VermBDV). Auf die Angabe der Sperrfrist kann im Datensatz verzichtet werden, wenn im Zeitpunkt der Übermittlung die für die Anlageart geltende Sperrfrist bereits abgelaufen ist.**

(5) Sind vermögenswirksame Leistungen für die Anlage zum Wohnungsbau an den Arbeitnehmer ausgezahlt worden (Abschnitt 2 Absatz 1 Nummer 2), hat der Gläubiger die **Datenübermittlung durchzuführen**, wenn der Arbeitnehmer schriftlich erklärt, in welcher Höhe vermögenswirksame Leistungen zum Wohnungsbau verwendet worden sind.

(6) Die **Datenübermittlung** ist grundsätzlich erst nach Ablauf des Kalenderjahrs **vorzunehmen**, in dem die vermögenswirksamen Leistungen angelegt worden sind. Davon abweichend können die vermögenswirksamen Leistungen bereits im laufenden Kalenderjahr **übermittelt** werden, wenn

1. bei Anlageverträgen nach § 2 Absatz 1 Nummer 1 des 5. VermBG die Einzahlungsfrist abgelaufen ist (Abschnitt 5 Absatz 2),
2. auf Anlageverträge nach §§ 5, 6 und 7 des 5. VermBG keine vermögenswirksamen Leistungen mehr angelegt werden können,
3. Anlageverträge nach § 2 Absatz 1 Nummer 1 oder 4 des 5. VermBG mit Kreditinstituten, Kapitalverwaltungsgesellschaften, Bausparkassen oder Versicherungsunternehmen im Falle einer unschädlichen vorzeitigen Verfügung aufgehoben werden.

(7) **Die angelegten vermögenwirksamen Leistungen** sind für **die Datenübermittlung** auf den nächsten vollen Euro aufzurunden.

(7a) Der Arbeitnehmer ist von der mitteilungspflichtigen Stelle über den Inhalt der Datenübermittlung zu unterrichten (§ 93c Absatz 1 Nummer 3 der Abgabenordnung – AO). Die Unterrichtung kann z. B. in einem ohnehin erstellten Jahreskontoauszug, einer entsprechenden Jahresbescheinigung etc. geschehen.

(7b) Die mitteilungspflichtige Stelle kann beim zuständigen Betriebsstättenfinanzamt einen Antrag stellen, sie bis zu einem Zeitraum von drei Jahren von der Übermittlung der elektronischen Vermögensbildungsbescheinigung zu befreien. Dem Antrag ist stattzugeben bei kleinen Arbeitgebern, bei denen die vermögenswirksamen Leistungen im Unternehmen angelegt

werden. Im Übrigen ist bei der Entscheidung über den Antrag ein strenger Maßstab anzulegen; dies gilt insbesondere für Anträge, die mit technischen Schwierigkeiten begründet werden. Nach einer positiven Entscheidung des zuständigen Finanzamts hat die mitteilungspflichtige Stelle der Zentralstelle für Arbeitnehmer-Sparzulage und Wohnungsbauprämie beim Technischen Finanzamt Berlin – ZPS ZANS –, Klosterstraße 59, 10179 Berlin, für alle betroffenen Arbeitnehmer alle Daten, die in den elektronischen Vermögensbildungsbescheinigungen enthalten sein müssten, schriftlich mitzuteilen.

(7c) Weitere Einzelheiten zur elektronischen Vermögensbildungsbescheinigung (insbesondere die amtlich vorgeschriebene Datensatzbeschreibung etc.) finden sich auf der Internetseite http://www.esteuer.de.

(7d) Haben Arbeitnehmer Nachfragen hinsichtlich der Datenübermittlung der Vermögensbildungsbescheinigung, sind diese an die zuständige Stelle in den Ländern und nicht an die ZPS ZANS zu richten. Die Arbeitnehmer können die zuständige Stelle bei ihrem Wohnsitzfinanzamt erfragen.

15. Festsetzung der Arbeitnehmer-Sparzulage (§§ 13, 14 des 5. VermBG, § 6 Absatz 1 VermBDV)

(1) Der Antrag auf Festsetzung der Arbeitnehmer-Sparzulage ist regelmäßig mit der Einkommensteuererklärung zu stellen. Für den Antrag auf Festsetzung der Arbeitnehmer-Sparzulage ist auch dann der Vordruck für die Einkommensteuererklärung zu verwenden, wenn der Arbeitnehmer keinen Antrag auf Veranlagung zur Einkommensteuer stellt und auch nicht zur Einkommensteuer zu veranlagen ist, z. B. weil er nur pauschal besteuerten Arbeitslohn bezogen hat.

(2) Die Arbeitnehmer-Sparzulage kann auch dann erst nach Ablauf des Kalenderjahrs, in dem die vermögenswirksamen Leistungen angelegt worden sind (§ 13 Absatz 4 des 5. VermBG), festgesetzt werden, wenn der Antrag schon vorher gestellt ist.

(3) Zuständig ist das Finanzamt, in dessen Bezirk der Arbeitnehmer im Zeitpunkt der Antragstellung seinen Wohnsitz oder gewöhnlichen Aufenthalt hat. Bei Wegfall der unbeschränkten Einkommensteuerpflicht im Laufe eines Kalenderjahrs ist das Finanzamt zuständig, in dessen Bezirk der Arbeitnehmer seinen Wohnsitz oder gewöhnlichen Aufenthalt hatte. Hat der Arbeitnehmer im Inland weder einen Wohnsitz noch seinen gewöhnlichen Aufenthalt, so tritt an die Stelle des Wohnsitzfinanzamts das Betriebsstättenfinanzamt des Arbeitgebers.

(3a) Eine Arbeitnehmer-Sparzulage wird nur festgesetzt, wenn der Arbeitnehmer einwilligt, dass die erforderlichen Daten vom Unternehmen, dem Institut oder dem in § 3 Absatz 3 des 5. VermBG genannten Gläubiger mittels elektronischer Vermögensbildungsbescheinigung (Abschnitt 14) übermittelt werden und hierfür seine Identifikationsnummer (§ 139b AO) mitteilt.

(3b) Werden die erforderlichen Daten trotz der vorliegenden Einwilligung nicht mittels elektronischer Vermögensbildungsbescheinigung übermittelt, kann der Arbeitnehmer den Nachweis der vermögenswirksam angelegten Leistungen in anderer Weise erbringen. Dies ist z. B. der Fall, wenn die elektronische Datenübermittlung aus technischen Gründen ausgeblieben ist. Aus dem Nachweis müssen alle Daten hervorgehen, die Inhalt des amtlich vorgeschriebenen Datensatzes sind. Außerdem muss aus dem Nachweis hervorgehen, dass der Arbeitnehmer in die Datenübermittlung eingewilligt und dem zur Datenübermittlung Verpflichteten seine Identifikationsnummer mitgeteilt hat. Erfolgt trotz einer grundsätzlichen Einwilligung keine Datenübermittlung, weil der Arbeitnehmer seine Identifikationsnummer nicht mitgeteilt hat, ist ein Nachweis der vermögenswirksam angelegten Leistungen in anderer Weise nicht möglich. Zum Verzicht auf die Datenübermittlung bei unbilliger Härte und die zentrale Erfassung bei der ZPS ZANS siehe Abschnitt 14 Absatz 7b.

(4) **Bei der Festsetzung der Arbeitnehmer-Sparzulage werden alle übermittelten vermögenswirksamen Leistungen berücksichtigt.** Übersteigen die für den Arbeitnehmer erbrachten vermögenswirksamen Leistungen die geförderten Höchstbeträge und sind die Leistungen auf mehrere

Anlagearten aufgeteilt worden, kann der Arbeitnehmer durch **die Einwilligung bzw. den Widerruf der Einwilligung in die Datenübermittlung gegenüber der mitteilungspflichtigen Stelle bestimmen, für welche vermögenswirksamen Leistungen eine Datenübermittlung und somit eine Begünstigung mittels Arbeitnehmer-Sparzulage erfolgen soll**. **Trifft der Arbeitnehmer keine Bestimmung**, begünstigt das Finanzamt die vermögenswirksamen Leistungen in einer Reihenfolge, die im Regelfall für den Arbeitnehmer günstig ist.

(5) Für die Anwendung der Einkommensgrenze von 35.800/40.000 Euro für Ehegatten oder Lebenspartner ist allein maßgeblich, ob tatsächlich eine Zusammenveranlagung durchgeführt wird. Aus diesem Grunde ist die 35.800/40.000-Euro-Grenze auch bei der Zusammenveranlagung des überlebenden Ehegatten oder Lebenspartners mit dem verstorbenen Ehegatten oder Lebenspartner im Todesjahr des Ehegatten oder Lebenspartners anzuwenden. Von dem auf das Todesjahr folgenden Kalenderjahr an gilt die 17.900/20.000-Euro-Grenze (BFH-Urteil vom 14. Mai 1976, BStBl II S. 546). Haben Ehegatten oder Lebenspartner die Einzelveranlagung gewählt, ist für jeden Ehegatten oder Lebenspartner gesondert zu prüfen, ob das von ihm zu versteuernde Einkommen die Einkommensgrenze von 17.900/20.000 Euro **überschreitet. Bei** der Ermittlung des zu versteuernden Einkommens sind auch in den Fällen, in denen es auf Grund der Vorschriften zum Familienleistungsausgleich (§ 31 EStG) beim auszuzahlenden Kindergeld verbleibt, stets die in Betracht kommenden Freibeträge für Kinder (§ 32 EStG) abzuziehen (§ 2 Absatz 5 Satz 2 EStG); dabei sind stets die Freibeträge für das gesamte Sparjahr zugrunde zu legen.

(6) Die Einkommensgrenzen des § 13 Absatz 1 des 5. VermBG gelten nicht für beschränkt einkommensteuerpflichtige Arbeitnehmer, die nicht zur Einkommensteuer veranlagt werden, da bei diesem Personenkreis ein zu versteuerndes Einkommen im Sinne des § 2 Absatz 5 EStG nicht festgestellt wird; diesen Arbeitnehmern steht deshalb die Arbeitnehmer-Sparzulage ohne Rücksicht auf die Höhe ihres Einkommens zu.

(7) Anträge auf Festsetzung einer Arbeitnehmer-Sparzulage können bis zum Ablauf der – grundsätzlich vierjährigen – Festsetzungsfrist nach § 169 AO wirksam gestellt werden. **Fällt das Ende der Festsetzungsfrist auf einen Sonntag, einen gesetzlichen Feiertag oder einen Sonnabend, endet sie erst mit dem Ablauf des nächstfolgenden Werktags – 2. Januar des Folgejahres – (vgl. BFH-Urteil vom 20. Januar 2016, BStBl II S. 380). Die Festsetzung der Arbeitnehmer-Sparzulage kann jedoch nur erfolgen, wenn die Einwilligung in die Datenübermittlung spätestens bis zum Ablauf des zweiten Kalenderjahres, das auf das Kalenderjahr der Anlage der vermögenswirksamen Leistungen folgt, erteilt wurde (vgl. § 15 Absatz 1 Satz 2 des 5. VermBG).**

(8) Ein Bescheid über die Ablehnung der Festsetzung einer Arbeitnehmer-Sparzulage wegen Überschreitens der Einkommensgrenze ist aufzuheben, wenn der Einkommensteuerbescheid nach Ergehen des Ablehnungsbescheids zur Arbeitnehmer-Sparzulage geändert und dadurch erstmals festgestellt wird, dass die Einkommensgrenze unterschritten ist (§ 14 Absatz 5 Satz 1 des 5. VermBG). Die Arbeitnehmer-Sparzulage wird dann vom Finanzamt nachträglich festgesetzt. Die Frist für die Festsetzung der Arbeitnehmer-Sparzulage endet in diesem Fall nicht vor Ablauf eines Jahres nach Bekanntgabe des geänderten Steuerbescheids (§ 14 Absatz 5 Satz 2 des 5. VermBG). Die Nachholung der Festsetzung der Arbeitnehmer-Sparzulage wird von Amts wegen (grundsätzlich verbunden mit der Änderung der Einkommensteuerfestsetzung) vorgenommen. Ein erneuter Antrag des Arbeitnehmers auf Festsetzung der Arbeitnehmer-Sparzulage ist daher nicht erforderlich.

Beispiel:

Der Arbeitgeber überweist für den ledigen Arbeitnehmer in **2018** vermögenswirksame Leistungen in Höhe von 400 Euro auf einen VL-Investmentsparplan. Der Arbeitnehmer stellt in **2019** mit seiner Einkommensteuererklärung einen Antrag auf Festsetzung der Arbeitnehmer-Sparzulage und fügt die entsprechende Anlage VL bei. Das vom Finanzamt in **2019** für den Veranlagungszeitraum **2018** berechnete zu versteuernde Einkommen beträgt 20.500 Euro. Das Finanzamt lehnt die Festsetzung der beantragten Arbeitnehmer-Sparzulage ab, da das zu versteuernde Einkommen die maßgebliche Einkommensgrenze von 20.000 Euro überschreitet.

Nach einem Einspruch gegen die Festsetzung der Einkommensteuer und einem anschließenden Verfahren vor dem Finanzgericht berücksichtigt das Finanzamt Ende Februar **2023** für den Veranlagungszeitraum **2018** in einem Abhilfebescheid weitere Werbungskosten. Das zu versteuernde Einkommen des Veranlagungszeitraums **2018** mindert sich auf 19.700 Euro.

Nunmehr erfolgt ohne weiteres Zutun des Arbeitnehmers durch das Finanzamt in **2023** eine erstmalige Festsetzung der Arbeitnehmer-Sparzulage für **2018** in Höhe von 80 Euro (400 Euro x 20 %), denn die maßgebliche Einkommensgrenze von 20.000 Euro wird nicht mehr überschritten. Diese Festsetzung ist bis Ende Februar **2024** möglich, da der Ablauf der Festsetzungsfrist für die Arbeitnehmer-Sparzulage **2018** bis dahin gehemmt ist.

Ist der geänderten Einkommensteuerfestsetzung kein Bescheid über die Ablehnung der Festsetzung einer Arbeitnehmer-Sparzulage vorangegangen, weil der Arbeitnehmer wegen der Überschreitung der Einkommensgrenze keine Arbeitnehmer-Sparzulage beantragt hat, kann bis zum Ablauf der entsprechend verlängerten Festsetzungsfrist nachträglich die Arbeitnehmer-Sparzulage beantragt und festgesetzt werden; eine Nachholung der Festsetzung der Arbeitnehmer-Sparzulage von Amts wegen ist in diesen Fällen nicht möglich. Stand jedoch schon vor Ergehen des geänderten Einkommensteuerbescheids fest, dass die Einkommensgrenzen nicht überschritten wurden, verlängert sich die Festsetzungsfrist nicht; in diesen Fällen kann nur innerhalb der regulären Festsetzungsfrist von vier Jahren ein Antrag auf Festsetzung der Arbeitnehmer-Sparzulage gestellt werden.

(9) In Fällen, in denen für vermögenswirksame Leistungen ein Anspruch auf Arbeitnehmer-Sparzulage besteht, aber der Arbeitnehmer dennoch eine Wohnungsbauprämie beantragt hat, endet die Frist für die Festsetzung der Arbeitnehmer-Sparzulage nicht vor Ablauf eines Jahres nach Bekanntgabe der Mitteilung über die Änderung des Prämienanspruchs (§ 14 Absatz 6 des 5. VermBG).

(10) Die Arbeitnehmer-Sparzulage ist für jeden Anlagevertrag auf volle Euro aufzurunden. Das Finanzamt soll die Entscheidung über die Arbeitnehmer-Sparzulage mit dem Einkommensteuerbescheid verbinden.

16. Höhe der Arbeitnehmer-Sparzulage (§ 13 Absatz 2 des 5. VermBG)

(1) Die Arbeitnehmer-Sparzulage beträgt 20 % für vermögenswirksame Leistungen von höchstens 400 Euro, die in Vermögensbeteiligungen (Abschnitt 4) angelegt werden, d. h. auf

1. Sparverträge über Wertpapiere oder andere Vermögensbeteiligungen (§ 4 des 5. VermBG; Abschnitt 5),
2. Wertpapier-Kaufverträge (§ 5 des 5. VermBG; Abschnitt 6),
3. Beteiligungs-Verträge (§ 6 des 5. VermBG; Abschnitt 7) und
4. Beteiligungs-Kaufverträge (§ 7 des 5. VermBG; Abschnitt 7).

(2) Die Arbeitnehmer-Sparzulage beträgt 9 % für vermögenswirksame Leistungen von höchstens 470 Euro, die angelegt werden

1. nach dem Wohnungsbau-Prämiengesetz (§ 2 Absatz 1 Nummer 4 des 5. VermBG; Abschnitt 9) und
2. für den Bau, den Erwerb, den Ausbau, die Erweiterung oder die Entschuldung eines Wohngebäudes usw. (§ 2 Absatz 1 Nummer 5 des 5. VermBG; Abschnitt 10).

(3) Die beiden Zulagen (Absatz 1 und 2) können nebeneinander in Anspruch genommen werden. Insgesamt werden also vermögenswirksame Leistungen bis 870 Euro jährlich mit der Arbeitnehmer-Sparzulage begünstigt. Die Förderung gilt im Übrigen auch für Verträge, die vor 1999 abgeschlossen worden sind.

(4) Die höchstmögliche Arbeitnehmer-Sparzulage kann nur erhalten, wer sowohl in Vermögensbeteiligungen als auch in Bausparen bzw. in Anlagen für den Wohnungsbau anlegt. Dies bedingt zwei Anlageverträge. Da nur Zahlungen durch den Arbeitgeber mit Zulage begünstigt sind (Abschnitt 2), muss dieser zwei Verträge bedienen.

(5) Werden beide Anlageformen bedient (Absatz 1 und 2), beträgt die Arbeitnehmer-Sparzulage bei zwei Anlageverträgen höchstens

400 Euro x 20 %	**80 Euro**
470 Euro x 9 % (aufgerundet)	**+ 43 Euro**
	123 Euro

17. Auszahlung der Arbeitnehmer-Sparzulage (§ 14 Absatz 4 und 7 des 5. VermBG, § 7 VermBDV)

(1) Die festgesetzten Arbeitnehmer-Sparzulagen werden regelmäßig erst mit Ablauf der für die vermögenswirksamen Leistungen geltenden Sperrfrist an das Kreditinstitut, die Kapitalverwaltungsgesellschaft, die Bausparkasse, das Unternehmen oder den Arbeitgeber überwiesen, mit denen der Anlagevertrag abgeschlossen worden ist (§ 7 Absatz 2 **VermBDV**). Die ZPS ZANS erstellt über jeden auszuzahlenden (= je Kalenderjahr festgesetzten) Betrag einen Datensatz, der der zuständigen Landesfinanzbehörde zugeleitet wird, die die Auszahlung veranlasst. Der Verwendungszweck der Überweisung an das Anlageinstitut enthält für die Zuordnung zum begünstigten Vertrag den Institutsschlüssel des Anlageinstituts und die Vertragsnummer des begünstigten Vertrages.

(2) Die Anlageinstitute haben die überwiesenen Arbeitnehmer-Sparzulagen an die Arbeitnehmer auszuzahlen. Im Innenverhältnis zwischen Anlageinstitut und Arbeitnehmer kann vereinbart werden, dass die an das Anlageinstitut überwiesenen Arbeitnehmer-Sparzulagen in einer der in § 2 Absatz 1 des 5. VermBG genannten Anlageformen angelegt werden. Ist dem Anlageinstitut in Einzelfällen die Auszahlung der Arbeitnehmer-Sparzulage an den Arbeitnehmer nicht möglich, z. B. weil der Wohnort nicht ermittelt werden konnte, hat das Anlageinstitut diese Arbeitnehmer-Sparzulage der Finanzbehörde zu überweisen, von der sie die Arbeitnehmer-Sparzulage erhalten hat; dabei sind die im Verwendungszweck des Auszahlungsdatensatzes für den Begünstigten enthaltenen Angaben vollständig mitzuteilen.

(3) Die festgesetzten Arbeitnehmer-Sparzulagen werden in folgenden Fällen vom Finanzamt unmittelbar an den Arbeitnehmer ausgezahlt (§ 7 Absatz 1 **VermBDV):**

1. bei Anlagen zum Wohnungsbau (Abschnitt 10) und bei Anlagen für den ersten Erwerb von Anteilen an Bau- und Wohnungsgenossenschaften gemäß § 2 Absatz 1 Nummer 4 des 5. VermBG (Abschnitt 9 Absatz 3),
2. wenn die für die vermögenswirksamen Leistungen geltende Sperrfrist im Zeitpunkt der Bekanntgabe des Bescheids über die Festsetzung der Arbeitnehmer-Sparzulage abgelaufen ist,
3. wenn über die angelegten vermögenswirksamen Leistungen unschädlich vorzeitig verfügt oder der Bausparvertrag zugeteilt worden ist (Abschnitt 14 Absatz 4 Nummer 4).

(4) Wenn Arbeitnehmer-Sparzulagen für vermögenswirksame Leistungen, über die unschädlich vorzeitig verfügt worden sind, bei der ZPS ZANS aufgezeichnet sind, wird die Arbeitnehmer-Sparzulage an die Anlageinstitute ausgezahlt (Absatz 1). Abweichend davon ist die Arbeitnehmer-Sparzulage für vermögenswirksame Leistungen, die auf Anlageverträge nach §§ 5 bis 7 des 5. VermBG angelegt worden sind, vom Finanzamt unmittelbar an den Arbeitnehmer auszuzahlen.

(5) Ist über angelegte vermögenswirksame Leistungen unschädlich vorzeitig verfügt worden, so endet für diesen Anlagevertrag die Sperrfrist im Zeitpunkt dieser Verfügung (Abschnitt 14 Absatz 3 Nummer 4). Deshalb sind Arbeitnehmer-Sparzulagen für vermögenswirksame Leistungen, die weiter auf diesen Anlagevertrag angelegt werden, vom Finanzamt unmittelbar an den Arbeitnehmer auszuzahlen.

(6) Ergeben sich Nachfragen hinsichtlich der Auszahlung der Arbeitnehmer-Sparzulage, sind diese nicht an die ZPS ZANS, sondern an die zuständigen Stellen in den Ländern zu richten. Arbeitnehmer können die zuständige Stelle bei ihrem Wohnsitzfinanzamt erfragen.

18. Wegfall der Zulagebegünstigung (§ 13 Absatz 5 Satz 1 des 5. VermBG)

(1) Die Zulagebegünstigung für vermögenswirksame Leistungen entfällt vorbehaltlich des Absatzes 2 und des Abschnitts 19 rückwirkend,

1. soweit bei Anlagen auf Grund von Sparverträgen über Wertpapiere oder andere Vermögensbeteiligungen (Abschnitt 5) vor Ablauf der siebenjährigen Sperrfrist zulagebegünstigte vermögenswirksame Leistungen zurückgezahlt werden, die Festlegung unterblieben ist oder aufgehoben wird oder über die Vermögensbeteiligungen verfügt wird. Die Zulagebegünstigung entfällt auch für Spitzenbeträge, wenn diese 150 Euro übersteigen (§ 4 Absatz 3 des 5. VermBG). Die Förderung entfällt ebenfalls für Beträge, die beim zulageunschädlichen Austausch von Wertpapieren übrig bleiben, wenn die 150-Euro-Grenze überschritten wird (Abschnitt 5 Absatz 8),
2. wenn bei Anlagen auf Grund von Wertpapier-Kaufverträgen (Abschnitt 6) die Wertpapiere, mit deren Kaufpreis die vermögenswirksamen Leistungen eines Kalenderjahrs verrechnet worden sind, nicht spätestens bis zum Ablauf des folgenden Kalenderjahrs erworben werden oder wenn die Festlegung unterblieben ist oder soweit vor Ablauf der sechsjährigen Sperrfrist die Festlegung aufgehoben wird oder über die Wertpapiere verfügt wird,
3. wenn bei Anlagen auf Grund von Beteiligungs-Verträgen oder Beteiligungs-Kaufverträgen (Abschnitt 7) der Arbeitnehmer die nicht verbrieften Vermögensbeteiligungen, für deren Begründung oder Erwerb die vermögenswirksamen Leistungen eines Kalenderjahrs verrechnet oder überwiesen worden sind, nicht spätestens bis zum Ablauf des folgenden Kalenderjahrs erhält oder soweit vor Ablauf der sechsjährigen Sperrfrist über die Rechte verfügt wird. Handelt es sich um Aufwendungen für den ersten Erwerb von Anteilen an Bau- und Wohnungsgenossenschaften, so verringert sich bei Verletzung der Sperrfrist die Zulagebegünstigung von 20 % auf 9 % entsprechend § 2 Absatz 1 Nummer 4 i. V. m. § 13 Absatz 2 des 5. VermBG und Abschnitt 16 Absatz 2 Nummer 1 (vgl. Abschnitt 22 Absatz 1 Nummer 1),
4. soweit bei Anlagen nach dem WoPG (Abschnitt 9)
   a) Bausparkassenbeiträge vor Ablauf von sieben Jahren seit Vertragsabschluss zurückgezahlt, die Bausparsumme ausgezahlt oder Ansprüche aus dem Bausparvertrag abgetreten oder beliehen werden; dies gilt unabhängig von den Regelungen im WoPG für vor dem 1. Januar 2009 und nach dem 31. Dezember 2008 abgeschlossene Bausparverträge,
   b) Beiträge auf Grund von Wohnbau-Sparverträgen vor Ablauf der jeweiligen Festlegungsfrist zurückgezahlt (§ 9 WoPDV) oder nach Ablauf der jeweiligen Festlegungsfrist nicht zweckentsprechend verwendet werden (§ 10 WoPDV),
   c) Beiträge auf Grund von Baufinanzierungsverträgen zurückgezahlt (§ 15 Absatz 4 WoPDV) oder nicht fristgerecht zweckentsprechend verwendet werden (§ 16 WoPDV).

Im Übrigen liegt in der Kündigung eines Vertrags noch keine sparzulageschädliche Verfügung, sondern erst in der Rückzahlung von Beträgen; deshalb bleibt eine Rücknahme der Kündigung vor Rückzahlung von Beträgen ohne Auswirkung auf festgesetzte Arbeitnehmer-Sparzulage (vgl. BFH-Urteil vom 13. Dezember 1989, BStBl 1990 II S. 220). Im Gegensatz dazu stellt eine Abtretung auch dann eine sparzulageschädliche Verfügung dar, wenn sie später zurückgenommen wird.

(2) Abweichend von Absatz 1 bleibt die Zulagebegünstigung für vermögenswirksame Leistungen bei Verletzung der Sperrfrist in den Fällen des § 13 Absatz 5 Satz 3 des 5. VermBG erhalten. Nach § 13 Absatz 5 Satz 3 Nummer 1 des 5. VermBG ist nicht Voraussetzung, dass ggf. die neuen Wertpapiere oder die erhaltenen Beträge für den Rest der Sperrfrist festgelegt werden. Wertlosigkeit im Sinne des § 13 Absatz 5 Satz 3 Nummer 2 des 5. VermBG ist anzunehmen, wenn der Arbeitnehmer höchstens 33 % der angelegten vermögenswirksamen Leistungen zurückerhält. Übersteigen die zurückgezahlten Beträge die 33 %-Grenze, so bleibt die Zulagebegünstigung der vermögenswirksamen Leistungen nur dann erhalten, wenn der Arbeitnehmer die erhaltenen Beträge oder damit erworbene andere Vermögensbeteiligungen im Sinne des § 2 Absatz 1 Nummer 1 des 5. VermBG

bei einem Kreditinstitut oder bei einer Kapitalverwaltungsgesellschaft für den Rest der Sperrfrist festlegt.

(3) Sind mit vermögenswirksamen Leistungen, die auf Grund von Sparverträgen über Wertpapiere oder andere Vermögensbeteiligungen angelegt worden sind, Anteile an neu aufgelegten OGAW-Sondervermögen sowie an als Sondervermögen aufgelegten offenen Publikums-AIF nach den §§ 218 und 219 des Kapitalanlagegesetzbuchs sowie Anteile an offenen EU-Investmentvermögen und offenen ausländischen AIF, die nach dem Kapitalanlagegesetzbuch vertrieben werden dürfen (§ 2 Absatz 1 Nummer 1 Buchstabe c des 5. VermBG), erworben worden (Abschnitt 4 Absatz 5) und ergibt sich aus dem ersten Jahres- oder Halbjahresbericht, dass die angenommenen Verhältnisse nicht vorgelegen haben, so entfällt für die vermögenswirksamen Leistungen die Zulagebegünstigung.

19. Zulageunschädliche Verfügungen (§ 4 Absatz 4 des 5. VermBG)

(1) Bei Anlagen zulagebegünstigter vermögenswirksamer Leistungen auf Grund von

- Sparverträgen über Wertpapiere oder andere Vermögensbeteiligungen (Abschnitt 5),
- Wertpapier-Kaufverträgen (Abschnitt 6),
- Beteiligungs-Verträgen oder Beteiligungs-Kaufverträgen (Abschnitt 7)

ist Arbeitnehmer-Sparzulage trotz Verletzung der Sperrfristen oder der in Abschnitt 5 Absatz 6, Abschnitt 18 Absatz 1 Nummer 2 und 3 bezeichneten Fristen in den Fällen des § 4 Absatz 4 des 5. VermBG nicht zurückzufordern. Dabei gilt Folgendes:

1. Völlige Erwerbsunfähigkeit im Sinne des § 4 Absatz 4 Nummer 1 des 5. VermBG liegt vor bei einem Grad der Behinderung von mindestens 95.
2. Arbeitslos im Sinne des § 4 Absatz 4 Nummer 3 des 5. VermBG sind Personen, die Arbeitslosengeld (§ 136 **des Dritten Buches Sozialgesetzbuch** – SGB III), Arbeitslosengeld II (§ 19 **des Zweiten Buches Sozialgesetzbuch** – SGB II) oder Arbeitslosenbeihilfe für ehemalige Soldaten auf Zeit (§ 86a Soldatenversorgungsgesetz) beziehen oder ohne Bezug dieser Leistungen arbeitslos gemeldet sind. Als arbeitslos anzusehen sind auch
   a) Personen, die als Arbeitslose im Sinne des Satzes 1 erkranken oder eine Kur antreten, für die Dauer der Erkrankung oder der Kur,
   b) Frauen, die zu Beginn der Schutzfristen nach § 3 Absatz 2, § 6 Absatz 1 des Mutterschutzgesetzes arbeitslos im Sinne des Satzes 1 waren oder als arbeitslos im Sinne des Buchstaben a anzusehen waren, für die Dauer dieser Schutzfristen und der folgenden Monate, für die bei Bestehen eines Arbeitsverhältnisses Elternzeit nach dem Bundeselterngeld- und Elternzeitgesetz hätte beansprucht werden können,
   c) Personen, die an einer nach §§ 81 bis 87 SGB III geförderten beruflichen Weiterbildung oder die an einer z. B. nach §§ 112 bis 129 SGB III geförderten beruflichen Weiterbildung im Rahmen der Förderung der Teilhabe behinderter Menschen am Arbeitsleben teilnehmen, wenn sie ohne die Teilnahme an der Maßnahme arbeitslos wären,
   d) Personen, die nach Auslaufen der Zahlung von Krankengeld durch die Krankenkasse wegen Zeitablaufs (sog. Aussteuerung) Arbeitslosengeld beziehen. Die Jahresfrist in § 4 Absatz 4 Nummer 3 des 5. VermBG für die andauernde Arbeitslosigkeit beginnt jedoch erst, wenn die Zahlung von Krankengeld vor Bezug von Arbeitslosengeld ausgelaufen ist, d. h. die Zeit des Krankengeldbezugs zählt nicht mit.

Sind die vermögenswirksamen Leistungen auf Grund eines Vertrags, dessen Inhaber oder Mitinhaber ein Kind, die Eltern oder ein Elternteil des Arbeitnehmers ist (§ 3 Absatz 1 Nummer 2 und 3 des 5. VermBG), oder auf Gemeinschaftskonten/-depots (Abschnitt 11 Absatz 4) angelegt worden, so muss die zulageunschädliche Verfügungsmöglichkeit in der Person des Arbeitnehmers gegeben sein; die zulageunschädliche Verfügungsmöglichkeit ist ohne zeitliche Befristung auf die Leistung des Arbeitnehmers beschränkt. Ist der Ehegatte oder Lebenspartner des Arbeitnehmers Inhaber oder Mitinhaber des Anlagevertrags (§ 3 Absatz 1 Nummer 1 des 5. VermBG), wirkt die zulageunschädliche Verfügung für beide Ehegatten oder Lebenspartner.

(2) Werden bei Anlagen nach dem WoPG (Abschnitt 9) Sperrfristen verletzt, so ist in den Fällen des § 4 Absatz 4 Nummer 1 und 3 des 5. VermBG (vgl. Absatz 1 Nummer 1 und 2) Arbeitnehmer-Sparzulage nicht zurückzufordern; dies gilt in den Fällen des § 4 Absatz 4 Nummer 4 des 5. VermBG entsprechend, wenn der Arbeitnehmer über nach dem WoPG angelegte vermögenswirksame Leistungen in Höhe von mindestens 30 Euro verfügt. Außerdem ist bei der Anlage vermögenswirksamer Leistungen auf Grund von Bausparverträgen Arbeitnehmer-Sparzulage nicht zurückzufordern,

1. wenn bei vorzeitiger Auszahlung der Bausparsumme oder bei vorzeitiger Beleihung von Ansprüchen aus dem Bausparvertrag der Arbeitnehmer die empfangenen Beträge unverzüglich und unmittelbar zu wohnwirtschaftlichen Zwecken (vgl. Abschnitt 10) verwendet oder
2. wenn bei vorzeitiger Abtretung der Erwerber die Bausparsumme oder die auf Grund einer Beleihung empfangenen Beträge unverzüglich und unmittelbar zu wohnwirtschaftlichen Zwecken für den Arbeitnehmer oder dessen Angehörige (§ 15 AO) verwendet,
3. wenn ein Bausparvertrag vor Ablauf der Festlegungsfrist gekündigt oder aufgelöst wird, der nach Verrechnung geleisteter Bausparbeiträge mit der Abschlussgebühr kein Guthaben ausweist; bei Bausparverträgen, die ein Guthaben ausweisen, entfällt die Zulagebegünstigung nur für die tatsächlich zurückgezahlten Bausparbeiträge.

Außerdem ist zulageunschädlich, wenn bei Anlagen auf Grund von Wohnbau-Sparverträgen und Baufinanzierungsverträgen die Vertragsinhalte und die Vertragspartner des Arbeitnehmers gegeneinander ausgetauscht werden (§§ 12, 18 WoPDV). Im Übrigen muss die zulageunschädliche Verfügungsmöglichkeit stets in der Person des Vertragsinhabers gegeben sein; sind Angehörige des Arbeitnehmers Inhaber oder Mitinhaber des Vertrags, gilt Absatz 1 Satz 3 und 4 entsprechend.

20. Nachweis einer zulageunschädlichen Verfügung (§ 4 Absatz 4 des 5. VermBG, § 8 VermBDV)

Die zulageunschädliche Verfügung (Abschnitt 19) ist dem Kreditinstitut, der Kapitalverwaltungsgesellschaft oder dem Versicherungsunternehmen (§ 8 Absatz 2 **VermBDV**) oder dem Finanzamt (nur bei einer Anlage im Sinne des § 8 Absatz 1 Nummer 4 bis 6 **VermBDV**) vom Arbeitnehmer (im Todesfall von seinen Erben) wie folgt nachzuweisen:

1. Im Fall der Eheschließung durch Vorlage der Eheurkunde,
2. **(unbesetzt)**
3. im Fall des Todes durch Vorlage der Sterbeurkunde oder des Erbscheins,
4. im Fall der völligen Erwerbsunfähigkeit (d. h. eines Grades der Behinderung von mindestens 95) durch Vorlage eines Ausweises nach § 69 Absatz 5 SGB IX oder eines Feststellungsbescheids nach § 69 Absatz 1 SGB IX oder eines vergleichbaren Bescheids nach § 69 Absatz 2 SGB IX; die Vorlage des Rentenbescheids eines Trägers der gesetzlichen Rentenversicherung der Angestellten und Arbeiter genügt nicht (vgl. BFH-Urteil vom 25. April 1968, BStBl II S. 606),
5. im Fall der Arbeitslosigkeit des Arbeitnehmers durch Vorlage von Unterlagen über folgende Zahlungen:
   a) Arbeitslosengeld (§ 136 SGB III) oder
   b) Arbeitslosengeld II (§ 19 SGB II) oder
   c) Arbeitslosenbeihilfe für ehemalige Soldaten auf Zeit im Sinne des Soldatenversorgungsgesetzes oder
   d) Krankengeld, Verletztengeld oder Übergangsgeld nach § 47b **des Fünften Buches Sozialgesetzbuch (SGB V),** § 47 **des Siebten Buches Sozialgesetzbuch (SGB VII)**, Versorgungskrankengeld und Übergangsgeld nach §§ 16, 26 Bundesversorgungsgesetz oder nach dem Sozialgesetzbuch oder
   e) Elterngeld oder

f) **Übergangsgeld nach** § 119 SGB III im Falle der Weiterbildung im Rahmen der beruflichen Rehabilitation.

Werden solche Zahlungen nicht geleistet, so sind

- Zeiten der Arbeitslosigkeit durch eine entsprechende Bescheinigung der **zuständigen Agentur für Arbeit oder des zuständigen Jobcenters** nachzuweisen,
- Zeiten der Erkrankung oder der Kur, die als Zeiten der Arbeitslosigkeit anzusehen sind, durch eine Bescheinigung des Kostenträgers oder der Anstalt, in der die Unterbringung erfolgt, oder durch eine ärztliche Bescheinigung nachzuweisen,
- die Zeit der Schutzfristen, die als Zeit der Arbeitslosigkeit anzusehen ist, durch das Zeugnis eines Arztes oder einer Hebamme nachzuweisen und die als Zeit der Arbeitslosigkeit anzusehende Zeit, für die bei Bestehen eines Arbeitsverhältnisses Elternzeit hätte beansprucht werden können, glaubhaft zu machen,

6. im Fall der Aufnahme einer selbständigen Erwerbstätigkeit durch Vorlage von Unterlagen über die Auflösung des Arbeitsverhältnisses und die Mitteilung an die Gemeinde nach § 138 Absatz 1 AO,
7. im Fall der Weiterbildung durch Vorlage einer von einer Beratungsstelle im Sinne der Richtlinie zur Förderung von Prämiengutscheinen und Beratungsleistungen im Rahmen des Bundesprogramms „Bildungsprämie“ (BAnz AT 22.05.2014 B2) ausgestellten und von einem Weiterbildungsanbieter ergänzten Bescheinigung (Informationen unter www.bildungspraemie.info).

21. Anzeigepflichten (§ 8 VermBDV)

(1) Wird über vermögenswirksame Leistungen vorzeitig verfügt, ist dies der ZPS ZANS anzuzeigen. Für die Anzeige ist der amtlich vorgeschriebene Datensatz zu verwenden. Für eine geringe Anzahl von Mitteilungen ist die Datenübermittlung **über das Online-Portal „Mein ELSTER“ mit einem Organisationszertifikat zulässig**. Die **Bekanntgabe der** Datensatzbeschreibung erfolgte letztmals am 16. August 2011 im Bundessteuerblatt Teil I S. 801. Die Anzeigen von Kreditinstituten, Kapitalverwaltungsgesellschaften, Bausparkassen und Versicherungsunternehmen sind als **unschädliche, vollständig schädliche oder teilweise schädliche** Verfügungen zu kennzeichnen (§ 8 Absatz 1 bis 3 **VermBDV**).

(2) Sind auf den Anlagevertrag auch andere Beträge gutgeschrieben, die keine vermögenswirksamen Leistungen sind (z. B. Zinsen, eigene Einzahlungen des Arbeitnehmers), so ist in der Anzeige über eine teilweise schädliche vorzeitige Verfügung als vermögenswirksame Leistung nur der Betrag anzugeben, der die anderen Beträge übersteigt (§ 6 Absatz 3 Nummer 1 und Absatz 4 Nummer 1 **VermBDV**).

22. Änderung der Festsetzung, Rückforderung von Arbeitnehmer-Sparzulagen (§ 13 Absatz 5 des 5. VermBG, § 6 Absatz 2 und 3, § 8 Absatz 4, § 9 VermBDV)

(1) Der Bescheid über die Festsetzung der Arbeitnehmer-Sparzulage ist zu ändern, wenn

1. bei Anlage vermögenswirksamer Leistungen auf Verträge nach §§ 5 bis 7 des 5. VermBG angezeigt worden ist, dass Sperr-, Verwendungs- oder Vorlagefristen verletzt worden sind (§ 8 Absatz 1 Nummer 4 bis 6 **VermBDV**) oder sich die Förderung in den Fällen des Abschnitt 18 Absatz 1 Nummer 3 Satz 2 verringert,
2. bei Anlage vermögenswirksamer Leistungen nach § 2 Absatz 1 Nummer 1 und 4 des 5. VermBG eine teilweise schädliche Verfügung angezeigt worden ist (§ 8 Absatz 1 Nummer 1 bis 3 und Absatz 2 **VermBDV**) und das Finanzamt die Verfügung über vermögenswirksame Leistungen festgestellt hat, für die Arbeitnehmer-Sparzulagen festgesetzt worden sind (§ 6 Absatz 3 und 4 **VermBDV**),
3. die Einkommensgrenze des § 13 Absatz 1 des 5. VermBG durch nachträgliche Änderung des zu versteuernden Einkommens über- oder unterschritten wird,

4. das Finanzamt davon Kenntnis erhält, z. B. durch eine Außenprüfung, dass eine vermögenswirksame Anlage nicht **vorlag.**

(2) Das Finanzamt hat zu Unrecht bereits ausgezahlte Arbeitnehmer-Sparzulagen vom Arbeitnehmer zurückzufordern. Das gilt auch für Arbeitnehmer-Sparzulagen, die das Finanzamt wegen Ablaufs der Sperrfrist an den Arbeitnehmer ausgezahlt hat und dem Finanzamt erst nachträglich eine schädliche Verfügung über die vermögenswirksamen Leistungen bekannt wird.

22a. Anrufungsauskunft (§ 15 Absatz 4 des 5. VermBG)

Die Auskunft nach § 15 Absatz 4 des 5. VermBG ist ein Verwaltungsakt im Sinne von § 118 Satz 1 AO (vgl. BFH-Urteil vom 5. Juni 2014, BStBl 2015 II S. 48). Diese Auskunft trifft eine Regelung dahin, wie die Finanzbehörde den vom Antragsteller dargestellten Sachverhalt gegenwärtig beurteilt. Die Anrufungsauskunft trifft hingegen keine Entscheidung über den materiellen Anspruch auf die Arbeitnehmer-Sparzulage nach § 13 Absatz 1 und 2 des 5. VermBG.

23. Außenprüfung (§ 15 Absatz 5 des 5. VermBG)

Nach § 15 Absatz 5 des 5. VermBG ist eine Außenprüfung bei dem Unternehmen oder Institut zulässig, bei dem die vermögenswirksamen Leistungen angelegt sind. Die Außenprüfung kann sich auf die Einhaltung sämtlicher Pflichten erstrecken, die sich aus dem 5. VermBG, **der AO** und der **VermBDV** ergeben, z. B. die Erfüllung von Anzeigepflichten.

24. Anwendungsregelungen

Dieses BMF-Schreiben ersetzt ab dem 1. Januar 2018 das BMF-Schreiben vom 23. Juli 2014 (BStBl I S. 1175), das hiermit zum 31. Dezember 2017 aufgehoben wird.

IV.

Fünftes Vermögensbildungsgesetz (5. VermBG); Erstmalige Anwendung des Verfahrens der elektronischen Vermögensbildungsbescheinigung

BMF vom 16.12.2016 (BStBl I S. 1435)
IV C 5 – S 2439/16/10001 – 2016/1157725

Nach § 17 Absatz 14 Satz 1 des Fünften Vermögensbildungsgesetzes (5. VermBG) und § 11 Absatz 1 Satz 2 der Verordnung zur Durchführung des Fünften Vermögensbildungsgesetzes (VermBDV 1994) hat das Bundesministerium der Finanzen den Zeitpunkt der erstmaligen Anwendung der Regelungen zur elektronischen Vermögensbildungsbescheinigung durch ein im Bundessteuerblatt zu veröffentlichendes Schreiben mitzuteilen (Startschreiben).

Im Einvernehmen mit den obersten Finanzbehörden der Länder und dem Bundesministerium für Wirtschaft und Energie wird hiermit festgelegt, dass das Verfahren der elektronischen Vermögensbildungsbescheinigung erstmals anzuwenden ist für vermögenswirksame Leistungen, die nach dem 31. Dezember 2016 angelegt werden.

Die erstmalige Übermittlung hat danach für die in 2017 angelegten vermögenswirksamen Leistungen spätestens bis zum 28. Februar 2018 zu erfolgen (§ 15 Absatz 1 Satz 1 des 5. VermBG i. V. m. § 93c AO in der Fassung des Gesetzes zur Modernisierung des Besteuerungsverfahrens vom 18. Juli 2016, BGBl. I Seite 1679). Für nach dem 31. Dezember 2016 angelegte vermögenswirksame Leistungen sind damit keine Papierbescheinigungen (Anlage VL) mehr auszustellen; ein entsprechendes Vordruckmuster wird nicht mehr bekannt gemacht. Die Einzelheiten zur elektronischen Vermögensbildungsbescheinigung (Datensatzbeschreibung etc.) werden im Laufe des Jahres 2017 auf der Internetseite http://www.esteuer.de veröffentlicht. Das BMF-Schreiben vom 23. Juli 2014 (BStBl I Seite 1175) zur Anwendung des Fünften Vermögensbildungsgesetzes wird zu einem späteren Zeitpunkt angepasst.

V.

Fünftes Vermögensbildungsgesetz (5. VermBG); Elektronische Vermögensbildungsbescheinigung (Frist für die Übermittlung und Härtefallregelung)

BMF vom 17.4.2018 (BStBl I S. 630)
IV C 5 – S 2439/12/10001 – 2018/0303138

Mit BMF-Schreiben vom 16. Dezember 2016 (BStBl I S. 1435) wurde das Verfahren der elektronischen Vermögensbildungsbescheinigung (§ 15 des 5. VermBG) gestartet. Die erstmalige Datenübermittlung hatte danach für die in 2017 angelegten vermögenwirksamen Leistungen spätestens bis zum 28. Februar 2018 zu erfolgen. Das BMF-Schreiben vom 29. November 2017 (BStBl I S. 1626) zur Anwendung des Fünften Vermögensbildungsgesetzes enthält weitere Regelungen (u. a. Härtefallregelung in Abschnitt 14 Absatz 7b).

Wie mitgeteilt wurde, haben es Arbeitgeber teilweise versäumt, die technischen Voraussetzungen für eine elektronische Datenübermittlung zu schaffen. Betroffen sind Fälle, in denen die vermögenswirksamen Leistungen beim Arbeitgeber selbst angelegt werden (§§ 5, 6 und 7 des 5. VermBG, Anlagearten 2 und 3) und damit der Arbeitgeber die mitteilungspflichtige Stelle ist.

Unter Bezugnahme auf das Ergebnis der Erörterungen mit den obersten Finanzbehörden der Länder gilt hierzu Folgendes:

1. Frist für die Übermittlung der elektronischen Vermögensbildungsbescheinigung (§ 15 des 5. VermBG i. V. m. § 93c AO)

Vor dem Hintergrund der aufgetretenen Umsetzungsprobleme wird die Frist für die elektronische Übermittlung der elektronischen Vermögensbildungsbescheinigung einmalig für das Anlagejahr 2017 um sechs Monate verlängert. Die elektronischen Vermögensbildungsbescheinigungen für die in 2017 angelegten vermögenwirksamen Leistungen sind danach spätestens bis zum 31. August 2018 zu übermitteln. Dies gilt für alle mitteilungspflichtigen Stellen.

2. Härtefallregelung (Abschnitt 14 Absatz 7b des BMF-Schreibens vom 29. November 2017 [a. a. O.])

Die Tatsache, dass die Übermittlung der elektronischen Vermögensbildungsbescheinigung mit zusätzlichen Kosten und einem Umsetzungsaufwand für die mitteilungspflichtige Stelle verbunden ist, stellt, für sich gesehen, keinen Befreiungsgrund dar. Im Übrigen sind Anträge mit mehr als 100 zu übermittelnden Datensätzen grundsätzlich nicht als Härtefall genehmigungsfähig.

Werden die Daten der elektronischen Vermögensbildungsbescheinigung nicht elektronisch übermittelt oder erfolgt – nach einem positiv beschiedenen Härtefallantrag – keine schriftliche Mitteilung an die Zentralstelle für Arbeitnehmer-Sparzulage und Wohnungsbauprämie, kann das Betriebsstättenfinanzamt die Mitteilung mit Zwangsmitteln (§§ 328 ff. AO) durchsetzen.

Der „Nachweis der vermögenswirksam angelegten Leistungen in anderer Weise“ (s. Abschnitt 15 Absatz 3b des BMF-Schreibens 29. November 2017 [a. a. O.]) ist im Übrigen nur zulässig bei technischen Problemen im Zusammenhang mit einem eingerichteten System der Datenübermittlung.

Vorsorgepauschale im Lohnsteuerabzugsverfahren (§ 39b Absatz 2 Satz 5 Nummer 3 und Absatz 4 EStG)[1]

BMF vom 26.11.2013 (BStBl I S. 1532)[2]
IV C 5 – S 2367/13/10001 – 2013/1078676

Im Einvernehmen mit den obersten Finanzbehörden der Länder gilt hinsichtlich der Vorsorgepauschale im Lohnsteuerabzugsverfahren (§ 39b Absatz 2 Satz 5 Nummer 3 und Absatz 4 EStG) Folgendes:

1. Allgemeines

Eine Vorsorgepauschale **wird ausschließlich** im Lohnsteuerabzugsverfahren berücksichtigt (§ 39b Absatz 2 Satz 5 Nummer 3 und Absatz 4 EStG). Über die Vorsorgepauschale hinaus werden im Lohnsteuerabzugsverfahren keine weiteren Vorsorgeaufwendungen **berücksichtigt.**

Eine Vorsorgepauschale wird grundsätzlich in allen Steuerklassen berücksichtigt.

2. Bemessungsgrundlage für die Berechnung der Vorsorgepauschale (§ 39b Absatz 2 Satz 5 Nummer 3 EStG)

Die beim Lohnsteuerabzug zu berücksichtigende Vorsorgepauschale setzt sich aus folgenden Teilbeträgen zusammen:

- Teilbetrag für die Rentenversicherung (§ 39b Absatz 2 Satz 5 Nummer 3 Buchstabe a EStG),
- Teilbetrag für die gesetzliche Kranken- und soziale Pflegeversicherung (§ 39b Absatz 2 Satz 5 Nummer 3 Buchstabe b und c EStG) und
- Teilbetrag für die private Basiskranken- und Pflege-Pflichtversicherung (§ 39b Absatz 2 Satz 5 Nummer 3 Buchstabe d EStG).

Ob die Voraussetzungen für den Ansatz der einzelnen Teilbeträge vorliegen, ist jeweils gesondert zu prüfen; hierfür ist immer der Versicherungsstatus am Ende des jeweiligen Lohnzahlungszeitraums maßgebend und das Dienstverhältnis nicht auf Teilmonate aufzuteilen. **Die Teilbeträge sind getrennt zu berechnen; die auf volle Euro aufgerundete Summe der Teilbeträge ergibt die anzusetzende Vorsorgepauschale.**

Bemessungsgrundlage für die Berechnung der Teilbeträge für die Rentenversicherung und die gesetzliche Kranken- und soziale Pflegeversicherung ist der Arbeitslohn. Entschädigungen i. S. d. § 24 Nummer 1 EStG sind nicht als Arbeitslohnbestandteil zu berücksichtigen (§ 39b Absatz 2 Satz 5 Nummer 3 zweiter Teilsatz EStG); aus Vereinfachungsgründen ist es aber nicht zu beanstanden, wenn regulär zu besteuernde Entschädigungen bei der Bemessungsgrundlage für die Berechnung der Vorsorgepauschale berücksichtigt werden. Steuerfreier Arbeitslohn gehört ebenfalls nicht zur Bemessungsgrundlage für die Berechnung der entsprechenden Teilbeträge (BFH-Urteil vom 18. März 1983, BStBl II Seite 475). Dies gilt auch bei der Mindestvorsorgepauschale für die Kranken- und Pflegeversicherung (§ 39b Absatz 2 Satz 5 Nummer 3 dritter Teilsatz EStG, Tz. 7).

Der Arbeitslohn ist für die Berechnung der Vorsorgepauschale und der Mindestvorsorgepauschale (Tz. 7) **nicht um** den Versorgungsfreibetrag (§ 19 Absatz 2 EStG) und den Altersentlastungsbetrag (§ 24a EStG) zu **vermindern**.

---

[1]) Ab 2019 wird in der gesetzlichen Krankenversicherung der Zusatzbeitrag vom Arbeitgeber und Arbeitnehmer je zur Hälfte getragen (GKV-Versichertenentlastungsgesetz). Ein Beitragsanteil des Arbeitnehmers am Zusatzbeitrag ist beim Teilbetrag für die gesetzliche Krankenversicherung zu berücksichtigen. Maßgeblich ist der für den Arbeitnehmer bei der Beitragsberechnung zu berücksichtigende kassenindividuelle Zusatzbeitragssatz.

[2]) Die Änderungen gegenüber dem BMF-Schreiben vom 22.10.2010 (BStBl I S. 1254) sind durch Fettdruck hervorgehoben. Die Überschriften zu den Tz. 6.2 und 8 wurden geändert.

Die jeweilige Beitragsbemessungsgrenze ist bei allen Teilbeträgen der Vorsorgepauschale zu beachten. Bei den Rentenversicherungsbeiträgen gilt – abhängig vom Beschäftigungsort i. S. d. § 9 SGB IV – die allgemeine Beitragsbemessungsgrenze (BBG West) und die Beitragsbemessungsgrenze Ost (BBG Ost). Dies gilt auch bei einer Versicherung in der knappschaftlichen Rentenversicherung; deren besondere Beitragsbemessungsgrenze ist hier nicht maßgeblich. In Fällen, in denen die Verpflichtung besteht, Beiträge zur Alterssicherung an ausländische Sozialversicherungsträger abzuführen (Tz. 3), bestimmt sich die maßgebliche Beitragsbemessungsgrenze nach dem Ort der lohnsteuerlichen Betriebsstätte des Arbeitgebers (§ 41 Absatz 2 EStG). Die Gleitzone in der Sozialversicherung (Arbeitslöhne von **450,01** Euro bis **850** Euro[1]) ist steuerlich unbeachtlich. Ebenfalls unbeachtlich ist die Verminderung der Beitragsbemessungsgrenzen beim Zusammentreffen mehrerer Versicherungsverhältnisse (§ 22 Absatz 2 SGB IV).

Die Bemessungsgrundlage für die Ermittlung der Vorsorgepauschale (Arbeitslohn) und für die Berechnung der Sozialabgaben (Arbeitsentgelt) kann unterschiedlich sein. Für die Berechnung der Vorsorgepauschale ist das sozialversicherungspflichtige Arbeitsentgelt nicht maßgeblich.

Beispiel:
Ein Arbeitnehmer mit einem Jahresarbeitslohn von 60.000 Euro wandelt im Jahr **2014** einen Betrag von 4.000 Euro bei einer Beitragsbemessungsgrenze in der allgemeinen Rentenversicherung von **71.400** Euro zugunsten einer betrieblichen Altersversorgung im Durchführungsweg Direktzusage um.

Bemessungsgrundlage für die Berechnung des Teilbetrags der Vorsorgepauschale für die Rentenversicherung ist der steuerpflichtige Arbeitslohn i. H. v. 56.000 Euro. Das sozialversicherungspflichtige Arbeitsentgelt beträgt hingegen **57.144** Euro, weil 4 % der Beitragsbemessungsgrenze (**2.856** Euro) nicht als Arbeitsentgelt im Sinne der Sozialversicherung gelten (§ 14 Absatz 1 SGB IV).

3. Teilbetrag für die Rentenversicherung (§ 39b Absatz 2 Satz 5 Nummer 3 Buchstabe a und Absatz 4 EStG)

Auf Grundlage des steuerlichen Arbeitslohns wird unabhängig von der Berechnung der tatsächlich abzuführenden Rentenversicherungsbeiträge typisierend ein Arbeitnehmeranteil für die Rentenversicherung eines pflichtversicherten Arbeitnehmers berechnet, wenn der Arbeitnehmer in der gesetzlichen Rentenversicherung pflichtversichert und ein Arbeitnehmeranteil zu entrichten ist. Das gilt auch bei der Versicherung in einer berufsständischen Versorgungseinrichtung bei Befreiung von der gesetzlichen Rentenversicherung (§ 6 Absatz 1 Nummer 1 SGB VI). Das Steuerrecht folgt insoweit der sozialversicherungsrechtlichen Beurteilung, so dass der Arbeitgeber hinsichtlich der maßgeblichen Vorsorgepauschale keinen zusätzlichen Ermittlungsaufwand anstellen muss, sondern auf die ihm insoweit bekannten Tatsachen bei der Abführung der Rentenversicherungsbeiträge – bezogen auf das jeweilige Dienstverhältnis – zurückgreifen kann.

Der Teilbetrag der Vorsorgepauschale für die Rentenversicherung gilt daher bezogen auf das jeweilige Dienstverhältnis beispielsweise nicht bei

- Beamten,
- beherrschenden Gesellschafter-Geschäftsführern einer GmbH,
- Vorstandsmitgliedern von Aktiengesellschaften (§ 1 **Satz 3** SGB VI),
- weiterbeschäftigten Beziehern einer Vollrente wegen Alters oder vergleichbaren Pensionsempfängern, selbst wenn gemäß § 172 Absatz 1 SGB VI ein Arbeitgeberanteil zur gesetzlichen Rentenversicherung zu entrichten ist[2]),
- Arbeitnehmern, die von ihrem Arbeitgeber nur Versorgungsbezüge i. S. d. § 19 Absatz 2 Satz 2 Nummer 2 EStG erhalten (Werkspensionäre),

---

1) seit dem 1.7.2019: Übergangsbereich zwischen 450,01 € und 1.300 €

2) Nach den Änderungen durch das Flexirentengesetz vom 8.12.2016 (BGBl. I S. 2838) können diese Arbeitnehmer seit dem 1.1.2017 auf die Versicherungsfreiheit in der gesetzlichen Rentenversicherung verzichten. Da sie dann Arbeitnehmeranteile zur gesetzlichen Rentenversicherung entrichten müssen, ist in den entsprechenden Fällen auch der Teilbetrag der Vorsorgepauschale für die Rentenversicherung zu berücksichtigen.

- geringfügig beschäftigten Arbeitnehmern, bei denen die Lohnsteuer **nach den individuellen Lohnsteuerabzugsmerkmalen** erhoben wird und für die nur der pauschale Arbeitgeberbeitrag zur gesetzlichen Rentenversicherung entrichtet wird (**Übergangsregelung und Befreiung von der Rentenversicherungspflicht**),
- nach § 8 Absatz 1 Nummer 2 SGB IV geringfügig beschäftigten Arbeitnehmern (versicherungsfreie kurzfristige Beschäftigung), bei denen die Lohnsteuer **nach den individuellen Lohnsteuerabzugsmerkmalen** erhoben wird,
- anderen Arbeitnehmern, die nicht in der gesetzlichen Rentenversicherung pflichtversichert sind und deshalb auch keinen Arbeitnehmerbeitrag zur gesetzlichen Rentenversicherung zu leisten haben (z. B. als Praktikanten oder aus anderen Gründen),
- Arbeitnehmern, wenn der Arbeitgeber nach § 20 Absatz 3 Satz 1 SGB IV den Gesamtsozialversicherungsbeitrag allein trägt (u. a. Auszubildende mit einem Arbeitsentgelt von bis zu monatlich 325 Euro).

Bei Befreiung von der Versicherungspflicht in der gesetzlichen Rentenversicherung auf eigenen Antrag aufgrund einer der in R 3.62 Absatz 3 LStR genannten Vorschriften ist der Teilbetrag für die Rentenversicherung nur in den Fällen des § 3 Nummer 62 Satz 2 Buchstabe b (gesetzliche Rentenversicherung) und c (berufsständische Versorgungseinrichtung) EStG, nicht jedoch in den Fällen des § 3 Nummer 62 Satz 2 Buchstabe a EStG (Lebensversicherung) anzusetzen.

In Fällen, in denen die Verpflichtung besteht, Beiträge zur Alterssicherung an ausländische Sozialversicherungsträger abzuführen, hat der Arbeitgeber bei der Berechnung der Vorsorgepauschale einen Teilbetrag für die Rentenversicherung nur zu berücksichtigen, wenn der abzuführende Beitrag – zumindest teilweise – einen Arbeitnehmeranteil enthält und dem Grunde nach zu einem Sonderausgabenabzug führen kann (§ 10 Absatz 1 Nummer 2 Buchstabe a EStG). Es ist nicht erforderlich, dass die Bundesrepublik Deutschland über das Gemeinschaftsrecht der Europäischen Union mit dem anderen Staat auf dem Gebiet der Sozialversicherung verbunden oder dass ein Sozialversicherungsabkommen mit dem anderen Staat geschlossen worden ist. Besteht Sozialversicherungspflicht im Inland und parallel im Ausland, bleiben im Lohnsteuerabzugsverfahren die Beiträge an den ausländischen Sozialversicherungsträger unberücksichtigt.

4. Teilbetrag für die gesetzliche Krankenversicherung (§ 39b Absatz 2 Satz 5 Nummer 3 Buchstabe b EStG)

Auf Grundlage des steuerlichen Arbeitslohns wird unabhängig von der Berechnung der tatsächlich abzuführenden Krankenversicherungsbeiträge typisierend ein Arbeitnehmeranteil für die Krankenversicherung eines pflichtversicherten Arbeitnehmers berechnet, wenn der Arbeitnehmer in der gesetzlichen Krankenversicherung pflichtversichert oder freiwillig versichert ist (z. B. bei höher verdienenden Arbeitnehmern). Der typisierte Arbeitnehmeranteil ist auch anzusetzen bei in der gesetzlichen Krankenversicherung versicherten Arbeitnehmern, die die anfallenden Krankenversicherungsbeiträge in voller Höhe allein tragen müssen (z. B. freiwillig versicherte Beamte, Empfänger von Versorgungsbezügen). Der entsprechende Teilbetrag ist jedoch nur zu berücksichtigen, wenn der Arbeitnehmer Beiträge zur inländischen gesetzlichen Krankenversicherung leistet; andernfalls ist für Kranken- und Pflegeversicherungsbeiträge immer die Mindestvorsorgepauschale (Tz. 7) anzusetzen. Besteht Sozialversicherungspflicht im Inland und parallel im Ausland, bleiben im Lohnsteuerabzugsverfahren die Beiträge an den ausländischen Sozialversicherungsträger unberücksichtigt. Den Arbeitnehmeranteil für die Versicherung in der gesetzlichen Krankenversicherung darf der Arbeitgeber nur ansetzen, wenn er von einer entsprechenden Versicherung Kenntnis hat (z. B. bei Zahlung eines steuerfreien Zuschusses oder nach Vorlage eines geeigneten Nachweises durch den Arbeitnehmer).

Beispiel:

Lediglich der Beihilfestelle, nicht jedoch der Besoldungsstelle ist bekannt, dass ein Beamter freiwillig gesetzlich krankenversichert ist.

Die Besoldungsstelle berücksichtigt beim Lohnsteuerabzug die Mindestvorsorgepauschale (Tz. 7).

Für geringfügig beschäftigte Arbeitnehmer (geringfügig entlohnte Beschäftigung sowie kurzfristige Beschäftigung), bei denen die Lohnsteuer **nach den individuellen Lohnsteuerabzugsmerkmalen** erhoben wird, ist kein Teilbetrag für die gesetzliche Krankenversicherung anzusetzen, wenn kein Arbeitnehmeranteil für die Krankenversicherung zu entrichten ist. Entsprechendes gilt für andere Arbeitnehmer, wenn kein Arbeitnehmeranteil zu entrichten ist; dies ist regelmäßig bei Schülern und Studenten der Fall. In den entsprechenden Fällen ist in den Lohnsteuerberechnungsprogrammen (**siehe z. B. Bekanntmachung des BMF vom 20. Februar 2013, betreffend den geänderten Programmablaufplan für die maschinelle Berechnung der vom Arbeitslohn einzubehaltenden Lohnsteuer etc. für 2013, BStBl I Seite 221**) unter dem Eingangsparameter „PKV" der Wert „1" einzugeben. Zum Ansatz der Mindestvorsorgepauschale vergleiche Tz. 7.

5. Teilbetrag für die soziale Pflegeversicherung (§ 39b Absatz 2 Satz 5 Nummer 3 Buchstabe c EStG)

Der Teilbetrag für die soziale Pflegeversicherung wird bei Arbeitnehmern angesetzt, die in der inländischen sozialen Pflegeversicherung versichert sind. Der Teilbetrag ist unter Berücksichtigung des Grundsatzes „Pflegeversicherung folgt Krankenversicherung" auch dann anzusetzen, wenn der Arbeitnehmer gesetzlich krankenversichert, jedoch privat pflegeversichert ist. Besteht Sozialversicherungspflicht im Inland und parallel im Ausland, bleiben im Lohnsteuerabzugsverfahren die Beiträge an den ausländischen Sozialversicherungsträger unberücksichtigt.

Länderspezifische Besonderheiten bei den Beitragssätzen sind zu berücksichtigen (höherer Arbeitnehmeranteil in Sachsen [zzt. **1,525** % statt **1,025** %])[1]).

Der Beitragszuschlag für Arbeitnehmer ohne Kinder ist ebenfalls zu berücksichtigen (§ 55 Absatz 3 SGB XI [zzt. 0,25 %])*[2])*.

6. Teilbetrag für die private Basiskranken- und Pflege-Pflichtversicherung (§ 39b Absatz 2 Satz 5 Nummer 3 Buchstabe d EStG)

Der Teilbetrag für die private Basiskranken- und Pflege-Pflichtversicherung wird bei Arbeitnehmern angesetzt, die nicht in der gesetzlichen Krankenversicherung und sozialen Pflegeversicherung versichert sind (z. B. privat versicherte Beamte, beherrschende Gesellschafter-Geschäftsführer und höher verdienende Arbeitnehmer).

In den Steuerklassen I bis V können die dem Arbeitgeber mitgeteilten privaten Basiskranken- und Pflege-Pflichtversicherungsbeiträge berücksichtigt werden (Tz. 6.1 und 6.2). Hiervon ist ein – unabhängig vom tatsächlich zu zahlenden Zuschuss – typisierend berechneter Arbeitgeberzuschuss abzuziehen, wenn der Arbeitgeber nach § 3 Nummer 62 EStG steuerfreie Zuschüsse zu einer privaten Kranken- und Pflegeversicherung des Arbeitnehmers zu leisten hat[3]). Die Beitragsbemessungsgrenze und landesspezifische Besonderheiten bei der Verteilung des Beitragssatzes für die Pflegeversicherung auf Arbeitgeber und Arbeitnehmer (niedrigerer Arbeitgeberanteil in Sachsen [zzt. **0,525** % statt **1,025** %])[4]) sind zu beachten.

6.1 Mitteilung der privaten Basiskranken- und Pflege-Pflichtversicherungsbeiträge durch den Arbeitnehmer

Es ist die Mindestvorsorgepauschale (Tz. 7) zu berücksichtigen, wenn der Arbeitnehmer dem Arbeitgeber die abziehbaren privaten Basiskranken- und Pflege-Pflichtversicherungsbeiträge nicht mitteilt (Beitragsbescheinigung des Versicherungsunternehmens). Die mitgeteilten Beiträge sind maßgebend, wenn sie höher sind als die Mindestvorsorgepauschale. Beitragsbescheinigungen ausländischer

[1]) ab 2019 2,025 % statt 1,525 %

*[2]) **ab 2022 0,35 %***

[3]) Bei der Berechnung des Arbeitgeberzuschusses ist ab 2019 auch der auf den Arbeitgeber entfallende Zusatzbeitrag auf Basis des durchschnittlichen Zusatzbeitragssatzes gegenzurechnen (>GKV-Versichertenentlastungsgesetz).

[4]) ab 2019 1,025 % statt 1,525 %

Versicherungsunternehmen darf der Arbeitgeber nicht berücksichtigen. Gesetzlich versicherte Arbeitnehmer können im Lohnsteuerabzugsverfahren keine Beiträge für eine private Basiskranken- und Pflege-Pflichtversicherung nachweisen; dies gilt auch hinsichtlich der Beiträge eines privat versicherten Ehegatten **oder Lebenspartners** des Arbeitnehmers (siehe unten).

Die mitgeteilten Beiträge privat versicherter Arbeitnehmer hat der Arbeitgeber im Rahmen des Lohnsteuerabzugs zu berücksichtigen. Einbezogen werden können Beiträge für die eigene private Basiskranken- und Pflege-Pflichtversicherung des Arbeitnehmers einschließlich der entsprechenden Beiträge für den mitversicherten, nicht dauernd getrennt lebenden, unbeschränkt einkommensteuerpflichtigen Ehegatten **oder Lebenspartner und** für mitversicherte Kinder, für die der Arbeitnehmer einen Anspruch auf einen Freibetrag für Kinder (§ 32 Absatz 6 EStG) oder auf Kindergeld hat. Über diesen Weg sind auch private Versicherungsbeiträge eines selbst versicherten, nicht dauernd getrennt lebenden, unbeschränkt einkommensteuerpflichtigen Ehegatten **oder Lebenspartners** des Arbeitnehmers zu berücksichtigen, sofern dieser keine Einkünfte i. S. d. § 2 Absatz 1 Nummer 1 bis 4 EStG (Einkünfte aus Land- und Forstwirtschaft, Gewerbebetrieb, selbständiger Arbeit und nichtselbständiger Arbeit) erzielt. Der Arbeitgeber hat nicht zu prüfen, ob die Voraussetzungen für die Berücksichtigung der Versicherungsbeiträge des selbst versicherten Ehegatten **oder Lebenspartners** bei der Vorsorgepauschale des Arbeitnehmers erfüllt sind. Eine ggf. erforderliche Korrektur bleibt einer Pflichtveranlagung (§ 46 Absatz 2 Nummer 3 EStG, Tz. 9) vorbehalten. **Versicherungsbeiträge selbst** versicherter Kinder sind nicht zu berücksichtigen.

Der Arbeitgeber kann die Beitragsbescheinigung oder die geänderte Beitragsbescheinigung entsprechend ihrer zeitlichen Gültigkeit beim Lohnsteuerabzug – auch rückwirkend – berücksichtigen. Bereits abgerechnete Lohnabrechnungszeiträume müssen nicht nachträglich geändert werden. Dies gilt nicht nur, wenn die Beiträge einer geänderten Beitragsbescheinigung rückwirkend höher sind, sondern auch im Falle niedrigerer Beiträge. Im Hinblick auf die Bescheinigungspflicht des Arbeitgebers nach § 41b Absatz 1 Satz 2 Nummer 15 EStG und die ggf. bestehende Veranlagungspflicht nach § 46 Absatz 2 Nummer 3 EStG (Tz. 9) ist keine Anzeige i. S. d. § 41c Absatz 4 EStG erforderlich.

Der Arbeitgeber hat folgende Beitragsbescheinigungen des Versicherungsunternehmens im Rahmen des Lohnsteuerabzugs zu berücksichtigen:

- **eine bis zum 31. März des Kalenderjahres vorgelegte Beitragsbescheinigung über die voraussichtlichen privaten Basiskranken- und Pflege-Pflichtversicherungsbeiträge des Vorjahres,**
- **eine Beitragsbescheinigung über die voraussichtlichen privaten Basiskranken- und Pflege-Pflichtversicherungsbeiträge des laufenden Kalenderjahres oder**
- **eine Beitragsbescheinigung über die nach § 10 Absatz 2a Satz 4 Nummer 2 EStG übermittelten Daten für das Vorjahr.**

Eine dem Arbeitgeber vorliegende Beitragsbescheinigung ist auch im Rahmen des Lohnsteuerabzugs der Folgejahre (weiter) zu berücksichtigen, wenn keine neue Beitragsbescheinigung vorgelegt wird.

Sind die als Sonderausgaben abziehbaren privaten Kranken- und Pflege-Pflichtversicherungsbeiträge höher als die im Lohnsteuerabzugsverfahren berücksichtigten Beiträge, kann der Arbeitnehmer die tatsächlich gezahlten Beiträge bei der Veranlagung zur Einkommensteuer geltend machen. Sind die Beiträge niedriger, kommt eine Pflichtveranlagung in Betracht**, wenn die entsprechenden Arbeitslohngrenzen überschritten werden** (§ 46 Absatz 2 Nummer 3 EStG, Tz. 9).

6.2 Mitteilung der privaten Basiskranken- und Pflege-Pflichtversicherungsbeiträge mittels ELStAM (§ 39 Absatz 4 Nummer 4 i. V. m. § 52 Absatz 50g EStG[1]))

Im Rahmen des ELStAM-Verfahrens (Elektronische LohnSteuerAbzugsMerkmale) wird das Mitteilungsverfahren (Tz. 6.1) abgelöst durch eine elektronische Bereitstellung der privaten Basiskranken- und Pflege-Pflichtversicherungsbeiträge (§ 39 Absatz 4 Nummer 4 EStG). Der Verfahrenseinsatz wird durch BMF-Schreiben mitgeteilt (§ 52 Absatz 50g EStG[1])).

6.3 Bescheinigung der Beiträge des Arbeitnehmers zur gesetzlichen Krankenversicherung und zur sozialen Pflegeversicherung (§ 41b Absatz 1 Satz 2 Nummer 13 EStG)

Unter Nummer 25 und 26 der Lohnsteuerbescheinigung (**siehe z. B. BMF-Schreiben 28. August 2013, BStBl I Seite 1132**) sind Beiträge des Arbeitnehmers zur inländischen gesetzlichen Krankenversicherung und zur inländischen sozialen Pflegeversicherung zu bescheinigen. Beiträge an ausländische Sozialversicherungsträger sind nicht zu bescheinigen.

7. Mindestvorsorgepauschale für Kranken- und Pflegeversicherungsbeiträge (§ 39b Absatz 2 Satz 5 Nummer 3 dritter Teilsatz EStG)

Die Mindestvorsorgepauschale (§ 39b Absatz 2 Satz 5 Nummer 3 dritter Teilsatz EStG) in Höhe von 12 % des Arbeitslohns mit einem Höchstbetrag von jährlich 1.900 Euro (in Steuerklasse III 3.000 Euro) ist anzusetzen, wenn sie höher ist als die Summe der Teilbeträge für die gesetzliche Krankenversicherung (Tz. 4) und die soziale Pflegeversicherung (Tz. 5) oder die private Basiskranken- und Pflege-Pflichtversicherung (Tz. 6). Die Mindestvorsorgepauschale ist auch dann anzusetzen, wenn für den entsprechenden Arbeitslohn kein Arbeitnehmeranteil zur inländischen gesetzlichen Kranken- und sozialen Pflegeversicherung zu entrichten ist (z. B. bei geringfügig beschäftigten Arbeitnehmern, deren Arbeitslohn **nicht nach** § 40a EStG pauschaliert wird, und bei Arbeitnehmern, die Beiträge zu einer ausländischen Kranken- und Pflegeversicherung leisten). Die Mindestvorsorgepauschale ist in allen Steuerklassen zu berücksichtigen.

Neben der Mindestvorsorgepauschale wird der Teilbetrag der Vorsorgepauschale für die Rentenversicherung berücksichtigt, wenn eine Pflichtversicherung in der gesetzlichen Rentenversicherung oder wegen der Versicherung in einer berufsständischen Versorgungseinrichtung eine Befreiung von der gesetzlichen Rentenversicherungspflicht vorliegt (Tz. 3).

8. Lohnsteuer-Jahresausgleich durch den Arbeitgeber (§ 42b Absatz 1 Satz 4 Nummer 5 und § 39b Absatz 2 Satz 12 EStG)

Über die in § 42b Absatz 1 Satz 4 Nummer 5 EStG genannten Ausschlusstatbestände hinaus ist ein Lohnsteuer-Jahresausgleich durch den Arbeitgeber auch dann ausgeschlossen, wenn – bezogen auf den Teilbetrag der Vorsorgepauschale für die Rentenversicherung – der Arbeitnehmer innerhalb des Kalenderjahres nicht durchgängig zum Anwendungsbereich nur einer Beitragsbemessungsgrenze (West oder Ost) gehörte oder wenn – bezogen auf den Teilbetrag der Vorsorgepauschale für die Rentenversicherung oder die gesetzliche Kranken- und soziale Pflegeversicherung – innerhalb des Kalenderjahres nicht durchgängig ein Beitragssatz anzuwenden war. Für den permanenten Lohnsteuer-Jahresausgleich (§ 39b Absatz 2 Satz 12 EStG) gilt dies entsprechend.

9. Pflichtveranlagungstatbestand (§ 46 Absatz 2 Nummer 3 EStG)

Es besteht eine Pflicht zur Veranlagung zur Einkommensteuer, wenn bei einem Steuerpflichtigen die Summe der beim Lohnsteuerabzug berücksichtigten Teilbeträge der Vorsorgepauschale für die gesetzliche und private Kranken- und Pflegeversicherung höher ist als die bei der Veranlagung als Sonderausgaben abziehbaren Vorsorgeaufwendungen nach § 10 Absatz 1 Nummer 3 und 3a in Verbindung mit Absatz 4 EStG **und die entsprechenden Arbeitslohngrenzen überschritten werden**.

[1]) jetzt § 52 Abs. 36

Dies gilt auch, wenn die beim Lohnsteuerabzug berücksichtigte Mindestvorsorgepauschale (Tz. 7) höher ist als die bei der Veranlagung zur Einkommensteuer als Sonderausgaben abziehbaren Vorsorgeaufwendungen.

10. Lohnsteuertabellen zur manuellen Berechnung der Lohnsteuer (§ 51 Absatz 4 Nummer 1a EStG)

Aus Vereinfachungsgründen wird bei der Erstellung der Lohnsteuertabellen – bezogen auf die Berücksichtigung der Vorsorgepauschale – der Beitragszuschlag für Kinderlose (§ 55 Absatz 3 SGB XI) nicht berücksichtigt (**siehe z. B. Bekanntmachung des BMF vom 20. Februar 2013, betreffend den geänderten Programmablaufplan für die Erstellung von Lohnsteuertabellen für 2013, BStBl I Seite 221**). Die länderspezifische Besonderheit bei der sozialen Pflegeversicherung (Tz. 5, höherer Arbeitnehmeranteil in Sachsen [zzt. **1,525** % statt **1,025** %])[1]) ist jedoch bei der Erstellung von Lohnsteuertabellen zu beachten. Es bestehen keine Bedenken, wenn die Lohnsteuer mittels einer Lohnsteuertabelle berechnet wird, die die Besonderheit nicht berücksichtigt, wenn der Arbeitnehmer einer entsprechenden Lohnsteuerberechnung nicht widerspricht.

Bei geringfügig beschäftigten Arbeitnehmern (geringfügig entlohnte Beschäftigung sowie kurzfristige Beschäftigung), bei denen die Lohnsteuer nach den **individuellen Lohnsteuerabzugsmerkmalen** erhoben wird und der Arbeitnehmer keinen eigenen Beitrag zur Rentenversicherung und Kranken-/Pflegeversicherung zahlt, ist die Lohnsteuer mit der „Besonderen Lohnsteuertabelle" zu berechnen (**siehe z. B. Bekanntmachung des BMF vom 20. Februar 2013, a. a. O.**).

11. Pauschalierung der Lohnsteuer in besonderen Fällen (§ 40 Absatz 1 EStG)

Bei der Berechnung des durchschnittlichen Steuersatzes kann aus Vereinfachungsgründen davon ausgegangen werden, dass die betroffenen Arbeitnehmer in allen Zweigen der Sozialversicherung versichert sind und keinen Beitragszuschlag für Kinderlose (§ 55 Absatz 3 SGB XI) leisten. Die individuellen Verhältnisse aufgrund des Faktorverfahrens nach § 39f EStG bleiben unberücksichtigt.

12. Anwendungsregelung

Die Regelungen dieses Schreibens sind spätestens ab Veröffentlichung im Bundessteuerblatt Teil I zu beachten.

Das BMF-Schreiben vom **22. Oktober 2010 – IV C 5 – S 2367/09/10002, DOK2010/0801807 – (BStBl I Seite 1254)** wird hiermit **aufgehoben**.

---

[1]) ab 2019 2,025 % statt 1,525 %

Übersicht

I.

Wohnungsbau-Prämiengesetz (WoPG 1996)

vom 30.10.1997 (BGBl. I S. 2678, BStBl I S. 1050)

zuletzt geändert durch Artikel 26 und Artikel 27 des Gesetzes zur weiteren steuerlichen Förderung der Elektromobilität und zur Änderung weiterer steuerlicher Vorschriften vom 12.12.2019 (BGBl. I S. 2451, BStBl 2020 I S. 17)

§ 1
Prämienberechtigte

[1]Unbeschränkt einkommensteuerpflichtige Personen im Sinne des § 1 Absatz 1, 2 oder 3 des Einkommensteuergesetzes, die das 16. Lebensjahr vollendet haben oder Vollwaisen sind, können für Aufwendungen zur Förderung des Wohnungsbaus eine Prämie erhalten[1]). [2]Voraussetzung ist, daß

1. die Aufwendungen nicht vermögenswirksame Leistungen darstellen, für die Anspruch auf Arbeitnehmer-Sparzulage nach § 13 des Fünften Vermögensbildungsgesetzes besteht, und
2. das maßgebende Einkommen des Prämienberechtigten die Einkommensgrenze (§ 2a) nicht überschritten hat.

§ 2
Prämienbegünstigte Aufwendungen

(1) [1]Als Aufwendungen zur Förderung des Wohnungsbaus im Sinne des § 1 gelten

1. Beiträge an Bausparkassen zur Erlangung von Baudarlehen, soweit die an dieselbe Bausparkasse geleisteten Beiträge im Sparjahr (§ 4 Abs. 1) mindestens 50 Euro betragen. [2]Voraussetzung ist, daß die Bausparkasse ihren Sitz oder ihre Geschäftsleitung in einem Mitgliedstaat der Europäischen Union hat und ihr die Erlaubnis zum Geschäftsbetrieb im Gebiet der Europäischen Union erteilt ist. [3]Bausparkassen sind Kreditinstitute, deren Geschäftsbetrieb darauf gerichtet ist, Bauspareinlagen entgegenzunehmen und aus den angesammelten Beträgen den Bausparern nach einem auf gleichmäßige Zuteilungsfolge gerichteten Verfahren Baudarlehen für wohnungswirtschaftliche Maßnahmen zu gewähren. [4]Werden Beiträge an Bausparkassen zugunsten eines zertifizierten Altersvorsorgevertrages zur Erlangung eines Bauspardarlehens in einem Sparjahr (§ 4 Abs. 1) vom Anbieter den Altersvorsorgebeiträgen nach § 82 des Einkommensteuergesetzes zugeordnet, handelt es sich bei allen Beiträgen zu diesem Vertrag innerhalb dieses Sparjahres bis zu dem in § 10a Absatz 1 des Einkommensteuergesetzes genannten Höchstbetrag um Altersvorsorgebeiträge und nicht um prämienbegünstigte Aufwendungen im Sinne der Absätze 2 und 3;
2. Aufwendungen für den ersten Erwerb von Anteilen an Bau- und Wohnungsgenossenschaften;

---

[1]) § 1 Satz 1 WoPG ist in allen offenen Fällen anzuwenden >§ 10 Abs. 1 Satz 2 WoPG.

3. Beiträge auf Grund von Sparverträgen, die auf die Dauer von drei bis sechs Jahren als allgemeine Sparverträge oder als Sparverträge mit festgelegten Sparraten mit einem Kreditinstitut abgeschlossen werden, wenn die eingezahlten Sparbeiträge und die Prämien zum Bau oder Erwerb selbst genutzten Wohneigentums oder zum Erwerb eines eigentumsähnlichen Dauerwohnrechts verwendet werden;
4. Beiträge auf Grund von Verträgen, die mit Wohnungs- und Siedlungsunternehmen nach der Art von Sparverträgen mit festgelegten Sparraten auf die Dauer von drei bis acht Jahren mit dem Zweck einer Kapitalansammlung abgeschlossen werden, wenn die eingezahlten Beiträge und die Prämien zum Bau oder Erwerb selbst genutzten Wohneigentums oder zum Erwerb eines eigentumsähnlichen Dauerwohnrechts verwendet werden. [2] Den Verträgen mit Wohnungs- und Siedlungsunternehmen stehen Verträge mit den am 31. Dezember 1989 als Organe der staatlichen Wohnungspolitik anerkannten Unternehmen gleich, soweit sie die Voraussetzungen nach Satz 1 erfüllen.

(2) [1] Für die die Prämienbegünstigung der in Absatz 1 Nr. 1 bezeichneten Aufwendungen ist Voraussetzung, dass

1. bei Auszahlung der Bausparsumme oder bei Beleihung der Ansprüche aus dem Vertrag der Bausparer die empfangenen Beträge unverzüglich und unmittelbar zum Wohnungsbau verwendet, oder
2. im Fall der Abtretung der Erwerber die Bausparsumme oder die auf Grund einer Beleihung empfangenen Beträge unverzüglich und unmittelbar zum Wohnungsbau für die abtretende Person oder deren Angehörige im Sinne des § 15 der Abgabenordnung verwendet.

[2] Unschädlich ist jedoch eine Verfügung ohne Verwendung zum Wohnungsbau, die frühestens sieben Jahre nach dem Vertragsabschluss erfolgt, wenn der Bausparer bei Vertragsabschluss das 25. Lebensjahr noch nicht vollendet hatte. [3] Die Prämienbegünstigung ist in diesen Fällen auf die Berücksichtigung der in Absatz 1 Nr. 1 bezeichneten Aufwendungen der letzten sieben Sparjahre bis zu der Verfügung beschränkt. [4] Jeder Bausparer kann nur einmal über einen vor Vollendung des 25. Lebensjahres abgeschlossenen Bausparvertrag ohne wohnungswirtschaftliche Verwendung prämienunschädlich verfügen. [5] Unschädlich ist auch eine Verfügung ohne Verwendung zum Wohnungsbau, wenn der Bausparer oder sein von ihm nicht dauernd getrennt lebender Ehegatte nach Vertragsabschluss gestorben oder völlig erwerbsunfähig geworden ist oder der Bausparer nach Vertragsabschluss arbeitslos geworden ist und die Arbeitslosigkeit mindestens ein Jahr lang ununterbrochen bestanden hat und im Zeitpunkt der Verfügung noch besteht. [6] Die Prämienbegünstigung ist in diesen Fällen auf die Berücksichtigung der in Absatz 1 Nr. 1 bezeichneten Aufwendungen der letzten sieben Sparjahre bis zum Eintritt des Ereignisses beschränkt. [7] Die Vereinbarung über die Erhöhung der Bausparsumme ist als selbständiger Vertrag zu behandeln. [8] Als Wohnungsbau im Sinne der Nummern 1 und 2 gelten auch bauliche Maßnahmen des Mieters zur Modernisierung seiner Wohnung. [9] Dies gilt ebenfalls für den ersten Erwerb von Anteilen an Wohnungsgenossenschaften im Sinne des Absatzes 1 Nr. 2 und den Erwerb von Rechten zur dauernden Selbstnutzung von Wohnraum in Alten-, Altenpflege- und Behinderteneinrichtungen oder -anlagen. [10] Sofern nichts anderes bestimmt ist, setzt die Unschädlichkeit weiter voraus, dass die empfangenen Beträge nur zum Wohnungsbau in einem Mitgliedstaat der Europäischen Union oder in einem Staat eingesetzt werden, auf den das Abkommen über den Europäischen Wirtschaftsraum anwendbar ist[1]).

(3) [1] Für vor dem 1. Januar 2009 abgeschlossene Verträge, für die bis zum 31. Dezember 2008 mindestens ein Beitrag in Höhe der Regelsparrate entrichtet wurde, ist Voraussetzung für die Prämienbegünstigung der in Absatz 1 Nr. 1 bezeichneten Aufwendungen, dass vor Ablauf von sieben Jahren seit Vertragsabschluss weder die Bausparsumme ganz oder zum Teil ausgezahlt noch geleistete Beiträge ganz oder zum Teil zurückgezahlt oder Ansprüche aus dem Bausparvertrag abgetreten oder beliehen werden. [2] Unschädlich ist jedoch die vorzeitige Verfügung, wenn

---

[1]) § 2 Abs. 2 Satz 10 WoPG ist in allen offenen Fällen anzuwenden >§ 10 Abs. 1 Satz 2 WoPG.

1. die Bausparsumme ausgezahlt oder die Ansprüche aus dem Vertrag beliehen werden und der Bausparer die empfangenen Beträge unverzüglich und unmittelbar zum Wohnungsbau verwendet,
2. im Fall der Abtretung der Erwerber die Bausparsumme oder die auf Grund einer Beleihung empfangenen Beträge unverzüglich und unmittelbar zum Wohnungsbau für die abtretende Person oder deren Angehörige im Sinne des § 15 der Abgabenordnung verwendet,
3. der Bausparer oder sein von ihm nicht dauernd getrennt lebender Ehegatte nach Vertragsabschluss gestorben oder völlig erwerbsunfähig geworden ist, oder
4. der Bausparer nach Vertragsabschluss arbeitslos geworden ist und die Arbeitslosigkeit mindestens ein Jahr lang ununterbrochen bestanden hat und im Zeitpunkt der vorzeitigen Verfügung noch besteht.

[3] Absatz 2 Satz 7 bis 10 gilt sinngemäß.

§ 2a
Einkommensgrenze

[1] Die Einkommensgrenze beträgt 35.000 Euro, bei Ehegatten (§ 3 Abs. 3) 70.000 Euro[1]). [2] Maßgebend ist das zu versteuernde Einkommen (§ 2 Absatz 5 des Einkommensteuergesetzes) des Sparjahrs (§ 4 Abs. 1). [3] Bei Ehegatten ist das zu versteuernde Einkommen maßgebend, das sich bei einer Zusammenveranlagung nach § 26b des Einkommensteuergesetzes ergeben hat oder, falls eine Veranlagung nicht durchgeführt worden ist, ergeben würde.

§ 2b
(weggefallen)

§ 3
Höhe der Prämie

(1) [1] Die Prämie bemißt sich nach den im Sparjahr (§ 4 Abs. 1) geleisteten prämienbegünstigten Aufwendungen. [2] Sie beträgt 10 Prozent der Aufwendungen[1]).

(2) [1] Die Aufwendungen des Prämienberechtigten sind je Kalenderjahr bis zu einem Höchstbetrag vom 700 Euro, bei Ehegatten (Absatz 3) zusammen bis zu 1.400 Euro prämienbegünstigt[1]). [2] Die Höchstbeträge stehen den Prämienberechtigten gemeinsam zu (Höchstbetragsgemeinschaft).

(3) [1] Ehegatten im Sinne dieses Gesetzes sind Personen, welche nach § 26b des Einkommensteuergesetzes zusammen veranlagt werden oder die, falls eine Veranlagung zur Einkommensteuer nicht durchgeführt wird, die Voraussetzungen des § 26 Abs. 1 Satz 1 des Einkommensteuergesetzes erfüllen. [2] Die Regelungen dieses Gesetzes zu Ehegatten sind auch auf Lebenspartner anzuwenden, wenn in Verbindung mit § 2 Absatz 8 des Einkommensteuergesetzes die Voraussetzungen des Satzes 1 erfüllt sind.

§ 4
Prämienverfahren allgemein

(1) [1] Der Anspruch auf Prämie entsteht mit Ablauf des Sparjahrs. [2] Sparjahr ist das Kalenderjahr, in dem die prämienbegünstigten Aufwendungen geleistet worden sind.

(2) [1] Die Prämie ist nach amtlich vorgeschriebenem Vordruck bis zum Ablauf des zweiten Kalenderjahrs, das auf das Sparjahr (Absatz 1) folgt, bei dem Unternehmen zu beantragen, an das die prämienbegünstigten Aufwendungen geleistet worden sind. [2] Der Antragsteller hat zu erklären, für welche Aufwendungen er die Prämie beansprucht, wenn bei mehreren Verträgen die Summe der Aufwendungen den Höchstbetrag (§ 3 Abs. 2) überschreitet; Ehegatten (§ 3 Abs. 3) haben dies ein-

---

[1]) § 2a Satz 1 sowie § 3 Abs. 1 Satz 2 und Abs. 2 Satz 1 WoPG sind erstmals für das Sparjahr 2021 anzuwenden >§ 10 Abs. 3 WoPG.

heitlich zu erklären. [3]Der Antragsteller ist verpflichtet, dem Unternehmen unverzüglich eine Änderung der Verhältnisse mitzuteilen, die zu einer Minderung oder zum Wegfall des Prämienanspruchs führen.

(3) [1]Überschreiten bei mehreren Verträgen die insgesamt ermittelten oder festgesetzten Prämien die für das Sparjahr höchstens zulässige Prämie (§ 3), ist die Summe der Prämien hierauf zu begrenzen. [2]Dabei ist die Prämie vorrangig für Aufwendungen auf Verträge mit dem jeweils älteren Vertragsdatum zu belassen. [3]Insoweit ist eine abweichende Erklärung des Prämienberechtigten oder seines Ehegatten unbeachtlich.

(4) Ein Rückforderungsanspruch erlischt, wenn er nicht bis zum Ablauf des vierten Kalenderjahrs geltend gemacht worden ist, das auf das Kalenderjahr folgt, in dem der Prämienberechtigte die Prämie verwendet hat (§ 5).

(5) [1]Das Unternehmen darf die im Prämienverfahren bekanntgewordenen Verhältnisse der Beteiligten nur für das Verfahren verwerten. [2]Es darf sie ohne Zustimmung der Beteiligten nur offenbaren, soweit dies gesetzlich zugelassen ist.

§ 4a
Prämienverfahren im Fall des § 2 Abs. 1 Nr. 1

(1) [1]Bei Aufwendungen im Sinne des § 2 Abs. 1 Nr. 1 hat die Bausparkasse auf Grund des Antrags zu ermitteln, ob und in welcher Höhe ein Prämienanspruch nach Maßgabe dieses Gesetzes oder nach einer auf Grund dieses Gesetzes erlassenen Rechtsverordnung besteht. [2]Dabei hat sie alle Verträge mit dem Prämienberechtigten und seinem Ehegatten (§ 3 Abs. 3) zu berücksichtigen. [3]Die Bausparkasse hat dem Antragsteller das Ermittlungsergebnis spätestens im nächsten Kontoauszug mitzuteilen.

(2) [1]Die Bausparkasse hat die im Kalendermonat ermittelten Prämien (Absatz 1 Satz 1) im folgenden Kalendermonat in einem Betrag zur Auszahlung anzumelden, wenn die Voraussetzungen für die Prämiengewährung nach § 2 Abs. 2 nachgewiesen sind. [2]In den Fällen des § 2 Abs. 3 darf die Prämie nicht vor Ablauf des Kalendermonats angemeldet werden, in dem

a) der Bausparvertrag zugeteilt,

b) die in § 2 Abs. 3 Satz 1 genannte Frist überschritten oder

c) unschädlich im Sinne des § 2 Abs. 3 Satz 2 verfügt

worden ist. [3]Die Anmeldung ist nach amtlich vorgeschriebenem Vordruck (Wohnungsbauprämien-Anmeldung) bei dem für die Besteuerung der Bausparkasse nach dem Einkommen zuständigen Finanzamt (§ 20 der Abgabenordnung) abzugeben. [4]Hierbei hat die Bausparkasse zu bestätigen, daß die Voraussetzungen für die Auszahlung des angemeldeten Prämienbetrags vorliegen. [5]Die Wohnungsbauprämien-Anmeldung gilt als Steueranmeldung im Sinne der Abgabenordnung. [6]Das Finanzamt veranlaßt die Auszahlung an die Bausparkasse zugunsten der Prämienberechtigten durch die zuständige Bundeskasse. [7]Die Bausparkasse hat die erhaltenen Prämien unverzüglich dem Prämienberechtigten gutzuschreiben oder auszuzahlen.

(3) [1]Die Bausparkasse hat die für die Überprüfung des Prämienanspruchs erforderlichen Daten innerhalb von vier Monaten nach Ablauf der Antragsfrist für das Sparjahr (§ 4 Abs. 2 Satz 1) nach amtlich vorgeschriebenem Datensatz durch Datenfernübertragung an die Zentralstelle der Länder zu übermitteln. [2]Besteht der Prämienanspruch nicht oder in anderer Höhe, so teilt die Zentralstelle dies der Bausparkasse durch einen Datensatz mit.

(4) [1]Erkennt die Bausparkasse oder wird ihr mitgeteilt, daß der Prämienanspruch ganz oder teilweise nicht besteht oder weggefallen ist, so hat sie das bisherige Ermittlungsergebnis aufzuheben oder zu ändern; zu Unrecht gutgeschriebene oder ausgezahlte Prämien hat sie zurückzufordern. [2]Absatz 1 Satz 3 gilt entsprechend. [3]Bei fortbestehendem Vertragsverhältnis kann sie das Konto belasten. [4]Die Bausparkasse hat geleistete Rückforderungsbeträge in der Wohnungsbauprämien-Anmeldung des nachfolgenden Monats abzusetzen. [5]Kann die Bausparkasse zu Unrecht gutge-

schriebene ausgezahlte Prämien nicht belasten oder kommt der Prämienempfänger ihrer Zahlungsaufforderung nicht nach, so hat sie hierüber unverzüglich das für die Besteuerung nach dem Einkommen des Prämienberechtigten zuständige Finanzamt (Wohnsitzfinanzamt nach § 19 der Abgabenordnung) zu unterrichten. [6]In diesen Fällen erläßt das Wohnsitzfinanzamt einen Rückforderungsbescheid.

(5) [1]Eine Festsetzung der Prämie erfolgt nur auf besonderen Antrag des Prämienberechtigten. [2]Der Antrag ist schriftlich innerhalb eines Jahres nach Bekanntwerden des Ermittlungsergebnisses der Bausparkasse vom Antragsteller unter Angabe seines Wohnsitzfinanzamts an die Bausparkasse zu richten. [3]Die Bausparkasse leitet den Antrag diesem Finanzamt zur Entscheidung zu. [4]Dem Antrag hat sie eine Stellungnahme und die zur Entscheidung erforderlichen Unterlagen beizufügen. [5]Das Finanzamt teilt seine Entscheidung auch der Bausparkasse mit.

(6) [1]Die Bausparkasse haftet als Gesamtschuldner neben dem Prämienempfänger für die Prämie, die wegen ihrer Pflichtverletzung zu Unrecht gezahlt, nicht einbehalten oder nicht zurückgefordert wird. [2]Die Bausparkasse haftet nicht, wenn sie ohne Verschulden darüber irrte, daß die Prämie zu zahlen war. [3]Für die Inanspruchnahme der Bausparkasse ist das in Absatz 2 Satz 3 bestimmte Finanzamt zuständig. [4]Für die Inanspruchnahme des Prämienempfängers ist das Wohnsitzfinanzamt zuständig.

(7) Das nach Absatz 2 Satz 3 zuständige Finanzamt hat auf Anfrage der Bausparkasse Auskunft über die Anwendung dieses Gesetzes zu geben.

(8) [1]Das nach Absatz 2 Satz 3 zuständige Finanzamt kann bei der Bausparkasse ermitteln, ob sie ihre Pflichten nach diesem Gesetz oder nach einer auf Grund dieses Gesetzes erlassenen Rechtsverordnung erfüllt hat. [2]Die §§ 193 bis 203 der Abgabenordnung gelten sinngemäß. [3]Die Unterlagen über das Prämienverfahren sind im Geltungsbereich dieses Gesetzes zu führen und aufzubewahren.

(9) Die Bausparkasse erhält vom Bund oder den Ländern keinen Ersatz für die ihr aus dem Prämienverfahren entstehenden Kosten.

§ 4b
Prämienverfahren in den Fällen des § 2 Abs. 1 Nr. 2 bis 4

(1) Bei Aufwendungen im Sinne des § 2 Abs. 1 Nr. 2 bis 4 hat das Unternehmen den Antrag an das Wohnsitzfinanzamt des Prämienberechtigten weiterzuleiten.

(2) [1]Wird dem Antrag entsprochen, veranlaßt das Finanzamt die Auszahlung der Prämie an das Unternehmen zugunsten des Prämienberechtigten durch die zuständige Bundeskasse. [2]Einen Bescheid über die Festsetzung der Prämie erteilt das Finanzamt nur auf besonderen Antrag des Prämienberechtigten. [3]Wird nachträglich festgestellt, daß die Voraussetzungen für die Prämie nicht vorliegen oder die Prämie aus anderen Gründen ganz oder teilweise zu Unrecht gezahlt worden ist, so hat das Finanzamt die Prämienfestsetzung aufzuheben oder zu ändern und die Prämie, soweit sie zu Unrecht gezahlt worden ist, zurückzufordern. [4]Sind zu diesem Zeitpunkt die prämienbegünstigten Aufwendungen durch das Unternehmen noch nicht ausgezahlt, so darf die Auszahlung nicht vorgenommen werden, bevor die Prämien an das Finanzamt zurückgezahlt sind.

§ 5
Verwendung der Prämie

(1) (weggefallen)

(2) [1]Die Prämien für die in § 2 Abs. 1 Nr. 1, 3 und 4 bezeichneten Aufwendungen sind vorbehaltlich des § 2 Abs. 2 Satz 2 bis 6 sowie Abs. 3 Satz 2 zusammen mit den prämienbegünstigten Aufwendungen zu dem vertragsmäßigen Zweck zu verwenden. [2]Geschieht das nicht, so hat das Unternehmen in den Fällen des § 4b dem Finanzamt unverzüglich Mitteilung zu machen.

(3) Über Prämien, die für Aufwendungen nach § 2 Abs. 1 Nr. 2 ausgezahlt werden, kann der Prämienberechtigte verfügen, wenn das Geschäftsguthaben beim Ausscheiden des Prämienberechtigten aus der Genossenschaft ausgezahlt wird.

§ 6
Steuerliche Behandlung der Prämie

Die Prämien gehören nicht zu den Einkünften im Sinne des Einkommensteuergesetzes.

§ 7
Aufbringung der Mittel

Der Bund stellt die Beträge für die Prämien den Ländern in voller Höhe gesondert zur Verfügung.

§ 8
Anwendung der Abgabenordnung und der Finanzgerichtsordnung

(1) [1] Auf die Wohnungsbauprämie sind die für Steuervergütungen geltenden Vorschriften der Abgabenordnung entsprechend anzuwenden. [2] Dies gilt nicht für § 108 Abs. 3 der Abgabenordnung hinsichtlich der in § 2 genannten Fristen sowie für die §§ 109 und 163 der Abgabenordnung.

(2) [1] Für die Wohnungsbauprämie gelten die Strafvorschriften des § 370 Abs. 1 bis 4, der §§ 371, 375 Abs. 1 und des § 376 sowie die Bußgeldvorschriften der §§ 378, 379 Abs. 1, 4 und der §§ 383 und 384 der Abgabenordnung entsprechend. [2] Für das Strafverfahren wegen einer Straftat nach Satz 1 sowie der Begünstigung einer Person, die eine solche Tat begangen hat, gelten die §§ 385 bis 408, für das Bußgeldverfahren wegen einer Ordnungswidrigkeit nach Satz 1 die §§ 409 bis 412 der Abgabenordnung entsprechend.

(3) In öffentlich-rechtlichen Streitigkeiten über die auf Grund dieses Gesetzes ergehenden Verwaltungsakte der Finanzbehörden ist der Finanzrechtsweg gegeben.

(4) Besteuerungsgrundlagen für die Berechnung des nach § 2a maßgebenden Einkommens, die der Veranlagung zur Einkommensteuer zugrunde gelegen haben, können der Höhe nach nicht durch einen Rechtsbehelf gegen die Prämie angegriffen werden.

§ 9
Ermächtigungen

(1) Die Bundesregierung wird ermächtigt, durch Rechtsverordnung mit Zustimmung des Bundesrates Vorschriften zur Durchführung dieses Gesetzes zu erlassen über

1. (weggefallen)
2. die Bestimmung der Genossenschaften, die zu den Bau- und Wohnungsgenossenschaften gehören (§ 2 Abs. 1 Nr. 2);
3. den Inhalt der in § 2 Abs. 1 Nr. 3 bezeichneten Sparverträge, die Berechnung der Rückzahlungsfristen, die Folgen vorzeitiger Rückzahlung von Sparbeträgen und die Verpflichtungen der Kreditinstitute; die Vorschriften sind den in den §§ 18 bis 29 der Einkommensteuer-Durchführungsverordnung 1953 enthaltenen Vorschriften mit der Maßgabe anzupassen, daß eine Frist bestimmt werden kann, innerhalb der die Prämien zusammen mit den prämienbegünstigten Aufwendungen zu dem vertragsmäßigen Zweck zu verwenden sind;
4. den Inhalt der in § 2 Abs. 1 Nr. 4 bezeichneten Verträge und die Verwendung der auf Grund solcher Verträge angesammelten Beträge; dabei kann der vertragsmäßige Zweck auf den Bau durch das Unternehmen oder auf den Erwerb von dem Unternehmen, mit dem der Vertrag abgeschlossen worden ist, beschränkt und eine Frist von mindestens drei Jahren bestimmt werden, innerhalb der die Prämien zusammen mit den prämienbegünstigten Aufwendungen zu dem vertragsmäßigen Zweck zu verwenden sind. [2] Die Prämienbegünstigung kann auf Verträge über Gebäude beschränkt werden, die nach dem 31. Dezember 1949 fertiggestellt worden sind. [3] Für die Fälle des Erwerbs kann bestimmt werden, daß der angesammelte Betrag und die Prämien nur zur Leistung des in bar zu zahlenden Kaufpreises verwendet werden dürfen;
5. die Ermittlung, Festsetzung, Auszahlung oder Rückzahlung der Prämie, wenn Besteuerungsgrundlagen für die Berechnung des nach § 2a maßgebenden Einkommens, die der Veranlagung zur Einkommensteuer zugrunde gelegen haben, geändert werden oder wenn für Aufwendungen,

die vermögenswirksame Leistungen darstellen, Arbeitnehmer-Sparzulagen zurückgezahlt oder nachträglich festgesetzt oder ausgezahlt werden;

6. das Verfahren für die Ermittlung, Festsetzung, Auszahlung und Rückforderung der Prämie. [2] Hierzu gehören insbesondere Vorschriften über Aufzeichnungs-, Aufbewahrungs-, Bescheinigungs- und Anzeigepflichten des Unternehmens, bei dem die prämienbegünstigten Aufwendungen angelegt worden sind.

(2) Das Bundesministerium der Finanzen wird ermächtigt, den Wortlaut des Wohnungsbau-Prämiengesetzes und der hierzu erlassenen Durchführungsverordnung in der jeweils geltenden Fassung mit neuem Datum, unter neuer Überschrift und in neuer Paragraphenfolge bekanntzumachen und dabei Unstimmigkeiten des Wortlauts zu beseitigen.

(3) Das Bundesministerium der Finanzen wird ermächtigt, im Einvernehmen mit den obersten Finanzbehörden der Länder

a) den in § 4 Abs. 2 Satz 1 und den in § 4a Abs. 2 Satz 3 vorgeschriebenen Vordruck und
b) die in § 4a Abs. 3 vorgeschriebenen Datensätze

zu bestimmen.

§ 10
Schlußvorschriften

(1) [1] Dieses Gesetz in der Fassung des Artikels 11 des Gesetzes vom 8.12.2010 (BGBl. I S. 1768) ist vorbehaltlich Satz 2 erstmals für das Sparjahr 2009 anzuwenden. [2] § 1 Satz 1 und § 2 Absatz 2 Satz 10 in der Fassung des Gesetzes vom 12. Dezember 2019 (BGBl. I S. 2451) sind in allen offenen Fällen anzuwenden. [3] § 2 Abs. 1 Nr. 1 Satz 4 in der Fassung des Artikels 5 des Gesetzes vom 29.7.2008 (BGBl. I S. 1509) ist erstmals für das Sparjahr 2008 anzuwenden. [4] Bei Aufwendungen im Sinne des § 2 Abs. 1 Nr. 1 ist die Prämie für Sparjahre vor 1996 nach § 4 in der Fassung des Artikels 7 des Gesetzes vom 15. Dezember 1995 (BGBl. I S. 1783) festzusetzen. [5] § 4 Abs. 4 in der Fassung des Artikels 29 des Gesetzes vom 20. Dezember 2001 (BGBl. I S. 3794) ist erstmals bei nicht vertragsgemäßer Verwendung nach dem 31. Dezember 1998 anzuwenden. [6] § 4a Abs. 3 Satz 1 und § 9 Abs. 3 Buchstabe b in der Fassung des Artikels 13 des Gesetzes vom 20. Dezember 2008 (BGBl. I S. 2850) sind erstmals für Datenlieferungen nach dem 31. Dezember 2008 anzuwenden.

(2) [1] Beiträge an Bausparkassen (§ 2 Abs. 1 Nr. 1), für die in den Kalenderjahren 1991 bis 1993 die Zusatzförderung nach § 10 Abs. 6 dieses Gesetzes in der Fassung der Bekanntmachung vom 30. Juli 1992 (BGBl. I S. 1405) in Anspruch genommen worden ist, müssen ausdrücklich zur Verwendung für den Wohnungsbau in dem in Artikel 3 des Einigungsvertrages genannten Gebiet bestimmt sein. [2] Eine Verfügung, die § 2 Abs. 3 entspricht, nicht aber dem besonderen vertraglichen Zweck, ist hinsichtlich der Zusatzprämie und des zusätzlichen Höchstbetrages schädlich. [3] Schädlich ist auch die Verwendung für Ferien- und Wochenendwohnungen, die in einem entsprechend ausgewiesenen Sondergebiet liegen oder die sich auf Grund ihrer Bauweise nicht zum dauernden Bewohnen eignen.

(3) § 2a Satz 1, § 3 Absatz 1 Satz 2 und § 3 Absatz 2 Satz 1 in der Fassung des Gesetzes vom 12. Dezember 2019 (BGBl. I S. 2451) sind erstmals für das Sparjahr 2021 anzuwenden.

II.

Verordnung zur Durchführung des Wohnungsbau-Prämiengesetzes (WoPDV 1996)

vom 30.10.1997 (BGBl. I S. 2684, BStBl I S. 1055)

zuletzt geändert durch Artikel 9 der Fünften Verordnung zur Änderung der steuerlichen Verordnungen vom 25. Juni 2020 (BGBl. I S. 1495)

1. Beiträge an Bausparkassen zur Erlangung von Baudarlehen

§ 1
(weggefallen)

§ 1a
Aufzeichnungs- und Aufbewahrungspflichten

(1) Die Bausparkasse hat Aufzeichnungen zu führen über

1. den Namen und die Anschrift des Bausparers sowie des Abtretenden und des Abtretungsempfängers der Ansprüche aus einem Bausparvertrag,
2. die Vertragsnummer und das Vertragsdatum des Bausparvertrags,
3. die prämienbegünstigten Aufwendungen je Sparjahr,
4. die ermittelte oder festgesetzte Prämie je Sparjahr,
5. die ausgezahlte Prämie je Sparjahr,
6. den Anlaß der Anmeldung in den Fällen des § 4a Abs. 2 Satz 2 des Gesetzes,
7. den nach § 4a Abs. 3 Satz 2 des Gesetzes mitgeteilten Prämienanspruch,
8. das Finanzamt, das im Falle des § 4a Abs. 5 des Gesetzes festgesetzt hat.

(2) Die Bausparkasse hat Unterlagen zu den Aufzeichnungen zu nehmen, aus denen sich der Inhalt des Bausparvertrags und die zweckentsprechende Verwendung oder eine unschädliche Verfügung über die Bausparsumme ergeben.

(3) [1] Der Antrag auf Wohnungsbauprämie und die sonstigen Unterlagen sind geordnet zu sammeln und nach Ende des Sparjahrs zehn Jahre lang aufzubewahren. [2] Die Bausparkasse kann die Unterlagen durch Bildträger oder andere Speichermedien ersetzen.

(4) Sonstige Vorschriften über Aufzeichnungspflichten bleiben unberührt.

(5) Die Bausparkasse hat dem Finanzamt auf Anforderung den Inhalt der Aufzeichnungen mitzuteilen und die für die Festsetzung der Prämie erforderlichen Unterlagen auszuhändigen.

§ 1b
Übertragung von Bausparverträgen auf eine andere Bausparkasse

[1] Werden Bausparverträge auf eine andere Bausparkasse übertragen und verpflichtet sich diese gegenüber dem Bausparer und der Bausparkasse, mit der der Vertrag abgeschlossen worden ist, in die Rechte und Pflichten aus dem Vertrag einzutreten, so gilt die Übertragung nicht als Rückzahlung. [2] Das Bausparguthaben muß von der übertragenden Bausparkasse unmittelbar an die übernehmende Bausparkasse überwiesen werden.

§ 2
Wegfall des Prämienanspruchs und Rückzahlung der Prämien

(1) [1] Der Prämienanspruch entfällt, soweit bei Bausparverträgen

1. prämienschädlich verfügt wird, oder

2. die für die Zusatzförderung nach § 10 Abs. 2 des Gesetzes erforderlichen Voraussetzungen nicht erfüllt werden.

[2] Bereits ausgezahlte Prämien sind an die Bausparkasse oder an das zuständige Finanzamt zurückzuzahlen. [3] Bei einer Teilrückzahlung von Beiträgen kann der Bausparer bestimmen, welche Beiträge als zurückgezahlt gelten sollen. [4] Das gilt auch, wenn die Bausparsumme zum Teil ausgezahlt oder die ausgezahlte Bausparsumme teilweise schädlich verwendet wird oder Ansprüche aus dem Vertrag zum Teil abgetreten oder beliehen werden.

(2) [1] Absatz 1 ist nicht anzuwenden, wenn unschädlich nach § 2 Abs. 2 Satz 2 bis 6 sowie Abs. 3 Satz 2 und 3 des Gesetzes verfügt worden ist. [2] Beabsichtigt im Fall des § 2 Abs. 2 Satz 1 Nr. 2 oder Abs. 3 Satz 2 Nr. 2 des Gesetzes der Abtretungsempfänger im Zeitpunkt der Abtretung der Ansprüche aus dem Bausparvertrag eine unverzügliche und unmittelbare Verwendung zum Wohnungsbau für den Abtretenden oder dessen Angehörige (§ 15 der Abgabenordnung), so ist die Prämie dem Abtretenden auszuzahlen oder die Rückforderung bereits ausgezahlter Prämien auszusetzen, wenn der Abtretende eine Erklärung des Abtretungsempfängers über die Verwendungsabsicht beibringt.

2. Bau- und Wohnungsgenossenschaften

§ 3[1])

[1] Bau- und Wohnungsgenossenschaften im Sinne des § 2 Abs. 1 Nr. 2 des Gesetzes sind Genossenschaften, die nach dem in ihrer Satzung festgesetzten Gegenstand und nach der tatsächlichen Geschäftstätigkeit des Unternehmens die Versorgung ihrer Mitglieder mit Wohnungen bezwecken. [2] Die tatsächliche Geschäftstätigkeit bezweckt dann die Versorgung der Mitglieder mit Wohnungen, wenn mehr als 50 Prozent des Betrags der Geschäftsguthaben der Mitglieder verwendet wird für

1. den Bau oder den Erwerb von Wohnungen, die von den Mitgliedern genutzt werden sollen, oder
2. die Verwaltung, Bestandserhaltung oder Modernisierung von Wohnungen, die von den Mitgliedern genutzt werden.

[3] Bei neu gegründeten Genossenschaften reicht es in den ersten drei Jahren ihres Bestehens für die tatsächliche Geschäftstätigkeit aus, wenn die Genossenschaft unverzüglich mit dem Bau oder dem Erwerb von Wohnungen, die von ihren Mitgliedern genutzt werden sollen, beginnt, wobei die üblichen Vorbereitungen wie Bauland- oder Gebäudebeschaffung, Planungs- und Bauantragsverfahren mit einzubeziehen sind. [4] Bau- und Wohnungsgenossenschaften im Sinne des § 2 Abs. 1 Nr. 2 des Gesetzes haben gegenüber der Bausparkasse sowie gegenüber ihren Mitgliedern in Textform zu erklären, dass die vorgenannten Voraussetzungen vorliegen, und sind verpflichtet, einen Wegfall dieser Voraussetzungen unverzüglich anzuzeigen. [5] Die Bausparkasse hat diese Unterlagen zu den Aufzeichnungen zu nehmen.

3. Wohnbau-Sparverträge

§ 4
Allgemeine Sparverträge

(1) [1] Allgemeine Sparverträge im Sinne des § 2 Abs. 1 Nr. 3 des Gesetzes sind Verträge mit

1. einem Kreditinstitut oder
2. einem am 31. Dezember 1989 als gemeinnützig anerkannten Wohnungsunternehmen oder einem am 31. Dezember 1989 als Organ der staatlichen Wohnungspolitik anerkannten Unternehmen, wenn diese Unternehmen eigene Spareinrichtungen unterhalten, auf die die Vorschriften des Gesetzes über das Kreditwesen anzuwenden sind,

in denen der Prämienberechtigte sich verpflichtet, die eingezahlten Sparbeiträge auf drei bis sechs Jahre festzulegen und die eingezahlten Sparbeiträge sowie die Prämien zu dem in § 2 Abs. 1 Nr. 3

---

[1]) § 3 WoPDV 1996 ist anzuwenden, soweit der Erwerb von Anteilen an Bau- und Wohnungsgenossenschaften nach dem 31.12.2020 erfolgt > § 20 Satz 2 WoPDV 1996.

des Gesetzes bezeichneten Zweck zu verwenden. [2]Die Verträge können zugunsten dritter Personen abgeschlossen werden.

(2) [1]Die Verlängerung der Festlegung um jeweils ein Jahr oder um mehrere Jahre bis zu einer Gesamtdauer der Festlegung von sechs Jahren kann zwischen dem Prämienberechtigten und dem Unternehmen vereinbart werden. [2]Die Vereinbarung über die Verlängerung ist vor Ablauf der Festlegungsfrist zu treffen.

§ 5
Rückzahlungsfrist bei allgemeinen Sparverträgen

[1]Die Sparbeiträge dürfen erst nach Ablauf der vereinbarten Festlegungsfrist (§ 4) zurückgezahlt werden. [2]Die Festlegungsfrist beginnt am 1. Januar, wenn der Vertrag vor dem 1. Juli, und am 1. Juli, wenn der Vertrag nach dem 30. Juni des betreffenden Kalenderjahrs abgeschlossen worden ist.

§ 6
Sparverträge mit festgelegten Sparraten

(1) [1]Sparverträge mit festgelegten Sparraten im Sinne des § 2 Abs. 1 Nr. 3 des Gesetzes sind Verträge mit einem der in § 4 Abs. 1 bezeichneten Unternehmen, in denen sich der Prämienberechtigte verpflichtet, für drei bis sechs Jahre laufend, jedoch mindestens vierteljährlich, der Höhe nach gleichbleibende Sparraten einzuzahlen und die eingezahlten Sparbeiträge sowie die Prämien zu dem in § 2 Abs. 1 Nr. 3 des Gesetzes bezeichneten Zweck zu verwenden. [2]Die Verträge können zugunsten dritter Personen abgeschlossen werden.

(2) [1]Die Verlängerung der Einzahlungsverpflichtung um jeweils ein Jahr oder um mehrere Jahre bis zu einer Gesamtdauer der Einzahlungen von sechs Jahren kann zwischen dem Prämienberechtigten und dem Unternehmen vereinbart werden. [2]Die Vereinbarung über die Verlängerung ist spätestens im Zeitpunkt der letzten nach dem Vertrag zu leistenden Einzahlung zu treffen.

(3) Den in Absatz 1 bezeichneten Einzahlungen werden gleichgestellt

1. zusätzliche Einzahlungen, soweit sie in einem Kalenderjahr nicht höher sind als der Jahresbetrag der in Absatz 1 bezeichneten Einzahlungen, sowie
2. zusätzliche Einzahlungen, die vermögenswirksame Leistungen darstellen, bis zur Höhe des nach dem Fünften Vermögensbildungsgesetz geförderten Betrags.

§ 7
Rückzahlungsfrist bei Sparverträgen mit festgelegten Sparraten

Die auf Grund eines Sparvertrags mit festgelegten Sparraten eingezahlten Sparbeiträge dürfen ein Jahr nach dem Tag der letzten Einzahlung, jedoch nicht vor Ablauf eines Jahres nach dem letzten regelmäßigen Fälligkeitstag, zurückgezahlt werden.

§ 8
Unterbrechung von Sparverträgen mit festgelegten Sparraten

(1) [1]Sparraten, die nicht rechtzeitig geleistet worden sind, können innerhalb eines halben Jahres nach ihrer Fälligkeit, spätestens bis zum 15. Januar des folgenden Kalenderjahrs, nachgeholt werden; die im folgenden Kalenderjahr nachgeholten Sparraten gelten als Einzahlungen des Kalenderjahrs der Fälligkeit. [2]Innerhalb des letzten halben Jahres vor Ablauf der Festlegungsfrist ist eine Nachholung ausgeschlossen.

(2) [1]Der Vertrag ist in vollem Umfang unterbrochen, wenn eine Sparrate nicht spätestens vor Ablauf der in Absatz 1 bezeichneten Nachholfrist eingezahlt worden ist oder wenn Einzahlungen zurückgezahlt werden; das gleiche gilt, wenn Ansprüche aus dem Vertrag abgetreten werden, es sei denn, der Abtretungsempfänger ist ein Angehöriger (§ 15 der Abgabenordnung) oder die im Vertrag bezeichnete andere Person. [2]Der Vertrag ist teilweise unterbrochen, wenn eine Sparrate in geringerer als der vereinbarten Höhe geleistet und der Unterschiedsbetrag nicht innerhalb der in Absatz 1 bezeichneten Frist nachgeholt worden ist.

Übersicht über Zahlen zur Lohnsteuer 2022

Fundstelle – Inhalt	2022
§ 3 Nr. 11 EStG, R 3.11 LStR	
Beihilfen und Unterstützungen in Notfällen steuerfrei bis	600
§ 3 Nr. 11a EStG	
Corona-Beihilfen bis 31.3.2022	1.500
§ 3 Nr. 26 EStG	
Einnahmen aus nebenberuflichen Tätigkeiten steuerfrei bis	3.000
§ 3 Nr. 26a EStG	
Einnahmen aus ehrenamtlichen Tätigkeiten steuerfrei bis	840
§ 3 Nr. 30 u. 50 EStG, R 9.13 LStR	
Heimarbeitszuschläge (steuerfrei in % des Grundlohns)	10 %
§ 3 Nr. 34 EStG	
Freibetrag für Gesundheitsförderung	600
§ 3 Nr. 34a Buchstabe b EStG	
Freibetrag für die kurzfristige Betreuung von Kindern und pflegebedürftigen Angehörigen aus zwingenden, beruflich veranlassten Gründen	600
§ 3 Nr. 38 EStG	
Sachprämien aus Kundenbindungsprogrammen steuerfrei bis	1.080
§ 3 Nr. 39 EStG	
Freibetrag für Vermögensbeteiligungen	1.440
§ 3 Nr. 56 EStG	
Höchstbetrag für Beiträge aus dem ersten Dienstverhältnis an eine nicht kapitalgedeckte Pensionskasse steuerfrei bis jährlich 3 % der Beitragsbemessungsgrenze (West) von 84.600 Euro	2.538
§ 3 Nr. 63 EStG	
– Höchstbetrag für Beiträge aus dem ersten Dienstverhältnis an Pensionsfonds, Pensionskassen oder für Direktversicherungen: Steuerfreiheit bis jährlich 8 % der Beitragsbemessungsgrenze (West) von 84.600 Euro	6.768
– Höchstbetrag bei Beendigung des Dienstverhältnisses: 4 % der Beitragsbemessungsgrenze (West) von 84.600 Euro x Dienstjahre, max. 10 Jahre	33.840
– Höchstbetrag für Nachzahlungen: 8 % der Beitragsbemessungsgrenze (West) von 84.600 Euro x Dienstjahre, max. 10 Jahre	67.680
§ 3b EStG	
Sonntags-, Feiertags- oder Nachtzuschläge (steuerfrei in % des Grundlohns, höchstens von 50 Euro)	
– Nachtarbeit	25 %
– Nachtarbeit von 0 Uhr bis 4 Uhr (wenn Arbeit vor 0 Uhr aufgenommen)	40 %
– Sonntagsarbeit	50 %
– Feiertage + Silvester ab 14 Uhr	125 %
– Weihnachten, Heiligabend ab 14 Uhr und 1. Mai	150 %
§ 8 Abs. 2 Satz 11 EStG	
Freigrenze für Sachbezüge monatlich	50

Fundstelle – Inhalt	2022
§ 8 Abs. 2 Satz 12 EStG	
Freibetrag Wohnungsvermietung durch Arbeitgeber	
– Bewertungsabschlag vom ortsüblichen Mietwert	1/3
– Mietobergrenze (Kaltmiete je qm)	25
§ 8 Abs. 2 EStG, SvEV	
Sachbezüge	
– Unterkunft (monatlich)	241
– Mahlzeiten (täglich)	
– Frühstück	1,87
– Mittagessen/Abendessen	3,57
Reisekosten bei Auswärtstätigkeiten	
– Fahrtkosten (§ 9 Abs. 1 Satz 3 Nr. 4a EStG) je Kilometer (pauschal) bei Benutzung eines:	
– Kraftwagens	0,30
– anderen motorbetriebenen Fahrzeugs	0,20
– Verpflegungsmehraufwendungen (§ 9 Abs. 4a EStG) Inland:	
– Abwesenheit 24 Stunden	28
– An- und Abreisetag mit Übernachtung	14
– Abwesenheit eintägig und mehr als 8 Stunden	14
– Abwesenheit bis zu 8 Stunden	–
– Übernachtungskosten (§ 9 Abs. 1 Satz 3 Nr. 5a EStG)	
– Pauschale Inland (R 9.7 LStR, nur Arbeitgeberersatz)	20
– Auswärtstätigkeiten im Ausland laut gesondertem BMF-Schreiben	
§ 9 Abs. 1 Satz 3 Nr. 4 EStG	
Verkehrsmittelunabhängige Entfernungspauschale für Wege zwischen Wohnung und erster Tätigkeitsstätte	
– je Entfernungs-km bis 20 km	0,30
– je Entfernungs-km ab 21. km	0,35
– Höchstbetrag (dieser gilt nicht bei Nutzung eines Pkw, bei tatsächlichen ÖPV-Kosten über 4.500 € p. a. sowie für Menschen mit Behinderungen i. S. v. § 9 Abs. 2 EStG)	4.500
§ 9 Abs. 1 Satz 3 Nr. 5 EStG	
Doppelte Haushaltsführung	
– Fahrtkosten (Pkw)	
– erste und letzte Fahrt je Kilometer	0,30
– eine Heimfahrt wöchentlich je Entfernungs-km (Entfernungspauschale)	
– bis 20 km	0,30
– ab 21. km	0,35
– Verpflegungsmehraufwendungen	
– 1. bis 3. Monat	14/28
– ab 4. Monat	–
– Übernachtungskosten Inland tatsächliche Aufwendungen max.	1.000 mtl.
– Pauschale Inland (nur Arbeitgeberersatz)	
– 1. bis 3. Monat	20
– ab 4. Monat	5
– Pauschale bei Berufskraftfahrern	8
§ 9a Satz 1 Nr. 1 EStG	
– Arbeitnehmer-Pauschbetrag	1.000
– für Versorgungsempfänger	102

Übersicht über Zahlen zur Lohnsteuer 2022

Fundstelle – Inhalt	2022
§ 10 Abs. 1 Nr. 5 EStG	
Kinderbetreuungskosten	
– $^{2}/_{3}$ der Aufwendungen, höchstens	4.000
– Kind noch keine .... Jahre alt (Ausnahme: Kinder mit Behinderungen)	14
§ 19 EStG, R 19.3 Abs. 1 Satz 2 Nr. 4 LStR	
Fehlgeldentschädigungen steuerfrei bis	16
§ 19 EStG, R 19.3 Abs. 2 Nr. 3 LStR	
Diensteinführung, Verabschiedung usw.; Freigrenze für Sachleistungen je teilnehmender Person einschl. USt	110
§ 19 Abs. 1 Satz 1 Nr. 1a EStG	
Betriebsveranstaltungen	
Freibetrag je Arbeitnehmer einschl. USt	110
§ 19 EStG, R 19.6 Abs. 1 und 2 LStR	
Freigrenze für	
– Aufmerksamkeiten (Sachzuwendungen)	60
– Arbeitsessen	60
§ 19 Abs. 2 EStG (>Tabelle in § 19 EStG)	
Versorgungsbeginn in 2022	
– Prozentsatz	14,4 %
– Versorgungsfreibetrag¹)	1.080
– Zuschlag zum Versorgungsfreibetrag¹)	324
§ 24a EStG (>Tabelle in § 24a EStG)	
2021 ist Kalenderjahr nach Vollendung des 64. Lebensjahres	
– Prozentsatz	14,4 %
– Höchstbetrag	684
§ 24b EStG	
– Entlastungsbetrag für Alleinerziehende¹)	4.008
– Erhöhung für jedes weitere Kind¹)	240
§§ 37a, 37b EStG, § 39c Abs. 3 EStG, § 40 Abs. 2 EStG, § 40a EStG, § 40b EStG, § 40b EStG a. F.	
Lohnsteuer-Pauschalierungssatz für	
– Kundenbindungsprogramme	2,25 %
– Sachzuwendungen bis 10.000 Euro	30 %
– Auszahlung tarifvertraglicher Ansprüche durch Dritte (keine Abgeltungswirkung) bei sonstigen Bezügen bis 10.000 Euro	20 %
– Kantinenmahlzeiten	25 %
– Mahlzeiten bei Auswärtstätigkeit	25 %
– Betriebsveranstaltungen	25 %
– Erholungsbeihilfen	25 %
– Verpflegungszuschüsse	25 %
– Schenkung Datenverarbeitungsgeräte und Internet-Zuschüsse	25 %
– Schenkung Ladevorrichtung/-station und Zuschüsse für den Betrieb der Station	25 %
– Übereignung betrieblicher Fahrräder	25 %
– Fahrtkostenzuschüsse bei Anrechnung auf die Entfernungspauschale	15 %
– Fahrtkostenzuschüsse ohne Anrechnung auf die Entfernungspauschale	25 %
– Kurzfristig Beschäftigte	25 %
– Mini-Job	
– – mit pauschaler Rentenversicherung	2 %
– – ohne pauschale Rentenversicherung	20 %
– Aushilfskräfte Land- und Forstwirtschaft	5 %
– Beschränkt steuerpflichtige Arbeitnehmer	30 %
– nicht kapitalgedeckte Pensionskassen	20 %
– kapitalgedeckte Pensionskassen und Direktversicherungen bei Versorgungszusage vor dem 1.1.2005	20 %
– Unfallversicherungen	20 %
– Sonderzahlungen in der betrieblichen Altersversorgung	15 %

Fundstelle – Inhalt	2022
§ 40 Abs. 1 EStG	
Pauschalierung von sonstigen Bezügen je Arbeitnehmer höchstens	1.000
§ 40 Abs. 2 Satz 1 Nr. 3 EStG	
Höchstbetrag für die Pauschalierung von Erholungsbeihilfen	
– für den Arbeitnehmer	156
– für den Ehegatten/Lebenspartner	104
– je Kind	52
§ 40 Abs. 2 Satz 2 EStG	
Pauschalierung von Fahrtkostenzuschüssen bei Fahrten zwischen Wohnung und erster Tätigkeitsstätte je Entfernungs-km	
– bis 20 km	0,30
– ab 21. km	0,35
(Ausnahme: Menschen mit Behinderungen i. S. v. § 9 Abs. 2 EStG)	
§ 40a Abs. 1 EStG	
Pauschalierung bei kurzfristig Beschäftigten	
– Dauer der Beschäftigung	18 Tage
– Arbeitslohn je Kalendertag (Ausnahme: unvorhergesehener Zeitpunkt)	120
– Stundenlohngrenze	15
§ 40a Abs. 3 EStG	
Pauschalierung bei Aushilfskräften in der Land- und Forstwirtschaft	
– Dauer der Beschäftigung (im Kalenderjahr)	180 Tage
– Unschädlichkeitsgrenze (in % der Gesamtbeschäftigungsdauer)	25 %
– Stundenlohngrenze	15
§ 40a Abs. 7 EStG	
– Dauer der Beschäftigung	18 Tage
§ 40b Abs. 2 EStG, § 40b Abs. 2 a. F.	
Pauschalierung bei nicht kapitalgedeckten Pensionskassen sowie bei kapitalgedeckten Pensionskassen und Direktversicherungen nach Übergangsregelung	
– Höchstbetrag im Kalenderjahr je Arbeitnehmer	1.752
– Durchschnittsberechnung möglich bis zu (je Arbeitnehmer)	2.148
§ 40b Abs. 3 EStG	
Pauschalierung bei Unfallversicherungen Durchschnittsbetrag im Kalenderjahr je Arbeitnehmer (ohne Versicherungsteuer) höchstens	100
§ 41a Abs. 2 EStG	
Anmeldungszeitraum	
– Kalenderjahr, wenn Lohnsteuer des Vorjahres bis zu	1.080
– Vierteljahr, wenn Lohnsteuer des Vorjahres bis zu	5.000
– Monat, wenn Lohnsteuer des Vorjahres über	5.000
§ 100 EStG	
Förderbetrag zur betrieblichen Altersversorgung	
– Fördersatz	30 %
– Förder-Höchstbetrag	288
– Mindestanlagebetrag	240
– Arbeitslohn des Arbeitnehmers maximal	
– – Jahr	30.900
– – Monat	2.575
– – Woche	600,84
– – Tag	85,84
– Arbeitgeberbeitrag steuerfrei bis	960

¹) anteilig $^{1}/_{12}$ für jeden Monat

(3) [1] Ist der Vertrag in vollem Umfang unterbrochen (Absatz 2 Satz 1), so sind spätere Einzahlungen nicht mehr prämienbegünstigt. [2] Liegt eine teilweise Unterbrechung (Absatz 2 Satz 2) vor, so sind spätere Einzahlungen nur in Höhe des Teils der Sparraten prämienbegünstigt, der ununterbrochen in gleichbleibender Höhe geleistet worden ist. [3] Dieser Betrag ist auch maßgebend für die zusätzlichen Einzahlungen, die nach § 6 Abs. 3 Nr. 1 erbracht werden können.

§ 9
Vorzeitige Rückzahlung

[1] Soweit vor Ablauf der in den §§ 5 und 7 bezeichneten Fristen, außer in den Fällen des § 12, Sparbeiträge im Sinne des § 4 oder des § 6 zurückgezahlt werden, werden Prämien nicht ausgezahlt; bereits ausgezahlte Prämien sind an das Finanzamt zurückzuzahlen. [2] Das gilt nicht, wenn der Prämienberechtigte oder die im Vertrag bezeichnete andere Person stirbt oder nach Vertragsabschluß völlig erwerbsunfähig wird.

§ 10
Verwendung der Sparbeiträge

(1) [1] Die auf Grund eines allgemeinen Sparvertrags (§ 4) oder eines Sparvertrags mit festgelegten Sparraten (§ 6) eingezahlten Beträge sind von dem Prämienberechtigten oder der in dem Vertrag bezeichneten anderen Person zusammen mit den Prämien innerhalb eines Jahres nach der Rückzahlung der Sparbeiträge, spätestens aber innerhalb von vier Jahren nach dem Zeitpunkt, in dem die eingezahlten Sparbeiträge frühestens zurückgezahlt werden dürfen, zu dem in § 2 Abs. 1 Nr. 3 des Gesetzes bezeichneten Zweck zu verwenden. [2] § 9 Satz 2 findet Anwendung.

(2) Eine Verwendung zu dem in § 2 Abs. 1 Nr. 3 des Gesetzes bezeichneten Zweck ist gegeben, wenn die eingezahlten Beträge verwendet werden

1. zum Bau einer Kleinsiedlung, eines Eigenheims oder einer Eigentumswohnung für den Prämienberechtigten, die in dem Vertrag bezeichnete andere Person oder die in § 15 der Abgabenordnung bezeichneten Angehörigen dieser Personen,
2. zum Erwerb einer Kleinsiedlung, eines Eigenheims, einer Eigentumswohnung oder eines eigentumsähnlichen Dauerwohnrechts durch den Prämienberechtigten, die in dem Vertrag bezeichnete andere Person oder die in § 15 der Abgabenordnung bezeichneten Angehörigen dieser Personen.

§ 11
Anzeigepflicht

[1] Die in § 4 Abs. 1 bezeichneten Unternehmen haben, außer im Fall des Todes des Prämienberechtigten oder der in dem Vertrag bezeichneten anderen Person, dem für ihre Veranlagung oder dem für die Veranlagung des Prämienberechtigten zuständigen Finanzamt unverzüglich die Fälle mitzuteilen, in denen

1. Sparbeiträge vor Ablauf der in den §§ 5 und 7 bezeichneten Fristen zurückgezahlt werden,
2. Sparbeiträge und Prämien nicht oder nicht innerhalb der Fristen des § 10 zu dem dort bezeichneten Zweck verwendet werden,
3. Sparverträge auf ein anderes Unternehmen übertragen oder in Verträge mit Wohnungs- und Siedlungsunternehmen oder mit am 31. Dezember 1989 anerkannten Organen der staatlichen Wohnungspolitik umgewandelt werden (§ 12 Abs. 1).

[2] Die Anzeige kann auch von der Niederlassung eines Unternehmens an das Finanzamt gerichtet werden, in dessen Bezirk sich die Niederlassung befindet.

§ 12
Übertragung und Umwandlung von Sparverträgen

(1) Prämien werden auch ausgezahlt und bereits ausgezahlte Prämien werden nicht zurückgefordert, wenn

1. allgemeine Sparverträge (§ 4) und Sparverträge mit festgelegten Sparraten (§ 6) während ihrer Laufzeit unter Übertragung der bisherigen Einzahlungen und der Prämien auf ein anderes Unternehmen übertragen werden und sich dieses gegenüber dem Prämienberechtigten und dem Unternehmen, mit dem der Vertrag abgeschlossen worden ist, verpflichtet, in die Rechte und Pflichten aus dem Vertrag einzutreten,
2. Sparverträge mit festgelegten Sparraten während ihrer Laufzeit unter Übertragung der bisherigen Einzahlungen und der Prämien in Verträge mit Wohnungs- und Siedlungsunternehmen oder mit am 31. Dezember 1989 anerkannten Organen der staatlichen Wohnungspolitik im Sinne des § 13 umgewandelt werden.

(2) [1] In Fällen der Übertragung (Absatz 1 Nr. 1) gelten die §§ 4 bis 11 weiter mit der Maßgabe, daß die bisherigen Einzahlungen als Einzahlungen auf Grund des Vertrags mit dem Unternehmen, auf das der Vertrag übertragen worden ist, behandelt werden. [2] In Fällen der Umwandlung (Absatz 1 Nr. 2) gelten die §§ 15 bis 17 mit der Maßgabe, daß die bisherigen Einzahlungen als Einzahlungen auf Grund des Vertrags mit dem Wohnungs- oder Siedlungsunternehmen oder mit dem am 31. Dezember 1989 anerkannten Organ der staatlichen Wohnungspolitik behandelt werden.

4. Verträge mit Wohnungs- und Siedlungsunternehmen und Organen der staatlichen Wohnungspolitik (Baufinanzierungsverträge)

§ 13
Inhalt der Verträge

(1) [1] Verträge im Sinne des § 2 Abs. 1 Nr. 4 des Gesetzes sind Verträge mit einem Wohnungs- oder Siedlungsunternehmen (§ 14) oder einem am 31. Dezember 1989 anerkannten Organ der staatlichen Wohnungspolitik (§ 2 Abs. 1 Nr. 4 Satz 2 des Gesetzes), in denen sich der Prämienberechtigte verpflichtet,

1. einen bestimmten Kapitalbetrag in der Weise anzusammeln, daß er für drei bis acht Jahre laufend, jedoch mindestens vierteljährlich, der Höhe nach gleichbleibende Sparraten bei dem Wohnungs- oder Siedlungsunternehmen oder dem am 31. Dezember 1989 anerkannten Organ der staatlichen Wohnungspolitik einzahlt, und
2. den angesammelten Betrag und die Prämien zu dem in § 2 Abs. 1 Nr. 4 des Gesetzes bezeichneten Zweck zu verwenden (§ 16),

und in denen sich das Wohnungs- oder Siedlungsunternehmen oder das am 31. Dezember 1989 anerkannte Organ der staatlichen Wohnungspolitik verpflichtet, die nach dem Vertrag vorgesehene Leistung (§ 16) zu erbringen. [2] § 6 Abs. 2 gilt entsprechend. [3] Die Verträge können zugunsten dritter Personen abgeschlossen werden.

(2) Den in Absatz 1 bezeichneten Einzahlungen werden gleichgestellt

1. zusätzliche Einzahlungen, soweit sie in einem Kalenderjahr nicht höher sind als der Jahresbetrag der in Absatz 1 bezeichneten Einzahlungen, sowie
2. zusätzliche Einzahlungen, die vermögenswirksame Leistungen darstellen, bis zur Höhe des nach dem Fünften Vermögensbildungsgesetz geförderten Betrags.

§ 14
Wohnungs- und Siedlungsunternehmen

Wohnungs- und Siedlungsunternehmen im Sinne des § 13 sind

1. am 31. Dezember 1989 als gemeinnützig anerkannte Wohnungsunternehmen,
2. gemeinnützige Siedlungsunternehmen,

3. Unternehmen, die vor Aufhebung des Reichsheimstättengesetzes zur Ausgabe von Heimstätten zugelassen waren,
4. andere Wohnungs- und Siedlungsunternehmen, wenn sie die folgenden Voraussetzungen erfüllen:
   a) Das Unternehmen muß im Handelsregister oder im Genossenschaftsregister eingetragen sein;
   b) der Zweck des Unternehmens muß ausschließlich oder weit überwiegend auf den Bau und die Verwaltung oder Übereignung von Wohnungen oder die wohnungswirtschaftliche Betreuung gerichtet sein. [2] Die tatsächliche Geschäftsführung muß dem entsprechen;
   c) das Unternehmen muß sich einer regelmäßigen und außerordentlichen Überprüfung seiner wirtschaftlichen Lage und seines Geschäftsgebarens, insbesondere der Verwendung der gesparten Beträge, durch einen wohnungswirtschaftlichen Verband, zu dessen satzungsmäßigem Zweck eine solche Prüfung gehört, unterworfen haben. [2] Soweit das Unternehmen oder seine Gesellschafter an anderen Unternehmen gleicher Art beteiligt sind, muß sich die Überprüfung zugleich auf diese erstrecken.

§ 15
Unterbrechung und Rückzahlung der Einzahlungen

(1) [1] Sparraten, die nicht rechtzeitig geleistet worden sind, können innerhalb eines halben Jahres nach ihrer Fälligkeit, spätestens bis zum 15. Januar des folgenden Kalenderjahrs, nachgeholt werden; die im folgenden Kalenderjahr nachgeholten Sparraten gelten als Einzahlungen des Kalenderjahrs der Fälligkeit. [2] Innerhalb des letzten halben Jahres vor Ablauf der Festlegungsfrist ist eine Nachholung ausgeschlossen.

(2) [1] Der Vertrag ist in vollem Umfang unterbrochen, wenn eine Sparrate nicht spätestens vor Ablauf der in Absatz 1 bezeichneten Nachholfrist eingezahlt worden ist oder wenn Einzahlungen zurückgezahlt werden; das gleiche gilt, wenn Ansprüche aus dem Vertrag abgetreten werden, es sei denn, der Abtretungsempfänger ist ein Angehöriger (§ 15 der Abgabenordnung) oder die im Vertrag bezeichnete andere Person. [2] Der Vertrag ist teilweise unterbrochen, wenn eine Sparrate in geringerer als der vereinbarten Höhe geleistet und der Unterschiedsbetrag nicht innerhalb der in Absatz 1 bezeichneten Frist nachgeholt worden ist.

(3) [1] Ist der Vertrag in vollem Umfang unterbrochen (Absatz 2 Satz 1), so sind spätere Einzahlungen nicht mehr prämienbegünstigt. [2] Liegt eine teilweise Unterbrechung (Absatz 2 Satz 2) vor, so sind spätere Einzahlungen nur in Höhe des Teils der Sparraten prämienbegünstigt, der ununterbrochen in gleichbleibender Höhe geleistet worden ist. [3] Dieser Betrag ist auch maßgebend für die zusätzlichen Einzahlungen, die nach § 13 Abs. 2 Nr. 1 erbracht werden können.

(4) [1] Soweit eingezahlte Beiträge, außer in den Fällen des § 18, zurückgezahlt werden, werden Prämien nicht ausgezahlt; bereits ausgezahlte Prämien sind an das Finanzamt zurückzuzahlen. [2] Das gilt nicht, wenn der Prämienberechtigte oder die im Vertrag bezeichnete andere Person stirbt oder nach Vertragsabschluß völlig erwerbsunfähig wird.

§ 16
Verwendung der angesammelten Beträge

(1) [1] Der angesammelte Betrag ist zusammen mit den Prämien innerhalb von fünf Jahren nach dem Zeitpunkt, in dem nach dem Vertrag die letzte Zahlung zu leisten ist, von dem Prämienberechtigten oder der im Vertrag bezeichneten anderen Person zu dem in § 2 Abs. 1 Nr. 4 des Gesetzes bezeichneten Zweck zu verwenden. [2] § 15 Abs. 4 Satz 2 findet Anwendung.

(2) Eine Verwendung zu dem in § 2 Abs. 1 Nr. 4 des Gesetzes bezeichneten Zweck ist gegeben, wenn der angesammelte Betrag und die Prämien verwendet werden

1. zum Bau selbst genutzten Wohneigentums für den Prämienberechtigten, die in dem Vertrag bezeichnete andere Person oder die in § 15 der Abgabenordnung bezeichneten Angehörigen dieser Person durch das Wohnungs- und Siedlungsunternehmen oder das am 31. Dezember 1989 anerkannte Organ der staatlichen Wohnungspolitik oder

2. zum Erwerb selbst genutzten Wohneigentums oder eines eigentumsähnlichen Dauerwohnrechts durch den Prämienberechtigten, die in dem Vertrag bezeichnete andere Person oder die in § 15 der Abgabenordnung bezeichneten Angehörigen dieser Personen; dabei muß es sich um einen Erwerb von dem Wohnungs- und Siedlungsunternehmen oder dem am 31. Dezember 1989 anerkannten Organ der staatlichen Wohnungspolitik und selbst genutztes Wohneigentum handeln, das nach dem 31. Dezember 1949 errichtet worden ist.

(3) Bei einer Verwendung im Sinne des Absatzes 2 Nr. 2 dürfen der angesammelte Betrag und die Prämien nur zur Leistung des bar zu zahlenden Teils des Kaufpreises verwendet werden.

§ 17
Anzeigepflicht

[1] Das Wohnungs- oder Siedlungsunternehmen oder das am 31. Dezember 1989 anerkannte Organ der staatlichen Wohnungspolitik hat, außer im Fall des Todes des Prämienberechtigten oder der in dem Vertrag bezeichneten anderen Person, dem für seine Veranlagung oder dem für die Veranlagung des Prämienberechtigten zuständigen Finanzamt unverzüglich die Fälle mitzuteilen, in denen

1. angesammelte Beträge zurückgezahlt werden (§ 15),
2. angesammelte Beträge und Prämien nicht oder nicht innerhalb der Frist des § 16 zu dem in § 2 Abs. 1 Nr. 4 des Gesetzes bezeichneten Zweck verwendet werden,
3. Verträge auf ein anderes Wohnungs- oder Siedlungsunternehmen oder ein anderes am 31. Dezember 1989 anerkanntes Organ der staatlichen Wohnungspolitik übertragen oder in Sparverträge mit festgelegten Sparraten im Sinne des § 6 umgewandelt werden (§ 18 Abs. 1).

[2] Die Anzeige kann auch von der Niederlassung eines Wohnungs- oder Siedlungsunternehmens oder eines am 31. Dezember 1989 anerkannten Organs der staatlichen Wohnungspolitik an das Finanzamt gerichtet werden, in dessen Bezirk sich die Niederlassung befindet.

§ 18
Übertragung und Umwandlung von Verträgen mit Wohnungs- und Siedlungsunternehmen und Organen der staatlichen Wohnungspolitik

(1) Prämien werden auch ausgezahlt und bereits ausgezahlte Prämien werden nicht zurückgefordert, wenn Verträge mit Wohnungs- und Siedlungsunternehmen oder am 31. Dezember 1989 anerkannten Organen der staatlichen Wohnungspolitik (§ 13) während ihrer Laufzeit unter Übertragung der bisherigen Einzahlungen und der Prämien

1. auf ein anderes Wohnungs- oder Siedlungsunternehmen oder ein anderes am 31. Dezember 1989 anerkanntes Organ der staatlichen Wohnungspolitik übertragen werden und sich dieses gegenüber dem Prämienberechtigten und dem Unternehmen, mit dem der Vertrag abgeschlossen worden ist, verpflichtet, in die Rechte und Pflichten aus dem Vertrag einzutreten,
2. in einen Sparvertrag mit festgelegten Sparraten im Sinne des § 6 umgewandelt werden.

(2) § 12 Abs. 2 ist entsprechend anzuwenden.

5. Änderung der Voraussetzungen für den Prämienanspruch in besonderen Fällen

§ 19
Änderung des zu versteuernden Einkommens

(1) Wird im Besteuerungsverfahren die Entscheidung über die Höhe des zu versteuernden Einkommens nachträglich in der Weise geändert, daß dadurch

1. die Einkommensgrenze (§ 2a des Gesetzes) unterschritten wird, so kann der Prämienberechtigte die Prämie innerhalb eines Jahres nach Bekanntgabe der Änderung erstmalig oder erneut beantragen;
2. die Einkommensgrenze überschritten wird, so ist die Prämie neu zu ermitteln oder festzusetzen; ausgezahlte Prämien sind zurückzufordern.

(2) Besteht oder entsteht für Aufwendungen, die vermögenswirksame Leistungen darstellen,

1. kein Anspruch auf Arbeitnehmer-Sparzulage und liegen dennoch die Voraussetzungen für den Prämienanspruch vor, so kann der Prämienberechtigte die Prämie innerhalb eines Jahres nach Bekanntgabe des Bescheids über die Arbeitnehmer-Sparzulage erstmalig oder erneut beantragen;
2. nachträglich ein Anspruch auf Arbeitnehmer-Sparzulage und entfällt damit der Prämienanspruch, so ist die Prämie neu zu ermitteln oder festzusetzen; ausgezahlte Prämien sind zurückzufordern.

§ 20
Anwendungsvorschrift

[1] Diese Verordnung in der Fassung des Artikels 6 des Gesetzes vom 29.7.2008 (BGBl. I S. 1509) ist erstmals für das Sparjahr 2009 anzuwenden. [2] § 3 in der Fassung der Verordnung vom 25. Juni 2020 (BGBl. I S. 1495) ist anzuwenden, soweit der Erwerb von Anteilen an Bau- und Wohnungsgenossenschaften nach dem 31. Dezember 2020 erfolgt.

III.
Allgemeine Verwaltungsvorschrift zur Ausführung des Wohnungsbau-Prämiengesetzes

vom 22.10.2002 (BStBl I S. 1044)

Nach Artikel 85 Abs. 2 des Grundgesetzes wird die folgende allgemeine Verwaltungsvorschrift zur Ausführung des Wohnungsbau-Prämiengesetzes erlassen:

Wohnungsbau-Prämienrichtlinien 2002 – WoPR 2002 –

Einführung

[1]Die Wohnungsbau-Prämienrichtlinien 2002 (WoPR 2002) enthalten im Interesse einer einheitlichen Anwendung des Wohnungsbau-Prämienrechts Weisungen zur Auslegung des Wohnungsbau-Prämiengesetzes 1996 (WoPG 1996) in der Fassung der Bekanntmachung vom 30. Oktober 1997 (BGBl. I S. 2678), zuletzt geändert durch Artikel 13 des Gesetzes vom 23. Juli 2002 (BGBl. I S. 2715), und seiner Durchführungsverordnung (WoPDV 1996) in der Fassung der Bekanntmachung vom 30. Oktober 1997 (BGBl. I S. 2684), zuletzt geändert durch Artikel 14 des Gesetzes vom 23. Juli 2002 (BGBl. I S. 2715), und behandeln Zweifelsfragen und Auslegungsfragen von allgemeiner Bedeutung. [2]Die Wohnungsbau-Prämienrichtlinien 2002 sind auf die prämienbegünstigten Aufwendungen für Sparjahre anzuwenden, die nach dem 31. Dezember 2001 begonnen haben. [3]Vor den Wohnungsbau-Prämienrichtlinien 2002 ergangene sonstige Verwaltungsanweisungen zum Wohnungsbauprämienrecht sind nicht mehr anzuwenden.

Zu § 1 und § 2a des Gesetzes

1. Begünstigter Personenkreis

(1) [1]Eine Prämie erhalten natürliche Personen,

- die unbeschränkt einkommensteuerpflichtig im Sinne des § 1 Abs. 1 oder 2 Einkommensteuergesetz (EStG) sind oder nach § 1 Abs. 3 EStG auf Antrag als unbeschränkt einkommensteuerpflichtig zu behandeln sind und dabei in einem Dienstverhältnis zu einer inländischen juristischen Person des öffentlichen Rechts stehen und dafür Arbeitslohn aus einer inländischen öffentlichen Kasse beziehen1),
- spätestens am Ende des Sparjahrs das 16. Lebensjahr vollendet haben oder Vollwaisen sind und
- Aufwendungen zur Förderung des Wohnungsbaus gemacht haben (§ 1 WoPG).

[2]Es ist unschädlich, wenn der Prämienberechtigte nicht während des gesamten Sparjahrs unbeschränkt einkommensteuerpflichtig ist oder als unbeschränkt einkommensteuerpflichtig behandelt wird. [3]Die Voraussetzungen der Prämienberechtigung müssen in der Person des Vertragsinhabers gegeben sein; dies gilt auch, wenn der Vertrag einen Dritten begünstigt (Abschnitt 3 Abs. 3 Satz 1).

(2) [1]Zusammenschlüsse natürlicher Personen, die als solche nicht einkommensteuerpflichtig sind – z. B. nichtrechtsfähige Vereine, Erbengemeinschaften, Personengesellschaften –, sind nicht prämienberechtigt; Partner einer eingetragenen Lebenspartnerschaft2) und Partner einer nichtehelichen Lebensgemeinschaft gelten als Alleinstehende. [2]Jedoch kann der einzelne Beteiligte nach Maßgabe seiner persönlichen Verhältnisse mit den ihm nachweislich zuzurechnenden Aufwendungen prämienberechtigt sein (BFH vom 10.2.1961 – BStBl III S. 224). [3]Für die Zuordnung der aufgrund eines Vertrags zur Förderung des Wohnungsbaus geleisteten prämienbegünstigten Aufwendungen auf die

1) jetzt in allen offenen Fällen >§ 1 Satz 1 WoPG
2) zur eingetragenen Lebenspartnerschaft >§ 3 Abs. 3 Satz 2 WoPG

einzelnen Beteiligten ist auf das bei Vertragsabschluss im Innenverhältnis festgelegte Verhältnis abzustellen. [4]Bei Partnern einer eingetragenen Lebenspartnerschaft[1]) und Partnern einer nichtehelichen Lebensgemeinschaft kann – soweit nicht ausdrücklich etwas anderes bestimmt ist – von einer hälftigen Zurechnung ausgegangen werden.

(3) Wegen des Begriffs „Aufwendungen zur Förderung des Wohnungsbaus“ vgl. Abschnitte 3 bis 8.

2. Einkommensgrenzen

(1) [1]Für die Prämienberechtigung sind die Einkommensverhältnisse des Sparjahrs maßgebend. [2]Die Einkommensgrenze beträgt für Alleinstehende (Abschnitt 10 Abs. 2) 25 600 Euro[2]) und für Ehegatten[3]) (Abschnitt 10 Abs. 3) 51 200 Euro[4]). [3]Bei der Ermittlung des zu versteuernden Einkommens sind für jedes Kind im Sinne des § 32 EStG die jeweils in Betracht kommenden Freibeträge nach § 32 Abs. 6 EStG zu berücksichtigen (§ 2 Abs. 5 EStG); dabei sind stets die Freibeträge für das gesamte Sparjahr zugrunde zu legen. [4]Im Übrigen erhöht sich das zu versteuernde Einkommen um die nach § 3 Nr. 40 EStG steuerfreien Beträge und mindert sich um die nach § 3c Abs. 2 EStG nicht abziehbaren Beträge (§ 2 Abs. 5a EStG).

(2) Zu den Folgen einer nachträglichen Änderung des zu versteuernden Einkommens wird auf § 19 Abs. 1 WoPDV, Abschnitt 11 Abs. 2 Satz 1, Abschnitt 12 Abs. 4, Abschnitt 13 Abs. 5 Satz 1 Nr. 3 hingewiesen.

Zu § 2 und § 5 des Gesetzes

3. Prämienbegünstigte Aufwendungen (Allgemeines)

(1) [1]Die prämienbegünstigten Aufwendungen ergeben sich abschließend aus § 2 Abs. 1 WoPG. [2]Aufwendungen, die vermögenswirksame Leistungen darstellen, sind nur prämienbegünstigt, soweit kein Anspruch auf Arbeitnehmer-Sparzulage nach § 13 des 5. Vermögensbildungsgesetzes (5. VermBG) besteht (§ 1 Nr. 1 WoPG). [3]Bei Änderungen des Anspruchs auf Arbeitnehmer-Sparzulage ist § 19 Abs. 2 WoPDV zu beachten. [4]Die Wohnungsbauprämie gehört nicht zu den prämienbegünstigten Aufwendungen. [5]Von dem Unternehmen gutgeschriebene Zinsen abzüglich etwaiger Steuern, z. B. des Zinsabschlags, können als prämienbegünstigte Aufwendungen verwendet werden. [6]Beiträge an dieselbe Bausparkasse, die nach Abzug des Betrags, für den Anspruch auf Arbeitnehmer-Sparzulage besteht, im Sparjahr weniger als 50 Euro betragen, sind keine prämienbegünstigten Aufwendungen (§ 2 Abs. 1 Nr. 1 WoPG).

(2) [1]Rückwirkende Vertragsvereinbarungen sind nicht anzuerkennen. [2]Die Vereinbarung über die Erhöhung der Bausparsumme ist als selbständiger Vertrag (Zusatzvertrag) zu behandeln (BFH vom 7.3.1975 – BStBl II S. 532); eine aus Anlass der Umstellung auf den Euro vorgenommene Aufrundung der Bausparsumme auf den nächsten glatten durch 1 000 Euro teilbaren Betrag stellt keine Vertragserhöhung in diesem Sinne dar. [3]Werden Bausparverträge zusammengelegt, wird die Bausparsumme herabgesetzt oder der Vertrag geteilt, so liegt lediglich eine Änderung des bisherigen Vertrags vor, die das Abschlussdatum nicht berührt.

(3) [1]Der Prämienberechtigte kann prämienbegünstigte Aufwendungen im Sinne des § 2 Abs. 1 Nr. 1, 3 und 4 WoPG auch zu Gunsten Dritter erbringen. [2]Soweit die angesammelten Beträge als Voraussetzung für die Prämie zu dem vertragsmäßigen Zweck verwendet werden müssen, tritt der Begünstigte an die Stelle des Prämienberechtigten. [3]Stirbt der Prämienberechtigte vor dem Ende der Einzahlungsdauer, so kann der Vertrag von seinem Rechtsnachfolger fortgesetzt werden. [4]Das gilt auch, wenn der Vertrag im Wege einer Erbauseinandersetzung auf einen Miterben übertragen worden ist (BFH vom 15.6.1973 – BStBl II S. 737). [5]Die am Ende des Todesjahres gutgeschriebenen Zinsen gehören zu den Bausparbeiträgen des Rechtsnachfolgers. [6]Für die Prämienbegünstigung

---

1) zur eingetragenen Lebenspartnerschaft >§ 3 Abs. 3 Satz 2 WoPG
2) ab dem Sparjahr 2021 35.000 € >§ 2a Satz 1 WoPG
3) Entsprechendes gilt für Lebenspartner (>§ 3 Abs. 3 Satz 2 WoPG).
4) ab dem Sparjahr 2021 70.000 € >§ 2a Satz 1 WoPG

der Aufwendungen, die vom Fortsetzenden erbracht werden, kommt es allein auf dessen persönliche Verhältnisse an.

(4)[1]) [1] Haben Ehegatten einen Vertrag gemeinsam abgeschlossen, so kommt es in bestimmten Fällen – z. B. bei vorzeitiger Verfügung wegen Arbeitslosigkeit oder bei Ehegatten, die als Alleinstehende zu behandeln sind (Abschnitt 10 Abs. 2), oder bei Fortsetzung des Vertrags nach Scheidung der Ehe – darauf an, welcher der Ehegatten die Aufwendungen geleistet hat. [2] Für diese Feststellung kann den Angaben der Ehegatten im Allgemeinen gefolgt werden, es sei denn, dass sich aus den Unterlagen, wie es z. B. bei vermögenswirksamen Leistungen der Fall sein kann, etwas anderes ergibt.

4. Beiträge an Bausparkassen zur Erlangung eines Baudarlehens

(1) [1] Baudarlehen sind Darlehen, die bestimmt sind

1. zum Bau, zum Erwerb oder zu einer – gemessen am Verkehrswert nicht unerheblichen – Verbesserung
   a) eines Wohngebäudes,
   b) eines anderen Gebäudes, soweit es Wohnzwecken dient, oder
   c) einer Eigentumswohnung;
2. zur Ausstattung eines Wohngebäudes mit Einbaumöbeln, zur Einrichtung oder zum Einbau von Heizungsanlagen sowie für Maßnahmen zur Wärmedämmung und zur Nutzung erneuerbarer Energien (Energie aus Biomasse, Geothermie, solarer Strahlung, Wasser- und Windkraft). [2] Voraussetzung ist, dass die Einrichtungen wesentliche Bestandteile eines Gebäudes sind oder ein Nebengebäude oder eine Außenanlage (§ 89 Bewertungsgesetz; Abschnitt 45 der Richtlinien für die Bewertung des Grundvermögens) darstellen;
3. zum Erwerb eines eigentumsähnlichen Dauerwohnrechts (zur Definition vgl. Abschnitt 6 Abs. 4 Satz 2);
4. zum Erwerb von Rechten zur dauernden Selbstnutzung von Wohnraum in Alten-, Altenpflege- und Behinderteneinrichtungen oder -anlagen;
5. zur Beteiligung an der Finanzierung des Baues oder Erwerbs eines Gebäudes gegen Überlassung einer Wohnung;
6. zum Erwerb von Bauland, das der Bausparer in der Absicht erwirbt, ein Wohngebäude darauf zu errichten. [2] Soll das zu errichtende Gebäude nur zum Teil Wohnzwecken dienen, so ist der Erwerb nur für den Teil des Baulandes begünstigt, der Wohnzwecken dienen soll. [3] Auf die Baureife des Grundstücks kommt es nicht an;
7. zum Erwerb eines Grundstücks, auf dem der Bausparer als Erbbauberechtigter bereits ein Wohngebäude errichtet hat. [2] Nummer 6 Satz 2 gilt entsprechend;
8. zur Durchführung baulicher Maßnahmen des Mieters oder anderer nutzungsberechtigter Personen zur Modernisierung ihrer Wohnung;
9. zum ersten Erwerb von Anteilen an Bau- oder Wohnungsgenossenschaften (Abschnitt 5);
10. zur völligen oder teilweisen Ablösung von Verpflichtungen, z. B. von Hypotheken, die im Zusammenhang mit den in Nummer 1 bis 9 bezeichneten Vorhaben eingegangen worden sind, oder von Erbbauzinsreallasten. [2] Das gilt auch dann, wenn der Bausparer bereits mit Hilfe fremden Kapitals gebaut hat. [3] Nicht als Ablösung von Verpflichtungen gilt die Zahlung von laufenden Tilgungs- und Zinsbeträgen, von aufgelaufenen Tilgungs- und Zinsbeträgen (sog. Nachtilgung) und von vorausgezahlten Tilgungs- und Zinsraten (sog. Voraustilgung). [4] Eine unschädliche Verwendung des Bausparguthabens zur Ablösung von Verbindlichkeiten, die im Zusammenhang mit dem Erwerb eines Wohngebäudes eingegangen worden sind, liegt nur vor, soweit

[1]) Entsprechendes gilt für Lebenspartner (>§ 3 Abs. 3 Satz 2 WoPG).

es sich um Verpflichtungen gegenüber Dritten handelt, nicht aber bei der Verpflichtung mehrerer Erwerber untereinander (BFH vom 29.11.1973 – BStBl 1974 II S. 126).

[2]Die Bausparsumme (Bausparguthaben und Baudarlehen) muss grundsätzlich für ein Objekt im Inland[1]) verwendet werden; begünstigt sind auch Ferien- oder Wochenendwohnungen. [3]Ausnahmen gelten für Bauvorhaben von Bediensteten der Europäischen Union an ihrem ausländischen Wohnsitz, von dem aus sie ihrer Amtstätigkeit nachgehen (BFH vom 1.3.1974 – BStBl II S. 374).

(2) [1]Als Bausparbeiträge sind die Beiträge, die bis zur vollen oder teilweisen Auszahlung der Bausparsumme entrichtet wurden, zu berücksichtigen, höchstens aber bis zum Erreichen der vereinbarten Bausparsumme; auf den Zeitpunkt der Zuteilung kommt es nicht an (BFH vom 25.7.1958 – BStBl III S. 368). [2]Neben den vertraglich vereinbarten Beiträgen gehören dazu u. a.

– Abschlussgebühren, auch wenn sie zunächst auf einem Sonderkonto gutgeschrieben worden sind,
– freiwillige Beiträge,
– gutgeschriebene Zinsen, die zur Beitragszahlung verwendet werden,
– Umschreibegebühren,
– Zinsen für ein Bausparguthaben, das aus einem Auffüllungskredit entstanden ist (BFH vom 5.5.1972 – BStBl II S. 732).

[3]Keine Bausparbeiträge sind Tilgungsbeträge, Bereitstellungszinsen, Darlehenszinsen, Verwaltungskostenbeiträge und Zuteilungsgebühren. [4]Hat der Bausparer vor der Zuteilung des Baudarlehens einen Zwischenkredit erhalten, sind die Beiträge, die er bis zur Auszahlung der Bausparsumme entrichtet, prämienbegünstigt. [5]Hat der Bausparer jedoch den Zwischenkredit unter Beleihung von Ansprüchen aus einem Bausparvertrag vor Ablauf der Sperrfrist erhalten, so gilt dies nur, wenn er den Zwischenkredit unverzüglich und unmittelbar zu begünstigten Zwecken verwendet. [6]Werden Bausparbeiträge vor Ablauf des Sparjahrs, für das sie geleistet wurden, zurückgezahlt, so gelten sie als nicht geleistet.

5. Aufwendungen für den ersten Erwerb von Anteilen an Bau- und Wohnungsgenossenschaften

(1) [1]Bau- und Wohnungsgenossenschaften im Sinne von § 2 Abs. 1 Nr. 2 WoPG, § 3 WoPDV[2]) müssen eingetragene Genossenschaften im Sinne des § 1 des Genossenschaftsgesetzes (GenG) sein. [2]Aufwendungen für den Erwerb von Mitgliedschaftsrechten an Personenvereinigungen anderer Rechtsform, z. B. an Vereinen, sind nicht prämienbegünstigt (BFH vom 23.1.1959 – BStBl III S. 145).

(2) [1]Aufwendungen für den ersten Erwerb von Anteilen an Bau- und Wohnungsgenossenschaften sind alle Einzahlungen des Prämienberechtigten auf seinen Geschäftsanteil. [2]Erster Erwerb ist jeder unmittelbare Erwerb von der Genossenschaft. [3]Ein Genosse kann mehrere Anteile an der Genossenschaft prämienbegünstigt erwerben; die Geschäftsanteile müssen nicht gleichzeitig erworben werden. [4]Prämienbegünstigt sind hiernach z. B. auch Einzahlungen auf den Geschäftsanteil, die geleistet werden, nachdem das Geschäftsguthaben durch Verlustabschreibung gemindert oder der Geschäftsanteil durch Beschluss der Generalversammlung erhöht worden ist. [5]Darüber hinaus gehören zu den Aufwendungen für den ersten Erwerb die Eintrittsgelder. [6]Zahlungen, die an den ausscheidenden Genossen für die Übernahme seines Geschäftsguthabens geleistet werden, sind keine Aufwendungen für den ersten Erwerb von Anteilen an Bau- und Wohnungsgenossenschaften.

---

1) jetzt in allen offenen Fällen >§ 2 Abs. 2 Satz 10 WoPG
2) § 3 WoPDV ist gemäß § 20 Satz 2 WoPDV in der geänderten Fassung anzuwenden, soweit der Erwerb von Anteilen an Bau- und Wohnungsgenossenschaften nach dem 31.12.2020 erfolgt.

6. Beiträge auf Grund von Wohnbau-Sparverträgen und auf Grund von Baufinanzierungsverträgen (Allgemeines)

(1) [1]Bei Sparverträgen mit festgelegten Sparraten (§ 2 Abs. 1 Nr. 3 und 4 WoPG) kann der Prämienberechtigte die im laufenden Kalenderjahr fällig werdenden Sparraten im Voraus einzahlen. [2]Die vorausgezahlten Sparraten werden jedoch erst im Zeitpunkt der Fälligkeit Sparbeiträge im Sinne des Gesetzes. [3]Werden vorausgezahlte Sparraten vor Eintritt ihrer vertraglichen Fälligkeit wieder zurückgezahlt, so gelten sie als nicht geleistet. [4]Übersteigen im Kalenderjahr die Einzahlungen des Prämienberechtigten die Summe der auf dieses Kalenderjahr entfallenden Sparraten, so können sie als zusätzliche Einzahlungen im Rahmen des § 6 Abs. 3 WoPDV prämienbegünstigt sein.

(2) [1]Voraussetzung für die Festsetzung und Auszahlung einer Prämie ist, dass die Sparbeiträge vor Ablauf der Festlegungsfrist nicht zurückgezahlt werden (§§ 9, 15 Abs. 4 WoPDV). [2]Auch bei einer Unterbrechung (§ 8 Abs. 2, § 15 Abs. 2 WoPDV) bleibt die ursprüngliche Festlegungsfrist bestehen.

(3) [1]Der vertragsmäßige Zweck ist erfüllt, wenn die Beiträge und Prämien innerhalb der Verwendungsfrist (§ 10 Abs. 1, § 16 Abs. 1 WoPDV) zu den gesetzmäßigen Zwecken verwendet werden. [2]Eine Rückzahlung vor Ablauf der Festlegungsfrist (§§ 5, 7 WoPDV) oder vor dem Zeitpunkt, in dem nach dem Vertrag die letzte Zahlung zu leisten ist, ist auch dann prämienschädlich, wenn die Beiträge zu dem vertragsmäßigen Zweck verwendet werden.

(4) [1]Der Begriff selbst genutztes Wohneigentum ergibt sich aus § 17 Abs. 2 Wohnraumförderungsgesetz. [2]Ein Dauerwohnrecht (§ 31 Wohnungseigentumsgesetz) ist als eigentumsähnlich anzusehen, wenn der Dauerwohnberechtigte in seinen Rechten und Pflichten einem Wohnungseigentümer wirtschaftlich gleichgestellt ist (BFH vom 11.9.1964 – BStBl 1965 III S. 8) und der Dauerwohnberechtigte auf Grund des Dauerwohnrechtsvertrags bei einem Heimfall des Dauerwohnrechts eine angemessene Entschädigung erhält. [3]Entspricht der Dauerwohnrechtsvertrag dem Mustervertrag über die Bestellung eines eigentumsähnlichen Dauerwohnrechts (Bundesbaublatt 1956 S. 615), so kann ohne weitere Prüfung anerkannt werden, dass der Dauerwohnberechtigte wirtschaftlich einem Wohnungseigentümer gleichsteht.

7. Besonderheiten bei Wohnbau-Sparverträgen

(1) [1]Eine vertragsmäßige Verwendung liegt auch in einer Beseitigung von Schäden an Gebäuden von selbst genutztem Wohneigentum unter wesentlichem Bauaufwand, durch die die Gebäude auf Dauer zu Wohnzwecken nutzbar gemacht werden. [2]Der Erwerb von Bauland kann bereits als Baumaßnahme angesehen werden, wenn er in zeitlichem Zusammenhang mit dem Bau von Wohnraum im eigenen Haus steht. [3]Das ist stets anzunehmen, wenn mit dem Bau spätestens innerhalb eines Jahres nach dem Grundstückserwerb begonnen wird (BFH vom 28.7.1972 – BStBl II S. 923). [4]Mit dem Bau kann schon vor Beginn der Frist begonnen werden, die nach § 10 Abs. 1 WoPDV für die Verwendung der Mittel maßgebend ist, jedoch dürfen auch in diesen Fällen die Sparbeiträge und die Prämien erst nach Ablauf der Sperrfrist (§§ 5, 7 WoPDV) für das Bauvorhaben verwendet werden. [5]Der Verwendung zum Bau wird die Ablösung von Verbindlichkeiten gleichgestellt, die im Zusammenhang mit dem Bauvorhaben entstanden sind. [6]Voraussetzung ist, dass das selbst genutzte Wohneigentum bei Abschluss des Wohnbau-Sparvertrags noch nicht fertig gestellt oder noch nicht wiederhergestellt war (vgl. das vorgenannte BFH-Urteil).

(2) [1]Eine Verwendung zum Erwerb selbst genutzten Wohneigentums oder eines eigentumsähnlichen Dauerwohnrechts liegt auch vor, wenn die Sparbeiträge und Prämien zur Tilgung von Verbindlichkeiten, die im Zusammenhang mit dem Erwerb entstanden sind, verwendet werden. [2]Voraussetzung ist, dass das selbst genutzte Wohneigentum erst nach Abschluss des Wohnbau-Sparvertrags erworben worden ist (BFH vom 31.1.1964 – BStBl III S. 258).

8. Besonderheiten bei Baufinanzierungsverträgen

(1) Bei Verträgen mit Wohnungs- und Siedlungsunternehmen oder Organen der staatlichen Wohnungspolitik (Baufinanzierungsverträge – § 2 Abs. 1 Nr. 4 WoPG, § 13 WoPDV) muss neben den

Verpflichtungen des Prämienberechtigten auch die Verpflichtung des Unternehmens, die vertraglichen Leistungen zu erbringen (§ 16 WoPDV), von vornherein festgelegt sein (BFH vom 17.3.1972 – BStBl II S. 601).

(2) [1] Das Bauvorhaben (selbst genutztes Wohneigentum) muss von dem Wohnungs- und Siedlungsunternehmen oder von dem am 31.12.1989 anerkannten Organ der staatlichen Wohnungspolitik für Rechnung des Prämienberechtigten, der in dem Vertrag bezeichneten anderen Person oder des in § 15 Abgabenordnung (AO) bezeichneten Angehörigen dieser Person durchgeführt, technisch und wirtschaftlich im Wesentlichen betreut werden. [2] Begünstigt ist danach sowohl der Trägerbau als auch der Betreuungsbau, nicht aber der Bau ohne Einschaltung des Unternehmens (BFH vom 8.3.1967 – BStBl III S. 353 und vom 13.7.1967 – BStBl III S. 590). [3] Mit dem Bau kann schon vor Beginn der Verwendungsfrist (§ 16 Abs. 1 WoPDV) begonnen werden, jedoch dürfen der angesammelte Betrag und die dafür gewährten Prämien erst nach Ablauf der Ansammlungsfrist (§ 13 Abs. 1 WoPDV) für das Bauvorhaben verwendet werden. [4] Abschnitt 7 Abs. 1 Satz 5 und 6 wird angewendet.

(3) [1] Beim Erwerb selbst genutzten Wohneigentums oder eines eigentumsähnlichen Dauerwohnrechts muss der Prämienberechtigte, die im Vertrag bezeichnete andere Person oder der in § 15 AO bezeichnete Angehörige dieser Person das Eigenheim usw. von dem Wohnungs- und Siedlungsunternehmen oder von dem am 31.12.1989 anerkannten Organ der staatlichen Wohnungspolitik erwerben. [2] Der angesammelte Betrag und die dafür gewährten Prämien dürfen nur zur Leistung des bar zu zahlenden Teils des Kaufpreises verwendet werden (§ 16 Abs. 3 WoPDV). [3] Auf den Zeitpunkt des Erwerbs kommt es dabei nicht an.

9. Bindung der prämienbegünstigten Aufwendungen und Prämien

(1) [1] Der Prämienberechtigte muss bei Bausparverträgen, Wohnbau-Sparverträgen und Baufinanzierungsverträgen (§ 2 Abs. 1 Nr. 1, 3 und 4 WoPG) die prämienbegünstigten Aufwendungen und die Prämien zu dem vertragsmäßigen Zweck verwenden (§ 5 Abs. 2 WoPG, Abschnitte 4 Abs. 1 und 6 Abs. 3). [2] Diese Bindung an den vertragsmäßigen Zweck endet bei Bausparverträgen mit Ablauf der Sperrfrist[1]); für Bausparbeiträge, für die eine Zusatzförderung in Anspruch genommen worden ist, besteht weiterhin eine unbefristete Zweckbindung (§ 10 Abs. 2 WoPG). [3] Bei Wohnbau-Sparverträgen und Baufinanzierungsverträgen besteht eine unbefristete Zweckbindung. [4] Bei Bausparverträgen kann bei Tod oder völliger Erwerbsunfähigkeit (§ 2 Abs. 2 Satz 2 Nr. 3 WoPG) und bei länger andauernder Arbeitslosigkeit (§ 2 Abs. 2 Satz 2 Nr. 4 WoPG) über die prämienbegünstigten Aufwendungen und Prämien unschädlich verfügt werden; gleiches gilt für Wohnbau-Sparverträge und Baufinanzierungsverträge.

(2) [1] Die Prämien für Aufwendungen zum ersten Erwerb von Anteilen an Bau- und Wohnungsgenossenschaften (§ 2 Abs. 1 Nr. 2 WoPG) bleiben bei der Genossenschaft gebunden, bis das Geschäftsguthaben anlässlich des Ausscheidens des Prämienberechtigten ausgezahlt wird (§ 5 Abs. 3 WoPG). [2] Dabei ist es ohne Bedeutung, ob die Prämie zur Auffüllung des Geschäftsguthabens gedient hat oder ob sie anderweitig gutgeschrieben worden ist, weil z. B. das Geschäftsguthaben bereits die Höhe des Geschäftsanteils erreicht hat. [3] Kündigt der Prämienberechtigte einzelne Geschäftsanteile, ohne aus der Genossenschaft auszuscheiden (§ 67b GenG), so kann in entsprechender Anwendung des § 5 Abs. 3 WoPG die Prämie insoweit ausgezahlt werden, als sie für die Aufwendungen zum Erwerb des gekündigten Geschäftsanteils gezahlt worden ist. [4] Entsprechendes gilt, wenn im Falle der Verschmelzung von Genossenschaften ein Überhangbetrag nach § 87 Abs. 2 des Umwandlungsgesetzes an den Genossen ausgezahlt wird.

(3) [1] Wird die Bausparsumme nach Zuteilung, aber vor Ablauf der Sperrfrist ausgezahlt, ist dies grundsätzlich prämienschädlich (§ 2 Abs. 2 Satz 1 WoPG), es sei denn, die empfangenen Beträge werden unverzüglich und unmittelbar zum Wohnungsbau für den Prämienberechtigten oder dessen

[1]) Diese prämienunschädliche Verfügungsmöglichkeit gilt nur noch für vor dem 1.1.2009 abgeschlossene Bausparverträge (>§ 2 Abs. 3 Satz 1 WoPG) und für bestimmte junge Bausparer (>§ 2 Abs. 2 Satz 2 WoPG).

Angehörige (§ 15 AO) verwendet. [2]Wird das Bausparguthaben vor Zuteilung der Bausparsumme ausgezahlt, z. B. nach Kündigung des Bausparvertrags, so handelt es sich um eine Rückzahlung von Beiträgen, die vor Ablauf der Sperrfrist auch dann schädlich ist, wenn die Beiträge zum Wohnungsbau verwendet werden (BFH vom 4.6.1975 – BStBl II S. 757). [3]Wird dabei die Abschlussgebühr einbehalten, liegt lediglich eine Teilrückzahlung vor. [4]Die einbehaltene Abschlussgebühr bleibt begünstigt; eine Rückforderung der Prämie unterbleibt insoweit. [5]Hat der Prämienberechtigte Bausparbeiträge geleistet, die sich nicht als prämienbegünstigte Aufwendungen im Sinne des Wohnungsbau-Prämiengesetzes ausgewirkt haben, so sind die zurückgezahlten Beiträge zunächst mit den Beiträgen zu verrechnen, die ohne Auswirkung geblieben sind (§ 2 Abs. 1 Satz 3 WoPDV).

(4) [1]Werden Ansprüche aus dem Bausparvertrag beliehen, ist dies grundsätzlich prämienschädlich (§ 2 Abs. 2 Satz 1 WoPG). [2]Ansprüche sind beliehen, wenn sie sicherungshalber abgetreten oder verpfändet sind und die zu sichernde Schuld entstanden ist. [3]Wird der Bausparvertrag zur Stellung einer Kaution beliehen, ist auf den Zeitpunkt abzustellen, zu dem die durch die Kaution zu sichernde Verbindlichkeit entsteht. [4]Die Beleihung ist prämienunschädlich, wenn die auf Grund der Beleihung empfangenen Beträge unverzüglich und unmittelbar zum Wohnungsbau für den Prämienberechtigten oder dessen Angehörige (§ 15 AO) verwendet werden (BFH vom 15.6.1973 – BStBl II S. 719 und vom 11.10.1989 – BFHE 158, 491). [5]Die Pfändung des Bausparguthabens im Wege der Zwangsvollstreckung ist – im Gegensatz zur Verpfändung des Bausparguthabens – keine Beleihung. [6]Die Pfändung ist erst dann und nur insoweit prämienschädlich, als das Bausparguthaben vor Ablauf der Sperrfrist an den Pfändungsgläubiger ausgezahlt oder zu seinen Gunsten verrechnet wird. [7]Soweit die Prämien gepfändet werden, führt die Verwertung vor Ablauf der Sperrfrist zum Wegfall des Prämienanspruchs, weil auch die Prämien zu dem vertragsmäßigen Zweck verwendet werden müssen (§ 5 Abs. 2 WoPG). [8]Bei Wohnbau-Sparverträgen und Baufinanzierungsverträgen ist die Beleihung der Ansprüche aus diesen Verträgen stets prämienunschädlich.

(5) [1]Werden Ansprüche aus dem Bausparvertrag abgetreten, ist dies grundsätzlich prämienschädlich (§ 2 Abs. 2 Satz 1 WoPG). [2]Bei einer sicherungshalben Abtretung gilt Absatz 4. [3]Die Abtretung ist prämienunschädlich, wenn der Abtretungsempfänger die Mittel unverzüglich nach Auszahlung und unmittelbar zum Wohnungsbau für den Abtretenden oder dessen Angehörige (§ 15 AO) verwendet (§ 2 Abs. 2 WoPDV, BFH vom 17.10.1980 – BStBl 1981 II S. 141). [4]Verwendet der Abtretungsempfänger nach Ablauf der Sperrfrist die Bausparmittel nicht zu begünstigten Zwecken, bleiben die von ihm geleisteten Bausparbeiträge prämienbegünstigt; der Prämienanspruch für Aufwendungen des Abtretenden entfällt dagegen. [5]Bei Wohnbau-Sparverträgen und Baufinanzierungsverträgen ist die Abtretung der Ansprüche aus diesen Verträgen wegen der Zweckbindung ebenfalls prämienschädlich, es sei denn, der Abtretungsempfänger ist ein Angehöriger (§ 15 AO) oder die im Vertrag bezeichnete andere Person (§ 8 Abs. 2, § 15 Abs. 2 WoPDV). [6]Eine Abtretung unter Ehegatten ist stets prämienunschädlich.

(6) [1]Eine unverzügliche Verwendung zum Wohnungsbau liegt grundsätzlich nur dann vor, wenn innerhalb von zwölf Monaten, nachdem über die Mittel verfügt werden kann, mit dem Wohnungsbau begonnen wird (BFH vom 29.11.1973 – BStBl 1974 II S. 227). [2]Eine vorzeitige Auszahlung der Bausparsumme oder der auf Grund einer Beleihung empfangenen Beträge ist auch dann schädlich, wenn das beabsichtigte Vorhaben aus Gründen scheitert, die der Bausparer nicht zu vertreten hat und er die empfangenen Mittel wieder zurückzahlt (BFH vom 29.11.1973 – BStBl 1974 II S. 202). [3]Eine unmittelbare Verwendung zum Wohnungsbau liegt vor, wenn direkt durch die Hingabe der empfangenen Beträge Rechte an einem begünstigten Objekt erworben werden. [4]Dies ist z. B. bei dem Erwerb von Immobilienzertifikaten der Fall, wenn der Bausparer wirtschaftlicher Eigentümer der durch den Immobilienfonds angeschafften oder hergestellten Objekte wird, die von ihm für den Erwerb aufgewendeten Mittel unverzüglich und unmittelbar zu den begünstigten Zwecken verwendet werden und der Fonds in Form einer bürgerlich-rechtlichen Gemeinschaft als Bruchteilsgemeinschaft geführt wird (§§ 741 ff. BGB). [5]Eine unmittelbare Verwendung zum Wohnungsbau liegt dagegen nicht vor, wenn Bausparmittel zur Beteiligung an einer juristischen Person oder Personengesell-

schaft eingesetzt werden, die diese Mittel ihrerseits zum Wohnungsbau verwendet, weil der Bausparer primär einen Anteil an einer Gesellschaft und nicht an einem Grundstück erwirbt (BFH vom 6.5.1977 – BStBl II S. 633). [6]Eine unmittelbare Verwendung zum Wohnungsbau liegt auch dann nicht vor, wenn der Bausparer Beträge, die er unter Beleihung von Ansprüchen aus dem Bausparvertrag erlangt hat, zur Auffüllung seines Bausparguthabens verwendet, um eine schnellere Zuteilung zu erreichen (BFH vom 22.3.1968 – BStBl II S. 404). [7]Bei Ehegatten im Sinne des § 26 Abs. 1 EStG ist es unerheblich, ob der Bausparer oder sein Ehegatte vorzeitig empfangene Beträge zum Wohnungsbau verwenden. [8]Die Vorfinanzierung einer begünstigten Baumaßnahme mit Eigenmitteln ist vom Zuteilungstermin an unschädlich, es sei denn, die Bausparsumme wird anschließend in einen Betrieb des Bausparers eingelegt (BFH vom 29.11.1973 – BStBl 1974 II S. 126).

(7) [1]Ist die ausgezahlte Bausparsumme (Absatz 3) höher als die zum Wohnungsbau verwandten Beträge, so ist zunächst das Verhältnis der zum Wohnungsbau verwandten Beträge zur ausgezahlten Bausparsumme festzustellen (BFH vom 27.11.1964 – BStBl 1965 III S. 214). [2]Für den Teilbetrag der insgesamt geleisteten Bausparbeiträge, der dem zum Wohnungsbau verwandten Anteil entspricht, bleibt die Prämienbegünstigung erhalten.

Beispiel:
Der Prämienberechtigte hat einen Bausparvertrag über 50 000 Euro abgeschlossen. Die eingezahlten Beiträge von insgesamt 20 000 Euro waren in voller Höhe prämienbegünstigt. Die volle Bausparsumme wird vor Ablauf der Sperrfrist ausgezahlt. Der Prämienberechtigte verwendet sie unverzüglich und unmittelbar zum Bau eines Gebäudes, das nur zum Teil Wohnzwecken dient. Die Baukosten betragen insgesamt 200 000 Euro. Davon entfallen 40 000 Euro auf den Teil des Gebäudes, der Wohnzwecken dient.
Zwischen dem für den Wohnungsbau verwendeten Teil der Bausparsumme und der gesamten Bausparsumme besteht somit ein Verhältnis von 40 000 Euro : 50 000 Euro = 4/5 = 80 v. H. Von den geleisteten Bausparbeiträgen in Höhe von 20 000 Euro bleiben demnach 80 v. H. = 16 000 Euro prämienbegünstigt.

[3]Eine entsprechende Aufteilung ist auch in den Fällen der Beleihung (Absatz 4) und der Abtretung (Absatz 5) vorzunehmen.

(8) [1]Bei Bausparverträgen, Wohnbau-Sparverträgen und Baufinanzierungsverträgen ist die vorzeitige Auszahlung, Rückzahlung, Abtretung oder Beleihung unschädlich:

1. bei Tod des Prämienberechtigten oder seines Ehegatten (§ 2 Abs. 2 Satz 2 Nr. 3 WoPG)[1]). [2]Dabei kann über die Beiträge vorzeitig verfügt werden, die der Prämienberechtigte vor seinem Tod oder dem Tod seines Ehegatten geleistet hat. [3]Das gilt auch dann, wenn der Vertrag nach dem Todesfall fortgesetzt worden ist (BFH vom 15.6.1973 – BStBl II S. 737). [4]Nach einer Verfügung ist der Vertrag jedoch unterbrochen und kann nicht weiter fortgesetzt werden;
2. bei völliger Erwerbsunfähigkeit des Prämienberechtigten oder seines Ehegatten (§ 2 Abs. 2 Satz 2 Nr. 3 WoPG)[1]). [2]Völlige Erwerbsunfähigkeit in diesem Sinne liegt vor bei einer vollen Erwerbsminderung im Sinne des § 43 Abs. 2 des Sechsten Buches Sozialgesetzbuch (SGB VI) oder bei einem Grad der Behinderung von mindestens 95. [3]Liegen die Voraussetzungen für die unschädliche Verfügung vor, so kann der Prämienberechtigte hiervon zu einem beliebigen Zeitpunkt Gebrauch machen. [4]Das gilt für alle vor der Verfügung geleisteten Beiträge;
3. bei Arbeitslosigkeit des Prämienberechtigten (§ 2 Abs. 2 Satz 2 Nr. 4 WoPG)[2]); arbeitslos im Sinne dieser Richtlinien sind Personen, die Arbeitslosengeld (§ 117 Drittes Buch Sozialgesetzbuch – SGB III[3]), Arbeitslosenhilfe (§ 190 SGB III[4]), Arbeitslosenbeihilfe oder Arbeitslosenhilfe für ehemalige Soldaten auf Zeit (§ 86a Soldatenversorgungsgesetz) beziehen oder ohne Bezug dieser Leistungen beim Arbeitsamt[5]) arbeitslos gemeldet sind. [2]Als arbeitslos anzusehen sind im Sinne dieser Richtlinien auch

---

[1]) jetzt § 2 Abs. 3 Satz 2 Nr. 3 WoPG
[2]) jetzt § 2 Abs. 3 Satz 2 Nr. 4 WoPG
[3]) jetzt § 136 SGB III
[4]) jetzt Arbeitslosengeld II, § 19 SGB III
[5]) jetzt Bundesagentur für Arbeit bzw. Agentur für Arbeit

a) Personen, die als Arbeitslose im Sinne des Satzes 1 erkranken oder Leistungen zur medizinischen Rehabilitation erhalten, für die Dauer der Erkrankung oder der Leistungen zur medizinischen Rehabilitation,

b) Frauen, die zu Beginn der Schutzfristen nach § 3 Abs. 2, § 6 Abs. 1 des Mutterschutzgesetzes arbeitslos im Sinne des Satzes 1 waren oder als arbeitslos im Sinne des Buchstaben a anzusehen waren, für die Dauer dieser Schutzfristen und der folgenden Monate, für die bei Bestehen eines Arbeitsverhältnisses Erziehungsurlaub nach dem Bundeserziehungsgeldgesetz hätte beansprucht werden können,

c) Personen, die an einer nach §§ 77 bis 96 SGB III[1]) geförderten beruflichen Weiterbildung oder die an einer z. B. nach §§ 97 bis 115 SGB III[2]) geförderten beruflichen Weiterbildung im Rahmen der Förderung der Teilhabe behinderter Menschen am Arbeitsleben teilnehmen, wenn sie ohne die Teilnahme an der Maßnahme bzw. ohne die Leistungen arbeitslos wären.

[2] Bei Verträgen zu Gunsten Dritter (Abschnitt 3 Abs. 3) ist es aus Billigkeitsgründen prämienunschädlich, wenn der Begünstigte stirbt und die Beträge vorzeitig an seine Erben oder Vermächtnisnehmer gezahlt werden oder wenn der Begünstigte völlig erwerbsunfähig wird und die Beträge vorzeitig an ihn gezahlt werden.

(9) [1] Die unschädliche Verfügung ist nachzuweisen:

1. bei Tod durch Vorlage der Sterbeurkunde oder des Erbscheins;
2. bei völliger Erwerbsunfähigkeit
   a) aufgrund einer vollen Erwerbsminderung im Sinne des § 43 Abs. 2 SGB VI durch Vorlage des Rentenbescheids eines Trägers der gesetzlichen Rentenversicherung. [2] Besteht kein Anspruch auf Rente wegen voller Erwerbsminderung im Sinne des § 43 Abs. 2 SGB VI kann der Nachweis in anderer Form geführt werden,
   b) bei einem Grad der Behinderung von mindestens 95 durch Vorlage eines Ausweises nach § 69 Abs. 5 des Neunten Buches Sozialgesetzbuch (SGB IX) oder eines Feststellungsbescheids nach § 69 Abs. 1 SGB IX oder eines vergleichbaren Bescheids nach § 69 Abs. 2 SGB IX; die Vorlage des Rentenbescheids eines Trägers der gesetzlichen Rentenversicherung der Angestellten und Arbeiter genügt nicht (BFH vom 25.4.1968 – BStBl II S. 606);
3. bei Arbeitslosigkeit durch Vorlage von Unterlagen über folgende Zahlungen:
   a) Arbeitslosengeld (§ 117 SGB III),
   b) Arbeitslosenhilfe (§ 190 SGB III),
   c) Arbeitslosenbeihilfe und Arbeitslosenhilfe für ehemalige Soldaten auf Zeit im Sinne des Soldatenversorgungsgesetzes,
   d) Krankengeld nach § 47b des Fünften Buches Sozialgesetzbuch, Versorgungskrankengeld nach den §§ 16 und 16a Abs. 1, § 16b Abs. 5 Buchstabe c des Bundesversorgungsgesetzes, Verletztengeld nach § 47 Abs. 2 des Siebten Buches Sozialgesetzbuch oder Übergangsgeld nach § 21 Abs. 4 SGB VI,
   e) Erziehungsgeld oder
   f) Unterhaltsgeld nach § 153 SGB III bei Teilnahme an beruflichen Weiterbildungsmaßnahmen oder Anschlussunterhaltsgeld nach § 156 SGB III im Anschluss an abgeschlossene berufliche Weiterbildungsmaßnahmen oder Übergangsgeld nach § 45 Abs. 2 SGB IX im Rahmen der Leistungen zur Teilhabe am Arbeitsleben.

---

[1]) jetzt §§ 81 bis 87 SGB III
[2]) jetzt §§ 112 bis 129 SGB III

[2] Werden solche Zahlungen nicht geleistet, so sind

- Zeiten der Arbeitslosigkeit im Sinne dieser Richtlinien durch eine entsprechende Bescheinigung der zuständigen Dienststelle der Bundesanstalt für Arbeit (in der Regel: Arbeitsamt)[1]) nachzuweisen,
- Zeiten der Erkrankung oder der Leistungen zur medizinischen Rehabilitation, die als Zeiten der Arbeitslosigkeit anzusehen sind, durch eine Bescheinigung des Kostenträgers oder der Anstalt, in der die Unterbringung erfolgt, oder durch eine ärztliche Bescheinigung nachzuweisen,
- die Zeit der Schutzfristen, die als Zeit der Arbeitslosigkeit anzusehen ist, durch das Zeugnis eines Arztes oder einer Hebamme nachzuweisen und die als Zeit der Arbeitslosigkeit anzusehende Zeit, für die bei Bestehen eines Arbeitsverhältnisses Erziehungsurlaub hätte beansprucht werden können, glaubhaft zu machen.

Zu § 3 des Gesetzes

10. Höhe der Prämie

(1) [1] Bei einem Alleinstehenden (Absatz 2) sind Aufwendungen bis zu einem Höchstbetrag von 512 Euro[2]) prämienbegünstigt. [2] Ehegatten (Absatz 3) steht ein gemeinsamer Höchstbetrag von 1 024 Euro[3]) zu (Höchstbetragsgemeinschaft); ihre Aufwendungen sind zusammenzurechnen.

(2) Alleinstehende Personen im Sinne des WoPG sind Ledige, Verwitwete, Geschiedene, Partner einer eingetragenen Lebenspartnerschaft[4]) und Partner einer nichtehelichen Lebensgemeinschaft sowie Ehegatten, bei denen die Voraussetzungen des Absatzes 3 nicht erfüllt sind.

(3)[5]) [1] Ehegatten im Sinne des WoPG sind Personen, die mindestens während eines Teils des Sparjahrs (§ 4 Abs. 1 WoPG) miteinander verheiratet waren, nicht dauernd getrennt gelebt haben, unbeschränkt einkommensteuerpflichtig (§ 1 Satz 1 WoPG) waren und die für das Sparjahr nicht die getrennte oder besondere Veranlagung[6]) zur Einkommensteuer gewählt haben (§ 3 Abs. 3 WoPG). [2] Als unbeschränkt einkommensteuerpflichtig im Sinne des Satzes 1 gilt auch der Ehegatte eines nach § 1 Satz 1 WoPG Prämienberechtigten (Abschnitt 1 Abs. 1), der auf Antrag nach § 1a Abs. 1 Nr. 2 EStG als unbeschränkt einkommensteuerpflichtig behandelt wird. [3] Auf R 174 EStR[7]) wird hingewiesen.

(4) Bei der Berechnung der Prämie ist für jeden Vertrag die Summe der im Kalenderjahr geleisteten Aufwendungen auf volle Euro aufzurunden.

Zu § 4 des Gesetzes

11. Antrag auf Wohnungsbauprämie

(1) [1] Der Antrag auf Wohnungsbauprämie ist nach amtlich vorgeschriebenem Vordruck bis zum Ablauf des zweiten Kalenderjahrs, das auf das Sparjahr folgt, an das Unternehmen zu richten, an das die prämienbegünstigten Aufwendungen geleistet worden sind. [2] Ehegatten (Abschnitt 10 Abs. 3) müssen einen gemeinsamen Antrag abgeben. [3] Beansprucht der Prämienberechtigte Prämien für Aufwendungen, die er an verschiedene Unternehmen geleistet hat, so ist an jedes dieser Unternehmen ein Antrag zu richten; dabei ist in jedem Antrag anzugeben, inwieweit für andere Aufwendungen Prämien beantragt worden sind. [4] Ist ein Bausparvertrag, Wohnbau-Sparvertrag oder

---

1) jetzt Bundesagentur für Arbeit bzw. Agentur für Arbeit
2) ab dem Sparjahr 2021 700 € >§ 3 Abs. 2 Satz 1 WoPG
3) ab dem Sparjahr 2021 1.400 € >§ 2a Satz 1 WoPG
4) zur eingetragenen Lebenspartnerschaft >nun § 3 Abs. 3 Satz 2 WoPG
5) Entsprechendes gilt für Lebenspartner (>§ 3 Abs. 3 Satz 2 WoPG).
6) Ab dem VZ 2013 wird die getrennte und besondere Veranlagung durch die Einzelveranlagung von Ehegatten ersetzt.
7) jetzt R 26 EStR

Baufinanzierungsvertrag vor der Antragstellung auf ein anderes Unternehmen übertragen worden (§§ 1b, 12 Abs. 1 und § 18 Abs. 1 WoPDV), so ist der Antrag an dieses Unternehmen zu richten. [5]Das Unternehmen hat auf dem Antrag die Höhe der Aufwendungen zu bescheinigen, die der Prämienberechtigte geleistet hat. [6]Die zeitliche Zuordnung vermögenswirksamer Leistungen richtet sich nach den für die Zuordnung von Arbeitslohn geltenden Vorschriften.

(2) [1]Wird auf Grund eines geänderten Einkommensteuerbescheids die Einkommensgrenze (§ 2a WoPG) unterschritten, kann der Prämienberechtigte innerhalb eines Jahres nach Bekanntgabe der Änderung die Prämie erstmalig oder erneut beantragen (§ 19 Abs. 1 Nr. 1 WoPDV). [2]Besteht für Aufwendungen, die vermögenswirksame Leistungen darstellen, kein Anspruch auf Arbeitnehmer-Sparzulage und liegen die Voraussetzungen für den Anspruch auf Wohnungsbauprämie vor, kann der Prämienberechtigte im Antrag auf Wohnungsbauprämie verlangen, die vermögenswirksamen Leistungen in die prämienbegünstigten Aufwendungen einzubeziehen, oder er kann einen Prämienantrag innerhalb eines Jahres nach Bekanntgabe des Bescheids über die Arbeitnehmer-Sparzulage stellen (§ 19 Abs. 2 Nr. 1 WoPDV). [3]Nimmt der Prämienberechtigte das besondere Antragsrecht nach Satz 1 oder 2 in Anspruch, hat er dem Unternehmen das Vorliegen der Antragsvoraussetzungen formlos zu versichern.

Zu § 4a des Gesetzes

12. Prämienverfahren im Fall des § 2 Abs. 1 Nr. 1 WoPG

(1) [1]Die Bausparkasse ermittelt nach Ablauf des Sparjahrs auf Grund der Angaben im Antrag des Prämienberechtigten die Höhe der Prämie und teilt das Ergebnis dem Prämienberechtigten mit. [2]Fehlende oder unschlüssige Angaben im Antrag lässt die Bausparkasse vom Prämienberechtigten ergänzen. [3]Hat der Prämienberechtigte mehrere Verträge bei derselben Bausparkasse und ist seine nach § 4 Abs. 2 Satz 2 WoPG abgegebene Erklärung nicht eindeutig, so kann die Bausparkasse die Prämie vorrangig den Verträgen mit dem älteren Vertragsdatum zuordnen.

(2) [1]Die Bausparkasse fordert fällige Prämien mit der Wohnungsbauprämien-Anmeldung bei dem Finanzamt an, das für ihre Besteuerung nach dem Einkommen zuständig ist (§ 20 AO, Geschäftsleitungsfinanzamt). [2]Prämien sind fällig, wenn

- der Bausparvertrag zugeteilt worden ist,
- die Sperrfrist abgelaufen ist (§ 2 Abs. 2 Satz 1 WoPG[1])) oder
- über Ansprüche aus dem Vertrag unschädlich verfügt worden ist (§ 2 Abs. 2 Satz 2 WoPG[2])).

[3]Die Bausparkasse hat die erhaltenen Prämien unverzüglich dem Prämienberechtigten gutzuschreiben oder auszuzahlen. [4]Gepfändete Prämien (Abschnitt 9 Abs. 4 Satz 7), die nach Ablauf der Sperrfrist oder nach unschädlicher Verfügung verwertet werden, hat die Bausparkasse als Drittschuldner an den Pfändungsgläubiger auszuzahlen.

(3) [1]Bei der nach § 4a Abs. 3 WoPG vorgeschriebenen Datenübermittlung hat die Bausparkasse auch die Datensätze für Prämienanträge zu berücksichtigen, die auf Grund der besonderen Antragsfristen des § 19 WoPDV (Abschnitt 11 Abs. 2) nach Ablauf der allgemeinen Antragsfrist des § 4 Abs. 2 Satz 1 WoPG bis zum Zeitpunkt der Datenträgererstellung eingegangen sind. [2]Die nach diesem Zeitpunkt eingehenden Prämienanträge sowie Prämienanträge, die zwar vor diesem Zeitpunkt eingegangen sind, bei denen aber erst danach eine Wohnungsbauprämie ermittelt werden konnte, sind nicht nachzumelden. [3]Die Prämienermittlung für diese Fälle ist von den Bausparkassen gesondert festzuhalten.

(4) [1]Erfährt die Bausparkasse durch eigene Erkenntnis oder durch Mitteilung von anderer Seite, dass die Prämienermittlung unzutreffend ist, muss sie das bisherige Ermittlungsergebnis ändern und den Prämienberechtigten entsprechend unterrichten. [2]Eine Prämienfestsetzung des Wohnsitzfinanzamts (Absatz 7) bindet die Bausparkasse; gegebenenfalls hat die Bausparkasse eine Änderung der

---

1) jetzt § 2 Abs. 3 Satz 1 WoPG
2) jetzt § 2 Abs. 3 Satz 2 WoPG

Prämienfestsetzung beim Wohnsitzfinanzamt anzuregen. [3]Sind unzutreffend ermittelte Prämien bereits angemeldet worden (Absatz 2), so hat die Bausparkasse diese vom Prämienberechtigten zurückzufordern; hierzu kann sie auch das betreffende Vertragskonto belasten. [4]Soweit die Rückforderung auf diesem Weg nicht möglich ist, gilt Abschnitt 13 Abs. 6 entsprechend. [5]Die auf Grund der Rückforderung empfangenen Beträge sind in der Wohnungsbauprämien-Anmeldung des Folgemonats abzusetzen. [6]Bleibt die Rückforderung erfolglos, muss die Bausparkasse unverzüglich das Wohnsitzfinanzamt des Prämienberechtigten (§ 19 AO) unterrichten.

(5) [1]Der Prämienberechtigte hat Einwände gegen das Ermittlungsergebnis gegenüber der Bausparkasse geltend zu machen. [2]Kann die Bausparkasse nicht abhelfen, hat sie schriftliche Eingaben dem Wohnsitzfinanzamt des Prämienberechtigten zuzuleiten. [3]Die schriftliche Eingabe ist in diesem Fall als Antrag auf Festsetzung der Prämie im Sinne des § 4a Abs. 5 WoPG zu werten. [4]Hat die Bausparkasse das Ermittlungsergebnis auf Grund einer Mitteilung der Zentralstelle der Länder nach § 4a Abs. 3 Satz 2 WoPG geändert, so kann sie Einwendungen des Prämienberechtigten hiergegen nicht selbst abhelfen.

(6) [1]Das Geschäftsleitungsfinanzamt (Absatz 2) veranlasst die Auszahlung der angemeldeten Prämien. [2]Daneben ist es dafür zuständig,

- auf Anfrage der Bausparkasse Auskunft zum Prämienverfahren zu geben (§ 4a Abs. 7 WoPG),
- bei der Bausparkasse Außenprüfungen durchzuführen (§ 4a Abs. 8 WoPG),
- die Bausparkasse erforderlichenfalls als Haftungsschuldner in Anspruch zu nehmen (§ 4a Abs. 6 WoPG).

(7) Das Wohnsitzfinanzamt des Prämienberechtigten ist dafür zuständig,

- auf Antrag einen Bescheid über die Festsetzung der Prämie zu erlassen (§ 4a Abs. 5 WoPG),
- Prämien zurückzufordern, soweit entsprechende Versuche der Bausparkasse fehlgeschlagen sind (§ 4a Abs. 4 WoPG),
- Rechtsbehelfsverfahren im Zusammenhang mit Prämienfestsetzungen und Rückforderungen zu führen,
- über einen vom Prämienberechtigten gestellten Antrag auf Wiedereinsetzung in den vorigen Stand (§ 110 AO) zu entscheiden, wenn der Prämienberechtigte den Antrag auf Wohnungsbauprämie verspätet gestellt hat. [2]Das Finanzamt hat der Bausparkasse die Entscheidung über den Antrag auf Wiedereinsetzung mitzuteilen.

Zu § 4b des Gesetzes

13. Prämienverfahren in den Fällen des § 2 Abs. 1 Nr. 2 bis 4 WoPG

(1) [1]Das Unternehmen leitet den Prämienantrag an das Wohnsitzfinanzamt des Prämienberechtigten weiter (§ 4b Abs. 1 WoPG). [2]Zur Vereinfachung des Verfahrens können die Unternehmen die Anträge listenmäßig zusammenfassen (Sammellisten)[1]) und die Listen in zweifacher Ausfertigung beim Finanzamt einreichen.

(2) [1]Über den Antrag auf Wohnungsbauprämie kann das Finanzamt stets erst nach Ablauf des Sparjahrs entscheiden, in dem die Aufwendungen geleistet worden sind (§ 4 Abs. 1 WoPG). [2]Das gilt auch, wenn über die Aufwendungen bereits vor Ablauf dieses Sparjahrs prämienunschädlich verfügt worden ist.

(3) [1]Das Finanzamt unterrichtet das Unternehmen von der Entscheidung über den Prämienantrag und teilt die Höhe der festgesetzten und an das Unternehmen auszuzahlenden Prämie mit. [2]Es ist Sache des Unternehmens, den Prämienberechtigten von der Entscheidung über seinen Prämienantrag zu unterrichten. [3]Einen förmlichen Bescheid erteilt das Finanzamt dem Prämienberechtigten von Amts wegen, wenn es den Antrag in vollem Umfang ablehnt; in allen anderen Fällen geschieht

---

[1]) Vordruckmuster für die Sammellisten >BStBl 2020 I S. 650

dies nur auf Antrag des Prämienberechtigten (§ 4b Abs. 2 WoPG). [4] Der Antrag kann beim Finanzamt bis zum Eintritt der Unanfechtbarkeit der Prämienfestsetzung gestellt werden (vgl. Abschnitt 15 Abs. 2).

(4) Das Finanzamt hat die Prämie unmittelbar nach ihrer Festsetzung zugunsten des Prämienberechtigten über die zuständige Bundeskasse zur Auszahlung an das Unternehmen anzuweisen.

(5) [1] Das Finanzamt hat Prämien vom Prämienberechtigten zurückzufordern, wenn

1. die Voraussetzungen für die Prämienfestsetzung von vornherein nicht vorgelegen haben (§ 4b Abs. 2 Satz 3 WoPG), z. B. wenn eine spätere Überprüfung der Einkommensgrenzen ergibt, dass die Einkommensgrenzen bereits im Zeitpunkt der Prämienfestsetzung überschritten waren;
2. die Voraussetzungen für die Prämienfestsetzung nachträglich weggefallen sind (§ 4b Abs. 2 Satz 3 WoPG);
3. infolge einer Änderung der Besteuerungsgrundlagen die maßgebende Einkommensgrenze überschritten wird (§ 19 Abs. 1 Nr. 2 WoPDV);
4. sich für Aufwendungen nachträglich ein Anspruch auf Arbeitnehmer-Sparzulage nach dem 5. VermBG ergibt und der Prämienanspruch insoweit entfällt (§ 19 Abs. 2 Nr. 2 WoPDV).

[2] Wegen der Festsetzungsverjährung vgl. Abschnitt 15 Abs. 3.

(6) [1] Die Prämien werden nur zurückgefordert, wenn die Rückforderung mindestens 10 Euro beträgt (§ 5 KBV)[1]). [2] Für diese Grenze ist allein der Gesamtbetrag des Rückforderungsbescheids maßgebend. [3] Ob der jeweilige Rückforderungsbescheid einen oder mehrere Verträge oder ein oder mehrere Kalenderjahre berührt, ist dabei unerheblich.

(7) [1] Über die Rückforderung ist stets ein förmlicher Bescheid mit Rechtsbehelfsbelehrung zu erteilen. [2] Die Rückzahlungsverpflichtung des Prämienberechtigten ist dem Unternehmen mitzuteilen. [3] Ist das Guthaben dem Prämienberechtigten noch nicht ausgezahlt worden, so ist vom Unternehmen ein Betrag in Höhe der Rückzahlungsforderung und etwa zu erwartender Nebenforderungen bis zur Erfüllung aller Forderungen zurückzubehalten.

Zu § 5 des Gesetzes

14. Prüfung der Verwendung zu dem vertragsmäßigen Zweck, Anzeigepflichten des Unternehmens

(1) [1] Das Unternehmen hat die Verwendung der prämienbegünstigten Aufwendungen und der Prämien zu dem vertragsmäßigen Zweck vor der Auszahlung zu prüfen. [2] Die Art der Prüfung bleibt dem pflichtgemäßen Ermessen des Unternehmens überlassen. [3] Es wird sich in der Regel nicht mit der bloßen Erklärung des Prämienberechtigten über die beabsichtigte Verwendung dieser Mittel begnügen können, sondern muss aus vorgelegten Unterlagen die Überzeugung gewinnen, dass eine vertragsmäßige Verwendung zu erwarten ist. [4] Ist vor der Auszahlung eine abschließende Beurteilung nicht möglich, so muss sich das Unternehmen die Verwendung der prämienbegünstigten Aufwendungen und der Prämien nach der Auszahlung nachweisen lassen.

(2) [1] Erkennt das Unternehmen in den Fällen des § 4b WoPG nach abschließender Prüfung, dass die prämienbegünstigten Aufwendungen nicht vertragsmäßig verwendet werden, oder hat es Bedenken, ob eine vertragsmäßige Verwendung gewährleistet ist, so muss es dies dem Finanzamt unverzüglich mitteilen. [2] Sind die prämienbegünstigten Aufwendungen und die Prämien noch nicht ausgezahlt, so hat das Unternehmen die Prämien zurückzuhalten.

(3) [1] Das Finanzamt prüft auf Grund der Mitteilung, ob eine Verwendung zu dem vertragsmäßigen Zweck gegeben ist. [2] Ist eine Verwendung zu dem vertragsmäßigen Zweck gegeben, so genügt eine

---

[1]) jetzt § 4 KBV und 25 € >Artikel 3 Nr. 5 des Gesetzes zur Modernisierung des Besteuerungsverfahrens vom 18.7.2016 (BGBl. I S. 1679) mit Wirkung ab dem Sparjahr 2017 gemäß Artikel 97 § 9a Abs. 3 EGAO

formlose Benachrichtigung des Unternehmens, dass gegen die Auszahlung keine Bedenken bestehen. [3]Andernfalls ändert das Finanzamt die Prämienfestsetzung und fordert Prämien vom Prämienberechtigten zurück (Abschnitt 13 Abs. 5).

(4) Wegen der Anzeigepflichten der Unternehmen wird im übrigen auf § 4a Abs. 4 Satz 5 WoPG und die §§ 11, 17 WoPDV hingewiesen.

Zu § 8 des Gesetzes

15. Festsetzungsverjährung, Unanfechtbarkeit

(1) [1]Der Anspruch auf Wohnungsbauprämie unterliegt der Festsetzungsverjährung (§ 8 Abs. 1 WoPG in Verbindung mit § 155 Abs. 4, §§ 169 bis 171 AO). [2]Die Festsetzungsfrist beträgt vier Jahre (§ 169 Abs. 2 Nr. 2 AO). [3]Sie beginnt mit Ablauf des Kalenderjahrs, in dem die Aufwendungen erbracht worden sind. [4]Beantragt der Prämienberechtigte in den Fällen des § 19 Abs. 1 Nr. 1 und Abs. 2 Nr. 1 WoPDV erstmals oder erneut die Prämie, tritt insoweit eine Ablaufhemmung der Festsetzungsfrist nach § 171 Abs. 3 AO ein. [5]Wird dieser Antrag nach Ablauf der regulären Festsetzungsfrist, aber noch innerhalb der Jahresfrist gemäß § 19 Abs. 1 Nr. 1 und Abs. 2 Nr.1 WoPDV gestellt, gilt § 171 Abs. 3a Satz 1 zweiter Halbsatz AO entsprechend. [6]Die Festsetzungsfrist läuft nicht ab, bevor über den Antrag unanfechtbar entschieden worden ist.

(2) [1]In den Fällen des § 4b WoPG wird die Entscheidung über den Prämienantrag, solange ein förmlicher Bescheid nicht erteilt wird (Abschnitt 13 Abs. 3), mit der Übersendung der Mitteilung über die Gutschrift der Prämie, z. B. Kontoauszug, durch das Unternehmen an den Prämienberechtigten bekannt gegeben. [2]Sofern kein Rechtsbehelf eingelegt worden ist, wird die Prämienfestsetzung mit Ablauf eines Monats nach ihrer Bekanntgabe (§ 355 Abs. 1 AO) unanfechtbar. [3]Bis zum Eintritt der Unanfechtbarkeit, im Rechtsbehelfsverfahren spätestens im Verfahren vor dem Finanzgericht (BFH vom 27.3.1958 – BStBl III S. 227 und vom 1.2.1966 – BStBl III S. 321), kann der Prämienberechtigte nachträglich alle Tatsachen vorbringen, die für die Höhe der Prämie maßgebend sind, er kann innerhalb des prämienbegünstigten Höchstbetrages eine anderweitige Aufteilung der Prämie beantragen (§ 4 Abs. 2 Satz 2 WoPG) oder seinen Prämienantrag ganz oder zum Teil zurücknehmen.

(3) [1]Sind Prämien ausgezahlt worden, obwohl die Voraussetzungen von vornherein nicht vorgelegen haben oder nachträglich entfallen sind, so erlischt nach § 4 Abs. 4 WoPG ein etwaiger Rückforderungsanspruch, wenn er nicht bis zum Ablauf des vierten Kalenderjahrs geltend gemacht worden ist, das auf das Kalenderjahr folgt, in dem der Prämienberechtigte die Prämie verwendet hat (Abschnitt 13 Abs. 5 Satz 1 Nr. 1 und 2). [2]Diese Regelung geht den Vorschriften der Abgabenordnung über die Festsetzungsverjährung vor. [3]Wird die maßgebliche Einkommensgrenze infolge einer Änderung der Besteuerungsgrundlagen überschritten (Abschnitt 13 Abs. 5 Satz 1 Nr. 3) oder entfällt der Prämienanspruch, weil sich nachträglich ein Anspruch auf Arbeitnehmer-Sparzulage ergeben hat (Abschnitt 13 Abs. 5 Satz 1 Nr. 4), so beginnt nach § 175 Abs. 1 Satz 2 AO die Festsetzungsfrist für den Rückforderungsanspruch mit Ablauf des Kalenderjahrs, in dem das prämienschädliche Ereignis eingetreten ist.

IV.

Gesetz über die soziale Wohnraumförderung (Wohnraumförderungsgesetz – WoFG)

vom 13.9.2001 (BGBl. I S. 2376)

zuletzt geändert durch Artikel 42 des Zweiten Gesetzes zur Anpassung des Datenschutzrechts an die Verordnung (EU) 2016/679 und zur Umsetzung der Richtlinie (EU) 2016/680 (Zweites Datenschutz-Anpassungs- und Umsetzungsgesetz EU – 2. DSAnpUG-EU) vom 20.11.2019 (BGBl. I S. 1616)

– Auszug –

§ 1
Zweck und Anwendungsbereich, Zielgruppe

(1) Dieses Gesetz regelt die Förderung des Wohnungsbaus und anderer Maßnahmen zur Unterstützung von Haushalten bei der Versorgung mit Mietwohnraum, einschließlich genossenschaftlich genutzten Wohnraums, und bei der Bildung von selbst genutztem Wohneigentum (soziale Wohnraumförderung).

(2) [1] Zielgruppe der sozialen Wohnraumförderung sind Haushalte, die sich am Markt nicht angemessen mit Wohnraum versorgen können und auf Unterstützung angewiesen sind. [2] Unter diesen Voraussetzungen unterstützt

1. die Förderung von Mietwohnraum insbesondere Haushalte mit geringem Einkommen sowie Familien und andere Haushalte mit Kindern, Alleinerziehende, Schwangere, ältere Menschen, behinderte Menschen, Wohnungslose und sonstige hilfebedürftige Personen,
2. die Förderung der Bildung selbst genutzten Wohneigentums insbesondere Familien und andere Haushalte mit Kindern sowie behinderte Menschen, die unter Berücksichtigung ihres Einkommens und der Eigenheimzulage die Belastungen des Baus oder Erwerbs von Wohnraum ohne soziale Wohnraumförderung nicht tragen können.

§ 2
Fördergegenstände und Fördermittel

(1) Fördergegenstände sind:

1. Wohnungsbau, einschließlich des erstmaligen Erwerbs des Wohnraums innerhalb von zwei Jahren nach Fertigstellung (Ersterwerb),
2. Modernisierung von Wohnraum,
3. Erwerb von Belegungsrechten an bestehendem Wohnraum und
4. Erwerb bestehenden Wohnraums,

wenn damit die Unterstützung von Haushalten bei der Versorgung mit Mietwohnraum durch Begründung von Belegungs- und Mietbindungen oder bei der Bildung von selbst genutztem Wohneigentum erfolgt.

(2) Die Förderung erfolgt durch

1. Gewährung von Fördermitteln, die aus öffentlichen Haushalten oder Zweckvermögen als Darlehen zu Vorzugsbedingungen, auch zur nachstelligen Finanzierung, oder als Zuschüsse bereitgestellt werden,
2. Übernahme von Bürgschaften, Garantien und sonstigen Gewährleistungen sowie
3. Bereitstellung von verbilligtem Bauland.

§ 3
Durchführung der Aufgaben und Zuständigkeiten

(1) Länder, Gemeinden und Gemeindeverbände wirken nach Maßgabe dieses Gesetzes bei der sozialen Wohnraumförderung zusammen.

(2) [1] Die Länder führen die soziale Wohnraumförderung als eigene Aufgabe durch. [2] Sie legen das Verwaltungsverfahren fest, soweit dieses Gesetz keine Regelungen trifft. [3]Zuständige Stelle im Sinne dieses Gesetzes ist die Stelle, die nach Landesrecht zuständig ist oder von der Landesregierung in sonstiger Weise bestimmt wird.

(3) [1] Die Länder sollen bei der sozialen Wohnraumförderung die wohnungswirtschaftlichen Belange der Gemeinden und Gemeindeverbände berücksichtigen; dies gilt insbesondere, wenn sich eine Gemeinde oder ein Gemeindeverband an der Förderung beteiligt. [2] Die Länder können bei ihrer Förderung ein von einer Gemeinde oder einem Gemeindeverband beschlossenes Konzept zur sozialen Wohnraumversorgung (kommunales Wohnraumversorgungskonzept) zu Grunde legen.

(4) Gemeinden und Gemeindeverbände können mit eigenen Mitteln eine Förderung nach diesem Gesetz und den hierzu erlassenen landesrechtlichen Vorschriften durchführen, soweit nicht im Übrigen Landesrecht entgegensteht.

§ 6
Allgemeine Fördergrundsätze

[1] Die soziale Wohnraumförderung ist der Nachhaltigkeit einer Wohnraumversorgung verpflichtet, die die wirtschaftlichen und sozialen Erfordernisse mit der Erhaltung der Umwelt in Einklang bringt. [2] Bei der Förderung sind zu berücksichtigen:

1. die örtlichen und regionalen wohnungswirtschaftlichen Verhältnisse und Zielsetzungen, die erkennbaren unterschiedlichen Investitionsbedingungen des Bauherrn sowie die besonderen Anforderungen des zu versorgenden Personenkreises;
2. der Beitrag des genossenschaftlichen Wohnens zur Erreichung der Ziele und Zwecke der sozialen Wohnraumförderung;
3. die Schaffung und Erhaltung sozial stabiler Bewohnerstrukturen;
4. die Schaffung und Erhaltung ausgewogener Siedlungsstrukturen sowie ausgeglichener wirtschaftlicher, sozialer und kultureller Verhältnisse, die funktional sinnvolle Zuordnung der Wohnbereiche zu den Arbeitsplätzen und der Infrastruktur (Nutzungsmischung) sowie die ausreichende Anbindung des zu fördernden Wohnraums an den öffentlichen Personennahverkehr;
5. die Nutzung des Wohnungs- und Gebäudebestandes für die Wohnraumversorgung;
6. die Erhaltung preisgünstigen Wohnraums im Fall der Förderung der Modernisierung;
7. die Anforderungen des Kosten sparenden Bauens, insbesondere durch
   a) die Begrenzung der Förderung auf einen bestimmten Betrag (Förderpauschale),
   b) die Festlegung von Kostenobergrenzen, deren Überschreitung eine Förderung ausschließt, oder
   c) die Vergabe von Fördermitteln im Rahmen von Wettbewerbsverfahren;
8. die Anforderungen des barrierefreien Bauens für die Nutzung von Wohnraum und seines Umfelds durch Personen, die infolge von Alter, Behinderung oder Krankheit dauerhaft oder vorübergehend in ihrer Mobilität eingeschränkt sind;
9. der sparsame Umgang mit Grund und Boden, die ökologischen Anforderungen an den Bau und die Modernisierung von Wohnraum sowie Ressourcen schonende Bauweisen.

[3] Maßnahmen der sozialen Wohnraumförderung, die im Zusammenhang mit städtebaulichen Sanierungs- und Entwicklungsmaßnahmen stehen, sind bevorzugt zu berücksichtigen.

§ 7
Besondere Grundsätze zur Förderung von Mietwohnraum

Bei der Förderung von Mietwohnraum sind folgende Grundsätze zu berücksichtigen:

1. Um tragbare Wohnkosten für Haushalte im Sinne des § 1 Abs. 2 Satz 2 Nr. 1 zu erreichen, können Wohnkostenentlastungen durch Bestimmung höchstzulässiger Mieten unterhalb von ortsüblichen Vergleichsmieten oder durch sonstige Maßnahmen vorgesehen werden. [2]Dabei sind insbesondere die Leistungen nach dem Wohngeldgesetz sowie das örtliche Mietenniveau und das Haushaltseinkommen des Mieters sowie deren Entwicklungen zu berücksichtigen.
2. Wohnkostenentlastungen, die nach Förderzweck und Zielgruppe sowie Förderintensität unangemessen sind (Fehlförderungen), sind zu vermeiden oder auszugleichen. [2]Maßnahmen zur Vermeidung von Fehlförderungen sind Vorkehrungen bei der Förderung, durch die die Wohnkostenentlastung
   a) auf Grund von Bestimmungen in der Förderzusage oder
   b) auf Grund eines Vorbehalts in der Förderzusage durch Entscheidung der zuständigen Stelle

   vermindert wird. [3]Eine Maßnahme zum Ausgleich entstandener Fehlförderungen in Fällen der Festlegung von höchstzulässigen Mieten ist die Erhebung von Ausgleichszahlungen nach den §§ 34 bis 37.
3. Bei der Vermeidung und dem Ausgleich von Fehlförderungen sind soweit erforderlich Veränderungen der für die Wohnkostenentlastung maßgeblichen Einkommensverhältnisse und der Haushaltsgröße durch Überprüfungen in regelmäßigen zeitlichen Abständen zu berücksichtigen.

§ 12
Bevorzugung von Maßnahmen, zusätzliche Förderung

(1) [1]Maßnahmen, bei denen Bauherren in Selbsthilfe tätig werden oder bei denen Mieter von Wohnraum Leistungen erbringen, durch die sie im Rahmen des Mietverhältnisses Vergünstigungen erlangen, können bei der Förderung bevorzugt werden. [2]Selbsthilfe sind die Arbeitsleistungen, die zur Durchführung der geförderten Maßnahmen vom Bauherrn selbst, seinen Angehörigen oder von anderen unentgeltlich oder auf Gegenseitigkeit oder von Mitgliedern von Genossenschaften erbracht werden. [3]Leistungen von Mietern sind die von

1. Mietern für die geförderten Maßnahmen erbrachten Finanzierungsanteile, Arbeitsleistungen oder Sachleistungen und
2. Genossenschaftsmitgliedern übernommenen weiteren Geschäftsanteile, soweit sie für die geförderten Maßnahmen über die Pflichtanteile hinaus erbracht werden.

(2) Eine zusätzliche Förderung für notwendigen Mehraufwand kann insbesondere gewährt werden bei

1. Ressourcen schonenden Bauweisen, die besonders wirksam zur Entlastung der Umwelt, zum Schutz der Gesundheit und zur rationellen Energieverwendung beitragen,
2. besonderen baulichen Maßnahmen, mit denen Belangen behinderter oder älterer Menschen Rechnung getragen wird,
3. einer organisierten Gruppenselbsthilfe für den bei der Vorbereitung und Durchführung der Maßnahmen entstehenden Aufwand,
4. besonderen experimentellen Ansätzen zur Weiterentwicklung des Wohnungsbaus.

§ 16
Wohnungsbau, Modernisierung

(1) Wohnungsbau ist das Schaffen von Wohnraum durch

1. Baumaßnahmen, durch die Wohnraum in einem neuen selbstständigen Gebäude geschaffen wird,

2. Beseitigung von Schäden an Gebäuden unter wesentlichem Bauaufwand, durch die die Gebäude auf Dauer wieder zu Wohnzwecken nutzbar gemacht werden,
3. Änderung, Nutzungsänderung oder Erweiterung von Gebäuden, durch die unter wesentlichem Bauaufwand Wohnraum geschaffen wird, oder
4. Änderung von Wohnraum unter wesentlichem Bauaufwand zur Anpassung an geänderte Wohnbedürfnisse.

(2) Wohnraum oder anderer Raum ist in Fällen des Absatzes 1 Nr. 2 nicht auf Dauer nutzbar, wenn ein zu seiner Nutzung erforderlicher Gebäudeteil zerstört ist oder wenn sich der Raum oder der Gebäudeteil in einem Zustand befindet, der aus bauordnungsrechtlichen Gründen eine dauernde, der Zweckbestimmung entsprechende Nutzung nicht gestattet; dabei ist es unerheblich, ob der Raum oder der Gebäudeteil tatsächlich genutzt wird.

(3) [1] Modernisierung sind bauliche Maßnahmen, die
1. den Gebrauchswert des Wohnraums oder des Wohngebäudes nachhaltig erhöhen,
2. die allgemeinen Wohnverhältnisse auf Dauer verbessern oder
3. nachhaltig Einsparungen von Energie oder Wasser bewirken.

[2] Instandsetzungen, die durch Maßnahmen der Modernisierung verursacht werden, fallen unter die Modernisierung.

§ 17
Wohnraum

(1) [1] Wohnraum ist umbauter Raum, der tatsächlich und rechtlich zur dauernden Wohnnutzung geeignet und vom Verfügungsberechtigten dazu bestimmt ist. [2] Wohnraum können Wohnungen oder einzelne Wohnräume sein.

(2) Selbst genutztes Wohneigentum ist Wohnraum im eigenen Haus oder in einer eigenen Eigentumswohnung, der zu eigenen Wohnzwecken genutzt wird.

(3) Mietwohnraum ist Wohnraum, der den Bewohnern auf Grund eines Mietverhältnisses oder eines genossenschaftlichen oder sonstigen ähnlichen Nutzungsverhältnisses zum Gebrauch überlassen wird.

§ 19
Wohnfläche

[1] Die Wohnfläche einer Wohnung ist die Summe der anrechenbaren Grundflächen der ausschließlich zur Wohnung gehörenden Räume. [2] Die Landesregierungen werden ermächtigt, durch Rechtsverordnung Vorschriften zur Berechnung der Grundfläche und zur Anrechenbarkeit auf die Wohnfläche zu erlassen. [3] Die Landesregierungen können die Ermächtigung durch Rechtsverordnung auf eine oberste Landesbehörde übertragen.

§ 20
Gesamteinkommen

[1] Maßgebendes Einkommen ist das Gesamteinkommen des Haushalts. [2] Gesamteinkommen des Haushalts im Sinne dieses Gesetzes ist die Summe der Jahreseinkommen der Haushaltsangehörigen abzüglich der Frei- und Abzugsbeträge nach § 24. [3] Maßgebend sind die Verhältnisse im Zeitpunkt der Antragstellung.

§ 21
Begriff des Jahreseinkommens

(1) [1] Jahreseinkommen im Sinne dieses Gesetzes ist, vorbehaltlich der Absätze 2 und 3 sowie der §§ 22 und 23, die Summe der positiven Einkünfte im Sinne des § 2 Abs. 1, 2 und 5a des Einkommensteuergesetzes jedes Haushaltsangehörigen. [2] Bei den Einkünften im Sinne des § 2 Abs. 1 Satz 1

Nr. 1 bis 3 des Einkommensteuergesetzes ist § 7g Abs. 1 bis 4 und 7 des Einkommensteuergesetzes nicht anzuwenden. [3] Ein Ausgleich mit negativen Einkünften aus anderen Einkunftsarten und mit negativen Einkünften des zusammenveranlagten Ehegatten ist nicht zulässig.

(2) Zum Jahreseinkommen gehören:

1.1 der nach § 19 Abs. 2 und § 22 Nr. 4 Satz 4 Buchstabe b des Einkommensteuergesetzes steuerfreie Betrag von Versorgungsbezügen,

1.2 die einkommensabhängigen, nach § 3 Nr. 6 des Einkommensteuergesetzes steuerfreien Bezüge, die auf Grund gesetzlicher Vorschriften aus öffentlichen Mitteln versorgungshalber an Wehr- und Zivildienstbeschädigte oder ihre Hinterbliebenen, Kriegsbeschädigte und Kriegshinterbliebene sowie ihnen gleichgestellt Personen gezahlt werden,

1.3 die den Ertragsanteil oder den der Besteuerung unterliegenden Anteil nach § 22 Nr. 1 Satz 3 Buchstabe a des Einkommensteuergesetzes übersteigenden Teile von Leibrenten,

1.4 die nach § 3 Nr. 3 des Einkommensteuergesetzes steuerfreien Kapitalabfindungen auf Grund der gesetzlichen Rentenversicherung und auf Grund der Beamten-(Pensions-)Gesetze,

1.5 die nach § 3 Nr. 1 Buchstabe a des Einkommensteuergesetzes steuerfreien

a) Renten wegen Minderung der Erwerbsfähigkeit nach den §§ 56 bis 62 des Siebten Buches Sozialgesetzbuch,

b) Renten und Beihilfen an Hinterbliebene nach den §§ 63 bis 71 des Siebten Buches Sozialgesetzbuch,

c) Abfindungen nach den §§ 75 bis 80 des Siebten Buches Sozialgesetzbuch,

1.6 die Lohn- und Einkommensersatzleistungen nach § 32b Abs. 1 Nr. 1 des Einkommensteuergesetzes, mit Ausnahme der nach § 3 Nr. 1 Buchstabe d des Einkommensteuergesetzes steuerfreien Mutterschutzleistungen und des nach § 3 Nr. 67 des Einkommensteuergesetzes steuerfreien Elterngeldes bis zur Höhe der nach § 10 des Bundeselterngeld- und Elternzeitgesetzes anrechnungsfreien Beträge,

1.7 die Hälfte der nach § 3 Nr. 7 des Einkommensteuergesetzes steuerfreien

a) Unterhaltshilfe nach den §§ 261 bis 278a des Lastenausgleichsgesetzes, mit Ausnahme der Pflegezulage nach § 269 Abs. 2 des Lastenausgleichsgesetzes,

b) Beihilfe zum Lebensunterhalt nach den §§ 301 bis 301b des Lastenausgleichsgesetzes,

c) Unterhaltshilfe nach § 44 und Unterhaltsbeihilfe nach § 45 des Reparationsschädengesetzes,

d) Beihilfe zum Lebensunterhalt nach den §§ 10 bis 15 des Flüchtlingshilfegesetzes, mit Ausnahme der Pflegezulage nach § 269 Abs. 2 des Lastenausgleichsgesetzes,

1.8 die nach § 3 Nr. 1 Buchstabe a des Einkommensteuergesetzes steuerfreien Krankentagegelder,

1.9 die Hälfte der nach § 3 Nr. 68 des Einkommensteuergesetzes steuerfreien Renten nach § 3 Abs. 2 des Anti-D-Hilfegesetzes,

2.1 die nach § 3b des Einkommensteuergesetzes steuerfreien Zuschläge für Sonntags-, Feiertags- oder Nachtarbeit,

2.2 der nach § 40a des Einkommensteuergesetzes vom Arbeitgeber pauschal besteuerte Arbeitslohn,

3.1 der nach § 20 Abs. 9 des Einkommensteuergesetzes steuerfreie Betrag (Sparer-Pauschbetrag), soweit die Kapitalerträge 100 Euro übersteigen,

3.2 weggefallen

3.3 die auf erhöhte Absetzungen entfallenden Beträge, soweit sie die höchstmöglichen Absetzungen für Abnutzung nach § 7 des Einkommensteuergesetzes übersteigen, und die auf Sonderabschreibungen entfallenden Beträge,

4.1 der nach § 3 Nr. 9 des Einkommensteuergesetzes steuerfreie Betrag von Abfindungen wegen einer vom Arbeitgeber veranlassten oder gerichtlich ausgesprochenen Auflösung des Dienstverhältnisses,

4.2 der nach § 3 Nr. 27 des Einkommensteuergesetzes steuerfreie Grundbetrag der Produktionsaufgaberente und das Ausgleichsgeld nach dem Gesetz zur Förderung der Einstellung der landwirtschaftlichen Erwerbstätigkeit,

4.3 die nach § 3 Nr. 60 des Einkommensteuergesetzes steuerfreien Leistungen aus öffentlichen Mitteln an Arbeitnehmer des Steinkohlen-, Pechkohlen- und Erzbergbaues, des Braunkohlentiefbaues und der Eisen- und Stahlindustrie aus Anlass von Stilllegungs-, Einschränkungs-, Umstellungs- oder Rationalisierungsmaßnahmen,

5.1 die nach § 22 Nr. 1 Satz 2 des Einkommensteuergesetzes dem Empfänger nicht zuzurechnenden Bezüge, die ihm von nicht zum Haushalt rechnenden Personen gewährt werden, und die Leistungen nach dem Unterhaltsvorschussgesetz,

5.2 weggefallen

5.3 weggefallen

5.4 die Hälfte des für die Kosten zur Erziehung bestimmten Anteils an Leistungen zum Unterhalt
- a) des Kindes oder Jugendlichen in Fällen
  - aa) der Vollzeitpflege nach § 39 in Verbindung mit § 33 oder mit § 35a Abs. 2 Nr. 3 des Achten Buches Sozialgesetzbuch oder
  - bb) einer vergleichbaren Unterbringung nach § 21 des Achten Buches Sozialgesetzbuch,
- b) des jungen Volljährigen in Fällen der Vollzeitpflege nach § 41 in Verbindung mit den §§ 39 und 33 oder mit den §§ 39 und 35a Abs. 2 Nr. 3 des Achten Buches Sozialgesetzbuch,

5.5 die Hälfte der laufenden Leistungen für die Kosten des notwendigen Unterhalts einschließlich der Unterkunft sowie der Krankenhilfe für Minderjährige und junge Volljährige nach § 13 Abs. 3 Satz 2, § 19 Abs. 3, § 21 Satz 2, § 39 Abs. 1 und § 41 Abs. 2 des Achten Buches Sozialgesetzbuch,

5.6 die Hälfte des Pflegegeldes nach § 37 des Elften Buches Sozialgesetzbuch für Pflegehilfen, die keine Wohn- und Wirtschaftsgemeinschaft mit dem Pflegebedürftigen führen,

6.1 die Hälfte der als Zuschüsse erbrachten
- a) Leistungen zur Förderung der Ausbildung nach dem Bundesausbildungsförderungsgesetz,
- b) Leistungen der Begabtenförderungswerke, soweit sie nicht von Nummer 6.2 erfasst sind,
- c) Stipendien, soweit sie nicht von Buchstabe b, Nummer 6.2 oder Nummer 6.3 erfasst sind,
- d) Berufsausbildungsbeihilfen und des Ausbildungsgeldes nach dem Dritten Buch Sozialgesetzbuch,
- e) Beiträge zur Deckung des Unterhaltsbedarfs nach dem Aufstiegsfortbildungsförderungsgesetz,

6.2 die als Zuschuss gewährte Graduiertenförderung,

6.3 die Hälfte der nach § 3 Nr. 42 des Einkommensteuergesetzes steuerfreien Zuwendungen, die auf Grund des Fulbright-Abkommens gezahlt werden,

7.1 das Arbeitslosengeld II und das Sozialgeld nach § 19 Absatz 1 des Zweiten Buches Sozialgesetzbuch,

7.2 die Leistungen der Hilfe zum Lebensunterhalt nach den §§ 27 bis 30 des Zwölften Buches Sozialgesetzbuch,

7.3 die Leistungen der Grundsicherung im Alter und bei Erwerbsminderung nach § 42 Nummer 1, 2 und 4 des Zwölften Buches Sozialgesetzbuch mit Ausnahme der Leistungen für einmalige Bedarfe,

7.4 die Leistungen nach dem Asylbewerberleistungsgesetz,

7.5 die Leistungen der ergänzenden Hilfe zum Lebensunterhalt nach § 27a des Bundesversorgungsgesetzes oder nach einem Gesetz, das dieses für anwendbar erklärt, mit Ausnahme der Leistungen für einmalige Bedarfe,

soweit diese Leistungen die bei ihrer Berechnung berücksichtigten Kosten für Wohnraum übersteigen,

8. die ausländischen Einkünfte nach § 32b Abs. 1 Nr. 2 und 3 des Einkommensteuergesetzes.

(3) Aufwendungen zum Erwerb, zur Sicherung und zur Erhaltung von Einnahmen nach Absatz 2 mit Ausnahme der Nummern 5.3 bis 5.5 dürfen in der im Sinne des § 22 Abs. 1 und 2 zu erwartenden oder nachgewiesenen Höhe abgezogen werden.

§ 22
Zeitraum für die Ermittlung des Jahreseinkommens

(1) [1]Bei der Ermittlung des Jahreseinkommens ist das Einkommen zu Grunde zu legen, das in den zwölf Monaten ab dem Monat der Antragstellung zu erwarten ist. [2]Hierzu kann auch von dem Einkommen ausgegangen werden, das innerhalb der letzten zwölf Monate vor Antragstellung erzielt worden ist. [3]Änderungen sind zu berücksichtigen, wenn sie im Zeitpunkt der Antragstellung innerhalb von zwölf Monaten mit Sicherheit zu erwarten sind; Änderungen, deren Beginn oder Ausmaß nicht ermittelt werden können, bleiben außer Betracht.

(2) Kann die Höhe des zu erwartenden Einkommens nicht nach Absatz 1 ermittelt werden, so ist grundsätzlich das Einkommen der letzten zwölf Monate vor Antragstellung zu Grunde zu legen.

(3) Bei Personen, die zur Einkommensteuer veranlagt werden, kann bei Anwendung des Absatzes 1 von den Einkünften ausgegangen werden, die sich aus dem letzten Einkommensteuerbescheid, den Vorauszahlungsbescheiden oder der letzten Einkommensteuererklärung ergeben; die sich hieraus ergebenden Einkünfte sind bei Anwendung des Absatzes 2 zu Grunde zu legen.

(4) [1]Einmaliges Einkommen, das in einem nach Absatz 1 oder 2 maßgebenden Zeitraum anfällt, aber einem anderen Zeitraum zuzurechnen ist, ist so zu behandeln, als wäre es während des anderen Zeitraums angefallen. [2]Einmaliges Einkommen, das einem nach Absatz 1 oder 2 maßgebenden Zeitraum zuzurechnen, aber in einem früheren Zeitraum angefallen ist, ist so zu behandeln, als wäre es während des nach Absatz 1 oder 2 maßgebenden Zeitraums angefallen. [3]Satz 2 gilt nur für Einkommen, das innerhalb von drei Jahren vor Antragstellung angefallen ist.

§ 23
Pauschaler Abzug

(1) Bei der Ermittlung des Jahreseinkommens wird von dem nach den §§ 21 und 22 ermittelten Betrag ein pauschaler Abzug in Höhe von jeweils 10 Prozent für die Leistung von

1. Steuern vom Einkommen,
2. Pflichtbeiträgen zur gesetzlichen Kranken- und Pflegeversicherung und
3. Pflichtbeiträgen zur gesetzlichen Rentenversicherung

vorgenommen.

(2) [1]Werden keine Pflichtbeiträge nach Absatz 1 Nr. 2 oder 3 geleistet, so werden laufende Beiträge zu öffentlichen oder privaten Versicherungen oder ähnlichen Einrichtungen in der tatsächlich geleisteten Höhe, höchstens bis zu jeweils 10 Prozent des sich nach den §§ 21 und 22 ergebenden Betrages abgezogen, wenn die Beiträge der Zweckbestimmung der Pflichtbeiträge nach Absatz 1 Nr. 2 oder 3 entsprechen. [2]Dies gilt auch, wenn die Beiträge zu Gunsten eines zum Haushalt rechnenden Angehörigen geleistet werden. [3]Die Sätze 1 und 2 gelten nicht, wenn eine im Wesentlichen beitragsfreie Sicherung oder eine Sicherung, für die Beiträge von einem Dritten geleistet werden, besteht.

§ 24
Frei- und Abzugsbeträge

(1) Bei der Ermittlung des Gesamteinkommens werden folgende Freibeträge abgesetzt:

1. 4.500 Euro für jeden schwerbehinderten Menschen mit einem Grad der Behinderung
   a) von 100 oder
   b) von wenigstens 80, wenn der schwerbehinderte Mensch häuslich pflegebedürftig im Sinne des § 14 des Elften Buches Sozialgesetzbuch ist;
2. 2.100 Euro für jeden schwerbehinderten Menschen mit einem Grad der Behinderung von unter 80, wenn der schwerbehinderte Mensch häuslich pflegebedürftig im Sinne des § 14 des Elften Buches Sozialgesetzbuch ist;
3. 4.000 Euro bei jungen Ehepaaren bis zum Ablauf des fünften Kalenderjahres nach dem Jahr der Eheschließung; junge Ehepaare sind solche, bei denen keiner der Ehegatten das 40. Lebensjahr vollendet hat;
4. 600 Euro für jedes Kind unter zwölf Jahren, für das Kindergeld nach dem Einkommensteuergesetz oder dem Bundeskindergeldgesetz oder eine Leistung im Sinne des § 65 Abs. 1 des Einkommensteuergesetzes oder des § 4 Abs. 1des Bundeskindergeldgesetzes gewährt wird, wenn die antragsberechtigte Person allein mit Kindern zusammenwohnt und wegen Erwerbstätigkeit oder Ausbildung nicht nur kurzfristig vom Haushalt abwesend ist;
5. bis zu 600 Euro, soweit ein zum Haushalt rechnendes Kind eigenes Einkommen hat und das 16., aber noch nicht das 25. Lebensjahr vollendet hat.

(2) [1] Aufwendungen zur Erfüllung gesetzlicher Unterhaltsverpflichtungen werden bis zu dem in einer notariell beurkundeten Unterhaltsvereinbarung festgelegten oder in einem Unterhaltstitel oder Unterhaltsbescheid festgestellten Betrag abgesetzt. [2] Liegen eine notariell beurkundete Unterhaltsvereinbarung, ein Unterhaltstitel oder ein Unterhaltsbescheid nicht vor, können Aufwendungen zur Erfüllung gesetzlicher Unterhaltsverpflichtungen wie folgt abgesetzt werden:

1. bis zu 3.000 Euro für einen Haushaltsangehörigen, der auswärts untergebracht ist und sich in der Berufsausbildung befindet;
2. bis zu 6.000 Euro für einen nicht zum Haushalt rechnenden früheren oder dauernd getrennt lebenden Ehegatten oder Lebenspartner;
3. bis zu 3.000 Euro für eine sonstige nicht zum Haushalt rechnende Person.

Lohn-/einkommensteuerliche Behandlung sowie Voraussetzungen für die steuerliche Anerkennung von Zeitwertkonten-Modellen; Organe von Körperschaften

BMF vom 17.6.2009 (BStBl I S. 1286)
IV C 5 – S 2332/07/0004 – 2009/0406609
geändert durch BMF vom 8.8.2019 (BStBl I S. 874)
IV C 5 – S 2332/07/0004 :004 – 2019/0686812

Zur lohn-/einkommensteuerlichen Behandlung von Zeitwertkonten-Modellen sowie den Voraussetzungen für die steuerliche Anerkennung nehme ich im Einvernehmen mit den obersten Finanzbehörden der Länder wie folgt Stellung:

A. Allgemeines zu Zeitwertkonten

I. Steuerlicher Begriff des Zeitwertkontos

Bei Zeitwertkonten vereinbaren Arbeitgeber und Arbeitnehmer, dass der Arbeitnehmer künftig fällig werdenden Arbeitslohn nicht sofort ausbezahlt erhält, sondern dieser Arbeitslohn beim Arbeitgeber nur betragsmäßig erfasst wird, um ihn im Zusammenhang mit einer vollen oder teilweisen Freistellung von der Arbeitsleistung während des noch fortbestehenden Dienstverhältnisses auszuzahlen. In der Zeit der Arbeitsfreistellung ist dabei das angesammelte Guthaben um den Vergütungsanspruch zu vermindern, der dem Arbeitnehmer in der Freistellungsphase gewährt wird. Der steuerliche Begriff des Zeitwertkontos entspricht insoweit dem Begriff der Wertguthabenvereinbarungen im Sinne von § 7b SGB IV (sog. Lebensarbeitszeit- bzw. Arbeitszeitkonto).

Keine Zeitwertkonten in diesem Sinne sind dagegen Vereinbarungen, die das Ziel der flexiblen Gestaltung der werktäglichen oder wöchentlichen Arbeitszeit oder den Ausgleich betrieblicher Produktions- und Arbeitszeitzyklen verfolgen (sog. Flexi- oder Gleitzeitkonten). Diese dienen lediglich zur Ansammlung von Mehr- oder Minderarbeitszeit, die zu einem späteren Zeitpunkt ausgeglichen wird. Bei Flexi- oder Gleitzeitkonten ist der Arbeitslohn mit Auszahlung bzw. anderweitiger Erlangung der wirtschaftlichen Verfügungsmacht des Arbeitnehmers zugeflossen und zu versteuern.

II. Besteuerungszeitpunkt

Weder die Vereinbarung eines Zeitwertkontos noch die Wertgutschrift auf diesem Konto führen zum Zufluss von Arbeitslohn, sofern die getroffene Vereinbarung den nachfolgenden Voraussetzungen entspricht. Erst die Auszahlung des Guthabens während der Freistellung löst Zufluss von Arbeitslohn und damit eine Besteuerung aus.

Die Gutschrift von Arbeitslohn (laufender Arbeitslohn, Einmal- und Sonderzahlungen) zugunsten eines Zeitwertkontos wird aus Vereinfachungsgründen auch dann steuerlich anerkannt, wenn die Gehaltsänderungsvereinbarung bereits erdiente, aber noch nicht fällig gewordene Arbeitslohnteile umfasst. Dies gilt auch, wenn eine Einmal- oder Sonderzahlung einen Zeitraum von mehr als einem Jahr betrifft.

III. Verwendung des Guthabens zugunsten betrieblicher Altersversorgung

Wird das Guthaben des Zeitwertkontos aufgrund einer Vereinbarung zwischen Arbeitgeber und Arbeitnehmer vor Fälligkeit (planmäßige Auszahlung während der Freistellung) ganz oder teilweise zugunsten der betrieblichen Altersversorgung herabgesetzt, ist dies steuerlich als eine Entgeltumwandlung zugunsten der betrieblichen Altersversorgung anzuerkennen. Der Zeitpunkt des Zuflusses dieser zugunsten der betrieblichen Altersversorgung umgewandelten Beträge richtet sich nach dem Durchführungsweg der zugesagten betrieblichen Altersversorgung (vgl. BMF-Schreiben vom 20. Januar 2009, BStBl I S. 273, Rz. 189)[1]).

---

[1]) jetzt BMF vom ***12.8.2021*** (BStBl I S. ***1050***), ***Rn.*** 8, >Anhang 2 III

Bei einem Altersteilzeitarbeitsverhältnis im sog. Blockmodell gilt dies in der Arbeitsphase und der Freistellungsphase entsprechend. Folglich ist auch in der Freistellungsphase steuerlich von einer Entgeltumwandlung auszugehen, wenn vor Fälligkeit (planmäßige Auszahlung) vereinbart wird, das Guthaben des Zeitwertkontos oder den während der Freistellung auszuzahlenden Arbeitslohn zugunsten der betrieblichen Altersversorgung herabzusetzen.

IV. Begünstigter Personenkreis

1. Grundsatz: Arbeitnehmer in einem gegenwärtigen Dienstverhältnis

Ein Zeitwertkonto kann für alle Arbeitnehmer (§ 1 LStDV) im Rahmen eines gegenwärtigen Dienstverhältnisses eingerichtet werden. Dazu gehören auch Arbeitnehmer mit einer geringfügig entlohnten Beschäftigung i. S. d. § 8 bzw. § 8a SGB IV.
Besonderheiten gelten bei befristeten Dienstverhältnissen und bei Arbeitnehmern, die gleichzeitig Organ einer Körperschaft sind.

2. Besonderheiten:

a) Befristete Dienstverhältnisse

Bei befristeten Dienstverhältnissen werden Zeitwertkonten steuerlich nur dann anerkannt, wenn die sich während der Beschäftigung ergebenden Guthaben bei normalem Ablauf während der Dauer des befristeten Dienstverhältnisses, d. h. innerhalb der vertraglich vereinbarten Befristung, durch Freistellung ausgeglichen werden.

b) Organe von Körperschaften[1)]

Vereinbarungen über die Einrichtung von Zeitwertkonten bei Arbeitnehmern, die zugleich als Organ einer Körperschaft bestellt sind – z. B. bei Mitgliedern des Vorstands einer Aktiengesellschaft oder Geschäftsführern einer GmbH – sind lohn-/einkommensteuerlich grundsätzlich anzuerkennen, wenn der Arbeitnehmer nicht an der Körperschaft beteiligt ist (z. B. Fremd-Geschäftsführer); siehe BFH-Urteil vom 22. Februar 2018 – VI R 17/16 – (BStBl 2019 II S. 496).

Ist der Arbeitnehmer an der Körperschaft beteiligt, beherrscht diese aber nicht (z. B. Minderheits-Gesellschafter-Geschäftsführer), ist nach den allgemeinen Grundsätzen zu prüfen, ob eine verdeckte Gewinnausschüttung vorliegt. Liegt danach keine verdeckte Gewinnausschüttung vor, sind Vereinbarungen über die Einrichtung von Zeitwertkonten lohn-/einkommensteuerlich grundsätzlich anzuerkennen.

Ist der Arbeitnehmer an der Körperschaft beteiligt und beherrscht diese, liegt eine verdeckte Gewinnausschüttung vor; siehe BFH-Urteil vom 11. November 2015 – I R 26/15 – (BStBl 2016 II S. 489). Vereinbarungen über die Einrichtung von Zeitwertkonten sind lohn-/einkommensteuerlich nicht anzuerkennen.

Der Erwerb einer Organstellung hat keinen Einfluss auf das bis zu diesem Zeitpunkt aufgebaute Guthaben eines Zeitwertkontos. Nach Erwerb der Organstellung ist hinsichtlich der weiteren Zuführungen zu dem Konto eine verdeckte Gewinnausschüttung zu prüfen (s. oben). Nach Beendigung der Organstellung und Fortbestehen des Dienstverhältnisses kann der Arbeitnehmer das Guthaben entsprechend der unter A. I. dargestellten Grundsätze weiter aufbauen oder das aufgebaute Guthaben für Zwecke der Freistellung verwenden.

c) Als Arbeitnehmer beschäftigte beherrschende Anteilseigner

Buchstabe b) gilt entsprechend für Arbeitnehmer, die von der Körperschaft beschäftigt werden, die sie beherrschen.

---

1) Abschnitt A IV Nr. 2b wurde durch BMF vom 8.8.2019 (BStBl I S. 874) geändert; die Neufassung ist in allen offenen Fällen anzuwenden.

B. Modellinhalte

I. Aufbau des Zeitwertkontos

In ein Zeitwertkonto können keine weiteren Gutschriften mehr unversteuert eingestellt werden, sobald feststeht, dass die dem Konto zugeführten Beträge nicht mehr durch Freistellung vollständig aufgebraucht werden können.

Bei Zeitwertkontenvereinbarungen, die die Anforderungen des § 7 Absatz 1a Satz 1 Nummer 2 SGB IV hinsichtlich der Angemessenheit der Höhe des während der Freistellung fälligen Arbeitsentgeltes berücksichtigen, wird davon ausgegangen, dass die dem Konto zugeführten Beträge durch Freistellung vollständig aufgebraucht werden können und somit eine solche Prognosenentscheidung regelmäßig entbehrlich ist. Für Zeitwertkonten, die diese Anforderungen nicht berücksichtigen und eine Freistellung für Zeiten, die unmittelbar vor dem Zeitpunkt liegen, zu dem der Beschäftigte eine Rente wegen Alters nach dem SGB VI bezieht oder beziehen könnte, vorsehen, ist hierfür einmal jährlich eine Prognoseentscheidung zu treffen. Für diese Prognoseentscheidung ist zum einen der ungeminderte Arbeitslohnanspruch (ohne Berücksichtigung der Gehaltsänderungsvereinbarung) und zum anderen der voraussichtliche Zeitraum der maximal noch zu beanspruchenden Freistellung maßgeblich. Der voraussichtliche Zeitraum der Freistellung bestimmt sich dabei grundsätzlich nach der vertraglichen Vereinbarung. Das Ende des voraussichtlichen Freistellungszeitraums kann allerdings nicht über den Zeitpunkt hinausgehen, zu dem der Arbeitnehmer eine Rente wegen Alters nach dem SGB VI spätestens beanspruchen kann (Regelaltersgrenze). Jede weitere Gutschrift auf dem Zeitwertkonto ist dann Einkommensverwendung und damit steuerpflichtiger Zufluss von Arbeitslohn.

Beispiel zur Begrenzung der Zuführung

Zwischen dem 55-jährigen Arbeitnehmer B und seinem Arbeitgeber wird vereinbart, dass künftig die Hälfte des Arbeitslohns in ein Zeitwertkonto eingestellt wird, das dem Arbeitnehmer während der Freistellungsphase ratierlich ausgezahlt werden soll. Das Arbeitsverhältnis soll planmäßig mit Vollendung des 67. Lebensjahrs (Jahr 12) beendet werden. Der aktuelle Jahresarbeitslohn beträgt 100.000 €. Nach sieben Jahren beträgt das Guthaben 370.000 € (einschließlich Wertzuwächsen). Der Jahresarbeitslohn im Jahr 08 beläuft sich auf 120.000 €. Kann hiervon wieder die Hälfte dem Zeitwertkonto zugeführt werden?

Nach Ablauf des achten Jahres verbleiben für die Freistellungsphase noch vier Jahre. Eine Auffüllung des Zeitwertkonto ist bis zum Betrag von 480.000 € (= ungekürzter Arbeitslohn des laufenden Jahres x Dauer der Freistellungsphase in Jahren) steuerlich unschädlich. Daher können im Jahr 08 weitere 60.000 € dem Zeitwertkonto zugeführt werden (370.000 € + 60.000 € = 430.000 € Stand Guthaben 31. Dezember 08). Sollte im Jahr 09 die Freistellungsphase noch nicht begonnen haben, können keine weiteren Beträge mehr unversteuert in das Zeitwertkonto eingestellt werden (Prognoserechnung: bei einem Jahresarbeitslohn von 120.000 € für die Freistellungsphase von drei Freistellungsjahren = 360.000 €).

Bei erfolgsabhängiger Vergütung ist dabei neben dem Fixum auch der erfolgsabhängige Vergütungsbestandteil zu berücksichtigen. Es bestehen keine Bedenken insoweit den Durchschnittsbetrag der letzten fünf Jahre zu Grunde zu legen. Wird die erfolgsabhängige Vergütung noch keine fünf Jahre gewährt oder besteht das Dienstverhältnis noch keine fünf Jahre, ist der Durchschnittsbetrag dieses Zeitraumes zu Grunde zu legen.

Beispiel zu erfolgsabhängigen Vergütungen

Zwischen dem 55-jährigen Arbeitnehmer C und seinem Arbeitgeber wird Anfang 01 vereinbart, dass künftig die Hälfte des Arbeitslohns in ein Zeitwertkonto eingestellt wird, das dem Arbeitnehmer während der Freistellungsphase ratierlich ausgezahlt werden soll. Das Arbeitsverhältnis soll planmäßig mit Vollendung des 67. Lebensjahrs (Jahr 12) beendet werden. C bezieht im Jahr 01 ein Festgehalt von 100.000 €. Daneben erhält er erfolgsabhängige Vergütungsbestandteile, die ebenfalls hälftig dem Zeitwertkonto zugeführt werden sollen. Nach sieben Jahren beträgt das Guthaben des Zeitwertkontos 520.000 €. Die Fixvergütung beläuft sich im Jahr 08 auf 120.000 €. Die variablen Vergütungsbestandteile im Jahr 08 betragen 80.000 €; in den letzten fünf Jahren standen ihm variable Vergütungen in Höhe von insgesamt 300.000 € zu.

Dem Zeitwertkonto können im achten Jahr (Jahr 08) 100.000 € unversteuert zugeführt werden. Damit beläuft sich das Guthaben des Zeitwertkontos am Ende des Jahres 08 auf 620.000 € und ist – bezogen auf eine mögliche Freistellungsphase von noch vier Jahren – weiterhin geringer als das Vierfache des aktuellen jährlichen Fixgehalts (120.000 €) zuzüglich der durchschnittlichen jährlichen variablen Vergütungen von 60.000 € (300.000 € : 5), die sich somit für einen Freistellungszeitraum von vier Jahren auf 720.000 € belaufen (= 180.000 € x 4 Jahre).

II. Verzinsung der Zeitwertkontenguthaben

Im Rahmen von Zeitwertkonten kann dem Arbeitnehmer auch eine Verzinsung des Guthabens zugesagt sein. Diese kann beispielsweise bestehen in einem festen jährlichen Prozentsatz des angesammelten Guthabens, wobei sich der Prozentsatz auch nach dem Umfang der jährlichen Gehaltsentwicklung richten kann, oder in einem Betrag in Abhängigkeit von der Entwicklung bestimmter am Kapitalmarkt angelegter Vermögenswerte.

Die Zinsen erhöhen das Guthaben des Zeitwertkontos, sind jedoch erst bei tatsächlicher Auszahlung an den Arbeitnehmer als Arbeitslohn zu erfassen.

III. Zuführung von steuerfreiem Arbeitslohn zu Zeitwertkonten

Wird vor der Leistung von steuerlich begünstigtem Arbeitslohn bestimmt, dass ein steuerfreier Zuschlag auf dem Zeitwertkonto eingestellt und getrennt ausgewiesen wird, bleibt die Steuerfreiheit bei Auszahlung in der Freistellungsphase erhalten (R 3b Abs. 8 LStR 2008). Dies gilt jedoch nur für den Zuschlag als solchen, nicht hingegen für eine darauf beruhende etwaige Verzinsung oder Wertsteigerung.

IV. Kein Rechtsanspruch gegenüber einem Dritten

Wird das Guthaben eines Zeitwertkontos auf Grund der Vereinbarung zwischen Arbeitgeber und Arbeitnehmer z. B. als Depotkonto bei einem Kreditinstitut oder Fonds geführt, darf der Arbeitnehmer zur Vermeidung eines Lohnzuflusses keinen unmittelbaren Rechtsanspruch gegenüber dem Dritten haben.

Beauftragt der Arbeitgeber ein externes Vermögensverwaltungsunternehmen mit der Anlage der Guthabenbeträge, findet die Minderung wie auch die Erhöhung des Depots z. B. durch Zinsen und Wertsteigerungen infolge von Kursgewinnen zunächst in der Sphäre des Arbeitgebers statt. Beim Arbeitnehmer sind die durch die Anlage des Guthabens erzielten Vermögensminderungen/-mehrungen – unter Berücksichtigung der Regelung zur Zeitwertkontengarantie unter B. V. – erst bei Auszahlung der Beträge in der Freistellungsphase lohnsteuerlich zu erfassen. Ein Kapitalanlagewahlrecht des Arbeitnehmers ist dann unschädlich.

Beim Erwerb von Ansprüchen des Arbeitnehmers gegenüber einem Dritten im Fall der Eröffnung des Insolvenzverfahrens ist § 3 Nummer 65 Buchstabe c 2. Halbsatz EStG zu beachten.

V. Zeitwertkontengarantie

1. Inhalt der Zeitwertkontengarantie

Zeitwertkonten werden im Hinblick auf die in §§ 7d und 7e SGB IV getroffenen Regelungen steuerlich nur dann anerkannt, wenn die zwischen Arbeitgeber und Arbeitnehmer getroffene Vereinbarung vorsieht, dass zum Zeitpunkt der planmäßigen Inanspruchnahme des Guthabens mindestens ein Rückfluss der dem Zeitwertkonto zugeführten Arbeitslohn-Beträge (Bruttoarbeitslohn im steuerlichen Sinne ohne den Arbeitgeberanteil am Gesamtsozialversicherungsbeitrag) gewährleistet ist (Zeitwertkontengarantie). Im Fall der arbeitsrechtlichen Garantie des Arbeitgebers für die in das Zeitwertkonto für den Arbeitnehmer eingestellten Beträge, bestehen keine Bedenken von der Erfüllung der Zeitwertkontengarantie auszugehen, wenn der Arbeitgeber für diese Verpflichtung insbesondere die Voraussetzungen des Insolvenzschutzes nach § 7e SGB IV entsprechend erfüllt. Dies gilt nicht nur zu Beginn, sondern während der gesamten Auszahlungsphase, unter Abzug der bereits geleisteten Auszahlungen.

Wertschwankungen sowie die Minderung des Zeitwertkontos (z. B. durch die Abbuchung von Verwaltungskosten und Depotgebühren) in der Zuführungsphase sind lohnsteuerlich unbeachtlich.

Beispiel zur Zeitwertkontengarantie und Wertschwankungen

Im Rahmen eines vereinbarten Zeitwertkontos ergibt sich zum Ende des dritten Jahres innerhalb der zehnjährigen Ansparphase ein Guthaben von 10.000 €. Bei jährlichen Zuführungen von 4.000 € ergab sich durch Wertschwankungen sowie die Belastung von Provisionszahlungen und Verwaltungskosten ein geringerer Wert als die Summe der zugeführten Arbeitslohnbeträge.

Die Minderung des Guthabens des Zeitwertkontos ist unschädlich, wenn bis zum Beginn der Auszahlungsphase die Wertminderung durch Wertsteigerungen der Anlage oder durch Erträge aus der Anlage wieder ausgeglichen wird.

Beispiel 1 zur Zeitwertkontengarantie und Verwaltungskosten

Der Bestand des Zeitwertkontos beträgt zu Beginn der Freistellungsphase 60.000 €, die aus jährlichen Gutschriften von jeweils 5.000 € innerhalb der achtjährigen Aufbauphase sowie Erträgen aus der Anlage und Wertsteigerungen herrühren. Während der Freistellungsphase fallen jährlich Verwaltungskosten in Höhe von 120 € an, die dem Zeitwertkonto belastet werden sollen.

Die Belastung des Zeitwertkontos mit Verwaltungskosten und sonstigen Gebühren ist unschädlich, denn die Summe der bis zu Beginn der Freistellungsphase zugeführten Beträge (= 40.000 €) wird hierdurch nicht unterschritten.

Beispiel 2 zur Zeitwertkontengarantie und Verwaltungskosten

Der Bestand des Zeitwertkontos beträgt zu Beginn der Auszahlungsphase 40.200 €, die aus jährlichen Zuführungen von jeweils 5.000 € innerhalb der achtjährigen Aufbauphase sowie Erträgen aus der Anlage herrühren, aber auch durch Wertschwankungen in der Vergangenheit beeinflusst wurden. Im Hinblick auf die ertragsschwache Anlage wird eine Beratung in Anspruch genommen, die Kosten von 500 € verursacht. Ferner fallen weitere Verwaltungskosten in Höhe von 180 € an.

Die Belastung des Zeitwertkontos ist nur bis zu einem Betrag von 200 € unschädlich (Summe der zugeführten Arbeitslohnbeträge zu Beginn der Freistellungsphase und als steuerpflichtiger Arbeitslohn während der Freistellung mindestens auszuzahlen 40.000 €). Die restlichen Aufwendungen in Höhe von 480 € (= 500 € + 180 € – 200 €) muss der Arbeitgeber, der für den Erhalt des Zeitwertkontos einzustehen hat, tragen.

2. Zeitwertkontengarantie des Anlageinstituts

Wird das Guthaben eines Zeitwertkontos auf Grund der Vereinbarung zwischen Arbeitgeber und Arbeitnehmer bei einem externen Anlageinstitut (z. B. Kreditinstitut oder Fonds) geführt und liegt keine Zeitwertkontengarantie nach Ziffer 1 vor, muss eine vergleichbare Garantie durch das Anlageinstitut vorliegen.

C. Planwidrige Verwendung der Zeitwertkontenguthaben

I. Auszahlung bei existenzbedrohender Notlage

Die Vereinbarungen zur Bildung von Guthaben auf einem Zeitwertkonto werden steuerlich auch dann noch anerkannt, sofern die Möglichkeit der Auszahlung des Guthabens bei fortbestehendem Beschäftigungsverhältnis neben der Freistellung von der Arbeitsleistung auf Fälle einer existenzbedrohenden Notlage des Arbeitnehmers begrenzt wird.

Wenn entgegen der Vereinbarung ohne existenzbedrohende Notlage des Arbeitnehmers das Guthaben dennoch ganz oder teilweise ausgezahlt wird, ist bei dem einzelnen Arbeitnehmer das gesamte Guthaben – also neben dem ausgezahlten Betrag auch der verbleibende Guthabenbetrag – im Zeitpunkt der planwidrigen Verwendung zu besteuern.

II. Beendigung des Dienstverhältnisses vor oder während der Freistellungsphase

Eine planwidrige Verwendung liegt im Übrigen vor, wenn das Dienstverhältnis vor Beginn oder während der Freistellungsphase beendet wird (z. B. durch Erreichen der Altersgrenze, Tod des Arbeitnehmers, Eintritt der Invalidität, Kündigung) und der Wert des Guthabens an den Arbeitnehmer oder seine Erben ausgezahlt wird. Lohnsteuerlich gelten dann die allgemeinen Grundsätze, d. h. der Einmalbetrag ist in der Regel als sonstiger Bezug zu besteuern. Wurde das Guthaben über einen Zeitraum von mehr als 12 Monate hinweg angespart, ist eine tarifermäßigte Besteuerung im Rahmen des § 34 EStG vorzunehmen (Arbeitslohn für mehrjährige Tätigkeit).

III. Planwidrige Weiterbeschäftigung

Der Nichteintritt oder die Verkürzung der Freistellung durch planwidrige Weiterbeschäftigung ist ebenfalls eine planwidrige Verwendung. Eine lohnsteuerliche Erfassung erfolgt in diesen Fällen im Zeitpunkt der Auszahlung des Guthabens.

D. Übertragung des Zeitwertkontenguthabens bei Beendigung der Beschäftigung

Bei Beendigung einer Beschäftigung besteht die Möglichkeit, ein in diesem Beschäftigungsverhältnis aufgebautes Zeitwertkonto zu erhalten und nicht auflösen zu müssen.

Bei der Übertragung des Guthabens an den neuen Arbeitgeber (§ 7f Absatz 1 Satz 1 Nummer 1 SGB IV) tritt der neue Arbeitgeber an die Stelle des alten Arbeitgebers und übernimmt im Wege der Schuldübernahme die Verpflichtungen aus der Zeitwertkontenvereinbarung. Die Leistungen aus dem Zeitwertkonto durch den neuen Arbeitgeber sind Arbeitslohn, von dem er bei Auszahlung Lohnsteuer einzubehalten hat.

Im Fall der Übertragung des Guthabens auf die Deutsche Rentenversicherung Bund (§ 7f Absatz 1 Satz 1 Nr. 2 SGB IV) wird die Übertragung durch § 3 Nummer 53 EStG steuerfrei gestellt. Ein tatsächlich noch bestehendes Beschäftigungsverhältnis ist hierfür nicht erforderlich. Bei der Auszahlung des Guthabens durch die Deutsche Rentenversicherung Bund handelt es sich um Arbeitslohn, für den die Deutsche Rentenversicherung Bund Lohnsteuer einzubehalten hat (§ 38 Absatz 3 Satz 3 EStG).

E. Bilanzielle Behandlung der Zeitwertkonten

Zur bilanziellen Berücksichtigung von Arbeitszeit-, Zeitwert- und Lebensarbeitszeitkonten wird in einem gesonderten BMF-Schreiben Stellung genommen.

F. Anwendungsregelung

Dieses Schreiben ist mit Wirkung ab 1. Januar 2009 anzuwenden.

I. Übergangsregelung für vor dem 1. Januar 2009 eingerichtete Zeitwertkonten

Bei Zeitwertkonten-Modellen, die vor dem 1. Januar 2009 eingerichtet wurden und ohne die Regelungen zur Zeitwertkontengarantie nach Abschnitt B. V. steuerlich anzuerkennen gewesen wären, sind aus Vertrauensschutzgründen der am 31. Dezember 2008 vorhandene Wertbestand des Zeitwertkontos sowie die Zuführungen vom 1. Januar bis zum 31. Dezember 2009 erst bei Auszahlung zu besteuern. Zuführungen ab dem 1. Januar 2010 führen steuerlich zum Zufluss von Arbeitslohn. Wird spätestens bis zum 31. Dezember 2009 eine Zeitwertkontengarantie nach Abschnitt B. V. für den am 31. Dezember 2008 vorhandenen Wertbestand des Zeitwertkontos sowie die Zuführungen vom 1. Januar bis zum 31. Dezember 2009 nachträglich vorgesehen, können diese Modelle steuerlich weiter als Zeitwertkonten anerkannt werden, so dass auch die Zuführungen nach dem 31. Dezember 2009 erst bei Auszahlung zu besteuern sind. Abschnitt C. bleibt unberührt.

II. Übergangsregelung für Zeitwertkonten zugunsten von Organen von Körperschaften (Geschäftsführer und Vorstände) und als Arbeitnehmer beschäftigte beherrschende Anteilseigner

Bei Zeitwertkonten-Modellen für Organe von Körperschaften sowie als Arbeitnehmer beschäftigte beherrschende Anteilseigner, die bis zum 31. Januar 2009 eingerichtet wurden und aus Vertrauensschutzgründen steuerlich anzuerkennen gewesen wären, sind alle Zuführungen bis zum 31. Januar 2009 erst bei Auszahlung zu besteuern. Die Übergangsregelung gilt nicht für verdeckte Gewinnausschüttungen. Abschnitt C. bleibt unberührt.

III. Besondere Aufzeichnungen

Als Arbeitslohn zu besteuernde Zuführungen nach F. I. und F. II. sind im Zeitwertkonto gesondert aufzuzeichnen. Eine etwaige Verzinsung (vgl. Abschnitt B. II) ist entsprechend aufzuteilen; die auf zu besteuernde Zuführungen nach dem Stichtag entfallenden Zinsen fließen dem Arbeitnehmer als Einkünfte aus Kapitalvermögen zu.

Übersicht

I.

Verordnung über die örtliche Zuständigkeit für die Einkommensteuer von im Ausland ansässigen Arbeitnehmern des Baugewerbes (Arbeitnehmer-Zuständigkeitsverordnung-Bau – ArbZustBauV)

Artikel 6 des Gesetzes vom 30.8.2001 (BGBl. I S. 2267)

geändert durch Artikel 62b des Gesetzes zur Bereinigung von Bundesrecht im Zuständigkeitsbereich des Bundesministeriums der Finanzen und zur Änderung des Münzgesetzes vom 8.5.2008 (BGBl. I S. 810)

§ 1

[1]Für die Einkommensteuer des Arbeitnehmers, der von einem Unternehmer im Sinne des § 20a Abs. 1 oder 2 der Abgabenordnung im Inland beschäftigt ist und der seinen Wohnsitz im Ausland hat, ist das in § 1 Abs. 1 oder 2 der Umsatzsteuerzuständigkeitsverordnung für seinen Wohnsitzstaat genannte Finanzamt zuständig. [2]Hat der Arbeitnehmer eines in der Republik Polen ansässigen Unternehmens im Sinne des § 20a Abs. 1 oder 2 der Abgabeordnung seinen Wohnsitz in der Republik Polen, ist für seine Einkommensteuer abweichend von Satz 1 das Finanzamt zuständig, das für seinen Arbeitgeber zuständig ist.

§ 2

Diese Verordnung tritt am 7. September 2001 in Kraft.

II.

Verordnung über die örtliche Zuständigkeit für die Umsatzsteuer im Ausland ansässiger Unternehmer (Umsatzsteuerzuständigkeitsverordnung – UStZustV)

vom 20.12.2001 (BGBl. I S. 3794, 3814)

zuletzt geändert durch ***Artikel 24 des Jahressteuergesetzes 2020 (JStG 2020) vom 21.12.2020 (BGBl. I S. 3096, BStBl 2021 I S. 6)***

§ 1

(1) [1] Für die Umsatzsteuer der Unternehmer im Sinne des § 21 Abs. 1 Satz 2 der Abgabenordnung sind folgende Finanzämter örtlich zuständig:

1. das Finanzamt Trier für im Königreich Belgien ansässige Unternehmer,
2. das Finanzamt Neuwied für in der Republik Bulgarien ansässige Unternehmer,
3. das Finanzamt Flensburg für im Königreich Dänemark ansässige Unternehmer,
4. das Finanzamt Rostock für in der Republik Estland ansässige Unternehmer,
5. das Finanzamt Bremen für in der Republik Finnland ansässige Unternehmer,
6. das Finanzamt Offenburg für in der Französischen Republik und im Fürstentum Monaco ansässige Unternehmer,
7. das Finanzamt Hannover-Nord für im Vereinigten Königreich Großbritannien und Nordirland sowie auf der Insel Man ansässige Unternehmer,
8. das Finanzamt Berlin Neukölln für in der Griechischen Republik ansässige Unternehmer,
9. das Finanzamt Hamburg-Nord für in der Republik Irland ansässige Unternehmer,
10. das Finanzamt München für in der Italienischen Republik ansässige Unternehmer,
11. das Finanzamt Kassel-Hofgeismar für in der Republik Kroatien ansässige Unternehmer,
12. das Finanzamt Bremen für in der Republik Lettland ansässige Unternehmer,
13. das Finanzamt Konstanz für im Fürstentum Liechtenstein ansässige Unternehmer,
14. das Finanzamt Mühlhausen für in der Republik Litauen ansässige Unternehmer,
15. das Finanzamt Saarbrücken Am Stadtgraben für im Großherzogtum Luxemburg ansässige Unternehmer,
16. das Finanzamt Berlin Neukölln für in der Republik Mazedonien ansässige Unternehmer,
17. das Finanzamt Kleve für im Königreich der Niederlande ansässige Unternehmer,
18. das Finanzamt Bremen für im Königreich Norwegen ansässige Unternehmer,
19. das Finanzamt München für in der Republik Österreich ansässige Unternehmer,
20. für in der Republik Polen ansässige Unternehmer
    a) das Finanzamt Hameln, wenn der Nachname oder der Firmenname des Unternehmers mit den Buchstaben A bis G beginnt;
    b) das Finanzamt Oranienburg, wenn der Nachname oder der Firmenname des Unternehmers mit den Anfangsbuchstaben H bis Ł beginnt;
    c) das Finanzamt Cottbus, wenn der Nachname oder der Firmenname des Unternehmers mit den Anfangsbuchstaben M bis R beginnt;
    d) das Finanzamt Nördlingen, wenn der Nachname oder der Firmenname des Unternehmers mit den Anfangsbuchstaben S bis Ż beginnt;

*e)[1]) **ungeachtet der Regelungen in den Buchstaben a bis d das Finanzamt Cottbus für alle Unternehmer, auf die das Verfahren nach § 18 Absatz 4e, § 18j oder § 18k des Umsatzsteuergesetzes anzuwenden ist,***

21. das Finanzamt Kassel-Hofgeismar für in der Portugiesischen Republik ansässige Unternehmer,
22. das Finanzamt Chemnitz-Süd für in Rumänien ansässige Unternehmer,
23. das Finanzamt Magdeburg für in der Russischen Föderation ansässige Unternehmer,
24. das Finanzamt Hamburg-Nord für im Königreich Schweden ansässige Unternehmer,
25. das Finanzamt Konstanz für in der Schweizerischen Eidgenossenschaft ansässige Unternehmer,
26. das Finanzamt Chemnitz-Süd für in der Slowakischen Republik ansässige Unternehmer,
27. das Finanzamt Kassel-Hofgeismar für im Königreich Spanien ansässige Unternehmer,
28. das Finanzamt Oranienburg für in der Republik Slowenien ansässige Unternehmer,
29. das Finanzamt Chemnitz-Süd für in der Tschechischen Republik ansässige Unternehmer,
30. das Finanzamt Dortmund-Unna für in der Republik Türkei ansässige Unternehmer,
31. das Finanzamt Magdeburg für in der Ukraine ansässige Unternehmer,
32. das Zentralfinanzamt Nürnberg für in der Republik Ungarn ansässige Unternehmer,
33. das Finanzamt Magdeburg für in der Republik Weißrussland ansässige Unternehmer,
34. das Finanzamt Bonn-Innenstadt für in den Vereinigten Staaten von Amerika ansässige Unternehmer.

[2] Die örtliche Zuständigkeit nach Satz 1 gilt für die Außengebiete, Überseegebiete und Selbstverwaltungsgebiete der in Satz 1 genannten Staaten entsprechend[2]).

(2) Für die Umsatzsteuer der Unternehmer im Sinne des § 21 Abs. 1 Satz 2 der Abgabenordnung, die nicht von Absatz 1 erfasst werden, ist das Finanzamt Berlin Neukölln zuständig.

(2a) Abweichend von den Absätzen 1 und 2 ist für die Unternehmer, die von § 18 Abs. 4c des Umsatzsteuergesetzes Gebrauch machen, das Bundeszentralamt für Steuern zuständig.

(3)[3]) Die örtliche Zuständigkeit nach § 61 Absatz 1 Satz 1 und § 61a Absatz 1 der Umsatzsteuer-Durchführungsverordnung für die Vergütung der abziehbaren Vorsteuerbeträge an im Ausland ansässige Unternehmer bleibt unberührt.

§ 2

Diese Verordnung tritt am Tage nach ihrer Verkündung in Kraft[4]).

[1]) § 1 Abs. 1 Satz 1 Nr. 20 Buchstabe e UStZustV wurde durch Artikel 24 des JStG 2020 (Inkrafttreten 1.7.2021) neu gefasst.

[2]) § 1 Abs. 1 Satz 2 UStZustV wurde durch Artikel 24 des JStG 2020 (Inkrafttreten 1.7.2021) angefügt.

[3]) § 1 Abs. 3 UStZustV wurde durch Artikel 24 des JStG 2020 (Inkrafttreten 1.7.2021) neu gefasst.

[4]) Die Verkündung der UStZustV erfolgte am 22.12.2001.

C.

Stichwortverzeichnis

Es bezeichnen:

§	=	Paragraphen des EStG
§ . . . EStDV	=	Paragraphen der EStDV
§ . . . LStDV	=	Paragraphen der LStDV
R	=	Richtlinie
H	=	Hinweise
Anh.	=	Anhänge
Zahlen in Klammern	=	Absätze der Paragraphen, Richtlinien oder Hinweise

A

C

D

L

R

S

T

Z